4ª EDIÇÃO 2020

WANDER GARCIA, ANA PAULA GARCIA, GERSON ARAGÃO E RENAN FLUMIAN
COORDENADORES

CONCURSOS DE DEFENSORIA
ESTADUAL E DA UNIÃO

2.700
QUESTÕES COMENTADAS

2.190 QUESTÕES IMPRESSAS
580 QUESTÕES ON-LINE

COMO PASSAR

2020 © Editora FOCO

Coordenadores: Wander Garcia, Ana Paula Garcia, Gerson Aragão e Renan Flumian
Autores: Wander Garcia, Ana Carolina Chamon, Ana Paula Garcia, André Borges de Carvalho Barrros, Ariane Wady, Bruna Vieira, Denis Skorkowski, Eduardo Dompieri, Fabiano Melo, Flávia Barros, Gabriela Rodrigues, Gustavo Nicolau, Henrique Subi, Hermes Cramacon, Luiz Dellore, Marcos Destefenni, Renan Flumian, Roberta Densa, Robinson Barreirinhas, Savio Chalita, Teresa Melo, Vanessa Tonolli Trigueiros e Vivian Calderoni

Editor: Roberta Densa
Diretor Acadêmico: Leonardo Pereira
Revisora Sênior: Georgia Renata Dias
Assistente Editorial: Paula Norishita
Projeto Gráfico e Diagramação: Ladislau Lima
Capa: Leonardo Hermano
Impressão miolo e capa: Gráfica VIENA GRÁFICA E EDITORA LTDA

Dados Internacionais de Catalogação na Publicação (CIP) de acordo com ISBD

C735

Como passar em concursos de defensoria / Wander Garcia ... [et al.] ; organizado por Wander Garcia, Ana Paula Garcia, Renan Fluminan, Gerson Aragão. - 4. ed. - Indaiatuba, SP : Editora Foco, 2020.

642 p. ; 17cm x 24cm.

ISBN: 978-85-8242-419-3

1. Metodologia de estudo. 2. Concursos Públicos. 3. Defensoria. I. Garcia, Wander. II. Chamon, Ana Carolina. III Garcia, Ana Paula Dompiere. IV. Barrros, André Borges de Carvalho. V. Bontempo, Anna Carolina. VI. Wady, Ariane. VII. Vieira, Bruna. VIII. Dompieri, Eduardo. IX. Melo, Fabiano. X. Nicolau, Gustavo. XI. Subi, Henrique. XII. Cramacon, Hermes. XIII. Dellore, Luiz. XIV. Destefenni, Marcos. XV. Flumian, Renan. XVI. Densa, Roberta. XVII. Barreirinhas, Robinson. XVIII. Chalita, Savio. XIX. Melo, Teresa. XX. Aragão, Gerson. XXI. Trigueiros, Vanessa Tonolli. XXII. Calderoni, Vivian. XXIII. Título.

2019-1600   CDD 001.4   CDU 001.8

Elaborado por Vagner Rodolfo da Silva – CRB-8/9410
Índices para Catálogo Sistemático:

1. Metodologia de estudo   2. Metodologia de estudo 001.8

DIREITOS AUTORAIS: É proibida a reprodução parcial ou total desta publicação, por qualquer forma ou meio, sem a prévia autorização da Editora FOCO, com exceção do teor das questões de concursos públicos que, por serem atos oficiais, não são protegidas como Direitos Autorais, na forma do Artigo 8º, IV, da Lei 9.610/1998. Referida vedação se estende às características gráficas da obra e sua editoração. A punição para a violação dos Direitos Autorais é crime previsto no Artigo 184 do Código Penal e as sanções civis às violações dos Direitos Autorais estão previstas nos Artigos 101 a 110 da Lei 9.610/1998. Os comentários das questões são de responsabilidade dos autores.

NOTAS DA EDITORA:

Atualizações e erratas: A presente obra é vendida como está, atualizada até a data do seu fechamento, informação que consta na página II do livro. Havendo a publicação de legislação de suma relevância, a editora, de forma discricionária, se empenhará em disponibilizar atualização futura.

Bônus ou Capítulo *On-line*: Excepcionalmente, algumas obras da editora trazem conteúdo no *on-line*, que é parte integrante do livro, cujo acesso será disponibilizado durante a vigência da edição da obra.

Erratas: A Editora se compromete a disponibilizar no site www.editorafoco.com.br, na seção Atualizações, eventuais erratas por razões de erros técnicos ou de conteúdo. Solicitamos, outrossim, que o leitor faça a gentileza de colaborar com a perfeição da obra, comunicando eventual erro encontrado por meio de mensagem para contato@editorafoco.com.br. O acesso será disponibilizado durante a vigência da edição da obra.

Impresso no Brasil (10.2019)   Data de Fechamento (09.2019)

2020
Todos os direitos reservados à
Editora Foco Jurídico Ltda.

Rua Nove de Julho, 1779 – Vila Areal
CEP 13333-070 – Indaiatuba – SP

E-mail: contato@editorafoco.com.br
www.editorafoco.com.br

Acesse JÁ os conteúdos ON-LINE

 SHORT VIDEOS
Vídeos de curta duração com dicas de DISCIPLINAS SELECIONADAS

Acesse o link:
www.editorafoco.com.br/short-videos

  ATUALIZAÇÃO em PDF e VÍDEO
para complementar seus estudos*

Acesse o link:
www.editorafoco.com.br/atualizacao

www. 👆 **CAPÍTULOS ON-LINE**

Acesse o link:
www.editorafoco.com.br/atualizacao

* As atualizações em PDF e Vídeo serão disponibilizadas sempre que houver necessidade, em caso de nova lei ou decisão jurisprudencial relevante, durante o ano da edição do livro.
* Acesso disponível durante a vigência desta edição.

Apresentação

A experiência também diz que aquele que quer ser aprovado deve cumprir três objetivos: a) entender a teoria; b) ler a letra da lei, e c) treinar. A teoria é vista em cursos e livros à disposição no mercado. O problema é que, normalmente, o candidato se detém nessa etapa. A leitura da lei e o treinamento acabam sendo deixados de lado. E é nesse ponto que está o grande erro. Em média, mais de 90% das questões são respondidas a partir do texto da lei. Além disso, as questões de prova se repetem muito.

É por isso que é fundamental o candidato contar com a presente obra. Com ela você poderá ler a letra da lei e treinar. Quase todas as questões vêm comentadas com o dispositivo legal em que encontrará a resposta correta. Com isso, terá acesso aos principais dispositivos legais que aparecem nas provas para as carreiras fiscais, de maneira lúdica e desafiadora. Além disso, começará a perceber as técnicas dos examinadores, as "pegadinhas" típicas de prova e todas as demais características da Banca Examinadora, de modo a ganhar bastante segurança para o momento decisivo, que é o dia da sua prova.

Esta obra traz, ainda, duas novidades aos nossos leitores: 1) os **SHORT VIDEOS**, que são diversos vídeos de curta duração com dicas de TODAS AS DISCIPLINAS desta obra. e 2) **ATUALIZAÇÕES** em PDF e VÍDEO para complementar os estudos.

É importante ressaltar que essa obra traz grande diferencial de mercado em razão da **quantidade de questões**, que estão **classificadas e comentadas**, sendo que o comentário é feito, sempre que necessário, para cada alternativa da questão. É por isso que podemos afirmar com uma exclamação que esta obra vai demonstrar a você **COMO PASSAR EM CONCURSOS DE DEFENSORIA**!

Coordenadores e Autores

SOBRE OS COORDENADORES

Wander Garcia – @wander_garcia
É Doutor, Mestre e Graduado em Direito pela PUC/SP. É professor universitário e de cursos preparatórios para Concursos e Exame de Ordem, tendo atuado nos cursos LFG e DAMASIO. Neste, foi Diretor Geral de todos os cursos preparatórios e da Faculdade de Direito. Foi diretor da Escola Superior de Direito Público Municipal de São Paulo. É um dos fundadores da Editora Foco, especializada em livros jurídicos e para concursos e exames. É autor *best seller* com mais de 50 livros publicados na qualidade de autor, coautor ou organizador, nas áreas jurídica e de preparação para concursos e exame de ordem. Já vendeu mais de 1,5 milhão de livros, dentre os quais se destacam "Como Passar na OAB", "Como Passar em Concursos Jurídicos", "Exame de Ordem Mapamentalizado" e "Concursos: O Guia Definitivo". É também advogado desde o ano de 2000 e foi procurador do município de São Paulo por mais de 15 anos. É *Coach* Certificado, com sólida formação em *Coaching* pelo IBC e pela *International Association of Coaching*.

Ana Paula Garcia
Procuradora do Estado de São Paulo, Pós-graduada em Direito, Professora do IEDI, Escrevente do Tribunal de Justiça por mais de 10 anos e Assistente Jurídico do Tribunal de Justiça. Autora de diversos livros para OAB e concursos

Gerson Aragão
Defensor Público. Pós-graduado em Direito Constitucional, em Processo Penal, com MBA pela FGV. Especialista em estratégia para concursos, tendo sido aprovado em dois concursos para Defensor Público (em 2010 e 2012), em concurso de Analista do Ministério Público e do Tribunal de Justiça, além da aprovação no Exame da OAB em 2008 e outros concursos da banca CESPE e FCC.

Renan Flumian – @renanflumian
Mestre em Filosofia do Direito pela Universidad de Alicante. Cursou a Session Annuelle D'enseignement do Institut International des Droits de L'Homme, a Escola de Governo da USP e a Escola de Formação da Sociedade Brasileira de Direito Público. Professor e Coordenador Acadêmico do IEDI. Autor e coordenador de diversas obras de preparação para Concursos Públicos e o Exame de Ordem. Advogado.

SOBRE OS AUTORES

Ana Carolina Chamon
Advogada graduada pela Universidade Mackenzie e pós-graduanda em Processo Civil (EPD)

André Borges de Carvalho Barrros – @ProfAndreBarros
Mestre em Direito Civil Comparado pela PUC/SP. Professor de Direito Civil e de Direito do Consumidor exclusivo da Rede LFG. Membro do IBDFAM. Advogado.

Ariane Wady
Especialista em Direito Processual Civil (PUC-SP). Graduada em Direito pela PUC-SP (2000). Professora de pós-graduação e curso preparatório para concursos – PROORDEM – UNITÁ Educacional e Professora/Tutora de Direito Administrativo e Constitucional – Rede LFG e IOB. Advogada.

Bruna Vieira – @profa_bruna
Pós-graduada em Direito. Professora do IEDI, Proordem, Legale, Robortella e Êxito. Palestrante e Professora de Pós-graduação em Instituições de Ensino Superior. Autora de diversas obras de preparação para Concursos Públicos e Exame de Ordem, pelas editoras Saraiva e Foco. Advogada.

Denis Skorkowski
Professor – Corretor do IEDI. Assessor Jurídico de Desembargador (TJ/SP).

Eduardo Dompieri – @eduardodompieri
Pós-graduado em Direito. Professor do IEDI. Autor de diversas obras de preparação para Concursos Públicos e Exame de Ordem.

Fabiano Melo
Professor de cursos de graduação e pós-graduação em Direito e Administração da PUC-MG. Professor da Rede LFG.

Flávia Barros
Procuradora do Município de São Paulo. Doutora em Direito do Estado pela Universidade de São Paulo. Mestre em Direito Administrativo pela PUC-SP. Especialista em Direito Administrativo pela PUC-SP/COGEAE. Especialista em Direitos Difusos e Coletivos pela ESMPSP. Coach de Alta Performance pela FEBRACIS. Practioneer e Master em Programação Neurolinguística – PNL. Analista de Perfil Comportamental – DISC Assessment. Professora de Direito Administrativo

Gabriela Rodrigues
Pós-Graduada em Direito Civil e Processual Civil pela Escola Paulista de Direito. Professora Universitária e do IEDI Cursos On-line e preparatórios para concursos públicos exame de ordem. Autora de diversas obras jurídicas para concursos públicos e exame de ordem. Advogada.

Gustavo Nicolau – @gustavo_nicolau
Mestre e Doutor pela Faculdade de Direito da USP. Professor de Direito Civil da Rede LFG/Praetorium. Advogado.

Henrique Subi – @henriquesubi
Agente da Fiscalização Financeira do Tribunal de Contas do Estado de São Paulo. Mestrando em Direito Político e Econômico pela Universidade Presbiteriana Mackenzie. Especialista em Direito Empresarial pela Fundação Getúlio Vargas e em Direito Tributário pela UNISUL. Professor de cursos preparatórios para concursos desde 2006. Coautor de mais de 20 obras voltadas para concursos, todas pela Editora Foco.

Hermes Cramacon – @hermescramacon
Possui graduação em Direito pela Universidade Cidade de São Paulo (2000). Mestrando em Direito da Saúde pela Universidade Santa Cecília. Docente da Universidade Municipal de São Caetano do Sul e professor da Faculdade TIJUCUSSU. Professor de Direito do Trabalho e Direito Processual do Trabalho do IEDI cursos online e ESCOLHA CERTA CURSOS nos cursos preparatórios para Exame de Ordem. Tem experiência na área de Direito, com ênfase em Direito do Trabalho, Direito Processual do Trabalho, Direito Processual Civil e Prática Jurídica.

Luiz Dellore – @dellore
Doutor e Mestre em Direito Processual pela USP. Mestre em Direito Constitucional pela PUC/SP. Visiting Scholar na Syracuse Univesity e Cornell University. Professor do Mackenzie, da FADISP, da Escola Paulista do Direito (EPD), do CPJur e do Saraiva Aprova. Ex-assessor de Ministro do STJ. Membro do IBDP (Instituto Brasileiro de Direito Processual) e do Ceapro (Centro de Estudos Avançados de Processo). Advogado concursado da Caixa Econômica Federal.

Marcos Destefenni – @destefenni
Doutor e Mestre pela PUC/SP. Mestre pela PUC de Campinas e Mestre em Direito Penal pela UNIP. Professor da Rede LFG. Promotor de Justiça em São Paulo.

Roberta Densa
Doutora em Direitos Difusos e Coletivos. Professora universitária e em cursos preparatórios para concursos Públicos e OAB. Autora da obra "Direito do Consumidor", 9ª edição publicada pela Editora Atlas.

Robinson Barreirinhas
Secretário Municipal dos Negócios Jurídicos da Prefeitura de São Paulo. Professor do IEDI. Procurador do Município de São Paulo. Autor e coautor de mais de 20 obras de preparação para concursos e OAB. Ex-Assessor de Ministro do STJ.

Savio Chalita
Advogado. Mestre em Direitos Sociais, Difusos e Coletivos. Professor do CPJUR (Centro Preparatório Jurídico), Autor de obras para Exame de Ordem e Concursos Públicos. Professor Universitário. Editor do blog www.comopassarnaoab.com.

Teresa Melo
Procuradora Federal. Mestranda em Direito Público pela UERJ. Assessora de Ministro do Supremo Tribunal Federal. Ex-assessora de Ministro do STJ.

Vanessa Tonolli Trigueiros
Analista de Promotoria. Assistente Jurídico do Ministério Público do Estado de São Paulo. Graduação em Direto pela PUC-Campinas. Pós-graduada em Direito Processual Civil pela UNISUL. Pós-graduada em Direito Processual Civil e Civil pela UCDB.

Vivian Calderoni
Mestre em Direito Penal e Criminologia pela USP. Autora de artigos e livros. Palestrante e professora de cursos preparatórios para concursos jurídicos. Atualmente, trabalha como advogada na ONG "Conectas Direitos Humanos", onde atua em temas relacionados ao sistema prisional e ao sistema de justiça.

Sumário

APRESENTAÇÃO	**V**
COORDENADORES E AUTORES	**VII**
1. DIREITO CONSTITUCIONAL	**1**

1. PODER CONSTITUINTE 1
2. TEORIA DA CONSTITUIÇÃO E PRINCÍPIOS FUNDAMENTAIS 3
3. HERMENÊUTICA CONSTITUCIONAL E EFICÁCIA DAS NORMAS CONSTITUCIONAIS 7
4. CONTROLE DE CONSTITUCIONALIDADE 12
5. DIREITOS E GARANTIAS INDIVIDUAIS E COLETIVAS 23
6. DIREITOS SOCIAIS 34
7. NACIONALIDADE 36
8. DIREITOS POLÍTICOS 37
9. ORGANIZAÇÃO DO ESTADO 38
10. ORGANIZAÇÃO DO PODER EXECUTIVO 45
11. ORGANIZAÇÃO DO PODER LEGISLATIVO. PROCESSO LEGISLATIVO 46
12. DA ORGANIZAÇÃO DO PODER JUDICIÁRIO 51
13. DAS FUNÇÕES ESSENCIAIS À JUSTIÇA 57
14. DEFESA DO ESTADO 60
15. TRIBUTAÇÃO E ORÇAMENTO 61
16. ORDEM ECONÔMICA E FINANCEIRA 62
17. ORDEM SOCIAL 63
18. QUESTÕES COMBINADAS E OUTROS TEMAS 65

2. DIREITOS HUMANOS E DIREITO INTERNACIONAL	**67**

1. TEORIA E DOCUMENTOS HISTÓRICOS 67
2. GERAÇÕES DOS DIREITOS HUMANOS 70

---

www. Acesse o conteúdo on-line. Siga as orientações disponíveis na página III.

3. CARACTERÍSTICAS DOS DIREITOS HUMANOS 72
4. CLASSIFICAÇÃO DOS DIREITOS HUMANOS 73
5. SISTEMA GLOBAL DE PROTEÇÃO DOS DIREITOS HUMANOS 73
6. SISTEMA GLOBAL DE PROTEÇÃO ESPECÍFICA DOS DIREITOS HUMANOS 79
7. SISTEMA REGIONAL DE PROTEÇÃO DOS DIREITOS HUMANOS 86
8. SISTEMA AMERICANO DE PROTEÇÃO ESPECÍFICA DOS DIREITOS HUMANOS 108
9. DIREITOS HUMANOS NO BRASIL 110
10. DIREITO DOS REFUGIADOS 119
11. DIREITO HUMANITÁRIO 119
12. COMBINADAS E OUTROS TEMAS DE DIREITOS HUMANOS 120

3. DIREITO PENAL — 133

1. CONCEITO, FONTES E PRINCÍPIOS 133
2. APLICAÇÃO DA LEI NO TEMPO E NO ESPAÇO 136
3. CONCEITO E CLASSIFICAÇÃO DOS CRIMES 137
4. FATO TÍPICO E TIPO PENAL 139
5. CRIMES DOLOSOS, CULPOSOS E PRETERDOLOSOS 141
6. ERRO DE TIPO, DE PROIBIÇÃO E DEMAIS ERROS 142
7. TENTATIVA, CONSUMAÇÃO, DESISTÊNCIA, ARREPENDIMENTO E CRIME IMPOSSÍVEL 142
8. ANTIJURIDICIDADE E CAUSAS EXCLUDENTES 146
9. CONCURSO DE PESSOAS 146
10. CULPABILIDADE E CAUSAS EXCLUDENTES 149
11. PENAS E SEUS EFEITOS 152
12. APLICAÇÃO DA PENA 153
13. *SURSIS*, LIVRAMENTO CONDICIONAL, REABILITAÇÃO E MEDIDA DE SEGURANÇA 160
14. AÇÃO PENAL 161
15. EXTINÇÃO DA PUNIBILIDADE EM GERAL 161
16. PRESCRIÇÃO 162
17. CRIMES CONTRA A PESSOA 163
18. CRIMES CONTRA O PATRIMÔNIO 170
19. CRIMES CONTRA A DIGNIDADE SEXUAL 173
20. CRIMES CONTRA A FÉ PÚBLICA 175
21. CRIMES CONTRA A ADMINISTRAÇÃO PÚBLICA 175
22. OUTROS CRIMES DO CÓDIGO PENAL 178
23. CRIMES DA LEI ANTIDROGAS 178
24. CRIMES CONTRA O MEIO AMBIENTE 182

25. CRIMES DE TRÂNSITO 183

26. ESTATUTO DO DESARMAMENTO 183

27. CRIMES DO ECA 184

28. CRIME DE TORTURA 185

29. CRIMES DE ABUSO DE AUTORIDADE 185

30. VIOLÊNCIA DOMÉSTICA 186

31. OUTROS CRIMES E CRIMES COMBINADOS DA LEGISLAÇÃO EXTRAVAGANTE 187

32. TEMAS COMBINADOS DE DIREITO PENAL 190

4. DIREITO PROCESSUAL PENAL — 191

1. FONTES, PRINCÍPIOS GERAIS, EFICÁCIA DA LEI PROCESSUAL NO TEMPO E NO ESPAÇO 191

2. INQUÉRITO POLICIAL E OUTRAS FORMAS DE INVESTIGAÇÃO CRIMINAL 193

3. AÇÃO PENAL 196

4. AÇÃO CIVIL 200

5. JURISDIÇÃO E COMPETÊNCIA. CONEXÃO E CONTINÊNCIA 201

6. QUESTÕES E PROCESSOS INCIDENTES 204

7. PRERROGATIVAS DO ACUSADO 205

8. PROVAS 205

9. SUJEITOS PROCESSUAIS 212

10. CITAÇÃO, INTIMAÇÃO E PRAZOS 212

11. PRISÃO, MEDIDAS CAUTELARES E LIBERDADE PROVISÓRIA 215

12. PROCESSO E PROCEDIMENTOS 224

13. PROCESSO DE COMPETÊNCIA DO JÚRI 225

14. JUIZADOS ESPECIAIS 228

15. SENTENÇA, PRECLUSÃO E COISA JULGADA 230

16. NULIDADES 233

17. RECURSOS 233

18. *HABEAS CORPUS*, MANDADO DE SEGURANÇA E REVISÃO CRIMINAL 236

19. EXECUÇÃO PENAL 238

20. LEGISLAÇÃO EXTRAVAGANTE 248

21. TEMAS COMBINADOS E OUTROS TEMAS 249

5. CRIMINOLOGIA — 253

1. CONCEITO, MÉTODO, FUNÇÕES E OBJETOS DA CRIMINOLOGIA 253

2. TEORIAS DA PENA 253

3. TEORIAS CRIMINOLÓGICAS 254

4. VITIMOLOGIA 256

5. POLÍTICA CRIMINAL 257

6. DIREITO CIVIL — 259

1. LINDB 259

2. PARTE GERAL DO CC 260

3. OBRIGAÇÕES 271

4. CONTRATOS 274

5. RESPONSABILIDADE CIVIL 285

6. COISAS 290

7. FAMÍLIA 299

8. SUCESSÕES 311

9. TODOS OS TEMAS COMBINADOS 317

7. DIREITO PROCESSUAL CIVIL — 321

1. PRINCÍPIOS DO PROCESSO CIVIL 321

2. JURISDIÇÃO E COMPETÊNCIA 322

3. PARTES, PROCURADORES, DEFENSORIA PÚBLICA, MINISTÉRIO PÚBLICO E JUIZ 325

4. ATOS PROCESSUAIS E NULIDADES 329

5. LITISCONSÓRCIO E INTERVENÇÃO DE TERCEIROS 330

6. PRESSUPOSTOS PROCESSUAIS E CONDIÇÕES DA AÇÃO 333

7. FORMAÇÃO, SUSPENSÃO E EXTINÇÃO DO PROCESSO. NULIDADES 333

8. TUTELA PROVISÓRIA 333

9. PROCESSO DE CONHECIMENTO: PROCEDIMENTO COMUM 335

10. SENTENÇA, COISA JULGADA E AÇÃO RESCISÓRIA 340

11. RECURSOS 343

12. CUMPRIMENTO DE SENTENÇA E IMPUGNAÇÃO 349

13. EXECUÇÃO E EMBARGOS 350

14. PROCEDIMENTOS ESPECIAIS NO NCPC 353

15. PROCEDIMENTOS ESPECIAIS EM LEGISLAÇÃO EXTRAVAGANTE 357

16. TEMAS COMBINADOS 362

8. DIREITO EMPRESARIAL — 367

1. EMPRESA E EMPRESÁRIO – TEORIA GERAL 367

2. ESTABELECIMENTO 368

3. SOCIETÁRIO 368

4. TÍTULOS DE CRÉDITO 373

5. FALÊNCIA E RECUPERAÇÃO 378

6. CONTRATOS EMPRESARIAIS..380

7. OUTROS TEMAS 381

9. DIREITO ADMINISTRATIVO — 385

1. REGIME JURÍDICO ADMINISTRATIVO E PRINCÍPIOS DO DIREITO ADMINISTRATIVO 385

2. PODERES DA ADMINISTRAÇÃO PÚBLICA 388

3. ATOS ADMINISTRATIVOS 390

4. ORGANIZAÇÃO ADMINISTRATIVA 396

5. SERVIDORES PÚBLICOS 399

6. IMPROBIDADE ADMINISTRATIVA 404

7. BENS PÚBLICOS..406

8. INTERVENÇÃO DO ESTADO NA PROPRIEDADE 408

10. RESPONSABILIDADE DO ESTADO 413

11. LICITAÇÃO 418

12. CONTRATOS ADMINISTRATIVOS 423

13. SERVIÇOS PÚBLICOS 425

14. CONTROLE DA ADMINISTRAÇÃO PÚBLICA..429

15. TEMAS COMBINADOS...431

16. LEI DE ACESSO À INFORMAÇÃO 432

10. DIREITO TRIBUTÁRIO — 433

1. COMPETÊNCIA TRIBUTÁRIA 433

2. PRINCÍPIOS...434

3. IMUNIDADES..436

4. DEFINIÇÃO DE TRIBUTO E ESPÉCIES TRIBUTÁRIAS 437

5. LEGISLAÇÃO TRIBUTÁRIA – FONTES 438

6. VIGÊNCIA, APLICAÇÃO, INTERPRETAÇÃO E INTEGRAÇÃO...439

7. FATO GERADOR E OBRIGAÇÃO TRIBUTÁRIA 440

8. LANÇAMENTO E CRÉDITO TRIBUTÁRIO..441

9. SUJEIÇÃO PASSIVA, CAPACIDADE E DOMICÍLIO 442

10. SUSPENSÃO, EXTINÇÃO E EXCLUSÃO DO CRÉDITO..444

11. REPARTIÇÃO DE RECEITAS..447

12. IMPOSTOS E CONTRIBUIÇÕES EM ESPÉCIE 447

13. GARANTIAS E PRIVILÉGIOS DO CRÉDITO...450

14. ADMINISTRAÇÃO TRIBUTÁRIA, DÍVIDA ATIVA E CERTIDÕES 452
15. AÇÕES TRIBUTÁRIAS 453
16. TEMAS COMBINADOS 454

11. DIREITO PROCESSUAL COLETIVO 457

1. INTERESSES DIFUSOS, COLETIVOS E INDIVIDUAIS HOMOGÊNEOS 457
2. COMPETÊNCIA, CONEXÃO, CONTINÊNCIA E LITISPENDÊNCIA 459
3. LEGITIMAÇÃO, LEGITIMADOS, MINISTÉRIO PÚBLICO E LITISCONSÓRCIO 460
4. OBJETO 464
5. COMPROMISSO DE AJUSTAMENTO 464
6. SENTENÇA, RECURSOS, COISA JULGADA, LIQUIDAÇÃO E EXECUÇÃO 466
7. ORDEM URBANÍSTICA 469
8. IMPROBIDADE ADMINISTRATIVA 469
9. AÇÃO POPULAR E MANDADO DE SEGURANÇA COLETIVO 470
10. OUTROS TEMAS 470

12. DIREITO DO CONSUMIDOR 473

1. CONCEITO DE CONSUMIDOR E RELAÇÃO DE CONSUMO 473
2. POLÍTICA NACIONAL DAS RELAÇÕES DE CONSUMO, PRINCÍPIOS E DIREITOS BÁSICOS 474
3. RESPONSABILIDADE PELO FATO DO PRODUTO OU DO SERVIÇO E PRESCRIÇÃO 476
4. RESPONSABILIDADE POR VÍCIO DO PRODUTO OU DO SERVIÇO E DECADÊNCIA 478
5. DESCONSIDERAÇÃO DA PERSONALIDADE JURÍDICA. RESPONSABILIDADE EM CASO DE GRUPO DE EMPRESAS 478
6. PRÁTICAS COMERCIAIS 479
7. PROTEÇÃO CONTRATUAL 481
8. RESPONSABILIDADE ADMINISTRATIVA 482
9. SNDC E CONVENÇÃO COLETIVA 483
10. RESPONSABILIDADE CRIMINAL 483
11. DEFESA DO CONSUMIDOR EM JUÍZO 485
12. TEMAS COMBINADOS DE DIREITO DO CONSUMIDOR 486

13. DIREITO DA CRIANÇA E DO ADOLESCENTE 491

1. DIREITOS FUNDAMENTAIS 491
2. PREVENÇÃO 500
3. POLÍTICA E ENTIDADES DE ATENDIMENTO 501
4. MEDIDAS DE PROTEÇÃO, MEDIDAS SOCIOEDUCATIVAS E ATO INFRACIONAL – DIREITO MATERIAL 503

5. ATO INFRACIONAL – DIREITO PROCESSUAL 512
6. CONSELHO TUTELAR E CONSELHO MUNICIPAL DE DIREITOS DA CRIANÇA E DO ADOLESCENTE 516
7. MINISTÉRIO PÚBLICO 518
8. ACESSO À JUSTIÇA 518
9. INFRAÇÕES ADMINISTRATIVAS E CRIMES 521
10. DECLARAÇÕES E CONVENÇÕES 521
11. OUTROS TEMAS E TEMAS COMBINADOS 524

14. DIREITO AMBIENTAL — 531

1. CONCEITO BÁSICOS 531
2. DIREITO AMBIENTAL CONSTITUCIONAL 531
3. PRINCÍPIOS DO DIREITO AMBIENTAL 532
4. PNMA SISNAMA 534
5. INSTRUMENTOS DA POLÍTICA NACIONAL DO MEIO AMBIENTE 534
6. UNIDADES DE CONSERVAÇÃO 536
7. CÓDIGO FLORESTAL 537
8. RESPONSABILIDADE CIVIL AMBIENTAL 538
9. RESPONSABILIDADE PENAL AMBIENTAL 538
10. PROTEÇÃO JUDICIAL DO MEIO AMBIENTE 540
11. ESTATUTO DA CIDADE 540
12. RECURSOS HÍDRICOS 541
13. RESÍDUOS SÓLIDOS 542

15. DIREITO DO IDOSO — 543

1. PNI (POLÍTICA NACIONAL DO IDOSO) E CNDI (CONSELHO NACIONAL DOS DIREITOS DO IDOSO) 543
2. DISPOSIÇÕES PRELIMINARES DO ESTATUTO DO IDOSO E DIREITOS FUNDAMENTAIS 545
3. MEDIDAS DE PROTEÇÃO 550
4. ACESSO À JUSTIÇA 551
5. CRIMES 553
6. TEMAS VARIADOS 554

16. DIREITO DO TRABALHO — 557

1. INTRODUÇÃO, FONTES E PRINCÍPIOS 557
2. CONTRATO INDIVIDUAL DE TRABALHO 557
3. TRABALHO DA MULHER 557

4. ALTERAÇÃO, INTERRUPÇÃO E SUSPENSÃO DO CONTRATO DE TRABALHO 558
5. REMUNERAÇÃO E SALÁRIO 558
6. TÉRMINO DO CONTRATO 559
7. ESTABILIDADE E FGTS 559
8. DIREITO COLETIVO DO TRABALHO 560
9. TEMAS COMBINADOS 560

17. DIREITO PROCESSUAL DO TRABALHO — 563

1. PRINCÍPIOS, ORGANIZAÇÃO DA JUSTIÇA DO TRABALHO, COMPETÊNCIA E NULIDADES PROCESSUAIS 563
2. PRESCRIÇÃO 564
3. PROCEDIMENTOS E SENTENÇA 564
4. RECURSOS 566
5. EXECUÇÃO TRABALHISTA 567
6. QUESTÕES COMBINADAS 567

18. DIREITO PREVIDENCIÁRIO — 569

1. PRINCÍPIOS E NORMAS GERAIS 569
2. CUSTEIO 572
3. SEGURADOS, DEPENDENTES 573
4. BENEFÍCIOS 576
5. ACIDENTES, DOENÇAS DO TRABALHO 578
6. ASSISTÊNCIA SOCIAL E SAÚDE 578
7. AÇÕES PREVIDENCIÁRIAS 579
8. REGIME PRÓPRIO DE PREVIDÊNCIA DOS SERVIDORES, PREVIDÊNCIA COMPLEMENTAR 580
9. OUTRAS MATÉRIAS E COMBINADAS 581

19. SOCIOLOGIA E CIÊNCIA POLÍTICA — 583

20. FILOSOFIA GERAL E JURÍDICA — 591

21. DIREITO ELEITORAL — 599

22. PENAL E PROCESSUAL PENAL MILITAR — 601

23. DIREITO ELEITORAL — 603

1. FONTES E PRINCÍPIOS DE DIREITO ELEITORAL 603
2. DIREITOS POLÍTICOS, ELEGIBILIDADE E ALISTAMENTO ELEITORAL 604

3. INELEGIBILIDADE 606
4. CANCELAMENTO E EXCLUSÃO DE ELEITOR 608
5. PARTIDOS POLÍTICOS, CANDIDATOS 608
6. ELEIÇÕES, VOTOS, APURAÇÃO, QUOCIENTES ELEITORAL E PARTIDÁRIO 610
7. PROPAGANDA ELEITORAL E RESTRIÇÕES NO PERÍODO ELEITORAL............................610
8. COMPETÊNCIA E ORGANIZAÇÃO DA JUSTIÇA ELEITORAL E MP ELEITORAL.......................611
9. AÇÕES, RECURSOS, IMPUGNAÇÕES 613
10. CRIMES ELEITORAIS..618
11. TEMAS COMBINADOS E OUTRAS MATÉRIAS..619

1. DIREITO CONSTITUCIONAL

Bruna Vieira e Teresa Melo*

1. PODER CONSTITUINTE

(Defensor Público –DPE/RN – 2016 – CESPE) Com relação ao poder constituinte, assinale a opção correta.

(A) Tendo em vista os limites autônomos ao poder constituinte derivado decorrente, devem as Constituições estaduais observar os princípios constitucionais extensíveis, tais como aqueles relativos ao processo legislativo.
(B) A mutação constitucional é fruto do poder constituinte derivado reformador.
(C) De acordo com a CF, em razão das limitações procedimentais impostas ao poder constituinte derivado reformador, é de iniciativa privativa do presidente da República proposta de emenda à CF que disponha sobre o regime jurídico dos servidores públicos do Poder Executivo federal.
(D) Ao poder constituinte originário esgota-se quando se edita uma nova Constituição.
(E) Para a legitimidade formal de uma nova Constituição, exige-se que o poder constituinte siga um procedimento padrão, com disposições predeterminadas.

A: correta. O art. 25 da CF afirma que os Estados têm capacidade de auto-organização, *obedecidos os princípios da Constituição*, o que demonstra o caráter derivado. Uadi Lammêgo Bulos defende que os referidos princípios são os sensíveis, os estabelecidos (organizatórios) e os extensíveis. Os sensíveis encontram-se listados no art. 34, VII, da CF. Os princípios estabelecidos (ou organizatórios) são os que limitam a ação indiscriminada do Poder Constituinte Decorrente (repartição de competências, sistema tributário, organização de Poderes, direitos políticos, nacionalidade, direitos fundamentais, sociais, da ordem econômica, dentre outros). Por fim, de acordo com Bulos, os extensíveis correspondem aos princípios "que integram a estrutura da federação brasileira, relacionando-se, por exemplo, com a forma de investidura em cargos eletivos (art. 77), o processo legislativo (art. 59 e s.), os orçamentos (arts. 165 e s.), os preceitos ligados à Administração Pública (art. 37 e s.) etc."; **B:** incorreta. É fruto do poder constituinte *difuso*, já que é mecanismo informal de alteração da Constituição. Na mutação não há qualquer alteração formal das normas constitucionais, mas atribuição de novo sentido ou conteúdo ao texto, seja por interpretação ou por construção; **C:** incorreta. Não se trata de exercício de poder constituinte, já que a matéria é tratada por lei (art. 61, § 1º, II, *c*, CF), sem necessidade de reforma da Constituição; **D:** incorreta. Uma das características do poder constituinte originário é ser *permanente*, ou seja, não se esgota com a promulgação da nova Constituição, mas a ela sobrevive como expressão da liberdade; **E:** incorreta. Segundo Pedro Lenza, o poder constituinte originário é inicial, autônomo, ilimitado juridicamente, incondicionado, soberano na tomada de decisões, um poder de fato e político, além de permanente.

Gabarito: "A".

---

* **Bruna Vieira** comentou as questões dos concursos DEF/AC/12, DEF/AM/13, DEF/ES/12, DEF/PR/12, DEF/RO/12, DEF/SE/12, DEF/SP/12 e DEF/TO/13. **Teresa Melo** comentou as demais questões e atualizou os comentários deste capítulo.

(Defensoria Pública da União – CESPE – 2015) No tocante ao poder constituinte e aos limites ao poder de reforma, julgue os itens que se seguem.

(1) A proteção dos limites materiais ao poder de reforma constitucional não alcança a redação do texto constitucional, visando sua existência a evitar a ruptura com princípios que expressam o núcleo essencial da CF.
(2) Desde que observem a cláusula de reserva de plenário, os tribunais podem declarar a revogação de normas legais anteriores à CF com ela materialmente incompatíveis.
(3) De acordo com o STF, é possível o controle judicial de constitucionalidade de emendas constitucionais, desde que ele ocorra por meio da ação direta de inconstitucionalidade ou da arguição de descumprimento de preceito fundamental e desde que, na emenda, haja violação de cláusula pétrea.

1: correta. Os limites materiais de reforma da Constituição correspondem às cláusulas pétreas (art. 60, § 4º, CF), que não asseguram a imutabilidade do texto. O texto das normas que correspondem a cláusulas pétreas pode ser alterado para aumentar a proteção por elas garantida; **2:** incorreta. A cláusula de reserva de plenário (art. 97) determina que os órgãos fracionários dos tribunais não podem declarar a inconstitucionalidade de lei ou ato normativo, não se tratando de revogação; **3:** incorreta. O controle de constitucionalidade de emendas constitucionais, como de qualquer lei ou ato normativo, pode ser efetuado via controle difuso ou concentrado. Não há restrição ao cabimento apenas de instrumentos de controle concentrado, como ADIn ou ADPF, nem que só caiba controle quando se tratar de cláusulas pétreas.

Gabarito: 1C, 2E, 3E.

(Defensor Público/SE – 2012 – CESPE) Assinale a opção correta no que se refere ao poder constituinte.

(A) O caráter ilimitado do poder constituinte originário deve ser entendido guardadas as devidas proporções: embora a Assembleia Nacional Constituinte de 1987/1988 não se subordinasse a nenhuma ordem jurídica que lhe fosse anterior, devia observância a certos limites extrajurídicos, como valores éticos e sociais.
(B) Com a promulgação da CF, esgotou-se, no Brasil, o poder constituinte originário.
(C) Ao serem eleitos, os parlamentares que integraram a Assembleia Nacional Constituinte instalada no Brasil em 1987 tornaram-se os únicos titulares do poder constituinte originário.
(D) A Assembleia Nacional Constituinte instalada no Brasil em 1987 exerceu poder constituinte derivado.
(E) A Assembleia Nacional Constituinte instalada no Brasil em 1987 exerceu poder constituinte originário, caracterizado como inicial e autônomo, não se subordinando a limitações de nenhuma ordem, ainda que extrajurídicas.

A: correta. O Poder Constituinte Originário (PCO) é inicial porque inaugura uma nova ordem jurídica; ilimitado porque não se submete aos limites impostos pela ordem jurídica anterior; autônomo porque exercido livremente por seu titular (o povo) e incondicionado por não se submeter a nenhuma forma preestabelecida para sua manifestação. Importante ressaltar que, para a doutrina jusnaturalista, o direito natural impõe limites ao PCO que, por essa razão, não seria totalmente autônomo; **B:** incorreta. Pode ser exercido novamente, para a criação de uma nova Constituição; **C:** incorreta. O titular do poder constituinte é sempre o povo; **D:** incorreta. Exerceu poder constituinte originário; **E:** incorreta. V. comentários à alternativa "a".
Gabarito "A".

(Defensor Público/SP – 2012 – FCC) A Constituição Federal de 1988, fruto do exercício do Poder Constituinte Originário, inaugurou nova ordem jurídico constitucional. Sobre o relacionamento da Constituição Federal de 1988 com as ordens jurídicas pretéritas (constitucionais e infraconstitucionais) é correto afirmar:
(A) Normas infraconstitucionais anteriores à Constituição Federal de 1988, desde que compatíveis material e formalmente com a ordem constitucional atual, continuam válidas.
(B) De acordo com entendimento dominante no Supremo Tribunal Federal, os dispositivos da Constituição de 1967 (com as alterações da Emenda n. 1 de 1969), que não forem contrários à Constituição Federal de 1988, continuam válidos, mas ocupam posição hierárquica infraconstitucional legal.
(C) Por força de norma expressa do Ato das Disposições Constitucionais Transitórias da Constituição Federal de 1988, houve manutenção da aplicação de determinados dispositivos da Constituição de 1967 (com as alterações da Emenda n. 1 de 1969).
(D) A promulgação da Constituição Federal de 1988 revogou integralmente a Constituição de 1967 (com as alterações da Emenda n. 1 de 1969), inexistindo, dada a incompatibilidade da ordem constitucional atual com o regime ditatorial anterior, possibilidade de recepção de dispositivos infraconstitucionais.
(E) Dispositivo da Constituição de 1946, que seja plenamente compatível com a ordem constitucional de 1988, com a revogação da Constituição de 1967 (com as alterações da Emenda n. 1 de 1969), tem sua validade retomada.

A: incorreta. Só precisam ser materialmente compatíveis; **B:** incorreta. O ordenamento brasileiro não admite, como regra geral, o fenômeno da *desconstitucionalização*, segundo o qual as normas da constituição anterior, materialmente compatíveis com a nova ordem constitucional, permanecem em vigor com *status* de lei ordinária. Só existirá desconstitucionalização se o próprio Poder Constituinte assim determinar, haja vista sua autonomia; **C:** Correta. V. art. 28 do ADCT; **D:** Incorreta. Pelo princípio da recepção, a legislação anterior à nova Constituição, desde que seja *materialmente* compatível com o novo texto, é validada e passa a se submeter à nova disciplina constitucional. Se a contrariedade com a CF de 1988 for apenas formal, sendo válido seu conteúdo, ainda assim são recepcionadas; **E:** Incorreta. Não existe repristinação nesse caso.
Gabarito "C".

(Defensor Público/SP – 2012 – FCC) Emmanuel Joseph Sieyès (1748-1836), um dos inspiradores da Revolução Francesa, foi autor de um texto que teve grande repercussão na teoria do Poder Constituinte. O referido texto é:
(A) *Que é o terceiro Estado?*

(B) *O poder do terceiro Estado.*
(C) *Que pretende o terceiro Estado?*
(D) *Que tem sido o terceiro Estado?*
(E) *A importância do terceiro Estado.*

Onde desenvolve a noção de soberania nacional.
Gabarito "A".

(Defensor Público/RS – 2011 – FCC) No que se refere ao Poder Constituinte, é INCORRETO afirmar:
(A) O Poder Constituinte genuíno estabelece a Constituição de um novo Estado, organizando-o e criando os poderes que o regerão.
(B) Existe Poder Constituinte na elaboração de qualquer Constituição, seja ela a primeira Constituição de um país, seja na elaboração de qualquer Constituição posterior.
(C) O Poder Constituinte derivado decorre de uma regra jurídica constitucional, é ilimitado, subordinado e condicionado.
(D) Quando os Estados-Federados, em razão de sua autonomia político-administrativa e respeitando as regras estabelecidas na Constituição Federal, auto-organizam-se por meio de suas constituições estaduais estão exercitando o chamado Poder Constituinte derivado decorrente.
(E) Para parte da doutrina, a titularidade do Poder Constituinte pertence ao povo, que, entretanto, não detém a titularidade do exercício do poder.

A: correta. O poder constituinte genuíno é o originário, também conhecido como inicial ou inaugural; **B** e **D:** corretas. O primeiro é originário e o segundo é derivado. O Poder Constituinte Originário é inicial porque inaugura uma nova ordem jurídica; ilimitado porque não se submete aos limites impostos pela ordem jurídica anterior; autônomo porque exercido livremente por seu titular (o povo) e incondicionado por não se submeter a nenhuma forma preestabelecida para sua manifestação. O Poder Constituinte Derivado é secundário, subordinado, limitado, e exercido pelos representantes do povo. Daí resulta a conclusão de que o poder constituinte derivado encontra limites nas regras previstas pelo constituinte originário. Como defendido em doutrina, o poder constituinte derivado pode ser exercido através da reforma da Constituição Federal ou da Constituição Estadual (poder constituinte derivado reformador), pela revisão da Constituição Federal (poder constituinte derivado revisor, art. 3º do ADCT) ou por intermédio da elaboração das constituições estaduais e da lei orgânica do Distrito Federal (poder constituinte derivado decorrente); **C:** incorreta, pois não é ilimitado, como se lê nos comentários à alternativa "B"; **E:** correta. A titularidade do poder constituinte originário é do povo, seu exercício pode ser realizado pelos representantes do povo.
Gabarito "C".

(Defensor Público/BA – 2010 – CESPE) Julgue os itens que se seguem, relativos ao poder constituinte.
(1) O denominado poder constituinte supranacional tem capacidade para submeter as diversas constituições nacionais ao seu poder supremo, distinguindo-se do ordenamento jurídico positivo interno assim como do direito internacional.
(2) O Brasil adotou a teoria segundo a qual o poder constituinte originário não é totalmente ilimitado, devendo ser respeitadas as normas de direito natural.

1: correta. Maurício Andreiuolo Rodrigues, citado por Pedro Lenza, afirma que o poder constituinte supranacional "faz as vezes do poder constituinte porque cria uma ordem jurídica de cunho constitucional, na medida em que reorganiza a estrutura de cada um dos Estados ou adere ao direito comunitário de viés supranacional por excelência, com capacidade, inclusive, para submeter as diversas constituições nacionais ao seu poder supremo. Da mesma forma, e em segundo lugar, é supranacional, porque se distingue do ordenamento positivo interno assim como do direito internacional"; **2:** incorreta. O Poder Constituinte Originário (PCO) é inicial porque inaugura uma nova ordem jurídica; ilimitado porque não se submete aos limites impostos pela ordem jurídica anterior; autônomo porque exercido livremente por seu titular (o povo) e incondicionado por não se submeter a nenhuma forma preestabelecida para sua manifestação, nem mesmo aos "direitos adquiridos". Importante ressaltar que, para a doutrina jusnaturalista, o direito natural impõe limites ao PCO que, por essa razão, não seria totalmente autônomo.

Gabarito 1C, 2E

2. TEORIA DA CONSTITUIÇÃO E PRINCÍPIOS FUNDAMENTAIS

(Defensor Público –DPE/BA – 2016 – FCC) De acordo com disposição expressa da Constituição Federal, a República Federativa do Brasil tem como fundamento

(A) estado social de direito.

(B) defesa da paz.

(C) soberania.

(D) prevalência dos direitos humanos.

(E) desenvolvimento nacional.

Art. 1º, I a V, da CF. São fundamentos da República Federativa do Brasil: soberania, cidadania, dignidade da pessoa humana, valores sociais do trabalho e livre-iniciativa, e pluralismo político.

Gabarito "C"

(Defensor Público –DPE/ES – 2016 – FCC) A respeito da distinção entre princípios e regras, é correto afirmar:

(A) Diante da colisão entre princípios, tem-se o afastamento de um dos princípios pelo princípio da especialidade ou ainda pela declaração de invalidade.

(B) As regras e os princípios são espécies de normas jurídicas, ressalvando-se a maior hierarquia normativa atribuída aos princípios.

(C) Os princípios possuem um grau de abstração maior em relação às regras, aplicando-se pela lógica do "tudo ou nada".

(D) Os princípios por serem vagos e indeterminados, carecem de mediações concretizadoras (do legislador, do juiz), enquanto as regras são suscetíveis de aplicação direta.

(E) Na hipótese de conflito entre regras, tem-se a ponderação das regras colidentes.

A: Incorreta. Diante da colisão de princípios aplica-se a técnica da ponderação de interesses. Os critérios clássicos de solução de conflito aparente de normas (hierarquia, cronologia, especialidade etc.) não se aplicam às normas constitucionais, por terem a mesma hierarquia e pelo princípio da unidade da Constituição. A interpretação da Constituição possui princípios próprios; **B:** Incorreta. Princípios e regras são espécies do gênero "norma", mas não há hierarquia entre eles – embora haja autores que afirmem que violar um princípio é pior que violar uma regra; **C:** Incorreta. Os princípios são mais abstratos que as regras, mas possuem uma dimensão de peso, constituindo "mandados de otimização". São as regras que seguem a lógica do "tudo ou nada", ou seja: incidem ou não incidem em determinado caso; **D:** Correta, embora em alguns casos os princípios também possam ser aplicados diretamente; **E:** Incorreta. Ponderação é técnica de solução de conflito entre princípios, não entre regras. Regras não são ponderadas, ou se aplicam ou são afastadas em determinado caso.

Gabarito "D"

(Defensor Público –DPE/ES – 2016 – FCC) Em relação ao fenômeno da "constitucionalização" do Direito, impactando as diversas disciplinas jurídicas, como, por exemplo, o Direito Civil, o Direito Processual Civil, o Direito Penal etc., e a força normativa da Constituição, considere:

I. A nova ordem constitucional inaugurada em 1988 tratou de consolidar a força normativa e a supremacia da Constituição, muito embora mantida a centralidade normativo-axiológica do Código Civil no ordenamento jurídico brasileiro.

II. Em que pese parte da doutrina atribuir força normativa à Constituição, ainda predomina, sobretudo na jurisprudência do Supremo Tribunal Federal, o entendimento de que a norma constitucional possui natureza apenas programática.

III. No âmbito do Direito Privado, a eficácia entre particulares (ou vertical) dos direitos fundamentais é um exemplo significativo da força normativa da Constituição e da "constitucionalização" do Direito Civil.

IV. Não obstante a força normativa da Constituição e o novo rol de direitos fundamentais consagrado pela Constituição Federal de 1988, o ordenamento jurídico brasileiro ainda se encontra assentado normativamente em um paradigma ou tradição liberal-individualista

V. A "despatrimonialização" do Direito Civil, conforme sustentada por parte da doutrina, é reflexo da centralidade que o princípio da dignidade da pessoa humana e os direitos fundamentais passam a ocupar no âmbito do Direito Privado, notadamente após a Constituição Federal de 1988.

Está correto o que se afirma APENAS em

(A) V.

(B) I e III.

(C) III, IV e V.

(D) II e III.

(E) III e V.

I: Incorreta. Embora a primeira parte esteja correta, a centralidade normativo-axiológica do direito brasileiro é a Constituição Federal – não o Código Civil. O Código Civil, como toda legislação infraconstitucional, deve ser interpretado à luz da Constituição (filtragem constitucional); **II:** Incorreta. Nem todas as normas constitucionais são programáticas, que estabelecem verdadeiros programas a serem cumpridos pelo Estado (art. 3º e art. 215, CF, por exemplo). A maioria é de aplicabilidade imediata; **III:** Incorreta. Os direitos fundamentais são oponíveis pelo cidadão contra o Estado (eficácia vertical) ou por um particular em face de outro particular, nas relações privadas (eficácia horizontal). Embora seja decorrência da força normativa da Constituição, que se aplica tanto das relações Estado-particular como nas relações particular-particular, a eficácia horizontal dos direitos fundamentais não decorre da "constitucionalização do direito civil"; **IV:** Incorreta. A Constituição consagra direitos individuais próprios da primeira geração (direitos individuais), mas também direitos sociais, culturais e econômicos (de segunda geração), além dos direitos difusos e coletivos (de terceira geração). O paradigma da Constituição de 1988 não é liberal, mas democrático de direito; **V:** Correta. O princípio da dignidade da pessoa humana ocupa o papel de centralidade axiológica da Constituição, condicionando a interpretação de todo o direito infraconstitucional. De acordo com Daniel Sarmento, o conteúdo do princípio da dignidade da pessoa humana corresponde: a) ao valor intrínseco da pessoa; b) à autonomia; c) ao mínimo existencial e d) ao reconhecimento intersubjetivo.

Gabarito "A".

(Defensor Público –DPE/RN – 2016 – CESPE) A respeito da classificação e das concepções de Constituição, do conteúdo do direito constitucional e das normas constitucionais, assinale a opção correta.

(A) Consoante Hans Kelsen, a concepção jurídica de Constituição a concebe como a norma por meio da qual é regulada a produção das normas jurídicas gerais, podendo ser produzida, inclusive, pelo direito consuetudinário.

(B) No que tange ao conteúdo do direito constitucional e a seus aspectos multifacetários, denomina-se direito constitucional comunitário o conjunto de normas e princípios que disciplinam as relações entre os preceitos de Estados estrangeiros e as normas constitucionais de determinado país.

(C) As Constituições rígidas, também denominadas Constituições fixas, são aquelas que só podem ser modificadas por um poder de competência idêntico àquele que as criou.

(D) O preâmbulo da CF possui caráter dispositivo.

(E) De acordo com a concepção de Constituição trazida por Konrad Hesse, a força condicionante da realidade e a normatividade da Constituição são independentes. Nesse sentido, a Constituição real e a Constituição jurídica devem apresentar-se de forma autônoma.

A: Correta. Para Hals Kelsen a Constituição é norma pura, encontrando-se no mundo do dever-ser (normativo), sem fundamentação sociológica, política ou sociológica; **B:** Incorreta. Esse o conceito do direito constitucional internacional; **C:** Incorreta. As constituições rígidas podem ser modificadas pelo poder constituinte derivado, portanto diferente do que a criou (originário). São rígidas as constituições que preveem um processo qualificado para alteração de suas próprias normas, diverso do processo de alteração das leis ordinárias; **D:** Incorreta. O STF entende que o preâmbulo não tem força normativa, encontrando-se no âmbito da política; **E:** Incorreta. Justo o contrário. Em razão de a realidade e a normatividade serem dependentes, a constituição real e a constituição jurídica não se apresentam de forma autônoma.

Gabarito "A".

(Defensor Público –DPE/RN – 2016 – CESPE) Assinale a opção correta acerca do perfil constitucional do Estado federal brasileiro.

(A) Os territórios federais, quando criados, elegerão um senador para integrar o Congresso Nacional.

(B) No tocante às competências legislativas concorrentes, a superveniência de norma suplementar específica proveniente de ente federativo local suspenderá de pronto a eficácia de lei federal sobre normas gerais, no que esta lhe for contrária.

(C) A CF não poderá ser emendada na vigência de intervenção federal, salvo por iniciativa de mais da metade das assembleias legislativas das unidades da Federação, manifestando-se, cada uma delas, pela maioria relativa de seus membros.

(D) Por não integrarem a Federação, municípios podem ter sua autonomia político-constitucional suprimida por emenda à CF.

(E) A despeito de a CF fixar os números mínimo e máximo de deputados federais por unidade da Federação, é ao Congresso Nacional que cabe, dentro dessa margem, fixar o efetivo número desses parlamentares por estado e pelo DF, mediante a edição de lei complementar, sem possibilidade de delegação de tal tarefa a outro órgão estatal.

A: Incorreta. O Senado é composto por representantes dos estados e do Distrito Federal, não dos Territórios. Os territórios, se e quando criados, elegem quatro deputados (art. 45, § 2º, CF); **B:** Incorreta. A alternativa confunde competências concorrentes com competências suplementares. No caso de competência legislativa concorrente, a competência da União restringe-se a estabelecer normas gerais, que não exclui a competência suplementar dos Estados. Caso não haja lei federal sobre normas gerais, os estados podem editar tal norma mas, nesse caso, na superveniência de lei federal também sobre normas gerais, as regras gerais estabelecidas pelo estado são suspensas no que forem contrárias às normas gerais federais (art. 24, §§ 1º a 4º, CF); **C:** Incorreta. O art. 60, § 1º, CF não prevê exceções à regra de impossibilidade de emenda na vigência de intervenção federal; **D:** Incorreta. Os municípios são entes da Federação (art. 18, CF); **E:** Correta. Art. 45, § 1º, CF e ADI 5028.

Gabarito "E".

(Defensoria Pública da União – CESPE – 2015) Com referência ao conceito de Constituição, julgue o item abaixo.

(1) Embora o termo Constituição seja utilizado desde a Antiguidade, as condições sociais, políticas e históricas que tornaram possível a universalização, durante os séculos XIX e XX, da ideia de supremacia constitucional, surgiram somente a partir do século XVIII.

1: Correta. A ideia de Constituição como limitadora do poder político nasce com o Estado Liberal, no século XVIII.

Gabarito 1C.

(Defensor Público/ES – 2012 – CESPE) Em relação ao conceito de supremacia constitucional e de constitucionalismo, julgue os itens seguintes.

(1) A rigidez e o controle de constitucionalidade não se relacionam com a supremacia da CF, mas com a compatibilidade das leis com o texto constitucional.

(2) Na perspectiva moderna, o conceito de constitucionalismo abrange, em sua essência, a limitação do poder político e a proteção dos direitos fundamentais.

1. Incorreta. São rígidas as constituições em que o mecanismo de alteração das normas constitucionais é mais difícil que o previsto para a modificação de normas infraconstitucionais. A CF/1988 é rígida, pois estabelece em seu texto um procedimento mais qualificado para aprovação de emendas constitucionais que o de alteração das leis em geral (art. 60 da CF). A rigidez, portanto, tem como consequência a supremacia da Constituição sobre as demais normas jurídicas, pois nenhuma lei ou ato normativo pode contrariar o disposto na CF. Assim, também pelo princípio da supremacia da Constituição qualquer lei ou ato normativo só será válido se compatível com os ditames constitucionais, o que fundamenta o controle de constitucionalidade; **2.** Correta. De acordo com Pedro Lenza (Direito Constitucional Esquematizado, 2013, p. 58), "partindo, então, da ideia de que todo Estado deva possuir uma Constituição, avança-se no sentido de que os textos constitucionais contêm regras de limitação ao poder autoritário e de prevalência dos direitos fundamentais, afastando-se da visão autoritária do antigo regime".

Gabarito 1E, 2C

(Defensor Público/PR – 2012 – FCC) O constitucionalismo fez surgir as Constituições modernas que se caracterizam pela adoção de

(A) rol de direitos civis, políticos, econômicos, sociais e culturais e regime presidencialista de governo;
(B) pactos de poder entre soberanos e súditos que garantem àqueles privilégios, poderes e prerrogativas sem a contrapartida de deveres e responsabilidades exigíveis por estes;
(C) princípio do governo limitado pelas leis, separação de poderes e proteção de direitos e garantias fundamentais;
(D) controle de constitucionalidade difuso das normas realizado por qualquer membro do Poder Judiciário;
(E) cartas constitucionais escritas, formais, dogmáticas, dirigentes, analítica e outorgadas.

O constitucionalismo moderno abrange a limitação do poder político e a proteção dos direitos fundamentais. De acordo com Pedro Lenza (Direito Constitucional Esquematizado, 2013, p. 58), "partindo, então, da ideia de que todo Estado deva possuir uma Constituição, avança-se no sentido de que os textos constitucionais contêm regras de limitação ao poder autoritário e de prevalência dos direitos fundamentais, afastando-se da visão autoritária do antigo regime".

Gabarito "C".

(Defensor Público/AM – 2010 – I. Cidades) Quando se usa a expressão "a Constituição é norma pura", "puro dever ser", a concepção de Constituição foi adotada:

(A) no sentido político, como decisão concreta de conjunto sobre o modo e a forma de existência da unidade política.
(B) no sentido jurídico, sem qualquer referência à fundamentação sociológica, política ou filosófica.
(C) no sentido estrutural, como norma em conexão com a realidade social.
(D) no sentido total, com a integração dialética dos vários conteúdos da vida coletiva.
(E) no sentido histórico, como uma concepção do evoluir social em direção à estabilidade.

A ideia de *constituição* é apresentada pela doutrina em três principais noções: a) em sentido sociológico (Ferdinand Lassale); b) em sentido político (Carl Schimitt) e c) em sentido jurídico (Hans Kelsen). O enunciado da questão reproduz a lição de Kelsen, de que a Constituição é norma jurídica fundamental, desdobrando-se nos aspectos lógico-jurídico e jurídico-positivo, sendo certo que o sentido lógico-jurídico é o fundamento de validade para a elaboração da norma jurídico-positiva. De acordo com Pedro Lenza, citando J. H. Meirelles Teixeira, "a concepção culturalista do direito conduz ao conceito de uma Constituição Total em uma visão suprema e sintética que 'apresenta na sua complexidade intrínseca, aspectos econômicos, sociológicos, jurídicos e filosóficos, a fim de abranger o seu conceito em uma perspectiva unitária'".

Gabarito "B".

(Defensor Público/AM – 2010 – I. Cidades) A respeito do conceito e da classificação da Constituição, é correto afirmar que:

(A) A Constituição, na clássica definição de Lassalle, é a decisão política fundamental de um povo, insculpida em um texto normativo que goza de superioridade jurídica frente às demais normas constitucionais.

(B) Para Carl Schimitt, a Constituição é a norma jurídica fundamental do ordenamento jurídico, servindo de fundamento de validade para as demais normas jurídicas.
(C) No entendimento de Hans Kelsen, a Constituição é resultado das forças reais de poder, buscando o seu fundamento de validade em uma norma jurídica epistemológica.
(D) Para Carl Schmitt, não há razão para se fazer distinção entre normas constitucionais em sentido formal e em sentido material, pois tudo o que está na Constituição tem o mesmo status constitucional.
(E) No sentido ontológico (Karl Loewenstein), a Constituição pode ser classificada em semântica, nominal e normativa. A Constituição Federal de 1988 é um exemplo de Constituição normativa.

A, B, C e D: incorretas. Na lição de Pedro Lenza, o sentido sociológico de Ferdinand Lassale significa que "uma constituição só seria legítima se representasse o efetivo poder social, refletindo as forças sociais que constituem o poder". Para Carl Schmitt (sentido político), distingue-se Constituição de lei constitucional. José Afonso da Silva afirma que, para ele, constituição "só se refere à decisão política fundamental (estrutura e órgãos do Estado, direitos individuais, vida democrática etc.); as leis constitucionais seriam os demais dispositivos inseridos no texto do documento constitucional, mas não contêm matéria de decisão política fundamental". O critério de Schmitt, portanto, aproxima-se da diferenciação entre constituição em sentido material e constituição em sentido formal. Por fim, Kelsen defende que a Constituição é norma jurídica fundamental, desdobrando-se nos aspectos lógico-jurídico e jurídico-positivo, sendo certo que o sentido lógico-jurídico é o fundamento de validade para a elaboração da norma jurídico-positiva; E: correta. Karl Loewenstein apresenta o sentido ontológico de Constituição (classificação quanto ao uso que os detentores do poder fazem da Constituição), segundo o qual a constituição normativa corresponde à constituição efetiva, ou seja, a que obriga a todos a sua observância; a nominal é a ignorada pela prática do poder e a semântica é a que justifica a dominação daqueles que exercem o poder político.

Gabarito "E".

(Defensor Público/GO – 2010 – I. Cidades) Quando se usa a expressão "a Constituição é a soma dos fatores reais de poder", está se admitindo a concepção de constituição

(A) no sentido político, como decisão concreta de conjunto sobre o modo e forma de existência da unidade política.
(B) no sentido sociológico, pela qual se entende a constituição escrita apenas como uma "folha de papel".
(C) no sentido lógico-jurídico, como norma jurídica hipotética fundamental.
(D) no sentido jurídico-positivo, como norma positiva suprema que regula a criação de outras normas.
(E) no sentido histórico, como uma concepção do evoluir social em direção à estabilidade.

A ideia de *constituição* é apresentada pela doutrina em três principais noções: a) em sentido sociológico (Ferdinand Lassale); b) em sentido político (Carl Schimitt) e c) em sentido jurídico (Hans Kelsen). Para Ferdinand Lassale, a Constituição diz respeito ao "fato social", pois é resultado do somatório das "forças reais de poder". Caso não haja correspondência entre a constituição real e esse "fato social", a constituição será mera "folha de papel". De acordo com Carl Schmitt (sentido político), distingue-se Constituição de lei constitucional. José Afonso da Silva afirma que, para ele, constituição "só se refere à decisão política fundamental (estrutura e órgãos do Estado, direitos individuais, vida democrática etc.); as leis constitucionais seriam os demais dispositivos inseridos no texto do documento constitucional, mas não contêm matéria de decisão política fundamental". O critério de Schmitt, portanto, aproxima-se da diferenciação entre constituição em sentido material e constituição em sentido formal. Por fim, Kelsen defende que a Constituição é norma jurídica fundamental, desdobrando-se nos aspectos lógico-jurídico e jurídico-positivo, sendo certo que o sentido lógico-jurídico é o fundamento de validade para a elaboração da norma jurídico-positiva.

Gabarito "B".

(Defensoria Pública da União – 2010 – CESPE) Julgue o item seguinte.

(1) Atendendo ao princípio denominado correção funcional, o STF não pode atuar no controle concentrado de constitucionalidade como legislador positivo.

1: correta. O princípio da conformidade (ou correção) funcional, também chamado de *princípio da justeza*, visa impedir, na concretização da CF, a alteração da repartição das funções constitucionalmente estabelecidas.

Gabarito 1C

(Defensoria Pública/SP – 2010 – FCC) A "Constituição Dirigente" determina tarefas, estabelece metas e programas e define fins para o Estado e para a sociedade. Nesse modelo,

(A) são insindicáveis as políticas públicas no que se refere aos meios necessários para atingi-las, pois é nesse aspecto que reside a discricionariedade do Governante.
(B) não se aplica o controle de constitucionalidade das políticas governamentais, pois o Poder Judiciário não tem legitimidade, nem atribuição sem que se viole a separação de poderes.
(C) não cabe controle de constitucionalidade de "questões políticas" desde a Constituição de 1934 que expressamente vedava ao Judiciário conhecer de questões exclusivamente políticas.
(D) é cabível juízo de constitucionalidade de políticas públicas que podem ser consideradas incompatíveis com os objetivos constitucionais que vinculam a ação do Estado.
(E) não é suscetível de controle de constitucionalidade as normas de caráter programático que integram o núcleo político da Constituição, mas não o normativo.

A Constituição dirigente é caracterizada pela existência de normas programáticas em seu texto. As normas programáticas estabelecem um programa de atuação para o legislador infraconstitucional (políticas públicas), indicam os fins a serem alcançados pelos órgãos estatais e estão sujeitas ao controle de constitucionalidade.

Gabarito "D".

(Defensoria/SP – 2009 – FCC) Em relação aos objetivos fundamentais da República Federativa do Brasil previstos no artigo 3º da Constituição Federal, considere as seguintes afirmações:

I. São reveladores de uma axiologia, uma antevisão de um projeto de sociedade mais justa esposado pelo constituinte.
II. Vem enunciados em forma de ação verbal (construir, erradicar, reduzir, promover), que implicam a necessidade de um comportamento ativo pelos que se acham obrigados à sua realização.
III. Como possuem enunciado principialista e generalista não possuem valor normativo, daí porque o estado brasileiro descumpre-os sistematicamente.
IV. O repúdio ao terrorismo e racismo está dentre os objetivos mais importantes, pois respalda outra norma regra objetiva que é a dignidade da pessoa humana.
V. Além de outras normas constitucionais, encontramos vários instrumentos e disposições para efetivação dos objetivos nos títulos que tratam da ordem econômica e da ordem social.

Estão corretas SOMENTE

(A) II, III e IV.
(B) III, IV e V.
(C) I, II e IV.
(D) I, II e V.
(E) I, IV e V.

I: correta. São vetores de interpretação das demais normas constitucionais e infraconstitucionais; II: correta. Implicam prestações positivas por parte do próprio Estado; III: incorreta. Toda norma constitucional, seja princípio ou regra, tem densidade normativa e eficácia; IV: incorreta. A dignidade da pessoa humana é norma-princípio; V: correta. Arts. 170 e ss. e arts. 193 e ss., todos da CF.

Gabarito "D".

(Defensor Público/AC – 2006 – CESPE) Acerca da teoria geral da Constituição, assinale a opção correta.

(A) Ferdinand Lassale, seguidor do conceito sociológico, reconhece a Constituição como um instrumento jurídico dotado de força normativa.
(B) A supremacia da Constituição ocorre mesmo nas chamadas constituições flexíveis.
(C) Há hierarquia entre normas constitucionais.
(D) É possível ao Poder Judiciário, excepcionalmente, determinar a implementação de políticas públicas definidas pela própria Constituição, sempre que os órgãos estatais competentes descumprirem os encargos político-jurídicos, de modo a comprometer, com a sua omissão, a eficácia e a integridade de direitos sociais e culturais impregnados de estatura constitucional.

A: incorreta. A ideia de *constituição* é apresentada pela doutrina em três principais noções: a) em sentido sociológico (Ferdinand Lassale); b) em sentido político (Carl Schimitt) e c) em sentido jurídico (Hans Kelsen). Para Ferdinand Lassale a Constituição diz respeito ao "fato social", pois é resultado do somatório das "forças reais de poder". Caso não haja correspondência entre a constituição real e esse "fato social", a constituição será mera "folha de papel". Ao contrário, Konrad Hesse desenvolveu a doutrina da "força normativa da Constituição", segundo a qual os fatores reais de poder são limitados pela própria Constituição. Importante destacar, ainda, a lição de Kelsen, de que a Constituição é norma jurídica fundamental, desdobrando-se nos aspectos lógico-jurídico e jurídico-positivo, sendo certo que o sentido lógico-jurídico é o fundamento de validade para a elaboração da norma jurídico-positiva; B: incorreta. São rígidas as constituições em que o mecanismo de alteração das normas constitucionais é mais difícil que o previsto para a modificação de normas infraconstitucionais. A CF/88 é rígida, pois estabelece em seu texto um procedimento mais qualificado para aprovação de emendas constitucionais que o de alteração das leis em geral (art. 60 da CF). A rigidez, portanto, tem como consequência a supremacia da Constituição sobre as demais normas jurídicas, pois nenhuma lei ou ato normativo pode contrariar o disposto na CF. As constituições flexíveis, por sua vez, não preveem mecanismo mais dificultoso para a alteração das normas constitucionais, que podem ser modificadas por leis infraconstitucionais posteriores com elas incompatíveis, não havendo falar, portanto, em supremacia constitucional; **C:** incorreta. Não há hierarquia formal entre normas constitucionais, muito embora se possa falar em hierarquia axiológica. Vige, no direito brasileiro, o princípio da unidade da Constituição; **D:** correta. Em caráter excepcional, como explicado na alternativa, as políticas públicas são sindicáveis pelo Poder Judiciário, uma vez que a regra é a separação de poderes.

Gabarito "D".

3. HERMENÊUTICA CONSTITUCIONAL E EFICÁCIA DAS NORMAS CONSTITUCIONAIS

(Defensor Público –DPE/RN – 2016 – CESPE) A respeito de constitucionalização simbólica, de hermenêutica e de interpretação constitucional, assinale a opção correta.

(A) Os conceitos jurídicos indeterminados são expressões de sentido fluido, que podem ser encontradas na Constituição, destinadas a lidar com situações nas quais o constituinte não pôde ou não quis, no relato abstrato do enunciado normativo, especificar de forma detalhada suas hipóteses de incidência. Assim, a atribuição de sentido a essas cláusulas abertas deve dar-se mediante valoração concreta dos elementos da realidade, a partir de um juízo discricionário.

(B) Da relação entre texto constitucional e realidade constitucional, tem-se, como reflexo da constitucionalização simbólica em sentido negativo, uma ausência generalizada de orientação das expectativas normativas conforme as determinações dos dispositivos da Constituição.

(C) Como forma básica de manifestação da constitucionalização simbólica, tem-se a constitucionalização-álibi, caracterizada pela presença de dispositivos constitucionais que, sem relevância normativo-jurídica, confirmam as crenças e o *modus vivendi* de determinados grupos.

(D) A hermenêutica filosófica de matriz gadameriana assemelha-se à hermenêutica clássica, na medida em que trabalha com a atribuição de sentido às normas.

(E) Casos difíceis são aqueles que não têm uma solução abstratamente prevista e pronta na Constituição, devendo o intérprete, para tanto, valer-se da subsunção.

A: Incorreta. Os conceitos jurídicos indeterminados encontram-se nas normas constitucionais com conteúdo aberto, vagueza semântica, justamente para que permaneça atual com o passar do tempo. Sua interpretação, entretanto, não parte de um juízo discricionário, mas sempre do ordenamento jurídico; **B:** Correta. O conceito foi trazido para o Brasil por Marcelo Neves; **C:** Incorreta. De acordo com Pedro Lenza "busca a legislação álibi dar uma aparente solução para problemas da sociedade, mesmo que mascarando a realidade. Destina-se, como aponta Neves, a 'criar a imagem de um Estado que responde normativamente aos problemas reais da sociedade, embora as respectivas relações sociais não sejam realmente normatizadas de maneira consequente conforme o respectivo texto legal"; **D:** Incorreta. A filosofia de Gadamer é contra o método subsuntivo, já que defende que qualquer compreensão começa pela pré-compreensão do intérprete sobre o tema, com seus preconceitos; **E:** Incorreta. Nos casos difíceis, o intérprete deve buscar aplicar os princípios constitucionais com respeito à unidade do sistema jurídico, mediante ponderação ou construção.

Gabarito "B".

(Defensor Público/PR – 2012 – FCC) Alguns autores têm criticado o que consideram um uso abusivo dos princípios e da ponderação como forma de aplicação dos direitos fundamentais. Com frequência os intérpretes dos direitos fundamentais acabam por transformá-los em princípios, utilizando-se em demasia do sopesamento na interpretação de suas inter-relações, o que ocasiona, muitas vezes, perda de objetividade e racionalidade na interpretação, dificultando seu controle. Sobre esse tema, é correto afirmar:

(A) Há elementos na interpretação com base em princípios que podem aflorar com mais facilidade, como a intuição e a sensibilidade, por exemplo, que permitirão ao bom juiz decidir de forma mais consentânea com a constituição e suas concepções pessoais de justiça.

(B) Não há como se eliminar totalmente toda subjetividade na interpretação e aplicação do direito, mas as relações de preferência simples e sem qualificativos devem ser eliminadas para que hajam relações de preferências fundamentadas, escalonadas e condicionadas sendo possível comparar grau de restrição de um direito fundamental com grau de realização de direito que com ele colide.

(C) Na interpretação de direitos fundamentais não há que se buscar racionalidade ou objetividade já que o próprio constituinte delegou ao intérprete a possibilidade de lhes atribuir significado conforme o momento histórico e as expectativas sociais.

(D) É justamente na criação do Direito, a partir da aplicação dos princípios, que o juiz-intérprete supre a inexistência de legitimidade democrática na sua investidura e exerce plenamente suas prerrogativas constitucionais.

(E) Essa crítica é improcedente já que as normas jurídicas não são fórmulas e nem interpretadas por máquinas. A subjetividade, irracionalidade, impossibilidade de controle e ausência de previsibilidade das decisões são ônus a serem suportados pela sociedade ao escolher um modelo de constituição tão abrangente e irrealizável.

Como a interpretação jurídica é realizada por homens, não há como afastar totalmente a subjetividade. Entretanto, a intuição, a irracionalidade e a total ausência de objetividade não podem estar presentes na interpretação das normas. Além disso, não é a partir da interpretação que o juiz supre a falta de legitimidade democrática de sua investidura/decisões. Toda e qualquer decisão deve ser fundamentada, principalmente diante do conflito entre princípios igualmente protegidos pela Constituição, na busca de uma relação de preferência que não seja discriminatória ou irrazoável.

Gabarito "B".

(Defensor Público/SE – 2012 – CESPE) Com relação aos métodos de interpretação das normas constitucionais, assinale a opção correta.

(A) Segundo o método tópico-problemático, as normas constitucionais são fechadas e determinadas, sem nenhum viés fragmentário.

(B) Para cada caso concreto que envolva normas constitucionais, há um método de interpretação adequado que se revela o correto.

(C) De acordo com o método hermenêutico clássico, devem-se adotar os critérios tradicionais relacionados por Savigny como forma de se preservar o conteúdo da norma interpretada e evitar que ele se perca em considerações valorativas.

(D) Uma das características do método hermenêutico-concretizador é ignorar a pré-compreensão do intérprete.

(E) Consoante o método científico-espiritual, a interpretação da Constituição restringe-se ao campo jurídico-formal, não sendo admitida qualquer perspectiva política ou sociológica de construção e preservação da unidade social.

De acordo com Canotilho, a interpretação das normas constitucionais é um conjunto de métodos, que o mestre português divide em: a) jurídico (ou hermenêutico clássico); b) tópico-problemático; c) hermenêutico-concretizador; d) científico-espiritual; e) normativo-estruturante; f) da comparação constitucional. O científico-espiritual é o método valorativo, sociológico, segundo o qual a interpretação das normas constitucionais não se fixa à literalidade da norma, mas leva em conta a realidade social e os valores subjacentes ao texto da Constituição. O normativo-estruturante defende que a literalidade da norma deve ser analisada "à luz da concretização da norma em sua realidade social". O método hermenêutico-concretizador difere do método tópico-problemático justamente porque, no primeiro, parte-se da Constituição para o problema, valendo-se o intérprete de suas pré-compreensões sobre o tema para obter o sentido da norma. Na tópica, ao contrário, parte-se do caso concreto para a norma. O método hermenêutico clássico entende a Constituição como lei e, por isso, a interpreta através dos métodos tradicionais de hermenêutica (gramatical, lógico, sistemático, histórico, teleológico *etc*.).

Gabarito "C".

(Defensor Público/ES – 2012 – CESPE) Julgue os itens a seguir, relativos as normas constitucionais.

(1) Uma das características da hermenêutica constitucional contemporânea é a distinção entre regras e princípios; segundo Ronald Dworkin, tal distinção é de natureza lógico-argumentativa, pois somente pode ser percebida por meio dos usos dos argumentos e razões no âmbito de cada caso concreto.

(2) De acordo com a classificação de José Afonso da Silva, as normas constitucionais podem ser classificadas, quanto à eficácia e a aplicabilidade, em normas de eficácia plena, normas de eficácia contida e normas de eficácia absoluta.

(3) De acordo com o que dispõe a CF, as normas definidoras de direitos fundamentais tem aplicação imediata, mas gradual.

1. Correta. Já para Alexy, a diferenciação é de natureza morfológica-estrutural; **2.** Incorreta. De acordo com José Afonso da Silva há: a) normas constitucionais de eficácia plena (ou absoluta) e aplicabilidade imediata, que produzem efeitos plenos tão logo entram em vigor; b) normas constitucionais de eficácia contida (ou redutível ou restringível) e aplicabilidade mediata, que muito embora tenham eficácia direta e aplicabilidade imediata quando da promulgação da CF, podem vir a ser restringidas pelo legislador infraconstitucional no futuro e c) normas constitucionais de eficácia limitada, que, por sua vez, podem ser: c.1) de princípio institutivo (ou organizativo) ou c.2) de princípio programático. Normas constitucionais de eficácia limitada são as que possuem aplicabilidade indireta e eficácia mediata, pois dependem da intermediação do legislador infraconstitucional para que possam produzir seus efeitos jurídicos próprios. Serão de princípio institutivo se contiverem regras de estruturação de instituição, órgãos ou entidades, como a norma do art. 18, § 2°,

da CF. As normas constitucionais de eficácia limitada e de princípio programático veiculam programas a serem implementados pelo Estado (arts. 196, 205 e 215, da CF); **3.** Incorreta. Nem todas as normas definidoras de direitos são de eficácia plena, ou seja, de aplicabilidade direta e eficácia imediata.

Gabarito 1C, 2E, 3E.

(Defensor Público/RS – 2011 – FCC) No que se refere à interpretação e à eficácia e aplicabilidade das normas constitucionais, considere as seguintes afirmações:

I. A interpretação constitucional evolutiva, também denominada de mutação constitucional, não implica alteração no texto constitucional, mas na interpretação da regra.

II. As normas que consubstanciam os direitos fundamentais são sempre de eficácia e aplicabilidade imediata.

III. Os direitos e garantias fundamentais consagrados na Carta Magna são ilimitados, tanto que não podem ser utilizados para se eximir alguém da responsabilização pela prática de atos ilícitos.

IV. No Direito Constitucional brasileiro fala-se de uma certa relatividade dos direitos e garantias individuais e coletivos, bem como da possibilidade de haver conflito entre dois ou mais deles, oportunidade em que o intérprete deverá se utilizar do princípio da concordância prática ou da harmonização para coordenar e combinar os bens tutelados, evitando o sacrifício total de uns em relação aos outros, sempre visando ao verdadeiro significado do texto constitucional.

Está correto o que se afirma APENAS em

(A) I e III.

(B) I e IV.

(C) I, II e III.

(D) I, II e IV.

(E) II, III e IV.

I: correta. A alteração da Constituição pode ocorrer pela via formal (emendas à Constituição) ou pela via informal (mutação constitucional). A mutação permite que o sentido e o alcance da norma constitucional sejam alterados sem que haja qualquer modificação no texto do dispositivo da Constituição. É feita pelos órgãos estatais ou pelos costumes sociais; **II**: incorreta. Há também normas de eficácia limitada e de eficácia contida; **III**: incorreta. Os direitos fundamentais possuem caráter histórico (historicidade), pois nasceram com o Cristianismo, passaram por diversos períodos históricos até chegarem à atualidade. São indisponíveis, insuscetíveis de renúncia ou de transferência a terceiros, por não possuírem caráter patrimonial (inalienabilidade). Não podem ser transferidos, gratuita ou onerosamente e são imprescritíveis, ou seja, permanentes, não se sujeitam a decurso de prazo; **IV**: correta. Nenhum direito, por mais fundamental que seja, é absoluto. Assim, o princípio da concordância prática parte da noção de unidade da Constituição para estabelecer a coexistência dos bens constitucionais em jogo, evitando o sacrifício total de um em benefício do outro.

Gabarito "B".

(Defensoria Pública/SP – 2010 – FCC) Utilizando-se a classificação de José Afonso da Silva no tocante a eficácia e aplicabilidade das normas constitucionais, a norma constitucional inserida no artigo 5°, XII: "é inviolável o sigilo de correspondência e das comunicações telegráficas, de dados e das comunicações telefônicas, salvo, no último caso, por ordem judicial, nas hipóteses e na forma que a lei estabelecer para fins de investigação criminal ou instrução processual penal", pode ser classificada como norma

(A) de eficácia plena, isto é, de aplicabilidade direta, imediata e integral, não havendo necessidade de lei infraconstitucional para resguardar o sigilo das comunicações.

(B) de eficácia limitada, isto é, de aplicabilidade indireta, mediata e não integral, ou seja, o sigilo somente poderá ser garantido após a integração legislativa infraconstitucional.

(C) de eficácia contida, isto é, de aplicabilidade direta, imediata, porém não integral, ou seja, a lei infraconstitucional poderá restringir sua eficácia em determinadas hipóteses.

(D) com eficácia relativa restringível, isto é, o sigilo pode ser limitado em hipóteses previstas em regramento infraconstitucional.

(E) de eficácia relativa complementável ou dependente de complementação legislativa, isto é, depende de lei complementar ou ordinária para se garantir o sigilo das comunicações.

De acordo com José Afonso da Silva, há: a) normas constitucionais de eficácia plena (ou absoluta) e aplicabilidade imediata, que produzem efeitos plenos tão logo entram em vigor; b) normas constitucionais de eficácia contida (ou redutível ou restringível) e aplicabilidade imediata, que muito embora tenham eficácia direta e aplicabilidade imediata quando da promulgação da CF, podem vir a ser restringidas pelo legislador infraconstitucional no futuro e c) normas constitucionais de eficácia limitada, que, por sua vez, podem ser: c.1) de princípio institutivo (ou organizatório) ou c.2) de princípio programático. Normas constitucionais de eficácia limitada são as que possuem aplicabilidade indireta e eficácia mediata, pois dependem da intermediação do legislador infraconstitucional para que possam produzir seus efeitos jurídicos próprios. Serão de princípio institutivo se contiverem regras de estruturação de instituição, órgãos ou entidades, como a norma do art. 18, § 2º, da CF. As normas constitucionais de eficácia limitada e de princípio programático veiculam programas a serem implementados pelo Estado (arts. 196, 205 e 215, da CF).
Gabarito "C".

(Defensor Público/AM – 2010 – I. Cidades) No art. 196 da Constituição Federal está estabelecido que a "saúde é direito de todos e dever do Estado, garantido mediante políticas sociais e econômicas que visem à redução do risco de doença e de outros agravos e ao acesso universal e igualitário às ações e serviços para sua promoção, proteção e recuperação". A referida norma é:

(A) programática, mas, não obstante essa característica, se algum paciente carente com patologia crônica com indiscutível risco de morte necessitar de remédio de alto custo não fornecido pelo SUS – Sistema Único de Saúde –, será possível mover ação judicial para sua obtenção e, se houver recurso, em última instância a pretensão será acolhida.

(B) de eficácia contida, portanto, lei ordinária federal poderá restringir os casos em que o Sistema Único de Saúde fornecerá assistência farmacêutica e médico-hospitalar.

(C) de eficácia complementável, portanto, deverá ser colmatada pelo legislador infraconstitucional, sob pena de não produzir qualquer efeito jurídico.

(D) de eficácia plena, portanto, se algum paciente carente com patologia crônica com indiscutível risco de morte necessitar de remédio de alto custo não fornecido pelo SUS – Sistema Único de Saúde –, será possível mover ação judicial para sua obtenção e, se houver recurso, em última instância a pretensão será acolhida.

(E) de eficácia plena, portanto, se algum paciente carente com patologia crônica com indiscutível risco de morte necessitar de remédio de alto custo não fornecido pelo SUS – Sistema Único de Saúde –, será possível mover ação judicial para sua obtenção, mas, no entanto, se houver recurso, em última instância a pretensão não será acolhida.

De acordo com José Afonso da Silva, há: a) normas constitucionais de eficácia plena (ou absoluta) e aplicabilidade imediata, que produzem efeitos plenos tão logo entram em vigor; b) normas constitucionais de eficácia contida (ou redutível ou restringível) e aplicabilidade imediata, que muito embora tenham eficácia direta e aplicabilidade imediata quando da promulgação da CF, podem vir a ser restringidas pelo legislador infraconstitucional no futuro e c) normas constitucionais de eficácia limitada, que, por sua vez, podem ser: c.1) de princípio institutivo (ou organizatório) ou c.2) de princípio programático. Normas constitucionais de eficácia limitada são as que possuem aplicabilidade indireta e eficácia mediata, pois dependem da intermediação do legislador infraconstitucional para que possam produzir seus efeitos jurídicos próprios. Serão de princípio institutivo se contiverem regras de estruturação de instituição, órgãos ou entidades, como a norma do art. 18, § 2º, da CF. As normas constitucionais de eficácia limitada e de princípio programático veiculam programas a serem implementados pelo Estado (arts. 196, 205 e 215, da CF).
Gabarito "A".

(Defensor Público/GO – 2010 – I. Cidades) A maioria da doutrina constitucionalista admite a especificidade da interpretação constitucional e lista alguns princípios a serem observados nessa tarefa. Quando o intérprete se depara com duas normas constitucionais aparentemente contraditórias e incidentes sobre a mesma situação fática, o princípio aplicável é o da:

(A) interpretação conforme a Constituição.

(B) unidade da Constituição.

(C) presunção da constitucionalidade das leis e atos do poder público.

(D) máxima efetividade.

(E) força normativa da Constituição.

A: incorreta. A interpretação conforme a Constituição ocorre diante de normas plurissignificativas, ou seja, que admitem mais de uma interpretação possível, devendo-se preferir aquela que mais se aproxima da Constituição. Funciona como técnica de interpretação constitucional e como mecanismo de controle de constitucionalidade, sendo aceita em doutrina e também pela jurisprudência do STF; **B:** correta. Pelo princípio da unidade da Constituição, as normas constitucionais devem ser observadas não como normas isoladas, mas como integrantes de um único sistema, sem que se possa interpretá-las separadamente do conjunto que integram; **C:** incorreta. Não corresponde a princípio próprio de interpretação das normas constitucionais; **D:** incorreta. O princípio da máxima efetividade orienta a interpretação das normas constitucionais de modo a extrair de seu texto a máxima eficácia social possível; **E:** incorreta. A força normativa prioriza a interpretação constitucional que possibilita a atualidade normativa do texto, garantindo, ao mesmo tempo, sua eficácia e permanência.
Gabarito "B".

(Defensor Público/AM – 2010 – I. Cidades) Sobre os métodos e princípios hermenêuticos aplicáveis na seara constitucional é correto afirmar que:

(A) Os métodos clássicos de interpretação (literal ou gramatical, histórico, sistêmico e teleológico), segundo a doutrina majoritária, não são aplicáveis na interpretação do texto constitucional.

(B) Segundo o método tópico-problemático, o intérprete parte de uma pré-compreensão da norma para aplicar ao problema, pois considera que o texto constitucional é um limite intransponível para o intérprete.

(C) De acordo com o princípio da correção funcional, o intérprete não pode subverter o esquema organizatório-funcional estabelecido na Constituição, pois, caso contrário, haveria permissão para que um poder invada a competência de outro.

(D) Pelo princípio da eficácia integradora, o intérprete, ao concretizar a Constituição, deve harmonizar os bens jurídicos envolvidos no conflito, de modo que não seja necessário sacrificar totalmente nenhum deles.

(E) Segundo o princípio da unidade da Constituição, para que não se instaure a total insegurança jurídica, é preciso aceitar o dogma de que existe apenas uma interpretação possível das normas constitucionais.

A e B: incorretas. De acordo com Canotilho, a interpretação das normas constitucionais é um conjunto de métodos, que o mestre português divide em: a) jurídico (ou hermenêutico clássico); b) tópico-problemático; c) hermenêutico-concretizador; d) científico-espiritual; e) normativo-estruturante; f) da comparação constitucional. O científico-espiritual é o método valorativo, sociológico, segundo o qual a interpretação das normas constitucionais não se fixa à literalidade da norma, mas leva em conta a realidade social e os valores subjacentes ao texto da Constituição. O normativo-estruturante defende que a literalidade da norma deve ser analisada "à luz da concretização da norma em sua realidade social". O método hermenêutico-concretizador difere do método tópico-problemático justamente porque, no primeiro, parte-se da Constituição para o problema, valendo-se o intérprete de suas pré-compreensões sobre o tema para obter o sentido da norma. Na tópica, ao contrário, parte-se do caso concreto para a norma. O método hermenêutico clássico entende a Constituição como lei e, por isso, a interpreta através dos métodos tradicionais de hermenêutica (gramatical, lógico, sistemático, histórico, teleológico *etc.*). Para melhor compreensão do tema v. Pedro Lenza, *Direito constitucional esquematizado*; C: correta. O princípio da correção funcional prescreve que o intérprete deve fiel observância à repartição constitucional de competências e de funções entre os poderes estatais (separação de poderes); D: incorreta. De acordo com o princípio do efeito integrador (Canotilho), na resolução dos problemas jurídico-constitucionais deve ser dada primazia aos critérios favorecedores da integração política e social, bem como ao reforço da unidade política; E: incorreta. Pelo princípio da unidade da Constituição, as normas constitucionais devem ser interpretadas em conjunto, para evitar possíveis contradições com outras normas da própria Constituição, sendo certo que não há hierarquia formal entre normas constitucionais, podendo-se apenas falar em hierarquia axiológica.

(Defensor Público/BA – 2010 – CESPE) No que se refere à hermenêutica e interpretação constitucional, julgue os itens subsequentes.

(1) De acordo com o denominado princípio do efeito integrador, deve-se dar primazia, na resolução dos problemas jurídico-constitucionais, aos critérios que favoreçam a integração política e social e o reforço da unidade política.

(2) De acordo com o método tópico-problemático, a análise da norma constitucional não deve estar embasada na literalidade da norma, mas na realidade social e nos valores subjacentes do texto constitucional, razão pela qual a Constituição deve ser interpretada, por esse método, como algo em constante renovação, em compasso com as modificações da vida em sociedade.

1: correta. Pelo princípio do efeito integrador (Canotilho), na resolução dos problemas jurídico-constitucionais deve ser dada primazia aos critérios favorecedores da integração política e social, bem como ao reforço da unidade política; 2: incorreta. Ainda de acordo com Canotilho, o método hermenêutico-concretizador difere do método tópico-problemático justamente porque, no primeiro, parte-se da Constituição para o problema, valendo-se o intérprete de suas pré-compreensões sobre o tema para obter o sentido da norma. Na tópica, ao contrário, parte-se do caso concreto para a norma.

(Defensor Público/AL – 2009 – CESPE) Acerca da aplicabilidade das normas constitucionais, julgue os itens que se seguem.

(1) De acordo com o entendimento do STF, constitui norma de eficácia restringível o preceito constitucional que veda a prisão civil por dívida, salvo a do responsável por inadimplemento voluntário e inescusável de obrigação alimentícia e a do depositário infiel.

(2) O dispositivo constitucional que assegura aos idosos a gratuidade dos transportes coletivos urbanos constitui norma de eficácia contida.

1: correta. As normas constitucionais *de eficácia contida* (ou redutível ou restringível) correspondem àquelas que, muito embora tenham eficácia direta e aplicabilidade imediata quando da promulgação da CF, podem vir a ser restringidas pelo legislador infraconstitucional no futuro. Sobre o tema, importante notar que a prisão civil por dívida é, em regra, vedada pelo nosso ordenamento. A Constituição Federal, entretanto, estabelece duas exceções à regra geral, legitimando a prisão civil do devedor que não paga pensão alimentícia e a do depositário infiel (art. 5º, LXVII, da CF). Entretanto, o Pacto de San José da Costa Rica, ratificado pelo Brasil, é ainda mais restritivo: só permite a prisão dos devedores de pensão alimentícia; ou seja, com base na Convenção Americana de Direitos Humanos, o depositário infiel não pode ser preso. O conflito entre a norma internacional e a norma constitucional foi inúmeras vezes analisado pelo STF que, em entendimento tradicional, decidia pela prevalência da Constituição e autorizava a prisão do depositário infiel. Ocorre que, em virada jurisprudencial (RE 466.343-1/SP, Rel. Min. Cezar Peluso), o STF acabou por consagrar a tese da *supralegalidade* dos tratados para concluir que a prisão do depositário infiel é ilícita. Com base no entendimento atual do STF, mais restritivo da prisão, só é permitida a prisão do devedor de pensão alimentícia; 2: incorreta, pois corresponde a norma de eficácia plena, ou seja, de aplicabilidade imediata e que produzem efeitos plenos tão logo a Constituição entra em vigor.

(Defensor Público/AL – 2009 – CESPE) A respeito da interpretação das normas constitucionais, julgue os itens seguintes.

(1) A técnica da interpretação conforme somente pode ser utilizada diante de normas polissêmicas.

(2) É possível utilizar-se da declaração de inconstitucionalidade parcial sem redução de texto como instrumento decisório para atingir uma interpretação conforme a CF, técnica que assegura a constitucionalidade da lei ou ato normativo, sem, todavia, alterar seu texto.

1: correta. A interpretação conforme a Constituição ocorre diante de normas plurissignificativas (ou polissêmicas), ou seja, que admitem mais de uma interpretação possível, devendo-se preferir aquela que mais se aproxima da Constituição. Funciona como técnica de interpretação constitucional e como mecanismo de controle de constitucionalidade, sendo aceita em doutrina e também pela jurisprudência do STF; **2:** correta. Para Gilmar Mendes (*Jurisdição Constitucional*, 1996. p. 196 e 197), a declaração parcial de inconstitucionalidade sem redução de texto "refere-se, normalmente, a casos não mencionados no texto, que, por estar formulado de forma ampla ou geral, contém, em verdade, um complexo de normas". A declaração de inconstitucionalidade é parcial porque atinge apenas uma (ou algumas) dessas normas, mantendo-se íntegro o texto.

Gabarito 1C, 2C

(Defensoria/ES – 2009 – CESPE) Acerca da interpretação e da aplicação das normas constitucionais, julgue o item seguinte.

(1) A interpretação conforme a Constituição determina que, quando o aplicador de determinado texto legal se encontrar frente a normas de caráter polissêmico ou, até mesmo, plurissignificativo, deve priorizar a interpretação que possua um sentido em conformidade com a Constituição. Por conseguinte, uma lei não pode ser declarada inconstitucional, quando puder ser interpretada em consonância com o texto constitucional.

A interpretação conforme a Constituição é, ao mesmo tempo, princípio de interpretação e técnica de controle de constitucionalidade, tendo aplicação diante de normas jurídicas plurissignificativas. Vale dizer, a interpretação conforme a Constituição somente será possível quando a norma infraconstitucional apresentar vários significados ou puder ser interpretada de várias formas, umas compatíveis com as normas constitucionais e outras não, devendo-se excluir a interpretação contra o texto constitucional e optar pela interpretação que encontra guarida na CF, ou seja, pela interpretação conforme a Constituição. Entretanto, não legitima o intérprete a atuar como legislador positivo.

Gabarito 1C

(Defensoria/MG – 2009 – FURMARC) O princípio constitucional sensível deve, em termos normativos:

(A) Estar enumerado, expressamente, no texto constitucional.
(B) Ser inserido, de forma implícita, na Constituição.
(C) Jamais ensejar intervenção federal ou estadual.
(D) Provocar silêncio dos poderes instituídos.
(E) Provocar silêncio da opinião pública.

Os princípios constitucionais sensíveis são os listados no art. 34, VII, da CF.

Gabarito "A".

(Defensoria/PI – 2009 – CESPE) Com relação às características das normas constitucionais, assinale a opção correta.

(A) São consideradas materialmente constitucionais as normas que, mesmo não tendo conteúdo propriamente constitucional, possuem em seus enunciados todos os elementos necessários à sua executoriedade direta e integral.
(B) As normas constitucionais programáticas definem objetivos cuja concretização depende de providências situadas fora ou além do texto constitucional, traçando metas a serem alcançadas pela atuação futura dos poderes públicos.
(C) As normas constitucionais definidoras de direitos, por sua natureza, não geram direitos na sua versão positiva; assim, não investem os jurisdicionados no poder de exigir do Estado prestações que proporcionem o desfrute dos bens jurídicos nelas consagrados.
(D) Uma característica que diferencia a norma constitucional das demais normas jurídicas é a natureza da linguagem, na medida em que a Constituição se utiliza apenas de cláusulas fechadas, que exigem aplicação direta e não admitem mediações concretizadoras por parte do intérprete constitucional.
(E) Por desfrutarem de superioridade jurídica em relação a todas as demais normas, as disposições constitucionais são autoaplicáveis, não dependendo de regulamentação.

A: incorreta. Conceito de normas formalmente constitucionais. As materialmente constitucionais são aquelas que veiculam temas fundamentais, que não podem faltar no texto constitucional; **B:** correta. São próprias de Constituições dirigentes e, muitas vezes, traduzem políticas públicas; **C:** incorreta. As definidoras de direitos, como o próprio nome afirma, geram direitos subjetivos, que podem ser exigidos do prestador; **D:** incorreta. Há inúmeras cláusulas abertas na Constituição, o que às vezes é criticado e, outras é tido como necessário; **E:** incorreta. A supremacia da Constituição não impede a existência de normas constitucionais de eficácia limitada.

Gabarito "B".

(Defensoria/PI – 2009 – CESPE) Acerca dos princípios jurídicos e das regras de direito, bem como das técnicas de interpretação constitucional, assinale a opção correta.

(A) Pelo seu caráter abstrato e em razão do seu grau de indeterminação, os princípios jurídicos não são considerados, sob o prisma constitucional, normas jurídicas.
(B) Pela sua natureza finalística, as regras de direito são mandatos de otimização ou preceitos de intensidade modulável, a serem aplicados na medida do possível e com diferentes graus de efetivação.
(C) Os princípios constitucionais identificam as normas que expressam decisões políticas fundamentais, valores a serem observados em razão de sua dimensão ética ou fins públicos a serem realizados, podendo referir-se tanto a direitos individuais como a interesses coletivos.
(D) Todas as normas constitucionais desempenham uma função útil no ordenamento jurídico, mas, diante de contradição entre elas, as normas que compõem a Constituição material têm primazia e possuem status hierárquico superior em relação às que veiculam conteúdo formalmente constitucional.
(E) Em face de normas infraconstitucionais de múltiplos significados, e visando preservar a supremacia da Constituição, o intérprete constitucional deve, como regra, promover o descarte da lei ou do ato normativo cuja constitucionalidade não seja patente e inequívoca.

A: incorreta. Toda norma jurídica, seja norma-regra ou norma-princípio, é dotada de eficácia, podendo revogar as normas em sentido contrário e servir como vetor de interpretação; **B:** incorreta. A alternativa se refere aos princípios, não às regras; **C:** correta. E, como toda norma jurídica, são dotados de eficácia; **D:** incorreta. Não há hierarquia formal entre normas constitucionais, ainda que alguns defendam a "hierarquia axiológica"; **E:** incorreta. O intérprete deve promover a interpretação conforme a Constituição, que tem aplicação diante de normas jurídicas plurissignificativas. Vale dizer, a interpretação conforme a Constituição somente será possível quando a norma infraconstitucional apresentar vários significados ou puder ser interpretada de várias formas, umas compatíveis com as normas constitucionais e outras não, devendo-se excluir a interpretação contra o texto constitucional e optar pela interpretação que encontra guarida na CF, ou seja, pela interpretação conforme a Constituição. Entretanto, não legitima o intérprete a atuar como legislador positivo.

Gabarito "C".

(Defensor Público/MS – 2008 –VUNESP) Considerando a doutrina dominante do direito constitucional, analise as seguintes afirmativas a respeito da interpretação da Constituição.

I. O princípio segundo o qual a interpretação da Constituição deve ser realizada a evitar contradição entre suas normas denomina-se princípio do efeito integrador.
II. O princípio da harmonização é o que dispõe que o intérprete da norma constitucional não pode chegar a uma posição que subverta, altere ou perturbe o esquema organizatório-funcional constitucionalmente estabelecido pelo legislador constituinte originário.
III. A concordância prática se traduz no princípio interpretativo pelo qual se exige a coordenação e a combinação dos bens jurídicos em conflito de forma a evitar o sacrifício total de uns em relação aos outros.
IV. Entre as interpretações possíveis, deve ser adotada aquela que garanta maior eficácia, aplicabilidade e permanência das normas constitucionais: é o que assevera o princípio da força normativa da Constituição.

Está correto apenas o que se afirma em

(A) I, II e III.
(B) I, II e IV.
(C) II e III.
(D) III e IV.

I: Incorreta. Função exercida pelo princípio da unidade da Constituição; **II e III:** Pelo princípio da concordância prática ou harmonização, diante da inexistência de hierarquia entre os princípios constitucionais deve-se buscar a redução proporcional do alcance de cada um dos bens em conflito, de modo que seus núcleos não sejam atingidos, evitando o sacrifício total de um bem em benefício do outro; **IV:** correta. A força normativa prioriza a interpretação constitucional que possibilita a atualidade normativa do texto, garantindo, ao mesmo tempo, sua eficácia e permanência.

Gabarito "D".

4. CONTROLE DE CONSTITUCIONALIDADE

(Defensor Público –DPE/MT – 2016 – UFMT) No controle de constitucionalidade, sobre os efeitos da decisão do Supremo Tribunal Federal, é correto afirmar:

(A) Quando em decorrência de controle concentrado de constitucionalidade, a norma impugnada somente terá sua execução suspensa, com efeitos para todos, em ocorrendo manifestação do Senado Federal nesse sentido.
(B) Quando se tratar de ação declaratória de constitucionalidade, a norma impugnada somente terá sua execução suspensa, com efeitos para todos, em ocorrendo manifestação do Senado Federal nesse sentido.
(C) Quando se tratar de ação direta de inconstitucionalidade, caracteriza-se como controle difuso da constitucionalidade.
(D) Quando em decorrência de controle difuso de constitucionalidade, a norma impugnada somente terá sua execução suspensa, com efeitos para todos, em ocorrendo manifestação do Senado Federal nesse sentido.
(E) Quando em decorrência de controle difuso de constitucionalidade, a decisão produzirá efeitos para todos, desde a sua publicação.

A: Incorreta. A generalização de efeitos contra todos, prevista como prerrogativa do Senado no art. 52, X, da CF, aplica-se ao controle difuso, não ao concentrado – porque no controle concentrado a regra já é a produção de efeitos *erga omnes* (contra todos); **B:** Incorreta. ADC também é instrumento de controle concentrado, não difuso, produzindo efeitos *erga omnes* sem necessidade de intervenção do Senado Federal; **C:** Incorreta. ADIn, ADIn por omissão, ADC e ADPF são instrumentos de controle concentrado de constitucionalidade; **D:** Correta. Art. 52, X, CF; **E:** Incorreta. No controle difuso, em que a constitucionalidade ou inconstitucionalidade é pronunciada pelo STF como causa de pedir, não como pedido principal, os efeitos são apenas entre as partes do processo (*inter partes*). Para que produza efeitos contra todos é necessária a intervenção do Senado, na forma do art. 52, X, da CF.

Gabarito "D".

(Defensor Público –DPE/BA – 2016 – FCC) Podem propor a ação direta de inconstitucionalidade e a ação declaratória de constitucionalidade os seguintes entes legitimados, à EXCEÇÃO:

(A) Conselho Federal da Ordem dos Advogados do Brasil.
(B) Procurador-Geral da República.
(C) Defensor Público-Geral da União.
(D) Confederação sindical ou entidade de classe de âmbito nacional.
(E) Mesa de Assembleia Legislativa ou da Câmara Legislativa do Distrito Federal.

Art. 103, I a IX, da CF.

Gabarito "C".

(Defensor Público –DPE/BA – 2016 – FCC) Em controle concentrado de constitucionalidade, o Supremo Tribunal Federal decidiu que é:

I. inconstitucional a norma que obriga a Defensoria Pública Estadual a firmar convênio exclusivamente com a Ordem dos Advogados do Brasil para a prestação de serviço jurídico integral e gratuito aos necessitados, porque a Ordem dos Advogados do Brasil não é entidade pública.
II. constitucional a norma que obriga a Defensoria Pública Estadual a firmar convênio exclusivamente com a Ordem dos Advogados do Brasil para a prestação de serviço jurídico integral e gratuito aos necessitados, desde que prevista na Constituição do Estado correspondente.
III. constitucional a norma que autoriza a Defensoria Pública Estadual a firmar convênio com a Ordem dos Advogados do Brasil para a prestação de serviço jurídico integral e gratuito aos necessitados.
IV. inconstitucional a norma que obriga a Defensoria Pública Estadual a firmar convênio exclusivamente com a Ordem dos Advogados do Brasil para a prestação de serviço jurídico integral e gratuito aos necessitados, porque viola a autonomia funcional, administrativa e financeira da Defensoria Pública.

Está correto o que se afirma APENAS em
(A) I e II.
(B) II e III.
(C) III e IV.
(D) II e IV.
(E) I e III.

"É inconstitucional toda norma que, impondo à Defensoria Pública Estadual, para prestação de serviço jurídico integral e gratuito aos necessitados, a obrigatoriedade de assinatura de convênio exclusivo com a Ordem dos Advogados do Brasil, ou com qualquer outra entidade, viola, por conseguinte, a autonomia funcional, administrativa e financeira daquele órgão público". V. ADI 4163, Rel. Min. Cezar Peluso, Pleno, j. 29.02.2012, p. 01/03/2013.
Gabarito "C".

(Defensor Público –DPE/ES – 2016 – FCC) No tocante às cláusulas pétreas, conforme disposição expressa da Constituição Federal de 1988, não será objeto de deliberação a proposta de emenda constitucional tendente a abolir
(A) a Separação dos Poderes.
(B) o Estado Democrático de Direito.
(C) as Funções Essenciais à Justiça.
(D) os Direitos Sociais.
(E) a Soberania Popular.

Art. 60, § 4º, da CF. São cláusulas pétreas: a forma federativa de Estado; o voto direto, secreto, universal e periódico; a separação de Poderes e os direitos e garantias individuais.
Gabarito "A".

(Defensor Público –DPE/ES – 2016 – FCC) O Supremo Tribunal Federal, no âmbito da ADI 5.357/DF, em que são impugnados dispositivos da nova Lei de Inclusão da Pessoa com Deficiência – Lei 13.146/2015 (ou Estatuto da Pessoa com Deficiência), admitiu a intervenção de Defensoria Pública Estadual, por meio do seu Núcleo Especializado de Direitos das Pessoas com Deficiência, como *amicus curiae*, evidenciando a importância de tal atuação institucional em prol dos indivíduos e grupos sociais vulneráveis. Em relação ao instituto do *amicus curiae*, ou "amigo da corte", no âmbito das ações constitucionais, é correto afirmar:
(A) A intervenção do *amicus curiae* limita-se à ação direta de inconstitucionalidade, não se aplicando a outras ações constitucionais por ausência de previsão legal.
(B) O *amicus curiae*, muito embora tenha assegurado o direito de ter seus argumentos apreciados pelo Tribunal, não tem direito a formular pedido ou aditar o pedido já delimitado pelo autor da ação.
(C) A admissão ou não do *amicus curiae* é decidida pelo relator da ação, não podendo tal decisão ser revista pelo Tribunal.
(D) No âmbito do controle concentrado de constitucionalidade, admite-se a interposição de recurso por parte do *amicus curiae* para discutir a matéria em análise no processo objetivo perante o Tribunal.
(E) Não obstante lhe ser oportunizada a apresentação de documentos e parecer, não é facultado ao *amicus curiae* realizar sustentação oral perante o Tribunal.

A: Incorreta. Pode ser deferida a participação de *amicus curiae* também na ADPF, por exemplo. V. art. 6º, §§ 1º e 2º da Lei 9.882/1999; B: Correta. Porque não é parte no processo; C: Incorreta. O entendimento atual do STF é de que cabe recurso; D: Incorreta. Por ser terceiro estranho à relação processual, não possui direito de recorrer (a não ser contra a sua inadmissibilidade como *amicus curiae*). V. ADI 3615; E: Incorreta. Embora já tenha negado esse direito anteriormente, hoje o STF tem entendimento de que cabe sustentação oral pelo *amicus curiae*.
Gabarito "B".

(Defensor Público –DPE/ES – 2016 – FCC) No julgamento do Recurso Extraordinário 592.581/RS, o Supremo Tribunal Federal decidiu que o Poder Judiciário pode determinar que a Administração Pública realize obras ou reformas emergenciais em presídios para garantir os direitos fundamentais dos presos, como sua integridade física e moral. A respeito do controle judicial de políticas públicas, considere:

I. Caracteriza-se como hipótese de controle judicial de políticas públicas o ajuizamento de ação civil pública pela Defensoria Pública para obrigar ente federativo a assegurar saneamento básico em determinada localidade em benefício de pessoas necessitadas.
II. O controle judicial de políticas públicas é limitado ao âmbito dos direitos fundamentais sociais, não se configurando na hipótese dos demais direitos fundamentais de primeira e terceira dimensão (ou geração).
III. O ajuizamento de ações coletivas pela Defensoria Pública com o objetivo de exercer o controle judicial de políticas públicas deve se dar independentemente de qualquer esgotamento da via administrativa ou tentativa extrajudicial de resolução do conflito, já que tal medida não acarreta qualquer limitação ao princípio da separação de poderes.
IV. A jurisprudência do Supremo Tribunal Federal sedimentou entendimento de que é possível o controle judicial de políticas públicas na hipótese de violação ao direito ao mínimo existencial, superando o argumento da reserva do possível.

Está correto o que se afirma APENAS em
(A) II, III e IV.
(B) I e II.
(C) I e IV.
(D) I e III.
(E) III e IV.

I: Correta. O saneamento é uma das principais políticas públicas em matéria de saúde; II: Incorreta. Nenhuma lesão ou ameaça de lesão podem ser afastadas do controle pelo Poder Judiciário, principalmente em matéria de direitos fundamentais (cuja divisão em "dimensões" é meramente didática); III: Incorreta. Art. 4º, II, da LC 80/1994: "Art. 4º. São funções institucionais da Defensoria Pública, dentre outras: II – promover, prioritariamente, a solução extrajudicial dos litígios, visando à composição entre as pessoas em conflito de interesses, por meio de mediação, conciliação, arbitragem e demais técnicas de composição e administração de conflitos"; IV: Correta. Citando Ana Paula de Barcellos, o Min. Celso de Mello consignou na ADPF 45: "A meta central das Constituições modernas, e da Carta de 1988 em particular, pode ser resumida, como já exposto, na promoção do bem-estar do homem, cujo ponto de partida está em assegurar as condições de sua própria dignidade, que inclui, além da proteção dos direitos individuais, condições materiais mínimas de existência. Ao apurar os elementos fundamentais dessa dignidade (o mínimo existencial), estar-se-ão estabelecendo exatamente os alvos prioritários dos gastos públicos. Apenas depois de atingi-los é que se poderá discutir, relativamente aos recursos remanescentes, em que outros projetos se deverá investir.

O mínimo existencial, como se vê, associado ao estabelecimento de prioridades orçamentárias, é capaz de conviver produtivamente com a reserva do possível."

Gabarito "C".

(Defensor Público –DPE/RN – 2016 – CESPE) Em relação a controle de constitucionalidade, assinale a opção correta.

(A) Segundo o entendimento do STF, o Conselho Nacional do Ministério Público pode, excepcionalmente, no exercício de suas atribuições de controle da legitimidade dos atos administrativos praticados por membros do MP, afastar a aplicação de norma identificada como inconstitucional.

(B) Consoante entendimento do STF, em ADI, após a deliberação a respeito do mérito da declaração de inconstitucionalidade e, mesmo já proclamado o resultado final do julgamento, é possível a reabertura do julgamento para fins de deliberação a respeito da modulação dos efeitos da decisão.

(C) De acordo com alteração constitucional promovida por emenda constitucional, o defensor público-geral federal passou a ser um dos legitimados a propor ADI e a ação declaratória de constitucionalidade.

(D) A decisão que julgar procedente o pedido em ADPF é irrecorrível, não podendo ser objeto de ação rescisória ou de reclamação contra o seu descumprimento.

(E) De acordo com entendimento do STF, para admitir-se a revisão ou o cancelamento de súmula vinculante, faz-se necessário demonstrar: a evidente superação da jurisprudência do STF no trato da matéria; a alteração legislativa quanto ao tema; ou, ainda, a modificação substantiva de contexto político, econômico ou social.

A: Incorreta. "O Conselho Nacional do Ministério Público não ostenta competência para efetuar controle de constitucionalidade de lei, posto consabido tratar-se de órgão de natureza administrativa, cuja atribuição adstringe-se ao controle da legitimidade dos atos administrativos praticados por membros ou órgãos do Ministério Público federal e estadual" (MS 27.744, Rel. Min. Luiz Fux, j. 6/5/2014, 1ª T, p. 8/6/2015); **B:** Incorreta. "Em ação direta de inconstitucionalidade, com a proclamação do resultado final, se tem por concluído e encerrado o julgamento e, por isso, inviável a sua reabertura para fins de modulação" (ADI 2949 QO/MG, Rel. p/ o acórdão Min. Marco Aurélio); **C:** Incorreta. Não se encontra no rol de legitimados do art. 103 da CF e 2º da Lei 9.868/1999 para a propositura de ADI, nem no rol de legitimados para propositura de ADC (art. 13, I a IV, da Lei 9.868/1999); **D:** Incorreta. O art. 12 da Lei 9.882/1999 prevê a irrecorribilidade da decisão em ADPF e o não cabimento de ação rescisória, mas não veda a reclamação. A reclamação, de acordo com a doutrina majoritária, tem natureza jurídica de "ação", não de recurso; **E:** Correta. As balizas foram estabelecidas pelo STF ao apreciar pedido de revisão/cancelamento dos enunciados 11 e 25 da Súmula Vinculante do Tribunal (V. Informativo/STF 800).

Gabarito "E".

(Defensor Público –DPE/RN – 2016 – CESPE) No tocante à jurisdição constitucional dos TJs estaduais, assinale a opção correta de acordo com a jurisprudência do STF.

(A) Pela técnica da remissão normativa, a Constituição estadual pode incorporar o conteúdo de normas da CF, podendo os preceitos constitucionais estaduais de remissão servir de parâmetro no controle abstrato de normas de âmbito estadual.

(B) Não será exigido o requisito da pertinência temática para qualquer dos legitimados ao controle abstrato de constitucionalidade estadual, salvo se a Constituição estadual contemplar expressamente essa exigência.

(C) Se o autor de representação de inconstitucionalidade estadual invocar como parâmetro de controle norma da Constituição estadual incompatível com a CF, o TJ deverá, mesmo assim, julgar a ação, ainda que em face desse parâmetro local, não lhe sendo admitido controlar incidentalmente a constitucionalidade dessa norma constitucional estadual em face da CF.

(D) A decisão de TJ que, em ação direta, declarar inconstitucional lei estadual somente terá eficácia contra todos após a assembleia legislativa do respectivo estado suspender a execução do referido ato normativo.

(E) Cabe aos estados instituir a representação de inconstitucionalidade de leis ou de atos normativos estaduais ou municipais em face da Constituição estadual, vedada a instituição de ADI por omissão.

A: Correta. "Revela-se legítimo invocar, como referência paradigmática, para efeito de controle abstrato de constitucionalidade de leis ou atos normativos estaduais e/ou municipais, cláusula de caráter remissivo, que, inscrita na Constituição Estadual, remete, diretamente, às regras normativas constantes da própria Constituição Federal, assim incorporando-as, formalmente, mediante referida técnica de remissão, ao plano do ordenamento constitucional do Estado-membro. – Com a técnica de remissão normativa, o Estado-membro confere parametricidade às normas, que, embora constantes da Constituição Federal, passam a compor, formalmente, em razão da expressa referência a elas feita, o "corpus" constitucional dessa unidade política da Federação, o que torna possível erigir-se, como parâmetro de confronto, para os fins a que se refere o art. 125, § 2º da Constituição da República, a própria norma constitucional estadual de conteúdo remissivo" (STF, Rcl 10500, Rel. Mn. Celso de Mello, Pleno, j. 22.06.2011); **B:** Incorreta. O requisito da pertinência temática, embora não previsto formalmente em lei, é exigido pela jurisprudência do STF dos legitimados não universais para propositura das ações do controle abstrato de constitucionalidade. No controle estadual abstrato foi também consagrado pela jurisprudência, constando ou não do texto da constituição estadual; **C:** Incorreta. Se o parâmetro de controle de constitucionalidade é, em última análise, a Constituição Federal, não cabe controle abstrato pelos tribunais dos estados (art. 125, §; 2º, CF). Da decisão do tribunal estadual que reconhecer sua incompetência para apreciar o pedido (de declaração de inconstitucionalidade em face de parâmetro estadual que viola a Constituição Federal) caberá recurso extraordinário para o STF; **D:** Incorreta. A decisão terá efeitos inter partes; **E:** Incorreta. Embora o art. 125, § 2º, da CF refira-se apenas à representação de inconstitucionalidade, o STF já decidiu que a simetria federativa permite a instituição das outras espécies de controle existentes em nível federal.

Gabarito "A".

(Defensoria Pública da União – CESPE – 2015) Quanto ao controle de constitucionalidade, julgue os itens a seguir.

(1) A DP possui legitimidade para ingressar com ação civil pública cujo pedido principal seja a declaração de inconstitucionalidade de lei que condicione o acesso ao SUS à comprovação de rendimento inferior a dois salários mínimos.

(2) É possível o controle judicial difuso de constitucionalidade de normas pré-constitucionais, desde que não se adote a atual Constituição como parâmetro.

1: Incorreta. Nas ações civis públicas a declaração de inconstitucionalidade não pode figurar como pedido principal da ação, por não ser instrumento de controle concentrado de constitucionalidade – mas a constitucionalidade ou inconstitucionalidade de uma norma pode ser apresentada como causa de pedir, como em toda e qualquer ação de controle difuso; **2:** Correta. Em relação à Constituição atual, as normas pré-constitucionais podem ser ou não ser objeto de *recepção*, desde que materialmente compatíveis com o texto constitucional. Dessa forma, só cabe *controle de constitucionalidade difuso* se o parâmetro for a constituição anterior.

Gabarito 1E, 2C

(Defensor Público/AM – 2013 – FCC) Suponha que um partido político tenha ajuizado perante o Supremo Tribunal Federal (STF) arguição de descumprimento de preceito fundamental (ADPF), contra atos normativos infralegais editados por universidade federal, que determinaram a reserva de 20% de suas vagas a candidatos negros. Alegando que os atos normativos referidos violaram preceitos fundamentais da Constituição Federal, pediu o autor da ação que fossem declarados inconstitucionais. Neste caso, considerada a disciplina constitucional e legal e a jurisprudência do STF em matéria de controle de constitucionalidade, a ADPF

(A) não é cabível, uma vez que pede a declaração de inconstitucionalidade de atos normativos infralegais;

(B) pode ser proposta pelo partido político, desde que esse tenha representação no Congresso Nacional e demonstre a pertinência temática entre o objeto da ação e os objetivos do partido;

(C) não é cabível, uma vez que a questão é passível de ser discutida pelos candidatos concretamente interessados na declaração de inconstitucionalidade dos atos praticados pela universidade;

(D) deve ser extinta, sem julgamento do mérito, sendo incabível sua admissão como ação direta de inconstitucionalidade, caso o STF entenda que os atos praticados pela universidade deveriam ter sido impugnados por aquela via;

(E) pode ter a petição inicial indeferida liminarmente pelo Ministro Relator, se for inepta, decisão em face da qual cabe agravo, no prazo de cinco dias.

A e C: Incorretas. Ao contrário da ADIn, cabe ADPF contra "ato do Poder Público" (em geral), incluídos "os anteriores à Constituição". Art. 1º, *caput* e parágrafo único, I, da Lei 9882/1999; **B:** Incorreta. A ADPF pode ser proposta pelos mesmos legitimados ativos da ADIn (art. 103, da CF c/c art. 2º, I, da Lei 9.882/1999), sendo certo que a jurisprudência do STF não exige pertinência temática para os partidos políticos que, por isso, são legitimados *universais* para propor ADIn e, por consequência, ADPF. **D.** Incorreta. O STF entende que a ADIn e a ADPF são fungíveis, desde que presentes os requisitos de admissibilidade; **E:** Correta. Art. 4º, *caput* e § 1º, da Lei 9882/1999.

Gabarito "E".

(Defensor Público/AM – 2013 – FCC) Suponha que determinado Estado-membro tenha editado lei disciplinando o horário de funcionamento de estabelecimentos comerciais, sendo que a matéria já era regulada de modo diverso por leis editadas pelos Municípios do mesmo Estado. Estado e Municípios entendem constitucionais as respectivas leis, e pretendem sustentar judicialmente que elas foram editadas com fundamento na competência legislativa que lhes foi assegurada na Constituição Federal e na Constituição Estadual. Diante desse contexto, considerando a Constituição Federal e a jurisprudência do Supremo Tribunal Federal,

(A) a lei estadual não poderá ser objeto de ação direta de inconstitucionalidade perante o Tribunal de Justiça, caso impugnada em face de norma da Constituição Estadual, admitindo-se, no entanto, que a lei estadual seja impugnada em face da Constituição Estadual mediante instrumentos de controle incidental e difuso de constitucionalidade;

(B) a lei estadual poderá ser objeto de ação direta de inconstitucionalidade perante o Tribunal de Justiça, tendo por parâmetro a Constituição Estadual, podendo ser interposto recurso extraordinário, contra o acórdão proferido pelo Tribunal Estadual, se presentes os pressupostos recursais;

(C) as leis municipais poderão ser objeto de ação direta de inconstitucionalidade perante o Supremo Tribunal Federal, tendo por parâmetro a Constituição Federal;

(D) as leis municipais apenas poderão ser contestadas em face da Constituição Estadual mediante instrumentos processuais que viabilizam o controle incidental e difuso de constitucionalidade;

(E) o ajuizamento de ação direta de inconstitucionalidade (ADI) da lei estadual em face da Constituição do Estado, perante o Tribunal de Justiça, impede a propositura de ADI da mesma lei estadual em face da Constituição Federal, perante o STF, ainda que o Tribunal de Justiça do Estado não tenha julgado a ADI.

A: Incorreta. Não há vedação para que os TJs controlem a constitucionalidade de lei estadual tendo como parâmetro a Constituição Estadual; **B:** Correta. As leis estaduais estão sujeitas a duplo controle, igualmente abstrato: por intermédio de ADIn no STF (art. 102, I, "a", da CF, tendo como parâmetro a Constituição Federal) e por intermédio de ADIn estadual perante o TJ local (art. 125, § 2º, da CF, tendo por parâmetro a Constituição do Estado). Ao apreciar a constitucionalidade de lei estadual em face da Constituição do Estado, a decisão do TJ local, em regra, não está sujeita a recurso para o STF, que é o guardião da Constituição Federal e não da Constituição do Estado. Entretanto, há casos em que a norma da constituição estadual apontada como violada apenas reproduz uma norma da Constituição Federal, por ser de observância obrigatória pelos estados-membros. Nesses casos a lei estadual, ao violar a Constituição Estadual está, em verdade, afrontando norma da Constituição Federal. Daí a possibilidade de interposição de recurso extraordinário para o STF, pois o parâmetro de controle passa a ser a Constituição Federal. O STF não irá analisar a compatibilidade vertical entre a lei estadual e a Constituição do Estado, mas entre a lei estadual e a Constituição Federal, utilizando, para tanto, um recurso típico do controle difuso. Apesar disso, o controle não perde sua natureza abstrata, razão pela qual a decisão do STF, nesse recurso extraordinário, produzirá os mesmos efeitos da ADIn genérica (*erga omnes*, vinculantes e *ex tunc*); **C:** Incorreta. Não cabe ADIn perante o STF em face de lei municipal (art. 102, I, "a", da CF); **D:** Incorreta. Pode ser proposta ADIn estadual no Tribunal de Justiça local, em face de lei municipal ou estadual, tendo por parâmetro a Constituição Estadual. Esse controle é concentrado (ou abstrato); **E:** Incorreta. É possível a propositura simultânea de ADIn contra a mesma lei estadual perante o Supremo Tribunal Federal e perante o Tribunal de Justiça. Entretanto, deve-se suspender o processo no âmbito da justiça estadual, até a deliberação definitiva do STF.

Gabarito "B".

(Defensor Público/TO – 2013 – CESPE) No que se refere ao controle de constitucionalidade, assinale a opção correta.

(A) Quando o STF julga improcedente o pedido deduzido em sede de ação declaratória de constitucionalidade, tal circunstância não impede o posterior ajuizamento, por um dos legitimados ativos, de ADI com o mesmo objeto.

(B) A arguição de descumprimento de preceito fundamental não pode ter por objeto ato normativo já revogado.

(C) Com fundamento na denominada inconstitucionalidade por arrastamento, o STF pode declarar a inconstitucionalidade de norma que não tenha sido objeto do pedido na ADI, sendo a inconstitucionalidade declarada não em decorrência da incompatibilidade direta da norma com a CF, mas da inconstitucionalidade de outra norma com a qual aquela guarde relação de dependência.

(D) Segundo entendimento do STF, não cabe ação direta de inconstitucionalidade contra resoluções do Conselho Nacional de Justiça (CNJ), órgão que não dispõe de poder para editar ato normativo primário.

(E) A entidade de classe de âmbito nacional tem legitimidade para propor ADI, sendo necessário, segundo o STF, que a referida entidade esteja situada em, pelo menos, três estados da Federação.

A: Incorreta. A doutrina costuma dizer que a ADC é a ADIn com sinal trocado. Assim, ao se julgar improcedente o pedido da ADC (que visa à declaração de constitucionalidade), pode-se dizer que a lei foi considerada inconstitucional (V. art. 23 da Lei 9.868/1999); **B:** Incorreta. Pode ser proposta em face de "ato do poder público" em geral, incluídos os anteriores à Constituição (art. 1º, *caput* e parágrafo único, I, da Lei 9882/1999); **C:** Correta. Segundo o glossário jurídico do STF: "A inconstitucionalidade por arrastamento ou por atração ocorre quando a declaração de inconstitucionalidade de uma norma impugnada se estende aos dispositivos normativos que apresentam com ela uma relação de conexão ou de interdependência"; **D:** Incorreta. O STF já julgou, por exemplo, ADIn contra a resolução do CNJ sobre nepotismo; **E:** Incorreta. De acordo com a jurisprudência do STF, o critério da especialidade, além da atuação transregional da instituição, demanda a existência de associados em pelo menos nove estados da Federação (aplicação, por analogia, da Lei Orgânica dos Partidos Políticos). V. ADIn 79 QO, Rel. Min. Celso de Mello.
Gabarito "C".

(Defensor Público/AC – 2012 – CESPE) Considerando o entendimento jurisprudencial do STF no que se refere ao sistema brasileiro de controle de constitucionalidade, assinale a opção correta.

(A) A aplicação direta de norma constitucional que implique juízo de desconsideração de preceito infraconstitucional dispensa a observância da cláusula de reserva de plenário.

(B) Lei ou norma de caráter ou efeito concreto já exaurido pode ser objeto de controle abstrato de constitucionalidade, em ação direta de inconstitucionalidade.

(C) É lícito conhecer de ação direta de inconstitucionalidade como arguição de descumprimento de preceito fundamental, quando coexistentes todos os requisitos de admissibilidade desta, em caso de inadmissibilidade daquela.

(D) A não aplicação, por órgão fracionário de tribunal, de determinada norma jurídica ao caso sob seu exame caracteriza violação da cláusula de reserva de plenário, mesmo que o julgamento não se fundamente na incompatibilidade entre a norma legal tomada como base dos argumentos expostos na ação e a CF.

(E) A cláusula constitucional de reserva de plenário, fundada na presunção de constitucionalidade das leis, impede que os órgãos fracionários dos tribunais rejeitem a arguição de invalidade dos atos normativos.

A: Incorreta. STF, RE 463278: "Aplicação direta de norma constitucional que implique juízo de desconsideração de preceito infraconstitucional só pode dar-se com observância da cláusula de reserva de Plenário prevista no art. 97 da Constituição da República"; **B:** Incorreta. STF, ADIn 2980: "Lei ou norma de caráter ou efeito concreto já exaurido não pode ser objeto de controle abstrato de constitucionalidade, em ação direta de inconstitucionalidade"; **C:** Correta. STF, ADIn 4163. Aplicação do princípio da fungibilidade; **D:** Incorreta. STF, Rcl. 6944: "Para caracterização da contrariedade à súmula vinculante n. 10, do Supremo Tribunal Federal, é necessário que a decisão fundamente-se na incompatibilidade entre uma norma legal tomada como base dos argumentos expostos na ação e a Constituição". Súmula Vinculante 10 do STF: "Viola a cláusula de reserva de plenário (CF, artigo 97) a decisão de órgão fracionário de tribunal que, embora não declare expressamente a inconstitucionalidade de lei ou ato normativo do poder público, afasta sua incidência, no todo ou em parte"; **E:** Incorreta. STF, RE 636359: "A cláusula constitucional de reserva de plenário, insculpida no art. 97 da Constituição Federal, fundada na presunção de constitucionalidade das leis, não impede que os órgãos fracionários ou os membros julgadores dos Tribunais, quando atuem monocraticamente, rejeitem a arguição de invalidade dos atos normativos, conforme consagrada lição da doutrina".
Gabarito "C".

(Defensor Público/ES – 2012 – CESPE) Em relação ao sistema de controle de constitucionalidade brasileiro, julgue os itens que se seguem.

(1) A DP insere-se entre as instituições legitimadas a ingressar com ACP cujo pedido principal seja a declaração de inconstitucionalidade de uma lei que viole o meio ambiente.

(2) Consoante a jurisprudência do STF, admite-se o controle judicial preventivo de constitucionalidade nos casos de mandado de segurança impetrado por parlamentar, com a finalidade de impedir a tramitação de proposta de emenda constitucional tendente a abolir cláusula pétrea.

(3) A sustação, pelo Poder Legislativo, de atos normativos do presidente da República que exorbitem do poder regulamentar constitui exemplo do controle de constitucionalidade político preventivo.

(4) Adotando-se a tese da inconstitucionalidade superveniente, como o fez o STF, admite-se ação direta de inconstitucionalidade em face de lei anterior a CF.

1. Incorreta. O controle de constitucionalidade em ACP é exercido incidentalmente, pois a inconstitucionalidade da norma é apreciada como causa de pedir e não como pedido principal da ação; **2.** Correta. O STF admite a impetração de MS por deputados e senadores (não pelo Presidente da República), para evitar a tramitação de proposta de emenda constitucional que fira o art. 60, § 4º, da CF, por entender que os congressistas têm direito líquido e certo ao devido processo legislativo; **3:** Incorreta. Hipótese de controle político repressivo (após a edição da norma); **4.** Incorreta. O STF não adota a doutrina da "inconstitucionalidade superveniente", mas entende que as normas pré-constitucionais que não se compatibilizam com o *conteúdo* da nova Constituição são por ela revogadas.
Gabarito 1E, 2C, 3E, 4E

(Defensor Público/PR – 2012 – FCC) O controle abstrato de constitucionalidade previsto pela Constituição Federal de 1988, regulamentado pelas Leis n. 9.868/1999 e 9.882/1999 e interpretado pelo Supremo Tribunal Federal, admite

(A) reconhecimento de fungibilidade apenas entre as ações direta de inconstitucionalidade por ação, ação direta de constitucionalidade e arguição de descumprimento de preceito fundamental;
(B) a possibilidade de reconhecimento da fungibilidade somente entre ação direta de inconstitucionalidade e arguição de descumprimento de preceito fundamental;
(C) conhecimento de ações diretas de inconstitucionalidade como ações diretas de inconstitucionalidade por omissão quando se trata de omissão parcial, em decorrência da fungibilidade;
(D) ser possível a fungibilidade, mas apenas entre as garantias constitucionais do *habeas corpus*, mandado de segurança, ação popular, *habeas data* e mandado de injunção;
(E) a natureza distinta, rito próprio, especificidades e diversas hipóteses de cabimento das ações diretas de controle de constitucionalidade que impede a fungibilidade entre elas, em qualquer situação.

A, B, E: incorretas. Para o STF, há fungibilidade entre as ações diretas de inconstitucionalidade por ação e omissão, além de ser lícito conhecer de ação direta de inconstitucionalidade como arguição de descumprimento de preceito fundamental, quando coexistentes todos os requisitos de admissibilidade desta, em caso de inadmissibilidade daquela; **C:** correta, conforme demonstrado no comentário às alternativas anteriores; **D:** incorreta. Os remédios constitucionais citados não são instrumentos de controle abstrato de constitucionalidade, como requer o enunciado da questão. Além disso, cada um tem objeto próprio.
Gabarito "C".

(Defensor Público/RO – 2012 – CESPE) A respeito do controle de constitucionalidade, assinale a opção correta.

(A) A ação declaratória de inconstitucionalidade e a ação declaratória interventiva possuem os mesmos legitimados ativos.
(B) Na ação declaratória de constitucionalidade, cabe ao advogado-geral da União fazer a defesa do ato normativo.
(C) A arguição de descumprimento de preceito fundamental tem preferência em relação a outros meios eficazes de sanar a lesividade.
(D) Senador da República possui legitimação ativa para suscitar o controle incidental de constitucionalidade pertinente à observância pelas casas do Congresso Nacional dos requisitos que condicionam a válida elaboração das proposições normativas, enquanto estas se acharem em curso no Senado Federal.
(E) A arguição de descumprimento de preceito fundamental não se presta a controle de constitucionalidade de normas infralegais ou atos normativos estaduais e municipais.

A: Incorreta. Os legitimados para a ADC estão listados no art. 103 da CF. O único legitimado ativo para propor ADIn Interventiva é o Procurador-Geral da República; **B:** Incorreta. Na ação declaratória já se pede a confirmação da constitucionalidade, não havendo necessidade de o AGU defender a constitucionalidade da norma, como o faz na ADIn (art. 103, § 3º, da CF); **C:** Incorreta. Deve ser proposta caso não haja outro meio capaz de sanar a lesividade (art. 4º, § 1º, da Lei 9882/1999); **D:** Correta. O STF entende que os congressistas possuem direito líquido e certo ao devido processo legislativo; **E:** Incorreta. Cabe ADPF contra "ato do Poder Público" em geral, incluídos os anteriores à Constituição (art. 1º, *caput* e parágrafo único, I, da Lei 9882/1999).
Gabarito "D".

(Defensor Público/RO – 2012 – CESPE) Assinale a opção correta a respeito do poder constituinte e da ação direta de inconstitucionalidade por omissão.

(A) Compete ao poder constituinte decorrente elaborar e modificar as constituições dos estados-membros da Federação.
(B) O poder constituinte reformador é, por característica, incondicionado.
(C) A mutação constitucional é expressão do poder constituinte derivado.
(D) Denomina-se repristinação o fenômeno pelo qual a constituição nova recebe a ordem normativa infraconstitucional anterior, surgida sob égide das constituições precedentes, quando compatível com o novo ordenamento constitucional.
(E) A ação direta de inconstitucionalidade por omissão tem por escopo controlar apenas as omissões legislativas.

A: Correta. O poder constituinte derivado pode ser exercido através da reforma da Constituição Federal ou da Constituição Estadual (poder constituinte derivado reformador), pela revisão da Constituição Federal (poder constituinte derivado revisor, art. 3º do ADCT) ou por intermédio da elaboração das constituições estaduais e da lei orgânica do Distrito Federal (poder constituinte derivado decorrente); **B:** Incorreta. O Poder Constituinte Originário (PCO) é inicial porque inaugura uma nova ordem jurídica; ilimitado porque não se submete aos limites impostos pela ordem jurídica anterior; autônomo, porque exercido livremente por seu titular (o povo) e incondicionado por não se submeter a nenhuma forma preestabelecida para sua manifestação. Já o poder constituinte reformador é, por característica, condicionado; **C:** Incorreta. A alteração da Constituição pode ocorrer pela via formal (emendas à Constituição) ou pela via informal (mutação constitucional). A mutação permite que o sentido e o alcance da norma constitucional sejam alterados sem que haja qualquer modificação no texto do dispositivo da Constituição; **D:** Incorreta. Denomina-se recepção; **E:** Incorreta. Cabível em face de medida que impeça a efetividade de norma constitucional.
Gabarito "A".

(Defensor Público/RO – 2012 – CESPE) Assinale a opção correta acerca do controle de constitucionalidade.

(A) As leis municipais não se sujeitam ao controle de constitucionalidade concentrado perante o STF, podendo, no entanto, ser objeto de ação direta de inconstitucionalidade a ser ajuizada perante o tribunal de justiça do respectivo estado-membro, desde que se alegue ofensa à constituição estadual.
(B) Na ação declaratória de constitucionalidade, é cabível pedido de medida cautelar, cujo provimento pode consistir na suspensão da eficácia da norma objeto da ação ou na suspensão dos processos em que se discuta a constitucionalidade dessa norma.
(C) De acordo com a denominada regra do *fullbench*, somente pelo voto da maioria dos membros do tribunal pode ser declarada a constitucionalidade ou

a inconstitucionalidade de leis ou atos normativos emanados do poder público.

(D) O defensor público-geral da União possui legitimidade para ajuizar, no STF, arguição de descumprimento de preceito fundamental, mas não para ajuizar ação direta de inconstitucionalidade ou ação declaratória de constitucionalidade.

(E) Tratando-se de controle de constitucionalidade difuso, a alegação de inconstitucionalidade pode ser apresentada pelo autor, pelo réu, pelo MP ou, ainda, por terceiro interessado, e a inconstitucionalidade pode também ser reconhecida de ofício pelo juiz de primeira instância ao proferir a sentença.

A: Incorreta. Podem ser objeto de ADPF, que é exemplo de controle concentrado; **B:** Incorreta. A cautelar na ADC consiste na determinação de que os juízes e os Tribunais suspendam o julgamento dos processos que envolvam a aplicação da lei ou do ato normativo objeto da ação até seu julgamento definitivo. Art. 21 da Lei 9868/1999; **C:** Incorreta. A regra do *fullbench*, mais conhecida como regra da reserva de plenário (art. 97 da CF), só se aplica em caso de declaração de inconstitucionalidade; **D:** Incorreta. A legitimidade para propor ADPF é a mesma para propor ADIN e ADC (art. 103 da CF c/c art. 2º, I, da Lei 9882/1999); **E:** Correta. Lembrando-se que constitui causa de pedir, e não pedido principal da ação.
Gabarito "E".

(Defensor Público/SE – 2012 – CESPE) Com base no que determina a CF, no que dispõe a legislação pertinente e no entendimento do STF, assinale a opção correta a respeito das ações de controle concentrado de constitucionalidade.

(A) O presidente da República possui legitimidade universal, podendo ajuizar, no STF, ação direta de inconstitucionalidade, ainda que contra ato normativo municipal, sem a necessidade de demonstração de pertinência temática.

(B) O partido político com representação na Câmara dos Deputados possui legitimidade universal, podendo ajuizar, no STF, ação direta de inconstitucionalidade contra emenda constitucional, sem a necessidade de demonstração de pertinência temática.

(C) Governador de estado possui legitimidade universal, podendo ajuizar, no STF, ação declaratória de constitucionalidade de ato normativo estadual, sem a necessidade de demonstração de pertinência temática.

(D) O procurador-geral da República possui legitimidade universal, podendo ajuizar, no STF, arguição de descumprimento de preceito fundamental contra ato normativo federal, mesmo havendo outros meios eficazes de sanar a controvérsia constitucional, desde que comprove pertinência temática.

(E) A entidade de classe de âmbito regional possui legitimidade especial, podendo ajuizar, no STF, ação declaratória de constitucionalidade contra ato normativo estadual, desde que comprove pertinência temática.

A: Incorreta. O Presidente da República é legitimado universal para propor ADIn, mas não cabe ação direta de inconstitucionalidade em face de lei municipal (art. 102, I, "a", da CF); **B:** Correta. O partido político com representação na Câmara dos Deputados é legitimado universal e cabe controle de constitucionalidade em face de emendas constitucionais, por constituírem exercício do poder constituinte derivado (art. 103, VIII da CF); **C:** Incorreta. Os governadores de Estado são legitimados especiais para proporem ADIn, ou seja, precisam demonstrar pertinência temática entre os interesses de seu Estado e a norma atacada. Em acréscimo, não cabe ADC em face de lei estadual, mas apenas em face de lei federal (art. 102, I, "a", da CF); **D:** Incorreta. A primeira parte está correta, mas só cabe ADPF se não houver outro meio capaz de sanar a lesividade – princípio da subsidiariedade (art. 4º, § 1º, da Lei 9.882/1999); **E:** Incorreta. Entidades de âmbito **nacional** têm legitimidade especial para propor ADC, que só cabe em face de lei federal (art. 102, I, "a", da CF).
Gabarito "B".

(Defensor Público/BA – 2010 – CESPE) No que se refere ao controle de constitucionalidade no ordenamento jurídico pátrio, julgue os itens a seguir.

(1) O denominado fenômeno da recepção material de normas constitucionais somente é admitido mediante expressa previsão na nova Constituição.

(2) Os efeitos gerais da declaração de inconstitucionalidade, no âmbito da ação direta de inconstitucionalidade, pelo STF são vinculantes em relação aos órgãos do Poder Judiciário e da administração pública federal, estadual, municipal e distrital.

(3) De acordo com a CF, o controle abstrato de constitucionalidade realizado no âmbito do tribunal de justiça do estado, por intermédio de ação direta de inconstitucionalidade, somente pode ter por objeto leis ou atos normativos estaduais ou municipais confrontados perante a Constituição estadual.

(4) O STF admite, com fundamento no princípio da contemporaneidade, a aplicação da denominada teoria da inconstitucionalidade superveniente.

1: correta. Note-se que a alternativa fala em recepção de normas *constitucionais* e não da legislação infraconstitucional anterior. Trata-se, tecnicamente, de indagação sobre *desconstitucionalização*, e não sobre recepção. O advento de uma nova Constituição não revoga automaticamente toda a legislação a ela preexistente. Pelo princípio da recepção, a *legislação infraconstitucional* anterior à nova Constituição, desde que seja *materialmente* compatível com o novo texto, é validada e passa a se submeter à nova disciplina constitucional. Se a contrariedade com a CF de 1988 for apenas formal, sendo válido seu conteúdo, ainda assim serão recepcionadas (mas sua alteração será feita de acordo com a forma que a atual Constituição prevê). O ordenamento brasileiro não admite, como regra geral, o fenômeno da *desconstitucionalização*, segundo o qual as normas da constituição anterior, materialmente compatíveis com a nova ordem constitucional, permanecem em vigor com *status* de lei ordinária. Só existirá desconstitucionalização se o próprio Poder Constituinte assim determinar, haja vista sua autonomia; **2:** correta (Art. 28, parágrafo único, da Lei 9.868/1999); **3:** correta. O STF e os TJ's locais realizam controle concentrado de constitucionalidade, cuja diferença está no parâmetro de controle. Apenas ao STF cabe o controle concentrado (ou abstrato ou por via de ação) de lei ou ato normativo federal ou estadual diante da Constituição Federal (art. 102, I, "a", da CF), mas os TJ's locais também exercem o controle concentrado de constitucionalidade, ao julgar as representações de inconstitucionalidade (ou ADIn estadual) de leis ou atos normativos estaduais e municipais em face da Constituição Estadual (art. 125, § 2º, da CF). Assim, o TJ não realiza controle concentrado de lei federal, nem o controle de lei estadual ou municipal em face da Constituição *Federal*; **4:** incorreta. O STF não adota a doutrina da "inconstitucionalidade superveniente", mas entende que as normas pré-constitucionais que não se compatibilizam com o *conteúdo* da nova Constituição são por ela revogadas. Por isso, não cabe ADIN contra norma anterior à Constituição (mas pode caber ADPF – art. 1º, parágrafo único, I, da Lei 9.882/1999).
Gabarito 1C, 2C, 3C, 4E.

(Defensor Público/AM – 2010 – I. Cidades) O governador do Estado do Rio Grande do Sul propôs ação direta de inconstitucionalidade, questionando as expressões contidas nos parágrafos 1º e 2º, do art. 45, da Constituição Federal, os quais preveem, respectivamente, que na formação da Câmara dos Deputados "o número total de Deputados, bem como a representação por Estado e pelo Distrito Federal, será estabelecido por lei complementar, proporcionalmente à população, procedendo-se aos ajustes necessários, no ano anterior às eleições, para que nenhuma daquelas unidades da Federação tenha menos de oito ou mais de setenta Deputados" e que "cada Território elegerá quatro Deputados". Alegou que tais normas são inconstitucionais, pois contrariam normas constitucionais previstas como cláusulas pétreas, tendo em vista a ofensa à isonomia em face da desigualdade da representação política atribuídas aos Estados da região sul, com população e produto interno muito superior proporcionalmente ao de outras unidades da federação que formam outras regiões.

Nesse caso:

(A) o Supremo Tribunal Federal apreciará a ação quanto ao seu mérito, mas deverá julgá-la improcedente, pois não há qualquer ofensa ao princípio da isonomia.

(B) a ação direta não deve ser conhecida, por impossibilidade jurídica do pedido, pois não há hierarquia entre normas constitucionais originárias.

(C) o Supremo Tribunal Federal apreciará a ação quanto ao seu mérito, pois as cláusulas pétreas podem ser invocadas para sustentação da tese de inconstitucionalidade de normas constitucionais originárias.

(D) seria caso de mandado de segurança de competência originária do Supremo Tribunal Federal, portanto, a via eleita escolhida será considerada inadequada.

(E) o Supremo Tribunal Federal apreciará a ação quanto ao seu mérito, pois é o guardião da Constituição Federal, podendo aferir a compatibilidade de disposições constantes do próprio texto da Constituição originária.

É pacífico o entendimento pela possibilidade de controle de constitucionalidade de emendas constitucionais ou de normas oriundas de revisão constitucional (porque são fruto do Poder Constituinte Derivado). Mas não cabe declaração de inconstitucionalidade de normas constitucionais originárias (estabelecidas pelo Poder Constituinte Originário).

Gabarito "B".

(Defensor Público/AM – 2010 – I. Cidades) Qual dos instrumentos abaixo jamais poderá ser utilizado em sede de controle concentrado de constitucionalidade, federal ou estadual:

(A) recurso extraordinário
(B) embargos de declaração
(C) ação rescisória
(D) intervenção de *amicus curiae*
(E) audiência pública

Art. 26 da Lei 9.868/1999.

Gabarito "C".

(Defensor Público/GO – 2010 – I. Cidades) Acerca do controle de constitucionalidade, é correto afirmar:

(A) A jurisprudência do Supremo Tribunal Federal impõe ao Advogado-Geral da União a defesa do ato impugnado em sede de ação direta de inconstitucionalidade, dever do qual fica exonerado somente na hipótese de já existir pronunciamento daquela Corte sobre caso análogo.

(B) O Supremo Tribunal Federal não utiliza a técnica da declaração de inconstitucionalidade por arrastamento, em prestígio do princípio da adstrição.

(C) A modulação de efeitos da declaração de inconstitucionalidade é técnica que pode ser utilizada no controle concentrado ou difuso e tem expressa previsão legal no sistema brasileiro.

(D) O Supremo Tribunal Federal admite a utilização, como parâmetro de aferição de constitucionalidade, de tratados internacionais, tendo em vista que todos eles são dotados de constitucionalidade material.

(E) A turma ou câmara pode reapreciar o decidido pelo pleno ou órgão especial no incidente de inconstitucionalidade, desde que mediante decisão proferida com quórum qualificado.

A: incorreta. O Advogado-Geral da União funciona como curador da constitucionalidade das leis (art. 103, § 3º, da CF). Entretanto, além da hipótese prevista nessa alternativa, o STF já dispensou sua manifestação em outros casos. É importante registrar que o STF recentemente entendeu "ser necessário fazer uma interpretação sistemática, no sentido de que o § 3º do art. 103 da CF concede à AGU o direito de manifestação, haja vista que exigir dela a defesa em favor do ato impugnado em casos como o presente, em que o interesse da União coincide com o interesse do autor, implicaria retirar-lhe sua função primordial que é defender os interesses da União (CF, art. 131). Além disso, a despeito de reconhecer que nos outros casos a AGU devesse exercer esse papel de contraditora no processo objetivo, constatou-se um problema de ordem prática, qual seja, a falta de competência da Corte para impor-lhe qualquer sanção quando assim não procedesse, em razão da inexistência de previsão constitucional para tanto" (ADIn 4309/TO, Rel. Min. Cezar Peluso). V. Informativo STF 562/2009; **B:** incorreta. O STF admite a declaração de "inconstitucionalidade por arrastamento", desde que presente relação de prejudicialidade entre a norma declarada inconstitucional e todas as outras normas que nela se fundamentam. Ou seja, se a norma-mãe não está de acordo com a Constituição, as normas decorrentes dela também serão inconstitucionais, podendo o STF declarar a inconstitucionalidade das normas secundárias no mesmo ou em outro processo, mesmo que não haja pedido expresso nesse sentido na petição inicial da ADIn. O objetivo do controle concentrado é a higidez constitucional, o que permite, excepcionalmente, a declaração de inconstitucionalidade de uma norma mesmo que não haja pedido expresso nesse sentido (desde que, importante frisar, haja relação de dependência entre a norma principal e as normas secundárias). Tome nota dos sinônimos da inconstitucionalidade por arrastamento lembrados por Pedro Lenza: inconstitucionalidade por "atração" ou "inconstitucionalidade consequente de preceitos não impugnados"; **C:** incorreta. Pode ser aplicada tanto no controle difuso quanto no concentrado, mas só há previsão legal expressa da modulação de efeitos temporais para a declaração de inconstitucionalidade em controle concentrado, no art. 27 da Lei 9.868/1999. Para o controle difuso, essa regra é aplicada por analogia; **D:** incorreta. O parâmetro de controle de constitucionalidade é a Constituição. O tratado pode ser objeto de controle de constitucionalidade, a fim de verificar a compatibilização de seu texto com o disposto na Constituição; **E:** correta. Não no âmbito do mesmo processo, pois se o incidente de inconstitucionalidade tiver sido submetido ao pleno ou órgão especial do Tribunal, ao órgão fracionário cabe apenas a continuidade do julgamento, resolvendo o caso concreto. Houve, na hipótese, aplicação do princípio da reserva de plenário. V. art. 97 da CF e Súmula 513/STF.

Gabarito "E".

(Defensoria Pública/SP – 2010 – FCC) Após grave crise energética, o Governo aprova lei que disciplina o racionamento de energia elétrica, estabelecendo metas de consumo e sanções pelo descumprimento, que podem culminar, inclusive, na suspensão do fornecimento. Questionado judicialmente, se vê o Supremo Tribunal Federal – STF com a missão de resolver a questão, tendo, de um lado, a possibilidade de interrupções no suprimento de energia elétrica, se não houver economia, e, de outro, as restrições a serviço público de primeira necessidade, restrição que atinge a igualdade, porque baseada em dados de consumo pretérito, bem como limitações à livre-iniciativa, ao direito ao trabalho, à vida digna etc. O controle judicial neste caso envolve

(A) a apreciação de colisão de direitos fundamentais, que, em sua maior parte, assumem a estrutura normativa de "regras", o que implica anulação de uns em detrimento de outros.

(B) a aplicação da regra da proporcionalidade, que, segundo a jurisprudência constitucional alemã, tem estrutura racionalmente definida – análise da adequação, da necessidade e da proporcionalidade em sentido estrito.

(C) a utilização do princípio da razoabilidade, já consagrado no Brasil, e que determina tratar os direitos colidentes como "mandamentos de otimização".

(D) a eliminação da falsa dicotomia entre direitos constitucionais, já que a melhor solução é a que os harmoniza, sem retirar eficácia e aplicabilidade de nenhum deles.

(E) juízo de constitucionalidade clássico, pois nem emenda à Constituição pode tender a abolir direitos fundamentais.

A: incorreta. Os direitos fundamentais em geral assumem a estrutura normativa de princípios, não de regras; **B:** correta. A colisão de direitos fundamentais deve ser solucionada a partir da aplicação do princípio da razoabilidade, de modo que a restrição a cada um dos direitos em análise seja a menor possível, tendo como limite o núcleo fundamental de cada um deles; **C:** incorreta. Robert Alexy define princípios (em geral) como "mandamentos de otimização"; **D:** incorreta. Se não se retira nenhuma eficácia ou aplicabilidade dos direitos, não há conflito entre eles; **E:** incorreta. O fato de as emendas à Constituição não poderem abolir direitos fundamentais não impede que, no caso concreto, dois princípios igualmente consagrados pela CF entrem em conflito.
Gabarito "B".

(Defensor Público/AL – 2009 – CESPE) Quanto ao controle de constitucionalidade de leis ou atos normativos estaduais ou municipais, julgue os próximos itens.

(1) Segundo entendimento do STF, quando tramitam simultaneamente duas ações diretas de inconstitucionalidade, uma perante o tribunal de justiça do estado e outra perante o STF, tendo por objeto a mesma lei estadual, impugnada sob o fundamento de afronta a princípios inseridos na Constituição estadual que reproduzam princípios da CF, a ação direta em trâmite perante o tribunal do estado deve ser suspensa até o julgamento final da ação ajuizada perante o STF.

(2) De acordo com o STF, compete ao tribunal de justiça do estado-membro julgar ação direta de inconstitucionalidade cujo objeto consista em lei ou ato normativo municipal que contrarie previsão inserida na Constituição estadual, ainda que de repetição obrigatória e redação idêntica a dispositivo constante da CF.

1: correta. As leis estaduais podem ser objeto de duplo controle abstrato de constitucionalidade: no TJ local, tendo como parâmetro a Constituição do Estado (art. 125, § 2º, da CF), bem como no STF, tendo como parâmetro a Constituição Federal (art. 102, I, "a", da CF). Assim, em tese, há possibilidade de concomitância de ADIn estadual e de ADIn federal contra a lei estadual, devendo-se, nesse caso, ser suspenso o trâmite da representação de inconstitucionalidade estadual até julgamento final da ADIn pelo STF, pois ao Supremo Tribunal Federal cabe a guarda precípua da Constituição, sendo seu intérprete maior. Importante observar que, ao apreciarem a constitucionalidade de lei estadual em face da Constituição do Estado, a decisão do TJ local, em regra, não está sujeita a recurso para o STF, que é o guardião da Constituição Federal e não da Constituição do Estado. Entretanto, há casos em que a norma da constituição estadual apontada como violada apenas reproduz uma norma da Constituição Federal, por ser de observância obrigatória pelos estados-membros. Nesses casos a lei estadual, ao violar a Constituição Estadual está, em verdade, afrontando norma da Constituição Federal. Daí a possibilidade de interposição de recurso extraordinário para o STF, pois o parâmetro de controle passa a ser a Constituição Federal. O STF não irá analisar a compatibilidade vertical entre a lei estadual e a Constituição do Estado, mas entre a lei estadual e a Constituição Federal, utilizando, para tanto, um recurso típico do controle difuso. Apesar disso, o controle não perde sua natureza abstrata, razão pela qual a decisão do STF, nesse recurso extraordinário, produzirá os mesmos efeitos da ADIn genérica (*erga omnes*, vinculantes e *ex tunc*); **2:** correta. Só cabe ADIn de lei ou ato normativo estadual ou federal (art. 102, I, "a", da CF).
Gabarito 1C, 2C

(Defensoria/ES – 2009 – CESPE) Com relação ao controle de constitucionalidade, julgue os itens subsequentes.

(1) Conforme entendimento do STF, cabe reclamação da decisão que conceder ou negar a liminar proferida em ação direta de inconstitucionalidade.

(2) Caso um cidadão esteja litigando contra o estado do Espírito Santo e o juiz de direito não tenha aplicado, no julgamento dessa causa, o entendimento manifestado pelo plenário do STF em recurso extraordinário interposto em outro processo, não caberá reclamação ao STF contra a decisão do juiz de direito.

1: incorreta. Não cabe reclamação porque a decisão não tem efeito vinculante. Como já foi gabarito do próprio CESPE, o indeferimento da medida cautelar na ADI não significa confirmação da constitucionalidade da lei com efeito vinculante; **2:** correta, porque a decisão no RE não tem efeito vinculante. Caso se tratasse de decisão final em ADIn, aplicar-se-ia o entendimento do STF de que todos aqueles que comprovarem efetivo interesse de agir, a partir da existência de provimento jurisdicional diverso daquele fixado em ADIn, podem requerer o pronunciamento do Tribunal a respeito, independentemente da condição de parte no processo principal ou da legitimação concorrente para a propositura de ação direta de inconstitucionalidade (art. 103 da CF). Isso porque o objetivo principal da reclamação é a garantia da eficácia vinculante das decisões de mérito do STF, de modo a preservar a higidez constitucional.
Gabarito 1E, 2C

(Defensoria/MA – 2009 – FCC) No ordenamento jurídico pátrio, o controle de constitucionalidade de leis municipais em face da Constituição da República

(A) somente é admitido em sede de controle difuso, pela via incidental.

(B) pode ser objeto de ação direta de inconstitucionalidade, desde que se trate de lei promulgada posteriormente à entrada em vigor da Constituição.
(C) é admitido em sede de ação declaratória de constitucionalidade, por força de interpretação analógica à da regra que a admite em se tratando de lei estadual.
(D) pode ser realizado por meio de arguição de descumprimento de preceito fundamental, mesmo que se trate de lei municipal anterior à Constituição.
(E) não é admitido, uma vez que não há como se caracterizar ofensa direta de lei municipal à Constituição da República, mas apenas à Constituição estadual.

Cabe controle de constitucionalidade de leis municipais em controle difuso ou, diretamente no STF via ADPF, observadas as regras da Lei 9.882/1999, notadamente seu art. 4º, § 1º. Não cabe, entretanto, verificação de lei municipal em face da CF via ADIn ou ADC (art. 102, I, a, da CF).
Gabarito "D".

(Defensoria/MT – 2009 – FCC) Analise as assertivas que seguem a propósito da ação direta de inconstitucionalidade.
I. A pertinência temática entre o vício de inconstitucionalidade e a atividade exercida pelo autor legitimado à propositura da ação é, em qualquer hipótese, necessária para que a ação seja conhecida pelo Tribunal.
II. A petição inicial deve ser sempre assinada por advogado.
III. A decisão final de mérito proferida pelo Tribunal é irrecorrível, salvo a oposição de embargos de declaração, não podendo ser objeto de ação rescisória.
IV. A concessão de medida cautelar torna aplicável a legislação anterior acaso existente, salvo expressa manifestação em sentido contrário.
V. Ao declarar a inconstitucionalidade do ato, pode o Tribunal determinar que a decisão somente tenha eficácia a partir de seu trânsito em julgado ou de outro momento que venha a ser fixado.
Está correto o que se afirma SOMENTE em
(A) I, II e III.
(B) II, III e IV.
(C) II, IV e V.
(D) III, IV e V.
(E) III e V.

I: incorreta. O STF distingue os legitimados ativos entre universais e especiais, dependendo da necessidade de demonstração da pertinência temática. De acordo com o Supremo, são legitimados neutros ou universais para a propositura de ADIn (= têm legitimidade ativa em qualquer hipótese, sem necessidade de demonstração de pertinência temática): o Presidente da República, as Mesas do Senado e da Câmara, o Procurador-Geral da República, o Conselho Federal da OAB e o partido político com representação no Congresso Nacional. São legitimados interessados ou especiais, ou seja, precisam demonstrar relação de pertinência temática entre o objeto da ADIn e sua esfera jurídica (ou a de seus filiados): o Governador de Estado, a Mesa da Assembleia Legislativa (ou da Câmara Legislativa do DF), bem como as confederações sindicais ou entidades de classe de âmbito nacional; II: incorreta, Não reflete o disposto no art. 3º, parágrafo único, Lei 9.868/1999; III: correta (art. 26 da Lei 9.868/1999); IV: correta (art. 11, § 2º, da Lei 9.868/1999); V: correta (art. 27 da Lei 9.868/1999).
Gabarito "D".

(Defensoria/MT – 2009 – FCC) Considerando-se a disciplina constitucional e legal da arguição de descumprimento de preceito fundamental, é correto afirmar que
(A) a medida não é admitida quando houver qualquer outro meio eficaz de sanar a lesividade apontada pelo autor da demanda.
(B) a medida é cabível somente no caso de lesão a preceito fundamental, resultante de ato do Poder Público.
(C) a medida tem finalidade apenas repressiva e não preventiva.
(D) seu procedimento não permite a concessão de medida liminar.
(E) não cabe reclamação contra o descumprimento da decisão proferida pelo Tribunal ao final do processo.

A: correta (art. 4º, § 1º, da Lei 9.882/1999); B: incorreta. Também cabe ADPF quando for relevante o fundamento da controvérsia constitucional sobre lei ou ato normativo federal, estadual ou municipal, incluídos os anteriores à Constituição (art. 1º, parágrafo único, I, da Lei 9.882/1999); C: incorreta, pois pode ser proposta para evitar ou reparar lesão a preceito fundamental (art. 1º, caput, da Lei 9.882/1999); D: incorreta. O art. 5º da Lei 9.882/1999 expressamente permite a concessão de liminar; E: incorreta. Cabe diante dos efeitos vinculantes (art. 10, § 3º, da Lei 9.882/1999).
Gabarito "A".

(Defensoria/PA – 2009 – FCC) Considerando a disciplina constitucional e legal da arguição de descumprimento de preceito fundamental, bem como a jurisprudência do Supremo Tribunal Federal sobre o tema,
I. compete ao Ministro Relator ou ao Tribunal Pleno, conforme o caso, deferir medida liminar consistente na determinação de que juízes e tribunais suspendam o andamento de processo ou os efeitos das decisões judiciais, salvo se decorrentes da coisa julgada;
II. as partes que participaram dos processos que ensejaram a arguição não podem ser ouvidas pelo Supremo Tribunal Federal;
III. a petição inicial não pode ser admitida quando houver qualquer outro meio de sanar a lesividade ao preceito fundamental em questão;
IV. nos processos de caráter urgente, o representante do Ministério Público não será ouvido pelo Supremo Tribunal Federal antes de proferida a decisão final;
V. lei federal, estadual e municipal, ainda que não estejam em vigor, podem ser objeto de arguição.
Está correto o que se afirma SOMENTE em
(A) III, IV e V.
(B) I, II e V.
(C) I, III e V.
(D) II, III e IV.
(E) II, IV e V.

I: correta (art. 5º, §§ 1º e 3º, da Lei 9.882/1999); II: incorreta, pois contraria o disposto no art. 6º, § 1º, da Lei 9.882/1999; III: correta, pois de acordo com o art. 4º, § 1º, da Lei 9.882/1999; IV: incorreta, pois não reflete o disposto no art. 5º, § 2º e no art. 7º, parágrafo único, da Lei 9.882/1999; V: correta (art. 1º, parágrafo único, I, da Lei 9.882/1999).
Gabarito "C".

(Defensoria/PI – 2009 – CESPE) Com relação ao controle de constitucionalidade no direito brasileiro, assinale a opção correta.

(A) O controle de constitucionalidade concreto, também chamado controle por via de defesa, deve ser suscitado tanto pelo autor quanto pelo réu da ação, não tendo o magistrado ou o tribunal competência para isso.

(B) Diferentemente do que se verifica com o controle abstrato de normas, que tem como parâmetro de controle a CF vigente, o controle incidental realiza-se em face da constituição sob cujo império foi editada a lei ou o ato normativo.

(C) Aaferição de constitucionalidade de uma EC só é possível em sentido material, não em sentido formal. De igual maneira, o STF não admite a possibilidade de se examinar a constitucionalidade de proposta de EC antes de sua promulgação.

(D) É possível a medida cautelar em ação direta de inconstitucionalidade, mas não em ação declaratória de constitucionalidade.

(E) Aarguição de descumprimento de preceito fundamental é cabível para evitar ou reparar lesão a preceito fundamental resultante de ato do poder público federal ou estadual. Da mesma forma que ocorre em relação às ações diretas de inconstitucionalidade, não cabe a arguição de descumprimento em face de lei ou ato normativo municipal.

A: incorreta. O magistrado pode declarar a inconstitucionalidade de ofício, independentemente de provocação; **B:** correta. Devendo-se notar que o controle de normas pré-constitucionais também pode ser realizado por ADPF (art. 1º, parágrafo único, I, da Lei 9.882/1999); **C:** incorreta. Cabe controle formal ou material de EC, além de o STF ter firme entendimento de que os parlamentares têm direito líquido e certo ao devido processo legislativo, de modo que entende cabível a impetração de mandado de segurança pelos congressistas para "barrar" a tramitação de proposta de emenda constitucional que fira, por exemplo, uma cláusula pétrea; **D:** incorreta, pois não reflete o disposto nos arts. 10 e 21 da Lei 9.868/1999; **E:** incorreta. A Lei fala em "ato do Poder Público", sem qualificação, além de consignar expressamente o cabimento de ADPF de lei municipal (art. 1º, caput e parágrafo único, I, da Lei 9.882/1999).
Gabarito "B".

(Defensoria/SP – 2009 – FCC) Assinale a alternativa correta.

(A) Quando julga mandado de segurança impetrado por parlamentar federal para defender direito subjetivo à participar de um processo legislativo hígido, o STF incide no controle político de constitucionalidade.

(B) Com o advento da Lei nº 9.882/99, que regulamenta a ADPF, está admitido o exame da legitimidade do direito pré-constitucional em face da norma constitucional superveniente.

(C) Compete ao Tribunal de Justiça exercer o controle concentrado de leis municipais em face da Constituição Federal eis que no artigo 5º XXXV consta expressamente que a lei não excluirá da apreciação do poder judiciário lesão ou ameaça a direito.

(D) As decisões proferidas em ADC têm efeito vinculante em relação aos órgãos do poder Judiciário, do Legislativo e do Executivo, o que implica na imposição de restrição à Administração pública direta e indireta.

(E) Tratando-se de controle de constitucionalidade não é possível aplicação do princípio da simetria federativa para que a ADPF seja inserida no texto constitucional estadual.

A: incorreta. O controle político é o realizado por órgão fora da estrutura do Judiciário; **B:** correta (art. 1º, parágrafo único, I, da Lei 9.882/1999); **C:** incorreta. Os TJs só podem realizar controle de constitucionalidade tendo como parâmetro a Constituição Estadual; **D:** incorreta. Não vincula o Poder Legislativo (art. 28, parágrafo único, da Lei 9.868/1999); **E:** incorreta, pois não há vedação para tanto, desde que observado o modelo federal.
Gabarito "B".

(Defensoria Pública da União – 2007 – CESPE) Julgue o seguinte item.

(1) Apenas durante o recesso do STF o relator poderá conceder medida cautelar suspendendo os efeitos da lei.

1: correta (art. 10 da Lei 9.868/1999), embora a regra seja sistematicamente desobedecida pelo Supremo Tribunal Federal, o que gerou a crítica doutrinária da "monocratização" das decisões do STF ou, no mesmo sentido, a de que a Corte representa "onze ilhas".
Gabarito 1C.

(Defensoria Pública da União – 2007 – CESPE) Julgue o seguinte item.

(1) A decisão sobre a constitucionalidade de uma lei só poderá ser tomada se estiverem presentes ao menos 6 dos 11 ministros do STF na sessão de julgamento.

1: incorreta. O art. 22 da Lei 9.868/1999 exige a presença de oito ministros.
Gabarito 1E.

(Defensoria Pública da União – 2007 – CESPE) Julgue o seguinte item.

(1) Decisão que declara a constitucionalidade ou a inconstitucionalidade de norma pode ser atacada por embargos de declaração, mas não poderá ser desconstituída em ação rescisória.

1: correta. Art. 26 da Lei 9.868/1999.
Gabarito 1C.

(Defensoria Pública da União – 2007 – CESPE) Julgue o seguinte item.

(1) O STF só pode determinar a modulação dos efeitos da decisão que declara a inconstitucionalidade de norma em ação direta de inconstitucionalidade.

1: incorreta. O STF tem admitido a aplicação da norma do art. 27 da Lei 9.868/1999 ao controle difuso, por analogia. Há, ainda, precedentes que modularam os efeitos temporais de decisões de declaração de constitucionalidade da norma.
Gabarito 1E.

(Defensoria Pública da União – 2007 – CESPE) Julgue o seguinte item.

(1) A OAB não está submetida ao requisito da pertinência temática em ação direta de inconstitucionalidade.

1: correta. De acordo com a jurisprudência do STF, o Conselho Federal da OAB é legitimado universal para a propositura de ADIn, não precisando demonstrar pertinência temática.
Gabarito 1C.

(Defensoria Pública da União – 2007 – CESPE) Julgue o seguinte item.

(1) Apesar de uma norma ser considerada constitucional, admite-se que ela possa, depois, ser declarada inconstitucional.

1: correta, por exemplo, nos casos de inconstitucionalidade material superveniente, de inconstitucionalidade progressiva ("lei ainda constitucional") e, também, em virtude da não vinculação do STF aos seus próprios precedentes e às conclusões dos outros Poderes ao exercerem controle de constitucionalidade.
Gabarito 1C

(Defensoria Pública da União – 2007 – CESPE) Julgue o seguinte item.

(1) Qualquer prejudicado poderá, por meio da reclamação, atacar decisão judicial não transitada em julgado que contrarie acórdão sobre a constitucionalidade de norma em ação declaratória de constitucionalidade.

1: correta. Após o julgamento da Rcl 1.880/SP, Rel. Min. Maurício Corrêa, o Supremo passou a admitir reclamação proposta por qualquer pessoa afetada pela desobediência à decisão proferida em controle abstrato, desde que comprovasse interesse de agir.
Gabarito 1C

(Defensor Público/CE – 2007 – CESPE) Julgue os seguintes itens, relacionados ao controle de constitucionalidade das leis.

(1) O autor da ação direta de inconstitucionalidade pode desistir do feito até a notificação das autoridades que participaram da elaboração da norma impugnada.

(2) O prazo para ajuizar rescisória contra acórdão do tribunal de justiça proferido em ação direta de inconstitucionalidade é de dois anos contados do trânsito em julgado.

(3) O STF pode decidir ação direta de constitucionalidade por outros fundamentos ainda que não alegados na petição inicial em razão da causa de pedir aberta.

(4) O controle difuso de constitucionalidade tem sua origem histórica no direito norte-americano, no caso Marbury versus Madison.

(5) A decisão cautelar na ação declaratória de constitucionalidade, por criação do constituinte derivado, somente adquire eficácia vinculante quando o STF expressamente a atribui.

1: incorreta. Viola o art. 5º da Lei 9.868/1999; **2:** incorreta. Não cabe ação rescisória (art. 26 da Lei 9.868/1999); **3:** correta. No exame da constitucionalidade de determinada lei ou ato normativo em controle abstrato de constitucionalidade perante a Constituição Federal, o STF analisa o pedido constante da ADIn em face de todo o texto constitucional, e não apenas do dispositivo apontado pelo autor como violado pela lei que está sendo acoimada de inconstitucional. Por isso, fala-se que a causa de pedir na ADIn é *aberta*, já que o órgão julgador está, em princípio, limitado ao pedido de inconstitucionalidade formulado, mas não está adstrito ao fundamento da inconstitucionalidade apontado pelo legitimado ativo. Vale dizer, o STF só pode agir se for provocado, se receber um pedido formalmente válido em ADIn, mas pode declarar a inconstitucionalidade da norma por motivo diverso daquele transcrito na petição inicial da ADIn. Isso não significa, por outro lado, que o autor está dispensado de fundamentar seu pedido, deixando de explicitar os motivos pelos quais entende ser a norma inconstitucional. A fundamentação (causa de pedir) é imprescindível e um dos requisitos da petição inicial, mas como a verificação da compatibilidade da lei ou ato normativo se dá diante de toda a Constituição, o STF pode entender que a norma está em desacordo com outro dispositivo constitucional, que não o apontado pelo autor, o que se costumou chamar de "causa de pedir aberta"; **4:** correta. De acordo com Luís Roberto Barroso, *Marbury v. Madison* foi a primeira decisão na qual a Suprema Corte afirmou seu poder de exercer o controle de constitucionalidade, negando aplicação a leis que, de acordo com sua interpretação, fossem inconstitucionais. No desenvolvimento de seu voto, Marshall (ex-Secretário de Estado de John Adams) dedicou a primeira parte à demonstração de que Marbury (um dos nomeados que não recebeu o ato de investidura com a posse do novo governo) tinha direito à investidura no cargo. Na segunda parte, assentou que, se Marbury tinha o direito, necessariamente deveria haver um remédio jurídico para assegurá-lo. Ao enfrentar a segunda questão – se a Suprema Corte tinha competência para expedir o *writ* – Marshall sustentou que o §13 da Lei Judiciária de 1789, ao criar uma hipótese de competência originária da Suprema Corte fora das que estavam previstas no art. 3º da Constituição, incorria em uma inconstitucionalidade. Diante do conflito entre a lei e a Constituição, chegou a questão central do acórdão: pode a Suprema Corte deixar de aplicar, por inválida, uma lei inconstitucional? Ao expor suas razões, enunciou ainda três grandes fundamentos que justificam o controle judicial de constitucionalidade: a supremacia da Constituição, a nulidade de lei que a contrarie e o Judiciário como intérprete final da Constituição. Na sequência histórica, a Suprema Corte estabeleceu sua competência para exercer também um controle sobre atos, leis e decisões estaduais em face da Constituição e das leis federais; **5:** incorreta. O art. 102, § 2º, da CF não trata de efeitos da medida cautelar em ADC.
Gabarito 1E, 2E, 3C, 4C, 5E

5. DIREITOS E GARANTIAS INDIVIDUAIS E COLETIVAS

(Defensor Público –DPE/BA – 2016 – FCC) No âmbito da Teoria dos Direitos Fundamentais,

(A) em que pese a doutrina reconhecer a eficácia dos direitos fundamentais nas relações entre particulares (eficácia horizontal), a tese em questão nunca foi apreciada ou acolhida pelo Supremo Tribunal Federal.

(B) a cláusula de abertura material do catálogo de direitos fundamentais expressa no § 2º do art. 5º da Constituição Federal não autoriza que direitos consagrados fora do Título II do texto constitucional sejam incorporados ao referido rol.

(C) o princípio da proibição de retrocesso social foi consagrado expressamente no texto da Constituição Federal.

(D) os direitos fundamentais de primeira dimensão ou geração possuem função normativa de natureza apenas defensiva ou negativa.

(E) a dimensão subjetiva dos direitos fundamentais está atrelada, na sua origem, à função clássica de tais direitos, assegurando ao seu titular o direito de resistir à intervenção estatal em sua esfera de liberdade individual.

A: Incorreta. A tese foi adotada expressamente, por exemplo, no RE 201819, Rel. para acórdão Min. Gilmar Mendes, j. 11.10.2005, Segunda Turma, que invalidou a exclusão de sócio da União Brasileira de Compositores (UBC) sem observância do devido processo legal: "O espaço de autonomia privada garantido pela Constituição às associações não está imune à incidência dos princípios constitucionais que asseguram o respeito aos direitos fundamentais de seus associados. A autonomia privada, que encontra claras limitações de ordem jurídica, não pode ser exercida em detrimento ou com desrespeito aos direitos e garantias de terceiros, especialmente aqueles positivados em sede constitucional, pois a autonomia da vontade não confere aos particulares, no domínio de sua incidência e atuação, o poder de transgredir ou de ignorar as restrições postas e definidas pela própria Constituição, cuja eficácia e força normativa também se impõem, aos particulares, no âmbito de suas relações privadas, em tema de liberdades fundamentais"; **B:** Incorreta. A cláusula de abertura serve justamente para qualificar como direito fundamental aqueles que não se encontram

no rol do art. 5º da CF, mas em outros títulos da CF – ou até mesmo aqueles que não estão na Constituição; **C:** Incorreta. Não há menção expressa na CF. De acordo com Luís Roberto Barroso, trata-se de limite à liberdade de conformação do legislador, retirando-lhe a possibilidade de revogar total ou parcialmente determinadas leis, quando isso decorra da paralisação ou considerável esvaziamento da eficácia de dispositivos constitucionais dependentes de regulamentação; **D:** Incorreta. A doutrina afirma que os direitos de primeira dimensão são direitos a prestações negativas, ou seja, que demandam uma abstenção (não uma prestação) do Estado. Não significa, porém, que possuam função normativa negativa; **E:** Correta. A dimensão subjetiva diz respeito aos sujeitos, aos titulares dos direitos fundamentais, que em sua função clássica conferem proteção contra o Estado, que não pode intervir na esfera de liberdades dos indivíduos.
Gabarito "E".

(Defensor Público –DPE/BA – 2016 – FCC) É considerado pela doutrina como (sub)princípio derivado do princípio da proporcionalidade:

(A) Proibição de retrocesso social.
(B) Estado de direito.
(C) Segurança jurídica.
(D) Proibição de proteção insuficiente.
(E) Boa-fé objetiva.

A doutrina afirma que a proporcionalidade tem três elementos: a) adequação entre meios e fins; b) necessidade/utilidade da medida (proibição do excesso); b) proporcionalidade em sentido estrito (relação custo/benefício). Além disso, afirma que a violação à proporcionalidade ocorre tanto quanto há excesso na ação estatal quanto nas hipóteses em que a proteção oferecida é deficiente princípio da proteção insuficiente (ver ADI 4530).
Gabarito "D".

(Defensor Público –DPE/RN – 2016 – CESPE) Acerca da distinção entre princípios e regras, do princípio da proibição do retrocesso social, da reserva do possível e da eficácia dos direitos fundamentais, assinale a opção correta.

(A) De acordo com entendimento do STF, não é cabível à administração pública invocar o argumento da reserva do possível frente à imposição de obrigação de fazer consistente na promoção de medidas em estabelecimentos prisionais para assegurar aos detentos o respeito à sua integridade física e moral.
(B) Os direitos fundamentais são também oponíveis às relações privadas, em razão de sua eficácia vertical.
(C) As colisões entre regras devem ser solucionadas mediante a atribuição de pesos, indicando-se qual regra tem prevalência em face da outra, em determinadas condições.
(D) Tanto regras quanto princípios são normas, contudo, tão somente as regras podem ser formuladas por meio das expressões deontológicas básicas do dever, da permissão e da proibição.
(E) O princípio da proibição do retrocesso social constitui mecanismo de controle para coibir ou corrigir medidas restritivas ou supressivas de direitos fundamentais, tais como as liberdades constitucionais.

A: Correta. A reserva do possível não pode ser legitimamente invocada para a não adoção de políticas públicas ligadas ao mínimo existencial da dignidade humana; **B:** Incorreta. Os direitos fundamentais são sim oponíveis nas relações privadas, mas aí se trata de eficácia horizontal (particular contra particular). A eficácia vertical refere-se à incidência padrão dos direitos fundamentais, pelo indivíduo em face do Estado; **C:** Incorreta. De acordo com a doutrina majoritária, as regras não podem ser ponderadas. A atribuição de pesos é dada aos *princípios*, quando colidem entre si, visando a solução do conflito; **D:** Incorreta. Normas são gênero, das quais os princípios e as regras são espécies. Entretanto, tanto regras quanto princípios são formuladas por expressões normativas e deontológicas (do dever ser); **E:** Incorreta. O princípio opera no plano dos direitos *sociais*, não se referindo a todos os direitos fundamentais.
Gabarito "A".

(Defensor Público –DPE/MT – 2016 – UFMT) Leia o texto abaixo.

[...] A Constituição de 1988 é explicitamente receptiva ao Direito Internacional Público em matéria de direitos humanos, o que configura uma identidade de objetivos do Direito Internacional e do Direito Público Interno, quanto à proteção da pessoa humana. [...].

(LAFER, C. A internacionalização dos direitos humanos: Constituição, racismo e relações internacionais. Barueri, SP: Manole, 2005.)

Sobre os tratados internacionais de direitos humanos e o bloco de constitucionalidade, assinale a afirmativa correta.

(A) As normas dos tratados de direitos humanos recepcionados pela Constituição de 1988 são materialmente constitucionais e servem de parâmetro hermenêutico para imprimir vigor à força normativa da Constituição.
(B) O Supremo Tribunal Federal, a quem compete decidir sobre a constitucionalidade de tratado internacional, pode declarar a inconstitucionalidade de direitos e garantias contidos em tratados sobre direitos humanos.
(C) A integração de tratados internacionais de proteção de direitos humanos ao bloco de constitucionalidade é problemática, pois promove alterações no texto da Constituição de 1988, de forma distinta do rito legislativo previsto para as emendas constitucionais.
(D) Os tratados internacionais sobre direitos humanos, em consonância com a Constituição de 1988, passam a ter eficácia no direito interno, mesmo antes de aprovados pelo Congresso Nacional, bastando que estejam em vigor no plano externo.
(E) Os tratados internacionais de direitos humanos que integram o bloco de constitucionalidade, quando aprovados por maioria relativa de votos no Congresso Nacional, podem ser revogados por lei ordinária superveniente.

A: Correta. Ainda que não tenham sido incorporados como emendas constitucionais, os tratados internacionais de direitos humanos integram o bloco de constitucionalidade, que serve como parâmetro de controle de constitucionalidade das leis e atos normativos; **B:** Incorreta. Qualquer juiz ou tribunal pode declarar a constitucionalidade ou inconstitucionalidade de tratados em face da constituição federal, em controle difuso; **C:** Incorreta. Não há alteração no texto da constituição, sendo o bloco de constitucionalidade aditivo às normas já constantes da própria constituição; **D:** Incorreta. É necessário seguir o rito previsto para internalização dos tratados (art. 84, VIII, CF); **E:** Incorreta. O STF já lhes concedeu o caráter normativo de *supralegalidade*, estando abaixo da Constituição, mas acima das leis.
Gabarito "A".

(Defensor Público –DPE/RN – 2016 – CESPE) Assinale a opção correta em relação aos direitos fundamentais e aos conflitos que podem ocorrer entre eles.

(A) A proibição do excesso e da proteção insuficiente são institutos jurídicos ligados ao princípio da proporcionalidade utilizados pelo STF como instrumentos jurídicos controladores da atividade legislativa.
(B) Sob pena de colisão com o direito à liberdade de pensamento e consciência, o STF entende que a autorização estatutária genérica conferida à associação é suficiente para legitimar a sua atuação em juízo na defesa de direitos de seus filiados.
(C) Como tentativa de evitar a ocorrência de conflito, a legislação brasileira tem imposto regras que impedem o exercício cumulado de diferentes direitos fundamentais.
(D) Os direitos fundamentais poderão ser limitados quando conflitarem com outros direitos ou interesses, não havendo restrição a tais limitações.
(E) A garantia de proteção do núcleo essencial dos direitos fundamentais está ligada à própria validade do direito, mas não guarda relação com a sua eficácia no caso concreto.

A: Correta. Estão ligados aos subprincípios da proporcionalidade. De acordo com o STF, "os direitos fundamentais não podem ser considerados apenas proibições de intervenção (Eingriffsverbote), expressando também um postulado de proteção (Schutzgebote). Pode-se dizer que os direitos fundamentais expressam não apenas uma proibição do excesso (Übermassverbote), como também podem ser traduzidos como proibições de proteção insuficiente ou imperativos de tutela (Untermassverbote)" (STF, HC 102087, Rel. p/ o acórdão Min. Gilmar Mendes, 2T, j. 28/02/2012); **B:** Incorreta. "A autorização estatutária genérica conferida a associação não é suficiente para legitimar a sua atuação em juízo na defesa de direitos de seus filiados, sendo indispensável que a declaração expressa exigida no inciso XXI do art. 5º da CF ("as entidades associativas, quando expressamente autorizadas, têm legitimidade para representar seus filiados judicial ou extrajudicialmente") seja manifestada por ato individual do associado ou por assembleia geral da entidade" (RE 573232, Rel. p/ o acórdão Min. Marco Aurélio, j. 14/05/2014); **C:** Incorreta. A Constituição Federal prevê extenso rol de direitos fundamentais que têm eficácia direta e aplicabilidade imediata, configurando-se inconstitucional qualquer leitura que vise a impedir o "exercício cumulativo" de direitos fundamentais; **D:** Incorreta. Os direitos fundamentais podem ser sopesados quando em conflito, devendo-se resguardar o núcleo essencial de cada um deles; **E:** Incorreta. A proteção do núcleo essencial dos direitos fundamentais opera em todos os planos da norma.
Gabarito "A".

(Defensor Público –DPE/RN – 2016 – CESPE) Com referência aos direitos fundamentais em espécie, assinale a opção correta com base no entendimento do STF acerca desse tópico.

(A) A inviolabilidade domiciliar refere-se à residência que o indivíduo ocupa com intenção de moradia definitiva, mas não alcança seu escritório profissional ou outro local de trabalho.
(B) A determinação de foro justificada por prerrogativa de função, ainda que instituída exclusivamente por Constituição estadual, prevalece sobre a competência do tribunal de júri.
(C) Por ferir o direito à privacidade, é ilegítima a publicação, em qualquer tipo de veículo, dos nomes de servidores da administração pública e do valor dos vencimentos e vantagens pecuniárias por eles recebidos.
(D) O Estado brasileiro reconhece que a família tem como base a união entre o homem e a mulher, fato que exclui a união de pessoas do mesmo sexo do âmbito da proteção estatal.
(E) Salvo quando envolver criança e(ou) adolescente, os direitos à reunião e à livre manifestação do pensamento podem ser exercidos mesmo quando praticados para defender a legalização de drogas.

A: Incorreta. O STF tem firme entendimento de que o conceito de casa não se refere apenas à residência, alcançando igualmente o local de trabalho; **B:** Incorreta. A competência do Tribunal do Júri prevalece, por tratar-se de competência absoluta; **C:** Incorreta. O STF já firmou entendimento contrário, permitindo a divulgação desses dados em portal de transparência (ou equivalente); **D:** Incorreta. O STF já decidiu, em controle concentrado, pela legitimidade das uniões homoafetivas (V. STF, ADPF 132, Rel. Min. Ayres Britto, j. 05/05/2011); **E:** Correta. Ao apreciar a legitimidade da realização da "Marcha da Maconha", o Min. Luiz Fux votou pela possibilidade do evento, desde que observados os seguintes parâmetros: "1) que se tratasse de reunião pacífica, sem armas, previamente noticiada às autoridades públicas quanto à data, ao horário, ao local e ao objetivo, e sem incitação à violência; 2) que não existisse incitação, incentivo ou estímulo ao consumo de entorpecentes na sua realização; 3) que não ocorresse o consumo de entorpecentes na ocasião da manifestação ou evento público e 4) que não houvesse a participação ativa de crianças e adolescentes na sua realização". (STF, ADI 4274, Rel. Min. Ayres Britto, j. 23/11/2011).
Gabarito "E".

(Defensor Público –DPE/RN – 2016 – CESPE) Assinale a opção correta no que diz respeito à ação popular.

(A) A competência para processar e julgar ação popular proposta contra o presidente da República é do STF.
(B) O menor de dezesseis anos pode propor ação popular, mas, para fazê-lo, tem de ser assistido em juízo.
(C) De acordo com o entendimento do STJ, o cidadão autor de ação popular tem de residir no domicílio eleitoral do local onde for proposta a ação, sob pena de indeferimento da inicial.
(D) A execução de multa diária por descumprimento de obrigação fixada em medida liminar concedida em ação popular independe do trânsito em julgado desta ação, conforme posição do STJ.
(E) A jurisprudência do STJ vem admitindo o emprego da ação popular para a defesa de interesses difusos dos consumidores.

A: Incorreta. A competência para julgar ação popular é da primeira instância, não havendo falar em foro por prerrogativa de função em ações de natureza cível; **B:** Incorreta. Só pode propor ação popular o cidadão, sendo necessária a comprovação dessa qualidade pela juntada do título de eleitor. O menor de 16 anos não possui cidadania ativa (art. 14, § 1º, II, "c", da CF); **C:** Incorreta. O STJ distinguiu as figuras de "eleitor" e "cidadão" para concluir que a circunscrição eleitoral é importante para fins da legislação eleitoral, não podendo ser aplicada para restringir o direito à propositura de ação popular pelo cidadão, que é exercício de democracia (STJ, REsp 1242800, Rel. Min. Mauro Campbell Marques, j. 07/06/2011); **D:** Correta. "A execução de multa diária (astreintes) por descumprimento de obrigação de fazer, fixada em liminar concedida em Ação Popular, pode ser realizada nos próprios autos, por isso que não carece do trânsito em julgado da sentença final condenatória" (STJ, REsp 1098028, Rel. Min. Luiz Fux, j. 09/02/2010);

E: Incorreta. O STJ **em regra** não admite ação popular para defesa de interesse dos consumidores, mas é importante salientar a existência de precedente em sentido diverso, do Min. Herman Benjamin: "(...) Segundo o entendimento da Segunda Turma, no caso do fornecimento de energia elétrica para iluminação pública, a coletividade assume a condição de consumidora (REsp 913.711/SP, Rel. Ministro Mauro Campbell Marques, j. 19/8/2008, DJe 16/9/2008). Aplica-se, assim, o CDC, porquanto o pedido é formulado em nome da coletividade, que é indubitavelmente a consumidora da energia elétrica sob forma de iluminação pública. (...) a viabilidade da Ação Popular, *in casu*, decorre do pedido formulado e do objetivo da demanda, qual seja, proteger o Erário contra a cobrança contratual indevida, nos termos do art. 1º da Lei 4.717/1965, conforme o art. 5º, LXXIII, da CF, questão que não se confunde com a condição de consumidor daqueles que são titulares do bem jurídico a ser protegido (a coletividade, consumidora da energia elétrica). A Ação Popular deve ser apreciada, quanto às hipóteses de cabimento, da maneira mais ampla possível, de modo a garantir, em vez de restringir, a atuação judicial do cidadão". (STJ, REsp 1164710, Rel. Min. Herman Benjamin, j. 14/02/2012).

Gabarito "D".

(Defensoria Pública da União – CESPE – 2015) No tocante aos direitos e garantias fundamentais, julgue os próximos itens.

(1) A CF, ao garantir o direito social à alimentação adequada, impõe que o poder público implemente políticas e ações que se façam necessárias para promover e garantir a segurança alimentar e nutricional da população.

(2) No caso de autoridade federal do Instituto Nacional do Seguro Social indeferir ilegalmente benefício previdenciário a determinado cidadão, caberá o ajuizamento de mandado de segurança, sendo, nesse caso, da justiça estadual a competência para julgá-lo, desde que a comarca não seja sede de vara de juízo federal.

(3) Não viola a cláusula do devido processo legal a exigência de arrolamento prévio de bens para fins de admissibilidade de recurso administrativo.

(4) O direito à liberdade de expressão representa um dos fundamentos do Estado democrático de direito e não pode ser restringido por meio de censura estatal, salvo a praticada em sede jurisdicional.

1: Correta. Lei 11.346/2006: "Art. 2º A alimentação adequada é direito fundamental do ser humano, inerente à dignidade da pessoa humana e indispensável à realização dos direitos consagrados na Constituição Federal, devendo o poder público adotar as políticas e ações que se façam necessárias para promover e garantir a segurança alimentar e nutricional da população"; **2:** Incorreta. A competência para apreciar e julgar mandado de segurança contra autoridade federal é firmada a partir do domicílio da autoridade coatora, não do segurado (art. 109, VIII, CF); **3:** Incorreta. Súmula Vinculante 21/STF; **4:** Incorreta. O art. 5º, IX, da CF veda a censura, independentemente de ser administrativa ou judicial.

Gabarito 1C, 2E, 3E, 4E

(Defensor Público/TO – 2013 – CESPE) A respeito do poder constituinte e dos direitos e garantias fundamentais, assinale a opção correta.

(A) A dissolução compulsória de associação já constituída ocorrerá por decisão judicial, não sendo necessário, em face da comprovação de atividade ilícita, aguardar o trânsito em julgado para a efetiva dissolução.

(B) Na hipótese de cancelamento de naturalização por decisão judicial fundada na constatação de ocorrência de prática de atividade nociva ao interesse nacional, o interessado não pode readquirir naturalização mediante novo processo de naturalização.

(C) No sistema brasileiro, o exercício do poder constituinte originário implica revogação das normas jurídicas inseridas na constituição anterior, apenas quando forem materialmente incompatíveis com a constituição posterior.

(D) Conforme regra expressamente prevista na CF, os estados membros devem obrigatoriamente observar as linhas fundamentais do modelo federal no que se refere ao modo de elaboração da constituição estadual.

(E) Segundo a doutrina, a proteção dada pela CF ao direito de propriedade autoral é dirigida exclusivamente aos direitos patrimoniais, não se estendendo, por exemplo, aos direitos morais do autor.

A: Incorreta. Exige-se trânsito em julgado para a dissolução compulsória de associação. A suspensão de atividades só pode ser determinada por decisão judicial, mas não se exige o trânsito em julgado da decisão nesse caso (Art. 5º, XVII e XIX da CF); **B:** Correta. Art. 12, § 4º, I, da CF; **C:** Incorreta. No direito brasileiro não existe o fenômeno da desconstitucionalização; **D:** Incorreta. Não existe esse princípio expresso na CF, mas normas de observância obrigatória são impostas pelo princípio (não escrito) da simetria; **E:** Incorreta. Abrange as duas faces do direito autoral.

Gabarito "B".

(Defensor Público/ES – 2012 – CESPE) Acerca dos direitos e garantias individuais e coletivos, julgue os itens subsequentes.

(1) A alimentação adequada é um dos direitos sociais constitucionalmente protegidos, devendo o poder público adotar as políticas e ações que se façam necessárias para promover e garantir a segurança alimentar e nutricional da população.

(2) De acordo com a jurisprudência do STF, a exigência de diploma de curso superior para a prática do jornalismo é compatível com a ordem constitucional, pois o direito a liberdade de profissão e o direito a liberdade de informação não são absolutos.

1. Correta. Art. 6º, *caput*, da CF; 2. Incorreta. STF, RE 511961: "A exigência de diploma de curso superior para a prática do jornalismo – o qual, em sua essência, é o desenvolvimento profissional das liberdades de expressão e de informação – não está autorizada pela ordem constitucional, pois constitui uma restrição, um impedimento, uma verdadeira supressão do pleno, incondicionado e efetivo exercício da liberdade jornalística, expressamente proibido pelo art. 220, § 1º, da Constituição Federal".

Gabarito 1C, 2E

(Defensor Público/PR – 2012 – FCC) A vida é direito constitucional fundamental garantindo-se sua inviolabilidade. À luz desse preceito

(A) é possível utilizar a interpretação conforme para não responsabilizar o médico pela eutanásia se considerarmos a autonomia e a dignidade da pessoa humana no mesmo patamar e a vida como direito relativo e disponível pelo titular;

(B) é dever do médico, em casos de doença incurável e terminal, empreender ações diagnósticas ou terapêuticas inúteis ou obstinadas ainda que ocorra a distanásia ou obstinação terapêutica;

(C) a eutanásia ativa direta é admitida pelo ordenamento brasileiro desde que precedida do testamento vital ou procuração de saúde;
(D) somente está autorizada pela norma a eutanásia ativa indireta, na qual se usa meios para evitar a dor ainda que isso provoque a aceleração da morte;
(E) está autorizado pelo ordenamento jurídico apenas a eutanásia passiva ou ortotanásia, quando se omitem ou suspendem os tratamentos médicos com vistas a não adiar a morte.

A: Foi considerada correta pela banca, embora seja questionável em razão de o princípio da dignidade da pessoa humana e o direito à vida encontrarem-se em mesmo patamar (constitucional), não sendo certo falar, com base na jurisprudência do STF, que o direito à vida é disponível; **B:** Incorreta. Não existe esse dever legal para o médico; **C, D e E:** Incorretas. Não há autorização no direito brasileiro para a prática da eutanásia, seja ativa ou passiva.
Gabarito "A".

(Defensor Público/PR – 2012 – FCC) Defensor Público em visita de inspeção à Cadeia Pública Feminina recebe pleito das presas de recebimento de visita íntima proibida pelo delegado responsável por ausência de local apropriado e falta de segurança. Ao analisar a reivindicação das presas o Defensor extrai corretamente as seguintes conclusões:
(A) A mulher presa está privada da liberdade e compete ao Estado zelar para que a pena não passe de sua pessoa, conforme direito constitucional expresso. Não tendo meios para impedir a reprodução, que pode ocorrer, se faz necessário impedir a realização de visita íntima.
(B) Embora legítima, a demanda carece de regulação normativa sob a ótica dos direitos sexuais, o que impede a sua judicialização.
(C) Ainda que seja possível extrair os direitos sexuais do sistema constitucional de proteção dos direitos, no caso específico deve prevalecer o interesse público sobre o privado, já que as visitas não se realizam em virtude de não ser possível garantir a segurança do estabelecimento.
(D) A Constituição foi detalhista ao estabelecer os direitos da pessoa presa prevendo até mesmo o direito da presa de amamentar seus filhos. A visita íntima de mulher presa não está dentre esse rol de direitos não cabendo à Defensoria se revestir de Poder Constituinte Originário.
(E) A demanda se insere na proteção constitucional dos direitos sexuais que podem ser considerados direitos que decorrem do regime e dos princípios constitucionais adotados, em especial, da igualdade, liberdade, intimidade, privacidade e autonomia (parágrafo 2º do art. 5º – direitos implícitos).

Consoante disposição do art. 5º, § 2º, da CF: "Os direitos e garantias expressos nesta Constituição não excluem outros decorrentes do regime e dos princípios por ela adotados, ou dos tratados internacionais em que a República Federativa do Brasil seja parte".
Gabarito "E".

(Defensor Público/SE – 2012 – CESPE) De acordo com a CF, a legislação pertinente e o entendimento do STF, possui legitimidade ativa para impetrar mandado de segurança coletivo
(A) a organização sindical legalmente constituída e em funcionamento há pelo menos um ano, em defesa de quaisquer pessoas;
(B) a associação legalmente constituída, em defesa de seus membros;
(C) o partido político com representação no Congresso Nacional, em defesa de quaisquer pessoas e mesmo com finalidade extrapartidária;
(D) a entidade de classe legalmente constituída e em funcionamento há pelo menos um ano, em defesa de seus associados, independentemente da autorização especial destes;
(E) o partido político legalmente constituído há pelo menos um ano, em defesa de seus filiados.

A: Incorreta (art. 5º, LXX, *b*, da CF) "organização sindical, entidade de classe ou associação legalmente constituída e em funcionamento há pelo menos um ano, em defesa dos interesses de seus membros ou associados;" **B:** Incorreta. A associação em funcionamento há pelo menos um ano (art. 5º, LXX, "b", da CF); **C:** Incorreta. Não é cabível para finalidade extrapartidária; **D:** Correta. Art. 5º, LXX, "b" da CF e Súmula 629 do STF; **E:** Incorreta. Partido político com representação no Congresso Nacional (art. 5º, LXX, "a", da CF).
Gabarito "D".

(Defensor Público/SP – 2012 – FCC) A respeito dos direitos e das garantias fundamentais previstos na ordem constitucional brasileira vigente, é correto afirmar:
(A) **As pessoas presas, ainda que provisoriamente,** em razão de processo penal, têm seus direitos políticos suspensos, não podendo, inclusive, exercer direito de voto.
(B) Para efeitos do disposto no artigo 5º, XI, da Constituição Federal de 1988, o conceito normativo de "casa" deve ser entendido de forma abrangente, de forma a alcançar qualquer compartimento privado não aberto ao público, onde alguém exerce profissão ou atividade, mas não deve ser estendido a "barracos" construídos irregularmente, por exemplo, em áreas públicas.
(C) Segundo entendimento consolidado do Supremo Tribunal Federal, ao contrário da busca domiciliar e da decretação da prisão, ressalvada a situação de flagrância penal, não se considera cláusula constitucional de reserva de jurisdição a interceptação telefônica, podendo esta ser determinada, inclusive, por Comissão Parlamentar de Inquérito, nos termos do artigo 58, § 3º, da Constituição Federal de 1988.
(D) A prática de racismo, a ação de grupos armados, civis ou militares, contra a ordem constitucional e o Estado Democrático e a prática do tráfico ilícito de entorpecentes e de drogas afins são considerados crimes imprescritíveis.
(E) O disposto no artigo 5º, XXXVI, da Constituição Federal de 1988, segundo o qual "a lei não prejudicará o direito adquirido, o ato jurídico perfeito e a coisa julgada", não proibiu a retroatividade da lei, mas, apenas, protegeu o direito adquirido, o ato jurídico perfeito e a coisa julgada de eventual ação retroativa de lei.

A: Incorreta. Viola o art. 15, III, da CF: "É vedada a cassação de direitos políticos, cuja perda ou suspensão só se dará nos casos de: III condenação criminal transitada em julgado, enquanto durarem seus efeitos"; **B:** Incorreta. O art. 5º, XI, da CF, cuja garantia só pode ser afastada por determinação judicial (reserva de jurisdição), salvo em caso de flagrante delito ou desastre, ou para prestar socorro, também se aplica a "barracos"; **C:** Incorreta. A CPI pode determinar quebra do sigilo fiscal, bancário e de dados, mas não a interceptação telefônica; **D:** Incorreta. Os crimes de racismo e ação de grupos armados são imprescritíveis, mas o tráfico ilícito de entorpecentes não (art. 5º, XLII, XLIII e XLIV, da CF); **E:** Correta. A CF admite a retroatividade da lei penal mais benéfica. Gabarito "E".

(Defensor Público/AC – 2012 – CESPE) Considerando o entendimento do STF acerca dos direitos e garantias fundamentais, assinale a opção correta.

(A) O fato de um estrangeiro condenado por crime praticado no Brasil não possuir domicílio neste país impede a substituição da pena privativa de liberdade a ele aplicada por pena restritiva de direito.

(B) É inconstitucional o tratamento mais rigoroso previsto no Código de Trânsito Brasileiro para os crimes de homicídio culposo praticado por agente na direção de veículo automotor.

(C) Não constitui violação do princípio constitucional da legalidade penal imputar a alguém o crime de exercício ilegal de profissão não regulamentada.

(D) A execução da pena privativa de liberdade antes do trânsito em julgado da sentença penal condenatória não contraria o disposto na CF.

(E) A estipulação do cumprimento da pena em regime inicialmente fechado com base apenas nos aspectos inerentes ao tipo penal ou no reconhecimento da gravidade objetiva do delito cometido viola o princípio da individualização da pena.

A: Incorreta. V. HC 94477, Rel. Min. Gilmar Mendes. Há possibilidade da substituição da pena privativa de liberdade por restritiva de direitos desde que o fato seja anterior à Lei 11.343/2006. A Lei 9.714/1998 — mediante a qual foi ampliado o rol de penas restritivas de direitos, no ordenamento jurídico brasileiro — não conteria norma específica que proibisse o benefício legal pretendido para os crimes hediondos, mas apenas restringiria tal possibilidade para os crimes que envolvessem violência ou grave ameaça à pessoa, como defluiria do art. 44, I, do CP; **B:** Incorreta. O STF confirmou a constitucionalidade do art. 302, parágrafo único, da Lei 9.503/1997 (Código de Trânsito) no RE 428.864: "A majoração das margens penais – comparativamente ao tratamento dado pelo art. 121, § 3º, do Código Penal – demonstra o enfoque maior no desvalor do resultado, notadamente em razão da realidade brasileira envolvendo os homicídios culposos provocados por indivíduos na direção de veículo automotor"; **C:** Incorreta. De acordo com o STF (HC 92183), "os requisitos referidos na figura típica devem estar regulamentados por lei, sem os quais restaria inviabilizado, no caso, o manejo da ação penal com base no art. 47 da LCP que, por se tratar de norma penal em branco, depende da indicação de lei que estabeleça as condições para o exercício de determinada atividade"; **D:** Incorreta. Contraria o disposto no art. 5º, LVII, da CF. STF, HC 84078: "Ofende o princípio da não culpabilidade a execução da pena privativa de liberdade antes do trânsito em julgado da sentença condenatória, ressalvada a hipótese de prisão cautelar do réu, desde que presentes os requisitos autorizadores previstos no art. 312 do CPP"; **E:** Correta. STF, HC 85531. Gabarito "E".

(Defensor Público/AC – 2012 – CESPE) Ainda com relação aos direitos e garantias fundamentais, assinale a opção correta.

(A) Segundo entendimento do STF, a prisão em flagrante, autorizada pela CF como exceção à inviolabilidade domiciliar, prescinde de mandado judicial, qualquer que seja a sua natureza.

(B) De acordo com decisão do STF, a inviolabilidade do domicílio durante o período noturno não alcança ordem judicial, podendo a oposição ao cumprimento dessa ordem ser caracterizada como crime de resistência.

(C) Conforme entendimento do STF, é constitucional a norma que proíbe a concessão de liberdade provisória nos crimes de tráfico ilícito de entorpecentes.

(D) Consoante a jurisprudência do STF, constitui ofensa ao princípio constitucional da presunção de inocência a aplicação, como medida sancionatória, da regressão do regime de cumprimento da pena, prevista na Lei de Execução Penal.

(E) Foi declarada constitucional, pelo STF, a exigência do recolhimento do condenado à prisão como requisito para o conhecimento da apelação.

A: Correta. STF, HC 91189; **B:** Incorreta. A garantia constitucional do inciso XI do artigo 5º da Carta da República, a preservar a inviolabilidade do domicílio durante o período noturno, alcança também ordem judicial, não cabendo cogitar de crime de resistência (STF, RE 460880); **C:** Incorreta. O STF, no julgamento do HC 104.339/SP, decidiu pela inconstitucionalidade da vedação abstrata à concessão de liberdade provisória em crimes de tráfico de drogas, invalidando parcialmente a provisão da espécie contida no art. 44 da Lei n.11.343/2006. Não obstante, a Corte também ressalvou a possibilidade da decretação da prisão cautelar em processos por crimes de tráfico de drogas. **D:** Incorreta. STF, HC 93782: "A regressão aplicada sob o fundamento do art. 118, I, segunda parte, da Lei de Execuções penais, não ofende ao princípio da presunção de inocência ou ao vetor estrutural da dignidade da pessoa humana"; **E:** Incorreta. STF, RHC 83810: "O recolhimento do condenado à prisão não pode ser exigido como requisito para o conhecimento do recurso de apelação, sob pena de violação aos direitos de ampla defesa e à igualdade entre as partes no processo. Não recepção do art. 594 do Código de Processo Penal da Constituição de 1988". Gabarito "A".

(Defensor Público/AC – 2012 – CESPE) Considerando o disposto na CF e o entendimento jurisprudencial do STF com relação a direitos e garantias fundamentais, assinale a opção correta.

(A) A falta de defesa técnica por advogado no processo administrativo viola preceito constitucional.

(B) É inconstitucional a exigência de depósito ou de arrolamento prévio de dinheiro ou bens para a admissibilidade de recurso administrativo, mas não para a de recurso interposto junto à autoridade trabalhista.

(C) É inconstitucional a exigência de depósito prévio como requisito de admissibilidade de ação judicial na qual se pretenda discutir a exigibilidade de crédito tributário.

(D) Não constitui violação do princípio da ampla defesa o comparecimento pessoal da parte, sem advogado, perante os juizados especiais, inclusive nos processos de natureza criminal.

(E) É obrigatória a observância, no inquérito civil, dos princípios do contraditório e da ampla defesa.

A: Incorreta. Súmula Vinculante 5 do STF: "A falta de defesa técnica por advogado no processo administrativo disciplinar não ofende a Constituição"; **B:** Incorreta. Súmula Vinculante 21 do STF: "É inconstitucional a exigência de depósito ou arrolamento prévios de dinheiro ou bens para admissibilidade de recurso administrativo"; **C:**

Correta. Súmula Vinculante 28 do STF; **D:** Incorreta. STF, ADIn 3168: "Perante os juizados especiais federais, em processos de natureza cível, as partes podem comparecer pessoalmente em juízo ou designar representante, advogado ou não, desde que a causa não ultrapasse o valor de sessenta salários mínimos (art. 3º da Lei 10.259/2001) e sem prejuízo da aplicação subsidiária integral dos parágrafos do art. 9º da Lei 9.099/1995. Já quanto aos processos de natureza criminal, em homenagem ao princípio da ampla defesa, é imperativo que o réu compareça ao processo devidamente acompanhado de profissional habilitado a oferecer-lhe defesa técnica de qualidade, ou seja, de advogado devidamente inscrito nos quadros da Ordem dos Advogados do Brasil ou defensor público. Aplicação subsidiária do art. 68, III, da Lei 9.099/1995. Interpretação conforme, para excluir do âmbito de incidência do art. 10 da Lei 10.259/2001 os feitos de competência dos juizados especiais criminais da Justiça Federal"; **E:** Incorreta. O STF entende pela desnecessidade da observância desses princípios no inquérito civil. Vide RE 481955.

Gabarito "C".

(Defensor Público/AC – 2012 – CESPE) Acerca do entendimento sumulado do STF no que se refere a *habeas corpus* assinale a opção correta.

(A) É cabível *habeas corpus* contra a imposição da pena de exclusão de militar ou de perda de patente ou de função pública.

(B) Cabe o *habeas corpus* contra decisão condenatória a pena de multa.

(C) É cabível *habeas corpus* contra omissão de relator de extradição, se fundado em fato ou direito estrangeiro cuja prova não tenha constado dos autos, mesmo não tendo havido provocação a respeito.

(D) Não se conhece de recurso de *habeas corpus* cujo objeto seja resolver sobre o ônus das custas.

(E) Esse remédio jurídico é cabível mesmo quando já extinta a pena privativa de liberdade.

A: Incorreta. Súmula 694 do STF: "Não cabe 'habeas corpus' contra a imposição de pena de exclusão de militar ou de perda de patente ou de função pública"; **B:** Incorreta. Súmula 693 do STF: "Não cabe 'habeas corpus' contra decisão condenatória a pena de multa, ou relativo a processo em curso por infração penal a que a pena pecuniária seja a única cominada"; **C:** Incorreta. Súmula 692 do STF: "Não se conhece do 'habeas corpus' contra omissão de relator de extradição, se fundado em fato ou direito estrangeiro cuja prova não conctava dos autos, nem foi ele provocado a respeito"; **D:** Correta. Súmula 395 do STF: "Não se conhece de recurso de 'habeas corpus' cujo objeto seja resolver sobre o ônus das custas, por não estar mais em oauca a liberdade de locomoção"; **E:** Incorreta. Súmula 695 do STF: "Não cabe 'habeas corpus' quando já extinta a pena privativa de liberdade".

Gabarito "D".

(Defensor Público/AC – 2012 – CESPE) A respeito do entendimento sumulado do STF no que se refere a mandado de segurança, assinale a opção correta.

(A) Controvérsia sobre matéria de direito impede a concessão de mandado de segurança, instituto de defesa de direito certo e incontestável.

(B) A impetração de mandado de segurança coletivo por entidade de classe em favor de seus associados independe da autorização destes.

(C) É cabível a condenação em honorários de advogado em ações de mandado de segurança.

(D) É inconstitucional a estipulação de prazo de decadência para a impetração de mandado de segurança.

(E) As entidades de classe não têm legitimidade para impetrar mandado de segurança caso a pretensão veiculada interesse apenas a parte da categoria representada.

A: Incorreta. Súmula 625 do STF: "Controvérsia sobre matéria de direito não impede concessão de mandado de segurança"; **B:** Correta. Súmula 629 do STF; **C:** Incorreta. Súmula 512 do STF: "Não cabe condenação em honorários de advogado na ação de mandado de segurança"; **D:** Incorreta. Súmula 632 do STF: "É constitucional lei que fixa o prazo de decadência para a impetração de mandado de segurança"; **E:** Incorreta. Súmula 630 do STF: "A entidade de classe tem legitimação para o mandado de segurança ainda quando a pretensão veiculada interesse apenas a uma parte da respectiva categoria".

Gabarito "B".

(Defensor Público/PR – 2012 – FCC) Maria, pessoa com identificação psicossexual oposta aos seus órgãos genitais externos e tendo forte desejo de viver e ser aceita como sendo do sexo oposto, move ação de modificação do seu assento de nascimento para mudar prenome, bem como gênero ao qual pertence. Consegue em primeira instância apenas a mudança do nome. No atendimento cabe ao defensor orientar que

(A) cabe recurso da decisão uma vez que a procedência parcial viola a Constituição Federal no que diz respeito à proteção da dignidade humana, proibição de discriminação e o direito à imagem das pessoas;

(B) cabe recurso da decisão, mas muito provavelmente a decisão será mantida já que a proibição de discriminação de sexo contida na Constituição diz respeito tão somente ao sexo biológico das pessoas;

(C) a decisão já foi uma grande vitória já que a Constituição não menciona discriminação de gênero, mas sim discriminação de sexo e que, portanto, pretender modificar o registro do sexo seria inconstitucional.

(D) para a mudança de sexo no assento de nascimento seria necessária cirurgia de transgenitalização externa, interna e modificação de caracteres sexuais secundários da pessoa e no caso somente foi feita a mastectomia. Assim melhor aguardar esses outros passos e depois pedir a modificação do sexo no registro;

(E) não é necessário ou mesmo recomendável recorrer, pois o que realmente causa constrangimento, expõe ao ridículo e viola a Constituição é o nome em desacordo com sua aparência e psique, o que foi obtido com a decisão judicial. Recorrer, nestas circunstâncias, somente prolongará o seu sofrimento.

Vide STJ, REsp 737.993: "Nesse contexto, tendo em vista os direitos e garantias fundamentais expressos da Constituição de 1988, especialmente os princípios da personalidade e da dignidade da pessoa humana, e levando-se em consideração o disposto nos arts. 4º e 5º da Lei de Introdução ao Código Civil, decidiu-se autorizar a mudança de sexo de masculino para feminino, que consta do registro de nascimento, adequando-se documentos, logo facilitando a inserção social e profissional. Destacou-se que os documentos públicos devem ser fiéis aos fatos da vida, além do que deve haver segurança nos registros públicos. Dessa forma, no livro cartorário, à margem do registro das retificações de prenome e de sexo do requerente, deve ficar averbado que as modificações feitas decorreram de sentença judicial em ação de retificação de registro civil. Todavia, tal averbação deve constar apenas do livro de registros, não devendo constar, nas certidões do registro público competente, nenhuma referência de que a aludida alteração é oriunda de decisão judicial, tampouco de que ocorreu por motivo de cirurgia de mudança de sexo, evitando, assim, a exposição do recorrente a situações constrangedoras e discriminatórias".

Gabarito "A".

(Defensor Público/RS – 2011 – FCC) A Constituição Federal de 1988, no artigo 5º, inciso LV, preconiza que "aos litigantes, em processo judicial ou administrativo, e aos acusados em geral são assegurados o contraditório e ampla defesa, com os meios e recursos a ela inerentes". Considerando tal disposição, leia as afirmativas abaixo.

I. O contraditório e a ampla defesa referidos no dispositivo supracitado referem-se somente ao processo penal e administrativo, tanto que todo aquele que comparecer a Juízo sem advogado, ser-lhe-á nomeado Defensor Público para efetuar a defesa.

II. Lei infraconstitucional pode condicionar o acesso ao Judiciário ao prévio exaurimento das vias administrativas, como forma de garantir o disposto no artigo suprarreferido.

III. O contraditório e a ampla defesa não podem ser abolidos pelo legislador, pois fazem parte das cláusulas pétreas dispostas no parágrafo 4º do artigo 60 da Constituição Federal.

Está correto o que se afirma APENAS em

(A) I.
(B) II.
(C) III.
(D) I e III.
(E) II e III.

I: incorreta. Aplica-se, também, ao processo civil; II: incorreta. Não reflete o disposto no art. 5º, XXXV, da CF (princípio da inafastabilidade do controle pelo Poder Judiciário). A exigência de prévio esgotamento da instância administrativa só existe para as demandas desportivas (art. 217, § 1º, da CF); III: correta. São direitos fundamentais protegidos pelo art. 60, § 4º, IV, da CF.

Gabarito "C".

(Defensor Público/AM – 2010 – I. Cidades) O Defensor Público do Estado do Amazonas em exercício no Município de Parintins recebe em seu gabinete pais de crianças entre zero e cinco anos de idade, que não possuem condições de pagar advogado sem prejuízo do sustento de suas famílias, reclamando da insuficiência de vagas em creches mantidas pelo poder público municipal. Nesse caso, o Defensor Público:

(A) não deverá tomar qualquer providência, porque o aumento da oferta de vagas em creches é questão que envolve custos ao erário e, portanto, está no âmbito da discricionariedade administrativa.

(B) não deverá tomar qualquer providência, porque, embora não haja ofensa ao princípio da reserva do possível, a Defensoria Pública não tem competência para o ajuizamento de ação civil pública, devendo apenas encaminhar os pais ao Ministério Público local para solucionar a questão.

(C) ajuizará ação judicial, visando a tornar efetivo o acesso e o atendimento em creches e unidades de pré-escola, em face do dever jurídico-social imposto ao Município pela Constituição Federal de 1988, mas não obterá êxito em última instância, por representar indevida ingerência do Poder Judiciário na implementação de políticas públicas afetas ao Executivo.

(D) ajuizará ação judicial, visando a tornar efetivo o acesso e o atendimento em creches e unidades de pré-escola, em face do dever jurídico-social imposto pela Constituição Federal de 1988 e pelo caráter de fundamentalidade de que se acha impregnado o direito à educação, de tal sorte a autorizar o Judiciário a proferir provimentos jurisdicionais que viabilizem a concreção dessa prerrogativa constitucional.

(E) irá sugerir a cada um dos pais presentes que impetrem mandado de segurança, individual ou em litisconsórcio ativo, com apoio no direito à educação infantil, pois esta é a única via judicial apropriada e a Defensoria Pública não está apta a utilizá-la.

Art. 7º, XXV, da CF.

Gabarito "D".

(Defensor Público/AM – 2010 – I. Cidades) A respeito dos direitos fundamentais, marque a opção correta:

(A) O Supremo Tribunal Federal não admite a tese da aplicação horizontal dos direitos fundamentais, sob o fundamento de que os direitos fundamentais são, essencialmente, um escudo contra o poder do Estado.

(B) Os direitos fundamentais de segunda geração decorrem dos horrores suportados pela humanidade durante as duas grandes guerras mundiais, despertando um sentimento internacional de solidariedade e fraternidade.

(C) Sempre que a interceptação telefônica não for precedida de autorização judicial será considerada prova ilícita.

(D) O princípio constitucional da presunção de inocência não retirou do ordenamento jurídico a validade das prisões cautelares, portanto, é possível que alguém permaneça preso sem que haja decisão condenatória transitada em julgado.

(E) Segundo entendimento pacífico do Supremo Tribunal Federal, as pessoas jurídicas não são titulares de direitos fundamentais, pois estes decorrem da dignidade da pessoa humana.

A: incorreta. Os direitos fundamentais são oponíveis contra o Estado (eficácia vertical) e entre os próprios particulares, nas relações privadas (eficácia horizontal dos direitos fundamentais); **B:** incorreta. Os direitos fundamentais de solidariedade e fraternidade são de terceira geração; **C:** incorreta, em regra a prova será ilícita, a não ser que seja emprestada de outro processo, onde sua produção fora autorizada judicialmente; **D:** correta. Em 2009, o Tribunal Pleno do STF julgou o HC 84.078/MG, Rel. Min. Eros Grau, fixando o entendimento de que: a) a prisão cautelar processual é admissível, desde que presentes os quatro pressupostos previstos no art. 312 do CPP e b) fora dessas hipóteses, não é legítima a "execução antecipada da pena", por ferir o art. 5º, LVII, da CF; **E:** incorreta. As pessoas jurídicas possuem honra objetiva, podendo sofrer dano moral (Súmula 227/STJ). A doutrina refere-se, ainda, a outros direitos de personalidade aplicáveis às pessoas jurídicas: nome, marca e símbolos, propriedade intelectual e privacidade.

Gabarito "D".

(Defensor Público/AM – 2010 – I. Cidades) A respeito dos remédios constitucionais, marque a alternativa correta:

(A) Não é cabível o *habeas corpus* sempre que for possível ao interessado utilizar a revisão criminal.

(B) O *habeas data* é instrumento adequado para a proteção do direito de certidão, sempre que o impetrante objetivar que conste na certidão informações relevantes a seu respeito.
(C) A doutrina majoritária sempre criticou duramente a adoção, pelo STF, da teoria concretista-individual, no que tange ao mandado de injunção. Em razão disso, o Pretório Excelso, recentemente, modificou sua jurisprudência, passando a aceitar a teoria não concretista do mandado de injunção.
(D) A ação popular pode ser ajuizada por estrangeiro residente no país, pois os direitos e garantias fundamentais também se aplicam a eles, por força do *caput* do artigo 5º da Constituição Federal.
(E) Conceder-se-á *habeas data* para a retificação de dados, quando não se prefira fazê-lo por processo sigiloso, judicial ou administrativo.

A: incorreta. O *habeas corpus* tem por objetivo garantir o direito à locomoção (art. 5º, LXVIII, da CF), sem relação de dependência com a revisão criminal; **B:** incorreta, O *habeas data* deve ser impetrado para assegurar o conhecimento de informações relativas à pessoa do impetrante, constantes de registros ou bancos de dados de entidades governamentais ou de caráter público; ou para a retificação de dados (art. 5º, LXXII, "a" e "b", da CF; **C:** incorreta. O mandado de injunção (art. 5º, LXXI, da CF) visa tutelar *in concreto* os direitos subjetivos violados diante da falta de norma jurídica regulamentadora, referente a direitos ou prerrogativas referentes à nacionalidade, à soberania e à cidadania. Os efeitos da decisão do mandado de injunção é tema de polêmica doutrinária e jurisprudencial. A doutrina majoritária defende que o provimento jurisdicional tem natureza constitutiva, ou seja, na ausência de norma regulamentadora, deve o órgão julgador suprir a omissão e formular a norma do caso concreto, com eficácia *inter partes*. Entretanto, por muitos anos a jurisprudência do STF não consagrou essa tese, orientando-se no sentido de que o provimento do MI tinha natureza meramente declaratória, limitando-se a dar ciência da mora legislativa ao órgão omisso, para que tomasse as providências necessárias quanto à edição do ato normativo (equiparando-o à Adin por omissão). Atualmente, porém, o STF passou a regulamentar o direito violado, desde que o silêncio normativo seja considerado desproporcional. Tem adotado postura mais ativa no que tange ao Mandado de Injunção para viabilizar a própria fruição do direito subjetivo antes impedido de ser exercido por força de omissão legislativa inconstitucional – v. Informativos STF 442 e 450. Por fim, registre-se que a teoria não concretista equipara o MI à ação direta de inconstitucionalidade por omissão (postura anterior do STF, atualmente em revisão); **D:** incorreta (Art. 5º, LXXIII, da CF). Pode ser autor popular todo aquele que estiver no pleno gozo dos direitos políticos, ou seja, aquele que tem título de eleitor válido (art. 1º, § 3º, da Lei 4.717/1965). Para aquisição da cidadania é pressuposto fundamental a nacionalidade brasileira, de modo que estrangeiros, ainda que residentes no país, não podem ser autores populares, haja vista que não são cidadãos. De toda sorte, cabe destacar que os direitos fundamentais aplicam-se, no que couber, aos estrangeiros, residentes ou não, que se encontrem no Brasil. **E:** correta, art. 5º, LXXII, *b*, da CF.
Gabarito 'E'.

(DEFENSOR PÚBLICO/BA – 2010 – CESPE) No que diz respeito aos direitos sociais e fundamentais e às funções essenciais da justiça, julgue o item abaixo.

(1) Considere que o MP tenha ajuizado ação em face de determinado ente da Federação, visando obter provimento jurisdicional que assegurasse o fornecimento de medicamentos a pessoa considerada hipossuficiente. Nessa situação, apesar de o MP ter agido em defesa de interesses sociais e individuais indisponíveis, resta configurada, segundo entendimento do STF, a usurpação de competência da DP, visto que se busca assegurar o direito à saúde de pessoa hipossuficiente.

1: incorreta. STF, RE 554088, Rel. Min. Eros Grau: "1. A Constituição do Brasil, em seu artigo 127, confere expressamente ao Ministério Público poderes para agir em defesa de interesses sociais e individuais indisponíveis, como no caso de garantir o fornecimento de medicamentos a hipossuficiente. 2. Não há que se falar em usurpação de competência da defensoria pública ou da advocacia privada".
Gabarito 1E.

(Defensor Público/GO – 2010 – I. Cidades) O Supremo Tribunal Federal entende que decorre da regra que veda a utilização no processo de provas obtidas por meios ilícitos a proibição de utilização também das provas derivadas das ilícitas – teoria que se tomou conhecida pela alcunha de "frutos da árvore envenenada". Entretanto, a jurisprudência daquele tribunal admite a utilização das provas derivadas das ilícitas

(A) em procedimento administrativo disciplinar, quando apenado somente com pena de repreensão.
(B) em processo penal, quando se tratar de crimes hediondos, em atendimento ao princípio da proporcionalidade.
(C) em processo penal, quando existir confissão do acusado.
(D) em processo penal, quando a acusação demonstrar que as provas derivadas advêm de uma fonte independente.
(E) em processo civil, como prova emprestada, independentemente da validade da prova no processo original

---

Se de uma prova ilícita decorreram outras provas, todas são consideradas ilícitas – as originárias e as derivadas – o que o STF chama de "teoria dos frutos da árvore envenenada" ("*fruits of the poisonous tree*"), a não ser que seja emprestada de outro processo, onde sua produção fora autorizada judicialmente.
Gabarito 'D'.

(Defensor Público/GO – 2010 – I. Cidades) Por incidência do artigo 5º, inciso XI, da Constituição da República (Inviolabilidade do domicílio), é vedado o ingresso de agentes estatais em

(A) escritório de advocacia, quando investigado o próprio advogado, e os agentes estatais portarem mandado judicial.
(B) domicílio de investigado, durante a noite, em caso de flagrante delito.
(C) escritório de contabilidade.
(D) domicílio de investigado, durante o dia, portando os agentes estatais mandado judicial.
(E) espaço aberto ao público.

STF, HC 93050, Rel. Min. Celso de Mello: "Para os fins da proteção jurídica a que se refere o art. 5º, XI, da Constituição da República, o conceito normativo de "casa" revela-se abrangente e, por estender-se a qualquer compartimento privado não aberto ao público, onde alguém exerce profissão ou atividade (CP, art. 150, § 4º, III), compreende, observada essa específica limitação espacial (área interna não acessível ao público), os escritórios profissionais, inclusive os de contabilidade, embora sem conexão com a casa de moradia propriamente dita" (NELSON HUNGRIA). Doutrina. Precedentes. – Sem que ocorra qualquer das situações excepcionais taxativamente previstas no texto constitucional (art. 5º, XI), nenhum agente público, ainda que vinculado à administração tributária do Estado, poderá, contra a vontade de quem de direito ("*invito domino*"), ingressar, durante o dia, sem mandado judicial, em espaço privado não aberto ao público, onde alguém exerce sua atividade profissional, sob pena de a prova resultante da diligência de busca e apreensão assim executada reputar-se inadmissível, porque impregnada de ilicitude material".

Gabarito "C".

(Defensor Público/AL – 2009 – CESPE) Com relação aos direitos e às garantias fundamentais, julgue os itens subsequentes.

(1) Segundo entendimento do STF, é vedada a utilização de algemas, sob pena de ofensa ao princípio da dignidade da pessoa humana e do direito fundamental do cidadão de não ser submetido a tratamento desumano ou degradante.

(2) As associações somente podem ser compulsoriamente dissolvidas por meio de decisão judicial transitada em julgado, considerando a vedação constitucional de interferência do Estado em seu funcionamento.

(3) Os partidos políticos devem registrar seus estatutos no Tribunal Superior Eleitoral, que decidirá acerca do pedido de registro partidário em decisão judicial devidamente fundamentada.

(4) A condenação criminal transitada em julgado constitui hipótese de suspensão dos direitos políticos enquanto durarem seus efeitos.

1: incorreta. Súmula Vinculante 11/STF: "Só é lícito o uso de algemas em casos de resistência e de fundado receio de fuga ou de perigo à integridade física própria ou alheia, por parte do preso ou de terceiros, justificada a excepcionalidade por escrito, sob pena de responsabilidade disciplinar, civil e penal do agente ou da autoridade e de nulidade da prisão ou do ato processual a que se refere, sem prejuízo da responsabilidade civil do Estado"; **2**: correta (art. 5º, XIX, da CF). Note-se que o dispositivo deve ser interpretado em conjunto com o inciso XVIII do mesmo artigo. Assim, só se exige trânsito em julgado para a dissolução compulsória da associação. A suspensão de atividades só pode ser determinada por decisão judicial, mas não se exige o trânsito em julgado da decisão nesse caso; **3**: incorreta, pois não reflete o disposto no art. 17, § 2º, da CF; **4**: correta. A hipótese do art. 15, III, da CF é de *suspensão* de direitos políticos e não de perda.

Gabarito 1E, 2C, 3E, 4C

(Defensoria/ES – 2009 – CESPE) No que concerne a direitos e garantias fundamentais, julgue os itens subsequentes.

(1) Considere que o estrangeiro Paul, estando de passagem pelo Brasil, tenha sido preso e pretenda ingressar com *habeas corpus*, visando questionar a legalidade da sua prisão. Nesse caso, conforme precedente do STF, mesmo sendo estrangeiro não residente no Brasil, Paul poderá valer-se dessa garantia constitucional.

(2) Os direitos de primeira geração ou dimensão (direitos civis e políticos) – que compreendem as liberdades clássicas, negativas ou formais – realçam o princípio da igualdade; os direitos de segunda geração (direitos econômicos, sociais e culturais) — que se identificam com as liberdades positivas, reais ou concretas – acentuam o princípio da liberdade; os direitos de terceira geração – que materializam poderes de titularidade coletiva atribuídos genericamente a todas as formações sociais – consagram o princípio da solidariedade.

1: correta. Muito embora o art. 5º, *caput*, da CF refira-se a estrangeiros *residentes* no país, a norma deve ser interpretada extensivamente para abranger também os estrangeiros de passagem pelo Brasil, pois a interpretação sistemática da CF, antes de proibir, garante a impetração de *habeas corpus* por estrangeiros. Os direitos e garantias fundamentais (rol no qual se insere a garantia do *habeas corpus*) são dotados de diversas características, dentre elas a *universalidade*, segundo a qual esses direitos e garantias dirigem-se indistintamente a todo ser humano, independentemente de raça, credo, nacionalidade ou convicção política. Ademais, a Constituição de 1988 impõe a observância dos direitos fundamentais, inclusive dos não expressamente previstos em seu texto, mas decorrentes do regime e dos princípios por ela adotados (art. 5º, § 2º, da CF), como o da dignidade da pessoa humana. No caso, o respeito à dignidade humana, erigido a fundamento da República Federativa do Brasil (art. 1º, III, da CF) também impede a adoção de tratamento diferenciado nessa hipótese; **2**: incorreta. Apesar da crítica da doutrina em relação à categorização dos direitos fundamentais em gerações ou dimensões, há associação entre tais gerações e o lema da Revolução Francesa. Dessa forma, os direitos de primeira geração equivalem à liberdade (direitos de liberdade e direitos políticos); os de segunda geração à igualdade (direitos sociais, culturais e econômicos) e os de terceira geração à fraternidade (direitos coletivos, à proteção ambiental e à defesa do consumidor). Há, ainda, quem defenda direitos de quarta geração, associados, por exemplo, às pesquisas genéticas.

Gabarito 1C, 2E

(Defensoria/MA – 2009 – FCC) O jurista espanhol Antonio Perez Luño define os direitos fundamentais como um conjunto de faculdades e instituições que, em cada momento histórico, concretizam as exigências da dignidade, igualdade e liberdade humanas, devendo obrigatoriamente ser reconhecidos no ordenamento jurídico positivo e por este garantidos, em âmbito internacional e nacional, gozando no ordenamento nacional de tutela reforçada em face dos poderes constituídos do Estado (Los derechos fundamentales. 5 ed. Madrid: Tecnos, 1993, p. 46-47, tradução livre). No ordenamento brasileiro, a tutela reforçada a que se refere o autor

(A) não encontra previsão em nível constitucional.

(B) decorre do princípio internacional do *pacta sunt servanda*.

(C) não pode ser imposta ao poder constituinte derivado.

(D) é considerada um desdobramento da aplicabilidade imediata e eficácia limitada das normas definidoras de direitos fundamentais previstas na Constituição.

(E) decorre da impossibilidade de o Congresso Nacional deliberar sobre proposta de emenda à Constituição tendente a abolir os direitos fundamentais.

Art. 60, § 4º, IV, da CF.

Gabarito "E".

(Defensoria/MA – 2009 – FCC) Relativamente à possibilidade de extradição de indivíduos sujeitos a investigação ou processo criminal perante autoridades estrangeiras, a Constituição da República prevê que o estrangeiro que se encontrar em território nacional

(A) não será extraditado em hipótese alguma.

(B) não será extraditado na hipótese de cometimento de crime político ou de opinião.

(C) será extraditado apenas na hipótese de comprovado envolvimento em tráfico ilícito de entorpecentes e drogas afins, na forma da lei.

(D) poderá ser extraditado, no caso de prática de crime comum, desde que a condenação seja anterior à sua entrada no país.

(E) não poderá ser extraditado, exceto nas hipóteses de cometimento dos crimes de racismo ou tortura.

Art. 5º, LII, da CF.

Gabarito "B".

(Defensoria/MG – 2009 – FURMARC) Em relação ao catálogo de direitos e garantias fundamentais, inserido no texto constitucional brasileiro, é CORRETO afirmar:

(A) Em busca da verdade real, são admitidos todos os meios de prova, inclusive as obtidas por meios ilícitos.

(B) Aos presos, em alguns regimes, deve ser assegurada a sua integridade física e moral.

(C) O brasileiro pode ser extraditado, sempre que restar provado o seu envolvimento em tráfico internacional de entorpecentes.

(D) O Executivo detém a prerrogativa de determinar a privação de bens da pessoa envolvida em casos de corrupção.

(E) O Judiciário detém a prerrogativa de determinar a privação de bens da pessoa envolvida em casos de corrupção.

A: incorreta, pois não reflete o disposto no art. 5º, LVI, da CF; **B:** incorreta. O art. 5º, XLIX, da CF, aplica-se a todos os regimes; **C:** incorreta, pois não reflete o disposto no art. 5º, LI, da CF; **D:** incorreta, é medida sujeita à reserva de jurisdição, ou seja, só pode ser tomada pelo Judiciário; **E:** correta, vide comentário à alternativa anterior.

Gabarito "E".

(Defensoria/MT – 2009 – FCC) Considere as seguintes assertivas:

I. O exercício lícito da liberdade de reunião em locais abertos ao público pressupõe a existência de autorização prévia por parte da autoridade competente.

II. A lei pode exigir autorização prévia para a criação de associações, sendo vedada, no entanto, a interferência estatal em seu funcionamento.

III. As entidades associativas, ainda que não expressamente autorizadas por seus filiados, têm legitimidade para representá-los em quaisquer procedimentos judiciais.

IV. No caso de iminente perigo público, a autoridade competente poderá usar de propriedade particular, assegurada ao proprietário indenização ulterior, se houver dano.

V. A pequena propriedade rural, assim definida em lei, desde que trabalhada pela família, não será objeto de penhora para pagamento de débitos decorrentes de sua atividade produtiva.

Está correto o que se afirma SOMENTE em

(A) I e II.
(B) II e III.
(C) III e IV.
(D) IV e V.
(E) III, IV e V.

I: incorreta, pois não reflete o disposto no art. 5º, XVI, da CF; **II:** incorreta, pois não reflete o disposto no art. 5º, XVII e XVIII, da CF; **III:** incorreta, pois não reflete o disposto no art. 5º, XXI, da CF; **IV:** correta (art. 5º, XXV, da CF); **V:** correta (art. 5º, XXVI, da CF).

Gabarito "D".

(Defensoria/MT – 2009 – FCC) Independentemente da situação financeira do interessado, a Constituição Federal determina a gratuidade

(A) do registro civil de nascimento.
(B) da certidão de óbito.
(C) da celebração do casamento civil.
(D) do mandado de segurança.
(E) da ação popular, ainda que o autor tenha agido de má-fé.

Art. 226, § 1º, da CF.

Gabarito "C".

(Defensoria/MT – 2009 – FCC) Os direitos e garantias fundamentais

(A) previstos em tratados internacionais incorporados ao ordenamento jurídico brasileiro são, em qualquer hipótese, equivalentes às emendas constitucionais.

(B) previstos na Constituição Federal podem ser ampliados pelas Constituições dos Estados-membros.

(C) são previstos pela Constituição Federal em rol taxativo.

(D) previstos na Constituição Federal não podem ser objeto de emenda à Constituição.

(E) previstos na Constituição Federal têm aplicabilidade imediata, não podendo ser regulamentados por lei ordinária.

Art. 5º, §§ 1º a 3º, da CF.

Gabarito "B".

(Defensoria/PA – 2009 – FCC) Podem ser extraditados, em determinadas circunstâncias, os brasileiros nascidos

(A) em países de língua portuguesa que, cumpridos os requisitos constitucionais, tenham adquirido a nacionalidade brasileira.

(B) na República Federativa do Brasil, ainda que de pais estrangeiros que não estejam a serviço de seu país.

(C) no estrangeiro, de pai ou mãe brasileira que esteja a serviço da República Federativa do Brasil.

(D) no estrangeiro, de pai brasileiro ou mãe brasileira, residentes na República Federativa do Brasil e que tenham optado pela nacionalidade brasileira.

(E) no estrangeiro, de pai brasileiro ou mãe brasileira, registrados em repartição brasileira competente.

Porque são brasileiros, naturalizados (art. 5º, LI o art. 12, II, a, ambos da CF).

Gabarito "A".

(Defensoria/PI – 2009 – CESPE) Acerca dos direitos e garantias fundamentais, e da sua proteção judicial e não judicial, assinale a opção correta.

(A) O modelo jurisdicional brasileiro prevê o direito genérico ao duplo grau de jurisdição, garantia que toda pessoa acusada de delito tem, no processo, de recorrer da sentença para juiz ou tribunal superior.

(B) A sentença originada da instância arbitral produz, entre as partes e seus sucessores, o mesmo efeito da sentença proferida pelos órgãos judiciais, mas, em face da garantia constitucional da universalidade da jurisdição do Poder Judiciário, ela fica sujeita a recurso ou a homologação judicial.

(C) O mandado de segurança pode ser impetrado por pessoas naturais, mas não por pessoas jurídicas, em defesa de direitos individuais.

(D) Qualquer pessoa, seja física ou jurídica, nacional ou estrangeira, tem legitimidade para exercer o direito de petição, apresentando reclamações a qualquer autoridade legislativa, executiva ou jurisdicional, contra ilegalidade ou abuso de poder.

(E) O sujeito passivo do *habeas corpus* será a autoridade pública, pois somente ela tem a prerrogativa de restringir a liberdade de locomoção individual em benefício do interesse público ou social, razão pela qual não se admite sua impetração contra ato de particular.

A: incorreta. A garantia do duplo grau de jurisdição não é absoluta, comportando exceções como as previstas no art. 475, §§ 2º e 3º, do CPC; **B:** incorreta. Não há falar em homologação judicial de sentença arbitral. V. art. 31 da Lei 9.307/1996: "A sentença arbitral produz, entre as partes e seus sucessores, os mesmos efeitos da sentença proferida pelos órgãos do Poder Judiciário e, sendo condenatória, constitui título executivo"; **C:** incorreta, pois não reflete o disposto no art. 1º da Lei 12.016/2009; **D:** correta (art. 5º, XXXIV, *a*, da CF); **E:** incorreta. O art. 5º, LXVIII, da CF, não faz menção a ato do Poder Público, razão pela qual se admite a impetração de HC para cessar coação à liberdade de locomoção provocada por particular.
Gabarito "D".

(Defensor Público/MS – 2008 –VUNESP) Considerando as diversas formas de expressão da liberdade individual garantida pelo texto constitucional, é correto afirmar que

(A) todos podem reunir-se pacificamente, sem armas, em locais abertos ao público, desde que não frustrem outra reunião anteriormente convocada para o mesmo local, exigida apenas a prévia autorização da autoridade competente.

(B) a prática do racismo constitui crime inafiançável, imprescritível e insuscetível de graça ou anistia.

(C) não haverá penas, entre outras, de morte, de caráter perpétuo, de interdição de direitos e de banimento.

(D) nenhuma pena passará da pessoa do condenado, mas a decretação do perdimento de bens poderá ser estendida aos sucessores, até o limite do valor do patrimônio transferido.

A: incorreta. O art. 5º, XVI, da CF só exige prévia comunicação, não autorização; **B:** incorreta. O art. 5º, XLII, da CF, fala em crime inafiançável e imprescritível; **C:** incorreta. O art. 5º, XLVII, "a", da CF permite penas de morte em caso de guerra declarada; **D:** correta (art. 5º, XLV, da CF).
Gabarito "D".

(Defensor Público/MS – 2008 – VUNESP) Assinale a alternativa que contempla corretamente um direito ou garantia constitucional.

(A) Garantia, na forma da lei, do direito de fiscalização do aproveitamento econômico das obras que criarem ou de que participarem aos criadores, aos intérpretes e às respectivas representações sindicais e associativas.

(B) Direito de não ser preso senão em flagrante delito ou por ordem escrita da autoridade judiciária competente, mesmo no caso de transgressão militar ou crime propriamente militar, definidos em lei.

(C) Garantia, na forma da lei, da gratuidade ao registro civil de nascimento, à certidão de óbito e às ações de *habeas corpus* e *habeas data*, exclusivamente àqueles que forem reconhecidamente pobres.

(D) Garantia ao brasileiro, nato ou naturalizado, de que não será extraditado por crime comum.

A: correta (art. 5º, XXVIII, "b", da CF); **B:** incorreta, pois não reflete o disposto no art. 5º, LXI, da CF; **C:** incorreta. O registro civil e a certidão de óbito são gratuitos apenas aos reconhecidamente pobres (art. 5º, LXXVI, "a" e "b", da CF), mas as ações de HC e HD são gratuitas para todos (art. 5º, LXXVII, da CF); **D:** incorreta, pois não reflete o disposto no art. 5º, LI, da CF.
Gabarito "A".

6. DIREITOS SOCIAIS

(Defensor Público –DPE/MT – 2016 – UFMT) No tocante à eficácia dos direitos sociais previstos na Constituição Federal e ao princípio da proibição do retrocesso social, analise as afirmativas.

I. O direito social enunciado em norma constitucional de eficácia limitada, declaratória de princípio programático, não tem eficácia jurídica imediata, pois não vincula o legislador infraconstitucional, nem a atividade discricionária da Administração Pública.

II. A cláusula da reserva do possível é reconhecida como limite fático à expansão de certas políticas públicas, mas não como obstáculo à prestação de serviços públicos essenciais.

III. O entendimento prevalente no Supremo Tribunal Federal é no sentido de interpretar a norma programática como norma de aplicação diferida, sem caráter cogente, vez que se limita a enunciar valores e linhas diretoras que devem ser seguidas pelo Poder Público.

IV. O princípio da proibição do retrocesso social visa resguardar os direitos sociais constitucionalizados, preservando os níveis de realização alcançados e impedindo a supressão desses direitos pelo Poder Constituinte Reformador.

Estão corretas as afirmativas

(A) I e III, apenas.
(B) I, II e IV, apenas.
(C) II e IV, apenas.
(D) I, II, III e IV.
(E) II e III, apenas.

I: Incorreta. Todas as normas que enunciam direitos fundamentais (individuais ou coletivos; sociais; políticos ou difusos) têm aplicabilidade imediata, sendo ao menos dotadas de eficácia negativa, servindo ainda de vetor de intepretação para o legislador e para o gestor público; **II:** Correta. Não pode ser invocada para impedir prestações ligadas ao mínimo existencial da dignidade humana; **III:** Incorreta. A interpretação de normas programáticas, sejam ou não de direitos fundamentais, deve levar à máxima aplicação de seu conteúdo, inspirando o intérprete e vedando a edição de normas contrárias às suas diretrizes; **IV:** Correta. A proibição do retrocesso aplica-se aos direitos sociais, não a todos os direitos fundamentais, operando nas esferas de proibição da restrição e da proibição da supressão.
Gabarito "C".

(Defensor Público –DPE/BA – 2016 – FCC) A respeito dos direitos sociais:

(A) A localização "topográfica" dos direitos sociais no texto da Constituição Federal reforça a tese de que os mesmos não se tratam de direitos fundamentais.

(B) Muito embora a doutrina sustente a tese do "direito ao mínimo existencial", a jurisprudência do Supremo Tribunal Federal rejeita o seu acolhimento, amparada, sobretudo, no princípio da separação dos poderes.

(C) O *caput* do art. 6º da Constituição Federal elenca rol taxativo dos direitos sociais consagrados pelo texto constitucional.

(D) A Constituição Federal consagra expressamente o direito à educação como direito público subjetivo.

(E) O direito à moradia encontra-se consagrado no *caput* do artigo 6º da Constituição Federal de 1988 desde o seu texto original.

A: Incorreta. A localização "topográfica" dos direitos sociais, dentro do Título II da CF, destinado aos direitos e garantias fundamentais, não deixa dúvidas acerca de sua natureza jurídica; **B:** Incorreta. A jurisprudência acolhe a tese do "mínimo existencial", tratando-o ora como conteúdo do princípio da dignidade da pessoa humana, ora como instrumento para a realização dos direitos de liberdade. De toda forma, é necessário apontar que o "mínimo existencial" surgiu na Alemanha como forma de ampliar a proteção de direitos fundamentais, e não para restringir sua tutela àquele mínimo, como às vezes a jurisprudência brasileira erroneamente o aplica; **C:** Incorreta. O rol de direitos fundamentais, aí incluídos os direitos sociais, é aberto (art. 5º, § 2º, CF); **D:** Correta. Art. 6º, *caput*, CF; **E:** Incorreta. Foi incluído pela EC 90/2015.

Gabarito "D".

(Defensor Público –DPE/BA – 2016 – FCC) Sobre o direito à educação, no texto da Constituição Federal,

(A) as universidades gozam tão somente de autonomia didático-científica e administrativa, não alcançando a sua gestão financeira e patrimonial, que permanece a cargo do ente federativo a que pertencem.

(B) a educação básica é obrigatória e gratuita dos 4 (quatro) aos 17 (dezessete) anos de idade, assegurada, inclusive, sua oferta gratuita para todos os que a ela não tiveram acesso na idade própria.

(C) os Municípios atuarão prioritariamente no ensino fundamental e médio.

(D) os Estados e o Distrito Federal atuarão prioritariamente no ensino fundamental e na educação infantil.

(E) a União aplicará, anualmente, nunca menos de vinte e cinco, e os Estados, o Distrito Federal e os Municípios dezoito por cento, no mínimo, da receita resultante de impostos, compreendida a proveniente de transferências, na manutenção e desenvolvimento do ensino.

A: Incorreta. O art. 207, *caput*, CF prevê autonomia ampla; **B:** Correta. Art. 208, I, CF; **C:** Incorreta. O art. 211, § 2º, da CF prevê sua atuação prioritária na educação infantil e fundamental; **D:** Incorreta. O art. 211, § 3º, prescreve a atuação prioritária dos estados e do Distrito Federal nos ensinos fundamental e médio; **E:** Incorreta. Art. 212, *caput*, CF: "A União aplicará, anualmente, nunca menos de dezoito, e os Estados, o Distrito Federal e os Municípios vinte e cinco por cento, no mínimo, da receita resultante de impostos, compreendida a proveniente de transferências, na manutenção e desenvolvimento do ensino".

Gabarito "B".

(Defensor Público/PR – 2012 – FCC) A Defensoria Pública recebe a demanda de algumas mães que têm filhos pequenos em creches municipais que fecham, todos os anos, em janeiro e julho e que enfrentam sérias dificuldades para cuidar de seus filhos nessa época do ano sem deixar de trabalhar. Ao analisar a situação conclui-se que

(A) o fato do serviço não estar disponível apenas nos meses de janeiro e julho não ofende diretamente a Constituição e deve ser interpretado em conjunto com o direito constitucional de educação básica, obrigatória e gratuita dos 4 (quatro) aos 17 (dezessete) anos de idade;

(B) não pode haver interrupção do serviço, pois é dever do Estado garantir a educação infantil, em creche e pré-escola, às crianças até 5 (cinco) anos de idade, bem como é direito social das trabalhadoras assistência gratuita aos filhos desde o nascimento em creches e pré-escolas;

(C) a Constituição garante expressamente o dever do Estado de prover educação básica, obrigatória e gratuita apenas dos 4 (quatro) aos 17 (dezessete) anos de idade. A existência de creches e pré-escolas que atendam desde o nascimento é liberalidade do Poder Público;

(D) haveria um conflito aparente de normas constitucionais, pois se de um lado há o direito de creche como um direito social dos trabalhadores, de outro há o direito de todos à educação básica, obrigatória e gratuita apenas a partir dos 4 (quatro) anos de idade;

(E) a interpretação sistemática da Constituição resolve a situação já que é dever constitucional dos pais assistir, criar e educar os filhos menores. O Estado providencia educação básica, obrigatória e gratuita a partir dos 4 (quatro) anos de idade e os pais exercem em janeiro e julho seu dever sem colaboração direta do Poder Público.

Art. 7º, XXV, da CF: "Art. 7º. São direitos dos trabalhadores urbanos e rurais, além de outros que visem à melhoria de sua condição social: (...) XXV – assistência gratuita aos filhos e dependentes desde o nascimento até 5 (cinco) anos de idade em creches e pré-escolas."

Gabarito "B".

(Defensor Público/RS – 2011 – FCC) Conforme estatuído na Constituição Federal no que se refere aos direitos sociais e à ordem social, é INCORRETO afirmar:

(A) É direito público subjetivo o acesso ao ensino obrigatório e gratuito, tanto que o não oferecimento do ensino obrigatório pelo Poder Público, ou sua oferta irregular, importa responsabilidade da autoridade competente.

(B) É dever do Estado proteger as manifestações das culturas populares, indígenas e afro-brasileiras, e das de outros grupos participantes do processo civilizatório nacional.

(C) Todos têm direito ao meio ambiente ecologicamente equilibrado e, para tanto, incumbe ao Poder Público, em todas as suas esferas de competência, promover a educação ambiental.

(D) A família, a sociedade e o Estado têm o dever de amparar as pessoas idosas, desenvolvendo, para tanto, programas de amparo, que deverão ser executados, preferencialmente, em estabelecimentos públicos.

(E) A assistência social será prestada a todos que dela necessitarem, independentemente de contribuição para o seu custeio, por se tratar de direito subjetivo.

A: correta (art. 208, §§ 1º e 2º, da CF); **B:** correta (art. 215, § 1º, da CF); **C:** correta (art. 225 da CF); **D:** assertiva incorreta, devendo ser assinalada, pois não reflete o disposto no art. 230, § 1°, da CF; **E:** correta (art. 203 da CF).

Gabarito "D".

(Defensoria Pública/SP – 2010 – FCC) Em uma cidade, diversas mães têm comparecido no atendimento inicial da Defensoria Pública para se queixarem de que não têm conseguido vaga em creche municipal para seus filhos. O Defensor Público deve

(A) orientar as mães a procurarem o serviço de assistência social do Município e elaborar os respectivos ofícios de encaminhamento.

(B) informar que é possível a propositura de ação civil pública, pois se trata de direito social de natureza difusa, e encaminhar as mães para o Ministério Público.

(C) informar que se trata de direito constitucional de natureza social, mas que infelizmente há normas na Constituição chamadas de programáticas, bem como entendimento jurídico chamado de "reserva do possível", que não recomendam o ajuizamento de ação nesse caso.

(D) orientar as mães a se organizarem e a denunciarem o fato na Ouvidoria Municipal, bem como marcar audiência com o Prefeito e procurar ajuda junto aos Vereadores a fim de que possam interferir na formulação do orçamento municipal.

(E) ajuizar ação judicial com base no direito à educação que compreende o atendimento em creche e pré-escola, pois a "reserva do possível" não pode ser oponível à realização do "mínimo existencial".

O art. 7°, XXV, da CF, lista o direito à creche como direito social (individual): "São direitos dos trabalhadores urbanos e rurais, além de outros que visem à melhoria de sua condição social: (...) assistência gratuita aos filhos e dependentes desde o nascimento até 5 (cinco) anos de idade em creches e pré-escolas". O fato de os direitos sociais demandarem prestações positivas do Estado e, com isso, apresentarem custos para serem implementados, não impede sua prestação. Caso não sejam observados, haverá verdadeira omissão inconstitucional. Dessa forma, mesmo situados dentro da esfera do "financeiramente possível", os direitos sociais têm eficácia normativa e podem ser pleiteados juridicamente.

Gabarito "E".

(Defensoria Pública da União – 2010 – CESPE) Julgue o seguinte item:

(1) Os direitos sociais previstos na Constituição, por estarem submetidos ao princípio da reserva do possível, não podem ser caracterizados como verdadeiros direitos subjetivos, mas, sim, como normas programáticas. Dessa forma, esses direitos devem ser tutelados pelo poder público, quando este, em sua análise discricionária, julgar favoráveis as condições econômicas e administrativas.

1: incorreta. Toda norma constitucional, ainda que veicule direito social, possui eficácia para revogar as normas em contrário ou para servir de vetor de interpretação para o legislador ordinário. Assim, mesmo que atrelados à reserva do financeiramente possível, os direitos sociais podem, por exemplo, servir como parâmetro para a declaração de inconstitucionalidade das leis que com elas colidem.

Gabarito 1E.

(Defensor Público/MS – 2008 – VUNESP) Tendo em vista o que estabelece a Constituição Federal sobre direitos e garantias fundamentais dos trabalhadores, assinale a alternativa correta.

(A) É direito fundamental do trabalhador assistência gratuita aos filhos e dependentes, desde o nascimento até sete anos de idade em creches e pré-escolas.

(B) É vedada a dispensa do empregado sindicalizado a partir do registro da candidatura a cargo de direção ou representação sindical e, se eleito, ainda que suplente, até um ano após o final do mandato, salvo se cometer falta grave nos termos da lei.

(C) Nas empresas com mais de cem empregados é assegurada a eleição de um representante destes com a finalidade exclusiva de promover-lhes o entendimento direto com os empregadores.

(D) A lei poderá exigir autorização do Estado para a fundação de sindicato, inclusive o registro no órgão competente, vedadas ao Poder Público, porém, a interferência e a intervenção na organização sindical.

A: incorreta, pois não reflete o disposto no art. 7°, XXV, da CF; **B:** correta (Art. 8°, VIII, da CF); **C:** incorreta, pois não reflete o disposto no art. 11 da CF; **D:** incorreta, pois não reflete o disposto no art. 8°, I, da CF.

Gabarito "B".

(Defensor Público/RO – 2007) Segundo regra expressa da Constituição Federal, figura como direito do trabalhador a assistência gratuita, em creches e pré-escolas, aos seus filhos e dependentes desde o nascimento até a seguinte idade limite:

(A) 3 anos
(B) 4 anos
(C) 5 anos
(D) 6 anos
(E) 7 anos

Art. 7°, XXV, da CF.

Gabarito "C".

7. NACIONALIDADE

(Defensor Público/AM – 2010 – I. Cidades) Márcio Spagheti, italiano residente no Brasil há mais de 15 (quinze) anos ininterruptos e sem condenação criminal, requereu a nacionalidade brasileira. Nesse caso:

(A) terá seu *status* de brasileiro naturalizado reconhecido e poderá ser Ministro do Supremo Tribunal Federal.

(B) não terá o seu *status* de brasileiro naturalizado reconhecido em função da inexistência de reciprocidade por parte do governo italiano.

(C) terá seu *status* de brasileiro naturalizado reconhecido e poderá seguir carreira diplomática e, assim, tornar-se embaixador do Brasil na Itália.

(D) não terá o seu *status* de brasileiro naturalizado reconhecido, pois, não obstante a existência de tratado de reciprocidade, no caso dos estrangeiros, o prazo de residência mínima é de 20 (vinte) anos ininterruptos.

(E) terá seu *status* de brasileiro naturalizado reconhecido e poderá ser eleito Senador da República.

Será brasileiro naturalizado de acordo com o art. 12, II, "b", da CF. Sendo nacional, poderá ser também cidadão. Podendo votar (cidadania ativa), pode também ser votado (cidadania passiva), sendo-lhe vedada a candidatura apenas aos cargos próprios de brasileiros natos (art. 12, § 3°, I a VII, da CF).

Gabarito "E".

(Defensoria Pública da União – 2010 – CESPE) Nenhum Estado soberano é obrigado a aceitar o ingresso, em seu território, de pessoa que não mantenha com ele vínculo político. Entretanto, no momento em que aceite o ingresso de indivíduo nessa condição, o Estado passa a ter, em relação a ele, deveres oriundos do direito internacional. Nesse contexto, a Lei n.º 6.815/1980 (Estatuto do Estrangeiro) e diversos julgados do STF vêm normatizando os direitos e deveres dos estrangeiros em território nacional. Com relação a esse assunto, julgue os próximos itens.

(1) Um imigrante e um turista recebem o mesmo tipo de visto para ingresso no país.
(2) Considere que um estrangeiro tenha sido expulso do país por pertencer a célula terrorista e ter participado do sequestro de autoridades brasileiras. Considere, ainda, que, após a abertura de inquérito no Ministério da Justiça, no qual foi assegurada ampla defesa ao alienígena, o presidente da República tenha decidido, por meio de decreto, pela sua expulsão do país. Nessa situação, o estrangeiro só poderá voltar ao país mediante decreto presidencial que revogue o anterior.
(3) Considere que Melchior, devido a fundado temor de perseguição por motivo de raça, se encontre fora de seu país de nacionalidade e que, tendo ingressado no Brasil, se tenha dirigido à Defensoria Pública e indagado acerca da possibilidade de permanência no país, em condição de asilo. Nesse caso, é correto que o defensor público recomende a Melchior que requeira refúgio, com base na lei que normatiza o assunto.
(4) Suponha que Raimundo, brasileiro nato, tenha saído do Brasil para morar nos Estados Unidos da América, onde reside há mais de trinta anos, e que, nesse país, tenha obtido a nacionalidade americana como condição para permanecer no território americano. Nessa situação, caso deseje retornar ao Brasil para visitar parentes, Raimundo necessitará de visto, pois, ao obter a nacionalidade americana, perdeu a nacionalidade brasileira.

1: incorreta, pois não reflete o disposto no art. 4º, II (turista) e IV (imigrante), e no art. 17, ambos da Lei 6.815/1980; 2: correta (art. 7º, III e art. 66, ambos da Lei 6.815/1980); 3: correta (art. 1º, I, da Lei 9.474/1997); 4: incorreta. Aplica-se ao caso a exceção prevista no art. 12, § 4º, II, b, da CF.

Gabarito 1E, 2C, 3C, 4E

8. DIREITOS POLÍTICOS

(Defensor Público/RS – 2011 – FCC) A sociedade brasileira vivenciou, recentemente, um processo eleitoral, oportunidade em que se questionava acerca da inelegibilidade de alguns candidatos em virtude do disposto na "Lei da Ficha Limpa". Referida lei foi objeto de discussão no Supremo Tribunal Federal em razão de sua (in)constitucionalidade. Dentre as alternativas abaixo, é correto afirmar:

(A) A inelegibilidade significa capacidade eleitoral passiva e condição obstativa ao exercício passivo da cidadania.
(B) A inelegibilidade tem por finalidade proteger a probidade administrativa, a moralidade para o exercício do mandato, considerada a vida pregressa do candidato, e a normalidade e legitimidade das eleições contra a influência do poder econômico ou o abuso do exercício de função, cargo ou emprego na administração direta ou indireta.
(C) O mandato eletivo poderá ser impugnado perante a Justiça Eleitoral no prazo de dez dias contados da diplomação.
(D) É possível a cassação dos direitos políticos sempre que ocorrer a condenação criminal transitada em julgado, enquanto durarem seus efeitos.
(E) De acordo com o disposto no artigo 16 da Constituição Federal, a lei que alterar o processo eleitoral entrará em vigor um ano após a data de sua publicação.

A: incorreta. A inelegibilidade absoluta refere-se à impossibilidade de o nacional ser eleito para qualquer cargo eletivo, em todo o território nacional, e só pode ser estabelecida pela Constituição. Pelo art. 14, § 4º, da CF, são inelegíveis os inalistáveis (aí incluídos os conscritos e os estrangeiros) e os analfabetos. A regra de inelegibilidade reflexa vem prevista no art. 14, § 7º, da CF, segundo a qual são inelegíveis, no território de jurisdição do titular, o cônjuge e os parentes consanguíneos ou afins, até o segundo grau ou por adoção, do Presidente da República, de Governador de Estado ou Território, do Distrito Federal, de Prefeito ou de quem os haja substituído dentro dos seis meses anteriores ao pleito, salvo se já titular de mandato eletivo e candidato à reeleição; **B:** correta (v. Informativo STF 625, HC 104286 – transcrições); **C:** incorreta, pois não reflete o disposto no art. 14, § 10, da CF; **D:** incorreta. O art. 15, III, da CF prevê hipótese de suspensão dos direitos políticos (o próprio artigo veda a cassação); **E:** incorreta. O art. 16 da CF dispõe que "a lei que alterar o processo eleitoral entrará em vigor na data de sua publicação, não se aplicando à eleição que ocorra até um ano da data de sua vigência".

Gabarito "B".

(Defensoria/MA – 2009 – FCC) Governador de Estado, brasileiro naturalizado, cônjuge de Deputada Federal, com 34 anos de idade completados no mês de janeiro do ano corrente, pretende candidatar-se a uma vaga no Senado Federal, no pleito de 2010. Nessa hipótese, o interessado

(A) será inelegível para o fim pretendido, no território de jurisdição do Estado pelo qual se elegeu sua esposa.
(B) não poderá pleitear vaga no Senado Federal, por se tratar de cargo privativo de brasileiro nato, nos termos da Constituição da República.
(C) deverá renunciar ao mandato, até seis meses antes do pleito, para concorrer a uma vaga no Senado Federal.
(D) será inelegível, pois a Constituição somente admite a reeleição de ocupantes de cargos de chefia do Poder Executivo para um único período subsequente.
(E) será inelegível para o fim pretendido, por não possuir a idade mínima estabelecida como condição de elegibilidade para o caso em tela.

A: incorreta. A vedação do art. 14, § 7º, da CF aplica-se apenas aos ocupantes de cargos do Executivo (Presidente da República, Governador de Estado ou do Distrito Federal e Prefeito), ou seja, ele não será inelegível por causa da esposa, que é titular de cargo do Legislativo; **B:** incorreta. O cargo de Senador da República não é privativo de brasileiro nato (art. 12, § 3º, da CF); **C:** correta (art. 14, § 6º, da CF); **D:** incorreta. A reeleição refere-se ao mesmo cargo, não a cargo diferente do anteriormente ocupado (art. 14, § 5º, da CF); **E:** incorreta. Terá 35 anos na data da posse (art. 14, caput e § 3º, VI, a, da CF, c/c art. 11, § 2º, da Lei 9.504/1997: "A idade mínima constitucionalmente estabelecida como condição de elegibilidade é verificada tendo por referência a data da posse".

Gabarito "C".

(Defensoria/MG – 2009 – FURMARC) Dentre os instrumentos da democracia semidireta, aquele que consiste em consulta à opinião do eleitorado sobre a manutenção ou a revogação do mandato político ou administrativo conferido a alguém, denomina-se:

(A) *Impeachment.*
(B) Plebiscito.
(C) Referendo.
(D) *Recall.*
(E) Mandato imperativo.

A: incorreta. O processo de *impeachment* existe para os crimes de responsabilidade (art. 85 da CF). Podem responder processo de *impeachment* as autoridades listadas no art. 52, I e II, da CF; **B e C:** incorretas, plebiscito e referendo são formas de consulta popular e são formas de exercício da soberania popular adotada pela CF/88 (art. 14, I e II). Em síntese, no plebiscito a consulta é prévia ao ato que se deseja aprovar, e no referendo lhe é posterior; **D:** correta. Não existe no Brasil. Segundo Pedro Lenza, "com sua origem nos EUA, o *recall* seria um mecanismo de revogação popular do mandato eletivo, como, por exemplo, em razão de não cumprimento de promessas de campanha" (*Direito constitucional esquematizado*, 2010. p. 875); **E:** incorreta. No mandato imperativo o parlamentar eleito só pode votar na forma estipulada pelo povo.
Gabarito "D".

(Defensoria/SP – 2009 – FCC) Direitos políticos

(A) Dar-se-á a suspensão dos direitos políticos para os condenados criminais com sentença transitada em julgado cujo gozo pleno se restabelecerá após a reabilitação criminal.
(B) A cassação dos direitos políticos pode ocorrer, dentre outros casos, quando ocorrer a incapacidade civil absoluta como na interdição.
(C) Percebe-se que o sufrágio universal, o voto e o escrutínio são sinônimos que integram a teoria dos direitos políticos positivos e a ideia nuclear da democracia.
(D) É condição de elegibilidade dos parlamentares possuir nacionalidade brasileira e nesse caso tanto faz ser brasileiro nato ou naturalizado.
(E) As inelegibilidades possuem justificativa de ordem ética, daí porque, segundo a Constituição Federal são inelegíveis o cônjuge e os parentes consanguíneos ou afins, até o 2º grau ou por adoção dos senadores e deputados federais.

A: incorreta. O art. 15, III, da CF não estabelece a reabilitação criminal como termo final da suspensão dos direitos políticos; **B:** incorreta. A cassação de direitos políticos é vedada pelo art. 15 da CF, que traz hipóteses de perda ou de suspensão desses direitos. A incapacidade civil absoluta, por exemplo, é hipótese de suspensão de direitos políticos; **C:** incorreta. Em linhas gerais, sufrágio é o direito de votar e de ser votado, podendo ser universal ou restrito. Voto é o ato pelo qual este direito é exercido, dividido em direto ou indireto. Essas noções tampouco se confundem com o escrutínio, que diz respeito à forma como se dá o voto, podendo ser público ou secreto; **D:** correta (art. 14, § 3º, I, da CF). São privativos de brasileiros natos apenas os cargos listados no art. 12, § 3º, da CF; **E:** incorreta, pois não reflete o disposto no art. 14, § 7º, da CF.
Gabarito "D".

9. ORGANIZAÇÃO DO ESTADO

9.1. Organização político administrativa. União, Estados, Municípios e Territórios

(Defensor Público –DPE/BA – 2016 – FCC) A respeito da competência para legislar sobre assistência jurídica e Defensoria Pública, é INCORRETO:

(A) É de iniciativa privativa do Presidente da República lei que disponha sobre a organização da Defensoria Pública da União, bem como normas gerais para a organização da Defensoria Pública dos Estados, do Distrito Federal e dos Territórios.
(B) Compete privativamente à União legislar sobre organização da Defensoria Pública do Distrito Federal e dos Territórios.
(C) Compete à União, aos Estados e ao Distrito Federal legislar concorrentemente sobre assistência jurídica e Defensoria Pública.
(D) A Constituição Federal de 1988 não consagrou a competência do Município para legislar sobre assistência jurídica e Defensoria Pública, rejeitando a possibilidade de criação de Defensoria Pública no plano federativo municipal.
(E) Cabe ao Congresso Nacional, com a sanção do Presidente da República, dispor sobre todas as matérias de competência da União, entre elas a organização administrativa da Defensoria Pública da União e dos Territórios.

A: Correta. Art. 61, § 1º, II, "d", da CF; **B:** Incorreta. A Constituição prevê apenas a Defensoria Pública da União e dos Territórios, tendo sido revogadas as referências à Defensoria Pública do Distrito Federal; **C:** Correta. Art. 24, XIII, CF; **D:** Correta. Art. 24, XIII, CF; **E:** Correta. Art. 48, IX, CF.
Gabarito "B".

(Defensor Público –DPE/MT – 2016 – UFMT) Quanto à competência constitucional dos Estados que integram a federação brasileira, marque V para as afirmativas verdadeiras e F para as falsas.

( ) Compete aos Estados a organização e o funcionamento das polícias civis, ressalvada a competência da União, assim como das polícias militares e corpos de bombeiros militares.
( ) É da competência dos Estados, por meio dos respectivos órgãos ou entidades executivos e seus agentes de trânsito, promover a segurança viária, para a preservação da ordem pública e da incolumidade das pessoas e do seu patrimônio nas vias públicas.
( ) No âmbito da legislação concorrente, os Estados poderão legislar supletivamente sobre procedimentos em matéria processual.
( ) Compete aos Estados federados estabelecer as áreas e as condições para o exercício da atividade de garimpagem, em forma associativa.

Assinale a sequência correta.

(A) F, V, V, V
(B) V, V, F, F
(C) V, V, V, F
(D) V, F, V, F

(E) F, F, V, V

I: Correta. Arts. 21, XIV; 24, XVI e art. 144, § 6º, CF; II: Correta. Art. 144, § 10, CF; III: Correta. Art. 24, XI, c/c § 2º, CF; IV: Incorreta. A competência é da União (art. 21, XXV, CF).

Gabarito "C".

(Defensor Público –DPE/MT – 2016 – UFMT) Sobre as competências dos entes federativos, de acordo com a Constituição Federal de 1988, marque V para as afirmativas verdadeiras e F para as falsas.

( ) A competência exclusiva da União só admite delegação aos Estados Membros por meio de lei complementar.
( ) Os municípios têm competência fixada de forma residual aos Estados Membros e à União.
( ) Nas competências comuns, mediante leis complementares, é possível fixar normas para a cooperação entre os entes federativos.
( ) Na competência concorrente, a atuação dos Estados Membros é no interesse regional, bem como, no interesse geral, é suplementar em caso de omissão da União.

Assinale a sequência correta.

(A) V, F, F, V
(B) V, V, F, F
(C) F, F, F, V
(D) F, V, V, F
(E) F, F, V, V

I: Incorreta. A competência exclusiva da União não admite delegação; II: Incorreta. A competência legislativa residual é dos estados; III: Correta. Art. 23, parágrafo único, CF; IV: Correta. Art. 24, §§ 2º e 3º, CF.

Gabarito "E".

(Defensor Público –DPE/RN – 2016 – CESPE) A respeito do estatuto constitucional das leis orgânicas dos municípios, assinale a opção correta.

(A) A lei orgânica municipal será aprovada por dois terços dos membros da câmara municipal, após dois turnos de discussão e votação, podendo ser declarada constitucional ou inconstitucional, em abstrato, tanto pelo TJ do respectivo estado quanto pelo STF.
(B) A lei orgânica municipal definirá as situações em que a autoridade local gozará de foro por prerrogativa de função no TJ do respectivo estado-membro.
(C) Lei orgânica municipal, por seu caráter hierárquico-normativo superior no âmbito local, pode servir de parâmetro no controle abstrato de constitucionalidade estadual.
(D) Como consequência do seu caráter subordinante em relação às leis orgânicas dos municípios localizados no respectivo estado-membro, podem as Constituições estaduais estabelecer limites à auto-organização municipal não previstos na CF.
(E) Na condição de lei fundamental do ente municipal, a lei orgânica pode inovar em matéria de direitos básicos do funcionalismo público local, devendo tais direitos ser necessariamente observados pelas leis ordinárias municipais regulamentadoras.

A: Correta. Art. 29, caput, CF; B: Incorreta. São previstas na Constituição Federal (art. 96, III, CF); C: Incorreta. O parâmetro de controle abstrato estadual é a constituição do estado (perante o TJ ou o TRF), podendo também ser exercido controle abstrato de leis estaduais no STF, se o parâmetro for a Constituição Federal; D: Incorreta. Considerando que os municípios são autônomos (art. 18, CF) apenas os limites impostos pela CF são legítimos; E: Incorreta. Embora a primeira parte esteja correta, a regulamentação das leis não se faz por "leis ordinárias municipais regulamentadoras", mas por decreto.

Gabarito "A".

(Defensor Público/AM – 2013 – FCC) Considerando o sistema de repartição de competências entre os entes federativos na Constituição Federal, cabe

(A) à União explorar diretamente, ou mediante concessão, o serviço de gás canalizado;
(B) aos Estados-membros definir as rotas dos veículos de transporte público municipal;
(C) aos Estados explorar, diretamente ou mediante autorização, concessão ou permissão, os portos marítimos, fluviais ou lacustres;
(D) aos Municípios explorar diretamente, ou mediante concessão, o serviço de gás canalizado;
(E) aos Municípios prestar, com a cooperação técnica e financeira da União e do Estado, serviços de atendimento à saúde da população.

A: Incorreta. Competência estadual (art. 25, § 2º, da CF); B: Incorreta. Competência municipal (art. 30, V, da CF); C: Incorreta. Competência da União (art. 21, XII, "f", da CF); D: Incorreta. Competência estadual (art. 25, § 2º, da CF); E: Correta. Art. 30, VII, da CF.

Gabarito "E".

(Defensor Público/TO – 2013 – CESPE) Considerando o disposto na CF e o entendimento do STF a respeito da organização do Estado brasileiro, assinale a opção correta.

(A) Não invade a competência legislativa da União a edição de lei estadual que obrigue, sob pena de multa, veículo automotor a transitar permanentemente com os faróis acesos nas rodovias do estado, já que a norma dispõe sobre segurança, matéria cuja competência é concorrente entre os entes da Federação.
(B) Lei estadual que disponha sobre questões inerentes a custas forenses é inconstitucional, visto que a competência para legislar sobre direito processual é privativa da União.
(C) O estado-membro pode intervir em município quando o tribunal de justiça der provimento à representação para assegurar a observância de princípios insertos na constituição estadual, ou para prover a execução de lei, ordem ou decisão judicial, embora seja cabível recurso extraordinário contra o respectivo acórdão.
(D) Compete à União a tarefa de organizar e manter a polícia civil, militar e o corpo de bombeiros dos territórios.
(E) É constitucional lei municipal que estabeleça limite de tempo de espera em fila para os usuários dos serviços prestados pelos cartórios, já que a matéria não está inserida na disciplina dos registros públicos, de competência da União.

A: Incorreta. Compete privativamente à União legislar sobre trânsito (art. 22, XI, da CF); B: Incorreta, Competência concorrente (art. 24, IV, da CF); C: Incorreta. Não reflete o disposto no art. 35, IV, da CF; D: Incorreta. Compete à União organizar e manter a polícia do DF (art. 21, XIV, da CF); E: Correta. STF, RE 397094: "A imposição legal de um limite ao tempo de espera em fila dos usuários dos serviços prestados pelos cartórios não constitui matéria relativa à disciplina dos registros públicos, mas assunto de interesse local, cuja competência legislativa a Constituição atribui aos Municípios".

Gabarito "E".

(Defensor Público/AC – 2012 – CESPE) Considerando a jurisprudência do STF acerca do Estado federal brasileiro, assinale a opção correta.

(A) O estado federado tem competência para dispor sobre as condições do exercício da profissão de motoboy no âmbito do seu território.

(B) A competência do tribunal de justiça para julgar prefeitos abrange os crimes de competência da justiça federal.

(C) É da competência do respectivo estado federado a edição de lei que disponha sobre a sucessão do prefeito e do vice-prefeito no caso de dupla vacância dos cargos de direção do Poder Executivo em município localizado em seu território.

(D) O estado federado pode estabelecer em sua constituição a exigência de prévia autorização da assembleia legislativa para que o chefe do Poder Executivo estadual se ausente do país por qualquer prazo.

(E) A consulta prévia às populações diretamente interessadas na modificação territorial de um município deve contemplar tanto a população do território a ser desmembrado quanto a do território remanescente.

A: Incorreta. STF, ADIn 3610: "É inconstitucional a lei distrital ou estadual que disponha sobre condições do exercício ou criação de profissão, sobretudo quando esta diga à segurança de trânsito". Competência da União; **B:** Incorreta. Súmula 702 do STF: "A competência do Tribunal de Justiça para julgar prefeitos restringe-se ao crimes de competência da justiça comum estadual; nos demais casos, a competência originária caberá ao respectivo tribunal de segundo grau"; **C:** Incorreta. Competência municipal. STF, ADIn 3549: "O art. 30, inc. I, da Constituição da República outorga aos Municípios a atribuição de legislar sobre assuntos de interesse local. A vocação sucessória dos cargos de prefeito e vice-prefeito põem-se no âmbito da autonomia política local, em caso de dupla vacância"; **D:** Incorreta. STF, ADIn 738: "Afronta os princípios constitucionais da harmonia e independência entre os Poderes e da liberdade de locomoção norma estadual que exige prévia licença da Assembleia Legislativa para que o Governador e o Vice-Governador possam ausentar-se do País por qualquer prazo. Espécie de autorização que, segundo o modelo federal, somente se justifica quando o afastamento exceder a quinze dias. Aplicação do princípio da simetria"; **E:** Correta. STF, ADIn 2650: "Após a alteração promovida pela EC 15/1996, a Constituição explicitou o alcance do âmbito de consulta para o caso de reformulação territorial de municípios e, portanto, o significado da expressão "populações diretamente interessadas", contida na redação originária do § 4º do art. 18 da Constituição, no sentido de ser necessária a consulta a toda a população afetada pela modificação territorial, o que, no caso de desmembramento, deve envolver tanto a população do território a ser desmembrado, quanto a do território remanescente. Esse sempre foi o real sentido da exigência constitucional – a nova redação conferida pela emenda, do mesmo modo que o art. 7º da Lei 9.709/1998, apenas tornou explícito um conteúdo já presente na norma originária".

Gabarito "E".

(Defensor Público/RO – 2012 – CESPE) Tendo em vista a teoria geral do Estado, assinale a opção correta.

(A) O federalismo brasileiro classifica-se, quanto à origem, como federalismo por agregação.

(B) Federação é, por definição, um sistema de governo marcado pela garantia das autonomias regionais de seus membros.

(C) Com o advento da República, em 1889, adotou-se no Brasil o federalismo de terceiro grau, sistema cujo poder estatal é dividido em três graus: federal, estadual e municipal.

(D) As características fundamentais da República são: temporariedade, eletividade e responsabilidade.

(E) O conceito de povo, um dos elementos constitutivos do Estado, está relacionado ao conjunto de brasileiros e estrangeiros que se encontrem em território nacional, ainda que transitoriamente.

A: Incorreta. O federalismo brasileiro é decorrente de desagregação do Estado Unitário; **B:** Incorreta. A Federação é forma de Estado e, no caso brasileiro, difere um pouco do modelo clássico de federalismo, pois nela tanto União, Estados-membros, como também os Municípios, são autônomos. V. art. 18, *caput*, da CF. Segundo a doutrina, a autonomia é a capacidade de auto-organização (cada um dos entes federativos pode elaborar sua própria Constituição), autogoverno (garantia assegurada ao povo de escolher seus próprios dirigentes e de, através deles, editar leis) e autoadministração (capacidade assegurada aos estados de possuir administração própria, faculdade de dar execução às leis vigentes); **C:** Incorreta. O federalismo no Brasil é de segundo grau, pois apesar de existirem três ordens (federal, estadual e municipal – além da peculiaridade distrital), os Municípios submetem-se a duas ordens: federal e estadual. Por isso, o federalismo no Brasil acaba sendo de segundo grau; **D:** Correta. O governante não se eterniza no poder, sendo sujeito a mandato, é eleito pelos cidadãos e submete-se à responsabilização nos casos listados pela CF; **E:** Incorreta. Povo é o elemento humano do Estado, composto pelos cidadãos com vínculo jurídico-político com o Estado. Não se confunde com "população", conceito presente no enunciado.

Gabarito "D".

(Defensor Público/SP – 2012 – FCC) A forma federativa de Estado é um importante instrumento para a limitação do exercício do poder político. Sobre essa forma de Estado, é correto afirmar:

(A) A ordem constitucional brasileira utiliza, desde a Constituição de 1891, as técnicas de repartição horizontal e vertical para a repartição de competências.

(B) Na repartição promovida pela Constituição da República Federativa do Brasil de 1988, após análise dos conteúdos das competências atribuídas aos entes federativos, pode-se observar uma acentuada concentração de poderes entre as atribuições da União.

(C) São características do Estado federal, entre outras, a autonomia de seus entes, a existência de uma Constituição como fundamento jurídico, a existência de direito de secessão de seus entes, a repartição de competências e a repartição de rendas.

(D) Nos termos dos parágrafos do artigo 24 da Constituição da República Federativa do Brasil de 1988, os Estados podem exercer a competência legislativa plena, para atender a suas peculiaridades, na inexistência de lei federal sobre normas gerais e a superveniência desta revoga a lei estadual, no que lhe for contrário.

(E) Essa forma de Estado surgiu na Constituição dos Estados Unidos da América, como resultado de revisão aos "Artigos de Confederação", que foi realizada, com a participação de todos os Estados, na cidade de Filadélfia, em 1787.

A: Incorreta. A CF de 1891 só adotou a repartição horizontal. Já a CF de 1988 possui repartição vertical (competências concorrentes) e horizontal de competências (divisão de competências entre os entes federativos); **B:** Correta; **C:** Incorreta. A CF não garante direito de secessão (o art. 1º da CF fala em "união indissolúvel"). Ao contrário, prevê a forma federativa como cláusula pétrea (art. 60, § 4º, I); **D:** Incorreta. Os Estados podem sempre, nas matérias de competência concorrente, exercer a competência suplementar; **E:** Incorreta. Das treze colônias, Rhode Island não participou.

Gabarito "B".

(Defensor Público/GO – 2010 – I. Cidades) A intervenção da União em unidade federativa é medida extrema que poderá ser efetivada mediante

(A) decreto do Presidente da República, na hipótese em que houver necessidade de pôr termo a grave comprometimento da ordem pública, caso em que haverá o controle político da intervenção pelo Congresso Nacional, no prazo de 24 horas.

(B) decreto do Presidente da República, a fim de garantir o livre exercício de qualquer dos Poderes nas unidades da Federação, caso em que dependerá, em sendo a coação exercida contra o Poder Judiciário local, de requisição deste.

(C) decisão do Superior Tribunal de Justiça acolhendo representação do Procurador-Geral da República, na hipótese da necessidade de prover a execução de lei federal, caso em que haverá controle político por parte do Congresso Nacional.

(D) decisão do Supremo Tribunal Federal acolhendo representação do Procurador-Geral da República, na hipótese em que houver a identificação de grave esquema de corrupção que afete os princípios constitucionais da forma republicana, sistema representativo e regime democrático, caso em que o decreto a ser expedido pelo Presidente da República será submetido a controle político do Congresso Nacional.

(E) decreto do Presidente da República, o qual limitar-se-á a suspender a execução do ato impugnado, se essa medida bastar ao estabelecimento da normalidade, caso em que o controle político pelo Congresso Nacional será necessário.

Art. 34, I a VII e art. 36, I a III e §§ 1º a 4º, da CF.

Gabarito "A".

(Defensoria Pública/SP – 2010 – FCC) Unidade da federação edita lei vedando o cultivo, a manipulação, a importação, a industrialização e a comercialização de organismos geneticamente modificados em seu território. Perante a divisão constitucional de competências, referida lei é

(A) constitucional, pois os Estados podem legislar privativamente sobre produção e consumo e proteção e defesa da saúde.

(B) inconstitucional, pois fere a competência privativa da União para disciplinar a comercialização, importação e exportação.

(C) inconstitucional, pois na competência concorrente para legislar sobre proteção ao meio ambiente os Estados não estão autorizados a exercer a competência plena.

(D) constitucional, pois os Estados no uso de sua competência residual podem afastar a aplicação das normas federais de caráter geral.

(E) inconstitucional, pois invadiu esfera de competência dos municípios sobre interesse local.

Fere o art. 22, VIII, da CF.

Gabarito "B".

(Defensoria Pública da União – 2010 – CESPE) Com relação à organização político-administrativa, julgue o item a seguir.

(1) Considere que a Lei X, segundo a qual os servidores públicos deveriam estar submetidos à carga horária de 30 horas semanais, tenha sido alterada pela Lei Y, que passou a exigir cumprimento de carga horária de 40 horas semanais. Nesse caso, se a Lei Y não tiver previsto aumento na remuneração desses servidores, está caracterizada a violação ao princípio da irredutibilidade de vencimentos.

1: correta, pois o valor da hora de trabalho seria menor, violando o disposto no art. 7º, VI, da CF.

Gabarito 1C.

(Defensoria/ES – 2009 – CESPE) Acerca da organização política e administrativa do Estado, julgue os itens a seguir.

(1) Conforme prevê a CF, é de competência material comum entre União, estados, municípios e DF planejar e promover a defesa permanente contra as calamidades públicas, especialmente em caso de secas e inundações.

(2) Suponha que um estado-membro da Federação tenha legislado, de forma exaustiva, acerca de assistência jurídica e defensoria pública, dada a inexistência de legislação federal sobre o tema. Nesse caso, ao ser promulgada legislação federal a esse respeito, as normas estaduais incompatíveis com ela serão automaticamente revogadas.

1: incorreta, pois a competência é da União (art. 21, XVIII, da CF); **2:** incorreta. A matéria é de competência concorrente da União, Estados e Distrito Federal (art. 24, XIII, da CF). Assim, inexistindo lei federal sobre normas gerais, os Estados podem exercer a competência legislativa plena (art. 24, § 3º, da CF). A superveniência de lei federal sobre normas gerais apenas *suspende a eficácia* da lei estadual, no que lhe for contrário. Não existe revogação.

Gabarito 1E, 2E.

(Defensoria/MG – 2009 – FURMARC) NÃO constitui característica do Estado federal:

(A) A existência de um corpo próprio de funcionários de cada Estado federado, não subordinado às autoridades federais.

(B) A participação dos Estados federados na vontade criadora da ordem jurídica nacional.

(C) A existência de delegação de poderes feita por lei ordinária pelo órgão legislativo central, possibilitando a edição de leis pelos legislativos regionais.

(D) A previsão de distribuição de competências na Constituição Federal.

(E) A autonomia dos Estados federados.

O Estado Federal é qualificado pela descentralização política e administrativa, imperando a repartição constitucional de competências entre os entes federados. Assim, na federação há uma ordem federal (representada pela União, mas que com ela não se confunde) e uma ordem federada. Além disso, o Estado soberano é pessoa jurídica de direito público internacional, embora representado pela União (art. 21, I a IV, da CF).

Gabarito "A".

(Defensoria/MG – 2009 – FURMARC) Apresentam-se como principais características do Estado nacional, EXCETO:

(A) Poder centralizado.
(B) Economia mercantilista.
(C) Soberania compartilhada.
(D) Aparato administrativo.
(E) Soberania absoluta.

Não há falar em soberania compartilhada no Estado Federal. A soberania é atributo do Estado Federal. Os entes federados são dotados de autonomia. O Estado soberano é pessoa jurídica de direito público internacional, embora representado pela União (art. 21, I a IV, da CF).

Gabarito "C".

(Defensoria/MT – 2009 – FCC) Conforme o texto da Constituição Federal, dentre as competências privativas da União encontra-se a de legislar sobre

(A) registros públicos.
(B) orçamento.
(C) previdência social.
(D) defesa do solo e dos recursos minerais.
(E) responsabilidade por dano ao meio ambiente.

A assertiva correta é a "A" (Art. 22, XXV, da CF). As demais matérias são de competência concorrente da União, Estados e Distrito Federal (v. art. 24 da CF).

Gabarito "A".

(Defensoria/MT – 2009 – FCC) Dentre as regras contidas na Constituição Federal que devem ser obrigatoriamente observadas pelas leis orgânicas municipais NÃO se encontra aquela segundo a qual

(A) os vereadores são invioláveis por suas opiniões, palavras e votos no exercício do mandato e na circunscrição do Município.
(B) cabe a iniciativa popular de projetos de lei de interesse específico do Município, da cidade ou de bairros, através de manifestação de, pelos menos, cinco por cento do eleitorado.
(C) compete aos Municípios a criação, organização e supressão de distritos, observada a legislação estadual.
(D) a Câmara Municipal não gastará mais de setenta por cento de sua receita com folha de pagamento, incluído o gasto com subsídio de seus Vereadores.
(E) as contas prestadas pelo Prefeito não estão sujeitas a controle externo diverso daquele que pode ser exercido pelo Poder Judiciário.

A: correta (art. 29, VIII, da CF); B: correta (art. 29, XIII, da CF); C: correta (art. 30, IV, da CF); D: correta (art. 29-A, § 1º, da CF); E: incorreta, devendo ser assinalada, pois não reflete o disposto no art. 31, *caput*, §§ 1º e 2º, da CF.

Gabarito "E".

(Defensoria/MT – 2009 – FCC) De acordo com as normas da Constituição Federal sobre intervenção federal,

(A) não cabe intervenção da União em Municípios.
(B) a medida não pode ser decretada sem a requisição do Tribunal competente.
(C) a medida não pode determinar o afastamento de autoridades estaduais de suas funções.
(D) a medida pode ser decretada por prazo indeterminado.
(E) nas hipóteses constitucionais em que a medida se limitar a suspender a execução de ato normativo, fica dispensada sua apreciação pelo Congresso Nacional.

A: incorreta, pois cabe intervenção federal em municípios localizados em territórios federais (art. 35, *caput*, da CF); B: incorreta, pois não necessita de requisição de Tribunal na hipótese do art. 36, I, da CF (para o Legislativo e para o Executivo), e o art. 36, III, da CF trata de provimento a representação do Procurador-Geral da República (ação direta de inconstitucionalidade interventiva); C: incorreta, pois pode ser nomeado interventor para o Estado (art. 36, § 1º, da CF); D: incorreta. O prazo é certo e determinado (art. 36, § 1º, da CF); E: correta (art. 36, § 3º, da CF)

Gabarito "E".

(Defensoria/PA – 2009 – FCC) De acordo com o modelo de repartição de competências adotado pela Constituição Federal, pode-se afirmar que

(A) no campo das competências legislativas, cabe ao Distrito Federal exercer somente aquelas conferidas aos Municípios.
(B) é permitido à União renunciar, em favor dos Estados-membros, ao exercício de competência que lhe foi outorgada pela Constituição Federal.
(C) cabe também aos Municípios o exercício das competências materiais comuns conferidas à União, aos Estados-membros e ao Distrito Federal.
(D) aos Estados-membros não foram conferidas competências materiais privativas.
(E) lei complementar federal pode autorizar os Municípios a legislarem sobre questões específicas das matérias de competência privativa da União.

A: incorreta. Ao Distrito Federal são atribuídas as competências legislativas dos Estados e Municípios (art. 32, § 1º, da CF); B: incorreta. A União não pode *renunciar* a competências estabelecidas pela Constituição, sob pena de desequilíbrio do pacto federativo, mas lei complementar pode autorizar os Estados a legislar sobre matérias privativas da União (art. 22, parágrafo único, da CF); C: correta, de acordo com o art. 23, *caput*, da CF; D: incorreta. O art. 25, § 2º, da CF traz competência material do Estado; E: incorreta. Lei complementar pode autorizar os *Estados* a legislar sobre matéria privativa da União, não os Municípios (art. 22, parágrafo único, da CF).

Gabarito "C".

(Defensoria/PA – 2009 – FCC) Como decorrência da autonomia dos Estados-membros e Municípios e conforme a jurisprudência do Supremo Tribunal Federal

(A) cabe a eles a exploração do serviço público de transporte coletivo intermunicipal de passageiros, que deverá ser prestado mediante assinatura de acordos de cooperação entre os entes federativos envolvidos.
(B) cabe apenas a eles a edição de lei aprovando sua incorporação, fusão ou desmembramento.
(C) as Constituições Estaduais e as Leis Orgânicas Municipais não são obrigadas a seguir o modelo federal no que toca à iniciativa privativa do chefe do Executivo para propor projetos de lei.
(D) as Constituições Estaduais e as Leis Orgânicas Municipais não estão vinculadas às principais diretrizes do processo legislativo federal.

(E) a intervenção federal ou estadual fundada em descumprimento de pagamento de precatório judicial não pode ser decretada se o descumprimento for involuntário e não intencional.

A: incorreta. A titularidade dos serviços de transporte rodoviário interestadual e internacional de passageiros, nos termos do art. 21, XII, *e*, da CF, é da União. A competência para legislar sobre transporte coletivo local é municipal (CF, art. 30, V), mas os Estados-membros possuem competência residual para legislar sobre transporte intermunicipal de passageiros (CF, art. 25, § 1º); **B:** incorreta. A criação, a incorporação, a fusão e o desmembramento de Municípios, far-se-ão por lei estadual, dentro do período determinado por Lei Complementar Federal, e dependerá de consulta prévia, mediante plebiscito, às populações dos Municípios envolvidos, após divulgação dos Estudos de Viabilidade Municipal, apresentados e publicados na forma da lei (art. 18, § 4º, da CF). V., tb., art. 48, VI, da CF; **C:** incorreta. As regras do art. 61, § 1º, da CF, é de repetição obrigatória pelos Estados-membros, diante do princípio da simetria federativa. (V. ADI 3177, Rel. Min. Joaquim Barbosa, Tribunal Pleno, julgado em 02.03.2005); **D:** incorreta. A CF é dotada de supremacia, daí porque todas as suas normas, aí incluídas as sobre processo legislativo, devem ser observadas pelos Estados e Municípios; **E:** correta, pois o STF entende que a intervenção é medida extrema e, para ser decretada, precisa observar a proporcionalidade (v. IF 2915/SP, Rel. Min. Marco Aurélio).

Gabarito "E".

(Defensoria/SP – 2009 – FCC) Trata-se de matéria de competência legislativa concorrente da União, Estados e Distrito Federal:

(A) normas gerais de organização, efetivos, material bélico, garantias, convocação e mobilização das polícias militares e corpos de bombeiros militares.

(B) transporte local, seguridade social e registros públicos.

(C) procedimentos em matéria processual, assistência jurídica e Defensoria Pública, e direito penitenciário.

(D) populações indígenas, desapropriação, propaganda comercial.

(E) direito tributário, processual penal e penal.

Art. 24, I, XI e XIII, da CF.
Gabarito "C".

(Defensor Público/AL – 2009 – CESPE) Julgue os itens a seguir, a respeito da organização do Estado.

(1) Segundo entendimento do STF, é constitucional lei estadual que estabelece o dever dos municípios de transportar, da zona rural para a sede do município, alunos carentes matriculados no ensino fundamental, tendo em vista a competência municipal para atuar prioritariamente no ensino fundamental.

(2) Os territórios, quando criados, podem ser divididos em municípios, aos quais não serão aplicadas as regras de regência dos demais municípios, já que estarão inseridos em território federal, considerado como descentralização administrativa da União.

(3) É cabível a interposição de recurso extraordinário em face de acórdão do tribunal de justiça do estado que defira o pedido de intervenção estadual em município.

1: incorreta. STF, ADI 307, Rel. Min. Eros Grau: "O art. 30 (da lei impugnada na ADIn) impõe aos Municípios o encargo de transportar da zona rural para a sede do Município, ou Distrito mais próximo, alunos carentes matriculados a partir da 5ª série do ensino fundamental. Há aqui indevida ingerência na prestação de serviço público municipal, com reflexos diretos nas finanças locais. O preceito afronta francamente a autonomia municipal"; **2:** incorreta, pois não reflete o disposto no art. 33, § 1º, da CF; **3:** incorreta. Súmula 637/STF: "Não cabe recurso extraordinário contra acórdão de Tribunal de Justiça que defere pedido de intervenção estadual em Município".

Gabarito 1E, 2E, 3E.

(Defensor Público/MS – 2008 – VUNESP) O desmembramento de Município, conforme a Constituição Federal, far-se-á

(A) por lei federal, dentro do período determinado por lei complementar estadual e dependerá de plebiscito, após divulgação dos Estudos de Viabilidade Municipal.

(B) por lei estadual, dentro do período determinado por lei complementar federal e dependerá de plebiscito, após divulgação dos Estudos de Viabilidade Municipal.

(C) por lei municipal, dentro do período determinado por lei complementar estadual e dependerá de referendo, após divulgação dos Estudos de Viabilidade Estadual.

(D) por lei municipal, dentro do período determinado por lei complementar estadual e dependerá de plebiscito, após divulgação dos Estudos de Viabilidade Federal.

A criação, a incorporação, a fusão e o desmembramento de municípios devem seguir o regramento estabelecido no art. 18, § 4º, da CF, ou seja, a) realizarem-se durante o período previsto em lei complementar federal, b) após a elaboração de estudo de viabilidade municipal, c) com consulta prévia (mediante plebiscito) às populações diretamente interessadas e, cumpridos esses requisitos, o processo é finalizado pela edição de, d) lei estadual.

Gabarito "B".

(Defensor Público/MS – 2008 – VUNESP) Compete privativamente à União legislar sobre

(A) organização da Defensoria Pública do Distrito Federal.

(B) proteção à infância e à juventude.

(C) direito penitenciário.

(D) procedimentos em matéria processual.

A: correta (art. 22, XVII, da CF); **B:** incorreta. Competência concorrente da União, Estados e DF (art. 24, XV, da CF); **C:** incorreta. Competência concorrente da União, Estados e DF (art. 24, I, da CF); **D:** incorreta. Competência concorrente da União, Estados e DF (art. 24, XI, da CF).

Gabarito "A".

(Defensor Público/MS – 2008 –VUNESP) Tendo em vista o disposto no texto constitucional vigente, assinale a alternativa correta a respeito dos Estados Federados.

(A) Os Estados podem, mediante lei ordinária, instituir regiões metropolitanas, aglomerações urbanas e microrregiões, constituídas por agrupamentos de municípios limítrofes, para integrar a organização, o planejamento e a execução de funções públicas de interesse comum.

(B) Cabe aos Estados explorar diretamente, ou mediante concessão, os serviços de gás canalizado, na forma da lei, vedada a edição de medida provisória para a sua regulamentação.

(C) O número de Deputados à Assembleia Legislativa corresponderá ao dobro da representação do Estado na Câmara dos Deputados, não podendo ultrapassar o total de 94 Deputados.

(D) Pertencem aos Estados vinte por cento do produto da arrecadação do imposto sobre produtos industrializados.

A: incorreta. Mediante lei complementar (art. 25, § 3º, da CF); B: correta (art. 25, § 2º, da CF); C: incorreta, pois não reflete o disposto no art. 27 da CF; D: incorreta, pois não reflete o disposto no art. 159, II, da CF.

Gabarito "B".

9.2. Da Administração Pública

(Defensor Público/SE – 2012 – CESPE) Assinale a opção correta com referência à administração pública direta e indireta de qualquer dos poderes da União, dos estados, do DF e dos municípios.

(A) É permitida a vinculação ou equiparação de quaisquer espécies remuneratórias para o efeito de remuneração de pessoal do serviço público.
(B) É garantido ao servidor público civil o direito à livre associação sindical.
(C) A proibição de acumulação de cargos públicos não se estende a empregos e funções e não abrange autarquias, fundações, empresas públicas e sociedades de economia mista.
(D) Os cargos, empregos e funções públicas são acessíveis aos brasileiros que preencham os requisitos estabelecidos em lei, mas não aos estrangeiros.
(E) À lei cabe estabelecer os casos de contratação por tempo determinado, independentemente da necessidade temporária de excepcional interesse público.

A: Incorreta. Viola o art. 37, XIII, da CF: "é vedada a vinculação ou equiparação de quaisquer espécies remuneratórias para o efeito de remuneração de pessoal do serviço público"; B: Correta. Art. 37, VI, da CF: "é garantido ao servidor público civil o direito à livre associação sindical"; C: Incorreta. Viola o art. 37, XVII, da CF: "a proibição de acumular estende-se a empregos e funções e abrange autarquias, fundações, empresas públicas, sociedades de economia mista, suas subsidiárias, e sociedades controladas, direta ou indiretamente, pelo poder público"; D: Incorreta. Viola o art. 37, I, da CF: "os cargos, empregos e funções públicas são acessíveis aos brasileiros que preencham os requisitos estabelecidos em lei, assim como aos estrangeiros, na forma da lei"; E: Incorreta. Não reflete o disposto no art. 37, IX, da CF: "a lei estabelecerá os casos de contratação por tempo determinado para atender a necessidade temporária de excepcional interesse público"

Gabarito "B".

(Defensor Público/AC – 2012 – CESPE) Com relação à administração pública, assinale a opção correta.

(A) Conforme entendimento do STF, o candidato que, aprovado em concurso para provimento de cargo público, seja classificado dentro do número de vagas especificado no respectivo edital goza de mera expectativa à nomeação.
(B) É constitucional o recebimento de subsídio mensal e vitalício por ex-governadores de estados que tenham exercido mandato integral em caráter permanente antes da vigência da atual CF.
(C) Segundo entendimento do STF, a responsabilidade civil das pessoas jurídicas de direito privado prestadoras de serviço público é objetiva relativamente a terceiros usuários e não usuários do serviço.
(D) Dado o princípio constitucional da isonomia, a jurisprudência do STF considera cabível a inovação de lei federal para reger os vencimentos dos servidores públicos estaduais.
(E) Consoante jurisprudência do STF, é constitucional o estabelecimento do exercício de função pública como título a ser apresentado em prova de títulos de concurso para provimento de cargo público.

A: Incorreta. STF, ARE 675202: "O Plenário desta Corte, no julgamento do RE 598.099/MS, Rel. Min. Gilmar Mendes, firmou jurisprudência no sentido do direito subjetivo à nomeação de candidato aprovado dentro do número de vagas previstas no edital de concurso público. Tal direito também se estende ao candidato aprovado fora do número de vagas previstas no edital, mas que passe a figurar entre as vagas em decorrência da desistência de candidatos classificados em colocação superior"; B: Incorreta. STF, ADIn 3853: "No vigente ordenamento República no e democrático brasileiro, os cargos políticos de chefia do Poder Executivo não são exercidos nem ocupados 'em caráter permanente', por serem os mandatos temporários e seus ocupantes, transitórios. Conquanto a norma faça menção ao termo 'benefício', não se tem configurado esse instituto de direito administrativo e previdenciário, que requer atual e presente desempenho de cargo público. Afronta o equilíbrio federativo e os princípios da igualdade, da impessoalidade, da moralidade pública e da responsabilidade dos gastos públicos (arts. 1º, 5º, caput, 25, § 1º, 37, caput e inc. XIII, 169, § 1º, inc. I e II, e 195, § 5º, da Constituição da República)"; **C:correta**. STF, RE 591874; D: Incorreta. STF, RE 459128: "A regência dos vencimentos dos servidores estaduais decorre de normas do próprio Estado. Não cabe, sob o ângulo da isonomia, acionar legislação federal"; E: Incorreta. STF, ADIn 3443: "Viola o princípio constitucional da isonomia norma que estabelece como título o mero exercício de função pública".

Gabarito "C".

(Defensoria/MA – 2009 – FCC) Considere as seguintes afirmações sobre a disciplina constitucional da Administração Pública no Estado brasileiro:

I. A Administração Fazendária e seus servidores fiscais terão, dentro de suas áreas de competência e jurisdição, precedência sobre os demais setores administrativos, na forma da lei.
II. Somente por lei específica pode ser criada autarquia e autorizada a instituição de empresa pública, sociedade de economia mista e fundação.
III. É vedada a publicidade de atos, programas, obras e serviços dos órgãos e entes públicos ressalvadas as hipóteses admitidas em lei complementar.
IV. Obras, serviços, compras e alienações dos órgãos e entes da Administração serão sempre contratados mediante processo de licitação pública, em que se assegure igualdade de condições a todos os concorrentes.

Estão corretas SOMENTE as afirmações feitas em

(A) I e II.
(B) I e IV.
(C) II e III.
(D) II e IV.
(E) III e IV.

I: correta (art. 37, XVIII, da CF); II: correta (art. 37, XIX, da CF); III: incorreta, pois não reflete o disposto no art. 37, § 1º, da CF; IV: incorreta. O art. 37, XXI, da CF ressalva os casos específicos previstos na legislação, como as hipóteses de inexigibilidade e de dispensa de licitação.

Gabarito "A".

(Defensoria/MG – 2009 – FURMARC) Examine os itens abaixo e marque a alternativa CORRETA:

I. A admissão de empregados, na sociedade de economia mista, independe de concurso público.
II. A investidura em cargo comissionado dá-se mediante recrutamento amplo ou limitado nos termos de lei.
III. O subsídio dos vereadores e do Prefeito é fixado por lei de iniciativa da Câmara Municipal.

IV. O subsídio dos Desembargadores do Tribunal de Justiça pode ser considerado como limite único para os três Poderes do Estado.

Estão CORRETAS as afirmativas:

(A) apenas I e II.
(B) apenas I e IV.
(C) apenas II e IV.
(D) apenas III e IV.
(E) apenas II e III.

I: Incorreta. O art. 37, II, da CF refere-se a cargo e a emprego público, razão pela qual se destina tanto à Administração Direta quanto à Administração Indireta; **II:** Correta. São cargos de livre nomeação e exoneração (art. 37, II, parte final, da CF); **III:** Incorreta. O dos prefeitos é fixado por lei, mas o dos vereadores é estabelecido pela Câmara Municipal, o que independe de sanção do Prefeito (art. 29, V e VI, da CF); **IV:** Correta, com base no art. 37, XI, da CF.
Gabarito "C".

(Defensoria/SP – 2009 – FCC) Administração Pública.

(A) Em relação à aposentadoria dos agentes públicos, observa-se que as normas constitucionais originárias sofreram profundas alterações com as emendas constitucionais ns. 20, 41 e 47, e dentre essas modificações está a impossibilidade de contagem de tempo de contribuição fictício.
(B) Tendo em vista a importância de se tutelar a probidade administrativa, a Constituição determinou que não prescrevem os ilícitos praticados contra a administração pública.
(C) O importante princípio da legalidade, que foi inserido expressamente pela EC 19/1998, indica que os gestores da coisa pública deverão desempenhar seus encargos de modo a otimizar legalmente o emprego dos recursos que a sociedade lhes destina.
(D) O princípio constitucional da exigibilidade de concurso público aplica-se aos poderes e entes da federação, exceto às sociedades de economia mista e paraestatais com regime celetista.
(E) O cargo em comissão não difere do cargo efetivo na questão da transitoriedade, pois ambos trazem essa característica para servidores de fora da carreira.

A: correta (art. 40, § 10, da CF, inserido pela EC 20/1998); **B:** incorreta, pois de acordo com o art. 37, § 5º, da CF, apenas as ações de ressarcimento ao erário são imprescritíveis; **C:** incorreta. A EC 19/1998 inseriu o princípio da eficiência no rol dos princípios da Administração Pública (art. 37, caput, da CF); **D:** incorreta. O art. 37, II, da CF refere-se tanto a cargos quanto a empregos públicos, razão pela qual aplica-se também às sociedades de economia mista e empresas públicas; **E:** incorreta. Os cargos em comissão são de livre exoneração. Os servidores ocupantes de cargo de provimento efetivo são estáveis após três anos, só perdendo o cargo nas hipóteses previstas no art. 41, § 1º, da CF.
Gabarito "A".

9.3. Intervenção

(Defensor Público/AM – 2013 – FCC) Suponha que tenha transitado em julgado decisão judicial proferida pelo Supremo Tribunal Federal que condenou determinado Município, localizado em Estado-membro, a cumprir certa obrigação de fazer. Caso a ordem não seja cumprida pelo Município, sem que haja motivo relevante para tanto,

(A) o Tribunal de Justiça do Estado poderá dar provimento à representação por descumprimento a ordem judicial, comunicando a decisão ao Governador do Estado para que decrete a intervenção no Município;
(B) o Supremo Tribunal Federal poderá deferir pedido de intervenção federal no Município por descumprimento de ordem judicial, comunicando a decisão ao Governador do Estado para que este decrete a intervenção no Município;
(C) e sendo autorizada a intervenção do Estado no Município por decisão proferida pelo Tribunal de Justiça, poderá o Município interessado interpor recurso extraordinário contra o acórdão do Tribunal Estadual;
(D) a intervenção do Estado no Município poderá ser decretada de ofício pelo Governador do Estado, independentemente de prévia manifestação do Poder Judiciário;
(E) o provimento à representação para que seja decretada a intervenção federal no Município autoriza que o decreto interventivo que nomeie o interventor produza imediatamente seus efeitos.

Conforme preceitua o art. 35, IV, da CF: "O Estado não intervirá em seus Municípios, nem a União nos Municípios localizados em Território Federal, exceto quando: (...) **IV:** o Tribunal de Justiça der provimento a representação para assegurar a observância de princípios indicados na Constituição Estadual, ou para prover a execução de lei, de ordem ou de decisão judicial".
Gabarito "A".

(Defensor Público/SE – 2012 – CESPE) Acerca da organização do Estado e da intervenção na CF, assinale a opção correta.

(A) Os estados-membros da Federação, além de autônomos, são soberanos, possuindo direito de secessão.
(B) A intervenção da União em estado, para assegurar a observância dos chamados princípios constitucionais sensíveis, depende do provimento, pelo STF, de representação interventiva ajuizada pelo procurador-geral da República.
(C) A União pode intervir no município que deixar de prestar as devidas contas, na forma da lei, em caso de inércia do estado em que este se situe.
(D) O DF pode intervir nos municípios situados em seu entorno.
(E) A intervenção federal decorre da hierarquia existente entre a União, os estados, o DF e os municípios.

A: Incorreta. A CF não garante direito de secessão (o art. 1º da CF fala em "união indissolúvel"). Ao contrário, prevê a forma federativa como cláusula pétrea (art. 60, § 4º, I); **B:** Correta. Art. 36, III, da CF; **C:** A União só pode intervir em Município localizado em Território Federal (art. 35, caput, da CF); **D:** Incorreta. O DF não é dividido em Municípios; **E:** Incorreta. Não existe hierarquia entre os entes federativos, mas divisão constitucional de competências entre eles.
Gabarito "B".

10. ORGANIZAÇÃO DO PODER EXECUTIVO

(Defensor Público/SP – 2012 – FCC) A respeito do Poder Executivo, é correto afirmar:

(A) Há previsão de eleição indireta para os cargos de Presidente e de Vice-Presidente da República, a ser realizada pelo Congresso Nacional, na hipótese de vacância dos dois cargos nos primeiros dois anos do período presidencial.

(B) O veto do Presidente da República a projeto de lei, na ordem constitucional brasileira, pode ser derrubado pelo Poder Legislativo, em sessão conjunta, em voto aberto e pela maioria absoluta de Deputados e Senadores.

(C) O Presidente e o Vice-Presidente da República não poderão, sem licença do Congresso Nacional, ausentar-se do País por período superior a trinta dias, sob pena de perda do cargo.

(D) Segundo entendimento do Supremo Tribunal Federal, na hipótese de processo contra o Presidente da República por crime comum, em relação a fatos estranhos ao exercício do mandato, deverá o processo ser suspenso, com a consequente suspensão do prazo prescricional, apenas com relação aos fatos ocorridos antes ao início de seu mandato.

(E) As medidas provisórias que haviam sido editadas em data anterior à da publicação da Emenda Constitucional n. 32/2001 e que estavam em vigor nessa data, por força do artigo 2º da referida emenda, continuaram em vigor até que houvesse revogação explícita por medida provisória ulterior ou até que houvesse deliberação definitiva do Congresso Nacional.

A: Incorreta. Não reflete o disposto no art. 80 ("Em caso de impedimento do Presidente e do Vice-Presidente, ou vacância dos respectivos cargos, serão sucessivamente chamados ao exercício da Presidência o Presidente da Câmara dos Deputados, o do Senado Federal e o do Supremo Tribunal Federal") e art. 81, caput e § 1º, da CF ("Vagando os cargos de Presidente e Vice-Presidente da República, far-se-á eleição noventa dias depois de aberta a última vaga. § 1º. Ocorrendo a vacância nos últimos dois anos do período presidencial, a eleição para ambos os cargos será feita trinta dias depois da última vaga, pelo Congresso Nacional, na forma da lei."); **B:** Incorreta. Não reflete o disposto no art. 66, § 4º, da CF: "O veto será apreciado em sessão conjunta, dentro de trinta dias a contar de seu recebimento, só podendo ser rejeitado pelo voto da maioria absoluta dos Deputados e Senadores, em escrutínio secreto."; **C:** Incorreta. Não reflete o disposto no art. 83 da CF "O Presidente e o Vice-Presidente da República não poderão, sem licença do Congresso Nacional, ausentar-se do País por período superior a quinze dias, sob pena de perda do cargo"; **D:** Incorreta. Não reflete o disposto no art. 86, § 4º, da CF "O Presidente da República, na vigência de seu mandato, não pode ser responsabilizado por atos estranhos ao exercício de suas funções"; **E:** Correta. Art. 2º da EC 32/2001: "As medidas provisórias editadas em data anterior à da publicação desta emenda continuam em vigor até que medida provisória ulterior as revogue explicitamente ou até deliberação definitiva do Congresso Nacional".
Gabarito "E".

(Defensoria/MT – 2007) Compete privativamente ao Presidente da República, sem possibilidade de delegação:

(A) Decretar e executar a intervenção federal.

(B) Prover e extinguir os cargos públicos federais.

(C) Conceder indulto e comutar penas.

(D) Autorizar referendo e convocar plebiscito.

(E) Fixar os subsídios dos Ministros de Estado.

A: correta (art. 84, X, da CF); **B:** incorreta, pois não reflete a integralidade do disposto no art. 84, XXV, da CF; **C:** incorreta, pois não reflete a integralidade do disposto no art. 84, XII, da CF; **D:** incorreta, pois não reflete o disposto no art. 49, XV, da CF; **E:** incorreta, pois não reflete o disposto no art. 49, VIII, da CF.
Gabarito "A".

11. ORGANIZAÇÃO DO PODER LEGISLATIVO. PROCESSO LEGISLATIVO

(Defensor Público –DPE/RN – 2016 – CESPE) Com relação ao regime constitucional das imunidades parlamentares, assinale a opção correta.

(A) Para que incida a inviolabilidade do vereador, é necessário que suas opiniões, palavras e votos sejam expressos na circunscrição do município em que ele exerça seu mandato, não se exigindo a demonstração de conexão com o efetivo exercício da vereança.

(B) Deputados distritais desfrutam de imunidade formal apenas quanto aos fatos de competência da justiça local.

(C) Não perderá o foro por prerrogativa de função o parlamentar federal que estiver licenciado para exercer cargo de ministro de Estado.

(D) Vereadores não poderão ser presos desde a expedição do diploma, salvo em caso de flagrante de crime inafiançável cometido fora da circunscrição do município em que forem eleitos.

(E) Enquanto deputados federais e senadores compartilham de um regime de imunidades abrangente tanto da chamada inviolabilidade como da imunidade formal, deputados estaduais e vereadores são detentores tão somente da inviolabilidade.

A: Incorreta. A imunidade material dos vereadores está limitada à circunscrição do município e só existe no exercício do mandato (art. 29, VIII, CF); **B:** Incorreta. A imunidade formal de deputados refere-se tanto à justiça federal quanto à justiça local; **C:** Correta. Porque o STF é o foro tanto dos parlamentares quanto dos Ministros de Estado para processar e julgar crimes comuns; **D:** Incorreta. Vereadores só possuem imunidade material, não se lhes aplicando as regras da imunidade formal (art. 29, VIII, CF); **E:** Incorreta. Deputados (federais, estaduais e distritais) e senadores possuem imunidades material e formal. Vereadores só possuem imunidade material (também chamada de inviolabilidade).
Gabarito "C".

(Defensor Público/TO – 2013 – CESPE) No que concerne aos entes da Federação e à organização dos poderes no ordenamento jurídico nacional, assinale a opção correta.

(A) É inconstitucional a criação, por estado-membro, de procuradoria especial para representação judicial do tribunal de contas do estado, ainda que para a prática, em juízo, de atos processuais em defesa de sua autonomia e independência, visto que tal competência é atribuída, com exclusividade, à procuradoria do estado.

(B) Na CF, a regra que diz respeito à recondução de membros das mesas das casas legislativas constitui norma de preordenação para os estados-membros.

(C) De acordo com o entendimento do STF, a validade jurídica da quebra de sigilo bancário determinada por comissão parlamentar de inquérito demanda aprovação da maioria absoluta dos membros que compõe o órgão de investigação legislativa.

(D) O deputado ou senador que tenha praticado crime antes da diplomação não terá direito à imunidade formal em relação ao processo e à prisão.

(E) É constitucional norma inserida na constituição estadual que repute crime de responsabilidade a ausência injustificada de secretário do estado à convocação da assembleia legislativa para prestar esclarecimentos.

A: Incorreta. STF, ADIn 94: "asseverou-se a possibilidade de existência de carreiras especiais para representação judicial das assembleias e dos tribunais de contas nos casos em que estes necessitassem praticar, em juízo e em nome próprio, atos processuais na defesa de sua autonomia e independência em face dos demais Poderes. Sublinhou-se, outrossim, que essas procuradorias poderiam ser responsáveis pela consultoria e pelo assessoramento jurídico dos demais órgãos da assembleia e do tribunal de contas"; **B:** Incorreta. STF, ADIn-MC 2371: "O art. 57, § 4º, da CF, que veda a recondução dos membros das Mesas das Casas Legislativas federais para os mesmos cargos na eleição imediatamente subsequente, não é de reprodução obrigatória pelos Estados-Membros"; **C:** Correta. Sim, e por decisão fundamentada que comprove a necessidade da medida excepcional; **D:** Incorreta. Não reflete o disposto no art. 53, § 2º, da CF; **E:** Incorreta. STF, ADIn 3279: "É inconstitucional a norma de Constituição do Estado que, como pena cominada, caracterize como crimes de responsabilidade a ausência injustificada de secretário de Estado a convocação da Assembleia Legislativa, bem como o não atendimento, pelo governador, secretário de Estado ou titular de entidade da administração pública indireta, a pedido de informações da mesma Assembleia."

Gabarito "C".

(Defensor Público/RO – 2012 – CESPE) No que se refere ao Poder Legislativo, assinale a opção correta.

(A) Segundo a jurisprudência do STF, as CPIs podem determinar as diligências necessárias à investigação para a qual foi criada, sendo-lhes inclusive permitido determinar quebra de sigilo fiscal, bancário e de dados, vedada, entretanto, a determinação da quebra do sigilo das comunicações telefônicas.

(B) Os parlamentares federais gozam de imunidades formais e materiais, razão por que não podem ser presos ou condenados, civil e penalmente, por quaisquer de suas opiniões, palavras e votos, desde que proferidos em razão de suas funções parlamentares; além disso, somente podem ser processados após licença prévia da casa parlamentar a que pertencem.

(C) O TCU, órgão técnico e auxiliar do Poder Legislativo, é responsável pelo julgamento das contas do presidente da República e dos administradores e demais responsáveis por recursos públicos, cabendo-lhe aplicar a estes últimos as sanções previstas em lei.

(D) Compete exclusivamente ao Senado Federal sustar os atos normativos do Poder Executivo que exorbitem do poder regulamentar ou dos limites de delegação legislativa.

(E) As CPIs, de caráter temporário, destinam-se à investigação de um fato certo e determinado, somente podendo ser criadas mediante requerimento da maioria absoluta dos membros do Congresso Nacional.

A: Correta. O STF entende que as CPIs podem determinar a quebra de sigilo bancário, fiscal e de dados por terem poderes próprios de autoridades judiciais (art. 58 § 3º, da CF), desde que o ato seja adequadamente fundamentado e revele a necessidade objetiva da medida extraordinária; **B:** Incorreta. A imunidade material (por opiniões, palavras e votos) só protege o parlamentar no exercício do mandato ou em razão dele. No âmbito penal, o parlamentar responde sem necessidade de prévia licença da Casa respectiva, mas há a possibilidade de sustação da ação na forma do art. 53, § 3º, da CF (imunidade formal); **C:** Incorreta. O TCU **aprecia** as contas do Presidente da República e **julga** as contas dos administradores e demais responsáveis por recursos públicos (art. 71, I e II, da CF), cabendo-lhe aplicar sanções a todos os responsáveis por ilegalidade de despesa ou irregularidade de contas (art. 71, VIII, da CF); **D:** Incorreta. A competência é do Congresso Nacional. Art. 49, V, da CF; **E:** Incorreta. Podem ser criadas por um terço dos membros do Congresso Nacional (art. 58, § 3º, da CF).

Gabarito "A".

(Defensor Público/SE – 2012 – CESPE) Considerando a hipótese de que a presidenta da República apresente, durante a vigência de estado de defesa, PEC cujo conteúdo verse sobre a instituição do voto censitário no Brasil, assinale a opção correta com base no que dispõe a CF e no entendimento do STF.

(A) Um parlamentar da Casa em que esteja tramitando a PEC poderá ajuizar mandado de segurança no STF, questionando, em controle difuso, a constitucionalidade da proposta por ofensa a limitações materiais e circunstanciais ao poder de reforma.

(B) A despeito de ofender limitações materiais e circunstanciais ao poder de reforma, a PEC será considerada constitucional se aprovada, em dois turnos de votação, por unanimidade em ambas as Casas do Congresso Nacional.

(C) A PEC, inconstitucional por ofensa a limitações materiais e circunstanciais ao poder de reforma, não poderá ser objeto de controle de constitucionalidade preventivo pela via difusa, devendo-se aguardar a sua promulgação para que, em seguida, um dos legitimados possa ajuizar ação direta de inconstitucionalidade.

(D) Para estar de acordo com a CF, a PEC deverá ser aprovada, em dois turnos de votação, por três quintos dos membros de cada Casa do Congresso Nacional, podendo ser promulgada na vigência do estado de defesa.

(E) Para estar de acordo com a CF, a PEC deverá ser aprovada, em dois turnos de votação, por três quintos dos membros de cada Casa do Congresso Nacional, desde que promulgada depois de cessado o estado de defesa.

A: Correta. O STF admite a impetração de MS por deputados e senadores (não pelo Presidente da República), para evitar a tramitação de proposta de emenda constitucional que fira o art. 60, da CF, por entender que os congressistas têm direito líquido e certo ao devido processo legislativo; **B, D e E:** Incorretas. Não pode ser aprovada por violar cláusulas pétreas da CF (art. 60, §§ 1º e 4º, II, da CF); **C:** Incorreta. V. comentários à alternativa "a".

Gabarito "A".

(Defensor Público/GO – 2010 – I. Cidades) Sobre o processo legislativo, é correto afirmar:

(A) O atual texto da Constituição da República não contempla matérias de iniciativa legislativa conjunta.

(B) O veto, que é sempre expresso e fundamentado, tem igualmente natureza relativa, podendo ser derrubado, em sessão conjunta das casas do Congresso Nacional, pelo voto aberto da maioria absoluta dos congressistas.

(C) O retorno à casa iniciadora faz-se necessário em caso de mudança nos termos do projeto de lei, mesmo que não haja alteração no sentido jurídico da proposição.

(D) A regulação da inamovibilidade dos membros do Ministério Público pode ser veiculada por meio de medida provisória.

(E) O Legislativo não pode alterar projetos de iniciativa reservada do Presidente da República.

A: correta (art. 61 da CF); **B:** à época em que a questão foi elaborada, estava incorreta, pois o voto da maioria absoluta dos congressistas era secreto. A EC 76/2013 acabou com o voto secreto nas votações em processos de cassação de parlamentares e no exame dos vetos presidenciais (art. 66, § 4º, da CF); **C:** incorreta, pois se a alteração for apenas de redação, não há necessidade de retornar à casa iniciadora (art. 65, parágrafo único, da CF); **D:** incorreta, pois viola o art. 62, § 1º, I, "c", da CF; **E:** incorreta. A iniciativa é privativa do Presidente da República, mas as demais fases do processo legislativo são observadas normalmente.

Gabarito "A".

(Defensor Público/GO – 2010 – I. Cidades) A medida provisória é a espécie legislativa que mais tem merecido críticas em decorrência de não preencher os requisitos da relevância e urgência quando da sua edição. Se ela é editada para majorar tributo,

(A) será considerada inconstitucional, pois é vedada medida provisória que verse sobre essa matéria.
(B) só produzirá efeitos no exercício financeiro seguinte, se houver sido convertida em lei até o último dia daquele em que foi editada, ressalvadas algumas espécies tributárias previstas no texto constitucional, entre elas a que incide sobre as operações de crédito, câmbio e seguro.
(C) não poderá ser editada em hipótese alguma por não se configurar os requisitos de relevância e urgência.
(D) produzirá efeitos no exercício financeiro seguinte, ainda que não seja convertida em lei até o último dia daquele em que foi editada.
(E) só poderá ser editada na iminência ou no caso de guerra externa, para instituição de impostos extraordinários, compreendidos, ou não na competência tributária da União, os quais serão suprimidos, gradativamente, cessadas as causas de sua criação.

Art. 62, § 2º, da CF.

Gabarito "B".

(Defensoria Pública da União – 2010 – CESPE) No que concerne ao processo legislativo, julgue os itens subsequentes.

(1) Considere que o chefe do Poder Executivo tenha apresentado projeto de lei ordinária que dispõe sobre a remuneração de servidores públicos. Nesse caso, não se admite emenda parlamentar ao projeto para aumento do valor da remuneração proposto.

(2) A autonomia funcional e administrativa da Defensoria Pública estadual assegura, conforme a Constituição Federal, ao defensor público-geral do estado a iniciativa de propor projeto de lei que disponha sobre a criação e a remuneração de cargos de defensor público estadual.

1: correta (art. 63, I, da CF); **2:** incorreta. O art. 61, § 1º, II, *a*, da CF prescreve ser de iniciativa privativa do Presidente da República, a elaboração de leis que versem sobre criação de cargos ou sobre o aumento de sua remuneração. Por simetria, cabe ao Governador de Estado, Chefe do Poder Executivo Estadual, a edição de leis sobre a mesma matéria em seus limites territoriais.

Gabarito 1C, 2E.

(Defensoria/ES – 2009 – CESPE) Acerca do processo legislativo e da competência do TCU, julgue o item abaixo.

(1) Compete ao TCU examinar, previamente, a validade de contratos administrativos celebrados pelo poder público.

1: incorreta. As competências do TCU estão listadas no art. 71, I a XI, da CF.

Gabarito 1E.

(Defensor Público/AL – 2009 – CESPE) A respeito da organização dos poderes no Estado, julgue os próximos itens.

(1) A CF não atribuiu a imunidade formal ao parlamentar municipal e não a reconheceu, ao parlamentar estadual, quanto aos crimes praticados antes da diplomação.

(2) A CF, ao conferir autonomia aos estados-membros, impõe a observância obrigatória de princípios relacionados ao processo legislativo, de modo que o legislador estadual não pode validamente dispor sobre as matérias reservadas à iniciativa do chefe do Poder Executivo.

1: correta. Os vereadores possuem apenas a imunidade material (art. 29, VIII, da CF), ao contrário dos deputados e senadores, que possuem imunidades material (art. 53, *caput*, da CF) e formal (art. 53, § 2º, da CF); **2:** correta. Pelo princípio da simetria, as regras estabelecidas na Constituição Federal para o processo legislativo (inclusive as de criação ou revisão das constituições) devem ser seguidas pelos estados.

Gabarito 1C, 2C.

(Defensoria/MT – 2009 – FCC) A Constituição Federal veda a edição de medida provisória para regulamentar

(A) a prestação de serviço postal.
(B) o regime dos portos, navegação lacustre, fluvial, marítima, aérea e aeroespacial.
(C) a exploração dos serviços de gás canalizado.
(D) as atividades nucleares de qualquer natureza.
(E) o exercício do direito à propriedade.

Art. 25, § 2º, da CF. Sobre o tema, v. tb. Art. 62, § 1º, da CF.

Gabarito "C".

(Defensoria/PA – 2009 – FCC) Segundo a Constituição Federal e a jurisprudência predominante sobre o processo legislativo,

(A) cabe ao Congresso Nacional aprovar ou rejeitar medida provisória de modo integral, sendo vedada sua aprovação com alteração do texto original.
(B) projeto de lei que verse sobre matéria de iniciativa exclusiva do Presidente da República não pode ser emendado pelas Casas do Congresso Nacional.
(C) a sanção presidencial convalida o vício de iniciativa de projeto de lei apresentado por membro do Congresso Nacional que verse sobre matéria de iniciativa exclusiva do Presidente da República.
(D) os Governadores de Estados-membros não podem editar medidas provisórias.
(E) solicitada urgência para apreciação de projeto de lei de iniciativa do Presidente da República, cada Casa do Congresso deve manifestar-se no prazo de 45 dias, prazo esse que não se aplica aos projetos de Código.

A: incorreta, pois não há vedação no art. 62 da CF; **B:** incorreta. O art. 63, I, da CF excepcionalmente autoriza emendas parlamentares que impliquem aumento de despesas nos projetos orçamentários de iniciativa exclusiva do Presidente da República; **C:** incorreta, pois não há convalidação nesse caso, assim como, no caso de MPs, a lei de conversão não convalida os vícios existentes na medida provisória; **D:** incorreta. O STF tem firme entendimento de que as medidas provisórias podem ser adotadas pelos chefes do Poder Executivo estadual, por simetria ao modelo federal; **E:** correta (art. 64, §§ 1º e 2º, da CF).

(Defensoria/PI – 2009 – CESPE) Quanto aos limites de atuação do poder de reforma constitucional e ao alcance de proteção das cláusulas pétreas, assinale a opção correta.

(A) Sendo um poder instituído, o poder de reforma constitucional sofre limitações de conteúdo, mas não de forma. Assim, uma proposta de emenda à CF que seja rejeitada poderá ser reapresentada na mesma sessão legislativa.
(B) O STF entende que os direitos e garantias individuais considerados cláusulas pétreas pela CF restringem-se àqueles expressos no elenco do art. 5º, não admitindo interpretação extensiva.
(C) Consideram-se limitações temporais as situações que impedem que a CF seja emendada na vigência de intervenção federal, de estado de defesa ou de estado de sítio.
(D) No exercício do poder de reforma constitucional, o Congresso Nacional dispõe da faculdade de modificar a Lei Magna, não se admitindo que essa competência seja restringida por limitações outras que não aquelas constantes de forma explícita do texto constitucional.
(E) A jurisprudência do STF considera que os limites materiais ao poder constituinte de reforma não significam a intangibilidade literal da disciplina dada ao tema pela Constituição originária, mas sim a proteção do núcleo essencial dos princípios e institutos protegidos pelas cláusulas pétreas.

A: incorreta. Vedação expressa no art. 60, § 5º, da CF; **B:** incorreta. O STF entende que o princípio da anterioridade tributária, que não está listado no art. 5º da CF, é direito individual, constituindo cláusula pétrea na forma do art. 60, § 4º, IV, da CF; **C:** incorreta. Considera-se limitação circunstancial (art. 60, § 1º, da CF); **D:** incorreta. O Poder Constituinte Derivado submete-se a limitações explícitas (art. 60, § 1º e ss., da CF) e implícitas (não pode ser alterado, por exemplo, o procedimento de reforma da Constituição); **E:** correta, e pode haver emenda constitucional sobre matérias listadas como cláusulas pétreas (art. 60, § 4º, da CF), desde que para ampliá-las ou para corrigir-lhes a redação. O que a Constituição veda, para as cláusulas pétreas, é o retrocesso constitucional, e não a modificação pura e simples.

(Defensoria/SP – 2009 – FCC) Em relação às cláusulas pétreas, considere as seguintes afirmações:

I. Tem como significado último prevenir a erosão da Constituição Federal, imbindo a tentativa de abolir o projeto constitucional deixado pelo constituinte.
II. A Emenda Constitucional 45, na parte que criou o Conselho Nacional de Justiça, violou, segundo julgamento proferido pelo Supremo Tribunal Federal, a cláusula pétrea da separação dos poderes.
III. Ao petrificar o voto cristalizou-se a impossibilidade do poder constituinte derivado excluir o voto do analfabeto ou do menor entre 16 e 18 anos.
IV. É possível que uma reforma constitucional crie novas cláusulas pétreas segundo entendimento pacífico da doutrina constitucional.
V. A mera alteração redacional de uma norma originária componente do rol de cláusulas pétreas não importa em inconstitucionalidade.

Estão corretas SOMENTE

(A) I, III e V.
(B) I, IV e V.
(C) II, III e IV.
(D) III, IV e V.
(E) I, III e IV.

I: correta. Significam uma autoproteção estabelecida pelo Poder Constituinte Originário; **II:** incorreta. As atribuições do CNJ não interferem nos Poderes Executivo e Legislativo (art. 103-B, § 4º, da CF); **III:** correta (art. 60, § 4º, II, c/c art. 14, § 1º, II, *a* e *c*, ambos da CF); **IV:** incorreta, pois essa questão não é pacífica, já que parte da doutrina entende que somente o poder constituinte originário pode criar cláusulas pétreas, o mesmo não podendo fazer o poder constituinte derivado, que não pode vincular uma manifestação futura deste mesmo poder; **V:** correta, pode haver emenda constitucional sobre matérias listadas como cláusulas pétreas, desde que para ampliá-las ou para corrigir-lhes a redação.

(Defensoria/SP – 2009 – FCC) Fiscalização contábil, financeira e orçamentária do Poder Público.

(A) O pacto federativo brasileiro reconhece o Município como ente, por isso a Constituição de 1988 permite a criação de novos Tribunais de Contas no âmbito municipal.
(B) A Constituição Federal falhou em não prever expressamente a participação popular no controle da administração pública junto ao Tribunal de Contas da União.
(C) Os membros dos Tribunais de Contas são subordinados ao poder ao qual pertencem, eis que praticam atos de fiscalização sob seu comando e controle.
(D) O Tribunal de Contas é órgão do Poder Judiciário de extrema relevância, pois cabe-lhe aplicar sanções aos entes da Administração que causarem dano ao patrimônio público.
(E) A Constituição reza que quanto à legalidade, legitimidade, economicidade, aplicação das subvenções e renúncia de receitas a fiscalização será exercida internamente pelo próprio poder e externamente pelo Poder Legislativo.

A: incorreta. O art. 31, § 4º, da CF, veda a criação de conselho ou corte de contas municipais, mas a Constituição ressalva os Tribunais de Contas Municipais já existentes à época de sua promulgação (art. 31, § 1º, parte final, da CF); **B:** incorreta, pois não reflete o disposto no art. 74, § 2º, da CF, que legitima qualquer cidadão a denunciar irregularidades ao TCU; **C:** incorreta. Os Tribunais de Contas são órgãos auxiliares do Poder Legislativo (art. 71, *caput*, da CF); **D:** incorreta. Não integra o Poder Judiciário (art. 92 da CF), mas é órgão auxiliar do Poder Legislativo (art. 71, *caput*, da CF); **E:** correta (art. 70 da CF).

(Defensor Público/MS – 2008 – VUNESP) No que tange à organização constitucional do Poder Legislativo, é correto afirmar que

(A) cabe ao Congresso Nacional, com a sanção do Presidente da República, resolver definitivamente sobre tratados, acordos ou atos internacionais que acarretem encargos ou compromissos gravosos ao patrimônio nacional.

(B) compete ao Congresso Nacional, com a sanção do Presidente da República, autorizar referendo e convocar plebiscito.

(C) compete privativamente ao Senado Federal aprovar previamente, por voto secreto, após arguição pública, a escolha de Ministros do Tribunal de Contas da União indicados pelo Presidente da República.

(D) a Câmara dos Deputados e o Senado Federal reunir-se-ão em sessão conjunta, exclusivamente, para inaugurar a sessão legislativa, receber o compromisso do Presidente da República e conhecer do veto e sobre ele deliberar.

A e B: incorretas. A competência nesses casos é exclusiva do Congresso Nacional (art. 49, I e XV, da CF) e independe de sanção ou veto do Presidente da República (art. 48 da CF); C: correta (art. 52, III, "b", da CF); D: incorreta, pois há outra hipótese de sessão conjunta (art. 57, § 3º, II, da CF).
Gabarito "C".

(Defensoria/MT – 2007) Com pertinência ao Poder Legislativo no âmbito Federal, segundo as normas constitucionais, assinale a afirmativa correta.

(A) Cada legislatura do Congresso Nacional terá a duração de quatro anos.

(B) Compete ao Senado Federal a nomeação do Procurador-Geral da República.

(C) Compete privativamente ao Congresso Nacional suspender a execução de lei declarada inconstitucional por decisão definitiva do Supremo Tribunal Federal.

(D) Na sessão legislativa extraordinária, o Congresso Nacional poderá deliberar sobre toda e qualquer matéria.

(E) A Câmara dos Deputados compõe-se de representantes do povo, eleitos, pelo sistema majoritário, em cada Estado, em cada Território e no Distrito Federal.

A: correta (art. 44, parágrafo único, da CF); B: incorreta, pois não reflete o disposto no art. 52, III, e no art. 84, XIV, ambos da CF; C: incorreta, pois não reflete o disposto no art. 52, X, da CF; D: incorreta, pois não reflete o disposto no art. 57, § 7º, da CF; E: incorreta, pois não reflete o disposto no art. 45 da CF.
Gabarito "A".

(Defensoria/MT – 2007) A Constituição Federal vigente define uma sequência de atos a serem realizados pelos órgãos legislativos, visando à formação das espécies normativas, denominado processo legislativo. Sobre o tema, assinale a afirmativa correta.

(A) A Carta Magna de 1988 não aboliu o instrumento do decurso de prazo, o qual é admitido em relação às leis delegadas.

(B) O quórum constitucional de maioria simples, exigido para a aprovação de lei ordinária, corresponde a um número variável.

(C) A análise da constitucionalidade do projeto de lei será efetuada apenas pela Comissão de Constituição e Justiça na respectiva Casa Legislativa onde se iniciou o trâmite do projeto.

(D) A discussão e votação dos projetos de lei de iniciativa do Supremo Tribunal Federal terão início no Senado Federal.

(E) É de iniciativa do Presidente da República ou do Congresso Nacional lei que disciplina a Defensoria Pública da União.

A: incorreta. A CF de 1988 aboliu a aprovação tácita da lei por "decurso de prazo" prevista na Constituição de 1967/1969; B: correta (art. 47 da CF); C: incorreta. O juízo prévio de constitucionalidade pode ser feito nas duas casas do Congresso Nacional; D: incorreta, pois não reflete o disposto no art. 64 da CF; E: incorreta, pois não reflete o disposto no art. 61, § 1º, II, d, da CF.
Gabarito "B".

(Defensoria/SP – 2007 – FCC) A respeito do Poder Legislativo pode-se afirmar:

(A) Pelo artigo 62 da Constituição Federal, que trata das Medidas Provisórias, considera-se que o Congresso Nacional pode exercer o controle repressivo da constitucionalidade, pois retirará do ordenamento jurídico ato normativo perfeito e acabado apesar do seu caráter temporário.

(B) Que em âmbito federal funciona o bicameralismo do tipo federativo em que os estados são representados pelos senadores, o povo é representado pelos deputados federais e os munícipes pelos vereadores.

(C) O voto secreto para perda do mandato parlamentar, previsto no § 2º do artigo 55 da Constituição Federal, é considerado cláusula pétrea por estar contido na proibição do artigo 60, § 4º, II que trata do voto direto, secreto, universal e periódico.

(D) Segundo o artigo 58 da Constituição, para instalação de uma Comissão Parlamentar de Inquérito é necessário requerimento de um terço dos integrantes dos membros das casas, conjunta ou separadamente, para a apuração de fato determinado e prazo certo, sendo que os parlamentares podem impor penalidades e sanções civis e criminais.

(E) Segundo a Constituição, os deputados passam a ter imunidade formal a partir de sua diplomação e por isso têm inviolabilidade civil e penal por quaisquer de suas opiniões ou votos proferidos em decorrência de sua atuação.

A: correta, pois a não aprovação de MP em razão de sua inconstitucionalidade é uma das hipóteses de controle repressivo de constitucionalidade, realizada pelo Poder Legislativo. Embora sem previsão constitucional, há precedentes em que o Presidente do Congresso Nacional devolve ao Chefe do Poder Executivo texto integral ou parcial de medida provisória manifestamente inconstitucional, como ocorreu no caso de medida provisória reeditada na mesma sessão legislativa em que idêntico conteúdo havia sido rejeitado pelo Congresso Nacional; B: incorreta, pois não há vereadores em âmbito federal, mas apenas no municipal; C: incorreta. A hipótese não reflete a soberania popular prevista no art. 14 da CF, de modo que não se enquadra na proteção constitucional do art. 60, § 4º, II, da CF; D: incorreta, pois não reflete o disposto no art. 58, § 3º, da CF; E: incorreta. A inviolabilidade civil e penal decorre da imunidade material do art. 53, caput, da CF. A imunidade formal é a prevista no art. 53, § 2º, da CF.
Gabarito "A".

12. DA ORGANIZAÇÃO DO PODER JUDICIÁRIO

(Defensor Público –DPE/MT – 2016 – UFMT) Sobre súmula vinculante, é correto afirmar:

(A) Contra ato administrativo ou decisão judicial que contrariar a súmula vinculante, cabe reclamação ao Supremo Tribunal Federal, excluídos outros meios de impugnação.
(B) A aprovação de súmula vinculante depende de prévia provocação dos legitimados para propor ação direta de inconstitucionalidade, em observância ao princípio da inércia da jurisdição.
(C) O Supremo Tribunal Federal poderá aprovar súmula, mediante decisão de três quintos dos seus membros, que, a partir de sua publicação na imprensa oficial, terá efeito vinculante em relação aos demais órgãos do Poder Judiciário e da Administração Pública.
(D) A súmula vinculante passou a ser admitida no sistema jurídico brasileiro com a aprovação da Emenda Constitucional nº 45 de 2004, mas ainda não foi regulamentado por lei o seu processo de revisão ou cancelamento.
(E) A súmula vinculante tem eficácia imediata, mas o Supremo Tribunal Federal, observado o quórum de votação, poderá restringir os seus efeitos ou decidir que só tenha eficácia a partir de outro momento, por razões de segurança jurídica ou de excepcional interesse público.

A: Incorreta. Art. 7º da Lei 11.417/2006: "Da decisão judicial ou do ato administrativo que contrariar enunciado de súmula vinculante, negar-lhe vigência ou aplicá-lo indevidamente caberá reclamação ao Supremo Tribunal Federal, sem prejuízo dos recursos ou outros meios admissíveis de impugnação"; **B:** Incorreta. Os legitimados estão previstos no art. 3º, I a XI, da Lei 11.417/2006; **C:** Incorreta. Art. 2º da Lei 11.417/2006: "O Supremo Tribunal Federal poderá, de ofício ou por provocação, após reiteradas decisões sobre matéria constitucional, editar enunciado de súmula que, a partir de sua publicação na imprensa oficial, terá efeito vinculante em relação aos demais órgãos do Poder Judiciário e à administração pública direta e indireta, nas esferas federal, estadual e municipal, bem como proceder à sua revisão ou cancelamento, na forma prevista nesta Lei"; **D:** Incorreta. A regulamentação está prevista na Lei 11.417/2006, que traz, dentre outras normas, o procedimento para revisão e cancelamento; **E:** Correta. Art. 4º da Lei 11.417/2006: "A súmula com efeito vinculante tem eficácia imediata, mas o Supremo Tribunal Federal, por decisão de 2/3 (dois terços) dos seus membros, poderá restringir os efeitos vinculantes ou decidir que só tenha eficácia a partir de outro momento, tendo em vista razões de segurança jurídica ou de excepcional interesse público".
Gabarito "E".

(Defensor Público –DPE/MT – 2016 – UFMT) Quanto à competência constitucional do Tribunal de Justiça, assinale a afirmativa INCORRETA.

(A) Compete ao Tribunal de Justiça julgar os juízes estaduais e os membros do Ministério Público nos crimes comuns e de responsabilidade, ressalvada a competência da Justiça Eleitoral.
(B) Compete ao Tribunal de Justiça, por maioria de seus membros, promover alteração da organização e da divisão judiciárias.
(C) Compete ao Tribunal de Justiça o julgamento de prefeitos.
(D) Ao Tribunal de Justiça compete o julgamento da representação interventiva para assegurar a observância de princípios indicados na Constituição Estadual, ou para prover a execução de lei, de ordem ou de decisão judicial descumprida por ente municipal.
(E) Ao Tribunal de Justiça compete elaborar sua proposta orçamentária dentro dos limites estipulados conjuntamente com os demais Poderes na lei de diretrizes orçamentárias.

A: Correta. Art. 96, III, CF; **B:** Incorreta. Art. 96, II, "d" da CF refere que os tribunais de justiça podem propor, mas a competência é do poder legislativo correspondente; **C:** Correta. Art. 29, X, da CF; **D:** Correta. Art. 35, IV, da CF; **E:** Correta. Art. 99, § 1º, da CF.
Gabarito "B".

(Defensor Público –DPE/BA – 2016 – FCC) NÃO compete ao Supremo Tribunal Federal, originariamente processar e julgar:

(A) O mandado de segurança e o *habeas data* contra atos do Presidente da República, das Mesas da Câmara dos Deputados e do Senado Federal, do Tribunal de Contas da União, do Procurador-Geral da República, de Ministro de Estado, dos Comandantes da Marinha, do Exército e da Aeronáutica e do próprio Supremo Tribunal Federal.
(B) Nas infrações penais comuns e nos crimes de responsabilidade, os Ministros de Estado e os Comandantes da Marinha, do Exército e da Aeronáutica, ressalvado o disposto no artigo 52, I, os membros dos Tribunais Superiores, os do Tribunal de Contas da União e os chefes de missão diplomática de caráter permanente.
(C) Nas infrações penais comuns, o Presidente da República, o Vice-Presidente, os membros do Congresso Nacional, seus próprios Ministros e o Procurador-Geral da República.
(D) O *habeas corpus*, quando o coator for Tribunal Superior ou quando o coator ou o paciente for autoridade ou funcionário cujos atos estejam sujeitos diretamente à jurisdição do Supremo Tribunal Federal, ou se trate de crime sujeito à mesma jurisdição em uma única instância.
(E) O mandado de injunção, quando a elaboração da norma regulamentadora for atribuição do Presidente da República, do Congresso Nacional, da Câmara dos Deputados, do Senado Federal, das Mesas de uma dessas Casas Legislativas, do Tribunal de Contas da União, de um dos Tribunais Superiores, ou do próprio Supremo Tribunal Federal.

A: incorreta, devendo ser assinalada. O art. 102, I, "d", da CF não se refere aos comandantes das forças armadas; **B:** correta, não devendo ser assinalada. Art. 102, I, "c", da CF; **C:** correta, não devendo ser assinalada. Art. 102, I, "b", da CF; **D:** correta, não devendo ser assinalada. Art. 102, I, "i", da CF; **E:** correta, não devendo ser assinalada. Art. 102, I, "q", da CF.
Gabarito "A".

(Defensor Público –DPE/ES – 2016 – FCC) São legitimados a propor a edição, a revisão ou o cancelamento de enunciado de súmula vinculante do Supremo Tribunal Federal

I. o Procurador-Geral da República.
II. o Conselho Federal da Ordem dos Advogados do Brasil.
III. o Defensor Público-Geral da União.

IV. o Advogado-Geral da União.
V. a Confederação Sindical ou Entidade de Classe de Âmbito Nacional.

Está correto o que se afirma APENAS em

(A) II, III, IV e V.
(B) I, II, IV e V.
(C) I, III e IV.
(D) I, II e V.
(E) I, II, III e V.

Art. 3°, Lei 11.417/2006. São legitimados para propor a edição, a revisão ou o cancelamento de enunciado de súmula vinculante: I – o Presidente da República; II – a Mesa do Senado Federal; III – a Mesa da Câmara dos Deputados; IV – o Procurador-Geral da República; V – o Conselho Federal da Ordem dos Advogados do Brasil; VI – o Defensor Público-Geral da União; VII – partido político com representação no Congresso Nacional; VIII – confederação sindical ou entidade de classe de âmbito nacional; IX – a Mesa de Assembleia Legislativa ou da Câmara Legislativa do Distrito Federal; X – o Governador de Estado ou do Distrito Federal; XI – os Tribunais Superiores, os Tribunais de Justiça de Estados ou do Distrito Federal e Territórios, os Tribunais Regionais Federais, os Tribunais Regionais do Trabalho, os Tribunais Regionais Eleitorais e os Tribunais Militares.

Gabarito "E."

(Defensor Público –DPE/ES – 2016 – FCC) De acordo com disposição expressa da Constituição Federal de 1988, NÃO compete ao Superior Tribunal de Justiça processar e julgar, originariamente,

(A) nos crimes comuns, os Governadores dos Estados e do Distrito Federal, e, nestes e nos de responsabilidade, os desembargadores dos Tribunais de Justiça dos Estados e do Distrito Federal, os membros dos Tribunais de Contas dos Estados e do Distrito Federal, os dos Tribunais Regionais Federais, dos Tribunais Regionais Eleitorais e do Trabalho, os membros dos Conselhos ou Tribunais de Contas dos Municípios e os do Ministério Público da União que oficiem perante tribunais.
(B) o mandado de injunção, quando a elaboração da norma regulamentadora for atribuição de órgão, entidade ou autoridade federal, da Administração direta ou indireta, excetuados os casos de competência do Supremo Tribunal Federal e dos órgãos da Justiça Militar, da Justiça Eleitoral, da Justiça do Trabalho e da Justiça Federal.
(C) as ações contra o Conselho Nacional do Ministério Público.
(D) a homologação de sentenças estrangeiras e a concessão de *exequatur* às cartas rogatórias.
(E) os conflitos de atribuições entre autoridades administrativas e judiciárias da União, ou entre autoridades judiciárias de um Estado e administrativas de outro ou do Distrito Federal, ou entre as deste e da União.

A: incorreta. Compete sim ao STJ: art. 105, I, "a", da CF; **B:** incorreta. Competência é sim do STJ: art. 105, I, "h", da CF; **C:** correta, pois traz a alternativa incorreta. A competência é do STF. Art. 102, I, "r", da CF; **D:** incorreta. A competência é sim do STJ: art. 105, I, "i", da CF; **E:** incorreta. A competência é do STJ: art. 105, I, "g", da CF.

Gabarito "C."

(Defensor Público/AM – 2013 – FCC) Considerando a disciplina constitucional a respeito da súmula vinculante editada pelo Supremo Tribunal Federal, é correto afirmar que

(A) o ato da administração pública, direta ou indireta, da esfera federal, estadual ou municipal, que contrarie o enunciado de súmula vinculante aplicável, pode ser objeto de reclamação proposta diretamente perante o Supremo Tribunal Federal;
(B) a decisão judicial, que contrarie súmula vinculante, pode ser impugnada por reclamação proposta perante o Supremo Tribunal Federal que, no entanto, não poderá cassar a decisão reclamada;
(C) o Governador de Estado não pode propor a aprovação, revisão, nem o cancelamento de súmula vinculante;
(D) não pode ser objeto de súmula vinculante a interpretação a respeito da constitucionalidade de normas municipais em face da Constituição Federal;
(E) a súmula que afirmar a inconstitucionalidade de lei ou ato normativo federal apenas produzirá efeitos vinculantes após o ato normativo inconstitucional ser suspenso pelo Senado Federal.

A: correta. Art. 103-A, § 3°, da CF; **B:** incorreta. Art. 103-A, § 3°, da CF; **C:** incorreta. Art. 3°. X, da Lei 11.417/2006; **D:** incorreta. Pode ser editada, desde que presentes os requisitos do art. 103-A, da CF; **E:** incorreta. Edição de súmula vinculante pelo STF tem efeitos a partir de sua publicação (art. 103-A, da CF), não se confundindo com a necessidade de o Senado Federal suspender a aplicação de lei declarada inconstitucional pelo STF em controle difuso, para que a declaração de inconstitucionalidade tenha eficácia *erga omnes* (art. 52, X, da CF).

Gabarito "A."

(Defensor Público/AM – 2013 – FCC) Considere a hipótese de em 2012 ter sido expedido precatório judicial de caráter alimentar, a ser pago por determinado Estado membro a indivíduo com 65 anos de idade. Nessa situação, o precatório

(A) deverá ser atualizado monetariamente pelo índice oficial de remuneração básica da caderneta de poupança e, para fins de compensação da mora, incidirão juros simples no mesmo percentual de juros incidentes sobre a caderneta de poupança, sendo ainda devido o pagamento dos juros compensatórios;
(B) deve ser pago com preferência sobre todos os demais débitos, independentemente de qual seja o seu valor, que deverá ser atualizado monetariamente pelo índice oficial de remuneração básica da caderneta de poupança, e, para fins de compensação da mora, incidirão juros simples;
(C) deve ser pago com preferência sobre todos os demais débitos, até o valor equivalente ao triplo do fixado em lei para fins de definição da obrigação de pequeno valor, admitido o fracionamento para essa finalidade, sendo que o restante será pago na ordem cronológica de apresentação do precatório;
(D) poderá ser objeto de cessão, desde que mediante expressa concordância do devedor, não podendo o cessionário beneficiar-se das mesmas prerrogativas concedidas ao cedente em relação à preferência para o recebimento do crédito;
(E) poderá ser pago em dez prestações anuais, corrigidas pelo índice oficial de remuneração básica da caderneta de poupança e, para fins de compensação da

mora, incidirão juros simples no mesmo percentual de juros incidentes sobre a caderneta de poupança, sendo ainda devido o pagamento dos juros compensatórios.

De acordo o art. 100, § 2º, da CF: "Os débitos de natureza alimentícia cujos titulares tenham 60 (sessenta) anos de idade ou mais na data de expedição do precatório, ou sejam portadores de doença grave, definidos na forma da lei, serão pagos com preferência sobre todos os demais débitos, até o valor equivalente ao triplo do fixado em lei para os fins do disposto no § 3º deste artigo, admitido o fracionamento para essa finalidade, sendo que o restante será pago na ordem cronológica de apresentação do precatório". Dessa forma, apenas a opção "C" está correta.

Gabarito "C".

(Defensor Público/PR – 2012 – FCC) A Emenda Constitucional n. 45 de 2004 criou no Brasil o Conselho Nacional de Justiça que no âmbito da Reforma do Poder Judiciário buscou garantir maior democracia, transparência administrativa e redução do corporativismo do Poder Judiciário. Sob essa ótica, integram esse projeto:

I. A composição mista, com integrantes da sociedade, a competência concorrente com as corregedoria dos demais tribunais que cria uma forma inovadora de competição entre agências de apuração e acesso ao Conselho de todos os cidadãos.
II. A competência subsidiária do Conselho para realizar apurações, que somente deve atuar após as corregedorias terem esgotados seus procedimentos, ou ainda, se estas forem completamente omissas no exercício de suas atribuições.
III. Avocar processos disciplinares e rever esses processos em caráter de recurso, exercendo uma atividade disciplinar bastante abrangente.
IV. A possibilidade de questionar junto ao órgão uma decisão judicial que extrapole as raias da normalidade e eminentemente deformada ou teratológica, um verdadeiro ato de improbidade cometido na decisão judicial.
V. Manter as sanções estabelecidas na atual Lei Orgânica da Magistratura – LOMAN que adequadamente estabelece as punições disciplinares para os magistrados como a aposentadoria compulsória.

Está correto APENAS o que se afirma em

(A) V.
(B) I e II.
(C) II e V.
(D) IV e V.
(E) I, III e IV.

I: correta. Arts. 103-B, I a XIII e § 4º, III, da CF; II: incorreta. Não reflete o disposto no art. 103-B, § 4º, III, da CF; III: incorreta. Art. 103 D, § 4º, III, da CF; IV: O gabarito aponta o item como correto, mas é preciso ter em mente que a CF não se refere a decisões judiciais, mas administrativas (art. 103-B, § 4º, II, da CF); V: incorreta. V. art. 103-B, § 4º, III, in fine, da CF.

Gabarito "E".

(Defensor Público/PR – 2012 – FCC) Nas últimas décadas e em especial após a promulgação da Constituição Federal de 1988, o Supremo Tribunal Federal tem ocupado um papel de destaque no cenário político atual expandindo seus poderes. Na análise desses novos rumos destaca-se:

I. O entendimento que denomina esse marco de *"Supremocracia"*, num primeiro sentido referindo-se à autoridade do Supremo em relação às demais instâncias do judiciário (súmula vinculante) e num segundo sentido em relação à expansão de sua autoridade em relação aos demais poderes.
II. O processo não recente de deslocamento da autoridade do sistema representativo para o judiciário e antes de tudo, um avanço das constituições rígidas, dotadas de sistema de controle de constitucionalidade e extremamente ambiciosas optando sobretudo decidir.
III. A maximização de competências do Supremo que atua como corte constitucional, tribunal de última instância e foro especializado.
IV. A decisão liminar concedida na Reclamação 4.335-/Acre (progressão de pena nos crimes hediondos) a qual minimiza o papel do Senado Federal no controle difuso de constitucionalidade.
V. A criação das Funções Essenciais à Justiça pela Constituição Federal de 1988 que ampliou ainda mais os órgãos integrantes do Poder Judiciário.

Está correto o que se afirma em

(A) V, apenas.
(B) I, II e V, apenas.
(C) I, III e V, apenas.
(D) I, II, III e IV, apenas.
(E) I, II, III, IV e V.

I: correta. Termo utilizado por Oscar Vilhena; II: correta. Para o fenômeno, tem-se utilizado o termo "judicialização da política"; III: correta. Apesar de as competências do STF estarem listadas na CF, vê-se a ampliação dessas competências via interpretação; IV: correta. Na Rcl 4335, o Ministro Relator Gilmar Mendes aduziu que a suspensão pelo Senado Federal da execução do ato declarado inconstitucional pelo STF constitui ato político que empresta eficácia *erga omnes* às decisões definitivas sobre inconstitucionalidade proferidas em caso concreto. Asseverou, no entanto, que a amplitude conferida ao controle abstrato de normas e a possibilidade de se suspender, liminarmente, a eficácia de leis ou atos normativos, com eficácia geral, no contexto da Constituição de 1988, concorreram para infirmar a crença na própria justificativa do instituto da suspensão da execução do ato pelo Senado, inspirado numa concepção de separação de poderes hoje ultrapassada. Ressaltou, ademais, que ao alargar, de forma significativa, o rol de entes e órgãos legitimados a provocar o STF, no processo de controle abstrato de normas, o constituinte restringiu a amplitude do controle difuso de constitucionalidade. Assim, concluiu que a fórmula relativa a suspensão da execução da lei pelo Senado há de ter simples efeito de *publicidade*, ou seja, se o STF, em sede de controle incidental, declarar definitivamente que a lei é inconstitucional, essa decisão terá efeitos gerais, fazendo-se a comunicação àquela Casa legislativa para que *publique* a decisão no Diário do Congresso; V: incorreta. Os órgãos que constituem "funções essenciais à justiça" não integram o Poder Judiciário.

Gabarito "D".

(Defensor Público/PR – 2012 – FCC) Determinado juiz criminal tem o entendimento de que a Lei n. 11.340/2006 (Lei Maria da Penha) é inconstitucional por violar o princípio da igualdade ao proteger diferentemente mulheres e homens. Sendo assim, aplica aos casos de lesão corporal leve contra a mulher, caracterizados como de violência doméstica, a Lei n. 9.099/1995. Atuando na defesa da mulher em situação de violência doméstica, o Defensor Público deve

(A) apresentar reclamação ao Supremo Tribunal Federal para que seja cumprida a decisão proferida na ADC19/DF, já que a referida lei veio concretizar o dever do Estado de criar mecanismos para coibir a violência no âmbito das relações familiares, que afeta majoritariamente as mulheres;
(B) orientar as mulheres que defende que a Lei n. 9.099/1995 possui mecanismos de maior celeridade e que os resultados virão de forma mais rápida e efetiva, além de possibilitar-lhes desistir mais facilmente do processo;
(C) acompanhar e defender as mulheres que representa pelo rito da Lei n. 9.099/1995, já que não há decisão definitiva do Supremo Tribunal Federal a respeito da matéria;
(D) não questionar o juiz quanto a esse entendimento para manter uma boa relação profissional e garantir, futuramente, quando estiver atuando na defesa dos réus a aplicação de uma lei mais benéfica;
(E) acompanhar os casos, fazer as petições cabíveis questionando o entendimento do juiz, interpor todos os recursos que estiverem disponíveis até que os casos cheguem ao Supremo Tribunal Federal e a questão constitucional seja decidida definitivamente.

A: correta. Art. 102, I, "l", da CF; B e C: incorretas. Não se aplica ao caso o rito da Lei 9.099/1995; D: incorreta. Não se pode dispor da lei penal; E: A questão pode chegar diretamente ao STF via reclamação (art. 102, I, "l", da CF), em razão do decidido na ADC 19/DF.
Gabarito "A".

(Defensor Público/SP – 2012 – FCC) Uma das mais relevantes alterações do regime constitucional operada pela Emenda Constitucional n. 45/2004 foi a introdução das Súmulas Vinculantes. Sobre esse regime constitucional, é INCORRETO afirmar:

(A) **Sem prejuízo do que vier a ser estabelecido em lei,** o cancelamento de Súmula Vinculante poderá ser provocado por aqueles que podem propor a Ação Direta de Inconstitucionalidade.
(B) As Súmulas Vinculantes dependem de decisão de dois terços dos membros do Supremo Tribunal Federal para serem aprovadas.
(C) A Súmula Vinculante terá efeito vinculante a partir do momento de sua publicação na imprensa oficial.
(D) Não é cabível reclamação contra ato administrativo que contrariar Súmula Vinculante.
(E) Cabe reclamação ao Supremo Tribunal Federal contra decisão judicial que contrariar Súmula Vinculante.

A: correta. Art. 103-A, § 2º, da CF; B: correta. Art. 103-A, *caput*, da CF; C: correta. Art. 103-A, *caput*, da CF; D: incorreta. Não reflete o disposto no art. 103-A, § 3º, da CF: "Do ato administrativo ou decisão judicial que contrariar a súmula aplicável ou que indevidamente a aplicar, caberá reclamação ao Supremo Tribunal Federal"; E: correta. Art. 103-A, § 3º, da CF.
Gabarito "D".

(Defensor Público/GO – 2010 – I. Cidades) Após a ocorrência de reiteradas decisões sobre matéria constitucional, o Supremo Tribunal Federal poderá, de ofício ou mediante provocação, editar enunciado de súmula que, a partir de sua publicação na imprensa oficial, terá efeito vinculante em relação aos demais órgãos do Poder Judiciário e à administração pública direta e indireta, nas esferas federal, estadual e municipal, bem como proceder à sua revisão ou cancelamento

(A) e, nesse caso, o quórum para sua aprovação é de maioria absoluta.
(B) e poderá a Excelsa Corte, por decisão de 2/3 (dois terços) dos seus membros, decidir que os efeitos vinculantes só tenham eficácia a partir de outro momento, tendo em vista razões de segurança jurídica.
(C) e, na tramitação do procedimento, não haverá possibilidade de se admitir manifestação de terceiro.
(D) e, se houver revogação ou modificação da lei em que se fundou a edição de enunciado de súmula vinculante, este será considerado revogado.
(E) sendo que a proposta de edição, revisão ou cancelamento de enunciado de súmula vinculante autoriza a suspenção dos processos em que se discuta a mesma questão.

Art. 103-A, *caput* e §§ 1º a 3º, da CF. V., tb., Lei 11.417/2006.
Gabarito "B".

(Defensoria Pública da União – 2010 – CESPE) Acerca do Poder Judiciário, julgue os próximos itens.

(1) Compete ao STF julgar ação civil pública proposta contra ato praticado pelo Conselho Nacional de Justiça.
(2) O credor pode ceder a terceiros, total ou parcialmente, seus créditos em precatórios, de qualquer valor e natureza, independentemente da concordância do devedor.
(3) A legislação em vigor não admite a concessão de medida cautelar em ação direta de inconstitucionalidade por omissão.

1: incorreta. A ação civil pública tem início no primeiro grau de jurisdição; 2: correta (art. 100, § 13, da CF); 3: incorreta. O art. 12-F da Lei 9.868/1999 expressamente prevê a medida cautelar em ADIn por omissão.
Gabarito 1E, 2C, 3E

(Defensoria Pública/SP – 2010 – FCC) O Conselho Nacional de Justiça (CNJ) editou a Resolução nº 7 de 2005 vedando a prática de nepotismo no âmbito de todos os órgãos do Poder Judiciário. Considerando suas atribuições, o CNJ

(A) extrapolou sua competência, violando o princípio da legalidade, já que para regular tal matéria seria necessário a edição de lei específica ou de emenda à Constituição.
(B) invadiu competência estadual já que a matéria deveria ser tratada pelas unidades federadas que são as competentes para organizar seus serviços judiciários.
(C) exerceu competência, prevista na Constituição Federal (art. 103-B, § 4º, II), de fiscalizar a observância dos princípios constitucionais inerentes à Administração Pública, como o da moralidade e impessoalidade.
(D) não atentou para a liberdade de nomeação e exoneração dos cargos comissionados atingindo o direito adquirido dos ocupantes dos cargos, portanto a inconstitucionalidade da Resolução não é de forma.
(E) exerceu sua competência inclusive quanto aos cartórios notariais e de registro, fiscalizados pelo Poder Judiciário, aos quais a Resolução também se aplica.

V. ADC 12, Rel. Min. Carlos Britto: "AÇÃO DECLARATÓRIA DE CONSTITUCIONALIDADE, AJUIZADA EM PROL DA RESOLUÇÃO N° 07, de 18.10.2005, DO CONSELHO NACIONAL DE JUSTIÇA. ATO NORMATIVO QUE 'DISCIPLINA O EXERCÍCIO DE CARGOS, EMPREGOS E FUNÇÕES POR PARENTES, CÔNJUGES E COMPANHEIROS DE MAGISTRADOS E DE SERVIDORES INVESTIDOS EM CARGOS DE DIREÇÃO E ASSESSORAMENTO, NO ÂMBITO DOS ÓRGÃOS DO PODER JUDICIÁRIO E DÁ OUTRAS PROVIDÊNCIAS'. PROCEDÊNCIA DO PEDIDO. 1. Os condicionamentos impostos pela Resolução n° 7/2005, do CNJ, não atentam contra a liberdade de prover e desprover cargos em comissão e funções de confiança. As restrições constantes do ato resolutivo são, no rigor dos termos, as mesmas já impostas pela Constituição de 1988, dedutíveis dos republicanos princípios da impessoalidade, da eficiência, da igualdade e da moralidade. 2. Improcedência das alegações de desrespeito ao princípio da separação dos Poderes e ao princípio federativo. O CNJ não é órgão estranho ao Poder Judiciário (art. 92, CF) e não está a submeter esse Poder à autoridade de nenhum dos outros dois. O Poder Judiciário tem uma singular compostura de âmbito nacional, perfeitamente compatibilizada com o caráter estadualizado de uma parte dele. Ademais, o art. 125 da Lei Magna defere aos Estados a competência de organizar a sua própria Justiça, mas não é menos certo que esse mesmo art. 125, *caput*, junge essa organização aos princípios 'estabelecidos' por ela, Carta Maior, neles incluídos os constantes do art. 37, cabeça. 3. Ação julgada procedente para: a) emprestar interpretação conforme à Constituição para deduzir a função de chefia do substantivo 'direção' nos incisos II, III, IV, V do artigo 2° do ato normativo em foco; b) declarar a constitucionalidade da Resolução n° 07/2005, do Conselho Nacional de Justiça".

Gabarito "C".

(Defensoria/MG – 2009 – FURMARC) São legitimados, também, a propor diretamente a edição, a revisão ou o cancelamento de enunciado de súmula vinculante, na forma do artigo 3° da Lei N°. 11.417 de 19 de dezembro de 2006, EXCETO:

(A) O Presidente da República e o Governador de Estado ou do Distrito Federal.
(B) O Defensor Público-Geral do Estado e o Procurador-Geral do Município.
(C) O Conselho Federal da Ordem dos Advogados do Brasil e a confederação sindical ou entidade de classe de âmbito nacional.
(D) A Mesa do Senado Federal e a Mesa da Câmara dos Deputados.
(E) Os Tribunais Superiores, os Tribunais de Justiça de Estados ou do Distrito Federal.

Art. 3° da Lei 11.417/2006: "São legitimados a propor a edição, a revisão ou o cancelamento de enunciado de súmula vinculante: I – o Presidente da República; II – a Mesa do Senado Federal; III – a Mesa da Câmara dos Deputados; IV – o Procurador-Geral da República; V – o Conselho Federal da Ordem dos Advogados do Brasil; VI – o Defensor Público Geral da União; VII – partido político com representação no Congresso Nacional; VIII – confederação sindical ou entidade de classe de âmbito nacional; IX – a Mesa da Assembleia Legislativa ou da Câmara Legislativa do Distrito Federal; X – o Governador de Estado ou do Distrito Federal; XI – os Tribunais Superiores, os Tribunais de Justiça de Estados ou do Distrito Federal e Territórios, os Tribunais Regionais Federais, os Tribunais Regionais do Trabalho, os Tribunais Regionais Eleitorais e os Tribunais Militares".

Gabarito "B".

(Defensoria/MT – 2009 – FCC) Segundo a disciplina constitucional da chamada "súmula vinculante",

(A) cabe ao Supremo Tribunal Federal editá-la, ainda que este Tribunal tenha decidido apenas um processo relativo ao tema que por ela será abordado.
(B) a súmula não se aplica à administração pública municipal, a não ser quando editada pelo Tribunal de Justiça do Estado.
(C) sua edição está condicionada, dentre outros requisitos, à existência de risco de grave lesão à ordem pública.
(D) cabe apenas a interposição de recurso extraordinário contra a decisão judicial que contrariar o texto da súmula.
(E) sua aprovação pode ser provocada pelo Presidente da República.

A: incorreta. O art. 103-A, *caput*, da CF confere a possibilidade de o STF editar súmulas vinculantes após reiteradas decisões sobre matéria constitucional; **B:** incorreta. Vincula o Poder Judiciário e a administração pública direta e indireta, nas esferas federal, estadual e municipal (art. 103-A, *caput*, da CF); **C:** incorreta. Não existe essa previsão no art. 103-A da CF; **D:** incorreta. Cabe reclamação para o STF (art. 103-A, § 3°, da CF); **E:** correta. De acordo com o art. 3° da Lei 11.417/2006, "São legitimados a propor a edição, a revisão ou o cancelamento de enunciado de súmula vinculante: I – o Presidente da República; II – a Mesa do Senado Federal; III – a Mesa da Câmara dos Deputados; IV – o Procurador-Geral da República; V – o Conselho Federal da Ordem dos Advogados do Brasil; VI – o Defensor Público-Geral da União; VII – partido político com representação no Congresso Nacional; VIII – confederação sindical ou entidade de classe de âmbito nacional; IX – a Mesa da Assembleia Legislativa ou da Câmara Legislativa do Distrito Federal; X – o Governador de Estado ou do Distrito Federal; XI – os Tribunais Superiores, os Tribunais de Justiça de Estados ou do Distrito Federal e Territórios, os Tribunais Regionais Federais, os Tribunais Regionais do Trabalho, os Tribunais Regionais Eleitorais e os Tribunais Militares."

Gabarito "E".

(Defensoria/MT – 2009 – FCC) Excetuados os casos de pagamentos de precatórios mediante parcelamento, de acordo com a Constituição Federal cabe ao Presidente do Tribunal decretar o sequestro da quantia necessária ao pagamento de precatório apenas na hipótese de

(A) prévio provimento à representação interventiva contra o ente federativo inadimplente.
(B) a Fazenda Pública não efetuar seu pagamento no prazo constitucional, desde que a dívida tenha natureza alimentícia.
(C) a Fazenda Pública efetuar seu pagamento em valor a menor do que o devido.
(D) seu valor não ser incluído no orçamento da entidade devedora para pagamento no exercício seguinte.
(E) violação ao direito de precedência do titular do crédito, segundo a ordem cronológica de apresentação dos precatórios.

O art. 100, § 6°, da CF prevê o sequestro exclusivamente para os casos de preterimento do direito de precedência ou de não alocação orçamentária do valor necessário à satisfação do débito.

Gabarito "E".

(Defensoria/MT – 2009 – FCC) Dentre as competências constitucionais do Conselho Nacional de Justiça,

(A) encontra-se a de expedir atos regulamentares, mas não recomendações, com o objetivo de zelar pela autonomia do Poder Judiciário e pelo cumprimento do Estatuto da Magistratura.
(B) encontra-se a de apreciar, apenas mediante provocação, a legalidade dos atos administrativos praticados

por membros ou órgãos do Poder Judiciário, podendo desconstituí-los, revê-los ou fixar prazo para que adotem as providências necessárias ao cumprimento da lei.

(C) encontra-se a de rever, de ofício ou mediante provocação, os processos disciplinares de juízes e membros de tribunais julgados há menos de um ano.

(D) não se encontra a de avocar processos disciplinares em curso e determinar a remoção, a disponibilidade ou a aposentadoria com subsídios ou proventos proporcionais ao tempo de serviço contra membros do Poder Judiciário.

(E) não se encontra o controle da atuação financeira do Poder Judiciário, que deve ser exercida pelo Tribunal de Contas.

Art. 103-B, § 4º, I a VII, da CF.
Gabarito "C".

(Defensoria/PA – 2009 – FCC) Compete ao Supremo Tribunal Federal processar e julgar originariamente

(A) a homologação de sentenças estrangeiras e a concessão de *exequatur* às cartas rogatórias.

(B) as causas e os conflitos entre a União e os Estados, a União e o Distrito Federal, ou entre uns e outros, inclusive as respectivas entidades da Administração Indireta.

(C) os conflitos de competência entre os Tribunais de Justiça dos Estados.

(D) os mandados de segurança contra Ministros de Estado.

(E) os conflitos de atribuições entre autoridades administrativas e judiciárias da União.

Art. 102, I, "a" a "r", da CF.
Gabarito "B".

(Defensoria/PA – 2009 – FCC) Cabe ao Supremo Tribunal Federal editar súmula com efeito vinculante

(A) cujo descumprimento pelo Poder Judiciário pode ser objeto de impugnação apenas por meio de reclamação ao Supremo Tribunal Federal.

(B) a respeito da validade, interpretação e eficácia de normas determinadas, cumpridos os demais requisitos constitucionais.

(C) após reiteradas decisões judiciais sobre matéria constitucional ou infraconstitucional que acarrete grave insegurança jurídica.

(D) em relação aos demais órgãos do Poder Judiciário e à Administração Pública federal e estadual, mas não à municipal.

(E) desde que aprovada pela maioria absoluta de seus membros.

A: incorreta. Cabe reclamação ao STF (art. 103-A, § 3º, da CF), mas também o recurso judicial previsto na lei processual civil; B: correta (art. 103-A, § 1º, da CF); C: incorreta. Reiteradas decisões em matéria constitucional (art. 103-A, *caput*, da CF); D: incorreta. O efeito vinculante dirige-se ao Poder Judiciário e ao Executivo, em todos os níveis. Só não atinge o Legislativo; E: incorreta. É necessário dois terços dos membros do STF (art. 103-A, *caput*, da CF).
Gabarito "B".

(Defensor Público/MS – 2008 – VUNESP) Assinale a alternativa correta.

(A) No recurso extraordinário, o recorrente deve demonstrar a repercussão geral das questões constitucionais discutidas no caso, a fim de que o STF admita o recurso, somente podendo recusá-lo pela manifestação da maioria absoluta dos seus membros.

(B) Quando o STF apreciar a inconstitucionalidade de norma ou ato, citará previamente o Procurador-Geral da República, que defenderá o ato ou texto impugnado.

(C) Compete ao STF julgar, mediante recurso extraordinário, as causas decididas em única ou última instância, quando a decisão recorrida julgar válida lei local contestada em face de lei federal.

(D) O Advogado-Geral da União deverá ser previamente ouvido nas ações de inconstitucionalidade e em todos os processos de competência do Supremo Tribunal Federal.

A: incorreta. Maioria de dois terços (art. 102, § 3º, da CF); B: incorreta. Atribuição do Advogado-Geral da União (art. 103, § 3º, da CF); C: correta (art. 102, III, "d", da CF); D: incorreta. Atribuição do Procurador-Geral da República (art. 103, § 1º, da CF).
Gabarito "C".

(Defensoria Pública da União – 2007 – CESPE) Julgue o item que se segue.

(1) O art. 95, inc. II, da CF prevê como garantia dos juízes a inamovibilidade, salvo por motivo de interesse público. Sendo assim, o Conselho Nacional de Justiça não tem competência para determinar remoção de magistrados como sanção administrativa.

1: incorreta, pois não reflete o disposto no art. 95, II, c/c o art. 93, VIII, ambos da CF.
Gabarito 1E.

(Defensoria/MT – 2007) Os Ministros de Estado, nos crimes de responsabilidade, serão julgados originariamente perante o

(A) Senado Federal.
(B) Superior Tribunal de Justiça.
(C) Congresso Nacional.
(D) Supremo Tribunal Federal.
(E) Tribunal Regional Federal.

Art. 102, I, *c*, da CF.
Gabarito "D".

(Defensor Público/CE – 2007 – CESPE) Em relação aos tribunais superiores, julgue os itens que se seguem.

(1) O Superior Tribunal de Justiça (STJ) detém competência para homologação de sentença estrangeira.

(2) Conflito de competência entre o Tribunal Regional do Trabalho no Ceará e o respectivo tribunal regional federal será apreciado pelo STF.

(3) O julgamento das causas em que forem partes organismo internacional, de um lado, e de outro, um município será realizado pela justiça federal, devendo eventual recurso ordinário interposto contra a sentença ser julgado pelo STJ.

1: correta. A homologação de sentenças estrangeiras e a concessão de *exequatur* às cartas rogatórias deixaram de ser competência do STF para ser competência originária do STJ (art. 105, I, "i", da CF); **2:** incorreta. Competência do STJ (art. 105, I, "d", da CF); **3:** correta (art. 109, II, da CF).

Gabarito 1C, 2E, 3C

(Defensoria/SP – 2007 – FCC) Em relação ao Poder Judiciário, pode-se afirmar:

(A) A jurisdição é uma das faces do poder político, por isso, é legítimo que o Judiciário goze das autonomias administrativa e financeira, bem como a iniciativa de sua proposta orçamentária, garantias essas que foram estendidas às Defensorias Públicas através da Emenda Constitucional nº 45.

(B) Admite-se sua interferência no controle preventivo de constitucionalidade quando qualquer cidadão reclama a prestação jurisdicional durante o processo legislativo.

(C) A responsabilidade dos integrantes do Poder Judiciário tem como base constitucional a previsão por erro judiciário, mas em alguns casos podem ser também responsabilizados politicamente.

(D) No controle incidental a cláusula de reserva de plenário prevista no artigo 97 da Constituição Federal veda a possibilidade de o juiz monocrático declarar a inconstitucionalidade após a atuação do órgão especial.

(E) Para solução de conflitos fundiários a constituição prevê a competência exclusiva dos Tribunais de Justiça dos estados para a criação de varas especializadas para dirimir questões agrárias.

A: incorreta, pois não reflete o disposto no art. 134, § 2º, da CF; **B:** incorreta, pois não há previsão constitucional nesse sentido. O controle preventivo é feito, por exemplo, por intermédio do veto do Poder Executivo a projeto de lei que considere inconstitucional e pela rejeição de projeto de lei pela Comissão de Constituição e Justiça, por inconstitucionalidade. Excepcionalmente, pode também ser realizado pelo Judiciário (MS impetrado por congressista contra tramitação de proposta de emenda à Constituição que fira cláusulas pétreas); **C:** correta (art. 5º, LXXV, da CF e art. 133 do CPC). Respondem politicamente nos casos de crimes de responsabilidade; **D:** incorreta. O art. 97 da CF destina-se aos tribunais. Os juízes monocráticos podem apreciar a (in)constitucionalidade das leis, como é próprio do controle difuso; **E:** incorreta, pois não reflete o disposto no art. 126 da CF, que não trata de competência exclusiva dos Tribunais de Justiça para a criação de varas especializadas.

Gabarito "C".

13. DAS FUNÇÕES ESSENCIAIS À JUSTIÇA

(Defensor Público –DPE/BA – 2016 – FCC) A Emenda Constitucional 80/2014 reforçou e ampliou de forma significativa o regime jurídico-constitucional da Defensoria Pública, destacando-se a consagração normativa expressa

(A) da autonomia funcional e administrativa da Defensoria Pública dos Estados.

(B) do direito fundamental à assistência jurídica.

(C) da autonomia funcional e administrativa da Defensoria Pública da União e do Distrito Federal.

(D) dos princípios institucionais da unidade, da indivisibilidade e da independência funcional.

(E) da iniciativa de sua proposta orçamentária dentro dos limites estabelecidos na lei de diretrizes orçamentárias e subordinação ao disposto no artigo 99, § 2º, da Constituição Federal de 1988.

Art. 134, § 4º, da CF.

Gabarito "D".

(Defensor Público/TO – 2013 – CESPE) Considerando as disposições constitucionais e a jurisprudência, assinale a opção correta a respeito das funções essenciais à justiça.

(A) Não são devidos honorários advocatícios sucumbenciais em favor da DP, ainda que patrocine demanda ajuizada contra ente federativo diverso daquele a que pertença.

(B) O advogado é indispensável à administração da justiça, e o efetivo exercício da profissão demanda inscrição na OAB, razão pela qual a atuação em processo judicial sem a correspondente habilitação torna anuláveis os atos processuais praticados.

(C) De acordo com entendimento do STJ, o advogado dativo nomeado na hipótese de não existência de DP no local da prestação do serviço tem direito a honorários advocatícios, que não podem ser fixados pelo juiz em valores distintos dos fixados em tabela da OAB.

(D) Embora as DPs estaduais detenham autonomia funcional e administrativa, a CF confere à União a competência para organizar e manter a DP do DF.

(E) Segundo o STF, o MP do Trabalho não possui legitimidade para atuar, em sede processual, perante o STF, visto que essa competência é privativa do procurador-geral da República.

A: incorreta. Súmula 421 do STJ: "Os honorários advocatícios não são devidos à Defensoria Pública quando ela atua contra a pessoa jurídica de direito público à qual pertença"; **B:** incorreta. Embora seja polêmica a matéria, a banca parece entender que os procuradores e advogados da União possuem mandato *ex lege*, prescindindo de inscrição na OAB; **C:** incorreta. Tem direito a honorários, que podem ser fixados em valores diferentes da Tabela da OAB; **D:** incorreta. Compete à União organizar e manter a DP dos Territórios (art. 21, XIII, da CF); **E:** correta. STF, Rcl 6239: "O exercício das funções do Ministério Público junto ao Supremo Tribunal Federal cabe privativamente ao Procurador-Geral da República, nos termos do art. 103, § 1º, da CF e do art. 46 da LC 75/1993 (Estatuto do Ministério Público da União)".

Gabarito "E".

(Defensor Público/SP – 2012 – FCC) Sobre o regime jurídico da Defensoria Pública na Constituição da República Federativa do Brasil e na Constituição do Estado de São Paulo, é correto afirmar:

(A) A Constituição do Estado de São Paulo, de maneira bem sistematizada, com boa técnica legislativa e deforma a refletir melhor a realidade, em capítulo dedicado às Funções Essenciais à Justiça, tratou da Defensoria Pública separadamente da Advocacia, em seções distintas.

(B) Em razão de inexistir previsão de legitimidade para a propositura de Ação Direta de Inconstitucionalidade ao Defensor Público-Geral da União na Constituição da República Federativa do Brasil, há impedimento para a inserção, na Constituição do Estado de São Paulo, de legitimidade para a propositura de Ação

Direta de Inconstitucionalidade, perante o Tribunal de Justiça, ao Defensor Público-Geral do Estado de São Paulo.

(C) A Constituição da República Federativa do Brasil atribui, expressamente, às Defensorias Públicas dos Estados a iniciativa de suas propostas orçamentárias, mas, como essa norma é de eficácia limitada, sua aplicação ainda não é possível, vez que inexiste norma regulamentadora.

(D) A Constituição do Estado de São Paulo atribui expressamente à Defensoria Pública as prerrogativas de prazo em dobro e de intimação pessoal de todos os atos processuais.

(E) Por força do disposto na Constituição do Estado de São Paulo, a Defensoria Pública bandeirante exerce suas atribuições de defesa dos necessitados no Supremo Tribunal Federal de forma limitada: eventual sustentação oral, por exemplo, deve ser realizada por membro da Defensoria Pública da União.

A: correta (arts 103 e 104, respectivamente, da Constituição do Estado de São Paulo); **B:** incorreta. A CF determinou apenas que a legitimidade para agir não fosse restrita a um único órgão (art. 125, § 2º, da CF); **C:** incorreta. O art. 134, §§ 2º e 3º, da CF são de eficácia plena; **D e E:** incorretas. A seção relativa à defensoria pública, na CESP, não estabelece tais normas.

Gabarito "A".

(Defensor Público/PR – 2012 – FCC) A constituição de determinado estado da federação prevê a criação de sua Defensoria Pública através de lei complementar estadual. Após ampla mobilização social e aprovação quase unânime da Assembleia Legislativa, a instituição vem a ser criada, porém por lei ordinária, já que assim tramitou o projeto. O Governador veta totalmente o projeto por inconstitucionalidade. Nesse caso,

(A) tem fundamento o veto já que não se confundem o processo legislativo nem tampouco as matérias que podem ser tratadas por lei complementar e lei ordinária;

(B) o veto deverá ser derrubado pela Assembleia Legislativa que ao aprovar o projeto pela quase integralidade de seus membros demonstrou que tem total legitimidade e respaldo social não havendo que se falar em inconstitucionalidade;

(C) não há diferença material entre lei ordinária e complementar, pois todas as leis servem para complementar a constituição. Não se deve vetar um projeto de tamanha importância por mera formalidade;

(D) não se trata de inconstitucionalidade, mas de análise de legalidade e legitimidade. O que diferencia as duas espécies normativas é o quórum e nesse aspecto a Assembleia demonstrou sua ampla legitimidade;

(E) é indiferente a utilização de lei complementar ou lei ordinária para regulamentar uma norma constitucional e no caso em questão o quórum de aprovação foi obedecido.

A: correta, pois a Constituição do Estado exige lei complementar para dispor sobre a matéria; **B:** incorreta. O veto por inconstitucionalidade não deve ser derrubado, haja vista que a Constituição Estadual exige lei complementar para a matéria; **C e D:** incorretas. O tema não é pacífico na doutrina, mas para o STF não existe hierarquia entre lei complementar e lei ordinária, mas apenas "reserva constitucional de lei complementar". Ou seja, leis complementares diferenciam-se das leis ordinárias porque a Constituição definiu que certas matérias somente podem ser veiculadas em lei complementar, que são aprovadas por maioria absoluta (art. 69 da CF). Assim, não haveria hierarquia entre elas, mas matérias reservadas à lei complementar e matérias que podem ser veiculadas por lei ordinária; **D:** incorreta. Ainda que o quórum da lei complementar tenha sido observado, a lei ordinária não pode ser recebida como lei complementar.

Gabarito "A".

(Defensor Público/RO – 2012 – CESPE) Acerca do Poder Judiciário e das funções essenciais à justiça, assinale a opção correta.

(A) Ao CNJ, órgão do Poder Judiciário criado pela EC n. 45/2004, compete o controle da atuação administrativa, financeira, disciplinar e jurisdicional dos órgãos do Poder Judiciário, podendo seus atos ser revistos pelo STF.

(B) No CNJ, o membro proveniente do STJ exercerá a função de ministro-corregedor e ficará excluído da distribuição de processos no tribunal, competindo-lhe, entre outras atribuições, rever, de ofício ou mediante provocação, os processos disciplinares de juízes e membros de tribunais julgados há menos de um ano.

(C) Entre os princípios institucionais do MP, destaca-se a autonomia funcional, segundo a qual seus membros não se submeterão a nenhum dos três Poderes, a órgão ou a autoridade pública, mas tão somente à CF, às leis e à sua própria consciência.

(D) Segundo a CF, aos advogados públicos é vedado o exercício da advocacia fora das atribuições institucionais.

(E) Por meio da EC n. 45/2004, conhecida como Reforma do Judiciário, ampliou-se o âmbito da imparcialidade dos órgãos jurisdicionais, com a instituição, por exemplo, da denominada "quarentena de saída", segundo a qual os membros da magistratura ficam impedidos de exercer, pelo prazo de três anos, a advocacia no juízo ou tribunal do qual tenham se afastado por aposentadoria ou exoneração.

A: incorreta. Não reflete o disposto no art. 103-B, § 4º, da CF; **B:** incorreta. Não reflete o disposto no art. 103-B, § 5º, I a III, da CF; **C:** incorreta. "São princípios institucionais do MP: unidade, indivisibilidade e independência funcional. A independência funcional corresponde à autonomia de convicção, na medida em que os membros do MP não se submetem a qualquer poder hierárquico no exercício de seu mister, podendo agir, no processo, da maneira que melhor entenderem. A hierarquia restringe-se a questões de caráter administrativo, não funcionais" (Pedro Lenza, *Direito Constitucional Esquematizado*, 2013, p. 913); **D:** incorreta. A CF não proíbe a advocacia privada aos advogados públicos, mas o faz para os membros da defensoria (art. 134, § 1º, da CF); **E:** correta. Art. 95, parágrafo único, V, da CF.

Gabarito "E".

(Defensor Público/AC – 2012 – CESPE) Assinale a opção correta com base na jurisprudência do STF acerca da advocacia e da DP.

(A) Norma estadual pode estabelecer a vinculação da respectiva DP a secretarias de Estado.

(B) O escritório de advocacia é inviolável, ainda que o advogado seja suspeito da prática de crime concebido e consumado no âmbito desse local de trabalho.

(C) A garantia da inamovibilidade é conferida pela CF aos magistrados, aos membros do MP e aos membros da DP, não podendo ser estendida aos procuradores dos estados e do DF.

(D) Norma estadual pode atribuir à DPE a defesa judicial dos servidores públicos estaduais processados criminalmente em razão do regular exercício do cargo.

(E) Lei estadual pode equiparar, para todos os fins, o defensor público-geral a secretário de Estado.

A: incorreta. STF, ADIn 3569: "A EC 45/2004 outorgou expressamente autonomia funcional e administrativa às defensorias públicas estaduais, além da iniciativa para a propositura de seus orçamentos (art. 134, § 2º, da CF): donde, ser inconstitucional a norma local que estabelece a vinculação da Defensoria Pública a Secretaria de Estado"; B: incorreta. STF, Inq. 2424: "Não opera a inviolabilidade do escritório de advocacia, quando o próprio advogado seja suspeito da prática de crime, sobretudo concebido e consumado no âmbito desse local de trabalho, sob pretexto de exercício da profissão"; C: correta. STF, ADIn 291, conforme preceitua os arts. 95, II; 128, I b; 134 §1º da Constituição Federal; D: incorreta. STF, ADIn 3022: "Norma estadual que atribui à Defensoria Pública do estado a defesa judicial de servidores públicos estaduais processados civil ou criminalmente em razão do regular exercício do cargo extrapola o modelo da Constituição Federal (art. 134), o qual restringe as atribuições da Defensoria Pública à assistência jurídica a que se refere o art. 5º, LXXIV do referido diploma legal"; E: incorreta. STF, ADIn 2903: "A mera equiparação de altos servidores públicos estaduais, como o Defensor Público-Geral do Estado, a Secretário de Estado, com equivalência de tratamento, só se compreende pelo fato de tais agentes públicos, destinatários de referida equiparação, não ostentarem, eles próprios, a condição jurídico-administrativa de Secretário de Estado. – Consequente inocorrência do alegado cerceamento do poder de livre escolha, pelo Governador do Estado, dos seus Secretários estaduais, eis que o Defensor Público-Geral local – por constituir cargo privativo de membro da carreira – não é, efetivamente, não obstante essa equivalência funcional, Secretário de Estado".
Gabarito "C".

(Defensor Público/BA – 2010 – CESPE) Com relação à DP, julgue o item subsecutivo.

(1) De acordo com a CF, são de iniciativa exclusiva do presidente da República as leis que disponham sobre a organização da Defensoria Pública da União bem como as normas gerais para a organização da DP dos Estados, do Distrito Federal, dos Territórios e dos Municípios.

1: incorreta, pois não há defensoria pública municipal. V. art. 61, § 1º, II, "d", da CF.
Gabarito 1E.

(Defensor Público/GO – 2010 – I. Cidades) Reza o artigo 133 da Constituição da República que o advogado é indispensável à administração da justiça. A respeito da matéria, o Supremo Tribunal Federal firmou entendimento refletido na seguinte proposição:

(A) A imprescindibilidade de advogado é apenas relativa, no que se refere aos processos que tenham curso perante os juizados especiais cíveis ou criminais.

(B) A documentação do flagrante não prescinde da presença de defensor técnico do conduzido.

(C) A falta de defesa técnica por advogado no processo administrativo disciplinar não ofende a Constituição.

(D) O direito fundamental de petição (Constituição da República, artigo 5º, XXXIV, "a") prevalece genericamente sobre a norma do artigo 133 da Constituição da República.

(E) A indispensabilidade de advogado não pode ser excepcionada por lei ordinária.

Súmula Vinculante 5/STF.
Gabarito "C".

(Defensoria/ES – 2009 – CESPE) No que diz respeito à organização e às funções essenciais do Poder Judiciário, julgue os itens seguintes.

(1) A atividade jurisdicional deve ser ininterrupta, sendo vedadas férias coletivas nos juízos e tribunais, devendo ainda haver juízes em plantão permanente nos dias em que não houver expediente forense normal.

(2) Compete ao Ministério Público estadual instaurar inquérito civil público para apurar irregularidades em contratos firmados por sociedade de economia mista de capital majoritário da União, desde que não se trate de hipótese de defesa do patrimônio nacional ou dos direitos dos cidadãos.

(3) A defensoria pública, conforme previsto na lei de regência, tem legitimidade para propor ação civil pública na defesa do meio ambiente.

1: incorreta. As férias coletivas foram vedadas para os juízos e tribunais de segundo grau (art. 93, XII, da CF); 2: correta. Ao decidir a ACO-AgR 1.233, o STF concluiu que compete ao Ministério Público Estadual atuar nos casos em que se apuram atos de improbidade administrativa cometidos por agentes públicos no âmbito de sociedade de economia mista federal; 3: correta (art. 4º, VII, da LC 80/1994).
Gabarito 1E, 2C, 3C.

(Defensor Público/AL – 2009 – CESPE) Julgue os itens que se seguem, relativos às funções essenciais à justiça.

(1) De acordo com o entendimento do STF, é inconstitucional lei editada pelo estado-membro que prevê a vinculação da DPE a determinada secretaria de estado.

(2) Compete privativamente ao MP promover o inquérito civil e a ação civil pública, para a proteção do patrimônio público e social, do meio ambiente e de interesses difusos e coletivos.

1: correta. STF, ADIn 3569, Rel. Min. Sepúlveda Pertence: "A EC 45/2004 outorgou expressamente autonomia funcional e administrativa às defensorias públicas estaduais, além da iniciativa para a propositura de seus orçamentos (art. 134, § 2º): donde, ser inconstitucional a norma local que estabelece a vinculação da Defensoria Pública a Secretaria de Estado"; 2: incorreta. A ação civil pública não é de competência privativa do MP.
Gabarito 1C, 2E.

(Defensoria/MA – 2009 – FCC) A Constituição da República estabelece que, assim como os membros das carreiras da Advocacia Pública, os integrantes das Defensorias Públicas

(A) exercem atividade essencial à função jurisdicional do Estado, incumbindo aos integrantes das carreiras mencionadas a orientação jurídica e a defesa, em todos os graus, dos que comprovarem insuficiência de recursos.

(B) ingressarão na carreira em cargos de classe inicial, providos mediante concurso público de provas e títulos, com a participação da Ordem dos Advogados do Brasil em todas as suas fases.

(C) gozam das garantias de inamovibilidade e estabilidade após dois anos de efetivo exercício das funções respectivas.

(D) poderão exercer a advocacia fora das atribuições institucionais, nas hipóteses previstas na lei complementar que organizar a carreira.

(E) serão remunerados por subsídio fixado em parcela única, vedado o acréscimo de gratificação, adicional, abono, prêmio, verba de representação ou outra espécie remuneratória.

A incorreta. Defende os necessitados (art. 134, *caput*, da CF); **B:** incorreta, pois não há essa previsão no art. 134, § 1º, da CF; **C:** incorreta. A CF garante a inamovibilidade. A estabilidade é adquirida após três anos de efetivo exercício; **D:** incorreta. A advocacia é vedada (art. 134, § 1º, da CF); **E:** correta (art. 39, § 4º, da CF).
Gabarito "E".

(Defensoria/MA – 2009 – FCC) A autonomia funcional da Defensoria Pública, assegurada pela Constituição Federal, significa que

(A) os Defensores Públicos têm independência funcional.

(B) os membros do Ministério Público e do Poder Judiciário não são hierarquicamente superiores aos Defensores Públicos.

(C) o Defensor Público Geral deve ser eleito pela carreira, através de lista tríplice, nomeando o Governador o mais votado.

(D) o controle da utilização dos recursos orçamentários da Defensoria Pública será interno e exercido pelo Conselho Superior.

(E) a Defensoria Pública deve conduzir suas atividades na forma da lei, visando à plena realização das suas atribuições institucionais, sem subordinação alguma ao Poder Executivo, cujos atos normativos não a alcançam.

Art. 134, § 2º, da CF e art. 97-A da LC 80/1994.
Gabarito "E".

(Defensoria/PA – 2009 – FCC) De acordo com a disciplina constitucional da Defensoria Pública é INCORRETO afirmar que

(A) às Defensorias Públicas cabe a iniciativa de sua proposta orçamentária, dentro dos limites estabelecidos na lei de diretrizes orçamentárias.

(B) cabe à Lei Complementar da União prescrever normas gerais para a organização da Defensoria Pública nos Estados.

(C) aos defensores públicos foi assegurada a garantia da inamovibilidade.

(D) cabe aos Estados-membros estabelecer os limites do exercício da advocacia fora das atribuições institucionais dos defensores públicos.

(E) às Defensorias Públicas estaduais são asseguradas autonomia funcional e administrativa.

Art. 134, §§ 1º e 2º, da CF, onde consta vedação expressa à advocacia.
Gabarito "D".

14. DEFESA DO ESTADO

(Defensor Público/SE – 2012 – CESPE) No que diz respeito ao estado de defesa, assinale a opção correta.

(A) O preso por crime contra o Estado poderá ficar em cárcere por tempo indeterminado, independentemente de autorização do Poder Judiciário, enquanto perdurar o estado de defesa durante o qual se tenha determinado a sua prisão.

(B) O decreto que instituir o estado de defesa poderá restringir, nos termos e limites da lei, o direito de reunião, inclusive no âmbito das associações.

(C) Em nenhuma hipótese, o estado de defesa poderá durar mais de trinta dias.

(D) Decretado o estado de defesa, o presidente da República submeterá o ato, no prazo de vinte e quatro horas, com a respectiva justificação, ao Congresso Nacional, que o apreciará; caso o Parlamento esteja em recesso, a apreciação do ato ocorrerá assim que este retomar seus trabalhos.

(E) Durante a vigência do estado de defesa, o preso por crime contra o Estado poderá ficar incomunicável.

A: incorreta. Viola o art. 136, § 3º, III, da CF: "Na vigência do estado de defesa, a prisão ou detenção de qualquer pessoa não poderá ser superior a dez dias, salvo quando autorizada pelo Poder Judiciário"; **B:** correta. Art. 136, § 1º, I, "a", da CF; **C:** incorreta. Não reflete o disposto no art. 136, § 2º, da CF; **D:** incorreta. Não reflete o disposto no art. 136, §§ 4º e 5º, da CF: "O tempo de duração do estado de defesa não será superior a trinta dias, podendo ser prorrogado uma vez, por igual período, se persistirem as razões que justificaram a sua decretação"; **E:** incorreta. Viola o art. 136, § 3º, IV, da CF: "é vedada a incomunicabilidade do preso".
Gabarito "B".

(Defensor Público/PR – 2012 – FCC) A Constituição Federal de 1988 trata da segurança como direito fundamental (art. 5º, *caput* e art. 6º, *caput*) e da segurança pública como dever do Estado (art. 144), que deve garantir a preservação da ordem pública e da incolumidade das pessoas e do patrimônio. Especifica órgãos responsáveis atribuindo-lhes competências próprias e vinculação diferenciada aos entes componentes da federação. Nesse arranjo

(A) as altas taxas de criminalidade apontam para a necessidade do uso intensivo e extensivo das forças militares como instrumento governamental privilegiado de intervenção no meio urbano. Dessa forma, constitucionais as políticas públicas municipais de uso de policiais militares para fiscalização do comércio ambulante informal;

(B) não há competências estanques e isoladas não havendo impedimento constitucional para que todos os entes da federação trabalhem no sentido de garantir a segurança das pessoas estabelecendo políticas de segurança pública numa sociedade em que a violência e a insegurança são avassaladoras;

(C) as competências são meramente indicativas nada impedindo que outras sejam acrescidas por legislação infraconstitucional. Assim, não há que se falar em inconstitucionalidade de guarda municipal que tenha por atribuição garantir a incolumidade dos munícipes;

(D) compete às polícias militares, a polícia ostensiva e a preservação da ordem pública, às polícias civis, as funções de polícia judiciária e a apuração das infrações penais e às guardas municipais a proteção dos bens, serviços e instalações dos municípios;

(E) a atribuição de atividades de policiamento ostensivo e de preservação da ordem pública às Forças Armadas, com a possibilidade de revistar pessoas, veículos, embarcações e detenção de indivíduos suspeitos em áreas de fronteira não podem ser consideradas inconstitucionais diante do efetivo absolutamente insuficiente da polícia federal.

A: incorreta. A fiscalização do comércio informal não é de competência da polícia militar, pois a esta cabe a polícia ostensiva e a preservação da ordem pública (art. 144, § 5º, da CF), cabendo às guardas municipais – onde houver (art. 144, § 8º, da CF); B: incorreta. As competências são especificadas por órgão, conforme disposto no art. 144 da CF; C: incorreta. Rol exaustivo; D: correta. Art. 144, §§ 4º, 5º e 8º, da CF; E: incorreta. As competências das Forças Armadas encontram-se no art. 142 da CF. A polícia federal exerce o policiamento ostensivo nas fronteiras (art. 144, § 1º, III, da CF).
Gabarito "D".

(Defensor Público/AL – 2009 – CESPE) Considerando a defesa do Estado e das instituições democráticas segundo o disposto na CF, julgue o próximo item.

(1) A obrigação de permanência em determinada localidade e a intervenção nas empresas de serviços públicos são medidas coercitivas admitidas no estado de defesa.

1: incorreta. Medidas que ocorrem no estado de sítio (art. 139, I e VI, da CF).
Gabarito 1E.

15. TRIBUTAÇÃO E ORÇAMENTO

(Defensor Público –DPE/RN – 2016 – CESPE) Assinale a opção correta acerca do regime constitucional dos gastos públicos.

(A) A existência de prévia autorização legislativa é requisito suficiente para a abertura de crédito suplementar ou especial.

(B) A transposição, o remanejamento ou a transferência de recursos de uma categoria de programação para outra ou de um órgão para outro não depende de prévia autorização legislativa.

(C) A instituição de fundos de qualquer natureza pode ser autorizada por decreto do Poder Executivo, circunstância em que tal ato terá a natureza de decreto autônomo.

(D) Para se iniciar investimento cuja execução ultrapasse um exercício financeiro, basta que esse investimento esteja previsto na LOA do primeiro exercício financeiro de sua execução.

(E) O início de programas e projetos governamentais não será possível sem a inclusão deles na LOA.

A: incorreta. O art. 167, V, da CF exige também a indicação dos recursos correspondentes; B: incorreta. Depende de prévia autorização legislativa, conforme redação do art. 167, VI, da CF; C: incorreta. Também depende de prévia autorização legislativa. Art. 167, IX, da CF; D: incorreta. Art. 167, § 1º, da CF: "Nenhum investimento cuja execução ultrapasse um exercício financeiro poderá ser iniciado sem prévia inclusão no plano plurianual, ou sem lei que autorize a inclusão, sob pena de crime de responsabilidade"; E: correta. Art. 167, I, da CF.
Gabarito "E".

(Defensoria Pública da União – 2010 – CESPE) Suponha que o governo federal pretenda criar novo imposto. Acerca dessa situação, dos impostos da União, dos estados, dos municípios e da repartição das receitas tributárias, julgue os itens a seguir.

(1) Considerando-se que o referido imposto seja criado, 20% do produto da arrecadação devem, necessariamente, ser destinados aos Estados-membros e ao Distrito Federal.

(2) Considerando-se que esse imposto venha a incidir sobre operações relacionadas a energia elétrica e telecomunicações, para que a criação do imposto seja constitucional, ele deverá ser instituído por meio de lei complementar e não poderá ser não cumulativo nem ter fato gerador ou base de cálculo próprios dos impostos já previstos no texto constitucional.

1: correta (art. 157, II, da CF); 2: incorreta. De acordo com o art. 155, § 3º, da CF, "à exceção dos impostos de que tratam o inciso II do *caput* deste artigo e o art. 153, I e II, nenhum outro imposto poderá incidir sobre operações relativas a energia elétrica, serviços de telecomunicações, derivados de petróleo, combustíveis e minerais do país". Ainda que fosse possível sua instituição, registre-se que os impostos criados em exercício da competência residual tributária da União devem ser não cumulativos (art. 154, I, da CF).
Gabarito 1C, 2E.

(Defensoria/SP – 2009 – FCC) Orçamento.

(A) Em face do princípio constitucional da programação orçamentária não é permitido aos parlamentares a apresentação de emendas aos projetos de leis orçamentárias.

(B) Segundo a Constituição Federal é possível a concessão de vantagem ou aumento de remuneração, a criação de cargos ou alteração de estrutura de carreiras sem autorização específica da lei de diretrizes orçamentárias, que é apenas uma recomendação administrativa.

(C) O plano plurianual, de iniciativa do executivo, designa um plano relativo às despesas de capital naqueles programas de duração continuada que excedam o orçamento anual em que foram incluídas.

(D) O princípio constitucional da anualidade exige que o orçamento seja executado em um período financeiro determinado, que segundo a Constituição Federal deve coincidir com o ano civil.

(E) A Defensoria Pública goza constitucionalmente de autonomia funcional e administrativa, mas no que tange ao seu orçamento, diferentemente do Ministério Público e da Magistratura, não poderá elaborar sua proposta orçamentária.

A: incorreta. O art. 63, I, da CF, proíbe a apresentação de emendas que impliquem aumento de despesa em projetos de lei de iniciativa privativa do Poder Executivo, salvo no caso do art. 166, §§ 3º e 4º, da CF. Por sua vez, o art. 166, § 3º, da CF, trata dos requisitos indispensáveis para a aprovação de emenda parlamentar nas leis orçamentárias anuais: precisarão ser compatíveis com o plano plurianual e com a lei de diretrizes orçamentárias (art. 166, § 3º, I), e devem indicar os recursos necessários para cobrir a despesa (art. 166, § 3º, II); B: incorreta, pois não reflete o disposto no art. 169, § 1º, I e II, da CF; **C:** correta (art. 165, § 1º, da CF); **D:** incorreta. A CF não consagrou o princípio da anualidade, mas o da anterioridade tributária (art. 150, III, *b* e *c*, da CF); **E:** incorreta, pois não reflete o disposto no art. 134, § 2º, da CF.

Gabarito "C".

16. ORDEM ECONÔMICA E FINANCEIRA

(Defensor Público –DPE/ES – 2016 – FCC) No tocante ao instituto da usucapião constitucional, ou para fins de moradia, consagrado no capítulo da Política Urbana da Constituição Federal de 1988, conforme dispõe de forma expressa a norma constitucional:

I. Aquele que possuir como sua área urbana de até duzentos e cinquenta metros quadrados, por cinco anos, ininterruptamente e sem oposição, utilizando-a para sua moradia ou de sua família, adquirir-lhe-á o domínio, mesmo que seja proprietário de outro imóvel urbano ou rural.

II. O título de domínio e a concessão de uso serão conferidos ao homem ou à mulher, ou a ambos, desde que comprovado o estado civil de casados.

III. O direito à usucapião para fins de moradia não será reconhecido ao mesmo possuidor mais de uma vez.

IV. Os imóveis públicos não serão adquiridos por usucapião.

Está correto o que se afirma APENAS em

(A) II, III e IV.
(B) III e IV.
(C) I e IV.
(D) I e II.
(E) II e III.

I: incorreta. Art. 183, *caput*, da CF: "Aquele que possuir como sua área urbana de até duzentos e cinquenta metros quadrados, por cinco anos, ininterruptamente e sem oposição, utilizando-a para sua moradia ou de sua família, adquirir-lhe-á o domínio, desde que não seja proprietário de outro imóvel urbano ou rural"; **II:** incorreta. Art. 183, § 1º, da CF: "O título de domínio e a concessão de uso serão conferidos ao homem ou à mulher, ou a ambos, independentemente do estado civil"; **III:** correta. Art. 183, § 2º, da CF; **IV:** correta. Art. 183, § 3º, da CF.

Gabarito "B".

(Defensor Público/RO – 2012 – CESPE) Com base no disposto na CF, assinale a opção correta.

(A) Denomina-se projeto básico o instrumento da política de desenvolvimento e de expansão urbana aprovado pela câmara municipal e obrigatório para cidades com mais de vinte mil habitantes.

(B) Compete ao STF processar e julgar originariamente mandado de segurança contra ministro de Estado.

(C) Aquele que, não sendo proprietário de imóvel rural ou urbano, possua como seu, por cinco anos ininterruptos, sem oposição, área de terra, em zona rural, não superior a cinquenta hectares, tornando-a produtiva por seu trabalho ou de sua família e tendo nela sua moradia, adquirir-lhe-á a propriedade.

(D) As desapropriações de imóveis urbanos serão feitas com prévia e justa indenização em títulos do Tesouro Nacional com vencimento não superior a cinco anos.

(E) Cabe à DP impetrar mandado de injunção, em favor de pessoa que não disponha de recursos para pagar advogado, para assegurar o conhecimento de informações constantes de registros ou bancos de dados de entidades governamentais ou de caráter público.

A: incorreta. Trata-se do plano diretor. "O plano diretor, aprovado pela Câmara Municipal, obrigatório para cidades com mais de vinte mil habitantes, é o instrumento básico da política de desenvolvimento e de expansão urbana" (art. 182, § 1º, da CF); **B:** incorreta. A competência é do STJ (art. 105, I, "b", da CF; **C:** correta. Art. 191 da CF; **D:** incorreta. As indenizações serão justas e prévias e em dinheiro (art. 182, § 3º, da CF); **E:** incorreta. O remédio constitucional a ser impetrado é o *habeas data* (art. 5º, LXXII, "a", da CF).

Gabarito "C".

(Defensor Público/SE – 2012 – CESPE) De acordo com a CF, a ordem econômica deve observância ao princípio que estabelece

(A) a livre concorrência;
(B) tratamento favorecido para empresas de médio porte;
(C) a defesa do meio ambiente, com tratamento uniforme dos produtos e serviços, independentemente do impacto ambiental de cada um;
(D) a eliminação da desigualdade em nível nacional;
(E) garantia a todos do livre exercício de qualquer atividade econômica, desde que atendida a exigência, em todo caso, de autorização prévia dos órgãos públicos.

Art. 170, I a IX, da CF: "A ordem econômica, fundada na valorização do trabalho humano e na livre-iniciativa, tem por fim assegurar a todos existência digna, conforme os ditames da justiça social, observados os seguintes princípios: (...) IV – livre concorrência".

Gabarito "A".

(Defensoria/MA – 2009 – FCC) Relativamente ao exercício de atividade econômica, a Constituição da República

(A) assegura a todos o livre exercício de qualquer atividade econômica independentemente de autorização de órgãos públicos, sem ressalvas.

(B) garante tratamento favorecido para as empresas de pequeno porte constituídas sob as leis brasileiras e que tenham sua sede e administração no País.

(C) estabelece que a lei disciplinará, com base no interesse nacional, os investimentos de capital estrangeiro e incentivará os reinvestimentos, vedando a remessa de lucros para o exterior.

(D) autoriza a exploração de atividade econômica pelo Estado apenas quando necessário aos imperativos da segurança nacional.

(E) prevê que o Estado exercerá funções de fiscalização, incentivo e planejamento da atividade econômica, sendo o último determinante para os setores público e privado.

A: incorreta. Salvo nos casos previstos em lei (art. 170, parágrafo único, da CF); **B:** correta (art. 170, IX, da CF); **C:** incorreta. "A lei disciplinará, com base no interesse nacional, os investimentos de capital estrangeiro, incentivará os reinvestimentos e regulará a remessa de lucros" (art. 172 da CF); **D:** incorreta. "Ressalvados os casos previstos nesta Constituição, a exploração direta de atividade econômica pelo Estado só será permitida quando necessária aos imperativos da segurança nacional ou a relevante interesse coletivo, conforme definidos em lei" (art. 173 da CF); **E:** incorreta, pois é apenas indicativo para o setor privado (art. 174, *caput*, da CF).

Gabarito "B".

(Defensoria/MT – 2009 – FCC) Segundo a disciplina constitucional do direito à propriedade,

(A) devem ser confiscadas as glebas onde forem localizadas culturas ilegais de plantas psicotrópicas.
(B) é vedado o confisco de bens de valor econômico apreendidos em decorrência do tráfico ilícito de entorpecentes.
(C) é vedada a desapropriação fundada em interesse social, estando revogada a legislação ordinária pertinente ao tema.
(D) é vedado ao poder público municipal impor sanções ao proprietário do solo urbano não edificado, não utilizado ou subutilizado.
(E) o imóvel urbano que atenda à sua função social, nos termos do plano diretor da cidade, não pode ser objeto de desapropriação.

A: correta. A desapropriação confiscatória encontra-se prevista no art. 243 da CF. Ao interpretar o dispositivo, o Supremo Tribunal Federal entendeu que "glebas" correspondem à totalidade da propriedade em que realizado o cultivo de plantas psicotrópicas, e não apenas à área específica em que a plantação é encontrada. Dessa forma, ainda que o plantio ilegal se encontre em 10% da propriedade, toda a sua extensão será expropriada; **B:** incorreta. "Todo e qualquer bem de valor econômico apreendido em decorrência do tráfico ilícito de entorpecentes e drogas afins será confiscado e reverterá em benefício de instituições e pessoal especializados no tratamento e recuperação de viciados e no aparelhamento e custeio de atividades de fiscalização, controle, prevenção e repressão do crime de tráfico dessas substâncias" (art. 243, parágrafo único, da CF); **C:** incorreta, pois não reflete o disposto no art. 184, *caput* e § 2º, da CF; **D:** incorreta, pois não reflete o disposto no art. 182, § 4º, da CF; **E:** incorreta. Não há essa regra para o imóvel urbano. Para o imóvel rural, v. art. 184, *caput*, da CF.

Gabarito "A".

17. ORDEM SOCIAL

(Defensor Público –DPE/MT – 2016 – UFMT) NÃO é objetivo constitucional da Seguridade Social:

(A) Seletividade e distributividade na prestação dos benefícios e serviços.
(B) Universalidade da cobertura e do atendimento.
(C) Caráter democrático e descentralizado da gestão nos órgãos colegiados.
(D) Diversidade dos benefícios e serviços às populações urbanas e rurais.
(E) Equidade na forma de participação no custeio.

Art. 194, parágrafo único, CF: "Compete ao Poder Público, nos termos da lei, organizar a seguridade social, com base nos seguintes objetivos: I – universalidade da cobertura e do atendimento; II – uniformidade e equivalência dos benefícios e serviços às populações urbanas e rurais; III – seletividade e distributividade na prestação dos benefícios e serviços; IV – irredutibilidade do valor dos benefícios; V – equidade na forma de participação no custeio; VI – diversidade da base de financiamento; VII – caráter democrático e descentralizado da administração, mediante gestão quadripartite, com participação dos trabalhadores, dos empregadores, dos aposentados e do Governo nos órgãos colegiados".

Gabarito "D".

(Defensor Público –DPE/ES – 2016 – FCC) A respeito do direito fundamental à saúde e da regulamentação das políticas públicas de saúde na Constituição Federal de 1988, considere:

I. A saúde é direito de todos e dever do Estado, garantido mediante políticas sociais e econômicas que visem o acesso prioritário das pessoas necessitadas às ações e serviços para sua promoção, proteção e recuperação.
II. A jurisprudência do Supremo Tribunal Federal e do Superior Tribunal de Justiça é pacífica no sentido de afirmar a existência de responsabilidade solidária entre a União e os Estados no fornecimento de medicamento e tratamento médico, cabendo ao Município apenas responsabilidade subsidiária.
III. As ações e serviços públicos de saúde integram uma rede regionalizada e hierarquizada e constituem um sistema único, tendo por diretriz a descentralização, com direção única em cada esfera de governo.
IV. Ao sistema único de saúde compete participar da formulação da política e da execução das ações de saneamento básico.

Está correto o que se afirma APENAS em

(A) II, III e IV.
(B) I e II.
(C) I e III.
(D) III e IV.
(E) I, III e IV.

I: incorreta. Art. 196, *caput*, da CF: "A saúde é direito de todos e dever do Estado, garantido mediante políticas sociais e econômicas que visem à redução do risco de doença e de outros agravos e ao acesso universal e igualitário às ações e serviços para sua promoção, proteção e recuperação"; **II:** incorreta. A questão está sendo julgada pelo STF, com pedido de vista nos Recursos Extraordinários 566471 e 657718; **III:** correta. Art. 198 da CF; **IV:** correta. Art. 200, IV, da CF.

Gabarito "D".

(Defensor Público/AM – 2013 – FCC) A Constituição Federal reconhece aos índios os direitos originários sobre as terras que tradicionalmente ocupam, competindo à União demarcá-las, proteger e fazer respeitar todos os seus bens, prescrevendo ainda que:

I. São terras tradicionalmente ocupadas pelos índios as por eles habitadas em caráter permanente, as utilizadas para suas atividades produtivas, as imprescindíveis à preservação dos recursos ambientais necessários a seu bem-estar e as necessárias a sua reprodução física e cultural, segundo seus usos, costumes e tradições.
II. As terras tradicionalmente ocupadas pelos índios destinam-se a sua posse permanente, cabendo-lhes o usufruto exclusivo das riquezas do solo, dos rios e dos lagos nelas existentes.
III. O aproveitamento dos recursos hídricos, incluídos os potenciais energéticos, a pesquisa e a lavra das riquezas minerais em terras indígenas só podem ser efetivados com autorização do Presidente da República, ouvidas as comunidades afetadas, que não poderão participar nos resultados da lavra.
IV. As terras tradicionalmente ocupadas pelos índios são inalienáveis e indisponíveis, mas os direitos sobre elas são passíveis de prescrição, na forma da lei.

Está correto o que se afirma APENAS em

(A) I, II e III.
(B) II, III e IV.
(C) I e II.

(D) II e III.
(E) III e IV.

I: correta. Art. 231, § 1º, da CF; **II:** correta. Art. 231, § 2º, da CF; **III:** incorreta, pois necessita de autorização do Congresso Nacional, e não do Presidente da República. Art. 231, § 3º, da CF; **IV:** incorreta. Os direitos sobre as terras são também imprescritíveis. Art. 231, § 4º, da CF.

Gabarito "C".

(Defensor Público/SP – 2012 – FCC) Sobre os direitos previstos na ordem constitucional social brasileira, é correto afirmar:

(A) A publicação de veículo impresso de comunicação depende de licença de autoridade pública federal, que, nos termos de lei complementar, deve estar ligada ao Ministério das Comunicações.

(B) Além de dispositivos esparsos no texto constitucional, a proteção constitucional às pessoas com deficiência foi reforçada pela incorporação, nos termos do artigo 5º, § 3º, da Constituição da República Federativa do Brasil, da Convenção Internacional sobre os Direitos das Pessoas com Deficiência.

(C) A Constituição da República Federativa do Brasil garante aos maiores de sessenta anos a gratuidade dos transportes coletivos urbanos.

(D) O Supremo Tribunal Federal, em decisão proferida na Arguição de Descumprimento de Preceito Fundamental (ADPF) n. 130/DF, declarou não recepcionada a Lei federal n. 5.250/1967, com exceção de seus dispositivos relacionados aos crimes de imprensa.

(E) A ordem constitucional brasileira vigente, apesar de versar de forma generosa sobre o direito ao meio ambiente, não faz referência ao estudo prévio de impacto ambiental.

A: incorreta. Viola o art. 220, § 6º, da CF: "A publicação de veículo impresso de comunicação independe de licença de autoridade"; **B:** correta; **C:** incorreta. O art. 230, § 2º, da CF garante o direito aos maiores de 65 anos; **D:** incorreta. A ADPF 130 foi totalmente julgada procedente, para o efeito de declarar como não recepcionada toda a lei 5.250/1967; **E:** incorreta. Houve referência expressa no art. 225, IV, da CF.

Gabarito "B".

(Defensoria/MG – 2009 – FURMARC) A Constituição da República almeja, em termos de ordem social:

(A) Os interesses individuais e as políticas liberais.
(B) O bem-estar social e a justiça social.
(C) As liberdades públicas e o assistencialismo.
(D) O Estado gerencial e a livre concorrência.
(E) O livre exercício profissional e a função social da propriedade.

Art. 193 da CF.

Gabarito "B".

(Defensoria/MT – 2009 – FCC) Considerando-se as normas constitucionais a respeito da seguridade social, é correto afirmar que

(A) a assistência social deve ser prestada a quem dela necessitar, mediante contribuição à seguridade social, paga nos termos da lei.

(B) a pessoa portadora de deficiência que comprove não possuir meios de prover à própria manutenção ou de tê-la provida por sua família, nos termos da lei, tem direito ao recebimento de um salário mínimo de benefício mensal.

(C) o acesso ao sistema único de saúde depende de contribuição à seguridade social, nos termos da lei.

(D) é inconstitucional norma estadual que vincule cinco décimos por cento de sua receita tributária líquida a programa de apoio à inclusão e promoção social.

(E) asseguram o direito público subjetivo à educação fundamental.

A: incorreta. Independe de contribuição (art. 203, *caput*, da CF); **B:** correta. (art. 203, V, da CF); **C:** incorreta. Não depende de contribuição (v. art. 198, § 1º, da CF); **D:** incorreta, pois não reflete o disposto no art. 204, parágrafo único, da CF; **E:** incorreta. O art. 208, I e IV, da CF garante a educação básica e a infantil.

Gabarito "B".

(Defensoria/PA – 2009 – FCC) Dentre os princípios da Seguridade Social encontra-se o da

(A) diversidade da base de financiamento, de modo que a seguridade social seja financiada por toda a sociedade, de forma direta e indireta, mediante recursos provenientes dos orçamentos da União, dos Estados, do Distrito Federal e dos Municípios, bem como das contribuições previstas na Constituição Federal e legislação com ela conforme.

(B) universalidade da cobertura e do atendimento, o que significa que todas as ações abrangidas pela seguridade social independem de contraprestação do beneficiário.

(C) uniformidade e equivalência dos benefícios e serviços entre as populações urbanas e rurais, ainda quando o sistema de contribuição de cada qual seja distinto.

(D) irredutibilidade do valor dos benefícios, de modo que os índices de atualização monetária dos valores das contribuições devem também ser aplicados aos valores dos benefícios.

(E) criação, majoração ou extensão de benefício ou serviço da seguridade social independentemente de indicação da correspondente fonte de custeio total.

Art. 194, parágrafo único, I a VII, da CF.

Gabarito "A".

(Defensoria/PA – 2009 – FCC) Dentre as normas constitucionais que asseguram o direito à educação prestada pelo Poder Público encontra-se aquela que prevê

(A) a prestação do ensino religioso, de matrícula obrigatória no ensino fundamental.

(B) o ensino fundamental obrigatório e gratuito, salvo para aqueles que a ele não tiveram acesso na idade própria.

(C) o atendimento educacional especializado aos portadores de deficiência, preferencialmente fora da rede regular de ensino.

(D) o atendimento ao educando, no ensino fundamental, através de programas suplementares de material didático-escolar, transporte, alimentação e assistência à saúde.

(E) progressiva universalização do ensino fundamental em período integral.

Art. 208, I a VII, da CF.

Gabarito "D".

18. QUESTÕES COMBINADAS E OUTROS TEMAS

(Defensor Público –DPE/RN – 2016 – CESPE) No que diz respeito à disciplina constitucional da autonomia financeira, aos poderes e aos órgãos públicos, assinale a opção correta.

(A) Lei de iniciativa exclusiva do Poder Executivo poderá restringir a execução orçamentária do Poder Judiciário, mesmo no tocante às despesas amparadas na LDO e na LOA.
(B) Ao elaborar sua proposta orçamentária, deve o MP ater-se aos limites estabelecidos na LDO, não sendo dado ao chefe do Poder Executivo estadual interferir nessa proposta, ressalvada a possibilidade de pleitear a sua redução ao respectivo parlamento.
(C) Por exercer função constitucional autônoma e contar com fisionomia institucional própria, o MP junto aos TCs tem assegurada a garantia institucional da autonomia financeira nos mesmos moldes consagrados ao MP comum.
(D) Em razão do seu caráter de auxiliar do respectivo Poder Legislativo, os TCs estaduais não gozam de autonomia financeira, ficando a sua proposta orçamentária condicionada à proposição daquele poder.
(E) A despeito da autonomia financeira das DPs, sua proposta orçamentária deve estar atrelada à proposta do respectivo Poder Executivo, como uma subdivisão desta, tendo em vista especialmente a circunstância de as DPs, não constituindo um poder autônomo e independente, atuarem no exercício de função executiva.

A: incorreta. V. art. 99, § 5°, da CF; **B:** correta. Art. 127, §§ 3°, 4° e 5°, da CF; **C:** incorreta. V. art. 130 da CF; **D:** incorreta. Por força dos arts. 73 e 96 da CF, o STF já entendeu que os tribunais de contas possuem as mesmas garantias do Poder Judiciário, o que inclui a autonomia financeira; **E:** incorreta. As defensorias públicas possuem autonomia. V. art. 134, § 2°, da CF.
Gabarito "B".

(Defensor Público –DPE/RN – 2016 – CESPE) Com relação ao mandado de injunção, ao *habeas data* e à ADPF, assinale a opção correta.

(A) O STF é competente para processar e julgar originariamente o *habeas data* impetrado contra ato de ministro de Estado.
(B) Não se admite a impetração de mandado de injunção coletivo, por ausência de previsão constitucional expressa para tal.
(C) Ato normativo já revogado é passível de impugnação por ADPF.
(D) É cabível a impetração de mandado de injunção coletivo para proceder à revisão geral anual dos vencimentos dos servidores públicos, conforme entendimento do STF.
(E) Quando a sentença conceder o *habeas data*, o recurso interposto em face dessa decisão terá efeito suspensivo e devolutivo.

A: incorreta. Competência do STJ: art. 105, I, "b", da CF; **B:** incorreta. Há previsão expressa do mandado de injunção coletivo no art. 12 da Lei 13.300/2016; **C:** correta; **D:** incorreta. Segundo entendimento pacífico do STF; **E:** incorreta. O efeito é meramente devolutivo. Art. 15, parágrafo único, da Lei 9.507/1997.
Gabarito "C".

(Defensor Público/RS – 2011 – FCC) É correto afirmar:

(A) As normas do ADCT não podem ser alteradas por meio de emendas constitucionais, pois são de natureza transitória.
(B) O preâmbulo da Constituição Federal, ao referir-se expressamente ao pacto federativo, está a indicar a intenção do constituinte em instituir um Estado Democrático e, por isso, deve ser considerado quando da interpretação das normas.
(C) São objetivos fundamentais da República Federativa do Brasil previstos e assim descritos no artigo 3° da Constituição Federal, construir uma sociedade livre, justa e pluralista, garantir o desenvolvimento regional, erradicar a pobreza e a marginalização e reduzir as desigualdades sociais e locais, promover o bem de todos, sem preconceitos de origem, raça, sexo, cor, idade e quaisquer outras formas de discriminação.
(D) São fundamentos da República Federativa do Brasil a soberania, a cidadania, a dignidade da pessoa humana, a livre concorrência, o voto direto e secreto e o pluralismo político.
(E) Os direitos sociais estão expressamente referidos no preâmbulo da Constituição Federal de 1988, assim como os direitos fundamentais e o pluralismo político.

A: incorreta. Como normas constitucionais, podem sofrer alteração via emenda; **B:** incorreta, pois não há referência expressa ao pacto federativo, mas ao Estado Democrático; **C:** incorreta (art. 3°, I a IV, da CF); **D:** incorreta (art. 1°, I a V, da CF); **E:** correta. "Nós, representantes do povo brasileiro, reunidos em Assembleia Nacional Constituinte para instituir um Estado Democrático, destinado a assegurar o exercício dos direitos sociais e individuais, a liberdade, a segurança, o bem-estar, o desenvolvimento, a igualdade e a justiça como valores supremos de uma sociedade fraterna, pluralista e sem preconceitos, fundada na harmonia social e comprometida, na ordem interna e internacional, com a solução pacífica das controvérsias, promulgamos, sob a proteção de Deus, a seguinte CONSTITUIÇÃO DA REPÚBLICA FEDERATIVA DO BRASIL".
Gabarito "E".

(Defensor Público/AM – 2010 – I. Cidades) Assinale a alternativa correta:

(A) O Poder Judiciário pode, com base no princípio da isonomia, determinar a equiparação vencimental entre servidores públicos.
(B) A falta de defesa técnica por advogado em processo administrativo disciplinar não ofende a Constituição.
(C) Nos processos perante o Tribunal de Contas da União asseguram-se o contraditório e a ampla defesa, quando da decisão puder resultar anulação ou revogação de ato administrativo que beneficie o interessado, especialmente em relação à apreciação da legalidade do ato de concessão inicial de aposentadoria, reforma e pensão.
(D) Após a edição pela União Federal de lei geral sobre o sistema de consórcios e sorteios, podem os estados-membros legislar sobre a matéria, dando concretude às normas gerais.
(E) Não ofende o princípio da reserva de plenário, previsto no artigo 97 da Constituição Federal, a decisão

de órgão fracionário que, não declarando expressamente a inconstitucionalidade de uma lei ou ato normativo do poder público, afasta a sua incidência, no todo ou em parte.

A: incorreta. Súmula 339/STF: "Não cabe ao Poder Judiciário, que não tem função legislativa, aumentar vencimentos de servidores públicos sob fundamento de isonomia"; **B:** correta. Súmula Vinculante 5/STF: "A falta de defesa técnica por advogado no processo administrativo disciplinar não ofende a Constituição". Deve-se ter muita atenção ao tema, pois a Súmula Vinculante do STF, por seu caráter obrigatório, acabou por "revogar" a Súmula 343 do STJ, que prescrevia exatamente o contrário: "É obrigatória a presença de advogado em todas as fases do processo administrativo disciplinar"; **C:** incorreta. Súmula Vinculante 3/STF: "Nos processos perante o Tribunal de Contas da União asseguram-se o contraditório e a ampla defesa quando da decisão puder resultar anulação ou revogação de ato administrativo que beneficie o interessado, **excetuada a apreciação da legalidade do ato de concessão inicial de aposentadoria, reforma e pensão**"; **D:** incorreta. A competência é privativa da União (art. 22, XX, da CF); **E:** incorreta. Ofende a Súmula Vinculante 10/STF.

Gabarito "B".

(Defensoria/PI – 2009 – CESPE) Tendo em vista as competências dos Poderes Legislativo, Executivo e Judiciário, assinale a opção correta.

(A) Como instrumentos de fiscalização do Poder Legislativo, as comissões parlamentares de inquérito têm poderes de investigação próprios das autoridades judiciais, podendo determinar as diligências que julgar necessárias, tomar depoimentos, ouvir indiciados e testemunhas, requisitar documentos de órgãos públicos e promover a responsabilidade civil e criminal dos infratores.

(B) Pela regra do quinto constitucional, na composição dos tribunais regionais federais, dos tribunais dos estados, do DF e territórios, e dos tribunais do trabalho, um quinto dos seus lugares será composto de membros do MP com mais de dez anos de carreira e de advogados de notório saber jurídico e de reputação ilibada, com mais de dez anos de efetiva atividade profissional.

(C) É da iniciativa privativa do presidente da República as leis que disponham acerca da organização da DPU, cabendo aos chefes dos Poderes Executivos estaduais a iniciativa de propor normas gerais para a organização das respectivas DPEs.

(D) O Conselho Nacional de Justiça é órgão de natureza administrativa, composto de membros oriundos não apenas do Poder Judiciário, mas também do MP, da advocacia e da sociedade, característica que não permite considerá-lo órgão integrante do Poder Judiciário.

(E) O Tribunal de Contas da União é órgão de orientação do Poder Legislativo, a este subordinado, apto a exercer a fiscalização contábil, financeira, orçamentária, operacional e patrimonial da União.

A: incorreta. A responsabilização civil ou criminal é feita pelo Ministério Público (art. 58, § 3º, da CF); **B:** correta. Não existe "quinto" no STF (porque os cargos são de livre nomeação do Presidente da República), na justiça eleitoral (TSE e no TRE), além de no STJ a regra ser a do "terço" constitucional; **C:** incorreta, pois não reflete o disposto no art. 134, § 1º, da CF; **D:** incorreta. É órgão do Judiciário (art. 92, I-A, da CF). V., b, art. 103-B, I a XIII, da CF; **E:** incorreta. É órgão auxiliar do Poder Legislativo (art. 71 da CF).

Gabarito "B".

2. DIREITOS HUMANOS E DIREITO INTERNACIONAL

Renan Flumian

1. TEORIA E DOCUMENTOS HISTÓRICOS

(Defensor Público/PE – 2018 – CESPE) Os direitos humanos são concebidos como indivisíveis e universais: basta ser pessoa para ser titular de direitos e dotado de dignidade. Por sua vez, o conceito de cidadania representa ponto fulcral na realização da democracia e na titularidade dos direitos humanos. Na evolução dos direitos humanos, observa-se o desenvolvimento de, pelo menos, três dimensões da cidadania, assim como três gerações de direitos humanos, todos interconectados.

Acerca desse assunto, assinale a opção correta.

(A) No Brasil, a garantia das três primeiras gerações de direitos humanos deu-se na seguinte ordem sequencial e sucessiva: direitos civis, direitos políticos e direitos sociais.
(B) Os direitos civis referem-se à possibilidade de participação do indivíduo no processo eleitoral de sua sociedade.
(C) A participação do cidadão no governo é característica dos direitos políticos e o seu exercício consiste na capacidade de fazer demonstrações políticas, de organizar partidos, de votar e de ser votado.
(D) Os direitos sociais garantem a liberdade e independem da participação do Estado para sua consecução.
(E) Incorporado ao direito ao desenvolvimento e aos bens comuns da humanidade, o direito ao ambiente sadio integra a segunda geração de direitos humanos.

A única assertiva correta é a C. São exemplos de direitos políticos principalmente os direitos a tomar parte no governo e às eleições legítimas com sufrágio universal e igual (art. 21 da Declaração Universal dos Direitos Humanos).
Gabarito "C".

(Defensor Público –DPE/BA – 2016 – FCC) Com relação à origem histórica dos direitos humanos, um grande número de documentos e veículos normativos podem ser mencionados, dentre eles é correto afirmar que cada um dos documentos abaixo mencionados está relacionado com um direito humano específico, com EXCEÇÃO de:

(A) Declaração de Direitos (Bill of Rights), 1689, que previu a separação de poderes e o direito de petição.
(B) Convenção de Genebra, 1864, que teve relevante destaque no tratamento do direito humanitário.
(C) Constituição de Weimar, 1919, que trouxe a igualdade jurídica entre marido e mulher, equiparou os filhos legítimos aos ilegítimos com relação à política social do Estado.
(D) Constituição Mexicana, 1917, que expandiu o sistema de educação pública, deu base à reforma agrária e protegeu o trabalhador assalariado.
(E) Declaração de Direitos do Estado da Virgínia, 1776, que disciplinou os direitos trabalhistas e previdenciários como direitos sociais.

A única assertiva que faz uma associação errônea entre um documento histórico e um direito humano específico é a "E". A Declaração de Direitos da Virgínia de 1776 é considerada por muitos a primeira *declaração de direitos* a reconhecer a existência de direitos adstritos à condição humana, ou seja, independentemente de qualquer condição: o ser humano possui direitos inatos (apontando-os como universais). O seu artigo I assim estipula: "Que todos os homens são, por natureza, igualmente livres e independentes, e têm certos direitos inatos, dos quais, quando entram em estado de sociedade, não podem por qualquer acordo privar ou despojar seus pósteros e que são: o gozo da vida e da liberdade com os meios de adquirir e de possuir a propriedade e de buscar e obter felicidade e segurança". Ademais, ela demonstra preocupação com a estruturação de um governo democrático (*soberania popular*). No entanto, não faz nenhuma menção aos direitos econômicos e sociais – esses só aparecerão na Declaração de Direitos da Constituição francesa de 1791.
Gabarito "E".

(Defensor Público/AC – 2012 – CESPE) Assinale a opção correta no que diz respeito à afirmação histórica dos direitos humanos.

(A) O expresso reconhecimento do princípio da universalidade dos direitos humanos pela Declaração de Viena de 1993 pôs termo ao debate sobre o multiculturalismo e o relativismo cultural.
(B) O Bill of Rights, de 1689, foi a primeira carta de direitos de que se tem notícia na história.
(C) A Constituição Mexicana de 1917 e a Constituição de Weimar de 1919 são marcos da afirmação dos direitos humanos de segunda geração.
(D) Após a Segunda Guerra Mundial, para que os direitos dos trabalhadores enumerados na Declaração Universal dos Direitos do Homem de 1948 fossem garantidos no plano internacional, criou-se a Organização Internacional do Trabalho.
(E) Não há referência, na Declaração de Viena de 1993, ao princípio da indivisibilidade dos direitos humanos.

A: incorreta, pois o debate sobre multiculturalismo e relativismo continua existindo; **B:** incorreta, pois a Magna Carta de 1215 é apontada como a primeira carta de direitos de que se tem notícia na história. A Magna Carta é um documento de 1215 que limitou o poder dos monarcas da Inglaterra, impedindo o exercício do poder absoluto. Ela resultou de desentendimentos entre o rei João I (conhecido como "João Sem Terra"), o papa e os barões ingleses acerca das prerrogativas do soberano. Essas discordâncias tinham raízes diversas. A contenda com os barões foi motivada pelo aumento das exações fiscais, constituídas para financiar campanhas bélicas, pois o rei João Sem Terra acabara de perder a Normandia – que era sua por herança dinástica – para o rei francês Filipe Augusto. A desavença com o papa surgiu de seu apoio às pretensões territoriais do imperador Óton IV, seu sobrinho, em prejuízo do papado. Ademais, o rei João I recusara a escolha papal de Stephen Langton como cardeal de Canterbury, o que lhe rendeu a excomunhão, operada pelo papa Inocêncio III. A Magna Carta só foi assinada pelo rei quando a revolta armada dos barões atingiu Londres, sendo sua assinatura condição para o cessar-fogo. Todavia, ela foi reafirmada solenemente (pois tinha vigência determinada de três meses) em 1216, 1217 e 1225, quando se tornou direito permanente. Como curiosidade, cabe apontar que algumas de suas disposições se encontram em vigor ainda nos dias de hoje. Sua forma foi de promessa unilateral, por parte do monarca, de conceder certos privilégios aos barões, mas é possível entendê-la como uma convenção firmada entre os barões e o rei. Além disso, segundo os termos do documento, o rei deveria renunciar a certos direitos e respeitar determinados procedimentos legais, bem como reconhecer que sua vontade estaria sujeita à lei. Considera-se a Magna Carta o primeiro capítulo de um longo processo histórico que levaria ao surgimento do constitucionalismo[1] e da democracia moderna. Em síntese, o documento é uma limitação institucional dos poderes reais; **C:** correta. A segunda geração dos direitos humanos trata dos direitos sociais, culturais e econômicos. A titularidade desses direitos é atribuída à coletividade, por isso são conhecidos como direitos coletivos. Seu fundamento é a ideia de *igualdade*. O grande motivador do aparecimento desses direitos foi o movimento antiliberal, notadamente após a Primeira Guerra Mundial. É importante apontar o papel da URSS, que defendia veementemente a perspectiva social dos direitos humanos. Essa linha foi consagrada no Pacto Internacional de Direitos Econômicos, Sociais e Culturais. Cabe destacar que tais direitos aparecerem em primeiro lugar na Constituição mexicana de 1917 e na Constituição alemã de 1919 ("Constituição de Weimar"); **D:** incorreta. A Organização Internacional do Trabalho (OIT) é uma organização internacional que tem por objetivo melhorar as condições do trabalho no mundo. Por isso, diz-se que é uma organização internacional especializada de vocação universal. A OIT foi criada em 1919, como parte do Tratado de Versalhes, que pôs fim à Primeira Guerra Mundial. Fundou-se sobre a convicção primordial de que a paz universal e permanente somente pode estar baseada na justiça social. É a única das agências do Sistema das Nações Unidas com uma estrutura tripartite, composta de representantes de governos e de organizações de empregadores e de trabalhadores. A OIT é responsável pela formulação e aplicação das normas internacionais do trabalho (convenções e recomendações). O Brasil está entre os membros fundadores da OIT e participa da Conferência Internacional do Trabalho desde sua primeira reunião. Durante seus primeiros quarenta anos de existência, a OIT consagrou a maior parte de suas energias a desenvolver normas internacionais do trabalho e a garantir sua aplicação. Entre 1919 e 1939 foram adotadas 67 convenções e 66 recomendações. A eclosão da Segunda Guerra Mundial interrompeu temporariamente esse processo. No final da guerra, nasce a Organização das Nações Unidas (ONU), com o objetivo de manter a paz através do diálogo entre as nações. A OIT, em 1946, se transforma em sua primeira agência especializada; **E:** incorreta. O princípio da complementaridade solidária dos direitos humanos de qualquer espécie dialoga com a universalidade, a interdependência e a indivisibilidade. Ele foi proclamado solenemente na 2ª Conferência Mundial de Direitos Humanos, realizada em Viena em 1993. É importante transcrever o ponto 5 da Declaração de Direitos Humanos de Viena, que sintetiza as características dos direitos humanos de modo geral: "Todos os direitos humanos são universais, indivisíveis, interdependentes e inter-relacionados. A comunidade internacional deve tratar os direitos humanos de forma global, justa e equitativa, em pé de igualdade e com a mesma ênfase. Embora particularidades nacionais e regionais devam ser levadas em consideração, assim como diversos contextos históricos, culturais e religiosos, é dever dos Estados promover e proteger todos os direitos humanos e liberdades fundamentais, sejam quais forem seus sistemas políticos, econômicos e culturais".

Gabarito "C"

(Defensor Público/ES – 2012 – CESPE) Julgue os seguintes itens, sobre a teoria geral, a afirmação histórica, os fundamentos e a universalidade dos direitos humanos.

(1) A hermenêutica diatópica constitui proposta de superação do debate sobre universalismo e relativismo cultural.

(2) A universalidade e a indivisibilidade são características próprias da concepção contemporânea dos direitos humanos.

(3) A concepção contemporânea dos direitos humanos surgiu com o termino da Primeira Grande Guerra Mundial.

(4) As três gerações de direitos humanos demonstram que visões de mundo diferentes refletem-se nas normas jurídicas voltadas a proteção da pessoa.

(5) A universalidade dos direitos humanos, necessariamente, impõe a visão de mundo ocidental plasmada na Declaração Universal de Direitos Humanos.

1: certo. Em seu artigo intitulado Para uma concepção intercultural dos direitos humanos, Boaventura de Sousa Santos tenta apontar as condições que permitem conferir aos direitos humanos tanto um escopo global como uma legitimidade local, para, assim, fundar uma política progressista de direitos humanos. Em outras palavras, busca construir uma proposta para superação do debate sobre universalismo e relativismo cultural. Importante ter em mente a profunda ligação que o autor estabelece entre ambiente cultural e conceituação dos direitos humanos. Assim, Boaventura pondera que os direitos humanos podem ser produzidos e interpretados dentro do paradigma da globalização hegemônica ou da globalização contra-hegemônica. Sem esconder sua preferência pelo último enfoque, o pensador português assim diz: "A minha tese é que, enquanto forem concebidos como direitos humanos universais em abstracto, os direitos humanos tenderão a operar como localismo globalizado e, portanto, como uma forma de globalização hegemônica. Para poderem operar como forma de cosmopolitismo insurgente, como globalização contra-hegemônica, os direitos humanos têm de ser reconceptualizados como interculturais[2]". Para entender o funcionamento da hermenêutica diatópica, a qual permitirá o diálogo intercultural, cabe ter por base o conceito de *topoi*. De forma geral, os *topoi* são os lugares comuns retóricos mais abrangentes de determinada cultura. Funcionam como premissas de argumentação, logo não podem ser discutidas, devido sua evidência. Na prática, a hermenêutica diatópica assim funcionaria: "A hermenêutica diatópica baseia-se na ideia de que os *topoi* de uma dada cultura, por mais fortes que sejam, são tão incompletos quanto a própria cultura a que pertencem. Tal incompletude não é visível a partir do interior dessa cultura, uma vez que a aspiração à totalidade induz a que se tome a parte pelo todo. O objectivo da hermenêutica diatópica não é, porém, atingir a completude – um objectivo inatingível – mas, pelo contrário, ampliar ao máximo a consciência de incompletude mútua através de um diálogo que se desenrola, por assim dizer, com um pé numa cultura e outro, noutra. Nisto reside o seu carácter dia-tópico[3]". Mediante a aplicação da hermenêutica diatópica seria possível a aproximação do *topos* dos direitos humanos da cultural ocidental com o *topos* do *dharma* da cultura hindu e com o *topos* da *umma* da cultura islâmica. E o resultado

---

1. O constitucionalismo pode ser conceituado como o movimento político, social e jurídico cujo objetivo é limitar o poder do Estado por meio de uma Constituição. Já o neoconstitucionalismo surge depois da Segunda Guerra Mundial e tem por objetivo principal conferir maior efetividade aos comandos constitucionais, notadamente os direitos fundamentais.

2. Revista Contexto Internacional, vol. 23, n 1º, 2001, pág. 14.

3. Revista Contexto Internacional, vol. 23, n 1º, 2001, pág. 21.

seria, nas palavras do autor, a formatação de uma concepção híbrida da dignidade humana, ou seja, uma concepção mestiça dos direitos humanos. Esse processo desaguaria numa alternativa à teoria geral de aplicação pretensamente universal, a qual não é mais que uma versão peculiar de universalismo que concebe como particularismo tudo o que não coincide com ele. Por todo o dito, percebe-se que a hermenêutica diatópica exige uma produção de conhecimento coletiva, participativa, interativa, intersubjetiva e reticular; **2**: certo. A Declaração Universal dos Direitos Humanos de 1948 universalizou a noção de direitos humanos. Muito importante foi seu papel, pois antes disso a proteção dos direitos humanos era relegada a cada Estado, que, com suporte em sua intocável soberania, tinha autonomia absoluta para determinar e executar as políticas relacionadas à proteção da dignidade da pessoa humana. Todavia, obras de horror, como o nazifascismo, demonstraram que a proteção do ser humano não pode ficar somente nas "mãos de governos". Assim, um dos grandes objetivos perseguidos com a criação da ONU foi buscar a proteção dos direitos humanos em nível universal. Grande passo foi dado nesse sentido com a promulgação da Declaração Universal dos Direitos Humanos. Assim, "o direito a ter direitos" de Hannah Arendt passaria a ter tutela internacional. Cabe enfatizar que a concepção contemporânea dos direitos humanos, por sua vez, foi inaugurada pela Declaração Universal dos Direitos Humanos de 1948 e reforçada pela Declaração de Direitos Humanos de Viena de 1993. E a indivisibilidade sustenta que todos os direitos humanos se retroalimentam e se complementam, assim, é infrutífero buscar a proteção e a promoção de apenas uma parcela deles; **3**: errado, pois, como dito no comentário anterior, a concepção contemporânea dos direitos humanos surgiu com a Declaração Universal dos Direitos Humanos de 1948; **4**: certo. A primeira geração trata dos direitos civis (liberdades individuais) e políticos. A titularidade desses direitos é atribuída ao indivíduo, por isso são conhecidos como direitos individuais. Seu fundamento é a ideia de *liberdade*. Sobre tais direitos, é interessante a verificação de que sua defesa foi feita sobretudo pelos EUA. Estes defendiam a perspectiva liberal dos direitos humanos, consagrados no Pacto Internacional de Direitos Civis e Políticos. Já a segunda geração trata dos direitos sociais, culturais e econômicos. A titularidade desses direitos é atribuída à coletividade, por isso são conhecidos como direitos coletivos. Seu fundamento é a ideia de *igualdade*. O grande motivador do aparecimento desses direitos foi o movimento antiliberal, notadamente após a Primeira Guerra Mundial. É importante apontar o papel da URSS, que defendia veementemente a perspectiva social dos direitos humanos. Essa linha foi consagrada no Pacto Internacional de Direitos Econômicos, Sociais e Culturais. Cabe destacar que tais direitos aparecerem em primeiro lugar na Constituição mexicana de 1917 e na Constituição alemã de 1919 ("Constituição de Weimar"). E a terceira geração trata dos direitos à paz, ao desenvolvimento, ao meio ambiente, à propriedade do patrimônio cultural. A titularidade desses direitos é atribuída à humanidade e são classificados doutrinariamente como difusos. Seu fundamento é a ideia de *fraternidade*. Esses direitos provieram em grande medida da polaridade Norte/Sul, da qual surgiu o *princípio da autodeterminação dos povos*, fundamento do processo de descolonização e de inúmeros outros exemplos, consoante os já indicados acima, que exteriorizam a busca por uma nova ordem política e econômica mundial mais justa e solidária. Os direitos de terceira geração foram consagrados na Convenção para a Proteção do Patrimônio Mundial, Cultural e Natural, de 1972, e na Convenção sobre a Diversidade Biológica, de 1992. Cabe apontar que são classificados pelo STF como novíssimos direitos; **5**: errado. Reler o comentário sobre a assertiva 1.

Gabarito 1C, 2C, 3E, 4C, 5E

(Defensor Público/MS – 2008 – VUNESP) Quando se fala em Direitos Humanos, considerando sua historicidade, é correto dizer que

(A) somente passam a existir com as Declarações de Direitos elaboradas a partir da Revolução Gloriosa Inglesa de 1688.

(B) foram estabelecidos, pela primeira vez, por meio da Carta Magna de 1215, que é a expressão maior da proteção dos Direitos do Homem em âmbito universal.

(C) a concepção contemporânea de Direitos Humanos foi introduzida, em 1789, pela Declaração dos Direitos do Homem e do Cidadão, fruto da Revolução Francesa.

(D) a internacionalização dos Direitos Humanos surge a partir do Pós-Guerra, como resposta às atrocidades cometidas durante o nazismo.

A: incorreta. Antes da Revolução Gloriosa pode-se apontar como exemplos de Declarações de Direitos Humanos a Magna Carta de 1215, o *Petition of Rights* de 1628 e o *Habeas Corpus Act* de 1679. Deve-se aclarar que a Revolução Gloriosa ocorreu no Reino Unido, de 1688 a 1689, e teve por consequência a queda e posterior fuga do rei Jaime II, da dinastia Stuart. O trono, depois de declarado vago pelo Parlamento, foi oferecido, conjuntamente, ao genro do rei, o nobre neerlandês Guilherme, Príncipe de Orange, e a filha do rei, Maria de Stuart. Mas tal oferta comportava uma condição: se a coroa inglesa fosse aceita, também estaria aceita a Declaração de Direitos (*Bill of Rights*) votada pelo Parlamento. A oferta do trono e a condição foram aceitas e os novos soberanos passaram a chamar-se Guilherme III e Maria II. A Declaração de Direitos de 1689 é um documento legal confeccionado pelo Parlamento inglês, que, entre outras coisas, limitou os poderes do rei, disciplinou os direitos relacionados com o Parlamento, como, por exemplo, a liberdade de expressão dos parlamentares e o estabelecimento de eleições regulares para o Parlamento. E também determinou que todos os súditos têm direito de petição ao rei, como também tornou o Parlamento competente para legislar e criar tributos, funções antes exercidas pelo rei. Tais medidas asseguraram certo poder para o Parlamento no Reino Unido e representaram a instauração institucional da separação de poderes, mais tarde reconhecida e elogiada por Montesquieu. É importante apontar que Declaração de Direitos de 1689 foi influenciada diretamente pelas ideias de John Locke e figura como um dos textos constitucionais mais importantes do Reino Unido; **B**: incorreta. O século XI marcou o início de uma onda de centralização de poder, tanto a nível civil como eclesiástico. É importante ter em mente tal consideração, pois ela é o motivador da assinatura da Magna Carta. A título histórico, cabe lembrar que já em 1188 foi feita a declaração das cortes de Leão, na Espanha. Depois dessa declaração, os senhores feudais espanhóis continuaram se manifestando, mediante declarações e petições, contra a instalação do poder real soberano. A Magna Carta é um documento de 1215 que limitou o poder dos monarcas da Inglaterra, impedindo assim o exercício do poder absoluto. E resultou de desentendimentos entre o rei João I (conhecido como "João Sem Terra"), o Papa e os barões ingleses acerca das prerrogativas do soberano. Esses desentendimentos têm raízes diversas. A contenda com os barões foi motivada pelo aumento das exações fiscais, tais foram constituídas para financiar campanhas bélicas, pois o rei João Sem Terra acabava de perder a Normandia, que era sua por herança dinástica, para o rei francês Filipe Augusto. Já a desavença com o papa surgiu de seu apoio as pretensões territoriais do imperador Óton IV, seu sobrinho, em prejuízo do papado. Ademais, o rei João I recusou a escolha papal de Stephen Langton como cardeal de Cantebury, o que lhe rendeu a excomunhão, operada pelo papa Inocêncio III. A Magna Carta só foi assinada pelo rei quando a revolta armada dos barões atingiu Londres, e a sua assinatura era condição para o cessar fogo. Todavia, ela foi reafirmada solenemente (pois tinha vigência determinada de três meses) em 1216, 1217 e 1225, quando se torna direito permanente. A título de curiosidade, cabe apontar que algumas de suas disposições ainda se encontram em vigor nos dias de hoje. Sua forma foi de promessa unilateral, por parte do monarca, de conceder certos privilégios especiais aos barões. Mas é possível entende-la como uma convenção firmada entre os barões e o rei. E também, segundo os termos da Magna Carta, o rei deveria renunciar a certos direitos e respeitar determinados procedimentos legais, bem como reconhecer que sua vontade estaria sujeita à lei. Considera-se a Magna Carta o primeiro capítulo de um longo processo histórico que levaria ao surgimento do constitucionalismo e da democracia moderna. Em síntese, a Magna Carta tratou-se de uma limitação institucional dos poderes reais. Por todo o dito, percebe-se que os direitos humanos foram estabelecidos, de certa forma, antes da Magna Carta, em 1188, pela declaração das cortes de Leão, na Espanha, apesar de muitos consideraram a Magna Carta como o primeiro documento de direitos humanos da história. Ademais, a Magna Carta não tem âmbito universal e sim está relacionada com a situação específica da Inglaterra. Por fim, deve-se dizer que **a expressão maior da proteção dos Direitos do Homem em âmbito universal é a Declaração Universal dos Direitos Humanos; C:** incorreta. O marco recente ou a concepção contemporânea dos direitos humanos foi inaugurado, sem dúvida, pela Declaração Universal dos Direitos Humanos de 1948 e reforçado pela Declaração de Direitos Humanos de Viena de 1993. A Declaração Universal dos Direitos Humanos foi aprovada pela Resolução n. 217 A (III) da Assembleia Geral da ONU, em 10 de dezembro de 1948, por 48 votos a zero e oito abstenções. E em **conjunto com os dois Pactos Internacionais, sobre Direitos Civis e Políticos e sobre Direitos Econômicos, Sociais e Culturais, constituem a "Carta Internacional de Direitos Humanos"; D:** correta. Uma das preocupações da ONU é a proteção dos direitos humanos mediante a cooperação internacional. A Carta das Nações Unidas é o exemplo mais emblemático do processo de internacionalização dos direitos humanos ocorridos no pós-guerra. É importante lembrar que este processo recente de internacionalização dos direitos humanos é fruto da ressaca moral da humanidade ocasionada pelo excesso de violações de direitos humanos perpetradas pelo nazifascismo.

Gabarito "D".

(Defensoria/SP – 2007 – FCC) A respeito da relação entre o jusnaturalismo e o juspositivismo, o Direito Internacional dos Direitos Humanos consagra a noção, segundo a qual

(A) o reconhecimento dos direitos humanos nas Constituições caracteriza a transição da fundamentação daqueles, do direito natural ao direito positivo.

(B) só se pode admitir a formulação de novos direitos humanos por parlamentos legitimamente eleitos, tendo em vista o primado da soberania estatal, atualmente.

(C) é recomendável a positivação dos direitos humanos sem, contudo, olvidar sua fundamentação no Direito Natural, permitindo o paulatino reconhecimento de novos direitos.

(D) é irrelevante seu reconhecimento pela legislação interna dos países, considerando que os direitos humanos são inerentes ao ser humano.

(E) os direitos humanos, historicamente fundados no Direito Natural, necessitam ser reconhecidos pelo Direito Positivo para se tornarem exigíveis.

A: incorreta. A fundamentação dos direitos humanos sempre será o direito natural. O direito positivo apenas reconhece expressamente tais direitos, pois os direitos humanos transcendem às criações culturais no sentido lato (religião, tradição, organização política etc.) por serem adstritos à condição humana; **B:** incorreta. A ideia de soberania absoluta encontra-se há muito superada, assim, o estado que violar direitos humanos poderá ser responsabilizado perante a comunidade internacional, como, por exemplo, por intermédio de cortes regionais (ex: Corte Interamericana de Direitos Humanos) ou de comitês internacionais (ex: Comitê dos Direitos Humanos criado pelo Pacto Internacional dos Direitos Civis e Políticos). Dentro desta lógica, o indivíduo que tiver sua dignidade violada e não conseguir a efetiva tutela, poderá buscar (direta ou indiretamente) cortes e comitês internacionais para buscar sua devida proteção. Ademais, o dirigente político que conduzir o país à prática de crimes contra a humanidade também poderá ser julgado e condenado pelo Tribunal Penal Internacional (TPI). Sobre este processo de mitigação da soberania, é imprescindível apontar o papel do Tribunal de Nuremberg, pois com a instalação deste tribunal *ad hoc* ficou demonstrada a necessária flexibilização da noção de soberania para bem proteger os direitos humanos. E, por outro lado, ficou comprovado o reconhecimento de direitos do indivíduo pelo direito internacional. Ademais, os parlamentos não formulam novos direitos humanos, apenas os reconhecem, tal qual comentamos na assertiva "A". A título conclusivo, pode-se afirmar que toda regra, convencional ou não, que promova ou proteja a dignidade da pessoa humana é "direitos humanos" e esta constante criação de "novos" direitos humanos torna impossível sua tipificação fechada, portanto, é necessário uma tipificação aberta para permitir a inserção de novos conceitos protetores da dignidade humana na medida em que aparecerem; **C:** correta. Reler os comentários anteriores; **D:** incorreta, pois é de grande importância o reconhecimento legal dos direitos humanos, afinal, vivemos em um estado de direito. Ademais, o reconhecimento legal tem grande importância simbólica; **E:** incorreta, o direito positivo apenas reconhece expressamente tais direitos, pois os direitos humanos transcendem às criações culturais no sentido lato (religião, tradição, organização política etc.) por serem adstritos à condição humana.

Gabarito "C".

2. GERAÇÕES DOS DIREITOS HUMANOS

(Defensoria/PI – 2009 – CESPE) A respeito do desenvolvimento histórico dos direitos humanos e seus marcos fundamentais, assinale a opção correta.

(A) Os direitos fundamentais surgem todos de uma vez, não se originam de processo histórico paulatino.

(B) Não há uma correlação entre o surgimento do cristianismo e o respeito à dignidade da pessoa humana.

(C) As gerações de direitos humanos mais recentes substituem as gerações de direitos fundamentais mais antigas.

(D) A proteção dos direitos fundamentais é objeto também do direito internacional.

(E) A ONU é o órgão responsável pela UDHR e pela Declaração Americana de Direitos.

A: incorreta, pois a amplitude de proteção conferida pelos direitos humanos é marcada por sua contínua majoração, o que os tornam direitos históricos, pois no evolver da história, novos direitos são reconhecidos como direitos humanos – processo não findo. A história dos direitos humanos é marcada pela luta por seu reconhecimento, umbilicalmente relacionada com a luta por justiça e liberdade; **B:** incorreta. A mais abrangente revolução de valores e de atitude ocorrida na História da Humanidade foi a operada pelo Cristianismo. Os princípios hoje tão aclamados da liberdade, da igualdade e da solidariedade apareceram pela primeira vez nos ensinamentos do Novo Testamento. Por exemplo, a liberdade está inserida no princípio do livre arbítrio, já a igualdade é verificada no princípio de que entre os cristãos, recebidos pelo batismo, não há diferença e a solidariedade é exteriorizada no mandamento cristão: "Amar o próximo como a si mesmo". Percebe-se que os princípios que fundamentaram as três primeiras gerações dos direitos humanos apareceram primeiramente por obra do cristianismo, o qual tem grande papel nessa milenar luta pela proteção da dignidade da pessoa humana; **C:** incorreta. A divisão dos direitos humanos em gerações, idealizada por Karel Vasak, tem por finalidade permitir uma análise precisa de sua amplitude, além de dar uma boa ideia sobre a causa de seu surgimento e seu contexto. A análise das gerações tem que ter por fundamento

não a ótica sucessória (de substituição da anterior pela posterior), **mas sim a interacional (de complementação da anterior pela posterior)**; D: correta. Em se tratando de interpretação e de aplicação das regras protetivas de direitos humanos, deve-se ter por fundamento o **princípio da primazia da norma mais favorável à vítima**. Tal princípio determina a busca da maior efetividade possível na proteção dos direitos humanos. Portanto, de um modo geral, os sistemas protetivos de direitos humanos global (geral e específico), regional (global e específico) e nacional interagem-se e complementam-se para melhor proteger o indivíduo dos abusos perpetrados contra sua dignidade humana. Deve-se fazer uma pequena distinção entre direitos humanos e direitos fundamentais. A doutrina atual, principalmente a alemã, considera os direitos fundamentais como os valores éticos sobre os quais se constrói determinado sistema jurídico nacional, ao passo que os direitos humanos existem mesmo sem o reconhecimento da ordem jurídica interna de um país, pois estes possuem vigência universal. Mas, na maioria das vezes os direitos humanos são reconhecidos internamente pelos sistemas jurídicos nacionais, situação que os tornam também direitos fundamentais, ou seja, os direitos humanos previstos na constituição de um país são denominados direitos fundamentais; E: incorreta. Uma das preocupações da ONU é a proteção dos direitos humanos mediante a cooperação internacional. A Carta das Nações Unidas é o exemplo mais emblemático do processo de internacionalização dos direitos humanos ocorridos no pós-guerra. Aliás, é importante lembrar que este processo recente de internacionalização dos direitos humanos é fruto da ressaca moral da humanidade ocasionada pelo excesso de violações de direitos humanos perpetradas pelo nazifascismo. Mas o problema identificado na Carta das Nações Unidas é que ela não definia o conteúdo dos direitos humanos, assim, em 1948, foi proclamada a Declaração Universal dos Direitos Humanos com a função de bem definir o conteúdo dos direitos humanos. A Declaração Universal dos Direitos Humanos foi aprovada pela Resolução n. 217 A (III) da Assembleia Geral da ONU, em 10 de dezembro de 1948, por 48 votos a zero e oito abstenções. E em conjunto com os dois Pactos Internacionais, sobre Direitos Civis e Políticos e sobre Direitos Econômicos, Sociais e Culturais, constituem a "Carta Internacional de Direitos Humanos". A Declaração é fruto de um consenso sobre valores de cunho universal a serem seguidos pelos estados. E também do reconhecimento do indivíduo como sujeito direto do direito internacional. Todavia, o sistema protetivo americano foi instalado, em 1948, pela Carta da Organização dos Estados Americanos, esta, por sua vez, foi adotada na Nona Conferência Internacional Americana, que se reuniu em Bogotá, na Colômbia. Na mesma Conferência, foi adotada a Declaração Americana dos Direitos e Deveres do Homem. Percebe-se que o sistema protetivo americano não contava com nenhum mecanismo constritivo de proteção dos direitos humanos, mas apenas uma declaração (*soft law*) de que os estados-membros devem proteger os direitos humanos. Mas, em 22 de novembro de 1969, na Conferência de São José da Costa Rica, foi adotada a Convenção Americana de Direitos Humanos (Pacto de San José da Costa Rica), a qual só entrou em vigor em 18 de julho de 1978 (quando atingiu as 11 ratificações necessárias) e é o principal instrumento protetivo do sistema americano. No Brasil, a Convenção passou a ter vigência por meio do decreto 678 de 6 de novembro de 1992. E a Convenção instituiu como órgãos de fiscalização e julgamento, do sistema americano de proteção dos direitos humanos, a Comissão e a Corte Interamericana de Direitos Humanos, dotando, desta maneira, o sistema americano de mecanismos constritivos de proteção dos direitos humanos (*hard law*).
Gabarito "D".

(**Defensor Público/BA – 2006**) Cuidando-se da temática da evolução histórica, afirmação e aplicabilidade concreta dos Direitos Humanos, tem-se:

I. "Os direitos de primeira geração têm por titular o indivíduo, são oponíveis ao Estado, traduzem-se como faculdade ou atributos da pessoa e ostentam uma subjetividade que é seu traço mais característico; enfim, são direitos de resistência ou de oposição perante o Estado.(...) São os direitos da liberdade, os primeiros a constarem de instrumento normativo constitucional, a saber, os direitos civis e políticos, que em grande parte correspondem, por prisma histórico, àquela fase inaugural do constitucionalismo do Ocidente"

II. "A consciência de um mundo partido entre nações desenvolvidas e subdesenvolvidas ou em fase de precário desenvolvimento deu lugar a que se buscasse uma outra dimensão dos direitos (humanos) fundamentais, até então desconhecida. Trata-se daquela que se assenta sobre a fraternidade, conforme assinala Karel Vasak, e provida de uma latitude de sentido que não parece compreender unicamente a proteção específica de direitos individuais ou coletivos; são assim conhecidos como direitos de segunda geração, tal como ocorre com a proteção do meio ambiente".

III. "Os direitos humanos de terceira geração podem assim ser identificados como os direitos econômicos, sociais e culturais; alinham-se, portanto, com as liberdades positivas, reais ou concretas, acentuando o princípio da igualdade; produto do século XIX, decorreu dos esforços dos movimentos proletários socialistas; vieram a ser positivados nas constituições revolucionárias mexicana e russa, bem como na da República de Weimar".

Analisando as assertivas, verifica-se que:

(A) Apenas I está correta.
(B) Apenas II está correta.
(C) Apenas III está correta.
(D) Apenas I e II estão corretas.
(E) Apenas II e III estão corretas.

I: correta. O trecho foi retirado do livro intitulado Curso de Direito Constitucional, de autoria do Prof. Paulo Bonavides (a consideração em questão pode ser localizada na página 517 do livro supra referido na sua 6ª ed., Malheiros); II: incorreta. O erro está em identificá-los como direitos de segunda geração, pois tais direitos, guiados pela ideia de fraternidade, são de **terceira geração**. A terceira geração trata dos direitos à paz, ao desenvolvimento, ao meio ambiente, à propriedade do patrimônio cultural e a titularidade destes direitos (ditos difusos) é atribuída à humanidade. Seu fundamento é a ideia de fraternidade. Estes direitos provieram em grande medida da polaridade Norte/Sul e dentro desta polaridade surgiu o *princípio da autodeterminação dos povos*, fundamento do processo de descolonização e de inúmeros outros exemplos, consoante aos já indicados acima, que exteriorizam a busca por uma nova ordem política e econômica mundial mais justa e solidária. Os direitos de terceira geração foram consagrados na Convenção para a Proteção do Patrimônio Mundial, Cultural e Natural, de 1972, e na Convenção sobre a Diversidade Biológica, de 1992; III: incorreta. O erro está em identificá-los como direitos de terceira geração, pois tais direitos, guiados pela ideia de igualdade, são de **segunda geração**. A segunda geração trata dos direitos sociais, culturais e econômicos e a titularidade destes direitos é atribuída à coletividade, destarte, conhecidos são como direitos coletivos. Seu fundamento é a ideia de igualdade. O grande motivador do aparecimento destes direitos foi o movimento antiliberal, notadamente após a Primeira Guerra Mundial. É importante apontar o papel da URSS, pois esta defendia veementemente a perspectiva social dos direitos humanos. Esta linha foi consagrada no Pacto Internacional de Direitos Econômicos, Sociais e Culturais. Cabe destacar que esses direitos aparecerem em primeiro lugar na Constituição Mexicana de 1917 e na Constituição da Alemanha de 1919 ("Constituição de Weimar").
Gabarito "A".

3. CARACTERÍSTICAS DOS DIREITOS HUMANOS

(Defensoria/PI – 2009 – CESPE) Os direitos fundamentais possuem determinadas características que foram objeto de detalhado estudo da doutrina nacional e internacional. A respeito dessas características, assinale a opção correta.

(A) O princípio da universalidade impede que determinados valores sejam protegidos em documentos internacionais dirigidos a todos os países.
(B) A irrenunciabilidade dos direitos fundamentais não destaca o fato de que estes se vinculam ao gênero humano.
(C) É característica marcante o fato de os direitos fundamentais serem absolutos, no sentido de que eles devem sempre prevalecer, independentemente da existência de outros direitos, segundo a máxima do "tudo ou nada".
(D) A imprescritibilidade dos direitos fundamentais vincula-se à sua proteção contra o decurso do tempo.
(E) A inviolabilidade evita o desrespeito dos direitos fundamentais por autoridades públicas, entretanto permite o desrespeito por particulares.

A: incorreta, pois é o contrário: a Declaração Universal dos Direitos Humanos de 1948 universalizou a noção de direitos humanos. Muito importante foi o papel da Declaração, pois antes disso a proteção dos direitos humanos ficava relegada a cada estado, que, com suporte em sua intocável soberania, tinha autonomia absoluta para determinar e executar as políticas relacionadas à proteção da dignidade da pessoa humana. Todavia, obras de horror, como o nazifascismo, demonstraram que a proteção do ser humano não pode ficar somente nas "mãos de governos". Assim, um dos grandes objetivos perseguidos com a criação da ONU foi o de buscar a proteção dos direitos humanos a nível universal. Grande passo foi dado neste sentido com a promulgação da Declaração Universal dos Direitos Humanos. Assim, "o direito a ter direitos" de Hannah Arendt passaria a ter tutela internacional. As críticas referentes à leitura de *universalização* por *ocidentalização* não devem proceder, isto porque os direitos humanos transcendem às criações culturais no sentido lato (religião, tradição, organização política etc.) por serem adstritos à condição humana. Desta forma, particularidades regionais e nacionais devem ser levadas em conta, mas nunca devem impedir a proteção mínima dos direitos humanos, até porque estes fazem parte do *jus cogens*. Assim o *universalismo* derrota o *relativismo*; **B:** incorreta, pois é o contrário: por serem direitos adstritos à condição humana, estes não podem ser renunciáveis, pois formam o indivíduo na sua plenitude. Assim, são indisponíveis tanto pelo estado como pelo particular. Tal característica se confirma pelo fato de os direitos humanos fazerem parte do *jus cogens*, isto é, inderrogáveis por ato volitivo; **C:** incorreta, os direitos fundamentais encontram seus limites em outros direitos, também fundamentais, pois não existem direitos ilimitados e absolutos, mas sim a necessidade de proceder, caso a caso, a uma ponderação para buscar a efetivação, isto é, a aplicabilidade, sempre que estiverem em colisão. Portanto, diante de conflitos entre direitos fundamentais deve-se aplicar o princípio constitucional da proporcionalidade, o qual guiará, no caso concreto, para uma aplicação coerente do direito fundamental, levando em consideração a incidência que cada um deve ter e, desta maneira, preserva-se o máximo dos direitos e garantias fundamentais consagrados constitucionalmente. A título exemplificativo, mesmo o direito à vida é excepcionalmente relativizado, no caso da legítima defesa, por exemplo, ou, em alguns países, no caso da pena de morte; **D:** correta. Os direitos humanos são atemporais, pois estão adstritos à condição humana. Assim, os direitos humanos não são passíveis de prescrição, ou seja, não caducam com o transcorrer do tempo;

E: incorreta, pois todos, autoridades públicas e particulares, devem respeitar os direitos humanos. Lembrando que os estados têm uma tripla obrigação para com todos os direitos humanos: de proteger (*to protect*), de respeitar (*to respect*) e de realizar (*to fulfill*). Ora, para proteger os direitos humanos, os estados também terão que punir os particulares que os desrespeitarem.

Gabarito "D".

(Defensoria/MA – 2009 – FCC) Ao introduzir a concepção contemporânea de direitos humanos, a Declaração Universal de Direitos Humanos de 1948 afirma que

(A) o relativismo cultural, a indivisibilidade e a interdependência dos direitos humanos, conferindo primazia ao valor da solidariedade, como condição ao exercício dos direitos civis, políticos, econômicos, sociais e culturais.
(B) a universalidade, a indivisibilidade e a interdependência dos direitos humanos, conferindo paridade hierárquica entre direitos civis e políticos e direitos econômicos, sociais e culturais.
(C) a universalidade, a indivisibilidade e a interdependência dos direitos humanos, conferindo primazia aos direitos civis e políticos, como condição ao exercício dos direitos econômicos, sociais e culturais.
(D) o relativismo cultural, a indivisibilidade e a interdependência dos direitos humanos, conferindo primazia aos direitos econômicos, sociais e culturais, como condição ao exercício dos direitos civis e políticos.
(E) a universalidade, a indivisibilidade e a interdependência dos direitos humanos, conferindo primazia aos direitos econômicos, sociais e culturais, como condição ao exercício dos direitos civis e políticos.

Os direitos humanos possuem algumas características: **a) universalidade** – a Declaração Universal dos Direitos Humanos de 1948 universalizou a noção de direitos humanos. Muito importante foi o papel da Declaração, pois antes disso a proteção dos direitos humanos ficava relegada a cada estado, que, com suporte em sua intocável soberania, tinha autonomia absoluta para determinar e executar as políticas relacionadas à proteção da dignidade da pessoa humana. Todavia, obras de horror, como o nazifascismo, demonstraram que a proteção do ser humano não pode ficar somente nas "mãos de governos". Assim, um dos grandes objetivos perseguidos com a criação da ONU foi o de buscar a proteção dos direitos humanos a nível universal. Grande passo foi dado neste sentido com a promulgação da Declaração Universal dos Direitos Humanos. Assim, "o direito a ter direitos" de Hannah Arendt passaria a ter tutela internacional. E as críticas referentes à leitura de *universalização* por *ocidentalização* não devem proceder, isto porque os direitos humanos transcendem às criações culturais no sentido lato (religião, tradição, organização política etc.) por serem adstritos à condição humana. Desta forma, particularidades regionais e nacionais devem ser levadas em conta, mas nunca devem impedir a proteção mínima dos direitos humanos, até porque estes fazem parte do *jus cogens*. Assim **o universalismo derrota o relativismo; b) indivisibilidade** – todos os direitos humanos se retroalimentam e se complementam, assim é infrutífero buscar a proteção e a promoção de apenas uma parcela deles. Veja-se o exemplo do direito à vida, núcleo dos direitos humanos. Este compreende o direito do ser humano não ter sua vida ceifada (atuação estatal negativa), como também o direito de ter acesso aos meios necessários para conseguir sua subsistência e uma vida digna (atuação estatal positiva). Percebe-se a interação dos direitos pessoais com os direitos econômicos, sociais e culturais para garantir a substancial implementação do direito à vida; e **c) interdependência** – os direitos humanos se retroalimentam e se complementam, destarte, cada direito depende dos outros para ser substancialmente realizado. Importante apontar também o princípio da complementaridade solidária dos direitos humanos de qualquer espécie. Esse princípio dialoga com o da universalidade, da interdependência e da indivisibilidade, mas cabe mencioná-lo, pois ele foi proclamado solenemente na segunda Conferência Mundial de Direitos Humanos, realizada em Viena em 1993. É importante transcrever trecho da Declaração de Viena que bem sintetiza as características dos direitos humanos de um modo geral: "Todos os direitos humanos são universais, indivisíveis, interdependentes e inter-relacionados. A comunidade internacional deve tratar os direitos humanos de forma global, justa e equitativa, em pé de igualdade e com a mesma ênfase. Embora particularidades nacionais e regionais devam ser levadas em consideração, assim como diversos contextos históricos, culturais e religiosos, é dever dos Estados promover e proteger todos os direitos humanos e liberdades fundamentais, sejam quais forem seus sistemas políticos, econômicos e culturais".

Gabarito "B".

4. CLASSIFICAÇÃO DOS DIREITOS HUMANOS

(Defensoria/SP – 2007 – FCC) As Constituições Mexicana (1917) e Alemã (1919) são historicamente relevantes para os direitos humanos porque

(A) incorporaram ao direito interno as normas da Declaração Universal dos Direitos Humanos.

(B) restabeleceram o paradigma da dignidade humana, abalado pelos eventos da Segunda Guerra Mundial.

(C) enfatizaram a prevalência dos direitos individuais sobre os coletivos.

(D) elevaram os direitos trabalhistas e previdenciários ao nível de direitos fundamentais.

(E) inspiraram a elaboração da Declaração dos Direitos do Povo Trabalhador e Explorado.

A segunda geração de direitos humanos trata dos direitos sociais, culturais e econômicos. A titularidade destes direitos é atribuída à coletividade, destarte, conhecidos são como direitos coletivos. Seu fundamento é a ideia de **igualdade**. O grande motivador do aparecimento destes direitos foi o movimento antiliberal, notadamente após a Primeira Guerra Mundial. É importante apontar o papel da URSS, pois esta defendia veementemente a perspectiva social dos direitos humanos. Esta linha foi consagrada no Pacto Internacional de Direitos Econômicos, Sociais e Culturais. Cabe destacar que esses direitos aparecerem em primeiro lugar na Constituição Mexicana de 1917 e na Constituição da Alemanha de 1919 ("Constituição de Weimar"). São exemplos de direitos econômicos principalmente os direitos ao trabalho, ao repouso e ao lazer, e à segurança social (arts. 22 a 25 da Declaração Universal dos Direitos Humanos).

Gabarito "D".

5. SISTEMA GLOBAL DE PROTEÇÃO DOS DIREITOS HUMANOS

(Defensoria/PI – 2009 – CESPE) Com relação aos mecanismos internacionais de proteção e monitoramento dos direitos humanos, assinale a opção correta.

(A) O Tribunal de Nuremberg não teve nenhum papel histórico na internacionalização dos direitos humanos.

(B) A ONU nasceu com diversos objetivos, como a manutenção da paz e segurança internacionais, entretanto a proteção internacional dos direitos humanos não estava incluído entre eles.

(C) Quando foi adotada e proclamada por resolução da Assembleia Geral das Nações Unidas, a UDHR, por não ter sido aceito por todos os países, não teve importância histórica.

(D) Além da UDHR de 1948 não há outros documentos relevantes no âmbito da proteção internacional global dos direitos humanos.

(E) O Pacto Internacional de Direitos Civis e Políticos de 1966 previu novas espécies de direitos humanos além daquelas previstas expressamente na UDHR de 1948.

A: incorreta. A ONU e a Declaração Universal dos Direitos Humanos criam um verdadeiro sistema de proteção global da dignidade humana. É importante ter em mente que este processo recente de internacionalização dos direitos humanos é fruto do pós-guerra e da ressaca moral da humanidade ocasionada pelo excesso de violações de direitos humanos perpetradas pelo nazifascismo. Cada estado estabelece suas próprias regras de direitos humanos ("direitos fundamentais") e executa sua própria política de proteção dos direitos humanos. Todavia, o que se percebe é a mitigação da soberania dos estados em função da característica de universalidade dos direitos humanos. Isto é, a comunidade internacional fiscaliza e opina sobre a situação dos direitos humanos em cada país, podendo até sancionar em determinadas situações. Sobre este processo de mitigação da soberania, é imprescindível apontar o papel do Tribunal de Nuremberg, pois com a instalação deste tribunal *ad hoc* ficou demonstrada a necessária flexibilização da noção de soberania para bem proteger os direitos humanos. E, por outro lado, ficou comprovado o reconhecimento de direitos do indivíduo pelo direito internacional; **B:** incorreta. A ONU é uma organização internacional que tem por objetivo facilitar a cooperação em matéria de direito internacional, segurança internacional, desenvolvimento econômico, progresso social, direitos humanos e a realização da paz mundial. Por isso, diz-se que é uma organização internacional de vocação universal. Sua lei básica é a Carta das Nações Unidas, elaborada em São Francisco de 25 de abril a 26 de junho de 1945. Esta Carta tem como anexo o Estatuto da Corte Internacional de Justiça. Percebe-se que uma das preocupações da ONU é a proteção dos direitos humanos mediante a cooperação internacional. A Carta das Nações Unidas é o exemplo mais emblemático do processo de internacionalização dos direitos humanos ocorridos no pós-guerra. Aliás, é importante lembrar que este processo recente de internacionalização dos direitos humanos é fruto da ressaca moral da humanidade ocasionada pelo excesso de violações de direitos humanos perpetradas pelo nazifascismo; **C:** incorreta. A Declaração Universal dos Direitos Humanos foi aprovada pela Resolução n. 217 A (III) da Assembleia Geral da ONU, em 10 de dezembro de 1948, por 48 votos a zero e oito abstenções. E em conjunto com os dois Pactos Internacionais, sobre Direitos Civis e Políticos e sobre Direitos Econômicos, Sociais e Culturais, constituem a "Carta Internacional de Direitos Humanos"; **D:** incorreta. Reler o comentário à assertiva "C". Ademais, pode-se apontar alguns documentos que compõem o sistema global de proteção específica dos direitos humanos: Convenção Internacional sobre a Eliminação de todas as formas de Discriminação Racial, Convenção Internacional sobre a Eliminação de todas as formas de Discriminação contra a Mulher, Convenção contra a Tortura e outros Tratamentos ou Penas Cruéis, Desumanos ou Degradantes, Convenção sobre os Direitos da Criança etc.; **E:** correta. O Pacto Internacional de Direitos Civis e Políticos foi adotado, em 1966, pela Resolução 2.200 A (XXI) da Assembleia Geral das Nações Unidas, mas devido à grande resistência que sofreu, somente adquiriu as ratificações necessárias para entrar em vigor no ano de 1976. Seu grande objetivo é tornar obrigatório, vinculante e **expandir** os direitos civis e políticos elencados na Declaração Universal dos Direitos Humanos. É um exemplo de *hard law*. Lembrando que o Pacto foi ratificado pelo Brasil em 24 de janeiro de 1992.

Gabarito "E".

(Defensoria/SP – 2009 – FCC) No tocante aos mecanismos de monitoramento e implementação dos direitos que contemplam, o Pacto Internacional dos Direitos Civis e Políticos e o Pacto Internacional dos Direitos Econômicos, Sociais e Culturais têm em comum

(A) o envio de relatórios e a comunicação interestatal.

(B) a sistemática de petições.

(C) o envio de relatórios, a comunicação interestatal e a sistemática de petições.

(D) o envio de relatórios.

(E) o envio de relatórios, a comunicação interestatal e a sistemática de petições, mediante adesão ao protocolo facultativo.

Conforme determina o art. 40 do Pacto Internacional de Direitos Civis e Políticos, os estados que aderirem ao Pacto comprometem-se a **submeter relatórios** sobre as medidas por eles adotadas para tornar efetivos os direitos reconhecidos no presente Pacto e sobre o progresso alcançado no gozo desses direitos. E o Pacto apresenta também um sistema, opcional, de **comunicações interestatais**. Por fim, o Protocolo Facultativo ao Pacto, adotado em 16 de dezembro de 1966, cria um importante mecanismo para melhorar o controle sobre a aplicação, pelos estados-partes, das disposições do Pacto Internacional dos Direitos Civis e Políticos. Trata-se do sistema das **petições individuais**. Vale apontar que o Comitê definiu que as petições também podem ser enviadas por terceiras pessoas ou organizações não governamentais que representem o indivíduo lesionado. Por seu lado, no que tange à sistemática de controle sobre a aplicação, pelos estados-partes, das disposições do Pacto Internacional dos Direitos Econômicos, Sociais e Culturais, foi adotado apenas o **envio de relatórios** pelos estados-partes. Tais relatórios deverão ser encaminhados para o Secretário-Geral, que os encaminhará ao Conselho Econômico e Social. E para efetuar a análise dos relatórios, o Conselho Econômico e Social criou o Comitê sobre Direitos Econômicos, Sociais e Culturais. Já o Protocolo, adotado em 10 de dezembro de 2008 (ainda não entrou em vigor), cria importantes mecanismos para melhor controlar a aplicação, pelos estados-partes, das disposições do Pacto Internacional dos Direitos Econômicos, Sociais e Culturais. Um dos mecanismos criados pelo Protocolo é a possibilidade do indivíduo "lesionado" **enviar petições** ao Comitê de Direitos Econômicos, Sociais e Culturais. Outro sistema implantado pelo Protocolo é o das **comunicações interestatais**. Por fim, uma ferramenta muito interessante criada pelo Protocolo é aquela que determina a realização de **investigações in loco**. Tais investigações serão determinadas quando um estado parte for acusado de grave e sistemática violação dos direitos elencados no Pacto Internacional dos Direitos Econômicos, Sociais e Culturais.

Gabarito: "D".

5.1. Declaração Universal dos Direitos Humanos

(Defensor Público –DPE/ES – 2016 – FCC) A Declaração Universal dos Direitos Humanos de 1948

(A) não tratou do direito à instrução, como direito à educação.

(B) proibiu a pena de morte.

(C) restringiu-se aos direitos civis e políticos por se tratar de um documento inaugural.

(D) não tratou do direito ao voto, por se tratar de um direito político não reconhecido por todos os Estados signatários.

(E) consolida a ética universal e, combinando o valor da liberdade com o da igualdade, enumera tanto os direitos civis e políticos quanto os direitos econômicos sociais e culturais.

A: incorreta, pois tal direito foi previsto no artigo 26 da Declaração; **B:** incorreta, pois a Declaração não dispõe sobre a pena de morte; **C:** incorreta. Em seu bojo encontram-se direitos civis e políticos (artigos 3º a 21) e também direitos econômicos, sociais e culturais (artigos 22 a 28), o que reforça as características da indivisibilidade e interdependência dos direitos humanos; **D:** incorreta, pois tal direito foi previsto no artigo 21 da Declaração; **E:** correta (reler o comentário sobre a assertiva "C").

Gabarito: "E".

(Defensor Público/AC – 2012 – CESPE) A Declaração Universal de Direitos Humanos

(A) foi proclamada pelos revolucionários franceses do final do século XVIII e confirmada, após a Segunda Guerra Mundial, pela Assembleia Geral das Nações Unidas.

(B) foi o primeiro documento internacional a estabelecer expressamente o princípio da vedação ao retrocesso social.

(C) nada declara sobre o direito à propriedade, em razão da necessidade de acomodação das diferentes ideologias das potências vencedoras da Segunda Guerra Mundial.

(D) não faz referência à possibilidade de qualquer pessoa deixar o território de qualquer país ou nele ingressar, embora assegure expressamente a liberdade de locomoção dentro das fronteiras dos Estados.

(E) assegura a toda pessoa o direito de participar do governo de seu próprio país, diretamente ou por meio de representantes.

A: incorreta. Abalados pelas barbáries deflagradas nas duas Grandes Guerras e desejosos de construir um mundo sobre novos alicerces ideológicos, os dirigentes das nações que emergiram como potências no período pós-guerra, lideradas por URSS e EUA, estabeleceram na Conferência de Yalta, na Ucrânia, em 1945, as bases de uma futura "paz". Para isso definiram as áreas de influência das potências e acertaram a criação de uma organização multilateral que promovesse negociações sobre conflitos internacionais, com o objetivo de evitar guerras, construir a paz e a democracia, além de fortalecer os direitos humanos. Teve aí sua origem a ONU, uma organização internacional que tem por objetivo facilitar a cooperação em matéria de direito e segurança internacionais, desenvolvimento econômico, progresso social, direitos humanos e a realização da paz mundial. Por isso, diz-se que é uma organização internacional de vocação universal. Sua lei básica é a Carta das Nações Unidas, elaborada em São Francisco de 25 de abril a 26 de junho de 1945. Essa Carta tem como anexo o Estatuto da Corte Internacional de Justiça. Uma das preocupações da ONU é a proteção dos direitos humanos mediante a cooperação internacional. A Carta das Nações Unidas é o exemplo mais emblemático do processo de internacionalização dos direitos humanos ocorridos no pós-guerra. Aliás, conforme dito no capítulo introdutório, é importante lembrar que esse processo recente de internacionalização dos direitos humanos é fruto da ressaca moral da humanidade ocasionada pelo excesso de violações perpetradas pelo nazifascismo. O problema da Carta das Nações Unidas é que ela não definia o conteúdo dos direitos humanos. Assim, em 1948, foi proclamada a Declaração Universal dos Direitos Humanos com a função de resolver essa lacuna. A Declaração Universal dos Direitos Humanos foi aprovada pela Resolução 217 A (III) da Assembleia Geral da ONU, em 10 de dezembro de 1948, por 48 votos a zero e oito abstenções[4]; **B:** incorreta. Inicialmente o princípio da vedação do retrocesso social estava somente ligado aos direitos econômicos, sociais e culturais. E

---

4. Os países que se abstiveram foram Arábia Saudita, África do Sul, URSS, Ucrânia, Bielorrússia, Polônia, Iugoslávia e Tchecoslováquia.

foi o Pacto Internacional dos Direitos Econômicos, Sociais e Culturais que determinou, pela primeira vez, uma aplicação progressiva de seus preceitos partindo de um *mínimo essencial*. Isso porque grande parte dos Estados não teria os meios materiais necessários para garantir a máxima efetivação dos direitos econômicos, sociais e culturais de suas populações. Essa progressividade na implementação dos direitos do Pacto criou, como consequência, o *princípio ou cláusula da proibição/ vedação do retrocesso social ou da evolução reacionária*[5]. Isto é, os Estados somente podem avançar na implementação dos direitos do Pacto, e nunca recuar (leia-se eliminar direitos já garantidos ou diminuir a proteção conferida por eles). Num sentido amplo, essa vedação se estende aos novos tratados de direitos humanos, assim, não é possível a diminuição protetiva e a restrição para o gozo dos direitos humanos por meio da edição de um novo tratado. Fica nítido o caráter vinculativo do *princípio ou cláusula da proibição/vedação do retrocesso social ou da evolução reacionária*. Hodiernamente, pode-se defender que essa regra deve ser aplicada como garantia para a efetividade de todos os tipos de direitos humanos e não somente em relação aos direitos econômicos, sociais e culturais. Cabe aqui reproduzir o importante artigo 29 da Convenção Americana dos Direitos Humanos, que corrobora tal colocação: "Nenhuma disposição da presente Convenção pode ser interpretada no sentido de: a) permitir a qualquer dos Estados-partes, grupo ou indivíduo, suprimir o gozo e o exercício dos direitos e liberdades reconhecidos na Convenção ou limitá-los em maior medida do que a nela prevista; b) limitar o gozo e exercício de qualquer direito ou liberdade que possam ser reconhecidos em virtude de leis de qualquer dos Estados-partes ou em virtude de Convenções em que seja parte um dos referidos Estados; c) excluir outros direitos e garantias que são inerentes ao ser humano ou que decorrem da forma democrática representativa de governo; d) excluir ou limitar o efeito que possam produzir a Declaração Americana dos Direitos e Deveres do Homem e outros atos internacionais da mesma natureza". No mesmo sentido é o conhecido voto em separado do juiz Piza Escalante, no Parecer Consultivo 04/84 da Corte Interamericana de Direitos Humanos, que defende a aplicação do princípio da proibição do retrocesso também para os direitos civis e políticos; **C:** incorreta, pois o art. XVII da Declaração assim dispõe: "ponto **1:** Toda pessoa tem direito à propriedade, só ou em sociedade com outros; ponto **2:** Ninguém será arbitrariamente privado de sua propriedade." **D:** incorreta. O art. 13, ponto 2, da Declaração assim estatui: "Toda pessoa tem direito de deixar qualquer país, inclusive o próprio, e a este regressar": **E:** correta, pois reproduz o art. XXI, ponto 1, da Declaração Universal de Direitos Humanos.
Gabarito "E".

(Defensoria Pública da União – 2010 – CESPE) Com relação à proteção internacional dos direitos humanos, julgue os itens a seguir.

(1) A Declaração Universal dos Direitos Humanos, de 1948, apesar de ter natureza de resolução, não apresenta instrumentos ou órgãos próprios destinados a tornar compulsória sua aplicação.

(2) Entre os diversos órgãos especializados que tratam da proteção dos direitos humanos, inclui-se a Corte Internacional de Justiça, órgão das Nações Unidas cuja competência alcança não só os Estados, mas também quaisquer pessoas físicas e jurídicas, as quais podem encaminhar suas demandas diretamente à Corte.

(3) Os direitos humanos são indivisíveis, como expresso na Declaração Universal dos Direitos Humanos, a qual englobou os direitos civis, políticos, econômicos, sociais e culturais.

1: correta, pois a Declaração Universal dos Direitos Humanos foi aprovada pela Resolução n. 217 A (III) da Assembleia Geral da ONU, em 10 de dezembro de 1948, por 48 votos a zero e oito abstenções. E em **conjunto com os dois Pactos Internacionais, sobre Direitos Civis e Políticos e sobre Direitos Econômicos, Sociais e Culturais, constituem a "Carta Internacional de Direitos Humanos"**. A Declaração é fruto de um consenso sobre valores de cunho universal a serem seguidos pelos estados. E também do reconhecimento do indivíduo como sujeito direto do direito internacional. É importante esclarecer que a Declaração é um exemplo de *soft law*, isto porque ela não prevê mecanismos constritivos para a implementação dos direitos previstos. Por outro lado, quando o documento legal prevê mecanismos constritivos para a implementação dos seus direitos, estaremos diante de um exemplo de *hard law*; **2:** incorreta. A Corte é o principal órgão judicial da ONU. A Corte funciona com base em seu Estatuto e pelas chamadas *Regras da Corte* – espécie de código de processo. A competência da Corte é ampla. Em relação à competência *ratione materiae*, a Corte poderá analisar todas as questões levadas até ela, como também todos os assuntos previstos na Carta da ONU ou em tratados e convenções em vigor. Já a competência *ratione personae* é mais limitada, pois **a Corte só poderá receber postulações de estados**, sejam ou não membros da ONU (art. 34, § 1º, do Estatuto da Corte Internacional de Justiça). E o artigo 96 da Carta da ONU prevê uma função consultiva para a Corte. Assim, qualquer organização internacional intergovernamental – especialmente os órgãos das NU - poderá requerer parecer consultivo à Corte. Tal função permite à Corte ser um órgão produtor de doutrina internacional; **3:** correta, porque todos os direitos humanos se retroalimentam e se complementam, assim é infrutífero buscar a proteção e a promoção de apenas uma parcela deles. Veja-se o exemplo do direito à vida, núcleo dos direitos humanos. Este compreende o direito do ser humano não ter sua vida ceifada (atuação estatal negativa), como também o direito de ter acesso aos meios necessários para conseguir sua subsistência e uma vida digna (atuação estatal positiva). Percebe-se a interação dos direitos pessoais com os direitos econômicos, sociais e culturais para garantir a substancial implementação do direito à vida. E no bojo da Declaração Universal dos Direitos Humanos encontram-se direitos civis e políticos (arts. 3º a 21) e direitos econômicos, sociais e culturais (arts. 22 a 28).
Gabarito 1C, 2E, 3C

(Defensor Público/AM – 2010 – I. Cidades) A Declaração Universal de Direitos Humanos, proclamada em Paris, em 10 de dezembro de 1948, tem como fundamento:

(A) a dignidade da pessoa humana;

(B) o relativismo e historicismo dos direitos humanos;

(C) o fundamentalismo cultural, religioso ou econômico;

(D) a necessária distinção entre gêneros e classe social para se compreender o real sentido dos direitos humanos;

(E) a proteção aos seres humanos que compõem os povos apenas dos países signatários da Carta das Nações Unidas.

A: correta. A Declaração Universal dos Direitos Humanos foi aprovada pela Resolução n. 217 A (III) da Assembleia Geral da ONU, em 10 de dezembro de 1948, por 48 votos a zero e oito abstenções. E em **conjunto com os dois Pactos Internacionais, sobre Direitos Civis e Políticos e sobre Direitos Econômicos, Sociais e Culturais, constituem a "Carta Internacional de Direitos Humanos"**. A Declaração é fruto de um consenso sobre valores de cunho universal a serem seguidos pelos estados e também do reconhecimento do indivíduo como sujeito direto do direito internacional. A condição de pessoa humana é requisito

---

5. Ou ainda a vedação da contrarrevolução social nas palavras de José Gomes Canotilho (**Direito constitucional e teoria da Constituição**. 7. ed. Coimbra: Almedina, 2003). Outro termo utilizado para conceituar tal regra é *efeito cliquet*. Lembrando que *cliquet* é uma expressão utilizada por alpinistas e significa a impossibilidade de retroceder no percurso, ou seja, o alpinista deve continuar subindo e nunca descer.

único e exclusivo para ser titular de direitos, com isso corrobora-se o caráter universal dos direitos humanos, isto é, todo indivíduo é cidadão do mundo e, desta forma, detentor de direitos que salvaguardam sua dignidade. A título conclusivo, pode-se afirmar que o fundamento maior da Declaração Universal de Direitos Humanos é a proteção da dignidade humana; **B:** incorreta. Conforme já dito no comentário anterior, os direitos humanos têm caráter universal e não relativo. Ademais, as críticas referentes à leitura de *universalização* por *ocidentalização* não devem proceder, isto porque os direitos humanos transcendem às criações culturais no sentido lato (religião, tradição, organização política etc.) por serem adstritos à condição humana. Desta forma, particularidades regionais e nacionais devem ser levadas em conta, mas nunca devem impedir a proteção mínima dos direitos humanos, até porque estes fazem parte do *jus cogens*. Assim o *universalismo* derrota o *relativismo*. Por outro lado, os direitos humanos possuem como característica o historicismo, isso porque a amplitude de proteção conferida pelos direitos humanos é marcada por sua contínua majoração, o que os tornam direitos históricos, pois no evoluir da história, novos direitos são reconhecidos como direitos humanos – processo não findo; **C:** incorreta, pois, como dito nos comentários anteriores, a Declaração é fruto de um consenso sobre valores de cunho universal a serem seguidos pelos estados e também do reconhecimento do indivíduo como sujeito direto do direito internacional. A condição de pessoa humana é requisito único e exclusivo para ser titular de direitos. Ademais, os direitos humanos transcendem às criações culturais no sentido lato (religião, tradição, organização política etc.) por serem adstritos à condição humana; **D:** incorreta, pois, conforme os comentários anteriores, a condição de pessoa humana é requisito único e exclusivo para ser titular de direitos. Ademais, a Declaração reprime qualquer tipo de discriminação "negativa" entre os seres humanos; **E:** incorreta, pois, conforme ao comentário à assertiva "A", a Declaração é fruto de um consenso sobre valores de cunho universal a serem seguidos pelos estados e também do reconhecimento do indivíduo como sujeito direto do direito internacional. A condição de pessoa humana é requisito único e exclusivo para ser titular de direitos, com isso corrobora-se o caráter universal dos direitos humanos, isto é, todo indivíduo é cidadão do mundo e, desta forma, detentor de direitos que salvaguardam sua dignidade.

Gabarito "A".

5.2. Pacto Internacional Sobre Direitos Civis e Políticos

(Defensor Público/PE – 2018 – CESPE) Acerca da pena de morte e da tortura, assinale a opção correta.

(A) Apesar de se perceber uma tendência favorável dos Estados americanos em abolir a pena de morte, a maioria deles ainda mantém, em seus ordenamentos jurídicos, a possibilidade de pena de morte em casos de crimes comuns.

(B) Indivíduo que se considerar ameaçado em qualquer de seus direitos arrolados no Pacto Internacional sobre Direitos Civis e Políticos poderá, a qualquer tempo, apresentar apelação à Comissão de Direitos Humanos, para que seja revista a decisão interna da corte nacional.

(C) O Segundo Protocolo Facultativo ao Pacto Internacional dos Direitos Civis e Políticos com vistas à Abolição da Pena de Morte prevê reserva à aplicação da pena de morte em tempo de guerra em virtude de condenação por infração penal de natureza militar de gravidade extrema.

(D) A pena de morte para crimes comuns tornou-se proibida no Brasil somente a partir da Constituição de 1946, que instituiu a proibição das penas de morte, de banimento, de confisco e de caráter perpétuo.

(E) De acordo com a Convenção Interamericana para Prevenir e Punir a Tortura, a extradição requerida por Estado-parte será autorizada ainda que sejam adotados métodos tendentes a diminuir a capacidade física ou mental da pessoa extraditada.

A: incorreta, pois a pena de morte, quando prevista, é aplicada em casos específicos e de grande gravidade; **B:** incorreta. O Protocolo Facultativo[6], adotado em 16.12.1966, cria um importante mecanismo para melhorar o controle sobre a aplicação, pelos Estados-partes, das disposições do Pacto Internacional dos Direitos Civis e Políticos. Trata-se do sistema das *petições individuais*, que permite ao indivíduo "lesionado" enviar petições ao Comitê de Direitos Humanos, com o fito de denunciar as violações sofridas contra os direitos consagrados no Pacto. Vale apontar que o Comitê definiu que as petições também podem ser enviadas por terceiras pessoas ou organizações não governamentais que representem o indivíduo lesionado. Os requisitos para a admissão das petições individuais e das comunicações interestatais estão disciplinados no art. 5º do Protocolo Facultativo. Só serão aceitas as petições em que ficarem comprovadas a inexistência de litispendência internacional e o esgotamento de todos os recursos internos disponíveis, com a ressalva de que a regra não será aplicada quando o indivíduo for privado de seu direito de ação pela jurisdição doméstica ou lhe forem ceifadas as garantias do devido processo legal e, ainda, se os processos internos forem excessivamente demorados; **C:** correta. Não é admitida qualquer reserva ao Protocolo, ou seja, a pena de morte é proibida, de forma geral, pelo Protocolo. Porém, é possível formular uma única reserva que possibilitaria a pena de morte numa dada situação. Trata-se da reserva formulada no momento da ratificação ou adesão do Protocolo prevendo a aplicação da pena de morte em tempo de guerra, em virtude de condenação por infração penal de natureza militar de gravidade extrema, desde que cometida em tempo de guerra (art. 2º do Protocolo): **D:** incorreta. A pena de morte não é usada no Brasil desde o séc. XIX; **E:** incorreta (art. 13, parte final, da Convenção).

Gabarito "C".

(Defensor Público –DPE/BA – 2016 – FCC) Segundo o Pacto Internacional sobre os Direitos Civis e Políticos, qualquer pessoa acusada de infração penal goza de presunção de inocência até que a sua culpabilidade tenha sido legalmente estabelecida, tendo direito, pelo menos, às seguintes garantias:

I. Ser prontamente informada, numa língua que ela compreenda, de modo detalhado, acerca da natureza e dos motivos da acusação apresentada contra ela.

II. Ser julgada em no máximo um ano.

III. Fazer-se assistir de um intérprete, se não compreender ou não falar a língua utilizada no tribunal.

IV. Comunicar com um advogado da sua escolha e dispor do tempo, no mínimo dez dias, para a preparação da defesa.

É correto o que se afirma APENAS em

(A) I e II.
(B) II e III.
(C) III e IV.
(D) II e IV.
(E) I e III.

I: certo (art. 9º, ponto 2, do Pacto); **II:** errado, pois não existe previsão nesse sentido no Pacto; **III:** certo (art. 14, ponto 3, *f*, do Pacto); **IV:** errado, pois não existe previsão nesse sentido no Pacto.

Gabarito "E".

---

6. O procedimento de ratificação no Brasil ainda não foi finalizado.

(Defensor Público/AC – 2012 – CESPE) O Pacto Internacional sobre Direitos Civis e Políticos

(A) veda a escravidão e os trabalhos forçados ou obrigatórios, sem qualquer ressalva.
(B) estabelece a presunção de inocência, sem, contudo, referenciar o duplo grau de jurisdição.
(C) impõe a designação de defensor de ofício para assistir o acusado sempre que o interesse da justiça o exigir.
(D) permite que os Estados-membros proíbam, arbitrariamente, a entrada de qualquer pessoa, ainda que natural do país, em seu território.
(E) dispõe expressamente sobre a proibição da tortura.

O Pacto Internacional sobre Direitos Civis e Políticos foi adotado em 1966 pela Resolução 2.200 A (XXI) da Assembleia Geral das Nações Unidas, mas, devido à grande resistência que sofreu, somente adquiriu as ratificações necessárias para entrar em vigor no ano de 1976. Seu grande objetivo é expandir e tornar obrigatórios e vinculantes os direitos civis e políticos elencados na Declaração Universal dos Direitos Humanos. É um exemplo de *hard law*. No Brasil, o Pacto foi ratificado em 24 de janeiro de 1992. O Pacto Internacional dos Direitos Civis e Políticos impôs aos Estados-membros sua imediata aplicação (autoaplicabilidade), diferentemente, como veremos, do Pacto Internacional dos Direitos Econômicos, Sociais e Culturais, que determinou sua aplicação progressiva. Conforme determina seu artigo 40, os Estados que aderirem ao Pacto se comprometem a *submeter relatórios* sobre as medidas por eles adotadas para tornar efetivos os direitos reconhecidos no citado Pacto e sobre o progresso alcançado no gozo desses direitos. O Pacto apresenta também um sistema, opcional, de *comunicações interestatais* ou *actio popularis*, por meio do qual um Estado-parte pode denunciar outro que incorrer em violações dos direitos humanos. Mas, para a denúncia ter validade, os dois Estados, denunciante e denunciado, devem ter expressamente declarado a competência do Comitê de Direitos Humanos para processar tais denúncias. O Comitê de Direitos Humanos, conforme determina o artigo 28 do Pacto, é o órgão criado com o objetivo de controlar a aplicação, pelos Estados-partes, das disposições desse instrumento. Essa fiscalização é denominada controle de convencionalidade internacional[7]. Deve-se destacar que o citado controle pode ser exercido até em face das Constituições nacionais[8], podendo gerar as chamadas normas constitucionais inconvencionais[9]. Isto é, engloba todos os atos estatais, inclusive as omissões. O citado controle é assim definido por André de Carvalho Ramos: "O controle de convencionalidade *internacional* é atividade de fiscalização dos atos e condutas dos Estados em confronto com seus compromissos internacionais. Em geral, o controle de convencionalidade é atribuído a órgãos compostos por julgadores independentes, criados por tratados internacionais, o que evita que os próprios Estados sejam, ao mesmo tempo, fiscais e fiscalizados[10]". Em termos práticos, o Comitê vai analisar a conformidade dos atos estatais em relação às obrigações internacionais assumidas no momento da ratificação do Pacto Internacional dos Direitos Civis e Políticos.
A: incorreta, pois o art. 8º, ponto 3, *b*, do Pacto ressalva a proibição geral de executar trabalhos forçados ou obrigatórios. Assim, nos países em que certos crimes sejam punidos com prisão e trabalhos forçados, o cumprimento de uma pena de trabalhos forçados, imposta por um tribunal competente, será permitida; **B:** incorreta, pois o Pacto referencia o duplo grau de jurisdição. Segue a redação do art. 14, ponto 5, do Pacto: "Toda pessoa declarada culpada por um delito terá o direito de recorrer da sentença condenatória e da pena a uma instância, em conformidade com a lei"; **C:** incorreta, pois o acusado tem direito de estar presente no julgamento e de defender-se pessoalmente ou por intermédio de defensor de sua escolha; de ser informado, caso não tenha defensor, do direito que lhe assiste de tê-lo e, sempre que o interesse da justiça assim exija, de ter um defensor designado "ex offício" gratuitamente, se não tiver meios para remunerá-lo (art. 14, ponto 3, *d*, do Pacto); **D:** incorreta, pois o Pacto **não** permite que os Estados-membros proíbam, arbitrariamente, a entrada de qualquer pessoa, ainda que natural do país, em seu território; **E:** correta. Ler os art. 7º do Pacto Internacional sobre Direitos Civis e Políticos.
Gabarito "E".

(Defensor Público/RO – 2012 – CESPE) O Pacto Internacional Sobre Direitos Civis e Políticos

(A) garante o direito de casar e fundar família, mas nada dispõe sobre o consentimento dos nubentes.
(B) garante às minorias o direito de professar e praticar sua própria religião e o de usar sua própria língua, desde que o exercício desses direitos não represente sério risco de fragmentação da vida cultural do Estado-parte.
(C) prevê que nenhuma garantia nele estabelecida poderá ser suspensa pelos Estados-partes.
(D) veda qualquer forma de restrição à liberdade de expressão.
(E) admite diversas restrições ao direito de reunião.

A: incorreta. O art. 23, ponto 3, do Pacto assim dispõe: "Casamento algum será sem o consentimento livre e pleno dos futuros esposos"; **B:** incorreta, pois o Pacto não ressalva o direito das minorias de professar sua religião ou de usar sua própria língua. Segue a redação do art. 27 do Pacto: "No caso em que haja minorias étnicas, religiosas ou linguísticas, as pessoas pertencentes a essas minorias não poderão ser privadas do direito de ter, conjuntamente com outras membros de seu grupo, sua própria vida cultural, de professar e praticar sua própria religião e usar sua própria língua"; **C:** incorreta, pois o art. 4º do Pacto disciplina a suspensão das obrigações decorrentes do Pacto Internacional Sobre Direitos Civis e Políticos; **D:** incorreta. O art. 19, ponto 3, do Pacto prevê restrições à liberdade de expressão; **E:** correta, pois em conformidade com o art. 21 do Pacto Internacional Sobre Direitos Civis e Políticos.
Gabarito "E".

(Defensor Público/SP – 2012 – FCC) Dos direitos abaixo, qual é passível de suspensão, na forma do artigo 4º do Pacto Internacional sobre Direitos Civis e Políticos?

(A) Não ser arbitrariamente privado de sua vida.

---

7. "Há ainda o controle de convencionalidade nacional, que vem a ser o exame de compatibilidade do ordenamento interno às normas internacionais feito pelos Tribunais internos" (RAMOS, André de Carvalho. **Teoria geral dos direitos humanos na ordem internacional**. 2. ed. São Paulo: Saraiva, 2012, p. 250).
8. Vide o caso "A última tentação de Cristo" *versus* Chile – Corte Interamericana de Direitos Humanos.
9. "(...) também é possível admitir que existam normas constitucionais inconvencionais, por violarem direitos humanos provenientes de tratados, direitos estes que (justamente por terem *status* constitucional) também pertencem ao bloco das cláusulas pétreas. Seria o caso daquelas normas da Constituição, alocadas à margem do bloco de constitucionalidade, ou seja, que não integram o núcleo intangível constitucional, que estão a violar normas de tratados de direitos humanos (as quais, por serem normas de 'direitos humanos', já detêm primazia sobre quaisquer outras, por pertencerem ao chamado 'bloco de constitucionalidade'" (MAZZUOLI, Valerio de Oliveira. **O controle jurisdicional da convencionalidade das leis**. 2. ed. São Paulo: RT, 2011. p. 149-150).
10. RAMOS, André de Carvalho. **Teoria geral dos direitos humanos na ordem internacional**. 2. ed. São Paulo: Saraiva, 2012. p. 250

(B) Não ser submetido a tortura, nem a penas ou tratamentos cruéis, desumanos ou degradantes.
(C) Não ser obrigado a executar trabalhos forçados ou obrigatórios.
(D) Não ser preso apenas por não poder cumprir com uma obrigação contratual.
(E) Não ser obrigado a adotar uma religião ou crença que não de sua livre escolha.

Segue a redação do artigo 4º do Pacto Internacional sobre Direitos Civis e Políticos: ponto 1 - Quando situações excepcionais ameacem a existência da nação e sejam proclamadas oficialmente, os Estados-partes do presente Pacto podem adotar, na estrita medida exigida pela situação, medidas que suspendam as obrigações decorrentes do presente Pacto, desde que tais medidas não sejam incompatíveis com as demais obrigações que lhes sejam impostas pelo Direito Internacional e não acarretem discriminação alguma apenas por motivo de raça, cor, sexo, língua, religião ou origem social; ponto 2 - A disposição precedente não autoriza qualquer suspensão dos artigos 6°, 7°, 8° (§§ 1° e 2°), 11, 15, 16 e 18; ponto 3 - Os Estados-partes do presente pacto que fizerem uso do direito de suspensão devem comunicar imediatamente aos outros Estados-partes do Presente Pacto, por intermédio do Secretário-Geral das Nações Unidas, as disposições que tenham suspenso, bem como os motivos de tal suspensão. Os Estados-partes deverão fazer uma nova comunicação, igualmente por intermédio do Secretário-Geral da Organização das Nações Unidas, na data em que terminar tal suspensão".
Para bem compreender a redação do artigo 4º do Pacto, cabe descobrir quais direitos os artigos citados no ponto 2 se referem. **A:** incorreta. Art. 6°: direito à vida; **B:** incorreta. Art. 7°: ninguém poderá ser submetido à tortura, nem a penas ou tratamentos cruéis, desumanos ou degradantes; **C:** correta. Art. 8°, ponto 3, *b*: a proibição de executar trabalhos forçados ou obrigatórios não poderá ser interpretada no sentido de proibir, nos países em que certos crimes sejam punidos com prisão e trabalhos forçados, o cumprimento de uma penas de trabalhos forçados, imposta por um tribunal competente; **D:** incorreta. Art. 11: ninguém poderá ser preso apenas por não poder cumprir com uma obrigação contratual; **E:** incorreta. Art. 18, ponto 1: toda pessoa terá direito à liberdade de pensamento, de consciência e de religião. Esse direito implicará a liberdade de ter ou adotar uma religião ou uma crença de sua escolha e a liberdade de professar sua religião ou crença, individual ou coletivamente, tanto pública como privadamente, por meio do culto, da celebração de ritos, de práticas e do ensino.
Gabarito "C".

(Defensoria/PA – 2009 – FCC) O Pacto Internacional de Direitos Civis e Políticos estabelece a aplicação

(A) imediata de direitos civis e políticos, contemplando os mecanismos de relatórios e comunicações interestatais e, mediante Protocolo Facultativo, a sistemática de petições individuais.
(B) progressiva de direitos civis e políticos, contemplando os mecanismos de relatórios e, mediante Protocolo Facultativo, a sistemática de petições individuais e comunicações interestatais.
(C) progressiva de direitos civis e políticos, contemplando apenas o mecanismo de relatórios.
(D) imediata de direitos civis e políticos, contemplando os mecanismos de relatórios, comunicações interestatais, petições individuais e investigações in loco.
(E) imediata de direitos civis e políticos, contemplando apenas o mecanismo de relatórios.

O Pacto Internacional dos Direitos Civis e Políticos impôs ao estados-membros sua **imediata aplicação (autoaplicabilidade)**, diferentemente do Pacto Internacional dos Direitos Econômicos, Sociais e Culturais que determinou sua aplicação progressiva. E conforme determina seu art. 40, os estados que aderirem ao Pacto comprometem-se a **submeter relatórios** sobre as medidas por eles adotadas para tornar efetivos os direitos reconhecidos no presente Pacto e sobre o progresso alcançado no gozo desses direitos. E o Pacto apresenta também um sistema, opcional, de **comunicações interestatais**. Por este sistema um estado parte pode denunciar o outro que incorrer em violações dos direitos humanos. Mas para ter validade, os dois estados, denunciante e denunciado, devem ter expressamente declarado a competência do Comitê de Direitos Humanos para processar tais denúncias. Por fim, o Protocolo Facultativo ao Pacto, adotado em 16 de dezembro de 1966, cria um importante mecanismo para melhorar o controle sobre a aplicação, pelos estados-partes, das disposições do Pacto Internacional dos Direitos Civis e Políticos. Trata-se do sistema das **petições individuais**. Este sistema permite ao indivíduo "lesionado" enviar petições ao Comitê de Direitos Humanos, com o fito de denunciar as violações sofridas contra os direitos consagrados no Pacto Internacional dos Direitos Civis e Políticos. Vale apontar que o Comitê definiu que as petições também podem ser enviadas por terceiras pessoas ou organizações não governamentais que representem o indivíduo lesionado. Tal sistema coroa a capacidade processual internacional do indivíduo. Mas devemos lembrar que este sistema só terá funcionalidade se o estado violador tiver ratificado o Pacto e o Protocolo Facultativo.
Gabarito "A".

5.3. Pacto Internacional Sobre Direitos Econômicos, Sociais e Culturais

(Defensor Público –DPE/ES – 2016 – FCC) O Pacto Internacional dos Direitos Econômicos, Sociais e Culturais entrou em vigor no ano de 1976 e é considerado um relevante instrumento dos direitos humanos, especialmente por

(A) que a previdência social, apesar de não prevista no pacto, está no protocolo facultativo.
(B) ser um relevante documento, mas omitiu-se quanto ao direito de greve, não tratando deste relevante direito social.
(C) ser um importante documento, mas não goza de nenhum tipo de mecanismo de monitoramento.
(D) ser reconhecido como um documento que venceu a resistência de vários Estados e mesmo a doutrina que viam os direitos sociais em sentido amplo como sendo meras recomendações ou exortações.
(E) que as medidas cautelares estão previstas no próprio texto original do pacto.

A: incorreta, pois o direito à previdência social está previsto no artigo 9° do Pacto mencionado na questão; **B:** incorreta, pois o direito à greve está previsto no artigo 8°, ponto 1, *d*, do Pacto mencionado na questão; **C:** incorreta. No que tange à sistemática de controle sobre a aplicação das disposições do Pacto Internacional dos Direitos Econômicos, Sociais e Culturais, foi adotado o envio de relatórios pelos Estados-partes; **D:** correta, pois, de fato, sofreu muita resistência. O grande objetivo do Pacto é expandir e tornar obrigatórios e vinculantes os direitos econômicos, sociais e culturais elencados na Declaração Universal dos Direitos Humanos; **E:** incorreta, pois as medidas cautelares foram previstas pelo Protocolo Facultativo ao Pacto Internacional dos Direitos Econômicos, Sociais e Culturais.
Gabarito "D".

(Defensor Público/AC – 2012 – CESPE) O Pacto Internacional de Direitos Econômicos, Sociais e Culturais

(A) impõe a todos os Estados-partes a gratuidade da educação primária e secundária, mas não da educação universitária.

(B) reconhece implicitamente o direito à proteção contra a fome.
(C) estabelece prazo mínimo de seis meses de licença-maternidade para as mães trabalhadoras.
(D) ainda não foi ratificado pelo Brasil.
(E) contém disposições que concernem ao direito do trabalho.

O Pacto Internacional de Direitos Econômicos, Sociais e Culturais foi aprovado em 1966 pela Assembleia Geral das Nações Unidas, mas, devido à grande resistência que sofreu, somente adquiriu as ratificações necessárias para entrar em vigor no ano de 1976. Seu grande objetivo é expandir e tornar obrigatórios e vinculantes os direitos econômicos, sociais e culturais elencados na Declaração Universal dos Direitos Humanos. É um exemplo de *hard law*. O Pacto determinou uma aplicação progressiva de seus preceitos partindo de um *mínimo essencial*. Isso porque grande parte dos Estados não teria os meios materiais necessários para garantir a máxima efetivação dos direitos econômicos, sociais e culturais de suas populações. Essa progressividade na implementação dos direitos do Pacto criou, como consequência, o *princípio ou cláusula da proibição/vedação do retrocesso social ou da evolução reacionária*[11]. Isto é, os Estados somente podem avançar na implementação dos direitos do Pacto, e nunca recuar (leia-se eliminar direitos já garantidos ou diminuir a proteção conferida por eles)[12]. Num sentido amplo, essa vedação se estende aos novos tratados de direitos humanos, assim, não é possível a diminuição protetiva e a restrição para o gozo dos direitos humanos por meio da edição de um novo tratado. Fica nítido o caráter vinculativo do *princípio ou cláusula da proibição/vedação do retrocesso social ou da evolução reacionária*. No que tange à sistemática de controle sobre a aplicação das disposições do Pacto Internacional dos Direitos Econômicos, Sociais e Culturais, foi adotado apenas o envio de relatórios pelos Estados-partes. Tais relatórios devem ser enviados ao secretário-geral, que os encaminhará ao Conselho Econômico e Social. Para analisá-los e assim proceder ao controle de convencionalidade internacional, o Conselho Econômico e Social criou o Comitê sobre Direitos Econômicos, Sociais e Culturais.
A: incorreta. Segue a redação do artigo 13, ponto 2, do Pacto: "Os Estados-partes do Presente Pacto reconhecem que, com o objetivo de assegurar o pleno exercício desse direito: a) a educação primária deverá ser obrigatória e acessível gratuitamente a todos; b) a educação secundária em suas diferentes formas, inclusive a educação secundária técnica e profissional, deverá ser generalizada e tornar-se acessível a todos, por todos os meios apropriados e, principalmente, pela implementação progressiva do ensino gratuito; c) a educação de nível superior deverá igualmente tronar-se acessível a todos, com base na capacidade de cada um, por todos os meios apropriados e, principalmente, pela implementação progressiva do ensino gratuito; d) dever-se-á fomentar e intensificar, na medida do possível, a educação de base para aquelas que não receberam educação primária ou não concluíram o ciclo completo de educação primária; e) será preciso prosseguir ativamente o desenvolvimento de uma rede escolar em todos os níveis de ensino, implementar-se um sistema de bolsas estudo e melhorar continuamente as condições materiais do corpo docente";
B: incorreta, pois faz previsão expressa (art. 11, ponto 2, do Pacto);
C: incorreta, pois o Pacto não estabelece um prazo mínimo. O art. 10, ponto 2, assim dispõe: "Deve-se conceder proteção às mães por um período de tempo razoável antes e depois do parto. Durante esse período, deve se conceder às mães que trabalhem licença remunerada ou licença acompanhada de benefícios previdenciários adequados"; **D:** incorreta, pois já foi ratificado pelo Brasil. O decreto de promulgação é o 591 (6 de julho de 1992); **E:** correta. O direito do trabalho está disciplinado nos arts. 6º e 7º do Pacto.

Gabarito "E".

(Defensoria Pública da União – 2007 – CESPE) Julgue o item a seguir.

(1) Aplica-se aos direitos sociais, econômicos e culturais o princípio da proibição do retrocesso.

1: correta. A maioria dos tratados que cuidam dos direitos econômicos, sociais e culturais determinam uma aplicação progressiva de seus preceitos partindo de um **mínimo essencial**. Isso porque grande parte dos estados não teriam os meios materiais necessários para garantir a máxima efetivação dos direitos econômicos, sociais e culturais de suas populações. E esta progressividade na implementação dos direitos é disciplinada, por exemplo, no Pacto Internacional dos Direitos Econômicos, Sociais e Culturais e no Protocolo de San Salvador, e cria, como consequência, a regra que proíbe o **retrocesso social**. Isto é, os estados somente podem avançar na implementação dos direitos do Pacto, e nunca recuar (leia-se eliminar direitos já garantidos).

Gabarito 1C.

6. SISTEMA GLOBAL DE PROTEÇÃO ESPECÍFICA DOS DIREITOS HUMANOS

(Defensor Público/AM 2013 FCC) Segundo dispõe o artigo 4º da Lei Complementar Federal nº 80, de 12 de janeiro de 1994, é função institucional da Defensoria Pública representar aos sistemas internacionais de proteção dos direitos humanos, postulando perante seus órgãos. No caso das Nações Unidas, cada convenção sobre direitos humanos estabelece a existência de um comitê encarregado de monitorar os progressos realizados na implementação dos direitos trazidos pelo respectivo tratado e, em alguns casos, receber e considerar comunicações apresentadas por indivíduos ou grupos de indivíduos que aleguem ser vítimas de violação dos direitos estabelecidos na Convenção, ou em nome desses indivíduos ou grupos de indivíduos. Em relação a isso, o único dos órgãos que ainda NÃO possui atribuição de conhecer tais comunicações é o

---

11. Ou ainda a vedação da contrarrevolução social nas palavras de José Gomes Canotilho (**Direito constitucional e teoria da Constituição**. 7. ed. Coimbra: Almedina, 2003). Outro termo utilizado para conceituar tal regra é *efeito cliquet*. Lembrando que *cliquet* é uma expressão utilizada por alpinistas e significa a impossibilidade de retroceder no percurso, ou seja, o alpinista deve continuar subindo e nunca descer.

12. Essa regra deve ser aplicada como garantia para a efetividade de todos os tipos de direitos humanos e não somente em relação aos direitos econômicos, sociais e culturais. Cabe aqui reproduzir o importante artigo 29 da Convenção Americana dos Direitos Humanos, que corrobora tal colocação: "Nenhuma disposição da presente Convenção pode ser interpretada no sentido de:
a) permitir a qualquer dos Estados-partes, grupo ou indivíduo, suprimir o gozo e o exercício dos direitos e liberdades reconhecidos na Convenção ou limitá-los em maior medida do que a nela prevista;
b) limitar o gozo e exercício de qualquer direito ou liberdade que possam ser reconhecidos em virtude de leis de qualquer dos Estados-partes ou em virtude de Convenções em que seja parte um dos referidos Estados;
c) excluir outros direitos e garantias que são inerentes ao ser humano ou que decorrem da forma democrática representativa de governo;
d) excluir ou limitar o efeito que possam produzir a Declaração Americana dos Direitos e Deveres do Homem e outros atos internacionais da mesma natureza".
No mesmo sentido é o conhecido voto em separado do juiz Piza Escalante, no Parecer Consultivo 04/84 da Corte Interamericana de Direitos Humanos, que defende a aplicação do princípio da proibição do retrocesso também para os direitos civis e políticos.

(A) Comitê para os Direitos da Criança.
(B) Comitê sobre a Eliminação da Discriminação contra a Mulher.
(C) Comitê de Direitos Humanos.
(D) Comitê contra a Tortura.
(E) Comitê para a Eliminação da Discriminação Racial.

A: correta, pois o único dos órgãos listados nas assertivas que ainda não tem competência para receber comunicações é o Comitê para os Direitos da Criança. Esse Comitê só tem responsabilidade para receber os relatórios confeccionados pelos Estados-partes da Convenção sobre os Direitos da Criança; **B:** incorreta. Para monitorar o cumprimento pelos Estados-partes das obrigações constantes na Convenção sobre a Eliminação de Todas as Formas de Discriminação contra a Mulher, foi criado o Comitê sobre a Eliminação da Discriminação contra a Mulher, responsável por receber os relatórios confeccionados pelos Estados-partes. As petições individuais e a possibilidade de realizar investigações *in loco* só foram possibilitadas, como mecanismos de controle e fiscalização (controle de convencionalidade internacional), com a adoção do Protocolo Facultativo à Convenção Internacional sobre a Eliminação de Todas as Formas de Discriminação contra a Mulher; **C:** incorreta. Conforme determina o artigo 40 do Pacto Internacional dos Direitos Civis e Políticos, os Estados que aderirem ao Pacto se comprometem a *submeter relatórios* sobre as medidas por eles adotadas para tornar efetivos os direitos reconhecidos no citado Pacto e sobre o progresso alcançado no gozo desses direitos. O Pacto apresenta também um sistema, opcional, de *comunicações interestatais* ou *actio popularis*, por meio do qual um Estado-parte pode denunciar outro que incorrer em violações dos direitos humanos. Mas, para a denúncia ter validade, os dois Estados, denunciante e denunciado, devem ter expressamente declarado a competência do Comitê de Direitos Humanos para processar tais denúncias. O Comitê de Direitos Humanos, conforme determina o artigo 28 do Pacto, é o órgão criado com o objetivo de controlar a aplicação, pelos Estados-partes, das disposições desse instrumento. Essa fiscalização é denominada controle de convencionalidade internacional; **D:** incorreta. Para monitorar o cumprimento pelos Estados-partes das obrigações constantes na Convenção contra a Tortura e outros Tratamentos ou Penas Cruéis, Desumanos ou Degradantes e assim exercer o controle de convencionalidade internacional, foi criado o Comitê contra a Tortura, responsável por receber as petições individuais, os relatórios confeccionados pelos Estados-partes e as comunicações interestatais. O Estado-parte tem de declarar expressamente que aceita a competência do Comitê para receber as comunicações interestatais e as petições individuais (artigos 21, ponto I, e 22, ponto I, da Convenção). Ademais, o Comitê contra a Tortura poderá instaurar investigação, desde que tenha informações que levantem fortes indícios de que certo país está incorrendo em prática sistemática de tortura (artigo 20, ponto I, da Convenção); **E:** incorreta. Para monitorar o cumprimento pelos Estados-partes das obrigações constantes na Convenção sobre a Eliminação de Todas as Formas de Discriminação Racial, foi criado o Comitê sobre a Eliminação da Discriminação Racial, responsável por receber as petições individuais, os relatórios confeccionados pelos Estados-partes e as comunicações interestatais.

Gabarito "A".

6.1. Convenção contra a Tortura e outros Tratamentos ou Penas Cruéis, Desumanos ou Degradantes

(Defensor Público/TO – 2013 – CESPE) Assinale a opção correta acerca da Convenção contra a Tortura e Outros Tratamentos ou Penas Cruéis, Desumanos ou Degradantes.

(A) A referida convenção não pode funcionar como base legal para a extradição, quando permitida, de pessoa acusada de tortura.
(B) O Comitê contra a Tortura deve ser composto por pessoas de reputação ilibada indicadas pelos Estados-partes e aprovadas pelo secretário-geral da ONU.
(C) Essa convenção não estabelece garantias para o acusado da prática de tortura.
(D) O referido acordo internacional define a tortura como qualquer ato por meio do qual dores ou sofrimentos agudos, físicos ou mentais, são infligidos intencionalmente a uma pessoa a fim de castigá-la por ato que ela tenha cometido, mesmo que tais dores ou sofrimentos sejam consequência unicamente de sanções legítimas.
(E) Quando o Estado-parte reconhecer a competência do Comitê contra a Tortura para receber e processar petições individuais, devem ser sempre consideradas inadmissíveis as petições apócrifas.

A: incorreta. O art. 6º, ponto 1, da Convenção assim dispõe: "Todo Estado-parte em cujo território se encontre uma pessoa suspeita de ter cometido qualquer dos crimes mencionados no artigo 4º, se considerar, após o exame das informações de que dispõe, que as circunstâncias o justificam, procederá à detenção de tal pessoa ou tomará outras medidas legais para assegurar sua presença. A detenção e outras medidas legais serão tomadas de acordo com a lei do Estado, mas vigorarão apenas pelo tempo necessário ao início do processo penal ou de extradição". Assim, a Convenção contra a Tortura e outros Tratamentos ou Penas Cruéis, Desumanos ou Degradantes estabeleceu jurisdição compulsória e universal para julgar os acusados de tortura. A compulsoriedade determina que os Estados-partes devem punir os torturadores, independentemente do local onde o crime foi cometido e da nacionalidade do torturador. A universalidade determina que os Estados-partes processem ou extraditem o suspeito da prática de tortura, independentemente da existência de tratado prévio de extradição; **B:** incorreta, pois não é necessária a aprovação pelo secretário-geral da ONU (art. 17, ponto 1, da Convenção); **C:** incorreta, pois qualquer pessoa processada por prática de tortura receberá garantias de tratamento justo em todas as fases do processo (art. 7º, ponto 3, da Convenção); **D:** incorreta. Sobre a Convenção, cabe esclarecer, com base em seu artigo 1º, que a tortura é crime próprio, pois as dores ou os sofrimentos são infligidos por um funcionário público ou outra pessoa no exercício de funções públicas, ou por sua instigação, ou com seu consentimento ou aquiescência. É importante também notar que a definição dada pela Convenção não restringe qualquer instrumento internacional ou legislação nacional que contenham ou possam conter dispositivos de alcance mais amplo – artigo 1º, *in fine*, da Convenção. Ademais, a Convenção define o termo tortura como *qualquer ato pelo qual dores ou sofrimentos agudos, físicos ou mentais, são infligidos intencionalmente a uma pessoa a fim de obter, dela ou de terceira pessoa, informações ou confissões; de castigá-la por ato que ela ou terceira pessoa tenha cometido ou seja suspeita de ter cometido; de intimidar ou coagir essa pessoa ou outras pessoas; ou por qualquer motivo baseado em discriminação de qualquer natureza*. Pelo conceito, percebe-se que a finalidade é determinante para caracterização da tortura[13]; **E:** correta.

---

13. O crime de tortura está assim disciplinado pela legislação nacional (Lei nº 9.455/97):

    "Art. 1º Constitui crime de tortura:

    I – constranger alguém com emprego de violência ou grave ameaça, causando-lhe sofrimento físico ou mental:

    a) com o fim de obter informação, declaração ou confissão da vítima ou de terceira pessoa;
    b) para provocar ação ou omissão de natureza criminosa;
    c) em razão de discriminação racial ou religiosa.

    II – submeter alguém, sob sua guarda, poder ou autoridade, com emprego de violência ou grave ameaça, a intenso

Para monitorar o cumprimento pelos Estados-partes das obrigações constantes na Convenção e assim exercer o controle de convencionalidade internacional, foi criado o Comitê contra a Tortura, responsável por receber as petições individuais, os relatórios confeccionados pelos Estados-partes e as comunicações interestatais. O Estado-parte tem de declarar expressamente que aceita a competência do Comitê para receber as comunicações interestatais e as petições individuais (artigos 21, ponto I, e 22, ponto I, da Convenção), mas cabe enfatizar que sempre serão consideradas inadmissíveis as petições apócrifas (22, ponto 2, da Convenção). Ademais, o Comitê contra a Tortura poderá instaurar investigação, desde que tenha informações que levantem fortes indícios de que certo país está incorrendo em prática sistemática de tortura (artigo 20, ponto I, da Convenção).

Gabarito "E".

(Defensor Público/SP – 2012 – FCC) A respeito dos requisitos de admissibilidade para a apresentação de comunicações individuais perante o Comitê contra a Tortura das Nações Unidas, a teor do que dispõe a Convenção contra a Tortura e Outros Tratamentos ou Penas Cruéis, Desumanos ou Degradantes, considere as afirmações abaixo.

I. As comunicações individuais somente podem ser processadas caso o Estado tenha ratificado o Protocolo Facultativo à Convenção contra a Tortura e Outros Tratamentos ou Penas Cruéis, Desumanos ou Degradantes.
II. As denúncias devem ser, preferencialmente, feitas pela própria vítima ou por seu representante, admitindo-se denúncias anônimas caso haja fundada suspeita da veracidade dos fatos narrados ou necessidade de proteger a vítima de tortura.
III. A denúncia não será processada caso a mesma questão esteja sendo examinada perante outra instância internacional de investigação ou solução.
IV. É necessário que tenham sido esgotados todos os recursos jurídicos internos disponíveis, salvo se tal medida se prolongar injustificadamente, ou quando não for provável que a aplicação de tais recursos venha a melhorar realmente a situação da vítima de tortura.

Está correto APENAS o que se afirma em

(A) I e III.
(B) II e III.
(C) III e IV.
(D) I, II e IV.
(E) I, III e IV.

I: incorreta. Para monitorar o cumprimento pelos Estados-partes das obrigações constantes na Convenção e assim exercer o controle de convencionalidade internacional, foi criado o Comitê contra a Tortura, responsável por receber as petições individuais, os relatórios confeccionados pelos Estados-partes e as comunicações interestatais (tudo definido pela própria Convenção e não pelo seu Protocolo Facultativo). O Estado-parte tem de declarar expressamente que aceita a competência do Comitê para receber as comunicações interestatais e as petições individuais (artigos 21, ponto I, e 22, ponto I, da Convenção). Ademais, o Comitê contra a Tortura poderá instaurar investigação, desde que tenha informações que levantem fortes indícios de que certo país está incorrendo em prática sistemática de tortura (artigo 20, ponto I, da Convenção); **II**: incorreta. As petições apócrifas sempre serão consideradas inadmissíveis (art. 22, ponto 2, da Convenção); **III**: correta, pois uma das condições para que uma denúncia seja analisada em foro internacional é que não exista litispendência internacional; **IV**: correta, pois se trata de outra condição para que uma denúncia seja analisada em foro internacional, ou seja, é necessário que tenham sido esgotados todos os recursos jurídicos internos disponíveis. Mas sempre com a ressalva de que a regra não será aplicada quando o indivíduo for privado de seu direito de ação pela jurisdição doméstica ou lhe forem ceifadas as garantias do devido processo legal e, ainda, se os processos internos forem excessivamente demorados.

Gabarito "C".

(Defensor Público/SP – 2012 – FCC) A respeito do Mecanismo Preventivo Nacional, estabelecido pelo Protocolo Facultativo da Convenção contra a Tortura e Outros Tratamentos ou Penas Cruéis, Desumanos ou Degradantes é correto afirmar que

(A) pode receber e processar denúncias individuais de ocorrência de tortura, para o fim de responsabilizar os respectivos violadores.
(B) é criado, em cada país, por ato do Comitê contra a Tortura das Nações Unidas.
(C) suas atividades de fiscalização devem ficar sujeitas à autorização prévia para ingressar em centros de privação de liberdade.
(D) deve contar com, ao menos, sete representantes independentes.
(E) todos os recursos necessários para seu funcionamento devem ser colocados à disposição pelo Estado-parte.

A: incorreta. O art. 19 do Protocolo Facultativo assim dispõe: "Os mecanismos preventivos nacionais deverão ser revestidos no mínimo de competências para: a) Examinar regularmente o tratamento de pessoas privadas de sua liberdade, em centro de detenção conforme a definição do Artigo 4, com vistas a fortalecer, se necessário, sua proteção contra a tortura e outros tratamentos ou penas cruéis, desumanos ou degradantes; b) Fazer recomendações às autoridades relevantes com o objetivo de melhorar o tratamento e as condições das pessoas privadas de liberdade e o de prevenir a tortura e outros tratamentos ou penas cruéis, desumanos ou degradantes, levando-se em consideração as normas relevantes das Nações Unidas; c) Submeter propostas e observações a respeito da legislação existente ou em projeto"; **B**: incorreta. É criado por ato do próprio país (art. 17 do Protocolo facultativo); **C**: incorreta, o art. 20, c, do Protocolo Facultativo é direto ao definir que o Mecanismo Preventivo Nacional terá acesso a todos os centros de detenção, suas instalações e equipamentos; **D**: incorreta, pois todos os representantes devem ser independentes (art. 18, ponto 1, do Protocolo Facultativo); **E**: correta, pois a assertiva está em consonância com o disposto no art. 18, ponto 3, do Protocolo Facultativo.

Gabarito "E".

6.2. Convenção Sobre a Eliminação de Todas as Formas de Discriminação Racial

(Defensor Público/SE – 2012 – CESPE) De acordo com as disposições da Convenção Internacional sobre a Eliminação de Todas as Formas de Discriminação Racial,

(A) as disposições da referida convenção não implicam em restrição alguma às disposições legais dos Estados-

---

sofrimento físico ou mental, como forma de aplicar castigo pessoal ou medida de caráter preventivo.

Pena – reclusão, de dois a oito anos.

§ 1º Na mesma pena incorre quem submete pessoa presa ou sujeita a medida de segurança a sofrimento físico ou mental, por intermédio da prática de ato não previsto em lei ou não resultante de medida legal.

§ 2º Aquele que se omite em face dessas condutas, quando tinha o dever de evitá-las ou apurá-las, incorre na pena de detenção de um a quatro anos (...)".

-partes sobre nacionalidade, cidadania e naturalização.

(B) os elementos relevantes para a caracterização da discriminação racial se restringem à raça, à cor e à origem étnica.

(C) a origem nacional, por si só, não é elemento relevante para a caracterização da discriminação racial.

(D) considera-se discriminatória a medida especial que, destinada a assegurar a proteção de grupos raciais, institua qualquer espécie de segregação jurídica permanente.

(E) a restrição ou a anulação de liberdades fundamentais é irrelevante para a caracterização da discriminação racial.

A Convenção Internacional sobre a Eliminação de Todas as Formas de Discriminação Racial, adotada pela ONU por meio da Resolução 2.106 (XX) da Assembleia Geral em 21 de dezembro de 1965 e promulgada no Brasil em 8 de dezembro de 1969 pelo Decreto nº 65.810, tem por fundamento a consciência de que a discriminação entre as pessoas por motivo de raça, cor ou origem étnica é um obstáculo às relações amistosas e pacíficas entre as nações e é capaz de perturbar a paz e a segurança entre os povos e a harmonia de pessoas vivendo lado a lado, até dentro de um mesmo Estado. Os Estados-partes, atualmente 175, têm a obrigação de implementar políticas públicas que assegurem efetivamente a progressiva eliminação da discriminação racial. Percebe-se que o ideal de igualdade não vai ser atingido somente por meio de políticas repressivas que proíbam a discriminação – é necessária uma comunhão da proibição da discriminação (igualdade formal) com **políticas promocionais temporárias** (igualdade material). Aliás, o artigo 1º, ponto 4, da Convenção dispõe que as ações afirmativas não serão consideradas como discriminação racial. Tal dualidade de ação faz-se necessária, pois a parcela populacional vítima de discriminação racial coincide com a parcela socialmente vulnerável. Para monitorar o cumprimento pelos Estados-partes das obrigações constantes na Convenção, foi criado o Comitê sobre a Eliminação da Discriminação Racial, responsável por receber as petições individuais, os relatórios confeccionados pelos Estados-partes e as comunicações interestatais. **A:** incorreta, pois o art. 1º, ponto 3, da Convenção assim dispõe: "Nada nesta Convenção poderá ser interpretado como afetando as disposições legais dos Estados-partes, relativas a nacionalidade, cidadania e naturalização, desde que tais disposições não discriminem contra qualquer nacionalidade particular"; **B:** incorreta. O art. 1º assim dispõe: "Para os fins da presente Convenção, a expressão "discriminação racial" significará toda distinção, exclusão, restrição ou preferência baseada em raça, cor, descendência ou origem nacional ou étnica que tenha por objeto ou resultado anular ou restringir o reconhecimento, gozo ou exercício em um mesmo plano (em igualdade de condição) de direitos humanos e liberdades fundamentais nos campos político, econômico, social, cultural ou em qualquer outro campo da vida pública'; **C:** incorreta. Reler o comentário sobre a assertiva anterior; **D:** correta, pois o conteúdo da assertiva está em harmonia com o art. 3º da Convenção Internacional sobre a Eliminação de Todas as Formas de Discriminação Racial; **E:** incorreta. Reler o comentário sobre a assertiva "B".

Gabarito "D".

(Defensoria/MA – 2009 – FCC) À luz da Convenção Internacional sobre a Eliminação de todas as formas de Discriminação Racial, as ações afirmativas são

(A) proibidas, porque constituem uma forma de discriminação direta positiva, nos termos da Convenção.

(B) permitidas, cabendo aos Estados-partes adotá-las para fomentar a promoção da igualdade étnico-racial.

(C) obrigatórias, devendo os Estados-partes adotá-las no prazo de até cinco anos a contar da data da ratificação da Convenção.

(D) proibidas, porque constituem uma forma de discriminação indireta negativa, nos termos da Convenção.

(E) obrigatórias, devendo os Estados-partes adotá-las no prazo de até dois anos a contar da data da ratificação da Convenção.

Os estados-partes da Convenção Internacional sobre a Eliminação de todas as formas de Discriminação Racial têm a obrigação de implementar políticas públicas que assegurem efetivamente a progressiva eliminação da discriminação racial. Percebe-se que o ideal de igualdade não vai ser atingido somente por meio de políticas repressivas que proíbam a discriminação. É necessário uma comunhão da proibição da discriminação (igualdade formal) com **políticas promocionais temporárias** (igualdade material), aliás, o art. 1º, ponto 4, da Convenção dispõe que as ações afirmativas não serão consideradas como discriminação racial. Tal dualidade de ação faz-se necessária, pois a parcela populacional vítima de discriminação racial coincide com a parcela socialmente vulnerável.

Gabarito "B".

6.3. Convenção Sobre os Direitos da Criança

(Defensor Público/SE – 2012 – CESPE) Considerando o que dispõe a Convenção sobre os Direitos da Criança, assinale a opção correta.

(A) A liberdade de associação não é prevista no texto do acordo em apreço.

(B) Toda criança deve ser sempre pessoalmente ouvida em processo judicial que lhe diga respeito.

(C) Considera-se criança, em regra, o ser humano com menos de dezoito anos.

(D) A toda criança é garantido o direito a um nome, embora não haja menção a registro de nascimento.

(E) A guarda compartilhada de criança filha de pais separados não encontra respaldo na referida convenção.

A Convenção sobre os Direitos da Criança, adotada pela ONU por meio da Resolução 44/25 da Assembleia Geral em 20 de novembro de 1989 e promulgada no Brasil em 21 de novembro de 1990 pelo Decreto nº 99.710, tem por fundamento a consciência de que a criança, em virtude de sua falta de maturidade física e mental, necessita de proteção e cuidados especiais, inclusive a devida proteção legal, tanto antes quanto após seu nascimento. É importante apontar que a Convenção, no artigo 1º, determina que criança é todo ser humano com menos de 18 anos de idade, a não ser que, em conformidade com a lei aplicável à criança, a maioridade seja alcançada antes. Os Estados-partes, atualmente 193 (Convenção com o maior número de Estados-partes), têm a obrigação de proteger a criança contra todas as formas de discriminação e garantir-lhe a assistência apropriada em diversas áreas. Para monitorar o cumprimento pelos Estados-partes das obrigações constantes na Convenção, foi criado o Comitê sobre os Direitos da Criança, responsável por receber os relatórios confeccionados pelos Estados-partes. **A:** incorreta, pois está prevista no art. 15, ponto 1, da Convenção; **B:** incorreta, pois a redação do art. 12, ponto 2, da Convenção é a seguinte: "Com tal propósito, se proporcionará à criança, em particular, a oportunidade de ser ouvida em todo processo judicial ou administrativo que afete a mesma, quer diretamente quer por intermédio de um representante ou órgão apropriado, em conformidade com as regras processuais da legislação nacional"; **C:** correta, pois está em conformidade com o que dispõe o art. 1º da Convenção sobre os Direitos da Criança; **D:** incorreta. O art. 7º, ponto 1, da Convenção assim estatui: "A criança será registrada imediatamente após seu nascimento e terá direito, desde o momento em que nasce, a um nome, a uma nacionalidade e, na medida do possível, a conhecer seus pais e a ser cuidada por eles"; **E**: incorreta. O art. 9°, ponto 3, da Convenção assim estatui: "Os Estados-partes respeitarão o direito da criança que esteja separada de um ou de ambos os pais de manter regularmente relações pessoais e contato direto com ambos, a menos que isso seja contrário ao interesse maior da criança".

Gabarito "C".

(Defensoria Pública da União – 2010 – CESPE) Acerca da proteção internacional às mulheres, às crianças e aos adolescentes, julgue o item subsequente.

(1) No direito à liberdade de expressão, um dos direitos previstos na Convenção sobre os Direitos da Criança, de 1990, inclui-se a liberdade de procurar, receber e divulgar, independentemente de fronteiras, informações e ideias de todo tipo, de forma oral, escrita ou impressa, por meio das artes ou por qualquer outro meio escolhido pela criança.

1: correta, pois reflete o disposto no art. 13, ponto 1, da Convenção sobre os Direitos da Criança.

Gabarito 1C.

6.4. Convenção Sobre a Eliminação de Todas as Formas de Discriminação Contra a Mulher

(Defensoria Pública da União – 2010 – CESPE) Acerca da proteção internacional às mulheres, às crianças e aos adolescentes, julgue o item subsequente.

(1) Os documentos das Nações Unidas que tratam dos direitos políticos das mulheres determinam que elas devem ter, em condições de igualdade, o mesmo direito que os homens de ocupar e exercer todos os postos e todas as funções públicas, admitidas as restrições que a cultura e a legislação nacionais imponham.

1: errada. A Convenção, adotada pela ONU em 18 de dezembro de 1979 e ratificada pelo Brasil em primeiro de fevereiro de 1984, tem por fundamento a consciência de que a discriminação contra a mulher viola os princípios da igualdade de direitos e do respeito da dignidade humana, dificulta a participação da mulher, nas mesmas condições que o homem, na vida política, social, econômica e cultural de seu país, constitui um obstáculo ao aumento do bem-estar da sociedade e da família e dificulta o pleno desenvolvimento das potencialidades da mulher para prestar serviço a seu país e à humanidade. Os estados-partes têm a obrigação de progressivamente eliminar a discriminação e promover a igualdade de gênero. Assim, os estados, além de proibir a discriminação, podem adotar medidas promocionais temporárias para acelerar o processo de obtenção do ideal de igualdade de gênero. Portanto, no mínimo, as mulheres terão, em condições de igualdade, o mesmo direito que os homens de ocupar todos os postos públicos e de exercer todas as funções públicas estabelecidas em virtude da legislação nacional **sem nenhuma restrição**.

Gabarito 1E.

(Defensoria/SP – 2009 – FCC) No sistema global, a Convenção sobre Eliminação de Todas as Formas de Discriminação contra a Mulher, ratificada pelo Brasil em 1984, é um marco no tocante ao combate da discriminação contra a mulher e na afirmação de sua cidadania. Sobre essa Convenção é correto afirmar que

(A) respeitou as diferenças culturais e a diversidade étnica ao permitir diferentes direitos e responsabilidades durante o casamento e por ocasião da sua dissolução, permitindo que cada Estado faça sua regulamentação interna.

(B) ao evitar impor muitas obrigações aos Estados-partes que significassem ruptura imediata com padrões estereotipados de educação de meninas e meninos, logrou obter o maior número de ratificações de uma Convenção da ONU.

(C) consagrou a possibilidade de adoção de "ações afirmativas", ou seja, de medidas especiais de caráter definitivo destinadas a acelerar a igualdade de fato entre mulheres e homens.

(D) trouxe, quando de sua adoção pela ONU, um completo sistema de monitoramento, permitindo, inclusive, denúncias individuais por mulheres em casos de violação.

(E) a adoção pelo Brasil do Protocolo Facultativo à Convenção, em 2002, aperfeiçoou a sistemática de monitoramento da Convenção, com a possibilidade de apresentação de denúncias por mulheres, individualmente ou em grupos, em casos de violação.

A: incorreta, pois a redação do art. 16, ponto 1, c, da Convenção sobre a Eliminação de Todas as Formas de Discriminação contra a Mulher determina o contrário, isto é, os Estados adotarão todas as medidas adequadas para eliminar a discriminação contra a mulher em todos os assuntos relativos ao casamento e às relações familiares e, com base na igualdade entre homens e mulheres, assegurarão, entre outras coisas, os mesmos direitos e responsabilidades durante o casamento e por ocasião de sua dissolução; **B**: incorreta, pois o art. 10 da Convenção é cabal no sentido de que os Estados-partes adotarão todas as medidas apropriadas para eliminar a discriminação contra a mulher, a fim de assegurar-lhe a igualdade de direitos com o homem na esfera da educação. E para assegurarem tal objetivo, os Estados-partes deverão, entre outras medidas, eliminar todo conceito estereotipado dos papéis masculino e feminino em todos os níveis e em todas as formas de ensino mediante o estímulo à educação mista e a outros tipos de educação que contribuam para alcançar este objetivo (art. 10, c, da Convenção). Ademais, a Convenção é conhecida pelo grande número de reservas elaboradas pelos países que aderiram; **C**: incorreta, pois o art. 4°, ponto 1, da Convenção, determina que essas medidas cessarão quando os objetivos de igualdade de oportunidade e tratamento houverem sido alcançados. Ou seja, as ações afirmativas devem ser temporárias; **D**: incorreta. Para monitorar o cumprimento, pelos estados-partes, das obrigações constantes na Convenção, foi criado o Comitê sobre a Eliminação da Discriminação contra a Mulher. Este será responsável para receber os relatórios confeccionados pelos estados-partes. As petições individuais e a possibilidade de realizar investigações *in loco* só foram possibilitadas, como mecanismos de controle e fiscalização, com a adoção do Protocolo Facultativo à Convenção Internacional sobre a Eliminação de todas as formas de Discriminação contra a Mulher; **E**: correta. Reler o comentário à assertiva "D".

Gabarito "E".

6.5. Convenção sobre os Direitos das Pessoas com Deficiência

(Defensor Público/GO – 2010 – I. Cidades) A Convenção sobre os Direitos das Pessoas com Deficiência e seu Protocolo Facultativo foram incorporados, com status constitucional, ao nosso ordenamento jurídico. Com base nos conceitos e institutos nela presentes, é correto afirmar:

(A) A expressão "Adaptação razoável" designa, no contexto da convenção, quaisquer modificações e ajustes necessários e adequados, quando requeridos em cada caso, a fim de assegurar que as pessoas com deficiência possam gozar ou exercer, em igualdade de oportunidades com as demais pessoas, todos os direitos humanos e liberdades fundamentais.

(B) A Convenção prevê a possibilidade de conceder aposentadoria especial às pessoas portadoras de deficiência, com a contagem do tempo ficto inclusive.

(C) A Convenção é expressa ao dispor que nenhum de seus dispositivos afetará quaisquer disposições mais propícias à realização dos direitos das pessoas com deficiência, mesmo que estejam contidas na legislação infraconstitucional do Estado Parte.

(D) A Convenção estabelece um direito de preferência para o exercício de direitos sindicais por parte da pessoa com deficiência.

(E) O Estado brasileiro, ao adotar a Convenção, comprometeu-se, em relação aos direitos econômicos, sociais e culturais, a tomar medidas, a fim de assegurar o pleno e imediato exercício desses direitos, independentemente de quaisquer condicionamentos.

A: incorreta, pois, segundo o art. 2º da Convenção sobre os Direitos das Pessoas com Deficiência, "adaptação razoável" significa as modificações e os ajustes necessários e adequados que não acarretem ônus desproporcional ou indevido, quando requeridos em cada caso, a fim de assegurar que as pessoas com deficiência possam gozar ou exercer, em igualdade de oportunidades com as demais pessoas, todos os direitos humanos e liberdades fundamentais; **B:** incorreta, pois o art. 29, *e*, da Convenção sobre os Direitos das Pessoas com Deficiência determina que os estados-partes devem assegurar **igual acesso** de pessoas com deficiência a programas e benefícios de aposentadoria; **C:** correta, pois é o que determina o art. 4º, ponto 4, da Convenção sobre os Direitos das Pessoas com Deficiência; **D:** incorreta, pois o art. 27, ponto 1, *c*, da Convenção sobre os Direitos das Pessoas com Deficiência determina que os estados-partes devem assegurar que as pessoas com deficiência possam exercer seus direitos trabalhistas e sindicais, **em condições de igualdade** com as demais pessoas; **E:** incorreta, pois os direitos econômicos, sociais e culturais serão implementados progressivamente.

Gabarito "C".

6.6. Convenção Sobre a Proteção dos Direitos de Todos os Trabalhadores Migrantes e dos Membros de suas Famílias

(Defensor Público/RO – 2012 – CESPE) A Convenção Internacional sobre a Proteção dos Direitos de Todos os Trabalhadores Migrantes e dos Membros das suas Famílias

(A) não se aplica aos estrangeiros que se instalem, na qualidade de investidores, em um Estado-parte.

(B) não faz qualquer distinção entre os trabalhadores migrantes documentados e os não documentados.

(C) não admite restrição alguma à saída do trabalhador estrangeiro do Estado-parte para o qual migrou.

(D) dispõe que apenas as autoridades públicas do Estado-parte podem, na forma da legislação nacional, apreender e destruir documentos de identidade, inclusive passaporte, documentos de autorização de entrada, permanência, residência ou de estabelecimento no território nacional, ou, ainda, documentos relativos à autorização de trabalho, devendo, em qualquer caso, emitir recibo da apreensão ou certidão da destruição do documento.

(E) protege todos os migrantes, inclusive os estudantes estagiários, que exerçam alguma atividade remunerada sob a orientação, direção ou supervisão de outrem.

A Convenção adotada pela ONU, por meio da resolução 45/158 da Assembleia Geral, em 18 de dezembro de 1990 e não ratificada pelo Brasil, tem por fundamento a importância e a extensão do fenômeno da migração, que envolve milhares de pessoas e afeta um grande número de Estados na comunidade internacional, como também o efeito das migrações de trabalhadores nos Estados e nas populações interessadas. Tem por objetivo estabelecer normas que possam contribuir para a harmonização das condutas dos Estados mediante a aceitação de princípios fundamentais relativos ao tratamento dos trabalhadores migrantes e dos membros das suas famílias, pessoas que frequentemente se encontram em situação de vulnerabilidade. É importante apontar que a Convenção, no seu art. 2º, determina que trabalhador migrante é a pessoa que vai exercer, exerce ou exerceu uma atividade remunerada num Estado de que não é nacional. O tema, de certo modo, já tinha sido abordado no seio da Organização Internacional do Trabalho (OIT). A Convenção 97/1949 da OIT (ratificada pelo Brasil em 18 de junho de 1965) tratou de forma geral sobre os trabalhadores migrantes e a Convenção 143/1975 da OIT (não ratificada pelo Brasil) tratou das migrações em condições abusivas e da promoção da igualdade de oportunidades e de tratamento para os trabalhadores migrantes. No seio da ONU, antes dessa Convenção o tema apareceu algumas vezes em resoluções do Conselho Econômico e Social e da Assembleia Geral, como também dentro de relatórios. Mas, agora, os Estados-partes, atualmente 45, têm a obrigação de fixar parâmetros protetivos mínimos em benefício dos trabalhadores migrantes e de seus familiares. Ou seja, o Estado tem que arquitetar políticas públicas que possibilitem a efetiva proteção dos trabalhadores migrantes e de suas famílias em seu território, para, assim, garantir que esses exerçam seus direitos em igualdade de condições com os demais trabalhadores. É importante frisar o art. 82 da Convenção, porque impede a renúncia, por parte do trabalhador, dos seus direitos de trabalhador migrante e dos seus familiares. A Convenção regula também a situação específica dos trabalhadores migrantes que se encontrem em situação irregular, isto é, sem a devida documentação. Tais trabalhadores são geralmente as maiores vítimas das violações de direitos humanos. Nestes casos, o Estado-parte, além de fixar parâmetros protetivos mínimos, deverá combater (prevenir) o tráfico de trabalhadores migrantes. E para monitorar o cumprimento, pelos estados-partes, das obrigações constantes na Convenção e assim exercer o controle de convencionalidade internacional, foi criado o Comitê para a proteção dos Direitos de Todos os Trabalhadores Migrantes e dos membros das suas Famílias. Esse será responsável para receber os relatórios confeccionados pelos Estados-partes. As petições individuais e as comunicações interestatais são possíveis como mecanismos de controle e fiscalização, mediante a declaração do Estado-parte que reconhece a competência do Comitê para recebê-las. **A:** correta, pois em consonância com a redação do artigo 3º, *c*, da Convenção; **B:** incorreta. A parte IV da Convenção cuida apenas dos direitos dos trabalhadores migrantes e dos membros das suas famílias que se encontram documentados ou em situação regular. Ou seja, os trabalhadores migrantes e os membros das suas famílias que se encontram documentados ou em situação regular no Estado de emprego gozam dos direitos enunciados na parte IV da Convenção, para além dos direitos previstos na parte III; **C:** incorreta. O art. 8º, ponto 1, da Convenção assim dispõe: "Os trabalhadores migrantes e os membros das suas famílias podem sair livremente de qualquer Estado, incluindo o seu Estado de origem. Este direito só pode ser objeto de restrições que, sendo previstas na lei, constituam disposições necessárias para proteger a segurança nacional, a ordem pública, a saúde ou moral públicas, ou os direitos e liberdades de outrem, e se mostrem compatíveis com os outros direitos reconhecidos na presente parte da Convenção"; **D:** incorreta. O art. 21 da

Convenção assim dispõe: "Ninguém, exceto os funcionários públicos devidamente autorizados por lei para este efeito, tem o direito de apreender, destruir ou tentar destruir documentos de identidade, documentos de autorização de entrada, permanência, residência ou de estabelecimento no território nacional, ou documentos relativos à autorização de trabalho. Se for autorizada a apreensão e perda desses documentos, será emitido um recibo pormenorizado. Em caso algum é permitido destruir o passaporte ou documento equivalente de um trabalhador migrante ou de um membro da sua família; **E:** incorreta, pois a Convenção não se aplica aos estudantes e estagiários (art. 3º, *e*, da Convenção).

Gabarito "A".

6.7. Tribunal Penal Internacional

(Defensoria/SP – 2009 – FCC) O Tribunal Penal Internacional tem competência para julgar pessoas

(A) e Estados acusados de crimes de guerra, contra a humanidade, genocídio e terrorismo.

(B) e Estados acusados de crimes de guerra, contra a humanidade e genocídio.

(C) acusadas de crimes de guerra, contra a humanidade e genocídio, ocorridos a partir da entrada em vigor do Estatuto de Roma, em 2002.

(D) acusadas de crimes de guerra, contra a humanidade e genocídio, ocorridos a partir da entrada em vigor do Estatuto de Roma, em 1998.

(E) acusadas de crimes de guerra, contra a humanidade, genocídio e terrorismo.

O Tribunal Penal Internacional (TPI) foi constituído na Conferência de Roma, em 17 de julho de 1998, onde se aprovou o Estatuto de Roma (tratado que não admite a apresentação de reservas), que só entrou em vigor internacional em 1º de julho de 2002, e passou a vigorar, para o Brasil, em 1º de setembro de 2002. A partir de então tem-se um tribunal permanente para julgar indivíduos acusados da prática de crimes de genocídio, de crimes de guerra, de crimes de agressão e de crimes contra a humanidade. Deve-se apontar que indivíduos diz respeito a quaisquer indivíduos, independentemente de exercerem funções governamentais ou cargos públicos, desde que, à data da alegada prática do crime, tenham completado 18 anos de idade. Deve-se ressalvar que o Estatuto de Roma não definiu o crime agressão. Assim, somente em junho 2010, na Conferência de Revisão do Estatuto de Roma, realizada em Kampala, capital de Uganda, o crime de agressão foi definido. O crime de agressão é a conduta criminosa cometida por pessoa que detenha controle ou poder de direção efetivo sobre a ação política ou militar de um país, desde que sua conduta cause por suas gravidade, características e escala uma violação latente da Carta das Nações Unidas. Além da prática do crime de agressão, serão punidas também o planejamento, a preparação e a tentativa do crime de agressão. Mas o TPI só poderá exercer sua jurisdição em relação aos crimes de agressão quando pelo menos trinta estados tenham ratificado a sua previsão (o que ainda não aconteceu).

Gabarito "C".

(Defensor Público/MS – 2008 – VUNESP) Com relação ao Tribunal Penal Internacional, é correto afirmar que

(A) a competência do Tribunal restringir-se-á ao julgamento dos crimes de genocídio e crimes contra a humanidade.

(B) o Tribunal não terá jurisdição sobre pessoas que, à data da alegada prática do crime, não tenham ainda completado 21 anos de idade.

(C) os crimes da competência do Tribunal não prescrevem.

(D) o Tribunal só terá competência relativamente aos crimes cometidos após 17.07.1998, data da sua criação.

A: incorreta. O Tribunal Penal Internacional (TPI) foi constituído na Conferência de Roma, em 17 de julho de 1998, onde se aprovou o Estatuto de Roma (tratado que não admite a apresentação de reservas). A partir de então tem-se um tribunal permanente para julgar indivíduos (quaisquer indivíduos, independentemente de exercerem funções governamentais ou cargos públicos) acusados da prática de **crimes de genocídio, de crimes de guerra, de crimes de agressão e de crimes contra a humanidade**; **B:** incorreta, pois o art. 26 do Estatuto de Roma determina que o Tribunal não terá jurisdição sobre pessoas que, à data da alegada prática do crime, não tenham ainda completado **18 anos de idade**; **C:** correta, pois essa é a redação do art. 29 do Estatuto de Roma; **D:** incorreta. O art. 11, ponto 1, do Estatuto de Roma dispõe que o TPI só terá competência relativamente aos crimes cometidos após a **entrada em vigor** do Estatuto e não após a criação do TPI. O Estatuto de Roma entrou em vigor internacional em 1º de julho de 2002, e passou a vigorar, para o Brasil, em 1º de setembro de 2002.

Gabarito "C".

(Defensoria Pública da União – 2007 – CESPE) Julgue o item a seguir.

(1) A prescrição nos crimes previstos no Estatuto de Roma, de competência do Tribunal Penal Internacional, se opera nos mesmos prazos da legislação do Estado-parte do qual o réu é súdito.

1: errada, pois os crimes da competência do TPI não prescrevem (art. 29 do Estatuto de Roma).

Gabarito 1E.

6.8. Responsabilidade Internacional

(Defensor Público –DPE/BA – 2016 – FCC) No que tange à responsabilização internacional do Estado por violação de compromissos assumidos no âmbito internacional,

(A) prevalece que a responsabilidade é subjetiva, ou seja prescinde de dolo ou culpa para que o Estado seja responsabilizado.

(B) prevalece que, em matéria de Direitos Humanos, a responsabilidade é objetiva, devendo haver a violação de uma obrigação internacional, acompanhada do nexo de causalidade entre a mencionada violação e o dano sofrido.

(C) o Estado não é responsabilizado se comprovar que investigou e puniu os seus agentes internos.

(D) não há que se falar em responsabilização internacional, na medida em que não existe um órgão internacional de execução de sentenças condenatórias das cortes internacionais.

(E) em respeito à soberania, o Estado não pode ser responsabilizado, internacionalmente, a fazer ou deixar de fazer algo no âmbito interno e as condenações se limitam a obrigações de dar.

Em matéria de Direitos Humanos, a responsabilidade do Estado é objetiva. Dessa forma, quando existir dano, conduta e nexo de causalidade entre ambos, e desde que não exista nenhuma das causas de exclusão da responsabilidade, o Estado deverá ser responsabilizado.

Gabarito "B".

7. SISTEMA REGIONAL DE PROTEÇÃO DOS DIREITOS HUMANOS

7.1. Sistema Interamericano

(Defensor Público –DPE/MT – 2016 – UFMT) Sobre a eficácia na proteção dos direitos reconhecidos na Convenção Americana de Direitos Humanos por instituições públicas no Brasil, assinale a afirmativa correta.

(A) O Brasil deve cumprir, de forma voluntária, as decisões da Corte Interamericana de Direitos Humanos.
(B) Atualmente, graves violações a direitos humanos, assim caracterizados pela Convenção, deverão ser julgadas na Justiça Federal.
(C) A federalização dos crimes graves contra direitos humanos refere-se à obrigatoriedade do Estado em criar mecanismos legais e administrativos para que tais sejam julgados pelo Superior Tribunal de Justiça.
(D) Quando houver conflito de competência quanto a direitos que possam envolver caso grave de violação a direitos humanos, caberá ao Supremo Tribunal Federal dirimi-lo.
(E) Os Estados Federados no Brasil também se obrigam às disposições da Convenção, podendo ser interpelados na Corte Interamericana de Direitos Humanos, por qualquer violação.

A: correta. O cumprimento da sentença da Corte se dá geralmente de maneira voluntária pelos Estados. Caso isso não ocorra, por exemplo, no Brasil, o cumprimento se dará mediante execução da sentença, como título executivo judicial, perante a justiça federal, consoante disposto no artigo 109, I, da CF. Mas deve-se saber que os Estados-partes da Convenção se comprometem a cumprir a decisão da Corte em todo caso em que forem parte (artigo 68 da Convenção Americana de Direitos Humanos). Estado levante óbices jurídicos para viabilizar a execução da sentença em conformidade com o processo interno vigente, estará incorrendo em violação adicional da Convenção Americana (art. 2º), por não adotar providências no sentido de adequar o seu direito interno às obrigações internacionalmente assumidas; **B, C e D: incorretas.** Nas hipóteses de grave violação de direitos humanos, o Procurador-Geral da República, com a finalidade de assegurar o cumprimento de obrigações decorrentes de tratados internacionais de direitos humanos dos quais o Brasil seja parte, poderá suscitar, perante o Superior Tribunal de Justiça, em qualquer fase do inquérito ou processo, incidente de deslocamento de competência para a Justiça Federal (art. 109, § 5º, da CF); **E: incorreta.** Sobre a responsabilização de Estado, é importante dizer que o artigo 28 da Convenção Americana de Direitos Humanos estabelece a cláusula federal ou princípio da unidade do Estado. Sempre é o governo central que responderá perante a comunidade internacional, pois é o representante do Estado como um todo, o único detentor de personalidade jurídica internacional. Tome de exemplo a Federação de Estados ou Estado Federal, que é a união permanente de dois ou mais estados, dos quais cada um conserva apenas a autonomia interna, pois a soberania externa é exercida por um órgão central, normalmente denominado *governo federal*. O Brasil é Estado Federal desde a Constituição de 1891. Cabe sublinhar que a divisão de autonomias em relação às competências internas não interfere na responsabilização internacional. Dito de outra maneira, "no plano internacional o Estado é reconhecido como um sujeito único e indivisível e o princípio da unidade do Estado estabelece que os atos ou omissões dos órgãos do Estado devem ser reconhecidos como atos ou omissões desse Estado em sua totalidade[14]".

Gabarito "A".

---

14 Convención Americana sobre Derechos Humanos – Comentario: STEINER, Christian e URIBE, Patricia (Editores). Konrad Adenauer Stiftung. Bolívia: Plural editores, 2014. P.15.

(Defensor Público –DPE/MT – 2016 – UFMT) Sobre jurisdição e responsabilidade internacional, no que se refere à proteção dos Direitos Humanos, assinale a afirmativa correta.

(A) Os Estados que aderiram à Convenção Americana de Direitos Humanos submetem-se a sua jurisdição, excluindo-se, assim, aquela prevista na Carta da Organização dos Estados Americanos, quando da violação de direitos humanos.
(B) Hoje, para que um Estado possa aderir à Organização dos Estados Americanos, deve ser membro da Convenção Americana de Direitos Humanos.
(C) A Comissão Interamericana de Direitos Humanos foi criada pela Convenção Americana de Direitos Humanos, com a função exclusiva de receber denúncias de violação a direitos humanos nos Estados-membros da Convenção.
(D) A Convenção Americana de Direitos Humanos prevê um sistema de responsabilização por violação aos direitos nela reconhecidos; os Estados que a ela aderirem, seguindo o procedimento de adoção de tratado internacional, externa e internamente, exercem jurisdição subsidiária no que se refere à proteção desses direitos.
(E) A Comissão Interamericana de Direitos Humanos exerce dupla função na proteção de direitos humanos: uma no âmbito da própria Organização dos Estados Americanos e outra dentro do sistema da Convenção Americana de Direitos Humanos.

A: incorreta. A competência contenciosa da Corte Interamericana de Direitos Humanos só será exercida em relação aos Estados-partes da Convenção que expressem e inequivocamente tenham aceitado essa competência da Corte (artigo 62 da Convenção Americana de Direitos Humanos). O Brasil reconheceu a competência obrigatória da Corte em 8 de novembro 2002 (Decreto 4.463). O reconhecimento foi feito por prazo indeterminado, mas abrange fatos ocorridos após 10 de dezembro de 1998; **B: incorreta,** pois não existe a citada obrigação; **C: incorreta,** pois possui outras funções (art. 41 da Convenção Americana de Direitos Humanos); **D: incorreta.** O sistema de responsabilização criado pela Convenção Americana de Direitos Humanos pode analisar as violações aos direitos previstos na Convenção Americana de Direitos Humanos, como também no Protocolo de San Salvador (somente em relação aos artigos 8º, ponto 1, alínea *a*, e 13), na Convenção Interamericana para Prevenir e Punir a Tortura (conforme o que dispõe o artigo 8º) e na Convenção Interamericana sobre o Desaparecimento Forçado de Pessoas (conforme o que dispõe o artigo 13). No tocante à Convenção Americana de Direitos Humanos, cabe apontar que a Corte tem competência para analisar não somente os direitos por ela disciplinados, mas também as normas que regulam o processo (competência ampla); **E: correta.** A Comissão representa todos os membros da Organização dos Estados Americanos (artigo 35 da Convenção Americana de Direitos Humanos e art. 1º do Estatuto da Comissão Interamericana de Direitos Humanos) ao mesmo tempo que exerce função dentro do sistema de controle criado pela Convenção Americana de Direitos Humanos. Suas atribuições em relação aos Estados membros da OEA estão disciplinadas no art. 18 do Estatuto da Comissão Interamericana de Direitos Humanos, já suas atribuições em relação aos Estados-partes da Convenção Americana estão disciplinadas no art. 19 do Estatuto da Comissão Interamericana de Direitos Humanos.

Gabarito "E".

(Defensor Público –DPE/MT – 2016 – UFMT) Sobre os efeitos no Brasil das disposições da Convenção Americana de Direitos Humanos – o Pacto de São José da Costa Rica, de 1969, assinale a afirmativa correta.

(A) Os direitos essenciais do homem não derivam do fato de ser ele nacional de determinado Estado, mas sim do fato de ter como fundamento os atributos da pessoa humana, porém a jurisdição da Corte Interamericana de Direitos Humanos recai apenas sobre nacional de Estado signatário.

(B) Ao assinar a Convenção, o Brasil se comprometeu a adotar todas as medidas necessárias à aplicação de suas disposições, obtendo prerrogativa supralegal para aplicação imediata de medidas que possam ser, de acordo com o ordenamento jurídico interno prévio, de competência exclusiva dos Estados federados.

(C) A Convenção impõe que o Estado deva adotar não somente medidas legislativas, mas quaisquer outras que se mostrem necessárias e adequadas à consecução de seus objetivos, mesmo que de natureza administrativa.

(D) A Convenção representa a consolidação de um constitucionalismo regional na América, vide o número de Estados que a assinaram, somente permitindo recuo na proteção dos direitos nela dispostos na observância da Lei Maior de cada país.

(E) No que se refere à cooperação a que se obriga o Estado signatário, este deve adotar procedimentos internos de implementação do Pacto e, quando solicitado, entregar pessoas à Corte Interamericana de Direitos Humanos.

A: incorreta, pois a jurisdição da Corte Interamericana recai sobre o Estado signatário e não sobre os nacionais desse Estado; **B:** incorreta, pois não existiu essa chamada "prerrogativa supralegal"; **C:** correta (art. 2º da Convenção Americana de Direitos Humanos); **D:** incorreta, pois não está permitido diminuir a proteção dos direitos humanos estabelecido pela Convenção; **E:** incorreta. O Estado não deve entregar pessoas à Corte porque é ele mesmo que responde perante à Corte. É interessante apontar a peculiaridade dos tratados internacionais de direitos humanos, pois, diferentemente dos tradicionais, que visam compor os interesses dos Estados, aqueles buscam garantir o exercício de direitos por indivíduos.
Gabarito "C".

(Defensoria Pública da União – CESPE – 2015) Manuel, deficiente mental que não se encontrava em situação que indicasse risco de morte ao ser internado em hospital psiquiátrico privado que opera no âmbito do SUS, faleceu quatro dias após a internação. A família de Manuel, sob a alegação de que sua morte decorrera de maus tratos por ele recebidos no hospital, incluindo-se a administração forçada de medicação, e de que esses maus tratos se deveram ao fato de ele ser negro e pobre, deseja representar contra o Brasil tanto perante a justiça brasileira quanto perante órgãos internacionais de controle.

Com base no disposto na Convenção Interamericana de Direitos Humanos e na Convenção sobre os Direitos das Pessoas com Deficiência, julgue os itens subsequentes, relativos à situação hipotética acima apresentada.

(1) Nesse caso, a responsabilidade do Estado é objetiva, inclusive perante órgãos internacionais de controle, já que a internação de Manuel ocorreu no âmbito do SUS.

(2) Nessa situação, dada a condição mental do paciente, não era necessária sua autorização para a administração da medicação.

1: certo. A teoria adotada para tratar da responsabilidade civil da Administração é a do risco administrativo. Dessa forma, quando existir dano, conduta e nexo de causalidade entre ambos (conforme descrito na presente questão), e desde que não exista nenhuma das causas de exclusão da responsabilidade, o Estado deverá ser responsabilizado. E isso inclui os órgãos internacionais de controle caso a justiça brasileira não solucione efetivamente o caso e outros fatores sejam respeitados (art. 46 da Convenção Americana de Direitos Humanos); **2:** errado, pois os responsáveis legais devem autorizar a administração de medicação.
Gabarito 1C, 2E.

(Defensor Público/PR – 2012 – FCC) Sobre o funcionamento do Sistema Interamericano de Direitos Humanos, é correto afirmar:

(A) A regra do esgotamento dos recursos internos pode ser afastada se os órgãos do Poder Judiciário de determinado Estado não apreciarem os recursos interpostos dentro de um prazo razoável.

(B) O Estado fica desobrigado a cumprir as obrigações assumidas na Convenção Americana de Direitos Humanos se as violações que lhe forem imputadas decorrerem de ato de responsabilidade exclusiva de uma entidade política autônoma interna.

(C) Embora a sentença da Corte Interamericana de Direitos Humanos seja definitiva e inapelável, pode ocorrer um pedido de interpretação quanto ao seu sentido ou alcance, o qual será apreciado se apresentado dentro do prazo de noventa dias da prolação da sentença.

(D) A adesão de um Estado à Convenção Americana de Direitos Humanos é suficiente para que a Comissão e a Corte Interamericanas exerçam as suas funções em relação àquele Estado.

(E) Quando a Comissão Interamericana reconhece a admissibilidade de uma petição ou comunicação e, posteriormente, chega a um relatório em que se conclui que, de fato, ocorreram violações da Convenção Americana de Direitos Humanos naquela situação trazida a análise, o órgão fica obrigado a submeter o caso à apreciação da Corte Interamericana.

A: correta. O sistema interamericano impõe a mesma ideia de ressalva existente no sistema global. As regras de esgotamento de todos os recursos internos disponíveis e do prazo de seis meses para a apresentação da petição ou comunicação não serão aplicadas quando o indivíduo for privado de seu direito de ação pela jurisdição doméstica, ou lhe forem ceifadas as garantias do devido processo legal, ou, ainda, se os processos internos forem excessivamente demorados; **B:** incorreta. O artigo 28 da Convenção Americana de Direitos Humanos estabelece a cláusula federal, que em seu ponto 2 determina: "No tocante às disposições relativas às matérias que correspondem à competência das entidades componentes da federação, o governo nacional deve tomar imediatamente as medidas pertinentes, em conformidade com sua Constituição e com suas leis, a fim de que as autoridades competentes das referidas entidades possam adotar as disposições cabíveis para o cumprimento desta Convenção". Ademais, sempre o governo central responderá perante a comunidade internacional, pois é o representante do Estado como um todo, que é o único detentor de personalidade jurídica internacional. Em outras palavras, a Federação de estados ou Estado Federal é a união permanente de dois ou mais estados, na qual cada um conserva apenas a autonomia interna, pois a soberania externa é exercida por um órgão central, normalmente denominado *governo federal*. O Brasil é Estado Federal desde a Constituição Federal de 1891. Por fim, a título conclusivo, pode-se afirmar que a divisão de autonomias em relação às competências internas não interfere na responsabilização internacional; **C**: incorreta. A sentença da Corte Interamericana será sempre fundamentada, definitiva e inapelável (artigos 66 e 67 da Convenção Americana de Direitos Humanos), todavia, em caso de divergência sobre o sentido ou alcance da sentença, a Corte interpretá-la-á, a pedido de qualquer das partes, desde que o pedido seja apresentado dentro de 90 dias a partir da data da *notificação* da sentença. Ainda é possível apontar que a Corte admitiu, em casos excepcionais, o recurso de revisão contra sentenças que colocam fim ao processo, com o propósito de evitar que a coisa julgada mantenha uma situação de evidente injustiça, devido ao descobrimento de um fato que se houvesse sido conhecido no momento da confecção da sentença teria o condão de alterar seu resultado, o que demonstraria a existência de um vício substancial na sentença[15]; **D**: incorreta, pois a competência contenciosa da Corte Interamericana só será exercida em relação aos Estados-partes da Convenção que expressem e inequivocamente tenham aceitado essa competência da Corte (artigo 62 da Convenção Americana de Direitos Humanos). Por sua vez, não é necessária a expressa aceitação da competência da Comissão para receber petições, bastando que o Estado tenha aderido à Convenção; **E**: incorreta. De posse da acusação, a Comissão assim agirá: **a)** buscará uma solução amistosa entre o indivíduo denunciante e o Estado violador; **b)** se não se chegar a uma solução, e dentro do prazo que for fixado pelo Estatuto da Comissão, esta redigirá um relatório no qual exporá os fatos e suas conclusões; **c)** o relatório será encaminhado aos Estados interessados, aos quais não será facultado publicá-lo; **d)** ao encaminhar o relatório, a Comissão pode formular as proposições e as recomendações que julgar adequadas; **e)** se, no prazo de três meses a partir da remessa aos Estados interessados do relatório da Comissão, o assunto não tiver sido solucionado ou submetido à decisão da Corte pela Comissão (chamada remessa automática) ou pelo Estado interessado, aceitando sua competência, a Comissão poderá emitir, pelo voto da maioria absoluta de seus membros, sua opinião e conclusões sobre a questão submetida à sua consideração; **f)** a Comissão fará as recomendações pertinentes e fixará um prazo dentro do qual o Estado deve tomar as medidas que lhe competir para remediar a situação examinada; **g)** transcorrido o prazo fixado, a Comissão decidirá, pelo voto da maioria absoluta de seus membros, se o Estado tomou ou não as medidas adequadas e se publica ou não seu relatório. Vale frisar que o envio à Corte apenas será permitido se o Estado violador tiver aquiescido de forma expressa e inequívoca em relação à competência da Corte Interamericana de Direitos Humanos para solucionar os casos de violação dos direitos humanos insculpidos na Convenção e em outros tratados do sistema americano de proteção.

Gabarito "A".

(Defensor Público/RO – 2012 – CESPE) Considerando o Pacto de São José da Costa Rica, assinale a opção correta.

(A) Mesmo não tendo sido prevista no referido pacto, a proteção da integridade psíquica de toda pessoa é dever dos Estados signatários, por força de orientação da Comissão Interamericana e da Corte Interamericana.

(B) Os Estados signatários desse pacto comprometem-se a respeitar os direitos e liberdades nele reconhecidos e a garantir seu livre e pleno exercício às pessoas que estejam sujeitas à sua jurisdição.

(C) Os Estados-partes são dispensados de adotar quaisquer medidas legislativas destinadas a garantir o exercício dos direitos e liberdades previstos nesse pacto, que se torna eficaz, no Estado-parte, a partir de sua assinatura.

(D) Por não definir o significado da palavra pessoa, que é o sujeito dos direitos humanos por ele garantidos, o pacto possibilita que Estados-partes restrinjam, por meio da jurisprudência ou da legislação nacional, o significado do termo.

(E) O pacto não prevê, expressamente, o direito de toda pessoa de ter reconhecida sua personalidade jurídica, embora se infira de suas disposições o dever de os Estados-partes reconhecerem esse direito.

A: incorreta, pois o art. 5°, ponto 1, da CADH assim dispõe: "Toda pessoa tem direito a que se respeite sua integridade física, psíquica e moral"; **B**: correta, pois está em conformidade com a redação do art. 1°, ponto 1, do Pacto de São José da Costa Rica; **C**: incorreta. O art. 2° da CADH dispõe sobre o dever de adotar disposições de direito interno. Assim, os Estados-partes comprometem-se a adotar, de acordo com as suas normas constitucionais e com as disposições desta Convenção, as medidas legislativas ou de outra natureza que forem necessárias para tornar efetivos tais direitos e liberdades; **D**: incorreta, pois para efeitos da CADH, pessoa é todo ser humano (art. 1°, ponto 2); **E**: incorreta, pois o art. 3° da CADH prevê expressamente que toda pessoa tem direito ao reconhecimento de sua personalidade jurídica.

Gabarito "B".

(Defensor Público/SE – 2012 – CESPE) De acordo com o que dispõe a Convenção Americana de Direitos Humanos,

(A) o Estado-parte não tem a obrigação de analisar pedido de indulto, anistia ou comutação de pena requeridos por condenado à morte.

(B) o direito à vida deve ser protegido, como regra, desde a concepção.

(C) a pena de morte pode ser restabelecida nos Estados-parte que a tenham abolido.

(D) a pena de morte, nos Estados-partes que a adotem, pode ser aplicada a delitos políticos.

(E) a pena de morte pode ser imposta a condenados por crimes conexos a delitos políticos.

Em 22 de novembro de 1969, na Conferência de San José da Costa Rica, foi adotada a Convenção Americana de Direitos Humanos[16] (Pacto de San José da Costa Rica), a qual só entrou em vigor internacional em 18 de julho de 1978 (quando atingiu as 11 ratificações necessárias) e é o principal instrumento protetivo do sistema americano. No Brasil, a Convenção passou a ter vigência por meio do Decreto n° 678 de 6 de novembro de 1992. Cabe destacar que o artigo 2° desse decreto dispõe sobre a declaração interpretativa do governo brasileiro: "O Governo do Brasil entende que os arts. 43 e 48, d, não incluem o direito automático de visitas e inspeções *in loco* da Comissão Interamericana de Direitos Humanos, as quais dependerão da anuência expressa do Estado". Tal declaração interpretativa funciona como uma ressalva que limita os poderes da Comissão Interamericana de Direitos Humanos[17]. Como

---

15. Caso Genie Lacayo, Solicitação de Revisão da sentença de 29 de janeiro de 1997 (Resolução de 13 de setembro de 1997, item 10).

16. É de suma importância sublinhar que a Convenção Americana de Direitos Humanos é autoaplicável. Tal definição provém do Parecer Consultivo 07/86 da Corte Interamericana de Direitos Humanos. Assim, uma vez internalizada, estará apta a irradiar seus efeitos diretamente na ordem interna do país-parte, isto é, não necessitará de lei que regulamente sua incidência nos países que aderiram a seus mandamentos.

17. Todavia, deve-se apontar, como uma das consequências do princípio *pro homine*, que a interpretação das limitações de direitos estabelecidos nos tratados internacionais de direitos humanos deve ser restritiva – tudo para impedir ao máximo a diminuição da proteção da pessoa humana. Aliás, nesse sentido é o Parecer Consultivo 02, de 24 de setembro de 1982, da Corte Interamericana de Direitos Humanos.

órgãos de fiscalização e julgamento (controle de convencionalidade internacional) do sistema americano de proteção dos direitos humanos, a Convenção instituiu a Comissão e a Corte Interamericana de Direitos Humanos, dotando-o, dessa maneira, de mecanismos constritivos de proteção dos direitos humanos (*hard law*). Ao mesmo tempo, os Estados-partes comprometem-se a adotar, de acordo com as suas normas constitucionais e com as disposições desta Convenção, as medidas legislativas ou de outra natureza que forem necessárias para tornar efetivos (art. 2º da CADH) os direitos e liberdades reconhecidos na Convenção Americana de Direitos Humanos. Importante sublinhar que o texto convencional está obrigando não somente o Poder Legislativo, mas também os poderes Executivo e Judiciário do Estado-partes. Na Convenção só é permitida a participação dos países-membros da OEA. Ao longo da Convenção é possível identificar inúmeros direitos civis e políticos (ditos de primeira geração), nos moldes do Pacto Internacional de Direitos Civis e Políticos. A única menção aos direitos econômicos, sociais e culturais é encontrada no artigo 26, que se limita a determinar que os Estados se engajem em progressivamente implementar tais direitos (em sua dimensão negativa e positiva), ditos de segunda geração. Tal escolha (de só regular os direitos políticos e civis) foi direcionada para obter a adesão dos EUA.
A: incorreta. O art. 4º, ponto 6, da Convenção Americana assim dispõe: "Toda pessoa condenada à morte tem direito a solicitar anistia, indulto ou comutação da pena, os quais podem ser concedidos em todos os casos. Não se pode executar a pena de morte enquanto o pedido estiver pendente de decisão ante a autoridade competente"; **B:** correta, pois a assertiva está em consonância com o art. 4º, ponto 1, da Convenção Americana; **C:** incorreta, pois Não se pode restabelecer a pena de morte nos Estados que a hajam abolido (art. 4º, ponto 3, da Convenção Americana); D e **E:** incorretas, pois em nenhum caso pode a pena de morte ser aplicada a delitos políticos, nem a delitos comuns conexos com delitos políticos.

Gabarito "B".

(Defensoria Pública da União – 2010 – CESPE) No que concerne ao sistema interamericano de direitos humanos, julgue os itens que se seguem.

(1) Qualquer pessoa ou grupo de pessoas, ou entidade não governamental legalmente reconhecida em um ou mais Estados-membros da Organização dos Estados Americanos (OEA) podem apresentar à Comissão Interamericana de Direitos Humanos petições que contenham denúncias ou queixas de violação à Convenção Americana de Direitos Humanos por um Estado-parte.

(2) Embora sem competência contenciosa, de caráter jurisdicional, a Corte Interamericana de Direitos Humanos tem competência consultiva, relativa à interpretação das disposições da Convenção Americana e das disposições de tratados concernentes à proteção dos direitos humanos.

1: correta, pois essa é a redação do art. 44 da Convenção Americana de Direitos Humanos, conhecida também como Pacto de São José da Costa Rica. Mas deve-se lembrar que esta competência só poderá ser exercida se o estado violador aderiu à Convenção Americana de Direitos Humanos. Percebe-se que não é necessária a expressa aceitação da competência da Comissão para receber petições, bastando que o estado tenha aderido à Convenção. Cabe também reforçar que só serão aceitas as petições que comprovarem a inexistência de litispendência internacional e o esgotamento de todos os recursos internos disponíveis. Ademais, o art. 46 da Convenção Americana de Direitos Humanos também exige que a petição ou a comunicação seja apresentada dentro do prazo de seis meses, a partir da data em que o presumido prejudicado em seus direitos tenha sido notificado da decisão definitiva exarada no sistema protetivo nacional. Por fim, o sistema americano impõe a mesma ideia de ressalva existente no sistema global. As regras de esgotamento de todos os recursos internos disponíveis e a do prazo de seis meses para a apresentação da petição ou comunicação não serão aplicadas quando o indivíduo for privado de seu direito de ação pela jurisdição doméstica, ou lhe forem ceifadas as garantias do devido processo legal ou, ainda, se os processos internos forem excessivamente demorados; **2:** incorreta. A Corte é o órgão jurisdicional do sistema regional de proteção americano e sua composição é de setes juízes, os quais são nacionais dos países-membros da OEA. E no que se refere à sua competência, identifica-se uma atuação **consultiva** e **contenciosa**. A competência consultiva da Corte é marcada por sua grande finalidade de uniformizar a interpretação da Convenção Americana de Direitos Humanos e dos tratados de direitos humanos confeccionados no âmbito da OEA. E, dentro dessa competência, qualquer estado-membro da OEA pode pedir para que a Corte emita parecer que indique a correta interpretação da Convenção e dos tratados de direitos humanos. Ademais, a Corte pode fazer análise de compatibilidade entre a legislação doméstica de um país-membro da OEA e o sistema protetivo americano. Esta análise tem por escopo harmonizar as legislações domésticas em relação ao sistema americano de proteção. Já a competência contenciosa só será exercida em relação aos estados-partes da Convenção que expressa e inequivocamente tenha aceitado essa competência da Corte (art. 62 da Convenção Americana de Direitos Humanos). A declaração de aceite da competência da corte pode ser feita incondicionalmente, ou sob condição de reciprocidade, por prazo determinado ou ainda somente para casos específicos.

Gabarito 1C, 2E

(Defensoria/MT – 2009 – FCC) Tendo em vista o Protocolo Adicional à Convenção Americana sobre Direitos Humanos em Matéria de Direitos Econômicos, Sociais e Culturais, NÃO constitui direito nele reconhecido:

(A) À reserva de percentual de cargos públicos para as pessoas portadoras de deficiência.

(B) À licença-maternidade, antes e depois do parto.

(C) A uma remuneração equitativa e igual por trabalho igual.

(D) À total imunização contra as principais doenças infecciosas.

(E) À educação primária gratuita.

A: incorreta, pois no Protocolo de San Salvador não há previsão nesse sentido; **B:** correta. A licença-maternidade antes e depois do parto está prevista no art. 9º, ponto 2, do Protocolo de San Salvador; **C:** correta. A remuneração equitativa e igual por trabalho igual está prevista no art. 7º, *a*, do Protocolo de San Salvador; **D:** correta. Tal direito à saúde está previsto expressamente no art. 10, ponto 2, *c*, do Protocolo de San Salvador; **E:** correta. O art. 13, ponto 3, *a*, do Protocolo de San Salvador determina que: "O ensino de primeiro grau deve ser obrigatório e acessível a todos gratuitamente".

Gabarito "A".

Segue, para conhecimento, a lista dos direitos humanos protegidos na Convenção Americana de Direitos Humanos e a lista dos protegidos no Protocolo de São Salvador:

Os direitos humanos protegidos na Convenção Americana de Direitos Humanos são:

A) direito ao reconhecimento da personalidade jurídica (art. 3º);

B) direito à vida (art. 4º). É importante apontar que a Convenção determina que, em geral, este direito deve ser protegido desde o momento da concepção;

C) direito à integridade pessoal (art. 5º). Leia-se integridade física, psíquica e moral;

D) proibição da escravidão e da servidão (art. 6º). O tráfico de escravos e o tráfico de mulheres também são proibidos em todas as suas formas;
E) direito à liberdade pessoal (artigo 7º). É no ponto 7 deste artigo que aparece o princípio da proibição da detenção por dívidas e a sua correlata exceção somente em virtude de inadimplemento de obrigação alimentar. E seu reflexo no Brasil foi, depois de muitas decisões, a Súmula Vinculante 25 do STF;
F) garantias judiciais (art. 8º). É neste artigo que aparece o princípio da celeridade dos atos processuais;
G) princípio da legalidade e da retroatividade da lei penal mais benéfica (art. 9º);
H) direito à indenização por erro judiciário (art. 10). O artigo dispõe ser necessário o trânsito em julgado da condenação;
I) proteção da honra e da dignidade (art. 11);
J) liberdade de consciência e de religião (art. 12);
K) liberdade de pensamento e de expressão (art. 13);
L) direito de retificação ou resposta (art. 14). Direito a ser utilizado quando as informações inexatas ou ofensivas forem emitidas, em seu prejuízo, por meios de difusão legalmente regulamentados e que se dirijam ao público em geral;
M) direito de reunião (art. 15). Desde que pacífica e sem armas;
N) liberdade de associação (art. 16);
O) proteção da família (art. 17);
P) direito ao nome (art. 18);
Q) direitos da criança (art. 19);
R) direito à nacionalidade (art. 20). Este artigo traz a importante regra de que toda pessoa tem direito à nacionalidade do Estado em cujo território houver nascido, se não tiver direito a outra;
S) direito à propriedade privada (art. 21);
T) direito de circulação e de residência (art. 22). Tal artigo traz duas regras importantes, a primeira, constante do ponto 7 do artigo, é a de que toda pessoa tem o direito de buscar e receber asilo em território estrangeiro, em caso de perseguição por delitos políticos ou comuns conexos com delitos políticos e a segunda, constante do ponto 8 do artigo, é a de que em nenhum caso o estrangeiro pode ser expulso ou entregue a outro país, seja ou não de origem, onde seu direito à vida ou à liberdade pessoal esteja em risco de violação em virtude de sua raça, nacionalidade, religião, condição social ou de suas opiniões políticas;
U) direitos políticos (art. 23);
V) Igualdade perante a lei (art. 24);
W) Proteção judicial (art. 25).

Os direitos humanos protegidos no Protocolo San Salvador são:

A) direito ao trabalho (art. 6º);
B) condições justas, equitativas e satisfatórias de trabalho (art. 7º);
C) direitos sindicais (art. 8º);
D) direito à seguridade social (art. 9º);
E) direito à saúde (art. 10);
F) direito a um meio ambiente sadio (art. 11);
G) direito à alimentação (art. 12);
H) direito à educação (art. 13);
I) direito de receber os benefícios da cultura (art. 14);
J) direito à constituição e à proteção da família (art. 15);
K) direitos da criança (art. 16);
L) proteção dos idosos (art. 17);
M) proteção dos deficientes (art. 18).

(Defensoria/PI – 2009 – CESPE) A Convenção Americana de Direitos Humanos de 1969 (Pacto de San José da Costa Rica)

(A) reproduziu a maior parte das declarações de direitos constantes do Pacto Internacional de Direitos Econômicos, Sociais e Culturais.
(B) foi adotada sem ressalvas pelo Brasil desde o seu início.
(C) proíbe o restabelecimento da pena capital nos países que a tenham abolido.
(D) não tratou do direito ao nome.
(E) indica a possibilidade de asilo no caso do cometimento de crimes comuns não vinculados à atividade política.

A: incorreta. Em 22 de novembro de 1969, na Conferência de São José da Costa Rica, foi adotada a Convenção Americana de Direitos Humanos (Pacto de San José da Costa Rica), a qual só entrou em vigor em 18 de julho de 1978 (quando atingiu as 11 ratificações necessárias) e é o principal instrumento protetivo do sistema americano. No Brasil, a Convenção passou a ter vigência por meio do decreto 678 de 6 de novembro de 1992. Na Convenção só é permitida a participação dos países-membros da OEA. **Ao longo da Convenção é possível a identificação de inúmeros direitos civis e políticos (ditos de primeira geração), nos moldes do Pacto Internacional de Direitos Civis e Políticos**. A única menção aos direitos econômicos, sociais e culturais é encontrada no art. 26, o qual se limita a determinar que os estados se engajem em progressivamente implementar tais direitos (na sua dimensão negativa e positiva), ditos de segunda geração. Tal escolha (de só regular os direitos políticos e civis) foi direcionada para obter a adesão dos EUA à Convenção. Esta situação modificou-se com a adoção, na Conferência Interamericana de São Salvador, em 17 de novembro de 1988, do Protocolo Adicional à Convenção, conhecido como Protocolo San Salvador. A partir de então, tem-se uma enumeração dos direitos econômicos, sociais e culturais que os países americanos - membros da OEA – obrigaram-se a implementar; **B**: incorreta, pois o art. 2º do decreto 678 de 1992 dispõe sobre a declaração interpretativa do governo brasileiro: "O Governo do Brasil entende que os arts. 43 e 48, *d*, não incluem o direito automático de visitas e inspeções in loco da Comissão Interamericana de Direitos Humanos, as quais dependerão da anuência expressa do Estado". Tal declaração interpretativa funciona como uma ressalva que limita os poderes da Comissão Interamericana de Direitos Humanos; **C**: correta, pois é o que determina o art. 4º, ponto 3, da Convenção Americana de Direitos Humanos; **D**: incorreta, pois o direito ao nome é tratado no art. 18 da Convenção Americana de Direitos Humanos; **E**: incorreta, pois o art. 22, ponto 7, da Convenção Americana de Direitos Humanos assim dispõe: "Toda pessoa tem o direito de buscar e receber asilo em território estrangeiro, em caso de **perseguição por delitos políticos ou comuns conexos com delitos políticos**, de acordo com a legislação de cada Estado e com as Convenções internacionais". Cabe lembrar que o asilo territorial é o acolhimento, pelo estado, em seu território, de estrangeiro perseguido no seu país por causa de dissidência política, de delitos de opinião, ou por crimes que, relacionados com a segurança do estado, não configurem infração penal comum. E, por sua vez, O asilo diplomático é o acolhimento, pelo estado, em sua representação diplomática, do estrangeiro que busca proteção.

Gabarito "C".

(Defensoria/MT – 2009 – FCC) Em face do que dispõe a Convenção Americana de Direitos Humanos quanto ao direito de defesa da pessoa acusada da prática de um delito,

(A) o Estado deve dispor de um órgão de assistência jurídica encarregado da defesa dos acusados que demonstrarem insuficiência de recursos.

(B) a defesa pode ser realizada pessoalmente pelo acusado, caso o Estado não disponha de meios para lhe proporcionar um defensor.

(C) a defesa pode ser realizada pessoalmente pelo acusado, caso seja ele tecnicamente habilitado e renuncie ao defensor indicado pelo Estado.

(D) é obrigatória a existência de defesa técnica, fornecida pelo Estado, caso o acusado não indique advogado de sua confiança e nem se defenda por si mesmo.

(E) é direito do acusado, sempre que o interesse da justiça assim o exija, ter um defensor designado ex officio, que atuará gratuitamente.

A: incorreta. O item e do ponto 2 do art. 8º da Convenção estabelece como garantia mínima o "direito irrenunciável de ser assistido por um defensor proporcionado pelo Estado, remunerado ou não, segundo a legislação interna, se o acusado não se defender ele próprio, nem nomear defensor dentro do prazo estabelecido pela lei". A redação da alínea e demonstra não haver obrigação dos estados-partes disporem de órgão de assistência jurídica encarregado da defesa dos acusados que demonstrarem insuficiência de recursos, mas somente garantir a defesa dos acusados que não se defendem pessoalmente e nem nomeiam defensor dentro do prazo estabelecido; **B** e **C:** incorretas. Reler o comentário à assertiva "A". Cabe frisar que, consoante ao que determina a Convenção Americana de Direitos Humanos, o acusado sempre poderá se defender pessoalmente, independentemente de qualquer condição; **D:** correta. A alínea e do § 2º do art. 8º da Convenção estabelece como garantia mínima o "direito irrenunciável de ser assistido por um defensor proporcionado pelo Estado, remunerado ou não, segundo a legislação interna, se o acusado não se defender ele próprio, nem nomear defensor dentro do prazo estabelecido pela lei"; **E:** incorreta, pois não existe tal previsão na Convenção Americana de Direitos Humanos.

Gabarito "D".

(Defensoria/SP – 2009 – FCC) No Protocolo de San Salvador está reconhecido o direito de petição ao Sistema Interamericano de Direitos Humanos nos casos de violação

(A) dos direitos à saúde e à moradia digna.

(B) dos direitos à livre associação sindical e à educação.

(C) do direito ao trabalho.

(D) dos direitos econômicos, sociais e culturais.

(E) dos direitos à saúde e à educação.

A Corte Interamericana tem competência para interpretar e aplicar o Protocolo Adicional à Convenção Americana de Direitos Humanos (Protocolo de San Salvador) somente em relação ao art. 8, ponto 1, alínea a (**direitos sindicais dos trabalhadores**) e o art. 13 (**direito à educação**). Tudo em conformidade com o art. 19, ponto 6, do mencionado Protocolo, o qual determina que são esses os únicos direitos passíveis de serem acionados perante à Corte (justiciabilidade), entre um amplo conjunto de direitos econômicos, sociais e culturais de que trata esse protocolo. Entretanto, o que se percebe no campo prático é uma jurisprudência criativa que permite uma implementação indireta dos direitos econômicos, sociais e culturais. Uma das grandes contribuições para essa substancial evolução foi a construção jurisprudencial de um conceito amplo ou *lato sensu* do direito de acesso à justiça (art. 25 da Convenção Americana), o que permite o acionamento da Corte para proteção de todos os direitos humanos, inclusive os econômicos, sociais e culturais. Cabe destacar também a construção jurisprudencial da Corte que qualificou de *jus cogens* os princípios da equidade e da não discriminação, os quais são, logicamente, aplicados em relação a todos direitos humanos. E, por fim, o estabelecimento, pela Corte, de um conceito amplo do direito à vida, o qual exige a proteção e a implementação dos direitos econômicos, sociais e culturais para sua satisfatória efetivação.

Gabarito "B".

7.1.1. Comissão Interamericana

(Defensor Público –DPE/MT – 2016 – UFMT) Em relação ao processo de recebimento de uma petição direcionada à Comissão Interamericana de Direitos Humanos por violação ao Pacto de São José da Costa Rica, de 1969, assinale a afirmativa correta.

(A) A Comissão não poderá declarar a inadmissibilidade da petição ou comunicação com base em informações supervenientes.

(B) A Comissão não poderá proceder a uma conciliação entre as partes conflitantes, seja pessoa ou grupo de pessoas ou Estados, antes de submeter o caso à apreciação da Corte Interamericana de Direitos Humanos.

(C) A Comissão pode receber comunicação de violação a direitos humanos no pacto referido por Estado que não tenha, no momento da ratificação da Convenção, declarado que reconhece a competência daquela, mesmo que em desfavor de outro Estado-parte em igual condição.

(D) A Comissão poderá arquivar a petição em que se alega violação de direitos humanos por um Estado, sem instauração de qualquer investigação, após o recebimento de informações deste.

(E) A Comissão não pode declarar inadmissível uma petição que seja substancialmente reprodução de outra anterior que tenha sido examinada por outro organismo internacional.

A: incorreta porque a Comissão pode declarar a inadmissibilidade com base em informações supervenientes (art. 34, c, do Regulamento da Comissão Interamericana de Direitos Humanos); **B:** incorreta (art. 48, ponto 1, f, da Convenção Americana de Direitos Humanos e art. 40 do Regulamento da Comissão Interamericana de Direitos Humanos); **C:** incorreta (art. 45 da Convenção Americana de Direitos Humanos e art. 50 do Regulamento da Comissão Interamericana de Direitos Humanos); **D:** correta (art. 48, ponto 1, b, da Convenção Americana de Direitos Humanos); **E:** incorreta (art. 47, d, da Convenção Americana de Direitos Humanos e art. 33, ponto 1, b, do Regulamento da Comissão Interamericana de Direitos Humanos).

Gabarito "D".

(Defensor Público –DPE/BA – 2016 – FCC) A Comissão Interamericana de Direitos Humanos, em 16 de março de 2016, submeteu à Corte Interamericana o caso n. 12.728 que trata do Povo Xurucu e seus membros. Nesse caso houve violação prioritária

(A) do direito à propriedade coletiva do povo indígena.

(B) do direito à integridade física do povo indígena.

(C) do direito do povo indígena contra o trabalho escravo e a servidão.
(D) da liberdade de pensamento e de expressão do povo indígena.
(E) do direito à nacionalidade do povo indígena.

A Comissão Interamericana de Direitos Humanos (CIDH) apresentou à Corte Interamericana de Direitos Humanos (Corte IDH) o caso 12.728, Povo Indígena Xucuru e seus membros, a respeito do Brasil.
O caso está relacionado com a violação do direito à propriedade coletiva do povo indígena Xucuru em consequência da demora de mais de dezesseis anos, entre 1989 e 2005, no processo administrativo de reconhecimento, titulação, demarcação e delimitação de suas terras e territórios ancestrais, também pela demora na regularização total dessas terras e territórios, de maneira que o mencionado povo indígena pudera exercer pacificamente tal direito. Além disso, o caso está relacionado com a violação dos direitos às garantias judiciais e proteção judicial, em consequência do descumprimento da garantia de prazo razoável no mencionado processo administrativo, assim como da demora em resolver ações civis iniciadas por pessoas não indígenas em relação a parte das terras e territórios ancestrais do povo indígena Xucuru.

Gabarito "A".

(Defensor Público –DPE/ES – 2016 – FCC) O sistema Regional Americano tem suas peculiaridades e, dentre elas, pode-se mencionar a existência da Comissão Interamericana de Direitos Humanos e a Corte interamericana de Direitos Humanos. A respeito destes órgãos, é correto afirmar:

(A) As medidas cautelares, adotadas pela Comissão, possuem natureza vinculante, citando-se como exemplo o caso da Usina Belo Monte.
(B) A Comissão Interamericana é composta por sete membros eleitos por quatro anos, permitida só uma reeleição.
(C) A Corte Interamericana é composta por sete membros por um mandato de quatro anos, permitida a reeleição.
(D) O indivíduo pode acessar ambos os órgãos mencionados, bastando, para tanto, preencher o requisito do prévio esgotamento das vias ordinárias.
(E) A Comissão Interamericana tem a competência de emitir opiniões consultivas vinculantes aos Estados-Membros.

A: incorreta, pois tais medidas não possuem natureza vinculante; **B:** correta. A Comissão Interamericana de Direitos Humanos é o órgão administrativo do sistema regional de proteção americano. É composta de sete membros, que devem ser pessoas de alta autoridade moral e de reconhecido saber em matéria de direitos humanos (art. 2º, ponto 1, do Estatuto da Comissão). Esses membros são eleitos, a título pessoal, pela Assembleia Geral da OEA, a partir de uma lista de candidatos propostos pelos governos dos Estados-membros, e cumprem mandato de quatro anos, com a possibilidade de uma reeleição. Vale lembrar que não pode fazer parte da Comissão mais de um nacional de um mesmo país (art. 7º do Estatuto da Comissão); **C:** incorreta. A Corte é o órgão jurisdicional do sistema regional de proteção americano. Sua composição é de sete juízes, os quais são nacionais dos países-membros da OEA e escolhidos pelos Estados-partes da Convenção. Os juízes da Corte serão eleitos por um período de seis anos e só poderão ser reeleitos uma vez (art. 54 da Convenção Americana de Direitos Humanos); **D:** incorreta, pois a Corte não pode ser acionada por indivíduo (art. 61, ponto 1, da Convenção Americana de Direitos Humanos); **E:** incorreta, pois as opiniões consultivas não são vinculantes.

Gabarito "B".

(Defensor Público/AM – 2013 – FCC) Segundo a Convenção Americana sobre Direitos Humanos, qualquer pessoa ou grupo de pessoas, ou entidade não governamental legalmente reconhecida em um ou mais Estados membros da Organização, pode apresentar à Comissão petições que contenham denúncias ou queixas de violação desta Convenção por um Estado-Parte. Tais petições, segundo o mesmo tratado, devem obedecer a certas regras gerais de admissibilidade, dentre as quais NÃO se inclui:

(A) A interposição e esgotamento dos recursos da jurisdição interna, de acordo com os princípios de direito internacional geralmente reconhecidos.
(B) A apresentação dentro do prazo de seis meses, a partir da data em que o presumido prejudicado em seus direitos tenha sido notificado da decisão definitiva.
(C) A manifestação expressa de concordância da vítima ou vítimas da alegada violação aos direitos humanos.
(D) Que a petição contenha o nome, a nacionalidade, a profissão, o domicílio e a assinatura da pessoa ou pessoas ou do representante legal da entidade que submeter a petição.
(E) Que a matéria da petição ou comunicação que não esteja pendente de outro processo de solução internacional.

Um aspecto importante da competência da Comissão é a possibilidade de receber petições do indivíduo "lesionado", de terceiras pessoas ou de organizações não governamentais legalmente reconhecidas em um ou mais Estados-membros da OEA que representem o indivíduo lesionado[18]. Entrementes, essa competência só poderá ser exercida se o Estado violador tiver aderido à Convenção Americana de Direitos Humanos. Percebe-se que não é necessária a expressa aceitação da competência da Comissão para receber petições, bastando que o Estado tenha aderido à Convenção. Figuram aqui os mesmos requisitos de admissibilidade verificados quando da análise do procedimento de apresentação de petições individuais no sistema global de proteção. Ou seja, só são aceitas as petições ou as comunicações que comprovarem a inexistência de litispendência internacional (assertiva "E" está correta) e o esgotamento de todos os recursos internos disponíveis (a assertiva "A" está correta). Ademais, o artigo 46 da Convenção Americana de Direitos Humanos exige que a petição ou a comunicação seja apresentada dentro do prazo de seis meses, a partir da data em que o presumido prejudicado em seus direitos tenha sido notificado da decisão definitiva exarada no sistema protetivo nacional (a assertiva "B" está correta) e petição a ser interposta deve conter o nome, a nacionalidade, a profissão, o domicílio e a assinatura da pessoa ou pessoas ou do representante legal da entidade que submeter a petição (a assertiva "D" está correta). Importante destacar que não é necessária a manifestação expressa de concordância da vítima ou vítimas da alegada violação aos direitos humanos (a assertiva "C" está incorreta). Por fim, o sistema americano impõe a mesma ideia de ressalva existente no sistema global. As regras de esgotamento de todos os recursos internos disponíveis e do prazo de seis meses para a apresentação da petição ou comunicação não serão aplicadas quando o indivíduo for privado de seu direito de ação pela jurisdição doméstica, ou lhe forem ceifadas as garantias do devido processo legal, ou, ainda, se os processos internos forem excessivamente demorados.

Gabarito "C".

---

18. Como exemplo pode-se citar o conhecido caso Maria da Penha.

(Defensor Público/AM – 2013 – FCC) A outorga de medida cautelar a favor dos membros das comunidades indígenas da bacia do Rio Xingu, relativa à usina hidroelétrica Belo Monte, no Estado do Pará (Brasil), foi expedida pela

(A) Corte Interamericana de Direitos Humanos e determinou a paralisação das obras da usina até que as comunidades indígenas beneficiárias tivessem acesso ao Estudo de Impacto Social e Ambiental do projeto, em um formato acessível, incluindo a tradução aos idiomas indígenas respectivos.

(B) Comissão Interamericana de Direitos Humanos e solicitou a adoção de medidas para proteger a vida, a saúde e integridade pessoal dos membros das comunidades indígenas em situação de isolamento voluntário.

(C) Corte Interamericana de Direitos Humanos e solicitou a rápida finalização dos processos de regularização das terras ancestrais dos povos indígenas que estão pendentes, e a adoção de medidas efetivas para a proteção de mencionados territórios ancestrais.

(D) Comissão Interamericana de Direitos Humanos e referendada pela Corte Interamericana de Direitos Humanos, determinando o reassentamento das populações indígenas em área equivalente à atingida pelas obras.

(E) Comissão Interamericana de Direitos Humanos e determinou realização de processos de consulta, em cumprimento das obrigações internacionais do Brasil, com o objetivo de chegar a um acordo em relação a cada uma das comunidades indígenas afetadas pelas obras.

MC 382/10 – Comunidades Indígenas da Bacia do Rio Xingu, Pará, Brasil

Em 1º de abril de 2011, a CIDH outorgou medidas cautelares a favor dos membros das comunidades indígenas da bacia do Rio Xingu, no Pará, Brasil: Arara da Volta Grande do Xingu; Juruna de Paquiçamba; Juruna do "Kilómetro 17"; Xikrin de Trincheira Bacajá; Asurini de Koatinemo; Kararaô e Kayapó da terra indígena Kararaô; Parakanã de Apyterewa; Araweté do Igarapé Ipixuna; Arara da terra indígena Arara; Arara de Cachoeira Seca; e as comunidades indígenas em isolamento voluntário da bacia do Xingu. A solicitação de medida cautelar alega que a vida e integridade pessoal dos beneficiários estariam em risco pelo impacto da construção da usina hidroelétrica Belo Monte. A CIDH solicitou ao Governo Brasileiro que suspenda imediatamente o processo de licenciamento do projeto da UHE de Belo Monte e impeça a realização de qualquer obra material de execução até que sejam observadas as seguintes condições mínimas: (1) realizar processos de consulta, em cumprimento das obrigações internacionais do Brasil, no sentido de que a consulta seja prévia, livre, informativa, de boa-fé, culturalmente adequada, e com o objetivo de chegar a um acordo, em relação a cada uma das comunidades indígenas afetadas, beneficiárias das presentes medidas cautelares; (2) garantir, previamente a realização dos citados processos de consulta, para que consulta seja informativa, que as comunidades indígenas beneficiárias tenham acesso a um Estudo de Impacto Social e Ambiental do projeto, em um formato acessível, incluindo a tradução aos idiomas indígenas respectivos; (3) adotar medidas para proteger a vida e a integridade pessoal dos membros dos povos indígenas em isolamento voluntário da bacia do Xingú, e para prevenir a disseminação de doenças e epidemias entre as comunidades indígenas beneficiárias das medidas cautelares como consequência da construção da hidroelétrica Belo Monte, tanto daquelas doenças derivadas do aumento populacional massivo na zona, como da exacerbação dos vetores de transmissão aquática de doenças como a malária. Em 29 de julho de 2011, durante o 142º Período de Sessões, a CIDH avaliou a MC 382/10 com base na informação enviada pelo Estado e pelos peticionários, e modificou o objeto da medida, solicitando ao Estado que: 1) Adote medidas para proteger a vida, a saúde e integridade pessoal dos membros das comunidades indígenas em situação de isolamento voluntário da bacia do Xingu, e da integridade cultural de mencionadas comunidades, que incluam ações efetivas de implementação e execução das medidas jurídico-formais já existentes, assim como o desenho e implementação de medidas específicas de mitigação dos efeitos que terá a construção da represa Belo Monte sobre o território e a vida destas comunidades em isolamento; 2) Adote medidas para proteger a saúde dos membros das comunidades indígenas da bacia do Xingu afetadas pelo projeto Belo Monte, que incluam (a) a finalização e implementação aceleradas do Programa Integrado de Saúde Indígena para a região da UHE Belo Monte, e (b) o desenho e implementação efetivos dos planos e programas especificamente requeridos pela FUNAI no Parecer Técnico 21/09, recém enunciados; e 3) Garantisse a rápida finalização dos processos de regularização das terras ancestrais dos povos indígenas na bacia do Xingu que estão pendentes, e adote medidas efetivas para a proteção de mencionados territórios ancestrais ante apropriação ilegítima e ocupação por não indígenas, e frente a exploração ou o deterioramento de seus recursos naturais. Adicionalmente, a CIDH decidiu que o debate entre as partes no que se refere a consulta previa e ao consentimento informado em relação ao projeto Belo Monte se transformou em uma discussão sobre o mérito do assunto que transcende o âmbito do procedimento de medidas cautelares[19].

Gabarito "B".

(Defensor Público/AC – 2012 – CESPE) Com referência à Comissão Interamericana de Direitos Humanos, assinale a opção correta.

(A) Não compete a essa comissão o conhecimento de queixa ou denúncia formulada por pessoa natural, visto que apenas Estados-membros têm legitimação para agir nos termos do direito público internacional.

(B) A demora injustificada na tramitação dos recursos internos autoriza o conhecimento de denúncia mesmo sem o prévio esgotamento daqueles.

(C) A solução amistosa das queixas recebidas por essa comissão exige homologação da Corte Interamericana de Direitos Humanos.

(D) Essa comissão poderá conhecer queixa idêntica a outra pendente de julgamento, desde que a litispendência não ocorra perante a própria comissão ou a Corte Interamericana de Direitos Humanos.

(E) A essa comissão cabe, mediante prévia autorização da Corte Interamericana de Direitos Humanos, formular recomendações aos Estados-membros.

A: incorreta. Um aspecto importante da competência da Comissão é a possibilidade de receber petições do indivíduo "lesionado", de terceiras pessoas ou de organizações não governamentais legalmente reconhecidas em um ou mais Estados-membros da OEA que representem o indivíduo lesionado. Entrementes, essa competência só poderá ser exercida se o Estado violador tiver aderido à Convenção Americana de Direitos Humanos. Percebe-se que não é necessária a expressa aceitação da competência da Comissão para receber petições, bastando que o Estado tenha aderido à Convenção; **B**: correta. A Comissão tem competência para receber comunicações interestatais. E igual ao sistema global de proteção, nesse mecanismo um Estado-parte pode denunciar o outro que incorrer em violação dos direitos humanos. Mas, para a denúncia ter validade, os dois Estados, denunciante e denunciado, devem ter expressamente declarado a competência da Comissão Interamericana de Direitos Humanos para tanto. Figuram aqui os mesmos requisitos

---

19. Fonte (site da Comissão): http://www.cidh.oas.org/medidas/2011.port.htm.

de admissibilidade exigidos no procedimento de apresentação de petições individuais e de comunicações interestatais no sistema global de proteção. Ou seja, só são aceitas as petições ou as comunicações que comprovarem a inexistência de litispendência internacional e o esgotamento de todos os recursos internos disponíveis. Ademais, o artigo 46 da Convenção Americana de Direitos Humanos exige que a petição ou a comunicação seja apresentada dentro do prazo de seis meses, a partir da data em que o presumido prejudicado em seus direitos tenha sido notificado da decisão definitiva exarada no sistema protetivo nacional. Mas o sistema americano também impõe a mesma ideia de ressalva existente no sistema global. Assim, as regras de esgotamento de todos os recursos internos disponíveis e do prazo de seis meses para a apresentação da petição ou comunicação não serão aplicadas quando o indivíduo for privado de seu direito de ação pela jurisdição doméstica, ou lhe forem ceifadas as garantias do devido processo legal, ou, ainda, se os processos internos forem excessivamente demorados; **C**: incorreta, pois não é necessária a homologação pela Corte; **D**: incorreta, pois só serão aceitas as petições em que ficarem comprovados a inexistência de litispendência internacional. Ou seja, a submissão do caso à qualquer órgão internacional competente impede a análise do mesmo ulteriormente pela Comissão; **E**: incorreta, pois não é necessária prévia autorização da Corte para que a Comissão formule recomendações aos Estados-membros.

Gabarito "B".

(Defensor Público/PR – 2012 – FCC) Diferentemente do Direito Internacional Público clássico, os conceitos e categorias jurídicas do Direito Internacional dos Direitos Humanos formaram-se e cristalizaram-se no plano das relações intraestatais, ou seja, das relações entre os Estados e os seres humanos sob suas respectivas jurisdições. Essa especificidade conduz à necessidade de que o Direito Internacional dos Direitos Humanos tenha regras e princípios próprios de interpretação. Sobre essa temática, é INCORRETO afirmar:

(A) Em função do art. 68 da Convenção Americana de Direitos Humanos - CADH, que estabelece a exequibilidade da sentença da Corte Interamericana de Direitos Humanos no plano interno do Estado, na parte relativa a eventual indenização compensatória, caso o Estado levante óbices jurídicos para viabilizar a execução da referida sentença em conformidade com o processo interno vigente, estará incorrendo em violação adicional da CADH (art. 2º), por não adotar providências no sentido de adequar o seu direito interno às obrigações internacionalmente assumidas.

(B) Ao dispor que os Estados-Parte "comprometem-se a adotar, de acordo com as suas normas constitucionais e com as disposições desta Convenção, as medidas legislativas ou de outra natureza que forem necessárias para tornar efetivos" (art. 2º) os direitos e liberdades reconhecidos na Convenção Americana de Direitos Humanos - CADH, o texto convencional está obrigando não somente o Poder Legislativo, mas também os poderes Executivo e Judiciário do Estado-Parte.

(C) Para a Corte Interamericana, as obrigações contraídas em virtude da Convenção Americana de Direitos Humanos - CADH somente podem ser suspensas nas hipóteses de seu artigo 27, ou seja, em caso de guerra, de perigo público, ou de outra emergência que ameace a independência ou segurança do Estado-Parte, na medida e pelo tempo estritamente limitados às exigências da situação, ficando desse modo inacessíveis todas as garantias judiciais para a proteção de direitos somente nesse contexto especialíssimo.

(D) Como a regra do esgotamento dos recursos internos não é aplicada com flexibilidade no Direito Internacional Geral, a jurisprudência das cortes internacionais de direitos humanos desenvolveu vários entendimentos que mitigam ou estabelecem pré-requisitos para a plena incidência da referida regra, como, por exemplo, fazendo recair o ônus da prova da existência de um recurso "acessível e suficiente" sobre o Estado demandado, ou estabelecendo que o Estado requerido estaria obrigado a levantar a objeção no primeiro momento em que fosse chamado perante a Comissão Interamericana, sob pena de ficar impedido de invocar o não esgotamento no julgamento perante a Corte Interamericana (*estoppel*).

(E) Havendo duas ou mais possibilidades de interpretação concomitante de dispositivos correspondentes ou equivalentes de distintos tratados de direitos humanos, aplica-se o critério da primazia da norma mais favorável às supostas vítimas, favorecendo a complementaridade dos mecanismos de proteção dos direitos humanos em níveis global e regional.

A: correta. O cumprimento da sentença da Corte ocorre geralmente de maneira voluntária pelos Estados. Caso isso não ocorra, por exemplo, no Brasil, o cumprimento se dará mediante execução da sentença, como título executivo judicial, perante a justiça federal, consoante disposto no artigo 109, I, da CF. Mas deve-se saber que os Estados-partes da Convenção se comprometem a cumprir a decisão da Corte em todo caso em que forem parte (artigo 68 da Convenção Americana de Direitos Humanos); **B**: correta, pois as três esferas de Poder assumem o compromisso; **C**: incorreta. A Opinião Consultiva 08/1987 foi apresentada pela Comissão Interamericana de Direitos Humanos com o objetivo de aclarar a devida interpretação dos artigos 25, ponto 1, e 7º, ponto 6, da Convenção Americana de Direitos Humanos relacionados com a última frase do artigo 27, ponto 2, da mesma Convenção. A Corte decidiu, por unanimidade, que os procedimentos jurídicos consagrados nos artigos 25, ponto 1, e 7º, ponto 6, da Convenção Americana de Direitos Humanos não podem ser suspensos conforme o disposto no artigo 27, ponto 2, da mesma Convenção, pois constituem garantias judiciais indispensáveis para proteger direitos e liberdades que tampouco podem ser suspensas, segundo preceitua o já citado artigo 27, ponto 2, da Convenção. E a Opinião Consultiva 09/1987 foi solicitada pelo governo da República Oriental do Uruguai com o objetivo de especificar o correto alcance da proibição de suspensão das garantias judiciais indispensáveis para a proteção dos direitos mencionados no artigo 27, ponto 2, da Convenção Americana de Direitos Humanos. Mais precisamente, o governo uruguaio desejava que a Corte opinasse especificamente sobre: **a)** quais eram essas garantias judiciais indispensáveis; e **b)** qual era a relação do artigo 27, ponto 2, da Convenção com os artigos 25 e 8º da mesma Convenção. A Corte decidiu, por unanimidade, que devem ser considerados garantias judiciais indispensáveis, conforme o estabelecido no artigo 27, ponto 2, da Convenção, o *habeas corpus* (artigo 7º, ponto 6), o amparo ou qualquer outro recurso efetivo perante os juízes ou tribunais competentes (artigo 25, ponto 1), destinado a garantir o respeito aos direitos e liberdades cuja suspensão não está autorizada pela Convenção Americana de Direitos Humanos. Também decidiu, por unanimidade, que devem ser considerados garantias judiciais indispensáveis que não podem ser suspensas os procedimentos judiciais inerentes à forma democrática representativa de governo (artigo 29, *c*), previstos no direito interno dos Estados-partes como idôneos para garantir a plenitude do exercício dos direitos a que se refere o artigo 27, ponto 2, da Convenção e cuja supressão ou limitação comportem a falta de defesa de tais direitos; **D**: correta, pois, de fato, a jurisprudência das cortes internacionais mitiga a regra do esgotamento dos recursos internos; **E:** correta. Em se tratando de interpretação e de aplicação das regras protetivas de direitos humanos, deve-se ter por fundamento o *princípio da primazia da norma mais favorável à vítima*, o qual determina a busca da maior efetividade possível na proteção dos direitos humanos. Portanto, de modo geral, os sistemas protetivos global, regional e nacional interagem e complementam-se para melhor proteger o indivíduo dos abusos perpetrados contra sua dignidade humana. Esse exercício foi denominado por Erik Jaime[20] o *diálogo das fontes*[21], ou seja, os diversos sistemas de proteção (fontes heterogêneas) são coordenados para garantir a maior tutela possível da dignidade da pessoa humana – dessa forma, o sistema com maiores possibilidades de garantir a proteção no caso específico será o eleito, podendo até haver uma aplicação conjunta dos sistemas, desde que apropriada. A Constituição brasileira traz previsão expressa de "cláusula de diálogo ou dialógica" no seu art. 4º, II.

(**Defensor Público/PR – 2012 – FCC**) Sobre as atividades da Comissão Interamericana de Direitos Humanos, órgão integrante do Sistema Interamericano de Direitos Humanos, considere as afirmações abaixo.

I. A Comissão Interamericana exerce no Sistema um duplo papel: em um primeiro momento, exerce um juízo de admissibilidade da denúncia ou petição e faz uma avaliação própria sobre o caso, eventualmente expedindo recomendações; em um segundo momento, atua como parte perante a Corte Interamericana, pleiteando a condenação de um Estado-Parte da Convenção Americana de Direitos Humanos – CADH.

II. Além de atuar em casos individuais, a Comissão Interamericana elabora relatórios sobre países, abordando violações sistemáticas ou violações relacionadas a problemas estruturais de determinado Estado.

III. Em situações de gravidade e urgência, a Comissão Interamericana pode adotar medidas cautelares, de observância obrigatória para os Estados-Parte na CADH, para prevenir danos irreparáveis em pessoas ou objetos conexos a uma petição ou caso pendente de análise.

IV. Para que uma petição seja admitida pela Comissão Interamericana, entre outros requisitos, tem de ser apresentada dentro do prazo de seis meses da data em que a pessoa prejudicada foi notificada de uma decisão definitiva no plano interno.

V. A Comissão Interamericana examina casos e petições relacionadas com Estados membros da Organização dos Estados Americanos que não são parte na CADH, utilizando como fundamento, nessa análise, a Declaração Americana dos Direitos e Deveres do Homem.

Está correto APENAS o que se afirma em

(A) I, II, III e IV.
(B) I, II, III e V.
(C) I, II, IV e V.
(D) I, II e V.
(E) I, II e III.

I: correta. Um aspecto importante da competência da Comissão é a possibilidade de receber petições do indivíduo "lesionado", de terceiras pessoas ou de organizações não governamentais legalmente reconhecidas em um ou mais Estados-membros da OEA que representem o indivíduo lesionado. Entrementes, essa competência só poderá ser exercida se o Estado violador tiver aderido à Convenção Americana de Direitos Humanos. Percebe-se que não é necessária a expressa aceitação da competência da Comissão para receber petições, bastando que o Estado tenha aderido à Convenção. A Comissão também tem competência para receber comunicações interestatais. Nesse mecanismo um Estado-parte pode denunciar o outro que incorrer em violação dos direitos humanos. Mas, para a denúncia ter validade, os dois Estados, denunciante e denunciado, devem ter expressamente declarado a competência da Comissão Interamericana de Direitos Humanos para tanto. Figuram aqui os mesmos requisitos de admissibilidade verificados no sistema global de proteção. Ou seja, só são aceitas as petições ou as comunicações que comprovarem a inexistência de litispendência internacional e o esgotamento de todos os recursos internos disponíveis. Ademais, o artigo 46 da Convenção Americana de Direitos Humanos exige que a petição ou a comunicação seja apresentada dentro do prazo de seis meses, a partir da data em que o presumido prejudicado em seus direitos tenha sido notificado da decisão definitiva exarada no sistema protetivo nacional e a petição a ser interposta deve conter o nome, a nacionalidade, a profissão, o domicílio e a assinatura da pessoa ou pessoas ou do representante legal da entidade que submeter a petição. Importante destacar que não é necessária a manifestação expressa de concordância da vítima ou vítimas da alegada violação aos direitos humanos. O sistema americano impõe a mesma ideia de ressalva existente no sistema global. As regras de esgotamento de todos os recursos internos disponíveis e do prazo de seis meses para a apresentação da petição ou comunicação não serão aplicadas quando o indivíduo for privado de seu direito de ação pela jurisdição doméstica, ou lhe forem ceifadas as garantias do devido processo legal, ou, ainda, se os processos internos forem excessivamente demorados. De posse da acusação, a Comissão assim agirá: **a)** buscará uma solução amistosa entre o indivíduo denunciante e o Estado violador; **b)** se não se chegar a uma solução, e dentro do prazo que for fixado pelo Estatuto da Comissão, esta redigirá um relatório no qual exporá os fatos e suas conclusões; **c)** o relatório será encaminhado aos Estados interessados, aos quais não será facultado publicá-lo; **d)** ao encaminhar o relatório, a Comissão pode formular as proposições e as recomendações que julgar adequadas; **e)** se, no prazo de três meses a partir da remessa aos Estados interessados do relatório da Comissão, o assunto não tiver sido solucionado ou submetido à decisão da Corte pela Comissão (chamada remessa automática) ou pelo Estado interessado, aceitando sua competência, a Comissão poderá emitir, pelo voto da maioria absoluta de seus membros, sua opinião e conclusões sobre a questão submetida à sua consideração; **f)** a Comissão fará as recomendações pertinentes e fixará um prazo dentro do qual o Estado deve tomar as medidas que lhe competir para remediar a situação examinada; **g)** transcorrido o prazo fixado, a Comissão decidirá, pelo voto da maioria absoluta de seus membros, se o Estado tomou ou não as medidas adequadas e se publica ou não seu relatório. Vale frisar que o envio à Corte apenas será permitido se o Estado violador tiver aquiescido de forma expressa e inequívoca em relação à competência da Corte Interamericana de Direitos Humanos para solucionar os casos de violação dos direitos humanos insculpidos na Convenção e em outros tratados do sistema americano de proteção. Por fim, a Comissão, por iniciativa própria ou depois de receber uma denúncia, poderá entrar em contato com o Estado denunciado para que este adote, com urgência, medidas cautelares antes da análise do mérito da denúncia, desde que verificado risco de dano irreparável à vítima ou às vítimas. Dentro dessa ótica, poderá também solicitar que a Corte adote medidas provisórias mesmo antes da análise do mérito do caso, desde que o caráter de urgência e de gravidade as justifique; **II:** correta. A principal função da Comissão é promover o respeito aos direitos humanos no continente americano. Destarte,

---

20. **Identité culturelle et integration: le droit international privé postmoderne.** Séries Recueil des Cours de l'Académie de Droit International de la Haye 251, 1995.

21. O citado diálogo também é previsto expressamente no artigo 29, *b*, da Convenção Americana de Direitos Humanos.

tem competência para enviar recomendações aos Estados-partes da Convenção Americana de Direitos Humanos ou até mesmo para os Estados-membros da OEA. Em sua competência inserem-se também a possibilidade de realizar estudos, solicitar informações aos Estados no que tange à implementação dos direitos humanos insculpidos na Convenção e confeccionar um relatório anual para ser submetido à Assembleia Geral da OEA. A parte do relatório anual, a Comissão pode confeccionar relatórios especiais ou gerais sobre a situação dos direitos humanos nos Estados membros sempre que considerar necessário (art. 59, ponto 1, *h*, do Regulamento da Comissão Interamericana de Direitos Humanos). Cabe lembrar que as recomendações e os relatórios (tanto o anual e o alicerçado em alguma acusação[22]) da Comissão não têm poder vinculante, isto é, não vinculam os Estados destinatários; **III**: incorreta. A Comissão, por iniciativa própria ou depois de receber uma denúncia, poderá entrar em contato com o Estado denunciado para que este adote, com urgência, medidas cautelares antes da análise do mérito da denúncia, desde que verificado risco de dano irreparável à vítima ou às vítimas. Dentro dessa ótica, poderá também solicitar que a Corte adote medidas provisórias mesmo antes da análise do mérito do caso, desde que o caráter de urgência e de gravidade as justifique; **IV**: correta. Reler o comentário sobre a assertiva I; **V**: correta, pois, de fato, a Declaração Americana dos Direitos e Deveres do Homem será o fundamento para análise de casos de desrespeito aos direitos humanos relacionados à países que são membros da OEA, mas não ratificaram a CADH.

Gabarito "C".

(Defensor Público/SE – 2012 – CESPE) A Comissão Interamericana de Direitos Humanos

(A) não pode solicitar a Estado-parte a adoção de medidas cautelares para prevenir danos irreparáveis decorrentes de suposta violação dos direitos humanos.

(B) tem como único documento paradigmático para a proteção dos direitos humanos no continente americano o Pacto de São José da Costa Rica.

(C) tem o poder de fixar seu próprio regulamento, estabelecendo nele o procedimento a ser observado para o processamento de petições que denunciem violações aos direitos humanos resguardados pelo Pacto de São José da Costa Rica.

(D) detém competência para conhecer denúncia de violação de direitos humanos praticada por qualquer país que integre a Organização dos Estados Americanos, nos termos da Convenção Americana de Direitos Humanos.

(E) não pode aceitar nem processar petições individuais.

A: incorreta, pois é possível o pedido de adoção de medidas cautelares; **B**: incorreta, pois todos os documentos convencionais confeccionados no âmbito do sistema interamericano (tanto o geral como o específico) de proteção dos direitos humanos servirão de parâmetro para atuação da Comissão Interamericana; **C**: correta. O regulamento da Comissão disciplinou o processamento de petições (art. 23 e ss. do Regulamento da Comissão Interamericana de Direitos Humanos); **D**: incorreta. A Comissão poderá receber denúncia apenas sobre os Estados violadores que tenham aderido à Convenção Americana de Direitos Humanos. Percebe-se que não é necessária a expressa aceitação da competência da Comissão para receber petições, bastando que o Estado tenha aderido à Convenção e não à Organização dos Estados Americanos; **E**: incorreta, pois a Comissão possui competência para aceitar e processar petições individuais.

Gabarito "C".

---

22. A acusação é feita mediante petição individual ou comunicação interestatal.

(Defensor Público/SP – 2012 – FCC) Em relação ao caso da senhora Maria da Penha Maia Fernandes, que transcorreu perante o Sistema Interamericano de Direitos Humanos, a

(A) Corte Interamericana de Direitos Humanos, reconhecendo a tolerância do Estado brasileiro em punir o agressor, responsabilizou as autoridades públicas e fixou uma indenização em favor da vítima a ser paga pelo Brasil.

(B) Comissão Interamericana de Direitos Humanos, após constatar que a violação dos direitos humanos da vítima era de responsabilidade de seu marido, decidiu pelo arquivamento da demanda, pois o Estado brasileiro não poderia ser responsabilizado por ato de particular.

(C) Comissão Interamericana de Direitos Humanos reconheceu que o Estado brasileiro descumpriu o dever de garantir às pessoas sujeitas à sua jurisdição o exercício livre e pleno de seus direitos humanos e recomendou que o Brasil simplificasse os procedimentos judiciais penais.

(D) Corte Interamericana de Direitos Humanos, acionada pela vítima, condenou criminalmente o senhor Marco Antonio Heredia Viveiros, tendo em vista que a Justiça brasileira não julgara o caso após quinze anos de tramitação.

(E) Corte Interamericana de Direitos Humanos entendeu que a agressão sofrida pela vítima é parte de um padrão geral de negligência e falta de efetividade do Estado brasileiro para processar e condenar os agressores nos casos de violência contra a mulher, ordenando ao Brasil que multiplicasse o número de delegacias policiais especiais para a defesa dos direitos da mulher.

A história de Maria da Penha Maia Fernandez é conhecida de todos: trata-se de uma repetição de atos de violência doméstica – infelizmente uma realidade diuturna – em conjunto com a falta de uma legislação específica a dar suporte ao devido julgamento do infrator – deve-se lembrar que o infrator (na época marido) apenas foi preso 19 anos depois de ter cometido os crimes categorizados como de violência doméstica e cumpriu somente dois anos em regime fechado. Em função de tal quadro, o Centro para a Justiça e o Direito Internacional – CEJIL – formalizou, em conjunto com Maria da Penha e o Comitê Latino-Americano e do Caribe para a Defesa dos Direitos da Mulher – CLADEM, uma denúncia (petição individual) na Comissão Interamericana de Direitos Humanos contra a procrastinação em se obter uma decisão sobre o caso, tendo em vista que isso demorou 19 anos para acontecer. Os peticionários apontaram a violação dos arts. 8° (Garantias judiciais), 24 (Igualdade perante a lei) e 25 (Proteção judicial) da Convenção Americana de Direitos Humanos com relação à obrigação estabelecida no artigo 1°, ponto 1 (obrigação de respeitar os direitos), do mesmo instrumento, como também dos artigos II e XVIII da Declaração Americana dos Direitos e Deveres do Homem e dos artigos 3°, 4°, *a, b, c, d, e, f, e g*, 5° e 7° da Convenção Interamericana para Prevenir, Punir e Erradicar a Violência contra a Mulher (conhecida como Convenção de Belém do Pará). Com base em tal denúncia, a Comissão Interamericana de Direitos Humanos publicou o Relatório n° 54/2001, que condenou o Brasil por dilação injustificada e tramitação negligente, pois o Estado brasileiro descumpriu o dever de garantir às pessoas sujeitas à sua jurisdição o exercício livre e pleno de seus direitos humanos. Por meio desse relatório, a Comissão fez recomendações ao Brasil e uma dessas foi acatada, dando origem a produção da Lei 11.340/2006 (Lei Maria da Penha). Essa lei foi confeccionada tendo por base o art. 226, § 8°, da CF, a Convenção sobre a Eliminação de Todas as Formas de Discriminação contra a Mulher e a Convenção Interamericana para Prevenir, Punir e Erradicar a Violência contra a Mulher. Outra recomendação que merece destaque é aquela no sentido de que o Brasil simplificasse os procedimentos judiciais penais.

Gabarito "C".

(Defensoria/MA – 2009 – FCC) O acesso à Comissão Interamericana de Direitos Humanos é assegurado

(A) a todo e qualquer indivíduo, grupos de indivíduos ou organização não governamental legalmente reconhecida em um ou mais Estados membros da OEA, sendo a Comissão um órgão político do sistema interamericano.

(B) apenas ao Estado-parte, sendo a Comissão um órgão jurisdicional do sistema interamericano.

(C) apenas às organizações não governamentais legalmente reconhecidas em um ou mais Estados-membros da OEA, sendo a Comissão um órgão jurisdicional do sistema interamericano.

(D) apenas às vítimas nacionais do Estado violador, sendo a Comissão um órgão político do sistema interamericano.

(E) às instituições jurídicas, compreendendo a Defensoria Pública e o Ministério Público, sendo a Comissão um órgão jurisdicional do sistema interamericano.

A Comissão Interamericana de Direitos Humanos é o órgão administrativo do sistema regional de proteção americano. Sua composição é de sete membros, que deverão ser pessoas de alta autoridade moral e de reconhecido saber em matéria de direitos humanos. Os membros da Comissão serão eleitos, a título pessoal, pela Assembleia Geral da Organização, a partir de uma lista de candidatos propostos pelos governos dos Estados-membros. Vale lembrar que não pode fazer parte da Comissão mais de um nacional de um mesmo país. E sua principal função é promover o respeito aos direitos humanos na América. Um aspecto importante de sua competência é a possibilidade de **receber petições do indivíduo "lesionado", de terceiras pessoas ou de organizações não governamentais legalmente reconhecidas em um ou mais estados-membros da OEA que representem o indivíduo lesionado**. Entrementes, esta competência só poderá ser exercida se o estado violador aderiu à Convenção Americana de Direitos Humanos. Percebe-se que não é necessária a expressa aceitação da competência da Comissão para receber petições, bastando que o estado tenha aderido à Convenção. A Comissão também tem competência para receber comunicações interestatais. Conforme já visto no sistema global de proteção, neste mecanismo um estado parte pode denunciar o outro que incorrer em violação dos direitos humanos. Mas para ter validade, os dois estados, denunciante e denunciado, devem ter expressamente declarado a competência da Comissão Interamericana de Direitos Humanos para tanto. Figuram-se aqui os mesmos requisitos de admissibilidade identificáveis no procedimento de apresentação de petições individuais e de comunicações interestatais no sistema global de proteção. Ou seja, só serão aceitas as petições ou as comunicações que comprovarem a inexistência de litispendência internacional e o esgotamento de todos os recursos internos disponíveis. Ademais, o art. 46 da Convenção Americana de Direitos Humanos também exige que a petição ou a comunicação seja apresentada dentro do prazo de seis meses, a partir da data em que o presumido prejudicado em seus direitos tenha sido notificado da decisão definitiva exarada no sistema protetivo nacional. E o sistema americano impõe a mesma ideia de ressalva existente no sistema global. As regras de esgotamento de todos os recursos internos disponíveis e a do prazo de seis meses para a apresentação da petição ou comunicação não serão aplicadas quando o indivíduo for privado de seu direito de ação pela jurisdição doméstica, ou lhe forem ceifadas as garantias do devido processo legal ou, ainda, se os processos internos forem excessivamente demorados.

Gabarito "A".

(Defensoria/SP – 2009 – FCC) No Sistema Interamericano de Direitos Humanos, pessoas e organizações não governamentais podem peticionar diretamente

(A) à Comissão Interamericana de Direitos Humanos e à Corte Interamericana de Direitos Humanos.

(B) à Comissão Interamericana de Direitos Humanos e à Corte Interamericana de Direitos Humanos, a esta última somente como instância recursal das decisões proferidas pela Comissão Interamericana de Direitos Humanos.

(C) à Comissão Interamericana de Direitos Humanos e à Corte Interamericana de Direitos Humanos, a esta última somente para solicitar medidas provisórias em casos que já estejam sob sua análise.

(D) somente à Comissão Interamericana de Direitos Humanos.

(E) à Comissão Interamericana de Direitos Humanos e à Corte Interamericana de Direitos Humanos, a esta última somente para solicitar medidas provisórias.

A Comissão tem competência para receber petições do indivíduo "lesionado", de terceiras pessoas ou de organizações não governamentais legalmente reconhecidas em um ou mais estados-membros da OEA que representem o indivíduo lesionado. Entrementes, esta competência só poderá ser exercida se o estado violador aderiu à Convenção Americana de Direitos Humanos. Percebe-se que não é necessária a expressa aceitação da competência da Comissão para receber petições, bastando que o estado tenha aderido à Convenção. Por outro lado, somente os Estados-Partes e a Comissão Interamericana de Direitos Humanos têm direito de submeter caso diretamente à decisão da Corte Interamericana de Direitos Humanos – art. 61 do Pacto de São José da Costa Rica. Entretanto, pessoas e ONGs podem, excepcionalmente, peticionar à Corte, nos casos em que sejam partes, para que essa adote medidas provisórias, em casos de extrema gravidade e urgência, desde que verificado risco de dano irreparável à vítima ou às vítimas, nos termos do art. 63, ponto 2, da Convenção Americana de Direitos Humanos. Agora, se o assunto ainda não estiver submetido ao conhecimento da Corte, a Comissão poderá solicitar que a Corte adote medidas provisórias mesmo antes da análise do mérito do caso, desde que o caráter de urgência e de gravidade as justifiquem.

Gabarito "C".

(Defensor Público/MS – 2008 – VUNESP) O Pacto de San José da Costa Rica prevê a existência da Comissão Interamericana de Direitos Humanos que poderá apreciar "petições que contenham denúncias ou queixas de violação" dos direitos declarados (art. 44), sendo que tais denúncias podem ser oferecidas

(A) por qualquer pessoa ou entidade não governamental.

(B) por qualquer pessoa ou entidade governamental.

(C) por qualquer pessoa interessada, e aquelas formuladas por pessoa jurídica de qualquer natureza dependem da anuência do plenário da Comissão.

(D) por qualquer pessoa ou entidade governamental e não governamental.

"Artigo 44 - **Qualquer pessoa** ou **grupo de pessoas**, ou **entidade não governamental** legalmente reconhecida em um ou mais Estados-membros da Organização, pode apresentar à Comissão petições que contenham denúncias ou queixas de violação desta Convenção por um Estado-parte." Deve-se dizer, antes de analisarmos as alternativas, que a competência da Comissão Interamericana de Direitos Humanos, para receber petições individuais, só poderá ser exercida se o estado violador aderiu à Convenção Americana de Direitos

Humanos. Percebe-se que não é necessário a expressa aceitação da competência da Comissão para receber petições, bastando que o estado tenha aderido à Convenção. **A:** correta. Pela redação do art. 44 da Convenção Americana de Direitos Humanos percebe-se que essa alternativa está bem próxima de ser completamente correta; **B:** incorreta, pois entidade governamental não pode apresentar petições como representante do indivíduo lesionado; **C:** incorreta, pois a alternativa não condiz com a redação do art. 44 da Convenção Americana de Direitos Humanos; **D:** incorreta, pois entidade governamental não pode apresentar petições como representante do indivíduo lesionado.

Gabarito nosso "A" e Gabarito Oficial "ANULADO."

7.1.2. Corte Interamericana

(Defensor Público/AC – 2017 – CESPE) Assinale a opção correta, com base na Convenção Americana de Direitos Humanos e no entendimento da Comissão e da Corte Interamericana de Direitos Humanos.

(A) Conduta estatal que viole obrigação internacional poderá ser tolerada, caso obedeça às exigências do direito interno desse Estado.

(B) A regra de esgotamento dos recursos de direito interno, embora mais processual que substantiva, se estende também a reformas de ordem constitucional ou legislativa.

(C) Modificações no ordenamento jurídico de determinado Estado voltadas a adequá-lo às normas do direito internacional dos direitos humanos não são consideradas formas de reparação.

(D) A Corte decidiu que, embora a Convenção Americana de Direitos Humanos proteja a vida em geral, os embriões não podem ser considerados pessoas.

(E) Embora de difícil efetivação, em razão das frequentes crises migratórias, o direito a migrar está previsto na Convenção Americana de Direitos Humanos.

A única assertiva correta é a D. A decisão que a assertiva correta menciona é a do caso Artavia Murillo e outros vs. Costa Rica.

Gabarito "D".

(Defensor Público –DPE/ES – 2016 – FCC) O Caso Cosme Rosa Genoveva e outros, submetido à Corte Interamericana de Direitos Humanos, em resumo, trata-se de um caso em que

(A) um grupo de Afrodescendentes foram deslocados forçadamente.

(B) visa apurar a prática de trabalho escravo em fazendas no interior do Brasil.

(C) agentes da polícia supostamente praticaram a execução de vinte e seis pessoas, alguns adolescentes e foram, hipoteticamente, submetidos a práticas sexuais e tortura antes de serem executados.

(D) policiais realizaram o despejo forçado de famílias que ocupavam uma fazenda no município de Querência do Norte, no Paraná.

(E) um indivíduo faleceu após maus-tratos recebidos em uma clínica de tratamento em Sobral, no Ceará.

A Comissão Interamericana de Direitos Humanos (CIDH) apresentou à Corte Interamericana de Direitos Humanos (Corte IDH) o caso 11.566, Cosme Rosa Genoveva, Evandro de Oliveira e outros (Favela Nova Brasília), a respeito do Brasil.

O caso está relacionado às execuções extrajudiciais de 26 pessoas – inclusive seis meninos/meninas – por ocasião das operações policiais a que procedeu a Polícia Civil do Rio de Janeiro, em 18 de outubro de 1994 e 8 de maio de 1995, na Favela Nova Brasília. A Comissão determinou que esses fatos ocorreram num contexto e padrão de uso excessivo da força e execuções extrajudiciais levadas a cabo pela polícia no Brasil, especialmente no Rio de Janeiro. A Comissão concluiu ainda que o contexto em que ocorreram os fatos do caso foi tolerado e, inclusive, patrocinado por instituições estatais. A Comissão também estabeleceu que esse contexto inclui a falta de mecanismos de prestação de contas e a situação de impunidade em que permanecem essas violações.

Gabarito "C".

(Defensor Público –DPE/ES – 2016 – FCC) Após os ataques do dia 11 de setembro de 2001, inúmeras medidas foram tomadas pelo Governo norte-americano no combate ao que eles mencionaram tratar-se de terrorismo. Dentre estas medidas, criou-se a prisão de Guantánamo. Em um julgado específico da Corte Interamericana de Direitos Humanos, de 07 de setembro de 2004, utilizou-se a expressão Guantanaminização que, em linhas gerais, trata-se de uma

(A) construção doutrinária que questiona a forma de tratamento dado aos adolescentes submetidos à medida de internação sem justa causa aparente.

(B) nova diretriz internacional aceita pelos organismos internacionais como uma forma de proteção da sociedade – este caso foi utilizado nos ataques ao jornal francês Charlie Hebdo.

(C) nova forma de combater a crescente onda de terror que assola os países do mundo desenvolvido, aceita, excepcionalmente, pelas cortes internacionais.

(D) forma de revisitar o processo penal e as penas, impondo violações a direitos humanos, especialmente a tortura e prisão sem justa causa, em nome da segurança e do discurso do medo.

(E) forma de revisitar os direitos humanos, tornando-se mais adaptados à realidade e flexibilizados, diretamente relacionados aos direitos sociais, econômicos e culturais.

A assertiva "D" é a correta e deve ser assinalada por retratar o significado da expressão "guantanaminização".

Gabarito "D".

(Defensor Público –DPE/BA – 2016 – FCC) No famoso caso apreciado pela Corte Interamericana de Direitos Humanos, TIBI vs. Equador, houve a violação específica do artigo 7.5 da Convenção Americana de Direitos Humanos. Por meio desta violação, o Estado foi condenado, tratando-se de violação do direito

(A) ao duplo grau de jurisdição.

(B) à liberdade de expressão.

(C) a não extradição de um nacional.

(D) de condução, sem demora, do preso à autoridade judicial competente.

(E) à assistência jurídica integral e gratuita.

O caso referido foi de violação do direito de condução, sem demora, do preso à autoridade judicial competente.

Gabarito "D".

(Defensor Público –DPE/BA – 2016 – FCC) A competência consultiva do sistema regional interamericano de proteção aos direitos humanos

(A) é uma das atuações preventivas da Comissão Interamericana e visa evitar a judicialização dos casos perante a Corte.
(B) é uma das competências da Corte Interamericana e refere-se à faculdade de qualquer membro da OEA solicitar o parecer da Corte relativamente à interpretação da Convenção ou de qualquer outro tratado relativo à proteção dos direitos humanos nos Estados Americanos.
(C) é uma consulta, e portanto o resultado de tal comportamento não vincula os estados-membros.
(D) não aprecia a compatibilidade entre as leis internas e os instrumentos internacionais mencionados na consulta, no bojo do sistema interamericano.
(E) possibilita que qualquer cidadão de um dos estados membros da OAE tenha o direito de acessar a Comissão Interamericana para que esta exerça o papel consultivo relacionado à interpretação da Convenção Americana de Direitos Humanos.

A competência consultiva da Corte Interamericana de Direitos Humanos é marcada por sua grande finalidade de uniformizar a interpretação da Convenção Americana de Direitos Humanos e dos tratados de direitos humanos confeccionados no âmbito da OEA. Dentro dessa competência, qualquer Estado-membro ou órgão da OEA pode pedir que a Corte emita parecer que indique a correta interpretação da Convenção e dos tratados concernentes à proteção dos direitos humanos nos Estados Americanos (art. 64, ponto 1, da Convenção Americana de Direitos Humanos). Ademais, a Corte pode fazer análise de compatibilidade entre a legislação doméstica de um país-membro da OEA e o sistema protetivo americano, com o intuito de harmonizá-los.
Gabarito "B".

(Defensor Público –DPE/MT – 2016 – UFMT) Sobre a Defensoria Pública na defesa dos direitos humanos, leia o texto.

[...] a Defensoria Pública, instituição essencial do sistema de Justiça pátrio, encarregada da orientação e defesa das pessoas necessitadas, deve aprimorar a sua atuação na promoção e na defesa dos direitos humanos, valendo-se inclusive, tanto interna quanto externamente, dos instrumentos e órgãos do Sistema Interamericano de Direitos Humanos.

(MAFEZZOLI, A. A atuação da Defensoria Pública na promoção e defesa dos Direitos Humanos e o Sistema Interamericano de Direitos Humanos. São Paulo: Defensoria Pública do Estado de São Paulo.)

Quanto ao exercício da atividade referida no texto e ao processo no Sistema Interamericano de Direitos Humanos previsto no Pacto de São José da Costa Rica, de 1969, assinale a afirmativa correta.

(A) A Comissão Interamericana de Direitos Humanos tem a atribuição de formular recomendações aos governos dos Estados signatários da Convenção.
(B) Qualquer pessoa, grupo de pessoas, entidade não governamental legalmente reconhecida por um Estado-membro pode apresentar queixa ou denúncia diretamente à Corte Interamericana de Direitos Humanos.
(C) O acesso à Corte Interamericana de Direitos Humanos é possível apenas após o esgotamento dos recursos judiciais internos de um Estado-membro para consecução dos dispositivos no Pacto.

(D) O autor de uma petição ao Sistema Interamericano de Direitos Humanos, na forma da Convenção, figurará em todo o procedimento, prévio e judicial, tal qual um assistente litisconsorcial.
(E) Conforme as disposições do Pacto, as recomendações em relatório preliminar e definitivo da Comissão Interamericana de Direitos Humanos em resposta à denúncia obrigam os Estados-membros.

A: correta. A principal função da Comissão é promover o respeito aos direitos humanos no continente americano, destacando-se por sua função de órgão consultivo da OEA no tema. Possui competência para enviar recomendações aos Estados-partes da Convenção Americana de Direitos Humanos ou até mesmo para os Estados-membros da OEA que não tenham ratificado a Convenção Americana; **B:** incorreta. A Corte só pode ser acionada pelos Estados-partes ou pela Comissão; o indivíduo, conforme artigo 61 da Convenção, é proibido de apresentar petição à Corte; **C:** incorreta, só são aceitas as petições ou as comunicações que comprovarem (i) a inexistência de litispendência internacional, (ii) ausência de coisa julgada internacional e (iii) o esgotamento de todos os recursos internos disponíveis. Aos três requisitos já tratados deve-se adicionar mais um, isso porque o artigo 46 da Convenção Americana de Direitos Humanos exige que (iv) a petição ou a comunicação seja apresentada dentro do prazo de seis meses, a partir da data em que o presumido prejudicado em seus direitos tenha sido notificado da decisão definitiva exarada no sistema protetivo nacional. No mais, as regras de esgotamento de todos os recursos internos disponíveis e do prazo de seis meses para a apresentação da petição ou comunicação não serão aplicadas quando o indivíduo for privado de seu direito de ação pela jurisdição doméstica, ou lhe forem ceifadas as garantias do devido processo legal, ou, ainda, se os processos internos forem excessivamente demorados; **D:** incorreta, pois não existe citada previsão; **E:** incorreta, pois não possuem caráter vinculante.
Gabarito "A".

(Defensor Público –DPE/MT – 2016 – UFMT) Em situação hipotética, o Brasil foi condenado em sentença da Corte Interamericana de Direitos Humanos, que, dentre as determinações estabelecidas, condenou-o ao pagamento de indenização à família de vítima de violação de direitos humanos em seu território. Sobre essa sentença, assinale a afirmativa correta.

(A) Essa sentença deverá ser apreciada pelo Supremo Tribunal Federal apenas para fim de aplicação da condenação ao pagamento de indenização.
(B) Da decisão não cabe apreciação pelo Supremo Tribunal Federal ou qualquer rito burocrático pelo Estado para que possa ser efetivada.
(C) A decisão da Corte deverá ser imediatamente executada no que tange às outras determinações, porém, quanto à indenização, passará pelo exame do Supremo Tribunal Federal.
(D) As determinações diversas da condenação ao pagamento de indenização devem ser apreciadas pelo Supremo Tribunal Federal para manifestação quanto à possibilidade de interposição de recurso.
(E) A decisão da Corte, em conformidade com o ordenamento jurídico pátrio e fontes de direito internacional público, é inapelável em sua totalidade.

Só a assertiva "E" está correta porque o STF não participa do processo decisório da Corte. No mais, a sentença da Corte Interamericana será sempre fundamentada, definitiva e inapelável (artigos 66 e 67 da Convenção Americana de Direitos Humanos).
Gabarito "E".

(Defensor Público/AC – 2012 – CESPE) Com relação à jurisprudência da Corte Interamericana de Direitos Humanos a respeito dos direitos e da condição jurídica das crianças (OC-17) e dos imigrantes sem documentação (OC-18), assinale a opção correta.

(A) Devido ao caráter irregular da imigração, não se pode considerar discriminatória a distinção, de acordo com a legislação nacional, entre os trabalhadores que se encontrem legalmente e ilegalmente no território do Estado-membro.

(B) O princípio da igualdade impede que os Estados-membros estabeleçam, em suas legislações internas, distinções de tratamento em razão da menoridade.

(C) Os Estados-membros devem favorecer, mas não impor, a permanência do menor em seu núcleo familiar.

(D) Por meio do dever de especial proteção aos menores, os Estados-membros são autorizados a instituir juízos de exceção destinados à resolução de casos concretos cuja gravidade tenham reconhecido.

(E) A irregularidade da condição migratória justifica tratamento diferenciado do imigrante, apenas no que concerne à matéria trabalhista, pois é reconhecida a legitimidade dos Estados-membros para regular aspectos relevantes de sua economia interna.

A: incorreta. A Opinião Consultiva 18/2003 foi solicitada pelos Estados Unidos Mexicanos com o objetivo de obter a posição da Corte sobre a privação do gozo e exercício de certos direitos laborais (aos trabalhadores imigrantes) e sua compatibilidade com a obrigação dos Estados americanos de garantir a observância dos princípios da igualdade jurídica, não discriminação e proteção igual e efetiva da lei consagrados nos instrumentos internacionais de proteção dos direitos humanos, assim como a subordinação ou condicionamento da observância das obrigações impostas pelo direito internacional dos direitos humanos, incluídas aquelas oponíveis *erga omnes*, na consecução de certos objetivos de política interna de um Estado americano. Ademais, a consulta trata do caráter que os princípios da igualdade jurídica, não discriminação e proteção igual e efetiva da lei alcançaram no contexto de desenvolvimento progressivo do direito internacional dos direitos humanos e de sua codificação. As normas cuja interpretação o México solicitou ao Tribunal foram as seguintes: os artigos 3°, ponto 1, e 17 da Carta da OEA; o artigo 2° da Declaração Americana de Direitos e Deveres do Homem; os artigos 1°, ponto 1, 2° e 24 da Convenção Americana de Direitos Humanos; os artigos 1°, 2°, ponto 1, e 7° da Declaração Universal de Direitos Humanos; e os artigos 2°, pontos 1 e 2, 5°, ponto 2, e 26 do Pacto Internacional de Direitos Civis e Políticos. A Corte decidiu, por unanimidade, que é competente para emitir a opinião consultiva. E, no mérito, decidiu da seguinte forma e também de forma unânime: **a)** os Estados têm a obrigação geral de respeitar e garantir os direitos fundamentais, devendo, assim, adotar medidas positivas e evitar tomar iniciativas que limitem ou infrinjam um direito fundamental, além de suprimir as medidas e práticas que restrinjam ou vulnerem um direito fundamental; **b)** o descumprimento pelo Estado, mediante qualquer tratamento discriminatório, da obrigação geral de respeitar e garantir os direitos humanos gera responsabilidade internacional; **c)** o princípio da igualdade e não discriminação possui um caráter fundamental para a salvaguarda dos direitos humanos tanto no direito internacional como no interno; **d)** o princípio fundamental da igualdade e não discriminação faz parte do direito internacional geral, por ser aplicável a todo Estado, independentemente de ser parte ou não de determinado tratado internacional. Na atual etapa de evolução do direito internacional, o princípio fundamental da igualdade e da não discriminação tornou-se parte do domínio do *jus cogens*; **e)** o princípio fundamental da igualdade e não discriminação, de caráter peremptório, acarreta obrigações *erga omnes* de proteção que se vinculam a todos os Estados e geram efeitos em relação a terceiros, inclusive particulares; **f)** a obrigação geral de respeitar e garantir os direitos humanos vincula os Estados, independentemente de qualquer circunstância ou consideração, inclusive o *status* migratório das pessoas; **g)** o direito ao devido processo legal deve ser reconhecido no marco das garantias mínimas que se devem garantir a todo imigrante, independentemente de seu *status* migratório. O amplo alcance da intangibilidade do devido processo legal compreende todas as matérias e todas as pessoas, sem qualquer discriminação; **h)** a qualidade migratória de uma pessoa não pode constituir uma justificação para privá-la do gozo e exercício de seus direitos humanos, entre eles os de caráter laboral. O imigrante, ao assumir uma relação de trabalho, adquire direitos, por ser trabalhador, que devem ser reconhecidos e garantidos, independentemente de sua situação regular ou irregular no país de emprego. Esses direitos são consequências da relação laboral; **i)** o Estado tem a obrigação de respeitar e garantir os direitos humanos laborais de todos os trabalhadores, independentemente de sua condição de nacional ou estrangeiro, e não pode tolerar situações de discriminação em prejuízo destes nas relações laborais que se estabeleçam entre particulares (empregador-empregado). O Estado não deve permitir que os empregadores privados violem os direitos dos trabalhadores nem que a relação contratual vulnere as normas mínimas internacionais; **j)** os trabalhadores, titulares dos direitos laborais, devem contar com todos os meios adequados para exercê-los. Os trabalhadores imigrantes ilegais possuem os mesmos direitos laborais que correspondem aos demais trabalhadores do Estado de emprego, e este último deve tomar todas as medidas necessárias para que sejam reconhecidos e garantidos na prática; **k)** os Estados não podem subordinar ou condicionar a observância do princípio da igualdade perante a lei e da não discriminação à consecução dos objetivos de suas políticas públicas, quaisquer que sejam estas, incluídas as de caráter migratório. O juiz brasileiro Antônio Augusto Cançado Trindade, o juiz mexicano Sergio García Ramírez, o juiz equatoriano Hernán Salgado Pesantes e o juiz venezuelano Alirio Abreu Burelli apresentaram votos concorrentes que acompanharam a opinião consultiva em questão. Encerramos este comentário com uma reflexão do jurista brasileiro Cançado Trindade: "Uma das contribuições significativas da presente Opinião Consultiva n. 18 sobre a *Condição Jurídica e os Direitos dos Imigrantes Ilegais* reside em sua determinação do amplo alcance do devido processo legal. Na Opinião Consultiva anterior, sobre o *Direito à Informação sobre a Assistência Consular no Marco das Garantias do Devido Processo Legal* (n. 16), a Corte Interamericana sublinhou a evolução histórica do devido processo legal no sentido de sua expansão *ratione materiae*, enquanto na presente Opinião Consultiva n. 18 se examina a dita expansão *ratione personae* e se determina que o direito ao devido processo deve ser reconhecido no marco das garantias mínimas que devem ser garantidas a todo imigrante, independentemente de seu *status* migratório. A acertada conclusão da Corte, no sentido de que o amplo alcance da intangibilidade do devido processo compreende todas as matérias e todas as pessoas sem discriminação, atende efetivamente as exigências e os imperativos do bem comum[23]";

B: incorreta. A Opinião Consultiva 17/2002 foi solicitada pela Comissão Interamericana de Direitos Humanos com o escopo de definir a correta interpretação dos artigos 8° e 25 da Convenção Americana de Direitos Humanos e determinar se as medidas especiais estabelecidas no artigo 19 da mesma Convenção constituem "limites ao arbítrio ou à discricionariedade dos Estados" em relação às crianças. Também se solicitou a formulação de critérios gerais válidos sobre as matérias dentro do marco da Convenção Americana. A Comissão incluiu na consulta a solicitação de que a Corte se pronunciasse especificamente sobre a compatibilidade das seguintes medidas especiais adotadas por alguns Estados com os artigos 8° e 25 da Convenção Americana: **a)** a separação dos jovens de seus pais e/ou família por se considerar, pelo arbítrio do órgão competente e sem o devido processo legal, que estes últimos não possuem condições para a educação e cuidados no geral de seus filhos; **b)** a supressão da liberdade mediante a internação de menores

---

23. Voto concorrente na Opinião Consultiva 18/2003, p. 147.

em estabelecimentos de guarda ou custódia, por considerá-los abandonados ou propensos a se envolver em situações de risco ou ilegalidade; **c)** a aceitação, em sede penal, de confissões de menores obtidas sem as devidas garantias; **d)** a tramitação de ações ou procedimentos administrativos que infrinjam direitos fundamentais do menor sem a garantia de defesa; **e)** a definição, em procedimentos administrativos e judiciais, de direitos e liberdades sem a garantia do direito de ser ouvido pessoalmente e a não consideração da opinião e preferências do menor nessa definição. A corte decidiu, por seis votos contra um[24], que é competente para emitir a opinião consultiva e que a solicitação da Comissão Interamericana de Direitos Humanos era admissível. Ademais, declarou que, para os efeitos dessa opinião consultiva, criança ou menor de idade é toda pessoa que não tenha completado 18 anos, salvo se tenha alcançado antes a maioridade por determinação legal. No mérito, a Corte decidiu da seguinte maneira: **a)** em conformidade com a normativa contemporânea do direito internacional dos direitos humanos, na qual se situa o artigo 19 da Convenção Americana de Direitos Humanos, as crianças são titulares de direitos, e não somente objeto de proteção; **b)** a expressão "interesse superior da criança", consagrada no artigo 3º da Convenção sobre os Direitos das Crianças, implica que o desenvolvimento da criança e o exercício pleno de seus direitos devem ser considerados critérios orientadores para a elaboração de normas e a aplicação destas em todas as facetas relativas à vida da criança; **c)** o princípio da igualdade disciplinado no artigo 24 da Convenção Americana de Direitos Humanos não impede a adoção de regras e medidas específicas em relação às crianças, as quais requerem um tratamento diferenciado em função de suas condições especiais. Esse tratamento deve ser direcionado à proteção de seus direitos e interesses; **d)** a família constitui o âmbito preferencial para o desenvolvimento da criança e o exercício de seus direitos. Por isso, o Estado deve apoiar e fortalecer a família, por meio de diversas medidas tendentes a auxiliar o cumprimento de sua função natural; **e)** devem ser dadas preferência e a respectiva facilitação para a permanência da criança em seu núcleo familiar, salvo se existirem razões determinantes para separá-la de sua família. A separação deverá ser excepcional e preferencialmente temporária; **f)** para o correto cuidado com as crianças, o Estado deve se valer de instituições que disponham de pessoal adequado e instalações suficientes para o desempenho de tarefas desse gênero; **g)** o respeito ao direito à vida, em relação às crianças, abarca não somente as proibições, entre elas, da privação arbitrária, estabelecidas no artigo 4º da Convenção Americana de Direitos Humanos, mas também a obrigação de adotar medidas necessárias para que a existência das crianças se desenvolva em condições dignas; **h)** a verdadeira e plena proteção das crianças significa a possibilidade de poderem desfrutar amplamente todos os seus direitos, entre eles os econômicos, sociais e culturais, previstos em diversos instrumentos internacionais. Os Estados-partes nos tratados internacionais de direitos humanos têm a obrigação de adotar medidas positivas para assegurar a proteção de todos os direitos da criança; **i)** os Estados-partes na Convenção Americana têm o dever, consoante o disposto nos artigos 17 e 19, combinado com o artigo 1º, ponto 1, da mesma Convenção, de tomar todas as medidas positivas que assegurem a proteção das crianças contra maus-tratos, seja em sua relação com as autoridades públicas, seja nas relações interindividuais ou com entes não estatais; **j)** nos procedimentos judiciais ou administrativos referentes a direitos das crianças devem ser observados os princípios e as regras do devido processo legal. Isso abarca as regras correspondentes a juiz natural – competente, independente e imparcial –, duplo grau de jurisdição, presunção de inocência, contraditório e ampla defesa, respeitando as particularidades das crianças; **k)** os menores de 18 anos que recebam a imputação de uma conduta delituosa devem se sujeitar a órgãos judiciais distintos dos correspondentes aos maiores de idade; **l)** a conduta que motive a intervenção do Estado nos casos de delitos perpetrados por menores de idade deve estar descrita na lei penal. Outros casos, como os de abandono, desamparo, risco ou enfermidade, devem ser atendidos de forma diferente, e não com os mesmos procedimentos aplicáveis aos menores que incorreram em conduta típica. Contudo, nesses casos é preciso observar, igualmente, os princípios e as normas do devido processo legal, tanto em relação aos menores como em relação às pessoas que exerçam direitos sobre eles; **m)** é possível empregar vias alternativas de solução de controvérsias que afetam as crianças, mas é preciso regular com especial cuidado a aplicação desses meios para que não alterem ou diminuam seus direitos. O juiz barbadense Oliver Jackman apresentou voto divergente, pois para ele a opinião consultiva era pura especulação acadêmica. Dessa forma, votou de forma totalmente contrária ao decidido pela Corte no exercício de sua função consultiva. Por fim, o juiz brasileiro Antônio Augusto Cançado Trindade e o juiz mexicano Sergio García Ramírez apresentaram votos concorrentes que acompanharam a opinião consultiva em questão; **C:** correta. Conforme o comentário sobre a assertiva anterior, a Corte decidiu, na OC 17, que a família constitui o âmbito preferencial para o desenvolvimento da criança e o exercício de seus direitos. Por isso, o Estado deve apoiar e fortalecer a família, por meio de diversas medidas tendentes a auxiliar o cumprimento de sua função natural e que devem ser dadas preferência e a respectiva facilitação para a permanência da criança em seu núcleo familiar, salvo se existirem razões determinantes para separá-la de sua família. A separação deverá ser excepcional e preferencialmente temporária; **D:** incorreta. Juízos de exceção são terminantemente proibidos; **E:** incorreta. Reler o comentário sobre a assertiva "A".

Gabarito "C".

(Defensor Público/AC – 2012 – CESPE) Assinale a opção correta a respeito da Corte Interamericana de Direitos Humanos.

(A) Essa corte é integrada por sete juízes eleitos, não se admitindo nela a participação de juízes.

(B) A referida corte desempenha, além da função jurisdicional, função consultiva.

(C) Das suas decisões cabe recurso à Assembleia Geral da Organização dos Estados Americanos.

(D) A jurisdição dessa corte internacional abrange todos os países do continente americano.

(E) O Brasil reconheceu a jurisdição dessa corte no mesmo ano em que ratificou a Convenção Americana de Direitos Humanos.

A: incorreta. A Corte é o órgão jurisdicional do sistema regional de proteção americano. Sua composição é de sete juízes, os quais são nacionais dos países-membros da OEA e escolhidos pelos Estados-partes da Convenção. Vale sublinhar que essa escolha é realizada a título pessoal entre juristas da mais alta autoridade moral (o que, obviamente, não exclui os juízes de carreira de dado país), de reconhecida competência em matéria de direitos humanos e que reúnam as condições requeridas para o exercício das mais elevadas funções judiciais, de acordo com a lei do Estado do qual sejam nacionais ou do Estado que os propuser como candidatos. Não deve haver dois juízes da mesma nacionalidade; **B:** correta. A Corte tem uma atuação consultiva e contenciosa. Antes de analisar tais atuações, deve-se destacar que o quórum para as deliberações da Corte é de cinco juízes (artigo 56 do Pacto de San José da Costa Rica). A competência consultiva da Corte é marcada por sua grande finalidade de uniformizar a interpretação da Convenção Americana de Direitos Humanos e dos tratados de direitos humanos confeccionados no âmbito da OEA. Dentro dessa competência, qualquer Estado-membro ou órgão[25] da OEA pode pedir que a Corte emita parecer que indique a correta interpretação da Convenção e dos tratados de direitos humanos. Os órgãos da OEA também desfrutam o direito de solicitar opiniões consultivas, mas somente em suas esferas de competência. Assim, enquanto os Estados-membros da OEA têm

---

24. O voto divergente foi do juiz barbadense Oliver Jackman.

25. Os órgãos estão elencados no capítulo X da Carta da Organização dos Estados Americanos.

direito absoluto a pedir opiniões consultivas, os órgãos apenas podem fazê-lo dentro dos limites de sua competência. O direito dos órgãos de pedir opiniões consultivas está restrito a assuntos em que tenham um legítimo interesse institucional[26]. Ademais, a Corte pode fazer análise de compatibilidade entre a legislação doméstica de um país-membro da OEA e o sistema protetivo americano, com o intuito de harmonizá-los. Já a competência contenciosa só será exercida em relação aos Estados-partes da Convenção que expressem e inequivocamente tenham aceitado essa competência da Corte (artigo 62 da Convenção Americana de Direitos Humanos). A declaração de aceite da competência da Corte pode ser feita incondicionalmente ou sob condição de reciprocidade, por prazo determinado ou ainda somente para casos específicos. Em síntese, pode-se dizer que a jurisdição contenciosa da Corte está limitada em razão das partes que intervêm no procedimento (*ratione personae*), em razão da matéria objeto da controvérsia (*ratione materiae*) e em razão do tempo transcorrido desde a notificação aos Estados do relatório da Comissão (*ratione temporis*). É limitada *ratione personae* porque só os Estados-partes ou a Comissão podem acioná-la; é limitada *ratione materiae* porque apenas pode conhecer de casos que tenham por supedâneos a Convenção Americana de Direitos Humanos, o Protocolo de San Salvador (somente em relação aos artigos 8º, ponto 1, alínea *a*, e 13), a Convenção Interamericana para Prevenir e Punir a Tortura (conforme o que dispõe o artigo 8º) e a Convenção Interamericana sobre o Desaparecimento Forçado de Pessoas (conforme o que dispõe o artigo 13); e, por fim, é limitada *ratione temporis* porque o caso tem de ser tanto submetido à Corte no prazo de três meses contados da data de envio do relatório, pela Comissão, aos Estados interessados, como também as alegadas violações devem datar de momento posterior ao reconhecimento da competência contenciosa da Corte pelo Estado. No tocante à Convenção Americana de Direitos Humanos, cabe apontar que a Corte tem competência para analisar não somente os direitos por ela disciplinados, mas também as normas que regulam o processo (competência ampla). Se no exercício de sua competência contenciosa ficar comprovada a violação de direitos humanos da(s) vítima(s), a Corte determinará a adoção, pelo Estado agressor[27], de medidas que façam cessar a violação e restaurar o direito vilipendiado (*restitutio in integrum*), além de poder condenar o Estado agressor ao pagamento de indenização (tendo por base o plano material e o imaterial) à(s) vítima(s). A obrigação de reparar, que se regulamenta em todos os aspectos (alcance, natureza, modalidades e determinação dos beneficiários) pelo direito internacional, não pode ser modificada ou descumprida pelo Estado obrigado, mediante a invocação de disposições de seu direito interno. O cumprimento da sentença da Corte se dá geralmente de maneira voluntária pelos Estados. Caso isso não ocorra, por exemplo, no Brasil, o cumprimento se dará mediante execução da sentença, como título executivo judicial, perante a justiça federal, consoante disposto no artigo 109, I, da CF. Mas deve-se saber que os Estados-partes da Convenção se comprometem a cumprir a decisão da Corte em todo caso em que forem parte (artigo 68 da Convenção Americana de Direitos Humanos). Em relação à sentença da Corte Interamericana, resta ainda informar que ela será sempre fundamentada, definitiva e inapelável (artigos 66 e 67 da Convenção Americana de Direitos Humanos), todavia, em caso de divergência sobre o sentido ou alcance da sentença, a Corte interpretá-la-á, a pedido de qualquer das partes, desde que o pedido seja apresentado dentro de 90 dias a partir da data da *notificação* da sentença. Ainda é possível apontar que a Corte admitiu, em casos excepcionais, o recurso de revisão contra sentenças que colocam fim ao processo, com o propósito de evitar que a coisa julgada mantenha uma situação de evidente injustiça, devido ao descobrimento de um fato que se houvesse sido conhecido no momento da confecção da sentença teria o condão de alterar seu resultado, o que demonstraria a existência de um vício substancial na sentença[28]; **C**: incorreta. Como dito no comentário anterior, as decisões da Corte são inapeláveis (artigos 66 e 67 da Convenção Americana de Direitos Humanos): **D**: incorreta, pois como já assinalado a Corte é Corte é o órgão jurisdicional do sistema regional de proteção americano. E sua jurisdição só será exercida em relação aos Estados-partes da Convenção que expressem e inequivocamente tenham aceitado essa competência da Corte (artigo 62 da Convenção Americana de Direitos Humanos); **E**: incorreta. Em 22 de novembro de 1969, na Conferência de San José da Costa Rica, foi adotada a Convenção Americana de Direitos Humanos[29] (Pacto de San José da Costa Rica), a qual só entrou em vigor internacional em 18 de julho de 1978 (quando atingiu as 11 ratificações necessárias) e é o principal instrumento protetivo do sistema americano. No Brasil, a Convenção passou a ter vigência por meio do Decreto nº 678 de 6 de novembro de 1992. Cabe destacar que o artigo 2º desse decreto dispõe sobre a declaração interpretativa do governo brasileiro: "O Governo do Brasil entende que os arts. 43 e 48, d, não incluem o direito automático de visitas e inspeções in loco da Comissão Interamericana de Direitos Humanos, as quais dependerão da anuência expressa do Estado". Tal declaração interpretativa funciona como uma ressalva que limita os poderes da Comissão Interamericana de Direitos Humanos[30]. Por sua vez, o Brasil reconheceu a competência obrigatória da Corte em 8 de novembro de 2002 (Decreto nº 4.463). O reconhecimento foi feito por prazo indeterminado, mas abrange fatos ocorridos após 10 de dezembro de 1998.

Gabarito "B"

(Defensor Público/RO – 2012 – CESPE) Com base na sentença da Corte Interamericana de Direitos Humanos no caso Gomes Lund e outros, de 24 de novembro de 2010, assinale a opção correta.

---

26. Conforme ponto 14 da Opinião Consultiva 02/82 da Corte Interamericana de Direitos Humanos.

27. A responsabilização de Estado, é importante dizer que o artigo 28 da Convenção Americana de Direitos Humanos estabelece a cláusula federal, que em seu ponto 2 determina: "No tocante às disposições relativas às matérias que correspondem à competência das entidades componentes da federação, o governo nacional deve tomar imediatamente as medidas pertinentes, em conformidade com sua Constituição e com suas leis, a fim de que as autoridades competentes das referidas entidades possam adotar as disposições cabíveis para o cumprimento desta Convenção". Ademais, sempre o governo central responderá perante a comunidade internacional, pois é o representante do Estado como um todo, que é o único detentor de personalidade jurídica internacional. Em outras palavras, a Federação de estados ou Estado Federal é a união permanente de dois ou mais estados, na qual cada um conserva a autonomia apenas interna, pois a soberania externa é exercida por um órgão central, normalmente denominado *governo federal*. O Brasil é Estado Federal desde a Constituição Federal de 1891. Por fim, a título conclusivo, pode-se afirmar que a divisão de autonomias em relação às competências internas não interfere na responsabilização internacional.

28. Caso Genie Lacayo, Solicitação de Revisão da sentença de 29 de janeiro de 1997 (Resolução de 13 de setembro de 1997, item 10).

29. É de suma importância sublinhar que a Convenção Americana de Direitos Humanos é autoaplicável. Tal definição provém do Parecer Consultivo 07/86 da Corte Interamericana de Direitos Humanos. Assim, uma vez internalizada, estará apta a irradiar seus efeitos diretamente na ordem interna do país-parte, isto é, não necessitará de lei que regulamente sua incidência nos países que aderiram a seus mandamentos.

30. Todavia, deve-se apontar, como uma das consequências do princípio *pro homine*, que a interpretação das limitações de direitos estabelecidos nos tratados internacionais de direitos humanos deve ser restritiva – tudo para impedir ao máximo a diminuição da proteção da pessoa humana. Aliás, nesse sentido é o Parecer Consultivo 02, de 24 de setembro de 1982, da Corte Interamericana de Direitos Humanos.

(A) Segundo a sentença, as disposições da Lei de Anistia, que impedem a investigação das violações aos direitos humanos durante a Guerrilha do Araguaia, são incompatíveis com a Convenção Americana sobre Direitos Humanos, mas há compatibilidade entre o disposto na Convenção e as disposições da lei penal comum, que impedem a sanção a tais violações em razão da prescrição penal, uma vez que a prescrição constitui manifestação do direito humano à segurança jurídica, garantido pela Convenção.

(B) De acordo com a sentença, o Brasil é responsável por violação aos direitos humanos em decorrência da falta de investigação sobre os desaparecimentos forçados ainda não esclarecidos, mas não em razão da impunidade dos responsáveis por esses desaparecimentos, dada a ocorrência da prescrição punitiva nos termos da legislação nacional.

(C) A investigação dos desaparecimentos forçados ainda não esclarecidos deve ser realizada perante a justiça militar da União, nos termos da legislação nacional, já que a prática da conduta contrária às garantias da Convenção Americana sobre Direitos Humanos é imputada a integrantes das Forças Armadas.

(D) A sentença não reconheceu a competência da referida Corte para julgar a violação à Convenção Americana sobre Direitos Humanos apenas no que se refere à execução extrajudicial de pessoa cujos restos mortais foram identificados antes da data em que o Brasil reconheceu a jurisdição contenciosa da Corte.

(E) A Corte considerou que a arguição de descumprimento de preceito fundamental inclui-se entre os recursos internos que devem ser esgotados para o preenchimento da condição de admissibilidade da denúncia.

Caso Gomes Lund e outros (Guerrilha do Araguaia) *versus* Brasil
Nesse caso, a Corte prolatou uma sentença (de 24 de novembro de 2010) que resolve as exceções preliminares, o mérito e as reparações e custas. A Corte foi acionada pela Comissão Interamericana de Direitos Humanos, a qual havia recebido anteriormente uma petição apresentada pelo Centro pela Justiça e o Direito Internacional (Cejil) e pela *Human Rights Watch/Americas*, em nome de pessoas desaparecidas no contexto da Guerrilha do Araguaia e seus familiares. Essa demanda se refere à alegada responsabilidade do Brasil pela detenção arbitrária, tortura e desaparecimento forçado de 62 pessoas, entre membros do Partido Comunista do Brasil e camponeses da região, resultado de operações do Exército brasileiro empreendidas entre 1972 e 1975 com o objetivo de erradicar a Guerrilha do Araguaia, no contexto da ditadura militar (1964-1985). Assim, foi apresentada para que a Corte decidisse se o Brasil era responsável pela violação dos direitos estabelecidos nos artigos 3º (direito ao reconhecimento da personalidade jurídica), 4º (direito à vida), 5º (direito à integridade pessoal), 7º (direito à liberdade pessoal), 8º (garantias judiciais), 13 (liberdade de pensamento e expressão) e 25 (proteção judicial), da Convenção Americana de Direitos Humanos, em conexão com as obrigações previstas nos artigos 1º, ponto 1 (obrigação geral de respeito e garantia dos direitos humanos), e 2º (dever de adotar disposições de direito interno) da mesma Convenção. O Brasil interpôs quatro exceções preliminares; a Corte admitiu parcialmente a exceção preliminar de falta de competência temporal da Corte para examinar supostas violações ocorridas antes do reconhecimento de sua competência pelo Brasil e não aceitou as outras. Antes de comentarmos a decisão sobre o mérito, cabe apontar que o caráter contínuo ou permanente do desaparecimento forçado de pessoas foi reconhecido de maneira reiterada pelo Direito Internacional dos Direitos Humanos, no qual o ato de desaparecimento e sua execução se iniciam com a privação da liberdade da pessoa e a subsequente falta de informação sobre seu destino, e permanecem até quando não se conheça o paradeiro da pessoa desaparecida e os fatos não tenham sido esclarecidos. A Corte, portanto, é competente para analisar os alegados desaparecimentos forçados das supostas vítimas a partir do reconhecimento de sua competência contenciosa efetuado pelo Brasil; só não foi em relação à alegada execução extrajudicial da senhora Maria Lúcia Petit da Silva, cujos restos mortais foram identificados em 1996, ou seja, dois anos antes de o Brasil reconhecer a competência contenciosa da Corte. No mérito, a Corte decidiu, por unanimidade, que as disposições da Lei de Anistia brasileira (nº 6.683/79) que impedem a investigação e sanção de graves violações de direitos humanos são incompatíveis com a Convenção Americana (controle de convencionalidade internacional), como também que o Brasil é responsável pelo desaparecimento forçado e, portanto, pela violação dos direitos ao reconhecimento da personalidade jurídica, à vida, à integridade pessoal e à liberdade pessoal em relação com o artigo 1º, ponto 1, desse instrumento. Ademais, decidiu que o Brasil descumpriu a obrigação de adequar seu direito interno à Convenção Americana de Direitos Humanos, contida em seu artigo 2º, em relação aos artigos 8º, ponto 1, 25 e 1º, ponto 1, do mesmo instrumento. E ainda declarou o Brasil responsável pela violação do direito à liberdade de pensamento e de expressão consagrado no artigo 13 da Convenção, em relação com os artigos 1º, ponto 1, 8º, ponto 1, e 25 desse instrumento. Também foi declarada a responsabilidade do Brasil pela violação do direito à integridade pessoal, consagrado no artigo 5º, ponto 1, da Convenção, em relação com o artigo 1º, ponto 1, desse mesmo instrumento, em prejuízo dos familiares. Cabe sublinhar que nessa decisão a Corte definiu que o dever de investigar e punir os responsáveis pela prática de desaparecimentos forçados possui caráter de *jus cogens*. Por fim, Roberto Caldas, juiz *ad hoc* indicado pelo Brasil, destacou, em seu voto concordante em separado, o papel da Corte no controle de convencionalidade internacional: "se aos tribunais supremos ou aos constitucionais nacionais incumbe o controle de constitucionalidade e a última palavra judicial no âmbito interno dos Estados, à Corte Interamericana de Direitos Humanos cabe o controle de convencionalidade e a última palavra quando o tema encerre debate sobre direitos humanos. É o que decorre do reconhecimento formal da competência jurisdicional da Corte por um Estado, como o fez o Brasil".
A: incorreta. Nenhuma lei ou norma de direito interno, como as disposições de anistia, as regras de prescrição e outras excludentes de responsabilidade, podem impedir que um Estado cumpra sua obrigação de respeito e promoção dos direitos humanos, especialmente quando se tratar de graves violações de direitos que constituam crimes contra a humanidade, como os de lesa-humanidade, pois são inanistiáveis e imprescritíveis; **B:** incorreta. Como dito no texto inicial, nessa decisão a Corte definiu que o dever de investigar e punir os responsáveis pela prática de desaparecimentos forçados possui caráter de *jus cogens*. Sobre a prescrição ler o comentário sobre a assertiva anterior; **C:** incorreta. É a justiça comum que possui competência para julgar os casos que envolvem os direitos humanos. Importante transcrever o § 5º do artigo 109 da CF, que foi acrescentado pela EC nº 45 de 2004. Segue a redação legal: "Nas hipóteses de grave violação de direitos humanos, o Procurador-Geral da República, com a finalidade de assegurar o cumprimento de obrigações decorrentes de tratados internacionais de direitos humanos dos quais o Brasil seja parte, poderá suscitar, perante o Superior Tribunal de Justiça, em qualquer fase do inquérito ou processo, incidente de deslocamento de competência para a Justiça Federal". É a denominada *federalização* dos crimes contra os direitos humanos, e um caso conhecido é o IDC 2-DF/STJ de relatoria da ministra Laurita Vaz, pois o caso tinha como pano de fundo a atuação de um grupo de extermínio e o incidente de deslocamento de competência foi parcialmente acolhido[31]. É importante asseverar, com base na jurisprudência do STJ, que o incidente de deslocamento só será provido se ficar comprovado que a justiça estadual constitui verdadeira barreira

---

31. IDC 2-DF, rel. min. Laurita Vaz, julgado em 27/10/2010. (Inform. STJ 453)

ao cumprimento dos compromissos internacionais de proteção dos direitos humanos assumidos pelo Brasil; **D:** correta. Como já exposto no texto inicial, a Corte admitiu parcialmente a exceção preliminar de falta de competência temporal da Corte para examinar supostas violações ocorridas antes do reconhecimento de sua competência pelo Brasil. Antes de comentarmos a decisão sobre o mérito, cabe apontar que o caráter contínuo ou permanente do desaparecimento forçado de pessoas foi reconhecido de maneira reiterada pelo Direito Internacional dos Direitos Humanos, no qual o ato de desaparecimento e sua execução se iniciam com a privação da liberdade da pessoa e a subsequente falta de informação sobre seu destino, e permanecem até quando não se conheça o paradeiro da pessoa desaparecida e os fatos não tenham sido esclarecidos. A Corte, portanto, é competente para analisar os alegados desaparecimentos forçados das supostas vítimas a partir do reconhecimento de sua competência contenciosa efetuado pelo Brasil; só não foi em relação à alegada execução extrajudicial da senhora Maria Lúcia Petit da Silva, cujos restos mortais foram identificados em 1996, ou seja, dois anos antes de o Brasil reconhecer a competência contenciosa da Corte; **E:** incorreta, pois a assertiva não traz informação verdadeira.

Gabarito "D".

(Defensor Público/RO – 2012 – CESPE) Considerando a sentença da Corte Interamericana de Direitos Humanos no caso Escher e outros, de 6 de julho de 2009, assinale a opção correta.

(A) Nos termos de precedente da Corte, a comunicação telefônica é abrangida pela garantia de proteção à privacidade prevista na Convenção Americana sobre Direitos do Homem, ainda que esta não preveja expressamente o sigilo desse tipo de comunicação.

(B) Segundo a Corte, abstratamente considerada, a lei de interceptação das comunicações telefônicas brasileira não é compatível com as disposições da Convenção Americana sobre Direitos Humanos voltadas à proteção da privacidade.

(C) A Corte considerou, nessa sentença, que a quebra de sigilo das comunicações telefônicas de integrantes de entidades associativas, fundada em lei cuja inadequação abstrata seja constatada, não implica necessariamente a violação ao direito à livre associação garantido pela Convenção Americana sobre Direitos Humanos.

(D) A Corte decidiu que o Brasil deveria adequar sua lei de interceptação das comunicações telefônicas às disposições da Convenção Americana sobre Direitos Humanos relativas à proteção da privacidade.

(E) De acordo com a referida Corte, a apresentação, pelo Estado-parte, da exceção preliminar embasada no descumprimento do requisito de esgotamento dos recursos internos pode ocorrer depois da adoção do relatório de admissibilidade pela Comissão Interamericana, mas nunca depois do encaminhamento da denúncia à Corte.

Caso Escher e outros *versus* Brasil
Nesse caso, a Corte prolatou uma sentença (de 6 de julho de 2009) que resolve as exceções preliminares, o mérito e as reparações e custas. A Corte foi acionada pela Comissão Interamericana de Direitos Humanos, a qual havia recebido anteriormente uma petição apresentada pelas organizações Rede Nacional de Advogados Populares e Justiça Global em nome dos membros das organizações Cooperativa Agrícola de Conciliação Avante Ltda. (Coana) e Associação Comunitária de Trabalhadores Rurais (Adecon), em função da alegada interceptação e monitoramento ilegal de linhas telefônicas, realizada pela Polícia Militar do estado do Paraná, bem como a divulgação das conversas telefônicas, a denegação de justiça e de reparação adequada. A demanda foi apresentada para que a Corte decidisse se o Brasil era responsável pela violação dos artigos 8°, ponto 1 (garantias judiciais), 11 (proteção da honra e da dignidade), 16 (liberdade de associação) e 25 (proteção judicial) da Convenção Americana, em relação à obrigação geral de respeito e garantia dos direitos humanos e ao dever de adotar medidas de direito interno, previstos, respectivamente, nos artigos 1°, ponto 1, e 2° do referido tratado, também em consideração às diretrizes emergentes da cláusula federal contida no artigo 28 do mesmo instrumento. O Brasil interpôs três exceções preliminares; a Corte descaracterizou uma e rechaçou as outras, declarando-se, assim, competente para conhecer o caso. No mérito, a Corte decidiu, por unanimidade, que o Brasil violou o direito à vida privada e o direito à honra e à reputação reconhecidos no artigo 11 em relação com o artigo 1°, ponto 1, da Convenção Americana, pela interceptação, gravação e divulgação das conversas telefônicas; o direito à liberdade de associação reconhecido no artigo 16 em relação com o artigo 1°, ponto 1, da Convenção; os direitos às garantias judiciais e à proteção judicial reconhecidos nos artigos 8°, ponto 1, e 25 em relação com o artigo 1°, ponto 1, da Convenção; e, por fim, decidiu que o Brasil não descumpriu a cláusula federal estabelecida no artigo 28 em relação com os artigos 1°, ponto 1, e 2° da Convenção. Cabe lembrar que, depois dessa sentença, foi feito um pedido para que a Corte interpretasse o alcance de um ponto resolutivo da sentença, pois, como já dito, em caso de divergência sobre o sentido ou alcance da sentença, a Corte interpretá-la-á, a pedido de qualquer das partes, desde que este seja apresentado dentro de 90 dias a partir da data da notificação da sentença.

A: correta. Reler o texto inicial; **B:** incorreta, pois no julgamento desse caso a Corte não fez a citada colocação; **C:** incorreta. Reler o texto inicial; **D:** incorreta. Reler o texto inicial; **E:** incorreta. O momento processual oportuno para apresentação de exceção preliminar embasada no descumprimento do requisito de esgotamento dos recursos internos é aquele anterior à adoção do Relatório de Admissibilidade pela Comissão Interamericana.

Gabarito "A".

(Defensor Público/SE – 2012 – CESPE) De acordo com a jurisprudência da Corte Interamericana de Direitos Humanos,

(A) a exceção de não esgotamento dos recursos internos só será tempestiva quando apresentada na etapa de admissibilidade do procedimento perante a Comissão Interamericana de Direitos Humanos.

(B) o Estado-parte não tem direito a renunciar à regra do prévio esgotamento dos recursos internos.

(C) o descumprimento de prazo estabelecido para a apresentação de argumentos pelas partes constitui exceção preliminar válida.

(D) a publicação da sentença não constitui medida de satisfação para reparar dano imaterial.

(E) não compete a essa corte conhecer de violações contínuas ou permanentes conexas a atentados contra o direito à vida ocorridos antes do reconhecimento de sua jurisdição pelo Brasil.

A: correta. O momento processual oportuno para apresentação de exceção preliminar embasada no descumprimento do requisito de esgotamento dos recursos internos é aquele anterior à adoção do Relatório de Admissibilidade pela Comissão Interamericana; **B:** incorreta, pois é possível renunciar à regra do prévio esgotamento dos recursos internos. Na decisão de 13 novembro de 1981 (caso Viviana Gallardo e outras), a Corte Interamericana, invocando precedente da Corte Europeia de Direitos Humanos (De Wilde, Ooms and Versyp Cases - "Vagrancy" Cases), apontou que segundo os princípios do Direito Internacional geralmente reconhecidos e a prática internacional, a regra que exige o prévio esgotamento dos recursos internos foi concebida no interesse do Estado, pois busca dispensa-lo de responder perante um órgão internacional por atos a ele imputados, antes de ter a oportunidade de resolve-los com seus próprios instrumentos. Essa regra é considerada como meio de defesa e como tal, renunciável, ainda que de modo tácito. Essa renúncia, uma vez anunciada, é irrevogável; **C:** incorreta. No caso Escher e Outros vs. Brasil, a Corte Interamericana asseverou que o descumprimento de prazo estabelecido para apresentação de argumentos pelas partes não constitui exceção preliminar válida. Isso porque não impugna a admissibilidade da demanda nem impede que o Tribunal conheça o caso. Em outras palavras, mesmo que o Tribunal resolvesse, hipoteticamente, aceitar o pedido do Estado, não afetaria de forma alguma a competência da Corte para conhecer o mérito da controvérsia; **D:** incorreta, pois a publicação da sentença é uma das formas de reparação do dano imaterial, pois é a materialização de um ato de justiça. Ainda mais se for considerado que as decisões de proveniência dos sistemas internacionais de proteção aparecem depois que o sistema nacional de proteção não resolveu adequadamente a situação, ou seja, a situação específica de desrespeito dos direitos humanos aconteceu há muito tempo e ainda não foi resolvida, portanto a decisão da Corte Interamericana funciona como uma reparação do dano imaterial Ainda, na Resolução da Corte Interamericana de Supervisão de Cumprimento de Sentença do caso Escher e Outros vs. Brasil, ficou sublinhado que a publicação da Sentença constitui, em alguns casos, uma medida de satisfação, a qual tem uma repercussão pública e uma natureza distinta das medidas de compensação, como a indenização pelos danos morais ordenada em benefício das vítimas. O conteúdo da sentença deve ter uma repercussão pública proporcional ao vilipêndio sofrido. Assim, a publicação da sentença faria parte do conceito de reparação integral; **E:** incorreta. No caso Gomes Lund e outros (Guerrilha do Araguaia) versus Brasil, a Corte definiu que o caráter contínuo ou permanente do desaparecimento forçado de pessoas foi reconhecido de maneira reiterada pelo Direito Internacional dos Direitos Humanos, no qual o ato de desaparecimento e sua execução se iniciam com a privação da liberdade da pessoa e a subsequente falta de informação sobre seu destino, e permanecem até quando não se conheça o paradeiro da pessoa desaparecida e os fatos não tenham sido esclarecidos. A Corte, portanto, é competente para analisar os alegados desaparecimentos forçados das supostas vítimas a partir do reconhecimento de sua competência contenciosa efetuado pelo Brasil; só não foi em relação à alegada execução extrajudicial da senhora Maria Lúcia Petit da Silva, cujos restos mortais foram identificados em 1996, ou seja, dois anos antes de o Brasil reconhecer a competência contenciosa da Corte.

Gabarito "A".

(Defensor Público/SP – 2012 – FCC) A Opinião Consultiva n. 18, de 17 de setembro de 2003, foi expedida

(A) pela Corte Interamericana de Direitos Humanos e tem por objeto determinar que os Estados membros da Organização dos Estados Americanos constituam defensorias públicas em seus ordenamentos jurídicos.

(B) pela Comissão Interamericana de Direitos Humanos e tem por conteúdo recomendar aos Estados membros da Organização dos Estados Americanos que garantam aos defensores públicos oficiais independência e autonomia funcional.

(C) pelo Comitê de Direitos Humanos das Nações Unidas para recomendar que a Organização das Nações Unidas estimule os Estados a constituírem serviços públicos de defesa legal em favor de trabalhadores migrantes.

(D) pela Comissão Interamericana de Direitos Humanos entendendo que os migrantes ilegais têm direito à prestação de um serviço público gratuito de defesa legal a seu favor, para que se façam valer seus direitos em juízo.

(E) pela Corte Interamericana de Direitos Humanos entendendo que se vulnera o direito ao devido processo legal pela negativa de prestação de um serviço público gratuito de defesa legal a favor da pessoa necessitada.

Opinião Consultiva 18/2003
Foi solicitada pelos Estados Unidos Mexicanos com o objetivo de obter a posição da Corte sobre a privação do gozo e exercício de certos direitos laborais (aos trabalhadores imigrantes) e sua compatibilidade com a obrigação dos Estados americanos de garantir a observância dos princípios da igualdade jurídica, não discriminação e proteção igual e efetiva da lei consagrados nos instrumentos internacionais de proteção dos direitos humanos, assim como a subordinação ou condicionamento da observância das obrigações impostas pelo direito internacional dos direitos humanos, incluídas aquelas oponíveis *erga omnes*, na consecução de certos objetivos de política interna de um Estado americano. Ademais, a consulta trata do caráter que os princípios da igualdade jurídica, não discriminação e proteção igual e efetiva da lei alcançaram no contexto de desenvolvimento progressivo do direito internacional dos direitos humanos e de sua codificação. As normas cuja interpretação o México solicitou ao Tribunal foram as seguintes: os artigos 3°, ponto 1, e 17 da Carta da OEA; o artigo 2° da Declaração Americana de Direitos e Deveres do Homem; os artigos 1°, ponto 1, 2° e 24 da Convenção Americana de Direitos Humanos; os artigos 1°, 2°, ponto 1, e 7° da Declaração Universal de Direitos Humanos; e os artigos 2°, pontos 1 e 2, 5°, ponto 2, e 26 do Pacto Internacional de Direitos Civis e Políticos. A Corte decidiu, por unanimidade, que é competente para emitir a opinião consultiva. E, no mérito, decidiu da seguinte forma e também de forma unânime: a) os Estados têm a obrigação geral de respeitar e garantir os direitos fundamentais, devendo, assim, adotar medidas positivas e evitar tomar iniciativas que limitem ou infrinjam um direito fundamental, além de suprimir as medidas e práticas que restrinjam ou vulnerem um direito fundamental; b) o descumprimento pelo Estado, mediante qualquer tratamento discriminatório, da obrigação geral de respeitar e garantir os direitos humanos gera responsabilidade internacional; c) o princípio da igualdade e não discriminação possui um caráter fundamental para a salvaguarda dos direitos humanos tanto no direito internacional como no interno; d) o princípio fundamental da igualdade e não discriminação faz parte do direito internacional geral, por ser aplicável a todo Estado, independentemente de ser parte ou não de determinado tratado internacional. Na atual etapa de evolução do direito internacional, o princípio fundamental da igualdade e da não discriminação tornou-se parte do domínio do *jus cogens*; e) o princípio fundamental da igualdade e não discriminação, de caráter peremptório, acarreta obrigações *erga omnes* de proteção que se vinculam a todos os Estados e geram efeitos em relação a terceiros, inclusive particulares; f) a obrigação geral de respeitar e garantir os direitos humanos vincula os Estados, independentemente de qualquer circunstância ou consideração, inclusive o *status* migratório das pessoas; g) o direito ao devido processo legal deve ser reconhecido no marco das garantias mínimas que se devem garantir a todo imigrante, independentemente de seu *status* migratório. O amplo alcance da intangibilidade do devido processo legal compreende todas as matérias e todas as pessoas, sem qualquer discriminação; h) a qualidade migratória de uma pessoa não pode constituir uma justificação para privá-la do gozo e exercício de seus direitos humanos, entre eles os de caráter laboral. O imigrante, ao assumir uma relação de trabalho, adquire direitos, por ser trabalhador, que devem ser reconhecidos e garantidos, independentemente de sua situação regular ou irregular no país de emprego. Esses direitos são consequências da relação laboral; i) o Estado tem a obrigação de respeitar e garantir os direitos humanos laborais de todos os trabalhadores, independentemente de sua condição de nacional ou estrangeiro, e não pode tolerar situações de discriminação em prejuízo destes nas relações laborais que se estabeleçam entre particulares (empregador-empregado). O Estado não deve permitir que os empregadores privados violem os direitos dos trabalhadores nem que a relação contratual vulnere as normas mínimas internacionais;

j) os trabalhadores, titulares dos direitos laborais, devem contar com todos os meios adequados para exercê-los. Os trabalhadores imigrantes ilegais possuem os mesmos direitos laborais que correspondem aos demais trabalhadores do Estado de emprego, e este último deve tomar todas as medidas necessárias para que sejam reconhecidos e garantidos na prática; k) os Estados não podem subordinar ou condicionar a observância do princípio da igualdade perante a lei e da não discriminação à consecução dos objetivos de suas políticas públicas, quaisquer que sejam estas, incluídas as de caráter migratório. O juiz brasileiro Antônio Augusto Cançado Trindade, o juiz mexicano Sergio García Ramírez, o juiz equatoriano Hernán Salgado Pesantes e o juiz venezuelano Alirio Abreu Burelli apresentaram votos concorrentes que acompanharam a opinião consultiva em questão. Encerramos este comentário com uma reflexão do jurista brasileiro Cançado Trindade: "Uma das contribuições significativas da presente Opinião Consultiva n. 18 sobre a *Condição Jurídica e os Direitos dos Imigrantes Ilegais* reside em sua determinação do amplo alcance do devido processo legal. Na Opinião Consultiva anterior, sobre o *Direito à Informação sobre a Assistência Consular no Marco das Garantias do Devido Processo Legal* (n. 16), a Corte Interamericana sublinhou a evolução histórica do devido processo legal no sentido de sua expansão *ratione materiae*, enquanto na presente Opinião Consultiva n. 18 se examina a dita expansão *ratione personae* e se determina que o direito ao devido processo deve ser reconhecido no marco das garantias mínimas que devem ser garantidas a todo imigrante, independentemente de seu *status* migratório. A acertada conclusão da Corte, no sentido de que o amplo alcance da intangibilidade do devido processo compreende todas as matérias e todas as pessoas sem discriminação, atende efetivamente as exigências e os imperativos do bem comum[32]".

Gabarito "E".

(Defensor Público/SP – 2012 – FCC) Os Defensores Públicos Interamericanos

(A) atuam por designação da Corte Interamericana de Direitos Humanos para a defesa de réus hipossuficientes.

(B) atuam por designação da Corte Interamericana de Direitos Humanos para que assumam a representação legal de vítimas que não tenham designado defensor próprio.

(C) são funcionários de carreira da Organização dos Estados Americanos, designados para prestar orientação jurídica a vítimas de violação dos direitos humanos.

(D) são Defensores Públicos de países da Organização dos Estados Americanos responsáveis por formular denúncias perante o Sistema Interamericano de Direitos Humanos.

(E) são advogados dos países integrantes da Organização dos Estados Americanos, designados *ad hoc* sempre que uma parte não se fizer representar juridicamente perante a Comissão Interamericana de Direitos Humanos.

A única assertiva que traz informação correta acerca dos defensores públicos interamericanos é a "B".

Gabarito "B".

(Defensor Público/AM – 2010 – I. Cidades) A respeito da Corte Interamericana de Direitos Humanos, assinale a alternativa incorreta:

(A) A Corte Interamericana de Direitos Humanos é órgão jurisdicional destinado a resolver os casos de desrespeito aos direitos humanos levados a efeito pelos Estados-membros da OEA que ratificaram a Convenção Americana.

(B) A Corte Interamericana de Direitos Humanos é composta por 09 juízes provenientes dos Estados-membros da OEA, escolhidos dentre juristas de alto renome, que gozam das garantias da vitaliciedade, inamovibilidade e irredutibilidade dos vencimentos.

(C) A Corte Interamericana de Direitos Humanos possui competência consultiva e contenciosa.

(D) Os particulares e as instituições privadas estão impedidos de ingressar diretamente na Corte.

(E) As sentenças proferidas pela Corte Interamericana são definitivas e inapeláveis.

A: correta. A Corte é o órgão jurisdicional do sistema regional de proteção americano e **só pode ser acionada pelos estados-partes ou pela Comissão**; o indivíduo, conforme art. 61 da Convenção, fica proibido de apresentar petição à Corte; **B**: incorreta, pois sua composição é de sete juízes, os quais são nacionais dos países-membros da OEA. E a escolha destes juízes é feita pelos estados-partes da Convenção; vale sublinhar que esta escolha é realizada a título pessoal dentre juristas da mais alta autoridade moral, de reconhecida competência em matéria de direitos humanos, e que reúnam as condições requeridas para o exercício das mais elevadas funções judiciais, de acordo com a lei do estado do qual sejam nacionais, ou do estado que os propuser como candidatos. E também não deve haver dois juízes da mesma nacionalidade; **C**: correta, pois a Corte possui competência *consultiva* e *contenciosa*. A competência consultiva da Corte é marcada por sua grande finalidade de uniformizar a interpretação da Convenção Americana de Direitos Humanos e dos tratados de direitos humanos confeccionados no âmbito da OEA. E, dentro dessa competência, qualquer estado-membro da OEA pode pedir para que a Corte emita parecer que indique a correta interpretação da Convenção e dos tratados de direitos humanos. Ademais, a Corte pode fazer análise de compatibilidade entre a legislação doméstica de um país-membro da OEA e o sistema protetivo americano. Esta análise tem por escopo harmonizar as legislações domésticas em relação ao sistema americano de proteção. Já a competência contenciosa só será exercida em relação aos estados-partes da Convenção que expressa e inequivocamente tenha aceitado essa competência da Corte (art. 62 da Convenção Americana de Direitos Humanos); D correta. Reler o comentário à assertiva "A"; **E**: correta, pois a sentença da Corte Interamericana será sempre fundamentada, definitiva e inapelável (arts. 66 e 67 da Convenção Americana de Direitos Humanos), todavia, em caso de divergência sobre o sentido ou alcance da sentença, a Corte interpretá-la-á, a pedido de qualquer das partes, desde que o pedido seja apresentado dentro de noventa dias a partir da data da notificação da sentença.

Gabarito "B".

(Defensoria Pública/SP – 2010 – FCC) Recentemente o Supremo Tribunal Federal julgou improcedente a Arguição de Descumprimento de Preceito Fundamental nº 153, em que se requeria declaração daquela Corte no sentido de reconhecer que a anistia concedida pela Lei nº 6.683, de 28 de agosto de 1979, aos crimes políticos ou conexos, não se estende aos crimes comuns praticados pelos "agentes da repressão contra opositores políticos, durante o regime militar (1964/1985)." A respeito das chamadas "leis de autoanistia", a Corte Interamericana de Direitos Humanos já se posicionou diversas vezes. A partir da jurisprudência deste tribunal é correto afirmar:

(A) Por se tratar de um tribunal de natureza civil, a Corte Interamericana de Direitos Humanos não pode determinar que um Estado parte leve a juízo criminal agentes públicos que supostamente cometeram crimes de lesa humanidade.

---

32. Voto concorrente na Opinião Consultiva 18/2003, p. 147.

(B) O fato de a prática do desaparecimento forçado de opositores políticos ser anterior à ratificação da Convenção Americana de Direitos Humanos pelo país impede a apreciação do caso perante a Corte Interamericana de Direitos Humanos.

(C) Os agentes estatais que tenham praticado atos de tortura em período não democrático, objeto de lei de anistia, não podem mais ser processados ante a irretroatividade de lei penal mais severa.

(D) O fato de um Estado-parte ser signatário das Convenções de Genebra sobre Direito Internacional Humanitário não serve de fundamentação para sua condenação pela Corte Interamericana de Direitos Humanos, pois há plena separação entre aquele sistema de normas e as que compõem o Direito Internacional dos Direitos Humanos.

(E) O Estado-parte na Convenção Americana de Direitos Humanos tem o dever de punir os responsáveis por crimes de lesa humanidade, não podendo aventar a prescrição criminal para deixar de fazê-lo, mesmo que os fatos tenham ocorrido há mais de vinte anos.

A: incorreta. No caso Gomes Lund e outros (Guerrilha do Araguaia) *versus* Brasil, a Corte prolatou uma sentença (de 24 de novembro de 2010) que resolve as exceções preliminares, o mérito e as reparações e custas. Em sua Sentença, o Tribunal concluiu que o Brasil é responsável pela desaparição forçada de 62 pessoas, entre membros do Partido Comunista do Brasil e camponeses da região, resultado de operações do Exército brasileiro empreendidas entre 1972 e 1975 com o objetivo de erradicar a Guerrilha do Araguaia, no contexto da ditadura militar do Brasil (1964–1985). No caso referido foi analisada, entre outras coisas, a compatibilidade da Lei de Anistia n. 6.683/79 com as obrigações internacionais assumidas pelo Brasil à luz da Convenção Americana sobre Direitos Humanos. Com base no direito internacional e em sua jurisprudência constante, a Corte Interamericana concluiu que as disposições da Lei de Anistia que impedem a investigação e sanção de graves violações de direitos humanos são incompatíveis com a Convenção Americana e carecem de efeitos jurídicos, razão pela qual não podem continuar representando um obstáculo para a investigação dos fatos do caso, nem para a identificação e a punição dos responsáveis. Além disso, a Corte Interamericana concluiu que o Brasil é responsável pela violação do direito à integridade pessoal de determinados familiares das vítimas, entre outras razões, em razão do sofrimento ocasionado pela falta de investigações efetivas para o esclarecimento dos fatos. Adicionalmente, a Corte Interamericana concluiu que o Brasil é responsável pela violação do direito de acesso à informação, estabelecido no artigo 13 da Convenção Americana, pela negativa de dar acesso aos arquivos em poder do Estado com informação sobre esses fatos. A Corte Interamericana reconheceu e valorou positivamente as numerosas iniciativas e medidas de reparação adotadas pelo Brasil e dispôs, entre outras medidas, que **o Brasil investigue penalmente os fatos do presente caso por meio da justiça ordinária**; **B:** incorreta. O caráter contínuo ou permanente do desaparecimento forçado de pessoas foi reconhecido de maneira reiterada pelo Direito Internacional dos Direitos Humanos, no qual o ato de desaparecimento e sua execução se iniciam com a privação da liberdade da pessoa e a subsequente falta de informação sobre seu destino, e permanecem até quando não se conheça o paradeiro da pessoa desaparecida e os fatos não tenham sido esclarecidos. A Corte, portanto, é competente para analisar os alegados desaparecimentos forçados das supostas vítimas a partir do reconhecimento de sua competência contenciosa efetuado pelo estado parte; **C:** incorreta. Cabe transcrever trecho da decisão da Corte Suprema de Justiça da Nação Argentina no *Caso Simón, Julio Héctor e outros / privação ilegítima da liberdade*: "A fim de dar cumprimento aos tratados internacionais em matéria de direitos humanos, a supressão das leis de [anistia] é impostergável, e deverá ocorrer de maneira que não possa delas decorrer obstáculo normativo algum para o julgamento de fatos, como os que constituem o objeto da presente causa. Isto significa que os beneficiários dessas leis não podem invocar nem a proibição de retroatividade da lei penal mais grave, nem a coisa julgada. **A sujeição do Estado argentino à jurisdição interamericana impede que o princípio de "irretroatividade" da lei penal seja invocado para descumprir os deveres assumidos, em matéria de persecução de violações graves dos direitos humanos**" (tradução minha). Ademais, o Comitê contra a Tortura também afirmou que as anistias que impeçam a investigação de atos de tortura, bem como o julgamento e a eventual sanção dos responsáveis, violam a Convenção Contra a Tortura e Outros Tratamentos ou Penas Cruéis, Desumanos ou Degradantes. Lembrando que o Brasil aceitou a competência da Corte Interamericana de Direitos Humanos em 3 de novembro de 1998, por meio do Decreto Legislativo n. 89 e a Convenção contra a Tortura e outros Tratamentos ou Penas Cruéis, Desumanos ou Degradantes, adotada pela ONU em 28 de setembro de 1984, foi ratificada pelo Brasil em 28 de setembro de 1989; **D:** incorreta. O Direito Humanitário é composto por princípios e regras, estas sendo positivadas ou costumeiras, que tem como função, por questões humanitárias, limitar os efeitos do conflito armado. O Direito Internacional Humanitário é basicamente fruto das quatro Convenções de Genebra de 1949 (em 1949 foram revistas as três Convenções anteriores – 1864, 1906 e 1929 – e criada uma quarta, relativa à proteção dos civis em período de Guerra) e seus Protocolos Adicionais, os quais formam o conjunto de leis que rege os conflitos armados e busca limitar seus efeitos. A proteção recai sobre as pessoas que não participam dos conflitos (civis, profissionais de saúde e de socorro) e os que não mais participam das hostilidades (soldados feridos, doentes, náufragos e prisioneiros de guerra). A outra parte das regras do Direito Internacional Humanitário provém das Convenções de Haia (13 no total), as quais regulam especificamente o meio e os métodos utilizados na guerra. Por fim, o objetivo do Direito Humanitário é a tutela da pessoa humana, entretanto, numa situação mais específica, qual seja, pessoa humana como vítima de conflito armado nacional ou internacional. De todo o dito, percebe-se que o Direito Internacional Humanitário e o Direito Internacional dos Direitos Humanos são complementares, apesar de serem dois conjuntos de leis distintas, pois ambos buscam proteger o indivíduo de ações arbitrárias e de abusos. Os Direitos Humanos são inerentes ao ser humano e protegem os indivíduos sempre, seja em tempos de guerra ou de paz. E o Direito Internacional Humanitário se aplica apenas em situações de conflitos armados internacionais e não internacionais. Portanto, em tempos de conflitos armados o Direito Internacional dos Direitos Humanos e o Direito Internacional Humanitário se aplicam de maneira complementar; **E:** correta. Nenhuma lei ou norma de direito interno, como as disposições de anistia, **as regras de prescrição** e outras excludentes de responsabilidade, pode impedir que um Estado cumpra essa obrigação, especialmente quando se trate de graves violações de direitos humanos que constituam crimes contra a humanidade, como os de lesa humanidade, pois esses **crimes são inanistiáveis e imprescritíveis**.

Gabarito "E".

(Defensoria/PA – 2009 – FCC) O acesso à Corte Interamericana de Direitos Humanos, órgão jurisdicional do sistema interamericano, é assegurado

(A) apenas às organizações não governamentais legalmente constituídas em um ou mais Estados membros da OEA, sendo sua competência contenciosa prevista mediante cláusula facultativa.

(B) apenas aos Estados-partes e à Comissão Interamericana, sendo sua competência contenciosa prevista mediante cláusula facultativa.

(C) a todo e qualquer indivíduo, grupo de indivíduos e organização não governamental, sendo sua competência contenciosa prevista mediante cláusula facultativa.

(D) apenas aos Estados-partes e à Comissão Interamericana, sendo sua competência contenciosa prevista mediante cláusula obrigatória.

(E) a todo e qualquer indivíduo, grupo de indivíduos e organização não governamental, sendo sua competência contenciosa prevista mediante cláusula obrigatória.

A Corte é o órgão jurisdicional do sistema regional de proteção americano. Sua composição é de setes juízes, os quais são nacionais dos países-membros da OEA. E a escolha destes juízes é feita pelos estados-partes da Convenção; vale sublinhar que esta escolha é realizada a título pessoal dentre juristas da mais alta autoridade moral, de reconhecida competência em matéria de direitos humanos, e que reúnam as condições requeridas para o exercício das mais elevadas funções judiciais, de acordo com a lei do estado do qual sejam nacionais, ou do estado que os propuser como candidatos. E também não deve haver dois juízes da mesma nacionalidade. Um traço marcante é que a Corte só pode ser acionada pelos estados-partes ou pela Comissão; o indivíduo, conforme art. 61 da Convenção, fica proibido de apresentar petição à Corte. E no que se refere à sua competência, identifica-se uma atuação *consultiva* e *contenciosa*. A competência contenciosa só será exercida em relação aos estados-partes da Convenção que expressa e inequivocamente tenha aceitado essa competência da Corte (art. 62 da Convenção Americana de Direitos Humanos). A declaração de aceite da competência da corte pode ser feita incondicionalmente, ou sob condição de reciprocidade, por prazo determinado ou ainda somente para casos específicos. Por fim, o Brasil aceitou a competência da Corte em três de novembro de 1998, por meio do Decreto Legislativo n. 89.

Gabarito "B".

(Defensoria/SP – 2009 – FCC) As decisões proferidas pela Corte Interamericana de Direitos Humanos, quando não implementadas pelo Estado brasileiro,

(A) podem ser executadas como título executivo judicial perante a vara federal competente territorialmente, desde que homologadas pelo Supremo Tribunal Federal.

(B) servirão para que o Estado brasileiro sofra sanções internacionais, como a vedação à obtenção de financiamentos externos.

(C) podem ser executadas como título executivo judicial perante a vara federal competente territorialmente.

(D) podem ser executadas como título executivo judicial perante o Supremo Tribunal Federal.

(E) servirão para que a Assembleia Anual da Organização das Nações Unidas advirta o Estado brasileiro pelo descumprimento da Convenção Americana de Direitos Humanos.

O cumprimento da sentença da Corte se dá geralmente de maneira voluntária pelos estados. Caso isso não ocorra, por exemplo, no Brasil, o cumprimento se dará mediante execução da sentença, como título executivo judicial, perante a justiça federal, consoante ao disposto no art. 109, I, da CF. Mas deve-se saber que os estados-partes na Convenção comprometem-se a cumprir a decisão da Corte em todo caso em que forem parte (art. 68 da Convenção Americana de Direitos Humanos). Em relação a sentença da Corte Interamericana, resta ainda informar que ela será sempre fundamentada, definitiva e inapelável (arts. 66 e 67 da Convenção Americana de Direitos Humanos), todavia, em caso de divergência sobre o sentido ou alcance da sentença, a Corte interpretá-la-á, a pedido de qualquer das partes, desde que o pedido seja apresentado dentro de noventa dias a partir da data da notificação da sentença.

Gabarito "C".

7.2. Sistema Europeu

(Defensor Público/RO – 2012 – CESPE) No que se refere ao sistema europeu de direitos humanos, assinale a opção correta.

(A) O Protocolo n.º 13, de 2002, admite a pena de morte apenas em tempo de guerra.

(B) O Protocolo n.º 4, de 1963, admite a expulsão coletiva de estrangeiros, desde que observados os trâmites fixados pela legislação do Estado-parte.

(C) No Protocolo n.º 7, de 1984, prevê-se, no caso de condenação por infrações menores assim definidas nas leis do Estado-parte e no caso de condenação aplicada pela mais alta corte do Estado-parte, exceção ao direito a duplo grau de jurisdição em matéria penal.

(D) Além das manifestações dos Estados-partes, o Tribunal Europeu dos Direitos do Homem pode admitir apenas petições de organizações não governamentais e de coletividades ou grupos minoritários.

(E) A Convenção Europeia dos Direitos do Homem veda qualquer restrição, no território por ela abrangido, à atividade política dos estrangeiros.

A: incorreta. Com o Protocolo nº 13 tem-se a abolição completa da pena de morte, mesmo em situações de exceção; **B:** incorreta. Com o Protocolo nº 4 tem-se a proibição da prisão civil por dívidas, a garantia da liberdade de circulação, a proibição da expulsão de nacionais e a proibição da expulsão coletiva de estrangeiros; **C:** correta. Com o Protocolo nº 7 tem-se a adoção de garantias processuais na expulsão de estrangeiros, a garantia ao duplo grau de jurisdição em matéria criminal, o direito à indenização em caso de erro judiciário, o princípio do *non bis in idem* e o princípio da igualdade conjugal; **D:** incorreta. Com o Protocolo nº 11 dotou-se a Corte de competência para receber petições individuais. Essa possibilidade tem contribuído em muito para o evolver do sistema protetivo europeu, pois democratiza seu manejo e aumenta a capilaridade de seu monitoramento; **E:** incorreta, pois existem restrições à atividade política dos estrangeiros na Convenção Europeia dos Direitos do Homem (art. 16 da Convenção Europeia).

Gabarito "C".

8. SISTEMA AMERICANO DE PROTEÇÃO ESPECÍFICA DOS DIREITOS HUMANOS

(Defensor Público –DPE/BA – 2016 – FCC) A Convenção Interamericana para prevenir, punir e erradicar a violência contra a mulher fortaleceu o quadro protetivo da mulher, e, entre os quadros de violência tratados pelo documento, é correto afirmar:

(A) É considerada violência contra a mulher não somente a violência física, sexual e psicológica ocorrida no âmbito da família ou unidade doméstica ou em qualquer relação interpessoal, quer o agressor compartilhe, tenha compartilhado ou não a sua residência, incluindo-se, entre outras formas, o estupro, maus-tratos e abuso sexual.

(B) Não se inclui no conceito de violência contra a mulher, para fins da mencionada convenção, a violência perpetrada ou tolerada pelo Estado.

(C) O assédio sexual no local de trabalho, por ser figura tratada em lei específica, não se insere na violência contra a mulher para a mencionada convenção.

(D) A preocupação da convenção limita-se, apenas, ao âmbito doméstico e familiar.

(E) Em que pese o desejo internacional, os Estados signatários não se obrigaram em editar outras medidas para a combater a violência e a tomar as medidas adequadas, inclusive legislativas, para modificar ou abolir leis e regulamentos vigentes ou modificar práticas jurídicas ou consuetudinárias que respaldem a persistência e a tolerância da violência contra a mulher.

A: correta (artigos 1º e 2º, *a*, da Convenção); **B:** incorreta (art. 2º, *c*, da Convenção); **C** e **D:** incorretas (art. 2º, *b*, da Convenção); **E:** incorreta (art. 7º da Convenção).

Gabarito "A".

(Defensoria/PI – 2009 – CESPE) Considere as situações hipotéticas abaixo apresentadas.

I. João agrediu fisicamente sua secretária, ex-companheira, machucando-a com um soco no rosto por se recusar a sair com ele.
II. Sebastião forçou sua esposa a prática de atos libidinosos, causando-lhe enorme dor psicológica.

À luz da Convenção Interamericana para Prevenir, Punir e Erradicar a Violência contra a Mulher, Convenção de Belém do Pará, importante ferramenta de promoção da emancipação das mulheres, assinale a opção correta a respeito das situações descritas.

(A) Ambas as situações enquadram-se na definição de violência contra a mulher.
(B) Na situação I, não ficou caracterizada violência contra a mulher, pois a agressão se deu dentro do lar.
(C) Na situação II, não se caracterizou violência contra a mulher, pois a esposa tem obrigação conjugal de coabitação.
(D) Nenhuma das situações caracteriza violência contra a mulher.
(E) Na situação I, não há violência de gênero contra a mulher, mas, sim, uma violência comum prevista na legislação penal nacional.

A Convenção Interamericana para Prevenir, Punir e Erradicar a Violência contra a Mulher (Convenção de Belém do Pará), adotada em nove de junho de 1994, em Belém do Pará, no Brasil, e ratificada pelo Brasil em 16 de novembro de 1995, tem por fundamento a consciência de que a eliminação da violência contra a mulher é condição indispensável para seu desenvolvimento individual e social e sua plena e igualitária participação em todas as esferas de vida. Os estados-partes têm a obrigação de punir todas as formas de violência contra a mulher e de adotar políticas destinadas a prevenir e erradicar tal violência. E **violência contra a mulher entende-se por qualquer ato ou conduta baseado no gênero, que cause morte, dano ou sofrimento físico, sexual ou psicológico à mulher, tanto na esfera pública como na esfera privada** (art. 1º da Convenção). A Convenção, em seu art. 2º, define de maneira mais exata as três situações em que a violência contra a mulher pode ser configurada: **a)** dentro da família ou unidade doméstica ou em qualquer outra relação interpessoal, em que o agressor conviva ou haja convivido no mesmo domicílio que a mulher e que compreende, entre outros, estupro, violação, maus-tratos e abuso sexual; **b)** na comunidade e seja perpetrada por qualquer pessoa e que compreende, entre outros, violação, abuso sexual, tortura, maus tratos de pessoas, tráfico de mulheres, prostituição forçada, sequestro e assédio sexual no lugar de trabalho, bem como em instituições educacionais, estabelecimentos de saúde ou qualquer outro lugar; **c)** perpetrada ou tolerada pelo Estado ou seus agentes, onde quer que ocorra. Percebe-se que a situação hipotética descrita na assertiva "I" enquadra-se perfeitamente na alínea *b* do art. 2º da Convenção e a situação hipotética descrita na assertiva "II" enquadra-se perfeitamente na alínea *a* do art. 2º da Convenção Interamericana para Prevenir, Punir e Erradicar a Violência contra a Mulher.

Gabarito "A".

(Defensor Público/MS – 2008 – VUNESP) A Convenção que faz parte do Sistema Interamericano de Direitos Humanos e que foi assinada em Belém do Pará é a Convenção Interamericana

(A) para Prevenir, Punir e Erradicar a Violência contra a Mulher.
(B) para Prevenir e Punir a Tortura.
(C) contra a Corrupção.
(D) sobre a Eliminação de todas as formas de Discriminação Racial.

A: correta. A Convenção Interamericana para Prevenir, Punir e Erradicar a Violência contra a Mulher, adotada em nove de junho de 1994, em Belém do Pará, no Brasil, e ratificada pelo Brasil em 16 de novembro de 1995, tem por fundamento a consciência de que a eliminação da violência contra a mulher é condição indispensável para seu desenvolvimento individual e social e sua plena e igualitária participação em todas as esferas de vida. Os estados-partes têm a obrigação de punir todas as formas de violência contra a mulher e de adotar políticas destinadas a prevenir e erradicar tal violência. E violência contra a mulher entende-se por qualquer ato ou conduta baseado no gênero, que cause morte, dano ou sofrimento físico, sexual ou psicológico à mulher, tanto na esfera pública como na esfera privada (art. 1º da Convenção). E para monitorar o cumprimento, pelos estados-partes, das obrigações constantes na Convenção, a Comissão Interamericana de Mulheres receberá relatórios confeccionados pelos estados-partes (art. 10 da Convenção) e a Comissão Interamericana de Direitos Humanos receberá petições individuais; **B:** incorreta. A Convenção Interamericana para Prevenir e Punir a Tortura, adotada em nove de dezembro de 1985, em Cartagena, na Colômbia, e ratificada pelo Brasil em nove de junho de 1989, tem por fundamento a consciência de que todo ato de tortura ou outros tratamentos ou penas cruéis, desumanos ou degradantes constituem uma ofensa à dignidade humana. Os estados-partes têm obrigação de proibir a tortura, esta não podendo ser utilizada nem mesmo em circunstâncias excepcionais. E para monitorar o cumprimento, pelos estados-partes, das obrigações constantes na Convenção, a Comissão Interamericana de Direitos Humanos receberá relatórios confeccionados pelos estados-partes, os quais auxiliarão na confecção do relatório anual da Comissão; **C:** incorreta. A Convenção Interamericana contra a Corrupção, adotada em 29 de março de 1996, na cidade da Caracas, na Venezuela, e ratificada pelo Brasil em 25 de junho de 2002, tem por fundamento a consciência de que a corrupção solapa a legitimidade das instituições públicas e atenta contra a sociedade, a ordem moral e a justiça, bem como contra o desenvolvimento integral dos povos e de que a democracia representativa, condição indispensável para a estabilidade, a paz e o desenvolvimento da região, exige, por sua própria natureza, o combate a toda forma de corrupção no exercício das funções públicas e aos atos de corrupção especificamente vinculados a seu exercício; **D:** incorreta. A Convenção Interamericana para a Eliminação de Todas as Formas de Discriminação contra as Pessoas Portadoras de Deficiência, adotada em sete de junho de 1999, na cidade da Guatemala, na Guatemala, e ratificada pelo Brasil em 17 de julho de 2001, tem por fundamento a consciência de que as pessoas portadoras de deficiência têm os mesmos direitos humanos e liberdades fundamentais que outras pessoas e que estes direitos, inclusive o direito de não ser submetidas a discriminação com base na deficiência, emanam da dignidade e da igualdade que são inerentes a todo ser humano. Os estados-partes têm obrigação de eliminar todas as formas de discriminação contra as pessoas portadoras de deficiência e de propiciar a sua plena integração à sociedade. E para monitorar o cumprimento, pelos estados-partes, das obrigações constantes na Convenção, foi criada a Comissão para a Eliminação de Todas as Formas de Discriminação contra as Pessoas

Portadoras de Deficiência, que receberá relatórios confeccionados pelos estados-partes, os quais auxiliarão na confecção dos relatórios da Comissão.

Gabarito "A".

9. DIREITOS HUMANOS NO BRASIL

(Defensoria Pública da União – CESPE – 2015) Com relação aos direitos humanos, julgue os itens que se seguem.

(1) Ainda que sua aparência seja feminina, o transexual não está amparado pela legislação de proteção às mulheres, uma vez que, na aplicação dessa legislação específica, deve-se considerar o gênero constante no registro civil do agredido.

(2) Considera-se haver ofensa ao princípio da ampla defesa no caso de o defensor dativo de acusado da prática do crime de homicídio apresentar, em defesa do acusado, argumentações genéricas, sem considerar as especificidades do crime por este cometido.

(3) Independentemente da existência de condições orçamentárias favoráveis, o Estado deve efetivar os direitos sociais, especialmente aqueles referentes a grupos mais vulneráveis, como crianças e idosos.

1: errado. Parcela da doutrina e jurisprudência pontuam que a Lei Maria da Penha deve ser aplicada também para outros gêneros que se identifiquem como sexo feminino, como é o caso dos transexuais. A interpretação é feita com base no art. 5º, parágrafo único, da Lei Maria da Penha. Além do que, o PL 8.032/2014, que está tramitando na Câmara dos Deputados, menciona expressamente as pessoas transexuais e transgêneros como objeto de proteção abarcado pela Lei Maria da Penha; **2:** certo, pois é caso de configuração de ofensa flagrante ao princípio da ampla defesa; **3:** certo, pois o Estado tem obrigação constitucional de efetivar os direitos sociais, sobretudo os dos mais vulneráveis (arts. 227 e 230 da CF).

Gabarito 1E, 2C, 3C

(Defensor Público/SP – 2012 – FCC) No Brasil, quando ocorre uma prisão em flagrante, o artigo 306 do Código de Processo Penal determina que haja a comunicação imediata do fato a um juiz. Confrontando tal dispositivo com o que determinam as normas do Pacto Internacional sobre Direitos Civis e Políticos e da Convenção Americana sobre Direitos Humanos, há

(A) compatibilidade entre a lei e os tratados, visto que a prisão imediatamente é submetida ao crivo do judiciário, com envio do auto de prisão em flagrante em vinte e quatro horas ao juiz.

(B) incompatibilidade entre a lei e os tratados, pois, segundo estes, o preso deve ser levado à presença de um juiz de direito em vinte e quatro horas para a determinação de seus direitos e obrigações.

(C) compatibilidade entre a lei e os tratados, pois o preso fica à disposição do juiz e do membro do Ministério Público que podem requisitá-lo para ser ouvido, se necessário.

(D) incompatibilidade entre a lei e os tratados, pois, segundo estes o preso tem direito a um Defensor Público que o acompanhe em seus depoimentos na Delegacia de Polícia.

(E) incompatibilidade entre a lei e os tratados, pois, segundo estes o preso tem o direito de ser ouvido, sem demora, por um juiz para a determinação de seus direitos e obrigações.

A única assertiva que faz a correta ponderação acerca do confronto entre o CPP e o Pacto Internacional sobre Direitos Civis e Políticos e a Convenção Americana sobre Direitos Humanos é a "E". Isso porque os dois tratados exigem a presença do preso perante a autoridade judiciária, não sendo suficiente a mera comunicação do fato a um juiz. Essa questão foi formulada com base no artigo intitulado Estudo sobre a Obrigatoriedade de Apresentação Imediata da Pessoa Presa ao juiz: Comparativo entre as previsões dos Tratados de Direitos Humanos e do Projeto de Código de Processo Penal. O autor desse artigo é o Prof. Carlos Weiss, membro da Defensoria Pública do Estado de São Paulo. Segue o endereço eletrônico onde o artigo pode ser acessado: http://www.defensoria.sp.gov.br/dpesp/Repositorio/31/Documentos/Estudo%20sobre%20a%20obrigatoriedade%20de%20apresentação%20imediata%20do%20preso%20ao%20juiz%20(1).pdf.

Gabarito "E".

(Defensor Público/SP – 2012 – FCC) Dos tratados internacionais abaixo, qual o Brasil ainda NÃO ratificou?

(A) Convenção sobre a Proteção dos Direitos de todos os Trabalhadores Migrantes e de suas Famílias.

(B) Convenção sobre os Direitos da Criança.

(C) Protocolo Facultativo da Convenção contra a Tortura e Outros Tratamentos ou Penas Cruéis, Desumanos ou Degradantes.

(D) Convenção sobre a Eliminação de Todas as Formas de Discriminação contra a Mulher.

(E) Protocolo Facultativo à Convenção sobre os Direitos da Pessoa com Deficiência.

Dos tratados listados nas assertivas, o Brasil apenas não ratificou a Convenção sobre a Proteção dos Direitos de todos os Trabalhadores Migrantes e de suas Famílias.

Gabarito "A".

9.1. Constituição Cidadã de 1988

(Defensor Público/AC – 2017 – CESPE) No que se refere à aplicação dos direitos humanos no plano nacional, julgue os itens a seguir.

I. O uso de máscaras em protestos políticos se relaciona com o direito fundamental à liberdade de expressão.

II. Conforme a Relatoria para a Liberdade de Expressão da Comissão Interamericana de Direitos Humanos, o crime de desacato presente nas legislações de diversos Estados americanos está em discordância com a Convenção Americana de Direitos Humanos.

III. Em relação à capacidade civil dos indígenas do Brasil, indivíduos pertencentes a essas comunidades devem ser representados, sempre, pela FUNAI.

Assinale a opção correta.

(A) Apenas o item II está certo.

(B) Apenas o item III está certo.

(C) Apenas os itens I e II estão certos.

(D) Apenas os itens I e III estão certos.

(E) Todos os itens estão certos.

I: certo, pois o uso de máscaras em protesto está relacionado com o direito à liberdade de expressão. A discussão envolve o conflito da liberdade de expressão e de reunião com a proibição do anonimato; **II:** certo, pois citado crime contraria o disposto no art. 13 da Convenção; **III:** errado, pois não existe essa obrigatoriedade cabal.

Gabarito "C".

(Defensor Público –DPE/BA – 2016 – FCC) Acerca do sistema constitucional de proteção dos direitos humanos e fundamentais, é correto afirmar:

(A) Nas hipóteses de grave violação de direitos humanos, o Procurador-Geral da República, com a finalidade de assegurar o cumprimento de obrigações decorrentes de tratados internacionais de direitos humanos dos quais o Brasil seja parte, poderá suscitar, perante o Superior Tribunal de Justiça, em qualquer fase do inquérito ou processo, incidente de deslocamento de competência para a Justiça Federal.

(B) De acordo com a posição firmada pelo Supremo Tribunal Federal, os tratados internacionais de direitos humanos incorporados antes da inserção do § 3º no artigo 5º da Constituição Federal, levada a efeito pela Emenda Constitucional 45/2004, possuem hierarquia constitucional, prevalecendo em face de qualquer norma infraconstitucional interna.

(C) A norma constitucional atribui legitimidade exclusiva ao Ministério Público para a propositura de ação civil pública para a proteção do patrimônio público e social, do meio ambiente e de outros interesses difusos e coletivos.

(D) Ação popular teve o seu objeto ampliado por disposição da Constituição Federal de 1988, autorizando expressamente o seu manuseio para a defesa dos direitos do consumidor.

(E) O serviço público de assistência jurídica integral e gratuita prestado pela Defensoria Pública é caracterizado pelo acesso universal, tal como o serviço público na área da saúde.

A: correta (artigo 109, § 5º, da CF); **B:** incorreta. Neste caso, os tratados terão hierarquia supralegal (tese da supralegalidade); **C:** incorreta, pois a norma atribui a propositura de ação civil pública nesses casos como função institucional e não legitimidade exclusiva (art. 129, III, da CF); **D:** incorreta. Art. 5º, LXXIII, da CF: "qualquer cidadão é parte legítima para propor ação popular que vise a anular ato lesivo ao patrimônio público ou de entidade de que o Estado participe, à moralidade administrativa, ao meio ambiente e ao patrimônio histórico e cultural, ficando o autor, salvo comprovada má-fé, isento de custas judiciais e do ônus da sucumbência"; **E:** incorreta. Art. 5º, LXXIV, da CF: "o Estado prestará assistência jurídica integral e gratuita aos que comprovarem insuficiência de recursos".
Gabarito "A".

(Defensor Público –DPE/RN – 2016 – CESPE) Acerca dos tratados internacionais de direitos humanos, do ADCT e dos direitos de nacionalidade e de cidadania, assinale a opção correta.

(A) A nacionalidade de brasileiros naturalizados perdida por sentença judicial devido ao exercício de atividade nociva ao interesse nacional pode ser readquirida mediante novo procedimento de naturalização.

(B) Os pagamentos devidos pela fazenda pública em virtude de sentença judicial far-se-ão mediante precatório, salvo quando forem pertinentes a obrigações definidas em lei como de pequeno valor. Caso não haja lei específica do ente da Federação, considerar-se-ão como de pequeno valor os débitos ou obrigações da fazenda pública estadual que tenham valor igual ou inferior a quarenta salários mínimos.

(C) O número de DPs estaduais na unidade jurisdicional deve ser proporcional ao número de processos judiciais em trâmite na comarca em questão.

(D) Segundo o STF, os tratados internacionais referentes aos direitos humanos têm status de norma constitucional, independentemente do seu eventual quorum de aprovação.

(E) Embora possa filiar-se a partido político, o militar em serviço na ativa não é elegível.

A: incorreta. Nesse caso, só é possível readquirir a nacionalidade brasileira por meio de ação rescisória, cabível somente quando a sentença judicial já estiver transitada em julgado; **B:** correta (art. 87 do ADCT); **C:** incorreta, pois não existe tal previsão legal; **D:** incorreta, porque apenas os tratados de direitos humanos que forem aprovados por quórum qualificado, ou seja, em cada Casa do Congresso Nacional, em dois turnos, por três quintos dos votos dos respectivos membros, terão *status* de norma constitucional – consoante o que determina o art. 5º, § 3º, da CF/1988; **E:** incorreta, pois "o militar, enquanto em serviço ativo, não pode estar filiado a partidos políticos" (art. 142, § 3º, V da CF).
Gabarito "B".

(Defensor Público –DPE/RN – 2016 – CESPE) No que diz respeito aos direitos sociais, à intervenção judicial na implementação de políticas públicas e ao mínimo existencial, assinale a opção correta.

(A) Ocorre o fenômeno conhecido como judicialização da política quando o Poder Judiciário, ao interpretar uma norma, amplia o seu sentido para abarcar situações aparentemente por ela não previstas.

(B) O transporte e a felicidade são direitos fundamentais sociais assegurados pelo Estado a todo cidadão brasileiro como garantia individual.

(C) Para o STF, a tese da reserva do mínimo possível é aplicável apenas se restar comprovada a real falta de recursos orçamentários pelo poder público, pois não é admissível como justificativa genérica para eventual omissão estatal na efetivação dos direitos fundamentais.

(D) Uma decisão judicial que ordenasse à administração pública a execução de obras emergenciais em um estabelecimento prisional, necessárias para a garantia da integridade física dos detentos, seria uma afronta ao princípio da separação dos poderes, segundo entendimento do STF.

(E) O direito ao mínimo existencial, no tocante aos direitos fundamentais, está vinculado às condições estritamente necessárias para a manutenção da vida dos indivíduos.

A: incorreta. A assertiva trata da "interpretação extensiva" que o juiz pode lançar mão na hora de aplicar o Direito. Só para relembrar, a interpretação extensiva é um tipo de interpretação que amplia o sentido da norma para além dos termos contidos no seu texto. A interpretação aumenta o conteúdo da norma jurídica para possibilitar a sua aplicação à situação não expressamente prevista no texto; **B:** incorreta, pois a "felicidade" não é um direito social previsto na Constituição Federal (artigo 6º); **C:** correta, pois é a posição que o STF tomou em seus julgamentos sobre o tema (vide Informativo 711/13 do STF); **D:** incorreta, pois o STF entendeu ser possível que uma decisão judicial determine a execução de obras emergenciais como as descritas na assertiva (Recurso Extraordinário (RE) 592581, com repercussão geral, interposto pelo Ministério Público do Rio Grande do Sul (MP-RS) contra acórdão do Tribunal de Justiça do RS); **E:** incorreta, pois está relacionado ao fato de que os Estados não teriam os meios materiais necessários para garantir a máxima efetivação dos direitos econômicos, sociais e culturais de suas populações.

Gabarito "C".

(Defensor Público/AM – 2013 – FCC) Um assistido da Defensoria Pública obtém uma decisão favorável perante a Corte Interamericana de Direitos Humanos, determinando que o Estado Brasileiro o indenize pela morte de seu filho, causada por policiais em suposto caso de "*resistência seguida de morte*", que se revelou ser uma situação de execução extrajudicial. No entanto, o país se recusa a fazer o pagamento espontaneamente, sendo necessária a execução da sentença. A esse respeito, a decisão da Corte

(A) deve ser previamente homologada pelo Superior Tribunal de Justiça, na forma prevista pela Constituição Federal.

(B) pode ser executada diretamente no juízo de primeiro grau, observadas as regras de competência.

(C) não possui executoriedade direta no Brasil, em face do princípio da soberania estatal.

(D) somente pode ser executada se o Supremo Tribunal Federal tiver declarado sua validade para o direito interno.

(E) somente será exequível se houver o consentimento expresso do Poder Executivo Federal no caso concreto.

O cumprimento da sentença da Corte Interamericana se dá geralmente de maneira voluntária pelos Estados. Caso isso não ocorra, por exemplo, no Brasil, o cumprimento se dará mediante execução da sentença, como título executivo judicial, perante a justiça federal, consoante disposto no artigo 109, I, da CF. Mas deve-se saber que os Estados--partes da Convenção se comprometem a cumprir a decisão da Corte em todo caso em que forem parte (artigo 68 da Convenção Americana de Direitos Humanos).

Gabarito "B".

9.2. Incorporação de tratados no direito brasileiro

(Defensor Público/PE – 2018 – CESPE) Considerando o entendimento do Supremo Tribunal Federal (STF) acerca dos tratados internacionais de direitos humanos, julgue os seguintes itens.

I. Os tratados e as convenções sobre direitos humanos aprovados em cada Casa do Congresso Nacional, em dois turnos, por três quintos dos votos, são equivalentes às emendas constitucionais e não podem ser ulteriormente declarados inconstitucionais.

II. O STF entende que a subscrição, pelo Brasil, do Pacto de São José da Costa Rica conduziu à inexistência de balizas a determinados comandos constitucionais, tendo, por isso, indicado a derrogação das normas legais definidoras da custódia de depositário infiel, tornando-se ilegal a sua prisão.

III TRATADOS DE DIREITOS HUMANOS FIRMADOS ANTES DA EMENDA CONSTITUCIONAL 45/2004 CONTINUAM A VALER COMO NORMAS INFRACONSTITUCIONAIS E NÃO PODERÃO PASSAR POR NOVO PROCESSO LEGISLATIVO PARA ALTERAR SEU STATUS NO ORDENAMENTO JURÍDICO.

Assinale a opção correta.

(A) Apenas o item I está certo.

(B) Apenas o item II está certo.

(C) Apenas o item III está certo.

(D) Apenas os itens I e II estão certos.

(E) Apenas os itens II e III estão certos.

I: errado. A primeira parte da assertiva está correta, o erro está em dizer que esses tratados não poderão ser declarados inconstitucionais depois, pois enquanto atos normativos primários (art. 59, da CF), equivalentes às Emendas, submetem-se ao controle de constitucionalidade, já que elaborados pelo Poder Constituinte Derivado, que é inteiramente limitado ao disposto no art. 60, § 4º, da CF (cláusulas pétreas); II: certo (Súmula Vinculante 25, STF); III: errado, pois esses tratados podem passar por um novo processo legislativo para alterar seu *status* jurídico com base no art. 5º, § 3º, da CF.

Gabarito "B".

(Defensor Público/AM – 2013 – FCC) De acordo com a jurisprudência atualmente predominante no Supremo Tribunal Federal, um tratado internacional de direitos humanos, ratificado na forma do artigo 5º, parágrafo 2º, da Constituição Federal, possui força normativa equivalente à de norma

(A) formalmente constitucional.

(B) legal ordinária.

(C) legal complementar.

(D) supralegal e infraconstitucional.

(E) regulamentar.

Depois de internalizado, o tratado é equiparado hierarquicamente à norma ordinária infraconstitucional[33]. Com a edição da EC nº 45, os tratados de direitos humanos que forem aprovados, em cada Casa do Congresso Nacional, em dois turnos, por três quintos dos votos dos respectivos membros, serão equivalentes às emendas constitucionais – conforme o que determina o artigo 5º, § 3º, da CF[34]. Ou seja, tais tratados terão hierarquia constitucional quando aprovados por maioria qualificada no Congresso Nacional e forem ratificados e posteriormente publicados pelo presidente da República. Importante sublinhar que cabe ao Congresso Nacional decidir quando aprovará o tratado internacional de direitos humanos pelo quórum especial. Ou seja, ele não tem o dever de sempre aprovar os tratados de direitos humanos por maioria qualificada, mas tem o poder discricionário de decidir quando assim o fará. Muito se discutiu em relação à hierarquia dos tratados de direitos humanos que foram internalizados anteriormente à edição da EC nº 45. Em 3 de dezembro de 2008, o ministro Gilmar Mendes, no RE 466.343-SP, defendeu a tese da supralegalidade de tais tratados, ou seja, superior

33. Os tratados e as convenções de direitos humanos não poderão ter *status* de lei complementar pela simples escolha do rito adotado para sua incorporação no direito brasileiro, isso porque a Constituição explicitamente elencou quais matérias devem ser exclusivamente tratadas por via de Lei Complementar.

34. Bem fundamentada é a crítica formulada por Valerio de Oliveira Mazzuoli ao mencionado § 3º do artigo 5º da CF: "também rompe a harmonia do sistema de integração dos tratados de direitos humanos no Brasil, uma vez que cria *categorias* jurídicas entre os próprios instrumentos internacionais de direitos humanos ratificados pelo governo, dando tratamento diferente para normas internacionais que têm o mesmo fundamento de validade, ou seja, hierarquizando diferentemente tratados que têm o mesmo conteúdo ético, qual seja, a proteção internacional dos direitos humanos. Assim, essa *desigualação dos desiguais* que permite o § 3º ao estabelecer ditas *categorias de tratados* é totalmente injurídica por violar o princípio (também constitucional) da *isonomia*" (MAZZUOLI, Valerio de Oliveira. **O controle jurisdicional da convencionalidade das leis**. 2. ed. São Paulo, p. 29).

às normas infraconstitucionais e inferior às normas constitucionais. O voto do ministro Gilmar Mendes foi acompanhado pela maioria (posição atual do STF). Todavia, tal assunto desperta calorosas discussões: no mesmo recurso extraordinário em que foi exarada a tese da supralegalidade, por exemplo, o ministro Celso de Mello defendeu o caráter constitucional dos tratados de direitos humanos independentemente do quórum de aprovação. Apesar de a tese da supralegalidade ser um avanço da jurisprudência brasileira, deve-se apontar que uma leitura mais acurada da CF já permitiria apontar que os tratados de direitos humanos internalizados sem o procedimento especial teriam *status* constitucional, já que o § 2º do artigo 5º da CF inclui os direitos humanos provenientes de tratados entre seus direitos protegidos, ampliando seu bloco de constitucionalidade, o qual é composto de todas as normas do ordenamento jurídico que possuem *status* constitucional. Com o mesmo pensar preleciona Valerio de Oliveira Mazzuoli: "Da análise do § 2º do art. 5º da Carta brasileira de 1988, percebe-se que três são as vertentes, no texto constitucional brasileiro, dos direitos e garantias individuais: a) direitos e garantias *expressos* na Constituição, a exemplo dos elencados nos incisos I a LXXVIII do seu art. 5º, bem como outros fora do rol de direitos, mas dentro da Constituição, como a garantia da anterioridade tributária, prevista no art. 150, III, *b*, do Texto Magno; b) direitos e garantias *implícitos*, subtendidos nas regras de garantias, bem como os decorrentes do regime e dos princípios pela Constituição adotados, e c) direitos e garantias inscritos nos tratados internacionais em que a República Federativa do Brasil seja parte[35]". E continua o supracitado jurista: "O que se deve entender é que o *quorum* que o § 3º do art. 5º estabelece serve tão somente para atribuir eficácia *formal* a esses tratados no nosso ordenamento jurídico interno, e não para atribuir-lhes a índole e o nível *materialmente* constitucionais que eles já têm em virtude do § 2º do art. 5º da Constituição[36]".

(Defensor Público/PR – 2012 – FCC) Considerando o texto constitucional e a jurisprudência do Supremo Tribunal Federal, sobre a incorporação de normas internacionais ao ordenamento jurídico brasileiro, considere as afirmações abaixo.

I. Para valer no plano interno, não basta que a norma internacional seja assinada pelo Presidente da República, aprovada pelo Congresso Nacional e ratificada no plano internacional, é necessário ainda que a referida norma seja publicada no Diário Oficial da União por meio de um Decreto Presidencial.
II. As normas internacionais em geral, que não versem sobre direitos humanos, são incorporadas ao direito interno com o *status* de lei ordinária.
III. As normas internacionais especiais, que não versem sobre direitos humanos, prevalecem em relação às leis internas gerais.
IV. As normas internacionais de direitos humanos são incorporadas ao direito interno com *status* superior à legislação infraconstitucional.
V. As normas internacionais de direitos humanos que, no processo de incorporação ao direito interno, são aprovadas na Câmara dos Deputados e no Senado Federal, em dois turnos, por três quintos dos votos dos respectivos membros, passam a integrar o direito interno com o *status* de norma constitucional originária.

Está correto APENAS o que se afirma em

(A) III, IV e V.
(B) I, II e III.
(C) I, III e IV.
(D) II, III, IV e V.
(E) I, II, III e IV.

I: correta. No Brasil é necessário um procedimento complexo para proceder à ratificação de tratados. O Congresso Nacional deve aprovar o texto do tratado, e o fará por meio de um decreto legislativo[37] promulgado pelo presidente do Senado e publicado no Diário Oficial da União. Em seguida, cabe ao presidente da República ratificar ou não – lembrando que a aprovação congressional não obriga a ulterior ratificação do tratado pelo presidente da República. Por fim, o tratado regularmente concluído depende da promulgação e da publicidade levada a efeito pelo presidente da República para integrar o Direito Nacional. No Brasil, a promulgação ocorre por meio de decreto presidencial e a publicidade perfaz-se com a publicação no Diário Oficial; II: correta. Depois de internalizado, o tratado é equiparado hierarquicamente à norma ordinária infraconstitucional. Cabe frisar que os tratados e as convenções de direitos humanos não poderão ter *status* de lei complementar pela simples escolha do rito adotado para sua incorporação no direito brasileiro, isso porque a Constituição explicitamente elencou quais matérias devem ser exclusivamente tratadas por via de Lei Complementar; III: correta, pois, como dito no comentário anterior, depois de internalizado o tratado é equiparado hierarquicamente à norma ordinária infraconstitucional. Assim, as normas infraconstitucionais preexistentes ao tratado serão derrogadas quando com ele colidirem (critério cronológico) ou quando forem gerais e os tratados forem especiais (critério da especialidade). Percebe-se que por se tratar de normas de mesma hierarquia (o tratado e a lei interna), em caso de conflito deve-se utilizar os critérios de solução de antinomias aparentes; IV: correta. Com a edição da EC nº 45, os tratados de direitos humanos que forem aprovados, em cada Casa do Congresso Nacional, em dois turnos, por três quintos dos votos dos respectivos membros, serão equivalentes às emendas constitucionais – conforme o que determina o artigo 5º, § 3º, da CF[38]. Ou seja, tais tratados terão hierarquia constitucional quando aprovados por maioria qualificada no Congresso Nacional e forem ratificados e posteriormente publicados pelo presidente da República. Importante sublinhar que cabe ao Congresso Nacional decidir quando aprovará o tratado internacional de direitos humanos pelo quórum especial. Ou seja, ele não tem o dever de sempre aprovar os tratados de direitos humanos por maioria qualificada, mas tem o poder discricionário de decidir quando assim o fará. Muito se discutiu em relação à hierarquia dos tratados de direitos humanos que foram internalizados anteriormente à edição da EC nº 45. Em 3 de dezembro de 2008, o ministro Gilmar Mendes, no RE 466.343-SP, defendeu a tese da supralegalidade de tais tratados, ou seja, superior às normas infraconstitucionais e inferior às normas constitucionais. O voto do ministro Gilmar Mendes foi acompanhado pela maioria (posi-

---

35. MAZZUOLI, Valerio de Oliveira. **O controle jurisdicional da convencionalidade das leis**. 2. ed. São Paulo, p. 39-40.
36. MAZZUOLI, Valerio de Oliveira. **O controle jurisdicional da convencionalidade das leis**. 2. ed. São Paulo, p. 51.
37. Lembrando que as matérias de competência exclusiva do Congresso Nacional (artigo 49 da CF) devem ser normatizadas via decreto legislativo.
38. Bem fundamentada é a crítica formulada por Valerio de Oliveira Mazzuoli ao mencionado § 3º do artigo 5º da CF: "também rompe a harmonia do sistema de integração dos tratados de direitos humanos no Brasil, uma vez que cria *categorias* jurídicas entre os próprios instrumentos internacionais de direitos humanos ratificados pelo governo, dando tratamento diferente para normas internacionais que têm o mesmo fundamento de validade, ou seja, hierarquizando diferentemente tratados que têm o mesmo conteúdo ético, qual seja, a proteção internacional dos direitos humanos. Assim, essa *desigualação dos desiguais* que permite o § 3º ao estabelecer ditas *categorias de tratados* é totalmente injurídica por violar o princípio (também constitucional) da *isonomia*" (op. cit., p. 29).

ção atual do STF). Portanto, todo tratado de direitos humanos que for internalizado sem observar o procedimento estabelecido no artigo 5°, § 3°, da CF, tem *status* de norma supralegal; **V:** incorreta, pois serão equivalentes às emendas constitucionais e não possuirão *status* de norma constitucional originária. Ou seja, é obra do Poder Constituinte Derivado Reformador e não do Poder Constituinte Originário.

(Defensor Público/SE – 2012 – CESPE) Relativamente ao entendimento do STF e do STJ acerca dos direitos humanos, assinale a opção correta.

(A) Nos termos da jurisprudência do STF, os tratados internacionais sobre direitos humanos aprovados antes da reforma constitucional promovida pela Emenda Constitucional n.° 45/2004 têm força de lei ordinária e os aprovados depois da referida emenda têm força, sempre, de norma supralegal.

(B) A despeito do previsto no Pacto de São José da Costa Rica, a prisão civil do depositário infiel é admitida pelo STF, conforme Súmula n.° 619/STF, segundo a qual a prisão do depositário judicial pode ser decretada no próprio processo em que se constitui o encargo, independentemente da propositura de ação de depósito.

(C) Ao qualificar os tratados internacionais como normas supralegais, o STF admite que tais acordos estão além do direito positivo, sobrepondo-se e servindo de paradigma a todas as normas do ordenamento jurídico brasileiro.

(D) De acordo com precedentes do STF, os programas nacionais de direitos humanos, dada a sua natureza jurídica, têm a mesma força normativa dos tratados internacionais sobre direitos humanos, aprovados pelo Congresso Nacional.

(E) Conforme a jurisprudência do STJ, o Poder Judiciário, em regra, deve limitar-se à verificação da legalidade do procedimento que tenha culminado em decisão do CONARE relativa ao indeferimento de refúgio de estrangeiro.

A: incorreta. Em 3 de dezembro de 2008, o ministro Gilmar Mendes, no RE 466.343-SP, defendeu a tese da supralegalidade dos tratados de direitos humanos que foram internalizados anteriormente à edição da EC n° 45, ou seja, superior às normas infraconstitucionais e inferior às normas constitucionais. O voto do ministro Gilmar Mendes foi acompanhado pela maioria (posição atual do STF). Portanto, todo tratado de direitos humanos que for internalizado sem observar o procedimento estabelecido no artigo 5°, § 3°, da CF, tem *status* de norma supralegal; **B:** incorreta, pois a Súmula Vinculante do STF não deixa dúvidas: é ilícita a prisão civil de depositário infiel, qualquer que seja a modalidade do depósito; **C:** incorreta. Primeiro, não são todos os tratados internacionais que são considerados normas supralegais, apenas os de direitos humanos. Segundo, mesmo com essa nova qualificação, o parâmetro de validade para todo o ordenamento jurídico brasileiro continua sendo a Constituição da República; **D:** incorreta, pois a assertiva não está de acordo com os precedentes do STF; **E:** correta. O reconhecimento e a declaração da condição de refugiado no Brasil são da competência do Comitê Nacional para os Refugiados (Conare[39]). Além disso, o Conare tem competência para decidir a cessação, em primeira instância, *ex officio* ou mediante requerimento das autoridades competentes, da condição de refugiado e para determinar a perda, em primeira instância, da condição de refugiado. Em termos gerais, o pro-

cedimento para obtenção do *status* de refugiado no Brasil segue estas etapas: **a)** autorização de residência provisória: recebida a solicitação de refúgio, o Departamento de Polícia Federal emite um protocolo em favor do solicitante e de seu grupo familiar que se encontre no território nacional, autorizando a estada até a decisão final do processo (artigo 21 da Lei n° 9.474/1997); **b)** instrução e relatório: finda a instrução, a autoridade competente elabora, de imediato, relatório, que será enviado ao Secretário do Conare para inclusão na pauta da próxima reunião desse Colegiado (artigo 24 da Lei n° 9.474/1997); **c)** decisão: a decisão pelo reconhecimento da condição de refugiado é considerada ato declaratório e deve estar devidamente fundamentada (artigo 26 da Lei n° 9.474/1997); **d)** recurso: em caso de decisão negativa, esta deve ser fundamentada na notificação ao solicitante, cabendo direito de recurso ao ministro da Justiça, no prazo de 15 dias, contados do recebimento da notificação. A decisão do ministro da Justiça não é passível de recurso (artigos 29 e 31 da Lei n° 9.474/1997). Importante destacar que, consoante jurisprudência do STJ, o Poder Judiciário, em regra, deve limitar-se à verificação da legalidade do procedimento do CONARE que tenha indeferido o refúgio em benefício de estrangeiro. No caso de recusa definitiva de refúgio, fica o solicitante sujeito à legislação de estrangeiros, não devendo ocorrer sua transferência para seu país de nacionalidade ou de residência habitual, enquanto permanecerem as circunstâncias que põem em risco sua vida, integridade física e liberdade, exceto se o solicitante tiver cometido crime contra a paz, crime de guerra, crime contra a humanidade, crime hediondo, participado de atos terroristas ou tráfico de drogas ou seja considerado culpado de atos contrários aos fins e princípios das Nações Unidas.

(Defensor Público/BA – 2010 – CESPE) Julgue o seguinte item, acerca da teoria geral do direito internacional dos direitos humanos e à incorporação dos tratados internacionais de direitos humanos no Brasil.

(1) A sistemática concernente ao exercício do poder de celebrar tratados é deixada a critério de cada Estado. Em matéria de direitos humanos, são estabelecidas, na CF, duas categorias de tratados internacionais: a dos materialmente constitucionais e a dos materialmente e formalmente constitucionais.

1: correta: Com a edição da Emenda Constitucional n. 45, os tratados de direitos humanos que forem aprovados, em cada Casa do Congresso Nacional, em dois turnos, por três quintos dos votos dos respectivos membros, serão equivalentes às emendas constitucionais – conforme ao que determina o artigo 5°, § 3°, da CF. Ou seja, tais tratados terão hierarquia constitucional (materialmente e formalmente constitucionais). Muito se discutiu em relação à hierarquia dos tratados de direitos humanos que foram internalizados anteriormente à edição da EC n. 45. Mas em 3 de dezembro de 2008, o Min. Gilmar Mendes, no *RE 466.343-SP*, defendeu a tese da supralegalidade de tais tratados, ou seja, superior às normas infraconstitucionais e inferior às normas constitucionais. O voto do Min. Gilmar Mendes foi acompanhado pela maioria. Todavia, tal assunto desperta calorosas discussões, tome de exemplo que, no mesmo recurso extraordinário em que foi exarada a tese da supralegalidade, o Min. Celso de Mello defendeu o caráter constitucional dos tratados de direitos humanos independentemente do quórum de aprovação (materialmente constitucionais). Apesar de a tese da supralegalidade ser um avanço da jurisprudência brasileira, deve-se apontar que uma leitura mais acurada da CF já permitiria apontar que os tratados de direitos humanos internalizados sem o procedimento especial teriam *status* constitucional, isto porque o § 2° do artigo 5° da CF inclui os direitos humanos provenientes de tratados dentre os seus direitos protegidos, ampliando o seu bloco de constitucionalidade, o qual é composto por todas as normas do ordenamento jurídico que possuem *status* constitucional.

---

39. Órgão encarregado de fazer a análise relacional entre o receio de perseguição e o dado objetivo ligado à situação sociopolítica do país de origem.

(Defensor Público/AM – 2010 – I. Cidades) A respeito do *status* jurídico dos tratados internacionais que versem sobre direitos humanos no Brasil, assinale a alternativa correta:

(A) Os tratados e convenções internacionais sobre direitos humanos que forem aprovados, em cada Casa do Congresso Nacional, em dois turnos, pela maioria absoluta dos votos dos respectivos membros, serão equivalentes às emendas constitucionais.

(B) Os tratado e convenções internacionais sobre direitos humanos que foram incorporados ao ordenamento jurídico brasileiro pela forma comum, ou seja, sem observar o disposto no artigo 5º, § 3º, da Constituição Federal, possuem, segundo a posição que prevaleceu no Supremo Tribunal Federal, *status* supralegal, mas infraconstitucional.

(C) Os tratados e convenções internacionais sobre direitos humanos não podem ampliar o rol de direitos e garantias fundamentais previstos na Constituição, pois, no Brasil, é pacífico o entendimento de que, sob pena de ofensa ao princípio da soberania, a Constituição sempre deve prevalecer sobre os tratados internacionais.

(D) O *status* jurídico dos tratados e convenções sobre direitos humanos dependerá da forma como estes documentos internacionais foram incorporados ao nosso ordenamento jurídico. Se a forma de incorporação seguiu o rito de aprovação de lei ordinária, terá *status* de lei ordinária; se seguiu o rito de aprovação de lei complementar, terá *status* de lei complementar; se seguiu o rito de aprovação de emenda constitucional, terá *status* de norma constitucional.

(E) O Supremo Tribunal Federal tem posição consolidada no sentido de que não há justificativa razoável para diferenciar o status jurídico dos tratados internacionais de direitos humanos dos tratados comuns, pois se a Constituição não distinguiu não cabe ao intérprete distinguir.

A: incorreta. Com a edição da Emenda Constitucional n. 45, os tratados de direitos humanos que forem aprovados, em cada Casa do Congresso Nacional, em dois turnos, **por três quintos dos votos dos respectivos membros**, serão equivalentes às emendas constitucionais – consoante ao que determina o artigo 5º, § 3º, da CF. Ou seja, tais tratados terão hierarquia constitucional; **B:** correta. Em 3 de dezembro de 2008, o Min. Gilmar Mendes, no *RE* 466.343-SP, defendeu a tese da supralegalidade de tais tratados, ou seja, superior às normas infraconstitucionais e inferior às normas constitucionais. O voto do Min. Gilmar Mendes foi acompanhado pela maioria. Todavia, tal assunto desperta calorosas discussões, tome de exemplo que, no mesmo recurso extraordinário em que foi exarada a tese da supralegalidade, o Min. Celso de Mello defendeu o caráter constitucional dos tratados de direitos humanos independentemente do quórum de aprovação. Apesar de a tese da supralegalidade ser um avanço da jurisprudência brasileira, deve-se apontar que uma leitura mais acurada da CF já permitiria apontar que os tratados de direitos humanos internalizados sem o procedimento especial teriam *status* constitucional, isto porque o § 2º do artigo da 5º CF inclui os direitos humanos provenientes de tratados dentre os seus direitos protegidos, ampliando o seu bloco de constitucionalidade; **C:** incorreta, pois a própria Constituição no seu art. 5º, § 2º, inclui os direitos humanos provenientes de tratados dentre os seus direitos protegidos, ampliando o seu bloco de constitucionalidade. Lembrando que o bloco de constitucionalidade é composto por todas as normas do ordenamento jurídico que possuem *status* constitucional; **D:** incorreta. O tratado só passará a ter validade interna após ter sido aprovado pelo Congresso Nacional e ratificado e promulgado pelo Presidente da República. Devemos lembrar que a promulgação é efetuada mediante decreto presidencial. Depois de internalizado, o tratado é equiparado hierarquicamente à norma infraconstitucional. Com a edição da Emenda Constitucional n. 45, os tratados de direitos humanos que forem aprovados, em cada Casa do Congresso Nacional, em dois turnos, por três quintos dos votos dos respectivos membros, serão equivalentes às emendas constitucionais – conforme ao que determina o artigo 5º, § 3º, da CF. Ou seja, tais tratados terão hierarquia constitucional. Mas os tratados e as convenções de direitos humanos não poderão ter *status* de lei complementar pela simples escolha do rito adotado para sua incorporação no direito brasileiro, isso porque a Constituição explicitamente elencou quais as matérias que devem ser exclusivamente tratadas por via de Lei Complementar; **E:** incorreta, pois com a edição da Emenda Constitucional n. 45, os tratados de direitos humanos que forem aprovados, em cada Casa do Congresso Nacional, em dois turnos, por três quintos dos votos dos respectivos membros, serão equivalentes às emendas constitucionais – conforme ao que determina o artigo 5º, § 3º, da CF. Ou seja, tais tratados terão hierarquia constitucional. Muito se discutiu em relação à hierarquia dos tratados de direitos humanos que foram internalizados anteriormente à edição da EC n. 45. Mas em 3 de dezembro de 2008, o Min. Gilmar Mendes, no *RE* 466.343-SP, defendeu a tese da supralegalidade de tais tratados, ou seja, superior às normas infraconstitucionais e inferior às normas constitucionais. O voto do Min. Gilmar Mendes foi acompanhado pela maioria. Todavia, tal assunto desperta calorosas discussões, tome de exemplo que, no mesmo recurso extraordinário em que foi exarada a tese da supralegalidade, o Min. Celso de Mello defendeu o caráter constitucional dos tratados de direitos humanos independentemente do quórum de aprovação. Percebe-se que existe uma clara distinção, agora até regida pela Constituição, entre o *status* jurídico dos tratados de direitos humanos e dos comuns.

Gabarito "B".

(Defensoria Pública/SP – 2010 – FCC) Tendo em conta a Emenda Constitucional nº 45, de 2004, em relação à incorporação ao direito interno e à respectiva posição hierárquica dos tratados internacionais de direitos humanos ratificados pelo Brasil, é correto afirmar:

(A) Os tratados e convenções internacionais sobre direitos humanos que vierem a ser aprovados por três quintos dos votos dos membros de cada Casa do Congresso Nacional terão força de emendas constitucionais.

(B) Os tratados e convenções internacionais sobre direitos humanos ratificados pelo Brasil previamente à edição da Emenda Constitucional nº 45 deixaram de integrar o direito interno.

(C) O Supremo Tribunal Federal firmou jurisprudência entendendo que os tratados internacionais de direitos humanos ratificados pelo Brasil nos termos da Emenda Constitucional nº 45 possuem natureza supralegal e infraconstitucional.

(D) Os tratados e convenções internacionais sobre direitos humanos que haviam sido aprovados pelo Congresso Nacional previamente à edição da Emenda Constitucional nº 45 foram equiparados às emendas constitucionais.

(E) O Supremo Tribunal Federal firmou jurisprudência entendendo que os tratados internacionais de direitos humanos ratificados pelo Brasil previamente à edição da Emenda Constitucional nº 45 possuem natureza materialmente constitucional.

Com a edição da Emenda Constitucional n. 45, os tratados de direitos humanos que forem aprovados, em cada Casa do Congresso Nacional, em dois turnos, por três quintos dos votos dos respectivos membros, serão equivalentes às emendas constitucionais – conforme ao que determina o artigo 5°, § 3°, da CF. Ou seja, tais tratados terão hierarquia constitucional. Muito se discutiu em relação à hierarquia dos tratados de direitos humanos que foram internalizados anteriormente à edição da EC n. 45. Mas em 3 de dezembro de 2008, o Min. Gilmar Mendes, no RE 466.343-SP, defendeu a tese da supralegalidade de tais tratados, ou seja, superior às normas infraconstitucionais e inferior às normas constitucionais. O voto do Min. Gilmar Mendes foi acompanhado pela maioria. Todavia, tal assunto desperta calorosas discussões, tome de exemplo que, no mesmo recurso extraordinário em que foi exarada a tese da supralegalidade, o Min. Celso de Mello defendeu o caráter constitucional dos tratados de direitos humanos independentemente do quórum de aprovação. Apesar de a tese da supralegalidade ser um avanço da jurisprudência brasileira, deve-se apontar que uma leitura mais acurada da CF já permitiria apontar que os tratados de direitos humanos internalizados sem o procedimento especial teriam *status* constitucional, isto porque o § 2° do artigo 5° da CF inclui os direitos humanos provenientes de tratados dentre os seus direitos protegidos, ampliando o seu bloco de constitucionalidade, o qual é composto por todas as normas do ordenamento jurídico que possuem *status* constitucional.

Gabarito "A".

9.3. Controle de Convencionalidade

(Defensor Público –DPE/BA – 2016 – FCC) O controle de convencionalidade na sua vertente nacional quando comparado com a vertente internacional apresenta inúmeras diferenças, destacando-se:

(A) Na vertente internacional o parâmetro de controle é a norma internacional e pouco importa a hierarquia da lei local, podendo, inclusive, ser oriunda do poder constituinte originário.

(B) No que diz respeito ao aspecto nacional apenas o Supremo Tribunal Federal tem competência para exercê-lo e, por isso, é uma forma de se apresentar o controle concentrado de constitucionalidade.

(C) Na vertente internacional o parâmetro de controle é a norma internacional, porém, é impossível exercer tal controle no que diz respeito às normas oriundas do poder constituinte originário.

(D) Em que pese ser objeto de estudo, o controle de convencionalidade se resume à aplicação doutrinária.

(E) Para que o controle de convencionalidade seja exercido, no âmbito interno, é necessário o prévio esgotamento das vias ordinárias e a matéria precisa ser objeto de prequestionamento.

A: correta. O citado controle é assim definido por André de Carvalho Ramos: "O controle de convencionalidade *internacional* é atividade de fiscalização dos atos e condutas dos Estados em confronto com seus compromissos internacionais. Em geral, o controle de convencionalidade é atribuído a órgãos compostos por julgadores independentes, criados por tratados internacionais, o que evita que os próprios Estados sejam, ao mesmo tempo, fiscais e fiscalizados[40]". Deve-se destacar que o citado controle pode ser exercido até em face das Constituições nacionais[41], podendo gerar as chamadas normas constitucionais incon-

vencionais[42]. Trata-se de um controle bem amplo, englobando todos os atos estatais, inclusive as omissões; **B**: incorreta, pois o controle de convencionalidade nacional também pode ser exercido de forma difusa (por todos os juízes); **C**: incorreta (reler o comentário sobre a assertiva "A"); **D**: incorreta. Em 2006, a Corte Interamericana de Direitos Humanos mencionou pela primeira vez o controle de convencionalidade no Caso *Almonacid Arellano e outros vs. Chile*. A Corte fundamenta a aplicação desse controle nos artigos 1° e 2° da Convenção Americana e nos 26 e 27 da Convenção de Viena sobre o Direito dos Tratados. Conforme a Corte já sustentou, o controle tem por base o princípio da boa-fé que opera no direito internacional; os Estados não podem invocar seu direito interno como justificativa para descumprir as obrigações assumidas internacionalmente; **E**: incorreta, pois não existe tais exigências legais no ordenamento jurídico brasileiro.

Gabarito "A".

9.4. Programa Nacional de Direitos Humanos e Órgãos Nacionais de Proteção

(Defensor Público/RO – 2012 – CESPE) O Programa Nacional de Direitos Humanos

(A) identifica, desde a sua primeira edição, os órgãos estatais diretamente responsáveis pela realização das diretrizes ou ações nele previstas.

(B) é atualizado respeitando-se a periodicidade estabelecida na CF.

(C) não foi positivado quando de sua primeira edição, já que havia sido produzido exclusivamente por iniciativa da sociedade civil organizada.

(D) incorporou ações especificamente relacionadas à DP apenas a partir de sua segunda edição.

(E) encontra-se em sua terceira edição, que incorporou proposições oriundas da 11.ª Conferência Nacional dos Direitos Humanos e de outras tantas conferências temáticas nacionais.

A única assertiva que traz informação correta acerca do Programa Nacional de Direitos Humanos é a "E". O PNDH3 será implementado de acordo com seus seis eixos orientadores e suas respectivas diretrizes, os quais são os seguintes: a) Eixo Orientador I - Interação democrática entre Estado e sociedade civil: a.1) Diretriz **1**: Interação democrática entre Estado e sociedade civil como instrumento de fortalecimento da democracia participativa; a.2) Diretriz **2**: Fortalecimento dos Direitos Humanos como instrumento transversal das políticas públicas e de interação democrática; e a.3) Diretriz **3**: Integração e ampliação dos sistemas de informações em Direitos Humanos e construção de mecanismos de avaliação e monitoramento de sua efetivação; b) Eixo Orientador II - Desenvolvimento e Direitos Humanos: b.1) Diretriz **4**: Efetivação de modelo de desenvolvimento sustentável, com inclusão social e econômica, ambientalmente equilibrado e tecnologicamente responsável, cultural e regionalmente diverso, participativo e não discriminatório; b.2) Diretriz **5**: Valorização da pessoa humana como sujeito

---

40. RAMOS, André de Carvalho. *Teoria geral dos direitos humanos na ordem internacional*. 2. ed. São Paulo: Saraiva, 2012. p. 250.

41. Vide o caso "A última tentação de Cristo" *versus* Chile – Corte Interamericana de Direitos Humanos.

42. "(...) também é possível admitir que existam normas constitucionais inconvencionais, por violarem direitos humanos provenientes de tratados, direitos estes que (justamente por terem *status* constitucional) também pertencem ao bloco das cláusulas pétreas. Seria o caso daquelas normas da Constituição, alocadas à margem do bloco de constitucionalidade, ou seja, que não integrem o núcleo intangível constitucional, que estão a violar normas de tratados de direitos humanos (as quais, por serem normas de 'direitos humanos', já detêm primazia sobre quaisquer outras, por pertencerem ao chamado 'bloco de constitucionalidade'" (MAZZUOLI, Valerio de Oliveira. *O controle jurisdicional da convencionalidade das leis*. 2. ed. São Paulo: Ed. RT, 2011. p. 149-150).

central do processo de desenvolvimento; e b.3) **Diretriz 6:** Promover e proteger os direitos ambientais como Direitos Humanos, incluindo as gerações futuras como sujeitos de direitos; c) Eixo Orientador III - Universalizar direitos em um contexto de desigualdades: c.1) **Diretriz 7:** Garantia dos Direitos Humanos de forma universal, indivisível e interdependente, assegurando a cidadania plena; c.2) **Diretriz 8:** Promoção dos direitos de crianças e adolescentes para o seu desenvolvimento integral, de forma não discriminatória, assegurando seu direito de opinião e participação; c.3) **Diretriz 9:** Combate às desigualdades estruturais; e c.4) **Diretriz 10:** Garantia da igualdade na diversidade; d) Eixo Orientador IV - Segurança Pública, Acesso à Justiça e Combate à Violência: d.1) **Diretriz 11:** Democratização e modernização do sistema de segurança pública; d.2) **Diretriz 12:** Transparência e participação popular no sistema de segurança pública e justiça criminal; d.3) **Diretriz 13:** Prevenção da violência e da criminalidade e profissionalização da investigação de atos criminosos; d.4) **Diretriz 14:** Combate à violência institucional, com ênfase na erradicação da tortura e na redução da letalidade policial e carcerária; d.5) **Diretriz 15:** Garantia dos direitos das vítimas de crimes e de proteção das pessoas ameaçadas; d.6) **Diretriz 16:** Modernização da política de execução penal, priorizando a aplicação de penas e medidas alternativas à privação de liberdade e melhoria do sistema penitenciário; e d.7) **Diretriz 17:** Promoção de sistema de justiça mais acessível, ágil e efetivo, para o conhecimento, a garantia e a defesa de direitos; e) Eixo Orientador V - Educação e Cultura em Direitos Humanos: e.1) **Diretriz 18:** Efetivação das diretrizes e dos princípios da política nacional de educação em Direitos Humanos para fortalecer uma cultura de direitos; e.2) **Diretriz 19:** Fortalecimento dos princípios da democracia e dos Direitos Humanos nos sistemas de educação básica, nas instituições de ensino superior e nas instituições formadoras; e.3) **Diretriz 20:** Reconhecimento da educação não formal como espaço de defesa e promoção dos Direitos Humanos; e.4) **Diretriz 21:** Promoção da Educação em Direitos Humanos no serviço público; e e.5) **Diretriz 22:** Garantia do direito à comunicação democrática e ao acesso à informação para consolidação de uma cultura em Direitos Humanos; f) Eixo Orientador VI - Direito à Memória e à Verdade: f.1) **Diretriz 23:** Reconhecimento da memória e da verdade como Direito Humano da cidadania e dever do Estado; f.2) **Diretriz 24:** Preservação da memória histórica e construção pública da verdade; e f.3) **Diretriz 25:** Modernização da legislação relacionada com promoção do direito à memória e à verdade, fortalecendo a democracia. Por sua parte, cada diretriz contém objetivos estratégicos, os quais se encontram no Anexo do Decreto nº 7.037/2009. Para facilitar a implementação das diretrizes e seus respectivos objetivos estratégicos, foi criado o Comitê de Acompanhamento e Monitoramento do PNDH3. O Comitê terá as seguintes atribuições: a) promover a articulação entre os órgãos e entidades envolvidos na implementação das suas ações programáticas; b) elaborar os Planos de Ação dos Direitos Humanos; c) estabelecer indicadores para o acompanhamento, monitoramento e avaliação dos Planos de Ação dos Direitos Humanos; d) acompanhar a implementação das ações e recomendações; e e) elaborar e aprovar seu regimento interno (art. 4º do Decreto nº 7.037/2009). Cabe, por fim, dizer que o Decreto nº 7.177/2010 alterou alguns pontos do Decreto nº 7.037/2009.

(Defensoria Pública da União – 2010 – CESPE - ADPTADO) Julgue os itens a seguir, relativos ao Conselho de Defesa dos Direitos da Pessoa Humana (CDDPH), considerando o disposto na Lei nº 4.319/1964.

(1) O CDDPH é órgão colegiado ao qual compete, entre outras atribuições, promover, nas áreas que apresentem índices mais elevados de violação aos direitos humanos, a realização de inquéritos para investigar as causas e sugerir medidas tendentes a assegurar a plenitude do gozo desses direitos.

A lei nº 12.986/14 transformou o Conselho de Defesa dos Direitos da Pessoa Humana – CDDPH – em Conselho Nacional dos Direitos Humanos. O Conselho é um órgão colegiado[43] com representantes de setores representativos ligados aos Direitos Humanos e com importância fundamental na promoção e defesa desses no País. Cabe destacar a redação do §1º do artigo 2º: "Constituem direitos humanos sob a proteção do CNDH os direitos e garantias fundamentais, individuais, coletivos ou sociais previstos na Constituição Federal ou nos tratados e atos internacionais celebrados pela República Federativa do Brasil". O CNDH, segundo o artigo 4º, é o órgão incumbido de velar pelo efetivo respeito aos direitos humanos por parte dos poderes públicos, dos serviços de relevância pública e dos particulares. A competência do Conselho está disciplina no art. 4º.

Gabarito: C

(Defensoria Pública/SP – 2010 – FCC) O 3º Programa Nacional de Direitos Humanos (PNDH III), fruto de intenso debate público, especialmente durante a 11ª Conferência Nacional de Direitos Humanos, restou aprovado pelo Decreto nº 7.037, de 21 de dezembro de 2009. Mesmo assim, alguns aspectos causaram grande repercussão, gerando alterações no texto original por parte da Presidência da República, nos termos do Decreto nº 7.177, de 12 de maio de 2010. Qual dos itens abaixo NÃO sofreu alteração?

(A) DIRETRIZ 9 – Combate às desigualdades estruturais. OBJETIVO ESTRATÉGICO III – Garantia dos direitos das mulheres para o estabelecimento das condições necessárias para sua plena cidadania.

(B) DIRETRIZ 22 – Garantia do direito à comunicação democrática e ao acesso à informação para consolidação de uma cultura em diretos humanos. OBJETIVO ESTRATÉGICO I – Promover o respeito aos Direitos Humanos nos meios de comunicação e o cumprimento de seu papel na promoção da cultura em Direitos Humanos.

(C) DIRETRIZ 13 – Prevenção da violência e da criminalidade e profissionalização da investigação de atos criminosos. OBJETIVO ESTRATÉGICO I – Ampliação do controle de armas de fogo em circulação no país.

(D) DIRETRIZ 24 – Preservação da memória histórica e construção pública da verdade. OBJETIVO ESTRATÉGICO I – Incentivar iniciativas de preservação da memória histórica e de construção pública da verdade sobre períodos autoritários.

(E) DIRETRIZ 25 – Modernização da legislação relacionada com promoção do direito à memória e à verdade, fortalecendo a democracia. OBJETIVO ESTRATÉGICO I – Suprimir do ordenamento jurídico brasileiro eventuais normas remanescentes de períodos de exceção que afrontem os compromissos internacionais e os preceitos constitucionais sobre Direitos Humanos.

A: incorreta. Tal item sofreu alteração, pelo Decreto 7.177/2010, especificamente na ação programática "g" e passa a vigorar com tal redação: "Considerar o aborto como tema de saúde pública, com a garantia do acesso aos serviços de saúde"; **B:** incorreta. Tal item sofreu alteração, pelo Decreto 7.177/2010, especificamente na ação programática "a" e passa a vigorar com tal redação: "Propor a criação de marco legal, nos termos do art. 221 da Constituição, estabelecendo o respeito aos Direitos Humanos nos serviços de radiodifusão (rádio e televisão) concedidos, permitidos ou autorizados"; **C:** correta. Tal item não foi

---

43. Seus integrantes estão elencados no artigo 3º da Lei 12.986/2014.

alterado pelo Decreto 7.177/2010; **D:** incorreta. Tal item sofreu alteração, pelo Decreto 7.177/2010, especificamente nas ações programáticas "c" e "f" e passam a vigorar com tais redações: "identificar e tornar públicos as estruturas, os locais, as instituições e as circunstâncias relacionados à prática de violações de direitos humanos, suas eventuais ramificações nos diversos aparelhos estatais e na sociedade, bem como promover, com base no acesso às informações, os meios e recursos necessários para a localização e identificação de corpos e restos mortais de desaparecidos políticos" e "Desenvolver programas e ações educativas, inclusive a produção de material didático-pedagógico para ser utilizado pelos sistemas de educação básica e superior sobre graves violações de direitos humanos ocorridas no período fixado no art. 8º do Ato das Disposições Constitucionais Transitórias da Constituição de 1988"; **E:** incorreta. Tal item sofreu alteração, pelo Decreto 7.177/2010, especificamente nas ações programáticas "c" e "d" e passam a vigorar com tais redações: "Fomentar debates e divulgar informações no sentido de que logradouros, atos e próprios nacionais ou prédios públicos não recebam nomes de pessoas identificadas reconhecidamente como torturadores"e "Acompanhar e monitorar a tramitação judicial dos processos de responsabilização civil sobre casos que envolvam graves violações de direitos humanos praticadas no período fixado no art. 8º do Ato das Disposições Constitucionais Transitórias da Constituição de 1988.

Gabarito "C".

9.5. COMISSÃO NACIONAL DA VERDADE

(Defensor Público –DPE/MT – 2016 – UFMT) Sobre a Comissão Nacional da Verdade instituída pela Lei 12.528, de 18 de novembro de 2011, a fim de efetivar o direito à memória e à verdade histórica e promover a reconciliação nacional, assinale a afirmativa INCORRETA.

(A) A composição da Comissão Nacional da Verdade se deu de forma pluralista com um total de sete membros, dos quais nenhum pôde tratar-se de pessoa que estivesse no exercício de cargo em comissão ou função de confiança em qualquer esfera do poder público.

(B) A Comissão Nacional da Verdade se restringiu, quando da execução de atividades de esclarecimento de casos de violações a direitos humanos, a requisitar informações a diversos órgãos, convocar pessoas para entrevistas e promover audiências públicas com o mesmo fim; sem poder interferir em competências de outras instituições, como determinar realização de perícias, por exemplo, para coleta de informações.

(C) A Comissão Nacional da Verdade é considerada extinta atualmente, visto o término de seus trabalhos em dezembro de 2014, com o envio do respectivo Relatório ao Poder Executivo Federal.

(D) Os trabalhos da Comissão Nacional da Verdade foram realizados em cooperação àqueles realizados no âmbito de comissões da verdade nos estados, municípios, universidades, sindicatos e seccionais da Ordem dos Advogados do Brasil, sem sobrepô-los em termos de autoridade hierárquica.

(E) A lei que criou a Comissão Nacional da Verdade determina como dever a colaboração de servidores públicos e de militares com os trabalhos desenvolvidos por ela.

A: correta (art. 1º da Lei 12.528/2011); **B:** incorreta (ler os artigos 3º e 4º da Lei 12.528/2011); **C:** correta, pois isso, de fato, ocorreu (art. 2º, § 2º, da Lei 12.528/2011); **D:** correta, ler as seguintes notícias: http://www.cnv.gov.br/outros-destaques/349-cnv-afina-cooperacao-com--comissoes-estaduais-e-municipais.html e http://www.cnv.gov.br/outros-destaques/129-comissao-nacional-da-verdade-assina-dois--novos-termos-de-cooperacao-com-a-ordem-dos-advogados-do-brasil.html; **E:** correta (art. 4º, VIII, § 3º, da Lei 12.528/2011).

Gabarito "B".

9.6. COMISSÃO ESPECIAL SOBRE MORTOS E DESAPARECIDOS POLÍTICOS

(Defensor Público –DPE/MT – 2016 – UFMT) Em 1995, foi sancionada a Lei 9.140, que reconhece como mortas as pessoas desaparecidas em razão de participação ou acusação de participação em atividades políticas no período de 02 de setembro de 1961 a 15 de agosto de 1979. No que se refere aos trabalhos do poder executivo federal, de importância histórica à constituição da Comissão Nacional da Verdade, assinale a afirmativa INCORRETA.

(A) A Lei 9.140/1995 criou a Comissão Especial sobre Mortos e Desaparecidos Políticos, responsável por identificar aqueles que, em razão de participação ou acusação de participação em atividades políticas, no período referido, faleceram em dependências policiais ou assemelhadas, por causas não naturais.

(B) Ao decidir sobre os pedidos apresentados pelos familiares de Carlos Marighella e Carlos Lamarca, em 1996, a Comissão Especial sobre Mortos e Desaparecidos Políticos conferiu interpretação ampliativa ao texto legal para contemplar, para fins da responsabilidade estatal pela morte e desaparecimento, as situações de custódia estatal.

(C) Com a criação da Comissão Nacional da Verdade, a atuação da Comissão Especial sobre Mortos e Desaparecidos Políticos passou a ser subordinada aos trabalhos desenvolvidos em âmbito nacional, continuando a atuar em conjunto com os Estados federados, especialmente quanto à coleta de dados e repasse à Comissão Nacional da Verdade.

(D) Atualmente vinculada à Secretaria de Direitos Humanos da Presidência da República, a Comissão Especial sobre Mortos e Desaparecidos Políticos é composta por sete membros, escolhidos por designação presidencial.

(E) O ano de 1995 foi especial no que se refere à luta por verdade e memória no país quanto aos casos de grave violação a direitos humanos; naquele ano foi publicado o "Dossiê de Mortos e Desaparecidos Políticos a partir de 1964" como resultado dos esforços envidados por familiares a partir da edição da Lei 6.683/1979, a Lei de Anistia.

A única afirmativa incorreta sobre a Comissão Especial sobre Mortos e Desaparecidos Políticos é a "C". Isto porque A Comissão Especial de Mortos e Desaparecidos Políticos foi instituída em 1995, como uma das primeiras e principais conquistas dos familiares de mortos e desaparecidos políticos no Brasil em sua luta por medidas de justiça de transição. Criada pela Lei 9.140, de 04 de dezembro de 1995, é órgão de Estado, composta de forma pluralista e funciona junto à Secretaria de Direitos Humanos da Presidência da República. E possui propósito específico, que é proceder ao reconhecimento de pessoas mortas ou desaparecidas em razão de graves violações aos direitos humanos ocorridas após o golpe civil-militar (1964); envidar esforços para a localização dos corpos de mortos e desaparecidos políticos do período ditatorial (1964-1985); emitir parecer sobre os requerimentos relativos a indenização que venham a ser formulados por familiares dessas vítimas; e adotar outras medidas compatíveis com suas finalidades que forem necessárias para o integral cumprimento das recomendações da Comissão Nacional da Verdade. Portanto, não existe atuação subordinada em relação à Comissão Nacional da Verdade, mas coordenada. (fonte: http://cemdp.sdh.gov.br).

Gabarito "C".

9.7. LEI BRASILEIRA DA INCLUSÃO

(Defensor Público/AC – 2017 – CESPE) Acerca do direito à igualdade e de sua proteção no âmbito dos direitos humanos, assinale a opção correta.

(A) No caso de colisão entre tais direitos, o direito individual dos usuários de drogas à saúde estará sempre em posição hierárquica inferior ao direito humano dos demais cidadãos à segurança pública.
(B) Não é possível obrigar os Estados a efetivar o direito ao trabalho, na medida em que se trata de um direito que depende de questões econômicas e não propriamente jurídicas.
(C) O conceito de superioridade racial não é discriminatório, devido à existência de evidências científicas que indicam que indivíduos de determinadas raças têm habilidades intelectuais mais desenvolvidas.
(D) O movimento feminista é exemplo de movimento social de fundo discriminatório, na medida em que prioriza os direitos da mulher em detrimento dos direitos do homem.
(E) Entre os objetivos da Lei Brasileira da Inclusão, inclui-se o de eliminar as barreiras ambientais que dificultem a interação entre as pessoas com deficiência e as estruturas urbanas, promovendo a igualdade.

A única assertiva correta é a E (arts. 3º, IV, e 4º da Lei 13.146/2015).

Gabarito "E".

10. DIREITO DOS REFUGIADOS

(Defensor Público –DPE/BA – 2016 – FCC) O conceito de refugiado, dentro da convenção relativa ao Estatuto dos Refugiados (1951), respeita algumas premissas e determinações, sendo correto afirmar que cessa a condição de refugiado e passa a NÃO gozar de toda a sua proteção o agente contra quem houver sérias razões para pensar que

(A) cometeu um crime contra a paz, um crime de guerra ou um crime contra a humanidade, no sentido dos instrumentos internacionais elaborados para prever tais crimes.
(B) não abriu mão de sua nacionalidade no país que o acolher.
(C) pleiteou, no que tange ao direito de associação, o tratamento mais favorável concedido aos nacionais de um país estrangeiro.
(D) adotou, no território do país que o acolher, religião diversa da oficial deste país.
(E) pretendeu voltar ao seu país de origem sem que haja autorização expressa da autoridade consular.

A questão é um pouco confusa porque parece mencionar a cessação da condição de refugiado, porém a alternativa apontada como correta pelo gabarito é "A", que trata de uma situação configuradora de perda da condição de refugiado (art. 39, III, do Estatuto). Leia os artigos 38 e 39 do Estatuto para conhecer todas as causas de cessação e perda da condição de refugiado.

Gabarito "A".

(Defensoria Pública da União – 2007 – CESPE) Julgue o item a seguir.

(1) No Brasil, o reconhecimento da condição de refugiado dá-se por decisão da representação do Alto Comissariado das Nações Unidas para refugiados ou por decisão judicial.

1: incorreta. O reconhecimento e a declaração da condição de refugiado no Brasil é da competência do Comitê Nacional para os Refugiados – CONARE. Além do reconhecimento e da declaração da condição de refugiado, o CONARE tem competência para decidir a cessação, em primeira instância, *ex officio* ou mediante requerimento das autoridades competentes, da condição de refugiado e para determinar a perda, em primeira instância, da condição de refugiado. Em termos gerais, o procedimento para obtenção do *status* de refugiado no Brasil tem as seguintes etapas: **a)** autorização de residência provisória: recebida a solicitação de refúgio, o Departamento de Polícia Federal emitirá protocolo em favor do solicitante e de seu grupo familiar que se encontre no território nacional, o qual autorizará a estada até a decisão final do processo (art. 21 da Lei 9.474/1997); **b)** da instrução e do relatório: finda a instrução, a autoridade competente elaborará, de imediato, relatório, que será enviado ao Secretário do CONARE, para inclusão na pauta da próxima reunião daquele Colegiado (art. 24 da Lei 9.474/1997; **c)** da decisão: a decisão pelo reconhecimento da condição de refugiado será considerada ato declaratório e deverá estar devidamente fundamentada (art. 26 da Lei 9.474/1997); **d)** do recurso: no caso de decisão negativa, esta deverá ser fundamentada na notificação ao solicitante, cabendo direito de recurso ao Ministro da Justiça, no prazo de quinze dias, contados do recebimento da notificação. A decisão do Ministro da Justiça não será passível de recurso (arts. 29 e 31 da Lei 9.474/1997). No caso de recusa definitiva de refúgio, ficará o solicitante sujeito à legislação de estrangeiros, não devendo ocorrer sua transferência para o seu país de nacionalidade ou de residência habitual, enquanto permanecerem as circunstâncias que põem em risco sua vida, integridade física e liberdade, exceto se o solicitante tenha cometido crime contra a paz, crime de guerra, crime contra a humanidade, crime hediondo, participado de atos terroristas ou tráfico de drogas ou seja considerado culpado de atos contrários aos fins e princípios das Nações Unidas.

Gabarito 1E.

11. DIREITO HUMANITÁRIO

(Defensor Público/SE – 2012 – CESPE) Com relação ao direito humanitário, assinale a opção correta.

(A) O direito humanitário, a criação da Liga das Nações e a criação da Organização Internacional do Trabalho são apontados pela doutrina como antecedentes históricos do moderno direito internacional dos direitos humanos.
(B) A afirmação histórica dos direitos humanos não representou mudança na perspectiva da doutrina clássica sobre o objeto de regulação do direito internacional, tendo as prescrições internacionais de proteção à pessoa humana sido plenamente inseridas no âmbito da normatização das relações entre Estados soberanos.
(C) O direito internacional humanitário, como conceito abrangente, abarca, ao mesmo tempo, a proteção dos direitos humanos dos refugiados e os direitos humanos em tempos de paz, não alcançando, porém, as disposições de proteção aos combatentes postos

fora de combate por captura ou ferimento durante a guerra, por serem tais prescrições típicas matérias de *jus in bello*.

(D) O direito humanitário não abrange as prescrições ligadas à proteção dos civis durante a guerra.

(E) A doutrina não estabelece qualquer diferença substancial entre as expressões direitos humanos e direito humanitário, servindo ambas à designação do mesmo conjunto de regras voltadas à proteção da pessoa humana, tanto no plano nacional quanto no internacional.

A: correta, pois, de fato, são apontados pela doutrina, de modo geral, como antecedentes históricos do moderno direito internacional dos direitos humanos; B: incorreta. O Direito Internacional Público sempre foi concebido como a expressão da vontade dos Estados no plano internacional. Não se tinha a ideia de uma comunidade internacional, mas somente a existência de Estados que buscavam se relacionar com os demais para satisfazer interesses próprios determinados e limitados. Foi dentro deste contexto que o princípio *pacta sunt servanda* imperou. Apesar de os Estados ainda se relacionarem consoante seus próprios interesses, hodiernamente alcançou-se consenso sobre determinados temas considerados de interesse de todos os sujeitos de Direito Internacional. Assim, a compreensão da existência de uma comunidade internacional e de interesses que advêm dela (sobretudo para sua existência, como, por exemplo, na proteção internacional do meio ambiente), e não apenas de Estados na sua individualidade, deu suporte para o aparecimento do *jus cogens*, sobretudo no considerado Direito Internacional Pós-moderno. Com base em tal mentalidade, a qualidade de sujeito de Direito Internacional foi estendida às Organizações Internacionais e ao ser humano. Portanto, é possível afirmar que a própria dinâmica da vida internacional derrubou o voluntarismo como suporte único e fundamental das relações internacionais, ou seja, o positivismo voluntarista não foi capaz de explicar o aparecimento das normas cogentes de Direito Internacional (*jus cogens*), que só pode ser explicado por razões objetivas de justiça, as quais darão, por sua vez, vazão a uma consciência jurídica universal. Nesse sentido é a colocação de Antônio Augusto Cançado Trindade: "(...) o modelo westfaliano do ordenamento internacional afigura-se esgotado e superado[44]". Mais especificamente, a Declaração Universal dos Direitos Humanos de 1948 marca o início de um movimento de reconstrução da dignidade humana, após o vilipêndio sofrido com os terrores do nazifascismo. A partir de então, a proteção do ser humano dá-se também por um sistema internacional, ao contrário do que antes ocorria a proteção dos direitos humanos ficava a cargo somente dos diplomas nacionais. A atribuição de personalidade jurídica internacional aos seres humanos data da última metade do século XX, sendo uma evolução do processo, mencionado acima, de reconstrução da dignidade humana. Destarte, o indivíduo adquiriu capacidade processual para pleitear direitos na esfera internacional. Outro fato que contribuiu para uma maior concretização da personalidade jurídica internacional do indivíduo foi, sem dúvida, a adoção do Estatuto do Tribunal Penal Internacional (TPI) pela Conferência de Roma em 17 de julho de 1998. Tem-se a partir de então um tribunal permanente para julgar indivíduos acusados da prática de crimes de genocídio, crimes de guerra, crimes de agressão e crimes contra a humanidade. Tal fato corrobora a ideia de responsabilidade internacional do indivíduo, consoante o que se iniciou com os Tribunais de Nurembergue e de Tóquio[45], e depois de Ruanda e da Iugoslávia.

Ora, só os sujeitos de direito internacional podem ser responsabilizados perante a comunidade internacional. Assim, sob esse prisma também se pode afirmar que o ser humano é um sujeito de direito internacional. Essa emancipação do ser humano perante a comunidade internacional é consequência da corrosão do positivismo voluntarista, o qual defendia os Estados como únicos sujeitos de direito internacional e excluía o destinatário final das normas jurídicas: a pessoa humana; C: incorreta. O Direito Humanitário é composto de princípios e regras – positivadas ou costumeiras – que têm como função, por questões humanitárias, limitar os efeitos do conflito armado. Mais especificamente, o Direito Humanitário protege as pessoas que não participam ou não mais participam das hostilidades e restringe os meios e os métodos de guerra. Tal conceito permite-nos encará-lo como Direito Internacional dos Conflitos Armados ou Direito da Guerra. Em outras palavras, A proteção recai sobre as pessoas que não participam dos conflitos (civis, profissionais da saúde e de socorro) e os que não mais participam das hostilidades (soldados feridos, doentes, náufragos e prisioneiros de guerra); D: incorreta. Reler o comentário sobre a assertiva anterior; E: incorreta. O objetivo do Direito Humanitário é a tutela da pessoa humana, mas numa situação específica, qual seja, quando ela é vítima de conflito armado nacional ou internacional. Portanto, nota-se que o Direito Internacional Humanitário e o Direito Internacional dos Direitos Humanos são complementares, apesar de serem dois conjuntos de leis distintas, pois ambos buscam proteger o indivíduo de ações arbitrárias e de abusos. Os direitos humanos são inerentes ao ser humano e protegem os indivíduos sempre, seja em tempos de guerra ou de paz. O Direito Internacional Humanitário se aplica apenas em situações de conflitos armados internacionais e não internacionais. Portanto, em tempos de conflitos armados, o Direito Internacional dos Direitos Humanos e o Direito Internacional Humanitário se aplicam de maneira complementar.

Gabarito "A".

12. COMBINADAS E OUTROS TEMAS DE DIREITOS HUMANOS

(Defensor Público/PE – 2018 – CESPE) De acordo com as Cem Regras de Brasília, para facilitar o acesso à justiça pelas pessoas em condição de vulnerabilidade, a gestão do sistema judicial deve considerar os princípios da

(A) prioridade e da sedimentação.

(B) proximidade e do regime privativista.

(C) atuação interdisciplinar e da informalidade.

(D) agilidade e da coordenação.

(E) especialização e dos contratos de gestão.

De acordo com as Cem Regras de Brasília ou princípios de acesso à justiça, a gestão do sistema judicial deve considerar os princípios da agilidade e da coordenação. As "100 regras de Brasília" foram elaboradas originariamente em 2008, durante encontro da Cúpula Judicial Ibero-americana, em Brasília.

Gabarito "D".

---

44. Voto Concorrente na Opinião Consultiva 16/1999 da Corte Interamericana de Direitos Humanos, p. 90.

45. Tanto o Tribunal de Nurembergue como o de Tóquio foram instituídos para julgar os crimes de guerra e contra a humanidade perpetrados durante a Segunda Guerra Mundial. O Tribunal de Nurembergue tinha por missão julgar os líderes nazistas (o julgamento começou em 20 de novembro de 1945) e foi idealizado pelos Aliados (principais: EUA, URSS, Reino Unido e França) da Segunda Guerra, que escalou o Chefe da Justiça estadunidense, Robert Jackson, para ser seu coordenador. Cabe lembrar que a experiência de Nurembergue foi a primeira vez em que crimes de guerra foram julgados por um tribunal internacional. Já o Tribunal de Tóquio ou Tribunal Militar Internacional para o Extremo Oriente tinha por missão julgar os líderes do Império japonês (o julgamento começou em 3 de maio de 1946) e também foi idealizado pelos Aliados da Segunda Guerra. Uma crítica que se faz aos dois tribunais é que se trata de uma "justiça dos vencedores".

(Defensor Público/PE – 2018 – CESPE) A Declaração de Pequim, adotada pela Quarta Conferência Mundial sobre Mulheres, em 1995, e a Plataforma de Ação de Beijing, de 2015, apresentam eixos abrangentes e norteadores para a alteração da situação das mulheres na sociedade. Tendo como referência esses documentos, julgue os itens a seguir.

I. A erradicação da pobreza baseada no crescimento econômico sustentado, no desenvolvimento social, na proteção do meio ambiente e na justiça social requer a participação das mulheres no desenvolvimento econômico e social, a igualdade de oportunidades e a plena e equânime participação de mulheres e homens como agentes beneficiários de um desenvolvimento sustentado, centrado na pessoa.
II. Advoga-se a avaliação e o monitoramento da mídia para que os meios de comunicação se tornem agentes de desconstrução de estereótipos discriminatórios em relação à condição feminina.
III. O papel do Estado é determinante na construção da igualdade, de modo que são incentivadas diretrizes estratégicas para a atuação feminina majoritária na política e nas ciências exatas.
IV. Os referidos documentos defendem a normalização do acesso a armas em zonas de conflitos, para fins estritos de proteção e resguardo das mulheres e de seus filhos.

Estão certos apenas os itens
(A) I e II.
(B) I e IV.
(C) II e III.
(D) I, III e IV.
(E) II, III e IV.

I: certo (ponto 16 do Texto Integral da Declaração e Plataforma de Ação da IV Conferência Mundial sobre a Mulher); II: certo, pois tanto a Declaração de Pequim como a Plataforma de Ação de Beijing advogam nesse sentido; III: errado, pois nesses dois documentos não existe determinação de diretrizes estratégicas específicas para esses dois campos apenas; IV: errado, pois não existe a citada previsão nos documentos.
Gabarito "A".

(Defensor Público/PE – 2018 – CESPE) Considerando que liberdade econômica consiste na possibilidade de o cidadão poder exercer um papel como agente econômico e escolher como usar a sua propriedade, julgue os itens a seguir.

I. A melhora social e econômica do Brasil nas últimas décadas não se reflete plenamente na moradia e no saneamento básico: milhões de brasileiros ainda vivem em aglomerados subnormais e sem acesso a saneamento.
II. O rompimento do ciclo intergeracional da pobreza pode ser atingido por meio de políticas públicas que promovam a autonomia e a liberdade econômica e financeira da mulher, como o acesso igualitário ao mercado de trabalho, a provisão de creches e o apoio aos familiares idosos.
III. A ordem econômica determina que se observe a função social da propriedade e que, ao mesmo tempo, se respeite o bem-estar da sociedade, porém não garante o direito do indivíduo sobre a propriedade.

Assinale a opção correta.
(A) Apenas o item I está certo.
(B) Apenas o item II está certo.
(C) Apenas o item III está certo.
(D) Apenas os itens I e II estão certos.
(E) Apenas os itens II e III estão certos.

I: certo, pois o dado sobre a realidade socioeconômica do Brasil está correto; II: certo, pois tais políticas têm o potencial de romper com o ciclo intergeracional de pobreza; III: errado, pois o direito do indivíduo sobre a propriedade está garantido (art. 5º, XXII, da CF).
Gabarito "D".

(Defensor Público/AC – 2017 – CESPE) Acerca dos direitos humanos da pessoa em situação de prisão, julgue os itens seguintes.

I. O Protocolo Opcional à Convenção contra a Tortura e Outros Tratamentos ou Penas Cruéis, Desumanos ou Degradantes é, formalmente, não vinculante, podendo ser classificado como *soft law*.
II. Conforme a Convenção contra a Tortura e Outros Tratamentos ou Penas Cruéis, Desumanos ou Degradantes, para que seja classificado como tortura, um ato deve necessariamente envolver, direta ou indiretamente, um agente público.
III. As normas da ONU voltadas especificamente ao tratamento das mulheres presas estão dispostas nas Regras de Bangkok.

Assinale a opção correta.
(A) Apenas o item I está certo.
(B) Apenas o item II está certo.
(C) Apenas os itens I e III estão certos.
(D) Apenas os itens II e III estão certos.
(E) Todos os itens estão certos.

I: errado. Um documento legal é *soft law* quando não supõe mecanismos constritivos para implementação dos direitos previstos nele. Em contrapartida, quando um documento legal prevê mecanismos constritivos para a implementação de seus direitos, estamos diante de um exemplo de *hard law*, que é o caso do Protocolo; II: certo. Com base no art. 1º da Convenção, a tortura é crime próprio, pois as dores ou os sofrimentos são infligidos por um funcionário público ou outra pessoa no exercício de funções públicas, ou por sua instigação, ou com seu consentimento ou aquiescência; III: certo, pois as Regras de Bangkok são o principal marco normativo internacional a abordar a problemática do tratamento de mulheres presas e medidas não privativas de liberdade para mulheres infratoras.
Gabarito "D".

(Defensor Público/AC – 2017 – CESPE) A respeito dos múltiplos aspectos relativos à saúde e às deficiências físicas, assinale a opção correta.

(A) Diferentemente do que se observa na CF, a saúde é considerada, na Declaração Universal de Direitos Humanos, um valor a ser protegido, mas não um direito.
(B) A expressão judicialização da saúde refere-se a situações em que o Poder Judiciário é convocado a decidir questões de desenho de política pública, mas não de direitos humanos.
(C) A Convenção sobre os Direitos da Pessoa com Deficiência adota o modelo biomédico de deficiência.
(D) A Associação Nacional dos Defensores Públicos propôs ação direta de inconstitucionalidade requerendo

a garantia do direito ao aborto a gestantes infectadas pelo vírus da zika.

(E) O movimento sanitarista seguia a doutrina higienista, o que se observa no texto da CF, cujas disposições acerca do direito à saúde foram fortemente influenciadas por esse movimento.

A única assertiva correta é a "D" (ADI 5581, STF, Rel. Min. Cármen Lúcia).
Gabarito "D".

(Defensor Público/AC – 2017 – CESPE) Acerca dos múltiplos aspectos relacionados à pobreza e ao direito ao desenvolvimento, assinale a opção correta.

(A) Programas de transferência de renda com condicionalidades não podem ser considerados formas de garantia do direito ao desenvolvimento.

(B) Não há, na legislação internacional voltada aos direitos humanos, marco jurídico que ofereça proteção a indivíduos em situação de pobreza.

(C) A ONU não dispõe de instrumentos que assegurem como inalienável o direito ao desenvolvimento.

(D) A referência na CF à justiça social dirige-se apenas ao Poder Legislativo e o obriga à positivação de políticas públicas com base na igualdade.

(E) A escassez de renda não é o único critério para se definir o conceito de pobreza, a qual pode ser entendida, também, como a privação de capacidades básicas.

A única assertiva correta é a E, pois a privação de capacidades básicas pode ser usada para caracterizar a pobreza.
Gabarito "E".

(Defensor Público/AC – 2017 – CESPE) Acerca dos direitos humanos das pessoas em situação de vulnerabilidade, assinale a opção correta.

(A) Conforme disposição da OIT, os povos indígenas deverão ser consultados sempre que sejam previstas medidas legislativas ou administrativas capazes de afetá-los diretamente.

(B) Como a prática cultural de rodeios e vaquejadas resguarda a segurança e a saúde dos seres humanos, ela não é objeto da disciplina dos direitos humanos.

(C) Por ser requisito de funcionamento do estado de direito, a proteção da democracia é objeto do direito interno, não se relacionando à garantia dos direitos humanos positivados.

(D) Em caso de grave violação de direitos humanos, o procurador-geral da República poderá suscitar, perante o STJ, deslocamento da justiça federal para o plano estadual.

(E) É vedada a imigrantes que não sejam falantes de língua portuguesa a participação em atos de conciliação ou de solução alternativa de conflito.

A única assertiva correta é a A (art. 6º, I, *a*, da Convenção 169 da OIT sobre Povos Indígenas e Tribais).
Gabarito "A".

(Defensor Público/AC – 2017 – CESPE) A respeito da aplicação e da efetividade dos direitos humanos, assinale a opção correta.

(A) Proibição, decorrente de protestos de grupos religiosos, de exibição de peça teatral que trate de diversidade de gênero não será caso de conflito de direitos humanos, pois envolverá apenas o direito à liberdade de crença.

(B) Conforme entendimento do STF, é inconstitucional a resolução do CNJ que determina que toda pessoa, ao ser presa, deverá ser apresentada à autoridade judicial em até vinte e quatro horas.

(C) A Comissão Nacional da Verdade teve por objetivo reconstruir a verdade histórica acerca tanto do governo ditatorial de Getúlio Vargas quanto da ditadura militar de 1964 a 1985.

(D) O Conselho Nacional de Direitos Humanos é composto por representantes de órgãos públicos e representantes da sociedade civil com prerrogativas administrativas e poder de sanção.

(E) O índice de desenvolvimento humano deve, obrigatoriamente, ser utilizado pelos estados brasileiros no desenho de suas políticas públicas de direitos humanos.

A: incorreta, pois se trata de caso patente de conflito de direitos humanos; **B:** incorreta, pois não existe decisão do STF nesse sentido; **C:** incorreta, pois a Comissão focava na ditadura militar de 1964 a 1985; **D:** correta. Lei 12.986/2014 transformou o Conselho de Defesa dos Direitos da Pessoa Humana – CDDPH – em Conselho Nacional dos Direitos Humanos. O Conselho é um órgão colegiado com representantes de setores representativos ligados aos Direitos Humanos e com importância fundamental na promoção e defesa desses no País. Seus integrantes estão elencados no art. 3º da Lei 12.986/2014. **E:** incorreta
Gabarito "D".

(Promotor de Justiça/RR – 2017 – CESPE) De acordo com o Estatuto da Igualdade Racial, o estudo da história geral da África e da história da população negra do Brasil é obrigatório nos estabelecimentos de ensino

(A) infantil e fundamental.

(B) fundamental e médio.

(C) médio, apenas.

(D) infantil, fundamental e médio.

Art. 11, *caput*, do Estatuto.
Gabarito "B".

(Defensoria Pública da União – CESPE – 2015) Objetivando duplicar as estradas de acesso a determinado município, a prefeitura desse município terá de realizar a desocupação de terrenos de sua propriedade onde se encontram um grupo de quilombolas, um grupo de imigrantes estrangeiros em situação irregular no país, um grupo de ex-moradores de rua e um grupo remanescente de outra ocupação irregular recentemente desalojado com violência pelas forças de segurança pública. A respeito dessa situação hipotética, julgue os itens a seguir, considerando as normas regentes da proteção a minorias e demais grupos vulneráveis.

(1) Considerando-se que o grupo de quilombolas não tem titulação da propriedade ou reconhecimento oficial de sua cultura e de suas tradições, a ele devem ser aplicadas as mesmas medidas protetivas que aos demais grupos.

(2) Cabe à DP, entre outros órgãos, promover ações que visem garantir às populações ocupantes dos referidos terrenos, quando de sua remoção, o recebimento de

aluguel social até que elas sejam definitivamente alocadas por meio de programas de moradia popular.

(3) Em relação aos imigrantes estrangeiros em situação irregular, devem ser adotadas, pela DP, medidas que garantam seu retorno imediato ao país de origem, estando a adoção de medidas protetivas afastada, dada a condição irregular desses imigrantes no Brasil.

1: errado, pois os quilombolas possuem propriedade sobre suas terras. O artigo 68 do ADCT determina o seguinte: "Aos remanescentes das comunidades dos quilombos que estejam ocupando suas terras é reconhecida a propriedade definitiva, devendo o Estado emitir-lhes os títulos respectivos"; **2:** certo, pois a Defensoria Pública é, de fato, um dos órgãos responsáveis para fazer tal pedido; **3:** errado. Muito pelo contrário, a Defensoria Pública deve prestar assistência jurídica aos estrangeiros em situação irregular. O art. 5º, LXXIV, da CF dispõe que "o Estado prestará assistência jurídica integral e gratuita aos que comprovarem insuficiência de recursos". Isto é, não fez qualquer distinção entre brasileiros e estrangeiros, logo a Defensoria deve assistir esse grupo de estrangeiros em situação irregular no país. No mais, o princípio da igualdade e da não discriminação possui um caráter fundamental para a salvaguarda dos direitos humanos tanto no direito internacional como no interno e, com base nisso, a Corte Interamericana de Direitos Humanos pontuou o seguinte na Opinião Consultiva 18/2003: "a qualidade migratória de uma pessoa não pode constituir uma justificação para privá-la do gozo e exercício de seus direitos humanos, entre eles os de caráter laboral".

Gabarito 1E, 2C, 3E

(Defensor Público –DPE/ES – 2016 – FCC) A Declaração de Estocolmo de 1972, que disciplina o ambiente humano, consagra expressamente as seguintes proposições, com EXCEÇÃO de:

(A) É preciso livrar o homem e seu meio ambiente dos efeitos das armas nucleares e de todos os demais meios de destruição em massa. Os Estados devem se esforçar para chegar logo a um acordo – nos órgãos internacionais pertinentes – sobre a eliminação e a destruição completa de tais armas.

(B) Como parte de sua contribuição ao desenvolvimento econômico e social deve-se utilizar a ciência e a tecnologia para descobrir, evitar e combater os riscos que ameaçam o meio ambiente, para solucionar os problemas ambientais e para o bem comum da humanidade.

(C) As políticas que promovem ou perpetuam o apartheid, a segregação racial, a discriminação, a opressão colonial e outras formas de opressão e de dominação estrangeira são condenadas e devem ser eliminadas.

(D) Deve-se aplicar o planejamento aos assentamentos humanos e à urbanização com vistas a evitar repercussões prejudiciais sobre o meio ambiente e a obter os máximos benefícios sociais, econômicos e ambientais para todos. A este respeito devem-se abandonar os projetos destinados à dominação colonialista e racista.

(E) Toda pessoa tem deveres para com a comunidade, em que o livre e pleno desenvolvimento de sua personalidade é possível.

A: correta (princípio 26); **B:** correta (princípio 18); **C:** correta (princípio 1); **D:** correta (princípio 15); **E:** incorreta e dever ser assinalada porque não existe previsão nesse sentido na Declaração de Estocolmo.

Gabarito 'E'.

(Defensor Público –DPE/BA – 2016 – FCC) João é pai solteiro e educa seus 4 filhos com todo carinho e dedicação. Um dos seus filhos, Renato, desenvolveu dependência de substância psicoativa e, em estado de desespero, procurou a Defensoria Pública na busca de uma solução adequada ao caso. Com base na resolução CONAD 01/2015, Renato

(A) não tem o direito de descontinuar o tratamento, uma vez acolhido, voluntária ou involuntariamente sob pena de violar a resolução do CONAD e o seu tratamento médico.

(B) poderá ser internado compulsoriamente pelo pai em uma unidade de acolhimento, eis que o caso é de saúde pública e familiar.

(C) poderá ser acolhido em uma entidade de acolhimento de pessoas, desde que a adesão ocorra de forma voluntária e como uma etapa transitória para a reinserção sócio-familiar e econômica do acolhido.

(D) será segregado de seus familiares por até 120 dias, assim que for acolhido na entidade correspondente.

(E) deverá se submeter ao PAS – Plano de Atendimento Singular que é de caráter facultativo e a sua elaboração contará com a participação das Defensorias Públicas.

A única alternativa correta conforme a Resolução CONAD 01/2015 é a "C" (artigos 1º e 2º da Resolução).

Gabarito 'C'.

(Defensor Público/AM – 2013 – FCC) Dos tratados do sistema global de direitos humanos, ainda NÃO foi ratificado pelo Brasil

(A) a Convenção sobre os Direitos da Criança.

(B) a Convenção Internacional sobre a Proteção dos Direitos de Todos os Trabalhadores Migrantes e Membros de suas Famílias.

(C) o Pacto Internacional de Direitos Econômicos, Sociais e Culturais.

(D) a Convenção sobre a Eliminação de todas as formas de Discriminação Racial.

(E) o Pacto Internacional de Direitos Civil e Políticos.

A: incorreta. A Convenção sobre os Direitos da Criança, adotada pela ONU por meio da Resolução 44/25 da Assembleia Geral em 20 de novembro de 1989 e promulgada no Brasil em 21 de novembro de 1990 pelo Decreto nº 99.710, tem por fundamento a consciência de que a criança, em virtude de sua falta de maturidade física e mental, necessita de proteção e cuidados especiais, inclusive a devida proteção legal, tanto antes quanto após seu nascimento; **B:** correta. A Convenção sobre a Proteção dos Direitos de Todos os Trabalhadores Migrantes e Membros de suas Famílias, adotada pela ONU, por meio da resolução 45/158 da Assembleia Geral, em 18 de dezembro de 1990 e não ratificada pelo Brasil, tem por fundamento a importância e a extensão do fenômeno da migração, que envolve milhares de pessoas e afeta um grande número de Estados na comunidade internacional, como também o efeito das migrações de trabalhadores nos Estados e nas populações interessadas. Tem por objetivo estabelecer normas que possam contribuir para a harmonização das condutas dos Estados mediante a aceitação de princípios fundamentais relativos ao tratamento dos trabalhadores migrantes e dos membros das suas famílias, pessoas que frequentemente se encontram em situação de vulnerabilidade; **C:** incorreta. O Pacto Internacional de Direitos Econômicos, Sociais e Culturais foi aprovado em 1966 pela Assembleia Geral das Nações Unidas, mas, devido à grande resistência que sofreu, somente adquiriu as ratificações necessárias para entrar em vigor no ano de 1976, mas só foi promulgado, no Brasil, pelo

Decreto nº 591 de 6 de julho de 1992. Seu grande objetivo é expandir e tornar obrigatórios e vinculantes os direitos econômicos, sociais e culturais elencados na Declaração Universal dos Direitos Humanos; **D:** incorreta. A Convenção sobre a Eliminação de todas as formas de Discriminação Racial foi adotada pela ONU por meio da Resolução 2.106 (XX) da Assembleia Geral em 21 de dezembro de 1965 e promulgada no Brasil em 8 de dezembro de 1969 pelo Decreto nº 65.810, tem por fundamento a consciência de que a discriminação entre as pessoas por motivo de raça, cor ou origem étnica é um obstáculo às relações amistosas e pacíficas entre as nações e é capaz de perturbar a paz e a segurança entre os povos e a harmonia de pessoas vivendo lado a lado, até dentro de um mesmo Estado; **E:** incorreta. O Pacto Internacional de Direitos Civil e Políticos foi adotado em 1966 pela Resolução 2.200 A (XXI) da Assembleia Geral das Nações Unidas, mas, devido à grande resistência que sofreu, somente adquiriu as ratificações necessárias para entrar em vigor no ano de 1976. Seu grande objetivo é expandir e tornar obrigatórios e vinculantes os direitos civis e políticos elencados na Declaração Universal dos Direitos Humanos. No Brasil, o Pacto foi ratificado em 24 de janeiro de 1992.

Gabarito "B".

(Defensor Público/TO – 2013 – CESPE) Assinale a opção correta acerca das garantias judiciais no âmbito do direito internacional.

(A) A Convenção Americana sobre Direitos Humanos não reconhece o princípio do *"ne bis in idem"*.

(B) A Convenção Europeia sobre Direitos Humanos e a Convenção Americana sobre Direitos Humanos preveem a assistência gratuita de um intérprete aos acusados que não compreendam o idioma utilizado pela acusação, mas o mesmo direito não é expressamente garantido na Convenção Sobre os Direitos da Criança.

(C) A Convenção Europeia sobre Direitos Humanos permite que à imprensa seja negado o acesso às sessões de julgamento nos tribunais.

(D) Embora exija que todos tenham direito a um julgamento justo, a Declaração Universal dos Direitos Humanos não reconhece o princípio da anterioridade da lei penal.

(E) A Convenção sobre a Eliminação de Todas as Formas de Discriminação contra a Mulher exige, de maneira genérica, a plena igualdade entre homens e mulheres, mas não contém cláusula específica sobre a isonomia de gênero nas instâncias judiciais.

A: incorreta. O art. 8º, ponto 4, da Convenção Americana reconhece expressamente o princípio do *ne bis in idem*; **B:** incorreta. O art. 40, ponto 2, VI da Convenção Sobre os Direitos da Criança prevê que a criança contará com a assistência gratuita de um intérprete caso a não compreenda ou fale o idioma utilizado; **C:** correta, pois em consonância com a redação do art. 6º, ponto 1, da Convenção Europeia; **D:** incorreta, pois o art. XI, ponto 2, da Declaração Universal reconhece o princípio da anterioridade da lei penal; **E:** incorreta, pois existe previsão que estabelece, de forma específica, a isonomia de gênero nas instâncias judiciais.

Gabarito "C".

(Defensor Público/TO – 2013 – CESPE) A respeito da proteção aos presos no âmbito do direito internacional, assinale a opção correta.

(A) A Convenção Americana sobre Direitos Humanos e a Declaração Universal dos Direitos Humanos exigem a separação entre o suspeito de praticar infração penal que aguarda julgamento e o preso condenado.

(B) A Convenção Americana sobre Direitos Humanos proíbe a pena de trabalhos forçados.

(C) A Convenção Europeia sobre Direitos Humanos e o Pacto Internacional de Direitos Civis e Políticos prescrevem que poderá ser exigida garantia de comparecimento ao juízo para a libertação de preso suspeito da prática de infração penal.

(D) A Declaração Universal dos Direitos Humanos garante expressamente aos presos o direito de participação política.

(E) A Convenção sobre os Direitos da Criança determina que, em qualquer circunstância, as crianças privadas de liberdade sejam separadas dos adultos.

A: incorreta, pois apenas a Convenção Americana sobre Direitos Humanos prevê a separação entre o suspeito de praticar infração penal que aguarda julgamento e o preso condenado (art. 5º, ponto 4); **B:** incorreta, pois o art. 6º, ponto 2, da Convenção Americana assim dispõe: "Ninguém deve ser constrangido a executar trabalho forçado ou obrigatório. Nos países em que se prescreve, para certos delitos, pena privativa de liberdade acompanhada de trabalhos forçados, esta disposição não pode ser interpretada no sentido de proibir o cumprimento da dita pena, imposta por um juiz ou tribunal competente. O trabalho forçado não deve afetar a dignidade, nem a capacidade física e intelectual do recluso"; **C:** correta, pois os dois tratados fazem a previsão constante da assertiva; **D:** incorreta, pois a Declaração Universal não garante expressamente aos presos o direito de participação política; **E:** incorreta. O art. 37, ponto 6, da Convenção assim estatui: "toda criança privada da liberdade seja tratada com a humanidade e o respeito que merece a dignidade inerente à pessoa humana, e levando-se em consideração as necessidades de uma pessoa de sua idade. Em especial, toda criança privada de sua liberdade ficará separada dos adultos, a não ser que tal fato seja considerado contrário aos melhores interesses da criança, e terá direito a manter contato com sua família por meio de correspondência ou de visitas, salvo em circunstâncias excepcionais".

Gabarito "C".

(Defensor Público/TO – 2013 – CESPE) No que concerne à garantia da liberdade de pensamento e expressão, assinale a opção correta de acordo com o direito internacional.

(A) De acordo com a Convenção Europeia sobre Direitos Humanos, o regime de autorização prévia para funcionamento de empresas noticiosas televisivas e de radiodifusão é incompatível com o direito à liberdade de expressão.

(B) A Convenção sobre o Direito das Crianças admite restrição à liberdade de expressão para a garantia do respeito à reputação dos indivíduos.

(C) A Declaração Universal dos Direitos Humanos é mais restrita quanto à definição da liberdade de opinião que as convenções americana e europeia sobre direitos humanos, visto que leva em consideração, apenas, o direito à opinião, não abordando, como fazem as referidas convenções, o direito de formar a opinião.

(D) A Convenção Americana sobre Direitos Humanos admite a censura prévia exclusivamente nos casos previstos em lei para a proteção da segurança nacional ou da ordem pública.

(E) A Convenção sobre a Eliminação de Todas as Formas de Discriminação contra a Mulher prevê expressamente o direito da mulher ser tratada em igualdade de condições no que se refere à publicação de suas opiniões pela imprensa.

A: incorreta, pois o art. 10, ponto 1, da Convenção Europeia assim dispõe: "Este direito compreende a liberdade de opinião e a liberdade de receber ou de transmitir informações ou ideias sem que possa haver ingerência de quaisquer autoridades públicas e sem considerações de fronteiras. O presente artigo não impede que os Estados submetam as empresas de radiodifusão, de cinematografia ou de televisão a um regime de autorização prévia"; **B:** correta, pois conforme o comando do art. 13, ponto 2, a, da Convenção sobre o Direito das Crianças; **C:** incorreta, pois a redação do art. XIX da Declaração Universal é a seguinte: "Toda pessoa tem direito à liberdade de opinião e expressão; este direito inclui a liberdade de, sem interferência, ter opiniões e de procurar, receber e transmitir informações e ideias por quaisquer meios e independentemente de fronteiras"; **D:** incorreta. O art. 13 da Convenção Americana assim estatui: "ponto 1 - Toda pessoa tem o direito à liberdade de pensamento e de expressão. Esse direito inclui a liberdade de procurar, receber e difundir informações e ideias de qualquer natureza, sem considerações de fronteiras, verbalmente ou por escrito, ou em forma impressa ou artística, ou por qualquer meio de sua escolha; ponto 2 - O exercício do direito previsto no inciso precedente não pode estar sujeito à censura prévia, mas a responsabilidades ulteriores, que devem ser expressamente previstas em lei e que se façam necessárias para assegurar: a) o respeito dos direitos e da reputação das demais pessoas; b) a proteção da segurança nacional, da ordem pública, ou da saúde ou da moral públicas; **E:** incorreta, pois não existe referida previsão na Convenção sobre a Eliminação de Todas as Formas de Discriminação contra a Mulher.

Gabarito "B".

(Defensor Público/ES – 2012 – CESPE) Julgue os itens que se seguem, referentes ao direito internacional dos direitos humanos e ao sistema interamericano de direitos humanos.

(1) No exercício de sua competência consultiva, a Corte Interamericana de Direitos Humanos pode considerar qualquer tratado internacional aplicável aos Estados americanos.

(2) A Carta das Nações Unidas não integra o núcleo de direito internacional dos direitos humanos, pois apenas institui um organismo internacional.

(3) A mudança de nacionalidade é direito assegurado pela Declaração Universal de Direitos Humanos.

(4) Nos termos do Pacto Internacional de Direitos Civis e Políticos, a autodeterminação dos povos esgota-se na possibilidade de estabelecer livremente o seu estatuto político.

(5) O Pacto Internacional de Direitos Econômicos, Sociais e Culturais relaciona o direito ao trabalho ao gozo das liberdades políticas fundamentais.

(6) Nos termos da Convenção Internacional sobre a Eliminação de Todas as Formas de Discriminação Racial, a exclusão de direitos baseada unicamente na origem nacional também poderá caracterizar discriminação racial.

1: certo. A competência consultiva da Corte é marcada por sua grande finalidade de uniformizar a interpretação da Convenção Americana de Direitos Humanos e dos tratados de direitos humanos confeccionados no âmbito da OEA. Dentro dessa competência, qualquer Estado-membro ou órgão[46] da OEA pode pedir que a Corte emita parecer que indique a correta interpretação da Convenção e dos tratados concernentes à proteção dos direitos humanos nos Estados Americanos (art. 64, ponto 1, da Convenção Americana de Direitos Humanos); **2:** errado. A Carta das Nações Unidas é o exemplo mais emblemático do processo de internacionalização dos direitos humanos ocorridos no pós-guerra. Cito o ponto 3 do art. 1º da Carta: "Conseguir uma cooperação internacional para resolver os problemas internacionais de caráter econômico, social, cultural ou humanitário, e para promover e estimular o respeito aos direitos humanos e às liberdades fundamentais para todos, sem distinção de raça, sexo, língua ou religião"; **3:** certo, pois o art. XV, ponto 2, da Declaração assim determina: "Ninguém será arbitrariamente privado de sua nacionalidade, nem do direito de mudar de nacionalidade"; **4:** errado. O art. 1º do Pacto assim estatui: "ponto **1:** Todos os povos têm direito à autodeterminação. Em virtude desse direito, determinam livremente seu estatuto político e asseguram livremente seu desenvolvimento econômico, social e cultural; ponto **2:** Para a consecução de seus objetivos, todos os povos podem dispor livremente de suas riquezas e de seus recursos naturais, sem prejuízo das obrigações decorrentes da cooperação econômica internacional, baseada no princípio do proveito mútuo, e do Direito internacional. Em caso algum, poderá um povo ser privado de seus meios de subsistência; ponto **3:** Os Estados-partes do presente pacto, inclusive aqueles que tenham a responsabilidade de administrar territórios não autônomos e territórios sob tutela, deverão promover o exercício do direito à autodeterminação e respeitar esse direito, em conformidade com as disposições da Carta das nações unidas"; **5:** certo. Os direitos humanos possuem como características nucleares a indivisibilidade e a interdependência. Assim, todos os direitos humanos se retroalimentam e se complementam, assim, é infrutífero buscar a proteção e a promoção de apenas uma parcela deles. Portanto, cada direito depende dos outros para ser substancialmente realizado; **6:** certo, pois o art. 1º da Convenção assim estatui: "Para os fins da presente Convenção, a expressão "discriminação racial" significará toda distinção, exclusão, restrição ou preferência baseada em raça, cor, descendência ou origem nacional ou étnica que tenha por objeto ou resultado anular ou restringir o reconhecimento, gozo ou exercício em um mesmo plano (em igualdade de condição) de direitos humanos e liberdades fundamentais nos campos político, econômico, social, cultural ou em qualquer outro campo da vida pública".

Gabarito 1C, 2E, 3C, 4E, 5C, 6C.

(Defensor Público/PR – 2012 – FCC) Na evolução histórica do que hoje é conhecido como Direito Internacional dos Direitos Humanos, alguns momentos são marcantes para o Brasil e para o mundo. Sobre esse assunto, é INCORRETO afirmar:

(A) Na Declaração e Programa de Ação de Viena, aprovada na Conferência Mundial sobre Direitos Humanos de 1993, a natureza universal dos direitos humanos foi estabelecida como inquestionável, embora tenha ficado registrado também que as especificidades nacionais e regionais e os diversos antecedentes históricos, culturais e religiosos não poderiam ser descartados.

(B) Um dos efeitos do embate ideológico do pós-Segunda Guerra no desenvolvimento do Direito Internacional dos Direitos Humanos foi a cisão dos direitos civis e políticos em relação aos direitos econômicos, sociais e culturais.

(C) O Pacto Internacional sobre Direitos Civis e Políticos, no seu art. 27, supera a cisão entre direitos civis e políticos, de um lado, e direitos econômicos, sociais e culturais, de outro, ao proteger o direito de minorias étnicas, religiosas ou linguísticas à sua própria vida cultural.

(D) Em 11/11/2002, data de publicação do decreto que incorporou ao direito interno a declaração a que se refere o art. 62 da Convenção Americana sobre Direitos Humanos, o Brasil reconheceu como obrigatória

---
46. Os órgãos estão elencados no capítulo X da Carta da Organização dos Estados Americanos.

a competência da Corte Interamericana de Direitos Humanos para fatos posteriores à referida data de publicação.
(E) A Liga ou Sociedade das Nações, antecedente da Organização das Nações Unidas, contava com um incipiente sistema de proteção de minorias e refugiados liderado pelo norueguês Fridtjof Nansen (1861-1930).

A: correta. O princípio da complementaridade solidária dos direitos humanos de qualquer espécie dialoga com a universalidade, a interdependência e a indivisibilidade. Ele foi proclamado solenemente na 2ª Conferência Mundial de Direitos Humanos, realizada em Viena em 1993. É importante transcrever o ponto 5 da Declaração de Direitos Humanos de Viena, que sintetiza as características dos direitos humanos de modo geral: "Todos os direitos humanos são universais, indivisíveis, interdependentes e inter-relacionados. A comunidade internacional deve tratar os direitos humanos de forma global, justa e equitativa, em pé de igualdade e com a mesma ênfase. Embora particularidades nacionais e regionais devam ser levadas em consideração, assim como diversos contextos históricos, culturais e religiosos, é dever dos Estados promover e proteger todos os direitos humanos e liberdades fundamentais, sejam quais forem seus sistemas políticos, econômicos e culturais"; **B**: correta. Os direitos civis e políticos foram consagrados no Pacto Internacional de Direitos Civis e Políticos e os direitos sociais, culturais e econômicos foram consagrados no Pacto Internacional de Direitos Econômicos, Sociais e Culturais. Cabe enfatizar que no bojo da Declaração Universal dos Direitos Humanos encontram-se direitos civis e políticos (artigos 3º a 21) e direitos econômicos, sociais e culturais (artigos 22 a 28), o que reforça as características da indivisibilidade e interdependência dos direitos humanos; **C**: correta. O art. 27 do Pacto assim dispõe: "No caso em que haja minorias étnicas, religiosas ou linguísticas, as pessoas pertencentes a essas minorias não poderão ser privadas do direito de ter, conjuntamente com outras membros de seu grupo, sua própria vida cultural, de professar e praticar sua própria religião e usar sua própria língua"; **D**: incorreta (devendo ser assinalada). O Brasil reconheceu a competência obrigatória da Corte em 8 de novembro de 2002 (Decreto nº 4.463). O reconhecimento foi feito por prazo indeterminado, mas abrange fatos ocorridos após 10 de dezembro de 1998; **E**: correta, pois todas informações elencadas na assertiva são corretas.

Gabarito "D".

(Defensor Público/PR – 2012 – FCC) Prevalecia no Direito Internacional do século XIX um entendimento, que se estendeu por muitos anos, no sentido de que o ser humano era apenas um objeto cuja relevância jurídica estava intrinsecamente vinculada ao Estado. As instituições internacionais contemporâneas, porém, adotam cada vez mais procedimentos que reforçam a personalidade jurídica internacional do ser humano. Uma descrição correta de desenvolvimento do acesso direto dos indivíduos às instâncias internacionais de direitos humanos no Direito Internacional Público é:

(A) O debate público em torno dos relatórios submetidos pelos Estados-Parte, nos termos do art. 40 do Pacto Internacional de Direitos Civis e Políticos, proporciona certo grau de monitoramento internacional da situação de direitos humanos em vários países e, em alguns casos, já gerou mudanças em leis internas que beneficiaram diretamente os indivíduos.
(B) Por meio dos chamados Procedimentos Especiais, o Conselho de Direitos Humanos das Nações Unidas, instituído por resolução da Assembleia Geral da ONU de 2006, monitora situações específicas de vários países ou questões temáticas de direitos humanos em todo o mundo, contribuindo para a difusão cada vez maior de padrões uniformes internacionais e para a cessação do quadro de violações sistemáticas desses direitos.
(C) O Alto Comissariado das Nações Unidas para Direitos Humanos, órgão coletivo do Sistema Universal de Direitos Humanos criado pela Assembleia Geral da ONU em 1993, recebe petições individuais e pode promover ações de proteção em qualquer parte do mundo, no relacionamento com qualquer governo.
(D) Embora no Sistema Interamericano de Direitos Humanos, o indivíduo não possa acessar diretamente a Corte Interamericana, o regulamento desse tribunal admite a participação direta dos indivíduos demandantes em todas as etapas do procedimento, após a apresentação do caso pela Comissão Interamericana.
(E) Um dos maiores desafios do Sistema Interamericano de Direitos Humanos é transformar o *jus standi*, isto é, a possibilidade de comparecer autonomamente, *a posteriori*, em procedimentos do órgão judicial internacional, em *locus standi*, ou seja, direito efetivo do indivíduo de acessar, sem intermediários, a Corte Interamericana.

A: incorreta. Não é possível afirmar que existiram modificações que beneficiaram diretamente os indivíduos em função dos relatórios enviados pelos Estados. Afinal, tais relatórios funcionam como uma prestação de contas dos Estados perante os órgãos internacionais de monitoramento. No caso em específico, o órgão de monitoramento instituído pelo Pacto Internacional de Direitos Civis e Políticos é o Comitê de Direitos Humanos; **B**: incorreta. O CDH é um órgão subsidiário da Assembleia Geral e tem como principais competências: a) promover a educação e o ensino em direitos humanos; b) auxiliar os Estados na implementação das políticas de direitos humanos assumidas em decorrência das Conferências da ONU, como também sua devida fiscalização; c) submeter um relatório anual à Assembleia Geral; e d) propor recomendações acerca da promoção e proteção dos direitos humanos. Pode-se afirmar que o CDH se insere no sistema global[47] de proteção dos direitos humanos como um mecanismo não convencional, destoando dos mecanismos convencionais de proteção instituídos pelas Convenções da ONU. A fonte material do sistema não convencional são as resoluções elaboradas pelos órgãos da ONU (notadamente o Conselho de Direitos Humanos, a Assembleia Geral e o Conselho Econômico e Social). Todavia, não se pode afirmar que a atuação do CDH ocasionou diretamente o acesso direto dos indivíduos às instâncias internacionais de direitos humanos; **C**: incorreta. Alto Comissariado das Nações Unidas para Direitos Humanos não é um órgão coletivo, mas sim singular. Ademais, o Alto-Comissário tem a função primordial de promover os direitos humanos e lidar com as questões de direitos humanos da ONU, além de manter diálogo com todos os Estados membros sobre temas relacionados aos direitos humanos. As responsabilidades do Alto-Comissário incluem: a resolução de conflitos; prevenção e alerta de abusos, assistência aos Estados em períodos de transição política; promoção de direitos substantivos aos Estados; coordenação e racionalização de programas em direitos humanos. Por fim, a criação do EACDH é consequência das recomendações formuladas no seio da 2ª Conferência Mundial de Direitos Humanos (Conferência de Viena), pela Resolução 48/141 da Assembleia Geral da ONU, em 20 de dezembro de 1993; **D**: correta, pois a assertiva está em consonância com o disposto no art. 23, ponto 1, do Regulamento da Corte Interamericana de Direitos Humanos. Tal regramento, de fato, descreve bem o desenvolvimento do acesso direto dos indivíduos às instâncias internacionais de direitos humanos; **E**: incorreta, pois não descreve corretamente o desenvolvi-

---

47. Também denominado Sistema das Nações Unidas.

mento do acesso direto dos indivíduos às instâncias internacionais de direitos humanos, mas apenas faz uma previsão sobre um dos maiores desafios que deve ser encarado pelo Sistema Interamericano de Direitos Humanos.

Gabarito "D".

(Defensor Público/PR – 2012 – FCC) O Direito Internacional dos Direitos Humanos, o Direito Internacional Humanitário e o Direito Internacional dos Refugiados são constituídos, cada um deles, por distintos conjuntos normativos que, no entanto, gradualmente, evoluíram de um funcionamento compartimentalizado para uma crescente interação. Sobre o relacionamento dessas três vertentes da Proteção Internacional da Pessoa Humana é INCORRETO afirmar:

(A) De uma maneira geral, pode-se dizer que as situações específicas não protegidas pelo Direito Internacional Humanitário e pelo Direito Internacional dos Refugiados são abarcadas pelo Direito Internacional dos Direitos Humanos.

(B) A relação entre Direito Internacional dos Direitos Humanos e Direito Internacional dos Refugiados lança luz sobre a dimensão preventiva da proteção da pessoa humana no plano internacional, pois, as violações sistemáticas de direitos humanos em determinado país levam ao deslocamento de indivíduos para outras regiões, em função dos temores de perseguição por motivos de raça, religião, nacionalidade ou opinião política.

(C) A proteção de vítimas em conflitos internos e situações de emergência constitui um profícuo campo de interação entre o Direito Internacional Humanitário e o Direito Internacional dos Direitos Humanos.

(D) Pela Cláusula de Martens, instituto de Direito Internacional Humanitário, nas situações não previstas, tanto os combatentes, quanto os civis, ficam sob a proteção e a autoridade dos princípios do direito internacional, o que abre espaço para a incidência do Direito Internacional dos Direitos Humanos.

(E) O princípio do *non-refoulement*, instituto de Direito Internacional Humanitário aceito e reconhecido pela comunidade internacional como *jus cogens*, aplica-se ao Direito Internacional dos Refugiados e ao Direito Internacional dos Direitos Humanos.

A: correta. O Direito Internacional dos Refugiados, o Direito Internacional Humanitário e o Direito Internacional dos Direitos Humanos são complementares, apesar de serem conjuntos de leis distintas, pois buscam proteger o indivíduo de ações arbitrárias e de abusos. Os direitos humanos são inerentes ao ser humano e protegem os indivíduos sempre, sejam estes considerados refugiados ou não ou seja em tempos de guerra ou de paz. O Direito Internacional dos Refugiados se aplica apenas em situações que envolvem refugiados e o Direito Internacional Humanitário se aplica apenas em situações de conflitos armados internacionais e não internacionais. Portanto, o Direito Internacional dos Direitos Humanos é complementar ao Direito Internacional Humanitário e ao Direito Internacional dos Refugiados sempre que o contexto fático englobar alguma consideração sobre refugiados ou disser respeito em a algum conflito armado; **B:** correta, pois refugiado é o indivíduo que, perseguido devido à sua raça, religião, nacionalidade, opinião política ou por sua ligação com certo grupo social, se encontra fora de seu país de nacionalidade e não pode ou não quer, por temor, regressar ao seu país; ou o apátrida que, perseguido devido à sua raça, religião, nacionalidade, opinião política ou por sua ligação com certo grupo social, se encontra fora do país onde teve sua última residência habitual e não pode ou não quer, por temor, regressar a tal país. Ainda, é possível considerar refugiado todo aquele que é vítima de grave e generalizada violação de direitos humanos; **C:** correta. Reler o comentário sobre a assertiva "A"; **D:** correta. Relacionado ao Direito de Haia, cabe destacar a *cláusula Martens*, essa aparece na Convenção da Haia, de 1907, sobre os Costumes da Guerra Terrestre e faz alusão ao nome do Ministro das Relações Exteriores do Czar Alexandre, da Rússia. Sua aplicação ocorre nas situações não previstas, ou melhor, não regulamentas por qualquer tratado, e determina que tanto os combatentes, quanto os civis, ficam sob a proteção e a autoridade dos princípios do direito internacional. Assim, nunca ocorrerá uma situação de ausência de proteção dos combatentes e civis, pois quando não houver regras específicas para serem aplicadas à certos conflitos, o Direito Internacional dos Direitos Humanos será aplicado diretamente. Por fim, cabe aclarar que o Direito de Haia (Convenções de Haia de 1899 e de 1907) regula a especificamente o meio e os métodos utilizados na guerra, ou, em outras palavras, a condução das hostilidades pelos beligerantes; **E:** incorreta. O princípio do *non-refoulement* é um instituto do Direito Internacional dos Refugiados. O princípio de *non-refoulement* ("não devolução"), disciplinado no artigo 33 da Convenção das Nações Unidas relativa ao Estatuto dos Refugiados de 1951, define que nenhum país deve expulsar ou "devolver" (*refouler*) um refugiado contra sua vontade, em quaisquer ocasiões, para um território onde ele sofra perseguição. Estabelece ainda providências para a disponibilização de documentos, como os documentos de viagem específicos para refugiados na forma de um "passaporte".

Gabarito "E".

(Defensor Público/RO – 2012 – CESPE) Em relação à Organização Internacional do Trabalho (OIT), assinale a opção correta.

(A) Como o trabalho constitui a única mercadoria de que dispõem os empregados para assegurar uma vida digna para si e para os seus dependentes, é dever fundamental da OIT assegurar a justa remuneração pelo trabalho.

(B) A liberdade de expressão, apesar de não constar expressamente no atual documento constitutivo da OIT, é um dos princípios fundamentais da liberdade associativa dos empregadores.

(C) Entre as obrigações da OIT inclui-se a de prestar auxílio na execução de programas destinados a proporcionar emprego integral para todos.

(D) A estrutura da OIT, do tipo bipartida, é composta da Conferência Geral, competente para aprovar ou rejeitar as convenções e recomendações propostas, e da Diretoria-Geral, incumbida da presidência e da administração dos trabalhos da organização.

(E) A Conferência Geral é integrada por delegados que representam, de forma paritária, empregados e empregadores de cada Estado-membro, sendo vedada a participação de representantes do governo na Conferência, ainda que sob a forma de indicação de candidatos.

A: incorreta. Um dos princípios fundamentais sobre os quais se funda a OIT é que o trabalho não é uma mercadoria (art. 1º, *a*, da Declaração de Filadélfia); **B:** incorreta. A liberdade de expressão é um dos princípios fundamentais sobre os quais se funda a OIT art. 1º, *b*, da Declaração de Filadélfia); **C:** correta. Segue a redação do art. 3º da Declaração de Filadélfia: "A Conferência reconhece a obrigação solene de a Organização Internacional do Trabalho secundar a execução, entre as diferentes nações do mundo, de programas próprios à realização: a) do pleno emprego e da elevação do nível de vida; b) do emprego dos trabalhadores em ocupações nas quais tenham a satisfação de aplicar toda a sua habilidade e os seus conhecimentos e de contribuir da melhor forma para o bem-estar comum; **c)** para atingir esse objectivo, da concretização, mediante garantias adequadas para todos os interessados, de possibilidades de formação e meios próprios para facilitar as transferências de trabalhadores, incluindo as migrações de mão de obra e de colonos; **d)** da possibilidade para todos de uma participação justa nos frutos do progresso em termos de salários e de ganhos, de duração do trabalho e outras condições de trabalho, e um salário mínimo vital para todos os que têm um emprego e necessitam dessa protecção; **e)** do reconhecimento efectivo do direito de negociação colectiva e da cooperação entre empregadores e os trabalhadores para a melhoria contínua da organização e da produção, assim como da colaboração dos trabalhadores e dos empregadores para a elaboração e aplicação da política social e económica; **f)** da extensão das medidas de segurança social com vista a assegurar um rendimento de base a todos os que precisem de tal protecção, assim como uma assistência médica completa; **g)** de uma protecção adequada da vida e da saúde dos trabalhadores em todas as ocupações; **h)** da protecção da infância e da maternidade; **i)** de um nível adequado de alimentação, de alojamento e de meios recreativos e culturais; e **j)** da garantia de igualdade de oportunidades no domínio educativo e profissional"; **D:** incorreta, pois a OIT é a única das agências do Sistema das Nações Unidas com uma estrutura tripartite, composta de representantes de governos e de organizações de empregadores e de trabalhadores; **E:** incorreta. A Conferência Geral do Trabalho é o órgão plenário e deliberante da OIT. Todos os estados-membros estão nela representados pela suas delegações. As delegações são compostas de dois delegados indicados pelo governo, um delegado representante dos empregadores e outro representante dos trabalhadores. Todos os membros da delegação têm direito de voto e podem divergir. A Conferência reúne-se anualmente e tem competência ampla. Segue algumas de suas competências: **a)** adotar convenções e recomendações; **b)** controlar a aplicação pelos estados-membros das normas internacionais do trabalho constantes das convenções e recomendações; **c)** aprovar o orçamento da Organização; **d)** deliberar, por maioria de dois terços, sobre a conveniência de aceitar novos estados-membros; **e)** nomear os juízes do Tribunal Administrativo da OIT.

(Defensoria Pública da União – 2010 – CESPE) No que diz respeito às vítimas do abuso de poder e da criminalidade e ao uso da força e de armas de fogo pelos Estados, julgue os itens que se seguem.

(1) Consideram-se vítimas de abuso de poder as pessoas que, individual ou coletivamente, tenham sofrido prejuízos, nomeadamente atentado à integridade física ou mental, sofrimento de ordem moral, perda material ou grave atentado aos seus direitos fundamentais, como consequência de atos ou de omissões que, embora não constituam ainda violação da legislação penal nacional, representam violações das normas internacionalmente reconhecidas em matéria de direitos humanos.

(2) De acordo com o direito internacional, uma pessoa que tenha sofrido atentado aos seus direitos fundamentais somente pode ser considerada vítima da criminalidade se o autor da violação tiver sido preso, processado, declarado culpado ou, pelo menos, identificado.

(3) Segundo determinação das Nações Unidas acerca do uso da força, os governos devem garantir que a utilização arbitrária ou abusiva da força ou de armas de fogo pelos policiais seja punida como infração penal, nos termos da legislação nacional.

1: correta, pois trata-se da redação do art. 18 do Anexo da Declaração dos Princípios Fundamentais de Justiça Relativos às Vítimas da Criminalidade e de Abuso de Poder, adotada no âmbito da ONU em 29 de novembro de 1985; **2:** incorreta, pois é o contrário do que determina o art. 2º dos Princípios Fundamentais de Justiça Relativos às Vítimas da Criminalidade e de Abuso de Poder: "Uma pessoa pode ser considerada como *vítima*, no quadro da presente Declaração, quer o autor seja ou não identificado, preso, processado ou declarado culpado, e quaisquer que sejam os laços de parentesco deste com a vítima. O termo *vítima* inclui também, conforme o caso, a família próxima ou as pessoas a cargo da vítima direta e as pessoas que tenham sofrido um prejuízo ao intervirem para prestar assistência às vítimas em situação de carência ou para impedir a vitimização"; **3:** correta, pois trata-se da redação do art. 7º do Anexo dos Princípios Básicos sobre a Utilização de Força e de Armas de Fogo pelos Funcionários Responsáveis pela Aplicação da Lei, adotado no âmbito da ONU em 1990.

(Defensoria Pública/SP – 2010 – FCC) A Lei Complementar nº 132, de 7 de outubro de 2009, ao introduzir alterações na Lei Complementar Federal nº 80, de 12 de janeiro de 1994, estabeleceu como função institucional da Defensoria Pública, "representar aos sistemas internacionais de proteção dos direitos humanos, postulando perante seus órgãos". Considere os seguintes órgãos do sistema das Nações Unidas:

I. Comitê de Direitos Humanos.
II. Comitê de Direitos Econômicos Sociais e Culturais.
III. Comitê sobre a Eliminação de todas as formas de Discriminação contra a Mulher.
IV. Comitê sobre os Direitos das Pessoas com Deficiência.

Tendo em conta os instrumentos internacionais de Direitos Humanos ratificados pelo Brasil e seus respectivos mecanismos de monitoramento, os órgãos que admitem o processamento de comunicação individual formulada contra o Brasil são

(A) I, II e III, somente.
(B) I, II e IV, somente.
(C) I, III, e IV, somente.
(D) II, III e IV, somente.
(E) I, II, III e IV.

I: correta. O Comitê de Direitos Humanos, conforme determina o art. 28 do Pacto Internacional dos Direitos Civis e Políticos, é o órgão criado com o objetivo de controlar a aplicação, pelos estados-partes, das disposições deste instrumento. E conforme determina o art. 40 do Pacto, os estados que aderirem ao Pacto comprometem-se a submeter relatórios sobre as medidas por eles adotadas para tornar efetivos os direitos reconhecidos no presente Pacto e sobre o progresso alcançado no gozo desses direitos. O Pacto apresenta também um sistema, opcional, de comunicações interestatais. Por este sistema um estado parte pode denunciar o outro que incorrer em violações dos direitos humanos. Mas para ter validade, os dois estados, denunciante e denunciado, devem ter expressamente declarado a competência do Comitê de Direitos Humanos para processar tais denúncias. O Protocolo Facultativo ao Pacto Internacional dos Direitos Civis e Políticos, adotado em 16 de dezembro de 1966, cria um importante mecanismo para melhorar o controle sobre a aplicação, pelos estados-partes, das disposições do Pacto Internacional dos Direitos Civis e Políticos. Trata-se do sistema das **petições individuais**. Este sistema permite ao indivíduo "lesionado" enviar petições ao Comitê de Direitos Humanos, com o fito de denunciar as violações sofridas contra os direitos consagrados no Pacto Internacional dos Direitos Civis e Políticos. Vale apontar que o Comitê definiu que as petições também podem ser enviadas por terceiras pessoas ou organizações não governamentais que representem o indivíduo lesionado; **II:** incorreta. No que tange à sistemática de controle sobre a aplicação, pelos estados-partes, das disposições do Pacto Internacional dos Direitos Econômicos, Sociais e

Culturais, foi adotado apenas o envio de relatórios pelos estados-partes. Tais relatórios deverão ser encaminhados para o Secretário-Geral, que os encaminhará ao Conselho Econômico e Social. E para efetuar a análise dos relatórios, o Conselho Econômico e Social criou o Comitê sobre Direitos Econômicos, Sociais e Culturais. Todavia, o Protocolo Facultativo ao Pacto Internacional dos Direitos Econômicos, Sociais e Culturais, **que ainda não entrou em vigor**, prevê o sistema de petições individuais, de comunicações interestatais e de investigações *in loco*; **III:** correta. Para monitorar o cumprimento, pelos estados-partes, das obrigações constantes na Convenção, foi criado o Comitê sobre a Eliminação da Discriminação contra a Mulher. Este será responsável para receber os relatórios confeccionados pelos estados-partes. As **petições individuais** e a possibilidade de realizar investigações *in loco* só foram possibilitadas, como mecanismos de controle e fiscalização, com a adoção do Protocolo Facultativo à Convenção Internacional sobre a Eliminação de todas as formas de Discriminação contra a Mulher; **IV:** correta. Para monitorar o cumprimento, pelos estados-partes, das obrigações constantes na Convenção, foi criado o Comitê para os Direitos das Pessoas com Deficiência. Este será responsável para receber os relatórios confeccionados pelos estados-partes. As **petições individuais** e a possibilidade de realizar investigações *in loco* são possíveis, como mecanismos de controle e fiscalização, mediante a adoção do Protocolo Facultativo à Convenção sobre os Direitos das Pessoas com Deficiência.

Gabarito "C".

(Defensoria Pública/SP – 2010 – FCC) Foi aprovada pelo plenário do Tribunal Superior Eleitoral (TSE) a instalação de seções eleitorais especiais em estabelecimentos penais e de internação de adolescentes, para viabilizar o voto de presos provisórios e de jovens em medida socioeducativa de internação, no pleito a se realizar no segundo semestre de 2010. A respeito do tema e tendo em conta o teor dos tratados de Direito Internacional dos Direitos Humanos ratificados pelo Brasil, é correto afirmar:

(A) A Convenção dos Direitos da Criança prevê que os direitos políticos de menores de dezoito anos poderão ser limitados em razão de condenação em processo criminal.

(B) A Declaração Universal dos Direitos Humanos garante o direito a toda pessoa de tomar parte no governo de seu país por intermédio de representantes eleitos.

(C) A Convenção Americana de Direitos Humanos não dispõe expressamente sobre o tema do voto de quem tenha sofrido condenação em processo criminal.

(D) O Pacto Internacional de Direitos Civis e Políticos prevê que os direitos políticos dos condenados criminalmente poderão ser restringidos, desde que de maneira fundada.

(E) O Pacto Internacional de Direitos Econômicos, Sociais e Culturais proíbe a discriminação de pessoas quanto ao direito ao voto, aí incluídos os condenados criminalmente.

A: incorreta. A Convenção sobre os Direitos da Criança, adotada pela ONU em 20 de novembro de 1989 e ratificada pelo Brasil em 24 de setembro de 1990, não traz tal previsão; **B:** correta. O artigo XXI, ponto 1, da Declaração Universal dos Direitos Humanos dispõe que toda pessoa tem o direito de tomar parte no governo de seu país, diretamente ou por intermédio de representantes livremente escolhidos. Percebe-se que apenas uma das formas de participação popular no governo aparece na assertiva, mas a maneira que foi estruturada torna-a correta; **C:** incorreta. O art. 23, ponto 2, da Convenção Americana de Direitos Humanos dispõe que o exercício de determinados direitos e oportunidades, dentre eles o de votar e ser eleito, pode ser regulado por lei em alguns casos, como no de condenação em processo penal por juiz competente; **D:** correta. O art. 25 do Pacto Internacional dos Direitos Civis e Políticos dispõe que os direitos políticos poderão ser restringidos, desde que de maneira fundamentada e sem discriminação; **E:** incorreta. O Pacto Internacional de Direitos Econômicos, Sociais e Culturais, como seu próprio nome indica, cuida dos direitos econômicos, sociais e culturais, logo, não cuida dos direitos políticos, os quais estão disciplinados no Pacto Internacional de Direitos Civis e Políticos.

Gabarito Oficial "D"/Nosso Gabarito "B" e "D".

(Defensoria Pública/SP – 2010 – FCC) Uma das atividades precípuas dos Defensores Públicos diz respeito aos direitos das pessoas privadas de liberdade. A respeito do tema, assinale a alternativa correta, conforme as previsões dos Tratados Internacionais de Direitos Humanos ratificados pelo Brasil.

(A) A Convenção contra a Tortura e Outros Tratamentos ou Penas Cruéis, Desumanos ou Degradantes não admite a aplicação de pena de trabalhos forçados.

(B) A Convenção sobre os Direitos da Criança admite que menor de dezoito anos seja mantido preso em companhia de adultos, se tal fato for compatível com os melhores interesses da criança.

(C) A Convenção Americana de Direitos Humanos admite que os indivíduos privados de liberdade, em cumprimento de sentença, possam ser postos à disposição de pessoas jurídicas de caráter privado, para a execução dos serviços normalmente exigidos na prisão.

(D) A Convenção Americana de Direitos Humanos estabelece o direito da pessoa privada de liberdade dispor de cela individual.

(E) O Pacto Internacional de Direitos Civis e Políticos estabelece que somente os crimes de maior gravidade sejam apenados com pena privativa de liberdade.

A: incorreta, pois a Convenção contra a Tortura e Outros Tratamentos ou Penas Cruéis, Desumanos ou Degradantes nada dispõe à respeito da aplicação da pena de trabalhos forçados. Por outro lado, a Convenção Americana de Direitos Humanos, no seu art. 6º, ponto 2, assim dispõe: "Ninguém deve ser constrangido a executar trabalho forçado ou obrigatório. Nos países em que se prescreve, para certos delitos, pena privativa de liberdade acompanhada de trabalhos forçados, esta disposição não pode ser interpretada no sentido de proibir o cumprimento da dita pena, imposta por um juiz ou tribunal competente. O trabalho forçado não deve afetar a dignidade, nem a capacidade física e intelectual do recluso". E o Pacto Internacional de Direitos Civis e Políticos, no seu art. 8º, ponto 3, *b*, assim dispõe: "A alínea "a" do presente parágrafo ("Ninguém poderá ser obrigado a executar trabalhos forçados ou obrigatórios") não poderá ser interpretada no sentido de proibir, nos países em que certos crimes sejam punidos com prisão e trabalhos forçados, o cumprimento de uma pena de trabalhos forçados, imposta por um tribunal competente". Ambos dispositivos legais regulam a possibilidade de trabalhos forçados, desde que a pena seja imposta por tribunal competente; **B:** correta, consoante ao que determina o art. 37, *c*, da Convenção sobre os Direitos da Criança; **C:** incorreta, pois o art. 6º, ponto 3, *a*, da Convenção Americana de Direitos Humanos assim dispõe: "Não constituem trabalhos forçados ou obrigatórios para os efeitos deste artigo: os trabalhos ou serviços normalmente exigidos de pessoa reclusa em cumprimento de sentença ou resolução formal expedida pela autoridade judiciária competente. Tais trabalhos ou serviços devem ser executados sob a vigilância e controle das autoridades públicas, e **os indivíduos que os executarem não devem ser postos à disposição de particulares, companhias ou pessoas jurídicas de caráter privado**"; **D:** incorreta, pois a Convenção Americana de Direitos Humanos nada dispõe à respeito do direito da pessoa privada de liberdade dispor de cela individual; **E:** incorreta, pois o Pacto Internacional de Direitos Civis e Políticos não dispõe que somente os crimes de maior gravidade devem ser apenados com pena privativa de liberdade. A única menção a crimes de maior gravidade é encontrada no art. 6°, ponto 2, do Pacto, o qual determina que a pena de morte, só será aplicada, nos países em que ainda não tenha sido abolida, nos casos de crimes mais graves.

Gabarito "B".

(Defensoria Pública/SP – 2010 – FCC) Qual dos tratados internacionais de direitos humanos abaixo prevê o dever para os Estados de promover a proteção, preservação e melhoramento do meio ambiente?

(A) Pacto Internacional de Direitos Civis e Políticos.
(B) Pacto Internacional de Direitos Econômicos, Sociais e Culturais.
(C) Convenção sobre os Direitos da Criança.
(D) Convenção-Quadro das Nações Unidas sobre Mudanças Climáticas.
(E) Protocolo Adicional à Convenção Americana sobre Direitos Humanos em matéria de Direitos Econômicos, Sociais e Culturais.

O art. 11 do Protocolo Adicional à Convenção Americana de Direitos Humanos (Protocolo de San Salvador) dispõe que toda pessoa tem direito a viver em meio ambiente sadio e que os estados-partes devem promover a proteção, preservação e melhoramento do meio ambiente.

Gabarito "E".

(Defensoria Pública/SP – 2010 – FCC) Considere as seguintes afirmações:

I. O Alto Comissariado das Nações Unidas para Direitos Humanos, criado a partir de recomendação da Conferência Mundial sobre Direitos Humanos, tem por função coordenar as atividades desenvolvidas pelos demais órgãos da ONU a respeito do tema.
II. O Comitê de Direitos Humanos, criado pela Carta das Nações Unidas, tem por função produzir relatórios sobre a situação dos direitos humanos nos países integrantes da ONU.
III. A Comissão de Direitos Humanos, recentemente extinta, foi responsável pela redação dos principais tratados de direitos humanos das Nações Unidas e por desenvolver o sistema de "relatores especiais".
IV. O Conselho de Direitos Humanos, criado pelo Pacto Internacional de Direitos Civis e Políticos, tem por função receber denúncias de violação dos direitos previstos naquele instrumento das Nações Unidas.

Estão corretas SOMENTE as afirmações

(A) I e II.
(B) I e III.
(C) II e III.
(D) II e IV.
(E) III e IV.

I: correta. Na sequência das recomendações formuladas na Conferência Mundial de Direitos Humanos, criou-se, pela resolução 48/141 da Assembleia Geral da ONU, em 20 de Dezembro de 1993, o Escritório do Alto Comissário das Nações Unidas para Direitos Humanos (EACDH). O Alto Comissariado das Nações Unidas para Direitos Humanos representa o compromisso do mundo com os ideais universais da dignidade humana. **O Alto Comissariado é o principal órgão de direitos humanos das Nações Unidas e coordena os esforços da ONU em matéria de direitos humanos**. Tem também como função a supervisão do Conselho de Direitos Humanos; **II:** incorreta. O Comitê de Direitos Humanos, criado pelo art. 28 do Pacto Internacional de Direitos Civis e Políticos, é o órgão criado com o objetivo de controlar a aplicação, pelos estados-partes, das disposições deste instrumento; **III:** correta. Dentre suas competências, o Conselho Econômico e Social pode criar comissões para melhor executar suas funções. Com suporte em tal competência, a Comissão de Direitos Humanos da ONU foi criada em 1946. Todavia, conviveu com pesadas críticas, e, por fim, não resistiu e foi substituída em 16 de junho de 2006 pelo Conselho de Direitos Humanos – CDH – mediante a Resolução 60/251 adotada pela Assembleia Geral. Cabe aqui também apontar que a criação do Conselho de Direitos Humanos é uma tentativa simbólica de conferir paridade ao tema dos direitos humanos em relação aos temas segurança internacional e cooperação social e econômica, os quais têm conselhos específicos, respectivamente, Conselho de Segurança e Conselho Econômico e Social; **IV:** incorreta. Reler o comentário à assertiva III.

Gabarito "B".

(Defensor Público/BA – 2010 – CESPE) Acerca dos mecanismos de proteção internacional de direitos humanos, julgue os itens subsequentes.

(1) Qualquer pessoa ou grupo de pessoas, ou entidade não governamental legalmente reconhecida em um ou mais Estados-membros da Organização dos Estados Americanos pode apresentar diretamente à Corte Interamericana de Direitos Humanos petições que contenham denúncias ou queixas de violação dos termos da Convenção Americana de Direitos Humanos por um Estado-parte.

(2) A violação grave e sistemática dos direitos humanos das mulheres em um Estado pode ser investigada pelo Comitê sobre a Eliminação da Discriminação contra a Mulher, que recebe petições com denúncias de violação a esses direitos.

1: errada, pois a Corte Interamericana de Direitos Humanos só pode ser acionada pelos estados-partes ou pela Comissão; o indivíduo, conforme art. 61 da Convenção Americana de Direitos Humanos, fica proibido de apresentar petição à Corte; **2:** correta. Para monitorar o cumprimento, pelos estados-partes, das obrigações constantes na Convenção Internacional sobre a Eliminação de todas as formas de Discriminação contra a Mulher, foi criado o Comitê sobre a Eliminação da Discriminação contra a Mulher. Este será responsável para receber os relatórios confeccionados pelos estados-partes. As petições individuais e a possibilidade de realizar investigações *in loco* só foram possibilitadas, como mecanismos de controle e fiscalização, com a adoção do Protocolo Facultativo à Convenção Internacional sobre a Eliminação de todas as formas de Discriminação contra a Mulher. A decisão do Comitê não tem força vinculante, mas será publicada no relatório anual, o qual é encaminhado para a Assembleia Geral da ONU.

Gabarito 1E, 2C.

13. Direito Internacional Público e Privado

(Defensor Público/PE – 2018 – CESPE) A respeito da responsabilização internacional do Estado, julgue os itens a seguir.

I. Para que a responsabilidade internacional do Estado seja arguida, basta a presença de fato considerado ilícito, sendo despicienda a verificação do nexo causal.
II. O Estado não será responsabilizado internacionalmente por ato abusivo ou arbitrário praticado exclusivamente por seus agentes ou funcionários.
III. O Estado poderá ser responsabilizado pela conduta de particulares se falhar em prevenir ou em responder adequadamente pelo desaparecimento de pessoas.

Assinale a opção correta.
(A) Apenas o item I está certo.
(B) Apenas o item II está certo.
(C) Apenas o item III está certo.
(D) Apenas os itens I e II estão certos.
(E) Apenas os itens II e III estão certos.

I: errado, pois é necessária a verificação do nexo causal. O nexo de causalidade é o vínculo existente entre a conduta ilícita e o dano, ou seja, o dano deve decorrer diretamente do ato ilícito internacional; **II:** errado, pois a responsabilidade do Estado pode sim ser configurada com base em ato arbitrário de agentes ou funcionários públicos. O ato ilícito internacional normalmente é praticado por agentes do Poder Executivo. Mas é possível que o ilícito internacional resulte de atos oriundos do Poder Legislativo e do Judiciário; **III:** certo. O ilícito internacional proveniente de ato dos particulares não dá causa, por si só, à responsabilidade internacional do Estado; necessário se faz comprovar a falta de diligência do Estado, notadamente em seus deveres de prevenção e de repressão.

Gabarito "C".

(**Defensoria Pública da União – CESPE – 2015**) No que se refere ao direito internacional, julgue os itens seguintes.

(1) Normas *jus cogens* não podem ser revogadas por normas positivas de direito internacional.
(2) A Convenção das Nações Unidas sobre Imunidade Jurisdicional do Estado e de sua Propriedade garante a aplicação do princípio da imunidade absoluta do Estado.
(3) A Carta das Nações Unidas não se refere explicitamente à personalidade jurídica da Organização das Nações Unidas, ao passo que o Protocolo de Ouro Preto prevê que o MERCOSUL tenha personalidade jurídica de direito internacional.
(4) De acordo com a jurisprudência do STF, os tratados de direitos humanos e os tratados sobre direito ambiental possuem estatura supralegal.

1: incorreta. No gabarito oficial essa assertiva consta como errada, porém, está correta e em consonância com o disposto na Convenção de Viena sobre Direito dos Tratados (artigos 53 e 64); **2:** errado. A Convenção sobre as Imunidades dos Estados e seus Bens, adotada pela ONU, tem por linha-base a exclusão do âmbito de imunidade estatal as atividades de notável caráter econômico. No Brasil, por exemplo, o STF decidiu, no julgamento da ACI 9.696 em 1989, que Estado estrangeiro não tem imunidade em causa de natureza trabalhista, entendida como ato de gestão. Ou seja, todo ato de gestão que envolva relação civil, comercial ou trabalhista não se encontra abrangido pela imunidade de jurisdição estatal[48]. Assim, a imunidade recai apenas sobre os atos de império, mas pode ser afastada mediante concordância do Estado por ela beneficiado. Em geral, pode-se dizer que a imunidade jurisdicional estatal não mais incidirá nos processos provenientes de relação jurídica entre o Estado estrangeiro e o meio local – mais exatamente os particulares locais (atos de gestão ou *ius gestionis*); **3:** certo, pois, de fato, a Carta das Nações Unidas não possui previsão expressa nesse sentido, enquanto o Protocolo de Ouro Preto sim (art. 34); **D:** errado, pois apenas os tratados de direitos humanos possuem estatura supralegal.

Gabarito 1E, 2E, 3C, 4E

---

48. RO 00010567520145020041, TRT-2ª Região, SP. Ementa: Direito Internacional do Trabalho. Consulado e Embaixada do Reino da Espanha no Brasil. Contrato de trabalho que pactua a aplicação da lei brasileira. Serviços meramente administrativos. Atos de gestão. Matéria de ordem privada. Relativização da imunidade de jurisdição. (04/09/2015).

(**Defensoria Pública da União – CESPE – 2015**) Ainda no que concerne ao direito internacional, julgue os itens subsequentes.

(1) Segundo a Convenção de Viena sobre Direitos dos Tratados, o Estado é obrigado a abster-se de atos que frustrem o objeto e finalidade do tratado, quando houver trocado instrumentos constitutivos do tratado, sob reserva de aceitação.
(2) *Opinio juris* é um dos elementos constitutivos da norma costumeira internacional.
(3) No que concerne à aplicação da lei estrangeira no país, a Lei de Introdução às Normas do Direito Brasileiro refere-se expressamente ao princípio da ordem pública.
(4) A empresa transportadora responde, a qualquer tempo, pela saída do estrangeiro clandestino ou impedido do país.
(5) Compete ao diretor-geral da Polícia Federal determinar a instauração de inquérito para a expulsão do estrangeiro.
(6) Conforme o protocolo de Las Leñas, admite-se, no âmbito do MERCOSUL, que laudos arbitrais sejam reconhecidos na jurisdição estrangeira na língua oficial em que forem proferidos, desde que haja reciprocidade.
(7) O Código Penal brasileiro prevê a aplicação do princípio da jurisdição universal a estrangeiros, incluindo-se os casos em que haja violações de normas costumeiras de direito internacional.
(8) O Brasil denunciou a Convenção de Nova York sobre Prestação de Alimentos no Estrangeiro em novembro de 2014.

1: certo (art. 18 da Convenção de Viena sobre o Direito dos Tratados); **2:** certo. Para ser considerado costume internacional, é necessário que a prática seja geral e reiterada (elemento objetivo ou material), e aceita como o Direito[49] (elemento subjetivo ou psicológico). A Corte Internacional de Justiça definiu o que é o costume no conhecido julgamento do caso da Plataforma Continental do Mar do Norte, em 1969, descrevendo o conceito como "(...) a prática reiterada, acompanhada da convicção quanto a ser obrigatória essa prática, por tratar-se de norma jurídica". Trata-se do costume qualificado pela *opinio juris*[50]; **3:** certo (art. 17 da LINDB); **4:** certo (art. 27 da Lei 6.815/1980); **5:** errado, pois compete ao Ministro da Justiça (art. 68, parágrafo único, da Lei 6.815/1980); **6:** errado (art. 20, *b*, do Protocolo de Las Leñas); **7:** errado, pois o Código Penal brasileiro não faz previsão do tipo; **8:** errado, pois essa informação não procede.

Gabarito 1C, 2C, 3C, 4C, 5E, 6E, 7E, 8E

(**Defensor Público –DPE/ES – 2016 – FCC**) A Convenção sobre os Aspectos Civis do Sequestro Internacional de Crianças trata, prioritariamente, de situações como a de

(A) reparação de danos morais e materiais a crianças e adolescentes vítimas de quadrilha especializada em tráfico internacional de pessoas.

---

49. Prática necessária, justa e correta.
50. "A opinio juris (convicção do Direito) não é apenas um acordo tácito ou abstrato de vontades (como pretendem os voluntaristas), mas sim a crença prematura dos atores da sociedade internacional (criadores daqueles "precedentes" já referidos) de que aquilo que se pratica reiteradamente se estima obrigatório pelo fato de ser justo e pertencente ao universo do Direito" (MAZZUOLI, V. O. Curso de Direito Internacional Público. 6. ed. São Paulo: Ed. RT, 2012. p. 124.).

(B) uma criança que vive no Brasil, sob guarda judicial da tia e vai visitar o pai no exterior, oportunidade em que o pai retém a criança e não permite seu retorno ao Brasil.

(C) um adolescente que viaja ao exterior, com autorização dos pais, para realizar intercâmbio educacional e decide não voltar ao país.

(D) assegurar a devolução de criança ou adolescente que foi deixado pelos pais com amigos, em país estrangeiro, sem regularização da guarda.

(E) outorga excepcional de nacionalidade ou direito de permanência a criança estrangeira que resida há mais de cinco anos em país para o qual foi levada contra sua vontade.

A citada Convenção trata especialmente de situações como a descrita na assertiva "B" (arts. 1º e 3º da Convenção sobre os Aspectos Civis do Sequestro Internacional de Crianças).
Gabarito "B".

(Defensor Público –DPE/RN – 2016 – CESPE) Quanto ao tratamento dispensado a crianças e adolescentes no âmbito das normas internacionais, assinale a opção correta.

(A) A Convenção sobre os Aspectos Civis do Sequestro Internacional de Crianças aplica-se à criança que tenha residência habitual em um Estado contratante até que ela complete dezoito anos de idade.

(B) Embora a Convenção dos Direitos da Criança contemple direitos relativos à proteção da saúde da criança, tais como assistência médica e cuidados sanitários, ela é silente quanto aos direitos inerentes à previdência social, que são objeto de convenção internacional específica.

(C) As normas da Convenção Relativa à Proteção das Crianças e à Cooperação em Matéria de Adoção Internacional incorporadas pelo ECA permitem a adoção de criança brasileira por estrangeiros residentes no exterior, ainda que não se tenham esgotado as possibilidades de colocação dessa criança em família substituta brasileira.

(D) Segundo o STJ, a Convenção sobre os Aspectos Civis do Sequestro Internacional de Crianças não objetiva discutir o direito de guarda de criança, mas sim as questões vinculadas à retirada ilegal de criança de seu país e(ou) a retenção indevida de criança em local que não o de sua residência habitual.

(E) Segundo as Regras de Beijing, a sanção aplicável ao jovem que cometer ato infracional deverá ser específica e única, princípio que torna inadmissível a aplicação simultânea de uma medida de liberdade assistida e uma de prestação de serviços à comunidade.

A: incorreta, pois a idade limite para aplicação é dezesseis anos (art. 4º da Convenção sobre os Aspectos Civis do Sequestro Internacional de Crianças; **B**: incorreta, pois esse direito está previsto (art. 26, ponto 1, da Convenção dos Direitos da Criança); **C:** incorreta (art. 51, § 1º, do ECA); **D:** correta (Informativo 559 do STJ, 2015); **E:** incorreta, pois é possível a aplicação de medidas simultaneamente (art. 18 das Regras de Beijing).
Gabarito "D".

3. DIREITO PENAL

Eduardo Dompieri

1. CONCEITO, FONTES E PRINCÍPIOS

(Defensor Público –DPE/MT – 2016 – UFMT) O princípio da insignificância ou da bagatela exclui a

(A) punibilidade.
(B) executividade.
(C) tipicidade material.
(D) ilicitude formal.
(E) culpabilidade.

A incidência do princípio da insignificância (delito de bagatela) constitui causa supralegal de exclusão da *tipicidade* material. Não há, portanto, repercussão no campo da *antijuridicidade (ilicitude), da punibilidade e da culpabilidade*. Segundo entendimento consolidado no STF, o reconhecimento do princípio da insignificância está condicionado à conjugação dos seguintes vetores: i) mínima ofensividade da conduta do agente; ii) nenhuma periculosidade social da ação; iii) reduzido grau de reprovabilidade do comportamento; iv) inexpressividade da lesão jurídica provocada.

Gabarito "C".

(Defensor Público/TO – 2013 – CESPE) Com relação aos princípios da insignificância e da irrelevância penal do fato, assinale a opção correta.

(A) Os princípios da insignificância e da irrelevância penal do fato não contam com previsão expressa no direito penal brasileiro.
(B) O reconhecimento do princípio da irrelevância penal do fato implica a atipicidade da conduta do agente.
(C) A aplicação do princípio da insignificância de modo a tornar a ação atípica exige a satisfação, de forma concomitante, de certos requisitos estabelecidos pelo STF, os quais têm relação, apenas, com o desvalor da conduta do agente, e não com o resultado por ele ocasionado.
(D) A existência de condenações criminais pretéritas imputadas a um indivíduo impede a posterior aplicação do princípio da insignificância, consoante a jurisprudência do STF.
(E) Infração bagatelar Imprópria é a que surge sem nenhuma relevância penal, porque não há desvalor da ação ou um relevante desvalor do resultado que mereça a incidência do direito penal.

A: incorreta. Ensina Luiz Flávio Gomes que "o princípio da irrelevância penal do fato está contemplado (expressamente) no art. 59 do CP e apresenta-se como consequência da desnecessidade da pena, no caso concreto; já o princípio da insignificância, ressalvadas raras exceções, não está previsto expressamente no direito brasileiro (é pura criação jurisprudencial), fundamentado nos princípios gerais do Direito Penal (**Direito penal – Parte Geral**. 2. ed. São Paulo: RT, 2009. vol. 2, p. 220). A propósito deste tema, cabem aqui alguns esclarecimentos acerca da distinção entre esses dois princípios. Ainda segundo o magistério de Luiz Flávio Gomes, "uma coisa é o princípio da irrelevância penal do fato, que conduz à sua não punição concreta e que serve como cláusula geral para um determinado grupo de infrações (para as infrações bagatelares impróprias) e, outra, muito distinta, é o princípio da insignificância *tout court*, que se aplica para as infrações bagatelares próprias e que dogmaticamente autoriza excluir do tipo penal as ofensas (lesões ou perigo concreto) de mínima magnitude, ou nímias, assim como as condutas que revelem exígua idoneidade ou potencialidade lesiva. As infrações bagatelares são próprias quando já nascem bagatelares (...)" (**Direito Penal – parte geral**. 2. ed. São Paulo: RT, 2009. vol. 2, p. 219). Devem ser consideradas impróprias, por seu turno, as infrações que, embora não nasçam insignificantes, assim se tornam posteriormente; **B:** incorreta, pois as infrações bagatelares impróprias já nascem relevantes para o direito (presentes as tipicidades formal e material), mas, conforme já assinalado, depois se verifica que a incidência da pena no caso concreto se revela desnecessária; de outro lado, o reconhecimento do princípio da insignificância (infração bagatelar própria) acarreta, aí sim, a atipicidade material da conduta do agente; **C:** incorreta. Para o STF, o reconhecimento do postulado da insignificância condiciona-se à presença de certos vetores, que pressupõem a análise tanto da conduta quanto do resultado. São eles: *inexpressividade da lesão jurídica provocada; mínima ofensividade da conduta; nenhuma periculosidade social da ação;* e *reduzidíssimo grau de reprovabilidade do comportamento*. Vide, nesse sentido: STF, HC 98.152-6/MG, 2ª T., j. 19.05.2009, rel. Min. Celso de Mello, *DJe* 05.06.2009; **D:** correta. A jurisprudência do STF não é unânime em afirmar que a reincidência impede o reconhecimento do crime de bagatela. Nesse sentido: "*Reincidência e princípio da insignificância*. Ante o empate na votação, a 2ª Turma deferiu *habeas corpus* impetrado em favor de condenado à pena de 10 meses de reclusão, em regime semiaberto, pela prática do crime de furto tentado de bem avaliado em R$ 70,00. Reputou-se, ante a ausência de tipicidade material, que a conduta realizada pelo paciente não configuraria crime. Aduziu-se que, muito embora ele já tivesse sido condenado pela prática de delitos congêneres, tal fato não poderia afastar a aplicabilidade do referido postulado, inclusive porque estaria pendente de análise, pelo Plenário, a própria constitucionalidade do princípio da reincidência, tendo em vista a possibilidade de configurar dupla punição ao agente. Vencidos os Ministros Joaquim Barbosa, relator, e Ayres Britto, que indeferiam o *writ*, mas concediam a ordem, de ofício, a fim de alterar, para o aberto, o regime de cumprimento de pena, HC 106510/MG, rel. orig. Min. Joaquim Barbosa, red. p/o acórdão Min. Celso de Mello, 22.03.2011. (HC-106510)" (**Informativo** 620 do STF). Mais recentemente, o plenário do STF, em julgamento conjunto de três HCs, adotou o entendimento no sentido de que a incidência ou não do postulado da insignificância em favor de agentes reincidentes ou com maus antecedentes autores de crimes patrimoniais desprovidos de violência ou grave ameaça deve ser aferida caso a caso. *Vide* HCs 123.108, 123.533 e 123.734; **E:** incorreta, visto que a assertiva se refere à infração bagatelar própria (insignificância).

Gabarito "D".

(Defensor Público/TO – 2013 – CESPE) Considerando os princípios básicos de direito penal, assinale a opção correta.

(A) O princípio da culpabilidade impõe a subjetividade da responsabilidade penal. Logo, repudia a responsabilidade objetiva, derivada, tão só, de uma relação causal entre a conduta e o resultado de lesão ou perigo a um bem jurídico, exceto no caso dos crimes perpetrados por pessoas jurídicas.

(B) Os princípios da legalidade e da irretroatividade da lei penal são aplicáveis à pena cominada pelo legislador, aplicada pelo juiz e executada pela administração, não sendo, todavia, esses princípios extensíveis às medidas de segurança, dotadas de escopo curativo e não punitivo.

(C) Constituem funções do princípio da lesividade, proibir a incriminação de atitudes internas, de condutas que não excedam a do próprio autor do fato, de simples estados e condições existenciais e de condutas moralmente desviadas que não afetem qualquer bem jurídico.

(D) O princípio da intervenção mínima não está previsto expressamente no texto constitucional nem pode dele ser inferido.

(E) O princípio da humanidade proíbe a instituição de penas cruéis, como a de morte e a de prisão perpétua, mas não a de trabalhos forçados.

A: incorreta. Pelo *princípio da culpabilidade* ou da *responsabilidade subjetiva*, ninguém pode ser punido se não houver agido com dolo ou culpa, sendo vedada, portanto, em Direito Penal, a responsabilidade objetiva, garantia que também se aplica no caso dos crimes praticados por pessoas jurídicas (crimes ambientais). Assertiva, portanto, incorreta; **B:** incorreta, já que as medidas de segurança – *internação* e *tratamento ambulatorial* –, previstas no art. 96, I e II, do CP, devem, sim, assim como a pena, obediência ao *princípio da legalidade e irretroatividade da lei penal*. A esse respeito, vide: STF, HC 84.219/SP, 1ª T., j. 16.08.2005, rel. Min. Marco Aurélio, *DJ* 23.09.2005; **C:** correta. Pelo *princípio da lesividade*, é inconcebível a incriminação de uma conduta não lesiva ou geradora de ínfima lesão. Ou seja: o legislador só está credenciado a criar tipos penais capazes de causar lesão a bens jurídicos alheios; **D:** incorreta. A despeito de o *princípio da intervenção mínima* não se encontrar expressamente contemplado no texto da Constituição Federal de 1988, esta, ao proclamar, em seu art. 5º, a inviolabilidade dos direitos à liberdade, à vida, à igualdade, à segurança e à propriedade e adotar, no art. 1º, III, como fundamento do Estado Democrático de Direito, a dignidade da pessoa humana, induz à conclusão de que o postulado da intervenção mínima está em perfeita harmonia com o modelo constitucional vigente, do qual decorre. No caso do adultério, que deixou de ser crime com o advento da Lei 11.106/2005, que revogou o art. 240 do CP e gerou *abolitio criminis*, deve-se levar em consideração o *princípio da intervenção mínima*, na medida em que as regras previstas na legislação civil atinentes à matéria vinham se mostrando suficientes e apropriadas, sendo desnecessário, portanto, recorrer-se ao direito penal, que deve sempre ser visto, dada sua *fragmentariedade*, como a última opção do legislador para dirimir conflitos na sociedade; **E:** incorreta, pois o princípio da humanidade também pressupõe a proibição da pena de trabalhos forçados (art. 5º, XLVII, CF/1988).
Gabarito "C".

(Defensor Público/AM – 2010 – I. Cidades) Sobre os princípios da legalidade e da anterioridade (artigo 1º do Código Penal) é correto afirmar:

(A) pelo princípio da legalidade compreende-se que ninguém responderá por um fato que a lei penal preveja como crime e, pelo princípio da anterioridade compreende-se que alguém somente responderá por crime devidamente previsto em lei que tenha entrado em vigor um ano anteriormente à prática da conduta;

(B) os princípios da legalidade e da anterioridade pressupõem a existência de lei anterior à prática de uma determinada conduta para que esta possa ser considerada como crime;

(C) tais princípios são sinônimos e significam a necessidade da existência de lei para que uma conduta seja considerada crime;

(D) são incompatíveis um com o outro, já que pressupõem circunstâncias diversas;

(E) pelo princípio da anterioridade compreende-se a previsão anterior de determinada conduta como criminosa independentemente de definição por lei em sentido estrito.

A: assertiva incorreta. O *princípio da legalidade* ou da *reserva legal*, estampado no art. 5º, XXXIX, da CF, bem como no art. 1º do CP, preconiza que os tipos penais só podem ser criados por lei em sentido formal. É vedado, pois, ao legislador fazer uso de decretos ou outras formas legislativas para conceber tipos penais. Alguns doutrinadores consideram o princípio da legalidade *gênero*, do qual são espécies os princípios da reserva legal e o da anterioridade. Este, por sua vez, significa que a lei deve ser *anterior* ao fato que se pretende punir (não há crime sem lei *anterior* que o defina – art. 5º, XXXIX, da CF). No mais, o legislador não estabeleceu o prazo mencionado na assertiva. O período de vacância ficará a critério do legislador em cada caso, que julgará o interregno necessário ao conhecimento e adaptação à nova lei; **B:** assertiva correta. Para que determinado comportamento humano seja considerado criminoso, é de rigor que a lei que o reputar como tal seja anterior ao cometimento da conduta. Mais: os tipos penais só podem ser veiculados por meio de lei em sentido estrito, formal; **C:** incorreta, pois o postulado da legalidade se refere à necessidade de lei em sentido formal, ao passo que o da anterioridade exige que a lei seja anterior ao fato. Pode-se dizer que o princípio da anterioridade constitui um desdobramento do princípio da legalidade; **D:** incorreta. Além de constituir um desdobramento do outro, eles devem coexistir; **E:** incorreta, pois os dois postuladores devem coexistir.
Gabarito "B".

(Defensor Público/GO – 2010 – I. Cidades) Raskolnikov subtraiu seis vales-transporte (R$13,50), para si, mediante grave ameaça exercida com arma de brinquedo. Penalmente, a conduta de Raskolnikov configura

(A) crime de roubo.

(B) fato típico não punível pelo princípio da insignificância.

(C) fato atípico pelo princípio da proporcionalidade penal.

(D) crime de estelionato.

(E) crime de furto mediante fraude.

É firme a jurisprudência dos tribunais superiores no sentido de que é inaplicável o princípio da insignificância nas hipóteses de cometimento de crime de roubo, ainda que se trate de valor ínfimo. Sucede que, por se tratar de delito complexo, o roubo atinge, além do patrimônio, a integridade física e a liberdade da vítima. Nesse sentido: "Princípio da Insignificância e Crime de Roubo – 1. A Turma iniciou julgamento de *habeas corpus* no qual a Defensoria Pública da União pleiteia o reconhecimento do princípio da insignificância em favor de condenado por roubo (CP, art. 157, § 2º, II), em decorrência de haver empregado grave ameaça para subtrair, em companhia de dois adolescentes, a quantia de R$ 3,25 (três reais e vinte e cinco centavos). O Min. Dias Toffoli, relator, indeferiu o writ. Enfatizou que, apesar de ínfimo o valor subtraído, houvera concurso de pessoas, com adolescentes, o que agravaria o contexto. Reportou-se, ademais, a jurisprudência do STF no sentido de ser inaplicável o princípio da insignificância ao delito de roubo. Após, o julgamento foi suspenso em virtude do pedido de vista do Min. Carlos Britto. HC 97190/GO, rel. Min. Dias Toffoli, 10.11.2009. (HC-97190). Princípio da Insignificância e Crime de Roubo – 2. Em conclusão de julgamento, a Turma, por maioria, indeferiu *habeas corpus* no qual a Defensoria Pública da União pleiteava o reconhecimento do princípio da insignificância em favor de condenado por roubo majorado pelo concurso de pessoas (CP, art. 157, § 2º, II) — v. Informativo 567. Na espécie o paciente, em companhia de dois adolescentes, empregara grave ameaça, simulando portar arma de fogo sob a camiseta, e subtraíra a quantia de R$ 3,25. Enfatizou-se que, apesar de ínfimo o valor subtraído, houvera concurso de pessoas, dentre as quais adolescentes, o que agravaria o contexto. Reportou-se, ademais, à jurisprudência do STF no sentido de ser inaplicável o princípio da insignificância ao delito de roubo. O Min. Ayres Britto destacou que o reconhecimento do mencionado princípio, na situação concreta dos autos, poderia servir como estímulo à prática criminosa. Vencido o Min. Marco Aurélio que deferia o *writ* por concluir pela insignificância do procedimento, ante a peculiaridade da situação. HC 97190/GO, rel. Min. Dias Toffoli, 10.8.2010. (HC-97190) (Inform. STF 595)"

Gabarito "A".

(Defensor Público/GO – 2010 – I. Cidades) É pacífico, na doutrina e na jurisprudência, que o agente que furta objetos de valor irrisório deve ser absolvido com base no princípio da insignificância, uma vez que, nessas circunstâncias, está excluída

(A) a tipicidade formal.
(B) a tipicidade material.
(C) a ilicitude da conduta.
(D) a culpabilidade do agente.
(E) a punibilidade da conduta.

O *princípio da insignificância* funciona como *causa supralegal de exclusão da tipicidade* (material), atuando como instrumento de interpretação restritiva do tipo penal. Nesse sentido: STJ, REsp. 1171091-MG, 5ª T., rel. Min. Arnaldo Esteves Lima, 16.03.10. Seu reconhecimento, segundo jurisprudência hoje sedimentada, está condicionado à coexistência dos seguintes requisitos: mínima ofensividade da conduta; nenhuma periculosidade social da ação; reduzido grau de reprovabilidade do comportamento; e inexpressividade da lesão jurídica provocada (STF, HC 98.152-MG, 2ª T., rel. Min. Celso de Mello, 19.05.2009).

Gabarito "B".

(Defensoria/MT – 2009 – FCC) O crime de furto, com arrombamento em casa habitada, absorve os delitos de dano e invasão de domicílio. Nesse caso, o conflito aparente de normas foi solucionado pelo princípio da

(A) consunção.
(B) especialidade.
(C) subsidiariedade.
(D) alternatividade.
(E) legalidade.

O *princípio da consunção* refere-se ao conflito aparente de normas. Além dele, necessário se faz recorrer a outros princípios com o fito de solucionar o conflito aparente de normas. Terá lugar o princípio da consunção sempre que certo crime constitua fase de preparação ou de execução de outro (crime-fim).

Gabarito "A".

(Defensoria/MT – 2007) O princípio que impõe a verificação da compatibilidade entre os meios empregados pelo elaborador da norma e os fins que busca atingir, aferindo a legitimidade destes últimos, de forma que somente presentes estas condições poder-se-á admitir a limitação a algum direito individual, denomina-se princípio da

(A) proporcionalidade.
(B) individualização da pena.
(C) intervenção mínima.
(D) culpabilidade.

A aferição do respeito ao princípio da proporcionalidade passa pela necessidade e adequação da providência legislativa; deve-se, portanto, perquirir se aquela providência guarda adequada relação custo-benefício para o destinatário da norma e também para o ordenamento jurídico.

Gabarito "A".

(Defensoria/MT – 2007) Existem hipóteses em que parece haver concorrência de vários tipos penais, mas que, observadas com mais atenção, revelam que o fenômeno é apenas aparente, porque na interpretação adequada dos tipos a concorrência acaba descartada. É o que a doutrina usualmente denomina de conflito aparente de normas ou concurso aparente de leis. Nesse contexto, o infanticídio prevalece sobre o homicídio em face da aplicação do princípio da

(A) consunção.
(B) especialidade.
(C) subsidiariedade.
(D) alternatividade.
(E) atividade.

É hipótese de incidência do **princípio da especialidade**, na medida em que o delito de infanticídio, capitulado no art. 123 do CP, por ser norma especial, contém todos os elementos da norma geral (homicídio – art. 121, CP) mais os chamados **especializantes**.

Gabarito "B".

(Defensor Público/PA – 2006 – UNAMA) Afirma-se que o Direito Penal moderno é concebido como uma instância de controle social formalizado, cuja intervenção deve ser a última alternativa utilizada quando das lesões graves a bens jurídicos penalmente protegidos. Face a essa afirmativa marque, nas proposições abaixo, aquela que contém os princípios relacionados ao texto.

(A) Princípio da Lesividade e Princípio da Adequação Social.
(B) Princípio da Intervenção Mínima e Princípio da Lesividade.
(C) Princípio da Legalidade e Princípio da Fragmentariedade.
(D) Princípio da Insignificância e Princípio da Lesividade.

Pelo princípio da intervenção mínima, o direito penal deve intervir o mínimo possível na vida das pessoas, já que não deixa de representar uma forma de violência, com repercussão no campo da liberdade. Desse modo, somente se deve lançar mão desse ramo do direito quando os demais se revelarem insuficientes para dirimir conflitos na sociedade. Cito aqui um exemplo: no caso do adultério, que deixou de ser crime com o advento da Lei 11.106/05, que revogou o art. 240 do CP e gerou *abolitio criminis*, as regras previstas na legislação civil atinentes à matéria vinham se mostrando suficientes e apropriadas, sendo desnecessário, portanto, recorrer-se ao direito penal, que deve sempre ser visto como a *ultima ratio*. Pelo postulado da lesividade, é inconcebível a incriminação de uma conduta não lesiva ou geradora de ínfima lesão. Ou seja, o legislador somente está credenciado a criar tipos penais capazes de causar lesão a bens jurídicos alheios.

Gabarito "B".

(Defensoria Pública/SP – 2010 – FCC) O postulado da fragmentariedade em matéria penal relativiza

(A) a função de proteção dos bens jurídicos atribuída à lei penal.

(B) o caráter estritamente pessoal que decorre da norma penal.

(C) a proporcionalidade entre o fato praticado e a consequência jurídica.

(D) a dignidade humana como limite material à atividade punitiva do Estado.

(E) o concurso entre causas de aumento e diminuição de penas.

Por este princípio, o Direito Penal deve sempre ser visto como a *ultima ratio*, ou seja, deve ocupar-se tão somente das condutas mais deletérias, mais graves. Representa, por isso, um *fragmento*, uma pequena parcela do ordenamento jurídico.
Gabarito "A".

(Defensoria/SP – 2007 – FCC) A corrente pós-positivista empresta caráter normativo aos princípios constitucionais penais. Estas normas, portanto, deixam de ser informadoras e assumem a natureza de direito positivo, possibilitando ao defensor público este manejo. Encontram-se na Constituição Federal os seguintes princípios constitucionais penais:

(A) legalidade dos delitos e das penas, culpabilidade, proporcionalidade, individualização da pena e da execução e personalidade da pena.

(B) legalidade dos delitos e das penas, proporcionalidade, individualização e presunção de inocência.

(C) anterioridade e irretroatividade da lei, individualização da pena e da execução, proporcionalidade e personalidade da pena.

(D) reserva legal, culpabilidade, imprescritibilidade, individualização e personalidade da pena.

(E) legalidade dos delitos e das penas, individualização da pena e da execução e personalidade da pena.

Art. 5º, XXXIX, da CF (princípio da legalidade); art. 1º, III, da CF (princípio da culpabilidade como corolário do da dignidade da pessoa humana); art. 5º, XLVI, da CF (princípio da proporcionalidade como corolário do da individualização); art. 5º, XLVI, da CF (princípio da individualização da pena); art. 5º, XLV, da CF (princípio da personalidade da pena).
Gabarito "A".

(Defensoria/SP – 2007 – FCC) A diferença entre crime e contravenção penal está estabelecida

(A) pelo Código Penal.
(B) pela Lei de Contravenções Penais.
(C) pela Lei nº 9.099/1995 (Juizados Especiais).
(D) pela Lei de Introdução ao Código Penal.
(E) pela Constituição Federal.

A distinção entre as duas espécies de infração penal, que não reside no aspecto ontológico, está contida no art. 1º da Lei de Introdução ao Código Penal (Decreto-Lei 3.914/1941), segundo o qual *crime* é a infração penal que comporta as penas de reclusão ou de detenção, quer isoladamente, alternativamente ou cumulativamente com a pena de multa; *contravenção*, a infração que admite as penas de prisão simples ou multa, ou ambas, alternativa ou cumulativamente.
Gabarito "D".

2. APLICAÇÃO DA LEI NO TEMPO E NO ESPAÇO

(Defensor Público/RO – 2012 – CESPE) Luciano, brasileiro, servidor público estadual, em viagem de serviço à Argentina, utilizou o cartão de crédito governamental a que tinha acesso autorizado para adquirir, em agência de turismo situada em Buenos Aires, em seu proveito e de Bernadete, sua esposa, um pacote turístico que incluía passagens aéreas e um cruzeiro marítimo pelas costas argentina e brasileira, a bordo de um navio pertencente a uma empresa espanhola. Bernadete, eufórica com sua primeira viagem de navio, confidenciou a Cristiane, sua amiga, que gastariam tudo por conta do cartão do governo. Bernadete viajou de sua cidade a Buenos Aires, na Argentina, onde se encontrou com Luciano, e embarcaram no navio. Na primeira parada, em Porto Alegre – RS, Bernadete, no momento em que Luciano estava na piscina do navio, entrou clandestinamente no camarote de Diego, diplomata uruguaio, que, naquele momento, usava a academia de ginástica do navio, e subtraiu do local dois mil dólares norte-americanos, mas foi detida pelos seguranças do navio em sua cabine, após ter sido flagrada pelo sistema de câmera de vigilância.

Nessa situação hipotética,

(A) Luciano e Bernadete praticaram crime de furto qualificado mediante concurso de pessoas, devendo responder perante a lei brasileira.

(B) Caso sejam denunciados pelo uso irregular do cartão de crédito do governo, Luciano e Bernadete devem ser processados pelo crime de emprego irregular de verbas ou rendas públicas perante a justiça brasileira, e Bernadete será processada, ainda, pelo crime de furto simples, também pela lei brasileira.

(C) Luciano não praticou crime de furto, mas cometeu crime de emprego irregular de verbas ou rendas públicas, devendo responder por ele de acordo com a lei brasileira; Bernadete praticou somente crime de furto, devendo ser processada pela lei brasileira.

(D) Bernadete praticou os crimes de peculato e de furto simples, devendo responder pelo primeiro crime perante a lei brasileira e, pelo segundo crime, perante a lei uruguaia visto que Diego é diplomata uruguaio.

(E) Luciano e Bernadete praticaram o crime de peculato, e Bernadete cometeu, ainda, o crime de furto simples, devendo ambos ser processados perante a lei brasileira.

Não se confundem os crimes de peculato e de emprego irregular de verbas ou rendas públicas, previstos, respectivamente, nos arts. 312 e 315 do CP. No crime do art. 312 do CP, o funcionário público se apropria ou subtrai verbas em proveito próprio ou de terceiro. É este o caso narrado no enunciado, dado que os beneficiários da utilização do cartão governamental foram Luciano e sua esposa, Bernadete. No caso do crime do art. 315 do CP, a situação é bem outra. Aqui, o emprego das verbas ou rendas públicas se dá em benefício da própria Administração. O funcionário, de forma diversa da imposta pela lei, dá outra destinação ao objeto material do delito. A conduta do casal, portanto, se amolda à

descrição típica contida no art. 312 do CP. Aqui vale uma observação. Embora Bernadete não seja funcionária pública, qualidade exclusiva de Luciano, pelo crime de peculato também deverá, junto com ele, responder, posto que tal qualidade (ser funcionário público), porque elementar do crime em questão, deve, por expressa disposição do art. 30 do CP, comunicar-se ao coautor/partícipe que, de alguma forma, haja contribuído. Além do crime praticado contra a Administração Pública, consta do enunciado que Bernadete, sem o conhecimento de Luciano, que estava dormindo, subtraiu, do camarote de Diego, diplomata uruguaio, a importância de dois mil dólares em espécie, incorrendo, por isso, nas penas do crime de furto simples (art. 155, *caput*, do CP). Não há que se falar em coautoria/participação na prática deste crime contra o patrimônio, entre Bernadete e Luciano, já que este, como já dito, não tomou partido da prática delituosa, cuja responsabilidade, pois, deve ser atribuída tão somente a Bernadete. Além disso, embora este crime tenha sido praticado a bordo de embarcação estrangeira (espanhola), a lei a ser aplicada, neste caso, é a brasileira, dado que o navio, que é de propriedade privada, achava-se atracado em porto brasileiro (princípio da territorialidade – art. 5°, § 2°, do CP). Por fim, o crime de peculato, mesmo tendo sido praticado fora do território nacional, sujeita-se, por força do que dispõe o art. 7°, I, b, do CP, à lei penal brasileira. Cuida-se de hipótese de extraterritorialidade incondicionada. A lei brasileira, neste caso, será aplicada ao crime cometido no estrangeiro contra o patrimônio ou a fé pública da Administração Pública por quem está a seu serviço, independente de qualquer condição.
Gabarito "E".

(Defensor Público/AM – 2010 – I. Cidades) Em relação à *novatio legis* incriminadora, a *novatio legis in pejus*, *abolitio criminis* e a *novatio legis in mellius*, assinale o que for errado.

(A) dá-se a *novatio legis* incriminadora quando a lei penal definir nova conduta como infração penal;

(B) caracteriza-se a *novatio legis in pejus* quando a lei penal redefinir infrações penais, dando tratamento mais severo a condutas já punidas pelo direito penal, quer criminalizando o que antes era contravenção penal, quer apenas conferindo disciplina mais gravosa;

(C) ocorre a *abolitio criminis* quando, por exemplo, a lei penal abolir uma contravenção penal, como foi o caso da revogação do artigo 60 da Lei das Contravenções Penais;

(D) tem-se a *novatio legis in mellius* quando a lei penal definir fatos novos como infração penal, também denominada "neocriminalização".

(E) as situações de *novatio legis* e *abolitio criminis* são tratadas pelo artigo 2° do Código Penal e dizem respeito à disciplina da lei penal no tempo.

A: correta. *Novatio legis* incriminadora é a lei que passa a considerar determinada conduta, até então atípica, como criminosa. Desnecessário dizer que a lei nova incriminadora não retroage, pois, antes dela, o fato era atípico; **B**: correta. *Novatio legis in pejus* é a lei nova que de alguma forma é prejudicial à situação do réu. Esta lei, por conta dessa característica (*lex gravior*), é irretroativa – art. 5°, XL, da CF. A solução, neste caso, é projetar os efeitos da lei revogada (mais benéfica) para o futuro e aplicá-la aos fatos (ultratividade da lei penal mais benéfica); **C**: correta. Configurada estará a *abolitio criminis* sempre que a lei posterior deixar de considerar determinado fato como crime (art. 2°, *caput*, do CP). Sua ocorrência faz desaparecer todos os efeitos penais, principais e secundários; subsistem, no entanto, os civis (extrapenais), por força do que dispõe o art. 2°, *caput*, parte final do CP. A revogação do art. 60 da LCP (mendicância) é típico exemplo de *abolitio criminis*, isso porque o termo "crime", do art. 2°, *caput*, do CP, tem sentido amplo, abrangendo as duas modalidades de infração penal (crime e contravenção); **D**: incorreta (deve ser assinalada), já que *novatio legis in mellius* pressupõe a existência de uma lei em relação à qual a lei nova (mais benéfica) produziu uma melhora na situação do réu. Sendo assim, a lei posterior, mais benéfica, retroagirá, na forma dos arts. 5°, XL, da CF e 2°, parágrafo único, do CP; **E**: correta. As situações de *novatio legis* e *abolitio criminis* de fato são disciplinadas no art. 2° do CP, mas encontram seu fundamento no art. 5°, XL, da CF.
Gabarito "D".

(Defensoria/MA – 2009 – FCC) Sobre a aplicação da lei penal e da lei processual penal no tempo, desde que não sejam de natureza mista,

(A) vigora apenas o mesmo princípio da irretroatividade.

(B) vigora apenas o mesmo princípio da ultratividade da lei mais benéfica.

(C) vigoram princípios diferentes em relação a cada uma das leis.

(D) vigoram princípios diferentes em relação a cada uma das leis, salvo ultratividade da lei mais benéfica.

(E) vigoram os mesmos princípios da irretroatividade e da ultratividade da lei mais benéfica.

Art. 5°, XL, da CF e art. 2° do CPP. O dispositivo constitucional que estabelece que a lei não retroagirá faz alusão tão somente à lei penal. A lei processual penal, conforme preceitua o art. 2° do CPP, terá aplicação imediata, disciplinando o restante do processo. Não tem, pois, efeito retroativo. Vige, em relação a elas, o *tempus regit actum*. A exceção a essa regra fica por conta da lei processual penal dotada de carga material (natureza mista ou híbrida), em que deverá ser aplicado o que estabelece o art. 2°, parágrafo único, do CP. Nesse caso, a exemplo do que se dá com as leis penais, a norma processual nova, se favorável ao réu, deverá retroagir; se prejudicial, aplica-se a lei já revogada (*lex mitior*).
Gabarito "C".

(Defensoria/SE – 2006 – CESPE) Julgue o item seguinte.

(1) A lei posterior que, de qualquer modo, favorecer o agente configura a *abolitio criminis*, que, de regra, somente não é aplicável aos fatos anteriores definitivamente decididos por sentença transitada em julgado.

1: incorreta. A lei posterior que, de alguma forma, favorecer o agente configura *novatio legis in mellius*, que, a teor do art. 2°, parágrafo único, parte final, do CP, retroagirá em qualquer fase, inclusive após o trânsito em julgado.
Gabarito 1E.

3. CONCEITO E CLASSIFICAÇÃO DOS CRIMES

(Defensor Público/PE – 2018 – CESPE) Com relação à classificação dos crimes, julgue os itens a seguir.

I. Denomina-se crime plurissubsistente o crime cometido por vários agentes.

II. Se o sujeito fizer tudo o que está ao seu alcance para a consumação do crime, mas o resultado não ocorrer por circunstâncias alheias a sua vontade, configura-se crime falho.

III. Havendo, em razão do tipo, dois sujeitos passivos, o crime é denominado vago.

IV. Crime habitual cometido com ânimo de lucro é denominado crime a prazo.

V. Crime praticado por intermédio de automóvel é denominado delito de circulação.

Estão certos apenas os itens

(A) I e II.
(B) I e IV.
(C) II e V.
(D) III e IV.
(E) III e V.

I: incorreta. Crime plurissubsistente é aquele cuja conduta do agente se exterioriza pela prática de dois ou mais atos, contrapondo-se aos crimes unissubsistentes, em que a conduta é representada por um único ato; crimes cujo tipo penal impõe a presença de mais de um agente denomina-se plurissubjetivo. São os chamados crimes de concurso necessário, tal como a rixa, a associação criminosa, entre outros. Se não houver o número mínimo de agentes exigido pelo tipo penal, não há crime; **II:** correta. *Crime falho* é outra designação dada à tentativa perfeita (acabada, frustrada). Neste caso, o agente consegue praticar todos os atos que reputa necessários à consumação, a qual, por circunstâncias alheias à sua vontade, não ocorre; *imperfeita*, por seu turno, é a tentativa na qual o agente não chega a praticar todos os atos necessários à consumação. O *iter criminis* também é interrompido por circunstâncias alheias à sua vontade; **III:** incorreta. Vago é o crime cujo sujeito passivo é desprovido de personalidade jurídica. É o que se dá nos crimes de violação de sepultura (art. 210, CP) e aborto consentido (art. 124, CP), nos quais a vítima é ente destituído de personalidade jurídica; **IV:** incorreta. Crime a prazo é aquele cuja configuração exige o escoamento de determinado prazo, sob pena de atipicidade. É o caso da apropriação de coisa achada (art. 169, II, do CP), em que a consumação somente é alcançada na hipótese de o agente deixar de restituir a coisa achada ao dono ou possuidor legítimo, ou à autoridade competente, depois de escoado o interregno de quinze dias. Antes disso, não há crime; **V:** correta. De fato, delito de circulação é aquele praticado por meio de automóvel.

Gabarito "C".

(Defensor Público –DPE/MT – 2016 – UFMT) Em relação aos crimes, é INCORRETO afirmar:

(A) Crimes de mera conduta são de consumação antecipada.
(B) Nos denominados crimes materiais, o tipo penal descreve a conduta e o resultado naturalístico exigido.
(C) No crime preterdoloso, a totalidade do resultado representa um excesso de fim (isto é, o agente quis um *minus* e ocorreu um *majus*), de modo que há uma conjugação de dolo (no antecedente) e culpa (no subsequente).
(D) Crimes de forma livre são aqueles que admitem qualquer meio de execução.
(E) Crimes transeuntes são aqueles que não deixam vestígios materiais.

A: incorreta (a ser assinalada). Não se confundem os crimes de mera conduta com os de consumação antecipada. Esses últimos correspondem aos delitos formais (ou de resultado cortado), assim entendidos aqueles em que, embora o resultado esteja previsto no tipo, desnecessária a sua ocorrência para a configuração da infração penal. Típico exemplo é o crime de extorsão mediante sequestro (art. 159, CP), cuja consumação se dá com a perda, por parte da vítima, de sua liberdade de locomoção; o recebimento do resgate, se houver, constitui mero exaurimento, sendo desnecessário, pois, à consumação do delito. Já nos crimes de mera conduta, a consumação se opera no exato instante em que a conduta é praticada. A lei, neste caso, não faz qualquer menção a resultado naturalístico. *Materiais*, por sua vez, são os delitos em que o tipo penal, como condição à sua consumação, impõe a realização do resultado naturalístico nele previsto. É o caso do homicídio, em que o tipo penal exige, para a sua consumação, a produção do resultado naturalístico consistente na morte da vítima; **B:** correta. Conforme já ponderado, o tipo penal, nos crimes materiais, contempla conduta e resultado, exigindo a ocorrência deste para que o crime alcance a sua consumação; **C:** correta. Considera-se *preterdoloso* o crime em que o agente, agindo com dolo na conduta antecedente, vai além e acaba por produzir um resultado agravador não desejado (culpa no consequente). É espécie do gênero crime qualificado pelo resultado; **D:** correta. De fato, os crimes de forma livre são os que podem ser praticados por qualquer meio de execução. É o caso do homicídio, cujo resultado pode ser alcançado por qualquer meio: disparo de arma de fogo, arma branca, emprego de explosivo etc.; a estes crimes se opõem os de ação vinculada, em que o legislador especifica o meio a ser empregado na sua prática; **E:** correta. *Transeunte* é o crime que não deixa vestígios. É exemplo a injúria verbal; *não transeunte*, ao contrário, é o delito que deixa vestígios, como o homicídio.

Gabarito "A".

(Defensor Público –DPE/MT – 2016 – UFMT) É crime plurissubjetivo:

(A) Homicídio.
(B) Infanticídio.
(C) Rixa.
(D) Aborto.
(E) Furto.

Os crimes podem ser classificados em *monossubjetivos* (de concurso eventual) e *plurissubjetivos* (de concurso necessário). Os primeiros (monossubjetivos) são aqueles que podem ser praticados por uma só pessoa. É este o caso da grande maioria das infrações penais. São exemplos: homicídio (alternativa "A"); infanticídio (alternativa "B"); aborto (alternativa "D"); e furto (alternativa "E"). Nesses crimes, o agente pode agir sozinho ou em concurso com outras pessoas (concurso eventual). De uma forma ou de outra, o delito estará configurado. Já os chamados *crimes plurissubjetivos* somente restarão configurados quando praticados por mais de uma pessoa. O próprio tipo penal exige a concorrência de duas ou mais pessoas. São exemplos: rixa (art. 137, *caput*, CP), associação criminosa (art. 288, *caput*, CP) e associação para o tráfico de drogas (art. 35 da Lei 11.343/2006). São crimes de concurso necessário. Se não houver o número mínimo de agentes exigido por lei, não há crime.

Gabarito "C".

(Defensor Público/AC – 2012 – CESPE) Há delitos em que a ação encontra-se envolvida por determinado ânimo cuja ausência impossibilita sua concepção, ou seja, nesses crimes, não é somente a vontade do autor que determina o caráter lesivo do acontecer externo, mas outros extratos específicos, inclusive inconscientes. Esses delitos são classificados como delitos

(A) formais.
(B) de intenção.
(C) de tendência.
(D) putativos.
(E) materiais.

A: incorreta. Formais são os crimes em que o resultado, embora previsto no tipo penal, não é imprescindível à consumação do delito. São também chamados, bem por isso, de crimes de resultado cortado ou consumação antecipada. Exemplo sempre lembrado pela doutrina é o crime de extorsão mediante sequestro (art. 159 do CP), cujo momento consumativo é atingido com a privação de liberdade da vítima. A obtenção do resgate, resultado previsto no tipo penal, se ocorrer, constituirá mero exaurimento do delito (desdobramento típico). Os crimes, quanto ao momento consumativo, classificam-se ainda em materiais e de mera conduta. Nestes, a consumação se opera no exato instante em que a conduta é praticada. A lei, neste caso, não faz qualquer menção

a resultado naturalístico. Materiais, por sua vez, são os delitos em que o tipo penal, como condição à sua consumação, impõe a realização do resultado naturalístico nele previsto. A não produção do resultado naturalístico configura, nos crimes materiais, desde que haja início de execução, mera tentativa; **B:** incorreta. Delito de intenção é gênero, do qual são espécies delito de intenção transcendental (o resultado perseguido pelo agente não é necessário à consumação do delito. Ex.: extorsão mediante sequestro – art. 159 do CP) e delito mutilado de dois atos (o resultado almejado pelo agente encontra-se fora do tipo. Ex.: falsificação de moeda – art. 289 do CP); **C:** correta. Crimes de tendência são aqueles cuja existência está condicionada a determinada intenção do agente; **D:** incorreta. Delito putativo (ou imaginário) é aquele cuja ilicitude existe tão somente na cabeça do agente. Em verdade, o crime sequer existe; **E:** incorreta. O conceito de crime material foi dado no comentário à assertiva "A".
Gabarito "C".

(Defensoria/MA – 2009 – FCC) O argumento do Defensor Público ao requerer a desclassificação para a figura da tentativa do crime patrimonial de roubo, mantendo o ofendido o seu bem, levando-se em conta o seu resultado naturalístico, será a de que se trata de crime

(A) material, consumando-se apenas no momento da produção do resultado.

(B) formal, bastando a simples ameaça por parte do agente.

(C) qualificado pelo resultado, distinguindo-se o dolo direto e indireto.

(D) de mera conduta, devendo mencionar explicitamente o resultado da ação.

(E) material qualificado pelo resultado.

Trata-se, de fato, de *crime material*, já que a lei descreve uma ação e um resultado naturalístico (lesão patrimonial), sendo imprescindível a ocorrência deste para a consumação do delito. A não ocorrência do resultado, portanto, representa mera tentativa. Registre-se, todavia, que os tribunais superiores têm entendido que o crime de roubo se consuma com a mera inversão da posse do bem mediante emprego de violência ou grave ameaça, independente da posse pacífica e desvigiada da coisa pelo agente. *Vide*, nesse sentido: STF, HC 96.696, Rel. Min. Ricardo Lewandowski. Confirmando esse entendimento, o STJ editou a Súmula 582: "Consuma-se o crime de roubo com a inversão da posse do bem mediante emprego de violência ou grave ameaça, ainda que por breve tempo e em seguida à perseguição imediata ao agente e recuperação da coisa roubada, sendo prescindível a posse mansa e pacífica ou desvigiada"; já os *crimes formais*, a exemplo dos materiais, também descrevem uma conduta e um resultado, mas, diferentemente, este não é exigido para a consumação do delito. É também chamado crime de consumação antecipada ou de resultado cortado. Por exemplo, a extorsão (art. 158 do CP); *crimes de mera conduta* são aqueles que se consumam no exato instante em que esta é praticada. A lei, neste caso, não faz qualquer menção ao resultado naturalístico.
Gabarito "A".

(Defensor Público/RO – 2007) A atividade criminosa é uma ação ou omissão típica, antijurídica e culpável. Este enunciado traduz o conceito de crime:

(A) sociológico
(B) pretoriano
(C) analítico
(D) positivo
(E) dinâmico

O conceito analítico de crime comporta duas concepções, a saber: concepção bipartida (Damásio E. de Jesus, Julio Fabbrini Mirabete, Luiz Flávio Gomes, entre outros), segundo a qual crime é um fato típico e antijurídico; e concepção tripartida (Guilherme de Souza Nucci, entre outros), para a qual crime é um fato típico, antijurídico e culpável. Esta última é mais difundida e aceita.
Gabarito "C".

(Defensor Público/RO – 2007) Os denominados crimes de mão própria são aqueles em que a execução é:

(A) transferível e delegável
(B) intransferível e delegável
(C) transferível e compartilhável
(D) intransferível e indelegável
(E) intransferível e compartilhável

Crime de mão própria é o que exige do agente uma atuação pessoal. Nesta modalidade de delito, não se admite que outra pessoa pratique a conduta no lugar do agente. Daí se dizer que a execução, neste caso, é instransferível e indelegável. Exemplos: falso testemunho ou falsa perícia (art. 342, CP) e autoacusação falsa (art. 341, CP). Difere, portanto, do crime próprio (especial), em que o tipo penal exige uma qualidade do sujeito ativo (e não uma atuação pessoal). Exemplos: infanticídio (art. 123, CP) e peculato (art. 312, CP). Por fim, se o tipo penal não exigir do sujeito ativo uma atuação pessoal tampouco uma qualidade especial, o crime será *comum*, isto é, poderá ser praticado por qualquer pessoa.
Gabarito "D".

(Defensoria/SP – 2007 – FCC) Admitem a forma culposa os seguintes crimes no Código Penal:

(A) homicídio, lesão corporal, dano, receptação e incêndio.

(B) receptação, incêndio, explosão, perigo de inundação e desabamento.

(C) difusão de doença ou praga, apropriação indébita, lesão corporal e perigo de desastre ferroviário.

(D) homicídio, lesão corporal, explosão, uso de documento falso e ato obsceno.

(E) receptação, incêndio, explosão, desabamento e difusão de doença ou praga.

A: incorreta. Não há, no CP, previsão de dano culposo; **B:** incorreta. Não há, no CP, previsão de perigo de inundação culposo; **C:** incorreta. Não há, no CP, previsão de apropriação indébita culposa, tampouco perigo de desastre ferroviário culposo; **D:** incorreta. Não há, no CP, uso de documento falso culposo, bem assim ato obsceno culposo; **E:** correta. Receptação culposa (art. 180, § 3º, do CP); incêndio culposo (art. 250, § 2º, do CP); explosão culposa (art. 251, § 3º, do CP); desabamento culposo (art. 256, parágrafo único, do CP); difusão de doença ou praga culposa (art. 259, parágrafo único, do CP).
Gabarito "E".

4. FATO TÍPICO E TIPO PENAL

(Defensor Público/PR – 2012 – FCC) Considere as afirmações abaixo, entre tipicidade e antijuridicidade.

I. Para a teoria do "tipo avalorado" (também chamado de "neutro", "acromático"), a tipicidade não indica coisa alguma acerca da antijuridicidade.

II. Para a teoria indiciária *(ratio congnoscendi)*, a tipicidade é um indício ou presunção *iuris et iuris* da normatividade da licitude.

III. Para a teoria da identidade, a tipicidade é a *ratio essendi* da antijuridicidade, onde afirmada a tipicidade resultará também afirmada antijuridicidade.

IV. Para a teoria do *tipo puro,* a tipicidade representa uma valoração subjetiva da normatividade da licitude.

Estão corretas APENAS as afirmações

(A) I e III.
(B) I e II.
(C) II e III.
(D) II e IV.
(E) III e IV.

I: para esta teoria, derivada do causalismo, a tipicidade é totalmente independente da antijuridicidade, isto é, não há qualquer relação entre elas. Correta, portanto, a assertiva; **II:** incorreta. Para a teoria indiciária, não há mais que se falar em neutralidade da tipicidade em relação à antijuridicidade, dado que há vínculo entre elas. Entende-se, por esta teoria, que o fato típico é também antijurídico, salvo se existir uma causa que exclua a ilicitude (presunção relativa – *iuris tantum*, e não *juris et de jure* –absoluta); **III:** correta. Segundo esta teoria, a tipicidade integra a antijuridicidade; **IV:** incorreta, pois não corresponde à teoria do tipo puro.

Gabarito "A".

(Defensor Público/PR – 2012 – FCC) Pedro e João, irmãos, nadam em um lago, quando Pedro começa a se afogar. João permanece inerte, eximindo-se de qualquer intervenção. Pedro vem a falecer por afogamento.

A responsabilidade de João será

(A) por crime de homicídio doloso qualificado, aplicando-se as regras da omissão imprópria.
(B) por crime de homicídio culposo, aplicando-se as regras da omissão imprópria.
(C) pelo crime de perigo, tipificado no art. 132, do Código Penal (perigo para a vida ou saúde de outrem).
(D) por crime de omissão de socorro.
(E) por crime de abandono de incapaz.

Por mais reprovável que seja a conduta de João, não se pode atribuir-lhe a responsabilidade pela morte de seu irmão, Pedro. Isso porque, por serem irmãos, João não tinha o dever jurídico de intervir para evitar o resultado fatal, o que somente é imposto, por força do que estabelece o art. 13, § 2º, do CP, àquele que, por lei, tem o dever de cuidado, proteção ou vigilância, ou ainda que, de outra forma, assumiu a responsabilidade de impedir o resultado ou, com seu comportamento anterior, houver criado o risco de ocorrer o resultado. Deverá, portanto, ser responsabilizado pelo crime de omissão de socorro majorada (art. 135, parágrafo único, do CP).

Gabarito "D".

(Defensor Público/BA – 2006) A superveniência de causa relativamente independente

(A) exclui a imputação quando, por si só, produziu o resultado; os fatos anteriores, entretanto, imputam-se a quem os praticou.
(B) não exclui a imputação quando, por si só, tenha produzido o resultado lesivo.
(C) exclui a imputação quando, por si só, produziu o resultado; os fatos anteriores, por se situarem na linha do desdobramento causal, isentam o agente de pena.
(D) exclui a imputação somente quando acompanhada de outra concausa que tenha se manifestado na linha do desdobramento objetivo causal.
(E) exclui a imputação quando, por si só, produziu o resultado; os fatos anteriores, entretanto, não devem ser imputados a quem os tenha praticado.

Para ilustrar: suponhamos que "A", desejando a morte de "B", dispare contra este dois projéteis de arma de fogo. Atingido em órgão vital, "B", ainda com vida, é socorrido e, no caminho para o hospital, a ambulância que o levava é violentamente atingida por veículo desgovernado, do que decorre a morte de "B". Pois bem, a colisão que vitimou (causou a morte) "B" constitui *causa superveniente relativamente independente* que por si só gerou o resultado. O nexo causal, nos termos do art. 13, § 1º, do CP, é interrompido (há imprevisibilidade). "A", por isso, responderá por homicídio na forma tentada.

Gabarito "A".

(Defensoria/MA – 2009 – FCC) No trajeto do transporte de dois presos para o foro criminal por agentes penitenciários um deles saca de um instrumento perfurante e desfere diversos golpes contra o outro preso. Os agentes da lei presenciaram a ação desde o início e permaneceram inertes. Na conduta dos agentes

(A) há amparo pela excludente de ilicitude do exercício regular do direito, deixando de agir por exposição do risco às próprias vidas.
(B) a omissão é penalmente irrelevante porque a causalidade é fática.
(C) não há punição porque o Estado criou o risco da ocorrência do resultado.
(D) a omissão é penalmente relevante porque a causalidade é normativa.
(E) a omissão é penalmente relevante porque a causalidade é fática-normativa.

A inércia dos agentes, diante da agressão sofrida pelo preso que estava sob sua responsabilidade, equipara-se a uma ação (crime omissivo impróprio). Os agentes constataram a situação de perigo e o resultado naturalístico decorrente e, ainda assim, nada fizeram. A causalidade de fato é normativa porque amparada no art. 13, § 2º, do CP.

Gabarito "D".

(Defensoria/SP – 2009 – FCC) Assinale a alternativa correta.

(A) A lei penal em branco é inconstitucional por conter delegação de competência.
(B) Bens jurídicos relevantes são penalmente tutelados independentemente de tipo penal.
(C) Os tipos penais são criados pelo legislador, excepcionalmente, entretanto, o juiz pode, usando analogia, criar tipos penais.
(D) Nos tipos penais abertos a conduta não é totalmente individualizada.
(E) O tipo penal define condutas e personalidades criminosas.

A: a grande maioria da doutrina entende que não há inconstitucionalidade na norma penal em branco; **B:** os bens jurídicos considerados relevantes somente serão dignos de tutela penal se houver lei que assim o considere (princípio da legalidade). Além disso, pelo *princípio da exclusiva proteção de bens jurídicos*, o Direito Penal deve tutelar tão somente bens jurídicos contemplados na ordem constitucional, sendo-lhe defeso, pois, ocupar-se com lesões ínfimas; **C:** é defeso o uso de analogia com o propósito de incriminar condutas não previstas em lei. Só é possível, em Direito Penal, o emprego da analogia em favor do réu; **D:** *tipo penal aberto* é aquele que exige do magistrado um juízo de valoração, por meio do qual se procederá à individualização da conduta; *tipo fechado*, ao contrário, é o que não exige juízo de valoração algum do magistrado; **E:** tipo penal é a norma que contempla condutas criminosas e estabelece as respectivas penas. Não faz menção à personalidade do agente.

Gabarito "D".

5. CRIMES DOLOSOS, CULPOSOS E PRETERDOLOSOS

(Defensor Público –DPE/MT – 2016 – UFMT) NÃO é elemento constitutivo do crime culposo:

(A) a inobservância de um dever objetivo de cuidado.
(B) o resultado naturalístico involuntário.
(C) a conduta humana voluntária.
(D) a tipicidade.
(E) a imprevisibilidade.

São elementos do fato típico culposo: conduta humana voluntária (ação/omissão), inobservância do cuidado objetivo (imprudência/negligência/imperícia), previsibilidade objetiva (assim entendida a possibilidade de o homem médio prever o resultado), ausência de previsão (significa que o agente, em regra, não prevê o resultado objetivamente previsível. É a chamada culpa inconsciente; agora, se o agente tiver a previsão do resultado, fala-se, então, em culpa consciente), resultado involuntário, nexo de causalidade e tipicidade. À falta de algum desses requisitos, o fato será atípico.
Gabarito "E".

(Defensor Público –DPE/MT – 2016 – UFMT) Existe algum ponto de semelhança entre as condutas praticadas com culpa consciente e com dolo eventual?

(A) Sim, pois, tanto na culpa consciente quanto no dolo eventual, há aceitação do resultado.
(B) Não, pois não há ponto de semelhança nas condutas em questão.
(C) Sim, pois em ambas o elemento subjetivo da conduta é o dolo.
(D) Não, pois a aceitação do resultado na culpa consciente é elemento normativo da conduta.
(E) Sim, pois, tanto na culpa consciente quanto no dolo eventual, o agente prevê o resultado.

Na *culpa consciente* o agente prevê o resultado, mas espera sinceramente que ele não ocorra. O sujeito ativo, neste caso, não aceita a ocorrência do resultado. Tal postura (de aceitar o resultado) é compatível com o *dolo eventual*, em que o sujeito, prevendo o resultado, assume o risco de produzi-lo, conforma-se com ele, mostra-se, enfim, indiferente em relação a ele, resultado.
Gabarito "E".

(Defensor Público/AC – 2012 – CESPE) O médico que, em procedimento cirúrgico, tiver esterilizado uma paciente devido à inobservância de regra técnica, impossibilitando-a de engravidar, responderá por lesão corporal

(A) culposa, porque agiu contrariamente à regra técnica da profissão.
(B) dolosa leve, pois não era possível prever a perda da função reprodutora da paciente.
(C) dolosa leve, uma vez que não era possível prever a debilidade permanente da função reprodutora da paciente.
(D) dolosa grave, visto que causou debilidade permanente da função reprodutora da paciente.
(E) dolosa gravíssima, já que causou a perda da função reprodutora da paciente.

O médico será responsabilizado pelo crime do art. 129, § 7º (que remete ao art. 121, § 4º), do CP – lesão corporal culposa majorada, dado que o resultado decorreu de inobservância de regra técnica. Cuidado: no Código Penal, a classificação da lesão em leve, grave e gravíssima somente se aplica às modalidades dolosas.
Gabarito "A".

(Defensor Público/PR – 2012 – FCC) Numa cidade do interior do Estado, uma pequena aglomeração de pessoas se formou no aeroclube local para assistir a um espetáculo de paraquedismo. Em solo, em meio aos observadores encontrava-se Maria, jovem simpática e querida por todos que, aos 17 anos, já tinha "sobre os seus ombros" a responsabilidade de cuidar de seus irmãos mais novos e de seu pai alcoólatra, trabalhava e estudava. Na aeronave prestes a saltar encontrava-se Pedro, jovem arrogante, por todos antipatizado, que aos 25 anos interrompera seus estudos para viver à custa de uma tia idosa, e como a explorava. Durante sua apresentação Pedro, ao se aproximar do solo, por puro exibicionismo e autoconfiança, resolveu fazer uma manobra e acabou por acertar o rosto de Maria. O corte foi profundo e extenso, e a deformou permanentemente. Nesse caso, Pedro responderá pelo delito de lesão corporal

(A) simples.
(B) grave.
(C) gravíssima.
(D) culposa.
(E) culposa qualificada pela deformidade permanente.

Pelos dados fornecidos pelo enunciado, Pedro não visou ao resultado (dolo direto) tampouco assumiu o risco de produzi-lo (dolo eventual). Bem por isso, deverá ser responsabilizado pelo crime de lesão corporal culposa, dado que, ao realizar manobra arriscada, agiu de forma imprudente, dando causa ao resultado (lesão corporal). A classificação da lesão corporal em leve, grave e gravíssima somente tem incidência no âmbito da lesão dolosa.
Gabarito "D".

(Defensoria/MT – 2007) O Código Penal, no artigo 18, inciso II, descreve a modalidade de crime culposo. Sobre a matéria, é correto afirmar:

(A) O delito culposo advém de uma conduta involuntária.
(B) O fato típico culposo é, em geral, aberto.
(C) Nos delitos culposos, é prescindível a produção do resultado naturalístico involuntário.
(D) A ausência de previsibilidade subjetiva exclui a culpa.
(E) Nos delitos culposos, a culpabilidade não apresenta os mesmos elementos dos crimes dolosos.

A: incorreta. O delito culposo pressupõe uma *conduta humana voluntária*. Involuntário, nesta modalidade de crime, é o resultado, não a conduta, que, repita-se, deve, no crime culposo, ser voluntária; **B:** correta. De fato, os crimes culposos têm o *tipo aberto*, pois exigem juízo valorativo por parte do juiz, uma vez que a conduta não está descrita na lei, tão só o resultado; **C:** incorreta. Como dito, nos crimes culposos é imprescindível conduta humana voluntária e resultado naturalístico involuntário; **D:** incorreta. Para a **doutrina clássica**, a ausência de previsibilidade subjetiva – aquela que leva em conta as condições pessoais do agente – excluía a culpabilidade; atualmente, resta excluída a tipicidade; **E:** incorreta. A culpabilidade, nos crimes culposos, apresenta os mesmos elementos dos crimes dolosos.
Gabarito "B".

6. ERRO DE TIPO, DE PROIBIÇÃO E DEMAIS ERROS

(Defensor Público/SP – 2012 – FCC) Em Direito Penal, o erro

(A) de tipo, se for invencível, exclui a tipicidade dolosa e a culposa.
(B) que recai sobre a existência de situação de fato que justificaria a ação, tornando-a legítima, é tratado pelo Código Penal como erro de proibição, excluindo-se, pois, a tipicidade da conduta.
(C) de tipo exclui o dolo e a culpa grave, mas não a culpa leve.
(D) de proibição é irrelevante para o Direito Penal, pois, nos termos do *caput* do art. 21 do Código Penal, "o desconhecimento da lei é inescusável".

A: correta. O erro de tipo, previsto no *caput* do art. 20 do CP, quando invencível (inevitável), afasta o dolo e a culpa. Vale lembrar que a punição a título de culpa, no erro vencível, somente ocorrerá se houver previsão nesse sentido, isto é, se o tipo penal contemplar a modalidade culposa; **B:** incorreta. A assertiva se refere à chamada descriminante putativa, presente no art. 20, § 1º, do CP. O erro de proibição (erro sobre a ilicitude do fato) está previsto no art. 21 do CP; **C:** incorreta. Pouco importa, para o reconhecimento do erro de tipo, o grau da culpa, que somente tem relevância no momento de o juiz estabelecer a pena-base (art. 59, CP); **D:** incorreta, pois contraria o disposto no art. 21 do CP.

Gabarito "A".

(Defensoria/MT – 2007) No tocante ao erro de tipo, previsto no artigo 20 do Código Penal, assinale a afirmativa correta.

(A) Admite-se que o erro de tipo incida sobre elementares do tipo permissivo.
(B) "Erro sobre situação descrita no tipo" não corresponde ao "erro de tipo", contido no art. 20, do Código Penal.
(C) O acadêmico que leva para casa um Código Penal de um colega, pensando tratar-se do seu código, não comete delito de furto em face da aplicabilidade das regras do erro de proibição.
(D) O erro de tipo não é aplicável, em se tratando de circunstâncias do tipo penal.
(E) O agente que intencionalmente destrói seu próprio e valioso aparelho de telefone celular, imaginando tratar-se de aparelho de um desafeto, comete crime de dano na modalidade tentada, não incidindo, no caso, a regra do erro de tipo.

A: correta. De fato, o erro de tipo, capitulado no art. 20 do CP, pode, sim, incidir sobre elementares do tipo permissivo. É a chamada *descriminante putativa*, prevista no § 1º do mesmo art. 20 do CP; **B:** incorreta. "Erro sobre situação descrita no tipo" equivale a "erro de tipo". O erro a que se refere o art. 20, *caput*, do CP incide sobre elementos objetivos, normativos e subjetivos do tipo penal, bem como sobre outros elementos, causas e circunstâncias que qualificam o crime ou aumentam sua pena; **C:** incorreta. O acadêmico incorreu em erro de tipo (art. 20, *caput*, do CP); **D:** incorreta. O erro de tipo incide sobre as elementares ou circunstâncias da figura típica; **E:** incorreta. O equívoco do agente (erro de tipo) incidiu sobre o elemento "alheio", contido no art. 163 do CP. Ele destruiu seu próprio celular pensando tratar-se do aparelho de seu desafeto. Não poderá ser responsabilizado por destruir seu próprio patrimônio.

Gabarito "A".

(Defensor Público/RS – 2011 – FCC) Sobre a teoria geral do delito, é correto afirmar:

(A) O erro de tipo afeta a compreensão da tipicidade subjetiva culposa, enquanto o erro de proibição afeta o entendimento sobre a ilicitude do agente que praticou o injusto penal, podendo levar à sua exclusão.
(B) O erro de tipo tem como consequência jurídica a exclusão do dolo e, portanto, a exclusão da tipicidade dolosa da conduta, podendo, no caso penal concreto, ser vencível ou invencível.
(C) O fato de um consumidor de uma loja de joias tocar um abajur sem saber que serve de apoio a uma prateleira, que despenca e quebra uma rara peça de arte é exemplo de erro de proibição.
(D) Havendo orientação da Autoridade Administrativa acerca da legitimidade da conduta, a prática da ação realiza-se coberta pela boa-fé de que não é a mesma ilegal, atuando o agente em erro de tipo permissivo.

A: incorreta. No *erro de tipo*, o equívoco do agente recai sobre elemento integrante do tipo, excluindo-se o dolo e a culpa, se houver previsão nesse sentido; o *erro de proibição*, por sua vez, se inevitável, gera a exclusão da culpabilidade, com a consequente isenção de pena, nos termos do art. 21, *caput*, primeira parte, do CP; **B:** correta. O erro de tipo gera a exclusão do dolo e, em consequência, da tipicidade penal (art. 20, *caput*, do CP). No mais, pode ser vencível (inescusável), em que o agente, se houvesse agido com o necessário cuidado, teria evitado o resultado antijurídico; ou invencível (desculpável, inevitável), em que o agente tomou todos os cuidados exigíveis nas circunstâncias em que se encontrava. Neste caso, ficam excluídos o dolo e a culpa, se o caso; **C:** incorreta. O *erro de proibição* (erro sobre a ilicitude do fato) consiste na errônea, equivocada compreensão da lei. Na hipótese narrada na assertiva, não há que se falar em erro de proibição na medida em que o comportamento do consumidor não se enquadra em nenhum tipo penal; **D:** incorreta. Se o agente pratica uma ação ilícita pensando tratar-se de uma conduta lícita (sem consciência da ilicitude), incorrerá em *erro de proibição* – art. 21 do CP.

Gabarito "B".

7. TENTATIVA, CONSUMAÇÃO, DESISTÊNCIA, ARREPENDIMENTO E CRIME IMPOSSÍVEL

(Defensor Público/PE – 2018 – CESPE) Com relação à tentativa, à desistência voluntária e ao arrependimento, assinale a opção correta.

(A) No arrependimento eficaz, o agente interrompe a execução do crime; na desistência voluntária, o resultado é impedido após o agente ter praticado todos os atos.
(B) O arrependimento posterior pode ser aplicado aos crimes cometidos com violência ou grave ameaça.
(C) Em se tratando de tentativa branca ou incruenta, a vítima não é atingida e não sofre ferimentos; se tratar-se de tentativa cruenta, a vítima é atingida e é lesionada.
(D) A diferença entre a tentativa e a tentativa abandonada é que, no primeiro caso, o agente diz "eu consigo, mas não quero" e, no segundo, o agente diz "eu quero, mas não consigo".
(E) A desistência voluntária e a tentativa abandonada são espécies de arrependimento eficaz.

A: incorreta, já que os conceitos estão invertidos. Com efeito, na desistência voluntária (art. 15, primeira parte, do CP), o agente, em crime já iniciado, embora disponha de meios para chegar à consumação, acha por bem interromper a execução. Ele, de forma voluntária, desiste de prosseguir no *iter criminis* (conduta negativa, omissão). No *arrependimento eficaz* (art. 15, segunda parte, do CP), a situação é diferente. O agente, em crime cuja execução também já se iniciou, esgotou os meios que reputou suficientes para atingir seu objetivo. Ainda assim, o crime não se consumou. Diante disso, ele, agente, por vontade própria, passa a agir para evitar o resultado (conduta positiva). Tanto na *desistência voluntária* quanto no *arrependimento eficaz*, o agente responderá somente pelos atos que praticou; **B:** incorreta. Por imposição do art. 16 do CP, constitui um dos requisitos do arrependimento posterior o fato de o crime ter sido cometido sem violência ou grave ameaça à pessoa; **C:** correta. *Tentativa branca* ou *incruenta* é aquela em que a vítima não é atingida fisicamente. Exemplo: o sujeito descarrega sua arma contra a vítima, mas esta não chega a ser atingida (tentativa branca de homicídio); *tentativa cruenta*, ao contrário, é aquele em que a vítima é atingida; **D:** incorreta. Na tentativa (art. 14, II, do CP), dado que a execução do crime é interrompida por circunstâncias alheias à vontade do agente, este deseja alcançar a consumação, mas, por alguma razão que foge ao seu controle, não consegue; já na tentativa abandonada ou qualificada (desistência voluntária e o arrependimento eficaz), o agente, podendo chegar à consumação do crime, desiste de fazê-lo (ele pode mas não quer), ora interrompendo a execução do delito, ora agindo para que este não se aperfeiçoe; **E:** incorreta. A desistência voluntária e o arrependimento eficaz são espécies de tentativa abandonada ou qualificada.

Gabarito "C".

(Defensor Público/AC – 2017 – CESPE) Com referência ao arrependimento posterior, assinale a opção correta.

(A) O arrependimento posterior é causa obrigatória de diminuição de pena, admitindo-se a reparação do dano ou a restituição da coisa até o trânsito em julgado da ação penal.

(B) O autor da infração, ao arrepender-se, deverá, para que sua pena seja reduzida, reparar voluntariamente danos ou restituir a coisa subtraída, até o recebimento da queixa ou da denúncia.

(C) O arrependimento posterior incide exclusivamente nos crimes contra o patrimônio e impõe a restituição espontânea e integral da coisa até o recebimento da denúncia ou da queixa.

(D) Intervenção de terceiros na reparação do dano ou na restituição da coisa, desde que ocorra antes do julgamento, não afastará o reconhecimento de arrependimento posterior.

(E) Para que sua pena seja reduzida, o agente deverá, espontaneamente, logo após a consumação do crime, minorar as consequências dele e, até a data do julgamento, reparar danos.

A: incorreta. De fato, uma vez preenchidos os requisitos contidos no art. 16 do CP, é de rigor a diminuição de pena. Agora, a reparação do dano ou a restituição da coisa deverá ocorrer até o recebimento da denúncia ou queixa, e não até o trânsito em julgado da ação penal; **B:** correta, tal como explicitado no comentário à assertiva "A"; **C:** incorreta, dado que a diminuição de pena do art. 16 do CP terá lugar em todos os crimes desprovidos de violência ou grave ameaça à pessoa. Além disso, não é necessário, segundo doutrina e jurisprudência pacíficas, que a reparação/restituição se dê de forma espontânea; basta que o agente aja de forma voluntária (ação livre do agente); **D:** incorreta. A intervenção de terceiro, por exemplo aconselhando o agente a restituir o bem ou reparar o dano, não afasta a incidência do arrependimento posterior, desde que o sujeito o faça de forma voluntária (por vontade própria), mas tal deverá necessariamente ocorrer até o recebimento da exordial; **E:** incorreta. Como dito antes, a restituição/reparação deve ser implementada até o recebimento da denúncia/queixa, exigindo-se, para tanto, que o agente aja de forma voluntária; a espontaneidade, ainda que possa existir, não é necessária.

Gabarito "B".

(Defensor Público/AL – 2017 – CESPE) Jonas descobriu, na mesma semana, que era portador de doença venérea grave e que sua esposa, Priscila, planejava pedir o divórcio. Inconformado com a intenção da companheira, Jonas manteve relações sexuais com ela, com o objetivo de lhe transmitir a doença. Ao descobrir o propósito de Jonas, Priscila foi à delegacia e relatou o ocorrido. No curso da apuração preliminar, constatou-se que ela já estava contaminada da mesma moléstia desde antes da conduta de Jonas, fato que ela desconhecia.

Nessa situação hipotética, considerando-se as normas relativas a crimes contra a pessoa, a conduta perpetrada por Jonas constitui

(A) tentativa de perigo de contágio venéreo.
(B) crime impossível, em razão do contágio anterior.
(C) delito putativo de contágio por moléstia grave.
(D) perigo de contágio por moléstia grave consumado.
(E) tentativa de lesão corporal, devido ao perigo de contágio venéreo.

Trata-se, de fato, de crime impossível por absoluta impropriedade do objeto. Com efeito, o propósito de Jonas, por mais reprovável que fosse, nunca seria alcançado, na medida em que sua esposa, pessoa contra a qual Jonas investiu, já padecia da mesma moléstia de que ele era portador e pretendia a ela transmitir. Em suma, o resultado pretendido por Jonas nunca seria implementado, já que é impossível contagiar alguém que já está contagiado. Configurado está, portanto, crime impossível (art. 17 do CP).

Gabarito "B".

(Defensor Público –DPE/RN – 2016 – CESPE) A respeito de arrependimento posterior, crime impossível, circunstâncias judiciais, agravantes e atenuantes, assinale a opção correta à luz da legislação e da jurisprudência do STJ.

(A) Existindo duas qualificadoras ou causas de aumento de pena, uma delas implica o tipo qualificado ou a majorante na terceira fase da dosimetria, enquanto a outra pode ensejar, validamente, a valoração negativa de circunstância judicial e a exasperação da pena-base.

(B) O arrependimento posterior, por ser uma circunstância subjetiva, não se estende aos demais correus, uma vez reparado o dano integralmente por um dos autores do delito até o recebimento da denúncia.

(C) A existência de sistema de segurança ou de vigilância eletrônica torna impossível, por si só, o crime de furto cometido no interior de estabelecimento comercial.

(D) Condenações anteriores transitadas em julgado alcançadas pelo prazo depurador de cinco anos previsto no art. 64, I, do CP, além de afastarem os efeitos da reincidência, também impedem a configuração de maus antecedentes.

(E) Na hipótese de o autor confessar a autoria do crime, mas alegar causa excludente de ilicitude ou culpabilidade, não se admite a incidência da atenuante da confissão espontânea, descrita no art. 65, III, *d*, CP.

A: correta. No que toca à pluralidade de qualificadoras, conferir: "Consoante orientação sedimentada nessa Corte Superior, havendo pluralidade de qualificadoras, é possível a utilização de uma delas para qualificar o delito e das outras como circunstâncias negativas – agravantes, quando previstas legalmente, ou como circunstância judicial, residualmente" (HC 170.135/PE, Rel. Ministro Jorge Mussi, Quinta Turma, julgado em 14.06.2011, DJe 28.06.2011). Quanto às causas de aumento: "(...) Esta Corte Superior possui entendimento segundo o qual existindo duas causas de aumento, previstas no § 2°, do art. 157, do Código Penal, é possível que uma delas seja considerada circunstância judicial desfavorável, servindo para aumentar a pena-base, e a outra leve à majoração da pena na terceira fase" (HC 282.677/PA, Rel. Ministra Laurita Vaz, Rel. p/ Acórdão Ministra Regina Helena Costa, Quinta Turma, julgado em 24.04.2014, DJe 26.08.2014); **B:** incorreta. Embora não se trate de tema pacífico na doutrina, é certo que o arrependimento posterior (art. 16, CP), dado o seu caráter objetivo, é extensível, à luz da regra contida no art. 30 do CP, aos demais corréus que não tenham procedido à reparação do dano ou restituição da res. No STJ: "A reparação do dano não se restringe à esfera pessoal de quem a realiza, desde que a faça voluntariamente, sendo, portanto, nestas condições, circunstância objetiva, estendendo-se, assim, aos coautores e partícipes" (REsp 122.760-SP, 5ª Turma, rel. Min. José Arnaldo da Fonseca, DJ 21.02.2000); **C:** incorreta, pois não retrata o entendimento firmado na Súmula 567, do STJ: "Sistema de vigilância realizado por monitoramento eletrônico ou por existência de segurança no interior de estabelecimento comercial, por si só, não torna impossível a configuração do crime de furto". O fato é que o chamado *furto sob vigilância* pode, em determinadas situações, a depender do caso concreto, caracterizar *crime impossível* pela *ineficácia absoluta do meio* (art. 17 do CP). É o caso, por exemplo, do agente que, desde o momento em que ingressa no supermercado, passa a ser permanentemente vigiado por sistema de câmeras e também por seguranças, que ficam o tempo todo no seu encalço. Não há, neste caso, a menor possibilidade de o crime consumar-se. Isso não quer dizer que a existência, por si só, de sistema de segurança por câmeras elimine a possibilidade de o crime chegar à sua consumação. É perfeitamente plausível que o agente se aproveite de determinado ângulo de monitoramento em que a subtração não é visualizada pelo sistema de câmeras. Dessa forma, a ineficácia do meio deve ser avaliada caso a caso; **D:** incorreta. Segundo o STJ: "Nos termos da jurisprudência desta Corte Superior, as condenações criminais alcançadas pelo período depurador de 5 anos, previsto no art. 64, inciso I, do Código Penal, afastam os efeitos da reincidência, contudo, não impedem a configuração de maus antecedentes, autorizando o aumento da pena-base acima do mínimo legal" (HC 359.085/SP, Rel. Ministro Reynaldo Soares Da Fonseca, Quinta Turma, julgado em 15.09.2016, DJe 23.09.2016). Cuidado: esse entendimento não é compartilhado pelo STF: "Decorridos mais de 5 anos desde a extinção da pena da condenação anterior (CP, art. 64, I), não é possível alargar a interpretação de modo a permitir o reconhecimento dos maus antecedentes. Aplicação do princípio da razoabilidade, proporcionalidade e dignidade da pessoa humana. 5. Direito ao esquecimento. 6. Fixação do regime prisional inicial fechado com base na vedação da Lei 8.072/1990. Inconstitucionalidade. 7. Ordem concedida" (HC 126315, Relator(a): Min. Gilmar mendes, Segunda Turma, julgado em 15.09.2015, Processo Eletrônico DJe-246 DIVULG 04.12.2015 Public 07.12.2015); **E:** incorreta. Conferir: "A omissão em contrapor-se aos fundamentos adotados pela decisão objurgada atrai a incidência do óbice previsto na Súmula 182/STJ, em homenagem ao princípio da dialeticidade recursal. 3. "A jurisprudência desta Corte firmou-se no sentido de que a confissão, ainda que parcial, ou mesmo qualificada – em que o agente admite a autoria dos fatos, alegando, porém, ter agido sob o pálio de excludentes de ilicitude ou de culpabilidade –, deve ser reconhecida e considerada para fins de atenuar a pena." (HC 334.010/SP, 6ª Turma, Rel. Ministro Nefi Cordeiro, DJe 16.05.2016) 4. "É possível, na segunda fase do cálculo da pena, a compensação da agravante da reincidência com a atenuante da confissão espontânea, por serem igualmente preponderantes, de acordo com o art. 67 do Código Penal." (EREsp 1.154.752/RS, 3ª Seção, DJe 4.9.2012 e RESP. n. 1.341.370/MT, julgado pelo rito dos recursos repetitivos, 3ª Seção, DJe 17.4.2013) 5. Agravo regimental não conhecido. *Habeas corpus* concedido de ofício para reconhecer a incidência da circunstância atenuante de confissão espontânea, compensando-a com a circunstância agravante de reincidência, mantendo-se a pena fixada pelo tribunal de origem e todos os demais termos do acórdão recorrido" (AgRg no AREsp 830.627/SP, Rel. Ministro Antonio Saldanha Palheiro, Sexta Turma, julgado em 21.06.2016, DJe 29.06.2016).

Gabarito "A".

(Defensoria Pública da União – CESPE – 2015) Com referência ao crime tentado, à desistência voluntária e ao crime culposo, julgue os próximos itens.

(1) Configura-se a desistência voluntária ainda que não tenha partido espontaneamente do agente a ideia de abandonar o propósito criminoso, com o resultado de deixar de prosseguir na execução do crime.

(2) No direito penal brasileiro, admite-se a compensação de culpas no caso de duas ou mais pessoas concorrerem culposamente para a produção de um resultado naturalístico, respondendo cada um, nesse caso, na medida de suas culpabilidades.

(3) Em relação à tentativa, adota-se, no Código Penal, a teoria subjetiva, salvo na hipótese de crime de evasão mediante violência contra a pessoa.

1: correta. De fato, segundo doutrina e jurisprudência pacíficas, é suficiente, à caracterização da desistência voluntária (e também do arrependimento eficaz), institutos previstos no art. 15 do CP, que o agente aja *voluntariamente* (livremente); é desnecessária, portanto, a *espontaneidade* (vontade sincera) na ação do sujeito; **2:** incorreta, uma vez que inexiste, no direito penal, compensação de culpas, isto é, uma conduta culposa não anula a outra; **3:** incorreta. No que toca à tentativa, adotou-se a *teoria objetiva (e não a subjetiva, tal como constou da assertiva)*, segundo a qual o autor de crime tentado receberá pena inferior à do autor de crime consumado, nos termos do art. 14, parágrafo único, do CP. A *teoria subjetiva*, ao contrário, que foi acolhida tão somente de forma excepcional, determina que a pena do crime tentado seja a mesma do crime consumado. Leva-se em conta, neste caso, a intenção do sujeito. Exemplo sempre lembrado pela doutrina é o crime do art. 352 do CP (evasão mediante violência contra a pessoa), em que a pena prevista para a modalidade tentada é idêntica àquela prevista para a modalidade consumada. São os chamados crimes de atentado.

Gabarito 1C, 2E, 3E

(Defensor Público/PR – 2012 – FCC) Quatro ladrões chegam de carro em frente a uma residência para a prática de crime de furto. Porém, antes de descerem do veículo, foram obstados pela polícia, que os observava, e levados para a Delegacia onde lavrou-se o auto de prisão em flagrante. Nesse caso, os agentes

(A) podem se beneficiar da desistência voluntária na prática do delito, respondendo pelos atos já praticados.

(B) praticaram tentativa de furto qualificado pelo concurso de pessoas.

(C) tinham finalidade de praticar o crime de furto qualificado por concurso de agentes, mas não passaram da fase de meros atos preparatórios, impunível.

(D) iniciaram a prática de crime de roubo que não se consumou por circunstâncias alheias à sua vontade, face à chegada da polícia.

(E) devem ser devidamente punidos pela tentativa, dada a vontade deliberada de praticarem o delito.

A: incorreta. Constitui pressuposto ao reconhecimento da desistência voluntária, entre outros, que a execução do crime já tenha se iniciado. Na hipótese narrada no enunciado, os agentes não deram início à execução do crime, não havendo que se falar, portanto, em desistência voluntária (art. 15, primeira parte, do CP); **B:** incorreta. Não praticaram crime, dado que a execução do delito que pretendiam cometer não teve início; **C:** correta. Os agentes, embora intencionassem cometer o crime de furto, não chegaram a dar início à sua execução, visto que não realizaram ato idôneo (apto, capaz) e inequívoco para atingir o resultado perseguido (lesão patrimonial); **D:** incorreta. Não há que se falar em tentativa, pois, quando da chegada da polícia, os agentes ainda não tinham dado início à execução do crime; **E:** incorreta. A configuração do *conatus* tem como pressuposto, além da ausência de consumação por circunstâncias alheias à vontade do agente, também o início de execução do crime.
Gabarito "C".

(Defensor Público/AM – 2010 – I. Cidades) Sobre a desistência voluntária e o arrependimento eficaz, assinale a alternativa correta:

(A) o agente que, voluntariamente, impede que o resultado do crime se produza não responde pelos seus atos, porque incide na hipótese de desistência voluntária;

(B) o agente que, voluntariamente, desiste de prosseguir na execução do crime, não responde pelos atos praticados, desde que tais atos não configurem, isoladamente, crime ou contravenção penal, sendo o caso de desistência voluntária;

(C) o agente que, voluntariamente, repare o dano ou restitua a coisa ao proprietário, até o recebimento da denúncia, não responde pelos seus atos, estando configurada a hipótese de arrependimento eficaz;

(D) considera-se arrependimento eficaz quando o agente, iniciada a execução do crime, por ineficácia absoluta do meio, não consegue consumá-lo, não respondendo pelos atos praticados;

(E) é caso de desistência voluntária quando o agente, por absoluta impropriedade do objeto, impede que o resultado se produza, só responde pelos atos já praticados.

A: incorreta. O agente que, de forma voluntária, impede que o resultado se produza responde somente pelos atos praticados. Este é o *arrependimento eficaz*, presente no art. 15, segunda parte, do CP. Na *desistência voluntária*, diferentemente, o agente, no curso da execução do crime, ainda dispondo de meios para chegar a consumação, desiste, interrompe sua ação. Note que, no arrependimento eficaz, o agente já tendo realizado tudo que julgava necessário para atingir a consumação do crime, arrepende-se e passa a *agir* para evitar a consumação; **B:** assertiva correta. O agente, tanto na desistência voluntária quanto no arrependimento eficaz, responderá pelos atos praticados, salvo se esses atos não chegarem a constituir crime tampouco contravenção; **C:** incorreta. A assertiva contém trecho extraído do instituto do *arrependimento posterior*, previsto no art. 16 do CP, cuja natureza jurídica é *causa obrigatória de diminuição de pena*, pois sua incidência somente se dá após a consumação do delito; **D:** incorreta, já que não corresponde ao arrependimento eficaz, previsto no art. 15, segunda parte, do CP; **E:** incorreta, já que não corresponde à desistência voluntária, prevista no art. 15, primeira parte, do CP.
Gabarito "B".

(Defensoria/MT – 2009 – FCC) O art. 14, § único, do Código Penal dispõe que "salvo disposição em contrário, pune-se a tentativa com a pena correspondente ao crime consumado, diminuída de um a dois terços". O percentual de diminuição de pena a ser considerado levará em conta

(A) o *inter criminis* percorrido pelo agente.

(B) a periculosidade do agente.

(C) a reincidência.

(D) os antecedentes do agente.

(E) a intensidade do dolo.

A redução aplicada pelo juiz deve levar em conta o caminho percorrido pelo agente na prática criminosa, isto é, se a empreitada foi impedida logo no seu início, deverá o magistrado aplicar uma diminuição maior; ao revés, se o caminho desenvolvido foi maior, o que possibilitou ao agente chegar bem próximo à consumação do delito, a diminuição será, obviamente, menor.
Gabarito "A".

(Defensoria/MT – 2009 – FCC) O agente iniciou a execução de um delito, cuja consumação não ocorreu pela:

I. Ineficácia relativa do meio empregado.
II. Impropriedade absoluta do objeto.
III. Reação da vítima.
IV. Ineficácia absoluta do meio empregado.
V. Impropriedade relativa do objeto.

Haverá tentativa punível na(s) hipótese(s) indicada(s) SOMENTE em

(A) III.
(B) I e V.
(C) II e IV.
(D) I, II e IV.
(E) I, III e V.

O meio *relativamente* ineficaz (ineficiente) e o objeto *relativamente* impróprio não são aptos a configurar o *crime impossível*, em que se exige, por imposição do art. 17 do CP, a ineficácia *absoluta* do meio empregado e a impropriedade *absoluta* do objeto. Em razão disso, haverá tentativa punível nos itens I, III e V. Nos demais, a tentativa é impunível (crime impossível).
Gabarito "E".

(Defensoria/MT – 2007) Tentativa é a execução iniciada de um crime, que não se consuma por circunstâncias alheias à vontade do agente, segundo o artigo 14 do Código Penal Brasileiro. Sobre a matéria, assinale a afirmativa correta.

(A) A lei penal efetua distinção entre tentativa perfeita e imperfeita, recebendo tratamento diferenciado no que tange à aplicação da pena em abstrato.

(B) O Código Penal adotou a teoria subjetiva ou voluntarista, que se contenta com a exteriorização da vontade através da prática de atos preparatórios.

(C) Os denominados crimes unissubsistentes admitem o *conatus*.

(D) Os crimes qualificados pelo resultado – dentre eles o preterdoloso – não admitem a figura da tentativa.

(E) O *conatus* constitui ampliação temporal da figura típica, além de ser um dos casos de adequação típica de subordinação mediata.

A: incorreta. A lei penal não faz qualquer distinção entre tentativa *perfeita* e *imperfeita*. Quem o faz é a doutrina. Diz-se *perfeita* (crime falho) a tentativa em que o agente consegue praticar todos os atos necessários à consumação, a qual, por circunstâncias alheias à sua vontade, não ocorre. *Imperfeita*, por seu turno, é aquela na qual o agente não chega a praticar todos os atos necessários à consumação. O *iter criminis* é interrompido também por circunstâncias alheia à vontade do agente; **B**: incorreta. Art. 14, II, do CP: adotamos a *teoria objetiva* (realística), segundo a qual a tentativa é punível tão somente quando iniciados os atos executórios; **C**: incorreta. Não comportam a tentativa na medida em que os delitos unissubsistentes são constituídos de *ato único*. Ex.: ameaça feita verbalmente; **D**: incorreta. Os crimes qualificados pelo resultado (gênero), exceção feita à espécie *preterdolosa* (espécie), comportam, em princípio, a forma tentada; **E**: correta. É fato que o legislador não cuidou de criar *tipos penais tentados*, mas viabilizou a punição da tentativa na grande maioria dos crimes, o que se faz utilizando-se a pena correspondente ao crime consumado, conjugando-a com a previsão legal da tentativa (art. 14, II, CP), que constitui a chamada *adequação típica de subordinação mediata*.

Gabarito "E".

(Defensor Público/RO – 2007) Em caso de arrependimento posterior haverá, em relação à pena, a ocorrência de:

(A) isenção
(B) comutação
(C) diminuição
(D) manutenção
(E) sobrestamento

Cuida-se de norma introduzida pela Reforma de 1984 que constitui *causa obrigatória de diminuição de pena*. Sua disciplina está no art. 16 do Código Penal e não deve ser confundida com a atenuante a que alude o art. 65, III, *b*, do CP.

Gabarito "C".

(Defensor Público/RS – 2011 – FCC) Miro, em mera discussão com Geraldo a respeito de um terreno disputado por ambos, com a intenção de matá-lo, efetuou três golpes de martelo que atingiram seu desafeto. Imediatamente após o ocorrido, no entanto, quando encerrados os atos executórios do delito, Miro, ao ver Geraldo desmaiado e perdendo sangue, com remorso, passou a socorrer o agredido, levando-o ao hospital, sendo que sua postura foi fundamental para que a morte do ofendido fosse evitada, pois foi providenciada a devida transfusão de sangue. Geraldo sofreu lesões graves, uma vez que correu perigo de vida, segundo auto de exame de corpo de delito. Nesse caso, é correto afirmar:

(A) Miro responderá pelo crime de lesão corporal gravíssima previsto no art. 129, § 2º, do Código Penal, em vista da sua vontade inicial de matar a vítima e da quantidade de golpes, circunstâncias que afastam a validade do auto de exame de corpo de delito.
(B) Incidirá a figura do arrependimento eficaz e Miro responderá por lesões corporais graves.
(C) Incidirá a figura do arrependimento posterior, com redução de eventual pena aplicada.
(D) Incidirá a figura da desistência voluntária e Miro responderá por lesões corporais graves.
(E) Miro responderá por tentativa de homicídio simples, já que o objetivo inicial era a morte da vítima.

Art. 15, segunda parte, do CP (arrependimento eficaz). Miro, após ter esgotado os atos de execução que considerou suficientes para atingir seus objetivos (levar Geraldo à morte), arrependeu-se do que fez, agiu conforme esse sentimento, atuando para impedir a ocorrência do resultado letal, e, com isso, conseguiu evitá-lo. Responderá, portanto, tão só pelos atos praticados (lesão corporal de natureza grave, já que a vítima foi exposta a perigo de vida – art. 129, § 1º, II, do CP). Note que, neste caso, não há que se falar em desistência voluntária (art. 15, primeira parte, CP) na medida em que Miro levou a execução do crime que pretendia cometer até o final, lançando mão de todos os recursos de que dispunha para atingir sua consumação. Conseguiu evitá-la porque agiu a tempo. A desistência voluntária, diferentemente, pressupõe interrupção, por iniciativa do agente, do *iter criminis*. Ele dispõe de meios para prosseguir e concretizar seu propósito, mas desiste no "meio do caminho".

Gabarito "B".

8. ANTIJURIDICIDADE E CAUSAS EXCLUDENTES

(Defensor Público/AL – 2009 – CESPE) Em relação às causas excludentes de ilicitude, julgue os itens a seguir.

(1) Quanto ao estado de necessidade, o CP brasileiro adotou a teoria da diferenciação, que só admite a incidência da referida excludente de ilicitude quando o bem sacrificado for de menor valor que o protegido.

(2) Considere a seguinte situação hipotética. Célio chegou inconsciente e gravemente ferido à emergência de um hospital particular, tendo o chefe da equipe médica determinado o imediato encaminhamento do paciente para se submeter a procedimento cirúrgico, pois o risco de morte era iminente. Luiz, irmão de Célio, expressamente desautorizou a intervenção cirúrgica, uma vez que seria necessária a realização de transfusão de sangue, fato que ia de encontro ao credo religioso dos irmãos. Nessa situação, o consentimento de Luiz com relação à intervenção cirúrgica seria irrelevante, pois os profissionais médicos estariam agindo no exercício regular de direito.

1: incorreta. No que toca ao estado de necessidade, o Código Penal acolheu, em oposição à *teoria diferenciadora*, a *teoria unitária*, segundo a qual esta excludente de ilicitude restará caracterizada na hipótese de o bem sacrificado ser de valor igual ou inferior ao do bem preservado. Se o bem sacrificado for de valor superior ao do bem preservado, aplica-se a diminuição do art. 24, § 2º, do CP. Para a teoria diferenciadora, o estado de necessidade pode ser *justificante* (o bem sacrificado é de valor inferior ou equivalente ao do bem preservado) ou *exculpante* (o bem sacrificado é de valor superior ao do bem preservado). Neste último caso, o estado de necessidade constitui uma causa supralegal de exclusão da culpabilidade, pela inexigibilidade de conduta diversa; **2**: correta. Estabelece o art. 146, § 3º, I, do CP não constituir crime de constrangimento ilegal a conduta do médico que, diante de iminente risco de morte, realiza ato cirúrgico contra a vontade do paciente ou de seu representante legal. Ainda que o Código não contivesse norma a esse respeito, o médico teria agido sob o manto do estado de necessidade.

Gabarito 1E, 2C.

9. CONCURSO DE PESSOAS

(Defensor Público/AC – 2017 – CESPE) A codelinquência será configurada quando houver

(A) reconhecimento da prática da mesma infração por todos os agentes.
(B) ajuste prévio, na fase preparatória do crime, entre todos os agentes em concurso.
(C) concurso necessário, nas infrações penais, de agentes capazes.

(D) exteriorização da vontade de fazer parte da conduta e consciência da ação de outrem.
(E) prática dos mesmos atos executivos por todos os agentes.

A: correta. De fato, a existência da codelinquência (concurso de pessoas) tem como pressuposto, entre outros, a identidade de crime para todos os envolvidos (devem colaborar, quer na condição de autor, quer na de partícipe, para o mesmo delito); **B:** incorreta, já que o *ajuste prévio* não é necessário à configuração do concurso de pessoas; basta, aqui, que haja, entre os agentes, unidade de desígnios, isto é, que uma vontade adira à outra; **C:** não é necessário, para a configuração do concurso de pessoas, que todos os agentes sejam capazes (imputáveis); **D:** incorreta. Embora seja necessária a consciência da ação dos demais envolvidos (liame subjetivo), é despicienda a exteriorização da vontade de fazer parte da empreitada criminosa; **E:** incorreta. Não é necessário que todos os agentes envolvidos pratiquem o mesmo ato executivo. Pelo contrário, é mais comum que cada sujeito ativo assuma uma função diferente no concurso. Exemplo: no roubo, enquanto um agente imobiliza a vítima, o outro dela subtrai seus pertences (ambos são coautores com funções executivas diferentes). ED
Gabarito "A".

(Defensor Público –DPE/RN – 2016 – CESPE) Acerca do concurso de agentes, assinale a opção correta conforme a legislação de regência e a jurisprudência do STJ.

(A) A ciência da prática do fato delituoso caracteriza conivência e, consequentemente, participação, mesmo que inexistente o dever jurídico de impedir o resultado.
(B) Em um crime de roubo praticado com o emprego de arma de fogo, mesmo que todos os agentes tenham conhecimento da utilização do artefato bélico, somente o autor do disparo deve responder pelo resultado morte, visto que não se encontrava dentro do desdobramento causal normal da ação delitiva. Nesse caso, não há que se falar em coautoria no crime mais gravoso (latrocínio).
(C) Não se admite o concurso de agentes no crime de porte ilegal de arma de fogo, haja vista que somente o agente que efetivamente porta a arma de fogo incorre nas penas do delito.
(D) É admissível, segundo o entendimento doutrinário e jurisprudencial, a possibilidade de concurso de agentes em crime culposo, que ocorre quando há um vínculo psicológico na cooperação consciente de alguém na conduta culposa de outrem. O que não se admite nos tipos culposos e a participação.
(E) O falso testemunho, por ser crime de mão própria, não admite a coautoria ou a participação do advogado que induz o depoente a proclamar falsa afirmação.

A: incorreta. A mera ciência do fato criminoso não confere ao indivíduo, necessariamente, a condição de partícipe, salvo se sobre ele recair o dever jurídico de agir para evitar o resultado, na forma estatuída no art. 13, § 2º, do CP. É a chamada *participação negativa*. Bem por isso e a título ilustrativo, o policial que assiste a um assalto e nada faz por ele responde, na medida em que tem o dever, imposto por lei, de intervir a fim de evitá-lo. De igual forma, a mãe que assiste ou toma ciência do estupro, cometido por seu marido, contra a filha do casal responderá pelo crime, tal como aquele que, diretamente, o cometeu (seu marido). É que, uma vez detentora do poder familiar, tem o dever, imposto por lei, de bem cuidar e proteger sua prole. Agora, se um particular, ao qual não incumbe o dever de agir, assiste, sem nada fazer, a um roubo, por ele não poderá ser responsabilizado; **B:** incorreta. É tranquilo o entendimento segundo o qual, na hipótese de coautoria ou participação no crime de latrocínio, todos por ele serão responsabilizados, e não somente o agente que efetuou os disparos que causaram a morte da vítima. Nessa esteira: "É irrelevante saber-se quem disparou o tiro que matou a vítima, pois todos os agentes assumiram o risco de produzir o resultado morte" (RT, 747/707); **C:** incorreta. Conferir: "1. O crime previsto no artigo 14 da Lei 10.826/2003 é comum, podendo ser cometido por qualquer pessoa. 2. Não se exigindo qualquer qualidade especial do sujeito ativo, não há dúvidas de que se admite o concurso de agentes no crime de porte ilegal de arma de fogo, não se revelando plausível o entendimento pelo qual apenas aquele que efetivamente porta a arma de fogo incorre nas penas do delito em comento. 3. Ainda que apenas um dos agentes esteja portando a arma de fogo, é possível que os demais tenham concorrido de qualquer forma para a prática delituosa, motivo pelo qual devem responder na medida de sua participação, nos termos do artigo 29 do Código Penal. Precedentes" (HC 198.186/RJ, Rel. Ministro Jorge Mussi, Quinta Turma, julgado em 17.12.2013, *DJ*e 05.02.2014); **D:** correta. De fato, tal como afirmado, é admitida a coautoria em crime culposo, mas não a participação. Isso porque o crime culposo tem o seu tipo aberto, razão pela qual não se afigura razoável afirmar-se que alguém auxiliou, instigou ou induziu uma pessoa a ser imprudente, sem também sê-lo. Conferir o magistério de Cleber Masson, ao tratar da coautoria no crime culposo: "A doutrina nacional é tranquila ao admitir a coautoria em crimes culposos, quando duas ou mais pessoas, conjuntamente, agindo por imprudência, negligência ou imperícia, violam o dever objetivo de cuidado a todos imposto, produzindo um resultado naturalístico". No que toca à participação no contexto dos crimes culposos, ensina que "firmou-se a doutrina pátria no sentido de rejeitar a possibilidade de participação em crimes culposos" (***Direito Penal esquematizado*** – parte geral. 8. ed. São Paulo: Método, 2014. v. 1, p. 559). Na jurisprudência: "É perfeitamente admissível, segundo entendimento doutrinário e jurisprudencial, a possibilidade de concurso de pessoas em crime culposo, que ocorre quando há um vínculo psicológico na cooperação consciente de alguém na conduta culposa de outrem. O que não se admite nos tipos culposos, ressalve-se, é a participação" (HC 40.474/PR, Rel. Ministra Laurita Vaz, Quinta Turma, julgado em 06.12.2005, *DJ* 13.02.2006); **E:** incorreta. A assertiva não procede, tendo em conta que, embora se trate de crime de mão própria, é perfeitamente possível o concurso de pessoas na modalidade *participação*, uma vez que nada obsta que o advogado induza ou instigue a testemunha a mentir em juízo ou na polícia. A esse respeito: STF, RHC 81.327-SP, 1ª T., rel. Min. Ellen Gracie, *DJ* 5.4.2002.
Gabarito "D".

(Defensor Público/RO – 2012 – CESPE) A respeito do concurso de pessoas, assinale a opção correta.

(A) De acordo com a teoria objetivo-material, autor é aquele que pratica a conduta descrita no núcleo do tipo, todos os demais que concorrerem para a consumação dessa infração penal, mas que não pratiquem a conduta expressa pelo verbo que caracteriza o tipo, são partícipes.
(B) Aplica-se aos crimes dolosos e culposos a teoria do domínio do fato, considerada objetivo-subjetiva e segundo a qual, senhor do fato é aquele que o realiza de forma final em razão de uma decisão volitiva, ou seja, autor é o que detém o poder de direção dos objetivos finais da empreitada criminosa.
(C) Segundo a teoria monista, há tantas infrações penais quantos forem o número de autores e partícipes: com efeito, a cada participante corresponde uma conduta própria, um elemento psicológico próprio e um resultado igualmente particular.
(D) De acordo com a teoria dualista, deve-se distinguir o crime praticado pelo autor daquele que tenha sido cometido pelos partícipes, havendo, portanto, uma

infração penal para os autores, e outra para os partícipes. Por outro lado, segundo a teoria pluralista, todo aquele que concorre para o crime incide nas penas ao autor cominadas, na medida de sua culpabilidade, ou seja, existe um crime único, atribuído a todos aqueles que para ele tenham concorrido.

(E) Verifica-se, nos parágrafos do art. 29 do CP, que determinam punibilidade diferenciada para a participação no crime, aproximação entre a teoria monista e a teoria dualista, o que sugere que, no CP, é adotada a teoria monista temperada.

A: incorreta. A assertiva contempla a chamada teoria formal-objetiva (ou restritiva), segundo a qual autor é o que executa o comportamento contido no tipo (realiza a ação/omissão representada pelo verbo-núcleo); todos aqueles que, de alguma forma, contribuem para o crime sem realizar a conduta típica devem ser considerados, para esta teoria, partícipe. É esta a teoria adotada pelo CP. Para a teoria objetivo-material, mencionada no enunciado, autor não é só o que realiza o comportamento típico, mas também aquele que concorre, de qualquer outra forma, para a concretização do crime. Inexiste, aqui, como se pode ver, diferença entre coautor e partícipe. Há ainda uma terceira teoria, que é a chamada normativa-objetiva, mais conhecida como teoria do domínio do fato, para a qual autor, *grosso modo*, é o que tem pleno domínio da empreitada criminosa. Para esta teoria, é autor tanto o que realiza a conduta prevista no tipo quanto aquele que, sem concretizar o comportamento típico, atua como mandante; **B:** incorreta. De fato, prevalece na doutrina e jurisprudência o entendimento segundo o qual o crime culposo não admite a participação, mas tão somente a coautoria. Adotamos, bem por isso, quanto ao concurso de pessoas nos crimes culposos, a teoria extensiva, segundo a qual não há diferença entre coautoria e participação. Todos que, de alguma forma, contribuírem devem ser considerados coautores. Dessa forma, inaplicável, aqui, a teoria do domínio do fato, para a qual há distinção entre coautor e partícipe; **C:** incorreta, já que, para a teoria monista (unitária ou monística), acolhida, como regra, pelo Código Penal, há, no concurso de pessoas, um só crime; já para a teoria dualística, há um crime para os autores e outro para os partícipes. Temos ainda a teoria pluralista, em que cada um dos agentes envolvidos na empreitada deverá responder por delito autônomo; **D:** incorreta. A primeira parte da assertiva está correta, pois o conceito ali presente corresponde de fato ao que se deve entender pela teoria dualística; incorreta, entretanto, está a parte final da assertiva, cujo conceito ali inserido não corresponde à teoria pluralística; **E:** correta. De fato, há, no Código Penal, tanto na parte geral quanto na especial, várias exceções à teoria monista ou unitária. Exemplo disso, além dos previstos nos parágrafos do art. 29 do CP, é o crime de aborto, em que há um crime para a gestante que permite que nela seja praticado o aborto (art. 124 do CP) e outro para aquele que pratica os atos materiais necessários ao abortamento (art. 126 do CP).
Gabarito "E".

(Defensor Público/AM – 2010 – I. Cidades) Sobre o concurso de pessoas, marque a alternativa correta:

(A) para a teoria pluralística ou da autonomia da participação, cada qual realiza uma ação, havendo um vínculo psicológico próprio, sendo que cada partícipe é considerado de forma autônoma como autor;

(B) para a teoria monística ou unitária (igualitária) cada partícipe é considerado de forma autônoma e única, havendo distinção entre autor e partícipe;

(C) a teoria pluralística é adotada pelo Código Penal brasileiro, a partir da reforma ocorrida em 1984;

(D) para a teoria dualística cada partícipe é tratado de igual forma, não havendo distinção entre a participação primária e a participação secundária.

(E) nenhuma das anteriores.

A: correta, pois, para a teoria pluralística, não acolhida pelo Código Penal, que adotou, como regra, a teoria monista (unitária), cada agente envolvido no concurso de pessoas comete um crime próprio, autônomo. Conferir, a esse respeito: "**Concurso de Pessoas: Teoria Monista e Fixação de Reprimenda mais Grave a um dos Corréus.** Por reputar não observada a teoria monista adotada pelo ordenamento pátrio (CP, art. 29) — segundo a qual, havendo pluralidade de agentes e convergência de vontades para a prática da mesma infração penal, todos aqueles que contribuem para o crime incidem nas penas a ele cominadas, ressalvadas as exceções legais —, a Turma deferiu *habeas corpus* cassar decisão do STJ que condenara o paciente pela prática de roubo consumado. No caso, tanto a sentença condenatória quanto o acórdão proferido pelo tribunal local condenaram o paciente e o corréu por roubo em sua forma tentada (CP, art. 157, § 2º, I e II, c/c o art. 14, II). Contra esta decisão, o Ministério Público interpusera recurso especial, apenas contra o paciente, tendo transitado em julgado o acórdão da Corte estadual relativamente ao corréu. Assentou-se que o acórdão impugnado, ao prover o recurso especial, para reconhecer que o paciente cometera o crime de roubo consumado, provocara a inadmissível situação consistente no fato de se condenar, em modalidades delitivas distintas quanto à consumação, os corréus que perpetraram a mesma infração penal. Destarte, considerando que os corréus atuaram em acordo de vontades, com unidade de desígnios e suas condutas possuíram relevância causal para a produção do resultado decorrente da prática do delito perpetrado, observou-se ser imperioso o reconhecimento uniforme da forma do delito cometido. Assim, restabeleceu-se a reprimenda anteriormente fixada para o paciente pelo tribunal local. **HC 97652/RS, rel. Min. Joaquim Barbosa, 4.8.2009.** (HC-97652) (Inform. STF 554); **B:** incorreta, visto que a teoria monista (art. 29, CP) não faz distinção entre autor e partícipe. Para esta teoria, havendo concurso de pessoas, na forma de coautoria ou participação, o crime será único; já a teoria dualista estabelece que há um crime para os autores e outro para os partícipes; **C:** o Código Penal adotou, como regra, a teoria unitária ou monista, segundo a qual o crime, no concurso de pessoas, é único – art. 29 do CP; **D:** sustenta a teoria dualística que, no concurso de pessoas, há um crime para os autores e outro para os partícipes.
Gabarito "A".

(Defensoria/MT – 2009 – FCC) A respeito do concurso de pessoas, é correto afirmar que

(A) é necessário o ajuste prévio no concurso de pessoas.

(B) o Direito Penal brasileiro adotou a teoria unitária.

(C) o concurso de agentes pode verificar-se após a consumação do delito.

(D) pode ocorrer coautoria sem vínculo subjetivo entre os coautores.

(E) é necessária a presença no local do comparsa para a configuração do concurso de agentes.

A: incorreta. O ajuste prévio (*pactum sceleris*), embora possa estar presente, é desnecessário à caracterização do concurso de pessoas, sendo suficiente o *liame subjetivo*, além dos demais requisitos; **B:** correta. Para a *teoria unitária* ou *monista*, adotada pelo Código Penal, há, no concurso de pessoas, um só crime; **C:** incorreta. O concurso de agentes não pode se dar após a consumação do crime; **D:** incorreta. O *vínculo subjetivo* constitui requisito do concurso de pessoas; **E:** incorreta. A presença do comparsa no local do crime é dispensável.
Gabarito "B".

(Defensoria/MT – 2007) Os crimes permitem, na sua grande maioria, pluralidade de sujeitos ativos, ou seja, concurso de pessoas, cuja matéria está estampada no artigo 29 do Código Penal Brasileiro. Sobre o tema, assinale a afirmativa correta.

(A) Para a teoria do domínio do fato, a relevância está em o agente praticar efetivamente a ação descrita no tipo penal.
(B) A autoria colateral ou acessória integra o concurso de agentes, posto que existe liame psicológico entre os agentes.
(C) Os delitos omissivos, como delitos de dever, não dão lugar ao concurso de pessoas.
(D) O Código Penal adota a teoria extensiva, onde autor não é apenas aquele que realiza o núcleo do tipo penal, mas também concorre de qualquer modo para o crime.
(E) Para a configuração do concurso de pessoas, dentre outros requisitos, exige-se um prévio liame subjetivo ou concurso de vontades entre os agentes.

A: incorreta. Para a *teoria do domínio do fato*, autor não é só quem realiza o verbo-núcleo contido no tipo penal. É também aquele que presta contribuição essencial ao cometimento do delito, consistente em deter o domínio pleno da ação típica (quem, embora não tenha realizado o núcleo do tipo, planeja, organiza etc.). Além disso, presta contribuição essencial sem realizar o núcleo do tipo aquele que domina a vontade de outras pessoas. O mandante, para esta teoria, é coautor; **B:** incorreta, já que inexiste *liame subjetivo* na autoria colateral, que, a rigor, não constitui hipótese de concurso de pessoas, porquanto ausente um de seus requisitos. É o caso em que duas pessoas praticam um mesmo crime sem que uma saiba da intenção da outra; **C:** a **participação por omissão** é, sim, admissível, como no caso do bombeiro que, tendo o dever imposto por lei de combater o incêndio, se omite (dever jurídico de evitar o resultado); quanto à *coautoria em crime omissivo*, há posição doutrinária nos dois sentidos. Assim, há quem entenda ser possível duas pessoas serem coautoras da conduta tipificada no art. 135 do CP (omissão de socorro), desde que preenchidos os requisitos imanentes ao *concurso de pessoas*; **D:** incorreta. A *teoria extensiva*, fundada na *teoria da equivalência dos antecedentes causais*, prescreve que todos que concorrem para o crime são autores, não havendo, pois, distinção entre autor e partícipe. Não acolhida pelo Código Penal; **E:** incorreta. O ajuste prévio (*pactum sceleris*) não é necessário à configuração do concurso de pessoas.
Gabarito "C".

(Defensoria/PI – 2009 – CESPE) Em relação ao concurso de pessoas e ao crime continuado, assinale a opção correta.
(A) A jurisprudência do STJ e do STF é firme quanto à impossibilidade de se admitir a participação do advogado que ilicitamente instrui a testemunha no crime de falso testemunho, por se tratar de delito de mão própria, devendo a punição do causídico limitar-se à esfera administrativa junto ao Conselho Seccional da OAB.
(B) Em face do art. 29, *caput*, segundo o qual, quem, de qualquer modo, concorre para o crime incide nas penas a este cominadas, na medida de sua culpabilidade, é correto afirmar que o CP, em relação à natureza jurídica do concurso de pessoas, adotou, em regra, a teoria dualista.
(C) Se algum dos agentes quis participar de crime menos grave, deve ser-lhe aplicada a pena deste, exceto na hipótese de ter sido previsível o crime mais grave, situação em que todos os agentes respondem por este delito.
(D) Em relação à unidade de desígnios para o reconhecimento da figura do crime continuado, o CP, adotando a teoria subjetiva, exige que o agente tenha atuado com a intenção de praticar todos os delitos em continuidade.
(E) O crime continuado é uma ficção jurídica, pois há uma pluralidade de delitos, mas o legislador presume que eles constituem um só crime, apenas para efeito de sanção penal.

A: ainda que se trate de *crime de mão própria*, que, por isso mesmo, exige atuação pessoal do agente, é perfeitamente plausível o concurso de pessoas na modalidade *participação*, uma vez que nada obsta que o advogado induza ou instigue a testemunha a mentir em juízo ou na polícia. Vide, a esse respeito: STF, RHC 81.327-SP, 1ª T., Rel. Min. Ellen Gracie, *DJ* 5.4.2002; **B:** o Código Penal adotou, como regra, a *teoria monista* ou *unitária*, que considera que há um crime único para todos os coautores e partícipes. A ela contrapõe-se a *teoria dualista*, para a qual há um crime em relação aos coautores e outro em relação aos partícipes; **C:** se o agente quis participar de crime menos grave, a ele deve ser atribuída a pena deste; se, todavia, o resultado mais grave era previsível, a pena do crime inicialmente pretendido pelo agente será aumentada até a metade, consoante dispõe o art. 29, § 2º, do CP; **D:** o Código Penal não se filiou à teoria subjetiva, não exigindo, por isso, que o agente atue com unidade de propósito no crime continuado. Basta, pois, a homogeneidade objetiva. Aderimos, portanto, à teoria objetiva pura; **E:** de fato, quanto à natureza do crime continuado (art. 71 do CP), o Código Penal adotou a *teoria da ficção jurídica*.
Gabarito "E".

(Defensoria/SE – 2006 – CESPE) Considere a seguinte situação hipotética. Um médico, dolosa e insidiosamente, entregou uma injeção de morfina, em dose demasiadamente forte, para uma enfermeira, que, sem desconfiar de nada, aplicou-a no paciente, o que causou a morte do enfermo. Nessa situação, o médico é autor mediato de homicídio doloso, ao passo que a enfermeira é partícipe do delito e responde pelo mesmo crime doloso.

Está-se diante da chamada *autoria mediata* (autoria por determinação), em que o autor mediato, no caso o médico, utiliza outra pessoa, a enfermeira, que atua como instrumento do crime. A enfermeira, por ter sido induzida a erro pelo médico, autor mediato, não é responsabilizada (salvo se agir com culpa). Não se trata, a rigor, de concurso de pessoas, porque ausente entre autor mediato e imediato o *liame subjetivo*.
Gabarito "E".

10. CULPABILIDADE E CAUSAS EXCLUDENTES

(Defensor Público –DPE/ES – 2016 – FCC) A culpabilidade, entendida como o grau de reprovabilidade do agente pelo fato criminoso praticado, NÃO constitui parâmetro legal para
(A) o aumento da pena no crime continuado específico.
(B) a fixação da pena de cada concorrente no caso de concurso de pessoas.
(C) a determinação do regime inicial de cumprimento da pena privativa de liberdade.
(D) a escolha da fração de aumento da pena no concurso formal impróprio.
(E) a substituição das condições do *sursis* simples pelas do especial.

A: incorreta, já que o art. 71, parágrafo único, do CP, que define o chamado *crime continuado específico*, contempla, como parâmetro para determinar o aumento de pena, entre outros fatores, a *culpabilidade*; **B:** incorreta. O art. 29, *caput*, do CP contempla, como parâmetro para estabelecer a pena que caberá a cada concorrente no concurso de pessoas, a *culpabilidade*; **C:** incorreta, na medida em que as circunstâncias judiciais do art. 59 do CP, entre as quais a culpabilidade, servem como parâmetro para determinar o regime inicial de cumprimento da pena privativa de liberdade (inciso III); **D:** correta. Queremos crer que o examinador quis se referir ao concurso formal *próprio* (e não ao *impróprio*, tal como constou da assertiva). Isso porque só há que se falar em *escolha da fração de aumento* de pena no contexto do concurso formal *próprio*. No *concurso formal impróprio* ou *imperfeito*, a que faz referência a assertiva, as penas serão somadas, aplicando-se o critério ou sistema do *cúmulo material*. No concurso formal perfeito, diferentemente, se as penas previstas forem idênticas, aplica-se somente uma; se diferentes, aplica-se a maior, acrescida, em qualquer caso, de um sexto até metade (sistema da exasperação). Dito isso e considerando que a assertiva se referiu ao concurso formal próprio, é correto afirmar que a culpabilidade não serve como parâmetro para a escolha da fração de aumento de pena. É que o critério que deverá servir de norte para o juiz estabelecer o aumento da pena entre os patamares previstos é o número de crimes cometidos pelo sujeito ativo; **E**: incorreta, já que o art. 78, § 2º, do CP, que diz respeito ao *sursis* especial, faz referência às circunstâncias do art. 59 do CP.

Gabarito "D".

(Defensor Público –DPE/BA – 2016 – FCC) Sobre saúde mental e direito penal, é correto:

(A) segundo a normativa do Código Penal, é vedada a internação de pacientes portadores de transtornos mentais em instituições com características asilares.

(B) em virtude de sua periculosidade, a pessoa com transtorno mental não pode ter livre acesso aos meios de comunicação disponíveis.

(C) o tratamento da pessoa com transtorno mental tem por objetivo a contenção de sua periculosidade, ao invés da reinserção social, que é própria da pena.

(D) segundo a jurisprudência dominante do STJ, a medida de segurança tem prazo indeterminado.

(E) o tratamento da pessoa com transtorno mental deve ser realizado no interesse exclusivo de beneficiar sua saúde.

A: incorreta, já que a regra contida na assertiva encontra previsão no art. 4º, § 3º, da Lei 10.216/2001, e não no Código Penal, tal como afirmado; **B**: incorreta, pois contraria o que estabelece o art. 2º, parágrafo único, VI, da Lei 10.216/2001, que assegura à pessoa portadora de transtorno mental livre acesso aos meios de comunicação disponíveis; **C**: incorreta, pois não reflete a regra presente no art. 4º, § 1º, da Lei 10.216/2001, segundo a qual o objetivo do tratamento é a reinserção do paciente no seu meio; **D**: incorreta, já que, segundo a jurisprudência consolidada no STJ, a medida de segurança tem prazo determinado. Se levássemos em conta tão somente a redação do art. 97, § 1º, do CP, chegaríamos à conclusão de que a medida de segurança poderia ser eterna. Em vista da regra que veda as penas de caráter perpétuo, esta não é a melhor interpretação do dispositivo. Tanto que o STF firmou posicionamento no sentido de que o prazo máximo de duração da medida de segurança não pode ser superior a 30 anos (analogia ao art. 75 do CP). O STJ entende que a medida de segurança deve ter por limite o máximo da pena em abstrato cominada para o crime (STJ, HC 125.342-RS, 6ª T., rel. Min. Maria Thereza de Assis Moura, j. 19.11.2009). Consolidando tal entendimento, o STJ editou a Súmula 527, segundo a qual "o tempo de duração da medida de segurança não deve ultrapassar o limite máximo da pena abstratamente cominada ao delito praticado"; **E**: correta, pois em conformidade com o que estabelece o art. 2º, parágrafo único, II, da Lei 10.216/2001.

Gabarito "E".

(Defensor Público/AM – 2013 – FCC) Se alguém instiga outrem a surrar inimigo comum, mas o instigado se excede e mata a vítima, é correto afirmar que

(A) a conduta do partícipe é atípica.

(B) o partícipe poderá responder por lesão corporal, sem qualquer aumento de pena, se não podia prever o resultado morte.

(C) o partícipe poderá responder por homicídio doloso, mas fará jus, necessariamente, ao reconhecimento da participação de menor importância.

(D) o partícipe poderá responder por lesão corporal, com a pena aumentada até um terço, se previsível o resultado letal.

(E) o partícipe não poderá responder por homicídio doloso, mesmo que tenha assumido o risco do resultado morte.

A: incorreta. Aquele que contribui, na qualidade de partícipe, para o crime de outrem será responsabilizado na medida de sua culpabilidade (art. 29, *caput*, do CP). A conduta do partícipe, neste caso, portanto, é típica; **B**: correta. É o que a doutrina convencionou chamar de *cooperação dolosamente distinta*, em que o partícipe ou coautor, imbuído do propósito de praticar determinado crime, sem a possibilidade de antever a concretização de crime diverso e mais grave, será responsabilizado pelo delito que queria praticar (art. 29, § 2º, primeira parte, do CP). Agora, se o resultado mais grave era previsível, a pena, neste caso, deverá ser aumentada de até a metade (art. 29, § 2º, segunda parte, do CP); **C**: incorreta, pois o enunciado descreve hipótese de *cooperação dolosamente distinta*; **D**: incorreta. Neste caso, a pena sofrerá um incremento de até *metade*, e não de até *um terço* (art. 29, § 2º, segunda parte, do CP); **E**: incorreta. Se assumiu o risco de produzir o resultado morte, poderá, sim, responder pelo crime de homicídio doloso (dolo eventual).

Gabarito "B".

(Defensor Público/AC – 2006 – CESPE) No tocante à imputabilidade penal, assinale a opção **incorreta**.

(A) O sistema adotado no Brasil para aplicação de pena ou medida de segurança é o denominado vicariante.

(B) A oligofrenia leve é considerada doença mental para efeitos penais.

(C) Não exclui a imputabilidade quando a paixão é elemento condutor do crime.

(D) A periculosidade é pressuposto da medida de segurança.

A: assertiva correta. O *sistema vicariante* determina o cumprimento de medida de segurança (na hipótese de periculosidade) ou de pena privativa de liberdade (se houver culpabilidade), não sendo permitido que o agente cumpra as duas espécies de sanção penal ao mesmo tempo, pelo mesmo fato, o que ocorria no *sistema do duplo binário*, vigente até a reforma do Código Penal em 1984; **B**: assertiva incorreta, visto que a *oligofrenia* não há de ser confundida com a *esquizofrenia*. Esta, sim, constitui hipótese de doença mental. A oligofrenia, diferentemente, constitui hipótese de desenvolvimento mental retardado, assim como os surdos-mudos (a depender do caso) – art. 26, *caput*, do CP; **C**: correta. Tanto a emoção quanto a paixão não são aptas a excluir a imputabilidade penal – art. 28, I, do CP. Frise-se que, a despeito de a emoção não excluir o crime, pode atuar como atenuante genérica, conforme prevê o art. 65, III, *c*, ou mesmo como causa de diminuição de pena, nos moldes do art. 121, § 1º, ambos do CP; **D**: assertiva correta, na medida em que a função primordial da medida de segurança é prevenir crimes que possam vir a ser praticados pelo sujeito tido por perigoso.

Gabarito "B".

(Defensor Público/BA – 2006) Apresentam-se como causas excludentes da culpabilidade:

(A) A legítima defesa e o estado de necessidade.

(B) O estrito cumprimento do dever legal e o erro de tipo.

(C) A coação moral irresistível e a inimputabilidade.

(D) O exercício regular de direito e o erro de proibição.

(E) O crime de bagatela e a obediência hierárquica à ordem manifestamente ilegal.

A: incorreta, pois a *legítima defesa* e o *estado de necessidade* constituem, a teor do art. 23 do CP, causa excludente da ilicitude; **B:** assertiva incorreta, visto que o *estrito cumprimento do dever legal* está enunciado no art. 23 do CP como causa excludente da ilicitude; já o *erro de tipo*, previsto no art. 20 do CP, exclui o dolo e, por conseguinte, o fato típico. Inexiste, portanto, crime; **C:** esta é a assertiva correta. A *coação moral irresistível* constitui causa excludente da culpabilidade quanto ao elemento exigibilidade de conduta diversa. A *inimputabilidade*, por sua vez, também constitui causa excludente da culpabilidade; **D:** incorreta. O *exercício regular de direito* integra o rol do art. 23 do CP. Assim sendo, cuida-se de causa excludente da antijuridicidade. O *erro de proibição*, cuja disciplina está no art. 21 do CP, é causa que exclui do agente sua potencial consciência da ilicitude (gera, portanto, a exclusão da culpabilidade); **E:** incorreta. A aplicação do princípio da insignificância (crime de bagatela), amplamente reconhecido pela doutrina e jurisprudência, gera a exclusão da tipicidade material. A obediência hierárquica ordem manifestamente ilegal gera a responsabilização do superior hierárquico e do subordinado. No entanto, se se tratar de ordem não manifestamente ilegal, somente responderá, nos moldes do art. 22 do CP, o superior hierárquico, já que o subordinado ficará isento de pena (sua culpabilidade ficará excluída).
Gabarito "C".

(Defensor Público/BA – 2006) A pena pode ser reduzida de um a dois terços, se o agente:

I. por embriaguez, proveniente de caso fortuito ou força maior, não possuía, ao tempo da ação ou da omissão, a plena capacidade de entender o caráter ilícito do fato ou de determinar-se de acordo com esse entendimento

II. desconhece a lei, no caso concreto; todavia, caso o desconhecimento seja inevitável, estará o agente isento de pena.

III. comete o fato sob coação irresistível ou em estrita obediência a ordem, não manifestamente ilegal, de superior hierárquico.

Analisando as assertivas acima, verifica-se que:

(A) Apenas a I está correta.
(B) Apenas a II está correta.
(C) Apenas I e II estão corretas.
(D) Apenas II e III estão corretas.
(E) Todas estão incorretas.

I: assertiva correta, pois está contemplada no art. 28, § 2º, do CP; **II:** incorreta. Reza o art. 21, *caput*, primeira parte, do CP que o desconhecimento da lei é inescusável. O *erro de proibição* (erro sobre a ilicitude do fato), previsto no mesmo dispositivo, não se refere ao desconhecimento da lei. Diz respeito, isto sim, à ilicitude do fato em si. Explico: o agente, no erro de proibição, conhece a lei, mas, por erro de interpretação, acha que a sua conduta não se amolda àquela lei. No mais, se o erro de proibição for evitável, o agente fará jus a uma diminuição da ordem de um sexto a um terço, a teor do art. 21, *caput*, *in fine*, do CP; **III:** incorreta. Na situação descrita neste inciso, somente será punível o autor da coação ou da ordem, ficando afastada a responsabilidade do coagido e do subordinado (exclusão da culpabilidade – art. 22, CP).
Gabarito "A".

(Defensor Público/GO – 2010 – I. Cidades) Um determinado grupo de meliantes sequestra a mulher e os dois filhos de "A", gerente de banco, e exige que o mesmo os auxilie num roubo que farão contra a agência bancária em que trabalha. Visando proteger sua família, "A" acaba auxiliando no referido roubo. Neste caso, porém, "A" deve ser absolvido, em virtude da existência manifesta de causa excludente da

(A) ilicitude do fato, qual seja, o estado de necessidade de terceiros.
(B) ilicitude do fato, qual seja, a legítima defesa de terceiros.
(C) culpabilidade do agente, qual seja, a inimputabilidade.
(D) culpabilidade do agente, qual seja, a falta de consciência da ilicitude.
(E) culpabilidade do agente, qual seja, a inexigibilidade de conduta diversa.

A culpabilidade é constituída de três elementos, a saber: imputabilidade, potencial consciência da ilicitude e exigibilidade de conduta diversa. Esta, por sua vez, pode ser afastada em duas situações: coação moral irresistível e obediência hierárquica, ambas disciplinadas no art. 22 do CP. O gerente de banco, que tem a esposa e filhos sequestrados por uma quadrilha disposta a tudo para ver seu objetivo atingido, não tem outra alternativa senão ceder à vontade dos agentes e curvar-se às suas ordens. Note que o gerente conserva sua liberdade de escolha, ao menos do ponto de vista físico, ao contrário do que se dá na coação física. Mas, diante da gravidade da ameaça que a ele é impingida, não se mostra razoável exigir-lhe outro comportamento senão o de colaborar com os assaltantes. Dito de outro modo, não é possível exigir-lhe, nesta situação, conduta diversa. Por isso, "A", o gerente, deve ser absolvido em vista da existência de causa excludente de culpabilidade consubstanciada na inexigibilidade de conduta diversa.
Gabarito "E".

(Defensor Público/MS – 2008 – VUNESP) De acordo com regra da Parte Geral do Código Penal, a pena pode ser reduzida de um a dois terços se o agente, por embriaguez

(A) culposa, por álcool ou substância análoga, era inteiramente incapaz de compreender o caráter ilícito do ato.
(B) completa, decorrente de força maior, era, ao tempo da ação ou omissão, inteiramente incapaz de entender o caráter ilícito do fato ou de comportar-se de acordo com esse entendimento.
(C) proveniente de caso fortuito, não possuía, ao tempo da ação ou omissão, a plena capacidade de entender o caráter ilícito do fato ou de comportar-se de acordo com esse entendimento.
(D) preordenada, por álcool ou substância análoga, não era inteiramente capaz de entender o caráter ilícito do fato ou de comportar-se de acordo com esse entendimento.

A: incorreta. A embriaguez culposa não gera a exclusão da imputabilidade, nos moldes do art. 28, II, do CP; **B:** incorreta. Neste caso, o agente faz jus à exclusão da imputabilidade, conforme preleciona o art. 28, § 1º, do CP; **C:** correta, pois o art. 28, § 2º, do CP prevê a hipótese de redução de pena da ordem de 1/3 a 2/3 no caso de o agente, por embriaguez decorrente de caso fortuito ou força maior, não possuir, ao tempo da conduta, capacidade plena de entender o caráter ilícito do fato ou de determinar-se de acordo com esse entendimento; **D:** a embriaguez preordenada constitui agravante genérica (art. 61, II, *l*, do CP).
Gabarito "C".

(Defensor Público/PR – 2012 – FCC) Tomando por base duas normas penais não incriminadoras, verifica-se que na primeira o legislador afastou a punição do autor do fato delituoso que agira em determinada circunstância, utilizando a seguinte redação: *É isento de pena quem (...)*; já na segunda afastou a punição do fato tipificado praticado em determinadas circunstâncias, valendo-se da seguinte redação: *Não se pune o fato quando (...).* Nestes casos, trata-se respectivamente das seguintes excludentes:

(A) tipicidade e culpabilidade.
(B) punibilidade e culpabilidade.
(C) punibilidade e punibilidade.
(D) culpabilidade e punibilidade.
(E) culpabilidade e ilicitude.

São exemplos de causas excludentes de culpabilidade: inimputabilidade (art. 26 do CP); menoridade (art. 27 do CP); embriaguez completa decorrente de caso fortuito ou força maior (art. 28, § 1º, do CP); erro de proibição (art. 21 do CP); e coação moral irresistível (art. 22 do CP). De outro lado, são causas que excluem a ilicitude (antijuridicidade), dentre outras: hipóteses de aborto legal (necessário e sentimental) – art. 128, I e II, do CP; estado de necessidade (art. 24 do CP); e legítima defesa (art. 25 do CP).

11. PENAS E SEUS EFEITOS

(Defensor Público/PE – 2018 – CESPE) Assinale a opção correta, a respeito das regras do regime fechado de cumprimento das penas privativas de liberdade previstas na legislação vigente.

(A) Em regra, o condenado a pena privativa de liberdade superior a quatro anos iniciará o seu cumprimento no regime fechado.
(B) A pena de reclusão deve ser cumprida exclusivamente em regime fechado.
(C) A execução da pena em regime fechado deverá ocorrer exclusivamente em estabelecimento de segurança máxima.
(D) O condenado que cumpre pena no regime fechado pode ser autorizado a realizar trabalho externo em serviços ou obras públicas.
(E) O condenado que cumpre a pena no regime fechado deve ficar isolado durante o repouso noturno e, durante o dia, deve trabalhar em colônia agrícola, industrial ou estabelecimento similar.

A: incorreta. É que o condenado a pena privativa de liberdade superior a quatro anos (desde que não exceda a 8 anos) iniciará o seu cumprimento, em regra, no regime *semiaberto*, e não no *fechado*, que deverá ser imposto ao condenado a pena superior a 8 anos. É o que estabelece o art. 33, § 2º, *a* e *b*, do CP; **B:** incorreta, dado que a pena de reclusão, por força do que dispõe o art. 33, *caput*, do CP, será cumprida em regime fechado, semiaberto ou aberto; a pena de detenção, por sua vez, será cumprida em regime semiaberto ou aberto; **C:** incorreta, uma vez que a execução da pena em regime fechado deverá ocorrer em estabelecimento de segurança máxima ou média (art. 33, § 1º, *a*, do CP); **D:** correta, pois corresponde ao que estabelece o art. 34, § 3º, do CP; **E:** incorreta, pois, ante o que estabelece o art. 35, § 1º, do CP, a colônia agrícola, industrial ou estabelecimento similar é o local destinado ao cumprimento da pena no regime *semiaberto* (e não no *fechado*).

(Defensor Público/PE – 2018 – CESPE) Em se tratando de regime aberto, a pena deverá ser cumprida em

(A) casa de albergado.
(B) penitenciária.
(C) centro de observação.
(D) colônia agrícola.
(E) cadeia pública.

Por força do que dispõem os arts. 33, § 1º, *c*, do CP, e 93 da LEP, o cumprimento da pena privativa de liberdade, em regime aberto, deverá se dar em casa de albergado ou em estabelecimento similar.

(Defensor Público/AL – 2009 – CESPE) Julgue os itens subsequentes, acerca do instituto da pena.

(1) É inadmissível a substituição de pena privativa de liberdade por restritiva de direitos ao réu reincidente, ainda que a substituição seja socialmente recomendável e se trate de reincidência genérica.
(2) Quanto às suas finalidades, segundo a teoria eclética ou conciliatória, a pena tem dupla função: punir o criminoso e prevenir a prática do crime.

1: assertiva incorreta, visto que, ainda que se trate de réu reincidente, pode o magistrado proceder à substituição, desde que a medida revele-se socialmente recomendável e a reincidência não se tenha operado em virtude da prática do mesmo crime (reincidência específica), na forma estatuída no art. 44, § 3º, do CP; **2:** assertiva correta. De fato, segundo a chamada teoria eclética, conciliatória ou mista, a pena tem dúplice finalidade: presta-se tanto a reprimir quanto a prevenir.

(Defensoria/MG – 2006) Sobre as sanções substitutivas da pena privativa de liberdade, é INCORRETO afirmar que:

(A) A pena de perda de bens e valores é considerada, doutrinariamente, verdadeiro confisco.
(B) A pena restritiva de direitos pode ser convertida em pena de prisão quando ocorrer descumprimento injustificado da restrição imposta, mas a multa substitutiva, mesmo não satisfeita, jamais poderá transmudar-se para pena privativa de liberdade.
(C) A prestação de serviços à comunidade é gratuita, ou seja, não se remunera o condenado, pois esse é o ônus por ele suportado, o que dá a pena o caráter de retribuição.
(D) O condenado reincidente em crime doloso jamais poderá ter a pena privativa de liberdade substituída por pena restritiva de direito.
(E) O *sursis* não se aplica às penas restritivas de direitos e à multa.

A: é sanção penal de *caráter confiscatório* que possibilita a apreensão de bens e valores de origem *lícita* do condenado (art. 45, § 3º, do CP), que não deve ser confundida com o confisco do art. 91, II, do CP, que consiste na perda dos instrumentos e produtos do crime em favor do Estado; **B:** art. 44, § 4º, do CP; art. 60, § 2º, do CP; **C:** trata-se, conforme preceitua o art. 46, § 2º, do CP, de conferir ao condenado a execução de serviços gratuitos em entidades assistenciais, hospitais, escolas, orfanatos e outros estabelecimentos congêneres; **D:** incorreta, pois somente é vedada a substituição, nos termos do art. 44, § 3º, do CP, ao *reincidente específico* (aquele que ostenta condenação ocorrida em virtude do cometimento do mesmo crime); **E:** art. 80 do CP.

(Defensor Público/MS – 2008 – VUNESP) Com relação à pena de multa, considere as seguintes assertivas e assinale a alternativa que corresponde ao texto do Código Penal.

I. Na hipótese de concurso de crimes, sua aplicação segue as regras do concurso formal, concurso material e crime continuado.
II. A situação econômica do réu é critério para sua fixação.

III. Sua prescrição dar-se-á em 2 (dois) anos, quando for a única cominada ou aplicada.
(A) Todas são erradas.
(B) Apenas II é correta.
(C) Apenas III é errada.
(D) Apenas I é errada.

I: assertiva incorreta, tendo em vista que o art. 72 do CP determina que a *pena de multa*, nesses casos, seja aplicada *distinta* e *integralmente*; II: o juiz, na segunda etapa de fixação da pena de multa, em que é apurado o valor de cada dia-multa, deverá levar em conta, neste momento, a situação econômica do réu, em conformidade com o art. 60, *caput*, do CP; III: art. 114, I, do CP.
Gabarito "D".

(Defensor Público/RS – 2011 – FCC) A respeito dos entendimentos sumulados é INCORRETO afirmar:
(A) Para o Superior Tribunal de Justiça, inquéritos policiais e ações penais em curso não podem agravar a pena-base.
(B) Segundo o Superior Tribunal de Justiça, o aumento da pena na terceira fase nas hipóteses de roubo majorado exige fundamentação concreta, não sendo suficiente a mera alusão ao número de majorantes.
(C) Segundo o Supremo Tribunal Federal, a lei penal mais grave aplica-se ao crime continuado ou ao delito permanente, se sua vigência é anterior à cessação da continuidade ou da permanência.
(D) De acordo com súmula vinculante do Supremo Tribunal Federal, é direito do defensor, no interesse do representado, ter acesso amplo aos elementos de prova que, já documentados em procedimento investigatório realizado por órgão com competência de polícia judiciária, digam respeito ao exercício do direito de defesa.
(E) De acordo com o Superior Tribunal de Justiça, é possível aplicar ao delito de furto qualificado pelo concurso de agentes aumento idêntico ao previsto para o roubo majorado pelo concurso de agentes, visto que mais benéfico.

A: proposição em consonância com o contido na Súmula 444 do STJ; B: a assertiva corresponde ao teor da Súmula 443 do STJ; C: a redação da assertiva corresponde ao teor da Súmula 711 do STF; D: a proposição refere-se à Súmula Vinculante 14; E: tendo em conta o entendimento firmado na Súmula 442 do STJ, não é possível aplicar-se, no furto qualificado pelo concurso de pessoas, a majorante prevista para o crime de roubo. A alternativa, portanto, está incorreta.
Gabarito "E".

(Defensor Público/RS – 2011 – FCC) No que toca ao sistema de aplicação da pena, é correto afirmar:
(A) Há previsão no art. 44 do Código Penal de substituição da pena privativa de liberdade para condenados reincidentes, ainda que a reincidência tenha se operado em virtude da prática do mesmo crime, desde que o segundo delito não envolva violência ou grave ameaça à pessoa.
(B) Segundo o Código Penal, na hipótese de sobrevir condenação definitiva à pena privativa de liberdade por outro crime durante a execução de pena restritiva de direito, a conversão da pena substitutiva, em sede de execução, será obrigatória, mesmo que seu cumprimento seja compatível com o regime de cumprimento da pena definido na segunda sentença condenatória.

(C) Nas hipóteses relativas à Lei nº 11.340/06, conhecida como Lei Maria da Penha, há vedação legal de substituição da pena privativa de liberdade por prestação de serviço à comunidade.
(D) Ao agente primário e de conduta social satisfatória que é condenado à pena de dois anos de reclusão por roubo tentado, com todas as circunstâncias previstas no art. 59 do Código Penal reconhecidas como favoráveis na sentença, é possível aplicar-se a suspensão condicional da pena prevista no art. 77 do Código Penal.
(E) A substituição da pena privativa de liberdade por penas restritivas de direito prevista no art. 44 do Código Penal não é possível para delitos culposos nas hipóteses de condenações superiores a quatro anos.

A: a substituição, a teor do art. 44, § 3º, do CP, somente será admitida na hipótese de a medida ser socialmente recomendável e a reincidência não se ter operado em virtude do cometimento do mesmo crime (reincidência específica), sendo irrelevante o fato de o segundo delito ter ou não envolvido a prática de violência ou grave ameaça contra a pessoa; B: assertiva incorreta, pois não reflete o contido no art. 44, § 5º, do CP; C: incorreta, visto que, pelo disposto no art. 17 da Lei Maria da Penha, veda-se a aplicação, no âmbito dos crimes que envolvem violência doméstica e familiar contra a mulher, das penas de cesta básica, das de prestação pecuniária e da substituição que implique o pagamento isolado de multa; D: não sendo o caso de substituir a pena privativa de liberdade pela restritiva de direitos, dado que o crime de roubo, ainda que tentado, pressupõe o emprego de violência ou grave ameaça à pessoa (art. 44, I, do CP), o que representa óbice à conversão, preenchidos os requisitos objetivos e subjetivos estampados no art. 77 do CP, é de rigor a suspensão condicional da pena ("*sursis*"), direito subjetivo do réu; E: no caso dos crimes culposos, a substituição é possível qualquer que seja a pena aplicada – art. 44, I, *in fine*, do CP.
Gabarito "D".

(Defensoria/SE – 2006 – CESPE) Julgue o item seguinte.
(1) A pena de multa, cominada como principal ou substitutiva, caso não seja paga no prazo de 10 dias após o trânsito em julgado da sentença condenatória, deve ser convertida em pena privativa de liberdade.

A pena de multa, que pode ser aplicada juntamente com a pena privativa de liberdade ou em substituição a ela, deve ser paga dentro de dez dias a contar do trânsito em julgado da sentença condenatória (art. 50, *caput*, do CP); depois do trânsito, a multa será considerada dívida de valor, aplicando-se-lhe as normas da legislação relativa à dívida ativa da Fazenda Pública. Com o advento da Lei 9.268/96, que alterou o art. 51 do CP, não há mais que se falar em conversão da pena de multa em privativa de liberdade.
Gabarito 1E.

12. APLICAÇÃO DA PENA

(Defensor Público/AC – 2017 – CESPE) No caso de pluralidade delitiva, deve-se adotar, na determinação da pena,
(A) o sistema de cúmulo jurídico, somando-se as penas aplicadas a cada um dos crimes.
(B) o sistema da exasperação, quando se tratar de casos de concurso formal imperfeito.
(C) o sistema da exasperação, quando se tratar de concurso material heterogêneo, para evitar que a pena ultrapasse o limite legal de cumprimento.
(D) o sistema da exasperação, que considera tão somente o número de crimes consumados para definição da pena.

(E) o sistema do cúmulo material, quando se tratar de pena pecuniária, independentemente das demais sanções aplicadas, ressalvado o crime continuado.

A: incorreta. No contexto da pluralidade delitiva (concurso de crimes), a legislação contempla, basicamente, dois sistemas: cúmulo material e exasperação; **B:** incorreta. No *concurso formal impróprio* ou *imperfeito* (segunda parte do *caput* do art. 70 do CP), a conduta única decorre de desígnios autônomos, vale dizer, o agente, no seu atuar, deseja os resultados produzidos. Como consequência, as penas serão somadas, aplicando-se o critério ou sistema do *cúmulo material*, e não o sistema da *exasperação*, que terá lugar no concurso formal perfeito, em que há unidade de desígnios; **C:** incorreta. No concurso material (art. 69, CP), seja ele homogêneo ou heterogêneo, o critério a ser aplicado é o do *cúmulo material* (as penas são somadas); **D:** incorreta. Não devem ser considerados apenas os delitos consumados; **E:** correta. Divergem doutrina e jurisprudência quanto à extensão do art. 72 do CP, que estabelece que, no concurso de crimes, a pena de multa será aplicada distinta e integralmente. Quanto aos concursos material e formal, é consenso que este art. 72 do CP tem incidência. O ponto de divergência refere-se ao crime continuado. Para parte da comunidade jurídica, este dispositivo também tem incidência no crime continuado; afinal, o art. 72 do CP não excepcionou esta modalidade de concurso de crimes; no entanto, parte da doutrina e da jurisprudência entende, diferentemente, que, no crime continuado, que é considerado delito único (ficção jurídica), deverá ser aplicada uma única pena de multa, contrariando, portanto, a regra presente no art. 72 do CP. Como se pode ver, a questão é polêmica. Gabarito "E".

(Defensor Público/AC – 2017 – CESPE) São efeitos da reincidência

I. o aumento do prazo da prescrição executória.
II. o impedimento da concessão do livramento condicional em razão da prática de crime de qualquer natureza.
III. o impedimento do início de cumprimento da pena em regime aberto ou semiaberto para crimes de qualquer natureza.
IV. a interrupção do curso da prescrição.

Estão certos apenas os itens

(A) I e II.
(B) I e IV.
(C) II e III.
(D) I, III e IV.
(E) II, III e IV.

I: correta, pois em conformidade com o art. 110, *caput*, do CP; **II:** incorreta (art. 83, I, do CP); **III:** incorreta, pois contraria o entendimento consolidado na Súmula 269, do STJ: "É admissível a adoção do regime prisional semiaberto aos reincidentes condenados a pena igual ou inferior a quatro anos se favoráveis as circunstâncias judiciais"; **IV:** correta (art. 117, VI, do CP). Gabarito "B".

(Defensor Público/AC – 2017 – CESPE) A respeito das medidas de segurança e dos direitos das pessoas portadoras de transtornos mentais, assinale a opção correta.

(A) São vedadas a internação compulsória psiquiátrica e a medida de segurança de internação em caráter cautelar, de modo a impedir o vínculo institucional antes da decisão final do processo.
(B) As internações psiquiátricas, em qualquer uma de suas modalidades, devem ter prazo determinado, e as medidas de segurança devem durar, no mínimo, de um a três anos.
(C) As medidas de segurança, em razão da natureza e da finalidade, não se submetem ao instituto da extinção de punibilidade.
(D) A internação compulsória somente pode ser determinada pelo juiz em instituições com características asilares, sendo vedada a inserção dessa modalidade de internação em hospitais de custódia e de tratamento psiquiátrico.
(E) As internações psiquiátricas, em qualquer uma de suas modalidades, somente serão permitidas se demonstrada a insuficiência dos recursos extra-hospitalares.

A: incorreta, pois contraria os art. 319, VII, do CPP (medida cautelar de internação provisória do inimputável ou semi-imputável), e 6º, parágrafo único, III, da Lei 10.216/2001 (internação compulsória determinada pela Justiça); **B:** incorreta. Se levássemos em conta tão somente a redação do art. 97, § 1º, do CP, chegaríamos à conclusão de que a medida de segurança poderia ser eterna. Em vista da regra que veda as penas de caráter perpétuo, esta não é a melhor interpretação do dispositivo. Tanto que o STF firmou posicionamento no sentido de que o prazo máximo de duração da medida de segurança não pode ser superior a 30 anos (analogia ao art. 75 do CP). O STJ, por seu turno, entende que a medida de segurança deve ter por limite o máximo da pena em abstrato cominada para o crime (STJ, HC 125.342-RS, 6ª T., rel. Min. Maria Thereza de Assis Moura, j. 19.11.09). Consolidando tal entendimento, o STJ editou a Súmula 527, segundo a qual "o tempo de duração da medida de segurança não deve ultrapassar o limite máximo da pena abstratamente cominada ao delito praticado"; **C:** incorreta, na medida em que a medida de segurança, porque constitui espécie do gênero sanção penal, submete-se às causas extintivas da punibilidade (art. 96, parágrafo único, do CP); **D:** incorreta, pois contraria o disposto no art. 4º, § 3º, da Lei 10.216/2001; **E:** correta, pois reflete a regra presente no art. 4º, *caput*, da Lei 10.216/2001. Gabarito "E".

(Defensor Público –DPE/RN – 2016 – CESPE) Em cada uma das seguintes opções, é apresentada uma situação hipotética relativa ao concurso de crimes, seguida de uma assertiva a ser julgada. Assinale a opção que apresenta assertiva correta de acordo com a legislação penal e a jurisprudência do STJ.

(A) No interior de um ônibus coletivo, Sérgio subtraiu, com o emprego de grave ameaça, os aparelhos celulares de cinco passageiros, além do dinheiro que o cobrador portava. Nessa situação, como houve a violação de patrimônios distintos, Sérgio praticou o crime de roubo simples em concurso material.
(B) Plínio praticou um crime de latrocínio (previsto no art. 157, § 3.º, parte final, do CP) no qual houve uma única subtração patrimonial, com desígnios autônomos e com dois resultados mortes (vítimas). Nessa situação, Plínio praticou o crime de latrocínio em concurso formal impróprio, disposto no art. 70, *caput*, parte final, do CP, no qual se aplica a regra do concurso material, de forma que as penas devem ser aplicadas cumulativamente.
(C) Túlio, em um mesmo contexto fático, praticou, com uma menor impúbere de treze anos de idade, sexo oral (felação), além de cópula anal e conjunção carnal. Nessa situação, Túlio perpetrou o crime de estupro de vulnerável em concurso material.
(D) Zélio foi condenado pela prática de crimes de roubo e corrupção de menores em concurso formal, cometidos em continuidade delitiva. Nessa situação, na dosime-

tria da pena aplicar-se-ão cumulativamente as regras do concurso formal (art. 70 do CP) e da continuidade delitiva (art. 71 do CP).

(E) Múcio, mediante grave ameaça exercida com o emprego de arma de fogo, subtraiu bens pertencentes a Bruna e, ainda, exigiu dela a entrega de cartão bancário e senha para a realização de saques. Nessa situação, Múcio praticou, em concurso formal, os crimes de roubo circunstanciado e extorsão majorada.

A: incorreta. Com efeito, no crime de roubo, se as subtrações que vulneraram o patrimônio de duas ou mais pessoas se derem no mesmo contexto, fala-se em concurso formal de crimes (art. 70 do CP), e não em concurso *material*. Nesse sentido é a lição de Guilherme de Souza Nucci: "(...) Ilustrando, o autor ingressa num ônibus, anuncia o assalto e pede que todos passem os bens. Concretiza-se o concurso formal perfeito, pois o agente não possui desígnios autônomos, vale dizer, dolo direto em relação a cada uma das vítimas, que nem mesmo conhece (...)" (***Código Penal Comentado***. 13. ed., São Paulo: Ed. RT, 2013. p. 807). Na jurisprudência: "É assente neste Tribunal Superior que, praticado o crime de roubo mediante uma só ação, contra vítimas diferentes, não há se falar em crime único, mas sim em concurso formal, visto que violados patrimônios distintos. Precedentes" (HC 315.059/SP, Rel. Ministra Maria Thereza de Assis Moura, Sexta Turma, julgado em 06.10.2015, DJe 27.10.2015); **B:** correta. Conferir: "Prevalece, no Superior Tribunal de Justiça, o entendimento no sentido de que, nos delitos de latrocínio – crime complexo, cujos bens jurídicos protegidos são o patrimônio e a vida –, havendo uma subtração, porém mais de uma morte, resta configurada hipótese de concurso formal impróprio de crimes e não crime único. Precedentes" (HC 185.101/SP, Rel. Ministro Nefi Cordeiro, Sexta Turma, julgado em 07.04.2015, DJe 16.04.2015); **C:** incorreta. Os tribunais, até a edição da Lei 12.015/2009, tinham como consolidado o entendimento segundo o qual, quando o **atentado violento ao pudor** não constituísse meio natural para a prática do ***estupro***, caracterizado estaria o concurso material de crimes: STJ, HC 102.362-SP, 5ª T., Rel. Min. Felix Fischer, j. 18.11.2008. Com a Lei 12.015/2009, que promoveu uma série de mudanças na disciplina dos crimes sexuais, o estupro – art. 213 do CP –, que incriminava tão somente a conjunção carnal realizada com mulher, mediante violência ou grave ameaça, passou a incorporar, também, a conduta antes contida no art. 214 do CP – dispositivo hoje revogado (art. 7º da Lei 12.015/2009). Dito de outro modo, constitui estupro, na sua nova forma, toda modalidade de violência sexual levada a efeito para qualquer fim libidinoso, incluída, por óbvio, a conjunção carnal. Dessa forma, o crime do art. 213 do CP, com a mudança implementada pela Lei 12.015/2009, passa a comportar, além da conduta consubstanciada na conjunção carnal violenta, contra homem ou mulher, também o comportamento consistente em obrigar alguém a praticar ou permitir que com o sujeito ativo se pratique outro ato libidinoso que não a conjunção carnal. Criou-se, assim, um tipo misto alternativo, razão pela qual a prática, por exemplo, de felação (*sexo oral*), *conjunção carnal e sexo anal (é o caso narrado no enunciado da alternativa)* no mesmo contexto fático implica o cometimento de crime único. Incide, no caso, o *princípio da alternatividade*. Nesse sentido, o seguinte julgado do STJ: "Com a superveniência da Lei 12.015/2009, a conduta do crime de atentado violento ao pudor, anteriormente prevista no art. 214 do Código Penal, foi inserida naquela do art. 213, constituindo, assim, quando praticadas contra a mesma vítima e num mesmo contexto fático, crime único de estupro" (AgRg no REsp 1127455-AC, 6ª T., rel. Min. Sebastião Reis Júnior, 28.08.2012). Tal raciocínio também se aplica no contexto do crime de estupro de vulnerável (art. 217-A, CP), sendo esta a hipótese da alternativa; **D:** incorreta. No STJ: "1. Segundo orientação deste Superior Tribunal de Justiça, quando configurada a concorrência de concurso formal e crime continuado, aplica-se somente um aumento de pena, o relativo à continuidade delitiva. Precedentes. 2. Ocorre *bis in idem* quando há majoração da reprimenda primeiramente em razão do concurso formal, haja vista o cometimento de um delito roubo contra vítimas diferentes num mesmo contexto fático, e, em seguida, em função do reconhecimento do crime continuado em relação aos outros crimes praticados em situação semelhante de tempo e modo de execução. 3. *Habeas corpus* não conhecido. Ordem concedida de ofício apenas para afastar a exasperação imposta pelo reconhecimento do concurso formal, reduzindo-se a reprimenda para 6 (seis) anos e 8 (oito) meses de reclusão" (HC 162.987/DF, Rel. Ministro Jorge Mussi, Quinta Turma, julgado em 01.10.2013, DJe 08.10.2013); **E:** incorreta. A assertiva narra hipótese de concurso *material*, e não *formal*. Conferir: "A jurisprudência desta Corte Superior e do Supremo Tribunal Federal é firme em assinalar que se configuram os crimes de roubo e extorsão, em concurso material, se o agente, após subtrair, mediante emprego de violência ou grave ameaça, bens da vítima, a constrange a entregar o cartão bancário e a respectiva senha, para sacar dinheiro de sua conta corrente" (AgRg no AREsp 323.029/DF, Rel. Ministro Rogerio Schietti Cruz, Sexta Turma, julgado em 01.09.2016, DJe 12.09.2016).

Gabarito "B".

(Defensor Público –DPE/ES – 2016 – FCC) Quanto às causas de aumento da pena, é correto afirmar que

(A) pode o juiz limitar-se a um só aumento, se houver concurso de causas previstas na parte geral do Código Penal.

(B) o respectivo acréscimo sempre pode ser integralmente compensado por igual redutor de eventual causa de diminuição, pois ausente prejuízo para o réu.

(C) deve prevalecer o acréscimo pela continuidade, ainda que se verifique concurso formal entre dois dos crimes integrantes da série continuada, segundo entendimento doutrinário e jurisprudencial.

(D) devem ser calculadas pelas circunstâncias da própria causa de aumento ou pelas circunstâncias do crime, se previstas em limites ou quantidades variáveis.

(E) a lei penal mais grave aplica-se ao crime continuado ou ao crime permanente, se a sua vigência é posterior à cessação da continuidade ou da permanência.

A: incorreta. É que, em se tratando de causas de aumento previstas na parte geral do CP, deverá o juiz aplicar todas, ou seja, não se admite compensação entre elas; a regra prevista no art. 68, parágrafo único, do CP, segundo a qual o juiz aplicará só um aumento, refere-se às causas contidas na parte especial do CP; **B:** incorreta, já que a compensação não tem lugar quando se trata de causas previstas na parte geral do CP; **C:** correta. No STJ: "1. Segundo orientação deste Superior Tribunal de Justiça, quando configurada a concorrência de concurso formal e crime continuado, aplica-se somente um aumento de pena, o relativo à continuidade delitiva. Precedentes. 2. Ocorre *bis in idem* quando há majoração da reprimenda primeiramente em razão do concurso formal, haja vista o cometimento de um delito roubo contra vítimas diferentes num mesmo contexto fático, e, em seguida, em função do reconhecimento do crime continuado em relação aos outros crimes praticados em situação semelhante de tempo e modo de execução. 3. *Habeas corpus* não conhecido. Ordem concedida de ofício apenas para afastar a exasperação imposta pelo reconhecimento do concurso formal, reduzindo-se a reprimenda para 6 (seis) anos e 8 (oito) meses de reclusão" (HC 162.987/DF, Rel. Ministro Jorge Mussi, Quinta Turma, julgado em 01.10.2013, DJe 08.10.2013); **D:** incorreta. É tranquilo o entendimento segundo o qual, se previstas em limites ou quantidades variáveis, as causas de aumento da pena devem ser calculadas pelas circunstâncias da própria causa, e não pelas circunstâncias do crime; **E:** incorreta, uma vez que contraria o entendimento firmado na Súmula 711 do STF: "A lei penal mais grave aplica-se ao crime continuado ou ao crime permanente, se a sua vigência é anterior à cessação da continuidade ou da permanência".

Gabarito "C".

(Defensor Público –DPE/BA – 2016 – FCC) Sobre os efeitos da condenação,

(A) quando for aplicada pena privativa de liberdade por tempo superior a 4 anos é automática a perda de cargo, função pública ou mandato eletivo.

(B) a obrigação de indenizar o dano causado pelo crime é efeito automático da sentença penal condenatória.

(C) o perdão tácito do ofendido não é admissível no direito penal brasileiro.

(D) o perdão judicial exclui os efeitos da condenação, salvo a reincidência.

(E) a estigmatização do condenado é um efeito declarado da sentença penal condenatória.

A: incorreta. No que toca à perda do cargo, função pública ou mandato eletivo como efeito secundário de natureza extrapenal da condenação, há duas situações a considerar: se a pena privativa de liberdade aplicada for superior a quatro anos, é de rigor a perda do cargo, função ou mandato eletivo, pouco importando, neste caso, se a conduta do funcionário foi praticada com abuso de poder ou com violação de dever inerente à função pública (art. 92, I, "b", do CP). É o caso desta assertiva; agora, se a pena privativa de liberdade aplicada for inferior a quatro, a perda do cargo, função pública ou mandato eletivo do agente somente se dará se este houver agido, na prática criminosa, com abuso de poder ou violação de deveres para com a Administração Pública (art. 92, I, "a", do CP). Nas duas hipóteses, cuida-se de efeito não automático da condenação, exigindo, portanto, declaração motivada na sentença (art. 92, parágrafo único, do CP); **B:** correta. Cuida-se, de fato, de efeito automático da sentença penal condenatória (art. 91, I, do CP); **C:** incorreta. O perdão do ofendido, instituto exclusivo da ação penal de iniciativa privada, pode ser expresso ou *tácito* (art. 106, CP); **D:** incorreta, pois contraria o que estabelece o art. 120 do CP. No mesmo sentido a Súmula 18, do STJ; **E:** incorreta. Não há, na sentença penal condenatória, declaração do efeito consistente na estigmatização do condenado.
Gabarito "B".

(Defensor Público –DPE/BA – 2016 – FCC) Sobre a reincidência, é correto afirmar que

(A) não prevalece a condenação anterior, se entre a data do cumprimento ou extinção da pena e a infração posterior tiver decorrido período de tempo superior a 5 anos, computado o período de prova do livramento condicional ou do regime aberto.

(B) por violar o direito penal do autor e o princípio do *ne bis in idem*, os Tribunais Superiores reconheceram a não recepção da reincidência pela Constituição de 1988.

(C) a reincidência em contravenção dolosa impede a substituição da pena de prisão simples por restritiva de direitos.

(D) por não ser permitida a aplicação da pena de prisão ao crime de posse de drogas para uso pessoal, a reincidência não exerce influência na aplicação da pena por este crime.

(E) a reincidência em crime culposo não impede a suspensão condicional da pena.

A: incorreta, uma vez que não corresponde ao teor do art. 64, I, parte final, do CP; **B:** incorreta. O Plenário do STF reconheceu, por unanimidade, a constitucionalidade da aplicação da reincidência como circunstância agravante, não havendo que se falar em violação ao direito penal do autor e ao princípio do *ne bis in idem*. Conferir: "Surge harmônico com a Constituição Federal o inciso I do artigo 61 do Código Penal, no que prevê, como agravante, a reincidência"

(RE 453000, Relator(a): Min. Marco Aurélio, Tribunal Pleno, julgado em 04.04.2013); **C:** incorreta. Não há esta vedação; **D:** incorreta, já que o art. 28, § 4º, da Lei 11.343/2006 estabelece que, sendo o réu reincidente, as penas previstas nos incisos II e III poderão ser aplicadas por tempo superior (por até 10 meses); **E:** correta, nos termos do art. 77, I, do CP.
Gabarito "E".

(Defensor Público –DPE/BA – 2016 – FCC) Sobre a determinação do regime inicial de cumprimento de pena, é correto afirmar que

(A) a pena de detenção deve ser cumprida em regime aberto ou semiaberto, salvo caso de reincidência.

(B) segundo a jurisprudência dominante do STJ, a reincidência impede o cumprimento de pena em regime semiaberto, independentemente da quantidade de pena e das circunstâncias judiciais.

(C) em caso de condenação por crime de extorsão mediante sequestro consumado, é possível a aplicação do regime semiaberto.

(D) por ser cometido com violência ou grave ameaça contra a pessoa, a condenação por roubo consumado impede a aplicação do regime aberto.

(E) em virtude do princípio da individualização da pena, a primeira fase de aplicação da pena não pode influenciar na determinação do regime.

A: incorreta, uma vez que não corresponde ao teor do art. 33, *caput*, do CP, segundo o qual a pena de detenção será cumprida em regime aberto ou semiaberto, salvo necessidade de transferência ao regime fechado (e não em caso de reincidência); **B:** incorreta, pois contraria o entendimento firmado na Súmula 269 do STJ: "É admissível a adoção do regime prisional semiaberto aos reincidentes condenados a pena igual ou inferior a quatro anos se favoráveis as circunstâncias judiciais"; **C:** correta. De fato, se a pena aplicada for de 8 anos (mínima prevista para o crime), é possível, sim, que o agente inicie o cumprimento de sua pena no regime semiaberto. Mesmo porque, como bem sabemos, o art. 2º, § 1º, da Lei 8.072/1990 (Crimes Hediondos), que estabelece o regime inicial fechado aos condenados por crimes hediondos e equiparados, foi declarado pelo STF, no julgamento do HC 111.840, inconstitucional, não havendo mais, portanto, a obrigatoriedade de fixar-se o regime inicial fechado nos crimes hediondos, como é o caso da extorsão mediante sequestro (art. 1º, IV, da Lei 8.072/1990); **D:** incorreta. O emprego de violência ou grave ameaça contra a pessoa não constitui critério para determinar o regime inicial de cumprimento da pena. No caso do roubo, se a pena aplicada for a mínima prevista (4 anos), é possível que o condenado dê início ao cumprimento da pena no regime aberto, nos termos do que estabelece o art. 33, § 2º, c, do CP; **E:** incorreta, pois não corresponde ao que estabelece o art. 59, III, do CP.
Gabarito "C".

(Defensoria Pública da União – CESPE – 2015) No que tange ao entendimento sumulado do STJ a respeito das espécies, da cominação e da aplicação de penas e do regime de execução de penas em espécie, julgue os itens subsecutivos.

(1) A gravidade abstrata do delito justifica o estabelecimento de regime prisional mais gravoso do que o cabível em razão da sanção imposta, independentemente de a pena-base ter sido fixada no mínimo legal.

(2) O agente considerado primário que furta coisa de pequeno valor faz jus a causa especial de diminuição de pena ou furto privilegiado, ainda que esteja presente qualificadora consistente no abuso de confiança.

(3) Se as circunstâncias judiciais forem favoráveis, o reincidente condenado à pena de quatro anos poderá ser submetido ao regime prisional semiaberto.

1: incorreta, uma vez que não reflete o entendimento consolidado na Súmula 440, do STJ: "Fixada a pena-base no mínimo legal, é vedado o estabelecimento de regime prisional mais gravoso do que o cabível em razão da sanção imposta, com base apenas na gravidade abstrata do delito"; **2**: incorreta, já que não corresponde ao entendimento firmado na Súmula 511 do STJ: "É possível o reconhecimento do privilégio previsto no § 2º do art. 155 do CP nos casos de crime de furto qualificado, se estiverem presentes a primariedade do agente, o pequeno valor da coisa e a qualificadora for de ordem objetiva"; **3**: correta, na medida em que reflete o entendimento firmado na Súmula 269 do STJ: "É admissível a adoção do regime prisional semiaberto aos reincidentes condenados a pena igual ou inferior a quatro anos se favoráveis as circunstâncias judiciais".

Gabarito 1E, 2E, 3C

(Defensor Público/AM – 2013 – FCC) A reincidência

(A) sempre impede a substituição da pena privativa de liberdade por restritiva de direitos.

(B) pode ser considerada como circunstância agravante e, simultaneamente, como circunstância judicial.

(C) não influi no prazo da prescrição da pretensão punitiva.

(D) obsta a suspensão condicional da pena, ainda que a condenação anterior tenha imposto tão somente a pena de multa.

A: incorreta. Somente tem o condão de impedir a substituição da pena privativa de liberdade por restritivas de direito a reincidência em crime *doloso*, conforme estabelece o art. 44, II, do CP. Ainda assim, é possível, em princípio, falar-se em substituição, desde que a reincidência não tenha se operado pela prática do mesmo crime (reincidência específica) e se a medida for socialmente recomendável (art. 44, § 3º, do CP); **B**: incorreta, pois contraria o entendimento firmado na Súmula 241 do STJ: "A reincidência penal não pode ser considerada como circunstância agravante e, simultaneamente, como circunstância judicial"; **C**: correta, pois em conformidade com o entendimento firmado na Súmula 220 do STJ: "A reincidência não influi no prazo da prescrição da pretensão punitiva"; **D**: incorreta, pois não corresponde ao teor da Súmula 499 do STF: "Não obsta à concessão do *sursis*, condenação anterior à pena de multa".

Gabarito "C".

(Defensor Público/AC – 2012 – CESPE) De acordo com os preceitos do CP relativos à aplicação de pena, a circunstância judicial referente ao conjunto de ações que compõe o comportamento do agente em diversos âmbitos, tais como na família, na sociedade e no trabalho, corresponde

(A) aos antecedentes penais do agente.

(B) à culpabilidade do agente.

(C) à personalidade do agente.

(D) às circunstâncias do crime.

(E) à conduta social do agente.

A conduta social, circunstância judicial prevista no art. 59 do CP, diz respeito ao papel desempenhado pelo réu no meio social em que está inserido, abrangendo o seu comportamento no trabalho, no núcleo familiar, na escola etc.

Gabarito "E".

(Defensor Público/RO – 2012 – CESPE) Marcos adquiriu, por mil reais, em cidade do interior de Goiás, de Felipe, seu amigo conhecido pela prática de furtos, um veículo ano 2012, subtraído, na semana anterior, de Luiz por Felipe e seus comparsas Davi e Ernesto, no estacionamento em frente a um hospital, em cidade de outro estado da Federação. O delito fora presenciado por Fernando e Guilherme, que reconheceram Felipe, Davi e Ernesto como autores do fato. Luiz foi indenizado civilmente pela companhia seguradora. Marcos, abordado por policiais militares na condução do veículo, alegou, no processo criminal, não ter ciência da origem ilícita do bem, pois o teria adquirido para uso próprio, e que pagara mil reais a título de sinal e que o vendedor, conhecido apenas por Cabeludo, procederia à transferência e a entrega da documentação do veículo assim como as parcelas do financiamento. Ernesto confessou que praticara o crime na companhia de Felipe e Davi e que, na mesma data, conduziram o veículo até a cidade do interior de Goiás, onde o venderam a Marcos por mil reais. Felipe, que negou qualquer participação criminosa, não ostentava, à época, circunstância judicial destavorável, mas era reincidente em crimes de furto e de porte ilegal de arma de fogo; também não havia, em relação a ele, circunstância atenuante da pena. Davi foi submetido a exame de sanidade mental, que concluiu que ele, à época do ocorrido, não era inteiramente capaz de entender o caráter ilícito do fato, em virtude de desenvolvimento mental incompleto.

Com base na situação hipotética acima apresentada, assinale a opção correta à luz do CP e da jurisprudência do STJ.

(A) É incabível a condenação de Davi por crime de furto, mas o juiz poderá decidir pela aplicação de medida de segurança de internação em hospital de custódia e tratamento psiquiátrico.

(B) Se Davi necessitar de especial tratamento curativo, o juiz poderá decidir pela aplicação de medida de segurança de tratamento ambulatorial, com prazo mínimo de três meses a um ano.

(C) Sendo imposta a Felipe condenação por crime de furto e sendo a pena aplicada igual ou inferior a quatro anos de reclusão, o juiz poderá substituir a pena privativa de liberdade por pena restritiva de direitos.

(D) Sendo imposta a Felipe condenação por crime de furto e sendo aplicada pena privativa de liberdade de três anos e seis meses de reclusão, o regime inicial de cumprimento de pena será obrigatoriamente o fechado, dada reincidência nos crimes de furto e de porte ilegal de arma de fogo.

(E) Sendo imposta a Felipe condenação por crime de furto, o juiz não poderá aplicar pena privativa de liberdade inferior a três anos de reclusão.

A: incorreta. Davi poderá, sim, ser condenado pela prática do crime de furto. É que estava, ao tempo da conduta, parcialmente privado de sua capacidade de compreender o caráter ilícito de seu ato. Deve, assim, ser considerado, nos termos do art. 26, parágrafo único, do CP, semi--imputável, fazendo jus, por isso, se condenado, a uma diminuição de pena da ordem de um a dois terços; **B**: incorreta, visto que o art. 98 do CP estabelece o prazo mínimo de 1 (um) a 3 (três) anos, e não de 3 (três) meses a 1 (um) ano; **C**: incorreta. Descabe, em relação a Felipe, a substituição da pena privativa de liberdade por restritivas de direitos, visto ser reincidente em crime doloso (furto e porte ilegal de arma de

fogo), nos termos do art. 44, II, do CP; **D:** incorreta, pois não reflete o entendimento firmado na Súmula 269 do STJ: "É admissível a adoção do regime prisional semiaberto aos reincidentes condenados a pena igual ou inferior a quatro anos se favoráveis as circunstâncias judiciais"; **E:** correta, pois em conformidade com o que dispõe o art. 155, § 5º, do CP, que estabelece, para o crime de furto de veículo automotor que venha a ser transportado para outro estado da Federação, a pena de reclusão de 3 (três) a 8 (oito) anos.
Gabarito "E".

(Defensor Público/SP – 2012 – FCC) Considere as assertivas abaixo.

I. O sistema pátrio de dosimetria das penas adotou o sistema bifásico.

II. O enquadramento da conduta em circunstância qualificadora precede a primeira fase, ao passo que as causas especiais de aumento de pena são computadas na última fase da dosimetria.

III. Segundo recente jurisprudência do Supremo Tribunal Federal, admite-se a fixação da pena abaixo do mínimo legal por força de circunstâncias atenuantes genéricas.

IV. Não apontadas circunstâncias judiciais desfavoráveis ao ensejo da aplicação do artigo 59 do Código Penal, não é admitida a alegação de gravidade do crime para se fixar regime prisional mais rigoroso do que o estabelecido para o tempo de pena imposta.

V. Recente alteração legislativa inovou ao permitir o agravamento da pena por maus antecedentes em razão de ação penal em curso, desde que haja decisão condenatória proferida por órgão colegiado.

Está correto APENAS o que se afirma em

(A) IV.
(B) V.
(C) II e IV.
(D) I, III e IV.
(E) II, IV e V.

I: incorreta, posto que o sistema adotado pelo Código Penal, no *caput* do art. 68, é o trifásico (e não o bifásico), em que o magistrado, num primeiro momento, valendo-se dos critérios estabelecidos no art. 59 do CP, fixará a pena-base; em seguida, já na segunda etapa, considerará as circunstâncias atenuantes e agravantes e, ao final, na última fase, passará à análise das causas de diminuição e de aumento; **II:** correta. O juiz percorrerá os três estágios de fixação da pena com base naquela estabelecida no preceito secundário do tipo penal incriminador. Assim, sendo o crime qualificado (o preceito secundário estabelece faixa diferenciada para a fixação da pena), o magistrado buscará a pena-base a partir da pena estabelecida no tipo qualificado. Também é verdade que as causas de aumento, sendo genéricas ou específicas, deverão ser mensuradas na terceira e última etapa de fixação da pena; **III:** incorreta, dado que, segundo orientação jurisprudencial atualmente em vigor, consubstanciada na Súmula 231 do STJ, não se admite que a consideração das circunstâncias atenuantes leve a pena abaixo do mínimo legal. Bem por isso, se o magistrado, no primeiro estágio do sistema trifásico, estabelecer a pena-base no mínimo legal, não poderá, na segunda fase, ao levar em conta circunstância atenuante, reduzir a pena aquém do mínimo cominado. Tal somente poderá ocorrer na terceira etapa de fixação da pena, quando então o juiz levará em conta as causas de diminuição de pena; **IV:** correta, visto que reflete o entendimento sufragado na Súmula 718 do STF; **V:** incorreta, pois contraria o entendimento firmado na Súmula 444 do STJ, atualmente em vigor.
Gabarito "C".

(Defensor Público/SP – 2012 – FCC) Em relação ao concurso de crimes ou infrações, é INCORRETO afirmar:

(A) O agente que investe com seu veículo automotor dolosamente em direção a um desafeto atingindo-o, mas acaba por lesionar culposamente também um terceiro, incorre em hipótese de concurso formal imperfeito ou impróprio.

(B) As eventuais penas de multa serão aplicadas distinta e integralmente, não observando o mesmo critério aplicado para a pena privativa de liberdade.

(C) Com o advento da Lei n. 12.015/2009, que alterou o título relativo aos crimes contra a dignidade sexual, se acentuou a possibilidade de revisão das condenações pela prática de estupro e atentado violento ao pudor praticados em condições semelhantes de tempo, lugar ou maneira de execução, em que houve aplicação do cúmulo material.

(D) Se a aplicação do critério do concurso formal redundar em pena superior àquela que seria aplicável na hipótese de reconhecimento do concurso material, as penas relativas aos crimes devem ser somadas.

(E) Diz-se que a unicidade de condutas no caso de crime continuado é ficção jurídica inspirada em motivos de política criminal, uma vez que se reveste de culpabilidade menos acentuada, em razão da repetição da conduta que arrefeceria a consciência do ilícito.

A: incorreta. Nos termos do art. 70 do CP, o concurso formal poderá ser *próprio* (perfeito) ou *impróprio* (imperfeito). No primeiro caso (primeira parte do *caput*), temos que o agente, por meio de uma única ação ou omissão (um só comportamento), pratica dois ou mais crimes, idênticos ou não, com *unidade de desígnio*. É o caso aqui tratado (o agente não perseguiu os dois resultados, mas tão somente atingir seu desafeto); já no *concurso formal impróprio* ou *imperfeito* (segunda parte do *caput*), a situação é diferente. Aqui, a conduta única decorre de desígnios autônomos, vale dizer, o agente, no seu atuar, deseja os resultados produzidos. Como consequência, as penas serão somadas, aplicando-se o critério ou sistema do *cúmulo material*. No concurso formal perfeito, diferentemente, se as penas previstas forem idênticas, aplica-se somente uma; se diferentes, aplica-se a maior, acrescida, em qualquer caso, de um sexto até metade (sistema da exasperação). Assertiva, portanto, incorreta; **B:** correta, pois em conformidade com o que estabelece o art. 72 do CP; **C:** correta. Os tribunais, até a edição da Lei 12.015/2009, tinham como consolidado o entendimento segundo o qual, quando o *atentado violento ao pudor* não constituísse meio natural para a prática do *estupro*, caracterizado estaria o concurso material de crimes: STJ, HC 102.362-SP, 5ª T., Rel. Min. Felix Fischer, j. 18.11.2008. Com a Lei 12.015/2009, que promoveu uma série de mudanças na disciplina dos crimes sexuais, o estupro – art. 213 do CP –, que incriminava tão somente a conjunção carnal realizada com mulher, mediante violência ou grave ameaça, passou a incorporar, também, a conduta antes contida no art. 214 do CP – dispositivo hoje revogado (art. 7º da Lei 12.015/2009). Dito de outro modo, constitui estupro, na sua nova forma, toda modalidade de violência sexual levada a efeito para qualquer fim libidinoso, incluída, por óbvio, a conjunção carnal. Dessa forma, o crime do art. 213 do CP, com a mudança implementada pela Lei 12.015/2009, passa a comportar, além da conduta consubstanciada na conjunção carnal violenta, contra homem ou mulher, também o comportamento consistente em obrigar alguém a praticar com o sujeito ativo se pratique outro ato libidinoso que não a conjunção carnal. Criou-se, assim, um tipo misto alternativo, razão pela qual a prática de *sexo oral* e *conjunção carnal* no mesmo contexto fático implica o cometimento de crime único. Incide, no caso, o *princípio da alternatividade*. Nesse sentido, o seguinte julgado do STJ: "Com a superveniência da Lei 12.015/2009,

a conduta do crime de atentado violento ao pudor, anteriormente prevista no art. 214 do Código Penal, foi inserida naquela do art. 213, constituindo, assim, quando praticadas contra a mesma vítima e num mesmo contexto fático, crime único de estupro (AgRg no REsp 1127455-AC, 6ª T., rel. Min. Sebastião Reis Júnior, 28.08.2012); **D:** assertiva correta. É o chamado concurso material benéfico – art. 70, parágrafo único, do CP; **E:** correta. Embora existam duas teorias acerca da natureza jurídica do crime continuado, prevalece, hoje, o entendimento de que a unicidade de condutas, nesta modalidade de crime, constitui mera ficção.
Gabarito "A".

(Defensor Público/AM – 2010 – I. Cidades) Acerca do concurso de crimes, marque a alternativa correta:

(A) ocorre o concurso formal quando for o caso, dentre outras hipóteses, de prática de dois ou mais crimes idênticos ou não, mediante uma só ação ou omissão;
(B) aplica-se a regra relativa à pena (pena mais grave das cabíveis, ou se iguais, somente uma delas, mas aumentada em qualquer caso de um sexto até metade) no concurso formal de crimes quando, dentre outros casos, o agente pratica dois ou mais crimes, mediante uma só ação ou omissão dolosa, resultante de desígnios autônomos;
(C) é caso de concurso material de crimes quando o agente, mediante uma ação ou omissão, pratica dois ou mais crimes, idênticos ou não;
(D) considera-se crime continuado quando o agente, mediante mais de uma ação ou omissão, pratica dois ou mais crimes, de espécie diversa, nas mesmas condições de tempo, lugar, maneira de execução e outras semelhantes;
(E) nenhuma das anteriores.

A: nos termos do art. 70 do CP, o concurso formal poderá ser *próprio* (perfeito) ou *impróprio* (imperfeito). No primeiro caso (primeira parte do *caput*), temos que o agente, por meio de uma única ação ou omissão (um só comportamento), pratica dois ou mais crimes, idênticos ou não, com *unidade de desígnio*; já no *concurso formal impróprio* ou *imperfeito* (segunda parte do *caput*), a situação é diferente. Aqui, a conduta única decorre de desígnios autônomos, vale dizer, o agente, no seu atuar, deseja os resultados produzidos. Como consequência, as penas serão somadas, aplicando-se o critério do *cúmulo material*. No concurso formal perfeito, diferentemente, se as penas previstas forem idênticas, aplica-se somente uma; se diferentes, aplica-se a maior, acrescida, em qualquer caso, de um sexto até metade (sistema da exasperação); **B:** a assertiva incorreta refere-se ao concurso formal impróprio ou imperfeito, na medida em que faz menção à conduta dolosa como consequência dos desígnios autônomos, incompatível com o sistema da exasperação da pena, que terá lugar somente no chamado concurso formal próprio ou perfeito. No concurso formal imperfeito, como dito acima, as penas serão somadas (sistema do cúmulo material); **C:** o concurso material (art. 69, CP) pressupõe a prática de *mais* de uma ação ou omissão. Em outras palavras, a pluralidade de condutas, além da pluralidade de crimes, constitui requisito do concurso material; **D:** impõe o art. 71 do CP que, na continuidade delitiva, os crimes sejam da mesma espécie.
Gabarito "A".

(Defensoria/MG – 2006) Considerando-se as diretrizes a que o magistrado deve ficar atento, na aplicação da pena ou medida de segurança, é INCORRETO afirmar que:

(A) O juiz, na fixação da pena de multa, percorre duas etapas: de acordo com a situação econômica do réu, determina a quantidade de dias-multa e, analisando a sua culpabilidade e a gravidade do crime, determina o valor de cada dia-multa.
(B) O juiz, de acordo com o sistema vicariante, aplica somente pena ao imputável, somente medida de segurança ao inimputável e pena ou medida de segurança o semi-imputável, mas, jamais, as duas modalidades.
(C) O juiz utiliza a forma qualificada do delito para fixar a pena-base, mas a causa de aumento de pena só é verificada na terceira fase de sua fixação.
(D) Todas as circunstâncias agravantes estão expressamente elencadas em lei, em rol taxativo, o que não ocorre com as atenuantes.

A: na fixação da pena de multa, o juiz deve superar duas etapas, a saber: num primeiro momento, estabelece-se o número de dias-multa, levando-se em consideração, para tanto, as circunstâncias judiciais, contidas no art. 59 do CP; feito isso, passa-se ao valor de cada dia-multa, o que será feito com base na situação econômica do réu (art. 60, CP). A assertiva, portanto, está incorreta; **B:** desde a Reforma de 1984, prevalece entre nós o *sistema vicariante*, que aboliu a possibilidade de o condenado ser submetido a pena e a medida de segurança ao mesmo tempo (*sistema do duplo binário*). Dessa forma, se o réu é considerado imputável à época dos fatos, a ele será aplicada tão somente *pena*; se inimputável, receberá *medida de segurança*; se, por fim, tratar-se de réu semi-imputável, será submetido a uma ou outra; **C:** de fato, em se tratando de delito qualificado, o juiz ficará, na fixação da pena-base, adstrito aos limites legais impostos no tipo penal qualificado. Fixada a pena-base, o que se faz com supedâneo nos elementos contidos no art. 59 do CP, passa-se à segunda etapa (circunstâncias agravantes e atenuantes) e, em seguida, à terceira fase (causas de aumento ou de diminuição da pena); **D:** o rol do art. 61 do CP é restrito. Não pode, pois, ser ampliado. Art. 66 do CP (atenuante inominada).
Gabarito "A".

(Defensoria/MT – 2007) Concernente à aplicação da pena, o artigo 68 do Código Penal prevê o sistema trifásico. Sobre a matéria analise os itens.

I. O primeiro passo constitui em aplicar a pena-base prevista sempre no *caput* do artigo, observando-se, para tanto, as circunstâncias judiciais contidas no artigo 59 do Código Penal.
II. Na primeira fase, a operação da dosagem tem por parâmetro a pena em abstrato prevista para o delito.
III. Fixada a pena-base, devem ser analisadas as circunstâncias atenuantes e agravantes.
IV. A terceira fase constitui na aplicação das causas especiais de aumentos e diminuições, não sendo permitido ultrapassar o limite mínimo e máximo da pena cominada para o delito.
V. Havendo concurso entre causas de aumento de pena da Parte Geral e Parte Especial do Código Penal, aplica-se apenas a maior causa de aumento.

Estão corretos os itens:

(A) II, IV e V
(B) II e III
(C) I, III e V
(D) I, II e IV
(E) III e IV

I: a pena base pode ser extraída, por exemplo, do tipo qualificado, que não é encontrada no *caput* do artigo; **II:** nesta fase, deve o juiz observar os limites legais impostos pela pena em abstrato, utilizando-se dos critérios contidos no art. 59 do CP (circunstâncias judiciais); **III:** a análise das circunstâncias atenuantes e agravantes constitui a segunda fase de fixação da pena; **IV:** causas de aumento ou de diminuição da pena, que permitem a pena ir além do máximo e aquém do mínimo, respectivamente, encontram-se previstas na Parte Geral do Código Penal ou na Parte Especial, bem como em legislação especial; **V:** os dois aumentos devem ser aplicados, ou seja, há incidência cumulativa.

Gabarito "B".

(Defensoria/SP - 2009 - FCC) Em razão da prática de roubo duplamente qualificado, o juiz fixou a pena-base no mínimo legal e, após, aumentou-a em razão da gravidade do crime. O aumento é

(A) admissível porque implica em punição em razão da culpabilidade do fato.

(B) admissível porque a gravidade do delito explicita a intensidade do dolo.

(C) inadmissível porque a gravidade abstrata do delito já foi considerada pelo legislador para cominação das penas mínima e máxima.

(D) inadmissível porque implica aumento de pena em razão da culpabilidade do autor, segundo a qual se pune pelo que se é e não pelo que se fez.

(E) admissível porque em razão do próprio caráter retributivo da pena, quanto mais grave o fato, maior deve ser o aumento da pena-base.

As circunstâncias judiciais presentes no art. 59 do CP representam fatos exteriores ao tipo penal. A gravidade do crime, como característica que lhe é peculiar, constitui objeto de reprimenda pelo legislador, quando este estabelece a pena em abstrato. Não cabe ao juiz, pois, usurpando a função legislativa, aplicar aumento em razão da gravidade do crime.

Gabarito "C".

13. SURSIS, LIVRAMENTO CONDICIONAL, REABILITAÇÃO E MEDIDA DE SEGURANÇA

(Defensor Público/AC - 2012 - CESPE) Ocorrerá a revogação obrigatória do *sursis* penal se, no curso do prazo, o beneficiário for

(A) preso pela prática de crime doloso.

(B) condenado, em sentença irrecorrível, por crime culposo, à pena privativa de liberdade.

(C) condenado, em sentença irrecorrível, por crime doloso, à pena restritiva de direitos.

(D) condenado, em sentença irrecorrível, por contravenção penal, à pena de prisão simples.

(E) condenado, em sentença irrecorrível, por crime culposo, à pena restritiva de direitos.

As causas de revogação do *sursis* (suspensão condicional da pena) podem ser obrigatórias ou facultativas. O art. 81, § 1°, do CP enumera as hipóteses de revogação facultativa; o art. 81, *caput*, do CP, por sua vez, elenca as causas de revogação obrigatória, entre as quais está aquela em que o beneficiário é condenado, em sentença com trânsito em julgado, por crime doloso (art. 81, I, do CP).

Gabarito "C".

(Defensor Público/RO - 2012 - CESPE) Após acidente de trânsito, Joaquim saiu apressadamente de seu veículo para cobrar do motorista do veículo que colidira com o seu os prejuízos causados à lanterna de seu veículo. Fabiano, o outro motorista, irritado com o tom de voz de Joaquim, agrediu-o fisicamente com golpes de socos e pontapés, causando-lhe ferimentos que provocaram a sua incapacidade para as ocupações habituais por mais de trinta dias. Fabiano, de sessenta e um anos de idade e já condenado, anteriormente, por crime de ameaça, à pena de multa, foi processado e condenado, definitivamente, pelo crime de lesão corporal de natureza grave, à pena privativa de liberdade de um ano e dois meses de reclusão sob o regime aberto. O juiz, embora entendesse que Fabiano não ostentava circunstâncias judiciais desfavoráveis, fez incidir a circunstância agravante da reincidência e, por fim, considerou incabível a substituição da pena por restritiva de direitos.

Com base nessa situação hipotética e no que dispõe o CP, assinale a opção correta.

(A) O juiz deve conceder a Fabiano o *sursis* etário pelo período de prova de quatro a seis anos, por se tratar de idoso.

(B) O juiz pode suspender a execução da pena pelo período de prova de dois a quatro anos, ainda que Fabiano seja reincidente em crime doloso.

(C) Durante os primeiros dois anos do período de prova, Fabiano deverá cumprir prestação de serviços à comunidade e submeter-se à limitação de fim de semana.

(D) O juiz deverá revogar a suspensão condicional da execução da pena se Fabiano, no período de prova, for condenado, em primeira instância por crime doloso, ou por sentença irrecorrível em crime culposo.

(E) A suspensão condicional da execução da pena poderá ser revogada se Fabiano for condenado irrecorrivelmente por crime culposo ao qual seja aplicada pena de multa.

A: incorreta. Dado que Fabiano tem sessenta e um anos de idade, é-lhe vedada a concessão do *sursis* etário, ao qual faz jus aquele que, à data da sentença, conta com mais de setenta anos (art. 77, § 2°, do CP); **B:** correta, pois, segundo estabelece o art. 77, § 1°, do CP, a condenação anterior a pena de multa não obsta a concessão do *sursis*; **C:** incorreta. As condições estabelecidas no art. 78, § 1°, do CP são alternativas e a elas somente se sujeitará o beneficiário durante o primeiro ano do prazo de suspensão (período de prova); **D:** incorreta, pois, nos termos do art. 81, I, do CP, somente terá lugar a revogação do *sursis*, na modalidade obrigatória, na hipótese de sentença, que condenou o beneficiário por crime doloso, passar em julgado (sentença irrecorrível). A assertiva também está incorreta ao afirmar que o juiz deverá revogar o *sursis* quando o beneficiário é condenado, definitivamente, por crime culposo, dado que se trata de revogação facultativa, nos moldes do que estabelece o art. 81, § 1°, do CP; **E:** incorreta, pois, neste caso, é necessário que a pena imposta ao beneficiário seja privativa de liberdade ou restritiva de direitos (art. 81, § 1°, do CP).

Gabarito "B".

(Defensor Público/CE - 2007 - CESPE) Em cada um dos itens seguintes, é apresentada uma situação hipotética, seguida de uma assertiva a ser julgada conforme o disposto no Código Penal acerca das medidas de segurança.

(1) Felipe, inimputável em decorrência de doença mental, foi submetido a medida de segurança de internação, pelo prazo mínimo de três anos, devido à prática de crime de estelionato. Após esse prazo, foi realizada perícia médica, em que se constatou a cessação da periculosidade. Em consequência disso, após oitiva do Ministério Público e do defensor público, Felipe foi liberado. Nessa condição, a situação anterior poderá

ser restabelecida se Felipe, antes do decurso de um ano, praticar fato indicativo de sua periculosidade.

(2) José foi denunciado pela prática de lesão corporal de natureza grave. No decorrer do processo, foi instaurado incidente de insanidade mental, cuja conclusão foi no sentido de que o réu, ao tempo do fato, era plenamente incapaz de entender o caráter ilícito de seu ato ou de determinar-se de acordo com esse entendimento, devido à doença mental. Quando da prolação da sentença, constatou-se que, entre a data da denúncia e a data da sentença, ocorreu a prescrição com base na pena máxima abstratamente cominada ao crime. Nessa situação, é lícito ao juiz aplicar medida de segurança a José, tendo em vista o caráter curativo, e não repressor, da medida de segurança.

1: a proposição reflete com exatidão o que prescreve o art. 97, § 3º, do CP. Com efeito, se a perícia médica, ao término do prazo mínimo estabelecido na sentença de absolvição imprópria, concluir pela cessação da periculosidade do inimputável, caberá ao juiz da execução determinar a sua *desinternação*, sempre em caráter condicional. Significa que, se o agente, no período de um ano, praticar fato indicativo de persistência de sua periculosidade, deverá retornar à situação anterior, ou seja, será, mais uma vez, internado; de outro lado, caso o agente, dentro do período de prova, nenhum fato pratique que seja indicativo de persistência de sua periculosidade, a medida de segurança será extinta em definitivo; **2:** ainda que se tenha apurado a insanidade mental do acusado, sendo, portanto, o caso, em princípio, de aplicar-lhe medida de segurança consistente, por exemplo, em internação, operando-se qualquer causa extintiva da punibilidade do agente, entre as quais a prescrição, é vedada a aplicação de medida de segurança, sendo, ademais, de rigor a cessação da medida de segurança imposta, pois aqui teve fim a pretensão punitiva do Estado (art. 96, p. único, do CP).

Gabarito 1C, 2E

14. AÇÃO PENAL

(Defensor Público/AM – 2010 – I. Cidades) Os princípios a seguir regem a ação penal pública incondicionada, exceto:

(A) o Princípio da Obrigatoriedade.
(B) o Princípio da Indisponibilidade.
(C) o Princípio da Oficiosidade.
(D) o Princípio da Transcendência.
(E) o Princípio da Indivisibilidade

A: a ação penal pública é informada pelo *princípio da obrigatoriedade* na medida em que, preenchidos os requisitos legais, o Ministério Público, seu titular, está obrigado a propô-la; **B:** é informada pelo *princípio da indisponibilidade* porquanto, uma vez proposta, é defeso ao Ministério Público dela desistir, nos exatos termos do art. 42 do CPP; **C:** pelo *princípio da oficiosidade*, os órgãos incumbidos da persecução penal devem atuar de ofício, ressalvadas as hipóteses de ação penal pública condicionada à representação ou à requisição do ministro da Justiça; **D:** adotamos, ao contrário, o *princípio da intranscendência*, segundo o qual a ação penal será proposta exclusivamente em face do autor do delito. O princípio contido nesta alternativa não rege, portanto, a ação penal pública incondicionada; **E:** em princípio, o *postulado da indivisibilidade* é aplicável tanto à ação penal pública quanto à ação de iniciativa privada, mesmo porque em relação a esta há expressa previsão nesse sentido (art. 48 do CPP). No que se refere à ação penal pública, seria inconcebível imaginar que o MP pudesse escolher contra quem ele iria propor a ação penal. É nesse sentido que incorporamos o postulado da indivisibilidade. Mas o STF não compartilha dessa lógica. Para a nossa Corte Suprema, a indivisibilidade não se aplica à ação penal pública (somente à ação privada). Dito de outro modo, o art. 48 do CPP somente tem incidência na ação penal de iniciativa privada. Sustenta o STF que a divisibilidade da ação penal pública reside no fato de o MP ter a liberdade de não ofertar a denúncia contra alguns autores de crime contra os quais ainda não há elementos suficientes e, assim que esses elementos forem reunidos, aditar a denúncia. Assim, a ação deixa de ser indivisível pelo simples fato de a denúncia comportar aditamento posterior. Com a devida vênia, a indivisibilidade, a nosso ver, consiste na impossibilidade de o membro do MP escolher contra quem a denúncia será oferecida. Se houver elementos, a ação deverá ser promovida contra todos.

Gabarito Anulada

(Defensoria/MT – 2009 – FCC) A extinção da punibilidade pela perempção

(A) pode ocorrer antes da instauração da ação penal.
(B) só pode ocorrer na ação penal privada exclusiva.
(C) só pode ocorrer na ação penal privada subsidiária da pública.
(D) aplica-se à ação penal pública.
(E) pode ocorrer na ação penal privada exclusiva e na subsidiária da pública.

A perempção – arts. 107, IV, do CP e 60 do CPP – é instituto exclusivo da ação penal privada, que constitui uma sanção aplicada ao querelante consubstanciada na perda do direito de continuar na ação penal, o que se dá em razão de sua desídia processual.

Gabarito B.

15. EXTINÇÃO DA PUNIBILIDADE EM GERAL

(Defensor Público/PE – 2018 – CESPE) Com relação à punibilidade e às causas de sua extinção, julgue os itens a seguir.

I. A morte do agente extingue todos os efeitos penais, exceto a cobrança da pena de multa e da pena alternativa pecuniária, que poderão ser cobradas dos herdeiros.
II. O instrumento normativo para instrumentalizar o indulto e a anistia é o decreto presidencial; enquanto a graça é concedida por lei.
III. De acordo com o Código Penal, o recebimento de indenização pelo dano resultante do crime caracteriza renúncia tácita ao direito de prestar queixa.
IV. A retratação, prevista no Código Penal, é admitida nos casos de crimes contra a honra, mas apenas se tratar-se de calúnia e difamação, sendo inadmissível na injúria.
V. Em se tratando de crimes contra honra, o Código Penal prevê a possibilidade de retratação exclusivamente pessoal, ou seja, ela não se comunica aos demais ofensores.

Estão certos apenas os itens

(A) I e II.
(B) I e III.
(C) II e V.
(D) III e IV.
(E) IV e V.

I: incorreta, na medida em que a pena (em qualquer de suas modalidades), por imposição de índole constitucional (art. 5º, XLV), não passará da pessoa do condenado, podendo a obrigação de reparar o dano e a decretação do perdimento de bens alcançar os sucessores, até o limite do valor do patrimônio transferido; **II:** incorreta. A *anistia*, causa extintiva da punibilidade prevista no art. 107, II, do CP, corresponde à exclusão, por meio de lei ordinária, de fato criminoso. Já a *graça* será concedida pelo Presidente da República (art. 84, XII, da CF/1988), que poderá, no entanto, delegar tal prerrogativa aos Ministros de Estado, ao Procurador-Geral da República ou ao Advogado-Geral da União (art. 84, parágrafo único, da CF/1988). O *indulto*, a exemplo da graça, será instrumentalizado por meio de decreto do Presidente da República; **III:** incorreta, pois contraria o disposto no art. 104, parágrafo único, do CP; **IV:** correta (art. 143, *caput*, do CP); **V:** correta. De fato, a retratação, por ser causa extintiva de punibilidade de caráter subjetivo, somente alcança o querelado que se retratou; os demais que não se retrataram, portanto, não serão beneficiados.

Gabarito "E".

(Defensor Público –DPE/RN – 2016 – CESPE) No que se refere à extinção da punibilidade, assinale a opção correta.

(A) Nos crimes contra a ordem tributária, o pagamento integral do débito tributário após o trânsito em julgado da condenação é causa de extinção da punibilidade.

(B) Na compreensão do STF, a decisão que, com base em certidão de óbito falsa, julga extinta a punibilidade do réu não pode ser revogada, dado que gera coisa julgada material.

(C) O indulto, ato privativo do presidente da República, tem por escopo extinguir os efeitos primários da condenação, isto é, a pena, de forma plena ou parcial. Todavia, persistem os efeitos secundários, tais como a reincidência.

(D) O recebimento de queixa-crime pelo juiz não é condição para o reconhecimento da perempção.

(E) O ajuizamento da queixa-crime perante juízo incompetente *ratione loci*, no prazo fixado para o seu exercício, não obsta o decurso do prazo decadencial.

A: incorreta. Conferir: "O art. 9º da Lei 10.684/2003 trata da extinção da punibilidade pelo pagamento do débito tributário, antes do trânsito em julgado da condenação, uma vez que faz menção expressa à pretensão punitiva do Estado. Não há que se falar em extinção da punibilidade pelo pagamento, quando se trata de pretensão executória, que é o caso dos autos" (RHC 56.665/PE, Rel. Ministra Maria Thereza de Assis Moura, Sexta Turma, julgado em 19.03.2015, *DJe* 27.03.2015); **B:** incorreta. Ao contrário do que se afirma, entende o STF que a decisão que, com base em certidão de óbito falsa, julga extinta a punibilidade do réu pode, sim, ser revogada, dado que não gera coisa julgada material. Conferir: "A decisão que, com base em certidão de óbito falsa, julga extinta a punibilidade do réu pode ser revogada, dado que não gera coisa julgada em sentido estrito" (HC 104998, Relator(a): Min. Dias Toffoli, Primeira Turma, julgado em 14.12.2010, DJe-085 Divulg 06-05-2011 Public 09-05-2011 Ement vol-02517-01 pp-00083 RTJ vol-00223-01 PP-00401); **C:** correta. De fato, o *indulto*, que é concedido de ofício pelo presidente da República (art. 84, XII, da CF) de forma coletiva, somente atinge as sanções penais impostas (pena), permanecendo os demais efeitos, tanto os penais (tal como a reincidência) quanto os extrapenais; **D:** incorreta. Por se tratar de causa extintiva da punibilidade que somente se verifica no curso da ação penal privada, tal somente poderá se dar a partir do recebimento da queixa. Vale lembrar que a perempção, cujas hipóteses de incidência estão elencadas no art. 60 do CPP, constitui uma sanção aplicada ao querelante consubstanciada na perda do direito de continuar na ação penal, o que se dá em razão de sua desídia processual. Não cabe na ação penal privada subsidiária da pública; somente na privada exclusiva; **E:** incorreta. Conferir: "(...) Mesmo que a queixa-crime tenha sido apresentada perante Juízo incompetente, o certo é que o seu simples ajuizamento é suficiente para obstar a decadência"

(RHC 25.611/RJ, Rel. Ministro Jorge Mussi, Quinta Turma, julgado em 09.08.2011, *DJe* 25.08.2011).

Gabarito "C".

(Defensoria/MG – 2009 – FURMARC) No crime de peculato culposo, a reparação do dano antes do trânsito em julgado da sentença, deve ser considerada como:

(A) Causa especial de diminuição de pena.

(B) Circunstância atenuante.

(C) Excludente de ilicitude.

(D) Excludente de imputabilidade.

(E) Causa de extinção de punibilidade.

No peculato culposo – art. 312, § 2º, do CP, a reparação do dano, quando anterior à sentença irrecorrível, extingue a punibilidade; se, no entanto, lhe é posterior, reduz de metade a pena imposta, conforme prescreve o art. 312, § 3º, do CP.

Gabarito "E".

16. PRESCRIÇÃO

(Defensor Público –DPE/ES – 2016 – FCC) Interrompe a prescrição a publicação

(A) da sentença condenatória integralmente anulada em grau de apelação.

(B) da sentença condenatória, ainda que reformada parcialmente em grau de apelação para a redução da pena imposta.

(C) da sentença absolutória imprópria.

(D) do acórdão confirmatório da condenação.

(E) da sentença concessiva do perdão judicial.

A: incorreta (hipótese não contemplada no rol do art. 117 do CP); **B:** correta (hipótese contemplada no art. 117, IV, do CP); **C:** incorreta (hipótese não contemplada no rol do art. 117 do CP); **D:** incorreta (hipótese não contemplada no rol do art. 117 do CP); **E:** incorreta (hipótese não contemplada no rol do art. 117 do CP).

Gabarito "B".

(Defensor Público –DPE/BA – 2016 – FCC) Sobre a prescrição, é correto afirmar que

(A) o prazo da prescrição da pretensão executória regula-se pela pena aplicada na sentença, aumentado de um terço, se o condenado for reincidente.

(B) no caso de concurso de crimes, as penas se somam para fins de prescrição.

(C) é reduzido de metade o prazo de prescrição quando o agente for menor de 21 anos na data da sentença.

(D) no caso de fuga ou evasão do condenado a prescrição é regulada de acordo com o total da pena fixada na sentença.

(E) o oferecimento da denúncia ou queixa é causa interruptiva da prescrição.

A: correta, pois em conformidade com o que estabelece o art. 110, *caput*, do CP; **B:** incorreta, pois não reflete a regra presente no art. 119 do CP; **C:** incorreta. Para fazer jus à redução do prazo prescricional, o agente deve ser menor de 21 anos ao *tempo do crime* (art. 115 do CP); levar-se-á em conta a data da sentença para determinar a redução do prazo prescricional dos maiores de 70 anos; **D:** incorreta, já que contraria a regra disposta no art. 113 do CP; **E:** incorreta, na medida em que o curso do prazo prescricional é interrompido pelo *recebimento* (e não *oferecimento*) da denúncia ou queixa (art. 117, I, do CP).

Gabarito "A".

(Defensor Público/AM – 2013 – FCC) Segundo entendimento sumulado do Superior Tribunal de Justiça, o período de suspensão do prazo prescricional é

(A) regulado pelo máximo da pena cominada.
(B) sempre o máximo previsto de vinte anos.
(C) regulado pela pena aplicada.
(D) regulado pelo mínimo da pena cominada.
(E) sempre o mínimo previsto de três anos.

A questão se refere à Súmula 415 do STJ: "O período de suspensão do prazo prescricional é regulado pelo máximo da pena cominada". É bom que se diga que o entendimento firmado nessa súmula tem incidência no âmbito da suspensão do processo prevista no art. 366 do CPP, que estabelece que se o réu, citado por *edital* (art. 361 do CPP), não comparecer tampouco constituir advogado, deverá o juiz, com fulcro no art. 366 do CPP, suspender o processo e o curso do prazo prescricional, podendo, além disso, determinar a produção antecipada das provas consideradas urgentes, bem como, presentes os requisitos do art. 312 do CPP, decretar a prisão preventiva do acusado. No que toca às provas urgentes determinadas quando da suspensão do processo e do prazo prescricional, estabelece a Súmula nº 455 do STJ: "A decisão que determina a produção antecipada de provas com base no art. 366 do CPP deve ser concretamente fundamentada, não a justificando unicamente o mero decurso do tempo".

Gabarito "A".

(Defensor Público/PA – 2006 – UNAMA) Considerando o instituto da prescrição, são causas exclusivamente interruptivas:

I. A sentença de pronúncia.
II. Enquanto o agente cumpre pena no estrangeiro.
III. Enquanto não resolvida a questão incidental.
IV. A sentença condenatória recorrível.

Somente está correto o que se afirma em:

(A) I e III.
(B) II e IV.
(C) II e III.
(D) I e IV.

As causas interruptivas da prescrição estão contempladas no art. 117 do CP.

Gabarito "D".

17. CRIMES CONTRA A PESSOA

(Defensor Público/PE – 2018 – CESPE) No que se refere aos crimes contra a pessoa, assinale a opção correta.

(A) Ocorre o feminicídio quando o homicídio é praticado contra a mulher por razões da condição de sexo feminino, como quando o crime envolve a violência doméstica e familiar ou o menosprezo ou a discriminação à condição de mulher.
(B) A pena pela prática do homicídio doloso simples será aumentada de um terço se o agente deixar de prestar imediato socorro à vítima, não procurar diminuir as consequências do seu ato ou fugir para evitar a prisão em flagrante.
(C) Em se tratando de homicídio doloso simples, o juiz poderá deixar de aplicar a pena caso as consequências da infração atinjam o próprio agente de forma tão grave que a sanção penal se torne desnecessária.
(D) A pena do feminicídio poderá ser aumentada se o crime for praticado durante a gestação ou nos seis meses posteriores ao parto.
(E) Se o agente cometer o crime de homicídio qualificado sob violenta emoção, logo após injusta provocação da vítima, o juiz deve considerar essa circunstância como atenuante genérica na aplicação da pena.

A: correta, pois reflete o disposto no art. 121, § 2º, VI, e § 2º-A, I e II, do CP, introduzido pela Lei 13.104/2015. É importante o registro de que a recente Lei 13.771/2018 alterou o art. 121, § 7º, do Código Penal, que trata das hipóteses de aumento de pena no caso do feminicídio (art. 121, § 2º, VI, CP). Foram modificados os incisos II e III e inserido o inciso IV. No que concerne ao inciso II, a redação dada pela Lei 13.771/2018 ampliou as hipóteses de incidência da causa de aumento de pena, que, a partir de agora, inclui a pessoa portadora de doenças degenerativas que acarretem condição limitante ou de vulnerabilidade física ou mental. A redação anterior somente contemplava a pessoa menor de 14 anos, a maior de 60 anos ou com deficiência. Já o inciso III passou a contemplar, com a nova redação que lhe foi conferida pela Lei 13.771/2108, a hipótese em que o feminicídio é praticado na presença *virtual* de descendente ou de ascendente da vítima. Antes disso, esta causa de aumento somente incidia se o cometimento do crime se desse na presença *física* de ascendente ou descendente da ofendida. Por fim, foi inserido no § 7º o inciso IV, estabelecendo nova modalidade de causa de aumento de pena aplicável ao feminicídio, a caracterizar-se na hipótese em que este crime é cometido em descumprimento das medidas protetivas de urgência previstas nos incisos I, II e III do art. 22, *caput*, da Lei 11.340/2006 (Lei Maria da Penha); **B**: incorreta, na medida em que tais hipóteses de aumento de pena somente têm incidência no homicídio culposo (art. 121, § 4º, do CP); **C**: incorreta, pois a hipótese narrada na assertiva, que corresponde ao perdão judicial (art. 121, § 5º, do CP), não tem cabimento no crime de homicídio doloso; somente no delito de homicídio culposo (art. 121, § 3º, do CP; e art. 302 do CTB); **D**: incorreta, pois não corresponde ao que estabelece o art. 121, § 7º, I, do CP (que não foi alterado por força da Lei 13.771/2018). Segundo esse dispositivo, a pena do feminicídio poderá ser aumentada se o crime for praticado durante a gestação ou nos *três* meses posteriores ao parto, e não nos *seis* meses subsequentes, tal como constou da assertiva; **E**: incorreta. Trata-se do chamado homicídio qualificado-privilegiado (ou híbrido), que, segundo jurisprudência e doutrina pacificadas, restará caracterizado sempre que houver a coexistência de uma causa de privilégio do homicídio com alguma qualificadora de ordem objetiva.

Gabarito "A".

(Defensor Público/AC – 2017 – CESPE) De acordo com a legislação vigente e o entendimento dos tribunais superiores, assinale a opção correta, com relação ao crime de injúria.

(A) A ação penal no caso de injúria discriminatória é pública incondicionada, uma vez que o bem jurídico tutelado ultrapassa os limites subjetivos.
(B) A injúria racial é crime instantâneo, ao passo que a consumação ocorre no momento em que terceiros tomam conhecimento do teor da ofensa.
(C) A exceção da verdade é admitida apenas para alguns dos elementos tutelados pela norma penal e exclui a tipicidade quando a ofensa é irrogada em juízo, na discussão da causa, pela parte ou por seu procurador.
(D) A injúria racial é um delito inserido no panorama constitucional do crime de racismo, sendo considerado imprescritível, inafiançável e sujeito à pena de reclusão.
(E) No crime de injúria, admite-se a retratação desde que se faça antes da sentença, por escrito, de forma completa, abrangendo tudo o que o ofensor disse.

A: incorreta, pois, nos termos do art. 145, parágrafo único, parte final, do CP, a injúria discriminatória (ou injúria racial) processar-se-á por meio de ação penal pública condicionada à representação da vítima. Este delito não deve ser confundido com o crime de racismo, previsto no art. 20 da Lei 7.716/1989. Tal como ocorre com o crime de injúria simples, a injúria qualificada em razão da utilização de elementos relativos à cor da pele (injúria racial ou discriminatória) pressupõe que a ofensa seja dirigida a pessoa determinada ou, ao menos, a um grupo determinado de pessoas. Já no delito de racismo, diferentemente, a ofensa não é só dirigida à vítima concreta, mas também e sobretudo a todas as pessoas negras. Neste último caso, tendo em vista que o bem jurídico tutelado ultrapassa os limites subjetivos, a ação penal é pública incondicionada; **B:** incorreta. A primeira parte da assertiva, em que se afirma que o crime de injúria racial é instantâneo, é verdadeira, já que a consumação é alcançada em momento certo, não se prolongando no tempo; agora, a segunda parte da proposição, em que se afirma que a consumação se dá no momento em que terceiro toma conhecimento da ofensa, está incorreta. Como é sabido, o delito de injúria, por atingir a honra subjetiva, tem como momento consumativo o exato instante em que a ofensa chega ao conhecimento da vítima. Não é necessário, portanto, que terceiro dela tome conhecimento; **C:** incorreta. O crime de injúria, ao contrário do de calúnia e de difamação, não comporta o instituto da exceção da verdade; **D:** correta. Se considerarmos o disposto no art. 140, § 3º, do CP, não se pode dizer que o crime de injúria racial é *inafiançável* e *imprescritível*. Agora, é importante que se diga que o STJ e alguns doutrinadores, entre eles Guilherme de Souza Nucci, entendem que a injúria racial nada mais é do que uma das manifestações de racismo, razão pela qual deve ser considerado como racista (gênero) tanto aquele que, com base em elementos preconceituosos e discriminatórios, pratica condutas segregacionistas, definidas na Lei 7.716/1989, quanto o que profere injúrias raciais (art. 140, § 3º, do CP). Adotando essa linha de pensamento, a injúria racial seria *imprescritível* e *inafiançável*, tal como estabelece o art. 5º, XLII, da CF. Assim decidiu o STJ: "Nos termos da orientação jurisprudencial desta Corte, com o advento da Lei 9.459/97, introduzindo a denominada injúria racial, criou-se mais um delito no cenário do racismo, portanto, imprescritível, inafiançável e sujeito à pena de reclusão (AgRg no AREsp 686.965/DF, Rel. Ministro Ericson Maranho (Desembargador Convocado do TJ/SP), Sexta Turma, julgado em 18.08.2015, DJe 31.08.2015). 3. A ofensa a dispositivo constitucional não pode ser examinada em recurso especial, uma vez que compete exclusivamente ao Supremo Tribunal Federal o exame de matéria constitucional, o qual já se manifestou, em caso análogo, refutando a violação do princípio da proporcionalidade da pena cominada ao delito de injúria racial. 4. Agravo regimental parcialmente provido para conhecer do agravo em recurso especial mas negar-lhe provimento e indeferir o pedido de extinção da punibilidade" (AgRg no AREsp 734.236/DF, Rel. Ministro Nefi Cordeiro, Sexta Turma, julgado em 27.02.2018, DJe 08.03.2018); **E:** incorreta. O crime de injúria não admite a retratação. ED

Gabarito "D"

(Defensor Público –DPE/RN – 2016 – CESPE) Dalva, em período gestacional, foi informada de que seu bebê sofria de anencefalia, diagnóstico confirmado por laudos médicos. Após ter certeza da irreversibilidade da situação, Dalva, mesmo sem estar correndo risco de morte, pediu aos médicos que interrompessem sua gravidez, o que foi feito logo em seguida. Nessa situação hipotética, de acordo com a jurisprudência do STF, a interrupção da gravidez

(A) deve ser interpretada como conduta atípica e, portanto, não criminosa.

(B) deveria ter sido autorizada pela justiça para não configurar crime.

(C) é isenta de punição por ter ocorrido em situação de aborto necessário.

(D) configurou crime de aborto praticado por Dalva.

(E) configurou crime de aborto praticado pelos médicos com consentimento da gestante.

Conferir a ementa extraída da ADPF 54, por meio da qual fixou-se o entendimento no sentido de que o produto da concepção portador de anencefalia, porque não dispõe de vida na acepção jurídica do termo, não pode figurar como vítima do crime de aborto. Dessa forma, a conduta de Dalva – e também a dos médicos que procederam à interrupção da gravidez – deve ser considerada atípica (não há crime): *"Estado – Laicidade. O Brasil é uma República laica, surgindo absolutamente neutro quanto às religiões. Considerações. Feto anencéfalo – Interrupção da gravidez – Mulher – Liberdade sexual e reprodutiva – Saúde – Dignidade – Autodeterminação – Direitos fundamentais – Crime – Inexistência. Mostra-se inconstitucional interpretação de a interrupção da gravidez de feto anencéfalo ser conduta tipificada nos artigos 124, 126 e 128, incisos I e II, do Código Penal"*.

Gabarito "A"

(Defensor Público –DPE/ES – 2016 – FCC) No tocante ao crime de homicídio, é correto afirmar que

(A) inadmissível a continuidade delitiva, por ser a vida um bem personalíssimo.

(B) possível o reconhecimento da chamada figura privilegiada do delito na decisão de pronúncia.

(C) a ausência de motivos e a embriaguez completa são incompatíveis com a qualificadora do motivo fútil, consoante entendimento jurisprudencial.

(D) possível a coexistência entre as qualificadoras dos motivos torpe e fútil, segundo entendimento sumulado.

(E) a chamada figura privilegiada é incompatível com as qualificadoras do emprego de meio cruel e do motivo torpe.

A: incorreta. A Súmula 605, do STF, segundo a qual não se admite a continuidade delitiva nos crimes contra a vida, encontra-se, desde o advento da nova Parte Geral do Código Penal, introduzida pela Lei de Reforma 7.209/1984, superada, de sorte que é admitida, sim, a continuidade delitiva no contexto do crime de homicídio. Nesse sentido a jurisprudência do STF: "(...) Com a reforma do Código Penal de 1984, ficou suplantada a jurisprudência do Supremo Tribunal Federal predominante até então, segundo a qual *não se admite continuidade delitiva nos crimes contra a vida*" (HC 77.786, rel. Min. Marco Aurélio, j. 27.10.1998); **B:** incorreta. É vedado ao juiz, quando da prolação da decisão de pronúncia, reconhecer causas de diminuição de pena (figura privilegiada). A propósito, ao pronunciar o acusado, levando-o a julgamento perante o Tribunal do Júri, não deve o juiz aprofundar-se na prova; limitar-se-á, isto sim, ao exame, sempre em linguagem moderada e prudente, quanto à *existência do crime* (materialidade) e dos *indícios suficientes de autoria*, apontando, ainda, o dispositivo legal em que se acha incurso o acusado, bem assim as circunstâncias qualificadoras e as causas de aumento de pena. É o que estabelece o art. 413, § 1º, do CPP; **C:** correta, segundo a organizadora. De fato, a ausência de motivos não implica o reconhecimento da qualificadora do motivo fútil. No STJ: "(...) A jurisprudência desta Corte Superior não admite que a ausência de motivo seja considerada motivo fútil, sob pena de se realizar indevida analogia em prejuízo do acusado (...)" (HC 369.163/SC, Rel. Ministro Joel Ilan Paciornik, Quinta Turma, julgado em 21.02.2017, DJe 06.03.2017). No que toca à compatibilidade entre a embriaguez e o reconhecimento do motivo fútil, assim decidiu o STJ, segundo o qual é possível a compatibilidade entre eles (embriaguez e motivo fútil): "Pela adoção da teoria da *actio libera in causa* (embriaguez preordenada), somente nas hipóteses de ebriez decorrente de "caso fortuito" ou "força maior" é que haverá a possibilidade de redução da responsabilidade penal do agente (culpabilidade), nos termos dos §§ 1º e 2º do art. 28 do Código Penal. 2. Em que pese o estado de embriaguez possa, em tese, reduzir ou eliminar a capacidade do autor de entender o caráter ilícito ou determinar-se de acordo com esse entendimento, tal circunstância não afasta o reconhecimento da eventual futilidade de sua conduta. Precedentes do STJ" (REsp 908.396/MG, Rel. Ministro Arnaldo Esteves Lima, Quinta Turma, julgado em 03.03.2009, *DJe* 30.03.2009); **D:** incorreta, já que é tranquilo o entendimento jurisprudencial segundo o qual o motivo do crime não pode ser, a um só tempo, torpe e fútil. Ou um ou outro; **E:** incorreta. As causas de diminuição de pena previstas no art. 121, § 1º, do CP (homicídio privilegiado), por serem de ordem *subjetiva*, ou seja, por estarem jungidas à motivação do crime, somente são compatíveis com as qualificadoras de ordem *objetiva* (aquelas não ligadas à motivação do crime). É o caso do homicídio privilegiado praticado por meio cruel. Nesse caso, é perfeitamente possível a coexistência do privilégio contido no art. 121, § 1º, do CP com a qualificadora do art. 121, § 2º, III, do CP (meio cruel), já que esta é de ordem objetiva, isto é, não está ligada à motivação do crime, mas a sua forma de execução. É o chamado homicídio qualificado-privilegiado. Agora, se a qualificadora for de ordem *subjetiva*, como é o *motivo torpe*, não há que se falar em compatibilidade entre esta e a figura privilegiada.

Gabarito "C".

(Defensor Público –DPE/BA – 2016 – FCC) Sobre os crimes contra a pessoa,

(A) o princípio da insignificância não se aplica ao crime de lesão corporal, pois sua desclassificação incide na contravenção de vias de fato.

(B) a ofensa à saúde de outrem, por ser crime de perigo, não depende da produção do resultado para a configuração da tipicidade.

(C) a lesão corporal culposa na direção de veículo automotor impede a substituição da pena privativa de liberdade por pena restritiva de direitos.

(D) a prática de lesão corporal leve em situação de lesões recíprocas pode ensejar a substituição da pena de detenção pela de multa.

(E) o comportamento da vítima é incapaz de influenciar a pena no crime de lesão corporal.

A: incorreta, já que o postulado da insignificância pode, a depender do caso, ser aplicado ao crime de lesão corporal leve. Nesse sentido, conferir: "*Habeas corpus*. Penal. Lesão corporal leve [artigo 209, § 4º, do CPM]. Princípio da insignificância. Aplicabilidade. 1. O princípio da insignificância é aplicável no âmbito da Justiça Militar de forma criteriosa e casuística. Precedentes. 2. Lesão corporal leve, consistente em único soco desferido pelo paciente contra outro militar, após injusta provocação deste. O direito penal não há de estar voltado à punição de condutas que não provoquem lesão significativa a bens jurídicos relevantes, prejuízos relevantes ao titular do bem tutelado ou, ainda, à integridade da ordem social. Ordem deferida" (HC 95445, Relator(a): Min. Eros Grau, Segunda Turma, julgado em 02.12.2000), **D.** incorreta. O ato de ofender a saúde de outrem configura uma das formas do crime de lesão corporal, que, por ser material, pressupõe, à sua consumação, a ocorrência de resultado naturalístico consistente na lesão à vítima; **C:** incorreta, pois contraria o que estabelece o art. 44, I, do CP; **D:** correta (art. 129, § 5º, II, do CP); **E:** incorreta (art. 59, *caput*, do CP).

Gabarito "D".

(Defensor Público –DPE/MT – 2016 – UFMT) A lesão corporal se enquadra nas hipóteses expressas no art. 129, § 2º do Código Penal, doutrinariamente denominada gravíssima, se ocorrer

(A) aceleração de parto.

(B) enfermidade incurável.

(C) incapacidade para as ocupações habituais, por mais de trinta dias.

(D) debilidade permanente de membro, sentido ou função.

(E) perigo de vida.

As modalidades de lesão corporal de natureza grave estão contempladas no art. 129, §§ 1º e 2º, do CP. A denominação *lesão corporal gravíssima* foi criada pela doutrina para se referir às hipóteses elencadas no § 2º, que são mais graves, dado o caráter permanente do dano ou mesmo a sua irreparabilidade, do que aquelas contidas no § 1º (chamadas pela doutrina de *lesão corporal grave*). Entre as modalidades de lesão gravíssima está a *enfermidade incurável* (inciso II); as demais (aceleração de parto; incapacidade para as ocupações habituais por mais de trinta dias; debilidade permanente de membro sentido ou função; e perigo de vida) estão contempladas no § 1º (lesão corporal grave).

Gabarito "B".

(Defensor Público –DPE/MT – 2016 – UFMT) A respeito dos crimes contra a honra, insculpidos no Código Penal, assinale a afirmativa correta.

(A) Configura o crime de injúria imputar a alguém fato ofensivo a sua reputação.

(B) Configura o crime de difamação ofender a dignidade ou o decoro de alguém.

(C) A calúnia somente admite a exceção da verdade em caso de o ofendido ser funcionário público, em exercício de suas funções.

(D) Configura o crime de calúnia imputar a alguém falsamente fato definido como crime.

(E) A calúnia contra os mortos não é punível.

A: incorreta. É que a conduta consistente em imputar a alguém fato ofensivo à sua reputação configura o crime de *difamação* (art. 139, CP). No crime de *injúria*, temos que o agente, sem imputar fato desonroso ao ofendido, atribui-lhe qualidade negativa. É a adjetivação pejorativa, o xingamento, enfim a ofensa à honra subjetiva da vítima. Não deve, portanto, ser confundida com os crimes de calúnia e difamação, em que o agente imputa ao ofendido fato definido como crime (no caso da calúnia) ou ofensivo à sua reputação (no caso da difamação); **B:** incorreta. O ato de ofender a dignidade ou o decoro de alguém, que nada mais é do que atribuir-lhe qualidade negativa, configura o crime de injúria (art. 140, CP); **C:** incorreta. Quanto à exceção da verdade no contexto dos crimes contra a honra, temos o seguinte: o delito de *injúria* (art. 140 do CP) não admite a *exceção da verdade*; a *calúnia* (art. 138 do CP) e a *difamação* (art. 139 do CP), por sua vez, comportam o instituto, previsto respectivamente, nos arts. 138, § 3º, e 139, parágrafo único, ambos do Código Penal, ressaltando-se que, na *difamação*, somente é admitida a *exceção da verdade* se o ofendido é funcionário público e a ofensa é relativa ao exercício de suas funções; **D:** correta. De fato, como afirmado acima, o crime de calúnia (art. 138, CP) pressupõe que o agente impute ao ofendido, falsamente, fato (determinado) que constitui crime. É a afirmação falsa de que determinada pessoa praticou crime; **E:** incorreta, na medida em que, por expressa disposição contida no art. 138, § 2º, do CP, é punível, sim, a calúnia contra os mortos.

Gabarito "D".

(Defensor Público/AC – 2012 – CESPE) Uma mulher grávida, prestes a dar à luz, chorava compulsivamente na antessala de cirurgia da maternidade quando uma enfermeira, condoída com a situação, perguntou o motivo daquele choro. A mulher respondeu-lhe que a gravidez era espúria e que tinha sido abandonada pela família. Após dar à luz, sob a influência do estado puerperal, a referida mulher matou o próprio filho, com o auxílio da citada enfermeira. As duas sufocaram o neonato com almofadas e foram detidas em flagrante.

Nessa situação hipotética,

(A) a mulher e a enfermeira deverão ser autuadas pelo crime de infanticídio; a primeira na qualidade de autora e a segunda na qualidade de partícipe, conforme prescreve a teoria monista da ação.

(B) a mulher e a enfermeira deverão ser autuadas pelo crime de infanticídio; a primeira na qualidade de autora e a segunda na qualidade de coautora, visto que o estado puerperal consiste em uma elementar normativa e se estende a todos os agentes.

(C) a mulher deverá ser autuada pelo crime de infanticídio e a enfermeira, pelo crime de homicídio, já que o estado puerperal é circunstância pessoal e não se comunica a todos os agentes.

(D) a mulher e a enfermeira deverão ser autuadas pelo crime de homicídio, consoante as determinações legais estabelecidas pelas reformas penais de 1940 e 1984, que rechaçam a compreensão de morte do neonato por *honoris causae*.

(E) a mulher deverá ser autuada pelo crime de infanticídio e a enfermeira, pelo crime de homicídio, uma vez que o estado puerperal é circunstância personalíssima e não se comunica a todos os agentes.

A despeito de o crime de infanticídio ser próprio, visto que exige uma qualidade especial do sujeito ativo (a mãe sob influência do estado puerperal), a doutrina amplamente predominante entende, com base no que dispõe o art. 30 do CP, ser possível o reconhecimento da *coautoria* e *participação* no infanticídio. Isso porque o fato de *ser mãe* e *estar sob a influência do estado puerperal* são condições de caráter pessoal que fazem parte do tipo penal (elementares). Para alguns, a incidência do art. 30 do CP representa patente injustiça.

Gabarito "B".

(Defensor Público/AC – 2012 – CESPE) No crime de calúnia, a procedência da exceção da verdade é causa

(A) de exclusão de culpabilidade, uma vez que, sendo verdadeiro o fato imputado, a conduta não será considerada reprovável.

(B) de extinção de punibilidade, já que, se verdadeiro o fato imputado, não será necessário aplicar a pena.

(C) de exclusão de crime, porque, se o fato imputado for verdadeiro, não haverá crime, já que nunca existiu a falsidade da imputação.

(D) de exclusão de ilicitude, pois, caso o fato imputado seja verdadeiro, a conduta não se caracterizará como antijurídica.

(E) irrelevante, visto que, caso seja verdadeiro o fato imputado, a conduta deverá ser analisada com base em teses eventualmente obtidas mediante defesa escrita.

Se aquele que alega a exceção da verdade, no crime de calúnia, lograr provar a veracidade de sua alegação, há de se reconhecer a atipicidade de sua conduta, não havendo, portanto, que se falar em crime. Quanto a esse tema, impõem-se as seguintes observações: o delito de *injúria* (art. 140 do CP) não admite a *exceção da verdade*; a calúnia (art. 138 do CP) e a *difamação* (art. 139 do CP), por sua vez, comportam o instituto, previsto, respectivamente, nos arts. 138, § 3º, e 139, parágrafo único, ambos do Código Penal, ressaltando-se que, na *difamação*, somente é admitida a *exceção da verdade* se o ofendido é funcionário público e a ofensa é relativa ao exercício de suas funções.

Gabarito "C".

(Defensor Público/PR – 2012 – FCC) Maria reside sozinha com sua filha de 5 meses de idade e encontra-se em benefício previdenciário de licença maternidade de 6 meses. Todas as tardes a filha de Maria dorme por cerca de duas horas, momento no qual Maria realiza as atividades domésticas. Em determinado dia, neste horário de dormir da filha, Maria foi até ao supermercado próximo de sua casa, uma quadra de distância, para comprar alguns mantimentos para a alimentação de sua filha. Normalmente esta saída levaria de 10 a 15 minutos, mas neste dia houve uma queda no sistema informatizado do supermercado o que atrasou o retorno à sua casa por 40 minutos. Ao chegar próximo à sua casa, Maria constatou várias viaturas da polícia e corpo de bombeiros na frente de sua residência, todos acionados por um vizinho que percebeu o choro insistente de uma criança por 15 minutos, acionando os órgãos de segurança. Ao prestarem socorro à criança, com o arrombamento da porta de entrada da casa, os agentes dos órgãos de segurança verificam que a criança estava sozinha em casa, mas apenas assustada e sem qualquer lesão. A conduta de Maria é caracterizada como

(A) crime de abandono de incapaz.

(B) crime de abandono de incapaz majorado.

(C) crime de abandono de recém-nascido.

(D) atípica.

(E) contravenção penal.

É incorreto afirmar que Maria, com a sua conduta, incorreu nas penas do crime de abandono de incapaz (art. 133 do CP), visto que, pela narrativa contida no enunciado, é possível concluir-se que Maria em momento algum quis colocar sua filha em situação de perigo (dolo de perigo), elemento subjetivo necessário à existência deste crime.

Gabarito "D".

(Defensor Público/RO – 2012 – CESPE) A respeito dos crimes contra a pessoa, assinale a opção correta.

(A) Considere que Paulo tenha sido acusado de ter premeditado a morte de Marta, com quem fora casado por vinte anos, para ficar com todos os bens do casal, e de ter auxiliado na consecução do homicídio. Considere, ainda que, um mês antes do fato delituoso, Paulo tenha descoberto que Marta lhe era infiel. Nessa situação, é incompatível o reconhecimento, pelo tribunal do júri, do fato de ter Paulo agido por motivo torpe e, concomitantemente, das atenuantes genéricas do relevante valor moral ou da violenta emoção, provocada pela descoberta do adultério.

(B) Para a caracterização do homicídio privilegiado, exige-se que o agente se encontre sob o domínio de violenta emoção; para a caracterização da atenuante genérica, basta que o agente esteja sob a influência da violenta emoção, vale dizer, para o privilégio, exige-se reação imediata; para a atenuante, dispensa-se o requisito temporal.

(C) O homicídio qualificado-privilegiado integra o rol dos denominados crimes hediondos.

(D) Sendo a qualificadora, no crime de homicídio, de caráter subjetivo, não há, em princípio, qualquer impeditivo para a coexistência dessa qualificadora com a forma privilegiada do crime de homicídio, dada a natureza objetiva das hipóteses previstas no § 1.º do art. 121 do CP.

A: incorreta. Nesse sentido: "(...) 2. De outra parte, de acordo com a jurisprudência do Supremo Tribunal e desta Corte, é possível a coexistência, no crime de homicídio, da qualificadora do motivo torpe, prevista no art. 121, § 2º, I, do Código Penal, com as atenuantes genéricas inseridas no art. 65, II, a e c, do mesmo dispositivo, podendo, pois, concorrerem no mesmo fato (...)" (AgRg no Ag 1060113 / RO, Min. Og Fernandes, j. 16.09.2010); **B:** correta. Nesse sentido, conferir o seguinte julgado do STJ: "(...) 3. Com efeito, o reconhecimento pelo Tribunal do Júri de que o paciente agiu sob por motivo torpe, em razão de ter premeditado e auxiliado na morte de sua esposa para ficar com todos os bens do casal, e, concomitantemente, das atenuantes genéricas do relevante valor moral ou da violenta emoção, provocada pela descoberta do adultério da vítima, um mês antes do fato delituoso, não importa em contradição. 4. Cumpre ressaltar que, no homicídio privilegiado, exige-se que o agente se encontre sob o domínio de violenta emoção, enquanto na atenuante genérica, basta que ele esteja sob a influência da violenta emoção, vale dizer, o privilégio exige reação imediata, já a atenuante dispensa o requisito temporal (...)" (AgRg no Ag 1060113 / RO, Min. Og Fernandes, j. 16.09.2010); **C:** incorreta. Prevalece na doutrina e jurisprudência o entendimento segundo o qual o homicídio qualificado-privilegiado não é considerado crime hediondo; **D:** incorreta, visto que as causas de diminuição de pena previstas no art. 121, § 1º, do CP (homicídio privilegiado) são de ordem subjetiva, isto é, estão jungidas à motivação do crime, sendo incompatíveis, pois, com as qualificadoras de ordem subjetiva (ligadas à motivação do crime). Agora, sendo a qualificadora de ordem objetiva, segundo doutrina e jurisprudência dominantes, nada obsta que coexista com as causas de aumento do art. 121, § 1º, do CP, que, repita-se, são de ordem subjetiva, porquanto ligadas aos motivos que determinaram a prática criminosa (homicídio qualificado-privilegiado).

Gabarito "B".

(Defensor Público/TO – 2013 – CESPE) Em 20.10.2012, Tibério, completamente embriagado, ao ser impedido por sua esposa, Amélia, de entrar no dormitório do casal, desferiu um soco no rosto de sua esposa, que perdeu dois dentes. Ato contínuo, Lívia, filha do casal, tentando interceder em favor da mãe, agrediu Tibério, que, em resposta, atirou um copo de vidro no rosto da filha. Após o fim da confusão, Tibério, em estado de fúria e com medo da repercussão penal do caso, chamou Amélia de ladra e afirmou que a mataria se ela o denunciasse na delegacia de polícia. Ainda assim, Amélia registrou ocorrência policial contra Tibério e se submeteu a exame de corpo de delito, cujo laudo indicou não ter havido redução da função mastigatória pela perda dos dentes, os quais poderiam ser substituídos por próteses. Segundo o laudo do exame de corpo de delito a que Lívia se submeteu, o seu rosto ficaria marcado com uma mínima cicatriz no lábio.

Em face dessa situação hipotética, assinale a opção correta no que se refere aos crimes contra a pessoa.

(A) Ao chamar a esposa de ladra, Tibério praticou o crime de calúnia.

(B) Ao lesionar sua esposa com um soco, que ocasionou a perda de dois dentes, Tibério praticou o crime de lesão corporal grave.

(C) Tibério praticou o crime de lesão corporal gravíssima contra Lívia, que ficou com o rosto marcado por cicatriz em decorrência da agressão.

(D) Tibério praticou o crime de constrangimento ilegal contra Amélia, ao afirmar que a mataria caso ela registrasse ocorrência policial a respeito dos fatos.

(E) Caso seja condenado, a pena imposta a Tibério poderá ser majorada pela incidência da circunstância agravante de embriaguez preordenada.

A: o ato consistente em chamar alguém de ladrão configura o crime de *injúria*. A *calúnia*, crime contra a honra objetiva previsto no art. 138 do CP, pressupõe, assim como a *difamação*, a imputação de fato determinado; criminoso, no caso da calúnia, e desabonador, no caso da difamação. Diferentemente, a *injúria*, crime previsto no art. 140 do CP, é o xingamento, a atribuição de qualidade negativa. É a ofensa à honra subjetiva. Não há, neste crime contra a honra, imputação de fato; **B:** incorreta, pois a narrativa contida no enunciado não se amolda às hipóteses previstas no art. 129, § 1º, do CP (lesão corporal de natureza grave); **C:** incorreta, já que, para o reconhecimento da forma qualificada presente no art. 129, § 2º, IV, do CP, é necessário que a modificação estética seja capaz de causar desagrado, constrangimento à vítima. Não é este o caso de uma pequena cicatriz no lábio; **D:** correta, pois a conduta de Tibério, que, valendo-se de grave ameaça, constrangeu sua esposa a se abster de registrar ocorrência policial, se subsume ao tipo penal do art. 146 do CP (constrangimento ilegal); **E:** incorreta. A circunstância agravante prevista no art. 61, II, *l*, do CP pressupõe que o agente tenha se embriagado para o fim de cometer o crime. Não é este o caso descrito no enunciado.

Gabarito "D".

(Defensor Público/TO – 2013 – CESPE) Júlio foi denunciado pelo MP por ter, em 07.08.2012, por volta das 20h15min., de forma livre e consciente, em perfeita comunhão de ações e desígnios com outros dois elementos não identificados, mediante grave ameaça exercida com emprego de arma de fogo, que a polícia não logrou apreender, subtraído, para si, uma bolsa, um telefone celular e um cartão bancário pertencentes a Cleusa. O denunciado e seus comparsas abordaram a vítima, apontaram a arma em sua direção, determinando que a vítima lhes entregasse, imediatamente, todos os seus pertences. Logo em seguida, para impedir que Cleusa chamasse a polícia, Júlio manteve a vítima em seu poder, restringindo sua liberdade, e exigiu que ela ingressasse no veículo automotor utilizado na ação desviante, deslocando-se por considerável período e importante distância. Depois, libertou a vítima.

Em face dessa situação hipotética, assinale a opção correta a respeito dos crimes contra a vida e contra o patrimônio.

(A) Júlio perpetrou o delito de extorsão qualificada pela restrição da liberdade da vítima, com causa de aumento de pena pelo emprego de arma de fogo e pelo concurso de duas ou mais pessoas.

(B) Júlio praticou o crime de roubo duplamente majorado pelo concurso de pessoas e pelo emprego de arma de fogo, em concurso material com o delito de sequestro ou cárcere privado.

(C) De acordo com o entendimento do STJ, é imprescindível a apreensão e a perícia da arma de fogo utilizada na ação do grupo para a aplicação da causa de aumento prevista para agravar a pena do crime de extorsão praticado por Júlio.

(D) Com sua conduta de privação da liberdade da vítima, Júlio praticou o crime de extorsão mediante sequestro, com causa de aumento de pena relativa ao concurso de pessoas e ao uso de arma de fogo.

(E) De acordo com os fatos narrados, é possível imputar a Júlio o cometimento do crime de roubo triplamente majorado, pelo emprego de arma de fogo, concurso de pessoas e privação da liberdade da vítima, ainda que não tenham sido identificados os demais participantes da empreitada criminosa.

Ao subtrair, para si, em concurso de pessoas, mediante grave ameaça exercida com o emprego de arma de fogo, objetos pertencentes à vítima Cleusa, Júlio incorreu nas penas do crime de roubo majorado (art. 157, § 2º, II e V, e § 2º-A, I, do CP). Não há que se falar no cometimento do crime de extorsão (art. 158, CP) porque este pressupõe a colaboração da vítima para o agente alcançar a vantagem econômica perseguida. É dizer, neste crime do art. 158 do CP, é a vítima quem entrega o bem ao sujeito ativo do delito. Já no roubo, crime praticado por Júlio, a situação é bem outra. Aqui, inexiste colaboração do ofendido, já que o bem lhe é retirado, subtraído. Segundo entendimento jurisprudencial hoje prevalente, não há necessidade, à incidência da majorante prevista no art. 157, § 2º, I, do CP (atualmente art. 157, § 2º-A, I, CP), de apreensão da arma e submissão desta a exame pericial, quando a sua utilização resultar comprovada por outros meios de prova. Em outras palavras, a não apreensão da arma de fogo empregada no crime de roubo não é motivo bastante a afastar a incidência da causa de aumento do art. 157, § 2º-A, I, do CP. Conferir, nesse sentido: STJ, HC 127.661/SP, 5ª T., j. 14.05.2009, rel. Min. Laurita Vaz, *DJe* 08.06.2009. De outro lado, é irrelevante, à configuração da causa de aumento decorrente do concurso de pessoas (art. 157, § 2º, II, do CP), a falta de identificação dos demais comparsas. Ademais, deverá incidir também a causa de aumento relacionada à privação da liberdade da vítima (art. 157, § 2º, V, do CP). Com efeito, prevalece atualmente o entendimento no sentido de que restará caracterizada esta majorante sempre que o agente mantiver o ofendido privado de sua liberdade pelo tempo suficiente à consumação do roubo ou ainda para evitar a ação policial.

(Defensor Público/AC – 2006 – CESPE) No que se refere aos crimes dolosos contra a vida, especificamente ao suicídio, considerando que tal hipótese, isoladamente, constitui fato atípico, embora, na visão sociológica, seja classificado como fato social normal, assinale a opção incorreta.

(A) A tentativa de suicídio é impunível, já que, do ponto de vista da política criminal, seria um estímulo punir o suicida nessa modalidade.
(B) A autolesão é punível quando o *iter criminis* percorrido pelo agente se aproximar da hipótese de lesão grave ou gravíssima.
(C) A hipótese de autodestruição na forma consumada deve ser sempre objeto de investigação em inquérito policial, visando-se apurar a participação de terceira pessoa.
(D) Devem ser objeto de denúncia somente as hipóteses de instigação, induzimento ou auxílio ao suicídio.

A: assertiva correta. Nosso ordenamento jurídico não prevê responsabilização no âmbito penal àquele que investe contra a própria vida e não consegue atingir seu objetivo ao argumento de que a punição, nestas circunstâncias, teria somente o efeito de reforçar o propósito suicida. Ademais, a pena não teria efeito preventivo algum, pois aquele que deseja a morte não está preocupado com a sanção a que estará submetido. Note que o legislador considera como crime a conduta consistente em participar de fato não criminoso, induzindo ou instigando alguém a suicidar-se, ou prestando-lhe auxílio material para que o faça (art. 122, CP); **B:** assertiva incorreta, devendo ser assinalada. A autolesão, em princípio, não configura crime (princípio da alteridade), salvo se o agente dela se valer para a violação de outro bem jurídico. Exemplo sempre lembrado pela doutrina é do sujeito que fere o próprio corpo com o fito de obter indenização ao valor de seguro. Neste caso, estará incurso nas penas do art. 171, § 2º, V, do CP; **C:** assertiva correta, pois devem ser investigadas as circunstâncias em que ocorreu a autodestruição; **D:** por razões de política criminal, a prática de tentativa de suicídio configura fato atípico. Constituem, no entanto, objeto de interesse do direito penal algumas formas de colaboração no suicídio de outrem. Essas modalidades de colaboração, representadas pelos núcleos do tipo alternativo *induzir*, *instigar* e *auxiliar*, estão contidas no art. 122 do CP. A denúncia somente pode ser ofertada nessas hipóteses.

(Defensor Público/AC – 2006 – CESPE) Na hipótese de crime de lesão corporal, assinale a opção correta.

(A) Admite-se no, Código Penal (CP) brasileiro, a lesão na modalidade levíssima.
(B) A lesão corporal é de natureza grave caso resulte em incapacidade da vítima para as ocupações habituais, por mais de um mês.
(C) Se a lesão for culposa, a ação penal fica condicionada à representação do ofendido, admitindo-se, ainda, a possibilidade de concessão de perdão judicial, nos termos da lei penal vigente.
(D) Fica excluído o dolo direto e indireto se a lesão corporal for seguida de morte.

A: o Código Penal não previu essa modalidade de lesão corporal; contemplou, sim, a lesão corporal dolosa simples ou leve (art. 129, *caput*, CP); lesão corporal dolosa de natureza grave (art. 129, §§ 1º e 2º, do CP); lesão corporal seguida de morte (art. 129, § 3º, do CP); lesão corporal culposa (art. 129, § 6º, do CP); e lesão dolosa qualificada pela violência doméstica (art. 129, § 9º, do CP). A doutrina se refere às modalidades de lesão corporal listadas no § 2º do art. 129 como *gravíssimas*, dado que a pena cominada, neste caso, é superior àquela estabelecida no § 1º do dispositivo; **B:** incorreta, pois a lesão corporal somente será de natureza grave se dela resultar incapacidade para as ocupações habituais por mais de *30 (trinta) dias*, – art. 129, § 1º, I, do CP. A doutrina classifica este delito como *crime a prazo*, já que sua configuração está condicionada ao transcurso de certo prazo (mais de trinta dias); **C:** assertiva correta. Reza o art. 88 da Lei 9.099/1995 (Juizados Especiais) que, sendo culposa a lesão corporal, a ação penal será pública condicionada a representação. Além disso, estabelece o art. 129, § 8º, do CP que o art. 121, § 5º, do CP, que trata do perdão judicial no homicídio, tem incidência na lesão corporal culposa; **D:** a lesão corporal seguida de morte (art. 129, § 3º, CP), delito necessariamente preterdoloso, pressupõe, por isso mesmo, um antecedente doloso e um consequente culposo. É chamado pela doutrina de *homicídio preterdoloso* ou *preterintencional*.

(Defensor Público/AL – 2009 – CESPE) Julgue os itens que se seguem com relação aos crimes contra a vida, contra o patrimônio e contra a administração pública.

(1) A premeditação, apesar de não ser considerada qualificadora do delito de homicídio, pode ser levada em consideração para agravar a pena, funcionando como circunstância judicial.
(2) Considere a seguinte situação hipotética. Ana subtraiu maliciosamente determinada peça de roupa de alto valor de uma amiga, com a intenção tão só de utilizá-la em uma festa de casamento. Após o evento, Ana, tendo atingido seu objetivo, devolveu a vestimenta. Nessa situação, Ana não responderá pelo delito de furto, uma vez que o CP não tipifica a figura do furto de uso.
(3) Na hipótese de peculato culposo, a reparação do dano, se precedente à sentença irrecorrível, extingue a punibilidade.

1: a *premeditação*, conquanto não faça parte do rol do art. 121, § 2º, do CP (qualificadora), será, na primeira fase de fixação da pena (pena-base), considerada no exame das *circunstâncias do crime*; **2:** o elemento subjetivo do crime de furto, representando pelo dolo, consiste na vontade livre e consciente de apossar-se clandestinamente de coisa alheia móvel de forma definitiva, não transitória (*animus furandi* ou *animus rem sibi habendi*). Inexiste, portanto, por parte do agente, intenção de devolvê-la ao proprietário ou possuidor. Assim, constitui fato atípico a conduta do sujeito que, depois de apossar-se de coisa alheia móvel, a restitui à vítima (furto de uso); **3**: é o que prescreve o art. 312, § 3º, primeira parte, do CP. Se a reparação do dano se der depois da sentença irrecorrível, a pena imposta será reduzida de metade, nos moldes do art. 312, § 3º, *in fine*, do CP.

Gabarito 1C, 2C, 3C

(Defensor Público/GO – 2010 – I. Cidades) O homicídio é qualificado pela conexão quando é cometido

(A) mediante paga ou promessa de recompensa, ou por outro motivo torpe.
(B) por motivo fútil.
(C) com emprego de veneno, fogo, explosivo, asfixia, tortura ou outro meio insidioso ou cruel, ou de que possa resultar perigo comum.
(D) à traição, de emboscada, ou mediante dissimulação ou outro recurso que dificulte ou torne impossível a defesa do ofendido.
(E) para assegurar a execução, a ocultação, a impunidade ou vantagem de outro crime.

A: esta assertiva contém qualificadoras que se referem aos motivos do crime (art. 121, § 2º, I, CP); **B:** esta assertiva contém qualificadora que também se refere aos motivos do crime (art. 121, § 2º, II, CP); **C:** esta assertiva contém qualificadoras que se referem aos meios empregados para a prática do crime (art. 121, § 2º, III, CP); **D:** esta assertiva contém qualificadoras que se referem ao modo de execução do crime (art. 121, § 2º, IV, CP); **E:** esta assertiva, que deve ser assinalada, contém qualificadoras por conexão (art. 121, § 2º, V, CP).

Gabarito "E".

(Defensor Público/GO – 2010 – I. Cidades) "A" afirma, na presença de várias pessoas, que "B" trai seu marido "C" com o vizinho. Nesses termos, é correto afirmar que "A" cometeu crime de

(A) calúnia, admitindo-se a exceção da verdade.
(B) calúnia, não se admitindo a exceção da verdade.
(C) difamação, admitindo-se a exceção da verdade.
(D) difamação, não se admitindo a exceção da verdade.
(E) injúria, não se admitindo a exceção da verdade.

A conduta atribuída por "A" a "B", com o advento da Lei 11.106/05, que revogou o art. 240 do CP, que previa o delito de adultério, deixou de ser crime. Ainda assim, embora não constitua crime de calúnia, que exige que o fato imputado seja crime, a conduta de "A" é ofensiva à reputação de "B", que, por isso, foi vítima de difamação. Não cabe, neste caso, a exceção da verdade na medida em que na difamação esta somente terá lugar se o ofendido é funcionário público e a ofensa é relativa ao exercício de suas funções – art. 139, parágrafo único, CP.

Gabarito "D".

(Defensoria/MG – 2006) A respeito dos crimes contra a honra, é INCORRETO afirmar:

(A) Que a injúria estará consumada no momento em que a vítima tiver ciência da ofensa, independentemente de terceiros tomarem conhecimento da mesma.
(B) Que a interpretação judicial (art.144, CP) pode ser intentada, tão somente, quando houver dúvida quanto à intenção de se macular a honra por parte do suposto agente. Quando a intenção foi inequívoca, o juiz indeferirá, de plano, o pedido de explicações.
(C) Que haverá o delito de calúnia se o fato falso imputado à vítima for definido como infração penal, ou seja, crime ou contravenção.
(D) Que, para que exista crime de difamação (art.139, CP), o fato imputado pode ser verdadeiro, vale dizer, desde que ofensivo `a honra da vítima, existirá o delito mesmo que esta, realmente, tenha praticado a conduta narrada pelo agente.
(E) Que, quando houver a imputação de fato único, pode existir calúnia ou difamação, mas nunca os dois crimes.

A: trata-se de crime formal, cuja consumação se opera no exato instante em que o ofendido toma conhecimento da imputação ofensiva. Desnecessário qualquer resultado naturalístico; **B:** o art. 144 do CP faz alusão ao *pedido de explicações*, instrumento por meio do qual a vítima pode pedir explicações em juízo, a fim de esclarecer o real significado daquilo que contra ela foi dito; **C:** o tipo penal faz menção tão somente a *crime*. Assim, aquele que atribui a alguém fato definido como contravenção penal responde, em princípio, por difamação (art. 139, CP), e não por calúnia; **D:** para a caracterização do crime de difamação, é irrelevante saber se o fato imputado é verdadeiro ou falso, bastando que ele seja apto a macular a reputação do ofendido; **E:** progressão criminosa (hipótese de incidência do princípio da consunção).

Gabarito "C".

(Defensor Público/MS – 2008 – VUNESP) Considere as seguintes assertivas e assinale a alternativa que corresponde ao texto do Código Penal.

I. Não se pune o aborto praticado por médico, se há consentimento da gestante e o feto é comprovadamente inviável.
II. Quando o aborto é provocado por terceiro com o consentimento da gestante, a pena para o terceiro é maior, se comparada à atribuída ao terceiro que o pratica sem consentimento.
III. A pena do aborto para a gestante é aumentada de um terço, se do ato lhe resulta lesão corporal de natureza grave.

(A) Todas são erradas.
(B) Apenas I é correta.
(C) Apenas II é errada.
(D) Apenas III é correta.

I: assertiva incorreta, pois o Código Penal não contemplou o aborto de feto inviável, entre eles o anencefálico. Atenção: no julgamento da ADPF nº 54, o STF declarou a inconstitucionalidade de qualquer interpretação segundo a qual a interrupção da gravidez de feto anencefálico constitui crime previsto no CP; **II:** assertiva incorreta. O agente que provoca aborto sem o consentimento da gestante comete a forma mais grave desse crime, pois está sujeito à pena de 3 a 10 anos de reclusão (art. 125, CP); diferente é a situação do agente que provoca aborto com o consentimento da gestante (art. 126, CP), que ficará sujeito a uma pena de reclusão de 1 a 4 anos. A razão disso não é difícil de entender. O legislador estabeleceu no preceito secundário da norma incriminadora do art. 125 pena significativamente maior do que a do art. 126 porque a conduta do terceiro que interrompe o processo de gravidez sem o consentimento da gestante merece do direito penal um tratamento mais rígido do que a do sujeito que o faz com o consentimento válido da gestante; **III:** incorreta, pois a causa de aumento de pena prevista no art. 127 do CP, impropriamente denominada *forma qualificada*, somente se aplica ao terceiro que realiza o aborto com ou sem o consentimento da gestante, isto é, só tem incidência nos delitos dos arts. 125 e 126

do CP. Ficam, portanto, excluídas as modalidades de crime de aborto praticadas pela gestante (art. 124, CP): autoaborto e aborto consentido.
Gabarito "A".

(Defensor Público/PA – 2006 – UNAMA) Antônio, acometido de uma doença incurável, decide pôr fim a própria vida, mas, sem coragem para tanto, pede a Pedro, seu amigo, que lhe aplique uma injeção que lhe será letal. Pedro, condoído pela situação do amigo e querendo aliviar-lhe o sofrimento, agiu de acordo com o que lhe fora pedido, vindo Antônio a falecer. Diante do fato relatado, poderemos afirmar que houve:

(A) participação em crime de homicídio.
(B) autoria no crime de auxílio ao suicídio.
(C) participação no crime de auxílio ao suicídio.
(D) autoria no crime de homicídio.

A prática do suicídio pressupõe que o ato de execução seja levado a efeito pela própria vítima. Assim, o auxílio de terceiro, quando houver, deve ser secundário, indireto. O agente que, a pedido da vítima, que deseja dar cabo da própria vida, aplica-lhe uma injeção letal ou lhe desfere vários tiros, responde por homicídio, pois o auxílio não foi secundário; ele praticou, neste caso, atos típicos de execução. O fato de o agente ter cometido o crime a pedido da vítima e movido por motivo de relevante valor moral poderá dar ensejo ao reconhecimento do homicídio privilegiado – presente no art. 121, § 1°, do CP.
Gabarito "D".

18. CRIMES CONTRA O PATRIMÔNIO

(Defensor Público/AL – 2017 – CESPE) Considerando-se o entendimento dos tribunais superiores, em caso de furto de energia elétrica, o pagamento integral do débito, desde que efetuado em momento anterior ao recebimento da peça acusatória, configura

(A) escusa absolutória relativa.
(B) circunstância atenuante, apenas.
(C) arrependimento eficaz.
(D) causa supralegal de justificação.
(E) causa extintiva da punibilidade.

Cuida-se de tema sobremaneira polêmico, havendo decisões, do STJ, reconhecendo a possibilidade de extinção da punibilidade e outras não reconhecendo. De toda sorte, é importante o registro de que a 5ª Turma daquela Corte Superior, em mudança de posicionamento, adotou o entendimento de que o caso narrado no enunciado não enseja a extinção da punibilidade. Perceba que o julgamento se deu no ano de 2018, posterior, portanto, à elaboração desta questão. Conferir: "II – Este Superior Tribunal de Justiça se posicionava no sentido de que o pagamento do débito oriundo do furto de energia elétrica, antes do oferecimento da denúncia, configurava causa de extinção da punibilidade, pela aplicação analógica do disposto no art. 34 da Lei n. 9.249/95 e do art. 9° da Lei n. 10.684/03. III – A Quinta Turma desta Corte, entretanto, no julgamento do AgRg no REsp n. 1.427.350/RJ, modificou a posição anterior, passando a entender que o furto de energia elétrica não pode receber o mesmo tratamento dado aos crimes tributários, considerando serem diversos os bens jurídicos tutelados e, ainda, tendo em vista que a natureza jurídica da remuneração pela prestação de serviço público, no caso de fornecimento de energia elétrica, é de tarifa ou preço público, não possui caráter tributário, em relação ao qual a legislação é expressa e taxativa. IV – "Nos crimes patrimoniais existe previsão legal específica de causa de diminuição da pena para os casos de pagamento da "dívida" antes do recebimento da denúncia. Em tais hipóteses, o Código Penal, em seu art. 16, prevê o instituto do arrependimento posterior, que em nada afeta a pretensão punitiva, apenas constitui causa de diminuição da pena." (REsp 1427350/RJ, Quinta Turma, Rel. Min. Jorge Mussi, Rel. p/Acórdão Min. Joel Ilan Paciornik, DJe 13.03.2018) Habeas corpus não conhecido" (HC 412.208/SP, Rel. Ministro Felix Fischer, Quinta Turma, julgado em 20.03.2018, DJe 23.03.2018).
Gabarito "E".

(Defensor Público –DPE/RN – 2016 – CESPE) João, imputável, foi preso em flagrante no momento em que subtraía para si, com a ajuda de um adolescente de dezesseis anos de idade, cabos de telefonia avaliados em cem reais. Ao ser interrogado na delegacia, João, apesar de ser primário, disse ser Pedro, seu irmão, para tentar ocultar seus maus antecedentes criminais. Por sua vez, o adolescente foi ouvido na delegacia especializada, continuou sua participação nos fatos e afirmou que já havia sido internado anteriormente pela prática de ato infracional análogo ao furto. Nessa situação hipotética, conforme a jurisprudência dominante dos tribunais superiores, em tese, João praticou os crimes de

(A) furto qualificado privilegiado, corrupção de menores e falsa identidade.
(B) corrupção de menores e falsidade ideológica.
(C) furto simples, falsa identidade e corrupção de menores.
(D) furto qualificado e falsidade ideológica.
(E) furto simples e corrupção de menores.

Questão bem elaborada, exige do candidato o conhecimento de vários temas de direito penal, tais como a viabilidade do chamado furto qualificado-privilegiado, a natureza formal do crime de corrupção de menores e a prática do crime de falsa identidade como exercício da autodefesa. Em primeiro lugar, impõe-se o reconhecimento da modalidade privilegiada contida no art. 155, § 2°, do CP. Isso porque, segundo é possível inferir do enunciado, João é *primário* e o objeto material do delito de furto é de *pequeno valor* (R$ 100,00). Além do privilégio, há de se reconhecer que João incorreu na forma qualificada prevista no art. 155, § 4°, IV, do CP, já que a subtração se deu mediante o concurso de duas pessoas. Aqui, pouco importa o fato de o seu comparsa ainda não contar com 18 anos (inimputável). Além disso, hoje é inquestionável a possibilidade de o furto ser, a um só tempo, qualificado e privilegiado, desde que a qualificadora seja de ordem objetiva, como é o caso do concurso de pessoas. A propósito, o STJ, consolidando tal entendimento, editou a Súmula 511, que assim dispõe: "É possível o reconhecimento do privilégio previsto no § 2° do art. 155 do CP nos casos de crime de furto qualificado, se estiverem presentes a primariedade do agente, o pequeno valor da coisa e a qualificadora for de ordem objetiva". No que concerne à corrupção de menores, delito atualmente previsto no 244-B do ECA, é prevalente o entendimento segundo o qual se trata de crime *formal*. O fato é que há, tanto na doutrina quanto na jurisprudência, duas correntes quanto ao momento consumativo do crime de corrupção de menores. Para parte da doutrina e também para o STJ, o crime em questão é *formal*, consumando-se independentemente da efetiva corrupção da vítima. Nesse sentido: "(...) A Terceira Seção do Superior Tribunal de Justiça, ao apreciar o Recurso Especial 1.127.954/DF, representativo de controvérsia, pacificou seu entendimento no sentido de que o crime de corrupção de menores – antes previsto no art. 1° da Lei 2.252/1954, e hoje inscrito no art. 244-B do Estatuto da Criança e do Adolescente – é delito formal, não exigindo, para sua configuração, prova de que o inimputável tenha sido corrompido, bastando que tenha participado da prática delituosa" (AgRg no REsp 1371397/DF, 6ª T., j. 04.06.2013, rel. Min. Assusete Magalhães, *DJe* 17.06.2013). Consolidando tal entendimento, o STJ editou a Súmula 500, a seguir transcrita: "A configuração do crime previsto no art. 244-B do Estatuto da Criança e do Adolescente independe da prova da efetiva corrupção do menor, por se tratar de delito formal". Uma segunda corrente sustenta que o crime do art. 244-B do ECA é *material*, sendo imprescindível, à sua consumação, a ocorrência do resultado naturalístico, isto é, a efetiva corrupção do menor. Segundo também consta do enunciado João, no ato do seu interrogado, imbuído do propósito de ocultar seus maus antecedentes, passou-se por Pedro, seu irmão. Atualmente, prevalece o entendimento de que a conduta do agente que, com o propósito de esconder condenações anteriores, atribui a si identidade falsa comete o crime do art. 307 do CP. Nesse sentido a Súmula n. 522 do STJ. Por tudo que foi dito, forçoso concluir que João cometeu os crimes de furto qualificado-privilegiado, corrupção de menores e falsa identidade.

Gabarito: "A".

(Defensor Público –DPE/ES – 2016 – FCC) No que concerne aos crimes contra o patrimônio, é correto afirmar que

(A) há pluralidade de latrocínios, se diversas as vítimas fatais, ainda que único o patrimônio visado e lesado, conforme entendimento pacificado dos tribunais superiores.

(B) possível o reconhecimento da figura privilegiada do delito nos casos de furto qualificado, se primário o agente e de pequeno valor a coisa subtraída, independentemente da natureza da qualificadora, segundo entendimento sumulado do Superior Tribunal de Justiça.

(C) a indispensabilidade do comportamento da vítima não constitui critério de diferenciação entre o roubo e a extorsão.

(D) a receptação própria não prevê modalidade de crime permanente.

(E) não constitui furto de energia a subtração de sinal de TV a cabo, consoante já decidido pelo Supremo Tribunal Federal.

A: incorreta. No STF: "(...) Segundo entendimento acolhido por esta Corte, a pluralidade de vítimas atingidas pela violência no crime de roubo com resultado morte ou lesão grave, embora único o patrimônio lesado, não altera a unidade do crime, devendo essa circunstância ser sopesada na individualização da pena, que, no caso, é de 20 (vinte) a 30 (trinta) anos. Precedentes. 2. Desde que a conduta do agente esteja conscientemente dirigida a atingir mais de um patrimônio, considerado de forma objetiva, como requer o fim de proteção de bens jurídicos do Direito Penal, haverá concurso de crimes. Essa conclusão, todavia, somente pode ser alcançada mediante a análise das circunstâncias que envolvem a prática do ato delitivo. 3. No caso dos autos, não restou demonstrada, de modo inequívoco, a vontade do agente de atingir mais de um patrimônio. A própria denúncia, aliás, considera os bens subtraídos como pertencendo a um único patrimônio (do supermercado). 4. Ordem parcialmente concedida para afastar o concurso de crimes, com a extensão dos efeitos ao corréu (CPP, art. 580), e determinar ao juízo competente que considere a circunstância da pluralidade de vítimas na fixação da pena-base (CP, art. 59), respeitado o limite do *ne reformatio in pejus*" (HC 96736, Relator(a): Min. Teori Zavascki, Segunda Turma, julgado em 17.09.2013, acórdão eletrônico *DJ*e-193 Divulg 01.10.2013 Public 02.10.2013); **B:** incorreta. É pacífico o entendimento, tanto no STJ quanto no STF, de que é possível a coexistência do furto qualificado (art. 155, § 4º, do CP) com a modalidade privilegiada do art. 155, § 2º, do CP, desde que – e aqui está o erro da assertiva – a qualificadora seja de ordem *objetiva*. Tanto é assim que o STJ, consolidando esse entendimento, editou a Súmula 511: "É possível o reconhecimento do privilégio previsto no § 2º do art. 155 do CP nos casos de crime de furto qualificado, se estiverem presentes a primariedade do agente, o pequeno valor da coisa e a qualificadora for de ordem objetiva"; **C:** incorreta, na medida em que, ao contrário do que se afirma nesta alternativa, a indispensabilidade do comportamento da vítima constitui, sim, critério

de diferenciação entre o roubo e a extorsão. Segundo Guilherme de Souza Nucci, "a diferença concentra-se no fato de a extorsão exigir a participação ativa da vítima fazendo alguma coisa, tolerando que se faça ou deixando de fazer algo em virtude da ameaça ou da violência sofrida. Enquanto no roubo o agente atua sem a participação da vítima, na extorsão o ofendido colabora ativamente com o autor da infração penal (…)" (*Código Penal Comentado*, 13ª ed. São Paulo: RT, 2013. p. 824); **D:** incorreta. O *caput* do art. 180 do CP contempla dois blocos de condutas: *adquirir*, *receber*, *transportar*, *conduzir* e *ocultar* são os núcleos que constituem o que a doutrina convencionou chamar de receptação *própria*; o verbo *influir* (para que terceiro *adquira*, *receba* ou *oculte*) constitui a chamada receptação *imprópria*. No caso da modalidade própria, a conduta consistente em *ocultar* constitui crime permanente, assim entendido aquele cuja consumação se prolonga no tempo por vontade do agente; **E:** correta. Conferir: "(...) O sinal de TV a cabo não é energia, e assim, não pode ser objeto material do delito previsto no art. 155, § 3º, do Código Penal. Daí a impossibilidade de se equiparar o desvio de sinal de TV a cabo ao delito descrito no referido dispositivo. Ademais, na esfera penal não se admite a aplicação da analogia para suprir lacunas, de modo a se criar penalidade não mencionada na lei (analogia *in malam partem*), sob pena de violação ao princípio constitucional da estrita legalidade. Precedentes. Ordem concedida" (HC 97261, Relator(a): Min. Joaquim Barbosa, Segunda Turma, julgado em 12.04.2011, *DJ*e-081 divulg 02.05.2011).

Gabarito: "E".

(Defensor Público –DPE/MT – 2016 – UFMT) Mévio, mediante grave ameaça, subtraiu um telefone celular de Maria Rosa, avaliado em R$ 2.000,00 (dois mil reais), mantendo-a em seu poder, restringindo sua liberdade por duas horas, com o propósito de garantir o êxito da empreitada criminosa. Mévio responderá por

(A) roubo circunstanciado.

(B) roubo e sequestro, em concurso formal.

(C) sequestro, já que este absorve o roubo.

(D) roubo e sequestro, em concurso material.

(E) roubo impróprio.

Se o agente, no roubo, mantiver a vítima em seu poder, restringindo a sua liberdade, com o objetivo de assegurar o sucesso da empreitada, incorrerá nas penas da modalidade circunstanciada ou majorada do crime de roubo prevista no art. 157, § 2º, V, do CP.

Gabarito: "A".

(Defensor Público/RO – 2012 – CESPE) Assinale a opção correta com relação aos crimes contra o patrimônio.

(A) Considera-se chave falsa qualquer instrumento que, sob a forma de chave, possa ser utilizado como dispositivo para abrir fechadura, incluindo-se mixas.

(B) No furto com fraude, o comportamento ardiloso, insidioso do agente é utilizado para facilitar a subtração dos bens pertencentes à vítima; no crime de estelionato, o artifício, o ardil, o engodo são utilizados pelo agente para que, induzida ou mantida em erro, a própria vítima possa entregar-lhe a vantagem ilícita. Há, portanto, dissenso da vítima no primeiro caso e consenso, no segundo.

(C) Para a incidência da causa especial de aumento de pena para o crime previsto no art. 155 do CP, é suficiente que a infração ocorra durante o repouso noturno, período de maior vulnerabilidade para as residências, lojas e veículos; entretanto, se o furto for praticado em estabelecimento comercial que se encontre fechado, segundo o STJ, a qualificadora do repouso noturno não pode ser reconhecida, por estar ausente maior grau de reprovabilidade da conduta.

(D) De acordo com a jurisprudência do STJ, não é possível o reconhecimento da figura do furto qualificado--privilegiado, ainda que exista compatibilidade entre as qualificadoras e o privilégio.

(E) A vigilância exercida no interior de estabelecimento comercial, seja por seguranças, seja pela existência de circuito interno de monitoramento, afasta a potencialidade lesiva de condutas que visem à subtração ou dano do patrimônio de estabelecimentos com esta característica, o que possibilita o reconhecimento da figura relativa ao crime impossível nesses casos.

A: incorreta, pois não há a necessidade de que o instrumento empregado tenha o formato de chave. Cuidado: é pacífico, na jurisprudência e na doutrina, o entendimento segundo o qual não deve ser considerada como falsa a chave verdadeira utilizada de forma clandestina; **B:** correta. De fato, no *furto mediante fraude*, esta se presta a viabilizar a subtração da coisa. Aqui, a vítima nem se dá conta da subtração. No *estelionato*, a situação é bem outra: o ardil é empregado com o propósito de a vítima, iludida, entregar a coisa ao agente, ou seja, no *furto qualificado* tem-se a fraude para iludir a vigilância da vítima e, dessa forma, possibilitar a subtração; no *estelionato*, tem-se a fraude para iludir a vítima a entregar a coisa; **C:** incorreta. A questão é polêmica, não havendo consenso na doutrina tampouco na jurisprudência, que inclina-se, atualmente, pela necessidade de o crime ser praticado em casa habitada em que os moradores estejam repousando; **D:** incorreta. Conferir o seguinte julgado: "É possível o reconhecimento da figura do furto qualificado--privilegiado, desde que haja compatibilidade entre as qualificadoras e o privilégio (...)" (AGRESP 201101841290, Alderita Ramos de Oliveira, Desembargadora convocada do TJ/PE, STJ, Sexta Turma, DJe 23.10.2012). A propósito, o STJ, consolidando tal entendimento, editou a Súmula 511, que assim dispõe: "É possível o reconhecimento do privilégio previsto no § 2º do art. 155 do CP nos casos de crime de furto qualificado, se estiverem presentes a primariedade do agente, o pequeno valor da coisa e a qualificadora for de ordem objetiva"; **E:** incorreta. O furto sob vigilância pode, em determinadas situações, a depender do caso concreto, caracterizar crime impossível pela ineficácia absoluta do meio (art. 17 do CP). É o caso, por exemplo, do agente que, desde o momento em que ingressa no supermercado, passa a ser permanentemente vigiado por sistema de câmeras e também por seguranças, que ficam o tempo todo no seu encalço. Não há, neste caso, a menor possibilidade de o crime consumar-se. Isso não quer dizer que a existência, por si só, de sistema de segurança por câmeras elimine a possibilidade de o crime chegar à sua consumação. É perfeitamente plausível que o agente se aproveite de determinado ângulo de monitoramento em que a subtração não é visualizada pelo sistema de câmeras. Dessa forma, a ineficácia do meio deve ser avaliada caso a caso. Nesse sentido: STF, HC 110.975-RS, 1ª T., rel. Min. Carmen Lúcia, 22.05.2012. Tal entendimento encontra-se firmado na Súmula 567, do STJ: "Sistema de vigilância realizado por monitoramento eletrônico ou por existência de segurança no interior de estabelecimento comercial, por si só, não torna impossível a configuração do crime de furto"
Gabarito "B".

(Defensor Público/AM – 2013 – FCC) NÃO constitui entendimento sumulado dos Tribunais Superiores, em matéria de crimes contra o patrimônio:

(A) No crime de roubo, a intimidação feita com arma de brinquedo autoriza o aumento da pena.

(B) É inadmissível aplicar, no furto qualificado pelo concurso de agentes, a majorante do roubo.

(C) O crime de extorsão consuma-se independentemente da obtenção da vantagem indevida.

(D) Há crime de latrocínio, quando o homicídio não se consuma, ainda que não realize o agente a subtração de bens da vítima.

(E) Quando o falso se exaure no estelionato, sem mais potencialidade lesiva, é por este absorvido.

A: incorreta, pois a Súmula 174 do STJ, que autorizava o aumento de pena pelo emprego de arma de brinquedo no crime de roubo, foi cancelada. Atualmente, portanto, prevalece o entendimento segundo o qual a intimidação, no crime de roubo, feita com arma de brinquedo não pode determinar o aumento de pena do art. 157, § 2º, I, do CP; **B:** correta, pois corresponde ao entendimento firmado na Súmula 442 do STJ; **C:** correta. O crime de extorsão (art. 158 do CP) é *formal*; isso porque a sua consumação não está condicionada à produção do resultado naturalístico descrito no tipo penal (obtenção de vantagem indevida). A esse respeito, o STJ editou a Súmula 96: "O crime de extorsão consuma-se independentemente da obtenção da vantagem indevida"; **D:** correta, pois corresponde ao entendimento firmado na Súmula 610 do STF: "Há crime de latrocínio, quando o homicídio se consuma, ainda que não realize o agente a subtração de bens da vítima"; **E:** correta, já que em conformidade com o teor da Súmula 17 do STJ.
Gabarito "A".

(Defensor Público/GO – 2010 – I. Cidades) Na situação de roubo, se ocorrer homicídio e subtração consumados, há latrocínio consumado e, se ocorrer homicídio e subtração tentados, há latrocínio tentado. Nessas hipóteses, o entendimento é pacífico. Entretanto, no caso de homicídio consumado e subtração tentada, há diversas correntes doutrinárias. Para o Supremo Tribunal Federal, Súmula 610, há, nessa última hipótese,

(A) tentativa de latrocínio.

(B) homicídio consumado em concurso formal com tentativa de furto.

(C) homicídio qualificado consumado em concurso material com tentativa de roubo.

(D) latrocínio consumado.

(E) somente homicídio qualificado.

De fato, se a subtração permanecer na esfera da tentativa, mas o agente matar a vítima, prevalece o entendimento firmado na Súmula 610 do STF: "Há crime de latrocínio, quando o homicídio se consuma, ainda que não realize o agente a subtração de bens da vítima". O latrocínio (art. 157, § 3º, II, CP) é crime hediondo (art. 1º da Lei 8.072/1990) cuja competência para o julgamento é do juiz singular (Súmula nº 603, STF).
Gabarito "D".

(Defensor Público/GO – 2010 – I. Cidades) Fulano de Tal falsificou a assinatura em um cheque e utilizou-o na compra de um rádio. Posteriormente, descoberta a fraude, Fulano de Tal deverá responder pelo(s) crime(s) de:

(A) estelionato em concurso com falsificação de documento.

(B) estelionato em concurso com uso de documento falso.

(C) estelionato em concurso com falsificação e uso de documento falso.

(D) exclusivamente estelionato.

(E) furto mediante fraude.

Embora existam, sobre esse tema, quatro correntes na doutrina e na jurisprudência, prevalece, atualmente, a posição consagrada na Súmula 17 do STJ: "Quando o falso se exaure no estelionato, sem mais potencialidade lesiva, é por este absorvido". Assim, se o agente falsifica a assinatura em um cheque e o utiliza na compra de um rádio, fazendo-se passar pelo correntista, responde somente pelo estelionato, visto que o crime de falso nele se exauriu. Entenda bem: o cheque falsificado, ao ser entregue ao vendedor do rádio (vítima do crime de estelionato), esgotou sua potencialidade lesiva, isto é, somente serviu de meio para a prática do delito de estelionato.

Gabarito "D".

(Defensor Público/RS – 2011 – FCC) Carlos, com dezoito anos à época do fato, na companhia do amigo Paulo, com vinte e dois anos por ocasião do fato, furtaram R$ 300,00 (trezentos reais) da carteira do avô de Carlos, seu Romeu, o qual contava, no dia do furto, em 07/08/07, com 61 anos de idade. Sobre a responsabilização penal dos autores do fato, é correto afirmar:

(A) Carlos responderá pelo delito de furto qualificado, assim como seu amigo Paulo, sendo que não haverá isenção de pena para qualquer um dos agentes.

(B) Haverá isenção de pena quanto a Carlos, por se tratar de descendente da vítima, circunstância que alcançará o amigo Paulo.

(C) Carlos ficará isento de pena, mas tal circunstância não alcançará o amigo Paulo.

(D) A responsabilização penal de ambos os agentes dependerá de representação da vítima.

(E) A responsabilização penal de Carlos dependerá de queixa-crime e a de Paulo de representação da vítima.

Não haverá isenção de pena na medida em que o crime foi praticado contra pessoa com idade superior a 60 anos – art. 183, III, do CP.

Gabarito "A".

(Defensoria Pública da União – 2007 – CESPE) Julgue os itens seguintes.

(1) Cláudio, com intenção de furtar, entrou no carro de Vagner, cuja porta estava destravada, e acionou o motor por meio de uma chave falsa na ignição do veículo, assim logrando êxito em subtrair o veículo. Nessa situação, e de acordo com a jurisprudência do STJ, Cláudio responde por crime de furto simples.

(2) Marcelo, simulando portar arma de fogo, subtraiu para si dois aparelhos celulares, pertencentes a pessoas diversas, amedrontando as vítimas. Nessa situação, Marcelo deve responder por crime de roubo, em concurso formal.

1: só se verifica a qualificadora contida no art. 155, § 4º, III, do CP quando a *chave falsa* é empregada externamente à *res*, vencendo o agente o obstáculo propositadamente colocado para guarnecê-la (STJ, REsp 43.047-SP, 5ª T., Rel. Min. Edson Vidigal, j. 10.12.96); **2:** a prática do crime de roubo, cometido nas mesmas circunstâncias fáticas, contra vítimas diversas, configura concurso formal (STJ, AgRg no REsp 989600-RS, 5ª T., Rel. Min. Napoleão Nunes Maia Filho, j. 29.5.08); incidência do art. 70 do CP.

Gabarito 1C, 2C.

19. CRIMES CONTRA A DIGNIDADE SEXUAL

(Defensor Público –DPE/MT – 2016 – UFMT) No que se refere aos crimes contra a dignidade sexual, analise as afirmativas abaixo.

I. No crime de estupro, não é possível a responsabilização penal por omissão.

II. Como regra, a ação penal é privada, exigindo-se a queixa-crime.

III. No crime de estupro, o tipo penal não exige contato físico entre a vítima e o agente.

IV. Pratica crime de corrupção de menores, previsto no artigo 228 do Código Penal, aquele que induz menor de dezesseis anos a satisfazer a lascívia de outrem.

Está correto o que se afirma em

(A) I, II e IV, apenas.

(B) II e III, apenas.

(C) I e IV, apenas.

(D) III, apenas.

(E) II, III e IV, apenas.

I: incorreta. Em regra, a configuração do crime de estupro (art. 213, CP) pressupõe a prática de uma conduta positiva (uma ação, um fazer); em caráter excepcional, entretanto, é possível, ante o que estabelece o art. 13, § 2º, do CP, a chamada omissão imprópria (crime comissivo por omissão). Imaginemos a hipótese em que a mãe permita (por omissão) que seu marido submeta a filha do casal, que conta com 12 anos, a conjunção carnal. Nesse caso, por força do dever que a lei lhe atribui de proteger sua filha, inerente ao poder familiar, a sua omissão, diante do ato de seu marido, equipara-se a uma ação, devendo responder, tal como o pai da vítima, pelo crime de estupro; **II:** incorreta. Ao tempo em que esta questão foi elaborada, a ação penal, no contexto dos crimes contra a dignidade sexual, era, em regra, pública condicionada à representação do ofendido, nos termos do art. 225, *caput*, do CP. Atualmente, o crime de estupro e os demais delitos contra a dignidade sexual são processados, em qualquer caso, por meio de ação penal pública incondicionada. Explico. Bem recentemente, entrou em vigor da Lei 13.718/2018, que, dentre várias inovações implementadas nos crimes contra a dignidade sexual, mudou, uma vez mais, a natureza da ação penal nesses delitos. Com isso, a ação penal, nos crimes sexuais, passa a ser pública incondicionada. Vale lembrar que, antes do advento desta Lei, a ação era, em regra, pública condicionada, salvo nas situações em que a vítima era vulnerável ou menor de 18 anos. Fazendo um breve histórico, temos o seguinte quadro: a ação penal, nos crimes sexuais, era, em regra, privativa do ofendido, a este cabendo a propositura da ação penal; posteriormente, a partir do advento da Lei 12.015/2009, a ação penal, nesses crimes, deixou de ser privativa do ofendido para ser pública condicionada a representação, em regra; agora, com a entrada em vigor da Lei 13.718/2018, a ação penal, nos crimes contra a dignidade sexual, que antes era pública condicionada, passa a ser pública incondicionada. Com isso, o titular da ação penal, que é o MP, prescinde de manifestação de vontade da vítima para promover a ação penal. Dessa forma, fica sepultado o debate que antes havia acerca da aplicação da Súmula 608, do STF. É importante que se diga que, além da alteração a que fizemos referência, a Lei 13.718/2018 promoveu, no contexto dos crimes sexuais, outras relevantes mudanças. Uma das mais significativas, a nosso ver, é a introdução, no Código Penal, do crime de *importunação sexual*, disposto no art. 215-A, nos seguintes termos: *Praticar contra alguém e sem a sua anuência ato libidinoso com o objetivo de satisfazer a própria lascívia ou a de terceiro: Pena – reclusão, de 1 (um) a 5 (cinco) anos, se o ato não constitui crime mais grave*. A conduta de homens que, em ônibus e trens lotados, molestam mulheres e, em alguns casos, chegam a ejacular, se enquadra, doravante, neste novo tipo penal. Episódio amplamente divulgado pelos meios de comunicação é o de um homem que, dentro do transporte público, em São Paulo, ejaculou no pescoço de uma mulher. Antes, a responsabilização se dava pela contravenção penal de *importunação ofensiva ao pudor*, definida no art. 61 da LCP, cujo preceito secundário estabelecia exclusivamente pena de multa, dispositivo este que foi revogado, de forma expressa, pela Lei 13.718/2018, tendo a conduta ali descrita migrado para o novo art. 215-A do CP, em face da regra da continuidade típico-normativa. Evidente que a pena, agora mais grave, não poderá retroagir e atingir fatos anteriores à entrada em vigor da Lei 13.718/2018. Outra importante inovação refere-se à inclusão, no art. 218-C, do delito de *divulgação de cena de estupro ou* *de cena de estupro de vulnerável, de cena de sexo ou de pornografia*. O objetivo do legislador, com a tipificação desta conduta, foi o de coibir um fenômeno que, infelizmente, tem sido cada vez mais comum, que é a violação da intimidade com a exposição sexual não autorizada. Inclui-se, aqui, a chamada *pornografia da vingança*, em que fotografias e vídeos de conteúdo íntimo de alguém (normalmente mulher) são divulgados na internet pelo ex-esposo ou ex-namorado como forma de vingança. A partir daí, o conteúdo é disseminado, nas redes sociais e em grupos de *Whatsapp*, de forma exponencial. O art. 218-C contempla uma causa de aumento de pena, a configurar-se quando o crime é praticado por agente que mantém ou tenha mantido relação íntima de afeto com a vítima ou com o fim de vingança ou humilhação. No que concerne ao estupro de vulnerável, previsto no art. 217-A do CP, a Lei 13.718/2018, ao inserir o § 5º nesse dispositivo legal, consagra o entendimento adotado pela Súmula 593, do STJ, no sentido de que o consentimento e a experiência sexual anterior são irrelevantes à configuração do crime de estupro de vulnerável. Além disso, a Lei 13.718/2018 fez inserir, no art. 226 do CP, o inciso IV, estabelecendo que a pena será aumentada nos casos de *estupro coletivo* e *estupro corretivo*. Por fim, ainda dentro do tema "alterações nos crimes contra a dignidade sexual", a Lei 13.772/2018 inseriu no Código Penal o crime de *registro não autorizado da intimidade sexual*, definido no art. 216-A, que passa a integrar o novo Capítulo I-A do Título VI. Segundo a descrição típica, este novo crime restará configurado quando o agente *produzir, fotografar, filmar ou registrar, por qualquer meio, conteúdo com cena de nudez ou ato sexual ou libidinoso de caráter íntimo e privado sem autorização dos participantes*. A pena é de detenção, de 6 (seis) meses a 1 (um) ano, e multa. O que fez esta Lei, ao inserir no CP este novo crime, foi superar a lacuna em relação à conduta do agente que registrava a prática de atos sexuais entre terceiros, sem que estes, obviamente, tivessem conhecimento. Esta conduta, vale dizer, não é de rara ocorrência. Imaginemos a hipótese em que o proprietário de uma casa ou mesmo de um motel instale, de forma oculta e sorrateira, uma câmera com o fim de registrar a prática de atos sexuais entre pessoas que ali se encontram. Antes do advento desta Lei, tal conduta não configurava crime. Segundo estabelece o parágrafo único do art. 216-A, incorrerá na mesma pena aquele que *realiza montagem em fotografia, vídeo, áudio ou qualquer outro registro com o fim de incluir pessoa em cena de nudez ou ato sexual ou libidinoso de caráter íntimo*. No crime do *caput*, a cena de sexo registrada às escondidas é verdadeira, ou seja, ela de fato ocorreu na forma como foi registrada. No caso do parágrafo único, o agente realiza uma montagem, ou seja, cria o registro de uma cena de sexo envolvendo pessoas que dela não participaram. Basta, aqui, recordar da montagem envolvendo certo candidato ao Governo do Estado de São Paulo nas últimas eleições, que apareceu em cena de sexo explícito. Pelo que se constatou, o rosto do então candidato foi manipulado por meio de recursos gráficos. Como não poderia deixar de ser, esta montagem ganhou, rapidamente, as redes sociais e aplicativos de mensagem. Importante que se diga que as condutas, tanto a do *caput* quanto a do parágrafo único, constituem infração penal de menor potencial ofensivo, aplicando-se, bem por isso, os benefícios e o procedimento da Lei 9.099/1995; **III:** correta. De fato, para a configuração do crime de estupro, desnecessário o contato físico entre autor e vítima. Nesse sentido: "De acordo com o novel entendimento consagrado por esta 5ª Turma, à unanimidade de votos, em julgamento de caso semelhante, decidiu-se que a "contemplação lasciva configura o ato libidinoso constitutivo dos tipos dos arts. 213 e 217-A do Código Penal, sendo irrelevante, para a consumação dos delitos, que haja contato físico entre ofensor e ofendido" (RHC 70.976-MS, Rel. Ministro Joel Ilan Paciornik, julgado em 02.08.2016, DJe 10.08.2016). 2. No caso concreto, a conduta do agente que, valendo-se de sua condição de conselheiro tutelar, tranca o adolescente nas dependências do Centro de Triagem e lhe ordena, mediante graves ameaças, que tire toda a roupa e se masturbe (entregando-lhe inclusive uma revista pornográfica, com o escopo de estimular a libido), que faça poses para fotografias de cunho pornográfico e mostre seu órgão genital, além de obrigar a vítima, contra sua vontade, a assistir esse mesmo agente se masturbando, tudo com o propósito de obter a satisfação da lascívia do recorrido, configura, sim, o "ato libidinoso diverso da conjunção carnal" descrito no tipo do art. 214 do Código Penal, em sua modalidade consumada. 3. Recurso especial provido para condenar o réu como incurso nas penas do art. 214, *caput*, do Código Penal e determinar o retorno dos autos ao Tribunal de origem, para que proceda à dosimetria da pena." (REsp 1640087/MG, Rel. Ministro Ribeiro Dantas, Quinta Turma, julgado em 15.12.2016, DJe 01.02.2017); **IV:** incorreta. O art. 228 do CP define o crime de favorecimento da prostituição ou outra forma de exploração sexual. A conduta do agente que induz menor de 14 anos (e não de 16) a satisfazer a lascívia de outrem comete o crime do art. 218 do CP.

Gabarito "D".

(Defensor Público/RO – 2012 – CESPE) Com relação à aplicação da lei penal no tempo, aos crimes contra a dignidade sexual e aos delitos hediondos, assinale a opção correta.

(A) De acordo com a jurisprudência predominante do STJ, a presunção de violência prevista no art. 224 do CP se revela de natureza absoluta, não cedendo à existência de fatores que afastem a dita presunção.

(B) Pratica crime de corrupção de menores, previsto no art. 218 do CP, aquele que induz menor de dezesseis anos a satisfazer a lascívia de outrem.

(C) O art. 224 do CP, no qual era prevista a presunção de violência em crimes sexuais, foi revogado, tendo sido criado um novo tipo penal, tipificado como estupro de vulnerável, que caracteriza a *abolitio criminis* da conduta prevista no art. 214 (atentado violento ao pudor) c/c o art. 224 do CP.

(D) O princípio da continuidade normativa típica evidencia-se quando uma norma penal é revogada, mas a mesma conduta continua sendo crime no tipo penal revogador, ou seja, a infração penal continua tipificada em outro dispositivo, ainda que topologicamente ou normativamente diverso do originário.

(E) Aplica-se ao agente de violência real ou grave ameaça em crime de estupro ou atentado violento ao pudor a causa especial de aumento de pena prevista no art. 9.º da lei que trata dos crimes hediondos.

A: incorreta. O art. 224 do CP, que estabelecia as hipóteses de presunção de violência, foi revogado por força da Lei 12.015/2009, que promoveu diversas alterações no campo dos crimes sexuais; **B:** incorreta. O tipo penal do art. 218 do CP exige que o sujeito passivo deste crime seja menor de 14 anos; **C:** incorreta. Não há que se falar em *abolitio criminis*, posto que, a despeito de os arts. 214 e 224 haverem sido formalmente revogados, a conduta ali prevista pela conjugação destes dois dispositivos não deixou de ser típica; passou a ser prevista no art. 217-A do CP, introduzido pela Lei 12.015/2009. Incide, aqui, o princípio da continuidade típico-normativa; **D:** correta. *Vide* comentário à alternativa anterior; **E:** incorreta. O art. 9º da Lei 8.072/1990 (Crimes Hediondos), que fazia referência ao art. 224 do CP, foi tacitamente revogado pela Lei 12.015/2009.

Gabarito "D".

(Defensor Público/AM – 2013 – FCC) Constitui crime contra a dignidade sexual praticar conjunção carnal ou outro ato libidinoso, sem violência ou grave ameaça, com alguém não deficiente mental ou enfermo

(A) menor de dezoito anos e maior de dezesseis anos.

(B) menor de dezoito anos e maior de quatorze anos em situação de prostituição.

(C) menor de vinte e um anos e maior de quatorze anos em situação de prostituição.

(D) em situação de prostituição, independentemente da idade.

(E) menor de dezesseis anos e maior de quatorze anos.

A conduta descrita no enunciado se amolda ao tipo penal do crime previsto no art. 218-B, § 2º, I, do CP.
Gabarito "B".

(Defensor Público/AM – 2010 – I. Cidades) Sobre o conceito de vulnerável, nos crimes contra a dignidade sexual, marque a alternativa correta:

(A) ter conjunção carnal ou praticar outro ato libidinoso contra pessoa com idade igual ou menor de 14 anos se enquadra no conceito de prática de crime sexual contra vulnerável;

(B) considera-se vulnerável, nos termos do Código Penal, pessoa menor de 14 anos, ou que, por enfermidade ou deficiência mental, não tenha o necessário discernimento para a prática do ato, bem como por qualquer outra causa não possa oferecer resistência;

(C) considera-se vulnerável, nos crimes contra a dignidade sexual, pessoa com idade igual ou inferior a 14 anos e desde que por enfermidade ou deficiência mental não tenha o necessário discernimento para a prática do ato, bem como por qualquer outra causa não possa oferecer resistência;

(D) praticar ato libidinoso ou ter conjunção carnal com pessoa menor de 14 anos não é crime, desde que haja o consentimento e desde que não se trate de pessoa que por enfermidade ou deficiência mental não tenha o necessário discernimento para a prática do ato, bem como por qualquer outra causa não possa oferecer resistência.

(E) nenhuma das anteriores.

São considerados vulneráveis os *menores* de 14 anos (art. 217-A, *caput*, do CP), bem como aqueles que, por enfermidade ou deficiência mental, não têm o necessário discernimento para a prática do ato, ou que, por qualquer outra causa, não podem oferecer resistência (art. 217-A, § 1º, do CP). Com o advento da Lei 12.015/09, que introduziu no âmbito dos crimes sexuais uma série de mudanças, se o crime for cometido no dia do 14º aniversário da vítima, esta não mais é considerada vulnerável, já que a lei hoje reputa vulnerável somente aquele que conta com idade inferior a 14 anos. Há ainda outras hipóteses de crime praticado contra vulnerável: arts. 218, 218-A e 218-B, *caput*, segunda parte, do CP.
Gabarito "B".

(Defensor Público/AM – 2010 – I. Cidades) Sobre os crimes contra a dignidade sexual, marque a alternativa certa:

(A) ocorre o estupro quando um homem constranger uma mulher à conjunção carnal, mediante violência ou grave ameaça;

(B) há estupro quando alguém constranger outro alguém, mediante violência ou grave ameaça, a praticar ou permitir que com ele se pratique um ato libidinoso qualquer ou a ter conjunção carnal;

(C) há atentado violento ao pudor quando alguém constranger outro alguém, mediante violência ou grave ameaça, a praticar ou permitir que com ele se pratique um ato libidinoso qualquer ou a ter conjunção carnal;

(D) ocorre o estupro somente quando alguém constranger outro alguém, mediante violência ou grave ameaça, a praticar ou permitir que com ele se pratique um ato libidinoso;

(E) considera-se praticado um estupro somente quando alguém constranger outro alguém, mediante violência ou grave ameaça, a ter conjunção carnal.

A: assertiva correta, pois descreve uma das formas pelas quais é possível praticar o crime de estupro. Antes da Lei 12.015/09, o crime previsto no art. 213 do CP, que era próprio, somente podia ser praticado pelo homem contra a mulher e mediante conjunção carnal. Hodiernamente, dada a nova redação conferida ao tipo penal pela Lei 12.015/09, configura estupro, além da conduta consistente em constranger mulher à conjunção carnal mediante violência ou grave ameaça, também aquela conduta até então tipificada no revogado art. 214 do CP (atentado violento ao pudor); **B:** assertiva correta. Com a edição da Lei 12.015/09, que promoveu uma série de mudanças na disciplina dos crimes sexuais, o estupro (art. 213, CP), que incriminava tão somente a conjunção carnal realizada com mulher, mediante violência ou grave ameaça, passou a incorporar, também, a conduta antes contida no art. 214 do CP – dispositivo hoje revogado (art. 7º da Lei 12.015/09). Com isso, passou a constituir estupro, na sua nova forma, toda modalidade de violência sexual levada a efeito para qualquer fim libidinoso, incluída, por óbvio, a conjunção carnal. Dessa forma, o crime do art. 213 do CP, com a mudança implementada pela Lei 12.015/09, passa a comportar, além da conduta consubstanciada na conjunção carnal violenta, também o comportamento consistente em obrigar alguém a praticar ou permitir que com o sujeito ativo se pratique outro ato libidinoso que não a conjunção carnal; **C:** o crime de atentado violento ao pudor, antes previsto no art. 214 do CP, foi revogado pela Lei 12.015/09; **D:** o estupro pode ocorrer em outras situações; **E:** o estupro pode ocorrer em outras situações.
Gabarito Anulada.

20. CRIMES CONTRA A FÉ PÚBLICA

(Defensoria/RN – 2006) Nos crimes contra a fé pública

(A) constitui causa de aumento de pena no crime de falsidade ideológica, a alteração de assentamento de registro civil.

(B) a intenção de lucro é elemento do tipo do crime de falsidade de atestado médico.

(C) constitui causa de aumento de pena no crime de falsificação de documento público, ser o agente funcionário público, mesmo que não cometa o crime prevalecendo-se do cargo.

(D) não é punível aquele que sendo funcionário público contribui para o licenciamento ou registro do veículo remarcado ou adulterado, fornecendo indevidamente material ou informação oficial.

A: correta, nos termos do art. 299, parágrafo único, do CP; **B:** a *intenção de lucro*, presente no parágrafo único do art. 302 do CP, configura forma majorada; **C:** somente será reconhecida a causa especial de aumento de pena do § 1º do art. 297 do CP se o agente for funcionário público e cometer o crime prevalecendo-se do cargo; **D:** o funcionário incorrerá nas penas do art. 311, § 2º, do CP.
Gabarito "A".

21. CRIMES CONTRA A ADMINISTRAÇÃO PÚBLICA

(Defensor Público –DPE/BA – 2016 – FCC) Sobre os crimes praticados por particular contra a Administração Pública:

(A) Segundo a jurisprudência do STJ, o descumprimento de medida protetiva de urgência da Lei 11.340/2006 determinada por juiz configura crime de desobediência.

(B) A Relatoria para Liberdade de Expressão da Comissão Interamericana de Direitos Humanos já concluiu que as leis nacionais que estabelecem crimes de desacato são contrárias ao artigo 13 da Convenção Americana de Direitos Humanos, que prevê a liberdade de pensamento e de expressão.

(C) Configura-se o crime de resistência quando o agente se opõe à execução de ato legal de funcionário público competente.

(D) A consumação do crime de desobediência depende do emprego de violência ou grave ameaça contra o funcionário público.

(E) No crime de desacato a ofensa deve ser dirigida ao funcionário público em exercício ou ao órgão ou instituição pública na qual exerce suas funções.

A: incorreta. É tranquilo o entendimento, tanto na doutrina quanto na jurisprudência, no sentido de que o crime de desobediência (art. 330, CP) não se configura na hipótese de haver como consequência para o ato de recalcitrância penalidade de natureza civil ou administrativa. Cuida-se, portanto, de tipo penal subsidiário. Nessa esteira, conferir: "1. O crime de desobediência é um delito subsidiário, que se caracteriza nos casos em que o descumprimento da ordem emitida pela autoridade não é objeto de sanção administrativa, civil ou processual. 2. O descumprimento das medidas protetivas emanadas no âmbito da Lei Maria da Penha, admite requisição de auxílio policial e decretação da prisão, nos termos do art. 313 do Código de Processo Penal, afastando a caracterização do delito de desobediência" (AgRg no REsp 1476500/DF, Rel. Ministro Walter de Almeida Guilherme (desembargador convocado do TJ/SP), Quinta Turma, julgado em 11.11.2014, *DJe* 19.11.2014). Ao tempo da elaboração desta questão, o descumprimento de medida protetiva de urgência não configurava crime algum, nem o de desobediência, segundo entendiam os tribunais, conforme acima ponderamos, já que havia, na hipótese de recalcitrância do agente em cumprir a medida protetiva, consequências de outra ordem, como a possibilidade de decretação de prisão preventiva e requisição de força policial para fazer valer a decisão judicial. Sucede que, recentemente, a partir do advento da Lei 13.641/2018, foi inserido na Lei Maria da Penha o art. 24-A, que contempla, como crime, a conduta do agente que descumpre decisão judicial que defere medida protetiva de urgência prevista em lei, sujeitando-o à pena de detenção de 3 meses a 2 anos; **B:** correta. No que concerne a este tema, conferir recente decisão do STJ: "(...) 4. O art. 2º, c/c o art. 29, da Convenção Americana de Direitos Humanos (Pacto de São José da Costa Rica) prevê a adoção, pelos Estados Partes, de "medidas legislativas ou de outra natureza" visando à solução de antinomias normativas que possam suprimir ou limitar o efetivo exercício de direitos e liberdades fundamentais. 5. Na sessão de 04.02.2009, a Corte Especial do Superior Tribunal de Justiça, ao julgar, pelo rito do art. 543-C do CPC/1973, o Recurso Especial 914.253/SP, de relatoria do Ministro Luiz Fux, adotou o entendimento firmado pelo Supremo Tribunal Federal no Recurso Extraordinário 466.343/SP, no sentido de que os tratados de direitos humanos, ratificados pelo país, têm força supralegal, "o que significa dizer que toda lei antagônica às normas emanadas de tratados internacionais sobre direitos humanos é destituída de validade." 6. Decidiu-se, no precedente repetitivo, que, "no plano material, as regras provindas da Convenção Americana de Direitos Humanos, em relação às normas internas, são ampliativas do exercício do direito fundamental à liberdade, razão pela qual paralisam a eficácia normativa da regra interna em sentido contrário, haja vista que não se trata aqui de revogação, mas de invalidade." 7. A adequação das normas legais aos tratados e convenções internacionais adotados pelo Direito Pátrio configura controle de constitucionalidade, o qual, no caso concreto, por não se cuidar de convenção votada sob regime de emenda constitucional, não invade a seara do controle de constitucionalidade e pode ser feito de forma difusa, até mesmo em sede de recurso especial. 8. Nesse particular, a Corte Interamericana de Direitos Humanos, quando do julgamento do caso Almonacid Arellano y otros v. Chile, passou a exigir que o Poder Judiciário de cada Estado-Parte do Pacto de São José da Costa Rica exerça o controle de convencionalidade das normas jurídicas internas que aplica aos casos concretos. 9. Por conseguinte, a ausência de lei veiculadora de *abolitio criminis* não inibe a atuação do Poder Judiciário na verificação da inconformidade do art. 331 do Código Penal, que prevê a figura típica do desacato, com o art. 13 do Pacto de São José da Costa Rica, que estipula mecanismos de proteção à liberdade de pensamento e de expressão. 10. A Comissão Interamericana de Direitos Humanos – CIDH já se manifestou no sentido de que as leis de desacato se prestam ao abuso, como meio para silenciar ideias e opiniões consideradas incômodas pelo *establishment*, bem assim proporcionam maior nível de proteção aos agentes do Estado do que aos particulares, em contravenção aos princípios democrático e igualitário. 11. A adesão ao Pacto de São José significa a transposição, para a ordem jurídica interna, de critérios recíprocos de interpretação, sob pena de negação da universalidade dos valores insertos nos direitos fundamentais internacionalmente reconhecidos. Assim, o método hermenêutico mais adequado à concretização da liberdade de expressão reside no postulado *pro homine*, composto de dois princípios de proteção de direitos: a dignidade da pessoa humana e a prevalência dos direitos humanos. 12. A criminalização do desacato está na contramão do humanismo, porque ressalta a preponderância do Estado – personificado em seus agentes – sobre o indivíduo. 13. A existência de tal normativo em nosso ordenamento jurídico é anacrônica, pois traduz desigualdade entre funcionários e particulares, o que é inaceitável no Estado Democrático de Direito. 14. Punir o uso de linguagem e atitudes ofensivas contra agentes estatais é medida capaz de fazer com que as pessoas se abstenham de usufruir do direito à liberdade de expressão, por temor de sanções penais, sendo esta uma das razões pelas quais a CIDH estabeleceu a recomendação de que os países aderentes ao Pacto de São Paulo abolissem suas respectivas leis de desacato. 15. O afastamento da tipificação criminal do desacato não impede a responsabilidade ulterior, civil ou até mesmo de outra figura típica penal (calúnia, injúria, difamação etc.), pela ocorrência de abuso na expressão verbal ou gestual utilizada perante o funcionário público. 16. Recurso especial conhecido em parte, e nessa extensão, parcialmente provido para afastar a condenação do recorrente pelo crime de desacato (art. 331 do CP)" (REsp 1640084/SP, Rel. Ministro Ribeiro Dantas, Quinta Turma, julgado em 15.12.2016, *DJe* 01.02.2017); **C:** incorreta. Isso porque o crime de resistência (art. 329, CP) pressupõe que o agente se valha, para se opor à execução de ato legal, de violência ou ameaça contra o funcionário público competente ou aquele que lhe estiver prestando auxílio; **D:** incorreta. O momento consumativo do crime de desobediência depende do conteúdo da ordem: se o tipo penal estabelece uma omissão, o delito se consuma no momento da ação; se estabelece uma ação e um prazo em que ela deve ser implementada, a consumação é alcançada com a expiração desse interregno. Veja que o emprego de violência ou ameaça constitui requisito necessário à configuração do crime de resistência (art. 329, CP); **E:** incorreta, já que só pode ser alvo da ofensa, no desacato, o funcionário público.

Gabarito "B".

(Defensor Público –DPE/MT – 2016 – UFMT) Assinale o delito que admite a modalidade culposa.

(A) Corrupção passiva
(B) Peculato
(C) Concussão
(D) Corrupção ativa
(E) Prevaricação

As alternativas contemplam crimes contra a administração pública. A corrupção passiva (art. 317, CP), o peculato (art. 312, CP), a concussão (art. 316, CP) e a prevaricação (art. 319, CP) são crimes próprios (só podem ser praticados por funcionário público). Já a corrupção ativa (art. 333, CP) é crime comum, já que o legislador não impôs nenhuma qualidade especial ao sujeito ativo. Dentre todos esses crimes, o único a admitir a modalidade culposa, por expressa previsão contida no art. 312, § 2º, do CP, é o peculato: *se o funcionário concorre culposamente para o crime de outrem*. Nunca é demais lembrar que o crime somente será culposo se houver previsão expressa nesse sentido (excepcionalidade do crime culposo); se nada for dito a esse respeito, o elemento subjetivo será representado pelo dolo.

Gabarito "B".

(Defensor Público/PR – 2012 – FCC) Larissa sofreu grave acidente ao cair de sua bicicleta, ocorrendo traumatismo de mandíbula com fraturas múltiplas e avulsão dentária. Foi levada ao pronto-socorro onde foi atendida pelo Dr. José das Couves, médico credenciado junto ao SUS, na especialidade de traumatologia. Embora ciente de que o SUS arcaria com as despesas, o médico condicionou o tratamento mediante o pagamento da quantia de R$ 250,00 (duzentos e cinquenta reais), por fora, da mãe da acidentada, alegando que seria para pagar o anestesista e o protético, este último porque confeccionaria o aparelho ortodôntico. A mãe de Larissa pagou a quantia cobrada, face a premente necessidade de socorro da filha. Nestas circunstâncias,

(A) a conduta de cobrar a importância por médico do SUS tipifica o crime de corrupção passiva praticada por José.
(B) José praticou corrupção passiva e a mãe de Larissa, ao pagar a quantia cobrada, praticou o crime de corrupção ativa.
(C) José praticou conduta típica de concussão e a mãe de Larissa ao pagar a quantia cobrada apenas exauriu o crime praticado pelo médico.
(D) José praticou conduta típica de corrupção passiva e a mãe de Larissa ao pagar a quantia cobrada, apenas exauriu o crime praticado pelo médico.
(E) a conduta de José é atípica, pois estava legitimado a cobrar a diferença da baixa remuneração paga aos médicos pelo SUS.

A conduta em que incorreu o médico, que é credenciado ao SUS, está prevista no art. 316 do CP (concussão), já que não se limitou a solicitar vantagem indevida, o que configuraria, em princípio, crime de corrupção passiva (art. 317 do CP), mas impôs (exigiu), como condição para a realização do tratamento ao qual deveria submeter-se Larissa, o recebimento de vantagem indevida. Neste caso, o recebimento desta vantagem, entregue, pela mãe de Larissa, ao médico, configura mero exaurimento do crime de concussão, que já se consumara quando da exigência formulada pelo médico (crime formal). De se ver ainda que a mãe de Larissa, por ter se curvado à imposição do médico, nenhum crime praticou. Ainda que o médico houvesse, no lugar de exigir, solicitado vantagem não devida, mesmo assim a conduta da mãe de Larissa não poderia ser enquadrada no tipo penal do art. 333 do CP (corrupção ativa), visto que, neste crime, a iniciativa há de ter partido do particular.

Gabarito "C".

(Defensor Público/AC – 2006 – CESPE) No curso de uma audiência de julgamento no tribunal do júri, no intervalo para o almoço, um dos jurados subtraiu a arma incriminada e anexada ao processo, doando-a para terceira pessoa após o julgamento.

Diante dessa situação hipotética e considerando que a ação do jurado ocorreu nas dependências de órgão público, assinale a opção incorreta.

(A) Trata-se de falta grave que deve ser apurada em sindicância instaurada pelo juiz presidente do tribunal do júri, podendo o jurado incorrer em sanção de natureza administrativa e multa.
(B) Cuida-se de crime de peculato na modalidade furto, nos termos da lei penal vigente.
(C) Embora o jurado não ostente a qualidade de funcionário público, deve ser considerado como tal para efeitos penais.
(D) O jurado deve responder penalmente, visto que sua conduta constitui crime contra a administração pública.

A: inexiste previsão legal nesse sentido; **B:** correta, pois, embora o jurado não detivesse a posse da arma, ele a subtraiu valendo-se de facilidade proporcionada pela função que exerce. O *peculato-furto* (art. 312, § 1º, do CP) também é chamado de peculato impróprio; **C:** o conceito de funcionário público, para os fins penais, é diferente (mais amplo) daquele conferido pelo Direito Administrativo. Abarca quem, embora de forma transitória ou sem remuneração, exerce cargo, emprego ou função pública (art. 327, *caput*, do CP); **D:** o jurado exerce função pública. É considerado, por isso, funcionário público para fins penais (art. 327, *caput*, do CP).

Gabarito "A".

(Defensor Público/GO – 2010 – I. Cidades) Willians constrangeu Geraldo, mediante grave ameaça, a pagar-lhe uma dívida de R$100,00. Posteriormente, apurou-se que a "dívida era inexistente", embora Willians acreditasse que era credor de Geraldo. Penalmente a conduta de Willians está classificada como

(A) extorsão (CP, art. 158),
(B) exercício arbitrário das próprias razões (CP, art. 345).
(C) roubo (CP. art. 157).
(D) constrangimento ilegal (CP. art. 146).
(E) ameaça (CP. art. 147).

O crime do art. 345 do CP estará caracterizado ainda que a pretensão que o agente visa satisfazer seja ilegítima, desde que este suponha, de boa-fé, que sua pretensão seja legítima.

Gabarito "B".

(Defensor Público/MS – 2008 – VUNESP) No que diz respeito aos crimes contra a Administração Pública, assinale a alternativa que traz, apenas, crimes próprios no que concerne ao sujeito ativo.

(A) Tráfico de influência; abandono de função; violação de sigilo funcional.
(B) Usurpação de função pública; prevaricação; peculato.
(C) Corrupção passiva; condescendência criminosa; advocacia administrativa.
(D) Favorecimento pessoal; concussão; violência arbitrária.

A: o crime de tráfico de influência, previsto no art. 332 do CP, é comum, já que não exige do sujeito ativo nenhuma qualidade especial. Já os delitos de abandono de função (art. 323, CP) e violação de sigilo funcional (art. 325, CP) são próprios, pois exigem uma qualidade especial do sujeito ativo; **B:** o crime de usurpação de função pública, previsto no art. 328 do CP, é comum, já que não exige do sujeito ativo nenhuma qualidade especial. Já os delitos de prevaricação (art. 319, CP) e peculato (art. 312, CP) são próprios, pois exigem uma qualidade especial do sujeito ativo; **C:** assertiva correta, visto que os crimes nela contidos são todos próprios; **D:** o crime de favorecimento pessoal, previsto no art. 348 do CP, é comum, já que não exige do sujeito ativo nenhuma qualidade especial. O delito de concussão (art. 316, CP), por sua vez, é próprio, pois exige uma qualidade especial do sujeito ativo. O crime de violência arbitrária, previsto no art. 322 do CP, que, para alguns, teria sido revogado pela Lei 4.898/65 – Abuso de Autoridade, é próprio, já que somente pode ser praticado por funcionário público.

Gabarito "C".

(Defensor Público/RO – 2007) Exigir, para si ou para outrem, direta ou indiretamente, vantagem indevida, em razão da função que exerce, constitui o crime de:

(A) prevaricação
(B) concussão
(C) corrupção
(D) extorsão
(E) colusão

A conduta típica, no crime de concussão, capitulado no art. 316, *caput*, do CP, é representada pelo verbo *exigir*, que tem o sentido de *impor*, *ordenar*. Essa exigência traz ínsita uma ameaça à vítima. Não devemos, assim, confundir este crime com o do art. 317 do CP. Na corrupção passiva, diferentemente do que ocorre na concussão, há mera solicitação de vantagem indevida. Na concussão, o particular, sentindo-se intimidado e acuado, cede em vista do mal que poderá vir a sofrer.

Gabarito "B".

22. OUTROS CRIMES DO CÓDIGO PENAL

(Defensor Público/GO – 2010 – I. Cidades) Quatro indivíduos reúnem-se, de forma estável e permanente, com o fim de cometer crimes de estelionato. Todavia, tendo cometido um único estelionato, o grupo é desmantelado em virtude de uma denúncia anônima. Nesses termos, todos os quatro devem responder penalmente por

(A) estelionato, apenas.
(B) quadrilha ou bando e estelionato, em concurso formal próprio.
(C) quadrilha ou bando e estelionato, em concurso formal impróprio.
(D) quadrilha ou bando e estelionato, em concurso material.
(E) quadrilha ou bando, apenas.

Com o advento da Lei 12.850/2013, o crime de *quadrilha ou bando*, então capitulado no art. 288 do CP, deu lugar ao crime de *associação criminosa*. Além da mudança operada no *nomen juris*, algumas outras alterações foram implementadas. A mais relevante, a nosso ver, diz respeito ao número mínimo de agentes necessários à configuração do crime, que antes era de *quatro* e agora passa a ser de *três*. O momento consumativo não sofreu alteração: continua a ocorrer no instante em que se dá a efetiva associação de três pessoas (antes era quatro) para o fim de cometer crimes, ainda que nenhum venha a ser praticado. Cuida-se, portanto, de crime formal e autônomo. Quando do cometimento do crime de estelionato, o delito de quadrilha ou bando (agora associação criminosa) já estava praticado. Entenda bem: por se tratar de crime permanente, sua consumação se prolonga no tempo por vontade de seus integrantes. No mais, haverá concurso material entre o crime do art. 288 do CP e o delito que vier a ser praticado pela quadrilha ou bando (agora associação criminosa).

Gabarito "D".

23. CRIMES DA LEI ANTIDROGAS

(Defensor Público –DPE/ES – 2016 – FCC) Quanto aos crimes previstos na Lei de Drogas, é correto afirmar que

(A) a pena de multa pode ser aumentada até o limite do triplo se, em virtude da condição econômica do acusado, o juiz considerá-la ineficaz, ainda que aplicada no máximo.
(B) não se tipifica o delito de associação para o tráfico se ausentes os requisitos de estabilidade e permanência, configurando-se apenas a causa de aumento da pena do concurso de pessoas.
(C) constitui causa de aumento da pena a promoção do tráfico de drogas nas imediações de estabelecimento de ensino e, consoante expressa previsão legal, a circunstância independe de comprovação de se destinar aos respectivos estudantes.
(D) o condenado por tráfico privilegiado poderá ser promovido de regime prisional após o cumprimento de um sexto da pena, segundo entendimento do Supremo Tribunal Federal.
(E) cabível a aplicação retroativa da figura do tráfico privilegiado, desde que o redutor incida sobre a pena prevista na lei anterior, pois vedada a combinação de leis.

A: incorreta, pois não corresponde ao teor do art. 43, parágrafo único, da Lei 11.343/2006, segundo o qual, em casos assim, as multas podem ser aumentadas até o *décuplo*; **B:** incorreta. É fato que, para a configuração do crime do art. 35 da Lei 11.343/2006 (associação para o tráfico), é indispensável que a associação se dê de forma estável e duradoura, tal como ocorre com o crime de associação criminosa (art. 288, CP). Até aqui a assertiva está correta. O erro da alternativa está em afirmar que o concurso de pessoas constitui causa de aumento de pena. Isso porque tal circunstância não está contemplada no art. 40 da Lei 11.343/2006; **C:** incorreta, já que a lei não prevê a desnecessidade de comprovação de que o entorpecente se destina aos alunos da escola em torno da qual ele é comercializado. De toda forma, é bom que se diga que, a despeito de a lei nada dizer sobre tal circunstância, é certo que a jurisprudência tem entendido que a configuração da causa de aumento de pena em questão (art. 40, III, da Lei 11.343/2006) independe da comprovação de o comércio de drogas se destinar especificamente aos alunos da escola. Conferir: "(...) Inexiste constrangimento ilegal em relação ao reconhecimento da causa especial de aumento prevista no art. 40, III, da Lei 11.343/2006, uma vez que restou devidamente comprovado que o paciente atuava próximo a estabelecimentos de ensino, pouco importando se ele estava ou não visando especialmente atingir estudantes desse estabelecimento ou efetivamente comercializando entorpecentes diretamente com os alunos das escolas" (AgRg no HC 283.816/SP, Rel. Ministro Sebastião Reis Júnior, Sexta Turma, julgado em 20.09.2016, DJe 06.10.2016); **D:** correta. Segundo entendimento firmado na Súmula n. 512, do STJ, não mais em vigor, "A aplicação da causa de diminuição de pena prevista no art. 33, § 4º, da Lei 11.343/2006 não afasta a hediondez do crime de tráfico de drogas". O Plenário do STF, ao julgar o HC 118.533/MS, em 23.06.2016, cuja relatoria foi da Min. Cármen Lúcia, entendeu, em dissonância com o posicionamento então adotado pelo STJ, que o crime de tráfico de drogas privilegiado não tem natureza hedionda. Pois bem. Sucede que a Terceira Seção do STJ, na sessão realizada em 23 de novembro de 2016, ao julgar a QO na Pet 11.796-DF, determinou o cancelamento da referida Súmula n. 512, alinhando-se ao entendimento adotado pelo STF no sentido de que o delito de tráfico privilegiado não pode ser equiparado a crime hediondo. Portanto, não se tratando de crime hediondo, o condenado pela prática de tráfico privilegiado progredirá no cumprimento de sua pena segundo as regras do art. 112 da LEP, que estabelece, como requisito objetivo, o cumprimento de um sexto da pena no regime anterior; **E:** incorreta, pois contraria o entendimento firmado na Súmula 501 do STJ: "É cabível a aplicação retroativa da Lei 11.343/2006, desde que o resultado da incidência das suas disposições, na íntegra, seja mais favorável ao réu do que o advindo da aplicação da Lei 6.368/1976, sendo vedada a combinação de leis".

Gabarito "D".

(Defensoria Pública da União – CESPE – 2015) Considerando que Carlo, maior e capaz, compartilhe com Carla, sua parceira eventual, substância entorpecente que traga consigo para uso pessoal, julgue os itens que se seguem.

(1) Carlo responderá pela prática do crime de oferecimento de substância entorpecente, sem prejuízo da responsabilização pela posse ilegal de droga para consumo pessoal.
(2) A conduta de Carlo configura crime de menor potencial ofensivo.

1: correta. Se considerarmos presentes os requisitos contidos no art. 33, § 3º, da Lei 11.343/2006, que é a chamada cessão gratuita e eventual, Carlo responderá por este crime sem prejuízo das penas previstas no art. 28 da mesma Lei, conforme estabelece o preceito secundário do citado art. 33, § 3º; **2:** correta. De fato, os crimes previstos nos arts. 28 e 33, § 3º, da Lei 11.343/2006 são considerados de menor potencial ofensivo. Gabarito 1C, 2C

(Defensor Público/SE – 2012 – CESPE) Com base na Lei n. 11.343/2006, que dispõe sobre drogas, bem como no entendimento dos tribunais superiores acerca da aplicação da norma, assinale a opção correta.

(A) Considere a seguinte situação hipotética. Jarbas, maior e capaz, foi preso em flagrante na cidade de Itabaiana – SE quando transportava dois quilos da droga conhecida popularmente como maconha, em ônibus interestadual que saíra de Aracaju/SE para Salvador/BA. Nessa situação hipotética, não incide a causa de aumento da pena em razão da interestadualidade, visto que não se efetivou a transposição da divisa entre os estados.
(B) Para a incidência da causa de aumento da pena com relação ao tráfico de drogas cometido dentro de transporte público, é imprescindível que o agente se valha efetivamente da aglomeração de pessoas para a disseminação da droga.
(C) A condenação por tráfico de drogas em concurso com associação para o tráfico afasta, por si só, a aplicação da causa de diminuição de pena, ainda que o agente seja primário, de bons antecedentes, não se dedique às atividades criminosas nem integre organização criminosa.
(D) A natureza e a quantidade da droga devem ser consideradas pelo juiz tanto para a fixação da pena-base quanto para a determinação do grau de redução da causa de diminuição da pena.

A: incorreta. Nesse sentido, conferir: "(...) Esta Corte possui entendimento jurisprudencial, no sentido de que a incidência da causa de aumento, conforme prevista no art. 40, V, da Lei n. 11.343/2006, não exige a efetiva transposição da divisa interestadual, sendo suficientes as evidências de que a substância entorpecente tem como destino qualquer ponto além das linhas da respectiva Unidade da Federação (...)" (AGRESP 201103088503, Campos Marques (Desembargador convocado do TJ/PR), STJ, Quinta Turma, DJe 01.07.2013). Consolidando este entendimento, o STJ editou a Súmula 587; **B:** incorreta. Conferir: "A jurisprudência desta Corte é firme no sentido de que a simples utilização de transporte público para a circulação da substância entorpecente ilícita já é motivo suficiente para a aplicação da causa de aumento de pena prevista no art. 40, inciso III, da Lei 11.343/2006" (STF, HC 108.523-MS, 2ª Turma, rel. Min. Joaquim Barbosa, 14.02.2012); **C:** incorreta, já que a condenação por tráfico em concurso com associação para o tráfico não afasta a possibilidade de incidir, no primeiro, a causa de diminuição prevista no art. 33, § 4º, da Lei 11.343/2006; **D:** correta. Conferir: "(...) O art. 42 da Lei n. 11.343/2006 impõe ao Juiz considerar, com preponderância sobre o previsto no art. 59 do Código Penal, a natureza e a quantidade da droga, tanto na fixação da pena-base, quanto na determinação do grau de redução da causa de diminuição de pena prevista no § 4.º do art. 33 da nova Lei de Tóxicos (...)" (HC 201001271758, Laurita Vaz, STJ, Quinta Turma, DJe 22.08.2011). Gabarito "D".

(Defensor Público/SP – 2012 – FCC) Em relação à Lei Federal n. 11.343/2006, que estabelece o Sistema Nacional de Políticas Públicas sobre Drogas, é correto afirmar que

(A) o comando legal que vedava a conversão da pena privativa de liberdade em restritiva de direitos no crime de tráfico teve sua execução suspensa por resolução do Senado Federal.
(B) a conduta de guardar, para consumo próprio, drogas em desacordo com determinação legal e regulamentar, configura mera infração administrativa.
(C) o informante que colabora com grupo que, sem autorização ou em desacordo com a legislação regulamentar, se dedica à venda de drogas, responde pelo mesmo tipo penal em que incorrerá o grupo vendedor, visto que sistema penal pátrio adota a teoria monista.
(D) por se tratar de norma penal em branco, a legislação delegou a órgão do Poder Executivo Federal a definição de critério quantitativo rígido para fins de distinção da conduta do usuário e do traficante.
(E) a lei em questão prevê pena privativa de liberdade para aquele que conduz veículo automotor, embarcação ou aeronave após o consumo de drogas, expondo a dano potencial a incolumidade de outrem.

A: correta. De fato, o Senado Federal, atendendo a decisão do STF, suspendeu, por meio da Resolução n. 5/2012, a eficácia do dispositivo da Lei 11.343/2006 que impedia a substituição da pena privativa de liberdade por restritiva de direitos; **B:** incorreta, já que constitui crime a conduta daquele que guarda, para consumo próprio, drogas em desacordo com determinação legal ou regulamentar (art. 28 Lei 11.343/2006); **C:** incorreta, já que o informante, neste caso, responderá pelo crime do art. 37 da Lei de Drogas, o que constitui exceção à teoria monista (unitária); **D:** incorreta, visto que tal distinção caberá ao magistrado, que não está vinculado a nenhum critério quantitativo rígido (art. 28, § 2º, da Lei 11.343/2006); **E:** incorreta, posto que o art. 39 da Lei de Drogas não contemplou a conduta de conduzir veículo automotor após o consumo de substância entorpecente. Gabarito "A".

(Defensor Público/AM – 2013 – FCC) Constitui crime previsto na lei de drogas

(A) fornecer, desde que onerosamente, maquinário, aparelho, instrumento ou qualquer outro objeto destinado à fabricação, preparação, produção ou transformação de drogas, sem autorização ou em desacordo com determinação legal ou regulamentar.
(B) oferecer droga, desde que em caráter habitual e ainda que sem objetivo de lucro, a pessoa de seu relacionamento, para juntos consumirem.
(C) prescrever ou ministrar, culposamente, drogas, sem que delas necessite o paciente, ou fazê-lo em doses excessivas ou em desacordo com determinação legal ou regulamentar.
(D) conduzir embarcação ou aeronave após o consumo de drogas, ainda que sem exposição a dano potencial a incolumidade de outrem.

(E) consentir que outrem se utilize de local de que tem a propriedade para o tráfico ilícito de drogas, desde que o faça onerosamente.

A: incorreta, pois o crime do art. 34 da Lei de Drogas restará caracterizado ainda que o fornecimento se dê a título gratuito; **B:** incorreta; cuida-se de inovação introduzida pela Lei 11.343/2006. É a chamada *cessão gratuita e eventual*, que, a teor do art. 33, § 3º, da Lei de Drogas, traz os seguintes requisitos: eventualidade no oferecimento da droga; ausência de objetivo de lucro; intenção de consumir a droga em conjunto; e oferecimento da droga à pessoa de relacionamento do agente. Assertiva, portanto, incorreta, já que fala em "caráter habitual"; **C:** correta, pois corresponde ao tipo penal do art. 38 da Lei de Drogas; **D:** incorreta, já que o art. 39 da Lei de Drogas traz como requisito à configuração deste crime a exposição da incolumidade de outrem a dano potencial (crime de perigo concreto); **E:** incorreta, já que a concessão, neste caso, pode se dar a título gratuito (art. 33, § 1º, III, da Lei de Drogas).

Gabarito "C".

(Defensor Público/TO – 2013 – CESPE) Em 23.10.2011, Sales, maior, capaz, após ter sido abordado por policias militares em diligência, na cidade, para o combate ao tráfico de drogas, foi preso em flagrante delito na cidade de Rio dos Bois – TO, transportando, em moto de sua propriedade, cerca de 500g de substância entorpecente conhecida comumente como maconha e 150g de cocaína. Nos autos do inquérito policial, consta que Sales vendia drogas regularmente em diversos pontos da cidade em companhia de Celso e Juca, menor, com dezessete anos de idade, e que havia sido condenado anteriormente por crime de roubo, na forma tentada, e agraciado com a concessão de indulto, tendo sido julgada extinta, havia dois anos, a punibilidade por esse crime. Em relação a Celso e Juca, não foram encontrados antecedentes.

Com base nessa situação hipotética, nos preceitos da Lei nº 11.343/2006 e no entendimento dos tribunais superiores acerca do tema, assinale a opção correta.

(A) É vedada a condenação de Sales, Celso e Juca por crime de associação para o tráfico de drogas, uma vez que o número de agentes é inferior a quatro, o que obsta a configuração do elemento constitutivo do tipo, não se computando a participação do menor para esse fim.

(B) A configuração do crime de associação para o tráfico de drogas depende da prática efetiva e reiterada de outros delitos previstos na lei, vedando-se o concurso material com o crime de tráfico, sob pena da configuração de *bis in idem*.

(C) Havendo condenação de Sales, Celso e Juca, admite-se a utilização, como critério de majoração da pena-base, de circunstâncias judiciais configuradas pelo mal causado pelo tóxico apreendido com os acusados e o intuito de obter lucro fácil na conduta de comercializar drogas.

(D) Sales não faz jus à causa de diminuição de pena prevista na referida lei, pelo tráfico privilegiado, uma vez que não preenche o requisito da primariedade, pois a extinção da punibilidade pela concessão do indulto não afasta a reincidência.

A: incorreta, pois basta a associação de duas pessoas para a configuração do crime do art. 35 da Lei 11.343/2006 (Lei de Drogas), computando-se, para esse fim, a participação de menor; **B:** incorreta. A consumação do crime de associação para o tráfico independe da prática dos delitos previstos nos arts. 33, *caput* e § 1º, e 34 da Lei de Drogas. Além disso, nada obsta o concurso material entre os crimes de tráfico e associação para o tráfico, previstos, respectivamente, nos arts. 33 e 35 da Lei 11.343/2006; **C:** incorreta, pois o mal causado pelo tóxico apreendido e o propósito de obter lucro fácil na conduta de comercializar drogas são ínsitos ao crime de tráfico. A teor do que estabelece o art. 42 da Lei de Drogas, deve o juiz, quando da fixação da pena-base, considerar com preponderância sobre as circunstâncias do art. 59 do CP a natureza da substância ou do produto; a sua quantidade; a personalidade do agente; e a sua conduta social; **D:** correta, nos termos do art. 33, § 4º, da Lei de Drogas.

Gabarito "D".

(Defensor Público/AM – 2010 – I. Cidades) Acerca dos crimes previstos pela lei 11.343/06 (que define os crimes de posse para uso e tráfico ilícito de drogas), marque a alternativa errada:

(A) nos casos de prática de conduta de adquirir, guardar, ter em depósito, transportar ou trazer consigo, para consumo pessoal, drogas sem autorização ou em desacordo com determinação legal ou regulamentar, será submetido à pena privativa de liberdade que poderá ser substituída por advertência sobre os efeitos das drogas, prestação de serviços à comunidade ou uma medida educativa de comparecimento a um programa ou curso educativo;

(B) o crime de oferecer droga, eventualmente, e sem objetivo de lucro, a pessoa de seu relacionamento, para juntos a consumirem é de competência do Juizado Especial Criminal;

(C) o crime de associação para o tráfico exige, para a sua configuração, que duas ou mais pessoas se associem para o fim de praticar, reiteradamente ou não, qualquer dos crimes previstos pelos artigos 33, caput e § 1º, 34 e 36 da Lei 11.343/06;

(D) o agente que colaborar como informante, com grupo, organização ou associação destinados à prática de qualquer dos crimes previstos pelos artigos 33, caput e § 1º e 34 da Lei 11.343/06 estará sujeito a uma pena menor, ou seja, a uma pena de reclusão de dois a seis anos e pagamento de multa;

(E) os crimes de tráfico ilícito (artigos 33, caput e § 1º e 34) e de colaboração com o tráfico (artigo 37) são inafiançáveis e insuscetíveis de *sursis,* graça, indulto e anistia e liberdade provisória.

A: proposição incorreta, visto que, a teor do art. 28 da Lei 11.343/06, aquele que *adquire, guarda, tem em depósito, transporta* ou *traz consigo*, para consumo pessoal, drogas sem autorização ou em desacordo com determinação legal ou regulamentar será submetido às seguintes penas: advertência sobre os efeitos das drogas; prestação de serviços à comunidade; e medida educativa de comparecimento a programa ou curso educativo. Não será mais aplicável ao usuário a pena de prisão. A natureza jurídica do art. 28 da Lei 11.343/2006 gerou, num primeiro momento, polêmica na doutrina, uma vez que, para uns, teria havido descriminalização da conduta ali descrita. Atualmente, esta discussão encontra-se superada. Não há mais dúvida de que o comportamento descrito neste art. 28 continua a ser crime, isso porque inserido no Capítulo III da atual Lei de Drogas. Nesse sentido, a 1ª Turma do STF, no julgamento do RE 430.105-9-RJ, considerou que o dispositivo em questão tem natureza de crime, e o usuário é um "tóxico delinquente" (Rel. Min. Sepúlveda Pertence, j. 13.2.2007), entendimento este, até então, compartilhado pelo STJ. Com isso, a condenação pelo cometimento do crime do art. 28 da Lei de Drogas, embora não imponha ao condenado pena de prisão, tem o condão de gerar reincidência.

Mais recentemente, a 6ª Turma do STJ, que até então compartilhava do posicionamento do STF e da 5ª Turma do STJ, apontou para uma mudança de entendimento. Para a 6ª Turma, o art. 28 da Lei de Drogas não constitui crime tampouco contravenção. Trata-se de uma infração penal *sui generis*, razão penal qual o seu cometimento não gera futura reincidência. Há, como se pode ver, divergência entre a 5ª e a 6º Turmas do STJ. Conferir o julgado da 5º Turma: "A conduta prevista no art. 28 da Lei n. 11.343/06 conta para efeitos de reincidência, de acordo com o entendimento desta Quinta Turma no sentido de que, *"revela--se adequada a incidência da agravante da reincidência em razão de condenação anterior por uso de droga, prevista no artigo 28 da Lei n. 11.343/06, pois a jurisprudência desta Corte Superior, acompanhando o entendimento do col. Supremo Tribunal Federal, entende que não houve abolitio criminis com o advento da Lei n. 11.343/06, mas mera "despenalização" da conduta de porte de drogas"* (HC 314594/SP, rel. Min. FELIX FISCHER, QUINTA TURMA, DJe 1/3/2016)" (HC 354.997/SP, j. 28/03/2017). Conferir o julgado da 6ª Turma que inaugurou a divergência à qual fizemos referência: "1. À luz do posicionamento firmado pelo Supremo Tribunal Federal na questão de ordem no RE nº 430.105/RJ, julgado em 13/02/2007, de que o porte de droga para consumo próprio, previsto no artigo 28 da Lei nº 11.343/2006, foi apenas despenalizado pela nova Lei de Drogas, mas não descriminalizado, esta Corte Superior vem decidindo que a condenação anterior pelo crime de porte de droga para uso próprio configura reincidência, o que impõe a aplicação da agravante genérica do artigo 61, inciso I, do Código Penal e o afastamento da aplicação da causa especial de diminuição de pena do parágrafo 4º do artigo 33 da Lei nº 11.343/06. 2. Todavia, se a contravenção penal, punível com pena de prisão simples, não configura reincidência, resta inequivocamente desproporcional a consideração, para fins de reincidência, da posse de droga para consumo próprio, que conquanto seja crime, é punida apenas com "advertência sobre os efeitos das drogas", "prestação de serviços à comunidade" e "medida educativa de comparecimento a programa ou curso educativo", mormente se se considerar que em casos tais não há qualquer possibilidade de conversão em pena privativa de liberdade pelo descumprimento, como no caso das penas substitutivas. 3. Há de se considerar, ainda, que a própria constitucionalidade do artigo 28 da Lei de Drogas, que está cercado de acirrados debates acerca da legitimidade da tutela do direito penal em contraposição às garantias constitucionais da intimidade e da vida privada, está em discussão perante o Supremo Tribunal Federal, que admitiu Repercussão Geral no Recurso Extraordinário nº 635.659 para decidir sobre a tipicidade do porte de droga para consumo pessoal. 4. E, em face dos questionamentos acerca da proporcionalidade do direito penal para o controle do consumo de drogas em prejuízo de outras medidas de natureza extrapenal relacionadas às políticas de redução de danos, eventualmente até mais severas para a contenção do consumo do que aquelas previstas atualmente, o prévio apenamento por porte de droga para consumo próprio, nos termos do artigo 28 da Lei de Drogas, não deve constituir causa geradora de reincidência. 5. Recurso improvido" (REsp 1672654/SP, Rel. Ministra MARIA THEREZA DE ASSIS MOURA, SEXTA TURMA, julgado em 21/08/2018, DJe 30/08/2018); **B:** a cessão gratuita, com o advento da Lei 11.343/06, passou a ter tipificação própria (art. 33, § 3º). Dado que a pena máxima cominada é de 1 ano, a competência é do Juizado Especial Criminal; **C:** correta, nos termos do art. 35 da Lei 11.343/06; **D:** correta, nos termos do art. 37 da Lei de Drogas; **E:** correta, nos termos do art. 44, caput, da Lei de Drogas.

Gabarito "A".

(Defensor Público/MS – 2008 – VUNESP) Aquele que oferece droga, eventualmente e sem objetivo de lucro, a pessoa de seu relacionamento, para juntos a consumirem, está sujeito à pena de

(A) medida educativa de comparecimento à programa e curso educativo e prestação de serviços à comunidade, apenas.

(B) advertência sobre os efeitos das drogas e prestação de serviços à comunidade, apenas.

(C) reclusão, de 5 (cinco) a 15 (quinze) anos, e pagamento de 500 (quinhentos) a 1.500 (mil e quinhentos) dias--multa.

(D) detenção, de 6 (seis) meses a 1 (um) ano, e pagamento de 700 (setecentos) a 1.500 (mil e quinhentos) dias--multa, sem prejuízo das sanções previstas no artigo 28 da Lei nº 11.343/06.

A cessão gratuita, prevista no art. 33, § 3º, da Lei de Drogas, constitui uma forma privilegiada de tráfico, já que a pena estabelecida no preceito secundário do tipo penal é significativamente inferior à do *caput*. Sucede que, para a configuração desta modalidade de tráfico, o tipo penal estabeleceu vários requisitos, a saber: oferta de droga sem objetivo de lucro; oferta em caráter eventual; a droga deve ser oferecida à pessoa do relacionamento do agente; o agente deve ter o propósito de consumir a droga em conjunto com a pessoa de seu relacionamento.

Gabarito "D".

(Defensor Público/RS – 2011 – FCC) A respeito da Lei nº 11.343/06, é correto afirmar:

(A) Há previsão de delito culposo no rol de crimes.

(B) Na hipótese do delito previsto no *caput* do art. 33, o indivíduo primário, com bons antecedentes, que não se dedique às atividades criminosas nem integre organização criminosa, poderá ter sua pena reduzida, desde que confesse a autoria delitiva, de um sexto a dois terços.

(C) O condenado pelo delito previsto no art. 28 não poderá receber pena privativa de liberdade, salvo se reincidente e demonstrar resistência ao tratamento contra dependência química.

(D) O delito de associação para o tráfico consignado no art. 35 exige a mesma quantidade de agentes prevista para o crime de quadrilha ou bando disposto no art. 288 do Código Penal.

(E) O agente que em única ocasião oferece gratuitamente para um amigo vinte pedras de substância conhecida como *crack*, ainda que com única intenção de juntos consumirem, responde pelo crime previsto no *caput* do art. 33, delito equiparado a hediondo.

A: a assertiva está correta, pois o elemento subjetivo do crime previsto no art. 38 da Lei de Drogas é representado pela *culpa*; **B:** a confissão não constitui pressuposto à incidência do redutor presente no art. 33, § 4º, da Lei de Drogas; **C:** no caso de reincidência específica (porte de drogas para consumo próprio), a solução está no art. 28, § 4º, isto é, as penas restritivas de direitos poderão ser impostas pelo prazo de até 10 meses. Não terá lugar, em hipótese alguma, a pena de prisão. Pelo descumprimento das medidas restritivas de direitos impostas pelo juiz na sentença, *caberá admoestação verbal* e *multa*, conforme determina o art. 28, § 6º; **D:** incorreta, visto que o crime do art. 35 da Lei de Drogas configura-se com a associação de duas ou mais pessoas com o propósito de praticar os crimes previstos nos arts. 33, *caput* e § 1º, 34 e 36 da Lei 11.343/06, ao passo que o do art. 288 do CP (atualmente *associação criminosa*) configura-se, a partir da modificação implementada pela Lei 12.850/2013, com a associação de mais de *duas* pessoas (a partir de três) com o fito de cometer crimes. A alternativa, ainda que se levasse em conta a redação anterior do art. 288 do CP, estaria incorreta; **E:** a conduta descrita na alternativa está capitulada no art. 33, § 3º, da Lei de Drogas (cessão gratuita).

Gabarito "A".

(Defensoria/SP – 2009 – FCC) A Lei nº 11.343/06 (lei de drogas) dispõe que o crime de tráfico ilícito de entorpecentes é insuscetível de anistia, graça, indulto e que ao condenado pela prática desse crime dar-se-á livramento condicional, após o cumprimento de 2/3 da pena, vedada a concessão ao reincidente específico. Ante o silêncio desta lei quanto à possibilidade de progressão de regime de cumprimento de pena para o crime de tráfico, assinale a alternativa correta.

(A) A lei de crimes hediondos permite, de forma diferenciada, a progressão de cumprimento de pena e, consequentemente, os condenados por crime de tráfico podem progredir após o cumprimento de 2/5 da pena, se primários e 3/5, se reincidente.

(B) A omissão contida na lei de drogas é inconstitucional, já que fere o princípio da individualização da pena e, consequentemente, os condenados por crime de tráfico podem progredir de regime de cumprimento de pena nos termos da Lei de Execução Penal, ou seja, após o cumprimento de 1/6 da pena, se primários e 2/5, se reincidentes.

(C) A lei de drogas não permite a progressão de regime de cumprimento de pena já que, por ser o crime de tráfico assemelhado a hediondo, a pena deve ser cumprida integralmente em regime fechado.

(D) A lei de drogas não permite a progressão de regime de cumprimento de pena, pois, por ser lei especial, prevalece o silêncio sobre determinação de lei geral.

(E) Após ter o STF declarado a inconstitucionalidade e a consequente invalidade da vedação de progressão de regime de cumprimento de pena contida na lei de crimes hediondos, a única norma existente, vigente e válida, no que tange à progressão de regime de cumprimento de pena, é a contida no art. 112 da Lei de Execução Penal, aplicando-se, portanto, o lapso de 1/6 para progressão de regime de cumprimento de pena, também ao crime de tráfico.

Se o crime hediondo ou assemelhado, como é o caso do tráfico de drogas, foi praticado após a entrada em vigor da Lei 11.464/07, a progressão, por imposição do art. 2º, § 2º, da Lei 8.072/90, dar-se-á nos seguintes moldes: sendo o apenado primário, a progressão de regime ocorrerá após o cumprimento de dois quintos da pena; se reincidente, depois de cumpridos três quintos. É importante que se diga que, se a prática do crime hediondo ou assemelhado for anterior à entrada em vigor da Lei 11.464/2007, que alterou, na Lei de Crimes Hediondos, o lapso exigido para a progressão de regime, deverá incidir, quanto aos condenados por crimes dessa natureza, a regência do art. 112 da LEP, que impõe, como condição para progressão de regime, o cumprimento de *um sexto* da pena no regime anterior, além de bom comportamento carcerário. Este entendimento está contemplado na Súmula 471 do STJ.

Gabarito "A"

24. CRIMES CONTRA O MEIO AMBIENTE

(Defensor Público/AC – 2017 – CESPE) Considerando-se a legislação pertinente, bem como o entendimento dos tribunais superiores, no que tange aos crimes contra o meio ambiente,

(A) são aplicadas às pessoas jurídicas, isolada, cumulativa ou alternativamente, somente as penas de multa, as restritivas de direitos e a prestação de serviços à comunidade.

(B) a responsabilização penal da pessoa jurídica é condicionada à simultânea persecução penal da pessoa física responsável no âmbito da empresa.

(C) trata-se de infrações penais instantâneas e de efeito permanente, pois sua consumação se protrai no tempo e provoca a violação contínua e duradoura do bem jurídico tutelado.

(D) quando praticados por pessoa jurídica, não será possível a suspensão condicional da pena, por expressa vedação legal.

A: correta, pois corresponde ao teor do art. 21 da Lei 9.605/1998, que contém o rol das penas aplicáveis às pessoas jurídicas; **B**: incorreta. Quebrando o paradigma em relação à anterior interpretação conferida ao art. 3º da Lei 9.605/1998, a responsabilização penal da pessoa jurídica, segundo entendimento que hoje prevalece nos Tribunais Superiores, é autônoma e independe da responsabilização da pessoa natural. Conferir: "1. O art. 225, § 3º, da Constituição Federal não condiciona a responsabilização penal da pessoa jurídica por crimes ambientais à simultânea persecução penal da pessoa física em tese responsável no âmbito da empresa. A norma constitucional não impõe necessária dupla imputação. 2. As organizações corporativas complexas da atualidade se caracterizam pela descentralização e distribuição de atribuições e responsabilidades, sendo inerentes, a esta realidade, as dificuldades para imputar o fato ilícito a uma pessoa concreta. 3. Condicionar a aplicação do art. 225, § 3º, da Carta Política a uma concreta imputação também a pessoa física implica indevida restrição da norma constitucional, expressa a intenção do constituinte originário não apenas de ampliar o alcance das sanções penais, mas também de evitar a impunidade pelos crimes ambientais frente às imensas dificuldades de individualização dos responsáveis internamente às corporações, além de reforçar a tutela do bem jurídico ambiental. 4. A identificação dos setores e agentes internos da empresa determinantes da produção do fato ilícito tem relevância e deve ser buscada no caso concreto como forma de esclarecer se esses indivíduos ou órgãos atuaram ou deliberaram no exercício regular de suas atribuições internas à sociedade, e ainda para verificar se a atuação se deu no interesse ou em benefício da entidade coletiva. Tal esclarecimento, relevante para fins de imputar determinado delito à pessoa jurídica, não se confunde, todavia, com subordinar a responsabilização da pessoa jurídica à responsabilização conjunta e cumulativa das pessoas físicas envolvidas. Em não raras oportunidades, as responsabilidades internas pelo fato estarão diluídas ou parcializadas de tal modo que não permitirão a imputação de responsabilidade penal individual. 5. Recurso Extraordinário parcialmente conhecido e, na parte conhecida, provido" (RE 548181, Rel. Min. Rosa Weber, 1ª Turma, j. 06.08.2013, Acórdão Eletrônico *DJe* 29.10.2014. Publ. 30.10.2014). Na mesma esteira, o STJ: "1. Conforme orientação da 1ª Turma do STF, "O art. 225, § 3º, da Constituição Federal não condiciona a responsabilização penal da pessoa jurídica por crimes ambientais à simultânea persecução penal da pessoa física em tese responsável no âmbito da empresa. A norma constitucional não impõe a necessária dupla imputação (RE 548181, Rel. Min. Rosa Weber, 1ª Turma, j. 06.08.2013, Acórdão Eletrônico *DJe* 29.10.2014. Publ. 30.10.2014). 2. Tem-se, assim, que é possível a responsabilização penal da pessoa jurídica por delitos ambientais independentemente da responsabilização concomitante da pessoa física que agia em seu nome. Precedentes desta Corte. 3. A personalidade fictícia atribuída à pessoa jurídica não pode servir de artifício para a prática de condutas espúrias por parte das pessoas naturais responsáveis pela sua condução. 4. Recurso ordinário a que se nega provimento" (RMS 39.173/BA, Rel. Min. Reynaldo Soares da Fonseca, 5ª Turma, j. 06.08.2015, *DJe* 13.08.2015); **C**: incorreta, na medida em que, na Lei 9.605/1998, há crimes instantâneos, permanentes e instantâneos de efeitos permanentes; **D**: incorreta. Não há dispositivo que vede a incidência do *sursis* a pessoas jurídicas. No entanto, por uma questão de lógica, o art. 16 da Lei 9.605/1998, que trata da suspensão condicional da pena, somente tem aplicação às pessoas físicas autoras de crime ambiental, já que pressupõe a aplicação de pena privativa de liberdade não superior a 3 anos, à qual somente se submetem as pessoas naturais.

Gabarito "A".

(Defensor Público/AM – 2010 – I. Cidades) Sobre os crimes contra o meio ambiente definidos pela Lei 9.605/98, assinale o que for correto:

(A) as penas privativas de liberdade podem ser substituídas pelas penas restritivas de direitos quando se tratar de crime culposo ou quando a pena privativa de liberdade aplicada for inferior a 4 anos e quando a culpabilidade, os antecedentes, a conduta social e a personalidade do condenado, bem como os motivos e as circunstâncias indicarem que a substituição seja suficiente para efeitos de reprovação e prevenção do crime;

(B) cabe a suspensão condicional da pena nos crimes definidos pela lei 9.605/98 quando a pena aplicada não for superior a 4 anos;

(C) a prestação de serviços à comunidade somente será admitida na modalidade de desempenho de tarefas gratuitas junto a parques e jardins públicos e unidades de conservação, mesmo nos casos de danos em bens particulares;

(D) a Lei 9.605/98 prevê a responsabilização das pessoas jurídicas apenas no âmbito civil e administrativo.

(E) não há possibilidade de desconsideração de personalidade da pessoa jurídica, quando houver obstáculo ao ressarcimento de prejuízos causados à qualidade do meio ambiente.

A: assertiva correta, pois em consonância com o art. 7º da Lei 9.605/98; **B:** incorreta, nos termos do art. 16 da Lei 9.605/08; **C:** incorreta, nos termos do art. 9º da Lei 9.605/08; **D:** incorreta, pois contraria o que dispõem os arts. 225, § 3º, da CF e 3º da Lei 9.605/08; **E:** incorreta, pois não reflete o que prescreve o art. 4º da Lei 9.605/08.

Gabarito "A".

25. CRIMES DE TRÂNSITO

(Defensor Público/AC – 2017 – CESPE) Com base no entendimento dos tribunais superiores acerca dos crimes de trânsito, assinale a opção correta.

(A) Constitui crime de perigo abstrato trafegar em velocidade incompatível com a segurança próximo a escolas, hospitais e estações de embarque e desembarque de passageiros.

(B) O crime de embriaguez ao volante possui elemento objetivo do tipo de natureza exata, o que não permite a aplicação de critérios subjetivos de interpretação para sua configuração.

(C) Confiar a direção de veículo automotor a pessoa não habilitada ou em estado de embriaguez constitui delito que tem natureza de infração penal de perigo abstrato.

(D) Configura crime de perigo abstrato o ato de dirigir veículo automotor, em via pública, sem a devida permissão ou habilitação para dirigir ou após cassação do direito de dirigir.

(E) O crime de embriaguez ao volante, por ser delito mais grave, absorve a infração penal de dirigir veículo automotor em via pública sem permissão ou habilitação.

A: incorreta. Trata-se, conforme é possível inferir do próprio tipo penal do art. 311 do CTB, de crime de perigo concreto, exigindo-se, bem por isso, prova da probabilidade de o dano ocorrer; **B:** incorreta (art. 306, § 1º, II, e § 2º, do CTB); **C:** correta, uma vez que se trata de delito formal, cuja consumação, bem por isso, não está condicionada à produção de resultado naturalístico consistente na existência de lesão a alguém ou mesmo de perigo de dano concreto. Nesse sentido a Súmula 575 do STJ: *Constitui crime a conduta de permitir, confiar ou entregar a direção de veículo automotor a pessoa que não seja habilitada, ou que se encontre em qualquer das situações previstas no art. 310 do CTB, independentemente da ocorrência de lesão ou de perigo de dano concreto na condução do veículo*; **D:** incorreta. O crime do art. 309 do CTB é de perigo concreto, conforme consta do próprio tipo penal. Ou seja, a configuração deste delito está condicionada à demonstração de que a conduta descrita no tipo gerou probabilidade de ocorrência do dano; **E:** incorreta. Na jurisprudência: "A jurisprudência desta Corte Superior de Justiça é no sentido de que os crimes previstos nos artigos 306 e 309 do CTB são autônomos, com objetividades jurídicas distintas, motivo pelo qual não incide o postulado da consunção. Dessarte, o delito de condução de veículo automotor sem habilitação não se afigura como meio necessário nem como fase de preparação ou de execução do crime de embriaguez ao volante" (STJ, AgRg no REsp 1745604/MG, Rel. Ministro Reynaldo Soares da Fonseca, Quinta Turma, julgado em 14.08.2018, DJe 24.08.2018).

Gabarito "C".

(Defensoria Pública/SP – 2010 – FCC) Nos delitos do Código de Trânsito Brasileiro, a penalidade de suspensão ou proibição de se obter a permissão ou habilitação para conduzir veículo automotor

(A) tem prazo mínimo de um mês.

(B) é cumprida concomitantemente à pena de prisão.

(C) é imposta apenas para o delito de embriaguez ao volante.

(D) é imposta obrigatoriamente para o reincidente específico.

(E) tem a mesma duração da pena privativa de liberdade substituída.

Art. 296 da Lei 9.503/1997 (Código de Trânsito Brasileiro).

Gabarito "D".

26. ESTATUTO DO DESARMAMENTO

(Defensor Público/AC – 2017 – CESPE) Com o intuito de assegurar sua proteção pessoal, Jonas adquiriu, de maneira informal, uma arma de fogo de uso permitido, com numeração raspada, e guardou-a no bar em que trabalha. Duas semanas depois, arrependido da aquisição, Jonas procurou a DP, com o objetivo de resolver, juridicamente, essa situação e escapar das sanções cabíveis previstas na legislação pertinente.

Nessa situação hipotética, considerando-se o entendimento dos tribunais superiores acerca do tema, o DP deverá orientar Jonas a

(A) retornar ao local da aquisição imediatamente e requerer que o vendedor entregue recibo da compra e comprovação da origem lícita da arma para que seja efetuado o seu registro.

(B) limpar suas digitais e descartar a arma imediatamente, uma vez que, de acordo com a lei, poderá ser preso em flagrante, a qualquer momento, no local de trabalho.

(C) procurar a delegacia da cidade e proceder à entrega espontânea da arma, visto que esse ato é causa permanente de exclusão de punibilidade.

(D) requerer a autorização para o porte da arma, por ser de uso permitido, e, posteriormente, apresentar a arma na delegacia de polícia para regularização definitiva.

(E) comparecer à delegacia, uma vez que a posse de arma de fogo, de per si, constitui crime, sendo inviável, nesse caso, a extinção da punibilidade, obtendo-se o benefício da confissão.

A questão é mal elaborada: não é possível saber se Jonas é o responsável legal pelo bar. Apenas se menciona que se trata de seu local de trabalho. Considerando que ele é o titular da empresa na qual exerce seu labor, o crime em que em princípio incorreria é o de posse de arma de fogo. Neste caso, incidirá o art. 32 do Estatuto do Desarmamento, segundo o qual o possuidor ou proprietário de arma de fogo que, de forma espontânea e de boa-fé, fizer a sua entrega terá extinta a sua punibilidade. De qualquer, é importante que se diga que se trata de tema polêmico. Gabarito "C".

(Defensor Público/TO – 2013 – CESPE) No que tange ao disposto no Estatuto do Desarmamento, assinale a opção correta.

(A) Suponha que Lucas, maior, capaz, empregado de uma pedreira, seja abordado por policiais militares, no trajeto para sua residência após o trabalho, sendo encontrado em sua mochila um artefato explosivo conhecido como dinamite, sem a devida autorização. Nesse caso, a conduta é atípica, uma vez que o estatuto prevê apenas punição para o emprego de artefato explosivo sem autorização.

(B) Considere que Celso tenha posse regular de arma de fogo e que, para evitar a invasão de sua propriedade, por mendigos, em zona urbana e habitada, tenha efetuado um único disparo para o alto da janela de casa. Nesse caso, Celso responderá pelo delito de disparo de arma de fogo em local habitado.

(C) O crime de disparo de arma de fogo em lugar habitado ou adjacências, ou em via pública, previsto no Estatuto do Desarmamento, contempla as formas dolosa e culposa.

(D) No referido estatuto, é prevista a punição, da mesma forma, para as condutas de reciclar ou recarregar munição sem autorização legal e de adulterar, por qualquer forma, munição ou explosivo, sendo irrelevante, para a caracterização do delito, a quantidade de explosivo ou a habitualidade da conduta.

(E) Considere que Joca tenha a posse regular de arma de fogo de uso permitido e que, para dificultar a identificação do disparo produzido pela arma, tenha feito modificações na saída do cano. Nesse caso, com base no referido estatuto, é atípica a conduta de Joca.

A: incorreta. A conduta praticada por Lucas constitui infração penal, pois se amolda à descrição típica contida no art. 16, parágrafo único, III, da Lei 10.826/2003 (Estatuto do Desarmamento); B: incorreta. Em princípio, Celso agiu sob o manto da excludente de ilicitude da legítima defesa (art. 25 do CP); C: incorreta, já que o crime do art. 15 do Estatuto do Desarmamento não prevê a modalidade culposa; D: correta, nos termos do art. 16, parágrafo único, VI, do Estatuto do Desarmamento; E: incorreta, pois a conduta descrita na alternativa corresponde ao crime previsto no art. 16, parágrafo único, II, do Estatuto do Desarmamento. Gabarito "D".

(Defensor Público/MS – 2008 – VUNESP) Com relação aos crimes definidos na Lei nº 10.826/03, não admite a figura do artigo 14, II, do Código Penal, o de

(A) omissão de cautela (art. 13, *caput*).

(B) comércio ilegal de arma de fogo (art. 17, *caput*).

(C) tráfico internacional de arma de fogo (art. 18).

(D) produzir munição sem autorização legal (art. 16, parágrafo único, VI).

O crime de omissão de cautela, por ser omissivo próprio e unissubsistente, não comporta a modalidade tentada. Gabarito "A".

27. CRIMES DO ECA

(Defensor Público/RO – 2012 – CESPE) Augusto, nascido em 07.05.1993, convidou Valéria, Marise e Patrícia, respectivamente, de treze, quinze e dezessete anos de idade, todas sem nenhuma experiência sexual, para uma festa que seria realizada em sua residência em 28.3.2012, no período matutino. Durante a festa, Augusto, embriagado com cerveja e apenas vestido com calção de banho, exibiu às meninas, em seu telefone celular, filme pornográfico com adolescentes e convidou-as a entrar com ele na piscina da residência, localizada na área externa, convite recusado por todas três. Logo depois, Augusto pediu que Patrícia o acompanhasse até a cozinha para buscarem cerveja gelada. A moça, receosa do alto estado de embriaguez de Augusto, trancou-se no banheiro da casa e começou a gritar por socorro. Saulo, policial militar e vizinho de Augusto, ouviu os gritos, entrou na propriedade, prendeu Augusto em flagrante e o conduziu à delegacia de polícia.

Nessa situação hipotética, Augusto

(A) cometeu o crime de corrupção de menores previsto no art. 218 do CP, por ter induzido Valéria, de treze anos de idade, a satisfazer a sua lascívia.

(B) praticou o crime de corrupção de menores previsto no art. 244-B da Lei n. 8.069/1990, por ter corrompido as adolescentes, induzindo-as a praticar crime.

(C) praticou o crime previsto no art. 241-A, *caput*, da Lei n. 8.069/1990, por ter exibido cenas de sexo às adolescentes.

(D) não cometeu ilícito penal porque sequer iniciou a prática de qualquer crime.

(E) praticou o crime de violação sexual mediante fraude, na modalidade tentada, contra Patrícia, porque, vestido apenas com calção de banho, levou-a para o interior da residência, deixando Valéria e Marise na área externa da casa.

A: incorreta. Em momento algum Augusto sugeriu que Valéria satisfizesse a lascívia de quem quer que seja; B: incorreta. A conduta prevista no art. 244-B do ECA consiste em corromper (perverter) pessoa menor de 18 anos para o fim de inseri-la no mundo do crime, o que não ocorreu na narrativa contida no enunciado; C: correta, já que a conduta levada a efeito por Augusto se amolda ao tipo penal do art. 241-A, *caput*, do ECA, visto que exibiu, no seu celular, filme pornográfico com adolescentes; D: incorreta. *Vide* comentário à alternativa anterior; E: incorreta. O crime de violação sexual mediante fraude (art. 215 do CP) pressupõe que o agente, utilizando-se de ardil, tenha conjunção carnal ou outro ato libidinoso com a vítima. Gabarito "C".

(Defensor Público/AM – 2010 – I. Cidades) Em relação aos crimes cometidos contra crianças e adolescentes definidos pela Lei 8.069/90, marque a opção correta:

(A) os crimes definidos pela Lei 8069/90 são de ação penal pública condicionada à representação;
(B) o crime de descumprir injustificadamente prazo fixado na Lei 8069/90 quando em benefício de adolescente privado de liberdade pode ser cometido por qualquer pessoa;
(C) os crimes definidos pela Lei 8069/90 são de ação penal pública incondicionada;
(D) o crime de embaraçar ou impedir a ação de autoridade judiciária, membro do Conselho Tutelar ou representante do Ministério Público no exercício de função prevista pela Lei 8069/90 pode ser praticado somente por funcionário público;
(E) o crime de submissão de criança ou adolescente que esteja sob a guarda, autoridade ou vigilância a vexame ou a constrangimento somente pode ser praticado pelo juiz, delegado de polícia, promotor de justiça e membro do Conselho Tutelar.

A e C: reza o art. 227 do ECA que os crimes ali definidos são de ação penal pública incondicionada. É de se ressaltar que somente seria diferente (ação penal pública condicionada à representação ou ação penal de iniciativa privada) caso o tipo penal fizesse menção expressa nesse sentido. Como os tipos penais previstos na Lei 8.069/90 silenciaram a esse respeito, caso o legislador nada dissesse acerca da ação penal nesses delitos (art. 227), ainda assim a ação penal seria pública incondicionada; **B:** o crime capitulado no art. 235 do ECA é próprio, porquanto somente pode ser praticado pela autoridade a quem incumbe fazer cumprir o prazo estabelecido no ECA; **D:** o crime previsto no art. 236 do ECA é comum, pois não exige do sujeito ativo qualquer qualidade especial; **E:** o crime do art. 232 do ECA também pode ser praticado pelo particular que exerça sobre a criança ou adolescente os mesmos poderes. De toda sorte, trata-se de crime próprio, pois somente pode ser praticado por quem, representante do Estado ou particular, exerça sobre o menor autoridade, guarda ou vigilância.
Gabarito "C".

28. CRIME DE TORTURA

(Defensor Público/AM – 2010 – I. Cidades) Acerca do crime de tortura previsto pela Lei 9.455/97, marque a alternativa errada:

(A) constitui crime de tortura a conduta de constranger alguém com emprego de violência ou grave ameaça, causando-lhe sofrimento físico ou mental com o fim de obter informação, declaração ou confissão da vítima ou terceira pessoa, bem como para provocar ação ou omissão de natureza criminosa, dentre outras hipóteses;
(B) constitui também crime de tortura, a submissão de alguém, sob sua guarda, poder ou autoridade, com o emprego de violência ou grave ameaça, a intenso sofrimento físico ou mental, como forma de aplicar castigo pessoal ou medida de caráter preventivo, dentre outras hipóteses;
(C) a pessoa que se omite em face das condutas definidas como crime de tortura, quando tenha o dever de evitá-las ou apurá-las, responde por crime também e está sujeito às mesmas penas previstas para o crime de tortura;
(D) a condenação por crime de tortura praticado por funcionário público acarreta a perda do cargo, função ou emprego público, bem como a interdição para o seu exercício pelo dobro do prazo da pena aplicada;
(E) os crimes de tortura são inafiançáveis e insuscetíveis de graça e anistia.

A: assertiva correta, nos termos do art. 1°, I, da Lei 9.455/97; **B:** assertiva correta, nos termos do art. 1°, II, da Lei 9.455/97; **C:** aquele que se omite diante das condutas tipificadas no art. 1° da Lei de Tortura, quando tenha o dever de evitá-las ou apurá-las, está sujeito a uma pena bem inferior à do crime de tortura, conforme dispõe o art. 1°, § 2°, da Lei 9.455/97; **D:** assertiva correta, nos moldes do art. 1°, § 5°, da Lei de Tortura; **E:** art. 1°, § 6°, da Lei de Tortura.
Gabarito "C".

(Defensor Público/GO – 2010 – I. Cidades) Ao prender em flagrante delito autor de homicídio, Capitão Nascimento obrigou-o a abraçar e beijar o cadáver da vítima, causando-lhe sofrimento físico e mental. Penalmente a conduta do Capitão Nascimento tipifica

(A) tortura (Lei n. 9.455/97. art. 1°, §1°).
(B) constrangimento ilegal (Código Penal. art. 146).
(C) excesso de exação (Código Penal. art. 316. §1°).
(D) maus-tratos (Código Penal, art. 136).
(E) estrito cumprimento de dever legal (Código Penal. art. 23. 11I).

A conduta de submeter o autor de homicídio, preso em flagrante, à prática de ato não previsto em lei, consistente em abraçar e beijar o cadáver daquele que acabara de matar, impingindo-lhe sofrimento físico e mental, se amolda ao tipo prefigurado no art. 1°, § 1°, da Lei de Tortura.
Gabarito "A".

29. CRIMES DE ABUSO DE AUTORIDADE

(Defensor Público/PA – 2006 – UNAMA) Considerando a Lei 4898/65, que trata do Abuso de Autoridade, é correto afirmar:

I. É considerada autoridade qualquer pessoa que exerça função pública remunerada.
II. O crime de abuso de autoridade obedece ao disposto no art. 30 do CP, que trata da comunicabilidade das circunstâncias.
III. Nos crimes de abuso de autoridade a ação penal é pública incondicionada, independente do disposto no art. 2° da Lei 4898/65.
IV. As instâncias administrativas e penal não são totalmente independentes, considerando que a decisão administrativa depende da proferida na esfera criminal e vice-versa.

Somente está correto o que se afirma em:
(A) I e III.
(B) II e IV.
(C) III e IV.
(D) II e III.

I: para os efeitos da Lei de Abuso de Autoridade, considera-se autoridade, a teor de seu art. 5°, aquele que exerce cargo, emprego ou função pública, de natureza civil ou militar, ainda que transitoriamente e sem remuneração. Incorreta, portanto, a assertiva, pois se refere tão somente aquele que exerce função pública remunerada. O conceito, como vimos, é mais abrangente; **II:** assertiva correta. Aplica-se normalmente o art. 30

do CP, uma vez que o conceito de autoridade integra o tipo penal. Dessa forma, é perfeitamente possível, nos crimes de abuso de autoridade, que o concurso de pessoas se estabeleça entre um particular e uma autoridade; **III**: prescreve o art. 1º da Lei 5.249/67: "A falta de representação do ofendido, nos casos de abuso previstos na Lei 4.898/65, não obsta a iniciativa ou o curso da ação penal pública". A esse respeito, vide art. 12 da Lei 4.898/65; **IV**: art. 6º da Lei de Abuso de Autoridade.

Gabarito "D".

30. VIOLÊNCIA DOMÉSTICA

(**Defensor Público –DPE/RN – 2016 – CESPE**) Maria alegou ser vítima de violência doméstica praticada pelo seu ex--companheiro Lucas, com quem conviveu por cinco anos, até dele se separar. Após a separação, Lucas passou a fazer frequentes ligações telefônicas para o aparelho celular da ex-mulher durante o dia, no período em que ela está trabalhando, à noite e de madrugada. Embora Maria já tenha trocado de número telefônico algumas vezes, Lucas consegue os novos números com conhecidos e continua a fazer as ligações. Apavorada e em sofrimento psicológico, Maria procurou auxílio e obteve do juiz competente medida protetiva urgente que obriga Lucas a não manter mais contato com ela por qualquer meio de comunicação, ordem que ele, porém, não obedeceu, pois continua a fazer as ligações. A respeito dessa situação hipotética, assinale a opção correta com base na Lei n.º 11.340/2006 e na jurisprudência dos tribunais superiores.

(A) A medida protetiva de urgência concedida pelo juiz deverá ser considerada inválida, se Lucas não tiver sido previamente intimado nem ouvido, pois isso caracterizaria flagrante desrespeito ao princípio do contraditório.

(B) Para garantir que Lucas cumpra a medida protetiva de urgência, o juiz pode requisitar auxílio da força policial.

(C) Ao descumprir a medida protetiva imposta pelo juiz, Lucas pratica o crime de desobediência.

(D) Como não houve violência física, não ficou caracterizada violência doméstica que justificasse a aplicação da medida protetiva de urgência imposta a Lucas, que deve ser revogada.

(E) Para a aplicação e validade da medida protetiva de urgência, eram imprescindíveis a coabitação e a prática da violência no âmbito da unidade doméstica.

A: incorreta, pois contraria a regra presente no art. 19, § 1º, da Lei 11.340/2006; **B:** correta, já que corresponde ao que estabelece o art. 22, § 3º, da Lei 11.340/2006; **C:** incorreta. Ao tempo da elaboração desta questão, o descumprimento de medida protetiva de urgência não configurava crime algum, nem o de desobediência, segundo entendimento os tribunais, já que havia, na hipótese de recalcitrância do agente em cumprir a medida protetiva, consequências de outra ordem, como a possibilidade de decretação de prisão preventiva e requisição de força policial para fazer valer a decisão judicial. Sucede que, recentemente, a partir do advento da Lei 13.641/2018, foi inserido na Lei Maria da Penha o art. 24-A, que contempla, como crime, a conduta do agente que descumpre decisão judicial que defere medida protetiva de urgência prevista em lei, sujeitando-o à pena de detenção de 3 meses a 2 anos; **D:** incorreta. É que a violência física constitui tão somente uma das formas de violência doméstica. Além dela, há outras, conforme rol do art. 7º da Lei 11.340/2006; **E:** incorreta, já que não reflete o que estabelece o art. 5º, III, da Lei 11.340/2006.

Gabarito "B".

(**Defensor Público/TO – 2013 – CESPE**) Flávia, maior, capaz, de trinta e sete anos de idade, mãe de Lúcia, de dezesseis anos de idade, desconfiando que o companheiro, Saulo, de quarenta anos de idade, assediava sexualmente Lúcia, procurou a delegacia de polícia, onde foi instaurado o procedimento investigativo pertinente. Saulo foi conduzido à delegacia e prestou esclarecimentos, tendo sido indiciado. Ao retornar ao imóvel do casal, Saulo espancou Flávia, tendo-lhe causado lesões corporais graves, e expulsou mãe e filha do imóvel, sob a alegação de ter pago a maior parte da casa, o que lhe garantia o direito de permanecer no imóvel. Reteve também todos os bens comuns do casal. Flávia, imediatamente, em companhia da filha, voltou à delegacia de polícia e declarou o seu receio de que o agressor voltasse a agredi-la e o fato de não ter para onde ir.

Em face dessa situação hipotética, assinale a opção correta com base no que dispõe a Lei nº 11.340/2006.

(A) De acordo com a referida lei, o juiz, ao receber o expediente com a comunicação dos fatos, somente poderá decretar a prisão preventiva de Saulo, de ofício, caso exista ação penal ajuizada. Na fase investigativa, a decretação da prisão depende de representação da autoridade policial ou de requerimento do MP.

(B) Assegura expressamente a referida lei o dever da autoridade policial de fornecer transporte para Flávia e a filha a local seguro, bem como o acompanhamento ao domicílio para a retirada de seus pertences, enquanto são adotadas outras medidas protetivas.

(C) Nesse caso, é imprescindível a oitiva prévia de Saulo antes da imposição das medidas protetivas a Flávia, inclusive as de natureza patrimonial, sob pena de nulidade da medida, segundo dispositivo expresso da lei de regência.

(D) Ante a urgência da situação, a referida lei prevê a possibilidade de a autoridade policial proceder, de ofício, ao afastamento provisório do agressor do lar, enquanto são adotadas outras medidas pertinentes legalmente estabelecidas.

(E) Determina a lei de regência, de forma expressa, a obrigatoriedade do segredo de justiça, no âmbito criminal, com relação às medidas protetivas adotadas em favor de Flávia e aos demais atos do processo.

A: incorreta, visto que, no âmbito da Lei 11.340/2006 (Maria da Penha), é dado ao juiz decretar, de ofício, a prisão preventiva do agressor no curso do inquérito policial, conforme estabelece o art. 20, caput, da lei de regência; **B:** correta, pois em conformidade com o que prevê o art. 11, III e IV, da Lei Maria da Penha; **C:** incorreta, pois não reflete o disposto no art. 19, § 1º, da Lei Maria da Penha, que autoriza o magistrado a conceder as medidas protetivas de imediato, independente de audiência das partes; **D:** incorreta, uma vez que tal providência somente poderá ser determinada pelo juiz de direito, a teor do que estabelece o art. 22, II, da Lei Maria da Penha; **E:** incorreta, na medida em que tal providência não foi contemplada na Lei Maria da Penha.

Gabarito "B".

(**Defensor Público/AC – 2012 – CESPE**) Consoante a Lei n. 11.340/2006 (Lei Maria da Penha), o CP e o entendimento do STF, a ação penal nos crimes de ameaça deve ser

(A) pública, condicionada à representação da vítima, que só pode ser realizada perante o juiz.

(B) privada; contudo, caso a vítima esteja em situação de vulnerabilidade – em conflito com o representante legal, por exemplo –, o MP poderá intentar ação penal pública mediante representação.

(C) pública incondicionada.

(D) pública, condicionada à representação da vítima.

(E) privada, de iniciativa da vítima ou de seus representantes legais.

O examinador, aqui, quis induzir o candidato a erro. Explico. Em decisão tomada no julgamento da ADIn n. 4.424, de 09.02.2012, o STF estabeleceu a natureza incondicionada da ação penal nos crimes de lesão corporal, independente de sua extensão, praticados contra a mulher no ambiente doméstico (Súmula 542, do STJ). Sucede que tal decisão, como se pode notar, é restrita aos crimes de lesão corporal, não se aplicando, pois, aos crimes de ameaça, que, por força do que estabelece o art. 147, parágrafo único, do CP, continua a ser de ação penal pública condicionada à representação da vítima, que deverá, bem por isso, manifestar seu desejo em ver processado o autor deste delito. De se ver que, se praticada no âmbito doméstico, exige-se que a renúncia à representação seja formulada perante o juiz e em audiência designada para esse fim (art. 16 da Lei 11.340/2006).
Gabarito "D".

31. OUTROS CRIMES E CRIMES COMBINADOS DA LEGISLAÇÃO EXTRAVAGANTE

(Defensor Público/PE – 2018 – CESPE) Assinale a opção correta de acordo com a jurisprudência sumulada do Superior Tribunal de Justiça (STJ).

(A) A conduta de atribuir-se falsa identidade perante autoridade policial é atípica, mesmo quando comprovado que a ação ocorreu com o objetivo de autodefesa.

(B) Em se tratando de contravenções penais praticadas contra a mulher no âmbito das relações domésticas, é possível a aplicação do princípio da insignificância, se preenchidos determinados critérios.

(C) A demonstração inequívoca da intenção do agente de realizar tráfico entre estados da Federação é suficiente para a incidência do aumento de um sexto a dois terços da pena para o crime de tráfico de drogas, sendo desnecessária a efetiva transposição da fronteira entre os estados.

(D) A inversão da posse do bem mediante o emprego de violência não configura o crime de roubo, mas sua tentativa, se a coisa roubada for recuperada brevemente após perseguição imediata ao agente.

(E) Tratando-se do crime de furto, a comprovação inequívoca da presença de seguranças no interior do estabelecimento comercial da vítima configura crime impossível.

A: incorreta. É certo que parte da doutrina sustenta que não comete o crime do art. 307 do CP o agente que atribui a si falsa identidade com o propósito de escapar de ação policial e, dessa forma, evitar sua prisão. O indivíduo estaria, segundo essa corrente, procurando preservar sua liberdade. Sucede que, atualmente, este posicionamento não mais prevalece. Segundo STF e STJ, aquele que atribui a si identidade falsa com o escopo de furtar-se à responsabilidade criminal deve, sim, responder pelo crime de falsa identidade (art. 307, CP). A propósito, o STJ, consolidando tal entendimento, editou a Súmula 522: "A conduta de atribuir-se falsa identidade perante autoridade policial é típica, ainda que em situação de alegada autodefesa". Também nesse sentido, o STF: "Direito penal. Agravo regimental em recurso extraordinário com agravo. Crime de falsa identidade. Art. 307 do Código Penal. Alegação de autodefesa. Impossibilidade. Tipicidade configurada. 1. O Plenário Virtual do Supremo Tribunal Federal, no julgamento do RE 640.139, Rel. Min. Dias Toffoli, decidiu que o princípio constitucional da autodefesa não alcança aquele que atribui falsa identidade perante autoridade policial com o intuito de ocultar maus antecedentes. Na ocasião, reconheceu-se a existência de repercussão geral da questão constitucional suscitada e, no mérito, reafirmou a jurisprudência dominante sobre a matéria. 2. Agravo regimental a que se nega provimento." (ARE 870572 AgR, 1ª T., Rel. Min. Roberto Barroso, j. 23.06.2015, *DJe* 05.08.2015, publ. 06.08.2015); **B:** incorreta, uma vez que contraria o entendimento pacificado por meio da Súmula 589, do STJ; **C:** correta. A causa de aumento pela configuração de tráfico entre Estados (art. 40, V, Lei 11.343/2006) não deve ser afastada neste caso. É que, segundo entendimento consolidado nos tribunais superiores, é prescindível, para a incidência desta causa de aumento, a transposição das divisas dos Estados, sendo suficiente que fique demonstrado que a droga se destinava a outro Estado da Federação. Nesse sentido, conferir: "(...) Esta Corte possui entendimento jurisprudencial, no sentido de que a incidência da causa de aumento, conforme prevista no art. 40, V, da Lei n. 11.343/2006, não exige a efetiva transposição da divisa interestadual, sendo suficientes as evidências de que a substância entorpecente tem como destino qualquer ponto além das linhas da respectiva Unidade da Federação (...)" (AGRESP 201103088503, Campos Marques (Desembargador convocado do TJ/PR), STJ, Quinta Turma, *DJe* 01.07.2013). Consolidando tal entendimento, o STJ editou a Súmula 587: "Para a incidência da majorante prevista no art. 40, V, da Lei 11.343/2006, é desnecessária a efetiva transposição de fronteiras entre estados da Federação, sendo suficiente a demonstração inequívoca da intenção de realizar o tráfico interestadual"; **D:** incorreta. Pelo contrário, em regressão garantista, os tribunais superiores consolidaram o entendimento segundo o qual o crime de roubo se consuma com a mera inversão da posse do bem mediante emprego de violência ou grave ameaça, independente da posse pacífica e desvigiada da coisa pelo agente. *Vide*, nesse sentido: STF, HC 96.696, Rel. Min. Ricardo Lewandowski. Confirmando esse entendimento, o STJ editou a Súmula 582: "Consuma-se o crime de roubo com a inversão da posse do bem mediante emprego de violência ou grave ameaça, ainda que por breve tempo e em seguida à perseguição imediata ao agente e recuperação da coisa roubada, sendo prescindível a posse mansa e pacífica ou desvigiada; **E:** incorreta, pois não retrata o entendimento firmado na Súmula 567, do STJ: "Sistema de vigilância realizado por monitoramento eletrônico ou por existência de segurança no interior de estabelecimento comercial, por si só, não torna impossível a configuração do crime de furto". O fato é que o chamado *furto sob vigilância* pode, em determinadas situações, a depender do caso concreto, caracterizar *crime impossível* pela *ineficácia absoluta do meio* (art. 17 do CP). É o caso, por exemplo, do agente que, desde o momento em que ingressa no supermercado, passa a ser permanentemente vigiado por sistema de câmeras e também por seguranças, que ficam o tempo todo no seu encalço. Não há, neste caso, a menor possibilidade de o crime consumar-se. Isso não quer dizer que a existência, por si só, de sistema de segurança por câmeras elimine a possibilidade de o crime chegar à sua consumação. É perfeitamente plausível que o agente se aproveite de determinado ângulo de monitoramento em que a subtração não é visualizada pelo sistema de câmeras. Dessa forma, a ineficácia do meio deve ser avaliada caso a caso.
Gabarito "C".

(Defensor Público/PE – 2018 – CESPE) De acordo com a legislação penal especial, assinale a opção correta.

(A) Comete o crime de tortura aquele que, tendo o dever de evitar a conduta, se mantém omisso ao tomar ciência ou presenciar pessoa presa ser submetida a sofrimento físico ou mental, por meio da prática de ato não previsto legalmente.

(B) A autoridade policial pode praticar a ação controlada – que consiste no retardamento da intervenção policial para aguardar o momento mais eficaz à formação de provas e obtenção de informações – independentemente de prévia comunicação ao juiz competente.

(C) Será interditado do exercício da atividade pública por igual período ao da pena privativa de liberdade prevista no Código Penal para o crime de lavagem de dinheiro o indivíduo que, exercendo cargo ou função pública de qualquer natureza, for condenado pela prática de tal crime.

(D) Sendo o servidor público condenado por crime de abuso de autoridade, será decretada a perda do cargo e a sua inabilitação para o exercício de qualquer outra função pública pelo prazo de até cinco anos.

(E) Em qualquer hipótese, configura-se o crime de disparo de arma de fogo disparar arma de fogo com a finalidade de praticar outro crime.

A: correta (art. 1º, § 2º, da Lei 9.455/1997); **B:** incorreta, pois contraria o disposto no art. 8º, § 1º, da Lei 12.850/2013; **C:** incorreta (art. 7º, II, da Lei 9.613/1998); **D:** incorreta, pois não reflete o disposto no art. 6º, § 3º, *c*, da Lei 4.898/1965, que estabelece o prazo máximo de 3 anos; **E:** incorreta, uma vez que há casos em que o delito de disparo de arma de fogo, sendo crime-meio, restará absorvido pelo crime-fim. É o caso do crime de homicídio, em que o disparo de arma de fogo, sendo crime-meio, ficará por aquele, crime-fim, absorvido.
Gabarito "A".

(Defensor Público/AC – 2017 – CESPE) Considerando-se a legislação pertinente e o entendimento dos tribunais superiores sobre o tema, o crime de organização criminosa

(A) será assim tipificado somente se houver consumação de delitos antecedentes, sendo configurada tentativa quando não demonstrada a efetiva estabilidade do grupo.

(B) é de tipo penal misto alternativo, não admite a forma culposa e deve ser punido com a fixação da pena pelo sistema de acumulação material.

(C) poderá ser cometido por pessoa jurídica, a qual, nesse caso, conforme expresso em legislação específica, será diretamente responsabilizada pelo crime.

(D) será assim caracterizado apenas quando houver a participação de, pelo menos, quatro agentes maiores de idade.

(E) exige, para sua tipificação, por expressa previsão legal, que tenha sido obtida vantagem de natureza econômica de origem ilícita.

A: incorreta, na medida em que o crime de organização criminosa (art. 2º, *caput*, da Lei 12.850/2013) é considerado *formal*, isto é, não se exige, para a sua consumação, a produção de resultado naturalístico, consistente na efetiva prática dos crimes pretendidos pela organização; bem por isso, não há que se falar em tentativa deste crime; **B:** correta. De fato, o tipo penal do crime de organização criminosa (art. 2º, *caput*, da Lei 12.850/2013) contempla quatro verbos nucleares, de tal sorte que a prática de qualquer um deles já é o que basta para que o delito alcance a sua consumação. O cometimento de mais de um verbo, desde que no mesmo contexto, configura, por força do princípio da alternatividade, crime único, daí falar-se em tipo misto alternativo (ou plurinuclear); ademais, é fato que não há previsão de modalidade culposa e, se houver a prática de crime pela organização, as penas serão somadas (concurso material), tal como consta do preceito secundário da norma penal incriminadora; **C:** incorreta. Atualmente, a pessoa jurídica somente pode ser responsabilizada no âmbito criminal pela prática de crime ambiental (art. 225, § 3º, da CF; art. 3º, *caput*, da Lei 9.605/1998 – Lei de Crimes Ambientais); **D:** incorreta. O sujeito ativo deste crime pode ser qualquer pessoa, sendo de rigor, apenas, que se identifique a associação de pelo menos quatro pessoas, número que pode ser constituído por pessoas menores de 18 anos; **E:** incorreta. Conforme já afirmado acima, sendo crime formal, basta à consumação a prática de uma das condutas descritas no tipo penal. Não é necessária a produção de resultado naturalístico.
Gabarito "B".

(Defensor Público –DPE/RN – 2016 – CESPE) Vanessa foi presa em flagrante enquanto vendia e expunha à venda cerca de duzentos DVDs piratas, falsificados, de filmes e séries de televisão. Realizada a devida perícia, foi confirmada a falsidade dos objetos. Incapaz de apresentar autorização para a comercialização dos produtos, Vanessa alegou em sua defesa que desconhecia a ilicitude de sua conduta. Com relação a essa situação hipotética, assinale a opção correta à luz da jurisprudência dominante dos tribunais superiores.

(A) Vanessa é isenta de culpabilidade, pois incidiu em erro de proibição.

(B) O MP deve comprovar que os detentores dos direitos autorais das obras falsificadas sofreram real prejuízo para que a conduta de Vanessa seja criminosa.

(C) A conduta de Vanessa ofende o direito constitucional que protege a autoria de obras intelectuais e configura crime de violação de direito autoral.

(D) A conduta de vender e expor à venda DVDs falsificados é atípica em razão da incidência do princípio da adequação social.

(E) A conduta de vender e expor à venda DVDs falsificados é atípica em razão da incidência do princípio da insignificância.

Segundo enuncia o princípio da *adequação social*, não se pode reputar criminosa a conduta tolerada pela sociedade, ainda que corresponda a uma descrição típica. É dizer, embora formalmente típica, porque subsumida num tipo penal, carece de tipicidade material, porquanto em sintonia com a realidade social em vigor. A aplicação deste postulado no contexto da conduta descrita na assertiva foi rechaçada pelo STJ, quando da edição da Súmula 502: "Presentes a materialidade e a autoria, afigura-se típica, em relação ao crime previsto no art. 184, § 2º, do CP, a conduta de expor à venda CDs e DVDs piratas".
Gabarito "C".

(Defensor Público –DPE/BA – 2016 – FCC) Segundo a jurisprudência dominante do STF, é correto:

(A) a hediondez do tráfico de drogas em todas as suas modalidades impede a aplicação do indulto.

(B) o delito previsto no artigo 33 da Lei de Drogas, por ser crime de ação múltipla, faz com que o agente que, no mesmo contexto fático e sucessivamente, pratique mais de uma ação típica, responda por crime único em função do princípio da alternatividade.

(C) o porte de munição de arma de fogo de uso restrito constitui crime de perigo concreto, necessitando da presença da arma de fogo para sua tipificação.

(D) a circunstância judicial da personalidade do agente, por ser própria do direito penal do autor, não foi recepcionada pela Constituição de 1988.

(E) não configura constrangimento ilegal o cumprimento de pena em regime mais gravoso do que o fixado na sentença em virtude da falta de vagas, pois se aplica o princípio da reserva do possível.

A: incorreta, já que a modalidade de tráfico prevista no art. 33, § 4º, da Lei 11.343/2006 (tráfico privilegiado), porque não tem natureza hedionda, comporta o indulto. Com efeito, a Terceira Seção do STJ, em votação unânime, com o propósito de se alinhar ao entendimento do STF, cancelou a Súmula 512 (que atribuía ao tráfico privilegiado a natureza de crime hediondo), adotando a tese, em vigor no STF, de que o tráfico do art. 33, § 4º, da Lei 11.343/2006 não tem natureza hedionda; **B:** correta. De fato, o tráfico de drogas, capitulado no art. 33 da Lei 11.343/2006, é classificado como *crime de ação múltipla* (conteúdo variado ou plurinuclear), isto é, ainda que o agente pratique, no mesmo contexto fático, mais de uma ação típica (cada qual representada por um núcleo), responderá por um único crime (incidência do *princípio da alternatividade*); **C:** incorreta. Segundo tem entendido a jurisprudência e também a doutrina, os crimes do art. 16 da Lei 10.826/2003 (aqui incluído o porte de munição de arma de fogo de uso restrito) são de perigo abstrato; **D:** incorreta. A circunstância judicial denominada *personalidade do agente*, contida no art. 59 do CP, se presta, tal como as demais, a concretizar, na primeira fase de fixação da pena, o postulado da individualização; **E:** incorreta, pois contraria o teor da Súmula Vinculante 56: "A falta de estabelecimento penal adequado não autoriza a manutenção do condenado em regime prisional mais gravoso, devendo-se observar, nessa hipótese, os parâmetros fixados no RE 641.320/RS".

Gabarito "B".

(Defensoria Pública da União – CESPE – 2015) Em relação aos crimes contra a fé pública, aos crimes contra a administração pública, aos crimes de tortura e aos crimes contra o meio ambiente, julgue os itens a seguir.

(1) Cometerá o crime de corrupção passiva privilegiada, punido com detenção, o DP que, após receber telefonema de procurador da República que se identifique como tal, deixar de propor ação em que esse procurador seja diretamente interessado.

(2) Caracteriza uma das espécies do crime de tortura a conduta consistente em, com emprego de grave ameaça, constranger outrem em razão de discriminação racial, causando-lhe sofrimento mental.

(3) Exportar para o exterior peles e couros de mamíferos, em estado bruto, sem a autorização da autoridade competente caracteriza crime ambiental, devendo o autor desse crime ser processado e julgado pela justiça federal.

(4) Praticará o crime de falsidade ideológica aquele que, quando do preenchimento de cadastro público, nele inserir declaração diversa da que deveria, ainda que não tenha o fim de prejudicar direito, criar obrigação ou alterar a verdade sobre fato juridicamente relevante.

1: correta. Embora a assertiva não seja clara no que toca ao motivo pelo qual o defensor deixou de ajuizar a ação, é possível, pelos elementos fornecidos, concluir que ele cometeu o crime de corrupção passiva privilegiada, pois sua conduta corresponde, em princípio, à descrição típica do art. 317, § 2º, do CP. A diferença entre este crime e o de corrupção passiva comum, previsto no *caput* do dispositivo, está na *razão de agir* do agente. Se a conduta do sujeito ativo, seja ela positiva ou negativa, visa à obtenção de vantagem indevida, o crime pelo qual responderá será do *caput*, com pena bem superior à da modalidade privilegiada; de outro lado, se seu propósito é tão somente o de atender a pedido ou influência de outrem, o delito em que incorrerá será o do § 2º, modalidade, como já dissemos, privilegiada, com pena bem inferior à do *caput*; agora, se o agente age ou deixa de agir, indevidamente, imbuído do propósito de satisfazer interesse ou sentimento pessoal, seu comportamento deverá ser enquadrado no tipo penal do art. 319 do CP (prevaricação); **2:** correta, já que a conduta está prevista no art. 1º, I, *c*, da Lei 9.455/1997 (Lei de Tortura); **3:** incorreta. Isso porque o art. 30 da Lei 9.605/1998 (Crimes contra o Meio Ambiente) somente se referiu a peles e couros de *anfíbios* e *répteis* (os mamíferos não foram contemplados); **4:** incorreta, na medida em que a configuração do crime de falsidade ideológica (art. 299, CP) pressupõe que o agente aja imbuído do propósito de prejudicar direito, criar obrigação ou alterar a verdade sobre fato juridicamente relevante, que constituem o chamado *elemento subjetivo específico*.

Gabarito 1C, 2C, 3E, 4E.

(Defensor Público/GO – 2010 – I. Cidades) A lei n. 8.072/1990 (art. 1º) considera hediondos os seguintes crimes, exceto

(A) homicídio simples, quando praticado em atividade típica de grupo de extermínio.

(B) homicídio qualificado.

(C) latrocínio.

(D) falsificação, corrupção, adulteração ou alteração de produto destinado a fins terapêuticos ou medicinais.

(E) tráfico ilícito de entorpecentes.

A e B: corretos, nos termos do art. 1º, I, da Lei 8.072/1990; **C:** correto, nos termos do art. 1º, II, da Lei 8.072/1990; **D:** correto, nos termos do art. 1º, VII-B, da Lei 8.072/1990; **E:** embora igualmente grave, o crime de tráfico ilícito de drogas, a rigor, não é considerado hediondo, na medida em que não integra o rol do art. 1º da Lei 8.072/1990. Nem poderia. O constituinte achou por bem inseri-lo, juntamente com a tortura e o terrorismo, no art. 5º, XLIII, da CF, conferindo-lhe tratamento mais rigoroso. A doutrina atribui-lhe, por isso, a nomenclatura delito equiparado ou assemelhado a hediondo. O conteúdo é o mesmo; muda apenas a roupagem.

Gabarito "E".

(Defensor Público/GO – 2010 – I. Cidades) "A" foi condenado a 6 (seis) anos de reclusão pelo crime de estupro. Sabendo-se que "A" é reincidente específico em crimes dessa natureza, é correto afirmar que o mesmo poderá

(A) iniciar o cumprimento de sua pena de reclusão no regime semiaberto.

(B) progredir de regime, após o cumprimento de 3/5 (três quintos) da pena.

(C) obter livramento condicional, cumpridos mais de 2/3 (dois terços) da pena.

(D) ter extinta a sua punibilidade em virtude de concessão de anistia.

(E) requerer sua reabilitação, decorrido 1 (um) ano da extinção de sua pena.

Atualmente, o art. 2º, §2º, da Lei 8.072/1990 (Crimes Hediondos), alterada que foi pela Lei 11.464/07, autoriza a progressão de regime para delitos hediondos e equiparados, nos termos seguintes: se o apenado for primário, deverá cumprir, para fazer jus à progressão, dois quintos da pena; se reincidente for, deverá cumprir, para progredir de regime, três quintos da pena.

Gabarito "B".

(Defensor Público/MS – 2008 – VUNESP) É crime hediondo nos termos do art. 1º, da Lei nº 8.072/1990:

(A) tráfico ilícito de entorpecentes.

(B) epidemia com resultado morte.

(C) terrorismo.

(D) tortura.

Somente é hediondo, porque faz parte do rol do art. 1º da Lei 8.072/1990 (inciso VII), o crime de epidemia com resultado morte. Os demais são equiparados ou assemelhados a hediondos – art. 5º, XLIII, da CF.

Gabarito "B".

32. TEMAS COMBINADOS DE DIREITO PENAL

(Defensor Público/SP – 2012 – FCC) No tocante à parte especial do Código Penal, é correto afirmar que

(A) o crime de assédio sexual pressupõe a prevalência da condição de superior hierárquico ou ascendência inerentes ao exercício de cargo, emprego ou função, para o fim de obtenção de vantagem econômica ou favorecimento sexual.

(B) de acordo com a jurisprudência atual do Supremo Tribunal Federal não se admite o reconhecimento do privilégio no furto qualificado pelo rompimento de obstáculo, dada a incompatibilidade das circunstâncias em questão.

(C) o concurso de agentes constitui circunstância que qualifica o crime de homicídio, vez que a superioridade numérica, por si, indica a maior reprovabilidade da conduta.

(D) não é punível a conduta do agente que recebe coisa sabendo ser produto de crime, se não for apurada a autoria do crime de que a *res* proveio.

(E) pai que agride o filho homem, que possui 18 anos de idade, causando-lhe lesões corporais de natureza leve, terá sua conduta subsumida ao art. 129, § 9º – crime de violência doméstica.

A: incorreta, visto que o elemento subjetivo específico (na doutrina tradicional, dolo específico) do tipo penal do art. 216-A do CP (assédio sexual) consiste no intuito de obter vantagem ou favorecimento sexual, o que não inclui, à evidência, a vantagem de caráter econômico; **B:** incorreta. Conferir: (...) Furto. Bem de pequeno valor (R$ 179,00). Infração penal praticada com rompimento de obstáculo e em concurso com menor. Reprovabilidade da conduta. 3. Aplicação do princípio da insignificância. Impossibilidade. 4. Ordem denegada, mas concedida de ofício, a fim de restabelecer o acórdão do Tribunal de Justiça, admitindo a figura do furto qualificado-privilegiado" (STF, HC 105922, Gilmar Mendes). No STJ o entendimento não é diferente: "É possível o reconhecimento da figura do furto qualificado-privilegiado, desde que haja compatibilidade entre as qualificadoras e o privilégio (...)" (AGRESP 201101841290, Alderita Ramos de Oliveira, Desembargadora convocada do TJ/PE, STJ, Sexta Turma, *DJe* 23.10.2012). A propósito, o STJ, consolidando tal entendimento, editou a Súmula 511, que assim dispõe: "É possível o reconhecimento do privilégio previsto no § 2º do art. 155 do CP nos casos de crime de furto qualificado, se estiverem presentes a primariedade do agente, o pequeno valor da coisa e a qualificadora for de ordem objetiva"; **C:** incorreta, pois a superioridade numérica, por si só, não tem o condão de qualificar o crime de homicídio. *Vide*: TJPR, SER 395.483-2, DOE de 25.01.2008; **D:** incorreta, ainda que não se identifique o autor do crime antecedente, é cabível, mesmo assim, seja o autor da receptação punido, sendo tão somente suficiente a existência de provas do crime anterior; **E:** correta, pois reflete o teor do art. 129, § 9º, do CP.

Gabarito "E".

(Defensor Público/AM – 2013 – FCC) No que se refere aos elementos do crime, é correto afirmar que

(A) o estrito cumprimento do dever legal exclui a imputabilidade.

(B) o dolo e a culpa integram a tipicidade e a culpabilidade, respectivamente.

(C) o arrependimento eficaz afasta a ilicitude.

(D) a exigibilidade de conduta diversa é pressuposto da culpabilidade.

(E) o crime impossível extingue a punibilidade.

A: incorreta, na medida em que o *estrito cumprimento do dever legal* exclui a *ilicitude* (antijuridicidade) da conduta (art. 23, III, do CP); **B:** incorreta, já que tanto o dolo quanto a culpa, com o advento do finalismo, passaram a integrar a conduta e, portanto, o fato típico. Até então, faziam parte da culpabilidade (teoria clássica); **C:** incorreta. O *arrependimento eficaz*, ao lado da *desistência voluntária*, ambos previstos no art. 15 do CP, constitui causa de *exclusão da tipicidade*; **D:** correta, pois a *culpabilidade*, com os novos contornos conferidos pelo finalismo, passou a ser integrada pelos seguintes elementos: imputabilidade, exigibilidade de conduta diversa e potencial consciência da ilicitude; **E:** incorreta, já que o *crime impossível*, tratado no art. 17 do CP, constitui causa de exclusão da tipicidade.

Gabarito "D".

4. DIREITO PROCESSUAL PENAL

Eduardo Dompieri

1. FONTES, PRINCÍPIOS GERAIS, EFICÁCIA DA LEI PROCESSUAL NO TEMPO E NO ESPAÇO

(Defensor Público –DPE/ES – 2016 – FCC) Sobre a garantia do duplo grau de jurisdição,

(A) é típico de sistemas processuais inquisitivos e se vale para uma melhor gestão da prova em virtude da colegialidade dos Tribunais.

(B) não se aplica nos Juizados Especiais Criminais, em virtude da informalidade que vigora nesse sistema.

(C) é expressa e explicitamente prevista na Constituição de 1988, aplicando-se, inclusive, aos casos de competência originária do STF.

(D) a jurisprudência dominante dos Tribunais Superiores considera aplicável o duplo grau de jurisdição apenas em relação ao acusado, não podendo o Ministério Público recorrer em caso de absolvição em primeira instância.

(E) a Corte Interamericana de Direitos Humanos já decidiu que no caso de o acusado ter sido absolvido em primeiro grau, mas em razão de recurso da acusação, é condenado em segundo grau pela primeira vez, deve ser garantido recurso amplo desta decisão, podendo rediscutir questões de fato e de direito.

A: incorreta. As características imanentes ao chamado *sistema processual inquisitivo* vão de encontro à garantia do duplo grau de jurisdição; de outro lado, o *sistema acusatório*, por nós adotado, se coaduna com tal garantia. São características do sistema *acusatório*: nítida separação nas funções de acusar, julgar e defender, o que torna imprescindível que essas funções sejam desempenhadas por pessoas distintas; o processo é público e contraditório; há imparcialidade do órgão julgador, que detém a gestão da prova (na qualidade de juiz-espectador), e a ampla defesa é assegurada. No *sistema inquisitivo*, que deve ser entendido como a antítese do acusatório, as funções de acusar, defender e julgar reúnem-se em uma única pessoa. É possível, nesse sistema, portanto, que o juiz investigue, acuse e julgue. Além disso, o processo é sigiloso e nele não vige o contraditório. Existe ainda o *sistema misto*, em que há uma fase inicial inquisitiva, ao final da qual tem início uma etapa em que são asseguradas todas as garantias inerentes ao acusatório. Embora não haja previsão expressa nesse sentido, acolhemos, segundo doutrina e jurisprudência majoritárias, o sistema acusatório; **B:** incorreta. Embora seja fato que a *informalidade* constitui critério a orientar o procedimento sumaríssimo (art. 62, Lei 9.099/1995), a verdade é que – e aqui está o erro da assertiva – a garantia do duplo grau de jurisdição tem incidência, sim, no contexto do Juizado Especial Criminal, cujas decisões poderão ser revistas por turmas de juízes que atuam no próprio juizado (art. 98, I, da CF; art. 82 da Lei 9.099/1995); **C:** incorreta. Apesar de não ter sido contemplado, de forma expressa, na CF/1988, o princípio do duplo grau de jurisdição foi consagrado, expressamente, na Convenção Americana de Direitos Humanos (Pacto de São José da Costa Rica), que, em seu art. 8º, 2, *h*, assim estabelece: "Durante o processo, toda pessoa tem direito, em plena igualdade, às seguintes garantias mínimas: direito de recorrer da sentença a juiz ou tribunal superior (...)". No mais, deve-se registrar que, embora não prevista, de forma expressa, no texto da nossa Constituição, cuida-se, indubitavelmente, de garantia materialmente constitucional, tendo em conta que o Pacto de São José da Costa Rica foi incorporado ao nosso ordenamento jurídico por meio do Decreto 678/1992, ganhando *status* de norma materialmente constitucional (art. 5º, § 2º, da CF). Dessa forma, é incorreto afirmar que a garantia do duplo grau de jurisdição tem previsão expressa no texto da CF/1988, como também é incorreto afirmar que tem incidência nos processos de competência originário do STF. Isso porque a competência originária constitui exceção ao exercício do duplo grau de jurisdição, que, portanto, não tem caráter absoluto. *Vide*, nesse sentido: STF, AI 601832 Agr - SP, 2ª T., rel. Min. Joaquim Barbosa, 17.03.2009; **D:** incorreta. Não seria razoável assegurar o duplo grau de jurisdição a tão somente uma das partes no processo penal. Tanto acusação quanto defesa podem se insurgir contra a decisão a eles desfavorável. O que ocorre é que existem alguns "recursos" que somente podem ser manejados pelo réu: *revisão criminal* e *embargos infringentes*; **E:** correta (Convenção Americana de Direitos Humanos – art. 8º, 2, "h"). Consultar Corte Interamericana no caso Mohamed vs. Argentina, cuja sentença foi proferida em 23/11/2012, em que ficou assentado o entendimento no sentido de que é imprescindível a existência de um recurso que assegure a dupla valoração dos fatos e das provas.

Gabarito "E".

(Defensor Público –DPE/MT – 2016 – UFMT) Quanto à eficácia temporal, a lei processual penal

(A) aplica-se somente a fatos criminosos ocorridos após a sua vigência.

(B) tem aplicação imediata, sem prejuízo da validade dos atos já realizados.

(C) vigora desde logo, tendo sempre efeito retroativo.

(D) tem aplicação imediata nos processos ainda não instruídos.

(E) não tem aplicação imediata, salvo para beneficiar o acusado.

A lei processual penal será aplicada desde logo (*princípio da aplicação imediata* ou *da imediatidade*), sem prejuízo dos atos realizados sob o império da lei anterior. É o que estabelece o art. 2º do CPP. A exceção a essa regra fica por conta da lei processual penal dotada de carga material (também chamada de norma mista ou híbrida), em que deverá ser aplicado o que estabelece o art. 2º, parágrafo único, do CP. Nesse caso, a exemplo do que se dá com as leis penais, a norma processual nova, se favorável ao réu, deverá retroagir; se prejudicial, aplica-se a lei já revogada (*lex mitior*).

Gabarito "B".

(Defensor Público/AM – 2013 – FCC) NÃO está previsto nos incisos do artigo 5º da Constituição da República que

(A) não haverá juízo ou tribunal de exceção.

(B) a pena será cumprida em estabelecimentos distintos, de acordo com a natureza do delito, a idade e o sexo do apenado.

(C) às presidiárias serão asseguradas as condições para que possam permanecer com seus filhos durante o período de amamentação.

(D) será admitida ação privada nos crimes de ação pública, se esta não for intentada no prazo legal.

(E) a lei não poderá restringir a publicidade dos atos processuais.

A: incorreta. Direito assegurado no art. 5º, XXXVII, da CF; **B:** incorreta. Direito assegurado no art. 5º, XLVIII, da CF; **C:** incorreta. Direito assegurado no art. 5º, L, da CF; **D:** incorreta. Direito assegurado no art. 5º, LIX, da CF; **E:** correta. Segundo estabelecem os arts. 5º, LX, e 93, IX, da CF, é imposto ao Poder Judiciário o dever de conferir publicidade aos seus atos. A própria Constituição, entretanto, autoriza a restrição da publicidade quando se revelar necessária à preservação da intimidade ou do interesse social.

Gabarito "E".

(Defensor Público/GO – 2010 – I. Cidades) Em relação ao princípio da celeridade e razoável duração do processo, o Brasil adotou o critério

(A) da fixação de prazo determinado para o término do processo penal, prevendo consequências materiais para o descumprimento.

(B) do não prazo, possibilitando a flexibilização justificada da duração do processo de acordo com a complexidade do caso, número de acusados, número de testemunhas, número de vítimas, testemunhas residentes em outras localidades, entre outros.

(C) da fixação do prazo certo para o processo tramitar, atribuindo consequências aos sujeitos processuais pelo descumprimento do tempo ideal fixado pela lei.

(D) do não prazo, possibilitando a flexibilização discricionária do tempo do processo, sem consequências para os sujeitos processuais pelo descumprimento do razoável.

(E) do prazo certo, seguindo o modelo paraguaio de atribuir consequências materiais ao descumprimento, como a extinção da punibilidade e arquivamento do processo.

O *princípio da celeridade e da razoável duração do processo* está contemplado no art. 5º, LXXVIII, da CF, em relação ao qual o critério utilizado foi o de não se adotar prazo certo. Anote-se que os prazos a que aludem os arts. 400 (ordinário), 412 (júri) e 531 (sumário), todos do CPP, dizem respeito ao interregno dentro do qual deve realizar-se a audiência. Trata-se de prazos impróprios, isto é, seu descumprimento não acarreta sanção alguma. No mais, a extrapolação destes prazos e, por conseguinte, a duração do processo hão de ser analisadas caso a caso, a depender da complexidade de cada feito.

Gabarito "B".

(Defensoria Pública da União – 2010 – CESPE) Acerca da aplicação da lei processual penal no tempo, julgue os itens que se seguem.

(1) O direito processual brasileiro adota o sistema do isolamento dos atos processuais, de maneira que, se uma lei processual penal passa a vigorar estando o processo em curso, ela será imediatamente aplicada, sem prejuízo dos atos já realizados sob a vigência da lei anterior.

(2) Em caso de leis processuais penais híbridas, o juiz deve cindir o conteúdo das regras, aplicando, imediatamente, o conteúdo processual penal e fazendo retroagir o conteúdo de direito material, desde que mais benéfico ao acusado.

1: correta. Conforme reza o art. 2º do CPP, a lei processual penal terá aplicação imediata, preservando-se os atos realizados sob a égide da lei anterior; **2:** incorreta. Há normas processuais penais que possuem natureza mista, híbrida, isto é, são dotadas de natureza processual e material ao mesmo tempo. Nesse caso, deverá prevalecer, em detrimento do regramento estabelecido no art. 2º do CPP, a norma contida no art. 2º, parágrafo único, do Código Penal (art. 5º, XL, da CF). Em se tratando de norma mais favorável ao réu, deverá retroagir em seu benefício; se prejudicial a lei nova, aplica-se a lei já revogada. Não poderá o juiz, entretanto, cindir o conteúdo da norma, fazendo com que parte dela retroaja e outra seja de imediato aplicada.

Gabarito 1C, 2E.

(Defensoria/MG – 2009 – FURMARC) O princípio processual que impede que o cidadão venha a ser preso de forma desnecessária é conhecido como:

(A) Correlação.

(B) Juízo natural.

(C) Ampla defesa.

(D) Não culpabilidade.

(E) Publicidade.

A decretação ou manutenção da custódia cautelar (aqui incluída a prisão em flagrante), assim entendida aquela que antecede a condenação definitiva, deve sempre estar condicionada à demonstração de sua imperiosa necessidade, pouco importando a natureza do crime imputado ao agente (hediondo; não hediondo; afiançável; não afiançável). Bem por isso, deve o magistrado apontar as razões, no seu entender, que a tornam indispensável (art. 312 do CPP). Colocado de outra forma, a prisão provisória ou cautelar (prisão preventiva, temporária e em flagrante) somente se justifica dentro do ordenamento jurídico quando necessária ao processo. Deve ser vista, portanto, como um instrumento do processo a ser utilizado em situações excepcionais. É por essa razão que a prisão decorrente de sentença penal condenatória recorrível deixou de constituir modalidade de prisão cautelar. Era uma prisão automática, já que, com a prolação da sentença condenatória, o réu era recolhido ao cárcere (independente de a prisão ser necessária). Nesse contexto, o acusado era considerado presumidamente culpado. Com as modificações introduzidas pela Lei 11.719/2008 e também em razão da atuação dos tribunais, esta modalidade de prisão cautelar deixou de existir, consagrando, assim, o postulado da presunção de inocência. Em vista dessa nova realidade, se o acusado permanecer preso durante toda a instrução, a manutenção dessa prisão somente terá lugar se indispensável for ao processo, pouco importando se, uma vez condenado em definitivo, permanecerá ou não preso. A prisão desnecessária decretada ou mantida antes de a sentença passar em julgado constitui antecipação da pena que porventura seria aplicada em caso de condenação, o que representa patente violação ao princípio da presunção de inocência, postulado esse de índole constitucional – art. 5º, LVII. De se ver ainda que, tendo em conta as mudanças implementadas pela Lei 12.403/2011, que instituiu as medidas cautelares alternativas à prisão provisória, esta somente terá lugar diante da impossibilidade de se recorrer às medidas cautelares. Dessa forma, a prisão, como medida excepcional que é, deve também ser vista como instrumento subsidiário, supletivo. Pois bem. Essa tônica (de somente dar-se início ao cumprimento da pena depois do trânsito em julgado da sentença penal condenatória) sofreu um revés. Explico. O STF, em julgamento histórico realizado em 17 de fevereiro de 2016, mudou, à revelia de grande parte da comunidade jurídica, seu entendimento acerca da possibilidade de prisão antes do trânsito em julgado da sentença penal condenatória. A Corte, ao julgar o HC 126.292, passou a admitir a execução da pena após decisão condenatória proferida em segunda instância. Com isso, passou a ser desnecessário, para dar início ao cumprimento da pena, aguardar o trânsito em julgado da decisão condenatória. Flexibilizou-se, pois, o postulado da presunção de inocência. Naquela ocasião, votaram pela mudança de paradigma sete ministros, enquanto quatro mantiveram o entendimento até então prevalente. Cuidava-se, é bem verdade, de uma decisão tomada em processo subjetivo, sem eficácia vinculante, portanto. Tal decisão, conquanto tomada em processo subjetivo, passou a ser vista como uma mudança de entendimento acerca de tema que há vários anos havia se sedimentado. Mais recentemente, nossa Suprema Corte foi chamada a se manifestar, em ações declaratórias de constitucionalidade impetradas pelo Conselho Federal da OAB e pelo Partido Ecológico Nacional, sobre a constitucionalidade do art. 283 do CPP. Existia a expectativa de que algum ou alguns dos ministros mudassem o posicionamento adotado no julgamento realizado em fevereiro de 2016. Afinal, a decisão, agora, teria uma repercussão muito maior, na medida em que tomada em ADC. Pois bem. Depois de muita especulação e grande expectativa, o STF, em julgamento realizado em 5 de outubro do mesmo ano, desta vez por maioria mais apertada (6 a 5), já que houve mudança de posicionamento do ministro Dias Toffoli, indeferiu as medidas cautelares pleiteadas nessas ADCs (43 e 44), mantendo, assim, o posicionamento que autoriza a prisão depois de decisão condenatória confirmada em segunda instância. É importante que se diga que o mérito das ações está pendente de julgamento.

Gabarito "D".

(Defensor Público/MS – 2008 – VUNESP) O princípio da publicidade

(A) não tem aplicabilidade no direito processual penal brasileiro, visto que não está previsto na Constituição Federal.
(B) é aquele que garante à imprensa acesso a todas as informações processuais, em nome do interesse público.
(C) é regra geral no sistema processual do tipo acusatório.
(D) manifesta-se claramente nos atos praticados durante a feitura do inquérito policial, em razão da natureza inquisitiva da referida peça informativa.

A: incorreta, na medida em que o processo penal é, sim, informado pelo *princípio da publicidade* – arts. 5º, LX, e 93, IX, da CF; **B:** é verdade que a publicidade dos atos processuais constitui a regra, mas a própria CF autoriza a restrição à publicidade desses atos sempre que se revelar necessária a *preservação da intimidade ou do interesse social* (art. 93, IX, da CF); **C:** correta, visto que o sistema acusatório, acolhido pelo Brasil, contempla, entre outras características, a *publicidade*; **D:** incorreta, pois o inquérito policial é, em vista do que dispõe o art. 20 do CPP, sigiloso. Ocorre que, a teor do art. 7º, XIV, da Lei 8.906/94 (Estatuto da Advocacia), constitui direito do advogado, entre outros: "examinar, em qualquer instituição responsável por conduzir investigação, mesmo sem procuração, autos de flagrante e de investigações de qualquer natureza, findos ou em andamento, ainda que conclusos à autoridade, podendo copiar peças e tomar apontamentos, em meio físico ou digital". Sobre este tema, a propósito, o STF editou a Súmula Vinculante 14, a seguir transcrita: "É direito do defensor, no interesse do representado, ter acesso amplo aos elementos de prova que, já documentados em procedimento investigatório realizado por órgão com competência de polícia judiciária, digam respeito ao exercício do direito de defesa". Ademais, afirmar-se que o inquérito é inquisitivo implica dizer que a ele não se aplicam o *contraditório* e a *ampla defesa*.

Gabarito "C".

(Defensoria/SP – 2007 – FCC) Lei nova, ampliando o prazo de duração da prisão temporária, incidirá

(A) nos inquéritos policiais em curso, podendo atingir as prisões temporárias decretadas antes da vigência da lei, por se tratar de norma processual (*tempus regit actum*).

(B) nos inquéritos policiais em curso, apenas nos casos em que a prisão temporária do indiciado ainda não houver sido prorrogada.
(C) apenas nos processos penais instaurados após a sua entrada em vigor, por se tratar de lei processual penal material.
(D) apenas em relação aos fatos ocorridos após a sua entrada em vigor, por se tratar de lei processual penal material.
(E) em nenhuma situação, face à inconstitucionalidade dessa modalidade de prisão processual.

Em regra, a lei processual penal terá aplicação imediata, conforme reza o art. 2º do CPP. Há, entretanto, normas jurídicas que possuem natureza mista, isto é, são dotadas de natureza processual e material ao mesmo tempo. Nesse caso, deverão prevalecer, em detrimento do regramento estabelecido no art. 2º do CPP, as normas contidas nos arts. 5º, XL, da CF, e 2º, parágrafo único, do Código Penal. Em se tratando de uma norma mais favorável ao réu, deverá retroagir em seu benefício; se prejudicial a lei nova, aplica-se a lei já revogada (*lex mitior*).

Gabarito "D".

2. INQUÉRITO POLICIAL E OUTRAS FORMAS DE INVESTIGAÇÃO CRIMINAL

(Defensor Público/PE – 2018 – CESPE) Em razão de mandados expedidos por juiz competente, foram realizadas providências cautelares de interceptação telefônica e busca domiciliar na residência de Marcos para a obtenção de provas de crime de tráfico ilícito de entorpecentes a ele imputado e objeto de investigação em inquérito policial.

Nessa situação, durante o procedimento investigatório, o advogado de Marcos

(A) terá direito de acessar os relatórios e as demais diligências da interceptação telefônica ainda em andamento.
(B) terá direito de acessar os relatórios de cumprimento dos mandados de busca e apreensão e os respectivos autos de apreensão.
(C) estará impedido de acessar os laudos periciais incorporados aos procedimentos de investigação.
(D) terá direito de acessar previamente documentos referentes às diligências do inquérito, inclusive os de cumprimento do mandado de busca e apreensão.
(E) estará impedido de acessar os autos de apresentação e apreensão já lavrados.

O sigilo, que é imanente ao inquérito policial (art. 20 do CPP), não pode, ao menos em regra, ser oposto ao advogado do investigado. Com efeito, por força do que estabelece o art. 7º, XIV, da Lei 8.906/1994 (Estatuto da Advocacia), constitui direito do advogado, entre outros: "examinar, em qualquer instituição responsável por conduzir investigação, mesmo sem procuração, autos de flagrante e de investigações de qualquer natureza, findos ou em andamento, ainda que conclusos à autoridade, podendo copiar peças e tomar apontamentos, em meio físico ou digital" (redação determinada pela Lei 13.245/2016). Sobre este tema, a propósito, o STF editou a Súmula Vinculante 14, a seguir transcrita: "É direito do defensor, no interesse do representado, ter acesso amplo aos elementos de prova que, já documentados em procedimento investigatório realizado por órgão com competência de polícia judiciária, digam respeito ao exercício do direito de defesa". Registre-se, todavia, que determinados procedimentos de investigação, geralmente realizados em autos apartados, como a interceptação telefônica e a infiltração, somente serão acessados pelo patrono do investigado depois de concluídos e inseridos nos autos do inquérito. Ou seja, tais procedimentos permanecerão em sigilo, neste caso absoluto, enquanto não forem encerrados. Nesse sentido já se manifestou o STJ: "1. Ao inquérito policial não se aplica o princípio do contraditório, porquanto é fase investigatória, preparatória da acusação, destinada a subsidiar a atuação do órgão ministerial na persecução penal. 2. Deve-se conciliar os interesses da investigação com o direito de informação do investigado e, consequentemente, de seu advogado, de ter acesso aos autos, a fim de salvaguardar suas garantias constitucionais. 3. Acolhendo a orientação jurisprudencial do Supremo Tribunal Federal, o Superior Tribunal de Justiça decidiu ser possível o acesso de advogado constituído aos autos de inquérito policial em observância ao direito de informação do indiciado e ao Estatuto da Advocacia, ressalvando os documentos relativos a terceiras pessoas, os procedimentos investigatórios em curso e os que, por sua própria natureza, não dispensam o sigilo, sob pena de ineficácia da diligência investigatória. 4. *Habeas corpus* denegado" (HC 65.303/PR, Rel. Ministro Arnaldo Esteves Lima, Quinta Turma, julgado em 20.05.2008, *DJe* 23.06.2008). Tal regra também está contemplada no art. 23 da Lei 12.850/2013 (Organização Criminosa).

Gabarito "B".

(Defensor Público –DPE/BA – 2016 – FCC) Sobre o inquérito policial e as condições da ação, é correto afirmar:

(A) No crime de furto, no caso de a vítima, com 19 anos, ser separada judicialmente do autor do delito, a ação penal depende de representação da ofendida.

(B) Com a morte do ofendido, o direito de oferecer queixa não passa para os ascendentes.

(C) Tendo em vista o caráter administrativo do inquérito policial, o indiciado não poderá requerer perícias complexas durante a tramitação do expediente investigatório.

(D) No caso de declaração de ausência da vítima por decisão judicial, o direito de representação nas hipóteses de ação penal pública condicionada não se transmite para o cônjuge.

(E) É possível a interceptação de comunicações telefônicas quando o indiciado for investigado por delitos apenados com reclusão ou detenção, desde que a pena mínima para o fato investigado seja igual ou superior a dois anos.

A: correta, pois em conformidade com o que estabelece o art. 182, I, do Código Penal; **B:** incorreta. Nos crimes de ação penal privada, o art. 31 do CPP estabelece uma ordem que deve ser seguida na hipótese de o ofendido morrer ou mesmo ser considerado ausente por força de decisão judicial. Em primeiro lugar, o cônjuge; depois, o ascendente, descendente e irmão. Se houver discordância, deve prevalecer a vontade daquele que deseja ajuizar a ação. Ou seja, no caso de morte do ofendido, o direito de oferecer queixa passa, sim, para os ascendentes, inclusive. Cuidado: na *ação penal privada personalíssima* inexiste sucessão por morte ou ausência, razão por que não tem incidência o art. 31 do CPP. Tal se dá porque, nesta modalidade de ação privada, a titularidade é conferida única e exclusivamente ao ofendido. Com a morte deste, a ação penal não poderá ser proposta por outra pessoa; **C:** incorreta. Isso porque, segundo estabelece o art. 14 do CPP, poderão o indiciado, o ofendido ou o seu representante legal formular à autoridade policial pedido para realização de *qualquer* diligência; **D:** incorreta. Na hipótese de o ofendido ser declarado ausente por decisão judicial, o direito de representação passará às pessoas mencionadas no art. 24, § 1º, do CPP, a saber: *cônjuge, ascendente, descendente e irmão, nessa ordem*; **E:** incorreta. A teor do art. 2º, III, da Lei 9.296/1996, somente será autorizada a interceptação de comunicações telefônicas na hipótese de o fato objetivo da investigação constituir infração penal punida com reclusão.

Gabarito "A".

(Defensor Público/SE – 2012 – CESPE) Durante interrogatório, Juvenal, processado criminalmente pelo crime de furto, confessou ter praticado, também, o crime de roubo em outras oportunidades. Sabendo da notícia, o juiz que presidia a audiência expediu ofício à delegacia de polícia, requisitando a instauração de inquérito policial para apurar os delitos cometidos. Após receber a requisição judicial, Aderbal, delegado de polícia que já investigara Juvenal em outras ocasiões, instaurou o inquérito policial, determinando a oitiva de testemunhas. No dia dos testemunhos, Juvenal compareceu à delegacia, acompanhado de advogado, com o objetivo de indagar as testemunhas, o que foi indeferido pelo delegado. Em seguida, o causídico requereu vistas do inquérito policial, o que também não foi permitido pela autoridade policial. Revoltado com a atuação de seu patrono, Juvenal demitiu, ofendeu e agrediu fisicamente o advogado na frente do delegado, que entendeu por bem agir de ofício, lavrando termo circunstanciado e instaurando inquérito policial para apuração do crime de injúria, com o objetivo de apurar o conteúdo das ofensas proferidas. Verificando a ausência de suporte probatório mínimo, o MP requereu o arquivamento do inquérito policial relativo ao delito de furto, o que foi acatado pelo juízo. Posteriormente, outro membro do *Parquet*, reexaminando os autos, ofereceu denúncia contra Juvenal pelo crime de roubo. Juvenal procurou a DP para obter orientação jurídica sobre o caso.

Com base na situação hipotética acima apresentada, assinale a opção correta a respeito do inquérito policial.

(A) De acordo com a jurisprudência do STF, o arquivamento do inquérito policial por ausência de suporte probatório mínimo ao início da ação penal não impede o posterior oferecimento de denúncia em caso de reexame do acervo de provas produzidas, independentemente do surgimento de novas evidências.

(B) O delegado de polícia agiu corretamente ao instaurar de ofício inquérito policial para a investigação do crime de injúria, visto que tem o dever de assim agir quando na presença de crime.

(C) O CPP proíbe a apresentação de exceção de suspeição contra a autoridade policial que preside o inquérito. Assim, não seria possível arguir a suspeição do delegado de polícia que investiga os crimes supostamente cometidos por Juvenal.

(D) O delegado de polícia não agiu corretamente ao indeferir a participação do acusado nos atos instrutórios do inquérito, desrespeitando os princípios constitucionais do contraditório e da ampla defesa.

A: incorreta. Uma vez ordenado o arquivamento do inquérito policial pelo juiz de direito, por falta de base para a denúncia, nada obsta que a autoridade policial proceda a novas pesquisas – art. 18 do CPP. Agora, o oferecimento de denúncia pelo titular da ação penal está condicionado à existência de provas substancialmente novas. Isso porque a decisão que determina o arquivamento do inquérito policial não gera, em regra, coisa julgada material. Registre-se que as "outras provas" a que faz alusão o art. 18 devem ser entendidas como provas substancialmente novas, ou seja, aquelas que até então não eram de conhecimento das autoridades. Conferir, nesse sentido, a Súmula 524 do STF: "Arquivado o inquérito policial, por despacho do juiz, a requerimento do Promotor de Justiça, não pode a ação penal ser iniciada, sem novas provas". Cuidado: se o arquivamento do inquérito se der por ausência de tipicidade, a decisão, neste caso, tem efeito preclusivo, é dizer, produz

coisa julgada material, impedindo, dessa forma, o desarquivamento do inquérito. A esse respeito, Informativo STF 375; **B:** incorreta. Por se tratar de crime cuja ação penal é, em regra, de iniciativa privativa do ofendido (art. 145 do CP), a instauração de inquérito, pela autoridade policial, está condicionada à manifestação de vontade da vítima, que deverá, bem por isso, requerer, ao delegado de polícia, a sua instauração. Não é dado à autoridade policial, neste caso, portanto, proceder a inquérito de ofício. É o que estabelece o art. 5º, § 5º, do CPP; **C:** correta, pois reflete o disposto no art. 107 do CPP; **D:** incorreta. Os princípios constitucionais do contraditório e ampla defesa, segundo opinião compartilhada, majoritariamente, pela doutrina e jurisprudência, não têm incidência no âmbito do inquérito policial, razão pela qual está a autoridade policial credenciada a indeferir a participação do investigado nas oitivas tomadas no inquérito policial. *Vide* o teor do art. 14 do CPP.
Gabarito "C".

(Defensor Público/GO – 2010 – I. Cidades) No caso de crime de tráfico ilícito de entorpecentes o inquérito policial será concluído em 30 ou 60 dias e em 90 ou 180 dias, respectivamente nas situações de

(A) investigado solto e investigado preso.

(B) investigado preso e investigado solto a critério da autoridade policial e de acordo com a complexidade do caso.

(C) investigado preso e investigado solto, bem como quando houver pedido justificado da autoridade de polícia judiciária ao juiz competente que ouvirá previamente o Ministério Público.

(D) investigado preso e solto, a critério do Ministério Público e da Defensoria Pública.

(E) investigado solto e investigado preso, a critério da Defensoria Pública.

O prazo de conclusão do inquérito policial nos crimes de tráfico de drogas está disciplinado no art. 51 da Lei 11.343/2006. Se preso estiver o indiciado, o inquérito deverá ser concluído no prazo de 30 dias; se solto, no prazo de 90 dias. Esses prazos comportam dilação (podem ser duplicados por decisão judicial), correspondendo, respectivamente, a 60 e 180 dias.
Gabarito "A".

(Defensoria/MT – 2009 – FCC) O inquérito policial

(A) referente a crime cuja ação penal é exclusivamente privada pode ser instaurado sem representação da vítima, porque a representação é condição de procedibilidade da ação penal e não do inquérito.

(B) instaurado pela autoridade policial não pode ser por ela arquivado, ainda que não fique apurado quem foi o autor do delito.

(C) só pode ser instaurado por requisição do Ministério Público quando a vítima de crime de ação pública for doente mental, menor de 18 anos ou incapaz para os atos da vida civil.

(D) pode ser presidido por membro do Ministério Público especialmente designado pelo Procurador-Geral de Justiça, quando a apuração do delito for de interesse público.

(E) é mero procedimento preliminar preparatório e, por isso, o indiciado só poderá defender-se em juízo, não podendo requerer diligências à autoridade policial.

A: incorreta (art. 5º, § 5º, do CPP). É que a representação constitui condição de procedibilidade da ação penal pública condicionada, sem a qual o inquérito policial não poderá ser instaurado. Sendo a ação penal privada exclusiva, a instauração de inquérito está condicionada à formulação de requerimento por parte da vítima ou de seu representante legal, sem o que o inquérito não pode ser iniciado; **B:** correta. De fato, a autoridade policial não pode promover o arquivamento de autos de inquérito policial, ainda que esteja convencida de que o fato apurado é atípico - art. 17 do CPP (indisponibilidade do IP); somente poderá fazê-lo o juiz a requerimento do Ministério Público (arts. 18 e 28 do CPP); **C:** o art. 5º, II, 1ª parte, do CPP não estabelece tais condições; **D:** a presidência do inquérito policial constitui atribuição exclusiva da autoridade policial; outras autoridades, entretanto, entre elas o representante do Ministério Público, podem conduzir investigação criminal. A propósito, o Plenário do STF, em conclusão de julgamento do RE 593.727, com repercussão geral, reconheceu, por 7 votos a 4, a atribuição do MP para promover investigações de natureza penal, desde que respeitados os direitos e garantias que assistem a qualquer investigado (j. em 14.05.2015, rel. Min. Celso de Mello); **E:** estabelece o art. 14 do CPP que o indiciado poderá requerer à autoridade policial, no curso do inquérito, a realização de qualquer diligência que repute útil à busca da verdade real. A autoridade, por sua vez, poderá deferir ou não o pedido, sem necessidade de fundamentar sua resposta ao pleito.
Gabarito "B".

(Defensor Público/MS – 2008 – VUNESP) *Assinale a alternativa que justifica corretamente qual o prazo para o ofendido ou o seu representante legal requerer a instauração de inquérito policial, quando o crime for de alçada privada.*

(A) O Código de Processo Penal não disciplina expressamente a respeito e, assim, entende-se que o direito de requerimento de instauração de inquérito policial deve ser exercido no mesmo prazo do direito de queixa, ou seja, 3 meses, contados da data dos fatos.

(B) O Código de Processo Penal não disciplina expressamente a respeito e, assim, entende-se que o direito de requerimento de instauração de inquérito policial deve ser exercido no mesmo prazo do direito de queixa, ou seja, 6 meses, contados da data em que se souber quem foi o autor do crime.

(C) O Código de Processo Penal dispõe expressamente que o direito de requerimento de instauração de inquérito policial deve ser exercido no prazo de 3 meses, contados da data dos fatos.

(D) O Código de Processo Penal dispõe expressamente que o direito de requerimento de instauração de inquérito policial deve ser exercido no prazo de 6 meses, contados da data em que o crime ocorreu.

De fato, o legislador não estabeleceu nenhum prazo dentro do qual o ofendido ou seu representante legal deva requerer a instauração de inquérito policial. Em razão disso, por se tratar de ação penal de iniciativa privada, a vítima ou quem a represente deve ficar atenta ao prazo decadencial de seis meses (art. 38, *caput*, do CPP), cujo marco inicial é representado pelo dia em que a vítima vem a saber quem é o autor do crime, pois, uma vez escoado esse interregno sem a propositura da ação penal, operada estará a decadência e, por conseguinte, extinta estará a punibilidade, nos exatos termos do art. 107, IV, do CP.
Gabarito "B".

(Defensor Público/CE – 2007 – CESPE) Acerca do inquérito policial, julgue os próximos itens.

(1) Em crime de ação penal pública condicionada, a autoridade competente poderá iniciar o inquérito policial de ofício. Todavia, se, no prazo decadencial de seis meses, o ofendido ou seu representante legal não formularem a representação, o inquérito será arquivado.

(2) No curso do inquérito policial, a autoridade competente, logo que tiver conhecimento da prática da infração penal, deverá tomar uma série de providências elencadas pelo Código de Processo Penal (CPP), as quais incluem a colheita de todas as provas que servirem para o esclarecimento do fato e suas circunstâncias. Referida autoridade não poderá, todavia, realizar acareações, já que esse tipo de prova é ato privativo do juiz, que tem como pressuposto a presença do contraditório.

1: assertiva incorreta. Tratando-se de crime de *ação penal pública condicionada*, a autoridade policial, em vista do que dispõe o art. 5º, § 4º, do CPP, somente poderá determinar a instauração de inquérito diante da manifestação de vontade da vítima, formalizada por meio de *representação*, que constitui condição de procedibilidade. Assim, neste caso, e também no caso de a ação penal ser pública condicionada a *requisição* do ministro da Justiça, é defeso ao delegado de polícia dar início ao inquérito de ofício, o que somente se impõe nos crimes de ação penal pública incondicionada, a teor do art. 5º, I, do CPP; **II:** proposição incorreta, visto que em desacordo com o que preceitua o art. 6º, VI, do CPP.

Gabarito 1E, 2E

(Defensoria/SP – 2006 – FCC) O juiz, a requerimento do Ministério Público, decretou a incomunicabilidade do indiciado preso através de despacho fundamentado, como determina a Constituição Federal e o Código de Processo Penal. O defensor público

(A) não poderá proceder entrevista pessoal e reservada com o acusado.

(B) não poderá proceder entrevista pessoal e reservada com o acusado somente pelo prazo de três dias, período máximo da incomunicabilidade.

(C) poderá proceder entrevista pessoal e reservada com o acusado.

(D) poderá proceder entrevista pessoal e reservada, desde que obtida a autorização judicial.

(E) poderá proceder entrevista pessoal, todavia com escuta ambiental.

Embora a maioria da doutrina entenda que a incomunicabilidade do indiciado no inquérito policial, prevista no art. 21 do CPP, esteja revogada, porquanto incompatível com a atual ordem constitucional, há autores que pensam de forma diferente. Fato é que, para aqueles que sustentam a sua incompatibilidade à CF/88 (Guilherme de Souza Nucci, Damásio E. de Jesus, Vicente Greco Filho, entre outros), se a incomunicabilidade do preso não pode ser decretada durante o Estado de Defesa - art. 136, § 3º, IV, da CF, que constitui um *período de anormalidade*, com muito mais razão não haveria por que decretar a incomunicabilidade do indiciado em pleno período de normalidade.

Gabarito "C"

3. AÇÃO PENAL

(Defensor Público/AL – 2017 – CESPE) Em se tratando de crimes contra a dignidade sexual, a ação penal

I. se processa exclusivamente mediante ação penal privada.

II. pode ser pública incondicionada ou condicionada à representação, conforme a idade da vítima.

III. pode ser iniciada a qualquer tempo, desde que o fato seja comunicado à polícia ou ao Ministério Público.

IV. será pública incondicionada nas situações em que a vítima tiver menos de quatorze anos, padecer de doença mental incapacitante ou não puder oferecer resistência.

Estão certos apenas os itens

(A) I e II.

(B) I e III.

(C) II e III.

(D) II e IV.

(E) I, III e IV.

Como se pode ver, ao tempo em que foi elaborada esta questão, a ação penal, nos crimes contra a dignidade sexual, era, em regra, pública condicionada a representação. Tal panorama vigorou até a edição da Lei 13.718/2018, que implementou (uma vez mais) uma série de mudanças no universo dos crimes sexuais, aqui incluída a natureza da ação penal nesses delitos. Senão vejamos. A ação penal, nos delitos sexuais, era, em regra, de iniciativa privada. Era o que estabelecia a norma contida no *caput* do art. 225 do Código Penal. As exceções ficavam por conta do § 1º do dispositivo. Com o advento da Lei 12.015/2009 (em vigor ao tempo da elaboração desta questão), que introduziu uma série de modificações nos crimes sexuais, agora chamados *crimes contra a dignidade sexual*, nomenclatura, a nosso ver, mais adequada aos tempos atuais, a ação penal deixou de ser privativa do ofendido para ser pública condicionada à representação, exceção feita às hipóteses em que a vítima era menor de 18 anos ou pessoa vulnerável, caso em que a ação era pública incondicionada (art. 225, parágrafo único, do CP). Pois bem. Bem recentemente, entrou em vigor a Lei 13.718/2018, que, dentre várias inovações implementadas nos crimes contra a dignidade sexual, mudou, uma vez mais, a natureza da ação penal nesses delitos. Com isso, a ação penal, nos crimes sexuais, passa a ser pública incondicionada. Fazendo um breve histórico, temos o seguinte quadro: a ação penal, nos crimes sexuais, era, em regra, privativa do ofendido, a este cabendo a propositura da ação penal; posteriormente, a partir do advento da Lei 12.015/2009, a ação penal, nesses crimes, deixou de ser privativa do ofendido para ser pública condicionada a representação, em regra; agora, com a entrada em vigor da Lei 13.718/2018, a ação penal, nos crimes contra a dignidade sexual, que antes era pública condicionada, passa a ser pública incondicionada. Com isso, o titular da ação penal, que é o MP, prescinde de manifestação de vontade da vítima para promover a ação penal. Dessa forma, fica sepultado o debate que antes havia acerca da aplicação da Súmula 608, do STF. É importante que se diga que, além da alteração a que fizemos referência, a Lei 13.718/2018 promoveu, no contexto dos crimes sexuais, outras relevantes mudanças. Uma das mais significativas, a nosso ver, é a introdução, no Código Penal, do crime de *importunação sexual*, disposto no art. 215-A, nos seguintes termos: *Praticar contra alguém e sem a sua anuência ato libidinoso com o objetivo de satisfazer a própria lascívia ou a de terceiro: Pena – reclusão, de 1 (um) a 5 (cinco) anos, se o ato não constitui crime mais grave*. A conduta de homens que, em ônibus e trens lotados, molestam mulheres e, em alguns casos, chegam a ejacular, se enquadra, doravante, neste novo tipo penal. Episódio amplamente divulgado pelos meios de comunicação é o de um homem que, dentro do transporte público, em São Paulo, ejaculou no pescoço de uma mulher. Antes, a responsabilização se dava pela contravenção penal de *importunação ofensiva ao pudor*, definida no art. 61 da LCP, cujo preceito secundário estabelecia exclusivamente pena de multa, dispositivo este que foi revogado, de forma expressa, pela Lei 13.718/2018, tendo a conduta ali descrita migrado para o novo art. 215-A do CP, em face da regra da continuidade típico-normativa. Evidente que a pena, agora mais grave, não poderá retroagir e atingir fatos anteriores à entrada em vigor da Lei 13.718/2018. Outra importante inovação refere-se à inclusão, no art. 218-C, do delito de *divulgação de cena de estupro ou de cena de estupro de vulnerável, de cena de sexo ou de pornografia*. O objetivo do legislador, com a tipificação desta conduta, foi o de coibir um fenômeno que, infelizmente, tem sido cada vez mais comum, que é a violação da intimidade com a exposição sexual não autorizada. Inclui-se, aqui, a chamada *pornografia da vingança*, em que fotografias e vídeos de conteúdo íntimo de alguém (normalmente mulher) são divulgados na internet pelo ex-esposo ou ex-namorado como forma de vingança. A partir daí, o conteúdo é disseminado, nas redes sociais e em grupos de whatsapp, de forma exponencial. O art. 218-C contempla uma causa de aumento de pena, a configurar-se quando o crime é praticado por agente que mantém ou tenha mantido relação íntima de afeto com a vítima ou com o fim de vingança ou humilhação. No que concerne ao estupro de vulnerável, previsto no art. 217-A do CP, a Lei 13.718/2018, ao inserir o § 5º nesse dispositivo legal, consagra o entendimento adotado pela Súmula 593, do STJ, no sentido de que o consentimento e a experiência sexual anterior são irrelevantes à configuração do crime de estupro de vulnerável. Por fim, a Lei 13.718/2018 fez inserir, no art. 226 do CP, o inciso IV, estabelecendo que a pena será aumentada nos casos de *estupro coletivo* e *estupro corretivo*.

(DEFENSOR PÚBLICO/AL – 2017 – CESPE) Maria denunciou seu esposo, Antônio, por ele ter insistido em manter relação sexual com ela, contra a sua vontade, após chegar em casa embriagado. Maria afirmou, ainda, que Antônio, diante de sua recusa, a agrediu verbalmente, dirigindo-lhe palavras insultuosas.

Antônio foi condenado, mas a sua defesa recorreu, alegando nulidade do pedido e requerendo absolvição por falta de condição de procedibilidade da ação penal ante a ausência de representação formal da vítima.

Considerando essa situação hipotética, assinale a opção correta.

(A) A situação em apreço se refere a crime de injúria com violência doméstica contra a mulher, razão por que a ação penal pode ser iniciada a qualquer tempo.

(B) O crime em questão é de ação pública condicionada e só pode ir adiante se Maria fizer uma representação formal.

(C) O fato de Maria ter registrado a ocorrência e pedido providências supre o requisito da representação.

(D) A ação penal será arquivada se Maria desistir do registro da ocorrência policial em audiência especial perante o juiz e o representante do Ministério Público.

(E) A ausência de lesão corporal impossibilita que o fato em questão seja abrangido pelas normas tutelares da Lei Maria da Penha.

Ao tempo em que esta questão foi elaborada, vigia, quanto à natureza da ação penal nos crimes contra a dignidade sexual, a regra presente no art. 225 do CP, com a redação que lhe foi conferida pela Lei 12.015/2009. Ou seja, a ação penal, nos crimes sexuais, era, em regra, pública condicionada à representação. Assim sendo, para que o MP pudesse processar Antônio, necessário que Maria manifestasse sua vontade nesse sentido, ou seja, era de rigor a representação. Tal exteriorização da vontade, segundo os tribunais, não tem rigor sacramental, entendendo-se como tal o fato de a vítima dirigir-se à delegacia, registrar a ocorrência e pedir providências. Pois bem. Dito isso, é importante que se diga que, atualmente, dada a modificação implementada pela Lei 13.718/2018 na redação do art. 225 do CP, a ação penal, no contexto dos crimes sexuais, deixou de ser pública condicionada à representação para ser incondicionada. Neste caso, então, o MP, titular da ação penal, não mais necessita, para dar início ao processo, com o oferecimento de denúncia, da manifestação de vontade da vítima. De igual modo, o delegado de polícia poderá proceder a inquérito para apurar crime contra a dignidade sexual sem que o ofendido manifeste seu desejo em ver processado o seu ofensor.

(Defensor Público –DPE/RN – 2016 – CESPE) Assinale a opção correta a respeito da denúncia e da queixa-crime conforme o entendimento do STJ.

(A) Nos crimes de ação penal privada, na procuração pela qual o ofendido outorga poderes especiais para o oferecimento da queixa-crime, observados os demais requisitos previstos no CPP, não é necessária a descrição pormenorizada do delito, desde que haja, pelo menos, a menção do fato criminoso ou o *nomen juris*.

(B) Em *habeas corpus*, pode-se discutir a ausência de justa causa para a propositura da ação penal, mesmo nas hipóteses em que seja necessário um exame minucioso do conjunto fático-probatório em que ocorreu a infração.

(C) O prazo de cinco dias para oferecimento da denúncia, nas hipóteses de réu preso, a fim de evitar a restrição prolongada à liberdade sem acusação formada, configura prazo próprio.

(D) A queixa-crime apresentada perante juízo incompetente não obsta a decadência, se tiver sido observado o prazo de seis meses previsto no CPP.

(E) O ato de recebimento da denúncia veicula manifestação decisória do Poder Judiciário, e não apenas simples despacho de caráter ordinatório.

A: correta. Nesse sentido, conferir: "Quando a procuração é outorgada com a finalidade específica de propor queixa-crime, observados os preceitos do art. 44 do Código de Processo Penal, não é necessária a descrição pormenorizada do delito, bastando a menção do fato criminoso ou o *nomen juris*" (STJ, HC 106.423/SC, Rel. Ministra LAURITA VAZ, QUINTA TURMA, julgado em 07.12.2010, DJe 17.12.2010); **B**: incorreta. Conferir: "(...) O *habeas corpus* não se presta para a apreciação de alegações que buscam a absolvição do paciente, em virtude da necessidade de revolvimento do conjunto fático-probatório, o que é inviável na via eleita" (STJ, HC 387.881/SP, Rel. Ministro Ribeiro Dantas, Quinta Turma, julgado em 21.03.2017, DJe 27.03.2017). No STF: "(...) Na mesma linha de entendimento, conforme assentado pela jurisprudência desta Suprema Corte, o pedido de desclassificação da conduta criminosa também implica "revolvimento do conjunto fático-probatório da causa, o que, como se sabe, não é possível nesta via estreita do *habeas corpus*, instrumento que exige a demonstração do direito alegado de plano e que não admite dilação probatória" (HC 118.349/BA, Rel. Min. Ricardo Lewandowski, 2ª Turma, DJe 07.5.2014). 3. Ordem de *habeas corpus* denegada" (HC 123.424/MG, Rel. Min. Rosa Weber, 1ª Turma, julgado em 07.10.2014); **C**: incorreta. Ao contrário do afirmado, cuida-se de prazo *impróprio*. Nessa esteira: "Impõe-se o prazo de cinco dias para oferecimento da denúncia, nas hipóteses de reu preso, a fim de evitar a restrição prolongada à liberdade sem acusação formada, contudo, tal lapso configura prazo impróprio. Assim, eventual atraso de 3 dias para o oferecimento da denúncia não gera a ilegalidade da prisão cautelar do recorrente" (STJ, RHC 28.614/RJ, Rel. Ministro Napoleão Nunes Maia Filho, Quinta Turma, julgado em 21.10.2010, DJe 16.11.2010); **D**: incorreta. Nesse sentido: "Ainda que a queixa-crime tenha sido apresentada perante juízo absolutamente incompetente, o seu ajuizamento interrompe a decadência. Precedentes" (STJ, AgRg no REsp 1560769/SP, Rel. Ministro Sebastião Reis Júnior, Sexta Turma, julgado em 16.02.2016, DJe 25.02.2016); **E**: incorreta. A questão é polêmica, uma vez que parte significativa da doutrina sustenta que, em vista do disposto no art. 93, IX, da CF, estaria o magistrado obrigado a fundamentar a decisão de recebimento da denúncia, sob pena de nulidade. A jurisprudência majoritária, no entanto, firmou entendimento no sentido de que tal motivação é desnecessária, visto que não se trata de *decisão*, mas, sim, de mero *despacho*. Corroborando esse entendimento: STJ, 5ª T., rel. Min. Luiz Vicente Cernicchiaro, DJU

18.12.1995. É importante que se diga que várias decisões do STJ vão no sentido de que a fundamentação da decisão de recebimento da denúncia é imprescindível.

Gabarito "A".

(Defensor Público –DPE/MT – 2016 – UFMT) São princípios que regem a ação penal privada:

(A) obrigatoriedade e intranscendência.
(B) indivisibilidade e obrigatoriedade.
(C) oportunidade e indisponibilidade.
(D) instranscendência e indisponibilidade.
(E) disponibilidade e indivisibilidade.

Segundo enuncia o princípio da *obrigatoriedade*, que somente tem lugar na ação penal pública, o Ministério Público, seu titular, está obrigado a promover, por meio de denúncia, a instauração da ação penal. Este princípio não tem incidência no âmbito da ação penal privada, na qual vigora o princípio da *conveniência ou oportunidade*, pelo qual cabe ao ofendido (ou ao seu representante legal) analisar a conveniência de dar início à ação penal. É dizer: somente o fará se quiser. Já o princípio da *intranscendência*, que impõe a obrigação de a demanda ser proposta tão somente em face de quem o crime é imputado, tem incidência tanto na ação pública quanto na privativa do ofendido. O *princípio da indivisibilidade* da ação penal privada está consagrado no art. 48 do CPP. Embora não haja disposição expressa de lei, tal *postulado, segundo pensamos*, é também aplicável à ação penal pública. Não nos parece razoável que o Ministério Público possa escolher contra quem a demanda será promovida. Entretanto, o STF não compartilha desse entendimento. Para a nossa Corte Suprema, a indivisibilidade não tem incidência no âmbito da ação penal pública (somente na ação privada). Sustenta o STF que a divisibilidade da ação penal pública reside no fato de o Ministério Público ter a liberdade de não ofertar a denúncia contra alguns autores de crime contra os quais ainda não haja elementos suficientes; assim que reunidos esses elementos, a denúncia será aditada. Assim, a ação deixa de ser indivisível pelo simples fato de a denúncia comportar aditamento posterior. Com a devida vênia, a indivisibilidade, a nosso ver, consiste na impossibilidade de o membro do Ministério Público escolher contra quem a denúncia será oferecida. Se houver elementos, a ação deverá ser promovida contra todos. A *ação penal privada*, ao contrário da pública, é regida pelo *princípio da disponibilidade*, na medida em que pode o seu titular desistir de prosseguir na demanda por ele ajuizada bem assim do recurso que houver interposto. O *princípio da indisponibilidade* – art. 42, CPP – é exclusivo da ação penal pública.

Gabarito "E".

(Defensor Público/RO – 2012 – CESPE) Com base exclusivamente nas regras previstas no CPP, assinale a opção correta acerca da ação penal.

(A) O MP pode, a qualquer tempo, desistir da ação penal.
(B) O perdão concedido a um dos querelados não aproveita aos demais.
(C) Quando o MP dispensar o inquérito policial, o prazo para o oferecimento da denúncia deve ser contado da data em que tiver recebido as peças de informações ou a representação.
(D) A representação pode ser retratada mesmo depois de oferecida a denúncia.
(E) A queixa, quando a ação penal for privativa do ofendido, não pode ser aditada pelo MP.

A: incorreta, visto que, pelo princípio da indisponibilidade (art. 42 do CPP), que é exclusivo da ação penal pública, é defeso ao Ministério Público desistir da ação que haja proposto. Cuidado: na ação penal privada, diferentemente, vige o princípio da disponibilidade, segundo o qual pode o querelante desistir de prosseguir na ação por ele ajuizada; **B:** incorreta. Por força do que estabelece o art. 51 do CPP, o perdão concedido a um dos querelados a todos deverá ser estendido. De se ver que o perdão, diferentemente do que se dá com a renúncia, somente produzirá efeitos em relação ao querelado que o aceitar (ato bilateral); a *renúncia*, ao contrário, constitui ato unilateral, que independe, portanto, da manifestação de vontade do ofensor – art. 49 do CPP e art. 104 do CP; **C:** correta, pois reflete o que dispõe o art. 46, § 1º, do CPP; **D:** incorreta, pois, depois de oferecida a denúncia, a representação torna-se irretratável. É o que estabelece o art. 25 do CPP; **E:** incorreta, pois contraria o que estabelece o art. 45 do CPP.

Gabarito "C".

(Defensor Público/SP – 2012 – FCC) Ação processual penal. Assinale a alternativa correta.

(A) Nos termos do entendimento do Supremo Tribunal Federal, as ações penais fundamentadas na Lei Maria da Penha (Lei Federal n. 11.340/2006) podem ser processadas mesmo sem a representação da vítima, por serem consideradas ações penais públicas incondicionadas.
(B) Tratando-se de ação penal pública condicionada, e havendo representação da vítima, poderá ocorrer retratação caso a vítima a oferte até o recebimento da denúncia, haja vista que a lei processual prevê hipótese de arrependimento do ofendido.
(C) O princípio da obrigatoriedade da ação penal pública incondicionada não sofre mitigação, impondo ao Ministério Público a promoção da ação penal quando configurado um ilícito penal.
(D) Recebido o inquérito policial com elementos informativos suficientes para a propositura de denúncia e tendo o Ministério Público requerido novas diligências, poderá a vítima oferecer queixa subsidiária, dando início ao processo e assumindo o polo ativo da pretensão acusatória.

A: incorreta. O entendimento do STF que estabeleceu a natureza incondicionada da ação penal, tomado em controle concentrado de constitucionalidade (ADIn 4.424), somente se refere aos crimes de lesão corporal, independente de sua extensão, praticados contra a mulher no ambiente doméstico. Tal entendimento encontra-se consagrado na Súmula 542, do STJ; **B:** incorreta. Pelo que estabelece o art. 25 do CPP, a representação poderá ser retratada somente até o oferecimento da denúncia. Sucede que a Lei 11.340/2006, que estabelece, no seu art. 16, regra própria, prevê que a retratação, no contexto da Lei Maria da Penha, poderá ser manifestada, perante o juiz de direito e em audiência designada especialmente para esse fim, até o recebimento da denúncia; **C:** incorreta. O princípio da obrigatoriedade, que impõe ao MP, na ação penal pública, o dever de promover a ação penal por meio de denúncia, desde que presentes os requisitos legais, comporta, segundo a doutrina, mitigação, que consiste na possibilidade de o MP, no âmbito do Juizado Especial, no lugar de oferecer a denúncia, propor transação penal ao autor do fato (art. 76 da Lei 9.099/1995). O princípio da indisponibilidade (art. 42 do CPP), segundo o qual é vedado ao MP desistir da ação penal em curso, também sofre mitigação, representada esta pela possibilidade de o MP oferecer a suspensão condicional do processo nas infrações penais cuja pena mínima não seja superior a um ano (art. 89 da Lei 9.099/1995). De se ver que este benefício, ao contrário da transação penal, não se restringe às infrações penais de menor potencial ofensivo, sendo cabível a todas as infrações em que a pena mínima cominada não exceda a um ano; **D:** correta. No que toca à ação penal privada subsidiária da pública, deve ficar claro, conforme entendimento jurisprudencial pacificado, que o seu cabimento está condicionado à inércia, desídia do órgão do Ministério Público. Bem por

isso, se o MP, no lugar de ofertar a denúncia, requerer o arquivamento do inquérito ou ainda a sua devolução à polícia para a realização de diligências imprescindíveis ao exercício da ação penal, não terá lugar a ação penal subsidiária, que pressupõe, como já dito, inércia do órgão ministerial. E se o MP, no lugar de oferecer a denúncia, solicitar ao juiz a devolução do inquérito à polícia para a realização de diligências meramente protelatórias (não indispensáveis ao exercício da ação penal)? Neste caso, segundo magistério de Guilherme de Souza Nucci, poderá o ofendido se valer da ação privada subsidiária. Conferir: "(...) Como regra, se o membro do Ministério Público ainda não formou sua convicção para dar início à ação penal, deve-se permitir que requeira o retorno dos autos do inquérito à delegacia para novas diligências. Não cabe, pois, ação privada subsidiária da pública. Ocorre que o art. 16, deste Código, estabelece que o Ministério Público não pode requerer a devolução do inquérito policial à autoridade policial para novas diligências, salvo quando estas forem imprescindíveis ao oferecimento da denúncia. Assim, quando o retorno à delegacia constituir pedido manifestamente protelatório, cuja finalidade é burlar o esgotamento do prazo para o oferecimento da denúncia, cremos ser viável que a vítima oferte a queixa (...)" (*Código de Processo Penal Comentado*, 12ª ed., p. 154).
Gabarito "D".

(Defensor Público/PR – 2012 – FCC) Marcelino, primário e de bons antecedentes, é denunciado pelo crime de furto simples, oportunidade em que é citado para responder aos termos da acusação. Neste caso, de acordo com o entendimento jurisprudencial dominante no Supremo Tribunal Federal e com base na Lei n. 9.099/1995,

(A) na ausência de proposta de suspensão condicional do processo, deve o juiz aplicar analogicamente o art. 28 do CPP.

(B) a proposta de suspensão condicional do processo é ato privativo do Ministério Público e o crime de furto, por não ser da competência do Juizado Especial Criminal, não comporta o oferecimento do *sursis* processual.

(C) caso seja oferecida a proposta de *sursis* processual, o processo ficará suspenso pelo período de 1 (um) ano, devendo o acusado, durante o período de prova, observar as condições estabelecidas na proposta.

(D) a suspensão será revogada se, no curso do processo, o beneficiário vier a ser processado por contravenção.

(E) a prescrição será interrompida durante o prazo da suspensão condicional do processo.

A: correta. Deverá o juiz, neste caso, no lugar do ele próprio oferecer o *sursis* processual, valendo-se, por analogia, do que estabelece o art. 28 do CPP, remeter os autos para apreciação do procurador-geral de Justiça. É esse o entendimento firmado por meio da Súmula n. 696 do STF: "Reunidos os pressupostos legais permissivos da suspensão condicional do processo, mas se recusando o Promotor de Justiça a propô-la, o juiz, dissentindo, remeterá a questão ao Procurador-Geral, aplicando-se por analogia o art. 28 do Código de Processo Penal"; **B:** incorreta. Somente o MP pode figurar como proponente na suspensão condicional do processo. Até aqui a assertiva está correta. É falsa, no entanto, a parte em que se afirma que ao crime de furto, por não considerado de menor potencial ofensivo, não é aplicável o *sursis* processual. É que a incidência da suspensão condicional do processo, embora esteja prevista na Lei 9.099/1995 (Juizados Especiais), vai além das infrações consideradas de menor potencial ofensivo, conforme prevê o art. 89 da Lei dos Juizados Especiais Cíveis e Criminais, que estabelece que este benefício terá lugar nos crimes cuja pena mínima cominada for igual ou inferior a um ano (o que abrange o furto simples); **C:** incorreta, já que o art. 89, *caput*, da Lei 9.099/1995 estabelece o prazo de dois a quatro anos como período de prova; **D:** incorreta, pois, neste caso, o juiz poderá revogar a suspensão (revogação facultativa) – art. 89, § 4º, da Lei 9.099/1995; **E:** incorreta. A prescrição será *suspensa*, e não *interrompida* (art. 89, § 6º, da Lei 9.099/1995).
Gabarito "A".

(Defensor Público/AL – 2009 – CESPE) Julgue os itens seguintes quanto à ação penal, à ação civil *ex delicto*, à jurisdição e à competência.

(1) Considera-se perempta a ação penal pública condicionada quando, após seu início, o MP deixa de promover o andamento do processo durante trinta dias seguidos.

(2) Com o trânsito em julgado da sentença penal condenatória, o ofendido deve promover a liquidação do dano para fins de propositura da ação civil *ex delicto*, pois é vedado ao juiz fixar valor para reparação dos danos causados pela infração.

(3) No mandado de segurança impetrado pelo MP contra decisão proferida em processo penal, é obrigatória a citação do réu como litisconsorte passivo.

1: a *perempção* (art. 107, IV, do CP), instituto exclusivo da ação penal privada, constitui uma sanção aplicada ao querelante que deixa de promover o bom andamento processual, mostrando-se negligente e desidioso. Suas hipóteses estão listadas no art. 60 do CPP. Portanto, não há que se falar em perempção no âmbito da ação penal pública, tampouco no da ação penal privada subsidiária da pública, pois, neste caso, uma vez constatada a desídia do querelante, a titularidade é retomada pelo MP; **2:** assertiva em desacordo com o que estabelece o art. 63, parágrafo único, do CPP; **3:** a assertiva – correta - corresponde ao teor da Súmula nº 701 do STF.
Gabarito 1E, 2E, 3C

(Defensoria/MA – 2009 – FCC) O Defensor Público que por atribuição institucional agir no interesse da vítima poderá, após o representante do Ministério Público receber o auto de prisão em flagrante devidamente relatado e concluído e não oferecer a denúncia no prazo legal,

(A) requerer o relaxamento da prisão em flagrante.

(B) requerer a liberdade provisória.

(C) intentar ação penal privada subsidiária.

(D) requerer a revogação da prisão preventiva.

(E) representar ao Juiz de Direito para designação de outro Promotor de Justiça.

Desde que fique caracterizada a desídia do membro do Ministério Público, poderá o defensor, nos crimes de ação penal pública, intentar ação penal privada subsidiária, nos termos dos arts. 29 do CPP e 100, § 3º, do CP.
Gabarito "C".

(Defensoria/MT – 2009 – FCC) A denúncia

(A) não precisa expor o fato criminoso com todas as suas circunstâncias, porque isso já consta do inquérito e do relatório da autoridade policial.

(B) só poderá ser oferecida pelo Ministério Público se estiver embasada em inquérito policial.

(C) pode ser rejeitada liminarmente pelo juiz.

(D) pode ser substituída por portaria judicial quando ocorrer inércia do Ministério Público e houver risco de prescrição da pretensão punitiva.

(E) nos crimes de ação pública condicionada à representação da vítima, deve ser subscrita pelo advogado desta.

A: incorreta, pois contraria o que estabelece o art. 41 do CPP; **B:** incorreta. O inquérito policial não é obrigatório – art. 12 do CPP. A *denúncia* ou *queixa* pode ser ofertada com base em outras peças de informação, desde que o titular da ação penal disponha de elementos suficientes para tanto (indícios de autoria e prova da materialidade); **C:** correta, pois em conformidade com o disposto no art. 395 do CPP; **D:** incorreta, já que o art. 26 do CPP não foi recepcionado pela CF/88; **E:** incorreta, uma vez que a lei não impõe essa exigência.

Gabarito "C".

(Defensoria/PI – 2009 – CESPE) Caberá ação penal privada subsidiária da pública se o representante do *parquet*

(A) determinar o arquivamento das peças de informação.

(B) determinar o arquivamento do inquérito policial.

(C) requisitar as diligências necessárias à obtenção de dados informativos que aperfeiçoem o acervo que contém a *informatio delicti*.

(D) excluir algum indiciado da denúncia.

(E) se mantiver inerte, não oferecendo a denúncia, no prazo legal, desde que não tenha ele, tempestivamente, pugnado pela necessidade de novas diligências a serem realizadas pela autoridade policial, nem tenha se manifestado pelo arquivamento dos autos.

É consenso, tanto na doutrina quanto na jurisprudência, que o pleito de arquivamento dos autos de inquérito policial, formulado pelo MP, não autoriza o ofendido, no âmbito da ação penal pública (condicionada ou incondicionada), a promover a ação penal privada subsidiária. Isso porque tal modalidade de ação de iniciativa do ofendido pressupõe que o representante do MP aja com desídia, deixando de manifestar-se no prazo legal, isto é, o promotor, dentro do interregno que lhe confere a lei: i) não denuncia; ii) não requer o arquivamento do IP; iii) não requer a devolução do IP à autoridade policial para a realização de diligências suplementares indispensáveis ao exercício da ação penal.

Gabarito "E".

(Defensoria/MT – 2007) Concernente à ação penal, assinale a afirmativa correta.

(A) Na ação penal privada propriamente dita, sendo a vítima pobre nos termos da lei, o Ministério Público pode propor a queixa.

(B) Na ação penal pública condicionada à representação do ofendido, a legitimidade para propor a ação é do Ministério Público.

(C) O princípio da legalidade ou da obrigatoriedade da ação penal pública incondicionada é de natureza absoluta.

(D) No Brasil, adota-se o princípio da transcendência da ação penal.

(E) Na ação penal privada, o Estado deixa de ser o titular da pretensão punitiva.

A: incorreta, pois em desacordo com o estabelecido no art. 32 do CPP; **B:** correta, a teor dos arts. 24, *caput*, do CPP, e 129, I, da CF. Aqui, embora condicionada à manifestação de vontade da vítima, que deve ser formalizada por meio de *representação*, a ação não deixa de ser pública, vale dizer, sua titularidade é exercida pelo Ministério Público; **C:** o princípio da obrigatoriedade ou da legalidade, que informa a ação penal pública, foi mitigado com o advento do instituto da *transação penal*, disciplinado no art. 76 da Lei 9.099/1995; **D:** adotamos, ao revés, o princípio da intranscendência, segundo o qual a ação penal será proposta exclusivamente em face do autor do delito; **E:** o Estado nunca deixa de ser o titular exclusivo do direito de punir. Em se tratando de ação penal privada, o Estado tão somente delega à vítima a legitimidade para deflagrar o processo. Em momento algum o Estado abre mão do seu *jus puniendi*.

Gabarito "B".

(Defensoria/RN – 2006) A ação penal

(A) poderá, em caso de crime de ação pública, ser promovida diretamente pelo ofendido quando o Ministério Público requerer o arquivamento do inquérito policial.

(B) será considerada perempta quando, em crime de ação penal pública, o Ministério Público deixar de comparecer a qualquer ato processual, sem justificativa.

(C) prosseguirá contra o réu remanescente, quando, em crime de ação privada, o ofendido renunciar ao direito de queixa contra o outro.

(D) será considerada perempta quando, em crime de ação privada, o querelante deixar de promover atos durante trinta dias seguidos.

A: conforme se infere do art. 29 do CPP, a ação penal privada subsidiária da pública somente terá lugar na hipótese de desídia do membro do Ministério Público. Pedido de arquivamento de autos de inquérito não corresponde a desídia, omissão; **B:** a perempção, cujas hipóteses estão contempladas no art. 60 do CPP, é instituto exclusivo da ação penal privada; **C:** incorreta. Por força do que estabelece o art. 49 do CPP, a renúncia, por parte do ofendido, ao direito de queixa em relação a um dos ofensores estende-se aos demais; **D:** correta (hipótese prevista no art. 60, I, do CPP).

Gabarito "D".

4. AÇÃO CIVIL

(Defensor Público/CE – 2007 – CESPE) Com relação à ação civil, julgue os itens que se seguem.

(1) Apesar do princípio da intranscendência, segundo o qual a pena não passará da pessoa do condenado, a ação civil para ressarcimento do dano poderá ser proposta, no juízo cível, contra o autor do crime e, se for o caso, contra o responsável civil.

(2) A sentença penal absolutória que decidir que o fato imputado ao acusado não constitui crime impede a propositura da ação civil.

1: correta, nos termos do art. 64, *caput*, do CPP; **2:** incorreta, já que a proposição contraria o teor do contido no art. 67, III, do CPP.

Gabarito 1C, 2E

(Defensoria/SE – 2006 – CESPE) Julgue os itens seguintes.

(1) Confere-se à sentença condenatória irrecorrível a natureza de título executório no tocante à indenização civil, todavia, no juízo cível, o interessado, para obter a reparação do dano causado pelo ilícito penal, é obrigado a comprovar a materialidade, a autoria e a ilicitude do fato.

(2) Faz coisa julgada no cível a sentença absolutória quando reconhecida categoricamente a inexistência material do fato, não podendo, nessa hipótese, ser proposta ação civil para o reconhecimento do fato objeto da sentença penal.

(3) Conforme orientação do STF, a sentença que concede o perdão judicial é condenatória, entretanto, não vale como título executivo, visto que a extinção da punibilidade, por qualquer causa, exclui a obrigação do sujeito à reparação do dano.

1: incorreta. Com o trânsito em julgado da sentença condenatória no juízo criminal, pode esta ser levada ao juízo cível para que a vítima obtenha a reparação do dano porventura experimentado. Não serão discutidos, no juízo cível, materialidade, autoria e ilicitude do fato, temas já superados no juízo criminal. A discussão limitar-se-á ao *quantum debeatur*, isto é, ao montante que deverá ser pago à vítima a título de indenização; **2:** correta (art. 66 do CPP); **3:** incorreta. Segundo posição adotada pelo Supremo Tribunal Federal, cuida-se de decisão de natureza condenatória; vale salientar que o Superior Tribunal de Justiça, por meio da Súmula 18, consagrou entendimento diverso, segundo o qual a sentença concessiva de perdão judicial tem natureza meramente declaratória; de qualquer forma, pode ela ser executada como título no juízo cível.

Gabarito 1E, 2C, 3E.

5. JURISDIÇÃO E COMPETÊNCIA. CONEXÃO E CONTINÊNCIA

(Defensor Público –DPE/BA – 2016 – FCC) De acordo com norma expressa do Código de Processo Penal, são fatores que determinam a competência jurisdicional:

(A) A prevenção e o local da prisão.
(B) A prerrogativa de função e o domicílio ou residência do réu.
(C) O local da investigação e a conexão ou continência.
(D) O local da prisão e o local da infração.
(E) O local da residência da vítima e a natureza da infração.

A única alternativa que contempla somente critérios de fixação de competência é a "B", segundo a regra contida no art. 69 do CPP, que assim dispõe: *Determinará a competência jurisdicional: I – o lugar da infração; II – o domicílio ou residência do réu; III – a natureza da infração; IV – a distribuição; V – a conexão ou continência; VI – a prevenção; VII – a prerrogativa de função.*

Gabarito "B".

(Defensor Público –DPE/MT – 2016 – UFMT) Concomitantemente, diversas pessoas saquearam um estabelecimento comercial sem se conhecerem umas às outras. Cuida-se na espécie de

(A) continência de ações, em razão do concurso de pessoas.
(B) conexão intersubjetiva por reciprocidade.
(C) conexão objetiva consequencial.
(D) conexão intersubjetiva por simultaneidade.
(E) conexão objetiva teleológica.

A *conexão intersubjetiva por simultaneidade* (também denominada *subjetivo-objetiva* ou *meramente ocasional*) está prevista no art. 76, I, primeira parte, do CPP: "se, ocorrendo duas ou mais infrações penais, houverem sido praticadas, ao mesmo tempo, por várias pessoas reunidas (...)". Como se pode notar, os fatos, nessa modalidade de conexão intersubjetiva, se dão em um mesmo contexto de tempo e lugar sem que haja entre os agentes ajuste prévio. Exemplo sempre lembrado pela doutrina é aquele em que diversos torcedores, que não se conhecem, invadem o campo para agredir os jogadores e o árbitro.

Gabarito "D".

(Defensor Público –DPE/MT – 2016 – UFMT) Em relação à competência jurisdicional decorrente da prerrogativa de função e à competência do Tribunal do Júri, marque a afirmativa correta.

(A) Caso um Prefeito Municipal venha a cometer um crime de homicídio no exercício de seu mandato, deverá ser julgado pelo Tribunal do Júri do lugar do crime, tendo em vista que este último é o órgão competente constitucionalmente para o julgamento.
(B) Um Juiz de Direito do Estado de Mato Grosso que comete um crime de homicídio no Estado do Acre deverá ser julgado pelo Tribunal de Justiça do Estado do Acre, já que tem foro por prerrogativa de função.
(C) Um Promotor de Justiça do Estado de São Paulo que comete um crime de tentativa de homicídio simples no Estado de Mato Grosso deverá ser julgado pelo Tribunal de Justiça do Estado de São Paulo, já que tem foro por prerrogativa de função.
(D) Um Deputado Federal do Estado de Mato Grosso que comete um crime de homicídio em Brasília deverá ser julgado pelo Tribunal do Júri do Distrito Federal.
(E) Um Juiz de Direito do Estado de Mato Grosso que comete um crime de homicídio no Estado do Acre poderá ser julgado pelo Tribunal de Justiça tanto do Estado do Acre como do Estado de Mato Grosso, já que tem foro por prerrogativa de função.

Antes de analisar cada alternativa, cabem algumas observações a respeito do foro por prerrogativa de função, considerando mudança de entendimento acerca deste tema no STF. No dia 3 de maio de 2018, o Plenário do STF, por maioria de votos, decidiu que o foro por prerrogativa de função de que gozam parlamentares federais (senadores e deputados) se aplica tão somente a infrações penais cometidas no exercício do cargo e em razão das funções a ele relacionadas. Tal decisão foi tomada no julgamento de questão de ordem da ação penal 937, cujo relator é o ministro Luís Roberto Barroso. Com isso, se o crime imputado a senador ou deputado federal é cometido antes da diplomação, o julgamento caberá ao juízo de primeira instância; se for cometido no curso do mandado mas nenhuma relação tiver com o seu exercício, o julgamento também caberá ao juiz de primeira instância (por exemplo: homicídio; roubo; embriaguez ao volante); agora, sendo o delito cometido durante o mandato e havendo relação entre ele e o desempenho da função parlamentar (corrupção passiva, por exemplo), o julgamento deverá realizar-se perante o STF. Uma das primeiras questões que surgiu, entre tantas outras, é se este entendimento que restringe o foro por prerrogativa de função se aplica para outras hipóteses de foro privilegiado ou apenas para os deputados federais e senadores. Segundo o STF, em decisão tomada no julgamento do Inq 4703 QO/DF, ocorrido em 12/06/2018 e da relatoria do ministro Luiz Fux, tal restrição imposta ao foro privilegiado vale também para ministros de Estado. O STJ, por sua vez, ao enfrentar a questão, tendo por base a decisão do STF na AP 937, decidiu que a restrição do foro deve alcançar governadores e conselheiros dos Tribunais de Contas estaduais (AP 866 e AP 857). Lembremos que o art. 105, I, "a", da CF/88 estabelece que compete ao STJ julgar os crimes praticados por governadores de Estado e por conselheiros dos Tribunais de Contas dos Estados. No que concerne aos prefeitos, ainda não há consenso. Há tribunais que, em face da nova interpretação conferida pelo STF ao foro por prerrogativa de função, remeteram os processos contra o chefe do executivo municipal para julgamento pela 1ª instância. Mais recentemente, o STJ, por meio de seu Pleno, ao julgar, em 21/11/2018, a QO na AP 878, fixou a tese de que o entendimento firmado no STF a respeito da restrição imposta ao foro por prerrogativa de função não se aplica a desembargador, que, ainda que o crime praticado nenhuma relação tenha com o exercício do cargo, deverá ser julgado pelo STJ, ou seja, o precedente do STF não se aplica a todos os casos de foro por prerrogativa de função. Dito isso, passemos à resolução de cada alternativa. **A:** incorreta. A solução deve ser extraída da Súmula 721 do STF, cujo teor foi reproduzido na Súmula Vinculante 45: "A com-

petência constitucional do Tribunal do Júri prevalece sobre o foro por prerrogativa de função estabelecido exclusivamente pela Constituição estadual". A contrário senso, a competência constitucional do Tribunal do Júri não prevalecerá sobre o foro por prerrogativa de função estabelecido pela Constituição Federal, sendo este o caso do prefeito que comete crime de homicídio doloso, já que a competência para o julgamento, neste caso, caberá, segundo estabelece o art. 29, X, da CF, ao Tribunal de Justiça do Estado onde fica o município no qual o prefeito exerce suas funções de chefe do executivo; **B**: incorreta. O juiz de direito (e também os promotores de justiça) será julgado pelo Tribunal de Justiça do Estado em que exerce suas funções, ainda que a infração penal tenha ocorrido em outra unidade da Federação (art. 96, III, da CF); **C**: correta. Tal como afirmado na alternativa anterior, tanto promotores de Justiça quanto juízes de direito serão julgados pelo Tribunal de Justiça do Estado em que exercem suas funções, ainda que a infração penal tenha ocorrido em outra unidade da Federação (art. 40, IV, da Lei 8.625/1993 – Lei Orgânica Nacional do MP – e art. 96, III, da CF); **D**: incorreta, já que o deputado federal, que é detentor de foro por prerrogativa de função, será julgado pelo STF (art. 53, § 1°, do CF). Aplica-se, neste caso, a Súmula Vinculante 45, acima transcrita; **E**: incorreta. *Vide* comentário à assertiva "B".
Gabarito "C".

(Defensor Público/AM – 2013 – FCC) Em relação à competência em processo penal, é correto afirmar que

(A) será determinada pela continência quando a prova de uma infração ou de qualquer de suas circunstâncias elementares influir na prova de outra infração.
(B) é absoluta a nulidade decorrente da inobservância da competência penal por prevenção.
(C) será facultativa a separação dos processos quando as infrações tiverem sido praticadas em circunstâncias de tempo ou de lugar diferentes, ou, quando pelo excessivo número de acusados e para não lhes prolongar a prisão provisória, ou por outro motivo relevante, o juiz reputar conveniente a separação.
(D) nos casos de ação penal de iniciativa pública, não sendo conhecido o lugar da infração, a competência regular-se-á pelo domicílio ou residência do ofendido.
(E) na determinação da competência por conexão ou continência, no concurso entre a jurisdição especial e a comum, prevalecerá esta, em regra.

A: incorreta. A assertiva descreve hipótese de conexão (não de continência), prevista no art. 76, III, do CPP; **B**: incorreta, pois não condiz com o entendimento sufragado na Súmula n° 706 do STF, segundo a qual "é relativa a nulidade decorrente da inobservância da competência penal por prevenção"; **C**: correta, porquanto corresponde à redação do art. 80 do CPP; **D**: incorreta, já que, neste caso, estabelece o art. 72 do CPP que a competência será fixada em razão do domicílio ou residência do *réu*, e não do *ofendido*; **E**: incorreta, pois, na dicção do art. 78, IV, do CPP, deverá prevalecer, em detrimento da jurisdição *comum*, a *especial*.
Gabarito "C".

(Defensor Público/AM – 2010 – I. Cidades) A respeito de competência, julgue as assertivas abaixo e assinale a alternativa correta.
I. A Lei 9.099/95 adotou a Teoria da Atividade para os casos de crimes de menor potencial ofensivo sujeitos ao seu procedimento.
II. A competência será firmada pelo domicílio do réu se não for conhecido o lugar da infração penal.
III. Sendo o domicílio do réu o critério de fixação da competência, ela será firmada pela prevenção se o réu tiver mais de um domicílio.
IV. O concurso formal de crimes é apontado pela doutrina como hipótese de conexão intersubjetiva por simultaneidade.
V. Nos casos de crimes continuados ou permanentes, praticados em território de mais de uma jurisdição, a competência será firmada pela prevenção.
(A) todas assertivas estão corretas.
(B) apenas a assertiva IV está incorreta.
(C) as assertivas I e III estão incorretas.
(D) as assertivas I, II, III e IV estão corretas.
(E) todas as assertivas estão incorretas.

I: o art. 63 da Lei 9.099/95 estabelece que a competência do Juizado Especial Criminal será determinada em razão do lugar em que foi *praticada* a infração penal. Surgiram, assim, três teorias a respeito do juiz competente para o julgamento da causa: teoria da atividade: é competente o juiz do local onde se verificou a ação ou omissão; teoria do resultado: a ação deve ser julgada no local onde se produziu o resultado; e teoria da ubiquidade: é considerado competente tanto o juiz do local em que se deu a ação ou omissão quanto aquele do lugar em que se produziu o resultado. Na doutrina e na jurisprudência, predominam as teorias da atividade e da ubiquidade; **II**: assertiva correta, pois em conformidade com o que prescreve o art. 72, *caput*, do CPP; **III**: proposição correta, nos termos do art. 72, § 1°, do CPP; **IV**: assertiva incorreta, visto que o concurso formal de crimes (art. 70, CP) constitui, juntamente com o concurso de pessoas (art. 29, CP), hipótese de continência (art. 77, CPP), não de conexão, cujas hipóteses estão listadas no art. 76 do CPP; **V**: correta, pois em consonância com o disposto no art. 71 do CPP.
Gabarito "B".

(Defensor Público/GO – 2010 – I. Cidades) Pedro Mão-Ligeira e João Tostão, no dia 30 de julho de 2010, após ingerirem cerveja nesta Capital, resolveram praticar vários roubos contra postos de combustíveis, sendo que cinco ocorreram nesta Capital; três em Aparecida de Goiânia-GO, onde houve a morte de um frentista que foi atingido ao reagir ao "assalto" e um, na forma tentada, em Hidrolândia-GO.

Todos os crimes foram praticados na noite daquele dia e com o uso das mesmas armas e motocicletas.

O Delegado de Polícia de Goiânia-GO instaurou inquérito policial para apurar os roubos no dia 04 de agosto de 2010. Também foi instaurado inquérito no dia 05 de agosto de 2010 em Aparecida de Goiânia-GO, visando apurar os referidos crimes. Já o Delegado de Polícia de Hidrolândia-GO instaurou inquérito para apurar os referidos fatos no dia 06 de agosto de 2010, o qual representou, na mesma data, pela quebra de sigilo telefônico de todas as ligações realizadas por celular naquela cidade e no horário em que se deu a tentativa de roubo, pois os frentistas informaram que os "assaltantes" usaram o celular minutos antes de praticarem o "assalto".

O Juiz de Direito de Hidrolândia-GO deferiu, parcialmente, o pedido de quebra do sigilo telefônico, no mesmo dia.

Em todos os inquéritos instaurados já se tinha conhecimento da autoria, pois os "assaltantes" foram identificados nas câmeras de vigilância e já eram conhecidos da Polícia.

Diante do enunciado supra, é de se concluir que:
(A) Os julgamentos dos fatos devem ocorrer separadamente e nas respectivas comarcas.

(B) Os fatos devem ser julgados perante a Comarca de Goiânia-GO, pois foi onde houve a prática do maior número de crimes e onde se instaurou o primeiro inquérito.
(C) Os fatos devem ser julgados na Comarca de Aparecida de Goiânia-GO, por ser o lugar em que foi praticado o crime qualificado pelo resultado "morte".
(D) A competência para julgar os fatos é do Tribunal do Júri da Comarca de Aparecida de Goiânia-GO, uma vez que ali houve uma morte, por isso trata-se de competência do júri, que atrai a competência para os demais crimes.
(E) A competência para julgar os fatos é do Juízo da Comarca de Hidrolândia-GO, uma vez que se trata de crime continuado, tornando-se aquele juízo prevento em razão de ter antecedido aos demais juízos competentes na prática de ato judicial.

Em vista do que dispõe o art. 71 do CPP, tratando-se de crime continuado, cujos requisitos estão contemplados no art. 71 do CP, em que a ação tenha se desenvolvido em diversos locais, a competência para o processamento e julgamento firmar-se-á pela prevenção, já que, em princípio, todos são competentes. No caso aqui tratado, a providência levada a efeito pelo Juízo de Direito de Hidrolândia (concessão parcial de quebra do sigilo telefônico) tem o condão de torná-lo prevento.
Gabarito "E".

(Defensoria/MA – 2009 – FCC) A competência fixada pela circunstância de duas ou mais pessoas serem acusadas pela mesma infração é determinada

(A) pela prevenção.
(B) por conexão.
(C) pela natureza da infração.
(D) pela continência.
(E) por distribuição.

Art. 77, I, do CPP. Verifica-se a continência no *concurso de pessoas* (art. 29 do CP) e no *concurso formal de crimes* (art. 70 do CP). Há, nessas hipóteses de incidência da continência, uma única infração penal, ora praticada em concurso de pessoas, ora perpetrada por meio de uma única ação que gera mais de um resultado (concurso formal).
Gabarito "D".

(Defensoria/MT – 2009 – FCC) A respeito dos critérios de determinação e modificação da competência, é correto afirmar que

(A) o querelante, nos casos de exclusiva ação penal, não poderá preferir o foro do domicílio ou da residência do réu, quando conhecido o lugar da infração.
(B) no concurso entre a jurisdição comum e a especial, prevalecerá a competência da jurisdição comum.
(C) a competência será determinada pelo lugar em que ocorreu a consumação, quando, iniciada a execução no território nacional, a infração se consumar fora dele.
(D) a competência será determinada pelo local em que tiver sido iniciada a continuação quando se tratar de infração continuada praticada em território de duas ou mais jurisdições.
(E) compete à Justiça Federal o processo e o julgamento unificado dos crimes conexos de competência federal e estadual.

A: ainda que conhecido o lugar da infração, o querelante, na ação penal privada exclusiva, poderá preferir o foro de domicílio ou da residência do réu – art. 73 do CPP; **B:** no concurso entre a jurisdição comum e a especial, prevalecerá esta última – art. 78, IV, do CPP; **C:** neste caso, em vista do que dispõe o art. 70, § 1º, do CPP, a competência será determinada em função do lugar em que tiver sido praticado, no Brasil, o último ato de execução; **D:** aplica-se, aqui, a prevenção, *ex vi* do art. 71 do CPP; **E:** a assertiva corresponde ao teor da Súmula nº 122 do STJ.
Gabarito "E".

(Defensor Público/MS – 2008 – VUNESP) A *perpetuatio jurisdictionis* é aplicável

(A) aos casos de conexão ou continência.
(B) somente nos casos de conexão.
(C) somente aos processos do Tribunal do Júri.
(D) aos casos de competência funcional.

Art. 81 do CPP.
Gabarito "A".

(Defensor Público/PA – 2006 – UNAMA) Quanto à competência, é correto afirmar,

I. Nos crimes permanentes, praticados em território de mais de uma jurisdição, a competência firmar-se-á pela prevenção.
II. Nos crimes de competência do tribunal do júri, quando do julgamento, havendo desclassificação da infração para outra de competência do juiz singular, a este serão os autos remetidos.
III. A competência do júri tem prevalência sobre a de outro órgão da jurisdição comum.
IV. Nos crimes cometidos por autoridade detentora de foro privilegiado, a competência especial prevalecerá ainda que esta deixe o cargo no curso da ação penal.

Somente é correto o que se afirma em:

(A) I e III.
(B) II e III.
(C) II e IV.
(D) I e IV.

I: quando a prática do crime permanente, assim entendido aquele cuja consumação se protrai no tempo por vontade do agente, envolver locais correspondentes a vários foros, todos competentes, o critério a ser aplicado, em conformidade com o art. 71 do CPP, é o da *prevenção*. Assertiva, portanto, correta; **II:** incorreta, já que, neste caso, por força do que dispõe o art. 492, § 1º, do CPP, incumbirá ao juiz presidente do Tribunal do Júri proferir, de imediato, a sentença. Cuidado: ao proferir a decisão de *desclassificação* (art. 419, CPP), ainda na primeira fase do procedimento – *sumário de culpa*, os autos serão remetidos ao juízo competente. Note, aqui, que o examinador quis confundir a desclassificação operada no sumário de culpa com aquela que se dá por meio de votação no Conselho de Sentença. Nesta, como já dito, o julgamento caberá ao juiz presidente do Tribunal Júri; **III:** correta, nos termos do art. 78, I, do CPP. Mas atenção: se houver concurso entre crime doloso contra a vida e crime de competência da Justiça especializada (Eleitoral, Militar), impõe-se a separação dos feitos; **IV:** incorreta, visto que, uma vez cessado o cargo/função/mandato, a autoridade deixa de ter foro privilegiado, sendo julgada pelas instâncias ordinárias. No mais, a Súmula 394 do STF, que assegurava a perpetuação do foro por prerrogativa de função, foi cancelada pelo Pleno do próprio Supremo. Além disso, o STF declarou a inconstitucionalidade da Lei 10.628/02, que acrescentou os §§ 1º e 2º ao art. 84 do CPP.
Gabarito "A".

(Defensoria/RN – 2006) A competência será determinada

(A) pela prevenção quando o juízo tiver decretado a prisão preventiva do acusado antes do oferecimento da ação penal.
(B) em regra estabelecida pela natureza da infração.
(C) pelo lugar do domicílio do réu quando praticadas infrações em diversas comarcas.
(D) pela conexão na hipótese da ocorrência de crime formal.

A: art. 83 do CPP; **B:** art. 70, *caput*, do CPP; **C:** art. 72, *caput*, do CPP; **D:** art. 77, II, do CPP.
Gabarito "A".

(Defensoria/SP – 2006 – FCC) No que se refere à aplicação das regras de conexão e continência, os institutos da transação penal e da composição dos danos civis, aplicam-se na reunião de processos

(A) tanto perante o juízo comum quanto o tribunal do júri.
(B) exclusivamente perante o juízo comum.
(C) exclusivamente perante o juízo comum, exceto na jurisdição federal.
(D) exclusivamente perante o tribunal do júri.
(E) decorrente de crime continuado.

Art. 60, parágrafo único, da Lei 9.099/95.
Gabarito "A".

(Defensor Público/BA – 2006) A competência será determinada pela conexão:

I. Se, ocorrendo duas ou mais infrações, houverem sido praticadas, ao mesmo tempo, por várias pessoas reunidas, ou por várias pessoas em concurso, embora diverso o tempo e o lugar, ou por várias pessoas, umas contra as outras.
II. Se, no mesmo caso, houverem sido umas praticadas para facilitar ou ocultar as outras, ou para conseguir impunidade ou vantagem em relação a qualquer delas.
III. Quando a prova de uma infração ou de qualquer de suas circunstâncias elementares influir na prova de outra infração.
IV. Quando duas ou mais pessoas forem acusadas pela mesma infração.

Analisando as assertivas acima, verifica-se que:

(A) Apenas I e II estão corretas.
(B) Apenas I, II e III estão corretas.
(C) Apenas I e III estão corretas.
(D) Apenas I, III, e IV estão corretas.
(E) Todas estão corretas.

I: correta, nos termos do art. 76, I, CPP; **II:** correta, nos termos do art. 76, II, CPP; **III:** correta, nos termos do art. 76, III, CPP; **IV:** incorreta, já que esta hipótese está contemplada no art. 77, I, do CPP, que cuida da continência.
Gabarito "B".

6. QUESTÕES E PROCESSOS INCIDENTES

(Defensor Público –DPE/MT – 2016 – UFMT) Em relação às medidas assecuratórias, analise as assertivas abaixo.

I. Sequestro é a retenção da coisa, para que se disponha do bem e a decisão que o decreta é apelável.
II. De forma diversa da hipoteca legal, o sequestro recai sobre bens que compõem o patrimônio lícito do autor da infração.
III. O levantamento do sequestro ocorre se a ação penal não for ajuizada no prazo de 90 (noventa) dias, a contar da data em que for concluída a diligência.
IV. A especialização da hipoteca pode ser requerida pelo ofendido, seu representante legal ou herdeiros, bem como pelo Ministério Público.

Estão corretas as assertivas

(A) I e IV, apenas.
(B) I, II e IV, apenas.
(C) I, II e III, apenas.
(D) I e III, apenas.
(E) II, III e IV, apenas.

I: correta. O sequestro, medida assecuratória que pode recair tanto sobre bens imóveis (art. 125, CPP) quanto móveis (art. 132, CPP) adquiridos com o lucro do crime (proventos da infração), visa, de fato, à retenção da coisa, com o fim de impedir que dela se disponha. Também é verdade que da decisão que decreta (e também a que indefere) o sequestro cabe apelação (art. 593, II, CPP); **II:** incorreta, já que é a hipoteca legal, e não o sequestro, que recai sobre os bens que compõem o patrimônio *lícito* do autor da infração penal; **III:** incorreta. Uma das hipóteses de levantamento (perda da eficácia) do sequestro é aquela em que a ação penal não é ajuizada dentro do prazo de 60 dias (e não de 90), a contar da data em que foi concluída a diligência (art. 131, I, do CPP); **IV:** correta, já que contempla os legitimados a formular requerimento de especialização da hipoteca legal.
Gabarito "A".

(Defensoria/SP – 2009 – FCC) Em ação penal para o julgamento de crime de bigamia, a existência de ação civil relativa à validade do casamento, constitui

(A) questão prejudicial facultativa heterogênea.
(B) litispendência.
(C) questão prejudicial obrigatória homogênea.
(D) questão prejudicial obrigatória heterogênea.
(E) questão prejudicial facultativa mista.

Prevista no art. 92 do CPP, *obrigatória* é a questão prejudicial que necessariamente enseja a suspensão do processo, sendo tão somente suficiente que o magistrado do juízo criminal a repute séria e fundada. Aqui, o juiz deverá determinar a paralisação do feito até que o juízo cível emita sua manifestação. Envolvem questões atinentes à própria existência do crime. Preleciona o art. 116, I, do CP que o curso da prescrição ficará suspenso. Já na questão prejudicial *facultativa*, contida no art. 93 do CPP, o magistrado tem a faculdade, não a obrigação, de suspender o processo. Trata-se, aqui, de questões diversas do estado das pessoas. Diz-se *heterogênea* porque diz respeito à matéria de outra área do direito da questão prejudicial; a *homogênea*, ao contrário, integra o mesmo ramo do direito da questão principal ou prejudicada.
Gabarito "D".

(Defensor Público/RO – 2007) Na ação penal pública incondicionada, em sede de defesa, NÃO poderá ser arguida a seguinte exceção:

(A) perempção
(B) coisa julgada
(C) litispendência
(D) incompetência
(E) impossibilidade jurídica

A perempção, cujas hipóteses de incidência estão presentes no art. 60 do CPP, constitui instituto exclusivo da ação penal de iniciativa privada. Não se aplica, portanto, à ação penal pública tampouco à privada subsidiária da pública.
Gabarito "A".

(Defensor Público/RO – 2007) Dentre as hipóteses de exceções processuais, aquela que precede a qualquer outra é:

(A) incompetência
(B) ilegitimidade
(C) coisa julgada
(D) suspeição
(E) perempção

Art. 96 do CPP. Tal se dá com o propósito de assegurar às partes um juiz imparcial, proporcionando, assim, um julgamento justo. O dispositivo permite que a arguição de suspeição se dê após outra, desde que o fato que a ela deu origem tenha surgido posteriormente. Caso contrário, devem as partes, logo que tiverem conhecimento, promover a arguição.
Gabarito "D".

(Defensor Público/BA – 2006) Arguida, por escrito, a falsidade de documento constante dos autos, em sede de processo penal, o juiz deverá observar a(s) seguinte(s) regra(s):

I. Mandará autuar em apartado a impugnação, e em seguida ouvirá a parte contrária, que, no prazo de 24 (vinte e quatro) horas, oferecerá resposta.
II. Assinará o prazo de 5 (cinco) dias, sucessivamente, a cada uma das partes, para prova de suas alegações.
III. Conclusos os autos, poderá ordenar as diligências que entender necessárias.
IV. Se reconhecida a falsidade por decisão irrecorrível, mandará desentranhar o documento e remetê-lo, com os autos do processo incidente, ao Ministério Público.

Analisando as assertivas acima, verifica-se que:

(A) Apenas I e II estão corretas.
(B) Apenas III e IV estão corretas.
(C) Apenas I e III estão corretas.
(D) Apenas I, III, e IV estão corretas.
(E) Todas as alternativas estão corretas.

I: incorreta, na medida em que a parte contrária disporá do prazo de 48 horas para oferecer resposta à impugnação – art. 145, I, do CPP; **II:** incorreta, já que o juiz concederá 3 dias, sucessivamente, a cada uma das partes para que prove suas alegações – art. 145, II, do CPP; **III:** proposição em consonância com o disposto no art. 145, III, do CPP; **IV:** correta, a teor do art. 145, IV, do CPP.
Gabarito "B".

7. PRERROGATIVAS DO ACUSADO

(Defensor Público/PR – 2012 – FCC) Instaurado inquérito policial para investigação de roubo de veículos na cidade de Foz do Iguaçu, Marivaldo é preso preventivamente, pela suposta prática dos crimes dos arts. 157, § 2º, I e 288 do Código Penal. Tendo sido comunicada a prisão e encaminhada a cópia do cumprimento do mandado ao Defensor Público, que se dirigiu à Delegacia de Polícia. De acordo com as prerrogativas contidas na Lei Complementar n. 80/1994 e as disposições do Código de Processo Penal analise as afirmações abaixo.

I. Se houver a decretação da incomunicabilidade do indiciado, o Defensor Público não poderá se entrevistar com aquele, a fim de assegurar a continuidade das investigações.
II. O Defensor Público deverá agendar previamente a sua visita à Delegacia de Polícia para se entrevistar com o preso.
III. O Defensor Público terá acesso aos autos do inquérito policial, podendo apenas tomar apontamentos.
IV. Enquanto não relatado o inquérito policial o Defensor Público poderá ter acesso aos autos, mas não obterá cópias, dada a sua sigilosidade.
V. O Defensor Público não precisará de procuração do indiciado para ter vista dos autos do inquérito policial, podendo praticar os atos que entender necessários.

Está correto o que se afirma em

(A) III, apenas.
(B) V, apenas.
(C) III e V, apenas.
(D) III, IV e V, apenas.
(E) I, II, III, IV e V.

I e II: incorretas. Vide art. 44, VII, da LC n. 80/1994, in verbis: "Art. 44. São prerrogativas dos membros da Defensoria Pública da União: (...) VII – comunicar-se, pessoal e reservadamente, com seus assistidos, ainda quando esses se acharem presos ou detidos, mesmo incomunicáveis, tendo livre ingresso em estabelecimentos policiais, prisionais e de internação coletiva, independentemente de prévio agendamento; **III e IV:** incorretas, conforme dispõe o art. 44, VIII, da LC n. 80/1994: "Art. 44 (...) VIII – Examinar, em qualquer repartição pública, autos de flagrantes, inquéritos e processos, assegurada a obtenção de cópias e podendo tomar apontamentos"; **V:** correta. A vista dos autos de inquérito independe de procuração.
Gabarito "B".

8. PROVAS

(Defensor Público/AL – 2017 – CESPE) Detido em uma blitz policial por trafegar com o farol apagado, o motociclista Rafael foi submetido a revista, tendo sido encontradas com ele dez porções de cocaína, que totalizaram 10 gramas. Rafael alegou que eram para consumo próprio. Enquanto o motociclista explicava seu álibi para os policiais, uma pessoa o indagou, em uma mensagem de texto recebida no seu telefone celular, pela droga que ele havia se comprometido a entregar. Na ocasião, os policiais exigiram que Rafael entregasse o celular e, com base no teor da mensagem, conduziram o motociclista preso em flagrante e o apresentaram ao delegado, que o indiciou por tráfico de droga.

Nessa situação hipotética, considera-se a prova utilizada pelos policiais para prender Rafael

(A) legal, caso seja validada pelo Ministério Público por despacho fundamentado, sujeito a controle judicial.

(B) nula, já que essa prova implica desrespeito ao sigilo telefônico e, por isso, não pode ser usada para embasar sua condenação.

(C) lícita, já que não se trata de interceptação de conversa telefônica, mas sim de mensagem telefônica.

(D) passível de validação posterior pelo juiz diante dos indícios da sua autoria ou participação em crime grave.

(E) de nulidade relativa, que se aplica somente se provado prejuízo ao réu.

Segundo têm entendido os Tribunais, somente são considerados prova lícita os dados e as conversas registrados por meio de mensagem de texto obtidos de aparelho celular apreendido no ato da prisão em flagrante se houver prévia autorização judicial. Nesse sentido: "I – A jurisprudência deste Tribunal Superior firmou-se no sentido de ser ilícita a prova oriunda do acesso aos dados armazenados no aparelho celular, relativos a mensagens de texto, SMS, conversas por meio de aplicativos (WhatsApp), obtidos diretamente pela polícia no momento da prisão em flagrante, sem prévia autorização judicial. II – In casu, os policiais civis obtiveram acesso aos dados (mensagens do aplicativo WhatsApp) armazenados no aparelho celular do corréu, no momento da prisão em flagrante, sem autorização judicial, o que torna a prova obtida ilícita, e impõe o seu desentranhamento dos autos, bem como dos demais elementos probatórios da diretamente derivados (...) Recurso ordinário provido para determinar o desentranhamento dos autos das provas obtidas por meio de acesso indevido aos dados armazenados no aparelho celular, sem autorização judicial, bem como as delas diretamente derivadas, e para conceder a liberdade provisória ao recorrente, salvo se por outro motivo estiver preso, e sem prejuízo da decretação de nova prisão preventiva, desde que fundamentada em indícios de autoria válidos" (STJ, RHC 92.009/RS, Rel. Ministro Felix Fischer, Quinta Turma, julgado em 10.04.2018, DJe 16.04.2018).
Gabarito "B".

(Defensor Público/AL – 2017 – CESPE) Em determinada ação penal, o Ministério Público ofereceu como prova gravação feita por testemunha que tinha gravado um diálogo com o acusado, na qual este admitia que havia pagado propina a um funcionário público para que ele expedisse documento de interesse exclusivo e privado do acusado.

Nessa situação hipotética, como providência processual, deve-se

(A) proceder à acareação entre a testemunha e o acusado, para que sejam esclarecidos fatos ou circunstâncias relevantes.

(B) considerar a gravação e as demais provas colhidas, para condenar ou absolver o réu, conforme decisão do juiz.

(C) considerar contaminado todo o processo, devido à ilicitude na colheita da prova, com fundamento na teoria da árvore dos frutos envenenados.

(D) desconsiderar a prova, devido ao fato de ela ser ilícita, e arquivar o inquérito, ação que deve ser realizada pelo delegado após comunicação ao juiz e ao Ministério Público.

(E) anular a prova e retirar a gravação dos autos, devido ao fato de ela ter sido feita sem a ciência e o consentimento do réu.

A gravação ambiental clandestina (sem a ciência de um dos interlocutores), não contemplada na Lei 9.296/1996, prescinde de autorização judicial. A sua utilização como prova está a depender do caso concreto. Por se tratar de gravação de diálogo que envolve a prática de crime contra a administração pública (caráter, em princípio, não sigiloso), nada obsta que seja utilizada como prova lícita. Esse entendimento é adotado tanto no STF quanto no STJ. Conferir o seguinte julgado do STF: "Prova. Criminal. Conversa telefônica. Gravação clandestina, feita por um dos interlocutores, sem conhecimento do outro. Juntada da transcrição em inquérito policial, onde o interlocutor requerente era investigado ou tido por suspeito. Admissibilidade. Fonte lícita de prova. Inexistência de interceptação, objeto de vedação constitucional. Ausência de causa legal de sigilo ou de reserva da conversação. Meio, ademais, de prova da alegada inocência de quem a gravou. Improvimento ao recurso. Inexistência de ofensa ao art. 5º, incs. X, XII e LVI, da CF. Precedentes. Como gravação meramente clandestina, que se não confunde com interceptação, objeto de vedação constitucional, é lícita a prova consistente no teor de gravação de conversa telefônica realizada por um dos interlocutores, sem conhecimento do outro, se não há causa legal específica de sigilo nem de reserva da conversação, sobretudo quando se predestine a fazer prova, em juízo ou inquérito, a favor de quem agravou" (RE 402717, Cezar Peluso, STF).
Gabarito "B".

(Defensor Público/AL – 2017 – CESPE) No processo penal, as características do sistema acusatório incluem

I. clara distinção entre as atividades de acusar e julgar, iniciativa probatória exclusiva das partes e o juiz como terceiro imparcial e passivo na coleta da prova.

II. neutralidade do juiz, igualdade de oportunidades às partes no processo e repúdio à prova tarifada.

III. predominância da oralidade no processo, imparcialidade do juiz e supremacia da confissão do réu como meio de prova.

IV. celeridade do processo e busca da verdade real, o que faculta ao juiz determinar de ofício a produção de prova.

Estão certos apenas os itens

(A) I e II.
(B) I e IV.
(C) II e III.
(D) I, III e IV.
(E) II, III e IV.

São características do sistema *acusatório*: nítida separação nas funções de acusar, julgar e defender, o que torna imprescindível que essas funções sejam desempenhadas por pessoas distintas; o processo é público e contraditório; há imparcialidade do órgão julgador, que detém a gestão da prova (na qualidade de juiz-espectador), e a ampla defesa é assegurada. No *sistema inquisitivo*, que deve ser entendido como a antítese do acusatório, as funções de acusar, defender e julgar reúnem-se em uma única pessoa. É possível, nesse sistema, portanto, que o juiz investigue, acuse e julgue. Além disso, o processo é sigiloso e nele não vige o contraditório. Existe ainda o *sistema misto*, em que há uma fase inicial inquisitiva, ao final da qual tem início uma etapa em que são asseguradas todas as garantias inerentes ao acusatório. Embora não haja previsão expressa nesse sentido, acolhemos, segundo doutrina e jurisprudência majoritárias, o sistema acusatório.
Gabarito "A".

(Defensor Público –DPE/RN – 2016 – CESPE) Assinale a opção correta com relação ao interrogatório do acusado segundo o entendimento do STJ e do STF.

(A) Situação hipotética: Gérson, denunciado por roubo, não obstante a falta de citação prévia, compareceu espontaneamente à audiência designada, ao início da qual foi cientificado da acusação e entrevistou-se, reservadamente, com o DP nomeado para defendê-lo. Ato contínuo, informado do seu direito de permanecer em silêncio, Gérson foi interrogado e negou a imputação. Assertiva: Nessa situação, a falta de citação torna nulo o interrogatório de Gérson.

(B) É direito do corréu ser representado por defensor constituído ou dativo no interrogatório dos outros acusados como forma de oportunizar a produção de prova que entender pertinente.

(C) O direito de presença e de participação ativa nos atos de interrogatório judicial dos litisconsortes penais passivos encontra suporte legitimador em convenções internacionais, embora não seja previsto na CF.

(D) O interrogatório do acusado de tráfico de drogas deve ocorrer no fim da instrução processual, após a oitiva das testemunhas.

A: incorreta. Conferir: "A falta de citação não anula o interrogatório quando o réu, ao início do ato, é cientificado da acusação, entrevista-se, prévia e reservadamente, com a defensora pública nomeada para defendê-lo – que não postula o adiamento do ato –, e nega, ao ser interrogado, a imputação. Ausência, na espécie, de qualquer prejuízo à defesa" (HC 121682, Relator: Min. Dias Toffoli, Primeira Turma, julgado em 30.09.2014, Processo Eletrônico DJe-225 Divulg 14.11.2014 Public 17.11.2014); **B:** correta. Nesse sentido: "(...) A jurisprudência desta Corte Superior de Justiça, que se consolidou no sentido de que o corréu tem o direito de ser representado no interrogatório de outro acusado, para que lhe seja oportunizada a produção da prova que entende pertinente, não se admitindo que tal prerrogativa lhe seja tolhida de plano, sem qualquer justificativa legal. 2. No entanto, conquanto se confira ao acusado a prerrogativa de participar do interrogatório do corréu e de formular as perguntas consideradas pertinentes, o certo é que a sua presença no referido ato é facultativa, motivo pelo qual a sua ausência, bem como a de seu patrono, assim como a falta de nomeação de advogado dativo não são causas de nulidade da ação penal. 3. No caso dos autos, o paciente e o patrono por ele contratado foram devidamente intimados da data designada para o interrogatório dos corréus, não tendo voluntariamente comparecido à colheita dos referidos depoimentos, o que afasta a mácula suscitada na impetração, uma vez que inexiste obrigatoriedade de nomeação de advogado ad hoc para o ato, já que a participação na inquirição dos demais acusados é optativa" (HC 243.126/GO, Rel. Ministro Jorge Mussi, Quinta Turma, julgado em 02.12.2014, DJe 11.12.2014); **C:** incorreta. Conferir: "(...) direito de presença e de "participação ativa" nos atos de interrogatório judicial dos demais litisconsortes penais passivos, quando existentes. – O direito do réu à observância, pelo Estado, da garantia pertinente ao "due process of law", além de traduzir expressão concreta do direito de defesa, também encontra suporte legitimador em convenções internacionais que proclamam a essencialidade dessa franquia processual, que compõe o próprio estatuto constitucional do direito de defesa, enquanto complexo de princípios e de normas que amparam qualquer acusado em sede de persecução criminal" (HC 111567 AgR, Relator(a): Min. Celso De Mello, Segunda Turma, julgado em 05.08.2014, Processo eletrônico DJe-213 divulg 29-10-2014 public 30.10.2014); **D:** incorreta, já que não corresponde ao que estabelece o art. 57 da Lei 11.343/2006, segundo a qual o interrogatório, no âmbito do crime de tráfico, constitui o primeiro ato da instrução. É importante que se diga que a aplicação desta norma, que determina que o interrogatório seja a primeira providência a ser tomada na instrução, não constitui consenso nos tribunais superiores. Há entendimento no sentido de que, em homenagem ao princípio da ampla defesa, o interrogatório deve ser o último ato da instrução, conforme estabelece o art. 400 do CPP. No sentido de que deve prevalecer, em detrimento da lei geral, a norma especial: "Se a Lei 11.343 determina que o interrogatório do acusado será o primeiro ato da audiência de instrução e julgamento, ao passo que o art. 400 do Código de Processo Penal prevê a realização de tal ato somente ao final, não há dúvidas de que deve ser aplicada a legislação específica, pois, como visto, as regras do procedimento comum ordinário só tem lugar no procedimento especial quando nele houver omissões ou lacunas" (STJ, HC 180033-SP, Quinta Turma, rel. Min. Jorge Mussi, 16.02.2002). Para Guilherme de Souza Nucci, cujo entendimento é no sentido de que deve ser aplicado o rito especial previsto na Lei de Drogas, seria recomendável, para evitar futura alegação de nulidade, que o juiz indague o defensor se o acusado pretende ser ouvido logo no início da instrução ou ao final desta (**Leis Penais e Processuais Penais Comentadas**, 8. ed. São Paulo: Revista dos Tribunais, 2014. p. 405).

Gabarito "B".

(Defensor Público –DPE/RN – 2016 – CESPE) Acerca das provas no processo penal, assinale a opção correta de acordo com o entendimento do STF e do STJ.

(A) As provas testemunhais obtidas por meio de delação premiada, ainda que em consonância com as demais provas produzidas na fase judicial da persecução penal, são elementos inidôneos para subsidiarem a condenação do agente.

(B) Conforme o princípio constitucional da razoável duração do processo, não cabem dilações indevidas no processo, sendo que a demora na tramitação do feito deve ser proporcional à complexidade do delito nele veiculado, bem como às diligências e aos meios de prova indispensáveis a seu deslinde.

(C) Uma vez que a busca da verdade real se subordina a formas rígidas, a afirmação da reincidência depende de certidão na qual fique atestado cabalmente o trânsito em julgado de anterior condenação.

(D) Conforme o entendimento do STF, a valoração da prova diz respeito a mera questão de fato, que não se confunde com o critério de reexame da prova, que é questão de direito.

(E) Conforme súmula vinculante do STF, o defensor tem direito, no interesse do representado, de ter acesso amplo aos elementos de prova, os quais, já documentados em procedimento investigatório realizado por órgão com competência de polícia judiciária, refiram-se ao exercício do direito de defesa, inclusive com obtenção de cópia dos autos do inquérito policial, ainda que este tramite sob sigilo.

A: incorreta. Conferir: "As provas testemunhais, obtidas por meio de delação premiada, em consonância com as demais provas produzidas na fase judicial da persecução penal, são elementos idôneos para subsidiarem a condenação do agente" (STJ, AgRg no AREsp 422.441/RR, Rel. Ministro Reynaldo Soares Da Fonseca, Quinta Turma, julgado em 18.08.2015, DJe 25.08.2015); **B:** correta. "A razoável duração do processo não pode ser considerada de maneira isolada e descontextualizada das peculiaridades do caso concreto. Na espécie, não configurado o alegado excesso de prazo, até porque a melhor compreensão do princípio constitucional aponta para "processo sem dilações indevidas", em que a demora na tramitação do feito há de guardar proporcionalidade com a complexidade do delito nele veiculado e as diligências e os meios de prova indispensáveis a seu deslinde" (STF, HC 116029, Relator(a): Min. Rosa Weber, Primeira Turma, julgado em 04.02.2014,

Processo Eletrônico DJe-040 divulg 25.02.2014 public 26.02.2014); **C:** incorreta: "A busca da verdade real não se subordina, aprioristicamente, a formas rígidas, por isso que a afirmação da reincidência independe de certidão na qual atestado cabalmente o trânsito em julgado de anterior condenação, sobretudo quando é possível provar, por outros meios, que o paciente está submetido a execução penal por crime praticado anteriormente à sentença condenatória que o teve por reincidente" (STF, HC 116301, Relator(a): Min. Luiz Fux, Primeira Turma, julgado em 03.12.2013, Processo Eletrônico DJe-028 divulg 10.02.2014 public 11.02.2014); **D:** incorreta (STF, HC 114174); **E:** incorreta, pois não corresponde ao teor da Súmula Vinculante 14, a seguir transcrita: "É direito do defensor, no interesse do representado, ter acesso amplo aos elementos de prova que, já documentados em procedimento investigatório realizado por órgão com competência de polícia judiciária, digam respeito ao exercício do direito de defesa".

Gabarito "B".

(Defensor Público –DPE/RN – 2016 – CESPE) A respeito da prova indiciária em processo penal, da prisão em flagrante delito, das medidas assecuratórias, das citações e intimações e da suspensão condicional do processo, assinale a opção correta.

(A) O CPP não admite a realização de citação por hora certa.

(B) De acordo com a jurisprudência do STJ, a suspensão condicional do processo é aplicável aos crimes praticados em contexto de violência doméstica e familiar contra a mulher.

(C) O CPP veda ao juiz a utilização de indícios para fundamentar uma condenação criminal.

(D) Admite-se a prisão em flagrante na modalidade de flagrante presumido de alguém perseguido pela autoridade policial logo após o cometimento de um crime e encontrado em situação que faça presumir ser ele o autor da infração.

(E) O sequestro consiste na medida assecuratória proposta com o fim de promover a retenção de bens imóveis e móveis do indiciado ou acusado, ainda que em poder de terceiros, quando adquiridos com o proveito da infração penal.

A: incorreta. A citação por hora certa, antes exclusiva do processo civil, agora também é admitida no âmbito do processo penal, dada a mudança introduzida na redação do art. 362 do CPP pela Lei 11.719/2008. A propósito disso, o STF, ao julgar o RE 635.145, reconheceu, em votação unânime, a constitucionalidade da citação por hora certa no processo penal, rechaçando a tese segundo a qual esta modalidade de citação ficta ofende os postulados da ampla defesa e do contraditório; **B:** incorreta, dado que o art. 41 da Lei Maria da Penha, cuja constitucionalidade foi reconhecida pelo STF (ADC 19, de 09.02.2012), veda a aplicação, no contexto dos crimes praticados com violência doméstica e familiar contra a mulher, das medidas despenalizadoras contempladas na Lei 9.099/1995, entre as quais a *suspensão condicional do processo* e a *transação penal*. Consolidando tal entendimento, editou-se a Súmula 536, do STJ: "A suspensão condicional do processo e a transação penal não se aplicam na hipótese de delitos sujeitos ao rito da Lei Maria da Penha"; **C:** incorreta, já que inexiste óbice para que o magistrado, valendo-se de seu livre convencimento, fundamente a sentença penal condenatória com base exclusiva em *indícios* (prova indireta). Na jurisprudência: "A criminalidade dedicada ao tráfico de drogas organiza-se em sistema altamente complexo, motivo pelo qual a exigência de prova direta da dedicação a esse tipo de atividade, além de violar o sistema do livre convencimento motivado previsto no art. 155 do CPP e no art. 93, IX, da Carta Magna, praticamente impossibilita a efetividade da repressão a essa espécie delitiva (STF, HC 111.666, 1ª T., rel. Min. Luiz Fux, 08.05.2012); **D:** incorreta, já que a assertiva descreve hipótese de flagrante *impróprio*, *imperfeito* ou *quase flagrante*, em que o sujeito é perseguido, logo em seguida à prática criminosa, em situação que faça presumir ser o autor da infração (art. 302, III). Já o flagrante *ficto* ou *presumido*, a que faz menção a alternativa, é a modalidade (art. 302, IV) em que o agente é encontrado, depois do crime, na posse de instrumentos, armas, objetos ou papéis em circunstâncias que revelem ser ele o autor da infração penal. Há, ainda, o chamado flagrante *próprio*, *real* ou *perfeito*, no qual o agente é surpreendido no momento em que comete o crime ou quando acaba de cometê-lo – art. 302, I e II, do CPP; **E:** correta. De fato, somente podem ser objeto de medida de sequestro os bens adquiridos com o *provento* da infração (lucro do crime, vantagem financeira obtida) – art. 125, CPP, ainda que já tenham sido transferidos a terceiros. O provento, ganho obtido com a prática criminosa, não deve ser confundido com o *produto* do crime. Conferir, quanto a esse tema, o magistério de Guilherme de Souza Nucci: "Sequestro: é a medida assecuratória consistente em reter os bens imóveis e móveis do indiciado ou acusado, ainda que em poder de terceiros, quando adquiridos com o proveito da infração penal, para que deles não se desfaça, durante o curso da ação penal, a fim de se viabilizar a indenização da vítima ou impossibilitar ao agente que tenha lucro com a atividade criminosa (...)" (*Código de Processo Penal Comentado*, 12ª ed., p. 335).

Gabarito "E".

(Defensor Público –DPE/ES – 2016 – FCC) Sobre as provas no processo penal,

(A) após realização do reconhecimento pessoal, deve ser lavrado auto pormenorizado, subscrito pela autoridade, pela pessoa chamada para proceder ao reconhecimento e por duas testemunhas presenciais.

(B) em virtude do princípio do livre convencimento motivado, o juiz pode suprir a ausência de exame de corpo de delito, direto ou indireto, pela confissão do acusado nos crimes que deixam vestígios.

(C) de acordo com o sistema acusatório, o interrogatório é o ato final da instrução, não podendo ocorrer mais de uma vez no mesmo processo.

(D) segundo a Convenção Americana de Direitos Humanos, a confissão do acusado só é válida se feita sem coação de nenhuma natureza, de modo que não há mácula na confissão informal feita no momento da prisão quando apenas induzida por policiais.

(E) diante da notícia concreta de tráfico de drogas e da presença de armas em determinada favela, é possível a expedição de mandado de busca domiciliar para todas as casas da comunidade.

A: correta, visto que corresponde à redação do art. 226, IV, do CPP; **B:** incorreta. O exame de corpo de delito, nas infrações que deixam vestígios, é indispensável – art. 158 do CPP. Agora, se estes vestígios, por qualquer razão, se perderem, nosso ordenamento jurídico admite que a prova testemunhal supra essa ausência – art. 167 do CPP. A confissão, no entanto, por expressa disposição do art. 158 do CPP, não poderá ser utilizada para esse fim; **C:** incorreta. Por força das modificações implementadas pela Lei 11.719/2008, que alterou diversos dispositivos do CPP, entre os quais o art. 400, a instrução, que antes tinha como providência inicial o interrogatório do acusado, passou a ser uma, impondo, além disso, nova sequência de atos, todos realizados em uma única audiência. Nesta (art. 400 do CPP – ordinário; art. 531 do CPP – sumário), deve-se ouvir, em primeiro lugar, o ofendido; depois, ouvem-se as testemunhas da acusação e, em seguida, as de defesa. Após, vêm os esclarecimentos dos peritos e as acareações. Em seguida, procede-se ao reconhecimento de pessoas e coisas. Somente depois se interroga o acusado. Ao final, não havendo requerimento de diligências, serão oferecidas pelas partes alegações finais orais, por vinte minutos, prorrogáveis por mais dez. Como se pode notar, a primeira parte da assertiva está correta. O erro está na sua segunda parte, uma vez que ao juiz é dado proceder, sempre que necessário, a novo interrogatório (art. 196, CPP); **D:** incorreta, pois contraria o disposto no art. 8º, 3, da Convenção Americana de Direitos Humanos (Pacto de São José da Costa Rica), que assim estabelece: *a confissão do acusado só é válida se feita sem coação de nenhuma natureza*; **E:** incorreta, pois em desconformidade com o disposto no art. 243, I, do CPP. Vale, quanto a isso, a lição de Guilherme de Souza Nucci: "(...) o mandado de busca a apreensão, por importar em violação de domicílio, deve ser preciso e determinado, indicando, *o mais precisamente possível* a casa onde a diligência será efetuada, bem como o nome do proprietário ou morador (neste caso, podendo ser o locatário ou comodatário). Admitir-se o mandado genérico torna impossível o controle sobre os atos de força do Estado contra direito individual, razão pela qual é indispensável haver fundada suspeita e especificação" (*Código de Processo Penal Comentado*, 12ª ed., p. 571).

Gabarito "A".

(Defensor Público –DPE/MT – 2016 – UFMT) NÃO é característica da prova:

(A) Judicialidade.
(B) Oralidade.
(C) Retrospectividade.
(D) Subjetividade.
(E) Individualidade.

A anulação da questão se deve ao fato de as características elencadas nas alternativas (exceção à assertiva "D") dizerem respeito a uma espécie de prova, que é a *testemunhal*. O enunciado faz alusão ao gênero *prova*. Dito isso, passemos à análise de cada uma das alternativas. **A:** a *judicialidade* corresponde à característica segundo a qual somente pode ser considerada testemunhal a prova colhida pelo juízo competente; **B:** a *oralidade*, outra característica da prova testemunhal, significa que o testemunho somente pode ser dado de forma oral, sendo vedado à testemunha apresentá-lo por escrito (art. 204, CPP); agora, nada impede que a testemunha, no ato de seu depoimento, faça breve consulta a informações contidas em anotações (art. 204, parágrafo único, CPP); **C:** a *retrospectividade*, outra característica da prova testemunhal, refere-se à necessidade de a testemunha depor sobre fatos pretéritos, ou seja, que já aconteceram; **D:** a *subjetividade* não constitui característica da prova testemunhal. A ela se opõe a característica da *objetividade*, segundo a qual a testemunha, no seu depoimento, deve ser objetiva, evitando fazer apreciações de natureza subjetiva, ou seja, a testemunha deve se abster de emitir sua opinião sobre os fatos. Deve limitar-se, isto sim, a expô-los com objetividade (art. 213, do CPP). Tal regra comporta uma exceção: poderá a testemunha emitir sua opinião desde que seja inseparável da narrativa do fato; **E:** a *individualidade* deve ser entendida como a característica da prova testemunhal que consiste na necessidade de cada testemunha ser ouvida *separadamente*, de tal modo que uma não ouça o depoimento da outra. É o que estabelece o art. 210 do CPP.

Gabarito: Anulada

(Defensor Público/AM – 2013 – FCC) De acordo com o Código de Processo Penal, o interrogatório do réu pelo sistema de videoconferência pode ser realizado, por decisão fundamentada,

(A) de ofício, para responder à gravíssima questão de ordem pública.
(B) somente a requerimento do Ministério Público, para prevenir risco à segurança pública, quando exista prova cabal de que o preso integre organização criminosa.
(C) de ofício ou a requerimento das partes, por questões de economia processual.
(D) somente de ofício, para viabilizar a participação do réu no referido ato processual, quando haja relevante dificuldade para seu comparecimento em juízo, por enfermidade ou outra circunstância.
(E) a requerimento das partes, para impedir a influência do réu no ânimo da vítima, ainda que seja possível colher o depoimento desta por videoconferência.

O interrogatório do réu por meio de sistema de videoconferência, que será determinado, em caráter excepcional, pelo juiz, de ofício ou a requerimento das partes, somente poderá se dar nas hipóteses contempladas no art. 185, § 2º, I a IV, do CPP. Foi introduzido pela Lei 11.900/2009, que alterou a redação do art. 185 do CPP.

Gabarito "A".

(Defensor Público/TO – 2013 – CESPE) No que tange às provas no processo penal, assinale a opção correta.

(A) É considerado como meio de prova direta o reconhecimento de pessoas por intermédio de fotografias, e sua validade, disciplinada no CPP, está condicionada à presença de autoridade policial ou judiciária, devendo ser observado o procedimento de colocar a fotografia da pessoa a ser reconhecida ao lado de outras fotografias de pessoas que com ela tiverem qualquer semelhança.
(B) O CPP admite, de forma expressa, que o interrogatório possa ser renovado a qualquer tempo, de ofício ou a pedido fundamentado de qualquer das partes, com a possibilidade de ser o réu ouvido diretamente pelo tribunal.
(C) A confissão tem como pressupostos de validade a capacidade do réu e a espontaneidade do ato produzido diante da autoridade competente, sendo assim admitida em relação a qualquer fato prejudicial ao réu.
(D) O depoimento da vítima é expressamente citado como meio de prova no CPP e, apesar de não ser formalmente testemunha, a vítima é computada no número legal fixado para o rol de testemunhas.
(E) A contradita é o instrumento processual cujo escopo consiste na impugnação de testemunha arrolada pela parte contrária, não se admitindo, em nenhuma hipótese, o manejo da objeção no tocante às testemunhas arroladas pela parte impugnante, permitindo-se a prova do alegado até o encerramento da instrução processual.

A: incorreta. A assertiva contempla, *grosso modo*, os requisitos impostos ao reconhecimento pessoal, este sim disciplinado no Código de Processo Penal, em seu art. 226. No mais, o reconhecimento fotográfico, além de não encontrar previsão na legislação processual, constitui prova *indireta*, pois não realizada sobre o investigado em pessoa. Cuida-se, pois, de mero *indício*; **B:** correta, pois reflete o disposto no art. 196 do CPP, que estabelece que o magistrado, sempre que julgar conveniente, poderá, levando em conta as provas até então produzidas no processo, proceder a novo interrogatório, o que faz com supedâneo no princípio da busca da verdade real; **C:** incorreta, já que a confissão não precisa ser espontânea, bastando que o acusado admita a imputação de forma voluntária; **D:** incorreta, posto que a vítima não será computada no número legal fixado para o rol de testemunhas. Assim, por exemplo, se houver, no procedimento do júri ou no processo de rito ordinário, cujo número de testemunhas é limitado a oito, três vítimas e seis testemunhas, poderá a acusação/defesa arrolar todos, já que as vítimas, como já dito, não integrarão o rol de testemunhas; **E:** incorreta. Nada obsta que a parte que arrolou a testemunha manifeste objeção quanto ao seu depoimento.

Gabarito "B".

(Defensor Público/AC – 2012 – CESPE) Admite-se a acareação entre testemunhas que divergirem, em seus depoimentos, a respeito de circunstâncias de fatos relevantes. No caso de uma dessas testemunhas residir fora da comarca do juízo, deve o juiz

(A) deferir a realização da acareação e determinar o comparecimento das testemunhas; ausente testemunha cujas declarações divirjam das da que esteja presente, a esta se deve dar a conhecer os pontos de divergência, colhendo-se seu depoimento. Em seguida, deve o magistrado determinar a expedição de carta precatória para inquirição da testemunha residente fora da comarca do juízo a fim de completar o ato.

(B) deferir a realização da acareação, determinando o comparecimento da testemunha residente fora da comarca, sob pena de condução coercitiva.

(C) deferir a realização da acareação, determinando o comparecimento da testemunha residente em outra localidade; na hipótese de apenas uma das testemunhas objeto da acareação comparecer, o juiz deverá declarar prejudicado o ato.

(D) indeferir a realização da acareação, por ser esta prejudicial ao processo, e por não ser possível determinar o comparecimento em juízo de testemunhas residentes fora da comarca do juízo.

(E) indeferir a acareação, dada a inconveniência de realizá-la entre testemunhas residentes e não residentes na comarca do juízo

---

Com base na disciplina do art. 230 do CPP, incumbe ao juiz, neste caso, colher as respostas que se referem às contradições da testemunha presente e, feito isso, determinar a expedição de carta precatória para o juiz do local em que reside a testemunha ausente, que deverá esclarecer as divergências porventura existentes.

Gabarito "A".

(Defensor Público/RS – 2011 – FCC) Sobre provas ilícitas, é INCORRETO afirmar:

(A) A vedação da utilização de provas ilícitas pode ser excepcionalmente afastada em favor do acusado.

(B) A doutrina processual penal faz uma distinção conceitual entre a prova ilícita e a prova ilegítima, sendo aquela a obtida com violação ao direito substantivo e esta a obtida com violação ao direito adjetivo.

(C) As provas derivadas das ilícitas não se considerarão contaminadas quando puderem ser obtidas de uma fonte independente destas, ou quando não evidenciado o nexo de causalidade entre umas e outras, segundo o disposto na norma processual penal.

(D) Consoante previsto no Código de Processo Penal, preclusa a decisão de desentranhamento da prova declarada inadmissível, esta será inutilizada por decisão judicial.

(E) Contra a decisão interlocutória que não reconhece a ilicitude de prova cabe recurso em sentido estrito.

A: com efeito, o Supremo Tribunal Federal, em diversos julgados, e a doutrina têm aceitado o uso da prova ilícita em benefício do acusado, com supedâneo no *postulado da proporcionalidade*. Oportunas, sobre este tema, as palavras de Aury Lopes Jr., ao se referir à admissibilidade da prova ilícita a partir da proporcionalidade *pro reo*: "Nesse caso, a prova ilícita poderia ser admitida e valorada apenas quando se revelasse a favor do réu. Trata-se da proporcionalidade *pro reo*, em que a ponderação entre o direito de liberdade de um inocente prevalece sobre um eventual direito sacrificado na obtenção da prova (dessa inocência). Situação típica é aquela em que o réu, injustamente acusado de um delito que não cometeu, viola o direito à intimidade, imagem, inviolabilidade de domicílio, das comunicações etc. de alguém para obter uma prova de sua inocência" (*Direito Processual Penal*, 9. ed. São Paulo: Saraiva, 2012. p. 597); **B:** assertiva correta. Consideram-se *ilícitas* as provas que violam normas de direito material (substantivo) e *ilegítimas* as obtidas com desrespeito a norma de direito processual (adjetivo). Tanto uma quanto a outra é inadmissível, devendo, por força do disposto no art. 157, *caput*, do CPP, ser desentranhada dos autos. Vide art. 5º, LVI, da CF; **C:** alternativa correta, nos termos do art. 157, § 1º, do CPP; **D:** a assertiva correta corresponde ao teor do art. 157, § 3º, do CPP; **E:** assertiva incorreta, já que a decisão que não reconhece a ilicitude da prova é irrecorrível.

Gabarito "E".

(Defensor Público/GO – 2010 – I. Cidades) Pedro Fuscão, policial civil, foi denunciado por ter exigido pagamento de Rutibum Dornozela para não cumprir mandado de prisão contra a sua pessoa. Rutibum gravou o diálogo telefônico que teve com Pedro Fuscão, sem que este tivesse conhecimento. No diálogo, ficou clara a exigência do pagamento para que não fosse executada a prisão. Diante do enunciado supra, conclui-se que a prova é

(A) nula, uma vez que produzida com violação da garantia constitucional da inviolabilidade da intimidade.

(B) válida, por ter sido gravada pela vítima e em estado de legítima defesa de seu patrimônio.

(C) nula, por se tratar de "gravação clandestina", por isso contaminada por vício de ilicitude.

(D) válida, desde que não existam outras no processo, a fim de que o infrator não fique impune.

(E) válida, desde que o acusado confirme em juízo o teor da conversa gravada.

A jurisprudência dos tribunais firmou entendimento segundo o qual inexiste ilicitude na gravação telefônica de diálogo realizada por um dos interlocutores. Não há que se falar, neste caso, de interceptação. Nesse sentido, a seguinte ementa: "PROVA. Criminal. Conversa telefônica. Gravação clandestina, feita por um dos interlocutores, sem conhecimento do outro. Juntada da transcrição em inquérito policial, onde o interlocutor requerente era investigado ou tido por suspeito. Admissibilidade. Fonte lícita de prova. Inexistência de interceptação, objeto de vedação constitucional. Ausência de causa legal de sigilo ou de reserva da conversação. Meio, ademais, de prova da alegada inocência de quem a gravou. Improvimento ao recurso. Inexistência de ofensa ao art. 5º, incs. X, XII e LVI, da CF. Precedentes. Como gravação meramente clandestina, que se não confunde com interceptação, objeto de vedação constitucional, é lícita a prova consistente no teor de gravação de conversa telefônica realizada por um dos interlocutores, sem conhecimento do outro, se não há causa legal específica de sigilo nem de reserva da conversação, sobretudo quando se predestine a fazer prova, em juízo ou inquérito, a favor de quem a gravou" (STF, RE 402717/PR, 2ª T., rel. Min. Cezar Peluso, j. 02/12/2008).

Gabarito "B".

(Defensoria/SP – 2009 – FCC) De acordo com a lei processual, o interrogatório do réu preso será realizado, em regra,

(A) pessoalmente, devendo o interrogando ser requisitado e escoltado ao juízo.
(B) por carta precatória, devendo o interrogando ser requisitado e escoltado ao juízo deprecado.
(C) através de recurso tecnológico de transmissão de sons e imagens em tempo real.
(D) através do telefone, com linha reservada, desde que não haja outro meio.
(E) pessoalmente, com o comparecimento do juiz no estabelecimento onde estiver o interrogando recolhido

De fato, estabeleceu o legislador – art. 185, § 1º, do CPP –, como regra, que o interrogatório do réu preso seja realizado no estabelecimento prisional em que este se encontrar. Na parte final do dispositivo, no entanto, o legislador introduziu uma exceção: ante a impossibilidade de o estabelecimento penal receber o juiz, seus auxiliares e as partes, procede-se nos moldes convencionais, isto é, a apresentação do acusado será requisitada pelo magistrado.
Gabarito "E".

(Defensoria/MT – 2007) Em matéria de prova no Processo Penal, não é aceito

(A) que a confissão do acusado supra a ausência do exame de corpo de delito, quando o crime deixar vestígios.
(B) o exame de corpo de delito, em cadáver exumado.
(C) a confissão do acusado, para efeitos de condenação, quando a vítima não foi ouvida em juízo.
(D) que o exame de corpo de delito possa, eventualmente, ser realizado por pessoa que não seja perito oficial.
(E) que a autoridade policial ou judiciária ordene a realização de um segundo exame pericial, complementar ao primeiro, sem requerimento de qualquer das partes.

A: art. 158 do CPP; **B:** art. 163 do CPP; **C:** arts. 197 e 201 do CPP; **D:** art. 159, § 1º, do CPP; **E:** art. 168, *caput*, do CPP.
Gabarito "A".

(Defensoria Pública da União – 2007 – CESPE) Julgue o item seguinte.

(1) Dados obtidos em interceptação de comunicações telefônicas e em escutas ambientais, judicialmente autorizadas para produção de prova em investigação criminal ou em instrução processual penal, podem ser usados em procedimento administrativo disciplinar, contra a mesma ou as mesmas pessoas em relação às quais foram colhidos, ou contra outros servidores cujos supostos ilícitos teriam despontado à colheita dessa prova.

As provas colhidas em instrução processual penal, desde que obtidas mediante interceptação telefônica devidamente autorizada por Juízo criminal competente, admitem compartilhamento para fins de instruir ação de natureza civil ou procedimento administrativo. Nesse sentido: *É cabível a chamada "prova emprestada" no processo administrativo disciplinar, desde que devidamente autorizada pelo Juízo Criminal. Assim, não há impedimento da utilização da interceptação telefônica produzida na ação penal, no processo administrativo disciplinar, desde que observadas as diretrizes da Lei 9.296/1996* (STJ, 3ª Seção, rel. Min. Laurita Vaz, j. 26.09.2012). No mesmo sentido: STF, Seg. Questão de Ordem em Inq. 2.424-4/RJ, Tribunal Pleno, j. 20.06.2007, rel. Min. Cezar Peluso, *DJ* 24.08.2007.
Gabarito 1C.

(Defensor Público/PA – 2006 – UNAMA) Sobre a oitiva de testemunhas no curso do processo criminal, é correto afirmar:

I. Nenhuma testemunha poderá se eximir de depor, inclusive o ascendente ou descendente e os demais parentes.
II. Constatam-se os laços de parentesco e afinidade da testemunha, no momento do depoimento e não na data do fato criminoso.
III. O ascendente ou descendente, o afim em linha reta, o cônjuge, ainda, que separado judicialmente, o irmão e o pai, a mãe ou o filho adotivo do acusado, poderão recusar-se a depor, salvo se não for possível, por outro modo, obter-se ou integrar-se a prova do fato e de suas circunstâncias.
IV. As pessoas que em razão de função, ministério, ofício ou profissão, devam guardar segredo, ainda que desobrigadas pela parte interessada, estão proibidas de depor como testemunhas.

Somente é correto o que se afirma em:

(A) I e II
(B) II e III
(C) II, III e IV
(D) I, III e IV

I: alternativa incorreta, nos termos do art. 206 do CPP; **II:** de fato, o juiz levará em conta os laços de parentesco e afinidade no ato do depoimento; **III:** a assertiva corresponde ao teor do art. 206, segunda parte, do CPP. Está correta, portanto; **IV:** essas pessoas estão em regra proibidas de prestar depoimento. Trata-se de uma imposição legal, e não mera faculdade; poderão, todavia, fazê-lo se a parte interessada na manutenção do segredo desobrigar o seu portador e o autorizar a depor – art. 207, CPP.
Gabarito "B".

(Defensoria/RN – 2006) As provas seguem as seguintes regras:

(A) Observam-se no âmbito processual penal as mesmas restrições à sua produção existentes no direito processual civil.
(B) Prevalece o princípio da livre convicção, dispensando o juiz de motivar sua decisão.
(C) O exame de corpo de delito pode ser suprido pela confissão do acusado quando os vestígios tiverem desaparecido.
(D) A confissão será divisível e retratável.

A: art. 155, parágrafo único, do CPP; **B:** adotamos, como regra, o *sistema da persuasão racional* (art. 93, IX, CF), em que o juiz decide com base no seu livre convencimento, devendo, todavia, fundamentar sua decisão; **C:** à falta do exame de corpo de delito, a solução é dada pelo art. 167 do CPP, com a colheita de depoimentos de testemunhas. A confissão jamais poderá suprir tal falta, conforme preleciona o art. 158 do CPP; **D:** art. 200 do CPP.
Gabarito "D".

(Defensoria/SE – 2006 – CESPE) Julgue o item seguinte.

(1) O artigo do Código de Processo Penal (CPP) que estabelece que a confissão não supre o exame de corpo de delito guarda nítida ligação com o sistema de prova tarifada ou da certeza moral do legislador.

Quando o legislador estabelece, no art. 158 do CPP, que a confissão do acusado não supre o exame de corpo de delito, está, a rigor, atribuindo a essa prova (confissão) um determinado valor.
Gabarito 1C.

(Defensor Público/BA – 2006) Preceitua o Código de Processo Penal que "a busca será domiciliar ou pessoal"; afirma ainda que "proceder-se-á à busca domiciliar, quando fundadas razões a autorizarem, para":

I. Prender criminosos ou apreender coisas achadas ou obtidas por meios criminosos.
II. Apreender instrumentos de falsificação ou de contrafação e objetos falsificados ou contrafeitos.
III. Apreender armas e munições, instrumentos utilizados na prática de crime ou destinados a fim delituoso.
IV. Descobrir objetos necessários à prova de infração ou à defesa do réu.
V. Apreender cartas, abertas ou não, destinadas ao acusado ou em seu poder, quando haja suspeita de que o conhecimento do seu conteúdo possa ser útil à elucidação do fato.

Analisando as assertivas acima, verifica-se que:

(A) Apenas I e II estão corretas.
(B) Apenas III e IV estão corretas.
(C) Apenas I e III estão corretas.
(D) Apenas I, III, e IV estão corretas.
(E) Todas estão corretas.

I: correta, nos termos do art. 240, § 1º, *a* e *b*, do CPP; **I:** correta, nos termos do art. 240, § 1º, *c*, do CPP; **III:** correta, nos termos do art. 240, § 1º, *d*, do CPP; **IV:** correta, nos termos do art. 240, § 1º, *e*, do CPP; **V:** correta, nos termos do art. 240, § 1º, *f*, do CPP.
Gabarito "E".

9. SUJEITOS PROCESSUAIS

(Defensor Público –DPE/ES – 2016 – FCC) Com relação ao assistente de acusação no processo penal:

(A) o assistente de acusação somente poderá se habilitar na ação penal pública, condicionada ou incondicionada.
(B) é vedado ao assistente de acusação a indicação de assistente técnico nos exames periciais.
(C) a intervenção do assistente de acusação é proscrita após o início da fase instrutória do processo penal.
(D) é vedado ao assistente de acusação arrazoar o recurso interposto pelo Ministério Público, devendo utilizar recurso próprio.
(E) é garantido ao assistente de acusação o mesmo tempo para alegações finais orais no procedimento comum ordinário.

A: correta, pois reflete o que dispõe o art. 268 do CPP; **B:** incorreta, pois contraria o disposto no art. 159, § 3º, do CPP; **C:** incorreta, na medida em que o ingresso do assistente, que receberá a causa no estado em que se achar, será admitido a partir do recebimento da denúncia e até o trânsito em julgado da decisão (art. 269, CPP); **D:** incorreta, pois não reflete a regra presente no art. 271 do CPP; **E:** incorreta, uma vez que o art. 403, § 2º, do CPP estabelece prazos diferenciados.
Gabarito "A".

(Defensor Público/MS – 2008 – VUNESP) Leia as afirmações quanto ao acusado no processo penal brasileiro.

I. O acusado, na relação jurídica processual, pode ser chamado de sujeito do processo.
II. O acusado possui direitos no processo penal, entre eles: de ser processado e julgado por autoridade competente, à assistência jurídica gratuita no caso de não dispor de recursos e de não ser submetido à identificação criminal, quando civilmente identificado.
III. O acusado será declarado revel e terá seu processo suspenso, sempre que não seja encontrado para a citação pessoal.

Está correto o contido em

(A) I e II, apenas.
(B) I e III, apenas.
(C) II e III, apenas.
(D) I, II e III.

I: são sujeitos da *relação processual*, segundo a doutrina dominante: juiz, acusador e acusado (réu), chamada, por isso, de *tríplice relação processual*; **II:** art. 5º, LIII, LXXIV e LVIII, da CF; **III:** alternativa incorreta. Na hipótese de o réu não ser encontrado, deverá o juiz determinar a sua citação por edital, depois de esgotados os meios disponíveis para a sua localização. Se o réu, depois de citado por edital, não comparecer tampouco constituir defensor, o processo e o prazo prescricional ficarão, em vista da disciplina estabelecida no art. 366 do CPP, suspensos. Há autores que entendem que a *revelia*, no sentido em que é empregada no processo civil, não pode ser aplicada no processo penal, visto constitui dever do magistrado assegurar ao réu, ainda que ausente, defesa técnica.
Gabarito "A".

10. CITAÇÃO, INTIMAÇÃO E PRAZOS

(Defensor Público/PE – 2018 – CESPE) Tendo como referência as disposições legais do Código de Processo Penal sobre citações e intimações, assinale a opção correta.

(A) Estando o réu no estrangeiro, em local sabido, a sua citação será feita por carta rogatória, não havendo necessidade de suspensão do prazo prescricional.
(B) Ainda que citado por edital, em caso de posterior comparecimento do acusado, deverá ele ser citado pessoalmente, sob pena de nulidade.
(C) No caso de citação por edital, se o acusado não comparecer e não constituir advogado, o processo poderá prosseguir seu curso normal, desde que para ele seja nomeado defensor público.
(D) É válida a citação por edital que mencione o dispositivo da lei penal que fundamenta a imputação ao acusado, embora não transcreva o conteúdo da denúncia.
(E) Estando completa a citação por hora certa, caso o acusado não apresente resposta escrita no prazo legal, o processo e o prazo prescricional serão suspensos.

A: incorreta. Se o acusado estiver no estrangeiro, em lugar sabido, sua citação far-se-á por meio de carta rogatória, com a suspensão do prazo prescricional até o seu cumprimento (art. 368, CPP); **B:** incorreta. Feita a citação por edital, desnecessária a posterior citação pessoal. Afinal, por meio da citação por edital presume-se ter o réu tomado conhecimento da ação que contra ele foi ajuizada. Se o acusado, citado por edital, comparecer, o processo observará os arts. 394 e seguintes (art. 363, § 4º, do CPP). Segundo o STF, "Citado o paciente por edital, despicienda posterior citação pessoal, nos termos do art. 363, § 4º, do Código de Processo Penal" (RHC 117804, 1ª T., rel. Rosa Weber, 18.10.2013); **C:** incorreta. Na hipótese de o réu não ser encontrado, deverá o juiz determinar a sua citação por edital, depois de esgotados os meios disponíveis para a sua localização. Se o acusado, depois de citado por edital, não comparecer tampouco constituir defensor, o processo e o prazo prescricional ficarão, em vista da disciplina estabelecida no art.

366 do CPP, suspensos; **D:** correta, pois corresponde ao entendimento consolidado na Súmula 366, do STF: "Não é nula a citação por edital que indica o dispositivo da lei penal, embora não transcreva a denúncia ou queixa, ou não resuma os fatos em que se baseia"; **E:** incorreta. Nos termos do que estabelece o art. 362, parágrafo único, do CPP, feita a citação por hora certa, se o acusado deixar de apresentar sua resposta escrita no prazo fixado em lei, que corresponde a 10 dias, ser-lhe-á nomeado defensor dativo, que assumirá, a partir daí, sua defesa, não havendo, como se pode ver, suspensão do processo.

Gabarito "D".

(Defensoria Pública da União – CESPE – 2015) José foi denunciado pela prática de homicídio doloso contra Carlos, em Brasília. A vítima era policial federal e estava investigando crime de falsificação de moeda que teria sido praticado por José em Goiânia. O juiz determinou a citação de José por edital, devido ao fato de ele não ter sido encontrado no endereço que constava dos autos.

Com referência a essa situação hipotética, julgue os itens a seguir.

(1) Se José não tiver sido encontrado no endereço dos autos por estar preso na penitenciária do DF devido a condenação definitiva em outro processo, a citação por edital será nula.

(2) A citação por edital deverá conter a transcrição da denúncia oferecida contra José, ou, pelo menos, o resumo dos fatos, sob pena de nulidade absoluta por violação dos princípios do contraditório e da ampla defesa.

(3) A competência para processar e julgar José será do tribunal do júri federal do DF.

1: correta, uma vez que corresponde ao entendimento firmado na Súmula 351, do STF: "É nula a citação por edital de réu preso na mesma unidade da Federação em que o juiz exerce a sua jurisdição"; **2:** incorreta, pois contraria o entendimento consolidado na Súmula 366, do STF: "Não é nula a citação por edital que indica o dispositivo da lei penal, embora não transcreva a denúncia ou queixa, ou não resuma os fatos em que se baseia"; **3:** correta, uma vez que em conformidade com o entendimento firmado na Súmula 147, do STJ, que a seguir se transcreve: "Compete à Justiça Federal processar e julgar os crimes praticados contra funcionário público federal, quando relacionados com o exercício da função".

Gabarito 1C, 2E, 3C.

(Defensor Público/GO – 2010 – I. Cidades) Quando o réu se oculta para não ser citado, o procedimento para a efetivação do ato será o seguinte:

(A) O oficial de justiça certificará a ocorrência e o juiz determinará a citação por edital com prazo de cinco dias.

(B) O oficial certificará o ocorrido e o juiz fará a citação por edital com prazo de 30 dias.

(C) O oficial de justiça insistirá na citação pessoal e, após três tentativas frustradas, certificará a ocorrência, ao que o juiz poderá determinar a citação editalícia.

(D) O oficial de justiça certificará a ocorrência e procederá à citação com hora certa, na forma do Código de Processo Civil.

(E) O juiz determinará a citação editalícia com prazo de 90 dias.

A citação por hora certa (362, CPP) constitui inovação introduzida no processo penal pela Lei 11.719/08, até então exclusiva do processo civil. Será feita por oficial de Justiça sempre que se verificar que o réu se oculta com o propósito de inviabilizar o ato citatório.

Gabarito "D".

(Defensor Público/AM – 2010 – I. Cidades) Assinale a opção incorreta.

(A) A relação processual penal se completa com a citação do acusado.

(B) Segundo o Código de Processo Penal, o juiz que presidiu a instrução deverá proferir a sentença, consagrando, assim, o Princípio da Identidade Física do Juiz.

(C) O réu que se oculta será citado por hora certa e, caso não compareça em juízo, ser-lhe-á nomeado defensor dativo, permanecendo o processo penal em curso sem suspensão, a despeito da natureza ficta da citação por hora certa.

(D) As exceções no processo penal deverão ser processadas em apartado.

(E) A vítima poderá ser intimada dos atos processuais relativos ao ingresso e à saída do acusado da prisão, à designação de data para a audiência e à sentença ou ao acórdão que a mantenha ou a modifique, caso o juiz entenda que esses atos processuais são de interesse da vítima.

A: correta, pois do art. 363, *caput*, do CPP se depreende que, feita a citação, a relação processual está formada, completa; **B:** assertiva correta. A Lei 11.719/2008 introduziu no art. 399 do CPP o § 2º, conferindo-lhe a seguinte redação: "O juiz que presidiu a instrução deverá proferir a sentença". O princípio da identidade física do juiz, antes exclusivo do processo civil, doravante será também aplicável ao processo penal; **C:** a alternativa está correta, na medida em que a Lei 11.719/2008 alterou a redação do art. 362 do CPP e introduziu no processo penal a *citação por hora certa*, modalidade de citação ficta até então exclusiva do processo civil, a ser realizada por oficial de Justiça na hipótese de ocultação do réu; **D:** correta, pois em conformidade com o art. 111 do CPP; **E:** incorreta, pois em desacordo com a redação do art. 201, § 2º, do CPP.

Gabarito "E".

(Defensor Público/GO – 2010 – I. Cidades) Sobre a citação no Processo Penal, é correto afirmar que:

(A) Na citação por hora certa, caso o réu não constitua advogado nem compareça em juízo, deverão o processo e o prazo prescricional ser suspensos.

(B) Havendo citação por edital, se o réu estiver foragido mas o defensor público estiver encarregado da defesa, poderá o processo prosseguir normalmente, sem suspensão.

(C) Havendo citação por edital, se o réu estiver foragido mas houver advogado constituído nos autos, o processo seguirá normalmente, sem suspensão.

(D) No procedimento ordinário, o réu será citado para responder à acusação no prazo de 15 dias.

(E) O Supremo Tribunal Federal entende ser inconstitucional a citação por hora certa, por afrontar o princípio da ampla defesa.

A: o processo e o prazo prescricional serão suspensos na hipótese de o acusado, citado por edital, não comparecer nem constituir defensor (art. 366, CPP). Se o réu, citado por hora certa, não oferecer defesa no prazo de dez dias, deverá o juiz, neste caso, nomear-lhe defensor, para apresentação de defesa escrita no mesmo prazo, conforme dispõem os arts. 362, parágrafo único, e 396-A do CPP. Não há que se falar, portanto, neste caso, em suspensão do processo nem do prazo prescricional; **B** e **C:** pela dicção do art. 366 do CPP, o processo e o curso do prazo prescricional serão suspensos sempre que o acusado, citado por edital, não comparecer ao interrogatório nem constituir advogado para patrocinar sua defesa. Fica evidente, portanto, que a defesa promovida por defensor público não elide a incidência do dispositivo, pois não se trata de profissional contratado pelo réu; **D:** assertiva incorreta, visto que tanto no procedimento ordinário quanto no sumário o prazo para oferecimento da defesa prévia ou resposta escrita é de dez dias – art. 396 do CPP; **E:** embora a doutrina minoritária tenha reservas em relação à citação por hora certa no âmbito do processo penal, não é verdade que o STF entende ser inconstitucional esta modalidade de citação presumida. Pelo contrário, nossa Corte Suprema, ao julgar o RE 635.145, reconheceu, em votação unânime, a constitucionalidade da citação por hora certa no processo penal, rechaçando a tese segundo a qual esta modalidade de citação ficta ofende os postulados da ampla defesa e do contraditório.

Gabarito "C".

(Defensor Público/AL – 2009 – CESPE) Em relação aos prazos no âmbito do processo penal, julgue os itens que se seguem.

(1) O prazo para a interposição de agravo contra decisão do juiz da execução penal é de dez dias.

(2) No processo penal, contam-se os prazos da data da intimação, e não da juntada aos autos do mandado ou da carta precatória ou de ordem.

1: o agravo de execução segue o rito do recurso em sentido estrito. O prazo para a sua interposição é de cinco dias, nos termos da Súmula 700 do STF: "É de cinco dias o prazo para interposição de agravo contra decisão do juiz da execução penal"; **2:** correta, nos termos da Súmula 710 do STF.

Gabarito 1E, 2C.

(Defensoria/SP – 2009 – FCC) Com relação aos efeitos da citação no processo penal, a citação válida

(A) interrompe a prescrição. O fato é sempre litigioso. A litispendência e a prevenção são definidas na distribuição. A relação processual se completa com o recebimento da denúncia ou queixa.

(B) torna prevento o juízo. A formação da relação processual, a litispendência, prescrição e litigiosidade não dependem da citação.

(C) induz litispendência, torna prevento o juízo, faz litigioso o fato imputado e completa a formação do processo. A prescrição é interrompida pelo recebimento da denúncia ou queixa.

(D) torna litigioso o fato imputado. Prevenção, litispendência, interrupção da prescrição e a formação da relação processual não dependem da citação.

(E) completa a formação do processo. Litispendência, prevenção, interrupção da prescrição e litigiosidade não dependem da citação.

Em vista do disposto no art. 363, *caput*, do CPP, o processo de fato terá aperfeiçoada sua formação quando realizada a citação do acusado. De outro lado, a citação válida não tem o condão de tornar prevento o juízo criminal, tampouco de interromper o curso do prazo prescricional, o que ocorre com o recebimento da denúncia ou da queixa, nos exatos termos do art. 117, I, do CP. Também não induz litispendência, uma vez que a lide é considerada pendente com o ajuizamento da demanda.

Gabarito "E".

(Defensoria/MG – 2009 – FURMARC) Verificando-se que o réu se oculta para não ser citado, o oficial de justiça deverá proceder a:

(A) Citação por hora certa.

(B) Citação por mandado.

(C) Citação por edital.

(D) Citação por precatória.

(E) Citação por carta rogatória.

A Lei 11.719/08 alterou a redação do art. 362 do CPP e, com isso, passou-se a admitir a *citação com hora certa* no âmbito do processo penal.

Gabarito "A".

(Defensoria/MG – 2006) Analise as afirmativas que se seguem

I. A interpelação judicial (art. 144, CP) suspende o prazo decadencial da ação privada.

II. Na contagem dos prazos no processo penal, diferentemente do que dispõe o Código Penal, exclui-se o dia do começo e inclui-se o do vencimento.

III. Segundo o entendimento sumulado do Supremo Tribunal Federal, contam-se os prazos da data da intimação e, não, da juntada aos autos do mandado ou da carta precatória ou de ordem.

A partir dessa análise, pode-se concluir que

(A) Apenas as afirmativas I e II estão corretas.

(B) Apenas as afirmativas I e III estão corretas.

(C) Apenas as afirmativas II e III estão corretas.

(D) Todas as afirmativas estão corretas.

(E) Todas as afirmativas estão incorretas.

I: o instrumento previsto no art. 144 do CP não suspende o prazo decadencial; **II:** art. 10 do CP e art. 798, § 1º, do CPP; **III:** Súmula 710 do STF.

Gabarito "C".

(Defensor Público/AC – 2006 – CESPE) É regra, quanto à contagem de prazos, nos termos da lei processual penal, que todos os prazos correrão em cartório e serão contínuos e peremptórios, não se interrompendo por férias, domingo ou dia feriado. Acerca desse tema, assinale a opção correta.

(A) O dia do começo inclui-se no cômputo do prazo, excluindo-se o termo final.

(B) Os prazos judiciais que se iniciarem ou vencerem aos sábados serão prorrogados por um dia útil.

(C) O prazo decadencial cujo termo final vença em dia em que não haja expediente forense deve ser prorrogado para o primeiro dia subsequente.

(D) Feita a intimação, conta-se o prazo a partir da juntada do mandado aos autos principais.

A: incorreta, pois em desacordo com a regra estabelecida no art. 798, § 1º, do CPP; **B:** deve-se considerar o sábado, para esse fim, como feriado, aplicando-se, por analogia, o art. 798, § 3º, do CPP; **C:** errado. A contagem do prazo decadencial deve obedecer ao estabelecido no art. 10 do Código Penal, que traça regras diferentes daquelas previstas no art. 798 do CPP (prazo processual). Sendo, portanto, o prazo decadencial de natureza penal, o dia do fato que deu origem ao cômputo deve ser incluído no prazo. Além disso, o prazo penal é improrrogável, é dizer, se o seu termo final cair num sábado ou domingo, não haverá prorrogação para o primeiro dia útil seguinte, como ocorre com o prazo processual. Assim, a providência que haveria de ser tomada pelo ofendido ou seu representante, titular do direito de representação ou queixa, tinha como data-limite o dia

11. PRISÃO, MEDIDAS CAUTELARES E LIBERDADE PROVISÓRIA

(Defensor Público/PE – 2018 – CESPE) Mais de vinte e quatro horas após ter matado um desafeto, Cláudio foi preso por agentes de polícia que estavam em seu encalço desde o cometimento do crime. Na abordagem, os agentes apreenderam com Cláudio uma faca, ainda com vestígios de sangue, envolvida na camiseta que a vítima vestia no momento do crime. Cláudio informou aos policiais que não tinha advogado para constituir. Não houve a participação de defensor público na autuação, na documentação da prisão e no interrogatório.

Considerando essa situação hipotética, assinale a opção correta, acerca da legalidade da prisão de Cláudio.

(A) A prisão é legal, tendo-se configurado hipótese de flagrante diferido: a autoridade policial atrasou o momento da prisão, mas manteve o acompanhamento do investigado para conseguir melhores provas do crime.

(B) A prisão é ilegal, pois houve falha da autoridade policial, que não poderia ter processado a prisão do autuado sem a presença de advogado ou defensor público.

(C) A prisão é legal, tendo-se configurado hipótese de flagrante presumido: a autoridade policial deverá arbitrar o benefício de fiança.

(D) A prisão é legal, pois a autoridade policial prescinde da presença do defensor técnico para a conclusão dos atos.

(E) A prisão é ilegal, pois não ficou configurada a hipótese de flagrante, tendo em vista que o prazo de vinte e quatro horas entre a execução do crime e o ato policial foi ultrapassado.

A: incorreta. Embora o enunciado não deixe isso claro, é possível inferir que, desde o momento do cometimento do crime, houve perseguição ininterrupta a Cláudio, que foi preso depois de transcorridas 24 horas. Estamos aqui diante do chamado flagrante *impróprio*, *imperfeito* ou *quase flagrante*, em que o sujeito é perseguido, logo em seguida à prática criminosa, em situação que faça presumir ser o autor da infração (art. 302, III). Nesta modalidade de flagrante, uma vez iniciada a perseguição, não existe prazo para a efetivação da prisão, podendo tal ocorrer dias depois, desde que, é claro, os policiais estejam o tempo todo no encalço do agente. Dessa forma, pode-se dizer que a prisão em flagrante, na hipótese retratada no enunciado, é *legal*. O erro da assertiva, então, está na afirmação de que se trata de prisão *diferida*, assim entendida aquela em que a polícia retarda o ato da prisão com o escopo de que esta seja realizada no momento mais eficaz e adequado do ponto de vista da formação da prova; **B:** incorreta. Como já dissemos, a prisão (detenção) foi legal, não sendo necessária, neste caso, a presença de defensor; **C:** incorreta, já que não se trata de flagrante presumido, e sim de flagrante impróprio. Presumido é o flagrante em que, não tendo havido perseguição, o agente, logo depois do crime, é encontrado com instrumentos, armas, objetos ou papéis que façam presumir ser ele o autor da infração (art. 302, IV, CPP); **D:** correta, pelas razões já explicitadas acima; **E:** incorreta. Como já dito, a prisão, no flagrante impróprio, pode ocorrer dias depois da prática criminosa, desde que a polícia permaneça no encalço do agente desde a concretização do delito.

Gabarito "D".

(Defensor Público/AC – 2017 – CESPE) Conforme o entendimento do STJ, a prisão preventiva

(A) não pode ser decretada, se presentes condições pessoais favoráveis do agente, como primariedade, domicílio certo e emprego lícito, mesmo quando identificados os requisitos legais da cautela.

(B) não pode ser decretada ou mantida na sentença condenatória, caso o réu seja condenado a pena que deva ser cumprida em regime inicial diverso do fechado.

(C) pode ser utilizada como instrumento de punição antecipada do réu, ainda que seja uma medida de natureza cautelar.

(D) é um instituto que fere o princípio constitucional da presunção de inocência, pois permite que o Estado trate como culpado aquele que não sofreu condenação penal transitada em julgado.

(E) não pode ser decretada com base em atos infracionais graves cometidos durante a menoridade do acusado, visto que a manutenção da custódia constituiria constrangimento ilegal.

A: incorreta. O fato de o agente ostentar condições pessoais favoráveis, como primariedade, domicílio certo e emprego fixo e lícito, não obsta que contra ele seja decretada a prisão preventiva, desde que, é claro, estejam presentes os fundamentos dessa modalidade de prisão cautelar (art. 312, CPP). Conferir: "Condições pessoais favoráveis, tais como primariedade, ocupação lícita e residência fixa, não têm o condão de, por si sós, garantirem ao paciente a revogação da prisão preventiva se há nos autos elementos hábeis a recomendar a manutenção de sua custódia cautelar" (STJ, RHC 90.739/BA, Rel. Ministro Felix Fischer, Quinta Turma, julgado em 06.02.2018, DJe 16.02.2018); **B:** correta. Nesse sentido: "Estabelecido pela sentença condenatória o regime intermediário para o início do cumprimento da pena, deve o paciente aguardar o julgamento de sua apelação em tal regime, compatibilizando-se a prisão cautelar com o modo de execução ora determinado" (STJ, RHC 90.739/BA, Rel. Ministro Felix Fischer, Quinta Turma, julgado em 06.02.2018, DJe 16.02.2018); **C** e **D:** incorretas. A decretação ou manutenção da prisão cautelar (provisória ou processual), assim entendida aquela que antecede a condenação definitiva, deve sempre estar condicionada à demonstração concreta de sua imperiosa necessidade, sob pena de ofensa ao princípio da presunção de inocência. Bem por isso, deve o magistrado apontar as razões, no seu entender, que a tornam indispensável (art. 312 do CPP). Colocado de outra forma, a prisão provisória ou cautelar somente se justifica dentro do ordenamento jurídico quando necessária ao processo. Deve ser vista, portanto, como um *instrumento* do processo a ser utilizado em situações *excepcionais*. É por essa razão que a prisão decorrente de sentença penal condenatória recorrível deixou de constituir modalidade de prisão cautelar. Era uma prisão automática, já que, com a prolação da sentença condenatória, o réu era recolhido ao cárcere (independente de a prisão ser necessária). Nesse contexto, o acusado era considerado presumidamente culpado. Com as modificações introduzidas pela Lei 11.719/2008 e também em razão da atuação dos tribunais, esta modalidade de prisão cautelar deixou de existir, consagrando, assim, o *postulado da presunção de inocência*. Em vista dessa nova realidade, se o acusado permanecer preso durante toda a instrução, a manutenção dessa prisão somente terá lugar se indispensável for ao processo, pouco importando se, uma vez condenado em definitivo, permanecerá ou não preso. A prisão desnecessária decretada ou mantida antes de a sentença passar em julgado constitui antecipação da pena que porventura seria aplicada em caso de condenação, o que representa patente violação ao princípio da presunção de inocência, postulado esse de índole constitucional – art. 5º, LVII. De se ver ainda que, tendo em conta as mudanças implementadas pela Lei 12.403/2011, que instituiu as *medidas cautelares alternativas à prisão provisória*, esta somente terá lugar diante da impossibilidade de se recorrer às medidas cautelares. Dessa forma, a prisão, como medida excepcional que é, deve também ser vista como instrumento subsidiário, supletivo. Pois bem. Essa tônica (de somente dar-se início ao cumprimento da pena depois do trânsito em julgado da sentença penal condenatória) sofreu um revés. Explico. O STF, em julgamento histórico realizado em 17 de fevereiro de 2016, mudou, à revelia de grande parte da comunidade jurídica, seu entendimento acerca da possibilidade de prisão antes do trânsito em julgado da sentença penal condenatória. A Corte, ao julgar o HC 126.292, passou a admitir a execução da pena após decisão condenatória proferida em segunda instância. Com isso, passou a ser desnecessário, para dar início ao cumprimento da pena, aguardar o trânsito em julgado da decisão condenatória. Flexibilizou-se, pois, o postulado da presunção de inocência. Naquela ocasião, votaram pela mudança de paradigma sete ministros, enquanto quatro mantiveram o entendimento até então prevalente. Cuidava-se, é bem verdade, de uma decisão tomada em processo subjetivo, sem eficácia vinculante, portanto. Tal decisão, conquanto tomada em processo subjetivo, passou a ser vista como uma mudança de entendimento acerca de tema que há vários anos havia se sedimentado. Mais recentemente, nossa Suprema Corte foi chamada a se manifestar, em ações declaratórias de constitucionalidade impetradas pelo Conselho Federal da OAB e pelo Partido Ecológico Nacional, sobre a constitucionalidade do art. 283 do CPP. Existia a expectativa de que algum ou alguns dos ministros mudassem o posicionamento adotado no julgamento realizado em fevereiro de 2016. Afinal, a decisão, agora, teria uma repercussão muito maior, na medida em que tomada em ADC. Pois bem. Depois de muita especulação e grande expectativa, o STF, em julgamento realizado em 5 de outubro do mesmo ano, desta vez por maioria mais apertada (6 a 5), já que houve mudança de posicionamento do ministro Dias Toffoli, indeferiu as medidas cautelares pleiteadas nessas ADCs (43 e 44), mantendo, assim, o posicionamento que autoriza a prisão depois de decisão condenatória confirmada em segunda instância. É importante que se diga que o mérito das ações ainda está pendente de julgamento. A conferir; **E**: incorreta, na medida em que a prática de atos infracionais preteridos pode, sim, servir de fundamento para a decretação ou manutenção da custódia preventiva, com vistas a garantir a ordem pública (art. 312, caput, do CPP). Na jurisprudência do STJ: "No presente caso, a prisão preventiva está devidamente justificada para a garantia da ordem pública, em razão da periculosidade do agente, notadamente em razão do risco de reiteração delitiva, consubstanciado na existência de ato infracional grave praticado pelo paciente. 3. (...) Esta Corte Superior de Justiça possui entendimento de que a prática de atos infracionais, apesar de não poder ser considerada para fins de reincidência ou maus antecedentes, serve para justificar a manutenção da prisão preventiva para a garantia da ordem pública" (STJ, RHC 91.377/SP, Rel. Ministro Reynaldo Soares Da Fonseca, Quinta Turma, julgado em 01.03.2018, DJe 12.03.2018).

Gabarito "B".

(Defensor Público –DPE/ES – 2016 – FCC) Sobre as medidas cautelares pessoais no processo penal brasileiro, é correto afirmar que

(A) a prisão domiciliar é cabível apenas para a mulher quando for imprescindível aos cuidados especiais de pessoa menor de seis anos de idade, em virtude do relevante papel social que cumpre na sociedade.

(B) podem ser aplicadas nos crimes dolosos com pena privativa de liberdade máxima inferior a quatro anos se o crime envolver violência doméstica e familiar contra a mulher para garantir a execução das medidas protetivas de urgência.

(C) em respeito à Convenção Americana de Direitos Humanos, só podem ser aplicadas no âmbito das audiências de custódia.

(D) a adequação das medidas cautelares diversas da prisão não interferem na conversão da prisão em flagrante em preventiva, se presentes os requisitos do art. 312 do Código de Processo Penal.

(E) as hipóteses de exclusão da licitude do Código Penal, por serem aferidas após cognição exauriente no processo penal, não impedem a aplicação da prisão preventiva.

A: incorreta. O juiz poderá, em vista do que estabelece o art. 318 do CPP, substituir a prisão preventiva pela domiciliar nas seguintes hipóteses: agente que contar com mais de 80 (oitenta) anos (inciso I); agente extremamente debilitado por motivo de doença grave (inciso II); quando o agente for imprescindível aos cuidados de pessoa com menos de 6 (seis) anos ou com deficiência (inciso III); quando se tratar de gestante (inciso IV – cuja redação foi alterada pela Lei 13.257/2016); quando se tratar de mulher com filho de até 12 anos de idade incompletos (inciso V – cuja redação foi determinada pela Lei 13.257/2016); homem, caso seja o único responsável pelos cuidados do filho de até 12 anos de idade incompletos (inciso VI – cuja redação foi determinada pela Lei 13.257/2016). São várias as situações, portanto, em que a substituição será autorizada. Quanto a este tema, importante tecer algumas ponderações, tendo em vista o advento da recente Lei 13.769/2018, que, entre outras coisas, inseriu no CPP o art. 318-A, que estabelece a substituição da prisão preventiva por prisão domiciliar da mulher gestante, mãe ou responsável por crianças ou pessoas com deficiência. Além disso, disciplina o regime de cumprimento de pena privativa de liberdade de condenadas na mesma situação, com alteração da Lei de Crimes Hediondos e da Lei de Execução Penal. Como bem sabemos, a 2ª turma do STF, ao julgar o HC coletivo 143.641, assegurou a conversão da prisão preventiva em domiciliar a todas as presas provisórias do país que sejam gestantes, puérperas ou mães de crianças e deficientes sob sua guarda. Perceba, dessa forma, que o legislador, ao inserir o art. 318-A do CPP, nada mais fez do que contemplar, no texto legal, o entendimento consolidado no *habeas corpus* coletivo a que fizemos referência. Também em consonância com o que ficou decidido no julgamento do HC, o legislador impôs dois requisitos: que não tenha sido cometido crime com grave ameaça ou violência contra a pessoa; que não tenha sido cometido contra o filho ou dependente. O art. 318-B, também inserido por meio da Lei 13.769/2018, prevê a possibilidade de aplicação concomitante da prisão domiciliar e das medidas alternativas previstas no art. 319 do CPP, na esteira do decidido no HC 143.641. Para além da inserção desses dois dispositivos legais no CPP, a Lei 13.769/2018 promoveu alterações na LEP. Perceba, pois, que os arts. 318, 318-A e 318-B tratam da concessão da prisão domiciliar no contexto da prisão preventiva, que constitui modalidade de prisão provisória. Pressupõe-se, aqui, portanto, ausência de condenação definitiva. Após o trânsito em julgado da condenação, a prisão domiciliar passa a ser disciplinada, como não poderia deixar de ser, pela LEP. Neste caso, temos que a Lei 13.769/2018 inseriu no art. 112 da LEP o § 3º, que estabelece fração diferenciada de cumprimento de pena para que a mulher, nas condições a que fizemos referência, possa alcançar o regime mais brando (a fração necessária, que antes era um sexto, passou para um oitavo). Para tanto, a reeducanda deve reunir quatro requisitos cumulativos, além de ter cumprido um oitavo da pena que lhe foi imposta. Também incluído pela Lei 13.769/2018, o § 4º do art. 112 da LEP estabelece que a prática de novo crime doloso ou falta grave acarretará a revogação do benefício. Por fim, também foi modificada a Lei de Crimes Hediondos, com a alteração, pela Lei 13.769/2018, do art. 2º, § 2º, que agora estabelece que a progressão, nesses crimes, se se tratar de mulher grávida, mãe ou responsável por criança ou pessoa com deficiência, obedecerá ao que estabelecem os §§ 3º e 4º do art. 112 da LEP. Em outras palavras, institui-se, no que concerne aos crimes hediondos e equiparados, regra específica de progressão no caso de o beneficiário encontrar-se em uma das condições acima; **B:** correta. Ao que parece, o examinador, nesta alternativa, quis se referir à prisão preventiva, e não às demais modalidades de medida cautelar de natureza pessoal. Nesse caso, o emprego da custódia preventiva, no contexto da violência doméstica, independe do máximo de pena abstratamente previsto para a infração penal (art. 313, III, do CPP); **C:** incorreta, na medida em que não há, na Convenção Americana sobre Direitos Humanos (Pacto de São José da Costa Rica), qualquer previsão nesse sentido; **D:** incorreta. A prisão preventiva tem caráter subsidiário em relação às demais medidas cautelares diversas da prisão, de tal sorte que o magistrado somente poderá lançar mão da custódia preventiva diante da impossibilidade de aplicar outra medida cautelar (art. 282, § 6º, CPP); **E:** incorreta, pois contraria o que estabelece o art. 314 do CPP.

Gabarito "B".

(Defensoria Pública da União – CESPE – 2015) Júlio foi preso em flagrante pela prática de furto de um caixa eletrônico da CEF. Júlio responde a outros processos por crime contra o patrimônio.

A respeito dessa situação hipotética, julgue os seguintes itens.

(1) O representante da CEF poderá habilitar-se como assistente da acusação a partir da instauração do inquérito policial, não cabendo impugnação da decisão judicial que negar a habilitação.

(2) No caso de Júlio ter praticado furto simples, a própria autoridade policial poderia ter arbitrado a fiança com relação a este crime.

(3) Ao ser comunicado da prisão e verificando a necessidade de evitar a prática de infrações penais, ao juiz será vedado aplicar qualquer medida cautelar alternativa à prisão, mesmo que sejam preenchidos os requisitos da necessidade e da adequação previstos no CPP.

1: incorreta. Ante o que estabelece o art. 268 do CPP, não há que se falar em assistência no curso do inquérito policial, procedimento inquisitivo em que não há sequer acusação. A admissão do assistente somente poderá se dar na ação penal pública (não cabe na privada – art. 268 do CPP) a partir do recebimento da denúncia e enquanto não passar em julgado a sentença (art. 269, CPP). Além disso, a decisão que negar a habilitação, embora não comporte a interposição de recurso (art. 273, CPP), admite a impugnação por meio de mandado de segurança; **2:** correta. Considerando que a pena máxima cominada ao crime de furto simples é de quatro anos (art. 155, *caput*, CP), a autoridade policial está credenciada, neste caso, a arbitrar fiança em favor de Júlio, conforme estabelece o art. 322 do CPP; **3:** incorreta, pois contraria o que estabelece o art. 282, I e § 2º, do CPP;

Gabarito 1E, 2C, 3E.

(Defensor Público/AM – 2013 – FCC) No tocante à prisão, medidas cautelares e liberdade provisória, de acordo com a redação expressa no Código de Processo Penal,

(A) as medidas cautelares relativas à prisão deverão ser aplicadas, observando-se a adequação da medida às circunstâncias do fato, mas não à gravidade do crime ou às condições pessoais do indiciado ou acusado.

(B) as medidas cautelares relativas à prisão deverão ser aplicadas observando-se a necessidade para aplicação da lei penal, para a investigação ou a instrução criminal e, nos casos expressamente previstos, para evitar a prática de infrações penais.

(C) as medidas cautelares não podem ser aplicadas cumulativamente.

(D) o juiz poderá revogar a medida cautelar ou substituí-la quando verificar a falta de motivo para que subsista, mas não pode voltar a decretá-la se sobrevierem razões que eventualmente a justificassem.

(E) no caso de descumprimento de qualquer das obrigações impostas, o juiz, apenas a requerimento do Ministério Público, poderá substituir a medida.

A: incorreta. O art. 282, I, do CPP contemplou, como requisitos de adequabilidade para a decretação de medida cautelar, a gravidade do crime; as condições pessoais do indiciado ou acusado; e as circunstâncias do fato. Assertiva, portanto, incorreta; **B:** correta, pois corresponde ao teor do art. 282, I, do CPP; **C:** incorreta, já que as medidas cautelares, por expressa disposição do art. 282, § 1º, do CPP, podem, sim, ser aplicadas cumulativamente; **D:** incorreta. A exemplo do que ocorre com a prisão preventiva (art. 316 do CPP), uma vez revogada a medida cautelar que se mostrou desnecessária, nada obsta que o magistrado volte a decretá-la, desde que sobrevenham razões para tanto. É o que estabelece o art. 282, § 5º, do CPP; **E:** incorreta. Não é necessário, aqui, o requerimento do Ministério Público, podendo o juiz tomar esta providência de ofício, conforme autoriza o art. 282, § 4º, do CPP.

Gabarito "B".

(Defensor Público/AM – 2013 – FCC) De acordo com o Código de Processo Penal, no tocante à prisão em flagrante,

(A) apresentado o preso à autoridade competente, procederá esta desde logo ao interrogatório do acusado sobre a imputação que lhe é feita e depois ouvirá o depoimento das testemunhas.

(B) a falta de testemunhas presenciais da infração impedirá o auto de prisão em flagrante.

(C) em até vinte e quatro horas após a realização da prisão será encaminhado ao juiz competente o auto de prisão em flagrante e, caso o autuado não informe o nome de seu advogado, cópia integral para a Defensoria Pública.

(D) qualquer do povo deverá prender quem quer que seja encontrado em situação de flagrante delito.

(E) a prisão de qualquer pessoa e o local onde se encontre serão comunicadas imediatamente ao juiz competente, à família do preso ou à pessoa por ele indicada e em até quarenta e oito horas ao Ministério Público.

A: incorreta. Apresentado o conduzido à autoridade policial, incumbe a esta, por primeiro, ouvir o condutor e dele colher a assinatura, entregando-lhe, para o fim de liberá-lo desde logo, cópia do termo e recibo de entrega do preso; feito isso; deverá a autoridade tomar o depoimento das testemunhas e, por fim, proceder ao interrogatório do preso, conforme estabelece o art. 304, *caput*, do CPP; **B:** incorreta, pois não reflete o disposto no art. 304, § 2º, do CPP, que autoriza, à falta de testemunhas presenciais, seja a prisão, assim mesmo, formalizada, assinando o auto, neste caso, além do condutor, duas testemunhas que hajam presenciado a apresentação do preso à autoridade; **C:** correta, pois de acordo com a norma contida no art. 306, § 1º, do CPP; **D:** incorreta. O dever de prender aquele que se encontre em situação de flagrante somente é imposto à autoridade policial e seus agentes (art. 301 do CPP). É o que a doutrina convencionou chamar de *flagrante obrigatório*; o mesmo dispositivo autoriza – e não obriga – que qualquer pessoa do povo efetive a prisão em flagrante. Trata-se, aqui, de mera faculdade. Bem por isso, *flagrante facultativo*; **E:** incorreta, na medida em que a comunicação imediata também deverá ser feita ao Ministério Público, nos moldes do que estabelece o art. 306, *caput*, do CPP.

Gabarito "C".

(Defensor Público/TO – 2013 – CESPE) Em relação às prisões, às medidas cautelares e à liberdade provisória, assinale a opção correta, segundo entendimento do STJ.

(A) É autônoma a regulamentação da prisão temporária, e sua decretação depende da complexidade da investigação e da gravidade intrínseca de algumas infrações elencadas na lei de regência, não se vinculando aos requisitos de admissibilidade da prisão preventiva e do exame do cabimento de eventuais medidas cautelares diversas da prisão, tampouco ao teto de pena privativa de liberdade máxima superior a quatro anos nos crimes dolosos.

(B) Nos crimes dolosos punidos com pena privativa de liberdade máxima inferior a quatro anos, é vedada a decretação da prisão preventiva, embora presentes os requisitos legais para a custódia excepcional, podendo ser imposta medida cautelar diversa, mesmo no caso de concurso de crimes para os quais não seja prevista, isoladamente, sanção penal privativa de liberdade superior ao mencionado limite legal.

(C) Admite-se a decretação da prisão preventiva, de ofício, desde que exista ação penal regularmente instaurada, consoante preconiza a atual sistemática da custódia cautelar, ainda que resultante da conversão da prisão em flagrante.

(D) A duração e a validade da prisão preventiva estão condicionadas à existência de fundamentação concreta. Expirados os motivos que deram ensejo à sua decretação, fica vedada a imposição de outra medida cautelar pelos mesmos fundamentos e em substituição àquela.

(E) As prisões decorrentes da decisão de pronúncia e da prolação de sentença penal condenatória recorrível não se submetem ao limite de pena privativa de liberdade máxima superior a quatro anos, tampouco se impõe ao magistrado o exame da possibilidade de imposição de medidas cautelares diversas, em face da função específica dessas custódias.

A: correta. A prisão temporária encontra-se disciplinada na Lei 7.960/1989. Sendo uma das modalidades de prisão cautelar, presta-se a viabilizar/facilitar as investigações do inquérito policial. Somente será decretada para o fim de investigar os crimes elencados no art. 1º da lei de regência. No mais, tem como requisitos: a imprescindibilidade para as investigações; quando o investigado não tiver residência fixa ou quando não fornecer elementos suficientes ao esclarecimento de sua identidade; quando houver fundadas razões de autoria e materialidade do investigado nos crimes que fazem pare do rol. Este último requisito, que sempre há de estar presente, deve combinar-se alternativamente com os dois primeiros. Não se aplicam a esta modalidade de prisão processual as regras da custódia preventiva; **B:** incorreta. A decretação da prisão preventiva nas hipóteses do art. 313, II e III, do CPP não se submete ao limite imposto no art. 313, I, do CPP. Na hipótese de concurso de crimes em que a somatória das penas máximas supere o patamar de quatro anos, aplica-se o teor da Súmula nº 243 do STJ, sendo cabível, portanto, neste caso, a custódia preventiva; **C:** incorreta. Com a alteração promovida pela Lei de Reforma 12.403/2011 na redação ao art. 311 do CPP, o juiz, que antes podia, de ofício, determinar a prisão preventiva no curso do inquérito, agora somente poderá fazê-lo, nesta fase da persecução, quando provocado pela autoridade policial, mediante representação, ou pelo Ministério Público, por meio de requerimento; portanto, de ofício, a partir de agora, somente no decorrer da ação penal. Pensamos que a decretação da custódia preventiva decorrente da conversão da prisão em flagrante pode dar-se de ofício pelo juiz. Nesse sentido, a lição de Guilherme de Souza Nucci: "(...) O juiz não age de ofício, determinando a prisão do indiciado, durante a fase investigatória – o que seria vedado por lei. Ele simplesmente recebe – pronta – a prisão, ocorrida em virtude de flagrante, constitucionalmente autorizado; a partir disso, instaura-se investigação compulsória e segue o auto de prisão às mãos da autoridade judicial para checar a sua legalidade e a necessidade de se manter a cautelaridade da situação. Esse mecanismo encontra-se em vigor há décadas e somente foi aperfeiçoado pela Lei 12.403/2011. Acrescente-se que, mantida a prisão cautelar, pela conversão em preventiva, seguem os autos ao Ministério Público, que terá cinco dias para apresentar denúncia; não o fazendo, revoga-se a preventiva, colocando-se o indivíduo em liberdade" (*Código de Processo Penal Comentado*. 12. ed., São Paulo: RT, 2013. p. 659); **D:** incorreta. Expirados os motivos que serviram de base à decretação da custódia preventiva, nada obsta que, em substituição a esta, seja decretada outra medida cautelar alternativa à prisão, desde que presentes os requisitos previstos em lei; **E:** incorreta. A decretação ou manutenção da prisão cautelar (provisória ou processual), assim entendida aquela que antecede a condenação definitiva, deve sempre estar condicionada à demonstração de sua imperiosa necessidade. Bem por isso, deve o magistrado apontar as razões, no seu entender, que a tornam indispensável (art. 312 do CPP). Colocado de outra forma, a prisão provisória ou cautelar somente se justifica dentro do ordenamento jurídico quando necessária ao processo. Deve ser vista, portanto, como um *instrumento* do processo a ser utilizado em situações *excepcionais*. É por essa razão que a prisão decorrente de pronúncia e de sentença penal condenatória recorrível deixou de constituir modalidade de prisão cautelar. Era uma prisão automática, já que, com a prolação da sentença condenatória, o réu era recolhido ao cárcere (independente de a prisão ser necessária). Nesse contexto, o acusado era considerado presumidamente culpado. Com as modificações introduzidas pela Lei 11.719/2008 e também em razão da atuação dos tribunais, esta modalidade de prisão cautelar deixou de existir, consagrando, assim, o *postulado da presunção de inocência*. Em vista dessa nova realidade, se o acusado permanecer preso durante toda a instrução, a manutenção dessa prisão somente terá lugar se indispensável for ao processo, pouco importando se, uma vez condenado em definitivo, permanecerá ou não preso. A prisão desnecessária decretada ou mantida antes de a sentença passar em julgado constitui antecipação da pena que porventura seria aplicada em caso de condenação, o que representa patente violação ao princípio da presunção de inocência, postulado esse de índole constitucional – art. 5º, LVII, da CF/1988. De se ver ainda que, tendo em conta as mudanças implementadas pela Lei 12.403/2011, que instituiu as *medidas cautelares alternativas à prisão provisória*, esta somente terá lugar diante da impossibilidade de se recorrer às medidas cautelares. Dessa forma, a prisão, como medida excepcional que é, deve também ser vista como instrumento subsidiário, supletivo. Pois bem. Essa tônica (de somente dar-se início ao cumprimento da pena depois do trânsito em julgado da sentença penal condenatória) sofreu um revés. Explico. O STF, em julgamento histórico realizado em 17 de fevereiro de 2016, mudou, à revelia de grande parte da comunidade jurídica, seu entendimento acerca da possibilidade de prisão antes do trânsito em julgado da sentença penal condenatória. A Corte, ao julgar o HC n. 126.292, passou a admitir a execução da pena após decisão condenatória proferida em segunda instância. Com isso, passou a ser desnecessário, para dar início ao cumprimento da pena, aguardar o trânsito em julgado da decisão condenatória. Flexibilizou-se, pois, o postulado da presunção de inocência. Naquela ocasião, votaram pela mudança de paradigma sete ministros, enquanto quatro mantiveram o entendimento até então prevalente. Cuidava-se, é bem verdade, de uma decisão tomada em processo subjetivo, sem eficácia vinculante, portanto. Tal decisão, conquanto tomada em processo subjetivo, passou a ser vista como uma mudança de entendimento acerca de tema que há vários anos havia se sedimentado. Mais recentemente, nossa Suprema Corte foi chamada a se manifestar, em ações declaratórias de constitucionalidade impetradas pelo Conselho Federal da OAB e pelo Partido Ecológico Nacional, sobre a constitucionalidade do art. 283

do CPP. Existia a expectativa de que algum ou alguns dos ministros mudassem o posicionamento adotado no julgamento realizado em fevereiro de 2016. Afinal, a decisão, agora, teria uma repercussão muito maior, na medida em que tomada em ADC. Pois bem. Depois de muita especulação e grande expectativa, o STF, em julgamento realizado em 5 de outubro do mesmo ano, desta vez por maioria mais apertada (6 a 5), já que houve mudança de posicionamento do ministro Dias Toffoli, indeferiu as medidas cautelares pleiteadas nessas ADCs (43 e 44), mantendo, assim, o posicionamento que autoriza a prisão depois de decisão condenatória confirmada em segunda instância. O mérito dessas ações pode ser julgado a qualquer momento.

Gabarito "A".

(Defensor Público/AC – 2012 – CESPE) Considerando o disposto no CPP e na legislação correlata, assinale a opção correta.

(A) Não é cabível a decretação de prisão preventiva de acusado que se apresente espontaneamente à autoridade policial competente.

(B) Admite-se, como garantia da execução das medidas protetivas de urgência, a decretação da prisão preventiva do acusado de crime que envolva violência doméstica contra a mulher.

(C) O prazo para a interceptação de comunicações telefônicas, nos termos da Lei n. 9.296/1996, é de quinze dias; entretanto, caso o pedido tenha sido formulado para prova em investigação de crimes hediondos, o prazo será de trinta dias, prorrogável por igual período.

(D) A citação do acusado que esteja em lugar sabido no estrangeiro deve ser realizada por edital e, caso ele não compareça nem constitua advogado no prazo fixado no edital de citação, que pode variar de quinze a noventa dias, ficarão suspensos o processo e o curso da prescrição, podendo o juiz determinar a produção antecipada de provas consideradas urgentes.

(E) Estando o investigado preso, o inquérito policial deve ser encerrado impreterivelmente no prazo de quinze dias.

A: incorreta. O fato de a Lei 12.403/2011 ter operado a revogação do art. 317 do CPP (apresentação espontânea do acusado) não impede que se decrete a custódia preventiva do acusado que se apresente espontaneamente, desde que presentes os requisitos autorizadores dessa medida cautelar; **B:** correta, pois corresponde à redação do art. 313, III, do CPP; **C:** incorreta. O art. 5º da Lei 9.296/1996, que trata do prazo durante o qual poderá perdurar a interceptação, não estabeleceu interregno diferenciado para os crimes hediondos. A propósito, a jurisprudência sedimentou entendimento no sentido de que o prazo de quinze dias poderá ser prorrogado quantas vezes for necessário para a apuração do fato sob investigação; **D:** incorreta. A citação do acusado que se encontre em lugar conhecido no estrangeiro há de ser feita por meio de carta rogatória, nos termos do art. 368 do CPP, suspendendo-se, neste caso, o curso do prazo prescricional até o seu cumprimento; **E:** incorreta. O art. 10, *caput*, do CPP estabelece o prazo geral de 30 dias para conclusão do inquérito, quando o indiciado não estiver preso; se se tratar de indiciado preso, o inquérito deve terminar em 10 dias (e não em quinze). Na Justiça Federal, se o indicado estiver preso, o prazo para conclusão do inquérito é de quinze dias, podendo haver uma prorrogação por igual período, conforme dispõe o art. 66 da Lei 5.010/1966; se solto, o inquérito deve ser concluído em 30 dias, em consonância com o disposto no art. 10, *caput*, do CPP. Há outras leis especiais, além desta, que estabelecem prazos diferenciados para a ultimação das investigações.

Gabarito "B".

(Defensor Público/ES – 2012 – CESPE) Julgue os itens seguintes, referentes à prisão e a liberdade provisória.

(1) A autoridade policial é expressamente autorizada pelo CPP a conceder fiança nos casos de infração para a qual seja estipulada pena privativa de liberdade máxima não superior a quatro anos, devendo considerar, para determinar o valor da fiança, a natureza da infração, as condições pessoais de fortuna e vida pregressa do acusado, as circunstâncias indicativas de sua periculosidade, bem como a importância provável das custas do processo, até final julgamento.

(2) A prisão preventiva decretada de forma autônoma, independentemente do flagrante ou da conversão deste, deve observar as exigências da garantia da ordem pública, da ordem econômica, por conveniência da instrução criminal, ou para assegurar a aplicação da lei penal, quando houver prova da existência do crime e indício suficiente de autoria e quando for doloso o crime, punido com pena privativa de liberdade máxima superior a quatro anos.

1: correta, visto que corresponde ao que estabelecem os arts. 322, *caput*, e 326 do CPP; **2:** correta, pois em consonância com o teor dos arts. 312, *caput*, e 313, I, do CPP.

Gabarito 1C, 2C.

(Defensor Público/RO – 2012 – CESPE) Acerca dos institutos da prisão, das medidas cautelares e da liberdade provisória, assinale a opção correta.

(A) Em caso de cumprimento de mandado de prisão expedido pela autoridade competente, se o executor do mandado verificar que o réu esteja abrigado em alguma casa, deverá intimar o morador a apresentá-lo à vista do mandado judicial e, no caso de desobediência, poderá, a qualquer hora do dia ou da noite, entrar à força na residência, bastando para tanto, convocar duas testemunhas que acompanhem a diligência e atestem a recusa do morador a entregar o preso.

(B) A prisão em flagrante deve ser comunicada ao juiz competente em até vinte e quatro horas após a sua realização, cabendo ao juiz, entre outras medidas, relaxar a prisão se esta for ilegal ou, fundamentadamente, convertê-la em preventiva, quando presentes os requisitos da custódia cautelar.

(C) Pode o juiz substituir a prisão preventiva pela domiciliar quando o agente for maior de setenta anos de idade, gestante a partir do sétimo mês de gestação, extremamente debilitado por motivo de grave doença ou imprescindível aos cuidados especiais de pessoa menor de seis anos de idade ou com deficiência.

(D) A partir das recentes alterações legislativas referentes à liberdade provisória com fiança, a autoridade policial, após a lavratura do auto de prisão em flagrante, somente poderá conceder fiança nos casos de infrações penais praticadas sem violência ou grave ameaça a pessoa, independentemente do tempo previsto para a pena privativa de liberdade.

(E) A falta de exibição do mandado de prisão pelo executor da ordem obsta o seu efetivo cumprimento, porquanto, conforme a lei processual penal, a prisão em virtude de mandado entender-se-á feita desde que o executor, fazendo-se conhecer do réu, lhe apresente a referida ordem e o intime a acompanhá-lo.

A: incorreta, já que o ingresso à força, na hipótese de recalcitrância do morador, somente se efetivará durante o dia; se à noite, diante da recusa do ocupante, o executor da ordem de prisão fará guardar todas as saídas do imóvel até o amanhecer, quando então poderá ingressar no imóvel onde se encontra a pessoa a ser presa, independente da anuência do morador. É o que estabelece o art. 293 do CPP; **B:** correta, pois corresponde ao que estabelece o art. 306, § 1º, do CPP; **C:** a incorreção da assertiva está na parte em que se afirma que a substituição será feita na hipótese de o agente contar com mais setenta anos, dado que o art. 318, I, do CPP estabelece como idade mínima à obtenção deste benefício oitenta anos. No resto, a assertiva está correta se considerarmos a legislação em vigor quando da aplicação da prova. *Vide* nova redação conferida ao art. 318 do CPP pela Lei 13.257/2016, que alterou as hipóteses em que tem cabimento a substituição da prisão preventiva pela domiciliar; **D:** incorreta, dado o que estabelece o art. 322 do CPP: "A autoridade policial somente poderá conceder fiança nos casos de infração cuja pena privativa de liberdade máxima não seja superior a 4 (quatro) anos"; **E:** incorreta, já que não reflete o disposto no art. 287 do CPP: "Se a infração for inafiançável, a falta de exibição do mandado não obstará à prisão, e o preso, em tal caso, será imediatamente apresentado ao juiz que tiver expedido o mandado".

Gabarito "B".

(Defensor Público/SE – 2012 – CESPE) Em 20.08.2012, Juca, mediante grave ameaça, subtraiu uma corrente de ouro pertencente a Carla e fugiu, escondendo-se debaixo de uma ponte. Vinte e quatro horas depois do crime, Juca saiu de seu esconderijo e, ao se deparar com o namorado da vítima, que passeava pelo local e reconheceu a corrente de ouro no pescoço de Juca, foi por ele preso em flagrante pelo crime de roubo e encaminhado à delegacia de polícia. Mesmo sem testemunhas do fato, foi lavrado o auto de prisão em flagrante, com a assinatura do condutor e de duas testemunhas que presenciaram a apresentação do preso. Após solicitação de Juca, a prisão foi comunicada à sua namorada, não tendo sido dada, contudo, ciência da prisão à família do preso. Quarenta e oito horas após a prisão, foram os autos encaminhados ao juízo competente e ao MP. Posteriormente, o flagrante foi enviado à DP, que requereu o relaxamento da prisão de Juca, pedido indeferido pelo magistrado.

Considerando a situação hipotética acima apresentada, assinale a opção correta a respeito da prisão em flagrante.

(A) Juca não mais poderia ter sido preso em flagrante, passadas 24 horas do cometimento do crime.

(B) Juca foi preso em flagrante impróprio, visto que foi encontrado em situação que se fazia presumir ser ele o autor da infração.

(C) Em até 48 horas após a realização da prisão, deve ser encaminhado ao juiz competente o auto de prisão em flagrante, e, necessariamente, haver comunicação do flagrante à família do preso, independentemente de ciência de outra pessoa por ele indicada.

(D) A falta de testemunhas da infração penal cometida por Juca não torna ilegal o auto de prisão em flagrante, desde que assinado pelo condutor e duas pessoas que hajam testemunhado a apresentação do preso à autoridade.

(E) A prisão de Juca, realizada por particular, é considerada ilegal, visto que a prisão em flagrante somente pode ser feita por autoridade pública.

A: incorreta. Vale aqui registrar a existência de controvérsia doutrinária acerca do entendimento que deve ser conferido à expressão "logo depois", no chamado flagrante ficto ou presumido (art. 312, IV, do CPP). Pensamos que tal expressão deve ser interpretada de forma individualizada, de acordo com as especificidades do caso concreto. Esse entendimento é compartilhado por parte significativa da doutrina e jurisprudência; **B:** incorreta. À prisão em flagrante em que o agente é preso, logo depois do crime, na posse de objetos, em situação que faça presumir ser ele o autor da infração, é dada a denominação de flagrante ficto ou presumido; impróprio (ou quase flagrante) é a modalidade em que, perseguido logo após a prática criminosa, o agente é preso; **C:** incorreta, pois o art. 306, § 1º, do CPP estabelece o prazo de 24 horas, a contar da detenção, para que o auto de prisão em flagrante e as demais peças que o acompanham sejam remetidos ao juiz de direito; **D:** correta, na medida em que reflete do disposto no art. 304, § 2º, do CPP; **E:** incorreta. A doutrina classifica o flagrante em obrigatório e facultativo. Obrigatório é a modalidade de flagrante a que faz referência o art. 301, 2ª parte, do CPP. *Obrigatório* porque a *autoridade policial e seus agentes* deverão prender quem quer que seja encontrado em flagrante delito. De outro lado, *qualquer do povo poderá* (...). Trata-se, neste caso, de mera faculdade. Flagrante, por isso mesmo, chamado *facultativo*. Dessa forma, a prisão em flagrante realizada por particular nada tem de ilegal, visto que autorizada pela lei processual penal.

Gabarito "D".

(Defensor Público/SP – 2012 – FCC) Prisão provisória. Assinale a alternativa correta.

(A) Ausentes os requisitos para a decretação da prisão preventiva poderá o juiz, no curso do processo, decretar a prisão domiciliar caso o réu esteja extremamente debilitado por motivo de doença grave.

(B) Em qualquer fase da investigação policial poderá o juiz decretar, de ofício, a prisão preventiva do indiciado.

(C) Em relação à prisão temporária, constata-se o *fumus comissi delicti* quando presente fundadas razões de autoria ou participação do indiciado em crimes taxativamente relacionados na Lei federal n. 7.960/1989, que disciplina a prisão temporária, exceto se for autorizada para outros crimes por legislação federal posterior.

(D) A publicação de sentença condenatória, que impõe regime inicialmente fechado para o cumprimento da pena privativa de liberdade, constitui marco impeditivo para a concessão da liberdade provisória ao condenado.

A: incorreta. A prisão domiciliar somente será decretada se preenchidos os requisitos da prisão preventiva – art. 312 do CPP; **B:** incorreta. Pela disciplina estabelecida no art. 311 do CPP, cuja redação foi modificada por força da Lei 12.403/2011, a prisão preventiva poderá ser decretada nas duas fases que compõem a persecução penal (inquérito e ação penal); todavia, somente poderá ser decretada de ofício pelo juiz no curso da ação penal; durante as investigações, somente a requerimento do MP, do querelante ou do assistente, ou por representação da autoridade policial; **C:** correta, pois corresponde ao contido no art. 1º, III, da Lei 7.960/1989 (Prisão Temporária); **D:** incorreta, já que a liberdade provisória poderá ser concedida até o trânsito em julgado da sentença penal condenatória (art. 334 do CPP).

Gabarito "C".

(Defensor Público/RS – 2011 – FCC) Sobre prisão e liberdade, considere as seguintes assertivas:

I. Crimes envolvendo violência doméstica contra a mulher, ainda que punidos com detenção, poderão ensejar a decretação de prisão preventiva, desde que presentes elementos concretos que a autorizem.

II. A prolação de sentença condenatória no Tribunal do Júri não impede a revogação da prisão preventiva do condenado, mesmo tendo este sido mantido preso durante a instrução do feito.

III. Não se concede fiança nos crimes punidos com reclusão em que a pena mínima cominada for superior a 2 (dois) anos, devendo esta ser computada separadamente a cada delito na hipótese de concurso material.

Está correto o que se afirma APENAS em

(A) I.
(B) I e II.
(C) III.
(D) I e III.
(E) II e III.

I: art. 313, III, do CPP (redação alterada pela Lei 12.403/11); II: correta, pois é perfeitamente possível que, com a prolação de sentença condenatória, deixe de existir o motivo ensejador da prisão preventiva, que, neste caso, deverá ser revogada, a teor do art. 316 do CPP; III: com a modificação a que foi submetido o art. 323 do CPP, operada pela Lei 12.403/11, somente são inafiançáveis os crimes ali listados (racismo, tortura, tráfico, terrorismo, crimes hediondos e o delitos praticados por grupos armados, civis ou militares, contra a ordem constitucional e o Estado Democrático) e também aqueles contidos em leis especiais, tais como o art. 31 da Lei 7.492/86 (Sistema Financeiro).
Gabarito "B".

(Defensor Público/GO – 2010 – I. Cidades) Agentes da Polícia Civil cumpriram mandado de prisão temporária às 23h50m de uma terça-feira. A referida prisão fora decretada com prazo de cinco dias. Assim,

(A) os policiais responsáveis pela guarda do preso não poderão liberá-lo, mesmo se expirado o prazo de cinco dias, sem alvará de soltura emitido pelo juiz.

(B) a prisão vigorará até às 18 horas do domingo, após o que os policiais responsáveis pela guarda do preso deverão liberá-lo.

(C) a prisão vigorará até a meia-noite do sábado, após o que os policiais responsáveis pela guarda do preso deverão liberá-lo.

(D) a prisão vigorará até as 23h50m do sábado, após o que os policiais responsáveis pela guarda do preso deverão liberá-lo.

(E) a prisão vigorará até a meia-noite do domingo, após o que os policiais responsáveis pela guarda do preso deverão liberá-lo.

Na contagem do prazo de prisão temporária, o dia em que se deu o cumprimento do mandado deve ser incluído no cômputo do prazo, ainda que a detenção tenha ocorrido minutos antes de o dia esvair-se.
Gabarito "C".

(Defensoria/MA – 2009 – FCC) A Constituição Federal estipula várias disposições pertinentes ao processo penal, com eficácia imediata. A natureza jurídica da necessidade do decreto de uma prisão cautelar, sob este viés, é o de

(A) pena antecipada, sendo considerada, em caso de condenação, no seu tempo de cumprimento.
(B) medida excepcional.
(C) instrumentalidade do processo penal justo.
(D) medida necessária, ainda que não esteja previsto o requisito do *periculum in mora*.
(E) medida necessária, ainda que não esteja previsto o requisito do *fumus boni juris*.

A decretação ou manutenção da prisão cautelar (provisória ou processual), assim entendida aquela que antecede a condenação definitiva, deve sempre estar condicionada à demonstração de sua imperiosa necessidade. Bem por isso, deve o magistrado apontar as razões, no seu entender, que a tornam indispensável (art. 312 do CPP). Colocado de outra forma, a prisão provisória ou cautelar somente se justifica dentro do ordenamento jurídico quando necessária ao processo. Deve ser vista, portanto, como um *instrumento* do processo a ser utilizado em situações *excepcionais*. É por essa razão que a prisão decorrente de pronúncia e a prisão decorrente de sentença penal condenatória recorrível deixaram de constituir modalidade de prisão cautelar. Era uma prisão automática, já que, com a prolação da sentença condenatória, o réu era recolhido ao cárcere (independente de a prisão ser necessária). Nesse contexto, o acusado era considerado presumidamente culpado. Com as modificações introduzidas pela Lei 11.719/2008 e também em razão da atuação dos tribunais, esta modalidade de prisão cautelar deixou de existir, consagrando, assim, o *postulado da presunção de inocência*. Em vista dessa nova realidade, se o acusado permanecer preso durante toda a instrução, a manutenção dessa prisão somente terá lugar se indispensável for ao processo, pouco importando se, uma vez condenado em definitivo, permanecerá ou não preso. A prisão desnecessária decretada ou mantida antes de a sentença passar em julgado constitui antecipação da pena que porventura seria aplicada em caso de condenação, o que representa patente violação ao princípio da presunção de inocência, postulado esse de índole constitucional – art. 5º, LVII. De se ver ainda que, tendo em conta as mudanças implementadas pela Lei 12.403/2011, que instituiu as *medidas cautelares alternativas à prisão provisória*, esta somente terá lugar diante da impossibilidade de se recorrer às medidas cautelares. Dessa forma, a prisão, como medida excepcional que é, deve também ser vista como instrumento subsidiário, supletivo. Pois bem. Essa tônica (de somente dar-se início ao cumprimento da pena depois do trânsito em julgado da sentença penal condenatória) sofreu um revés. Explico. O STF, em julgamento histórico realizado em 17 de fevereiro de 2016, mudou, à revelia de grande parte da comunidade jurídica, seu entendimento acerca da possibilidade de prisão antes do trânsito em julgado da sentença penal condenatória. A Corte, ao julgar o HC n. 126.292, passou a admitir a execução da pena após decisão condenatória proferida em segunda instância. Com isso, passou a ser desnecessário, para dar início ao cumprimento da pena, aguardar o trânsito em julgado da decisão condenatória. Flexibilizou-se, pois, o postulado da presunção de inocência. Naquela ocasião, votaram pela mudança de paradigma sete ministros, enquanto quatro mantiveram o entendimento até então prevalente. Cuidava-se, é bem verdade, de uma decisão tomada em processo subjetivo, sem eficácia vinculante, portanto. Tal decisão, conquanto tomada em processo subjetivo, passou a ser vista como uma mudança de entendimento acerca de tema que há vários anos havia se sedimentado. Mais recentemente, nossa Suprema Corte foi chamada a se manifestar, em ações declaratórias de constitucionalidade impetradas pelo Conselho Federal da OAB e pelo Partido Ecológico Nacional, sobre a constitucionalidade do art. 283 do CPP. Existia a expectativa de que algum ou alguns dos ministros mudassem o posicionamento adotado no julgamento realizado em fevereiro de 2016. Afinal, a decisão, agora, teria uma repercussão muito maior, na medida em que foi tomada em ADC. Pois bem. Depois de muita especulação e grande expectativa, o STF, em julgamento realizado em 5 de outubro do mesmo ano, desta vez por maioria mais apertada (6 a 5), já que houve mudança de posicionamento do ministro Dias Toffoli, indeferiu as medidas cautelares pleiteadas nessas ADCs (43 e 44), mantendo, assim, o posicionamento que autoriza a prisão depois de decisão condenatória confirmada em segunda instância. O mérito das ações ainda está pendente de julgamento.
Gabarito "C".

(Defensoria/SP – 2009 – FCC) Decretada a prisão preventiva com fundamento na revelia do acusado citado por edital, o Defensor Público poderá utilizar a seguinte argumentação para rechaçá-la:

(A) Há uma súmula do Supremo Tribunal Federal editada sobre o tema.
(B) A revelia somente poderá ser decretada após a intimação do Defensor Público.
(C) A revelia não gera por si só presunção de que o acusado pretenda se furtar à aplicação da lei penal.
(D) O Defensor Público deverá ser notificado da decretação da prisão preventiva em até 24 horas.
(E) Há um tratado internacional do qual o Estado brasileiro é signatário que prevê expressamente a impossibilidade de prisão preventiva.

A prisão preventiva não deve ser decretada de forma automática, ante a revelia do acusado citado por edital. O juiz somente deverá fazê-lo em face da presença dos requisitos do art. 312 do CPP.
Gabarito "C".

(Defensoria Pública da União – 2007 – CESPE) Ocorre o flagrante esperado quando alguém provoca o agente à prática do crime e, ao mesmo tempo, toma providência para que tal crime não se consume. Nesse caso, entende o STF que há crime impossível.

Trata-se do **chamado** *flagrante preparado* ou *provocado* (delito de ensaio), que constitui modalidade de crime impossível (art. 17, CP). Neste caso, o agente provocador leva o autor à prática do crime, viciando a sua vontade, e, feito isso, o prende em flagrante. A conduta é atípica, segundo posição do STF esposada na Súmula 145: "Não há crime, quando a preparação do flagrante pela polícia torna impossível sua consumação". Diferentemente, no *flagrante esperado*, a polícia ou o terceiro aguarda o cometimento do crime. Não há que se falar, pois, em induzimento.
Gabarito "E".

(Defensoria/SP – 2007 – FCC) Na véspera do Natal, no plantão judiciário, o defensor público recebe a cópia de um auto de prisão em flagrante de furto tentado (art. 155, c.c. o art. 14, II, do CP). Após atenta leitura, constata que o autuado, recém egresso do sistema prisional, onde cumpriu pena por furto, foi detido pelo segurança de um supermercado quando inseria, dentro de um isopor exposto para a venda, sete "DVD's". Qual a medida a ser requerida ao juiz de plantão?

(A) A liberdade provisória do autuado, diante da ausência de qualquer das hipóteses autorizadoras da prisão preventiva.
(B) O arbitramento de fiança, por se tratar de crime com pena mínima inferior a dois anos de reclusão.
(C) O relaxamento do flagrante, tendo em vista a sua ilegalidade, diante do não desenvolvimento dos atos executórios da infração penal.
(D) O relaxamento do flagrante, sob o fundamento da insignificância do valor da res furtiva.
(E) A liberdade provisória, em razão da ilegalidade de sua prisão, efetuada por segurança do estabelecimento comercial.

A conduta do segurança e da autoridade policial que presidiu o flagrante foi equivocada, já que o comportamento do conduzido não se amolda ao tipo prefigurado no art. 155 do Código Penal. Quanto ao delegado, deveria ter procedido na forma do art. 304, § 1º, do CPP, relaxando a prisão em flagrante.
Gabarito "C".

(Defensor Público/CE – 2007 – CESPE) Em relação à prisão e liberdade provisória, julgue os próximos itens.

(1) Embora sem testemunhas presenciais do fato, deverá o delegado prender em flagrante, lavrando o respectivo auto e tomando as demais providências legalmente previstas, a pessoa encontrada, logo depois da prática do delito, com instrumentos, armas, objetos ou papéis que façam presumir ser ela autora da infração.
(2) A autoridade policial pode conceder fiança nos casos de infração punida com prisão simples, com detenção ou com reclusão por período inferior a um ano.
(3) Para a concessão da fiança, o juiz deve, necessariamente, ouvir o Ministério Público antes de sua decisão.

1: trata-se do chamado *flagrante presumido* ou *ficto* (art. 302, IV, do CPP), em que o agente é encontrado logo depois do crime na posse de instrumentos, armas, objetos ou papéis em circunstâncias que revelem ser ele o autor da infração penal. Note que, nesta modalidade de flagrante, inexiste perseguição, pois o agente é encontrado ocasionalmente. Diferente, portanto, do que se dá no *flagrante impróprio* (quase-flagrante), em que se exige, desde o início, perseguição ininterrupta; **2:** com o advento da Lei 12.403/11, o panorama da fiança mudou sobremaneira. Com efeito, a autoridade policial poderá arbitrar fiança em qualquer infração penal cuja pena máxima cominada não seja superior a *quatro anos* (reclusão ou detenção). Pela redação anterior do art. 322 do CPP, o delegado somente estava credenciado a arbitrar fiança nas contravenções e nos crimes apenados com detenção; **3:** a lei não exige, nos termos do art. 333 do CPP, prévia oitiva do MP; deve-se tão somente dar vista dos autos ao membro do MP após a decisão.
Gabarito 1C, 2E, 3E.

(Defensoria/SP – 2006 – FCC) A liberdade provisória poderá ser concedida sem o pagamento da fiança àqueles que, por motivo de pobreza, não tiverem condições de prestá-la. Obriga-se o beneficiário

(A) ao comparecimento a todos os atos a que for convocado e proibição de alteração da residência sem prévia comunicação, somente.
(B) ao comparecimento a todos os atos a que for convocado, proibição de frequentar determinados lugares e proibição da ausência de mais de oito dias da residência sem comunicação à autoridade.
(C) somente proibição de frequentar determinados lugares e comunicação prévia à autoridade da alteração de residência.
(D) ao comparecimento pessoal e obrigatório a juízo, mensalmente, para informar e justificar suas atividades.
(E) ao comparecimento a todos os atos a que for convocado, à proibição de alteração da residência sem prévia comunicação e a proibição da ausência de mais de oito dias da residência sem comunicação à autoridade.

Art. 350 do CPP, cuja redação foi alterada por força da Lei 12.403/11.
Gabarito "E".

(Defensoria/SE – 2006 – CESPE) Julgue os seguintes itens.

(1) A prisão provisória ou cautelar antecipa a análise da culpabilidade do réu, uma vez que se trata de privação de liberdade destinada a assegurar, antes da sentença definitiva, a eficácia da decisão judicial.

(2) O relaxamento de prisão tem como causa uma prisão em flagrante ilegal, ou seja, em desconformidade com o que determina o CPP, enquanto a liberdade provisória tem como causa uma prisão em flagrante legal e, como consequência, a liberdade vinculada do autor do fato.

1: a prisão provisória ou cautelar somente terá lugar quando indispensável ao processo; se concebida, assim, como um instrumento do processo, a ser utilizado em situações excepcionais, não há que se falar, dessa forma, em execução antecipada da pena privativa de liberdade; de outro lado, se a prisão cautelar decorrer de automatismo legal, sem que haja qualquer demonstração de necessidade na decretação da custódia, aí sim, estaremos antecipando o cumprimento da pena antes do trânsito; **2:** pela nova sistemática introduzida pela Lei 12.403/11, que alterou a redação do art. 310 do CPP, impõe-se ao magistrado, quando do recebimento do auto de prisão em flagrante, o dever de manifestar-se *fundamentadamente* acerca da prisão que lhe é comunicada. Pela novel redação do dispositivo, abrem-se para o juiz as seguintes opções: se se tratar de prisão ilegal, deverá relaxá-la e determinar a soltura imediata do preso; se a prisão estiver em ordem, deverá o juiz, desde que entenda necessário ao processo, converter a prisão em flagrante em preventiva, sempre levando-se em conta os requisitos do art. 312 do CPP. A prisão em flagrante, portanto, não mais poderá perdurar até o final do processo, como antes ocorria. Ressalte-se que, tendo em vista o *postulado da proporcionalidade*, a custódia preventiva somente terá lugar se as medidas cautelares diversas da prisão revelarem-se inadequadas; poderá, por fim, o juiz conceder a liberdade provisória, com ou sem fiança, substituindo, assim, a prisão em flagrante. Daí podemos afirmar que, neste novo panorama, a prisão em flagrante poderá ser substituída pela liberdade provisória, que constitui um sucedâneo seu, ou mesmo pela prisão preventiva, dado que o infrator não poderá permanecer preso provisoriamente, como antes ocorria, "em flagrante".

Gabarito 1E. 2C

(Defensor Público/PA – 2006 – UNAMA) A prisão é ato de constrição da liberdade, com previsão constitucional restrita pelas Leis processuais penais.

Assim:

I. A autoridade policial e seus agentes têm a faculdade de prender quem se encontre em estado de flagrante.
II. A prisão preventiva pode ser decretada em qualquer fase do inquérito ou da instrução criminal, como garantia da ordem pública, da ordem econômica, por conveniência da instrução criminal ou para assegurar a aplicação da lei penal, somente nos crimes dolosos.
III. A prisão temporária poderá ser decretada de ofício pelo juiz
IV. A prisão decorrente da decisão de pronúncia está vinculada à primariedade e aos bons antecedentes do réu.

Somente é correto o que se afirma em:

(A) II e IV.
(B) I, II e III.
(C) I e II.
(D) III e IV.

I: assertiva incorreta. A autoridade policial e seus agentes têm o dever, e não a faculdade, sob pena de responsabilização criminal e funcional, de prender quem quer que se encontre em situação flagrancial – art. 301, segunda parte, CPP. A doutrina chama esta modalidade de flagrante de *obrigatório*; diferentemente, qualquer pessoa do povo, inclusive a vítima da infração penal, tem a prerrogativa, conferida pelo art. 301, primeira parte, do CPP, de prender aquele que se acha em situação de flagrante. Este é o *flagrante facultativo*; **II:** correta. De acordo com a nova redação dos arts. 313 e 314 do CPP, conferida pela Lei 12.403/11, a prisão preventiva não terá lugar quando se tratar de delito culposo, contravenção penal e também quando houver prova de que o acusado agiu sob o manto de uma causa excludente de ilicitude. No mais, dada a mudança levada a efeito na redação do art. 311 do CPP, a prisão preventiva, que antes podia ser decretada de ofício pelo juiz em qualquer fase do inquérito policial ou da instrução criminal, doravante somente poderá ser decretada de ofício pelo magistrado no curso da ação penal. Significa, pois, que, no decorrer do inquérito policial, o juiz somente decretará a custódia preventiva a requerimento do MP ou por representação da autoridade policial; **III:** incorreta, já que, no que concerne à *custódia temporária*, nada mudou, pois, conforme rezam os arts. 1º, I, e 2º, *caput*, da Lei 7.960/89, somente será decretada no curso das investigações do inquérito policial, e só poderá ocorrer a requerimento do Ministério Público ou mediante representação da autoridade policial. O magistrado, assim, não está credenciado a decretá-la de ofício; **IV:** a prisão decorrente de pronúncia e a prisão por força de sentença condenatória recorrível não mais fazem parte de nosso ordenamento.

Gabarito "A".

(Defensor Público/AC – 2006 – CESPE) Assinale a opção correta no tocante à prisão no curso do processo.

(A) O ordenamento jurídico brasileiro admite a prisão para averiguação como medida cautelar temporária.
(B) Somente em flagrante delito ou mediante ordem escrita e fundamentada da autoridade judiciária competente, é lícito prender alguém como medida cautelar, conforme o texto constitucional vigente.
(C) Em casos de crimes punidos com prisão cautelar, não se admite liberdade provisória.
(D) A prisão temporária afasta a possibilidade de prisão preventiva, uma vez que uma exclui a outra.

A: a prisão para averiguação não tem lugar em nosso ordenamento jurídico. Constitui, dessa forma, crime de abuso de autoridade, tipificado no art. 4º, *a*, da Lei 4.898/65; **B:** a assertiva está em consonância com o art. 5º, LXI, da CF e também com a nova redação do art. 283, *caput*, do CPP, dada pela Lei 12.403/11, que alterou o CPP e incorreu no universo da prisão diversas modificações, além desta; **C:** a prisão cautelar, como as medidas cautelares em geral, não se presta a punir crime; serve, isto sim, para garantir o regular desenvolvimento do processo e também para assegurar a sua efetividade; **D:** não é verdade. Embora tenham fundamentos diversos, é comum a prisão temporária ser decretada no curso do inquérito, já que esta se presta a viabilizar a investigação acerca de crimes graves, e, uma vez concluída a fase investigatória, ser decretada a custódia preventiva, desde que presentes os requisitos do art. 312 do CPP.

Gabarito "B".

(Defensor Público/AC – 2006 – CESPE) Determinada pessoa foi submetida a julgamento, perante o tribunal do júri da comarca de Xapuru, pela prática do crime previsto no artigo 121, § 2.º, incisos II e IV do CP. Após os debates na sessão de julgamento, tendo sido os quesitos submetidos à apreciação soberana dos jurados, foi o réu condenado. Proferida a sentença que julgou procedente o libelo-crime acusatório, o juiz presidente condenou o réu a uma pena de dezoito anos de reclusão. Na análise das circunstâncias judiciais, o magistrado consignou que o acusado era primário e de bons antecedentes. Foi estabelecido o regime integralmente fechado para o cumprimento da pena, oportunidade em que o juiz determinou que o réu fosse recolhido à prisão.

Sabendo que a sentença judicial deve obedecer ao texto constitucional vigente e às regras estabelecidas no Código de Processo Penal (CPP), assinale a opção correta acerca da decisão proferida nessa situação hipotética.

(A) A sentença não atende ao princípio da proporcionalidade no tocante à aplicação da pena.

(B) O acusado deve ser preso imediatamente para que possa apelar da sentença.

(C) É desnecessário o recolhimento do acusado em razão do princípio da presunção de inocência; deve este aguardar, em liberdade, o processamento de eventual recurso.

(D) A decisão do juiz foi acertada, à luz do CPP.

A prisão decorrente de sentença penal condenatória recorrível constituía modalidade de prisão cautelar. Era uma prisão automática, já que, com a prolação da sentença condenatória, o réu era recolhido ao cárcere. O acusado era, portanto, presumidamente culpado. Com as modificações introduzidas pela Lei 11.719/08 e também em razão da atuação dos tribunais, esta modalidade de prisão cautelar deixou de existir, consagrando, assim, o postulado da presunção de inocência.
Gabarito "C".

(Defensoria/MG – 2006) Pode-se afirmar que a prisão preventiva

(A) deverá ser relaxada se ausentes os motivos que a autorizam.

(B) e a liberdade provisória são institutos de tal forma antagônicas que, expedido o decreto preventivo, não cabe a concessão da liberdade provisória, ainda que cessados os fundamentos da prisão preventiva.

(C) não pode ser determinada nos crimes punidos com detenção.

(D) pode ter como fundamento a garantia da ordem pública, desde que consubstanciada na concomitante existência de grande clamor público causado pela conduta criminosa e a extrema gravidade do delito.

A e B: cessados os motivos que ensejaram a decretação da custódia preventiva, caberá ao juiz revogá-la, nos termos do art. 316 do CPP, dispositivo não alterado pela Lei de Reforma; C: tendo em conta a nova redação conferida ao art. 313, I, do CPP, a prisão preventiva será decretada nos crimes punidos com pena privativa de liberdade máxima superior a quatro anos, seja ela de reclusão ou detenção; D: basta, para justificar o decreto de prisão preventiva, a garantia da ordem pública, não sendo necessário que o delito imputado ao investigado/acusado tenha adquirido grande destaque na mídia, tampouco que se trate de delito de extrema gravidade.
Gabarito "B".

12. PROCESSO E PROCEDIMENTOS

(Defensor Público/AL – 2017 – CESPE) Acerca dos ritos especiais de julgamento envolvendo crimes contra a honra, assinale a opção correta.

(A) O pedido de explicações, nos casos de crimes contra a honra pode ser formulado a qualquer tempo, antes ou durante o transcorrer da ação penal.

(B) Tratando-se de crimes de difamação, não se admite a exceção da verdade, ainda que o ofendido seja funcionário público e a ofensa seja relacionada ao exercício de suas funções.

(C) Tratando-se de crime contra a honra do servidor público em razão da função, a ação penal pode ser iniciada mediante queixa-crime do ofendido ou ação pública condicionada à representação.

(D) Se o querelante regularmente intimado não comparecer à audiência de reconciliação, reputar-se-á apenas desinteressado em celebrar acordo, prosseguindo o processo normalmente.

(E) Em se tratando de crimes contra a honra mediante ação penal pública condicionada à representação, o ofendido poderá, a qualquer tempo, desistir da ação e solicitar a extinção do processo.

A: incorreta. Por se tratar de uma medida preparatória e facultativa para o oferecimento da queixa, tal somente poderá ocorrer antes de instaurada a ação penal (art. 144, CP); **B:** incorreta, dado que o crime de difamação, ao contrário do que se afirma na assertiva, comporta, sim, a exceção da verdade, nos casos em que o ofendido é funcionário público e a ofensa é relacionada ao exercício de suas funções, nos termos do art. 139, parágrafo único, do CP; **C:** correta. Segundo entendimento firmado na Súmula 714 do STF, em se tratando de ação penal por crime contra honra de servidor público em razão do exercício de suas funções, será concorrente a legitimidade do ofendido, mediante queixa, e do Ministério Público, condicionada à representação do ofendido; **D:** incorreta, pois se trata de hipótese de perempção (art. 60, III, do CPP); **E:** incorreta, uma vez que, oferecida a representação, a sua retratação somente poderá ser dar até o oferecimento da denúncia (art. 25, CPP).
Gabarito "C".

(Defensor Público/PR – 2012 – FCC) A disciplina dos procedimentos no Código de Processo Penal sofreu profunda reformulação no ano de 2008. Sobre este assunto analise as afirmações abaixo.

I. O princípio da identidade física no Processo Penal observa as limitações do art. 132 do CPC, conforme vem assentando a jurisprudência dos tribunais superiores.

II. No procedimento ordinário, durante a instrução poderão ser inquiridas até 8 (oito) testemunhas arroladas pela acusação e 8 (oito) pela defesa.

III. O Código de Processo Penal prevê a absolvição antecipada apenas no procedimento do Tribunal do Júri.

IV. Quando o Juizado Especial Criminal encaminhar as peças ao Juízo Criminal adotar-se-á o procedimento sumaríssimo.

V. O interrogatório do réu, no procedimento ordinário, é o último ato de inquirição da audiência de instrução e julgamento.

Estão corretas APENAS as afirmações

(A) II e IV.
(B) IV e V.
(C) I, II e IV.
(D) I, II e V.
(E) I, IV e V.

I: correta. A Lei 11.719/2008 introduziu no art. 399 do CPP o § 2º, conferindo-lhe a seguinte redação: "O juiz que presidiu a instrução deverá proferir a sentença". O *princípio da identidade física do juiz*, antes exclusivo do processo civil, agora será também aplicável ao processo penal. Como as restrições não foram disciplinadas no

Código de Processo Penal, deve-se aplicar, quanto a estas, o que dispõe o art. 132 do Código de Processo Civil: "O juiz, titular ou substituto, que concluir a audiência, julgará a lide, salvo se estiver convocado, licenciado, afastado por qualquer motivo, promovido ou aposentado, caso em que passará os autos ao seu sucessor.";
II: correta, pois em conformidade com a norma contida no art. 401 do CPP; **III**: incorreta, dado que a absolvição sumária também tem incidência no âmbito do procedimento comum – art. 397 do CPP; **IV**: incorreta, tendo em vista que, em conformidade com o que estabelece o art. 538 do CPP, o procedimento a ser adotado, neste caso, é o sumário; **V**: correta. Por força das modificações implementadas pela Lei 11.719/2008, que alterou diversos dispositivos do CPP, entre os quais o seu art. 400, a instrução, que antes tinha como providência inicial o interrogatório do acusado, passou a ser uma, impondo, além disso, nova sequência de atos, todos realizados em uma única audiência. Nesta (art. 400 do CPP – ordinário; art. 531 do CPP – sumário), deve-se ouvir, em primeiro lugar, o ofendido; depois, ouvem-se as testemunhas de acusação e, em seguida, as de defesa. Após, vêm os esclarecimentos dos peritos e as acareações. Em seguida, procede-se ao reconhecimento de pessoas e coisas. Finalmente, interroga-se o acusado.

Gabarito "D".

(Defensor Público/AM – 2010 – I. Cidades) Assinale a alternativa correta. No processo comum, o Juiz absolverá sumariamente o réu:

(A) provado não ser ele apenas partícipe do fato
(B) quando verificar a existência de causa excludente de ilicitude, ainda que dependa de dilação probatória prévia.
(C) quando verificar a existência manifesta de causa excludente da culpabilidade do agente, salvo inimputabilidade, se esta for a única tese defensiva.
(D) quando verificar que o fato narrado possa não vir a constituir crime.
(E) extinta a punibilidade do agente, exceto nos casos de prescrição, decadência ou perempção.

As hipóteses de absolvição sumária, contidas no art. 397 do CPP, constituem inovação introduzida pela Lei 11.719/08. A correspondente à assertiva "C" está contemplada no inciso II do dispositivo. As outras alternativas contêm proposições que não se amoldam às hipóteses de absolvição sumária – art. 397, CPP.

Gabarito "C".

(Defensor Público/GO – 2010 – I. Cidades) Em relação à instrução criminal no Código de Processo Penal, há os seguintes procedimentos:

(A) comum ou especial, sendo que o especial se classifica em ordinário, sumário e sumaríssimo.
(B) comum, que se classifica em ordinário, sumário e sumaríssimo, sendo que o ordinário tem lugar quando tiver por objeto crime cuja sanção máxima cominada for igual ou inferior a quatro anos.
(C) comum, que se classifica em sumaríssimo, sumário e ordinário, sendo que o sumaríssimo se aplica quando tiver por objeto infrações penais cuja pena privativa de liberdade não seja inferior a dois anos.
(D) comum e especial, sendo que o comum se classifica em sumário e sumaríssimo e o especial se classifica em sumário.
(E) os procedimentos são comum e especial, sendo que o comum se classifica em ordinário, sumário e sumaríssimo, sendo este último aplicado para as infrações penais de menor potencial ofensivo, na forma da lei.

A: o procedimento pode ser comum ou especial; o comum (e não o especial) compreende três ritos, a saber: ordinário, sumário e sumaríssimo (art. 394, § 1º, CPP). A assertiva, portanto, está incorreta; **B**: o procedimento comum de fato comporta três ritos: ordinário, sumário e sumaríssimo. O rito ordinário terá lugar sempre que se tratar de crime cuja sanção máxima cominada for igual ou superior - e não inferior - a quatro anos de pena privativa de liberdade (art. 394, § 1º, I, CPP). Assertiva incorreta, portanto; **C**: o procedimento, no CPP, será comum ou especial. O comum, por sua vez, compreende três ritos: ordinário, sumário e sumaríssimo (art. 394, § 1º, CPP). Este último terá incidência nas infrações penais de menor potencial ofensivo, na forma da lei (art. 394, § 1º, III, CPP). Assertiva incorreta; **D**: incorreta. O procedimento comum compreende os ritos ordinário, sumário e sumaríssimo. O procedimento especial não comporta classificação. Alguns exemplos: Júri, crimes funcionais, Lei de Drogas etc.; **E**: assertiva em conformidade com o que preceitua o art. 394 do CPP.

Gabarito "E".

(Defensoria/SE – 2006 – CESPE) Julgue o item que se segue, relativo a processos em espécie.

(1) Nos casos de crimes afiançáveis de responsabilidade do funcionário público, a legislação processual penal prevê o contraditório antes do recebimento da denúncia ou da queixa, com a apresentação do que se denomina defesa preliminar.

A *defesa preliminar*, prevista no art. 514 do CPP, somente terá incidência nos crimes afiançáveis praticados por funcionário público contra a administração pública (chamados delitos funcionais, como é o caso do peculato). Impende, aqui, registrar que, em face do que enuncia a Súmula nº 330 do STJ, a formalidade imposta por este dispositivo somente se fará necessária quando a denúncia se basear em outras peças de informação que não o inquérito policial. Ademais disso, a *notificação* para apresentação da defesa preliminar não se estende ao particular.

Gabarito 1C

13. PROCESSO DE COMPETÊNCIA DO JÚRI

(Defensor Público –DPE/RN – 2016 – CESPE) Daniel foi submetido a julgamento pelo tribunal do júri pelo crime de homicídio qualificado e foi, finalmente, absolvido pelo conselho de sentença, que acolheu a tese de legítima defesa. Interposto recurso pelo MP, o TJ competente deu provimento à impugnação ministerial para submeter o acusado a novo julgamento, por reputar a decisão dos jurados manifestamente contrária à prova dos autos. No segundo julgamento, Daniel foi condenado por homicídio simples a pena de seis anos de reclusão. A defesa interpôs recurso, que foi provido, e Daniel foi submetido a terceiro julgamento perante o tribunal do júri, que o condenou por homicídio qualificado a pena de doze anos de reclusão. Acerca dessa situação hipotética, assinale a opção correta, com base no entendimento do STF.

(A) Diante do resultado do segundo julgamento, ao conselho de sentença era vedado condenar Daniel por homicídio qualificado.
(B) Embora o conselho de sentença estivesse legalmente autorizado a condenar Daniel pelo crime de homicídio qualificado, não poderia o juiz presidente dosar a pena em patamar superior a seis anos de reclusão.
(C) Em função do princípio constitucional da soberania dos veredictos, não houve ilegalidade na imposição de

pena a Daniel, no terceiro julgamento, em quantidade superior à fixada no segundo julgamento.

(D) O recurso interposto pelo MP para impugnar a sentença absolutória do primeiro julgamento é denominado de protesto por novo júri.

(E) O recurso interposto pelo MP não poderia ter sido conhecido, uma vez que a impugnação de decisão manifestamente contrária à prova dos autos somente pode ser veiculada em recurso da defesa.

No âmbito do Tribunal do Júri, os jurados, em vista da soberania dos veredictos, princípio de índole constitucional (art. 5º, XXXVIII, "c"), não estão adstritos ao primeiro julgamento, podendo, inclusive, reconhecer qualificadora não contemplada na decisão anterior. Cuidado: já o juiz togado ficará limitado, no que se refere à imposição da pena, ao julgamento precedente, não podendo ir além da pena imposta neste. Conferir: "(...) 1. Em crimes de competência do Tribunal do Júri, a garantia da vedação à *reformatio in pejus* indireta sofre restrições, em respeito à soberania dos veredictos. 2. Os jurados componentes do segundo Conselho de Sentença não estarão limitados pelo que decidido pelo primeiro, ainda que a situação do acusado possa ser agravada, em face do princípio da soberania dos veredictos, disposto no art. 5.º, inciso XXXVIII, alínea *c*, da Constituição Federal" (AgRg no REsp 1290847/RJ, Rel. Ministra Laurita Vaz, Quinta Turma, julgado em 19.06.2012, DJe 28.06.2012). No mesmo sentido: "1. Os princípios da plenitude de defesa e da soberania dos veredictos devem ser compatibilizados de modo que, em segundo julgamento, os jurados tenham liberdade de decidir a causa conforme suas convicções, sem que isso venha a agravar a situação do acusado, quando apenas este recorra. 2. Nesse contexto, ao proceder à dosimetria da pena, o Magistrado fica impedido de aplicar sanção superior ao primeiro julgamento, se o segundo foi provocado exclusivamente pela defesa. 3. No caso, em decorrência de protesto por novo júri (recurso à época existente), o Juiz presidente aplicou pena superior àquela alcançada no primeiro julgamento, o que contraria o princípio que veda a *reformatio in pejus* indireta. 4. Ordem concedida, com o intuito de determinar ao Juízo das execuções que proceda a novo cálculo de pena, considerando a sanção de 33 (trinta e três) anos, 7 (sete) meses e 6 (seis) dias de reclusão, a ser cumprida inicialmente no regime fechado" (HC 205.616/SP, Rel. Ministro Og Fernandes, Sexta Turma, julgado em 12.06.2012, DJe 27.06.2012).

Gabarito "B".

(Defensor Público –DPE/BA – 2016 – FCC) Sobre o procedimento relativo ao Tribunal do júri, é correto afirmar:

(A) Na sentença de pronúncia não poderá o juiz declarar o dispositivo legal em que julgar incurso o acusado, pois não é dado ao magistrado decisão aprofundada de mérito, sob pena de invasão na competência dos jurados para análise da causa.

(B) Se o juiz entender pela impronúncia do acusado, fica vedada futura persecução penal pelo mesmo fato enquanto não ocorrer a extinção da punibilidade, ainda que, eventualmente, descobertas novas provas, visto que não existe revisão criminal em desfavor do réu.

(C) Contra sentença de impronúncia cabe recurso em sentido estrito, ao passo que, contra decisão que absolve sumariamente o acusado, cabe apelação.

(D) A intimação da sentença de pronúncia do acusado solto que não for encontrado será feita por meio de edital, sendo que o julgamento ocorrerá independentemente do seu comparecimento, ainda que a pronúncia admita acusação pelo delito de aborto.

(E) De acordo com o Código de Processo Penal, no julgamento pelo Tribunal do júri de dois réus soltos, um autor, outro partícipe, havendo separação de julgamentos pela recusa distinta de jurados, será julgado em primeiro lugar aquele que estiver há mais tempo pronunciado.

A: incorreta. Ao pronunciar o acusado, levando-o a julgamento perante o Tribunal do Júri, não deve o juiz aprofundar-se na prova; limitar-se-á, isto sim, ao exame, sempre em linguagem moderada e prudente, quanto à *existência do crime* (materialidade) e dos *indícios suficientes de autoria*, apontando, ainda, o dispositivo legal em que se acha incurso o acusado, bem assim as circunstâncias qualificadoras e as causas de aumento de pena. É o que estabelece o art. 413, § 1º, do CPP. Se for além disso, emitindo apreciações mais aprofundadas quanto ao mérito, a decisão, porque apta a influenciar no ânimo dos jurados, deve ser considerada nula. Mesmo porque se trata de decisão interlocutória não terminativa, que encerra tão somente um juízo de admissibilidade, que está longe, portanto, de ser definitivo. Dessa forma, o erro da assertiva está tão somente na parte em que afirma que ao juiz é vedado indicar o dispositivo legal em que se acha incurso o acusado; **B:** incorreta, já que a decisão de impronúncia não faz coisa julgada material, na medida em que, enquanto não ocorrer a extinção da punibilidade, poderá, se houver prova nova, ser formulada nova denúncia (art. 414, parágrafo único, do CPP); **C:** incorreta. Se o juiz impronunciar o acusado, ou mesmo absolvê-lo sumariamente, o recurso a ser interposto é a *apelação*, na forma estatuída no art. 416 do CPP, e não o *recurso em sentido estrito*; **D:** correta, pois em conformidade com o que estabelecem os arts. 420, parágrafo único, e 457, *caput*, do CPP; **E:** incorreta, uma vez que não reflete a regra presente no art. 469, § 2º, do CPP.

Gabarito "D".

(Defensor Público –DPE/MT – 2016 – UFMT) No que se refere ao Tribunal do Júri, analise as assertivas abaixo.

I. O desaforamento é admitido por interesse da ordem pública, em razão de dúvida sobre a imparcialidade do júri, em razão de dúvida sobre a segurança pessoal do réu e não realização de julgamento, no período de um ano a contar da preclusão da pronúncia, em virtude de comprovado excesso de serviço.
II. A natureza jurídica da impronúncia é de uma decisão terminativa e está sujeita a Recurso em Sentido Estrito.
III. A absolvição sumária produz coisa julgada material.
IV. A decisão de desclassificação tem natureza não terminativa.

Estão corretas as assertivas

(A) I, II e IV, apenas.
(B) II e IV, apenas.
(C) III e IV, apenas.
(D) I e III, apenas.
(E) I, II, III e IV.

I: incorreta, pois em desconformidade com o disposto no art. 428, *caput*, do CPP, que estabelece o prazo de 6 meses (e não de 1 ano); **II:** incorreta. Está correta a assertiva na parte em que afirma que a impronúncia tem natureza de decisão terminativa, na medida em que, ao impronunciar o réu, o magistrado declara inexistir justa causa para levá-lo a julgamento perante o tribunal popular. Agora, é incorreto afirmar-se que essa decisão desafia recurso em sentido estrito, pois o meio de impugnação cabível contra a decisão que impronuncia o réu é o recurso de *apelação* (art. 416, CPP); **III:** correta. Ao contrário da impronúncia, que produz coisa julgada formal, a absolvição sumária gera coisa julgada material; **IV:** correta. De fato, a desclassificação, decisão por meio da qual o juiz, depois de reconhecer que inexiste prova da prática de crime doloso contra a vida, remete o processo ao juízo competente, tem natureza não terminativa.

Gabarito "C".

(Defensor Público –DPE/MT – 2016 – UFMT) No que se refere à absolvição sumária, no procedimento do Tribunal do Júri, assinale a afirmativa INCORRETA.

(A) É a sentença definitiva por meio da qual a pretensão punitiva é julgada improcedente.
(B) Trata-se de decisão de mérito, ao contrário do que ocorre com a impronúncia.
(C) Terá lugar quando o juiz entender provada a inexistência do fato.
(D) Será proferida quando provado não ser o acusado autor ou partícipe do fato.
(E) A Lei 11.689/2008 restringiu as hipóteses de absolvição sumária.

A: correta. De fato, a absolvição sumária no contexto do Tribunal do Júri, prevista no art. 415 do CPP, deve ser entendida como uma *decisão definitiva por meio da qual é julgada improcedente a acusação*; **B:** correta. Cuida-se, de fato, de decisão de *mérito*; **C** e **D:** corretas. A absolvição sumária, no Tribunal do Júri, terá lugar nas seguintes hipóteses: provada a inexistência do fato; provado não ser o acusado autor ou partícipe do fato; o fato não constituir infração penal; e quando demonstrada causa de exclusão do crime ou de isenção de pena, exceção feita à inimputabilidade, salvo se esta for a única tese defensiva; **E:** incorreta (deve ser assinalada). Isso porque a Lei 11.689/2008, ao contrário do afirmado, ampliou (e não restringiu) as hipóteses de absolvição sumária. Com efeito, antes do advento dessa lei, havia duas hipóteses em que era possível a absolvição sumária, a saber: reconhecimento de causa de exclusão da ilicitude ou de culpabilidade do agente.
Gabarito "E".

(Defensor Público/RS – 2011 – FCC) Sobre o procedimento do Júri, considere as seguintes assertivas:

I. A defesa poderá interpor, no prazo de 20 (vinte) dias, recurso em sentido estrito da decisão que incluir jurado na lista geral ou desta o excluir, sendo de 2 (dois) dias o prazo para o oferecimento das respectivas razões.
II. As nulidades ocorridas posteriormente à pronúncia deverão ser arguidas logo depois de ocorrerem, conforme previsto na norma processual.
III. Segundo o Código de Processo Penal, não será permitida a leitura de qualquer documento que possa influenciar a decisão dos Jurados se este não tiver sido juntado aos autos com antecedência mínima de 5 (cinco) dias, dando-se ciência à outra parte.

Está correto o que se afirma APENAS em
(A) I.
(B) I e II.
(C) III.
(D) I e III.
(E) II e III.

I: correta, nos termos dos arts. 581, XIV, e 586, parágrafo único, do CPP; **II:** incorreta, nos termos do art. 571, V, do CPP; **III:** incorreta, nos termos do art. 479, *caput*, do CPP.
Gabarito "A".

(Defensor Público/AM – 2010 – I. Cidades) Sobre o desaforamento, é correto afirmar que:

(A) poderá ser determinado nos casos de dúvida sobre a imparcialidade do júri ou do juiz, segurança pessoal do acusado ou interesse da ordem pública.
(B) poderá ser requerido apenas pelo Ministério Público.
(C) poderá ser determinado em razão de excesso de serviço, caso em que será ouvida a parte contrária, o juiz presidente e o Ministério Público, se o julgamento não puder ser realizado no prazo de 6 (seis) meses, contado do trânsito em julgado da decisão de pronúncia, incluindo o tempo de adiamentos, diligências ou incidentes de interesse da defesa.
(D) se trata de ato processual praticado pela Instância Superior que modifica, no casos de julgamento pelo Tribunal do Júri, a regra de competência territorial pelo lugar da infração (*ratione loci*).
(E) Não se admitirá pedido de desaforamento quando já efetivado o julgamento, nem mesmo quanto a fato ocorrido durante ou após a realização de julgamento anulado.

A: a assertiva não está em consonância com o disposto no art. 427, *caput*, do CPP; **B:** o desaforamento também poderá ser requerido pelo assistente, pelo querelante e pelo acusado, e também mediante representação do juiz competente – art. 427, *caput*, do CPP; **C:** assertiva incorreta, pois em desacordo com o art. 428, *caput*, do CPP; **D:** de fato, cuida-se de decisão jurisdicional determinada pela instância superior (TJ ou TRF) que tem o condão de alterar a competência estabelecida segundo os critérios do art. 69 do CPP; **E:** incorreta, nos moldes do art. 427, § 4º, do CPP.
Gabarito "D".

(Defensor Público/AM – 2010 – I. Cidades) Sobre o procedimento do Júri, é incorreto afirmar que:

(A) O interrogatório do réu é o último ato da instrução probatória, o que confirma o seu perfil de meio de defesa.
(B) Os peritos prestarão esclarecimentos em juízo desde que haja prévio requerimento e deferimento pelo juiz.
(C) A fundamentação da pronúncia limitar-se-á à indicação da materialidade do fato e da existência de indícios suficientes de autoria ou de participação, devendo o juiz declarar o dispositivo legal em que julgar incurso o acusado, todavia não é o momento de especificar as circunstâncias qualificadoras e as causas de aumento de pena, sob pena de nulidade da sentença se o fizer por violação do direito de defesa do acusado.
(D) Caberá recurso de Apelação contra a sentença de impronúncia ou de absolvição sumária.
(E) A Defensoria Pública será intimada para o novo julgamento toda vez que o julgamento pelo Tribunal do Júri for adiado e não houver escusa legítima do defensor do réu que deixou de comparecer para defendê-lo.

A: correta, nos termos do art. 411, *caput*, do CPP; **B:** correta, nos termos do art. 411, § 1º, do CPP; **C:** incorreta, já que é este o momento adequado (pronúncia) para o magistrado especificar as circunstâncias qualificadoras e as causas de aumento de pena – art. 413, § 1º, CPP; **D:** assertiva correta, na medida em que corresponde à redação do art. 416 do CPP; **E:** proposição correta, nos termos do art. 456, § 2º, do CPP.
Gabarito "C".

(Defensor Público/GO – 2010 – I. Cidades) Após a reforma parcial do Código de Processo Penal de 2008, ficou estabelecido quanto ao procedimento de tomada de declarações do ofendido durante a instrução em plenário do tribunal do júri que:

(A) as perguntas serão formuladas primeiramente pelas partes, sucessivamente e diretamente ao ofendido, respeitando-se a ordem de quem o tiver arrolado, podendo o juiz presidente complementar a inquirição sobre os pontos não esclarecidos.

(B) a tomada das declarações será feita diretamente e de forma sucessiva pelo juiz presidente, pelo Ministério Público, pelo assistente de acusação, se houver, pelo querelante, se for o caso, e pelo defensor do acusado.

(C) a ordem em que os sujeitos processuais fazem as perguntas pode ser invertida sem consequências processuais.

(D) as declarações não podem ser tomadas pelo juiz presidente, tendo em vista que não há previsão no Código de Processo Penal para a atuação judicial na produção de prova.

(E) não há regulamentação da tomada de declarações do ofendido no procedimento do tribunal do júri.

O ofendido ou vítima, sempre que possível, será o primeiro a dar sua versão do ocorrido, de acordo com a regra estampada no art. 473, caput, do CPP, que impõe ainda que caberá ao juiz presidente dirigir-lhe os primeiros questionamentos. Em seguida, o Ministério Público, seguido pelo assistente (quando o caso), pelo querelante (quando for o caso) e, finalmente, caberá ao defensor do réu formular ao ofendido as perguntas que julgar pertinentes, tudo de forma direta e sucessiva.
Gabarito "B".

(Defensor Público/AC – 2006 – CESPE) Determinada pessoa foi presa em flagrante delito pela prática de crime previsto no artigo 121, § 2.º, inciso II (homicídio qualificado por motivo fútil) do CP. Ao descrever a conduta do agente, a autoridade policial, em seu relatório final, afirmou que nenhum bem móvel de propriedade da vítima fora subtraído no momento da dinâmica do fato, que a vítima sofrera oito disparos de arma de fogo – conforme laudo cadavérico que assim atesta – e que, de algum modo, o comportamento da vítima contribuíra para o evento, uma vez que ela provocara injustamente o agente do fato, no curso de discussão havida com o acusado. O representante do Ministério Público, após analisar o inquérito policial, ao oferecer a denúncia, considerou que a não subtração de bem móvel era irrelevante naquele momento processual e classificou o crime na modalidade consumada contra a vida, movido por futilidade. O acusado foi devidamente citado e interrogado, nos termos do artigo 186 e seguintes do CPP. No curso da instrução criminal, foram ouvidas oito testemunhas. A instrução criminal ocorreu de forma normal, ou seja, sem incidentes ou recursos. Ouvida a última testemunha da defesa, o representante do Ministério Público, instado nos termos do artigo 406 do CPP, após analisar o processo, considerou que o fato descrito na peça inicial justificava a sua pretensão a merecer acolhimento pelo juiz, porém requereu que fosse o acusado pronunciado nos exatos termos do artigo 121, § 1.º, do CP (homicídio privilegiado), afastando, assim, a futilidade inicialmente apontada, por entender que esta não restara provada no curso da instrução criminal. O defensor público, nas alegações finais, pediu que o acusado fosse impronunciado. O juiz, na fase da pronúncia (art. 408 do CPP), acolheu a pretensão ministerial na forma requerida nas suas alegações finais, refutando a tese da defesa por entender que esta estava dissociada da descrição fática.

Diante de tal situação processual hipotética, assinale a opção correta.

(A) A decisão do juiz foi acertada, uma vez que está de acordo com as leis penal e processual penal e, sobretudo, porque beneficia o acusado.

(B) O representante do Ministério Público fica obrigado a requerer a pronúncia nos termos da denúncia, conforme o princípio da correlação.

(C) Afastada a qualificadora, deveria ter sido acolhida, necessariamente, a tese da defesa.

(D) A decisão do juiz foi incorreta, pois contraria a lei processual penal, que veda expressamente tal decisão na fase da pronúncia.

Em consonância com a redação do art. 413, § 1º, do CPP, a fundamentação da pronúncia limitar-se-á à indicação da materialidade do fato (existência do crime) e da existência de indícios suficientes de autoria ou de participação, devendo o juiz declarar o dispositivo legal em que julgar incurso o acusado e especificar as circunstâncias qualificadoras e as causas de aumento de pena. Significa que é defeso ao juiz, na fase de pronúncia, sob pena de nulidade, manifestar-se com excesso de linguagem. Deverá, isto sim, refutar as teses defensivas de forma genérica, de modo a não influenciar os jurados.
Gabarito "D".

(Defensoria/SE – 2006 – CESPE) Julgue o item seguinte.

(1) A pronúncia, conforme a melhor doutrina, é sentença processual de conteúdo declaratório em que o juiz proclama admissível a acusação. Tratando-se, portanto, de sentença proferida por juiz singular, é cabível, como recurso, a apelação.

Antes denominada sentença, a pronúncia deve ser entendida como a decisão interlocutória mista que julga admissível a acusação, encaminhando o caso para julgamento perante o Tribunal Popular.
Gabarito 1E.

14. JUIZADOS ESPECIAIS

(Defensor Público/PE – 2018 – CESPE) Acerca dos procedimentos nos juizados especiais criminais, assinale a opção correta.

(A) A citação do acusado pode se dar por edital, não havendo deslocamento da competência para o juízo criminal comum.

(B) O juizado especial criminal é competente para julgar crimes punidos com pena alternativa de multa, ainda que a pena privativa de liberdade fixada em abstrato seja superior a dois anos.

(C) No caso de causa complexa, haverá o deslocamento da competência para o juízo criminal comum, mantendo-se o procedimento sumaríssimo.

(D) A medida processual cabível contra a decisão que rejeitar a denúncia ou a queixa-crime será o recurso em sentido estrito, que deverá ser interposto no prazo de dez dias.

(E) De acordo com o STJ, no caso de ação penal privada, são aplicáveis os benefícios da transação penal e da suspensão condicional do processo.

A: incorreta. O art. 66, parágrafo único, da Lei 9.099/1995 estabelece que, no âmbito do procedimento sumaríssimo, não localizado o acusado para ser citado pessoalmente, as peças serão encaminhadas ao juízo comum para prosseguimento, no qual se procederá, se necessário for, à citação por hora certa ou por edital, dada a incompatibilidade dessas modalidades de citação ficta com a celeridade imanente ao procedimento adotado na Lei 9.099/1995; **B**: incorreta. São consideradas infrações penais de menor potencial ofensivo, estando, portanto, sob a égide do Juizado Especial Criminal, as contravenções penais e os crimes cuja pena máxima cominada não seja superior a *dois* anos, cumulada ou não com multa, conforme dispõe o art. 61 da Lei 9.099/1995. Infere-se, portanto, que, ainda que a pena de multa seja alternativa à de prisão, o máximo desta não pode superar dois anos, sob pena de afastar a competência do JECRIM; **C**: incorreta. Se, por qualquer razão, o processo que tramita no Juizado Especial Criminal não puder ali ser julgado, estabelece o art. 538 do CPP que a competência será descolada ao juízo comum, que processará o feito de acordo com as regras do procedimento *sumário*. É isso que ocorre, a título de exemplo, quando o réu, no juizado especial, não é localizado para citação pessoal. Deverá o juiz, neste caso, em obediência à norma presente no art. 66, parágrafo único, da Lei 9.099/1995, remeter os autos ao juízo comum, onde – repita-se – será adotado o rito *sumário*; **D**: incorreta. O art. 82, *caput* e § 1º, da Lei 9.099/1995 estabelece que da decisão que rejeitar a denúncia ou a queixa caberá recurso de apelação, a ser interposto, por petição escrita, no prazo de dez dias, da qual deverão constar as razões e o pedido. O julgamento deste recurso caberá a uma turma composta de três juízes em exercício no primeiro grau de jurisdição, reunidos na sede do Juizado, **E**: correta. No STJ: "A jurisprudência dos Tribunais Superiores admite a aplicação da transação penal às ações penais privadas" (RHC 102.381/BA, Rel. Ministro Felix Fischer, Quinta Turma, julgado em 09.10.2018, DJe 17.10.2018). No mesmo sentido, o Enunciado 112: *Na ação penal de iniciativa privada, cabem transação penal e a suspensão condicional do processo, mediante proposta do Ministério Público* (XXVII Encontro – Palmas/TO).

Gabarito "E".

(Defensor Público/PR – 2012 – FCC) Os Juizados Especiais Criminais foram criados no ano de 1995 com o objetivo de conferir tratamento jurídico menos gravoso às infrações de menor potencial ofensivo. Neste contexto, de acordo com a Lei n. 9.099/1995,

(A) nos crimes de ação penal pública a proposta de transação penal é oferecida pelo juiz, com a aquiescência do Ministério Público, quando presentes os requisitos legais.

(B) o oferecimento da resposta ocorre antes do recebimento da denúncia ou queixa.

(C) as disposições da Lei se aplicam à Justiça Militar, no que couber.

(D) são infrações de menor potencial ofensivo todos os crimes cuja pena máxima não exceda 2 (dois) anos, ressalvados os casos em que a lei preveja procedimento especial.

(E) é cabível a realização de citação por edital nos Juizados Especiais Criminais, aplicando-se o art. 366 do CPP.

A: incorreta, visto que tal incumbência cabe ao MP (art. 76, *caput*, da Lei 9.099/1995); **B**: correta, pois reflete o que dispõe o art. 81, *caput*, da Lei 9.099/1995; **C**: incorreta, pois não reflete a norma contida no art. 90-A da Lei 9.099/1995; **D**: incorreta. A ressalva que havia, quanto à incidência das regras da Lei 9.099/1995 no âmbito dos crimes de procedimento especial, foi eliminada pela Lei 11.313/2006, que alterou a redação do art. 61 da Lei 9.099/1995; **E**: incorreta. Em obediência ao que preleciona o art. 66, parágrafo único, da Lei 9.099/1995, uma vez não localizado o acusado para ser citado, o juiz deverá providenciar o encaminhamento dos autos ao juízo comum para prosseguimento, e não determinar a sua citação por edital.

Gabarito "B".

(Defensor Público/RO – 2012 – CESPE) Considerando as disposições processuais penais previstas na Lei n. 9.099/1995 (Lei dos Juizados Especiais), assinale a opção correta.

(A) A citação deve ser pessoal e realizada no próprio juizado, sempre que possível, ou por mandado. Não encontrado o acusado para ser citado, o juiz deve suspender o processo e o curso do prazo prescricional, nos termos do art. 366 do CPP.

(B) Os processos referentes aos juizados especiais criminais devem ser orientados pelos critérios de oralidade, documentação, simplicidade, formalidade, economia processual e celeridade, buscando-se, sempre que possível, a conciliação ou a transação.

(C) Acolhida pelo juiz a proposta do MP aceita pelo autor da infração, o magistrado aplicará a pena restritiva de direitos ou multa, que importará em reincidência e será registrada para impedir novamente o mesmo benefício no prazo de cinco anos.

(D) Dos atos praticados em audiência consideram-se desde logo cientes as partes, os interessados e os defensores.

(E) Consideram-se infrações penais de menor potencial ofensivo, para os efeitos da lei, as contravenções penais e os crimes a que a lei comine pena mínima não superior a dois anos, cumulada ou não com multa.

A: incorreta, pois contraria o disposto no art. 66 da Lei 9.099/1995, que estabelece que, não localizado o réu, cabe ao juiz cuidar para que as peças sejam encaminhadas ao juízo comum para adoção do procedimento previsto em lei; **B**: incorreta. Os critérios da documentação e formalidade não foram contemplados no art. 2º da Lei 9.099/1995, que estabelece os vetores que devem orientar o processo no Juizado Especial Criminal; **C**: incorreta, pois não reflete o disposto no art. 76, § 4º, da Lei 9.099/1995, que assim dispõe: "Acolhendo a proposta do Ministério Público aceita pelo autor da infração, o Juiz aplicará a pena restritiva de direitos ou multa, que não importará em reincidência, sendo registrada apenas para impedir novamente o mesmo benefício no prazo de cinco anos"; **D**: correta, nos termos do art. 67, parágrafo único, da Lei 9.099/1995; **E**: incorreta, já que o parâmetro estabelecido para fixar a competência do Juizado Especial Criminal é a pena máxima cominada ao crime (art. 61 da Lei 9.099/1995).

Gabarito "D".

(Defensor Público/RS – 2011 – FCC) Sobre o procedimento dos Juizados Especiais Criminais, considere as seguintes assertivas:

I. A transação penal poderá ser ofertada em relação aos delitos cuja pena máxima não seja superior a 2 (dois) anos, e a suspensão do processo nos delitos cuja pena mínima for igual ou inferior a 1 (um) ano.

II. Segundo entendimento sumulado do Supremo Tribunal Federal, admite-se a suspensão condicional do processo por crime continuado, se a soma da pena mínima da infração mais grave com o aumento mínimo de um sexto for superior a um ano.

III. Embora se aplique o procedimento previsto na Lei nº 9.099/95 aos crimes previstos no Estatuto do Idoso nas hipóteses em que a pena máxima privativa de liberdade não ultrapasse 4 (quatro) anos, a transação penal e a suspensão do processo não lhes são aplicáveis.

Está correto o que se afirma APENAS em

(A) I.

(B) I e II.
(C) III.
(D) I e III.
(E) II e III.

I: correta, na medida em que a *transação penal*, respeitados os requisitos previstos no art. 76 da Lei 9.099/1995, incide nas infrações penais cuja pena máxima não ultrapasse dois anos; já a *suspensão condicional do processo* (*sursis* processual) aplica-se a todas as infrações penais, não somente àquelas previstas na Lei 9.099/1995, que tenham pena mínima, em abstrato, não superior a um ano – art. 89, *caput*, da Lei 9.099/1995; **II:** a assertiva está incorreta, pois em desacordo com a Súmula nº 723 do STF; **III:** o STF, ao analisar a constitucionalidade do art. 94 do Estatuto do Idoso, interpretou-o conforme a Constituição, entendendo que somente tem incidência no âmbito dos crimes praticados contra o idoso o procedimento previsto na Lei 9.099/1995, e não os benefícios nela previstos, tais como a transação penal e o *sursis* processual.
Gabarito "D".

(Defensor Público/PA – 2006 – UNAMA) Quanto aos crimes de competência dos juizados especiais, é correto afirmar:

I. Nos crimes de ação penal pública condicionada, a homologação do acordo de composição dos danos cíveis acarreta a renúncia ao direito de representação.
II. Da decisão que rejeitar a denúncia cabe recurso em sentido estrito.
III. Não sendo o réu encontrado para ser citado pessoalmente, a citação far-se-á por edital.
IV. Das decisões das turmas recursais cabe recurso extraordinário.

Somente é correto o que se afirma em:
(A) II e III.
(B) I e II.
(C) I e IV.
(D) III e IV.

I: correta, conforme art. 74, parágrafo único, da Lei 9.099/1995; **II:** incorreta, pois a decisão que rejeita a denúncia comporta apelação – art. 82, *caput*, da Lei 9.099/1995; **III:** no âmbito do juizado, não se procederá à citação por edital. Na hipótese de o autor não ser encontrado para citação, o juiz encaminhará as peças ao juízo comum para adoção do procedimento previsto em lei – art. 66, parágrafo único, da Lei 9.099/1995; **IV:** assertiva em consonância com a Súmula nº 640 do STF.
Gabarito "C".

(Defensoria/SE – 2006 – CESPE) Julgue o item seguinte.

(1) O crime de constrangimento ilegal, cuja pena é de detenção de três meses a um ano ou multa, é da alçada do juizado especial criminal. Nessa situação, o delegado de polícia não deve lavrar o auto de prisão em flagrante, mas termo circunstanciado, desde que o autor da infração seja imediatamente encaminhado para o juizado ou assuma o compromisso de fazê-lo.

1: o crime de constrangimento ilegal está capitulado no art. 146 do Código Penal; de fato, assim que tomar conhecimento da ocorrência, deve o delegado de polícia proceder à lavratura do termo circunstanciado; somente deverá lavrar o auto de prisão em flagrante na hipótese de o autor do fato se recusar a firmar compromisso de comparecer ao Juizado Especial Criminal ou a ele se dirigir *incontinenti*, nos termos do art. 69, parágrafo único, da Lei 9.099/1995.
Gabarito 1C.

(Defensoria/SE – 2006 – CESPE) Julgue o item seguinte.

(1) Nos termos da Lei n.º 9.099/1995, a composição dos danos civis, que deve ser reduzida a termo e valer como título executivo judicial, impede a proposição da ação penal quando esta for pública incondicionada.

Art. 74, parágrafo único, da Lei 9.099/1995.
Gabarito 1E.

15. SENTENÇA, PRECLUSÃO E COISA JULGADA

(Defensor Público –DPE/RN – 2016 – CESPE) Com relação aos institutos da *emendatio* e da *mutatio libelli*, da sentença e da coisa julgada, bem como aos procedimentos comum e ordinário, aos juizados especiais cíveis e aos crimes dolosos contra a vida, assinale a opção correta.

(A) Situação hipotética: Mauro foi definitivamente condenado pela prática do crime de roubo simples por sentença proferida por juízo estadual absolutamente incompetente. Posteriormente, ele foi novamente condenado pelo mesmo fato, desta feita pelo juízo federal constitucionalmente competente, mas agora a uma pena inferior à anteriormente imposta. Assertiva: Nesse caso, segundo o entendimento do STJ, diante da existência de coisa julgada material, deverá prevalecer a primeira condenação.
(B) Situação hipotética: A DP, representando Jonas, ajuizou queixa-crime imputando ao querelado Antônio a prática do delito de injúria. Todavia, o juiz rejeitou a exordial acusatória. Assertiva: Nesse caso, para impugnar essa decisão, é cabível a interposição de recurso em sentido estrito.
(C) Segundo a jurisprudência do STJ, não é possível a anulação parcial de sentença proferida pelo júri a fim de determinar submissão do réu a novo julgamento somente em relação às qualificadoras, ainda que a decisão dos jurados seja manifestamente contrária à prova dos autos apenas nesse particular.
(D) A figura processual da *mutatio libelli* se presta à correção da equivocada capitulação jurídica dada ao fato criminoso narrado na denúncia, incorretamente classificado pelo MP. Essa providência, ademais, pode ser conduzida pelo próprio magistrado, sem que haja necessidade de aditamento ministerial ou oitiva prévia da defesa, exceto no caso de a modificação ocasionar agravamento na pena do acusado.
(E) Situação hipotética: Paulo foi denunciado pelo crime de furto simples. Devidamente citado, ele ofertou resposta à acusação, alegando não ter sido autor do crime e apresentando documentos. Assertiva: Nessa hipótese, após a oitiva do MP e convencendo-se da procedência dos argumentos lançados pelo acusado, poderá o juiz absolvê-lo sumariamente.

A: incorreta. Conferir: "Na hipótese, o paciente foi dupla e definitivamente condenado pelos mesmos fatos, perante às Justiças Estadual, anteriormente, e Federal, posteriormente. Verifica-se, ainda, que a Justiça Federal era a competente para o processo e julgamento do crime de roubo cometido contra agência dos Correios e Casa Lotérica, consoante o art. 109, inciso IV, da CF, tendo estabelecido, inclusive, *quantum* de pena inferior ao definido pela Justiça Estadual. IV – Assim, muito embora a jurisprudência desta eg. Corte tenha se firmado no sentido de que "A sentença proferida por juízo absolutamente incompetente impede o exame dos mesmos fatos ainda que pela justiça constitucionalmente competente, pois, ao contrário, estar-se-ia não só diante de vedado *bis in idem* como também na contramão da necessária segurança jurídica que a imutabilidade da coisa julgada visa garantir (RHC 29.775/PI, Quinta Turma, Rel. Min. Marco Aurélio Bellizze, DJe de 25/6/2013), tenho que, na hipótese, considerando a situação mais favorável ao paciente, bem como a existência de trânsito em julgado perante à justiça competente para análise do feito, deve ser relativizada a coisa julgada, anulando-se a condenação anterior proferida pela Justiça Estadual, e mantendo-se a condenação proveniente da Justiça Federal, a tornar possível a prevalência do princípio fundamental da dignidade da pessoa humana. *Habeas corpus* não conhecido. Liminar cassada. Ordem concedida de ofício para anular a condenação do paciente perante a Justiça Estadual, mantendo-se a condenação pela Justiça Federal" (HC 297.482/CE, Rel. Ministro Felix Fischer, Quinta Turma, julgado em 12.05.2015, *DJ*e 21.05.2015); **B:** incorreta. Sendo a injúria infração penal de menor potencial ofensivo, o seu processamento obedece às regras da Lei 9.099/1995 (procedimento sumaríssimo), cujo art. 82 estabelece que contra a decisão que rejeitar a denúncia ou queixa caberá recurso de apelação (e não recurso em sentido estrito); **C:** correta. Nesse sentido: "Anulação parcial do julgamento pelo tribunal do júri. Determinação de submissão do paciente a novo conselho de sentença apenas no tocante à qualificadora. Impossibilidade. Constrangimento ilegal caracterizado. Concessão da ordem de ofício. 1. É assente nesta Corte Superior de Justiça o entendimento de que não é possível a anulação parcial do julgamento proferido pelo Tribunal do Júri, sendo que o reconhecimento de que a decisão dos jurados foi manifestamente contrária à prova dos autos implica a anulação da íntegra dos fatos à nova apreciação do Conselho de Sentença" (STJ, HC 321.872/RO, Rel. Ministro Leopoldo de Arruda Raposo (Desembargador Convocado do TJ/PE), Quinta Turma, julgado em 20.08.2015, *DJ*e 01.09.2015); **D:** incorreta, já que a proposição descreve o fenômeno da *emendatio libelli*, presente no art. 383 do CPP. Neste caso, deverá o juiz, em obediência à regra contida neste dispositivo, atribuir ao fato a definição jurídica que entender mais adequada, pouco importando se a nova capitulação implicar pena mais grave. Na *mutatio libelli*, *diferentemente*, temos que a prova colhida na instrução aponta para uma nova definição jurídica do fato, diversa daquela contida na inicial. Por força do que estabelece o art. 383 do CPP, com a redação que lhe conferiu a Lei de Reforma n. 11.719/2008, impõe-se o aditamento da exordial pelo órgão acusatório, ainda que a nova capitulação jurídica implique aplicação de pena igual ou menos grave; **E:** incorreta, pois não se enquadra nas hipóteses do art. 397 do CPP (absolvição sumária).

Gabarito "C".

(Defensor Público –DPE/BA – 2016 – FCC) Sobre os institutos jurídicos da *mutatio libelli* e *emendatio libelli*, é correto afirmar:

(A) O princípio da congruência não permite que o juiz atribua definição jurídica distinta daquela descrita na denúncia quando a nova tipificação prever pena mais severa.

(B) Na hipótese do juiz reconhecer a *emendatio libelli*, poderá, caso a nova figura típica reflita hipótese de furto qualificado tentado, oferecer a suspensão condicional do processo, mesmo que já encerrada a instrução processual, caso o acusado preencha os requisitos previstos na Lei 9.099/1995.

(C) O reconhecimento da *emendatio libelli* perpetua a competência do prolator da decisão para a análise da nova figura típica, independentemente da nova tipificação.

(D) No caso do Ministério Público não aditar a denúncia após ser reconhecida nova definição jurídica do fato em vista de provas existentes nos autos de elementos não contidos na denúncia, deverá o Magistrado, de pronto, julgar improcedente a denúncia originalmente proposta.

(E) Havendo o aditamento da denúncia depois de admitida a *emendatio libelli*, cada parte poderá arrolar até cinco testemunhas para serem ouvidas.

A: incorreta. O acusado, no processo penal, defende-se dos fatos que lhe são imputados, e não da capitulação que é atribuída ao crime na peça acusatória, denúncia ou queixa. Pouco importa, pois, a classificação operada pelo titular da ação penal na exordial. É isso que estabelece o art. 383 do CPP (*emendatio libelli*). Note que o fato, na *emendatio libelli*, permanece inalterado, sem prejuízo, por isso mesmo, para a defesa. A mudança, aqui, incide na classificação da conduta, levada a efeito pela acusação, no ato da propositura da ação, e retificada pelo juiz, de ofício, no momento da sentença, sendo desnecessário, em vista disso, ouvir a esse respeito o defensor, ainda que a pena correspondente ao novo tipo penal seja mais grave; **B:** correta, pois reflete o que estabelece o art. 383, § 1º, do CPP. Neste caso, deverá o juiz cuidar para que seja aberta vista ao MP a fim de que este possa oferecer a proposta de suspensão condicional do processo (art. 89 da Lei 9.099/1995); **C:** incorreta. Não há que se falar em perpetuação de competência no contexto da *emendatio libelli*, já que o magistrado que, no ato da sentença, reconhecer que a nova definição jurídica conferida ao fato o torna incompetente para o julgamento da causa, deverá remeter os autos ao juízo que detém competência para tanto, na forma estatuída no art. 383, § 2º, do CPP; **D:** incorreta. Em vista do que dispõe o art. 384, § 1º, do CPP (que manda aplicar o art. 28 do CPP), o juiz, diante da recusa do promotor em proceder ao aditamento, fará a remessa dos autos ao chefe do Ministério Público, o procurador-geral, que é quem tem atribuição para reavaliar a situação. A partir daí, pode o procurador-geral, em face da provocação do magistrado, designar outro membro do MP para proceder ao aditamento ou ainda insistir no prosseguimento da ação tal como foi proposta, julgando a lide nos termos da imputação contida na denúncia. É vedado ao magistrado, portanto, em face da recusa do MP em proceder ao aditamento, decidir de plano, devendo provocar, como dissemos, a atuação do chefe do *parquet*; **E:** incorreta. Primeiro porque não há aditamento no contexto da *emendatio libelli*. Segundo porque, no campo da *mutatio libelli*, havendo aditamento, cada parte poderá arrolar até 3 testemunhas (art. 384, § 4º, do CPP).

Gabarito "B".

(Defensor Público/TO – 2013 – CESPE) No que diz respeito à sentença e à coisa julgada, assinale a opção correta.

(A) A cassação dos direitos políticos, um dos efeitos da sentença penal condenatória com trânsito em julgado, encontra-se presente em qualquer condenação criminal e perdura enquanto o sentenciado estiver cumprindo pena em regime fechado ou semiaberto.

(B) Há, no CPP, regra expressa para os limites objetivos da coisa julgada da sentença penal condenatória, segundo a qual, diferentemente do que dispõe a norma processual civil, a motivação, o dispositivo e as questões prejudiciais, por se encontrarem ligados à definição do fato principal, devem ser objeto da coisa julgada.

(C) O reconhecimento, pelo juiz, de circunstância agravante na sentença penal condenatória, não delineada expressamente na peça acusatória, exsurgida da instrução processual, independe de pedido expresso da parte acusatória e da submissão ao *mutatio libelli*.

(D) As sentenças terminativas são as que encerram o processo, com exame e julgamento do *meritum causae*, absolvendo ou condenando o réu, e que permitem a formação da coisa julgada formal e material.

(E) A sentença penal absolutória com trânsito em julgado, entre outros efeitos, obsta a arguição da exceção da verdade.

A: incorreta. Nos termos do art. 15, III, da CF/1988, "é vedada a cassação de direitos políticos, cuja perda ou suspensão só se dará nos casos de (...) III - condenação criminal transitada em julgado, enquanto durarem seus efeitos"; **B:** incorreta. A imutabilidade da decisão atinge tão somente a parte dispositiva da sentença (art. 381, V, do CPP). Inexiste, no Código de Processo Penal, regra expressa nesse sentido; **C:** incorreta. Em vista do disposto no art. 385 do CPP, poderá o juiz reconhecer, na sentença condenatória proferida em ação penal pública, circunstância agravante não alegada na peça acusatória. Assertiva, a nosso ver, correta; **D:** incorreta. Terminativa de mérito é a sentença que, embora ponha termo à relação processual, apreciando o mérito, não condena nem absolve. É exemplo a sentença que extingue a punibilidade; **E:** correta, nos termos do art. 138, § 3º, III, do CP.

Gabarito "E".

(Defensoria/SP – 2009 – FCC) No momento da prolação de sentença, o cabimento de nova definição jurídica ao fato imputado ao acusado, que não modifique a descrição fática, autoriza o juiz de direito a

(A) absolver o acusado, tendo em vista que os fatos imputados na denúncia não foram suficientemente demonstrados.

(B) proferir sentença de acordo com a nova definição, sem dar nova vista à defesa ou ao Ministério Público, mesmo que a pena a ser aplicada seja mais grave.

(C) baixar os autos ao Ministério Público, a fim de que adite a denúncia, no prazo de cinco dias, remetendo os autos ao Procurador Geral de Justiça, na hipótese de não ser ofertado o aditamento.

(D) dar vista à defesa, para que se manifeste no prazo de cinco dias, apresentando novas provas, se a pena a ser aplicada for mais grave.

(E) notificar o acusado para se defender da nova classificação, dando vista à Defensoria Pública pelo prazo de dez dias, caso não se manifeste.

O acusado, no processo penal, defende-se dos fatos que lhe são imputados, e não da capitulação que é atribuída ao crime na peça acusatória, denúncia ou queixa. Pouco importa, pois, a classificação operada pelo titular da ação penal na exordial. É nesse sentido que reza o art. 383 do CPP (*emendatio libelli*). Note que o fato, na *emendatio libelli*, permanece inalterado, sem prejuízo, por isso mesmo, para a defesa. A mudança, aqui, incide na classificação da conduta, levada a efeito pela acusação, no ato da propositura da ação, e retificada pelo juiz, de ofício, no momento da sentença, sendo desnecessário, em vista disso, ouvir a esse respeito o defensor.

Gabarito "B".

(Defensoria/SP – 2009 – FCC) A sentença cuja nulidade foi reconhecida em sede de apelação

(A) importa em absolvição do acusado, independendo de quem haja recorrido.

(B) desobriga o juiz de prolatar nova sentença, se o recurso for da acusação.

(C) não produz nenhum efeito, devendo ser prolatada nova sentença, independentemente de quem haja recorrido.

(D) vincula a nova sentença ao máximo da pena nela imposta, se a nulidade foi reconhecida em recurso da defesa.

(E) obriga o Estado a reparar o dano moral ao condenado, desde que o recurso seja da acusação.

Anulada a condenação proferida em recurso exclusivo da defesa, a nova decisão a ser prolatada não pode ser mais prejudicial ao réu do que aquela que foi anulada (proibição da *reformatio in pejus* indireta – art. 617, CPP).

Gabarito "D".

(Defensor Público/CE – 2007 – CESPE) A respeito de sentença penal, julgue os itens seguintes.

(1) Sem necessidade de aditamento, o juiz poderá dar ao fato definição jurídica diversa da que constar da queixa ou da denúncia, ainda que, em consequência disso, tenha de aplicar pena mais grave.

(2) É denominada absolutória imprópria a sentença em que o juiz absolve o acusado, mas impõe-lhe medida de segurança.

1: o acusado, no processo penal, defende-se dos fatos a ele imputados, e não da capitulação que é atribuída ao crime na peça acusatória, denúncia ou queixa. Pouco importa, pois, a classificação operada pelo titular da ação penal na exordial. É nesse sentido que reza o art. 383 do CPP (*emendatio libelli*). Note que o fato, na *emendatio libelli*, permanece inalterado, sem prejuízo, por isso mesmo, para a defesa. A mudança, aqui, incide na classificação da conduta, levada a efeito pela acusação, no ato da propositura da ação, e retificada pelo juiz, de ofício, no momento da sentença; **2:** art. 386, parágrafo único, III, do CPP. A sentença absolutória imprópria é a que, a despeito de impingir ao acusado medida de segurança, julga improcedente a acusação.

Gabarito 1C, 2C.

(Defensoria/MT – 2007) Amparado pelo princípio da correlação entre a acusação e a sentença, sustenta-se que, ao sentenciar, o juiz

(A) poderá condenar o réu por conduta diversa da que lhe foi imputada pela descrição contida na denúncia, em atenção à regra da *emendatio libelli*.

(B) não poderá alterar a qualificação jurídica indicada na peça acusatória, sob pena de modificar indevidamente a causa de pedir.

(C) só poderá sentenciar o fato narrado na peça acusatória, independentemente de fato novo, pois o réu se defende justamente do fato contido na denúncia.

(D) está adstrito aos fatos e à qualificação jurídica indicada na peça acusatória, não podendo alterar qualquer deles.

(E) poderá dar ao fato descrito na peça acusatória definição jurídica diversa da atribuída pelo órgão acusador, ainda que, em consequência, tenha de aplicar pena mais grave.

Consiste tal princípio na indispensável correspondência que deve existir entre o fato articulado na peça acusatória e o fato pelo qual o réu é condenado. O acusado, no processo penal, defende-se dos fatos a ele imputados, e não da capitulação que é atribuída ao crime na peça acusatória, denúncia ou queixa. Pouco importa, pois, a classificação operada pelo titular da ação penal na exordial. É nesse sentido que reza o art. 383 do CPP (*emendatio libelli*).

Gabarito "E".

(Defensor Público/PA – 2006 – UNAMA) A sentença é um ato de inteligência humana, através da qual o juiz aborda questões relativas à pretensão punitiva do Estado. Sendo assim, é correto afirmar:

I. O juiz poderá dar ao fato definição jurídica diversa da que constar da denúncia ou da queixa, ainda que, em consequência, tenha de aplicar pena mais grave.
II. Pelo princípio da correlação entre acusação e sentença não deverá o juiz condenar o acusado, mudando circunstâncias instrumentais, modais, temporais ou espaciais de execução do delito, sem dar-lhe a oportunidade de se defender da prática de um delito diverso daquele imputado inicialmente.
III. A *mutatio libelli* acarretará a nulidade da sentença se o juiz não possibilitar a manifestação da defesa, com produção de prova e oitiva de novas testemunhas e, se a nova imputação jurídica vier a importar em pena mais grave, o Ministério público deverá aditar a denúncia.
IV. Nos crimes de ação pública, o juiz poderá proferir sentença condenatória, ainda que o Ministério Público tenha opinado pela absolvição; não poderá, entretanto, incluir agravantes que não tenham sido alegadas.

Somente é correto o que se afirma em:
(A) I, II e III.
(B) I, III e IV.
(C) II, III e IV.
(D) I e II.

I: o acusado, no processo penal, defende-se dos fatos a ele imputados, e não da definição jurídica que é atribuída ao crime na peça acusatória, denúncia ou queixa. Pouco importa, pois, a classificação legal operada pelo titular da ação penal na exordial. É nesse sentido que reza o art. 383 do CPP (*emendatio libelli*). Note que o fato, na *emendatio libelli*, permanece inalterado, sem prejuízo, por isso mesmo, para a defesa. A mudança, aqui, incide na classificação da conduta, levada a efeito pela acusação, no ato da propositura da ação, e retificada pelo juiz, de ofício, no momento da sentença; II: diferentemente do que se dá na *emendatio libelli*, em que é alterada tão somente a capitulação legal atribuída pelo titular da ação, na *mutatio libelli* os fatos são objeto de alteração no curso da instrução, razão por que é de rigor que o juiz determine a notificação do MP para que este proceda ao aditamento da denúncia, com manifestação da defesa e oportunidade para que as partes produzam provas, respeitando-se, dessa forma, o contraditório. Este, portanto, é o cenário da *mutatio libelli*, presente no art. 384 do CPP; III: com o advento da Lei 11.719/08, que, entre outras providências, modificou o art. 384 do CPP, se o magistrado entender cabível nova definição jurídica do fato em consequência de prova de elementar ou circunstância não contida na inicial, o aditamento pelo Ministério Público passa a ser obrigatório, ainda que a nova capitulação jurídica implique aplicação de pena igual ou menos grave. No panorama anterior, a participação do MP não era necessária se a nova capitulação viesse a importar em pena menos grave, bastando que o processo baixasse para manifestação da defesa e oitiva de testemunhas. Esta questão foi elaborada quando ainda não estava em vigor a Lei 11.719/08; IV: incorreta, nos termos do art. 385 do CPP.

Gabarito "A".

16. NULIDADES

(Defensor Público/MS – 2008 – VUNESP) "A" foi condenado por crime de roubo. Todavia, após a prolação da sentença, veio aos autos a prova de que "A" é menor de 18 anos de idade. Nesse caso,

(A) "A" deve ser absolvido por não constituir o fato infração penal.
(B) "A" deve ser absolvido por ser inimputável.
(C) deve ser anulada *ab initio* a ação penal, em razão da inimputabilidade do autor do fato.
(D) "A" deve ter declarada extinta a punibilidade.

A ilegitimidade *ad causam*, tanto a ativa quanto a passiva, constitui modalidade de nulidade absoluta, como é o caso da ação ajuizada em face de menor de 18 anos (inimputável) – art. 564, II, do CPP.

Gabarito "C".

(Defensor Público/RO – 2007) As nulidades que ocorrem posteriormente à decisão de pronúncia deverão ser arguidas na seguinte ocasião:

(A) imediatamente a sua ocorrência
(B) durante o libelo crime acusatório
(C) logo depois do sorteio dos jurados
(D) no momento da impugnação ao libelo
(E) após anunciado o julgamento e apregoadas as partes

Art. 571, V, do CPP.

Gabarito "E".

(Defensoria Pública da União – 2007 – CESPE) Julgue o item seguinte.

(1) A inobservância da citação para fins de oportunizar o contraditório prévio ao denunciado pelo crime de tráfico de entorpecentes resulta na nulidade relativa do processo penal, sendo necessário que a defesa comprove prejuízo.

A falta de citação ou a sua realização em desconformidade com as regras estabelecidas constitui nulidade absoluta.

Gabarito 1E.

17. RECURSOS

(Defensor Público/PE – 2018 – CESPE) Assinale a opção que apresenta a medida judicial cabível contra a decisão que, reconhecendo a ilegitimidade do Ministério Público para ajuizar a ação penal, deixa de receber a denúncia e extingue a punibilidade em face da decadência.

(A) correição parcial
(B) apelação
(C) carta testemunhável
(D) recurso em sentido estrito
(E) recurso de ofício

O recurso a ser manejado em face da decisão que deixa de receber a denúncia é o do art. 581, I, do CPP (recurso em sentido estrito).

Gabarito "D".

(Defensor Público/AC – 2017 – CESPE) Após a tempestiva interposição pelo réu de recurso de apelação, por termo nos autos, contra sentença condenatória por crime de estelionato, procedeu-se ao oferecimento das razões do recurso fora do prazo estipulado no CPP.

Em decorrência do ocorrido nessa situação hipotética, a atitude a ser tomada será

(A) o não conhecimento, por deserção, da apelação pelo tribunal.

(B) o não conhecimento da apelação pelo tribunal em razão da extemporaneidade.

(C) o conhecimento da apelação pelo tribunal, pois a apresentação extemporânea das razões constitui mera irregularidade.

(D) o conhecimento da apelação pelo tribunal, bem como a abertura de prazo em dobro para o oferecimento de contrarrazões.

(E) o não recebimento da apelação pelo juízo de admissibilidade.

Conferir: "A tempestividade do recurso de apelação é verificada na interposição, conforme prazo do art. 593 do CPP. Caso o recurso de apelação tenha sido interposto sem apresentação das razões, a juntada destas fora do referido prazo é mera irregularidade" (STJ, AgRg no AREsp 1001053/SP, Rel. Ministro Joel Ilan Paciornik, Quinta Turma, julgado em 07.06.2018, DJe 20.06.2018).
Gabarito "C".

(Defensor Público –DPE/BA – 2016 – FCC) Sobre o sistema de recursos previsto na legislação processual penal, é correto afirmar:

(A) O princípio da fungibilidade recursal permite que o tribunal, excepcionalmente, receba recurso intempestivo, quando protocolado pelo réu.

(B) Na hipótese de julgamento pelo tribunal do júri, se a sentença do juiz presidente divergir das respostas dos jurados aos quesitos, o tribunal *ad quem*, ao analisar recurso de apelação defensivo, determinará o retorno dos autos ao magistrado de primeiro grau para nova decisão sobre o tema.

(C) O Código de Processo Penal prevê hipótese de juízo de retratação após apresentado o recurso de apelação, sendo que se o juiz reformar o despacho recorrido, a parte contrária, por simples petição, poderá recorrer da nova decisão, se couber recurso, não podendo mais o juiz modificá-la.

(D) Em vista da teoria monística que rege o concurso de pessoas na legislação brasileira, a decisão do recurso interposto por um dos réus, se fundado na sua relação de parentesco com a vítima, aproveitará aos outros.

(E) Há previsão expressa no Código de Processo Penal de assinatura de termo de recurso por terceiro, na presença de duas testemunhas, caso o réu **não** saiba assinar seu nome.

A: incorreta, na medida em que a *fungibilidade recursal* (art. 579, CPP) refere-se à interposição de um recurso por outro, e não à tempestividade do recurso; **B:** incorreta, uma vez que, sendo a sentença do juiz que presidiu o julgamento divergente das respostas dadas pelos jurados aos quesitos formulados, o tribunal *ad quem* deverá, diretamente, corrigir o erro, sem a necessidade de realizar novo julgamento ou mesmo de remeter os autos ao juízo *a quo* para que ele mesmo proceda à retificação (art. 593, § 1º, do CPP); **C:** incorreta. Tudo que se afirma na assertiva somente tem aplicação no âmbito do recurso em sentido estrito (art. 589, CPP); não há juízo de retratação no campo da apelação; **D:** incorreta, uma vez que, se a decisão do recurso interposto por um dos réus se fundar em motivo de caráter exclusivamente pessoal, como é o caso da relação de parentesco, o benefício obtido pelo corréu não poderá ser estendido aos demais (art. 580, CPP); **E:** correta (art. 578, § 1º, do CPP).
Gabarito "E".

(Defensor Público –DPE/MT – 2016 – UFMT) No que concerne aos recursos em matéria criminal, analise as proposições abaixo.

I. O efeito devolutivo é comum a todos os recursos.

II. Nas infrações de competência do Juizado Especial Criminal, o recurso cabível das decisões que não recebe a denúncia é o de apelação para a Turma Recursal.

III. Nos crimes de competência originária dos tribunais, o recurso cabível das decisões que não recebe a denúncia é o Recurso em Sentido Estrito.

IV. O ofendido ou sucessor que não se tenham habilitado terão o prazo de 10 (dez) dias para apelar, contados da data em que se encerrou o prazo para o Ministério Público.

Está correto o que se afirma em

(A) I, II e IV, apenas.
(B) I e II, apenas.
(C) II, III e IV, apenas.
(D) I e III, apenas.
(E) III e IV, apenas.

I: correta. De fato, o efeito devolutivo é comum a todos os recursos, já que a sua interposição possibilita que a matéria seja reanalisada na instância superior; **II:** correta, na medida em que a decisão que rejeita a denúncia ou queixa, no âmbito do juizado especial criminal, desafia recurso de apelação, na forma prevista no art. 82, *caput*, da Lei 9.099/1995, a ser interposto, por petição escrita, no prazo de dez dias, da qual deverão constar as razões e o pedido. O julgamento deste recurso caberá a uma turma composta de três juízes em exercício no primeiro grau de jurisdição, reunidos na sede do Juizado; **III:** incorreta, uma vez que, nos crimes de competência originária dos tribunais, a decisão que não recebe a denúncia ou queixa desafia agravo regimental (e não recurso em sentido estrito); **IV:** incorreta, pois não corresponde ao que estabelece o art. 598, parágrafo único, do CPP.
Gabarito "B".

(Defensoria Pública da União – CESPE – 2015) Julgue os itens subsecutivos à luz do entendimento sumulado dos tribunais superiores.

(1) Conforme posição do STF, será anulável o julgamento da apelação se, após a renúncia do defensor, o réu não tiver sido previamente intimado para constituir outro.

1: incorreta. Segundo o STF, o julgamento, neste caso, será considerado *nulo*, e não *anulável*, tal como constou da assertiva. Nesse sentido a Súmula 708: "É nulo o julgamento da apelação se, após a manifestação nos autos da renúncia do único defensor, o réu não foi previamente intimado para constituir outro".
Gabarito 1E.

(Defensor Público/GO – 2010 – I. Cidades) Da decisão de absolvição sumária e de impronúncia, caberá

(A) recurso em sentido estrito no prazo de cinco dias.

(B) recurso em sentido estrito e apelação, respectivamente, ambos no prazo de cinco dias.

(C) apelação e recurso em sentido estrito, respectivamente, ambos no prazo de cinco dias.
(D) apelação para ambos os casos, no prazo de dez dias.
(E) recurso de apelação para ambos os casos, no prazo de cinco dias.

Com a Lei de Reforma nº 11.689/08, a decisão de impronúncia e a sentença de absolvição sumária passaram a ser combatidas por meio de apelação – art. 416, CPP. A pronúncia, por sua vez, continua a ser impugnada por meio de recurso em sentido estrito, nos termos do art. 581, IV, do CPP.
Gabarito "E".

(Defensoria/MT – 2009 – FCC) NÃO cabe recurso em sentido estrito da decisão que

(A) conceder, negar ou revogar livramento condicional.
(B) concluir pela incompetência do juízo.
(C) receber a denúncia ou a queixa.
(D) denegar a apelação ou a julgar deserta.
(E) decidir o incidente de falsidade.

A: art. 581, XII, do CPP; **B:** art. 581, II, do CPP; **C:** não há, neste caso, recurso específico. Pode, entretanto, o réu valer-se de *habeas corpus* com o propósito de fazer cessar constrangimento ilegal provocado pelo recebimento da inicial; **D:** art. 581, XV, do CPP; **E:** art. 581, XVIII, do CPP.
Gabarito "C".

(Defensoria/MT – 2009 – FCC) A respeito dos recursos em geral, considere:

I. O Ministério Público poderá desistir de recurso que haja interposto.
II. Salvo a hipótese de má-fé, a parte não será prejudicada pela interposição de um recurso por outro.
III. Não será admitido recurso da parte que não tiver interesse na reforma ou modificação da decisão.

Está correto o que se afirma SOMENTE em
(A) I.
(B) II.
(C) I e II.
(D) I e III.
(E) II e III.

I: art. 576 do CPP; **II:** art. 579 do CPP; **III:** art. 577, parágrafo único, do CPP.
Gabarito "E".

(Defensor Público/MS – 2008 – VUNESP) A doutrina, de forma pacífica, entende que a apresentação tardia das razões de apelação constitui

(A) mera irregularidade, não impedindo o conhecimento do apelo.
(B) nulidade do recurso.
(C) perempção do direito de defesa do acusado.
(D) intempestividade do recurso.

A alternativa "A" está correta. O mero atraso no oferecimento das razões constitui simples irregularidade, o que não tem o condão de obstar o conhecimento do apelo.
Gabarito "A".

(Defensor Público/MS – 2008 – VUNESP) O recurso em sentido estrito

I. tem cabimento da decisão que não receber a denúncia;

II. na justiça estadual do Mato Grosso do Sul é julgado sempre pelo Tribunal de Justiça.
III. em algumas hipóteses, previstas em lei, terá também o efeito suspensivo.

É correto o contido em
(A) I e II, apenas.
(B) I e III, apenas.
(C) II e III, apenas.
(D) I, II e III.

I: correta, nos termos do art. 581, I, do CPP; **II:** em vista do disposto no art. 582 do CPP, terão competência para julgar o RESE os tribunais de justiça e, conforme o caso, os tribunais regionais federais. No caso do inciso XIV do art. 581, o julgamento caberá ao presidente do tribunal; **III:** há casos, de fato, em que o RESE terá efeito suspensivo, na forma do art. 584 do CPP. No entanto, este recurso terá, em regra, efeito devolutivo.
Gabarito "B".

(Defensor Público/AC – 2006 – CESPE) Com fundamento em inquérito policial, o representante do Ministério Público ofereceu denúncia contra determinada pessoa, classificando o fato delituoso como aquele previsto no *caput* do artigo 155 do CP. O juiz, em decisão interlocutória, entendendo que a peça inicial atendia aos requisitos formais previstos no artigo 41 do CPP, proferiu o seguinte despacho: *recebo a denúncia*. Em seguida, determinou a regular citação do réu, indicando data para o interrogatório e intimando o Ministério Público para o ato processual.

Com relação à decisão proferida nessa situação hipotética, assinale a opção correta.

(A) Cabem embargos à decisão, visto que esta carece de fundamentação.
(B) Por ser decisão que extingue o processo sem julgamento do mérito, cabe apelação.
(C) Cabe recurso, em sentido estrito, contra essa decisão, nos termos do artigo 581 do CPP.
(D) A lei processual não prevê recurso na hipótese de decisão interlocutória que recebe a denúncia, salvo se tal decisão ferir direito fundamental do denunciado.

Embora a decisão que rejeita a denúncia ou a queixa possa ser desafiada por meio de recurso em sentido estrito – art. 581, I, do CPP, a decisão de recebimento da peça acusatória não comporta recurso algum, podendo o réu, em situações excepcionais, valer-se do *habeas corpus*. No mais, parte significativa da doutrina sustenta que, em vista do disposto no art. 93, IX, da CF, estaria o magistrado obrigado a fundamentar a decisão de recebimento da denúncia ou queixa, sob pena de nulidade. A jurisprudência, no entanto, consagrou o entendimento no sentido de que tal motivação é desnecessária, até para se evitar indevida inserção no mérito da causa.
Gabarito "D".

(Defensoria/RN – 2006) Ainda sobre os recursos escolha a alternativa correta.

(A) Poderá o ofendido mesmo que não habilitado como assistente da acusação recorrer da sentença através de apelação, quando o Ministério Público não o fizer no prazo legal.
(B) Nos casos em que couber apelação, poderá ser usado o recurso em sentido estrito, quando somente de parte da decisão se recorra.
(C) Em matéria processual penal, o recurso extraordinário tem efeito suspensivo.

(D) Decisão que obsta seguimento a recurso admitido para a instância julgadora é passível de carta testemunhável, que se processará na forma daquele e terá efeito suspensivo do despacho recorrida.

A: art. 598 do CPP; B: art. 593, § 4º, do CPP; C: art. 637 do CPP; D: art. 646 do CPP.
Gabarito "A".

(Defensoria/MG – 2006) Tendo em vista as regras legais sobre recursos criminais é INCORRETO afirmar

(A) que, apesar de o art. 581 do CPP enumerar taxativamente as hipóteses de cabimento do recurso em sentido estrito, entende-se que será o recurso cabível da decisão que rejeitar o aditamento da denúncia ou queixa.

(B) que a revisão criminal pode ser requerida a qualquer tempo, mesmo depois de cumprida a pena ou após a morte do condenado.

(C) que caberá agravo de instrumento da denegação de recurso especial ou extraordinário.

(D) que recurso de apelação tem efeito regressivo.

(E) que os embargos infringentes e de nulidade são recursos exclusivos da defesa.

A: trata-se, de fato, de rol taxativo, que, entretanto, comporta interpretação extensiva. É perfeitamente possível, dessa forma, interpor recurso em sentido estrito contra a decisão que rejeita o aditamento da denúncia ou queixa; B: arts. 622 e 623 do CPP; C: art. 28 da Lei 8.038/1990; D: não há que se falar em juízo de retratação na apelação (efeito regressivo); E: art. 609, parágrafo único, CPP. Trata-se de fato de recurso privativo da defesa.
Gabarito "D".

18. *HABEAS CORPUS*, MANDADO DE SEGURANÇA E REVISÃO CRIMINAL

(Defensor Público/AC – 2017 – CESPE) É cabível *habeas corpus*

(A) contra decisão que condene, unicamente, a pena pecuniária.

(B) contra decisão que tenha indeferido liminar em outro *habeas corpus*.

(C) caso se busque o reconhecimento da decadência.

(D) quando já extinta a pena privativa de liberdade.

A: incorreta. Tendo em conta que o *habeas corpus* é medida autônoma de impugnação de índole constitucional específica para tutelar o direito de locomoção, não havendo risco direto ou reflexo de perda desse direito, não é possível a utilização do remédio. É o entendimento presente na Súmula 693, STF: "Não cabe *habeas corpus* contra decisão condenatória a pena de multa, ou relativo a processo em curso por infração penal a que a pena pecuniária seja a única cominada"; B: incorreta, nos termos da Súmula 606 do STF; C: correta, pois reflete o que estabelecem os arts. 648, VII, do CPP, e 107, IV, do CP; D: incorreta, uma vez que contraria o entendimento consolidado na Súmula 695, do STF.
Gabarito "C".

(Defensor Público –DPE/ES – 2016 – FCC) Sobre a revisão criminal,

(A) é vedada discussão sobre indenização por erro judiciário em sede de revisão criminal, devendo ser proposta ação própria em caso de revisão procedente.

(B) é cabível a revisão criminal da sentença absolutória imprópria.

(C) em virtude da soberania dos veredictos, é vedada a revisão criminal de sentença do Tribunal do Júri.

(D) sem a falsidade da prova utilizada para condenar o réu ou de nova prova capaz de inocentá-lo não há possibilidade jurídica do pedido de revisão criminal.

(E) ao contrário do *habeas corpus*, é necessária capacidade postulatória para a revisão criminal.

A: incorreta (art. 630, CPP); B: correta. É verdade que a existência de uma sentença condenatória com trânsito em julgado constitui pressuposto ao ajuizamento da ação revisional. No entanto, deve-se inserir nesse universo a sentença absolutória imprópria, visto que esta impinge ao imputável uma medida de segurança, espécie do gênero *sanção*. Fica evidente, pois, seu interesse em promover a revisão criminal. Na jurisprudência: "(...) Com efeito o art. 621 do CPP só permite a revisão de sentença condenatória, sendo, portanto, condição indispensável, para o seu conhecimento, a decisão definitiva de mérito acolhendo a pretensão condenatória, ou seja, impondo ao réu a sanção penal correspondente. 2. Tanto a doutrina como a jurisprudência não admitem o conhecimento de revisão criminal de sentença absolutória, salvo em caso de absolutória com aplicação de medida de segurança" (REsp 329.346/RS, Rel. Ministro Hélio Quaglia Barbosa, Sexta Turma, julgado em 31.05.2005, *DJ* 29.08.2005); C: incorreta. Atualmente, prevalece na doutrina e na jurisprudência o entendimento segundo o qual a soberania dos veredictos, no Tribunal do Júri, não é absoluta, podendo a decisão do Conselho de Sentença ser modificada por meio da revisão criminal. Na jurisprudência: "I. Transitada em julgado a sentença condenatória, proferida com fundamento em decisão do Tribunal do Júri, o Tribunal *a quo* julgou procedente a Revisão Criminal, ajuizada pela defesa, absolvendo, desde logo, o réu, por ocorrência de erro judiciário, em face de contrariedade à prova dos autos, bem como pela existência de novas provas de sua inocência, a teor dos arts. 621, I e III, e 626 do CPP (...) V. Uma vez que o Tribunal de origem admitiu o erro judiciário, não por nulidade no processo, mas em face de contrariedade à prova dos autos e de existência da inocência do réu, não há ofensa à soberania do veredicto do Tribunal do Júri se, em juízo revisional, absolve-se, desde logo, o réu, desconstituindo-se a injusta condenação. Precedente da 6ª Turma do STJ. VI. "A obrigação do Poder Judiciário, em caso de erro grave, como uma condenação que contrarie manifestamente as provas dos autos, é reparar de imediato esse erro. Por essa razão é que a absolvição do ora paciente (e peticionário, na revisão criminal) é perfeitamente aceitável, segundo considerável corrente jurisprudencial e doutrinária" (REsp 1304155/MT, Rel. Ministro Sebastião Reis Júnior, Rel. p/ Acórdão Ministra Assusete Magalhães, Sexta Turma, julgado em 20.06.2013, *DJe* 01.07.2014); D: incorreta (art. 621, I, do CPP); E: incorreta, pois contraria o disposto no art. 623 do CPP, que estabelece que a revisão poderá ser pedida pelo próprio réu.
Gabarito "B".

(Defensor Público –DPE/MT – 2016 – UFMT) No que se refere à Revisão Criminal, marque V para as assertivas verdadeiras e F para as falsas.

( ) A revisão, se julgada procedente, não poderá acarretar a redução ou a modificação de pena imposta ao sentenciado.

( ) A revisão pode ser ajuizada mesmo depois do falecimento do sentenciado e de eventual extinção da pena.

( ) É cabível a revisão quando a sentença condenatória for contrária ao texto expresso de lei penal ou à evidência dos autos.

( ) Diferentemente do que ocorre em relação aos recursos, a revisão criminal dá ensejo a uma nova relação jurídica processual, não se limitando a prolongar aquela já constituída.

Assinale a sequência correta.

(A) F, V, V, V
(B) F, F, V, V
(C) V, V, F, F
(D) V, V, V, F
(E) F, F, F, V

1ª assertiva: falsa. Uma vez julgada procedente a ação revisional, o tribunal poderá, a teor do art. 626, *caput*, do CPP, *alterar a classificação da infração, absolver o réu, modificar a pena ou anular o processo*; **2ª assertiva:** verdadeira, na medida em que a revisão poderá ser requerida a qualquer tempo, antes ou mesmo depois de extinta a pena (art. 622, *caput*, do CPP) ou ainda depois de o condenado falecer (art. 623, CPP); **3ª assertiva:** verdadeira, uma vez que corresponde ao que estabelece o art. 621, I, do CPP; **4ª assertiva:** verdadeira. Isso porque, a despeito de a revisão criminal encontrar-se disciplinada no Título que trata dos recursos, sua natureza jurídica é de ação autônoma de impugnação.
Gabarito "A".

(**Defensoria Pública da União – CESPE – 2015**) Em relação a *habeas corpus* e revisão criminal, julgue os itens a seguir.

(1) Não se admite revisão criminal contra sentença absolutória imprópria por falta de interesse de agir.
(2) Se a defesa de um indivíduo impetrar *habeas corpus* em tribunal regional federal para trancar ação penal contra ele proposta, e esse tribunal denegar a ordem por maioria de votos, a defesa deverá manejar embargos infringentes.

1: incorreta. É verdade que a existência de uma sentença condenatória com trânsito em julgado constitui pressuposto ao ajuizamento da ação revisional. No entanto, deve-se inserir nesse universo a sentença absolutória imprópria, visto que esta impinge ao inimputável medida de segurança, espécie do gênero *sanção*. Fica evidente, pois, seu interesse em promover a revisão criminal; **2:** incorreta. Nesse sentido, conferir: "(...) Conforme entendimento sedimentado nesta Corte e no Pretório Excelso e à luz do disposto no parágrafo único do art. 609 do CPP, somente são admissíveis os Embargos Infringentes e de Nulidade na Apelação e no Recurso em Sentido Estrito, e não em sede de Habeas Corpus" (HC 92.394/RS, Rel. Ministro Napoleão Nunes Maia Filho, Quinta Turma, julgado em 27.03.2008, *DJe* 22.04.2008).
Gabarito 1E, 2E.

(**Defensor Público/RO – 2012 – CESPE**) Em relação ao mandado de segurança, ao *habeas corpus* e aos recursos no processo penal, assinale a opção correta.

(A) No âmbito dos juizados especiais criminais, da decisão que rejeitar a denúncia ou a queixa, caberá, nos moldes das leis processuais gerais, recurso em sentido estrito.
(B) É cabível mandado de segurança contra decisão de magistrado que, em ação penal de natureza pública, tenha inadmitido assistente de acusação.
(C) O recurso de apelação se tornará deserto, não cabendo a sua apreciação pela instância superior, em face da não apresentação das razões de apelação no prazo legal.
(D) Considere que um réu, processado pela prática de dois crimes, seja condenado em um deles e, no outro, seja declarada a extinção da punibilidade. Nessa situação, caberá à acusação apelar em relação à condenação e interpor recurso em sentido estrito em relação à extinção da punibilidade.
(E) Admite-se a impetração de *habeas corpus* para discutir pena de multa, em face da possibilidade de sua conversão em pena privativa de liberdade.

A: incorreta. Da decisão, do juizado especial criminal, que rejeita a denúncia ou queixa, caberá a interposição de recurso de apelação (art. 82 da Lei 9.099/1995); **B:** correta, pois, embora o art. 273 do CPP estabeleça que descabe recurso em face da decisão que não admitir o assistente, doutrina e jurisprudência pacíficas entendem que, dessa decisão, cabe a impetração de mandado de segurança; **C:** incorreta, já que o oferecimento das razões de apelação a destempo, conforme jurisprudência pacífica, não tem o condão de tornar este recurso intempestivo. Cuida-se, pois, de mera irregularidade; **D:** incorreta, já que ambas desafiam recurso de apelação – 593, I, do CPP; **E:** incorreta. Segundo a Súmula n. 693 do STF: "Não cabe *habeas corpus* contra decisão condenatória à pena de multa, ou relativo a processo em curso por infração penal a que a pena pecuniária seja a única cominada".
Gabarito "B".

(**Defensor Público/AM – 2010 – I. Cidades**) Julgue as alternativas sobre revisão criminal e assinale a correta.

(A) Poderá ser requerida em qualquer tempo, desde que antes da extinção da pena.
(B) A absolvição em sede de revisão criminal implicará o restabelecimento de todos os direitos do réu, perdidos em virtude da condenação, podendo, inclusive, ser-lhe reconhecido o direito a uma justa indenização a ser paga ou pela União ou pelos Estados pelos prejuízos sofridos, ainda que a acusação houver sido meramente privada.
(C) Cabe revisão criminal das sentenças absolutórias impróprias, mas não cabe da sentença de pronúncia do réu.
(D) A revisão criminal é meio adequado para pleitear a aplicação de lei posterior à decisão de condenação do réu, transitada em julgado, que deixou de considerar o fato como crime (**abolitio criminis**).
(E) É vedada, em qualquer hipótese, a reiteração do pedido de revisão criminal. Essa vedação legal prestigia o Princípio da Segurança Jurídica em detrimento do Princípio da Presunção da Inocência.

A: incorreta, pois, a teor do art. 622, *caput*, do CPP, a ação revisional pode ser requerida a qualquer tempo, antes ou depois de extinta a pena, ainda que falecido o sentenciado; **B:** incorreta na parte que afirma que a indenização será devida ainda que a acusação tenha sido meramente privada - art. 630, § 2º, *b*, do CPP; **C:** é verdade que a existência de uma sentença condenatória com trânsito em julgado constitui pressuposto ao ajuizamento da ação revisional. No entanto, deve-se inserir nesse universo a sentença absolutória imprópria, visto que esta impinge ao inimputável uma medida de segurança, espécie do gênero *sanção*. Fica evidente, pois, seu interesse em, diante de um erro judiciário, promover a revisão criminal. Antes denominada *sentença*, a pronúncia deve ser entendida como a decisão interlocutória mista que julga admissível a acusação, encaminhando o caso para julgamento perante o Tribunal Popular. Não é o caso, portanto, de ajuizar-se a revisão criminal, que tem como pressuposto essencial uma sentença condenatória com trânsito em julgado (ou uma sentença absolutória imprópria) – art. 621, *caput*, do CPP; **D:** não é admitida, tendo em conta que este pedido deve ser formulado ao juízo da execução; **E:** a reiteração do pedido de revisão criminal, em regra vedado, comporta uma exceção: quando fundado em novas provas.
Gabarito "C".

(**Defensoria/MT – 2009 – FCC**) A revisão criminal

(A) não pode ser requerida pelo condenado sem recolher-se à prisão.
(B) será admitida quando, após a sentença, se descobrirem novas provas de circunstância que determine ou autorize diminuição especial da pena.

(C) pode ser requerida pelo Ministério Público face à prova posterior à sentença absolutória.
(D) poderá ser requerida até a extinção da pena.
(E) poderá ensejar ao Tribunal o agravamento da pena imposta pela decisão revista.

A: Súmula nº 393 do STF; **B:** art. 621, III, do CPP. A revisão pressupõe sentença condenatória com trânsito em julgado; **C:** a revisão constitui instrumento exclusivo da defesa, cujo objetivo é rescindir uma sentença condenatória com trânsito em julgado. O Ministério Público carece de legitimidade para ajuizá-la, ainda que em favor do acusado; **D:** transitada em julgado a sentença penal condenatória, a revisão pode ser requerida a qualquer tempo, antes ou depois de extinta a pena (art. 622, *caput*, do CPP); **E:** art. 626, parágrafo único, do CPP.
Gabarito "B".

(Defensoria/MT – 2007) Julgando procedente a revisão criminal, nos termos do Código de Processo Penal, poderá o Tribunal de Justiça
(A) determinar que nova denúncia seja oferecida.
(B) alterar a classificação da infração.
(C) determinar que nova sentença seja prolatada.
(D) agravar a pena imposta.
(E) determinar o arquivamento do processo.

Art. 626, *caput*, do CPP.
Gabarito "B".

(Defensor Público/RO – 2007) Será cabível a revisão criminal quando:
(A) o caso for de perdão judicial
(B) a sentença criminal for injusta
(C) os recursos não tiverem sido utilizados
(D) a sentença criminal for contrária à evidência dos autos
(E) a prova concludente para a condenação não for constatada

A alternativa "D" está contemplada no art. 621, I, do CPP; as demais assertivas não encontram correspondência no art. 621 do CPP, que trata das hipóteses de cabimento da ação revisional.
Gabarito "D".

(Defensoria/RN – 2006) De acordo com entendimento do Supremo Tribunal Federal cabe *habeas corpus* contra
(A) decisão em processo em que se apura infração penal a que a pena pecuniária seja a única cominada.
(B) decisão que impõe pena de perda de função pública.
(C) decisão em processo de extradição, em que o relator se omite quando a direito estrangeiro.
(D) decisão que impede de prestar fiança, nos casos em que a lei permite.

Art. 648, V, do CPP.
Gabarito "D".

19. EXECUÇÃO PENAL

(Defensor Público/PE – 2018 – CESPE) João cumpria pena no regime semiaberto quando foi flagrado, por agentes penitenciários, com um aparelho de telefone celular em sua cela.
Considerando essa situação hipotética, assinale a opção correta à luz da jurisprudência dos tribunais superiores.

(A) O juízo da execução penal poderá decretar de plano a perda da integralidade dos dias remidos por trabalho realizado por João durante o cumprimento da pena.
(B) Embora a conduta de João seja tipificada como falta grave na legislação de execução penal, é dispensável a instauração de procedimento administrativo para apurar o fato.
(C) O prazo para a comutação da pena de João e indulto não será interrompido em razão da falta cometida.
(D) No caso de processo administrativo disciplinar, a oitiva de João poderá ser realizada independentemente do acompanhamento de advogado ou defensor público.
(E) O prazo de prescrição da falta praticada por João – portar telefone celular em sua cela – é de cinco anos.

A: incorreta. Em vista das alterações implementadas na LEP pela Lei 12.433/2011, estabeleceu-se, no caso de cometimento de falta grave, uma proporção máxima em relação à qual poderá se dar a perda dos dias remidos. Assim, diante da prática de falta grave, poderá o juiz, em vista da nova redação do art. 127 da LEP, revogar no máximo 1/3 do tempo remido, devendo a contagem recomeçar a partir da data da infração disciplinar. Antes disso, o condenado perdia os dias remidos na sua totalidade; **B:** incorreta, pois contraria o disposto no art. 59 da LEP, que impõe a instauração de procedimento disciplinar para a apuração da falta cometida pelo reeducando. Vide Súmula 533, do STJ; **C:** correta, na medida em que reflete o entendimento pacificado por meio da Súmula 535, do STJ; **D:** incorreta, pois não corresponde ao entendimento sufragado na Súmula 533, do STJ; **E:** incorreta. Conferir: "A jurisprudência desta Corte reconhece a aplicação, por analogia, do prazo prescricional do art. 109, inciso VI, do Código Penal – CP às faltas graves praticadas no curso da execução penal. Desde a publicação da Lei n. 12.234, de 05.05.2010, o prazo para que a falta grave seja apurada em Processo Administrativo Disciplinar – PAD e homologada em Juízo é de 3 anos, a contar do cometimento da referida falta disciplinar. Precedentes. No caso em apreço, não tendo transcorrido 3 anos desde o cometimento da falta grave, não há que se falar em prescrição. Habeas corpus não conhecido" (HC 359.096/RS, Rel. Ministro Joel Ilan Paciornik, Quinta Turma, julgado em 16.08.2016, DJe 26.08.2016). Digno de registro é o fato de que este tema é objeto de divergência na doutrina e na jurisprudência. Guilherme de Souza Nucci ensina que, diante da omissão da LEP, deve ser considerado o que dispõe a Lei 8.112/1990, que disciplina o regime jurídico dos servidores públicos civis da União, das autarquias e das fundações públicas federais, que fixa o prazo de 180 dias.
Gabarito "C".

(Defensor Público/AL – 2017 – CESPE) No que diz respeito a trabalho do preso, assinale a opção correta.
(A) Compete à direção do estabelecimento prisional autorizar o trabalho externo.
(B) O preso político está obrigado ao trabalho na medida de suas aptidões e capacidade.
(C) O trabalho externo será admissível para os presos em regime semiaberto somente em serviço ou obras públicas.
(D) A Lei de Execução Penal veda a realização de trabalho interno ou externo ao preso provisório.
(E) O trabalho externo é vedado aos presos em regime fechado.

A: correta, pois reflete o que estabelece o art. 37, *caput*, da LEP; **B:** incorreta, pois contraria o disposto no art. 200 da LEP; **C:** incorreta (art. 36, *caput*, da LEP); **D:** incorreta, uma vez que contraria o disposto no art. 31, parágrafo único, da LEP; **E:** incorreta, pois não reflete o que estabelece o art. 36, *caput*, da LEP.
Gabarito "A".

(Defensor Público/AL – 2017 – CESPE) Constatada a inexistência de condições adequadas ao cumprimento de pena, por precariedade, superlotação e falta de estabelecimento prisional compatível, por exemplo, admite-se o deferimento, ao sentenciado, de

(A) remição penal como indenização decorrente das condições precárias ou degradantes a que tiver sido submetido.
(B) progressão de regime prisional *per saltum*, passando-se para um regime mais brando, caso falte vagas no regime intermediário.
(C) prisão domiciliar para qualquer dos regimes prisionais, mediante monitoração eletrônica.
(D) inserção no sistema penitenciário federal, se este oferecer condições dignas de cumprimento da reprimenda.
(E) saída antecipada no regime com falta de vagas, além do cumprimento de penas restritivas de direito.

A resposta a esta questão deve ser extraída da Súmula Vinculante 56 bem como do julgado a que ela faz referência: "A falta de estabelecimento penal adequado não autoriza a manutenção do condenado em regime prisional mais gravoso, devendo-se observar, nessa hipótese, os parâmetros fixados no RE 641.320/RS". Gabarito "E".

(Defensor Público –DPE/RN – 2016 – CESPE) Acerca do trabalho do condenado e da remição, assinale a opção correta segundo a LEP e o entendimento do STJ.

(A) O STJ sedimentou o entendimento de que é vedado o trabalho extramuros ao condenado em regime fechado, mesmo mediante escolta.
(B) Aquele que estiver cumprindo pena privativa de liberdade ou que estiver preso provisoriamente será obrigado a trabalhar na medida de suas aptidões e capacidade.
(C) A decisão que concede a remição na execução penal tem caráter meramente declarativo. Assim, o abatimento dos dias trabalhados do restante da pena a cumprir fica subordinado a ausência de posterior punição pela prática de falta grave.
(D) A remição, cuja aplicação restringe-se exclusivamente ao trabalho interno, é uma recompensa àqueles que procedem corretamente e uma forma de abreviar o tempo de condenação, estimulando o próprio apenado a buscar atividades laboratoriais lícitas e educacionais durante o seu período de encarceramento.
(E) O condenado que executar tarefas como prestação de serviço à comunidade deverá ser remunerado mediante prévia tabela, não podendo sua remuneração ser inferior a um salário mínimo.

A: incorreta. A teor dos arts. 34, § 3º, do CP e 36, *caput*, da LEP (Lei 7.210/1984), o trabalho externo é permitido, sim, ao condenado que cumpre pena em regime fechado, desde que em serviço ou obras públicas; **B:** incorreta. Segundo o art. 31, parágrafo único, da LEP, *para o preso provisório, o trabalho não é obrigatório e só poderá ser executado no interior do estabelecimento*; **C:** correta. De fato, a decisão que concede a remição pelos dias trabalhados é meramente declaratória: o juiz declara remidos os dias de pena (art. 126, § 8º, da LEP); na hipótese de cometimento de falta grave, o condenado perderá até um terço do tempo remido (art. 127, LEP); **D:** incorreta. O STJ pacificou o entendimento segundo o qual é possível a remição pelo trabalho externo. Consultar: REsp 1381315/RJ, Rel. Ministro Rogerio Schietti Cruz, Terceira Seção,

julgado em 13.05.2015, *DJe* 19.05.2015; **E:** incorreta, pois contraria o disposto no art. 30 da LEP: "As tarefas executadas como prestação de serviço à comunidade não serão remuneradas". Gabarito "C".

(Defensor Público –DPE/RN – 2016 – CESPE) Conforme previsto na LEP, constitui incumbência da DP

(A) diligenciar a obtenção de recursos materiais e humanos para melhor assistência ao preso ou internado, em harmonia com a direção do estabelecimento.
(B) requerer a emissão anual do atestado de pena a cumprir.
(C) colaborar na fiscalização do cumprimento das condições da suspensão e do livramento condicional.
(D) fiscalizar a regularidade formal das guias de recolhimento e de internamento.
(E) contribuir na elaboração de planos nacionais de desenvolvimento, sugerindo as metas e prioridades da política criminal e penitenciária.

As atribuições da Defensoria Pública, no campo da execução penal, estão contempladas nos arts. 81-A e 81-B da LEP (Lei 7.210/1984). A alternativa "B" (correta) corresponde à incumbência prevista no art. 81-B, II, da LEP. Gabarito "B".

(Defensor Público –DPE/BA – 2016 – FCC) Paulo, reincidente em crime não específico, iniciou o cumprimento de pena privativa de liberdade pelo delito de tráfico, no regime fechado, em 10/09/2010. Cumpridas as condições legais, conquistou o livramento condicional. Já no primeiro mês do período de prova, aportou aos autos nova condenação pelo delito de tentativa de homicídio simples, na qual foi fixado o regime semiaberto, sendo que o fato foi cometido em 03/02/2008. Somadas as penas, que atingiram um total de 10 anos, foi novamente fixado o regime fechado pelo juiz para o cumprimento do restante da pena total. Sobre o instituto do livramento condicional,

(A) Paulo não terá mais direito a um segundo livramento condicional, por ter aportado aos autos nova condenação durante o período de prova.
(B) por ser reincidente, não poderá ser deferido a Paulo, novamente, o livramento condicional.
(C) Paulo terá que cumprir a primeira pena (por tráfico) na íntegra, para, então, cumprir metade da pena remanescente e somente depois reconquistar o livramento condicional.
(D) Paulo terá direito a um segundo livramento condicional, desde que cumpridos os requisitos legais, já que o fato que ocasionou a condenação por tentativa de homicídio simples é anterior ao período de prova do primeiro livramento condicional.
(E) deveria o juiz ter mantido Paulo no livramento condicional, sendo que a nova condenação por tentativa de homicídio simples deveria ser cumprida após o término do período de prova do livramento.

Considerando que a prática do crime de tentativa de homicídio simples é precedente ao período de prova do livramento condicional concedido em razão da condenação pelo crime de tráfico de drogas, é inaplicável a hipótese de revogação do livramento contida no art. 86, I, do CP. No caso narrado no enunciado, incide o art. 86, II, do CP, que estabelece que, se a condenação por crime é anterior ao período de prova, deve-se observar o disposto no art. 84 do CP, segundo o qual as penas devem ser somadas para o fim de calcular o novo livramento a ser concedido. Aplicam-se também os arts. 88 do CP e 728 do CPP.

Gabarito "D".

(Defensor Público –DPE/BA – 2016 – FCC) Sobre o trabalho e o estudo dos apenados, bem como acerca da remição, é correto afirmar:

(A) O condenado que usufrui liberdade condicional poderá remir, pela frequência a curso de ensino regular ou de educação profissional, parte do tempo do período de prova.

(B) Se o preso restar impossibilitado de prosseguir no trabalho, por acidente no local do labor, não poderá continuar a se beneficiar com a remição enquanto perdurar o afastamento.

(C) O trabalho externo, segundo a Lei de Execuções Penais, é permitido apenas aos presos dos regimes semiaberto e aberto.

(D) O trabalho interno é obrigatório para os presos definitivos e provisórios.

(E) O tempo a remir pelas horas de estudo será acrescido de 1/2 no caso de conclusão do ensino fundamental durante o cumprimento da pena, desde que a conclusão seja certificada pelo órgão competente do sistema de educação.

A: correta (art. 126, § 6º, da LEP); **B:** incorreta. Ao contrário do que se afirma na alternativa, *o preso impossibilitado, por acidente, de prosseguir no trabalho ou nos estudos continuará a beneficiar-se com a remição*; **C:** incorreta, já que o trabalho externo, por expressa disposição do art. 36, *caput*, da LEP, também é permitido ao preso que se encontra em cumprimento de pena no regime fechado, desde que em serviço ou obras públicas; **D:** incorreta. Segundo o art. 31, parágrafo único, da LEP, *para o preso provisório, o trabalho não é obrigatório e só poderá ser executado no interior do estabelecimento*; **E:** incorreta, uma vez que deverá incidir, neste caso, a fração correspondente a *um terço*, e não *metade*, tal como reza o art. 126, § 5º, da LEP.

Gabarito "A".

(Defensor Público –DPE/BA – 2016 – FCC) Considerando as disposições constantes na Lei de Execuções Penais, no que toca às saídas dos condenados do estabelecimento prisional,

(A) para que o condenado conquiste o direito às saídas temporárias, é necessário que atinja 1/6 da pena, se primário, e 1/2, se reincidente.

(B) as saídas temporárias poderão ser deferidas aos presos do regime fechado, mediante escolta, caso exista efetivo de servidores na comarca, para frequência a curso supletivo e profissionalizante.

(C) as saídas temporárias serão deferidas pelo diretor da casa prisional.

(D) a permissão de saída não pode ser concedida pelo diretor do estabelecimento prisional para os condenados do regime fechado, pois nesse caso deverá haver autorização judicial.

(E) a permissão de saída pode ser deferida para os condenados dos regimes fechado e semiaberto, bem como aos presos provisórios.

A: incorreta, na medida em que a autorização para saída temporária será concedida, a teor do art. 123, II, da LEP, ao condenado que tenha cumprido no mínimo *um sexto* da pena, se primário, e *um quarto* (e não *metade*), se reincidente for; **B:** incorreta. É requisito à concessão da saída temporária o fato de o condenado encontrar-se em cumprimento de pena no regime *semiaberto* (art. 122, *caput*, da LEP); **C:** incorreta. A saída temporária, diferentemente da permissão de saída (art. 120, parágrafo único, da LEP), somente poderá ser concedida mediante autorização do juízo da execução, ouvidos o MP e a administração penitenciária (art. 123, *caput*, da LEP); **D:** incorreta. Isso porque a permissão de saída será concedida, pelo diretor do estabelecimento prisional, aos condenados que cumprem pena nos regimes fechado e semiaberto, e também aos presos provisórios (art. 120, *caput*, LEP); **E:** correta, pois em conformidade com o art. 120, *caput*, LEP.

Gabarito "E".

(Defensor Público –DPE/BA – 2016 – FCC) Sobre os incidentes de execução previstos na Lei de Execuções Penais,

(A) é possível, para apenados do regime aberto e com penas não superiores a três anos, desde que cumpridos os requisitos legais, a conversão da pena privativa de liberdade em pena restritiva de direito.

(B) na hipótese de sobrevir doença mental no curso da execução da pena privativa de liberdade, não poderá ser convertido referido apenamento em medida de segurança, posto se tratar de providência gravosa ao apenado, portanto impossível de ser formalizada por força da coisa julgada.

(C) o próprio sentenciado poderá suscitar o incidente de desvio de execução.

(D) o excesso de execução ocorre quando o ato for praticado além dos limites fixados na sentença, mas não se caracteriza quando a ilegalidade decorrer de inobservância de normas regulamentares, pois nesses casos a apuração das responsabilidades ficará a cargo da autoridade administrativa.

(E) sobrevindo condenação à pena privativa de liberdade no regime semiaberto, estando em curso a execução de penas restritivas de direito, deverá o juiz automaticamente reconverter as penas alternativas em prisão, dada a natureza distinta das duas espécies de sanção.

A: incorreta, pois em desconformidade com a regra presente no art. 180, *caput*, da LEP, que assim dispõe: "a pena privativa de liberdade, não superior a 2 anos, poderá ser convertida em restritiva de direitos, desde que: I – o condenado a esteja cumprindo em regime aberto (...)"; **B:** incorreta. Há que se distinguir, aqui, duas situações. Em se tratando de doença mental de caráter transitório, com perspectiva, portanto, de cura, não há por que converter a pena privativa de liberdade em medida de segurança. Aplica-se, neste caso, o art. 41 do CP, que estabelece que o sentenciado será transferido para hospital de custódia e tratamento e ali permanecerá até o seu restabelecimento. De outro lado, se se tratar de doença mental de caráter permanente, que parece ser o caso narrado na assertiva, deverá o juiz, em obediência ao que estabelece o art. 183 da LEP, converter a pena privativa de liberdade em medida de segurança, já que não existe, ao menos naquele momento, perspectiva de melhora da saúde mental do condenado. Neste caso, a duração da medida de segurança está limitada ao tempo de resta para o cumprimento da pena estabelecida na sentença; **C:** correta, uma vez que reflete a regra contida no art. 186, III, da LEP, que concede ao sentenciado a prerrogativa de, ele mesmo, suscitar o incidente de excesso ou desvio de execução, que também poderá ser suscitado pelo MP, pelo Conselho Penitenciário e por qualquer dos demais órgãos da execução penal; **D:** incorreta, pois não corresponde ao que estabelece o art. 185 da LEP; **E:** incorreta (art. 44, § 5º, do Código Penal).

Gabarito "C".

(Defensor Público –DPE/ES – 2016 – FCC) Sobre a remição, é correto afirmar:

(A) Para o cômputo da remição, os dias remidos devem ser considerados como pena cumprida pelo sentenciado.

(B) A remição por estudo é concedida na mesma proporção da remição pelo trabalho, ou seja, a cada dezoito horas de estudo, deve ser remido um dia de pena.

(C) É vedada a cumulação de remição por trabalho e por estudo dada a incompatibilidade resultante da quantidade de horas diárias necessárias para remir por cada atividade.

(D) A remição por estudo é cabível nos três regimes de cumprimento de pena, sendo vedado apenas no livramento condicional.

(E) Em caso de falta grave, o juiz deverá revogar um terço do tempo remido, sendo vedada nova concessão de remição durante o período de cumprimento da sanção.

A: correta, pois em consonância com o que estabelece o art. 128 da LEP; **B:** incorreta. Por força do que dispõe o art. 126, § 1º, I e II, da LEP, a remição pelo estudo será concedida na proporção de um dia de pena para cada 12 horas de estudo, que deverão ser divididas, no mínimo, em 3 dias; pelo trabalho, na proporção de um dia de pena para cada 3 dias de labor; **C:** incorreta. Por força do que dispõe o art. 126, § 3º, da LEP, é possível, sim, a compatibilização, para fins de remição, do *trabalho* com *estudo*. Ou seja, nada impede que o reeducando obtenha a remição de sua pena pelo trabalho e pelo estudo, concomitantemente, desde que não haja coincidência, é óbvio, entre as horas dedicadas ao estudo e aquelas utilizadas para o trabalho. Assim, se o preso dedicar o tempo mínimo ao trabalho, que é de 6 horas, e também ao estudo, que, neste caso, é de 4 horas, poderá abater dois de cada três dias de sua pena; **D:** incorreta, pois contraria o que dispõe o art. 126, § 6º, da LEP: "O condenado que cumpre pena em regime aberto ou semiaberto e o que usufrui liberdade condicional poderão remir, pela frequência a curso de ensino regular ou de educação profissional (...)"; **E:** incorreta (art. 127 da LEP).
Gabarito "A".

(Defensor Público –DPE/ES – 2016 – FCC) Sobre as autorizações de saída,

(A) somente poderão ser concedidas com prazo mínimo de quarenta e cinco dias de intervalo entre uma e outra.

(B) são cabíveis apenas no regime semiaberto.

(C) a saída temporária será concedida pelo diretor do estabelecimento prisional.

(D) o lapso temporal para deferimento da saída temporária ao reincidente é de um quarto.

(E) o Decreto natalino de saída temporária é de competência exclusiva do Presidente da República.

A: incorreta. *Autorização de saída*, a que faz referência o enunciado, é gênero do qual são espécies a *permissão de saída* e a *saída temporária*, cada qual com regramento próprio. O intervalo de 45 dias somente tem incidência no contexto da *saída temporária* (art. 124, § 3º, da LEP); a *permissão de saída*, que tem finalidade e disciplina diversas da *autorização de saída*, não se sujeita a intervalo mínimo entre uma concessão e outra; ou seja, será concedida sempre que estiverem presentes os requisitos contidos no art. 120 da LEP; **B:** incorreta. É verdade que a *saída temporária*, espécie do gênero *autorização de saída*, somente será concedida aos condenados que cumprem pena no regime semiaberto (art. 122, *caput*, da LEP); no entanto, a *permissão de saída*, que também é modalidade de *autorização de saída*, poderá beneficiar tanto o condenado que cumpre a pena nos regimes fechado ou semiaberto quanto os presos provisórios (art. 120, *caput*, da LEP); **C:** incorreta. A *saída temporária*, diferentemente da *permissão de saída* (art. 120, parágrafo único, da LEP), somente poderá ser concedida mediante autorização do juízo da execução, ouvidos o MP e a administração penitenciária (art. 123, *caput*, da LEP). Acrescente-se que, segundo entendimento consolidado na Súmula 520, do STJ, a concessão de saída temporária constitui ato jurisdicional insuscetível de delegação à autoridade administrativa do estabelecimento prisional; **D:** correta. De fato, a autorização para saída temporária será concedida, a teor do art. 123, II, da LEP, ao condenado reincidente que tenha cumprido no mínimo *um quarto* da pena; se primário, *um sexto*; **E:** incorreta. A *saída temporária*, como acima dissemos, somente pode ser concedida pelo juízo da execução, tal como estabelece o art. 123, *caput*, da LEP; caberá ao presidente da República conceder o indulto (art. 84, XII, da CF).
Gabarito "D".

(Defensor Público –DPE/ES – 2016 – FCC) O juiz poderá definir a fiscalização por meio da monitoração eletrônica quando conceder

(A) indulto.

(B) comutação.

(C) livramento condicional.

(D) prisão domiciliar.

(E) progressão ao regime semiaberto.

A monitoração eletrônica terá lugar nas seguintes hipóteses: i) quando da concessão de saída temporária (arts. 122, parágrafo único, e 146-B, II, da LEP); ii) quando da imposição de prisão domiciliar (art. 146-B, IV, da LEP); iii) e como modalidade de medida cautelar diversa da prisão preventiva (art. 319, IX, do CPP), possibilidade inserida pela Lei 12.403/2011, que alterou sobremaneira a prisão processual e introduziu as chamadas medidas cautelares a ela alternativas.
Gabarito "D".

(Defensor Público –DPE/ES – 2016 – FCC) Sobre o livramento condicional,

(A) é vedada a concessão do livramento condicional para o preso que cumpre pena em regime fechado, sob pena de incorrer em progressão por salto.

(B) o lapso temporal para o livramento condicional no caso de reincidente é de dois terços da pena.

(C) é vedada a revogação do livramento condicional por crime cometido antes do período de prova.

(D) é vedada a concessão de livramento condicional ao reincidente específico em crime hediondo.

A: incorreta. A concessão do livramento condicional ao condenado que se acha em cumprimento de pena no regime fechado não implica progressão *per saltum*, que se configura com a ida do condenado do regime fechado diretamente ao aberto, o que é vedado (Súmula 491, STJ: "É inadmissível a chamada progressão *per saltum* de regime prisional"). Nada impede que o livramento condicional seja concedido ao condenado que se encontra no regime fechado; **B:** incorreta. O reincidente em crime doloso somente fará jus ao livramento condicional depois de cumprir mais da metade da pena; se não for reincidente em crime doloso e tiver bons antecedentes, deverá cumprir, para obter o livramento condicional, mais de um terço da pena. É o que estabelece o art. 83, I e II, do CP; **C:** incorreta. É hipótese de revogação obrigatória (art. 86, II, do CP); **D:** correta (art. 83, V, parte final, do CP).
Gabarito "D".

(Defensor Público –DPE/ES – 2016 – FCC) Segundo as inspeções em unidades prisionais nas Regras de Mandela, é correto afirmar que

(A) é dispensável a elaboração de relatório escrito após a inspeção em virtude da informalidade que deve reger a atividade.

(B) as inspeções nas unidades prisionais feitas pela própria administração prisional não devem ser realizadas, pois tendem a encobrir irregularidades da própria administração penitenciária.

(C) as inspeções prisionais feitas por órgãos independentes da administração prisional devem contar com profissionais de saúde e buscar uma representação paritária de gênero.

(D) as inspeções devem ser previamente informadas à administração prisional para garantia da segurança dos inspetores.

(E) nas inspeções prisionais não devem ser entrevistados funcionários prisionais, dada a possibilidade de deturpação de informações, que devem ser colhidas por inspetores independentes.

As chamadas *Regras de Mandela* constituem regras mínimas das Nações Unidas para o tratamento de presos. Elaboradas em 1955, foram atualizadas em 22 de maio de 2015, com a incorporação de novas doutrinas de direitos humanos. O objetivo, *grosso modo*, é fornecer subsídios e orientações para transformar o paradigma de encarceramento e reestruturar o modelo hoje em vigor, conferindo maior efetividade aos direitos dos encarcerados e à sua dignidade. Passemos a analisar o conteúdo de cada alternativa. **A:** incorreta, pois em desacordo com a regra 85, item 1: *Toda inspeção será seguida de um relatório escrito a ser submetido à autoridade competente. Esforços devem ser empreendidos para tornar os relatórios de inspeções externas de acesso público, excluindo-se qualquer dado pessoal dos presos, a menos que tenham fornecido seu consentimento explícito*; **B:** incorreta, pois em desacordo com a regra 83, item 1: *Deve haver um sistema duplo de inspeções regulares nas unidades prisionais e nos serviços penais: (a) Inspeções internas ou administrativas conduzidas pela administração prisional central; (b) Inspeções externas conduzidas por órgão independente da administração prisional, que pode incluir órgãos internacionais ou regionais competentes*; **C:** correta, pois reflete a regra 84, item 2: *Equipes de inspeção externa devem ser compostas por inspetores qualificados e experientes, indicados por uma autoridade competente, e devem contar com profissionais de saúde. Deve-se buscar uma representação paritária de gênero*; **D:** incorreta, pois contraria o disposto na regra 84, item 1: *Os inspetores devem ter a autoridade para: (...) (b) Escolher livremente qual estabelecimento prisional deve ser inspecionado, inclusive fazendo visitas de iniciativa própria sem prévio aviso, e quais presos devem ser entrevistados*; **E:** incorreta, uma vez que corresponde ao que estabelece a regra 84, item 1: *Os inspetores devem ter a autoridade para: (...) (c) Conduzir entrevistas com os presos e com os funcionários prisionais, em total privacidade e confidencialidade, durante suas visitas.*
Gabarito "C".

(Defensor Público –DPE/BA – 2016 – FCC) No que toca à disciplina carcerária,

(A) são vedadas, pela Lei de Execuções Penais, as sanções coletivas.

(B) depois da Constituição Federal de 1988, qualquer sanção disciplinar deve contar com homologação judicial, tendo em conta a atuação fiscalizatória do juiz.

(C) a Lei de Execuções Penais especifica de forma taxativa as faltas de natureza grave e média, sendo que remete ao legislador local a especificação das faltas de caráter leve.

(D) a autoridade administrativa poderá decretar o isolamento preventivo do faltoso pelo prazo de até vinte dias.

(E) a submissão de preso ao regime disciplinar diferenciado poderá ser determinada pelo diretor da casa prisional, em caráter emergencial e excepcional, sendo que a decisão deverá ser ratificada pelo juiz no prazo máximo de vinte e quatro horas, contadas da efetivação da medida.

A: correta (art. 45, § 3º, da LEP – Lei 7.210/1984); **B:** incorreta, pois contraria o disposto no art. 54, *caput*, da LEP – Lei 7.210/1984, segundo o qual *as sanções dos incisos I a IV do art. 53 serão aplicadas por ato motivado do diretor do estabelecimento e a do inciso V, por prévio e fundamentado despacho do juiz competente*; **C:** incorreta, já que, por força do que dispõe o art. 49, *caput*, da LEP – Lei 7.210/1984, tanto as faltas disciplinares leves quanto as médias serão especificadas por legislação local; as graves estão elencadas nos arts. 50 e 51 da LEP – Lei 7.210/1984; **D:** incorreta. O prazo máximo durante o qual o faltoso poderá permanecer em isolamento preventivo corresponde a 10 dias (e não a 20 dias), conforme estabelece o art. 60, *caput*, da LEP – Lei 7.210/1984; **E:** incorreta, já que inclusão do preso em regime disciplinar diferenciado (RDD) somente poderá se dar por decisão *prévia* e fundamentada do juiz competente, tal como estabelece o art. 54, *caput*, da LEP – Lei 7.210/1984.
Gabarito "A".

(Defensoria Pública da União – CESPE – 2015) Gerson, com vinte e um anos de idade, e Gilson, com dezesseis anos de idade, foram presos em flagrante pela prática de crime. Após regular tramitação de processo nos juízos competentes, Gerson foi condenado pela prática de extorsão mediante sequestro e Gilson, por cometimento de infração análoga a esse crime. Com relação a essa situação hipotética, julgue os próximos itens.

(1) No cumprimento da pena em regime fechado, Gerson poderá, para fins de remição, cumular atividades laborativas com atividades típicas do ensino fundamental. Nessa hipótese, para cada três dias de trabalho e estudo concomitantes, serão abatidos dois dias de sua pena.

(2) Gilson poderá ser submetido a medidas socioeducativas de meio aberto, como, por exemplo, prestação de serviços à comunidade pelo prazo máximo de doze meses, liberdade assistida por, no mínimo, um mês, ou a regime de semiliberdade.

(3) Conforme entendimento dos tribunais superiores, tendo sido condenado pela prática de crime hediondo, Gerson deverá ser submetido ao exame criminológico para ter direito à progressão de regime.

1: correta. De fato, por força do que dispõe o art. 126, § 3º, da LEP, é possível a compatibilização, para fins de remição, do *trabalho* com *estudo*. Ou seja, nada impede que o reeducando obtenha a remição de sua pena pelo trabalho e pelo estudo, concomitantemente, desde que não haja coincidência, é óbvio, entre as horas dedicadas ao estudo e aquelas utilizadas para o trabalho. Assim, se o preso dedicar o tempo mínimo ao trabalho, que é de 6 horas, e também ao estudo, que, neste caso, é de 4 horas, poderá abater dois de cada três dias de sua pena; **2:** incorreta, já que contraria as regras dispostas nos arts. 117 do ECA, que estabelece que a medida socioeducativa de prestação de serviços à comunidade não poderá exceder a 6 meses, e 118, § 2º, do ECA, segundo o qual a liberdade assistida será fixada pelo prazo mínimo de 6 meses. Ademias, as medidas em meio aberto não parecem ser as mais adequadas ao ato infracional cometido por Gilson, já que a extorsão mediante sequestro é delito praticado mediante violência ou grave ameaça, o que impõe ao adolescente que assim agir (cometer ato infracional correspondente a tal crime) a medida socioeducativa de internação (art. 122, I, do ECA); **3**: incorreta. Com as alterações trazidas pela Lei 10.792/2003, a previsão constante do art. 112 da LEP deixou de exigir o exame criminológico para fins de progressão de regime. A doutrina e jurisprudência dominantes passaram a entender que, desde que determinado por decisão fundamentada em elementos concretos, o exame pode ser realizado. Foi, inclusive, editada a Súmula Vinculante 26 pelo STF: "Para efeito de progressão de regime no cumprimento de pena por crime hediondo, ou equiparado, o juízo da execução observará a inconstitucionalidade do art. 2º da Lei 8.072, de 25 de julho de 1990, sem prejuízo de avaliar se o condenado preenche, ou não, os requisitos objetivos e subjetivos do benefício, podendo determinar, para tal fim, de modo fundamentado, a realização de exame criminológico". Além dela, a admissão do exame criminológico vem consagrada na Súmula 439 do STJ: "Admite-se o exame criminológico pelas peculiaridades do caso, desde que em decisão motivada". Em resumo: a realização do exame criminológico, ainda que se trate de crime hediondo ou equiparado, deixou de ser obrigatória para o fim de progressão de pena.

Gabarito: 1C, 2E, 3E

(Defensor Público/AM – 2013 – FCC) O regime disciplinar diferenciado

(A) não permite saída diária da cela.

(B) terá duração máxima de trezentos e sessenta dias, sem prejuízo de repetição da sanção por nova falta grave da mesma espécie, até o limite de um terço da pena aplicada.

(C) permite visitas semanais de duas pessoas, incluídas as crianças, com duração de duas horas.

(D) terá duração máxima de trezentos e sessenta dias, vedada a repetição da sanção por nova falta grave da mesma espécie, até o limite de um sexto da pena aplicada.

(E) pode ser imposto aos presos provisórios.

A: incorreta. É permitida aos presos que se encontram incluídos no regime disciplinar diferenciado a saída diária da cela por 2 horas para banho de sol (art. 52, IV, da LEP); **B**: incorreta. A duração máxima permitida para manutenção dos sentenciados no regime disciplinar diferenciado (RDD) é de 360 dias, sem prejuízo de repetição da sanção por nova falta grave da mesma espécie. Contudo, o limite é de um sexto da pena aplicada (art. 52, I, da LEP); **C**: incorreta. As crianças não são incluídas no limite de duas pessoas (art. 52, III, da LEP); **D**: incorreta. É permitida a repetição da sanção por nova falta grave da mesma espécie (art. 52, I, da LEP); **E**: correta. Há que se ressaltar que a imposição do regime disciplinar diferenciado pode atingir tanto condenados como presos provisórios, sejam eles nacionais ou estrangeiros, desde que apresentem alto risco para a ordem e a segurança do estabelecimento penal ou da sociedade (art. 52, § 1º, da LEP).

Gabarito: E

(Defensor Público/AM – 2013 – FCC) Em relação à execução penal, é INCORRETO afirmar:

(A) A pena unificada para atender ao limite de trinta anos de cumprimento, determinado pelo artigo 75 do Código Penal, não é considerada para a concessão de outros benefícios, como o livramento condicional ou regime mais favorável de execução.

(B) Admite-se a progressão de regime de cumprimento da pena ou a aplicação imediata de regime menos severo nela determinada, antes do trânsito em julgado da sentença condenatória.

(C) Não impede a progressão de regime de execução da pena, fixada em sentença não transitada em julgado, o fato de o réu se encontrar em prisão especial.

(D) Admite-se o exame criminológico pelas peculiaridades do caso, desde que em decisão motivada.

(E) A falta grave interrompe o prazo para obtenção de livramento condicional.

A: correta. Em caso de unificação das penas impostas, o prazo de trinta anos de cumprimento não será considerado para a concessão de benefícios em sede de execução, tais como o livramento condicional e a progressão de regime prisional (Súmula nº 715 do STF); **B**: correta, pois representa entendimento firmado na Súmula nº 716 do STF; **C**: correta, pois em conformidade com o entendimento firmado na Súmula nº 717 do STF; **D**: correta, nos termos da Súmula nº 439 do STJ; **E**: incorreta. Por ausência de previsão legal, a falta grave não interrompe o prazo para a obtenção de livramento condicional (Súmula nº 441 do STJ). Esta é a assertiva a ser assinalada.

Gabarito: E

(Defensor Público/TO – 2013 – CESPE) Assinale a opção correta no que concerne à remição penal, de acordo com a LEP.

(A) Os presos custodiados em decorrência do cumprimento de medida cautelar privativa de liberdade poderão remir, por trabalho ou por estudo, parte do tempo da execução provisória da pena.

(B) O sentenciado que sofrer acidente no trabalho e, consequentemente, ficar impossibilitado de prosseguir trabalhando e estudando continuará a se beneficiar com a remição apenas pelo trabalho.

(C) A remição, de acordo com preceito expresso na LEP, será declarada mensalmente pelo juiz da execução, com base nos registros do condenado acerca dos dias trabalhados e(ou) de estudo, ouvidos o MP e a defesa.

(D) A remição pelo trabalho e pelo estudo contempla os condenados que cumpram pena em regime fechado, semiaberto e aberto, não se estendendo aos que estejam em gozo de liberdade condicional.

(E) A LEP veda, de forma expressa, a cumulação de horas diárias de trabalho e de estudo para idêntica finalidade de remição, definindo, no mínimo, três dias por semana para estudo e o restante para o trabalho, de forma a se compatibilizarem.

A: correta. Os condenados que se encontrarem recolhidos em regime fechado ou semiaberto poderão remir parte do tempo de execução da pena por meio do trabalho ou estudo (art. 126, *caput*, da LEP); **B**: incorreta. Nos casos em que o preso ficar impossibilitado de prosseguir com o trabalho ou com os estudos, em razão de acidente, continuará a ser beneficiado com a remição (art. 126, § 4º, da LEP); **C**: incorreta. A autoridade administrativa tem o dever de encaminhar mensalmente ao juiz da execução cópia do registro de todos os condenados que estejam trabalhando ou estudando, com informação dos dias de trabalho ou das horas de frequência escolar ou de atividades de ensino. No entanto, não há previsão expressa de que a declaração da remição pelo juiz da execução deva ocorrer mensalmente (art. 129 da LEP); **D**: incorreta. Poderão remir parte do cumprimento da pena pelo trabalho ou pelo estudo os condenados que estejam no regime fechado ou semiaberto (art. 126, *caput*, da LEP). No entanto, também há previsão para remição da pena aos condenados que cumprem pena no regime aberto ou semiaberto ou, ainda, àqueles que estejam usufruindo de liberdade condicional, pela frequência a curso de ensino regular ou de educação profissional

(art. 126, § 6º, da LEP), **E:** incorreta. A LEP não veda a cumulação, para fins de remição, de horas diárias de trabalho e de estudo. Ao contrário, estabelece que as condições para essa cumulação serão definidas de forma a se compatibilizarem (art. 126, § 3º, da LEP).
Gabarito "A".

(Defensor Público/TO – 2013 – CESPE) Assinale a opção correta de acordo com interpretação dos tribunais superiores a respeito da progressão de regime prisional.

(A) O tempo remido será computado como pena efetivamente cumprida, para todos os efeitos, salvo para progressão de regime e livramento condicional.

(B) A tentativa da prática de crime hediondo, reconhecida na sentença penal condenatória com trânsito em julgado, afasta os rigores da norma no que tange ao lapso temporal para a progressão de regime, visto que o *iter criminis* não foi integralmente percorrido e ausente previsão legal expressa acerca da forma tentada do crime, o que afasta o caráter hediondo do delito.

(C) A pena unificada, restrita ao limite de trinta anos de encarceramento, é considerada para definir a base de cálculo da progressão do regime prisional.

(D) No que se refere aos crimes hediondos, a progressão de regime prisional tem a peculiaridade do lapso temporal diferenciado, sendo necessário o cumprimento de dois quintos da pena, se o sentenciado for primário, e três quintos, se reincidente, além do exame criminológico como requisito indispensável à concessão da progressão de regime.

(E) A superveniência de nova condenação definitiva interrompe o lapso temporal para a concessão da progressão de regime, estabelecendo-se como data-base para o cálculo do novo benefício a data do trânsito em julgado da decisão condenatória.

A: incorreta. Não existe qualquer ressalva quanto a ser o tempo remido computado como pena cumprida para todos os efeitos (art. 128 da LEP); **B:** incorreta. A tentativa das condutas classificadas como falta grave será punida com a sanção correspondente à falta consumada (art. 49, parágrafo único, da LEP); **C:** incorreta. A pena unificada para atender ao limite de trinta anos de cumprimento, determinado pelo art. 75 do CP, não é considerada para a concessão de outros benefícios, como o livramento condicional ou regime mais favorável de execução (Súmula nº 715 do STF); **D:** incorreta. A progressão de regime, no caso dos condenados a crimes hediondos e os a ele equiparados, dar-se-á após o cumprimento de 2/5 (dois quintos) da pena, se o apenado for primário, e de 3/5 (três quintos), se reincidente (art. 2º, § 2º, da Lei 8.072/1990). Contudo, não há para a progressão de regime prisional a obrigatoriedade de realização de exame criminológico para aferição do mérito necessário à obtenção do benefício. A determinação de sua realização é facultativa (Súmula Vinculante 26 do STF e Súmula 439 do STJ); **E:** correta. Não é necessária para a imposição dos efeitos decorrentes das anotações de falta grave a prolação de sentença condenatória definitiva referente ao novo delito cometido pelo sentenciado, bastando que a prática de fato previsto como crime doloso seja reconhecida como tal em procedimento disciplinar (arts. 52 e 59 da LEP).
Gabarito "E".

(Defensor Público/TO – 2013 – CESPE) Com relação à regressão de regime prisional e às faltas disciplinares, assinale a opção correta com base no disposto na LEP e no entendimento dos tribunais superiores.

(A) A falta disciplinar de natureza grave cometida pelo executando acarreta o reinício do cômputo do interstício necessário ao preenchimento do requisito objetivo para a concessão do benefício da progressão de regime bem como a perda total do tempo remido.

(B) Segundo os princípios da estrita legalidade e da anterioridade, consideram-se faltas disciplinares, classificadas em leves, médias, graves e gravíssimas, apenas as que sejam previstas expressamente na LEP e que sejam anteriores à prática do fato.

(C) Admite-se a regressão de regime prisional, com a transferência para qualquer dos regimes mais rigorosos, quando o condenado frustrar os fins da execução ou não pagar a multa cumulativamente imposta.

(D) Considera-se falta média a inobservância, pelo condenado à pena privativa de liberdade, do dever de obediência ao servidor e do respeito a qualquer pessoa com quem se relacione no ambiente prisional, bem como do dever de cumprir as ordens recebidas.

(E) A autoridade administrativa é detentora do poder disciplinar exercido sobre o preso na execução das penas restritivas de direitos, podendo, em caso de falta grave do sentenciado, suspender-lhe automaticamente o direito às saídas temporárias e decidir pela regressão de regime, ouvido previamente o condenado.

A: incorreta. A anotação de falta grave no prontuário do sentenciado realmente tem o condão de reiniciar o cômputo do prazo necessário à obtenção da progressão. No entanto, a perda de dias remidos em razão da falta grave deve se limitar a 1/3 (art. 127 da LEP); **B:** incorreta. As faltas disciplinares leves e médias serão especificadas em legislação local (art. 49, *caput*, da LEP). As faltas graves, por sua vez, estão previstas no art. 50 da LEP; **C:** correta (art. 118, § 1º, *in fine*, da LEP); **D:** incorreta. A inobservância dos deveres de obediência ao servidor e respeito a qualquer pessoa com quem deva relacionar-se, bem como a execução do trabalho, das tarefas e das ordens recebidas configuram falta grave, nos termos do art. 50, VI, da LEP; **E:** incorreta Na execução das penas restritivas de direitos, o poder disciplinar será exercido pela autoridade administrativa a que estiver sujeito o condenado. Contudo, nas hipóteses de falta grave, representará ao juiz da execução para os fins dos arts. 118, I, 125, 127 e 181, §§ 1º, *d*, e 2º, da LEP (art. 48).
Gabarito "C".

(Defensor Público/TO – 2013 – CESPE) Assinale a opção correta em relação ao livramento condicional.

(A) De acordo com a jurisprudência consolidada nos tribunais superiores, expirado o período de prova do livramento condicional sem suspensão ou prorrogação do benefício, a pena é automaticamente extinta.

(B) Ao sentenciado reincidente por crime doloso cometido com violência ou grave ameaça à pessoa é vedada a concessão do livramento condicional.

(C) Em caso de revogação do livramento condicional motivada pela prática de infração penal anterior ou posterior ao benefício ou, ainda, por qualquer outro motivo anterior à vigência do livramento, será computado como tempo de cumprimento da pena o período de prova, sendo permitida, para a concessão de novo livramento, a soma do tempo das duas penas.

(D) Caso um condenado pratique novo delito durante o período de prova do livramento condicional, haverá prorrogação automática do período de prova estabelecido pelo juiz, independentemente de novo pronunciamento judicial, até o trânsito em julgado da decisão acerca do crime subsequente.

(E) Tratando-se de crimes hediondos, o livramento condicional está condicionado ao requisito objetivo de cumprimento mínimo de dois quintos da pena, se o apenado for primário, e de três quintos, se reincidente, vedando-se a concessão do benefício em caso de reincidência específica.

A: correta. Conferir: "Expirado o prazo do livramento condicional sem suspensão ou prorrogação (art. 90 do CP), a pena é automaticamente extinta (...)" (STJ, RHC 27578/RJ, 5ª T., j. 29.04.2010, rel. Min. Felix Fischer, *DJe* 14.06.2010). Nesse sentido, a Súmula 617, do STJ; **B:** incorreta. É admitida a concessão de livramento condicional ao condenado por crime doloso, cometido com violência ou grave ameaça à pessoa, ficando a sua concessão subordinada à constatação de condições pessoais que façam presumir que o liberado não voltará a delinquir (art. 83, parágrafo único, do CP); **C:** incorreta. Se a revogação do livramento condicional for motivada por infração penal anterior à vigência do livramento, computar-se-á como tempo de cumprimento da pena o período de prova (art. 141 da LEP). No entanto, se a revogação se der por outro motivo, não será computado na pena o tempo em que o sentenciado esteve solto ou liberado, e tampouco se concederá, em relação à mesma pena, novo livramento (art. 142 da LEP); **D:** incorreta. Praticada pelo liberado outra infração penal, o juiz poderá ordenar a sua prisão, ouvidos o Conselho Penitenciário e o Ministério Público, suspendendo o curso do livramento condicional, cuja revogação, entretanto, dependerá da decisão final (art. 145 da LEP); **E:** incorreta. Para os condenados por crime hediondo ou a ele equiparado, exige-se o cumprimento de mais de dois terços da pena para a obtenção de livramento condicional e que o apenado não seja reincidente específico em crimes dessa natureza (art. 83, V, do CP).

Gabarito "A".

(Defensor Público/AC – 2012 – CESPE) Em janeiro de 2012, um preso formulou pleito de indulto pleno com base em decreto presidencial datado de dezembro de 2011, por meio do qual foram concedidos indulto e comutação aos condenados do sistema penitenciário brasileiro. Após a oitiva do Conselho Penitenciário, do MP e da DP, nomeada para a defesa do condenado, o juiz indeferiu o pleito.

Nessa situação hipotética, deverá o DP interpor recurso

(A) de apelação, consoante artigo do CPP.
(B) de agravo de instrumento.
(C) em sentido estrito, consoante o que dispõe artigo do CPP.
(D) inominado, por não haver, na Lei de Execução Penal, previsão expressa de recurso para o caso em apreço.
(E) de agravo, conforme o disposto na Lei de Execução Penal.

Assim dispõe o art. 197 da LEP: "as decisões proferidas pelo Juiz caberá recurso de agravo, sem efeito suspensivo".

Gabarito "E".

(Defensor Público/AC – 2012 – CESPE) Consoante a Lei n. 7.210/1984, a autorização para a saída temporária poderá ser concedida

(A) pelo diretor do presídio aos presos que, cumprindo pena em regime semiaberto, necessitem de tratamento médico.
(B) pelo juiz da vara de execuções penais aos presos que cumpram pena em regime fechado, para tratamento médico próprio ou em caso de falecimento ou doença grave de cônjuge, companheira, ascendente, descendente ou irmão.
(C) pelo juiz da vara de execuções penais aos presos que cumpram pena em regime fechado, para visitas à família, frequência a cursos de instrução e participação em atividades que concorram para o seu retorno ao convívio social.
(D) pelo diretor do presídio aos presos que cumpram pena em regime fechado, na ocorrência de falecimento ou doença grave de cônjuge, companheira, ascendente, descendente ou irmão.
(E) pelo juiz da vara de execuções penais aos presos que cumpram pena em regime semiaberto, para visitas à família, frequência a cursos de instrução e participação em atividades que concorram para o seu retorno ao convívio social.

Segundo estabelece o art. 123 da Lei de Execução Penal, somente ao juiz é dado conceder autorização para saída temporária.

Gabarito "E".

(Defensor Público/AC – 2012 – CESPE) José, que cumpria pena por estelionato em regime semiaberto, com direito à prestação de trabalho externo, cometeu crime de roubo ao deixar seu local de trabalho. Preso em flagrante, após ter sido alvejado por disparos de arma de fogo durante tentativa de fuga, José foi denunciado pelo crime de roubo. Recebida a denúncia, o oficial de justiça dirigiu-se ao hospital para proceder à citação do réu, quando constatou que o réu se tornara inimputável por lesão decorrente dos disparos, não tendo, portanto, condições de receber a citação.

Nessa situação hipotética,

(A) além da substituição da pena imposta a José pelo crime de estelionato por medida de segurança, deve o juiz determinar o prosseguimento do processo de conhecimento do crime de roubo e nomear curador ao réu, visto que, no momento da prática do delito, ele era imputável.
(B) deve o juiz nomear curador a José e determinar o prosseguimento do processo, visto que, no momento da prática de ambos os delitos (estelionato e roubo), ele era imputável.
(C) deve o juiz executar a pena prevista para o crime de estelionato, uma vez que, no momento da prática desse delito, José era imputável, deve, ainda, o juiz dar prosseguimento ao processo de conhecimento do crime de roubo e nomear curador a José, a fim de lhe ser aplicada medida de segurança.
(D) deve o juiz substituir a pena decorrente do crime de estelionato por medida de segurança e suspender o processo de conhecimento do crime de roubo.
(E) dada a inimputabilidade de José, a pena a ele imposta pelo crime de estelionato e a relativa ao crime de roubo devem ser substituídas por medida de segurança, conforme determina a Lei de Execução Penal.

Há que se distinguir, aqui, duas situações. Em se tratando de doença mental de caráter transitório, com perspectiva, portanto, de cura, não há por que converter a pena privativa de liberdade em medida de segurança. Aplica-se, aqui, o art. 41 do CP, que estabelece que o sentenciado será transferido para hospital de custódia e tratamento e ali permanecerá até o seu restabelecimento. De outro lado, se se tratar de doença mental de caráter permanente, que parece ser o caso narrado no enunciado, deverá o juiz, em obediência ao que estabelece o art. 183 da LEP, converter a pena privativa de liberdade em medida de segurança, já que não existe, ao menos naquele momento, perspectiva de melhora da saúde mental do condenado. Quanto ao processo de conhecimento relativo ao crime de roubo, impõe-se seja o mesmo suspenso, nos termos do art. 152 do CPP.

Gabarito "D".

(Defensor Público/PR – 2012 – FCC) Hermes, réu primário, é processado e condenado pelo crime previsto no art. 33, *caput*, da Lei n. 11.343/2006 à pena de 5 (cinco) anos de reclusão, em regime fechado, por fato praticado em 21.11.2008 e, em outro processo, pelo crime do art. 157, § 2°, I do Código Penal, à pena de 6 (seis) anos de reclusão, em regime fechado, por fato praticado em 29.03.2007. O trânsito em julgado de ambas as condenações ocorreu em 20.04.2011. A família do preso procura a Defensoria Pública e informa que Hermes foi capturado em 22.04.2012 para início do cumprimento de pena e gostaria de informações acerca dos prazos para progressão de regime. Neste caso, a progressão de regime

(A) ocorrerá após o cumprimento de 1/6 da pena unificada das duas condenações.

(B) observará o prazo de 2/5 do cumprimento da pena do crime de tráfico de drogas e o cumprimento de 1/6 da pena do crime de roubo, adotando-se o cálculo diferenciado.

(C) ocorrerá após o cumprimento de 2/5 da pena unificada das duas condenações.

(D) observará o prazo de 1/3 do cumprimento da pena unificada.

(E) observará o prazo de 1/6 do cumprimento da pena do crime de tráfico de drogas e o cumprimento de 2/5 da pena do crime de roubo, adotando-se o cálculo diferenciado.

Pelo crime de roubo majorado, Hermes, para progredir ao regime mais favorável, o semiaberto, deverá cumprir 1/6 da pena imposta na sentença, na forma estatuída no art. 112 da LEP; pelo crime de tráfico de drogas a progressão dar-se-á depois de cumpridos 2/5 da pena aplicada. Isso porque se trata de réu primário; se reincidente fosse, a progressão para o regime semiaberto somente seria possível depois do cumprimento de 3/5 da repriemnda imposta. É o que estabelece o art. 2°, § 2°, da Lei 8.072/1990 (Crimes Hediondos). Atenção: se o crime de tráfico de drogas, que é equiparado a hediondo, tivesse sido praticado antes da entrada em vigor da Lei 11.464/2007, que alterou, na Lei de Crimes Hediondos, a disciplina relativa à progressão de pena nos crimes hediondos e assemelhados, a progressão, neste caso, deveria obedecer à disciplina do art. 112 da LEP, que impõe, como condição para progressão de regime, o cumprimento de um sexto da pena no regime anterior, além de bom comportamento carcerário. É este o entendimento firmado na Súmula n. 471 do STJ.

Gabarito "B".

(Defensor Público/SE – 2012 – CESPE) O acórdão que condenou Valdemar à pena de seis anos de reclusão, em regime fechado, por ter praticado o crime de roubo, transitou em julgado. Iniciada a execução penal, o condenado passou a frequentar curso de ensino formal e, cumprido mais de um terço da pena, o defensor de Valdemar requereu a progressão da pena para o regime aberto. O juiz da execução penal indeferiu o pedido e, diante das peculiaridades do caso, determinou a realização de exame criminológico. Posteriormente, cumprida mais da metade da pena, foi requerida a concessão do livramento condicional de Valdemar. O pedido foi indeferido, sob o fundamento de que o condenado teria praticado falta grave durante o cumprimento da pena, o que interromperia o lapso temporal necessário ao livramento condicional.

Considerando o caso acima relatado, assinale a opção correta a respeito da execução penal.

(A) Não poderia o juiz da execução penal de Valdemar ter determinado a realização de exame criminológico, em razão da revogação, pela Lei n. 10.792/2003, da exigência da submissão do condenado a esse exame para o deferimento de benefícios como o da progressão de regime e o do livramento condicional.

(B) A frequência a curso de ensino formal não permite que Valdemar possa utilizá-la para remir parte do tempo de execução de pena.

(C) O cometimento de falta grave durante o cumprimento da pena interrompe o lapso temporal necessário ao livramento condicional.

(D) O pedido deduzido pelo defensor foi corretamente indeferido, na medida em que o STJ não admite a denominada progressão *per saltum*, ou seja, a transferência direta do regime fechado para o aberto.

(E) Contra a decisão que indeferiu o pedido de progressão de regime, é cabível recurso em sentido estrito.

A: incorreta. A despeito da modificação implementada pela Lei 10.792/2003 no art. 112 da LEP, o STJ e o STF têm entendido que o magistrado pode, sempre que entender necessário e conveniente, determinar a realização de exame criminológico no condenado, como condição para aferir se preenche o requisito subjetivo para progressão de regime. Em outras palavras, não está o juiz impedido de determinar tal providência. Vide Súmula Vinculante 26 e Súmula n. 439 do STJ; **B:** incorreta. Uma das grandes inovações trazidas pela Lei 12.433/2011 consiste na *remição pelo estudo*, tema que, a despeito de estar reconhecido na Súmula 341 do STJ, reclamava uma legislação que lhe desse parâmetro para viabilizar sua aplicação. E ela veio com a Lei 12.433/2011, que inseriu tal possibilidade no art. 126 da LEP; **C:** incorreta, pois não corresponde ao entendimento firmado na Súmula n. 441 do STJ; **D:** correta, pois reflete o entendimento firmado na Súmula n. 491 do STJ; **E:** incorreta, pois, neste caso, o recurso a ser interposto é o agravo em execução, cuja previsão está contida no art. 197 da LEP.

Gabarito "D".

(Defensor Público/SP – 2012 – FCC) Considere as assertivas abaixo:

I. Os condenados que cumprem pena em regime fechado ou semiaberto e os presos provisórios podem obter, do diretor do presídio, permissão de saída, mediante escolta, nas hipóteses elencadas na LEP.

II. Se o sentenciado receber nova condenação por outro crime, após o início de cumprimento de pena por condenação anterior, o regime prisional de cumprimento será obrigatoriamente determinado pelo resultado da soma das penas, visto que a individualização da pena é tarefa que se impõe ao juiz do processo de conhecimento.

III. Recente alteração legislativa alçou a Defensoria Pública à condição de órgão da execução penal, mas não incumbiu à instituição a visita aos estabelecimentos prisionais, senão como faculdade do defensor público.

IV. A partir da edição da Lei n. 10.792/2003, foi proibida a realização do exame criminológico, à vista da constatação de que a providência constituía um dos grandes

fatores responsáveis pela morosidade na apreciação do pedido de benefícios em sede de execução penal.
V. A LEP não prevê como condição para o exercício do trabalho no regime semiaberto o prévio cadastramento do empregador no órgão gestor do sistema penitenciário estadual.

Está correto APENAS o que se afirma em

(A) I e II.
(B) I e V.
(C) II e IV.
(D) III e V.
(E) I, III e V.

I: correta, pois corresponde à norma contida no art. 120, *caput*, da LEP; II: incorreta, pois não reflete o disposto no art. 111, parágrafo único, da LEP: "Sobrevindo condenação no curso da execução, somar-se-á a pena ao restante da que está sendo cumprida, para determinação do regime"; III: incorreta, pois não reflete o disposto no art. 81-B, parágrafo único, da LEP, inserido pela Lei 12.313/2010, que prevê: "O órgão da Defensoria Pública visitará periodicamente os estabelecimentos penais, registrando a sua presença em livro próprio"; IV: incorreta. A despeito da modificação implementada pela Lei 10.792/2003 no art. 112 da LEP, o STJ e o STF têm entendido que o magistrado pode, sempre que entender necessário e conveniente, determinar a realização de exame criminológico no condenado, como condição para aferir se preenche o requisito subjetivo para progressão de regime. Em outras palavras, não está o juiz impedido de determinar tal providência. Vide Súmula Vinculante 26 e Súmula n. 439 do STJ; V: correta. Exigência não contemplada na LEP.
Gabarito "B".

(Defensor Público/RS – 2011 – FCC) De acordo com a Lei de Execução Penal, incumbe à Defensoria Pública requerer a detração e a remição da pena. A respeito desses dois institutos é correto afirmar:

(A) O preso impossibilitado de prosseguir no trabalho, por acidente, continuará a beneficiar-se com a remição.
(B) Pelo instituto da remição, o período de prisão provisória por fato que resultou a condenação executada deve ser considerado no cômputo do cumprimento da pena imposta pela sentença.
(C) A detração consiste na possibilidade de o apenado diminuir parte do tempo de execução da pena pelo trabalho, sendo que a contagem do tempo para tal fim será feita à razão de 1 (um) dia de pena por 3 (três) de trabalho.
(D) O tempo remido não é computado para a concessão do indulto, somente para o deferimento do livramento condicional.
(E) O condenado que for punido por falta grave perderá o direito ao tempo detraído, começando o novo período a partir da data da infração disciplinar.

A: correta, nos termos do art. 126, § 4º, da Lei 7.210/84 (inserido pela Lei 12.433/11); B: a assertiva está incorreta, já que contém o conceito do instituto denominado *detração*, presente no art. 42 do CP; C: assertiva incorreta, pois traz o conceito de *remição* – art. 126 da LEP; D: com a nova redação dada ao art. 128 da LEP pela Lei 12.433/11, consolidou-se o entendimento segundo o qual o tempo remido deve ser computado como pena cumprida, para todos os efeitos; E: o cometimento de falta grave no curso da execução da pena não tem relação com a detração, e sim com a remição. Assim, em vista da nova redação conferida ao art. 127 da Lei 7.210/84, o cometimento de falta grave acarretará a revogação, pelo juiz, de até um terço do tempo remido. Antes, estava credenciado o magistrado a revogar os dias remidos na sua totalidade, amparado que estava pelo posicionamento firmado pelo STF na Súmula Vinculante nº 9.
Gabarito "A".

(Defensor Público/RS – 2011 – FCC) O Defensor Público, na data de 15 de junho de 2010, ao atender os apenados da Casa do Albergado de um Município do interior do Estado do Rio Grande do Sul, deparou-se com a situação de um preso que está recolhido no regime aberto e conta com 73 anos de idade, em bom estado de saúde física, mas, apresentando quadro de senilidade leve. Após analisar os dados constantes da Guia de Recolhimento atualizada do reeducando, o Defensor Público apurou que o preso está condenado por crime de latrocínio (art. 157, § 3º, parte final, do Código Penal), praticado há mais de dez anos, enquadrando-se como reincidente, pois já havia sido condenado por outro latrocínio, anteriormente. Verificou, também, que computada a remição de pena deferida, o reeducando já teria cumprido mais de dois terços do apenamento total imposto. Considerando os referidos dados, a Defensoria Pública do Estado poderia postular ao Juízo da Execução Criminal

(A) o livramento condicional.
(B) a progressão de regime.
(C) a comutação de pena, com fundamento nas disposições do Decreto nº 7.046, de 22 de dezembro de 2009.
(D) o indulto de natal, com fundamento nas disposições do Decreto nº 7.046, de 22 de dezembro de 2009.
(E) a prisão domiciliar.

O art. 117 da LEP traz as hipóteses em que é admitida a inserção do reeducando que se encontra no regime aberto em prisão albergue domiciliar, entre as quais está o condenado maior de 70 anos, independente de encontrar-se ou não enfermo.
Gabarito "E".

(Defensor Público/RS – 2011 – FCC) Nos termos do entendimento jurisprudencial consolidado no Superior Tribunal de Justiça, a progressão de regime de apenado reincidente específico, condenado por crime equiparado a hediondo (art. 12 da Lei nº 6.368/76) praticado no ano de 2006, dar-se-á após o cumprimento no regime anterior (requisito objetivo) de qual prazo?

(A) 1/6 (um sexto) da pena.
(B) 1/3 (um terço) da pena.
(C) 2/5 (dois quintos) da pena.
(D) 3/5 (três quintos) da pena.
(E) 2/3 (dois terços) da pena.

Súmula nº 471 do STJ: "Os condenados por crimes hediondos ou assemelhados cometidos antes da vigência da Lei 11.464/2007 sujeitam-se ao disposto no art. 112 da Lei 7.210/84 (Lei de Execução Penal) para a progressão de regime prisional".
Gabarito "A".

(Defensor Público/RS – 2011 – FCC) Nos termos do art. 146-B da Lei de Execução Penal, o juiz poderá definir a fiscalização por meio da monitoração eletrônica quando:

I. aplicar pena restritiva de liberdade a ser cumprida nos regimes aberto ou semiaberto, ou conceder progressão para tais regimes;

II. autorizar a saída temporária no regime semiaberto;
III. aplicar pena restritiva de direitos que estabeleça limitação de horários ou de frequência a determinados lugares;
IV. determinar a prisão domiciliar;
V. conceder o livramento condicional ou a suspensão condicional da pena.

Considerando exclusivamente as disposições da Lei de Execução Penal, estão corretas APENAS as hipóteses

(A) I, II e III.
(B) III, IV e V.
(C) III e IV.
(D) II e IV.
(E) I e V.

As assertivas correspondentes aos incisos II e IV estão contempladas no art. 146-B da LEP; as demais, embora tenham feito parte do projeto de lei, foram objeto de veto pelo Executivo quando da edição da Lei 12.258/10.

Gabarito "D".

20. LEGISLAÇÃO EXTRAVAGANTE

(Defensor Público/PE – 2018 – CESPE) Maria, pessoa maior e capaz, vivia em união estável com João havia cinco anos quando, em janeiro de 2017, ele, descontente com a participação de Maria em uma confraternização de trabalho, proferiu diversos xingamentos contra ela, tendo atingido sua honra subjetiva, danificou todas as suas roupas e diversos objetos da residência de ambos. À época, Maria compareceu à delegacia de polícia, narrou os fatos, mas desistiu de registrar a ocorrência policial ou requerer a aplicação de medidas protetivas em seu favor.

Em junho daquele mesmo ano, tendo Maria recebido a visita de uma amiga em sua residência, João ameaçou ambas de morte: utilizando-se de uma faca, exigiu a saída imediata da visita. Após a saída da amiga, João desferiu um golpe de faca no braço de Maria, tendo-lhe causado lesão leve. Dessa vez, Maria comunicou os fatos à polícia e, determinada a romper o relacionamento, requereu a aplicação de medidas protetivas: a autoridade judiciária determinou o afastamento de João do local de convivência com Maria e proibiu a aproximação ou qualquer contato com ela.

Inconformado com a atitude de Maria e com o fim do relacionamento, em julho, João foi até a casa de Maria e, utilizando-se de uma faca, ameaçou-a e constrangeu-a a praticar conjunção carnal com ele.

A respeito dessa situação hipotética, assinale a opção correta à luz da legislação aplicável.

(A) O crime de ameaça praticado por João contra Maria somente se apura mediante ação penal pública condicionada à representação da ofendida, sendo válida, a qualquer tempo, a retratação da representação junto à autoridade policial para impedir a persecução penal.
(B) Não se aplica a Lei Maria da Penha à conduta praticada por João em julho de 2017, considerando-se que naquela ocasião não existia mais, entre o autor do fato e a vítima, união estável e que eles não mais coabitavam.
(C) O crime de estupro praticado por João em julho de 2017 será apurado por meio de inquérito policial cuja instauração poderá decorrer do mero registro de ocorrência policial feito pela vítima.
(D) As condutas praticadas por João em janeiro de 2017 podem ser apuradas de ofício pela autoridade policial, uma vez que, conforme disposição da Lei Maria da Penha, a instauração de inquérito não dependerá de qualquer providência ou requerimento da ofendida.
(E) A ação penal para apurar o crime de lesão corporal praticado por João contra Maria em junho de 2017 é pública condicionada à representação da ofendida, conforme disposição da Lei Maria da Penha.

A: incorreta. É certo que a ação penal, quanto ao crime de ameaça, é pública condicionada à representação do ofendido (art. 147, parágrafo único, CP). É que o entendimento do STF que estabeleceu a natureza incondicionada da ação penal, tomado em controle concentrado de constitucionalidade (ADIn 4.424), somente se aplica aos crimes de lesão corporal, independente de sua extensão, praticados contra a mulher no ambiente doméstico. Tal entendimento encontra-se consagrado na Súmula 542, do STJ: "A ação penal relativa ao crime de lesão corporal resultante de violência doméstica contra a mulher é pública incondicionada". No caso retratado no enunciado, a ofendida poderá, desde que em audiência especialmente designada para esse fim e até o recebimento da denúncia, renunciar à representação formulada (art. 16 da Lei 11.340/2006). Ou seja, no caso da ameaça, a retratação deverá ser dirigida ao juiz de direito e até o recebimento da denúncia. A alternativa, que está incorreta, afirma que a retratação poderá ser feita, a qualquer tempo, perante a autoridade policial; **B:** incorreta, uma vez que contraria o disposto no art. 5º, III, da Lei 11.340/2006. Nesse sentido, a Súmula 600, do STJ, segundo a qual *para a configuração da violência doméstica e familiar prevista no artigo 5º da Lei n. 11.340/2006 (Lei Maria da Penha) não se exige a coabitação entre autor e vítima*; **C:** correta. Ao tempo em que foi elaborada esta questão, a ação penal, nos crimes contra a dignidade sexual, era, em regra, pública condicionada à representação. No caso narrado no enunciado, o registro da ocorrência pela vítima pode ser entendido como manifestação de vontade para dar-se início à persecução criminal. Afinal, os tribunais têm por consolidado o entendimento no sentido de que a representação não tem rigor formal. Pois bem. Tal panorama vigorou até a edição da Lei 13.718/2018, que implementou (uma vez mais) uma série de mudanças no universo dos crimes sexuais, aqui incluída a natureza da ação penal nesses delitos. Senão vejamos. A ação penal, nos delitos sexuais, era, em regra, de iniciativa privada. Era o que estabelecia a norma contida no *caput* do art. 225 do Código Penal. As exceções ficavam por conta do § 1º do dispositivo. Com o advento da Lei 12.015/09, que introduziu uma série de modificações nos crimes sexuais, agora chamados *crimes contra a dignidade sexual*, nomenclatura, a nosso ver, mais adequada aos tempos atuais, a ação penal deixou de ser privativa do ofendido para ser pública condicionada à representação, exceção feita às hipóteses em que a vítima era menor de 18 anos ou pessoa vulnerável, caso em que a ação era pública incondicionada (art. 225, parágrafo único, do CP). Pois bem. Bem recentemente, entrou em vigor a Lei 13.718/2018, que, dentre várias inovações implementadas nos crimes contra a dignidade sexual, mudou, uma vez mais, a natureza da ação penal nesses delitos. Com isso, a ação penal, nos crimes sexuais, passa a ser pública incondicionada. Vale lembrar que, antes do advento desta Lei, a ação era, em regra, pública condicionada, salvo nas situações em que a vítima era vulnerável ou menor de 18 anos. Fazendo um breve histórico, temos o seguinte quadro: a ação penal, nos crimes sexuais, era, em regra, privativa do ofendido, a este cabendo a propositura da ação penal; posteriormente, a partir do advento da Lei 12.015/2009, a ação penal, nesses crimes, deixou de ser privativa do ofendido para ser pública condicionada a representação, em regra; agora, com a entrada em vigor da Lei 13.718/2018, a ação penal, nos crimes contra a dignidade sexual, que antes era pública condicionada, passa a ser pública incondicionada. Com isso, o titular da ação penal, que é o MP,

prescinde de manifestação de vontade da vítima para promover a ação penal. Dessa forma, fica sepultado o debate que antes havia acerca da aplicação da Súmula 608, do STF; **D**: incorreta. Se considerarmos que o crime de que Maria foi vítima em janeiro de 2017 é o de injúria (art. 140, CP), já que João proferiu contra ela xingamentos, a instauração de inquérito, por se tratar de ação penal privada (art. 145, *caput*, do CP), deverá ser precedida de requerimento formulado por Maria (art. 5º, § 5º, do CPP). Tal procedimento também deverá ser aplicado ao delito de dano, de que também foi vítima Maria; **E**: incorreta, já que, conforme entendimento sedimentado na Súmula 542, do STJ, a *ação penal relativa ao crime de lesão corporal resultante de violência doméstica contra a mulher é pública incondicionada.*
Gabarito "C".

(Defensor Público/AM – 2013 – FCC) De acordo com a Lei 11.343/2006,

(A) o perito que subscrever o laudo de constatação da natureza e quantidade da droga, em razão da prisão em flagrante, ficará impedido de participar da elaboração do laudo definitivo.

(B) em qualquer fase da persecução criminal relativa aos crimes previstos nesta lei, é permitida, em razão da urgência e por isso independentemente de autorização judicial, a infiltração por agentes de polícia, em tarefas de investigação, constituída pelos órgãos especializados pertinentes.

(C) os crimes previstos no artigo 33 desta lei são suscetíveis de liberdade provisória, de acordo com recente orientação do Supremo Tribunal Federal.

(D) o pedido de restituição de bem apreendido em razão da prática de crime previsto nesta lei será conhecido independentemente do comparecimento pessoal do acusado.

(E) o indiciado ou acusado que colaborar voluntariamente com a investigação policial e o processo criminal na identificação dos demais coautores ou partícipes do crime e na recuperação total ou parcial do produto do crime, no caso de condenação, terá pena reduzida de um terço a metade.

A: incorreta. Segundo a disciplina estabelecida no art. 50, § 2º, da Lei 11.343/2006 (Lei de Drogas), não ficará impedido de participar da elaboração do laudo definitivo o perito que subscrever o laudo de constatação de natureza e quantidade da droga apreendida por ocasião da lavratura do auto de prisão em flagrante. Assertiva, portanto, incorreta; **B**: incorreta. Os procedimentos previstos no art. 53 da Lei 11.343/2006, entre os quais a infiltração por agentes de polícia, somente poderão ser determinados por ordem fundamentada do juiz de direito, ouvido o Ministério Público; **C**: correta. O Pleno do STF, em controle difuso, reconheceu a inconstitucionalidade da parte do art. 44 da Lei de Drogas que proíbia a concessão de liberdade provisória nos crimes de tráfico (HC 104.339/SP, Pleno, j. 10.05.2012, rel. Min. Gilmar Mendes, *DJe* 06.12.2012). Atualmente, portanto, é tão somente vedada a concessão de liberdade provisória com fiança ao crime de tráfico; **D**: incorreta, pois contraria o disposto no art. 60, § 3º, da Lei de Drogas; **E**: incorreta, pois o delator, a teor do que estabelece o art. 41 da Lei de Drogas, fará jus, se condenado, à redução da ordem de um a dois terços, e não de um terço até metade.
Gabarito "C".

(Defensor Público/AC – 2012 – CESPE) Joana rompeu o relacionamento amoroso que mantivera com José por aproximadamente seis meses. Inconformado com a separação e com as recusas de Joana em reatar o namoro, José passou a ameaçá-la por telefone, dizendo que a mataria se a encontrasse com outro e, em seguida, cometeria suicídio. Sentindo-se intimidada pelo ex-namorado, Joana comunicou o fato à autoridade policial, que instaurou inquérito para apurar o crime de ameaça. Inquirido, José negou a prática do delito. Não conseguindo obter provas do crime, a autoridade policial pleiteou, então, ao Poder Judiciário a interceptação das comunicações telefônicas mantidas entre Joana e José.

Nessa situação hipotética, admitindo-se que o MP oficie favoravelmente ao pleito, deve o juiz

(A) indeferi-lo, visto que não se admite a interceptação de comunicações telefônicas para prova do fato investigado.

(B) indeferi-lo, por não haver indícios razoáveis de autoria, restando tão somente a palavra de uma das partes contra a outra.

(C) deferi-lo, dada a existência de indícios razoáveis de autoria.

(D) deferi-lo, a contrário senso, por inexistir outro meio de obtenção de prova do crime.

(E) indeferi-lo, dada a possibilidade de aplicar a José as medidas protetivas de urgência previstas na Lei Maria da Penha.

Impõe-se ao magistrado o indeferimento do pleito formulado pelo delegado de polícia, na medida em que o crime de ameaça prevê pena de detenção, e o art. 2º, III, da Lei 9.296/1996 não admite interceptação telefônica se o fato constituir infração penal punida, no máximo, com detenção.
Gabarito "A".

(Defensoria Pública da União – 2007 – CESPE) Julgue o item seguinte.

(1) Para fundamentação de pedido anteriormente deferido, de que se prorrogue a interceptação de conversas telefônicas, a lei exige a transcrição total dessas conversas, sem a qual não se pode comprovar que é necessária a continuidade das investigações.

O art. 5º da Lei 9.296/96 não exige, como condição à prorrogação da interceptação de conversas telefônicas, a transcrição dos diálogos obtidos. Exige-se, isso sim, que a decisão que determinar a prorrogação seja devidamente fundamentada, sob pena de invalidar a prova obtida.
Gabarito 1E.

21. TEMAS COMBINADOS E OUTROS TEMAS

(Defensor Público –DPE/RN – 2016 – CESPE) Assinale a opção correta no que se refere a revisão criminal, crime de tortura, nulidades, execução penal, prerrogativas e garantias dos DPs relacionadas com o processo penal.

(A) A condenação de policial civil pelo crime de tortura acarreta, como efeito automático, independentemente de fundamentação específica, a perda do cargo público e a interdição para seu exercício pelo dobro do prazo da pena aplicada.

(B) A ausência de intimação da expedição de carta precatória para a inquirição de testemunhas gera, segundo entendimento sumulado do STF, nulidade absoluta, por cerceamento de defesa e violação do devido processo legal.

(C) Para impugnar decisão do juiz da execução penal que unifique as penas impostas ao sentenciado, é cabível a interposição de recurso em sentido estrito.

(D) A ação de revisão criminal deve ser ajuizada no prazo decadencial de dois anos, contados do trânsito em julgado da sentença condenatória.

(E) Segundo o entendimento do STJ, à DP, quando ela atua na qualidade de assistente de acusação, representando a vítima de determinado crime em uma ação penal, não se aplica a prerrogativa institucional da concessão de prazo em dobro para a realização de atos processuais.

A: correta, uma vez que, no contexto da Lei de Tortura (art. 1º, § 5º), diferentemente do que se dá no sistema do Código Penal, a perda do cargo, função ou emprego público constitui consequência automática da sentença condenatória, prescindindo de declaração expressa, na sentença, nesse sentido; **B:** incorreta. Conferir: "Consoante jurisprudência desta Suprema Corte, a falta de intimação de Carta precatória para oitiva de testemunha configura nulidade relativa. Precedentes. 3. Em processo, especificamente em matéria de nulidades, vigora o princípio maior de que, sem prejuízo, não se reconhece nulidade (art. 563 do CPP)" (RHC 119817, Relator(a): Min. Rosa Weber, Primeira Turma, julgado em 18.02.2014, Processo Eletrônico DJe-056 divulg 20.03.2014 public 21.03.2014): **C:** incorreta. Cabe agravo em execução (art. 197, LEP); **D:** incorreta, pois, a teor do art. 622, caput, do CPP, a ação revisional pode ser requerida a qualquer tempo, antes ou depois de extinta a pena, ainda que falecido o sentenciado; **E:** incorreta: "Processual penal. Habeas corpus. Defensoria pública. Assistência de acusação. Prazo em dobro. I – É função institucional da Defensoria Pública patrocinar tanto a ação penal privada quanto a subsidiária da pública, não havendo nenhuma incompatibilidade com a função acusatória, mais precisamente a de assistência da acusação. II – O disposto no § 5º do artigo 5º da Lei 1.060/1950, com a redação dada pela Lei 7.871/1989, aplica-se a todo e qualquer processo em que atuar a Defensoria Pública. Writ denegado" (HC 24.079/PB, Rel. Ministro Felix Fischer, Quinta Turma, julgado em 19.08.2003, DJ 29.09.2003).

Gabarito "A".

(Defensor Público – DPE/RN – 2016 – CESPE) Assinale a opção correta acerca do processo penal segundo o CPP e o entendimento do STF e do STJ.

(A) A prevenção no processo penal, em diversas situações, constitui critério de fixação de competência, como na hipótese em que for possível a dois ou mais juízes conhecerem do mesmo crime – seja por dividirem a mesma competência de juízo, seja pela incerteza da competência territorial – ou, ainda, nos crimes continuados ou permanentes.

(B) De acordo com a jurisprudência do STF, é imprescindível a transcrição integral dos diálogos colhidos por meio de interceptação telefônica ou escuta ambiental.

(C) Segundo a jurisprudência do STJ, são impossíveis sucessivas prorrogações de interceptações telefônicas, ainda que o pedido de quebra de sigilo telefônico seja devidamente fundamentado, em razão da previsão legal de prazo máximo de quinze dias para tal medida, renovável por igual período.

(D) A notícia anônima sobre eventual prática criminosa, por si só, é idônea para a instauração de inquérito policial ou a deflagração de ação penal.

(E) A competência, na hipótese de crime continuado ou permanente praticado em território de duas ou mais jurisdições, é fixada pelo lugar onde se praticar o maior número de infrações.

A: correta, pois reflete o que estabelecem os arts. 69, VI, 70, § 3º, 71 e 83, todos do CPP; **B:** incorreta, uma vez que, segundo tem entendido a jurisprudência, é necessário apenas que se transcrevam os excertos das escutas telefônicas que tenham servido de substrato para o oferecimento da denúncia. Nesse sentido: "(...) O Plenário desta Corte já assentou não ser necessária a juntada do conteúdo integral das degravações de interceptações telefônicas realizadas, bastando que sejam degravados os trechos que serviram de base ao oferecimento da denúncia" (RHC 117265, Relator(a): Min. Ricardo Lewandowski, Segunda Turma, julgado em 29.10.2013). No STJ: "As mídias das interceptações telefônicas foram disponibilizadas, na íntegra, à Defesa, razão pela qual não há falar em nulidade, inexistindo, portanto, constrangimento ilegal a ser sanado. 2. A cópia das transcrições parciais das interceptações telefônicas constantes dos relatórios da autoridade policial foram disponibilizadas à Defesa desde o oferecimento da exordial acusatória. 3. É pacífico o entendimento nos tribunais superiores no sentido de que é prescindível a transcrição integral do conteúdo da quebra do sigilo das comunicações telefônicas, somente sendo necessária, a fim de se assegurar o exercício da garantia constitucional da ampla defesa, a transcrição dos excertos das escutas que serviram de substrato para o oferecimento da denúncia. 4. Recurso ordinário a que se nega provimento" (STJ, RHC 27.997, 6ª T., rel. Min. Maria Thereza de Assis Moura, DJ 19.09.2013); **C:** incorreta. Segundo entendimento consolidado pelos tribunais superiores, as interceptações telefônicas podem, sim, ser prorrogadas sucessivas vezes, desde que tal providência seja devidamente fundamentada pela autoridade judiciária (art. 5º da Lei 9.296/1996). Conferir: "De acordo com a jurisprudência há muito consolidada deste Tribunal Superior, as autorizações subsequentes de interceptações telefônicas, uma vez evidenciada a necessidade das medidas e a devida motivação, podem ultrapassar o prazo previsto em lei, considerado o tempo necessário e razoável para o fim da persecução penal" (AgRg no REsp 1620209/RS, Rel. Ministra Maria Thereza De Assis Moura, Sexta Turma, julgado em 09.03.2017, DJe 16.03.2017). No STF: "(...) Nesse contexto, considerando o entendimento jurisprudencial e doutrinário acerca da possibilidade de se prorrogar o prazo de autorização para a interceptação telefônica por períodos sucessivos quando a intensidade e a complexidade das condutas delitivas investigadas assim o demandarem, não há que se falar, na espécie, em nulidade da referida escuta e de suas prorrogações, uma vez que autorizada pelo Juízo de piso com a observância das exigências previstas na lei de regência (Lei 9.296/1996, art. 5º) (...)" (STF, 1ª T., RHC 120.111, rel. Min. Dias Toffoli, j. 11.03.2014); **D:** incorreta. A denúncia anônima (também chamada de apócrifa ou inqualificada), segundo tem entendido a jurisprudência, não é apta, por si só, a autorizar a instauração de inquérito policial, dando início à persecução penal. Antes disso, a autoridade policial deverá fazer uma averiguação prévia a fim de verificar a procedência da denúncia apócrifa, para, depois disso, determinar, se for o caso, a instauração de inquérito. Nesse sentido: "(...) a autoridade policial, ao receber uma denúncia anônima, deve antes realizar diligências preliminares para averiguar se os fatos narrados nessa 'denúncia' são materialmente verdadeiros, para, só então, iniciar as investigações" (STF, HC 95.244, 1ª T., rel. Min. Dias Toffoli, DJE de 29.04.2010); **E:** incorreta, pois contraria a regra disposta no art. 71 do CPP.

Gabarito "A".

(Defensoria Pública da União – CESPE – 2015) Em relação a coisa julgada, prova criminal e restituição de bens, medidas assecuratórias e cautelares no direito processual penal, julgue os itens subsequentes.

(1) A hipoteca legal é medida assecuratória que recai sobre os bens imóveis do réu independentemente da origem ou fonte de aquisição, sendo cabível apelação da decisão judicial que a deferir. O juiz determinará a alienação antecipada para preservação do valor dos bens sempre que houver dificuldade para sua manutenção.

(2) Na hipótese de uma investigação policial pelo crime de latrocínio, a prisão temporária poderá ser decre-

tada pelo prazo de trinta dias, prorrogáveis por igual período, sem prejuízo da possibilidade de decretação da prisão preventiva. Nesse caso, o inquérito deverá ser concluído no prazo, sob pena de constrangimento ilegal.

(3) Apesar da independência das esferas penal e civil, a absolvição criminal do réu sob o fundamento de não haver prova da existência do fato faz coisa julgada no juízo cível.

(4) No âmbito do juizado especial criminal, no intuito de comprovar a materialidade do crime, o exame de corpo de delito pode ser substituído por boletim médico ou prova equivalente.

(5) Os bens apreendidos com terceiro de boa-fé poderão ser restituídos pela autoridade policial quando não for necessária sua retenção para o esclarecimento dos fatos.

1: correta, segundo a organizadora. Todavia, não nos parece correto afirmar que a hipoteca legal, disciplinada no art. 134 do CPP, possa recair sobre bens imóveis do réu *independentemente da origem ou fonte de aquisição*. Isso porque esta medida assecuratória, segundo doutrina e jurisprudência dominantes, somente poderá recair sobre os bens que compõem o patrimônio *lícito* do autor da infração penal. De outro lado, da decisão judicial que a deferir caberá, de fato, recurso de apelação, nos termos do art. 593, II, do CPP. Por fim, está correta a última parte da assertiva (alienação antecipada), pois reflete o disposto no art. 144-A do CPP; **2**: correta. A *prisão temporária*, a ser decretada tão somente por juiz de direito, terá o prazo de *cinco dias*, prorrogável por igual período em caso de extrema e comprovada necessidade, nos termos do art. 2º da Lei 7.960/1989. Em se tratando, no entanto, de crime hediondo, como é o caso do latrocínio (art. 1º, II, da Lei 8.072/1990), a *custódia temporária* será decretada por *até* trinta dias, prorrogável por igual período em caso de extrema e comprovada necessidade, em consonância com o disposto no art. 2º, § 4º, da Lei 8.072/1990 (Lei de Crimes Hediondos), podendo ser decretada, ao final desse interregno, a custódia preventiva, desde que presentes os requisitos previstos nos arts. 312 e 313 do CPP; **3**: incorreta. Apenas na hipótese de ter sido reconhecida, categoricamente, a inexistência material do fato, mediante sentença absolutória, é que se impede a propositura da ação civil (CPP, art. 66); **4**: correta, já que reflete a regra disposta no art. 77, § 1º, da Lei 9.099/1995; **5**: incorreta, pois em desconformidade com o que estabelece o art. 120, § 2º, do CPP.

Gabarito 1C, 2C, 3E, 4C, 5E

(Defensor Público/AM – 2013 – FCC) De acordo com entendimento sumulado,

(A) cabe *habeas corpus* ainda quando extinta a pena privativa de liberdade.
(B) reunidos os pressupostos legais permissivos da suspensão condicional do processo, mas se recusando o Promotor de Justiça a propô-la, o Juiz, dissentindo, poderá propô-la de ofício.
(C) a decisão que determina a produção antecipada de provas com base no artigo 366 do Código de Processo Penal deve ser fundamentada, justificando-a unicamente o decurso do tempo.
(D) não cabe *habeas corpus* contra decisão condenatória a pena de multa, ou relativo a processo em curso por infração penal a que a pena pecuniária seja a única cominada.
(E) a renúncia do réu ao direito de apelação, manifestada sem a assistência do defensor, impede o conhecimento da apelação por este interposta.

A: incorreta, pois contraria o entendimento sedimentado na Súmula nº 695 STF, a seguir transcrita: "Não cabe *habeas corpus* quando já extinta a pena privativa de liberdade"; **B:** incorreta, porquanto não corresponde ao entendimento contido na Súmula nº 696 do STF: "Reunidos os pressupostos legais permissivos da suspensão condicional do processo, mas se recusando o promotor de justiça a propô-la, o juiz, dissentindo, remeterá a questão ao Procurador-Geral, aplicando-se por analogia o art. 28 do Código de Processo Penal"; **C:** incorreta, pois em desconformidade com o teor da Súmula nº 455 do STJ: "A decisão que determina a produção antecipada de provas com base no artigo 366 do Código de Processo Penal deve ser concretamente fundamentada, não a justificando unicamente o mero decurso do tempo"; **D:** correta, pois reflete o teor da Súmula nº 693 do STF; **E:** incorreta, pois contraria ao entendimento contemplado na Súmula nº 705 do STF: "A renúncia do réu ao direito de apelação, manifestada sem a assistência do defensor, não impede o conhecimento da apelação por este interposta".

Gabarito "D".

(Defensor Público/ES – 2012 – CESPE) Acerca da competência, das questões e processos incidentes e da prova, julgue os itens subsequentes.

(1) Caracteriza-se como imprópria a confissão judicial produzida perante autoridade judicial incompetente para o deslinde do processo criminal em curso.

(2) Suponha que Fred, Mauro e Roberto sejam denunciados por furto simples, sem qualquer liame subjetivo entre os agentes, em feitos separados e por suposta participação em saque a um supermercado. Nessa situação hipotética, por disposição expressa do CPP, há necessidade de *simultaneus processus* em face da presença da conexão intersubjetiva por simultaneidade.

1: correta. A confissão judicial, que é aquela produzida diante do magistrado, pode ser própria ou imprópria. A primeira deve ser entendida como a produzida diante da autoridade judicial que detém competência para o processamento e julgamento da causa; já a segunda, confissão judicial imprópria, é aquela realizada diante de magistrado incompetente para o julgamento da causa; **2**: correta, pois corresponde ao que estabelece o art. 76, I, primeira parte, do CPP: "se, ocorrendo duas ou mais infrações penais, houverem sido praticadas, ao mesmo tempo, por várias pessoas reunidas (...)". Exemplo sempre lembrado pela doutrina é aquele em que diversos torcedores, que não se conhecem, invadem o campo para agredir os jogadores e o árbitro. Os agentes, nesta modalidade de conexão, reúnem-se ocasionalmente, sem ajuste prévio. Os fatos se dão no mesmo contexto de tempo em lugar.

Gabarito 1C, 2C.

(Defensor Público/BA – 2010 – CESPE) Em cada um dos itens seguintes, é apresentada uma situação hipotética seguida de uma assertiva a ser julgada a respeito da aplicação do direito processual penal.

(1) Roger, servidor público estadual, e Rafael, autônomo, praticaram, em concurso de agentes, crime afiançável contra a administração pública. A apuração dos fatos, feita em processo administrativo disciplinar, resultou na demissão do servidor, por grave falta administrativa. Encaminhada cópia autêntica do processo administrativo disciplinar ao MP, este, de pronto, ofertou denúncia contra os acusados. Nessa situação, tanto Roger quanto Rafael devem ser notificados para a apresentação de resposta à acusação, antes do recebimento da denúncia.

(2) Leôncio, maior, capaz, motorista profissional, desferiu, após uma partida de futebol, golpes de faca

em Jairo, causando-lhe lesões corporais graves. Em razão desses fatos, o agente foi processado, tendo atuado em sua defesa um defensor público do estado da Bahia e, apesar do empenho da defesa técnica, o réu foi condenado. Nessa situação, ao prolatar a sentença condenatória, resta vedado ao juiz fixar valor mínimo para a reparação dos danos causados pelo crime, ainda que existam elementos nos autos que o justifiquem, visto que o réu foi assistido pela DP.

1: incorreta, visto que a *defesa preliminar* a que faz menção o art. 514 do CPP constitui prerrogativa exclusiva do funcionário público, não sendo extensível, por isso, ao particular que com ele tenha agido na qualidade de coautor ou partícipe; **2:** incorreta, pois, em conformidade com o que preceitua o art. 387, IV, do CPP, pode o juiz, ao proferir sentença condenatória, fixar *valor mínimo* para reparação dos danos causados pela infração.

Gabarito 1E, 2E

(Defensor Público/AL – 2009 – CESPE) Em relação à revisão criminal, ao *habeas corpus* e à execução penal, julgue os próximos itens.

(1) Na hipótese de revisão criminal contra condenação manifestamente contrária à prova dos autos, proferida pelo júri popular, o tribunal competente, caso acolha o pedido revisional, deve anular o júri e remeter o acusado a novo julgamento.

(2) É incabível a ordem concessiva de *habeas corpus* quando já extinta a pena privativa de liberdade, ou contra decisão condenatória somente a pena de multa ou, ainda, em relação a processo em curso por infração penal a que a pena pecuniária seja a única cominada.

(3) Considere a seguinte situação hipotética. Antônio foi condenado pela prática do delito X pelo juízo da 5.ª vara criminal de Maceió, sendo certo que a condenação foi mantida pelo Tribunal de Justiça do Estado de Alagoas. Transitado em julgado o *decisum* e iniciado o cumprimento da pena privativa de liberdade, foi publicada pelo Congresso Nacional lei ordinária reduzindo pela metade a pena cominada ao delito X. Nessa situação, compete ao juízo da 5.ª vara criminal da capital alagoana a aplicação da lei penal mais benigna.

1: prevalece na doutrina e na jurisprudência o entendimento segundo o qual o tribunal competente para o julgamento da ação revisional está credenciado, quando da análise de sentenças proferidas pelo Tribunal do Júri, a modificar a decisão dos jurados, exercendo, desse modo, um juízo rescisório. Neste caso, o direito à liberdade sobrepõe-se à soberania dos veredictos; **2:** segundo a Súmula nº 693, STF: "Não cabe *habeas corpus* contra decisão condenatória a pena de multa, ou relativo a processo em curso por infração penal a que a pena pecuniária seja a única cominada". No mesmo sentido a Súmula 695 do STF: "Não cabe *habeas corpus* quando já extinta a pena privativa de liberdade". Assim é porque, nesses casos, inexiste ameaça à liberdade de locomoção do acusado; **3:** a aplicação da lei mais favorável ao sentenciado, após o trânsito da sentença condenatória, cabe ao juízo das execuções - Súmula 611 do STF.

Gabarito 1 ANULADA, 2C, 3E

(Defensoria/MT – 2007) Em matéria de Súmulas vigentes do Supremo Tribunal Federal, na área processual penal, assinale a afirmativa correta.

(A) Não se admite a suspensão condicional do processo no concurso material de crimes, se a soma da pena mínima da infração mais grave com o aumento mínimo de um sexto for superior a um ano.

(B) A competência constitucional do Tribunal do Júri prevalece sobre o foro por prerrogativa de função estabelecido na Constituição Federal.

(C) No processo penal, contam-se os prazos da data da juntada aos autos do mandado ou da carta precatória ou de ordem.

(D) Não cabe *habeas corpus* quando já extinta a pena privativa de liberdade.

(E) Viola as garantias do juiz natural, da ampla defesa e do devido processo legal a atração por continência ou conexão do processo do corréu ao foro por prerrogativa de função de um dos denunciados.

A: a Súmula 723 do STF faz referência ao *crime continuado*, e não ao *concurso material de crimes*; **B:** Súmula Vinculante 45: "A competência constitucional do Tribunal do Júri prevalece sobre o foro por prerrogativa de função estabelecido exclusivamente pela Constituição estadual"; **C:** de acordo com entendimento esposado na Súmula 710 do STF, os prazos, no processo penal, contam-se da data da intimação, e não da juntada aos autos do mandado ou da carta precatória ou de ordem; **D:** é o entendimento consagrado na Súmula 695 do STF; **E:** não há que se falar em violação aos princípios em questão, segundo entendimento firmado na Súmula 704 do STF.

Gabarito "D".

5. CRIMINOLOGIA

Vivian Calderoni

1. CONCEITO, MÉTODO, FUNÇÕES E OBJETOS DA CRIMINOLOGIA

(Defensor Público/PR – 2012 – FCC) São características principais da moderna Criminologia, EXCETO:

- **(A)** Substitui o conceito "tratamento" (conotação clínica e individual) por "intervenção" (conotação dinâmica, complexa e pluridimensional).
- **(B)** Parte da caracterização do crime como "problema" (face humana e dolorosa do delito).
- **(C)** Amplia o âmbito tradicional da Criminologia ao adicionar o delinquente e o delito ao seu objeto de estudo.
- **(D)** Acentua a orientação "prevencionista" do saber criminológico, diante da obsessão repressiva explícita de outros modelos convencionais.
- **(E)** Destaca a análise e a avaliação dos modelos de reação ao delito como um dos objetos da Criminologia.

A: correta. A Criminologia tradicional estava muito vinculada à noção de tratamento, fazendo uma analogia entre a prática de crimes e doenças, considerando majoritariamente as características pessoais do delinquente. A "moderna" Criminologia rompe a correlação entre criminoso e anormalidade, enxergando o criminoso como normal e a ocorrência de crimes em uma sociedade como normal também. A Criminologia moderna dá especial atenção aos aspectos sociológicos e sociais da prática de crimes, entendendo que não há relação de causa e consequência direta entre as características pessoais do agente e o crime – o que impede a opção pelo tratamento. Ao contrário, entende que a prática de crimes é complexa e resulta de uma multiplicidade de fatores; **B:** correta, pois a moderna Criminologia caracteriza o crime como um problema social, e inclui, como um dos requisitos para considerar uma conduta como criminosa, a incidência aflitiva. Ou seja, entende que uma conduta, para ser considerada criminosa, deve produzir dor, sofrimento, aflição. Os demais requisitos são a incidência massiva, a persistência espaço temporal e o inequívoco consenso quanto à efetividade da intervenção penal; **C:** incorreta (devendo ser assinalada), pois os estudos do criminoso e do crime estão presentes dentre os objetos de estudo da Criminologia desde seu início. A Escola Clássica, de Cesare Beccaria, se dedicava ao estudo do delito e a Escola Positivista, de Cesare Lombroso, estudava o delinquente. Posteriormente, foram adicionados dentre os objetos de estudo da Criminologia a vítima e o controle social; **D:** correta, pois a Criminologia moderna tem por função compreender e explicar a realidade para poder transformá-la, visando à prevenção e ao controle da criminalidade; **E:** correta. pois os modelos de reação ao delito se inserem no objeto da Criminologia "controle social".

Gabarito "C".

2. TEORIAS DA PENA

(Defensor Público –DPE/BA – 2016 – FCC) "Ao nível teórico, a ideia de uma sanção jurídica é incompatível com a criação de um mero obstáculo mecânico ou físico, porque este não motiva o comportamento, mas apenas o impede, o que fere o conceito de pessoa (...) por isso, a mera neutralização física está fora do conceito de direito, pelo menos no nosso atual horizonte cultural. (...) A defesa social é comum a todos os discursos legitimantes, mas se expressa mais cruamente nessa perspectiva, porque tem a peculiaridade de expô-la de modo mais grosseiro, ainda que também mais coerente (...)."

(ZAFFARONI, Eugenio Raúl; BATISTA, Nilo; ALAGIA, Alejandro; SLOKAR, Alejandro. Direito Penal Brasileiro I. Rio de Janeiro: Revan, 2003)

A teoria da pena criticada na passagem acima é:

- **(A)** retributiva.
- **(B)** prevenção especial ressocializadora.
- **(C)** prevenção geral intimidatória.
- **(D)** prevenção especial negativa.
- **(E)** agnóstica.

A: incorreta. A teoria retributiva entende que a pena tem como função principal a retribuição de um mal àquele que causou um mal à sociedade ao cometer um delito. Entende, portanto, a pena, por uma perspectiva de vingança, devolução de um mal. **B:** incorreta. A prevenção especial é aquela que entende que a pena tem a finalidade de prevenir que àquela pessoa volte a cometer um novo delito. O seu fundamento é de que a pena tem a missão de prevenir o cometimento de novos crimes. A prevenção especial ressocializadora entende que por meio da ressocialização do indivíduo ele não voltará a cometer novos crimes (prevenção da reincidência) e, desse modo, ter-se-ia alcançado o objetivo de prevenção. **C:** incorreta. A prevenção geral tem por objetivo evitar que outras pessoas cometam delitos. Essa teoria entende que o exemplo dado ao punir um indivíduo serve de intimidação para que outras pessoas não venham a cometer crimes. A pena teria, de acordo com essa teoria, uma finalidade pedagógica. **D:** correta. O trecho está criticando a teoria da prevenção especial negativa, que entende que a função da pena é impedir que aquela pessoa volte a cometer delitos por estar impossibilitada fisicamente de fazê-lo. A punição teria a finalidade de contenção. **E:** incorreta. A teoria agnóstica entende que a pena privativa de liberdade não atinge o objetivo declarado de ressocialização ou de prevenção de cometimento de delitos, tem apenas uma finalidade política e não é possível de ser fundamentada juridicamente. Nesse sentido, propõem uma discussão sobre outras formas de punição penal, para que esses objetivos sejam alcançados.

Gabarito "D".

3. TEORIAS CRIMINOLÓGICAS

(Defensor Público –DPE/ES – 2016 – FCC) Na história da administração penal, várias épocas podem ser destacadas, durante as quais vigoraram sistemas de punição completamente diferentes. Indenização (penance) e fiança foram os métodos de punição preferidos na Idade Média. Eles foram sendo gradativamente substituídos por um duro sistema de punição corporal e capital que, por sua vez, abriu caminho para o aprisionamento, em torno do século XVII.

> (RUSCHE, Georg; KIRCHHEIMER, Otto. Punição e estrutura social. 2.ed. Rio de Janeiro: Revan, 2004, p. 23)

De acordo com o clássico trabalho de Rusche e de Kirchheimer de 1939, é correto afirmar:

(A) A pena de prisão foi tida pelos autores como uma forma positiva de adaptação dos trabalhadores ao sistema produtivo, trazendo a ressocialização ao centro do sistema punitivo.

(B) O surgimento da prisão como forma hegemônica de punição da modernidade foi uma conquista iluminista de humanização das penas frente à barbárie da Idade Média.

(C) Os autores podem ser classificados como membros da Escola de Chicago, dominante no período de publicação da obra.

(D) As relações entre mercado de trabalho, sistema punitivo e cárcere são próprios da criminologia crítica, que surgiu na década de 1960 e foi a principal escola de oposição a Rusche e Kirchheimer.

(E) A pena de prisão é relacionada ao surgimento do capitalismo mercantil, com a consequente necessidade de disciplina da mão de obra para beneficiar interesses econômicos.

A: incorreta. Ao contrário, a obra traça uma relação entre o mercado de trabalho e o sistema punitivo, demonstrando como as punições adotadas eram formas de fortalecer o sistema produtivo. Nesse sentido, fazem uma leitura histórica das penas em que demonstram que a obrigatoriedade do trabalho dos presos nas galés, no século XVI, deveu-se à escassez de trabalhadores livres, os quais se negavam a realizar insalubre tarefa; a repressão à mendicância e vadiagem, contrárias aos valores da ascendente burguesia, determinaram o surgimento das casas de correção no fim do século XVII; o sistema de encarceramento foi impulsionado pelo Mercantilismo e pelo Iluminismo, e assim por diante. Os autores não associam a pena ao ideal ressocializar. Não é esse o cerne do trabalho. **B:** incorreta. De acordo com os autores, a adoção da pena de prisão como hegemônica não foi uma conquista iluminista e humanista, mas sim do sistema produtivo de incentivo ao incremento do capitalismo. **C:** incorreta. Os ideais expressos nessa obra podem ser enquadrados como as sementes da teoria crítica da Criminologia, que associa o sistema punitivo à luta de classes. **D:** incorreta. Rusche e Kirchheimer não sofreram oposição da escola crítica, ao contrário, a escola crítica utiliza esses autores na sua construção. **E:** correta. É exatamente essa a tese defendida pelos autores na obra. Eles correlacionam a pena de prisão com o surgimento do capitalismo e como ela foi necessária e útil para o fortalecimento deste.

Gabarito "E".

(Defensor Público –DPE/ES – 2016 – FCC) Sobre a escola positivista da criminologia, é correto afirmar:

(A) A escola positivista ainda não chega a considerar a concepção da pena como meio de defesa social, que é própria de escolas mais modernas da criminologia.

(B) Sua recepção no Brasil recebeu contornos racistas, notadamente no trabalho antropológico de Nina Rodrigues.

(C) É uma escola criminológica ultrapassada e que já influenciou a legislação penal brasileira, mas que após a Constituição Federal de 1988 não conta mais com institutos penais influenciados por esta corrente.

(D) Por ter enveredado pela sociologia criminal, Enrico Ferri não é considerado um autor da escola positivista, que possui viés médico e antropológico.

(E) O método positivista negava a importância da pesquisa empírica, que possivelmente a levaria a resultados diversos daqueles encontrados pelos seus autores.

A: incorreta. Ao contrário, a teoria positivista entende a pena como meio de defesa social, já que, para tal teoria, existem os criminosos natos – sendo que parte deles não é recuperável de modo algum. Nesse sentido, a pena, tem sim, um caráter de defesa social. **B:** correta. A teoria lombosiana foi recepcionada com fortes características racistas no Brasil, uma vez que entende que algumas características determinam se a pessoa é ou não criminosa. A teoria lombosiana reforça estereótipos sociais e, nessa esteira, a interpretação adotada por Nina Rodrigues compreendia que características dos negros asseguravam que seriam criminosos. **C:** incorreta. O Código Penal de 1940 foi fortemente influenciado pelos conceitos advindos da escola positivista, dando especial ênfase para traços de personalidade e periculosidade dos autores de delito. Contudo, a Constituição Federal de 1988 e o atual direito penal brasileiro são construídos com base no direito penal do fato (não do autor). Deste modo, pode-se dizer que após a promulgação da CF/1988 os ideais positivistas se afastaram do ordenamento jurídico pátrio. Contudo, para alguns autores, o art. 59 do Código Penal, ao estabelecer que a personalidade do agente é um dos elementos a serem considerados no quando da aplicação da pena, se aproxima das ideias positivistas. **D:** incorreta. Ao contrário, Enrico Ferri partia dos mesmos pressupostos dos demais autores da escola positivista. Coube a ele acrescentar a perspectiva sociológica a teoria positivista. Para ele o delito era determinado por fatores biológicos, climáticos e sociais. **E:** incorreta: Ao contrário, a teoria positivista se constituiu com base em pesquisas empíricas. A questão que se coloca sobre a teoria de Lombroso é que sua pesquisa empírica analisou um objeto que não permitia chegar a resposta que queria. A sua principal falha metodológica é de que ele estudou apenas aquelas pessoas já condenadas pelo cometimento de crimes, com o objetivo de verificar se existe um tipo criminosos. Tal escolha do universo a ser pesquisado é carregada de um viés que invalida sua teoria, pois desconsidera a seletividade do sistema de justiça, ou seja, desconsidera que o sistema de justiça seleciona a classe mais pobre para ser condenada. Essa falha metodológica grave faz com que alguns autores considerem a escola positivista como pré-científica.

Gabarito "B".

(Defensor Público/SP – FCC – 2013) *"(...) instrumento de legitimação da gestão policial e judiciária da pobreza que incomoda – a que se vê, a que causa incidentes e desordens no espaço público, alimentando, por conseguinte, uma difusa sensação de insegurança, ou simplesmente de incômodo tenaz e de inconveniência –, propagou-se através do globo a uma velocidade alucinante. E com ela a retórica militar da "guerra" ao crime e da "reconquista" do espaço público, que assimila os delinquentes (reais ou imaginários), sem-teto, mendigos e outros marginais a invasores estrangeiros – o que facilita o amálgama com a imigração, sempre rendoso eleitoralmente."* (WACQUANT, Loïc. As Prisões da Miséria).

A escola/doutrina descrita pelo autor é:

(A) abolicionismo penal.
(B) "tolerância zero".
(C) Escola de Chicago.
(D) associação diferencial.
(E) funcionalismo penal.

A: incorreta. O abolicionismo penal é uma das vertentes da Teoria Crítica. Para os autores abolicionistas o direito penal não é compatível com a justiça social e nem com a diminuição das desigualdades. A persecução penal é seletiva e sempre será. A alteração da lei não altera os rótulos sociais e a construção estereotipada da clientela penal. Por fim, o abolicionismo entende que a pena em si mesma é ilegítima e que é arbitrário exercício do poder estatal, pretendendo, como o próprio nome diz, ver o sistema penal abolido; **B:** correta. A doutrina da "tolerância zero" tem como premissa a concepção de que a repressão a pequenas infrações previne o cometimento de crimes mais graves. Dessa forma, mesmo uma conduta desviante insignificante não pode ser tolerada, deve ser duramente reprimida pelas forças policiais e por todo aparato do sistema de justiça, ou seja, por todas as instâncias formais de controle. Aí está presente o elemento da "guerra ao crime" tratada no enunciado: é a crença de que a punição aos menores delitos desencorajará também a prática de delitos mais graves. Essa doutrina tem por base as concepções da Escola de Chicago no que diz respeito à correlação entre desorganização social e criminalidade, e por isso, os "sem-teto, mendigos e outros marginais a invasores estrangeiros" são duramente reprimidos e rotulados como criminosos. A noção de "reconquista do espaço público" também está estritamente relacionada a esse elemento; **C:** incorreta. A Escola de Chicago correlaciona a desorganização das regiões da cidade a altas taxas de criminalidade e propõe políticas públicas não penais como forma de prevenção da criminalidade, como a revitalização das áreas degradadas, bem como o resgate do senso de solidariedade, por meio de espaços de lazer, atividades culturais, esportivas etc.; **D:** incorreta. A Teoria da Associação Diferencial entende que a conduta criminosa é aprendida por meio de processos comunicativos de interação social e estuda, basicamente, o "crime do colarinho branco", o que não está presente no enunciado; **E:** incorreta. O funcionalismo penal defende a proteção por meio do direito penal dos bens jurídicos mais relevantes. Para algumas correntes, como a de Jakobs, a função da pena é justamente reestabelecer a ordem ferida pela prática do crime.

Gabarito "B".

(Defensor Público/PR – 2012 – FCC) Com o surgimento das Teorias Sociológicas da Criminalidade (ou Teorias Macrossociológicas da Criminalidade), houve uma repartição marcante das pesquisas criminológicas em dois grupos principais. Essa divisão leva em consideração, principalmente, a forma como os sociólogos encaram a composição da sociedade: Consensual (Teorias do consenso, funcionalistas ou da integração) ou Conflitual (Teorias do conflito social). Neste contexto são consideradas Teorias Consensuais:

(A) Escola de Chicago, Teoria da Anomia e Teoria da Associação Diferencial.
(B) Teoria da Anomia, Teoria Crítica e Teoria do Etiquetamento.
(C) Teoria Crítica, Teoria da Anomia e Teoria da Subcultura Delinquente.
(D) Teoria do Etiquetamento, Teoria da Associação Diferencial e Escola de Chicago.
(E) Teoria da Subcultura Delinquente, Teoria da Rotulação e Teoria da Anomia.

As principais teorias sociológicas criminológicas do consenso são: Escola de Chicago, Teoria da Anomia, Teoria da Associação Diferencial e Teoria da Subcultura Delinquente. As principais teorias sociológicas criminológicas do conflito são: Teoria do *Labelling Approach* ou Etiquetamento ou Rotulação, e Teoria Crítica. Para as escolas do consenso, os objetivos da sociedade são atingidos quando há o funcionamento perfeito das instituições e os indivíduos compartilham das metas sociais e concordam com as regras de convívio. Sendo assim, as sociedades são compostas por elementos perenes, integrados, funcionais, estáveis, baseados no consenso entre os integrantes. Para as escolas do conflito, a harmonia social decorre da coerção das classes dominantes sob as classes dominadas, não sendo voluntária. Sendo assim, as sociedades estão sujeitas a mudanças contínuas por meio da luta de classes ou de ideologias. São escolas de cunho marxista.

Gabarito "A".

(Defensor Público/PR – 2012 – FCC) Paulo, executivo do mercado financeiro, após um dia estressante de trabalho, foi demitido. O mundo desabara sobre sua cabeça. Pegou seu carro e o que mais queria era chegar em casa. Mas o horário era de *rush* e o trânsito estava caótico, ainda chovia. No interior de seu carro sentiu o trauma da demissão e só pensava nas dívidas que já estavam para vencer, quando fora acometido de uma sensação terrível: uma mistura de fracasso, com frustração, impotência, medo e etc. Neste instante, sem quê nem porque, apenas querendo chegar em casa, jogou seu carro para o acostamento, onde atropelou um ciclista que por ali trafegava, subiu no passeio onde atropelou um casal que ali se encontrava, andou por mais de 200 metros até bater num poste, desceu do carro meio tonto e não hesitou, agrediu um motoqueiro e subtraiu a motocicleta, evadindo-se em desabalada carreira, rumo à sua casa. Naquele dia, Paulo, um pacato cidadão, pagador de impostos, bom pai de família, representante da classe média alta daquela metrópole, transformou-se num criminoso perigoso, uma fera que ocupara as notícias dos principais telejornais.

Diante do caso narrado, identifique dentre as Teorias abaixo, a que melhor analisa (estuda/explica) o caso.

(A) Escola de Chicago.
(B) Teoria da associação diferencial.
(C) Teoria da anomia.
(D) Teoria do *labeling approach*.
(E) Teoria crítica.

A: incorreta. A Escola de Chicago traça a correlação entre a forma de organização das cidades e a criminalidade. De acordo com essa escola, as regiões da cidade mais desorganizadas têm maiores índices de criminalidade; **B:** incorreta. A Teoria da Associação Diferencial entende que o comportamento criminoso é aprendido por meio do processo comunicativo, em relações sociais, especialmente significativas. Esta teoria cunha o termo "crime do colarinho branco", aquele cometido por pessoas que gozam de *status* social e cometem crimes em seu âmbito profissional, excluindo da definição crimes cometidos na esfera privada; **C:** correta. Para Robert Merton, um dos expoentes da Teoria da Anomia, tem-se uma situação de anomia quando a sociedade acentua a importância de determinadas metas, sem oferecer à maioria das pessoas a possibilidade de atingi-las por meios legítimos. Merton cria uma tipologia de adaptação individual no contexto social, a saber, conformista, ritualista, retraído, inovador e rebelde. Paulo, descrito no enunciado, se enquadra no tipo conformista que concorda com as metas sociais estabelecidas e com os meios institucionalizados para alcançá-las. É o tipo mais comum e difundido na sociedade, é o tipo que garante a estabilidade social; **D:** incorreta. A Teoria do *Labelling Approach* tem por objeto de estudo primordial as instâncias de controle social. Trabalha com os conceitos de rotulação social e entende que a reação das instâncias de controle produz o criminoso: todos cometemos crimes, mas apenas alguns são capturados pelas malhas do sistema, e apenas estes serão os "criminosos". Essa Teoria também se preocupa em entender a seletividade do sistema de justiça. **E:** incorreta. A Teoria Crítica foca seu estudo, majoritariamente, no controle social. Para a Teoria Crítica, o direito penal é uma forma de manutenção da exploração de classe. A definição das condutas a serem tipificadas é resultado de disputas políticas em que as classes dominantes, por estarem no poder, definem as condutas que lhe interessam para serem criminalizadas. De acordo com essa Teoria, há a universalidade do crime e seletividade da justiça, ou seja, todas as classes sociais praticam crimes, mas, por outro lado, a justiça é seletiva, pois seleciona apenas as pessoas das classes mais pobres.

Gabarito "C".

(Defensor Público/SP – FCC – 2012) Assinale a alternativa correta.

(A) A criminologia crítica defende a análise individualizada da periculosidade do agente como direito inerente ao princípio do respeito à dignidade humana.

(B) A Escola positivista pregava a análise puramente objetiva do fato, deixando em segundo plano as características pessoais de seu autor.

(C) A teoria retributiva dos fins da pena foi desenvolvida a partir dos estudos de Lombroso e Garofalo, em meados do século XVIII.

(D) A teoria do *labelling approach* dispõe-se a estudar, dentre outros aspectos do sistema punitivo, os mecanismos de reação social ao delito e a influência destes na reprodução da criminalidade.

(E) A teoria finalista da ação é fruto da concepção positivista de livre-arbítrio, que entende o homem como ser determinado pelas circunstâncias sociais.

A: incorreta. A Criminologia Crítica não trabalha com o conceito de periculosidade. O principal foco de estudo da Criminologia Crítica são as instâncias de controle social; **B:** incorreta. A Escola Positivista se dedicou ao estudo dos criminosos e não do delito; **C:** incorreta. A função da pena para Lombroso e Garófalo era essencialmente de isolamento do criminoso para que ele não voltasse a delinquir – função de prevenção especial negativa – e tratamento, para os casos possíveis de serem tratados. **D:** correta. O principal objeto de estudo da Teoria do *Labelling Approach* são as instâncias de controle social. Essa teoria, de fato, se dedica ao estudo da reação social, tanto que também recebe o nome de teoria da rotulação social, etiquetamento ("labelling") ou reação social; **E:** incorreta. A Teoria Finalista da ação trata da definição de infração penal, como conduta típica, antijurídica (ou ilícita) e culpável. Porém, o dolo e a culpa passam a ser elementos do tipo, pois a Teoria Finalista entende ser essencial a compreensão da intenção do agente para a definição típica da conduta, já que, para tal Teoria, o agir humano sempre tende a uma finalidade. Esta finalidade não pode ser ignorada e deve ser um elemento ontológico considerado pelo legislador ao tipificar as condutas. O enunciado apresenta uma contradição ao afirmar que a concepção positivista de livre-arbítrio entende o homem como ser determinado pelas circunstâncias sociais. Ora, se o homem é dotado de livre-arbítrio ele não pode ser, ao mesmo tempo, determinado pelas circunstâncias sociais. Ele pode considerar as circunstâncias sociais no momento de decidir sua conduta, mas não ser determinado. Determinismo e livre-arbítrio não podem coexistir.

Gabarito "D".

(Defensor Público/SP – FCC – 2009) A expressão "cifra negra" ou oculta, refere-se

(A) à porcentagem de crimes não solucionados ou punidos porque, num sistema seletivo, não caíram sob a égide da polícia ou da justiça ou da administração carcerária, porque nos presídios ‹não estão todos os que são›.

(B) à porcentagem de criminalização da pobreza e à globalização, pelas quais o centro exerce seu controle sobre a periferia, cominando penas e criando fatos típicos de acordo com seus interesses econômicos, determinando estigmatização das minorias.

(C) às descriminantes putativas, nos casos em que não há tipo culposo do crime cometido.

(D) ao fracasso do autor na empreitada em que a maioria têm êxito.

(E) à porcentagem de presos que não voltam da saída temporária do semiaberto.

"Cifra negra" é a diferença entre a quantidade de crimes efetivamente praticados (criminalidade real) e a quantidade de crimes que chegam ao conhecimento das autoridades estatais e são efetivamente investigados. A criminalidade revelada diz respeito aos crimes que chegam ao conhecimento das instâncias oficiais do Estado. Alguns autores utilizam o termo "cifra dourada" para se referir à quantidade de crimes praticados pela elite e que não são investigados.

Gabarito "A".

4. VITIMOLOGIA

(Defensor Público/PR – 2012 – FCC) Considere os acontecimentos abaixo.

I. No dia 16 de outubro, após um dia exaustivo de trabalho, quando chegava em sua casa, às 23:00 horas, em um bairro afastado da cidade, Maria foi estuprada. Naquela mesma data, fora acionada a polícia, quando então foi lavrado boletim de ocorrência e tomadas as providências médico-legais, que constatou as lesões sofridas.

II. Após o fato, Maria passou a perceber que seus vizinhos, que já sabiam do ocorrido, a olhavam de forma sarcástica, como se ela tivesse dado causa ao fato e até tomou conhecimento de comentários maldosos, tais como: "também com as roupas que usa (...)", "também como anda, rebolando para cima e para baixo" e etc., o que a deixou profundamente magoada, humilhada e indignada.

III. Em novembro, fora à Delegacia de Polícia prestar informações, quando relatou o ocorrido, relembrando todo o drama vivido. Em dezembro fora ao fórum da Comarca, onde mais uma vez, Maria foi questionada sobre os fatos, revivendo mais uma vez o trauma do ocorrido.

Os acontecimentos I, II e III relatam, respectivamente, processos de vitimização:

(A) primária, secundária e terciária.
(B) primária, terciária e secundária.
(C) secundária, primária e terciária.
(D) terciária, primária e secundária.
(E) secundária, terciária e primária.

A vitimização primária decorre dos danos gerados pelo crime. Estes danos podem ser de ordem material, psicológica ou física. A vitimização secundária decorre da interação com as instâncias formais de controle. Essa interação com o sistema de justiça criminal causa um sofrimento adicional à vítima, que deve depor e reviver o sofrimento sentido vivido no momento do crime, ao comparecer diversas vezes perante as autoridades. A vitimização terciária decorre da falta de amparo de órgãos do Estado e da comunidade, que, ao contrário, apenas potencializam o problema.

Gabarito "B".

5. POLÍTICA CRIMINAL

(Defensor Público –DPE/ES – 2016 – FCC) Considerando a atual conjuntura da política criminal brasileira, é correto afirmar que

(A) a eficiência do trabalho policial pode ser verificado pelo baixo índice de letalidade e o alto índice de prisões efetuadas.

(B) o processo de encarceramento em massa no Brasil alavancou-se no período de vigência da Constituição Federal de 1988, apesar desta ter como seus fundamentos a cidadania e a dignidade da pessoa humana.

(C) a construção de presídios tem sido uma política eficaz de redução do encarceramento em massa.

(D) o crescimento da população prisional é isonômico no aspecto de gênero.

(E) a proteção de direitos humanos tem sido o principal resultado da política criminal brasileira, uma vez que o aumento da população prisional demonstra que os bens jurídicos estão sendo cada vez mais protegidos por meio do direito penal.

A: incorreta. Os índices de letalidade policial são altíssimos no Brasil. De acordo com os dados produzidos pelo Forum Brasileiro de Segurança Pública publicado em 2018, foram 5.159 vítimas de intervenções policiais em 2017. Ademais, a eficiência do trabalho policial não pode ser medido considerando a taxa de prisões efetuadas, pois elas podem, inclusive, ser ilegais ou forjadas. **B:** correta. A taxa de encarceramento no Brasil após a promulgação da Constituição Federal de 1988 é altíssima. Em 1990, o Brasil tinha 90 mil pessoas presas. Em junho de 2016, esse número passa a ser superior a 726 mil – de acordo com os dados do Ministério da Justiça. **C:** incorreta. A construção de presídios é uma estratégia ineficaz ao combate ao encarceramento em massa. Poder-se-ia, até, discutir se seria uma forma eficiente de combate à superlotação carcerária. Mas, a opção política por construção de presídios é um elemento que demonstra, justamente, que o país pretende seguir com o processo de encarceramento em massa. **D:** incorreta. A população prisional feminina cresce de modo muito superior a masculina. Segundo dados do Ministério da Justiça, a quantidade de mulheres presas cresceu 656% entre os anos 2000 e 2016, chegando a 42.355 em junho 2016. Já a população de homens presos cresceu 293% no mesmo período. Em 2000, o total de mulheres presas representava 3,2% da população prisional. Em 2014, esse número atinge subiu para 6%. **E:** incorreta. A correlação entre quantidade de pessoas presas e proteção aos bens jurídicos, ou seja, redução da criminalidade, é falaciosa. O Brasil tem a 4ª maior popmulgação prisional do mundo, mas está longe de ser um dos países mais seguros. Ademais, grande parte da população prisional é composta por presos provisórios (cerca de 40% segundo o Ministério da Justiça), ou seja, parcela considerável do incremento da população carcerária não é atribuída a pessoas condenadas.

Gabarito "B".

6. DIREITO CIVIL

André Borges de Carvalho Barros, Gabriela Rodrigues e Gustavo Nicolau*

1. LINDB

1.1. Eficácia da lei no tempo

(Defensoria Pública/ES – 2009 – CESPE) Acerca da interpretação da lei, julgue os itens a seguir.

(1) A analogia jurídica fundamenta-se em um conjunto de normas para extrair elementos que possibilitem sua aplicabilidade ao caso concreto não previsto, mas similar.
(2) Consideram-se leis novas as correções de texto de lei já em vigor.
(3) A lei nova que dispõe sobre regras especiais revoga as regras gerais sobre a mesma matéria.
(4) O direito brasileiro não aceita o efeito repristinatório da lei revogada.
(5) Quando o conflito normativo for passível de solução mediante o critério hierárquico, cronológico e da especialidade, o caso será de antinomia aparente.

1: correta. Na analogia jurídica (analogia *juris*) a solução para a lacuna é obtida através da análise de um determinado conjunto de regras. Não deve ser confundida com a analogia legal (analogia *legis*) consiste na solução da lacuna através da utilização de um único dispositivo legal previsto para uma hipótese distinta, porém semelhante; **2:** correta. Está de acordo com o disposto no art. 1º, § 4º, da LINDB; **3:** incorreta. A lei especial nova aplica-se para os casos especiais que ela regula, permanecendo intacta a lei geral velha, que se aplica aos casos que a lei nova não regula (art. 2º, § 2º, da LINDB; **4:** incorreta, pois, se houver expressa disposição, é possível a repristinação (art. 2º, § 3º, da LINDB); **5:** correta. As antinomias (conflitos de normas) que podem ser resolvidas com a aplicação de um único critério são denominadas antinomias de 1º grau. Todas as antinomias de 1º grau também podem ser classificadas como antinomias aparentes, pois encontram solução prevista no ordenamento jurídico. Diversamente, quando houver conflito entre os critérios de solução (ex: hierárquico x cronológico) e for necessário um metacritério (ex: o critério hierárquico prevalece sobre o cronológico) a antinomia será considerada de 2º grau. As antinomias de 2º grau podem caracterizar antinomias reais quando não houver solução prevista no ordenamento jurídico para o caso concreto.

Gabarito 1C, 2C, 3E, 4E, 5C

(Defensoria Pública/MA – 2009 – FCC) Segundo a Lei de Introdução ao Código Civil Brasileiro (Decreto-Lei nº 4.657/42):

(A) quando a lei for omissa, o juiz decidirá o caso de acordo com a analogia, os costumes, a equidade e os princípios gerais de direito.
(B) salvo disposição contrária, a lei começa a vigorar em todo o país quarenta e cinco dias depois de oficialmente promulgada.
(C) nos Estados, a obrigatoriedade da lei federal inicia-se três meses depois de oficialmente publicada, salvo disposição contrária.
(D) a lei nova, que estabeleça disposições gerais ou especiais a par das já existentes, não revoga nem modifica a lei anterior.
(E) salvo disposição em contrário, a lei revogada se restaura por ter a lei revogadora perdido a vigência.

A: incorreta. Quando a lei for omissa, o juiz decidirá o caso de acordo com a analogia, os costumes e os princípios gerais de direito (art. 4º da LINDB) - para a doutrina clássica o dispositivo consagra ordem entre os meios de integração. Por sua vez, a equidade só pode ser utilizada quando os meios previstos não forem suficientes para colmatar a lacuna; **B:** incorreta, pois o termo *a quo* (inicial) do prazo de *vacatio legis* não é a data da *promulgação* da lei, e sim a data da *publicação caput*, da LINDB); **C:** incorreta, pois somente nos estados **estrangeiros** é que a obrigatoriedade da lei se inicia três meses depois de oficialmente publicada (art. 1º, § 1º, da LINDB); **D:** correta. Está de acordo com o art. 2º, § 2º, da LINDB; **E:** incorreta, pois de acordo com o art. 2º, § 3º, da LINDB, a repristinação em regra não ocorre.

Gabarito "D".

(Defensoria Pública/MT – 2009 – FCC) Segundo a Lei de Introdução ao Código Civil brasileiro,

(A) salvo disposição contrária, a lei começa a vigorar em todo o país três meses depois de oficialmente publicada.
(B) nos Estados estrangeiros, a obrigatoriedade da lei federal inicia-se três meses depois de oficialmente promulgada, salvo disposição contrária.
(C) a lei posterior revoga a anterior quando expressamente o declare, quando seja com ela incompatível ou quando regule inteiramente a matéria de que tratava a lei anterior.
(D) quando a lei for omissa, o juiz decidirá o caso de acordo com a analogia, os costumes, a equidade e os princípios gerais de direito.
(E) salvo disposição em contrário, a lei revogada se restaura por ter a lei revogadora perdido a vigência.

A: incorreta, pois, salvo disposição contrária, a lei começa a vigorar em todo território nacional 45 *dias após sua publicação* (art. 1º, caput, LINDB). Vale lembrar que de acordo com o caput do art. 8º da LC 95/1998, a vigência da lei será indicada de forma expressa e de modo a contemplar prazo razoável para que dela se tenha amplo conhecimento, reservada a cláusula "entra em vigor na data de sua publicação" para as leis de pequena repercussão; **B:** incorreta, pois o prazo de *vacatio legis* é contado a partir da **publicação** da lei e não de sua promulgação (art. 1º, § 1º, LINDB). A promulgação antecede a publicação e pode ser conceituada como o ato praticado pelo chefe do Poder Executivo que atesta a existência da lei, ordenando sua execução e cumprimento (a lei já existe, mas não vigora); **C:** correta. A alternativa reproduz o conteúdo do art. 2º, § 1º, da LINDB, referindo-se à revogação expressa e tácita; **D:** incorreta, pois nos termos do art. 4º da LINDB, quando a lei for omissa, o juiz decidirá o caso de acordo com a analogia, os costumes e os princípios gerais de direito. De acordo com a doutrina

---

* **Gustavo Nicolau** comentou as questões da DPU 2015 e DPE/MT/2016, DPE/RN/2016, DPE/ES/2016, DPE/BA/2016; **André Borges de Carvalho Barros** comentou as demais questões. **Gustavo Nicolau** atualizou todos os comentários deste capítulo.

a *equidade* (prevista no art. 5º da LINDB) exerce função integrativa uma vez esgotados os meios previstos no art. 4º da LINDB; **E**: incorreta, pois salvo disposição em contrário, a lei revogada **não se restaura** por ter a lei revogadora perdido a vigência (art. 2º, § 3º). A repristinação não é proibida no direito brasileiro, mas em regra não ocorre.

Gabarito "C".

(Defensoria Pública/PA – 2009 – FCC) Em nossa legislação pátria

(A) se antes de entrar a lei em vigor, ocorrer nova publicação de seu texto destinada à correção, ainda que mantida a *vacatio legis*, o início de sua vigência ocorrerá no dia da nova publicação.

(B) a lei posterior revoga a anterior quando expressamente o declare, quando seja com ela incompatível ou quando regule inteiramente a matéria de que tratava a lei anterior. Entretanto, caso estabeleça disposições gerais ou especiais a par das já existentes, não revoga nem modifica a lei anterior.

(C) a lei começa a vigorar em todo o país, salvo disposição contrária, na data de sua publicação.

(D) a lei, sem exceção, terá vigor até que outra a modifique, revogue ou que ela caia em desuso.

(E) na aplicação da lei, o juiz atenderá aos fins sociais a que ela se dirige e às exigências do bem comum, sendo certo que, ao interpretá-la, o juiz decidirá o caso de acordo com a analogia, os costumes e os princípios gerais de direito.

A: incorreta, pois se, antes de entrar a lei em vigor, ocorrer nova publicação de seu texto, destinada à correção, o prazo de *vacatio legis* será **reiniciado** no dia da nova publicação (art. 1º, § 3º, da LINDB); **B**: correta. A alternativa reproduz o conteúdo do art. 2º, §§ 1º e 2º, da LINDB; **C**: incorreta, pois, em regra, a lei começará a vigorar após 45 dias de sua publicação (art. 1º, *caput*, da LINDB); **D**: incorreta, pois a lei também pode perder o vigor por ser *temporária*, por *não ser recepcionada* por uma nova Constituição, por ter sido *declarada inconstitucional por ação de inconstitucionalidade* e por *sustação de seus efeitos pelo Senado*; **E**: incorreta, pois apesar da primeira parte da alternativa estar correta (art. 5º da LINDB), a segunda parte está incorreta: o juiz deve interpretar a norma utilizando **meios de interpretação** (literal, lógica, sistemática, histórica, sociológica etc.), reservando os **meios de integração** (analogia, costumes e princípios gerais de direito) apenas para a hipótese de lacuna na norma (art. 4º da LINDB).

Gabarito "B".

1.2. Eficácia da lei no espaço

(Defensor Público/AL – 2009 – CESPE) Em cada um dos itens subsequentes, é apresentada uma situação hipotética, seguida de uma assertiva a ser julgada.

(1) Antônio, residente e domiciliado na cidade de Madri, na Espanha, faleceu, deixando como herança o apartamento onde residia para Joana, sua única filha, residente e domiciliada no Brasil. Nessa situação, a sucessão obedecerá à lei do país em que era domiciliado Antônio; no entanto, será a lei brasileira que regulará a capacidade de Joana para suceder.

1: Correta, pois de acordo com o art. 10, *caput*, da LINDB, "a sucessão por morte ou por ausência obedece à lei do país em que domiciliado o defunto ou o desaparecido, qualquer que seja a natureza e a situação dos bens" (Antônio era domiciliado em Madri) e o parágrafo 2º dispõe que "a lei do domicílio do herdeiro ou legatário regula a capacidade para suceder" (a única herdeira era domiciliada no Brasil).

Gabarito 1C.

2. PARTE GERAL DO CC

2.1. Estrutura e princípios do CC

(Defensor Público –DPE/ES – 2016 – FCC) Darei apenas um exemplo. Quem é que, no Direito Civil brasileiro ou estrangeiro, até hoje, soube fazer uma distinção, nítida e fora de dúvida, entre prescrição e decadência? Há as teorias mais cerebrinas e bizantinas para se distinguir uma coisa de outra. Devido a esse contraste de ideias, assisti, uma vez, perplexo, num mesmo mês, a um Tribunal de São Paulo negar uma apelação interposta por mim e outros advogados, porque entendia que o nosso direito estava extinto por força de decadência; e, poucas semanas depois, ganhávamos, numa outra Câmara, por entender-se que o prazo era de prescrição, que havia sido interrompido! Por isso, o homem comum olha o Tribunal e fica perplexo. Ora, quisemos pôr termo a essa perplexidade, de maneira prática, porque o simples é o sinal da verdade, e não o bizantino e o complicado. Preferimos, por tais motivos, reunir as normas prescricionais, todas elas, enumerando-as na Parte Geral do Código. Não haverá dúvida nenhuma: ou figura no artigo que rege as prescrições, ou então se trata de decadência. Casos de decadência não figuram na Parte Geral, a não ser em cinco ou seis hipóteses em que cabia prevê-la, logo após, ou melhor, como complemento do artigo em que era, especificamente, aplicável.

(REALE, Miguel. O projeto de Código Civil: situação atual e seus problemas fundamentais. São Paulo: Saraiva, 1986. p. 11-12).

Essa solução adotada no Código Civil de 2002 se vincula

(A) à diretriz fundamental da socialidade.

(B) à abolição da distinção entre prescrição e decadência.

(C) à diretriz fundamental da eticidade, evitando soluções juridicamente conflitantes.

(D) ao princípio da boa-fé objetiva, que garante a obtenção do julgamento esperado pelo jurisdicionado.

(E) à diretriz fundamental da operabilidade, evitando dificuldades interpretativas.

A: incorreta, pois a socialidade traz a ideia da utilização de direitos subjetivos de forma a beneficiar – ainda que indiretamente – toda a coletividade. Trata-se da ideia de que *"nenhum direito é absoluto"*, nas palavras do próprio Miguel Reale, em sua exposição de motivos; **B**: incorreta, pois o Código não somente manteve, como fez questão de esclarecer tal distinção, enumerando todos os prazos prescricionais nos artigos 205 e 206 do Código Civil; **C**: incorreta, pois a eticidade guarda relação com o dever de agir de forma honesta, leal e íntegra entre as partes, cujo melhor exemplo é o princípio da boa-fé objetiva (CC, art. 422); **D**: incorreta, pois o texto não guarda qualquer relação com o princípio da boa-fé objetiva, a qual, por sua vez, também não garante obtenção de julgamento pelo jurisdicionado; **E**: correta, pois o objetivo da operabilidade é tornar a lei de fácil acesso e compreensão pelos civis. Um exemplo da operabilidade, dado pelo próprio Miguel Reale, foi justamente a separação dos prazos prescricionais dos decadenciais, facilitando a compreensão da lei pelos operadores do direito e também pelos cidadãos.

Gabarito "E".

(Defensor Público/PR – 2012 – FCC) Acerca das diretrizes regentes e estruturantes do processo de codificação do Código Civil de 2002, fundadas no pensamento culturalista de Miguel Reale, é INCORRETO afirmar:

(A) A sistematicidade norteou a concepção de inseparabilidade do Código Civil com as demais normas do ordenamento jurídico, o que se verifica na forma de definição dos juros legais.

(B) A operabilidade determinou a adoção de soluções normativas para a facilitação da interpretação, aplicação e adaptação do Direito, o que se verifica na adoção das normas abertas como técnica legislativa.

(C) A socialidade implicou na funcionalização dos modelos jurídicos, fazendo prevalecer os valores coletivos sobre os individuais, sem que sejam desconsiderados os valores inerentes à pessoa, o que se verifica na previsão do instituto do abuso de direito.

(D) A eticidade provocou a opção antropocêntrica da codificação civil, implicando na prevalência de critérios éticos sobre os de natureza formal, o que se verifica nos institutos da lesão e do estado de perigo.

(E) A igualdade formal determinou o tratamento igualitário dos sujeitos de direitos e o afastamento de regimes tutelares, o que se verifica no afastamento de um regime de proteção dos incapazes, presentes na anterior codificação civil.

A: correta. Miguel Reale concebe o ordenamento jurídico como um sistema em que as normas se relacionam. Desta forma, os dispositivos do Código Civil devem estar de acordo com as demais leis a sua volta. O exemplo utilizado na alternativa está correto, pois o artigo 406 determina que quando os juros moratórios não forem convencionados, ou o forem sem taxa estipulada, ou quando provierem de determinação da lei, serão fixados segundo a taxa que estiver em vigor para a mora do pagamento de impostos devidos à Fazenda Nacional. De acordo com a jurisprudência atualizada do STJ a taxa referida no dispositivo é a Selic (REsp 1.279.173/SP, Rel. Ministro Paulo de Tarso Sanseverino, julgado em 04.04.2013); **B:** correta. Entre os princípios basilares do CC/2002 a operabilidade ganha destaque pela adoção de técnicas legislativas, como o uso das cláusulas gerais e dos conceitos legais indeterminados, com o objetivo de permitir a atualização do direito; **C:** correta. O abuso de direito previsto no art. 187 do Código Civil tem por base o princípio da socialidade ao limitar o exercício de um direito legítimo quando presentes outros valores caros a coletividade; **D:** correta. O princípio da eticidade é a base dos artigos 156 (estado de perigo) e 157 (lesão) ao culminarem de invalidade o negócio celebrado por alguém que se aproveitou da situação de perigo, necessidade ou inexperiência de outra, para obter lucro fácil; **E:** incorreta, o Código Civil de 2002 manteve a proteção dos incapazes (vide arts. 3º e 4º), consagrando a igualdade material.

Gabarito "E".

(Defensor Público/TO – 2013 – CESPE) Acerca do Direito Civil, assinale a opção correta.

(A) O princípio da eticidade, paradigma do atual direito civil constitucional, funda-se no valor da pessoa humana como fonte de todos os demais valores, tendo por base a equidade, boa-fé, justa causa e demais critérios éticos, o que possibilita, por exemplo, a relativização do princípio do *pacta sunt servanda*, quando o contrato estabelecer vantagens exageradas para um contratante em detrimento do outro.

(B) Cláusulas gerais, princípios e conceitos jurídicos indeterminados são expressões que designam o mesmo instituto jurídico.

(C) A operacionalidade do direito civil está relacionada à solução de problemas abstratamente previstos, independentemente de sua expressão concreta e simplificada.

(D) Na elaboração do Código Civil de 2002, o legislador adotou os paradigmas da socialidade, eticidade e operacionalidade, repudiando a adoção de cláusulas gerais, princípios e conceitos jurídicos indeterminados.

(E) No Código Civil de 2002, o princípio da socialidade reflete a prevalência dos valores coletivos sobre os individuais, razão pela qual o direito de propriedade individual, de matriz liberal, deve ceder lugar ao direito de propriedade coletiva, tal como preconizado no socialismo real.

A: correta, o direito à revisão ou rescisão contratual em razão de onerosidade excessiva representa exceção ao princípio da força obrigatória (*pacta sunt servanda*); **B:** incorreta, as expressões possuem significados distintos. Princípios são regras norteadoras do ordenamento jurídico e não necessariamente estão expressos na lei. Cláusulas gerais e conceitos jurídicos indeterminados são dispositivos legais com conteúdo propositalmente vago, com o objetivo de permitir maior amplitude em sua incidência, mas não se confundem: as cláusulas gerais não definem o instituto nem a consequência de sua violação (exemplo: art. 421 do CC – função social); por sua vez, os conceitos jurídicos indeterminados não definem o instituto, mas estabelecem a consequência em caso de violação (exemplo: art. 927, parágrafo único, 2ª parte – responsabilidade objetiva por atividade de **risco**). Devemos lembrar que existem diversos entendimentos doutrinários sobre os conceitos de cláusulas gerais e conceitos legais indeterminados; **C:** incorreta. O princípio da operabilidade está relacionado à aplicação concreta da norma. As cláusulas gerais e os conceitos jurídicos indeterminados têm por base o princípio da operabilidade; **D:** incorreta. O legislador contemplou diversos princípios, cláusulas gerais e conceitos jurídicos indeterminados no Código Civil de 2002; **E:** incorreta. O princípio da socialidade representa um limite aos interesses individuais quando presentes interesses da coletividade, mas não se pode afirmar que o direito de propriedade individual deve ceder lugar ao direito de propriedade coletiva.

Gabarito "A".

2.2. Pessoas naturais

2.2.1. Capacidade jurídica

(Defensoria Pública/PA – 2009 – FCC) A capacidade de fato

(A) não se apura exclusivamente com base no critério etário.

(B) da pessoa natural inicia-se com o nascimento com vida, mas a lei põe a salvo, desde a concepção, os direitos do nascituro.

(C) da pessoa moral inicia-se com o nascimento com vida, mas a lei põe a salvo, desde a concepção, os direitos do nascituro.

(D) é relativa entre os dezesseis e vinte e um anos de idade e absoluta a partir de então.

(E) será absoluta a partir dos dezoito anos incompletos e não é perdida em razão do envelhecimento.

A: correta, pois, o requisito para ter *capacidade de fato/exercício/ação* é o pleno discernimento. A maioridade é tão só uma presunção legal relativa de que pessoa que completou dezoito anos tem pleno discernimento; **B:** incorreta, pois o que inicia com o nascimento com vida é a *personalidade jurídica* e a *capacidade de direito/gozo*, lembrando que para Pontes de Miranda os institutos são sinônimos; **C:** incorreta, pois a pessoa moral (pessoa jurídica) passa a ter capacidade em geral com o registro de seus atos constitutivos (art. 45 do CC); **D:** incorreta, pois entre 16 e 18 anos a pessoa é relativamente incapaz e já pode praticar alguns atos da vida civil (ex: ser testemunha, ser mandatário, fazer testamento etc.). Completando 18 anos passa à condição de plenamente capaz; **E**: incorreta, pois a capacidade de fato será *plena* ou *absoluta*, em regra, a partir dos 18 anos completos; quanto ao envelhecimento, este, por si só, não é causa de perda da capacidade de fato.

Gabarito "A".

2.2.2. Emancipação

Atenção: Para responder as próximas três questões, considere o caso abaixo.

Menor de 17 anos, por culpa, lesiona pessoa capaz, causando danos materiais. Reside com o pai e é órfão de mãe.

(Defensor Público/AM – 2013 – FCC) Considerando que o menor não é emancipado, ele

(A) jamais responderá pelos prejuízos, por ser incapaz.
(B) responderá subsidiariamente pela totalidade dos prejuízos, caso o pai não disponha de meios suficientes.
(C) responderá subsidiária e equitativamente pelos prejuízos, caso o pai não disponha de meios suficientes.
(D) responderá solidariamente pela totalidade dos prejuízos.
(E) responderá solidária e equitativamente pelos prejuízos.

A: incorreta, pois segundo o art. 928 do CC, o incapaz pode ser responsabilizado pelos danos que causar; **B**: incorreta, pois segundo o parágrafo único do art. 928 do CC o incapaz responderá equitativamente pelos danos que causar, caso o responsável não possua meios de fazê-lo, não podendo privá-lo do necessário, nem as pessoas que dele dependam; **C**: correta, pois está em conformidade com o art. 928 do CC; **D**: incorreta, pois sua responsabilidade é subsidiária (não solidária) e a indenização deve ser fixada com base na equidade (não necessariamente responderá pela totalidade do prejuízo); **E**: incorreta, pois a responsabilidade dos incapazes é subsidiária e não solidária como apontado.

Gabarito "C".

(Defensor Público/AM – 2013 – FCC) Considerando que o menor não é emancipado, o pai

(A) não responderá pelos prejuízos se o filho dispuser de meios suficientes.
(B) responderá direta e objetivamente pelos prejuízos que o filho houver causado.
(C) responderá direta e subjetivamente pelos prejuízos que o filho houver causado.
(D) responderá subsidiária e objetivamente pelos prejuízos que o filho houver causado.
(E) responderá subsidiária e subjetivamente pelos prejuízos que o filho houver causado.

A responsabilidade dos pais em ralação aos filhos menores que estiverem sob sua guarda ou companhia é direta e objetiva, portanto respondem mesmo que não haja culpa de sua parte, conforme arts. 932 e 933 do Código Civil. Não é demais lembrar que a responsabilidade objetiva prevista no artigo 932 é do tipo complexa - não precisa ser provada a culpa do responsável, mas deve ser provada a culpa do agente (ex: filho menor).

Gabarito "B".

(Defensor Público/AM – 2013 – FCC) Considerando que o menor foi emancipado, por ato voluntário do pai,

(A) o filho responderá sozinho pelos prejuízos.
(B) pai e filho responderão solidária e equitativamente pelos prejuízos.
(C) o pai responderá sozinho pela totalidade dos prejuízos.
(D) pai e filho responderão solidariamente pela totalidade dos prejuízos.
(E) o filho responderá sozinho, mas equitativamente, pelos prejuízos.

Há entendimento do STJ no sentido de que os pais continuam responsáveis pelos atos praticados pelo menor de idade emancipado voluntariamente (AgRg no Ag 1.239.557/RJ, Rel. Min. Maria Isabel Gallotti, julgado em 09/10/2012). Também neste sentido o Enunciado 41 da I Jornada de Direito Civil do Conselho da Justiça Federal dispõe que "a única hipótese em que poderá haver responsabilidade solidária do menor de 18 anos com seus pais é ter sido emancipado nos termos do art. 5º, parágrafo único, inc. I, do novo Código Civil".

Gabarito "D".

2.2.3. Direitos da personalidade

(Defensor Público/AM – 2010 – I. Cidades) Os direitos de personalidade ganham expressão no direito contemporâneo como consectário da afirmação histórica dos direitos humanos. Sobre esses direitos é correto afirmar:

(A) os direitos da personalidade são absolutamente indisponíveis, intransmissíveis e irrenunciáveis, não podendo seu exercício sofrer limitação voluntária.
(B) até mesmo o morto é titular desses direitos e, devidamente representado, tem legitimação para reclamar perdas e danos por violação dos seus direitos.
(C) somente a pessoa natural é titular desses direitos, podendo dispor do próprio corpo, vendendo órgãos ou membros dele, considerado o princípio da autonomia privada.
(D) o direito à intimidade da vida privada é inviolável, estando o juiz impedido de adotar medidas para impedir ou fazer cessar o ato de violação, resolvendo-se em perdas e danos.
(E) são atributos específicos da personalidade e seu titular não pode ser constrangido a submeter-se, com risco de vida, a tratamento médico ou intervenção cirúrgica.

A: incorreta. Os direitos da personalidade são intransmissíveis e irrenunciáveis, mas são relativamente disponíveis. Exemplo: não é possível transmitir ou renunciar o direito à imagem, mas seu titular pode realizar a cessão de uso do direito de imagem de forma temporária, gratuita ou onerosamente (art. 11 do CC); **B**: incorreta. A personalidade jurídica e os direitos da personalidade são extintos com a morte (art. 6º do CC), mas os familiares do morto têm legitimidade para reclamar em nome próprio indenização por dano moral em caso de ofensa dirigida ao morto (*dano moral reflexo ou em ricochete* – art. 12, parágrafo único, CC); **C**: incorreta, pois as *pessoas jurídicas* também são titulares de direitos da personalidade, no que couber (art. 52 do CC). Ademais, não é possível vender órgãos e membros do corpo humano (art. 9º da Lei 9.434/1997); **D**: incorreta. O *juiz pode* adotar medidas para impedir ou fazer cessar o ato de violação à intimidade e à vida priva (art. 21 do CC); **E**: correta. Ninguém pode ser constrangido a submeter-se, com risco de vida, a tratamento médico ou à intervenção cirúrgica (art. 15 do CC).

Gabarito "E".

(Defensoria Pública/MA – 2009 – FCC) Os direitos de personalidade são direitos subjetivos

(A) intransmissíveis e irrenunciáveis em qualquer hipótese, não podendo o seu exercício sofrer limitação voluntária.

(B) intransmissíveis e irrenunciáveis, embora excepcionalmente o seu exercício possa sofrer limitação voluntária, mesmo sem expressa previsão legal.

(C) e, por essa razão, é defeso o ato de disposição do próprio corpo, em qualquer hipótese, quando importar diminuição permanente da integridade física, ou contrariar os bons costumes.

(D) fundamentais, razão pela qual a vida privada da pessoa natural é inviolável, e o juiz, a requerimento do interessado, adotará as providências necessárias para impedir ou fazer cessar ato contrário a esta norma.

(E) fundamentais, razão pela qual é válida, com objetivo científico, ou altruístico, a disposição onerosa do próprio corpo, no todo ou em parte, para depois da morte.

A e B: incorretas. Com *exceção dos casos previstos em lei*, os direitos da personalidade são intransmissíveis e irrenunciáveis, não podendo o seu exercício sofrer limitação voluntária (art. 11 do CC); **C:** incorreta. Salvo por exigência médica, é defeso o ato de disposição do próprio corpo, quando importar diminuição permanente da integridade física, ou contrariar os bons costumes (art. 13 do CC); **D:** correta. Todos os direitos da personalidade são direitos fundamentais e o restante da assertiva está de acordo com o disposto no art. 21 do CC; **E:** incorreta. O direito brasileiro apenas admite a disposição gratuita do corpo ou partes dele (art. 14 do CC e art. 9º da Lei 9.434/1997).

Gabarito "D".

2.3. Pessoas jurídicas

2.3.1. Regras gerais

(Defensor Público/SE – 2012 – CESPE) Com relação às pessoas jurídicas de direito privado, assinale a opção correta.

(A) Se for coletiva a administração das referidas pessoas jurídicas, as decisões devem ser tomadas pela maioria de votos dos presentes, ainda que o ato constitutivo disponha de modo diverso.

(B) O direito de anular a constituição da pessoa jurídica de direito privado por defeito do ato constitutivo decai no prazo de cinco anos, contado da publicação do ato de inscrição no órgão competente.

(C) De acordo com a doutrina, os partidos políticos, por funcionarem e por serem organizados conforme o disposto em lei específica, não são considerados pessoas jurídicas de direito privado.

(D) As pessoas jurídicas podem ser titulares de direitos da personalidade.

(E) A existência legal dessas pessoas jurídicas inicia-se com a inscrição do seu ato constitutivo na junta comercial, vedada a exigência de registro, autorização ou aprovação do poder público.

A: incorreta. Quando for coletiva a administração da pessoa jurídica, as decisões serão tomadas pela maioria de votos dos presentes, salvo se o ato constitutivo dispuser de modo diverso (art. 48 do CC); **B:** incorreta. O prazo decadencial é de três anos (art. 45, parágrafo único, do CC); **C:** incorreta. O Código Civil inseriu os partidos políticos no rol de pessoas jurídicas de direito privado do artigo 44; **D:** correta. Conforme o art. 52 do Código Civil, "aplicar-se-á no que couber, a proteção dos direitos da personalidade à pessoa jurídica". Este também é o entendimento majoritário na doutrina e na jurisprudência do STJ; **E:** incorreta. A existência legal da pessoa jurídica de direito privado começa com a inscrição do ato constitutivo no respectivo registro, precedida, quando necessário, de autorização ou aprovação do Poder Executivo (art. 45 do CC). Nas juntas comerciais devem ser registrados os contratos sociais das sociedades empresárias.

Gabarito "D".

(Defensor Público/RS – 2011 – FCC) Pessoas jurídicas de direito privado, seu processo de personificação e desconsideração de sua personalidade jurídica.

(A) Não se aplica às pessoas jurídicas a proteção dos direitos da personalidade.

(B) A existência legal das pessoas jurídicas de direito privado começa com a inscrição do ato constitutivo no respectivo registro, sendo exigível, em regra, autorização estatal para a sua criação e personificação.

(C) Nos termos do Código Civil, a desconsideração da personalidade jurídica exige a comprovação de fraude ou abuso de direito, sendo prescindível, nesses casos, a demonstração de insolvência da pessoa jurídica, mas necessária a prova da má-fé do sócio gestor.

(D) É cabível a desconsideração da personalidade jurídica "inversa", visando a alcançar bens de sócio que se valeu da pessoa jurídica para ocultar ou desviar bens pessoais, com prejuízo a terceiros.

(E) A teoria da desconsideração da personalidade jurídica não alcança as pessoas jurídicas de direito privado sem fins lucrativos ou de fins não econômicos.

A: incorreta. Às pessoas jurídicas aplica-se, no que couber, a proteção dos direitos da personalidade (art. 52 do CC); **B:** incorreta. A existência legal das pessoas jurídicas de direito privado começa com a inscrição do ato constitutivo no respectivo registro, mas, em regra, não é exigível autorização estatal para sua criação (art. 45 do CC); **C:** incorreta. Não é necessária a prova de fraude nem de má-fé do sócio-gestor para que seja decretada a desconsideração. Nos termos do art. 50 do CC (verificar a nova redação do dispositivo nos termos da Lei 13.874/2019) é necessário que ocorra abuso da personalidade, caracterizado quando há desvio de finalidade (hipótese em que a entidade pratica atos outros que não correspondem ao objeto de sua atividade) ou confusão patrimonial (situação na qual, no plano dos fatos, não há separação entre o patrimônio do sócio e o da pessoa jurídica); **D:** correta. Nos termos do Enunciado 283 da IV Jornada de Direito Civil do Conselho da Justiça Federal, "é cabível a desconsideração da personalidade denominada inversa para alcançar bens de sócio que se valeu da pessoa jurídica para ocultar ou desviar bens pessoais, com prejuízo de terceiros"; **E:** incorreta; de acordo com o Enunciado 284 da mesma Jornada: "As pessoas jurídicas de direito privado sem fins lucrativos ou de fins não econômicos estão abrangidas no conceito de abuso da personalidade jurídica".

Gabarito "D".

2.3.2. Classificações da pessoa jurídica

(Defensor Público/GO – 2010 – I. Cidades) O art. 45 do Código Civil, diz textualmente "Começa a existência legal das pessoas jurídicas de direito privado com a inscrição do ato constitutivo no respectivo registro, precedida, quando necessário, de autorização ou aprovação do Poder Executivo, averbando-se no registro todas as alterações por que passar o ato constitutivo". Porém, mesmo sendo registrados, são desprovidos(das) de personalidade jurídica

(A) as associações.

(B) as fundações.

(C) as organizações religiosas.

(D) os condomínios edilícios.

(E) os partidos políticos.

Dentre todas as entidades elencadas nas alternativas, o condomínio edilício é a única que não figura no rol das pessoas jurídicas de direito privado previsto no art. 44 do CC. Para concursos recomendamos, portanto, que seja gabaritado que o condomínio edilício não é pessoa jurídica. Contudo, devemos alertar que na doutrina o tema é controverso tanto que há Enunciado do CJF dispondo que "deve ser reconhecida personalidade jurídica ao condomínio edilício" (Enunciado 90, alterado pelo Enunciado 246).

Gabarito "D".

2.3.3. Associações

(Defensor Público/ES – 2012 – CESPE) Com relação aos administradores das associações e da capacidade da pessoa natural, julgue os itens a seguir.

(1) De acordo com a lei, deve ser de grau elevado a insanidade que enseje a interdição e a possibilidade de anulação dos atos praticados anteriormente.

(2) Nas associações, não há responsabilidade solidária entre os administradores, de forma que um não responde pelos atos praticados por outro.

1: incorreta, pois pode ser interditada a pessoa com qualquer grau de insanidade, desde que reduza (incapacidade relativa) ou retire por completo (incapacidade absoluta) o discernimento da pessoa. Além disso, em regra, a interdição produz efeitos *ex nunc*, não retroagindo para invalidar atos pretéritos; **2**: correta, pois não há entre os associados, obrigações ou direitos recíprocos, conforme art. 53, parágrafo único, do CC.

Gabarito 1E, 2C.

2.4. Domicílio

(Defensoria Pública/MT – 2009 – FCC) Assinale a alternativa que se coaduna com o Código Civil brasileiro.

(A) Tem domicílio necessário o absolutamente incapaz, o servidor público, o militar e o marítimo, apenas.

(B) O domicílio necessário do incapaz é o do seu representante ou assistente; o do servidor público, o lugar em que exercer permanentemente suas funções; o do militar, onde servir, e, sendo da Marinha ou da Aeronáutica, a sede do comando a que se encontrar imediatamente subordinado; o do marítimo, onde o navio estiver matriculado; e o do preso, o lugar em que cumprir a sentença.

(C) O domicílio da pessoa natural é o lugar onde ela estabelece a sua residência com ânimo definitivo, não admitindo o direito atualmente vigente a pluralidade de domicílios.

(D) Consideram-se bens imóveis para os efeitos legais o direito à sucessão aberta e os direitos reais e as ações que os asseguram.

(E) Os bens naturalmente divisíveis podem tornar-se indivisíveis por determinação da lei, mas não por vontade das partes.

A: incorreta. A assertiva está errada em razão da expressão "apenas", pois o relativamente incapaz e o preso também têm domicílio necessário (art. 76 do CC); **B**: correta. Está de acordo com o art. 76, parágrafo único, do CC; **C**: incorreta. O direito civil brasileiro admite a pluralidade de *domicílios naturais* (quando a pessoa vive alternadamente em mais de uma residência – art. 71 do CC) e de *domicílios profissionais* (quando a pessoa exercer profissão em lugares diversos – art. 72 do CC); **D**: incorreta, pois somente os direitos reais (e as ações que os asseguram) sobre bens imóveis são considerados imóveis (art. 80, I, do CC); **E**: incorreta. A indivisibilidade também pode decorrer da vontade das partes (art. 88 do CC).

Gabarito "B".

2.5. Bens

(Defensor Público/AM – 2010 – I. Cidades) O domínio público constitui-se pelo conjunto de bens públicos que inclui imóveis e móveis. Da relação domínio público/ bens públicos e de sua regulamentação pode-se afirmar:

(A) domínio público equivale à propriedade pública determinada pela titularidade do bem.

(B) os direitos sobre as coisas públicas, quando objeto de regulamentação em lei civil, têm caráter privatístico.

(C) em razão da titularidade, qualquer que seja sua espécie, é vedado o uso comum de bens públicos.

(D) os bens públicos dominicais podem ser alienados, observadas as exigências da lei, tendo em vista o cumprimento da função social das coisas disponíveis.

(E) a Constituição Federal assegura a penhorabilidade dos bens públicos contra o Poder Público inadimplente, em garantia à satisfação dos credores do erário.

A: incorreta. Domínio público em sentido amplo abrange tanto os bens pertencentes ao Estado (bens públicos – propriedade pública) como aqueles em relação aos quais sua utilização subordina-se às normas estabelecidas por este (bens particulares de interesse público) e ainda as coisas inapropriáveis individualmente, mas de fruição geral da coletividade (*res nullius*); assim, tal ideia abrange tanto o domínio patrimonial (sobre os bens públicos), como o domínio eminente (sobre todas as coisas de interesse público), entendido este como o poder político pelo qual o Estado submete à sua vontade todas as coisas de seu território, no ensinamento de Hely Lopes Meirelles; em nome do domínio eminente é que são estabelecidas as limitações administrativas, as servidões etc.; **B**: incorreta, pois, mesmo quando uma lei privada, como o Código Civil, regulamenta bens públicos, essa regulamentação é de natureza pública e não privatística, já que tais bens são submetidos a normas de Direito Público; **C**: incorreta, pois há espécie de bens públicos, no caso, a dos bens de uso comum do povo, que admite esse tipo de uso (art. 99, I, do CC); **D**: correta, consoante art. 101 do CC; **E**: incorreta. Os bens públicos são impenhoráveis (art. 100 do CC), devendo a execução em face da Fazenda Pública se consumar mediante pagamento imediato, no caso, de débitos de pequeno valor, ou por meio da expedição de precatório, com pagamento no prazo previsto na Constituição.

Gabarito "D".

(Defensoria Pública/ES – 2009 – CESPE) De acordo com o Código Civil, julgue os itens seguintes.

(1) Os direitos reais sobre imóveis e as ações que os asseguram, bem como o direito à sucessão aberta, são considerados bens imóveis para os efeitos legais, de acordo com o Código Civil.

(2) As pertenças não seguem necessariamente a lei geral de gravitação jurídica, por meio da qual o acessório sempre seguirá a sorte do principal. Por isso, se uma propriedade rural for vendida, desde que não haja cláusula que aponte em sentido contrário, o vendedor não estará obrigado a entregar máquinas, tratores e equipamentos agrícolas nela utilizados.

1: correta. Os direitos reais sobre imóveis e as ações que os asseguram, bem como o direito à sucessão aberta são considerados *bens imóveis por determinação legal* (art. 80, I e II, do CC); **2**: correta. Pertenças são os bens que, não constituindo partes integrantes, se destinam, de modo duradouro, ao uso, ao serviço ou ao aformoseamento de outro (ex: tratores). Os negócios jurídicos que dizem respeito ao bem principal não abrangem as pertenças, salvo se o contrário resultar da lei, da manifestação de vontade, ou das circunstâncias do caso (arts. 93 e 94 do CC).

Gabarito 1C, 2C

(Defensoria Pública/PI – 2009 – CESPE) Ao realizar uma reforma de seu imóvel, o proprietário demoliu algumas paredes de sua casa e conservou as portas e janelas que estavam ali instaladas, pensando em revendê-las, já que eram muito antigas e bastante valiosas. Nesse caso, as referidas portas e janelas são consideradas

(A) bens móveis, porque são decorrentes de demolição.
(B) bens imóveis, porque foram apenas provisoriamente retiradas para serem empregadas em um bem da mesma natureza.
(C) pertenças, porque, de modo ideal, sempre estarão agregadas a um bem imóvel.
(D) bens imóveis por força de ficção legal, em função do seu alto valor em relação ao bem principal.
(E) bens móveis por antecipação, porque, apesar de ligadas ao imóvel, passaram a ser objeto de negócio separado.

Nos termos do art. 84 do CC, os materiais destinados a alguma construção, enquanto não forem empregados, conservam sua qualidade de móveis; readquirem essa qualidade os *provenientes da demolição* de algum prédio. Os materiais de demolição somente não perdem a característica de imóveis se forem provisoriamente separados do prédio, para nele se reempregarem (art. 81, II, CC).

Gabarito "A".

2.6. Fatos jurídicos

2.6.1. Defeitos do negócio jurídico

(Defensor Público/PE – 2018 – CESPE) Nonato ficou desempregado e deixou de pagar as prestações do financiamento de sua única casa. Na iminência de ter a sua residência leiloada e sem outro local para morar com a família, Nonato procurou Raimundo e a ele vendeu o seu veículo por R$ 5.000; o valor de mercado do veículo era R$ 25.000 e Raimundo sabia da desesperada situação financeira de Nonato. Três anos depois, Nonato procurou a Defensoria Pública com o intuito de reaver o seu veículo.

Com referência a essa situação hipotética, assinale a opção correta.

(A) Operou-se a decadência para discutir a venda do veículo: o prazo decadencial para anular o negócio jurídico em virtude de vício de consentimento é de dois anos.
(B) O negócio jurídico realizado por Nonato e Raimundo é anulável pelo vício de consentimento da lesão.
(C) Trata-se de anulação de negócio jurídico por vício de consentimento, então, dessa forma, não é possível a revisão do contrato para que Raimundo pague pelo veículo o valor de mercado da época da realização do negócio.
(D) O negócio jurídico é anulável pelo dolo, já que Raimundo se aproveitou da situação desesperadora de Nonato.
(E) O caso é de anulação de negócio jurídico pelo estado de perigo: Nonato, sob premente perigo de perder seu único imóvel, assumiu obrigação excessivamente onerosa.

A: incorreta, pois o prazo decadencial é de 4 anos (art. 178, II CC); **B:** correta, configura-se a lesão quando uma pessoa, sob premente necessidade, ou por inexperiência, se obriga a prestação manifestamente desproporcional ao valor da prestação oposta (art. 157 CC). No caso em tela Nonato estava desesperado para conseguir algum dinheiro e Raimundo se aproveitou disso, se abusando da frágil situação do parceiro; **C:** incorreta, pois é possível que o contrato seja revisto, isto é, que Raimundo pague a diferença e fique com o carro. Dessa forma, evita-se a anulação do contrato (art. 157, § 2º, CC); **D:** incorreta, pois o dolo ocorre nos casos em que há uma situação omissa em que, se a parte que foi ludibriada soubesse da circunstância não realizaria o negócio jurídico da maneira como o fez (art. 145 CC). No caso em questão não houve nada omisso, pois todas as tratativas foram feitas com a plena ciência das partes; **E:** incorreta, pois o estado de perigo ocorre quando alguém, premido da necessidade de salvar-se, ou a pessoa de sua família, de grave dano conhecido pela outra parte, assume obrigação excessivamente onerosa. Na hipótese em questão ninguém corria risco de vida (art. 156, *caput*, CC).

Gabarito "B".

(Defensor Público/AC – 2017 – CESPE) Pedro, recém-chegado a Rio Branco, adquiriu de Ana um apartamento na cidade e, posteriormente, descobriu que havia pagado, pelo imóvel, valor equivalente ao dobro da média constatada no mercado, uma vez que desconhecia a real situação imobiliária local e tinha pressa em adquirir um apartamento para abrigar sua família.

Nessa situação hipotética, o negócio poderá ser anulado, uma vez que apresenta o vício de consentimento denominado

(A) dolo.
(B) lesão.
(C) fraude contra credores.
(D) estado de perigo.
(E) coação.

A: incorreta, pois o dolo ocorre nos casos em que há uma situação omissa em que, se a parte que foi ludibriada soubesse da circunstância não realizaria o negócio jurídico da maneira como o fez (art. 145 CC). No caso em tela não houve nada omisso, apenas inexperiência do agente; **B:** correta, configura-se a lesão quando uma pessoa, sob premente necessidade, ou por inexperiência, se obriga a prestação manifestamente desproporcional ao valor da prestação oposta (art. 157 CC). No caso em tela Pedro estava desesperado para conseguir um apartamento e Ana se aproveitou da inexperiência do rapaz; **C:** incorreta, pois a fraude contra credores é uma prerrogativa dos credores quirografários de anular o negócio jurídico feito por devedor insolvente ou por ele reduziu do à insolvência quando este pratica transmissão gratuita de bens ou perdoa dívidas (art. 158 CC); **D:** incorreta, pois o estado de perigo ocorre quando alguém, premido da necessidade de salvar-se, ou a pessoa de sua família, de grave dano conhecido pela outra parte, assume obrigação excessivamente onerosa. Na hipótese em questão ninguém corria risco de vida (art. 156, *caput*, CC); **E:** incorreta, pois a coação, para viciar a declaração da vontade, há de ser tal que incuta ao paciente fundado temor de dano iminente e considerável à sua pessoa, à sua família, ou aos seus bens (art. 151 CC). Na hipótese em questão não houve nenhum tipo de ameaça a Pedro.

Gabarito "B".

(Defensor Público –DPE/BA – 2016 – FCC) Hugo, ao descobrir que sua filha precisava de uma cirurgia de urgência, emite ao hospital, por exigência deste, um cheque no valor de cem mil reais. Após a realização do procedimento, Hugo descobriu que o valor comumente cobrado para a mesma cirurgia é de sete mil reais. Agora, está sendo cobrado pelo cheque emitido e, não tendo a mínima condição de arcar com o pagamento da cártula, procura a Defensoria Pública de sua cidade. Diante desta situação, é possível buscar judicialmente a anulação do negócio com a alegação de vício do consentimento chamado de

(A) erro substancial.
(B) lesão.
(C) estado de perigo.
(D) dolo.
(E) coação.

A: incorreta, pois o erro é a falsa percepção da realidade, a qual não foi induzida (CC, art. 138); **B:** incorreta, pois no caso de lesão não há necessidade de se salvar, como é a hipótese narrada (CC, art. 157); **C:** correta, pois o fato descrito encaixa-se com precisão na tipificação legal, que prevê a ocorrência do estado de perigo quando alguém *"premido da necessidade de salvar-se, ou a pessoa de sua família, de grave dano conhecido pela outra parte, assume obrigação excessivamente onerosa"* (CC, art. 156); **D:** incorreta, pois o dolo é o vício do consentimento no qual uma pessoa – mediante um artifício malicioso – conduz a vítima à falsa percepção da realidade (CC, art. 145). O dolo é, por assim dizer, o erro induzido; **E:** incorreta, pois na coação uma pessoa – mediante violência ou grave ameaça – conduz a vítima a praticar negócio que não praticaria se livre estivesse (CC, art. 151).
Gabarito "C".

(Defensor Público/AC – 2012 – CESPE) João adquiriu de Caio uma gleba, com o propósito, conhecido das partes contratantes, de implementação de um loteamento. Efetuada a referida compra, João percebeu que a legislação municipal desautorizava a realização do empreendimento.

Considerando a situação hipotética acima apresentada e os defeitos dos negócios jurídicos, assinale a opção correta.

(A) Se, por ocasião da venda, Caio tivesse conhecimento das limitações impostas pela legislação municipal e, mesmo assim, tivesse assegurado ao comprador que a gleba poderia ser loteada, garantindo, inclusive, determinada rentabilidade, motivo determinante do negócio, o resultado prático seria totalmente dissonante da informação prestada e a manifestação de vontade seria viciosa devido a erro.
(B) Se Caio tivesse obrigado João a realizar a compra mediante a ameaça de agredir alguém de sua família, o negócio jurídico seria anulável por coação, ainda que o comprador fosse adquirir o bem de qualquer maneira.
(C) A compra e a venda não podem ser anuladas, pois o desconhecimento da lei não vicia a declaração de vontade, sendo sua ignorância inescusável.
(D) O negócio jurídico em questão é passível de anulação, visto que foi celebrado com base em disciplina jurídica equivocada, ocorrendo a anulação por erro de direito.
(E) É de três anos o prazo decadencial para pleitear a anulação do negócio jurídico com fundamento na existência de vícios da vontade, como o erro, o dolo e a coação.

A: incorreta, pois se houvesse a indução maliciosa objetivando viciar a vontade de João para que realizasse o negócio jurídico estaria caracterizado o dolo positivo, previsto no art. 145 do CC; **B:** incorreta. Para anular o negócio jurídico a coação deve ser determinante para a manifestação de vontade, alterando o que era desejado livremente pelo coagido (art. 151 do CC); **C:** incorreta, pois o desconhecimento da lei (erro de direito – art. 139, III) pode ser alegado para anular negócio jurídico. Além disso, no Código Civil de 2002 o erro não precisa ser escusável para que o negócio jurídico seja anulado (art. 138/CC); **D:** correta, pois nos termos do art. 139, III do Código Civil, o erro de direito pode ser alegado para *anular negócio jurídico* celebrado entre as partes. Este dispositivo não revogou o art. 3º da LINDB que proíbe a alegação de erro de direito para *afastar a aplicação da lei* (ex: sanção legal); **E:** incorreta. Segundo o art. 178 do CC, o prazo pra pleitear a anulação do negócio jurídico é decadencial de 4 anos, contados a partir da data de celebração do negocio jurídico viciado por erro, dolo, estado de perigo, lesão ou fraude contra credores.
Gabarito "D".

(Defensor Público/PR – 2012 – FCC) Devido a dificuldades financeiras, Andrei teve de penhorar antigo relógio deixado de herança pelo seu falecido pai. O bem foi repassado a terceiro, deixando Andrei com um grande sentimento de culpa pelo ocorrido. Contudo, durante um almoço, Andrei vê o relógio que julga ser aquele que pertenceu ao seu genitor na posse de Marcus, seu colega de trabalho. Informando ao colega detalhes da história familiar e que possui a relojoaria como *hobby*, devido ao aprendizado que teve com seu pai, relojoeiro de profissão, Andrei questiona Marcus "se este venderia o relógio que era do seu pai pelo valor X", o que é aceito pelo vendedor, que silencia tratar-se de peça que jamais pertenceu à família de Andrei, fato que vem a ser constatado pelo mesmo três semanas após a aquisição. O adquirente sentiu-se lesado por ter pago preço que considera desproporcional pelo bem, o qual não iria adquirir em razão da ausência de identidade do objeto adquirido. Trata-se de hipótese de

(A) nulidade do negócio jurídico por simulação relativa.
(B) anulabilidade do negócio jurídico por erro essencial de Andrei.
(C) anulabilidade do negócio jurídico por dolo substancial praticado de forma omissiva por Marcus.
(D) inexistência do negócio jurídico, por inidoneidade do objeto.
(E) anulabilidade do negócio jurídico pela configuração de lesão.

A: incorreta. A hipótese retratada no enunciado revela a existência de dolo negativo e substancial por parte do vendedor do relógio que omitiu informação relevante sobre a natureza do objeto com o objetivo de prejudicar o comprador. Não se confunde, portanto, com a simulação, vício caracterizado pelo conluio entre os contratantes para enganar terceiros (art. 167 do CC); **B:** incorreta. Somente haveria erro na hipótese se o adquirente do bem tivesse se enganado sozinho ("quem erra, erra sozinho; se a pessoa foi induzida a erro haverá dolo"); **C:** correta. Trata-se de dolo substancial (o fato omitido era determinante para a celebração do negócio jurídico) praticado da forma omissiva por Marcus conforme os arts. 145 e 147 do CC; **D:** incorreta. O enunciado não retrata inidoneidade do objeto e, se retratasse, o negócio jurídico seria nulo (art. 166, II, CC); **E:** incorreta. A lesão ocorre quando uma pessoa por premente necessidade ou por inexperiência assume uma obrigação manifestamente desproporcional em relação à contraprestação oposta, conforme art. 157 do CC.

(Defensor Público/SE – 2012 – CESPE) Assinale a opção correta acerca dos negócios jurídicos.

(A) Os negócios jurídicos podem ser praticados pelo titular do direito negociado ou por seu representante; assim, qualquer manifestação de vontade do representante produz efeitos em relação ao representado.
(B) Na análise de um negócio jurídico bilateral, deve-se, em atendimento ao princípio da autonomia da vontade, aplicar o sentido literal da linguagem consubstanciado no negócio, e não, o da intenção dos contratantes.
(C) Ocorrerá defeito no negócio jurídico quando as declarações de vontade emanarem de erro substancial que poderia ser percebido por pessoa de diligência normal, em face das circunstâncias do negócio; assim, considera-se substancial o erro quando, sendo de direito e não implicando recusa à aplicação da lei, for ele o motivo único ou principal do negócio jurídico.
(D) O dolo provoca a nulidade dos negócios jurídicos, exceto quando praticado por terceiro, e, se ambas as partes procederem com dolo, nenhuma delas poderá alegá-lo para anular o negócio ou reclamar indenização.
(E) Não provoca vício ao negócio jurídico o fato de as suas condições se sujeitarem ao puro arbítrio de uma das partes.

A: incorreta, pois conforme dispõe o art. 116 do CC somente a manifestação de vontade do representante realizada nos limites de seus poderes obrigará o representado; **B:** incorreta. Nos termos do art. 112 do CC, nas declarações de vontade se atenderá mais à intenção nelas consubstanciada do que ao sentido literal da linguagem; **C:** correta, pois a alternativa reproduz o conteúdo dos arts. 138 e 139, III, do CC; **D:** incorreta, pois o dolo pode provocar a *anulabilidade* do negócio jurídico e não sua *nulidade* (art. 145 do CC). Mesmo se praticado por terceiro o dolo pode determinar a anulabilidade do negócio (art. 148 do CC). Se ambas as partes procederem com dolo, nenhuma pode alegá-lo para anular o negócio (art. 150 do CC); **E:** incorreta, pois as condições puramente potestativas contaminam o negócio jurídico invalidando-o (arts. 122 e 123, II, CC).

(Defensor Público/SP – 2012 – FCC) Em relação aos defeitos do negócio jurídico, é correto afirmar:

(A) O dolo recíproco enseja a anulação do negócio jurídico e a respectiva compensação das perdas e ganhos recíprocos.
(B) O dolo do representante legal de uma das partes obriga o representado a responder civilmente perante a outra parte, independente do proveito que houver auferido.
(C) O dolo do representante convencional de uma das partes obriga o representado a responder civilmente perante a outra parte, até o limite do proveito que houver auferido.
(D) A caracterização da omissão dolosa em negócio bilateral exige a prova de que sem a omissão o negócio não teria sido celebrado.
(E) O dolo de terceiro enseja a anulação do negócio jurídico, independente do conhecimento das partes contratantes.

A: incorreta. Em conformidade com o art. 150 do CC, se ambas as partes agirem com dolo (bilateral/recíproco), nenhuma delas poderá alegá-lo para que o negócio jurídico seja anulado; **B:** incorreta. O dolo do representante legal obrigará o representado responder civilmente *até a importância de seu proveito* (art. 149 do CC); **C:** incorreta. O dolo do representante convencional obrigará o representado a responder *solidariamente* com o representante pelas perdas e danos (art. 149 do CC); **D:** correta. Nos negócios jurídicos bilaterais, o silêncio intencional de uma das partes a respeito de fato ou qualidade que a outra parte haja ignorado, constitui omissão dolosa, provando-se que sem ela o negócio não se teria celebrado (art. 147 do CC); **E:** incorreta. O dolo de terceiro enseja a anulação apenas se a parte a quem aproveite dele tivesse ou devesse ter conhecimento (art. 148 do CC).

2.6.2. Invalidade do negócio jurídico

(Defensor Público/AM – 2013 – FCC) São nulos os atos

(A) praticados com a reserva mental de se descumprir a avença, tenha ou não conhecimento do fato o destinatário da manifestação.
(B) emanados de erro substancial que poderia ser percebido por pessoa de diligência normal, em face das circunstâncias do negócio.
(C) quando a lei taxativamente os declarar nulos ou lhes proibir a prática sem cominar sanção.
(D) praticados sob coação ou em fraude contra credores.
(E) praticados pelos relativamente incapazes.

A: incorreta. A manifestação de vontade *subsiste* ainda que o seu autor haja feito a reserva mental de não querer o que manifestou, salvo se dela o destinatário tinha conhecimento (art. 110 do CC); **B:** incorreta, pois são *anuláveis* os atos emanados de erro substancial que poderia ser percebido por pessoa de diligência normal, em face das circunstâncias do negócio (art. 138 do CC); **C:** correta. Está de acordo com o art. 166, VII, do CC; **D:** incorreta. Os negócios jurídicos praticados sob coação ou fraude contra credores são anuláveis (art. 171, II, do CC); **E:** incorreta, pois os atos praticados pelos relativamente incapazes sem assistência são anuláveis (art. 171, I, CC).

(Defensor Público/BA – 2010 – CESPE) Julgue os próximos itens, a respeito dos defeitos e da nulidade dos negócios jurídicos.

(1) Tanto nos casos de declaração de nulidade quanto nos de decretação de anulação do negócio jurídico, ocorre o retorno das partes à situação anterior.
(2) Caso o declaratário desconheça o grave dano a que se expõe o declarante ou pessoa de sua família, não ficará caracterizado o estado de perigo.
(3) Para que se caracterize lesão ao negócio jurídico, a desproporção entre a obrigação assumida pela parte declarante e a prestação oposta deve ser mensurada no momento da constituição do negócio.

1: correta. É pacífico na doutrina que a *declaração de nulidade* produz efeitos *ex tunc* (retroativos). Contudo, quanto à *decretação de anulabilidade* há forte divergência doutrinária. A doutrina tradicional aponta a eficácia *ex nunc*, mas o legislador do Código Civil de 2002 parece ter optado pela eficácia *ex tunc*, ao dispor que, "anulado o negócio jurídico, restituir-se-ão as partes ao estado em que antes dele se achavam, e, não sendo possível restituí-las, serão indenizadas com o equivalente" (art.

182 do CC); **2:** correta. O art. 156 do CC exige que o grave dano seja conhecido pelo declaratário: "Configura-se o estado de perigo quando alguém, premido da necessidade de salvar-se, ou a pessoa de sua família, *de grave dano conhecido pela outra parte*, assume obrigação excessivamente onerosa"; **3:** correta, pois o momento para a verificação da lesão é o da *celebração do negócio* (art. 157, § 1º, do CC).

Gabarito 1C, 2C, 3C

(Defensoria Pública/ES – 2009 – CESPE) Acerca dos atos e fatos jurídicos no direito civil, julgue os itens a seguir.

(1) Com relação à validade do negócio jurídico, considera-se que, não dispondo a lei em contrário, a escritura pública apenas é essencial à validade dos negócios jurídicos que visem à constituição, transferência, modificação ou renúncia de direitos reais sobre imóveis de valor superior a sessenta vezes o maior salário mínimo vigente no país.

(2) Será nulo o negócio jurídico se o motivo determinante de uma das partes for ilícito.

(3) A interrupção da prescrição, quando efetuada contra o devedor solidário, envolverá os demais, incluindo os seus herdeiros.

1: incorreta, pois deve-se tratar de imóvel com valor superior a 30 salários mínimos (art. 108 do CC); **2:** incorreta, pois o negócio só será nulo se o motivo determinante, *comum a ambas* as partes, for ilícito (art. 166, III, do CC); **3:** correta (art. 204, § 1º, parte final, do CC).

Gabarito 1E, 2E, 3C

(Defensoria Pública/MT – 2009 – FCC) São causas de anulabilidade do negócio jurídico:

(A) a simulação e a lesão.
(B) a fraude à execução e o estado de perigo.
(C) a fraude à execução e o dolo, quando este for a sua causa.
(D) o não revestimento de forma prescrita em lei.
(E) a coação e fraude contra credores.

A: incorreta. A simulação torna o ato nulo (art. 167 do CC); **B e C:** incorretas. A fraude à execução (que não se confunde com fraude contra credores) torna o negócio *ineficaz* perante os credores; **D:** incorreta. A desobediência à forma torna o negócio nulo (art. 166, IV, do CC); **E:** correta (art. 171, II, do CC).

Gabarito "E".

(Defensoria Pública/PA – 2009 – FCC) Sobre o negócio jurídico, é lícito preconizar que

(A) é anulável o negócio jurídico simulado, mas subsistirá o que se dissimulou, se válido for na substância e na forma.
(B) são nulos quando as declarações de vontade emanarem de erro substancial que poderia ser percebido por pessoa de diligência normal, em face das circunstâncias do negócio.
(C) pode também ser anulado por dolo de terceiro, ainda que a parte a quem aproveite dele não tivesse ou devesse ter conhecimento; de todo modo, ainda que subsista o negócio jurídico, o terceiro responderá por todas as perdas e danos da parte a quem ludibriou.
(D) o negócio anulável pode ser confirmado expressa ou tacitamente pelas partes, salvo direito de terceiro.
(E) o negócio jurídico será nulo de pleno direito se ambas as partes procederem com dolo.

A: incorreta. É *nulo* o negócio simulado (art. 167 do CC); **B:** incorreta. O erro torna o negócio *anulável* (art. 171, II, do CC); **C:** incorreta. Nesse caso, o negócio não pode ser anulado, pois a parte a quem aproveita o negócio não tem ou não deveria ter conhecimento do dolo de terceiro, cabendo apenas cobrar perdas e danos junto ao terceiro (art. 148 do CC); **D:** correta (art. 172 do CC); **E:** incorreta, uma vez que, nesse caso, nenhuma das partes pode alegar a invalidade, que é relativa, para anular o negócio, nem mesmo poderá pedir perdas e danos (art. 150 do CC).

Gabarito "D".

(Defensoria Pública/PA – 2009 – FCC) São anuláveis os negócios jurídicos

(A) celebrados com dolo de uma das partes e nulos aqueles realizados sob coação que incuta ao paciente fundado temor de dano iminente e considerável à sua pessoa, à sua família, ou aos seus bens.
(B) simulados, mas subsistirá o que se dissimulou, se válido for na substância e na forma.
(C) celebrados por pessoa absolutamente incapaz.
(D) se não revestirem a forma prescrita em lei.
(E) quando praticados em estado de perigo ou em fraude contra credores.

A: incorreta, pois a coação torna o ato anulável (art. 171, II, do CC); **B:** incorreta, pois a simulação torna o ato nulo (art. 167 do CC); **C:** incorreta, pois, nesse caso, o ato é nulo (art. 166, I, do CC); **D:** incorreta, pois, nesse caso, o ato é nulo (art. 166, IV, do CC); **E:** correta (arts. 156 e 158 do CC).

Gabarito "E".

(Defensor Público/MS – 2008 – VUNESP) Indique a alternativa correta.

(A) A invalidade do instrumento induz a do negócio jurídico, mesmo que se possa provar sua existência, por outro meio lícito.
(B) Ninguém pode reclamar o que, por uma obrigação anulada, pagou a um incapaz, se não provar que reverteu em proveito dele a importância paga.
(C) Quando a lei dispuser que um ato é anulável, sem estabelecer prazo para a anulação, será de quatro anos, a contar da conclusão do ato.
(D) Além dos casos expressamente declarados em lei, é anulável o negócio jurídico por incapacidade absoluta do agente.

A: incorreta. A invalidade do instrumento não induz a do negócio jurídico sempre que este puder provar-se por outro meio (art. 183 do CC); **B:** correta. A alternativa reflete o disposto no art. 181 do CC; **C:** incorreta. Quando a lei dispuser que determinado ato é anulável, sem estabelecer prazo para pleitear-se a anulação, será este de dois anos, a contar da data da conclusão do ato (art. 179 do CC); **D:** incorreta. A incapacidade absoluta do agente é causa de nulidade do negócio jurídico (art. 166, I, do CC).

Gabarito "B".

2.6.3. Atos ilícitos

(Defensor Público/MS – 2008 – VUNESP) No tocante à teoria do abuso do direito, na forma consagrada no Código Civil, assinale a alternativa correta.

(A) Exige-se o elemento culposo para a caracterização de um ato de abuso, traduzido no interesse.
(B) A ilicitude de um ato não pode ser condicionada ao seu objeto, ou seja, ao efeito material e jurídico.

(C) Caracteriza-se por uma observação objetiva da conduta que excede os limites impostos na forma da lei.
(D) Não há dano lícito, em nenhuma hipótese que se observe a prática de um ato contrário ao direito.

A: incorreta, pois de acordo com o disposto no art. 187 do CC, "comete ato ilícito o titular de um direito que, ao exercê-lo, excede manifestamente os limites impostos pelo seu fim econômico ou social, pela boa-fé ou pelos bons costumes", ou seja, o Código Civil adotou a teoria subjetiva, erigindo o dolo e a culpa como fundamentos para a obrigação de reparar o dano; **B:** incorreta. A ilicitude de um ato depende da existência de dano. A inexistência de dano torna sem objeto a pretensão à sua reparação; **C:** correta, pois o abuso de direito gera responsabilidade objetiva (art. 187 do CC); **D:** incorreta, pois há atos lesivos que não são considerados ilícitos, como, por exemplo, aqueles descritos nos artigos 188, 929 e 930 do CC.
Gabarito "C".

2.7. Prescrição e decadência

(Defensor Público –DPE/BA – 2016 – FCC) De acordo com as disposições do Código Civil, a prescrição

(A) não admite renúncia tácita, mas somente expressa.
(B) admite renúncia antes de sua consumação, desde que se refira a interesses disponíveis de pessoas capazes.
(C) pode ser renunciada por relativamente incapaz, mediante assistência de seu representante legal, independentemente de autorização judicial.
(D) corre em desfavor de pessoa relativamente incapaz.
(E) não corre entre pai e filho menor emancipado.

A: incorreta, pois o Código Civil (art. 191) admite a renúncia tácita da prescrição, exigindo-se apenas que ela ocorra quando a prescrição já tiver sido consumada; **B:** incorreta, pois o Código Civil não admite renúncia da prescrição antes de sua consumação (art. 191); **C:** incorreta, pois tal renúncia equipara-se a um ato de disposição patrimonial e que onera o relativamente incapaz, não se podendo exercer sem autorização judicial; **D:** correta, pois apenas o absolutamente incapaz está protegido pela regra de impedimento de prazo prescricional (CC, art. 198, I); **E:** incorreta, pois apenas durante o poder familiar é que não corre prescrição entre ascendente e descendente (CC, art. 197, II). A emancipação é causa de extinção do poder familiar (CC, art. 1.635, II).
Gabarito "D".

(Defensor Público –DPE/MT – 2016 – UFMT) Sobre a prescrição e a decadência, assinale a afirmativa correta.

(A) Não corre prescrição contra o relativamente incapaz.
(B) O termo inicial da prescrição nas ações de indenização é a data do fato, e não a data em que restar constatada a lesão ou seus efeitos, em observância ao princípio da *actio nata*.
(C) A renúncia à prescrição poderá ser expressa ou tácita e deve ser realizada depois que se consumar.
(D) A interrupção da prescrição, que somente poderá ocorrer uma vez, dar-se-á por qualquer ato, judicial ou extrajudicial, que constitua em mora o devedor.
(E) A renúncia à decadência fixada em lei será válida, mas não se admite, nesse caso, a modalidade tácita.

A: incorreta, pois somente o absolutamente incapaz é beneficiado por tal regra de impedimento prescricional (CC, art. 198, I), a qual, aliás, também se aplica à decadência (CC, art. 208); **B:** incorreta, pois o STJ já decidiu que o termo inicial é a data da ciência da lesão ou seus efeitos (nesse sentido, a Súmula 278 do STJ, que trata sobre o tema específico do seguro obrigatório); **C:** correta, pois a renúncia (que pode ser expressa ou tácita) à prescrição só é admitida quando o devedor já possui tal benefício em mãos, ou seja, quando a prescrição já está consumada; **D:** incorreta, pois as hipóteses de interrupção da prescrição estão listadas *numerus clausus* no art. 202 do CC; **E:** incorreta, pois é nula a renúncia à decadência fixada em lei (CC, art. 209).
Gabarito "C".

(Defensor Público/AM – 2013 – FCC) A prescrição

(A) deve ser arguida em preliminar de contestação, sob pena de preclusão.
(B) não corre contra o relativamente incapaz.
(C) pode ser convencionada entre as partes.
(D) não corre contra ascendentes e descendentes, mesmo depois de extinto o poder familiar.
(E) é interrompida pelo protesto cambial.

A: incorreta. A prescrição pode ser alegada em qualquer grau de jurisdição (art. 193 do CC); **B:** incorreta. O prazo prescricional corre contra os relativamente incapazes, que têm ação contra os seus assistentes ou representantes legais, que derem causa à prescrição, ou não a alegarem oportunamente (art. 195 do CC); **C:** incorreta, pois os prazos prescricionais não podem ser criados nem alterados pela vontade das partes (art. 192 do CC); **D:** incorreta, uma vez que o prazo prescricional entre ascendentes e descendentes não correm apenas durante o exercício do poder familiar (art. 197, II, do CC); **E:** correta, está de acordo com o art. 202, III, do CC.
Gabarito "E".

(Defensor Público/RS – 2011 – FCC) Incidência dos Institutos da prescrição e da decadência na teoria das invalidades do negócio jurídico.

(A) Segundo o Código Civil, as nulidades, por ofenderem interesse público, podem ser arguidas pelas partes, sendo vedado ao juiz conhecê-las de ofício em processo que verse sobre a validade de determinado negócio jurídico.
(B) O negócio jurídico nulo não convalesce pelo decurso do tempo, razão pela qual apenas as anulabilidades estão sujeitas a prazos prescricionais.
(C) A invalidade do instrumento contratual induz necessariamente a invalidade do negócio jurídico.
(D) A decretação judicial é necessária para o reconhecimento de nulidades e anulabilidades, pois estas espécies de vícios não têm efeito antes de julgados por sentença.
(E) Respeitada a intenção das partes, é cabível a manutenção do negócio jurídico no caso de reconhecimento de invalidade parcial, a qual não o prejudicará na parte válida se desta for separável.

A: incorreta, já que a nulidade deve ser pronunciada de ofício pelo juiz (art. 168, parágrafo único, do CC); **B:** incorreta, embora as nulidades não se convalidem com o decurso do tempo, para as anulabilidades corre **prazo decadencial (e não de prescrição como apontado na assertiva) por se tratar de exercício de direito potestativo**; **C:** incorreta. "A invalidade do instrumento não induz a do negócio jurídico sempre que este puder provar-se por outro meio" (art. 183 do CC); **D:** incorreta, pois o ato nulo não produz nenhum efeito, e a manifestação judicial nesse caso é meramente declaratória; **E:** correta, conforme o art. 184 do CC.
Gabarito "E".

(Defensoria Pública/SP – 2010 – FCC) É correto afirmar que

(A) a prescrição e a decadência admitem renúncia.
(B) a renúncia ao prazo prescricional pode ser tácita ou expressa e deve ser feita por quem dela colher proveito.
(C) a decadência convencional deve ser conhecida de ofício pelo juiz, para o fim de estabilização dos negócios.
(D) os prazos prescricionais admitem dilatação ou diminuição conforme o interesse das partes.
(E) pode o juiz, com fundamento na equidade, abster-se do reconhecimento da decadência estabelecida por lei.

A: incorreta, pois a decadência legal não pode ser objeto de renúncia (art. 209 do CC); **B:** correta (art. 191 do CC); **C:** incorreta, pois o juiz só pode conhecer de ofício a decadência legal (art. 210 do CC); **D:** incorreta (art. 192 do CC); **E:** incorreta, pois o juiz tem o dever de reconhecer a decadência legal (art. 210 do CC).

Gabarito "B".

(Defensor Público/AM – 2010 – I. Cidades) Assinale a alternativa correta:

(A) Os prazos de prescrição e de decadência podem ser alterados pela vontade das partes.
(B) Não corre a prescrição em face dos relativamente e absolutamente incapazes.
(C) O juiz deve conhecer de ofício a decadência legal ou convencional.
(D) A prescrição pode ser interrompida por qualquer interessado.
(E) Aquele que cumpre obrigação prescrita tem direito à repetição de indébito, pois não há renúncia tácita da prescrição.

A: incorreta, uma vez que os prazos de prescrição não podem ser alterados por acordo das partes (art. 192 do CC); **B:** incorreta. A prescrição não corre contra os **absolutamente** incapazes (art. 198, I, do CC); **C:** incorreta. O juiz deve conhecer de ofício somente a decadência estabelecida em lei (art. 210 do CC); **D:** correta. A alternativa reflete o disposto no art. 203 do CC; **E:** incorreta, pois não se pode repetir o que se pagou para solver dívida prescrita (art. 882 do CC).

Gabarito "D".

(Defensor Público/GO – 2010 – I. Cidades) O Código Civil de 2002 estabeleceu regras sobre prescrição e decadência, muitas cogentes, por razões de ordem pública. No entanto, admite-se a renúncia

(A) antes de consumada a prescrição.
(B) à prescrição convencional.
(C) à prescrição e à decadência legal.
(D) à decadência legal, em qualquer tempo.
(E) à decadência convencional.

A: incorreta. Não se admite renúncia prévia da prescrição (art. 191 do CC); **B:** incorreta. Não existe prescrição convencional (arts. 189 e 192 do CC); **C:** incorreta. A decadência legal é irrenunciável (art. 209 do CC); **D:** incorreta. A decadência legal é irrenunciável; **E:** correta. A decadência convencional é renunciável (arts. 209 e 211 do CC).

Gabarito "E".

(Defensoria Pública/PA – 2009 – FCC) A prescrição

(A) é interrompida por despacho do juiz, mesmo incompetente, que ordenar a citação, se o interessado a promover no prazo e na forma da lei processual.

(B) diferencia-se da decadência porquanto a primeira consiste na perda do direito material, ao passo que a segunda é a extinção do próprio direito de exigir o cumprimento do direito pleiteado.
(C) impede que o credor receba a dívida por ela atingida e, caso o devedor, por engano, cumpra a prestação devida, terá ele direito de indenização.
(D) contra uma pessoa continua a correr, após seu falecimento, contra o seu sucessor, ainda que este seja absolutamente incapaz.
(E) não corre contra os que se acharem servindo nas Forças Armadas, exceto em tempo de guerra.

A: correta (art. 202, I, do CC); **B:** incorreta. É justamente o contrário, ou seja, a prescrição é perda da *pretensão* (direito de exigir o cumprimento do direito pleiteado), ao passo que a decadência é a perda do próprio *direito material* potestativo; **C:** incorreta. O devedor pode renunciar tácita ou expressamente à prescrição já operada, sendo o pagamento efetuado após a prescrição reputado como renúncia tácita a esta, não podendo o devedor pedir o dinheiro de volta (art. 191 do CC); **D:** incorreta. Não corre prescrição contra absolutamente incapaz (art. 198, I, do CC); **E:** incorreta. A prescrição não corre contra quem serve as Forças Armadas apenas em tempo de guerra (art. 198, III, do CC).

Gabarito "A".

(Defensor Público/AL – 2009 – CESPE) No que diz respeito à disciplina da prescrição, julgue o item que se segue.

(1) A renúncia da prescrição, que pode ser realizada de forma expressa ou tácita, somente pode ser feita validamente após ter-se consumado a prescrição, ou seja, a renúncia prévia não é aceita pelo Código Civil.

A renúncia da prescrição pode ser expressa ou tácita, e só valerá, sendo feita, sem prejuízo de terceiro, depois que a prescrição se consumar; tácita é a renúncia quando se presume de fatos do interessado, incompatíveis com a prescrição – exemplo: pagamento da dívida prescrita (art. 191 do CC).

Gabarito 1C.

2.8. Provas

(Defensor Público/AM – 2013 – FCC) Em relação à prova é correto afirmar que

(A) a recusa ao exame de DNA, quando ordenado pelo juiz, gera presunção relativa de paternidade.
(B) os fatos jurídicos não podem ser provados por presunção.
(C) é sempre nula a convenção que distribui de maneira diversa o ônus da prova.
(D) o interrogatório das partes não pode ser determinado de ofício.
(E) os documentos podem ser juntados a qualquer momento ao processo, sejam novos ou não.

A: correta. De acordo com o art. 231 do CC e a Súmula 301 do STJ, a recusa do suposto pai a realizar o exame de DNA em ação de investigação de paternidade induzirá a presunção *juris tantum* de paternidade; **B:** incorreta. Os fatos jurídicos podem ser provados por presunção (art. 230 do CC); **C:** incorreta. Cabe ao juiz, de ofício ou a requerimento das partes, determinar as provas necessárias para o processo (art. 370 do CPC); **D:** incorreta, pois segundo o art. 435 do CPC, é lícita a juntada de documentos novos em qualquer fase do processo. Não abrange, portanto, os documentos que não sejam novos.

Gabarito "A".

(Defensor Público/ES – 2012 – CESPE) No que se refere a prova e a prescrição, julgue os itens subsequentes.

(1) Admite-se prova exclusivamente testemunhal para comprovar os efeitos decorrentes do contrato firmado entre as partes.

(2) Nas ações contra empresa seguradora, caso o segurado vise ao pagamento de indenização de seguro de vida em grupo, será aplicada a prescrição conforme o CDC.

1: correta. Salvo os casos expressos, a prova exclusivamente testemunhal só se admite nos negócios jurídicos cujo valor não ultrapasse o décuplo do maior salário mínimo vigente no País ao tempo em que foram celebrados. Qualquer que seja o valor do negócio jurídico, a prova testemunhal é admissível como subsidiária ou complementar da prova por escrito (art. 227, *caput* e parágrafo único, do CC); **2:** incorreta. Nos casos de indenização de seguro de vida em grupo será aplicado prazo de prescrição de um ano, presente no art. 206, § 1º, II, do Código Civil, conforme entendimentos do STJ (AgRg no REsp 1363668/SP, Rel. Min. Nancy Andrighi, julgado em 19.03.2013). Também neste sentido a Súmula 101 do STJ.

Gabarito 1C, 2E

(Defensor Público/SE – 2012 – CESPE) No que diz respeito às provas, assinale a opção correta.

(A) Segundo estatui o Código Civil brasileiro, ninguém está obrigado a produzir prova contra si; portanto, à pessoa é garantido o direito de se negar a submeter-se a exame médico necessário, sem qualquer consequência.

(B) Os contratos firmados por instrumento particular feito e assinado, ou somente assinado por quem esteja na livre disposição e administração de seus bens, provam as obrigações convencionais, independentemente do seu valor, e os seus efeitos se operam em relação a terceiros, independentemente de qualquer registro.

(C) A confissão, ato irrevogável, pode ser anulada se decorrer de erro de fato ou de coação e não terá eficácia se provier de quem não seja capaz de dispor do direito a que se referem os fatos confessados.

(D) A lei impede que sirvam como testemunhas aquele que tiver interesse no litígio e o amigo íntimo ou inimigo capital de qualquer das partes, podendo, contudo, o juiz, à sua conveniência, determinar o depoimento dessas pessoas.

(E) Em se tratando das obrigações provenientes de contrato, não se admite, ainda que subsidiariamente, a prova testemunhal caso o valor do negócio jurídico ultrapasse, na ocasião da celebração do contrato, o décuplo do maior salário mínimo vigente no país.

A: incorreta, pois aquele que se nega a submeter-se a exame médico necessário não poderá aproveitar-se de sua recusa (art. 231 do CC). E a recusa à perícia médica ordenada pelo juiz poderá suprir a prova que se pretendia obter com o exame (art. 232 do CC); **B:** incorreta. O instrumento particular, feito e assinado, ou somente assinado por quem esteja na livre disposição e administração de seus bens, prova as obrigações convencionais de qualquer valor; mas os seus efeitos, bem como os da cessão, não se operam, a respeito de terceiros, antes de registrado no registro público (art. 221 do CC); **C:** correta. Está de acordo com o disposto nos arts. 213 e 214 do CC; **D:** incorreta, pois o juiz admitirá o depoimento das pessoas impedidas para realizar provas de fatos que somente elas tenham conhecimento se estritamente necessário (art. 228, parágrafo único, do CC). Portanto, a admissibilidade deste meio de prova não depende da livre conveniência do juiz; **E:** incorreta, pois qualquer que seja o valor do negócio jurídico é admitida a prova testemunhal de maneira subsidiária ou complementar, conforme art. 227 do CC.

Gabarito "C".

3. OBRIGAÇÕES

3.1. Introdução, classificações e modalidades das obrigações

(Defensor Público/AC – 2017 – CESPE) Um juiz, nos autos da execução de sentença de determinado processo cível, proferiu despacho determinando que os devedores fossem intimados a efetuar o pagamento do débito, bem como a adimplir as custas recolhidas pelo credor para essa fase do processo.

Foi dado aos executados o prazo de quinze dias úteis, sob pena de multa de 10% e de honorários advocatícios de 10% sobre o valor do débito, para que pagassem o débito. Transcorrido esse prazo, caso não houvesse sido realizado o pagamento voluntário, teria início o prazo de quinze dias para que, independentemente de penhora ou de nova intimação, os executados apresentassem, nos próprios autos, sua impugnação, instrumentalizada com o demonstrativo dos cálculos.

Considerando-se as informações apresentadas na situação hipotética, conclui-se que a decisão em questão reconhece a exigibilidade de obrigação de

(A) pagar quantia certa pela fazenda pública.

(B) entregar coisa.

(C) fazer.

(D) pagar quantia certa.

(E) prestar alimentos.

A: incorreta, pois a parte devedora não é a Fazenda Pública (art. 534 NCPC); **B:** incorreta, pois em se tratando de obrigação de entregar coisa, o juiz emite mandado de busca e apreensão ou imissão na posse, a depender se a coisa é móvel ou imóvel (art. 538 NCPC); **C:** incorreta, pois em se tratando de obrigação de fazer o juiz poderá, de ofício ou a requerimento, para a efetivação da tutela específica ou a obtenção de tutela pelo resultado prático equivalente, determinar as medidas necessárias à satisfação do exequente, tais como determinar, entre outras medidas, a imposição de multa, a busca e apreensão, a remoção de pessoas e coisas, o desfazimento de obras e o impedimento de atividade nociva, podendo, caso necessário, requisitar o auxílio de força policial (art. 536, "caput", e § 1º, NCPC); **D:** correta, pois trata-se se obrigação de pagamento de débito, exequível exatamente da forma como descrita no enunciado (art. 523, NCPC); **E:** incorreta, pois a obrigação de prestar alimentos tem rito específico. O juiz, a requerimento do exequente, mandará intimar o executado pessoalmente para, em 3 (três) dias, pagar o débito, provar que o fez ou justificar a impossibilidade de efetuá-lo (art. 528, "caput", NCPC).

Gabarito "D".

(Defensor Público –DPE/RN – 2016 – CESPE) Com relação ao direito das obrigações, assinale a opção correta.

(A) É permitido transformar os bens naturalmente divisíveis em indivisíveis se a alteração se der para preservar a natureza da obrigação, por motivo de força maior ou caso fortuito, mas não por vontade das partes.

(B) As obrigações ambulatórias são as que incidem sobre uma pessoa em decorrência de sua vinculação a um direito pessoal, haja vista que da própria titularidade lhe advém a obrigação.

(C) As obrigações conjuntivas possuem múltiplas prestações ou objetos, de tal modo que seu cumprimento será dado como efetivado quando todas as obrigações forem realizadas.

(D) As obrigações disjuntivas são aquelas em que a prestação ou objeto material são indeterminados, isto é, há apenas referência quanto a gênero e quantidade.

(E) A desconcentração é característica das obrigações de dar coisa incerta. É configurada pela escolha, ato pelo qual o objeto ou prestação se tornam certos e determinados, sendo necessário, para que possa produzir efeitos, que o credor seja disso cientificado.

A: incorreta, pois "os bens naturalmente divisíveis podem tornar-se indivisíveis por determinação da lei ou por vontade das partes (CC, art. 88); **B:** incorreta, pois as obrigações ambulatórias são aquelas que decorrem de uma relação de direito real e que perseguem o dono do bem. Obrigações de imposto predial e dívidas de condomínio são bons exemplos; **C:** correta, pois a obrigação conjuntiva, também chamada de cumulativa, só será considerada cumprida quando todas as obrigações forem realizadas; **D:** incorreta, pois o conceito que a assertiva apresenta é o de obrigação de dar coisa incerta. A obrigação disjuntiva, também chamada de alternativa, apresenta uma opção de adimplemento, em regra deixada ao devedor (CC, art. 252); **E:** incorreta, pois a assertiva define o instituto da concentração, que é a escolha da coisa incerta, que faz com que passem a vigorar as regras da obrigação de dar coisa certa (CC, art. 245).

Gabarito "C".

(Defensor Público/SE – 2012 – CESPE) Considerando as diversas modalidades de obrigações e suas características, assinale a opção correta.

(A) Em caso de obrigações de dar coisa certa, se a coisa perecer antes do cumprimento da obrigação, o devedor, ainda que não tenha concorrido para o seu perecimento, responderá pelo equivalente, mais perdas e danos.

(B) Em se tratando de obrigações de não fazer, caso o devedor pratique o ato a cuja abstenção se tenha obrigado, o credor poderá exigir que ele o desfaça, sob pena de se desfazer à sua custa, obrigando-se o culpado a ressarcir perdas e danos.

(C) Tratando-se de obrigações de fazer, se a prestação do fato tornar-se impossível, ainda que sem culpa do devedor, este deverá responder por perdas e danos, dado o seu dever de garantir o cumprimento da obrigação.

(D) Nos casos de obrigações alternativas, a escolha caberá ao credor, se os contratantes não estipularem outra coisa, extinguindo-se a obrigação caso todas as prestações se tornarem impossíveis por culpa do credor.

(E) Havendo mora ou recusa do devedor em cumprir obrigação de fazer, independentemente da sua natureza, a obrigação se converterá sempre em perdas e danos.

A: incorreta. Deteriorada a coisa, não sendo o devedor culpado, poderá o credor resolver a obrigação, ou aceitar a coisa, abatido de seu preço o valor que perdeu (art. 235 do CC); **B:** correta, está de acordo com o disposto no art. 251 do CC; **C:** incorreta. Nas obrigações de fazer se a prestação do fato tornar-se impossível sem culpa do devedor, *resolver-se-á a obrigação* (art. 248 do CC); **D:** incorreta, pois nos casos de obrigação alternativa a escolha caberá ao *devedor*, salvo disposição contratual em sentido contrário (art. 252 do CC). Caso todas as prestações tenham se tornado impossíveis por *culpa do devedor*, este estará obrigado a pagar o valor da última obrigação que ficou impossibilitado de cumprir mais as perdas e danos, conforme o art. 254 do CC; **E:** incorreta, pois caso haja mora ou recusa do devedor em realizar a *obrigação de fazer fungível* (substituível), o credor poderá mandar terceiro cumpri-la às custas do devedor, sem que isto prejudique indenizações cabíveis (art. 249 do CC).

Gabarito "B".

(Defensoria Pública/MA – 2009 – FCC) No Direito das Obrigações,

(A) a solidariedade, de acordo com a lei, nunca será presumida, pois dependerá exclusivamente da vontade das partes.

(B) se um dos devedores solidários falecer deixando herdeiros, nenhum destes será obrigado a pagar senão a quota que corresponder ao seu quinhão hereditário, salvo se a obrigação for divisível; mas todos reunidos serão considerados como um devedor solidário em relação aos demais devedores.

(C) enquanto o julgamento contrário a um dos credores solidários não atinge os demais, o favorável, como regra geral, aproveita-lhes.

(D) o credor não pode renunciar à solidariedade em favor de um ou de alguns dos devedores, em razão do princípio da indivisibilidade da obrigação solidária.

(E) impossibilitando-se a prestação por culpa de um dos devedores solidários, subsiste para todos o encargo de pagar o equivalente, mais perdas e danos.

A: incorreta. A solidariedade pode decorrer *da vontade das partes ou da lei* (art. 265 do CC); **B:** incorreta, pois o certo é "salvo quando a obrigação for *indivisível*" (art. 276 do CC); **C:** correta, conforme o art. 274 do CC; **D:** incorreta. O credor pode renunciar a solidariedade em favor de um ou de alguns dos devedores (art. 282 do CC); **E:** incorreta, pois, apesar de subsistir para todos o encargo de pagar o equivalente, pelas *perdas e danos só responde o devedor culpado* (art. 279 do CC).

Gabarito "C".

3.2. Transmissão, adimplemento e extinção das obrigações

(Defensor Público/AC – 2017 – CESPE) No que se refere à extinção das obrigações, julgue os itens a seguir.

I. O segurador, por reparar ato danoso suportado pelo segurado, o sub-roga legalmente no direito contra o autor do dano.

II. Havendo recusa no recebimento de valores, o devedor poderá realizar o depósito da quantia devida em estabelecimento bancário, em nome do credor, e garantir a extinção da obrigação.

III. A dação em pagamento constitui direito subjetivo do devedor. Assinale a opção correta.

(A) Apenas o item I está certo.
(B) Apenas os itens I e II estão certos.
(C) Apenas os itens I e III estão certos.
(D) Apenas os itens II e III estão certos.
(E) Todos os itens estão certos.

A: incorreta, pois não somente o item I está certo, mas também o item II (arts. 334 e 335, I CC); **B:** correta (art. 786 CC e arts. 334 e 335, I CC); **C:** incorreta, pois o item III está errado, uma vez que a dação em pagamento não constitui um direito subjetivo do devedor, mas sim uma faculdade de escolha do credor (art. 356 CC); **D:** incorreta, pois o item III está errado, conforme exposto na alternativa "c"; **E:** incorreta, pois o item III está errado, conforme exposto na alternativa "c". **Gabarito "B".**

(Defensor Público/RS – 2011 – FCC) Direito Obrigacional.

(A) Segundo o entendimento sumulado do Superior Tribunal de Justiça, os juros remuneratórios, não cumuláveis com a comissão de permanência, são devidos no período de inadimplência, à taxa média de mercado estipulada pelo Banco Central do Brasil, limitada ao percentual contratado.

(B) No mútuo feneratício civil os juros remuneratórios são presumidos, não sendo admitida a sua capitalização anual.

(C) Qualquer interessado na extinção da dívida pode pagá-la com a utilização dos meios conducentes à exoneração do devedor, sendo que igual direito cabe ao terceiro não interessado, se o fizer em nome e à conta do devedor, independentemente da oposição deste.

(D) O credor não é obrigado a receber prestação diversa da que lhe é devida, ainda que mais valiosa, mas quando a obrigação tenha por objeto prestação divisível, o credor poderá ser compelido a receber por partes, ainda que a prestação tenha sido ajustada de forma diversa.

A: correta. Reproduz o conteúdo da Súmula 296 do STJ; **B:** incorreta, pois é admitida a sua capitalização anual (art. 591 do CC); **C:** incorreta, pois, no segundo caso (terceiro não interessado), o devedor tem direito de se opor ao pagamento (art. 304, parágrafo único, do CC); **D:** incorreta, a segunda parte da assertiva está errada, já que o credor só pode ser compelido a receber por partes *se assim se ajustou* (art. 314 do CC). **Gabarito "A".**

(Defensoria Pública/MT – 2009 – FCC) No Direito das Obrigações,

(A) pode o cessionário exercer os atos conservatórios do direito cedido, independentemente do conhecimento da cessão pelo devedor.

(B) na cessão de um crédito sempre se abrangem todos os seus acessórios.

(C) o cessionário de crédito hipotecário tem o direito de fazer averbar a cessão no registro do imóvel, desde que haja autorização do devedor.

(D) o credor pode ceder o seu crédito, ainda que a isso se oponha a natureza da obrigação, não se admitindo cláusula proibitiva da cessão por se tratar de condição protestativa.

(E) a cessão do crédito tem eficácia em relação ao devedor, independentemente de notificação.

A: correta, conforme o art. 293 do CC; **B:** incorreta, pois é possível que haja disposição em contrário (art. 287 do CC); **C:** incorreta, pois esse direito existe independentemente de autorização do devedor (art. 289 do CC); **D:** incorreta (art. 286 do CC); **E:** incorreta (art. 290 do CC). **Gabarito "A".**

3.3. Inadimplemento das obrigações

(Defensor Público/ES – 2012 – CESPE) A respeito das obrigações e contratos, julgue os itens a seguir.

(1) Levado o contrato preliminar a registro no cartório competente, se o estipulante não lhe der execução, a outra parte não poderá considerá-lo desfeito e pleitear perdas e danos, em caso de prejuízo, sem, antes, requerer a execução específica.

(2) Embora o adimplemento seja um direito subjetivo do devedor, este não poderá exercê-lo se o atraso no cumprimento da obrigação tiver acarretado o desaparecimento da necessidade do credor na obtenção da prestação.

1: incorreta. Se o estipulante não der execução ao contrato preliminar, registrado ou não, *poderá* a outra parte considerá-lo desfeito, e pleitear perdas e danos (art. 465 do CC); **2:** correta, pois se a prestação, devido à mora, se tornar inútil ao credor, este poderá enjeitá-la, e exigir a satisfação das perdas e danos (art. 395, parágrafo único, do CC). **Gabarito 1E, 2C.**

(Defensor Público/AL – 2009 – CESPE) Marcelo tomou por empréstimo R$ 5 mil em uma instituição financeira para pagar em vinte e quatro meses. A partir do décimo segundo mês, Marcelo interrompeu o pagamento das prestações ante as dificuldades financeiras por que estava passando. Comparecendo ao banco, foi informado de que no contrato havia cláusula permitindo a cobrança de comissão de permanência.

A respeito dessa situação hipotética, julgue os itens a seguir.

(1) A hipótese descrita aponta um contrato de mútuo, que, além de ser contrato real, tem a fungibilidade do objeto como uma de suas características.

(2) Na hipótese descrita, que constitui um exemplo de mútuo, a comissão de permanência poderá ser cumulada com a correção monetária, mas não com os juros remuneratórios.

(3) Hoje prevalece o entendimento jurisprudencial de que a cláusula contratual que prevê a comissão de permanência, calculada pela taxa média de mercado, não é potestativa.

1: correta, pois o mútuo é contrato real (só passa a existir com a entrega da coisa pelo mutuante ao mutuário), e tem por objeto bens fungíveis (art. 586 do CC); **2:** incorreta. A comissão de permanência não poderá ser cumulada com a correção monetária (Súmula 30 do STJ); vale consignar que a outra afirmativa está certa, pois, de fato, não é possível cumular comissão de permanência com juros remuneratórios (Súmula 296 do STJ); **3:** correta, conforme a Súmula 294 do STJ. **Gabarito 1C, 2E, 3C.**

(Defensor Público/AL – 2009 – CESPE) Julgue os itens a seguir, a respeito das obrigações.

(1) O inadimplemento absoluto decorre da completa impossibilidade do cumprimento da obrigação, de modo que o objeto devido tenha se tornado inútil ao credor. Disso decorre que não há inadimplemento absoluto em obrigações pecuniárias, como no caso do pagamento de aluguéis, pois o dinheiro não perece e qualquer indenização é sempre prestada em moeda.

(2) A assunção de dívida transfere a terceira pessoa os encargos obrigacionais da exata forma como estabelecidos entre o credor e o devedor original, de modo que o silêncio daquele que prestou garantia pessoal ao pagamento do débito importará a manutenção dessa garantia.

1: incorreta, pois o inadimplemento absoluto decorre não só da completa impossibilidade do cumprimento da obrigação, como também quando a prestação já não é útil ao credor (art. 389 do CC); **2:** incorreta, pois, salvo assentimento expresso do devedor primitivo, consideram-se extintas, a partir da assunção de dívida, as garantias especiais por ele originariamente dadas ao credor (art. 300 do CC).

Gabarito 1E, 2E

(Defensor Público/MS – 2008 – VUNESP) Considere as assertivas a seguir:

I. A exigência de cláusula penal moratória depende da utilidade do cumprimento atrasado da obrigação e exclui a pretensão ao adimplemento.
II. A exigência de cláusula penal compensatória exclui a pretensão ao adimplemento ou à indenização por perdas e danos.
III. Com a cláusula penal compensatória, o credor é ressarcido pelas perdas e danos decorrentes do descumprimento da obrigação e a estipulação é como uma pré-fixação desses prejuízos.
IV. A cláusula penal moratória é estabelecida apenas para o caso de inadimplemento completo da obrigação.

É correto o que se afirma apenas em

(A) I e III.
(B) II e IV.
(C) I e IV.
(D) II e III.

I: incorreta, pois o art. 411 do CC, que trata da cláusula penal moratória (em caso de mora), estabelece que o credor pode exigir a pena juntamente com o desempenho da obrigação principal; **II e III:** corretas, pois nesse caso o credor só poderá exigir a multa, uma vez que a obrigação já não pode mais ser cumprida, servindo a multa como pré-fixação dos prejuízos causados; **IV:** incorreta, pois a cláusula penal moratória é fixada justamente para o caso de mora, situação qualificada juridicamente como de inadimplemento relativo

Gabarito "D".

3.4. Temas combinados de direito obrigacional

(Defensor Público/PR – 2012 – FCC) Sobre o Direito Obrigacional, é correto afirmar:

(A) Caso o devedor, no desempenho de sua capacidade civil e de forma espontânea, pague dívida prescrita, não poderá requerer a repetição do pagamento.
(B) Firmado contrato de compra e venda pelo qual o vendedor se obriga a entregar ao adquirente um dos dois imóveis de sua propriedade, caberá ao credor a escolha, caso não prevista hipótese distinta na pactuação.
(C) Na obrigação de dar coisa certa, o credor pode ser instado a receber coisa diversa, quando esta for mais valiosa.
(D) Ao efetivar o adimplemento da obrigação, o devedor tem direito a quitação regular pelo credor, mas não pode reter o pagamento em caso de não lhe ser alcançado recibo ou outra prova da quitação, sob pena de configuração da mora.
(E) Descumprida a obrigação, fora dos parâmetros contratados, se concretiza o inadimplemento absoluto, independentemente da prestação ainda se mostrar útil ao credor.

A: correta. Não se pode repetir o que se pagou para solver dívida prescrita, ou cumprir obrigação judicialmente inexigível (art. 882 do CC); **B:** incorreta. Nas obrigações alternativas a escolha caberá ao devedor, salvo disposição em sentido contrário no contrato (art. 252 do CC); **C:** incorreta, pois o credor não está obrigado a aceitar coisa diversa, mesmo que mais valiosa (*nemo aliud pro alio invito creditore solvere potest*), conforme dispõe o art. 313 do CC; **D:** incorreta. O devedor pode reter o pagamento enquanto não lhe for conferida a quitação (art. 319 do CC); **E:** incorreta, pois só há inadimplemento absoluto quando a prestação for inútil ou impossível. Se ainda houver possibilidade e utilidade no seu cumprimento haverá inadimplemento relativo (mora – art. 394 do CC).

Gabarito "A".

4. CONTRATOS

4.1. Conceito, pressupostos, formação e princípios dos contratos

(Defensor Público –DPE/BA – 2016 – FCC) A boa-fé, como cláusula geral contemplada pelo Código Civil de 2002, apresenta

(A) como sua antítese a má-fé, sendo que esta tem a aptidão de macular o ato no plano de sua validade em razão da ilicitude de seu objeto.
(B) alto teor de densidade normativa, estreitando o campo hermenêutico de sua aplicação à hipótese de sua aplicação à hipótese expressamente contemplada pelo texto normativo, em consonância com as exigências de legalidade estrita.
(C) necessidade de aferição do elemento volitivo do agente, consistente na crença de agir em conformidade com o ordenamento jurídico.
(D) duas vertentes, isto é, a boa-fé subjetiva, que depende da análise da consciência subjetiva do agente, e a boa-fé objetiva, como *standard* de comportamento.
(E) indeterminação em sua *fattispecie* a fim de permitir ao intérprete a incidência da hipótese normativa a diversos comportamentos do mundo do ser que não poderiam ser exauridos taxativamente no texto legal.

A boa-fé objetiva, contida no art. 422 do Código Civil é um princípio contratual que impõe aos contratantes um dever de conduta ético e leal que deve perdurar desde as tratativas até após a conclusão do contrato. A boa-fé objetiva vem estabelecida em cláusula geral e aberta, permitindo ao intérprete – e principalmente ao juiz – sua ampla aplicação e incidência. O juiz pode utilizá-la para interpretar o contrato e até integrá-lo em hipóteses de lacuna contratual. Ela não se confunde com a boa-fé subjetiva, que simplesmente significa a "ignorância de um vício que macula o ato", como ocorre, por exemplo, nos artigos 1.201 e 1.561 do Código Civil.

Gabarito "E".

(Defensor Público/SE – 2012 – CESPE) Por expressa disposição do Código Civil brasileiro, a liberdade de contratar deve ser exercida em razão e nos limites da função social do contrato. Acerca das normas de proteção contratual, assinale a opção correta.

(A) Nos contratos de execução continuada ou diferida, se a prestação se tornar excessivamente onerosa para uma das partes, com extrema vantagem para a outra, em virtude de acontecimentos extraordinários e imprevisíveis, admite-se que o devedor peça a resolução do contrato, retroagindo à data da realização do contrato os efeitos da sentença que decretar a resolução contratual.

(B) Em caso de alienação de bens, o adquirente não poderá responsabilizar o alienante caso a coisa alienada pereça por vício oculto já existente ao tempo da tradição, ainda que o adquirente tenha identificado tal vício antes do seu perecimento.

(C) Nos contratos de compra e venda, o vendedor de coisa imóvel pode reservar-se o direito de recobrá-la no prazo máximo de decadência de cinco anos, devendo o vendedor restituir ao comprador tão somente o preço recebido e o valor das benfeitorias úteis.

(D) Nos contratos de compra e venda, os riscos da coisa correm por conta do vendedor, até o momento da efetiva tradição, subsistindo a responsabilidade do vendedor ainda que o comprador se encontre em mora de receber a coisa adquirida posta à sua disposição no tempo, no lugar e pelo modo ajustados.

(E) Na venda de coisa móvel, o vendedor pode reservar para si a propriedade da coisa até que o preço esteja integralmente pago; nesse caso, embora se transfira a posse direta da coisa alienada, a transferência da propriedade ao comprador ocorrerá no momento em que o preço estiver integralmente pago, respondendo o comprador pelos riscos da coisa, a partir do momento em que esta lhe seja entregue.

A: incorreta, tendo em vista que na situação descrita os efeitos da sentença retroagirão à *data da citação* (art. 478 do CC); **B:** incorreta. Conforme prescreve o art. 444 do CC, *subsistirá a responsabilidade* do alienante mesmo que o bem pereça em poder do adquirente, caso seu perecimento se dê em razão de vício oculto existente ao tempo da tradição; **C:** incorreta. O prazo máximo para que o vendedor possa exercer o direito de retrovenda é de três anos (art. 505 do CC). Exercido o direito, o vendedor deverá restituir o preço recebido e reembolsar as *despesas do comprador*, inclusive as que, durante o período de resgate, se efetuaram com a sua autorização escrita, ou para a realização de *benfeitorias necessárias*; **D:** incorreta. Caso o comprador encontre-se em mora os *riscos correrão por conta dele* (art. 492, § 2º, CC); **E:** correta. Está de acordo com os arts. 521 e 524 do CC, que tratam da venda com reserva de domínio.
Gabarito "E".

(Defensor Público/BA – 2010 – CESPE) A respeito do adimplemento e inadimplemento das obrigações, bem como da extinção dos contratos, julgue o item que se segue.

(1) Os contratos de execução contínua, convencionados por prazo indeterminado, são passíveis de cessação por resilição unilateral, cuja eficácia é ex nunc e depende de pronunciamento judicial.

1: incorreta, pois a resilição unilateral do contrato, cabível no caso, opera mediante denúncia notificada à outra parte (art. 473, *caput*, do CC), não sendo necessário que o denunciante ingresse com uma ação judicial.
Gabarito 1E.

(Defensor Público/AM – 2010 – I. Cidades) O princípio da boa-fé objetiva tem importância ímpar no ordenamento jurídico pátrio, pois norteia a interpretação dos negócios jurídicos e gera direitos acessórios. Segundo a doutrina, um dos seus desdobramentos é o *venire contra factum proprium*, que significa:

(A) O exercício de um comportamento contrário aos comportamentos que uma das partes vinha tendo até aquele momento, frustrando a legítima expectativa criada na outra parte de que tais comportamentos continuariam.

(B) Redução do conteúdo obrigacional pela inatividade de uma das partes.

(C) Aumento do conteúdo obrigacional em razão da inatividade de uma das partes.

(D) Impossibilidade de exigir da outra parte um comportamento que também não cumpriu ou simplesmente negligenciou.

(E) Impossibilidade de exigir da outra parte o cumprimento de obrigação contratual, quando deixou de cumprir as suas próprias obrigações contratuais.

A: correta. A assertiva reproduz o conteúdo da vedação ao comportamento contraditório (*venire contra factum proprium non potest*). Conforme o Enunciado 362 do CJF, "a vedação do comportamento contraditório - *venire contra factum proprium* - funda-se na proteção da confiança, tal como se extrai dos arts. 187 e 422 do Código Civil"; **B:** incorreta. A alternativa refere-se à *supressio*; **C:** incorreta. A alternativa diz respeito à *surrectio*; **D:** incorreta. A alternativa dispõe sobre o instituto da *exceptio doli*; **E:** incorreta. A alternativa refere-se a *exceptio non adimpleti contractus*.
Gabarito "A".

(Defensor Público/AM – 2010 – I. Cidades) Assinale a alternativa correta:

(A) É possível dispor sobre herança de pessoa viva, desde haja expresso consentimento do futuro autor da herança.

(B) Os princípios da autonomia da vontade e do *pacta sunt servanda* não têm mais aplicação no direito civil brasileiro, em razão da força do princípio da função social do contrato.

(C) Quando houver no contrato de adesão cláusulas ambíguas ou contraditórias, deve-se adotar a interpretação mais consentânea com os costumes negociais.

(D) O Código Civil previu um extenso rol de contratos, proibindo, consequentemente, a celebração de contratos atípicos, em respeito ao princípio da segurança jurídica.

(E) O contrato preliminar, exceto quanto à forma, deve conter todos os requisitos essenciais ao contrato a ser celebrado.

A: incorreta. O *pacta corvina* (negócio jurídico que tem por objeto a herança de pessoa viva) é proibido no direito brasileiro (art. 426 do CC); **B:** incorreta. O princípio da função social *não elimina, mas apenas atenua* os princípios da autonomia da vontade e da força obrigatória (*pacta sunt servanda*), conforme prescrevem os Enunciados 22 e 23 do CJF; **C:** incorreta, pois quando houver no contrato de adesão cláusulas ambíguas ou contraditórias, **dever-se-á adotar a interpretação mais favorável ao aderente** (art. 423 do CC); **D:** incorreta, pois o rol de contratos do Código Civil é exemplificativo, podendo ser celebrados contratos atípicos desde que respeitados os limites legais (art. 425 do CC); **E:** correta, pois a alternativa reflete o disposto no art. 462 do CC.
Gabarito "E".

4.2. Classificação dos contratos

(Defensor Público/GO – 2010 – I. Cidades) Considerando-se o voluntarismo jurídico e a autonomia privada nas relações jurídicas contemporâneas, é correto afirmar, quanto às novas formas contratuais, que:

(A) O contrato necessário difere do contrato normativo, porque naquele a pessoa é obrigada a emitir a declaração de vontade que vincula as relações contratuais futuras nele originadas e neste a declaração é irrelevante.

(B) Contrato necessário e contrato coativo são contratos autoritários que se assemelham em razão de que as partes são obrigadas a emitir a declaração de vontade para se estabelecer a relação jurídica e vincular os contratos futuros.

(C) Contrato normativo e contrato coativo são contratos autoritários que se assemelham em razão de que obrigam as futuras declarações de vontade nas originadas relações contratuais.

(D) O contrato necessário difere do contrato coativo, porque naquele a pessoa é obrigada a emitir a declaração de vontade e neste a declaração é irrelevante para se estabelecer a relação jurídica.

(E) Contrato normativo e contrato necessário são contratos que diferem em razão de que obrigam as futuras declarações de vontade nas originadas relações contratuais, mas não são autoritários.

A alternativa "D" traz a exata diferenciação entre o contrato coativo e o contrato necessário. O contrato coativo (imposto, forçado) é aquele que se realiza sem o livre consentimento das partes. Não há declaração de vontade. Um exemplo é a prestação de serviço de água e esgoto. Pouco importa se há declaração de vontade de quem tem uma residência, por exemplo. A lei impõe que essa pessoa se sujeite ao contrato de água e esgoto. Já o contrato necessário é aquele em que a pessoa, ainda que obrigada a tanto, emite efetivamente declaração de vontade. Aqui, quem contrata tem algumas alternativas, diferentemente do que ocorre no contrato coativo. Um exemplo é o contrato de transporte coletivo. Aquele que precisa de transporte público para ir ao trabalho poderá escolher entre pegar um ônibus, um táxi ou um metrô, mas não terá como se esquivar de celebrar um contrato de transporte público se resolver ir de ônibus ou metrô.
Gabarito "D".

(Defensoria Pública/MA – 2009 – FCC) O contrato, segundo o Direito Civil em vigor, se for aleatório por

(A) dizer respeito a coisas ou fatos futuros, cujo risco de não virem a existir um dos contratantes assuma, terá o outro direito de receber integralmente o que lhe foi prometido, se de sua parte tiver havido dolo, ainda que nada do avençado venha a existir.

(B) serem objeto dele coisas futuras, tomando o adquirente a si o risco de virem a existir em qualquer quantidade, terá também direito o alienante a todo o preço, mesmo que de sua parte tiver concorrido culpa, ainda que a coisa venha a existir em quantidade inferior à esperada. Mas, se da coisa nada vier a existir, alienação não haverá, e o alienante restituirá o preço recebido.

(C) dizer respeito a coisas ou fatos futuros, cujo risco de não virem a existir um dos contratantes assuma, terá o outro direito de receber integralmente o que lhe foi prometido, desde que de sua parte não tenha havido dolo ou culpa, ainda que nada do avençado venha a existir.

(D) serem objeto dele coisas futuras, tomando o adquirente a si o risco de virem a existir em qualquer quantidade, terá também direito o alienante a todo o preço, desde que de sua parte não tiver concorrido culpa, exceto se a coisa venha a existir em quantidade inferior à esperada. Mas, se da coisa nada vier a existir, alienação não haverá, e o alienante restituirá o preço recebido.

(E) se referir a coisas existentes, mas expostas a risco não assumido pelo adquirente, terá igualmente direito o alienante a todo o preço, posto que a coisa já não existisse, em parte, ou de todo, no dia do contrato.

"Se o contrato for aleatório, por dizer respeito a coisas ou fatos futuros, cujo risco de não virem a existir um dos contratantes assuma, terá o outro direito de receber integralmente o que lhe foi prometido, desde que de sua parte não tenha havido dolo ou culpa, ainda que nada do avençado venha a existir" (art. 458 do CC).
Gabarito "C".

4.3. Onerosidade excessiva

(Defensoria Pública da União – 2010 – CESPE) Acerca da revisão contratual, julgue os itens subsequentes.

(1) Para que seja possível requerer a revisão contratual com base na onerosidade excessiva, o contrato deve ser de execução continuada ou diferida.

(2) É suficiente à revisão do contrato por onerosidade excessiva que o acontecimento se tenha manifestado só na esfera individual da parte.

1: correta. O contrato deve ser de execução continuada ou diferida, pois o fato que possibilitará a revisão deve ocorrer entre o momento da formação e o da execução (art. 478 do CC); 2: incorreta. Há entendimento doutrinário no sentido de que o fato extraordinário e imprevisível deve ultrapassar a esfera individual para possibilitar a revisão contratual (arts. 317 e 478 do CC), caso contrário, bastaria que um dos contratantes ficasse desempregado para que pudesse pedir a revisão contratual. Este não é o nosso entendimento, mas foi a posição gabaritada pela banca.
Gabarito 1C, 2E.

(Defensor Público/AL – 2009 – CESPE) O item subsequente apresenta uma situação hipotética, seguida de uma assertiva a ser julgada.

(1) Carlos celebrou contrato com Paula, em 10.08.2008, para que ela cuidasse do jardim da casa dele, mediante o pagamento de R$ 80,00 por semana, reajustáveis em 2% a cada seis meses. O contrato incluía a utilização de adubos, terra e inseticidas. Nessa situação, se a inflação vier a atingir índices superiores aos praticados no momento em que foi concluído o contrato, acarretando aumento no preço dos produtos utilizados, Paula poderá pedir a resolução da avença, invocando como fundamento a teoria da imprevisão, o que exigirá a demonstração, não só da onerosidade excessiva que suportará, como também da extrema vantagem que obterá Carlos.

A aplicação da Teoria da Imprevisão depende da ocorrência de acontecimentos extraordinários e imprevisíveis (art. 478 do CC), e a inflação, segundo o STF e o STJ, não é um acontecimento dessa natureza: "Não se mostra razoável o entendimento de que a inflação possa ser tomada, no Brasil, como álea extraordinária, de modo a possibilitar algum desequilíbrio na equação econômica do contrato, como há muito afirma a jurisprudência do STJ" (REsp 744.446/DF, rel. Min. Humberto Martins, 2ª Turma, julgado em 17/04/2008); não bastasse, a doutrina e a jurisprudência vêm entendendo que, cumpridos os requisitos do art. 478 do CC, deve-se, em primeiro lugar, buscar a *revisão* contratual, partindo-se para a sua *resolução* apenas quando não for possível a revisão.
Gabarito 1E.

4.4. Vícios redibitórios

(Defensor Público/AC – 2012 – CESPE) Renato adquiriu de seu amigo Rodolfo, em 13.02.2010, um veículo automotor, que, passados trinta dias da compra, apresentou defeito no motor e parou de funcionar. Em 15.03.2010, o comprador procurou um advogado com o propósito de ajuizar ação para anular o negócio jurídico. Em 13.01.2011, Renato ajuizou ação objetivando a redibição ou o abatimento do preço pago pelo veículo. No entanto, o processo foi extinto com resolução do mérito em razão da decadência do direito do autor.

Acerca da situação hipotética acima apresentada e da disciplina jurídica dos vícios redibitórios, das relações de consumo e da responsabilidade civil, assinale a opção correta.

(A) O prazo decadencial para o adquirente reclamar a existência de vício redibitório seria de trinta dias a contar do conhecimento do vício oculto. No caso de vício oculto de difícil constatação, Renato teria o prazo de até cento e oitenta dias após a tradição, para conhecer o defeito e, uma vez constatado o defeito, teria o prazo de mais trinta dias para ingressar com as ações edilícias.

(B) Em caso de responsabilidade de profissionais da advocacia por condutas consideradas negligentes, as demandas que invocam a teoria da perda de uma chance não passam pela análise das reais possibilidades de êxito do postulante, eventualmente perdidas em razão da desídia do causídico.

(C) O equívoco inerente ao vício redibitório não se confunde com o erro substancial, vício de consentimento previsto na parte geral do Código Civil. O legislador tratou o vício redibitório de forma especial, projetando inclusive efeitos diferentes daqueles previstos para o erro substancial. O vício redibitório, da forma sistematizada pelo Código Civil de 1916, cujas regras foram mantidas pelo Código Civil ora vigente, atinge a psique do agente. O erro substancial, por sua vez, atinge a própria coisa, objetivamente considerada.

(D) Na situação descrita, de fato, Renato decaiu do seu direito de rescindir o negócio em razão do transcurso do prazo de trinta dias previsto no CDC para a reclamação de vício redibitório.

(E) A decisão judicial que extinguiu o processo está equivocada, pois ainda seria possível a Renato exercitar seu direito de redibir ou abater o preço pago, em razão da aplicação de dispositivo do CDC que estabelece o prazo de cinco anos para a reclamação por vício do produto ou serviço.

A: correta. A assertiva está de acordo com art. 445 do CC e o entendimento doutrinário sobre o tema. Quanto à contagem do prazo de vício oculto, o Enunciado CJF 174 dispõe, "em se tratando de vício oculto, o adquirente tem os prazos do *caput* do art. 445 para obter redibição ou abatimento de preço, desde que os vícios se revelem nos prazos estabelecidos no parágrafo primeiro, fluindo, entretanto, a partir do conhecimento do defeito"; **B:** incorreta, pois segundo a jurisprudência do STJ, em caso de responsabilidade de profissionais da advocacia por condutas apontadas como negligentes, e diante do aspecto relativo à incerteza da vantagem não experimentada, as demandas que invocam a teoria da 'perda de uma chance' devem ser solucionadas a partir de detida análise acerca das reais possibilidades de êxito do postulante, eventualmente perdidas em razão da desídia do causídico" (REsp 993936/RJ, Rel. Ministro Luis Felipe Salomão, Quarta Turma, julgado em 27.03.2012); **C:** incorreta, pois o vício redibitório atinge a própria coisa, objetivamente considerada, e o erro substancial atinge a psique do agente; **D:** incorreta, no caso descrito no enunciado não há relação de consumo, e sim relação civil, devendo ser aplicado o Código Civil. E se fosse o caso, o prazo para reclamar de vício de produto durável é de 90 dias (art. 26, II, do CDC); **E:** incorreta, pelas mesmas razões da alternativa anterior.

Gabarito "A"

4.5. Extinção dos contratos

(Defensor Público/PE – 2018 – CESPE) Joaquim fez com Norberto contrato de promessa de compra e venda para adquirir deste um imóvel por R$ 200.000: Joaquim deu R$ 150.000 de sinal e pretendia conseguir financiamento dos R$ 50.000 restantes em uma instituição bancária. Segundo cláusula do contrato que regulava o negócio, em caso de inexecução por culpa do comprador, este perderia o sinal em favor do vendedor. Por desídia de Joaquim, que não apresentou todos os documentos exigidos pela instituição bancária, o financiamento não foi aprovado, de maneira que o contrato não pôde ser cumprido. Joaquim buscou ajuda na justiça comum.

Considerando essa situação hipotética, assinale a opção correta de acordo com a legislação pertinente e a posição dos tribunais superiores.

(A) Joaquim deverá alegar prejuízo para exigir de Norberto a devolução do sinal, mesmo existindo previsão contratual.

(B) Já que Norberto recebeu os R$ 150.000 adiantados e teve a oportunidade de aplicá-los no mercado de capitais, Joaquim deverá ser restituído do valor dado de sinal acrescido de correção com base no rendimento da caderneta de poupança.

(C) Mesmo que comprove perdas e danos pelo negócio não concluído, Norberto não poderá exigir indenização suplementar.

(D) Joaquim perderá os R$ 150.000 para Norberto e não há, por parte do juiz da causa, a possibilidade de se reduzir o montante perdido.

(E) Conforme o STJ, é possível reduzir a perda de Joaquim, já que, nesse caso, a diferença entre o valor inicial pago e o total do negócio pode gerar enriquecimento sem causa para Norberto.

A: incorreta, pois mesmo existindo previsão contratual, Joaquim pode pedir as arras de volta ou ao menos parte delas, uma vez que seu prejuízo é presumido. Nota-se uma nítida desproporção entre o valor do contrato e o valor que pagou (75%), sem sequer ingressar na posse do imóvel. Assim, nos termos do art. 413 CC: "A penalidade deve ser reduzida equitativamente pelo juiz se a obrigação principal tiver sido cumprida em parte, ou se o montante da penalidade for manifestamente excessivo, tendo-se em vista a natureza e a finalidade do negócio". Conforme Enunciado 165 CJF, essa norma também se aplica para as arras: "Em caso de penalidade, aplica-se a regra do art. 413 ao sinal, sejam as arras confirmatórias ou penitenciais"; **B:** incorreta, o art. 418, caput, CC prevê que o ressarcimento deve ser feito com atualização monetária segundo índices oficiais regularmente estabelecidos, juros e honorários de advogado; **C:** incorreta, pois Norberto pode pedir indenização suplementar, se provar maior prejuízo, valendo as arras como taxa mínima (art. 419 CC, 1ª parte); **D:** incorreta, pois há possibilidade de Joaquim reaver ao menos parte do valor que pagou a título de arras (art. 413 CC c/c Enunciado 165 CJF); **E:** correta, o juiz pode reduzir a perda de Joaquim para garantir uma decisão mais justa e evitar o enriquecimento ilícito por parte de Norberto (art. 413 CC c/c Enunciado 165 CJF). Neste sentido: "Valor dado a título de arras confirmatórias e início de pagamento. Retenção. Redução equitativa. Inadimplemento do promissário comprador. Pagamento de aluguel pelo uso do imóvel. Desnecessidade de pedido expresso. Consectário lógico do retorno ao estado anterior. Precedentes. 1. Nos termos do Enunciado 165, da III Jornada de Direito Civil do Conselho de Justiça Federal, a previsão de redução equitativa, contida no artigo 413, do Código Civil, também se aplica ao sinal, sejam as arras confirmatórias ou penitenciais. 2. O direito de recebimento de indenização a título de aluguel do promissário comprador que, mesmo dando causa à rescisão, permanece na posse do imóvel, decorre da privação do promitente vendedor do uso do imóvel, à luz do disposto nos artigos 402, que trata das perdas e danos, 419, que trata da indenização suplementar às arras confirmatórias, além dos artigos 884 e 885, que versam sobre o princípio da vedação ao enriquecimento sem causa, todos do Código Civil . 3. Nesse contexto, o encargo locatício mostra-se devido durante todo o período de ocupação, ainda que não haja pedido expresso na petição inicial, visto que é consectário lógico do retorno ao status quo ante pretendido com a ação de rescisão de promessa de compra e venda, sob pena de premiar os inadimplentes com moradia graciosa e estimular a protelação do final do processo. 4. Agravo interno provido para dar provimento ao recurso especial. STJ – Agravo interno no recurso especial AgInt no REsp 1167766 ES 2009/0230133-1 (STJ)Data de publicação: 01.02.2018. Gabarito "E".

(Defensor Público/AC – 2017 – CESPE) Entre outros aspectos, é motivo capaz de ensejar revisão ou rescisão contratual, com base na teoria da imprevisão,

(A) o dolo do contratante que obtém vantagem excessivamente onerosa.
(B) a onerosidade do contrato de natureza continuada ou diferida.
(C) a dificuldade financeira do devedor, proveniente de desempregado involuntário.
(D) o fato de o contrato ser de execução instantânea.
(E) a previsibilidade de acontecimentos futuros.

A: incorreta, pois o dolo é causa de anulabilidade do negócio jurídico (art. 178, II, CC); B: correta, pois apenas em contratos de execução continuada ou diferida é possível pedir sua resolução ou revisão contratual por onerosidade excessiva (art. 478 CC); C: incorreta, pois este motivo não está previsto em lei. O motivo legal é a prestação de uma das partes ter se tornado excessivamente onerosa, com extrema vantagem para a outra, em virtude de acontecimentos extraordinários e imprevisíveis (art. 478 CC); D: incorreta, pois o contrato deve ser de execução diferida ou continuada (art. 478 CC); E: incorreta, pois os acontecimentos devem ser extraordinários e imprevisíveis (art. 478 CC). Gabarito "B".

(Defensor Público –DPE/RN – 2016 – CESPE) No tocante à extinção dos contratos, assinale a opção correta.

(A) Nos contratos bilaterais, o credor pode exigir a realização da obrigação pela outra parte, ainda que não cumpra a integralidade da prestação que lhe caiba.
(B) A extinção do contrato decorrente de cláusula resolutiva expressa configura exercício do direito potestativo de uma das partes do contrato de impor à outra sua extinção e depende de interpelação judicial.
(C) Situação hipotética: Joaquim, mediante contrato firmado, prestava serviços de contabilidade à empresa de Joana. Joaquim e Joana decidiram encerrar, consensualmente, o pactuado e dar fim à relação contratual. Assertiva: Nessa situação, configurou-se a resilição do contrato por meio de denúncia de uma das partes.
(D) A cláusula resolutiva tácita é causa de extinção contemporânea à celebração ou formação do contrato, e a presença do vício torna o contrato nulo.
(E) A resolução do contrato por onerosidade excessiva não se aplica aos contratos de execução instantânea, pois ocorre quando, no momento da efetivação da prestação, esta se torna demasiadamente onerosa para uma das partes, em virtude de acontecimentos extraordinários e imprevisíveis.

A: incorreta, pois a assertiva viola a milenar regra da *exceptio non adimpleti contractus*, atualmente estabelecida no art. 476 do Código Civil: "*Nos contratos bilaterais, nenhum dos contratantes, antes de cumprida a sua obrigação, pode exigir o implemento da do outro*"; B: incorreta, pois apenas a cláusula resolutiva tácita depende de interpelação judicial. A cláusula resolutiva expressa não depende (CC, art. 474); C: incorreta, pois nesse caso configurou-se o distrato, que é a resolução bilateral do contrato. Nessa hipótese, as duas partes estabelecem o fim da relação contratual; D: incorreta, pois a cláusula resolutiva tácita só irá atuar caso uma das partes não cumpra sua obrigação contratual, ou seja, é posterior à formação do contrato (CC, art. 474); E: correta, pois a resolução do contrato por onerosidade excessiva é típica de contratos de execução continuada. A ideia é que o contrato – com o tempo – tornou-se excessivamente oneroso para uma das partes (CC, art. 478). Gabarito "E".

(Defensor Público/AC – 2012 – CESPE) José, agricultor, firmou contrato de fornecimento de safra futura de soja com uma sociedade empresária do ramo. No contrato, ficou estabelecida variação do preço do produto com base no dólar. Em virtude do cenário internacional, houve uma exagerada elevação no preço da soja, justificado pela baixa produtividade das safras norte-americana e brasileira, motivada, entre outros fatores, pela ferrugem asiática e pela alta do dólar. Assim, José ajuizou ação buscando resolução contratual.

Considerando a situação hipotética acima apresentada e sabendo que a soja é um produto comercializado na bolsa de valores, que a ferrugem asiática é uma doença que atinge as lavouras de soja do Brasil desde 2001 e que, segundo estudos da EMBRAPA, não há previsão da erradicação dessa doença, embora seja possível seu controle pelo agricultor, assinale a opção correta à luz da teoria da imprevisão e da onerosidade excessiva.

(A) A resolução por onerosidade excessiva assemelha-se à rescisão lesionária, na qual a onerosidade excessiva surge após a formação do contrato. Contudo, distingue-se da resolução por lesão superveniente, contemplada no CDC, já que esta última dispensa a imprevisibilidade e o caráter extraordinário dos fatos supervenientes que afetam o equilíbrio contratual.
(B) Na situação hipotética em questão, as variações de preço respaldam a resolução contratual com base na teoria da imprevisão, já que as circunstâncias que envolveram a formação do contrato de execução diferida não eram as mesmas do momento da execução da obrigação, o que tornou o contrato extremamente oneroso para uma parte em benefício da outra.
(C) A resolução contratual pela onerosidade excessiva reclama superveniência de evento extraordinário, impossível às partes antever, não sendo suficientes alterações que se inserem nos riscos ordinários do

negócio. Contudo, no caso hipotético descrito, as alterações que ensejaram o prejuízo alegado pelo agricultor resultaram de um fato extraordinário e impossível de ser previsto pelas partes, o que, nos termos da jurisprudência do STJ, autoriza a resolução contratual pela onerosidade excessiva.

(D) Na situação hipotética em apreço, as prestações efetuadas antes do ingresso em juízo não podem ser revistas, mesmo comprovada a alteração no quadro econômico, porque o pagamento espontâneo do devedor produziu seus normais efeitos. O mesmo não se aplica, porém, às prestações pagas no curso do processo, visto que, conforme ditame legal, a sentença produzirá efeitos retroativos à data de citação.

(E) O instituto da onerosidade excessiva é de aplicação restrita a contratos bilaterais, já que nos unilaterais não se pode falar em desequilíbrio de prestações correspectivas.

A: incorreta. Na resolução por onerosidade excessiva (arts. 317 e 478) o desequilíbrio contratual ocorre após a formação do contrato e durante a sua execução. Na lesão (art. 157 do CC) o desequilíbrio contratual é verificado no momento da formação do contrato, não dependendo de qualquer evento futuro para sua concretização; B: incorreta, segundo a jurisprudência do STJ a "ferrugem asiática" na lavoura não é fato extraordinário e imprevisível, visto que, embora reduza a produtividade, é doença que atinge as plantações de soja no Brasil desde 2001, não havendo perspectiva de erradicação a médio prazo, mas sendo possível o seu controle pelo agricultor" (REsp 945.166/GO, Rel. Min. Luis Felipe Salomão, julgado em 28.02.2012, Informativo 492); C: incorreta, a jurisprudência do STJ não reconhece a ferrugem asiática como fato extraordinário e imprevisível como visto acima; D: correta. Os efeitos da sentença retroagirão à data da citação (art. 478 do CC), não alcançando, portanto, os valores pagos antes desta; E: incorreta. Nos contratos em que as obrigações couberem a apenas uma das partes, esta poderá pleitear que a parcela seja reduzida ou que o modo de executá-la seja alterado para que seja evitada a onerosidade excessiva (art. 480 do CC).
Gabarito "D".

(Defensoria Pública/MT – 2009 – FCC) A respeito da disciplina dos contratos, é lícito afirmar que

(A) o contrato real é o que se aperfeiçoa com a transferência do direito de propriedade de um bem ao credor.
(B) o contrato faz lei entre as partes e, uma vez celebrado, vigora, em qualquer hipótese, o princípio segundo o qual *pacta sunt servanda*.
(C) as obrigações decorrentes de todo e qualquer contrato serão válidas na medida em que atendam aos princípios da boa fé objetiva e de sua função social, bem como sejam reduzidas a instrumento escrito em letras com fonte não inferior ao corpo 12, de modo a facilitar sua compreensão.
(D) o contrato real aperfeiçoa-se e valida-se com a entrega de um bem, sendo irrelevante a existência de consenso.
(E) o distrato somente será admitido se feito pela mesma forma exigida para o contrato.

A: incorreta. Contrato real é aquele que se aperfeiçoa (passa a existir) com a entrega da coisa. A transferência da posse do bem é requisito para a formação do contrato (ex.: contrato de comodato); B: incorreta. A máxima citada cede quando há violação aos princípios da função social e da boa-fé objetiva, bem como quando há violação de outra norma de ordem pública; C: incorreta, pois a exigência de letra com fonte não inferior ao corpo 12 só existe em relação a contratos de consumo (art. 54, § 3º, do CDC); D: incorreta. Além da entrega, requisito específico para a formação do contrato real, o consenso também é necessário, pois é requisito geral para a formação dos contratos; E: correta, conforme art. 472 do CC.
Gabarito "E".

4.6. Compra e venda e troca

(Defensor Público –DPE/BA – 2016 – FCC) Lauro é casado com Vânia. O casal teve um filho, já falecido, que lhes deu dois netos, Roberto e Renato, todos maiores e capazes. Lauro deseja transferir um de seus imóveis ao seu neto Renato, entretanto, Roberto e Vânia não concordam com referida transferência. Diante desses fatos, é correto afirmar que o contrato de venda e compra entre Lauro e seu neto Renato sem o consentimento de Roberto é

(A) anulável, assim como o é em razão da falta do consentimento de Vânia, independentemente do regime de bens adotado; ainda, o consentimento de Roberto não é necessário para que Lauro faça doação em favor de Renato.
(B) nulo, mas a falta do consentimento de Vânia pode afetar a validade do ato ou não, a depender do regime de bens adotado; por fim, ainda, o consentimento de Roberto não é necessário para que Lauro faça doação em favor de Renato.
(C) anulável, mas a falta do consentimento de Vânia pode afetar a validade do ato ou não, a depender do regime de bens adotado; ainda, o consentimento de Roberto não é necessário para que Lauro faça a doação em favor de Renato.
(D) válido, pois a lei apenas exige o consentimento nos contratos de compra e venda entre pai e filhos, não se estendendo às hipóteses de contratos entre avós e netos; ainda, o consentimento de Roberto não é necessário para que Lauro faça doação em favor de Renato.
(E) anulável, mas a falta do consentimento de Vânia, pode afetar ou não a validade do ato, a depender do regime de bens adotado; ainda, o consentimento de Roberto é necessário para que Lauro faça doação em favor de Renato.

O art. 496 do Código Civil impõe que – nos casos de venda do ascendente ao descendente – haja autorização dos demais descendentes, sob pena de anulabilidade no prazo de dois anos (CC, art. 179). Tal exigência não é feita nos casos de doação, apenas no caso de venda. A ideia da lei é que – nos casos de doação – o descendente preterido estará protegido pelo instituto da colação de bens (CC, art. 2.002 et seq.), o qual não incide nos casos de venda. No que se refere ao cônjuge, o art. 1.647 exige a vênia conjugal para os atos de transmissão de bens imóveis, sob pena de anulabilidade (CC, art. 1.649). O próprio Código Civil, contudo, dispensa a vênia conjugal quando o regime de bens for o da separação convencional de bens (CC, art. 1.687).
Gabarito "C".

4.7. Doação

(Defensor Público/AL – 2017 – CESPE) Isabel doou uma casa no valor de R$ 100.000 às suas sobrinhas Ana, de quatorze anos de idade, e Clara, de oito anos de idade, filhas de sua irmã Juliana.

Nessa situação hipotética,

(A) a doação importa em adiantamento ao que lhes cabe na herança.
(B) Isabel poderá estipular que o imóvel seja revertido ao patrimônio de Juliana, caso Ana e Clara faleçam antes dela.
(C) Isabel não poderá estipular que a doação seja distribuída de forma desigual entre Ana e Clara sem o aval de Juliana.
(D) a aceitação do imóvel por parte de Ana e Clara ou de Juliana é dispensada.
(E) a doação verbal é considerada válida.

A: incorreta, pois as sobrinhas não são herdeiras necessárias, logo não há que se falar em adiantamento de herança. O adiantamento apenas ocorre na doação de ascendentes a descendentes, ou de um cônjuge a outro (art. 544 CC); **B:** incorreta, pois nos termos do art. 547 CC, o doador pode estipular que os bens doados voltem ao seu patrimônio, se sobreviver ao donatário. Não prevalece cláusula de reversão em favor de terceiro. Logo, os bens podem voltar ao patrimônio de Isabel, mas não podem ir para Juliana; **C:** incorreta, pois havendo declaração expressa da doadora de que a doação será desigual, Juliana não poderá se opor a esta proporção (art. 551, "caput", CC); **D:** correta, pois se trata de doação pura e as partes são absolutamente incapazes (art. 543 CC); **E:** incorreta, pois a doação verbal só é considerada válida se, versando sobre bens móveis e de pequeno valor, se lhe seguir incontinenti a tradição (art. 541, parágrafo único, CC). No caso em tela o objeto da doação é bem imóvel.
Gabarito "D".

(Defensor Público/MS – 2008 – VUNESP) Assinale a alternativa correta.
(A) O doador não pode estipular que os bens doados voltem ao seu patrimônio, exceto se se tratar de todos os seus bens.
(B) É possível, no contrato de doação, cláusula de reversão em favor de terceiro, com a morte do doador.
(C) Com a cláusula de reversão, se o doador falecer antes do donatário, com a morte deste, os bens passam aos herdeiros do doador.
(D) O doador pode estipular que os bens doados voltem para seu patrimônio, se sobreviver ao donatário.

A: incorreta (art. 547, *caput*, do CC); **B:** incorreta (art. 547, parágrafo único, do CC); **C:** incorreta, pois a cláusula de reversão implica em o doador estipular que os bens doados voltem ao seu patrimônio, se sobreviver ao donatário (art. 547, *caput*, do CC); **D:** correta, pois a alternativa reflete o disposto no art. 547, *caput*, do CC.
Gabarito "D".

(Defensoria Pública da União – 2007 – CESPE) Julgue o seguinte item.
(1) Mesmo se o bem que fora doado já tiver sido transferido, a doação poderá ser revogada por ingratidão, o que poderá levar o doador a ser indenizado pelo valor equivalente ao bem. Por ser personalíssima, somente o doador pode se valer dessa revogação, ressalvada a hipótese de seu homicídio doloso ser imputável ao donatário. Entretanto, esse tipo de revogação não é possível nos seguintes casos: doação com encargo já cumprido, doação puramente remuneratória, doação feita para determinado ', doação que se fizer em cumprimento de obrigação natural.

1: correta (arts. 563, 560, 561 e 564 do CC, respectivamente).
Gabarito 1C

4.8. Locação

(Defensor Público/PE – 2018 – CESPE) Com base na jurisprudência do STJ, assinale a opção correta, a respeito de locação de imóveis urbanos.
(A) É impenhorável o bem de família pertencente a fiador em contrato de locação.
(B) Em contrato de locação, as benfeitorias voluptuárias não são passíveis de indenização; finda a locação, essas benfeitorias podem ser levantadas pelo locatário, desde que a sua retirada não afete a estrutura nem a substância do imóvel.
(C) Nos contratos de locação, a inclusão de cláusulas de renúncia à indenização das benfeitorias e de direito de retenção é ilegal.
(D) Benfeitorias necessárias serão indenizáveis apenas se autorizadas pelo locador.
(E) Se o locatário estiver em situação de vulnerabilidade, aplica-se o CDC ao contrato de locação.

A: incorreta, pois nos termos da Súmula 549 do STJ: "É válida a penhora de bem de família pertencente a fiador de contrato de locação." (REsp 1.363.368). Logo, se a fiança for em contrato de locação, o único bem imóvel do fiador ainda que bem de família, pode ser penhorado; **B:** correta (art. 36 da Lei 8.245/1991); **C:** incorreta, pois o art. 35, primeira parte, da Lei 8.245/1991 permite expressamente que haja disposição de renúncia à indenização e ao direito de retenção; **D:** incorreta, pois as benfeitorias necessárias serão indenizáveis, ainda que feitas sem autorização do locador (art. 35 da Lei 8.245/1991); **E:** incorreta, pois o Superior Tribunal de Justiça entende que não se aplicam aos contratos de locação as normas do Código de Defesa do Consumidor, pois tais contratos não possuem os traços característicos da relação de consumo, previstos nos artigos 2º e 3º do CDC, e além disso, já são regulados por lei própria, a Lei 8.245/1991 (AgInt no REsp 1285546/RJ, Rel. Ministro Lázaro Guimarães (Desembargador Convocado do TRF 5ª Região), Quarta Turma, julgado em 20.03.2018, DJe 27.03.2018).
Gabarito "B".

(Defensor Público –DPE/ES – 2016 – FCC) Pedro Silva Comércio de Roupa – Empresa Individual de Responsabilidade Limitada – EIRELI alugou para moradia de seus empregados um imóvel próximo ao estabelecimento, pelo prazo de vinte e quatro meses, findo o qual o locador notificou a locatária de que não mais lhe interessava a locação, concedendo 30 dias para desocupação do imóvel. Ajuizou, depois de escoado esse prazo, ação de despejo. Nesse caso, a retomada do imóvel
(A) não será possível, mediante ação de despejo, porque a EIRELI não é pessoa jurídica e, por isso, não pode celebrar contrato de locação para moradia de empregados.
(B) é possível, a despeito da utilização do imóvel para fins de residência, não se exigindo prazo mínimo de contrato.
(C) só será possível por motivo justificado, como a necessidade de reforma, porque não decorridos cinco anos do contrato.
(D) não é possível, porque na locação residencial, para retomada por denúncia vazia, o contrato escrito deve ser celebrado pelo prazo mínimo de trinta meses.
(E) apenas será possível, se o locador necessitar do prédio para uso próprio, de seu cônjuge, de descendente ou de ascendente.

A: incorreta, pois a EIRELI é uma forma societária de uma pessoa jurídica de direito privado (CC, art. 44) e como tal pode celebrar contratos de locação para moradia de seus empregados; **B:** correta, pois esse tipo de locação (*locatário pessoa jurídica e imóvel destinado a uso de titulares, diretores, sócios, gerentes, executivos ou empregados*) é considerada não residencial, ficando afastadas a exigência de concessão de prazo mínimo de trinta meses (Lei 8.245/1991, art. 55); **C e D:** incorretas, pois os prazos e as regras de denúncia vazia, mencionados pelas assertivas são aqueles aplicados para as hipóteses de locação residencial *stricto sensu*; **E:** incorreta, pois as regras ali mencionadas referem-se à denúncia cheia, a qual somente se aplica a locações residenciais *stricto sensu*.
Gabarito "B."

(Defensor Público –DPE/BA – 2016 – FCC) A respeito da locação de imóveis urbanos, é correto afirmar que:

(A) em se tratando de locação por prazo indeterminado, se o imóvel vem a ser alienado durante a locação, o adquirente não tem direito de denunciar o contrato, caso este contenha cláusula de vigência em caso de alienação e esteja averbado junto à matrícula do imóvel.

(B) o fiador pode se exonerar da fiança nas hipóteses de morte, separação ou divórcio do locatário, em locação residencial, bem como de contratos firmados por prazo indeterminado, respondendo pelos efeitos da fiança somente até o momento do recebimento da notificação pelo locador.

(C) no caso de prorrogação da locação por prazo indeterminado, as garantias da locação cessam automaticamente, cabendo ao locador notificar o locatário para que apresente garantia, sob pena de despejo liminar.

(D) se o locatário já emendou a mora para evitar ordem judicial de despejo nos últimos vinte e quatro meses, não poderá utilizar novamente esta mesma prerrogativa e, mesmo pagando os valores em atraso, poderá ser despejado por falta de pagamento.

(E) o contrato deve ser realizado por instrumento escrito, de modo que o contrato de locação de bem imóvel urbano meramente verbal é nulo e, assim, não autoriza o ajuizamento de ação de despejo por falta de pagamento, restando ao proprietário o ajuizamento de ação petitória.

A: incorreta. A cláusula de vigência com averbação junto à matrícula do imóvel só produz esse efeito quando o contrato de locação tiver prazo determinado (Lei 8.245/91, art. 8º); **B:** incorreta, pois – após a exoneração – o fiador responderá pelos efeitos da fiança durante 120 dias após a notificação ao locador (Lei 8.245/91, art. 12, § 2º); **C:** incorreta, pois as garantias da locação se estendem até a "efetiva devolução do imóvel, ainda que prorrogada a locação por prazo indeterminado" (Lei 8.245/1991, art. 39); **D:** correta, pois de pleno acordo com o art. 62, parágrafo único, da Lei 8.245/1991; **E:** incorreta, pois a lei de locação não exigiu forma escrita para a validade do mesmo, admitindo até mesmo a forma verbal (Lei 8.245/1991, art. 47). Vale mencionar que – quanto ao contrato de fiança – há exigência da forma escrita (CC, art. 819).
Gabarito "D."

(Defensor Público –DPE/MT – 2016 – UFMT) Sobre o contrato de locação, assinale a assertiva INCORRETA.

(A) Havendo mais de um locador ou mais de um locatário, entende-se que são solidários se o contrário não se estipulou.

(B) O contrato de locação pode ser ajustado por qualquer prazo, dependendo de vênia conjugal, se igual ou superior a dez anos.

(C) Seja qual for o fundamento do término da locação, a ação do locador para reaver o imóvel é a de despejo, mas se a locação termina em decorrência de desapropriação, haverá imissão do expropriante na posse do imóvel, não sendo necessária a ação de despejo.

(D) Em casos de separação de fato, separação judicial, divórcio ou dissolução da união estável, a locação residencial prosseguirá automaticamente com o cônjuge ou companheiro que permanecer no imóvel. Nesse caso, o fiador poderá exonerar-se das suas responsabilidades no prazo de 30 (trinta) dias contado do recebimento da comunicação, ficando responsável pelos efeitos da fiança durante 120 (cento e vinte) dias após a notificação ao locador.

(E) Se o imóvel for alienado durante a locação, o adquirente poderá denunciar o contrato, com o prazo de trinta dias para a desocupação, salvo se a locação for por tempo determinado e o contrato contiver cláusula de vigência em caso de alienação e estiver averbado junto à matrícula do imóvel.

A: correta, pois o art. 2º da Lei 8.245/1991 estabeleceu a presunção de solidariedade passiva (entre vários inquilinos) e ativa (entre vários locadores). Tal presunção é específica para os casos de locação. Trata-se de orientação diametralmente oposta à regra geral estabelecida pelo art. 265 do Código Civil; **B:** correta, pois de acordo com a regra estabelecida pelo art. 3º da Lei 8.245/1991; **C:** correta, pois de acordo com as regras processuais estabelecidas pelo art. 5º e seu parágrafo único da Lei 8.245/1991; **D:** correta, pois a assertiva repete a regra prevista no art. 12 da Lei 8.245/1991; **E:** incorreta. Em que pese ser direito do novo comprador denunciar o contrato de locação, o prazo para desocupação é de noventa e não de trinta dias (Lei 8.245/1991, art. 8º).
Gabarito "E."

(Defensor Público/ES – 2012 – CESPE) Acerca da locação de imóveis urbanos, julgue os itens que se seguem.

(1) Se o indivíduo A adquirir do indivíduo B imóvel no qual, por força de contrato de locação, resida o indivíduo C, presumir-se-á a concordância de A com a locação, caso este não a denuncie no prazo de noventa dias.

(2) De acordo com a jurisprudência do STJ, caso uma pessoa se obrigue como principal pagador dos aluguéis de imóvel até a entrega das chaves, a prorrogação do contrato por prazo indeterminado acarretará a exoneração da fiança.

1: correta, pois de acordo com o art. 8º, § 2º, da Lei 8.245/1991, "a denúncia deverá ser exercitada no prazo de noventa dias contados do registro da venda ou do compromisso, presumindo-se, após esse prazo, a concordância na manutenção da locação"; **2:** incorreta, "a jurisprudência do STJ é firme no sentido de que, havendo cláusula contratual expressa, a responsabilidade do fiador, pelas obrigações contratuais decorrentes da prorrogação do contrato de locação, deve perdurar até a efetiva entrega das chaves do imóvel" (AgRg no AREsp 234.428/SP, Rel. Min. Ricardo Villas Bôas Cueva, julgado em 11.06.2013).
Gabarito 1C, 2E.

(Defensor Público/BA – 2010 – CESPE) A respeito do adimplemento e inadimplemento das obrigações, bem como da extinção dos contratos, julgue o item abaixo.

(1) Em caso de rescisão do contrato de aluguel, se o locador recusar-se a receber o imóvel, poderá o locatário promover a consignação em juízo.

A consignação judicial é o depósito da coisa devida em juízo com o objetivo de extinguir a obrigação. Pode ter por objeto tanto bens móveis, como também bens imóveis (art. 335 do CC).

Gabarito "C"

(Defensoria Pública/SP – 2010 – FCC) Considerando a oferta à venda de bem imóvel locado, estão corretas as assertivas abaixo, EXCETO:

(A) o locatário deverá ser notificado ou cientificado de todas das condições postas para a venda.

(B) o locatário deverá concorrer nas mesmas condições de terceiros.

(C) o proprietário locador deverá ajustar sua proposta às condições apresentadas pelo locatário de modo a viabilizar-lhe o exercício do direito de preempção.

(D) o locatário deverá ser cientificado ou notificado das modificações das condições de venda.

(E) poderá o locatário ser preterido no negócio se oferecer contraposta de preço.

A: correta, conforme o art. 27, parágrafo único, da Lei 8.245/1991; **B:** correta, conforme o art. 27, *caput*, da Lei 8.245/1991; **C:** incorreta, pois o locatário concorre em condições iguais às de terceiros, não tendo o proprietário que se adequar às condições do locatário (art. 27, *caput*, da Lei 8.245/1991); **D:** correta. Se o locatário não for cientificado ou notificado o direito de preferência não será preservado (art. 27, parágrafo único da Lei 8.245/1991); **E:** correta. O locatário tem direito de preferência apenas se chegar às mesmas condições propostas por terceiros (art. 27, *caput*, da Lei 8.245/1991).

Gabarito "C"

4.9. Mandato

(Defensor Público/SP – 2012 – FCC) Maria Aparecida, viúva, apresentando os primeiros sintomas de Alzheimer, mas ainda no domínio pleno de suas faculdades mentais, temendo a iminente perda de sua capacidade civil, outorga instrumento de mandato com poderes especiais e expressos para sua única filha, autorizando-a a alienar seu único bem imóvel para custear seu futuro tratamento. Durante as tratativas iniciais para alienação do imóvel, sem assunção formal de quaisquer obrigações, sobrevém a interdição da primeira, nomeando-se curadora pessoa diversa da mandatária e reconhecendo-se, por perícia médica, que a incapacidade ocorrera em data superveniente à outorga do mandato. Nesse caso,

(A) não será possível a outorga da escritura pela mandatária, uma vez que a incapacidade do mandante faz cessar o contrato de mandato.

(B) será possível a outorga da escritura pela mandatária, uma vez que a lei autoriza autocuratela antecipada.

(C) será possível a outorga, pois trata-se de conclusão de ato jurídico iniciado, havendo perigo na demora.

(D) será possível a conclusão do negócio pela própria mandante, uma vez que o mandato que contém poderes de cumprimento ou confirmação de negócios encetados, aos quais se ache vinculado, é irrevogável.

(E) não será possível a conclusão do negócio pela mandatária, já que após a interdição somente o curador nomeado poderia praticar tal ato, independente de autorização judicial.

A: correta, conforme prescreve o art. 682 do Código Civil, o mandato cessa: I - pela revogação ou pela renúncia; II - pela morte ou interdição de uma das partes; III - pela mudança de estado que inabilite o mandante a conferir os poderes, ou o mandatário para os exercer; ou IV - pelo término do prazo ou pela conclusão do negócio; **B:** incorreta. A lei não autoriza autocuratela antecipada; **C:** incorreta. Não é possível a outorga da escritura pelo mandatário, pois, de acordo com o enunciado da questão, não havia negócio jurídico pendente, apenas tratativas iniciais (art. 690 do CC); **D:** incorreta, pois o contrato de mandato é, em regra, revogável. Exceções: i) quando a cláusula de irrevogabilidade for condição de um negócio bilateral (art. 684 do CC); ii) mandato em causa própria (art. 685 do CC); **E:** incorreta. A venda de bens imóveis pelo curador depende de prévia avaliação judicial e autorização judicial (arts. 1.750 e 1.774 do CC).

Gabarito "A"

4.10. Seguro

(Defensor Público –DPE/RN – 2016 – CESPE) Em relação aos contratos, assinale a opção correta.

(A) Caso um indivíduo firme contrato de seguro com determinada instituição financeira, e não haja dia previamente ajustado pelas partes para o pagamento de prestação do prêmio, o contrato não será desfeito automaticamente com o descumprimento da prestação pelo segurado no termo pactuado. Para o desfazimento do contrato, será necessária a prévia constituição em mora do contratante pela seguradora, mediante interpelação.

(B) O Código Civil adotou o critério subjetivo da premeditação para determinar a cobertura relativa ao suicídio do segurado. Desse modo, a seguradora não será obrigada a indenizar se houver prova cabal da premeditação do suicídio, mesmo após o decurso do período de carência de dois anos.

(C) No contrato do seguro de acidentes pessoais, como garantia por morte acidental, a seguradora se obriga, em virtude de expressa disposição legal, a indenizar também o beneficiário no caso de morte do segurado por causa natural.

(D) No contrato de seguro de automóvel, o reconhecimento da responsabilidade, a confissão da ação ou a transação retiram do segurado de boa-fé o direito à indenização e ao reembolso, pois são prejudiciais à seguradora, a menos que haja prévio e expresso consentimento desta.

(E) Se, em caso de risco, o comodatário privilegiar a segurança de seus próprios bens, abandonando os bens do comodante, responderá pelo dano que venha a ser sofrido pelo comodante, exceto nas hipóteses de caso fortuito ou força maior.

A: correta, pois "*não havendo termo, a mora se constitui mediante interpelação judicial ou extrajudicial*" (CC, art. 397 parágrafo único); **B:** incorreta, pois o Código Civil adotou um critério temporal-objetivo. O suicídio do segurado após o prazo de dois anos de vigência do seguro de vida habilita o beneficiário a receber o capital estipulado. Ademais, "é nula a cláusula contratual que exclui o pagamento do capital por suicídio do segurado" (CC, art. 798); **C:** incorreta, pois a morte acidental é aquela decorrente de acidente pessoal, definido este como "*o evento com data caracterizada, exclusiva e diretamente externo, súbito, involuntário e* *violento, causador de lesão física que, por si só, e independentemente de toda e qualquer outra causa, tenha como consequência direta a morte segurado*" e, portanto, não se confunde com a definição de morte natural (Circular nº 029/SUSEP e REsp 1284847/PR, Rel. Ministro Raul Araújo, Quarta Turma, julgado em 28/03/2017, DJe 03/04/2017); **D:** incorreta, pois tais condutas do segurado não retiram seu direito à indenização. Contudo, tais atos são ineficazes perante a seguradora (CJF, enunciados nºs 373 e 546). Vide, ainda, REsp 1133459/RS, Rel. Ministro Ricardo Villas Bôas Cueva, Terceira Turma, julgado em 21/08/2014, DJe 03/09/2014; **E:** incorreta. Esta é uma das raríssimas hipóteses legais de responsabilidade civil em decorrência de fortuito ou força maior. Ocorre quando o comodatário – diante de um risco iminente – prefere salvar as suas coisas e não a coisa que lhe foi emprestada (CC, art. 583). Neste caso, o comodatário responderá pelo dano ocorrido, ainda que se possa atribuir a caso fortuito, ou força maior.

Gabarito "A".

(Defensoria Pública/PI – 2009 – CESPE) De acordo com as regras concernentes ao seguro automotivo, assinale a opção correta.

(A) A indenização pelo sinistro não pode gerar nenhum proveito ao segurado.

(B) Se a esposa do segurado causar sinistro por culpa, o segurador pode sub-rogar-se, nos limites da indenização paga.

(C) O contrato celebrado não pode ser transferido a terceiro que venha a adquirir o veículo.

(D) O seguro de um bem poderá ser contratado por valor superior ao seu valor atual, mas isso implicará aumento no valor do prêmio.

(E) O atraso no pagamento de prestação do prêmio importa em desfazimento automático do contrato, de acordo com a jurisprudência do STJ.

A: correta, pois no seguro de dano, a indenização não pode ultrapassar o valor do interesse segurado no momento do sinistro (art. 781 do CC); **B:** incorreta (art. 786, § 1º, do CC); **C:** incorreta (art. 785 do CC); **D:** incorreta (art. 778 do CC); **E:** incorreta, pois "é entendimento pacificado pela jurisprudência da Segunda Seção que o simples atraso da prestação mensal ou o seu não pagamento, sem a prévia notificação do segurado, não enseja suspensão ou cancelamento automático do contrato de seguro" (AgRg no AgRg no Ag 1.125.074/SP, *DJe* 06.10.2010).

Gabarito "A".

4.11. Outros contratos e temas combinados

(Defensor Público/AC – 2017 – CESPE) O contrato de fiança

(A) veda a renúncia ao benefício de ordem.

(B) não permite a exoneração do encargo, se relacionado a contrato por tempo indeterminado.

(C) é uma espécie de contrato acessório.

(D) é uma espécie de contrato de adesão.

(E) é um contrato de garantia real.

A: incorreta, pois é possível que haja a renúncia ao benefício de ordem (art. 828, I, CC); **B:** incorreta, pois o fiador poderá exonerar-se da fiança que tiver assinado sem limitação de tempo, sempre que lhe convier (art. 835, 1ª parte, CC); **C:** correta, pois pelo contrato de fiança, uma pessoa garante satisfazer ao credor uma obrigação assumida pelo devedor, caso este não a cumpra (art. 818 CC), logo há sempre uma obrigação principal que o contrato de fiança assegura (art. 823 CC); **D:** incorreta, pois o contrato de fiança em regra é paritário, isto é, as partes têm a possibilidade de discutir as cláusulas (arts. 819 e 820 CC); **E:** incorreta, pois a fiança é uma modalidade de garantia pessoal ou fidejussória. É um negócio jurídico por meio do qual o fiador garante satisfazer ao credor uma obrigação assumida pelo devedor, caso este não a cumpra (art. 818 CC). Na garantia real uma determinada coisa garante a dívida, como no caso do penhor, da hipoteca e a alienação fiduciária em garantia. Já na garantia pessoal, uma pessoa garante a dívida como acontece na fiança e no aval.

Gabarito "C".

(Defensor Público/AC – 2017 – CESPE) O contrato de arrendamento mercantil

(A) é um contrato de natureza acessória, pois fica vinculado à aquisição de bens para uma atividade empresarial de cunho mercantil desempenhada pelo arrendatário.

(B) possibilita que, concluído o prazo contratual estipulado, o arrendatário adquira a coisa arrendada pelo pagamento de valor residual.

(C) é um contrato especial de venda e compra a prazo por meio do qual a arrendadora assume a promessa de readquirir o objeto da transação, após a quitação do contrato, mediante pagamento do preço integral em parcela única.

(D) é um instrumento jurídico destinado a atender exclusivamente à necessidade das pessoas jurídicas que exercem atividade mercantil, por meio da aquisição de equipamentos e veículos destinados a sua atividade empresarial.

(E) possibilita que o bem arrendado possa ser alienado no curso do contrato sem a anuência da arrendadora, hipótese na qual o adquirente assumirá a condição de arrendatário.

A: incorreta, pois o contrato não tem natureza acessória, existindo de per si na hipótese em que uma instituição financeira ou sociedade mercantil (Arrendador) adquire um bem escolhido pela outra parte (Arrendatário) transferindo-lhe a posse e o usufruto, sendo também prevista a opção de compra ao final da avença (art. 1º, parágrafo único, da Lei 6.099/1974); **B:** correta (art. 5º, alínea "c", da Lei 6.099/1974); **C:** incorreta, pois embora o contrato de arrendamento mercantil contenha alguns elementos do contrato de compra e venda e também do contrato de locação, ele se constitui como modalidade autônoma de contrato, possuindo natureza jurídica própria. O arrendador adquire o bem, e a final do contrato o arrendatário tem a opção de compra pelo valor residual. Caso não queira comprar, o bem simplesmente permanece com o arrendador, que já era dono desde o início (art. 1º, parágrafo único, da Lei 6.099/1974); **D:** incorreta, pois esse contrato também se destina a atender as necessidades de pessoas físicas (art. 1º, parágrafo único, da Lei 6.099/1974); **E:** incorreta, pois o arrendatário apenas possui a posse provisória do bem enquanto paga as prestações. Ele detém a posse direta. A arrendadora possui a propriedade e a posse indireta. Apenas pode alienar aquele que é dono da coisa, portanto, não há possibilidade de o bem ser alienado sem a anuência da arrendadora.

Gabarito "B".

(Defensor Público –DPE/MT – 2016 – UFMT) Em relação aos contratos de empréstimo e mandato, assinale a afirmativa INCORRETA.

(A) O comodatário não poderá jamais recobrar do comodante as despesas feitas com o uso e gozo da coisa emprestada.

(B) Sendo omissa a procuração quanto ao substabelecimento, o procurador será responsável se o substabelecido proceder culposamente.

(C) Havendo poderes de substabelecer, só serão imputáveis ao mandatário os danos causados pelo substabelecido, se tiver agido com culpa na escolha deste ou nas instruções dadas a ele.

(D) O comodato é o empréstimo gratuito de coisas não fungíveis; perfaz-se com acordo de vontades.

(E) O maior de dezesseis e menor de dezoito anos não emancipado pode ser mandatário, mas o mandante não tem ação contra ele senão de conformidade com as regras gerais, aplicáveis às obrigações contraídas por menores.

A: correta, pois de pleno acordo com a regra estabelecida pelo Código Civil, em seu artigo 584; **B:** correta, pois a assertiva repete a redação do art. 667, § 4º do Código Civil; **C:** correta, pois em perfeita consonância com a redação do art. 667 § 2º do Código Civil; **D:** incorreta, pois o comodato é contrato de natureza real. Isso significa que ele se perfaz com a entrega da coisa, não sendo suficiente o acordo de vontades (CC, art. 579); **E:** correta, pois de acordo com a regra estabelecida pelo Código Civil, art. 666.

Gabarito "D".

(Defensor Público/PR – 2012 – FCC) Sobre o Direito Contratual, é correto afirmar:

(A) O locatário deverá ser indenizado pelas benfeitorias úteis realizadas no imóvel locado, ainda que não expressamente autorizadas pelo locador, tendo em vista ser inválida a cláusula que dispõe sobre a renúncia à indenização destas obras, nos termos da jurisprudência majoritária.

(B) A sustação da compra e venda, por culpa do adquirente, após a pactuação de arras confirmatórias, dá ensejo ao desfazimento do negócio com a retenção do sinal, permitindo, ainda, que o vendedor requeira indenização suplementar se provar a ocorrência de prejuízo maior que o valor das arras.

(C) A fiança prestada por pessoa física em contrato de locação firmado por seu irmão, sem autorização de sua esposa, é eficaz apenas com relação ao fiador.

(D) Com relação à dívida pessoal, o proprietário do imóvel poderá opor a impenhorabilidade da sua vaga de garagem, devidamente registrada, na condição de bem de família.

(E) A empresa X, ao prever e cobrar antecipadamente o Valor Residual Garantido (VRG) do contrato de arrendamento mercantil firmado por pessoa física, acaba transformando a pactuação em compra e venda a prestação.

A: incorreta. Nos termos do art. 35 da Lei 8.245/1991, salvo disposição em contrário, o locatário deverá ser indenizado pelas benfeitorias necessárias sem autorização e *úteis com a autorização*. E, de acordo com a Súmula 335 do STJ, é válida a cláusula de renúncia da indenização pelas benfeitorias no contrato de locação; **B:** correta, conforme arts. 418 e 419 do CC; **C:** incorreta, pois segundo a Súmula 332 do STJ, "a fiança prestada sem autorização de um dos cônjuges implica a ineficácia total da garantia"; **D:** incorreta, de acordo com Súmula 449 do STJ: "A vaga de garagem que possui matrícula própria no registro de imóveis não constitui bem de família para efeito de penhora"; **E:** incorreta, pois a Súmula 263 do STJ ("A cobrança antecipada do valor residual (VRG) descaracteriza o contrato de arrendamento mercantil, transformando-o em compra e venda a prestação") foi cancelada (REsp 443.143, julgado em 29.09.2003).

Gabarito "B".

(Defensor Público/PR – 2012 – FCC) É correto afirmar:

(A) Pessoa que, por simples cortesia, transportava seu colega na saída do trabalho, vindo a colidir seu veículo com caminhão, por culpa leve, causando grave lesão no colega transportado, será civilmente responsável por estes danos.

(B) O contrato de empréstimo somente poderá ser revisado pela teoria da imprevisão se houver desproporção da prestação derivada de motivo imprevisível ocorrido no momento funcional da relação contratual.

(C) O promitente comprador do imóvel, pertencente a proprietário registral, não terá direito à adjudicação compulsória se o compromisso de compra e venda não estiver registrado no cartório de imóveis, ainda que o contrato esteja devidamente quitado.

(D) O contratante, que contrata alguém para a troca de telhas de sua casa, não tem de garantir a segurança do contratado, exceto se tal dever estiver expresso no pacto firmado.

(E) Contrato de locação de imóvel, expressamente firmado para exploração de jogo ilegal, é tido como inexistente, em razão da ilicitude do objeto.

A: incorreta, nos termos da Sumula 145 do STJ: "no transporte desinteressado, de simples cortesia, o transportador só será civilmente responsável por danos causados ao transportado quando incorrer em dolo ou culpa grave"; **B:** correta, pois a teoria da imprevisão somente tem aplicabilidade se o fato que provocar o desequilíbrio ocorrer durante a execução do contrato (arts. 317e 478 do CC); **C:** incorreta. Promitente comprador terá direito à adjudicação compulsória ainda que o contrato não tenha sido levado a registro. O registro é requisito apenas para a eficácia *erga omnes* do contrato (art. 1.418 do CC e Súmula 239 do STJ); **D:** incorreta. Segundo o entendimento do STJ, o contratante tem o dever de garantir a segurança do contratado, fornecendo, por exemplo, o equipamento apropriado (REsp 533.233/MG, Rel. Min. Fernando Gonçalves, julgado em 05.02.2004); **E:** incorreta. O contrato que tem objeto ilícito é considerado nulo e não inexistente (art. 166, II, do CC).

Gabarito "B".

(Defensor Público/RO – 2012 – CESPE) Com relação aos contratos, assinale a opção correta.

(A) A locação em hotéis residência ou equiparados rege-se pela Lei n.º 8.245/1991, que trata das locações dos imóveis urbanos.

(B) A tese dos deveres anexos ou secundários não gera responsabilização civil, visto que não constitui espécie de inadimplemento.

(C) Em face da aplicação, no ordenamento jurídico brasileiro, do princípio da função social do contrato, o princípio da autonomia contratual deixou de ter aplicabilidade no direito brasileiro, aplicando-se, em contrapartida, de forma atenuada, o princípio da autonomia privada.

(D) Caso haja, em contrato de adesão, cláusulas ambíguas, adota-se, no direito brasileiro, a interpretação *in dubio pro fragile*.

(E) Tanto o terceiro que assumir a obrigação do devedor quanto o devedor primitivo poderão assinar prazo para que o credor consinta na assunção da dívida; permanecendo inerte o credor, entende-se haver concordância de sua parte.

A: incorreta, em conformidade com o art. 1º, alínea a, 4, da Lei 8.245/1991, as locações em *apart*-hotéis, hotéis residência ou equiparados são regidas pelo Código Civil; **B:** incorreta. Em virtude do princípio da boa-fé, positivado no art. 422 do novo Código Civil, a violação dos deveres anexos constitui espécie de inadimplemento, independentemente de culpa (Enunciado CJF 24); **C:** incorreta, segundo o Enunciado CJF 23, "a função social do contrato, prevista no art. 421 do novo Código Civil, *não elimina* o princípio da autonomia contratual, mas atenua ou reduz o alcance desse princípio quando presentes interesses metaindividuais ou interesse individual relativo à dignidade da pessoa humana". Autonomia contratual e autonomia privada são expressões sinônimas; **D:** correta, pois conforme o art. 423 do CC/2002, nos casos de cláusulas ambíguas nos contratos de adesão, estas serão interpretadas da maneira mais favorável ao aderente; **E:** incorreta. A validade da assunção de dívida depende do consentimento expresso do credor. Caso o credor seja intimado e permaneça inerte, seu silêncio será *interpretado como recusa* (art. 299, parágrafo único, do CC).
Gabarito "D".

(Defensor Público/SE – 2012 – CESPE) Assinale a opção correta a respeito das obrigações contratuais.

(A) Nos contratos de empreitada, a obrigação de fornecer os materiais a serem utilizados pode resultar da vontade dos contratantes. Sendo essa a vontade da lei e não havendo disposição em contrário, a obra corre por conta e risco de quem a encomende, ainda que o empreiteiro forneça os materiais e esteja em mora quanto à entrega da obra.

(B) Ocorre contrato de mandato quando alguém recebe de outrem poderes para, em seu nome, praticar atos ou administrar seus interesses, sendo aptas a formalizá-lo somente as pessoas capazes, vedada a sua formalização aos relativa ou absolutamente incapazes, ainda que devidamente representados.

(C) Por meio do contrato de fiança, o fiador garante satisfazer uma obrigação junto ao credor caso o devedor não a cumpra, não havendo nenhum impedimento de que a fiança seja de valor inferior ao da obrigação principal e contraída em condições menos onerosas ou assumida por mais de um fiador.

(D) O contrato de mútuo consiste em empréstimo de coisas fungíveis, através do qual o mutuário é obrigado a restituir ao mutuante o que dele receber em coisa do mesmo gênero, consideradas a qualidade e a quantidade, sendo o domínio da coisa emprestada transferido ao mutuário, mas os riscos advindos desde a tradição, exclusivos do mutuante.

(E) Pelo contrato de seguro, o segurador se obriga, mediante o pagamento do prêmio, a garantir ao segurado interesse legítimo, relativo a pessoa ou a coisa, contra riscos predeterminados. Nesse tipo de contrato, a prova se faz por meio da apólice ou do bilhete do seguro, ou até mesmo por meio de documento comprobatório do pagamento do respectivo prêmio, e, para garantir a sua efetividade, as apólices ou o bilhete de seguro devem ser sempre ao portador, estando garantido o direito do segurado, ainda que este agrave intencionalmente o risco objeto do contrato.

A: incorreta, pois caso o empreiteiro forneça os materiais, os riscos correrão por sua conta até o momento da entrega da obra (art. 611 do CC); **B:** incorreta. Relativamente incapaz pode ser mandatário (art. 666 do CC); **C:** correta. A fiança pode ser de valor inferior ao da obrigação principal e contraída em condições menos onerosas (art. 823 do CC); **D:** incorreta, pois os riscos correm por conta do mutuário desde a tradição, conforme dispõe o art. 587 do CC; **E:** incorreta, pois nos contratos de seguro a apólice ou o bilhete devem ser nominativos, à ordem ou ao portador (art. 760 do CC).
Gabarito "C".

5. RESPONSABILIDADE CIVIL

(Defensor Público/PE – 2018 – CESPE) Daniel, em 2010, com quinze anos de idade, sem que seu pai Douglas soubesse, pegou o carro da família e saiu para se divertir. Alcoolizado, Daniel atropelou Ana na faixa de pedestre, que, em decorrência do atropelamento, perdeu uma das pernas. Em 2016, Douglas foi absolvido no processo penal, em sentença transitada em julgado, por ausência de provas em relação a sua culpa no atropelamento causado por seu filho Daniel.

Com referência a essa situação hipotética, assinale a opção correta.

(A) Douglas é civilmente responsável pelo ato praticado por Daniel, de maneira objetiva, independentemente de culpa.

(B) Tendo decorrido mais de três anos da data do acidente, a pretensão de indenização cível de Ana está prescrita.

(C) A absolvição de Douglas no processo penal faz coisa julgada no processo cível, de modo que Ana não poderá mais acioná-lo civilmente.

(D) Caso seja responsabilizado civilmente pelo ato, Douglas poderá reaver do seu filho Daniel, responsável pelo acidente, o valor pago.

(E) Ana poderá ajuizar ação para pleitear danos morais e materiais, mas não danos estéticos isoladamente: dano moral já engloba dano estético.

A: correta, pois conforme arts. 932, I e 933 do CC, os pais respondem independentemente de culpa pelos atos dos filhos menores que estiverem sob sua autoridade e em sua companhia. **B:** incorreta, pois a prescrição ficou suspensa até que fosse proferida sentença transitada em julgado no juízo criminal (art. 200 CC). Tendo em vista que a sentença é datada de 2016, a prescrição retomou o seu curso, logo o prazo de 3 anos ainda não se consumou; **C:** incorreta, o fato de Douglas ter sido absolvido no juízo criminal apenas o isentaria do processo cível, caso a razão da absolvição tivesse sido prova da inexistência do fato ou negativa de autoria, todavia, como a absolvição foi em decorrência da ausência de provas em relação a culpa, ele poderá ser acionado tranquilamente no juízo cível (art. 935 CC); **D:** incorreta, pois o pai não tem o direito de reaver do filho a despesa que teve em decorrência do acidente causado por este último (art. 934 CC); **E:** incorreta, pois o Superior Tribunal de Justiça já reconheceu expressamente a autonomia e independência do dano estético, que não se confunde com dano moral ou dano material. Neste sentido prevê a Súmula 387 :"É lícita a cumulação das indenizações de dano estético e dano moral". Maria Helena Diniz, define que dano estético é toda alteração morfológica do indivíduo, que, além do aleijão, abrange as deformidades ou deformações, marcas e defeitos, ainda que mínimos, e que impliquem sob qualquer aspecto um afeiamento da vítima, consistindo numa simples lesão desgostante ou num permanente motivo de exposição ao ridículo ou de complexo de inferioridade, exercendo ou não influência sobre sua capacidade laborativa. P. ex.: mutilações (ausência de membros – orelhas, nariz, braços ou pernas etc.); cicatrizes, mesmo acobertáveis pela barba ou cabeleira ou pela maquilagem; perda de cabelos, das sobrancelhas, dos cílios, dos dentes, da voz, dos olhos (RJTJSP, 39:75); feridas nauseabundas ou repulsivas etc., em consequência do evento lesivo. Nota-se, pois que podem ser arbitrados valores diferentes para cada um deles. Neste espeque, segue trecho de decisão do STJ: "É pacífica e vasta a jurisprudência do Superior Tribunal de Justiça com relação ao entendimento no sentido de que é possível a cumulação da indenização para reparação por danos estético e moral, mesmo que derivados de um mesmo fato, se inconfundíveis suas causas e passíveis de apuração em separado, *id est*, desde que um dano e outro sejam reconhecidamente autônomos." (AGA 498706/SP, julgado em 04.09.2003 Ministro José Delgado). GR

Gabarito "A".

(Defensor Público/AC – 2017 – CESPE) A responsabilidade civil, de acordo com o Código Civil,

(A) na hipótese de pai e filho maior que concorrem para o ato ilícito, recairá sobre o pai, devendo o filho ser responsabilizado subsidiariamente.

(B) não poderá ser atribuída a pessoa diferente daquela que houver causado o dano.

(C) será indevida quando não for possível quantificar a extensão do dano causado.

(D) no caso de ato danoso praticado por animal, será imputável ao dono deste, se não houver culpa da vítima.

(E) se referente a ato ilícito que resulte em diminuição da capacidade laboral, fornece à vítima o direito a exigir danos morais ou pensão equivalente à depreciação sofrida.

A: incorreta, pois em se tratando de filho maior a responsabilidade é individual de cada agente. O pai apenas responderá pelos danos causados por seu filho quando este for menor de dezoito anos e estiver sob sua autoridade e em sua companhia (art. 932, I CC); **B**: incorreta, pois o art. 932 CC traz uma lista de pessoas que são responsabilizadas, ainda que elas não sejam as causadoras do dano; **C**: incorreta, pois quando não for possível quantificar a extensão do dano causado, o juiz fixará a indenização equitativamente (art. 953, parágrafo único, CC); **D**: correta (art. 936 CC); **E**: incorreta, pois neste caso a indenização deverá abranger despesas do tratamento, lucros cessantes bem como pensão correspondente à importância do trabalho para o qual a vítima se inabilitou, ou da depreciação que sofreu (art. 950, "caput", CC). Não necessariamente haverá danos morais. GR

Gabarito "D".

(Defensor Público –DPE/RN – 2016 – CESPE) A respeito dos atos ilícitos e da responsabilidade civil, assinale a opção correta segundo a jurisprudência do STJ.

(A) O acordo extrajudicial firmado pelos pais em nome de filho menor, para fins de recebimento de indenização por ato ilícito, dispensa a intervenção do MP.

(B) Para a aplicação da teoria da perda de uma chance, não se exige a comprovação da existência do dano final, mas a prova da certeza da chance perdida, que é o objeto de reparação.

(C) Na hipótese de indenização por dano moral decorrente da prática de ato ilícito, os juros moratórios devem fluir a partir da data do ajuizamento da ação respectiva.

(D) Segundo dispõe o Código Civil, caso repare o dano que seu filho relativamente incapaz causar a terceiro, o pai poderá reaver do filho o que pagar a título de indenização.

(E) De acordo com o entendimento do STJ, se determinado preposto, valendo-se de circunstâncias proporcionadas pelo seu labor, praticar ato culposo fora do exercício do trabalho que lhe for confiado, causando prejuízo a terceiro, não será possível a responsabilização do empregador.

A: incorreta, pois o STJ já pacificou o entendimento segundo o qual: "*São indispensáveis a autorização judicial e a intervenção do Ministério Público em acordo extrajudicial firmado pelos pais dos menores, em nome deles, para fins de receber indenização por ato ilícito*" (AgRg no REsp 1483635/PE, Rel. Ministro Moura Ribeiro, Terceira Turma, julgado em 20/08/2015, DJe 03/09/2015); **B**: correta, pois essa é a própria definição da "perda de uma chance". Não existe ainda um dano concreto e caracterizado, mas apenas a perda de uma oportunidade, uma probabilidade de ganhar algo no futuro. O exemplo clássico é o do advogado que perde um prazo para ajuizar ação de alta probabilidade de ganho em favor de seu cliente; **C**: incorreta, pois a Súmula 54 do STJ afirma que "*Os juros moratórios fluem a partir do evento danoso, e caso de responsabilidade extracontratual*"; **D**: incorreta, pois o pai – ao pagar indenização pelo ato ilícito do filho incapaz – não tem ação regressiva contra este (CC, art. 934); **E**: incorreta, pois o STJ tem posição consolidada no sentido de que "*responde o empregador pelo ato ilícito do preposto se este, embora não estando efetivamente no exercício do labor que lhe foi confiado ou mesmo fora do horário de trabalho, vale-se das circunstâncias propiciadas pelo trabalho para agir*" (REsp 1072577/PR, Rel. Ministro Luis Felipe Salomão, Quarta Turma, julgado em 12/04/2012, DJe 26/04/2012).

Gabarito "B".

(Defensor Público –DPE/MT – 2016 – UFMT) No que se refere à responsabilidade civil, analise as assertivas abaixo.

I. A ausência de registro de transferência no DETRAN implica a responsabilidade do antigo proprietário por dano resultante de acidente que envolva o veículo alienado.

II. A empresa locadora de veículos responde, subsidiariamente ao locatário, pelos danos por este causados a terceiros, no uso do carro locado.

III. Tratando-se de engavetamento de veículos, aplica-se a teoria do corpo neutro para eximir de responsabilidade o proprietário ou o condutor do veículo que foi lançado contra o patrimônio de terceiro por força de colisão prévia a que não deu causa.

IV. Agindo em estado de necessidade, o condutor de veículo desvia de uma criança que invadira a pista de rolamento. Em razão da manobra, aquele danifica patrimônio de terceiro. Nesse caso, em relação ao terceiro não responsável pelo perigo, subsiste a responsabilidade do condutor do veículo.

V. No contrato de transporte prestado por empresa de ônibus, a falha mecânica consistente no desprendimento de uma das rodas do veículo gera danos físicos ao transportado. Nesse caso, a existência de fortuito interno exclui a responsabilidade da empresa.

Estão corretas as assertivas

(A) I, II e III, apenas.
(B) IV e V, apenas.
(C) I, II e V, apenas.
(D) I, II, III e IV, apenas.
(E) III e IV, apenas.

I: incorreta, pois nessa hipótese ocorre apenas a transmissão da responsabilidade pelas infrações de trânsito, não se estendendo a responsabilidade civil, nem tributária pelo pagamento do IPVA (STJ, AgRg no REsp 1418691/RS, Rel. Ministro Benedito Gonçalves, Primeira Turma, julgado em 05/02/2015, DJe 19/02/2015); **II**: incorreta, pois nesse caso a responsabilidade é solidária e não subsidiária (STF, Súmula 492); **III**: correta, pois de acordo com precedentes do STJ, em que pese não haver súmula, nem decisões reiteradas (Recurso Especial Nº 1.370.719 - SP (2013/0026582-4); **IV:** correta, pois nesse caso o causador direto do dano mantém sua responsabilidade, tendo regressiva contra o pai da criança, que foi o causador do risco da situação (CC, arts. 188 e 929); **V:** incorreta, pois o fortuito interno mantém a responsabilidade da empresa. Baseia-se na ideia de que – a despeito de inevitável – o fato ocorrido faz parte do rol de situações inerentes à referida atividade. Por outro lado, seria exemplo de fortuito externo (e que afasta a responsabilidade civil) um furacão ou um raio que atinge o ônibus. São eventos inevitáveis e que não guardam qualquer relação com a atividade desenvolvida.

Gabarito "E".

(Defensor Público –DPE/MT – 2016 – UFMT) No que se refere à responsabilidade civil, assinale a afirmativa INCORRETA.

(A) O incapaz não responde pelos prejuízos que causar, ainda que as pessoas por ele responsáveis não tenham obrigação de fazê-lo ou não disponham de meios suficientes.

(B) A indenização mede-se pela extensão do dano, mas se houver excessiva desproporção entre a gravidade da culpa e o dano, poderá o juiz reduzi-la equitativamente.

(C) Haverá obrigação de reparar o dano, independentemente de culpa, nos casos especificados em lei, ou quando a atividade normalmente desenvolvida pelo autor do dano implicar, por sua natureza, risco para os direitos de outrem.

(D) Aquele que ressarcir o dano causado por outrem pode reaver o que houver pago daquele por quem pagou, salvo se o causador do dano for descendente seu, absoluta ou relativamente incapaz.

(E) O credor que demandar o devedor antes de vencida a dívida, fora dos casos em que a lei o permita, ficará obrigado a esperar o tempo que faltava para o vencimento, a descontar os juros correspondentes, embora estipulados, e a pagar as custas em dobro.

A: incorreta, pois o Código Civil (art. 928) estabelece a possibilidade de responsabilização direta do incapaz, justamente nas duas hipóteses mencionadas na assertiva; **B:** correta, pois o CC (art. 944) considera a gravidade da culpa como um critério de fixação de indenização; **C:** correta, pois a assertiva reproduz o texto do art. 927, parágrafo único do CC, que prevê responsabilidade civil objetiva para os dois casos mencionados na assertiva; **D:** correta. O artigo 933 do Código Civil tem péssima e confusa redação. Basicamente ele diz que uma pessoa que responde por ato ilícito praticado por outra terá ação regressiva contra esta (CC, art. 933). Tal regra, todavia, não se aplica na relação *ascendente x descendente incapaz*. O pai, que paga pelo ilícito do filho incapaz, não terá direito de regresso contra este (CC, art. 934). **E:** correta, pois de acordo com a regra estabelecida pelo CC, art. 939. Vale mencionar, todavia, que a jurisprudência só aplica a referida punição quando comprovada a má-fé e o dolo direto de quem cobra indevidamente.

Gabarito "A".

(Defensor Público/PR – 2012 – FCC) É correto afirmar:

(A) A pessoa jurídica, porque não titulariza direitos subjetivos referentes à dignidade da pessoa humana, não é titular de direitos da personalidade, embora possa sofrer dano moral.

(B) A indenização por dano estético, na qualidade de espécie de dano moral, abarca este, não havendo falar em responsabilização autônoma do agente ofensor com relação aos danos psicológicos.

(C) É cabível a recusa do pagamento da indenização acidentária civil baseada na falta de pagamento do prêmio do seguro obrigatório de Danos Pessoais Causados por Veículos Automotores de Vias Terrestres (DPVAT).

(D) O absolutamente incapaz não responde pelos danos que causar, tendo em vista a responsabilidade privativa de seus pais ou responsáveis.

(E) No caso de deterioração da coisa alheia, provocada para remover perigo iminente provocado por terceiro, assistirá ao proprietário da coisa direito a indenização a ser paga pelo causador direto do dano, ainda que à luz da lei civil este não tenha cometido ato ilícito.

A: incorreta. O entendimento majoritário na doutrina e na jurisprudência é no sentido de que as pessoas jurídicas são titulares de alguns direitos da personalidade e podem sofrer dano moral (art. 52 do CC, e Súmula 227 do STJ); **B:** incorreta, pois, conforme a Súmula 387 do STJ, podem ser cumulados os pedidos de indenização por danos morais e estéticos; **C:** incorreta. A falta de pagamento do prêmio do seguro obrigatório de Danos Pessoais Causados por Veículos Automotores de Vias Terrestres (DPVAT) não é motivo para a recusa do pagamento da indenização (Súmula 257 do STJ); **D:** incorreta, pois o incapaz pode responder pelos danos que causar, se as pessoas por ele responsáveis não tiverem obrigação de fazê-lo ou não dispuserem de meios suficientes (art. 928 do CC); **E:** correta. O estado de necessidade agressivo (aquele que tem como objetivo remover perigo iminente provocado por terceiro) é considerado ato lícito, ainda assim gera o dever de reparar o dano causado, assegurado o direito de regresso (arts. 188, II, 929 e 930 do CC).

Gabarito "E".

(Defensor Público/PR – 2012 – FCC) Sobre o Sistema de Responsabilidade Civil é correto afirmar:

(A) No caso de atropelamento por veículo dirigido profissionalmente, a pretensão de reparação civil das escoriações e fraturas sofridas, pelo pedestre, sob o prisma do Direito Civil, exigirá a prova da culpa do motorista ofensor.

(B) Moradora de Curitiba perdeu o horário para realização de prova de segunda fase de concurso realizado em Manaus em razão de atraso no voo devido à greve dos pilotos de determinada companhia aérea. Esta situação caracteriza o chamado dano reflexo ou por ricochete.

(C) Pessoa embriagada, que atravessa larga avenida fora da faixa de segurança e correndo, vindo a ser atropelada por motorista que trafegava acima do limite de velocidade, deve ser indenizada integralmente, com base no princípio da *restitutio in integrum*.

(D) Microempresário contrata as empresas X e Y para o transporte cumulativo de uma carga que deixa de ser entregue em seu destino. Nesse caso, cada transportador deve responder pelo eventual descumprimento do contrato relativamente ao respectivo percurso, podendo opor tratar-se de obrigação de meio.

(E) Famoso artista de rua, que tem sua imagem veiculada em propaganda comercial sem sua autorização, terá direito à indenização, independentemente da demonstração de seu prejuízo.

A: incorreta. Por se tratar de motorista profissional a responsabilidade será objetiva, subsistindo o dever de indenizar pelo risco da atividade desenvolvida, nos termos do art. 927, parágrafo único, do Código Civil (TST, Agravo de Instrumento em Recurso de Revista 267/2007-007-18-

40.2). Esta mesma responsabilidade pode ser fundamentada no art. 14 do CDC; **B:** incorreta. O dano reflexo, ou em ricochete, ocorre quando a ofensa é dirigida a uma pessoa, mas as consequências desta ação são sentidas por outra (ex: ofensa dirigida ao morto - art. 12, parágrafo único, do CC). O enunciado descreve hipótese de responsabilidade pela *perda de uma chance*, pois houve a frustração da expectativa de uma chance real; **C:** incorreta. Caracterizada a culpa concorrente da vítima, a responsabilidade civil será mitigada (art. 945 do CC); **D:** incorreta, pois nos casos de transporte cumulativo todas as transportadoras respondem solidariamente, conforme art. 756 do CC. Além disso, incita salientar que a obrigação assumida não é de meio e sim de resultado: a transportadora assume a obrigação de levar a coisa ao seu destino com segurança e integridade; **E:** correta, pois de acordo com a Súmula 403 do STJ, "independe de prova do prejuízo a indenização pela publicação não autorizada de imagem de pessoa com fins econômicos ou comerciais".

Gabarito "E".

(Defensor Público/SE – 2012 – CESPE) Acerca dos efeitos da responsabilidade civil extracontratual, assinale a opção correta.

(A) Embora a indenização por ato ilícito proveniente de dano extracontratual seja medida pela extensão do dano, se a vítima tiver concorrido culposamente para o evento danoso, a sua indenização será fixada com base na gravidade de sua culpa em confronto com a do autor do dano.

(B) Como regra, a responsabilidade civil não passa da pessoa causadora do dano; assim, não havendo determinação expressa do empregador para que seus empregados façam ou deixem de fazer alguma coisa, não se pode responsabilizar o empregador pelos atos praticados por seus empregados, serviçais e prepostos, no exercício do trabalho que lhes competir, ou em razão dele.

(C) As vítimas de lesão ou de outra ofensa à saúde têm direito de exigir do ofensor tão somente as despesas provenientes do tratamento, estendendo-se a obrigação de reparar os danos até o fim da convalescença, independentemente do tempo, e, nesse caso, o lesado, se preferir, poderá exigir que a indenização seja arbitrada e paga de uma só vez.

(D) Não comete ato ilícito civil aquele que, por ação voluntária, destrói coisa alheia a fim de remover perigo iminente de dano, ainda que a ação não seja estritamente necessária, e o agente exceda os limites do indispensável para a remoção do perigo.

(E) Mesmo que a responsabilidade civil independa da criminal, a lei veda que se questione, na esfera cível, fato decidido no juízo criminal; por conseguinte, a sentença penal absolutória, independentemente do motivo da absolvição, impede o processamento da ação civil de reparação de dano causado pelo mesmo fato que tenha provocado a absolvição do agente provocador do ilícito.

A: correta. Se a vítima tiver concorrido culposamente para o evento danoso, a sua indenização será fixada tendo-se em conta a gravidade de sua culpa em confronto com a do autor do dano (art. 945 do CC); **B:** incorreta. O empregador, ou comitente, *responde* pelos danos causados por seus empregados, serviçais e prepostos, no exercício do trabalho que lhes competir, ou em razão dele (art. 932, III, CC); **C:** incorreta. Nos casos de lesão ou outra ofensa à saúde o ofendido terá direito à indenização das despesas do tratamento e dos lucros cessantes até o final da convalescência e de outros prejuízos que prove ter sofrido (art. 949 do CC). Se resultar da ofensa, diminuição da capacidade laborativa ou se o indivíduo não puder exercer mais sua atividade poderá pleitear pensão ou, se preferir, poderá exigir que a indenização seja arbitrada e paga de uma só vez (art. 950 do CC); **D:** incorreta. Se o ato não é estritamente necessário ou se o agente exceder os limites do indispensável para a remoção do perigo estará caracterizado o ato ilícito (art. 186 e 188 do CC); **E:** incorreta. Ao contrário da sentença criminal condenatória que é sempre vinculante, a absolutória pode ser vinculante ou não. *Será vinculante* quando a absolvição reconhecer de forma categórica a não autoria ou a inexistência do fato. *Não será vinculante* se a absolvição tiver qualquer outro fundamento (ex: falta de provas, atipicidade do ato, extinção da punibilidade, não apreciação do mérito etc.).

Gabarito "A".

(Defensor Público/SP – 2012 – FCC) Em tema de Responsabilidade Civil, considere asserções abaixo.

I. Atos lícitos não podem engendrar responsabilidade civil contratual nem aquiliana.

II. A prática de *bullying* entre crianças e adolescentes, em ambiente escolar, pode ocasionar a responsabilização de estabelecimento de ensino, quando caracterizada a omissão no cumprimento no dever de vigilância.

III. Nos termos de reiteradas decisões do Superior Tribunal de Justiça, a cláusula de incolumidade, inerente ao contrato de transporte, não pode ser invocada nos casos de fortuito interno.

IV. A responsabilidade do dono ou detentor de animal pelos danos por este causado é objetiva.

V. O consentimento informado constitui excludente de responsabilidade dos profissionais liberais em caso de erro médico.

Dentre as asserções acima APENAS estão corretas

(A) I e III.
(B) II e IV.
(C) III e V.
(D) I e IV.
(E) II e V.

I: incorreta, pois mesmo um ato lícito pode ensejar em responsabilidade civil contratual ou extracontratual/aquiliana (arts. 188, 929 e 930 do CC); **II:** correta. Os educadores têm responsabilidade pelos danos causados aos educandos nos estabelecimentos de ensino (art. 932, IV e 933 do CC); **III:** incorreta. Segundo a jurisprudência do STJ o transportador não se exime de responsabilidade pelos danos causados aos passageiros em caso de fortuito interno: "Acidentes ocorridos em autoestradas, mesmo por culpa exclusiva de terceiros, são considerados fortuitos internos, incapazes, por isso, de afastar a responsabilidade Civil do transportador" (AgRg nos EDcl no REsp 1318095/MG, Rel. Min. Sidnei Beneti, julgado em 19.06.2012); **IV:** correta, pois, caso não seja provada a culpa da vítima ou a ocorrência de força maior, estará obrigado o dono ou detentor do animal a ressarcir os danos por eles causados (art. 936 do CC); **V:** incorreta. O termo de consentimento informado exclui a responsabilidade pelos riscos naturais do procedimento, mas não exclui a responsabilidade pelo erro médico.

Gabarito "B".

(Defensor Público/RS – 2011 – FCC) Atos ilícitos e responsabilidade civil.

(A) A ilicitude dos atos jurídicos surge com a violação de direito alheio e a consequente configuração de dano a terceiro, não havendo falar em configuração de ato ilícito no exercício de um direito por seu titular.

(B) No sistema brasileiro a indenização é mensurada pela extensão do dano, forte no princípio da restituição integral, não havendo possibilidade de sua fixação e/ou redução pela via da equidade.

(C) Nos termos do Código Civil, os empresários individuais e as empresas respondem independentemente de culpa pelos danos causados pelos produtos postos em circulação.

(D) Os pais respondem, mediante a aferição da sua culpa, pelos atos dos filhos menores que estiverem sob sua autoridade e em sua companhia, o que também ocorre com os empregadores, no que respeita aos atos dos seus empregados, serviçais e prepostos, no exercício do trabalho que lhes competir, ou em razão dele.

(E) No sistema da responsabilidade civil objetiva a culpa do ofensor é despicienda, tanto para a fixação do dever de indenizar, quanto para a fixação do *quantum* indenizatório.

A: incorreta. O abuso de direito é uma espécie de *ato ilícito*, caracterizado pelo exercício de um direito que *excede manifestamente os limites impostos pelo seu fim econômico ou social, pela boa-fé ou pelos bons costumes* (art. 187 do CC); **B:** incorreta, pois a regra é que a indenização seja fixada segundo a extensão do dano. Contudo, se houver excessiva desproporção entre a gravidade da culpa e o dano, poderá o juiz *reduzir*, **equitativamente**, *a indenização* (art. 944, parágrafo único do CC); **C:** correta. Está de acordo com o disposto no art. 931 do CC; **D:** incorreta, pois os pais respondem objetivamente pelos atos de seus filhos (arts. 932, I, e 933 do CC); **E:** incorreta. Na responsabilidade objetiva a culpa não tem importância para determinação do dever de indenizar, mas deve ser levada em consideração na fixação do *quantum* indenizatório (art. 944, parágrafo único, do CC).

(Defensoria Pública da União – 2010 – CESPE) No que se refere à disciplina do abuso de direito, julgue os itens a seguir.

(1) A proibição de comportamento contraditório é aplicável ao direito brasileiro como modalidade do abuso de direito e pode derivar de comportamento tanto omissivo quanto comissivo.

(2) A exemplo da responsabilidade civil por ato ilícito em sentido estrito, o dever de reparar decorrente do abuso de direito depende da comprovação de ter o indivíduo agido com culpa ou dolo.

(3) O pagamento realizado reiteradamente pelo devedor em local diverso do ajustado em contrato é um exemplo do que se denomina *supressio*.

1: correta, pois a doutrina, ao interpretar o art. 187 do CC, que regula o abuso do direito, entendeu que a proibição de comportamento contraditório funda-se nesse instituto (Enunciado 362 do CJF: "A vedação do comportamento contraditório - *venire contra factum proprium* - funda-se na proteção da confiança, tal como se extrai dos arts. 187 e 422 do Código Civil"); **2:** incorreta, pois a responsabilidade civil decorrente do abuso de direito é objetiva (Enunciado 37 do CJF: "A responsabilidade civil decorrente do abuso do direito independe de culpa e fundamenta-se somente no critério objetivo-finalístico"); **3:** correta, pois a *supressio* consiste na redução do conteúdo obrigacional pela inércia de uma das partes em exercer direitos ou faculdades, gerando na outra legítima expectativa, situação que ocorre quando o devedor, reiteradamente, realiza pagamento em local diverso do ajustado, ficando o devedor na legítima expectativa que possa continuar efetuando o pagamento no lugar que sempre efetuou; a *supressio* não se confunde com a *surrectio*, que consiste na ampliação do conteúdo obrigacional (e não na redução do conteúdo obrigacional).

(Defensor Público/AM – 2010 – I. Cidades) A respeito da responsabilidade civil, marque a alternativa correta:

(A) O incapaz não responderá pelos prejuízos que causar, pois a obrigação de indenizar recairá sobre os seus representantes legais.

(B) Ressalvados outros casos previstos em lei especial, os empresários individuais e as empresas respondem independentemente de culpa pelos danos causados pelos produtos postos em circulação.

(C) Os ascendentes podem ajuizar ação regressiva em face dos descendentes, sempre que arcarem com os prejuízos causados pelo relativamente ou absolutamente incapaz.

(D) O Código Civil de 2002, ao contrário do disposto no Código de Defesa do Consumidor, não previu a possibilidade de ressarcimento em dobro dos valores demandados em relação a dívidas já pagas.

(E) O direito de exigir reparação e a obrigação de prestá-la são personalíssimos, razão pela qual não se transmitem com a herança.

A: incorreta, pois o incapaz **responde** pelos prejuízos que causar, se as pessoas por ele responsáveis não tiverem obrigação de fazê-lo ou não dispuserem de meios suficientes (art. 928, *caput*, do CC); **B:** correta. A alternativa reflete o disposto no art. 931 do CC; **C:** incorreta. Aquele que ressarcir o dano causado por outrem pode reaver o que houver pago daquele por quem pagou, **salvo se o causador do dano for descendente seu, absoluta ou relativamente incapaz** (art. 934 do CC); **D:** incorreta, o Código Civil traz essa disposição em seu art. 940; **E:** incorreta. O direito de exigir reparação e a obrigação de prestá-la transmitem-se com a herança (art. 943 do CC).

(Defensor Público/GO – 2010 – I. Cidades) A respeito da ilicitude e da responsabilidade civil, o Código Civil dispõe que

(A) a responsabilidade civil é independente da criminal, razão pela qual é possível questionar sobre a existência do fato, ou sobre quem seja o seu autor, mesmo quando essas questões já se acharem decididas, com trânsito em julgado, no juízo criminal.

(B) o dono ou detentor do animal responde civilmente pelo dano por este causado, não se exonerando de tal responsabilidade em virtude de força maior.

(C) o titular de um direito que, ao exercê-lo, excede manifestamente os limites impostos pelo seu fim econômico ou social, pela boa-fé ou pelos bons costumes, comete abuso de direito, que, apesar de ser um ato lícito, pode ensejar responsabilidade civil.

(D) constitui ato ilícito a deterioração ou destruição da coisa alheia, ou a lesão à pessoa, a fim de remover perigo iminente.

(E) se houver excessiva desproporção entre a gravidade da culpa e do dano, poderá o juiz reduzir, equitativamente, a indenização.

A: incorreta. A responsabilidade civil é independente da criminal, **não** se podendo questionar mais sobre a existência do fato, ou sobre quem seja o seu autor, quando estas questões se acharem decididas no juízo criminal (art. 935 do CC); **B:** incorreta. O dono, ou detentor, do animal ressarcirá o dano por este causado, **se não provar culpa da vítima ou força maior** (art. 936 do CC); **C:** incorreta. **Comete ato ilícito** o titular de um direito que, ao exercê-lo, excede manifestamente os limites impostos pelo seu fim econômico ou social, pela boa-fé ou pelos bons costumes (art. 187 do CC); **D:** incorreta. **Não** constitui ato ilícito a deterioração ou destruição da coisa alheia, ou a lesão à pessoa, a fim de remover perigo iminente (art. 188, II, do CC); **E:** correta, pois a alternativa reflete o disposto no art. 944, parágrafo único, do CC.

Gabarito "E".

(Defensoria Pública/MA – 2009 – FCC) No tocante à disciplina da responsabilidade civil, é correto afirmar:

(A) Os pais são responsáveis objetivamente pela reparação civil dos danos causados por filhos menores ou, embora maiores de 18 anos, incapazes, ainda que estes não estejam sob sua autoridade e em sua companhia.

(B) Para que ocorra a responsabilidade civil subjetiva, basta a existência de um dano material ou moral e de uma ação ou omissão dolosa ou culposa.

(C) Na responsabilidade civil objetiva, a culpa exclusiva do prejudicado afasta o dever de reparação do causador do dano porque é causa de exclusão do dano.

(D) Na responsabilidade civil objetiva, a culpa exclusiva do prejudicado em nada altera a situação jurídica do causador do dano, o qual responderá independentemente de culpa.

(E) Na responsabilidade civil objetiva, não surgirá o dever de reparação do dano na hipótese de culpa exclusiva da vítima por falta de nexo de causalidade entre a ação do agente e o dano sofrido.

A: incorreta, pois tal responsabilidade só existe se os filhos menores estiverem sob a autoridade e na companhia dos pais (art. 932, I, do CC); **B:** incorreta, pois é necessário, também, a presença de nexo de causalidade (art. 186 do CC), consistente em "*causar* dano a outrem"; **C** a **E**: a culpa exclusiva da vítima é causa de *exclusão do nexo de causalidade* e, consequentemente, do dever de indenizar.

Gabarito "E".

(Defensor Público/AL – 2009 – CESPE) Lucas, menor com dezessete anos de idade, pegou o carro de seus pais, enquanto eles dormiam, e causou um acidente ao colidir no veículo de Eduardo.

Considerando essa situação hipotética, julgue os próximos itens com base na disciplina da responsabilidade civil.

(1) Ainda que provada a culpa de Lucas, seus pais não terão a obrigação de indenizar o dano provocado, porquanto, nesse caso, não se pode falar em *culpa in vigilando*.

(2) Em razão de a emancipação cessar a menoridade, predomina o entendimento de que, caso os pais tivessem emancipado Lucas, ficaria afastada a responsabilidade deles pelos danos causados a Eduardo.

1: incorreta, pois há responsabilidade dos pais, pelos filhos menores que estiverem sob sua autoridade e em sua companhia, ainda que não haja culpa de sua parte. Logo responderão pelos atos praticados (arts. 932, I, e 933, do CC); **2:** incorreta. "AGRAVO REGIMENTAL EM RECURSO ESPECIAL. CIVIL. RESPONSABILIDADE CIVIL. INDENIZAÇÃO. ILEGITIMIDADE DOS PAIS PARA FIGURAR NO POLO PASSIVO. EMANCIPAÇÃO. VIOLAÇÃO AO ART. 1.521, I, DO CC/1.916. 1. Não configura violação ao art. 1.521, inciso I, do antigo Código Civil, a exclusão do polo passivo na ação de indenização por responsabilidade civil os pais de menor emancipado cerca de dois anos antes da data do acidente. (...) 3. Recurso especial conhecido e desprovido. (REsp 764.488/MT, Rel. Ministro Honildo Amaral de Mello Castro (Desembargador convocado do TJ/AP), Quarta Turma, julgado em 18.05.2010, DJe 05.08.2010).

Gabarito 1E, 2E

6. COISAS

6.1. Posse

6.1.1. Posse, classificação, aquisição e perda

(Defensor Público –DPE/BA – 2016 – FCC) A posse-trabalho

(A) pode gerar ao proprietário a privação da coisa reivindicada, se for exercida em extensa área por prazo ininterrupto de cinco anos, mas o proprietário tem direito à fixação de justa indenização.

(B) é aquela que permite a usucapião especial urbana, em imóveis com área não superior a 250 metros quadrados e, por ser forma originária de aquisição da propriedade, independe de indenização.

(C) está prevista no Estatuto da Cidade como requisito para a usucapião coletiva de áreas urbanas ou rurais onde não for possível identificar os terrenos ocupados por cada possuidor.

(D) se configura como a mera detenção, também chamada de fâmulo da posse, fenômeno pelo qual alguém detém a posse da coisa em nome alheio.

(E) pode gerar a desapropriação de terras públicas em favor de um grupo de pessoas que realizou obras ou serviços considerados de interesse social e econômico relevante.

A: correta. Tal possibilidade está prevista no art. 1.228, §§ 4º e 5º do Código Civil; **B** e **C:** incorretas, pois a ideia da usucapião especial urbana é garantir casa para quem ainda não a tem. O requisito da posse-trabalho, que consiste na ideia de trabalhar a área, torná-la produtiva, acrescentar benfeitorias, não se adéqua na usucapião urbana; **D:** incorreta. O fâmulo da posse (exemplo: o caseiro de um sítio) é um detentor, e nos termos da lei encontra-se "*em relação de dependência para com outro, conserva a posse em nome deste e em cumprimento de ordens ou instruções suas*" (CC, art. 1.198). A posse trabalho é uma posse qualificada, prestigiada pelo Direito, que não se confunde com detenção; **E:** incorreta, pois não existe tal previsão no ordenamento jurídico pátrio.

Gabarito "A".

(Defensor Público/TO – 2013 – CESPE) Com relação a posse, assinale a opção correta.

(A) Nas ações possessórias, é indispensável a outorga uxória no polo ativo, assim como o litisconsórcio é necessário no polo passivo da demanda.

(B) As teorias sociológicas da posse conferem primazia aos valores sociais nela impregnados, como um poder fático de ingerência socioeconômica concreta sobre a coisa, com autonomia em relação à propriedade e aos direitos reais.

(C) Tanto na teoria subjetiva quanto na objetiva, a posse é caracterizada como a conjugação do elemento *corpus* com o elemento *animus*, caracterizando-se o *animus*, na primeira, como uma vontade de ser dono, o *animus domini*, e, na segunda, referindo-se à própria coisa, o *animus rem sibi habendi*.

(D) A natureza jurídica da posse é a de direito real, haja vista que uma de suas características é a oponibilidade *erga omnes*, inclusive contra o proprietário.

(E) O direito de sequela do possuidor é absoluto, cedendo apenas ante o direito de propriedade por meio da ação reivindicatória, bem como ante a boa-fé de terceiros, o que se justifica pelo fato de não ser conferida à posse a mesma publicidade conferida à propriedade pelo registro ou tradição.

A: incorreta. Nas ações possessórias, a participação do cônjuge do autor ou do réu somente é indispensável nos casos de composse ou de ato praticado por ambos (art. 73, § 2º, CPC); **B:** correta. Está de acordo com o entendimento doutrinário sobre a teoria sociológica da posse – por esta teoria, o direito de posse só se legitima pelo seu exercício, seja para fins econômicos ou não; **C:** incorreta. A intenção de ter a coisa como proprietário (*animus domini*) ou de ter a coisa para si (*animus rem sibi habendi*) são requisitos da teoria subjetiva. Na teoria objetiva, há apenas o *animus tenendi* (intenção de usar) que se revela no comportamento do agente: no uso da coisa (*corpus*). É por esta razão que muitos autores afirmam não existir o elemento subjetivo (*animus*) na teoria objetiva; **D:** incorreta. A natureza jurídica da posse é objeto de profunda controversa doutrinária, mas podemos afirmar que o legislador não a considerou como direito real, pois deixou a posse de fora do rol do art. 1.225 do CC; **E:** incorreta. O direito de posse não cede, em regra, diante do direito de propriedade. Neste sentido, o art. 1.210, § 2º do CC, dispõe que "não obsta à manutenção ou reintegração na posse a alegação de propriedade, ou de outro direito sobre a coisa".
Gabarito "B".

(Defensor Público/AM – 2013 – FCC) A posse

(A) é de má-fé mesmo que o possuidor ignore o vício.
(B) é adquirida quando se detém a coisa a mando de outrem.
(C) pode ser oposta ao proprietário.
(D) não pode ser defendida, em juízo, pelo possuidor indireto.
(E) quando turbada, autoriza o ajuizamento de ação de reintegração.

A: incorreta. Quando o possuidor ignora o vício ou o obstáculo para aquisição da posse, esta é considerada de boa-fé (art. 1.202 do CC); **B:** incorreta, quando uma pessoa detém uma coisa a mando de outrem há detenção e não posse (art. 1.198 do CC); **C:** correta, pois, segundo art. 1.197 do CC, pode o possuidor direto defender sua posse em face do possuidor indireto (que normalmente é o proprietário do bem). Além disso, o art. 1.210, § 2º, do CC dispõe que "não obsta à manutenção ou reintegração na posse a alegação de propriedade, ou de outro direito sobre a coisa"; **D:** incorreta. Como a posse direta não anula a indireta, ambos os possuidores podem exercer a proteção possessória em juízo (art. 1.197 do CC); **E:** incorreta. Havendo turbação, a ação a ser ajuizada é a de manutenção de posse e, em caso de esbulho, deve ser ajuizada a ação de reintegração de posse (art. 1.210, *caput*, do CC).
Gabarito "C".

(Defensor Público/AC – 2012 – CESPE) Com relação ao instituto da posse, assinale a opção correta.

(A) Ao conceituar a posse da mesma forma que seu antecessor, o Código Civil vigente filia-se à teoria subjetiva da posse.
(B) Possuidor indireto é aquele que detém poder físico sobre a coisa, mas apenas em cumprimento de ordens ou instruções emanadas do possuidor direto ou de seu proprietário.
(C) No constituto possessório, há inversão no título da posse com base em relação jurídica: aquele que possuía em nome alheio passa a possuir em nome próprio, remanescendo o seu poder material sobre a coisa.
(D) Ao possuidor de má-fé é facultado o ressarcimento por benfeitorias necessárias e úteis; contudo, esse possuidor jamais obterá direito de retenção sobre as benfeitorias que tenha realizado.

(E) Segundo entendimento jurisprudencial do STJ, não é possível a posse de bem público, pois sua ocupação irregular representa mera detenção de natureza precária; portanto, na ação reivindicatória ajuizada pelo ente público, não há que se falar em direito de retenção de benfeitorias, o qual pressupõe a existência de posse.

A: incorreta. Assim como seu antecessor, o Código Civil de 2002 adotou a teoria objetiva da posse como a regra do sistema (art. 1.196 do CC): "considera-se possuidor todo aquele que tem de fato o exercício, pleno ou não, de algum dos poderes inerentes à propriedade"; **B:** incorreta, pois quem detém o poder físico da coisa sobre cumprimento de ordem de outrem é o detentor (art. 1.198 do CC); **C:** incorreta. No constituto possessório aquele que possuía o bem em próprio nome, passa a possuir em nome alheio. Contrariamente, na *traditio brevi manu*, aquele que possuía em nome alheio, passa a possuir em nome próprio; **D:** incorreta. O possuidor de má-fé somente pode reclamar indenização pelas benfeitorias necessárias e não tem direito de retenção pela importância destas (art. 1.220 do CC); **E:** correta, pois, conforme o entendimento do STJ, "a impossibilidade de se reconhecer a posse de imóvel público afasta o direito de retenção pelas benfeitorias realizadas" (AgRg no AgRg no AREsp 66.538/PA, Rel. Min. Antonio Carlos Ferreira, julgado em 18.12.2012).
Gabarito "E".

(Defensoria Pública/SP – 2010 – FCC) Pela perda ou pela deterioração da coisa

I. o possuidor de boa-fé responde se tiver dado causa;
II. o possuidor de má-fé responde se tiver dado causa e se ocorreram acidentalmente;
III. quando acidentais, o possuidor de má-fé não responde se provar que ocorreriam da mesma forma na posse do reivindicante;
IV. o possuidor de má-fé não responde se acidentais, pois não agiu com culpa para tais eventos;
V. o possuidor de boa-fé não responde se for o causador, pois exerceu sobre a coisa o poder de uso e gozo.

Está correto SOMENTE o que se afirma em

(A) I, II e III.
(B) I e IV.
(C) II e V.
(D) III e V.
(E) IV e V.

I: correta, o possuidor de boa-fé só responde pela perda ou deterioração da coisa a que der causa (art. 1.217 do CC); II: correta, conforme o art. 1.218 do CC; III: correta, também está de acordo com o art. 1.218 do CC, IV: incorreta. O possuidor de má-fé responde pela perda, ou deterioração da coisa, ainda que acidentais (art. 1.218 do CC); V: correta, o possuidor de boa-fé não responde pela perda ou deterioração da coisa, a que não der causa (art. 1.217 do CC).
Gabarito "A".

6.1.2. Efeitos da posse

(Defensoria Pública/SP – 2010 – FCC) Assinale a alternativa INCORRETA.

(A) Quando mais de uma pessoa se disser possuidora, será mantida na posse aquela que tiver justo título e estiver na detenção da coisa.
(B) É lícito o uso da força própria indispensável para a manutenção ou reintegração da posse.
(C) O possuidor tem direito à manutenção ou à reintegração da coisa, inclusive frente ao proprietário.

(D) Diante da pretensão daquele que se diz possuidor, o proprietário da coisa pode opor exceção fundada no domínio.

(E) Na disputa da posse fundada em domínio, a posse é daquele que dispõe de evidente título de propriedade.

A: correta, conforme o art. 1.211 do CC; **B:** correta, conforme o art. 1.210, § 1º, do CC; **C:** correta, conforme o art. 1.197, parte final, do CC; **D:** incorreta. Não obsta à manutenção ou reintegração na posse a alegação de propriedade, ou de outro direito sobre a coisa (art. 1.210, § 2º, do CC); **E:** correta, conforme a Súmula 487 do STF.
Gabarito "D".

6.2. Direitos reais e pessoais

(Defensor Público –DPE/RN – 2016 – CESPE) No que se refere às disposições acerca de condomínio, aos direitos sobre coisa alheia e à propriedade fiduciária, assinale a opção correta.

(A) A alienação da nua propriedade em hasta pública é, segundo o Código Civil, causa de extinção do direito real de usufruto.

(B) Para o STJ, afronta o direito de propriedade e sua função social a decisão da assembleia geral de condôminos que determina a suspensão de serviços essenciais em decorrência da inadimplência de taxa condominial, já que o débito deve ser cobrado pelos meios legais.

(C) O Código Civil não veda ao condômino dar posse, uso ou gozo da propriedade a estranhos sem a prévia aquiescência dos demais condôminos.

(D) De acordo com a legislação civil, o direito de superfície pode ser transferido a terceiro mediante prévio pagamento do valor estipulado pelo concedente para a respectiva transferência.

(E) O contrato celebrado pelas partes que tenha por objeto a constituição da propriedade fiduciária poderá conter cláusula que autorize o proprietário fiduciário a ficar com a coisa alienada em garantia, caso a dívida não seja paga no vencimento.

A: incorreta. O direito de usufruto é real e daí decorre sua mais importante característica. Ele segue o titular da coisa, seja ele quem for. Assim, a venda da nua propriedade não pode afetar o titular do direito real de usufruto, ainda que a venda ocorra em hasta pública; **B:** correta, pois o STJ consolidou entendimento segundo o qual: *"O inadimplemento de taxas condominiais não autoriza a suspensão, por determinação da assembleia geral de condôminos, quanto ao uso de serviços essenciais, em clara afronta ao direito de propriedade e sua função social e à dignidade da pessoa humana, em detrimento da utilização de meios expressamente previstos em lei para a cobrança da dívida condominial"* (REsp 1401815/ES, Rel. Ministra Nancy Andrighi, Terceira Turma, julgado em 03/12/2013, DJe 13/12/2013); **C:** incorreta, pois o Código Civil (art. 1.314) é taxativo ao determinar que: *"Nenhum dos condôminos pode alterar a destinação da coisa comum, nem dar posse, uso ou gozo dela a estranhos, sem o consenso dos outros"*; **D:** incorreta, pois a transferência do direito de superfície é permitida pela lei e não se pode estipular "qualquer pagamento pela transferência" (CC, art. 1.372, parágrafo único); **E:** incorreta, pois: *"É nula a cláusula que autoriza o proprietário fiduciário a ficar com a coisa alienada em garantia, se a dívida não for paga no vencimento"* (CC, art. 1.365).
Gabarito "B".

6.3. Propriedade imóvel

(Defensor Público/PE – 2018 – CESPE) Francisco comprou, em janeiro de 2014, um lote de 240 m^2 de Antônio, que se apresentou como proprietário do imóvel. Francisco construiu uma casa de alvenaria, instalando-se no local com sua família. Depois de três anos de posse mansa e pacífica, Danilo, o verdadeiro proprietário, ajuizou ação para reaver a posse do imóvel. Só então, Francisco descobriu que fora vítima de uma fraude, pois Antônio havia falsificado os documentos para induzi-lo a erro.

Considerando essa situação hipotética, assinale a opção correta.

(A) Francisco não poderá adquirir o terreno mediante pagamento de indenização a Danilo, ainda que a construção exceda consideravelmente o valor do terreno.

(B) Não tendo observado a fraude no momento da contratação, Francisco não poderá pleitear indenização em face de Antônio.

(C) Danilo perderá o terreno em favor de Francisco, cabendo-lhe apenas o direito à indenização.

(D) Francisco adquiriu, em 2017, a propriedade do imóvel pela usucapião especial urbana, ficando, nesse caso, dispensado de pagar indenização a Danilo.

(E) Francisco, que agira de boa-fé, perderá em favor de Danilo os direitos sobre as construções realizadas no terreno, devendo, no entanto, ser indenizado.

A: incorreta, pois nos termos do art. 1.255, parágrafo único, do CC , se a construção exceder consideravelmente o valor do terreno, aquele que, de boa-fé edificou, adquirirá a propriedade do solo, mediante pagamento da indenização fixada judicialmente, se não houver acordo; **B:** incorreta, pois Francisco pode pleitear indenização em face de Antônio, uma vez que em decorrência da fraude houve enriquecimento ilícito por parte de Antônio. Nossa Lei coíbe o enriquecimento sem causa nos termos do art. 884, *caput*, CC: "Aquele que, sem justa causa, se enriquecer à custa de outrem, será obrigado a restituir o indevidamente auferido, feita a atualização dos valores monetários"; **C:** incorreta, Danilo não perderá o terreno em favor de Francisco, pois não se configurou nenhuma das causas de aquisição da propriedade imóvel por parte deste último (usucapião, art. 1.240 e seguintes; aquisição pelo registro do título, art. 1.245 e seguintes; acessão, art. 1.248; ilhas, art. 1.249; aluvião, art. 1.250; avulsão, art. 1.251; álveo abandonado, art. 1252; construções e plantações, art. 1.253 e seguintes, todos do CC); **D:** incorreta, pois ainda não se consumou o prazo de 5 anos da usucapião especial urbana (art. 1.240, "caput", CC); **E:** correta, pois aquele ou edifica em terreno alheio perde as construções em proveito do proprietário. Entretanto, se procedeu de boa-fé, terá direito a indenização (art. 1.255, "caput", CC).
Gabarito "E".

(Defensor Público/PE – 2018 – CESPE) Roberto abandonou o lar e sua companheira, Francisca, no Recife – PE e foi para São Paulo – SP, deixando um imóvel urbano de 120 m^2, adquirido onerosamente na constância da união estável, mas registrado no cartório de imóveis apenas no nome de Roberto. Francisca não tinha outra propriedade imóvel e residiu no local ininterruptamente e sem oposição. Após três anos, Roberto voltou ao Recife – PE com o propósito de retirar Francisca do imóvel.

Considerando essa situação hipotética, assinale a opção correta.

(A) Francisca não terá direito ao imóvel, uma vez que o bem estava registrado apenas no nome de Roberto.
(B) Francisca terá direito à metade do imóvel caso comprove que contribuiu financeiramente para a sua aquisição na constância da união estável.
(C) Roberto, por ter abandonado o lar, não terá direito ao imóvel, porque Francisca usucapiu o bem.
(D) Roberto terá direito ao imóvel, porque, para Francisca usucapir o bem, ela teria de atender ao requisito temporal mínimo de cinco anos.
(E) A residência do casal deverá ser partilhada na proporção de 50% para cada companheiro, tendo em vista que, em se tratando de união estável, aplica-se o regime de comunhão parcial de bens.

A: incorreta, pois ainda que o bem esteja registrado apenas no nome de Francisco, consumou-se o prazo de prescrição aquisitiva do imóvel por usucapião em favor de Francisca. Referida usucapião é a chamada "usucapião por abandono de lar conjugal", nos termos do art. 1.240-A do CC; **B:** incorreta, pois Francisca terá direto a integralidade do imóvel, independentemente de comprovação se contribuiu financeiramente ou não para a sua aquisição (art. 1.240-A do CC); **C:** correta, pois Francisca preenche todos os requisitos legais para a aquisição do imóvel por "usucapião por abandono de lar conjugal", quais sejam: mínimo 2 anos de posse direta e ininterrupta, exclusiva e sem oposição e imóvel urbano de até 250 m² que dividia com ex-companheiro, uso para fins de moradia da família, sem ter outro imóvel urbano ou rural (art. 1.240-A do CC); **D:** incorreta, pois o requisito temporal é de 2 anos e já foi preenchido (art. 1.240-A do CC); **E:** incorreta, pois Francisca terá direito a integralidade do imóvel, uma vez que sobre este assunto existe regra específica (art. 1.240-A). Referente às demais implicações da dissolução da união estável, daí sim se aplicam as regras gerais (art. 1.725 do CC). Gabarito "C".

(Defensor Público/AL – 2017 – CESPE) Jonatas adquiriu de Carlos, mediante contrato de compra e venda, um veículo usado de alto valor, cujos acessórios eram de valor insignificante. Seis meses após a aquisição do bem, Jonatas perdeu a propriedade do veículo em virtude de sentença judicial transitada em julgado, em processo movido por José contra Carlos.

No que se refere a essa situação hipotética, assinale a opção correta.

(A) A perda da propriedade somente dos acessórios do veículo abre a possibilidade de Jonatas optar pela rescisão do contrato entabulado com Carlos.
(B) Jonatas poderá demandar Carlos pela perda do veículo, requerer a restituição do valor pago pelo bem e dos honorários do seu advogado, ainda que fique comprovado que, desde a assinatura do contrato, ele sabia que o veículo era objeto de disputa judicial.
(C) Carlos deverá responder, em favor de Jonatas, pela perda da propriedade do veículo, já que essa responsabilidade somente não subsistiria se Jonatas tivesse adquirido o veículo em hasta pública.
(D) Jonatas, sem conhecer o risco da perda, terá o direito de receber o valor que pagou pelo veículo, ainda que haja cláusula expressa no contrato que exclua qualquer responsabilização pela perda.
(E) Caso um meliante desconhecido pratique furto das quatro rodas do veículo no dia anterior à entrega do carro a José, Jonatas não terá direito de receber o valor integral que pagou pelo carro.

A: incorreta, pois a perda da propriedade somente dos acessórios do veículo gera apenas direito a indenização e não à rescisão do contrato. Neste passo, prevê o art. 455 CC, segunda parte que "Se a evicção não for considerável, caberá somente direito a indenização"; **B:** incorreta, pois se Jonatas sabia que o veículo era objeto de disputa judicial ele não poderia demandar pela evicção (art. 457, CC); **C:** incorreta, pois ainda que o veículo fosse adquirido em hasta pública, Carlos seria responsável pela evicção (art. 447, CC); **D:** correta, pois não obstante a cláusula que exclui a garantia contra a evicção, se esta se der, tem direito o evicto a receber o preço que pagou pela coisa evicta, se não soube do risco da evicção, ou, dele informado, não o assumiu (art. 449, CC); **E:** incorreta, pois Jonatas terá o direito de receber o valor integral que pagou pelo carro, uma vez que ele não teve responsabilidade pelo furto. Neste sentido, prevê o art. 451 CC, que subsiste para o alienante a obrigação de responder pela evicção, ainda que a coisa alienada esteja deteriorada, exceto havendo dolo do adquirente. Embora não seja uma deterioração propriamente dita, o furto faz com que haja perda de valor, logo, o sentido é o mesmo. Gabarito "D".

(Defensor Público/AL – 2017 – CESPE) Assinale a opção que apresenta um modo de aquisição ordinária da propriedade.

(A) renúncia
(B) usucapião
(C) desapropriação
(D) alienação
(E) abandono

A: incorreta, pois a renúncia é uma causa de perda da propriedade (art. 1.275, II, CC); **B:** correta, pois a usucapião é uma das formas originárias de aquisição da propriedade, o que significa que o todos os ônus que recaem sobre o imóvel são eliminados (art. 1.238 e seguintes CC); **C:** incorreta, pois a desapropriação ocorre nos casos em que proprietário pode ser privado da coisa por necessidade ou utilidade pública ou interesse social (art. 1,228, § 3º, CC); **D:** incorreta, pois a alienação é uma forma de aquisição derivada da propriedade, onde os ônus que recaem sobre o bem se mantêm (art. 1.245 CC); **E:** incorreta, pois o abandono é uma das formas de perda da propriedade (art. 1.275, III, CC). Gabarito "B".

(Defensor Público –DPE/MT – 2016 – UFMT) Acerca da aquisição de propriedade por meio de usucapião, marque V para as afirmativas verdadeiras e F para as falsas.

( ) Aquele que, não sendo proprietário de imóvel rural ou urbano, possua como sua, por cinco anos ininterruptos, sem oposição, área de terra em zona rural não superior a cinquenta hectares, tornando-a produtiva por seu trabalho ou de sua família, tendo nela sua moradia, adquirir-lhe-á a propriedade, ainda que inexistente o justo título.
( ) Aquele que exercer, por 2 (dois) anos ininterruptamente e sem oposição, posse direta, com exclusividade, sobre imóvel urbano de até 250 m² (duzentos e cinquenta metros quadrados) cuja propriedade divida com ex-cônjuge ou ex-companheiro que abandonou o lar, utilizando-o para sua moradia ou de sua família, adquirir-lhe-á o domínio integral, desde que não seja proprietário de outro imóvel urbano ou rural.
( ) A decisão que reconhece a aquisição da propriedade de bem imóvel não afasta a hipoteca judicial que anteriormente tenha gravado o referido bem.
( ) O imóvel rural cuja área seja inferior ao "módulo rural" estabelecido para a região (art. 4º, III, da Lei nº 4.504/1964) não poderá ser adquirido por meio de usucapião especial rural.

( ) Aquele que possuir coisa móvel como sua, contínua e incontestadamente durante três anos, com justo título e boa-fé, adquirir-lhe-á a propriedade.

Assinale a sequência correta.

(A) V, F, F, V, V
(B) V, V, F, F, V
(C) F, F, V, F, F
(D) F, V, F, V, V
(E) V, F, V, F, F

I: Verdadeira, porque a assertiva apenas reproduz a modalidade de usucapião prevista no art. 191 da Constituição Federal; **II:** Verdadeira, pois a assertiva traz o chamado "Usucapião por abandono de lar conjugal", criado pela Lei 12.424/2011, que criou o art. 1.240-A do Código Civil; **III:** Falsa, pois nesses casos prevalece o usucapião (REsp 620.610/DF, Rel. Ministro Raul Araújo, Quarta Turma, julgado em 03/09/2013, DJe 19/02/2014); **IV:** Falsa. O STJ concluiu que: "*assentando o legislador, no ordenamento jurídico, o instituto da usucapião rural, prescrevendo um limite máximo de área a ser usucapida, sem ressalva de um tamanho mínimo, estando presentes todos os requisitos exigidos pela legislação de regência, parece evidenciado não haver impedimento à aquisição usucapicional de imóvel que guarde medida inferior ao módulo previsto para a região em que se localize*". (REsp 1040296/ES, Rel. Ministro Marco Buzzi, Rel. p/ Acórdão Ministro Luis Felipe Salomão, Quarta Turma, julgado em 02/06/2015, DJe 14/08/2015); **V:** Verdadeira, pois de acordo com a previsão do Código Civil, art. 1.260.

Gabarito "B".

(Defensor Público/TO – 2013 – CESPE) Para a aquisição da propriedade imobiliária por intermédio da usucapião constitucional rural,

(A) o usucapiente pode ser proprietário de imóvel rural ou urbano, desde que tenha a posse da área objeto da usucapião por cinco anos ininterruptos.
(B) o usucapiente deve ter o *animus domini* bem como moradia na área objeto da usucapião.
(C) a área objeto da usucapião deve estar cultivada, sem necessidade de *animus domini* do usucapiente.
(D) o imóvel objeto da usucapião constitucional rural pode ser um imóvel público.
(E) o usucapiente pode ser proprietário de imóvel rural, e a área objeto da usucapião não pode ser superior a cinquenta hectares.

A alternativa "B" está de acordo com art. 191, *caput*, da CF/88: "Aquele que, não sendo proprietário de imóvel rural ou urbano, possua como seu, por cinco anos ininterruptos, sem oposição, área de terra, em zona rural, não superior a cinquenta hectares, tornando-a produtiva por seu trabalho e de sua família, tendo nela sua moradia, adquirir-lhe-á a propriedade". A usucapião rural também está prevista no artigo 1.239 do CC.

Gabarito "B".

(Defensor Público/TO – 2013 – CESPE) Assinale a opção correta em relação ao imóvel rural.

(A) O imóvel rural de área compreendida entre um e quinze módulos fiscais é considerado pequena propriedade.
(B) A pequena propriedade rural bem como a média, legalmente consideradas, desde que seu proprietário não possua outra, são insuscetíveis de desapropriação para fins de reforma agrária.
(C) O imóvel rural considerado legalmente como pequena propriedade rural pode ser objeto de penhora para pagamento de débitos decorrentes de sua atividade produtiva.
(D) As operações de transferência de imóvel rural objeto de desapropriação para fins de reforma agrária não são isentas de impostos federais, estaduais e municipais.
(E) São suscetíveis de desapropriação para fins de reforma agrária os imóveis rurais legalmente considerados como pequena e média propriedade rural.

A: incorreta, pois o imóvel rural compreendido entre 1 (um) e 4 (quatro) módulos fiscais é considerado pequena propriedade, e o imóvel superior a 4 (quatro) e até 15 (quinze) módulos fiscais é considerado média propriedade, conforme art. 4º, incisos II e III, da Lei 8.629/1993; **B:** correta. Está de acordo com art. 185, inciso I, CF/1988, e art. 4º, parágrafo único, da Lei 8.629/1993; **C:** incorreta, pois segundo art. 5º, XXVI, CF/1988, a pequena propriedade rural trabalhada pela família não poderá ser objeto de penhora para pagamento de débitos oriundos de sua atividade produtiva; **D:** incorreta. Conforme o art. 26 da Lei 8.629/1993, as operações de transferência do imóvel desapropriado com a finalidade de reforma agrária são isentas de impostos federais, estaduais e municipais; **E:** incorreta. A pequena e a média propriedade rural, se o proprietário não possuir outra propriedade, serão insuscetíveis de desapropriação para fins de a reforma agrária (art. 185, I, CF e art. 4º, parágrafo único, da Lei 8.629/1993).

Gabarito "B".

(Defensor Público/SE – 2012 – CESPE) Com relação ao direito de propriedade, direito real por meio do qual o proprietário tem a faculdade de usar, gozar e dispor da coisa e o direito de reavê-la do poder de quem injustamente a possua ou detenha, assinale a opção correta.

(A) A lei admite a intervenção na propriedade, por meio da desapropriação, sempre que o agente público entendê-la conveniente e necessária aos interesses da administração pública, tendo, nesse caso, o proprietário direito a justa indenização.
(B) Presume-se, até que se prove o contrário, que as construções ou plantações existentes na propriedade sejam feitas pelo proprietário e às suas expensas. Entretanto, aquele que semeia, planta ou edifica em terreno alheio, ainda que tenha procedido de boa-fé, perde, em proveito do proprietário, as sementes, plantas e construções.
(C) Caso o invasor de solo alheio esteja de boa-fé e a área invadida exceda a vigésima parte do solo invadido, o invasor poderá adquirir a propriedade da parte invadida, mas deverá responder por perdas e danos, abrangendo os limites dos danos tanto o valor que a invasão acrescer à construção quanto o da área perdida e o da desvalorização da área remanescente.
(D) Uma das formas de aquisição da propriedade de bens móveis ocorre por intermédio da usucapião: segundo o Código Civil brasileiro em vigor, aquele que possuir, de boa-fé, coisa alheia móvel como sua, de forma justa, pacífica, contínua e inconteste, durante cinco anos ininterruptos, adquirir-lhe-á a propriedade.
(E) A propriedade do solo abrange também a do espaço aéreo e subsolo correspondentes, incluindo-se as jazidas, minas e demais recursos minerais, bem como os potenciais de energia hidráulica, mas não os monumentos arqueológicos, os rios e lagos fronteiriços e os que banham mais de uma unidade federativa.

A: incorreta, pois conforme o art. 1.228, § 3º, do CC/2002, poderá o proprietário ser privado da coisa pela desapropriação em razão de *necessidade* ou *utilidade pública* ou *interesse social*; **B:** incorreta. Toda construção ou plantação existente em um terreno presume-se feita pelo proprietário e à sua custa, até que se prove o contrário (1.253 do CC). Contudo, aquele que de boa-fé semear, plantar ou edificar em terreno alheio terá direito à indenização (art. 1.255, *caput*, CC); **C:** correta. Está de acordo com a primeira parte do art. 1.258 do CC; **D:** incorreta. Na usucapião ordinária de bens móveis são exigidos justo título e boa-fé, e o prazo para aquisição da propriedade é de *três anos*. Na usucapião extraordinária de bens móveis são dispensados justo título e boa-fé e o prazo para aquisição da propriedade é de *cinco anos* (art. 1.261 do CC); **E:** incorreta. A propriedade do solo abrange também a do espaço aéreo e subsolo correspondentes, *excluindo-se* as jazidas, minas e demais recursos minerais, os potenciais de energia hidráulica, os monumentos arqueológicos e outros bens referidos por leis especiais (art. 1.230 do CC).
Gabarito "C".

(Defensor Público/PR – 2012 – FCC) Acerca da propriedade e de suas formas de aquisição, aquele que

(A) possui ininterruptamente, há seis anos, imóvel urbano com 130 metros quadrados, contíguo com imóvel de sua propriedade com 80 metros quadrados, tem direito ao usucapião urbano.

(B) estabeleceu sua moradia habitual há sete anos em determinado imóvel, após firmar e adimplir com os ditames de contrato de compra e venda registrado e recentemente anulado por falta de capacidade civil do vendedor, terá de aguardar mais três anos para adquirir direito à aquisição da propriedade por usucapião.

(C) reivindica extensa área de terras de sua propriedade, atualmente ocupada por trinta famílias que ingressaram a nove anos no local, de boa-fé, em razão de um processo irregular de loteamento, vindo a urbanizar a área com recursos próprios, pode vir a ser privado da coisa, desde que devidamente indenizado pelos possuidores.

(D) invadiu imóvel alheio e ali estabeleceu sua moradia habitual há onze anos, cultivando no local hortaliças para venda na região, terá de aguardar mais quatro anos para adquirir direito à aquisição da propriedade por usucapião.

(E) possuiu de forma contínua e de boa-fé bem móvel como seu pelo período de dois anos, tem direito à aquisição da propriedade por usucapião.

A: incorreta. A usucapião especial urbana só pode ser exercida se o requerente *não for proprietário* de outro imóvel urbano ou rural (art. 1.240 do CC). As outras modalidades de usucapião não podem ser exercidas em razão do prazo; **B:** incorreta. Na hipótese descrita o possuidor poderá requerer a *usucapião ordinária reduzida* (posse-trabalho) com apenas cinco anos de posse (art. 1.242, parágrafo único, CC); **C:** correta. A alternativa apresenta os requisitos para a *desapropriação judicial privada por posse-trabalho* prevista nos arts. 1.228, parágrafos 4º e 5º do CC; **D:** incorreta. Na hipótese descrita o possuidor poderá requerer a *usucapião extraordinária reduzida* (posse-trabalho) com apenas dez anos de posse (art. 1.238, parágrafo único, CC); **E:** incorreta, pois a usucapião ordinária de bens móveis exige posse de três anos para aquisição da propriedade (art. 1.260 do CC).
Gabarito "C".

(Defensor Público/SP – 2012 – FCC) Em tema de Usucapião Coletiva Urbana, é correto afirmar que

(A) tem por objeto área particular de até 250 metros quadrados.

(B) seu reconhecimento atribui a cada possuidor fração ideal correspondente à dimensão que ocupe na gleba, exceto se convencionado em contrário.

(C) exige posse não contestada, justo título e boa-fé.

(D) instaura condomínio indivisível e não passível de extinção por pelo menos dez anos.

(E) admite *acessio possessionis e sucessio possessionis*.

A: incorreta. A área deve ter mais de 250 m² para que seja possível a usucapião coletiva urbana (art. 10 da Lei 10.257/2001 - Estatuto da Cidade); **B:** incorreta. Cada possuidor terá direito a uma fração ideal do terreno independente da dimensão da área ocupada por cada pessoa (art. 10, § 3º, da Lei 10.257/2001); **C:** incorreta, pois conforme o art. 10 da Lei 10.257/2001, a usucapião coletiva urbana *não exige justo título e boa-fé*; **D:** incorreta, pois conforme art. 10, § 4º da Lei 10.257/2001, o condomínio *pode ser extinto* a qualquer momento se houver deliberação por, pelo menos, dois terços dos condôminos; **E:** correta. O possuidor pode, para o fim de contar o prazo exigido por este artigo, acrescentar sua posse à de seu antecessor (vivo ou falecido), contanto que ambas sejam contínuas (art. 10, § 1º, da Lei 10.257/2001).
Gabarito "E".

(Defensor Público/SP – 2012 – FCC) Em tema de retificação de registro imobiliário, observe as asserções abaixo:

I. A retificação unilateral de informações tabulares, de ofício ou a requerimento do interessado, não é possível nos casos de indicação ou atualização de confrontação, sendo permitida, entretanto, para alteração ou inserção que resulte de mero cálculo matemático feito a partir das medidas perimetrais constantes do registro.

II. Jurisprudência consolidada do Superior Tribunal de Justiça admite o aumento da área nos procedimentos de retificação de registro consensual, desde que, cumpridas as formalidades, não haja impugnação dos demais interessados.

III. A retificação de ofício das informações tabulares constantes no Registro Imobiliário é permitida, na via administrativa, para alteração de denominação de logradouro público, comprovada por documento oficial.

IV. A regularização fundiária de interesse social realizada em ZEIS – Zonas Especiais de Interesse Social, nos termos do Estatuto das Cidades, promovida por Município ou pelo Distrito Federal, quando os lotes estiverem cadastrados individualmente ou com lançamento fiscal há mais de 10 (dez) anos, independe de retificação.

V. A legitimação ativa para requerer a retificação consensual de registro ou averbação restringe-se ao titular dominial, excluindo-se os interessados sem título registrado.

Está correto APENAS o que se afirma em

(A) I, II e IV.
(B) I, III e V.
(C) II, III e IV.
(D) II, IV e V.
(E) III, IV e V.

I: incorreta. A retificação unilateral de informações tabulares nos casos de indicação ou atualização de confrontação *pode ser feita de ofício* ou a requerimento do interessado (art. 213, I, alínea *b* da Lei 6.015/1973 – Lei de Registros Públicos), mas a retificação para alteração ou inserção que resulte de mero cálculo matemático feito a partir das medidas

perimetrais constantes do registro só é possível a requerimento do interessado (art. 213, II, da Lei 6.015/1973); **II:** correta. De acordo com a jurisprudência do STJ, o "procedimento de retificação, previsto no art. 213 da Lei n. 6.015/1973 (Registros Públicos), para compatibilizar o registro de imóvel às suas reais dimensões, ainda que implique em acréscimo de área, é plenamente adequado se ausente qualquer oposição por parte de terceiros interessados" (REsp 716.489); **III:** correta. Está em consonância com art. 213, I, *c*, da Lei 6.015/1973; **IV:** correta. Está de acordo com o art. 213, § 11, I, da Lei 6.015/1973; **V:** incorreta. A retificação pode ser requerida por qualquer interessado (art. 213, I e II, da Lei 6.015/1973).
Gabarito "C".

(Defensor Público/RS – 2011 – FCC) Direitos Reais.

(A) O possuidor com justo título tem por si a presunção absoluta de boa-fé.

(B) O possuidor de má-fé detém o direito de ressarcimento pelas benfeitorias necessárias e de levantamento das benfeitorias voluptuárias.

(C) Não é cabível a constituição de usufruto que recaia em bens móveis e em um patrimônio inteiro.

(D) O contrato de promessa de compra e venda, desde que escrito, confere ao seu titular direito real à aquisição do imóvel.

(E) Resolvida a propriedade pelo implemento da condição ou pelo advento do termo, entendem-se também resolvidos os direitos reais concedidos na sua pendência.

A: incorreta. A presunção de boa-fé é relativa (art. 1.201, parágrafo único, CC); **B:** incorreta, pois não há direito de levantamento das benfeitorias voluptuárias (art. 1.220 do CC); **C:** incorreto, uma vez que o "usufruto pode recair em um ou mais bens, móveis ou imóveis, em um patrimônio inteiro, ou parte deste, abrangendo-lhe, no todo ou em parte, os frutos e utilidades" (art. 1.390 do CC); **D:** incorreta, porque para a configuração do direito real é necessário registro do contrato (art. 1.417 do CC); **E:** correta. Está de acordo com o art. 1.359 do CC.
Gabarito "E".

(Defensor Público/GO – 2010 – I. Cidades) A legislação brasileira admite a usucapião agrária, destinando-a ao pequeno produtor e tendo por objeto o imóvel rural. Na usucapião agrária, a posse há de ser

(A) ininterrupta, podendo ser exercida pessoalmente ou por preposto.

(B) ininterrupta, podendo ser exercida por pessoa natural ou jurídica.

(C) direta, comprovado o exercício de atividade agrária no imóvel.

(D) direta, ainda que o usucapiente não resida na terra.

(E) ininterrupta, ainda que exercida por pessoa jurídica com sede no local.

A lei exige a atividade produtiva do possuidor ou de sua família diretamente sobre o imóvel rural (não cabe por preposto ou por pessoa jurídica), além de moradia neste (art. 1.239 do CC), de modo que somente a alternativa "C" está correta.
Gabarito "C".

(Defensor Público/GO – 2010 – I. Cidades) Integra o regime jurídico da posse e da propriedade no Brasil, regra dispondo que:

(A) aquele que, não sendo proprietário de imóvel rural ou urbano, possua como sua, por cinco anos ininterruptos, sem oposição, área de terra em zona rural de 150 hectares, tomando-a produtiva por seu trabalho ou de sua família, tendo nela sua moradia, adquirir-lhe-á a propriedade.

(B) aquele que, por 15 anos, sem interrupção, nem oposição, possuir como seu um imóvel, adquire-lhe a propriedade, independentemente de título, boa-fé ou de estar o referido imóvel hipotecado em garantia.

(C) a posse é justa se o possuidor ignora o vício, ou o obstáculo que impede a aquisição da coisa, ainda que seja a posse clandestina, violenta ou precária.

(D) há vedação legal e constitucional impedindo que as pessoas jurídicas de direito público possam adquirir, por usucapião, a propriedade de imóveis registrados em nome de pessoa natural.

(E) independentemente de quem seja o proprietário, a posse direta, de pessoa que tem a coisa em seu poder, temporariamente, em virtude de direito pessoal, ou real, anula a posse indireta de quem aquela foi havida, por absoluta incompatibilidade, podendo o possuidor direto defender a sua posse contra o indireto.

A: incorreta, pois deve se tratar de área rural não superior a 50 hectares (art. 1.239 do CC); **B:** correta (art. 1.238 do CC); **C:** incorreta, pois essa definição é de posse de boa-fé; posse justa é aquela que não é violenta, clandestina ou precária; **D:** incorreta, pois não existe essa vedação na lei; **E:** incorreta, pois uma posse não anula a outra (art. 1.197 do CC).
Gabarito "B".

(Defensoria Pública/MT – 2009 – FCC) À luz do Código Civil brasileiro,

(A) o direito de propriedade será exercido de forma plena, absoluta e exclusiva por todo aquele que detiver o título, sendo inconstitucional qualquer restrição, excetuando-se as impostas pela lei.

(B) segundo Savigny, a posse, por se tratar da exteriorização do direito de propriedade, gera presunção *juris et de jure* de domínio.

(C) a propriedade de bem imóvel é adquirida no momento da averbação em Cartório de Registro de Imóveis do título aquisitivo, tratando-se de ato *inter vivos*, e, no caso de sucessão *mortis causa*, a transmissão da propriedade ocorre no momento de sua abertura.

(D) a propriedade de bem imóvel transmite-se ao herdeiro do *de cujus*, pelo registro do formal de partilha no Cartório de Registro de Imóveis, sendo certo que, até esse momento, existe para o sucessor mera expectativa de direito.

(E) a propriedade de veículo automotor, por se tratar de bem legalmente equiparado a imóvel, somente se transmite com a transferência do título de propriedade por meio do registro do Detran.

A: incorreta, pois a propriedade deve ser exercida com respeito aos fins sociais a que se destina e sem abuso de direito (art. 1.228, §§ 1º e 2º, do CC); **B:** incorreta, porque a presunção mencionada é relativa, e não absoluta; **C:** correta. Esta alternativa foi apontada como correta pela banca examinadora, mas há um equívoco nela. A transmissão da propriedade imóvel ocorre com o *registro* do título aquisitivo e não com a averbação (arts. 1.245 e 1.784 do CC); **D:** incorreta. A transmissão da propriedade móvel e imóvel em razão da sucessão ocorre no exato instante da morte (art. 1.784 do CC). O registro do formal de partilha tem função publicitária – tornar pública a transferência da propriedade; **E:** incorreta, uma vez que a propriedade de um bem móvel se transfere com a tradição (art. 1.267 do CC). O registro realizado no Detran tem natureza meramente publicitária.
Gabarito "C".

(Defensor Público/AL – 2009 – CESPE) Julgue os próximos itens, relativos à propriedade.

(1) Compõem o direito de propriedade as faculdades de usar, gozar, dispor e reivindicar a coisa de quem injustamente a possua, de modo que, tendo-se como certo o conceito de posse injusta como aquela violenta, clandestina ou precária, não será possível obter a posse por meio de reivindicatória se a pessoa que detém a coisa não o faz mediante qualquer dos mencionados vícios.

(2) Distanciando-se do sistema francês, a lei brasileira exige que a transmissão de um bem imóvel por ato oneroso *inter vivos* seja materializada por meio de escritura pública de compra e venda, de modo que somente após a lavratura desse ato é que o bem passará a integrar o patrimônio do comprador, sendo sua a propriedade.

1: incorreta, pois a ação reivindicatória tem por fundamento o direito de propriedade (trata-se de uma ação petitória), sendo desnecessário discutir-se sobre a injustiça ou não da posse de quem detém a coisa; **2:** incorreta, pois, no Brasil, diferentemente do sistema francês, a propriedade imóvel só se adquire com o registro da escritura na matrícula do imóvel (art. 1.245 do CC).
Gabarito 1E, 2E.

(Defensoria Pública/SP – 2009 – FCC) Quem recebeu em boa-fé um imóvel e o alienou a título oneroso responde pela

(A) devolução do bem e, se for o caso, pelos valores das despesas de reparo de deterioração culposa do bem.

(B) devolução do bem e dos frutos gerados.

(C) quantia recebida mais perdas e danos.

(D) quantia recebida.

(E) devolução do bem mais perdas e danos.

De acordo com o art. 879 do CC, "se aquele que indevidamente recebeu um imóvel o tiver alienado em boa-fé, por título oneroso, responde somente pela quantia recebida; se agiu de má-fé, além do valor do imóvel, responde por perdas e danos".
Gabarito "D".

6.4. Direito de vizinhança

(Defensoria Pública/SP – 2010 – FCC) Assinale a alternativa INCORRETA.

(A) As águas que correm naturalmente do prédio superior devem ser recebidas pelo dono ou possuidor do prédio inferior.

(B) O dono ou possuidor do prédio inferior deve arcar com as despesas de canalização das águas naturais.

(C) O dono ou possuidor do prédio inferior, ao invés de proceder à canalização das águas naturais, poderá exigir o desvio delas pelo dono ou possuidor do prédio superior.

(D) O dono ou possuidor do prédio com águas colhidas artificialmente que correrem para o prédio inferior deve indenizar os prejuízos que o dono deste sofrer ou, se este o exigir, proceder a obras de desvio.

(E) O dono ou possuidor do prédio inferior não pode realizar obras que obstem o fluxo de águas que correm naturalmente.

A: correta. Está de acordo com o art. 1.288 do CC; **B:** correta. Essa obrigação está prevista no art. 1.288 do CC; **C:** incorreta, devendo ser assinalada. O dono ou o possuidor do prédio inferior *é obrigado a receber as águas* que correm naturalmente do superior (art. 1.288 do CC); **D:** correta. Está conforme o art. 1.289 do CC; **E:** correta, conforme o art. 1.288 do CC.
Gabarito "C".

(Defensor Público/MS – 2008 – VUNESP) O proprietário de prédio superior pretende obrigar que o dono do prédio inferior suporte o escoamento das águas fluviais e de seu esgoto, uma vez que não há coleta de esgoto disponível para o imóvel superior. Em razão desse fato, aponte a alternativa correta.

(A) O imóvel inferior deverá suportar o escoamento das águas que correm naturalmente, mas não do esgoto.

(B) O imóvel inferior deverá suportar o escoamento das águas fluviais e da passagem do esgoto.

(C) Não se poderá exigir do proprietário superior outra solução para o problema, uma vez que a situação decorre da lei da gravidade.

(D) O proprietário do imóvel superior não deverá indenizar pelo fato, uma vez que o imóvel inferior deve suportar o ônus.

O art. 1.288 do CC refere-se somente ao escoamento de águas, não se referindo ao esgoto.
Gabarito "A".

6.5. Direito reais na coisa alheia – Fruição

(Defensor Público/AM – 2010 – I. Cidades) A respeito das servidões, assinale a alternativa correta:

(A) Não é possível a usucapião de servidão aparente, pois a usucapião é sempre uma forma de aquisição do direito de propriedade.

(B) O dono do prédio serviente não poderá embaraçar de modo algum o exercício legítimo da servidão.

(C) A servidão não pode ser removida, de um local para outro, pelo dono do prédio serviente, sem expressa concordância do dono do prédio dominante.

(D) Se o prédio dominante estiver hipotecado e a servidão não estiver mencionada no título hipotecário, será também preciso, para cancelar a servidão, o consentimento do credor.

(E) A reunião do prédio dominante e do serviente no domínio da mesma pessoa não extingue a servidão, pois sempre haverá a possibilidade de os imóveis serem novamente desmembrados.

A: incorreta. Além da propriedade a usucapião também pode ser utilizada para aquisição de outros direitos reais, tais como a servidão aparente. São consideradas servidões aparentes aquelas caracterizadas pela presença de sinais exteriores (ex.: servidão de passagem); **B:** correta. Está de acordo com o art. 1.383 do CC; **C:** incorreta, pois a servidão pode ser removida pelo dono do prédio serviente se em nada diminuir as vantagens do prédio dominante (art. 1.384 do CC); **D:** incorreta, uma vez que o consentimento do credor só será necessário se a servidão estiver mencionada no título hipotecário (art. 1.387, parágrafo único, do CC); **E:** incorreta. A reunião do prédio dominante e do serviente no domínio da mesma pessoa *extingue a servidão* (art. 1.389, I, do CC).
Gabarito "B".

(Defensoria Pública/SP – 2009 – FCC) A respeito dos direitos reais de uso, de usufruto e de habitação,

I. os dois primeiros podem recair tanto sobre bens móveis quanto sobre bens imóveis e o primeiro está contido no segundo;

II. é somente através do segundo que se institui o direito à percepção dos frutos;
III. nenhum confere a possibilidade de alteração ou transformação da destinação econômica;
IV. tem-nos o cônjuge sobrevivente sobre parte dos bens do falecido, se o regime de bens não for o da comunhão universal e enquanto durar a viuvez;
V. tem-nos os pais sobre os bens dos filhos crianças ou adolescentes.

Estão corretas SOMENTE as assertivas

(A) I, III e V.
(B) II, III e IV.
(C) I e II.
(D) I e III.
(E) II e IV.

I: correta, pois o usufruto e uso podem recair sobre bens móveis ou imóveis (arts. 1.390 e 1.412 do CC) e a habitação só pode recair sobre imóvel (art. 1.414 do CC), devendo-se tratar de casa; ademais, o uso importa em usar da coisa e gozar desta o quanto exigirem as necessidades do usuário e de sua família (art. 1.412 do CC), de modo que está contido no usufruto, pois este permite usar e fruir da coisa, mas sem a limitação de que a fruição se dê no limite das necessidades (art. 1.390 do CC); **II:** incorreta, pois o uso também importa na percepção de frutos, ainda que na medida das necessidades do usuário e de sua família (art. 1.412 do CC); **III:** correta (art. 1.399, parte final, c/c arts. 1.413 e 1.416, todos do CC); **IV:** incorreta, pois o direito mais aproximado à hipótese em análise é o direito real de *habitação*, previsto no art. 1.831 do CC; **V:** correta, valendo salientar que os pais têm direito de usufruto sobre tais bens, o que inclui, naturalmente, o uso e a habitação (art. 1.689, I, do CC).

Gabarito "A".

6.6. Direitos reais na coisa alheia – Garantia

(Defensor Público/AC – 2017 – CESPE) A garantia por hipoteca

(A) será extinta caso morra o garantidor.
(B) extingue-se pela alienação da coisa hipotecada.
(C) é uma obrigação restrita às partes contratantes.
(D) faz que o credor assuma a propriedade da coisa hipotecada se a dívida não for paga no vencimento.
(E) afeta o objeto da garantia em caráter absoluto, podendo o credor, desde que não preferencial, se opor *erga omnes*.

A: incorreta, pois a morte do garantidor não extingue a hipoteca (arts. 1.499 e 1.500 CC); **B:** incorreta, pois a alienação da coisa hipotecada não é causa extintiva da hipoteca (arts. 1.499 e 1.500 CC). A coisa pode tranquilamente ser vendida, que a hipoteca será mantida (art. 1.475, "caput" CC); **C:** incorreta, pois a partir do momento que a hipoteca é registrada na matrícula do imóvel ela produz efeitos para terceiros (art. 1.492, "caput", CC); **D:** incorreta, pois é nula a cláusula que autoriza o credor hipotecário a ficar com o objeto da garantia, se a dívida não for paga no vencimento (art. 1.478 CC). O correto é a garantia ser executada, o bem vendido e o produto da venda ser passado para o credor para pagamento da dívida; **E:** correta, pois o credor hipotecário tem o direito de excutir a coisa hipotecada ou empenhada, e preferir, no pagamento, a outros credores, observada, quanto à hipoteca, a prioridade no registro (art. 1.422 CC).

Gabarito "E".

(Defensor Público/RO – 2012 – CESPE) Pablo, proprietário do imóvel I, situado em Candeias do Jamari – RO, contratou, com o Banco B, empréstimo fora do Sistema Financeiro da Habitação, tendo instituído, a favor do banco, hipoteca do referido imóvel. O contrato de hipoteca, lavrado por meio de escritura pública em tabelionato situado em Porto Velho – RO foi regularmente registrado no competente cartório de registro de imóveis. Meses depois, Pablo vendeu o mesmo imóvel a Antônio.

Considerando a situação hipotética acima apresentada, assinale a opção correta.

(A) O cartório de registro de imóveis competente para o registro do contrato de hipoteca do imóvel I será a serventia imobiliária situada na mesma circunscrição do tabelionato de notas em que tiver sido lavrada a escritura pública do referido imóvel.
(B) Seria válida e eficaz cláusula que, no contrato de hipoteca firmado entre Pablo e o Banco B, proibisse ao proprietário a alienação do imóvel, e, em razão dessa cláusula, Pablo só poderia vender o imóvel a Antônio mediante prévia e expressa anuência do Banco B.
(C) Seria nula a cláusula que, no contrato de hipoteca firmado entre Pablo e o Banco B, autorizasse a instituição financeira a ficar com o imóvel objeto da garantia na hipótese de a dívida não ser paga no vencimento.
(D) Caso tenha sido estabelecida, no contrato de hipoteca firmado entre Pablo e o Banco B, cláusula que proíba ao proprietário a alienação do imóvel, a venda do bem hipotecado gerará, como consequência imediata e necessária, o vencimento antecipado do crédito hipotecário a favor daquela instituição financeira.
(E) Seria nula a cláusula que, no contrato de hipoteca firmado entre Pablo e o Banco B, autorizasse o devedor hipotecante a dar em pagamento, após o vencimento da dívida, o imóvel objeto da garantia.

A: incorreta. As hipotecas serão sempre registradas no cartório do lugar do imóvel, pois o registro deve ser feito na matrícula do imóvel, no Livro 2 – Registro Geral (art. 1.492 do CC e 167, I, item 2 da Lei 6.015/1973); **B:** incorreta, uma vez que a cláusula que proíbe a venda do imóvel em razão da hipoteca é nula (art. 1.475 do CC); **C:** correta. No direito brasileiro é proibido o *pacto comissório*. Assim é *nula* a cláusula que permite o credor hipotecário a ficar com o objeto da garantia caso a dívida não seja paga (art. 1.428 do CC); **D:** incorreta, é nula a cláusula que proíbe ao proprietário alienar imóvel hipotecado, mas pode ser convencionado que vencerá o crédito hipotecário, se o imóvel for alienado (art. 1.475, parágrafo único, do CC); **E:** incorreta, após o vencimento da hipoteca, o devedor poderá dar o imóvel em pagamento da dívida (art. 1.428, parágrafo único, CC).

Gabarito "C".

(Defensor Público/MS – 2008 – VUNESP) José e Maria transferiram o domínio de um terreno à Construtora X por meio de escritura pública, livre e desembaraçado de quaisquer ônus. A construtora, a fim de garantir o financiamento da construção do edifício projetado sobre o terreno, para fins não residenciais, deu o imóvel em garantia ao Banco Y, que liberaria o ônus, assim que quitado o empréstimo. Para o pagamento do terreno, José e Maria receberiam 4 unidades a serem construídas, sendo que ao final, receberam as unidades hipotecadas, em virtude de que a construtora não quitou o débito com o banco.

Diante desse fato, indique a alternativa correta.

(A) É possível a execução da hipoteca, em razão da inadimplência da construtora.
(B) A hipoteca, mesmo posterior, não tem eficácia perante a permuta havida.

(C) O ônus hipotecário abrange somente o terreno e não as unidades construídas.
(D) A hipoteca não poderá ser extinta, ainda que haja remição do devedor.

José e Maria transferiram o imóvel sem ficar com garantia real alguma. Assim, não podem querer fazer valer o seu direito em face do banco, pois este tem um direito real sobre a coisa (hipoteca), direito esse que é oponível em face de todos.
Gabarito "A".

7. FAMÍLIA

7.1. Casamento

7.1.1. Disposições gerais, capacidade, impedimentos, causas suspensivas, habilitação, celebração e prova do casamento

(Defensor Público –DPE/RN – 2016 – CESPE) De acordo com as regras que disciplinam o casamento, assinale a opção correta.

(A) Os impedimentos impedientes para o casamento constituem mera irregularidade e geram apenas efeitos colaterais sancionadores, mas não a nulidade do matrimônio.
(B) Será nulo o casamento do divorciado, enquanto não for homologada ou decidida a partilha dos bens do casal, ainda que seja demonstrada a inexistência de prejuízo para o ex-cônjuge.
(C) O casamento pode ser realizado mediante procuração, por instrumento público ou particular com poderes especiais.
(D) A revogação do mandato precisa chegar ao conhecimento do mandatário, pois, celebrado o casamento sem que o mandatário ou o outro contraente tomem ciência da revogação, o casamento será válido, sem que possa o mandante ser compelido a indenizar por perdas e danos.
(E) Os impedimentos absolutamente dirimentes para o casamento são proibições legais que, se forem desrespeitadas, geram a nulidade do matrimônio, mas podem ser supridas ou sanadas.

A: correta. Os impedimentos impedientes são as chamadas causas suspensivas do casamento (CC, art. 1.523) e não tornam o casamento nulo ou anulável. Seu único efeito é impor o regime de separação obrigatória de bens (CC, art. 1.641, I); **B:** incorreta, pois o Código Civil afirma que: "*O divórcio pode ser concedido sem que haja prévia partilha de bens*" (CC, art. 1.581); **C:** incorreta, pois o casamento mediante procuração é admitido pelo Código Civil, exigindo-se, todavia a forma da escritura pública (CC, art. 1.542); **D:** incorreta, pois a revogação do mandato "não necessita chegar ao conhecimento do mandatário; mas, celebrado o casamento sem que o mandatário ou outro contraente tivessem ciência da revogação, responderá o mandante por perdas e danos" (CC, art. 1.542, § 1º); **E:** incorreta, pois os impedimentos absolutos (CC, art. 1.521) não podem ser sanados.
Gabarito "A".

(Defensor Público –DPE/ES – 2016 – FCC) Podem casar

(A) a pessoa solteira com pessoa separada judicialmente.
(B) as pessoas com deficiência intelectual ou mental em idade núbil, expressando sua vontade por meio de curador.
(C) o adotado com a filha biológica do adotante, se autorizados pelo juiz.
(D) os afins na linha reta, depois de dissolvido o casamento que determinara o parentesco por afinidade.
(E) o adotante com quem foi cônjuge do adotado.

A: incorreta, pois apenas o divórcio possibilita novo casamento; **B:** correta, pois o art. 6º da Lei 13.146/2015 permitiu expressamente que a pessoa com deficiência pudesse livremente se casar e também constituir união estável. A lei ainda teve o zelo de revogar o art. 1.548, I, que dizia ser nulo o casamento do "*enfermo mental sem o necessário discernimento para os atos da vida civil*". A clara intenção da lei é facilitar a inclusão da pessoa com deficiência na sociedade civil; **C:** incorreta, pois trata-se de casamento entre irmãos, proibido pelo CC, art. 1.521, IV; **D:** incorreta, pois na linha reta, a afinidade não se extingue com a dissolução do casamento ou da união estável (CC, art. 1.595, § 2º). Logo, continua incidindo a proibição do art. 1.521, II; **E:** incorreta, pois expressamente proibido pelo CC, art. 1.521, III.
Gabarito "B".

(Defensor Público –DPE/BA – 2016 – FCC) João, atualmente com 20 anos de idade, foi diagnosticado com esquizofrenia. Em razão desta grave doença mental, João tem delírios constantes e alucinações, e apresenta dificuldades de discernir o que é real e o que é imaginário, mesmo enquanto medicado. Em razão deste quadro, em 2014, logo após completar 18 anos, sofreu processo de interdição, que culminou no reconhecimento de sua incapacidade para a prática de todos os atos da vida civil, sendo-lhe nomeado curador na pessoa de Janice, sua mãe. Entretanto, ele é apaixonado por Tereza e deseja com ela se casar. Afirmou que em sinal de seu amor, quer escolher o regime da comunhão total de bens. Levando em consideração o direito vigente, João

(A) poderá contrair matrimônio de forma válida independentemente do consentimento de sua curadora, mas depende da sua assistência para celebrar validamente pacto antenupcial para a escolha do regime de bens.
(B) poderá contrair matrimônio de forma válida e celebrar pacto antenupcial para a escolha do regime de bens, independentemente do consentimento de sua curadora.
(C) não poderá contrair matrimônio de forma válida e nem celebrar pacto antenupcial para a escolha do regime de bens, ainda que contasse com o consentimento de sua curadora, pois o casamento será nulo de pleno direito por ausência de capacidade.
(D) poderá contrair matrimônio de forma válida independentemente do consentimento de sua curadora, mas não poderá celebrar validamente pacto antenupcial para a escolha do regime de bens no caso, pois a lei impõe o regime da separação obrigatória à espécie.
(E) não poderá contrair matrimônio de forma válida e nem celebrar pacto antenupcial para a escolha do regime de bens ainda que tenha o consentimento de sua genitora, pois o casamento seria inexistente em razão de vício da vontade.

O art. 6º da Lei 13.146/2015 permitiu expressamente que a pessoa com deficiência pudesse livremente se casar e também constituir união estável. A lei ainda teve o zelo de revogar o art. 1.548, I, que dizia ser nulo o casamento do "*enfermo mental sem o necessário discernimento para os atos da vida civil*". A clara ideia da lei é facilitar a inclusão da pessoa com deficiência na sociedade civil. Contudo, tal inclusão precisa ser feita com cautela, a fim de proteger tal pessoa. É por isso que o instituto da curatela continua em plena vigência no que se refere aos atos de natureza patrimonial (Lei 13.146, art. 85). Celebrar pacto antenupcial (em regime que não seja o da separação convencional de bens) certamente é um ato patrimonial e que necessitará da assistência de curador.

Gabarito "A".

(Defensor Público –DPE/MT – 2016 – UFMT) Segundo o Código Civil, após as alterações introduzidas pelo Estatuto da Pessoa com Deficiência (Lei 13.146/2015), em relação ao casamento e à união estável, assinale a afirmativa correta.

(A) Os primos estão impedidos de contrair matrimônio entre si.
(B) A pessoa com deficiência mental ou intelectual em idade núbia poderá contrair matrimônio, expressando sua vontade diretamente ou por meio de seu responsável ou curador.
(C) A união estável não se constituirá se ocorrerem as causas suspensivas do casamento.
(D) No regime da comunhão parcial de bens, excluem-se na comunhão as benfeitorias em bens particulares de cada cônjuge.
(E) É nulo o casamento contraído pelo enfermo mental sem o necessário discernimento para os atos da vida civil.

A: incorreta, pois primos são parentes colaterais de 4º grau, não havendo impedimento para o matrimônio; **B:** correta, pois de acordo com o permissivo estabelecido pelo Código Civil, art. 1.550, § 2º; **C:** incorreta, pois apenas os impedimentos matrimoniais (CC, art. 1.521) é que podem transformar a união estável em concubinato; **D:** incorreta, pois as benfeitorias em bens particulares comunicam-se (CC, art. 1.660, IV); **E:** incorreta, pois tal previsão foi revogada pela lei 13.146/2015. Atualmente, apenas a infringência de impedimento matrimonial é que gera a nulidade absoluta do casamento (CC, art. 1.548, II).

Gabarito "B".

(Defensoria Pública/PA – 2009 – FCC) De acordo com o Código Civil, NÃO podem se casar

(A) o tutor ou o curador e os seus descendentes, ascendentes, irmãos, cunhados ou sobrinhos, com a pessoa tutelada ou curatelada, enquanto não cessar a tutela ou curatela, e não estiverem saldadas as respectivas contas.
(B) o viúvo ou a viúva que tiver filho do cônjuge falecido, enquanto não fizer inventário dos bens do casal e der partilha aos herdeiros.
(C) o divorciado, enquanto não houver sido homologada ou decidida a partilha dos bens do casal.
(D) os parentes afins em linha colateral.
(E) o cônjuge sobrevivente com o condenado por homicídio ou tentativa de homicídio contra o seu consorte.

A: incorreta. A alternativa refere-se a uma causa suspensiva (art. 1.523, IV, CC); **B:** incorreta. A alternativa também refere-se a causa suspensiva (art. 1.523, I, CC); **C:** incorreta. A alternativa também refere-se a causa suspensiva (art. 1.523, III, CC); **D:** incorreta. O parentesco por afinidade na linha colateral desaparece quando dissolvido o vínculo matrimonial ou da união estável, permitindo o casamento (art. 1.595, §§ 1º e 2º do CC); **E:** correta, pois reflete o disposto no art. 1.521, VII, do CC.

Gabarito "E".

7.1.2. Invalidade

(Defensor Público/AL – 2017 – CESPE) Antônio, de vinte e cinco anos de idade, casou-se com Carla, de treze anos de idade, que estava grávida quando da realização do casamento. Embora tenha sido consentido pelos pais de Carla, o casamento foi realizado sem autorização judicial, pois os nubentes não estavam cientes dessa exigência legal.

A respeito dessa situação hipotética, assinale a opção correta.

(A) Carla poderá confirmar o casamento após o nascimento da criança.
(B) É vedada a anulação do casamento unicamente pelo fato de Carla ser menor de idade.
(C) Anulado o casamento, este retroagirá à data de sua celebração, não produzindo nenhum efeito.
(D) Antônio poderá requerer a anulação do casamento devido ao fato de Carla ser menor de idade.
(E) O casamento é nulo, pois Carla não tinha idade núbil e não havia autorização judicial.

A: incorreta, pois Carla pode confirmar o casamento após atingir a idade núbil, e não após o nascimento da criança (art. 1.553 CC) ; **B:** correta, pois apesar de ser menor de idade (menor de 18 anos) e não ter atingido a idade núbil (menor de 16 anos) para se casar, a lei considera o casamento válido, pois houve gravidez (art. 1.520 CC). Neste passo, não se anulará, por motivo de idade, o casamento de que resultou gravidez (art. 1.551 CC); **C:** incorreta, pois a sentença que decretar a nulidade do casamento retroagirá à data da sua celebração, *sem prejudicar a aquisição de direitos, a título oneroso, por terceiros de boa-fé, nem a resultante de sentença transitada em julgado* (art. 1.563 CC). Logo, os direitos de terceiros de boa-fé serão mantidos; **D:** incorreta, pois não se anulará, por motivo de idade, o casamento de que resultou gravidez (art. 1.551 CC); **E:** incorreta, vez que apesar de ser menor de idade (menor de 18 anos) e não ter atingido a idade núbil (menor de 16 anos) para se casar, a lei considera o casamento válido, pois houve gravidez (art. 1.520 CC). A autorização judicial neste caso é dispensável, bastando a autorização dos pais (art. 1.520 CC).

Gabarito "B".

(Defensoria Pública/MT – 2006) Analisando as afirmativas abaixo, acerca do casamento, é incorreto afirmar:

(A) Os cônjuges são obrigados a concorrer, na proporção de seus bens e dos rendimentos do trabalho, para o sustento da família e a educação dos filhos, independente do regime patrimonial adotado pelo casal.
(B) O prazo para ser intentada a ação de anulação do casamento, contado da data da celebração, é três anos, se houver coação.
(C) Qualquer dos nubentes, querendo, poderá acrescer ao seu o sobrenome do outro.
(D) Entre os deveres de ambos os cônjuges, previstos na legislação civil pátria, estão o respeito e a consideração mútuos.
(E) O domicílio do casal será escolhido por ambos os cônjuges.

A: correto (art. 1.568 do CC); **B:** incorreto (art. 1.560, IV, do CC); **C:** correto (art. 1.565, § 1º, do CC); **D:** correto (art. 1.566, V, do CC); **E:** correto (art. 1.569 do CC).

Gabarito "B".

7.1.3. Efeitos e dissolução do casamento

(Defensor Público/AM – 2013 – FCC) O divórcio

(A) não pode ser concedido sem prévia partilha dos bens.
(B) demanda prévia separação judicial, há pelo menos um ano, ou de fato, há pelo menos dois.
(C) só pode ser requerido se comprovada culpa de um dos cônjuges.
(D) pode dar ensejo à obrigação de prestar alimentos, a qual não se extingue com novo casamento do alimentante.
(E) não importa restrição aos direitos e deveres decorrentes do poder familiar, salvo na hipótese de casamento de qualquer dos pais.

A: incorreta. O divórcio, amigável ou litigioso, judicial ou extrajudicial, pode ser realizado sem que haja prévia partilha dos bens (art. 1.581 do CC); **B:** incorreta, após a introdução da Emenda Constitucional 66/2010, que alterou o art. 226, § 6º, da Constituição Federal de 1988, a separação deixou de ser um requisito para o divórcio, que pode ser requerido a qualquer momento; **C:** incorreta. No divórcio não é possível a discussão de culpa. A análise da culpa somente era possível no procedimento de separação; **D:** correta. Se um dos cônjuges vier a necessitar de alimentos, o outro poderá ser obrigado a prestá-los mediante pensão a ser fixada pelo juiz (art. 1.704 do CC), sendo certo que o novo casamento do cônjuge devedor não extingue a obrigação constante da sentença de divórcio; **E:** incorreta, pois segundo dispõe o art. 1.636 do CC, o pai ou a mãe que contrair novas núpcias não perderá o poder familiar em relação aos filhos do relacionamento anterior.
Gabarito "D".

(Defensor Público/BA – 2010 – CESPE) Acerca da dissolução do casamento e da união estável, julgue os próximos itens.

(1) Ajuizada ação de separação judicial por insuportabilidade da vida em comum, ainda que o autor não faça prova do motivo alegado, o juiz poderá decretar a separação do casal.
(2) Aplica-se à união estável o regime da comunhão parcial de bens, não se exigindo dos companheiros prova do esforço comum para a aquisição dos bens.

1: correta, pois, segundo o STJ, é possível a decretação da separação sem atribuição da causa ou motivo (REsp 783.137); **2:** correta (art. 1.725 do CC).
Gabarito 1C, 2C.

7.1.4. Regime de bens

(Defensor Público –DPE/RN – 2016 – CESPE) No tocante ao regime de bens do casamento, assinale a opção correta.

(A) No casamento sob o regime de participação final nos aquestos, o bem imóvel que for adquirido exclusivamente por um dos cônjuges será de livre administração e alienação, por esse cônjuge.
(B) Sob o regime da comunhão parcial de bens, não entram na comunhão os bens adquiridos na constância da sociedade conjugal, por fato eventual, com ou sem o concurso de trabalho ou despesa anterior.
(C) No regime da comunhão universal de bens, participam da comunhão todos os bens presentes e futuros do casal, inclusive as dívidas anteriores ao casamento.
(D) No regime de comunhão parcial, participam da comunhão as verbas indenizatórias decorrentes do ajuizamento de ação reclamatória trabalhista durante a vigência do vínculo conjugal, ainda que tais verbas venham a ser percebidas por um dos cônjuges após o fim do casamento.
(E) O pacto antenupcial é indispensável na celebração do casamento pelo regime da separação obrigatória de bens.

A: incorreta, pois nesse regime o Código Civil admite a livre alienação dos bens móveis (CC, art. 1.673, parágrafo único). Caso os nubentes queiram definir a livre alienação de bens imóveis, é preciso que isso conste expressamente no pacto antenupcial (CC, art. 1.656); **B:** incorreta, pois há comunicação dos bens adquiridos na constância, bem como aqueles adquiridos por fato eventual, como é o caso de sorteios, loterias, rifas etc. (CC, art. 1.660, I e II); **C:** incorreta, pois tais dívidas não se comunicam (CC, art. 1.668, III); **D:** correta, pois o que importa é o fato gerador para o recebimento de tais verbas e não o momento em que são recebidas; **E:** incorreta, pois esse regime é o imposto pela lei em situações especificadas no CC, art. 1.641.
Gabarito "D".

(Defensor Público –DPE/BA – 2016 – FCC) Margarida de Oliveira conviveu em união estável com Geraldo Teixeira desde o ano de 2006, ambos pessoas capazes e não idosos. Não realizaram pacto de convivência. Durante o relacionamento, Margarida, funcionária pública, recebia salário equivalente a dez salários mínimos, enquanto Geraldo não realizava qualquer atividade remunerada. Em 2010, Margarida adquiriu, por contrato de compra e venda, um bem imóvel onde o casal passou a residir. Em 2015, recebeu o valor de R$ 100.000,00 (cem mil reais), deixado por seu pai por sucessão legítima. Diante desta hipótese, é correto dizer que Geraldo

(A) não tem direito à meação do imóvel adquirido na constância da união estável, uma vez que o bem foi adquirido sem qualquer participação de Geraldo, e também não faz jus à partilha do valor recebido a título de herança por Margarida, uma vez que o regime de bens aplicável à relação não contempla herança.
(B) tem direito à meação do imóvel adquirido na constância da união estável, independente de prova de esforço comum, mas não faz jus à partilha do valor recebido a título de herança por Margarida, uma vez que o regime de bens aplicável à relação não contempla herança.
(C) tem direito à meação do imóvel adquirido na constância da união estável, independente de prova de esforço comum, como também faz jus à partilha do valor recebido a título de herança por Margarida, uma vez que o regime de bens aplicável à relação contempla herança.
(D) tem direito tanto à meação do imóvel adquirido na constância da união estável bem como à partilha do valor recebido a título de herança por Margarida, desde que prove esforço comum em ambas as situações.
(E) não tem direito à meação do imóvel adquirido na constância da união estável, uma vez que o bem foi adquirido sem qualquer participação de Geraldo, mas faz jus à partilha do valor recebido a título de herança por Margarida, uma vez que o regime de bens aplicável à relação.

A questão diz respeito às regras de comunicabilidade de bens durante a união estável. Na ausência de estipulação contrária, o regime de bens aplicável para a união estável é o da comunhão parcial (CC, art. 1.725). Nesse regime, há comunicação (independentemente da prova de esforço comum) de bens adquiridos onerosamente durante a relação (conjugal ou de convivência), conforme o art. 1.660, I do Código Civil. Todavia, bens herdados – antes ou durante a relação – não se comunicam (CC, art. 1.659, I) e passam a fazer parte do acervo particular do cônjuge ou companheiro que herdou. Logo, apenas a assertiva 'b' é a que contempla a resposta correta.

Gabarito "B".

(Defensor Público/TO – 2013 – CESPE) Acerca do regime de bens entre cônjuges, assinale a opção correta.

(A) O regime de comunhão universal implica a comunicação de todos os bens presentes e futuros dos cônjuges e suas dívidas passivas, com exceção, entre outras, dos bens doados ou herdados com a cláusula de incomunicabilidade e os sub-rogados em seu lugar.

(B) O regime de participação final nos aquestos foi revogado do Código Civil, haja vista que o seu desuso desde a entrada em vigor do referido diploma legal demonstrou que os demais regimes de bens existentes eram suficientes para reger as relações patrimoniais entre os cônjuges.

(C) No casamento celebrado sob o regime da separação de bens, enquanto não sobrevier a separação ou divórcio, a administração dos bens é conjunta dos consortes, que não poderão aliená-los ou gravá-los de ônus real sem a anuência do outro.

(D) É obrigatório o regime da separação de bens no casamento das pessoas que o contraírem com inobservância das causas suspensivas da celebração do casamento; da pessoa maior de sessenta anos e, ainda, de todos os que dependerem, para casar, de suprimento judicial.

(E) No regime de comunhão parcial de bens, comunicam-se os bens que sobrevierem ao casal na constância do casamento, denominados bens aquestos, sem qualquer exceção.

A: correta, pois reflete os textos dos arts. 1.667 e 1.668, I, do CC; **B:** incorreta. O único regime revogado do Código Civil de 1916 foi o regime dotal, substituído pelo regime da participação final dos aquestos no Código Civil de 2002; **C:** incorreta. No regime de separação de bens, cada cônjuge terá a administração exclusiva de seus bens, podendo aliená-lo ou gravá-los de ônus real (art. 1.687 do CC); **D:** incorreta. O regime de separação de bens é obrigatório para as pessoas que o contraírem com inobservância das causas suspensivas da celebração do casamento; da pessoa *maior de setenta (70) anos* e de todos os que dependerem, para casar, de suprimento judicial (art. 1.641 do CC); **E:** incorreta, pois há diversas exceções elencadas no art. 1.659 do CC (ex: bens doados ou herdados).

Gabarito "A".

(Defensor Público/AC – 2012 – CESPE) Considerando os direitos relacionados à personalidade, aos alimentos, ao divórcio e à evicção, assinale a opção correta.

(A) Prevalece, nos tribunais, a tese de que ao nascituro é garantida apenas a expectativa de direito, tornando-se este efetivamente adquirido na eventualidade de aquele nascer vivo; não tem, portanto, o nascituro direito, por exemplo, aos danos morais decorrentes da morte do pai causada por ato ilícito.

(B) O débito alimentar que autoriza a prisão civil do alimentante é o que compreende as três prestações anteriores ao ajuizamento da execução e as que vencerem no curso do processo; por essa razão, segundo entendimento do STJ, o pagamento de 30% do débito alimentar será capaz de elidir a prisão civil.

(C) Os valores oriundos do Fundo de Garantia do Tempo de Serviço configuram frutos civis do trabalho, integrando, no casamento realizado sob o regime da comunhão parcial previsto no Código Civil de 1916, patrimônio comum e, consequentemente, partilhável quando do divórcio.

(D) A responsabilidade pela evicção ocorre apenas quando a causa da constrição operada sobre a coisa é posterior à relação jurídica entabulada entre o alienante e o evicto, sendo o determinante o momento da constrição, a qual será, necessariamente, anterior à alienação.

(E) Capacidade de fato, ou capacidade de gozo, ou capacidade de aquisição, é a faculdade abstrata de alguém gozar os seus direitos; a capacidade de direito, por sua vez, é a capacidade para adquirir direitos e exercê-los por si mesmo.

A: incorreta. A natureza jurídica dos direitos do nascituro (direitos adquiridos x expectativa de direito) é objeto de *profunda divergência* na doutrina e na jurisprudência, diante da manutenção da teoria natalista pelo legislador no Código Civil (art. 2º). Contudo, há decisão do STJ deferindo indenização por danos morais suportados pelo nascituro em razão da morte de seu pai causada por ato ilícito (REsp 931.556/RS, Rel. Min. Nancy Andrighi, julgado em 17.06.2008); **B:** incorreta. A segunda parte da assertiva está errada, pois, segundo a jurisprudência do STJ, o pagamento parcial dos alimentos não elide a possibilidade de prisão civil (RHC 35.637/PR, Rel. Min. Nancy Andrighi, julgado em 09.04.2013); **C:** correta. Segundo a jurisprudência do STJ, "os valores oriundos do Fundo de Garantia do Tempo de Serviço configuram frutos civis do trabalho, integrando, nos casamentos realizados sob o regime da comunhão parcial sob a égide do Código Civil de 1916, patrimônio comum e, consequentemente, devendo ser considerados na partilha quando do divórcio" (REsp 848.660/RS, Rel. Min. Paulo de Tarso Sanseverino, julgado em 03.05.2011); **D:** incorreta. De acordo com a jurisprudência do STJ, a "responsabilidade pela evicção ocorre apenas quando a causa da constrição operada sobre a coisa é anterior à relação jurídica entabulada entre o alienante e o evicto. O que importa não é o momento da constrição, esta será, necessariamente, posterior à alienação, o que importa saber é o momento em que nasceu o direito (de terceiro) que deu origem à constrição" (REsp 873.165/ES, Rel. Min. Sidnei Beneti, julgado em 18.05.2010); **E:** incorreta, os conceitos estão invertidos: a capacidade de direito/gozo é a aptidão para ser titular de direitos e deveres e a capacidade fato/exercício/ação é a aptidão para exercer pessoalmente os atos da vida civil.

Gabarito "C".

(Defensor Público/AL – 2009 – CESPE) Quanto ao direito de família, julgue o item seguinte.

O regime de bens passa a gerar efeitos a partir do casamento e cessa com o falecimento de um dos cônjuges, com a separação judicial ou com o divórcio, não sendo possível que a mera separação de fato seja considerada como razão relevante para alterar qualquer dos efeitos decorrentes do regime adotado, já que, por si só, a separação de fato não dissolve o casamento, independentemente de sentença.

Segundo o STJ, a preservação do condomínio patrimonial entre cônjuges após a separação de fato é incompatível com a orientação do novo Código, que reconhece eventual união estável estabelecida por qualquer um dos até então cônjuges nesse período (art. 1.723, § 1º, do CC); assim, a comunicação de bens e dívidas deve cessar com a ruptura da vida em comum (vide, por exemplo, o REsp 555.771).

Gabarito "E".

(Defensoria Pública/SP – 2009 – FCC) Assinale a alternativa INCORRETA.

(A) O cônjuge prejudicado por doação ou transferência de bens comuns só pode reinvindicá-los se não estiver separado de fato há mais de cinco anos.

(B) Os herdeiros necessários podem, até dois anos de dissolvida a sociedade conjugal, requerer a anulação da doação feita por cônjuge infiel ao seu cúmplice.

(C) A pessoa casada no regime da comunhão parcial de bens não tem o direito de reivindicar contra parceiro amoroso eventual de seu cônjuge bem que este tenha adquirido com o fruto de patrimônio particular.

(D) A doação de bem integrante do patrimônio conjugal pelo cônjuge infiel ao seu cúmplice pode ser anulada pelo cônjuge prejudicado até dois anos de dissolvida a sociedade conjugal.

(E) Os bens adquiridos mediante o esforço conjunto dos concubinos, ainda que um deles seja casado e mantenha vida conjugal, devem ser objetos de partilha.

A: correta. A assertiva reflete o disposto no art. 1.642, V, do CC; **B:** correta. A anulabilidade da doação realizada por cônjuge infiel ao seu cúmplice está prevista no art. 550 do CC; **C:** incorreta, porque a pessoa casada no regime da comunhão parcial tem o direito de reivindicar os bens comuns, móveis ou imóveis, doados ou transferidos pelo outro cônjuge ao concubino, desde que provado que os bens não foram adquiridos pelo esforço comum destes, se o casal estiver separado de fato por mais de cinco anos (art. 1.642, V, do CC); **D:** correta. A alternativa está de acordo com o disposto no art. 550 do CC; **E:** correta, pois a assertiva está de acordo com a Súmula 380 do STF: "Comprovada a existência de sociedade de fato entre os concubinos, é cabível a sua dissolução judicial, com a partilha do patrimônio adquirido pelo esforço comum".

Gabarito "C".

(Defensor Público/MS – 2008 – VUNESP) No que diz respeito ao regime de bens, indique a alternativa correta.

(A) No regime de comunhão universal, estão excluídos os bens gravados de fideicomisso e o direito do herdeiro fideicomissário, antes de realizada a condição suspensiva.

(B) No regime da comunhão parcial de bens, não se excluem os adquiridos com valores exclusivamente pertencentes a um dos cônjuges em sub-rogação dos bens particulares.

(C) Não entram na comunhão, no regime de comunhão parcial, os frutos dos bens particulares percebidos na constância do casamento, ou pendentes ao tempo de cessar a união.

(D) É nulo o pacto antenupcial se não for feito por escritura pública e anulável se não lhe seguir o casamento com o regime de bens estabelecido no instrumento público.

A: correta (art. 1.668, II, do CC); **B:** incorreta, porque tais bens são excluídos sim (art. 1.659, II, do CC); **C:** incorreta, pois tais bens entram sim na comunhão (art. 1.660, V, do CC); **D:** incorreta. De fato, é nulo o pacto antenupcial se não for feito por escritura pública; porém, o pacto antenupcial não é *anulável*, mas *ineficaz*, se não lhe seguir o casamento (art. 1.653 do CC).

Gabarito "A".

7.1.5. Temas combinados de casamento

(Defensor Público/PR – 2012 – FCC) Sobre o Direito de Família, é correto afirmar:

(A) Provado o adultério, fato confessado pela esposa, resta ilidida a presunção de paternidade com relação à criança nascida cem dias após a dissolução da sociedade conjugal.

(B) Filho advindo de relação extraconjugal somente pode ser reconhecido pelo pai em conjunto com a mãe.

(C) É ineficaz a condição aposta ao ato de reconhecimento do filho, sendo admitida a previsão de termo, uma vez que este trata de evento de ocorrência certa.

(D) A dívida contraída pela esposa para aquisição de bens necessários à economia doméstica obriga solidariamente o marido, ainda que este não tenha autorizado a contratação.

(E) Nos termos da lei civil, o adotado está impedido de casar com a filha biológica do adotante, não havendo impedimento para o reconhecimento da união estável entre os mesmos.

A: incorreta. *Não basta* o adultério da mulher, ainda que confessado, para ilidir a presunção legal da paternidade (art. 1.600 do CC). E nos termos do art. 1.597, inciso II, do CC, presumem-se concebidos na constância do casamento os filhos nascidos nos *trezentos dias* subsequentes à dissolução da sociedade conjugal; **B:** incorreta. O filho advindo de relação extraconjugal poderá ser reconhecido pelos pais em *conjunto ou separadamente* (art. 1.607 do CC); **C:** incorreta. O reconhecimento de filho é ato puro, sendo consideradas ineficazes as condições e *termos* opostos ao ato (art. 1.613 do CC); **D:** correta. Está de acordo com o art. 1.643 do CC; **E:** incorreta, pois não se reconhece a união estável quando presentes os impedimentos para o casamento (arts. 1.521 e 1.723, § 1º do CC). No caso a relação será considerada concubinária.

Gabarito "D".

(Defensor Público/RS – 2011 – FCC) Direito de Família.

(A) Quando não houver, por ocasião do divórcio, acordo entre o pai e a mãe quanto à guarda unilateral do filho menor, será ela concedida preferencialmente para a mãe.

(B) As causas impeditivas geram a anulabilidade do casamento.

(C) As relações não eventuais entre o homem e a mulher, impedidos de casar, constituem concubinato e não união estável.

(D) O direito do marido contestar a paternidade dos filhos nascidos de sua esposa prescreve em quatro anos, podendo os herdeiros prosseguirem na ação em caso de falecimento do autor.

(E) Na curatela, sendo curador o cônjuge, não separado judicialmente ou de fato, não poderá ele ser obrigado a prestar contas.

A: incorreta, pois a guarda unilateral será atribuída ao genitor que revele melhores condições para exercê-la e, objetivamente, mais aptidão para propiciar aos filhos afeto, saúde, segurança e educação (art. 1.583, § 2º, do CC); **B:** incorreta, uma vez que as causas impeditivas geram a nulidade do casamento (art. 1.548, II, do CC); **C:** correto (art. 1.727 do CC); **D:** incorreta, já que essa ação é imprescritível (art. 1.601 do CC); **E:** incorreta, tendo em vista que o cônjuge separado de fato não deve ser curador do outro (art. 1.775 do CC).

Gabarito "C".

7.2. União estável

(Defensor Público/PE – 2018 – CESPE) De acordo com a jurisprudência do Supremo Tribunal Federal (STF) e do STJ acerca da união estável e casamento, assinale a opção correta.

(A) É possível o reconhecimento da união estável entre pessoas do mesmo sexo, sendo vedado o casamento civil.

(B) A união estável homoafetiva é vedada no ordenamento jurídico brasileiro: união estável consiste de uma relação entre homem e mulher, contínua e duradoura, com o objetivo de constituição de família.

(C) Como não se trata de entidade familiar, a relação entre pessoas do mesmo sexo é uma sociedade de fato, inclusive com competência da vara cível, e não da de família, para eventual ajuizamento de ação.

(D) A união entre duas pessoas do mesmo sexo é reconhecida como entidade familiar, com convivência pública, contínua, duradoura, com o objetivo de constituição de família, e é de competência da vara de família o ajuizamento de eventual ação a respeito.

(E) Diferentemente do instituto do casamento, a companheira ou o companheiro, na vigência da união estável, participará da sucessão do outro apenas quanto aos bens adquiridos onerosamente.

A: incorreta, pois é possível a conversão da união homoafetiva em casamento, consoante Enunciado 525 do CJF: "É possível a conversão de união estável entre pessoas do mesmo sexo em casamento, observados os requisitos exigidos para a respectiva habilitação"; **B:** incorreta, pois o Supremo Tribunal Federal, no julgamento conjunto da ADPF n.132/RJ e da ADI n. 4.277/DF, conferiu ao art. 1.723 do Código Civil interpretação conforme à Constituição para dele excluir todo significado que impeça o reconhecimento da união contínua, pública e duradoura entre pessoas do mesmo sexo como entidade familiar, entendida esta como sinônimo perfeito de família; **C:** incorreta, pois a união estável é considerada entidade *familiar*, tanto a hétero como a homoafetiva (art. 1.723 CC e ADPF n.132/RJ e da ADI n. 4.277/DF). Portanto, não há que se falar em sociedade de fato. Logo, sua competência é a vara de família e sucessões; **D:** correta, pois tal afirmação está em perfeita harmonia as decisões dos tribunais superiores pátrios (ADPF n.132/RJ e da ADI n. 4.277/DF, Enunciado 525 do CJF); **E:** incorreta, pois apenas se aplicará o regime de comunhão parcial de bens entre os companheiros, desde que não seja eleito outro regime de bens expressamente (art. 1.725 do CC). Gabarito "D".

(Defensor Público –DPE/MT – 2016 – UFMT) Quanto à união estável, marque V para as afirmativas verdadeiras e F para as falsas.

( ) O Código Civil de 2002 não revogou as disposições constantes da Lei 9.278/1996, subsistindo a norma que confere o direito real de habitação ao companheiro sobrevivente diante da omissão do Código Civil em disciplinar tal matéria em relação aos conviventes em união estável, consoante o princípio da especialidade.

( ) Na união estável de pessoa maior de setenta anos (art. 1.641, II, do CC/2002), impõe-se o regime da separação obrigatória, sendo vedada a partilha de bens adquiridos na constância da relação, mesmo que comprovado o esforço comum.

( ) A incomunicabilidade do produto dos bens adquiridos anteriormente ao início da união estável (art. 5º, § 1º, da Lei 9.278/1996) se estende aos seus frutos, conforme previsão do art. 1.660, V, do Código Civil de 2002.

( ) São incomunicáveis os bens particulares adquiridos anteriormente à união estável ou ao casamento sob o regime de comunhão parcial, ainda que a transcrição no registro imobiliário ocorra na constância da relação.

( ) A companheira ou o companheiro não participará da sucessão do outro, quanto aos bens adquiridos onerosamente na vigência da união estável, se concorrer com filhos comuns.

Assinale a sequência correta.

(A) V, V, V, V, F
(B) F, F, F, V, V
(C) V, F, F, V, F
(D) V, F, F, F, V
(E) F, F, V, F, F

I: verdadeira, pois esse foi o entendimento do Enunciado 117 do Conselho da Justiça Federal, segundo o qual a Lei 9.278/1996 não teria sido revogada no que se refere ao direito real de habitação: **II:** falsa, pois o STJ já pacificou o entendimento segundo o qual a união estável após os setenta anos implica no regime de separação obrigatória, com a atenuante da Súmula 377 do STF, segundo a qual há comunicação dos bens adquiridos na constância do matrimônio (REsp 1171820/PR, Rel. Ministro Sidnei Beneti, Rel. p/ Acórdão Ministra Nancy Andrighi, Terceira Turma, julgado em 07/12/2010, DJe 27/04/2011); **III:** falsa, pois no regime da comunhão parcial há comunicação dos frutos dos bens particulares (CC, art. 1.660, V); **IV:** verdadeira, pois o que importa para fins de comunicação é o momento aquisitivo e não o registro imobiliário (CC, art. 1.659, I); **V:** falsa, pois a assertiva repetiu o art. 1.790 do Código Civil, inserindo, contudo, o advérbio "não", alterando por completo a ideia da lei. Gabarito "C".

(Defensor Público/AM – 2013 – FCC) A união estável

(A) equipara-se, para todos os fins, ao casamento civil, inclusive no que toca à prova.

(B) pode ser constituída entre pessoas casadas, desde que separadas judicialmente ou de fato.

(C) demanda diversidade de gêneros, de acordo com recente entendimento do Supremo Tribunal Federal.

(D) será regida, em seus aspectos patrimoniais, pelo regime da separação obrigatória, salvo disposição contrária em contrato firmado pelos companheiros.

(E) se dissolvida, não autoriza os companheiros a pedirem alimentos.

A: incorreta, pois união estável não é equiparada ao casamento para todos os fins pelo Código Civil e nem pela Constituição Federal; **B:** correta. Os separados de fato e os separados juridicamente (judicial ou extrajudicialmente) podem constituir união estável (art. 1.723, § 1º, CC); **C:** incorreta. Apreciando o tema, o Supremo Tribunal Federal entendeu que a diversidade de gêneros não é requisito para constituição da união estável (ADI 4.277); **D:** incorreta, pois segundo o art. 1.725 do CC a união estável será regida pelo regime da comunhão parcial de bens, salvo disposição em contrário; **E:** incorreta, pois o art. 7º da Lei 9.278/1996 reconhece o direito a alimentos decorrentes da dissolução da união estável. Gabarito "B".

(Defensor Público/AC – 2012 – CESPE) Assinale a opção correta acerca da união estável e do casamento.

(A) A CF inaugurou uma nova fase do direito de família, fundada na adoção de um explícito polimorfismo familiar, em que arranjos multifacetados são igualmente aptos a constituir esse núcleo doméstico denominado família, recebendo todos eles a especial proteção do Estado, o que torna possível o reconhecimento de união estável entre pessoas do mesmo sexo, muito embora não se dê a estas o direito ao casamento, em virtude da literalidade da norma constitucional.

(B) O singularismo familiar fundado no casamento engendrado pela CF impede que famílias formadas por pares homoafetivos possam ter a mesma proteção legal destinada aos casais heteroafetivos.

(C) De acordo com a jurisprudência do STJ, o casamento civil é a melhor forma de proteção do Estado à família e, sendo múltiplos os arranjos familiares reconhecidos pela Carta Magna, não há de ser negada essa via a nenhuma família que por ela optar, independentemente da orientação sexual dos partícipes, muito embora as famílias constituídas por pares homoafetivos não possuam os mesmos núcleos axiológicos das constituídas por casais heteroafetivos.

(D) Os artigos do Código Civil vigente relativos ao casamento vedam expressamente o casamento entre pessoas do mesmo sexo, razão por que não se admite o casamento civil entre pessoas que estejam vivendo uma união homoafetiva.

(E) O STF conferiu ao artigo do Código Civil que reconhece como entidade familiar a união estável entre o homem e a mulher uma interpretação conforme com a CF, para dele excluir todo significado que impeça o reconhecimento da união contínua, pública e duradoura entre pessoas do mesmo sexo como entidade familiar, entendida esta como sinônimo perfeito de família.

A: incorreta. A segunda parte da assertiva está errada, pois, entre os direitos reconhecidos às pessoas do mesmo sexo que vivem em união estável (ADI 4.227), também se autoriza a celebração de casamento (REsp 1.183.378/RS, Rel. Min. Luis Felipe Salomão, julgado em 25.10.2011); **B:** incorreta. Na Constituição Federal de 1998 o singularismo familiar cedeu lugar ao polimorfismo familiar, possibilitando o reconhecimento de outras formas de família além do casamento. Nesse novo contexto jurídico, o Supremo Tribunal Federal reconheceu a união estável homoafetiva (ADI 4.277); **C:** incorreta, pois o STJ reconhece a multiplicidade dos arranjos familiares, sendo que todas possuem o mesmo núcleo axiológico (o afeto), não havendo limitações constitucionais ou jurisprudenciais; **D:** incorreta. A conversão da união estável em casamento é possível tanto para casais heteroafetivos, como para casais homoafetivos; **E:** correta, pois ao julgar a ADI 4.227, o STF reconheceu a união estável homoafetiva como entidade familiar.
Gabarito 'E'.

(Defensor Público/AL – 2009 – CESPE) Quanto ao direito de família, julgue os itens seguintes.

(1) É possível que homem e mulher que resolvam manter união estável estabeleçam entre si regime de bens por meio de um contrato de convivência, negócio jurídico que poderá, inclusive, ser formalizado por meio de instrumento particular e cuja falta acarretará a aplicação das regras atinentes ao regime da comunhão parcial.

(2) A união estável é uma realidade fática, de modo que, ao contrário do casamento, essencialmente formal, os conviventes poderão dispor livremente acerca dos reflexos patrimoniais de sua união e estabelecerem entre si limitação ao eventual direito de um deles receber pensão alimentícia do outro ou mesmo acerca do direito de herdar bens um do outro.

1: correta, conforme o art. 1.725 do CC; **2:** incorreta, pois o pacto antenupcial não pode estipular qualquer regra que contravenha disposição absoluta de lei, como são as regras que tratam do direito a alimentos e do direito sucessório quanto à legítima (art. 1.655 do CC).
Gabarito 1C, 2E.

(Defensor Público/ES – 2012 – CESPE) Julgue o item seguinte, a respeito da união estável e da ordem de vocação hereditária.

(1) De acordo com a jurisprudência, não se deve declarar a união estável entre duas pessoas que celebrem expressamente contrato de namoro no qual esclareçam o propósito de não viverem em união estável, sob pena de se violar a boa-fé da parte inocente.

Doutrina e jurisprudência não reconhecem a validade do contrato de namoro em razão da ilicitude de seu objeto (art. 166, VI, CC): afastar as normas de ordem pública que protegem a família formada pela união estável.
Gabarito 1E.

7.3. Parentesco e filiação

(Defensor Público –DPE/BA – 2016 – FCC) Francisco, que acabou de completar quinze anos, vai à Defensoria Pública de Ilhéus – BA em busca de orientação jurídica. Informa que recebeu um imóvel como herança de seu avô. Explica que o bem está registrado em seu nome; entretanto, a sua genitora alugou o imóvel para terceiro, recebe os valores dos alugueres e não faz qualquer repasse ou presta contas do valor recebido. Diante desta situação, a solução tecnicamente mais adequada a ser tomada pelo Defensor é:

(A) ajuizar ação visando à anulação do contrato de locação celebrado por parte ilegítima para referido negócio jurídico, uma vez que não se trata de proprietária do imóvel.

(B) orientar Francisco que enquanto ele estiver sob o poder familiar de sua genitora, ela poderá proceder de tal forma, pois não é obrigada a lhe repassar o valor dos alugueres ou prestar contas do destino do dinheiro recebido.

(C) ajuizar ação de prestação de contas contra a genitora e, caso ela não comprove que o dinheiro é revertido em favor de seu filho, cobrar o recebimento do equivalente ao prejuízo experimentado.

(D) notificar o inquilino para que os pagamentos passem a ser feitos diretamente para o proprietário, sob pena de ajuizamento de ação de despejo por falta de pagamento.

(E) ajuizar ação possessória, postulando a reintegração na posse do imóvel, e ação contra a genitora, visando à reparação dos danos sofridos por seu ato ilícito.

O Poder familiar é um *poder-dever*, que gera um sem número de atribuições, responsabilidades, deveres e direitos aos pais. Um desses é o direito real de usufruto sobre os bens do filho menor (CC, art. 1.689, I). Trata-se de um direito real sobre coisa alheia, que permite ao usufrutuário usar, possuir, administrar e fazer seus os frutos do bem (CC, art. 1.394). Os aluguéis recebidos do bem constituem frutos e, por isso, pertencem de pleno direito à mãe de Francisco. A presunção do legislador foi a de que os pais usarão esse dinheiro em favor e benefício dos filhos. Logo, não há o que Roberto fazer nesse momento, a não ser aguardar a extinção do poder familiar, aos dezoito anos de idade.

Gabarito "B".

(Defensor Público/TO – 2013 – CESPE) Com base no que dispõe o Código Civil sobre as relações de parentesco, assinale a opção correta.

(A) O parentesco por afinidade não se extingue com a dissolução do casamento ou da união estável.

(B) O parentesco é natural ou civil, conforme resulte de consanguinidade ou da afinidade.

(C) Cada cônjuge ou companheiro é aliado aos parentes do outro pelo vínculo da afinidade.

(D) O parentesco por afinidade limita-se aos ascendentes, aos descendentes e aos colaterais do cônjuge ou companheiro, até o quarto grau.

(E) Consideram-se parentes em linha reta as pessoas que estejam umas para com as outras na relação de ascendência, descendência e colateralidade.

A: incorreta. O parentesco por afinidade na *linha reta* não se extingue com a dissolução do casamento ou da união estável, mas o na *linha colateral* é extinto (art. 1.595 do CC); **B:** incorreta, pois segundo o art. 1.593 do CC, o parentesco pode ser natural ou civil, podem resultar de consanguinidade *ou outra origem* (ex: adoção); **C:** correta, pois reflete o disposto no art. 1.595 do CC; **D:** incorreta, pois o parentesco por afinidade limita-se aos ascendentes, descendentes e irmãos do cônjuge ou companheiro (*colaterais de 2º grau*), conforme dispõe o art. 1.595, § 1º, do CC; **E:** incorreta. São parentes em linha reta as pessoas que estão umas para com as outras na relação de *ascendentes e descendentes* (art. 1.591 do CC).

Gabarito "C".

(Defensor Público/RO – 2012 – CESPE) Edson, brasileiro, solteiro, capaz, com quarenta e oito anos de idade, manifestou, de forma inequívoca, por meio de escrito particular, o reconhecimento da paternidade de Pedro, brasileiro, solteiro, capaz, com dezenove anos de idade, em cujo registro de nascimento consta tão somente o nome da mãe, Esmeralda, e dos avós maternos.

Com base nessa situação hipotética, assinale a opção correta.

(A) Caso Edson, Esmeralda e Pedro compareçam perante um tabelião, poderá ser eficazmente estipulado, no ato de reconhecimento de paternidade, mediante concordância das partes, prazo de duração para o reconhecimento da paternidade, contado a partir da lavratura da escritura pública.

(B) O oficial de registro civil, responsável por averbar a paternidade à margem do registro de nascimento, deverá exigir que o instrumento, público ou particular, de reconhecimento de paternidade esteja acompanhado de documento ou ato comprobatório do consentimento de Pedro.

(C) O reconhecimento da paternidade de Pedro não pode ser revogado, salvo se Edson manifestar arrependimento por meio de testamento público na presença de duas testemunhas.

(D) Sendo o reconhecimento de paternidade ato jurídico unilateral, o oficial de registro civil deverá averbar o nome do pai, Edson, à margem do registro de nascimento de Pedro, independentemente do consentimento deste.

(E) Para ter eficácia, o reconhecimento de paternidade deve ser lavrado por meio de escritura pública, nas notas de um tabelião, bem como deve ser acompanhado da anuência de Pedro, independentemente da anuência de Esmeralda.

A: incorreta, são ineficazes a condição ou o termo apostos no ato de reconhecimento de filiação (art. 1.613 do CC); **B:** correta. O reconhecimento de filho maior de idade depende do consentimento dele (art. 1.614 do CC); **C:** incorreta. O reconhecimento de filho não pode ser revogado, nem mesmo quando feito em testamento (art. 1.610 do CC); **D:** incorreta, pois, por se tratar de reconhecimento de filho maior de idade, este deverá consentir (art. 1.614 do CC); **E:** incorreta, porque o reconhecimento pode ser feito por escritura pública, escrito particular, testamento ou por manifestação expressa perante o juiz (art. 1.609 do CC). Em caso de filho maior de idade será necessário seu consentimento (art. 1.614 do CC), mas não o da mãe (Esmeralda).

Gabarito "B".

(Defensoria Pública/MA – 2009 – FCC) A respeito da paternidade, é correto afirmar:

(A) A prova da impotência do cônjuge para gerar, à época do nascimento, ilide a presunção da paternidade.

(B) O reconhecimento dos filhos havidos fora do casamento pode ser feito por escrito particular, a ser arquivado em cartório.

(C) Se a esposa confessar o adultério, isso basta para ilidir a presunção de paternidade.

(D) O reconhecimento pode preceder o nascimento do filho ou ser posterior ao seu falecimento, exceto se ele deixar descendentes.

(E) O filho maior pode ser reconhecido mesmo sem o seu consentimento, cabendo-lhe tão somente o direito de contestar se o reconhecimento for em juízo ou de ingressar com ação denegatória, a passo que o menor pode impugnar o reconhecimento, nos dois anos que se seguirem à maioridade, ou à emancipação.

A: incorreta, tendo em vista que a prova da impotência do cônjuge para gerar é **à época da concepção**, nos termos do art. 1.599 do CC; **B:** correta, pois a assertiva reflete o disposto no art. 1.609, II, do CC; **C:** incorreta, porque a assertiva confronta o disposto no art. 1.600 do CC; **D:** incorreta, uma vez que a assertiva contraria o disposto no art. 1.609, parágrafo único, do CC; **E:** incorreta, pois o filho maior não pode ser reconhecido sem o seu consentimento e o menor pode impugnar o reconhecimento, nos quatro anos que se seguirem à maioridade, ou à emancipação, conforme art. 1.614 do CC.

Gabarito "B".

(Defensoria Pública/MT – 2009 – FCC) A respeito da paternidade, é correto afirmar:

(A) Cabe ao marido o direito de contestar a paternidade dos filhos nascidos de sua mulher, decaindo, porém, desse direito se não o exercitar em até 4 anos após o término da relação conjugal.

(B) O reconhecimento dos filhos havidos fora do casamento é irrevogável, exceto quando feito em testamento.

(C) São nulas a condição e o termo apostos ao ato de reconhecimento do filho.
(D) O filho reconhecido, enquanto menor, ficará sob a guarda do genitor que o reconheceu, e, se ambos o reconhecerem e não houver acordo, sob a da genitora conforme pacífico entendimento do Superior Tribunal de Justiça.
(E) A filiação materna ou paterna pode resultar de casamento declarado nulo, ainda mesmo sem as condições do putativo.

A: incorreta, o direito de contestar a paternidade dos filhos é imprescritível, nos termos do art. 1.601, *caput*, do CC; **B:** incorreta, o reconhecimento é sempre irrevogável, nos termos do art. 1.610 do CC; **C:** incorreta, tendo em vista que a condição e o termo são ineficazes, conforme art. 1.613 do CC; **D:** incorreta, uma vez que se ambos os genitores o reconhecerem e não houver acordo, o menor ficará sob a guarda de quem melhor atender aos interesses do menor, conforme dispõe o art. 1.612 do CC; **E:** correta, pois a assertiva reflete o disposto no art. 1.617 do CC.
Gabarito "E".

(Defensoria Pública/SP – 2009 – FCC) Assinale a alternativa INCORRETA.

(A) A manifestação expressa e direta perante Juiz de Direito implica em reconhecimento de filhos, ainda que fora da sede de investigação.
(B) O óbito de pretenso adotante no curso do procedimento de adoção obsta a filiação.
(C) O ordenamento brasileiro não prevê expressamente a posse do estado de filho.
(D) Na investigação de paternidade, a recusa à perícia médica-hematológica ordenada pelo juiz supre a prova.
(E) A filiação advinda após cento e oitenta dias da celebração do casamento não se presume do marido.

A: correta, a assertiva reflete o disposto no art. 1.609, IV, do CC; **B:** incorreta, pois a assertiva não está de acordo com o disposto no art. 42, § 6º, da Lei 8.069/1990, com a redação dada pela Lei 12.010/2009: "A adoção poderá ser deferida ao adotante que, após inequívoca manifestação de vontade, vier a falecer no curso do procedimento, antes de prolatada a sentença"; **C:** correta, uma vez que não há expressa menção pelo Código Civil acerca da posse do estado de filho, mas somente da posse do estado de casados; **D:** correta, porque a assertiva reflete o disposto na Súmula 301 do STJ, que em 29 de julho de 2009 virou lei. A Lei 12.004/2009 acrescentou o art. 2º-A na Lei 8.560/1992: "A ação de investigação de paternidade, todos os meios legais, bem como os moralmente legítimos, serão hábeis para provar a verdade dos fatos. Paragrafo único. A recusa do réu em se submeter ao exame de código genético – DNA gerará a presunção da paternidade, a ser apreciada em conjunto com o contexto probatório"; **E:** correta, está de acordo com o art. 1.597, I, do CC.
Gabarito "B".

(Defensor Público/MS – 2008 – VUNESP) Indique a alternativa correta.

(A) Na inseminação heteróloga, a paternidade se presume, mesmo sem a apresentação da autorização do marido, uma vez que a paternidade corresponde à paternidade de intenção.
(B) Na inseminação heteróloga, inexistindo o consentimento do marido, com sua recusa no reconhecimento da paternidade, ensejará na impossibilidade do reconhecimento judicial.
(C) A utilização dos embriões excedentários, após a morte do marido, apenas poderá ocorrer naqueles havidos nos 300 (trezentos) dias subsequentes à referida morte.
(D) O filho concebido por meio da inseminação homóloga tem direito a conhecer sua ascendência genética de forma ampla e irrestrita, ainda sem autorização do marido.

A: incorreta. A paternidade só se presume se houver prévia autorização do marido à inseminação artificial com material genético alheio (inseminação heteróloga), conforme o art. 1.597, V, do CC; **B:** correta, nos termos do comentário à alternativa "A" (art. 1.597, V, do CC); **C:** incorreta, tendo em vista que tal inseminação pode ocorrer a qualquer tempo nesse caso, desde que decorrentes de concepção artificial homóloga, ou seja, com material genético do próprio casal (art. 1.597, IV, do CC); **D:** incorreta. Na inseminação homóloga é utilizado o material genético do próprio casal, de modo que se presume que o filho é concebido na constância do casamento, não havendo dúvida, portanto, quanto à sua ascendência genética.
Gabarito "B".

7.4. Poder familiar, adoção, tutela e guarda

(Defensor Público/AM – 2010 – I. Cidades) A regulamentação da guarda dos filhos de pais separados no direito brasileiro vem sofrendo alterações desde Lei do Divórcio (Lei 6.515/1977), procurando atender à orientação constitucional de prevalência do interesse e de ampla proteção à criança e ao adolescente. Assim, o ordenamento jurídico brasileiro prevê:

(A) a guarda unilateral, atribuída a um só dos genitores, não se admitindo a sua substituição por outra pessoa, na qual a responsabilização é conjunta dos pais que não vivem sob o mesmo teto, concernentes ao poder familiar dos filhos comuns.
(B) a guarda compartilhada, em que há responsabilização individual e intercalada e o exercício de direitos e deveres do pai e da mãe que não vivam sob o mesmo teto, concernentes ao poder familiar dos filhos comuns.
(C) a guarda unilateral, atribuída a um só dos genitores ou a alguém que o substitua; e a guarda compartilhada, aquela em que há responsabilização conjunta e o exercício de direitos e deveres do pai e da mãe que não vivam sob o mesmo teto, concernentes ao poder familiar dos filhos comuns.
(D) a guarda unilateral, atribuída a ambos os genitores, a cada um individualmente e ao seu tempo; e a guarda compartilhada, aquela cuja responsabilização é conjunta e o exercício de direitos e deveres do pai e da mãe, desde que vivam sob o mesmo teto, concernentes ao poder familiar dos filhos comuns.
(E) a guarda unilateral, atribuída aos dois genitores, um em substituição ao outro, desde que a prole more com ambos simultaneamente; e a guarda compartilhada, aquela em que há responsabilização simultânea e o exercício de direitos e deveres do pai e da mãe que não vivam sob o mesmo teto, concernentes ao poder familiar dos filhos comuns.

De acordo com o art. 1.583, § 1º, do CC, "compreende-se por guarda unilateral a atribuída a um só dos genitores ou a alguém que o substitua (art. 1.584, § 5º) e, por guarda compartilhada a responsabilização conjunta e o exercício de direitos e deveres do pai e da mãe que não vivam sob o mesmo teto, concernentes ao poder familiar dos filhos comuns".
Gabarito "C".

(Defensoria Pública/MT – 2009 – FCC) De acordo com o Direito da Infância e da Juventude:

(A) Considera-se criança, para os efeitos desta Lei, a pessoa até doze anos de idade completos, e adolescente aquela entre treze e dezoito anos de idade.

(B) O reconhecimento do estado de filiação é direito personalíssimo, indisponível e imprescritível, podendo ser exercitado contra os pais ou seus herdeiros, sem qualquer restrição, em procedimento dotado de ampla publicidade com vistas à preservação de interesses de terceiros.

(C) A colocação em família substituta estrangeira constitui medida excepcional, somente admissível na modalidade de adoção ou de tutela.

(D) É proibido qualquer trabalho a menores de dezesseis anos de idade, salvo na condição de aprendiz, a partir de doze anos de idade.

(E) Sem prévia e expressa autorização judicial, nenhuma criança ou adolescente nascido em território nacional poderá sair do País em companhia de estrangeiro residente ou domiciliado no exterior.

A: incorreta. Segundo o art. 2º, *caput*, da Lei 8.069/1090, considera-se criança a pessoa até doze anos de idade **incompletos**, e adolescente aquela entre **doze** e dezoito anos de idade; **B:** incorreta. O processo de reconhecimento do estado de filiação observará o segredo de justiça, conforme disposto no art. 27 da Lei 8.069/1990; **C:** incorreta. A colocação em família substituta estrangeira somente é admissível na modalidade de adoção, conforme art. 31 da Lei 8.069/1990; **D:** incorreta. É proibido qualquer trabalho aos menores de **quatorze anos de idade**, conforme art. 60 da Lei 8.069/1990; **E:** correta. A assertiva reflete o disposto no art. 85 da Lei 8.069/1990.
Gabarito "E".

(Defensoria Pública/SP – 2007 – FCC) Em matéria de adoção, é correto afirmar:

(A) A sentença de adoção possui eficácia *ex tunc* e, portanto, é válida a adoção se no curso do processo houver falecimento do adotante.

(B) A adoção *intuitu personae* é a regra que vigora na praxe forense das varas que cuidam de adoção, porque atende ao princípio da prevalência dos interesses da criança.

(C) O Código Civil prevê em um de seus artigos que "não se pode adotar sem o consentimento do adotado ou de seu representante legal se for incapaz ou nascituro", o que leva a doutrina a aceitar a adoção de nascituro de forma pacificada.

(D) A adoção do maior de 18 anos só pode ocorrer por processo judicial, sendo necessária a participação do Ministério Público e deve ser processada nas varas de família.

(E) A adoção e a guarda judicial não permitem que a guardiã possa pleitear licença maternidade.

A: incorreta (art. 47, § 7º, da Lei 8.069/1990); **B:** incorreta, pois a adoção *intuitu personae* é aquela que ocorre quando os próprios pais biológicos escolhem a pessoa que irá adotar seu filho. Tal modalidade de adoção não é expressamente autorizada no atual ordenamento jurídico, mas em que pese a inexistência de previsão legal para esta modalidade de adoção, há quem sustente que ela é possível, uma vez que também não é vedada. Nesse sentido, Maria Berenice Dias: "E nada, absolutamente nada impede que a mãe escolha quem sejam os pais de seu filho. Às vezes é a patroa, às vezes uma vizinha, em outros casos um casal de amigos que têm uma maneira de ver a vida, uma retidão de caráter que a mãe acha que seriam os pais ideais para o seu filho. É o que se chama de adoção *intuitu personae*, que não está prevista na lei, mas também não é vedada. A omissão do legislador em sede de adoção não significa que não existe tal possibilidade. Ao contrário, basta lembrar que a lei assegura aos pais o direito de nomear tutor a seu filho (CC, art. 1.729). E, se há a possibilidade de eleger quem vai ficar com o filho depois da morte, não se justifica negar o direito de escolha a quem dar em adoção" (Adoção e a espera do amor, vide: www.mariaberenice.com.br). No julgamento o STJ entendeu pela possibilidade da adoção *intuitu personae*, bem como pela prevalência desta sobre a ordem do cadastro geral de adoção quando comprovado o vínculo de afetividade, mas não se trata de praxe forense, eis que não prevista expressamente; **C:** incorreta, tendo em vista que a doutrina não é pacífica quanto a este tema. O art. 372 do Código Civil de 1916 previa a possibilidade de adoção do nascituro, porém, o Código Civil atual não manteve tal previsão. Ademais, o Estatuto da Criança e Adolescente prevê a necessidade de estágio de convivência entre adotado e adotante (art. 46); **D:** correta, uma vez que a assertiva reflete o disposto no art. 1.619 do CC; **E:** incorreta (art. 392-A da CLT).
Gabarito "D".

7.5. Alimentos

(Defensor Público/AC – 2017 – CESPE) No que se refere aos alimentos e à obrigação de prestar alimentos, assinale a opção correta.

(A) O direito de exigir alimentos está vinculado à idade ou à incapacidade civil do alimentado.

(B) O direito a alimentos prescreve em dois anos.

(C) Os alimentos, por constituírem um direito patrimonial, podem ser renunciados.

(D) Os alimentos legítimos ou legais decorrem de parentesco, casamento ou união estável.

(E) É admissível a prisão civil por inadimplemento de obrigação de alimentos indenizatórios.

A: incorreta, pois os alimentos não estão vinculados à idade do peticionante nem a sua incapacidade civil. O critério que se usa é a necessidade do alimentado e a possibilidade do alimentante (art. 1.695 CC); **B:** incorreta, pois o direito a alimentos é imprescritível. O que prescreve em dois anos é a cobrança de prestações vencidas e não pagas (art. 206, § 2º, CC); **C:** incorreta, pois o direito a alimentos está vinculado à dignidade da pessoa humana, portanto, é um direito relacionado à personalidade do agente. Assim, nos termos do art. 1.707 CC pode o credor não exercer, porém lhe é vedado renunciar o direito a alimentos, sendo o respectivo crédito insuscetível de cessão, compensação ou penhora; **D:** correta, pois os alimentos legais são aqueles decorrentes de relação de parentesco, conforme definido em Lei (art. 1.694 CC). Diferem dos alimentos indenizatórios, cujo vínculo decorre da responsabilidade civil; **E:** incorreta, pois a prisão civil apenas é permitida por inadimplemento de obrigação alimentar legal, prevista na Lei 5.478/1968 e arts. 528 a 533 CPC.
Gabarito "D".

(Defensor Público –DPE/ES – 2016 – FCC) Os alimentos gravídicos serão fixados pelo juiz,

(A) só excepcionalmente, se convencido da existência de indícios da paternidade, após justificação judicial prévia e compreenderão os valores suficientes para cobrir as despesas alimentícias da gestante, excluída a assistência médica, que deverá ser oferecida pelo poder público, perdurando até o nascimento da criança, que, nascendo com vida, deverá propor ação de alimentos, os quais serão estabelecidos na proporção de suas necessidades e das possibilidades do alimentante.

(B) desde que a mulher grávida firme declaração de que o réu é o pai, e compreenderão os valores suficientes para cobrir as despesas adicionais do período da gravidez, perdurando até o nascimento da criança, e após o nascimento com vida ficam convertidos em pensão alimentícia em favor do menor, até que uma das partes solicite sua revisão.

(C) apenas se houver presunção de paternidade e compreenderão os valores suficientes para cobrir as despesas adicionais do período da gravidez, perdurando até o nascimento da criança, e após o nascimento com vida ficam convertidos em pensão alimentícia em favor do menor, até que uma das partes solicite sua revisão.

(D) se convencido da existência de indícios da paternidade, compreenderão os valores suficientes para cobrir as despesas adicionais do período da gravidez, perdurando até o nascimento da criança, e após o nascimento com vida ficam convertidos em pensão alimentícia em favor do menor, até que uma das partes solicite sua revisão.

(E) somente se provado o casamento do réu com a gestante e compreenderão os valores suficientes para cobrir as despesas adicionais do período da gravidez, inclusive a alimentação especial, assistência médica e psicológica à gestante, perdurando até o nascimento da criança, e após o nascimento com vida ficam convertidos em pensão alimentícia, observando-se as necessidades do alimentando e as possibilidades do alimentante.

A: incorreta, pois as despesas médicas estão incluídas nos alimentos gravídicos (Lei 11.804/2008, art. 2º); **B e C:** incorretas, pois tal declaração da mulher não é exigida pela lei. Ao contrário, o art. 6º da referida lei se contenta com os "*indícios de paternidade*"; **D:** correta, pois a assertiva guarda perfeita correspondência com os artigos 2º e 6º da mencionada lei; **E:** incorreta, pois o casamento não é requisito para a fixação dos alimentos gravídicos.
Gabarito "D".

(Defensor Público –DPE/BA – 2016 – FCC) A respeito dos alimentos, é correto afirmar que:

(A) diante do inadimplemento do pai, a obrigação é transmitida imediatamente aos avós.

(B) cessam automaticamente com a maioridade do alimentando, salvo determinação judicial expressa em sentido contrário

(C) cessam com o casamento ou a união estável do credor, assim como no caso de o credor portar-se de maneira indigna contra o alimentante.

(D) a prova do desemprego do devedor de alimentos é suficiente para afastar possibilidade de prisão civil.

(E) por expressa disposição de lei, somente incidem sobre a gratificação natalina e o terço de férias se constar expressamente no título que estipulou o direito aos alimentos.

A: incorreta, pois não é o mero inadimplemento do pai que transmite a obrigação aos avós e sim, a impossibilidade de suportar o encargo (CC, art. 1.698); **B:** incorreta, pois o STJ entende que a maioridade, por si só, não é critério de cessação automática dos alimentos (HC 77.839/SP, Rel. Ministro Hélio Quaglia Barbosa, Quarta Turma, julgado em 09/10/2007, DJe 17/03/2008); **C:** correta, pois as hipóteses descritas na assertiva estão contempladas no Código Civil, art. 1.708 e parágrafo único como extintivas da obrigação alimentar; **D:** incorreta, pois o que determina o afastamento da prisão civil é a real incapacidade financeira do alimentante, um conceito maior do que o mero desemprego. Nesse sentido, RHC 29.777/MG, Rel. Ministro Paulo De Tarso Sanseverino, Terceira Turma, julgado em 05/05/2011, DJe 11/05/2011; **E:** incorreta, pois não há necessidade de constar no título para que haja tal incidência.
Gabarito "C".

(Defensor Público –DPE/MT – 2016 – UFMT) Considerada a obrigação alimentar no ordenamento jurídico pátrio, analise as assertivas abaixo.

I. É possível a imposição de obrigação alimentar aos parentes por afinidade, em linha reta ou transversal, por expressa previsão legal. Doutrina e jurisprudência avalizam a regra codificada, ratificando a obrigação alimentar em tais casos.

II. Após o nascimento com vida, os alimentos gravídicos ficam convertidos em pensão alimentícia em favor do menor até que uma das partes solicite a sua revisão.

III. Observadas as suas condições pessoais e sociais, os avós somente serão obrigados a prestar alimentos aos netos em caráter sucessivo, complementar e não solidário, quando os pais destes estiverem impossibilitados de fazê-lo.

IV. Os alimentos compensatórios, ou prestação compensatória, não têm por finalidade suprir as necessidades de subsistência do credor, mas corrigir e atenuar grave desequilíbrio econômico financeiro ou abrupta alteração de padrão de vida.

V. A pensão alimentícia fixada em percentual sobre o salário do alimentante incide sobre o décimo terceiro salário e terço constitucional de férias.

Estão corretas as assertivas

(A) II, III, IV e V, apenas.
(B) I, II, III e IV, apenas.
(C) II, III e V, apenas.
(D) I e IV, apenas.
(E) IV e V, apenas.

I: incorreta, pois não há obrigação alimentar entre parentes por afinidade; **II:** correta, pois de pleno acordo com o estabelecido no art. 6º, parágrafo único da Lei 11.804/2008; **III:** correta, pois de pleno acordo com o previsto no art. 1.698 do Código Civil; **IV:** correta, pois essa é a finalidade dos alimentos compensatórios, (Vide, por todos, o Recurso Especial 1.290.313/AL (4ª Turma, relator Ministro Antônio Carlos Ferreira); **V:** correta, pois de acordo com a orientação doutrinária e jurisprudencial. Nesse sentido, decidiu o STJ no REsp 1091095/RJ, Rel. Ministro Luis Felipe Salomão, Quarta Turma, julgado em 16/04/2013, DJe 25/04/2013.
Gabarito "A".

(Defensor Público/GO – 2010 – I. Cidades) O Código Civil versa sobre o dever de prestar alimentos, estabelecendo que

(A) para a manutenção dos filhos, os cônjuges separados judicialmente deverão contribuir na proporção de seus recursos, ainda que a guarda de tais filhos seja atribuída unilateralmente a apenas um daqueles cônjuges.

(B) o direito à prestação de alimentos é recíproco entre pais e filhos, mas não é extensivo aos ascendentes ou descendentes de segundo grau ou superior.

(C) se, fixados os alimentos, sobrevier mudança na situação financeira de quem os supre, ou na de quem os recebe, poderá o interessado reclamar ao juiz, conforme as circunstâncias, redução ou majoração do encargo, mas nunca a sua exoneração.

(D) podem os parentes, os cônjuges ou companheiros pedir uns aos outros os alimentos de que necessitem para viver de modo compatível com a sua condição social, independentemente de a situação de necessidade alimentar ter resultado de culpa exclusiva do alimentando.

(E) com o casamento, a união estável ou o concubinato do devedor, cessa o seu dever de prestar alimentos.

A: correta (art. 1.703 do CC); **B:** incorreta, porque direito à prestação de alimentos é recíproco entre pais e filhos, e extensivo a todos os ascendentes, recaindo a obrigação nos mais próximos em grau, uns em falta de outros (art. 1.696 do CC); **C:** incorreta, tendo em vista que a alteração da situação financeira do alimentando ou do alimentante também podem ser causa para a exoneração do dever alimentar (art. 1.699 do CC); **D:** incorreta. Caso a necessidade alimentar do cônjuge tenha resultado de culpa exclusiva deste, os alimentos devidos serão apenas para a subsistência do alimentando (art. 1.704, parágrafo único, do CC); **E:** incorreta. Com o casamento, a união estável ou o concubinato do *credor* o que cessa é o **dever** de prestar alimentos (art. 1.708 do CC).
Gabarito "A".

(Defensor Público/MS – 2008 – VUNESP) Considere as seguintes assertivas:

I. Transmite-se aos herdeiros do devedor, nos limites da herança, a obrigação de prestar alimentos à ex-companheira.
II. Quem deixa de pagar débito alimentar decorrente de ato ilícito não está sujeito à prisão civil.
III. A diferença de causa nas dívidas não impede a compensação se uma se originar em alimentos.
IV. Não pode o credor deixar de exercer, porém lhe é vedado renunciar o direito a alimentos, sendo o respectivo crédito insuscetível de cessão, compensação ou penhora.

Está correto apenas o que se afirma em

(A) I e IV.
(B) III e IV.
(C) I e II.
(D) II e III.

I: correta. A obrigação de prestar alimentos transmite-se aos herdeiros do devedor (art. 1.700 do CC); **II:** correta, uma vez que a prisão por não pagamento de alimentos só é possível em caso de alimentos decorrentes do direito de família; **III:** incorreta, porque o crédito de alimentos não pode ser objeto de compensação (art. 1.707 do CC); **IV:** incorreta. O credor pode não exercer, porém lhe é vedado renunciar o direito a alimentos, sendo o respectivo crédito insuscetível de cessão, compensação ou penhora (art. 1.707 do CC).
Gabarito "C".

(Defensoria Pública/AC – 2006 – CESPE) Carla, casada com José, com o qual teve dois filhos — um com oito anos de idade e o outro com seis anos de idade –, procurou a defensoria pública de seu estado. Relatou que seu marido conseguiu emprego em outro estado da Federação há um ano e que, durante os oito primeiros meses, enviou, mensalmente, a importância correspondente a um salário mínimo e meio para o sustento da família. Passado esse tempo, deixou de enviar o dinheiro e não mais entrou em contato com a família. Relatou, ainda, que, hoje, não sabe onde José se encontra e não tem condições para continuar mantendo as crianças, pois o que recebe como lavadeira é insuficiente até para comprar comida para os filhos. Disse que o pai de José, Pedro, é aposentado do estado, que tem situação relativamente boa e que ela acha que ele poderia ajudar no sustento dos netos, pelo menos na compra de alimentos. Considerando a legislação pertinente, assinale a opção correta acerca da situação hipotética apresentada.

(A) Do ponto de vista legal, enquanto José for vivo, não há como promover a cobrança de Pedro dos alimentos referidos acima.
(B) Para que Pedro seja obrigado a participar na compra de alimentos para os filhos de Carla, será necessário, inicialmente, provar a total impossibilidade de José prover o próprio sustento e o dos filhos, caso ele ainda esteja vivo.
(C) Como há parente na linha reta ascendente, este poderá responder excepcionalmente pelo sustento dos filhos de Carla, caso José esteja impossibilitado de suportar o referido encargo.
(D) Sendo o paradeiro de José desconhecido, o simples fato de estar a mãe viva desobriga Pedro de assumir a responsabilidade pelo sustento dos filhos de Carla.

A alternativa "c" está correta, pois reflete o disposto no art. 1.696 do CC.
Gabarito "C".

7.6. Temas combinados de direito de família

(Defensor Público –DPE/ES – 2016 – FCC) Cícero é proprietário de vários imóveis urbanos de pequeno valor, e veio a casar-se com Josefa pelo regime legal de bens, em 10/01/2006, sendo que ela de nenhum imóvel era proprietária. O casal foi residir em um dos imóveis de 250 m2 pertencente ao varão e, a partir daí, nada mais adquiriram, em virtude de seus gastos excessivos. Passados dez anos, Cícero abandonou o cônjuge e passou a viver maritalmente com Roberta, tendo um filho. Nesse caso, Josefa

(A) não adquirirá o imóvel em que reside, ainda que exerça a posse exclusiva, exceto pela usucapião ordinária, porque a situação dela e de Cícero é semelhante à de condôminos de coisa indivisível em que a posse de um não pode impedir à do outro.
(B) não adquirirá o imóvel onde reside pela usucapião familiar ou conjugal, mesmo se decorridos dois anos ininterruptamente e sem oposição de sua posse direta e com exclusividade sobre o imóvel, por faltar-lhe requisito estabelecido em lei para essa forma especial de aquisição da propriedade.
(C) se exercer por dois anos ininterruptamente e sem oposição a posse direta com exclusividade sobre o imóvel onde reside, desde que não seja proprietária de outro imóvel urbano ou rural, adquirir-lhe-á o domínio pela usucapião.
(D) se exercer por um ano ininterruptamente e sem oposição a posse direta com exclusividade sobre o imóvel onde reside, desde que não seja proprietária de outro imóvel urbano ou rural, adquirir-lhe-á o domínio pela usucapião.
(E) mesmo preenchendo todos os requisitos para a aquisição do imóvel onde reside pela usucapião familiar

ou conjugal, não obterá o domínio, porque Cícero veio a ter um descendente, que é herdeiro necessário.

A questão envolve o chamado "Usucapião por abandono de lar conjugal", criado pela lei 12.424/2011, que criou o art. 1.240-A do Código Civil. Um requisito essencial para a aquisição do imóvel através desta modalidade de usucapião, é que o imóvel esteja sob regime condominial entre o casal e que um deles abandone o lar. Assim, o cônjuge que permanecesse no imóvel poderia – após dois anos – adquirir o imóvel pela prescrição aquisitiva. A única assertiva que corretamente resolve a questão é a B.

Gabarito "B".

(Defensor Público –DPE/BA – 2016 – FCC) A respeito da proteção ao bem de família, é correto afirmar que:

(A) sua finalidade precípua não é a proteção à família, mas sim, o direito de moradia como direito fundamental, tanto que pode contemplar bem ocupado por um único indivíduo, o que alguns autores chamam de família unipessoal.

(B) pode ser convencionado por escritura pública, testamento ou doação, o bem imóvel de qualquer valor do patrimônio do instituidor, desde que se destine à residência familiar.

(C) a proteção prevista na lei específica (Lei 8.090/1990) contempla o bem em que a família resida, independentemente da existência de outros bens no patrimônio.

(D) caso o valor do imóvel seja elevado a ponto de ultrapassar as necessidades comuns correspondentes a um médio padrão de vida, a lei exclui a sua impenhorabilidade.

(E) decorre exclusivamente da lei, não havendo mais sentido o sistema anterior que contemplava o bem de família voluntário.

A: correta, pois a função do bem de família é instrumentalizar o direito de moradia. Ademais, o STJ já consolidou o entendimento segundo o qual não há uma definição consolidada e estratificada de família. A lei protege o ser humano, qualquer que seja sua forma de agrupamento ou isolamento social (AgRg no AREsp 301.580/RJ, Rel. Ministro Sidnei Beneti, Terceira Turma, julgado em 28/05/2013, DJe 18/06/2013); **B:** incorreta, pois a doação não é forma prevista em lei para instituição do bem de família (CC, art. 1.711); **C:** incorreta, pois *"Na hipótese de o casal, ou entidade familiar, ser possuidor de vários imóveis utilizados como residência, a impenhorabilidade recairá sobre o de menor valor, salvo se outro tiver sido registrado, para esse fim, no Registro de Imóveis"* (Lei 8.009/1990, art. 5º, parágrafo único); **D:** incorreta, pois não há tal previsão de exclusão de impenhorabilidade; **E:** incorreta, pois o bem de família voluntário tem expressa previsão no Código Civil (art. 1.711 a 1.722).

Gabarito "A".

(Defensoria Pública da União – CESPE – 2015) Tendo em vista que a diversidade e a multiplicidade de relações intersubjetivas têm se refletido na interpretação das normas jurídicas, julgue os itens que se seguem.

(1) Conforme entendimento do STJ, a paternidade socioafetiva deve prevalecer em detrimento da biológica.

(2) Conforme o STF, não se deve considerar a orientação sexual das pessoas no que se refere à interpretação do conceito de família, de modo que o tratamento dado a casais heteroafetivos e a pares homoafetivos deve ser isonômico.

1: Errada. A prevalência da paternidade socioafetiva sobre a biológica é comum nos casos de ação de negatória de paternidade, nos quais o pai – que havia reconhecido o filho previamente – agora alega que nunca foi pai. Contudo, a regra não pode ser aplicada cegamente quando é o filho que busca sua ascendência biológica. Nesse sentido, decidiu o STJ: *"é de prevalecer a paternidade socioafetiva sobre a biológica para garantir direitos aos filhos, na esteira do princípio do melhor interesse da prole, sem que, necessariamente, a assertiva seja verdadeira quando é o filho que busca a paternidade biológica em detrimento da socioafetiva"*. (REsp 1167993/RS, Rel. Ministro Luis Felipe Salomão, Quarta Turma, julgado em 18/12/2012, DJe 15/03/2013); **2:** Correta. O STF decidiu, na ADIN 4277 e na ADPF 132, que o conceito de família deveria ser ampliado, reconhecendo e protegendo a família homoafetiva.

Gabarito 1E, 2C.

(Defensor Público/PR – 2012 – FCC) Sobre o Direito de Família é correto afirmar:

(A) Adolescente de 17 anos, que mantém relação estável com pessoa absolutamente capaz, procura a Defensoria Pública para que haja a supressão judicial da autorização negada pelos seus genitores para a realização do casamento, hipótese na qual será imposto aos nubentes o regime da separação de bens.

(B) O marido não possui direito potestativo ao divórcio, eis que este instituto depende do implemento de requisito temporal.

(C) A paternidade socioafetiva deve ceder à paternidade genética, quando esta restar provada.

(D) A emancipação legal não extingue o poder familiar exercido pelos pais, uma vez que não se trata de hipótese concedida voluntariamente, permanecendo os genitores responsáveis pelos atos ilícitos praticados pelo emancipado até a maioridade.

(E) Irmãos são considerados parentes em linha reta.

A: correta. A idade núbil é de 16 anos para homens e mulheres. Contudo, com 16 ou 17 anos de idade a capacidade matrimonial é limitada, exigindo o consentimento dos representantes legais (arts. 1.517 e 1.519 do CC). Se houver recusa injusta dos representantes o menor poderá solicitar o suprimento judicial da vontade, mas, neste caso, o casamento será celebrado pelo regime da separação obrigatória de bens (art. 1.641, III, do CC); **B:** incorreta. Com o advento da Emenda Constitucional 66, que alterou a redação do art. 226 da Constituição Federal de 1988, *ambos os nubentes* possuem direito potestativo ao divórcio, que pode ser exercido a qualquer momento (não possui *requisito temporal*); **C:** incorreta. A paternidade genética deve ceder à paternidade socioafetiva, quando restar provada; **D:** incorreta, de acordo com a jurisprudência do STJ a emancipação legal e a judicial extinguem o poder familiar e fazem cessar a responsabilidade dos pais pelos atos dos filhos menores, nos termos dos arts. 5.º e 1.635 do CC. Somente na hipótese de emancipação voluntária (aquela deferida pela vontade dos pais) é que permanece o poder familiar e a responsabilidade pelos atos dos filhos menores (AgRg no Ag 1239557/RJ, Rel. Min. Maria Isabel Gallotti, julgado em 09.10.2012); **E:** incorreta, irmãos são parentes colaterais de 2º grau.

Gabarito "A".

8. SUCESSÕES

8.1. Sucessão em geral

(Defensor Público/PE – 2018 – CESPE) Joaquim, que era casado com Sônia no regime de comunhão parcial de bens, faleceu deixando apenas uma casa adquirida onerosamente quando do casamento. O falecido não deixou bens particulares. O casal residia no imóvel e não teve filhos, mas Joaquim tinha um filho de relacionamento anterior.

Acerca dessa situação hipotética e dos direitos sucessórios, assinale a opção correta.

(A) Por ter sido o imóvel adquirido onerosamente na constância do casamento, o filho de Joaquim não concorre na sucessão legítima, sendo Sônia a única herdeira do imóvel.

(B) Sônia concorre na sucessão legítima com o filho de Joaquim, mas não terá direito à sua cota-parte do imóvel decorrente do regime de bens do casamento.

(C) Tendo sido a casa adquirida na constância do casamento, Sônia concorre na sucessão legítima com o filho de Joaquim, inclusive com o direito de habitação.

(D) Sônia não concorre na sucessão legítima com o filho de Joaquim, mas tem o direito real de habitação.

(E) Conforme jurisprudência do STJ, Sônia somente tem o direito real de habitação se proceder ao registro no cartório de imóveis.

A: incorreta, pois tanto o Joaquim como Sônia participam da sucessão legítima, aquele por ser descendente e esta por ser cônjuge. A data da aquisição do imóvel não faz diferença para fins de sucessão neste caso (art. 1.829, I, CC); **B:** incorreta, pois Sônia terá direito a sua cota-parte por meação, porém, não concorrerá com Joaquim na cota do bem comum (sendo que esta cota ficará toda para o filho de Joaquim). Apenas concorreria sobre a esfera dos bens particulares, caso o falecido os houvesse deixado, mas como não o fez, Sônia não herda em nenhuma parte (art. 1.829, I, CC); **C:** incorreta, pois Sônia não concorre com o filho de Joaquim, isto é, ela não herda nada, ela apenas tem direito de meação (art. 1.829, I, CC). Porém, tem direito de habitação sobre o imóvel (art. 1.831 CC); **D:** correta, pois por direito próprio Sônia já tem sua meação garantida. Ela não herda sobre os bens comuns. Apenas herdaria sobre os bens particulares, porém, como eles não existem, então não herda sobre nada (art. 1.829, I, CC). Apesar disso, o art. 1.831 CC garante a Sônia o direito real de habitação; **E:** incorreta, pois o único requisito que a Lei exige para que Sônia tenha o direito real de habitação é que o imóvel destinado à residência do casal seja o único daquela natureza a inventariar (art. 1.831 CC). Logo, não se exige qualquer outro requisito (RESP 1582178 Min. Ricardo Villas Bôas Cueva – Terceira Turma), muito menos o registro imobiliário (REsp n. 565.820/PR, relator Ministro Carlos Alberto Menezes Direito, Terceira Turma, DJ de 14.03.2005).

Gabarito "D".

(Defensor Público –DPE/BA – 2016 – FCC) No direito das sucessões, o *droit de saisine*

(A) se aplica ao Município quando ele é sucessor em razão da vacância da herança, conforme entendimento do Superior Tribunal de Justiça.

(B) determina que a herança será transmitida, desde logo, tanto aos herdeiros legítimos como aos testamentários, no exato momento da morte, independentemente de quaisquer outros atos.

(C) permite que o herdeiro ceda qualquer bem da herança considerado singularmente antes da ultimação da partilha.

(D) estabelece que os herdeiros legítimos adquirem a posse da herança no exato momento em que tomam ciência do falecimento do autor da herança.

(E) não foi incorporado ao direito brasileiro, uma vez que é necessária a aceitação da herança para que seja transferida a propriedade e a posse dos bens herdados.

A: incorreta, pois – segundo entendimento do STJ - o direito de saisine não se aplica ao ente público. É apenas com a declaração de vacância que o domínio dos bens jacentes se transfere ao patrimônio público (RESP 100290 SP 1996/0042184-6, Quarta Turma, 14/05/2002); **B:** correta, pois a assertiva traduz com precisão a extensão do princípio de saisine, segundo o qual não há hiato entre o falecimento do *de cujus* e a aquisição do patrimônio pelos herdeiros (CC, art. 1.784); **C:** incorreta, pois a herança é um bem indivisível (CC, art. 1.791) e é ineficaz "*a cessão, pelo coerdeiro, de seu direito hereditário sobre qualquer bem da herança considerado singularmente*" (CC, art. 1.793, § 2º); **D:** incorreta, pois é a morte e não seu conhecimento pelo herdeiro que acarreta a transmissão dos bens; **E:** incorreta, pois o princípio de saisine tem previsão expressa no art. 1.784 do Código Civil. A aceitação apenas confirma algo que já havia ocorrido com a morte.

Gabarito "B".

(Defensor Público/TO – 2013 – CESPE) Acerca das sucessões, assinale a opção correta.

(A) A sucessão abre-se no lugar da morte do falecido.

(B) A sucessão dá-se por lei ou por disposição de última vontade, conforme seja legítima ou testamentária, e, havendo herdeiros necessários, o testador só poderá dispor da metade da herança.

(C) A companheira ou o companheiro, na sucessão do outro, quanto aos bens adquiridos na vigência da união estável, concorre com descendentes só do autor da herança, tendo direito a uma quota equivalente à que por lei for atribuída a cada um deles.

(D) Legitimam-se a suceder apenas as pessoas já nascidas no momento da abertura da sucessão, não havendo direitos sucessórios do nascituro.

(E) Aberta a sucessão pelo ajuizamento da ação de inventário, a herança transmite-se por sentença que homologa a partilha de bens aos herdeiros legítimos e testamentários.

A: incorreta. Nos termos do art. 1.785 do Código Civil, "a sucessão abre-se no lugar do *último domicílio* do falecido". Por esta razão o inventário judicial deve ser realizado em regra no último domicílio do falecido (art. 48 do CPC). Diversamente, o inventário extrajudicial pode ser realizado em qualquer lugar, pois os Cartórios de Notas (Tabelionatos) não possuem regra de competência territorial (art. 8º da Lei 8.935/1994); **B:** correta. A sucessão legítima é aquela que decorre da aplicação da lei, em especial da ordem de vocação hereditária prevista em lei (está prevista nos arts. 1.829 a 1.856 do CC). A sucessão testamentária é aquela que decorre da disposição de última vontade do falecido (testamento) e está regulada nos arts. 1.857 a 1.990 do CC. De acordo com o princípio da limitada liberdade de testar, havendo herdeiros necessários (descendentes, ascendentes ou cônjuge), o testador só poderá dispor da metade da herança (art. 1.789 do CC); **C:** incorreta. A sucessão dos companheiros é regulada pelo art. 1.790 do CC e nos termos dos incisos I e II, o companheiro pode concorrer com descendentes comuns do falecido (recebendo uma quota equivalente) e também com descendentes só do falecido (recebendo a metade do que couber a cada um deles); **D:** incorreta. Conforme preceitua o art. 1.798 do CC, legitimam-se a suceder as pessoas *nascidas ou já concebidas* (nascituro: ente concebido ainda não nascido) no momento da abertura da sucessão; **E:** incorreta, aberta a sucessão (no exato instante da morte), a herança transmite-se, desde logo, aos herdeiros legítimos e testamentários (princípio da *saisine* – art. 1.784 do CC).

Gabarito "B".

(Defensor Público/SE – 2012 – CESPE) No que se refere ao direito sucessório, assinale a opção correta.

(A) Os bens doados em vida pelo autor da herança aos seus descendentes não podem ser considerados para efeito de sucessão, devendo ser considerados, na partilha, tão somente os bens existentes à época da abertura do processo sucessório.

(B) Aberto processo sucessório e transferidos os bens para os herdeiros legítimos ou legatários, estes não poderão ser demandados em juízo para o cumprimento de obrigação assumida, em vida, pelo autor da herança; todavia, antes da partilha, admite-se que o credor demande em face do espólio.

(C) O herdeiro legítimo que houver sido autor, coautor ou partícipe de tentativa de homicídio doloso contra o autor da herança será excluído da sucessão. Todavia, aquele que tenha incorrido em atos que determinem a exclusão da herança na forma anteriormente indicada será admitido a suceder, desde que o ofendido o tenha expressamente reabilitado em testamento, ou em outro ato autêntico. Não havendo reabilitação expressa, o indigno, contemplado em testamento do ofendido, quando o testador, ao testar, já conhecia a causa da indignidade, pode suceder no limite da disposição testamentária.

(D) A sucessão por ato *causa mortis* ocorre por disposição de lei ou de última vontade, e, aberta a sucessão, o monte hereditário é, desde logo, transmitido aos herdeiros legítimos e testamentários; todavia, para a transmissão dos bens objeto da herança, deve-se considerar o estado civil do autor da herança, pois, se tiver sido este casado em regime de comunhão de bens, o cônjuge supérstite herdará 50% da herança, e os outros 50% serão herdados pelos descendentes.

(E) O herdeiro que, por qualquer motivo, seja excluído da herança pode, a qualquer momento, demandar o reconhecimento de seu direito sucessório para obter a restituição da herança ou de parte dela. Atualmente, a chamada petição de herança é admitida tanto pela via judicial quanto pela extrajudicial, desde que não haja interesse de incapaz.

A: incorreta. Nos termos do art.544 do CC, a doação de ascendentes a descendentes, ou de um cônjuge a outro, importa *adiantamento do que lhes cabe por herança*, devendo ser levado à colação no momento da abertura da sucessão. A colação é regulada nos arts. 2.002 a 2.012 do CC; **B:** incorreta. A herança responde pelo pagamento das dívidas do falecido; mas, feita a partilha, só respondem os herdeiros, cada qual em proporção da parte que na herança lhe coube (art. 1.997 do CC); **C:** correta, está de acordo com os artigos 1.814, I, 1.818, *caput* e parágrafo único, do CC; **D:** incorreta. A sucessão dá-se por lei ou por disposição de última vontade (art. 1.786 do CC). Aberta a sucessão, a herança transmite-se, desde logo, aos herdeiros legítimos e testamentários (art. 1.784 do CC). Contudo, a alternativa está incorreta, pois promove confusão entre os institutos da herança e meação. O cônjuge supérstite tem direito à *meação* (que não tem percentual fixo – é calculada de acordo com o regime de bens e a forma de aquisição dos bens) e, em regra, *também concorre* com os descendentes com direito a um quinhão igual ao dos que sucederem por cabeça, não podendo a sua quota ser inferior à quarta parte da herança, se for ascendente dos herdeiros com que concorrer (vide arts. 1.829, I, e 1.832 do CC); **E:** incorreta. Petição de herança é a pretensão do herdeiro (legítimo ou testamentário) de ver reconhecida a sua legitimidade sucessória e, consequentemente, obter a restituição da herança. Esta pretensão somente pode ser exercida através da ação de petição de herança (*petitio hereditatis*) em face de quem estiver na posse da herança.

Gabarito "C".

(Defensor Público/AL – 2009 – CESPE) Acerca das sucessões em geral, julgue os itens subsequentes.

(1) A sucessão hereditária assenta-se, entre outras, em razão de ordem ética, na medida em que se presume a afeição do morto ao herdeiro, motivo pelo qual o neto que foi autor da denúncia que redundou na condenação do avô pelo crime de apropriação indébita não faz jus à herança deste.

(2) Considere que, com o falecimento de João, tenha restado a seus dois únicos herdeiros, como herança, dois apartamentos de dois quartos localizados no mesmo andar de um prédio residencial. Nessa situação, mesmo considerando a possibilidade de divisão cômoda do acervo, é ineficaz a cessão onerosa do direito à sucessão de um desses imóveis a terceiro, se realizada por qualquer dos coerdeiros antes da partilha.

1: incorreta, pois esse não é um dos casos de indignidade (art. 1.814 do CC); **2:** correta (art. 1.793, § 2º, do CC).

Gabarito 1E, 2C

(Defensor Público/PR – 2012 – FCC) Sobre o Direito das Sucessões, é correto afirmar:

(A) É eficaz a cessão, pelo coerdeiro, de seu direito hereditário sobre bem singularizado que compõe a herança ainda não partilhada.

(B) Nos termos da lei civil, a companheira do falecido participará da sucessão quanto aos bens adquiridos onerosamente na constância da união estável e, concorrendo apenas com dois descendentes só do autor da herança, caberá à companheira quota equivalente a que couber a cada um dos filhos do *de cujus*.

(C) Credor de herdeiro, que vem a ser prejudicado pela renúncia de seu devedor à herança pode, mediante autorização judicial, vir a aceitar a herança pelo renunciante.

(D) Para renunciar à herança, o herdeiro deve o fazer expressamente, por meio de termo judicial ou instrumento público ou particular.

(E) A herança responde pelo pagamento das dívidas do falecido, mas após a partilha por este débito responderão os herdeiros, independente da proporção recebida de herança por cada qual, cabível o posterior direito de regresso.

A: incorreta. É ineficaz a cessão, pelo coerdeiro, de seu direito hereditário sobre qualquer bem da herança considerado singularmente (art. 1.793, § 2º, do CC); **B:** incorreta. Quando o companheiro concorre com os descendentes só do autor, terá direito a uma quota equivalente à metade da quota deferida a cada descendente (art. 1.790, II, do CC); **C:** correta. A renúncia da herança pelo devedor pode caracterizar fraude contra credores, legitimando a aceitação indireta pelos credores (art. 1.813 do CC); **D:** incorreta. A herança pode ser renunciada mediante escritura pública ou termo judicial, não sendo admitido instrumento particular (art. 1.806 do CC); **E:** incorreta. A herança responde pelo pagamento das dívidas do falecido; mas, feita a partilha, só respondem os herdeiros, cada qual em *proporção da parte que na herança lhe coube* (art. 1.997 do CC).

Gabarito "C".

(Defensor Público/AC – 2006 – CESPE) João afirma que viveu junto de Maria — que cuidava apenas dos afazeres domésticos — por mais de dez anos, até o seu falecimento, ocorrido há dois meses. Afirma ainda que tiveram dois filhos, que foram por ele reconhecidos. Perguntado se tinham bens, ele respondeu que compraram um lote de terreno há dois anos, que foi registrado no nome dela e onde construíram uma casa. No período em que viveram juntos, Maria, que era filha única, recebeu, como herança de sua mãe viúva, um terreno na cidade de Tarauacá. Ele, por sua vez, junto com irmãos, herdou uma pequena propriedade que pertencia ao pai, que era viúvo ao falecer.

Com base na legislação pertinente, assinale a opção correta acerca da situação hipotética acima apresentada.

(A) Por não terem sido casados no civil, João não tem nenhum direito com relação ao lote de terreno registrado no nome de Maria e ao terreno na cidade de Tarauacá.

(B) João tem direito sucessório apenas sobre os bens adquiridos a título oneroso durante a convivência com Maria.

(C) João tem direito a apenas metade de todos os bens que pertenciam ao casal, incluindo-se aqueles herdados por ambos e os que foram por eles adquiridos durante a união.

(D) Por possuir bem herdado de seu falecido pai, o direito de Pedro limita-se à metade dos bens que adquiriu em conjunto com a falecida, durante a união estável.

A: incorreta, tendo em vista que, na situação descrita, eles eram companheiros (art. 1.790 do CC); **B:** correta, porque a alternativa reflete o disposto no art. 1.790 do CC; **C:** incorreta, uma vez que eles eram companheiros e João participará apenas da sucessão quanto aos bens adquiridos onerosamente na vigência da união estável; **D:** incorreta, já que está de acordo com o disposto no art. 1.790, I, do **CC:** "A companheira ou o companheiro participará da sucessão do outro, quanto aos bens adquiridos onerosamente na vigência da união estável, nas condições seguintes: I – se concorrer com filhos comuns, terá direito a uma quota equivalente à que por lei for atribuída ao filho". Gabarito "B".

8.2. Sucessão legítima

(Defensor Público/AL – 2017 – CESPE) A sociedade conjugal de Jorge e Cristina, casados sob o regime de comunhão universal de bens, encerrou-se em 1.º/2/2017, devido ao falecimento de Jorge. O casal teve três filhos: Elisa, Cíntia e Vagner, todos maiores e capazes quando da morte de Jorge. O espólio de Jorge é constituído por um imóvel A, quitado, destinado ao aluguel de terceiros; um ágio do imóvel B, financiado, destinado à residência da família; um automóvel; e uma lancha. Jorge não deixou testamento e sua filha Cíntia pagou sozinha, com recursos financeiros próprios, seu funeral.

No que concerne a essa situação hipotética, assinale a opção correta.

(A) Cristina não concorrerá com seus filhos na sucessão de Jorge, resguardados os direitos de meação.

(B) Elisa e Vagner poderão aceitar a herança somente do bem A e ceder para Cíntia o restante da herança, já que ela arcou sozinha com o funeral de Jorge.

(C) Presume-se que Cíntia foi a única herdeira de todos os bens, já que ela arcou sozinha com o funeral de Jorge.

(D) A sucessão aberta é considerada um bem móvel.

(E) É assegurado aos filhos o direito real de habitação sobre o bem A.

A: correta, pois Cristina apenas é considera meeira, e não herdeira (art. 1.829, I, CC); **B:** incorreta, pois Elisa e Vagner podem aceitar a totalidade da herança referente a cota que lhes cabe de cada bem (arts. 1.804 e 1.805 CC). Eles também são livres para renunciar a herança em favor de Cíntia, pois a lei lhes confere esse direito (art. 1.806 CC), porém isso nada tema ver com o fato de que ela arcou com as despesas do funeral; **C:** incorreta, pois essa presunção não existe, porque não exprimem aceitação de herança os atos oficiosos, como o funeral do finado (art. 1.805, § 1º, CC). Logo, não dá para dizer que houve aceitação por parte de Cíntia, nem renúncia por parte dos outros herdeiros, afinal, não houve renúncia expressa nem tácita (arts. 1.806 e 1.807 CC); **D:** incorreta, pois a sucessão aberta é considerada bem imóvel (art. 80, II CC); **E:** incorreta, pois o direito real de habitação apenas pode ser concedido sobre o bem de moradia da família, e não daquele destinado a aluguel (art. 1.831 CC). Ademais, ele é concedido ao cônjuge. Gabarito "A".

(Defensor Público –DPE/ES – 2016 – FCC) Torquato tem quatro filhos sendo Joaquim, do seu primeiro casamento com Mariana; José, Romeu e Pedro de seu casamento com Benedita. Mariana e Benedita são falecidas e não possuíam ascendentes nem outros descendentes. Vítimas de um acidente de veículo, em que Torquato e todos os seus filhos se encontravam, morreram Torquato, instantaneamente, e José, algumas horas depois.

Pedro, Romeu e Joaquim sobreviveram. Torquato tinha um patrimônio avaliado em R$ 3.600.000,00 e era casado com Amélia sob o regime da separação obrigatória de bens e nada havia adquirido durante esse casamento, mas Amélia é beneficiária de um seguro de vida, contratado pelo marido, cuja indenização por morte acidental é de R$ 3.600.000,00. Nesse caso, Amélia

(A) receberá integralmente a indenização do seguro; cada um dos filhos de Torquato receberá R$ 900.000,00, a título de herança e em razão da morte subsequente de José, os irmãos sobreviventes Romeu e Pedro receberão cada um R$ 360.000,00 e Joaquim R$ 180.000,00.

(B) receberá metade da indenização do seguro e a outra metade será rateada entre os filhos vivos de Torquato; cada filho de Torquato receberá R$ 900.000,00 e, em razão da morte subsequente de José, cada um de seus irmãos sobreviventes receberá R$ 300.000,00.

(C) receberá da indenização do seguro R$ 1.800.000,00, porque o segurado, tendo herdeiros necessários não poderia dispor de mais da metade de seu patrimônio, rateando-se entre os filhos vivos de Torquato R$ 1.200.000,00; cada um dos filhos de Torquato receberá R$ 900.000,00, a título de herança e em razão da morte subsequente de José, os irmãos sobreviventes Romeu e Pedro receberão R$ 360.000,00 cada um e Joaquim, R$ 180.000,00.

(D) não poderá receber a indenização do seguro, em virtude do regime de bens do casamento, a qual será rateada igualmente entre os filhos vivos de Torquato; cada um dos filhos de Torquato receberá R$ 900.000,00, a título de herança e em razão da morte subsequente de José cada um de seus irmãos sobreviventes receberá R$ 300.000,00.

(E) receberá integralmente a indenização do seguro, cada um dos filhos sobreviventes de Torquato receberá R$

900.000,00 e, em razão da morte subsequente de José, cada um de seus irmãos sobreviventes receberá R$ 300.000,00.

A questão precisa ser desmembrada para fins didáticos. Primeiramente, é preciso destacar o valor a ser entregue à viúva, Amélia, a título de seguro de vida, o qual não se confunde com herança, nem com ordem de vocação hereditária. Aliás, já vale destacar que Amélia não receberá nada de herança, em virtude de ela ser casada no regime da separação obrigatória de bens (CC, art. 1.829, I). Na sequência, basta dividir o patrimônio de Torquato em quatro partes iguais, tendo em vista que – no momento de sua morte – ele deixou quatro filhos vivos. O resultado será R$ 900 mil para cada. Horas depois ocorre o falecimento de José, filho de Torquato. O patrimônio que ele herdou (R$ 900 mil) deve ser dividido entre seus dois irmãos bilaterais (José e Romeu) e seu irmão unilateral (Joaquim). Obedecendo à regra do Código Civil (art. 1.841), cada irmão bilateral herda o dobro do que cada irmão unilateral. Com isso, a divisão ficaria R$ 360 mil para Romeu e Pedro e R$ 180 mil para Joaquim. A única assertiva que contempla a correta divisão é a letra A.

Gabarito "A".

(Defensor Público –DPE/BA – 2016 – FCC) Haroldo foi casado com Rita. Juntos, tiveram dois filhos. Entretanto, estavam separados de fato há dois anos, por mútuo consenso, quando Haroldo passou a conviver com Lúcia como se casados fossem. Haroldo e Rita nunca chegaram a se divorciar. Depois de coabitar com Lúcia por pouco mais de um ano, veio a falecer. De acordo com o Código Civil, na hipótese:

(A) a herança deverá ser dividida em partes iguais somente entre os filhos do autor da herança; Rita não terá qualquer direito em relação à herança de Haroldo, pois não apresentava condição de herdeira no momento da abertura da sucessão, e Lúcia, por ser herdeira facultativa, não concorre com os descendentes do autor da herança.

(B) Lúcia não terá qualquer direito em relação à meação dos bens adquiridos durante o relacionamento e também quanto à herança de Haroldo, pois o relacionamento havido entre eles não pode ser considerado união estável, levando-se em consideração que Haroldo ainda era casado; mas Rita, que apresentava condição de herdeira no momento da abertura da sucessão pois ainda era casada, poderá concorrer com os filhos do autor da herança.

(C) Rita e Lúcia deverão concorrer, em igualde de condições, com os filhos do autor da herança, uma vez que ambas ostentavam a condição de herdeiras no momento da abertura da herança, diante da existência de relações paralelas de casamento e união estável.

(D) Rita não terá qualquer direito em relação à herança de Haroldo, pois não apresentava condição de herdeira no momento da abertura da sucessão, mas Lúcia, além da meação quanto aos bens adquiridos onerosamente na constância da união estável, ainda concorrerá com os filhos do autor da herança em relação a tais bens.

(E) Rita não terá qualquer direito em relação à herança de Haroldo, pois não apresentava condição de herdeira no momento da abertura da sucessão, e Lúcia tem apenas direito à meação dos bens adquiridos onerosamente na constância da união estável, mas não concorre com os filhos do autor da herança.

O Código Civil afasta da sucessão o cônjuge viúvo que – no momento da morte – estava separado de fato do falecido há mais de dois anos (CC, art. 1.830). Ademais, Haroldo já estava vivendo em união estável com Lúcia, tendo em vista que – mesmo casado – a lei admite nova união estável, desde que o casado já esteja separado de fato (CC, art. 1.723, § 1º). Assim, Lúcia terá direito a herdar, concorrendo com os dois filhos de Haroldo, tendo em vista ostentar a qualidade de herdeira (CC, art. 1.790).

No que se refere à meação, é cediço que o regime de bens aplicado na união estável – na ausência de estipulação contrária – é o da comunhão parcial (CC, art. 1.725). Nesse regime, há comunicação (independentemente da prova de esforço comum) dos bens adquiridos onerosamente durante a relação (conjugal ou de convivência), conforme o art. 1.660, I do Código Civil.

Gabarito "D".

(Defensor Público –DPE/MT – 2016 – UFMT) Segundo o Código Civil de 2002, em relação à ordem da vocação hereditária na sucessão legítima, assinale a assertiva INCORRETA.

(A) A sucessão legítima defere-se ao cônjuge sobrevivente, casado no regime de comunhão parcial de bens, em concorrência com os descendentes do cônjuge falecido somente quando este tiver deixado bens particulares. A referida concorrência dar-se-á exclusivamente quanto aos bens particulares constantes do acervo hereditário do *de cujus*.

(B) No regime de separação convencional de bens, o cônjuge sobrevivente concorre na sucessão *causa mortis* com os descendentes do autor da herança.

(C) No regime de separação legal ou obrigatória de bens, o cônjuge sobrevivente não tem direito à sucessão *causa mortis* em concorrência com os descendentes do autor da herança.

(D) O Código Civil assegura ao cônjuge sobrevivente, casado sob o regime da comunhão universal de bens, o direito à herança do *de cujus* em concorrência com os descendentes do falecido.

(E) Na falta de descendentes, são chamados à sucessão os ascendentes, em concorrência com o cônjuge sobrevivente.

A: correta. A posição amplamente dominante na doutrina e jurisprudência é no sentido de que o sobrevivente (que fora casado no regime de comunhão parcial) só terá direito de participar da sucessão sobre os bens particulares do falecido. Nesse sentido, foi muito didático o Enunciado 270 do CJF, segundo o qual: "*O art. 1.829, inc. I, só assegura ao cônjuge sobrevivente o direito de concorrência com os descendentes do autor da herança quando casados no regime da separação convencional de bens ou, se casados nos regimes da comunhão parcial ou participação final nos aquestos, o falecido possuísse bens particulares, hipóteses em que a concorrência se restringe a tais bens, devendo os bens comuns (meação) ser partilhados exclusivamente entre os descendentes*"; **B**: correta, pois o Código não afastou o cônjuge casado nesse regime do direito de herdar (CC, art. 1.829, I); **C**: correta, pois o Código Civil expressamente afastou o cônjuge nessa hipótese (CC, art. 1.829, I); **D**: incorreta, pois nesse regime não há direito de concorrer com descendentes do falecido. A *mens legis* foi de que – nesse regime – a cônjuge já faria jus a meação satisfatória, não sendo necessária a herança; **E**: correta, pois de acordo com a convocação sucessória prevista no CC, art. 1.829, II.

Gabarito "D".

(Defensor Público/SP – 2012 – FCC) Fernando, casado com Laura pelo regime da comunhão parcial de bens, falece sem ter tido filhos, deixando um único imóvel adquirido na constância do casamento. Sabendo-se que os pais de Fernando ainda são vivos, e que Fernando não deixou dívidas, após a partilha do único bem, a fração total do imóvel que caberá à Laura será de

(A) 2/3.
(B) 5/6.
(C) 3/4.
(D) 3/5.
(E) 1/2.

Na solução do problema deve ser analisado tanto o direito à meação como também o direito hereditário. Como Fernando e Laura eram casados pelo regime da comunhão parcial e a casa foi adquirida na constância do casamento, Laura é meeira do bem e, portanto, já possui 1/2 (metade) do imóvel (art. 1.658 do CC). A outra 1/2 (metade) do imóvel constitui a herança de Fernando, devendo ser dividido entre todos os herdeiros: cônjuge e ascendente (art. 1.829, II, do CC). De acordo com o art. 1.837 do CC, se o cônjuge concorrer com os pais do falecido terá direito a 1/3 (um terço) da herança (um terço da metade do imóvel = um sexto do total do imóvel). Desta forma cada um dos pais receberá 1/6 (um sexto) do imóvel e Laura receberá dois terços (1/2 (=3/6) + 1/6 = 4/6 = 2/3).
Gabarito "A".

(Defensor Público/AM – 2010 – I. Cidades) A respeito da sucessão legítima, marque a alternativa correta:

(A) Ao cônjuge sobrevivente que estava separado apenas de fato com o de *cujus* no momento do óbito é reconhecido o direito sucessório, independentemente do tempo da separação.
(B) Na falta de descendentes, são chamados à sucessão os ascendentes, sem concorrência com o cônjuge sobrevivente.
(C) Na classe dos colaterais, os mais próximos excluem os mais remotos, salvo o direito de representação concedido aos filhos de irmãos.
(D) Os tios têm preferência no recebimento da herança em relação aos sobrinhos.
(E) Em falta de descendentes e ascendentes, será deferida a sucessão ao cônjuge sobrevivente, em concorrência com os colaterais.

A: incorreta. Somente é reconhecido direito sucessório ao cônjuge sobrevivente se, ao tempo da morte do outro, não estavam separados judicialmente, nem separados de fato há mais de dois anos, salvo prova, neste caso, de que essa convivência se tornara impossível sem culpa do sobrevivente (art. 1.830 do CC); **B:** incorreta. Na falta de descendentes, são chamados os ascendentes em concorrência com o cônjuge (art. 1.836, *caput*, do CC); **C:** correta. A alternativa reflete o disposto no art. 1.840 do CC; **D:** incorreta. Na falta de irmãos, herdarão os filhos destes e, não os havendo, os tios (art. 1.843, *caput*, do CC); **E:** incorreta. Na falta de descendentes e ascendentes, será deferida a sucessão por inteiro ao cônjuge sobrevivente (art. 1.838 do CC).
Gabarito "C".

(Defensoria Pública da União – 2010 – CESPE) Acerca das sucessões, julgue o seguinte item.

(1) Se a irmã mais velha de uma família de três irmãos falecer e, após sua morte, for verificado que ela era solteira e que não deixou descendentes ou ascendentes vivos, a herança caberá a seus irmãos. Contudo, se estes forem pré-mortos, a herança caberá aos sobrinhos, se houver, e, se um destes também tiver falecido antes da tia, aos sobrinhos-netos em concorrência com seus tios, com base no direito de representação.

O item está errado, pois na classe dos colaterais, os mais próximos excluem os mais remotos, salvo o direito de representação concedido aos filhos de irmãos (art. 1.840 do CC), razão pela qual os sobrinhos-netos não herdarão.
Gabarito 1E.

(Defensoria Pública/MA – 2009 – FCC) Sobre a vocação hereditária, preceitua o Código Civil:

(A) Legitimam-se a suceder as pessoas nascidas ou já concebidas no momento da morte do *de cujus*.
(B) Legitimam-se a suceder as pessoas nascidas ou já concebidas no momento da abertura do testamento cerrado.
(C) Na sucessão legítima podem ainda ser chamados a suceder os filhos, ainda não concebidos, de pessoas indicadas pelo testador, desde que vivo este ao abrir-se a sucessão.
(D) Não podem ser nomeados herdeiros nem legatários, entre outros, a concubina do testador casado, salvo se este, sem culpa sua, estiver separado de fato do cônjuge há mais de um ano.
(E) São anuláveis as disposições testamentárias em favor de pessoas não legitimadas a suceder, quando simuladas sob a forma de contrato oneroso, ou feitas mediante interposta pessoa.

A: correta. A alternativa reflete o disposto no art. 1.798 do CC; **B:** incorreta uma vez que contraria o disposto no art. 1.798 do CC; **C:** incorreta. Somente na **sucessão testamentária** poderão ser chamados a suceder os filhos, ainda que não concebidos, nos termos do art. 1.799, I, do CC; **D:** incorreta, tendo em vista que somente poderá ser nomeada herdeira ou legatária a concubina do testador casado, salvo se este, sem culpa sua, estiver separado de fato do cônjuge há mais de **cinco anos** (art. 1.801, III, do CC); **E:** incorreta, pois as disposições testamentárias em favor de pessoas não legitimadas a suceder, quando simuladas sob a forma de contrato oneroso, ou feitas mediante interposta pessoa são **nulas**, conforme prescreve o art. 1.802, *caput*, do CC.
Gabarito "A".

8.3. Sucessão testamentária

(Defensor Público/AC – 2017 – CESPE) Aos setenta anos de idade, Roberto, viúvo, com três filhos maiores, sendo um deles incapaz, pretende firmar testamento a fim de dispor, após sua morte, dos bens de que é proprietário.

Nessa situação,

(A) a sucessão testamentária só poderá ser realizada mediante testamento público.
(B) Roberto só poderá dispor, no testamento, de até vinte e cinco por cento de seus bens.
(C) a sucessão testamentária depende da anuência dos filhos capazes e do representante legal do incapaz.
(D) a idade de Roberto não é fato impeditivo para firmar testamento.
(E) a existência de filho incapaz impede a sucessão testamentária.

A: incorreta, pois não existe exigência legal para que o testamento, nesta hipótese, seja feito de forma pública. A forma é livre, podendo ser pública, cerrada ou particular (art. 1.862 CC); **B:** incorreta, pois considerando que ele tem herdeiros necessários, a legítima deve ser preservada (art. 1.857, § 3º, CC), logo ele poderá dispor de até cinquenta por cento; **C:** incorreta, pois Roberto encontra-se em pleno gozo de suas faculdades mentais, logo, é livre para testar e não depende da anuência dos filhos capazes nem a do representante legal do incapaz (art. 1.857, "caput", CC); **D:** correta, pois Roberto possui mais que a idade mínima para testar (16 anos – art. 1.860, parágrafo único), não é incapaz e possui discernimento (art. 1.860, "caput", CC); **E:** incorreta, pois a existência de filho incapaz não impede a sucessão testamentária.

Gabarito "D".

(Defensor Público/RS – 2011 – FCC) Direito das Sucessões.

(A) Na sucessão universal, o direito de propriedade imobiliária transmite-se quando do registro dos formais de partilha no Ofício do Registro de Imóveis.
(B) Conforme regra expressa do Código Civil, são herdeiros necessários os descendentes, os ascendentes, os cônjuges e os companheiros.
(C) O testador não pode, mesmo justificando, estabelecer cláusula de impenhorabilidade sobre os bens da legítima.
(D) O direito de representação, no direito sucessório, dá-se apenas na linha reta descendente e ascendente.
(E) O prazo de decadência para anular disposição testamentária inquinada de coação é de quatro anos, contados de quando o interessado tiver conhecimento do vício.

A: incorreta. Na sucessão universal o direito de propriedade transmite-se desde logo – princípio de *saisine* (art. 1.784 do CC); **B:** incorreta. Segundo regra expressa do Código Civil, são herdeiros necessários os descendentes, os ascendentes e o cônjuge (art. 1.845 do CC); **C:** incorreta. **Se houver justa causa**, declarada no testamento, pode o testador estabelecer cláusula de impenhorabilidade sobre os bens da legítima (art. 1.848, *caput*, do CC); **D:** incorreta. O direito de representação dá-se na linha reta descendente, **nunca na linha ascendente** (art. 1.852 do CC); **E:** correta. A alternativa reflete o disposto no art. 1.909, parágrafo único, do CC.

Gabarito "E".

9. TODOS OS TEMAS COMBINADOS

(Defensor Público/AC – 2017 – CESPE) No que se refere à união estável, ao casamento, à filiação e aos alimentos, julgue os itens a seguir.

I. Será admissível o deferimento de alimentos gravídicos mesmo quando não for verificada hipótese de presunção legal de paternidade.
II. Na união estável, será nulo de pleno direito o contrato firmado entre os companheiros que disponha de regime patrimonial diverso do regime de comunhão parcial de bens.
III. Será vedado ao juiz impor a guarda compartilhada caso um dos genitores declare que não deseja exercer a guarda do menor.
IV. Optando pelo divórcio extrajudicial, os nubentes poderão deliberar, na mesma escritura, sobre partilha de bens, guarda de filhos e alimentos.

Estão certos apenas os itens

(A) I e II.
(B) I e III.
(C) II e IV.
(D) III e IV.
(E) II, III e IV.

A: incorreta, pois embora o item I esteja certo, o item II está errado, pois é válido que na união estável as partes fixem outro regime de bens diverso da comunhão parcial via contrato (art. 1.725 CC); **B:** correta. O item I está certo, porque para a fixação dos alimentos gravídicos basta que haja indícios de paternidade, logo não é necessário que seja verificada a presunção legal de paternidade (art. 6°, Lei 11.804/2008). O item III também está certo, pois caso um dos genitores não queira exercer a guarda, o juiz não pode obrigá-lo (art. 1.584, CC); **C:** incorreta, pois o item II está errado, vez que é válido que na união estável as partes fixem outro regime de bens diverso da comunhão parcial via contrato (art. 1.725, CC). O item IV também está errado, pois para que haja divórcio extrajudicial não é possível que haja filhos menores ou incapazes, pois neste caso é indispensável a participação do Poder Judiciário com manifestação do Ministério Público (art. 733, "caput", NCPC); **D:** incorreta, pois embora o item III esteja certo (art. 1.584, CC), o item IV está errado (art. 733, "caput", NCPC); **E:** incorreta, pois embora o item III esteja certo (art. 1.584, CC), os itens II e IV estão errados (art. 1.725 CC e art. 733, "caput", NCPC).

Gabarito "B".

(Defensor Público –DPE/RN – 2016 – CESPE) No que se refere aos bens jurídicos e a aspectos inerentes à posse e à propriedade, assinale a opção correta.

(A) A aquisição da posse pode ocorrer pela apreensão, a qual, segundo a doutrina, pode ser concretizada não apenas pela apropriação unilateral da coisa sem dono, como também pela retirada da coisa de outrem sem sua permissão.
(B) A tradição constitui uma das hipóteses de perda da posse que pode ser vislumbrada, por exemplo, na entrega da coisa a um representante para que este a administre.
(C) Os bens naturalmente divisíveis não se podem tornar indivisíveis por vontade das partes.
(D) Segundo o STJ, o usufrutuário pode valer-se de ações possessórias contra o nu-proprietário, mas não de ações de natureza petitória.
(E) O perecimento da coisa é hipótese de perda da propriedade que não pode resultar de ato voluntário do proprietário, já que demanda, para a sua concretização, a ocorrência de fenômenos naturais, como terremotos ou inundações.

A: correta. Em princípio, a retirada da coisa de outrem sem sua permissão gera apenas detenção. Contudo, o próprio Código Civil (art. 1.208) prevê a hipótese de – após tal apreensão – ocorrer a cessação da violência ou clandestinidade. Nesse caso (que, de resto, é bastante raro), a detenção se transforma em posse; **B:** incorreta, pois a tradição significa apenas e tão somente a entrega do bem móvel, que é uma forma de aquisição da propriedade móvel (CC, art. 1.267); **C:** incorreta, pois "*os bens naturalmente divisíveis podem tornar-se indivisíveis por determinação da lei ou por vontade das partes*" (CC, art. 88); **D:** incorreta, pois o STJ consolidou entendimento segundo o qual "*o usufrutuário – na condição de possuidor direto do bem – pode valer-se das ações possessórias contra o possuidor indireto (nu-proprietário) e – na condição de titular de um direito real limitado (usufruto) – também tem legitimidade/interesse para a propositura de ações de caráter petitório, tal como a reivindicatória, contra o nu-proprietário ou contra terceiros*" (REsp 1202843/PR, Rel. Ministro Ricardo Villas Bôas Cueva, Terceira Turma, julgado em 21/10/2014, DJe 28/10/2014); **E:** incorreta. Ainda que – em regra – o perecimento se dê por fenômenos naturais, a coisa também pode perecer por ato voluntário do proprietário.

Gabarito "A".

(Defensor Público –DPE/RN – 2016 – CESPE) A respeito da Lei de Introdução às Normas do Direito Brasileiro e de institutos relacionados às pessoas naturais e jurídicas, assinale a opção correta à luz da jurisprudência do STJ.

(A) A internação psiquiátrica involuntária é também chamada de internação compulsória, pois decorre de determinação judicial e independe do consentimento do paciente ou de pedido de terceiro.
(B) São válidos os negócios jurídicos praticados pelo incapaz antes da sentença de interdição, ainda que se comprove que o estado de incapacidade tenha sido contemporâneo ao negócio.
(C) Não configura direito subjetivo da pessoa retificar seu patronímico no registro de nascimento de seus filhos após o divórcio, quando ela deixar de usar o nome de casada.
(D) A filial é uma espécie de estabelecimento empresarial que possui personalidade jurídica própria, distinta da sociedade empresária.
(E) Não se tratando de contrato de trato sucessivo, descabe a aplicação retroativa da lei nova para alcançar efeitos presentes de contratos celebrados anteriormente à sua vigência.

A: incorreta, pois – de acordo com o disposto na Lei 10.216/2001, art. 6º, parágrafo único, II, – a referida internação compulsória depende de pedido de terceiro; **B:** incorreta, pois o STJ é pacífico no sentido de que: "*A interdição judicial declara ou reconhece a incapacidade de uma pessoa para a prática de atos da vida civil, com a geração de efeitos ex nunc perante terceiros (art. 1.773 do Código Civil), partindo de um 'estado de fato' anterior, que, na espécie, é a doença mental de que padece o interditado*" (AgInt nos EDcl no REsp 1171108/RS, Rel. Ministro Antonio Saldanha Palheiro, Sexta Turma, julgado em 27/09/2016, DJe 13/10/2016); **C:** incorreta, pois o STJ já entendeu ser esse um direito da mãe (REsp n. 1.069.864-DF); **D:** incorreta, pois a filial "*não ostenta personalidade jurídica própria, não sendo sujeito de direitos, tampouco uma pessoa distinta da sociedade empresária. Cuida-se de um instrumento de que se utiliza o empresário ou sócio para exercer suas atividades*" (AgRg no REsp 1540107/PR, Rel. Ministro Mauro Campbell Marques, Segunda Turma, julgado em 17/09/2015, DJe 28/09/2015); **E:** correta, pois a incidência da nova lei se faz sobre efeitos jurídicos verificados posteriormente, o que é uma prerrogativa de contratos de trato sucessivo.

Gabarito "E".

(Defensoria Pública da União – CESPE – 2015) Supondo que duas partes tenham estabelecido determinada relação jurídica, julgue os itens de 1 a 5.

(1) Caso o credor da relação jurídica ceda seu crédito a terceiro, a ausência de notificação do devedor implicará a inexigibilidade da dívida.
(2) Considere que as prestações periódicas de tal negócio jurídico tenham sido cumpridas, reiteradamente e com a aceitação de ambas as partes, no domicílio de uma das partes da relação jurídica. Nesse caso, ainda que tenha sido disposto na avença que as prestações fossem cumpridas no domicílio da outra parte, esta não poderia exigir, unilateral e posteriormente, o cumprimento de tal disposição.
(3) Se a referida relação jurídica for do tipo empresarial e tiver sido entabulada por contrato de execução continuada, na hipótese de a prestação se tornar excessivamente onerosa para uma das partes e extremamente vantajosa para a outra, a parte onerada poderá pedir a resolução do contrato, independentemente da natureza do objeto do pacto.
(4) Caso uma das partes venha a transferir veículo gravado com propriedade fiduciária à outra parte, sem o consentimento desta, o terceiro poderá fazer uso da usucapião, desde que ultrapassados cinco anos, independentemente de título ou boa-fé.
(5) Extinta a relação jurídica por culpa de uma das partes, a outra parte poderá pleitear indenização em face do que lucraria em investimento financeiro de risco com a manutenção da relação jurídica desfeita.

1: Errada: a cessão de crédito não exige autorização, nem notificação do devedor para ter validade. Isso decorre do fato de que – para o devedor – a cessão não implica qualquer prejuízo. Ele continuará devendo o mesmo valor, apenas diante de um novo credor, que é chamado de cessionário. O Código apenas diz que a cessão não notificada é ineficaz, mas isso não macula sua validade (CC, art. 290); **2:** Correta, pois o comportamento reiterado das partes é mais forte do que a letra fria do contrato. É por isso que o art. 330 do Código Civil estabelece que: "*O pagamento reiteradamente feito em outro local faz presumir renúncia do credor relativamente ao previsto no contrato*". O dispositivo é um ótimo exemplo da aplicação da *suppressio*; **3:** errada, pois o dispositivo que se pretende aplicar é o 478 do Código Civil, regra voltada para as relações civis e não empresariais; **4:** errada, pois o STJ já pacificou o entendimento segundo o qual: "*A transferência a terceiro de veículo gravado como propriedade fiduciária, à revelia do proprietário (credor), constitui ato de clandestinidade, incapaz de induzir posse (art. 1.208 do Código Civil de 2002), sendo por isso mesmo impossível a aquisição do bem por usucapião*" (REsp 881.270/RS, Rel. Ministro Luis Felipe Salomão, Quarta Turma, julgado em 02/03/2010, DJe 19/03/2010); **5:** errada, pois estar-se-ia indenizando um dano hipotético ou eventual.

Gabarito 1E, 2C, 3E, 4E, 5E

(Defensoria Pública da União – CESPE – 2015) Considerando a existência de relação jurídica referente a determinado objeto envolvendo dois sujeitos, julgue os próximos itens.

(1) Caso um dos sujeitos da relação jurídica seja uma sociedade, admite-se excepcionalmente a desconsideração da regra de separação patrimonial entre a sociedade e seus sócios com o intuito de evitar fraude, situação em que haverá a dissolução da personalidade jurídica.
(2) Caso a referida relação jurídica consista em um negócio jurídico de compra e venda e seu objeto seja um bem imóvel, não havendo declaração expressa em contrário, será considerado integrante desse imóvel seu mobiliário, uma vez que o acessório deve seguir o principal.
(3) Se a norma jurídica regente da referida relação jurídica for revogada por norma superveniente, as novas disposições normativas poderão, excepcionalmente, aplicar-se a essa relação, ainda que não haja referência expressa à retroatividade.

1: errada, pois não há necessidade de dissolução da sociedade. O instituto da desconsideração da personalidade jurídica pode ser aplicado quando houver desvio de finalidade, ou confusão patrimonial, impondo que "*os efeitos de certas e determinadas relações de obrigações sejam estendidos aos bens particulares dos administradores ou sócios da pessoa jurídica beneficiados direta ou indiretamente pelo abuso*" (CC, art. 50, nos termos da nova redação de acordo com a Lei 13.874/19); **2:** errada, pois o mobiliário é exemplo de pertença, que são bens que "*não constituindo partes integrantes, se destinam, de modo duradouro, ao uso, ao serviço ou ao aformoseamento de outro*" (CC, art. 93). Apesar de ser um bem acessório, a pertença – em regra – não segue a sorte do principal (CC, art. 94); **3**: correta, pois tal aplicação pode ocorrer sobre os efeitos da relação jurídica anteriormente estabelecida.

Gabarito 1E, 2E, 3C

(Defensor Público/RO – 2012 – CESPE) Acerca do direito de família e do direito de sucessão, assinale a opção correta.

(A) Caracterizada a fraude contra credores, qualquer credor quirografário poderá requerer a anulação do negócio jurídico de transmissão gratuita de bens, caso o devedor já esteja insolvente ou em caso de iminente insolvência.

(B) A deserdação *bona mente* abrange todos os casos em que os herdeiros necessários possam ser excluídos da sucessão, isto é, privados de sua legítima ou deserdados.

(C) Aberta a sucessão, a propriedade dos bens do de *cujus* transmite-se, desde logo, aos herdeiros legítimos e testamentários.

(D) A guarda compartilhada de filho(s) somente poderá ser estabelecida quando houver acordo entre a mãe e o pai.

(E) As crianças cujos pais forem desconhecidos ou falecidos terão tutores nomeados pelo juiz ou serão incluídas em programa de colocação familiar.

A: incorreta, pois segundo o art. 158 do CC, caracterizada a fraude contra credores, "só os credores que já o eram ao tempo daqueles atos podem pleitear a anulação deles" (art. 158, § 2º do CC); **B**: incorreta. A deserdação *bona mente* é aquela em que embora se reconheça o direito sucessório dos herdeiros, são adotadas medidas para proteção da legítima – exemplo: a instituição de cláusula de inalienabilidade, impenhorabilidade ou incomunicabilidade (art. 1.848 do CC); **C**: incorreta. A alternativa foi assinalada como incorreta em atenção à redação do art. 1.784 do CC: "Aberta a sucessão, a *herança* transmite-se, desde logo, aos herdeiros legítimos e testamentários". Contudo, tecnicamente entendemos que a assertiva não está errada, pois os herdeiros recebem a propriedade e a posse indireta da herança no exato instante da morte; **D**: incorreta. Quando não houver consenso entre os genitores e sempre que possível, será aplicada a guarda compartilhada (art. 1.584, § 2º, do CC). Contudo, entendemos que a imposição da guarda compartilhada não é uma boa solução na prática; **E**: correta. Está de acordo com o art. 1.734 do CC.

Gabarito "E".

(Defensor Público/RO – 2012 – CESPE) Acerca de parcelamento do solo, posse e direitos reais, assinale a opção correta com base no disposto na Lei n.º 6.766/1979 e no Código Civil brasileiro.

(A) O rol de direitos reais constantes no Código Civil é meramente exemplificativo, podendo ser acrescentados a ele os demais casos previstos na legislação extravagante.

(B) Caracteriza-se a forma de aquisição denominada aluvião quando, por força natural violenta, uma porção de terra se destaca de um prédio e se junta a outro, e o dono deste adquire a propriedade do acréscimo mediante indenização ao dono do primeiro, ou, sem indenização, após dois anos, se ninguém a houver reclamado.

(C) Aquele que, sem consultar nenhum órgão público ou particular, criar parcelamento de solo em área pública, sem efetuar o devido registro em cartório, não cometerá crime, mas infração administrativa.

(D) Entende-se que o possuidor com justo título tem a presunção de boa-fé, não se admitindo, portanto, prova em contrário.

(E) Fâmulo da posse é o indivíduo que, estando em relação de dependência para com outro, conserva a posse em nome deste, em cumprimento de ordens ou instruções suas.

A: incorreta. O entendimento majoritário na doutrina é no sentido de que o rol de direitos reais previsto no art. 1.225 do CC é *taxativo*, mas não é proibida a criação de novos direitos reais por leis especiais; **B**: incorreta, pois a hipótese descrita na alternativa refere-se à avulsão (art. 1.251, do CC); **C**: incorreta, pois conforme o art. 50, I, da Lei 6.766/1979 (Lei de Parcelamento do Solo Urbano), realizar loteamento sem a autorização do órgão competente caracteriza crime contra administração pública; **D**: incorreta. A presunção é relativa, possibilitando prova em sentido contrario (art. 1.201, parágrafo único); **E**: correta, pois o fâmulo da posse, também denominado como detentor, é o indivíduo que, encontrando-se em relação de dependência com outro, conserva a posse em nome deste em razão de cumprimentos de ordens ou instruções – exemplos: caseiro, motorista, cozinheiro, secretária etc. (art. 1.198, do CC).

Gabarito "E".

7. DIREITO PROCESSUAL CIVIL

Luiz Dellore, Ana Carolina Chamon e Denis Skorkowski

1. PRINCÍPIOS DO PROCESSO CIVIL

(Defensor Público/PE – 2018 – CESPE) Em um processo civil cooperativo, o exercício do poder jurisdicional exige a consideração da argumentação de todos os sujeitos processuais. Essa exigência corresponde

(A) ao dever de tratar de forma isonômica as partes.
(B) ao dever de boa-fé processual.
(C) à obrigação de determinar que o autor emende a inicial antes de indeferi-la.
(D) à oportunidade conferida pelo juiz ao autor para sanar vício relativo a alguma incapacidade processual.
(E) ao dever de justificar analiticamente as decisões judiciais.

A questão combina as normas fundamentais do processo civil e os deveres do juiz na condução do processo. Embora todos os deveres mencionados se relacionem, em maior ou menor grau, ao princípio da motivação das decisões judiciais, a alternativa "E" traz correspondência específica (NCPC, art. 489, § 1º, IV). **LD/ACC**
Gabarito "E".

(Defensor Público/RS – 2011 – FCC) Princípio dispositivo no Direito Processual Civil.

(A) Contrapõe-se ao princípio inquisitivo, de modo que ao julgador é vedada iniciativa na produção de provas e na investigação dos fatos da causa, sob pena de comprometimento da sua imparcialidade, buscando-se, no processo civil, apenas a verdade formal, com o reconhecimento do caráter mítico e utópico da verdade real.
(B) Com a modernização do processo civil, voltada, sobretudo, para a reaproximação entre direito material e processual, decorrência do movimento do acesso à justiça, o princípio dispositivo ganhou novos contornos, sendo permitido ao juiz determinar, de ofício, a produção de provas, mesmo que sejam determinantes para o resultado da causa.
(C) Embora o princípio dispositivo possua limitações, não é dado ao julgador, sob pena de comprometimento da sua imparcialidade e de violação à característica da inércia da jurisdição, determinar, de ofício, as provas necessárias à instrução do processo, devendo julgar com base na regra de distribuição do ônus da prova.
(D) De acordo com o atual estágio do processo civil brasileiro, marcado, notadamente, pelo caráter publicista, o princípio dispositivo, no que concerne à postura equidistante do julgador, está relacionado, tanto com a propositura da ação e com a fixação dos contornos da lide, quanto com a investigação dos fatos e com a produção de provas necessárias à instrução do processo.
(E) A publicização do processo e o fenômeno da judicialização da política imprimirão maior efetividade ao princípio dispositivo, tanto no seu sentido material quanto formal, reduzindo as possibilidades de ser relativizado.

A e C: incorretos. O juiz, de acordo com seus poderes instrutórios, tem papel ativo – e não de mero espectador – quanto à realização, *de ofício*, das provas que reputar necessárias à instrução do feito. Assim, o juiz tem o poder-dever de ordenar a produção das provas imprescindíveis ao esclarecimento da controvérsia fixada (art. 370 do NCPC); **B:** correto (art. 370 do NCPC); **D:** incorreto. Somente o ajuizamento da demanda e a delimitação dos contornos objetivos da lide é que dependem da iniciativa exclusiva das partes. Ressalte-se que não há falar-se em violação da imparcialidade do magistrado ou de afronta ao princípio dispositivo, a considerar que a incidência do princípio inquisitivo limita-se ao campo de investigação e determinação judicial das provas necessárias ao esclarecimento dos fatos, tendo-se em conta a imperiosidade de entrega de uma prestação jurisdicional efetiva àquele que realmente ostente o direito material invocado; **E:** incorreto, pois as premissas postas *ampliam* as possibilidades de relativização do princípio dispositivo.
Gabarito "B".

(Defensor Público/AM – 2011 – I. Cidades) Pode-se compreender os princípios processuais como preceitos fundamentais que dão forma e caráter aos sistemas processuais. Acerca dos princípios processuais, marque a alternativa INCORRETA:

(A) o princípio da economia processual permite a alteração da causa de pedir e do pedido, em qualquer fase do processo, se o réu for revel.
(B) o princípio da celeridade processual enuncia que os processos devem desenvolver-se em tempo razoável.
(C) o princípio do devido processo legal significa, em processo judicial, a garantia ao contraditório e à ampla defesa, bem como às regras previamente estabelecidas sobre o modo de solução judicial do conflito.
(D) o princípio da igualdade processual encerra a ideia de que cabe ao juiz tratar desigualmente os desiguais, na medida desta desigualdade, o que justifica, por exemplo, o prazo em dobro para a fazenda pública recorrer.
(E) o princípio da inafastabilidade da jurisdição assegura que a lei não excluirá da apreciação do Poder Judiciário lesão ou ameaça a direito.

A: a alternativa está incorreta. Com a citação válida, ocorre a *estabilização subjetiva da lide* (*perpetuatio legitimationis*), isto é, a impossibilidade de alteração das partes processuais, salvo as substituições legais. Remanesce, contudo, a faculdade de alteração do pedido e causa de pedir por parte do autor, desde que haja consentimento do réu. Porém, após o saneamento do processo, ocorre a *estabilização objetiva da lide*, sendo vedado, às partes, em qualquer hipótese, modificar o pedido ou a causa de pedir (NCPC, art. 329, incisos I e II).
Gabarito "A".

(Defensor Público da União – 2010 – CESPE) Julgue os itens que se seguem, acerca dos princípios processuais.

(1) O máximo resultado com o mínimo emprego de atividades processuais é ideia que sintetiza o chamado

princípio da economia processual, sendo a reunião de processos conexos exemplo de aplicação desse princípio, assim como a ação declaratória incidente.

Correta, porque é exatamente esse o significado do princípio da economia processual, embora fosse possível dizer que a reunião de processos conexos tenha também como finalidade evitar que sejam proferidas decisões conflitantes.

Gabarito "C".

(Defensor Público/MT – 2009 – FCC) O princípio processual da congruência ou adstrição significa:

(A) veda-se ao juiz proferir sentença de natureza diversa da pedida, ou condenar o réu em quantidade superior ou em objeto diverso do pedido inicial.

(B) o réu deve rebater, coerentemente, toda a matéria levantada na inicial em sua contestação, sob pena de preclusão.

(C) após a contestação, o juiz vincula-se ao pedido e à causa de pedir iniciais, que não podem ser alterados.

(D) não havendo prejuízo, os atos processuais devem ser aproveitados, ainda que não atendam a seus requisitos formais.

(E) o juiz deve ser coerente na fundamentação de sua sentença e adstrito aos fatos da causa.

A: correta, pois descreve bem o princípio da congruência ou adstrição; **B:** errada, porque o texto refere-se a outro princípio, qual seja, o do ônus da impugnação especificada; **C:** errada, porque mesmo que o réu não conteste, a vinculação para o juiz já existe. Além disso, após a contestação, será possível alteração do pedido ou da causa de pedir, desde que o réu concorde; **D:** errada, porque se refere ao princípio da instrumentalidade das formas; **E:** errada, porque a exigência de coerência na fundamentação da sentença não decorre do princípio da correlação.

Gabarito "A".

(Defensor Público/SP – 2007 – FCC) Segundo Liebman, "somente poderemos falar em ação quando o processo terminar com um provimento sobre o caso concreto, ainda que desfavorável ao autor". Essa asserção prende-se à qual teoria conceitual do direito de ação?

(A) Concretista relativa.

(B) Instrumental da ação.

(C) Abstrata pura.

(D) Concretista do direito de ação.

(E) Privatista do direito de ação.

Para Liebman, a ação seria um direito público subjetivo instrumental porque visa à aplicação do direito material, mas ele não pode ser exercido aleatoriamente, indistintamente; deverá preencher determinadas condições de ação. Liebman diz que a ação é um direito autônomo e abstrato, ou seja, está desvinculada do direito material e se você exerce independentemente de a ação ser julgada procedente ou não.

Gabarito "B".

2. JURISDIÇÃO E COMPETÊNCIA

(Defensor Público/AC – 2017 – CESPE) No que se refere à jurisdição civil nacional, assinale a opção correta.

(A) Pode ser de caráter administrativo ou judicial.

(B) A desconstituição de uma sentença transitada em julgado por meio de ação rescisória é um exemplo de exercício dessa jurisdição.

(C) Em decorrência do princípio da inevitabilidade, essa jurisdição não alcança a todos os indivíduos.

(D) O exercício dessa jurisdição inclui a expedição de cartas rogatórias, responsáveis por determinar que os órgãos jurisdicionais brasileiros cumpram atos processuais.

(E) Trata-se de direito inerente e exclusivo dos cidadãos brasileiros.

A: Errada. A jurisdição pressupõe atividade exclusivamente de caráter judicial (NCPC, art. 16). **B:** Correta. Uma das características da jurisdição é a possibilidade de as decisões judiciais adquirirem a imutabilidade da coisa julgada material (NCPC, art. 966), sendo possível a ela própria desconstituir uma decisão. **C:** Errada. O princípio da inevitabilidade corresponde à impossibilidade de que os indivíduos optem por não seguir o que foi decidido pela jurisdição. **D:** Errada. A expedição de carta rogatória por autoridade brasileira teria por objeto a realização de um ato processual em território estrangeiro (NCPC, arts. 36 e 960). **E:** Errada. A competência da jurisdição nacional é mais ampla e pode atingir, por exemplo, réu estrangeiro domiciliado no Brasil (NCPC, art. 21 e ss.). LD/ACC

Gabarito "B".

(Defensor Público/AL – 2017 – CESPE) Julgue os itens seguintes, a respeito de demandas que envolvam instituição de ensino superior particular.

I. Caso a demanda verse sobre inadimplemento de mensalidade, a competência, em regra, é da justiça federal.

II. A competência para o processamento do feito que verse sobre credenciamento de entidade perante o MEC é da justiça federal.

III. Tratando-se de demanda sobre registro de diploma perante o MEC, a competência da justiça federal pode ser derrogada para a justiça comum estadual em decorrência do foro de eleição constante no contrato de prestação de serviços educacionais.

IV. Em se tratando de demanda sobre cobrança de taxas escolares oriunda de um mandado de segurança, a competência será da justiça federal.

Estão certos apenas os itens

(A) I e II.

(B) II e IV.

(C) III e IV.

(D) I, II e III.

(E) I, III, IV.

I: Errada. Nesse caso, a competência, em regra, é da Justiça Estadual (STJ, REsp 1.344.771/ PR). **II:** Correta, conforme jurisprudência dos Tribunais Superiores (STJ, REsp 1.344.771/ PR). **III:** Errada. Trata-se de competência absoluta da Justiça Federal, razão pela qual não poderia ser derrogada por convenção das partes (NCPC, art. 62). **IV:** Correta, conforme orientação do STJ. Ressalta-se que, caso não se tratasse de MS, a competência seria da Justiça Estadual (STJ, REsp 1.344.771/ PR). LD/ACC

Gabarito "B".

(Defensor Público – DPE/MT – 2016 – UFMT) Sobre a competência no Código de Processo Civil (CPC/2015), assinale a afirmativa INCORRETA.

(A) A ação possessória imobiliária será proposta no foro de situação da coisa, cujo juízo tem competência absoluta.

(B) A incompetência, absoluta ou relativa, será alegada como questão preliminar de contestação.

(C) O registro ou a distribuição da petição inicial torna prevento o juízo.

(D) Antes da citação, a cláusula de eleição de foro, se abusiva, pode ser reputada ineficaz de ofício pelo juiz; após a citação, incumbe ao réu alegar a abusividade da cláusula de eleição de foro na contestação, sob pena de preclusão.

(E) É competente o foro de domicílio da mulher, para a ação de divórcio, anulação de casamento e reconhecimento ou dissolução de união estável.

A: correta. A competência territorial, em regra, é relativa. Contudo, tratando-se do art. 47 do NCPC (competência do foro do local do imóvel no caso de direito real imobiliário), prevê o Código não haver possibilidade de escolha em algumas situações (§ 1º), sendo que o § 2º afirma expressamente que, na possessória, a competência é absoluta; **B:** correta, conforme art. 64 do NCPC; **C:** correta, conforme art. 59 do NCPC; **D:** correta, conforme §§ 3º e 4º do art. 63 do NCPC; **E:** incorreta, devendo esta ser assinalada. Essa resposta era correta no CPC/1973, mas o NCPC trouxe outra previsão: na ação de divórcio, anulação de casamento e reconhecimento de união estável, o foro competente será (i) do domicílio do guardião de filho incapaz, (ii) do último domicílio do casal, caso não haja filho incapaz, (iii) do domicílio do réu, se nenhuma das partes residir no antigo domicílio do casal (art. 53, I do NCPC).

Gabarito "E".

(Defensor Público – DPE/BA – 2016 – FCC) Sobre a competência,

(A) a ação possessória imobiliária será proposta no foro da situação da coisa, cujo juízo tem competência absoluta.

(B) são irrelevantes as modificações do estado de fato ou de direito ocorridas posteriormente ao registro ou à distribuição da petição inicial, ainda que alterem competência absoluta.

(C) serão remetidos à Justiça Federal os processos nos quais intervier a União, incluindo as ações de recuperação judicial e falência.

(D) uma vez remetidos os autos à Justiça Federal, em razão de intervenção da União, o juízo federal suscitará conflito de competência se, posteriormente, esta for excluída do processo.

(E) a ação fundada em direito real sobre bem móvel será proposta, em regra, no foro da situação da coisa.

A: correto. A competência territorial, em regra, é relativa. Contudo, tratando-se do art. 47 do NCPC (competência do foro do local do imóvel no caso de direito real imobiliário), prevê o Código não haver possibilidade de escolha em algumas situações (§ 1º), sendo que o § 2º afirma expressamente que, na possessória, a competência é absoluta; **B:** incorreto. A questão trata da *perpetuatio jurisdictionis*, instituto pelo qual as modificações do estado de fato ou de direito, ocorridas posteriormente ao registro ou distribuição da petição inicial, são *irrelevantes – salvo* se acarretar alteração de *competência absoluta*, caso em que haverá remessa dos autos ao novo juízo competente (NCPC, art. 43); **C:** incorreto. Em regra, a presença na União atrai a competência da Justiça Federal, mas há exceções – dentre as quais as causas de falência (CF, art. 109, I e NCPC, art. 45, I); **D:** incorreto, pois, na hipótese, não é necessário suscitar o conflito de competência, bastando que haja restituição dos autos ao juízo estadual (NCPC, art. 45, § 3º); **E:** incorreto, pois a competência, no caso, é do domicílio do réu (NCPC, art. 46).

Gabarito "A".

(Defensor Público – DPE/ES – 2016 – FCC) A respeito da competência, o novo Código de Processo Civil dispõe que

(A) a ação em que se pleiteia somente o reconhecimento da paternidade, deve ser proposta no foro do domicílio do autor.

(B) a incompetência relativa do juízo deve ser alegada em exceção de competência, no prazo para a resposta.

(C) o inventário deve ser proposto, em regra, ao foro de situação dos bens imóveis do autor da herança.

(D) como regra, nas ações de divórcio, é competente o foro do guardião do filho incapaz e, caso não haja filho incapaz, o foro do último domicílio do casal.

(E) a ação possessória imobiliária deve ser proposta no foro de situação da coisa, mas por se tratar de competência territorial, se prorroga caso não venha a ser alegada no momento oportuno.

A: incorreto, pois, nesse caso, aplica-se a regra geral do art. 46 do NCPC (domicílio do réu). Se houvesse cumulação com o pedido alimentar, aí a competência seria do domicílio do autor (Súmula 1/STJ: "O foro do domicílio ou da residência do alimentando é o competente para a ação de investigação de paternidade, quando cumulada com a de alimentos"). **B:** incorreta, pois no NCPC a exceção de incompetência deixa de existir e a incompetência deve ser alegada em preliminar de contestação (art. 64 e 337, II); **C:** incorreto, pois em regra o foro do último domicílio do autor da herança é o competente para o inventário (NCPC, art. 48); somente se não houver domicílio certo, é que a competência será do foro de situação dos bens imóveis (NCPC, art. 48, parágrafo único, I). **D:** correto, nos termos do art. 53, I, "a" e "b" do NCPC. Assim, não mais há, no NCPC, a previsão do foro do domicílio da mulher nas ações de divórcio. **E:** incorreto, pois nesse caso o próprio Código prevê que a competência é absoluta, portanto improrrogável (NCPC, art. 47, § 2º).

Gabarito "D".

(Defensor Público/ES – 2012 – CESPE) Acerca dos princípios da jurisdição, julgue o item abaixo.

(1) O princípio da inafastabilidade diz respeito à vinculação obrigatória das partes ao processo, que passam a integrar a relação processual em um estado de sujeição aos efeitos da decisão jurisdicional.

1: incorreto. A assertiva aponta o conceito da inevitabilidade, enquanto princípio relativo à jurisdição. Já a indeclinabilidade ou inafastabilidade, expressa no art. 5º, XXXV, da CF, tem a ver com a garantia do acesso à justiça, sendo assegurada a todos a proteção contra lesão ou ameaça a direito.

Gabarito 1E.

(Defensor Público/ES – 2012 – CESPE) Com relação à competência processual civil, julgue os itens a seguir.

(1) Admite-se, no que se refere ao cumprimento da sentença condenatória, a derrogação da competência funcional do juízo do *decisum*, facultando-se ao credor optar pelo juízo do local onde se encontrem os bens sujeitos a expropriação.

(2) A aplicação do princípio da *perpetuatio iurisdictionis* não obsta a modificação posterior da competência em caso de competência absoluta.

1: correto (art.516, parágrafo único, do NCPC); **2:** correto. Em função do princípio da *perpetuatio jurisdictionis*, a competência é determinada no momento do registro ou da distribuição da petição inicial, de forma que as modificações do estado de fato ou de direito ocorridas após o aforamento da demanda não têm o condão de modificar a competência, salvo quando suprimirem o órgão judiciário ou alterarem a competência absoluta (art. 43 do NCPC).

Gabarito 1C, 2C

(Defensor Público/AC – 2012 – CESPE) De acordo com o CPC, havendo conexão ou continência, o juiz, de ofício ou a requerimento de qualquer das partes, pode ordenar a reunião de ações propostas em separado, a fim de que sejam decididas simultaneamente. A respeito das causas de modificação de competência e das declarações de incompetência, assinale a opção correta.

(A) Há prorrogação da competência da justiça federal ainda que de uma das causas conexas não participe ente federal.

(B) A conexão pode ensejar a reunião de processos, se assim considerar adequado o juiz, a pedido da parte, ainda que um dos processos já tenha sido sentenciado, sendo necessário, nessa situação, que ainda esteja pendente o recurso de apelação.

(C) Caso entenda a parte que os processos devem ser reunidos, ela deve provocar os juízos envolvidos, interpondo, se for o caso, os recursos cabíveis, havendo conflito de competência se, entre dois ou mais juízes, surgir controvérsia acerca da reunião ou separação dos processos.

(D) O conflito de competência pode ser suscitado por qualquer das partes, pelo MP ou pelo juiz, devendo ser dirigido ao presidente do tribunal, devidamente instruído com os documentos necessários à prova do conflito. Nesse caso, além de apreciar o conflito, o tribunal poderá conhecer de ofício as questões de ordem pública, tais como ilegitimidade de partes e coisa julgada.

(E) Se acolhida a alegação de conexão, a competência para o julgamento das demandas reunidas é do juiz que primeiro ordenou a citação, sendo irrelevante, conforme o CPC, a data em que tenha sido validamente citado o réu.

A: incorreto. A prorrogação da competência por força de conexão só se dá nos casos de competência relativa (NCPC, art. 54), sendo inaplicável, pois, na hipótese de competência absoluta, tal qual aquela verificada segundo o critério *ratione personae*; **B:** incorreto, nos termos do art. 55, §1º, do NCPC, que veio para incorporar no texto legal o entendimento antes previsto na Súmula 235 do STJ ("A conexão não determina a reunião dos processos, se um deles já foi julgado"); **C:** correto (arts. 66 e 953 do NCPC); **D:** incorreto. Ao decidir o conflito, o tribunal se limitará a declarar qual o juízo competente, pronunciando-se também sobre a validade dos atos praticados pelo juízo incompetente. De qualquer sorte, é vedado à corte imiscuir-se na apreciação de questões alheias à competência dos órgãos envolvidos (art. 957, caput, do CPC). Além disso, a questão passou a ser incorreta por conta do art. 953, NCPC, que, ao contrário do que fazia o antigo 118 do CPC/73, fala que o conflito será suscitado ao tribunal, não fazendo menção ao "presidente do tribunal" (diferentemente do que sugere a alternativa); **E:** incorreto, pois é o registro ou a distribuição da petição inicial que torna prevento o juízo (NCPC, art. 59).

Gabarito "C".

(Defensor Público/RO – 2012 – CESPE) Acerca da competência, assinale a opção correta.

(A) A competência estabelecida na EC nº 45/2004 não alcança os processos já sentenciados.

(B) Compete ao STJ decidir os conflitos de competência entre juizado especial federal e juízo federal da mesma seção judiciária.

(C) Caso a União manifeste interesse em processo em curso perante a justiça comum, a esse juízo compete decidir sobre a existência de interesse jurídico.

(D) Proposta a execução fiscal, a posterior mudança de domicílio do executado desloca a competência já fixada para seu novo domicílio.

(E) A existência de vara privativa instituída por lei estadual altera a competência territorial resultante das leis de processo.

A: correto. Nesse sentido: "Conflito negativo de competência. Execução de multa por infração à legislação do trabalho. Competência. Alteração introduzida pela Emenda Constitucional nº 45/2004. Causa não sentenciada antes da entrada em vigor da referida emenda. Competência da Justiça do Trabalho. 1. As ações de cobrança de multa por infração à legislação do trabalho, como é a prevista no art. 23, § 1º, I, da Lei 8.036/1990, passaram, após a vigência da EC 45/2004, a ser da competência da Justiça do Trabalho. 2. Todavia, a nova regra de competência somente se aplica às causas não sentenciadas na data da entrada em vigor da EC 45/2004, como é o caso. Precedentes. 3. Conflito conhecido, declarando-se a competência do Juízo da 4ª Vara do Trabalho de Natal RN, o suscitante. (CC 89.411/RN, rel. Min. Teori Albino Zavascki, 1ª Seção, j. 28.11.2007, DJ 17.12.2007, p. 119); **B:** incorreto. Cabe ao Tribunal Regional Federal o julgamento do conflito de competência entre juízes federais a ele vinculados (art. 108, I, e, da CF, e Súmula 428 do STJ: "Compete ao Tribunal Regional Federal decidir os conflitos de competência entre juizado especial federal e juízo federal da mesma seção judiciária"); **C:** incorreto (Súmula 150 do STJ: "Compete à Justiça Federal decidir sobre a existência de interesse jurídico que justifique a presença, no processo, da união, suas autarquias ou empresas públicas."); D e **E:** incorretos. A *perpetuatio jurisdictionis* – estabilização da competência – ocorre com o aforamento da demanda. Em função desse princípio, a competência é determinada no momento em que a petição inicial é distribuída ou registrada, de forma que as modificações do estado de fato ou de direito ocorridas após o ajuizamento da demanda não têm o condão de modificar a competência, salvo quando suprimirem o órgão judiciário ou alterarem a competência absoluta (art. 43 do NCPC).

Gabarito "A".

(Defensor Público/ES – 2009 – CESPE) No que concerne ao direito processual civil, julgue o item:

(1) Na conexão de causas em que haja incompetência em razão do território no tocante à causa conexa, o juiz, em vez de declarar-se incompetente, poderá determinar a reunião das ações propostas separadamente e julgá-las, prorrogando a competência.

1: correta. V. art. 54 do NCPC.

Gabarito 1C

(Defensor Público/MS – 2008 – VUNESP) Em relação à competência: Regem-se pela Organização Judiciária

(A) a competência funcional dos juízes de primeiro grau.

(B) a competência em razão do valor e da matéria.

(C) a competência dos tribunais, exclusivamente.

(D) a competência em razão do valor e da matéria, em conjunto com a Constituição Federal.

Na CF encontra-se delineada a competência de cada um dos órgãos do Poder Judiciários quanto à *justiça competente* – se especial ou comum – para o processamento e julgamento de uma determinada demanda.

Logo, a competência de *juízos e tribunais* está assentada na própria Lei Maior, motivo pelo qual a assertiva "C" está errada. Por sua vez, no NCPC estão dispostas tanto as regras para que se encontre o *foro (comarca)* em que tal demanda deve ser ajuizada, quanto as diretrizes para fixação da competência *funcional* dos juízos de primeiro grau. Por isso, a alternativa "A" está incorreta. No mais, a partir das respectivas leis estaduais de organização judiciária é que se deve apurar qual o *juízo* competente para o julgamento da demanda, segundo os critérios existentes, a exemplo da competência em razão da matéria e do valor da causa (art. 96, II, d, da CF), registrando-se que a Constituição Federal não normatiza a competência de juízo, razão pela qual se afigura prejudicada a resposta "D".

Gabarito "B".

(Defensor Público/MT – 2007 – DPE/MT) Acerca da competência, é correto afirmar:

(A) Nas ações sobre direito de vizinhança, não poderá o autor optar pelo foro de domicílio ou de eleição.

(B) É competente o foro do domicílio do autor, para a ação de anulação de títulos extraviados ou destruídos.

(C) A competência material, espécie de competência relativa, tem em conta a matéria objeto da lide.

(D) A competência é exclusiva quando dada a apenas um órgão do Poder Judiciário; sendo mais de um órgão igualmente competente para julgar a causa, haverá competência jurisdicionada.

(E) Se o autor da herança tinha domicílio certo e possuía bens em diferentes lugares, é competente o foro do lugar em que ocorreu o óbito.

A: correta (art. 47, §1º, do NCPC); **B:** incorreta, pois não há previsão legal nesse sentido; **C:** incorreta, porque a competência material é espécie de competência absoluta; **D:** incorreta, pois não há previsão de "competência jurisdicionada"; **E:** incorreta (art. 48 do NCPC).

Gabarito "A".

(Defensor Público/AC – 2006 – CESPE) É competente para processar o inventário e a partilha, o juízo

(A) do domicílio do inventariante.

(B) da situação dos bens, caso o falecido não possuísse domicílio certo.

(C) do herdeiro que requereu o inventário.

(D) do domicílio do cônjuge supérstite, sendo o *de cujus* casado.

Regra geral, o inventário e a partilha serão processados no foro do último domicílio do autor da herança (art.48, *caput*, do NCPC). Subsidiariamente, caso este não tenha domicílio certo, o inventário e a partilha correrão no foro onde se encontrem os bens deixados aos sucessores (art. 48, parágrafo único, I, do NCPC).

Gabarito "B".

(Defensor Público da União – 2004 – CESPE) Quanto à competência, julgue os itens seguintes.

(1) Enquanto o Supremo Tribunal Federal (STF) pode julgar, mediante recurso, decisões de qualquer justiça, tais como trabalhista, eleitoral, militar, federal ou estadual, o Superior Tribunal de Justiça (STJ) somente pode julgar, mediante recurso, as causas decididas pelos tribunais regionais federais ou pelos tribunais dos estados e do Distrito Federal e territórios.

(2) O STJ é competente para dirimir conflito de competência entre juizado especial federal e juízo de vara federal na mesma seção judiciária.

1: incorreto. À guisa de exemplo, impende destacar as causas decididas pelos juízos federais entre Municípios, pessoas residentes ou domiciliadas no Brasil e organismos internacionais, cuja competência para julgamento da apelação é atribuída ao Superior Tribunal de Justiça e não ao TRF (arts. 105, II, c, e 109, II, ambos da CF); **2:** incorreto. A competência para dirimir tal conflito é do próprio Tribunal Regional Federal (art. 108, I, e, da CF). Somente são da alçada do STJ os conflitos entre tribunais, ressalvado o disposto no art. 102, I, o, da Carta Magna, bem como entre tribunal e juízes a ele não vinculados e entre juízos pertencentes a tribunais diversos (art. 105, I, d, da CF).

Gabarito 1E, 2E.

(Defensor Público da União – 2002 – CESPE) Em relação à competência, julgue os itens abaixo.

(1) Ação de usucapião de imóvel objeto de pedido de partilha em separação judicial é atraída para o juízo de família, devendo ambas as ações serem julgadas em conjunto, em razão da continência.

(2) O Conflito de competência entre juiz de direito e juiz federal deve ser julgado pelo Tribunal Regional Federal (TRF) da região a que pertença o juiz federal.

(3) Em julgamento de agravo de instrumento, reconhecendo o tribunal de justiça a competência da justiça federal para julgar o feito, remeterá os autos à justiça federal; se o juiz federal, entretanto, entender que a competência é da justiça estadual, suscitará conflito a ser dirimido pelo Superior Tribunal de Justiça (STJ).

(4) A competência para julgar ação rescisória proposta contra acórdão do tribunal de justiça estadual, contra o qual fora interposto recurso especial não conhecido por falta de prequestionamento, é do STJ.

(5) Ação de constituição de servidão administrativa em propriedade particular, proposta por empresa privada concessionária de atividade de exploração de energia elétrica, diante do manifesto desinteresse da União federal em integrar o polo ativo da ação, corre perante o juízo estadual.

1: incorreta. Não há se cogitar de qualquer causa de modificação da competência – continência, conexão, prorrogação e derrogação –, em se tratando de *competência de juízo*, que é sempre absoluta. De qualquer forma, a competência em razão da matéria (*ratione materiae*) é absoluta; **2:** incorreto. O conflito, nesse caso, deverá ser dirimido pelo Superior Tribunal de Justiça (art. 105, I, d, da CF); **3:** correto (art. 105, I, d, da CF); **4:** incorreto. A ação rescisória será intentada junto ao tribunal de onde emanou o julgado que se pretende rescindir; **5:** correto. Ausente o interesse da União, de suas empresas públicas federais ou de suas autarquias em integrar o polo ativo da lide, não se justifica a atração da competência para a Justiça Comum Federal (art. 109, I, da CF).

Gabarito 1E, 2E, 3C, 4E, 5C.

3. PARTES, PROCURADORES, DEFENSORIA PÚBLICA, MINISTÉRIO PÚBLICO E JUIZ

(Defensor Público/PE – 2018 – CESPE) A respeito da gratuidade da justiça para brasileiros e estrangeiros residentes no Brasil, assinale a opção correta.

(A) Alegada a insuficiência de recursos por pessoa jurídica ou natural, presume-se verdadeira a declaração para fins de concessão da gratuidade de justiça.

(B) A gratuidade de justiça abrange o pagamento das multas processuais impostas contra o seu beneficiário, que pode ser pessoa natural ou jurídica, nesse último caso, se não tiver havido desconsideração da personalidade jurídica.

(C) A gratuidade de justiça afasta a responsabilidade de pagamento dos honorários advocatícios decorrentes da sucumbência do seu beneficiário.

(D) Como decorre de direito pessoal, a gratuidade de justiça se estende aos sucessores do beneficiário.

(E) A decisão a respeito das custas processuais de agravo de instrumento interposto contra o indeferimento da gratuidade de justiça deve ser tomada preliminarmente ao julgamento do mérito recursal.

A: Errada. A presunção de veracidade da declaração abarca apenas as pessoas naturais (NCPC, art. 99, § 3º). **B:** Errada. O benefício da gratuidade de justiça não afasta o dever do beneficiário ao pagamento das multas processuais (NCPC, art. 98, § 4º). **C:** Errada. O benefício não afasta a responsabilidade ao pagamento dos ônus sucumbenciais (NCPC, art. 98, § 2º). **D:** Errada. Em regra, o benefício não se estende a terceiros, salvo requerimento expresso (NCPC, art. 99, § 6º). **E:** Correta (NCPC, art. 101, § 1º). LD/ACC

Gabarito "E".

(Defensor Público/PE – 2018 – CESPE) Artur, réu em uma ação de cobrança, faleceu antes da satisfação do crédito, deixando bens. Seu inventário foi aberto e foi nomeado o inventariante. Só havia herdeiros. Paralelamente, o autor da ação de cobrança cedeu o direito do crédito perseguido a terceiro.

Com referência a essa situação hipotética, assinale a opção correta.

(A) Até a consecução da partilha, é o espólio, e não os herdeiros, que deve substituir o falecido na ação de cobrança.

(B) A sucessão voluntária do autor da ação de cobrança poderia ocorrer em qualquer situação.

(C) Independentemente do consentimento da parte devedora, o cessionário pode substituir o cedente no processo de cobrança.

(D) O cessionário poderá intervir no processo como assistente litisconsorcial do cedente, após consentimento da parte devedora.

(E) O juiz não deve suspender o processo de cobrança: a substituição processual do falecido pelos herdeiros é automática.

A: Correta, em conformidade com a lei, reforçado por entendimento da 3ª Turma do STJ (NCPC, art. 110). **B:** Errada. A sucessão voluntária das partes é permitida apenas nos casos previstos em lei (NCPC, art. 108). **C:** Errada. O cessionário depende do consentimento da parte contrária para substituir o cedente (NCPC, art. 109, § 1º). **D:** Errada. O ingresso do cessionário como assistente litisconsorcial independe de consentimento da parte contrária (NCPC, art. 109, § 2º). **E:** Errada. O juiz deve suspender o processo, procedendo-se à habilitação dos sucessores do falecido (NCPC, arts. 313, I e 689). LD/ACC

Gabarito "A".

(Defensor Público/AC – 2017 – CESPE) No que concerne à assistência jurídica integral, assistência judiciária e gratuidade judiciária, assinale a opção correta.

(A) A gratuidade judiciária é o instituto mais amplo entre os referidos, tendo abrangido a assistência judiciária.

(B) A assistência jurídica integral é exercida por advogados públicos ou privados nomeados pelo Poder Judiciário para prestar auxílio judicial e extrajudicial à população.

(C) Exercem a assistência judiciária, entre outros, os profissionais liberais designados para o encargo de perito nos processos judiciais em que tenha sido deferida a gratuidade da justiça.

(D) O benefício da gratuidade da justiça é destinado somente às pessoas naturais.

(E) A assistência judiciária garante a concessão pelo Poder Judiciário de isenção de custas, taxas e despesas processuais, mas não de emolumentos.

A: Errada. A assistência jurídica é o termo mais amplo, que engloba a assistência judiciária e a gratuidade de justiça (CF, art. 5º, LXXIV). **B:** Errada. A assistência jurídica integral não é exercida por advogados privados, aos quais é reservada a atuação *bro bono*. **C:** Correta (Lei 1.060/1950, art. 14). **D:** Errada. É possível a concessão da gratuidade de justiça às pessoas jurídicas (NCPC, art. 98). **E:** Errada. A gratuidade de justiça abrange a isenção do pagamento de custas, taxas, despesas processuais e emolumentos (NCPC, art. 98, § 1º, IX). LD/ACC

Gabarito "C".

(Defensor Público/AC – 2017 – CESPE) De acordo com a jurisprudência do STF acerca dos honorários advocatícios decorrentes da atuação da DP, assinale a opção correta.

(A) A inexistência de condenação anterior em honorários advocatícios em favor da DP não obsta a fixação de honorários recursais.

(B) A DP não poderá receber honorários advocatícios caso ajuíze e vença ação contra o mesmo ente estatal ao qual esteja vinculada.

(C) Caso a DP proponha uma ação, de qualquer natureza, e seja vencedora, deverão ser fixados em favor dela honorários advocatícios, em decorrência de sua autonomia institucional.

(D) A atuação de DP como curador especial não impede a condenação da parte vencida em honorários advocatícios em favor da DP.

(E) Por expressa determinação constitucional, é vedado ao DP, a qualquer título e sob qualquer pretexto, o recebimento de honorários.

A: Errada. Conforme orientação do STF, a majoração de honorários na fase recursal pressupõe a fixação de honorários pelo juízo de origem (STF, ARE 1014675/MG). **B:** Errada. De acordo com o entendimento do STF, é possível a condenação do ente público ao pagamento de honorários sucumbenciais em favor da DP (ex.: União condenada a pagar honorários à DPU). Vale frisar, no entanto, que o STJ possui entendimento contrário (STF, AR 1937/DF e STJ, Súmula 421). **C:** Errada. Não são devidos honorários em sede de MS, p. ex. (Lei 12.016/2009, art. 25). **D:** Correta (STJ, Resp 1638558/RJ). **E:** Errada. Não há previsão constitucional nesse sentido. LD/ACC

Gabarito "D".

(Defensor Público – DPE/ES – 2016 – FCC) De acordo com a atual sistemática processual civil, no caso de substituição processual, o

(A) substituto poderá reconvir e, assim, deduzir pedido em face da outra parte com fundamento na alegação de ser o próprio titular de um direito em relação à parte reconvinda.

(B) substituído poderá intervir como assistente litisconsorcial e, neste caso, sua atuação não se subordina à atividade do substituto.

(C) substituto atua como assistente simples do substituído, com atuação subordinada à atividade deste último quando intervém no processo.

(D) substituído não poderá intervir no processo pelas formas de intervenção de terceiro previstas na lei, razão pela qual não se submete à coisa julgada.

(E) substituto é considerado parte da relação jurídica de direito material e, portanto, tem o poder renunciar ao direito sobre o que se funda a ação ainda que o substituído se oponha.

O substituto processual é aquele que pleiteia direito alheio em nome próprio, quando previsto em lei (NCPC, art. 18). **A:** incorreto, pois nesse caso o fundamento da reconvenção deve estar embasado em pretensão do substituído, que é, em verdade, o titular do direito debatido no processo (NCPC, art. 343, § 5º). **B:** correto (NCPC, art. 18, parágrafo único), sendo certo que a qualidade de assistente litisconsorcial implica autonomia do assistente na atuação no processo (NCPC, art. 124). **C: incorreto**, pois o substituto é que atua como parte, pleiteando direito alheio em nome próprio (NCPC, art. 18). **D:** incorreto, considerando a resposta de "B". **E:** incorreto, porque o substituto não pode renunciar ao direito sobre o que se funda a ação, notadamente porque se trata de direito alheio (NCPC, art. 18).

Gabarito "B".

(Defensor Público – DPE/ES – 2016 – FCC) Sobre conciliação e mediação, diante dos conceitos e regras do novo Código de Processo Civil:

(A) No procedimento comum, o não comparecimento injustificado do réu à audiência de conciliação ou mediação gera a sua revelia e impõe o pagamento de multa.

(B) A audiência prévia de conciliação ou mediação somente não será realizada se o autor ou o réu manifestarem, expressamente, desinteresse na composição consensual.

(C) A conciliação seria o método mais adequado para a solução consensual para uma ação ajuizada como divórcio litigioso.

(D) Na sua atuação, o mediador deverá sugerir soluções para o litígio, sendo vedada a utilização de qualquer tipo de constrangimento ou intimidação para que as partes conciliem.

(E) O conciliador e o mediador, assim como os membros de suas equipes, não poderão depor acerca de fatos ou elementos oriundos da conciliação ou da mediação.

A: incorreto, pois o não comparecimento injustificado do réu não gera revelia, mas é considerado ato atentatório à dignidade da justiça, passível de ser sancionado com multa (NCPC, art. 334, § 8º). **B:** incorreto, apesar de essa ser *uma das* hipóteses em que, pela lei, não haverá a audiência. Segundo o Código, a audiência não será realizada caso se trate de direito indisponível ou se ambas as partes expressamente manifestarem que não querem realizar a audiência (NCPC, art. 334, § 4º). **C:** incorreto, pois, no caso de divórcio litigioso, a solução consensual mais adequada seria a mediação – indicada para os casos em que houver vínculo anterior entre as partes (NCPC, art. 165, § 3º). **D:** incorreto, pois o mediador auxiliará aos interessados a compreender as questões e os interesses em conflito, de modo que eles mesmos identifiquem soluções consensuais que gerem benefícios mútuos (NCPC, art. 165, § 3º). A sugestão para a solução do litígio é típica postura de conciliador. **E:** correto (NCPC, art. 166, § 2º).

Gabarito "E".

(Defensor Público/TO – 2013 – CESPE) Vítor, menor de idade, representado por sua genitora, ingressou com ação de investigação de paternidade cumulada com alimentos contra Roberto. Após a realização de inúmeras diligências citatórias frustradas, o juiz deferiu a citação editalícia, que foi realizada conforme as formalidades legais. O requerido, entretanto, não apresentou resposta no prazo legal. Nessa situação hipotética, o juiz deve, imediatamente,

(A) determinar a intimação do autor, para que especifique as provas que pretenda produzir em audiência.

(B) determinar a realização de novas diligências citatórias, sob pena de nulidade do processo, já que a lei exige a citação pessoal do réu nesse tipo de ação.

(C) decretar a revelia do réu e considerar verdadeiros os fatos articulados pelo autor, proferindo desde logo sentença que confira total procedência ao pedido.

(D) nomear curador especial ao réu, encargo que poderá recair sobre a DP.

(E) determinar a intimação pessoal do representante do MP e, em seguida, com ou sem pronunciamento, decidir quanto à aplicação dos efeitos da revelia.

A alternativa D é a correta (arts. 9º, II, do CPC e 4º, XVI, da Lei Complementar 80/1994). As demais assertivas estão incorretas por destoarem dos aludidos repositórios legais.

Gabarito "D".

(Defensor Público/TO – 2013 – CESPE) Com relação à representação processual, assinale a opção correta.

(A) O menor de dezesseis anos de idade órfão de pai e mãe deve ser representado em juízo por seu curador.

(B) Em juízo, o condomínio é representado pelo síndico ou pelo administrador.

(C) Os estados e os municípios são representados em juízo pelos respectivos chefes do Poder Executivo.

(D) O espólio de pessoa casada será representado em juízo pelo cônjuge supérstite e o de pessoa solteira ou viúva, por qualquer dos herdeiros legítimos, observada a ordem de vocação hereditária.

(E) Independentemente de previsão contratual, a sociedade limitada pode ser representada, em juízo, por qualquer dos seus sócios proprietários.

A: incorreto. O menor de dezesseis anos deve ser representado por seu tutor (art. 1.747, I, do CC); **B:** correto (art. 75, XI, do NCPC); **C:** incorreto (art. 75, I, II e III, do NCPC); **D:** incorreto (art. 75, VII, NCPC); **E:** incorreto (art. 75, VIII, do NCPC).

Gabarito "B".

(Defensor Público/AC – 2012 – CESPE) A respeito dos aspectos processuais da atuação do curador especial, assinale a opção correta com base no que dispõem o CPC e a jurisprudência do STJ.

(A) O réu preso tem direito a curador especial, ainda que tenha contestado a ação por intermédio de advogado constituído.

(B) A nomeação de curador especial ao incapaz só ocorrerá se este não tiver representante legal ou se os interesses do incapaz forem colidentes com os do representante legal.

(C) A natureza jurídica do curador especial é a de substituto processual.

(D) O curador especial, excetuado o dever de contestar especificadamente os fatos, atua, em geral, segundo sua convicção profissional, não sendo obrigado a interpor recurso.

(E) É imprescindível a intervenção da DP como curadora especial de menor em ação de destituição de poder familiar ajuizada pelo MP, sob pena de nulidade da ação.

A: incorreto, eis que somente será dado curador especial ao réu preso que não tenha constituído patrono nos autos (NCPC, art. 72, II); **B:** correto (art. 72, I, do NCPC); **C:** incorreto. A curadoria especial é função institucional da Defensoria Pública (art. 4º, XVI, da Lei Complementar 80/1994). O curador especial ostenta natureza jurídica de representante processual da parte assistida e atua com vistas a integrar a capacidade processual do incapaz, ou para equilibrar o contraditório no caso de réu preso ou citado fictamente. A parte é sempre o representado, motivo porquanto não há cogitar-se de substituição processual, eis que o curador especial não atua em nome próprio na tutela de interesses alheios; **D:** incorreto. O curador especial tem a obrigação de defender os interesses do réu, seja contestando ou ajuizando embargos do devedor (Súmula 196/STJ), conforme a natureza do processo, sob pena de ser destituído, a fim de que outro seja nomeado em seu lugar para efetivamente apresentar defesa. Todavia, dispõe da faculdade de interpor recurso, podendo, inclusive, renunciar ao prazo recursal ou desistir daquele interposto. Vale ressaltar que a reação oferecida pelo curador especial pode se dar inclusive de modo genérico, porquanto se acha desvencilhado do ônus da impugnação especificada dos fatos articulados pelo autor (art. 341, parágrafo único, do NCPC); **E:** incorreto, conforme Informativo STJ 492.

Gabarito "B".

(Defensor Público/ES – 2009 – CESPE) No que concerne ao direito processual civil, julgue os itens:

(1) A procuração geral para o foro, assinada pelo réu, habilita seu advogado, entre outros, a receber citação inicial, a ser intimado dos atos processuais e a reconhecer a procedência do pedido.

(2) Em causas que versem sobre direitos reais imobiliários, os cônjuges são litisconsortes necessários se réus, mas não o serão se autores.

(3) Ao proceder à citação da pessoa jurídica, é dever do oficial de justiça exigir prova da representação legal ou contratual da empresa para reputar válida e eficaz a diligência efetuada.

1: incorreto (vide art. 105 do NCPC); **2:** correto, porque nos termos do art. 73 do NCPC, quando o autor for casado, salvo no caso do regime da separação absoluta de bens, será suficiente a autorização do cônjuge para a propositura da demanda (não se exige a formação de litisconsórcio ativo entre eles); **3:** incorreto. O oficial de justiça cumpre o mandado de citação nos termos em que fora esse expedido. Compete à parte autora indicar corretamente o representante legal da pessoa jurídica ré, e não ao oficial de justiça verificar se a indicação foi feita adequadamente.

Gabarito 1E, 2C, 3E.

(Defensor Público/MT – 2009 – FCC) Quanto às funções exercidas pelo juiz:

(A) visando à justiça de cada caso, deve como regra julgar por equidade.

(B) deve zelar pelo tratamento isonômico das partes, conciliá-las sempre que possível, procurar a rápida solução do litígio e prevenir ou reprimir qualquer ato contrário à dignidade da justiça.

(C) diante do princípio da iniciativa da parte, deve aguardar que esta requeira as provas a serem produzidas, não podendo fazê-lo de ofício.

(D) pode decidir livremente a lide, desde que fundamentadamente, podendo examinar quaisquer questões do processo, levantadas ou não pelas partes, em busca de subsídios para o julgamento.

(E) as decisões aplicam sempre as normas legais, sendo-lhe defeso utilizar-se de outros meios para despachar ou sentenciar.

A: incorreta, pois o juiz só está autorizado a julgar por equidade nos casos previstos em lei (art. 140, parágrafo único, do NCPC); **B:** correta (art. 139, I a IV, do NCPC); **C:** incorreta (art. 370, NCPC); **D:** incorreta (art. 141 do NCPC); **E:** incorreta (art. 140 do NCPC).

Gabarito "B".

(Defensor Público/MS – 2008 – VUNESP) Os incapazes têm capacidade para ser parte no processo, desde que representados ou assistidos por seus pais, tutores ou curadores. Advindo conflito entre ambos, deve o juiz

(A) remeter os autos do Ministério Público para atuar como substituto processual.

(B) suspender o curso do processo, até que cesse o Poder Familiar, a Tutela ou a Curatela.

(C) nomear Curador Especial.

(D) destituir os pais do Poder Familiar, o Tutor ou Curador.

Art. 72, I, do NCPC (Art. 72. O juiz nomeará curador especial ao: I – incapaz, se não tiver representante legal ou se os interesses deste colidirem com os daquele, enquanto durar a incapacidade).

Gabarito "C".

(Defensor Público/MS – 2008 – VUNESP) O réu, devidamente citado, apresentando contestação, mas verificando o juiz a incapacidade processual ou defeito de representação, deve

(A) assinalar prazo razoável para a sanar o defeito e caso não haja a regularização, deverá declarar o réu revel.

(B) intimá-lo pessoalmente, para regularizar os autos em 48 horas.

(C) extinguir o processo sem resolução do mérito, por falta de pressuposto processual.

(D) extinguir o processo sem resolução do mérito, por não cumprimento da regularização.

Verificada a irregularidade de representação processual da parte, o juiz deve suspender o feito para que a parte sane o aludido defeito. Não atendido tal comando dentro do prazo determinado, o juiz deve decretar a revelia do requerido (art. 76, *caput*, e § 1º, inciso II, do NCPC).

Gabarito "A".

(Defensor Público/MT – 2007 – DPE/MT) Analise os itens abaixo, no tocante aos deveres das partes e de todos aqueles que, de qualquer forma, participarem do processo.

I. Expor os fatos em juízo conforme a verdade.

II. Proceder com lealdade e boa-fé.

III. Não formular pretensões, nem alegar defesa, cientes de que são destituídas de fundamento.

IV. Não produzir provas, nem praticar atos inúteis ou desnecessários à declaração ou defesa do direito.

V. Cumprir com exatidão os provimentos mandamentais, e não criar embaraços à efetivação de provimentos judiciais, seja de natureza final ou antecipatória.

Estão corretos:

(A) Apenas os itens I, II e V.
(B) Apenas os itens II, IV e V.
(C) Apenas os itens I, III e IV.
(D) Apenas os itens I, II, IV e V.
(E) Os itens I, II, III, IV e V.

De acordo com o que prevê o art. 5º e 77 do NCPC.
Gabarito "E".

(Defensor Público/AC – 2006 – CESPE) Determinada ação de investigação de paternidade, cumulada com ação de alimentos proposta por um defensor público foi contestada. Ao receber a contestação para réplica, o defensor público constatou que não foi juntado aos autos o instrumento de mandato do réu para seu advogado. Nesse caso, seria adequado que o defensor público

(A) requeresse a decretação da revelia na peça processual em que versará sobre a contestação.
(B) solicitasse a regularização da representação processual do réu, sob pena de decretação da revelia.
(C) se manifestasse apenas no momento das alegações finais.
(D) não se manifestasse, pois cabe exclusivamente ao juiz dirigir o processo, velando por sua regularidade.

A alternativa "B" está correta. O defensor, vislumbrando o defeito de representação do réu em juízo, deve requerer a suspensão do processo, a fim de que a parte regularize a situação dentro do prazo assinalado pelo juiz. Persistindo a irregularidade, o juiz deve decretar a revelia do réu (art. 76, *caput*, e § 1º, inciso II, do NCPC).
Gabarito "B".

(Defensor Público/MG – 2006 – FUNDEP) Analise as seguintes afirmativas em relação ao Defensor Público, no exercício da prestação de assistência judicial, integral e gratuita aos necessitados.

I. Constitui prerrogativa do Defensor Público receber intimação pessoal em qualquer processo e grau de jurisdição, sob pena de nulidade.
II. Os prazos para o Defensor Público serão computados em quádruplo para contestar e, em dobro, para recorrer.
III. Nas ações que patrocinar contra o Estado, é incabível a condenação destes em honorários advocatícios, caracterizando-se, nessa situação, o instituto da confusão entre credor e devedor.
IV. A contagem diferenciada dos prazos processuais aplicáveis aos Defensores públicos entende-se ao advogado particular de beneficiário da justiça gratuita.
V. O Defensor Público não pode patrocinar ações judiciais contra as Pessoas jurídicas de Direito Público.

A partir dessa análise, pode-se concluir que.

(A) Apenas as afirmativas I e III estão corretas.
(B) Apenas as afirmativas II, IV estão corretas.
(C) Apenas as afirmativas I, II, III e IV estão corretas.
(D) Todas as afirmativas estão corretas.
(E) Todas as afirmativas estão incorretas.

I: correta, conforme art. 44 da Lei Complementar 80/1994, é prerrogativa da Defensoria Pública a intimação pessoal, e sua não realização acarreta a nulidade absoluta (REsp 1.035.716/MS); II: incorreta (art. 186 do NCPC); III: correta, nos termos da Súmula 421 do STJ; IV: incorreta, pois não ocorre tal extensão (TRF-3ª Região, AR 75.462/SP); V: incorreta (art. 4º, § 2º, da Lei Complementar 80/1994).
Gabarito "A".

(Defensor Público/AM – 2011 – Instituto Cidades) São prerrogativas e garantias do defensor público, para sua lídima atuação processual, EXCETO:

(A) representar a parte, em feito administrativo ou judicial, mediante mandato, inclusive nos casos para os quais a lei exija poderes especiais.
(B) patrocinar ação penal privada.
(C) receber intimação pessoal, em qualquer processo e grau de jurisdição.
(D) inamovibilidade, salvo se apenado com remoção compulsória, na forma da respectiva lei.
(E) manifestar-se em autos judiciais por meio de cota.

A: incorreto, devendo esta ser assinalada, inexistindo necessidade de procuração (art. 128, XI, da Lei Complementar 80/1994 – XI – representar a parte, em feito administrativo ou judicial, *independentemente de mandato*, ressalvados os casos para os quais a lei exija poderes especiais); **B:** correto (art. 4º, XV, da Lei Complementar 80/1994); **C:** correto (art. 128, I, da Lei Complementar 80/1994); **D:** correto (art. 118 da Lei Complementar 80/1994); **E:** correto (art. 128, IX, da Lei Complementar 80/1994).
Gabarito "A".

4. ATOS PROCESSUAIS E NULIDADES

(Defensor Público/PE – 2018 – CESPE) Regra geral prevista no Código de Processo Civil determina que os atos processuais sejam realizados em dias úteis, das seis às vinte horas. Com relação aos tempos dos atos processuais, assinale a opção correta, conforme a legislação pertinente.

(A) A prática eletrônica de ato processual poderá ocorrer até as vinte e quatro horas do último dia do prazo.
(B) Em se tratando de prática eletrônica de ato processual, o horário a ser considerado será aquele vigente no juízo que emitiu o ato.
(C) Durante as férias forenses, atos processuais de tutela de evidência podem ser praticados.
(D) Ato processual iniciado antes das vinte horas não poderá ser concluído após esse horário, independentemente de o adiamento causar grave dano aos envolvidos no processo.
(E) Apenas com autorização judicial as citações poderão ser realizadas durante as férias forenses.

A: Correta (NCPC, art. 213). **B:** Errada. O horário considerado será o vigente no juízo perante o qual o ato deve ser praticado (NCPC, art. 213, parágrafo único). **C:** Errada. A exceção aplica-se apenas à tutela de urgência, considerando que a concessão da tutela de evidência independe da comprovação de perigo de dano ou risco ao resultado útil do processo (NCPC, art. 214, II). **D:** Errada. Os atos processuais poderão ser concluídos após as 20h, se o adiamento prejudicar a diligência ou causar grave dano (NCPC, art. 212, § 1º). **E:** Errada. As citações podem ser realizadas durante as férias forenses, independentemente de autorização judicial (NCPC, art. 212, § 2º).
Gabarito "A".

(Defensor Público/AL – 2017 – CESPE) Acerca das normas processuais civis e dos atos processuais, assinale a opção correta.

(A) O pronunciamento judicial que rejeita exceção de pré-executividade, com o prosseguimento da execução, qualifica-se como decisão interlocutória.

(B) É vedado ao juiz, em quaisquer hipóteses, iniciar de ofício o processo.

(C) A substituição processual é espécie do gênero legitimação ordinária e pode ser inicial ou superveniente, exclusiva ou concorrente.

(D) Conforme a sistemática processual brasileira, é vedado ao juiz, em quaisquer hipóteses, decidir por equidade.

(E) A desistência da ação produz efeitos imediatos, dispensando-se intervenção judicial.

A: Correta, exatamente porque a execução prossegue, de modo que não se tem o fim do procedimento em 1º grau (NCPC, art. 203, § 1º). **B:** Errada, existindo alguns procedimentos em legislação extravagante em que o juiz pode dar de ofício início ao processo, como no ECA (não há mais no NCPC previsão de início de processo de inventário de ofício, como havia no NCPC). **C:** Errada. A substituição processual é espécie de legitimação *extraordinária*, já que o substituto defende, em nome próprio, direito alheio (NCPC, art. 18). **D:** Errada. É possível que o juiz decida por equidade, mas apenas nos casos previstos em lei (NCPC, art. 140, parágrafo único). **E:** Errada. A desistência só produzirá efeitos *após* homologação judicial (NCPC, art. 200, parágrafo único). **Gabarito "A".**

(Defensor Público – DPE/MT – 2016 – UFMT) Sobre o curador especial, assinale a afirmativa INCORRETA.

(A) Nas ações em que réu preso for revel, caberá à Defensoria Pública exercer o múnus de curador especial, enquanto não for constituído advogado.

(B) Nos casos em que o réu revel foi citado por edital ou com hora certa, caberá à Defensoria Pública exercer o múnus de curador especial, enquanto não for constituído advogado.

(C) É necessária a intervenção da Defensoria Pública como curadora especial do menor na ação de destituição de poder familiar ajuizada pelo Ministério Público.

(D) O Defensor Público não faz jus ao recebimento de honorários pelo múnus de curador especial, por estar no exercício das suas funções institucionais, para o que já é remunerado mediante o subsídio em parcela única.

(E) O juiz nomeará curador especial ao incapaz, se concorrer na partilha com o seu representante, desde que exista colisão de interesses.

A: correto – sendo essa uma das atribuições da Defensoria muito comuns no cotidiano forense (NCPC, art. 72, II e parágrafo único); **B:** correto, conforme explicado na alternativa anterior; **C:** incorreto, devendo esta ser assinalada. Este é o entendimento do STJ: "A ação de destituição do poder familiar, movida pelo Ministério Público, prescinde da obrigatória e automática intervenção da Defensoria Pública como curadora especial" (Informativo 492, AgRg no Ag 1369745/RJ, DJe 16/04/2012). **D:** correto, conforme entendimento do STJ: "Conforme jurisprudência da Corte Especial deste STJ, é inviável o arbitramento e adiantamento de honorários advocatícios à Defensoria Pública nas demandas em que seus representantes figurem como curadores especiais, pois se trata de atividade intrínseca às suas funções institucionais, cuja remuneração se dá mediante subsídio, em parcela única" (Informativo 499, AgRg no REsp 1382447 / AL, j. de 04.12.14). **E:** correto (NCPC, art. 671, II). **Gabarito "C".**

(Defensor Público – DPE/BA – 2016 – FCC) Sobre a nulidade dos atos processuais, é correto afirmar que

(A) se verifica independentemente da existência de prejuízo.

(B) o juiz não a pronunciará quando puder decidir o mérito a favor da parte a quem aproveite.

(C) pode ser alegada, em regra, em qualquer momento, não estando sujeita a preclusão.

(D) o erro de forma invalida o ato ainda que possa ser aproveitado sem prejuízo à defesa das partes.

(E) sua decretação pode ser requerida pela parte que lhe der causa, quando a lei prescrever determinada forma para o ato.

A: incorreto, pois só há nulidade se houver prejuízo (NCPC, art. 282, § 1º – que é a tradução do brocardo francês "pas de nullité sans grief"); **B:** correto, conforme art. 282, § 2º, do NCPC; **C:** incorreto, pois em regra a nulidade deve ser alegada na primeira oportunidade em que couber à parte falar nos autos, sob pena de preclusão (NCPC, art. 278) – salvo nos casos de nulidade absoluta; **D:** incorreto, tendo em vista o princípio da instrumentalidade. Assim, o erro de forma só acarreta a anulação dos atos que não possam ser reaproveitados (NCPC, art. 283); **E:** incorreto, tendo em vista a impossibilidade de se alegar a própria torpeza (NCPC, art. 276). **Gabarito "B".**

5. LITISCONSÓRCIO E INTERVENÇÃO DE TERCEIROS

(Defensor Público/PE – 2018 – CESPE) Beatriz ajuizou ação de cobrança contra determinada empresa. Paralelamente, por petição simples, ela instaurou, contra a mesma empresa, incidente de desconsideração da personalidade jurídica contemporânea e em apenso à petição inicial. No âmbito da ação de cobrança, foi julgado procedente o pedido de desconsideração da personalidade jurídica que havia sido formulado.

Com relação ao incidente referido na situação hipotética, assinale a opção correta.

(A) A alienação de bens será sempre ineficaz em relação à Beatriz, bastando, para tanto, que o seu pedido do referido incidente seja julgado procedente.

(B) Como o referido incidente foi instaurado paralelamente à inicial, dispensa-se a comunicação ao distribuidor.

(C) Seria dispensável a instauração do referido incidente caso a desconsideração tivesse sido requerida na petição inicial da ação de cobrança.

(D) A instauração do referido incidente não provoca, em nenhuma hipótese legal, a suspensão do processo.

(E) Contra a decisão que julgará o referido incidente, caberá agravo interno.

A: Errada. A alienação de bens será ineficaz em relação ao requerente apenas se comprovada fraude à execução (NCPC, art. 137). **B:** Errada. A instauração do incidente será sempre comunicada ao distribuidor para as anotações devidas (NCPC, art. 134, § 1º). **C:** Correta, sendo essa a previsão legal relativa ao IDPJ (NCPC, art. 134, § 2º). **D:** Errada. A instauração do incidente suspende o processo, a menos que seja requerida na própria petição inicial (NCPC, art. 134, § 3º). **E:** Errada. Considerando que o incidente foi instaurado em 1º grau, o recurso cabível será o agravo de instrumento (NCPC, arts. 136 e 1.015, IV). **Gabarito "C".**

(Defensor Público – DPE/RN – 2016 – CESPE) A respeito de litisconsórcio e de assistência e intervenção de terceiros, assinale a opção correta segundo entendimento do STJ.

(A) Não é possível a denunciação da lide fundada no direito de regresso, quando o denunciante introduzir fundamento novo à causa, estranho ao processo principal, apto a exigir ampla dilação probatória.
(B) Procedida a denunciação da lide pelo autor, o denunciado, comparecendo aos autos, assumirá a condição de litisconsorte do denunciante, mas não poderá aditar a petição inicial.
(C) Configura nulidade o ato do juiz que decide, em sentenças distintas, a ação principal antes da oposição.
(D) A solidariedade da obrigação implica, necessariamente, a unitariedade do litisconsórcio.
(E) O recurso interposto pelo assistente simples pode ser conhecido na hipótese em que o assistido não tenha recorrido.

A: correto para a banca. Esse era o entendimento do STJ no CPC/1973, no sentido de que a denunciação da lide fundada no direito de regresso tem que derivar diretamente da lei ou de contrato, sem que seja necessário analisar outros elementos (vide Informativo STJ 535). Contudo, não há previsão a respeito disso no NCPC, sendo que resta verificar se será mantido o entendimento do STJ. **B:** incorreto, pois nesse caso o denunciado pode acrescentar novos argumentos à petição inicial (NCPC, art. 127). **C:** incorreto, pois não haverá nulidade desde que ambas sejam julgadas ao mesmo momento (Informativo STJ 531). **D:** incorreto, pois é possível se cogitar de litisconsórcio simples em obrigação solidária que seja divisível. **E:** incorreto para a banca, que seguiu o entendimento tradicional que o assistente simples não pode ir além do assistido. Contudo, há decisões do STJ, desde o Código anterior, que apontam a possibilidade de o assistente simples recorrer, desde que o assistido não se oponha (EREsp 1.068.391/PR, Corte Especial, DJe 7/8/2013). Resta verificar como a jurisprudência tratará do tema considerando a redação do art. 120, parágrafo único.
Gabarito "A".

(Defensor Público – DPE/MT – 2016 – UFMT) Sobre as intervenções de terceiros no Código de Processo Civil (CPC/2015), assinale a afirmativa INCORRETA.

(A) O incidente de desconsideração da personalidade jurídica aplica-se ao processo de competência dos juizados especiais.
(B) O ingresso da Ordem dos Advogados do Brasil, na qualidade de *amicus curiae*, em processo em trâmite perante a Justiça Estadual, desloca a competência para a Justiça Federal.
(C) Formulada denunciação da lide pelo réu e procedente o pedido da ação principal, pode o autor, se for o caso, requerer o cumprimento da sentença também contra o denunciado, nos limites da condenação deste na ação regressiva.
(D) É admissível a denunciação da lide, promovida por qualquer das partes.
(E) O *amicus curiae* pode recorrer da decisão que julgar o incidente de resolução de demandas repetitivas.

A: correto, nos termos do art. 1.062 do NCPC; **B:** incorreto, devendo esta ser assinalada. A intervenção de *amicus curiae* não acarreta alteração de competência (NCPC, art. 138, § 1º); **C:** correta, conforme parágrafo único do art. 128 do NCPC; **D:** correto, pois a denunciação é intervenção que pode ser feita tanto pelo autor como pelo réu (NCPC, art. 125); **E:** correto (NCPC, art. 138, § 3º).
Gabarito "B".

(Defensor Público/PR – 2012 – FCC) Acerca do litisconsórcio, da assistência e da intervenção de terceiros no processo civil, é correto afirmar:

(A) Havendo um número exagerado de litisconsortes necessários no polo passivo do processo, o juiz poderá limitar o número de litigantes e determinar o desdobramento das ações, quando tal fato comprometer a rápida solução do litígio ou dificultar a defesa.
(B) O pedido de limitação do litisconsórcio multitudinário deve ser feito pelo réu no bojo da contestação, sob pena de ocorrer preclusão consumativa.
(C) Não sendo o assistente adesivo parte no processo, eventual derrota do assistido não implicará na condenação daquele nas custas processuais, mesmo a despeito de sua efetiva participação na demanda.
(D) Proposta ação anulatória de arrematação judicial contra o exequente e o arrematante, terceiro que se considera o verdadeiro proprietário do bem, poderá, visando a participar do processo em curso, ajuizar oposição contra todos os litigantes da demanda anulatória.
(E) A denunciação à lide funda-se no ajuizamento, pelo denunciante, de lide eventual, subsidiária, processada em *simultaneus processus* com a ação principal, cujo julgamento ocorre *secundum eventum litis*,

envolvendo direito de garantia, de regresso ou de indenização que o denunciante pretende exercer contra o denunciado.

A: incorreto, visto que a limitação do litisconsórcio multitudinário só se afigura possível quando se cuidar de litisconsórcio facultativo (art. 113, §1º, do NCPC); **B:** incorreto. O pedido de limitação deve ser formulado antes do oferecimento de resposta. Ademais, sua simples arguição interrompe o respectivo prazo, o qual se reinicia após a intimação da deliberação que resolver o ponto. No mais, pode ser feito na contestação, liquidação ou execução (arts. 113, §2º, do NCPC); **C:** incorreto. A assistência só pode ser admitida quando demonstrado interesse jurídico pelo assistente, tendo cabimento em qualquer tipo de procedimento e em todos os graus de jurisdição (art. 119 do NCPC). Cumpre esclarecer que o assistente simples ou adesivo figura na lide como parte auxiliar, gozando, pois, das mesmas faculdades, ônus, poderes e deveres atribuídos às partes principais; não é por outro motivo que o assistente. Se o assistido for sucumbente, o assistente também deverá ser condenado a arcar com as despesas processuais e honorários advocatícios, na forma do art. 94 do NCPC; **D:** incorreto. Pela oposição o opoente ajuíza demanda contendo pretensão incompatível com aquela deduzida pelos opostos no processo principal. No caso sob exame, o sujeito que alega a titularidade do bem não exerce pretensão, de per si, incompatível com a deduzida pelas partes da ação anulatória, porquanto pretende tão somente a liberação de constrição judicial indevidamente lançada sobre coisa que pretensamente lhe pertence; portanto, mostram-se diversos os objetos perseguidos em cada uma das demandas apontadas. Sendo assim, para a consecução desse objetivo afiguram-se adequados os embargos de terceiro (art. 674, caput, do NCPC). **E:** correto. A denunciação da lide tem natureza de ação condenatória que surge, seja por provocação do autor ou do réu, no bojo de outra ação condenatória. Presta-se à obtenção de sentença que reconheça o direito de regresso do denunciante em face do terceiro alienante, proprietário, possuidor indireto ou responsável civil. Tudo dentro da mesma relação processual travada originariamente entre autor e réu. Isso posto, cumpre esclarecer que a lide secundária travada entre denunciante e denunciado só terá seu mérito resolvido quando sobrevier resultado desfavorável, na lide principal, ao litisdenunciante (art. 128, parágrafo único, do NCPC).

Gabarito "E".

(Defensor Público/MT – 2009 – FCC) Ao modo de intervenção de terceiros que envolve fiador e devedores solidários dá-se o nome de

(A) denunciação da lide.
(B) litisconsórcio necessário.
(C) chamamento ao processo.
(D) nomeação à autoria.
(E) assistência litisconsorcial.

Art. 130 do NCPC. As demais modalidades de intervenção não se relacionam com as figuras do fiador e dos devedores solidários.

Gabarito "C".

(Defensor Público/SP – 2007 – FCC) Celestino, pessoa idosa, ajuíza ação de alimentos em face de João, um de seus 6 filhos maiores e capazes, sustentando sua necessidade ao amparo alimentar vindicado e as portentosas condições econômicas do réu em cumprir com o encargo. Em sua defesa, João, além de contrariar o pedido, veicula denunciação da lide em face de seus irmãos, afirmando a necessidade da integração ao feito de todos os corresponsáveis, haja vista tratar-se de obrigação indivisível. Nesse caso,

(A) realmente, Celestino deveria direcionar seu pedido em face de todos os colegitimados em vista da incindibilidade da obrigação alimentar.
(B) o pleito de intervenção de terceiros se mostrou cabível em virtude do procedimento adequado à espécie.
(C) a pretensão do réu deveria fundar-se não no pedido de intervenção mas sim de ilegitimidade de parte em razão da existência de litisconsórcio necessário no polo passivo.
(D) por ser idoso, Celestino pôde optar entre os alimentantes.
(E) o pedido de litisdenunciação deveria ter sido veiculado em peça apartada da contestação.

Art. 12 da Lei 10.741/2003.

Gabarito "D".

(Defensor Público/MT – 2007 – DPE/MT) Acerca da intervenção de terceiros, assinale a afirmativa correta.

(A) Quem pretender, no todo ou em parte, a coisa ou direito acerca do que controvertem autor e réu, poderá oferecer, até a fase recursal, oposição contra ambos.
(B) Admite-se a oposição nos processos de execução, seja por título judicial ou extrajudicial.
(C) Quando oferecida oposição antes da audiência, será considerada como ação de procedimento autônomo, podendo ser julgada depois da ação principal.
(D) A extinção da ação principal obsta o prosseguimento da oposição.
(E) Caso tenha o juiz que proceder ao julgamento simultâneo da ação e da oposição, desta conhecerá em primeiro lugar.

A: incorreta, porque a oposição pode ser oferecida somente até a prolação da sentença; B: incorreta, pois a oposição não tem cabimento do processo de execução, uma vez que neste último não há controvérsia sobre a titularidade da coisa ou do direito deduzido em juízo; C: incorreta (NCPC, art. 685); D: incorreta, porque a oposição é ação autônoma, mediante a qual o opoente quer fazer valer direito próprio, incompatível com o dos opostos, razão pela qual não possui vínculo de prejudicialidade com a ação principal. E: correta (NCPC, art. 686).

Gabarito "E".

(Defensor Público/RN – 2006 – Instituto Talento) Aquele que pretender, no todo ou em parte, a coisa ou o direito sobre que controvertem autor e réu, tem como meio para intervir como terceiro na relação jurídica

(A) a assistência litisconsorcial de quaisquer das partes.
(B) a nomeação à autoria da parte que se encontra na posse da coisa ou do direito.
(C) a oposição frente ao autor e réu, os quais serão parte passiva, no processo de oposição.
(D) a oposição ao autor e réu, assumindo o polo processual ao lado de quem estiver requerendo para si a entrega da coisa.

Art. 682 do NCPC.

Gabarito "C".

6. PRESSUPOSTOS PROCESSUAIS E CONDIÇÕES DA AÇÃO

(Defensor Público/ES – 2009 – CESPE) No que concerne ao direito processual civil, julgue os itens:

(1) Para propor ação é necessário ter interesse e legitimidade. Para contestar, basta ter legitimidade.

(2) Os pressupostos processuais, diferentemente do que ocorre com as condições da ação, não podem ser aferidos de ofício pelo magistrado, haja vista que o sistema processual brasileiro assenta-se no princípio dispositivo que confere apenas às partes litigantes o poder de provocar o juiz para o exame de tais pressupostos.

1: incorreto, porque o art. 17 do NCPC estabelece que "para postular em juízo é necessário ter interesse e legitimidade"; **2:** incorreto, pois os pressupostos processuais constituem matéria de ordem pública, como o são as condições da ação, motivo pelo qual podem ser aferidos de ofício pelo juiz.

Gabarito 1E, 2E

7. FORMAÇÃO, SUSPENSÃO E EXTINÇÃO DO PROCESSO. NULIDADES

(Defensor Público/PE – 2018 – CESPE) Em determinado processo, o réu não foi citado nem apresentou contestação. O magistrado, além de não declarar o processo nulo, julgou-o, no mérito, favoravelmente ao réu.

Nessa situação hipotética, a conduta do magistrado foi correta porque

(A) ele aproveitou atos que não dependem da citação.
(B) ele julgou favoravelmente o mérito da causa para a parte que seria beneficiada caso a nulidade fosse decretada.
(C) o autor não requereu a nulidade do processo.
(D) o autor foi o causador da nulidade.
(E) a declaração de nulidade processual depende de requerimento da parte.

A: Errada. Na situação, não foi aplicada a regra de aproveitamento dos atos processuais (NCPC, art. 281). **B:** Correta (NCPC, art. 282, § 2º). **C:** Errada. A nulidade não pode ser requerida pela parte que lhe deu causa (NCPC, art. 276). **D:** Errada, pois não há indicações nesse sentido na questão. **E:** Errada. Por ser causa de nulidade absoluta, é possível a decretação de ofício (NCPC, arts. 230 e 337, I, § 5º).

Gabarito "D"

(Defensor Público/TO – 2013 – CESPE) No que se refere à formação, à suspensão e à extinção do processo, assinale a opção correta.

(A) Em atendimento ao princípio do contraditório, é vedado ao juiz conceder, antes da citação válida do réu, provimento em favor do autor.
(B) O juiz pode, a qualquer tempo e em qualquer grau de jurisdição, conhecer e declarar de ofício a litispendência e a coisa julgada, motivos para a extinção do processo sem resolução do mérito.
(C) Se, no curso do processo, o autor da ação falecer, o juiz deve declarar a extinção do processo sem resolução de mérito assim que a certidão de óbito for juntada aos autos do processo.
(D) Se o tipo de procedimento indicado na petição inicial não se encontrar adequado à natureza da lide, o juiz deverá indeferir a petição inicial e extinguir o processo sem resolução de mérito.
(E) Após a resposta do réu, constatado que o autor não promoveu os atos e diligências que lhe competiam, tendo abandonado a causa por mais de trinta dias, o juiz deverá extinguir o processo sem resolução de mérito, condenando o autor tão somente ao pagamento das custas processuais.

A: incorreto. Apenas para ilustrar alguns dos casos em que o órgão jurisdicional poderá conceder liminarmente a providência requestada pelo autor, confira-se os arts. 300 do NCPC. Note-se que, em tais hipóteses, não há falar-se em ofensa ao contraditório, mas sim de sua efêmera postergação; **B:** correto (arts. 485, V e § 3º, e 337, VI, VII e § 5º, ambos do NCPC); **C:** incorreto (art. 313, I e § 1º, do NCPC); **D:** incorreto, pois, nesse caso, deve-se procurar sanar o vício; **E:** incorreto. Em tal circunstância, a parte deverá ser intimada para suprir a falta no prazo de 05 dias (art. 485, III e § 1º, do NCPC).

Gabarito "B".

(Defensor Público/BA – 2010 – CESPE) Ajuizada ação com o objetivo de reconhecimento de paternidade atribuída a Antônio, falecido pai dos réus, verificou-se que o autor também falecera em momento posterior ao término da instrução do processo. Com relação a essa situação, julgue o item abaixo.

(1) Comprovado o óbito do autor, o processo não deve ser extinto sem julgamento do mérito, porque, apesar de se tratar de questão de estado, o falecimento ocorreu depois do fim da instrução.

1: incorreto. O processo, de fato, não deve ser imediatamente extinto sem resolução do mérito, visto que a morte do autor não é, *de per si*, motivo bastante para dar causa a um desfecho prematuro do feito. Todavia, o fundamento de tal conclusão não guarda qualquer relação com o início ou o fim da audiência de instrução e julgamento. Conquanto a filiação tenha caráter pessoal, a própria norma civil confere legitimidade *ad processum* aos herdeiros do investigante para que, uma vez iniciada, deem prosseguimento à demanda investigatória, em caso de morte daquele. Advirta-se, ainda, que, excepcionalmente, a ação de investigação de paternidade poderá ser ajuizada pelo representante legal do investigante, se este morrer menor ou incapaz (art. 1.606 do CC).

Gabarito 1E

8. TUTELA PROVISÓRIA

(Defensor Público/AC – 2017 – CESPE) Uma criança necessita, com urgência, de internação em UTI. Alegando ser hipossuficientes, seus pais procuraram a DP e informaram que não havia leitos disponíveis nos hospitais da rede pública. Além disso, relataram que haviam perdido todos os laudos de exames da criança e que não poderiam aguardar a segunda via deles, tampouco submetê-la a novos exames, em razão do risco iminente de morte dela.

Nessa situação, a fim de garantir a pronta internação da criança, a DP deverá ajuizar

(A) ação, qualquer que seja ela, apenas após a entrega dos laudos dos exames da criança.
(B) mandado de segurança, com pedido cautelar em caráter antecedente.

(C) mandado de segurança, com pedido de produção de prova pericial sobre o estado de saúde dela, a ser realizada na fase de dilação probatória.

(D) ação ordinária, formulando pedido de tutela de evidência.

(E) ação ordinária, formulando pedido de tutela de urgência de caráter antecedente.

A: Errada. Considerando que a urgência é contemporânea ao ajuizamento da ação, não seria razoável aguardar a obtenção dos laudos de exames da criança. **B:** Errada. O procedimento do MS possui regramento próprio e é incompatível com o requerimento da tutela em caráter antecedente (Lei 12.016/2009, art. 6º e ss.). **C:** Errada. Descabe dilação probatória em MS, dada a natureza dessa ação e a necessidade de direito líquido e certo. **D:** Errada. A situação requer a concessão de tutela de urgência, tendo em vista a presença do perigo de dano (NCPC, art. 300 e ss.). **E:** Correta (NCPC, art. 303). *Atenção: no NCPC não mais existe "ação ordinária", mas sim procedimento comum (que não tem mais subdivisão entre sumário e ordinário). **LD/ACC**

Gabarito "E".

(Defensor Público/AL – 2017 – CESPE) De acordo com o Código de Processo Civil (CPC), é passível de estabilização a tutela

(A) cautelar de urgência requerida em caráter antecedente, mediante a negociação expressa entre as partes.

(B) antecipada concedida em caráter antecedente, se da decisão houver interposição de recurso por assistente simples e o réu não se manifestar.

(C) cautelar concedida em caráter antecedente, se da decisão não houver interposição de recurso cabível.

(D) antecipada de urgência requerida em caráter antecedente, mediante negociação expressa entre as partes.

(E) provisória concedida em caráter incidental, se da decisão não houver interposição tempestiva de recurso.

A: Errada. Não cabe estabilização de tutela cautelar – nesse sentido, enunciado 420 do FPPC (NCPC, art. 305). **B:** Errada. A interposição de agravo de instrumento pelo assistente simples impede a estabilização da tutela – nesse sentido, enunciado 501 do FPPC (NCPC, arts. 121 e 304). **C:** Errada. Não cabe estabilização de tutela cautelar – nesse sentido, enunciado 420 do FPPC (NCPC, art. 305). **D:** Correta, conforme enunciado 32 do FPPC (NCPC, art. 304). **E:** Errada. A estabilização é restrita à concessão da tutela em caráter antecedente (NCPC, art. 304). **LD/ACC**

Gabarito "D".

(Defensor Público – DPE/BA – 2016 – FCC) Sobre a tutela de urgência:

(A) No procedimento da tutela antecipada requerida em caráter antecedente, atendidos os requisitos legais, a parte pode se limitar a requerer tutela antecipada, aditando a inicial depois que concedida a medida, no prazo de 15 dias. Não realizado o aditamento nem interposto o respectivo recurso, o Juiz julgará antecipadamente a lide.

(B) Concedida tutela de urgência, se a sentença for desfavorável, a parte responderá pelo prejuízo decorrente da efetivação da medida, que será apurado, em regra, por meio de ação autônoma.

(C) No procedimento da tutela antecipada requerida em caráter antecedente, a decisão que concede a tutela faz coisa julgada, só podendo ser revista por meio de ação rescisória.

(D) No procedimento da tutela antecipada requerida em caráter antecedente, atendidos os requisitos legais, a parte pode se limitar a requerer tutela antecipada, aditando a inicial depois que concedida a medida, no prazo de 15 dias ou em outro que fixar o juiz. Não realizado o aditamento nem interposto o respectivo recurso, a tutela se tornará estável e o processo será extinto.

(E) A tutela cautelar concedida em caráter antecedente conserva sua eficácia ainda que o juiz extinga o processo sem resolução de mérito em razão de ausência de pressupostos processuais.

A: incorreto. De fato, no procedimento narrado, a parte pode se limitar a requerer a tutela antecipada, aditando a inicial depois que concedida a medida – no prazo de 15 dias ou outro maior que o juiz fixar. Contudo, não realizado o aditamento, o processo será *extinto sem resolução do mérito* (NCPC, art. 303, § 1º, I e § 2º). **B:** incorreto, pois a indenização será liquidada nos próprios autos em que a tutela houver sido concedida (NCPC, art. 302, parágrafo único). **C:** incorreto, pois somente se não houver a interposição de recurso (agravo de instrumento), a decisão que concede a tutela antecedente se tornará estável (NCPC, art. 304, "caput" e § 6º). Além disso, cabe ação em 1º grau para rever, reformar ou invalidar a tutela antecipada estabilizada (NCPC, art. 304, §§ 2º, 3º e 5º) – e não ação rescisória. **D:** correto, considerando o exposto nas demais alternativas e a previsão legal (NCPC, arts. 303 e 304). **E:** incorreto, pois no caso de tutela cautelar a eficácia da decisão concedida sempre cessará no caso de extinção (NCPC, art. 309, III).

Gabarito "D".

(Defensor Público/BA – 2006 – DPE/BA) Na aplicação da tutela antecipada contra a Fazenda Pública, pode-se asseverar que:

I. Não serão devidos honorários advocatícios pela Fazenda Pública nas execuções não embargadas.

II. A sentença que tenha por objeto a liberação de recurso, inclusão em folha de pagamento, reclassificação, equiparação, concessão de aumento ou extensão de vantagens a servidores da União, dos Estados, do Distrito Federal e dos Municípios, inclusive de suas autarquias e fundações, somente poderá ser executada após seu trânsito em julgado.

III. Estão dispensadas de depósito prévio, para interposição de recurso, as pessoas de direito público federais, estaduais, distritais e municipais.

IV. A sentença civil prolatada em ação de caráter coletivo proposta por entidade associativa, na defesa dos interesses e direitos de seus associados, abrangerá apenas os substituídos que tenham, na data da propositura da ação, domicílio no âmbito da competência territorial do órgão prolator.

V. Os juros de mora, nas condenações impostas à Fazenda Pública para pagamento de verbas remuneratórias devidas a servidores e empregados públicos, não poderão ultrapassar o percentual de 6% (seis por cento) ao ano.

Assim, analisando as afirmativas, pode-se dizer que:

(A) Todas são corretas.
(B) Todas são incorretas.
(C) Apenas I, III e V são corretas.
(D) Apenas II e IV são corretas.
(E) Apenas I, II, III e V são incorretas.

I: correto (art. 1º-D da Lei 9.494/1997); **II:** correto (art. 2º-B da Lei 9.494/1997); **III:** correto (art. 1º-A da Lei 9.494/1997); **IV:** correto (art. 2º-A, *caput*, da Lei 9.494/1997); **V:** correto, de acordo com a redação do antigo art. 1º-F da Lei 9.494/1997. Vale destacar que a atual redação desse dispositivo é a seguinte: "Art. 1º-F. Nas condenações impostas à Fazenda Pública, independentemente de sua natureza e para fins de atualização monetária, remuneração do capital e compensação da mora, haverá a incidência uma única vez, até o efetivo pagamento, dos índices oficiais de remuneração básica e juros aplicados à caderneta de poupança".

Gabarito "A".

9. PROCESSO DE CONHECIMENTO: PROCEDIMENTO COMUM

(Defensor Público/AC – 2017 – CESPE) Em uma petição inicial em processo de conhecimento, o autor requereu que sua ação fosse julgada totalmente procedente, para que fosse reconhecida a impenhorabilidade do seu salário. Requereu, ainda, a condenação do réu ao pagamento de honorários sucumbenciais, nos termos da lei.

Nessa situação hipotética, quanto aos pedidos formulados pelo autor da ação, assinale a opção correta.

(A) Os pedidos são próprios de uma ação de execução de sentença.
(B) Os pedidos são, respectivamente, declaratório e condenatório.
(C) O pedido imediato é uma obrigação de fazer.
(D) O pedido mediato não é um bem da vida.
(E) O pedido imediato é uma obrigação de não fazer.

A: Errada. Os pedidos são próprios de uma ação declaratória (NCPC, art. 20). **B:** Correta. Trata-se de ação declaratória (declarar a impenhorabilidade), com pedido de condenação ao pagamento dos ônus sucumbenciais. **C:** Errada. O pedido imediato é a tutela declaratória (NCPC, art. 20). **D:** Errada. O pedido mediato é um bem da vida: a garantia de impenhorabilidade do salário e o pagamento dos honorários. **E:** Errada. O pedido imediato é a tutela declaratória (NCPC, art. 20). LD/ACC

Gabarito "B".

(Defensor Público/AL – 2017 – CESPE) No processo de conhecimento, o réu devidamente citado que, injustificadamente, não comparecer à audiência de conciliação

(A) será considerado revel e seu ato será considerado atentatório à dignidade da justiça.
(B) será sancionado com multa, cujo valor deve ser revertido em favor da União ou do estado.
(C) será considerado revel e sancionado com multa, cujo valor deve ser revertido em favor da União ou do estado.
(D) será sancionado com multa, cujo valor deve ser revertido em favor do autor.
(E) terá o prazo de dez dias para manifestar seu interesse na autocomposição.

A: Errada. O não comparecimento injustificado não conduz à revelia e, sim, à imposição de sanção correspondente ao pagamento de multa (NCPC, art. 334, § 8º). **B:** Correta (NCPC, art. 334, § 8º). **C:** Errada. O não comparecimento injustificado não conduz à revelia e, sim, à imposição de sanção correspondente ao pagamento de multa, cujo valor será, de fato, revertido em favor da União ou do Estado (NCPC, art. 334, § 8º). **D:** Errada. A multa não será revertida em favor do autor e sim da União ou do Estado (NCPC, art. 334, § 8º). **E:** Errada. O réu deve manifestar seu interesse na autocomposição com 10 dias de antecedência, contados da data designada para a realização da audiência (NCPC, art. 334, § 5º). LD/ACC

Gabarito "B".

(Defensor Público/PE – 2018 – CESPE) Após encerrar a instrução de determinado processo, a juíza do caso foi removida para outra vara. O juiz substituto que assumiu a vara apreciou o referido processo, já instruído, e proferiu julgamento antecipado parcial do mérito de um dos pedidos da inicial, por ser incontroverso.

Com relação a essa situação hipotética, assinale a opção correta.

(A) Ainda que interponha recurso, a parte deverá executar, desde logo e mediante prévia caução, a obrigação reconhecida pela decisão do juiz substituto.
(B) A decisão do juiz substituto não poderá ser considerada nula com base no princípio da identidade física do juiz.
(C) Contra a decisão proferida pelo juiz substituto caberá interposição de recurso de apelação.
(D) A decisão do juiz substituto não pode ter reconhecido obrigação ilíquida.
(E) O juiz substituto deveria ter designado audiência de instrução e julgamento para apurar o pedido.

A: Errada. A parte poderá executar a obrigação *independentemente* de caução (NCPC, art. 356, § 2º). **B:** Correta. O princípio da identidade física do juiz não encontra previsão no NCPC – diferentemente do antigo CPC/1973, em seu art. 132. **C:** Errada. Contra a decisão proferida caberá agravo de instrumento (NCPC, art. 356, § 5º). **D:** Errada. A decisão pode reconhecer a existência de obrigação líquida *ou* ilíquida (NCPC, art. 356, § 1º). **E:** Errada. Não há necessidade de produção de outras provas, já que o pedido é incontroverso (NCPC, 356, I). LD/ACC

Gabarito "B".

(Defensor Público/PE – 2018 – CESPE) Não havendo processo anterior que trate da situação, a demonstração de que determinado fato ocorreu em rede social acessível pela Internet poderá ser realizada com a juntada aos autos

(A) de declaração pessoal do autor.
(B) de prova emprestada.
(C) do computador.
(D) da prova pericial.
(E) de ata notarial.

A questão aborda os meios de prova aptos a comprovar a existência e a veracidade de conteúdos produzidos em redes sociais. Dos meios de prova mencionados na questão, a ata notarial (instrumento dotado de fé pública e introduzido como meio de prova pelo NCPC – art. 384) seria o mais adequado para atestar a existência de fato ocorrido em rede social. Seria possível eventualmente se cogitar de prova emprestada, se o enunciado da questão não tivesse esclarecido não haver processo anterior. LD/ACC

Gabarito "E".

(Defensor Público/AL – 2017 – CESPE) Julgue os itens a seguir, a respeito de ação indenizatória.

I. Em se tratando de ação anulatória de indébito cumulada com indenizatória, o juiz poderá indeferir a petição inicial por ausência de interesse processual se existirem outras inscrições negativas relativas ao demandante.

II. Na fixação do valor indenizatório correspondente a uma única prestação pecuniária, os juros moratórios fluem a partir da citação em caso de responsabilidade extracontratual.

III. Será nula a sentença que acolher o pedido indenizatório do demandante em face de instituição financeira caso o juiz sentenciante esteja promovendo ação contra a mesma instituição.

Assinale a opção correta.

(A) Apenas o item I está certo.
(B) Apenas o item II está certo.
(C) Apenas o item III está certo.
(D) Apenas os itens I e III estão certos.
(E) Todos os itens estão certos.

I: Errada. Nesse caso, o juiz poderia indeferir o pedido de indenização por dano moral, com base em jurisprudência pacífica do STJ, mas não indeferir a petição inicial, já que há cumulação de pedidos (STJ, Súmula 385). **II:** Errada. Conforme entendimento do STJ, os juros moratórios fluem a partir do evento danoso, no caso de responsabilidade extracontratual (STJ, Súmula 54). **III:** Correta. A situação configura impedimento do juiz para apreciação da causa, acarretando a nulidade da sentença já proferida (NCPC, art. 144, IX e 146, § 7º). **LD/ACP**

Gabarito "C".

(Defensor Público – DPE/MT – 2016 – UFMT) Em relação às provas no Código de Processo Civil (CPC/2015), assinale a afirmativa correta.

(A) O Código de Processo Civil consagrou a posição jurisprudencial, adotada pelo Superior Tribunal de Justiça, segundo a qual o ônus da prova é regra de julgamento.
(B) A produção antecipada da prova será admitida nos casos em que o prévio conhecimento dos fatos possa justificar ou evitar o ajuizamento de ação.
(C) A prova exclusivamente testemunhal só se admite nos contratos cujo valor não exceda o décuplo do maior salário mínimo vigente no país, ao tempo em que foram celebrados.
(D) A produção antecipada da prova previne a competência do juízo para a ação que venha a ser proposta.
(E) Ao juiz incumbe-lhe determinar, a qualquer tempo, o comparecimento pessoal das partes, para inquiri-las sobre os fatos da causa; havendo silêncio ou recusa em depor, incidirá a pena de confesso.

A: incorreto. Houve grande debate a respeito desse tema: se a inversão do ônus fosse regra de julgamento, o juiz somente decidiria quanto à inversão do ônus da sentença; se a inversão fosse regra de produção de prova, o juiz decidiria isso durante o processo, antes do momento de produção das provas. O NCPC preceitua que o ônus da prova é regra de produção de prova, de modo que o juiz deverá decidir de quem é o ônus no saneamento do processo (NCPC, arts. 357, III e 373, § 1º); **B:** correto, nos termos do art. 381, III, do NCPC; **C:** incorreto, pois o NCPC não repetiu a limitação antes existente no art. 401 do CPC/1973; **D:** incorreto, conforme art. 381, § 3º, do NCPC; **E:** incorreto. Apesar de o juiz poder determinar a qualquer tempo o comparecimento das partes, se for fora do momento de depoimento pessoal, não haverá pena de confissão (NCPC, art. 139, VIII).

Gabarito "B".

(Defensor Público – DPE/BA – 2016 – FCC) Sobre a petição inicial e seu indeferimento e a improcedência liminar do pedido é correto:

(A) Depois da citação, o autor não poderá aditar ou alterar o pedido, ainda que haja consentimento do réu.
(B) Se o juiz verificar que a petição inicial não preenche os requisitos legais, deverá determinar a intimação do autor para que, no prazo de dez dias, a emende ou a complete, não cabendo ao Magistrado apontar qual o erro.
(C) O pedido deve ser certo, nele estando compreendidos os juros legais, a correção monetária e as verbas de sucumbência, mas a fixação de honorários advocatícios depende de pedido expresso.
(D) Indeferida a petição inicial, o autor poderá interpor agravo de instrumento, facultado ao juiz, no prazo de cinco dias, retratar-se.
(E) Nas causas que dispensem a fase instrutória, o juiz, independentemente da citação do réu, julgará liminarmente improcedente o pedido que contrariar enunciado de súmula do Supremo Tribunal Federal ou do Superior Tribunal de Justiça.

A: incorreto, pois havendo consentimento do réu, o autor poderá aditar ou alterar o pedido após a citação e até o saneamento do processo (NCPC, art. 329, II); **B:** incorreto, pois deverá o juiz *indicar com precisão* o que deve ser corrigido ou completado; além disso, o prazo para isso é de 15 dias e não de 10 (NCPC, art. 321). **C:** incorreto, pois também a fixação de honorários advocatícios independe de pedido expresso da parte (NCPC, art. 322, § 1º); **D:** incorreto, pois da decisão que indefere a petição inicial o recurso cabível é a apelação (NCPC, art. 331); **E:** correta (NCPC, art. 332, I).

Gabarito "E".

(Defensor Público – DPE/BA – 2016 – FCC) Sobre as respostas do réu, é correto afirmar:

(A) Para o réu propor reconvenção é necessário que apresente contestação.
(B) Se o réu, na contestação, deixar de alegar incompetência absoluta ou relativa, o juiz conhecerá de tais matérias de ofício.
(C) Havendo alegação de incompetência relativa ou absoluta, a contestação poderá ser protocolada no foro de domicílio do réu.
(D) A desistência da ação ou a ocorrência de causa extintiva que impeça o exame de seu mérito obsta o prosseguimento do processo quanto à reconvenção.
(E) Na contestação, é lícito ao réu propor reconvenção para manifestar pretensão própria, ainda que não conexa com a ação principal nem com o fundamento da defesa.

A: incorreto. Apesar de a reconvenção ser elaborada como um tópico da contestação, a propositura de reconvenção independe da apresentação de contestação (NCPC, art. 343, § 6º); **B:** incorreto, pois em regra o juiz somente conhece de ofício a incompetência absoluta (NCPC, art. 337, § 5º); **C:** correto (NCPC, art. 340); **D:** incorreto, pois nesse caso o processo prossegue em relação à reconvenção (NCPC, art. 343, § 2º); **E:** incorreto, pois cabe a reconvenção desde que o pedido nela formulado seja conexo com a ação principal ou com o fundamento da defesa (NCPC, art. 343).

Gabarito "C".

(Defensor Público – DPE/BA – 2016 – FCC) Sobre a prova testemunhal, é correto afirmar que

(A) esta é inadmissível quando a lei exigir prova escrita da obrigação, ainda que haja começo de prova escrita emanada da parte contra a qual se pretende produzir a prova.
(B) a parte pode se comprometer a levar a testemunha à audiência independentemente de intimação, que,

em regra, deve ser realizada por carta com aviso de recebimento.

(C) é defeso à parte, nos contratos simulados, provar com testemunhas a divergência entre a vontade real e a vontade declarada, ou, nos contratos em geral, os vícios de consentimento.

(D) pode o juiz, se necessário, admitir o depoimento de testemunhas menores, impedidas ou suspeitas, devendo tomar-lhes compromisso.

(E) o juiz deve ouvir primeiro as testemunhas do autor e depois as do réu, não podendo inverter a ordem das oitivas ainda que as partes concordem.

A: incorreto, pois há expressa previsão de prova testemunhal ser admissível nessa hipótese (NCPC, art. 444); **B:** correto, sendo isso previsto no Código: (i) o advogado se compromete a levar a testemunha independentemente de intimação (NCPC, art. 455, § 2º) e (ii) havendo necessidade de intimar a testemunha, isso será feito por meio de carta com aviso de recebimento (NCPC, art. 455, § 1º). **C:** incorreto, pois nesse caso é lícito à parte fazer essa prova com testemunhas (NCPC, art. 446). **D:** incorreto. De fato, havendo necessidade, o juiz pode admitir o depoimento de testemunhas menores, impedidas ou suspeitas. Contudo, nesse caso está-se diante de *informante*, e essa oitiva ocorrerá independentemente de compromisso (NCPC, art. 447, § 5º). **E:** incorreto. Em regra, a ordem será essa; porém, é possível a alteração da ordem das provas, se houver concordância das partes (NCPC, art. 456, parágrafo único).

Gabarito "B".

(Defensor Público – DPE/ES – 2016 – FCC) O novo Código de Processo Civil

(A) não prevê expressamente o princípio da identidade física do juiz.

(B) impõe ao advogado e ao defensor público o ônus de intimar a testemunha por ele arrolada do dia, da hora e do local da audiência designada, dispensando-se a intimação do juízo.

(C) abandonou completamente o sistema de distribuição do ônus da prova diante do polo ocupado pela parte na demanda.

(D) exige para a produção antecipada de provas prova de fundado receio de que venha a tornar-se impossível ou muito difícil a verificação de certos fatos na pendência da ação.

(E) mantém o sistema de reperguntas para a produção da prova testemunhal.

A: correto, pois o NCPC não reproduziu esse princípio, que constava do art. 132 do CPC/1973. **B:** incorreto, porque, embora seja um ônus do advogado (NCPC, art. 455), isso não se aplica ao defensor público. **C:** incorreto, pois o NCPC manteve, como regra, o ônus estático da prova: autor provando o fato constitutivo de seu direito; réu o fato impeditivo, modificativo ou extintivo do direito do autor (NCPC, art. 373, *caput*); **D:** incorreto, pois o NCPC não exige *"prova" de fundado receio*, mas sim *fundado receio* de que venha a tornar-se impossível ou muito difícil a verificação de certos fatos na pendência da ação (NCPC, art. 381, I). **E:** incorreto, pois, de acordo com o NCPC, as perguntas serão formuladas diretamente pelo advogados das partes (NCPC, art. 459).

Gabarito "A".

(Defensor Público – DPE/RN – 2016 – CESPE) Assinale a opção correta relativamente ao direito probatório e à audiência no processo civil.

(A) O documento lavrado por servidor público incompetente, mas subscrito pelas partes, não perde a fé pública.

(B) O menor de dezesseis anos pode depor como testemunha no processo civil.

(C) A confissão espontânea pode ser feita por mandatário com poderes especiais.

(D) Com fundamento no princípio da verdade material, o juiz não poderá dispensar a produção de prova requerida pela parte cujo advogado não compareceu à audiência.

(E) O juiz poderá, de ofício, determinar o comparecimento pessoal das partes com o propósito de interrogá-las sobre os pontos controversos da demanda; todavia, se a parte intimada não comparecer, não lhe poderá aplicar a pena de confissão.

A: incorreto. Nesse caso o documento perde a fé pública, pois passa a ter a mesma eficácia probatória de documento particular (NCPC, art. 407). **B:** incorreto, pois os incapazes não podem depor como testemunhas (NCPC, art. 447, "caput" e § 1º, III) – no máximo será informante. **C:** correto (NCPC, art. 390, § 1º). **D:** incorreto. Em caso de não comparecimento do advogado à audiência, a dispensa da prova requerida é possível (NCPC, art. 362, § 2º). **E:** incorreto. O juiz pode determinar o comparecimento das partes a qualquer momento, mas somente quando do depoimento pessoal (em audiência) é que poderá ocorrer a pena de confissão (NCPC, art. 139, VIII).

Gabarito "C".

(Defensor Público/AM – 2013 – FCC) Quanto à prova e à presunção, é correto afirmar que

(A) o ônus da prova cabe, em regra, à parte economicamente mais forte.

(B) a prova refere-se sempre a fatos, jamais ao direito ou à sua vigência.

(C) a confissão judicial prejudica o litisconsorte.

(D) a revelia não induz presunção de veracidade nos litígios sobre direitos indisponíveis.

(E) a revelia induz presunção absoluta de veracidade.

A: incorreto (art. 373 do NCPC); **B:** incorreto (art. 376 do NCPC); **C:** incorreto (art. 391, caput, do NCPC); **D:** correto (art. 345, II, do NCPC); **E:** incorreto. A regra é a de que a revelia (ausência de contestação ou sua apresentação intempestiva) tem como consequência a pena de confissão ficta, isto é, de presunção de veracidade dos fatos articulados pelo autor, bem como a desnecessidade de intimação do revel para os subsequentes atos do processo. Todavia, o art. 345 do NCPC estabelece algumas exceções à regra (além da hipótese de direitos indisponíveis). São elas: havendo pluralidade de réus, algum deles contestar a ação (art. 345, I, do CPC), ou, ainda, de a petição inicial não estar acompanhada do instrumento público, que a lei considere indispensável à prova do ato (art. 345, III, do CPC). Ademais, nem sempre a revelia conduzirá à procedência automática do pedido do autor, a teor do que dispõe o art. 348 do NCPC.

Gabarito "D".

(Defensor Público/SE – 2012 – CESPE) Em relação às provas, assinale a opção correta.

(A) O documento produzido por oficial público sem a observância das formalidades legais, ainda que subscrito pelas partes, não tem eficácia probatória.

(B) No CPC, acolhe-se, como regra, a teoria estática do ônus da prova.

(C) A prova emprestada tem eficácia vinculante em relação ao magistrado que a admitir.

(D) Determinada a produção de prova de ofício pelo juiz, poderá ele, em momento posterior, desistir de sua produção.

(E) A confissão é, em regra, divisível, podendo a parte que a quiser invocar como prova aceitá-la no tópico que a beneficiar e rejeitá-la no que lhe seja desfavorável.

A: incorreto (art. 407 do NCPC); **B:** correto (art. 373 do NCPC) – mas há, no § 1º, a previsão do ônus dinâmico da prova; **C:** incorreto, pois o ordenamento pátrio não adotou como regra o sistema da prova legal ou tarifada, mas sim o do convencimento motivado ou da persuasão racional do juiz (art. 371 do CPC); **D:** incorreto para a banca, que adotou a tese de haver a preclusão para o juiz (preclusão *pro judicato*). Porém, a jurisprudência em regra não reconhece a existência da preclusão *pro judicato*; **E:** incorreto (art. 395, caput, primeira parte, do NCPC).

Gabarito "B".

(Defensor Público/AC – 2012 – CESPE) Em determinado processo, a autora requereu, na petição inicial, a produção de todos os meios de prova em direito admitidas, incluindo-se o depoimento pessoal dos réus, seus genitores, contra quem postulava indenização, sob o argumento de abandono afetivo. Os réus, em contestação, juntaram farta documentação escrita e fotográfica e protestaram genericamente pela produção de provas. Na fase de especificação de provas, apenas a autora insistiu no depoimento pessoal dos réus e na oitiva de testemunhas que indicou. Diante da designação de audiência de instrução, o juiz determinou, de ofício, o comparecimento pessoal da autora, a fim de interrogá-la sobre os fatos da causa. Houve intimação regular de todos.

Com base na situação hipotética acima apresentada, assinale a opção correta.

(A) Constitui violação do princípio da isonomia das partes a determinação de ofício, pelo juiz, do comparecimento pessoal da autora em audiência, visto que esse requerimento é ônus da parte, não tendo o réu solicitado o depoimento pessoal da autora na fase de especificação de provas.

(B) Caso a autora não compareça, na data marcada, à audiência de instrução, o juiz, se ainda interessado no depoimento, deverá designar nova audiência e determinar a condução coercitiva da autora.

(C) Não é possível colher o depoimento pessoal das partes por carta precatória, razão por que a autora e os réus deverão comparecer pessoalmente à comarca em que se situa a sede do juízo, sob pena de arcarem com os ônus decorrentes de suas ausências.

(D) A confissão judicial faz prova contra o confitente e também contra seus litisconsortes.

(E) Não se deve confundir o protesto genérico, feito na contestação, pela produção de provas com o requerimento específico, em resposta ao despacho de especificação. Nesse segundo momento processual, é imprescindível a justificativa da necessidade da prova, pois, com base nessa informação, o juiz decidirá entre as diligências realmente necessárias à instrução da causa e as despiciendas ou meramente protelatórias.

A: incorreto, já que o depoimento pessoal da parte pode ser determinado de ofício pelo juiz (art. 385 do NCPC); **B:** incorreto. Nesse caso, ser-lhe-á aplicada a pena de confissão (art. 385, § 2º, do NCPC); **C:** incorreto, pois não há vedação nesse sentido (ademais, o art. 453, II, do NCPC permite expressamente a oitiva de testemunha por carta); **D:** incorreto (art. 391, *caput*, do NCPC); **E:** correto considerando a praxe forense. Conquanto o despacho para especificação de provas não esteja previsto pela lei ritual – à exceção do art. 348 do CPC – isso é reiteradamente verificado no cotidiano forense.

Gabarito "E".

(Defensor Público/SP – 2012 – FCC) De acordo com as normas do Código de Processo Civil,

(A) a possibilidade de se comprovar vício do consentimento através de prova exclusivamente testemunhal dependerá do valor do contrato discutido em juízo.

(B) incumbe o ônus da prova quando se tratar de contestação de assinatura, à parte que pretende a invalidação do contrato.

(C) o direito de propor ação anulatória de confissão por vício do consentimento transmite-se aos herdeiros do confitente.

(D) a nota escrita pelo credor em qualquer parte do documento representativo da obrigação, ainda que não assinada, faz prova em benefício do devedor.

(E) o juiz poderá nomear mais de um perito e a parte indicar mais de um assistente técnico quando se tratar de perícia complexa, ainda que abranja uma única área do conhecimento.

A: incorreto (art. 446, II, do NCPC); **B:** incorreto. Quando contestada a autenticidade de assinatura, o ônus da prova incumbe à própria parte que produziu o documento (art. 429, II, do NCPC); **C:** incorreto (art. 393, parágrafo único, segunda parte, do NCPC); **D:** correto (art. 416, caput, do NCPC); **E:** incorreto (art. 475 do NCPC).

Gabarito "D".

(Defensor Público/RS – 2011 – FCC) Das provas, de acordo com o que dispõe o Código de Processo Civil.

(A) A confissão é, em regra, divisível.

(B) Mesmo que a perícia seja complexa, não existe previsão para a nomeação de mais de um perito ou para a indicação de mais de um assistente técnico, até mesmo pelo fato de o juiz não estar adstrito ao laudo pericial, podendo formar a sua convicção com base em outros elementos.

(C) O Código de Processo Civil adota a teoria dinâmica de distribuição do ônus da prova (cargas processuais dinâmicas), podendo ocorrer, em determinadas situações, a inversão do dever de provar.

(D) Qualquer que seja o valor do contrato, é admissível a prova testemunhal quando o credor não pode ou não podia, moral ou materialmente, obter a prova escrita da obrigação.

(E) Quando se tratar de contestação de assinatura, o ônus da prova incumbe a quem a contestar.

A: incorreto. A regra é a sua indivisibilidade (art. 395 do NCPC); **B:** incorreto. É possível que o juiz nomeie mais de um perito, a depender da complexidade da causa e desde que abrangida mais de uma área de conhecimento especializado (art. 475 do NCPC); **C:** incorreto no CPC/1973. No NCPC, apesar de a regra seguir o ônus estatuto (art. 373, caput), é expressamente prevista a carga dinâmica do ônus da prova no § 1º, a depender das especificidades do caso; **D:** correto (art. 445 do NCPC); **E:** incorreto. O ônus recai sobre a parte que produziu o documento (art. 429, II, do NCPC).

Gabarito "D" no CPC/1973 "C" e "D" no NCPC

(Defensor Público/AM – 2011 – Instituto Cidades) É INCORRETO afirmar que a petição inicial deverá indicar

(A) os dispositivos legais que guarnecem o seu pedido.
(B) as provas com que o autor pretende demonstrar a verdade dos fatos alegados.
(C) o valor da causa.
(D) o pedido, com suas especificações.
(E) o juiz ou o tribunal a que é dirigida.

A: incorreto, visto que o art. 319, III, do NCPC, alude aos fatos e *fundamentos jurídicos* do pedido (consequência jurídica) – o que é distinto dos artigos de lei; **B:** correto (art. 319, VI, do NCPC); **C:** correto (art. 319, V, do NCPC); **D:** correto (art. 319, IV, do NCPC); **E:** correto (art. 319, I, do NCPC), embora o Novo Código fale em "juízo", o que abrange "juiz ou tribunal".
Gabarito "A".

(Defensor Público/SP – 2009 – FCC) A confissão é tratada na Seção III do Capítulo VI do Código de Processo Civil, inerente às provas. Seu conceito está no artigo 348, que estabelece: "Há confissão, quando a parte admite a verdade de um fato, contrário ao seu interesse e favorável ao adversário. A confissão é judicial ou extrajudicial." É correto afirmar que a confissão

(A) judicial espontânea não pode ser feita por mandatário, mesmo que tenha poderes especiais. Porém, a confissão judicial espontânea feita diretamente pela parte confitente, pode versar sobre qualquer fato ou direito, inclusive os indisponíveis, desde que o confitente seja plenamente capaz.
(B) emanada de erro, dolo ou coação pode ser revogada por ação anulatória ou rescisória, conforme a fase processual em que for intentada, revestindo-se tais ações de natureza personalíssima e somente podem ser promovidas pelo próprio confitente. Serão legitimados os sucessores apenas se o autor falecer após iniciada a demanda.
(C) judicial tem valor probatório absoluto e a confissão extrajudicial feita por escrito à parte tem valor probatório relativo. Cabe à parte destinatária da confissão extrajudicial e que se beneficiou dela, trazer aos autos outros elementos para a formação da convicção do juízo.
(D) judicial de caráter vinculativo absoluto, também fará prova contra o litisconsorte, ao qual caberá tão somente demonstrar em juízo que o ato foi praticado com vício de consentimento.
(E) é considerada pela doutrina e jurisprudência como a "rainha das provas". Feita a confissão judicial espontânea pelo réu, o juiz deverá julgar procedente o pedido do autor, independentemente do conjunto probatório produzido nos autos.

A: incorreta, porque a confissão espontânea pode ser manifestada por procurador com poderes especiais (390, §1º, do CPC), e, além disso, a confissão é ineficaz se relativa a direito indisponível, ainda que manifestada pela parte capaz; **B:** correta (art. 393 do NCPC); **C:** incorreta, pois a confissão é prova, e as provas não têm valor absoluto, sendo irrelevante, nesse ponto, o fato de a confissão ser judicial ou extrajudicial; **D:** incorreta, porque a confissão, judicial ou extrajudicial, não tem caráter vinculativo, e quando manifestada por um dos litisconsortes, não pode prejudicar os demais; **E:** incorreta, porque em razão do princípio do convencimento motivado, ou persuasão racional, não há hierarquia entre os meios de prova, devendo a confissão ser analisada pelo juiz de acordo com o conjunto probatório produzido nos autos.
Gabarito "B".

(Defensor Público/PI – 2009 – CESPE) A DP assistiu juridicamente a parte autora de uma ação que tramitou pelo rito comum ordinário. Na fase do julgamento conforme o estado do processo, o juiz proferiu julgamento antecipado da lide e rejeitou o pedido inicial, sob o argumento de ausência de documento indispensável à propositura da demanda. Diante dessa situação hipotética e à luz da jurisprudência do STJ, em suas razões de apelação, o DP deve alegar

(A) *error in procedendo*, pois o estado do processo comportava a realização de audiência preliminar.
(B) *error in procedendo*, pois o estado do processo comportava a extinção sem julgamento de mérito.
(C) *error in procedendo*, pois o juiz deveria ter saneado o processo.
(D) ocorrência de preclusão *pro iudicato*.
(E) cerceamento de defesa, pois o juiz deveria ter oportunizado a juntada do documento tido como essencial antes de rejeitar o pedido inicial.

A: incorreta, porque a audiência preliminar seria inútil no caso em questão; **B:** incorreta, porque não seria interessante para a parte que o processo fosse extinto sem resolução do mérito; **C:** incorreta, pois o saneamento não seria suficiente para solucionar o problema da parte; **D:** incorreta, porque não há preclusão *pro iudicato*, em especial no que diz respeito à produção de provas; **E:** correta (art. 437, §1º, do CPC).
Gabarito "E".

(Defensor Público/PI – 2009 – CESPE) José, cidadão juridicamente necessitado, procurou a DPE/PI para ajuizar, contra Manoel, ação pleiteando indenização por danos materiais no valor de R$ 1.000,00 e indenização por danos morais no valor de R$ 15.000,00. Entendendo juridicamente viável a pretensão, o DP deverá elaborar a petição inicial do caso. Nessa situação hipotética, deve-se atribuir à causa o valor de

(A) R$ 1.000,00, pois, sendo alternativos os pedidos, o valor da causa corresponderá ao pedido de menor valor.
(B) R$ 15.000,00, pois, sendo alternativos os pedidos, o valor da causa corresponderá ao pedido de maior valor.
(C) R$ 16.000,00 pois, havendo cumulação de pedidos, o valor da causa corresponderá à soma dos valores de todos eles.
(D) R$ 15.000,00, pois, se houver pedido subsidiário, o valor da causa corresponderá ao pedido principal.
(E) R$ 16.000,00, já que a causa não tem conteúdo econômico imediato.

O valor da causa deve corresponder ao benefício econômico pretendido pelo autor por meio do processo. Se houver cumulação de pedidos, o valor da causa será a soma dos valores de cada um deles (NCPC, art. 292, VI). Assim, se o autor pretende obter as indenizações que somadas equivalem a R$16.000,00, esse será o valor da causa. Por isso, estão incorretas as alternativas "A", "B", "D" e "E" (esta em razão da menção à suposta ausência de conteúdo econômico imediato).
Gabarito "C".

(Defensor Público/MT – 2009 – FCC) Em relação à prova processual:

(A) apenas os meios legais são hábeis para demonstrar a verdade dos fatos.
(B) o ônus probatório não pode ser objeto de convenção que o distribua de maneira diversa à legal.
(C) a mera presunção legal de existência ou de veracidade dos fatos não isenta a parte de prová-los.
(D) o momento de sua produção é determinado por lei de modo cogente, não podendo ser alterado judicialmente em qualquer hipótese.
(E) se assim for determinado pelo juiz, a parte que alegar direito municipal, estadual, estrangeiro ou a aplicação de usos e costumes, deverá provar seu teor e vigência.

A: incorreta (art. 369 do NCPC); **B:** incorreta (art. 373, §3º, NCPC); **C:** incorreta (art. 371, IV, NCPC); **D:** incorreta (art. 449, parágrafo único, NCPC); **E:** correta (art. 376, NCPC).
Gabarito "E".

(Defensor Público/MT – 2007 – DPE/MT) Analisando as afirmativas abaixo, referentes ao pedido, é incorreto afirmar:

(A) Através da demanda, a parte formula um pedido, cujo teor determinará o objeto do litígio, e, em consequência, o âmbito dentro do qual toca ao órgão judicial decidir a lide.
(B) A ampliação do pedido somente será permitida antes da citação do réu, mediante aditamento do petitório exordial, correndo por conta do autor as custas acrescidas.
(C) O objeto mediato é a providência jurisdicional solicitada e o objeto imediato é o bem que o autor pretende conseguir por meio dessa providência.
(D) Há cumulação de pedidos, em sentido estrito, quando o autor formula contra o réu mais de um pedido, visando ao acolhimento conjunto de todos eles.
(E) Cada fato ou conjunto de fatos suscetíveis de produzir, por si, o efeito jurídico pretendido pelo autor, constitui um *causa petendi*.

A: correto (art. 490 do NCPC); **B:** correto (art. 329, I, do NCPC); **C:** incorreto, pois a definição colocada na alternativa está trocada, ou seja, o pedido mediato é o bem da vida e o imediato é a providência jurisdicional solicitada; **D:** correto (art. 327 e 292, II, ambos do NCPC); **E:** correto, pois de fato, a causa de pedir é o fato que causou o efeito jurídico pretendido, ou seja, o que deu causa ao pedido.
Gabarito "C".

10. SENTENÇA, COISA JULGADA E AÇÃO RESCISÓRIA

(Defensor Público/AC – 2017 – CESPE) Por determinação legal, o juiz não pode proferir decisão de teor diverso daquele do pedido feito pelo autor, tampouco condenar em quantidade superior ou em objeto diverso do que lhe foi demandado. A partir desse entendimento, assinale a opção correta.

(A) É lícito ao juiz proferir sentença condicional.
(B) A sentença *extra petita* é aquela em que há majoração ilícita de algo requerido na inicial.
(C) A sentença *ultra petita* é aquela em que é conferido direito não requerido na inicial.
(D) Sentença fundamentada em razões diversas daquelas presentes no recurso não é considerada *extra petita*.
(E) Se o pedido de correção monetária não for formulado pelo autor, o juiz não poderá se pronunciar sobre a questão.

A: Errada. A relação jurídica objeto da demanda pode ser condicional, mas a sentença deve ser sempre certa (NCPC, art. 492, parágrafo único e STJ, REsp 164.110/SP). **B:** Errada. A sentença *extra petita* concede algo *diferente* do que foi pedido. **C:** Errada. A sentença *ultra petita* concede algo *além* do que foi pedido. **D:** Correta, pois o juiz não está vinculado à classificação jurídica (artigos de lei, tese jurídica sustentada), mas sim aos fatos e consequência jurídica (NCPC, art. 319, III). **E:** Errada. A correção monetária é matéria de ordem pública e integra o pedido de forma implícita (NCPC, art. 332, § 1º e STJ, REsp 1.112.524/DF). LD/ACC
Gabarito "D".

(Defensor Público/AC – 2017 – CESPE) Fato modificativo que surja após a propositura de uma ação, influenciando diretamente o julgamento do mérito,

(A) não permitirá a rediscussão das condições da ação, caso seja verificado no âmbito das ações civis públicas.
(B) não precisa, para que influencie o julgamento da lide, se referir ao mesmo fato jurídico que constitui o objeto da demanda.
(C) será considerado como questão nova, caso implique inclusão de novo fundamento de direito não presente anteriormente.
(D) deverá, para que seja considerado, ser passível de comprovação antes da propositura da ação, ainda que desconhecido quando do ajuizamento.
(E) caso constatado de ofício, obrigará o juiz a instaurar o contraditório para ouvir as partes antes de proferir decisão sobre ele.

Existindo fato superveniente, o juiz deverá considerá-lo, mas será necessário ouvir antes as partes (NCPC, art. 493, parágrafo único). LD/ACC
Gabarito "E".

(Defensor Público – DPE/ES – 2016 – FCC) De acordo com o novo CPC, a ação rescisória

(A) é cabível contra decisão fundada em interpretação de ato normativo tido pelo Supremo Tribunal Federal como incompatível com a Constituição Federal, em controle de constitucionalidade concentrado ou difuso, contado o prazo decadencial a partir do trânsito em julgado da decisão proferida pelo Supremo Tribunal Federal.
(B) impede o cumprimento da decisão rescindenda enquanto não ultimado o seu julgamento.
(C) é cabível somente contra decisão de mérito transitada em julgado, sendo inadmissível ação rescisória de sentença terminativa.
(D) deve ser proposta no prazo 02 anos, contados sempre do trânsito em julgado da decisão rescindenda.
(E) proposta com base em prova nova, deverá ser proposta em até 05 anos da data da descoberta desta nova prova.

A: correto, sendo essa uma polêmica inovação do NCPC, pois deixa a AR com prazo indeterminado (art. 525, §§ 12 e 15 e art. 535, §§ 5º e 8º). **B:** incorreto, pois a propositura da ação rescisória não impede o cumprimento da decisão rescindenda, salvo no caso de concessão de

tutela provisória (NCPC, art. 969). **C:** incorreto, pois, em certos casos, a decisão terminativa também será rescindível (NCPC, art. 966, § 2º). **D:** incorreto. Em regra, o direito à rescisão se extingue em dois anos, contados do trânsito em julgado da última decisão proferida no processo (NCPC, art. 975); contudo, é possível que haja outros prazos, como no caso da alternativa "A" e "E". **E:** incorreto, pois no caso de AR fundada em prova nova, o "termo inicial do prazo será a data de descoberta da prova nova, observado o prazo máximo de 5 (cinco) anos, contado do trânsito em julgado da última decisão proferida no processo" (NCPC, art. 975, § 2º). Ou seja, são 2 anos a partir da descoberta da prova nova, mas limitado a 5 anos do trânsito.
Gabarito "A".

(Defensor Público/RO – 2012 – CESPE) Assinale a opção correta a respeito da ação rescisória.

(A) Cabe ação rescisória contra acórdão proferido em ação direta de inconstitucionalidade.
(B) O sistema processual brasileiro não admite o ajuizamento de nova ação rescisória promovida com o objetivo de desconstituir decisão proferida no julgamento de outra ação rescisória.
(C) Não se admite ação rescisória contra sentença transitada em julgado quando não se tenha esgotado todos os recursos contra ela.
(D) O prazo decadencial da ação rescisória só se inicia quando não for cabível qualquer recurso do último pronunciamento judicial.
(E) É necessário o depósito prévio nas ações rescisórias propostas pelo INSS.

A: incorreto (art. 26 da Lei 9.868/1999); **B:** incorreto. Não há vedação a rescisória de rescisória – desde que presente algum dos vícios que permitam a desconstituição do acórdão proferida na primeira rescisória; **C:** incorreto. A ação rescisória não se confunde com recurso. Logo, para alguns recursos é necessário esgotar as vias ordinárias (REsp e RE), mas não para a AR, pois não há previsão legal nesse sentido; **D:** correto, nos termos do art. 975 do NCPC. Veja que o Novo código incorporou entendimento que já havia sido consignado pelo STJ por meio da Súmula 401: "O prazo decadencial da ação rescisória só se inicia quando não for cabível qualquer recurso do último pronunciamento judicial."; **E:** incorreto (Súmula 175 do STJ: "Descabe o depósito prévio nas ações rescisórias propostas pelo INSS).
Gabarito "D".

(Defensor Público/ES – 2012 – CESPE) A respeito da coisa julgada, julgue o item seguinte.

(1) A função positiva da coisa julgada e gerada com base na teoria da identidade da relação jurídica, de modo que é dispensável, para a vinculação ao já decidido em demanda anterior a tríplice identidade de parte, causa de pedir e pedido.

1: correto. Quando há duas ações idênticas (tríplice identidade – partes, causa de pedir e pedido), o segundo processo deve ser extinto, sem resolução do mérito (função negativa da coisa julgada). Se, porém, não houver total identidade (e, assim, não for o caso de extinção sem mérito), no segundo processo o juiz deverá tomar por premissa o que foi decidido no primeiro processo. Essa é a função positiva da coisa julgada.
Gabarito 1C.

(Defensor Público/AM – 2011 – Instituto Cidades) Segundo a sistemática do direito processual civil no Brasil, onde se admite impugnação de decisão judicial por diversas formas,

(A) o prazo prescricional da ação rescisória se inicia com o trânsito em julgado da sentença;
(B) cabe ao Tribunal de Justiça processar e julgar ação rescisória contra seus próprios acórdãos;
(C) tanto a doutrina quanto a jurisprudência possuem entendimento pacífico no sentido de que o ordenamento jurídico pátrio admite a ação de impugnação de coisa julgada inconstitucional.
(D) não cabe ação rescisória contra acórdão proferido no julgamento de ação rescisória;
(E) o deferimento da petição inicial da ação rescisória suspende a execução da sentença rescindenda.

A: incorreto, pois o prazo para o ajuizamento da rescisória é *decadencial* (art. 975 do NCPC); **B:** correto. A ação rescisória será intentada junto ao tribunal de onde proferiu o julgado de mérito que se pretende rescindir (arts. 973 e 974 do NCPC); **C:** incorreto. Apesar da previsão legislativa (reafirmada no NCPC, art. 525, §§ 12 e 15), há parte da doutrina que aponta ser inconstitucional (por violar a coisa julgada) a previsão de relativização da coisa julgada; **D:** incorreto, Não há vedação a rescisória de rescisória – desde que presente algum dos vícios que permitam a desconstituição do acórdão proferida na primeira rescisória; **E:** incorreto, pois há necessidade de deferimento de tutela provisória para que haja a suspensão do cumprimento de sentença na origem (art. 969 do NCPC).
Gabarito "B".

(Defensor Público/ES – 2009 – CESPE) Acerca do processo civil brasileiro, julgue o item subsequente.

(1) A sentença faz coisa julgada para as partes entre as quais é dada, podendo beneficiar ou prejudicar terceiros, à semelhança do que ocorre nas causas relativas ao estado das pessoas, em que a sentença produz coisa julgada em relação a terceiros, desde que tenham sido citados no processo, em litisconsórcio necessário.

1: incorreta. Nos termos do art. 506 do NCPC, a coisa julgada em regra não prejudica pessoas. E não há mais, no NCPC, qualquer exceção em relação às causas relativa ao estado das pessoas.
Gabarito 1E.

(Defensor Público/MT – 2009 – FCC) "A parte, que aceitar expressa ou tacitamente a sentença ou a decisão, não poderá recorrer". Esse enunciado, de texto legal, implica a ocorrência de

(A) coisa julgada.
(B) preclusão consumativa.
(C) perempção.
(D) preclusão lógica.
(E) contumácia.

Trata-se de preclusão lógica, que é a perda de uma faculdade processual pela prática de um ato incompatível com aquele que poderia ter sido praticado (está prevista no NCPC, art. 1.00 – tratando-se da concordância ou aquiescência). Não se confunde com os outros institutos apresentados na questão. Coisa julgada é a imutabilidade e indiscutibilidade da decisão de mérito, decorrente do trânsito em julgado (NCPC, art. 502). Preclusão consumativa é a perda de uma faculdade processual que surge em razão da efetiva prática do ato em questão. Perempção é a perda do direito de ação, por ter dado causa o autor a três extinções do processo sem resolução do mérito (NCPC, art. 486, § 3º). Contumácia é qualquer ato das partes que implique inércia em relação a alguma providência processual.
Gabarito "D".

(Defensor Público/PA – 2009 – FCC) A sentença que julga procedente o pedido formulado em ação de conhecimento, aplicando fundamentos legais diversos daqueles apresentados na petição inicial, é

(A) inexistente.
(B) válida.
(C) *ultra petita*.
(D) *extra petita*.
(E) *infra petita*.

Em razão do princípio dispositivo, o juiz está obrigado a apreciar o pedido formulado pela parte com base nos fatos e fundamentos jurídicos (NCPC, art. 319, III). Os fatos trazidos pelo autor na petição inicial como sua causa de pedir são vinculativos e o juiz não pode levar em conta outros fatos que não foram utilizados pelo demandante para embasar o seu pedido. Ocorre, porém, que os *artigos de lei* (base legal) que o autor indicará na inicial não vinculam o juiz, que é livre para acolher o pedido (desde que seja o pedido que o autor formulou, com base nos fatos que ele alegou, e em relação às efetivas partes do processo) com base em artigos de lei ou tese jurídica diversa da que foi apontada na inicial – sem que isso importe em decisão viciada. Logo, a sentença no caso proposto é válida.
Gabarito "B".

(Defensor Público/SP – 2009 – FCC) Assinale a alternativa INCORRETA.

(A) Das hipóteses previstas no Código de Processo Civil de cabimento da ação rescisória nem todas têm a incidência do *iudicium rescissorium*.
(B) Cabe ação rescisória contra decisão definitiva de mérito que desconsiderou no caso concreto a função social do contrato ou da função social da propriedade.
(C) Cabe ação rescisória contra acórdão transitado em julgado há menos de dois anos, conhecido e que teve provimento para declarar nula a perícia realizada em ação de conhecimento.
(D) A ação rescisória no ordenamento brasileiro não tem natureza de recurso.
(E) São inerentes à ação rescisória a desconstituição da coisa julgada, o rejulgamento da causa, exceto no caso de ofensa à coisa julgada, e a taxatividade dos fundamentos que a ensejam.

A: correta. *Iudicium rescissorium* é o pedido de novo julgamento da causa, o que não existe, por exemplo, quando se alega que a sentença rescindenda ofendeu a coisa julgada; **B:** correta, porque uma das hipóteses de cabimento da ação rescisória é a de ter havido violação manifesta a norma jurídica (NCPC, art. 966), e como os princípios em questão fazem parte do sistema e podem ser qualificados como "norma jurídica", a rescisória será possível por esse motivo; **C:** incorreta, porque nesse caso não houve o término do processo, pois a causa prosseguirá para realizar a perícia; **D:** correta, porque rescisória tem natureza de ação autônoma de impugnação; os recursos representam um meio de impugnação utilizado dentro do processo em que a decisão foi proferida, enquanto a rescisória dá origem a outro processo (art. 994 traz o rol taxativo de recursos no NCPC); **E:** correta. Reler o comentário à assertiva "A".
Gabarito "C".

(Defensor Público/SE – 2006 – CESPE) A respeito da sentença cível, julgue os itens a seguir.

(1) A concessão do benefício da assistência judiciária isenta o litigante sob pálio da justiça gratuita do pagamento de custas processuais e honorários advocatícios. Assim, é defeso condenar a parte que sucumbiu ao pagamento das custas e dos honorários advocatícios.

(2) Em observância ao princípio da eventualidade, se o juiz reconhecer que o autor é carecedor de ação, ainda assim deve prosseguir no exame do mérito da causa, proferindo sentença que julgue procedente ou improcedente o pedido do autor.

1: incorreto. Ante a redação do art. 98, §3º, do NCPC, o vencido é sempre condenado, mas fica com a sua obrigação suspensa enquanto perdurar o seu estado de dificuldade econômica, durante o prazo de 5 anos, quando, ao final, a obrigação ficará prescrita; **2:** incorreto. Se o juiz acolher a alegação de carência de ação (falta de uma das condições da ação), deverá extinguir o processo sem resolução de mérito (NCPC, art. 485, VI), de modo que não há decisão de mérito nesse caso.
Gabarito 1E, 2E

(Defensor Público da União – 2007 – CESPE) Julgue os itens que se seguem, acerca da ação rescisória.

(1) O valor da causa na ação rescisória deve ser o valor da ação originária, monetariamente corrigido, se este corresponder, efetivamente, ao benefício econômico pretendido pelo autor.

(2) Considere que sentença penal absolutória tenha reconhecido que determinado fato não constituía infração penal ou fundada na falta de provas desse fato por parte do réu. Considere, ainda, que essa sentença tenha sido proferida posteriormente ao trânsito em julgado da decisão rescindenda. Nessa situação, a referida sentença configura documento novo apto a instruir ação rescisória, objetivando o reconhecimento de que a decisão do juízo criminal é causa superveniente extintiva da obrigação de indenizar que foi imposta ao réu pela sentença rescindenda.

(3) A legitimidade ativa para a propositura da ação rescisória é conferida não apenas a quem foi parte no processo originário ou a seu sucessor, ainda que o processo tenha corrido à revelia do réu, mas também ao Ministério Público ou a terceiro juridicamente interessado. Esse terceiro, quando promove a ação, deve trazer ao processo os partícipes da relação originária.

1: correto, pois de fato, o STJ já firmou entendimento nesse sentido: *"Ação rescisória. Valor da causa. Benefício patrimonial a ser obtido em caso de procedência do pedido rescisório"* (EDcl no REsp 230.555/MA); **2:** incorreto (art. 935 do CC); **3:** correto (art. 967 do NCPC).
Gabarito 1C, 2E, 3C

(Defensor Público/CE – 2007 – CESPE) A respeito da sentença e da coisa julgada, julgue os seguintes itens.

(1) A sentença que, apesar de adstrita à causa deduzida em juízo, concede além do que foi pleiteado pelo autor, contém vício, o qual, contudo, não enseja a nulidade do julgado, mas tão só a retirada da parte que exceder ao pedido, por ocasião do julgamento do recurso. No entanto, quando se tratar de direito indisponível ou de consumidor, não se exige essa limitação, podendo o juiz decidir da forma que melhor proteger aqueles interesses.

(2) Nas ações civis públicas, a sentença fará coisa julgada *erga omnes*, estendendo-se seus efeitos, inclusive, para fora dos limites da competência territorial do órgão prolator, salvo se o pedido for julgado improcedente por insuficiência de provas.

(3) Com o trânsito em julgado da sentença que encerra a relação processual sem resolução do mérito, ocorre a coisa julgada formal, tornando imutável, indiscutível e com força de lei as questões decididas na sentença.

1: incorreto. A sentença *ultra petita* não implica a nulidade da decisão prolatada somente no fragmento respeitante ao excesso verificado. Tal vício deve ser corrigido pelo órgão *ad quem*. De qualquer sorte, mesmo nas demandas que tenham por base direito indisponível (matéria consumerista, ambiental, direito de família etc.), vige o princípio da correlação, da adstrição ou da congruência, de modo tal que o órgão julgador está adstrito ao pleito deduzido pelo autor na petição inicial, não podendo inovar ou ampliar os limites objetivos da lide, sob pena de afronta aos princípios da ampla defesa, do contraditório e ao princípio dispositivo (art.492 do NCPC). Vale registrar, igualmente, que as questões de ordem pública podem ser reconhecidas de ofício pelo órgão jurisdicional, motivo porquanto se revela prescindível pedido expresso da parte; **2:** incorreta no momento da aplicação da prova. O art. 16 da Lei 7.347/1985 dispõe que a coisa julgada *erga omnes* na ação civil pública se perfaz nos limites da competência territorial do órgão prolator da decisão. Quando da prova, prevalecia esse entendimento no STJ. Contudo, a questão é polêmica e há julgados posteriores afirmando a possibilidade de abrangência nacional da decisão proferida em ACP (REsp 1243887/PR, CORTE ESPECIAL, DJe 12/12/2011); **3:** errado. O que torna imutável e indiscutível a sentença é a *coisa julgada material*, atributo este cuja consequência é a extensão dos efeitos da sentença para fora do processo em que é prolatada. Diferencia-se da coisa julgada formal, visto que nesta há apenas o trânsito em julgado da sentença, isto é, sua imutabilidade dentro do processo, razão pela qual os efeitos da decisão se irradiam somente para as partes.

Gabarito 1E, 2E, 3E

11. RECURSOS

(Defensor Público/AC – 2017 – CESPE) A respeito da apelação e considerando-se o entendimento dos tribunais superiores, assinale a opção correta.

(A) A eficácia de sentença que decrete a interdição não poderá ser suspensa pelo relator da apelação, mesmo se o apelante demonstrar a probabilidade de provimento do recurso.

(B) O valor das astreintes não poderá ser reduzido de ofício, pela segunda instância, quando a questão for suscitada em recurso de apelação não conhecido.

(C) Concedida à antecipação dos efeitos da tutela em recurso adesivo, será admitida a desistência do recurso de apelação principal, caso a petição de desistência tenha sido apresentada antes do julgamento dos recursos.

(D) Em caso de condenação ao pagamento de alimentos, o efeito suspensivo da apelação é dispensável, pois a sentença não começa a produzir efeitos imediatamente após sua publicação.

(E) Em razão da preclusão operada, novas questões de fato não poderão ser suscitadas em sede de apelação, mesmo se a parte comprovar que deixou de provocá-las por força maior.

A: Errada. A sentença que decreta a interdição tem eficácia imediata, mas seus efeitos poderão ser suspensos pelo relator se o apelante demonstrar a probabilidade de provimento do recurso (NCPC, art. 1.012, § 1º, VI e § 4º). **B:** Correta, conforme orientação do STJ (REsp 1508929/RN). **C:** Errada. O STJ firmou entendimento, ainda na vigência do CPC/1973, de que, após a concessão de tutela provisória em recurso adesivo, não seria mais possível ao recorrente desistir do recurso principal, tendo em vista que seria uma forma de se esquivar do cumprimento da decisão judicial (STJ, REsp 1285405/SP). **D:** Errada. A sentença de condenação ao pagamento de alimentos produz efeitos imediatamente após sua publicação (NCPC, art. 1.012, § 1º, II). **E:** Errada. Demonstrado motivo de força maior, é possível suscitar questões de fato não propostas no juízo inferior (NCPC, art. 1.014).

Gabarito "B".

(Defensor Público/AC – 2017 – CESPE) Com relação aos embargos declaratórios, assinale a opção correta.

(A) Caso sejam acolhidos e modifiquem a decisão embargada, o embargado que houver aviado outro recurso contra a decisão originária deverá complementar as razões deste recurso.

(B) Deverá ser ratificado recurso que houver sido interposto pela outra parte antes do julgamento dos embargos, caso estes sejam rejeitados.

(C) Por interromperem o prazo para a interposição de recursos, dispensam a intimação das partes quanto à decisão proferida em virtude do julgamento desses recursos.

(D) Se manifestamente protelatórios, o juiz, fundamentadamente, condenará o embargante a pagar ao embargado, inicialmente, multa correspondente a dez por cento sobre o valor da causa.

(E) Se forem opostos contra decisão de relator proferida em tribunal, serão decididos monocraticamente pelo órgão prolator de decisão embargada.

A: Errada. Complementar ou alterar as razões recursais é uma faculdade do embargado e não um dever (NCPC, art. 1.024, § 4º). **B:** Errada. O recurso deverá ser processado e julgado independentemente de ratificação – superada jurisprudência dominante na vigência do CPC/1973 (NCPC, art. 1.024, § 5º). **C:** Errada, pois as partes devem ser intimadas, considerando o contraditório e ampla defesa. **D:** Errada. O valor da multa não excederá 2% sobre o valor atualizado da causa (NCPC, art. 1.026, § 2º). **E:** Correta (NCPC, art. 1.024, § 2º).

Gabarito "E".

(Defensor Público/AL – 2017 – CESPE) Determinado recurso especial que diz respeito a uma relevante questão de direito, com grande repercussão jurídica, econômica e política, mas sem repetição em múltiplos processos, foi distribuído para determinada turma do Superior Tribunal de Justiça. Em razão do interesse social da matéria, a Defensoria Pública requereu o julgamento do recurso por órgão colegiado indicado pelo regimento do tribunal. O pedido foi acolhido, tendo o relator proposto que o julgamento fosse realizado por determinada seção, a qual proferiu acórdão, sem revisão de tese, que passou a vincular todos os juízes e órgãos fracionários.

Considerando-se essa situação hipotética, é correto afirmar que o instrumento processual suscitado pela Defensoria Pública e proposto pelo relator do recurso especial foi o

(A) incidente de resolução de demandas repetitivas.
(B) incidente de assunção de competência.
(C) julgamento de recursos especiais repetitivos.
(D) incidente de arguição de inconstitucionalidade.
(E) conflito de competências.

A: Errada. Um dos requisitos para a instauração do IRDR é a efetiva repetição de processos que contenham controvérsia sobre a mesma questão de direito (NCPC, art. 976). **B:** Correta, pois presentes os requisitos previstos em lei (NCPC, art. 947). **C:** Errada. O rito dos recursos repetitivos pressupõe a multiplicidade de recursos extraordinários ou especiais com fundamento em idêntica questão de direito (NCPC, art. 1.036). **D:** Errada. A questão não menciona arguição de inconstitucionalidade de lei ou de ato normativo do poder público (NCPC, art. 948). **E:** Errada. A questão não menciona a existência de conflito de competência (NCPC, art. 951). LD/ACC

Gabarito "B".

(Defensor Público – DPE/MT – 2016 – UFMT) Sobre os recursos no Código de Processo Civil (CPC/2015), assinale a afirmativa correta.

(A) Cabem embargos infringentes quando o acórdão não unânime houver reformado, em grau de apelação, a sentença de mérito.

(B) Cabe recurso de agravo de instrumento contra a decisão que negar o pleito de produção de prova pericial, formulado na petição inicial.

(C) Não cabe recurso de agravo de instrumento contra a decisão que inverte o ônus da prova, podendo, todavia, ser impugnada por meio de recurso de apelação, após a prolação de sentença.

(D) As questões resolvidas na fase de conhecimento, se a decisão a seu respeito não comportar agravo de instrumento, poderão ser suscitadas pelo apelado em contrarrazões.

(E) Das decisões interlocutórias proferidas em audiência admitir-se-á interposição oral do agravo retido, a constar do respectivo termo, expostas sucintamente as razões que justifiquem o pedido de nova decisão.

A: incorreto. No NCPC, os embargos infringentes deixam de existir. O que existe, no caso de votação por maioria, é a técnica do julgamento estendido (NCPC, art. 942). **B:** incorreto, pois não há previsão de agravo de instrumento para essa hipótese (NCPC, art. 1.015). Sendo assim, essa decisão poderá impugnada em preliminar de apelação ou contrarrazões (NCPC, art. § 1º do art. 1.009). **C:** incorreto, pois há previsão expressa de agravo de instrumento para essa decisão (NCPC, art. 1.015, XI). **D:** correto, sendo essa a previsão do NCPC para os casos que, no CPC/1973, era possível o agravo retido (NCPC, art. 1.009, § 1º); **E:** incorreto, pois, como já exposto, o agravo retido deixa de existir no NCPC (vide alternativa "D").

Gabarito "D".

(Defensor Público – DPE/MT – 2016 – UFMT) Acerca dos precedentes no Código de Processo Civil (CPC/2015), marque V para as afirmativas verdadeiras e F para as falsas.

( ) Autorizam o julgamento de improcedência liminar do pedido: os enunciados de súmula do Supremo Tribunal Federal e do Superior Tribunal de Justiça, acórdãos proferidos pelo Superior Tribunal de Justiça e Supremo Tribunal Federal em julgamento de recursos repetitivos, entendimento firmado em incidente de resolução de demandas repetitivas ou de assunção de competência e enunciado de súmula de Tribunal de Justiça sobre direito local.

( ) Caberá reclamação da parte interessada ou do Ministério Público para garantir a observância de enunciado de súmula vinculante, de decisão do Supremo Tribunal Federal em controle concentrado de constitucionalidade, de acórdão proferido em julgamento de incidente de resolução de demandas repetitivas ou de incidente de assunção de competência.

( ) Nos Tribunais, poderá o relator negar provimento a recurso que for contrário à súmula do Supremo Tribunal Federal, do Superior Tribunal de Justiça ou do próprio tribunal, acórdão proferido pelo Supremo Tribunal Federal ou pelo Superior Tribunal de Justiça em julgamento de recursos repetitivos e entendimento firmado em incidente de resolução de demandas repetitivas ou de assunção de competência.

( ) Os órgãos fracionários dos tribunais não submeterão ao plenário ou ao órgão especial a arguição de inconstitucionalidade quando já houver pronunciamento do Supremo Tribunal Federal, do Superior Tribunal de Justiça, do próprio tribunal ou acórdão proferido em incidente de resolução de demandas repetitivas ou de assunção de competência.

( ) A reclamação poderá ter como objeto sentença, quando for destinada a garantir a observância de acórdão proferido em julgamento de recursos extraordinário ou especial repetitivos.

Assinale a sequência correta.

(A) F, V, F, V, F
(B) F, F, V, F, F
(C) V, F, V, V, V
(D) V, F, F, V, V
(E) V, V, V, F, F

Assertiva 1: Verdadeira (NCPC, art. 332); **Assertiva 2:** Verdadeira (NCPC, art. 988, III e IV – com redação da Lei 13.256/2016); **Assertiva 3:** Verdadeira (NCPC, art. 932, IV, "a", "b" e "c"); **Assertiva 4:** Falsa, pois os órgãos fracionários só *não submeterão* ao plenário ou ao órgão especial a arguição de inconstitucionalidade quando já houver pronunciamento *destes ou do plenário do STF* sobre a questão (NCPC, art. 949, parágrafo único), de modo que a assertiva incorre em erro ao incluir o STJ e acórdão proferido em IRDR ou de assunção de competência; **Assertiva 5:** Falsa, pois, neste caso, seria necessário esgotar as instâncias recursais ordinárias, conforme art. 988, § 5º, II, do NCPC. Ou seja, antes da reclamação deverá ser interposta a apelação e esgotar os recursos eventualmente cabíveis no tribunal intermediário.

Gabarito "E".

(Defensor Público – DPE/BA – 2016 – FCC) Analise as proposições abaixo, a respeito dos recursos:

I. Os recursos impedem, em regra, a eficácia da decisão, salvo disposição legal ou decisão judicial em sentido contrário.

II. O recorrente pode desistir do recurso sem a anuência do recorrido ou dos litisconsortes, mas a desistência não impede a análise de questão cuja repercussão geral já tenha sido reconhecida e daquela objeto de julgamento de recursos extraordinários ou especiais repetitivos.

III. Excetuados os embargos de declaração, o prazo para interpor os recursos e para responder-lhes é de quinze dias.

IV. Os embargos de declaração possuem efeito suspensivo da eficácia da decisão e do prazo para a interposição de outros recursos.

Está correto o que se afirma APENAS em

(A) I, III e IV.
(B) I, II e IV.

(C) III.
(D) II e IV.
(E) II e III.

I: incorreto, pois a previsão legislativa é no sentido inverso, de que a interposição de recursos *não impede*, em regra, a eficácia da decisão, salvo disposição legal ou decisão judicial em sentido contrário (NCPC, art. 995); II: correto, sendo a parte final da proposição novidade do NCPC (art. 998, "caput" e parágrafo único); III: correto (NCPC, art. 1.003, § 5º); IV: incorreto, pois os embargos de declaração não possuem efeito suspensivo e *interrompem* o prazo para a interposição de recurso (NCPC, art. 1.026).
Gabarito "E".

(Defensor Público – DPE/ES – 2016 – FCC) Em uma ação proposta com pedido de condenação a indenização por danos materiais e danos morais, após a apresentação de contestação, o magistrado entende que o primeiro pedido restou incontroverso, e, por isso, condenou o réu ao pagamento dos danos materiais comprovados e, no mesmo ato, determinou o prosseguimento da ação somente em relação aos danos morais. Esta decisão tem natureza jurídica de

(A) sentença final de mérito e, portanto, desafia recurso de apelação.
(B) julgamento antecipado parcial de mérito e, portanto, desafia recurso de agravo de instrumento.
(C) julgamento antecipado parcial de mérito e, portanto, desafia recurso de apelação.
(D) tutela provisória incidental de urgência e, portanto, desafia recurso de agravo de instrumento.
(E) tutela provisória incidental da evidência, mas não apresenta recorribilidade imediata, pois não comporta recurso de agravo de instrumento, mas apenas apelação após a sentença final.

Trata-se de julgamento antecipado parcial do mérito, com previsão no art. 356, I do NCPC. E, nesse caso, como o processo como um todo não é concluído, não se trata de sentença (pois prossegue a fase cognitiva do procedimento comum). Dessa decisão, por expressa previsão legal, o recurso cabível é o agravo de instrumento (NCPC, art. 356, § 5º).
Gabarito "B".

(Defensor Público – DPE/ES – 2016 – FCC) Sobre o sistema recursal no novo Código de Processo Civil

(A) o Superior Tribunal de Justiça deverá negar seguimento ao recurso especial que suscite o conhecimento de questão constitucional.
(B) são cabíveis embargos infringentes contra acórdão não unânime que tenha reformado, em grau de apelação, a sentença de mérito, ou houver julgado procedente ação rescisória.
(C) os recursos não impedem a eficácia da decisão, salvo disposição legal ou decisão judicial em sentido diverso, mas a apelação, como regra, tem efeito suspensivo.
(D) as decisões interlocutórias que não se enquadram nas hipóteses de cabimento do agravo de instrumento são irrecorríveis, razão pela qual podem ser atacadas por mandado de segurança contra ato judicial.
(E) o recurso especial tem seu juízo de admissibilidade realizado exclusivamente pelo próprio Superior Tribunal de Justiça.

A: incorreto, pois se o relator, no STJ, entender que o recurso especial envolve questão constitucional, deverá conceder prazo de quinze dias para que o recorrente adeque o recurso para ser apreciado como RE pelo STF – ou seja, a hipótese é de fungibilidade e não de não conhecimento (NCPC, art. 1.032). **B:** incorreto. No NCPC, os embargos infringentes deixam de existir, de modo que no caso de voto vencido, passa a ser prevista a técnica do julgamento estendido (NCPC, art. 942). **C:** correto (NCPC, arts. 995 e 1.012). **D:** incorreto, pois as questões resolvidas na fase de conhecimento, se a decisão a seu respeito não comportar agravo de instrumento, poderão ser suscitadas em preliminar de apelação ou contrarrazões (art. art. 1.009, § 1º, do NCPC). **E:** incorreto, pois há duplo juízo de admissibilidade, conforme art. 1.030 do NCPC (a assertiva era correta na redação original do NCPC – mas houve alteração com a Lei 13.256/2016, que restaurou a sistemática que era prevista no CPC/1973).
Gabarito "C".

(Defensor Público – DPE/ES – 2016 – FCC) Com o advento no novo Código de Processo Civil, alguns entendimentos jurisprudenciais pacíficos e mesmo súmulas editadas à luz da legislação revogada, perderam a sua fundamentação jurídica e, portanto, não mais poderão persistir no ordenamento jurídico. O *overrulling*, como técnica adequada de aplicação dos precedentes

(A) depende da modificação legislativa e somente é aplicável após a revogação da Súmula pelo próprio Tribunal que a editou.
(B) consiste na revisão de precedentes que foram elaborados a partir de vícios formais e, portanto, devem ser extirpados do ordenamento jurídico.
(C) não implicaria a revogação do precedente, mas tão somente o afastamento de seu efeito vinculante em relação aos órgãos jurisdicionais de hierarquia inferior.
(D) impõe à parte o ônus de demonstrar a distinção entre o caso concreto e os fatos que serviram para a formação da tese jurídica do precedente, distinguindo-as e justificando, assim, a sua inaplicabilidade ao caso concreto.
(E) está relacionado com a demonstração de que a superveniência de fatores que podem operar a revogação ou a superação do precedente firmado à luz do ordenamento revogado.

O *overruling* é a superação da tese jurídica firmada em um precedente. Basicamente, é uma técnica que permite aos julgadores modificar teses firmadas no passado – seja por força de alteração legislativa, seja por força de evolução da sociedade ou do entendimento relativo a algum precedente. Diante disso, a alternativa correta é a "E".
Gabarito "E".

(Defensor Público – DPE/RN – 2016 – CESPE) Assinale a opção correta no que diz respeito a recursos.

(A) Admite-se o cabimento dos embargos infringentes para impugnar acórdão não unânime que anule sentença em razão de vício na citação.
(B) Conforme entendimento do STJ, a pena de deserção deve ser aplicada a recurso interposto contra julgado que indeferir o pedido de justiça gratuita.
(C) De acordo com o entendimento do STF, são intempestivos os embargos declaratórios interpostos antes da publicação do acórdão embargado.
(D) Segundo o entendimento do STJ, na apelação, admite-se a juntada de documentos indispensáveis ou não à propositura da ação, desde que garantidos o contraditório e a ampla defesa.

(E) Concedida a antecipação dos efeitos da tutela em recurso adesivo, não se admite a desistência do recurso principal de apelação, ainda que a petição de desistência seja apresentada antes do julgamento dos recursos.

A: incorreto. No NCPC, os embargos infringentes deixam de existir, de modo que no caso de votação não unânime há a técnica de julgamento estendido (NCPC, art. 942). **B:** Incorreto. De acordo com o STJ, não se aplica a pena de deserção a recurso interposto contra o indeferimento do pedido de justiça gratuita (Informativo STJ 574). Esse entendimento foi incorporado ao NCPC, no art. 101, § 1º. **C:** incorreto. Esse era o entendimento do STF, mas posteriormente alterado (AI 703269 AgR--ED-ED-EDv-ED/MG, j. 5/3/2015). Esse entendimento foi incorporado ao NCPC, art. 218, § 4º. **D:** incorreto, pois o que se admite é a juntada de documentos que não sejam indispensáveis à propositura da ação (Informativo STJ 533). **E:** correto, de acordo com a jurisprudência do STJ anterior ao NCPC (Informativo STJ 554).

Gabarito "E".

(Defensor Público/SP – 2009 – FCC) É correto afirmar que da decisão de liquidação

(A) quando por arbitramento cabe agravo e quando por artigo cabe apelação.
(B) não cabe recurso.
(C) cabe recurso apelação.
(D) quando por arbitramento cabe apelação e quando por artigo cabe agravo.
(E) cabe agravo de instrumento.

Em qualquer caso, nos termos do art. 1.015, parágrafo único, NCPC, contra decisões interlocutórias proferidas na fase de liquidação de sentença. Logo, a única alternativa correta é a "E".

Gabarito "E".

(Defensor Público/TO – 2013 – CESPE) Em ação de obrigação de fazer cumulada com indenização por danos materiais e morais por ele ajuizada contra Judite e Tiago, Matias requereu, após a apresentação da defesa, antecipação de tutela quanto à obrigação de fazer, tendo o juiz se reservado o direito de apreciar o pedido após a instrução processual. Ao proferir sentença, o juiz acolheu parcialmente os pedidos de dano material e moral formulados pelo autor, tendo condenado os réus solidariamente, e acolheu o pedido de obrigação de fazer, concedendo a antecipação de tutela requerida por Matias. Contra a sentença, apenas Judite interpôs recurso de apelação contra a sentença, alegando prescrição do direito de ação.
Com base nessa situação hipotética, assinale a opção correta.

(A) Provido o recurso de Judite e, portanto, declarada a prescrição, os efeitos dessa decisão se estendem a Tiago.
(B) Tiago poderá interpor recurso adesivo, desde que o faça no prazo de que Matias dispõe para responder o recurso interposto por Judite.
(C) Matias não poderá interpor recurso adesivo, já que a sentença foi-lhe favorável.
(D) O juiz não poderia antecipar os efeitos da tutela quando da prolação da sentença, fase essa inadequada para a concessão de liminar antecipatória, por ter a sentença decidido o próprio mérito da causa.
(E) Enquanto não for julgado o recurso de apelação, Matias não poderá, ainda que parcialmente, executar provisoriamente a sentença.

A: correto, considerando o efeito expansivo, porquanto presentes tanto o litisconsórcio quanto a solidariedade passiva entre Judite e Tiago (art. 1.005 do NCPC). Saliente-se que a prescrição invocada por Judite é defesa que aproveita igualmente a Tiago. Com efeito, o efeito expansivo consiste na possibilidade de a decisão proferida em grau recursal estender sua eficácia para além da matéria invocada nas razões recursais, isto é, o julgamento do recurso ultrapassa aquilo que foi efetivamente postulado pelo recorrente. Assim, haverá benefício ao litisconsorte que não recorreu; **B:** incorreto (art. 997, I, do NCPC). Tiago poderia recorrer de forma adesiva se Matias houvesse interposto apelação, eis que o recurso adesivo é interposto no prazo conferido para que o recorrido ofereça contrarrazões; **C:** incorreto, por conta da existência de sucumbência recíproca (art. 997, §1º, do NCPC); **D:** incorreta, conforme se afere do § 5º do art. 1.013 do NCPC; **E:** incorreto, pois a execução provisória só não pode ser iniciada enquanto penda recurso recebido com efeito suspensivo (arts 520 e 1.012, §2º, ambos do NCPC).

Gabarito "A".

(Defensor Público/RO – 2012 – CESPE) A respeito da liquidação de sentença e dos recursos, assinale a opção correta.

(A) O efeito extensivo ou expansivo do recurso evidencia--se no fato de uma nova decisão expandir os seus efeitos para atingir a decisão recorrida.
(B) O efeito regressivo e o efeito devolutivo têm o mesmo significado e, portanto, os mesmos efeitos.
(C) De acordo com o princípio da taxatividade, consideram-se recursos somente aqueles designados por lei federal.
(D) O recurso cabível contra decisão em liquidação de sentença é a apelação.
(E) O princípio do duplo grau de jurisdição está explicitamente previsto na CF.

A: incorreto. O efeito expansivo consiste na possibilidade de a decisão proferida em grau recursal estender sua eficácia para além da matéria invocada nas razões recursais, isto é, o julgamento do recurso ultrapassa aquilo que foi efetivamente postulado pelo recorrente; **B:** incorreto. Por força do efeito devolutivo – decorrente do princípio dispositivo – o órgão *ad quem* só poderá examinar as matérias efetivamente impugnadas pela parte recorrente. Tal princípio encontra-se proclamado no brocardo *tantum devolutum quantum appellatum*. Por outro lado, o efeito regressivo (também denominado iterativo ou diferido) consiste na faculdade conferida ao próprio órgão a quo de reconsiderar a decisão proferida; **C:** correto. O princípio recursal da taxatividade prevê que são recursos apenas os meios de impugnação expressamente indicados no Código de Processo Civil (NCPC, art. 994) e na legislação extravagante; **D:** incorreto. Da decisão que resolve a fase de liquidação cabe o recurso de agravo de instrumento (art. 1.015, parágrafo único, do NCPC), desde que não haja extinção do processo executivo, caso em que, aí sim, o recurso será a apelação (art. 203, § 1º c.c. art. 1.009, ambos do NCPC); **E:** incorreto. Segundo a jurisprudência do STF, a garantia do duplo grau de jurisdição não foi acolhida pela Carta Magna, embora haja doutrina que entenda que o referido princípio, por força de interpretação sistemática, tenha sido albergado pela Lei Fundamental.

Gabarito "C".

(Defensor Público/SP – 2012 – FCC) Assinale a alternativa INCORRETA.

(A) Cabe reclamação ao Supremo Tribunal Federal para impugnar decisão de órgão fracionário do Tribunal de Justiça que, embora não declare expressamente a inconstitucionalidade de lei ou ato normativo do Poder Público, afasta a sua incidência no todo ou em parte.

(B) A *querela nullitatis* pode ser deduzida em ação civil pública.

(C) Cabe agravo interno da decisão do presidente do Tribunal de Justiça que suspende a eficácia de sentença proferida contra o Poder Público em mandado de segurança.

(D) No âmbito do Supremo Tribunal Federal e do Superior Tribunal de Justiça são incabíveis os embargos infringentes, sendo possíveis, entretanto, os embargos de declaração e os embargos de divergência.

(E) A apelação será recebida só no efeito devolutivo, quando interposta de sentença que destituir ambos ou qualquer dos genitores do poder familiar.

A: correto, pois, nesse caso, haveria violação à Súmula Vinculante nº 10 do STF, hipótese de cabimento de reclamação (NCPC, art. 988, III); **B:** correto. A esse respeito, confira-se: "Processual civil e administrativo. Faixa de fronteira. Bem da união. Alienação de terras por estado não titular do domínio. Ação de desapropriação. 'Trânsito em julgado'. Ação civil pública. Declaração de nulidade de ato judicial. Pretensão querela *nullitatis*. Cabimento. Adequação da via eleita. Retorno dos autos à corte regional para exame do mérito das apelações. [...] 5. Da nulidade absoluta e da pretensão querela *nullitatis insanabilis*. 5.1. O controle das nulidades processuais, em nosso sistema jurídico, comporta dois momentos distintos: o primeiro, de natureza incidental, é realizado no curso do processo, a requerimento das partes, ou de ofício, a depender do grau de nulidade. O segundo é feito após o trânsito em julgado, de modo excepcional, por meio de impugnações autônomas. As pretensões possíveis, visando ao reconhecimento de nulidades absolutas, são a ação querela *nullitatis* e a ação rescisória, cabíveis conforme o grau de nulidade no processo originário. 5.2. A nulidade absoluta insanável por ausência dos pressupostos de existência é vício que, por sua gravidade, pode ser reconhecido mesmo após o trânsito em julgado, mediante simples ação declaratória de inexistência de relação jurídica (o processo), não sujeita a prazo prescricional ou decadencial e fora das hipóteses taxativas do art. 485 do CPC (ação rescisória). A chamada querela *nullitatis insanabilis* é de competência do juízo monocrático, pois não se pretende a rescisão da coisa julgada, mas apenas o reconhecimento de que a relação processual e a sentença jamais existiram. 5.3. A doutrina e a jurisprudência são unânimes em afirmar que a ausência de citação ou a citação inválida configuram nulidade absoluta insanável por ausência de pressuposto de existência da relação processual, o que possibilita a declaração de sua inexistência por meio da ação *querela nullitatis*. [...] 5.6. A pretensão *querela nullitatis* pode ser exercida e proclamada em qualquer tipo de processo e procedimento de cunho declaratório. A ação civil pública, por força do que dispõe o art. 25, IV, b, da Lei 8.625/93 (Lei Orgânica do Ministério Público), pode ser utilizada como instrumento para a anulação ou declaração de nulidade de ato lesivo ao patrimônio público. 5.7. A ação civil pública surge, assim, como instrumento processual adequado à declaração de nulidade da sentença, por falta de constituição válida e regular da relação processual. 5.8. A demanda de que ora se cuida, embora formulada com a roupagem de ação civil pública, veicula pretensão *querela nullitatis*, vale dizer, objetiva a declaração de nulidade da relação processual supostamente transitada em julgado por ausência de citação da União ou, mesmo, por inexistência da própria base fática que justificaria a ação desapropriatória, já que a terra desapropriada, segundo alega o autor, já pertencia ao Poder Público Federal. [...] 8. A Primeira Seção, por ambas as Turmas, reconhece na ação civil pública o meio processual adequado para se formular pretensão declaratória de nulidade de ato judicial lesivo ao patrimônio público (*querela nullitatis*). Precedentes. [...] (STJ, REsp 1.015.133/MT, rel. Min. Eliana Calmon, rel. p/ Acórdão Min. Castro Meira, 2ª T., j. 02.03.2010, DJe 23.04.2010);

C: correto (art. 15, caput, da Lei 12.016/2009); **D:** incorreto à luz do CPC1973. Isso porque há previsão de embargos infringentes no âmbito dos Regimentos Internos dos Tribunais Superiores (art. 333 do RISTF e arts. 260 a 262 do RISTJ) * Com o NCPC, a rigor houve a extinção dos embargos infringentes. Porém, o STF entendeu que, no âmbito penal, seguiam existindo os embargos infringentes, pois previstos no RISTF, mesmo não mais existindo no CPP (vide AP 470 – o processo do "mensalão"); **E:** correto (art. 199-B do ECA).

Gabarito "D".

(Defensor Público/AM – 2011 – Instituto Cidades) Acórdão do Tribunal de Justiça do Estado do Amazonas que concede mandado de segurança contra ato do governador desafia:

(A) recurso ordinário para o Supremo Tribunal Federal;

(B) recurso de apelação para o órgão especial;

(C) recurso extraordinário, em ocorrendo matéria de natureza constitucional;

(D) recurso especial para o Superior Tribunal de Justiça, somente se a matéria for de ordem pública.

(E) recurso ordinário para o Superior Tribunal de Justiça.

A: incorreto, pois o RO depende de acórdão que *denega* ação originária, sendo que no caso houve concessão – e o RO, no caso, seria para o STJ e não para o STF (art. 102, II, a, da CF); **B:** incorreto, visto que a apelação deve ser interposta contra sentença proferida por juiz de 1º grau, e não contra acórdão (art. 1.009 do NCPC); **C:** correto. São as hipóteses de competência recursal extraordinária do STF (art. 102, III, da CF); **D:** incorreto, já que o recurso especial não tem alcance demasiadamente restrito como sugere o examinador. Suas hipóteses de cabimento estão taxativamente dispostas no art. 105, III, da CF; **E:** incorreto, já que a decisão proferida pelo colegiado estadual *não denegou* a segurança pleiteada pelo impetrante (art. 105, II, b, da CF).

Gabarito "C".

(Defensor Público/GO – 2010 – Instituto Cidades) A apelação pode ser interposta pela parte vencida, pelo Ministério Público ou terceiro prejudicado, contando-se o prazo

(A) para todos, após a intimação na pessoa do seu procurador constituído nos autos, ou, pessoalmente, em caso de revelia.

(B) para o terceiro, juntamente com a parte, a partir da publicação no órgão oficial.

(C) para o Ministério Público, após a juntada do comprovante de intimação aos autos.

(D) em dobro, quando interposta pela parte e por terceiro prejudicado, por se considerarem litisconsortes.

(E) em quádruplo, quando interposta pelo Ministério Público em litisconsórcio com a parte.

A: incorreto, pois a revelia tem como um de seus efeitos a desnecessidade de intimação do revel para os atos subsequentes do processo. Os prazos para o revel, quando não tenha patrono nos autos, contam-se a partir da publicação de cada ato decisório (art. 346, caput, do NCPC); **B:** correto (art. 1.003, caput, e 231, VII, ambos do CPC); **C:** incorreto, pois a intimação do órgão ministerial é pessoal e se faz mediante de entrega dos autos com vista (art. 41, IV, da Lei 8.625/1993; art. 180, NCPC); **D:** incorreto. Terceiro prejudicado é aquele que poderia ter figurado durante o processo como assistente simples ou litisconsorcial, mas não o fez. Para tanto, necessita, tal qual aquele, demonstrar *interesse jurídico* na causa. Ao pleitear seu ingresso na lide já na fase recursal, recebe o nome de terceiro prejudicado e, portanto, não goza da qualidade de litisconsorte, sendo-lhe inaplicável o art. 229, NCPC; **E:** incorreto. Não se aplica o art. 180 em conjunto com o art. 229 do NCPC.

Gabarito "B".

(Defensor Público da União – 2010 – CESPE) Acerca dos recursos e da ação rescisória, julgue o próximo item.

(1) O direito processual civil acolhe o princípio da vedação à *reformatio in pejus*, mas, na hipótese de a apelação interposta pelo autor evidenciar, por exemplo, a ausência de condição da ação, o órgão *ad quem* poderá extinguir o processo, sem julgamento do mérito, o que é decorrência do chamado efeito translativo dos recursos.

1: correta, porque o reconhecimento de uma matéria de ordem pública, pelo Tribunal, ainda que em prejuízo do recorrente, decorre mesmo do efeito devolutivo dos recursos, sendo uma exceção à regra da vedação à *reformatio in pejus*.

Gabarito 1C

(Defensor Público/MT – 2009 – FCC) O recurso adesivo

(A) subsiste mesmo se houver desistência do recurso principal.
(B) será admissível na apelação, no agravo de instrumento, nos embargos infringentes, no recurso especial e no recurso extraordinário.
(C) por aderir ao recurso principal não está sujeito a preparo.
(D) possui condições de admissibilidade próprias em relação ao recurso independente.
(E) não será conhecido se, em relação ao recurso principal, houver desistência ou for ele declarado inadmissível ou deserto.

A: incorreta, porque o recurso adesivo é dependente do principal, motivo pelo qual, manifestada a desistência deste, ficará prejudicado aquele; **B:** incorreta, porque não se admite recurso de agravo de instrumento adesivo (art. 997, II, do NCPC); **C:** incorreta, porque o recurso adesivo fica sujeito às mesmas exigências que são feitas para a interposição autônoma do recurso; **D:** incorreta, pelo mesmo motivo apontado na alternativa anterior; **E:** correta, em razão do seu caráter dependente, subordinado ao recurso principal.

Gabarito "E".

(Defensor Público/AL – 2009 – CESPE) Acerca dos recursos previstos no CPC, julgue o próximo item.

(1) A lei enumera taxativamente os recursos admissíveis no processo civil e prevê um tipo de recurso para cada tipo de decisão, sendo uma característica comum a estes a capacidade de ensejarem reforma, invalidação, esclarecimento ou integração da decisão judicial impugnada. Contudo, mesmo que se constate ser possível que um simples pedido de reconsideração enseje a reforma de uma decisão também passível de agravo, essa possibilidade não representa quebra dos princípios da taxatividade e da singularidade dos recursos.

1: correto. O pedido de reconsideração não é recurso e, por isso, não interrompe nem suspende o prazo para interposição de recurso previsto em lei. Todavia, se o juiz pode reconsiderar sua decisão (como no caso de decisão interlocutória), nada obsta que a parte atravesse uma petição e assim pleiteia – ciente dos riscos relativos ao prazo.

Gabarito 1C

(Defensor Público/RO – 2007 – FJPF) NÃO estão sujeitos ao preparo os seguintes recursos:

(A) embargos infringentes e adesivo
(B) especial e embargos de divergência
(C) embargos de declaração e agravo retido
(D) agravo de instrumento e declaratórios
(E) embargos de divergência e agravo retido

A: incorreto, pois há preparo no recurso adesivo (art. 997, §2º, do NCPC) e, no NCPC, deixou de existir o recurso de embargos infringentes; **B:** incorreto. O recurso especial e os embargos de divergência demandam preparo (art. 1.007, NCPC e 335, § 2º, do RISTF); **C:** correto. Os embargos de declaração não estão sujeitos a preparo, conforme desponta do art. 1.023 do NCPC. Além disso, não há mais previsão de agravo retido no NCPC – e, no sistema anterior, não havia necessidade de preparo para esse recurso; **D:** incorreto, posto que o agravo de instrumento depende de preparo, a teor do que dispõe o art. 525, § 1º, do CPC, sendo que de fato não há necessidade de preparo nos declaratórios; **E:** incorreto. Os embargos de divergência necessitam de preparo (art. 335, § 2º, do RISTF).

Gabarito "C".

(Defensor Público/SE – 2006 – CESPE) Julgue os seguintes itens.

(1) O objeto do juízo de admissibilidade são os requisitos necessários para que o órgão *ad quem* possa apreciar o mérito do recurso, a fim de dar-lhe ou negar-lhe provimento.
(2) Sendo a decisão favorável em parte a um dos litigantes e em parte ao outro, podem ambos recorrer no prazo comum. Se, porém, um dos litigantes se houver abstido de recorrer no prazo comum, disporá ainda de outra oportunidade, interpondo o recurso adesivo. No entanto, para que o recurso adesivo seja apreciado pelo órgão do julgador, é necessário que também o recurso principal seja conhecido.

1: correta, pois de fato, o juízo de admissibilidade é feito antes de apreciar o mérito do recurso (seja em caso de duplo juízo de admissibilidade – na origem ou no destino; ou apenas de admissibilidade no destino); **2:** correta, sendo exatamente essa a hipótese e regulamentação do recurso adesivo (art. 997 do NCPC).

Gabarito 1C, 2C

(Defensor Público/RN – 2006 – Instituto Talento) Os recursos especial e extraordinário

(A) quando interpostos simultaneamente e admitidos serão encaminhados ao Supremo Tribunal Federal, diante da primazia da questão constitucional.
(B) exigem a sucumbência e a ofensa da decisão recorrida ao direito positivo para legitimar o recorrente.
(C) são admitidos também das decisões interlocutórias, bem como daquelas oriundas dos juizados especiais.
(D) suspendem a execução do acórdão recorrido.

A: incorreta (art. 1.031 do NCPC); **B:** correta. A ofensa da decisão recorrida está ligada ao interesse recursal; **C:** incorreta, pois no âmbito do juizado especial cível não é cabível recurso especial (Súmula 203 do STJ); **D:** incorreta (art. 995 do NCPC).

Gabarito "B".

(Defensor Público/AC – 2006 – CESPE) Será atacada por apelação dotada com efeito somente devolutivo a decisão

(A) que declara a indignidade de herdeiro.
(B) de condenar o réu ao pagamento de alimentos.
(C) que apenas reconhece a paternidade.
(D) no caso de procedência parcial do pedido, nas ações condenatórias.

A assertiva correta é a "B", sendo a única que se insere nas exceções (arts. 1.012, §1º, II, do NCPC e 14 da Lei 5.478/68), tendo em vista que a regra geral, na apelação, é o duplo efeito (art. 1.012).

Gabarito "B".

12. CUMPRIMENTO DE SENTENÇA E IMPUGNAÇÃO

(Defensor Público – DPE/MT – 2016 – UFMT) Considerando a execução no Código de Processo Civil (CPC/2015), analise as assertivas abaixo.

I. Na execução fundada em título executivo extrajudicial que contenha obrigação alimentar, se o executado não pagar o débito em 3 dias ou se a justificativa apresentada não for aceita, o juiz decretar-lhe-á a prisão pelo prazo de 1 (um) a 3 (três) meses.
II. No caso de condenação em quantia certa, o cumprimento definitivo da sentença far-se-á a requerimento do exequente, sendo o executado intimado para pagar o débito, no prazo de 15 (quinze) dias, acrescido de custas, se houver. Transcorrido o prazo mencionado, sem o pagamento voluntário, será novamente o executado intimado para, no prazo de 15 (quinze) dias, apresentar, nos próprios autos, sua impugnação, contado do termo de penhora.
III. A decisão judicial transitada em julgado poderá ser levada a protesto, nos termos da lei, depois de transcorrido o prazo para pagamento voluntário. A requerimento do executado, o protesto será cancelado por determinação do juiz, mediante ofício a ser expedido ao cartório, no prazo de 3 (três) dias, contado da data de protocolo do requerimento, desde que comprovada a satisfação integral da obrigação.
IV. Na execução de título extrajudicial, o executado, independentemente de penhora, depósito ou caução, poderá se opor à execução por meio de embargos, cujo prazo para oferecimento é 15 dias úteis.
V. No cumprimento de sentença e na execução de título extrajudicial, no prazo para impugnação ou embargos, reconhecendo o crédito do exequente e comprovando o depósito de trinta por cento do valor em execução, acrescido de custas e de honorários de advogado, o executado poderá requerer que lhe seja permitido pagar o restante em até 6 (seis) parcelas mensais, acrescidas de correção monetária e de juros de um por cento ao mês.

Estão corretas as assertivas

(A) I, II e III.
(B) II, IV e V.
(C) I, III e IV.
(D) I, II e V.
(E) III, IV e V.

I: correto (NCPC, art. 911, *caput* e parágrafo único e art. 528, *caput* e § 3º); **II:** errado. A primeira parte da assertiva está correta. Contudo, em caso de não pagamento voluntário (segunda parte do enunciado), inicia-se o prazo de 15 dias para apresentação de impugnação, *não* havendo necessidade de nova intimação (NCPC, art. 525). **III:** correto (NCPC, art. 517, *caput* e § 4º); **IV:** correto (NCPC, arts. 914 e 915); **V:** incorreto, pois o parcelamento só é permitido no caso da execução de título extrajudicial (NCPC, art. 916, § 7º).

Gabarito "C".

(Defensor Público – DPE/ES – 2016 – FCC) Eduardo, maior e capaz, com 19 anos de idade, comparece à Defensoria Pública informando que seu genitor, que está desempregado mas tem recursos financeiros, não realizou o pagamento das duas últimas parcelas da pensão alimentícia fixada em sentença. Diante desta situação, o defensor público deverá

(A) orientar Eduardo sobre a impossibilidade de cobrar os alimentos após o atingimento da maioridade civil, pois a exoneração do devedor decorre de previsão legal expressa.
(B) pedir o cumprimento da sentença, sob pena de prisão, uma vez que este débito autoriza a prisão civil do devedor de alimentos, sem prejuízo de outros meios coercitivos para o pagamento, tais como o protesto da sentença.
(C) pedir o cumprimento da sentença, sob pena de penhora, uma vez que este débito não autoriza a prisão civil do devedor de alimentos.
(D) orientar Eduardo para aguardar o próximo mês, uma vez que o pedido de prisão civil depende do inadimplemento das três prestações anteriores ao ajuizamento da execução.
(E) pedir o cumprimento, sob pena de penhora, uma vez que, embora este débito autorize a prisão civil do devedor de alimentos, o desemprego do devedor justifica o inadimplemento.

A: incorreta, pois a exoneração depende de sentença que, ao verificar o binômio necessidade e possibilidade, eventualmente afastará o dever alimentar. Assim, não é algo automático após a maioridade. Súmula 358/STJ: "O cancelamento de pensão alimentícia de filho que atingiu a maioridade está sujeito à decisão judicial, mediante contraditório, ainda que nos próprios autos". **B:** correto. A hipótese diz respeito ao cumprimento de sentença que reconhece a exigibilidade de prestar alimentos, o qual deve ser requerido pelo defensor público, nos termos do art. 528 do NCPC. O débito alimentar que autoriza a prisão civil do alimentante é o que compreende as três prestações anteriores ao ajuizamento da execução (NCPC, art. 528, § 7º). **C:** incorreto, pois há possibilidade de prisão civil, como exposto na alternativa anterior. **D:** incorreto, pois possível dar início ao cumprimento de sentença ainda que haja o atraso de 1 prestação mensal. **E:** incorreto, pois apenas o desemprego é insuficiente para afastar o dever de alimentar ou a prisão civil – especialmente se há recursos financeiros, como consta do enunciado.

Gabarito "B".

(Defensor Público/AM – 2013 – FCC) Em relação ao cumprimento de sentença é correto afirmar:

(A) O acordo extrajudicial homologado em juízo e a sentença arbitral constituem títulos executivos judiciais.
(B) Em regra, a impugnação ao cumprimento de sentença suspende o curso do processo.
(C) É necessária a prestação de caução para se dar início à execução provisória.
(D) Quando tiver havido recurso, o cumprimento da sentença deverá ser processado perante o tribunal.
(E) O crédito do perito, cujos honorários houverem sido aprovados por decisão judicial, constitui título executivo judicial.

A: correto (art. 515, III e VII, do NCPC); **B:** incorreto, a regra é o prosseguimento do cumprimento de sentença (art. 525, §6º, do NCPC); **C:** incorreto, descabe caução para dar início à execução provisória (art.

520, IV, e 521, do NCPC); **D:** incorreto, será no grau de origem (art. 516, II, do NCPC); **E:** incorreto. Cuida-se de título executivo extrajudicial (art. 515, V, do NCPC).

Gabarito "A".

(Defensor Público/AM – 2013 – FCC) A dívida de alimentos

(A) autoriza a prisão civil, mesmo depois de pago o valor em atraso.
(B) é imprescritível.
(C) torna-se inexigível depois da prisão.
(D) em regra, transmite-se aos herdeiros do devedor, assim como a obrigação de prestar os alimentos.
(E) autoriza a prisão civil, indefinidamente, até o pagamento do valor em atraso.

A: incorreto, pois se trata de medida coercitiva (art. 528, § 6º, do NCPC); **B:** incorreto, pois também se verifica a prescrição (art. 23 da Lei 5.478/68) – contudo, não há prescrição em desfavor de menor; **C:** incorreto, pois segue existindo o débito (art. 528, § 5º, do NCPC); **D:** correto (art. 1.700 do CC); **E:** incorreto, pois há previsão de prazo para a prisão civil (art. 528, § 3º, do NCPC).

Gabarito "D".

(Defensor Público/MG – 2006 – FUNDEP) A respeito do cumprimento do provimento jurisdicional, nos termos da legislação processual civil em vigor, é CORRETO afirmar que o procedimento será iniciado.

(A) Exclusivamente de ofício e poderá o devedor, ao ser intimado, nomear bens à penhora.
(B) Por exclusiva iniciativa da parte.
(C) De ofício ou a requerimento e permite que o devedor, ao ser intimado, nomeie bens à penhora.
(D) De ofício ou por iniciativa da parte, e a penhora de bens, de ofício ou a requerimento, ocorrerá se o devedor não cumprir o determinado na sentença.
(E) De ofício ou por iniciativa da parte, e a penhora de bens, a requerimento, ocorrerá se o devedor não cumprir o determinado na sentença.

É necessária a vontade da parte exequente, que deverá dar início ao procedimento. Tem-se, portanto, uma vez mais a aplicação do princípio dispositivo ou da inércia (NCPC, art. 2º e 523, *caput*).

Gabarito "B".

(Defensor Público/MG – 2006 – FUNDEP) Contra o inadimplente das verbas alimentícias, foi ajuizada a execução por pensões alimentícias, sob o rito especial do processo de execução de prestação alimentícia, com pedido de prisão do devedor. Citado, o devedor não pagou nem justificou o inadimplemento, motivando, assim, a expedição de mandado de prisão, que foi devidamente cumprido.

A respeito do cumprimento da prisão pelo prazo estabelecido pelo juiz, é CORRETO afirmar:

(A) Que a execução, após o cumprimento da pena, prosseguirá sob o rito de execução por quantia certa.
(B) Que, cumprida a pena e não paga a pensão alimentícia, o juiz decretará nova pena de prisão, como forma coercitiva de obrigar o pagamento.
(C) Que o cumprimento da pena é causa anômala de extinção do processo de execução.
(D) Que o cumprimento da pena é causa de elisão da obrigação de pagar o valor da pensão alimentícia executada, e o processo será extinto.
(E) Que o devedor terá a sua insolvência civil declarada pelo juiz.

De fato, após cumprido o prazo do mandado de prisão a execução deverá prosseguir, porém agora como execução por quantia certa, eis que o executado não poderá ser novamente preso em razão do mesmo débito.

Gabarito "A".

13. EXECUÇÃO E EMBARGOS

(Defensor Público – DPE/BA – 2016 – FCC) Para possibilitar a penhora de dinheiro em depósito ou em aplicação financeira, o juiz,

(A) a requerimento do exequente, ouvindo previamente o executado, no prazo de três dias, determinará às instituições financeiras, por meio de sistema eletrônico gerido pela autoridade supervisora do sistema financeiro nacional, que torne indisponíveis ativos financeiros existentes em nome do executado.
(B) de ofício, ouvindo previamente o executado, no prazo de três dias, determinará às instituições financeiras, por meio de sistema eletrônico gerido pela autoridade supervisora do sistema financeiro nacional, que torne indisponíveis ativos financeiros existentes em nome do executado.
(C) a requerimento do exequente, sem dar ciência prévia do ato ao executado, determinará às instituições financeiras, por meio de sistema eletrônico gerido pela autoridade supervisora do sistema financeiro nacional, que torne indisponíveis ativos financeiros existentes em nome do executado.
(D) a requerimento do exequente, ouvindo previamente o executado, no prazo de três dias, determinará, por meio de ofício dirigido à instituição financeira em que alocados os recursos, que esta torne indisponíveis ativos financeiros existentes em nome do executado.
(E) de ofício, sem dar ciência prévia do ato ao executado, determinará, por meio de ofício dirigido à instituição financeira em que alocados os recursos, que esta torne indisponíveis ativos financeiros existentes em nome do executado.

A resposta encontra-se no art. 854 do NCPC, cujos termos estão presentes na alternativa "C". A alternativa "A" e "B" são incorretas, pois não é necessário dar ciência prévia ao executado. A "B" é incorreta, pois a determinação depende de requerimento do exequente (NCPC, art. 854). A "D", por sua vez, além de incorrer em erro ao prever a oitiva prévia do executado, equivoca-se ao prever que a penhora ocorrerá por meio de ofício (mesmo equívoco da alternativa "E"), sendo certo que a constrição será efetivada por meio eletrônico.

Gabarito "C".

(Defensor Público/TO – 2013 – CESPE) Antônio ingressou em juízo com ação de execução para entrega de coisa certa, contra Silva & Silva Ltda., que, citada para cumprir a obrigação no prazo legal, permaneceu inerte.

Com base nessa situação hipotética, assinale a opção correta.

(A) O juiz poderá, desde logo, determinar a penhora de tantos bens quantos forem necessários para satisfazer a obrigação exequenda.
(B) O juiz poderá, a requerimento de Antônio, determinar, imediatamente, a indisponibilidade de ativos exis-

tentes em nome da Silva & Silva Ltda. em qualquer instituição bancária.
(C) Antônio poderá requerer desde logo a conversão da obrigação desejada em perdas e danos.
(D) O juiz determinará a expedição de mandado de imissão de posse ou de busca e apreensão, conforme se trate de bem imóvel ou móvel, independentemente de requerimento do exequente.
(E) Para que o juiz efetive o provimento jurisdicional, Antônio deverá indicar a providência a ser tomada pelo juízo, sem a qual o processo será extinto.

A e B: incorretos (art. 806 do NCPC); C: incorreto (art. 809 do NCPC); D: correto (art. 806, §2º, do NCPC); E: incorreto, conforme comentário da alternativa anterior.
Gabarito "D".

(Defensor Público/SP – 2012 – FCC) Analise as afirmações abaixo.
I. Adjudicado um bem imóvel pelo exequente, poderá este pedir a expedição do mandado de imissão na posse no curso do próprio processo executivo, quando o bem estiver na posse do depositário.
II. Em ação envolvendo direitos individuais homogêneos, a liquidação coletiva para a reparação fluída deve ser proposta pelo autor da ação coletiva de conhecimento, sendo tal iniciativa vedada aos demais legitimados.
III. A execução de alimentos poderá ser proposta no juízo do local onde se encontram bens sujeitos à expropriação, do atual domicílio do executado ou do atual domicílio do exequente, desde que em comarca diversa da que foi proferida a sentença, constituindo exceções à regra segundo a qual a execução deve tramitar perante o juízo que processou a causa no primeiro grau de jurisdição.
IV. Enquanto pendente apelação da sentença de improcedência dos embargos do executado, quando recebidos com efeito suspensivo, a execução fundada em título extrajudicial está sujeita às restrições do regime da execução provisória.

Está correto o que se afirma em
(A) I, II e III, apenas.
(B) I, II e IV, apenas.
(C) I, III e IV, apenas.
(D) II, III e IV, apenas.
(E) I, II, III e IV.

I: correto (art. 877, §1º, I, do NCPC); II: incorreto (arts. 97 e 100 do CDC); III. correto (arts. 53, II, do NCPC e 516, parágrafo único, do NCPC); IV: correto tendo em vista o entendimento jurisprudencial formado no sistema anterior (a partir do art. 587 do CPC/1973).
Gabarito "C".

(Defensor Público/RO – 2012 – CESPE) Acerca do processo de execução, assinale a opção correta.
(A) Na execução fiscal, não cabe citação por edital.
(B) Em execução fiscal, a prescrição ocorrida antes da propositura da ação não pode ser decretada de ofício, por ser direito disponível.
(C) Autoriza a prisão civil do alimentante o débito alimentar que compreende as três prestações anteriores à citação e as que vencerem no curso do processo.
(D) Em execução fiscal, não localizados bens penhoráveis, suspende-se o processo por um ano e, finda a suspensão, inicia-se o prazo da prescrição quinquenal intercorrente.
(E) Na execução civil, a penhora de dinheiro conforme a ordem de nomeação de bens tem caráter absoluto.

A: incorreto (Súmula 414 do STJ: "A citação por edital na execução fiscal é cabível quando frustradas as demais modalidades"); B: incorreto, nos termos da Súmula 409 do STJ: "Em execução fiscal, a prescrição ocorrida antes da propositura da ação pode ser decretada de ofício (art. 219, § 5º, do CPC); C: incorreto, nos termos do art. 528, §7º, do NCPC, que incorporou no texto legal o entendimento antes consignado na Súmula 309 do STJ: "O débito alimentar que autoriza a prisão civil do alimentante é o que compreende as três prestações anteriores ao ajuizamento da execução e as que se vencerem no curso do processo"; D: correto (Súmula 314 do STJ: "Em execução fiscal, não localizados bens penhoráveis, suspende-se o processo por um ano, findo o qual se inicia o prazo da prescrição quinquenal intercorrente"); E: incorreto (Súmula 417 do STJ: "Na execução civil, a penhora de dinheiro na ordem de nomeação de bens não tem caráter absoluto").
Gabarito "D".

(Defensor Público/AM – 2011 – Instituto Cidades) Agiria incorretamente o juiz que, em processo de execução fundado em título extrajudicial,
(A) admitisse à fazenda pública oferecer embargos no prazo de trinta (30) dias;
(B) determinasse a expedição de precatório contra o Estado por não considerar de pequeno valor a dívida acima de quarenta salários mínimos;
(C) adotasse o mesmo procedimento da execução fundada em sentença, expedindo requisição de pequeno valor ou precatório conforme a importância da dívida;
(D) limitasse ao conceito de pequeno valor à importância de até quarenta salários mínimos, sendo devedora a fazenda pública federal;
(E) considerasse o precatório como procedimento de natureza administrativa, de competência da presidência do tribunal.

A: correto (art. 1º-B da Lei 9.494/1997); B: correto. Em nível estadual, considera-se de pequeno valor a obrigação cujo montante não supere a quantia equivalente a quarenta salários mínimos, salvo lei estadual dispondo em sentido contrário (arts. 13, §§ 2º e 3º, I, da Lei 12.153/2009 e 87, I, do ADCT); C: correto (arts. 13, § 2º, da Lei 12.153/2009); D: incorreto. Se a fazenda pública federal for devedora, é definida como de pequeno valor a obrigação que não ultrapasse a quantia de sessenta salários mínimos (arts. 17, § 1º, e 3º, caput, da Lei 10.259/2001); E: correto (arts. 100, § 6º, da CF).
Gabarito "D".

(Defensor Público/MG – 2009 – FUMARC) Sobre a execução por quantia certa contra devedor solvente fundada em título extrajudicial, assinale a alternativa CORRETA:
(A) A desistência do processo de execução pelo exequente depende do consentimento do executado que ofereceu embargos.
(B) É requisito obrigatório da petição inicial a indicação pelo exequente dos bens a serem penhorados.
(C) O cônjuge do executado é ilegítimo para requerer a adjudicação dos bens penhorados.
(D) A averbação da penhora no ofício imobiliário gera presunção relativa de seu conhecimento por terceiros.
(E) O pagamento integral da dívida pelo executado, no prazo de três dias de sua citação, reduz a verba honorária à metade.

A: incorreta, porque a desistência da execução não depende, em hipótese nenhuma, do consentimento do executado. Contudo, se houver embargos de mérito, a extinção destes, e não da execução, ficará subordinada à concordância do exequente (NCPC, art. 775); **B:** incorreta, porque a indicação de bens pelo exequente é facultativa, e não obrigatória; **C:** incorreta, porque o cônjuge pode requerer a adjudicação dos bens penhorados (art. 876, §5º do NCPC); **D:** incorreta, porque a averbação da penhora no registro imobiliário gera presunção absoluta de publicidade; **E:** correta (art. 827, §1º, CPC).

Gabarito "E".

(Defensor Público/MG – 2009 – FUMARC) Sobre os embargos de devedor, assinale a alternativa INCORRETA:

(A) A concessão de efeito suspensivo não impede a realização da penhora e a avaliação dos bens.

(B) Na execução por carta, serão julgados pelo juízo deprecante quando versarem, exclusivamente, sobre vício de citação do executado.

(C) Conta-se em dobro o prazo para sua oposição, quando se tratarem de executados com procuradores diferentes.

(D) Opostos pelo executado embargos à alienação de seus bens, poderá o adquirente desistir da aquisição.

(E) Serão opostos no prazo de 15 (quinze) dias, independentemente da segurança do juízo.

A: correta (art. 919, § 5º, NCPC); **B:** correta (art. 914, §2º, NCPC); **C:** incorreta, devendo esta ser assinalada – inexiste prazo em dobro nesse caso (art. 915, § 3º, NCPC); **D:** correta (art. 903, § 5º do NCPC); **E:** correta (art. 914 e 915, do NCPC).

Gabarito "C".

(Defensor Público/MS – 2008 – VUNESP) Na Execução Fiscal,

(A) a Fazenda Pública jamais poderá requerer a adjudicação dos bens penhorados.

(B) a Fazenda Pública poderá requerer a adjudicação dos bens penhorados antes do leilão, desde que não tenham sido oferecidos embargos ou se estes forem rejeitados.

(C) a Fazenda Pública poderá requerer a adjudicação dos bens penhorados, independentemente de embargos à execução.

(D) a adjudicação dos bens penhorados à Fazenda Pública somente é cabível, caso não haja ofertantes na segunda praça ou leilão.

A: incorreto (art. 24 da Lei 6.830/1980); **B:** correto (art. 24, I, da Lei 6.830/80); **C:** incorreto, já que a adjudicação só poderá ser pleiteada se não forem ajuizados embargos à execução ou se estes forem rejeitados pelo juízo (art. 24, I, da Lei 6.380/1980); **D:** incorreto. É cabível a adjudicação pela Fazenda Pública antes mesmo do leilão, desde que pelo preço da avaliação (art. 24, I, da Lei 6.830/80).

Gabarito "B".

(Defensor Público/CE – 2007 – CESPE) A respeito do processo de execução, julgue os itens que se seguem.

(1) Para configurar-se a fraude à execução é necessário que a execução já tenha sido ajuizada e que haja a citação do devedor. Os atos praticados em fraude à execução são anuláveis, cabendo ao credor requerer a anulação desses atos ao juízo da execução.

(2) Na execução por quantia certa, deve o credor instruir a petição inicial com a planilha demonstrativa do valor devido e os critérios utilizados na elaboração do cálculo.

(3) Na execução de alimentos por meio coercitivo, para afastar o decreto de prisão civil do devedor de alimentos, exige-se o pagamento das três últimas parcelas anteriores à citação do executado.

1: incorreto. Confira-se, nesse sentido, o teor da Súmula 375 do STJ: "O reconhecimento da fraude à execução depende do registro da penhora do bem alienado ou da prova de má-fé do terceiro adquirente". Ademais, a admissão da fraude à execução não importa na nulidade ou anulabilidade do negócio jurídico realizado entre executado/alienante e adquirente, mas tão somente na ineficácia de tal ato perante o exequente (NCPC, art. 792, §1º). Resta verificar se a jurisprudência à luz do NCPC manterá a súmula; **2:** correto (art. 798, I, b, do NCPC); **3:** incorreto, nos termos do art. 528, §7º, do NCPC, que incorporou no texto legal o entendimento antes consignado na Súmula 309 do STJ ("O débito alimentar que autoriza a prisão civil do alimentante é o que compreende as três prestações anteriores ao ajuizamento da execução e as que se vencerem no curso do processo".

Gabarito 1E, 2C, 3E

(Defensor Público/MT – 2007 – DPE/MT) Sobre o processo de execução, assinale a afirmativa correta.

(A) Da mesma forma como ocorre com as sentenças proferidas por tribunal estrangeiro, dependem de homologação, para terem eficácia em nosso território, os títulos executivos extrajudiciais oriundos de país estrangeiro.

(B) É provisória a execução quando iniciada por título judicial transitado em julgado ou por título extrajudicial.

(C) A execução definitiva, em qualquer caso, será processada nos autos principais.

(D) Constitui-se título executivo judicial a sentença homologatória de transação ou de conciliação, ainda que verse sobre matéria não posta em juízo.

(E) Judicial ou extrajudicial, a execução para cobrança de crédito fundar-se-á sempre em título ilíquido, certo e inexigível.

A: incorreta (art. 515, § 2º, do NCPC); **B:** incorreta, pois, nesse caso, a execução é definitiva; **C:** incorreta para a banca. A alternativa não traz todas as informações necessárias para compreender o que pretende a banca. De qualquer forma, quando se tem embargos, não são discutidos nos autos principais, mas em apartado (art. 914, § 1º do CPC); **D:** correta (art. 515, II, do NCPC); **E:** incorreta (art. 783 do NCPC).

Gabarito "D".

(Defensor Público/RO – 2007 – FJPF) A alternativa que se relaciona ao caso do credor desejar desistir da execução, após o devedor ter sido regularmente citado é:

(A) depende do momento da execução e da autorização do juiz

(B) depende da anuência do executado e da autorização judicial

(C) depende da vontade do executado e não da autorização do juiz

(D) não depende da vontade do executado mas da autorização judicial

(E) não depende de nenhum ato do executado nem da autorização Judicial

Não tendo o executado reagido por meio de embargos à execução, afigura-se dispensável seu consentimento quanto ao pedido de desistência formulado pelo exequente. O mesmo se estende à necessidade de autorização judicial, posto que se cuida de faculdade conferida ao credor (art. 775 do NCPC).

Gabarito "E".

(Defensor Público da União – 2007 – CESPE) Julgue o seguinte item:

(1) Na ação ajuizada contra a fazenda pública que tenha por objeto a restauração de benefícios previdenciários anteriormente concedidos, se o pedido for julgado procedente, é possível a execução provisória da sentença.

1: correto. Nesse sentido: "Processual civil. Administrativo. Servidor público estadual. Execução provisória de sentença contra Fazenda Pública. Não incidência da vedação do art. 2º-B da Lei nº 9.494/97. Hipótese não prevista. 1. Esta Corte Superior, no desempenho da sua missão constitucional de interpretação da legislação federal, deu uma exegese restritiva ao art. 2º-B da Lei 9.494/97, no sentido de que a vedação de execução provisória de sentença contra a Fazenda Pública deve se ater às hipóteses expressamente elencadas no referido dispositivo. Precedentes. 2. Em face da referida interpretação restritiva, tem-se afastado a aplicação do art. 2º-B da Lei 9.949/1997 aos casos de revisão de pensões, bem como nos casos de restauração de benefícios previdenciários anteriormente percebidos, por não se enquadrarem nas hipóteses elencadas no dispositivo em questão. Precedentes. 3. Aplica-se, por analogia, a Súmula 729/STF: 'A decisão na ADC-4 não se aplica à antecipação de tutela em causa de natureza previdenciária.' 4. Agravo regimental desprovido". (STJ, 5ª T., AgRg no REsp 658.518 / RS. rel. Min. Laurita Vaz. j. 21.11.2006, DJ 05.02.2007).

Gabarito 1C.

(Defensor Público/RN – 2006 – Instituto Talento) Em termos de execução, o Código de Processo Civil estabelece as seguintes normas:

(A) A morte de quaisquer das partes suspende a execução.
(B) Na execução de alimentos o devedor será citado para pagar ou oferecer bens a penhora.
(C) Na ordem da penhora os imóveis antecedem os móveis.
(D) A decisão que rejeita a exceção de pré-executividade é recorrível através de apelação.

A: correta (art. 021, I, do NCPC); **B:** incorreta (art. 520 do NCPC); **C:** correta, pois dinheiro tem preferência na ordem de bens (art. 835 do NCPC); **D:** incorreta, pois a decisão que rejeita exceção de pré-executividade é interlocutória e não coloca fim ao processo, razão pela qual o recurso cabível é o de agravo (art. 1.015, parágrafo único do NCPC).

Gabarito A.

(Defensor Público da União – 2004 – CESPE) Julgue o item que se segue, acerca de execução.

(1) Recaindo mais de uma penhora sobre bem(ns) do devedor comum, e ressalvada a instauração do concurso universal, governado pelo princípio do *par conditio creditorum*, por iniciativa do executado ou de qualquer credor, a distribuição do produto da alienação, entre quirografários, seguirá a ordem de anterioridade das penhoras.

1: correto (arts. 908 e 909 do NCPC).

Gabarito 1C.

14. PROCEDIMENTOS ESPECIAIS NO NCPC

(Defensor Público/AL – 2017 – CESPE) De acordo com o que dispõe o CPC sobre os procedimentos especiais, é admissível a oposição de embargos de terceiro quando

(A) tais embargos forem opostos no cumprimento de sentença ou no processo de execução antes da adjudicação, mas sempre depois da assinatura da respectiva carta.
(B) pretender o oponente, no todo ou em parte, a coisa ou o direito sobre o que controvertem autor e réu.
(C) tais embargos forem opostos em processo de conhecimento, desde que antes da audiência de instrução e julgamento.
(D) for considerado executado o oponente indevidamente citado em processo de execução.
(E) tais embargos forem fundados em alegação de posse advinda do compromisso de compra e venda de imóvel, ainda que desprovido de registro.

A: Errada. Os embargos podem ser opostos até 5 dias depois da adjudicação do bem, mas *sempre antes* da assinatura da respectiva carta (NCPC, art. 675). **B:** Errada. A alternativa define o instituto da oposição e não dos embargos de terceiro – que têm por objeto a desconstituição de constrições indevidas (NCPC, art. 674). **C:** Errada. Os embargos podem ser opostos até o trânsito em julgado da sentença (NCPC, art. 675). **D:** Errada. Nesse caso, seria possível oferecer exceção de pré-executividade, por exemplo, mas não opor embargos de terceiro, já que o oponente integraria a relação processual (NCPC, art. 674). **E:** Correta (STJ, Súmula 84).

Gabarito "E".

(Defensor Público/AL – 2017 – CESPE) Maria, que ocupa área urbana com cem metros quadrados há oito anos e utiliza-a como moradia, procurou a Defensoria Pública para ajuizar ação requerendo a declaração da usucapião especial urbana da referida área.

A respeito dessa situação hipotética, assinale a opção correta.

(A) A citação dos confrontantes será necessária, se ocupados os imóveis.
(B) O ajuizamento superveniente de ação de reintegração de posse pelo proprietário da área sobrestará a ação proposta por Maria.
(C) A citação do titular do registro é de extrema relevância nesse processo.
(D) Caso seja necessária perícia, essa ação deverá ser ajuizada sob o rito ordinário.
(E) Maria terá o direito de requerer a usucapião da referida área, ainda que seja proprietária de imóvel rural em outro estado.

A: Errada. Os confinantes serão citados pessoalmente, independentemente de ocupação do imóvel (NCPC, art. 246, § 3º). **B:** Errada. A ação de reintegração ajuizada posteriormente pelo proprietário será sobrestada (Lei 10.257/2001, art. 11). **C:** Correta, seguindo orientação do STJ (REsp 1.275.559/ES). **D:** Errada. Na vigência do CPC/1973, a ação de usucapião especial de imóvel urbano era processada sob o rito sumário. Entretanto, no NCPC, a ação de usucapião deverá ser processada sob o procedimento *comum* – já que foi suprimido o rito sumário e, consequentemente, o ordinário (NCPC, art. 1.049, parágrafo único). **E:** Errada. Maria não poderia ser proprietária de outro imóvel urbano ou rural (Lei 10.257/2001, art. 9º).

Gabarito "C".

(Defensor Público – DPE/MT – 2016 – UFMT) Acerca da ação de usucapião no Código de Processo Civil (CPC/2015), analise as afirmativas.

I. Sem prejuízo da via jurisdicional, é admitido o pedido de reconhecimento extrajudicial de usucapião, que será processado diretamente perante o cartório do registro de imóveis da comarca em que estiver situado o imóvel usucapiendo, a requerimento do interessado, representado por advogado.
II. Na ação de usucapião de imóvel, os confinantes serão citados pessoalmente, exceto quando tiver por objeto unidade autônoma de prédio em condomínio, caso em que tal citação é dispensada.
III. O cônjuge necessitará do consentimento do outro para propor ação que verse sobre direito real imobiliário, mesmo quando casados sob o regime de separação absoluta de bens.
IV. A aquisição de propriedade por meio de usucapião poderá ser arguida em contestação, mesmo nas ações de reintegração de posse.
V. Nas ações de usucapião em que a ré e proprietária do imóvel seja falida, a competência deve ser atribuída ao juízo universal, em detrimento do foro de situação da coisa.

Estão corretas as afirmativas

(A) I, II, IV e V, apenas.
(B) II, III, IV e V, apenas.
(C) I, III e V, apenas.
(D) II e IV, apenas.
(E) I, II, III, IV e V.

I: correto, nos termos do art. 1.071, do NCPC, que alterou a Lei de Registros Públicos (Lei 6.015/1973), passando a admitir o reconhecimento extrajudicial de usucapião, o qual, se rejeitado, não impede o ajuizamento de ação judicial para a mesma finalidade (NCPC, art. 1.071, § 9º); II: correto, nos termos do § 3º do art. 246 do NCPC; III: incorreta, pois o consentimento não será necessário quando o regime de bens for o da separação absoluta de bens (NCPC, art. 73); IV: correto, nos termos da Súmula 237 do STF; V: correto para a banca. Em regra existe, de fato, o juízo universal da falência também para a usucapião (é a posição mais recentes do STJ, conforme CC 114842, j. 22.02.2015). Contudo, existem precedentes do STJ em sentido inverso (por exemplo, no caso de usucapião especial rural – CC 2136 / SP, j. 25.03.1992).

Gabarito "A".

(Defensor Público – DPE/MT – 2016 – UFMT) Em relação aos procedimentos de jurisdição voluntária no Código de Processo Civil (CPC/2015), assinale a afirmativa correta.

(A) Contra sentença prolatada em procedimentos de jurisdição voluntária não cabe recurso.
(B) No procedimento da notificação e da interpelação, o juiz em qualquer caso irá ouvir o requerido antes do deferimento da notificação, podendo apresentar contestação escrita em 15 (quinze) dias.
(C) Na ação de divórcio direto consensual, é obrigatória a realização de audiência de conciliação ou ratificação.
(D) O tabelião somente lavrará a escritura pública de divórcio consensual se os interessados estiverem assistidos por advogado ou por Defensor Público, cuja qualificação e assinatura constarão do ato notarial.
(E) O CPC/2015 não prevê o cabimento de separação consensual.

A: incorreto, pois não só inexiste restrição à recorribilidade na jurisdição voluntária, como também o Código prevê expressamente recurso (como exemplo, art. 724 do NCPC); B: incorreto, pois em regra nesse procedimento inexiste contraditório. Como exceção, o art. 728 do NCPC, que prevê que o requerido só será ouvido antes do deferimento da notificação (i) se houver suspeita de que o requerente pretende alcançar fim ilícito ou (ii) se tiver sido requerida a averbação da notificação em registro público. C: incorreto, pois o NCPC não manteve a exigência antes existente no art. 1.122, § 2º, do CPC/73 – que, mesmo no Código anterior, já não mais era obrigatória (REsp 1.483.841, j. 17/03/2015). D: correto, nos termos do art. 733, § 2º, do NCPC; E: incorreto, pois há expressa previsão legal nesse sentido, e não somente do divórcio consensual (Seção IV do Capítulo XV do Título III da Parte Especial – arts. 731 e ss. do NCPC).

Gabarito "D".

(Defensor Público/AM – 2013 – FCC) No inventário

(A) admite-se instrução probatória para apuração de débitos do espólio.
(B) incumbe ao inventariante a administração dos bens do espólio.
(C) julga-se a partilha independentemente do pagamento do ITCMD.
(D) não cabe nomeação de perito para avaliação dos bens.
(E) será nomeado inventariante, preferencialmente, o filho mais velho do falecido.

A: incorreto. Em tal situação, o credor será remetido às vias ordinárias (art. 643, caput, do NCPC); B: correto (art. 618, II, do NCPC); C: incorreto (art. 654 do NCPC); D: incorreto (art. 630, caput, do NCPC); E: incorreto. Conforme a ordem elencada no art.617 do NCPC, o cônjuge ou companheiro sobrevivente, desde que estivesse convivendo com o outro ao tempo da morte deste, prefere aos demais herdeiros (art. 617, I, do NCPC).

Gabarito "B".

(Defensor Público/SP – 2012 – FCC) Procedimentos especiais.

(A) O pedido de alvará judicial autônomo pode ser utilizado pelos herdeiros para o levantamento dos montantes das contas individuais do FGTS e Pis-Pasep, bem como para o recebimento das restituições relativas ao imposto de renda, quando não recebidos em vida pelos respectivos titulares, sendo que, em caso de quantia depositada em conta poupança ou conta de investimento, independentemente do valor, será necessária a abertura de arrolamento ou inventário.
(B) Em ação de busca e apreensão de veículo objeto de alienação fiduciária, após a execução da liminar concedida, caso ocorra a purgação da mora pelo réu no prazo legal e o autor já tenha vendido o bem em leilão, sendo a ação improcedente, a sentença condenará o credor fiduciário ao pagamento de multa, em favor do devedor fiduciante, equivalente a cinquenta por cento do valor originalmente financiado, devidamente atualizado, sem prejuízo da reparação por eventuais perdas e danos.
(C) A sobrepartilha de bens sonegados não correrá nos autos do inventário do autor da herança, exigindo novo processo.
(D) Falecendo qualquer das partes, a habilitação do espólio ou dos sucessores será feira em procedimento autônomo, não se admitindo a habilitação nos autos da causa principal.

(E) Em ação de reintegração de posse, proposta dentro de ano e dia do esbulho, a antecipação de tutela deferida liminarmente deve ser fundamentada em situação de perigo, eis que se trata de tutela de urgência.

A: incorreto (art. 2º, caput, da Lei 6.858/1980); **B:** correto (art. 3º, §§ 6º e 7º, do Decreto-Lei 911/1969); **C:** incorreto (arts. 669, I, e 670, parágrafo único, do NCPC); **D:** incorreto (art. 689 do NCPC); **E:** incorreto. Na liminar possessória, não há necessidade de perigo, visto que os requisitos elencados pelo art. 561 do NCPC são específicos e não os mesmos previstos para a tutela de urgência. Assim, basta que o autor demonstre a sua posse, a turbação ou o esbulho praticado pelo réu, a data da turbação ou do esbulho e a continuação da posse, embora turbada (na ação de manutenção), ou a perda da posse (na ação de reintegração), para que logre o deferimento in limine da tutela possessória postulada.
Gabarito "B".

(Defensor Público da União – 2010 – CESPE) Acerca da consignação em pagamento, julgue os itens a seguir.

(1) Se, citado para apresentar resposta em ação de consignação em pagamento, o credor alegar que não há litígio a respeito da coisa devida e que o depósito não foi integral, o juiz condutor do feito não poderá conhecer do primeiro fundamento, pois a lei enumera, taxativamente, os temas que podem ser abordados na defesa, e a inexistência de litígio não é um deles.

(2) Estão à disposição do credor, na ação de consignação em pagamento, todas as respostas previstas na lei processual, exceto a reconvenção, visto que não existe a possibilidade de esse tipo de procedimento assumir caráter dúplice.

1: incorreta, porque o rol das matérias que o réu pode alegar na contestação, previsto no art. 544 do NCPC, é exemplificativo; **2:** incorreta, porque na Justiça Trabalhista há julgados que admitem a reconvenção na consignatória, mormente quando houve conexão entre ambas, caracterizada pela discussão acerca da justa causa para o término do contrato de trabalho.
Gabarito 1E, 2E.

(Defensor Público/AL – 2009 – CESPE) Julgue os itens seguintes com relação à ação de consignação em pagamento.

(1) Conforme doutrina majoritária acerca do tema, caso o devedor não proponha a ação de consignação em pagamento no prazo de trinta dias a contar da recusa do credor em levantar a importância depositada extrajudicialmente, haverá a perda da possibilidade de ajuizar esta ação de rito especial em face da preclusão.

(2) Cuidando-se de tema de natureza processual, a competência para julgamento da ação de consignação em pagamento não considera a natureza quesível ou portável da dívida, prevalecendo a norma geral de competência territorial segundo a qual será competente o foro do demandado.

1: incorreto. Caso a ação de consignação não seja intentada em trinta dias – a contar da ciência dada pela instituição financeira ao consignante a respeito da recusa comunicada pelo credor – ficará tão somente sem efeito o depósito realizado, devendo o banco restituir tal quantia ao devedor que se valeu da consignação extrajudicial (art. 539, § 4º, do NCPC). Todavia, tal fato não impede posteriormente que este mesmo devedor faça uso de nova consignação; **2:** incorreto. Sendo a obrigação *quesível*, o foro competente é o do domicílio do devedor consignante (art. 327, caput, 1ª parte, do CC); se for *portável*, o foro competente será o do domicílio do credor (art. 327, caput, 2ª parte, do CC). Essa é a inteligência do art. 540, caput, do NCPC, quando se refere ao *lugar de pagamento*.
Gabarito 1E, 2E.

(Defensor Público/MT – 2009 – FCC) Nos procedimentos especiais de jurisdição voluntária:

(A) a sentença proferida forma coisa julgada material.

(B) o juiz pode decidir por equidade, não estando preso a critérios de legalidade estrita.

(C) como não há lide, as partes são simplesmente intimadas a compor o processo instaurado.

(D) como o interesse é privado, não pode o juiz investigar os fatos ou ordenar a produção de provas de ofício.

(E) a decisão final proferida não tem natureza de sentença, dela cabendo agravo de instrumento.

A: incorreta no CPC/1973, quando havia expressa previsão nesse sentido (art. 1.111). Porém, esse artigo não foi reproduzido no NCPC, de modo que é de se entender que há coisa julgada na jurisdição voluntária, de maneira que correta a afirmação; **B:** correta (art. 723, parágrafo único do NCPC); **C:** incorreta, porque embora não haja lide, as partes devem ser citadas para compor o processo instaurado (art. 721 do NCPC); **D:** incorreta, porque a iniciativa probatória do juiz não sofre qualquer limitação nos procedimentos especiais de jurisdição voluntária (art. 370 do NCPC); **E:** incorreta, porque também na jurisdição voluntária o juiz encerra o processo por sentença, passível, portanto, de apelação (art. 724 do CPC).
Gabarito "B" e "A" ("A", somente no NCPC).

(Defensoria/MT – 2009 – FCC) A ação monitória

(A) não é cabível a quem possua contrato de abertura de crédito em conta corrente, que já configura título executivo.

(B) pode ser proposta, ainda que o documento a instruí-la tenha emanado exclusivamente do credor.

(C) é indicada apenas para as ações que visem ao pagamento de soma em dinheiro.

(D) é admissível quando alicerçada em cheque prescrito.

(E) não admite a defesa por meio de reconvenção.

A: incorreta (Súmula 247 do STJ: "O contrato de abertura de crédito em conta-corrente, acompanhado do demonstrativo de débito, constitui documento hábil para o ajuizamento da ação monitória"); **B:** incorreta, porque "não há como instaurar procedimento monitório com base em demonstrativo ou extrato unilateral do débito, não se podendo caracterizar tal documento como prova escrita hábil a tal procedimento" (*RJTAMG* 67/321); **C:** incorreta (art. 700 do NCPC); **D:** correta (Súmula 299 do STJ); **E:** incorreta, pois é possível a defesa por meio de reconvenção, conforme §6º do art. 702, NCPC, o qual incorporou entendimento assentado pelo STJ quando da vigência do CPC/73 (Súmula 292 do STJ).
Gabarito "D".

(Defensor Público/PI – 2009 – CESPE) No procedimento especial das ações possessórias, à luz da jurisprudência do STJ, o direito de retenção por benfeitorias

(A) deve ser exercido já na resposta ao pedido inicial, sob pena de preclusão.

(B) somente pode ser exercido no início da fase executiva.

(C) pode ser exercido a qualquer tempo e grau de jurisdição, antes do trânsito em julgado.

(D) não pode ser exercido, devido à natureza especial do procedimento.

(E) não pode ser exercido, já que as defesas do réu, nesse procedimento especial, são aquelas taxativamente previstas.

A alternativa "A" está correta, porque "nas ações possessórias, o pedido de indenização por benfeitorias deve ser pleiteado já na resposta ao pedido inicial, sob pena de preclusão" (STJ, REsp 424.300/MA). As demais alternativas, porque contrárias ao entendimento transcrito, estão incorretas.

Gabarito "A".

(Defensor Público/MA – 2009 – FCC) Em ação monitória

(A) é incabível a citação com hora certa.
(B) a Fazenda Pública não tem legitimidade passiva.
(C) o autor pode pretender a entrega de bem imóvel.
(D) cabe a citação do réu por edital.
(E) o cheque prescrito não constitui documento hábil para o ajuizamento da ação.

A: incorreta (NCPC, art. 700, § 7º); **B:** incorreta, nos termos do art. 700, §6º, NCPC, o qual incorporou, no texto legal, o entendimento consignado na Súmula 339 do STJ; **C:** incorreta no CPC/1973, mas isso é previsto no NCPC (art. 700, II), que permite a ação monitória para obtenção de bem imóvel; **D:** correta ((NCPC, art. 700, § 7º e Súmula 282 do STJ); **E:** incorreta (Súmula 299 do STJ).

Gabarito "D".

(Defensor Público/MA – 2009 – FCC) Paulo ajuizou ação de reintegração de posse de imóvel contra André. Na contestação, André alegou ser possuidor legítimo e negou o esbulho. Comprovadas as alegações da contestação, o juiz julgou improcedente o pedido. A sentença transitou em julgado. Posteriormente, Paulo promoveu ação reivindicatória do mesmo imóvel contra André, sem provar o pagamento das custas e dos honorários da ação de reintegração de posse. Na contestação, André alegou, em preliminar, coisa julgada da ação de reintegração de posse para a ação reivindicatória e que não houve pagamento das custas e dos honorários decorrentes da ação de reintegração de posse. No mérito, André sustentou que era titular de posse justa. Acolhidas as preliminares o juiz extinguiu o processo sem a resolução do mérito. A sentença proferida na ação reivindicatória está

(A) correta por haver identidade dos elementos das ações possessória e reivindicatória e por falta do recolhimento das verbas de sucumbência do processo possessório.
(B) incorreta, porque não há identidade dos elementos das ações possessória e reivindicatória, e descabe o recolhimento das custas e honorários do processo possessório para a parte promover a ação reivindicatória.
(C) incorreta, somente por não haver identidade dos elementos das ações possessória e reivindicatória.
(D) correta porque a ação de reintegração de posse foi julgada favoravelmente a André, o que revela que ele tem posse justa.
(E) correta, porque não houve fato novo que justificasse decisão diversa da sentença que foi proferida na ação de reintegração de posse.

A: a alternativa está incorreta, porque o juiz não agiu bem, pois não havia motivos para acolher a preliminar de coisa julgada ou de falta de recolhimento das custas referentes ao processo de reintegração, uma vez que a ação reivindicatória é diversa da possessória que fora ajuizada anteriormente, seja quanto ao pedido, seja quanto à causa de pedir; **B:** correta a alternativa; **C:** errada a alternativa (reler o comentário à alternativa "A"); **D:** errada a alternativa, porque a procedência da ação de reintegração não se relaciona com as preliminares propostas; **E:** errada a alternativa, porque a ação de reintegração de posse não pode ser confundida com a reivindicatória.

Gabarito "B".

(Defensor Público/ES – 2009 – CESPE) Acerca do processo civil brasileiro, julgue os itens subsequentes.

(1) No que tange à usucapião especial urbana, é correto afirmar que, via de regra, o condomínio instituído por força da ação de usucapião especial coletiva é indivisível, não sendo passível de extinção.
(2) Para a concessão da liminar na ação possessória de força nova, submetida ao procedimento especial, dispensa-se a comprovação do *periculum in mora*.

1: é correta a afirmação, tendo em vista a regra do art. 10, § 4º da Lei 10.257/2001 (Estatuto da Cidade); **2:** correta, porque essa é uma hipótese de tutela antecipada cuja concessão não se sujeita ao requisito da urgência.

Gabarito 1C, 2C.

(Defensor Público/RO – 2007 – FJPF) A característica que melhor identifica as ações possessórias no direito brasileiro é a:

(A) efetividade
(B) fungibilidade
(C) imediatidade
(D) provisoriedade
(E) prospectividade

A ação de reintegração de posse se destina a tutelar a posse daquele que a perdeu totalmente, isto é, daquele que foi *esbulhado*. Já a ação de manutenção de posse tem como escopo a defesa da posse daquele que não a perdeu, mas que tem perturbado o seu pleno uso, motivo pelo qual se cogita de *turbação*. Por último, se a hipótese é de ameaça de turbação ou esbulho à posse, a demanda cabível é a de interdito proibitório, a qual se reveste de nítido contorno preventivo (art. 560 e 567 do NCPC). Isso posto, cumpre ressaltar que entre os interditos possessórios vige o *princípio da fungibilidade*, de modo que não haverá violação ao *princípio da congruência ou da correlação*, na hipótese de o juiz conceder o *mandado de manutenção* em favor do autor, quando, *v.g.*, vislumbrar que a *ameaça* descrita na inicial, em verdade, constitui *turbação* à posse alegada, nada obstante o demandante tenha ajuizado *interdito proibitório*, pleiteando especificamente a concessão da liminar para efeitos de expedição de *mandado proibitório* (art. 554 do NCPC).

Gabarito "B".

(Defensor Público/RO – 2007 – FJPF) Quanto ao cabimento de ação monitória em face do poder público, a posição sumulada do Superior Tribunal de Justiça é:

(A) admite, sem restrições
(B) admite, em alguns casos
(C) não admite, sem exceções
(D) não admite, com exceções
(E) admite, em uma única hipótese

A assertiva "A" é a correta (Súmula 339 do STJ), incorporada ao NCPC, em seu art. 700, § 6º.

Gabarito "A".

(Defensor Público/RN – 2006 – Instituto Talento) Sobre a curatela de interditos não é correto afirmar que

(A) o Ministério Público não tem legitimidade para promover o processo de interdição que pertence aos pais, tutores ou cônjuges do interditando.
(B) a apelação da sentença que declarar a interdição tem efeito suspensivo.
(C) o interditando poderá impugnar o pedido e constituir advogado para defender-se.
(D) o Ministério Público poderá requerer a interdição fundamentada em anomalia psíquica.

A: correta (art. 748, I, do NCPC); **B:** incorreta (art. 1.012, VI, do NCPC); **C:** correta (art. 752, § 2º, do NCPC); **D:** correta (art. 748, do NCPC).
Gabarito "B".

(Defensor Público/SE – 2006 – CESPE) Julgue os seguintes itens.

(1) É carecedor de ação o credor que, dispondo de cheque prescrito, título executivo extrajudicial, venha a propor ação monitória com base naquele título.
(2) Na ação monitória, não opostos embargos, formar-se-á o título executivo judicial, e, por via de consequência, o mandado de pagamento ou de entrega inicialmente deferido converte-se em mandado de citação válido para todos os atos executivos. Assim, prossegue-se na ação como no processo de execução.

1: incorreto (Súmula 299 do STJ); **2:** correto (art. 701, §2º, do NCPC).
Gabarito 1E, 2C

15. PROCEDIMENTOS ESPECIAIS EM LEGISLAÇÃO EXTRAVAGANTE

(Defensor Público/AL – 2017 – CESPE) Caso não seja cumprida voluntariamente sentença transitada em julgado no âmbito do juizado especial cível,

(A) o interessado deverá solicitar, por escrito, a execução da sentença, sendo necessária nova citação.
(B) o juiz determinará ao vencido o imediato cumprimento da sentença, sob pena de aplicação de multa diária.
(C) o juiz procederá, de ofício, à execução da sentença.
(D) proceder-se-á desde logo à execução mediante solicitação do interessado, que poderá ser verbal, dispensada nova citação.
(E) não será admitida a execução da sentença no próprio juizado.

A: Errada. É possível que a solicitação seja verbal e é dispensada nova citação (Lei 9.099/1995, art. 52, IV). **B:** Errada. O início do cumprimento de sentença exige solicitação do interessado (Lei 9.099/1995, art. 52, IV). **C:** Errada. O início do cumprimento de sentença exige solicitação do interessado (Lei 9.099/1995, art. 52, IV). **D:** Correta, sendo essa a previsão da lei, que fala em execução e não cumprimento de sentença (Lei 9.099/1995, art. 52, IV). **E:** Errada. A execução da sentença será processada no próprio JEC (Lei 9.099/1995, art. 52, "caput"). LD/ACC
Gabarito "D".

(Defensor Público/AL – 2017 – CESPE) Acerca de formação de litisconsórcio, conflito de competência e prazo, assinale a opção correta à luz do entendimento dos tribunais superiores.

(A) Na hipótese de litisconsórcio ativo, o valor da causa para fins de fixação da competência do juizado especial federal deve ser calculado a partir da soma do valor pretendido por cada litisconsorte, soma esta que não poderá ultrapassar o patamar de sessenta salários mínimos.
(B) No caso de litisconsórcio unitário, a independência da atividade dos litisconsortes é plena.
(C) Suscitado o conflito de competência, a intervenção do Ministério Público, na qualidade de custos legis, é facultativa.
(D) Município demandado terá prazo em dobro somente para contestar e para recorrer.
(E) É competência absoluta dos juizados especiais da fazenda pública processar e julgar as causas de interesse dos estados, do Distrito Federal, dos territórios e dos municípios cujos valores não excedam sessenta salários mínimos, inexistindo impedimento à formação de litisconsórcio passivo do ente estatal com pessoa jurídica de direito privado.

A: Errada. Para a fixação da competência do JEF, o valor da causa deve ser analisado de forma individual, ou seja, o valor pretendido pelos litisconsortes separadamente deve ser inferior a 60 salários-mínimos (STJ, REsp 1.257.935/PB – Informativo 507). **B:** Errada. A atuação de um litisconsorte unitário não prejudicará os demais, mas poderá beneficiá-los (ex.: interposição de recurso – NCPC, art. 117). **C:** Errada. A intervenção do MP será obrigatória quando envolver (i) interesse público ou social; (ii) interesse de incapaz; ou (iii) litígios coletivos pela posse de terra rural ou urbana (NCPC, arts. 178 e 951). **D:** Errada. O Município terá prazo em dobro para a apresentação de todas as suas manifestações processuais (NCPC, art. 183). **E:** Correta (Lei 12.153/2009, art. 2º). LD/ACC
Gabarito "E".

(Defensor Público – DPE/MT – 2016 – UFMT) Considerando o Sistema dos Juizados Especiais, tendo como norte a legislação vigente, marque V para as assertivas verdadeiras e F para as falsas.

( ) No sistema do Juizado Especial da Lei 9.099/1995, os embargos de declaração interrompem o prazo para a interposição de recurso, nos termos dos artigos 50 e 83 do referido diploma legal.
( ) O Juizado Especial Cível (Lei 9.099/1995) apresenta-se como uma opção ao autor. Como regra, sua competência abarca as causas cujo valor não exceda a quarenta vezes o salário mínimo e as ações possessórias sobre bens imóveis de valor não excedente a também quarenta vezes o salário mínimo.
( ) O Juizado Especial da Fazenda Pública (Lei 12.153/2009) ostenta competência absoluta, não opcional e de curso obrigatório. Como regra é competente para processar, conciliar e julgar causas cíveis de interesse dos Estados, do Distrito Federal, dos Territórios e dos Municípios, até o valor de 60 (sessenta) salários mínimos.
( ) Não é cabível ação rescisória no sistema do Juizado Especial Cível (Lei 9.099/1995).
( ) No âmbito do Juizado Especial Cível, é possível atacar decisão proferida pela Turma Recursal por meio de reclamação dirigida ao Superior Tribunal de Justiça, o que não ocorre no âmbito do Juizado da Fazenda Pública.

Assinale a sequência correta.

(A) V, V, V, V, F
(B) F, V, V, F, V
(C) V, F, V, F, F
(D) V, V, F, V, V
(E) F, F, F, V, V

Assertiva 1: Verdadeira, pois o NCPC alterou a Lei nº 9.099/1995, que, antes, previa a mera suspensão do prazo quando da interposição de embargos declaratórios. Agora, há a *interrupção*, conforme artigos citados no enunciado; **Assertiva 2:** Verdadeira, conforme art. 3º, I e IV, da Lei 9.099/1995; **Assertiva 3:** Verdadeira, nos termos do art. 2º, "caput" e § 4º, da Lei nº 12.153/2009; **Assertiva 4:** Verdadeira, conforme art. 59 da Lei 9.099/1995; **Assertiva 5:** Falsa. Antes, com base em julgado do STF que acarretou a edição da Resolução STJ 12/2009, era possível atacar decisão proferida pela Turma Recursal por meio de reclamação dirigida ao Superior Tribunal de Justiça. Contudo, com a vigência do NCPC, o STJ editou a Resolução STJ 3/2016, pela qual a competência para processar e julgar tais reclamações passa a ser dos *tribunais de justiça*. Por sua vez, no âmbito do Juizado da Fazenda Pública, a Lei 12.153/2009 prevê o *incidente de uniformização* (arts. 18 e 19), de modo que descabe a reclamação. O mesmo se diga em relação ao JEF. Assim, só se fala em reclamação, e para o TJ, no âmbito do JEC.

Gabarito "A".

(Defensor Público – DPE/RN – 2016 – CESPE) No que se refere ao termo de ajustamento de conduta, à medida liminar e à sentença em ações coletivas, assinale a opção correta à luz da jurisprudência do STJ.

(A) Mesmo com a previsão de multa diária no termo de ajustamento de conduta para o caso de descumprimento de ajuste, o juiz estará autorizado a aumentar o valor pactuado, quando, no caso concreto, esse valor mostrar-se insuficiente para surtir o efeito esperado.
(B) O termo de ajustamento de conduta é título executivo extrajudicial, mas somente poderá embasar a execução quando for assinado por duas testemunhas.
(C) A superveniência de acórdão que julgue improcedente pedido veiculado em ACP implica a revogação da medida antecipatória conferida pelo juiz de primeiro grau, desde que haja manifestação judicial expressa a esse respeito.
(D) A realização de termo de ajustamento de conduta na esfera extrajudicial impede a propositura de demanda coletiva a respeito do objeto transigido.
(E) Em ACP, a ausência de publicação do edital destinado a possibilitar a intervenção de interessados como litisconsortes não impede, por si só, a produção de efeitos *erga omnes* de sentença de procedência relativa a direitos individuais homogêneos.

A: incorreto. Caso o valor da multa esteja previsto no título, o juiz pode reduzi-lo se entender que é excessivo, mas não está autorizado a aumentá-lo. É a posição do STJ: "quando o título contém valor predeterminado da multa cominatória, o CPC estabelece que ao juiz somente cabe a redução do valor, caso a considere excessiva, não lhe sendo permitido aumentar a multa estipulada expressamente no título extrajudicial" (REsp 859.857/PR, DJe 19.5.2010). Esse entendimento pode ser extraído do art. 814, parágrafo único, do NCPC. **B:** incorreto, o TAC é título executivo extrajudicial, mas não há exigência legal quanto à assinatura de duas testemunhas (NCPC, art. 784, IV). **C:** incorreto. Nesse caso, a revogação é implícita, não sendo necessário que haja manifestação expressa. Nesse sentido: AgRg no AREsp 650161 / ES, j.

12.05.2015. **D:** incorreto. O que se poderia cogitar é de falta de interesse de agir nessa hipótese. Porém, o enunciado nada diz a respeito de qual seria o caso. Assim, por exemplo, poderia se cogitar de interesse de agir se o objeto da ACP for mais amplo do que o pactuado no ajustamento de conduta, ou com consequências distintas. **E:** correto, conforme a jurisprudência do STJ (Informativo STJ 536).

Gabarito "E".

(Defensor Público da União – 2007 – CESPE) Julgue os seguintes itens.

(1) Não se incluem na competência dos juizados especiais federais cíveis as ações referidas no art. 109, incs. I, II e XI, da Constituição Federal, as ações de mandado de segurança, de desapropriação, de divisão e demarcação, populares, indenizatórias, execuções fiscais e por improbidade administrativa e, ainda, as demandas sobre direitos ou interesses difusos, coletivos ou individuais homogêneos.

(2) Uma empresa de pequeno porte sofreu dano patrimonial, no importe de R$ 11.500,00, em razão do inadimplemento de contrato firmado com uma multinacional fabricante de produtos derivados do petróleo. Nessa situação, assim como as pessoas físicas capazes, a empresa de pequeno porte poderá ajuizar ação de reparação de danos perante o juizado especial cível.

1: incorreto (art. 3º, § 1º, I, da Lei 10.259/2001); **2:** correto (art. 3º, I, da Lei 9.099/1995).

Gabarito 1E, 2C.

(Defensor Público/SE – 2006 – CESPE) No tocante aos juizados especiais cíveis, nos termos da Lei nº 9.099/1995, julgue os seguintes itens.

(1) Não comparecendo o réu à audiência de conciliação e julgamento ou à de instrução e julgamento, os fatos narrados na inicial deverão ser considerados verdadeiros, mesmo que o juiz esteja convicto do contrário.

(2) A citação no juizado especial cível se fará por correspondência, não se admitindo a citação por edital ou por mandado a ser cumprido por oficial de justiça, em razão do princípio da celeridade que norteia os processos regulados pela mencionada lei.

(3) Os direitos indisponíveis não podem ser discutidos no juizado especial cível, uma vez que o interesse público exige a discussão deles por meio de procedimentos em que é possível produzir provas de maior complexidade.

(4) Pedido contraposto pode ser deduzido na resposta do réu. No entanto, ele não poderá ter objeto maior do que o pedido feito pelo autor e deverá respeitar a limitação de competência do juizado especial.

1: incorreto (art. 20, in fine, da Lei 9.099/1995); **2:** incorreto (art. 18 da Lei 9.099/1995); **3:** correto (art. 3º, § 2º, da Lei 9.099/1995); **4:** correto (art. 31 da Lei 9.099/1995).

Gabarito 1E, 2E, 3C, 4C.

(Defensor Público/TO – 2013 – CESPE) Assinale a opção correta acerca dos sistemas não judiciais de composição de litígios.

(A) Na arbitragem, as partes podem escolher, livremente, as regras de direito que serão aplicadas, desde que não haja violação aos bons costumes e à ordem pública.

(B) As pessoas maiores de dezoito anos de idade e capazes podem celebrar arbitragem para dirimir conflitos de interesses relativos a direitos patrimoniais, da personalidade, materiais ou imateriais.

(C) O árbitro, embora livre para dirimir o conflito no caso concreto, não pode valer-se de regras internacionais de comércio.

(D) A negociação direta admite a presença de um terceiro mediador, que, para dirimir o conflito de interesses, busca o entendimento entre as partes.

(E) A conciliação consiste em forma de solução de conflitos na qual um terceiro neutro e imparcial auxilia as partes a conversar, refletir, entender o conflito e a buscar, elas próprias, a solução.

A: correto (art. 2º, § 1º, da Lei 9.307/1996); B: incorreto (art. 1º da Lei 9.307/1996); C: incorreto (art. 2º, § 2º, da Lei 9.307/1996); D: incorreto. A negociação direta compreende apenas a participação das partes implicadas no conflito; E: incorreto. A definição exposta no enunciado se refere à mediação. Na conciliação, o mediador pode propor solução buscando a pacificação do conflito.
Gabarito "A".

(Defensor Público/PR – 2012 – FCC) Com relação à Lei nº 12.016/09, que disciplina o Mandado de Segurança individual e coletivo, é correto afirmar:

(A) O candidato aprovado em concurso público fora do número de vagas previsto no edital tem mera expectativa de direito. Porém, o Superior Tribunal de Justiça entende que, havendo contratações a título precário no período de validade do concurso, muito embora existam cargos de provimento efetivo vagos, o referido candidato aprovado além das vagas veiculadas passa a ter direito líquido e certo à nomeação.

(B) A autoridade coatora, por figurar como mero representante do órgão ou pessoa jurídica a que pertence, não detém legitimidade para recorrer em nome próprio, apenas podendo fazê-lo na condição de terceiro.

(C) Em razão da aplicação subsidiária do Código de Processo Civil à nova Lei do Mandado de Segurança, a execução provisória da sentença concessiva da ordem deverá observar as limitações impostas naquele diploma processual.

(D) Concedida a segurança, a sentença não estará sujeita obrigatoriamente ao duplo grau de jurisdição quando estiver fundada em jurisprudência do plenário do Supremo Tribunal Federal.

(E) A referida Lei adotou expressa e literalmente a corrente *ampliativa*, admitindo a impetração de mandado de segurança coletivo para a proteção de direitos difusos, coletivos e individuais homogêneos.

A: correto. Nessa direção: "Administrativo. Recurso ordinário em mandado de segurança. Concurso público. Candidato aprovado fora do número de vagas previstas no edital. Mera expectativa de nomeação. Contratação de servidores a título precário. Quebra da ordem classificatória. Comprovação. Recurso provido. 1. O candidato aprovado em concurso público fora do número de vagas previsto no edital tem mera expectativa de direito à nomeação. Com isso, compete à Administração, dentro do seu poder discricionário e atendendo aos seus interesses, nomear candidatos aprovados de acordo com a sua conveniência, respeitando-se, contudo, a ordem de classificação, a fim de evitar arbítrios e preterições. 2. Não é a simples contratação temporária de terceiros no prazo de validade do certame que gera direito subjetivo do candidato aprovado à nomeação. Impõe-se que se comprove que essas contratações ocorreram, não obstante existissem cargos de provimento efetivo desocupados. 3. O acervo documental explicita que a contratação do impetrante para o exercício da docência se deu de forma reiterada, não obstante a Administração, em suas informações, tenha asseverado a inexistência de vaga durante o período de prorrogação do certame. Com efeito, a prática de contratação temporária por três anos seguidos, havendo candidato aguardando em lista de cadastro de reserva, evidencia o surgimento de necessidade permanente de preenchimento de vaga. Sem olvidar que a publicação de novo edital após expirado o prazo de validade do concurso, reforça o entendimento de assiste razão ao impetrante. 4. Recurso ordinário provido para conceder a segurança a fim de determinar a imediata nomeação e posse do impetrante no quadro da Secretaria de Educação do Estado do Mato Grosso, no cargo de professor de Educação Física do polo regional de Juara." (STJ, RMS 33.875/MT, rel. Min. Arnaldo Esteves Lima, 1ª T., j. 19.06.2012, DJe 22.06.2012); **B**: incorreto (art. 14, § 2º, da Lei 12.016/2009); **C**: incorreto, porquanto os óbices legais à execução provisória da decisão concessiva da segurança encontram-se estabelecidos no âmago da própria Lei 12.016/2009, *ex vi* de seus arts. 7º, §§ 2º e 5º, e 14, § 3º; **D**: incorreto (art. 14, § 1º, da Lei 12.016/2009). Ao abono de tal raciocínio: "Agravo regimental. Processo civil. Mandado de segurança. Remessa necessária. Obrigatoriedade. Legislação específica. 1. Conforme a jurisprudência predominante no Superior Tribunal de Justiça, o reexame necessário das sentenças concessivas de segurança decorre da norma específica contida no artigo 12 da Lei 1.533/51, restando afastadas as exceções previstas nos §§ 2º e 3º do artigo 475 do Código de Processo Civil, cujas regras aplicam-se subsidiariamente. 2. Agravo desprovido. (STJ, AgRg no REsp 654.968/SP, rel. Min. Paulo Gallotti, 6ª T., j. 19.04.2007, DJ 21.05.2007, p. 622); **E**: incorreto. Os direitos difusos não são passíveis de tutela pela via do mandado de segurança, conforme dimana de exegese literal do art. 21 da Lei 12.016/2009.
Gabarito "A".

(Defensor Público/SP – 2010 – FCC) As pessoas com idade acima de 60 anos têm fixada a competência absoluta pelo seu domicílio no Estatuto do Idoso, prevalecendo, todavia, as regras de competência do Código de Processo Civil ou de outra lei especial nas ações

(A) de responsabilidade por omissão no acesso aos serviços de saúde.

(B) de natureza alimentar.

(C) de proteção aos direitos individuais homogêneos.

(D) de responsabilidade pelo oferecimento insatisfatório de serviço de abrigamento do idoso.

(E) decorrentes da negativa de atendimento especializado ao idoso portador de gripe suína.

O art. 79 do Estatuto do Idoso prevê as ações que podem ser manejadas em defesa de seus interesses, e o artigo seguinte estabelece que a competência para tais demandas será do foro do domicílio do idoso. Das alternativas apontadas acima, a única que não está incluída no rol do art. 79 é a de natureza alimentar, motivo pelo qual deve ser apontada a alternativa "B" como correta.
Gabarito "B".

(Defensor Público/SP – 2010 – FCC) Há amparo legal ao pedido de liminar "inaudita altera parte" em ação de despejo que tenha por fundamento exclusivo

(A) o descumprimento de mútuo acordo celebrado por escrito e assinado pelas partes e por duas testemunhas, com prazo mínimo de 90 dias para desocupação, contado da assinatura do instrumento.

(B) o fim da locação residencial, se a ação for proposta em 30 dias do termo ou cumprimento de notificação comunicando a intenção de retomada.

(C) o término do prazo da locação para temporada, tendo sido proposta a ação de despejo em 90 dias após o vencimento do contrato.

(D) a permanência do sublocatário no imóvel, extinta a locação, celebrada com o locatário.

(E) a falta de pagamento dos acessórios da locação, independentemente de motivo, com quitação do aluguel no vencimento, quando o contrato estiver desprovido de qualquer das garantias previstas na lei, porque apresentado pedido de exoneração dela.

De todas as alternativas, a única que encontra amparo no art. 59, § 1º, V, da Lei 8.245/1991 é a da "D".

Gabarito "D".

(Defensor Público/SP – 2010 – FCC) A Lei nº 11.804/2008 disciplina o direito aos alimentos gravídicos. Um dos aspectos processuais tratado é o que regula o momento inicial do exercício do direito de defesa. Assim, a contestação deve ser apresentada

(A) na audiência de instrução e julgamento, que é designada na mesma decisão que fixa os alimentos provisórios.

(B) no prazo de 15 dias, contados a partir da juntada do mandado.

(C) no prazo de 15 dias, contados a partir da audiência de conciliação, que é designada na mesma decisão que fixa os alimentos provisórios.

(D) no prazo de 5 dias, contados a partir da juntada do mandado.

(E) no prazo de 5 dias, contados a partir da audiência de conciliação designada na mesma decisão que fixa os alimentos provisórios.

De acordo com o art. 7º da Lei 11.804/2008, "o réu será citado para apresentar resposta em 5 (cinco) dias". Logo, está correta a alternativa "D" apenas.

Gabarito "D".

(Defensor Público/GO – 2010 – Instituto Cidades) A lei n. 11.419, de 19 de dezembro de 2006, dispõe sobre a informatização do processo judicial. No processo eletrônico,

(A) as reproduções digitalizadas de qualquer documento fazem a mesma prova que os originais, ressalvada a alegação motivada e fundamentada de adulteração antes ou durante o processo de digitalização.

(B) as petições eletrônicas, quando forem enviadas para atender prazo processual, serão consideradas tempestivas se transmitidas até as 18 horas do seu último dia.

(C) excetuados os acórdãos e as sentenças, todos os demais atos processuais serão assinados eletronicamente, na forma estabelecida na lei.

(D) a indisponibilidade do Sistema do Poder Judiciário por motivo técnico, a impedir a transmissão eletrônica de petição ou documento, relativos a ato processual que tiver de ser praticado em determinado momento, não prorroga o prazo processual.

(E) a procuração não pode ser assinada digitalmente por falta de segurança sobre a autenticidade da firma.

A: correto (art. 425, VI, do NCPC); **B:** incorreto, pois as petições apresentadas por meio eletrônico serão consideradas tempestivas se encaminhadas até as 24 (vinte e quatro) horas do último dia (art. 10,

§ 1º, da Lei 11.419/2006); **C:** incorreto (art. 8º, parágrafo único da Lei 11.419/2006); **D:** incorreto (art. 10, § 2º, da Lei 11.419/2006); **E:** incorreto (art. 105, §1º, do NCPC).

Gabarito "A".

(Defensor Público/GO – 2010 – Instituto Cidades) José da Silva Filho, com 16 anos de idade, pretende propor ação de alimentos contra seu pai, servidor público do Estado de Goiás lotado em Rio Verde-GO. Essa ação de alimentos

(A) será proposta pela mãe de José da Silva Filho, que substituirá processualmente o filho.

(B) terá como foro competente o do domicílio ou residência do Autor

(C) correrá sem segredo de justiça.

(D) não poderá ocasionar a prisão do pai, no momento da execução, pois não se aceita prisão civil.

(E) não poderá ocasionar desconto em folha de pagamento do devedor, pois o salário é impenhorável.

A: incorreta. O incapaz tem personalidade jurídica, motivo pelo qual possui aptidão genérica para contrair direitos e obrigações na esfera jurídica. De tal conceito deriva a capacidade de direito, de gozo, ou, ainda, a *legitimatio ad causam*. Exemplificando, em ação de alimentos por meio da qual se pretenda resguardar a subsistência de menor de 16 anos, a parte legítima é o próprio menor impúbere, ainda que absolutamente incapaz, e não seu representante legal, dado que, regra geral, a ninguém é dado pleitear direito alheio em nome próprio; **B:** correto. "O foro do domicílio ou da residência do alimentando é o competente para a ação de investigação de paternidade, quando cumulada com a de alimentos (Súmula 1 do STJ); **C:** incorreto (art. 189, II, do NCPC); **D:** incorreto. A respeito, vide o art. 5º, LXVII, da CF: "não haverá prisão civil por dívida, salvo a do responsável pelo inadimplemento voluntário e inescusável de obrigação alimentícia e a do depositário infiel". No mesmo sentido, note-se o art. 528, §7º, NCPC; **E:** incorreto (art. 529, *caput*, do NCPC).

Gabarito "B".

(Defensor Público/GO – 2010 – Instituto Cidades) Em sede de controle da constitucionalidade por meio de ação direta de inconstitucionalidade, ação declaratória de constitucionalidade ou arguição de descumprimento de preceito fundamental

(A) o Supremo Tribunal Federal não admite a fungibilidade entre elas, por serem remédios específicos, cada qual se prestando a uma finalidade e se sujeitando a pressupostos específicos.

(B) é lícito ao relator conceder liminar, independentemente de submissão ao plenário, desde que seu efeito seja meramente *ex nunc*.

(C) a decisão do Supremo Tribunal Federal terá efeito vinculante e eficácia contra todos apenas nos casos de procedência.

(D) admite-se intervenção de terceiro, desde que seja por um dos legitimados a propor a ação.

(E) é lícito ao relator admitir, de ofício ou a requerimento, a manifestação de órgãos ou entidades como *amicus curiae*.

A: incorreto. É possível o conhecimento de ação direta de inconstitucionalidade como arguição de descumprimento de preceito fundamental, desde que preenchidos os devidos requisitos. Observe-se o seguinte precedente: "Ação direta de inconstitucionalidade. Impropriedade da ação. Conversão em Arguição de Descumprimento de Preceito Fundamental – ADPF. Admissibilidade. Satisfação de todos os requisitos

exigidos à sua propositura. Pedido conhecido como tal. Aplicação do princípio da fungibilidade. Precedentes. *É lícito conhecer de ação direta de inconstitucionalidade como arguição de descumprimento de preceito fundamental, quando coexistentes todos os requisitos de admissibilidade desta, em caso de inadmissibilidade daquela.* [...] (ADI 4180 REF-MC, rel. Min. Cezar Peluso, Pleno, j. 10.03.2010); **B:** incorreto. Em sede de ADPF, o relator poderá conceder a liminar, *ad referendum* do plenário do STF (art. 5º, § 1º, da Lei 9.882/99); **C:** incorreto. Em se tratando de ADI, ADC ou ADPF, a decisão emanada da Suprema Corte possui efeito vinculante e eficácia *erga omnes*, quer seja declarada a constitucionalidade quer seja pronunciada a inconstitucionalidade da norma hostilizada (arts. 28, parágrafo único, da Lei 9.868/1999 e 10, *caput* e § 3º, da Lei 9.882/99); **D:** incorreto (art. 7º, *caput*, da Lei 9.868/99); **E:** correto (art. 7º, § 2º, da Lei 9.868/99).
Gabarito "E".

(Defensor Público/MA – 2009 – FCC) O locador, na contestação da ação renovatória, NÃO poderá alegar que

(A) o locatário não preenche os requisitos estabelecidos na lei de locação, para promover ação renovatória.

(B) a proposta do locatário não atende o valor locativo real do imóvel na época da renovação, excluída a valorização trazida por aquele ao ponto ou lugar.

(C) tem proposta de terceiro para a locação, em condições melhores.

(D) por determinação do Poder Público tem que realizar no imóvel obras que importam sua radical transformação, e assim não está obrigado a renovar o contrato.

(E) deve ser elevada a multa ao locatário, prevista no contrato, se não devolver o imóvel findo o prazo contratual.

A: incorreta (art. 72, I, da Lei 8.245/1991); **B:** incorreta (art. 72, II, da Lei 8.245/1991); **C:** incorreta (art. 72, III, da Lei 8.245/1991); **D:** incorreta (art. 72, § 3º da Lei 8.245/1991); **E:** correta, em razão da ausência de previsão legal.
Gabarito "E".

(Defensor Público/MA – 2009 – FCC) Em ações de improbidade administrativa aplica-se a seguinte regra:

(A) corre sempre em segredo de justiça em razão do interesse particular do agente público envolvido no ato de improbidade administrativa.

(B) em qualquer fase do processo, reconhecida a inadequação da ação de improbidade promovida por interessado, o juiz assegurará ao Ministério Público promover o prosseguimento da ação.

(C) a sentença que julgar improcedente a ação de improbidade condenará sempre o autor da demanda nas custas e nos honorários advocatícios.

(D) da decisão que receber a petição inicial, na ação de improbidade, caberá agravo de instrumento.

(E) a sentença que decretar a perda dos bens havidos ilicitamente, pela prática de atos de improbidade, determinará a reversão dos bens a um fundo gerido por Conselho Estadual, de que participará necessariamente o Ministério Público.

A: incorreta, pois não há previsão genérica de segredo de justiça para os processos de improbidade; **B:** incorreta, porque a solução legal para tal hipótese é a extinção do processo, sem resolução do mérito; **C:** incorreta, porque só haverá condenação em honorários de advogado se houver má-fé na propositura da ação; **D:** correta (art. 17, § 10, da Lei 8.429/1992); **E:** incorreta, porque a sentença deverá determinar a reversão dos bens em favor da pessoa jurídica prejudicada pelo ilícito.
Gabarito "D".

(Defensor Público/MT – 2009 – FCC) No tocante à ação de alimentos:

(A) somente quando se tratar de alimentos definitivos é cabível a prisão civil do alimentante inadimplente.

(B) o débito alimentar que autoriza a prisão civil do alimentante é o relativo às três prestações anteriores ao ajuizamento da ação, mais as que se vencerem no curso do processo.

(C) a pena de prisão civil só pode ser aplicada uma vez, ainda que o alimentante volte a inadimplir a obrigação.

(D) o cancelamento de pensão alimentícia de filho que atingiu a maioridade dá-se pelo mero implemento da idade.

(E) não é mais cabível a prisão civil do inadimplente, em razão do Pacto de San José da Costa Rica, ratificado pelo Brasil.

A: incorreta, porque não importa a natureza da decisão que fixou os alimentos para se determinar a possibilidade de prisão civil do devedor. Basta que se trate de alimentos devidos em razão de vínculos de direito de família; **B:** correta, nos termos do art. 528, §7º, do NCPC, que incorporou no texto legal o entendimento antes consignado na Súmula 309 do STJ; **C:** incorreta, porque é possível a renovação da prisão pelo inadimplemento das parcelas posteriores; **D:** incorreta (Súmula 358 do STJ); **E:** incorreta, porque o que não é mais possível é a prisão civil do depositário infiel, mas a do devedor de alimentos continua sendo possível.
Gabarito "B".

(Defensor Público/RO – 2007 – FJPF) Das ações abaixo relacionadas, aquela que NÃO comporta condenação em honorários de advogado é:

(A) cautelar

(B) usucapião

(C) civil pública

(D) desapropriação

(E) mandado de segurança

Art. 25 da Lei 12.016/2009 e Súmula 512 do STF.
Gabarito "E".

(Defensor Público/RO – 2007 – FJPF) Tem como fundamento um ato ilícito da administração pública, gerando afetação patrimonial a específico interesse público a seguinte demanda:

(A) popular

(B) civil pública

(C) desapropriação indireta

(D) mandado de segurança

(E) improbidade administrativa

A alternativa "C" está correta. Entende-se como desapropriação indireta o fato administrativo por meio do qual a Administração Pública, sem prévia declaração ou indenização, apropria-se de imóvel privado. O proprietário, nesses casos, é simplesmente alijado do domínio de seu bem, restando-lhe apenas formular pretensão indenizatória em face do Poder Público, já que impossível requerer a reivindicação da coisa por força do art. 35 do Decreto 3.365/41. Cuida-se, do ingresso do Poder Público no imóvel, sem observância das fases declaratória e indenizatória inerentes ao instituto.
Gabarito "C".

(Defensor Público/RO – 2007 FJPF) Quanto aos Juizados, os embargos de declaração ofertados de sentença, em relação ao prazo do recurso inominado, são causa de:

(A) dilação
(B) interseção
(C) suspensão
(D) interrupção
(E) sobrestamento

Art. 50 da Lei 9.099/1995, com a redação dada pelo NCPC.

Gabarito "C", no CPC; "D", no NCPC

(Defensor Público/RO – 2007 FJPF) Das modalidades de intervenção processual, aquela que se admite no sistema da Lei nº 9.099/95 é:

(A) assistência
(B) litisconsórcio
(C) nomeação à autoria
(D) denunciação da lide
(E) chamamento ao processo

As intervenções de terceiro são vedadas nos Juizados (Art. 10 da Lei 9.099/1995). *Além disso, no NCPC deixa de existir a nomeação à autoria.

Gabarito "B".

(Defensor Público/CE – 2007 – CESPE) Julgue os itens que se seguem, acerca dos juizados especiais cíveis (JECs), à luz da Lei nº 9.099/1995.

(1) Nos JECs, o valor da causa, para verificação da competência, corresponderá ao valor do objeto do pedido.
(2) Se o autor atribuir à causa valor superior ao de alçada, o juiz deverá, liminarmente, indeferir a petição inicial, reconhecendo a incompetência absoluta do JEC, e declarar extinto o processo sem resolução de mérito.
(3) Se, no curso do processo, qualquer das partes modificar seu endereço sem comunicar ao juízo, as intimações enviadas ao local anteriormente indicado serão consideradas eficazes.

1: correto, pois o valor da causa deve ser atribuído consoante a expressão econômica do pedido; **2:** incorreto. Cuida-se da hipótese que a doutrina denomina *renúncia implícita*, a qual tem cabimento quando o autor distribui demanda com valor superior àquele previsto no art. 3º, I, da Lei 9.099/1995. Em tal situação, caso o autor decida pelo procedimento sumaríssimo, considera-se ter havido renúncia àquilo que ultrapassar a alçada de quarenta salários mínimos; **3:** correto (art. 19, § 2º, da Lei 9.099/1995).

Gabarito 1C, 2E, 3C

(Defensor Público/PA – 2006 – UNAMA) Na ação de alimentos, quando da realização da audiência de conciliação e julgamento deverão estar presentes autor e réu. Caso o autor não compareça:

(A) o juiz deverá arquivar o pedido.
(B) o juiz deverá dar prosseguimento ao processo, tendo em vista a natureza da ação.
(C) o juiz deverá, de imediato, julgar o feito, após ouvir o réu e o representante do Ministério Público.
(D) será aplicada a confissão, podendo o juiz dispensar as demais provas.

A alternativa correta é a "A" (art. 7º da Lei 5.478/1968).

Gabarito "A".

(Defensor Público/RN – 2006 – Instituto Talento) Na ação de mandado de segurança é incorreto dizer que

(A) não é passível de mandado de segurança despacho quando haja recurso previsto na legislação.
(B) sendo denegatória a decisão, o pedido não poderá ser renovado, ainda que a decisão não tenha apreciado o mérito.
(C) a complexidade dos fatos discutidos não pode ser causa de indeferimento da petição inicial, vez que não implica necessariamente em dilação probatória.
(D) da sentença que indeferir a inicial por falta de requisito legal cabe recurso de apelação.

A: correta (art. 5º, II, da Lei 12.016/2009 – "não se concederá mandado de segurança quando se tratar: II – de decisão judicial da qual caiba recurso com efeito suspensivo); **B:** incorreta (art. 6, § 6º, da Lei 12.016/2009); **C:** correta, não sendo cabível o mandado de segurança apenas quando for necessária dilação probatória; **D:** correta (art. 10, § 1º, da 12.016/2009). NOTA: pelo gabarito oficial, foi assinalada a alternativa "C", embora a afirmação nela contida esteja correta, e não incorreta, como o enunciado da questão aponta.

Gabarito "C".

(Defensor Público da União – 2004 – CESPE) Julgue o item que se segue, acerca de mandado de segurança.

(1) Ainda que sejam incontroversos os fatos que embasam o pedido do impetrante, não se admite a segurança se a questão de direito for intrincada e de difícil solução, pois, nesse caso, o direito líquido e certo não se torna claro e evidente.

1: incorreto. "Controvérsia sobre matéria de direito não impede concessão de mandado de segurança" (Súmula 625 do STF).

Gabarito 1E

16. TEMAS COMBINADOS

(Defensor Público/AL – 2017 – CESPE) A respeito de ação indenizatória, julgue os itens a seguir.

I. O beneficiário da gratuidade de justiça não pode ser condenado ao pagamento de custas e honorários ao patrono da parte demandada, no caso de sucumbência.
II. Ajuizada ação de indenização por danos morais, o valor da causa a ser atribuído à causa deve corresponder ao valor pretendido pelo demandante.
III. Denegado o pedido indenizatório, o recurso interposto ainda sob a égide do Código de Processo Civil de 1973 deverá ser processado e julgado de acordo com as normas do Código de Processo Civil de 2015.

Assinale a opção correta.

(A) Apenas o item I está certo.
(B) Apenas o item II está certo.
(C) Apenas o item III está certo.
(D) Apenas os itens I e II estão certos.
(E) Todos os itens estão certos.

I: Errada. A concessão da gratuidade não afasta a responsabilidade do beneficiário pelo pagamento das custas e honorários sucumbenciais (NCPC, art. 98, § 2º). **II:** Correta (NCPC, art. 292, V). **III:** Errada. A norma processual não retroage e respeita os atos processuais praticados sob a vigência da norma revogada, portanto, o recurso será processado e julgado com base no CPC/1973 (NCPC, art. 14). Vale conferir os enunciados administrativos aprovados pelo Plenário do STJ relacionados aos requisitos de admissibilidade recursal, honorários sucumbenciais recursais e possibilidade de correção de vícios (Enunciados 2 a 7). LD/ACC

Gabarito "B".

(Defensor Público – DPE/BA – 2016 – FCC) Sobre o direito processual intertemporal, o novo Código de Processo Civil

(A) torna aplicáveis a todas as provas as disposições de direito probatório adotadas, ainda que requeridas antes do início de sua vigência.

(B) vige desde o dia de sua publicação, porque a lei processual é de natureza cogente e possui efeito imediato.

(C) extinguiu o procedimento sumário, impondo a extinção de todas as ações ajuizadas sob este procedimento, incluindo as anteriores à sua entrada em vigor.

(D) não possui efeito retroativo e se aplica, em regra, aos processos em curso, respeitados os atos processuais praticados e as situações jurídicas consolidadas sob a vigência da norma revogada.

(E) retroage porque a norma processual é de natureza cogente.

A: incorreta, considerando art. 1.047 do NCPC; **B:** incorreta, tendo em vista a *vacatio legis* de 1 ano (NCPC, art. 1.045); **C:** incorreta. De fato houve a extinção do rito sumário no NCPC. Porém, as causas ajuizadas por esse procedimento seguirão reguladas pelo NCPC até a prolação da sentença (NCPC, art. 1.046, § 1º); **D:** correta. De acordo com os arts. 14 e 1.046 do NCPC, adotou-se a *teoria do isolamento dos atos processuais*. Ou seja, o ato praticado segundo a lei anteriormente vigente configura direito processualmente adquirido; e, em relação aos atos que vierem a ser praticados na vigência da lei nova, haverá obediência aos preceitos do NCPC; **E:** incorreta, considerando o exposto em D.

Gabarito "D".

(Defensor Público – DPE/ES – 2016 – FCC) Considere as seguintes situações abaixo:

I. Cumulação de pedidos, um deles restando incontroverso.
II. Abuso do direito de defesa.
III. Concessão de antecipação de tutela antecedente de urgência.
IV. Ação de consignação em pagamento proposta contra dois supostos credores, por não saber a quem se deve pagar.

É correto afirmar que

(A) a primeira trata de hipótese que permite a prolação de sentença parcial de mérito, em julgamento que pode produzir coisa julgada; a segunda, de tutela da evidência, que não faz coisa julgada e a terceira pode se tornar estável caso a outra parte não apresente recurso; a quarta, se trata de litisconsórcio passivo sucessivo.

(B) as três primeiras tratam de hipóteses que permitem a tutela provisória da urgência, que não faz coisa julgada, mas pode estabilizar os seus efeitos; a quarta, se trata de litisconsórcio passivo alternativo.

(C) as duas primeiras tratam de hipóteses que permitem a prolação de sentença parcial de mérito, em julgamento que pode produzir coisa julgada; a terceira pode se tornar estável caso a outra parte não apresente recurso; a quarta, se trata de litisconsórcio passivo alternativo.

(D) a primeira trata de hipótese que permite a prolação de sentença parcial de mérito, em julgamento que pode produzir coisa julgada; a segunda, de hipótese que permite a concessão de tutela da evidência, que não faz coisa julgada e nem se estabiliza; a terceira pode se tornar estável caso a outra parte não apresente recurso; a quarta, se trata de litisconsórcio passivo alternativo.

(E) as duas primeiras tratam de hipóteses que permitem a tutela provisória da urgência, que não faz coisa julgada; a terceira pode estabilizar os seus efeitos caso a parte não apresente recurso; a quarta, se trata de litisconsórcio eventual.

A: incorreto. A primeira assertiva é correta (NCPC, art. 356, I), sendo que, com o trânsito em julgado, haverá coisa julgada por ser decisão de mérito (NCPC, art. 502). A segunda assertiva também é correta, porque o abuso do direito de defesa pode culminar na concessão de tutela de evidência (NCPC, art. 311, I) e, além disso, o eventual deferimento não faz coisa julgada, porque, em se tratando de espécie de tutela provisória, poderá ser revogada ou modificada a qualquer tempo (NCPC, art. 296). A terceira assertiva é correta, pois a "tutela antecipada antecedente" pode ser estabilizada na falta de recurso do réu (NCPC, art. 304). A quarta assertiva está equivocada, porque, no caso, a lei prevê a citação de todos os possíveis titulares (NCPC, art. 547) e o conceito se enquadra ao instituto do litisconsórcio passivo alternativo, pelo qual o autor, estando em dúvida sobre a identificação do sujeito legitimado passivamente, tem a faculdade de incluir dois ou mais réus na demanda, de modo que a sentença seja endereçada a um deles, a depender da convicção do juiz. **B:** incorreto, conforme justificativas apresentadas na alternativa "A". **C:** incorreto, conforme justificativas apresentadas na alternativa "A". **D:** correto, conforme justificativas apresentadas na alternativa "A". **E:** incorreto, conforme justificativas apresentadas na alternativa "A".

Gabarito "D".

(Defensor Público – DPE/RN – 2016 – CESPE) No tocante a competência, atos processuais, petição inicial, revelia e resposta do réu, assinale a opção correta conforme o entendimento do STJ.

(A) A contagem dos prazos para a interposição de recursos pela DP começa a fluir da data da ciência do defensor no processo.

(B) O prazo destinado para o autor emendar ou completar a petição inicial é peremptório, não podendo ser reduzido ou ampliado por convenção das partes ou por determinação do juiz.

(C) O prazo remanescente para contestar, suspenso com o recebimento da exceção de incompetência, volta a fluir a partir da decisão que acolhe a exceção.

(D) No rito sumário, a não apresentação de contestação na audiência de conciliação, quando presidida por conciliador auxiliar, implica revelia do réu.

(E) O foro competente para processar e julgar ação declaratória de nulidade de escritura pública de cessão e transferência de direitos possessórios é o do domicílio do réu.

A: incorreto, pois a contagem do prazo se iniciará com a intimação pessoal através da entrega dos autos na sede da Instituição (NCPC, art. 186, § 1º). **B:** incorreto, pois esse prazo é dilatório, ou seja, pode ser reduzido ou ampliado por convenção das partes ou por determinação do juiz (Informativo/STJ 494). Assim, cabe NJP para alterar esse prazo (art. 190, NCPC). **C:** incorreto (vide Informativo/STJ 443). * Atenção: não há, no NCPC, exceção de incompetência, pois a incompetência relativa passa a ser alegada em preliminar de contestação (art. 64 e 337, II). **D:** incorreto (vide Informativo/STJ 492). * Atenção: no NCPC o rito sumário deixa de existir. **E:** correto, art. 46 (vide Informativo/STJ 543).

(Defensor Público/AC – 2012 – CESPE) A DP, muitas vezes, atua em causas em que é obrigatória a participação do MP, devendo o DP requerer a intimação do MP sempre que a lei o exigir, a fim de evitar desgastantes debates sobre nulidades processuais. Acerca desse assunto, assinale a opção correta.

(A) É imprescindível que a parte requeira a intimação do MP nas petições iniciais de mandado de segurança e ação popular, sob pena de inépcia.
(B) Se intervier na causa, ainda que na condição de fiscal da lei e não em nome próprio, o MP poderá juntar documentos e certidões, produzir prova em audiência e requerer medidas ou diligências, inclusive perícias, necessárias ao descobrimento da verdade.
(C) Em causa que verse sobre interesses exclusivamente patrimoniais em favor de menor relativamente incapaz, com idade entre dezesseis e dezoito anos, sendo o menor assistido por genitor e não havendo entre eles conflito de interesses, não há necessidade de o DP requerer a intimação do MP.
(D) Havendo obrigatoriedade legal de intervenção do MP, a parte deve intimá-lo, sob pena de nulidade do processo, que poderá ser arguida em qualquer instância, não sendo admissível convalidação mediante aplicação do princípio *pas de nullité sans grief*.
(E) Para a validade dos processos em que seja obrigatória a intervenção do MP, não basta a intimação deste; a intervenção deve ser eficaz, sendo causa de nulidade a omissão ou displicência do representante do em detrimento da parte tutelada.

A: incorreto. Ainda que o autor não requeira a intimação do MP, o juízo determinará a remessa dos autos ao Parquet, de ofício, quando tiver de atuar (NCPC, art. 178); **B:** correto. Como fiscal da ordem jurídica (nomenclatura no NCPC), o Parquet intervém necessariamente no bojo de uma lide pendente, ou seja, no seio de um conflito instaurado entre outros litigantes. E poderá atuar produzindo provas (art. 179, II do NCPC); **C:** incorreto. Segundo a dicção do art. 178, II, do MP, a intervenção do Parquet se revela obrigatória quando houver interesse de incapazes, fazendo-se necessária a sua intimação, sob pena de nulidade (arts. 279 do NCPC), a qual deverá ser reconhecida acaso sobrevenha prejuízo ao incapaz. **D:** incorreto. É de rigor ressaltar que a jurisprudência do STJ tem se posicionado no sentido de que a ausência de intimação do Parquet não conduz, de per si, à nulidade do processo, a considerar que se trata de nulidade relativa, a qual, como cediço, não deverá ser pronunciada, salvo quando sobrevier prejuízo para as partes ou para o deslinde da controvérsia posta em juízo, por influxo da máxima *pas de nullité sans grief*. E isso foi incorporado ao NCPC (art. 279, § 2º). **E:** incorreto. Em verdade, o que pode render ensejo à decretação da nulidade processual é a ausência de intimação do Órgão Ministerial (desde que, como já antes ponderado, revele-se inequívoco o prejuízo às partes ou à apuração da verdade material), e não a inexistência de sua manifestação, quando regularmente intimado. Isso também foi incorporado ao NCPC (art. 180, § 1º).

(Defensor Público/AC – 2012 – CESPE) Um município, por intermédio de seu órgão de fiscalização de obras, ajuizou ação demolitória contra uma construtora que ludibriara a fiscalização para erigir prédio em desacordo com o projeto para o qual obtivera aprovação do poder público. Finalizada a obra, verificou-se que o edifício se caracterizava como prédio residencial formado de quitinetes, embora o projeto aprovado e a área ocupada se referissem a hotel. Citada, a construtora contestou e reconveio. Na contestação, alegou que a destinação da área estava prestes a ser alterada por uma lei que passaria a admitir, no local, prédios de quitinetes. Na reconvenção, alegou litisconsórcio necessário com todos os locatários que ocupavam o prédio, sendo imprescindível a citação de todos para a validade do processo. Argumentou, ainda, que os locatários seriam atingidos pela sentença e que a construtora não poderia ser obrigada a demolir o edifício, ocupado por terceiros. Sobreveio acórdão que confirmou a sentença, julgando procedente a ação demolitória e improcedente a reconvenção. Foi interposto recurso especial, pendente de juízo de admissibilidade.

Com base nessa situação hipotética, assinale a opção correta.

(A) Terceiros prejudicados podem ajuizar demanda própria para defesa de seus direitos eventualmente atingidos pelo ato judicial produzido em demanda, ainda que já tenha sido produzida a coisa julgada.
(B) Para defenderem eventual direito que julguem ter, os locatários devem adotar as medidas cabíveis antes que o referido acórdão transite em julgado, pois, uma vez formada a coisa julgada, seu conteúdo passa a ser imutável, nos termos do CPC, tornando-se-lhes impossível afastar sua aplicação.
(C) Nesse caso, é imprescindível a inclusão dos locatários na lide, pois, de acordo com o CPC, a sentença faz coisa julgada apenas às partes envolvidas, não podendo beneficiar nem prejudicar terceiros.
(D) A necessidade de citação dos locatários para a eficácia da sentença decorre do disposto no CPC acerca das condições para o litisconsórcio necessário, entre as quais se inclui o fato de o juiz ter de decidir a lide de maneira uniforme para todas as partes, tal como no caso apresentado, em que a demolição do prédio pela construtora é indissociável da desocupação deste pelos locatários.
(E) A coisa julgada, assim considerada a eficácia que torna imutável e indiscutível a sentença, conforme disposto no CPC, inibe que o julgado produza efeitos naturais de amplitude subjetiva mais alargada.

A: correto. A doutrina se divide entre o cabimento dos embargos de terceiro e/ou de ação rescisória. Segundo a primeira corrente, a ordem de demolição do prédio pressupõe que os ocupantes do imóvel sejam previamente despojados da posse da coisa, fato que consubstancia inequívoco esbulho judicial. Sendo assim, os locatários podem embargar de terceiro, mesmo após o trânsito em julgado da sentença proferida, eis que não integraram a lide originária. Por conta de seus limites subjetivos, a coisa julgada tem aplicação restrita às partes entre as quais a decisão foi prolatada. Já para uma segunda corrente, afigura-se adequada somente a rescisória com lastro no art. 967, II, do NCPC, porquanto os terceiros que poderiam ter intervindo na lide originária como assistentes, malgrado sejam atingidos reflexamente pela eficácia natural da decisão proferida, não possuem legitimidade ativa para questionar diretamente a relação jurídica primitiva, eis que, como já alinhavado, não são titulares do direito material discutido.. **B:** incorreto, consoante apontado na alternativa anterior; **C**, **D** e **E**: incorretos. A assertiva traz em seu bojo hipótese em que os locatários não possuem relação jurídica de direito material com o adversário da construtora locadora, isto é, com o Município autor da ação demolitória. Em verdade, o liame jurídico – contrato de locação – encontra-se estabelecido entre aqueles que detêm a posse do imóvel e a empreiteira que lhes locou cada unidade, de forma tal que o sucesso daquela municipalidade em ação demolitória acarreta prejuízos reflexos à esfera jurídica dos locatários. Do contrário, estes seriam parte e não terceiros, porquanto o direito discutido também seria seu. Logo, se não são partes, não há cogitar-se de litisconsórcio passivo necessário ou mesmo facultativo, porquanto não são titulares do direito material debatido; de qualquer sorte, os ocupantes do imóvel poderiam intervir em tal processo como assistentes simples da construtora, ou, ainda, interpor recurso de terceiro prejudicado. Podem, igualmente, optar pelo aforamento dos embargos de terceiro ou de ação rescisória, se não quiserem intervir diretamente na ação demolitória. Doutro giro, o próprio enunciado da questão reproduz os efeitos naturais da sentença sobre aqueles que, conquanto não tenham integrado a lide – *in casu*, os locatários – são obliquamente atingidos pela eficácia da decisão proferida entre o Município e a construtora, visto que a perpetuação da locação avençada encontra-se subordinada à improcedência da ação demolitória.

Gabarito "A".

(Defensor Público/ES – 2009 – CESPE) No que concerne ao direito processual civil, julgue os itens:

(1) Quando a matéria controvertida for unicamente de direito, e no juízo já houver sido proferida sentença de total improcedência em outros casos idênticos, poderá ser dispensada a citação e proferida a sentença, reproduzindo-se o teor da sentença anteriormente prolatada. Essa regra será aplicável apenas quando o juiz prolator da sentença for também o autor da sentença que será reproduzida, visando manter uniforme o entendimento para os casos repetitivos.

(2) Sem caracterizar ofensa ao princípio do juiz natural, admite-se que o cumprimento da sentença seja requerido no juízo do local onde se encontram bens sujeitos à expropriação ou no atual domicílio do executado.

1: incorreta, porque o NCPC não traz disposição semelhante ao antigo 285-A do CPC/73, sendo que no NCPC as hipóteses de improcedência liminar do pedido são fundadas em precedentes de tribunais, não em julgados do mesmo juízo (art. 332); **2:** correta, nos termos do art. 516, parágrafo único, NCPC.

Gabarito 1E; 2C

8. DIREITO EMPRESARIAL

Robinson Barreirinhas

1. EMPRESA E EMPRESÁRIO – TEORIA GERAL

(Defensor Público/AL – 2017 – CESPE) Assinale a opção que apresenta a denominação dada a pessoa capaz ordenada ao exercício profissional de atividade economicamente organizada para a produção ou a circulação de bens ou serviços.

(A) sociedade anônima
(B) sociedade limitada
(C) empresa
(D) empreendedor
(E) empresário

O enunciado traz o conceito de empresário (art. 966 do CC).
Gabarito "E".

(Defensoria/DF – 2013 – CESPE) Julgue os itens a seguir, relativos ao empresário individual.

(1) O DP da União é legalmente incapaz para o exercício individual de atividade empresarial.
(2) Decretada a incapacidade absoluta do empresário individual para a prática de atos da vida civil, admite-se a continuidade da empresa, por meio de curador, desde que haja prévia autorização judicial.

1: incorreta. O defensor público não é considerado incapaz para o exercício da atividade empresarial, mas **impedido**, nos termos do art. 46, IV, da Lei Complementar 80/1994; **2:** correta, nos termos do art. 974, § 1º, do CC/2002.
Gabarito 1E, 2C

(Defensoria/DF – 2013 – CESPE) Julgue os itens seguintes, acerca da desconsideração da personalidade jurídica.

(1) Segundo o Código Civil de 2002, para a autorização da desconsideração da personalidade jurídica, basta a falta de patrimônio da sociedade para solver suas obrigações.
(2) A desconsideração inversa da personalidade jurídica ocorre quando o patrimônio do sócio é atingido para o atendimento de obrigações da sociedade por atos que tenham sido praticados por esta com desvio de finalidade do instituto da personalidade ou pela confusão patrimonial.
(3) A aplicação da desconsideração da personalidade jurídica tem por efeito a anulação desta no caso concreto.

1: incorreta. O art. 50 do Código Civil adotou a teoria maior da desconsideração da personalidade jurídica, exigindo, para sua decretação, a comprovação de desvio de finalidade ou confusão patrimonial; **2:** incorreta. A assertiva traz a teoria clássica da desconsideração. A desconsideração inversa é aquela que atinge o patrimônio da sociedade para o adimplemento de obrigações pessoais do sócio; **3:** incorreta. A desconsideração não impõe a anulação da personalidade jurídica. Afasta-se somente a garantia da separação patrimonial para o adimplemento de uma ou mais obrigações específicas, permanecendo íntegra a personalidade.
Gabarito 1E, 2E, 3E

(Defensor Público/ES – 2012 – CESPE) Julgue os itens seguintes, relativos ao direito empresarial.

(1) O cosmopolitismo, uma das principais características do direito empresarial, deu origem a usos e costumes comuns a todos os comerciantes, independentemente de sua nacionalidade, a exemplo da criação, pela Convenção de Genebra, de uma lei uniforme para a letra de cambio e a nota promissória.
(2) Cabe à junta comercial, de ofício ou por provocação da sua procuradoria ou de entidade de classe, reunir e assentar em livro próprio os usos e práticas mercantis correntes em sua jurisdição.
(3) No Código Comercial do Império do Brasil, adotou-se, por influência dos códigos Francês, espanhol e português, a teoria dos atos de comércio, no que se refere à sua abrangência e aplicação.

1: assertiva correta. Ver, a propósito, a Lei Uniforme – LU, promulgada pelo Decreto 57.663/1966; **2:** correta, conforme o art. 8º, VI, da Lei 8.934/1994; **3:** incorreta, pois o Código Comercial Brasileiro baseou-se diretamente no Código Francês (Code de Commerce), adotando a teoria dos atos de comércio, baseando-se não nos agentes (subjetivismo) ou na atividade empresarial (teoria da empresa), mas sim na regulação de determinados atos qualificados como comerciais.
Gabarito 1C, 2C, 3E

(Defensor Público/ES – 2012 – CESPE) Julgue os itens seguintes, relativos ao direito empresarial.

(1) O cosmopolitismo, uma das principais características do direito empresarial, deu origem a usos e costumes comuns a todos os comerciantes, independentemente de sua nacionalidade, a exemplo da criação, pela Convenção de Genebra, de uma lei uniforme para a letra de cambio e a nota promissória.
(2) Cabe à junta comercial, de ofício ou por provocação da sua procuradoria ou de entidade de classe, reunir e assentar em livro próprio os usos e práticas mercantis correntes em sua jurisdição.
(3) No Código Comercial do Império do Brasil, adotou-se, por influência dos códigos Francês, espanhol e português, a teoria dos atos de comércio, no que se refere à sua abrangência e aplicação.

1: assertiva correta. Ver, a propósito, a Lei Uniforme – LU, promulgada pelo Decreto 57.663/1966; **2:** correta, conforme o art. 8º, VI, da Lei 8.934/1994; **3:** incorreta, pois o Código Comercial Brasileiro baseou-se diretamente no Código Francês (*Code de Commerce*), adotando a teoria dos atos de comércio, baseando-se não nos agentes (subjetivismo) ou na atividade empresarial (teoria da empresa), mas sim na regulação de determinados atos qualificados como comerciais.
Gabarito 1C, 2C, 3E

(Defensor Público/CE – 2007 – CESPE) Julgue o item que se segue, relativo ao direito de empresa.

(1) Se um autor de obra literária que ganhou o prêmio de melhor livro de poesia do ano decidir produzir novos livros e comercializá-los, com o auxílio de um colaborador, ele será considerado um empresário individual.

1: incorreta, pois não se considera empresário quem exerce profissão intelectual, de natureza científica, literária ou artística, ainda que com o concurso de auxiliares ou colaboradores, salvo se o exercício da profissão constituir elemento de empresa – art. 966, parágrafo único, do Código Civil.
Gabarito 1E

(Defensor Público/BA – 2006 – DPE/BA) O conceito de empresa, em seu perfil funcional, é o de

(A) estabelecimento empresarial.
(B) empresário individual ou sociedade empresária.
(C) atividade econômica organizada explorada com profissionalismo pelo empresário para produção ou circulação de bens ou serviços.
(D) complexo de bens organizados pelo empresário para a exploração de sua atividade econômica organizada.
(E) instituição em que empresário e empregados se reúnem com propósitos comuns.

O conceito de empresa, a partir de sua função (perfil funcional), é exatamente o adotado pela doutrina moderna e pelo art. 966 do Código Civil: atividade econômica do empresário ou da sociedade empresária, organizada para a produção ou a circulação de bens ou de serviços.
A: incorreta, pois *estabelecimento* é o complexo de bens organizado, para exercício da empresa, por empresário, ou por sociedade empresária – art. 1.142 do CC; **B:** incorreta, pois empresa é a atividade do empresário ou da sociedade empresária, não se confundindo com eles; **C:** assertiva correta, conforme o comentário inicial; **D:** incorreta, pois a assertiva refere-se ao *estabelecimento empresarial* – art. 1.142 do CC; **E:** incorreta, pois empresa é *atividade*, não instituição.
Gabarito "C."

2. ESTABELECIMENTO

(Defensor Público/PA – 2009 – FCC) Quanto ao estabelecimento, atente às três postulações seguintes:

I. O adquirente do estabelecimento não responde pelo pagamento dos débitos anteriores à transferência, contabilizados ou não, exceção feita aos débitos fiscais.
II. Seu conceito é o de tratar-se de todo complexo de bens organizado para exercício da empresa, por empresário, ou por sociedade empresária.
III. Salvo autorização expressa, o alienante do estabelecimento não pode fazer concorrência ao adquirente, nos cinco anos subsequentes à transferência
É correto afirmar que SOMENTE

(A) os itens II e III são verdadeiros.
(B) o item I é verdadeiro.
(C) o item III é verdadeiro.
(D) os itens I e II são verdadeiros.
(E) os itens I e III são verdadeiros.

I: incorreta, pois o adquirente do estabelecimento responde pelo pagamento dos débitos anteriores à transferência, desde que regularmente contabilizados – art. 1.146 do CC; **II:** correta, pois reflete a definição de estabelecimento empresarial dada pelo art. 1.142 do CC; **III:** correta, nos termos do art. 1.147 do CC.
Gabarito "A."

(Defensor Público/CE – 2007 – CESPE) Julgue o item que se segue, relativo ao direito de empresa.

(1) Integram o estabelecimento empresarial os débitos da sociedade empresária.

1: incorreta, pois o estabelecimento é composto por bens e direitos, nos termos do art. 1.142 do CC, não por débitos. Os débitos (dívidas) podem, eventualmente, se referir a despesas realizadas pelo empresário, para adquirir bens e direitos que vierem a compor o estabelecimento, por exemplo, dívida assumida para aquisição de imóvel para a atividade empresarial. Nesse exemplo, entretanto, o imóvel adquirido é que compõe o estabelecimento, não o débito/dívida correspondente.
Gabarito 1E

(Defensor Público/BA – 2006 – DPE/BA) Considere as seguintes informações a respeito da alienação do estabelecimento empresarial:

I. A validade da alienação do estabelecimento empresarial depende do pagamento de todos os credores do empresário alienante, ou do consentimento destes, de modo expresso ou tácito, em 30 dias a partir de sua notificação.
II. O adquirente do estabelecimento responde pelo pagamento dos débitos anteriores à transferência, desde que regularmente contabilizados, permanecendo o alienante solidariamente obrigado pelo prazo de 01 ano, a partir, quanto aos créditos vencidos, da publicação do contrato de trespasse na imprensa oficial, e quanto aos outros, da data do vencimento.
III. A alienação irregular do estabelecimento empresarial poderá acarretar na ineficácia do contrato de trespasse perante a massa falida, se decretada a falência do empresário alienante pela prática de ato de falência.
IV. Não havendo autorização expressa, o alienante do estabelecimento não poderá fazer concorrência ao adquirente, nos 05 anos subsequentes à transferência.
Pode-se dizer, quanto aos itens acima, que:

(A) Nenhum deles está integralmente correto.
(B) Somente I e III estão integralmente corretos.
(C) Somente I, II e IV estão integralmente corretos.
(D) Somente II, III e IV estão integralmente corretos.
(E) Todos estão integralmente corretos.

I: incorreta, pois a eficácia da alienação (não a validade) não exige pagamento de todos credores do alienante, bastando que sejam preservados bens suficientes para isso – art. 1.145 do CC; **II:** correta, conforme o art. 1.146 do CC; **III:** correta, conforme o art. 129, VI, da Lei de Falência e Recuperação de Empresas – LF (Lei 11.101/2005); **IV:** correta, nos termos do art. 1.147 do CC.
Gabarito "D."

3. SOCIETÁRIO

(Defensor Público/AL – 2017 – CESPE) Constitui ato constitutivo da pessoa jurídica de direito privado

(A) a certidão simplificada.
(B) o registro de imóvel.

(C) a procuração pública.
(D) o balanço patrimonial.
(E) o contrato social.

A pessoa jurídica de direito privado se constitui a partir da assinatura de um contrato social (sociedades contratuais) ou pela elaboração de seu estatuto social (sociedades institucionais). Vale destacar, porém, que a sua personalidade jurídica surge apenas com o registro desses atos constitutivos na Junta Comercial.
Gabarito "E".

(Defensoria Pública da União – CESPE – 2015) Acerca da responsabilidade dos sócios, da sociedade em comum e da desconsideração da pessoa jurídica, julgue os próximos itens.

(1) Os sócios de sociedade em nome coletivo devem ser pessoas físicas e podem, sem prejuízo da responsabilidade perante terceiros, limitar entre si a responsabilidade de cada um.
(2) Na sociedade em comum, o sócio responderá solidária e ilimitadamente pelas obrigações sociais, mas fará jus a benefício de ordem, se não tiver sido aquele que contratou pela sociedade.
(3) Conforme a jurisprudência do STJ, admite-se a desconsideração inversa da pessoa jurídica.

1: correta, conforme dispõe o art. 1.039 e parágrafo único do CC, lembrando que a limitação da responsabilidade dos sócios entre si (que não se aplica a terceiros) se dá no ato constitutivo da sociedade ou por convenção posterior que, neste caso, deve ser unânime; **2:** correta, conforme o art. 990 do CC; **3:** correta, pois, de fato, o STJ reconhece a possibilidade excepcional de responsabilizar patrimonialmente a pessoa jurídica por dívida de seus sócios ou administradores, quando demonstrada a abusividade de sua utilização – ver REsp 1.493.071/SP.
Gabarito 1C, 2C, 3C

(Defensor Público –DPE/ES – 2016 – FCC) O registro nas Juntas Comerciais de contratos ou alterações contratuais de sociedade que envolva sócio incapaz

(A) exige apenas autorização judicial, após a concordância do Ministério Público, mas em nenhuma hipótese seus bens ficarão sujeitos ao resultado da empresa.
(B) não é permitido, mesmo que esteja representado ou assistido, salvo se adquirir cotas, em razão de sucessão hereditária.
(C) exige que o capital social esteja totalmente integralizado.
(D) é permitido, bastando que esteja representado ou assistido.
(E) é permitido, desde que o respectivo instrumento seja firmado por quem o represente ou assista, devendo apenas constar a vedação do exercício da administração da sociedade por ele.

A: incorreta, pois não ficam sujeitos ao resultado da empresa os bens que o incapaz já possuía, ao tempo da sucessão ou da interdição, desde que estranhos ao acervo daquela, devendo tais fatos constar do alvará que conceder a autorização – art. 974, § 2º, do CC; **B:** incorreta, pois é possível o registro, nos termos e nas condições do art. 974 do CC; **C:** correta, conforme o art. 974, § 3º, II, do CC; **D** e **E:** incorretas, pois há outras condições, como autorização judicial, nos termos do art. 974 do CC.
Gabarito "C".

(Defensor Público –DPE/RN – 2016 – CESPE) Em relação ao direito de empresa, assinale a opção correta à luz do Código Civil de 2002.

(A) Na sociedade em comum, os sócios, nas relações entre si, podem comprovar a existência da sociedade por qualquer meio.
(B) Na sociedade simples, o cedente responde solidariamente com o cessionário, perante terceiros, pelas obrigações que tinha como sócio, até dois anos depois de averbada a modificação do contrato social.
(C) Na sociedade limitada, permite-se a contribuição em serviços para o contrato social.
(D) Os cônjuges podem contratar sociedade entre si, seja qual for o regime de bens do casamento.
(E) A cooperativa poderá ser sociedade simples ou empresária, a depender do seu objeto.

A: incorreta, pois os sócios da sociedade em comum, nas relações entre si ou com terceiros, somente por escrito podem provar a existência da sociedade, embora os terceiros possam prová-la de qualquer modo – art. 987 do CC; **B:** correta, conforme o art. 1.003, parágrafo único, do CC; **C:** incorreta, pois é vedada contribuição que consista em prestação de serviços – art. 1.055, § 2º, do CC; **D:** incorreta, pois não podem contratar sociedade entre si os cônjuges casados em comunhão universal de bens ou em separação obrigatória – art. 977 do CC; **E:** incorreta, pois a cooperativa será sempre considerada sociedade simples, independentemente do seu objeto – art. 982, parágrafo único, do CC.
Gabarito "B".

(Defensor Público/TO – 2013 – CESPE) Assinale a opção correta acerca do direito societário.

(A) A sociedade em nome coletivo será constituída por pessoas físicas ou jurídicas e a responsabilidade de cada sócio é restrita ao valor de suas quotas.
(B) A sociedade anônima será considerada simples ou empresária, conforme a atividade desenvolvida.
(C) A sociedade controladora é titular de direitos de sócio que lhe assegurem preponderância nas deliberações sociais e o poder de eleger a maioria dos administradores da sociedade controlada.
(D) As sociedades limitadas adquirem personalidade jurídica no momento em que todos os sócios assinam o contrato social, devidamente elaborado e discutido em assembleia geral.
(E) Dissolve-se uma sociedade empresária sempre que à falta de pluralidade de sócios, esta não seja reconstituída no prazo de sessenta dias.

A: incorreta, pois somente pessoas físicas podem constituir sociedade em nome coletivo – art. 1.039 do CC; **B:** incorreta, pois a sociedade anônima sempre será considerada empresária, qualquer que seja seu objeto – art. 982, parágrafo único, do CC; **C:** correta, nos termos do art. 1.098, I, do CC (que se refere diretamente à controlada, mas permite a identificação da controladora); **D:** incorreta, pois a sociedade (qualquer que seja o tipo societário) adquire personalidade jurídica no momento da inscrição de seus atos constitutivos no registro próprio – art. 985 do CC; **E:** incorreta, pois o prazo para reconstituição da pluralidade de sócios é de 180 dias – art. 1.033, IV, do CC.
Gabarito "C".

(Defensor Público/TO – 2013 – CESPE) Assinale a opção correta de acordo com as normas que regem as microempresas e as empresas de pequeno porte.

(A) A pessoa jurídica que opte pelo regime do SIMPLES Nacional será enquadrada na condição de microempresa e empresa de pequeno porte de acordo com o estabelecido em ato do Comitê Gestor SIMPLES Nacional, sendo plenamente retratável, a qualquer tempo.

(B) O desenquadramento da pessoa jurídica da condição de microempresa ou empresa de pequeno porte não implicará alteração, denúncia ou qualquer restrição em relação a contratos por ela anteriormente firmados.

(C) A pessoa jurídica que, no último ano calendário, tenha apresentado receita bruta de R$ 400.000,00 enquadra-se na condição de microempresa, considerando-se receita bruta o produto da venda de bens e serviços nas operações de conta própria, o preço dos serviços prestados e o resultado nas operações em conta alheia.

(D) A lei admite o enquadramento, na condição de microempresa ou empresa de pequeno porte, de pessoa jurídica que participe do capital social de outra pessoa jurídica, desde que todo esse capital social esteja investido no Brasil.

(E) Os órgãos municipais envolvidos na abertura e fechamento de empresas deverão exigir documento de propriedade ou contrato de locação do imóvel onde esteja instalada a sede da microempresa ou empresa de pequeno porte.

A: incorreta, pois a opção pelo regime de recolhimento unificado de tributos (Simples Nacional) não implica enquadramento como microempresa ou empresa de pequeno porte (a opção pelo Simples Nacional não é *causa* do enquadramento). Pelo contrário, o enquadramento como microempresa ou empresa de pequeno porte é condição necessária para a opção do contribuinte pelo Simples Nacional (o enquadramento é *condição necessária* para a opção) – art. 16 da LC 123/2006; **B:** correta, nos termos do art. 3º, § 3º, da LC 123/2006; **C:** incorreta, pois o limite máximo de receita bruta para enquadramento como microempresa é de R$ 360.000,00 – art. 3º, I, da LC 123/2006; **D:** incorreta, pois a participação no capital social de outra pessoa jurídica impede o enquadramento como microempresa ou empresa de pequeno porte – art. 3º, § 4º, VII, da LC 123/2006; **E:** incorreta, pois o art. 10, II, da LC 123/2006 veda expressamente a exigência de documento de propriedade ou contrato de locação do imóvel para a abertura ou fechamento de empresas.

Gabarito "B".

(Defensor Público/ES – 2012 – CESPE) Julgue o item seguinte, relativo ao direito empresarial.

(1) Dissolvida a companhia pela existência de um único acionista, não será admitida a transformação do seu registro em empresário individual ou empresa individual de responsabilidade limitada.

1: incorreta, pois tal possibilidade é admitida expressamente pelo art. 1.033, parágrafo único, do CC.

Gabarito 1E.

(Defensor Público/RO – 2012 – CESPE) Com relação ao direito societário e às sociedades limitadas e anônimas, assinale a opção correta.

(A) As demonstrações financeiras das companhias abertas devem refletir as normas expedidas pela Comissão de Valores Mobiliários, não sendo obrigatória a submissão de tais demonstrativos a auditoria por auditores independentes nela registrados.

(B) Valor de negociação ou de mercado é o resultado de estudo específico no qual peritos verificam o valor que as ações possivelmente alcançariam se fossem negociadas no mercado.

(C) De acordo com o princípio da intangibilidade do capital, sempre que se verificarem perdas irreparáveis ou excessivas de capital, cabe aos sócios deliberar pela sua diminuição, fazendo refletir no contrato social ou no estatuto a realidade econômica na qual a sociedade se apresenta.

(D) A penhora das quotas sociais somente terá cabimento depois de escoado todo o patrimônio do sócio devedor, sendo facultada a sua liquidação, que, ocorrendo, se fará por meio de balanço especialmente levantado para tal fim.

(E) É possível a aquisição das quotas sociais pela própria sociedade, exigindo-se que esta utilize somente reservas e lucros acumulados e não diminua o seu capital para a realização da operação.

A: incorreta, pois as demonstrações financeiras das companhias abertas serão obrigatoriamente submetidas a auditoria por auditores independentes registrados na CVM – art. 177, § 3º, da Lei das Sociedades por Ações – LSA (Lei 6.404/1976); **B:** assertiva incorreta, pois se refere ao valor econômico. O valor de negociação ou de mercado é aquele convencionado efetivamente entre comprador e vendedor; **C:** incorreta, pois o princípio da intangibilidade veda a atribuição aos sócios de bens ou valores necessários para a cobertura do capital social (não se pode distribuir valores aos sócios que reduzam o patrimônio líquido a montante inferior ao do capital social). A possibilidade de redução do capital social para refletir a realidade da empresa é coisa diversa; **D:** incorreta, pois a penhora de ações não sofre qualquer restrição. Quanto às quotas da sociedade limitada, a penhora é possível, mas nos termos dos arts. 1.026 e 1.031 do CC; **E:** correta, conforme o art. 30, § 1º, b, da LSA, embora haja alguma discussão em relação às limitadas, por conta da omissão do Código Civil a respeito.

Gabarito E.

(Defensor Público/SE – 2012 – CESPE) Acerca das sociedades limitadas, assinale a opção correta.

(A) As deliberações dos sócios serão tomadas facultativamente em assembleia, independentemente do número de sócios que a constitua, devendo ser, quando prevista contratualmente ou em lei, convocadas pelos administradores.

(B) A natureza jurídica das quotas sociais é meramente patrimonial, pois apenas confere ao seu dono o direito de participar dos resultados sociais e da partilha no caso da liquidação da sociedade.

(C) A responsabilidade ilimitada dos sócios pelas deliberações infringentes da lei ou do contrato torna necessária a desconsideração da personalidade jurídica, por constituir a autonomia patrimonial da pessoa jurídica escudo para a responsabilização pessoal e direta.

(D) A responsabilidade dos membros do conselho fiscal é equiparável à dos administradores, devendo eles agir com a diligência e o cuidado que o cargo requer e responder solidariamente perante a sociedade e terceiros prejudicados em razão do desempenho de suas funções.

(E) O administrador designado em ato separado será investido no cargo mediante termo de posse no livro de atas da administração, e a designação de administradores não sócios dependerá de aprovação da maioria dos sócios enquanto o capital não estiver integralizado.

A: incorreta, pois, nas sociedades limitadas, a deliberação por assembleia é obrigatória apenas se o número dos sócios for superior a dez – art. 1.072, § 1º, do CC; **B:** incorreta, pois a titularidade das quotas gera também direitos relativos à tomada de decisões, fixando o peso de cada sócio nas deliberações; **C:** incorreta, pois a ilicitude do ato implica responsabilização pessoal do sócio, nos termos do art. 1.080 do CC; **D:** correta, nos termos do art. 1.070 c/c o art. 1.016 do CC; **E:** incorreta, pois a designação de administrador não sócio depende de aprovação da unanimidade dos sócios, enquanto o capital não estiver integralizado, e de 2/3, no mínimo, após a integralização – art. 1.061 do CC. Ver também o art. 1.062 do CC, quanto à correta afirmação do ato de investidura no cargo.

Gabarito "D".

(Defensor Público/SE – 2012 – CESPE) Assinale a opção correta no que diz respeito às sociedades anônimas.

(A) Em se tratando de companhia fechada, a assembleia geral não poderá deliberar pela distribuição de dividendo inferior ao obrigatório, ou ainda pela retenção completa do lucro.

(B) O certificado de ação constitui simples meio de prova, não sendo documento constitutivo da condição de sócio nem importando sua transmissão em qualquer alteração da titularidade da ação.

(C) As ações em tesouraria, assim como ocorre com as quotas adquiridas pela sociedade limitada, não suspendem os direitos a elas inerentes, tais como o direito de voto e dividendos.

(D) Para serem custodiadas como ações fungíveis, as ações nominativas devem ser transferidas à instituição financeira, que se tornará titular delas, não podendo, a partir desse momento, os titulares das ações em custódia participar da assembleia geral da companhia, ou nela se fazer representar.

(E) O conselho de administração, hierarquicamente situado entre a assembleia geral e a diretoria da companhia, é órgão obrigatório de deliberação nas sociedades anônimas, tendo ampla competência para deliberar sobre todas as questões de interesse da sociedade.

A: incorreta, pois as fechadas podem distribuir dividendo inferior ao obrigatório, exceto quando controladas por companhias abertas na hipótese prevista no art. 202, § 3º, II, c/c o inciso I, da Lei das Sociedades por Ações – LSA (Lei 6.404/1976); **B:** correta, lembrando que, atualmente, é proibida a emissão de títulos ao portador, transmissíveis por endosso em branco – art. 19 da Lei 8.088/1990; **C:** incorreta, pois as ações em tesouraria não terão direito a dividendo ou a voto – art. 30, § 4º, da LSA; **D:** incorreta, devendo os titulares das ações em custódia exibir ou depositar comprovante expedido pela instituição depositária na assembleia – art. 126, II, da LSA. A instituição financeira detém apenas a propriedade fiduciária das ações (o que não altera a titularidade para fins de participação na assembleia) – art. 41 da LSA; **E:** incorreta, pois as competências do conselho de administração são delimitadas no art. 142 da LSA. A assembleia geral é quem detém competência ampla para deliberar sobre todos os negócios relativos ao objeto da companhia – art. 121 da LSA.

Gabarito "B".

(Defensor Público/SP – 2012 – FCC) Jorge, José e Pedro constituem, com pacto expresso limitativo de poderes, pequena empresa para prestação de serviços de marcenaria, sem levar seus atos constitutivos ao competente registro. Pedro, em nome da sociedade, celebra contrato com Maria para fornecimento e montagem de uma cozinha planejada, recebendo adiantados os valores correspondentes aos serviços e produtos contratados. Maria desconhece a existência de tal pacto limitativo. Inadimplido o contrato, Maria poderá ter seu crédito satisfeito com a excussão dos bens

(A) sociais, considerando a existência de pacto limitativo de poderes, sem possibilidade de invasão dos bens particulares dos sócios.

(B) particulares dos sócios, já que estes respondem solidária e ilimitadamente pelas dívidas contraídas em nome da sociedade, sem possibilidade de excussão dos bens da sociedade, por se tratar de sociedade em comum, com pacto limitativo de poderes.

(C) particulares de Pedro, por desconhecer a existência de pacto limitativo de poderes e considerando ter ele celebrado o contrato em nome da sociedade em comum, sem possibilidade de excussão dos bens sociais ou dos demais sócios.

(D) sociais e particulares dos sócios, devendo exaurir os bens sociais para invasão do patrimônio dos sócios, exceto para Pedro, cujos bens particulares poderão ser executados concomitantemente com os bens sociais.

(E) sociais e particulares de Pedro, sem possibilidade de acionar os demais sócios, já que estes não participaram da avença, prevalecendo o pacto limitativo de poderes.

A sociedade é despersonalizada (sociedade em comum) antes da inscrição dos atos constitutivos – art. 986 do CC. Nessa situação, todos os sócios respondem solidária e ilimitadamente pelas obrigações sociais – art. 990 do CC. José e Jorge gozam do benefício de ordem, ou seja, seus bens e direitos pessoais responderão pelo débito apenas após esgotados os das sociedades – art. 1.024 do CC. Já Pedro, que contratou em nome da sociedade, não será terá o benefício de ordem, podendo seus bens e direitos pessoais serem onerados a qualquer tempo – art. 990, *in fine*, do CC. Por essas razões, a alternativa "D" é a correta.

Gabarito "D".

(Defensor Público/BA – 2010 – CESPE) Julgue o item abaixo, relativo às espécies de sociedade.

(1) As sociedades cooperativas são formadas a partir da união de, no mínimo, vinte pessoas que reciprocamente se obrigam a contribuir, com dinheiro, bens ou créditos, com o capital social da sociedade, e o pagamento realizado pelos sócios determina o seu capital social na empresa.

1: incorreta, pois a cooperativa é formada por pessoas que se obrigam a contribuir com bens ou serviços para o exercício de uma atividade econômica (e não para o capital social, como consta da assertiva) – art. 3º da Lei 5.764/1971. A rigor, é possível, inclusive, cooperativa sem capital social – art. 1.094, I, *in fine*, do CC.

Gabarito 1E.

(Defensor Público/SP – 2009 – FCC) Assinale a alternativa correta.

(A) Deve o empresário operar no mercado sob firma constituída, a qual poderá ser seu nome completo ou abreviado e, se quiser, designação de sua pessoa ou da atividade exercida.

(B) A instituição de sucursal, agência ou filial implica na averbação no primeiro assento do Registro Público de Empresas Mercantis para que se tenha como regular a atividade desta, sendo desnecessária outra inscrição.

(C) Para que uma pessoa possa ser reputada empresária tem-se que verificar sua inscrição perante o Registro Público de Empresas Mercantis.

(D) No ordenamento brasileiro, o incapaz não pode exercer a atividade de empresário, pois sobre os seus bens não podem recair os resultados negativos da empresa.

(E) O empresário casado, com exceção do regime de separação absoluta de bens, deve proceder à averbação dos pactos e declarações antenupciais no Registro Público de Empresas Mercantis, bem como fazer inserir nos assentamentos do registros público de imóveis a outorga uxória quando de gravação com ônus ou de alienação dos bens imóveis do patrimônio empresarial.

A: assertiva correta, pois reflete a definição de firma, conforme o art. 1.156 do CC; **B:** incorreta, pois é necessária a inscrição também no Registro Público de Empresas Mercantis da localidade da sucursal, da filial ou da agência – art. 969 do CC; **C:** incorreta, pois embora a inscrição seja obrigatória (art. 967 do CC) o empresário e a sociedade empresária sem registro ou irregulares também têm essa natureza (empresária), que é determinada pela atividade desenvolvida – arts. 966, 982 e 986 do CC; **D:** incorreta, pois o incapaz pode, excepcionalmente, por meio de representante ou devidamente assistido, continuar a empresa antes exercida por ele enquanto capaz, por seus pais ou pelo autor de herança – art. 974 do CC; **E:** assertiva incorreta, pois o empresário casado pode, sem necessidade de outorga conjugal, qualquer que seja o regime de bens, alienar os imóveis que integrem o patrimônio da empresa ou gravá-los de ônus real – art. 978 do CC.

Gabarito "A".

(Defensor Público/PA – 2009 – FCC) O credor de uma sociedade empresária

(A) apenas quando se tratar de sociedade em nome coletivo poderá cobrar seus créditos diretamente dos sócios, solidariamente com a sociedade.

(B) só pode cobrar seus créditos diretamente da pessoa jurídica, pois esta não se confunde com seus sócios.

(C) pode cobrar seus créditos tanto da pessoa jurídica como dos sócios, diretamente e como regra, já que solidária a responsabilidade.

(D) somente em caso de extinção da pessoa jurídica poderá cobrar seus créditos dos sócios, já que nesse caso desaparece o patrimônio da sociedade.

(E) deverá cobrar seus créditos da pessoa jurídica e, subsidiariamente, poderá pedir a desconsideração de sua personalidade jurídica nos casos previstos em lei, para requerer a responsabilidade pessoal dos sócios.

A: incorreta, pois há sócios de outros tipos societários que também respondem solidariamente pelos débitos (por exemplo, os sócios comanditados – art. 1.045 do CC), além dos sócios das sociedades simples puras, desde que previsto em seu contrato social (art. 1.023 do CC); **B:** incorreta, pois é possível haver responsabilidade solidária dos sócios, como visto no comentário à alternativa anterior, ou mesmo subsidiária – art. 997, VIII, do CC; **C:** a assertiva é incorreta, pois, em regra, há separação do patrimônio da sociedade em relação ao de seus sócios. Já vimos, entretanto, que há exceções, como no caso da sociedade em comum (art. 990 do CC) ou da sociedade em nome coletivo (art. 1.039 do CC); **D:** incorreta, pois a liquidação válida não implica, em regra, responsabilização dos sócios; **E:** assertiva correta, pois apresenta adequadamente caso em que os sócios podem ser chamados a responder pelas obrigações sociais – art. 50 do CC.

Gabarito "E".

(Defensor Público da União – 2007 – CESPE) No item a seguir é apresentada uma situação hipotética a ser julgada, acerca do direito societário brasileiro.

(1) Os sócios de certa sociedade em conta de participação lavraram o seu ato constitutivo em janeiro de 2007, mas o referido instrumento foi levado a registro apenas após cerca de seis meses. Nessa situação, a sociedade somente passou a ter personalidade jurídica no momento da inscrição de seu contrato social no registro público de empresas mercantis.

A sociedade em conta de participação não tem, por definição, personalidade jurídica, mesmo na hipótese de inscrição dos atos constitutivos em registro público (art. 993 do CC).

Gabarito 1E.

(Defensor Público da União – 2007 – CESPE) No item a seguir é apresentada uma situação hipotética a ser julgada, acerca do direito societário brasileiro.

(1) Lino, Simão e Nivaldo são sócios de determinada sociedade limitada. Lino foi investido na administração da sociedade por cláusula expressa do contrato social. Nessa situação, os poderes conferidos a Lino são irrevogáveis, salvo justa causa, reconhecida judicialmente e a pedido de Simão ou de Nivaldo.

O sócio designado administrador no próprio contrato social somente pode ser destituído pela maioria representativa de dois terços do capital social, exceto se o contrato fixar regra diversa – art. 1.063, § 1º, do CC. Como há apenas três sócios, considerando que têm a mesma participação no capital social, a única possibilidade de destituição é a exclusão de Lino da sociedade pelos demais, o que depende de justa causa, nos termos dos arts. 1.030 e 1.085 do CC.

Gabarito 1C.

(Defensor Público/CE – 2007 – CESPE) Julgue o item que se segue, relativo ao direito de empresa.

(1) Sociedade simples ou de fato é aquela em que o contrato social, embora regularmente formalizado, ainda não foi arquivado na junta comercial competente.

1: incorreta, pois a sociedade simples tem, necessariamente, seus atos constitutivos inscritos no registro competente (ou então seria sociedade em comum). A sociedade em comum (o atual CC não se refere à sociedade de fato) é aquela cujos atos constitutivos não foram inscritos no registro competente (independentemente de terem ou não sido formalizados) – art. 986 do CC.

Gabarito 1E.

(Defensor Público/CE – 2007 – CESPE) Carlos é servidor público federal em exercício no Ministério da Defesa e sócio comanditado de certa sociedade em comandita simples. No exercício da atividade empresarial, Carlos lançou mão de meios ruinosos para realizar pagamentos, emitindo várias duplicatas simuladas. Com base na situação hipotética apresentada e nas normas de direito de empresa, julgue os itens seguintes.

(1) A lei veda o exercício das atribuições de sócio comanditado de sociedade empresária por servidor público federal.

(2) A sociedade em comandita simples não está sujeita a falência, pelo fato de que os atos praticados por Carlos são nulos de pleno direito.

1: assertiva correta, pois o servidor público federal não pode participar da gerência ou da administração de sociedade privada, como é o caso do sócio comanditado – art. 117, X, da Lei 8.112/1990 e art. 1.045 do CC; **2:** incorreta, pois a sociedade empresária em comandita simples está sujeita à falência (art. 1º da Lei de Falências). Ademais, os atos praticados por Carlos não são nulos de pleno direito, pois, nos termos do art. 973 do CC, a pessoa legalmente impedida de exercer atividade própria de empresário, se a exercer, responderá pelas obrigações contraídas.

Gabarito 1C, 2E

(Defensor Público/CE – 2007 – CESPE) Marcos Oliveira, Antônio Silva e Paulo Perez constituíram sociedade designada Oliveira, Silva & Perez Serviços Gerais Ltda., para atuar no ramo de prestação de serviços de limpeza e conservação a outras pessoas jurídicas, sendo Paulo Perez o sócio majoritário. Tendo Paulo Perez sido executado pessoalmente, o credor requereu a penhora de suas quotas, a fim de garantir a execução.

Acerca da situação hipotética acima e das normas relativas às sociedades limitadas, julgue os itens que se seguem.

(1) É lícita a utilização do nome Oliveira, Silva & Perez Serviços Gerais Ltda., pois as sociedades limitadas podem utilizar tanto denominação como razão social.

(2) Em razão das características das sociedades limitadas, as quotas sociais de Paulo Perez não podem ser penhoradas.

(3) Os sócios da Oliveira, Silva & Perez Serviços Gerais Ltda. respondem solidariamente pela exata estimação dos bens conferidos ao capital social até o prazo de cinco anos da data do registro da sociedade.

1: assertiva correta, nos termos do art. 1.158 do CC (obs.: razão social significa firma coletiva); **2:** incorreta, pois não há impedimento legal. Nesse sentido, o STJ reconhece a possibilidade de penhora das quotas de sociedade limitada, pois não implica, necessariamente, inclusão de novo sócio e porque o devedor responde com todos os seus bens – ver AgRg no Ag 1.164.746/SP; **3:** correta, pois essa responsabilidade dos sócios da limitada é prevista no art. 1.055, § 1º, do CC.

Gabarito 1C, 2E, 3C

Veja a seguinte tabela, para estudo dos nomes empresariais:

	Uso	Exemplo
Firma individual	a) empresário individual – responsabilidade ilimitada	a) João da Silva Marcenaria
Firma coletiva, razão social	b) sociedade em nome coletivo – responsabilidade ilimitada	b) João da Silva e companhia; João da Silva e Pedro de Souza; João da Silva e irmãos
	c) sociedade em comandita simples	c) João da Silva e companhia
	d) sociedade limitada – não há responsabilidade ilimitada, desde que conste a palavra "limitada" ou "ltda."	d) João da Silva Marcenaria Ltda.
	e) comandita por ações – diretor responde subsidiária e ilimitadamente	e) João da Silva Marcenaria Comandita por Ações
Denominação social	f) sociedade limitada – não há responsabilidade ilimitada, desde que conste a palavra "limitada" ou "ltda."	f) Marcenaria Modelo Ltda.
	g) sociedade anônima – responsabilidade limitada ao preço das ações	g) Marcenaria Modelo Sociedade Anônima; Companhia Marcenaria Modelo; João da Silva Marcenaria S.A.
	h) comandita por ações – diretor responde subsidiária e ilimitadamente	h) Marcenaria Modelo Comandita por Ações
	i) sociedade cooperativa – pode ser de responsabilidade limitada ou ilimitada	i) Cooperativa Modelo de Marceneiros

4. TÍTULOS DE CRÉDITO

(Defensor Público/AC – 2017 – CESPE) Com relação à nota promissória, assinale a opção correta.

(A) Para que a cartularidade dessa nota seja garantida, é necessário aceite.

(B) É vedada, nesse tipo de título, a utilização de cláusula não à ordem.

(C) A obrigação constante desse título deve ficar sujeita a uma condicionante.

(D) A referida nota é uma promessa de pagamento.

(E) A emissão dessa nota exige vinculação a um negócio jurídico.

A: incorreta. Nota promissória é promessa de pagamento, estrutura cambial que não admite aceite; **B:** incorreta. Nada impede a aposição de cláusula não à ordem na nota promissória; **C:** incorreta. A obrigação deve ser pura e simples, ou seja, não pode depender de condições; **D:** correta, conforme comentário à alternativa "A"; **E:** incorreta. A nota promissória é título não causal, ou seja, pode ser emitida para representar obrigação de qualquer natureza.

Gabarito "D"

(Defensor Público/AL – 2017 – CESPE) Neste ano de 2017, determinada pessoa está sendo executada judicialmente com base em nota promissória vencida e válida, com aposição de local e data pelo portador. A nota promissória refere-se ao ano de 2016.

Das informações a respeito da situação hipotética apresentada infere-se que

(A) a aposição de local e data no título prejudica a sua execução.

(B) a denominação "nota promissória" foi redigida por extenso e na língua em que foi emitida.

(C) o emitente do título é um brasileiro nato.

(D) ocorreu prescrição para a propositura da ação de execução do título extrajudicial contra o devedor do título.

(E) o negócio concretizado com a emissão da nota promissória se deu entre pessoas jurídicas.

A: incorreta. A nota promissória prescreve em 3 anos, contados do vencimento, em relação ao devedor principal (art. 77 da Lei Uniforme de Genebra); **B:** correta, nos termos do art. 75 da Lei Uniforme de Genebra; **C:** incorreta. Não é possível afirmar isso com base nas informações disponíveis; **D:** incorreta, conforme comentário à alternativa "A"; **E:** incorreta. Não é possível afirmar isso com base nas informações disponíveis. Gabarito "B".

(Defensor Público –DPE/BA – 2016 – FCC) Sobre os títulos de crédito, analise as afirmações abaixo:

I. De acordo com o entendimento do Superior Tribunal de Justiça, a nota promissória vinculada a contrato de abertura de crédito não goza de autonomia em razão da iliquidez do título que a originou.
II. O cheque nominal, com ou sem a cláusula expressa "à ordem", é transmissível por via de endosso, enquanto o cheque nominal com cláusula "não à ordem" somente pode ser transmitido pela forma de cessão.
III. O título de crédito emitido sem o preenchimento de requisito de forma que lhe retire a validade, acarreta a invalidade do negócio jurídico que lhe deu origem.
IV. Ao contrário da nota promissória, a duplicata é um título causal e, em regra, não goza de abstração.

Está correto o que se afirma APENAS em

(A) I, II e III.
(B) I e II.
(C) II e IV.
(D) I e IV.
(E) I, II e IV.

I: correta, pois é o que dispõe a Súmula 258/STJ; **II:** correta, conforme o art. 17 da Lei do Cheque – LC (Lei 7.357/1985); **III:** incorreta, pois a omissão de qualquer requisito legal, que tire ao escrito a sua validade como título de crédito, não implica a invalidade do negócio jurídico que lhe deu origem, conforme dispõe o art. 888 do CC; **IV:** correta, pois a duplicata é extraída a partir da fatura relativa ao contrato de compra e venda ou prestação de serviço – arts. 2º e 20 da Lei das Duplicatas – LD (Lei 5.474/1968). Gabarito "E".

(Defensor Público –DPE/ES – 2016 – FCC) Sobre o endosso e o aval de letras de câmbio e de notas promissórias,

I. pelo endosso transmitem-se todos os direitos emergentes da letra de câmbio e da nota promissória e o endossante, salvo cláusula em contrário, garante o pagamento desses títulos.
II. o endosso pode ser condicional, mas não parcial.
III. o pagamento de uma letra de câmbio ou de uma nota promissória pode ser no todo ou em parte garantido por aval.
IV. o avalista é responsável da mesma maneira que a pessoa afiançada, mas sua obrigação se mantém se a obrigação que ele garantiu for nula apenas por vício de forma.
V. o endossante acionado não pode opor ao portador de uma nota promissória as exceções fundadas sobre as relações pessoais dele com os portadores anteriores, salvo se o portador ao adquirir a nota promissória tiver procedido conscientemente em detrimento do devedor.

Está correto o que se afirma APENAS em

(A) II, III e IV.
(B) III, IV e V.
(C) II, IV e V.
(D) I, III e V.
(E) I, II e IV.

I: correta, reiterando que o endossante da letra de câmbio e da nota promissória, salvo cláusula em contrário, garante o pagamento – arts. 14, 15 e 77 da Lei Uniforme – LU (Decreto 57.663/1966), não se aplicando a disposição do art. 914, *caput*, do CC, por existir norma especial (conforme o art. 903 do CC); **II:** incorreta, pois considera-se não escrita qualquer condição a que se subordine o endossante, além de ser nulo o endosso parcial – art. 912 do CC; **III:** correta, pois é o que dispõe o art. 30 da LU. Importante lembrar que o Código Civil veda o aval parcial – art. 897, parágrafo único, do CC, mas essa regra não subsiste se houver norma específica (art. 903 do CC), como é o caso da letra de câmbio e da nota promissória, cuja legislação admite aval parcial (arts. 30 e 77 da LU); **IV:** incorreta, pois a responsabilidade do avalista não subsiste no caso de nulidade por vício de forma da obrigação daquele a quem se equipara– art. 899, § 2º, *in fine*, do CC; **V:** correta, conforme o art. 17 da LU. Gabarito "D".

(Defensor Público –DPE/RN – 2016 – CESPE) A respeito de títulos de crédito e de contratos bancários, assinale a opção correta.

(A) Atualmente, ainda é válida a pactuação das tarifas de abertura de crédito e de emissão de carnê na cobrança por serviços bancários, segundo o entendimento do STJ.
(B) Conforme entendimento do STJ, o ajuizamento isolado de ação revisional de contrato bancário é capaz de descaracterizar a mora do devedor.
(C) A omissão de qualquer requisito legal que retire a validade do título de crédito implica também a invalidade do negócio jurídico que lhe deu origem.
(D) O pagamento do título de crédito pode ser garantido por aval dado de forma parcial.
(E) De acordo com o STJ, a estipulação de juros remuneratórios superiores a 12% ao ano, por si só, não indica abusividade.

A: incorreta, pois, nos termos da Súmula 565/STJ, a pactuação das tarifas de abertura de crédito (TAC) e de emissão de carnê (TEC), ou outra denominação para o mesmo fato gerador, é válida apenas nos contratos bancários anteriores ao início da vigência da Resolução-CMN n. 3.518/2007, em 30/4/2008; **B:** incorreta, pois, conforme a Súmula 380/STJ, a simples propositura da ação de revisão de contrato não inibe a caracterização da mora do autor; **C:** incorreta, pois a omissão de qualquer requisito legal, que tire ao escrito a sua validade como título de crédito, não implica a invalidade do negócio jurídico que lhe deu origem, conforme dispõe o art. 888 do CC; **D:** afirmação dúbia. O Código Civil veda o aval parcial – art. 897, parágrafo único, do CC (com base nisso, a assertiva seria incorreta), mas essa regra não subsiste se houver norma específica (art. 903 do CC), como é o caso da letra de câmbio e da nota promissória, cuja legislação admite expressamente o aval parcial (arts. 30 e 77 da LU – nesse sentido, a assertiva é correta, pelo menos em relação a determinados títulos de crédito). De qualquer forma, a alternativa "E" é a melhor, pois evidentemente correta, baseada em entendimento sumulado do STJ; **E:** correta, conforme a Súmula 382/STJ. Gabarito "E".

(Defensoria/DF – 2013 – CESPE) Julgue os próximos itens, relacionados aos títulos de credito em espécie.

(1) As declarações escritas e datadas que, emitidas pela instituição financeira ou por câmara de compensa-

ção, se refiram a recusa de pagamento não suprem o protesto para a cobrança dos endossantes do cheque e de seus avalistas.

(2) Perde o atributo da abstração a nota promissória em cujo corpo haja referência ao contrato que a tenha ensejado, de modo que defesas decorrentes da falta ou falha de execução contratual poderão ser opostas, pelo sacador, a terceiro de boa-fé a quem tenha sido a nota endossada.

(3) É cabível o protesto de letra de cambio por falta de aceite.

(4) A duplicata pode ser sacada em data posterior à da emissão da fatura.

1: incorreta. O protesto do cheque para cobrança dos coobrigados e eventuais avalistas pode ser suprida pela declaração descrita na assertiva (art. 47, II, da Lei 7.357/1985)**; 2**: correta. Uma vez vinculada ao contrato que lhe deu origem, a nota promissória deixa de circular como um título abstrato por força do princípio da literalidade. Portanto, eventuais vícios do negócio jurídico original a ela também se aplicam; **3**: correta, nos termos do art. 44 da Lei Uniforme de Genebra (anexa ao Decreto 57.663/1966); **4**: correta, conforme pacífica jurisprudência do STJ (*v.g.*, REsp 292355/MG, DJ 18/02/2002).

Gabarito 1E, 2C, 3C, 4C

(Defensor Público/TO – 2013 – CESPE) Assinale a opção correta acerca das normas relativas aos títulos de crédito e ao protesto de títulos e outros documentos da dívida.

(A) O protesto de um título de crédito por falta de aceite somente poderá ser efetuado após o vencimento da obrigação e do decurso do prazo legal para o aceite ou a devolução.

(B) Cabe ao devedor requerer o cancelamento do registro do protesto diretamente ao tabelionato de protesto de títulos, mediante apresentação do documento original protestado, e, na ausência do documento original, só se admite o cancelamento do registro do protesto por ordem judicial.

(C) Caso um título de crédito tenha sido emitido sem a indicação do lugar da emissão e de pagamento e sem a indicação de vencimento, considera-se que o lugar da emissão e de pagamento seja o domicílio do emitente e que o pagamento do título deva ser feito à vista.

(D) O avalista se obriga pelo avalizado, e sua responsabilidade subsiste ainda que nula a obrigação daquele a quem se equipara, mesmo que a nulidade decorra de vício de forma.

(E) É vedado ao sacado, em qualquer caso, lançar e assinar, no verso do cheque não ao portador e ainda não endossado, visto, certificação ou outra declaração equivalente, datada e por quantia igual à indicada no título.

A: incorreta, pois o protesto por falta de aceite deve ser feito antes do vencimento, após o decurso do prazo legal para o aceite – art. 21, § 1º, da Lei 9.492/1997, ver também o art. 44 da Lei Uniforme – LU promulgada pelo Decreto 57.663/1966; **B**: incorreta, pois, na impossibilidade de apresentação do original do título ou documento de dívida protestado, será exigida a declaração de anuência, com identificação e firma reconhecida, daquele que figurou no registro de protesto como credor, originário ou por endosso translativo – art. 26, § 1º, da Lei 9.492/1997; **C**: correta, conforme o art. 889, §§ 1º e 2º do CC; **D**: incorreta, pois o vício de forma afasta a obrigação também do avalista – art. 899, § 2º,

in fine, do CC; **E**: incorreta, pois é admitido o cheque visado, previsto no art. 7º da Lei do Cheque – LC (Lei 7.357/1985).

Gabarito "C"

(Defensor Público/ES – 2012 – CESPE) Julgue os itens seguintes, relativos ao direito empresarial.

(1) A duplicata é um título impróprio, imperfeito, também denominado cambiariforme, visto que, assim como no cheque, nela não se vislumbra uma operação típica de crédito.

(2) Tratando-se de letra de câmbio, sacador, sacado e tomador podem ser a mesma pessoa. Nesse caso, a letra e emitida com o objetivo único de circular e representar uma dívida que o sacador/sacado/tomador tem perante um terceiro, com quem fez o desconto do título.

(3) Em se tratando de protesto por falta de aceite, deverá este ser providenciado após o vencimento da obrigação e do decurso do prazo legal para aceite ou devolução.

1: correta, segundo a clássica distinção entre os títulos cambiais (letra de câmbio e promissória) e os cambiariformes (todos os outros); **2**: correta, nos termos do art. 3º da LU **3**: incorreta, pois o protesto por falta de aceite deve ser feito antes do vencimento, após o decurso do prazo legal para o aceite – art. 21, § 1º, da Lei 9.492/1997, ver também o art. 44 da LU.

Gabarito 1C, 2C, 3E

(Defensor Público/BA – 2010 – CESPE) Com relação aos títulos de crédito, julgue o item abaixo.

(1) A nota promissória, promessa de pagamento, está sujeita às mesmas normas aplicáveis à letra de câmbio, quanto à constituição e exigibilidade do crédito tributário, desde que observadas as especificidades da nota promissória.

1: A assertiva é imprecisa, razão pela qual foi anulada. Interessante registrar que são aplicáveis à nota promissória (que é promessa de pagamento) as disposições da Lei Uniforme relativas às letras de câmbio, na parte em que não sejam contrárias à sua natureza, relativas a endosso, vencimento, pagamento e outras matérias listadas no art. 77 da LU.

Gabarito ANULADA

(Defensor Público/PA – 2009 – FCC) Em relação ao título de crédito, examine as asserções seguintes:

I. Trata-se de documento necessário ao exercício do direito literal e autônomo nele contido, só produzindo efeito quando preenchidos os requisitos legais.

II. A omissão de qualquer requisito legal, que tire ao escrito sua validade como título de crédito, implica a invalidade do negócio jurídico que lhe deu origem.

III. O pagamento de título de crédito, que contenha obrigação de pagar soma determinada, pode ser garantido por aval, ainda que parcial.

Delas se extrai que

(A) os itens I, II e III são falsos.

(B) o item I é verdadeiro, bem como o item III, sendo falso o item II, pois, o negócio jurídico será válido, mesmo despido de sua validade como título de crédito.

(C) o item I é verdadeiro, bem como o item II, sendo falso o item III, por ser vedada a concessão de aval parcial

(D) o item I é verdadeiro, sendo falsos os itens II e III, pois o negócio jurídico será válido, mesmo despido de sua validade como título de crédito e, quanto à garantia do pagamento do título de crédito, é vedada a concessão de aval parcial.

(E) o item I é falso, pois o exercício do direito é literal mas sempre vinculado a causas subjacentes, sendo verdadeiros os itens II e III.

I: assertiva correta, nos termos do art. 887 do CC; **II:** incorreta, pois a invalidade do título não afeta o negócio jurídico que lhe deu origem – art. 888 do CC; **III:** incorreta, pois o Código Civil veda o aval parcial – art. 897, parágrafo único, do CC. Importante lembrar que a regra do Código Civil não subsiste se houver norma específica (art. 903 do CC), como é o caso da letra de câmbio, da promissória e do cheque, cuja legislação admite aval parcial (arts. 30 e 77 da LU e art. 29 da Lei 7.357/1985).
Gabarito "D".

(Defensor Público/MG – 2009 – FUMARC) Marlon Luiz abriu uma conta corrente garantida no Banco do Brasil S.A., com limite de crédito de R$5.000,00. Assinou o contrato de abertura de crédito em conta corrente e uma nota promissória em branco, como garantia, ficando como avalistas, por simples assinaturas, Pedro e sua esposa Margarida. Passando por dificuldades financeiras, Marlon foi obrigado a utilizar o limite do cheque especial, ficando inadimplente com a instituição financeira, que encerrou a sua conta e mandou que o departamento jurídico do Banco tomasse as providências cabíveis. O advogado do Banco do Brasil, analisando o caso de Marlon e verificando que este emitiu uma nota promissória em branco, preencheu-a no valor utilizado do cheque especial e resolveu propor uma ação de execução contra todos os coobrigados. Assinale a opção CORRETA:

(A) O procedimento do advogado está correto, uma vez que a nota promissória é título executivo extrajudicial, a teor do art. 585 do CPC.

(B) O procedimento do advogado está correto, uma vez que a nota promissória é título executivo judicial e o aval prestado por Pedro contou com a outorga de sua esposa.

(C) O procedimento do advogado está incorreto, pois para cobrar dos devedores indiretos, Pedro e Margarida, deveria ter realizado previamente o protesto do título.

(D) O procedimento do advogado está incorreto, pois a nota promissória vinculada a contrato de abertura de crédito em conta corrente não goza de autonomia em razão da iliquidez do título que a originou, conforme sumulado pelo STJ.

(E) O procedimento do advogado está incorreto, pois o contrato de cheque especial não é título executivo, mesmo acompanhado de extrato da conta corrente e a lei não autoriza a emissão de título de crédito em branco.

Não é possível a execução, pois, nos termos da Súmula 258 do STJ, a nota promissória vinculada a contrato de abertura de crédito não goza de autonomia em razão da iliquidez do título que a originou. Tampouco é possível a execução com base no contrato de abertura de crédito, ainda que acompanhado de extrato da conta corrente, pois não é título executivo – Súmula 233 do STJ. O que o banco pode fazer é propor ação monitória, pois o contrato de abertura de crédito em conta corrente, acompanhado do demonstrativo de débito, constitui documento hábil para isso – Súmula 247 do STJ.
Gabarito "D".

(Defensor Público/PA – 2009 – FCC) Por ser o cheque uma ordem de pagamento a vista,

(A) o postulado da questão é parcialmente verdadeiro, pois a natureza do cheque permite que seja tanto uma ordem de pagamento a vista como um título de crédito a prazo.

(B) é ilegal a emissão de cheque pós-datado, que não gera qualquer efeito jurídico ao emitente ou ao beneficiário.

(C) embora a pós-datação não produza efeito cambial, pode gerar efeitos reparatórios civis se a data futura não foi obedecida pelo beneficiário, por lesão à boa-fé objetiva.

(D) como a pós-datação não produz efeito cambial, também não pode gerar efeitos reparatórios civis se a data futura não for obedecida pelo beneficiário.

(E) a pós-datação gera efeitos cambiais, por isso sendo obstada a apresentação do título a pagamento antes da data futura aposta.

A: incorreta, pois o cheque é ordem de pagamento à vista por expressa determinação legal – art. 32 da Lei do Cheque – LC (Lei 7.357/1985); **B:** apesar do disposto no art. 32 da LC, admitem-se efeitos jurídicos decorrentes da emissão de cheque pós-datado (ou "pré-datado", termo mais comumente utilizado); **C:** assertiva correta, conforme o disposto na Súmula 370 do STJ "Caracteriza dano moral a apresentação antecipada de cheque pré-datado"; **D:** incorreta, conforme a citada Súmula 370 do STJ; **E:** incorreta, pois, sendo ordem de pagamento à vista, o banco não deixará de pagar o cheque, sem prejuízo de indenização por eventual dano causado ao emitente.
Gabarito "C".

(Defensor Público/SP – 2009 – FCC) Considerando as espécies de cheques, assinale a definição correta.

(A) Cheque cruzado especial é aquele em que o emitente apõe dois traços no anverso do título e escreve entre estes o dizer "banco".

(B) Cheque de viagem é o emitido em moeda estrangeira e pago na moeda do país em que é apresentado, conforme com o câmbio do dia.

(C) O cheque administrativo é aquele em que o emitente, para os fins de liquidez e tranquilidade do beneficiário, solicita do sacado que aponha visto ou certificado, bem como reserve o valor.

(D) Cheque marcado é aquele que é pago somente ao beneficiário que tiver o nome indicado e, por isso, não comporta endosso.

(E) Diz-se visado o cheque emitido pelo sacado contra ele mesmo em favor da pessoa indicada por terceiro, geralmente o correntista do banco.

A: incorreta, pois a assertiva descreve o cruzamento geral, quando entre os dois traços não se escreve nada, ou apenas "banco" ou outra palavra equivalente – art. 44, § 2º, da LC; **B:** assertiva correta, pois descreve adequadamente o cheque de viagem (*traveller's check*) – art. 66 da LC; **C:** incorreta, pois o cheque administrativo é emitido pelo próprio banco (o emitente é também o sacado) – art. 9º, III, da LC. A assertiva refere-se ao cheque visado, em que o banco certifica a existência de fundos e reserva os valores para pagamento, na forma do art. 7º da LC; **D:** incorreta. O que existe é o cheque com cláusula "não à ordem", que impede a cessão por endosso – art. 17, § 1º, da LC; **E:** incorreta, pois a descrição se refere ao cheque administrativo, não ao visado, conforme comentários à alternativa C.
Gabarito "B".

(Defensor Público/RO – 2007 – FJPF) O protesto por falta de aceite de uma letra de câmbio NÃO produz efeitos em face do:

(A) sacado
(B) sacador
(C) tomador
(D) portador
(E) coobrigado

O protesto por falta de aceite da letra de câmbio serve para que o portador exerça os direitos de ação contra os endossantes, sacador e outros coobrigados, ainda antes do vencimento, nos termos dos arts. 43 e 44 da Lei Uniforme – LU (Decreto 57.663/1966).
A: essa é a alternativa a ser indicada, pois o sacado, na letra de câmbio, seria o aceitante. Se não houve aceite, o sacado não é parte na relação cambiária (não se obrigou a nada); **B, C, D e E:** O protesto por falta de aceite implica direito de o portador da letra (ou tomador) cobrar o sacador (emissor do título) e os demais coobrigados, conforme comentário inicial.
Gabarito "A".

(Defensor Público/RO – 2007 – FJPF) A prescrição da nota promissória, no tocante à ação do portador em face do emitente, em anos, é:

(A) 1
(B) 2
(C) 3
(D) 4
(E) 5

A prescrição da nota promissória em relação à ação do portador contra o emitente é de 3 anos a contar do vencimento – art. 70 c/c arts. 77 e 78 da LU, razão pela qual a alternativa "C" é a correta.
Gabarito "C".

Veja a seguinte tabela com os prazos prescricionais para cobrança de títulos de crédito, para estudo e memorização:

	Prazos prescricionais para letras de câmbio e promissórias – art. 70 da Lei Uniforme –Decreto 54.663	Prazos prescricionais para duplicatas – art. 18 da Lei de Duplicatas – Lei 5.474/1968
Contra o devedor principal (aceitante, na letra, emitente da promissória – sacado, na duplicata) e seus avalistas	3 anos a contar do vencimento	3 anos a contar do vencimento
Contra os coobrigados – endossantes e seus avalistas (também o sacador, no caso de letra aceita)	1 ano do protesto tempestivo ou do vencimento (se houve cláusula "sem despesas")	1 ano do protesto tempestivo
Regresso dos coobrigados uns contra os outros	6 meses do dia em que o coobrigado pagou o título ou em que ele próprio foi acionado	1 ano da data de pagamento do título

(Defensor Público/RO – 2007 – FJPF) A modalidade de cheque que representa uma ordem de pagamento contra o ordenador é:

(A) fiscal
(B) visado
(C) cruzado
(D) marcado
(E) administrativo

O sacado do cheque (quem deve cumprir a ordem de pagamento, ou seja, pagá-lo) é sempre banco ou instituição financeira equiparada – art. 3º da LC. Quando o emitente do cheque (= sacador) é o próprio banco sacado, temos o chamado *cheque administrativo*, previsto no art. 9º, III, da LC.
Gabarito "E".

(Defensor Público da União – 2004 – CESPE) Com relação à teoria dos títulos de crédito, julgue os itens que se seguem.

(1) O título de crédito abstrato dá origem a obrigações desvinculadas da causa que o gerou como forma de garantir-lhe a autonomia, o que permite ao mercado considerar apenas o título que afirma a existência do crédito, representando-o por uma cártula necessária e seu conteúdo.
(2) De acordo com as disposições do Código Civil, o endossante do título à ordem não responde pelo cumprimento da prestação constante do título, salvo se este contiver cláusula expressa que preveja a responsabilidade do endossante pelo crédito que transfere.

1: assertiva correta, pois o subprincípio da abstração (relacionado ao princípio da autonomia) indica que, com a circulação, há desvinculação do título em relação ao ato ou ao negócio jurídico que deu ensejo à sua criação – arts. 906, 915 e 916 do CC; **2:** assertiva correta, nos termos do art. 914 do CC. Importante salientar que essa regra do Código Civil não se aplica, tampouco, se há disposição legal especial em contrário (art. 903 do mesmo Código), razão pela qual os endossantes da letra de câmbio, da promissória e do cheque, por exemplo, garantem o pagamento do título – art. 15 c/c art. 77 da Lei Uniforme – LU (Decreto 57.663/1966) e art. 21 da Lei do Cheque – LC (Lei 7.357/1985).
Gabarito 1C, 2C.

Veja as seguintes tabelas, com os princípios do direito cambiário e a classificação dos títulos de crédito:

Princípios do Direito Cambiário
Cartularidade: o documento (cártula) é necessário para o exercício dos direitos cambiários Caso de relativização da cartularidade: protesto da duplicata por indicação – art. 13, § 1º, da Lei das Duplicatas
Literalidade: somente aquilo que está escrito no título produz efeitos jurídicos-cambiais Caso de relativização da literalidade: aceite informado por escrito, previsto no art. 29 da Lei Uniforme

Princípios do Direito Cambiário	
Autonomia: cada obrigação que deriva do título é autônoma em relação às demais – os vícios que comprometem a validade de uma relação jurídica, documentada em título de crédito, não se estendem às demais relações abrangidas no mesmo documento	Subprincípio da Abstração: com a circulação, há desvinculação do título em relação ao ato ou ao negócio jurídico que deu ensejo à sua criação Caso de relativização da abstração: necessidade de se indicar a origem do crédito para habilitação em falência (– art. 9º, II, da Lei de Falências)
	Subprincípio da Inoponibilidade: o executado não pode opor exceções pessoais a terceiro de boa-fé

Classificações dos Títulos de Crédito	
Critério	Espécies
Modelo	– vinculados – livres
Estrutura	– ordem de pagamento – promessa de pagamento
Hipóteses de emissão	– causais – limitados – não causais
Circulação	– ao portador – nominativos à ordem – nominativos não à ordem (ou ao portador, à ordem e nominativos)

5. FALÊNCIA E RECUPERAÇÃO

(Defensor Público –DPE/BA – 2016 – FCC) De acordo com a Lei 11.101/2005 (Lei de Falências):

(A) Os credores da massa falida são extraconcursais e devem ser pagos com precedência aos débitos trabalhistas e tributários dos créditos da falência.
(B) Pode ser decretada com fundamento na falta de pagamento, no vencimento, de obrigação líquida materializada em títulos executivos protestados, independentemente de seu valor.
(C) O administrador judicial deve ser pessoa física, preferencialmente advogado, economista, administrador de empresas ou contador.
(D) O plano de recuperação judicial não implica novação dos créditos anteriores ao pedido.
(E) As obrigações do falido somente serão extintas depois do pagamento de todos os créditos.

A: correta, nos termos do art. 84 da Lei de Falência e Recuperação de Empresas – LF (Lei 11.101/2005); **B:** incorreta. A decretação de falência decorre da insolvência jurídica, caracterizada pela (i) impontualidade injustificada, (ii) execução frustrada ou (iii) prática de atos de falência

– art. 94, I, II e III, da LF. A impontualidade injustificada se caracteriza se o valor da obrigação ultrapassar 40 salários-mínimos – art. 94, I, da LF; **C:** incorreta, pois o administrador pode ser pessoa jurídica especializada – art. 21 da LF; **D:** incorreta, pois o plano de recuperação judicial implica novação dos créditos anteriores ao pedido, e obriga o devedor e todos os credores a ele sujeitos, conforme o art. 59 da LF; **E:** incorreta, pois há outras hipóteses de extinção das obrigações do falido – art. 158 da LF.

Gabarito "A".

(Defensoria/DF – 2013 – CESPE) No que se refere à falência, julgue os itens a seguir.

(1) Na falência, os créditos decorrentes de acidentes de trabalho, ao contrário dos créditos trabalhistas, não estão limitados ao valor de cento e cinquenta salários mínimos.

(2) A sociedade seguradora não se submete ao regime falimentar da atual Lei de Falências, de modo que a decretação da sua falência e inadmitida pelo ordenamento jurídico em vigor.

(3) É aplicável a regulamentação da classificação de créditos da Lei de Falências atual as falências decretadas antes de sua vigência, por ter tal matéria caráter processual e, portanto, ser de aplicação imediata.

1: correta. O limite de 150 salários mínimos a que se refere o art. 83, I, da Lei 11.101/2005 aplica-se somente aos créditos derivados da legislação do trabalho. Aqueles decorrentes de acidente de trabalho serão considerados privilegiados em sua totalidade; **2:** incorreta. Conforme leciona Fábio Ulhoa Coelho, o art. 2º da Lei 11.101/2005 trata de hipóteses tanto de exclusão absoluta quanto de exclusão relativa da aplicação da Lei de Falências. No caso de exclusão absoluta, a Lei 11.101/2005 não será aplicada em hipótese alguma – é o que ocorre com as empresas públicas, sociedades de economia mista e as câmaras ou prestadoras de serviço de liquidação financeira. Tratando de exclusão relativa, a Lei de Falências será aplicada em situações determinadas. Se estamos falando de sociedades seguradoras, aplica-se o art. 26 do Decreto-lei 73/1966: "as sociedades seguradoras não poderão requerer concordata e não estão sujeitas à falência, salvo neste último caso, se decretada a liquidação extrajudicial, **o ativo não for suficiente para pagamento de pelo menos metade dos credores quirografários, ou quando houver fundados indícios da ocorrência de crime falimentar**" (grifo nosso); **3:** incorreta. O art. 192 da Lei 11.101/2005 afasta sua aplicação às falências decretadas anteriormente à sua vigência.

Gabarito 1C, 2E 3E

(Defensor Público/ES – 2012 – CESPE) Julgue o item seguinte, relativo ao direito empresarial.

(1) Os atos praticados pelo devedor antes e após a decretação da falência serão anulados por fraude contra credores; logo, a situação de direito volta a ser a existente antes do ato anulado, produzindo o mesmo efeito da nulidade: uma verdadeira desconstituição definitiva do ato.

1: incorreta, pois, nos termos do art. 130 da Lei de Recuperação e Falência – LF (Lei 11.101/2005), são revogáveis (não nulos) os atos praticados com a intenção de prejudicar credores (decorrentes de conluio fraudulento e que impliquem efetivo prejuízo sofrido pela massa). Ademais, caso o ato seja descrito no art. 129 da LF, trata-se de ineficácia perante a massa falida.

Gabarito 1E

(Defensor Público/SE – 2012 – CESPE) Com relação ao direito falimentar, assinale a opção correta.

(A) O comitê de credores, órgão de existência e funcionamento obrigatórios e cuja composição e atribuições são estabelecidas pela lei, conduzirá os atos do processo de falência e de recuperação judicial.
(B) Não será deferido provimento liminar, de caráter cautelar ou antecipatório dos efeitos da tutela, para a suspensão ou adiamento da assembleia geral de credores em razão de pendência de discussão acerca da existência, da quantificação ou da classificação de créditos.
(C) Poderão participar com direito a voto das assembleias de credores, além dos credores, os sócios do devedor, as sociedades coligadas, controladas e controladoras do devedor.
(D) O sistema de recuperação judicial e extrajudicial acarretará a suspensão da prescrição, das ações e execuções existentes, assim como será impeditivo da falência dos credores não sujeitos ao plano de recuperação.
(E) Na hipótese de recuperação judicial, os créditos tributários se sujeitarão ao regime da lei falimentar, e as multas contratuais e penas pecuniárias, uma vez incorporadas ao valor da obrigação, serão submetidas às condições do plano de recuperação que tiver sido aprovado.

A: incorreta, pois o comitê de credores, cuja constituição não é obrigatória (ver arts. 26 e 28 da LF), tem atribuições de fiscalização e acompanhamento do procedimento, nos termos do art. 27 da LF; **B:** correta, pois reflete exatamente o disposto no art. 40 da LF; **C:** incorreta, pois somente credores, evidentemente, tem direito a voto na assembleia de credores – art. 39 da LF; **D:** incorreta, pois a recuperação extrajudicial não implica suspensão de prescrição ou de ações e execuções, nem afasta a possibilidade de pedido de falência pelos credores não sujeitos ao plano – arts. 6º e 161, § 4º, da LF; **E:** incorreta, pois os créditos tributários não são incluídos na recuperação judicial. Pelo contrário, a regularidade fiscal é pressuposto para a recuperação judicial – art. 191-A do CTN.
Gabarito "B".

(Defensor Público/BA – 2010 – CESPE) No que tange à recuperação judicial e à falência, julgue os itens a seguir.

(1) O juízo da falência é indivisível e competente para conhecer todas as ações sobre bens, interesses e negócios do falido, ressalvadas as causas trabalhistas, fiscais e aquelas não reguladas na lei de regência, caso o falido figure como autor ou litisconsorte ativo.
(2) A multa fiscal moratória constitui pena administrativa, incluindo-se no crédito habilitado em falência.

1: assertiva correta, pois reflete o disposto no art. 76 da Lei de Falência e Recuperação de Empresas – LF (Lei 11.101/2005); **2:** em relação aos processos falimentares regidos pela legislação anterior (art. 23, parágrafo único, III, do Decreto-lei 7.661/1945), não se admite a inclusão da multa fiscal moratória no crédito habilitado em falência, por ser considerada pena administrativa – Súmulas 192 e 565 do STF. Ocorre que esse entendimento ficou ultrapassado em relação aos processos falimentares regidos pela atual Lei 11.101/2005, que classifica as multas moratórias como créditos quirografários, exigíveis da massa, na forma do seu art. 83, VII, razão pela qual a alternativa foi anulada.
Gabarito 1C, 2 ANULADA.

Veja a seguinte tabela com a ordem de classificação dos créditos na falência (art. 83 da LF):

Ordem de classificação dos créditos na falência (art. 83 da Lei de Falências – Lei 11.101/2005)
1º – os créditos derivados da legislação do trabalho, limitados a 150 (cento e cinquenta) salários mínimos por credor, os decorrentes de acidentes de trabalho. Também os créditos equiparados a trabalhistas, como os relativos ao FGTS (art. 2º, § 3º, da Lei 8.844/1994) e os devidos ao representante comercial (art. 44 da Lei 4.886/1965)
2º – créditos com garantia real até o limite do valor do bem gravado (será considerado como valor do bem objeto de garantia real a importância efetivamente arrecadada com sua venda, ou, no caso de alienação em bloco, o valor de avaliação do bem individualmente considerado)
3º – créditos tributários, independentemente da sua natureza e tempo de constituição, excetuadas as multas tributárias
4º – com privilégio especial (= os previstos no art. 964 da Lei 10.406/2002 Código Civil; os assim definidos em outras leis civis e comerciais, salvo disposição contrária da LF; e aqueles a cujos titulares a lei confira o direito de retenção sobre a coisa dada em garantia)
5º – créditos com privilégio geral (= os previstos no art. 965 da Lei n 10.406/2002; os previstos no parágrafo único do art. 67 da LF; e os assim definidos em outras leis civis e comerciais, salvo disposição contrária da LF)
6º – créditos quirografários (= aqueles não previstos nos demais incisos do art. 83 da LF; os saldos dos créditos não cobertos pelo produto da alienação dos bens vinculados ao seu pagamento; e os saldos dos créditos derivados da legislação do trabalho que excederem o limite estabelecido no inciso I do caput do art. 83 da LF). Ademais, os créditos trabalhistas cedidos a terceiros serão considerados quirografários
7º – as multas contratuais e as penas pecuniárias por infração das leis penais ou administrativas, inclusive as multas tributárias
8º – créditos subordinados (= os assim previstos em lei ou em contrato; e os créditos dos sócios e dos administradores sem vínculo empregatício)
Lembre-se que os créditos extraconcursais (= basicamente os surgidos no curso do processo falimentar, que não entram no concurso de credores) são pagos com precedência sobre todos esses anteriormente mencionados, na ordem prevista no art. 84 da LF: (I) remunerações devidas ao administrador judicial e seus auxiliares, e créditos derivados da legislação do trabalho ou decorrentes de acidentes de trabalho relativos a serviços prestados após a decretação da falência; (II) quantias fornecidas à massa pelos credores; (III) despesas com arrecadação, administração, realização do ativo e distribuição do seu produto, bem como custas do processo de falência; (IV) custas judiciais relativas às ações e execuções em que a massa falida tenha sido vencida; e (V) obrigações resultantes de atos jurídicos válidos praticados durante a recuperação judicial, nos termos do art. 67 da LF, ou após a decretação da falência, e tributos relativos a fatos geradores ocorridos após a decretação da falência, respeitada a ordem estabelecida no art. 83 da LF.

(Defensor Público/MG – 2009 – FUMARC) Um empresário rural, devidamente registrado há mais de dois anos no Registro Civil de Pessoas Jurídicas, tem seus negócios concentrados em Uberaba, possuindo ainda filial em Pouso Alegre e sede contratual em Varginha. Qual o foro competente para se requerer a sua recuperação judicial?

(A) Uberaba.
(B) Pouso Alegre ou Varginha.
(C) Nenhum deles, pois não está sujeito à Lei de Recuperação e Falência de Empresas.
(D) O foro do credor onde se deu o negócio subjacente.
(E) Uberaba ou Pouso Alegre ou Varginha.

O empresário rural não é obrigado a se inscrever no Registro Público de Empresas Mercantis (Junta Comercial) – art. 971 do CC. No caso, o empresário em questão inscreveu-se no Registro Civil de Pessoas Jurídicas, de modo que não pode requerer recuperação judicial, pois, para isso, seria preciso apresentar certidão de regularidade no Registro Público de Empresas – art. 51, V, da LF. Interessante lembrar que o foro competente seria o do estabelecimento principal do devedor – art. 3º da LF.
Gabarito "C".

(Defensor Público/CE – 2007 – CESPE) Acerca da recuperação judicial e da recuperação extrajudicial, bem como da falência do empresário e da sociedade empresária, julgue os itens a seguir.

(1) Não se sujeitam ao processo falimentar as sociedades de economia mista, as empresas públicas e as sociedades cooperativas.
(2) Na recuperação judicial, o administrador judicial tem competência para requerer a falência do devedor no caso de descumprimento de obrigação assumida no plano de recuperação.
(3) Considere que determinada sociedade empresária, em situação de crise econômico-financeira, tenha requerido sua recuperação judicial e que o juízo competente, tendo verificado o cumprimento dos requisitos legais, tenha deferido o processamento da referida recuperação. Nesse caso, a sociedade empresária somente poderá desistir do pedido de recuperação judicial se obtiver a aprovação da desistência na assembleia geral de credores.
(4) O plano de recuperação judicial para empresas de pequeno porte sujeita a sociedade devedora a prévia autorização do juiz, após ouvido o administrador judicial e o comitê de credores, para contratar empregados.

1: correta, conforme o art. 2º da LF; **2:** assertiva correta, pois essa competência do administrador é prevista expressamente no art. 22, II, b, da LF; **3:** correta, nos termos do art. 52, § 4º, c/c o art. 35, I, d, da LF; **4:** assertiva correta, pois reflete o disposto no art. 71, IV, da LF.
Gabarito 1C, 2C, 3C, 4C

(Defensor Público/RO – 2007 – FJPF) O recurso cabível da sentença que decreta a falência do devedor empresário é:

(A) embargo
(B) apelação
(C) ex-officio
(D) mandado de segurança
(E) agravo de instrumento

Contra a sentença que decreta a falência cabe agravo, nos termos do art. 100 da LF, razão pela qual a alternativa "E" é a correta.
Gabarito "E".

6. CONTRATOS EMPRESARIAIS

(Defensor Público –DPE/ES – 2016 – FCC) Sobre o contrato de fiança:

I. A fiança dar-se-á por escrito e não admite interpretação extensiva, mas, não sendo limitada, compreenderá todos os acessórios da dívida principal, inclusive as despesas judiciais, desde a citação do fiador.
II. É nula a fiança concedida pelo homem casado, sem a anuência do cônjuge, salvo se o casamento se tiver realizado pelo regime da separação total de bens.
III. A fiança conjuntamente celebrada a um só débito por mais de uma pessoa não importa compromisso de solidariedade entre elas, salvo disposição contratual em sentido contrário.
IV. O fiador pode opor ao credor as exceções que lhe forem pessoais e as extintivas da obrigação que competem ao devedor principal, se não provierem simplesmente de incapacidade pessoal, salvo o caso de mútuo feito a pessoa menor.
V. O fiador poderá exonerar-se da fiança que tiver assinado sem limitação de tempo, sempre que lhe convier, ficando obrigado por todos os efeitos da fiança, durante sessenta dias após a notificação do credor, mas esse prazo é de cento e vinte dias se a fiança for de obrigações decorrentes de locação predial urbana.

Está correto o que se afirma APENAS em

(A) III, IV e V.
(B) I, II e III.
(C) I, IV e V.
(D) I, III, e IV.
(E) II, IV e V.

I: correta, nos termos dos arts. 819 e 822 do CC; **II:** incorreta, à luz do Código Civil. O art. 1.647, III, do CC exige a outorga conjugal, exceto no regime de separação absoluta de bens, e o art. 1.649 dispõe que a falta de autorização, quando não suprida pelo juiz, torna anulável o ato (não nulo), daí porque seria incorreta a assertiva. Entretanto, é interessante anotar que o STJ tem se manifestado no sentido de que há nulidade total, muitas vezes referindo-se indistintamente à anulabilidade e à nulidade, e não apenas em relação à meação – ver AgRg no AREsp 383.913/RS; **III:** incorreta, pois a solidariedade é a regra, nesse caso, exceto se houver reserva do benefício de divisão – art. 829 do CC; **IV:** correta, pois é o que dispõe o art. 837 do CC; **V:** correta, conforme o art. 835 do CC e o art. 12, § 2º, da Lei 8.245/1991.
Gabarito "C".

(Defensor Público –DPE/BA – 2016 – FCC) Sobre a cessão de crédito e a assunção de dívida, é correto afirmar:

(A) o fiador do devedor originário segue responsável pela dívida em caso de assunção por terceiro.
(B) na cessão de crédito há novação subjetiva passiva em relação à relação obrigacional originária.
(C) com a cessão de crédito, cessam as garantias reais e pessoais da dívida.
(D) terceiro pode assumir a obrigação do devedor com o consentimento expresso do credor, exonerando o devedor primitivo, ainda que o credor ignorasse que o assuntor fosse insolvente ao tempo da assunção de dívida.

(E) a cessão de crédito não depende da anuência do devedor para que seja válida.

A: incorreta, pois a fiança é garantia pessoal, dada em relação ao afiançado, não se transmitindo a quem assume a dívida – art. 818 do CC; **B:** incorreta, pois com a cessão de crédito não há extinção da obrigação original, apenas substituição do devedor; já na novação há sempre extinção da obrigação original, com criação de novo liame obrigacional (no caso da novação subjetiva passiva, com outra pessoa no polo devedor da nova obrigação) – arts. 360, II, do CC e 299 do CC; **C:** incorreta, pois não há essa disposição, até porque essas garantias referem-se à inadimplência do devedor, que continua o mesmo na cessão de crédito – art. 286 do CC; **D:** incorreta, pois o devedor primitivo não fica exonerado se o credor ignorava que o sujeito que assumiu a dívida era insolvente ao tempo da assunção – art. 299, *in fine*, do CC; **E:** correta, pois não se exige anuência do devedor, exceto no caso de convenção específica nesse sentido, lembrando que a cessão só tem eficácia em relação ao devedor após sua notificação – arts. 286 e 290 do CC.
Gabarito "E".

(Defensor Público/SP – 2010 – FCC) Assinale a alternativa INCORRETA.

(A) O arrendatário inadimplente que não devolver o bem pratica esbulho e sujeita-se à reintegratória.

(B) O arrendador, no caso de inadimplência do arrendatário, pode exigir deste o valor de pagamento das prestações vencidas e vincendas.

(C) O arrendatário deve ser notificado da inadimplência.

(D) O arrendatário deve pagar as prestações vencidas até a data da efetiva retomada do bem pelo arrendador.

(E) Verificando que as prestações tornaram-se excessivamente onerosas poderá o arrendatário postular judicialmente a revisão da cláusula contratual pertinente.

A: assertiva correta, pois a retenção indevida do bem torna injusta a posse, caracterizando o esbulho possessório e possibilitando a ação de reintegração de posse – ver: STJ, REsp 329.932/SP; **B:** incorreta, pois somente podem ser exigidas as parcelas vencidas até a entrega do bem ao arrendante – ver STJ, REsp 211.570/PR; **C:** assertiva correta, pois o arrendatário deve ser previamente notificado, para configuração da mora – ver STJ, EREsp 162.185/SP; **D:** correta, conforme comentário à alternativa B; **E:** correta, pois é possível pleitear judicialmente a revisão contratual em situação de excepcional e excessiva onerosidade – ver AgRg no REsp 699.871/DF.
Gabarito "B".

7. OUTROS TEMAS

(Defensor Público/PE – 2018 – CESPE) Em uma ação de execução, determinou-se a penhora das quotas sociais de um sócio devedor integrante de uma sociedade empresária composta por três sócios, em benefício de um credor, que não era sócio da referida empresa.

De acordo com a legislação pertinente, nessa situação hipotética, após a penhora das quotas sociais,

(A) o juiz deverá determinar o oferecimento das quotas sociais para os demais sócios, para que exerçam seu direito de preferência.

(B) o juiz fixará sobre o faturamento social da empresa percentual proporcional às quotas penhoradas, com vistas à satisfação do crédito perseguido.

(C) a sociedade deverá indicar administrador depositário que apresente o plano de administração.

(D) a sociedade, para evitar a liquidação dessas quotas, poderá adquiri-las e mantê-las em tesouraria.

(E) o sócio devedor deverá apresentar balanço especial da empresa.

Nos termos do art. 862 do Código de Processo Civil, é caso de nomeação de administrador-depositário, que apresentará seu plano de administração no prazo de 10 (dez) dias.
Gabarito "C".

(Defensor Público/AL – 2017 – CESPE) O tratamento jurídico diferenciado concedido às sociedades empresárias enquadradas como microempresas e empresas de pequeno porte pode ser exercido por pessoa jurídica

(A) constituída sob a forma de cooperativa de consumo.

(B) de cujo capital participe outra pessoa jurídica.

(C) com sede no exterior.

(D) constituída sob a forma de sociedade por ações.

(E) que exerça atividade de banco de investimento.

A: correta. As cooperativas de consumo são exceção à proibição de que cooperativas não podem aderir ao SIMPLES (art. 3º, § 4º, VI, da Lei Complementar 123/2006); **B, C, D** e **E:** incorretas. Todas elas são exemplos de proibições de ingresso no SIMPLES (art. 3º, § 4º, incisos I, II, X e VIII, respectivamente, da Lei Complementar 123/2006).
Gabarito "A".

(Defensor Público –DPE/ES – 2016 – FCC) Entre os meios de prova admissíveis acham-se os livros dos empresários

(A) por isso, mesmo os microempresários são obrigados a seguir um sistema de contabilidade, mecanizado ou não, com base na escrituração uniforme de seus livros e em correspondência com a documentação respectiva, devendo anualmente levantar o balanço de resultado econômico, mas não o balanço patrimonial.

(B) por isso o juiz sempre poderá ordenar diligência para verificar se o empresário ou a sociedade empresária observam, ou não, em seus livros e fichas, as formalidades prescritas em lei.

(C) mas os livros e fichas dos empresários só fazem prova contra eles, e não a seu favor, por serem escriturados unilateralmente.

(D) e a prova resultante dos livros empresários é suficiente e bastante, mesmo nos casos em que a lei exige escritura pública, só podendo ser ilidida pela comprovação de falsidade ou inexatidão dos lançamentos.

(E) mas o juiz só poderá autorizar a exibição integral dos livros e papéis de escrituração quando necessária para resolver questões relativas a sucessão, comunhão ou sociedade, administração ou gestão à conta de outrem, ou em caso de falência.

A: incorreta, pois é obrigatório também o balanço patrimonial anual, dispensado o pequeno empresário descrito no art. 970 do CC – art. 1.179 do CC; **B:** incorreta, pois o juiz só poderá autorizar a exibição integral dos livros e papéis de escrituração quando necessária para resolver questões relativas a sucessão, comunhão ou sociedade, administração ou gestão à conta de outrem, ou em caso de falência – art. 1.191 do CC; **C:** incorreta, pois os livros e fichas dos empresários e sociedades provam contra as pessoas a que pertencem, e, em seu favor, quando, escriturados sem vício extrínseco ou intrínseco, forem confirmados por outros subsídios – art. 226 do CC; **D:** incorreta, pois a prova resultante dos livros e fichas não é bastante nos casos em que a lei exige escritura pública, ou escrito particular revestido de requisitos especiais, e pode ser ilidida pela comprovação da falsidade ou inexatidão dos lançamentos – art. 226, parágrafo único, do CC; **E**: correta, conforme comentário à alternativa "B".

Gabarito "E".

(Defensor Público/TO – 2013 – CESPE) Assinale a opção correta acerca da caracterização, inscrição e capacidade do empresário e da sociedade empresária.

(A) Filial consiste em estabelecimento empresarial acessório e distinto do estabelecimento principal e cuja atividade abranja o tratamento de negócios do estabelecimento principal e a cuja administração esteja ligada, não havendo autonomia diante da lei e do público.

(B) Os pactos e as declarações antenupciais do empresário, o título de doação, a herança ou o legado de bens clausulados de incomunicabilidade ou inalienabilidade devem ser arquivados e averbados no registro público de empresas mercantis.

(C) A sociedade empresária que tenha um incapaz em seu quadro de sócios deve ter mais de 50% do capital social integralizado, estando o sócio incapaz impedido de exercer a administração da sociedade.

(D) Um renomado escultor que, auxiliado por colaboradores, adquira espaço para a venda de suas obras de arte é considerado empresário, de acordo com a legislação de regência.

(E) A pessoa cuja principal atividade profissional seja a rural deve necessariamente promover sua inscrição no registro público de empresas mercantis da respectiva sede.

A: discutível, considerando que não há definição legal de filial, apenas referências indiretas, como no caso do art. 969 do CC. Quanto à autonomia, embora não haja personalidade jurídica própria, é fato que determinadas normas legais reconhecem-na (por exemplo, art. 11, § 3º, II, da LC 87/1996); **B**: correta, nos termos do art. 979 do CC; **C**: incorreta, pois entende-se que a responsabilidade solidária pela integralização do restante do capital subscrito impede o ingresso de incapaz como sócio – art. 1.052 do CC. Nesse sentido, a inclusão do § 3º no art. 974 do CC, que impõe expressamente a exigência de total integralização do capital social como pressuposto para o ingresso de sócio incapaz (inciso II), além de vedar-lhe o exercício da administração da sociedade (inciso I); **D**: incorreta, pois não se considera empresário quem exerce profissão intelectual, de natureza científica, literária ou artística, ainda com o concurso de auxiliares ou colaboradores, salvo se o exercício da profissão constituir elemento de empresa – art. 966, parágrafo único, do CC; **E**: incorreta, pois a inscrição é facultativa, nesse caso – art. 971 do CC.

Gabarito "B".

(Defensor Público/TO – 2013 – CESPE) A respeito do registro público de empresas, assinale a opção correta.

(A) Aquele que desejar consultar os assentamentos existentes em juntas comerciais e obter certidões deve demonstrar o legítimo interesse e pagar o preço devidamente fixado pela respectiva junta comercial.

(B) O arquivamento dos atos referentes à transformação, incorporação, fusão e cisão de empresas mercantis está sujeito ao regime de decisão singular por servidor designado pelo presidente da junta comercial.

(C) As juntas comerciais carecem de competência para decidir sobre a criação de delegacias, órgãos locais do registro do comércio.

(D) No Brasil, todas as juntas comerciais são subordinadas administrativa e tecnicamente ao Departamento Nacional de Registro do Comércio.

(E) A lei veda o arquivamento de atos relacionados à prorrogação de contrato social, após o prazo nele fixado, bem como de atos de sociedades empresárias com nome idêntico ou semelhante a outro já existente.

A: incorreta, pois qualquer pessoa, sem necessidade de provar interesse, poderá consultar os assentamentos existentes nas juntas comerciais e obter certidões, mediante pagamento do preço devido – art. 29 da Lei 8.934/1994; **B**: incorreta, pois o arquivamento desses atos está sujeito ao regime de decisão colegiada pelas juntas comerciais – art. 41, I, b, da Lei 8.934/1994; **C**: incorreta, pois as juntas comerciais, por seu plenário, poderão resolver pela criação de delegacias, órgãos locais do registro do comércio, nos termos da legislação estadual respectiva – art. 9º, § 2º, da Lei 8.934/1994; **D**: incorreta, pois as juntas comerciais subordinam-se administrativamente ao governo da unidade federativa de sua jurisdição e, apenas tecnicamente, ao DNRC, nos termos da Lei 8.934/1994. Somente a junta do Distrito Federal é subordinada administrativa e tecnicamente ao DNRC – art. 6º, parágrafo único, da Lei 8.934/1994; **E**: correta, nos termos do art. 35, IV e V, da Lei 8.934/1994.

Gabarito "E".

(Defensor Público/TO – 2013 – CESPE) Com relação ao direito de propriedade industrial, assinale a opção correta, considerando que INPI corresponde ao Instituto Nacional da Propriedade Industrial.

(A) A marca de produto ou serviço deve atestar a qualidade de determinado produto ou serviço em conformidade com normas técnicas previamente estabelecidas por institutos próprios, de natureza governamental.

(B) Sendo o INPI uma autarquia federal, a ação em que se discute o pagamento do valor da remuneração pelo uso de patente deve ser proposta perante a justiça federal.

(C) A invenção que atenda aos requisitos da novidade, atividade inventiva e aplicação industrial poderá ser patenteada e a legitimidade para requerê-la ao INPI cabe ao próprio autor, bem como aos seus herdeiros ou sucessores.

(D) Cabe ao INPI conceder patentes de novas técnicas e métodos operatórios ou cirúrgicos, bem como métodos terapêuticos ou de diagnóstico, para aplicação no corpo animal.

(E) Considera-se desenho industrial o objeto de uso prático que, suscetível de aplicação industrial, apresente nova forma ou disposição e envolva ato inventivo que resulte em melhoria funcional.

A: incorreta, pois a marca de produto ou serviço é aquela usada para distinguir produto ou serviço de outro idêntico, semelhante ou afim, de origem diversa – art. 123, I, da Lei de Propriedade Industrial – LPI (Lei 9.279/1996). A assertiva refere-se à *marca de certificação* – art. 123, II, da LPI; **B**: incorreta, pois somente quanto o registro de patente é questionado é que se atrai a competência da Justiça Federal – arts. 57 e 175 da LPI; **C**: correta, nos termos do art. 6º, § 2º, e art. 8º, ambos da LPI; **D**: incorreta, pois não são patenteáveis, conforme o art. 10, VIII, da LPI; **E**: incorreta, pois desenho industrial indica a forma plástica ornamental de um objeto ou o conjunto ornamental de linhas e cores que possa ser aplicado a um produto, proporcionando resultado visual novo e original na sua configuração externa e que possa servir de tipo de fabricação industrial – art. 95 da LPI. A assertiva refere-se ao *modelo de utilidade* – art. 9º da LPI.

Gabarito "C".

(Defensor Público/ES – 2012 – CESPE) Julgue o item seguinte, relativo ao direito empresarial.

(1) São patenteáveis a invenção e o modelo de utilidade, exigindo-se, para a concessão da patente de invenção, o preenchimento de alguns requisitos, entre os quais se inclui o de estar a invenção compreendida no estado da técnica quando do pedido de patente.

1: incorreta, pois a compreensão no estado da técnica desqualifica a invenção ou o modelo de utilidade como novos, o que afasta a patenteabilidade – arts. 8º e 11 da LPI.

(Defensor Público/ES – 2012 – CESPE) Julgue o item seguinte, relativo ao direito empresarial.

(1) Admite-se a alienação fiduciária de coisa fungível, especialmente de títulos de credito, de valores imobiliários e demais documentos representativos de direitos ou de credito.

1: correta, nos termos do art. 1.361 do CC.

Veja a seguinte tabela, com os requisitos de patenteabilidade e de registrabilidade, para estudo e memorização:

Requisitos de patenteabilidade de invenção e modelo de utilidade	
Novidade	não pode estar compreendida no estado da técnica, ou seja, não pode ter sido tornada acessível ao público antes do depósito do pedido de patente – art. 11 da LPI
Atividade inventiva	não pode simplesmente decorrer, para um técnico no assunto, de maneira evidente ou óbvia, do estado da técnica – art. 13 da LPI
Aplicação industrial	deve ser suscetível de aplicação industrial – art. 15 da LPI
Desimpedimento	não é patenteável aquilo que está listado no art. 18 da LPI

Requisitos para registro de desenho industrial	
Novidade	não pode estar compreendido no estado da técnica, ou seja, não pode ter sido tornado acessível ao público antes do depósito do pedido de registro – art. 96 da LPI
Originalidade	dele deve resultar uma configuração visual distintiva, em relação a outros objetos anteriores – art. 97 da LPI
Desimpedimento	não é registrável aquilo que está listado nos arts. 98 e 100 da LPI

Requisitos para registro de marca	
Novidade relativa	não pode ter sido previamente registrada (princípio da novidade) para a classe do produto ou do serviço (princípio da especificidade)
Não violação de marca notoriamente conhecida	não pode violar marca de alto renome ou notoriamente conhecida – arts. 125 e 126 da LPI
Desimpedimento	Não é registrável aquilo que está listado no art. 124 da LPI

(Defensor Público/BA – 2010 – CESPE) No que concerne ao Sistema Financeiro Nacional e ao mercado de capitais, julgue o próximo item.

(1) De acordo com o entendimento do STJ, há nexo de causalidade entre o prejuízo sofrido por investidores em decorrência de quebra de instituição financeira e a suposta ausência ou falha na fiscalização realizada pelo Banco Central no mercado de capitais.

1: Assertiva incorreta, pois tanto o STJ quanto o STF afastam o nexo de causalidade e a responsabilidade do Banco Central pelos prejuízos causados a investidores pela quebra de instituição financeira – ver STJ, REsp 1.138.554/PR.

9. DIREITO ADMINISTRATIVO

Wander Garcia, Flávia Barros e Ariane Wady*

1. REGIME JURÍDICO ADMINISTRATIVO E PRINCÍPIOS DO DIREITO ADMINISTRATIVO

(Defensor Público –DPE/MT – 2016 – UFMT) Em relação aos princípios constitucionais do direito administrativo brasileiro, numere a coluna da direita de acordo com a da esquerda.

1 – Razoabilidade
2 – Segurança jurídica
3 – Impessoalidade
4 – Finalidade

( ) O princípio em causa é uma faceta da isonomia e sua aplicação concreta está presente em situações diversas previstas no regime jurídico administrativo, a exemplo da exigência de concurso público para provimento de cargos públicos.
( ) Segundo este princípio, a Administração, ao atuar no exercício de discrição, deve adotar a medida que, em cada situação, seja mais prudente e sensata nos limites admitidos pela lei.
( ) Por força deste princípio, as orientações firmadas pela Administração Pública não podem, sem prévia publicidade, ser modificadas em casos concretos para agravar a situação dos administrados ou negar-lhes direitos.
( ) A raiz constitucional deste princípio é encontrada no próprio princípio da legalidade, pois corresponde à aplicação da lei sem desvirtuamentos.

Marque a sequência correta.
(A) 2, 4, 1, 3
(B) 4, 1, 2, 3
(C) 3, 1, 2, 4
(D) 3, 2, 1, 4
(E) 1, 4, 3, 2

A: Incorreta. A Segurança Jurídica (2) não se relaciona diretamente com a Isonomia; **B:** Incorreta. O princípio da Finalidade (4) é o que determina que os atos administrativos busquem a finalidade pública, não sendo o conceito da primeira assertiva, portanto; **C:** Correta, porque a Impessoalidade é princípio que assegura, diretamente, a igualdade, conceituada na primeira assertiva. Mais ainda, o princípio da Segurança Jurídica (2) é, sem sombra de dúvidas, conceituado na assertiva n.3, compondo a ordem correta em cada uma das assertivas; **D:** Incorreta. A razoabilidade é colocada na assertiva 3, que é o conceito expresso de Segurança Jurídica, tornando essa alternativa como incorreta; **E:** Incorreta. O princípio da Finalidade (4) é colocado na definição de Razoabilidade, sendo que todos os demais princípios se encontram invertidos.
Gabarito "C".

(Defensor Público/TO – 2013 – CESPE) Em relação aos princípios do direito administrativo, assinale a opção correta.
(A) A personalização do direito administrativo é consequência da aplicação do princípio democrático e dos direitos fundamentais em todas as atividades da administração pública.
(B) Não se qualifica a violação aos princípios da administração pública como modalidade autônoma de ato que enseja improbidade administrativa.
(C) O princípio da impessoalidade limita-se ao dever de isonomia da administração pública.
(D) A disponibilização de informações de interesse coletivo pela administração pública constitui obrigação constitucional a ser observada até mesmo nos casos em que as informações envolvam a intimidade das pessoas.
(E) O princípio da eficiência administrativa funda-se na subordinação da atividade administrativa à racionalidade econômica.

A: correta; de fato, o respeito ao princípio democrático e aos direitos fundamentais propiciam uma maior personalização do direito administrativo, antes mais focado nas prerrogativas de império da Administração; **B:** incorreta, pois há três modalidades de improbidade, a de enriquecimento ilícito do agente (art. 9.º da Lei 8.429/1992), a de prejuízo ao erário (art. 10 da Lei 8.429/1992) e a de violação a princípios da administração (art. 11 da Lei 8.429/1992); **C:** incorreta, pois esse princípio tem três facetas, quais sejam, impõe a isonomia, a imputação dos atos dos agentes à Administração e o respeito à finalidade administrativa; **D:** incorreta, pois o art. 5.º, LX, dispõe que a lei pode restringir a publicidade dos atos processuais quando a defesa da intimidade ou o interesse social o exigirem; **E:** incorreta, pois a eficiência não significa racionalização econômica, com busca incessante de redução de custos e otimização de recursos, muito ligado ao princípio da economicidade, que também tem guarida nos princípios administrativos (art. 70 da CF); o princípio da eficiência mitiga um pouco o princípio da economicidade no ponto em que exige que haja um mínimo de qualidade e de efetividade na atuação estatal, o que, muitas vezes, impõe um maior investimento público.
Gabarito "A".

(Defensor Público/TO – 2013 – CESPE) Acerca do controle da administração pública, assinale a opção correta.
(A) Por ter sido adotado na CF o princípio da inafastabilidade da jurisdição, o mérito do ato administrativo pode ser controlado pelo Poder Judiciário em qualquer circunstância.
(B) O controle interno é exercido apenas no âmbito do Poder Executivo.
(C) Dado o princípio da separação de poderes, é vedado ao Congresso Nacional fiscalizar e controlar os atos do Poder Executivo, incluídos os da administração indireta.
(D) O direito de petição aos poderes públicos em defesa de direitos ou contra ilegalidade ou abuso de poder é espécie de controle judicial.

---

* Ariane Wady comentou as questões da DPU 2015 e DPE/MT, DPE/RN, DPE/ES, DPE/BA/2016; Wander Garcia comentou as demais questões. Ariane Wandy atualizou todos os comentários deste capítulo.

(E) O controle judicial da administração pública, no Brasil, é realizado com base no sistema da unidade de jurisdição.

A: incorreta, pois o mérito administrativo (a margem de liberdade concedida à Administração) deve ser respeitada pelo Judiciário, sob pena de indevida interferência entre os Poderes; em relação aos atos em que há mérito administrativo, o Judiciário só pode controlar aspectos de legalidade em sentido amplo, o que inclui a legalidade em sentido estrito, a moralidade e a razoabilidade; **B:** incorreta, pois o controle interno deve se dar na Administração Pública dos três poderes (art. 70, *caput*, da CF); **C:** incorreta, pois esse controle existe e é uma das principais funções do Legislativo (art. 71 da CF); **D:** incorreta, pois esse direito se exerce diretamente junto à Administração Pública, podendo resultar ou não em posterior ação judicial; pode ser que o pleito formulado pelo direito de petição seja atendido diretamente pela Administração, sem necessidade de buscar o Judiciário; ou pode ser que o pleito administrativo não tenha resultado e o particular não queira buscar a apreciação jurisdicional; em suma, não é necessária a presença do Judiciário para o exercício do direito de petição; **E:** correta, pois no Brasil o Judiciário tem o monopólio da jurisdição, diferentemente do que ocorre na França, por exemplo, em que há dualidade de jurisdição, que é exercida pelo Judiciário, quanto às causas em geral, e pelo Conselho de Estado, quanto às causas de interesse do Poder Público.
Gabarito "E".

(Defensor Público/ES – 2012 – CESPE) Julgue os itens a seguir, referentes aos princípios do direito administrativo.

(1) A nomeação de cônjuge da autoridade nomeante para o exercício de cargo em comissão não afronta os princípios constitucionais.

(2) Como o direito administrativo disciplina, além da atividade do Poder Executivo, as atividades administrativas do Poder Judiciário e do Poder Legislativo, os princípios que regem a administração pública, previstos na CF, aplicam-se aos três poderes da República.

(3) De acordo com o princípio da publicidade, a administração deve divulgar informações de interesse público, sendo o sigilo dos atos administrativos admitido apenas excepcionalmente e se imprescindível a segurança da sociedade e do Estado.

1: incorreta, pois ofende a Súmula Vinculante n. 13 do STF, que veda o nepotismo; **2:** correta, nos termos do caput do art. 37 da CF, que é claro no sentido de que os princípios administrativos obrigam a administração pública "de qualquer dos Poderes"; **3:** correta (art. 5.º, XXXIII, da CF).
Gabarito 1E, 2C, 3C

(Defensor Público/PR – 2012 – FCC) Sobre os princípios orientadores da administração pública é INCORRETO afirmar:

(A) A administração pública não pode criar obrigações ou reconhecer direitos que não estejam determinados ou autorizados em lei.

(B) A conduta administrativa com motivação estranha ao interesse público caracteriza desvio de finalidade ou desvio de poder.

(C) A oportunidade e a conveniência são delimitadas por razoabilidade e proporcionalidade tanto na discricionariedade quanto na atividade vinculada da administração pública.

(D) Além de requisito de eficácia dos atos administrativos, a publicidade propicia o controle da administração pública pelos administrados.

(E) O princípio da eficiência tem sede constitucional e se reporta ao desempenho da administração pública.

A: assertiva correta, em função do princípio da legalidade; **B:** assertiva correta, pois todo ato administrativo deve atender à finalidade última da Administração, que é o alcance do interesse público, o que faz com que um ato que tenha motivação estranha ao interesse público se ressinta de desvio de finalidade, também chamado de desvio de poder; **C:** assertiva incorreta, devendo a alternativa ser assinalada; a oportunidade e a conveniência, assim como a razoabilidade e a proporcionalidade dizem respeito apenas aos atos discricionários, já que os atos vinculados são aqueles em que a lei confere ao Administrador apenas uma opção de agir, não havendo como se falar em oportunidade, conveniência, razoabilidade e proporcionalidade, mas apenas podendo falar que o ato está ou não de acordo com o que a lei determina de forma clara e objetiva; **D:** assertiva correta; de fato, a publicidade é requisito de eficácia do ato administrativo (e não de existência ou de validade); ademais, também é correto dizer que a publicidade propicia o controle da administração pública pelos administrados, já que estes não conseguirão saber se os administradores vem ou não cumprindo o que determina a lei se os atos administrativos não forem devidamente divulgados; **E:** assertiva correta, pois esse princípio está inserto no art. 37, caput, da CF; ademais, eles diz respeito, sim, ao desempenho da Administração (e dos administradores, por óbvio), impondo que esta atenda satisfatoriamente aos interesses dos administrados, expressos na lei.
Gabarito "C".

(Defensor Público/SP – 2012 – FCC) Com relação aos princípios constitucionais da Administração Pública, está em conformidade com a

(A) moralidade o ato administrativo praticado por agente público em favorecimento próprio, desde que revestido de legalidade.

(B) eficiência a prestação de serviço público que satisfaça em parte às necessidades dos administrados, desde que realizados com rapidez e prontidão.

(C) publicidade o sigilo imprescindível à segurança da sociedade e do Estado ou o indispensável à defesa da intimidade.

(D) impessoalidade a violação da ordem cronológica dos precatórios para o pagamento dos créditos de natureza comum.

(E) legalidade a inobservância a quaisquer atos normativos que não sejam lei em sentido estrito e provindos de autoridades administrativas.

A: incorreta, pois o favorecimento próprio fere a moralidade administrativa; **B:** incorreta, pois o serviço deve ser eficiente para todos e não só para parte dos administrados, sob pena de violação ao princípio da igualdade; **C:** correta (art. 5º, LX, da CF); **D:** incorreta, pois uma das facetas da impessoalidade é justamente o tratamento igualitário a todos, sendo que a violação à ordem cronológica dos precatórios para créditos de natureza comum quebra essa isonomia; **E:** incorreta, pois o princípio da legalidade impõe obediência não só à lei, como também às normas administrativas.
Gabarito "C".

(Defensor Público/RS – 2011 – FCC) Na relação dos princípios expressos no artigo 37, *caput*, da Constituição da República Federativa do Brasil, NÃO consta o princípio da

(A) moralidade.

(B) eficiência.

(C) probidade.
(D) legalidade.
(E) impessoalidade.

Art. 37, *caput*, da CF. No lugar de "probidade" deveria estar "publicidade".
Gabarito "C".

(Defensor Público/AM – 2010 – I. Cidades) Afirma-se, a respeito do princípio da eficiência da Administração Pública, que ele foi inserido na atual Constituição Federal com o intuito de:
(A) estabelecer um modelo gerencial de Administração
(B) fazer prevalecer o modelo burocrático de Administração
(C) valorizar a organização hierárquica.
(D) fazer prevalecer a valorização da rigidez da forma.
(E) restringir a participação popular de gestão.

A: correta, pois a administração gerencial tem por objeto fazer um controle de *resultados*, ou seja, está preocupada com a eficácia, que advém da eficiência; por outro lado, a administração burocrática está preocupada com um controle de *meios*, administração essa que não está de acordo com o princípio da eficiência; **B:** incorreta, conforme comentário à alternativa anterior; **C:** incorreta, pois o modelo meramente hierárquico não está de acordo com as novas técnicas de gestão de pessoas e de processos, de modo que é incompatível com a busca da eficiência; **D:** incorreta, pois a preocupação com a forma é típica da administração burocrática, que está preocupada com o controle de meios; **E:** incorreta, pois a eficiência não é incompatível, mas coerente com a participação popular na gestão.
Gabarito "A".

(Defensor Público/AM – 2010 – I. Cidades) No campo do Direito Administrativo, a relação jurídico-administrativa:
(A) É regida pelo princípio do *pacta sunt servanda*, não havendo casos em que a Administração Pública pode modificar, unilateralmente, um contrato previamente assinado entre as partes.
(B) Submete a Administração Pública à vontade exclusiva dos governantes, pois cabe a estes apontar os rumos que a Administração Pública deve seguir.
(C) Deve sempre estar vinculada à finalidade pública, à vontade do administrador e à vontade das pessoas públicas.
(D) Implica em uma predominância da propriedade pública sobre a propriedade privada, ainda que a propriedade privada esteja a serviço de um interesse público.
(E) Implica em atuação de ofício na consecução e proteção dos interesses públicos contidos na esfera de competências atribuídas pela lei ao administrador.

A: incorreta, pois no Direito Administrativo incide o princípio da supremacia do interesse público sobre o privado, o qual permite que a Administração modifique, unilateralmente, contratos administrativos (art. 58, I, da Lei 8.666/1993); **B:** incorreta, pois cabe à LEI apontar os rumos que a Administração deve seguir; **C:** incorreta, pois a Administração está vinculada à vontade da LEI; **D:** incorreta, pois a propriedade privada que estiver a serviço de um interesse público tem uma proteção jurídica diferenciada; **E:** correta, pois a afirmativa deixa claro que a lei é quem dita as competências, bem como que a Administração deve atuar de ofício no cumprimento da LEI.
Gabarito "E".

(Defensor Público/GO – 2010 – I. Cidades) Tendo como meta a implantação dos princípios da moralidade e da eficiência, impositivos a toda a Administração Pública por força de norma constitucional, o legislador da reforma administrativa implantada pela EC 19/1998 restringiu a discricionariedade no provimento dos cargos em comissão, impondo condições, entre as quais
(A) não ser o pretenso ocupante detentor de cargo efetivo.
(B) ser tal cargo criado para o exercício de funções de direção, assessoramento ou chefia após audiência pública.
(C) a exigência de percentual mínimo definido em lei para provimento por servidores de carreira.
(D) ser o provimento do cargo dependente de aprovação do interessado em seleção simplificada.
(E) ser tal cargo incluído na categoria dos extintos, quando vagar.

A: incorreta, pois é justamente o contrário; a lei deverá dispor acerca da necessidade de nomear para cargos em comissão um percentual mínimo de ocupantes de cargo efetivo, também chamados de servidores de carreira (art. 37, V, da CF); **B:** incorreta, pois a criação do cargo em comissão depende de lei, mas não depende de prévia audiência pública (art. 37, V, da CF); **C:** correta (art. 37, V, da CF); **D:** incorreta, pois não há concurso ou seleção simplificado (art. 37, II e V, da CF); **E:** incorreta, pois não há essa disposição na CF.
Gabarito "C".

(Defensor Público/GO – 2010 – I. Cidades) Os princípios da prevenção e da precaução
(A) derivam do princípio da moralidade administrativa e da legalidade.
(B) são implicações do dever de ótima administração, sendo que o primeiro implica o dever de evitar um evento o qual se espera que aconteça, de forma desproporcional.
(C) derivam do princípio da eficiência administrativa.
(D) podem ser utilizados em respeito à legalidade administrativa, da qual derivam.
(E) são ambos legitimados somente pelo princípio da legalidade.

Os princípios da prevenção e da precaução, próprios do Direito Ambiental, dispõem que cabe à coletividade e ao poder público a tomada de medidas prévias para garantir o meio ambiente ecologicamente equilibrado para as presentes e futuras gerações. A doutrina faz uma distinção entre o princípio da prevenção e o princípio da precaução. O primeiro incide naquelas hipóteses em que se tem certeza de que dada conduta causará um dano ambiental. O princípio da prevenção atuará de forma a evitar que o dano seja causado, impondo licenciamentos, estudos de impacto ambiental, reformulações de projeto, sanções administrativas etc. A ideia aqui é eliminar os perigos já comprovados. Já o segundo incide naquelas hipóteses de incerteza científica sobre se dada conduta pode ou não causar um dano ao meio ambiente. O princípio da precaução atuará no sentido de que, na dúvida, deve-se ficar com o meio ambiente, tomando as medidas adequadas para que o suposto dano de fato não ocorra. A ideia aqui é eliminar que o próprio perigo possa se concretizar. Repare que tais conceitos em nada guardam relação com as alternativas "A", "B", "D" e "E". A alternativa "C" tem alguma pertinência, pois a ideia de eficiência está muito ligada à atitude preventiva, já que, aquele que é eficiente, não só corrige problemas, como também evita que eles aconteçam.
Gabarito "C".

(Defensor Público/GO – 2010 – I. Cidades) O princípio da proporcionalidade administrativa

(A) é um princípio do direito administrativo, que vem do Direito Constitucional alemão, em forma trifásica: intensidade, adequação e necessidade.
(B) é um princípio do direito administrativo, que tem um como fator principal a sua correlação com a necessidade administrativa.
(C) implica que, verificada a intensidade correta na atuação administrativa para a consecução do interesse público em causa, pode-se passar para a segunda fase.
(D) é um princípio que deriva do princípio do Estado de Direito.
(E) é um princípio que deriva do princípio da legalidade administrativa.

A e B: incorretas, pois o princípio da proporcionalidade decorre de três pilares: a) adequação (eficácia do meio escolhido); b) necessidade (uso do meio menos restritivo); c) proporcionalidade em sentido estrito (ponderação entre os benefícios alcançados com o ato e os danos por ele causados); assim, a "intensidade" não guarda relação com o princípio, nem se pode dizer que a "necessidade administrativa" é o fato principal do princípio; C: incorreta, pois a ordem correta de aplicação do princípio é a seguinte: primeiro analisa-se, de fato, se há colisão de direitos fundamentais; depois descreve-se o conflito identificando os pontos relevantes do caso e, por fim, faz-se o exame, sucessivo, da adequação, da necessidade e da proporcionalidade em sentido estrito; D: correta, pois é pacífico na doutrina essa ideia; E: incorreta, pois esse princípio tem origem autônoma do princípio da legalidade, decorrente da necessidade de se fazer a ponderação entre os princípios.
Gabarito "D".

(Defensoria Pública/SP – 2010 – FCC) A capacidade da Administração Pública de poder sanar os seus atos irregulares ou de reexaminá-los à luz da conveniência e oportunidade, reconhecida nas Súmulas 346 e 473 do Supremo Tribunal Federal, está em consonância direta com o princípio da

(A) indisponibilidade do interesse público.
(B) segurança jurídica.
(C) autotutela.
(D) moralidade.
(E) autoexecutoriedade.

Pelo princípio da autotutela a Administração tem a possibilidade de manter ou não seus atos, sem que precise buscar a prestação jurisdicional. Assim, o princípio permite que a Administração anule ou revogue seus atos, e também os convalide, quando a invalidade for sanável.
Gabarito "C".

2. PODERES DA ADMINISTRAÇÃO PÚBLICA

(Defensor Público/AL – 2009 – CESPE) Julgue o item abaixo, relativo aos poderes da administração.

(1) A relação hierárquica constitui elemento essencial na organização administrativa, razão pela qual deve estar presente em toda a atividade desenvolvida no âmbito da administração pública.

1: errada, pois há atividades desempenhadas pela Administração que não pressupõe a hierarquia, como é a atividade dos conselhos (Conselho do Meio Ambiente, Conselho da Criança e do Adolescente etc.).
Gabarito 1E.

2.1. Poder hierárquico

(Defensor Público/BA – 2010 – CESPE) Acerca dos poderes administrativos, julgue o seguinte item.

(1) Em decorrência do poder hierárquico, é permitida a avocação temporária de competência atribuída a órgão hierarquicamente inferior, devendo-se, entretanto, adotar essa prática em caráter excepcional e por motivos relevantes devidamente justificados.

1: Correta (art. 15, da Lei 9.784/1999).
Gabarito 1C.

2.2. Poder disciplinar

(Defensor Público/RO – 2007) Determinado contratado que está construindo um imóvel público em área urbana, e que vem a atrasar sucessivamente etapas da obra, é multado pela Administração Pública municipal pelo efetivo descumprimento do contrato. Esta atuação administrativa corresponde ao exercício do seguinte poder:

(A) normativo
(B) ordinatório
(C) disciplinar
(D) hierárquico
(E) regulamentar

Trata-se do poder disciplinar. Há quem pense que o poder disciplinar se dirige apenas sobre os servidores públicos. Porém, o conceito doutrinário de poder disciplinar engloba não só a atividade disciplinar dos agentes públicos, como também a que se dirige a outras pessoas que mantêm relação jurídica com a Administração. Confira esse conceito de Hely Lopes Meirelles: "é a faculdade de punir internamente as infrações funcionais dos servidores e *demais pessoas* sujeitas à disciplina dos órgãos e serviços da Administração".
Gabarito "C".

(Defensor Público/BA – 2006) Analise os itens abaixo acerca dos poderes administrativos e escolha a alternativa correta a ser preenchida, adotando (V) para verdadeiro e (F) para falso:

( ) No uso do poder disciplinar não há discricionariedade alguma, na medida em que a legislação funcional prevê regras com a mesma rigidez que a criminal.
( ) As sanções penais, civis e administrativas poderão cumular-se, sendo independentes entre si, razão pela qual, ainda que absolvido criminalmente por estar provada a inexistência do fato ou da sua autoria, o servidor responderá administrativamente.
( ) Dentre os meios de atuação do poder de polícia têm-se atos normativos e atos concretos, bem como atos ou medidas de polícia administrativa preventivos e repressivos.
( ) Como decorrentes da hierarquia, têm-se diversos poderes como o de dar ordens, aplicar sanções, delegar e avocar.

(A) V V F F
(B) V F F V
(C) F F V V
(D) F V V F
(E) V V F F.

I: falsa, pois os tipos disciplinares admitem cláusulas mais abertas (ex: "em caso de *falta grave*, caberá demissão"), ao passo que os tipos criminais devem ter mais densidade, dada a gravidade das sanções penais; II: falsa, pois, apesar da independência entre as instâncias, nos casos mencionados (negativa do fato ou da autoria), a instância criminal se comunica para a administrativa; III: verdadeira, pois está de acordo com o conceito doutrinário de poder de polícia, pelo qual este é *a atividade de condicionar, por meio de atos normativos ou concretos, a liberdade e a propriedade das pessoas, mediante ação ora preventiva, ora repressiva*; IV: verdadeira, pois está de acordo com o conceito doutrinário do poder hierárquico.

Gabarito "C".

2.3. Poder regulamentar

(Defensor Público –DPE/MT – 2016 – UFMT) Leia o texto abaixo.

Na Europa ou na América Latina, a atividade reguladora estatal ganhou força a partir da segunda metade do século XX, num quadro relacionado a políticas inspiradas na redefinição do papel do Estado. Implementaram-se programas de desestatização que privilegiaram a atividade privada, em detrimento da atuação direta do Estado em setores diversos, abrangendo áreas relacionadas a serviços considerados de interesse social.

(CARVALHO, C. E. V. de. Regulação de serviços públicos: na perspectiva da constituição econômica brasileira. Belo Horizonte: Editora Del Rey, 2007.)

Assinale a afirmativa relacionada ao sentido social atribuído à atividade regulatória estatal por construção doutrinária.

(A) Os objetivos sociais da atividade reguladora estatal devem ser dissociados de seus objetivos econômicos, a fim de garantir a consecução de interesses que não podem ser atingidos por meio da livre concorrência.

(B) Como agente normativo e regulador da atividade econômica, o Estado exercerá, na forma da lei, as funções de fiscalização, incentivo e planejamento, sendo este indicativo para os setores público e privado.

(C) A disciplina reguladora exercida pelo Estado conduz à maior eficiência produtiva ou alocativa, se comparada às soluções próprias e espontâneas do mercado.

(D) As políticas regulatórias de caráter redistributivo, além dos objetivos econômicos de estímulo à concorrência e à eficiência, visam implementar metas sociais como a universalização do acesso a serviços essenciais.

(E) Quando o Estado não atua diretamente no mercado como produtor de bens e serviços, a regulação funciona como um mecanismo para corrigir falhas de mercado e estabelecer um regime concorrencial.

A: Incorreta. Os objetivos sociais e econômicos devem ser **associados**, conforme previsto nos artigos 3º (redução das desigualdades sociais), art. 170, VII (redução das desigualdades sociais e regionais) e art. 173, todos da Constituição Federal; **B:** Incorreta. O art. 174, CF determina que a atividade regulatória é indicativa para o setor privado, somente, sendo determinante para o setor público; **C:** Incorreta. A atividade regulatória do Estado produz maior eficiência distributiva, e não, produtiva. O fim social da atividade regulatória é a eficiência distributiva; **D:** Correta. Conforme explicado acima o fim social é a distribuição efetiva de serviços em geral o objetivo primordial da atividade regulatória; **E:** Incorreta. Não se busca sempre um modelo ou regime concorrencial de mercado, e sim, a distribuição do serviço uniformemente, por isso está incorreta a assertiva.

Gabarito "D".

(Defensoria/MA – 2009 – FCC) Dentre os chamados Poderes da Administração, aquele que pode ser qualificado como autônomo e originário em determinadas situações previstas na Constituição Federal é o poder

(A) hierárquico, que permite à autoridade superior a possibilidade de punição disciplinar independentemente de expressa previsão legal.

(B) disciplinar, na medida que permite a imposição de sanções não previstas em lei.

(C) regulamentar, que permite o exercício da função normativa do Poder Executivo com fundamento direto na Constituição Federal.

(D) discricionário, que permite à Administração Pública atuar sem expressa vinculação à lei, nos casos em que inexista disciplina normativa para o assunto.

(E) de polícia, que permite à Administração Pública a prática de atos administrativos, preventivos e repressivos, para a disciplina de situações não previstas pela legislação.

O único poder que pode ser autônomo e originário, em determinadas situações, é o poder regulamentar, nos termos do art. 84, VI, da CF. Os demais poderes só podem atuar sob o jugo da lei.

Gabarito "C".

(Defensoria/PI – 2009 – CESPE) Em razão da impossibilidade de que as leis prevejam todas as contingências que possam surgir na sua execução, em especial nas diversas situações que a administração encontrar para cumprir as suas tarefas e optar pela melhor solução, é necessária a utilização do poder administrativo denominado poder

(A) hierárquico.
(B) de polícia.
(C) vinculado.
(D) regulamentar.
(E) disciplinar.

A lei nem sempre entra nos detalhes de como, na prática, será aplicada pelos agentes públicos. Para explicar a lei e traçar o modo como ela será executada no plano concreto, a Administração se vale do *poder regulamentar*.

Gabarito "D".

2.4. Poder de polícia

(Defensor Público/BA – 2010 – CESPE) Acerca dos poderes administrativos, julgue o seguinte item.

(1) As medidas de polícia administrativa são frequentemente autoexecutórias, podendo a administração pôr suas decisões em execução por si mesma, sem precisar recorrer previamente ao Poder Judiciário.

1: correta, pois, na maior parte das vezes, as medidas de polícia têm essa característica; todavia, é bom lembrar que a autoexecutoriedade dos atos administrativos depende, para ser exercida, de dispositivo em lei permitindo tal atividade.

Gabarito 1C.

(Defensoria Pública/SP – 2010 – FCC) A restrição de acesso a local de repartição pública, onde se realiza atendimento ao público, de determinada pessoa que rotineiramente ali comparece, causando tumultos aos trabalhos desenvolvidos, é

(A) admissível, com base no poder de polícia exercido em prol da coletividade.

(B) arbitrária, uma vez que coíbe direito individual constitucional de liberdade de locomoção.

(C) legal, por força do poder regulamentar conferido à Administração Pública.

(D) irregular, pois extrapola o uso do poder normativo da Administração Pública.

(E) normal, se o servidor responsável pelo serviço público possuir autonomia funcional.

A liberdade das pessoas deve ser condicionada e restringida quando for exercida de modo a prejudicar o interesse da coletividade. Esse poder do Estado de atuar nessa contenção, estabelecendo obrigações de não fazer ao particular, tem o nome de poder de polícia.

Gabarito "A".

2.5. Poderes administrativos combinados

(Defensor Público – DPE/RN – 2016 – CESPE) Com relação aos poderes da administração pública e aos poderes e deveres dos administradores públicos, assinale a opção correta.

(A) A cobrança de multa constitui exemplo de exceção à autoexecutoriedade do poder de polícia, razão por que o pagamento da multa cobrada não pode se configurar como condição legal para que a administração pública pratique outro ato em favor do interessado.

(B) A autorização administrativa consiste em ato administrativo vinculado e definitivo segundo o qual a administração pública, no exercício do poder de polícia, confere ao interessado consentimento para o desempenho de certa atividade.

(C) O desvio de finalidade é a modalidade de abuso de poder em que o agente público atua fora dos limites de sua competência, invadindo atribuições cometidas a outro agente.

(D) No exercício do poder regulamentar, é conferida à administração pública a prerrogativa de editar atos gerais para complementar a lei, em conformidade com seu conteúdo e limites, não podendo ela, portanto, criar direitos e impor obrigações, salvo as excepcionais hipóteses autorizativas de edição de decreto autônomo.

(E) Decorre do sistema hierárquico existente na administração pública o poder de delegação, segundo o qual pode o superior hierárquico, de forma irrestrita, transferir atribuições de um órgão a outro no aparelho administrativo.

A: Incorreta. O erro está em afirmar que a cobrança da multa não pode ser feita pela Administração Pública, sendo apenas vedada a essa a sua execução, que se faz por meio de ação judicial de execução fiscal. A cobrança em si pode ser feita, assim como vemos a todo o tempo, pela própria Administração Pública (autoexecutoriedade administrativa); **B:** Incorreta. A autorização é ato administrativo discricionário e precário, sendo esse o erro da assertiva; **C:** Incorreta. O desvio de finalidade é espécie de abuso de poder, mas é definido como atuação do agente contrariamente ao interesse público previsto em lei. O conceito da assertiva é o de excesso de poder; **D:** Correta. O Poder Regulamentar é o que o Chefe do Poder Executivo detém para complementar a lei, sendo esse o limite desse Poder. Há exceções no que diz respeito ao decreto autônomo, que é o infraconstitucional (art. 84, VI, CF), e por isso admite maior generalidade; **E:** Incorreta. O Poder Hierárquico é o de escalonar cargos e funções e órgãos, mas é restrito, limitado a determinadas hipóteses de atos delegáveis (art. 14, § 1º, da Lei 9.784/1999).

Gabarito "D".

3. ATOS ADMINISTRATIVOS

3.1. Conceito, perfeição, validade e eficácia

(Defensor Público/AC – 2017 – CESPE) Acerca do ato administrativo de concessão de aposentadoria, assinale a opção correta de acordo com o entendimento do STF.

(A) Em nome da segurança jurídica, a não observância do prazo de cinco anos para o exame de legalidade do ato inicial concessivo de aposentadoria resulta na convalidação de eventual nulidade existente.

(B) Trata-se de ato administrativo simples, cujos efeitos se produzem a partir da sua concessão pelo órgão de origem do servidor, sujeitando-se a controle a *posteriori* pelo tribunal de contas competente.

(C) Trata-se de ato administrativo complexo, que somente se aperfeiçoa com o exame de sua legalidade e consequente registro no tribunal de contas competente.

(D) O exame de legalidade da concessão de aposentadoria, por ser este um ato administrativo concessivo de direitos ao destinatário, submete-se ao prazo decadencial de cinco anos, contado a partir da sua concessão, salvo comprovada má-fé.

(E) Em razão do devido processo legal, o exame de legalidade e registro do referido ato junto ao tribunal de contas necessita, impreterivelmente, da observância do contraditório e da ampla defesa do servidor público interessado.

Considera-se que o ato concessivo de aposentadoria, reforma e pensão tem natureza complexa (STF MS 3.881). Com isso, os efeitos da decadência só se operam com o crivo daquele Órgão de controle externo (STF MS 25.072), impedindo, assim, que o artigo 54 da Lei 9.784/1999 ("O direito da Administração de anular os atos administrativos de que decorram efeitos favoráveis para os destinatários decai em cinco anos, contados da data em que foram praticados, salvo comprovada má-fé") venha a ser acionado antes da publicação do registro na imprensa oficial (STF AgR-MS 30.830 e STF MS 24.781). Ao atribuir natureza complexa – e não composta – aos atos administrativos concessivos de aposentadorias, reformas e pensões temos importante impacto na aplicação do referido prazo decadencial, como bem observou o procurador-geral da República em manifestação formalizada em processo submetido ao instituto da repercussão geral (STF RE 636.553). É que, segundo a doutrina tradicional, o ato complexo "só se forma com a conjugação de vontades de órgãos diversos, ao passo em que o ato composto é formado pela vontade única de um órgão, sendo apenas ratificado por outra autoridade". Sendo operante desde a concessão, a decadência passa a ter como termo inicial a publicação do ato e não o registro.

Gabarito "C".

(Defensor Público/SP – 2012 – FCC) O ato administrativo que se encontra sujeito a termo inicial e parcialmente ajustado à ordem jurídica, após ter esgotado o seu ciclo de formação, é considerado

(A) perfeito, válido e eficaz.

(B) perfeito, inválido e ineficaz.

(C) imperfeito, inválido e eficaz.

(D) perfeito, válido e ineficaz.

(E) imperfeito, inválido e ineficaz.

A: incorreta, pois, estando sujeito a termo inicial, não é eficaz enquanto não implementado o termo; ademais, o ato não é válido, pois não cumpre integralmente a ordem jurídica; **B:** correta, pois o ato é perfeito (esgotou seu ciclo de formação), inválido (parcialmente ajustado à ordem jurídica, portanto com desrespeito, ainda que parcial, à lei) e ineficaz (encontra-se sujeito a termo inicial); **C:** incorreta, pois o ato em tela é perfeito e ineficaz, como se viu; **D:** incorreta, pois o ato em tela é inválido; **E:** incorreta, pois o ato em tela é perfeito.

Gabarito "B".

(Defensor Público/SE – 2012 – CESPE) A respeito dos atos administrativos, assinale a opção correta.

(A) O objeto, elemento teleológico do ato administrativo, representa o fim mediato do ato praticado.

(B) Para a teoria dualista, segundo a qual os atos administrativos podem ser nulos e válidos, se existir o vício de legalidade no ato, ainda assim este produzirá todos os efeitos que emanem de um ato nulo.

(C) O contrato administrativo é exemplo de ato administrativo unilateral, pois somente há necessidade de manifestação de vontade do particular (contratado) para sua formação.

(D) O conceito de fato administrativo está contido no de fato jurídico.

(E) O ato administrativo integrativo de procedimento administrativo concluído é exemplo de ato insuscetível de revogação pela administração pública.

A: incorreta, pois a finalidade é que é o elemento teleológico do ato administrativo; **B:** incorreta, pois, para essa teoria, ou o ato é válido ou o ato é nulo, não havendo meio termo (ato anulável); assim, um ato ilegal está condenando a ser invalidado, não podendo, assim, produzir efeitos, vez que a nulidade é sanção que se aplica de pleno direito, ou seja, no momento da formação do ato; **C:** incorreta, pois o contrato administrativo é ato bilateral; **D:** incorreta, pois os fatos administrativos são atos materiais praticados pela Administração (ex: a pavimentação de uma rua feita por um agente público) e os fatos jurídicos podem ser tanto qualquer acontecimento que produz efeito jurídico (fato jurídico em sentido amplo), como acontecimentos não humanos que produzam efeitos jurídicos), no segundo caso, o fato administrativo não está contido em seu interior, pois o fato administrativo necessariamente tem uma conduta humana, ainda que meramente material; **E:** correta, pois, no caso, tem-se um ato complexo (praticado por mais de um órgão), ato esse que, segundo a doutrina, não é passível de revogação.

Gabarito "E".

(Defensor Público/RO – 2012 – CESPE) De acordo com os ensinamentos de direito administrativo, assinale a opção correta.

(A) São exemplos de atos de gestão a desapropriação de um bem privado, a interdição de um estabelecimento comercial e a apreensão de mercadorias.

(B) A assinatura de uma nota promissória e a oferta de ações de uma sociedade anônima são exemplos de atos jurídicos multilaterais.

(C) Os atos administrativos unilaterais, também chamados de atos de autoridade, são fundamentados no princípio da supremacia do interesse público, e sua prática configura manifestação do denominado poder extroverso.

(D) O Poder Judiciário pode, sempre, desde que provocado, revogar um ato editado pelo Poder Executivo ou pelo Poder Legislativo, sendo a revogação o exercício do controle de mérito administrativo.

(E) Quando uma situação concreta, no âmbito do juízo de mérito administrativo, estiver enquadrada na zona de indeterminação jurídica, poderá o Poder Judiciário decidir ou não sobre a prática do ato administrativo.

A: incorreta, pois nos atos de gestão a Administração não age com prerrogativas públicas, diferentemente dos atos de império, em que a Administração age com prerrogativas públicas; na desapropriação, a Administração age com tal prerrogativa, de modo que se tem um ato de império e não um ato de gestão; **B:** incorreta, pois os atos multilaterais são aqueles em que mais de duas partes participam de sua formação, o que não é o caso da assinatura de uma nota promissória; **C:** correta; diferentemente de um ato bilateral, em que há um acordo de vontades entre a Administração e o particular, no ato unilateral a Administração atua independentemente da concordância do particular, impondo obrigações a este com base no atributo da imperatividade, também chamado de poder extroverso; mesmo quando o particular solicita um ato para Administração (como é o caso da licença para construir) temos a imperatividade, pois este (no caso, a licença) estabelece uma série de deveres para o particular continuar se beneficiando do ato, mesmo que o particular não concorde com essas determinações; **D:** incorreta, pois a revogação de um ato só pode ser feita pela própria Administração que o tiver expedido; **E:** incorreta, pois, nesses casos (de dúvida), fica-se com a opção tomada pela Administração, que é quem tem competência para a prática do ato, devendo o Judiciário respeitar a presunção de legitimidade do ato administrativo.

Gabarito "C".

3.2. Requisitos do ato administrativo (Elementos, Pressupostos)

(Defensor Público/AM - 2018 - FCC) Suponha que um agente público da Secretaria de Estado da Educação, após longo período de greve dos professores da rede pública, objetivando desincentivar novas paralisações, tenha transferido os grevistas para ministrarem aulas no período noturno em outras escolas, mais distantes. Ato contínuo, promoveu o fechamento de diversas classes do período da manhã de estabelecimento de ensino no qual estavam lotados a maioria dos docentes transferidos, justificando o ato assim praticado em uma circular aos pais dos alunos na qual afirmou ter ocorrido inesperada redução do número de docentes, decorrente da necessidade de transferência para outras unidades como forma de melhor atender à demanda da sociedade. Nesse contexto,

(A) os aspectos relacionados à finalidade e motivação dos atos administrativos em questão dizem respeito ao mérito, ensejando, apenas, impugnação na esfera administrativa, com base no princípio da tutela.

(B) apenas os atos de transferência dos docentes são passíveis de anulação, em face de abuso de poder, ostentando vício de motivação passível de controle administrativo e judicial.

(C) descabe impugnação judicial dos atos em questão, eis que praticados no âmbito da discricionariedade legitimamente conferida à autoridade administrativa.

(D) apenas o ato de fechamento de salas de aula poderá ser questionado judicialmente, com base em vício de motivação, sendo os demais legítimos no âmbito da gestão administrativa.

(E) o poder judiciário poderá anular as transferências dos docentes por desvio de finalidade, bem como o fechamento das salas por vício de motivo com base na teoria dos motivos determinantes.

E: correta. O caso trata do exercício de um direito lícito constitucionalmente garantido (o direito de greve) e a utilização de um ato administrativo com finalidade diversa da que lhe motivou formalmente a edição. Em outras palavras, como forma de punir grevistas e inibir novas paralisações (o que já é ilícito de per se), o agente público pratica desvio de finalidade ao transferir os docentes grevistas para escolas mais distantes sob o fundamento de que houve inesperada redução do número de docentes, decorrente da necessidade de transferência para outras unidades como forma de melhor atender à demanda da sociedade. Assim, configurado o **desvio de poder ou desvio de finalidade** consistente em *o agente se servir de um ato administrativo para satisfazer finalidade alheia à sua natureza*. E mais, tendo havido a motivação falsa, incide ao caso a teoria dos motivos determinantes, a qual dispõe que *o motivo invocado para a prática do ato condiciona sua validade*. Se se provar que o motivo é inexistente, falso ou mal qualificado, o ato será nulo. Ou seja, quando forem motivados, ficam vinculados aos motivos expostos, para todos os fins de direito. Os motivos devem, portanto, coincidir com a realidade, sob pena de o ato ser nulo o ato, mesmo se a motivação não era necessária. FMB

Gabarito "E".

(Defensor Público/AC – 2017 – CESPE) A estrutura hierárquica da administração pública permite a

(A) delegação da competência para aplicação de sanções em sede de poder de polícia administrativa à pessoa jurídica de direito privado.

(B) revisão por agente de nível hierárquico superior de ato administrativo ou processo administrativo que contiver vício de legalidade.

(C) delegação de órgão superior a órgão inferior da atribuição para a edição de atos administrativos de caráter normativo.

(D) delegação a órgão diverso da competência para a decisão de recurso administrativo.

(E) avocação por órgão superior, em caráter ordinário e por tempo indeterminado, de competência atribuída a órgão hierarquicamente inferior.

A: incorreta – De acordo com a teoria do professor Diogo de Figueiredo, existem quatro ciclos do poder de polícia: a ordem de polícia, o consentimento de polícia, a fiscalização de polícia e a **sanção de polícia**. Tanto o primeiro, referente à ordem de polícia e à obrigatoriedade de que a limitação à liberdade e à propriedade seja prevista em lei; como a última, referente à sanção de polícia e à submissão coercitiva do infrator a medidas inibidoras impostas pela Administração no caso de ocorrência de infração às ordens de polícia, são indelegáveis; **B: correta** – Trata-se de reflexo do chamado dever poder de autotutela administrativa – Art. 63, § 2º, da Lei 9.784/1999; **C:** incorreta – a edição de atos de caráter normativo não pode ser objeto de delegação – Art. 13, inc. I, da Lei 9.784/1999; **D:** incorreta – Art. 13, inc. II, da Lei 9.784/1999; **E:** incorreta – a avocação é sempre temporário, em caráter excepcional e por motivos relevantes – Art. 15 da Lei 9.784/1999. FB

Gabarito "B".

(Defensor Público – DPE/RN – 2016 – CESPE) Acerca da disciplina dos atos administrativos, assinale a opção correta.

(A) Em nome do princípio da inafastabilidade da jurisdição, deve o Poder Judiciário apreciar o mérito do ato administrativo, ainda que sob os aspectos da conveniência e da oportunidade.

(B) Os atos administrativos são dotados dos atributos da veracidade e da legitimidade, havendo presunção absoluta de que foram editados de acordo com a lei e com a verdade dos fatos.

(C) O parecer administrativo é típico ato de conteúdo decisório, razão pela qual, segundo entendimento do STF, há possibilidade de responsabilização do parecerista por eventual prejuízo causado ao erário.

(D) São passíveis de convalidação os atos administrativos que ostentem vícios relativos ao motivo, ao objeto e à finalidade, desde que não haja impugnação do interessado.

(E) Segundo a teoria dos motivos determinantes, mesmo que um ato administrativo seja discricionário, não exigindo, portanto, expressa motivação, se tal motivação for declinada pelo agente público, passa a vinculá-la aos termos em que foi mencionada.

A: Incorreta. O ato administrativo discricionário, que é o praticado conforme critérios de conveniência e oportunidade não pode ter o seu mérito, composto por esses dois elementos, analisado pelo Poder Judiciário. O Poder Judiciário somente pode analisar a legalidade desses atos, não interferindo no poder decisório da Administração Pública, portanto; **B:** Incorreta. A presunção de legitimidade ou veracidade é relativa, ou seja, admite prova em contrário, sendo esse o erro dessa assertiva; **C:** Incorreta. Os pareceres são enunciações ou manifestações de órgãos técnicos sobre assuntos submetidos à sua consideração, tendo caráter apenas opinativo, nunca decisório; **D:** Incorreta. Os atos com vícios na competência (elemento sujeito) ou forma é que admitem convalidação, eis que esses elementos, quando viciados, produziriam nulidade relativa, conforme doutrina dominante, passível de saneamento ou convalidação; **E:** Correta. Os motivos do ato, quando expostos, transformam-se em motivação, que vinculam o ato.

Gabarito "E".

(Defensor Público – DPE/ES – 2016 – FCC) Sobre os elementos do ato administrativo,

(A) desde que atendido o interesse da Administração, fica descaracterizada a figura do desvio de finalidade.

(B) a inexistência do elemento formal não é causa necessária de invalidação do ato, em vista da teoria de instrumentalidade das formas.

(C) a noção de ilicitude do objeto, no direito administrativo, não coincide exatamente com a noção de ilicitude do objeto no âmbito cível.

(D) sujeito do ato é seu destinatário; assim, o solicitante de uma licença é o sujeito desse ato administrativo.

(E) havendo vício relativo ao motivo, haverá, por consequência, desvio de finalidade.

A: Incorreta. O desvio de finalidade ou de poder ocorre quando o agente pratica ato visando fim diverso da regra de competência prevista em lei. Assim, é possível que o interesse da Administração seja atendido, mas não o interesse público, a exemplo de um servidor que desapropria bem imóvel para perseguir um inimigo político, mesmo sabendo que o Poder Público poderá usufruir desse bem; **B:** Incorreta. A forma é elemento do ato. Sem ela o ato não se forma, sendo exigível e obrigatória a forma escrita, sem a qual o ato é nulo; **C:** Correta, pois o ato pode ser nulo para o direito administrativo, como na maioria o é, e anulável para o direito civil; **D:** Incorreta. O sujeito do ato é quem o pratica, e não o seu destinatário; **E:** Incorreta. O vício de motivo é o vício quanto ao fundamento do ato, ou seja, as razões de fato e/ou de direito que ensejam sua prática, não se confundindo e não influenciando na finalidade do ato (a finalidade pública prevista em regra de competência para a prática do ato).

Gabarito "C".

(Defensor Público/AC – 2012 – CESPE) O agente público que, ao editar um ato administrativo, extrapole os limites de sua competência estará incorrendo em

(A) desvio da motivação do ato.

(B) avocação.

(C) excesso de poder.

(D) usurpação de função pública.
(E) desvio da finalidade do ato.

A: incorreta, pois a motivação está ligada ao requisito "forma" e não ao requisito "competência"; **B:** incorreta, pois a avocação é procedimento previsto em lei, não ofendendo às regras de competência (art. 15 da Lei 9.784/1999); **C:** correta, pois o excesso de poder (assim como a usurpação de função e a função de fato) é um vício no requisito competência. No caso do excesso de poder, este consiste em um agente público extrapolar os limites de sua competência, coincidindo, assim, com o conceito trazido no enunciado; **D:** incorreta, pois a usurpação de função, apesar de ser um vício na competência, consiste em alguém que **não é** agente público agir como se fosse um; no caso do excesso de poder, está-se diante de alguém que **é** agente público, mas que excede os limites de sua competência; **E:** incorreta, pois o desvio de finalidade (ou desvio de poder) é um vício no requisito "finalidade" e não no requisito "competência".
Gabarito "C".

(Defensor Público/RO – 2012 – CESPE) Assinale a opção correta com relação aos atos administrativos.
(A) Quanto à formação da vontade administrativa, o ato administrativo é classificado em simples, composto ou complexo, sendo a aposentadoria de servidor público, de acordo com o entendimento do STF, exemplo de ato composto.
(B) Permite-se, em caráter excepcional, a avocação temporária de competência atribuída a órgão hierarquicamente inferior, e, sendo a avocação ato discricionário da administração pública, não há necessidade de motivação.
(C) Todo ato administrativo goza do atributo da autoexecutoriedade, a exemplo das obrigações pecuniárias como os tributos, que são exigíveis e autoexecutáveis.
(D) A administração pública, por intermédio de seus órgãos, tem competência para editar atos administrativos ordinatórios com o objetivo de organizar e otimizar a atividade administrativa.
(E) A competência, um dos elementos do ato administrativo, é irrenunciável, salvo os casos de delegação e avocação legalmente admitidos; entre as hipóteses cabíveis de delegação inclui-se a edição de decretos normativos.

A: incorreta, pois a aposentadoria de servidor é considerada ato complexo (STF, MS 25.697, DJ 12.03.10); **B:** incorreta, pois a avocação é excepcional e deve ser devidamente motivada, já que a lei determina a existência de "motivos relevantes devidamente justificados"(art. 15 da Lei 9.784/1999); **C:** incorreta, pois a Administração Pública nem sempre pode impor seus atos e executá-los sem a participação do Judiciário; no exemplo citado, apenas por meio de ação judicial é possível usar a força para fazer com que determinado crédito tributário seja cumprido; **D:** correta, pois traz a exata definição de atos ordinatórios; **E:** incorreta, pois não pode ser objeto de delegação a edição de atos de caráter normativo (art. 13, I, da Lei 9.784/1999).
Gabarito "D".

3.3. Atributos do ato administrativo

(Defensor Público/BA – 2010 – CESPE) No que concerne aos atributos do ato administrativo, julgue o próximo item.
(1) A presunção de legitimidade de que gozam os atos administrativos constitui presunção *iuris tantum*, que pode ceder à prova em contrário.

1: correta, pois, de fato, a presunção de legitimidade dos atos administrativos é uma presunção relativa (*iuris tantum*), e não absoluta (*iuris et de iure*).
Gabarito 1C.

3.4. Vinculação e discricionariedade

(Defensor Público/AM – 2013 – FCC) Trata-se de ato administrativo em que NÃO se faz presente o atributo da discricionariedade:
(A) ato revogatório de outro ato administrativo.
(B) autorização para transporte de substâncias perigosas em via urbana.
(C) concessão de licença requerida por servidor público, para tratar de interesses particulares.
(D) concessão de aposentadoria voluntária, requerida por servidor público.
(E) prorrogação de prazo de validade de concurso público.

A: incorreta, pois a revogação só incide sobre ato discricionário, de modo que este atributo se faz presente em atos revogatórios; **B:** incorreta, pois a autorização é ato unilateral, precário e discricionário; **C:** incorreta, pois esse tipo de licença (que não se confunde com a licença em geral, que é ato unilateral e vinculado, como a licença para construir) é ato discricionário, pois a Administração vai avaliar se há interesse público ou não na concessão de licença para tratar de interesses particulares; **D:** correta, pois a aposentadoria voluntária não é ato discricionário da Administração, que não tem opção entre concedê-la ou não caso os requisitos estejam preenchidos; trata-se, assim, de ato vinculado; **E:** incorreta, pois a Administração tem discricionariedade para decidir se vai ou não prorrogar o prazo de validade de um concurso público.
Gabarito "D".

(Defensoria/MA – 2009 – FCC) São exemplos de atos administrativos vinculados:
(A) autorização de uso de imóvel público e homologação de procedimento licitatório que se pretenda concluir.
(B) licença de funcionamento e permissão de uso de imóvel público.
(C) permissão de uso de imóvel público e aprovação para alienação de terras públicas.
(D) homologação do procedimento licitatório que se pretenda concluir e licença de funcionamento.
(E) aprovação de alienação de terras públicas e alvará de uso privativo de terras públicas.

A: incorreta, pois a *autorização* é ato discricionário; **B:** incorreta, pois a *permissão* é ato discricionário; **C:** incorreta, pois a *permissão* e a *aprovação* são atos discricionários; **D:** correta, pois tanto a *homologação* como a *licença* são atos vinculados; **E:** incorreta, pois a *aprovação* é um ato discricionário.
Gabarito "D".

3.5. Extinção dos atos administrativos

(Defensor Público/AL – 2017 – CESPE) A prefeitura de determinado município concedeu licença a um comerciante para que o restaurante dele funcionasse em determinado imóvel. Alguns meses após a concessão da licença, o comerciante decidiu transformar seu restaurante em uma boate.

Considerando-se essa situação hipotética, a administração municipal deverá proceder à

(A) revogação da licença.
(B) cassação da licença.
(C) rescisão unilateral da licença.
(D) invalidação da licença.
(E) anulação da licença.

A: incorreta – a revogação de um ato administrativo ocorre quando, em um juízo de conveniência e oportunidade, entende-se ser melhor por fim a um ato lícito em prol do interesse público, com efeitos *ex nunc*. No caso em tela, a licença fora expedida para um determinado funcionamento, mas o requerente, cometendo um ilícito, usou o local para finalidade diversa; **B:** correta – licença é o ato vinculado, unilateral, pelo qual a Administração faculta a alguém o exercício de uma atividade, uma vez demonstrado pelo interessado o preenchimento dos requisitos legais exigidos. Quando se tem, como no caso em tela, o descumprimento das condições estabelecidas para a concessão do ato administrativo, tem-se a cassação do ato, como uma espécie de penalidade sancionada pelo Poder Público ao particular; **C:** incorreta – o ato administrativo que concede a licença não tem natureza contratual, razão pela qual descabe falar em rescisão; **D:** incorreta – não se trata de invalidação, na medida em que o ato da licença de funcionamento não apresentou qualquer invalidade: foi o particular que, detendo uma licença de funcionamento para restaurante houve por bem descumprir os termos da licença recebida e abrir uma boate; **E:** incorreta – não se trata de anulação, na medida em que o ato da licença de funcionamento não apresentou qualquer invalidade: foi o particular que, detendo uma licença de funcionamento para restaurante houve por bem descumprir os termos da licença recebida e abrir uma boate. **FB**

Gabarito "B".

(Defensor Público –DPE/MT – 2016 – UFMT) É a forma de extinção do ato administrativo que ocorre quando o administrado deixa de cumprir condição necessária para dar continuidade à determinada situação jurídica:

(A) Cassação.
(B) Contraposição.
(C) Caducidade.
(D) Revogação.
(E) Suspensão.

A cassação do ato administrativo é a sua retirada do ordenamento (extinção) por descumprimento de condições impostas para a sua manutenção, funcionando como uma espécie de sanção ao destinatário do ato.

Gabarito "A".

(Defensor Público/TO – 2013 – CESPE) Acerca dos atos administrativos, assinale a opção correta.

(A) A licença é ato administrativo editado no exercício de competência vinculada; preenchidos os requisitos necessários a sua concessão, ela não poderá ser negada pela administração pública.
(B) A administração pública tem sempre o dever de invalidar os atos administrativos que apresentem vício de legalidade.
(C) São suscetíveis de revogação os atos vinculados e os que geram direitos adquiridos.
(D) A presunção de legitimidade é atributo de todos os atos administrativos, estando presente mesmo nos casos de desrespeito ao devido processo legal pela administração pública.
(E) Para motivar a edição de determinado ato administrativo, é suficiente a indicação da norma constitucional ou legal atributiva da competência do servidor público.

A: correta; a licença é o ato unilateral e vinculado pelo qual a Administração faculta ao particular o exercício de uma atividade; assim, uma vez que o particular tenha cumprido os requisitos para a sua concessão, a Administração Pública não terá discricionariedade para concedê-la, ficando vinculada a atender à solicitação do particular; **B:** incorreta, pois a convalidação, quando possível, evita a invalidação (art. 55 da Lei 9.784/1999); ademais, atos que beneficiam particulares de boa-fé não podem ser invalidados decorridos 5 anos de sua prática (art. 54, *caput*, da Lei 9.784/1999); **C:** incorreta, pois tais atos são irrevogáveis, assim como são irrevogáveis os atos já exauridos; **D:** incorreta, pois, uma vez comprovado o desrespeito ao devido processo legal, a presunção, que havia, desfaz-se, impondo a invalidação do ato; **E:** incorreta, pois a motivação deve indicar não só os pressupostos de direito que autorizam a edição do ato, mas também os pressupostos de fático para a prática do ato (art. 50, *caput*, da Lei 9.784/1999).

Gabarito "A".

(Defensor Público/PA – 2006 – UNAMA) São atos administrativos passíveis de revogação:

I. Ato de adjudicação na licitação, quando já celebrado o respectivo contrato administrativo.
II. Ato que concede licença para tratar de assuntos particulares.
III. Ato de concessão de aposentadoria voluntária.
IV. Ato de concessão de férias ainda não gozadas.

Somente é correto o que se afirma em:

(A) I, II e III.
(B) I e III.
(C) II, III e IV.
(D) II e IV.

I: incorreto, pois o ato de adjudicação na licitação (atribuição do objeto da licitação ao vencedor) é vinculado, e atos vinculados não são passíveis de revogação; **II:** correto, pois esse tipo de licença é ato discricionário da Administração, de modo que pode ser revogado por esta; **III:** incorreto, pois a concessão de aposentadoria voluntária é ato vinculado, já que, cumpridos os requisitos objetivos para tanto, a aposentadoria tem que ser concedida; **IV:** correto, pois a escolha do período de concessão de férias é ato discricionário, podendo a Administração decidir qual é o melhor momento, considerando as necessidades administrativas; assim, tratando-se de ato discricionário, é cabível a sua revogação.

Gabarito "D".

3.6. Convalidação e conversão

(Defensor Público/ES – 2012 – CESPE) No que se refere aos atos administrativos, julgue os itens subsequentes.

(1) Por meio da revogação, a administração extingue, com efeitos *ex tunc*, um ato válido, por motivos de conveniência e oportunidade, ainda que esse ato seja vinculado.
(2) A convalidação, ato administrativo por meio do qual se supre o vício existente em um ato eivado de ilegalidade, tem efeitos retroativos, mas o ato originário não pode ter causado lesão a terceiros.

1: incorreta, pois a revogação tem efeitos ex nunc (não retroage); ademais, a revogação só incide sobre atos discricionários e nunca sobre atos vinculados; **2:** correta, pois a convalidação de fato tem efeitos retroativos; ademais, tem como requisito o não prejuízo ao interesse público e a terceiros (art. 55 da Lei 9.784/1999).

Gabarito 1E, 2C

(Defensor Público/BA – 2006) Com relação aos "Atos Administrativos", tem-se que:

I. A sua anulação opera efeitos *ex tunc*, enquanto a revogação opera efeitos *ex nunc*.
II. Não é possível a previsão legal de delegação de competência para praticar atos administrativos a outro órgão, em razão de ser a mesma, irrenunciável.
III. Os atos que apresentarem defeitos sanáveis poderão ser convalidados pela própria Administração em decisão na qual se evidencie não acarretarem lesão ao interesse público nem prejuízo a terceiro.
IV. Considera-se *eficaz* o ato administrativo quando disponível para a produção de seus efeitos próprios, ainda que não se encontre em conformidade com as exigências legais.

Analisando as proposições, observa-se que:

(A) Todas são corretas.
(B) Existem três corretas.
(C) Existem apenas duas corretas.
(D) Somente uma está correta.
(E) Todas são incorretas.

I: correta, pois, de fato, a anulação retroage seus efeitos, ao passo que a revogação não retroage; **II:** incorreta, pois a delegação de competência é possível sim (arts. 12 a 14 da Lei 9.784/1999), mesmo sendo esta (a competência) irrenunciável (art. 11 da Lei 9.784/1999); **III:** correta (art. 55 da Lei 9.784/1999); **IV:** correta, pois o plano da eficácia é independente do plano da validade; aliás, o ato administrativo pode ser observado sob três planos, quais sejam, da existência (cumprimento do ciclo necessário à sua formação), da validade (conformidade à lei) e da eficácia (aptidão para produzir efeitos).

Gabarito "B".

3.7. Classificação dos atos administrativos e atos em espécie

(Defensor Público/PE – 2018 – CESPE) No que se refere à classificação dos atos administrativos e suas espécies, assinale a opção correta.

(A) Parecer é exemplo de ato administrativo constitutivo.
(B) Licença para o exercício de determinada profissão é exemplo de ato administrativo vinculado.
(C) Autorização administrativa é exemplo de ato de consentimento administrativo de caráter irrevogável.
(D) Decisão proferida por órgão colegiado é exemplo de ato administrativo complexo.
(E) Cobrança de multa imposta em sede do poder de polícia é exemplo de ato administrativo autoexecutório.

A: incorreta – parecer é ato administrativo enunciativo pelo qual os órgãos consultivos da Administração emitem opinião sobre assuntos técnicos ou jurídicos de sua competência; **B:** correta – licença é ato administrativo vinculado e definitivo, formalmente disposto em lei própria. Se o pretendente ao direito preenche os requisitos de lei, tem o direito de recebê-la, independentemente da vontade do administrador; **C:** incorreta – a precariedade é uma característica da autorização administrativa; **D:** incorreta – a decisão de um órgão colegiado forma-se mediante a sua manifestação da vontade, formando um único ato administrativo simples; **E:** incorreta – a cobrança de multa pela Fazenda Pública deve ser realizada mediante a devida inscrição em dívida ativa, seguida do ajuizamento de execução fiscal perante o Poder Judiciário. Carece, destarte, do atributo da autoexecutoriedade.

Gabarito "B".

(Defensor Público –DPE/MT – 2016 – UFMT) No que concerne aos atos administrativos negociais em espécie, analise as assertivas.

I. É o ato administrativo vinculado e unilateral, por meio do qual a Administração faculta ao interessado o desempenho de certa atividade, desde que atendidos os requisitos legais exigidos.
II. É o ato administrativo discricionário e unilateral, por meio do qual a Administração consente na prática de determinada atividade material, tendo, como regra, caráter precário.
III. É o ato unilateral e precário, pelo qual a Administração faculta ao particular a prestação de um serviço público ou defere a utilização especial de determinado bem público.
IV. É o ato administrativo unilateral e vinculado de exame de legalidade de outro ato jurídico já praticado, a fim de conferir exequibilidade ao ato controlado.

As assertivas I, II, III e IV definem respectivamente:

(A) Permissão, concessão, admissão, aprovação.
(B) Licença, autorização, permissão, homologação.
(C) Licença, dispensa, permissão, aprovação.
(D) Admissão, permissão, autorização, homologação.
(E) Concessão, autorização, permissão, ratificação.

A: Incorreta, pois coloca a PERMISSÃO, como ato administrativo vinculando, sendo que é ato discricionário; **B:** Correta, pois a licença (I) é ato administrativo vinculado; a autorização (II), ato discricionário e de consentimento de uma atividade no interesse do particular; a permissão (III) é ato discricionário em que se transfere ao particular a possibilidade de exercer uma atividade no interesse da coletividade, como a prestação de serviços ou utilização de um bem público. E a homologação (IV) é, tipicamente, um ato vinculado de exame da legalidade de outro ato; **C:** Incorreta, porque a licença (I) é um ato geral, não sendo para um determinado "interessado" e a aprovação (IV) é ato discricionário; **D:** Incorreta, porque a admissão (I) é ato discricionário, e a permissão (II) é sempre no interesse da coletividade; a autorização (III), concedida no interesse do particular; **E:** Incorreta, porque a concessão é contrato administrativo (I).

Gabarito "B".

(Defensoria Pública da União – CESPE – 2015) Com relação às espécies de atos administrativos, julgue o item abaixo.

(1) Os atos administrativos negociais são também considerados atos de consentimento, uma vez que são editados a pedido do particular como forma de viabilizar o exercício de determinada atividade ou a utilização de bens públicos.

1: Correto, conforme Hely Lopes Meirelles, 38ªEd, pg.195: "...são atos praticados contendo uma declaração de vontade do Poder Público coincidente com a pretensão do particular, visando à concretização de negócios jurídicos públicos ou à atribuição de certos direitos ou vantagens ao interessado".

Gabarito 1C

(Defensor Público/AM – 2010 – I. Cidades) O parecer:

(A) É uma espécie de ato administrativo negocial, vinculando o órgão emissor do parecer.
(B) Tem um sentido obrigatório para a Administração, que dele não pode discordar.
(C) Não pode ser emitido por agente público que não tenha a competência relativa à matéria em discussão.

(D) Tem um conteúdo decisório em matéria de atividades jurídicas e judiciais da Administração.

(E) A Administração é sempre obrigada a solicitá-lo, mas somente pode ser emitido em questões jurídicas ou técnicas em geral.

A: incorreta, pois o parecer é ato enunciativo; **B:** incorreta, pois os pareceres, em geral, não vinculam a Administração; dos três tipos de pareceres existentes, facultativo, obrigatório e vinculante, apenas o último vincula a Administração; **C:** correta, pois a competência não pode ser desrespeitada; **D:** incorreta, pois somente o parecer vinculante tem conteúdo decisório, o que é uma exceção; normalmente, um parecer tem conteúdo meramente opinativo; **E:** incorreta, pois no caso do parecer facultativo, a Administração não é obrigada a solicitá-lo.

Gabarito "C".

(Defensor Público/AL – 2009 – CESPE) Julgue o seguinte item.

1) O ato composto é aquele que resulta de manifestação de dois ou mais órgãos, singulares ou colegiados, cuja vontade se funde para a formação de um único ato.

1: incorreta, pois essa definição é ato de complexo; o ato composto é aquele em que dois ou mais órgãos formam dois ou mais atos, e não um único ato.

Gabarito 1E.

4. ORGANIZAÇÃO ADMINISTRATIVA

4.1. Temas gerais (Administração Pública, órgãos e entidades, desconcentração e descentralização, controle e hierarquia, teoria do órgão)

(Defensor Público/AL – 2017 – CESPE) Assinale a opção que apresenta a entidade da administração pública indireta que deve obrigatoriamente ser constituída com personalidade jurídica de direito público.

(A) sociedade de economia mista
(B) serviços sociais autônomos
(C) autarquia
(D) fundação pública
(E) empresa pública

Art. 41, IV c/c 44 do CC.
Gabarito "C".

(Defensor Público –DPE/RN – 2016 – CESPE) Com referência à administração pública direta e indireta e à sua organização, assinale a opção correta.

(A) As empresas públicas e a sociedade de economia mista, entidades da administração indireta com natureza jurídica de direito privado, devem constituir-se sob a forma jurídica de sociedade anônima.

(B) Por meio da descentralização, o Estado transfere a titularidade de certas atividades que lhe são próprias a particulares ou a pessoas jurídicas que institui para tal fim.

(C) Segundo a doutrina, pertinente à posição dos órgãos estatais, os órgãos superiores seriam aqueles situados na cúpula da administração, diretamente subordinados à chefia dos órgãos independentes, gozando de autonomia administrativa, técnica e financeira.

(D) Mediante contrato a ser firmado entre administradores e o poder público, tendo por objeto a fixação de metas de desempenho para órgão ou entidade, a autonomia gerencial, orçamentária e financeira dos órgãos e entidades da administração direta e indireta poderá ser ampliada.

(E) Como pessoas jurídicas de direito público instituídas por lei, às quais são transferidas atividades próprias da administração pública, as autarquias se submetem ao controle hierárquico da administração direta.

A: Incorreta. As sociedades de economia mista só podem ter a forma de sociedades anônimas. Já as empresas públicas podem ter qualquer forma societária, sendo esse o erro da assertiva; **B:** Incorreta. Na descentralização há apenas a transferência da execução dos serviços (atividade estatal própria) aos particulares, nunca ao titularidade, que não pode sair das "mãos" do Estado. A outorga, que é a transferência da titularidade e execução do serviço é admitida à pessoas de direito público integrantes da Administração Indireta, somente; **C:** Incorreta. Conforme Hely Lopes Meirelles, 38ªEd, pg.72: "Órgãos superiores são os que detém poder de direção, controle, decisão e comando dos assuntos de sua competência específica, mas sempre sujeitos à subordinação e ao controle hierárquico de uma chefia mais alta.". Não estão, portanto, na "cúpula" da Administração, sendo inferiores hierárquicos em relação aos órgãos independentes e autônomos; **D:** Correta. Trata-se do Contrato de Gestão, fundamentado no art. 37, § 8°, CF, celebrado com Agencias Executivas para a ampliação de suas atividades e estabelecimentos de metas e melhor desempenho administrativo; **E:** Incorreta. Não existe hierarquia entre as pessoas jurídicas integrantes da Administração Direta e as da Administração Indireta. Há apenas a denominada "tutela" ou supervisão ministerial, que se trata de um controle de legalidade e finalidade dos objetivos contidos pela lei que as cria ou autoriza suas criações.

Gabarito "D".

(Defensoria Pública da União – CESPE – 2015) Acerca da organização da administração pública federal, julgue o item abaixo.

(1) Considera-se desconcentração a transferência, pela administração, da atividade administrativa para outra pessoa, física ou jurídica, integrante do aparelho estatal.

1: incorreta. A desconcentração é a divisão interna de órgãos de pessoas jurídicas, sendo a criação de órgãos e departamentos dentro da própria pessoa jurídica já existente, como a criação de um Ministério na pessoa jurídica União Federal.

Gabarito 1E.

(Defensoria Pública da União – CESPE – 2015) Julgue os itens a seguir, que tratam da hierarquia e dos poderes da administração pública.

(1) A multa, como sanção resultante do exercício do poder de polícia administrativa, não possui a característica da autoexecutoriedade.

(2) A hierarquia é uma característica encontrada exclusivamente no exercício da função administrativa, que inexiste, portanto, nas funções legislativa e jurisdicional típicas.

1: Correta, tendo em vista que as multas decorrentes do Poder de Polícia devem ser executadas por meio de Ação de Execução fiscal, já que possuem natureza jurídica tributária, conforme disposto no art. 145, II, CF; **2:** Correta, a Hierarquia é a relação de subordinação existente entre os vários órgãos e agentes do Poder Executivo, com distribuição de funções e a gradação da autoridade de cada um. Existe nos demais Poderes, mas apenas quando considerados nas suas funções atípicas, ou seja, quando no exercício da função executiva. (própria do Poder Executivo).

Gabarito "C", 2C

(Defensor Público/AM – 2013 – FCC) Mediante iniciativa do Governador, o Estado do Amazonas aprova lei, cujos artigos iniciais estão assim redigidos:

"Artigo 1º

Fica o Poder Executivo autorizado a instituir, por escritura pública, sob a denominação de (...), uma (...) que se regerá por esta lei, pelas normas civis, por seu estatuto e com as finalidades discriminadas no artigo 2º. § 1º

A .... será uma entidade civil, sem fins lucrativos, com prazo de duração indeterminado e adquirirá personalidade jurídica a partir da inscrição, no Registro competente, do seu ato constitutivo, com o qual serão apresentados o Estatuto e o respectivo decreto de aprovação".

Diante do texto legislativo acima, pode-se concluir que a entidade a ser criada será uma

(A) empresa pública.
(B) autarquia.
(C) fundação de direito privado.
(D) sociedade de economia mista
(E) associação pública.

A e D: incorretas, pois uma empresa pública e uma sociedade de economia mista não são entidades civis sem fins lucrativos, não se confundindo com fundações e associações civis; **B:** incorreta, pois a autarquia é criada pela própria lei, e não autorizada pela lei (art. 37, XIX, da CF); **C:** correta, pois o fato de se tratar de uma entidade civil sem fins lucrativos criada por escritura pública, revela tratar-se de fundação de direito privado (art. 62 do CC); **E:** incorreta, pois a associação pública não é uma entidade civil, mas uma entidade pública (consórcio público de direito público), com personalidade jurídica de direito público, nos termos do art. 6º, I, da Lei 11.107/2005.

Gabarito "C".

(Defensor Público/PR – 2012 – FCC) A estrutura administrativa do Estado compreende a administração pública direta e indireta. Sobre o tema, examine as afirmações abaixo.

I. A administração direta é constituída pela União, Estados, Municípios e Distrito Federal, todos dotados de autonomia política, administrativa e financeira.
II. Estados e Municípios não são dotados de soberania e não têm competência legislativa para instituir sua própria administração indireta.
III. As autarquias e as fundações de direito público são pessoas jurídicas de direito público que compõem a administração indireta.
IV. As empresas públicas são pessoas jurídicas de direito privado, dotadas de patrimônio próprio.
V. A criação de sociedade de economia mista depende de lei específica autorizadora e o seu quadro social é constituído por pessoas jurídicas de direito público.

Estão corretas APENAS as afirmações

(A) I e III.
(B) II, IV e V.
(C) I e II.
(D) I, III e IV.
(E) III e V.

I: correta, pois traz informação adequada sobre a administração direta; aproveitando o ensejo, vale lembrar que a administração indireta, por sua vez, compreende as pessoas jurídicas criadas pelos entes políticos, ou seja, as autarquias, fundações de direito público, agências reguladoras, associações públicas (consórcios públicos de direito público), empresas públicas, sociedades de economia mista, fundações governamentais de direito privado e consórcios públicos de direito privado; **II:** incorreta, pois, como entes políticos que são, Estados e Municípios tem autonomia política (não é soberania!), podendo, assim, criar a sua própria Administração; **III:** correta, pois as entidades citadas fazem parte da Administração Indireta, que é conjunto de pessoas jurídicas criadas pelos entes políticos; **IV:** correta, pois as empresas públicas (assim como as sociedades de economia mista, as fundações governamentais de direito privado e os consórcios públicos de direito privado) são pessoas jurídicas estatais de direito privado, sendo que, por serem pessoas jurídicas, têm patrimônio próprio; **V:** incorreta, pois as sociedades de economia mista têm, necessariamente, capital privado.

Gabarito "D".

(Defensor Público/SE – 2012 – CESPE) Assinale a opção correta acerca de aspectos gerais da administração pública.

(A) A fundação pública de direito privado, também conhecida como fundação governamental, possui personalidade privada e submete-se, inteiramente, ao direito público.
(B) As sociedades de economia mista, as empresas públicas e as autarquias só podem ser criadas por meio de lei.
(C) Entre as teorias que tratam da natureza jurídica da relação entre o Estado e seus agentes, é amplamente adotada pela doutrina e jurisprudência brasileiras a teoria da representação.
(D) As autarquias, pessoas jurídicas de direito privado, fazem parte da administração indireta do Estado e gozam de liberdade administrativa nos limites da lei de regência.
(E) O ato da administração, praticado pela administração pública no exercício da função administrativa, pode ser regido tanto pelo direito público quanto pelo direito privado, ao passo que o ato administrativo rege-se, necessariamente, pelo direito público.

A: incorreta, pois, em sendo de direito privado, obedece ao regime jurídico de direito privado especial, próprio das pessoas privadas da Administração Indireta; **B:** incorreta, pois as sociedades de economia mista e as empresas públicas são autorizadas por lei (específica) e não criadas por lei; em seguida a autorização legislativa elas devem ter seus atos constitutivos arquivados no Registro Público, para que passem a existir; **C:** incorreta, pois a teoria da representação é muito criticada, pelo fato de se tratar de um instituto de direito privado, muitas vezes relacionado aos incapazes, sendo que o Estado está longe de ser incapaz; a teoria adotada no Brasil é a da presentação, pela qual os agentes públicos se fazem presentes enquanto Administração, quando atuam em suas funções públicas; A **teoria da presentação** fez com que se desenvolvesse a teoria do órgão, de acordo com a qual todo ato expedido por um agente público é imputado diretamente à Administração Pública. De fato, quando um agente público pratica um ato, esse agente nada mais está do que se fazendo presente (presentando) como Estado. No fundo, quem pratica o ato é o próprio Estado, e não o agente público, que é um mero presentante deste. Essa conclusão tem várias consequências, dentre as quais a de que, causado um dano a terceiro por conduta de agente estatal, o Estado responderá objetivamente, não sendo sequer possível que a vítima ingresse com ação diretamente em face do agente público, devendo acionar o Estado, que, regressivamente, poderá se voltar em face do agente público que tiver agido com culpa ou dolo (art. 37, § 6º, da CF). **D**: incorreta, pois as autarquias são pessoas jurídicas de direito público; **E**: correta, visto que a Administração pratica dois tipos de atos, os atos administrativos e os meros atos da Administração; os primeiros são dotados de prerrogativas públicas, ao passo que os segundos, não, de modo que os primeiros são regidos pelo direito público, ao passo que os segundos, não; uma multa aplicada pela Administração é um ato administrativo; um contrato de locação em que o Poder Público é locatário não é um ato administrativo, sendo regido pelo Direito Privado.

Gabarito "E".

(Defensor Público/AM – 2010 – I. Cidades) De acordo com a doutrina nacional, os órgãos e agentes públicos estão compreendidos no sentido de Administração Pública:

(A) subjetivo
(B) objetivo
(C) de atividade administrativa
(D) de atividade política
(E) de atividade política e administrativa

A Administração Pública em sentido subjetivo é o conjunto de *órgãos*, *agentes* e pessoas jurídicas que asseguram a satisfação do interesse público. Já em sentido objetivo (material ou funcional), é conjunto de funções necessárias aos serviços públicos em geral. Dessa forma, a alternativa "A" é a única correta.

Gabarito "A".

4.2. Pessoas jurídicas de direito público

(Defensor Público/SP – 2012 – FCC) As fundações de direito público, também denominadas autarquias fundacionais, são instituídas por meio de lei específica e

(A) seus agentes não ocupam cargo público e não há responsabilidade objetiva por danos causados a terceiros.
(B) seus contratos administrativos devem ser precedidos de procedimento licitatório, na forma da lei.
(C) seus atos constitutivos devem ser inscritos junto ao Registro Civil das Pessoas Jurídicas, definindo as áreas de sua atuação.
(D) seus atos administrativos não gozam de presunção de legitimidade e não possuem executoriedade.
(E) seu regime tributário é comum sobre o patrimônio, a renda e os serviços relacionados às suas finalidades essenciais.

A: incorreta, pois, por serem pessoas jurídicas de direito público, seus agentes devem ocupar, como regra, cargo público, e sua responsabilidade é objetiva (art. 37, § 6.º, da CF); **B**: correta, pois a licitação é um dever para todos os entes da Administração Direta e Indireta, com maior motivo ainda quanto às pessoas jurídicas de direito público (arts. 37, XXI, da CF e 1.º da Lei 8.666/1993); **C**: incorreta, pois as pessoas jurídicas de direito público são criadas diretamente pela lei, não sendo necessário atos constitutivos no Registro Público; **D**: incorreta, pois, por serem pessoas jurídicas de direito público, expedem verdadeiros atos administrativos, que, como se sabe, tem uma série de atributos (prerrogativas), dentre eles a presunção de legitimidade e, na forma da lei, a executoriedade; **E**: incorreta, pois, por serem pessoas jurídicas de direito público, gozam de imunidade quanto a impostos relativos ao patrimônio, renda e serviços (imunidade recíproca), na forma do art. 150, VI, "a", da CF.

Gabarito "B".

(Defensor Público/AL – 2009 – CESPE) Julgue o seguinte item.

(1) A autarquia é pessoa jurídica de direito público destituída de capacidade política.

1: correta, pois a autarquia é uma pessoa jurídica de direito público, podendo assumir responsabilidades típicas de Estado, mas não pode ser considerada um ente político, ou seja, alguém que tem capacidade política – ou seja, capacidade de autogoverno, autoadministração, auto legislação e auto constituição –, pois somente a União, os Estados, o DF e os Municípios têm essa característica.

Gabarito 1C.

4.3. Pessoas jurídicas de direito privado estatais

(Defensor Público/AC – 2012 – CESPE) Com relação a empresas públicas e sociedades de economia mista, assinale a opção correta.

(A) Empresas públicas possuem personalidade jurídica de direito público.
(B) A existência legal de uma empresa pública inicia-se com a edição da lei que autoriza sua criação.
(C) Uma ação de reparação de danos materiais contra o Serviço Federal de Processamento de Dados (SERPRO) deve tramitar em uma das varas cíveis da justiça comum estadual.
(D) Admite-se participação de capital privado na constituição de empresa pública.
(E) A única forma jurídica admitida para a composição de sociedade de economia mista é a sociedade anônima.

A: incorreta, pois possuem personalidade jurídica de direito privado (art. 5.º, II, do Dec.-lei 200/1967); **B**: incorreta, pois se inicia com o arquivamento de seus atos constitutivos no registro público competente; **C**: incorreta, pois o SERPRO é uma empresa pública federal e, como tal, tem foro na Justiça Federal (art. 109, I, da CF); **D**: incorreta, pois a empresa pública tem capital exclusivamente público; **E**: correta, pois, de fato, a sociedade de economia mista só pode ter a forma jurídica de sociedade anônima (art. 5.º, III, do Dec.-lei 200/1967).

Gabarito "E".

(Defensor Público/AL – 2009 – CESPE) Julgue o seguinte item.

(1) Na esfera federal, a empresa pública pode ser constituída sob a forma de sociedade unipessoal, que tem por órgão necessário a assembleia geral, por meio da qual se manifesta a vontade do Estado.

1: correta, pois é possível que se constitua uma empresa pública com capital exclusivo da União (art. 5º, II, do Dec.-lei 200/1967); ademais, a assembleia geral é considerada órgão necessário (art. 26, parágrafo único, *b*, do Dec.-lei 200/1967).

Gabarito 1C.

4.4. Entes de cooperação

(Defensor Público –DPE/RN – 2016 – CESPE) Acerca dos serviços sociais autônomos, assinale a opção correta.

(A) Segundo entendimento jurisprudencial consolidado no âmbito do STF, os serviços sociais autônomos integrantes do denominado Sistema S estão submetidos à exigência de concurso público para a contratação de pessoal, nos moldes do que prevê a CF para a investidura em cargo ou emprego público.

(B) Por serem destinatários de dinheiro público arrecadado mediante contribuições sociais de interesse corporativo, os serviços sociais autônomos estão sujeitos aos estritos procedimentos e termos estabelecidos na Lei 8.666/1993.

(C) Assim como outras entidades privadas que atuam em parceria com o poder público, como as OSs e as OSCIPs, os serviços sociais autônomos necessitam da celebração de contrato de gestão com o poder público para o recebimento de subvenções públicas.

(D) Serviços sociais autônomos são pessoas jurídicas de direito privado integrantes do elenco das pessoas jurídicas da administração pública indireta e têm como finalidade uma atividade social que representa a prestação de um serviço de utilidade pública em benefício de certos agrupamentos sociais ou profissionais.

(E) Referidos entes de cooperação governamental, destinatários de contribuições parafiscais, estão sujeitos à fiscalização do Estado nos termos e condições estabelecidos na legislação pertinente a cada um.

A: Incorreta. Os Serviços Sociais Autônomos são pessoas jurídicas de direito privado que prestam assistência e ensino a certas categorias profissionais, sendo paraestatais, ou seja, atuam ao lado do Estado, não integrando, portanto, a estrutura da Organização da Administração Pública. Sendo assim, não se sujeitam às regras do art. 37, CF por completo, inclusive quanto à necessidade de concurso para ingresso de seu "quadro de pessoal", que pode ser livremente contratado; **B:** Incorreta. A doutrina e jurisprudência dominantes são unânimes no sentido de não ser necessária a licitação para os Serviços Sociais Autônomos, bastando que prestem contas aos Tribunais de Contas, em relação ao dinheiro estatal que recebem como subvenção e auxílio no desenvolvimento de suas atividades; **C:** Incorreta. Os Serviços Sociais Autônomos são instituídos por lei, não dependendo de Contrato de Gestão, como as Organizações Sociais, nem Termos de Parceria como as OSCIPs; **D:** Incorreta. Os Serviços Sociais Autônomos estão "fora" da estrutura administrativa, sendo paraestatais, ou seja, pessoas jurídicas que atuam "ao lado" do Estado, colaborando com este; **E:** Correta. Perfeita a assertiva, pois os Serviços Sociais Autônomos são denominados "Entes de Cooperação" e recebem dotações orçamentárias e contribuições parafiscais para o desempenho de suas atividades, sendo fiscalizados pelo Poder Público, quanto ao emprego desses recursos.
Gabarito "E".

(Defensor Público/AM – 2013 – FCC) As Organizações Sociais são pessoas jurídicas de direito privado, qualificadas pelo Poder Executivo, nos termos da Lei Federal 9.637/1998, com vistas à formação de parceria para execução de atividades de interesse público. NÃO está entre as características das Organizações Sociais, nos termos da referida lei,

(A) a necessidade de aprovação de sua qualificação, por meio de ato vinculado do Ministro ou titular de órgão supervisor ou regulador da área de atividade correspondente ao seu objeto social e do Ministro do Planejamento, Orçamento e Gestão.

(B) a previsão de participação, no órgão colegiado de deliberação superior, de representantes do Poder Público e de membros da comunidade, de notória capacidade profissional e idoneidade moral.

(C) a proibição de distribuição de bens ou de parcela do patrimônio líquido em qualquer hipótese, inclusive em razão de desligamento, retirada ou falecimento de associado ou membro da entidade.

(D) o desempenho de atividades relacionadas a pelo menos um dos seguintes campos: ensino, pesquisa científica, desenvolvimento tecnológico, proteção e preservação do meio ambiente, cultura e saúde.

(E) a atuação com finalidade não lucrativa, com a obrigatoriedade de investimento de seus excedentes financeiros no desenvolvimento das próprias atividades.

A: assertiva correta, pois essa não é característica de uma OS, já que o segundo ministério envolvido na aprovação da qualificação não é o do Planejamento, mas da Administração Federal e Reforma do Estado (art. 2.º, II, da Lei 9.637/1998); **B:** assertiva incorreta, pois essa é uma característica de uma OS (art. 2.º, I, "d", da Lei 9.637/1998); **C:** assertiva incorreta, pois essa é uma característica de uma OS (art. 2.º, I, "h", da Lei 9.637/1998); **D:** assertiva incorreta, pois essa é uma característica de uma OS (art. 1.º da Lei 9.637/1998); **E:** assertiva incorreta, pois essa é uma característica de uma OS (art. 2.º, I, "b" da Lei 9.637/1998.
Gabarito "A".

(Defensoria/SE – 2006 – CESPE) Julgue o item seguinte.

(1) As organizações sociais são entidades colaboradoras do poder público, em atividades relacionadas a ensino, pesquisa científica, desenvolvimento tecnológico, proteção e preservação do meio ambiente, cultura, saúde, entre outros, atendidos os requisitos previstos em lei.

A assertiva enumera algumas das atividades desempenhadas pelas organizações sociais (Art. 1º da Lei 9.637/1998). É necessário frisar que as organizações sociais, enquanto entidades de direito privado em colaboração com o poder público, apenas prestam serviços sociais (ou atividades de interesse coletivo) não privativos das pessoas políticas. Com a atuação das organizações sociais, o Estado busca, ao mesmo tempo, aumentar a prestação de dados serviços tidos como de alta demanda, e desonerar os cofres públicos.
Gabarito 1C

5. SERVIDORES PÚBLICOS

5.1. Conceito e classificação

(Defensor Público/GO – 2010 – I. Cidades) O servidor público é

(A) espécie de agente da Administração Pública, em exercício de função honorífica, ainda que fora da estrutura da administração.

(B) espécie do gênero dos agentes políticos, perante os quais atua sempre subordinadamente.

(C) pessoa natural ocupante de cargo ou emprego na Administração Pública sob relação de dependência e profissionalidade, ainda que temporária.

(D) espécie de função contida nos quadros da Administração Pública.

(E) espécie de agente que atua somente na Administração Direta brasileira.

A: incorreta, pois o servidor público é uma espécie de *agente público* e ponto; não é espécie de *agente público no exercício de função honorífica* (aliás, os agentes honoríficos são também espécies de agentes públicos, mas que não se confundem com os servidores públicos), nem estão fora da estrutura da administração; **B:** incorreta, pois o servidor público é espécie de agente público, e não espécie de agente político; aliás, as espécies de agentes públicos são as seguintes: agentes políticos, agentes administrativos (incluem os servidores públicos), agentes honoríficos, agentes delegados e agentes credenciados; **C:** correta, pois traz a exata definição de servidor público; **D:** incorreta, pois os servidores públicos não são "função", mas são "pessoas naturais" que exercem uma função; **E:** incorreta, pois tais agentes também atuam na Administração Indireta.

5.2. Vínculos (cargo, emprego e função)

(Defensor Público –DPE/ES – 2016 – FCC) O regime jurídico constitucional e legal vigente aplicável às entidades da administração indireta dispõe que

(A) os servidores das fundações criadas pelo Poder Público sempre se vinculam ao regime geral de previdência social.

(B) a remuneração dos empregados das empresas estatais que se dediquem à atividade econômica em sentido estrito não está sujeita ao teto remuneratório constitucional.

(C) as associações públicas não são consideradas entidades da administração indireta, em razão de seu regime especial.

(D) aos dirigentes das agências executivas é assegurado o desempenho de mandato fixo, durante o qual não podem ser exonerados, senão por motivo justo, apurado mediante processo administrativo em que estejam assegurados a ampla defesa e o contraditório.

(E) estão sujeitos ao regime jurídico único os servidores da administração pública direta, das autarquias e fundações públicas.

A: Incorreta. Os servidores das pessoas jurídicas de direito público, como podem ser as fundações públicas, podem ser estatutários, ou seja, regidos por lei específica (estatuto), havendo também os celetistas, vinculados ao Regime Geral de Previdência, sendo esse o sentido do art. 39, CF; **B:** Incorreta. Os servidores públicos das empresas estatais exploradoras de atividade econômica sujeitam-se ao teto geral, no que diz respeito ao montante de valores que tenham recebido da Administração Direta, conforme disposto no art. 37, § 9º, CF; **C:** Incorreta. As associações públicas são pessoas jurídicas de direito público formadas por Entes Políticos, sendo decorrentes de consórcios públicos de direito público (associações multifederadas), conforme art. 1º, § 1º, da Lei 11107/2005; **D:** Incorreta. Os dirigentes das Agências Executivas não possuem mandato, que é próprio dos dirigentes das Agências Reguladoras. Aquelas são pessoas jurídicas de direito privado que recebem uma qualificação ("executivas") da Administração Direta para o desempenho de metas dispostas no contrato de gestão (art. 37, § 8º, CF), sendo que a elas não se aplicam as normas próprias das Agências Reguladoras, que integram a Administração Indireta (autarquias de regime especial); **E:** Correta. A adoção do regime jurídico único pelas pessoas jurídicas de direito público integrantes da Administração Direta e Indireta consta do art. 39, "caput", CF.

(Defensor Público/AM – 2010 – I. Cidades) A partir da edição da Emenda Constitucional 19/1998 houve restrição à subjetividade do gestor público no provimento dos cargos e atribuições de funções de confiança. Decorre dessa norma:

(A) ser o titular de cargo em comissão ou função de confiança necessariamente detentor de cargo efetivo.

(B) a obrigatoriedade das funções de confiança só serem preenchidas por titulares de cargo efetivo.

(C) a exigência de provimento do cargo em comissão apenas por servidores de carreira.

(D) a obrigatoriedade de seleção para atribuição de cargos em comissão ou funções de confiança.

(E) ser essas espécies de provimento privativas do Chefe do Poder Executivo.

A: incorreta, pois essa obrigatoriedade sem exceções só existe em relação à função em confiança (art. 37, V, da CF); **B:** correta, conforme mencionado na alternativa "A" (art. 37, V, da CF); **C:** incorreta, pois, quanto ao cargo em comissão, a lei especificará o percentual mínimo desses cargos que deve ser provido por servidores de carreira; assim, uma parcela desses cargos será, necessariamente, provida por servidores de carreira, mas a outra parcela será preenchida por pessoas que sequer detêm cargos públicos; **D:** incorreta, pois não é necessário concurso público ou processo seletivo para atribuição de cargos em comissão ou funções em confiança (art. 37, II, da CF); **E:** incorreta, pois, em cada ente, há normas específicas dispondo sobre quem é autoridade que tem competência para o provimento desse cargo, ou seja, para nomear alguém para um cargo em comissão; essa competência pode ser atribuída ao Chefe do Executivo, aos Secretários e Ministros e a outras autoridades, de acordo com a lei local.

(Defensoria Pública da União – 2002 – CESPE) Julgue o seguinte item.

(1) Considera-se ilícita a criação do cargo público, de provimento, em comissão, de motorista do prefeito municipal, por motivo de reforma administrativa no âmbito de uma prefeitura municipal.

1: correta, pois a criação de cargo em comissão depende de lei e só pode se dar para atribuições de assessoria, chefia e direção (art. 37, V, da CF), o que não é o caso de um motorista.

5.3. Provimento

(Defensoria Pública da União – 2007 – CESPE) Julgue o item a seguir.

(1) Paulo, servidor público federal, detentor de cargo efetivo de auditor fiscal da previdência social, já havia adquirido a estabilidade no serviço público quando foi aprovado em concurso público para o cargo de analista do TCU, no qual tomou posse, assumindo a função em 15/01/2007. Nessa situação, conforme jurisprudência dos tribunais superiores, Paulo pode requerer a sua recondução ao cargo que ocupava anteriormente até 15/01/2009, mesmo sendo bem avaliado no estágio probatório em curso.

Os tribunais vêm interpretando ampliativamente o disposto no art. 29 da Lei 8.112/1990, com base no princípio da isonomia, para permitir a recondução não só do que não foi aprovado no estágio probatório de novo cargo, como também daquele que foi bem no estágio probatório do novo cargo e deseja ser reconduzido ao cargo de origem (STF, MS 24.271, DJ 20/09/02, e STJ, REsp 817.061/RJ, DJ 04/08/2008).

5.4. Acessibilidade e concurso público

(Defensor Público/AM – 2010 – I. Cidades) Sabe-se que o concurso público é obrigatório para admissão de servidores na Administração Pública, podendo deixar de ser exigido em algumas situações, citando-se entre elas:

(A) contratação sob regime celetista em empresas estatais.

(B) contratação sob regime estatutário nas autarquias públicas.

(C) contratação por tempo determinado, para atender a necessidade temporária de excepcional interesse público.

(D) servidor transposto de uma carreira para outra.
(E) admissão de servidor já submetido a concurso anterior para outro cargo.

A regra é o princípio do concurso público, que vale para cargo público (regime estatutário), como para emprego público (regime celetista), bem como para qualquer mudança que um servidor queira fazer de uma carreira para outra carreira. A exceção é a contratação para atender a necessidade temporária de excepcional interesse público, que não requer concurso público (art. 37, IX, da CF); no plano federal, a questão é regulamentada pela Lei 8.745/1993, que, em seu art. 3º, dispõe que a contratação se dará por meio de processo seletivo simplificado, e não por concurso público. Em cada ente político há de se ter uma lei local tratando do assunto.
Gabarito "C".

5.5. Efetividade, estabilidade e vitaliciedade

(Defensor Público/GO – 2010 – I. Cidades) Sobre o prazo do estágio probatório a ser cumprido pelos servidores nomeados após aprovação em concurso público, de acordo com a jurisprudência do Supremo Tribunal Federal, e doutrina majoritária, após a edição da EC 19/1998, este teria passado a ser

(A) de um ano.
(B) de dois anos.
(C) de três anos.
(D) de quatro anos.
(E) de cinco anos.

O STF e o STJ entendem, atualmente, que, com a EC 19/1998, que aumentou para 3 anos o tempo de exercício para a aquisição da estabilidade, o estágio probatório também passou a ser de 3 anos, ainda que o estatuto local tenha redação dispondo que o prazo é de 2 anos ou 24 meses. Nesse sentido, confira os precedentes do STF (STA 269 AgR, DJ 26.02.2010) e do STJ (MS 12.523/DF, 18.08.2009).
Gabarito "C".

5.6. Acumulação remunerada e afastamento

(Defensor Público/RO – 2007) Segundo regra expressa da Constituição Federal, havendo compatibilidade de horários, o servidor público da administração direta, uma vez eleito, poderá perceber as vantagens de seu cargo sem prejuízo da remuneração do seu cargo eletivo. Tal preceito se aplica ao servidor que vai entrar em exercício de mandato eletivo, exclusivamente, de.

(A) senador.
(B) prefeito.
(C) vereador.
(D) deputado federal.
(E) deputado estadual.

Art. 38, III, da CF.
Gabarito "C".

5.7. Remuneração e subsídio

(Defensor Público/ES – 2012 – CESPE) Acerca das regras constitucionais aplicáveis a administração pública, julgue os itens que se seguem.

(1) A investidura em cargo ou emprego público, incluindo-se os cargos em comissão, depende, de acordo com disposição expressa da CF, da aprovação previa em concurso público de provas ou provas e títulos.

(2) Em decorrência de expressa vedação legal, os membros da DP não podem ser remunerados por subsidio, já que o recebimento desse tipo de remuneração violaria o regime jurídico-administrativo aplicável a instituição.

(3) De acordo com a CF, as parcelas de caráter indenizatório previstas em lei não são computadas para efeito de cumprimento do teto constitucional da remuneração dos servidores públicos.

1: incorreta, pois a investidura em cargo em comissão independe de concurso público, pois esse cargo é de livre nomeação (art. 37, II, da CF), também chamados de cargo demissível ad nutum; **2**: incorreta, pois os defensores públicos devem ser remunerados por subsídio por força de expressa determinação constitucional (art. 135 c/c art. 39, § 4.º, da CF); **3**: correta (art. 37, § 11, da CF).
Gabarito 1E, 2E, 3C.

(Defensor Público/AL – 2009 – CESPE) Acerca dos servidores públicos, julgue o item abaixo.

(1) É vedada a vinculação ou equiparação de quaisquer espécies remuneratórias para efeito de remuneração de pessoal do serviço público.

1: correta (art. 37, XIII, da CF).
Gabarito 1C.

(Defensor Público/AL – 2009 – CESPE) Julgue o seguinte item.

(1) Os DPs e os servidores públicos organizados em carreira devem ser, obrigatoriamente, remunerados por subsídios.

1: errada, pois os defensores públicos devem receber pela sistemática do subsídio (art. 135 c/c art. 134 da CF), mas nem todos os servidores em carreira devem, obrigatoriamente, receberem por essa sistemática; há casos expressos na Constituição (exs.: arts. 39, § 4º, e 144, § 9º, da CF) e, quanto aos demais servidores de carreira, não há *obrigatoriedade* de adoção dessa sistemática, mas apenas *possibilidade* dessa adoção (art. 39, § 8º, da CF).
Gabarito 1E.

5.8. Previdência do servidor: aposentadoria, pensão e outros benefícios

(Defensor Público –DPE/ES – 2016 – FCC) A Constituição Federal estatui, no tocante ao regime próprio de previdência dos servidores públicos titulares de cargo efetivo:

(A) Para o cálculo dos proventos de aposentadoria, por ocasião da sua concessão, serão considerados as remunerações utilizadas como base para as contribuições do servidor, considerados os sessenta meses que precederam a passagem para a inatividade.

(B) A pensão por morte corresponderá ao valor da totalidade dos proventos do servidor falecido, até o limite máximo estabelecido para os benefícios do regime geral de previdência social, acrescido de setenta e cinco por cento da parcela excedente a este limite, caso aposentado à data do óbito.

(C) O servidor titular de cargo efetivo que vier a ocupar cargo em comissão fica vinculado ao regime geral de previdência, durante o período de exercício do cargo comissionado.

(D) Os regimes de previdência complementar instituídos pelos entes políticos para os titulares de cargo efetivo somente podem ser oferecidos na modalidade de contribuição definida.

(E) Os proventos de aposentadoria e as pensões, por ocasião de sua concessão, não poderão exceder a remuneração do respectivo servidor, no cargo efetivo em que se deu a aposentadoria ou que serviu de referência para a concessão da pensão, ressalvada a hipótese de promoção *post mortem*.

A: Incorreta. O art. 40, § 3º, CF determina a consideração dos valores da remuneração recebida, nos moldes do que acontece com o Regime Geral de Previdência; **B:** Incorreta. O art. 40, § 7º, CF determina o acréscimo de setenta por cento da parcela que exceda o limite estabelecido no Regime Geral de Previdência; **C:** Incorreta. O servidor titular de cargo efetivo, ocupará função de confiança, continuando regido pelo Regime Estatutário, que também contém regras gerais do Regime Geral (art. 40, § 3º, CF); **D:** Correta, conforme expressamente determinado no art. 40, § 15, CF; **E:** Incorreta. Não há como ser feita uma promoção "post mortem", eis que a promoção é forma de provimento derivado em que se pressupõe o exercício do cargo público efetivo.
Gabarito "D".

(Defensor Público –DPE/MT – 2016 – UFMT) Em consonância com as normas gerais vigentes na Constituição Federal de 1988 acerca dos regimes próprios de previdência de servidores públicos efetivos, é correto afirmar:

(A) É garantida pensão por morte aos dependentes calculada com base no valor integral da remuneração do servidor falecido ou dos proventos de aposentadoria, caso aposentado à data do óbito.

(B) É vedada a adoção de requisitos e critérios diferenciados para a concessão de aposentadoria, ressalvados, exclusivamente, os casos de servidores que exerçam atividades de risco ou atividades sob condições especiais que prejudiquem a saúde ou a integridade física.

(C) Os Estados e Municípios poderão fixar, para o valor das aposentadorias e pensões, o limite máximo estabelecido para os benefícios do regime geral de previdência social, desde que instituam por lei regime de previdência complementar para seus servidores, por intermédio de entidades fechadas de natureza pública.

(D) É assegurada a paridade remuneratória entre servidores ativos e inativos, a fim de estender aos inativos os reajustes concedidos aos servidores em atividade.

(E) O limite máximo de remuneração e subsídio fixado na Constituição Federal de 1988 é aplicável aos proventos de inatividade, excepcionados os casos de soma de aposentadorias decorrentes de cargos acumuláveis.

A: Incorreta, pois a pensão por morte pode depender do valor da aposentadoria anterior, se acaso o falecido era aposentado, sendo correspondente ao valor daquela. Se a aposentadoria foi concedida ao servidor que ingressou no serviço público anteriormente à EC 41/2003, ela não será mais integral, ocorrendo o mesmo com a pensão por morte, portanto (art. 40, § 7º, CF); **B:** Incorreta. O art. 40, § 4º, CF, determina que podem ser adotados requisitos e critérios diferenciados para os seguintes casos: aos portadores de deficiência, aos que exerçam atividades de risco e aos cujas atividades sejam exercidos sob condições especiais que prejudiquem a saúde ou a integridade física; **C:** Correta. Trata-se da "letra" do art. 40, § 14, CF; **D:** Incorreta. A paridade foi extinta com a EC41/2003, sendo que o art. 6º dessa Emenda garantiu esse direito aos que ingressaram no serviço público até a data de sua publicação; **E:** Incorreta. Os cargos acumuláveis também estão sujeitos às regras do limite estabelecido pelo Teto Geral (art. 37, XI, CF).
Gabarito "C".

(Defensor Público/GO – 2010 – I. Cidades) De acordo com a atual ordem constitucional, aos servidores públicos ocupantes de cargos efetivos é assegurado regime próprio de previdência de caráter contributivo. É direito decorrente desse regime

(A) em algumas hipóteses, a paridade de proventos com vencimentos de servidores em atividade com base nas regras de transição.

(B) a aposentadoria proporcional por idade para a mulher que complete no mínimo 55 anos.

(C) a aposentadoria por invalidez, desde que cumprido o tempo mínimo de contribuição.

(D) a aposentadoria proporcional por tempo de serviço-contribuição, desde que a servidora ou o servidor completem, respectivamente, no mínimo, 25 e 30 anos de contribuição.

(E) a aposentadoria proporcional por idade para o homem a partir dos 60 anos.

A: correta (ex.: art. 3º, § 3º, da EC 20/1998); **B:** incorreta, pois a idade mínima para a mulher, no caso, é de 60 anos (art. 40, § 1º, III, *b*, da CF); **C:** incorreta, pois, nesse caso, não há tempo mínimo de contribuição (art. 40, § 1º, I, da CF); **D:** incorreta, pois não há esse requisito na aposentadoria proporcional, mas apenas requisito de idade (60 anos para mulher e 65 anos para homem), bem como tempo mínimo de serviço público de 10 anos e 5 anos no cargo efetivo em que se dará a aposentadoria (art. 40, § 1º, III, *b*, da CF); **E:** incorreta, pois a idade mínima para o homem, no caso, é de 65 anos (art. 40, § 1º, III, *b*, da CF).
Gabarito "A".

5.9. Direitos do servidor público

(Defensor Público –DPE/MT – 2016 – UFMT) Quanto ao servidor público, extinto o cargo ou declarada a sua desnecessidade, após a estabilidade,

(A) ficará em disponibilidade, com remuneração proporcional ao tempo de serviço, sendo vedado seu aproveitamento em outro cargo público.

(B) será exonerado *ad nutum*, sem direito à remuneração.

(C) será obrigatoriamente exonerado, sendo-lhe garantidos os direitos inerentes ao cargo.

(D) será obrigatoriamente demitido, sendo-lhe garantidos os direitos inerentes ao cargo.

(E) ficará em disponibilidade, com remuneração proporcional ao tempo de serviço, até seu adequado aproveitamento em outro cargo público.

A: Incorreta, pois o servidor ficará em disponibilidade até o seu aproveitamento em outro cargo (art. 41, § 3º, CF); **B:** Incorreta, porque a Constituição Federal prevê que o servidor ficará em disponibilidade (art. 41, § 3º); **C:** Incorreta, conforme explicado nas duas respostas anteriores; **D:** Incorreta, pois o servidor não é demitido, havendo previsão constitucional expressa para que fique aguardando em disponibilidade (art. 41, § 3º); **E:** Correta, sendo exatamente o previsto no art. 41, § 3º, CF.
Gabarito "E".

5.10. Infrações e processos disciplinares. Comunicabilidade de instâncias

(Defensor Público/AC – 2017 – CESPE) Em razão da prática de infração disciplinar tipificada como crime, foi instaurado procedimento administrativo disciplinar em desfavor de determinado servidor público, o qual já responde à ação penal relacionada aos mesmos fatos.

Acerca dessa situação hipotética, assinale a opção correta, de acordo com a jurisprudência dos tribunais superiores sobre o assunto.

(A) A independência das esferas administrativa e criminal não permite que a efetivação de penalidade de demissão imposta em sede administrativa ocorra anteriormente ao trânsito em julgado da ação penal.

(B) É aceita a utilização de prova emprestada no procedimento administrativo disciplinar em curso, desde que autorizada pelo juiz criminal e respeitados o contraditório e a ampla defesa.

(C) A absolvição criminal fundada na inocorrência de crime impede a imposição de penalidade em sede do procedimento administrativo disciplinar.

(D) A condenação criminal impõe a aplicação da penalidade administrativa em sede de procedimento disciplinar, independentemente da regularidade do procedimento administrativo instaurado.

(E) A fim de serem evitadas decisões contraditórias nas instâncias administrativa e penal, impõe-se o sobrestamento do procedimento administrativo disciplinar até o julgamento final da ação penal em tramitação.

A: incorreta – as instâncias civil, administrativa e penal são independentes entre si, de modo que é possível a ocorrência da demissão antes do trânsito em julgado da ação penal – Art. 125 da Lei 8.112/1990. Essa regra apresenta exceções: o caso de inexistência do fato e de negativa de autoria. Nessas hipóteses, transitada em julgado decisão nesse sentido, será efetuada a reintegração do servidor, nos termos do Art. 28 c/c 126 da Lei 8.112/1990; **B:** correta – "É permitida a "prova emprestada" no processo administrativo disciplinar, desde que devidamente autorizada pelo juízo competente e respeitados o contraditório e a ampla defesa" – Súmula 591 STJ; **C:** incorreta – as instâncias civil, administrativa e penal são independentes entre si, de modo que é possível a ocorrência de aplicação de penalidade no âmbito de processo administrativo disciplinar antes do trânsito em julgado da ação penal – Art. 125 da Lei 8.112/1990. Essa regra apresenta exceções: o caso de inexistência do fato e de negativa de autoria. Nessas hipóteses, transitada em julgado decisão nesse sentido, será efetuada a reintegração do servidor, nos termos do Art. 28 da Lei 8.112/1990; **D:** incorreta – as instâncias civil, administrativa e penal são independentes entre si – Art. 125 da Lei 8.112/1990; **E:** incorreta – as instâncias civil, administrativa e penal são independentes entre si – Art. 125 da Lei 8.112/1990. Gabarito "B".

(Defensor Público –DPE/ES – 2016 – FCC) A Lei Federal 4.898/1965 disciplina a responsabilidade em caso de abuso de autoridade. Tal diploma estatui que:

(A) O processo administrativo para apurar abuso de autoridade deve ser sobrestado para o fim de aguardar a decisão da ação penal que apura a mesma conduta.

(B) Quando o abuso for cometido por agente de autoridade policial, civil ou militar, de qualquer categoria, poderá ser cominada a pena autônoma ou acessória, de não poder o acusado exercer funções de natureza policial ou militar no município da culpa, por prazo de um a cinco anos.

(C) Dentre as sanções penais que podem ser aplicadas está a perda do cargo e a inabilitação para o exercício de qualquer outra função pública por prazo de até oito anos.

(D) Constitui abuso de autoridade qualquer atentado ao exercício dos direitos sociais.

(E) Considera-se autoridade, para os efeitos da referida lei, apenas quem exerce cargo, emprego ou função pública, de natureza civil, ou militar, de natureza permanente.

A: Incorreta. O processo não poderá ser sobrestado, conforme disposto no art.7º, § 3º, da Lei 4.898/1965; **B:** Correta. Conforme disposto no art. 6º, § 5º, da Lei 4.898/1965 (letra de lei); **C:** Incorreta. A inabilitação para o exercício de outra função é por até 3 anos (art. 6º, § 3º, "c", da Lei 4.898/1965); **D:** Incorreta. Os direitos sociais não são "alvo" da conduta de abuso de autoridade, conforme dispõe o art. 3º, da Lei 4.898/1965; **E:** Incorreta. É considerada autoridade, mesmo o que, transitoriedade, exerce função pública (art. 5º, da Lei 4.898/1965). Gabarito "B".

(Defensor Público/GO – 2010 – I. Cidades) De acordo com a jurisprudência sumulada do Supremo Tribunal Federal, admite-se a responsabilidade do servidor na esfera administrativa quando já absolvido na esfera penal

(A) havendo remanescente administrativo.

(B) pela repercussão obrigatória da decisão penal.

(C) por negativa de autoria.

(D) por ficar comprovado que não houve o fato imputado ao acusado.

(E) pela teoria da comunicabilidade das instâncias.

A alternativa "A" está correta, nos termos da Súmula 18 do STF, que dispõe que, "pela falta residual, não compreendida na absolvição pelo juízo criminal, é admissível a punição administrativa do servidor público". Gabarito "A".

(Defensoria Pública/SP – 2010 – FCC) De acordo com a Súmula Vinculante nº 5 do Supremo Tribunal Federal, no processo administrativo disciplinar

(A) o acusado deve ser defendido por advogado regularmente constituído, caso não possua capacidade postulatória.

(B) a demissão imposta a bem do serviço público deve ser submetida a prévio controle de legalidade pelo Poder Judiciário.

(C) a falta de defesa técnica por advogado não ofende a Constituição Federal.

(D) a presença de advogado em todas as fases de processo administrativo disciplinar é obrigatória.

(E) a ausência de defesa por advogado acarreta a nulidade absoluta, se não for sanada antes da fase de julgamento.

Segundo a Súmula Vinculante nº 5 do STF, "a falta de defesa técnica por advogado no processo administrativo disciplinar não ofende a Constituição". Gabarito "C".

(Defensoria/SP – 2007 – FCC) Com referência à responsabilidade do funcionário público, assinale a alternativa INCORRETA.

(A) Pela falta residual, não compreendida na absolvição pelo juízo criminal, é admissível a punição administrativa do servidor público.
(B) A responsabilidade administrativa do servidor denunciado por ilícito penal será afastada no caso de absolvição criminal que negue a existência do fato ou da sua autoria.
(C) A administração pública não necessita aguardar a conclusão do processo criminal, para iniciar e concluir o procedimento administrativo-disciplinar, aplicando a pena que a lei autorizar.
(D) A responsabilidade objetiva do Estado se verifica mesmo em relação aos atos do servidor praticados fora das funções públicas.
(E) Ainda que haja o ressarcimento integral do dano, é vedada a transação, o acordo ou a conciliação na ação de improbidade, de que trata a Lei n.º 8.429/1992.

A: correta (Súmula 18 do STF); **B:** correta (art. 126 da Lei 8.112/1990); **C:** correta (arts. 125 e 126 da Lei 8.112/1990); **D:** incorreta (art. 37, § 6º, da CF – "nessa qualidade"); **E:** correta (art. 17, § 1º, da Lei 8.429/1992).

5.11. Temas combinados de agentes públicos

(Defensor Público/PR – 2012 – FCC) Sobre o regime jurídico aplicável aos servidores públicos é correto afirmar:

(A) A Constituição Federal impõe a obrigatoriedade do concurso público de provas e títulos e veda a contratação temporária de pessoal.
(B) Pelo regime imposto pela Emenda Constitucional 19/1998 os vencimentos dos servidores públicos em geral passaram a ser chamados de subsídios.
(C) A acumulação de dois cargos públicos remunerados de professor é admitida se houver compatibilidade de horários, sendo que a soma das remunerações deve respeitar o teto remuneratório.
(D) Os preceitos constitucionais que asseguram o direito de greve e o direito de associação sindical dos servidores públicos são de eficácia contida.
(E) A aposentadoria compulsória dá-se por presunção de invalidez aos 70 anos de idade para os homens e aos 65 anos de idade para as mulheres.

A: incorreta, pois há exceção à regra da obrigatoriedade do concurso público; no provimento de cargo em comissão (art. 37, II, da CF) e, quanto à contratação temporária de pessoal, há previsão constitucional do instituto, em caso de necessidade temporária de excepcional interesse público (art. 37, IX, da CF); **B:** incorreta, pois a Constituição enumera os tipos de servidores que receberão por meio de subsídios (ex: art. 39, § 4º, da CF) e permite que outros servidores organizados em carreira também recebam pela modalidade subsídio (art. 39, § 8.º, da CF); assim, cargos isolados em que a CF não menciona a remuneração por subsídio e cargos em carreira em que a lei ainda não fixou o subsídio como forma de remuneração não estão nesse regime, de maneira que é inoportuno afirmar que os servidores em geral devem receber via subsídio; **C:** correta (art. 37, XVI, "a", da CF); **D:** incorreta, pois o direito à livre associação sindical não pode sofrer restrição legal, sob pena de não ser "livre"; já quanto ao direito de greve, a princípio tem eficácia limitada, ou seja, depende de regulamentação para poder ser exercitado; todavia, tendo em vista a mora abusiva do Legislativo em elaborar a lei de greve para o setor público, o STF, suprindo essa lacuna, autorizou a greve de servidores (Mandado de Injunção – MI 670, 708 e 712 do STF), obedecendo-se aos preceitos da lei de greve para o setor privado; **E:** incorreta, pois a aposentadoria compulsória não presume a invalidez do servidor; ademais, ela se dá aos 70 anos tanto para o homem, como para a mulher (art. 40, § 1.º, II, da CF).

6. IMPROBIDADE ADMINISTRATIVA

6.1. Conceito, modalidades, tipificação e sujeitos ativo e passivo

(Defensor Público/AL – 2017 – CESPE) Constitui ato de improbidade administrativa que importa enriquecimento ilícito

(A) concorrer, por qualquer forma, para a incorporação ao patrimônio particular, de pessoa jurídica, de bens integrantes do acervo patrimonial da administração direta estadual.
(B) permitir a utilização, em obra particular, de material que seja de propriedade de pessoa jurídica da administração direta estadual.
(C) doar à pessoa jurídica, ainda que sem fins patrimoniais, verbas do patrimônio de pessoa jurídica da administração direta estadual.
(D) permitir que pessoa física utilize renda integrante do acervo patrimonial de pessoa jurídica da administração indireta estadual.
(E) exercer atividade de consultoria para pessoa jurídica que tenha interesse suscetível de ser atingido por ação decorrente das atribuições do agente público, durante a atividade.

A: incorreta – trata-se de ato de improbidade administrativa que causa prejuízo ao Erário – Art. 10, inc. I, da Lei 8.429/1992; **B:** incorreta – trata-se de ato de improbidade administrativa que causa prejuízo ao Erário – Art. 10, inc. XIII, da Lei 8.429/1992; **C:** incorreta – trata-se de ato de improbidade administrativa que causa prejuízo ao Erário – Art. 10, inc. III, da Lei 8.429/1992; **D:** incorreta – trata-se de ato de improbidade administrativa que causa prejuízo ao Erário – Art. 10, inc. II, da Lei 8.429/1992; **E:** correta – Art. 9º, inc. VIII, da Lei 8.429/1992.

(Defensor Público –DPE/MT – 2016 – UFMT) Em consonância com o disposto na Lei 8.429/1992 e com o entendimento do Superior Tribunal de Justiça (STJ) acerca de improbidade administrativa, marque V para as afirmativas verdadeiras e F para as falsas.

( ) O STJ tem admitido a aplicabilidade da Lei 8.429/1992 aos agentes políticos, com fundamento na inocorrência de duplo regime sancionatório, uma vez que não há coincidência de sanções entre o crime de responsabilidade e a prática de ato ímprobo.
( ) É admitida pelo STJ a conversão da pena de perda da função pública prevista na Lei 8.429/1992 em cassação de aposentadoria, desde que a ação de improbidade administrativa tenha sido proposta antes da concessão do benefício ao agente ímprobo.
( ) Na ação de improbidade administrativa proposta pelo Ministério Público, a entidade interessada pode figurar como litisconsorte ativo, em razão da natureza concorrente e disjuntiva da legitimação.

( ) A jurisprudência do STJ não admite a aplicação de excludentes de ilicitude e culpabilidade do direito penal no âmbito da ação de improbidade administrativa, em virtude da natureza distinta da ação e da absoluta falta de previsão de tais excludentes na Lei 8.429/1992.

Assinale a sequência correta.

(A) F, V, F, V
(B) V, V, F, V
(C) F, F, V, V
(D) V, V, V, F
(E) V, F, V, F

1. Correta, tendo em vista que o STJ já se posicionou em diversos julgados (Recl 2790/SC, Rel. Min. Teori Zavascki e Resp 1034511/CE, Min. Eliana Calmon; **2.** Incorreta, pois não temos a pena de cassação de aposentadoria prevista no art. 12, da Lei de Improbidade, não sendo possível essa conversão, conforme entende também o STJ, exceto a aplicação independente das sanções, se decorrente de processo administrativo, no caso da cassação de aposentadoria, por exemplo (RMS 219225-GO); **3.** Correta, tendo em vista o art. 17, § 3°, da Lei 8.429/1992 determinar a aplicação da Lei 4717/1965 (Lei da Ação Popular), que admite o litisconsórcio facultativo da pessoa jurídica interessada com o Ministério Público; **4.** Incorreta. O art. 12 da Lei 8.429/1992 prevê a independência das instâncias administrativas, civil e penal, o que significa que cada uma pode decidir livremente, conforme suas próprias normas, mas quando se exclui uma tipicidade do ato, não há óbice legal ou jurisprudencial para que se avalie a sua exclusão, também nas demais esferas do direito, conforme decidiu o STF, quanto ao reconhecimento do estado de necessidade na Ação de Improbidade no Resp. 1123876/DF.

Gabarito "E".

(Defensoria Pública da União – CESPE – 2015) Em relação a improbidade administrativa e responsabilidade civil do servidor público federal, julgue os itens subsequentes.

(1) O rol de condutas tipificadas como atos de improbidade administrativa constante na Lei de Improbidade (Lei 8.429/1992) é taxativo.

(2) A responsabilidade civil do servidor público pela prática, no exercício de suas funções, de ato que acarrete prejuízo ao erário ou a terceiros pode decorrer tanto de ato omissivo quanto de ato comissivo, doloso ou culposo.

1: Incorreta, tendo em vista que os artigos 9°, 10 e 11, da Lei 8.429/1992 são expressos no sentido de que as condutas por eles descritas são exemplificativas. A prova disso é que no final do "caput" de cada um desses dispositivos temos a expressão "notadamente", demonstrando que há possibilidade de previsão de outras condutas; **2:** Correta, tendo em vista ser letra expressa do disposto no art. 10, "caput", da Lei 8429/1992.

Gabarito 1E, 2C

(Defensor Público/RO – 2012 – CESPE) Assinale a opção correta a respeito da improbidade administrativa.

(A) Comprovado ato de improbidade que cause prejuízo ao erário, o agente público acusado do ato poderá ser condenado a pena de suspensão dos direitos políticos pelo prazo de até dez anos.

(B) Segundo a doutrina majoritária, a probidade administrativa tem natureza de direito individual homogêneo.

(C) O sujeito passivo de ato de improbidade administrativa restringe-se à pessoa jurídica de direito público atingida pelo ato.

(D) Pratica ato de improbidade administrativa o agente público que adquire, para si ou para outrem, no exercício do cargo ou função pública, bens cujo valor seja desproporcional à evolução do respectivo patrimônio ou renda.

(E) Não restando configurado prejuízo financeiro para o ente público e, portanto, ausente a lesão ao patrimônio público, não há de se falar em eventual ato de improbidade administrativa.

A: incorreta, pois a suspensão dos direitos políticos, no caso, é regulada pelo art. 12, II, da Lei 8.429/1992, que estabelece o prazo de 5 a 8 anos para a sua fixação; **B:** incorreta, pois é um direito difuso, autorizando, assim, a atuação irrestrita do Ministério Público; **C:** incorreta, pois também são sujeitos passivos desse ato as entidades mencionadas pelo art. 1.º, caput e § Único., da Lei 8.429/1992, tais como as demais entidades da administração indireta que não forem de direito público (sociedades de economia mista, empresas públicas, consórcios públicos de direito privado e fundações governamentais de direito privado), as empresas incorporadas ao patrimônio público, as entidades para cuja criação ou custeio o erário haja concorrido ou concorra com mais de 50% do patrimônio ou receita anual e também as entidades que recebam subvenção, benefício ou incentivo, fiscal ou creditício, na forma do dispositivo citado; **D:** correta (art. 9.º, VII, da Lei 8.429/1992); **E:** incorreta, pois as modalidades enriquecimento ilícito (art. 9.º da Lei 8.429/1992) e ofensa a princípios (art. 11 da Lei 8.429/1992) não reclamam prejuízo ao erário para se configurar; ademais, o art. 21, I, da Lei 8.429/1992 dispõe que a aplicação das sanções da Lei 8.429/1992 independem da ocorrência de dano ao erário.

Gabarito "D".

(Defensor Público/AL – 2009 – CESPE) Julgue o seguinte item.

(1) Negar publicidade aos atos oficiais constitui ato de improbidade administrativa que causa lesão ao erário.

1: errada, pois o fato narrado constitui ato de improbidade administrativa que "atenta contra princípios da administração pública" (art. 11, IV, da Lei 8.429/1992).

Gabarito 1E

(Defensoria/MT – 2009 – FCC) Considere três diferentes atos praticados por agente público:

I. negar publicidade aos atos oficiais;
II. agir negligentemente na arrecadação de tributo ou renda, bem como no que diz respeito à conservação do patrimônio público;
III. perceber vantagem econômica para intermediar a liberação ou aplicação de verba pública de qualquer natureza.

Em tese, por força do disposto na Lei nº 8.429/1992, o agente está sujeito às cominações de "perda dos bens ou valores acrescidos ilicitamente ao patrimônio, ressarcimento integral do dano, quando houver, perda da função pública, suspensão dos direitos políticos de oito a dez anos, pagamento de multa civil de até três vezes o valor do acréscimo patrimonial e proibição de contratar com o Poder Público ou receber benefícios ou incentivos fiscais ou creditícios, direta ou indiretamente, ainda que por intermédio de pessoa jurídica da qual seja sócio majoritário, pelo prazo de dez anos",

(A) apenas na hipótese I.
(B) apenas na hipótese II.
(C) apenas na hipótese III.
(D) em nenhuma das hipóteses, I, II ou III.

(E) em todas as hipóteses, I, II e III.

As sanções previstas no enunciado dizem respeito à modalidade de improbidade "enriquecimento ilícito do agente" (art. 12, I, da Lei 8.429/1992), de modo que somente a hipótese III (art. 9º, IX, da Lei 8.429/1992) a elas se encaixa.

Gabarito "C".

6.2. Sanções, providências cautelares e prescrição

(Defensor Público/AC – 2012 – CESPE) Antônio tomou posse, em seu primeiro mandato como prefeito municipal, em 01/01/2009 e, embora tenha cometido ato de improbidade administrativa enquanto comandava a prefeitura, pretende candidatar-se para o mesmo cargo no pleito de 2012.

Nessa situação hipotética, admitindo-se que Antônio seja reeleito e que sua posse para o segundo mandato ocorra em 1/1/2013, a contagem do prazo prescricional para o ajuizamento de ação de improbidade administrativa contra o ato praticado por Antônio na vigência de seu primeiro mandato se inicia

(A) a partir do término do segundo mandato.
(B) na data da posse do segundo mandato.
(C) após cento e oitenta dias da data de posse do segundo mandato.
(D) a partir do término do primeiro mandato.
(E) na data da posse do primeiro mandato.

O art. 23, I, da Lei 8.429/1992 estabelece que o prazo será contado a partir do término do exercício do mandato. No caso, havendo continuidade na Administração por conta de um segundo mandato, o prazo prescricional somente se inicia ao fim do segundo mandato. Aliás, objetivo da lei em fazer iniciar o prazo prescricional apenas após o fim do mandato, é garantir que haja maior possibilidade de se descobrir atos ímprobos, muitas vezes feitos de forma escondida, sendo que, enquanto o agente público está no cargo, fica difícil, em boa parte das vezes, verificar-se a ocorrência de ilícitos. No caso, somente ao cabo do segundo mandato é que se atenderá a essa preocupação da lei, o que impõe que o prazo prescricional se inicie do término do segundo mandato.

Gabarito "A".

(Defensoria Pública da União – 2007 – CESPE) Julgue o item a seguir.

(1) Os atos de improbidade administrativa importarão a suspensão dos direitos políticos, a perda da função pública, a indisponibilidade dos bens e o ressarcimento ao erário, na forma e gradação previstas em lei, sem prejuízo da ação penal cabível.

Art. 37, § 4º, da CF.

Gabarito 1E.

6.3. Questões processuais da ação de improbidade e outras questões

(Defensor Público –DPE/RN – 2016 – CESPE) Considerando os termos da responsabilidade administrativa, civil e criminal dos agentes públicos e a disciplina da improbidade administrativa, assinale a opção correta.

(A) O sistema punitivo na esfera administrativa se assemelha ao da esfera criminal, na medida em que as condutas são tipificadas com precisão, sendo cominadas sanções específicas para cada conduta infracional prevista.

(B) Se estiver em tramitação ação de improbidade contra servidor público pela prática de ato de improbidade administrativa, haverá que se aguardar o trânsito em julgado de referida ação para que seja editado ato de demissão oriundo de procedimento administrativo disciplinar.

(C) Segundo entendimento jurisprudencial já pacificado no âmbito do STJ, eventual prescrição das sanções decorrentes dos atos de improbidade administrativa não impede o prosseguimento de ação judicial visando ao ressarcimento dos danos causados ao erário, tendo em vista a imprescritibilidade de referida ação.

(D) É inadmissível, na aplicação da Lei 8.429/1992, a responsabilização objetiva do agente público por ato de improbidade administrativa, exceto em relação aos atos de improbidade que causem lesão ao erário.

(E) À luz da jurisprudência do STJ, em nome do princípio constitucional da vedação do anonimato, será nulo o processo administrativo disciplinar instaurado com fundamento em denúncia anônima.

A: Incorreta. A Lei de Improbidade determina condutas exaustivas, ou seja, não há uma taxatividade na enumeração das condutas nos artigos 9º, 10 e 11, da Lei 8.429/1992; **B:** Incorreta. As instancias administrativas, cíveis e criminais são independentes, podendo o servidor ser demitido por meio de processo administrativo disciplinar, antes da sentença de improbidade, por exemplo (art. 12, da Lei 8.429/1992); **C:** Correta. Há entendimento já pacificado (STJ Resp 1.089492) de que há prescrição dos atos de improbidade, conforme também dispõe o art. 23, da Lei 8.429/1992, não havendo o mesmo para as Ações de Ressarcimento decorrentes do ato ímprobo (art. 37, § 5º, CF). O ressarcimento do dano é independente dos ilícitos de improbidade, de forma que a Ação poderá continuar quanto ao ressarcimento, mesmo reconhecida a prescrição quanto ao ato de improbidade; **D:** Incorreta. Exige-se o dolo ou culpa para a existência do Ato de Improbidade que causa dano ao erário, conforme "caput", art. 10, da Lei 8.429/1992; **E:** Incorreta. O STF e STJ tem entendido que é possível a instauração de processo administrativo decorrente de denúncia anônima, desde que seja feita apuração prévia. (RMS 29198/DF e MS10419/DF).

Gabarito "C".

(Defensor Público/AL – 2009 – CESPE) Julgue o seguinte item.

(1) A DP pode celebrar acordo nas ações de improbidade administrativa.

1: errada, pois não cabe acordo em ação de improbidade (art. 17, § 1º, da Lei 8.429/1992).

Gabarito 1E.

7. BENS PÚBLICOS

7.1. Conceito e classificação

(Defensor Público/AC – 2017 – CESPE) Com referência à disciplina constitucional dos bens públicos, assinale a opção correta.

(A) As terras tradicionalmente ocupadas pelos índios são exemplos de bens de uso especial e pertencem aos estados.

(B) As terras devolutas, não se encontrando afetadas a nenhuma finalidade pública específica, são bens públicos dominiais.

(C) Salvo a hipótese de usucapião especial para fins de moradia prevista na CF, não é permitido usucapião de bens públicos.

(D) A utilização dos bens de uso comum do povo, os quais são destinados à utilização geral pelos indivíduos, não pode sofrer restrições por ato do poder público.

(E) Os bens de uso especial são aqueles que, por ato formal da administração pública, são destinados à execução dos serviços administrativos e serviços públicos em geral.

A: incorreta – são bens de uso especial, mas pertencem à União – Art. 176 da CF/1988; **B:** correta – Terras devolutas são terras públicas não afetadas a qualquer finalidade pública, isto é, são terras tidas como bem dominical (art. 99, inc. III, do CC), as quais podem ser alienadas/vendidas desde que observadas as exigências legais; **C:** incorreta – os imóveis públicos não serão adquiridos por usucapião – Art. 191, parágrafo único, CF/ 1988; **D:** incorreta – os bens públicos podem ter seu uso devidamente regulamentado em ato do poder público, o qual pode até mesmo prever o uso privado de bem público mediante autorização, permissão ou concessão de uso de bem público; **E:** incorreta – os bens de uso especial são aqueles usados para a prestação de serviço público pela administração pública ou conservados pelo Poder Público, mas não necessariamente por meio de ato formal como asseverado na assertiva.
Gabarito "B".

(Defensor Público/AL – 2017 – CESPE) Aparelho de ressonância magnética adquirido pela prefeitura de determinado município e localizado em hospital de mesma municipalidade classifica-se, quanto à sua destinação, como bem público

(A) dominical.
(B) desafetado.
(C) de uso especial.
(D) municipal.
(E) de uso comum do povo.

A: incorreta – bens dominicais – ou do patrimônio disponível – são aqueles que não têm destinação específica, nem se encontram sujeitos ao uso comum do povo. São bens que simplesmente integram o patrimônio do Estado e que, eventualmente, podem ser alienados; **B:** incorreta – bem público desafetado é aquele que, em virtude de lei ou de ato administrativo decorrente de autorização legislativa, teve sua destinação anterior retirada, com o consequente ingresso na categoria dos bens dominicais; **C:** correta – bens de uso especial – ou do patrimônio administrativo indisponível – são aqueles destinados à execução dos serviços públicos ou a servirem de estabelecimento para os entes públicos; **D:** incorreta – os bens tratados na assertiva são municipais, mas ela fala em classificação "quanto à destinação", de modo que aqui temos um bem público municipal de uso especial; **E:** incorreta – bens de uso comum do povo – ou do domínio público – são os destinados a uso público, podendo ser utilizados indiscriminadamente por qualquer do povo. Ex.: mares, rios, estradas, ruas e praças.
Gabarito "C".

(Defensor Público/RO – 2007) Um prédio que sirva de sede para um órgão da administração direta federal é exemplo da seguinte espécie de bem público:

(A) de uso comum do povo.
(B) de uso especial.
(C) dominical.
(D) dominial.
(E) alodial.

Trata-se de bem de uso especial (art. 99, II, do CC), pois a sede de órgão é "edifício" "destinado" a "estabelecimento da administração".
Gabarito "B".

7.2. Regime jurídico (características)

(Defensoria/PA – 2009 – FCC) Determinado terreno público foi irregularmente ocupado por famílias de baixa renda há cerca de 40 (quarenta) anos. Pretendendo a regularização dominial da área, a associação de moradores ingressou com ação de usucapião. Não obstante a decisão dependa de apreciação do Poder Judiciário, pode-se afirmar que

(A) há possibilidade de êxito se a associação autora representar número de ocupantes suficientes para comprovar a posse justa e de boa-fé na totalidade da área descrita.
(B) há possibilidade de êxito em razão da prova do tempo de ocupação e do caráter social da demanda.
(C) não há possibilidade de êxito em razão da imprescritibilidade dos bens públicos, que não podem ser usucapidos.
(D) não há possibilidade de êxito em razão da impenhorabilidade dos bens públicos.
(E) há possibilidade de êxito se comprovada a boa-fé dos ocupantes e a constância da ocupação.

Nenhum bem público é passível de usucapião (art. 102 do Código Civil e arts. 183, § 3º, e 191, parágrafo único, da CF). No caso, pode-se pedir uma *concessão de uso especial* do bem público (Medida Provisória 2.220/2001), mas não a *aquisição da propriedade* deste.
Gabarito "C".

7.3. Uso dos bens públicos

(Defensor Público/RO – 2007) O governo estadual, após receber a solicitação do município, decide autorizar por três anos a utilização gratuita, pelo município, de um imóvel público estadual que se encontra desocupado, a fim de que lá seja instalado um órgão municipal de atendimento à educação. Nessa hipótese, a utilização do bem estadual é feita mediante o seguinte instrumento jurídico:

(A) concessão de direito real de uso.
(B) autorização de uso.
(C) concessão de uso.
(D) permissão de uso.
(E) cessão de uso.

O instrumento adequado, no caso, é a cessão de uso, que consiste na atribuição gratuita da posse de um bem público de entidade ou órgão para outro, possibilitando ao cessionário a utilização nas condições estabelecidas no termo, por prazo certo ou indeterminado; trata-se de ato de colaboração entre os entes públicos.
Gabarito "E".

7.4. Bens públicos em espécie

(Defensor Público – DPE/BA – 2016 – FCC) Segundo o Código Civil de 2002, os bens públicos são

I. inalienáveis, os dominicais.
II. alienáveis, desde que haja prévia justificativa e autorização do Poder Legislativo.
III. inalienáveis, os bens de uso comum, enquanto conservar a sua qualificação; e inalienáveis os bens dominicais, observadas as determinações legais.
IV. alienáveis, os bens dominicais, observadas as determinações legais.

V. inalienáveis, os bens públicos de uso comum do povo na forma que a lei determinar.

Está correto o que se afirma APENAS em

(A) I, II e III.
(B) I, III e IV.
(C) II e IV.
(D) IV e V.
(E) I, II e V.

A: Incorreta, pois somente são alienáveis os bens dominicais (art. 99, III, CC); **B:** Incorreta, pois na assertiva III há erro quanto à inalienabilidade dos bens dominicais, que são sempre alienáveis; **C:** Incorreta. Na assertiva II, não são todos os bens públicos que são inalienáveis, mas sim, os de uso comum e especial, enquanto permanecer a destinação pública; **D:** Correta, sendo exatamente o conceito dos bens dominicais e de uso comum do povo; **E:** Incorreta, porque estai incorretas as assertivas I, II e III, conforme explicado acima.

Gabarito "D".

7.5. Temas combinados de bens públicos

(Defensoria Pública da União – CESPE - 2015) No que tange às limitações administrativas da propriedade e aos bens públicos, julgue os itens seguintes.

(1) São bens públicos de uso comum do povo aqueles especialmente afetados aos serviços públicos, como, por exemplo, aeroportos, escolas e hospitais públicos.

(2) As limitações administrativas são determinações de caráter geral por meio das quais o poder público impõe a determinados proprietários obrigações de caráter negativo, mas não positivo, que condicionam a propriedade ao atendimento de sua função social.

1: Incorreta, pois os bens de uso comum do povo são os de destinação geral, de uso da coletividade como um todo, sem discriminação de usuários ou ordem especial para sua função. O conceito acima é o de bem de uso especial; **2:** Incorreta, as limitações administrativa são determinações de caráter geral que se impõem a uma coletividade, a proprietários indeterminados, e não determinados como afirmado na assertiva.

Gabarito 1E, 2E

8. INTERVENÇÃO DO ESTADO NA PROPRIEDADE

8.1. Desapropriação

(Defensor Público/AM – 2018 - FCC) Suponha que o Estado do Amazonas pretenda construir um anel viário interligando diversas rodovias. A obra em questão importa intervenção em terrenos de particulares e, também, em uma área de propriedade de Município, que se encontra ocupada irregularmente. Diante de tal cenário, afigura-se juridicamente viável a

(A) desapropriação dos imóveis particulares e também daquele pertencente ao Município, este último dependendo de autorização legislativa, ambos condicionados à prévia indenização.

(B) desapropriação dos imóveis privados apenas, eis que o de propriedade do Município é protegido pelo regime público ainda que não afetado a finalidade específica.

(C) requisição das áreas, tanto públicas como privadas, e a subsequente desapropriação, com pagamento de indenização apenas ao final do processo.

(D) imediata desocupação e imissão na posse da área municipal, independente de indenização, e a desapropriação das áreas privadas, mediante edição de decreto de utilidade pública.

(E) doação, independente de autorização legislativa, do imóvel municipal ao Estado, e a desapropriação dos imóveis particulares, vedada a imissão na posse antes da concordância destes com o valor da indenização fixada judicialmente.

A: correta. O caso é de desapropriação, tanto dos bens imóveis particulares como do bem público, sendo nesse último caso necessária a autorização legislativa. Vejamos o que diz o Decreto-Lei 3.365/1941 a respeito do tema: "Art. 2º- Mediante declaração de utilidade pública, **todos os bens** poderão ser desapropriados pela União, pelos Estados, Municípios, Distrito Federal e Territórios. (...) § 2º Os bens do domínio dos Estados, Municípios, Distrito Federal e Territórios poderão ser desapropriados pela União, e os dos Municípios pelos Estados, mas, em qualquer caso, ao ato deverá preceder autorização legislativa". FMB

Gabarito "A".

(Defensor Público –DPE/BA – 2016 – FCC) A chamada "desapropriação para política urbana" é uma espécie de desapropriação de competência dos municípios, conforme artigo 182 da Constituição Federal de 1998 e a Lei 10.257 de 2001. São condições para a utilização do instrumento de desapropriação nessa modalidade:

(A) Especificação no plano diretor da área em que o imóvel está inscrito, lei municipal autorizando tal medida, e que o proprietário não atenda às medidas anteriores que a lei determina.

(B) O ato administrativo reconhecendo a utilidade e necessidade pública e o interesse social naquele imóvel.

(C) O ato administrativo reconhecendo a utilidade e necessidade pública, o interesse social naquele imóvel e o pagamento de indenização prévia, justa e em dinheiro.

(D) Especificação no plano diretor da área em que o imóvel está inscrito, lei federal autorizando tal medida, o pagamento de indenização prévia, justa e em dinheiro.

(E) O ato administrativo reconhecendo a utilidade e necessidade pública, o interesse social naquele imóvel, especificação no plano diretor da área em que o imóvel está inscrito, o pagamento de indenização prévia, justa e em dinheiro.

A: Correta. O art. 182, § 4º, III, CF determina a desapropriação de imóvel para fins de política urbana, desde que exista lei específica, que a área esteja incluída no plano diretor e somente após tentadas as hipóteses previstas no incisos I e II, do mesmo dispositivo, quais sejam, o parcelamento ou edificação compulsórios, o IPTU progressivo no tempo e, por fim, chega-se à expropriação do bem; **B:** Incorreta. A desapropriação para fins de política urbana só se dá com a finalidade de cumprir o interesse social; **C:** Incorreta, porque além de não haver aferição da necessidade e utilidade pública, como dito acima, ainda a indenização é feita por meio de títulos da dívida pública (art. 182, § 4º, III, CF); **D:** Incorreta. Essa assertiva contém todos os erros das demais, como o ato administrativo de utilidade pública, que não é necessário, a indenização, que não é prévia, nem em dinheiro, e sim, em títulos da dívida pública.

Gabarito "A".

(Defensor Público/AM – 2013 – FCC) Para o direito brasileiro, é absolutamente impossível a desapropriação de

(A) área situada no subsolo.
(B) pessoa jurídica.
(C) bens públicos.
(D) seres vivos.
(E) domínio útil de imóvel sob regime enfitêutico.

A: incorreta, pois o subsolo pode ser desapropriado (art. 2.º § 1º do Dec.-lei 3.365/1941); B e D: corretas, pois, quanto às pessoas jurídicas, só é possível desapropriar as suas ações ou cotas e não a pessoa jurídica em si; vale lembrar que as pessoas (jurídicas ou naturais) não são objetos de direito, mas sujeitos de direito; C: incorreta, pois a União pode desapropriar bens dos Estados e estes, dos Municípios (art. 2.º, § 2.º, do Dec.-lei 3.365/1941); E: incorreta, pois o domínio útil é um direito (um bem) e, como tal, pode ser desapropriado nos termos do art. 2º, caput, do Dec.-lei 3.365/1941.

Gabarito "B" e "D".

(Defensor Público/SE – 2012 – CESPE) A respeito da desapropriação, assinale a opção correta.

(A) A desapropriação indireta consiste no fato administrativo por meio do qual o Estado se apropria de bem particular sem observância dos requisitos legais necessários para a desapropriação.
(B) Mediante a desapropriação, forma de intervenção restritiva do Estado na propriedade privada, o poder público retira algumas das faculdades relativas ao domínio, mas mantém a propriedade em favor do dono.
(C) A natureza jurídica da desapropriação é a de procedimento administrativo, somente.
(D) Na desapropriação, a declaração de utilidade pública do bem particular, realizada pelo poder público, não tem prazo para se efetivar.
(E) Denomina-se direito de extensão a faculdade de o expropriado permanecer na propriedade durante certo período após a conclusão do procedimento de desapropriação.

A: correta, pois traz a exata definição de desapropriação indireta; vale lembrar que o particular vítima dessa conduta da Administração deve ingressar com ação de indenização por desapropriação indireta, não sendo possível a tentativa de retomada da área; B: incorreta, pois a desapropriação não é forma restritiva da propriedade (como é a servidão, por exemplo, que restringe o uso da coisa pelo seu proprietário), mas forma extintiva da propriedade, pois o particular deixa de ser proprietário, passando a coisa para a titularidade do Poder Público; C: incorreta, pois a desapropriação pode se dar mediante decisão judicial também; quando o Poder Público e o particular entram num acordo sobre a desapropriação da área, tem-se desapropriação extrajudicial, fruto de um processo administrativo; quando o particular não aceita resolver a questão administrativamente, o Poder Público entra com desapropriação judicial; D: incorreta, pois, uma vez feita a declaração de utilidade pública, a Administração tem 5 anos para efetivar a desapropriação, sob pena de caducidade do decreto expropriatório (art. 10, caput, do Dec.-lei 3.365/1941); E: incorreta, pois o direito de extensão consiste na faculdade do expropriado de exigir que na desapropriação se inclua a parte restante do bem que se tornou inútil ou de difícil utilização; deve ser exercido quando da realização do acordo administrativo ou no bojo da ação de desapropriação, sob pena de se considerar que houve renúncia.

Gabarito "A".

(Defensor Público/SE – 2012 – CESPE) Com fundamento nas disposições constantes no Estatuto da Terra, assinale a opção correta.

(A) Dada a competência da União para desapropriar imóveis para fins de reforma agrária, é indelegável a sua atribuição de proceder ao cadastramento, às vistorias e às avaliações de propriedades rurais, tanto para os estados quanto para os municípios.
(B) A União pode desapropriar, por interesse social, bens de domínio dos estados, independentemente de autorização legislativa.
(C) De acordo com a legislação pertinente, se, após sentença definitiva, determinado bem objeto de desapropriação for incorporado ao patrimônio público e o particular expropriado não se conformar com o ato, a questão se resolverá em perdas e danos, já que o particular não pode ajuizar ação de reivindicação, ainda que com fundamento em nulidade do processo de desapropriação.
(D) No desempenho de sua missão de incentivar o desenvolvimento rural, o poder público não pode utilizar-se da tributação progressiva da terra.
(E) De acordo com a legislação de regência, o imóvel rural pode destinar-se, ou não, à exploração agrícola, pecuária ou agroindustrial, bastando, para ser enquadrado no conceito legal, que sirva para garantir a subsistência de seu proprietário e de sua família.

A: incorreta, pois a União, mediante convênio, pode fazer tal delegação aos Estados, DF e Municípios (art. 6.º, § 2.º, da Lei 4.504/64); B: incorreta, pois, neste caso, é necessário autorização legislativa (art. 22, § Único da Lei 4.504/1964); C: correta (art. 23 da Lei 4.504/1964); D: incorreta, pois, para incentivar a política de desenvolvimento rural, o Poder Público pode se valer da tributação progressiva da terra (art. 47 da Lei 4.504/1964); E: incorreta, pois o conceito de imóvel rural impõe que sua destinação seja a exploração extrativa agrícola, pecuária ou agroindustrial (art. 4.º, I, da Lei 4.504/1964).

Gabarito "C".

(Defensor Público/TO – 2013 – CESPE) Em relação à desapropriação de imóvel rural para fins de reforma agrária, assinale a opção correta.

(A) Tratando-se de desapropriação parcial, o proprietário poderá requerer, na contestação, que a desapropriação atinja todo o imóvel quando a área remanescente ficar reduzida a superfície inferior à da média propriedade ou prejudicada substancialmente em suas condições de exploração econômica, caso seja o seu valor inferior ao da parte desapropriada.
(B) Não é necessário que se instrua a petição inicial, no processo de desapropriação para fins de reforma agrária, com o texto do decreto declaratório de interesse social para fins de reforma agrária publicado no Diário Oficial da União.
(C) No processo de desapropriação para fins de reforma agrária, a contestação deve ser oferecida no prazo de trinta dias.
(D) O decreto que declarar o imóvel como de interesse social para fins de reforma agrária autoriza a União a propor a ação de desapropriação.
(E) A ação de desapropriação deverá ser proposta no prazo de cinco anos, contado da publicação do decreto declaratório.

A: incorreta, pois, no primeiro caso, cabe requerimento de desapropriação de todo o imóvel, quando a área remanescente ficar reduzida à superfície inferior à da pequena propriedade rural (art. 4.º, I, da LC 76/1993); **B:** incorreta, pois tal instrução é necessária sim (art. 5, I, da LC 76/1993); **C:** incorreta, pois a contestação deve ser oferecida em 15 dias (art. 9.º, caput, da LC 76/1993); **D:** correta (art. 2.º da LC 76/1993); **E:** incorreta, pois o prazo é de 2 anos, contado da publicação do decreto expropriatório (art. 3.º da LC 76/1993).
Gabarito "D".

(Defensor Público/TO – 2013 – CESPE) No que tange aos requisitos necessários para que a propriedade rural cumpra a sua função social, assinale a opção correta.

(A) O proprietário rural deve residir no imóvel.
(B) A propriedade rural não pode ter área superior a cinco mil hectares.
(C) Não é necessário que se observem as disposições que regulam as relações de trabalho, desde que se respeitem os contratos de arrendamento e parcerias rurais.
(D) A propriedade rural não pode ser objeto de contrato de arrendamento.
(E) A propriedade rural deve ser aproveitada de forma racional e adequada.

A: incorreta, pois não há esse requisito nos incisos do art. 186, da CF; **B:** incorreta, pois não há teto máximo para o tamanho de uma propriedade, como requisito para que esta cumpra sua função social; **C:** incorreta, pois é requisito para a propriedade rural atender à sua função social a observância das disposições que regulam as relações de trabalho (art. 186, III, da CF); **D:** incorreta, pois não há proibição constitucional nesse sentido (art. 186 da CF); **E:** correta (art. 186, I, da CF).
Gabarito "E".

(Defensor Público/TO – 2013 – CESPE) Em relação à propriedade rural produtiva, assinale a opção correta.

(A) Para que a propriedade rural seja considerada produtiva, o grau de utilização da terra deverá ser igual ou superior a 60%, percentual calculado pela relação entre a área efetivamente utilizada e a área aproveitável total do imóvel.
(B) As áreas de exploração florestal nativas, de acordo com o plano de exploração estabelecido conforme as condições legais, não são consideradas efetivamente utilizadas.
(C) Para que a propriedade rural seja considerada produtiva, o grau de eficiência na exploração da terra deve ser igual ou superior a 80%.
(D) Para ser considerada produtiva, a propriedade rural deve atingir, simultaneamente, graus de utilização da terra e de eficiência na exploração.
(E) As áreas plantadas com produtos vegetais não são consideradas efetivamente utilizadas para fins de avaliação da propriedade rural produtiva.

A: incorreta, pois o grau de utilização deve ser igual ou superior a 80% (art. 6.º, § 1.º, da Lei 8.629/1993); **B:** incorreta, pois são consideradas, sim, efetivamente utilizadas (art. 6.º, § 3.º, IV, da Lei 8.629/1993); **C:** incorreta, pois o grau de eficiência deve ser igual ou superior a 100% (art. 6.º, § 2.º, da Lei 8.629/1993); **D:** correta (art. 6.º, *caput*, da Lei 8.629/1993); **E:** incorreta, pois são consideradas, sim, efetivamente utilizadas (art. 6.º, § 3.º, I, da Lei 8.629/1993).
Gabarito "D".

(Defensor Público/BA – 2010 – CESPE) No que se refere à desapropriação, julgue o item seguinte.

(1) Compete aos municípios a desapropriação por descumprimento da função social da propriedade urbana, e aos estados, a desapropriação de imóvel rural, por interesse social, para fins de reforma agrária.

1: errada, pois a desapropriação-sanção em imóvel rural compete à União (art. 184 da CF), sendo que competirá ao município a desapropriação-sanção em imóvel urbano (art. 182, §§ 3º e 4º, da CF).
Gabarito 1E.

(Defensoria Pública/SP – 2010 – FCC) O ato da Administração Pública declarando como de utilidade pública ou de interesse social a desapropriação de determinado imóvel NÃO tem como efeito

(A) iniciar a contagem do prazo legal para a verificação da caducidade do ato.
(B) permitir às autoridades competentes adentrar no prédio objeto da declaração.
(C) demonstrar o posterior interesse na transferência da propriedade do imóvel.
(D) indicar o estado em que se encontra o imóvel, para fins de futura indenização.
(E) proibir a obtenção de licença para o proprietário efetuar obras no imóvel.

Todas as alternativas estão compatíveis com o disposto nos arts. 7º, 10 e 26, § 1º, do Dec.-lei 3.365/1941, salvo a alternativa "E", pois o decreto expropriatório não impede a venda da coisa, nem sua reforma, de modo que não é possível impedir a obtenção de licença, valendo salientar que as reformas feitas posteriormente à declaração são por conta e risco do proprietário da coisa, não gerando direito de indenização por estas, salvo quanto às benfeitorias necessárias, e quanto às benfeitorias úteis, desde que autorizadas pelo Poder Público.
Gabarito "E".

8.2. Requisição de bens e serviços

(Defensor Público/AM – 2010 – I. Cidades) Pode-se afirmar que são formas de intervenção do Estado na propriedade:

(A) concessão de serviços
(B) permissão de uso
(C) autorização de uso
(D) requisição
(E) permissão condicionada

A única forma de intervenção na propriedade enunciada nas alternativas é a requisição, requisição essa que pode incidir sobre bens e serviços. Nos demais casos, temos justamente o contrário, ou seja, o particular usando um bem público.
Gabarito "D".

8.3. Servidão administrativa

(Defensor Público/AM – 2013 – FCC) São características da servidão administrativa:

(A) imperatividade, perpetuidade e natureza real.
(B) gratuidade, precariedade e natureza pessoal.
(C) consensualidade, perpetuidade e natureza real.
(D) autoexecutoriedade, perpetuidade e natureza pessoal.
(E) onerosidade, precariedade e natureza real.

A: correta, pois a servidão, de fato, é imperativa (impõe-se independentemente de concordância do proprietário da área), perpétua (tem duração indeterminada) e de natureza real, já que se trata de um direito real, com todas as consequências deste; **B:** incorreta, pois, na servidão, causando-se dano (e geralmente causa), impõe-se a indenização, de modo que não é gratuita; ademais, a servidão é perpétua e não precária; **C:** incorreta, pois a servidão, caso não se dê por acordo de vontades entre particular e Poder Público será instituída por meio de ação para instituição de servidão (art. 40 do Dec.-lei 3.365/1941); **D:** incorreta, pois, não havendo acordo com o particular, há de se entrar com ação judicial, não havendo autoexecutoriedade (art. 40 do Dec.-lei 3.365/1941); a servidão, ainda, tem natureza real e não pessoal; **E:** incorreta, pois a servidão não é precária, sendo, inclusive um direito real perpétuo.

Gabarito "A".

8.4. Servidão administrativa

(Defensoria Pública da União – 2004 – CESPE) Julgue o seguinte item.

(1) A ocupação provisória, também denominada temporária, pode dar-se por necessidade da prestação de um serviço, da execução de uma obra ou do desempenho de uma atividade. Devido à prevalência do interesse público, ela prescinde da notificação prévia do proprietário ou possuidor do bem a ser ocupado.

1: errada, pois a ocupação provisória se destina à utilização de terrenos não edificados, vizinhos às obras e necessários à sua realização (art. 36 do Dec.-lei 3.365/1941).

Gabarito 1E.

8.5. Ocupação temporária

(Defensor Público/PA – 2006 – UNAMA) Assinale a alternativa correta sobre limitação administrativa à propriedade:

(A) A requisição e a servidão administrativa se assemelham pelo caráter transitório.

(B) As limitações administrativas têm como fundamento o exercício do poder de polícia do Estado.

(C) A servidão administrativa tem como objetivo atender ao interesse público e incide sobre bens móveis e imóveis.

(D) A utilização de imóveis privados, para execução dos serviços eleitorais, é a modalidade de limitação à propriedade, denominada requisição.

A: incorreta, pois a servidão não tem caráter transitório; **B:** correta, pois as limitações administrativas têm em mira justamente a delimitação da propriedade e da liberdade das pessoas, condicionando-as aos interesses coletivos; **C:** incorreta, pois a servidão administrativa só incide sobre bens imóveis; **D:** incorreta, pois o instituto da requisição é utilizado em casos de iminente perigo público (art. 5º, XXV, da CF).

Gabarito "B".

8.6. Concessão de Uso Especial para fins de Moradia

(Defensor Público –DPE/ES – 2016 – FCC) Disciplinada na Medida Provisória 2.220/2001, a concessão de uso especial para fins de moradia

(A) é espécie de ato administrativo discricionário, não sujeito à obtenção pela via judicial.

(B) pode ser concedida àquele que, até 30 de junho de 2001, possuiu como seu, por cinco anos, ininterruptamente e sem oposição, até duzentos e cinquenta metros quadrados de imóvel público situado em área urbana, utilizando-o para fins comerciais.

(C) constitui direito que não está sujeito a transmissão por sucessão *causa mortis*.

(D) será conferida de forma gratuita ao homem ou à mulher, ou a ambos, independentemente do estado civil.

(E) beneficia todo aquele que, até 30 de junho de 2001, possuiu como seu, por no mínimo dez anos, ininterruptamente e sem oposição, até duzentos e cinquenta metros quadrados de imóvel público situado em área urbana, utilizando-o para sua moradia ou de sua família.

A: Incorreta, A concessão de uso especial para fins de moradia consta da Medida Provisória 2.220/2001, sendo revogados os dispositivos do Estatuto da Cidade (Lei 10.257/2001), nos arts.15 a 20, que o disciplinavam. Trata-se de ato vinculado, quando cumpridos os requisitos legais, sendo facultada a sua concessão pela via judicial; **B:** Incorreta. Só cabe quando o imóvel tiver a destinação de moradia; **C:** Incorreta. Esse direito é passível de sucessão "causa mortis", inclusive contando-se o tempo do antigo possuidor (art. 1º, § 3º, da MP 2.2.220/2001); **D:** Correta, conforme disposto no art. 1º, da MP 2.022/2001; **E:** Incorreta. O prazo é de posse até 22 de dezembro de 2016 (houve modificação pela MP 759/2016) sendo o tempo para aquisição de 5 anos ininterruptos (art. 1º, MP 2.220/2001).

Gabarito "D".

9. Temas combinados de intervenção na propriedade

(Defensor Público/AL – 2017 – CESPE) Com o intuito de dar apoio logístico à obra de construção de um hospital municipal, o prefeito de determinada cidade exarou ato declaratório informando a necessidade de utilização, por tempo determinado, de um imóvel particular vizinho à obra, o qual serviria como estacionamento para as máquinas e como local de armazenamento de materiais.

Nessa situação hipotética, a modalidade de intervenção do ente público na propriedade denomina-se

(A) ocupação temporária.

(B) desapropriação.

(C) requisição administrativa.

(D) servidão administrativa.

(E) limitação administrativa.

A: correta – ocupação temporária ou provisória consiste no direito de uso do Poder Público sobre um bem particular não edificado, de forma transitória, remunerada ou gratuita, com o objetivo de executar obras, serviços ou atividades públicas. O artigo 36 do Decreto-lei 3.365/1941, que trata das desapropriações, prevê tal ocupação: é permitida a ocupação temporária, que será indenizada, a final, por ação própria, de terrenos não edificados, vizinhos às obras e necessários à sua realização; **B:** incorreta – desapropriação pode ser conceituada como o procedimento pelo qual o Poder Público, fundado em necessidade pública, utilidade pública ou interesse social, compulsoriamente adquire para si um bem certo, em caráter originário, mediante indenização prévia, justa e pagável em dinheiro, salvo no caso de imóveis em desacordo com a função social da propriedade, hipóteses em que a indenização far-se-á em títulos da dívida pública; **C:** incorreta – a requisição administrativa é o ato pelo qual o Estado determina e efetiva a utilização de bens ou serviços particulares, mediante indenização ulterior, para atender necessidades públicas urgentes e transitórias, ou seja, em caso de iminente perigo público. Seu fundamento legal encontra-se no 5º, XXV, da CF/1988: no caso de iminente perigo público, a autoridade competente poderá usar de propriedade particular, assegurada ao proprietário indenização ulterior, se houver dano; **D:** incorreta – servidão administrativa é o ônus real de uso imposto pela Administração a um bem alheio, particular ou público, nesse último caso desde que obedecida a mesma hierarquia aplicável às desapropriações, com objetivo de assegurar a realização de obras e serviços públicos, assegurada indenização ao particular, salvo se não houver prejuízo; **E:** incorreta – a limitação administrativa consiste na imposição unilateral, geral e gratuita, que traz os limites dos direitos e atividades particulares de forma a condicioná-los às exigências da coletividade. Ex.: proibição de construir sem respeitar recuos mínimos; proibição de instalar indústria ou comércio em determinadas zonas da cidade etc. **FB**

Gabarito "A".

(Defensor Público –DPE/RN – 2016 – CESPE) Acerca da intervenção do Estado na propriedade, assinale a opção correta.

(A) Limitações administrativas são determinações de caráter individual por meio das quais o poder público impõe aos proprietários determinadas obrigações, positivas, negativas ou permissivas, com o fim de condicionar as propriedades ao atendimento da função social.

(B) Compete à União e aos estados desapropriar por interesse social, para fins de reforma agrária, mediante prévia e justa indenização em títulos da dívida agrária, o imóvel rural que não estiver cumprindo a sua função social.

(C) Segundo entendimento do STF, a desapropriação-confisco, prevista no art. 243 da CF, incide sobre a totalidade da propriedade em que forem cultivadas plantas psicotrópicas, e não apenas sobre a área efetivamente plantada.

(D) A servidão administrativa instituída por acordo com o proprietário do imóvel, ao contrário daquela instituída por sentença judicial, prescinde da declaração de utilidade pública do poder público.

(E) A instituição de requisição administrativa, quando recair sobre bens imóveis, não dispensa o prévio e necessário registro na matrícula do imóvel.

A: Incorreta. Limitações administrativas são determinações de caráter geral, feitas por meio de lei; **B:** Incorreta. A desapropriação por interesse social para fins de reforma agrária é privativa da União (art. 184, CF); **C:** Correta. Esse é o entendimento do STF, que considerou que "gleba" constante do art. 243, CF deve ser entendida como "propriedade" (RE 54.3974/MG, rel. Min. Eros Grau); **D:** Incorreta. Na servidão administrativa não existe a figura do "decreto ou declaração de utilidade pública", mesmo que seja promovida judicialmente, sendo esse o erro da assertiva; **E:** Incorreta. Não há necessidade de registro do imóvel, sendo a requisição um ato emergencial, conforme disposto no art. 5º, XXV, CF.

Gabarito "C".

(Defensor Público –DPE/ES – 2016 – FCC) A propósito da intervenção do Estado na propriedade, a Constituição Federal dispõe que

(A) a pequena propriedade rural, assim definida em lei, desde que trabalhada pela família, não será objeto de desapropriação.

(B) no caso de iminente perigo público, a autoridade competente poderá usar de propriedade particular, assegurada ao proprietário indenização ulterior, se houver dano ou lucros cessantes.

(C) compete exclusivamente à União desapropriar por interesse social, para fins de reforma agrária, o imóvel rural que não esteja cumprindo sua função social, mediante prévia e justa indenização em títulos da dívida agrária.

(D) o confisco decorrente da cultura ilegal de plantas psicotrópicas e pela exploração de trabalho escravo aplica-se somente às propriedades rurais.

(E) a descoberta de jazida de recursos minerais em terrenos particulares implica na imediata desapropriação de tais recursos, sendo o proprietário compensado por meio de participação na exploração da lavra.

A: Incorreta. O art. 185, CF determina que é insuscetível de desapropriação a pequena e média propriedade, conforme definida em lei, desde que seu proprietário não possua outra, não havendo essa condição de "trabalho da família"; **B:** Incorreta. Não há previsão para o pagamento de lucros cessantes na requisição administrativa (art. 5º, XXV, CF); **C:** Correta. Trata-se do conceito de desapropriação por interesse social para fins de reforma agrária, constante do art. 184, CF; **D:** Incorreta. O art. 243, CF possibilita a expropriação-sanção pelo cultivo de plantas psicotrópicas tanto à propriedade urbana, quanto à propriedade rural; **E:** Incorreta. O art. 176, CF determina que as jazidas e recursos minerais constituem propriedade independente do solo, sendo da União, possibilitando a exploração por meio de contrato de concessão.

Gabarito "C".

(Defensoria/PI – 2009 – CESPE) No que concerne às formas de intervenção do Estado na propriedade, assinale a opção correta.

(A) Ocupação temporária é a modalidade de intervenção estatal na propriedade particular fundada na urgência, que incide sobre bens móveis, imóveis e até mesmo serviços prestados por particulares.

(B) Quanto à eficácia, o tombamento dos bens poderá ser provisório ou definitivo, mas nem sempre poderá gerar direito a indenização.

(C) A requisição administrativa destina-se ao uso da propriedade do particular, ocorre sempre em caso de urgência – mediante autorização judicial – e não enseja qualquer indenização ao particular.

(D) Segundo jurisprudência reiterada do STF, a limitação administrativa *non aedificandi* imposta aos terrenos marginais nas estradas de rodagem da zona rural afeta o domínio do particular e obriga a administração a promover a indenização devida.

(E) O tombamento somente poderá incidir sobre bens particulares, não havendo previsão legal para incidir sobre bens públicos.

A: incorreta, pois a *ocupação temporária* incide sobre imóvel (no caso, sobre *terreno não edificado*); ademais, esse instituto é utilizado quando o Poder Público precisa do imóvel alheio para fazer *obras* (art. 36 do Dec.-lei 3.365/1941), não se tratando de situação de urgência, como ocorre com a *requisição de bens ou serviços*; **B:** correta, valendo lembrar que se tem tombamento *provisório* logo em seguida à notificação do proprietário para se defender da intenção do Poder de Público de tombar a coisa, ao passo que se tem tombamento *definitivo* quando todos os trâmites para o tombamento já foram cumpridos; **C:** incorreta, pois a requisição é autoexecutória, ou seja, não depende de autorização judicial; ademais, caso haja dano, o particular tem sim direito à indenização, que é feita *a posteriori*; **D:** incorreta, pois a limitação administrativa, por ser geral, como regra, não dá ensejo à indenização (v. Súmula 479 do STF); **E:** incorreta, pois o tombamento de bens públicos, que tem o nome de *tombamento de ofício*, é possível (arts. 2º e 5º, do Dec.-lei 25/1937).

Gabarito "B".

10. RESPONSABILIDADE DO ESTADO

10.1. Evolução histórica e Teorias

(Defensor Público/ES – 2012 – CESPE) Julgue os itens subsecutivos, relativos a responsabilidade civil do Estado.

(1) A responsabilidade civil da administração pública por atos comissivos é objetiva, embasada na teoria do risco administrativo, isto é, independe da comprovação da culpa ou dolo.

1: correta, nos termos do art. 37, § 6.º, da CF.

Gabarito 1C

10.2. Modalidades de responsabilidade (objetiva e subjetiva). Requisitos da responsabilidade objetiva

(Defensor Público/AL – 2017 – CESPE) Caio, detento em unidade prisional do estado de Alagoas, cometeu suicídio no interior de uma das celas, tendo se enforcado com um lençol. Os companheiros de cela de Caio declararam que, mesmo diante de seus apelos, nada foi feito pelos agentes penitenciários em serviço para evitar o ato. A família de Caio procurou a Defensoria Pública a fim de obter esclarecimentos quanto à possibilidade de receber indenização do Estado.

Nessa situação hipotética, à luz da jurisprudência do Supremo Tribunal Federal, o defensor público responsável pelo atendimento deverá informar a família de Caio de que

(A) será necessário, para o ajuizamento de ação de reparação de danos morais, provar que as condições de cumprimento de pena eram desumanas.

(B) é cabível o ajuizamento de ação de reparação de danos morais em face do estado de Alagoas.

(C) não houve omissão estatal, pois o suicídio configura ato exclusivo da vítima.

(D) houve fato exclusivo de terceiro, pois o dever de evitar o ato cabia aos agentes penitenciários em serviço no momento.

(E) não cabe direito a reparação de qualquer natureza, por não ser possível comprovar nexo causal entre a morte do detento e a conduta estatal.

Os atos omissivos ensejam, conforme pacífica jurisprudência, a responsabilidade subjetiva do Estado. Todavia, ela é do tipo objetiva no caso de ato omissivo em que há um dever de proteção, com fundamento no Art. 5º, inciso XLIX, da Constituição Federal, como na morte de detento dentro de presídio. Foi esse o entendimento pacificado no SFT no julgamento do RE 841.526/RS, com repercussão geral reconhecida (Tema 592), de modo que, no caso em tela, é cabível o ajuizamento de ação de reparação de danos morais em face do estado de Alagoas.

Gabarito "B".

(Defensor Público/AL – 2017 – CESPE) Por imperícia, um policial militar disparou, acidentalmente, sua arma de fogo, ao manuseá-la em via pública, ferindo um transeunte.

No que tange à responsabilidade civil do Estado nessa situação hipotética, assinale a opção correta.

(A) A responsabilidade civil do Estado independe da análise da culpa da conduta estatal.

(B) A responsabilidade do Estado é objetiva, devendo ele e o policial figurar no polo passivo da demanda em litisconsórcio necessário.

(C) A responsabilidade do Estado é subjetiva, e há litisconsórcio facultativo.

(D) Não há responsabilidade civil do Estado, visto que o policial agiu com culpa, devendo, por isso, responder pessoalmente.

(E) O Estado responde civilmente em razão da conduta culposa de seu agente, fixando-se a responsabilidade civil subjetiva estatal.

A teoria do risco administrativo revela-se fundamento de ordem doutrinária subjacente à norma de direito positivo que instituiu, em nosso sistema jurídico, a responsabilidade civil objetiva do Poder Público, pelos danos que seus agentes, nessa qualidade, causarem a terceiros, por ação ou por omissão (CF, art. 37, § 6º). Essa concepção faz emergir, da mera ocorrência de lesão causada à vítima pelo Estado, o dever de indenizá-la pelo dano pessoal e/ou patrimonial sofrido, independentemente de caracterização de culpa dos agentes estatais ou de demonstração de falta do serviço público. Na linha da jurisprudência prevalecente no Supremo Tribunal Federal (RTJ 163/1107-1109, Rel. Min. Celso De Mello, v.g.), que os elementos que compõem a estrutura e delineiam o perfil da responsabilidade civil objetiva do Poder Público compreendem (a) a alteridade do dano, (b) a causalidade material entre o "eventus damni" e o comportamento positivo (ação) ou negativo (omissão) do agente público, (c) a oficialidade da atividade causal e lesiva imputável a agente do Poder Público, que, nessa condição funcional, tenha incidido em conduta comissiva ou omissiva, independentemente da licitude, ou não, do seu comportamento funcional (RTJ 140/636) e (d) a ausência de causa excludente da responsabilidade estatal (RTJ 55/503 – RTJ 71/99 – RTJ 91/377 – RTJ 99/1155 – RTJ 131/417). No caso da presente assertiva temos hipótese em que incide a responsabilidade objetiva do Estado, sem prejuízo de eventual ação regressiva desse contra o policial militar, cuja responsabilidade restará caracterizada em caso de comprovação de sua culpabilidade.

Gabarito "A".

(Defensor Público/TO – 2013 – CESPE) Em relação à responsabilidade civil do Estado pelo exercício da função administrativa e a improbidade administrativa, assinale a opção correta.

(A) O Estado, no exercício da função administrativa, responde objetivamente por danos morais causados a terceiros por seus agentes.

(B) A responsabilidade do Estado pelo exercício da função administrativa é subjetiva, de acordo com a teoria do risco administrativo.

(C) As sociedades de economia mista que se dedicam à exploração de atividade econômica são responsáveis objetivamente pelos danos que seus agentes causem a terceiro.

(D) O servidor público que utiliza, em proveito próprio, carro de propriedade da União pratica infração disciplinar, mas não ato de improbidade administrativa.

(E) Não há previsão da penalidade de suspensão dos direitos políticos para o responsável por ato de improbidade administrativa que atente contra os princípios da administração pública.

A: correta, nos termos do art. 37, § 6.º, da CF; **B:** incorreta, pois a responsabilização do Estado independe de culpa ou dolo, de modo que é objetiva (art. 37, § 6.º, da CF); **C:** incorreta, pois a responsabilidade objetiva do Estado, prevista no art. 37, § 6.º, da CF, abrange apenas as pessoas jurídicas de direito público e as pessoas de direito privado prestadoras de serviço público (art. 37, § 6.º, da CF), o que não é caso da sociedade de economia mista mencionada, que explora atividade econômica; **D:** incorreta, pois essa conduta também é um ato de improbidade (art. 10, XIII, da Lei 8.429/1992); **E:** incorreta, pois há sim tal previsão (art. 12, III, da Lei 8.429/1992).

Gabarito "A".

(Defensor Público/AM – 2013 – FCC) Paciente internada em UTI de hospital público municipal falece em razão da ocorrência de interrupção do fornecimento de energia elétrica, decorrente de uma tempestade na região, sendo que o referido hospital não possuía geradores de emergência. Em sua defesa, o Município alega que se trata de situação de força maior, o que afasta a responsabilidade estatal. Tal argumento não se sustenta, pois

(A) a responsabilidade estatal na prestação de serviços públicos é baseada na teoria do risco administrativo, afastando as causas excludentes de responsabilidade.

(B) a responsabilidade estatal na prestação de serviços públicos é baseada na teoria do risco integral, afastando as causas excludentes de responsabilidade.

(C) não se trata de situação de força maior, mas sim de fato de terceiro, que não enseja o afastamento da responsabilidade estatal.

(D) por se tratar de morte natural, decorrente de moléstia contraída antes da internação, o nexo causal não se encontra configurado, sendo desnecessário recorrer à excludente de força maior.

(E) a situação ocorrida está no horizonte de previsibilidade da atividade, ensejando a responsabilidade subjetiva da entidade municipal, que tinha o dever de evitar o evento danoso.

A: incorreta, pois, no caso, houve omissão estatal, que enseja, como regra, responsabilidade subjetiva, com base na falta do serviço; e, de fato, o serviço foi defeituoso (faltoso), pois é absolutamente previsível que um hospital com UTI pode sofrer uma queda de energia com graves consequências, o que recomendava a existência de um gerador no local; vale ressaltar que o STF tem decisão no sentido de que a responsabilidade estatal por *atos omissivos* **específicos** é objetiva; um exemplo de caso de omissão específica do Estado é a agressão física a aluno por colega, em escola estadual, hipótese em que a responsabilidade estatal será objetiva, com base na Teoria do Risco Administrativo (STF, ARE 697.326 AgR/RS, DJ 26/04/13); não se pode confundir uma *conduta omissiva genérica* (ex: o Estado não conseguir evitar todos os furtos de carros), com uma *conduta omissiva específica* (ex: o Estado ter o dever de vigilância sobre alguém e não evitar o dano); no primeiro caso, o Estado responde *subjetivamente*, só cabendo indenização se ficar provado que o serviço foi defeituoso (ex: um policial presencia um furto e nada faz); no segundo caso, o Estado responde *objetivamente*, não sendo necessário perquirir sobre se o serviço estatal foi ou não defeituoso; **B:** incorreta, pois, no Brasil, é adotada a teoria do risco administrativo, que admite cláusulas excludentes de responsabilidade; **C:** incorreta, pois, conforme visto no comentário à alternativa "a", o caso é de responsabilidade subjetiva estatal; **D:** incorreta, pois a causa determinante da morte foi a falta de energia elétrica; **E:** correta, nos termos do comentário dado à alternativa "a".

Gabarito "E".

(Defensor Público/AC – 2012 – CESPE) Um paciente internado em hospital público de determinado estado da Federação cometeu suicídio, atirando-se de uma janela próxima ao seu leito, localizado no quinto andar do hospital.

Com base nessa situação hipotética, assinale a opção correta acerca da responsabilidade civil do Estado.

(A) A responsabilidade incidirá apenas sobre os enfermeiros que cuidavam do paciente.

(B) Exclui-se a responsabilidade do Estado, por ter sido a culpa exclusiva da vítima, sem possibilidade de interferência do referido ente público.

(C) A responsabilidade é objetiva, dada a omissão do ente público.

(D) A responsabilidade é subjetiva, dependente de prova de culpa.

(E) Não é cabível a responsabilização do Estado, pela inexistência de dano a ser reparado.

A jurisprudência ainda é no sentido de que, nas condutas omissivas estatais, a responsabilidade do Estado, como regra, é subjetiva, devendo-se avaliar se há ou não falta do serviço. Em caso de suicídio de paciente com deficiência mental em hospital psiquiátrico a jurisprudência entende que o serviço estatal é defeituoso, por falta de vigilância. Porém, no caso em tela, por não haver referência a essa situação específica, tem-se a chamada culpa exclusiva da vítima, que exclui a responsabilidade estatal.

Gabarito "B".

(Defensor Público/PR – 2012 – FCC) Tiburcius é servidor público estadual que, no exercício de sua função de motorista, dirigia uma camionete do Estado do Paraná, quando se envolveu em grave acidente. Houve perda total tanto da camionete do Estado quanto da motocicleta de propriedade particular, também envolvida no acidente. O passageiro da motocicleta morreu na hora. São diversas as possibilidades de consequências jurídicas desse acidente. Dentre as mencionadas abaixo, a única INCORRETA ou INCABÍVEL ao caso é:

(A) Demonstrados o envolvimento do servidor público; o nexo de causalidade e os prejuízos sofridos pelo particular este, para receber indenização do Estado, fica dispensado de comprovar a culpa da administração pública.

(B) Para excluir ou atenuar a indenização ao particular, o Estado deverá demonstrar a culpa total ou parcial do condutor da motocicleta.

(C) Se comprovado que o acidente foi causado por um instantâneo, arrebatador e fortíssimo vendaval, que impediu a visibilidade dos motoristas e ocasionou a perda de controle dos veículos, há exclusão ou atenuação da responsabilidade de indenizar o particular.

(D) A comprovação da culpa de Tiburcius pelo acidente é um dos requisitos para a propositura de ação regressiva do Estado contra esse servidor.

(E) A absolvição definitiva de Tiburcius, por negativa de autoria, na ação penal pela morte do passageiro da motocicleta, não tem repercussão na apuração e punição de falha disciplinar por ele cometida.

A: assertiva correta, pois a responsabilidade do Estado é objetiva (art. 37, § 6.º, da CF); **B:** assertiva correta, sendo que, demonstrada a culpa exclusive (total) do particular, haverá exclusão da responsabilidade estatal, ao passo que demonstrada a culpa parcial do particular, haverá apenas a atenuação dessa mesma responsabilidade; **C:** assertiva correta, pois, quanto à responsabilidade objetiva do Estado, adotamos no Brasil a Teoria do Risco Administrativo, que admite excludentes da responsabilidade estatal, como a força maior e o caso fortuito; **D:** assertiva correta, pois a responsabilidade do agente público em relação ao Estado é subjetiva, ou seja, depende de culpa ou dolo do agente (art. 37, § 6º, da CF); assim, caso o Poder Público tenha de pagar uma indenização ao particular, em seguida poderá voltar-se em ação regressiva em face do agente público responsável (ou promover a denunciação da lide na

ação promovida pelo particular), tendo que comprovar culpa ou dolo do agente para que esta responda civilmente; **E:** assertiva incorreta, devendo a alternativa ser assinalada; pois a absolvição penal por negativa de autoria (assim como a por inexistência material do fato) tem repercussão sim nas esferas civil e administrativa, diferentemente da simples absolvição por falta de provas (art. 126 da Lei 8.112/1990).
Gabarito "E".

(Defensor Público/AM – 2010 – I. Cidades) Sobre responsabilidade extracontratual do Estado, é possível afirmar:

(A) a culpa exclusiva da vítima afasta, para a doutrina majoritária, o nexo de causalidade e, consequentemente, o dever de indenizar.

(B) para sua configuração dependerá de prova de dolo ou culpa do agente.

(C) o caso fortuito e a força maior não podem ser utilizados para afastar o dever de indenizar, pois a Administração Pública deve se esforçar para prevê-los.

(D) culpa parcial da vítima não influencia na dimensão da responsabilidade

(E) a Administração Pública, segundo a teoria do órgão, nao pode ajuizar ação regressiva em face do agente público que deu causa ao dano suportado pela vítima.

A: correta, pois adotamos a Teoria do Risco Administrativo, que admite essa e outras excludentes de responsabilidade estatal; **B:** incorreta, pois o Estado responde objetivamente por condutas comissivas (art. 37, § 6º, da CF); **C:** incorreta, pois esses também são excludentes de responsabilidade estatal; **D:** incorreta, pois a culpa parcial da vítima tem o condão de diminuir o *quantum* indenizatório; **E:** incorreta, pois a ação regressiva está prevista no próprio art. 37, § 6º, da CF.
Gabarito "A".

(Defensoria/MA – 2009 – FCC) A responsabilidade civil do Estado prevista na Constituição Federal incide sob a modalidade

(A) objetiva, quando referente a atos lícitos praticados por agentes estatais dos quais haja decorrido dano indenizável.

(B) subjetiva, quando referente a atos ilícitos praticados por concessionárias de serviços públicos, remanescendo responsabilidade solidária do Estado pelo ressarcimento dos danos indenizáveis.

(C) objetiva, quando referente a atos ilícitos praticados por agentes estatais e subjetiva, quando ditos atos forem lícitos.

(D) subjetiva, quando referente a atos lícitos praticados por agentes estatais se destes tiverem advindo danos morais indenizáveis.

(E) subjetiva, quando referente a atos ilícitos praticados por empregados de concessionárias de serviços públicos que tenham ocasionado danos a usuário do serviço.

A responsabilidade do Estado e das concessionárias de serviço público é objetiva, de maneira que pouco importa se há ato lícito ou ilícito para a configuração da responsabilidade. Basta que haja conduta, dano e nexo de causalidade.
Gabarito "A".

(Defensoria/PI – 2009 – CESPE) Quanto à responsabilidade extracontratual do Estado, na esteira da jurisprudência dos tribunais superiores, assinale a opção correta.

(A) Segundo decisão recente do STF, a responsabilidade civil das pessoas jurídicas de direito privado prestadoras de serviço público é também objetiva relativamente aos não usuários do serviço.

(B) Segundo o STF, a responsabilidade civil do Estado é objetiva no caso de lesão corporal causada por disparo de arma de fogo pertencente à corporação militar realizado por servidor militar em período de folga contra ex-esposa em decorrência de rompimento da relação conjugal.

(C) Segundo o STF, para a configuração da responsabilidade objetiva do Estado, é necessário que o ato praticado seja ilícito.

(D) Segundo jurisprudência pacífica do STJ acerca do dano indenizável, quanto aos filhos do falecido, impõe-se o limite de pensão até o instante em que estes completam vinte e um anos de idade e, no que se refere à viúva, até o momento em que esta completar sessenta e cinco anos de idade.

(E) A força maior e o caso fortuito, ainda que determinantes para a ocorrência de evento danoso, não podem ser considerados como excludentes de responsabilidade do Estado.

A: correta, tendo o STF mudado seu entendimento a respeito do assunto; assim, hoje, o STF entende que são beneficiários da responsabilidade objetiva das concessionárias de serviço público não só os *usuários* do serviço (ex.: passageiro de um ônibus que se acidenta), como também os *não usuários* do serviço (ex.: alguém que não é passageiro do ônibus, mas que estava caminhando ou andando de bicicleta quando do acidente no primeiro, vindo a sofrer danos por conta do evento); vide, a respeito, o RE 591.874/MS, j. 26.08.09; **B:** incorreta, pois o servidor militar, por estar de folga, não estava *na qualidade de agente público* quando do ocorrido, não se tendo preenchido o requisito do "nessa qualidade", presente no art. 37, § 6º, da CF; **C:** incorreta, pois o ato ilícito, entendido como aquele em que há *culpa* ou *dolo* (art. 186 do CC), não é essencial para a configuração da responsabilidade objetiva do Estado, pois nesta não se verifica se há culpa ou dolo; por exemplo, a requisição de bens ou serviços e a desapropriação são atos lícitos, mas ensejam indenização pelos danos causados aos particulares; **D:** incorreta, pois os filhos terão direito a pensão até fazer *25 anos*, ao passo que a viúva terá direito à pensão não até fazer 65 anos, mas até a data em que a vítima (seu marido) fizesse 65 anos, valendo salientar que o STJ vem admitindo que a expectativa de vida seja maior que 65 anos, tendo em vista os novos dados do IBGE (REsp 1027318/RJ, DJ 31/08/2009); **E:** incorreta, pois adotamos a Teoria do Risco Administrativo, que admite tais excludentes, ao contrário da Teoria do Risco Integral, que nao admite excludentes da responsabilidade estatal.
Gabarito "A".

10.3. Responsabilidade do agente público, ação de regresso e denunciação da lide

(Defensor Público –DPE/ES – 2016 – FCC) Aristides da Silva era operário e, a pretexto de sua participação em grupo político considerado subversivo, foi preso e torturado por agentes policiais estaduais, no ano de 1976. Somente em 2016 procurou a Defensoria Pública, visando ajuizar ação indenizatória em face do Estado, para pleitear os danos materiais e morais decorrentes do episódio, que lhe causou sequelas físicas e psicológicas. Em vista de tal situação, é correto concluir que a pretensão em tela

(A) não está prescrita, mas há litisconsórcio necessário, devendo ser ajuizada também em relação aos agentes públicos causadores do dano, haja vista a necessidade de garantir-se o direito de regresso do Estado.

(B) é imprescritível, podendo ser ajuizada ação de reparação a qualquer momento.
(C) já se encontra prescrita, no tocante aos danos materiais, sendo imprescritível a pretensão aos danos morais.
(D) já se encontra inteiramente prescrita, em vista dos efeitos da chamada Lei de Anistia (Lei Federal 6.683/1979).
(E) já se encontra prescrita, por força do Decreto no 20.910/1932, devendo ter sido ajuizada ação de reparação no prazo de cinco anos a partir da vigência da Constituição Federal de 1988.

A: Incorreta. Não há litisconsórcio entre o Estado e seus agentes. A responsabilidade civil prevista no art. 37, § 6º, CF é objetiva e do Estado. Em relação ao agente somente cabe ação de regresso, a ser ajuizada pelo Estado; **B:** Correta. A Ação de Responsabilidade Civil do Estado é imprescritível, conforme disposto no art. 37, § 5º, CF, que ressalva as Ações de Ressarcimento; **C:** Incorreta, tendo em vista o mesmo argumento acima citado; **D:** Incorreta. Não ocorre a prescrição, conforme explicado no item B; **E:** Incorreta. Não há aplicação do Decreto 20.910/1932, que somente se refere à prescrição das dívidas passivas do Estado, não prevalecendo, portanto, sobre a regra constitucional prevista no art. 37, § 5º, CF.

Gabarito "B".

(Defensoria Pública da União – 2004 – CESPE) Julgue o seguinte item.

(1) A reparação do dano fundado na responsabilidade civil do Estado pode derivar tanto de processo judicial quanto de procedimento administrativo; o direito regressivo da administração pública, por outro lado, pressupõe, necessariamente, que aquela haja de fato indenizado o particular.

1: correta, pois a Administração pode firmar acordo extrajudicial com a vítima; quanto à segunda afirmativa, de fato a Administração só poderá cobrar do agente público faltoso após ter indenizado o particular.

Gabarito 1C.

10.4. Responsabilidade das concessionárias de serviço público

(Defensor Público/AM - 2018 - FCC) Considere que um grupo de moradores de determinado bairro tenha sido afetado pelo rompimento de uma adutora instalada por empresa privada concessionária de serviço público de fornecimento de água e tratamento de esgoto, sofrendo diversos prejuízos materiais em decorrência do ocorrido. De acordo com os preceitos constitucionais aplicáveis à espécie, no que tange à responsabilidade civil, referida concessionária

(A) responde pelos danos causados, independentemente de comprovação de dolo ou culpa, porém apenas em relação aos usuários dos serviços por ela prestados.
(B) possui responsabilidade objetiva pelos danos causados, a qual, contudo, pode ser afastada caso comprovada a ocorrência de caso fortuito.
(C) apenas responde pelos danos causados se comprovada conduta dolosa ou culposa de seus empregados, eis que os mesmos não são agentes públicos.
(D) responde pelos danos causados, de forma irrestrita, com base na teoria do risco integral, descabendo responsabilidade subsidiária do poder concedente.
(E) somente responde pelos danos causados se comprovada falha na prestação do serviço, descabendo responsabilização objetiva.

B: correta. Em repercussão geral foi reconhecida a responsabilidade objetiva das concessionárias pelos danos causados a terceiros não usuários. Eis o julgado que consolidou esse entendimento: EMENTA: CONSTITUCIONAL. RESPONSABILIDADE DO ESTADO. ART. 37, § 6º, DA CONSTITUIÇÃO. PESSOAS JURÍDICAS DE DIREITO PRIVADO PRESTADORAS DE SERVIÇO PÚBLICO. CONCESSIONÁRIO OU PERMISSIONÁRIO DO SERVIÇO DE TRANSPORTE COLETIVO. RESPONSABILIDADE OBJETIVA EM RELAÇÃO A TERCEIROS NÃO-USUÁRIOS DO SERVIÇO. RECURSO DESPROVIDO. I - A responsabilidade civil das pessoas jurídicas de direito privado prestadoras de serviço público é objetiva relativamente a terceiros usuários *e não-usuários do serviço*, segundo decorre do art. 37, § 6º, da Constituição Federal. II - A inequívoca presença do nexo de causalidade entre o ato administrativo e o dano causado ao terceiro não-usuário do serviço público, é condição suficiente para estabelecer a responsabilidade objetiva da pessoa jurídica de direito privado. III - Recurso extraordinário desprovido **(RE 591874 / MS, Relator: Min. RICARDO LEWANDOWSKI, j. 26/08/2009, Tribunal Pleno). De todo modo, cabe aqui ressaltar que** a Constituição Federal consagra a teoria da responsabilidade objetiva do Estado, estabelecendo que: "as pessoas jurídicas de direito público e as de direito privado prestadoras de serviços públicos responderão pelos danos que seus agentes, nessa qualidade, causarem a terceiros, assegurado o direito de regresso contra o responsável nos casos de dolo ou culpa" – art. 37 § 6º CF/88. Mas essa responsabilidade, ainda que objetiva, tem limites. O direito administrativo brasileiro não adota a teoria do risco integral, mas sim a do risco administrativo, o que implica a existência de excludentes da responsabilidade estatal, quais sejam: a culpa exclusiva da vítima, em caso fortuito ou de força maior. FMB

Gabarito "B".

(Defensor Público/AC – 2017 – CESPE) Após falecimento de Pedro, vítima de atropelamento em linha férrea, seus herdeiros compareceram à DP para que fosse ajuizada ação indenizatória por danos morais contra a empresa concessionária responsável pela ferrovia onde havia acontecido o acidente, localizada em área urbana. Na ocasião, seus parentes informaram que, apesar de Pedro ter atravessado a ferrovia em local inadequado, inexistia cerca na linha férrea ou sinalização adequada.

Com base nessa situação hipotética e no entendimento dos tribunais superiores acerca da responsabilidade civil do Estado, assinale a opção correta.

(A) O poder público concedente tem responsabilidade solidária para reparar os danos decorrentes do acidente, devendo vir a figurar no polo passivo da ação indenizatória.
(B) A responsabilização do agente responsável pela falha ao deixar de cercar ou sinalizar o local do acidente exigirá a denunciação da lide nos autos da ação indenizatória.
(C) A responsabilização civil da empresa concessionária independerá da demonstração da falha na prestação do serviço pela empresa, ante o risco inerente à atividade econômica desenvolvida.
(D) A conduta de Pedro, que atravessou a ferrovia em local inadequado, afastará a responsabilização civil da empresa concessionária, ainda que fique demonstrada a falha no isolamento por cerca ou na sinalização do local do acidente.

(E) A demonstração da omissão no isolamento por cerca ou na sinalização do local do acidente acarretará a responsabilização civil da empresa concessionária, embora possa haver redução da indenização dada a conduta imprudente de Pedro.

O caso é de responsabilidade objetiva da concessionária em razão de danos causados a terceiro não usuário. Com efeito, em repercussão geral foi reconhecida a responsabilidade objetiva das concessionárias pelos danos causados a terceiros não usuários. Eis o julgado que consolidou esse entendimento: Ementa: Constitucional. Responsabilidade do estado. Art. 37, § 6º, da Constituição. Pessoas jurídicas de direito privado prestadoras de serviço público. concessionário ou permissionário do serviço de transporte coletivo. responsabilidade objetiva em relação a terceiros não usuários do serviço. recurso desprovido. I – A responsabilidade civil das pessoas jurídicas de direito privado prestadoras de serviço público é objetiva relativamente a terceiros usuários *e não usuários do serviço*, segundo decorre do art. 37, § 6º, da Constituição Federal. II – A inequívoca presença do nexo de causalidade entre o ato administrativo e o dano causado ao terceiro não usuário do serviço público, é condição suficiente para estabelecer a responsabilidade objetiva da pessoa jurídica de direito privado. III – Recurso extraordinário desprovido (RE 591874 / MS, Relator: Min. RICARDO LEWANDOWSKI, j. 26.08.2009, Tribunal Pleno). De todo modo, cabe aqui ressaltar que a Constituição Federal consagra a teoria da responsabilidade objetiva do Estado, estabelecendo que: "as pessoas jurídicas de direito público e as de direito privado prestadoras de serviços públicos responderão pelos danos que seus agentes, nessa qualidade, causarem a terceiros, assegurado o direito de regresso contra o responsável nos casos de dolo ou culpa" – art. 37, § 6º, CF/88. Mas essa responsabilidade, ainda que objetiva, tem limites. O direito administrativo brasileiro não adota a teoria do risco integral, mas sim a do risco administrativo, o que implica a existência de excludentes da responsabilidade estatal, quais sejam: a culpa exclusiva da vítima, em caso fortuito ou de força maior. Destarte, a assertiva em comento, em razão da existência de culpa parcial e concorrente da vítima para a ocorrência do evento danoso, tal responsabilidade estatal pode ser minorada.
Gabarito "E".

(Defensor Público/GO – 2010 – I. Cidades) Em um serviço público de transporte de passageiros, veio um passageiro a ser jogado para fora do ônibus em uma curva, e, além de se machucar gravemente, veio a atingir uma outra pessoa, transeunte, que também sofreu graves lesões. Na ação a ser movida pelo passageiro contra o Estado

(A) o usuário é quem deve acionar o Estado, não tendo direito a isto o terceiro que foi lesado em decorrência do evento originário.

(B) a responsabilidade do Estado será subjetiva para o terceiro, e objetiva para o usuário do serviço público.

(C) o Estado responderá civilmente, mas subjetivamente, por causa da presença do terceiro que está fora da relação tática original.

(D) o terceiro somente tem direito a indenização do usuário, e este do Estado.

(E) a responsabilidade do Estado será objetiva para os dois casos.

O STF vinha entendendo que a responsabilidade objetiva dos concessionários (prevista no art. 37, § 6º, da CF) só existe em relação ao usuário do serviço, e não em relação a terceiro não usuário do serviço, que sofre dano no contexto da prestação de um serviço público. O terceiro deveria buscar responsabilização da concessionária com fundamento em outras regras jurídicas. No entanto, houve mudança na orientação jurisprudencial, para admitir a responsabilidade objetiva também em favor do não usuário do serviço público. Confira: "A responsabilidade civil das pessoas jurídicas de direito privado prestadoras de serviço público é objetiva relativamente a terceiros usuários e não usuários do serviço, segundo decorre do art. 37, § 6º, da Constituição Federal. II - A inequívoca presença do nexo de causalidade entre o ato administrativo e o dano causado ao terceiro não usuário do serviço público, é condição suficiente para estabelecer a responsabilidade objetiva da pessoa jurídica de direito privado." (STF, RE 591874). O STF passou a entender que a expressão "terceiros", contida no dispositivo constitucional citado, inclui os terceiros não usuários do serviço público. Primeiro porque não há restrição redacional nesse sentido, não se podendo fazer interpretação restritiva do dispositivo constitucional. Segundo porque a Constituição, interpretada à luz do princípio da isonomia, não permite que se faça qualquer distinção entre os chamados "terceiros", usuários e não usuários do serviço público, uma vez que todos podem sofrer dano em razão da ação administrativa estatal. Terceiro porque os serviços públicos devem ser prestados de forma adequada e em caráter geral, estendendo-se, indistintamente, a todos os cidadãos, beneficiários diretos ou indiretos da ação estatal. Assim, a alternativa "E" está correta.
Gabarito "E".

(Defensor Público/AL – 2009 – CESPE) Com relação à regra da responsabilidade objetiva do Estado, julgue o próximo item.

(1) Essa regra não se aplica às entidades da administração indireta que executem atividade econômica de natureza privada.

1: correta, pois somente as entidades da administração indireta que sejam pessoas jurídicas de direito público ou que sejam concessionárias de serviço público respondem objetivamente (art. 37, § 6º, da CF).
Gabarito 1C.

10.5. Responsabilidade por atos legislativos e judiciais

(Defensor Público/ES – 2012 – CESPE) Julgue os itens subsecutivos, relativos a responsabilidade civil do Estado.

(1) De acordo com a jurisprudência consolidada do STF, a responsabilidade objetiva do Estado aplica-se a todos os atos do Poder Judiciário.

1: incorreta, pois o STF é pacífico no sentido de que "salvo nos casos expressamente previstos em lei, a responsabilidade do Estado não se aplica aos atos de juízes" (RE 553.637, DJ 25.09.09); são exemplos de caso expressamente previstos na lei o erro judiciário (art. 5.º, LXXV, da CF) e a fraude ou dolo do juiz (art. 133 do CPC).
Gabarito 1E.

(Defensor Público/GO – 2010 – I. Cidades) Considerando a jurisprudência do Supremo Tribunal Federal, acerca da responsabilidade objetiva do Estado, está correta a seguinte proposição:

(A) A responsabilidade objetiva do Estado não se aplica aos atos de juízes, salvo os casos expressamente previstos em lei.

(B) A legitimidade passiva concorrente do agente público é admitida, na ação movida com fundamento na responsabilidade civil objetiva estatal.

(C) A Constituição da República dispõe expressamente que os serviços notariais e de registro são exercidos em caráter privado, daí não se admitir responsabilidade do Estado por atos de tabelionato.

(D) A jurisprudência exige, para a configuração da responsabilidade objetiva do Estado, que o ato praticado seja ilícito.

(E) A natureza da conduta administrativa - comissiva ou omissiva -, não importa para a configuração da responsabilidade objetiva do Estado.

A: correta, valendo salientar que, em casos como de erro judiciário, dolo, fraude, recusa, omissão ou retardamento injustificado do juiz (art. 133 do CPC), caberá responsabilidade estatal por ato do juiz; **B:** incorreta, pois o STF entende que a vítima só pode entrar com ação contra o Estado, não podendo ingressar diretamente contra o agente público; assim, não cabe a responsabilidade *"per saltum"* da pessoa natural do agente público (STF, RE 327.904, rel. Min. Carlos Brito, j. em 15/08/2006 – Informativo 436), devendo o juiz julgar extinta, por ilegitimidade de parte, eventual ação promovida pelo terceiro lesado em face do agente público; **C:** incorreta, pois o tabelião responde objetivamente e o Estado também responde objetivamente, ainda que haja decisões do STJ que entendem que se deve acionar primeiro o registrador ou notário, acionando-se o Estado subsidiariamente (STJ, REsp 1163652/PE, DJ 01/07/2010); **D:** incorreta, pois não se discute, na responsabilidade objetiva do Estado, culpa ou dolo, ou seja, se houve ou não prática de ato ilícito; **E:** incorreta, pois, nas condutas omissivas, como regra, a responsabilidade do Estado é subjetiva, ao passo que nas condutas comissivas, é objetiva.

Gabarito "A".

11. LICITAÇÃO

11.1. Contratação direta (licitação dispensada, dispensa de licitação e inexigibilidade de licitação)

(Defensor Público –DPE/BA – 2016 – FCC) No âmbito da Administração Pública, questionou-se a possibilidade de se dispensar licitação para a compra de materiais para a manutenção de fogão industrial. Isso seria juridicamente possível se

(A) houvesse aquisição de materiais que só pudessem ser fornecidos por empresa ou representante comercial exclusivo, vedada a preferência de marca, devendo a comprovação de exclusividade ser feita através de atestado fornecido pelo órgão de registro do comércio do local em que se realizaria a licitação.

(B) a aquisição desses componentes ou peças de origem nacional ou estrangeira fosse necessária à manutenção desse equipamento durante o período de garantia técnica, junto ao fornecedor original, sendo essa condição de exclusividade indispensável para a vigência da garantia.

(C) a contratação desse serviço técnico resultasse em restauro para bem de valor histórico, de natureza singular, com profissionais ou empresas de notória especialização.

(D) houvesse autorização do setor municipal responsável pela autorização e liberação da dispensa de licitação.

(E) não houvesse no mercado quantidade suficiente de fornecedores, o que impossibilitaria a competição.

A: Incorreta, porque a licitação dispensável (art. 24, da Lei 8.666/1993) não prevê essa hipótese, sendo o rol taxativo. Trata-se de hipótese de licitação inexigível prevista no art. 25, I, da Lei 8.666/1993; **B:** Correta, tendo em vista ser a única hipótese de licitação dispensável prevista no art. 24, XVII, da Lei 8.666/1993; **C:** Incorreta, porque se trata de hipótese de inexigibilidade de licitação (art. 25, II, da Lei 8.666/1993); **D:** Incorreta, pois não há necessidade desse ato autorizatório; **E:** Incorreta, sendo hipótese de licitação deserta (art. 24, V, da Lei 8.666/1993).

Gabarito "B".

(Defensoria Pública/SP – 2010 – FCC) A formalização da concessão de serviço público, disciplinada em sua forma comum pela Lei nº 8.987/1995, dar-se-á por contratação

(A) com licitação dispensável, devido à prestação ser por conta e risco do concessionário.

(B) em condições legais excepcionais, sem exigência de modalidade licitatória específica.

(C) com licitação dispensada, se demonstrada a melhor capacidade do concessionário.

(D) direta e sem prazo determinado, em decorrência de ser inexigível a licitação.

(E) com licitação prévia e obrigatória, na modalidade de concorrência.

A contratação de concessão de serviço público depende de licitação pública, na modalidade concorrência, nos termos do art. 2º, II, da Lei 8.987/1995 e do art. 175 da CF.

Gabarito "E".

(Defensor Público/AM – 2010 – I. Cidades) A respeito do credenciamento em matéria de licitação, assinale a alternativa correta:

(A) É inexigível a licitação nas hipóteses em que o credenciamento é aberto para outorga a todos os interessados habilitados, já que inexistente a possibilidade teórica de competição.

(B) O credenciamento, como ato administrativo ampliativo de direitos do cidadão, sempre implica na obrigatoriedade de licitação, em respeito ao princípio da isonomia.

(C) Todos os atos administrativos restritivos também se submetem a um processo administrativo próprio de licitação.

(D) O credenciamento é aberto, mas sempre deve ser licitado em respeito ao princípio da isonomia.

(E) O credenciamento é o ato através do qual, após prévio processo licitatório, se permite que uma empresa represente a Administração Pública em uma ocasião específica.

O credenciamento é o ato ou contrato formal pelo qual a administração pública confere a um particular (pessoa física ou jurídica), normalmente sem prévia licitação, a prerrogativa de exercer certas atividades materiais ou técnicas, em caráter instrumental ou de colaboração com o Poder Público, a título oneroso, remuneradas, na maioria das vezes, diretamente pelos interessados. Um exemplo de credenciamento é o ato que ocorre com as empresas de autoescola, que recebem credenciamento do Poder Público para a prática de certas atividades em colaboração com este (aulas, exames etc.), sem licitação e com cobrança dos interessados. Inexistindo viabilidade técnica de competição, está-se diante de hipótese de inexigibilidade (art. 25, *caput*, da Lei 8.666/1993).

Gabarito "A".

(Defensor Público/BA – 2010 – CESPE) Julgue o seguinte item.

(1) Os casos de dispensa de licitação previstos em lei somente podem ser ampliados, pela autoridade competente, devido a interesse público decorrente de fato devidamente comprovado, pertinente e suficiente para justificar tal conduta.

1: incorreto, pois somente por lei é possível criar novos casos de dispensa de licitação (art. 37, XXI, da CF).

Gabarito 1E.

(Defensor Público/GO – 2010 – I. Cidades) Na hipótese de contratação direta em casos singulares, em contratos abaixo de R$ 8.000,00

(A) há uma contratação direta por dispensa da licitação, sendo necessária a verificação do menor preço.
(B) há uma fase discricionária, para a verificação dos requisitos da singularidade e da notória especialização, com posterior escolha do profissional.
(C) a contratação implica em menor preço, após pesquisa de mercado.
(D) o serviço singular implica em serviços que são incomparáveis uns com os outros.
(E) a primeira fase é discricionária, na averiguação dos preços e depois há uma fase vinculada, para escolha do melhor profissional.

A: incorreta, pois, havendo dispensa de licitação, é necessário pesquisa de preço e justificativa da contratação; **B:** incorreta, pois, primeiro, vê-se a singularidade do serviço, sendo que, somente uma vez constatada essa singularidade, é que se passará à escolha do profissional, que deverá ter notória especialização (art. 25, II, da Lei 8.666/1993); **C:** incorreta, pois, na contratação direta, a lei não exige o menor preço, mas a "justificativa do preço" (art. 26, parágrafo único, III, da Lei 8.666/1993); **D:** correta, pois implica em serviços diferenciados, que não podem ser objeto de comparação entre si; **E:** incorreta, pois há certa discricionariedade nessas duas fases.
Gabarito "D".

(Defensor Público/AL – 2009 – CESPE) Julgue o seguinte item.

(1) Constitui hipótese de inexigibilidade de licitação a contratação de associação de portadores de deficiência física, sem fins lucrativos e de comprovada idoneidade, para a prestação de serviços ou fornecimento de mão de obra, desde que o preço contratado seja compatível com o de mercado.

1: incorreta, pois esse caso não é de *inexigibilidade*, mas de *dispensa* de licitação (art. 24, XX, da Lei 8.666/1993).
Gabarito 1E

11.2. Modalidades de licitação e registro de preços

(Defensor Público/AC – 2012 – CESPE) Nos casos de concessão de direito real de uso, é cabível a modalidade de licitação denominada

(A) pregão.
(B) concorrência.
(C) tomada de preços.
(D) convite.
(E) leilão.

O art. 23, § 3.º, da Lei 8.666/1993 dispõe que a concorrência é a modalidade de licitação cabível nas concessões de direito real de uso.
Gabarito "B".

(Defensor Público/PR – 2012 – FCC) Sobre licitação é correto afirmar:

(A) A concorrência é a modalidade de licitação possível para a compra e venda de bens móveis e imóveis, independentemente do valor.
(B) O rol de modalidades de licitações constante da lei é taxativo não podendo, o ente federado, conceber outras figuras ou combinar regras procedimentais.
(C) A lei não permite que o edital da licitação contenha qualquer preferência para serviços ou produtos manufaturados de origem nacional.
(D) É garantida por lei a participação de microempresas e empresas de pequeno porte em processos licitatórios, as quais, pelo princípio da isonomia, concorrem sem qualquer preferência, em igualdade de condições com os demais participantes.
(E) Na modalidade convite, além do edital que rege o certame, deve ser expedida carta-convite aos proponentes cadastrados, respeitada a antecedência mínima de cinco dias, contados da publicação do edital.

A: incorreta, pois a concorrência é a modalidade de licitação utilizada para a compra ou alienação de bens imóveis (art. 23, § 3.º, da Lei 8.666/1993); ou seja, quanto aos bens móveis, não há obrigação de que a alienação ou a aquisição se dê por concorrência caso não se atinja o valor mínimo para que esta se aplique; **B:** correta (art. 22, § 8.º, da Lei 8.666/1993); **C:** incorreta, pois poderá ser estabelecido margem de preferência para produtos manufaturados e serviços nacionais que atendam a normas técnicas brasileiras (art. 3.º, § 5.º, da Lei 8.666/1993); se tais produtos manufaturados e serviços nacionais forem, ainda, realizados no Brasil, poderá ser estabelecida uma margem de preferência ainda maior (art. 3.º § 7.º, da Lei 8.666/1993); **D:** incorreta, pois a LC n. 123/2006 estabelece vantagens em favor dessas empresas, como a que assegura, como critério de desempate, preferência de contratação para as microempresas e empresas de pequeno porte (art. 44, *caput*); **E:** incorreta, pois não há edital na modalidade convite (art. 38, I, da Lei 8.666/1993), mas apenas a expedição de cartas-convite; quanto ao prazo, é de cinco dias úteis (e não cinco dias corridos), contados da expedição da carta-convite (art. 21, º§ 3.º, da Lei 8.666/1993).
Gabarito "B".

(Defensor Público/AL – 2009 – CESPE) Julgue o seguinte item.

(1) O leilão é modalidade de licitação entre interessados devidamente cadastrados para a venda de bens móveis inservíveis para a administração.

1: incorreta, pois o leilão é modalidade da qual podem participar quaisquer interessados e não somente aqueles que estejam cadastrados junto à Administração (art. 22, § 5º, da Lei 8.666/1993).
Gabarito 1E

(Defensoria/MA – 2009 – FCC) O Estado do Maranhão adjudicou, em sede de execução fiscal, um imóvel que pertencia a uma empresa devedora de ICMS. Pretendendo alienar este imóvel com a maior agilidade possível, uma vez autorizada normativamente a transferência onerosa, o Poder Público deve adotar a seguinte modalidade de procedimento licitatório:

(A) pré-qualificação.
(B) pregão.
(C) leilão.
(D) tomada de preços.
(E) convite.

Como o imóvel foi adquirido numa execução fiscal, a alienação pode se dar por leilão (art. 19, *caput* e III, da Lei 8.666/1993).
Gabarito "C".

11.3. Tipos de licitação (menor preço, melhor técnica e técnica/preço e maior lance)

(Defensor Público –DPE/MT – 2016 – UFMT) Em matéria de licitação pública, assinale a afirmativa INCORRETA.

(A) Nas licitações do tipo melhor técnica, a classificação dos proponentes far-se-á de acordo com a média ponderada das valorizações das propostas técnicas e de preço, de acordo com os pesos preestabelecidos no instrumento convocatório.

(B) A promoção do desenvolvimento nacional sustentável é um dos três pilares das licitações públicas, ao lado do princípio constitucional da isonomia e da seleção da proposta mais vantajosa para a Administração.

(C) Nas licitações, será assegurada, como critério de desempate da proposta comercial, preferência de contratação para as microempresas e empresas de pequeno porte.

(D) Nas hipóteses de inexigibilidade e dispensa de licitação, se comprovado superfaturamento, respondem solidariamente pelo dano causado à Fazenda Pública o fornecedor ou o prestador de serviços e o agente público responsável, sem prejuízo de outras sanções legais cabíveis.

(E) A documentação exigida nas fases de habilitação jurídica e econômico-financeira poderá ser dispensada, no todo ou em parte, nos casos de convite, concurso, fornecimento de bens para pronta entrega e leilão.

A: Incorreta, porque no tipo "melhor técnica", o julgamento se dá em razão da escolha do melhor licitante quanto à técnica, sendo que o preço é utilizado subsidiariamente, e não, para fazer uma "média ponderada", como afirmado na alternativa (art. 46, § 1º, II, da Lei 8.666/1993); Essa é a resposta do gabarito, que pede para marcar a INCORRETA; **B:** Correta, conforme disposto no art. 3º, da Lei 8.666/1993 ("letra de lei"); **C:** Correta, conforme disposto no art. 3º, § 14, da Lei 8.666/1993 ("letra de lei"); **D:** Correta, conforme disposto no art. 25, § 2º, da Lei 8.666/1993 (letra de lei); **E:** Correta, sendo o estabelecido no art. 32, § 3º, da Lei 8.666/1993.
Gabarito "A".

11.4. Revogação e anulação da licitação

(Defensoria/MT – 2009 – FCC) Segundo o regime da Lei n.º 8.666/1993, a anulação do procedimento licitatório, antes da celebração do consequente contrato,

(A) só pode ocorrer por razões de interesse público, evidenciadas por juízo de conveniência e oportunidade da autoridade competente.

(B) só pode decorrer de fato superveniente devidamente comprovado.

(C) depende da provocação de terceiros, mediante requerimento escrito e devidamente fundamentado.

(D) não gera, para a Administração, obrigação de indenizar.

(E) não depende de contraditório e a ampla defesa.

A: incorreta, pois a *anulação* ocorre por *ilegalidade*, e não por *inconveniência*, sendo que esta situação (*inconveniência*) dá ensejo à *revogação* (art. 49 da Lei 8.666/1993); **B:** incorreta, pois a *anulação* se dá por *ilegalidade* já existente, diferente da *revogação*, que se dá por um *fato novo, que torna inconveniente* a manutenção do certame ou do contrato (art. 49 da Lei 8.666/1993); **C:** incorreta, pois a Administração tem a autotutela de seus atos, podendo revogá-los ou anulá-los de ofício; **D:** correta, não tendo a Administração dever de indenizar (art. 59 da Lei 8.666/1993), a não ser quando o contratado está de boa-fé, que é presumida, ocasião em que este terá direito de receber pelo que já tiver prestado, sob pena de enriquecimento sem causa; já se o contratado estiver de má-fé, não terá direito sequer ao pagamento pelos serviços que já tiver prestado; **E:** incorreta (art. 49, § 3º, da Lei 8.666/1993).
Gabarito "D".

(Defensoria/PA – 2009 – FCC) Determinado Estado publicou edital de abertura de licitação para aquisição de móveis para guarnecer as escolas públicas de ensino fundamental instaladas em seu território. Outra decisão de governo culminou com a municipalização do ensino fundamental. O convênio que disciplinou a operacionalização da dita municipalização declarou ser de responsabilidade dos municípios guarnecer as escolas com os móveis e utensílios que se mostrassem necessários, o que seria avaliado somente quando do recebimento dos imóveis onde funcionam as atividades. Neste caso a Administração Pública Estadual

(A) deve prosseguir com a licitação, uma vez que o início do procedimento impede a revogação, possibilitando apenas a anulação por vício de legalidade.

(B) pode revogar a licitação, uma vez que não se mostra mais conveniente e oportuno realizar a despesa, vez que a providência será adotada pelos municípios quando do recebimento dos imóveis.

(C) deve anular a licitação em curso, uma vez que a conclusão do procedimento eivaria a contratação de vício de ilegalidade.

(D) pode prosseguir com a licitação, sub-rogando-se os municípios nos efeitos do contrato a ser firmado com o vencedor.

(E) pode anular a licitação em curso, vez que cessados os motivos para a aquisição dos bens.

Art. 49 da Lei 8.666/1993.
Gabarito "B".

11.5. Microempresa e empresa de pequeno porte

(Defensor Público/RS – 2011 – FCC) Com relação aos benefícios das microempresas e das empresas de pequeno porte nas licitações, que independem de regulamentação pelo órgão licitante, de acordo com a Lei Complementar Federal n.º 123/2006, é correto afirmar:

(A) A microempresa e a empresa de pequeno porte têm preferência, como critério de desempate, para a contratação em licitações.

(B) A regularidade jurídica da microempresa e da empresa de pequeno porte será exigida apenas na assinatura do contrato.

(C) A microempresa será automaticamente declarada vencedora se a sua proposta for superior ao melhor preço em até dez por cento.

(D) A microempresa e a empresa de pequeno porte estão dispensadas de apresentar a documentação fiscal para participar em licitações.

(E) A microempresa terá preferência na contratação quando sua proposta for equivalente à apresentada por empresa de pequeno porte.

A: correta (art. 44 da Lei Complementar 123/2006); **B:** incorreta, pois é a regularidade *fiscal* que será exigida apenas *para efeito da* assinatura do contrato (art. 42 da Lei Complementar 123/2006); **C:** incorreta, pois, nesse caso, dar-se-á oportunidade à microempresa de apresentar proposta inferior àquela considerada vencedora no certame (art. 45, I, da Lei Complementar 123/2006); **D:** incorreta, pois o que a lei faz é autorizar a sua apresentação no início do certame mesmo que apresente alguma restrição, conferindo-se prazo para a empresa apresentar documentação em ordem no prazo de dois dias úteis contados do momento em que o proponente for declarado vencedor do certame, prazo esse que é prorrogável por igual período, a critério da Administração (art. 43, *caput* e § 1°, da Lei Complementar 123/2006); **E:** incorreta, pois a preferência existe da microempresa e da empresa de pequeno porte, de um lado, em face das empresas em geral, de outro, e não entre as duas primeiras (art. 44, *caput*, da Lei Complementar 123/2006).

Gabarito "A".

11.6. Temas combinados e outros temas

(Defensor Público –DPE/RN – 2016 – CESPE) No que concerne às licitações e aos contratos administrativos, assinale a opção correta com base na legislação e na doutrina.

(A) Em nome do princípio *pacta sunt servanda*, é vedado à administração modificar, sem prévia concordância do contratado, o contrato administrativo de concessão de serviço público.

(B) Segundo o instituto da encampação, ao término do contrato de concessão de serviços públicos, dá-se a incorporação dos bens da concessionária ao patrimônio do concedente, independentemente de indenização.

(C) Configura hipótese de licitação dispensável a contratação de profissionais do setor artístico consagrados pela crítica especializada.

(D) O pregão é a modalidade de licitação restrita ao âmbito da União Federal e destinada à aquisição de bens e à contratação de serviços comuns.

(E) A homologação da licitação não obsta a que a administração pública possa anulá-la, por ilegalidade, ou revogá--la, por motivos de interesse público superveniente.

A: Incorreta, Há possibilidade de alteração unilateral do contrato pelo Poder Público, em determinadas circunstâncias, conforme dispõe o art. 65, I, da Lei 8.666/1993; **B:** Incorreta. O art. 37, da Lei 8.987/1995 determina que a encampação deva ser precedida de indenização, sendo esse o erro da assertiva; **C:** Incorreta. Essa é uma hipótese de licitação inexigível (art. 25, III, da Lei 8.666/1993); **D:** Incorreta. O pregão pode ser utilizado por todos os Entes Federativos, sendo a Lei 10.520/2002 uma Lei Geral, portanto; **E:** Correta. A ilegalidade e a superveniência de motivos que ensejam a revogação de um procedimento, como é a licitação sempre podem ser reconhecidos. A homologação atesta a legitimidade dos atos do procedimento, mas ela não é absoluta, podendo ser questionada, assim como os atos do procedimento por ela avaliados, isso tanto pelo Poder Judiciário (quanto à legalidade), quanto pela própria Administração Pública (quanto à legalidade e conveniência e oportunidade).

Gabarito "E".

(Defensor Público –DPE/BA – 2016 – FCC) João, Defensor Público estadual, ao analisar os contratos com a administração pública, verificou a falta de um dos elementos formais do contrato. Segundo a Lei 8.666 de 1993, por determinação do artigo 55, esses elementos são:

I. o crédito pelo qual correrá a despesa, com a indicação da classificação funcional programática e da categoria econômica.

II. a cláusula de subcontratação unilateral *ad nutum*.

III. a vinculação ao edital de licitação ou ao termo que a dispensou ou a inexigiu, ao convite e à proposta do licitante vencedor.

IV. o preço e as condições de pagamento, os critérios, data-base e periodicidade do reajustamento de preços, os critérios de atualização monetária entre a data do adimplemento das obrigações e a do efetivo pagamento.

Está correto o que se afirma APENAS em

(A) I, II e IV.
(B) I e II.
(C) II e III.
(D) III e IV.
(E) I, III e IV.

A: Incorreta, porque a assertiva II é a única que não consta como exigência formal disposta nos artigos 55, bem como arts. 60 a 64, da Lei 8.666/1993; **B:** Incorreta, conforme explicado acima. A assertiva II está incorreta, somente; **C:** Incorreta, porque a assertiva II não contem previsão de lei (essa cláusula de subcontratação "ad nutum"); **D:** Incorreta, porque a assertiva I tambem está correta (art. 55, V, da Lei 8.666/1993); **E:** Correta, tendo em vista que as assertivas I, III e IV constam das cláusulas necessárias dispostas no art. 55, da Lei 8.666/1993, estando tudo em conformidade com os arts. 60 a 64, da Lei de Licitações.

Gabarito "E".

(Defensor Público/SP – 2012 – FCC) Em relação às licitações, contratos e demais ajustes da Administração Pública é correto afirmar que

(A) constitui cláusula desnecessária do contrato administrativo a especificação de seu conteúdo, desde que estipulado com clareza o preço e as condições de pagamento.

(B) as minutas de convênios devem ser previamente examinadas por assessoria jurídica dos órgãos públicos, à qual não compete aprová-las.

(C) inexistindo interessado selecionado, em decorrência da inabilitação ou da desclassificação, a licitação deverá ser declarada deserta.

(D) a subcontratação parcial pode ser realizada, desde que haja anterior previsão explicitada no edital da licitação e ratificada no contrato.

(E) as sanções para o caso de Inadimplemento nao precisam ser indicadas no edital de licitação, mas sim no contrato a ser firmado.

A: incorreta, pois o conteúdo (objeto e seus elementos característicos) é cláusula necessária em todo contrato (art. 55, I, da Lei 8.666/1993); **B:** incorreta, pois a assessoria jurídica precisa aprová-las (art. 38, § Único, da Lei 8.666/1993); **C:** incorreta, pois o caso é de licitação fracassada (apareceram licitantes, mas todos foram inabilitados ou desclassificados); a licitação é considerada deserta quando nenhum licitante aparece para fazer proposta; **D:** correta (art. 72 da Lei 8.666/1993); **E:** incorreta, pois as sanções pelo inadimplemento devem estar previstas no edital (art. 40, III, da Lei 8.666/1993).

Gabarito "D".

(Defensor Público/RO – 2012 – CESPE) Assinale a opção correta a respeito dos institutos da licitação, dos contratos administrativos e da improbidade administrativa.

(A) A caracterização de ato de improbidade por ofensa aos princípios que regem a administração pública independe da demonstração de dolo *lato sensu* ou genérico.

(B) Segundo a jurisprudência, a renovação de contrato de concessão de serviço sem a realização de regular procedimento licitatório implica perpetuação da irregularidade durante o período de renovação, razão pela qual deve ser afastada a invocação de decadência se a ação civil pública for ajuizada no referido período.

(C) A ocorrência de irregularidade em contrato de concessão isenta o beneficiário do serviço da obrigação de indenizar o contratado pelos serviços prestados.

(D) Considere que determinado ente público, após prévia licitação, tenha celebrado contrato com empresa para a exploração de linha de transporte em horário diurno e que, posteriormente, tenha ampliado o conteúdo do ato para autorizar também a exploração no horário noturno. Nessa situação, a ampliação, por não se sujeitar ao princípio da obrigatoriedade de licitação, é considerada válida.

(E) De acordo com a jurisprudência, não se exige, para a configuração da prática do crime de dispensa de licitação mediante fracionamento da contratação, a presença do dolo específico de causar dano ao erário e da caracterização do efetivo prejuízo.

A: incorreta, pois é necessário dolo para a configuração da modalidade improbidade de ofensa a princípios (art. 11 da Lei 8.429/1992), diferentemente da modalidade de prejuízo ao erário (art. 10 da Lei 8.429/1992), que se configure mediante conduta culposa ou dolosa, conforme está expresso no art. 10, caput, da Lei 8.429/1992; **B:** correta, pois a lesão ao direito se renova a cada dia em que o contrato se perpetua sem a devida licitação, de modo que o prazo recomeça a correr a cada dia em que a contratação irregular se mantém; **C:** incorreta, pois haveria enriquecimento sem causa do usuário se fruísse do serviço sem o consequente pagamento do que lhe foi prestado; **D:** incorreta, pois a medida é uma fraude ao processo licitatório; isso porque, se os licitantes do certame em que a linha diurna foi disputada soubessem que a linha noturna também seria concedida, talvez tivessem feito propostas melhores do que a ganhadora do certame; assim, não havendo previsão no edital da licitação originária quanto à exploração da linha noturna, não há como se reconhecer a validade da ampliação do objeto da concessão; **E:** incorreta, pois a jurisprudência do STJ é pacífica no sentido de que é necessário o dolo específico mencionado para a configuração do crime previsto no art. 83 da Lei 8.666/1993 (STJ, REsp 1.349.442, DJ 15.04.13).
Gabarito "B".

(Defensor Público/GO – 2010 – I. Cidades) A declaração de inidoneidade para licitar

(A) pode retroagir, atingindo contratos e licitações em andamento do particular atingido pela penalidade.

(B) é uma espécie de sanção administrativa.

(C) atinge somente os órgãos e entes da Administração com os quais esteja ligado o particular atingido no contrato e ou na licitação.

(D) está disposta em regulamento federal.

(E) é ato administrativo ampliativo da situação jurídica do particular.

A: incorreta, pois nem a lei pode retroagir para atingir atos jurídicos perfeitos; **B:** correta, já que se trata de uma punição ao contratado, que ficará impedido de contratar com a Administração Pública enquanto perdurarem os motivos da punição ou até que seja reabilitado (art. 87, IV, da Lei 8.666/1993); **C:** incorreta, pois, segundo o art. 87, IV, da Lei 8.666/1993, a sanção atinge a "Administração Pública", que, segundo o disposto no art. 6º, XI, inclui a administração direta e indireta de todos os entes políticos; **D:** incorreta, pois está prevista na própria Lei 8.666/1993 (art. 87, IV e §§ 2º e 3º); **E:** incorreta, pois é ato administrativo que diminui os direitos do particular.
Gabarito "B".

(Defensoria/MG – 2009 – FURMARC) Sobre licitação, é **correto** afirmar:

(A) O princípio do julgamento objetivo é garantia do princípio da isonomia.

(B) Ocorre inexigibilidade de licitação por motivo de oportunidade e conveniência.

(C) A licitação é dispensável para a contratação de serviço técnico profissional especializado.

(D) A adjudicação garante, ao licitante vencedor, a celebração do contrato com a Administração Pública.

(E) Não comparecendo interessado na licitação, a Administração pode contratar por inexigibilidade.

A: correto, pois o dever de julgar objetivamente tem em mira justamente evitar favorecimentos indevidos, respeitando o princípio da isonomia; **B:** incorreto, pois quando presentes os casos de *inexigibilidade de licitação* (art. 25 da Lei 8.666/1993), a Administração é obrigada a não fazer licitação, tratando-se de competência vinculada, em que não há análise de conveniência e oportunidade; a Administração é obrigada a não fazer licitação, pois são casos em que a licitação é *inviável*; já quando o caso é de *dispensa de licitação*, a Administração tem discricionariedade, podendo ou não realizar licitação, o que será decidido consoante critérios de oportunidade e conveniência; **C:** incorreto, pois a contratação desse tipo de serviço (desde que se trate de um serviço singular) é caso de inexigibilidade (art. 25, II, da Lei 8.666/1993), e não de dispensa de licitação (art. 24 da Lei 8.666/1993); **D:** incorreta, pois a adjudicação garante ao licitante vencedor a prioridade na contratação; ou seja, caso a Administração venha a contratar, deve fazê-lo com o vencedor, que fica obrigado a celebrar o contrato até o prazo de 60 dias da apresentação de sua proposta (art. 64, § 3º, da Lei 8.666/1993), findo o qual ficará liberado; caso a Administração não consiga celebrar o contrato com o vencedor do certame, deverá convocar o segundo classificado, e assim por diante, nos termos do art. 64, § 2º, da Lei 8.666/1993; **E:** incorreto, pois, não comparecendo interessados, e desde que a Administração, justificadamente não possa repetir o certame, esta pode contratar alguém por *dispensa* de licitação (e não por *inexigibilidade*), mantidas as condições do edital da licitação que não atraiu interessados (art. 24, V, da Lei 8.666/1993).
Gabarito "A".

(Defensoria/ES – 2009 – CESPE) Quanto à licitação, julgue os itens que se seguem.

(1) Considerando a relevância de seu objeto, as licitações internacionais devem ser realizadas obrigatória e exclusivamente na modalidade de concorrência.

(2) A adjudicação produz o efeito de sujeitar o adjudicatário às penalidades previstas no edital e à perda de eventuais garantias oferecidas, caso não assine o contrato no prazo e nas condições estabelecidas.

1: incorreta, pois há casos em que cabe tomada de preços (art. 23, § 3º, da Lei 8.666/1993); **2:** correta (art. 81 da Lei 8.666/1993).
Gabarito 1E, 2C

(Defensor Público/BA – 2006) Relativamente ao tema das "licitações", tem-se que:

(A) A tomada de preços é modalidade de licitação que pressupõe cadastramento do interessado, prévio ao edital, para que dela participe.

(B) Quando o convocado não assinar o termo de contrato ou não aceitar ou retirar o instrumento equivalente no prazo e condições estabelecidos, a Administração Pública está obrigada a convocar os licitantes remanescentes, na ordem de classificação, para fazê-lo em igual prazo e nas mesmas condições propostas pelo primeiro classificado.
(C) Quando todos os licitantes forem inabilitados ou todas as propostas forem desclassificadas, a Administração poderá fixar aos licitantes prazo de 8 (oito) dias úteis para apresentação de nova documentação ou de outras propostas, facultado, no caso de convite, a redução deste prazo para 3 (três) dias úteis.
(D) A competência para legislar sobre procedimentos de licitação é privativa da União.
(E) O rol de hipóteses de inexigibilidade previsto no artigo 25 da Lei Federal no. 8.666/1993 é taxativo.

A: incorreta, pois a lei abre exceção e permite que também participe de uma tomada de preços o interessado que atender às condições de cadastramento até o terceiro dia anterior à data do recebimento das propostas (art. 22, § 2º, da Lei 8.666/1993); **B:** incorreta, pois não há *obrigação*, mas *faculdade* da Administração em tomar essa medida (art. 64, § 2º, da Lei 8.666/1993); **C:** correta (art. 48, § 3º, da Lei 8.666/1993); **D:** incorreta, pois cabe à União editar normas gerais (art. 22, XXVII, da CF), facultando-se aos demais entes políticos suplementar a legislação federal, no que couber; **E:** incorreta, pois é um rol exemplificativo; qualquer outra situação que se enquadre no conceito de "competição inviável" também ensejará a inexigibilidade da licitação.
Gabarito "C".

12. CONTRATOS ADMINISTRATIVOS

12.1. Conceito, características principais, formalização e cláusulas contratuais necessárias

(Defensor Público/AC – 2012 – CESPE) A respeito dos contratos administrativos, assinale a opção correta.

(A) A administração pública goza da prerrogativa de, unilateralmente e sem motivação, rescindir contratos administrativos.
(B) Se a inexecução do contrato decorrer de culpa da administração, poderá o contratado rescindi-lo, recebendo apenas as parcelas devidas até a data da rescisão.
(C) Não se admite a celebração de contrato verbal com a administração pública, e, em face do princípio constitucional da publicidade, a lei não comporta excepcionalidade a essa vedação.
(D) O instrumento de contrato é obrigatório em todas as modalidades de licitação.
(E) A publicação resumida do instrumento de contrato é condição indispensável para sua eficácia.

A: incorreta, pois a motivação é necessária, tratando-se de princípio administrativo (art. 2.º caput da Lei 9.784/1999); **B:** incorreta, pois quando cabível a rescisão judicial do contrato por culpa da administração (o particular deve pedir em juízo a rescisão, fundando seu pedido no art. 78, XIII a XVI, da Lei 8.666/1993), o contratado terá também direito de ser ressarcido dos prejuízos regularmente comprovados que houver sofrido (art. 79, °§ 2º, da Lei 8.666/1993); **C:** incorreta, pois há caso excepcional em que se admite o contrato verbal, que é na compra de pronto pagamento de valor até 5% do limite para o convite (art. 60, § Único, da Lei 8.666/1993); **D:** incorreta, pois o instrumento de contrato somente é obrigatório na concorrência e na tomada de preços e nas contratações sem licitação respectivas, sendo facultativo nos demais casos, em que é possível usar carta-contrato, nota de empenho de despesa, autorização de compra ou ordem de execução de serviço (art. 62, caput, da Lei 8.666/1993); **E:** correta (art. 61, § Único, da Lei 8.666/1993).
Gabarito "E".

(Defensor Público/AL – 2009 – CESPE) Com relação aos contratos administrativos, julgue os itens subsequentes.

(1) As cláusulas exorbitantes incidem nos contratos administrativos, desde que expressamente previstas.
(2) A Administração Pública pode rescindir unilateralmente o contrato por motivo de interesse público, circunstância que lhe impõe o dever de ressarcir o contratado dos prejuízos regularmente comprovados.
(3) Na concessão de serviço público, não há a incidência das cláusulas exorbitantes, tampouco da característica da mutabilidade.

1: incorreta, pois tais cláusulas decorrem da própria lei (art. 58 da Lei 8.666/1993); **2:** correta (arts. 78, XII, e 79, § 2º, da Lei 8.666/1993); **3:** incorreta (art. 58 da Lei 8.666/1993).
Gabarito 1E, 2C, 3E

(Defensor Público/MS – 2008 – VUNESP) Ao contrário dos contratos celebrados entre entes privados, a Administração não fica em posição igualitária e pode modificar, rescindir unilateralmente os contratos, fiscalizar a sua execução, reter créditos etc. Essas prerrogativas são doutrinariamente chamadas de cláusulas contratuais

(A) instáveis.
(B) imprevisíveis.
(C) desequilibradas.
(D) exorbitantes.

Art. 58 da Lei 8.666/1993.
Gabarito "D".

12.2. Alteração dos contratos

(Defensor Público/AM - 2018 - FCC) Suponha que a Defensoria Pública do Amazonas tenha instaurado procedimento licitatório para aquisição de 150 computadores e firmado o contrato correspondente com o vencedor do certame. Ocorre que, iniciada a entrega dos equipamentos, ficou claro que o número seria insuficiente para atender às necessidades do órgão. Diante de tal situação e considerando as disposições da Lei no 8.666/1993,

(A) somente será viável a alteração quantitativa do objeto originalmente contratado, em qualquer percentual, por iniciativa do contratado e com anuência da Administração.
(B) o objeto poderá ser ampliado, até o limite de 50% do número de itens originalmente estabelecido, mantidos os valores contratados para cada unidade.
(C) o contrato poderá ser aditado para aumentar a quantidade de computadores adquiridos, observado o limite de 25% do valor original atualizado.
(D) afigura-se inviável qualquer alteração quantitativa do objeto contratual, somente admissível em contratos de obras ou serviços de engenharia.

(E) não é possível ampliar quantitativamente o objeto, somente sendo admissíveis supressões, observado o limite de 25%.

A: incorreta. Não é viável juridicamente que o contratado tome a iniciativa e amplie o objeto contratado quantitativamente. Só a Administração Pública possui tal prerrogativa e dentro do percentual previsto em Lei; **B:** incorreta. No caso, o contrato pode de fato ser ampliado até o limite de 25% autorizado pela lei, o que gerará o aumento proporcional nos valores contratados; **C:** correta. "O contratado fica obrigado a aceitar, nas mesmas condições contratuais, os acréscimos ou supressões que se fizerem nas obras, serviços ou compras, até 25% (vinte e cinco por cento) do valor inicial atualizado do contrato, e, no caso particular de reforma de edifício ou de equipamento, até o limite de 50% (cinquenta por cento) para os seus acréscimos" – art. 65, § 1º da Lei 8.666/1993; **D:** incorreta. O art. 65 da Lei 8.666/1995 estabelece as hipóteses tanto de alteração qualitativa quanto quantitativa do contrato administrativo; **E:** incorreta. Art. 65 §1º da Lei 8.666/1993. FMB

Gabarito "C".

(Defensoria/MA – 2009 – FCC) O Poder Público contratou, por meio de regular licitação, a execução de uma obra pública em terreno recentemente desapropriado para esta finalidade. Durante o início das fundações, a empresa contratada identificou focos de contaminação do solo na área. Este fato obriga a realização de trabalhos de descontaminação cujo custo eleva em demasia o preço da obra. Considerando que as partes não tinham conhecimento da contaminação e que, por razões de ordem técnica não poderiam sabê-lo antes, caberá

(A) rescindir o contrato e realizar nova licitação para contratação de empresa para a realização da obra, agora considerado o novo custo.

(B) alterar o contrato para restabelecimento do equilíbrio econômico-financeiro do contrato, observados os requisitos legais.

(C) realizar nova licitação para contratação do serviço de descontaminação do solo, devendo a empresa anteriormente contratada concorrer com terceiros, resguardando-se, no entanto, seu direito de preferência caso haja igualdade de propostas.

(D) rescindir unilateralmente o contrato pela contratada, em face do fato imprevisível, restituindo-se-lhe o valor gasto até então.

(E) realizar a descontaminação do solo diretamente pelo contratante, mantendo-se inalteradas as condições do contrato celebrado, cuja execução ficará apenas diferida no tempo.

Art. 65, II, *d*, da Lei 8.666/1993.

Gabarito "B".

(Defensoria/MT – 2009 – FCC) É exemplo de aplicação da teoria da imprevisão o seguinte trecho extraído de dispositivos da Lei n.º 8.666/1993: "Os contratos regidos por esta Lei poderão ser alterados, com as devidas justificativas, nos seguintes casos: (...)

(A) unilateralmente pela Administração, quando houver modificação do projeto ou das especificações, para melhor adequação técnica aos seus objetivos".

(B) unilateralmente pela Administração, quando necessária a modificação do valor contratual em decorrência de acréscimo ou diminuição quantitativa de seu objeto, nos limites permitidos por esta Lei".

(C) por acordo das partes, quando conveniente a substituição da garantia de execução".

(D) por acordo das partes, quando necessária a modificação do regime de execução da obra ou serviço, bem como do modo de fornecimento, em face de verificação técnica da inaplicabilidade dos termos contratuais originários".

(E) por acordo das partes, (...) objetivando a manutenção do equilíbrio econômico-financeiro inicial do contrato, na hipótese de sobrevirem fatos imprevisíveis, ou previsíveis porém de consequências incalculáveis, retardadores ou impeditivos da execução do ajustado".

A Teoria da Imprevisão está consagrada no art. 65, II, *d*, da Lei 8.666/1993, cuja redação está retratada na alternativa "E".

Gabarito "E".

12.3. Figuras assemelhadas (contrato de gestão, termo de parceria, convênio, contrato de programa etc.)

(Defensor Público/AM – 2013 – FCC) Ao contrário dos contratos administrativos, os convênios administrativos

(A) não dependem de exame e aprovação prévia por assessoria jurídica da Administração.

(B) não estão sujeitos à aplicação de normas da Lei Federal nº 8.666/1993.

(C) permitem a retirada voluntária de qualquer um dos partícipes, sem que se caracterize inadimplência.

(D) dependem de prévia licitação, quando houver mais de uma entidade habilitada a celebrar o ajuste.

(E) não permitem o repasse de recursos financeiros entre os partícipes, visto que cada qual deve arcar com as respectivas tarefas que foram objeto do ajuste.

A: incorreta, pois dependem sim de exame e aprovação prévia por assessoria jurídica da Administração (art. 38, § Único, da Lei 8.666/1993); **B:** incorreta, pois estão sujeitos sim (art. 116 da Lei 8.666/1993); **C:** correta, pois, no convênio, não há sinalagma (obrigações recíprocas), de maneira que a qualquer momento um dos partícipes (não há "partes" e sim "partícipes") pode denunciar o convênio sem qualquer tipo de sanção; **D:** incorreta, pois a Lei 8.666/1993 não faz tal exigência quanto aos convênios (v. art. 116, § 1.º, e art. 1.º, *caput*); de qualquer forma, como há dinheiro público envolvido, quando o convênio se der com particulares, de rigor que se utilize mecanismos de respeito aos princípios da moralidade, impessoalidade e economicidade; **E:** incorreta, pois há possibilidade, sim, desse tipo de repasse (art. 116, § 1.º, IV, § 2.º e § 3.º, III, da Lei 8.666/1993).

Gabarito "C".

(Defensor Público/AM – 2010 – I. Cidades) O convênio no campo do Direito Administrativo é:

(A) Espécie de negócio jurídico-administrativo, unilateral, com partícipes, visando à consecução de interesses contrapostos harmonicamente.

(B) Uma espécie de negócio jurídico-administrativo que pode ser realizado tanto entre a Administração e os particulares, quanto entre entes administrativos, tendo como finalidade a consecução de objetivos comuns.

(C) Uma espécie de contrato administrativo que para sua efetivação prescinde de licitação.

(D) Um dos atos administrativos que podem ser editados pela Administração.

(E) O resultado de um negócio jurídico-administrativo com interesses divergentes entre as partes.

A: incorreta, pois o convênio é ato *bilateral*, com partícipes, visando à consecução de interesses *comuns*; **B:** correta, pois traz informações corretas sobre o convênio; **C:** incorreta, pois o convênio não se confunde com o contrato administrativo; ademais, quando couber, o convênio será precedido de licitação, em virtude do disposto no art. 116 da Lei 8.666/1993; **D:** incorreta, pois o convênio é ato bilateral, e pressupõe a presença de outro partícipe; **E:** incorreta, pois, no convênio, há interesses comuns, e não interesses contrapostos ou divergentes.

Gabarito "B".

13. SERVIÇOS PÚBLICOS

13.1. Conceito, características principais, classificação e princípios

(Defensor Público/BA – 2010 – CESPE) Acerca de serviços públicos, julgue o item a seguir.

(1) Entre os serviços públicos de prestação obrigatória e exclusiva do Estado, que não podem ser prestados por concessão, permissão ou autorização, inclui-se a navegação aérea e a infraestrutura aeroportuária, os serviços de transporte ferroviário e aquaviário entre portos brasileiros e fronteiras nacionais.

1: incorreta, pois tais serviços podem, sim, ser objetos de delegação (art. 21, XII, da CF).

Gabarito 1E.

(Defensor Público/GO – 2010 – I. Cidades) De acordo com a ordem jurídica constitucional e sua interpretação pelo Supremo Tribunal Federal, são livres à iniciativa privada, independentemente de concessão ou permissão, os serviços públicos prestados nas áreas

(A) de saúde e educação.
(B) de educação e transporte coletivo.
(C) postal e de educação.
(D) postal e de saúde.
(E) de saúde e transporte coletivo.

De fato, os serviços de saúde e educação têm essa característica, não sendo necessário que alguém obtenha uma concessão ou permissão para prestá-los. Todavia, tais serviços estão sujeitos a certos credenciamentos e a uma fiscalização intensiva pelo Estado, considerando sua importância para a sociedade.

Gabarito "A".

(Defensor Público/AL – 2009 – CESPE) No que se refere aos serviços públicos, julgue o item abaixo.

(1) Os serviços públicos *uti singuli* são aqueles prestados à coletividade, que têm por finalidade a satisfação indireta das necessidades dos cidadãos, tais como os serviços de iluminação pública e de saneamento.

1: incorreta, pois esses são os serviços *uti universi*, que têm destinatários indeterminados; os serviços *uti singuli* são aqueles que têm destinatários determinados.

Gabarito 1E.

(Defensoria/MT – 2009 – FCC) Em relação ao sentido de serviço público que se pode extrair do regime constitucional hoje vigente no Brasil, pode-se corretamente afirmar que é um sentido

(A) unívoco, na medida em que a Constituição contém um rol expresso e taxativo dos deveres do Estado, dizendo-os "serviços públicos".
(B) mais restrito do que certas formulações doutrinárias, face à dicotomia constitucional estabelecida entre serviços públicos e atividades econômicas exploradas pelo Estado.
(C) amplo, posto que as atividades estatais em geral, como regra, comportam execução por delegação, mediante concessão ou permissão.
(D) restrito, vez que apenas pode ser considerado serviço público aquele prestado diretamente pelo Estado.
(E) restrito, vez que apenas pode ser considerado serviço público aquele prestado mediante concessão ou permissão.

A expressão "serviço público" pode ser tomada em várias acepções. Pode dizer respeito a todos os serviços prestados pelo Estado, incluindo os serviços públicos exclusivos do Estado (ex.: poder de polícia, segurança pública etc.), os serviços públicos delegáveis (ex.: água, energia elétrica etc.) e os serviços prestados na exploração de atividade econômica (ex.: serviços prestados por bancos estatais). No caso da Constituição Federal, a expressão "serviços públicos", prevista no art. 175, diz respeito apenas aos *serviços públicos delegáveis pelo Estado*. Nesse caso, a Constituição dispõe que tais serviços poderão ser tanto os prestados *diretamente* pelo Estado, que não é obrigado a delegar tais serviços, como os prestados por particulares mediante *concessão ou permissão de serviço público*.

Gabarito "B".

13.2. Autorização e Permissão de serviço público

(Defensoria/ES – 2009 – CESPE) Quanto aos serviços públicos e à Administração Pública, julgue o item seguinte.

(1) A autorização de serviço público constitui contrato administrativo pelo qual o poder público delega a execução de um serviço de sua titularidade a determinado particular, para que o execute em seu próprio nome, por sua conta e risco, predominantemente em benefício próprio, razão pela qual não depende de licitação e, quando revogado pela Administração Pública, gera, para o autorizatário, o direito à correspondente indenização.

1: incorreta, pois a *autorização* de serviço público é um ato unilateral, discricionário e precário, não se tratando de contrato, que só existe na *concessão* de serviço público.

Gabarito 1E.

13.3. Concessão de serviço público

(Defensor Público/PE – 2018 – CESPE) Com relação a parceria público-privada (PPP), assinale a opção correta.

(A) Para a contratação de PPP, deverá ser realizada licitação, obrigatoriamente, na modalidade de concorrência ou na modalidade convite.
(B) A modalidade de PPP direcionada à prestação de serviços públicos ou obras públicas, que envolve, adicionalmente à tarifa cobrada dos usuários, contraprestação do parceiro público ao parceiro privado, classifica-se como concessão administrativa.
(C) É vedado o contrato de PPP que tenha como objeto único o fornecimento de mão de obra ou o fornecimento e a instalação de equipamentos.

(D) É cláusula essencial do contrato de PPP a repartição de riscos entre as partes, salvo aquelas referentes a caso fortuito, fato do príncipe ou a álea econômica extraordinária.
(E) É obrigatória a constituição prévia de sociedade de propósito específico incumbida de implantar e gerir o objeto da PPP, podendo a administração pública ser titular da maioria do capital votante da referida entidade.

A: incorreta – até pelo valor envolvido para que possa haver a celebração de uma parceria público privada, que não pode ser inferior a R$ 10.000.000,00 (dez milhões de reais), a contratação deve ser precedida de licitação na modalidade concorrência – Art. 10 da Lei 11.079/2004; B: incorreta – o conceito dado pela assertiva é o de concessão patrocinada – Art. 2º, § 1º, da Lei 11.079/2004; C: correta – Art. 2º, § 4º, inc. III, da Lei 11.079/2004; D: incorreta – a lei prevê como cláusula essencial a previsão de repartição de riscos entre as partes, inclusive os referentes a caso fortuito, força maior, fato do príncipe e álea econômica extraordinária – Art. 5º, inc. III, da Lei 11.079/2004; E: incorreta – é vedado à Administração Pública ser titular da maioria do capital votante das sociedades de propósito específico – Art. 9º, § 4º, da Lei 11.079/2004.
Gabarito "C".

(Defensor Público/AC – 2017 – CESPE) Após prévia notificação pela empresa concessionária do serviço de fornecimento de energia elétrica, foi suspenso o fornecimento de luz na residência de Pedro, em consequência do não pagamento dos débitos contraídos pelo usuário anterior do imóvel.

Com relação à situação hipotética apresentada, é correto afirmar, com fundamento na jurisprudência do STJ, que a empresa prestadora do serviço público procedeu

(A) corretamente, pois o corte no fornecimento de serviço público essencial respeitou a necessidade de prévia notificação de Pedro.
(B) corretamente, pois os débitos têm natureza *propter rem*, sendo de responsabilidade de Pedro quando passou a ser usuário do imóvel.
(C) incorretamente, pois, como os referidos débitos têm natureza pessoal, não poderia Pedro ser responsabilizado pela dívida contraída pelo usuário anterior do imóvel.
(D) incorretamente, pois, por ser o fornecimento de energia elétrica serviço essencial, não é permitido o corte desse serviço por motivo de não pagamento.
(E) incorretamente, pois, por ser o fornecimento de energia elétrica serviço público essencial, o corte desse fornecimento somente poderia decorrer de determinação judicial.

É ilegítimo o corte no fornecimento de serviços públicos essenciais por débitos de usuário anterior, em razão da natureza pessoal da dívida. Vejamos julgado a respeito do tema: Processual civil e administrativo. Agravo regimental no agravo em recurso especial. Suspensão por débito pretérito de outro usuário. Serviço público essencial. Impossibilidade. Divergência não comprovada. Agravo regimental desprovido. 1. A jurisprudência desta Corte Superior pacificou o entendimento de que, em casos como o presente, em que se caracteriza a exigência de débito pretérito decorrente do inadimplemento de faturas, não deve haver a suspensão do serviço; o corte de água pressupõe o inadimplemento de dívida atual, relativa ao mês do consumo, sendo inviável a suspensão do abastecimento em razão de débitos antigos. 2. Além do mais, o art. 6º, § 3º, II, da Lei 8.987/95, fala, expressamente, em inadimplemento do usuário, ou seja, do efetivo consumidor do serviço (interrupção personalizada). É inviável, portanto, responsabilizar-se o atual usuário – adimplente com suas obrigações – por débito pretérito relativo ao consumo de água do usuário anterior (REsp 631.246/RJ, Rel. Min. Denise Arruda, DJ 23.10.2006). 3. Agravo Regimental da SABESP desprovido. (AgRg no AREsp 196.374/SP, Rel. Ministro Napoleão Nunes Maia Filho, Primeira Turma, julgado em 22.04.2014, DJe 06.05.2014).
Gabarito "C".

(Defensor Público/AL – 2017 – CESPE) Determinado município notificou uma concessionária de transporte público municipal por inadequação do serviço prestado e por paralisação do serviço sem justa causa, dando prazo para que as irregularidades fossem sanadas. Diante da inércia da concessionária, foi instaurado procedimento administrativo, com direito a ampla defesa, para a extinção do contrato administrativo de concessão.

Nessa situação hipotética, o contrato de concessão deverá ser

(A) extinto por caducidade, e o ente municipal deverá indenizar o concessionário proporcionalmente aos bens usados na prestação de serviço, descontados multa e eventuais danos causados.
(B) rescindido, de forma unilateral, pelo ente municipal, não sendo cabível indenização para o concessionário.
(C) extinto por encampação, e o ente municipal deverá indenizar o concessionário proporcionalmente aos bens usados na prestação de serviço, descontados multa e eventuais danos causados.
(D) extinto por caducidade, não cabendo indenização a ser paga ao concessionário.
(E) extinto por encampação, em razão do inadimplemento do concessionário.

A: correta – a assertiva trata de hipótese de rescisão unilateral do Poder Concedente por caducidade ou decadência, que consiste no encerramento da concessão antes do prazo, por inadimplência do concessionário. Depende de prévio processo administrativo, com direito a ampla defesa, para apuração da falta grave do concessionário, processo que só poderá ser acionado após comunicação detalhada à concessionária dos descumprimentos contratuais referidos no § 1º do art. 38 da Lei, dando-lhe prazo para regularização. A declaração de caducidade será feita por decreto do Poder Concedente. Só se indeniza a parcela não amortizada, uma vez que houve culpa daquele que exerce o serviço público. Da eventual indenização devida serão descontados os valores relativos a multas contratuais e danos causados pela concessionária; B: incorreta – a rescisão unilateral pelo poder concedente pode se dar por encampação, caducidade, anulação da concessão, falência da concessionária, extinção da empresa ou morte do concessionário: C: incorreta – no caso em tela houve a inadimplência do concessionário, de modo que não caracterizada a encampação ou resgate. Nessa, se dá o encerramento da concessão por ato do Poder Concedente, durante o transcurso do prazo inicialmente fixado, por motivo de conveniência e oportunidade administrativa (espécie de revogação) sem que o concessionário haja dado causa ao ato extintivo. Depende de lei específica que o autorize, como forma de proteção ao concessionário e também porque geralmente enseja grandes custos. É necessária prévia indenização, que compense o investimento ainda não amortizado, bem como que faça frente aos lucros cessantes pela extinção prematura do contrato de concessão, já que não há culpa do concessionário: D: incorreta – a caducidade se dá quando ocorre o encerramento da concessão antes do prazo em razão da inadimplência do concessionário e só se indeniza a parcela não amortizada, uma vez que houve culpa daquele que exerce o serviço público. Da eventual indenização devida serão descontados os valores relativos a multas contratuais e danos causados pela concessio-

nária; **E:** incorreta – na encampação ou resgate se dá o encerramento da concessão por ato do Poder Concedente, durante o transcurso do prazo inicialmente fixado, por motivo de conveniência e oportunidade administrativa (espécie de revogação) sem que o concessionário haja dado causa ao ato extintivo.
Gabarito "A".

(Defensor Público –DPE/RN – 2016 – CESPE) A respeito da prestação de serviço público por concessionárias ou permissionárias, assinale a opção correta.

(A) Ainda que motivada por situação de emergência, ou após aviso prévio, por motivos de ordem técnica ou de segurança das instalações, a interrupção no fornecimento de serviços públicos fere o princípio da continuidade dos serviços públicos.

(B) Tratando-se de obrigação *propter rem*, conforme entendimento do STJ, o corte no fornecimento de serviços públicos essenciais por débitos de usuário anterior é legítimo.

(C) Em nome do princípio da isonomia na prestação dos serviços públicos, é legítimo o corte no fornecimento de serviços públicos essenciais, quando se tratar de unidade prestadora de serviços de interesse público da coletividade.

(D) De acordo com entendimento do STF, é objetiva a responsabilidade das pessoas jurídicas de direito privado prestadoras de serviço público, em se tratando de danos causados a terceiros não usuários desse serviço.

(E) Segundo entendimento jurisprudencial do STJ, é legítimo o corte no fornecimento de serviços públicos essenciais quando o usuário for inadimplente quanto a débitos vencidos pretéritos, desde que precedido de prévia notificação do usuário.

A: Incorreta, pois o art. 6º, § 3º, da Lei 8.987/1995 dispõe que não se caracteriza descontinuidade do serviço a sua interrupção por motivos de urgência e após aviso prévio; **B:** Incorreta. O STJ entende que se trata de uma obrigação pessoal o de pagar pela prestação desses serviços públicos, e não real ou "propter rem" (AgReg 1382326/SP); **C:** Incorreta. Somente é legítima a interrupção da prestação de serviços nas duas hipóteses do art. 6º, da Lei 8.987/1995 (razões de segurança das instalações ou ordem técnica e por inadimplemento, considerado o interesse da coletividade); **D:** Correta. Esse é um entendimento modificado pelo STF, que igualou os usuários aos não usuários, de forma que se o dano ocorrer contra ambos, a responsabilidade será objetiva do Estado, sendo essa a mais ampla e irrestrita, conforme prevê o art. 37, § 6º, CF (RE 262.651/1 e 591.874/2); **E:** Incorreta. O art. 6º, § 6º, II, da Lei 8.987/1995 exige o interesse da coletividade para que o corte do serviço seja legítimo, mais ainda, não admite a suspensão às pessoas jurídicas e órgãos públicos, conforme se verifica no Ag Reg no Ag Reg 152296/12.
Gabarito "D".

(Defensor Público –DPE/ES – 2016 – FCC) A Lei Federal 8.987/1995, que dispõe sobre o regime de concessão e permissão da prestação de serviços públicos (...)

(A) obriga as concessionárias de serviços públicos, de direito público e privado, nos Estados e no Distrito Federal, a oferecer ao consumidor e ao usuário, dentro do mês de vencimento, o mínimo de seis datas opcionais para escolherem os dias de vencimento de seus débitos.

(B) não se aplica no âmbito estadual, visto que se trata de lei destinada apenas a regular a concessão e permissão de serviços públicos pela União.

(C) veda a prestação delegada de serviços públicos por pessoas físicas, admitindo seja feita somente por pessoas jurídicas e consórcios de empresas que demonstrem capacidade para seu desempenho, por sua conta e risco.

(D) admite que seja utilizada a modalidade pregão para escolha do delegatário na concessão de serviços públicos, bem como na concessão de serviços públicos precedida da execução de obra pública.

(E) estabelece como única fonte de receitas das concessões e permissões de serviços públicos a tarifa fixada pelo preço da proposta vencedora da licitação e preservada pelas regras de revisão previstas nessa lei, no edital e no contrato.

A: Correta, tendo em vista o art. 7º-A, da Lei 8.987/1995; **B:** Incorreta, pois a Lei 8.987/1995 é norma geral e também se aplica a todos os demais Entes federativos (art. 1º e parágrafo único, da Lei 8.987/1995; **C:** Incorreta, sendo possível à pessoa física ser permissionária de serviços públicos (art. 2º. IV, da Lei 8.987/1995); **D:** Incorreta eis que somente é possível a utilização da modalidade concorrência (art. 2º, II e III, da Lei 8.987/1995); **E:** Incorreta. Há possibilidade de previsão de fontes alternativas e complementares às tarifas, conforme disposto no art. 11, da Lei 8.987/1995.
Gabarito "A".

(Defensor Público/AC – 2012 – CESPE) Assinale a opção correta acerca da concessão de serviços públicos.

(A) Se houver interesse público superveniente à concessão, poderá o poder público, por intermédio da encampação, retomar a prestação do serviço.

(B) A outorga consiste na transferência para o particular da incumbência de prestação, mediante remuneração, de determinado serviço público.

(C) Admitem-se concessões de serviços públicos por prazo indeterminado.

(D) É proibida a subconcessão de serviços públicos.

(E) A intervenção do poder concedente no serviço resulta na extinção da concessão.

A: correta (art. 37 da Lei 8.987/1995); **B:** incorreta, pois a transferência da incumbência de prestação de serviço público tem o nome de concessão ou de permissão de serviço público (art. 2.º, II e IV, da Lei 8.987/1995); **C:** incorreta, pois a concessão de serviço público é sempre por prazo determinado (arts. 2.º, II;18, I e23, I, da Lei 8.987/1995); **D:** incorreta, pois a subconcessão é admitida, desde que autorizada pelo Poder Concedente e precedida de concorrência; **E:** incorreta, pois nem sempre isso ocorre, conforme se depreende do art. 34 da Lei 8.987/1995.
Gabarito "A".

(Defensor Público –DPE/RS – 2011 – FCC) Considere as seguintes afirmações com relação ao regime de concessão e permissão da prestação dos serviços públicos, tendo em vista a Lei n.º 8.987/1995:

I. O poder concedente publicará, simultaneamente ao edital de licitação, ato justificando a conveniência da outorga de concessão ou permissão do serviço público, caracterizando seu objeto, área e prazo.

II. O serviço adequado é aquele que satisfaz as condições de regularidade, continuidade, eficiência, segurança, atualidade, generalidade, cortesia na sua prestação e modicidade das tarifas.

III. A permissão de serviço público é a delegação, a título precário, feita pelo poder concedente apenas à pessoa jurídica que demonstre capacidade para seu desempenho, precedida ou não de licitação, formalizada mediante contrato de adesão.
Está correto o que se afirma APENAS em

(A) I.
(B) II.
(C) III.
(D) I e III.
(E) II e III.

I: incorreto, pois essa providência deve ser prévia, e não simultânea à publicação do edital de licitação (art. 5º da Lei 8.987/1995); **II**: correto (art. 6º, § 1º, da Lei 8.987/1995); **III**: incorreto, pois a permissão pode ser feita em favor de pessoa jurídica ou de pessoa física; ademais, depende de licitação (art. 2º, IV, da Lei 8.987/1995).

(Defensor Público/AM – 2010 – I. Cidades) A respeito da concessão de serviços públicos, assinale a alternativa correta:

(A) A concessão de serviços públicos deve sempre ser precedida de licitação, nas modalidades concorrência ou tomada de preços.
(B) O edital de licitação para concessão de serviços públicos poderá prever a inversão da ordem das fases de habilitação e julgamento.
(C) É uma permissão de uso, sempre condicionada à previa licitação.
(D) É, em sentido estrito, o contrato administrativo onde pode haver execução direta pela Administração ou pelos particulares contratados.
(E) Não pode ser realizada em benefício de particulares, mas somente em benefício dos entes da Administração Indireta de cada ente federativo ou de um ente diferente do ente outorgante da concessão.

A: incorreta, pois deve ser utilizada a modalidade concorrência (art. 2º, II, da Lei 8.987/1995); **B**: correta (art. 18-A da Lei 8.987/1995); **C**: incorreta, pois a *concessão de serviço público* (art. 2º, II, da Lei 8.987/1995) não se confunde com a *permissão de serviço público* (art. 2º, IV, da Lei 8.987/1995), muito menos com a *permissão de uso de bem público*; **D**: incorreta, pois, havendo a concessão, a execução direta passa a ser de responsabilidade do particular contratado, e não mais da Administração; **E**: incorreta, pois qualquer pessoa jurídica privada pode, em tese, ser concessionária de serviço público.

(Defensoria/PA – 2009 – FCC) Nos termos do que prevê a Lei Federal n.º 8.987/1995, a concessão de serviços públicos extingue-se por diversas formas, sendo correto afirmar, neste tema, que a

(A) falência do concessionário acarreta a extinção da concessão e, como consequência, a reversão ao poder concedente dos bens aplicados ao serviço objeto do contrato.
(B) encampação da concessão é implementada por meio da edição de decreto e tem lugar quando se verifica a inadimplência do concessionário.
(C) caducidade enseja a rescisão da concessão pela expiração do prazo fixado no contrato.
(D) anulação da concessão tem lugar somente quando o concessionário pratica infração contratual que também configure violação de dispositivo normativo, eivando a relação de vício de ilegalidade.
(E) reversão da concessão enseja o retorno ao poder concedente dos bens afetos ao serviço público somente nos casos em que tiver havido inadimplência do concessionário.

A: correta (art. 35, VI e § 1º, da Lei 8.987/1995); **B**: incorreta, pois a *encampação* se dá por motivo de *interesse público*, e não por *inadimplência* do concessionário; ademais, a encampação depende de prévia autorização de *lei*, e não de *decreto* (art. 37 da Lei 8.987/1995); um exemplo de encampação é o fim da concessão de *transporte coletivo por bondes*, por não haver mais interesse público na manutenção desse serviço, substituído totalmente pelos ônibus em praticamente todas as cidades do País; **C**: incorreta, pois a *caducidade* é a extinção da concessão por inadimplência do concessionário (art. 38 da Lei 8.987/1995); **D**: incorreta, pois a infração contratual é causa da *caducidade* da concessão, e não da *anulação* desta; anula-se a concessão quando esta já nasce eivada de ilegalidade; **E**: incorreta, pois a reversão sempre ocorre com o fim da concessão, pouco importando o que motivou a extinção desta (art. 35, § 1º, da Lei 8.987/1995).

13.4. Parcerias Público-Privadas (PPP)

(Defensor Público/SP – 2012 – FCC) Nos termos da legislação em vigor sobre as parcerias público-privadas, a modalidade de concessão de serviços públicos ou obras públicas, que envolver, adicionalmente à tarifa cobrada dos usuários, contraprestação pecuniária do parceiro público ao parceiro privado, é denominada concessão

(A) comum.
(B) administrativa.
(C) ordinária.
(D) tradicional.
(E) patrocinada.

Como o próprio nome diz, a modalidade de PPP em que o Poder Público, adicionalmente às tarifas dos usuários, paga uma contraprestação ao parceiro privado (patrocínio) tem o nome de concessão patrocinada (art. 2.º § 1.º da Lei 11.079/2004).

(Defensoria/MG – 2009 – FURMARC) Na forma da Lei n.º 11.079, de 30 de dezembro de 2004, artigo 5.º, nos contratos de Parceria Público-Privada, as cláusulas além de cumprir as demais exigências legais, deverão prever, **exceto**:

(A) O prazo de vigência do contrato, não inferior a 5 (cinco) anos, nem superior a 35 (trinta e cinco) anos, compatível com a amortização dos investimentos realizados, incluindo eventual prorrogação.
(B) As formas de remuneração e de atualização dos valores contratuais.
(C) Em caso de inadimplemento contratual, a fixação das penalidades aplicáveis à Administração Pública, sempre com menor rigor frente ao parceiro privado, em razão das dificuldades próprias da máquina administrativa brasileira.
(D) Os mecanismos para a preservação da atualidade da prestação dos serviços.
(E) Os critérios objetivos de avaliação do desempenho do parceiro privado.

A: correta (art. 5º, I, da Lei 11.079/2004); **B**: correta (art. 5º, IV, da Lei 11.079/2004); **C**: incorreta, pois as penalidades serão fixadas de modo

proporcional entre as partes, e não com menor rigor ante o parceiro privado (art. 5º, II, da Lei 11.079/2004); **D:** correta (art. 5º, V, da Lei 11.079/2004); **E:** correta (art. 5º, VII, da Lei 11.079/2004).
Gabarito "C".

(Defensoria/MT – 2009 – FCC) Considere as seguintes assertivas, completando a frase inicial: "É vedada a celebração de contrato de parceria público-privada:

I. cujo valor do contrato seja inferior a R$ 20.000.000,00 (vinte milhões de reais)".
II. cujo período de prestação do serviço seja inferior a 5 (cinco) anos".
III. que tenha como objeto único o fornecimento de mão de obra, o fornecimento e instalação de equipamentos ou a execução de obra pública". Nos termos da Lei n.º 11.079/2004, é correto o que se afirma em

(A) I, apenas.
(B) I e II, apenas.
(C) I e III, apenas.
(D) II e III, apenas.
(E) I, II e III.

Art. 2º, § 4º, da Lei 11.079/2004.
Gabarito "E".

14. CONTROLE DA ADMINISTRAÇÃO PÚBLICA

14.1. Controle interno – Processo administrativo

(Defensor Público/GO – 2010 – I. Cidades) O princípio da verdade material no processo administrativo implica que

(A) a Administração só pode atuar de acordo com as provas produzidas nos autos pelas partes.
(B) a Administração deve agir de ofício nos processos de contratos administrativos e semiprivados, mas somente mediante provocação na concessão de serviço público.
(C) a Administração deve agir de ofício na condução do processo buscando todas as provas na busca da verdade.
(D) o particular tem direito a produzir provas no processo administrativo.
(E) o processo administrativo se rege pelos princípios do devido processo legal administrativo, contraditório e da ampla defesa.

Art. 29 da Lei 9.784/1999.
Gabarito "C".

(Defensoria Pública da União – 2010 – CESPE) Com a publicação da Lei n.º 9.784/1999, que regula o processo administrativo no âmbito da Administração Pública federal, houve significativa melhoria na proteção dos direitos dos administrados e na execução dos fins da Administração Pública. Com relação aos agentes administrativos, aos direitos e deveres dos servidores públicos e ao processo administrativo, julgue os próximos itens.

(1) A lei mencionada estabelece normas básicas acerca do processo administrativo somente na administração federal e estadual direta.
(2) O STF não pode acolher reclamação fundada em violação de enunciado da súmula vinculante contra decisão em processo administrativo do poder público federal.

1: incorreta, pois a lei traz normas de processo administrativo para a administração *federal* direta e *indireta* (art. 1º da Lei 9.784/1999); **2:** incorreta (art. 64-B da Lei 9.784/1999).
Gabarito 1E, 2E.

(Defensoria Pública da União – 2010 – CESPE) Em cada um dos itens a seguir, é apresentada uma situação hipotética, seguida de uma assertiva a ser julgada, a respeito de agentes administrativos, regimes jurídicos e processo administrativo.

(1) Carlos, servidor da Justiça Federal, responde a processo administrativo nesse órgão e requereu a aplicação da Lei n.º 9.784/1999 no âmbito desse processo. Nessa situação, é correto afirmar que tal aplicação é cabível.
(2) Antônio José moveu, na justiça comum, ação para responsabilização civil contra o cônjuge de Sebastião. Nesse mesmo período, no órgão federal da administração direta em que trabalha, surgiu a necessidade de Antônio José presidir processo administrativo contra Sebastião. Nessa situação, Antônio José está impedido de atuar nesse processo administrativo.
(3) Pedro Luís, servidor público federal, verificou, no ambiente de trabalho, ilegalidade de ato administrativo e decidiu revogá-lo para não prejudicar administrados que sofreriam efeitos danosos em consequência da aplicação desse ato. Nessa situação, a conduta de Pedro Luís está de acordo com o previsto na Lei n.º 9.784/1999.

1: correta, aplicando-se a Lei 9.784/1999 de modo subsidiário (art. 69 da Lei 9.784/1999); **2:** correta (art. 18, III, da Lei 9.784/1999); **3:** incorreta, pois, diante de *ilegalidade*, deve-se *anular*, e não *revogar* o ato administrativo (art. 53 da Lei 9.784/1999).
Gabarito 1C, 2C, 3E.

(Defensoria/MT – 2009 – FCC) Considerando-se o regime da Lei n.º 9.784/1999, é INCORRETO dizer ser um dever do administrado perante a Administração:

(A) requerer o início do processo administrativo em que tenha interesse.
(B) proceder com lealdade, urbanidade e boa-fé.
(C) não agir de modo temerário.
(D) prestar as informações que lhe forem solicitadas e colaborar para o esclarecimento dos fatos.
(E) expor os fatos conforme a verdade.

A: incorreto (devendo ser assinalada), pois esse é um *direito*, e não um *dever* do administrado; **B:** correto (art. 4º, II, da Lei 9.784/1999); **C:** correto (art. 4º, III, da Lei 9.784/1999); **D:** correto (art. 4º, IV, da Lei 9.784/1999); **E:** correto (art. 4º, I, da Lei 9.784/1999).
Gabarito "A".

14.2. Controle externo

14.2.1. Controle parlamentar

(Defensoria/ES – 2009 – CESPE) No exercício de suas atribuições, a Administração Pública sujeita-se a controle. Julgue o item seguinte, de acordo com a doutrina aplicável ao tema.

(1) O controle financeiro realizado pelo Poder Legislativo em face da Administração Pública envolve o denominado controle de economicidade, de modo a permitir o exame do mérito, com a finalidade de verificar se o órgão procedeu da forma mais econômica na aplicação da despesa pública, atendendo à relação custo-benefício.

1: correta (art. 70, *caput*, da CF).

Gabarito 1C

14.2.2. Controle pelo Tribunal de Contas

(Defensor Público –DPE/RN – 2016 – CESPE) Tendo em vista que, relativamente aos mecanismos de controle da administração pública, a própria CF dispõe que os Poderes Legislativo, Executivo e Judiciário manterão, integradamente, sistemas de controle interno em suas respectivas esferas, assinale a opção que apresenta exemplo de meio de controle interno da administração pública.

(A) Fiscalização realizada por órgão de controladoria da União sobre a execução de determinado programa de governo no âmbito da administração pública federal.
(B) Controle do Poder Judiciário sobre os atos do Poder Executivo em ações judiciais.
(C) Sustação, pelo Congresso Nacional, de atos do Poder Executivo que exorbitem do poder regulamentar.
(D) Julgamento das contas dos administradores e dos demais responsáveis por dinheiro, bens e valores públicos da administração direta e indireta realizado pelos TCs.
(E) Ação popular proposta por cidadão visando à anulação de determinado ato praticado pelo Poder Executivo municipal, considerado lesivo ao patrimônio público.

A: Correta. O controle feito por um órgão do mesmo Poder (Executivo) é interno, tratando-se de Supervisão Ministerial a ele, estando correta a assertiva; **B:** Incorreta. O Poder Judiciário realiza controle "externo", sendo um Poder autônomo ao Poder Executivo; **C:** Incorreta. O Controle de Poder Legislativo é "externo", pelos mesmos motivos acima citados; **D:** Incorreta. Externo é o controle que se realiza por um Poder ou órgão constitucional independente funcionalmente sobre a atividade administrativa de outro Poder estranho à Administração responsável pelo ato controlado, como o feito pelos Tribunais de Contas (Tribunal independente e autônomo); **E:** Incorreta. A Ação Popular é decorrente de controle judicial, que é externo ao Poder Executivo.

Gabarito "A".

(Defensor Público –DPE/MT – 2016 – UFMT) Quanto ao controle externo da Administração Pública, assinale a afirmativa INCORRETA.

(A) Compete ao Poder Legislativo sustar os atos normativos do Poder Executivo que exorbitem do poder regulamentar.
(B) Compete às Comissões Permanentes do Poder Legislativo, em função da matéria de suas respectivas competências, receber petições, reclamações, representações ou queixas de qualquer pessoa contra atos ou omissões dessas entidades públicas.
(C) A Comissão Parlamentar de Inquérito pode solicitar ao Tribunal de Contas a realização de inspeções e auditorias de natureza contábil, financeira, orçamentária, operacional e patrimonial, nas unidades administrativas dos Poderes Legislativo, Executivo e Judiciário.
(D) Compete aos Tribunais de Contas apreciar, para fins de registro, a legalidade dos atos de admissão de pessoal, excluídas as contratações temporárias e as nomeações para cargos em comissão, bem como os atos de concessão de aposentadorias, reformas e pensões.
(E) A sustação de atos administrativos impugnados pelos Tribunais de Contas somente ocorrerá depois de decorrido e não atendido o prazo assinalado para que o órgão ou entidade controlada adote as providências necessárias para sanar a ilegalidade.

A: Correta, conforme disposto no art. 49, V, CF; **B:** Correta, sendo o rol de atividades das Comissões Permanentes disposto no art. 58, § 2º, CF; **C:** Correta, sendo o que previsto no art. 58, § 3º, CF, no que se refere aos seus poderes investigatórios "próprios das autoridades judiciais"; **D:** Incorreta. A análise dos Tribunais de Constas não é feita apenas para "fins de registro", e sim, para apreciar e emitir parecer, inclusive, sobre as constas do Poder Público, assim como nomeações de servidores, eis que delas decorrem gastos públicos; **E:** Correto, tendo em vista o disposto no art. 71, X, CF no que diz respeito à possibilidade de correção do ato.

Gabarito "D".

(Defensoria/MG – 2009 – FURMARC) Sobre o controle externo da Administração Pública, é **incorreto** afirmar:

(A) Compete ao Tribunal de Contas da União, mediante parecer prévio, apreciar as contas prestadas anualmente pelo Presidente da República.
(B) Compete aos Tribunais de Contas apreciarem, para fins de registro, a legalidade dos atos de admissão de pessoal.
(C) Os Tribunais de Contas, independentemente de provocação, revestem-se de legitimidade para suspender procedimento licitatório se verificada ilegalidade.
(D) As contas de prefeito, relativas a recursos de convênio com a União, são julgadas pelo Tribunal de Contas do Estado em que se localiza o Município.
(E) A decisão dos Tribunais de Contas que condena o prestador de contas é título executivo.

A: correta (art. 71, I, da CF); **B:** correta (art. 71, III, da CF); **C:** correta (art. 71, X, da CF); **D:** incorreta (devendo ser assinalada), pois o TCU fará essa fiscalização (art. 71, VI, da CF); **E:** correta (art. 71, § 3º, da CF).

Gabarito "D".

14.2.3. Controle judicial

(Defensor Público/AM – 2013 – FCC) Suponha que um indivíduo obtenha prescrição médica para uso de medicamento nacional, registrado na ANVISA (Agência Nacional de Vigilância Sanitária), que não é disponibilizado pelo Sistema Único de Saúde - SUS. Nessa situação, pretendendo obter judicialmente o medicamento do Poder Público, o interessado

(A) poderá propor medida judicial contra União, Estado e Município, em regime de solidariedade.
(B) poderá propor medida judicial contra a União ou Estado ou Município, não cabendo o ajuizamento da demanda contra todos esses entes em regime de solidariedade.
(C) deverá propor medida judicial contra o Município e contra o Estado, em regime de solidariedade, não cabendo o ajuizamento de demanda contra a União.

(D) deverá propor medida judicial apenas contra a União, que, sendo o caso, adotará as medidas processuais cabíveis em relação ao Estado ou Município, na medida de suas responsabilidades.

(E) deverá propor medida judicial apenas contra o Município que, sendo o caso, adotará as medidas judiciais cabíveis em relação à União ou ao Estado, na medida de suas responsabilidades.

Segundo o STF, todos os entes federativos (União, Estados, DF e Municípios) têm responsabilidade passiva solidária quanto ao fornecimento de medicamentos (RE 607.381 AgR, DJ 17.06.11).

Gabarito "A".

15. TEMAS COMBINADOS

(Defensor Público/AM – 2013 – FCC) A Emenda Constitucional nº 19, de 4 de junho de 1998, trouxe uma série de alterações nos dispositivos constitucionais referentes à Administração Pública, no bojo do que veio a ser alcunhado de Reforma Administrativa, baseada no chamado Modelo Gerencial de Administração Pública. Trata-se de medida introduzida por essa Emenda:

(A) previsão de órgão regulador para os serviços de telecomunicação que sejam explorados por terceiros, mediante autorização, concessão ou permissão.

(B) flexibilização do monopólio estatal do petróleo, permitindo a contratação de empresas estatais ou privadas para exercer as atividades regidas pelo regime de monopólio, sob as condições previstas em lei e mediante regulação de órgão específico.

(C) fim da chamada paridade entre proventos aposentados e pensionistas e vencimentos de servidores em atividade, determinando o reajustamento dos benefícios, conforme critérios estabelecidos em lei, visando a manutenção do seu valor real.

(D) atribuição de competência privativa ao Presidente da República para, mediante decreto, dispor sobre a organização e funcionamento da administração federal, quando não implicar aumento de despesa nem criação ou extinção de órgãos públicos.

(E) flexibilização da estabilidade dos servidores titulares de cargo efetivo, com a previsão de perda do cargo em decorrência de avaliação periódica de desempenho, na forma de lei complementar, assegurada a ampla defesa.

A: incorreta, pois não há tal previsão na EC 19/1998; **B:** incorreta, pois não há tal previsão na EC 19/1998; esse assunto foi regulado pela EC 9/1995 (art. 177, § 1.º e § 2.º da CF); **C:** incorreta, pois tal assunto foi regulado na EC 41/2003, conforme art. 40, § 8.º, da CF; **D:** incorreta, pois a autorização para o Prefeito dispor sobre essa material por decreto não permite que tal se dê em caso de aumento de despesa ou criação ou extinção de órgãos públicos (art. 84, VI, da CF); **E:** correta (art. 41, § 1.º, III, da CF).

Gabarito "E".

(Defensor Público/TO – 2013 – CESPE) A respeito dos serviços públicos e da organização da administração pública, assinale a opção correta.

(A) A desconcentração e a descentralização administrativas constituem institutos jurídicos idênticos.

(B) Para a criação de entidades da administração pública indireta, excetuada a de subsidiárias de sociedade de economia mista e de empresas públicas, é necessária a edição de lei específica.

(C) A prestação de serviços públicos deve ser realizada diretamente pelo Estado ou por entes privados sob o regime de concessão, permissão ou autorização, caso em que é inexigível licitação.

(D) A CF passou a prever, após a reforma administrativa do Estado promovida pela Emenda Constitucional n.º 19/1998, a gestão associada na prestação de serviços públicos mediante convênios de cooperação e consórcios públicos.

(E) A responsabilidade civil das pessoas jurídicas de direito privado, incluídas as que prestam serviços públicos, é subjetiva, isto é, depende da ocorrência de culpa ou dolo.

A: incorreta, pois a desconcentração é a distribuição interna de competência (de órgão para órgão), ao passo que a descentralização é a distribuição externa de competência (de pessoa jurídica para pessoa jurídica); **B:** incorreta, pois também é necessária autorização legislativa para a criação de subsidiárias de sociedade de economia mista e de empresas públicas (art. 37, XIX e XX, da CF); **C:** incorreta, pois a licitação é necessária para concessões e permissões de serviço público (art. 175, caput, da CF); **D:** correta (art. 241 da CF); **E:** incorreta, pois as pessoas jurídicas de direito privado prestadoras de serviço público respondem objetivamente na forma do art. 37, § 6.º, da CF, diferentemente das pessoas jurídicas de direito privado exploradoras de atividade econômica, que respondem na forma das leis infraconstitucionais, ou seja, ora subjetiva, ora objetivamente.

Gabarito "D".

(Defensor Público/RO – 2012 – CESPE) Assinale a opção correta conforme os ensinamentos de direito administrativo.

(A) Caso um servidor público seja empossado em cargo privativo de bacharel em direito, em razão da apresentação de diploma falso, a administração pública ou o poder judiciário, após a comprovação da ilegalidade, deverá anular o ato de posse, estendendo-se a anulação também aos atos que, praticados pelo servidor, envolvam terceiros, ainda que de boa-fé.

(B) Caso um servidor comissionado seja exonerado por autoridade competente por decisão motivada por escrito, na qual se justifique a exoneração pela existência de faltas frequentes e injustificadas, o ato da administração, por ser discricionário e não exigir motivação expressa, conforme a teoria dos motivos determinantes, não pode ser contestado.

(C) Os serviços públicos são concebidos, em uma acepção ampla, como as atividades materiais que a lei atribui ao Estado, em referência direta com o princípio da continuidade dos serviços públicos.

(D) As autarquias integram a administração indireta, desempenham atividades típicas da administração pública e adquirem personalidade jurídica mediante a inscrição de seus atos constitutivos nos registros públicos.

(E) A concessão de licença-paternidade aos servidores públicos, regulada pela Lei n.º 8.112/1990, é um exemplo de ato administrativo discricionário, ou seja, cabe à administração negá-la ao servidor caso o seu afastamento seja considerado prejudicial ao serviço.

A: incorreta, visto que nesse caso temos a chamada função de fato, que é aquela exercida por alguém irregularmente investido em função pública;

em situações como essa, em homenagem ao princípio da segurança jurídica, os atos praticados pelo servidor poderão ser mantidos caso se revelem legais quanto aos demais aspectos, preservando-se interesses de terceiros de boa-fé; **B:** incorreta, pois, de acordo com a Teoria dos Motivos Determinantes, os motivos invocados, caso se revelem falsos, viciarão o ato praticado, ainda que a motivação não fosse necessária no caso; **C:** correta, pois traz o exato conceito de serviços públicos e ainda lembra importante princípio que o rege, que é o princípio da continuidade dos serviços públicos; **D:** incorreta, pois as autarquias são criadas pela própria lei; assim, no momento em que a lei entrar em vigor, a autarquia passará a existir, não sendo necessário arquivamento dos atos constitutivos em registro público para que a autarquia adquira personalidade jurídica; **E:** incorreta, pois tal licença é ato vinculado, tendo o servidor direito subjetivo a ela, independentemente de qualquer apreciação subjetiva da administração (art. 208 da Lei 8.112/1990).

Gabarito "C".

16. LEI DE ACESSO À INFORMAÇÃO

(Defensor Público/AM - 2018 - FCC) Determinado cidadão solicitou informações sobre contrato firmado por empresa pública para a construção de sua nova sede, incluindo os projetos, pareceres jurídicos e técnicos e os estudos que embasaram a tomada de decisão por parte dos dirigentes quanto à mudança de sede. De acordo com a legislação que disciplina o acesso à informação, a empresa

(A) está obrigada a fornecer apenas cópia ou extrato do contrato, não sendo lícito exigir a exibição de documentos internos.

(B) deverá disponibilizar as informações requeridas, não havendo previsão legal para exigir do requerente a motivação da solicitação.

(C) não está obrigada a disponibilizar as informações e documentos requeridos, tendo em vista sua sujeição ao regime jurídico de direito privado.

(D) poderá alegar segredo comercial para afastar a obrigação de divulgar as informações solicitadas, caso atue em regime de competição no mercado.

(E) não poderá negar a disponibilização dos documentos, salvo se declarados, pelo conselho de administração da companhia, como de caráter reservado.

B: correta. Em se tratando de documentos de caráter público e não sigiloso, existe o direito de acesso à informação. Diz o art. 10 da Lei 12.527/2011: "Qualquer interessado poderá apresentar pedido de acesso a informações aos órgãos e entidades referidos no art. 1º desta Lei, por qualquer meio legítimo, devendo o pedido conter a identificação do requerente e a especificação da informação requerida. § 1º Para o acesso a informações de interesse público, a identificação do requerente não pode conter exigências que inviabilizem a solicitação. § 2º Os órgãos e entidades do poder público devem viabilizar alternativa de encaminhamento de pedidos de acesso por meio de seus sítios oficiais na internet. **§ 3º São vedadas quaisquer exigências relativas aos motivos determinantes da solicitação de informações de interesse público".**

Gabarito "B".

10. DIREITO TRIBUTÁRIO

Robinson Barreirinhas

1. COMPETÊNCIA TRIBUTÁRIA

(Defensor Público –DPE/MT – 2016 – UFMT) Em relação às contribuições previstas na Constituição Federal de 1988, marque V para as afirmativas verdadeiras e F para as falsas.

( ) Há previsão constitucional de incidência da contribuição de intervenção no domínio econômico sobre importação e exportação de bens e serviços.

( ) A contribuição social do salário-educação, recolhida pelas empresas na forma da lei, é destinada às entidades privadas de serviço social e de formação profissional vinculadas ao sistema sindical.

( ) Os Estados, o Distrito Federal e os Municípios instituirão contribuição, cobrada de seus servidores efetivos, para o custeio, em benefício destes, de regime próprio de previdência, cuja alíquota não será inferior à da contribuição dos servidores titulares de cargos efetivos da União.

( ) Segundo o entendimento do Supremo Tribunal Federal, a instituição de contribuição sobre base de cálculo própria de imposto não configura bitributação.

Assinale a sequência correta.

(A) F, V, F, V
(B) F, F, V, V
(C) V, F, V, F
(D) F, F, V, F
(E) V, V, F, V

1ª: falsa, pois há previsão expressa de incidência de contribuição de intervenção no domínio econômico (CIDE) sobre a importação (art. 149, § 2º, II), mas não sobre a exportação. A rigor, há expressa imunidade, ou seja, é impossível a incidência da CIDE sobre receitas decorrentes de exportação – art. 149, § 2º, I, da CF. Interessante destacar que o STF interpreta estritamente essa imunidade, considerando possível, por exemplo, a incidência de contribuição sobre o lucro decorrente das atividades de exportação (a imunidade é sobre a *receita* decorrente de exportação, apenas) – ver RE 579.96 I ED/RJ; 2ª: falsa, pois a receita do salário educação é dividida entre União (que a arrecada), Estados, DF e Municípios; 3ª: verdadeira, nos termos do art. 149, § 1º, da CF; 4ª: verdadeira – ver RE 228.321/RS.

Gabarito "B".

(Defensoria/DF – 2013 – CESPE) Considerando as limitações do poder de tributar e os impostos dos estados e do DF, julgue os itens que se seguem.

(1) De acordo com o STF, é constitucional a incidência do ISS sobre operações de locação de bens móveis.

(2) De acordo com a CF, são isentas de impostos federais, estaduais e municipais as operações de transferência de imóveis desapropriados para fins de reforma agrária, não incidindo, portanto, ITBI sobre títulos da dívida agrária por terceiro adquirente.

(3) É vedado a União estabelecer diferença tributaria entre bens e serviços, de qualquer natureza, em razão de sua procedência ou destino.

(4) Nos serviços de plano de saúde, utiliza-se como base de cálculo do ISS o valor total recebido, ou seja, a mensalidade paga pelo associado a empresa gestora do plano e as quantias repassadas aos terceiros credenciados que prestam o serviço médico.

1: incorreta, pois o STF afastou essa possibilidade – ver Súmula Vinculante 31/STF; **2**: correta, nos termos do art. 184, § 5º, da CF; **3**: discutível. O gabarito indica como incorreta porque essa norma é expressamente direcionada a Estados, Distrito Federal e Municípios – art. 152 da CF. Mas parece evidente que a União tampouco pode estabelecer essa diferenciação, já que violaria o princípio federativo; **4**: incorreta, pois o STJ admitiu o abatimento, da base de cálculo do ISS sobre planos de saúde, dos repasses feitos pela contribuinte aos demais prestadores de serviços de saúde – ver REsp 1.237.312/SP.

Gabarito 1E, 2C, 3E, 4E.

(Defensor Público/TO – 2013 – CESPE) A respeito das obrigações e competências tributárias, assinale a opção correta.

(A) Compete aos municípios instituir impostos sobre a propriedade de veículos automotores.

(B) A competência tributária é atribuída, constitucionalmente ou legalmente, a um ente estatal não necessariamente dotado de poder legislativo, haja vista que é exercida mediante atos administrativos.

(C) As obrigações tributárias acessórias são relevantes para a atividade de arrecadação e fiscalização, podendo ser estabelecidas em atos infralegais, sem ofensa ao princípio da tipicidade.

(D) A União, os estados, o DF e os municípios podem instituir contribuições sociais, de intervenção no domínio econômico e de interesse das categorias profissionais ou econômicas, como instrumento de atuação nas respectivas áreas.

(E) As competências tributárias foram rigidamente traçadas pelo constituinte originário, portanto são insuscetíveis de alterações pelo poder constituinte de reforma.

A: incorreta, pois o IPVA é tributo da competência dos Estados e do Distrito Federal – art. 155, III, da CF; **B**: incorreta, pois a competência tributária é atribuída exclusivamente pela Constituição Federal (constitucionalmente), jamais legalmente. Ademais, a competência tributária refere-se à competência para legislar acerca de tributos, de modo que somente os entes políticos (que podem legislar – União, Estados, Distrito Federal e Municípios) podem ter competência tributária; **C**: essa é a melhor alternativa, embora haja discussão doutrinária e jurisprudencial a respeito. De fato, o art. 113, § 2º, do CTN refere-se à "legislação tributária" ao tratar da obrigação acessória (ou seja, poderia ser instituída não apenas por lei, mas também por normas infralegais). Nesse sentido, há precedentes do STJ, como o RMS 20.587/MG-STJ. Por outro lado, há entendimento de que mesmo a obrigação acessória exige lei para sua instituição – ver ACO 1.098 AgR-TA/MG- STF; **D**:

incorreta, pois a competência para essas contribuições especiais são exclusivas da União – art. 149 da CF; **E:** incorreta. É certo que houve diversas alterações nas competências tributárias traçadas no texto original da Constituição Federal e que não foram afastadas pelo Judiciário. Por exemplo, o constituinte derivado extinguiu o adicional do imposto de renda, que era da competência estadual (art. 155, II, da CF, no texto anterior à EC 3/1993), e o imposto municipal sobre vendas a varejo de combustíveis (art. 156, III, da CF, no texto anterior à EC 3/1993).

Gabarito "C".

(Defensoria Pública/SP – 2010 – FCC) Nos termos do artigo 148, inciso I da Constituição Federal, a União poderá, mediante lei complementar, instituir empréstimo compulsório para atender a despesas extraordinárias, sem sujeição ao princípio da anterioridade tributária, anual e nonagesimal, em situação de

(A) iminência de guerra externa.
(B) investimento público de caráter urgente.
(C) relevante interesse nacional.
(D) ameaça de calamidade pública.
(E) temor de perturbação da ordem interna.

A competência da União relativa aos empréstimos compulsórios somente pode ser exercida (i) para atender a **despesas extraordinárias**, decorrentes de calamidade pública, **de guerra externa ou sua iminência** e (ii) no caso de investimento público de caráter urgente e de relevante interesse nacional. Somente a hipótese de despesa extraordinária é exceção ao princípio da anterioridade anual e nonagesimal – arts. 148, II, *in fine*, e 150, § 1º, da CF.

Gabarito "A".

Veja a tabela seguinte, em que indicamos as competências relativas aos impostos, para estudo e memorização:

Competência em relação aos impostos		
União	Estados e DF	Municípios e DF
- imposto de importação – II - imposto de exportação – IE - imposto de renda – IR - IPI - IOF - ITR - Imposto sobre grandes fortunas - Impostos extraordinários - Impostos da competência residual	– ITCMD – ICMS – IPVA	– IPTU – ITBI – ISS

(Defensoria/PA – 2009 – FCC) Sobre competência constitucional em matéria tributária, é correto afirmar, EXCETO

(A) as competências para instituição de impostos são classificadas como legislativas exclusivas e não podem ter seu rol ampliado.
(B) a competência tributária é indelegável, inalienável, imprescritível, irrenunciável e inalterável.
(C) a competência para instituição do ITR é da União, mas a capacidade poderá ser transferida aos Municípios que optarem pela arrecadação e fiscalização deste tributo, nos termos da lei.
(D) a isenção equivale a incompetência tributária para instituir tributos sobre determinados fatos geradores, estando regulada na Constituição Federal.
(E) a competência para instituição do ISS é municipal e do ICMS é estadual.

A: correta, embora haja exceção a essa regra. De fato, a União detém a competência residual para criar outros impostos, nos termos do art. 154, I, da CF. Entretanto, a "D" é a melhor alternativa, pois claramente incorreta; **B:** a assertiva descreve corretamente a competência tributária; **C:** correta, nos termos do art. 153, § 4º, III, da CF; **D:** essa é a assertiva incorreta, pois a isenção pressupõe a existência de competência tributária. O ente competente, por lei própria, decide afastar da incidência determinadas situações ou pessoas (exclui o crédito tributário, na dicção do CTN). A assertiva descreve, na verdade, a imunidade, que é norma constitucional que afasta a competência tributária; **E:** assertiva correta, conforme os arts. 156, III, e 155, II, da CF, respectivamente.

Gabarito "D".

2. PRINCÍPIOS

(Defensoria Pública da União – CESPE – 2015) A respeito das limitações ao poder de tributar e da competência tributária, julgue os itens que se seguem.

(1) Se, devido a necessidade urgente, a União instituir empréstimo compulsório para custear um investimento público de relevante interesse nacional em determinada data, nesse caso, devido ao princípio da anterioridade, a aplicação do referido tributo só poderá ocorrer no início do exercício fiscal subsequente.

(2) A União pode instituir uma contribuição social cobrada do empregador e incidente sobre as aplicações financeiras da empresa, desde que se submeta ao princípio da anterioridade nonagesimal.

1: correta, pois o empréstimo compulsório instituído no caso de investimento público de caráter urgente e de relevante interesse nacional (art. 148, II, da CF) sujeita-se ao princípio da anterioridade como os tributos em geral. Apenas o empréstimo compulsório instituído para atender a despesa extraordinária (art. 148, I, da CF) é exceção à anterioridade anual e à nonagesimal – art. 150, § 1º, da CF; **2:** correta, pois a União pode instituir outras contribuições sociais além daquelas expressamente previstas no art. 195 da CF, desde que observe as condições de seus §§ 4º (não pode repetir fato gerador ou base de cálculo de outra já existente) e 6º (deve observar a anterioridade nonagesimal).

Gabarito 1C, 2C.

(Defensoria Pública da União – 2010 – CESPE) Acerca do direito tributário e do sistema tributário nacional, julgue o item a seguir.

(1) Considere que determinado estado da Federação tenha publicado lei majorando a alíquota do ICMS de 18% para 19% e estabelecendo que sua vigência terminaria em 31 de dezembro de 2009. Considere, ainda, que, em meados desse mês, tenha sido publicada lei que manteve a alíquota de 19% para o ano de 2010. Nesse caso, a lei publicada em dezembro de 2009 viola o princípio da anterioridade nonagesimal.

1: incorreta. Perceba que o art. 150, III, *c*, da CF veda a cobrança de tributos antes de decorridos noventa dias da data em que tenha sido publicada a lei que os *instituiu* ou *aumentou*. A lei publicada em dezembro de 2009, a rigor, apenas *mantém* a alíquota no patamar atual, de modo que não se submete à anterioridade nonagesimal. Por essa razão, a assertiva está errada. Foi essa a tese adotada pelo STF ao julgar situação semelhante ocorrida com a CPMF (a EC 42/2003 revogou o dispositivo constitucional que estipulava a diminuição da alíquota – ver RE 566.032/RS).

Gabarito 1E.

(Defensoria Pública da União – 2010 – CESPE) Acerca do direito tributário e do sistema tributário nacional, julgue o item a seguir.

(1) A competência para a fixação das alíquotas do imposto de exportação de produtos nacionais ou nacionalizados não é exclusiva do presidente da República; pode ser exercida por órgão que integre a estrutura do Poder Executivo.

1: Assertiva correta, conforme entendimento do STF (ver RE 225.655/PB), que ratifica a prática do Executivo Federal.

Gabarito 1C

Veja a seguinte tabela, para memorização e estudo do princípio da legalidade e de suas exceções em matéria tributária:

Dependem de lei – art. 97 do CTN	Não dependem de lei
– a instituição de tributos, ou a sua extinção; – a majoração de tributos, ou sua redução (exceção: alteração das alíquotas do II, IE, IPI, IOF e da CIDE sobre combustíveis). Equipara-se à majoração do tributo a modificação da sua base de cálculo, que importe em torná-lo mais oneroso. **Não constitui majoração de tributo a atualização do valor monetário da respectiva base de cálculo**; – a definição do fato gerador da obrigação tributária principal e do seu sujeito passivo; – a fixação de alíquota do tributo e da sua base de cálculo, ressalvado o disposto nos artigos 21, 26, 39, 57 e 65; – a cominação de penalidades para as ações ou omissões contrárias a seus dispositivos, ou para outras infrações nela definidas; – as hipóteses de exclusão, suspensão e extinção de créditos tributários, ou de dispensa ou redução de penalidades.	– fixação da data para pagamento do tributo; – regulamentação das obrigações acessórias (forma de declaração, escrituração, recolhimento etc.). Há controvérsia quanto à própria fixação de obrigações acessórias, pois o art. 113, § 2º, do CTN faz referência à **legislação** tributária (expressão que inclui não apenas as leis, mas também os decretos, portarias etc.); – alteração das alíquotas do II, IE, IPI, IOF e da CIDE sobre combustíveis.

(Defensoria Pública da União – 2007 – CESPE) Julgue o item a seguir.

(1) Considere que lei publicada em 1º de dezembro de 2007 eleve o IPI sobre determinado produto. Nessa situação hipotética, é permitido à União cobrar o novo valor do imposto a partir de 1º de janeiro de 2008.

1: incorreta. Embora não se submeta à anterioridade prevista pelo art. 150, III, *b*, da CF, a majoração do IPI deve observar a anterioridade nonagesimal (art. 150, III, *c*, e § 1º, da CF).

Gabarito 1E

Veja a seguinte tabela, com as exceções ao princípio da anterioridade comum e nonagesimal, para estudo e memorização:

Exceções à anterioridade comum (art. 150, III, b, da CF)	Exceções à anterioridade nonagesimal (art. 150, III, c, da CF)
– empréstimo compulsório para atender a despesas extraordinárias decorrentes de calamidade pública ou de guerra externa ou sua iminência (art. 148, II, in fine, da CF, em sentido contrário); – imposto de importação (art. 150, § 1º, da CF); – imposto de exportação (art. 150, § 1º, da CF); – IPI (art. 150, § 1º, da CF); – IOF (art. 150, § 1º, da CF); – impostos extraordinários na iminência ou no caso de guerra externa (art. 150, § 1º, da CF); – restabelecimento das alíquotas do ICMS sobre combustíveis e lubrificantes (art. 155, § 4º, IV, c, da CF); – restabelecimento da alíquota da CIDE sobre combustíveis (art. 177, § 4º, I, b, da CF); – contribuições sociais (art. 195, § 6º, da CF).	– empréstimo compulsório para atender a despesas extraordinárias decorrentes de calamidade pública ou de guerra externa ou sua iminência (art. 148, II, in fine, da CF, em sentido contrário – entendimento doutrinário); – imposto de importação (art. 150, § 1º, da CF); – imposto de exportação (art. 150, § 1º, da CF); – IR (art. 150, § 1º, da CF); – IOF (art. 150, § 1º, da CF); – impostos extraordinários na iminência ou no caso de guerra externa (art. 150, § 1º, da CF); – fixação da base de cálculo do IPVA (art. 150, § 1º, da CF); – fixação da base de cálculo do IPTU (art. 150, § 1º, da CF).

(Defensoria/MT – 2007) Em matéria de princípio da igualdade ou isonomia tributária, assinale a afirmativa correta.

(A) Progressividade é a técnica de incidência de alíquotas por meio da qual se procura variá-las em uma razão proporcional à base de cálculo.

(B) O Imposto de Renda é um imposto progressivo, informado pelos critérios da generalidade, universalidade e progressividade.

(C) O princípio da Cláusula *Non Olet* preconiza que se deve interpretar o fato gerador pelos aspectos objetivo e subjetivo.

(D) O Imposto Territorial Rural tem previsão explícita de não progressividade na Constituição Federal.

(E) O Supremo Tribunal Federal, em matéria de progressividade tributária, editou Súmula com seguinte teor: "É constitucional a lei que estabelece alíquotas progressivas para o ITBI com base no valor venal do imóvel".

A: incorreta. Progressividade não se confunde com simples proporcionalidade. Sempre que há alíquota (percentual, por exemplo, 18%) há proporcionalidade em relação à base de cálculo (18% de R$ 100 é o dobro de 18% sobre R$ 50, ou seja, há proporção). Progressividade significa alíquotas maiores conforme maior for a base de cálculo (por exemplo, 15% para valores até R$ 1 mil e 25% para valores superiores a R$ 1 mil); **B:** correta (art. 153, § 2º, I, da CF); **C:** incorreta. *Non olet* – [o dinheiro] não tem cheiro – refere-se à desconsideração de aspectos estranhos à hipótese de incidência (prevista estritamente pela lei), para fins de exigência do tributo; **D:** incorreta. É o oposto, pois há previsão expressa de progressividade – art. 153, § 4°, I, da CF; **E:** incorreta, pois historicamente o STF tem afastado a possibilidade de progressividade de impostos reais, caso do ITBI, quando não há previsão expressa na Constituição – Súmula 656/STF. Entretanto, é importante salientar que, mais recentemente, o STF inovou e admitiu a progressividade em relação ao ITCMD estadual – ver RE 562.045/RS. É preciso acompanhar a evolução jurisprudencial, pois há possibilidade de revisão do entendimento também em relação ao ITBI municipal.

Gabarito "B".

(Defensoria/SP – 2007 – FCC) A Constituição Federal, em seu artigo 150, I e II, ao afirmar que os tributos não poderão ser aumentados ou exigidos sem lei que o estabeleça e que os contribuintes em situação equivalente não terão tratamento desigual está dispondo sobre os princípios da

(A) anterioridade e da isonomia.
(B) capacidade contributiva e da anterioridade.
(C) legalidade e da isonomia.
(D) legalidade e da anterioridade.
(E) legalidade e da capacidade contributiva.

A exigência de lei refere-se ao princípio da legalidade. A garantia de tratamento igual àqueles que se encontrem em situação equivalente é definição do princípio da isonomia.

Gabarito "C".

(Defensor Público/RO – 2007) NÃO se sujeitam ao princípio da anterioridade tributária, segundo o art. 150, inciso III, alínea b, da CF, os seguintes impostos:

(A) de Renda, de Importação e de Exportação
(B) de Importação, de Exportação e sobre Operações de Industrialização de Produtos
(C) de Renda, sobre Operações Financeiras e sobre Operações de Industrialização de Produtos
(D) sobre Propriedade Territorial Urbana, de Renda e sobre Operações de Industrialização de Produtos
(E) empréstimos compulsórios para casos de investimento público nacional de caráter urgente e relevante, de Importação e de Exportação

A e C: incorretas, pois o IR é exceção apenas à anterioridade nonagesimal, mas não à anterioridade anual – art. 150, § 1°, da CF; **B:** assertiva correta, pois o II, o IE e o IOF são exceções à anterioridade anual e à nonagesimal; **D:** incorreta, pois o ITR não é exceção ao princípio da anterioridade; **E:** incorreta, pois somente o empréstimo compulsório, para atender despesas extraordinárias, é exceção ao princípio da anterioridade, mas não o empréstimo compulsório para investimentos públicos.

Gabarito "B".

3. IMUNIDADES

(Defensoria Pública da União – CESPE – 2015) A respeito das limitações ao poder de tributar e da competência tributária, julgue os itens que se seguem.

(1) A União tem competência para instituir o imposto territorial rural, o qual terá como fato gerador a propriedade, o domínio útil ou a posse de imóvel por natureza, como definido na lei civil, localizado fora da zona urbana do município, todavia não poderá esse imposto incidir sobre pequenas glebas rurais exploradas pelo proprietário que não possua outro imóvel, tratando-se, nesse caso, de uma imunidade específica.

(2) A imunidade tributária recíproca entre os entes tributantes veda à União, aos estados, ao DF e aos municípios instituir impostos sobre o consumo, patrimônio e renda uns dos outros.

1: correta, pois essa competência tributária e respectiva imunidade é prevista no art. 153, VI, e § 4°, II, da CF; **2:** incorreta, pois a imunidade recíproca refere-se expressamente ao patrimônio, renda e serviços uns dos outros, apenas – art. 150, VI, *a*, da CF. O STF entende que quando um ente imune adquire uma mercadoria, por exemplo, o vendedor (contribuinte de direito) não se exime do recolhimento do ICMS e do IPI, ainda que encargo recaia sobre o adquirente imune (contribuinte de fato) – ver RE 864.471AgR/BA.

Gabarito 1C, 2E

(Defensor Público –DPE/MT – 2016 – UFMT) Quanto às imunidades tributárias, analise as assertivas abaixo.

I. A extensão da imunidade recíproca às empresas estatais prestadoras de serviços públicos, por construção pretoriana do Supremo Tribunal Federal, refere-se tão somente aos impostos incidentes sobre o patrimônio, a renda e os serviços.

II. A norma constitucional que favorece as entidades beneficentes de assistência social em relação à cobrança de contribuições sociais – não obstante referir-se impropriamente à isenção de contribuição para a seguridade social – contemplou tais entidades com o favor constitucional da imunidade tributária, desde que por elas preenchidos os requisitos fixados em lei complementar.

III. A imunidade tributária torna indevida a incidência de IPVA (Imposto sobre a Propriedade de Veículos Automotores) sobre os veículos pertencentes às entidades sindicais de trabalhadores e de empregadores, desde que sejam utilizados para atender a suas finalidades essenciais.

IV. Os livros, jornais, periódicos e o papel destinado a sua impressão gozam de imunidade objetiva em relação ao ICMS (Imposto sobre Circulação de Mercadorias e Serviços).

Estão corretas as assertivas

(A) I, II e IV, apenas.
(B) II, III e IV, apenas.
(C) I e IV, apenas.
(D) I, II e III, apenas.
(E) III e IV, apenas.

I: correta, ao interpretar o art. 150, VI, *a*, da CF, que se refere expressamente a patrimônio, renda e serviços – ver ACO 811AgR-AD/DF; **II:** considerada incorreta pela banca examinadora, mas discordamos do gabarito oficial, pois o afastamento da tributação pela contribuição social é imunidade, ainda que o texto constitucional utilize o termo *isenção*, como no art. 195, § 7°, da CF – ver RE 636.941/RS: "expressão 'isenção' utilizada no art. 195, § 7°, CF/1988, tem o conteúdo de verdadeira imunidade". A regulamentação da imunidade, limitação do poder de tributar, é sempre por lei complementar federal – art. 146, II, da CF; **III:** incorreta, pois a imunidade do art. 150, VI, *c*, da CF refere-se apenas a sindicatos de trabalhadores, não de empregadores (embora sejam comuns isenções previstas em leis); **IV:** correta, pois a imunidade prevista no art. 150, VI, *d*, refere-se estritamente à produção e à comercialização desses bens, não se estendendo ao sujeito que realiza essas atividades, daí porque considerada objetiva (refere-se ao

objeto – livros, periódicos etc. –, não ao sujeito – quem aufere renda, por exemplo) – ver RE 628.122/SP.
Gabarito "C".

(Defensor Público/SP – 2012 – FCC) Dentre as hipóteses constitucionais de vedação à União, aos Estados, ao Distrito Federal e aos Municípios para instituir impostos é autoaplicável a imunidade sobre

(A) livros, jornais, periódicos e o papel destinado a sua impressão.
(B) partidos políticos, inclusive suas fundações.
(C) entidades sindicais dos trabalhadores.
(D) instituições de educação.
(E) entidades de assistência social, sem fins lucrativos.

Das imunidades previstas no art. 150, VI, da CF, sujeita-se à regulamentação legal apenas aquela relativa a partidos políticos, inclusive suas fundações, entidades sindicais dos trabalhadores, e instituições de educação e de assistência social, sem fins lucrativos (alínea "c"). Assim, a alternativa correta é a "A". Importante atentar para a tese de repercussão geral 32/STF: "Os requisitos para o gozo de imunidade hão de estar previstos em lei complementar."
Gabarito "A".

(Defensoria/SP – 2009 – FCC) A respeito das limitações do poder de tributar, assinale a opção INCORRETA.

(A) É vedado aos Estados, ao Distrito Federal e aos Municípios estabelecer diferença tributária entre bens e serviços, de qualquer natureza, em razão de sua procedência ou destino.
(B) Segundo entendimento consolidado no Supremo Tribunal Federal, a imunidade tributária recíproca se estende à Empresa Brasileira de Correios e Telégrafos, ECT, por se tratar de empresa pública prestadora de serviço público de prestação obrigatória e exclusiva do Estado.
(C) A imunidade prevista sobre a tributação do patrimônio, renda ou serviços das instituições de assistência social inclui as rendas recebidas dos imóveis alugados, quando aplicadas em suas finalidades essenciais.
(D) A concessão da imunidade sobre livros, jornais e periódicos independe da prova do valor cultural ou pedagógico da publicação.
(E) À União, aos Estados, ao Distrito Federal e aos Municípios é vedado instituir impostos sobre o patrimônio, renda ou serviços, uns dos outros, inclusive nas hipóteses em que o patrimônio, a renda ou os serviços estejam relacionados com explorações de atividades econômicas regidas pelas normas aplicáveis a empreendimentos privados.

A: assertiva correta, conforme o art. 152 da CF; **B**: correta, pois o STF entende exatamente isso, tendo se pronunciado em favor da ECT e da Infraero – ver – RE 601.392/PR; **C**: assertiva correta, conforme a Súmula 724/STF; **D**: correta, pois não se entra no mérito do conteúdo veiculado, para fins da imunidade; **E**: assertiva incorreta, devendo ser assinalada. A exploração de atividade de natureza privada afasta a imunidade recíproca – art. 150, § 3º, da CF.
Gabarito "E".

(Defensoria/SP – 2007 – FCC) O prédio de propriedade do Estado, onde funciona uma escola pública, não está sujeito à incidência do Imposto sobre propriedade predial e territorial urbana (IPTU) por força da

(A) estrita legalidade tributária
(B) isenção tributária subjetiva.
(C) isenção tributária objetiva.
(D) capacidade econômica do contribuinte.
(E) imunidade tributária recíproca.

Trata-se da imunidade recíproca – art. 150, VI, a, da CF.
Gabarito "E".

4. DEFINIÇÃO DE TRIBUTO E ESPÉCIES TRIBUTÁRIAS

(Defensor Público/RO – 2012 – CESPE) Assinale a opção correta acerca da instituição de tributos.

(A) É válida a cobrança, pelo município, de contribuição de melhoria que estabeleça como base de cálculo a valorização dos imóveis.
(B) As universidades públicas podem instituir taxa de matrícula com o objetivo de custear programa de assistência a alunos carentes.
(C) É legítimo o estabelecimento, pelo município, de taxa de renovação anual de licença para localização, instalação e funcionamento de estabelecimento comercial, para custear o poder de polícia para tal fim instituído.
(D) É válida a cobrança, pela União, de taxa de fiscalização de atividade poluidora, ainda que não exercida, de fato, qualquer fiscalização, ingressando o tributo nos cofres públicos como se imposto fosse, dada sua competência residual.
(E) É legal a instituição de taxa municipal para custear a limpeza dos logradouros públicos, já que tal serviço é específico, divisível e possível de ser vinculado a cada contribuinte.

A: incorreta, pois a base de cálculo deve quantificar o fato gerador, no caso a valorização imobiliária decorrente da obra pública (não qualquer valorização imobiliária decorrente da dinâmica do mercado, por exemplo) – art. 145, III, da CF e art. 81 do CTN; **B**: incorreta, pois somente os entes políticos (União, Estados, Distrito Federal e Municípios) detêm competência tributária, ou seja, somente eles podem instituir tributos por meio de lei; **C**: correta, pois trata-se de típica taxa pelo exercício do poder de polícia – art. 78 do CTN. A possibilidade de cobrança no caso de renovação anual da licença foi validada pelo Judiciário, desde que haja estrutura para a fiscalização – o STJ afastou a antiga Súmula 157; **D**: incorreta, pois a cobrança da taxa depende da efetiva ocorrência de seu fato gerador, no caso a efetiva fiscalização. Não é razoável falar em exercício da competência residual, embora o nome do tributo ("taxa de fiscalização de atividade poluidora") seja irrelevante – art. 4º, I, do CTN. Isso porque, para que fosse imposto, o fato gerador deveria ser desvinculado de qualquer atividade estatal específica e, além de ser instituído por lei complementar (isso não é informado), não poderia haver "bis in idem" ou bitributação em relação a outros impostos – art. 154, I, da CF; **E**: incorreta, pois não é possível identificar os usuários ou quantificar o serviço fruído por cada um deles, de modo que se trata de serviço indivisível (prestado "uti universi"), não passível de taxação – art. 145, II, da CF e art. 77 do CTN.
Gabarito "C".

(Defensoria Pública da União – 2010 – CESPE) Acerca do direito tributário e do sistema tributário nacional, julgue o item a seguir.

(1) Segundo o STF, são específicos e divisíveis os serviços

públicos municipais de coleta, remoção e tratamento ou destinação de lixo ou resíduos provenientes de imóveis, desde que essas atividades sejam completamente dissociadas de outros serviços públicos de limpeza realizados em benefício da população em geral e de forma indivisível, a exemplo dos serviços de conservação e limpeza de bens públicos, como praças, calçadas, ruas e bueiros.

1: a assertiva descreve corretamente a jurisprudência da Suprema Corte. Veja o disposto na Súmula Vinculante 19/STF: "A taxa cobrada exclusivamente em razão dos serviços públicos de coleta, remoção e tratamento ou destinação de lixo ou resíduos provenientes de imóveis, não viola o artigo 145, II, da Constituição Federal."
Gabarito "C"

(Defensoria/MG – 2009 – FURMARC) Marque a opção VERDADEIRA:

(A) A taxa e o preço público são espécies do gênero tributo.
(B) O valor da anuidade recolhida à Ordem dos Advogados do Brasil ou aos Conselhos de Medicina tem a natureza jurídica de contribuição de intervenção no domínio econômico (cide).
(C) Para a criação de novos impostos não previstos no texto constitucional, a União, os Estados e o Distrito Federal devem editar leis complementares.
(D) As contribuições de seguridade social têm natureza jurídica de tributo.
(E) A imunidade se aplica aos impostos, taxas e contribuições de melhoria.

A: incorreta, pois preço público não é tributo – art. 145 da CF; **B:** incorreta, já que se trata de contribuições de interesse de categorias profissionais – art. 149 da CF; **C:** incorreta, pois a competência residual é exclusiva da União – art. 154, I, da CF; **D:** essa é a assertiva correta, pois as contribuições sociais têm natureza tributária – arts. 149 e 195 da CF; **E:** incorreta, pois é forte o entendimento de que as imunidades restringem-se aos impostos, o que é inquestionável em relação àquelas previstas no art. 150, VI, da CF. Ademais, ainda que seja defensável a existência de imunidades em relação às contribuições (art. 195, § 7º, da CF) e taxas (art. 5º, XXXIV, LXXIV, LXXVI e LXXVII da CF), não é possível afirmar que elas existam em relação às contribuições de melhoria.
Gabarito "D"

(Defensoria Pública da União – 2007 – CESPE) Julgue o item a seguir.

(1) Consoante o texto constitucional, a definição da espécie tributária empréstimo compulsório cabe à lei complementar.

1: correta (art. 148 da CF).
Gabarito 1C

(Defensoria/MT – 2007) Concernente às espécies de tributos no sistema tributário nacional, assinale a afirmativa correta.

(A) O critério relevante utilizado para diferenciar taxa de tarifa é verificar se a atividade concretamente executada pelo Poder Público configura um serviço público ou não.
(B) A tarifa é tributo que nasce por meio de lei, é voluntária e possui caráter de inessencialidade.
(C) Preços de serviços públicos e taxas não se confundem, porque aqueles, diferentemente destas, são compulsórios e têm sua cobrança condicionada à prévia autorização orçamentária, em relação à lei que os instituiu.
(D) Na taxa de polícia, paga-se a taxa de fiscalização em virtude do poder de polícia administrativo potencialmente manifestado.
(E) A taxa é um tributo unilateral, contraprestacional e sinalagmático.

A: correta. Há entendimento nesse sentido – no entanto, os Tribunais Superiores têm decidido que a tarifa remunera concessionária de serviço público (i.e. se existe concessão, há tarifa – ver REsp 1.027.916/MS) – de qualquer forma, esta é a melhor alternativa, por exclusão das demais; **B:** incorreta. Tarifa não é tributo; **C:** incorreta. A compulsoriedade é característica das taxas; **D:** incorreta. O exercício do poder de polícia deve ser efetivo, não potencial; **E:** incorreta. Unilateral e sinalagmático são adjetivos incompatíveis.
Gabarito "A"

(Defensor Público/RO – 2007) É admitida a cobrança de taxa quando o:

(A) serviço for específico e indivisível, mesmo havendo singularidade
(B) poder de polícia for exercido de forma potencial, ainda que genérico
(C) poder de polícia for de natureza específica e indivisível, ainda que exercido de ofício
(D) serviço for posto à disposição do contribuinte por entidade que tenha atribuição de prestá-lo
(E) serviço for efetivamente prestado ao contribuinte, ainda que não seja atribuição da entidade prestá-lo

A: incorreta, pois somente o serviço público específico e divisível (não indivisível, como consta da assertiva) permite a cobrança de taxa – art. 145, II, da CF e art. 77 do CTN; **B:** incorreta, pois o exercício do poder de polícia deve ser efetivo, para que possa ensejar a cobrança de taxa (somente o serviço público pode ser de utilização potencial, não o exercício do poder de polícia) – art. 77 do CTN; **C:** incorreta, pois especificidade e a divisibilidade referem-se ao serviço público tributável por taxa, e não ao poder de polícia – art. 145, II, da CF e art. 77 do CTN; **D:** assertiva correta, pois a disponibilização de serviço público específico e divisível por quem tenha a atribuição de prestá-lo permite a cobrança de taxa – art. 79 do CTN; **E:** incorreta, pois somente o serviço público regularmente prestado, ou seja, por quem tenha a atribuição, permite a cobrança de taxa.
Gabarito "D"

5. LEGISLAÇÃO TRIBUTÁRIA – FONTES

(Defensoria Pública da União – CESPE – 2015) Julgue o seguinte item com base nas normas gerais de direito tributário.

(1) Os costumes, como as práticas reiteradamente observadas pelas autoridades administrativas, não são expressamente citados entre as fontes destinadas a colmatar lacunas na legislação tributária; eles são, sim, considerados normas complementares das leis, dos tratados e convenções internacionais e dos decretos.

1: correta, pois o CTN não se refere às práticas reiteradas como ferramentas para integração da legislação tributária (preenchimento de lacunas – art. 108 do CTN), mas sim como normas complementares – art. 100, III, do CTN.
Gabarito 1C

(Defensoria/ES – 2009 – CESPE) Acerca do Sistema Tributário Nacional, julgue o próximo item.

(1) Cabe a lei complementar estabelecer normas gerais em matéria de legislação tributária, especialmente sobre obrigação, lançamento, crédito, prescrição e decadência tributários.

1: assertiva correta, conforme o art. 146, III, *b*, da CF.

Gabarito "C".

(Defensoria/SP – 2007 – FCC) NÃO é matéria reservada à lei complementar:

(A) instituição de empréstimos compulsórios.
(B) definição de fato gerador e base de cálculo de impostos discriminados na Constituição.
(C) criação de impostos não previstos na Constituição.
(D) instituição de contribuição de melhoria.
(E) disposição sobre lançamento e prescrição tributários.

A: art. 148 da CF; **B:** art. 146, III, *a*, da CF; **C:** art. 154, I, da CF; **D:** não há exigência de lei complementar; **E:** as normas gerais relativas ao lançamento e à prescrição devem ser veiculadas por lei complementar – art. 146, III, *b*, da CF.

Gabarito "D".

(Defensor Público/BA – 2006) Relativamente ao tema das normas gerais do Direito Tributário, tem-se que:

I. Cabe à lei complementar regular as limitações constitucionais ao poder de tributar.
II. Cabe à lei ordinária a definição de obrigação, lançamento, crédito, prescrição e decadência tributários.
III. Lei complementar poderá estabelecer critérios especiais de tributação, com o objetivo de prevenir desequilíbrios da concorrência, sem prejuízo da competência da União, por lei, estabelecer normas de igual objetivo.
IV. Cabe à lei complementar o adequado tratamento tributário ao ato cooperativo praticado pelas sociedades cooperativas, desde que haja, pelo menos, uma sede e uma filial localizadas em municípios distintos.

Analisando as assertivas acima, verifica-se que:

(A) Estão corretas apenas as assertivas I e II.
(B) Estão corretas apenas as assertivas I e IV.
(C) Estão corretas apenas as assertivas I, II e III.
(D) Estão corretas apenas as assertivas I e III.
(E) Todas as assertivas estão incorretas.

I: assertiva correta, conforme dispõe o art. 146, II, da CF; **II:** incorreta, já que essas são matérias a serem veiculadas por lei complementar federal – art. 146, III, *b*, da CF; **III:** assertiva correta, pois isso é previsto no art. 146-A da CF; **IV:** incorreta, pois não há essa exigência de sede e filial localizadas em municípios distintos – art. 146, III, *c*, da CF.

Gabarito "D".

---

6. VIGÊNCIA, APLICAÇÃO, INTERPRETAÇÃO E INTEGRAÇÃO

(Defensor Público/AM – 2010 – I. Cidades) A respeito da vigência, aplicação e interpretação das normas tributárias indique a alternativa CORRETA:

(A) Regra geral, a lei tributária começa a vigorar em todo o país 45 (quarenta e cinco) dias depois de oficialmente publicada. No entanto, salvo disposição em contrário, os atos normativos expedidos pelas autoridades administrativas entram em vigor 30 (trinta) dias após a data da sua publicação;
(B) Na ausência de disposição expressa, a autoridade competente para aplicar a legislação tributária utilizará sucessivamente e em ordem preferencial a analogia, os princípios gerais do direito tributário, os princípios gerais do direito privado e a equidade. A utilização dos princípios gerais de direito privado restringe-se à pesquisa da definição, do conteúdo e do alcance de seus institutos, conceitos e formas, inclusive para definição dos respectivos efeitos tributários.
(C) Excepciona o princípio da irretroatividade, aplicando-se a fato pretérito, a lei expressamente interpretativa, e, nas hipóteses de atos não submetidos à coisa julgada, a lei que mitigue determinada penalidade pecuniária aplicável para as situações de descumprimento da obrigação tributária principal.
(D) Interpreta-se literalmente a legislação tributária que disponha sobre suspensão, extinção ou exclusão do crédito tributário, outorga de isenção e dispensa do cumprimento de obrigações tributárias acessórias.
(E) O Código Tributário Nacional admite a interpretação benigna exclusivamente para a lei que disponha sobre infrações, anistia e comine penalidades, sendo necessária a existência de dúvida sobre a tipicidade do fato, a autoria, imputabilidade ou punibilidade.

A: assertiva incorreta, no que se refere aos atos normativos das autoridades administrativas que, salvo disposição em contrário, entram em vigor na data de sua publicação – art. 103, I, do CTN. A afirmação é correta em relação às leis, nos termos do art. 1º da Lei de Introdução às Normas do Direito Brasileiro, que fixa o início de vigência 45 (quarenta e cinco) dias após a publicação caso não haja disposição em contrário. Interessante notar, entretanto, que as leis devem indicar expressamente a data que entram em vigor, como prevê o art. 8º da LC 95/1998 (ou seja, a norma subsidiária da Lei de Introdução não deveria ser aplicável); **B:** incorreta na parte final, pois os efeitos tributários dos institutos, conceitos e formas de direito privado são interpretados à luz dos princípios tributários (não à luz dos princípios de direito privado) – art. 109 do CTN. A assertiva é correta na parte inicial, relativa às ferramentas de integração – art. 108 do CTN; **C:** assertiva correta, nos termos do art. 106 do CTN; **D:** imprecisa, pois o art. 111 do CTN, que prevê a interpretação literal de benefícios fiscais, não se refere às normas relativas à *extinção* do crédito tributário; **E:** incorreta no que se refere à anistia, que, como modalidade de exclusão do crédito tributário, deverá ser interpretada literalmente – art. 111, I, do CTN. A retroatividade da *lex mitior* refere-se exclusivamente às leis que definem infrações ou cominam penalidades – art. 112 do CTN.

Gabarito "C".

Veja a seguinte tabela, para memorização das regras de integração e sua ordem de aplicação, conforme previsto no art. 108 do CTN:

Regras de integração – casos de ausência de disposição expressa
1º – analogia (não pode implicar exigência de tributo ao arrepio da lei)
2º – princípios gerais de direito tributário
3º – princípios gerais de direito público
4º – equidade (não pode implicar dispensa de pagamento do tributo devido)

Veja a seguinte tabela, com as hipóteses excepcionais de aplicação retroativa da legislação tributária:

Aplicação da lei tributária a ato ou a fato pretérito
– lei expressamente interpretativa – art. 106, I, do CTN
– redução ou extinção de sanção (lex mitior) – art. 106, II, do CTN
– normas relativas à fiscalização ou ao aumento de garantias e privilégios do crédito tributário, exceto para atribuir responsabilidade tributária a terceiros – art. 144, § 1º, do CTN

(Defensoria/SP – 2009 – FCC) Assinale a alternativa INCORRETA.

(A) Para aplicação da legislação tributária a autoridade competente poderá se valer da equidade, na ausência de disposição legal expressa, inclusive para dispensa do pagamento do tributo devido.

(B) A lei tributária que define infrações interpreta-se da maneira mais favorável ao acusado, havendo dúvida quanto à natureza da penalidade ou graduação aplicável.

(C) As práticas reiteradamente observadas pelas autoridades administrativas são normas complementares das leis, dos tratados e das convenções internacionais e dos decretos e a observância dessas práticas exclui a imposição de penalidades, a cobrança de juros de mora e a atualização do valor monetário da base de cálculo do tributo.

(D) Cabe à lei complementar regular as limitações constitucionais ao poder de tributar.

(E) Interpreta-se literalmente a norma legal tributária que disponha sobre dispensa do cumprimento de obrigações tributárias acessórias.

A: essa é a assertiva incorreta, pois a aplicação da equidade não pode resultar em dispensa de pagamento do tributo devido – art. 108, § 2º, do CTN; **B:** assertiva correta, conforme o art. 112, IV, do CTN; **C:** correta, nos termos do art. 100, III e parágrafo único do CTN; **D:** correta, pois reflete o disposto no art. 146, II, da CF; **E:** correta, pois é isso que dispõe o art. 111, III, do CTN.
Gabarito "A".

(Defensor Público/BA – 2006) Relativamente ao tema da interpretação e integração da legislação tributária, tem-se que:

I. O emprego da analogia poderá resultar na dispensa de pagamento de tributo.
II. O emprego da equidade poderá resultar na exigência de pagamento do tributo devido.
III. Interpreta-se literalmente a legislação tributária que disponha sobre suspensão ou exclusão do crédito tributário.
IV. Mesmo na presença de disposição expressa, a autoridade competente para aplicar a legislação tributária utilizará, sucessivamente, na ordem indicada, a analogia, os princípios gerais de direito público, os princípios gerais de direito tributário e a equidade.

Analisando as assertivas acima, verifica-se que:

(A) Estão corretas apenas as assertivas III e IV.
(B) Estão corretas apenas as assertivas II e IV.
(C) Está correta apenas a assertiva III.
(D) Estão corretas apenas as assertivas I e IV.
(E) Todas as assertivas estão corretas.

I e II: incorretas, pois o CTN não prevê a possibilidade de dispensa do pagamento de tributo por analogia, nem a exigência por equidade, embora haja vedação expressa apenas em relação à exigência de tributo por analogia e à dispensa de tributo por equidade – art. 108, §§ 1º e 2º, do CTN; **III:** correta, nos termos do art. 111, I, do CTN; **IV:** incorreta, pois as ferramentas de integração previstas no art. 108 do CTN são empregadas apenas em caso de lacuna, ou seja, quando não há disposição expressa.
Gabarito "C".

(Defensor Público/AC – 2006 – CESPE) O município de Flores desmembrou-se, dando origem ao município denominado Flores do Sul. Posteriormente, o município de Flores editou a Lei nº 1, disciplinando que a alíquota a ser aplicada a determinado tributo seria de 8%. Alguns contribuintes suscitaram dúvidas acerca de quais situações se enquadrariam na hipótese de incidência do tributo. Após nove meses, o Poder Legislativo competente editou a Lei nº 2, expressamente interpretativa, esclarecendo taxativamente que situações deviam obediência à alíquota de 8%, fixada pela Lei nº 1. Diante dessa situação hipotética e observadas as normas gerais de direito tributário, assinale a opção incorreta.

(A) Enquanto o município Flores do Sul não editar suas leis tributárias, terão vigência, em seu território, as leis do município de Flores.

(B) A Lei nº 2 deveria retroagir para reger todas as relações jurídicas disciplinadas pela Lei nº 1, desde o início da vigência desta última norma.

(C) Se não houvesse a lei interpretativa, a autoridade competente deveria aplicar a legislação tributária utilizando-se, sucessivamente e, nessa ordem, da analogia, dos princípios gerais de direito público, dos princípios gerais de direito tributário e da equidade.

(D) A interpretação exarada pela Lei nº 2 deve ser classificada como autêntica.

A: assertiva correta, conforme o art. 120 do CTN; **B:** correta, pois essa retroatividade é prevista no art. 106, I, do CTN; **C:** essa é a alternativa incorreta (devendo ser assinalada), indicando as ferramentas de integração previstas no art. 108 do CTN; **D:** correta, pois interpretação autêntica é exatamente aquela exarada pelo próprio legislador.
Gabarito "C".

7. FATO GERADOR E OBRIGAÇÃO TRIBUTÁRIA

(Defensoria/MT – 2007) Em matéria de relação jurídico-tributária, assinale a afirmativa correta.

(A) Podem ser tributados os atos nulos e os atos ilícitos, em face do princípio da interpretação objetiva do fato gerador.

(B) O fato gerador não possui o condão de definir a natureza jurídica do tributo.

(C) A hipótese de incidência tributária caracteriza-se pela concretude fática, em oposição à abstração.

(D) O Instituto Nacional de Seguridade Social é considerado sujeito ativo direto na obrigação tributária.

(E) O Superior Tribunal de Justiça já decidiu que a substituição tributária, do sujeito passivo, pode ser efetuada através de regulamento.

A: correta (art. 118, I, do CTN); **B:** incorreta. A natureza jurídica específica do tributo, nos termos do art. 4º do CTN, é dada por seu fato gerador; **C:** é o oposto – hipótese de incidência é a norma geral e abstrata que descreve o fato gerador; **D:** com relação às contribuições sociais exigidas pelo INSS, a autarquia não é sujeito ativo direto, pois há parafiscalidade (a competência tributária é da União); **E:** a substituição tributária refere-se à sujeição passiva e deve ser regulada por lei.

Gabarito "A".

(Defensoria/SP – 2007 – FCC) O crédito tributário

(A) não decorre da obrigação principal.
(B) não tem a mesma natureza da obrigação tributária.
(C) decorre da obrigação principal e tem a mesma natureza desta.
(D) decorre da obrigação acessória e tem a mesma natureza desta.
(E) não decorre da obrigação principal, mas tem a mesma natureza desta.

Art. 139 do CTN.

Gabarito "C".

(Defensor Público/BA – 2006) Relativamente ao tema da obrigação tributária, tem-se que:

I. Fato gerador da obrigação acessória é a situação definida em lei como necessária e suficiente à sua ocorrência.
II. A autoridade administrativa poderá desconsiderar atos ou negócios jurídicos praticados com a finalidade de dissimular a ocorrência do fato gerador do tributo ou a natureza dos elementos constitutivos da obrigação tributária, observados os procedimentos a serem estabelecidos em lei complementar.
III. A obrigação acessória decorre de lei e pelo simples fato de sua inobservância, converte-se em obrigação principal.
IV. A definição legal do fato gerador é interpretada abstraindo-se da validade jurídica dos atos efetivamente praticados pelos contribuintes, responsáveis, ou terceiros, bem como da natureza de seu objeto ou dos seus efeitos.

Analisando as assertivas acima, verifica-se que:

(A) Estão corretas apenas as assertivas I e III.
(B) Estão corretas apenas as assertivas I e IV.
(C) Estão corretas apenas as assertivas I, II e III.
(D) Está correta apenas a assertiva IV
(E) Todas as assertivas estão incorretas.

I: imprecisa, pois essa definição é dada pelo CTN para o fato gerador da obrigação principal – art. 114 do CTN; **II:** incorreta, pois a regulamentação da chamada norma antielisiva se dará por lei ordinária, não complementar – art. 116, p. único, do CTN; **III:** incorreta, pois o art. 113, § 2°, do CTN dispõe que a obrigação acessória decorre da legislação tributária (não da lei em sentido estrito), embora haja discussão doutrinária e jurisprudencial a respeito; **IV:** correta, conforme o art. 118 do CTN.

Gabarito "D".

8. LANÇAMENTO E CRÉDITO TRIBUTÁRIO

(Defensor Público/AM – 2013 – FCC) Em caso de tributo sujeito a lançamento por homologação, o não pagamento antecipado pelo sujeito passivo traz como consequência a

(A) exclusão do crédito tributário, que deverá, portanto, ser lançado de ofício pelo fisco, sob pena de prescrição.

(B) necessidade do fisco em lançar de ofício, o que acontecerá com a lavratura de Auto de Infração e Imposição de Multa, sob pena de decadência.
(C) extinção da obrigação tributária em cinco anos a contar da ocorrência do fato gerador pela decadência, caso o fisco não realize o autolançamento neste prazo.
(D) suspensão da exigibilidade do crédito tributário até que o fisco lavre Auto de Infração e Imposição de Multa.
(E) presunção de existência do crédito tributário por parte do fisco, que deve imediatamente inscrevê-lo em dívida ativa e propor execução fiscal.

A: incorreta, pois exclusão do crédito tributário refere-se à isenção ou à anistia – art. 175 do CTN; **B:** correta, nos termos do art. 149, V, do CTN; **C:** incorreta, pois o fisco não faz autolançamento (isso é feito pelo sujeito passivo). A autoridade fiscal realiza o lançamento de ofício em face da omissão do contribuinte – art. 149, V, do CTN; **D:** incorreta, pois a omissão do contribuinte não é causa de suspensão da exigibilidade do crédito tributário – art. 151 do CTN; **E:** incorreta. É importante salientar, entretanto, que, caso o contribuinte tenha declarado o tributo devido, apesar da omissão no pagamento, seria desnecessário o lançamento de ofício previsto no art. 149, V, do CTN, sendo possível a imediata inscrição e cobrança – Súmula 436/STJ.

Gabarito "B".

(Defensoria Pública da União – 2010 – CESPE) Acerca do direito tributário e do sistema tributário nacional, julgue o item a seguir.

(1) À autoridade tributária competente cabe declarar a existência do crédito tributário pelo lançamento, ocasião em que deve verificar a ocorrência do fato gerador da obrigação tributária, calcular o montante do tributo devido e identificar o sujeito passivo. Eventual proposição de aplicação de penalidade pecuniária deve ser objeto de ato administrativo próprio, pois não se trata de tributo.

1: assertiva incorreta, pois, nos termos do art. 142 do CTN, a propositura de aplicação da penalidade se dá no próprio lançamento. Atualmente, é bom salientar, o agente do fisco costuma aplicar diretamente a penalidade no momento da autuação (lançamento), e não simplesmente propor ao superior hierárquico.

Gabarito 1E.

(Defensoria/SP – 2009 – FCC) Quanto ao lançamento tributário, é correto afirmar que

(A) são modalidades de lançamento: de ofício, por homologação, por declaração, por arbitramento e por preempção.
(B) a taxa cambial do dia do lançamento será a utilizada na conversão para a moeda nacional, nos casos em que o valor tributário estiver expresso em moeda estrangeira.
(C) o lançamento rege-se pela lei em vigor no momento da sua realização (*tempus regit actum*), mesmo que regule fato gerador ocorrido na vigência da lei anterior.
(D) a modificação dos critérios jurídicos adotados pela autoridade administrativa no lançamento, pode ser aplicada a todos os fatos geradores anteriores, que não foram objeto de lançamento, por constituir somente modificação interpretativa da lei.
(E) a retificação da declaração por iniciativa do próprio declarante, quando vise a redução ou exclusão de

tributo, somente pode ser admitida mediante comprovação do erro em que se funde, e antes de notificado o lançamento.

A: incorreta, pois existem apenas três modalidades de lançamento, quais sejam (i) de ofício ou direto, (ii) por homologação (expressa ou tácita) ou autolançamento e (iii) por declaração ou misto; **B:** incorreta, pois leva-se em consideração o câmbio do dia do fato gerador – art. 143 do CTN; **C:** incorreta, pois aplica-se, em regra, a lei vigente à época do fato gerador, ainda que posteriormente modificada ou revogada – art. 144, *caput*, do CTN; **D:** incorreta, pois essa modificação de critérios jurídicos não pode ser aplicada aos lançamentos já realizados (impossibilidade de correção de eventual erro de direito) – art. 146 do CTN; **E:** essa é a assertiva correta, conforme o art. 147, § 1º, do CTN.

Gabarito "E".

(Defensoria/SP – 2007 – FCC) São exemplos de impostos sujeitos normalmente a lançamento de ofício e por homologação, respectivamente:

(A) imposto territorial urbano (IPTU) e imposto sobre propriedade industrial (IPI).

(B) imposto de renda (IR) e imposto territorial rural (ITR).

(C) imposto sobre circulação de mercadorias e serviços (ICMS) e imposto de renda (IR).

(D) imposto de importação e imposto sobre operações financeiras (IOF).

(E) imposto de renda (IR) e imposto sobre propriedade industrial (IPI).

Normalmente há lançamento de ofício para IPTU e IPVA e lançamento por homologação para IPI, IR, ICMS e IOF. Quanto ao ITR, alguns entendem que o lançamento é por declaração, mas o regulamento correspondente (art. 8º do Decreto 4.382/2002) prevê lançamento por homologação.

Gabarito "A".

9. SUJEIÇÃO PASSIVA, CAPACIDADE E DOMICÍLIO

(Defensor Público/RO – 2012 – CESPE) Duas pessoas constituíram sociedade comercial e, sendo ambas responsáveis pela gerência e administração da empresa, estabeleceram responsabilidades pelas dívidas contraídas, limitadas ao capital integralizado. A partir de determinado momento, os sócios passaram a não enviar para a contabilidade parte das notas fiscais emitidas nas operações realizadas e, em consequência, a apuração do tributo foi efetivada sem que fossem considerados os referidos fatos geradores, o que aumentou o lucro e a retirada dos sócios. O fisco constatou o fato e efetuou o lançamento tributário, que, com os acréscimos de multa e correção monetária, ultrapassou o valor do capital integralizado da referida sociedade comercial.

Com base na situação hipotética acima apresentada, assinale a opção correta.

(A) Tratando-se de empresa optante pelo simples nacional, inexiste solidariedade dos sócios pelas dívidas contraídas pela sociedade comercial.

(B) Dada a redução criminosa de débito tributário, o fisco deverá lavrar o auto de infração e, ao mesmo tempo, apresentar representação fiscal ao MP para promover a ação penal.

(C) Sendo a responsabilidade limitada ao capital integralizado, apesar de o fisco lançar o total do crédito tributário, este somente será satisfeito caso se respeite o limite do capital.

(D) Caso conste da certidão de inscrição do débito em dívida ativa o nome dos sócios como responsáveis pela dívida tributária, a execução fiscal poderá ser proposta contra a sociedade e os respectivos sócios.

(E) Ainda que constem da certidão de inscrição do débito em dívida ativa os nomes dos dois sócios, para incluí-los no polo passivo da execução fiscal, o credor deverá comprovar a condição de devedor solidário.

A: incorreta, pois a opção pelo Simples Nacional (LC 123/2006) não afasta a responsabilidade tributária prevista no art. 135 do CTN; **B:** incorreta, pois o crime relacionado ao não recolhimento do tributo ("suprimir ou reduzir tributo" – art. 1º, I a IV, da Lei 8.137/1990) depende do término do processo administrativo atinente à constituição do crédito – Súmula Vinculante 24/STF. Entretanto, o eventual crime relativo à omissão de declaração pode ser imediatamente noticiado ao MP – art. 2º da Lei 8.137/1990; **C:** incorreta, pois a violação da lei pelos sócios administradores, que omitiram a declaração das operações empresariais, implica sua responsabilidade pessoal, nos termos do art. 135, III, do CTN; **D:** correta, conforme jurisprudência pacífica do STJ. Importante salientar que, mesmo que o nome dos sócios administradores não conste da CDA, é possível redirecionar a execução contra eles, dependendo, nesse caso, de o Fisco comprovar a violação da lei no curso do processo judicial; **E:** incorreta, pois a inclusão do nome do sócio administrador na CDA indica a presunção de sua responsabilidade, cabendo a ele (ao sócio) a prova em contrário.

Gabarito "D".

(Defensor Público/SP – 2012 – FCC) Em relação às espécies de responsabilidade tributária, na responsabilidade

(A) de devedores solidários, por terem eles interesse comum na situação constituinte do fato gerador, cabe o benefício de ordem.

(B) por transferência, o responsável tributário responde por débito próprio, após a ocorrência do fato gerador.

(C) de devedores sucessores, a obrigação é transferida para outro devedor em razão da remissão do devedor original.

(D) por substituição, o não recolhimento do tributo pelo substituto retransmite a responsabilidade das obrigações acessórias para o contribuinte substituído.

(E) de terceiros devedores, o dever em relação ao patrimônio de outrem exsurge, em geral, do vínculo jurídico existente para com incapazes ou entes despersonalizados.

A: incorreta, pois não cabe benefício de ordem na solidariedade tributária – art. 124, parágrafo único, do CTN; **B:** incorreta, pois, na responsabilidade por transferência, o fato gerador faz surgir a obrigação tributária em relação a determinado sujeito passivo e, por conta de fato superveniente, essa sujeição passiva passa a ser ocupada pelo responsável tributário (por exemplo, o adquirente do imóvel passa a ser responsável tributário por transferência). A assertiva refere-se ao responsável por substituição, ou seja, aquele que ocupa o polo passivo da obrigação tributária originariamente, desde seu surgimento com o fato gerador; **C:** incorreta, pois remissão implica extinção do crédito tributário (é perdão do crédito) – art. 156, IV, do CTN; **D:** incorreta, pois a responsabilidade por substituição, em si, não implica regras de solidariedade ou subsidiariedade; **E:** essa é a melhor alternativa, por exclusão das demais e porque a responsabilidade de terceiros, prevista nos arts. 134 e 135 do CTN, refere-se, algumas vezes, à relação do responsável com incapazes (filhos menores, curatelados) ou entes despersonalizados (espólio, massa falida). É importante ressaltar,

entretanto, que a responsabilidade de terceiro mais importante, na prática, refere-se à relação com entes personalizados (responsabilidade de gestores em relação a pessoas jurídicas – art. 135, III, do CTN).
Gabarito "E".

(Defensoria Pública da União – 2010 – CESPE) Acerca do direito tributário e do sistema tributário nacional, julgue o item a seguir.

(1) Considere que pessoa jurídica tenha adquirido imóvel não residencial em hasta pública. Nesse caso, em consonância com a jurisprudência do STJ, a arrematação tem o efeito de expurgar qualquer ônus obrigacional sobre o imóvel para a pessoa jurídica arrematante, devendo a transferência ocorrer livre de qualquer encargo ou responsabilidade tributária.

(2) A responsabilidade tributária pessoal de terceiros não alcança o inadimplemento do tributo sem a prova da prática de ato ilícito ou contrário ao estatuto social, independentemente de o sócio da pessoa jurídica constar, ou não, da certidão de dívida ativa.

1: assertiva correta, conforme o art. 130, parágrafo único, do CTN; **2:** correta, pois a responsabilidade prevista no art. 135 do CTN somente existe em caso de excesso de poderes ou infração de lei, contrato social ou estatutos. Interessante notar, entretanto, que a inclusão do nome do sócio na certidão de dívida ativa faz presumir sua responsabilidade, cabendo ao interessado afastar essa presunção – art. 204 do CTN.
Gabarito 1C, 2C.

(Defensoria Pública/SP – 2010 – FCC) Recém-nascido recebe como herança a propriedade de um bem imóvel, localizado em zona urbana e residencial. Diante desse fato, considerando-se o disposto no artigo 126, inciso I do Código Tributário Nacional, é correto afirmar que

(A) a incapacidade civil do menor elide a sujeição tributária passiva, pois esta depende de prévia análise objetiva do fato imponível.

(B) a sujeição passiva tributária recai sobre o representante legal do menor, pois ele é insuscetível de capacidade tributária.

(C) o tributo é indevido por força da aplicação da cláusula *pecunia non olet*, decorrente do princípio da interpretação subjetiva do fato gerador.

(D) a relação pessoal e direta com o fato gerador é irrelevante para fins tributários, porém não abrange a pessoa natural absolutamente incapaz.

(E) o menor é o contribuinte dos tributos relativos ao bem, pois a capacidade tributária passiva independe da capacidade civil da pessoa natural.

A: assertiva incorreta, pois a capacidade tributária independe da civil – art. 126, I, do CTN; **B e C:** incorretas, já que o menor tem capacidade tributária e responde pessoalmente pelo débito. O responsável civil, entretanto, pode vir a ser responsável tributário em caso de omissão (art. 134 do CTN) ou cometimento de ato ilícito (art. 135 do CTN); **D:** incorreta, pois a relação pessoal e direta com o fato gerador define o contribuinte que é, no caso, o menor proprietário do imóvel – art. 121, parágrafo único, I, do CTN. Ademais, como visto, a capacidade tributária independe da capacidade civil; **E:** correta, conforme o art. 126, I, do CTN.
Gabarito "E".

(Defensoria/PA – 2009 – FCC) Em relação à imposição tributária e às convenções particulares, é correto afirmar:

(A) Quando da aquisição de veículo automotor seminovo, o adquirente se exonera de dívida de IPVA anterior à aquisição quando assim convencionar com o vendedor, desde que este assuma a dívida por instrumento público.

(B) Em contrato de locação, poderá ser atribuído ao locatário a responsabilidade tributária pelo pagamento dos tributos incidentes sobre o imóvel, a critério do locador.

(C) A assunção de responsabilidade tributária em escritura pública de venda e compra pelo vendedor, basta para desobrigar o adquirente do pagamento de tributos incidentes sobre o imóvel, cujo fato gerador seja anterior à aquisição.

(D) As partes podem convencionar em escritura pública acerca da responsabilidade tributária pelo recolhimento de imposto de transmissão inter vivos, tendo este contrato validade perante o fisco.

(E) Em caso de responsabilidade solidária passiva, o fisco pode exigir a totalidade do crédito de qualquer dos codevedores, independente de acordo entre eles para que apenas um responda pelos débitos tributários.

A: incorreta, pois, salvo disposição legal em contrário, o acordo entre particulares não tem o condão de alterar a sujeição passiva (responsabilidade do adquirente, no caso – art. 131 do CTN) – art. 123 do CTN; **B:** incorreta. O contrato pode até prever a responsabilidade do locador pelo pagamento, mas isso somente gera efeitos na esfera privada, entre as partes contratantes. Não há como o acordo fixar responsabilidade **tributária** ao arrepio da lei – art. 123 do CTN; **C:** incorreta, pois, para que o adquirente do imóvel não responda pelos débitos tributários pretéritos, é preciso que conste do título translativo prova de sua quitação (certidão negativa de débitos) – art. 130, *caput*, *in fine*, do CTN; **D:** incorreta, pois, como dito nos comentários anteriores, o acordo entre particulares não fixa ou altera a sujeição passiva tributária – art. 123 do CTN; **E:** assertiva correta, pois esse é o efeito da solidariedade em favor do fisco, sendo que o acordo entre particulares não altera a sujeição passiva – art. 124, parágrafo único, do CTN.
Gabarito "E".

(Defensoria Pública da União – 2007 – CESPE) Julgue os itens a seguir.

(1) Considere que um menor esteja privado de sua liberdade de locomoção em razão de medida socioeducativa por prática de delito. Assim, em razão desse fato, o menor ficará insuscetível de sujeição passiva tributária, transferindo-se a responsabilidade para o pai.

(2) Caso o síndico de uma massa falida se omita em relação ao pagamento de um tributo, o Fisco deverá cobrá-lo da massa falida e, subsidiariamente, do síndico.

1: incorreta. A capacidade tributária (para ocupar o polo passivo da obrigação tributária, para ser sujeito passivo) independe da liberdade de locomoção – art. 126, II, do CTN; no entanto, os pais são responsáveis pelo recolhimento dos tributos, sob pena de responsabilidade (art. 134, I, do CTN); **2:** incorreta. O art. 134, *caput* e V, do CTN faz referência à responsabilidade **solidária** do síndico, desde que seja impossível a exigência do pagamento pelo contribuinte.
Gabarito 1E, 2E.

(Defensor Público/RO – 2007) Na hipótese de denúncia espontânea, o interessado em se valer de seus efeitos deve recolher o valor do tributo da seguinte forma:

(A) sem qualquer acréscimo

(B) corrigido monetariamente e acrescido de juros moratórios
(C) corrigido monetariamente e acrescido de juros moratórios e de juros sancionatórios
(D) corrigido monetariamente e acrescido de juros moratórios, de juros sancionatórios e de multa
(E) com correção monetária depois de autorizado o gozo do benefício pela Administração Pública

Para que seja reconhecido o benefício da denúncia espontânea, é preciso que haja recolhimento do tributo devido, corrigido monetariamente (para haver pagamento do valor real) e acrescido de juros moratórios – art. 138 do CTN, razão pela qual a alternativa "B" é a correta.
Gabarito "B".

10. SUSPENSÃO, EXTINÇÃO E EXCLUSÃO DO CRÉDITO

(Defensoria Pública da União – CESPE – 2015) Julgue os seguintes itens com base nas normas gerais de direito tributário.

(1) A moratória e a concessão de medida liminar em mandado de segurança são casos de suspensão do crédito tributário, ao passo que a anistia e a isenção são casos de extinção do crédito tributário.
(2) Caso determinado contribuinte tenha dois ou mais débitos tributários vencidos com a União, estes deverão ser cobrados na seguinte ordem de precedência: impostos, taxas e contribuição de melhoria.

1: incorreta, pois anistia e isenção são as duas modalidades de exclusão do crédito tributário, conforme o art. 175 do CTN; **2:** incorreta, pois a imputação ao pagamento se dará, em relação a essas espécies tributárias, na seguinte ordem, conforme o art. 163, II, do CTN, (i) contribuições de melhoria, (ii) taxas e por último (iii) impostos.
Gabarito 1E, 2E

(Defensor Público –DPE/MT – 2016 – UFMT) NÃO é causa extintiva do crédito tributário:
(A) Depósito do seu montante integral.
(B) Consignação em pagamento.
(C) Remissão.
(D) Transação.
(E) Compensação.

A: essa alternativa deve ser indicada, pois o depósito é modalidade de suspensão do crédito, nos termos do art. 151, II, do CTN; **B, C, D** e **E:** essas alternativas indicam modalidade de extinção do crédito, nos termos do art. 156 do CTN.
Gabarito "A".

(Defensor Público –DPE/ES – 2016 – FCC) A prescrição e a decadência são fenômenos que atingem o crédito tributário e, neste sentido, impedem o Estado de abastecer os cofres públicos. A respeito dos dois institutos, é correto afirmar:

(A) O prazo para constituição do crédito tributário é decadencial e conta da data em que se tornar definitiva a decisão que houver anulado, por vício formal, o lançamento anteriormente efetuado.
(B) Somente atos judiciais, entre eles o protesto, interrompem o prazo prescricional.
(C) A prescrição se interrompe com a efetiva citação pessoal do executado.
(D) A constituição em mora é indiferente para fins do prazo prescricional.
(E) Tanto a prescrição quanto a decadência são hipóteses de exclusão do crédito tributário.

A: correta, pois é mesmo decadencial o prazo e, embora não seja comum, existe possibilidade de contagem a partir da data em que se tornar definitiva essa decisão, nos termos do art. 173, II, do CTN; **B:** incorreta, pois há atos extrajudiciais que interrompem a prescrição, desde que importem em reconhecimento do débito pelo devedor, conforme o art. 174, parágrafo único, IV, do CTN; **C:** incorreta, art. 174, parágrafo único, I, do CTN; **D:** incorreta, art. 174, parágrafo único, III, do CTN, **E:** incorreta, são hipóteses de extinção (art. 156, V, do CTN).
Gabarito "A".

(Defensor Público/AM – 2013 – FCC) O contribuinte pretende quitar seu débito com a Fazenda Pública através da entrega de bem imóvel de sua propriedade. Neste caso, esta medida só terá cabimento se

(A) houver lei do ente competente especificando a forma e as condições para a realização da dação em pagamento, hipótese em que será admitida como causa de extinção do crédito tributário.
(B) o bem imóvel estiver garantindo o juízo da execução e desde que haja interesse por parte do ente em receber aquele bem imóvel na forma de depósito, hipótese em que será admitida como causa de exclusão do crédito tributário.
(C) estiver o débito em fase de cobrança judicial e não houver sido apresentado embargos à execução fiscal pelo executado, bem assim que haja lei autorizando esta transação como forma de extinção do crédito tributário.
(D) for feita em juízo, nos autos da execução fiscal e mediante homologação judicial desta forma de compensação do crédito tributário como causa de extinção do crédito tributário.
(E) houver previsão legal do ente competente admitindo a entrega de bem imóvel como forma de pagamento direto, causa de extinção do crédito tributário, já que o tributo pode ser pago em moeda ou cujo valor nela se possa exprimir.

A: correta, nos termos do art. 156, XI, do CTN; **B:** incorreta, pois há apenas duas modalidades de exclusão do crédito tributário, quais sejam isenção e anistia – art. 175 do CTN; C e D: incorretas, pois a quitação do tributo por meio de bem imóvel, por vontade do devedor, é apenas a dação em pagamento prevista no art. 156, XI, do CTN; **E:** incorreta, pois a modalidade de pagamento é a dação de bem imóveis, conforme comentários anteriores.
Gabarito "A".

(Defensor Público/TO – 2013 – CESPE) Acerca da suspensão do crédito tributário, assinale a opção correta.

(A) A moratória geral concedida pela União nunca alcançará os tributos de competência dos estados, do DF nem dos municípios, pois sempre se limita aos tributos de competência federal.
(B) A suspensão da exigibilidade do crédito tributário também suspende as demais obrigações vinculadas ao tributo, dispensando-se o cumprimento das obrigações acessórias dependentes da obrigação principal dela consequentes.
(C) De acordo com entendimento do STJ, o seguro garantia judicial, assim como a fiança bancária, não

é equiparável ao depósito em dinheiro para fins de suspensão da exigibilidade do crédito tributário.

(D) A conversão do depósito em renda é modalidade de suspensão do crédito tributário.

(E) A moratória individual não se inclui no âmbito da reserva legal, pois, tendo natureza de ato administrativo que independe de lei, é concedida por portaria da autoridade fiscal competente.

A: incorreta, pois há hipótese excepcional de moratória concedida pela União e que atinja tributos de outros entes políticos – art. 152, I, *b*, do CTN; **B:** incorreta, pois a suspensão da exigibilidade do crédito não suspende as demais obrigações a cargo do contribuinte – art. 151, parágrafo único, do CTN; **C:** correta, pois essa é a jurisprudência do STJ – ver REsp 1.156.668/DF. As modalidades de suspensão do crédito tributário são exclusivamente aquelas previstas no art. 151 do CTN; **D:** incorreta, pois essa é modalidade de extinção do crédito – art. 156, VI, do CTN; **E:** incorreta, pois todas as modalidades de suspensão do crédito são reguladas pelo CTN e pelas leis dos entes competentes – art. 151 do CTN. É importante lembrar apenas que a simples alteração do vencimento do tributo (que não é, a rigor, moratória) pode ser feita por norma infralegal.
Gabarito "C".

(Defensor Público/TO – 2013 – CESPE) No que concerne à extinção do crédito tributário, assinale a opção correta.

(A) O vencimento do crédito tributário ocorre dez dias depois da data em que se considera o sujeito passivo notificado do cálculo do montante do tributo devido.

(B) A lei pode autorizar a compensação de crédito tributário com créditos vencidos, líquidos e certos, possibilidade vedada para os vincendos.

(C) De acordo com o STJ, a remissão de juros de mora insertos na composição do crédito tributário não enseja o resgate de juros remuneratórios incidentes sobre o depósito judicial feito para suspender a exigibilidade desse mesmo crédito tributário.

(D) A concessão de medida liminar em mandado de segurança configura hipótese de extinção do crédito tributário.

(E) Caso a legislação tributária não disponha a respeito do local de pagamento do tributo, ele deve ser efetuado na repartição competente do local da ocorrência do fato gerador.

A: incorreta, pois o vencimento do tributo é fixado pela legislação de cada ente tributante. Em caso de omissão, aplica-se a regra subsidiária de 30 dias a contar da notificação – art. 160 do CTN; **B:** incorreta, pois a lei pode admitir a compensação com créditos vincendos – art. 170 do CTN; **C:** correta, pois essa é a jurisprudência do STJ – ver REsp 1.322.260/RS; **D:** incorreta, pois trata-se de modalidade de suspensão do crédito, não de extinção – art. 151, IV, do CTN; **E:** incorreta, pois, nesse caso de omissão da legislação tributária, o local de pagamento é a repartição no local do domicílio do sujeito passivo – art. 159 do CTN.
Gabarito "C".

(Defensor Público/RO – 2012 – CESPE) Acerca da suspensão e extinção do crédito tributário, assinale a opção correta.

(A) Os recursos e reclamações decorrentes do lançamento administrativo do débito tributário não têm o efeito de suspender ou extinguir o crédito tributário.

(B) Parcelado regularmente o crédito tributário, não pode a fazenda pública propor execução fiscal, dada a consequente suspensão da exigibilidade do referido crédito.

(C) Se, em mandado de segurança, for concedida liminar para suspender a exigibilidade do crédito tributário, posteriormente cassada em julgamento de agravo de instrumento, continua suspensa a exigibilidade do crédito até julgamento definitivo do mérito, porque é a propositura da ação mandamental, e não a liminar, que legitima o instituto da suspensão.

(D) Concedida moratória, estará extinto o crédito tributário.

(E) O depósito prévio do valor da exigência fiscal em ação declaratória de inexigibilidade do crédito tributário extingue a sua exigibilidade porque o valor será convertido em renda.

A: incorreta, pois essa é modalidade de suspensão do crédito – art. 151, III, do CTN; **B:** correta, pois o parcelamento suspende a exigibilidade do crédito – art. 151, VI, do CTN; **C:** incorreta, pois a impetração do mandado de segurança não suspende, por si, a exigibilidade do crédito. Somente a liminar tem esse efeito – art. 151, IV, do CTN; **D:** incorreta, pois a moratória suspende a exigibilidade, não a extingue – art. 151, I, do CTN; **E:** incorreta, pois somente a conversão extingue o crédito. O depósito apenas suspende sua exigibilidade – art. 151, II, do CTN.
Gabarito "B".

(Defensor Público/RS – 2011 – FCC) Um determinado contribuinte apresentou à Fazenda a Guia de Informação e Apuração do ICMS (GIA) e deixou de recolher no prazo legal o imposto nela informado, relativo a fatos geradores do mês de fevereiro do ano de 2005. O vencimento do tributo devido era no último dia útil do mês de março de 2005. No mês de junho de 2010, a Fazenda ajuizou ação de execução fiscal, tendo o contribuinte apresentado embargos à execução alegando a prescrição do crédito tributário. Tendo em conta essas circunstâncias e a atual jurisprudência do Superior Tribunal de Justiça, é correto afirmar que

(A) não se trata de prescrição, mas de decadência, cujo prazo para o lançamento ainda não se escoou, pois, cuidando-se na hipótese de lançamento de ofício ou direto, o prazo decadencial de 5 (cinco) anos conta-se a partir do primeiro dia do exercício seguinte àquele em que o lançamento poderia ter sido efetuado.

(B) não ocorreu nem prescrição nem decadência, pois, tratando-se, o ICMS, de tributo sujeito a lançamento por homologação, adota-se a chamada tese dos 5 (cinco) mais 5 (cinco), de modo que o prazo para cobrança é de 10 (dez) anos, o qual ainda não decorreu.

(C) ocorreu a prescrição, pois, tratando-se de tributo sujeito a lançamento por homologação, a entrega da GIA constitui o crédito tributário, independentemente de qualquer outra providência do Fisco relativa a lançamento, sendo que, no caso, já se escoou o prazo prescricional de 5 (cinco) anos contados do vencimento do débito tributário.

(D) não ocorreu a prescrição, pois, tratando-se de lançamento direto ou de ofício, o prazo prescricional conta-se a partir do primeiro dia do exercício seguinte àquele em que o lançamento poderia ter sido efetuado.

(E) embora o prazo não seja de prescrição, mas de decadência, o fato é que esta última já se configurou, pois, tratando-se o ICMS de tributo sujeito a lançamento por homologação, o prazo decadencial de 5 (cinco) anos conta-se a partir da data do vencimento do tributo ou da data da entrega da GIA, o que ocorrer por último.

A declaração dos valores de ICMS devidos pelo contribuinte, por meio da GIA, constitui o crédito tributário, conforme a Súmula 436/STJ. Com o vencimento no final de março de 2005 iniciou-se o prazo prescricional (antes disso, o fisco não poderia cobrar e, pelo princípio da *actio nata*, não havia contagem do prazo prescricional). Como o prazo prescricional é de 5 anos (art. 174 do CTN), o direito à cobrança extinguiu-se em março de 2010. Inviável a cobrança em junho de 2010, portanto, de modo que a alternativa "C" é a correta. A alternativa "E" seria perfeita, se não se referisse erroneamente à *decadência*, já que o caso é de prescrição.

Gabarito "C."

(Defensoria/MG – 2009 – FURMARC) Marque a opção **INCORRETA**:

(A) A dação em pagamento em bens imóveis é uma forma de extinção do crédito tributário.

(B) A moratória é uma forma de suspensão da exigibilidade do crédito tributário.

(C) O depósito do montante integral do tributo é uma forma de extinção do crédito tributário.

(D) A compensação consiste num encontro de contas que promove a extinção do crédito tributário.

(E) A anistia é uma modalidade de exclusão do crédito tributário.

Nas alternativas apresentadas, o erro está na C, pois o depósito é modalidade de suspensão do crédito tributário – art. 151, II, do CTN.

Gabarito "C."

Veja a seguinte tabela para estudar e memorizar as modalidades de suspensão, extinção e exclusão do crédito tributário (arts. 151, 156 e 175 do CTN):

Suspensão	Extinção	Exclusão
– a moratória	– pagamento	– a isenção
– o depósito do seu montante integral	– a compensação	– a anistia
– as reclamações e os recursos, nos termos das leis reguladoras do processo tributário administrativo	– a transação	
– a concessão de medida liminar em mandado de segurança	– remissão	
– a concessão de medida liminar ou de tutela antecipada, em outras espécies de ação judicial	– a prescrição e a decadência	
– o parcelamento	– a conversão de depósito em renda	
	– o pagamento antecipado e a homologação do lançamento nos termos do disposto no artigo 150 e seus §§ 1º e 4º	
	– a consignação em pagamento, nos termos do disposto no § 2º do artigo 164	
	– a decisão administrativa irreformável, assim entendida a definitiva na órbita administrativa, que não mais possa ser objeto de ação anulatória	
	– a decisão judicial passada em julgado	
	– a dação em pagamento em bens imóveis, na forma e condições estabelecidas em lei	

(Defensoria/SP – 2009 – FCC) É correto afirmar que

(A) a interrupção da prescrição em favor ou contra um dos obrigados favorece somente o contribuinte.

(B) apenas a medida liminar concedida em mandado de segurança pode suspender a exigibilidade do crédito tributário.

(C) o magistrado pode decretar a prescrição de ofício, desde que ouça previamente a Fazenda Pública.

(D) a consignação em pagamento é uma das modalidades de extinção do crédito tributário e, julgada parcialmente improcedente, será cobrado o crédito, sem prejuízo das penalidades cabíveis, à exceção dos juros de mora, que podem ser dispensados.

(E) a dação em pagamento em bens móveis extingue o crédito tributário.

A: incorreta, pois, salvo disposição legal em contrário, a interrupção da prescrição aplica-se a todos os coobrigados – art. 125, III, do CTN; **B**: incorreta, pois há outras modalidades de suspensão do crédito, listadas no art. 151 do CTN. Mesmo no âmbito do mandado de segurança, admite-se o depósito integral em dinheiro do valor discutido, o que também suspende a exigibilidade. Ademais, a liminar em outras espécies de ação tem o mesmo efeito; **C:** assertiva correta. A rigor, a prescrição relativa ao período anterior à propositura da execução independe de oitiva da Fazenda – art. 219, § 5º, do CPC e Súmula 409/STJ. A decretação da prescrição **intercorrente**, de fato, depende da prévia oitiva da Fazenda – art. 40, § 4º, da Lei 6.830/1980 e Súmula 314/STJ, exceto no caso de pequenos valores (art. 40, § 5º); **D:** incorreta, pois, no caso de improcedência ou parcial procedência da consignatória, cobra-se o crédito acrescido dos juros de mora, sem prejuízo das penalidades – art. 164, § 2º, do CTN; **E:** incorreta, pois somente a dação de bens **imóveis** é modalidade de extinção do crédito tributário – art. 156, XI, do CTN.

Gabarito "C".

11. REPARTIÇÃO DE RECEITAS

(Defensor Público/AL – 2009 – CESPE) Com relação à repartição das receitas tributárias, julgue o item a seguir.

(1) Os municípios têm participação direta quanto ao produto da arrecadação do imposto da União sobre a renda e proventos de qualquer natureza, incidente na fonte, sobre rendimentos pagos, a qualquer título, por eles, suas autarquias e pelas fundações que instituírem ou mantiverem.

1: correta, pois os valores de IR retidos na fonte por Estados, Distrito Federal, Municípios e suas autarquias e fundações públicas, relativos a rendimentos pagos, são destinados aos próprios Estados, DF e Municípios, conforme os arts. 157, I, e 158, I, da CF.

Gabarito 1C

(Defensor Público/BA – 2006) Relativamente ao tema da repartição das receitas tributárias, tem-se que:

I. Pertencem aos Estados e ao Distrito Federal, o produto da arrecadação do imposto da União sobre a renda e proventos de qualquer natureza, incidente na fonte, sobre rendimentos pagos, a qualquer título, por eles, suas autarquias e pelas fundações que instituírem e mantiverem.
II. Pertencem aos Municípios, o produto da arrecadação do imposto da União sobre a renda e proventos de qualquer natureza, incidente na fonte, sobre rendimentos pagos, a qualquer título, por eles, suas autarquias e pelas fundações que instituírem e mantiverem.
III. Pertencem aos Municípios vinte e cinco por cento do produto da arrecadação do imposto do Estado sobre operações relativas à circulação de mercadorias e sobre prestações de serviços de transporte interestadual e intermunicipal e de comunicação.
IV. A União entregará do produto da arrecadação do imposto sobre produtos industrializados, cinco por cento aos Estados e ao Distrito Federal, proporcionalmente ao valor das respectivas exportações de produtos industrializados.

Analisando as assertivas acima, verifica-se que:

(A) Estão corretas apenas as assertivas I e II.
(B) Estão corretas apenas as assertivas III e IV.
(C) Estão corretas apenas as assertivas I, II e III.
(D) Estão corretas apenas as assertivas II e IV.
(E) Todas as assertivas estão corretas.

I: correta, conforme o art. 157, I, da CF; **II:** correta, nos termos do art. 158, I, da CF; **III:** assertiva correta, conforme o art. 158, IV, da CF; **IV:** incorreta, pois a entrega de parcela do IPI proporcionalmente às exportações é de 10% do montante arrecadado (não 5%, como consta da assertiva) – art. 159, II, da CF.

Gabarito "C".

(Defensoria/SE – 2006 – CESPE) Julgue o seguinte.

(1) Do produto da arrecadação do imposto extraordinário que a União vier a instituir, 20% são devidos aos estados e ao Distrito Federal (DF).

1: incorreta. Não há previsão dessa repartição de receita, em relação ao imposto **extraordinário** (art. 154, II, da CF). Eventual imposto da competência **residual** (art. 154, I, da CF) é que teria 20% de sua receita distribuída aos Estados e ao Distrito Federal (art. 157, II, da CF).

Gabarito 1E

12. IMPOSTOS E CONTRIBUIÇÕES EM ESPÉCIE

(Defensoria Pública da União – CESPE – 2015) Julgue o seguinte item com base nas normas gerais de direito tributário.

(1) O imposto de renda é informado pelos critérios da generalidade, universalidade e progressividade. No que tange ao imposto de renda da pessoa física, a progressividade é mitigada, pois há uma faixa de isenção e apenas quatro alíquotas.

1: discutível, razão pela qual foi anulada. Pode até se debater a efetiva progressividade do nosso IRPF, mas o fato de haver uma faixa de isenção e apenas quatro alíquotas (na tabela geral do IRPF, lembrando que há incidências exclusivas na fonte com uma única alíquota) não significa necessariamente negação da progressividade. Isso porque não se aplica cada faixa com exclusividade para cada contribuinte, a depender de sua renda. Dois contribuintes que tenham rendas diferentes, mesmo que dentro da mesma faixa de alíquota máxima, terão alíquotas médias distintas. Vale dizer, como as faixas são aplicadas concomitantemente para o mesmo contribuinte (consulte a tabela prática para cálculo do IRPF para entender bem), a pessoa que tenha a renda maior, nesse exemplo, terá uma alíquota média (resultado da divisão do imposto devido pela base de cálculo) superior que a do outro contribuinte.

Gabarito Anulada

(Defensor Público –DPE/MT – 2016 – UFMT) No tocante à aplicação da progressividade no tempo ao imposto sobre a propriedade territorial urbana (IPTU), é correto afirmar:

(A) A progressividade urbanística do IPTU é compreendida como modalidade de tributação excessiva com efeito semelhante ao confiscatório, uma vez que sua finalidade precípua é retirar a propriedade imobiliária do particular para transferi-la ao Poder Público Municipal.
(B) É medida com função nitidamente fiscal, pois visa aumentar a arrecadação do Município mediante aumento progressivo das alíquotas do IPTU.
(C) A instituição da progressividade no tempo confere ao IPTU uma função extrafiscal para obtenção de certas metas que prevalecem sobre os fins meramente arrecadatórios de recursos monetários.
(D) A cobrança progressiva no tempo do IPTU está relacionada com a função social da propriedade, razão pela qual atinge os proprietários de imóveis com menos tempo de utilização.
(E) A progressividade urbanística do IPTU pode ser afastada quando o uso inadequado do imóvel for justificado pela falta de recursos financeiros de seu proprietário.

A: incorreta, pois a finalidade da progressividade no tempo é induzir o contribuinte a utilizar adequadamente seu imóvel, sendo expressamente prevista no art. 182, § 4º, II, da CF; **B:** incorreta, pois não há preponderância da função arrecadatória (= fiscal), mas sim extrafiscal, servindo como ferramenta para a política urbanística das cidades; **C:** correta, conforme comentários anteriores; **D:** incorreta, pois não há relação direta com o tempo de utilização, mas sim com a adequada utilização do imóvel, conforme as diretrizes do plano diretor – art. 182, §§ 2º e 4º, II, da CF; **E:** incorreta, pois não há essa possibilidade prevista no art. 182 da CF, sendo que art. 7º, § 3º do Estatuto da Cidade (Lei 10.257/2001) veda expressamente a concessão de isenções ou anistias em relação a essa tributação progressiva.

Gabarito "C".

(Defensor Público/TO – 2013 – CESPE) No que concerne às contribuições, assinale a opção correta.

(A) As contribuições sociais do empregador incidentes sobre a receita poderão ser não cumulativas, conforme o setor da atividade econômica.

(B) Com relação às empresas, a CF proíbe a substituição da contribuição incidente sobre folha de salário pela incidente sobre o faturamento.

(C) As contribuições residuais para a seguridade social são cumulativas e de competência da União, instituídas por lei complementar, desde que não tenham fato gerador próprio de impostos.

(D) As contribuições sociais e de intervenção no domínio econômico incidirão sobre as receitas decorrentes de exportação.

(E) As contribuições de interesse das categorias profissionais ou econômicas são de competência da União, dos estados, do DF e dos municípios.

A: correta, nos termos do art. 195, § 9º, da CF; **B:** incorreta, pois essa substituição é indicada pelo art. 195, § 13 da CF; **C:** incorreta, pois outras contribuições sociais além daquelas descritas expressamente no art. 195, incisos I a IV, da CF, deverão ser não cumulativas – art. 195, § 4º, da CF; **D:** incorreta, pois há imunidade, nesse caso – art. 149, § 2º, I, da CF; **E:** incorreta, pois essas contribuições são da competência exclusiva da União.

Gabarito "A".

(Defensor Público/RO – 2012 – CESPE) No que diz respeito ao imposto sobre a propriedade de veículos automotores (IPVA), assinale a opção correta consoante a CF e a jurisprudência.

(A) É legítima a cobrança do IPVA com base de cálculo em tabela de preço estabelecida pela FIPE, desde que exista lei autorizando a secretaria de fazenda a adotar os meios necessários para a atualização do valor venal dos veículos automotores.

(B) Cabem ao município a instituição e a cobrança do IPVA dos veículos registrados em sua circunscrição.

(C) Somente mediante convênio celebrado entre os entes tributantes, é possível conceder benefício fiscal relativo ao IPVA.

(D) Em caso de arrendamento mercantil, o arrendante é responsável solidário para o adimplemento da obrigação tributária.

(E) Dada a inexistência de restrição constitucional à incidência de IPVA sobre os automóveis, é legítima a incidência desse imposto sobre as embarcações e aeronaves regularmente registradas no ente político instituidor da exação, porquanto ambas são movidas por propulsão própria.

A: adequada, pois a adoção da tabela de preços médios dos veículos produzido pela FIPE é amplamente adotada pelos Estados, para tributação dos veículos, sem que o Judiciário tenha afastado a prática, embora a condicionante no final da assertiva possa indicar a incorreção. Note que no caso do IPTU, outro tributo sobre a propriedade, a jurisprudência é pacífica no sentido de que o valor venal do bem (sua base de cálculo) deve ser expressamente fixado por lei; **B:** incorreta, pois a competência tributária relativa ao IPVA é exclusiva do Estado e do Distrito Federal; **C:** incorreta, pois o Estado e o Distrito Federal podem conceder autonomamente benefícios fiscais relativos ao IPVA de sua competência. A exigência de convênio interestadual refere-se ao ICMS; **D:** adequada, pois o arrendante ou arrendador é o proprietário do automóvel, muito embora a sujeição passiva relativa ao IPVA seja fixada pela lei de cada Estado e do Distrito Federal, já que não há norma nacional; **E:** incorreta, pois o STF afastou essa possibilidade, restringindo o IPVA aos veículos automotores terrestres.

Gabarito "D".

(Defensor Público/RO – 2012 – CESPE) Determinado estado da Federação afastou benefício de não pagamento de ICMS sobre cosméticos, estabelecido por convênio do CONFAZ, regularmente instituído pelos estados e pelo Distrito Federal. O referido estado considerou-se prejudicado em razão da importação e a exportação de tais produtos serem realizadas por distribuidores localizados em seu território. A União interveio, estabelecendo que sobre tais produtos incidisse a redução tributária inicialmente estabelecida, igualando, assim, as alíquotas de ICMS, dada a forte crise econômica internacional.

Considerando essa situação hipotética, assinale a opção correta.

(A) A intervenção da União só seria legítima em relação aos produtos destinados à exportação, dado seu interesse no equilíbrio da balança comercial.

(B) É legítima a intervenção da União, em face do perigo que a ação unilateral do estado poderia causar à economia nacional.

(C) O benefício concedido refere-se à imunidade objetiva, autorizada pela CF, e independe de intervenção dos entes políticos.

(D) A redução tributária refere-se ao instituto de isenção precedida de convênio, necessário no que se refere ao ICMS.

(E) O instituto aplicável, no caso, é a imunidade, dada a possibilidade de interferência da União tanto na instituição do tributo quanto na do benefício.

A e B: incorretas, pois a União não interfere, em princípio, na tributação estadual; **C e E:** incorretas, pois o benefício fiscal precedido por convênio do Confaz é infraconstitucional (isenção, anistia, crédito presumido etc. – imunidade é norma constitucional), atinente ao ICMS; **D:** essa é correta, conforme comentário à alternativa anterior.

Gabarito "D".

(Defensor Público/RO – 2012 – CESPE) O governo do estado X, preocupado com o aumento considerável de invasões de pessoas de baixo poder aquisitivo em terras públicas com o objetivo de fixar residência nessas terras, resolveu regularizar a situação e atribuiu propriedade aos ocupantes, registrando o título no registro de imóveis. Os municípios passaram a cobrar IPTU dos novos proprietários. Inconformados, os moradores das antigas invasões formalizaram abaixo-assinados e procuraram a DP para reclamar da exação, reclamando da inexistência de abastecimento de água, de canalização de águas e de esgotos sanitários, bem como de iluminação pública; esclareceram, ainda, que a escola pública mais próxima estava localizada a mais de três quilômetros de suas casas.

Com base nessa situação hipotética, assinale a opção correta.

(A) O município não poderia ter instituído o IPTU sem a garantia do cumprimento da função social da propriedade, devendo aplicar as alíquotas progressivamente no tempo.

(B) O município poderia instituir o tributo, desde que presentes, pelo menos, duas das benfeitorias arroladas como inexistentes pelos moradores.

(C) Dadas a natureza difusa da exação e a capacidade econômica dos novos contribuintes, deverá a DP ajuizar ação civil pública para obstar a cobrança do tributo.

(D) A cobrança do imposto é legal, uma vez que o tributo tem como fato gerador a propriedade de bens imóveis.

(E) Sendo o IPTU imposto de natureza pessoal, é ilegítima a sua cobrança de pessoas que não disponham de recurso para seu pagamento, independentemente do título de proprietário.

A cobrança do IPTU dependeria de a área ser definida como urbana pela legislação municipal, ou ser objeto de loteamento aprovado pelo governo local. Entretanto, a legislação municipal não poderia definir como urbana área que não contasse com pelo menos dois dos melhoramentos previstos no art. 32, § 1º, do CTN, razão pela qual a exação descrita é indevida. Assim, a alternativa correta é a "B".
Gabarito "B".

(Defensor Público/RO – 2012 – CESPE) Acerca do ICMS, assinale a opção correta.

(A) Quando a mercadoria destinar-se a consumidor final que se localize em outro estado e não seja contribuinte do ICMS, a alíquota praticada será a interna, do estado de origem.

(B) O contribuinte poderá creditar-se do ICMS pago quando da aquisição de matéria-prima, ainda que a saída seja isenta do pagamento, desde que o tributo tenha sido efetivamente pago.

(C) O contribuinte que deixar de lançar crédito de ICMS em período de apuração anterior poderá corrigir monetariamente os valores para recomposição das perdas.

(D) O ICMS é imposto não cumulativo, de competência da União, cobrado pelo estado, sendo parte do produto de sua arrecadação destinada ao município da localização do contribuinte.

(E) A não cumulatividade do ICMS pode ser afastada a critério do ente tributante para efetuar a cobrança por meio de estimativa do total de vendas.

A: correta à época desse concurso, nos termos do art. 155, § 2º, VII, *b*, da CF, antes da EC 87/2015. É muito importante sabermos que até a EC 87/2015 havia distinção entre contribuintes e não contribuintes do ICMS na aquisição interestadual de mercadorias e serviços. A alíquota interestadual (menor que a interna) aplicava-se apenas no caso de adquirentes contribuintes do imposto. Para os não contribuintes, aplicava-se apenas a alíquota interna do Estado (ou DF) de origem, mais alta que a interestadual, não ficando qualquer diferença a ser cobrada pelo Estado (ou DF) de destino. Esta questão foi formulada nesse contexto anterior, e assim seguem os nossos comentários. Não se esqueça, mais uma vez, de que isso mudou com a EC 87/2015. Hoje todas as operações interestaduais, inclusive para destinatário não contribuinte do ICMS, sujeitam-se à alíquota interestadual. Essa alteração ocorreu por conta do forte pleito dos Estados majoritariamente adquirentes de mercadorias, não fornecedores, que acabavam sendo prejudicados pelas vendas interestaduais diretas a consumidores localizados em seus territórios, situação bastante comum nas vendas pela internet, por exemplo. A partir dessa nova sistemática, o Estado (ou DF) de origem fica com o valor referente à alíquota interestadual e o Estado (ou DF) de destino fica com a diferença entre sua alíquota interna e a interestadual. Também é muito importante saber que essa modificação trazida pela EC 87/2015, em relação às vendas para não contribuintes localizados em outros Estados (ou DF), será gradual, conforme o art. 99 do ADCT, ficando concluída apenas em 2019; **B:** incorreta, pois a isenção na saída impõe o estorno do crédito relativo à entrada correspondente – art. 155, § 2º, II, *b*, da CF; **C:** incorreta, pois não há correção monetária dos créditos de ICMS (como os do IPI), por serem escriturais, exceto se o contribuinte não tiver utilizado tais créditos por óbice injustificado do fisco; **D:** incorreta, pois o ICMS é da competência exclusiva dos Estados e do Distrito Federal; **E:** incorreta, pois a não cumulatividade é essencial ao ICMS, não podendo ser, em princípio, afastada por norma infraconstitucional.
Gabarito "A".

(Defensoria Pública da União – 2010 – CESPE) Acerca do direito tributário e do sistema tributário nacional, julgue o item a seguir.

(1) Considere que José tenha trabalhado durante 6 anos em uma empresa de construção civil e tenha sido demitido sem justa causa. Nessa situação, incide o imposto de renda sobre os valores por ele recebidos a título de férias proporcionais e respectivo terço de férias.

1: incorreta, pois a jurisprudência entende que esse pagamento tem natureza indenizatória e, portanto, não se sujeita ao IR – Súmula 386/STJ.
Gabarito 1E.

(Defensoria Pública da União – 2010 – CESPE) Acerca do direito tributário e do sistema tributário nacional, julgue o item a seguir.

(1) Compete aos municípios instituir o ISS sobre o *leasing* financeiro, uma vez que o leasing é contrato complexo e não se confunde com contratos de aluguel, compra e venda ou com operação de crédito.

1: assertiva correta. O STF pacificou o entendimento de que incide ISS sobre *leasing* financeiro e *lease-back*, embora não incida na modalidade *leasing* operacional – ver RE 547.245/SC.
Gabarito 1C.

(Defensoria Pública da União – 2010 – CESPE) Acerca do direito tributário e do sistema tributário nacional, julgue o item a seguir.

(1) Considere que o proprietário de imóvel localizado na zona urbana de determinado município tenha firmado contrato de promessa de compra e venda do bem com Maria. Nessa situação hipotética, tanto a promitente compradora (possuidora a qualquer título) do imóvel quanto o proprietário são contribuintes responsáveis pelo pagamento do IPTU.

1: assertiva correta, considerando que o promissário comprador é possuidor com *animus domini* – art. 34 do CTN – ver REsp 1.110.551/SP.
Gabarito 1C.

(Defensoria/PA – 2009 – FCC) Lei que fixa nova base de cálculo e majora as alíquotas do IPTU e do ITBI municipal, publicada em novembro de 2008 tem eficácia

(A) noventa dias a contar da publicação da nova lei para base de cálculo e alíquota do IPTU e do primeiro dia do exercício de 2009 para base de cálculo e alíquota do ITBI.

(B) a partir do primeiro dia do exercício de 2009

(C) a partir do primeiro dia do exercício de 2009 apenas para a nova base de cálculo do IPTU.

(D) noventa dias a contar da publicação da nova lei.

(E) noventa dias a contar da publicação da nova lei para base de cálculo e alíquota do ITBI e do primeiro dia do exercício de 2009 para base de cálculo e alíquota do IPTU.

Ambos os impostos (IPTU e ITBI) sujeitam-se à anterioridade comum ou anual do art. 150, III, *b*, da CF, ou seja, a majoração não pode ser exigida antes de 1º de janeiro do exercício seguinte ao da publicação (1.1.2009). Entretanto, a fixação da base de cálculo do IPTU é exceção ao princípio da anterioridade nonagesimal (art. 150, III, *c*, da CF), mas não a do ITBI. Assim, considerando que essa fixação da nova base de cálculo configurou majoração dos impostos (não foi simples correção monetária), o aumento do IPTU vale já em 1.1.2009, mas a do ITBI somente após 90 dias contados da publicação da lei.

Gabarito "C".

(Defensoria/PA – 2009 – FCC) Pode ser definido como hipótese de incidência de imposto e taxa, respectivamente,

(A) serviço de comunicação e serviços de qualquer natureza

(B) serviços de qualquer natureza e exercício regular do poder de polícia.

(C) transmissão de bem imóvel e serviço público específico e indivisível.

(D) propriedade e serviço de comunicação.

(E) serviço público específico e divisível e serviço de pavimentação.

A: incorreta, pois, embora incida ICMS sobre serviço de comunicação, os serviços de qualquer natureza não se sujeitam a taxa, mas sim ao ISS municipal – art. 156, III, da CF; **B:** essa é a correta, pois sobre os serviços de qualquer natureza incide o ISS e, em relação ao exercício do poder de polícia, incide a taxa – art. 145, II, da CF; **C:** incorreta, pois, embora incida ITCMD ou ITBI sobre a transmissão de bens imóveis (o último no caso de transmissão onerosa inter vivos), somente o serviço público específico e divisível (não indivisível) dá ensejo à taxa; **D:** incorreta, pois, embora diversos impostos incidam sobre a propriedade (ITR, IPVA, IPTU), o serviço de comunicação, prestado pelas concessionárias a particulares, por exemplo, não dá ensejo à taxa, mas sim à incidência do ICMS; **E:** incorreta, pois sobre o serviço público específico e divisível incide taxa que, ademais, não pode incidir em relação ao serviço de pavimentação, pois este último não é divisível (é impossível quantificar a utilização do serviço por cada contribuinte).

Gabarito "B".

(Defensoria/SP – 2009 – FCC) Assinale a alternativa INCORRETA.

(A) O imposto de transmissão *causa mortis* e doação, de quaisquer bens ou direitos, que compete aos Estados e ao Distrito Federal, terá sua instituição regulada por lei complementar, quando o doador tiver domicílio ou residência no exterior.

(B) No tocante à repartição das receitas tributárias, estabelece a Constituição Federal que pertencem aos Municípios vinte e cinco por cento do produto da arrecadação do imposto do Estado sobre a propriedade de veículos automotores licenciados em seus territórios.

(C) São de competência dos Municípios os seguintes tributos: imposto sobre a propriedade predial e territorial urbana; imposto sobre serviços de qualquer natureza, definidos em lei complementar, desde que não compreendidos na tributação do ICMS e, por fim, o imposto sobre a transmissão inter vivos, a qualquer título, por ato oneroso.

(D) Segundo a Constituição Federal, o ICMS incide também sobre a entrada de bem ou mercadoria importados do exterior por pessoa física ou jurídica, cabendo o imposto ao Estado da localização do destinatário da mercadoria ou serviço.

(E) De acordo com a Constituição Federal, o ICMS não incide sobre operações que destinem petróleo, combustíveis e energia elétrica a outros Estados.

A: correta, conforme o art. 155, § 1º, III, *a*, da CF; **B:** incorreta (devendo ser assinalada), pois a parcela pertencente aos Municípios é de 50% – art. 158, III, da CF; **C:** assertiva correta, pois indica os três impostos da competência municipal – art. 156, I, II e III, da CF; **D:** correta, conforme o art. 155, § 2º, IX, *a*, da CF; **E:** correta, conforme o art. 155, § 2º, X, *b*, da CF.

Gabarito "B".

13. GARANTIAS E PRIVILÉGIOS DO CRÉDITO

(Defensor Público –DPE/MT – 2016 – UFMT) Sobre as garantias e privilégios atribuídos aos créditos tributários, assinale a afirmativa INCORRETA.

(A) O crédito tributário prefere a qualquer outro, seja qual for sua natureza ou o tempo de sua constituição, ressalvados os créditos decorrentes da legislação do trabalho ou do acidente do trabalho.

(B) Na falência, o crédito tributário não prefere ao crédito com garantia real, até o limite do valor do bem gravado.

(C) No concurso de preferências entre pessoas jurídicas de direito público, há uma ordem estabelecida entre as entidades políticas, segundo a esfera governamental (federal, estadual/distrital, municipal), mas entre a entidade política e suas autarquias a preferência é conjunta e sujeita a rateio.

(D) Presume-se fraudulenta a alienação ou oneração de bens ou rendas, ou seu começo, por sujeito passivo em débito para com a Fazenda Pública, por crédito tributário regularmente inscrito como dívida ativa.

(E) A natureza das garantias atribuídas ao crédito tributário não altera a natureza deste nem a da obrigação tributária a que corresponda.

A: correta, nos termos do art. 186, *caput*, do CTN; B: correta, nos termos do art. 186, parágrafo único, I, *in fine*, do CTN; C: incorreta, pois o art. 187, parágrafo único do CTN não prevê sequer o rateio com as autarquias, enquanto o art. 29, parágrafo único, da Lei 6.830/1980, ao dispor sobre o rateio conjunto e pro rata, se refere ao concurso de preferência entre os entes políticos, não entre o ente político e suas autarquias; D: correta, conforme o art. 185 do CTN; E: correta, conforme o art. 140 do CTN.
Gabarito "C".

(Defensor Público/RO – 2007) Respondem pelo pagamento do crédito tributário os bens e rendas do devedor na seguinte condição:

(A) declarados como impenhoráveis pela lei ou por ato de vontade
(B) voluntariamente declarados a qualquer tempo como impenhoráveis
(C) portador de encargo fidejussório e alienabilidade posterior à obrigação tributária
(D) voluntariamente declarados como impenhoráveis anteriormente ao nascimento da obrigação tributária
(E) gravados por ônus real ou cláusula de inalienabilidade anteriormente ao nascimento da obrigação tributária

A: incorreta, pois os bens e rendas declarados absolutamente impenhoráveis por lei não respondem pelo pagamento do crédito tributário – art. 184, *in fine*, do CTN; B e D: corretas, pois a declaração voluntária de impenhorabilidade é inoponível contra o fisco, independentemente da data em que tenha ocorrido; C: correta, pois o encargo fidejussório (garantia) não afasta a pretensão do fisco; E: correta, pois o ônus real e a cláusula de inalienabilidade são indiferentes para fins de garantias e privilégios do crédito tributário.
Obs.: essa questão parece-nos confusa. Entendemos que todas as alternativas, com exceção da "A", complementam adequadamente a assertiva formulada pelo examinador.
Gabarito "E".

(Defensor Público/AC – 2006 – CESPE) A pessoa jurídica Flecha Segurança Ltda., cujo patrimônio é composto de bens móveis, imóveis (estando um deles hipotecado) e aplicações financeiras, encontra-se inadimplente para com a Fazenda pública estadual e municipal. Com referência a essa situação hipotética e acerca das normas que regem as garantias e privilégios do crédito tributário, assinale a opção incorreta.

(A) Promovida ação judicial para cobrança dos créditos tributários estaduais e municipais, a Fazenda pública estadual terá preferência no recebimento dos valores a ela devidos.
(B) Os bens de Flecha Segurança Ltda. responderão pelo pagamento dos créditos tributários, exceto o imóvel que já se encontrava anteriormente hipotecado.
(C) Após a regular inscrição dos créditos tributários em dívida ativa, será presumidamente fraudulenta a alienação dos bens da pessoa jurídica Flecha Segurança Ltda., se esta não reservar montante suficiente para o pagamento da dívida tributária.
(D) Na hipótese de ajuizamento de ação falimentar contra a Flecha Segurança Ltda., os créditos extraconcursais terão preferência aos créditos tributários.

A: correta, pois há ordem de preferência prevista no art. 187, p. único, do CTN, cuja constitucionalidade foi reconhecida pelo STF – Súmula 563/STF; B: incorreta, pois a hipoteca não pode ser oposta contra o fisco, independentemente da data de constituição do ônus real – art. 184 do CTN. Importante notar que há regra própria para o caso de falência – art. 186, p. único, do CTN; C: correta, conforme o art. 185 do CTN; D: correta, nos termos do art. 186, p. único, I, do CTN.
Gabarito "B".

Veja a seguinte tabela com a ordem de classificação dos créditos na falência (art. 83 da Lei de Falências e Recuperações - LF - Lei 11.101/2005):

Ordem de classificação dos créditos na falência (art. 83 da LF)
1º – os créditos derivados da legislação do trabalho, limitados a 150 (cento e cinquenta) salários mínimos por credor, os decorrentes de acidentes de trabalho. Tambem os créditos equiparados a trabalhistas, como os relativos ao FGTS (art. 2º, § 3º, da Lei 8.844/1994) e os devidos ao representante comercial (art. 44 da Lei 4.886/1965).
2º – créditos com garantia real até o limite do valor do bem gravado (será considerado como valor do bem objeto de garantia real a importância efetivamente arrecadada com sua venda, ou, no caso de alienação em bloco, o valor de avaliação do bem individualmente considerado).
3º – créditos tributários, independentemente da sua natureza e tempo de constituição, excetuadas as multas tributárias.
4º – com privilégio especial (= os previstos no art. 964 da Lei 10.406/2002; os assim definidos em outras leis civis e comerciais, salvo disposição contrária da LF; e aqueles a cujos titulares a lei confira o direito de retenção sobre a coisa dada em garantia).
5º – créditos com privilégio geral (= os previstos no art. 965 da Lei nº 10.406/2002; os previstos no parágrafo único do art. 67 da LF; e os assim definidos em outras leis civis e comerciais, salvo disposição contrária da LF)

Ordem de classificação dos créditos na falência (art. 83 da LF)
6º – créditos quirografários (= aqueles não previstos nos demais incisos do art. 83 da LF; os saldos dos créditos não cobertos pelo produto da alienação dos bens vinculados ao seu pagamento; e os saldos dos créditos derivados da legislação do trabalho que excederem o limite estabelecido no inciso I do *caput* do art. 83 da LF). Ademais, os créditos trabalhistas cedidos a terceiros serão considerados quirografários.
7º – as multas contratuais e as penas pecuniárias por infração das leis penais ou administrativas, inclusive as multas tributárias.
8º – créditos subordinados (= os assim previstos em lei ou em contrato; e os créditos dos sócios e dos administradores sem vínculo empregatício).
Lembre-se que os **créditos extraconcursais** (= basicamente os surgidos no curso do processo falimentar, que não entram no concurso de credores) são pagos com precedência sobre todos esses anteriormente mencionados, na ordem prevista no art. 84 da LF: **(i)** remunerações devidas ao administrador judicial e seus auxiliares, e créditos derivados da legislação do trabalho ou decorrentes de acidentes de trabalho relativos a serviços prestados após a decretação da falência; **(ii)** quantias fornecidas à massa pelos credores; **(iii)** despesas com arrecadação, administração, realização do ativo e distribuição do seu produto, bem como custas do processo de falência; **(iv)** custas judiciais relativas às ações e execuções em que a massa falida tenha sido vencida; e **(v)** obrigações resultantes de atos jurídicos válidos praticados durante a recuperação judicial, nos termos do art. 67 da LF, ou após a decretação da falência, e tributos relativos a fatos geradores ocorridos após a decretação da falência, respeitada a ordem estabelecida no art. 83 da LF.

14. ADMINISTRAÇÃO TRIBUTÁRIA, DÍVIDA ATIVA E CERTIDÕES

(Defensor Público/AM – 2013 – FCC) A impugnação ou recurso administrativo, a concessão de liminar em mandado de segurança ou de tutela antecipada em ação anulatória de débito fiscal têm em comum o fato de

(A) autorizar a modificação do crédito tributário em caso de procedência do pedido principal.
(B) serem causa de extinção do crédito tributário.
(C) serem causa de exclusão do crédito tributário.
(D) terem no depósito do montante integral do débito sua condição de admissibilidade.
(E) autorizarem a certidão positiva de efeitos negativos.

A: discutível. Embora, em princípio, o Judiciário não altere o crédito tributário (o lançamento seria privativo da administração tributária), na prática isso ocorre. Assim, seria aceitável afirmar que, como no caso da decisão administrativa, a judicial também pode modificar o lançamento (ou autorizar sua modificação pelo fisco) e, portanto, o crédito tributário; **B** e **C:** incorretas, pois essas são modalidades de suspensão do crédito, não de extinção ou exclusão – art. 151, IV e V, do CTN; **D:** incorreta, pois o STF afastou as normas que impunham o depósito como condição para recursos administrativos ou para o acesso ao Judiciário – Súmula Vinculante 28/STF e Súmula 373/STJ; **E:** assertiva correta, conforme o art. 206 do CTN.
Gabarito "E".

(Defensor Público/RS – 2011 – FCC) Certo contribuinte foi autuado pela Fazenda, sendo constituído o crédito tributário respectivo. Notificado do lançamento, e dentro do prazo legal, o autuado apresentou defesa fiscal administrativa, a qual pende de julgamento na primeira instância administrativa. Referido contribuinte necessita participar de licitação pública, mas não consegue comprovar a sua regularidade fiscal perante a Fazenda, o que o impede de participar da licitação. Nesse caso, é correto afirmar que o contribuinte

(A) tem direito à certidão positiva com efeito de negativa em virtude de o débito estar em execução judicial com penhora efetivada.
(B) tem direito à certidão negativa por estar o débito com exigibilidade suspensa em virtude da defesa administrativa tempestivamente interposta.
(C) tem direito à certidão positiva com efeito de negativa por estar o débito com exigibilidade suspensa em virtude da defesa administrativa tempestivamente interposta.
(D) tem direito à certidão positiva com efeito de negativa em razão do débito não estar ainda vencido.
(E) não tem qualquer direito à certidão positiva com efeito de negativa.

A: incorreta, pois o examinador não se refere à execução ou à penhora; **B:** incorreta, pois não há direito à certidão negativa, prevista no art. 205 do CTN, mas sim à certidão positiva com efeitos de negativa, nos termos do art. 206 do CTN; **C:** essa é a alternativa correta, conforme comentários iniciais; **D:** incorreta, pois a razão para a emissão da certidão é outra (há suspensão da exigibilidade do crédito); **E:** incorreta, conforme comentários iniciais.
Gabarito "C".

(Defensor Público/RS – 2011 – FCC) Determinado Município ajuizou execução fiscal em relação a certo contribuinte. A Certidão de Dívida Ativa (CDA), que instruiu a inicial da execução, continha erro quanto ao nome do sujeito passivo, consistente no fato de que a pessoa, cujo nome constava na CDA, como sujeito passivo, não era a devedora do crédito tributário em execução, o qual era devido por outra pessoa, diversa daquela nominada na CDA que instruiu a inicial. Houve embargos à execução e, antes da sentença, o juiz da execução possibilitou à Fazenda que substituísse a CDA, sanando-se assim a irregularidade. Dada vista ao antigo e ao novo sujeito passivo agora apontado na CDA que veio aos autos em substituição à originária, este sustentou que a substituição da CDA não era possível nesse caso. Considerando essas circunstâncias e a atual jurisprudência do Superior Tribunal de Justiça, a substituição da CDA

(A) era possível, pois a irregularidade constitui mero erro formal que pode ser sanado nos termos do que dispõem o Código Tributário Nacional e a Lei de Execução Fiscal.

(B) não era possível, pois a certidão somente pode ser substituída quando há interposição de embargos à execução.

(C) era possível, pois pode ser feita mesmo em sede de exceção de pré-executividade.

(D) não era possível, pois, nos casos em que há troca do sujeito passivo da obrigação tributária, a nulidade não pode ser sanada, visto que nessa hipótese trata-se de alteração do lançamento e não de simples erro formal ou material.

(E) era possível porque a irregularidade constitui-se em mero erro material que pode ser sanado nos termos do que dispõem o Código Tributário Nacional e a Lei de Execução Fiscal.

A incorreta identificação do sujeito passivo na certidão de dívida ativa não é considerada simples erro material ou formal, de modo que não é possível a substituição da CDA, prevista no art. 203 do CTN. Nesse caso, é preciso realizar novo lançamento tributário, desde que não tenha havido decadência, cancelar a CDA e, portanto, extinguir a execução. Esse entendimento do STJ foi fixado na Súmula 392 daquela Corte: "A Fazenda Pública pode substituir a certidão de dívida ativa (CDA) até a prolação da sentença de embargos, quando se tratar de correção de erro material ou formal, vedada a modificação do sujeito passivo da execução". Por essa razão, a alternativa "D" é a correta.

Gabarito "D".

15. AÇÕES TRIBUTÁRIAS

(Defensor Público/AM – 2013 – FCC) Em sede de execução fiscal proposta pelo Município por débito de IPTU, o executado não foi encontrado para ser citado, quer via postal, quer pessoalmente, por oficial de justiça. Ato contínuo, foi promovida a citação por edital, tendo sido penhorado o imóvel que deu origem ao débito de IPTU. Foi nomeado curador especial ao executado. Neste caso,

(A) o curador especial deverá obrigatoriamente apresentar *exceção de pré-executividade*, impugnando a certidão de dívida ativa por negativa geral.

(B) a execução fiscal deverá ter seu curso suspenso por um ano para que o Fisco tente localizar o devedor.

(C) o curador especial deverá apresentar embargos à execução fiscal no prazo de 30 dias da intimação da penhora.

(D) o juiz deverá decretar, de ofício, a indisponibilidade de todos os bens e direitos do executado, comunicando a decisão, preferencialmente por meio eletrônico, aos órgãos e entidades que promovem registro de transferência de bens.

(E) o juiz deverá determinar imediata hasta pública do bem imóvel penhorado para satisfação do débito, convertendo em renda o valor arrecadado com a arrematação até o montante do débito, ficando o saldo remanescente depositado em conta judicial à disposição do executado.

A: incorreta, pois não se impõe a exceção de pré-executividade, que, ademais, é desnecessária, já que a penhora do bem permite a apresentação dos Embargos à Execução; B: incorreta, pois não há essa previsão de suspensão da execução; C: correta, pois essa é a impugnação adequada (presumindo-se que há fundamento para alguma impugnação), possível após a garantia do juízo (o que ocorreu por meio da penhora do bem) no prazo de 30 dias, contados conforme o art. 16 da Lei 6.830/1980; D: incorreta, pois a indisponibilidade universal descrita no art. 185-A do CTN somente pode ser decretada quando não localizados bens penhoráveis; E: incorreta, pois será dada oportunidade para o executado embargar e suspender a execução.

Gabarito "C".

(Defensor Público/TO – 2013 – CESPE) A respeito da Lei n.º 6.830/1980, que disciplina a cobrança judicial da dívida ativa da fazenda pública, assinale a opção correta.

(A) Consoante a jurisprudência do STJ, a fazenda pública pode recusar a nomeação de precatórios, sob o fundamento da inobservância da ordem legal, não obstante o precatório seja um bem penhorável equiparado a dinheiro.

(B) O despacho do juiz que deferir a inicial não constitui ordem para avaliação dos bens penhorados ou arrestados.

(C) Segundo a jurisprudência do STJ, a penhora eletrônica de depósitos ou de aplicações financeiras somente pode ser realizada após o exaurimento de diligências extrajudiciais por parte do exequente, com a observância da ordem de penhora ou de arresto de bens prevista na referida lei.

(D) Conforme súmula do STJ, o reconhecimento da prescrição ocorrida antes da propositura da execução fiscal depende de provocação do devedor.

(E) Qualquer valor cuja cobrança seja atribuída, por lei, à União, aos estados, ao DF, aos municípios e respectivas autarquias será considerado dívida ativa da fazenda pública.

A: incorreta, pois a Fazenda Pública não pode recusar a nomeação dos precatórios, que são bens penhoráveis, embora possa exigir a garantia por bens mais líquidos, conforme a ordem do art. 11 da Lei 6.830/1980 – ver AgRg REsp 1.350.507/SP; B: incorreta, pois o despacho que defere a inicial constitui ordem nesse sentido – art. 7º da Lei 6.830/1980; C: incorreta, pois a penhora eletrônica pode ser imediata, pois se refere a dinheiro (bem mais líquido e prioritário na ordem legal) – ver REsp 1.249.075/PR; D: incorreta, pois o reconhecimento da prescrição anterior à execução pode ser de ofício pelo juiz – Súmula 409/STJ; E: correta, nos termos do art. 2º, § 1º, da Lei 6.830/1980.

Gabarito "E".

(Defensoria Pública da União – 2010 – CESPE) Acerca do direito tributário e do sistema tributário nacional, julgue o item a seguir.

(1) Considere que determinado contribuinte tenha ajuizado ação de repetição de indébito contra a Fazenda pública municipal, em razão do recolhimento a maior do ISS, e que, após regular trâmite processual, a sentença que julgou procedente o pedido tenha transitado em julgado. Nessa situação, os juros de mora são devidos a partir da data da citação da Fazenda Pública.

1: Assertiva errada, pois os juros de mora, na repetição de indébito, são devidos apenas após o trânsito em julgado da sentença – art. 167, parágrafo único, do CTN e Súmula 188/STJ.

Gabarito 1E.

(Defensor Público/AM – 2010 – I. Cidades) Segundo a jurisprudência atual do Superior Tribunal de Justiça e do Supremo Tribunal Federal, analise as proposições abaixo, indicando-as como verdadeiras ou falsas.

I. A Fazenda Pública pode substituir a certidão de dívida ativa (CDA) até a prolação da sentença de embargos,

quando se tratar de correção de erro material ou formal, vedada a modificação do sujeito passivo da execução, exceto nas hipóteses de responsabilidade tributária por sucessão indicadas no Código Tributário Nacional.
II. Em execução fiscal, a prescrição ocorrida antes da propositura da ação pode ser decretada de ofício, nos termos do art. 219, § 5°, do CPC, e na hipótese de não localização de bens penhoráveis, suspende-se o processo por um ano, findo o qual se inicia o prazo da prescrição quinquenal intercorrente, observado o procedimento do art. 40 da Lei n° 6.830/1980.
III. O despacho do juiz que determina a citação interrompe a prescrição apenas nas execuções propostas após a publicação da Lei Complementar n° 118/2005, que alterou a redação do art. 174, I do CTN. Para as execuções ajuizadas anteriormente a essa lei, a interrupção ocorre apenas com a efetiva citação do sujeito passivo. Mas, independentemente dessas situações, o prazo prescricional suspende-se pelo período de 180 dias contados a partir da inscrição do crédito tributário em dívida ativa, nos termos do art. 2°, § 3° da Lei n° 6.830.
IV. É inconstitucional a lei que estabelece alíquotas progressivas para o Imposto de Transmissão *Inter Vivos* de Bens Imóveis - ITBI com base no valor venal do imóvel, enquanto ausente autorização constitucional expressa.
V. É constitucional a exigência de depósito prévio como requisito de admissibilidade de ação judicial na qual se pretenda discutir a exigibilidade de crédito tributário.

Escolha a opção CORRETA:

(A) V, F, V, F, V
(B) V, V, F, F, V
(C) F, F, F, V, F
(D) V, V, F, V, F
(E) V, V, V, F, V

I: assertiva correta, conforme a Súmula 392/STJ. O redirecionamento da execução contra o responsável tributário no curso da execução é perfeitamente admitido pela jurisprudência (embora haja discussão quanto ao prazo prescricional para isso), pois não decorre de erro na identificação do sujeito passivo, mas sim das normas que regem a sujeição passiva e a execução fiscal; II: correta, conforme as Súmulas 409 e 314/STJ; III: incorreta na parte final, pois não se reconhece a aplicação do art. 2°, § 3°, da Lei 6.830/1980 (que prevê a suspensão da prescrição por 180 dias) à dívida ativa de natureza tributária, pois a matéria somente pode ser tratada por lei complementar federal – art. 146, III, *b*, da CF; IV: correta, conforme a Súmula 656/STF; V: incorreta, pois a exigência é inconstitucional, conforme a Súmula Vinculante 28/STF.

Gabarito "D".

16. TEMAS COMBINADOS

(Defensoria/DF – 2013 – CESPE) No que se refere a obrigação tributária e ao processo judicial tributário, julgue os seguintes itens.

(1) A natureza jurídica do tributo é determinada pelo fato gerador da respectiva obrigação, sendo irrelevantes para qualificá-la as características formais adotadas pela lei.

(2) De acordo com o STJ, a não localização de determinada sociedade no domicílio fiscal fornecido gera presunção *iuris tantum* de dissolução irregular, sendo possível, nesse caso, o redirecionamento da execução fiscal ao sócio-gerente da sociedade.

(3) Considere que, proposta execução fiscal contra determinado responsável tributário, tenha sido verificado que ele faleceu antes da propositura da ação. Nessa situação, a execução deverá ser direcionada ao espólio do devedor por meio de alteração do polo passivo da relação processual.

(4) A responsabilidade dos pais pelos tributos devidos pelos filhos e, de acordo com o CTN, solidária e pessoal.

(5) O locatário do imóvel tem legitimidade ativa para propor ação de repetição de indébito de IPTU.

1: correta, nos termos do art. 4° do CTN; 2: correta – Súmula 435/STJ; 3: incorreta, pois inviável a alteração do polo passivo – Súmula 392/STJ, ver AgRg no AREsp 324.015/PB; 4: incorreta, pois a responsabilidade é subsidiária, apesar da literalidade do art. 134 do CTN, já que os pais respondem apenas no caso de impossibilidade de exigência do cumprimento da obrigação principal pelo contribuinte; 5: incorreta, pois locatário não é contribuinte de direito do IPTU, inexistindo relação jurídica tributária entre ele e o fisco.

Gabarito 1C, 2C, 3E, 4E, 5E

(Defensoria/DF – 2013 – CESPE) Julgue os próximos itens, relativos ao crédito tributário.

(1) De acordo com a jurisprudência do STJ, e vedado o ajuizamento de execução fiscal antes do julgamento definitivo de recurso administrativo.

(2) Segundo o disposto no CTN, o credito tributário e constituído a partir do momento em que ocorre o fato gerador do tributo.

(3) Conforme entendimento do STJ, a ação de consignação em pagamento e via adequada para se forçar a concessão do parcelamento de credito tributário e discutir a exigibilidade e extensão desse crédito.

1: correta, pois a exigibilidade do crédito está suspensa durante o processo administrativo tributário – ver AgRg no AREsp 170.309/RJ; 2: incorreta, pois o crédito é constituído pelo lançamento tributário – art. 142 do CTN; 3: incorreta, pois o STJ reconhece a inadequação dessa ação para obter-se o parcelamento – ver AgRg no AREsp 470.987/RJ.

Gabarito 1C, 2E, 3E

(Defensor Público/AM – 2010 – I. Cidades) Considerando o Sistema Tributário delineado na Constituição da República de 1988, avalie as seguintes assertivas, indicando-as como verdadeiras ou falsas.

I. A competência tributária é a aptidão para criar tributos, cujos elementos essenciais são definidos mediante lei específica, sendo atribuída pela CR/88 à União, Estados, Distrito Federal e Municípios, de modo a conferir-lhes autonomia financeira. São características da competência tributária a indelegabilidade, incaducabilidade e irrenunciabilidade.

II. As normas gerais de Direito Tributário são instrumentos necessários à uniformização da legislação tributária entre os distintos Entes Federativos, incumbindo à União, no exercício da competência legislativa concorrente, estabelecer, nos termos do art. 146 da

CR/88, parâmetros sobre a definição de tributos e de suas espécies, prescrição e decadência tributárias e adequado tratamento tributário ao ato cooperativo. Mesmo que a União não exercite sua competência para edição de normas gerais, os Estados poderão exercer a competência legislativa plena em matéria tributária, atendendo às suas peculiaridades.

III. O princípio da capacidade contributiva decorre diretamente do princípio da isonomia material e pode ser analisado sob duas perspectivas: a capacidade tributária subjetiva ou relativa, que indica a concreta e real aptidão econômica do contribuinte para pagar determinado tributo, conectando-se ao princípio do mínimo existencial; e a capacidade tributária objetiva, que se revela na eleição, pelo legislador, de quaisquer fatos que deem suporte ao exercício do poder de tributar, não se considerando, nesse aspecto, qualquer indício de manifestação de riqueza.

IV. O princípio da legalidade estrita exige que a lei instituidora de determinado tributo regule, obrigatoriamente, os elementos da hipótese de incidência, a alíquota e a base de cálculo, admitindo-se que tais aspectos normativos sejam veiculados, inclusive, por medida provisória, independentemente da espécie tributária, desde que haja relevância e urgência, consoante autorização expressa do art. 62 da CR/88.

V. Apesar da redação do art. 145 da CR/88, pode-se afirmar, a partir de uma interpretação sistemática, a existência no Sistema Tributário Constitucional de cinco espécies tributárias: os impostos, as taxas, a contribuição de melhoria, os empréstimos compulsórios e as contribuições especiais.

Escolha a opção CORRETA:

(A) Apenas a assertiva V é verdadeira.
(B) Apenas as assertivas III e IV são falsas.
(C) Todas as assertivas são verdadeiras.
(D) As assertivas I, II e IV são verdadeiras.
(E) Apenas a assertiva II é falsa.

I: assertiva correta, pois descreve adequadamente a competência tributária e suas características essenciais; II: assertiva correta, conforme os arts. 24, §§ 1º a 4º, e 146 da CF; III: imprecisa, pois a doutrina aceita a adoção, pelo legislador, de sinais (ou indícios) de riqueza, em relação à capacidade contributiva; IV: incorreta, pois há tributos que exigem lei complementar federal para serem instituídos ou modificados (caso do empréstimo compulsório, que é espécie tributária), de modo que as normas respectivas não podem ser veiculadas por medida provisória – art. 62, § 1º, III, da CF; V: assertiva correta, conforme a doutrina moderna e a jurisprudência.
Gabarito "B".

(Defensor Público/AM – 2010 – I. Cidades) Em relação às Limitações Constitucionais ao Poder de Tributar, indique a opção VERDADEIRA:

(A) Os princípios da anterioridade, noventena, irretroatividade e anualidade são vinculados à segurança jurídica do contribuinte, permitindo-lhe o planejamento de sua atividade econômica. Apenas os três primeiros são expressos, podendo-se afirmar, à luz da CR/88, que o princípio da anualidade está implícito no texto constitucional.

(B) A imunidade intergovernamental recíproca abrange os Entes da Federação e as entidades da Administração direta e indireta, no que se refere ao seu patrimônio, renda e serviços, desde que vinculados a suas finalidades essenciais ou às delas decorrentes.

(C) A imunidade dos templos de qualquer culto possui intrínseca conexão com a liberdade de religião e a característica laica do Estado Brasileiro, abrangendo o patrimônio, a renda e os serviços vinculados ao livre exercício dos cultos religiosos.

(D) Qualquer subsídio ou isenção, redução de base de cálculo, concessão de crédito presumido, anistia ou remissão, relativos a impostos, taxas ou contribuições, só poderá ser concedido mediante lei específica, federal, estadual ou municipal, que regule exclusivamente as matérias acima enumeradas ou o correspondente tributo ou contribuição, sem prejuízo das deliberações do Conselho Nacional de Política Fazendária em relação ao ICMS, que deverão ser tomadas segundo maioria absoluta dos representantes dos Estados.

(E) O princípio da transparência em Direito Tributário exige, independentemente de lei, a adoção pelos Entes Federados de medidas para que os consumidores sejam esclarecidos sobre os impostos que incidam sobre mercadorias e serviços, caracterizados por propiciarem a repercussão econômica do ônus fiscal.

A: incorreta, pois o princípio da anualidade, que condicionava a validade da exação à previsão orçamentária, não foi acolhido pelo sistema tributário atual; B: incorreta, pois a imunidade recíproca não abrange todas as entidades da administração indireta, mas apenas as autarquias e fundações públicas (não beneficia as empresas públicas e as sociedades de economia mista – há exceções aceitas pelo STF, por exemplo ECT e Infraero) – art. 150, § 2º, da CF; C: assertiva correta, conforme a imunidade prevista no art. 150, VI, b, da CF; D: incorreta, pois a concessão de benefícios de ICMS pelo Confaz depende de decisão unânime dos Estados (e DF) representados na reunião – art. 2º, § 2º, da LC 24/1975; E: incorreta, pois a determinação do art. 150, § 5º, da CF depende de lei.
Gabarito "C".

(Defensoria/MG – 2009 – FURMARC) Marque a opção INCORRETA:

(A) As convenções e contratos particulares não interferem na definição da responsabilidade tributária.
(B) O crédito tributário se constitui pela ocorrência do fato gerador, e o lançamento atesta sua extinção.
(C) Medida Provisória pode dispor sobre matéria tributária, exceto a que for reservada à lei complementar.
(D) As normas da legalidade e da anterioridade tributárias constituem cláusulas pétreas que não podem ser retiradas do ordenamento jurídico nem mesmo por emenda constitucional.
(E) Uma elevação da alíquota do IOF pode ser exigida no dia seguinte à publicação do decreto que promover o referido aumento.

A: assertiva correta, nos termos do art. 123 do CTN; B: essa é a assertiva incorreta (devendo ser assinalada), pois o crédito tributário é constituído pelo lançamento, nos termos do art. 142 do CTN. O que surge com o fato gerador é a obrigação tributária – art. 113, § 1º, do CTN; C: correta, conforme o art. 62, § 1º, III, e § 2º, da CF; D: correta, pois são consideradas garantias individuais – ver ADI 939/DF; E: correta, pois a majoração do IOF não se submete à anterioridade anual ou à nonagesimal – art. 150, § 1º, da CF.
Gabarito "B".

11. DIREITO PROCESSUAL COLETIVO

Marcos Destefenni, Roberta Densa e Wander Garcia*

1. INTERESSES DIFUSOS, COLETIVOS E INDIVIDUAIS HOMOGÊNEOS

(Defensor Público/AL - 2017 - CESPE) São considerados direitos decorrentes de origem comum os direitos

(A) indivisíveis.
(B) coletivos.
(C) individuais homogêneos.
(D) difusos.
(E) transindividuais.

Nos termos do art. 81 do Código de Defesa do Consumidor, considera-se **direitos difusos** os transindividuais, de natureza indivisível, de que sejam titulares pessoas indeterminadas e ligadas por circunstâncias de fato; os **direitos coletivos** os transindividuais, de natureza indivisível de que seja titular grupo, categoria ou classe de pessoas ligadas entre si ou com a parte contrária por uma relação jurídica base e os **direitos individuais homogêneos**, assim entendidos os decorrentes de origem comum.

Gabarito "C".

(Defensor Público –DPE/MT – 2016 – UFMT) O reconhecimento progressivo dos direitos difusos e coletivos fez com que estes passassem a ter definição expressa pela legislação com a aprovação da Lei 8.078/1990, que instituiu o Código de Defesa do Consumidor e fez inclusões relacionadas na Lei 7.347/1985, que disciplina a Ação Civil Pública. Sobre a definição desses direitos, assinale a afirmativa correta.

(A) Direitos difusos são equiparados aos direitos coletivos, por ocasião de sua natureza coletiva, diferenciando-se no que se refere a sua indivisibilidade, que se manifesta apenas nos primeiros.
(B) Direitos difusos não são em hipótese alguma considerados direitos coletivos, tendo por semelhança a transindividualidade e a titularidade de pessoas determinadas por uma relação jurídica base.
(C) Direitos individuais homogêneos são considerados espécie de direitos coletivos, diferenciados essencialmente pela possibilidade de os primeiros serem divisíveis na liquidação de sentença que trate de seu reconhecimento e a respectiva violação.
(D) Direitos coletivos são transindividuais, tal qual os direitos difusos, de natureza divisível, tendo por titulares pessoas determinadas ou indeterminadas, ligadas entre si por uma circunstância de fato.
(E) Direitos difusos, coletivos e individuais homogêneos se confundem no que tange à sua titularidade, que é determinada e é definida por uma circunstância de fato.

A: incorreta. Os direitos difusos são essencialmente coletivos, o sujeito é indeterminado, indivisíveis, não há impossibilidade de apropriação e originados (liga as pessoas) por um fato jurídico. Os direitos coletivos são essencialmente coletivos, o sujeito é determinado ou determinável, há possibilidade de apropriação e são originados por uma relação jurídica base prévia. Portanto, os direitos difuso e coletivos são indivisíveis. **B:** incorreta. Os direitos difusos têm titularidade indeterminada, enquanto os direitos coletivos têm titularidade determinada ou determinável. **C:** correta. De fato, os direitos individuais homogêneos são direitos coletivos *lato sensu*, diferenciando-se das outras espécies exatamente em razão de serem divisíveis, o que o faz acidentalmente coletivo. A liquidação de sentença está regulamentada pelos art. 97 e 98 do CDC. **D:** incorreta. Nos direitos coletivos as pessoas estão ligadas entre si por uma relação jurídica base prévia. **E:** incorreta. Os direitos difusos têm titularidade indeterminada enquanto que os coletivos e individuais homogêneos a titularidade é determinada ou determinável.

Gabarito "C".

(Defensor Público/AM – 2013 – FCC) São hipóteses de causas de interesses difusos, coletivos e individuais homogêneos, respectivamente,

(A) instituição de reserva legal em área particular, convenção coletiva que viola direito dos trabalhadores de uma empresa de montagem de veículos e *recall* de veículo do tipo A.
(B) área de preservação permanente em bem público, área de preservação permanente em loteamento e área de preservação permanente em propriedade particular individual.
(C) propaganda enganosa veiculada em jornal de pequena circulação, regularização de loteamento clandestino e poluição sonora do bairro X.
(D) poluição causada por indústria multinacional, poluição causada por indústria nacional e poluição causada por indústria municipal.
(E) regularização de loteamento clandestino, poluição de córrego na cidade Y e cláusula abusiva em contrato de adesão de financiamento da instituição financeira Z.

A: correta, pois a instituição da reserva legal está afeta a interesse difuso (meio ambiente ecologicamente equilibrado), a convenção coletiva interessa a uma categoria de trabalhadores e o recall está relacionado a uma lesão ou ameaça de lesão que tem origem comum; **B:** incorreta, pois preservação de área de preservação permanente está afeta a interesses difusos (meio ambiente ecologicamente equilibrado), independentemente de sua localização; **C:** incorreta, pois, por exemplo, a regularização de loteamento satisfaz interesse difuso (ordem urbanística); **D:** incorreta, pois a poluição causa lesão a interesse difuso, independentemente de quem a tenha praticado; **E:** incorreta, pois a poluição de um córrego ofende interesses difusos, ainda que o córrego esteja localizado em determinada cidade.

Gabarito "A".

---

* **Roberta Densa** comentou as questões de DPE/MT/2016, DPE/RN/2016, DPE/ES/2016, DPE/BA/2016; **Wander Garcia** e **Marcos Destefenni** comentaram as demais questões. **Roberta Densa** atualizou todos os comentários deste capítulo.

(Defensor Público/AC – 2012 – CESPE) Assinale a opção correta acerca dos interesses difusos, coletivos e individuais homogêneos.

(A) As lesões a direitos individuais homogêneos e disponíveis podem ser investigadas pelo MP.
(B) A revista íntima praticada pelo empregador constitui lesão ao direito individual homogêneo, no âmbito da relação jurídica de emprego.
(C) Direitos coletivos são os de natureza indivisível, de que sejam titulares pessoas indeterminadas e ligadas por circunstâncias de fato.
(D) Os direitos difusos são determináveis porque os seus titulares são identificados conforme o grupo, categoria ou classe em que estejam inseridos.
(E) Os direitos individuais homogêneos, derivados de relação jurídica idêntica, são indivisíveis, e seus titulares, indeterminados.

A: correta, pois a atuação do Ministério Público se justifica quando presente a relevância ou o interesse social, ainda que os interesses individuais sejam disponíveis. Para ilustrar, pode ser citada a seguinte decisão da Corte Especial do STJ: "Legitimidade. MP. Ação civil pública. Prosseguindo o julgamento, a Corte Especial decidiu que o Ministério Público tem legitimidade para propor ação civil pública objetivando a devolução de valores pagos indevidamente em contratos de aquisição de casa própria disciplinados pelo SFH. No caso há direitos individuais homogêneos, ainda que disponíveis, mas presente o relevante interesse social. Assim, a Corte Especial conheceu e recebeu os embargos de divergência. Precedente citado: EREsp 141.491/SC, DJ 01/08/2000" (EREsp 171.283/PR, Rel. Min. Peçanha Martins, julgados em 17/11/2004 – **Informativo** n. 229); **B:** incorreta, pois, no caso, pode ocorrer lesão a interesse individual, mas não homogêneo, que pressupõe um grupo de lesados; **C:** incorreta, pois o titular de um direito coletivo é um grupo, uma categoria ou uma classe de pessoas ligadas entre si ou com a parte contrária por uma relação jurídica base (art. 81, parágrafo único, II, do CDC); **D:** incorreta, pois, como se disse, os direitos titularizados por grupo, classe ou categoria são coletivos e não difusos, que têm natureza indivisível de que sejam titulares pessoas indeterminadas e ligadas por circunstâncias de fato (art. 81, parágrafo único, II, do CDC); **E:** incorreta, pois os direitos individuais homogêneos têm uma origem comum, mas não são derivados de uma relação jurídica idêntica (art. 81, parágrafo único, III, do CDC). Além disso, são divisíveis e seus titulares são passíveis de determinação.
Gabarito "A".

(Defensor Público/ES – 2012 – CESPE) Em um Estado Democrático de Direito, cabe ao legislador a função de editar a lei; ao administrador publico e ao magistrado, aplicarem-na de modo a atingir os interesses do grupo formador do Estado. E é a partir desses interesses que surgem os confrontos entre o que é de interesse do Estado e o que deve ser de interesse privado. Considerando tais aspectos, julguemos itens a seguir.

(1) Os interesses difusos e os interesses coletivos são indivisíveis e se assemelham aos interesses individuais homogêneos, por se dirigirem a grupos, categorias ou classes de pessoas determináveis.
(2) O interesse do Estado ou dos governantes deve coincidir necessariamente com o bem geral da coletividade, pois, ao tomarem suas decisões, os governantes devem atender ao real interesse da comunidade.

1: errada. É verdade que os interesses difusos e coletivos são indivisíveis. Porém, não se pode afirmar que os interesses difusos pertencem a pessoas determináveis. Os titulares dos direitos difusos são indetermináveis (art. 81, parágrafo único, I, do CDC). Os direitos que pertencem a um grupo, categoria ou classe de pessoas é o coletivo no sentido estrito (art. 81, parágrafo único, II, do CDC); **2:** errada. É importante observar que o interesse público pode ser dividido em primário ou secundário, conforme lição bem acolhida pelo direito nacional. O interesse público primário diz respeito aos interesses da coletividade, em sentido amplo, relacionados ao bem comum. O interesse público secundário diz respeito aos interesses patrimoniais do Estado, enquanto pessoa jurídica. E como se sabe, nem sempre há coincidência entre o interesse público primário e o secundário, o que torna o Estado réu de ações coletivas em muitos casos.
Gabarito 1E, 2E.

(Defensor Público/PR – 2012 – FCC) Um mesmo fato pode trazer consequências para diferentes direitos difusos, coletivos e/ou individuais. Partindo dessa premissa, a alternativa que NÃO relaciona uma consequência a direito difuso é:

(A) Acidente em usina de energia nuclear, que causa a contaminação da nascente de um rio.
(B) Veiculação de publicidade abusiva que incite a discriminação racial.
(C) Fechamento de hospital público sem a instalação ou existência prévia de outra unidade de saúde na mesma região.
(D) Diminuição do horário letivo das escolas de ensino fundamental de um município de 6 para 2 horas, durante o restante do ano de 2012.
(E) Suspensão por tempo indeterminado e sem justificação de todas as linhas de ônibus que ligam determinado bairro ao centro da cidade.

A: correta, pois a contaminação do rio afronta direitos difusos (relacionado ao meio ambiente ecologicamente equilibrado); B: correta, pois a publicidade abusiva atinge número indeterminável de pessoas, ou seja, afronta direitos difusos; C: correta, pois há o interesse difuso no funcionamento do hospital. O seu fechamento ofende direitos difusos, afinal um número indeterminável de pessoas é potencial usuário de um hospital público; D: incorreta, devendo esta alternativa ser assinalada0, pois, no caso, há uma relação jurídica base entre os estudantes e a instituição de ensino, de tal forma que a hipótese é de tutela de direitos coletivos no sentido estrito. Para corroborar a afirmação, é importante constatar que o direito é indivisível, isto é, pertence igualmente a todo o grupo de estudantes; E: correta, pois é atingido um número indeterminável de pessoas, usuários e potenciais usuários do sistema de transporte público afrontando-se direitos difusos.
Gabarito "D".

(Defensor Público/RO – 2012 – CESPE) Com relação aos interesses coletivos, assinale a opção correta.

(A) Os titulares de interesses coletivos em sentido estrito agregam-se por circunstâncias de fato.
(B) Os titulares de interesses difusos são caracterizados pela indeterminabilidade relativa.
(C) Os titulares de interesses difusos ligam-se por relação jurídica base.
(D) Os interesses individuais homogêneos são caracterizados por uma transindividualidade artificial ou relativa.
(E) O objeto dos interesses individuais homogêneos é indivisível.

A: incorreta, pois a agregação, no caso, decorre de uma relação jurídica base (art. 81, parágrafo único, I, do CDC); B: incorreta, pois a indeterminabilidade, no caso, é absoluta. É impossível determinar todos os titulares do direito difuso lesado; C: incorreta, pois os titulares de direitos difusos estão dispersos, ligados por circunstâncias de fato (art. 81, parágrafo único, I, do CDC). Os titulares de direitos coletivos é que se ligam por relação jurídica base (art. 81, parágrafo único, II, do CDC); **D:** correta, pois, na verdade, os direitos são individuais. A transindividualidade, no caso, existe apenas para fins de tutela jurisdicional. Trata-se da hipótese de tutela coletiva de direitos individuais. Fala a doutrina em direitos acidentalmente (processualmente) coletivos; **E:** incorreta, pois o objeto, no caso, é divisível. Há necessidade de especificação da parte devida a cada um dos titulares de direitos individuais.

Gabarito "D".

(Defensor Público/RO – 2012 – CESPE) De acordo com o que dispõe o art. 94 da CF, um quinto das vagas dos tribunais deve ser destinado a advogados. Entretanto, o Tribunal de Justiça de determinado Estado da Federação, deixando de observar o critério constitucional, nomeou, para vaga destinada a um advogado, o juiz mais antigo da carreira, antes mesmo que a OAB formalizasse qualquer lista com eventuais candidatos ao cargo.

Nessa situação, desrespeitou-se, em relação aos advogados, o interesse

(A) individual homogêneo.
(B) individual disponível.
(C) público secundário.
(D) difuso.
(E) coletivo em sentido estrito.

A: incorreta, pois o direito atingido é coletivo (sentido estrito), isto é, diz respeito à classe dos advogados; **B:** incorreta, pois o direito violado não é individual e nem disponível, considerando-se a existência de regra constitucional sobre a questão; **C:** incorreta, pois, tratando-se de uma regra imposta no bem da coletividade, o interesse público é primário; **D:** incorreta, segundo o gabarito. Pensando que houve violação a um direito da classe dos advogados, o direito é coletivo no sentido estrito. Todavia, pode-se questionar. Se a regra é de interesse público, está garantida constitucionalmente e está relacionada a uma melhor forma de constituição dos tribunais e, ainda, à melhor prestação jurisdicional, pode-se vislumbrar a ofensa a direitos difusos, de que são titulares pessoas indeterminadas. Imediatamente, porém, há ofensa ao direito dos advogados (coletivo no sentido estrito); **E:** correta, conforme se depreende dos comentários anteriores.

Gabarito "E".

(Defensor Público/RO – 2012 – CESPE) Considere que a direção de tradicional colégio público de determinada capital do país tenha extinguido as turmas do ensino médio no período noturno e que o MP tenha ajuizado ação civil pública visando à manutenção das turmas noturnas da referida instituição de ensino.

Considerando essa situação hipotética, assinale a opção correta.

(A) Deve-se levar em conta, no caso, a ótica daqueles que ainda não ingressaram no colégio e que eventualmente podem ser atingidos pela ausência do curso noturno, sendo esse grupo indeterminável de futuros alunos titulares de direito difuso à manutenção do ensino noturno.
(B) O MP é parte ilegítima para ajuizar a referida ação, destinada à defesa de direitos individuais disponíveis.
(C) Verifica-se, em relação aos alunos já matriculados no período noturno, que não poderiam permanecer estudando naquele período em razão da decisão da direção, a presença de direito difuso a ser defendido pela DP.
(D) O MP é parte legítima para ajuizar a ação, que visa à defesa de interesses acidentalmente coletivos.
(E) Os dispositivos do ECA não se aplicam ao caso, visto que nele não se configura situação de perigo ou abandono de criança ou adolescente.

A: correta, pois, de fato, existem os usuários potenciais do sistema de ensino. Sendo assim, a extinção das turmas noturnas afeta interesses difusos desses potenciais usuários do serviço público; **B:** incorreta, pois, embora o Ministério Público seja legitimado ao ajuizamento da ação, os direitos tutelados não são individuais e também não são disponíveis. São difusos e indisponíveis (direito de acesso ao ensino público); **C:** incorreta, pois, no caso, os direitos são coletivos, uma vez que pertencentes a um grupo de pessoas, ligadas à mesma parte contrária por uma relação jurídica base; **D:** incorreta, pois, embora o Ministério Público seja legitimado, os direitos atingidos são difusos (dos potenciais usuários do serviço público de ensino) e coletivos no sentido estrito. Referidos direitos são genuinamente coletivos, uma vez que indivisíveis; **E:** incorreta, pois garante o ECA o acesso de crianças e adolescentes ao ensino. E mais especificamente, dispõe o art. 54, VI, do ECA que: "É dever do Estado assegurar à criança e ao adolescente: (...) oferta de ensino noturno regular, adequado às condições do adolescente trabalhador".

Gabarito "A".

2. COMPETÊNCIA, CONEXÃO, CONTINÊNCIA E LITISPENDÊNCIA

(Defensor Público/AC – 2012 – CESPE) Acerca da competência referente aos direitos difusos e coletivos, assinale a opção correta.

(A) A justiça federal e a estadual de primeira instância têm competência funcional para julgar as demandas que envolvam direitos difusos e coletivos, conforme a pessoa e a matéria.
(B) A competência em razão da hierarquia poderá, ou não, ser da primeira instância jurisdicional, situada no lugar onde tenha ocorrido dano a direito difuso coletivo.
(C) O valor da causa influencia diretamente a determinação da competência para fins de ação civil pública.
(D) Conforme prevê o CDC, a ação civil coletiva para responsabilizar o fornecedor de produtos ou serviços não pode ser proposta no domicílio do autor.
(E) Se o lesado na ação coletiva for um trabalhador, o critério de fixação de competência será o funcional, ou seja, a ação deverá ser julgada na justiça comum estadual.

A: correta, conforme o art. 2º da Lei n. 7.347/1985, que estabelece ter o juízo do local do dano "competência funcional" para processar e julgar a causa. Assim, a ação civil pública será proposta na Justiça Federal ou Estadual, conforme a pessoa e a matéria envolvidas. Por isso, se uma ação civil pública foi proposta em face da União, a competência será da Justiça Federal (art. 109, I, da CF). Doutrinariamente há controvérsia se referida competência é funcional; **B:** incorreta, pois a competência funcional, no plano vertical (em razão da hierarquia), determina, por exemplo, que a ação seja proposta, originariamente, perante os tribunais. É o que ocorre, por exemplo, no caso de mandado de segurança, em que a competência é determinada em função da autoridade coatora apontada pelo impetrante; **C:** incorreta, pois o valor da causa não é critério para a determinação da competência para conhecer da ação coletiva. O grande critério, no caso, é a determinação do foro do local do dano; **D:** incorreta, pois a ação pode ser proposta no domicílio do autor, conforme se depreende do art. 101, I, do CDC; **E:** incorreta, pois a competência, no caso, será determinada pelo local do dano, bem como poderá ser influenciada pela pessoa demandada (União, por exemplo).

Gabarito "A".

(Defensor Público/SE – 2012 – CESPE) A respeito da competência nas ações coletivas e da liquidação e execução da sentença, assinale a opção correta.

(A) Tratando-se de liquidação e cumprimento da sentença em ação coletiva que imponha obrigação de pagar, se a ação objetivar a reparação de outros valores, diversos do patrimônio público, tais como os direitos dos idosos e dos consumidores, os valores serão vertidos a um fundo de reparação de bens lesados.

(B) O juiz federal não dispõe de competência para processar e julgar a ACP e a ação popular quando o presidente da República figurar como autoridade demandada.

(C) De acordo com a legislação de regência, o juízo perante o qual seja proposta a primeira ACP é prevento para todas as ações coletivas que, posteriormente ajuizadas, possuam a mesma causa de pedir ou o mesmo pedido, exigindo-se ainda, para a incidência da prevenção, a identidade de partes.

(D) Compete à justiça federal processar e julgar todas as ações coletivas cujo objeto seja a proteção ao meio ambiente.

(E) Nas ações coletivas, o cumprimento de sentença que imponha a obrigação de fazer ou não fazer contra o poder público segue o rito previsto no CPC, devendo o poder público ser citado para opor embargos, com a posterior expedição de ofício requisitório.

A: correta, pois assim determina o art. 13 da Lei n. 7.347/1985. No caso da tutela do patrimônio público, em função de ato de improbidade administrativa, o pagamento ou a reversão dos bens, de fato, ocorrerá em favor da pessoa jurídica prejudicada pelo ilícito (art. 18 da Lei n. 8.429/1992); **B:** incorreta, pois a competência, no caso, é da Justiça Federal, por se tratar de autoridade federal. Afinal, em sede de ação popular a competência é determinada em função da origem do ato impugnado. Assim dispõe o art. 5º da Lei n. 4.717/1965; **C:** incorreta, pois não se exige a identidade de partes para que se configure a conexão. A regra da prevenção, mencionada na assertiva, decorre do art. 2º, parágrafo único, da Lei n. 7.347/1985; **D:** incorreta, pois a competência, em regra, é da justiça estadual. Será de competência da justiça federal quando ocorrer alguma hipótese do art. 109 da CF; **E:** incorreta, pois, no caso, não há citação para opor embargos. Referido procedimento, que é diferenciado, só se aplica no caso de sentença que imponha ao Poder Público o cumprimento de obrigação de pagar quantia, não incidindo no caso de obrigações de fazer e de não fazer.

Gabarito "A".

3. LEGITIMAÇÃO, LEGITIMADOS, MINISTÉRIO PÚBLICO E LITISCONSÓRCIO

(Defensor Público/AM – 2013 – FCC) Com relação à legitimidade ativa para propor ação civil pública, é correto afirmar:

(A) Dos legitimados ativos, somente o Ministério Público e a Defensoria Pública podem ajuizar ação civil pública sem necessidade de demonstração da pertinência temática.

(B) Com relação à associação, o requisito da pertinência temática pode ser dispensado pelo juiz, quando haja manifesto interesse social evidenciado pela dimensão ou característica do dano, ou pela relevância do bem jurídico a ser protegido.

(C) A Defensoria Pública passou a ter legitimidade ativa para a propositura de ação civil pública com o advento da Constituição Federal de 1988.

(D) Tratando-se de ação civil pública envolvendo pessoas carentes a Defensoria Pública deve intervir como *custos legis*.

(E) Nos termos da Lei da Ação Civil Pública, dentre os legitimados ativos para a sua propositura, somente o Ministério Público pode instaurar inquérito civil.

A: incorreta, pois, de certa forma, mesmo no caso de ações propostas pelo Ministério Público e pela Defensoria Pública há consideração da pertinência temática. Por exemplo, o Ministério Público não pode propor ação para tutelar interesses individuais disponíveis sem relevância social. E a Defensoria Pública não pode tutelar interesses individuais homogêneos de pessoas que não sejam necessitadas; **B:** incorreta, pois, nos termos do art. 5º, § 4º, da Lei n. 7.347/1985, é o requisito da pré-constituição que poderá ser dispensado pelo juiz, quando haja manifesto interesse social evidenciado pela dimensão ou característica do dano, ou pela relevância do bem jurídico a ser protegido; **C:** incorreta, pois a legitimidade da Defensoria Pública passou a ser defendida com o advento do Código de Defesa do Consumidor (art. 82, III, da Lei n. 8.078/1990) e se tornou explícita com a Lei n. 11.448/2007; **D:** incorreta, pois a função de intervir como *custos legis* é do Ministério Público (art. 5º, § 1º, da Lei n. 7.347/1985). A Defensoria Pública poderá ser autora da ação; **E:** correta, pois o art. 8º, § 1º, da Lei n. 7.347/1985 restringe a legitimidade ao Ministério Público.

Gabarito "E".

(Defensor Público/ES – 2012 – CESPE) Sabendo que, devido à sua destinação, o MP está legitimado a defesa de qualquer interesse difuso, julgue os itens seguintes.

(1) Conforme o princípio da obrigatoriedade, o dever de agir obriga o MP a propor ACP, mesmo nas situações em que, esgotadas todas as diligências, as evidências não produzam todo o fundamento necessário.

(2) Em caso de lesões a interesses de uma categoria de pessoas, a restauração da ordem jurídica violada só pode ser alcançada por meio de legitimação ordinária.

1: errada, pois o Ministério Público não é obrigado a ajuizar ação coletiva temerária. Deve o Ministério Público, no caso, arquivar o procedimento investigatório (art. 9º, *caput*, da Lei 7.347/1985); **2:** errada, pois o direito de uma categoria de pessoa pode ser pleiteado por meio de ações individuais (legitimação ordinária) ou por meio das ações coletivas, em que o titular do direito de ação não é o titular do direito material (legitimação extraordinária, se aplicada a classificação clássica, ou legitimação autônoma para a condução do processo, se aplicada uma terminologia específica para o processo coletivo, como defendem alguns autores).

Gabarito 1E, 2E

(Defensor Público/ES – 2012 – CESPE) Considerando que a CF fortaleceu a atuação do MP tanto na esfera civil como na penal, julgue os itens que se seguem.

(1) A intervenção do MP em ação coletiva em andamento na justiça estadual não é o suficiente para promover o deslocamento da competência para a justiça federal.

(2) Aos membros do MP cabe a defesa do patrimônio público e social, podendo eles atuar como representantes da Fazenda Pública nas ações em que esta

seja ré, embora não tenham legitimidade para ser advogados nas ações em que a Fazenda Pública seja autora.

(3) Considere a seguinte situação hipotética. Uma empresa de construção civil foi devidamente licenciada para iniciar as obras de construção de uma vila nas proximidades de um parque e, durante a execução dessas obras, ocorreram danos ambientais à localidade. Nessa situação hipotética, a empresa, independentemente de culpa, responderá pelos referidos danos, para cuja reparação o MP estará apto a intentar ACP.

1: correta, pois só a intervenção da União ou das pessoas mencionadas no art. 109, I, da CF, é que pode determinar o deslocamento da competência para a justiça federal; **2:** errada, pois o Ministério Público tem legitimidade para defender o patrimônio público por meio de ações coletivas (Súmula n. 329 do STJ: "O Ministério Público tem legitimidade para propor ação civil pública em defesa do patrimônio público"). Todavia, o Ministério Público não mais atua (após a CF de 1988) como representante da Fazenda Pública. Tal missão é da Advocacia-Geral da União, criada pela Constituição Federal de 1988 (art. 131, caput); **3:** correta, pois, a natureza objetiva da responsabilidade e a legitimação do Ministério Público estão previstas no art. 14, § 1º, da Lei n. 6.938/1981, que dispõe sobre a Política Nacional do Meio Ambiente.

Gabarito 1C, 2E, 3C

(Defensor Público/RO – 2012 – CESPE) O MP ajuizou ação civil pública, visando anular acordo firmado entre o Estado X e determinada empresa, por meio do qual o ente federativo concedia à empresa o benefício de inserção em regime especial de apuração tributária. Alegou o MP que a inserção da empresa no referido regime acarretaria cobrança de tributo em valor menor que o devido, o que geraria prejuízo ao referido Estado e lesão ao patrimônio público.

Com relação à situação hipotética acima descrita, assinale a opção correta.

(A) A ação civil pública não é cabível na hipótese, sendo a ação popular o instrumento adequado para o caso.

(B) A legitimidade do MP para ajuizar a referida ação civil pública fundamenta-se no fato de o MP estar tutelando a defesa do erário e a higidez da arrecadação tributária.

(C) O MP não possui legitimidade para ajuizar a referida ação civil pública, dada a caracterização de direito disponível, cujos beneficiários são individualizáveis.

(D) O MP não tem legitimidade para ajuizar a referida ação civil pública, visto que a ele não cabe propor ação coletiva cujo objeto seja matéria tributária.

(E) O MP só teria legitimidade para ajuizar a referida ação civil pública provocado por associação ou entidade de representação dos contribuintes, situação em que o *Parquet* figuraria no polo ativo da ação como substituto processual.

A: incorreta, pois a ação civil pública também pode veicular pretensão desconstitutiva. O atual posicionamento do STJ é no sentido da possibilidade da cumulação de diversos pedidos em sede de ação civil pública: "Processo civil. Direito ambiental. Ação civil pública para tutela do meio ambiente. Obrigações de fazer, de não fazer e de pagar quantia. Possibilidade de cumulação de pedidos art. 3º da Lei 7.347/1985. Interpretação Sistemática. (...) É por isso que, na interpretação do art. 3º da Lei 7.347/1985 ('A ação civil poderá ter por objeto a condenação em dinheiro ou o cumprimento de obrigação de fazer ou não fazer'), a conjunção 'ou' deve ser considerada com o sentido de adição (permitindo, com a cumulação dos pedidos, a tutela integral do meio ambiente) e não o de alternativa excludente (o que tornaria a ação civil pública instrumento inadequado a seus fins)" (REsp 605.323/MG, Rel. Min. José Delgado, Rel. p/ acórdão Min. Teori Albino Zavascki, DJ 17/10/2005, grifos nossos); **B:** correta, pois não há mera defesa de contribuintes, o que poderia ser um fator restritivo da ação civil pública (art. 1º, parágrafo único, da Lei n. 7.347/1985). Trata-se da defesa da higidez da arrecadação tributária. Como já advertiu o STF, "o Parquet tem legitimidade para propor ação civil pública com o objetivo de anular Termo de Acordo de Regime Especial – TARE, em face da legitimação ad causam que o texto constitucional lhe confere para defender o erário. Não se aplica à hipótese o parágrafo único do artigo 1º da Lei 7.347/1985" (RE 576.155/DF, Rel. Min. Ricardo Lewandowski, Pleno, DJe 25/11/2010); **C:** incorreta, pois a ação, no caso, não se limita à defesa de determinados contribuintes, mas sim do próprio erário; **D:** incorreta, conforme demonstrado nos comentários à alternativa "B"; **E:** incorreta, pois o Ministério Público não precisa ser provocado para proteger o erário público. E sua legitimação, no caso, é extraordinária, pois não atua como substituto processual. Alguns autores pretendem o emprego de uma terminologia específica para o processo coletivo, afirmando que o Ministério Público, no caso, atua como legitimado autônomo para a condução do processo.

Gabarito "B".

(Defensor Público/SE – 2012 – CESPE) Se determinada associação ajuizar ação coletiva e, sem justo motivo, deixar de dar andamento ao processo ou desistir da ação,

(A) poderão assumir a titularidade qualquer outra associação, o cidadão e o MP.

(B) o magistrado deverá proceder à intimação, por edital, de outros legitimados para assumirem o polo ativo da ação, vedada a intimação pessoal.

(C) o processo deverá ser extinto sem julgamento de mérito.

(D) competirá exclusivamente ao MP dar seguimento à ação, assumindo a titularidade.

(E) apenas outra associação poderá assumir a titularidade da ação.

A: correta, pois assim estabelece o art. 5º, § 3º, da Lei n. 7.347/1985: "Em caso de desistência infundada ou abandono da ação por associação legitimada, o Ministério Público ou outro legitimado assumirá a titularidade ativa". Sendo ação popular, qualquer outro cidadão pode assumir a titularidade ativa; **B:** incorreta, pois o Ministério Público, por exemplo, deverá ser pessoalmente intimado; **C:** incorreta, pois a extinção do processo, sem a possibilidade de que um colegitimado assuma a titularidade ativa afronta o princípio da indisponibilidade da ação coletiva; **D:** incorreta, pois a atribuição não é exclusiva do Ministério Público, como se depreende do acima citado art. 5º, § 3º, da Lei n. 7.347/1985; **E:** incorreta, pois, como já restou consignado, o Ministério Público ou outro legitimado pode assumir a titularidade ativa. Além disso, sendo ação popular, outro cidadão também poderá assumir o polo ativo.

Gabarito "A".

(Defensor Público/SE – 2012 – CESPE) No que se refere à ACP, assinale a opção correta.

(A) De acordo com a legislação de regência, não é cabível o ajuizamento de ACP para veicular pretensão que envolva tributos.

(B) É vedada a formação de litisconsórcio ativo para a propositura da ACP.

(C) Segundo a lei, a legitimidade da DP para o ajuizamento de ACP só se justifica na qualidade de repre-

sentante judicial de associação economicamente hipossuficiente legitimada para a propositura da ação.
(D) Não se admite a assistência litisconsorcial na ACP.
(E) Não é cabível o ajuizamento de ACP para a tutela meramente preventiva.

A: correta, pois a restrição se encontra no art. 1º, parágrafo único, da Lei da Ação Civil Pública (Lei n. 7.347/1985) e encontra respaldo na jurisprudência; **B:** incorreta, pois a formação de litisconsórcio facultativo ativo é expressamente admitida pelo art. 5º, § 5º, da Lei n. 7.347/1985; **C:** incorreta, pois a Defensoria Pública pode ser autora da ação civil pública, isto é, parte, e não representante da parte. A possibilidade expressa passou a constar do art. 5º, II, da Lei n. 7.347/1985 (o inciso II foi introduzido pela Lei n. 11.448/2007); **D:** incorreta, pois quaisquer dos colegitimados do art. 5º da Lei n. 7.347/1985 pode se habilitar na ação civil pública. Trata-se de situação em que o colegitimado pode figurar como assistente litisconsorcial. Para alguns, seria um "ingresso litisconsorcial". O § 2º do art. 5º da Lei n. 7.347/1985 também estabelece: "Fica facultado ao Poder Público e a outras associações legitimadas nos termos deste artigo habilitar-se como litisconsortes de qualquer das partes". De lembrar, ainda, a hipótese do art. 94 do CDC: "Proposta a ação, será publicado edital no órgão oficial, a fim de que os interessados possam intervir no processo como litisconsortes, sem prejuízo de ampla divulgação pelos meios de comunicação social por parte dos órgãos de defesa do consumidor"; **E:** incorreta, pois a ação civil pública pode ter por fim evitar a ocorrência do dano aos direitos e interesses transindividuais. Cite-se o importante exemplo das ações coletivas com caráter inibitório, ou seja, com o fim de evitar o ilícito. A pretensão à concessão de medidas de urgência em ações coletivas encontra respaldo no art. 12 da Lei n. 7.347/1985: "Poderá o juiz conceder mandado liminar, com ou sem justificação prévia, em decisão sujeita a agravo". De outro lado, o art. 83 do CDC estabelece que: "Para a defesa dos direitos e interesses protegidos por este código são admissíveis todas as espécies de ações capazes de propiciar sua adequada e efetiva tutela".

Gabarito "A".

(Defensor Público/SP – 2012 – FCC) No julgamento do Recurso Especial n. 931.513/RS, no âmbito do Superior Tribunal de Justiça, o Ministro Antônio Herman Benjamin reconheceu a legitimidade do Ministério Público para a propositura de Ação Civil Pública em prol de direito individual de pessoa com deficiência para obtenção de prótese auditiva, reconhecendo, no caso, a caracterização de "sujeito hipervulnerável". No seu voto, o Ministro destaca que "a categoria ético-política, e também jurídica, dos sujeitos vulneráveis inclui um subgrupo de *sujeitos hipervulneráveis*, entre os quais se destacam, por razões óbvias as pessoas com deficiência física, sensorial ou mental", bem como que, "em caso de dúvida sobre a legitimação para agir de sujeito intermediário – Ministério Público, Defensoria Pública e associações, p. ex. –, sobretudo se estiver em jogo a dignidade da pessoa humana, o juiz deve optar por reconhecê-la e, assim, abrir as portas para a solução judicial de litígios que, a ser diferente, jamais veriam seu dia na Corte". A partir de tais considerações e com base no que dispõe a Lei Orgânica Nacional da Defensoria Pública (Lei Complementar n. 80/1994, com as alterações trazidas pela Lei Complementar n. 132/1909) é correto afirmar:

(A) O conceito de necessitado (ou vulnerável) deve ser tomado exclusivamente em sentido estrito, tal qual estabelecido no art. 2º, parágrafo único, da Lei n. 1.060/1950, ou seja, apenas vislumbrando a perspectiva exclusivamente econômica do indivíduo ou grupo social que busca o serviço da Defensoria Pública.

(B) Com base no art. 4º, VII, da Lei Complementar n. 80/1994, a legitimidade da Defensoria Pública para a propositura de Ação Civil Pública é ampla e irrestrita, não havendo qualquer limitação de ordem legislativa.

(C) Muito embora a previsão do art. 4º, X, da Lei Complementar n. 80/94, no sentido de assegurar a legitimidade da Defensoria Pública para promover a mais ampla defesa dos direitos fundamentais dos necessitados, abrangendo seus direitos individuais e sociais, não há consagração expressa de tal legitimidade para a proteção dos seus direitos ambientais.

(D) O art. 4º, XII, da Lei Complementar n. 80/1994 assegura a legitimidade da Defensoria Pública para a instauração de inquérito civil.

(E) A previsão do art. 4º, XI, da Lei Complementar n. 80/1994, ao reconhecer a legitimidade da Defensoria Pública para exercer a defesa dos direitos coletivos da criança e do adolescente, do idoso, da pessoa portadora de necessidades especiais, da mulher vítima de violência doméstica e familiar e de outros "grupos sociais vulneráveis" que mereçam proteção especial do Estado, permite ampliar o conceito de necessitado para o que a doutrina denomina de "necessitados do ponto de vista organizacional".

A: incorreta, pois o conceito não se restringe ao aspecto econômico. Como já advertiu o STJ (REsp 1.112.557/MG, Rel. Min. Napoleão Nunes Maia Filho, DJe 20/11/2009): "A limitação do valor da renda per capita familiar não deve ser considerada a única forma de se comprovar que a pessoa não possui outros meios para prover a própria manutenção ou de tê-la provida por sua família, pois é apenas um elemento objetivo para se aferir a necessidade, ou seja, presume-se absolutamente a miserabilidade quando comprovada a renda per capita inferior a 1/4 do salário mínimo"; **B:** incorreta, pois, de acordo com o mencionado dispositivo legal, a legitimidade da Defensoria Pública é condicionada: "promover ação civil pública e todas as espécies de ações capazes de propiciar a adequada tutela dos direitos difusos, coletivos ou individuais homogêneos quando o resultado da demanda puder beneficiar grupo de pessoas hipossuficientes"; **C:** incorreta, pois há expressa referência à proteção ambiental no mencionado dispositivo legal; **D:** incorreta, pois o citado dispositivo legal foi vetado; **E:** correta, pois o citado dispositivo legal contém norma de encerramento, consignando que a legitimidade da Defensoria Pública se estende a "outros grupos sociais vulneráveis que mereçam proteção especial do Estado".

Gabarito "E".

(Defensor Público/SP – 2012 – FCC) Tramita no Supremo Tribunal Federal a Ação Direta de Inconstitucionalidade n. 3.943 interposta pela Associação Nacional dos Membros do Ministério Público – CONAMP, contestando a legitimidade da Defensoria Pública para a propositura de Ação Civil Pública, sob a alegação, em linhas gerais, de que tal legitimidade da Defensoria Pública "afeta diretamente" as atribuições do Ministério Público. De acordo com os diplomas normativos e a doutrina dominante que tratam do Direito Processual Coletivo,

(A) a exclusão da Defensoria Pública do rol dos entes legitimados para a propositura da Ação Civil Pública, especialmente para a hipótese dos direitos difusos, notadamente no caso da proteção do ambiente, segue o caminho da ampliação do acesso à Justiça, encontrando suporte normativo na legislação processual coletiva e mesmo na Lei Fundamental de 1988.

(B) no caso da tutela coletiva dos direitos fundamentais sociais, o ajuizamento de Ação Civil Pública pela Defensoria Pública implica sobreposição de atribuições com o Ministério Público, tomando por base ainda que os beneficiários de tais medidas não se enquadram no público alvo da Defensoria Pública e, por tal razão, não haveria como identificar a pertinência temática no caso.

(C) a legitimidade da Defensoria Pública para a tutela coletiva de direitos difusos – como, por exemplo, a ordem urbanística, o direito aos serviços públicos essenciais de saúde e educação e o direito ao ambiente – está em perfeita sintonia com o art. 5°, II, e o rol exemplificativo de direitos coletivos em sentido amplo trazido pelo art. 1°, ambos da Lei n. 7.347/1985.

(D) a Ação Direta de Inconstitucionalidade deve ser julgada procedente, tendo em vista a contrariedade existente entre o art. 5°, II, da Lei n. 7.347/1985, e o art. 129, § 1°, da Constituição Federal de 1988, o qual confere ao Ministério Público exclusividade para a propositura de Ação Civil Pública.

(E) a legitimidade da Defensoria Pública em matéria de direitos difusos não pode ser admitida, mas tão somente em relação aos direitos individuais homogêneos, uma vez que não se faz possível a identificação dos beneficiários de uma Ação Civil Pública que tenha tal propósito.

A: incorreta, pois a mencionada exclusão contraria a tendência de ampliação do acesso à Justiça; **B:** incorreta, pois a lesão a direitos fundamentais sociais atinge, também, necessitados. Maiores considerações no item a seguir; **C:** correta, pois a legitimidade da Defensoria Pública, para o ajuizamento de ações coletivas, passou a constar expressamente do inciso II do art. 5° da Lei n. 7.347/1985, por força da inclusão determinada pela Lei n. 11.448/2007. E a jurisprudência tem corroborado essa legitimidade. Para ilustrar, pode ser citada a decisão proferida no REsp 912.849/RS (Rel. Min. José Delgado, DJe 28/04/2008): "Processual civil. Ação coletiva. Defensoria Pública. Legitimidade ativa. Art. 5°, II, da Lei n. 7.347/1985 (redação da Lei n. 11.448/2007). Precedente. 1. Recursos especiais contra acórdão que entendeu pela legitimidade ativa da Defensoria Pública para propor ação civil coletiva de interesse coletivo dos consumidores. 2. Este Superior Tribunal de Justiça vem-se posicionando no sentido de que, nos termos do art. 5°, II, da Lei n. 7.347/1985 (com a redação dada pela Lei n. 11.440/1907), a Defensoria Pública tem legitimidade para propor a ação principal e a ação cautelar em ações civis coletivas que buscam auferir responsabilidade por danos causados ao meio ambiente, ao consumidor, a bens e direitos de valor artístico, estético, histórico, turístico e paisagístico e dá outras providências". A legitimidade para a defesa de direitos difusos vem sendo afirmada em face do caráter indivisível desses direitos, pois é inegável que a lesão a interesses difusos também atinge os necessitados. Recentemente a Segunda Turma do STJ exaltou a legitimidade da Defensoria Pública no processo coletivo: "O direito à educação legitima a propositura da Ação Civil Pública, inclusive pela Defensoria Pública, cuja intervenção, na esfera dos interesses e direitos individuais homogêneos, não se limita às relações de consumo ou à salvaguarda da criança e do idoso. Ao certo, cabe à Defensoria Pública a tutela de qualquer interesse individual homogêneo, coletivo stricto sensu ou difuso, pois sua legitimidade ad causam, no essencial, não se guia pelas características ou perfil do objeto de tutela (= critério objetivo), mas pela natureza ou status dos sujeitos protegidos, concreta ou abstratamente defendidos, os necessitados (= critério subjetivo)" (REsp 1.264.116/RS, Rel. Min. Herman Benjamin, DJe 13/04/2012); **D:** incorreta, pois não há legitimidade exclusiva do Ministério Público para a propositura de ação civil pública (art. 5° da Lei n. 7.347/1985); **E:** incorreta, conforme as considerações feitas na assertiva "C".

Gabarito "C".

(Defensor Público/AM – 2013 – FCC) A Defensoria Pública de um Estado ajuizou ação civil pública contra regra de edital de processo seletivo de transferência voluntária de Universidade Pública do mesmo Estado, que previu, como condição essencial para inscrição de interessados e critério de cálculo da ordem classificatória, a participação no Enem, exigindo nota média mínima. Nesse caso,

(A) o direito à educação é garantia de natureza universal e de resultado orientada ao "pleno desenvolvimento da personalidade humana e do sentido de sua dignidade" sendo, porém, direito público subjetivo disponível, razão pela qual a Defensoria Pública não possui interesse processual nem legitimidade ativa para essa ação.

(B) a jurisprudência do STJ admite que os legitimados para a ação civil pública protejam interesses individuais homogêneos, sendo que a educação é da máxima relevância no Estado Social, daí ser integral e incondicionalmente aplicável, nesse campo, o meio processual da Ação Civil Pública, que representa contraposição à técnica tradicional de solução atomizada de conflitos.

(C) a Defensoria Pública, instituição altruísta por natureza, é essencial à função jurisdicional do Estado, nos termos do art. 134, caput, da Constituição Federal; todavia, como não atuou exclusivamente na defesa de hipossuficientes a ação deverá ser extinta sem julgamento do mérito, por ilegitimidade de causa.

(D) a legitimidade para referida ação é do Ministério Público – e não da Defensoria Pública – tendo em vista que a natureza jurídica do direito defendido é indisponível.

(E) cabe à Defensoria Pública a tutela de qualquer interesse individual homogêneo, coletivo stricto sensu ou difuso, desde que presente a representatividade adequada.

A: incorreta, pois o direito à educação é indisponível, conforme será demonstrado nos comentários à próxima assertiva; **B:** correta, pois assim já decidiu o STJ (REsp 1.264.116/RS, Segunda Turma, Rel. Min. Herman Benjamin): "administrativo. Ação civil pública. Direito à educação. Art. 13 do Pacto Internacional sobre Direitos Econômicos, Sociais e Culturais. Defensoria Pública. Lei 7.347/1985. Processo de transferência voluntária em instituição de ensino. Legitimidade ativa. Lei 11.448/07. Tutela de interesses individuais homogêneos. 1. Trata-se na origem de Ação Civil Pública proposta pela Defensoria Pública contra regra em edital de processo seletivo de transferência voluntária da UFCSPA, ano 2009, que previu, como condição essencial para inscrição de interessados e critério de cálculo da ordem classificatória, a participação no Enem, exigindo nota média mínima. Sentença e acórdão negaram legitimação para agir à Defensoria. 2. O direito à educação, responsabilidade do Estado e da família (art. 205 da Constituição Federal), é garantia de natureza universal de resultado, orientada ao "pleno desenvolvimento da personalidade humana e do sentido de sua dignidade" (art. 13, do Pacto Internacional sobre Direitos Econômicos, Sociais e Culturais, adotado pela XXI Sessão da Assembleia Geral das Nações Unidas, em 19 de dezembro de 1966, aprovado pelo Congresso Nacional por meio do Decreto Legislativo 226, de 12 de dezembro de 1991, e promulgado pelo Decreto 591, de 7 de julho de 1992), daí não poder sofrer limitação no plano do exercício, nem da implementação administrativa ou judicial. Ao juiz, mais do que a ninguém, compete zelar pela plena eficácia do

direito à educação, sendo incompatível com essa sua essencial, nobre, indeclinável missão interpretar de maneira restritiva as normas que o asseguram nacional e internacionalmente. 3. É sólida a jurisprudência do STJ que admite possam os legitimados para a propositura de Ação Civil Pública proteger interesse individual homogêneo, mormente porque a educação, mote da presente discussão, é da máxima relevância no Estado Social, daí ser integral e incondicionalmente aplicável, nesse campo, o meio processual da Ação Civil Pública, que representa 'contraposição à técnica tradicional de solução atomizada' de conflitos (REsp 1.225.010/PE, Rel. Ministro Mauro Campbell Marques, Segunda Turma, DJe 15/03/2011). 4. A Defensoria Pública, instituição altruísta por natureza, é essencial à função jurisdicional do Estado, nos termos do art. 134, *caput*, da Constituição Federal. A rigor, mormente em países de grande desigualdade social, em que a largas parcelas da população – aos pobres sobretudo – nega-se acesso efetivo ao Judiciário, como ocorre infelizmente no Brasil, seria impróprio falar em verdadeiro Estado de Direito sem a existência de uma Defensoria Pública nacionalmente organizada, conhecida de todos e por todos respeitada, capaz de atender aos necessitados da maneira mais profissional e eficaz possível. 5. O direito à educação legitima a propositura da Ação Civil Pública, inclusive pela Defensoria Pública, cuja intervenção, na esfera dos interesses e direitos individuais homogêneos, não se limita às relações de consumo ou à salvaguarda da criança e do idoso. Ao certo, cabe à Defensoria Pública a tutela de qualquer interesse individual homogêneo, coletivo stricto sensu ou difuso, pois sua legitimidade *ad causam*, no essencial, não se guia pelas características ou perfil do objeto de tutela (= critério objetivo), mas pela natureza ou status dos sujeitos protegidos, concreta ou abstratamente defendidos, os necessitados (= critério subjetivo). 6. 'É imperioso reiterar, conforme precedentes do Superior Tribunal de Justiça, que a *legitimatio ad causam* da Defensoria Pública para intentar ação civil pública na defesa de interesses transindividuais de hipossuficientes é reconhecida antes mesmo do advento da Lei 11.448/07, dada a relevância social (e jurídica) do direito que se pretende tutelar e do próprio fim do ordenamento jurídico brasileiro: assegurar a dignidade da pessoa humana, entendida como núcleo central dos direitos fundamentais' (REsp 1.106.515/MG, Rel. Ministro Arnaldo Esteves Lima, Primeira Turma, DJe 02/02/2011). 7. Recurso Especial provido para reconhecer a legitimidade ativa da Defensoria Pública para a propositura da Ação Civil Pública"; **C:** incorreta, como se depreende dos comentários anteriores; **D:** incorreta, pois a Defensoria Pública tem legitimidade, conforme consignado; **E:** incorreta, pois a Defensoria Pública não tem legitimidade para tutelar todo e qualquer direito individual. Deve sempre ser analisada a questão da vulnerabilidade.
Gabarito "B".

(Defensor Público/AC – 2012 – CESPE) No que diz respeito ao interesse público e privado, assinale a opção correta.

(A) Ao MP cabe a fiscalização da formação do patrimônio financeiro inerente ao Estado.

(B) Mesmo em face da simples expectativa de direito, o interesse público é tutelado, protegido e garantido pelo ordenamento jurídico pátrio.

(C) O MP deve atuar sempre na defesa dos interesses da coletividade, sejam eles particulares ou públicos.

(D) O MP atua na defesa dos direitos difusos, coletivos, individuais homogêneos e individuais indisponíveis, ou seja, na defesa do chamado interesse público primário.

(E) A Procuradoria da União é o único órgão competente para proteger o patrimônio financeiro da administração pública, denominado interesse público secundário.

A: incorreta, pois o interesse público secundário, que diz respeito aos interesses patrimoniais do Estado, enquanto pessoa jurídica, não é objeto de tutela pelo Ministério Público; **B:** incorreta, pois a expectativa de direito é passível de tutela transformada em direito subjetivo; **C:** incorreta, pois ao Ministério Público cabe a tutela do interesse público primário diz respeito aos interesses da coletividade, em sentido amplo, relacionados ao bem comum. Assim, o Parquet deve zelar pelos interesses públicos e não particulares; **D:** correta, pois o interesse público primário diz respeito aos interesses da coletividade, em sentido amplo, relacionados ao bem comum. O interesse público secundário diz respeito aos interesses patrimoniais do Estado, enquanto pessoa jurídica. Ao Ministério Público cabe tutelar direitos difusos, coletivos, individuais homogêneos e individuais indisponíveis, que consistem no interesse público primário; **E:** incorreta, pois o interesse público secundário, que diz respeito aos interesses patrimoniais do Estado, enquanto pessoa jurídica, é tutelado, na esfera federal, pela Advocacia-Geral da União, que representa a União judicial e extrajudicialmente, integrada pela Procuradoria da União e pela Procuradoria da Fazenda Nacional.
Gabarito "D".

4. OBJETO

(Defensor Público/AC – 2012 – CESPE) No que concerne à ação civil pública e à coletiva, assinale a opção correta.

(A) A legislação vigente admite o ajuizamento de ação civil coletiva decorrente de fatos e direitos de origem diversa.

(B) Não é possível estabelecer, em ação civil coletiva, pedido sobre obrigação de dar, fazer ou não fazer relacionado a direitos individuais homogêneos.

(C) Para dar ensejo a uma ação civil coletiva, o direito deve ser indivisível, porém idêntico em uma coletividade.

(D) A ação civil pública foi instituída para evitar decisões contraditórias e não para desestimular ações individuais.

(E) A ação civil pública, também conhecida como ação de classe, é um instrumento de tutela de direitos difusos, coletivos e individuais indisponíveis.

A: incorreta, pois a ação civil coletiva (arts. 91 e seguintes do CDC) deve ser ajuizada no caso de lesão a direitos ou interesses de origem comum, os chamados interesses ou direitos individuais homogêneos (art. 81, parágrafo único, III, do CDC); **B:** incorreta, pois a ação civil coletiva pode ser ajuizada para a defesa dos direitos e interesses protegidos pelo CDC, sendo admissíveis todas as espécies de ações capazes de propiciar sua adequada e efetiva tutela, ou seja, sendo admissíveis todos os pedidos (art. 83, CDC); **C:** incorreta, pois a ação civil coletiva é cabível para a defesa de direitos individuais homogêneos, ou seja, direitos divisíveis; **D:** incorreta, pois as ações coletivas evitam a multiplicação de demandas individuais e, em consequência, minimizam o risco de decisões contraditórias. Porém, o objetivo é exatamente desestimular o ajuizamento de ações individuais; **E:** correta, pois a ação civil pública pode ser ajuizada para a tutela dos mencionados direitos (coletivos lato sensu), definidos no art. 81 do CDC. A possibilidade de sua utilização para a defesa dos citados direitos decorre de norma expressa, qual seja, do art. 21 da Lei n. 7.347/1985.
Gabarito "E".

5. COMPROMISSO DE AJUSTAMENTO

(Defensor Público –DPE/MT – 2016 – UFMT) O termo de ajustamento de conduta é, atualmente, importante instrumento à disposição da Defensoria Pública para tutela dos direitos difusos e coletivos. Sobre o assunto, assinale a afirmativa correta.

(A) Não é função institucional da Defensoria Pública promover qualquer espécie de ação capaz de propiciar a tutela dos direitos difusos, coletivos e homogêneos, estando limitada à ação civil pública, aos remédios constitucionais e à legitimidade passiva hipossuficiente.

(B) O termo de ajustamento de conduta é tomado dos interessados para adequação às exigências legais, com as devidas cominações, que possuem eficácia de título executivo extrajudicial, podendo este ser executado pela Defensoria Pública.

(C) A lei que disciplina o termo de ajustamento de conduta garante a legitimidade ativa da Defensoria Pública para propô-lo à parte interessada, como meio excepcional de transação.

(D) Conforme a doutrina majoritária, o termo de ajustamento de conduta é meio de transação, porém não pode ser interpretado como na seara penal, onde é instrumento excepcional, diante da fragilidade dos direitos difusos e coletivos.

(E) Os termos de ajustamento de conduta podem ser considerados como forma de solução prévia de litígio, já que ensejam necessariamente a extinção do processo administrativo instaurado, quando firmado entre as partes.

A: incorreta. A Lei 11.448/2007 incluiu a Defensoria Pública no rol dos legitimados do art. 5º da LACP, restando, apenas, conforme interpretação doutrinária e jurisprudencial, a pertinência temática para ser analisada em cada caso concreto. **B:** correta. O art. 5º, § 6º, confere a alguns legitimados (órgãos públicos) a possibilidade de firmar termo de ajustamento de conduta: "Os órgãos públicos legitimados poderão tomar dos interessados compromisso de ajustamento de sua conduta às exigências legais, mediante cominações, que terá eficácia de título executivo extrajudicial". **C:** incorreta. Não é pacífico na doutrina e na jurisprudência que o termo de ajustamento de conduta não seja forma de transação. Para parte da doutrina, trata-se de verdadeira transação, ainda que tenha os limites bem definidos pela lei. Outra parte entende que se trata de espécie de reconhecimento e submissão do violador da conduta às exigências legais. **D:** incorreta. A doutrina diverge quanto ao termo e ajustamento de conduta ter ou não natureza de transação. Ademais, o TAC somente pode ser utilizado na esfera cível, não sendo aplicável na esfera penal. **E:** incorreta. O processo administrativo instaurado não é afetado pelo Termo de Ajustamento de Conduta. Caso a infração administrativa seja verificada, caberá aplicação da respectiva sanção administrativa prevista em lei, independentemente do TAC.
Gabarito "B".

(Defensor Público –DPE/BA – 2016 – FCC) Na ação civil pública,

(A) o poder público possui legitimidade para propor a ação, habilitar-se como litisconsorte de qualquer das partes ou assumir a titularidade ativa em caso de desistência infundada ou abandono da ação por associação legitimada.

(B) o Ministério Público, com exclusividade, pode tomar dos interessados compromisso de ajustamento de sua conduta às exigências legais, que terá eficácia de título executivo judicial.

(C) poderá o juiz conceder mandado liminar, sempre com justificação prévia, em decisão não sujeita a recurso.

(D) a multa cominada liminarmente será exigível de imediato, devendo ser excutida em autos apartados, independentemente do trânsito em julgado.

(E) havendo condenação em dinheiro, a indenização será revertida ao Estado, que deverá aplicar os recursos na recomposição do dano.

A: correta. A legitimidade do poder público está expressamente prevista no art. 5º da LACP. O § 2º do mesmo artigo, por sua vez, permite expressamente o litisconsórcio facultativo do Poder Público e o § 3º determina expressamente que os legitimados poderão assumir a titularidade ativa em caso de desistência infundada ou abandono da causa. **B:** incorreta. O termo de ajustamento de conduta pode ser tomado, na forma do art. 5º, §, 6º, da LACP, pelos órgãos públicos legitimados. **C:** incorreta. A liminar prevista expressamente no art. 12 da LACP está sempre sujeita a recurso. **D:** incorreta. O § 2º do art. 12 da LACP prevê a possibilidade de cominação de multa em sede de liminar, que somente será exigível após o trânsito em julgado da decisão favorável ao autor, mas será devida desde o dia do descumprimento. **E:** incorreta. Nas ações coletivas, o valor da indenização deverá ser revertido ao fundo por conselhos, na forma do art. 13 da LACP: "Havendo condenação em dinheiro, a indenização pelo dano causado reverterá a um fundo gerido por um Conselho Federal ou por Conselhos Estaduais de que participarão necessariamente o Ministério Público e representantes da comunidade, sendo seus recursos destinados à reconstituição dos bens lesados".
Gabarito "A".

(Defensor Público/PR – 2012 – FCC) O Ministério Público do Paraná firmou termo de ajustamento de conduta com o Município de Londrina para que uma creche que atendia 200 crianças fosse temporariamente fechada, por seis meses, para que se realizassem reformas no prédio no intuito de acabar com graves problemas estruturais que colocavam a segurança das crianças e dos funcionários em risco. Um grupo de mães de alunos procurou a Defensoria Pública do Paraná em Londrina relatando que não foram disponibilizadas pelo Município vagas em outras creches e que, questionada, a Prefeitura informou que as mães deveriam aguardar o final da reforma. Diante dessa situação, o Defensor Público deve

(A) ajuizar ação civil pública contra o Ministério Público e o Município, com pedido de nulidade do termo de ajustamento de conduta por não prever medida compensatória para as crianças que ficaram sem creche e, sucessivamente, pedido para que o Município disponibilize vagas em outras unidades até o final da reforma.

(B) oficiar ao Ministério Público relatando o caso, já que apenas esse órgão poderia tomar novas providências por já ter firmado o termo de ajustamento de conduta com o Município, solicitando um aditamento ao termo.

(C) propor novo termo de ajustamento de conduta com o Município para que sejam garantidas vagas para as crianças em outras creches durante a reforma e, caso o Município, sob qualquer argumento, recuse-se a regularizar a situação, ajuizar ação civil pública.

(D) apresentar recurso administrativo ao Conselho Superior do Ministério Público contra o termo de ajustamento de conduta firmado, requerendo o aditamento do termo para constar medidas que assegurem vagas para as crianças em outras creches.

(E) diante da existência de termo de ajustamento de conduta sobre o caso, que esgota a possibilidade de intervenção coletiva, ajuizar ações individuais para cada uma das duzentas crianças, requerendo vaga em alguma das creches municipais.

A: incorreta, pois o compromisso de ajustamento de conduta não contém qualquer vício, não sendo o caso, portanto, de ação anulatória. Ademais, sendo o compromisso celebrado pelo Ministério Público insuficiente para tutelar o direito das mães, está a Defensoria Pública, como órgão público, legitimada a tomar novo termo e, se for o caso, propor ação civil pública para exigir outras providências, que tutelem, efetivamente, o direito das mães; **B:** incorreta, pois a Defensoria Pública pode tomar providências, celebrar compromisso de ajustamento de conduta e propor ação civil pública. A legitimidade para a celebração de compromisso decorre do art. 5°, § 6°, da Lei n. 7.347/1985: "Os órgãos públicos legitimados poderão tomar dos interessados compromisso de ajustamento de sua conduta às exigências legais, mediante cominações, que terá eficácia de título executivo extrajudicial"; **C:** correta, pois, como dito, a Defensoria Pública tem legitimidade para a tomada das providências mencionadas; **D:** incorreta, pois não se trata da providência mais efetiva, ante a legitimidade da Defensoria Pública para celebrar o compromisso e para propor ação, se for o caso; **E:** incorreta, pois o compromisso celebrado pelo Ministério Público não impede a propositura de ação coletiva ou a proposição de compromisso de ajustamento de conduta, uma vez que a atuação de um colegitimado não pode impedir a atuação do outro. Nesse sentido que muitos afirmam que a legitimidade concorrente, no âmbito da tutela coletiva, é disjuntiva.

Gabarito "C".

6. SENTENÇA, RECURSOS, COISA JULGADA, LIQUIDAÇÃO E EXECUÇÃO

(Defensor Público/AC - 2017 - CESPE) Se a DPE/AC propuser ação coletiva em defesa de interesses individuais homogêneos, a sentença que deverá ser proferida fará coisa julgada

(A) ultra partes, se a ação for julgada improcedente por falta de provas, sendo vedada nova ação por outro legitimado.

(B) erga omnes, se a ação for julgada improcedente por falta de provas, sendo vedada nova ação por outro legitimado.

(C) erga omnes, somente se a ação for julgada procedente.

(D) erga omnes, se a ação for julgada improcedente por falta de provas, sendo vedada nova ação pelo mesmo legitimado.

(E) ultra partes, se a ação for julgada improcedente por falta de provas, podendo ser proposta nova ação por outro legitimado.

Em se tratando de **direitos difusos**, a sentença fará coisa julgada **erga omnes**, exceto se o pedido for julgado improcedente por insuficiência de provas, hipótese em que qualquer legitimado poderá intentar outra ação, com idêntico fundamento valendo-se de nova prova (art. 103, I, do CDC). Em se tratando de **direitos coletivos**, a sentença fará coisa julgada **ultra partes**, mas limitadamente ao grupo, categoria ou classe, salvo improcedência por insuficiência de provas (art. 103, II, do CDC). Em se tratando de **direitos individuais homogêneos**, a sentença fará coisa julgada **erga omnes**, apenas no caso de procedência do pedido, para beneficiar todas as vítimas e seus sucessores (art. 103, III, do CDC).

Gabarito "C".

(Defensor Público –DPE/MT – 2016 – UFMT) NÃO há efeito da coisa julgada nas relações de consumo:

(A) Erga omnes, se o pedido for julgado improcedente por insuficiência de provas, nas ações envolvendo direitos difusos.

(B) Erga omnes, nas ações envolvendo direitos individuais homogêneos.

(C) Erga omnes, nas ações envolvendo direitos difusos.

(D) Ultra partes, nas ações envolvendo direitos coletivos.

(E) Ultra partes, nas ações envolvendo direitos coletivos stricto sensu.

A: correta. Na forma do art. 103, I, do CDC, se ação for julgada improcedente por falta de provas, não há que se falar em efeito *erga omnes* da sentença, sendo possível um dos legitimados ingressar com nova ação coletiva. **B:** incorreta. Em direitos individuais homogêneos, haverá efeito *erga ommes*, ainda que a ação tenha sido julga improcedente por falta de provas, impossibilitando nova ação coletiva. **C:** incorreta. Veja justificativa da alternativa A. **D:** incorreta. Na ações que envolvam direitos coletivos, a sentença faz coisa julgada *ultra partes*, salvo na hipótese de ter sido julgada improcedente por falta de provas, cabendo nova ação coletiva. **E:** incorreta. Direitos coletivos e direitos coletivos *stricto sensu* são sinônimos. Diferencia-se dos direitos coletivos *lato sensu* já que esse se refere aos direitos difusos, coletivos e individuais homogêneos.

Gabarito "A".

(Defensor Público –DPE/ES – 2016 – FCC) No que diz respeito aos Direitos Difusos e Coletivos, a doutrina especializada criou uma nova terminologia, chamada coisa julgada *secundum eventum litis*, *erga omnes* ou *ultra partes*. Neste sentido, a sentença fará coisa julgada

(A) e seus efeitos indeferem do direito tratado, seja ele difuso, coletivo ou individual homogêneo.

(B) ultra partes, mas limitadamente ao grupo, categoria ou classe, salvo improcedência por insuficiência de provas quando se tratar de direitos difusos e coletivos.

(C) *erga omnes*, exceto se o pedido for julgado improcedente por insuficiência de provas, hipótese em que qualquer legitimado poderá intentar outra ação, com idêntico fundamento valendo-se de nova prova, no caso dos direitos difusos.

(D) *erga omnes*, em todos os casos em que houver análise de mérito.

(E) somente se os titulares dos direitos difusos forem individualmente chamados a compor a lide.

A: incorreta. Na forma do art. 103 do CDC, se julgada procedente a ação coletiva, a coisa julgada em direitos difusos será *erga omnes*; em direitos coletivos *ultra partes*; e em direitos individuais homogêneos será *erga omnes*. Há se se recordar, ainda, que o efeito da sentença dependerá, sempre, do resultado da lide. Se a ação for julgada improcedente por falta de provas em direitos difusos e coletivos, é possível ingressar com nova ação coletiva. Já para os direitos individuais homogêneos, caso a ação tenha sido julgada improcedente com provas ou por falta de provas, não se permite o ingresso de nova ação coletiva. **B:** incorreta. Mesmo fundamento da alternativa anterior. **C:** correta. Em direitos difusos, o efeito da sentença será *erga omnes*, exceto se o pedido for julgado improcedente por insuficiência de provas, hipótese em que qualquer legitimado poderá intentar outra ação, com idêntico fundamento valendo-se de nova prova. **D:** incorreta. Mesmo fundamento da alternativa A. **E:** incorreta. Os titulares dos direitos difusos são indetermináveis e, mesmo nos direitos coletivos e individuais homogêneos, a coisa julgada não depende de participação dos indivíduos para se operar.

Gabarito "C".

(Defensor Público –DPE/ES – 2016 – FCC) Dr. Carlos é magistrado na comarca de Vitória, no Espírito Santo. No desenvolvimento do seu trabalho percebe que inúmeros consumidores ingressam com ações individuais na busca de reparação de danos decorrentes de direitos individuais homogêneos. Dr. Carlos, decide acertadamente, com base no novo CPC

(A) encaminhar o caso aos centros de conciliação, na busca de uma solução direta para todos os casos, transformando a demanda individual em coletiva.
(B) suspender os casos individuais até a propositura de uma ação coletiva correspondente, com o intuito de evitar decisões contraditórias e permitir, assim, a melhor distribuição da justiça.
(C) oficiar o Ministério Público, já que a Defensoria não possui legitimidade para propor eventual ação por não restringir a demanda coletiva aos hipossuficientes.
(D) não oficiar a ninguém, sob pena de violar a inércia e a imparcialidade do magistrado.
(E) oficiar a Defensoria Pública para, se for o caso, promover a propositura da ação coletiva respectiva.

A: incorreta. A mediação e a conciliação são formas alternativas de solução de conflito. As ações, as mediações e conciliações não podem ser transformadas em coletivas; **B:** incorreta. A suspensão dos casos individuais se faz na forma do art. 104 do CDC, razão pela qual, sempre que houver ação coletiva em curso, poderá a parte que ingressou com ação individual exercer o direito de manter a ação individual ou suspendê-la. Vale lembrar que, o STJ já firmou entendimento em sede de Recurso Repetitivo, tese 589, que "ajuizada ação coletiva atinente a macrolide geradora de processo multitudinários, suspendem-se as ações individuais, no aguardo da ação coletiva". **C:** incorreta. Na forma do art. 139, X, do Código de Processo Civil, o "juiz dirigirá o processo conforme as disposições deste Código, incumbindo-lhe: X – quando se deparar com diversas demandas individuais repetitivas, oficiar o Ministério Público, a Defensoria Pública e, na medida do possível, outros legitimados a que se referem o art. 5º da Lei 7.347, de 24 de julho de 1985, e o art. 82 da Lei 8.078, de 11 de setembro de 1990, para, se for o caso, promover a propositura da ação coletiva respectiva". **D:** incorreta. Conforme argumentos expostos na alternativa C. **E:** correta. Conforme argumentos expostos na alternativa C.

Gabarito "E".

(Defensor Público/AM – 2013 – FCC) Com relação à coisa julgada nas ações coletivas, considere as afirmações abaixo.

I. Nas causas de interesses difusos, a sentença de improcedência fará coisa julgada *erga omnes*.
II. Nas causas de interesses coletivos, a sentença fará coisa julgada *erga omnes*, exceto se o pedido for julgado improcedente por insuficiência de provas.
III. Nas causas de interesses difusos, após o trânsito em julgado de sentença procedente, qualquer legitimado poderá ajuizar outra ação com mesmo pedido e causa de pedir, valendo-se de nova prova.
IV. Os efeitos da coisa julgada, tanto nas causas de interesses difusos como nas de coletivos, não prejudicarão interesses e direitos individuais dos integrantes da coletividade, do grupo, categoria ou classe.
V. Na hipótese de direitos individuais homogêneos, a sentença fará coisa julgada *erga omnes*, apenas no caso de procedência do pedido, para beneficiar todas as vítimas e seus sucessores.

Está correto o que se afirma APENAS em

(A) I e III.
(B) III, IV e V.
(C) IV e V.
(D) II e V.
(E) I, II e III.

I: incorreta, pois é a sentença de procedência que fará coisa julgada erga omnes (art. 103, I, do CDC); **II:** incorreta, pois a sentença de procedência, no caso de direitos coletivos, fará coisa julgada ultra partes (art. 103, II, do CDC); **III:** incorreta, pois a possibilidade de ajuizamento de nova ação só existe se a ação for julgada improcedente por falta de provas(art. 103, I, do CDC); **IV:** correta, pois é o que estabelece o art. 103, § 1º, do CDC; **V:** correta, pois é o que estabelece o art. 103, III, do CDC.

Gabarito "C".

(Defensor Público/ES – 2012 – CESPE) Julgue os próximos itens, relativos à defesa dos interesses difusos em juízo.

(1) Em caso de lesão ao patrimônio público, a indenização obtida em ACP será destinada a recompor o patrimônio lesado.
(2) A coisa julgada será *erga omnes*, mas limitada ao grupo, classe ou categoria de pessoas, na ACP ou na ação coletiva que verse sobre interesses coletivos, se a improcedência se fundar em falta de provas.

1: correta, pois assim determina o art. 18 da Lei n. 8.429/1992: "Art. 18. A sentença que julgar procedente ação civil de reparação de dano ou decretar a perda dos bens havidos ilicitamente determinará o pagamento ou a reversão dos bens, conforme o caso, em favor da pessoa jurídica prejudicada pelo ilícito"; **2:** errada, pois, nos termos do art. 103, II, do CDC, a coisa julgada, no caso de tutela de direitos coletivos no sentido estrito, é ultra partes. Ademais, não há formação da coisa julgada no caso de improcedência por falta de provas.

Gabarito 1C, 2E.

(Defensor Público/PR – 2012 – FCC) Uma associação de proteção ao meio ambiente ajuizou ação civil pública contra uma indústria química para que fosse impedida de realizar determinado processo de produção que teria por resultado uma fumaça tóxica que impediria o crescimento das araucárias. Como a associação não pôde custear a perícia, a ação foi julgada improcedente por falta de provas e transitou em julgado. Nesse caso

(A) é possível a qualquer legitimado para a tutela coletiva ajuizar nova ação civil pública, desde que fundada em novas provas.
(B) apenas a associação que ajuizou a primeira ação poderá ajuizar nova ação civil pública, desde que fundada em novas provas, pois se trata de um direito difuso.
(C) como houve apreciação do mérito, forma-se coisa julgada material, não sendo possível o ajuizamento de nova ação civil pública, tampouco de ação rescisória.
(D) é necessário o ajuizamento de ação rescisória pela associação, após a realização da perícia pela via cautelar, por se tratar de prova da qual não pôde fazer uso e que por si só pode assegurar-lhe pronunciamento favorável.
(E) é necessário o ajuizamento de ação rescisória por qualquer dos legitimados para a tutela coletiva, após a realização da perícia pela via cautelar, por se tratar de prova da qual não se pôde fazer uso e que por si só pode assegurar pronunciamento favorável.

A: correta, pois a decisão de improcedência da ação coletiva que tutela direitos difusos (art. 81, parágrafo único, I, do CDC), por falta de provas, não impede o ajuizamento de outro ação coletiva, desde que fundada em novas provas. Assim estabelece o art. 103, I, do CDC. Aliás, essa é uma das grandes características do processo coletivo: impedir que uma decisão proferida em ação coletiva, quando a atuação do colegitimado não foi efetiva, possa impedir a efetiva tutela dos direitos transindividuais; **B:** incorreta, pois, como expressamente dispõe o art. 103, I, do CDC, "qualquer legitimado poderá intentar outra ação"; **C:** incorreta, pois, no âmbito do processo coletivo, nem toda decisão de mérito faz coisa julgada material. A formação da coisa julgada material, que poderia impedir nova demanda sobre a mesma questão, é condicionada ao resultado do processo (secundum eventum litis) e à qualidade da prova produzida (secundum eventum probationis); **D:** incorreta, pois não cabe ação rescisória se não houve a formação da coisa julgada material (art. 966 caput, do NCPC); **E:** incorreta, pois, como se disse, incabível, no caso, a ação rescisória.

Gabarito "A".

(Defensor Público/PR – 2012 – FCC) A Defensoria Pública do Paraná ajuíza ação civil pública em face do Estado do Paraná e do Município de Cascavel. Um mês depois, o Ministério Público ajuíza ação com idêntico pedido e idêntica causa de pedir, em face do Município de Cascavel. Nesta hipótese, verifica-se a ocorrência de

(A) conexão.
(B) continência.
(C) litispendência.
(D) conexão em relação ao Estado do Paraná e continência em relação ao Município de Cascavel.
(E) ausência de identidade entre os processos, por se tratarem de autores diferentes.

A: incorreta, pois, no caso, há identidade entre os elementos da demanda (mesmo réu, mesma causa de pedir e mesmo pedido). Sendo assim, o fenômeno é o da litispendência. O fato de o autor ser formalmente diferente não impede o reconhecimento da litispendência, decorrente da tríplice identidade, no processo coletivo, pois o autor da demanda postula em juízo direitos que não são seus, mas que pertencem à coletividade; **B:** incorreta, pois os pedidos são idênticos. Haveria possibilidade de continência se os pedidos deduzidos em uma demanda fossem mais amplos do que os pedidos deduzidos na outra; **C:** correta, pois, conforme exposto, há identidade entre os elementos objetivos (causa de pedir e pedido) e subjetivos (partes) da demanda, o que caracteriza a litispendência; **D:** incorreta, pois, como se disse, não há continência, que pressupõe diferença de amplitude dos pedidos; **E:** incorreta, pois, conforme se disse, há identidade entre elementos da demanda.

Gabarito "C".

(Defensor Público/SE – 2012 – CESPE) Em caso de ajuizamento de ação coletiva com a finalidade de se obter tutela jurisdicional que condene determinada instituição financeira a reparar o dano causado a determinada coletividade de poupadores,

(A) os efeitos da sentença de improcedência da ação coletiva se estenderão às ações individuais com o mesmo objeto.
(B) a sentença de procedência somente poderá beneficiar os poupadores, e não seus sucessores.
(C) as ações individuais que tenham por objeto a mesma questão não poderão ser liquidadas ou executadas com base na sentença coletiva que julgue procedente o pedido.
(D) os efeitos da sentença de procedência ou de improcedência se estenderão às vítimas e seus sucessores.
(E) admite-se o aproveitamento da coisa julgada coletiva benéfica para as pretensões individuais, que podem ser liquidadas e executadas com base na sentença coletiva.

A: incorreta, pois as pretensões individuais, no caso, não são prejudicadas pelo que for decidido na ação coletiva. Assim determina o art. 103, § 2º, do CDC; **B:** incorreta, pois a sentença proferida na ação coletiva beneficia as vítimas e seus sucessores, conforme determina, expressamente, o art. 103, III, do CDC; **C:** incorreta, pois a possibilidade de liquidação e execução decorre dos arts. 97 e 98 do CDC; **D:** incorreta, pois apenas os efeitos da sentença de procedência se estenderão às vítimas e seus sucessores (art. 103, III, do CDC); **E:** correta, pois assim estabelecem os arts. 97 e 98 do CDC.

Gabarito "E".

(Defensor Público/SE – 2012 – CESPE) Assinale a opção correta com relação à coisa julgada e à prescrição nas ações coletivas.

(A) Em regra, a execução de sentença coletiva prescreve em cinco anos a contar da prolação da sentença.
(B) Na hipótese de improcedência de ação coletiva por falta de provas, quando a demanda tiver sido proposta para tutela de interesses e direitos individuais homogêneos, a coisa julgada recairá sobre as pretensões coletivas, de modo que não será viável a repropositura da ação coletiva para tutelar direitos individuais e homogêneos com o mesmo objeto, ainda que mediante a indicação de prova nova.
(C) Na ação coletiva ajuizada para tutelar direitos e interesses coletivos *stricto sensu*, a eficácia da sentença de procedência não se limita a determinado grupo ou categoria, por ser *erga omnes*.
(D) De acordo com entendimento do STJ, o termo inicial do prazo de prescrição para o ajuizamento de ação coletiva com a finalidade de atacar contrato ilegal é a subscrição do contrato.
(E) A ação coletiva para a tutela do meio ambiente prescreve em cinco anos contados da ciência do dano.

A: incorreta, pois, em regra, não há prescrição no âmbito das ações coletivas, exceto no caso das pretensões individuais. Assim, no caso da tutela de direitos difusos, envolvendo, por exemplo, a proteção do meio ambiente ecologicamente equilibrado, não se pode falar em prescritibilidade. A prescrição ocorre no caso da tutela de direitos individuais. A 2ª Turma do STJ já consignou: "O Tribunal a quo entendeu que: 'Não se pode aplicar entendimento adotado em ação de direitos patrimoniais em ação que visa à proteção do meio ambiente, cujos efeitos danosos se perpetuam no tempo, atingindo às gerações presentes e futuras'. Esta Corte tem entendimento no mesmo sentido, de que, tratando-se de direito difuso – proteção ao meio ambiente –, a ação de reparação é imprescritível. Precedentes" (AgRg no REsp 1.150.479/RS, Rel. Min. Humberto Martins, DJe 14/10/2011). De lembrar que o prazo prescricional para a execução é o mesmo para o ajuizamento da ação de conhecimento. Consigne-se, ainda, que a Lei de Improbidade Administrativa (Lei n. 8.429/1992), em seu art. 23, traz regras específicas sobre a prescrição. Porém, a pretensão ao ressarcimento ao erário, decorrente de ato de improbidade administrativa, é imprescritível; **B:** correta. O art. 103 do CDC, nos incisos I e II, estabelece que, nas ações coletivas, a sentença fará coisa julgada erga omnes (no caso de direitos difusos) ou ultra partes (no caso de direito coletivo no sentido estrito), mas, em relação aos colegitimados, não há coisa julgada material se a ação for julgada improcedente por falta de provas. Todavia, se o artigo 103, nos incisos I e II, faz ressalva quanto à possibilidade de nova demanda coletiva, fundada nos mesmos fatos, se houver improcedência por insuficiência de provas, ele não contém a mesma ressalva no caso do inciso III. E por não conter as mesmas ressalvas dos incisos anteriores, sugere que a sentença de improcedência por falta de provas, no caso da tutela de direitos individuais homogêneos, atinge os colegitimados. Registre-se, porém, que existem divergências doutrinárias sobre a questão; **C:** incorreta, pois a eficácia da sentença, no caso, restringe-se ao grupo, à classe ou à categoria de pessoas. Além disso, os efeitos da coisa julgada, no caso da tutela de direitos coletivos no sentido estrito, são ultra partes e não erga omnes; **D:** incorreta, pois o termo inicial é o do trânsito em julgado da sentença coletiva. Assim já decidiu o STJ: "Nas execuções individuais ou cumprimento de sentença, o prazo prescricional é o quinquenal, próprio das ações coletivas, contado a partir do trânsito em julgado da sentença proferida em ação civil pública" (AgRg no AREsp 280.711/MS, Rel. Min. Humberto Martins, Segunda Turma, DJe 25/04/2013); **E:** incorreta, conforme comentários à assertiva "A".

Gabarito "B".

7. ORDEM URBANÍSTICA

(Defensor Público/AC – 2012 – CESPE) Assinale a opção correta em relação à defesa da ordem urbanística.

(A) O planejamento de construção de ruas e de prédios de forma a garantir fluxo tranquilo, tanto do transporte terrestre quanto do aéreo, não se enquadra como diretriz da ordem urbanística.

(B) A justa distribuição dos benefícios advindos do processo de urbanização bem como dos ônus dele decorrentes não se inclui entre as preocupações relacionadas à ordem urbanística.

(C) Caso o dano por falta de investimento em infraestrutura, como a falta de água frequente ou defeitos na rede de esgoto, atinja apenas alguns bairros de determinado município, estará configurada violação a direito difuso.

(D) A regularização fundiária e a urbanização de áreas ocupadas por população de baixa renda, mediante o estabelecimento de normas especiais de urbanização, é matéria afeta ao direito de propriedade e, como tal, não diz respeito ao direito urbanístico.

(E) A lei reconhece como direito coletivo em sentido amplo a ordem urbanística, sendo um dos objetivos da política urbana o pleno desenvolvimento da propriedade urbana, razão pela qual a construção de condomínios em região arborizada deve ser precedida de estudo de impacto ambiental.

A: incorreta, pois a assertiva se refere a diretrizes importantes da ordem urbanística conforme se infere do art. 182 da CF e da Lei n. 10.257/2001, que estabelece diretrizes gerais da política urbana e dá outras providências, **B:** incorreta, pois referidas preocupações estão consignadas na Lei n. 10.257/2001 (art. 2º, IX); **C:** incorreta, pois, no caso, estão afetos, mais diretamente, direitos coletivos e individuais homogêneos; **D:** incorreta, pois as referidas matérias dizem respeito ao direito urbanístico, tanto que consignadas na Lei n. 10.257/2001 (art. 2º, XIV); **E:** correta, pois, de fato, a tutela da ordem urbanística envolve direitos transindividuais, sendo o estudo de impacto ambiental um dos principais instrumentos da tutela da ordem urbanística (art. 4º, VI, da Lei n. 10.257/2001).

Gabarito "E".

8. IMPROBIDADE ADMINISTRATIVA

(Defensor Público/ES – 2012 – CESPE) Julgue os próximos itens, referentes a ACP e ação de improbidade administrativa.

(1) A petição inicial da ação de improbidade administrativa ajuizada pelo MP pode ser objeto de aditamento pelos demais legitimados, em atuação supletiva, para suprir omissão objetiva ou subjetiva.

(2) A categoria ético-política dos sujeitos hipervulneráveis justifica a defesa de direito individual indisponível, ainda que não homogêneo, por meio de ACP.

1: correta, pois, sendo a legitimidade concorrente, a ação de improbidade pode ser proposta pelo Ministério Público ou pela pessoa jurídica interessada (Lei n. 8.429/1992, art. 17). Sendo assim, desde que constatada alguma omissão, o colegitimado pode aditar a inicial para incluir pedido (aditamento objetivo) ou para incluir litisconsorte (aditamento subjetivo); **2:** correta, pois esse tem sido o entendimento dos tribunais superiores. Trata-se da utilização da ação civil pública para a tutela de direito individual ou de direitos individuais. Alguns falam, no caso, em ação pseudocoletiva. Luiz Paulo da Silva Araújo Filho (Ações coletivas: a tutela jurisdicional dos direitos individuais homogêneos, Rio de Janeiro: Forense, 2000, p. 200) chama a atenção para o fenômeno das ações pseudocoletivas: "Nas ações pseudocoletivas, em realidade, conquanto tenha sido proposta a ação por um único legitimado extraordinário, na verdade estão sendo pleiteados, específica e concretamente, os direitos individuais de inúmeros substituídos, caracterizando-se uma pluralidade de pretensões que, em tudo e por tudo, é equiparável à do litisconsórcio multitudinário, na feliz e consagrada expressão de Cândido Rangel Dinamarco, devendo sua admissibilidade, portanto, submeter-se, em princípio, às mesmas condições, ou seja, somente poderiam ser consideradas admissíveis quando não prejudicassem o pleno desenvolvimento do contraditório ou o próprio exercício da função jurisdicional".

Gabarito 1C, 2C.

(Defensor Público/AC – 2012 – CESPE) A respeito da improbidade administrativa, assinale a opção correta.

(A) A responsabilidade civil decorrente do ato de improbidade administrativa é objetiva, ou seja, não se analisa dolo ou culpa, porque o prejuízo sempre será do poder público.

(B) Ação contrária aos princípios da administração pública não gera improbidade administrativa quando não causa prejuízo ao erário.

(C) Ato de improbidade é definido como o ato lesivo ao ordenamento jurídico praticado exclusivamente por servidor público, no exercício de sua função, contra a administração direta, indireta ou fundacional de qualquer dos poderes da União, dos Estados, do DF e dos Municípios.

(D) A probidade administrativa configura norma difusa, visto que os bens pertencentes ao Estado constituem *res publica*, devendo ser coibido qualquer desvio de destinação desses bens.

(E) As sanções legalmente previstas para atos de improbidade administrativa não incluem a proibição de contratar com o poder público.

A: incorreta, pois a responsabilidade, no caso, é subjetiva. Por isso, a responsabilidade pelo ato de improbidade que causa enriquecimento ilícito ou que atenta contra os princípios aplicáveis à Administração Pública pressupõe dolo. No caso de ato de improbidade que causa prejuízo ao erário a responsabilidade também é subjetiva e decorre de dolo ou culpa (art. 10, caput, da Lei n. 8.429/1992; **B:** incorreta, pois a responsabilidade, no caso de ato que atenta contra os princípios, independe de eventual prejuízo ao erário. Tanto que o art. 12, III, da Lei n. 8.429/1992, determina a aplicação da pena de ressarcimento integral do dano, "se houver" prejuízo ao erário; **C:** incorreta, pois o ato de improbidade é praticado por agentes públicos, bem como por colaboradores e beneficiários. Além disso, o conceito de agente público, para fins de incidência da Lei n. 8.429/1992, é muito amplo. Assim se depreende dos arts. 2º e 3º da Lei n. 8.429/1992; **D:** correta, pois o ato de improbidade administrativa atenta contra interesse difuso, qual seja, o direito difuso à probidade, à honestidade dos agentes públicos. Também é interesse difuso o relacionado à preservação do patrimônio público, composto por bens materiais e imateriais. Daí a legitimidade do Ministério Público reconhecida pela Súmula n. 329 do STJ ("O Ministério Público tem legitimidade para propor ação civil pública em defesa do patrimônio público"); **E**: incorreta, pois a sanção está prevista no art. 12 da Lei n. 8.429/1992.

Gabarito "D".

9. AÇÃO POPULAR E MANDADO DE SEGURANÇA COLETIVO

(Defensor Público –DPE/RN – 2016 – CESPE) A respeito do mandado de segurança coletivo e individual, assinale a opção correta.

(A) Para impetrarem mandado de segurança coletivo, as entidades de classe e os sindicatos devem estar em funcionamento há pelo menos um ano.

(B) O termo inicial para impetração de mandado de segurança para impugnar critérios de aprovação e classificação de concurso público conta-se da publicação do edital de abertura do certame, segundo entendimento recente do STF.

(C) No mandado de segurança coletivo, a liminar só poderá ser concedida após a audiência do representante judicial da pessoa jurídica de direito público, que deverá se pronunciar no prazo de setenta e duas horas.

(D) O Poder Judiciário não pode controlar a legalidade dos atos administrativos discricionários por meio de mandado de segurança.

(E) Não é cabível a impetração de mandado de segurança contra lei em tese, mesmo quando esta for de efeitos concretos.

A: incorreta. Na forma do art. 21 da Lei 12.016/2009, "O mandado de segurança coletivo pode ser impetrado por partido político com representação no Congresso Nacional, na defesa de seus interesses legítimos relativos a seus integrantes ou à finalidade partidária, ou por organização sindical, entidade de classe ou associação legalmente constituída e em funcionamento há, pelo menos, 1 (um) ano, em defesa de direitos líquidos e certos da totalidade, ou de parte, dos seus membros ou associados, na forma dos seus estatutos e desde que pertinentes às suas finalidades, dispensada, para tanto, autorização especial". **B**: incorreta. "O termo inicial para impetração de mandado de segurança a fim de impugnar critérios de aprovação e de classificação de concurso público conta-se do momento em que a cláusula do edital causar prejuízo ao candidato". RMS 23586/DF, rel. Min. Gilmar Mendes, 25.10.2011. (RMS-23586). **C**: correta, nos exatos termos do art. 22, § 2°, da Lei 12.016/2009. **D**: incorreta. A judicialização das políticas públicas tem sido admitida pela doutrina e jurisprudência. E: incorreta. Admite-se mandado de segurança contra lei em tese se o efeito for concreto.

Gabarito "C".

(Defensor Público/BA – 2010 – CESPE) O chefe do Executivo de determinado município promulgou lei que institui nova taxa de serviço. O presidente do partido político de oposição pretende ajuizar ação, visando a não aplicação dessa lei aos contribuintes locais. Considerando essa situação hipotética, os interesses transindividuais e a tutela coletiva, julgue os itens seguintes.

(1) É possível o uso da ação popular, para a proteção do patrimônio das pessoas, contra a instituição do referido tributo.

(2) O referido partido político, desde que tenha representação na câmara de vereadores, poderá ajuizar mandado de segurança coletivo.

1: errada, pois a ação popular só pode ter por objeto a proteção do patrimônio público, da moralidade administrativa, do meio ambiente e do patrimônio histórico e cultural (art. 5.°, LXXIII, da CF), não cabendo para a proteção do patrimônio das pessoas em geral; **2**: errada, pois somente partido político com representação no Congresso Nacional tem legitimidade para ajuizar mandado de segurança coletivo (art. 5.°, LXX, da CF).

Gabarito 1E, 2E.

(Defensoria/PI – 2009 – CESPE) Com relação à ação civil pública e à ação popular, assinale a opção correta.

(A) Quando um cidadão ajuíza ação popular, o Poder Judiciário está autorizado a invalidar opções administrativas ou substituir critérios técnicos por outros que repute mais convenientes ou oportunos.

(B) Nas ações populares, inadmite-se a concessão de liminar.

(C) À DP é vedado ajuizar ação civil pública, quando houver ação popular ajuizada sobre o mesmo fato.

(D) Eventuais provas colhidas na fase de um inquérito civil têm valor relativo, podendo ser refutadas por contraprovas no curso de uma ação civil pública.

(E) Caso um cidadão pretenda sustar a discussão de determinado projeto de lei na Câmara dos Deputados, ele poderá valer-se da ação popular.

A: incorreta, pois há de se respeitar o mérito administrativo; **B**: incorreta, pois cabe, sim, liminar (art. 5.°, § 4.°, da Lei 4.717/1965); **C**: incorreta, pois a Defensoria Pública pode, sim, ajuizar ação civil pública no caso, valendo salientar que a segunda ação promovida, se idêntica, será extinta por litispendência, e se conexa, será reunida para julgamento conjunto com a primeira; **D**: correta, pois, em juízo, sob o manto do contraditório e da ampla defesa, as provas produzidas têm valor diferenciado em relação às provas colhidas no inquérito civil, cujo valor é relativo; **E**: incorreta, pois a simples discussão de um projeto de lei não pode ser considerado ato lesivo aos bens jurídicos tutelados pelo art. 5.°, LXXIII, da CF, e o que vem depois da decisão, a lei, só pode ser discutido por meio de ação de inconstitucionalidade.

Gabarito "D".

10. OUTROS TEMAS

(Defensor Público –DPE/RN – 2016 – CESPE) Acerca da tutela coletiva do direito do consumidor e do direito à cidade e à moradia, assinale a opção correta.

(A) O consumidor tem direito à inversão do ônus da prova em ação consumerista por ele movida, prerrogativa que, conforme entendimento do STJ, não se aplica ao MP quando este figura como autor de ação dessa espécie.

(B) A prestação de serviços públicos de saneamento básico por entidade não integrante da administração pública pode ser disciplinada por convênio, termo de parceria ou outro instrumento de natureza precária.

(C) De acordo com a legislação de regência, os recursos do Fundo Nacional de Habitação de Interesse Social e dos fundos estaduais, do DF e dos municípios não podem ser associados a recursos onerosos, inclusive os do FGTS, bem como a linhas de crédito de outras fontes.

(D) Para o STJ, o direito à moradia está inserido no âmbito dos interesses individuais indisponíveis, razão pela qual não pode ser tutelado pelo MP.

(E) Segundo entendimento do STJ, deve ser considerada abusiva previsão feita em contrato de plano de saúde que exclua das responsabilidades da empresa o custeio de meios e materiais necessários a procedimento cirúrgico voltado à cura de uma doença coberta pelo plano.

A: incorreta. Conforme interpretação jurisprudencial e doutrinária, a inversão do ônus da prova, prevista no art. 6º, VIII, do CDC, é aplicável microssistema de tutela coletiva por força do disposto no artigo 21 da LACP. **B:** incorreta. Expressamente vedada pelo art. 10 da Lei 11.445/2007, *in verbis*: "A prestação de serviços públicos de saneamento básico por entidade que não integre a administração do titular depende da celebração de contrato, sendo vedada a sua disciplina mediante convênios, termos de parceria ou outros instrumentos de natureza precária". **C:** incorreta. A Lei 11.124/2005, que cria e estrutura o SNHIS, determina, em seu artigo 6º, que os recursos para a moradia serão: o Fundo de Amparo ao Trabalhador – FAT, o Fundo de Garantia do Tempo de Serviço – FGTS, o Fundo Nacional de Habitação de Interesse Social – FNHIS; e outros fundos ou programas que vierem a ser incorporados ao SNHIS. **D:** incorreta. O Ministério Público está legitimado para as ações coletivas, inclusive as que defendam Direitos Individuais Indisponíveis. **E:** correta. É nesse sentido o entendimento do STJ: "Recusa indevida, pela operadora de plano de saúde, da cobertura financeira do procedimento e do material cirúrgico do tratamento médico do beneficiário. Ainda que admitida a possibilidade de previsão de cláusulas limitativas dos direitos do consumidor (desde que escritas com destaque, permitindo imediata e fácil compreensão), revela-se abusivo o preceito do contrato de plano de saúde excludente do custeio dos meios e materiais necessários ao melhor desempenho do tratamento clínico ou do procedimento cirúrgico coberto ou de internação hospitalar. Precedentes" (STJ, REsp 1.533.684/SP, DJ 16/02/2017).

Gabarito "E".

(Defensor Público –DPE/MT – 2016 – UFMT) Sobre o instituto do *amicus curiae* nas ações coletivas, assinale a afirmativa INCORRETA.

(A) Um exemplo de situação específica admitida pela doutrina como representativa da atuação do *amicus curiae* é a prevista na Lei 10.259/2001, que instituiu os Juizados Especiais no âmbito da Justiça Federal.

(B) O reconhecimento da importância do *amicus curiae* se dá pelo caráter fiscalizador sobre determinadas atividades cuja prática indiscriminada possui potencial lesivo à sociedade.

(C) Somente quanto à violação de norma constitucional é que deverá incidir o instituto do *amicus curiae*, já que se trata de instrumento garantidor da participação democrática em assuntos nacionalmente relevantes.

(D) O *amicus curiae* pode ser considerado como a própria sociedade representada, legitimada a defender os seus interesses em juízo, sempre que estes forem afetados pela decisão ali proferida, por meio de instituições especializadas no assunto.

(E) O *amicus curiae* é considerado um terceiro interveniente especial, ao qual deve ser dispensado um tratamento especial no âmbito de todo o direito processual, considerando a falta de regulamentação legal.

O *amicus curiae* é aquele que representa em juízo os interesses ou direitos de outrem e está previsto no art. 138 do Código de Processo Civil. Ele pode ser admitido, inclusive nas ações coletivas, de ofício ou a requerimento das partes.

Gabarito "C".

12. DIREITO DO CONSUMIDOR

Wander Garcia e Roberta Densa*

1. CONCEITO DE CONSUMIDOR E RELAÇÃO DE CONSUMO

(Defensor Público/PE - 2018 - CESPE) Conforme o entendimento do STJ, o CDC aplica-se a
(A) relação contratual entre cliente e advogado.
(B) contrato de plano de saúde administrado por entidade de autogestão.
(C) contratos de previdência complementar celebrados com entidades abertas.
(D) litígio entre condômino e condomínio edilício referente à cobrança de taxa de condomínio.
(E) contrato de aquisição de equipamento médico por entidade privada proprietária de rede de hospitais.

A: incorreta. Conforme interpretação do STJ, o exercício da advocacia é regulado pela Lei 8.906/94, que disciplina a postura ético-profissional do advogado bem como prevê sanções sobre o exercício inadequado da profissão; **B:** incorreta. De acordo com a Súmula 608 do STJ, "aplica-se o Código de Defesa do Consumidor aos contratos de plano de saúde, salvo os administrados por entidades de autogestão"; **C:** correta. Conforme a Súmula 563, "O Código de Defesa do Consumidor é aplicável às entidades abertas de previdência complementar, não incidindo nos contratos previdenciários celebrados com entidades fechadas"; **D:** incorreta. Não incide o Código de Defesa do Consumidor nas relações jurídicas estabelecidas entre condomínio e condôminos. (Vide AgRg no REsp 1096723/PR e AgRg no AREsp 506687/DF); **E:** incorreta. De acordo com o REsp 1321614/SP, de relatoria do Ministro Ricardo Villas Boas Cueva, "consumidor é toda pessoa física ou jurídica que adquire ou utiliza, como destinatário final, produto ou serviço oriundo de um fornecedor. Por sua vez, destinatário final, segundo a teoria subjetiva ou finalista, adotada pela Segunda Seção desta Corte Superior, é aquele que ultima a atividade econômica, ou seja, que retira de circulação do mercado o bem ou o serviço para consumi-lo, suprindo uma necessidade ou satisfação própria, não havendo, portanto, a reutilização ou o reingresso dele no processo produtivo. Logo, a relação de consumo (consumidor final) não pode ser confundida com relação de insumo (consumidor intermediário)". Gabarito "C".

(Defensor Público/AL - 2017 - CESPE) A necessidade de proteção dos destinatários finais dos produtos e serviços ofertados no mercado de consumo abarca as pessoas humana e jurídica, com o objetivo de tutelar a vulnerabilidade e a hipossuficiência dos consumidores. A partir dessa informação, assinale a opção correta, a respeito dos integrantes e do objeto da relação de consumo.
(A) Aplica-se o CDC para a relação entre condômino e condomínio no que diz respeito à cobrança de taxas, em decorrência da vulnerabilidade do condômino em relação ao condomínio.

(B) Em circunstâncias específicas, pessoas que não firmaram qualquer contrato de consumo podem ser equiparadas a consumidores, para fins de proteção.
(C) O conceito de fornecedor não abarca as pessoas jurídicas que atuam sem fins lucrativos, com caráter beneficente ou filantrópico, ainda que elas desenvolvam, mediante remuneração, atividades no mercado de consumo.
(D) Com base na teoria finalista, a condição de destinatário final do produto não é requisito essencial para a classificação da pessoa física ou jurídica como consumidora.
(E) A teoria maximalista amplia sobremaneira o alcance da relação de consumo, mas não abarca as pessoas jurídicas, devido ao fato de considerar que estas jamais se encontrarão em situação de vulnerabilidade frente ao fornecedor.

A: incorreta. De acordo com a jurisprudência do STJ, não incide o Código de Defesa do Consumidor nas relações jurídicas estabelecidas entre condomínio e condôminos (vide AgRg no REsp 1096723); **B:** correta. O consumidor por equiparação nos termos do art. 2º, parágrafo único, art. 17 e art. 29 do CDC pode ser considerado consumidor, ainda que não tenha firmado qualquer contrato com fornecedores no mercado de consumo; **C:** incorreta. Para que haja a caracterização de fornecedor no mercado de consumo, basta a colocação de produtos e serviços de forma habitual e onerosa. Não é elemento caracterizador do conceito de fornecedor o objetivo de lucro; **D:** incorreta. De acordo com a teoria finalista (adotada pelo STJ), consumidor é destinatário final da relação de consumo, ou seja, é aquele que retira o produto do mercado, com a finalidade de uso próprio ou fins profissionais, desde que esteja presente a vulnerabilidade; **E:** incorreta. De acordo com a teoria maximalista, consumidor é quem retira o produto do mercado de consumo, independentemente do uso pessoal ou profissional. O STJ já firmou entendimento nesse sentido, afirmando que é possível considerar consumidor o consumidor, pessoa física ou jurídica, que retira o produto do mercado com a finalidade profissional, desde que esteja presente a vulnerabilidade. Gabarito "B".

(Defensor Público/ES – 2012 – CESPE) Julgue os itens a seguir, acerca dos direitos do consumidor.
(1) As vítimas de acidente aéreo com aeronave comercial, sejam elas passageiros ou pessoas que se encontrem em superfície, são designadas consumidores *stricto sensu* pela doutrina, devendo a elas ser estendidas as normas do CDC.
(2) A inversão do ônus da prova não obriga a parte contraria a arcar com as custas da prova requerida pelo consumidor, mas o fornecedor fica sujeito as consequências processuais advindas de sua não produção.
(3) Consideram-se abusivas e nulas de pleno direito as cláusulas contratuais que coloquem o consumidor em desvantagem exagerada em relação ao fornecedor, cabendo ao juiz de direito competente conhecer, de ofício, da abusividade das cláusulas dos contratos, incluindo-se as dos contratos bancários.

---

* **Roberta Densa** comentou as questões da DPU 2015 e DPE/MT/2016, DPE/RN/2016, DPE/ES/2016, DPE/BA/2016; **Wander Garcia** comentou as demais questões. **Roberta Densa** atualizou todos os comentários deste capítulo.

(4) No direito brasileiro, o critério adotado para determinação da condição de consumidora da pessoa jurídica e o maximalista, de modo que, para caracterizar-se consumidora, a pessoa jurídica deve ser destinatária final econômica do bem ou serviço adquirido.

(5) Considere que Ana tenha celebrado contrato com a Alfa Maquinas Ltda. para a aquisição de uma máquina de bordar, visando utilizar o bem para trabalhar e auferir renda para a sua sobrevivência e a de sua família, e que, nesse contrato, haja clausula de eleição de foro que dificulte o livre acesso de Ana ao Poder Judiciário. Nessa situação hipotética, deve ser declarada a nulidade da referida clausula, diante da hipossuficiência e vulnerabilidade econômica da consumidora.

1: incorreta, pois quem está na aeronave é consumidor-padrão (art. 2º do CDC) e quem está fora é consumidor *bystander*, consumidor equiparado por ser vítima de acidente de consumo (art. 17 do CDC); **2:** correta (STJ, REsp 1.063.639, DJ 04.11.09), (STJ, AgRg na MC 17695/PR, DJ 12/05/2011); **3:** incorreta, pois, segundo a Súmula STJ n. 381, "nos contratos bancários, é vedado ao julgador conhecer, de ofício, da abusividade das cláusulas"; **4:** incorreta, pois o STJ aplica a teoria finalista aprofundada, pela qual é necessário que o consumidor seja destinatário fático e econômico, mas, em caso de destinatário final fático vulnerável, aplica-se o CDC também (art. REsp 1.195.642, DJ 21.11.12); **5:** correta (STJ, REsp 1.010.834, DJ 13.10.10).
Gabarito 1E, 2C, 3E, 4E, 5C

(Defensor Público/AC – 2012 – CESPE) No que diz respeito às relações de consumo, assinale a opção correta.

(A) O CDC não se aplica aos contratos de planos de saúde, regulados por norma específica ditada em lei especial.

(B) Contrato de mútuo firmado entre correntista pessoa física e instituição financeira, para a compra de ações de sociedade anônima, não configura relação de consumo, pois o correntista não pode ser qualificado como destinatário final do produto, que constitui investimento.

(C) O STJ não admite a revisão de ofício de cláusulas contratuais consideradas abusivas em contratos sujeitos às normas de defesa do consumidor.

(D) Visando à adoção do critério finalista para a interpretação do conceito de consumidor, a jurisprudência do STJ veda a aplicabilidade do CDC às relações entre fornecedores e sociedades empresárias.

(E) A discussão judicial da dívida obsta a negativação do nome do devedor nos cadastros de inadimplentes.

A: incorreta, pois o serviço de seguro está previsto no art. 3º, §2º, do CDC e a Súmula STJ n. 469 é expressa no sentido da aplicação do CDC aos planos de saúde; **B:** incorreta, pois o correntista está contraindo empréstimo do banco para uso pessoal, ainda que ligado a um investimento seu, não se confundindo com a atuação de uma empresa que contrai empréstimo para uso na sua atividade econômica (v., p. ex., decisão do STJ no AgRg no Ag 296516); **C:** correta; há inclusive uma Súmula do STJ nesse sentido (Súmula n. 381), voltada ao contrato bancário, mas que traz o posicionamento do STJ nesse assunto; **D:** incorreta, pois o STJ aplica hoje o finalismo aprofundado, que permite a aplicação do CDC não só nos casos em que o consumidor pessoa jurídica é destinatário final fático e econômico (finalismo puro), como também nos casos em que o consumidor pessoa jurídica é só destinatário final fático, mas, no caso concreto, revele-se vulnerável, precisando da proteção consumerista (ex: STJ, REsp 1.195.642, DJ 21.11.12); **E:** incorreta, pois, segundo o STJ, a discussão judicial por si só não é suficiente para suspender a negativação do nome, sendo necessário que o consumidor comprove em juízo os requisitos para a concessão de uma tutela de urgência nesse sentido.
Gabarito "C".

2. POLÍTICA NACIONAL DAS RELAÇÕES DE CONSUMO, PRINCÍPIOS E DIREITOS BÁSICOS

(Defensor Público/AL - 2017 - CESPE) Os princípios consagrados no Código de Defesa do Consumidor (CDC) consistem no ponto de partida para a compreensão do sistema adotado pela lei consumerista e dos seus aspectos de proteção aos vulneráveis negociais. Considerando essas informações, assinale a opção correta, acerca dos princípios fundamentais do CDC e de suas consequências práticas.

(A) O princípio da equivalência negocial, embora seja um critério limitativo da liberdade contratual, não impede que o fornecedor redija condição geral contratual que determine a utilização compulsória de arbitragem.

(B) A falta de clareza na elaboração de uma condição geral contratual não enseja a sua invalidade, já que, nesse caso, deve ser aplicado o princípio da conservação dos pactos contratuais, a fim de tutelar as expectativas das partes.

(C) A caracterização da vulnerabilidade do consumidor admite prova em contrário, a qual pode ser demonstrada, em cada caso concreto, por meio das particularidades da situação fático-jurídica.

(D) A inversão do ônus da prova, considerada um direito básico do consumidor, exige dois critérios para a sua aplicação: alegação verossímil e hipossuficiência do consumidor.

(E) A hipossuficiência do consumidor - que não se relaciona, necessariamente, à condição financeira, política e social do destinatário final do produto - deve ser aferida em cada caso concreto, não podendo ser simplesmente presumida.

A: incorreta. É abusiva a cláusula contratual que determina a arbitragem compulsória (art. 51, VII, do CDC); **B:** incorreta. Nos termos do art. 46 do CDC, o contrato não obrigará o consumidor se os respectivos instrumentos forem redigidos de modo a dificultar a compreensão de seu sentido e alcance, podendo ensejar a sua nulidade; **C:** incorreta. A vulnerabilidade do consumidor é princípio da lei consumerista, e está reconhecida no art. 4º, I, do CDC; **D:** incorreta. Para que haja a inversão do ônus da prova, basta que seja comprovada a verossimilhança ou a hipossuficiência do consumidor; **E:** correta. A vulnerabilidade do consumidor é sempre reconhecida e princípio basilar do CDC. A hipossuficiência, por outro lado, traduz a dificuldade de fazer a prova em juízo (art. 6º, VIII, do CDC).
Gabarito "E".

(Defensor Público/AL - 2017 - CESPE) Devido ao fato de a expansão do mercado de consumo ter elevado a vulnerabilidade do consumidor, o CDC, para resguardar esses consumidores, estabeleceu como direito básico do destinatário final do produto e(ou) serviço a prevenção e a reparação de danos patrimoniais, morais, individuais, coletivos e difusos. Considerando esse assunto, assinale a opção correta, a respeito da responsabilidade do fornecedor pelo vício e fato do produto e do serviço.

(A) Em caso de vícios aparentes identificados em bens duráveis, o prazo decadencial para exercer o direito de reclamar é de cento e oitenta dias, a contar da ciência inequívoca do vício.

(B) Em caso de fato do produto, o prazo prescricional é de três anos, tendo por termo a quo o conhecimento do dano e de sua autoria.

(C) Em caso de vício do produto, os fornecedores não respondem solidariamente por divergência de qualidade e quantidade, devendo ser identificado, na cadeia produtiva, o fornecedor imediatamente responsável pelo vício alegado.

(D) A responsabilidade transubjetiva possibilita à vítima demandar a reparação de danos em face de quem não o tenha praticado diretamente.

(E) A responsabilidade do fornecedor pelo produto e(ou) serviço é valorada pelo critério objetivo, isto é, a configuração do dever de reparar prescinde da análise de culpa lato sensu, estando todos os fornecedores submetidos a esse critério.

A: incorreta. O direito de reclamar pelos vícios aparentes ou de fácil constatação caduca em noventa dias, tratando-se de fornecimento de serviço e de produtos duráveis (art. 26, II, do CDC); **B:** incorreta. Prescreve em cinco anos a pretensão à reparação pelos danos causados por fato do produto ou do serviço (art. 27 do CDC); **C:** incorreta. Havendo mais de um responsável pela causação do dano, todos responderão solidariamente pela reparação aos consumidores (art. 25, § 1º, do CDC); **D:** correta. Sendo a responsabilidade civil solidária (arts. 7º e 25 do CDC), o consumidor pode optar por qualquer dos fornecedores que participem da cadeia produtiva; **E:** incorreta. Os profissionais liberais têm responsabilidade civil subjetiva, devendo o consumidor fazer a prova da culpa daqueles na causação do dano (art. 14, § 4º, do CDC).
Gabarito "D".

(Defensor Público/PE - 2018 - CESPE) A respeito de prevenção e reparação de danos ao consumidor, julgue os seguintes itens, de acordo com o entendimento do Supremo Tribunal Federal (STF) e do Superior Tribunal de Justiça (STJ) e com as disposições do Código de Defesa do Consumidor (CDC).

I. De acordo com o STF, no caso de transporte aéreo internacional envolvendo consumidor, normas e tratados internacionais limitadores da responsabilidade do fornecedor têm prevalência em relação ao CDC.

II. Conforme a jurisprudência do STJ, a existência de corpo estranho no interior da embalagem lacrada de produto alimentício adquirido por consumidor é circunstância apta, por si só, a provocar dano moral indenizável ao consumidor, ainda que este não tenha ingerido o produto.

III. A sociedade empresária franqueadora é solidariamente responsável pelos vícios dos serviços prestados ao consumidor pela sociedade empresária franqueada, conforme a jurisprudência do STJ.

Assinale a opção correta.

(A) Apenas o item II está certo.
(B) Apenas o item III está certo.
(C) Apenas os itens I e II estão certos.
(D) Apenas os itens I e III estão certos.
(E) Todos os itens estão certos.

I: correta. Vide RE 636.331 e RE 766.618 (tese de repercussão geral 210 do Supremo Tribunal Federal: Limitação de indenizações por danos decorrentes de extravio de bagagem com fundamento na Convenção de Varsóvia); **II:** incorreta. A jurisprudência sobre o tema não é unânime. O posicionamento majoritário do Superior Tribunal de Justiça considera necessária a ingestão do alimento com o corpo estranho para que se configure o dano moral (vide AgInt no AREsp 1.018.168, REsp 1.395.647 e AgRg no REsp 1.537.730) (vide também REsp 1.424.304); **III:** correta. Vide informativo 569 do STJ "A franqueadora pode ser solidariamente responsabilizada por eventuais danos causados a consumidor por franqueada".
Gabarito "D".

(Defensoria Pública da União – CESPE – 2015) Acerca dos direitos básicos do consumidor, do fato do produto e do serviço e da responsabilidade civil do fornecedor, julgue os itens a seguir.

(1) O feirante que vender uma fruta estragada não poderá ser responsabilizado pelo vício se o produtor da fruta estiver claramente identificado.

(2) Considere que, em determinado supermercado constem nas prateleiras informações referentes à quantidade, às características, à composição, à qualidade e ao preço dos produtos, bem como as referentes aos riscos a eles associados, mas não conste informação sobre os tributos incidentes sobre tais produtos. Nessa situação, o supermercado estará infringindo regra constante no CDC.

(3) Considere a seguinte situação hipotética. Beatriz contratou Sílvio para prestar serviço de reparos elétricos em sua residência. Dias depois, um de seus equipamentos eletrônicos, que estava ligado a uma tomada reparada por Sílvio, queimou. Beatriz, então, acionou-o judicialmente, pleiteando sua responsabilização pelo ocorrido. Em contestação, Sílvio apresentou laudo técnico cuja conclusão apontava que Beatriz havia ligado o equipamento em tomada com voltagem superior à capacidade do aparelho. Nessa situação hipotética, o juiz deverá concluir pela responsabilização de Sílvio, independentemente de culpa.

1: Errada. O art. 18 da lei consumerista, ao tratar da responsabilidade civil, aduz a responsabilidade civil do comerciante, nos seguintes termos: "§ 5º No caso de fornecimento de produtos *in natura*, será responsável perante o consumidor o fornecedor imediato, exceto quando identificado claramente seu produtor". **2:** Errada. O art. 6º, III, dispõe sobre a necessidade de os fornecedores demonstrarem os tributos incidentes, o que pode ser feito através dos documentos fiscais ou equivalentes, constando a informação do valor aproximado correspondente à totalidade dos tributos federais, estaduais e municipais, cuja incidência influi na formação dos respectivos preços de venda, tudo conforme o artigo 1º da Lei 12.741/2012. **3:** Errada. A responsabilidade civil adotada pelo Código de Defesa do Consumidor é objetiva, fundamentada na teoria do risco, mas admite as excludentes de responsabilidade, em especial por culta exclusiva do consumidor.
Gabarito 1E, 2E, 3E

(Defensor Público –DPE/MT – 2016 – UFMT) Quanto aos princípios da Política Nacional de Relações de Consumo, considere:

I. Presença do Estado no mercado de consumo.
II. Educação de fornecedores e de consumidores, com vista à melhoria do consumo.
III. Ação governamental para proteger o consumidor por iniciativa direta.

IV. Ação pública para repreender a utilização indevida de inventos e criações industriais das marcas e nomes comerciais e signos distintivos.

V. Promoção de estudo constante das modificações do mercado de consumo, atendendo às necessidades de todos os envolvidos nessa relação.

São princípios da Política Nacional de Relações de Consumo:

(A) I, III e IV, apenas.
(B) I, II e III, apenas.
(C) II, III, IV e V, apenas
(D) III e V, apenas.
(E) I, II, IV e V, apenas.

I: correta. Na forma do art. 4º, II, do CDC, é princípio das relações de consumo a "ação governamental no sentido de proteger efetivamente o consumidor: *a)* por iniciativa direta; *b)* por incentivos à criação e desenvolvimento de associações representativas; *c)* pela presença do Estado no mercado de consumo; *d)* pela garantia dos produtos e serviços com padrões adequados de qualidade, segurança, durabilidade e desempenho". **II:** correta. Na forma do art. 4º, IV, do CDC, é princípio das relações de consumo a "educação e informação de fornecedores e consumidores, quanto aos seus direitos e deveres, com vistas à melhoria do mercado de consumo". **III:** correta. Vide justificativa do item I. **IV:** incorreta. Na forma do art. 4º, VI, do CDC, é princípio das relações de consumo a "coibição e repressão eficientes de todos os abusos praticados no mercado de consumo, inclusive a concorrência desleal e utilização indevida de inventos e criações industriais das marcas e nomes comerciais e signos distintivos, que possam causar prejuízos aos consumidores". **V:** incorreta. Na forma do art. 4º, VIII, do CDC, é princípio das relações de consumo o "estudo constante das modificações do mercado de consumo".

Gabarito "B".

(Defensor Público/AM – 2013 – FCC) Segundo o Código de Defesa do Consumidor, são instrumentos para a execução da política nacional das relações de consumo:

(A) a criação de delegacias de polícia especializadas no atendimento de consumidores vítimas de infrações penais de consumo e a harmonização dos interesses dos participantes das relações de consumo e compatibilização da proteção do consumidor com a necessidade de desenvolvimento econômico e tecnológico, de modo a viabilizar os princípios nos quais se funda a ordem econômica (art. 170, da Constituição Federal), sempre com base na boa-fé e equilíbrio nas relações entre consumidores e fornecedores.

(B) a educação e informação de fornecedores e consumidores, quanto aos seus direitos e deveres, com vistas à melhoria do mercado de consumo, estudo constante das modificações do mercado de consumo e a racionalização e melhoria dos serviços públicos.

(C) a concessão de estímulos à criação e desenvolvimento das Associações de Defesa do Consumidor, a criação de delegacias de polícia especializadas no atendimento de consumidores vítimas de infrações penais de consumo e a manutenção de assistência jurídica, integral e gratuita para o consumidor carente.

(D) a instituição de Promotorias de Justiça de Defesa do Consumidor, no âmbito do Ministério Público, o reconhecimento da vulnerabilidade do consumidor no mercado de consumo e o incentivo à criação pelos fornecedores de meios eficientes de controle de qualidade e segurança de produtos e serviços, assim como de mecanismos alternativos de solução de conflitos de consumo.

(E) a manutenção de assistência jurídica, integral e gratuita para o consumidor carente, a criação de Juizados Especiais de Pequenas Causas e Varas Especializadas para a solução de litígios de consumo e o reconhecimento da vulnerabilidade do consumidor no mercado de consumo.

A: incorreta, pois a "harmonização do interesses (...)" é *princípio* e não *instrumento* da PNRC (Política Nacional das Relações de Consumo), nos termos do art. 4º, III, do CDC; **B:** incorreta, pois a "educação e informação (...)" é *princípio* e não *instrumento* da PNRC (Política Nacional das Relações de Consumo), nos termos do art. 4º, IV, do CDC; **C:** correta (art. 5º, I, III e V, do CDC); **D:** incorreta, pois o "reconhecimento da vulnerabilidade (...)" e "o incentivo à criação (...)" são *princípios* e não *instrumentos* da PNRC (Política Nacional das Relações de Consumo), nos termos do art. 4º, I e V, do CDC; **E:** incorreta, pois "o reconhecimento da vulnerabilidade (...)" é *princípio* e não *instrumento* da PNRC (Política Nacional das Relações de Consumo), nos termos do art. 4º, I, do CDC.

Gabarito "C".

(Defensor Público/SP – 2012 – FCC) De acordo com o que dispõe de forma expressa o art. 5º do Código de Defesa do Consumidor (Lei nº 8.078/90), para a execução da Política Nacional das Relações de Consumo, contará o poder público com os seguintes instrumentos, EXCETO:

(A) Concessão de estímulos à criação e desenvolvimento das Associações de Defesa do Consumidor.

(B) Instituição de Promotorias de Justiça de Defesa do Consumidor, no âmbito do Ministério Público.

(C) Criação de Delegacias de Polícia especializadas no atendimento de consumidores vítimas de infrações penais de consumo.

(D) Criação de Juizados Especiais de Pequenas Causas e Varas Especializadas para a solução de litígios de consumo.

(E) Criação de Defensorias Públicas de Defesa do Consumidor, provendo assistência jurídica, integral e gratuita, em favor do consumidor necessitado.

O único instrumento que não está previsto no art. 5º do CDC é a criação de Defensorias Públicas de Defesa do Consumidor, apesar de haver previsão da manutenção de uma assistência jurídica, integral e gratuita para o consumidor carente.

Gabarito "E".

3. RESPONSABILIDADE PELO FATO DO PRODUTO OU DO SERVIÇO E PRESCRIÇÃO

(Defensor Público/PE - 2018 - CESPE) Após ter sofrido grave acidente, Mariana contratou o fisioterapeuta Carlos para cuidar de sua reabilitação. Contudo, o tratamento foi malsucedido, e Mariana, por considerar que ficou inabilitada para o trabalho por tempo excessivo em razão da ineficiência e da má qualidade do serviço, deseja ajuizar demanda contra Carlos, para pleitear lucros cessantes.

Nessa situação hipotética, Mariana deve ajuizar ação de responsabilidade

(A) pelo vício do serviço, e a responsabilidade de Carlos é subjetiva.

(B) pelo fato do serviço, e a responsabilidade de Carlos é subjetiva.
(C) pelo vício do serviço, e a responsabilidade de Carlos é objetiva.
(D) pelo fato do serviço, e a responsabilidade de Carlos é objetiva.
(E) com base no Código Civil, porque não houve relação de consumo.

A: incorreta. Trata-se de defeito de serviço, na forma do art. 14 do CDC; **B:** correta. Uma vez que os danos causados ultrapassam a esfera econômica de Mariana e atingiram sua saúde física, estamos diante de uma hipótese de defeito de serviço (também chamado de fato do serviço), nos termos do art. 14 do CDC. A responsabilidade de Carlos é subjetiva, conforme orientação do art. 14, § 4º, que determina que a apuração da responsabilidade pessoal dos profissionais liberais seja feita mediante verificação de culpa; **C:** incorreta. Vide justificativa da alternativa "A"; **D:** incorreta. A responsabilidade pessoal do profissional liberal é subjetiva (art. 14, § 4º); **E:** incorreta. Trata-se relação jurídica de consumo entre Mariana e Carlos, posto que o fisioterapeuta é fornecedor de serviços no mercado de consumo e Mariana é destinatária final do serviço de fisioterapia. Gabarito "B".

(Defensor Público –DPE/MT – 2016 – UFMT) Em matéria de direito do consumidor, quanto à responsabilidade dos agentes envolvidos na relação jurídica, no que tange à condição do produto e do serviço, assinale a afirmativa correta.
(A) O produto pode ser considerado defeituoso quando outro de melhor qualidade for colocado no mercado.
(B) A responsabilidade não deve recair sobre o comerciante quando o defeito no produto for ocasionado pelo fabricante, construtor, produtor ou importador.
(C) No que se refere aos serviços de profissional liberal, a responsabilidade é objetiva.
(D) O fornecedor de serviços responde subjetivamente pela reparação dos danos causados aos consumidores por defeitos relativos à prestação dos serviços.
(E) O produto é defeituoso quando não oferece a segurança que dele legitimamente se espera, levando-se em consideração circunstâncias relevantes, como a época em que foi colocado em circulação.

A: incorreta. O produto não é considerado defeituoso quanto outro de melhor qualidade é colocado no mercado (art. 12, § 2º do CDC). **B:** incorreta. O comerciante responde subsidiariamente por defeito de produto, na forma do art. 13 do CDC. **C:** incorreta. A reponsabilidade pessoal do profissional liberal é subjetiva por defeito do serviço, nos termos do art. 14, § 4º do CDC. **D:** incorreta. A responsabilidade por defeito de serviço é objetiva e solidária de todos os envolvidos na cadeia produtiva. Apenas a responsabilidade civil do profissional liberal é subjetiva. **E:** correta. Nos exatos termos do art. 12, § 1º, do CDC. Gabarito "E".

(Defensor Público –DPE/BA – 2016 – FCC) Considere as assertivas abaixo.
I. É abusiva a cláusula prevista em contrato de adesão que impõe ao consumidor em mora a obrigação de pagar honorários advocatícios decorrentes de cobrança extrajudicial.
II. A estipulação de juros remuneratórios superiores a 12% ao ano constitui abusividade.
III. Constitui prática comercial abusiva o envio de cartão de crédito sem prévia e expressa solicitação do consumidor, configurando-se ato ilícito indenizável e sujeito à aplicação de multa administrativa.
IV. Caracteriza prática abusiva no mercado de consumo a diferenciação do preço do produto em função de o pagamento ocorrer em dinheiro, cheque ou cartão de crédito.

Está de acordo com a jurisprudência do Superior Tribunal de Justiça, APENAS o que se afirma em:
(A) III e IV.
(B) I, II e IV.
(C) II, III e IV.
(D) II e III.
(E) II e IV.

I. incorreta. Somente seria considerada abusiva se não houvesse possibilidade de o consumidor também fazer a cobrança. Nesse sentido, já decidiu o Superior Tribunal de Justiça: "Nas relações de consumo, havendo expressa previsão contratual, ainda que em contrato de adesão, não se tem por abusiva a cobrança de honorários advocatícios extrajudiciais em caso de mora ou inadimplemento do consumidor. Igual direito é assegurado ao consumidor, em decorrência de imposição legal, nos termos do art. 51, XII, do CDC, independentemente de previsão contratual. (STJ, REsp 1002445/DF, DJe 14/12/2015). **II.** incorreta. Súmula 382 do STJ: "A estipulação de juros remuneratórios superiores a 12% ao ano, por si só, não indica abusividade." **III.** Correta. Súmula 532 do STJ: "Constitui prática comercial abusiva o envio de cartão de crédito sem a prévia e expressa solicitação do consumidor, configurando-se ato ilícito indenizável e sujeito à aplicação de multa". **IV.** Correta. Conforme entendimento jurisprudencial. Entanto, há que se observar a Medida Provisória 764/2016 (posterior ao concurso), que permite a cobrança de valores de forma diferenciada, afastando, portando, a abusividade. Gabarito "A".

(Defensor Público/SP – 2012 – FCC) Em se tratando de responsabilidade do fornecedor pelo fato do produto e do serviço, a pretensão à reparação do consumidor pelos danos causados prescreve em
(A) 30 dias.
(B) 90 dias.
(C) 180 dias.
(D) 3 anos.
(E) 5 anos.

A pretensão prescreve no prazo de 5 anos, contados do conhecimento do dano e de sua autoria (art. 27 do CDC). Gabarito "E".

(Defensor Público/AC – 2012 – CESPE) Acerca da responsabilidade pelo fato do produto e do serviço, assinale a opção correta.
(A) A culpa concorrente da vítima consumidora não autoriza a redução de eventual condenação imposta ao fornecedor.
(B) O descumprimento, pelo fornecedor, do dever de informar gera os chamados defeitos de concepção, inquinando o produto de vício de qualidade por insegurança.
(C) Conforme o CDC, fato e vício do produto ou serviço são conceitos sinônimos.
(D) O defeito gera a inadequação do produto ou serviço e dano ao consumidor; assim, há vício sem defeito, mas não defeito sem vício.

(E) Um produto é considerado obsoleto e defeituoso quando outro de melhor qualidade é colocado no mercado de consumo.

A: incorreta, pois a culpa concorrente é, sim, causa para a redução do *quantum* indenizatório, mesmo em relações de consumo (ex: STJ, REsp 1.349.894, DJ 11.04.13); **B:** incorreta, pois, no caso, tem-se defeito de informação; o defeito de concepção diz respeito à criação (à invenção) do produto; certa vez criou-se um extrato de tomate novo, numa embalagem diferente; porém, havia defeito de concepção, pois boa parte das vezes em que alguém abria a embalagem do molho, cortava o dedo; **C:** incorreta, pois o vício é um problema interno no produto (quantidade insuficiente ou impropriedade ou inadequação do produto; ex: uma TV que não funciona), ao passo que o defeito é um problema externo do produto, que acaba atingindo a saúde ou a segurança do consumidor (ex: a TV dá um choque no consumidor); o vício enseja o reparo (conserto) do produto, devendo o consumidor reclamar nos prazos previstos no art. 26 do CDC; o defeito enseja ação indenizatória no prazo do art. 26 do CDC; o vício no produto está regulamentado no art. 18 do CDC; o defeito no produto, no artigo 12 do CDC **D:** correta; de fato, se uma TV não funciona, tem-se só vício; se uma TV dá choque, tem-se defeito (afeta segurança da pessoa, ensejando indenização) e certamente um vício também, pois será necessário consertá-la; **E:** incorreta, pois o art. 12, § 2º, do CDC dispõe justamente o contrário.
Gabarito "D".

(Defensor Público/BA – 2010 – CESPE) Com referência ao CDC, julgue o item subsequente.

(1) Consoante entendimento do STJ, o caso fortuito ou de força maior não pode ser invocado em face do consumidor, visto que tal excludente da responsabilidade civil não está contemplado, de forma expressa, no CDC.

1: incorreta, pois o caso fortuito ou de força maior está ligado ao nexo de causalidade, um dos requisitos para a configuração da responsabilidade de consumo; assim, tais eventos são, sim, causas excludentes da responsabilidade, mas desde que o fortuito tenha ocorrido após o encerramento do processo produtivo: "Consumidor. Responsabilidade civil. Nas relações de consumo, a ocorrência de força maior ou de caso fortuito exclui a responsabilidade do fornecedor de serviços. Recurso especial conhecido e provido" (STJ, REsp 996.833/SP, DJ 01.02.2008).
Gabarito 1E.

4. RESPONSABILIDADE POR VÍCIO DO PRODUTO OU DO SERVIÇO E DECADÊNCIA

(Defensor Público/AC – 2012 – CESPE) Assinale a opção correta com relação ao que dispõe o CDC acerca do vício do produto bem como da prescrição e da decadência.

(A) O prazo prescricional determinado para reclamação contra vício oculto inicia-se no momento em que ficar evidenciado o defeito.

(B) O direito de o consumidor reclamar contra vícios aparentes ou de fácil constatação é decadencial e relacionado a direitos potestativos.

(C) Prescreve em sessenta dias o prazo para o consumidor reclamar contra vícios de produtos não duráveis.

(D) Obsta a prescrição a reclamação comprovadamente formulada pelo consumidor perante o fornecedor de produtos e serviços até a resposta negativa correspondente, que deve ser transmitida de forma inequívoca.

A: incorreta, pois o prazo, no caso, não é prescricional, mas decadencial (art. 26, § 3º, do CDC); **B:** correta, podendo se verificar a expressão "decadencial" (ou "decadência") nos §§, 1º, 2º, 3º, do art. 26 do CDC, e, como se sabe, a decadência é justamente um direito potestativo (de influenciar na relação jurídica de outrem); **C:** incorreta, pois o prazo em questão é de decadência (e não de prescrição) e de 30 dias (e não de 60 dias), conforme o art. 26, I, do CDC; **D:** incorreta, pois fica obstada a decadência e não a prescrição (art. 26, § 2º, I, do CDC).
Gabarito "B".

(Defensoria Pública da União – 2010 – CESPE) Ricardo adquiriu um carro há cerca de um mês e, nesse período, por três vezes, não conseguiu trancar a porta do veículo. Com relação a essa situação hipotética, julgue os itens subsequentes.

(1) Ricardo, ainda que deseje a substituição imediata do produto comprado, deverá, antes disso, conceder prazo para o fornecedor sanar o defeito.

(2) O fato de o carro ter sido vendido com defeito assegura a Ricardo direito à indenização por perdas e danos.

(3) O fabricante e o comerciante responderão solidariamente pelo defeito do veículo.

1: correta (art. 18, *caput* e § 1º, do CDC), tendo o fornecedor 30 dias para sanar o defeito; **2:** incorreta, pois o dispositivo citado apenas autoriza o pedido de conserto do produto no prazo mencionado; caso outros danos sejam causados e comprovados, aí sim a indenização é cabível; **3:** correta, pois o art. 18 do CDC inclui o comerciante (o vendedor do veículo, no caso) como responsável solidário pelo vício do produto, o mesmo não acontecendo quando se trata de acidente de consumo (art. 12 do CDC).
Gabarito 1C, 2E, 3C

5. DESCONSIDERAÇÃO DA PERSONALIDADE JURÍDICA. RESPONSABILIDADE EM CASO DE GRUPO DE EMPRESAS

(Defensor Público/AC – 2012 – CESPE) Com base no disposto no CDC sobre a desconsideração da personalidade jurídica e a responsabilização de sociedades, assinale a opção correta.

(A) As sociedades coligadas, sociedades que se agrupam para a execução de determinado empreendimento, respondem subsidiariamente por eventuais danos causados a consumidores.

(B) As sociedades consorciadas só respondem por danos causados aos consumidores mediante a comprovação da existência de culpa por sua atuação.

(C) É lícita a desconsideração da personalidade jurídica caso haja, em detrimento do consumidor, falência, estado de insolvência, encerramento ou inatividade da pessoa jurídica provocados por má administração.

(D) As sociedades integrantes dos grupos societários, formados pela sociedade controladora e suas controladas, respondem solidariamente pelas obrigações impostas pelo CDC.

(E) A sociedade controlada, que participa com 10% ou mais do capital de outra, sem relação de subordinação, responde de forma solidária.

A: incorreta, pois as sociedades coligadas só respondem por *culpa* (art. 28, § 4º, do CDC); **B:** incorreta, pois as sociedades consorciadas são *solidariamente* responsáveis na forma do CDC (art. 28, § 3º), ou seja, de forma *objetiva*; **C:** correta (art. 28, *caput*, do CDC); **D:** incorreta, pois a responsabilidade é *subsidiária* (art. 28, § 2º, do CDC); **E:** incorreta,

pois a sociedade controlada responde apenas *subsidiariamente* (art. 28, § 2º, do CDC).
Gabarito "C".

(Defensor Público/BA – 2010 – CESPE) Julgue o seguinte item.

(1) Ao tratar da desconsideração da pessoa jurídica, o CDC estabelece que as sociedades integrantes dos grupos societários, as sociedades controladas e as consorciadas são solidariamente responsáveis pelas obrigações previstas no Código.

1: incorreta, pois as sociedades consorciadas são responsáveis solidárias pelas obrigações estipuladas no CDC; porém, quanto a grupos societários e às sociedades controladas, estes respondem apenas subsidiariamente pelas obrigações prevista no CDC (art. 28, §§ 3º e 2º, do CDC, respectivamente).
Gabarito 1E.

6. PRÁTICAS COMERCIAIS

(Defensor Público/PE - 2018 - CESPE) De acordo com a jurisprudência do STJ, a utilização de escore de crédito para a avaliação do risco de concessão de crédito é prática

(A) vedada expressamente pelo CDC, mas tolerada apenas se houver consentimento prévio do consumidor.

(B) lícita independentemente do consentimento do consumidor, que terá o direito de solicitar esclarecimentos sobre as informações e dados pessoais valorados.

(C) permitida para a geração de informações exclusivas para fornecedores, não havendo direito do consumidor em ter acesso aos dados referentes ao escore.

(D) permitida apenas para a análise de crédito em situação de inexistência de relação de consumo.

(E) abusiva e o seu uso caracteriza dano moral ao consumidor.

De acordo com a Súmula 550 do STJ, "A utilização de escore de crédito, método estatístico de avaliação de risco que não constitui banco de dados, dispensa o consentimento do consumidor, que terá o direito de solicitar esclarecimentos sobre as informações pessoais valoradas e as fontes dos dados considerados no respectivo cálculo". RD
Gabarito "B".

(Defensor Público –DPE/ES – 2016 – FCC) O consumidor cobrado em quantia indevida tem direito à repetição

(A) do valor indevidamente pago, independentemente da prova de erro, mas o valor será devolvido em dobro, se provar lesão.

(B) do indébito, por valor igual ao dobro do que pagou em excesso, acrescido de correção monetária e juros, salvo hipótese de engano justificado.

(C) do indébito, por valor igual ao dobro do que pagou em excesso, acrescido de correção monetária e juros, não se admitindo exceção de engano, ainda que justificável, do fornecedor.

(D) somente do valor indevidamente pago, com correção monetária e juros.

(E) do valor indevidamente pago, se provar erro, acrescido de juros e correção monetária.

Nos termos do parágrafo único do art. 42 do CDC, "o consumidor cobrado em quantia indevida tem direito à repetição do indébito, por valor igual ao dobro do que pagou em excesso, acrescido de correção monetária e juros legais, salvo hipótese de engano justificável".
Gabarito "B".

(Defensor Público –DPE/ES – 2016 – FCC) Joãozinho, após acessar o Facebook, teve acesso a um conteúdo publicitário com os seguintes dizeres: compre um celular e receba o segundo gratuitamente. Interessado por tais aparelhos Joãozinho efetuou a compra pela internet e recebeu os aparelhos em sua residência. Após o primeiro uso, os aparelhos que não apresentavam qualquer tipo de vício ou defeito são recusados pelo comprador, por mero desejo em adquirir um equipamento mais moderno. Com base neste problema e no Código de Defesa do Consumidor, Joãozinho

(A) teria direito à substituição do produto por outro ou ao abatimento proporcional do preço ou à devolução do produto com a correspondente devolução do dinheiro pago, estas alternativas são opções do consumidor.

(B) tem direito de desistir da compra, desde que o faça em sete dias a contar do recebimento do produto.

(C) só teria direito de desistir da compra se os produtos apresentassem vício ou defeito.

(D) não pode efetuar a desistência por se tratar de uma venda promocional e vantajosa ao consumidor.

(E) tem o direito de desistir da aquisição eis que ele é vulnerável e hipossuficiente, desde que realize tal desistência no prazo de trinta dias.

O direito de desistência somente pode ser exercido, nos termos do artigo 49 do CDC, quando a compra ocorrer fora do estabelecimento comercial. Nesta hipótese, tendo Joãozinho comprado pela internet, ele pode exercer o direito de arrependimento, desde que o faça em até 7 (sete) dias contados do recebimento do produto.
Gabarito "B".

(Defensor Público –DPE/ES – 2016 – FCC) As informações negativas do consumidor nos cadastros de entidades de proteção ao crédito não poderão referir-se a período superior a

(A) um lustro, ainda que o prazo prescricional da execução da dívida seja superior a cinco anos.

(B) um ano, salvo se o consumidor já tiver outros apontamentos, hipótese em que o período poderá estender-se até cinco anos.

(C) cinco anos, salvo se o prazo prescricional da execução da dívida for superior a um lustro.

(D) três anos, que é o prazo prescricional das pretensões fundadas na responsabilidade civil, salvo se o prazo prescricional da execução da dívida for superior àquele período.

(E) dez anos, que é o prazo geral da prescrição, exceto se o prazo prescricional da execução da dívida for de até cinco anos, quando, então, a inscrição negativa terá de ser cancelada. Direitos Humanos

O prazo máximo para a manutenção no nome do consumidor nos cadastros negativos é de um lustro (cinco anos), na forma do art. 43, § 1º do CDC, contados a partir da inscrição (conforme entendimento jurisprudencial). Além de observar o prazo máximo para a inscrição da dívida, o fornecedor jamais poderá manter o nome do consumidor em cadastro negativo quando se tratar de dívida prescrita (art. 43, § 5º).
Gabarito "A".

(Defensor Público/AM – 2013 – FCC) Em relação à cobrança de dívida, o Código de Defesa do Consumidor estabelece que

(A) o consumidor cobrado em quantia indevida tem direito à repetição do indébito, por valor igual ao

dobro do que pagou em excesso, acrescido de correção monetária e juros legais, salvo hipótese de engano justificável.
(B) o fornecedor do produto ou serviço é solidariamente responsável pelos atos de seus prepostos ou representantes autônomos.
(C) deve ser reconhecida a vulnerabilidade do consumidor no mercado de consumo, para fins do cálculo da multa e dos juros.
(D) o fornecedor de serviços responde, independentemente da existência de culpa, pela reparação dos danos causados aos consumidores por defeitos relativos à prestação dos serviços, bem como por informações insuficientes ou inadequadas sobre sua fruição e riscos.
(E) as multas de mora decorrentes do inadimplemento de obrigações no seu termo não poderão ser superiores a cinco por cento do valor da prestação.

A: correta (art. 42, par. único, do CDC); **B:** incorreta, pois, apesar da afirmativa trazer uma informação verdadeira (art. 34 do CDC), essa norma está na seção da "Oferta" e não na de "Cobrança de Dívidas", mencionada no enunciado; **C:** incorreta, pois a vulnerabilidade deve ser reconhecida para todos os fins e não só para isso, tratando-se de princípio do CDC (art. 4º, I); **D:** incorreta, pois essa norma também não está na Seção "Cobrança de Dívidas"; **E:** incorreta, pois essa multa não pode ser superior a 2% do valor da prestação (art. 52, § 1º, do CDC).
Gabarito "A".

(Defensor Público/AM – 2013 – FCC) São práticas abusivas contra o consumidor:
I. Condicionar o fornecimento de produto ou de serviço ao fornecimento de outro produto ou serviço, bem como, sem justa causa, a limites quantitativos.
II. Prevalecer-se da fraqueza ou ignorância do consumidor, tendo em vista sua idade, sexo, saúde e carência econômica para impingir-lhe seus produtos ou serviços.
III. Repassar informação depreciativa, referente a ato praticado pelo consumidor no exercício de seus direitos.
IV. Colocar, no mercado de consumo, qualquer produto ou serviço em desacordo com as normas expedidas pelos órgãos oficiais competentes ou, se normas específicas não existirem, pelo Departamento Nacional de Defesa do Consumidor, da Secretaria Nacional de Direito Econômico (MJ).
Está correto o que se afirma APENAS em
(A) II e IV.
(B) I, II e III.
(C) II, III e IV.
(D) I e III.
(E) I e IV.

I: correta (art. 39, I, do CDC); **II:** incorreta, pois a "carência econômica" e "sexo", não estão no art. 39, IV, na definição dessa prática abusiva; **III:** correta (art. 39, VII, do CDC); **IV:** incorreta, pois não existindo normas expedidas por órgãos oficiais, há de se obedecer as normas expedidas pela ABNT ou outra entidade credenciada pelo Conselho Nacional de Metrologia, Normatização e Qualidade Industrial (Conmetro), nos termos do art. 39, VIII, do CDC.
Gabarito "D".

(Defensor Público/PR – 2012 – FCC) De acordo com o Código de Defesa do Consumidor,
(A) a inscrição de inadimplente pode ser mantida nos serviços de proteção ao crédito por, no máximo, três anos.
(B) é desnecessária a comunicação ao consumidor da abertura de cadastro, ficha, registro e dados pessoais e de consumo.
(C) os bancos de dados e cadastros relativos aos consumidores e os serviços de proteção ao crédito são considerados entidades de caráter privado.
(D) cabe ao fornecedor a notificação do devedor antes de proceder à inscrição.
(E) da anotação irregular em cadastro de proteção ao crédito, não cabe indenização por dano moral, quando preexistente legítima inscrição.

A: incorreta, pois o prazo máximo é de 5 anos (art. 43, § 1º, do CDC); **B:** incorreta, pois essa comunicação é obrigatória, nos termos do art. 43, § 2º, do CDC; **C:** incorreta, pois são considerados de caráter público (art. 43, § 4º, do CDC); **D:** incorreta, pois essa obrigação não é do fornecedor, mas do órgão mantenedor do Cadastro de Proteção ao Crédito (ex: SERASA, SPC), nos termos da Súmula STJ n. 359; **E:** correta, nos termos da Súmula STJ n. 385.
Gabarito "E".

(Defensor Público/PR – 2012 – FCC) Sobre oferta e publicidade é correto afirmar que
(A) no caso de outorga de crédito, como nas hipóteses de financiamento ou parcelamento, é necessária apenas a discriminação do número, periodicidade e valor das prestações.
(B) o ônus da prova da veracidade e correção da informação ou comunicação publicitária cabe à agência de publicidade.
(C) é enganosa a publicidade que desrespeita valores da sociedade e que é capaz de induzir o consumidor a se comportar de forma prejudicial à sua saúde.
(D) configura infração ao direito básico do consumidor à informação apenas informar os preços em parcelas, obrigando-o ao cálculo total.
(E) da inexecução de uma oferta, apresentação ou publicidade, o consumidor não pode aceitar a entrega de outro produto ou prestação de serviço equivalente.

A: incorreta, pois é necessário informar, também, montante de juros de mora e taxa efetiva anual de juros, acréscimos legalmente previstos e soma total a pagar, com e sem financiamento, tudo em moeda nacional (art. 52 do CDC); **B:** incorreta, pois é de quem patrocina a comunicação publicitária, ou seja, é do anunciante (art. 38 do CDC); **C:** incorreta, pois, nesse caso, a propaganda é abusiva e não enganosa (art. 37, § 2º, do CDC); **D:** correta, nos termos do art. 52, V, do CDC; **E:** incorreta, pois o consumidor, em caso de inexecução de uma oferta, poderá escolher, dentre outras possibilidades, outro produto ou prestação de serviço equivalente (art. 35 do CDC).
Gabarito "D".

(Defensor Público/RO – 2012 – CESPE) Com relação à veiculação de publicidade, o CDC veda, expressamente,
(A) a propaganda promocional.
(B) a propaganda subliminar.
(C) o *merchandising*.
(D) o *puffing*.

(E) o teaser.

A: incorreta, pois não há no CDC vedação às propagandas promocionais de um produto ou serviço; **B:** correta; o CDC é expresso no sentido de que "a publicidade deve ser veiculada de tal forma que o consumidor, fácil e imediatamente, a identifique como tal" (art. 36, *caput*, do CDC), ou seja, deve estar muito claro de que se trata de uma propaganda; por exemplo, é proibido fazer uma propaganda em forma de reportagem jornalística; **C:** incorreta, pois o CDC não veda expressamente o *merchandising*, que, por sinal, é muito comum em novelas e outros programas de TV; **D:** incorreta, pois o *puffing* é o exagero praticado em anúncios de publicidade (ex: "melhor pizza do mundo"); porém, o art. 30 do CDC estabelece que somente a informação ou publicidade suficientemente precisas vinculam o fornecedor; assim, o exagero, desde que feito de forma jocosa, lúdica, e sem precisão, não vincula o fornecedor, não havendo vedação expressa no CDC; **E:** incorreta, pois o *teaser* é uma técnica de marketing para chamar a atenção para uma campanha publicitária, despertando a curiosidade do consumidor, não havendo vedação expressa no CDC.
Gabarito "B".

7. PROTEÇÃO CONTRATUAL

(Defensor Público/PE - 2018 - CESPE) Em cada uma das opções a seguir é apresentada uma situação hipotética a respeito de práticas comerciais e contratos regidos pelo CDC, seguida de uma assertiva a ser julgada de acordo com a jurisprudência do STJ.

(A) Determinado consumidor deu causa ao desfazimento de contrato de compra e venda de imóvel realizado junto a determinada construtora. Nesse caso, o consumidor, promitente comprador, tem direito à restituição integral das parcelas pagas.

(B) Carlos deseja ajuizar ação de prestação de contas em face de instituição financeira para obter esclarecimentos sobre cobrança de tarifas e encargos bancários. Nesse caso, o ajuizamento da demanda deve observar o prazo decadencial previsto no CDC para a hipótese de vício do serviço.

(C) A administração pública aplicou multa administrativa a sociedade empresária em razão de envio reiterado de cartões de crédito sem a prévia e expressa solicitação do consumidor. Nesse caso, a multa é nula por ausência de fundamento legal, cabendo a cada consumidor lesado a busca pela reparação do dano na esfera judicial.

(D) O contrato de determinado plano de saúde possui cláusula contratual que limita o período de internação do segurado. Nessa situação, no caso de eventual internação, se o consumidor tiver sido previamente informado, a cláusula é considerada legítima.

(E) Para quitar despesas pessoais, Rafael realizou contrato de mútuo com o banco X no valor de R$ 30 mil. Nessa situação, a cobrança, pela instituição financeira, de juros capitalizados será válida apenas se houver disposição contratual expressa nesse sentido.

A: incorreta. O art. 67-A, § 2º, da Lei 4.561/64 (incluído pela Lei 13.786/2018), prevê a possibilidade de descontos para os casos em que o consumidor dê causa ao desfazimento do contrato. Vide também a súmula 543 do STJ; **B:** incorreta. De acordo com a Súmula 477 do STJ, a decadência do art. 26 do CDC não é aplicável à prestação de contas para obter esclarecimentos sobre cobrança de taxas, tarifas e encargos bancários; **C:** incorreta. De acordo com a Súmula 532 do Superior Tribunal de Justiça, "constitui prática comercial abusiva o envio de cartão de crédito sem prévia e expressa solicitação do consumidor, configurando-se ato ilícito indenizável e sujeito à aplicação de multa administrativa". Dessa maneira, a multa é aplicável e desnecessária a busca de reparação do dano na esfera judicial; **D:** incorreta. A Súmula 302 do Superior Tribunal de Justiça considera abusiva a cláusula contratual de plano de saúde que limita o tempo de internação do consumidor/paciente; **E:** correta. Conforme tese 247 de IRDR do STJ: "A capitalização dos juros em periodicidade inferior à anual deve vir pactuada de forma expressa e clara. A previsão no contrato bancário de taxa de juros anual superior ao duodécuplo da mensal é suficiente para permitir a cobrança da taxa efetiva anual contratada". (REsp 973827/RS, DJ 08/08/2012).
Gabarito "E".

(Defensor Público/PR – 2012 – FCC) De acordo com a nova realidade contratual prevista no Código de Defesa do Consumidor,

(A) não se exige a imprevisibilidade do fato superveniente para a revisão de cláusulas contratuais.

(B) o *pacta sunt servanda* tem preponderância sobre os outros princípios.

(C) as cláusulas contratuais devem ser interpretadas de forma extensiva.

(D) as cláusulas contratuais gerais têm controle administrativo abstrato e preventivo.

(E) a forma de redação dos instrumentos contratuais assume relevância relativa.

A: correta, pois basta que haja um fato superveniente (imprevisto ou não) que torne as prestações excessivamente onerosas (art. 6º, V, do CDC), diferentemente do Código Civil, que requer um fato extraordinário e imprevisível (art. 478); **B:** incorreta, pois o CDC é uma norma de ordem pública (art. 1º), de modo que mesmo que o consumidor assine um contrato aceitando o descumprimento de normas do CDC, esse contrato não fará lei entre as partes, ou seja, o fornecedor não poderá alegar a "pacta sunt servanda"; **C:** incorreta, pois devem ser interpretadas de maneira mais favorável ao consumidor (art. 47 do CDC); **D:** incorreta; a expressão "cláusulas contratuais gerais" deve estar no sentido de cláusulas previstas para um número indeterminado de pessoas, como são as de um plano de saúde, por exemplo; nesse sentido, o controle administrativo de uma cláusula dessa pode ser tanto preventivo (antes de alguém ter assinado um contrato desses), como repressivo, sempre por meio das sanções administrativas (art. 56 do CDC); da mesma forma, o controle judicial também pode ser preventivo ou repressivo; **E:** incorreta, pois quando um instrumento contratual for redigido de modo a dificultar a compreensão de seu sentido e alcance o contrato sequer irá obrigar o consumidor (art. 46 do CDC); o CDC, em se tratando de contrato de adesão, traz, ainda, uma série de regras a serem cumpridas na redação do contrato (art. 54, §§ 3º, 4º, do CDC).
Gabarito "A".

(Defensor Público/RS – 2011 – FCC) Contrato de consumo.

(A) O descumprimento dos termos da proposta, após sua aceitação, é hipótese típica de responsabilidade pré-contratual do fornecedor.

(B) A publicidade quando veicule informações inverídicas dá causa à sanção de contrapropaganda, mas não gera eficácia vinculativa em relação ao consumidor.

(C) A publicidade feita por intermédio de ligação telefônica é permitida, mesmo quando onerosa, porém admite o exercício do direito de arrependimento pelo consumidor.

(D) A recusa do fornecedor a dar cumprimento à oferta pode dar causa ao abatimento do preço.

(E) Segundo entendimento majoritário, o responsável pela indenização decorrente da promoção de publicidade ilícita é o fornecedor que a faz veicular.

A: incorreta, pois, se já houve aceitação da proposta, já se tem um contrato, de modo que se tem responsabilidade contratual, e não responsabilidade pré-contratual; **B:** incorreta, pois qualquer informação suficientemente precisa vincula o fornecedor (art. 30 do CDC); **C:** incorreta, pois é proibida a publicidade de bens e serviços por telefone, quando a chamada for onerosa ao consumidor que a recebe (art. 33, parágrafo único, do CDC); **D:** incorreta, pois a recusa do fornecedor ao cumprimento da oferta dá causa à execução específica nos termos da oferta, à aceitação de produto ou serviço equivalente ou à rescisão do contrato, com direito à restituição de quantia eventualmente antecipada, monetariamente atualizada, e a perdas e danos, podendo o consumidor escolher livremente qual dessas opções prefere (art. 35 do CDC), não havendo previsão de abatimento do preço, nesse caso, mas somente na hipótese do art. 20 do CDC, em que o fornecedor de serviços responde pelos vícios de qualidade que os tornem impróprios ao consumo ou lhes diminuam o valor, assim como por aqueles decorrentes da disparidade com as indicações constantes da oferta ou mensagem publicitária, também sendo de livre escolha pelo consumidor dentre as opções indicadas; **E:** correta, até porque é o anunciante quem tem o ônus da prova da veracidade da publicidade (art. 38 do CDC), bem como é quem é obrigado a cumprir a oferta (art. 35 do CDC).

Gabarito "E".

(Defensor Público/RS – 2011 – FCC) Equilíbrio dos contratos de consumo.

(A) Uma cláusula contratual considerada abusiva em um contrato de consumo, o será necessariamente também em um contrato civil, desde que redigida em termos idênticos.

(B) A cláusula abusiva será nula quando afetar o equilíbrio das prestações do contrato, porém pode ser convalidada quando se trate de vício de informação, desde que haja concordância das partes com a redução do proveito do fornecedor.

(C) A revisão dos contratos de consumo pode se dar em face da alteração de circunstâncias, com a finalidade de proteção do consumidor, não se exigindo que tal situação seja necessariamente desconhecida das partes.

(D) Cláusula abusiva celebrada em contrato individual de consumo não pode ter sua nulidade pronunciada em ação coletiva, sem a anuência do consumidor que é parte da contratação.

(E) Não se reconhece a existência de cláusula surpresa se o consumidor leu, no momento da contratação, os termos do instrumento contratual.

A: incorreta, pois as normas do CDC são mais protetivas da parte mais fraca (no caso, o consumidor), de modo que nem sempre uma cláusula considerada abusiva pelo CDC será considerada nula pelo CC; **B:** incorreta, pois o CDC trabalha com o conceito de nulidade de pleno direito (art. 51, *caput*, do CDC), que é uma nulidade absoluta, e não uma nulidade relativa, que admitiria convalidação; **C:** correta, pois o direito à revisão contratual depende apenas de um fato novo que desequilibre o contrato, não sendo necessário que se trate de fato imprevisível ou não conhecido das partes (art. 6º, V, do CDC); **D:** incorreta, em virtude do disposto no art. 51, § 4º, do CDC; **E:** incorreta, pois cláusula surpresa é aquela que venha a surpreender o consumidor após a conclusão do contrato; um exemplo é uma cláusula que estipula que o consumidor estará sujeito a uma comissão de permanência consistente nas taxas de mercado do momento; repare que, por ser a cláusula incerta, o consumidor terá verdadeira surpresa quando tiver de arcar com a comissão de permanência cobrada; dessa forma, não basta o consumidor ter lido a cláusula contratual respectiva, para que se entenda que não há, no caso, cláusula surpresa, pois esta, a surpresa, pode decorrer de uma circunstância futura, como no exemplo citado.

Gabarito "C".

8. RESPONSABILIDADE ADMINISTRATIVA

(Defensor Público/SE – 2012 – CESPE) Assinale a opção correta com relação às sanções administrativas previstas no CDC bem como aos critérios para sua aplicação.

(A) As sanções administrativas de apreensão e de inutilização de produtos podem ser aplicadas, em razão de seu caráter urgente, mediante auto de infração, dispensada a instauração de procedimento administrativo.

(B) É possível a aplicação cumulativa das sanções administrativas previstas no CDC, inclusive por medida cautelar, antecedente ou incidente ao procedimento administrativo.

(C) Considera-se reincidente, para os fins de aplicação das sanções administrativas previstas no CDC, o fornecedor que ostente registro de auto de infração lavrado anteriormente ao cometimento da nova infração, ainda que pendente ação judicial em que se discuta a imposição de penalidade.

(D) A imposição de contrapropaganda deve ser cominada ao fornecedor que incorra na prática de qualquer infração administrativa ou penal.

(E) Os critérios previstos no CDC para a aplicação da sanção administrativa de multa coincidem com os mencionados no CP.

A: incorreta, pois é necessário processo administrativo com ampla defesa (art. 58 do CDC); **B:** correta (art. 56, parágrafo único, do CDC); **C:** incorreta, pois no caso não haverá reincidência até o trânsito em julgado da sentença (art. 59, § 3º, do CDC); **D:** incorreta, pois será cominada quando o fornecedor incorrer na prática de publicidade enganosa ou abusiva, nos termos do art. 36 e seus parágrafos, sempre às expensas do infrator (art. 60, *caput*, do CDC); **E:** incorreta, pois há critério próprio para aplicação de multa, nos termos do art. 57, parágrafo único, do CDC.

Gabarito "B".

(Defensor Público/SE – 2012 – CESPE) Considerando que vários clientes de determinado estado da Federação tenham encaminhado ao PROCON estadual reclamações contra diversas companhias de seguro, em razão de infrações praticadas em relação de consumo de comercialização de título de capitalização, assinale a opção correta de acordo com as normas do CDC e o entendimento do STJ a respeito do Sistema Nacional de Defesa do Consumidor.

(A) A imposição de multa administrativa às empresas de seguro é privativa da SUSEP.

(B) O PROCON estadual possui legitimidade para aplicar multas administrativas às companhias de seguro, sem prejuízo das atribuições legais da SUSEP.

(C) O PROCON estadual poderá aplicar às companhias de seguro sanção administrativa de suspensão temporária da atividade, caso constate que a lesão coloca em risco o sistema de resseguros, ainda que não haja reincidência.

(D) Caberá ao PROCON estadual apenas investigar os fatos, devendo remeter os autos às ouvidorias das respectivas empresas.
(E) A imposição de multa administrativa às referidas companhias é privativa do BACEN.

A, D e E: incorretas, pois o STJ também admite que o PROCON aplique sanções administrativas às seguradoras privadas (RMS 24.711, DJ 19.02.09); **B**: correta, nos termos do comentário à alternativa anterior; **C**: incorreta, pois essa sanção depende de reincidência na prática de infrações de maior gravidade (art. 59, caput, do CDC).
Gabarito "B".

9. SNDC E CONVENÇÃO COLETIVA

(Defensor Público/ES – 2012 – CESPE) Acerca do Sistema Nacional de Defesa do Consumidor e da convenção coletiva de consumo, julgue os itens subsequentes.

(1) A convenção coletiva de consumo, cujo objeto e o estabelecimento de condições relativas ao preço, a qualidade, a quantidade, a garantia e as características de produtos e serviços, bem como a reclamação e a composição do conflito de consumo, torna-se obrigatória no prazo de trinta dias após sua publicação na imprensa oficial.
(2) São objetivos principais do Sistema Nacional de Defesa do Consumidor — composto por órgãos federais, estaduais, municipais e do Distrito Federal, além de entidades privadas de defesa do consumidor — o planejamento, a elaboração, a coordenação e a execução da Política Nacional de Proteção ao Consumidor.

1: incorreta, pois ela se torna obrigatória apenas após o registro do instrumento no cartório de títulos e documentos, art. 107, § 1º, do CDC; **2**: correta (arts. 105 e 106, I, do CDC).
Gabarito 1E, 2C

(Defensor Público/AC – 2012 – CESPE) Com relação ao SNDC e à convenção coletiva de consumo, assinale a opção correta.

(A) O SNDC é constituído exclusivamente de entidades públicas de âmbito nacional.
(B) A convenção coletiva de consumo tornar-se-á obrigatória imediatamente após a sua assinatura e o conhecimento pelas partes interessadas.
(C) Compete, primordialmente, à delegacia do consumidor, órgão do Poder Judiciário, a apuração das infrações penais contra as relações de consumo.
(D) A principal atribuição do PROCON é aplicar, diretamente, em conformidade com o CDC, as sanções administrativas aos fornecedores que violem as normas de proteção ao consumidor.

A: incorreta, pois as entidades privadas de defesa do consumidor também integram o SNDC (Sistema Nacional de Defesa do Consumidor), nos termos do art. 105 do CDC; **B**: incorreta, pois ela só vai se tornar obrigatória com o registro do instrumento no cartório de títulos e documentos (art. 107, § 1º, do CDC); **C**: incorreta, pois a delegacia não pertence ao Poder Judiciário, tratando-se de órgão do Poder Executivo; **D**: correta, devendo os PROCONs aplicar as sanções previstas no art. 56 do CDC, na forma do Decreto 2.181/1997.
Gabarito "D".

10. RESPONSABILIDADE CRIMINAL

(Defensor Público/AL - 2017 - CESPE) A respeito das infrações penais previstas no CDC, assinale a opção correta.

(A) O fornecedor que, na reparação de produtos, emprega peça ou componentes de reposição usados, sem a autorização do consumidor, comete ilícito civil, e não crime contra as relações de consumo.
(B) A realização de publicidade enganosa configura crime contra as relações de consumo, com pena de detenção de três meses a um ano e multa.
(C) A exposição do consumidor, de forma injustificada, a ridículo ou a situação que prejudique seu trabalho, em razão de cobrança de dívida, embora configure dano moral indenizável, não configura crime contra as relações de consumo.
(D) Impedir ou dificultar o acesso do consumidor a informações que sobre ele constem de cadastros, banco de dados, fichas e registros configura ilícito civil, remediado mediante habeas data e sem repercussão na seara penal.
(E) Qualquer violação do dever de informação constitui crime contra as relações de consumo, por ofensa ao princípio da transparência.

A: incorreta. De acordo com o art. 70 do CDC, o fornecedor que empregar na reparação de produtos, peça ou componentes de reposição usados, sem autorização do consumidor, comete crime punível com detenção de três meses a um ano e multa; **B**: correta. Conforme art. 67 do CDC; **C**: incorreta. De acordo com o art. 71 do CDC, "Utilizar, na cobrança de dívidas, de ameaça, coação, constrangimento físico ou moral, afirmações falsas incorretas ou enganosas ou de qualquer outro procedimento que exponha o consumidor, injustificadamente, a ridículo ou interfira com seu trabalho, descanso ou lazer" configura crime punível com detenção de três meses a um ano e multa; **D**: incorreta. De acordo com o art. 72, configura crime impedir ou dificultar o acesso do consumidor às informações que sobre ele constem em cadastros, banco de dados, fichas e registros, punível com detenção de seis meses a um ano ou multa. O *habeas data* pode ser utilizado, com a finalidade de obter e corrigir as informações contidas no cadastro; **E**: incorreta. Os crimes contra o consumidor foram elencados nos arts. 63 ao 74 do Código de Defesa do Consumidor. Não há tipicidade para a violação do dever de informação, que, portanto, configura ilícito civil, diante ofensa do princípio da transparência, mencionado nos art. 4º, 6º e 48 do CDC. (RD)
Gabarito "B".

(Defensor Público/PE - 2018 - CESPE) De acordo com o CDC, o fornecedor de serviços que utilizar peças de reposição ou produtos usados, sem a expressa autorização do consumidor, cometerá

(A) crime cuja consumação independe de dano efetivo.
(B) crime que admite modalidade culposa, conforme previsão legal.
(C) prática costumeira admitida nas relações de consumo.
(D) ilícito civil, irrelevante no direito penal.
(E) contravenção penal.

Conforme os ditames do art. 70 do CDC, o fornecedor de serviços que empregar na reparação de produtos, peça ou componentes de reposição usados sem autorização do consumidor comete crime, cuja efetivação independe de dano efetivo (vide arts. 171 e 175 do Código Penal). (RD)
Gabarito "A".

(Defensor Público/AC - 2017 - CESPE) No ano de 2014, Antônio, comerciante, cometeu crime previsto no CDC, tendo ocorrido a transação penal, prevista na Lei n.º 9.099/1995. Entretanto, em 2016, Antônio, ao vender, em seu estabelecimento comercial, um produto para uma pessoa de cinquenta e nove anos de idade, omitiu uma informação relevante a respeito da natureza, característica, qualidade ou segurança desse produto.

Nessa situação hipotética, de acordo com o CDC, Antônio responderá por crime

(A) cuja pena poderá ser agravada se o crime houver sido cometido contra servidor público.

(B) e poderá ser punido com detenção, desde que verificado que ele agiu dolosamente.

(C) e poderá ser punido com detenção, multa e(ou) prestação de serviços à comunidade.

(D) cuja pena poderá ser agravada em razão da idade do comprador.

(E) e, caso esteja em situação econômica adversa, poderá ser dispensado de pagamento de fiança.

Trata-se do crime previsto no art. 63 do CDC: "omitir dizeres ou sinais ostensivos sobre a nocividade ou periculosidade de produtos, nas embalagens, nos invólucros, recipientes ou publicidade". As penas estabelecidas para o tipo penal são detenção de seis meses a dois anos e multa. Nesse caso, não há que se falar em circunstância agravante do art. 76, posto que é circunstância agravante o cometimento do crime em detrimento de maior de sessenta anos. Por fim, o art. 78 do CDC diz que as além das penas privativas de liberdade e de multa, podem ser impostas, cumulativa ou alternadamente: a interdição temporária de direitos; a publicação em órgãos de comunicação de grande circulação ou audiência, às expensas do condenado, de notícia sobre os fatos e a condenação; a prestação de serviços à comunidade. **Gabarito "C".**

(Defensor Público –DPE/ES – 2016 – FCC) As infrações penais tipificadas no Código de Defesa do Consumidor podem acarretar

(A) pena de detenção, que não pode ser substituída por pena restritiva de direitos ou de multa.

(B) pena de reclusão, interdição temporária de direitos e prestação de serviços à comunidade e a publicação em órgãos de comunicação de grande circulação ou audiência, de notícias sobre os fatos e a condenação, às expensas do condenado.

(C) pena de detenção e a publicação, em órgãos de comunicação de grande circulação ou audiência, de notícias sobre os fatos e a condenação, às expensas do condenado.

(D) somente penas de interdição temporária de direitos e prestação de serviços à comunidade.

(E) somente a pena de multa e as penas restritivas de direitos, como a perda de bens e valores e de prestação de serviço à comunidade.

A: incorreta. As penas de detenção podem ser aplicadas de forma cumulativa ou alternadamente com as penas restritivas de direito ou multa (art. 78 do CDC); **B:** incorreta. Não há previsão de pena de reclusão nos crimes descritos no Código de Defesa do Consumidor. **C:** Correta. Na forma do art. 78 do CDC, além das penas privativas de liberdade e de multa, podem ser impostas, cumulativa ou alternadamente, as penas de interdição temporária de direitos; a publicação em órgãos de comunicação ou audiência, às expensas do condenado, de notícia sobre os fatos e a condenação ou a prestação de serviços à comunidade. **D:** incorreta. Vide justificativa da alternativa "D". **E:** incorreta. Vide justificativa da alternativa "D". **Gabarito "C".**

(Defensor Público/SE – 2012 – CESPE) Constitui conduta tipificada no CDC como crime contra as relações de consumo

(A) falsificar ou alterar substância ou produto alimentício destinado a consumo, tornando-o nocivo à saúde ou reduzindo-lhe o valor nutritivo.

(B) empregar, no fabrico de produto destinado a consumo, revestimento, gaseificação artificial, matéria corante, substância aromática, antisséptica, conservadora ou qualquer outra não expressamente permitida pela legislação sanitária.

(C) exigir cheque-caução, nota promissória ou qualquer garantia, bem como o preenchimento prévio de formulários administrativos, como condição para o atendimento médico-hospitalar emergencial.

(D) fazer afirmação falsa ou enganosa, ou omitir informação relevante sobre a natureza, característica, qualidade, quantidade, segurança, desempenho, durabilidade, preço ou garantia de produtos ou serviços.

(E) fabricar, sem licença da autoridade competente, substância ou engenho explosivo, gás tóxico ou asfixiante, ou material destinado à sua fabricação.

A: incorreta, pois esse crime está previsto no Código Penal (art. 272) e não no CDC; **B:** incorreta, pois esse crime está previsto no Código Penal e não no CDC (art. 274); **C:** incorreta, pois esse crime está previsto no Código Penal (art. 135-A) e não no CDC; **D:** correta (art. 66 do CDC); **E:** incorreta, pois esse crime está previsto no Código Penal (art. 253) e não no CDC. **Gabarito "D".**

(Defensor Público/AC – 2012 – CESPE) A respeito das infrações penais, assinale a opção correta.

(A) O fornecedor que deixa de organizar dados fáticos, técnicos e científicos que dão base à publicidade pratica crime contra as relações de consumo.

(B) O CDC, assim como o CP e as leis extravagantes, prevê circunstâncias agravantes e atenuantes para os crimes que tipifica.

(C) As condutas tipificadas no CDC constituem crime de dano, sendo imprescindível para a caracterização do delito a comprovação do efetivo dano ao consumidor.

(D) Os crimes contra as relações de consumo estão previstos no CDC de forma exclusiva e taxativa.

(E) O tipo penal consistente em fazer afirmação falsa ou enganosa, ou omitir informação relevante sobre a natureza de produto ou serviço inadmite a forma culposa.

A: correta (art. 69 do CDC); **B:** incorreta, pois no CDC só há previsão de causas agravantes (art. 76); **C:** incorreta, pois os tipos penais previstos no CDC não requerem resultado danoso, bastando a configuração da conduta para a configuração do crime (vide arts. 63 a 74); **D:** incorreta, pois o art. 61 do CDC é claro ao dispor que os crimes contra as relações de consumo previstos no CDC não exclui outros previstos no Código Penal e nas leis especiais; **E:** incorreta, pois o art. 66, § 2º, do CDC admite sim a forma culposa. **Gabarito "A".**

11. DEFESA DO CONSUMIDOR EM JUÍZO

(Defensor Público/PE - 2018 - CESPE) A respeito do ajuizamento de ação civil pública pela Defensoria Pública para tutela de defesa de interesses individuais homogêneos de consumidores, assinale a opção correta de acordo com o entendimento jurisprudencial do STJ.

(A) Na hipótese de tutela de direitos individuais homogêneos, a Defensoria Pública somente pode atuar em nome dos indivíduos que expressa e previamente autorizaram propositura de ação coletiva.

(B) A Defensoria Pública tem legitimidade para instaurar inquérito civil para reunir elementos de fato e de direito necessários para o ajuizamento de ação civil pública.

(C) A Defensoria Pública apenas tem legitimidade para tomar medida individual, e não coletiva, para representar consumidores hipossuficientes ou carentes de recursos financeiros.

(D) A legitimidade da Defensoria Pública abrange diversas formas de vulnerabilidades sociais, não se limitando à atuação em nome de carente de recursos econômicos.

(E) É vedado à Defensoria Pública firmar compromisso de ajustamento de conduta com entidade responsável por aumento abusivo em mensalidades de plano de saúde em razão de mudança de faixa etária.

A: incorreta. A Defensoria Pública foi elencada no rol de legitimados ativos para propositura de ação civil pública, conforme disposto no art. 5º da Lei 7.347/82. Dessa forma, os legitimados postulam em nome próprio interesses dos grupos, classe ou categoria de pessoa, ainda que indetermináveis, a fim de resguardar direitos relativos à proteção ao meio ambiente, ao consumidor, à ordem econômica, à livre concorrência, ou ao patrimônio artístico, estético, histórico, turístico e paisagístico, sem a necessidade de autorização dos indivíduos envolvidos; **B:** incorreta. A instauração e presidência do inquérito civil é de competência exclusiva do Ministério Público, conforme os ditames do art. 8º, § 1º, da Lei de Ação Civil Pública; **C:** incorreta. De acordo com o art. 5º, II, da Lei 7.347/85, a Defensoria Pública tem legitimidade para promover a tutela jurisdicional de direitos difusos e coletivos, com a finalidade de representar consumidores hipossuficientes jurídicos, econômicos e organizacionais nas ações civis públicas; **D:** correta. É entendimento do STJ que a Defensoria Pública tem legitimidade para defender as diversas formas de vulnerabilidades sociais, não se limitando à atuação em nome de carente de recursos econômicos. Veja: "DIREITO CONSTITUCIONAL E PROCESSUAL CIVIL. LEGITIMIDADE DA DEFENSORIA PÚBLICA PARA PROPOR AÇÃO CIVIL PÚBLICA EM DEFESA DE JURIDICAMENTE NECESSITADOS. A Defensoria Pública tem legitimidade para propor ação civil pública em defesa de interesses individuais homogêneos de consumidores idosos que tiveram plano de saúde reajustado em razão da mudança de faixa etária, ainda que os titulares não sejam carentes de recursos econômicos. (STJ, EREsp 1.192.577-RS, Rel. Min. Laurita Vaz, julgado em 21/10/2015, DJe 13/11/2015); **E:** incorreta. A Defensoria Pública pode firmar Termo de Ajustamento de Conduta em ACP. Vale notar que a Defensoria não tem legitimidade para a abertura de Inquérito Civil, mas pode fazer Termo de Ajustamento de Conduta.

Gabarito "D".

(Defensor Público/AL - 2017 - CESPE) No que se refere à defesa do consumidor, assinale a opção correta.

(A) A Defensoria Pública possui legitimidade ativa para ajuizar ação civil pública na defesa de interesses difusos, coletivos ou individuais homogêneos.

(B) Os legitimados ativos para o ajuizamento de ação coletiva poderão apenas representar os interesses das vítimas, não podendo propor a ação coletiva em nome próprio.

(C) Tratando-se de ações de danos de âmbito local que envolvam direitos difusos, a competência territorial para o ajuizamento da ação coletiva será a capital do estado onde tenha ocorrido o dano, ou o Distrito Federal.

(D) Os direitos individuais homogêneos caracterizam-se pela transindividualidade, indivisibilidade e indeterminação de titularidade.

(E) Nas ações coletivas previstas na Lei n.º 8.078/1990, a sentença fará coisa julgada erga omnes quando o pedido for julgado improcedente por insuficiência de provas.

A: correta, conforme art. 5º, II, da Lei 7.347/85. **B:** incorreta. Os legitimados ativos para ajuizamento da ação coletiva podem propor defesa de interesses das vítimas e em nome próprio. Trata-se de legitimação extraordinária, em que o legitimado propõe ação coletiva em nome próprio para a defesa dos direitos transindividuais; **C:** incorreta. De acordo com o art. 93, I, tratando-se de ações de danos de âmbito local, que envolvam direitos difusos, a competência territorial será do lugar onde ocorreu ou deva ocorrer o dano. Ademais, conforme o inciso II do referido artigo, o foro competente é o da capital do Estado ou do Distrito Federal nos casos de dano em âmbito nacional ou regional; **D:** incorreta. De acordo com o art. 81, III, do CDC, os direitos individuais homogêneos caracterizam-se pela *transindividualidade*, uma vez que resguardam direitos de uma categoria de grupo; *divisibilidade*, já que o reconhecimento em juízo do direito de uma das partes não vincula as demais; e *determinação* de titularidade, vez que é formado por sujeitos determinados ou determináveis; **E:** incorreta. De acordo com o art. 103, I, "a sentença fará coisa julgada *erga omnes*, exceto quando o pedido for julgado improcedente por insuficiência de prova, hipótese em que qualquer legitimado poderá intentar outra ação, com idêntico fundamento valendo-se de nova prova".

Gabarito "A".

(Defensor Público –DPE/ES – 2016 – FCC) Para as ações fundadas no Código de Defesa do Consumidor, aplica-se a seguinte regra:

(A) os prazos prescricionais não se sujeitam a interrupção, nem a suspensão, enquanto os decadenciais se sujeitam a suspensão, mas não se sujeitam a interrupção.

(B) sujeita-se a prescrição a pretensão por danos causados por fato do produto ou do serviço e a decadência somente a reclamação por vício oculto de serviço ou de produto.

(C) sujeita-se a decadência a pretensão à reparação por danos causados por fato do produto ou do serviço e a prescrição o direito de reclamar por vícios aparentes ou de fácil constatação no fornecimento de serviços e produtos.

(D) sujeita-se à prescrição a pretensão à reparação pelos danos causados por fato do produto ou do serviço e a decadência o direito de reclamar por vícios aparentes ou de fácil constatação, no fornecimento de serviços e de produtos.

(E) os prazos prescricionais e decadenciais se identificam quanto à incidência de causas suspensivas e interruptivas.

A: incorreta. Os prazos decadenciais previstos no art. 26 para os vícios de produto ou serviço podem ser "obstados" (art. 26, § 2º) por reclamação comprovadamente formulada pelo consumidor perante o fornecedor até resposta negativa correspondente, que deve ser transmitida de forma inequívoca ou pela instauração de inquérito civil. Sendo assim, o prazo decadencial é interrompido e voltará a correr quando da resposta do fornecedor ou pela instauração do inquérito civil. O prazo prescricional estabelecido no art. 27 do CDC, conta-se a partir do conhecimento do dano e de sua autoria. Na forma do Código Civil, a prescrição tem causas suspensivas (art. 197 e 198) e causas interruptivas (art. 202). **B:** incorreta. Vide justificativa da alternativa "D". **C:** incorreta. Vide justificativa da alternativa "D". **D:** correta. O Código de Defesa do Consumidor, em seu artigo 26, trata dos prazos decadenciais para as hipóteses de vício de produto ou serviço. O artigo 27, por sua vez, trata dos prazos prescricionais para o consumidor requerer em juízo o ressarcimento pelos danos causados por defeito de produto ou serviço. **E:** incorreta. Vide justificativa da alternativa "A".

Gabarito "D".

(Defensor Público/ES – 2012 – CESPE) Julgue os itens seguintes, acerca da defesa do consumidor em juízo.

(1) Nas ações coletivas para a defesa dos direitos e interesses dos consumidores, a lei dispensa a parte autora do adiantamento de custas judiciais e emolumentos, mas a obriga a arcar, em qualquer caso, com o pagamento de eventuais honorários periciais e advocatícios.

(2) Em se tratando de ações de responsabilidade civil de fornecedor de produtos e serviços de consumo, o réu que houver contratado seguro de responsabilidade não poderá chamar ao processo o segurador, uma vez que o CDC veda qualquer espécie de intervenção de terceiros nesse tipo de ação.

(3) Considere que vários taxistas tenham firmado, com vistas a aquisição de veículos automotores, contratos de arrendamento mercantil com clausula de indexação monetária atrelada à variação cambial. Nessa situação, havendo violação dos direitos consumeristas, a DPE terá legitimidade ativa para propor ACP para a defesa dos interesses desses consumidores.

1: incorreta, pois não haverá adiantamento nem de custas, nem de honorários periciais, valendo salientar que associação autora também não pagará honorários advocatícios se vencida, salvo comprovada má-fé (art. 87, *caput*, do CDC); **2:** incorreta, pois cabe chamamento sim no caso (art. 101, II, do CDC); **3:** correta; em primeiro lugar, é bom lembrar que o STJ vem aplicando o finalismo aprofundado, aceitando a incidência do CDC aos meros destinatários fáticos de produtos, quando estes forem vulneráveis, que é o caso do taxista; em segundo lugar, vale lembrar que a Defensoria Pública é um órgão e os órgãos têm legitimidade para ingressar com ação civil pública nos termos do art. 82, III, do CDC; ademais, a Lei de Ação Civil Pública (Lei 7.347/1985) é, inclusive, clara, no sentido de que a Defensoria tem essa legitimidade (art. 5º, II).

Gabarito 1E, 2E, 3C

(Defensor Público/RS – 2011 – FCC) Ação Coletiva.

(A) A ação coletiva que pretenda indenização por danos de consumidores vítimas do descumprimento de contrato de prestação de assistência à saúde tem por objeto espécie de direito coletivo *stricto sensu*.

(B) A indenização por lesão a direitos individuais não reverterá, em nenhuma hipótese, a fundo estatal de reparação de bens lesados.

(C) A isenção de custas, emolumentos, honorários periciais e quaisquer outras despesas, para ingresso das ações coletivas de consumo não abrange as interpostas por órgãos estatais que atuem como representantes ou substitutos processuais dos consumidores.

(D) A improcedência de ação coletiva que tenha por objeto a tutela de direito individual homogêneo, não afeta a possibilidade de interposição de nova ação individual pelo consumidor substituído na primeira demanda, desde que não tenha nela atuado como litisconsorte.

(E) A Defensoria Pública não tem legitimidade para a tutela coletiva de direitos que envolvam relações de consumo.

A: incorreta, pois o caso envolve direito individual homogêneo; **B:** incorreta, pois há exceção no art. 100, parágrafo único, do CDC; **C:** incorreta (art. 18 da Lei 7.347/1985); **D:** correta (art. 103, § 2º, do CDC); **E:** incorreta, pois a Defensoria Pública, como órgão público que é, tem legitimidade sim (art. 82, III, do CDC).

Gabarito "D".

12. TEMAS COMBINADOS DE DIREITO DO CONSUMIDOR

(Defensor Público/PE - 2018 - CESPE) Acerca da responsabilidade do fornecedor de produtos e serviços, assinale a opção correta de acordo com as regras e os princípios previstos no CDC.

(A) O comerciante responde pelo vício do produto que comercializa, mesmo que não tenha conhecimento da existência de falha de adequação que tenha surgido no momento de sua fabricação.

(B) O CDC veda que o fornecedor provoque, nas ações propostas pelo consumidor, a intervenção de terceiro por intermédio da denunciação da lide ou do chamamento ao processo.

(C) O consumidor pode pleitear a nulidade do contrato quando, por fato superveniente, determinada cláusula contratual se tornar excessivamente onerosa.

(D) A informação ou a comunicação publicitária parcialmente falsa, apta a induzir o consumidor a erro, deve ser considerada publicidade abusiva e caracteriza ato ilícito do fornecedor.

(E) Independentemente de o consumidor ser pessoa física ou jurídica, será considerada nula de pleno direito a cláusula que atenue a responsabilidade do fornecedor, mesmo diante de situação justificável.

A: correta. De acordo com o art. 18 do CDC, os fornecedores respondem solidariamente pelos vícios dos produtos por eles comercializados. Nesse sentido, o comerciante é considerado fornecedor nos termos do art. 3º do CDC, e poderá responder judicialmente pelos vícios dos produtos que venderem; **B:** incorreta. Não há vedação expressa no CDC a respeito da intervenção de terceiros por intermédio do chamamento à lide ou da denunciação da lide por parte do fornecedor. Entretanto, existe posicionamento assentado pela jurisprudência, entendendo incabível a denunciação da lide nas ações indenizatórias decorrentes da relação de consumo; **C:** incorreta. O art. 6º, V, do CDC determina, como direito do consumidor, o direito à modificação das cláusulas contratuais que estabeleçam prestações desproporcionais ou sua revisão em razão de fatos supervenientes que as tornem excessivamente onerosas. Assim, o consumidor poderá pleitear a revisão judicial do contrato, restando a nulidade do contrato caso não seja possível, pelos esforços de integração, a sua manutenção; **D:** incorreta. A informação ou a comunicação publicitária parcialmente falsa, apta a induzir o consumidor a erro, deve ser considerada publicidade **enganosa**, nos

termos do art. 37, § 1º do CDC; **E:** incorreta. De acordo com o art. 51, I, do CDC, são nulas as cláusulas contratuais que impossibilitem, exonerem ou atenuem a responsabilidade do fornecedor por vícios de qualquer natureza dos produtos e serviços ou impliquem renúncia ou disposição de direitos. Entretanto, nas relações de consumo entre o fornecedor e o consumidor pessoa jurídica, a indenização poderá ser limitada, em situações justificáveis.
Gabarito "A".

(Defensor Público/PE - 2018 - CESPE) Julgue os seguintes itens, referentes aos direitos do consumidor.

I. O Sistema Nacional de Defesa do Consumidor é composto apenas por entes públicos que tenham entre suas finalidades a defesa do consumidor.
II. Associação legalmente constituída há pelo menos um ano e que inclua entre seus fins institucionais a defesa dos interesses e direitos do consumidor pode intervir, como assistente do Ministério Público, em processo penal referente a crime previsto no CDC.
III. O consumidor cobrado de forma indevida pelo fornecedor fará jus à repetição em dobro, independentemente do efetivo pagamento do valor cobrado em excesso.
IV. A desconsideração inversa da personalidade é aplicável às relações de consumo.

Estão certos apenas os itens

(A) I e II.
(B) I e III.
(C) II e IV.
(D) I, III e IV.
(E) II, III e IV.

I: incorreta. De acordo com o art. 105 do CDC, integram o SDNC os órgãos públicos e as entidades privadas de defesa do consumidor; **II:** correta, nos termos dos arts. 80 e 82, III e IV, do CDC; **III:** incorreta. Para que o consumidor tenha direito à devolução em dobro dos valores, o art. 42, parágrafo único, do CDC, exige que o consumidor tenha efetivamente pagado o débito, não bastando ser apenas cobrado indevidamente. **IV:** correta. A desconsideração da personalidade jurídica está prevista no art. 28 do CDC. A desconsideração inversa da personalidade jurídica é construção doutrinária, fundamentada no mesmo dispositivo legal, que pode ser utilizada a favor do consumidor, todas as vezes que o fornecedor estiver protegendo o seu patrimônio na pessoa jurídica.
Gabarito "C".

(Defensor Público/AC - 2017 - CESPE) Em uma relação de consumo, foi estabelecido que o pagamento deveria ser realizado de determinada maneira. No entanto, após certo tempo, o pagamento passou a ser feito, reiteradamente, de outro modo, sem que o credor se opusesse à mudança.

Nessa situação, considerando-se a boa-fé objetiva, para o credor ocorreu o que se denomina

(A) venire contra factum proprium.
(B) tu quoque.
(C) surrectio.
(D) supressio.
(E) exceptio doli.

A: incorreta. A expressão *venire contra factum proprium* pode ser traduzida como "vir contra seus próprios atos". Sendo assim, tal expressão denota a vedação destinada ao fornecedor impedindo que esse adote dois comportamentos, surpreendendo o consumidor, por ser diferente daquilo que se esperava; **B:** incorreta. É usado para caracterizar atos abusivos que contrariem a boa-fé entre as partes. Parte-se do pressuposto de que aquele que desrespeita a norma convencionada não pode se beneficiar do ato, exigindo que a outra parte cumpra seus deveres; **C:** incorreta. A *surrectio* consiste na ampliação do conteúdo do negócio jurídico, diante de comportamento reiterado de uma das partes, que faz surgir na outra o sentimento da existência de um direito não avençado no início da relação jurídica; **D:** correta: A *supressio* (renúncia tácita) se configura na hipótese de supressão do direito de determinado sujeito, em virtude do não exercício de forma reiterada durante certo espaço de tempo; **E:** incorreta. A *exceptio doli* consiste na exceção que tem uma das partes do contrato para paralisar o comportamento de quem age dolosamente contra si.
Gabarito "D".

(Defensor Público/AC - 2017 - CESPE) Julgue os itens a seguir, acerca de práticas comerciais nas relações de consumo.

I. As práticas abusivas vedadas ao fornecedor de produtos ou serviços são dispostas, no CDC, de modo exemplificativo.
II. É vedado ao comerciante enviar ao consumidor qualquer produto sem que haja prévia solicitação.
III. A cobrança de tarifa básica pelo uso dos serviços de telefonia fixa caracteriza venda casada, sendo considerada ilegítima.
IV. Conforme o CDC, rejeitar cheque como forma de pagamento pela compra de um produto é prática abusiva.

Estão certos apenas os itens

(A) I e II.
(B) I e III.
(C) II e III.
(D) II e IV.
(E) III e IV.

I: correta. O *caput* do art. 39 diz que são abusivas, dentre outras práticas, as exemplificadas nos seus incisos; **II:** correta. Trata-se de prática comercial abusiva nos termos do art. 39, III, do CDC; **III:** incorreta. Tese 77 firmada em sede de Recurso Repetitivo: É legítima a cobrança de tarifa básica pelo uso dos serviços de telefonia fixa. (REsp 1068944/PB, DJ 12/11/2008); **IV:** incorreta. O Código de Defesa do consumidor, em seu art. 39, IX, descreve como prática comercial abusiva "recusar a venda de bens ou a prestação de serviços, diretamente a quem se disponha a adquiri-los mediante pronto pagamento, ressalvados os casos de intermediação regulados em leis especiais". Sendo assim, o fornecedor não é obrigado a aceitar cheque ou conceder qualquer crédito ao fornecedor.
Gabarito "A".

(Defensor Público/AC - 2017 - CESPE) Em 18/1/2017, uma entidade civil de consumidores celebrou, por escrito, com uma associação de fornecedores de certo produto, convenção coletiva de consumo, com o objetivo de estabelecer condições relativas ao preço, à garantia e à composição de conflitos de consumo, entre outros aspectos. O instrumento pactuado foi registrado no cartório de títulos e documentos em 19/1/2017. Em fevereiro de 2017, um fornecedor se desligou da associação de fornecedores.

Considerando-se essa situação hipotética, a convenção celebrada

(A) tornou-se obrigatória a partir do dia 18/1/2017.
(B) é nula no que se refere à composição de conflitos de consumo.
(C) somente obrigará os filiados às entidades signatárias.

(D) deixou de ser obrigatória ao fornecedor que se desligou.

(E) é nula no que se refere à garantia de produto.

A: incorreta. A convenção coletiva de consumo está regrada no art. 107 do Código de Defesa do Consumidor. O § 1º do dispositivo afirma que a convenção tornar-se-á obrigatória a partir do registro do instrumento no cartório de títulos e documentos, ou seja, para o caso em análise, em 19/01/2017; **B:** incorreta. A convenção é absolutamente válida e regulada pela lei; **C:** correta, nos termos do art. 107, § 2º, do CDC; **D:** incorreta. O art. 107, § 3º, diz que não se exime de cumprir a convenção o fornecedor que se desligar da entidade em data posterior ao registro do instrumento; **E:** incorreta. O objeto da convenção coletiva pode ser condição relativa ao preço, qualidade, quantidade, características de produtos e serviços, bem como qualquer reclamação e composição de conflito de consumo.
Gabarito "C".

(Defensor Público/PE - 2018 - CESPE) Conforme previsão expressa no CDC, possuem legitimidade para firmar convenção coletiva de consumo apenas as

(A) associações de fornecedores ou sindicato de categoria econômica e as entidades e os órgãos da administração pública destinados à defesa dos direitos dos consumidores.

(B) entidades públicas ou privadas destinadas à defesa dos direitos dos consumidores, as associações de fornecedores e os sindicatos de categoria econômica.

(C) entidades civis de consumidores e seus respectivos filiados.

(D) entidades civis representativas de consumidores e as associações de fornecedores ou sindicatos de categoria econômica.

(E) associações de fornecedores ou sindicatos de categoria econômica, o Ministério Público e a Defensoria Pública.

Na forma do *caput* do art. 107 do CDC, são legitimados para firmar convenção coletiva as **entidades civis representativas de consumidores**, as **associações de fornecedores** ou **sindicatos de categoria econômica**.
Gabarito "D".

(Defensor Público –DPE/ES – 2016 – FCC) A competência para legislar sobre responsabilidade por dano ao consumidor é

(A) concorrentemente da União, dos Estados, do Distrito Federal e dos Municípios.

(B) concorrentemente da União, dos Estados e do Distrito Federal.

(C) privativa da União.

(D) comum da União, dos Estados, do Distrito Federal e dos Municípios.

(E) comum da União, dos Estados e do Distrito Federal, apenas.

A competência para legislar sobre danos aos consumidores é concorrente e está definida no art. 24 da Constituição Federal: "Compete à União, aos Estados e ao Distrito Federal legislar concorrentemente sobre: (...) V – produção e consumo; (...) VIII – responsabilidade por dano ao meio ambiente, aos consumidor, a bens e direitos de valor artístico, estético, histórico, turístico e paisagístico".
Gabarito "B".

(Defensor Público –DPE/RN – 2016 – CESPE) Com base no Estatuto do Idoso, no CDC e no entendimento do STJ acerca dos tópicos abarcados por esses dois diplomas legais, assinale a opção correta.

(A) Uma operadora de plano de saúde não responde perante o consumidor por falha na prestação dos serviços médicos e hospitalares por ela credenciados.

(B) De acordo com o Estatuto do Idoso, na ação de execução de sentença individual e nas ações referentes a interesses individuais indisponíveis, o pagamento das custas processuais pelo idoso deve ocorrer somente ao final do processo.

(C) Na ação de indenização movida pelo DP em defesa de consumidor hipossuficiente cujo nome tenha sido inscrito indevidamente em cadastro de inadimplentes, é imprescindível a comprovação do efetivo prejuízo por ele sofrido em decorrência do ato.

(D) A comprovação da postagem de correspondência notificando o consumidor da inscrição de seu nome em cadastro de inadimplência é bastante para atender ao disposto no CDC no tocante ao direito de acesso a informação que lhe diga respeito, sendo desnecessário, nesses casos, o aviso de recebimento.

(E) O vício de qualidade do produto não confere ao consumidor o direito de substituição do bem, mas sim o de abatimento proporcional do preço, na forma prevista na legislação em vigor.

A: incorreta. A jurisprudência do STJ já admite a responsabilidade do plano de saúde por falha na prestação dos serviços médicos, tudo com fundamento no art. 7º e no art. 25 do CDC. **B:** incorreta. O Estatuto do Idoso, em seu art. 88, não admite o pagamento de custas nas ações transindividuais. **C:** incorreta. O consumidor pessoa física não precisa fazer prova dos danos para pedir indenização. O dano moral se configura por lesão ao direito de personalidade. **D:** Correta. Súmula 404 do STJ: "É dispensável o aviso de recebimento (AR) na carta de comunicação ao consumidor sobre a negativação de seu nome em banco de dados e cadastros". **E:** incorreta. Na forma do art. 18 do CDC, caso o fornecedor não corrija o produto em até 30 dias, o consumidor poderá exigir (i) a devolução dos valores pagos; (ii) o abatimento proporcional do preço ou (iii) a substituição do produto. Em qualquer caso, a escolha cabe ao consumidor.
Gabarito "D".

(Defensor Público –DPE/BA – 2016 – FCC) De acordo com a jurisprudência dominante no Superior Tribunal de Justiça,

(A) a operadora de saúde não é responsável por eventuais falhas na prestação de serviços pelo profissional credenciado.

(B) a inclusão indevida do nome de consumidor em cadastro de proteção ao crédito gera dano moral indenizável, desde que se comprove efetivo prejuízo extrapatrimonial.

(C) as instituições financeiras respondem objetivamente pelos danos gerados por fortuito interno relativo a fraudes e delitos praticados por terceiros no âmbito de operações bancárias.

(D) a falta de pagamento do prêmio do seguro obrigatório de Danos Pessoais Causados por Veículos Automotores de Vias Terrestres (DPVAT) justifica a recusa do pagamento da indenização.

(E) o Estado tem responsabilidade civil nos casos de morte de custodiado em unidade prisional, desde que se prove a culpa *in vigilando*.

A: incorreta. O STJ entende que há responsabilidade solidária entre a operadora de saúde e os profissionais e hospitais por ela indicados/cadastrados. **B: incorreta.** O dano moral se configura por lesão aos direitos de personalidade, razão pela qual não precisa ser provado. **C: correta.** Súmula 479 do STJ: "As instituições financeiras respondem objetivamente pelos danos gerados por fortuito interno relativo a fraudes e delitos praticados por terceiros no âmbito de operações bancárias". **D: incorreta.** A falta de pagamento do DPVAT configura mera infração administrativa, não podendo a seguradora recusar o pagamento da indenização. **E: incorreta.** Não se faz necessária a prova da culpa *in vigilando* posto que a responsabilidade civil do Estado é objetiva.

Gabarito "C".

(Defensoria Pública da União – CESPE – 2015) No que tange ao contrato de adesão, às práticas abusivas, ao fato do produto e do serviço, à responsabilidade solidária e ao direito de regresso, julgue os itens subsequentes.

(1) Se um liquidificador, após poucos dias de uso, explodir e causar sérios ferimentos ao consumidor que o tiver adquirido, o comerciante e o fornecedor serão objetiva e solidariamente responsáveis pelos danos a ele causados.

(2) O fornecedor de serviços está obrigado a entregar ao contratante de seus serviços orçamento prévio discriminando o valor da mão de obra e dos materiais, entre outros aspectos, não respondendo o contratante por eventuais ônus ou acréscimos decorrentes da necessidade de contratação, pelo fornecedor, de serviços de terceiros surgida durante a execução do serviço e que não estejam previstos no orçamento prévio.

1: Errada. O comerciante tem responsabilidade subsidiária nas hipóteses de responsabilidade civil por defeito de produto, sendo obrigado a indenizar o consumidor somente nas hipóteses do art. 13 do CDC. **2: Correta.** Na forma do § 3º do art. 40 do CDC "o consumidor não responde por quaisquer ônus ou acréscimos decorrentes da contratação de serviços de terceiros não previstos no orçamento prévio".

Gabarito 1E, 2C

(Defensoria Pública da União – CESPE – 2015) Considerando que determinada parte tenha proposto ação de indenização contra outra parte, pleiteando sua condenação em danos morais e materiais, julgue os itens seguintes.

(1) Se os danos materiais se referirem a indenização pelas mensalidades pagas em estabelecimento de ensino superior para atendimento a curso não reconhecido formalmente e os danos morais se referirem à frustração na obtenção do diploma, estará configurada hipótese de cumulação simples de pedidos, sendo irrelevante a rejeição de um e o acolhimento de outro.

(2) Havendo entre uma das partes e um terceiro comunhão de direitos ou de obrigações relativamente à lide, a outra parte poderá reconvir em face de ambos em litisconsórcio passivo, ainda que o terceiro não figure originariamente na lide.

(3) Sendo uma das partes pessoa jurídica, esta poderá requerer, no curso do processo, o benefício da justiça gratuita, desde que demonstre a impossibilidade de arcar com os encargos processuais e, tendo a sentença sido proferida, faça o pedido em autos apartados, e não nas razões recursais.

1: Correta. O dano material é cumulável com dano moral (podendo, ainda, ser cumulado com dano estético). **2: Errada.** Nos termos do art. 343, § 4º, do NCPC, "a reconvenção pode ser proposta pelo réu em litisconsórcio com terceiro". **3: Correta.** Conforme decisão reiterada do Superior Tribunal de Justiça, "a corte Especial firmou compreensão segundo a qual, independentemente do fato de se tratar de pessoa jurídica com ou sem fins lucrativos, a concessão do benefício da assistência judiciária apresenta-se condicionada à efetiva demonstração da impossibilidade de a parte requerente arcar com os encargos processuais" (REsp 1.562.883/RS, DJ 24/11/2015).

Gabarito 1C, 2E, 3C

(Defensor Público/AM – 2013 – FCC) Em relação ao Código de Defesa do Consumidor – Lei nº 8.078/90 analise as afirmações abaixo.

I. A Política Nacional das Relações de Consumo tem por objetivo o atendimento das necessidades dos consumidores, o respeito à sua dignidade, saúde e segurança, a proteção de seus interesses econômicos, a melhoria da sua qualidade de vida, bem como a transparência e harmonia das relações de consumo.

II. Na cobrança de débitos, o consumidor inadimplente não será exposto a ridículo, nem será submetido a qualquer tipo de constrangimento ou ameaça.

III. O consumidor pode desistir do contrato, no prazo de 30 dias a contar de sua assinatura ou do ato de recebimento do produto ou serviço, sempre que a contratação de fornecimento de produtos e serviços ocorrer fora do estabelecimento comercial, especialmente por telefone ou a domicílio.

IV. É facultado a qualquer consumidor o ajuizamento de ação civil pública para ser declarada a nulidade de cláusula contratual que contrarie o disposto no Código de Defesa do Consumidor ou de qualquer forma não assegure o justo equilíbrio entre direitos e obrigações das partes.

Está correto o que se afirma APENAS em

(A) III e IV.
(B) I e II.
(C) I e IV.
(D) II e III.
(E) II e IV.

I: correta (art. 4º, *caput*, do CDC); **II:** correta (art. 42, *caput*, do CDC); **III:** incorreta, pois o prazo para desistência de compras feitas fora do estabelecimento é de 7 dias e não de 30 dias (art. 49 do CDC); **IV:** incorreta, pois o consumidor pode representar para o Ministério Público entrar com essa ação (art. 51, § 4º, do CDC) e não ele mesmo entrar com ação, pois não existe no Brasil ação popular de consumo.

Gabarito "B".

(Defensor Público/ES – 2012 – CESPE) Com relação aos danos causados ao consumidor, julgue os próximos itens.

(1) A responsabilidade dos hospitais, no que tange a atuação técnico-profissional dos médicos que neles atuam sem vínculo de emprego ou subordinação, é subjetiva, ou seja, depende da comprovação de culpa dos prepostos, conforme a teoria da responsabilidade subjetiva dos profissionais liberais, abrigada pelo CDC.

(2) O fato de o consumidor não ser previamente informado da inscrição do seu nome em órgão de proteção ao crédito enseja a indenização por danos morais, ainda que a inadimplência tenha ocorrido há mais de três meses e dela tenha ciência o consumidor.

1: incorreta, pois apenas o profissional liberal tem a vantagem de responder subjetivamente (art. 14, § 4º, do CDC), sendo que o hospital (empresa) responde dentro da regra, ou seja, objetivamente (art. 14, *caput*, do CDC); **2:** correta, pois a Súmula STJ n. 359 impõe a prévia notificação do devedor para que se proceda à inscrição negativa no cadastro de proteção ao crédito.

Gabarito 1E, 2C

(Defensor Público/TO – 2013 – CESPE) Em relação aos direitos do consumidor, aos crimes contra as relações de consumo, à defesa do consumidor em juízo e à convenção coletiva de consumo, assinale a opção correta.

(A) O princípio da confiança está expressamente previsto no CDC.

(B) A inversão do ônus da prova, fundada na desigualdade fática, econômica e jurídica existente na relação de consumo, constitui mecanismo processual de correção desse desequilíbrio entre as partes em litígio.

(C) O descumprimento de acordo em uma convenção coletiva de consumo gera título executivo extrajudicial, que pode sofrer execução direta.

(D) O direito penal do consumidor busca somente reprimir condutas indesejáveis e causadoras de danos.

(E) De acordo com o CDC, é proibida a circulação de produto perigoso, por ser a periculosidade elemento ligado ao defeito, que pode gerar tanto fato quanto vício do produto.

A: incorreta, pois não há previsão expressa, apesar de decorrer do sistema, que prega a transparência, a informação e a boa-fé; **B:** correta, pois havendo hipossuficiência (técnica, econômica ou jurídica) cabe inversão do ônus da prova (art. 6º, VIII, do CDC); **C:** incorreta, pois não previsão legal nesse sentido (art. 107 do CDC); **D:** incorreta, pois os tipos penais previstos nos arts. 63 a 74 não requerem resultado danoso para se configurarem, bastando que a conduta se realize; **E:** incorreta, pois, desde que haja adequada informação a respeito, produtos perigosos podem sim ser colocados no mercado de consumo (art. 9º do CDC); um carro, por exemplo, é perigoso, mas deve ser vendido com todas as informações a respeito; o que a lei proíbe é a venda de produtos com alto grau de nocividade ou periculosidade à saúde ou segurança (art. 10, *caput*, do CDC).

Gabarito "B".

(Defensor Público/TO – 2013 – CESPE) Com relação aos direitos do consumidor, às infrações penais e à defesa do consumidor em juízo, assinale a opção correta.

(A) De acordo com o CDC, interesses coletivos, em sentido restrito, correspondem aos interesses de natureza indivisível de uma coletividade indeterminada e indeterminável de pessoas, ligadas por circunstâncias de fato.

(B) É *ex nunc* o efeito da sentença que reconhece a nulidade de cláusula abusiva.

(C) No processo penal atinente aos crimes previstos no CDC, poderão intervir como assistentes do MP apenas as associações legalmente constituídas há pelo menos um ano e que incluam entre seus fins institucionais a defesa dos interesses e direitos protegidos pelo CDC.

(D) Produtos e serviços são considerados elementos subjetivos da relação de consumo desde que tenham valor econômico.

(E) A defesa do consumidor é um direito constitucional fundamental e também um dos princípios da atividade econômica.

A: incorreta, pois a definição dada é de interesses difusos (art. 81, parágrafo único, I, do CDC); **B:** incorreta, pois as cláusulas abusivas são nulas de pleno direito, de modo que a sentença que pronuncia sua nulidade retroage, ou seja, tem efeito "ex tunc"; **C:** incorreta, pois as entidades e órgãos da Administração Pública, direta e indireta, ainda que sem personalidade jurídica, especificamente destinados à defesa dos interesses e direitos do consumidor (art. 80 c/c art. 82, III, do CDC); **D:** incorreta, pois são elementos *objetivos* da relação de consumo; **E:** correta (arts. 5º, XXXII, e 170, V, da CF).

Gabarito "E".

(Defensor Público/TO – 2013 – CESPE) Em relação aos direitos do consumidor e à defesa do consumidor em juízo, assinale a opção correta.

(A) É incompatível com o sistema de responsabilidade civil estabelecido no CDC cláusula contratual de não indenizar que impossibilite, exonere ou atenue o dever de indenização do fornecedor pessoa física.

(B) Prevalece na doutrina e na jurisprudência o entendimento de que não se aplica aos contratos celebrados via Internet o prazo de arrependimento.

(C) Caso fortuito e força maior excluem a responsabilidade do fornecedor de serviços ou de produtos.

(D) A doutrina é uníssona no sentido de que o momento de inversão do ônus da prova é o do julgamento da causa.

(E) No campo das ações consumeristas individuais, o ajuizamento da ação de responsabilidade civil do fornecedor de produtos e serviços poderá ser no foro do domicílio do consumidor autor, mesmo se o foro de eleição for outro, apenas quando se tratar de contrato de adesão.

A: correta (art. 51, I, do CDC); **B:** incorreta, pois não há posição jurisprudencial prevalecente nesse sentido; **C:** incorreta, pois isso só ocorre em caso de fortuitos externos, ou seja, se o caso se deu por motivo inevitável que tiver ocorrido depois que o fornecedor entregou o produto o serviço e desde que não haja relação alguma com o produto ou serviço entregues; assim, o fornecedor não responde se cair um raio na casa de alguém, queimando uma televisão fabricada por ele, por se tratar de fortuito externo; porém, o fornecedor responde se a televisão sai de fábrica com problema devido a um raio que caiu na fábrica no meio da produção da televisão e que gerou algum problema nos produtos fabricados naquela data, já que se tem, no caso, mero fortuito interno, que não afasta a responsabilidade do fornecedor; **D:** incorreta; o ideal é que o juiz deixe claro, logo no início da demanda, de quem é o ônus da prova, em função do princípio da boa-fé processual; **E:** incorreta, pois em qualquer caso (contrato de adesão ou não) o consumidor poderá propor ação em seu domicílio (art. 101, I, do CDC), valendo lembrar que as normas de defesa do consumidor são de ordem pública, não podendo ser afastadas por vontade das partes.

Gabarito "A".

13. DIREITO DA CRIANÇA E DO ADOLESCENTE

Wander Garcia, Ana Paula Garcia, Roberta Densa e Vanessa Tonolli Trigueiros*

1. DIREITOS FUNDAMENTAIS

1.1. Direito à vida e à saúde

(Defensor Público –DPE/ES – 2016 – FCC) Em março de 2016, o texto do Estatuto da Criança e do Adolescente sofreu modificações destinadas a incorporar ou reforçar regras voltadas à proteção da primeira infância, entre as quais podemos citar:

(A) Responsabilização criminal de pais ou responsável que, injustificadamente, deixem de promover vacinação de crianças sob sua guarda.
(B) Direito da parturiente, junto ao Sistema Único de Saúde, de contar com um acompanhante de sua preferência no pré-natal, e o pós-parto e dois acompanhantes durante o trabalho de parto.
(C) Isenção de multas, custas e emolumentos nos registros e certidões necessários à inclusão, a qualquer tempo, do nome do pai no assento de nascimento da criança.
(D) Possibilidade de destituição sumária do poder familiar em caso de abuso sexual praticado ou facilitado pelos genitores contra criança de até 6 anos de idade.
(E) Criação de serviços de acolhimento institucional especializados para a faixa etária da primeira infância, sem prejuízo da preservação de eventuais vínculos com irmãos maiores.

A: incorreta. O art. 14 do ECA já previa, em sua redação original, a obrigatoriedade de vacinação. Além disso, a ausência de vacinação pode trazer a possibilidade de aplicação das medidas em relação aos pais previstas no art. 129 ou a infração administrativa genérica do art. 249 do ECA. **B:** incorreta. O direito incluído pela Lei da Primeira Infância, previsto no art. 8º, § 6º, é de manter um 1 (um) acompanhante de sua preferência durante o período do pré-natal, do trabalho de parto e do pós-parto imediato. **C:** correta. Nos termos do art. 102, § 5º, do ECA. **D:** incorreta. A destituição do poder familiar somente pode ser feita pela autoridade judicial, através do devido processo legal (art. 155 e seguintes do ECA). **E:** incorreta. O vínculo com os irmãos deve ser mantido, nos termos do art. 28, § 4º, do ECA: "os grupos de irmãos serão colocados sob adoção, tutela ou guarda da mesma família substituta, ressalvada a comprovada existência de risco de abuso ou outra situação que justifique plenamente a excepcionalidade de solução diversa, procurando-se, em qualquer caso, evitar o rompimento definitivo dos vínculos fraternais".
Gabarito "C".

(Defensor Público –DPE/ES – 2016 – FCC) Na perspectiva de conceituar adequadamente as situações de violência contra a criança e o adolescente, o Estatuto da Criança e do Adolescente, definiu, expressamente

(A) negligência grave como a omissão reiterada, por quem detenha o dever de cuidado, capaz de produzir danos físicos e/ou psíquicos à criança ou adolescente.
(B) castigo físico como a ação de natureza disciplinar ou punitiva aplicada com o uso da força sobre a criança ou adolescente que resulte em sofrimento físico ou lesão.
(C) castigo moral como a ação ou omissão que, sem causar dano físico, tenha por objetivo submeter criança ou adolescente a vexame ou constrangimento.
(D) tratamento cruel ou degradante como toda conduta intencionalmente voltada à violação de um direito fundamental da criança que produza sofrimento ou comprometa seu desenvolvimento saudável.
(E) abuso infantil como toda prática, omissa ou comissiva, que, direta ou indiretamente, submeta a criança à sexualização precoce. Direito dos Idosos, das Pessoas com Deficiência e das Mulheres.

A: incorreta. O ECA não conceitua expressamente a negligência **B:** correta. Para os fins do art. 18-A, incisos I e II, *castigo físico* pode ser considerado toda ação de natureza disciplinar ou punitiva aplicada com o uso da força física sobre a criança ou o adolescente que resulte em sofrimento físico ou lesão. O tratamento cruel ou degradante: conduta ou forma cruel de tratamento em relação à criança ou ao adolescente que humilhe; ameace gravemente; ou ridicularize. **C:** incorreta. O ECA não utiliza a expressão *castigo moral* mas sim a expressão *tratamento cruel ou degradante*. **D:** incorreta. Vide justificativa da alternativa "B". **E:** incorreta. O ECA não conceitua expressamente o abuso infantil.
Gabarito "B".

(Defensor Público/AC – 2012 – CESPE) A respeito dos direitos fundamentais das crianças e dos adolescentes, assinale a opção correta.

(A) A prioridade no atendimento de crianças e adolescentes tem caráter relativo, dependendo a garantia dessa prioridade da emissão, pelo poder público, de normas secundárias, tais como resoluções e portarias.
(B) De acordo com a CF, devem ser estabelecidos por lei, além do ECA, o Estatuto da Juventude, destinado a regular os direitos dos jovens, e o Plano Nacional de Juventude, que deve articular as várias esferas do poder público para a execução de políticas públicas.
(C) O poder público é obrigado a proporcionar assistência psicológica à gestante e à mãe nos períodos pré-natal e pós-parto exceto se houver manifestação expressa em entregar o filho para adoção, caso em que a proteção estatal recai sobre os adotantes.
(D) Enumerados taxativamente no ECA, os direitos fundamentais das crianças e dos adolescentes constituem um sistema fechado.

---

* **Roberta Densa** comentou as questões da DPU 2015 e DPE/MT/2016, DPE/RN/2016, DPE/ES/2016, DPE/BA/2016, **Vanessa Tonolli Trigueiros** comentou as questões dos concursos DEF/AC/12, DEF/AM/13, DEF/ES/12, DEF/PR/12, DEF/RO/12, DEF/SE/12, DEF/SP/12 e DEF/TO/13. **Wander Garcia** e **Ana Paula Garcia** comentaram as demais questões. **Roberta Densa** atualizou os comentários deste capítulo.

(E) A garantia dos direitos fundamentais do público infantojuvenil constitui obrigação direta do poder público e da família e obrigação indireta da sociedade e da comunidade.

A: incorreta, pois a garantia de prioridade tem caráter absoluto e compreende, dentre outras hipóteses, a precedência de atendimento nos serviços públicos ou de relevância pública, independente de regulamentação legislativa (art. 4º, parágrafo único, "b", do ECA); **B:** correta, pois está de acordo com o disposto no art. 227, § 8º, I e II, da CF/1988; **C:** incorreta, pois incumbe ao poder público proporcionar assistência psicológica à gestante e à mãe, no período pré e pós-natal, inclusive como forma de prevenir ou minorar as consequências do estado puerperal, bem como para as gestantes ou mães que manifestem interesse em entregar seus filhos para adoção (art. 8º, §§ 4º e 5º, do ECA); **D:** incorreta, pois a criança e o adolescente gozam de todos os direitos fundamentais inerentes à pessoa humana, do que se conclui que ser o rol enumerado no ECA meramente exemplificativo e não taxativo; **E:** incorreta, pois a garantia dos direitos fundamentais da criança e do adolescente é dever da família, da comunidade, da sociedade em geral e do poder público. Portanto, constitui uma obrigação direta de todos (art. 4º, *caput*, do ECA).
Gabarito "B".

(Defensor Público/RO – 2012 – CESPE) No que tange aos direitos fundamentais da criança e do adolescente, assinale a opção correta.

(A) Na hipótese de família com muitos filhos menores e em estado de extrema miséria, cabe ao juiz determinar a suspensão ou a perda do poder familiar.
(B) É proibido trabalho noturno, perigoso ou insalubre a menores de dezoito anos de idade e qualquer trabalho a menores de quatorze anos, salvo na condição de aprendiz, a partir dos doze anos.
(C) Quando uma criança ou um adolescente é internado para tratamento de saúde, em hospital público ou privado, a instituição é obrigada a proporcionar condições para que um dos pais ou o responsável os acompanhe.
(D) As gestantes interessadas em entregar seus filhos para adoção poderão, antes do parto, escolher a família substituta, independentemente de comunicar o fato à justiça da infância e da juventude.
(E) É dever do Estado assegurar à criança e ao adolescente os ensinos fundamental e médio, obrigatórios e gratuitos, inclusive para os que a eles não tiveram acesso na idade própria.

A: incorreta, pois a falta ou a carência de recursos materiais não constitui motivo suficiente para a perda ou a suspensão do poder familiar (art. 23, do ECA); **B:** incorreta, pois há proibição de trabalho noturno, perigoso ou insalubre a menores de dezoito anos e de qualquer trabalho a *menores de dezesseis anos*, salvo na condição de aprendiz, *a partir de quatorze anos* (art. 7º, XXXIII, da CF/1988; arts. 60 e 67, I e II, ambos do ECA); **C:** correta (art. 12, do ECA); **D:** incorreta, pois caso a gestante manifeste interesse em entregar seu filho para adoção será obrigatoriamente encaminhada à Justiça da Infância e da Juventude (art. 13, parágrafo único, do ECA), sendo que incumbe ao poder público proporcionar-lhe assistência psicológica (art. 8º, § 4º, do ECA). O art. 19-A, incluído pela Lei 13.509/2017, regulamenta a entrega voluntária, juntamente com o art. 166 do ECA.; **E:** incorreta, pois é dever do Estado assegurar à criança e ao adolescente o *ensino fundamental*, obrigatório e gratuito, inclusive para os que a ele não tiveram acesso na idade própria (art. 54, I, do ECA).
Gabarito "C".

(Defensor Público/SP – 2012 – FCC) Os artigos 4º e 11 do Estatuto da Criança e do Adolescente (Lei nº 8.069/1990) estabelecem, como absoluta prioridade, a efetivação dos direitos referentes à vida e à saúde por meio de políticas públicas que assegurem o acesso universal e igualitário às ações e serviços para a promoção, proteção e recuperação da saúde. A Política do Ministério da Saúde para Atenção Integral a Usuários de Álcool e outras Drogas e a Portaria nº 1.190, de 04.06.2009, preveem, por seu turno, diretrizes e recomendações aplicáveis na atenção dessa população, dentre elas:

(A) o desestímulo à abordagem da redução de danos como um caminho promissor, já que esta desconsidera a diversidade, a singularidade e a corresponsabilidade do usuário.
(B) um plano de ação baseado somente no campo das ações clínicas, evitando-se a vitimização do usuário e dos problemas sociais contemporâneos, como o tráfico de drogas e a violência.
(C) aumento dos leitos para internação em hospitais psiquiátricos, com reserva dos Centros de Atenção Psicossocial Álcool e Drogas somente como um equipamento de transição à alta médica.
(D) o alcance da abstinência através da ação da justiça, da segurança e da defesa, bem como com o afastamento do usuário do agente indutor.
(E) o enfrentamento do estigma em toda e qualquer ação proposta para a população usuária de álcool e drogas, afastando-se da política unicamente repressiva.

A letra E está correta, já que está de acordo com o art. 3º, IV, da Portaria MS nº 1.190/2009, ficando excluídas as demais hipóteses.
Gabarito "E".

(Defensoria/SP – 2007 – FCC) A fim de proteger o direito à vida e à saúde, o Estatuto da Criança e do Adolescente prevê, expressamente,

(A) sanção penal para pais que não providenciarem a vacinação obrigatória de crianças.
(B) obrigação dos hospitais, públicos e privados, de manter alojamento conjunto para mãe e filho recém-nascido.
(C) comunicação obrigatória ao juiz, pelo hospital, de crianças e adolescentes atendidos em situação de suspeita de maus tratos.
(D) obrigação das entidades que desenvolvem programa de internação de manter em seus quadros médico para atendimento de adolescentes privados de liberdade.
(E) notificação obrigatória ao Conselho Tutelar, pelos serviços de saúde, de casos de gravidez na infância ou adolescência.

A: incorreta. Não há sanção penal para essa hipótese, apesar de a vacinação ser obrigatória (art. 14, parágrafo único, do ECA); vide os arts. 228 a 244-A do ECA; **B:** correta. Art. 10, V, do ECA; **C:** incorreta. Art. 13 do ECA; **D:** incorreta. Não há obrigação de ter médico nos seus quadros, mas obrigação de oferecer cuidado médico (art. 94, IX, do ECA); **E:** incorreta. Não há regra nesse sentido.
Gabarito "B".

1.2. Direito à liberdade, ao respeito e à dignidade

(Defensor Público/RS – 2011 – FCC) Abaixo estão elencados alguns aspectos relativos aos direitos de crianças e adolescentes que merecem proteção especial no ordenamento jurídico vigente. NÃO encontra guarida na Constituição Federal de 1988

(A) a proibição de qualquer trabalho a menores de quatorze anos, salvo na condição de aprendiz, a partir dos doze anos.
(B) a garantia de acesso do trabalhador adolescente à escola.
(C) a obediência aos princípios de brevidade, excepcionalidade e respeito à condição peculiar de pessoa em desenvolvimento, quando da aplicação de qualquer medida privativa da liberdade.
(D) a garantia de pleno e formal conhecimento da atribuição de ato infracional, igualdade na relação processual e defesa técnica por profissional habilitado, segundo dispuser a legislação tutelar específica.
(E) o desenvolvimento de programas de prevenção e atendimento especializado à criança e ao adolescente dependente de entorpecentes e drogas afins.

A: correta, pois o art. 7º, XXXIII, da CF/1988, veda o trabalho noturno, perigoso ou insalubre a menores de dezoito e de qualquer trabalho a menores de dezesseis anos, salvo na condição de aprendiz, a partir de quatorze anos; **B:** incorreta (art. 227, § 3º, III, da CF/1988); **C:** incorreta (art. 227, § 3º, V, da CF/1988); **D:** incorreta (art. 227, § 3º, IV, da CF/1988); **E:** incorreta (art. 227, § 3º, VII, da CF/1988).
Gabarito "A".

1.3. Direito à convivência familiar e comunitária

(Defensor Público/PE – 2018 – CESPE) Acerca dos institutos guarda, tutela e adoção, previstos no ECA, assinale a opção correta.

(A) A morte dos adotantes restabelece o poder familiar dos pais naturais se estes ainda estiverem vivos e não lhes tiver sido destituído o poder familiar.
(B) O tutor nomeado por testamento deverá, no prazo de trinta dias após a abertura da sucessão, registrar no cartório competente a sua anuência, sendo dispensada a análise judicial.
(C) Em caso de adoção por pessoa ou casal residente fora do Brasil, o estágio de convivência cumprido no território nacional poderá ser dispensado, desde que comprovado o exercício de guarda de fato.
(D) O deferimento da guarda de criança ou adolescente a terceiros impossibilita o exercício do direito de visita dos pais e extingue o dever de prestar alimentos.
(E) Divorciados podem adotar conjuntamente, desde que haja acordo sobre a guarda e o regime de visitas e desde que o estágio de convivência tenha sido iniciado na constância do casamento e seja comprovada a existência de vínculos de afinidade e afetividade com aquele não detentor da guarda.

A: incorreta. A morte dos adotantes não restabelece o poder familiar dos pais naturais (art. 49 do ECA); **B:** incorreta. O tutor nomeado por testamento ou qualquer documento autêntico, deverá, no prazo de 30 (trinta) dias após a abertura da sucessão, ingressar com pedido destinado ao controle judicial do ato, observando o procedimento previsto no Estatuto da Criança e do Adolescente. (art. 37 do ECA); **C:** incorreta. Em caso de adoção por pessoa ou casal residente ou domiciliado fora do país, o estágio de convivência será de, no mínimo, 30 (trinta) dias e, no máximo, 45 (quarenta e cinco) dias, prorrogável por até igual período, uma única vez, mediante decisão fundamentada da autoridade judiciária. (art. 46, § 3º, do ECA); **D:** incorreta. Salvo expressa e fundamentada determinação em contrário, da autoridade judiciária competente, ou quando a medida for aplicada em preparação para adoção, o deferimento da guarda de criança ou adolescente a terceiros não impede o exercício do direito de visitas pelos pais, assim como o dever de prestar alimentos, que serão objeto de regulamentação específica, a pedido do interessado ou do Ministério Público (art. 33, § 4º, do ECA); **E:** correta. Art. 42, § 4º, do ECA.
Gabarito "E".

(Defensor Público –DPE/ES – 2016 – FCC) Sobre a adoção é correto afirmar que, segundo a legislação vigente,

(A) depende do consentimento dos pais ou responsável, dispensada a concordância apenas em caso de falecimento ou renúncia, suspensão ou destituição do poder familiar.
(B) consiste numa das hipóteses legais de extinção do poder familiar.
(C) não pode ser deferida, conforme prescreve o Estatuto da Criança e do Adolescente – ECA, a adotante que seja avô, tio ou irmão da criança ou adolescente cuja adoção se requer.
(D) exige, para ser deferida, que o adotante seja pelo menos 18 anos mais velho do que o adotando.
(E) é irrevogável, somente podendo ser desfeita em caso de adoções tardias que revelem grave quadro de inadaptação do adotando na família adotiva.

A: incorreta. O poder familiar não pode ser renunciado pelos pais. Ademais, o consentimento para a adoção pode ser feito através do processo judicial de adoção pelos pais (não por seus responsáveis). **B:** correta. São causas de extinção do poder familiar (art. 1.635 do CC): a) a morte dos pais ou do filho; b) a emancipação; c) a maioridade; d) a adoção; e) a decisão judicial de perda de poder familiar (art. 1.638). Ainda, quando da entrega voluntária da criança para adoção, o juiz determinará a extinção de poder familiar (art. 166 do ECA). **C:** incorreta. O impedimento para a adoção alcança somente os ascendentes e os irmãos do adotando, é permitida a adoção pelo tio da criança ou adolescente. **D:** incorreta. A diferença de idade entre adotante e adotado deve ser de 16 anos (art. 42, § 3º, do ECA). **E:** incorreta. A adoção será sempre irrevogável (art. 39, § 1º).
Gabarito "B".

(Defensor Público –DPE/MT – 2016 – UFMT) Sobre o direito à convivência familiar e comunitária firmado no Estatuto da Criança e do Adolescente (ECA), assinale a afirmativa correta.

(A) A família natural compreende aquela formada por parentes próximos com os quais a criança ou o adolescente convive e mantém vínculo de afinidade e afetividade.
(B) A colocação em família substituta far-se-á mediante guarda, tutela e curatela, independentemente da situação jurídica da criança ou adolescente, nos termos do Estatuto da Criança e do Adolescente (ECA).

(C) O tutor testamentário somente será admitido se comprovado que a medida é vantajosa à família, e que não existe outra pessoa em melhores condições para assumi-lo.

(D) O estágio de convivência para a adoção poderá ser dispensado se o adotando já estiver sob a guarda legal do adotante durante tempo suficiente para análise da conveniência do vínculo.

(E) A adoção poderá ser deferida ao adotante que, após inequívoca manifestação de vontade, vier a falecer antes da propositura do procedimento judicial.

A: incorreta. A família natural é composta pelos pais ou qualquer um deles e seus filhos (art. 19 do ECA). Qualquer outra pessoa, ainda que seja parente próximo, que fique responsável pela criança ou adolescente, constituirá família substituta. **B:** incorreta. A curatela não é forma de colocação em família substituta, já que é instituto destinado ao cuidado de pessoa maior e incapaz (art. 28 do ECA e art. 1.767 do Código Civil). **C:** incorreta. A medida deve ser vantajosa ao tutelando (art. 37, parágrafo único, do ECA). **D:** correta. Nos exatos termos do art. 46, § 1°, do ECA. **E)** incorreta. A adoção *post mortem* será admitida, nos termos do art. 42, § 6°, do ECA, quando o adotante falecer no curso do procedimento judicial de adoção.
Gabarito "D".

(Defensor Público –DPE/RN – 2016 – CESPE) Assinale a opção correta com referência a família substituta e adoção.

(A) De acordo com o ECA, a condenação do pai ou da mãe por crime constitui causa ensejadora da perda do poder familiar.

(B) Segundo o STJ, no tocante ao ambiente em que se deve desenvolver o convívio familiar, em regra, não há primazia da família natural estendida em relação à família substituta.

(C) O STJ, com base no princípio do interesse superior da criança e do adolescente, entende ser necessária a idade de doze anos para que o menor possa ser adotado por pessoa homoafetiva, pois é preciso que esse menor se manifeste previamente a respeito da pretensa adoção.

(D) Como a adoção rompe o vínculo de parentesco com a família biológica da criança e do adolescente, é imprescindível que os pais biológicos concordem com a adoção, o que torna necessária a propositura de ação de destituição do poder familiar caso os pais biológicos do adotante sejam desconhecidos.

(E) Apesar de a lei exigir o cadastro e a habilitação para a adoção, é possível que pessoas não cadastradas tenham preferência para a adoção de determinada criança ou adolescente, a exemplo do que ocorre no caso de adoção *intuitu personae*.

A: incorreta. Nos termos do art. 23, § 2° do ECA, "A condenação criminal do pai ou da mãe não implicará a destituição do poder familiar, exceto na hipótese de condenação por crime doloso sujeito à pena de reclusão contra outrem igualmente titular do mesmo poder familiar ou contra filho, filha ou outro descendente.". **B:** incorreta. A jurisprudência do STJ, obedecendo ao comando legal (ECA), caminha no sentido de "respeitar a ordem hierárquica de presunção de maior bem-estar para a criança e o adolescente, em relação ao ambiente em que deve conviver, é dada pela sequência: família natural, família natural estendida e família substituta" (STJ, REsp 1523283/RS, DJe 25/06/2015). **C:** incorreta. Entende o STJ, que "não há disposição no ordenamento jurídico pátrio que estipule a idade de 12 (doze) anos para o menor ser adotado por pessoa homoafetiva" (Veja REsp 1.540.814/PR – Dje 25/08/2015). **D:** incorreta. A adoção requer o consentimento dos pais ou, na falta do consentimento, o devido processo legal, nos termos do art. 155 do ECA, para a perda do poder familiar. **E:** correta. De fato, o art. 50, § 13, do ECA, permite a adoção de pessoas que não estão cadastradas no Cadastro Nacional de adoção (caso de adoção unilateral, adoção por família natural extensa ou de quem já tem guarda ou tutela do menor). Configurando-se, nesse caso, adoção "intuito personae" por estar baseada na qualidade da pessoa que adota.
Gabarito "E".

(Defensor Público –DPE/ES – 2016 – FCC) Um bebê de aproximadamente 6 meses de idade é deixado na porta da casa de Maria sem documentos. Maria o acolhe em sua casa e aguarda que alguém reclame a criança. Um ano se passa sem que ninguém procure pelo bebê. Maria se apega à criança e deseja adotá-la, mesmo não sendo habilitada à adoção. Diante desses fatos, é correto afirmar que, segundo as regras e princípios da legislação em vigor,

(A) a autoridade judiciária, tomando ciência da situação, deve determinar o afastamento da criança do convívio com Maria e entregá-la a casal cadastrado em programa de acolhimento familiar, o qual terá preferência para adotá-lo caso assim deseje.

(B) o Conselho Tutelar, tomando conhecimento da situação, deve determinar o imediato acolhimento institucional da criança, requisitar a lavratura de seu registro de nascimento e comunicar o caso à autoridade judiciária.

(C) Maria, antes de postular a adoção, deve providenciar o registro tardio da criança e, na sequência, pedir ao Conselho Tutelar a concessão, em seu favor, de termo provisório de guarda e responsabilidade da criança.

(D) o Ministério Público, ciente da situação, deve propor ação declaratória de infante exposto, cujo procedimento prevê a expedição de edital para ciência pública do achamento da criança, concedendo prazo para manifestação para eventuais interessados.

(E) Maria somente poderá adotar a criança quando esta última completar três anos, e desde que preenchidos os demais requisitos legais.

Todas as pessoas que pretendam adotar devem estar previamente inscritas Cadastro Nacional de Adoção. Na forma do § 13 do art. 50 do ECA, "somente poderá ser deferida adoção em favor de candidato domiciliado no Brasil não cadastrado previamente nos termos desta Lei quando: I – se tratar de pedido de adoção unilateral; II – for formulada por parente com o qual a criança ou adolescente mantenha vínculos de afinidade e afetividade; III – oriundo o pedido de quem detém a tutela ou guarda legal de criança maior de 3 (três) anos ou adolescente, desde que o lapso de tempo de convivência comprove a fixação de laços de afinidade e afetividade, e não seja constatada a ocorrência de má-fé ou qualquer das situações previstas nos arts. 237 ou 238 desta Lei". Mais ainda, caso haja adoção nessas condições, é essencial que o candidato comprove o preenchimento dos requisitos necessários à adoção (art. 50, § 14). **A:** incorreta. O acolhimento familiar é medida protetiva prevista no art. 101 do ECA. Neste caso, a medida de acolhimento de familiar deve ser deferida para Maria, tendo em vista os laços de afetividade já mantidos com a criança. **B:** incorreta. O conselho tutelar não pode determinar medida de acolhimento institucional (art. 136, inciso I). **C:** incorreta. A guarda somente pode ser conferida pela autoridade judicial (arts. 101 e 136, I do ECA). **D:** incorreta. O Ministério Público poderia, nesse caso, requerer ao juiz a aplicação de medida de proteção. Não há que se falar em ação para perda ou suspensão do poder familiar tendo em vista que não se sabe, no problema apresentado, quem são os pais da criança. **E:** correta. Nos termos do art. 50, § 13, III, do ECA.

Gabarito "E".

(Defensor Público/AM – 2013 – FCC) Com base no Estatuto da Criança e do Adolescente, a respeito do direito à convivência familiar e comunitária,

(A) a tutela destina-se a regularizar a posse de fato, podendo ser deferida liminarmente nos processos de adoção, exceto da adoção por estrangeiros.

(B) a colocação em família substituta deverá contar, obrigatoriamente, com o consentimento do adolescente, quando maior de 14 (catorze) anos.

(C) aos pais incumbe o dever de sustento dos filhos, mesmo que a guarda tenha sido deferida a terceiro.

(D) a adoção por estrangeiro é medida excepcional e somente poderá ser deferida por procuração no caso de o estágio de convivência ter se completado no Brasil.

(E) na adoção conjunta, é dispensável que os adotantes sejam ou tenham sido casados civilmente ou que tenham mantido ou mantenham união estável.

A: incorreta, pois é a guarda que se destina a regularizar a posse de fato, podendo ser deferida, liminar ou incidentalmente, nos procedimentos de tutela e adoção, exceto no de adoção por estrangeiros (art. 33, § 1°, do ECA); **B:** incorreta, pois o consentimento do adotando é obrigatório a partir dos doze anos de idade (art. 45, § 2°, do ECA); **C:** correta (arts. 22 e 33, § 4°, ambos do ECA); **D:** incorreta, pois é vedada a adoção por procuração (art. 39, § 2°, do ECA); **E:** incorreta. De acordo com o art. 42, § 2°, do ECA, para a adoção conjunta, é indispensável que os adotantes sejam casados civilmente ou mantenham união estável, comprovada a estabilidade da família. Excepcionalmente, os divorciados, os judicialmente separados e os ex-companheiros podem adotar conjuntamente, contanto que acordem sobre a guarda e o regime de visitas e desde que o estágio de convivência tenha sido iniciado na constância do período de convivência e que seja comprovada a existência de vínculos de afinidade e afetividade com aquele não detentor da guarda, que justifiquem a excepcionalidade da concessão (art. 42, § 4°, do ECA).

Gabarito "C".

(Defensor Público/RO – 2012 – CESPE) Em relação à guarda, tutela e adoção, previstas no ECA, assinale a opção correta.

(A) A pessoa ou o casal que recebe criança ou adolescente em programa de acolhimento familiar torna-se automaticamente tutor do infante.

(B) A tutela será deferida, nos termos da lei civil, quando a criança ou o adolescente, por enfermidade ou deficiência mental, não tiver o necessário discernimento para os atos da vida civil ou que, por outra causa duradoura, não puder exprimir a sua vontade.

(C) Os divorciados, os judicialmente separados e os ex-companheiros podem adotar conjuntamente, contanto que acordem sobre a guarda e o regime de visitas e desde que o estágio de convivência com o adotando tenha sido iniciado na constância do período de convivência do casal e que seja comprovada a existência de vínculos de afinidade e afetividade com o não detentor da guarda que justifiquem a excepcionalidade da concessão.

(D) A adoção de menores por casal homossexual, autorizada pelo STJ após julgado do STF que reconheceu a união estável formada por pessoas do mesmo sexo, condiciona-se à instrução do processo de adoção com cópia de sentença judicial transitada em julgado, reconhecendo a existência da união homoafetiva.

(E) Em regra, o deferimento da guarda de criança ou adolescente a terceiros impede o exercício do direito de visitas pelos pais, assim como os libera do dever de prestar alimentos, que serão objeto de regulamentação específica, a pedido do interessado ou do MP.

A: incorreta, pois a pessoa ou casal receberá a criança ou adolescente mediante guarda e não tutela (art. 34, § 2°, do ECA); **B:** incorreta, pois a tutela será deferida, nos termos da lei civil, à pessoa de até 18 (dezoito) anos incompletos (art. 36, do ECA). Oportuno registrar que é indiferente o fato de a criança ou o adolescente não ter o necessário discernimento para os atos da vida civil, em razão de deficiência mental, tendo em vista que a incapacidade do menor de 18 (dezoito) anos é presumida de forma absoluta. Todavia, caso a pessoa incapaz, em razão de deficiência mental, atinja a maioridade civil, será necessário o ajuizamento de ação de interdição, a fim de ser interditada, nomeando-se um curador a ela. Portanto, neste caso, o instituto será o da curatela (art. 1.767 e ss. do CC); **C:** correta (art. 42, § 4°, do ECA); **D:** incorreta, pois a adoção não está condicionada à instrução do processo de adoção com cópia de sentença com trânsito em julgado reconhecendo a união homoafetiva, bastando tão somente a comprovação da estabilidade familiar, bem como as reais vantagens ao adotando. Isso porque, de acordo com o art. 42, § 2°, do ECA, para a adoção conjunta, é indispensável que os adotantes sejam casados civilmente ou mantenham união estável, *comprovada a estabilidade da família*. Assim, também não há exigência de que as pessoas sejam de sexos distintos, mas também não há previsão legal de adoção por casal homoafetivo. "Não obstante, já vem sendo reconhecida a possibilidade de adoção por casais formados por integrantes do mesmo sexo, desde que tal união possa ser reconhecida como entidade familiar, com suas características próprias (estabilidade, ostensibilidade e traços afetivos sólidos). (...) A possibilidade de adoção por casais homoafetivos agora está firmada, pois em 2011, tanto o STF quanto o STJ finalmente reconheceram a legalidade da união estável entre pessoas do mesmo sexo" (ROSSATO, Luciano Alves; LÉPORE, Paulo Eduardo e CUNHA, Rogério Sanches. *Estatuto da Criança e do Adolescente comentado artigo por artigo*. 3. ed. São Paulo: RT, 2012). Neste sentido é o entendimento jurisprudencial: "A adoção unilateral prevista no art. 41, § 1°, do ECA pode ser concedida à companheira da mãe biológica da adotanda, para que ambas as companheiras passem a ostentar a condição de mães, na hipótese em que a menor tenha sido fruto de inseminação artificial heteróloga, com doador desconhecido, previamente planejado pelo casal no âmbito de união estável homoafetiva, presente, ademais, a anuência da mãe biológica, desde que inexista prejuízo para a adotanda. O STF decidiu ser plena a equiparação das uniões estáveis homoafetivas às uniões estáveis heteroafetivas, o que trouxe, como consequência, a extensão automática das prerrogativas já outorgadas aos companheiros da união estável tradicional àqueles que vivenciem uma união estável homoafetiva. Assim, se a adoção unilateral de menor é possível no extrato heterossexual da população, também o é à fração homossexual da sociedade. Deve-se advertir, contudo, que o pedido de adoção se submete à norma-princípio fixada no art. 43 do ECA, segundo a qual 'a adoção será deferida quando apresentar reais vantagens para o adotando'. Nesse contexto, estudos feitos no âmbito da Psicologia afirmam que pesquisas têm demonstrado que os filhos de pais ou mães homossexuais não apresentam comprometimento e problemas em seu desenvolvimento psicossocial quando comparados com filhos de pais e mães heterossexuais. Dessa forma, a referida adoção somente se mostra possível no caso de inexistir prejuízo para a adotanda. Além do mais, a possibilidade jurídica e a conveniência do deferimento do pedido de adoção unilateral devem considerar a evidente necessidade de aumentar, e não de restringir, a base daqueles que desejem adotar, em virtude da existência de milhares de crianças que, longe de quererem discutir a orientação sexual de seus pais, anseiam apenas por um lar". (o trecho do julgado citado está disponível no site: http://jurisprudenciaedireito.blogspot.com.br/search?updated-max=2013-03-07T17:09:00-08:00&max-results=10&reverse-paginate=true&start=20&by-date=false); **E:** incorreta, pois o deferimento da guarda de criança ou adolescente a terceiros não impede o exercício do direito de visitas pelos pais, assim como não os libera do dever de prestar alimentos (art. 33, § 4°, do ECA).

Gabarito "C".

(Defensor Público/SE – 2012 – CESPE) Com relação aos direitos fundamentais da criança e do adolescente, assinale a opção correta.

(A) O conceito de família extensa não abrange a figura da madrasta ou do padrasto.

(B) A doutrina da situação irregular vigorou no ordenamento pátrio até a promulgação do ECA.

(C) É assegurado à gestante, por meio do Sistema Único de Saúde, o atendimento pré-natal, devendo a parturiente ser obrigatoriamente atendida pelo médico que a tenha acompanhado durante o período pré-natal.

(D) O direito à liberdade conferido à criança e ao adolescente pelo ECA compreende o de buscar refúgio, sendo a eles garantido o acesso às diversões e espetáculos públicos classificados como adequados à sua faixa etária; crianças menores de dez anos somente poderão ingressar e permanecer nos locais de apresentação ou exibição de espetáculos quando acompanhadas dos pais ou responsáveis.

(E) Em face da aprovação do novo Código Civil, segundo o qual a maioridade civil é obtida aos dezoito anos de idade, não se aplica mais, no ordenamento brasileiro, a denominação jovem adulto, presente no ECA, sendo considerada criança a pessoa com até catorze anos de idade e adolescente, a que tenha entre quinze e dezoito anos de idade.

A: incorreta, pois se entende por família extensa ou ampliada aquela que se estende para além da unidade pais e filhos ou da unidade do casal, formada por parentes próximos com os quais a criança ou adolescente convive e mantém vínculos de afinidade e afetividade (art. 25, parágrafo único, do ECA). Assim, o padrasto ou a madrasta podem ser considerados como família extensa; **B:** incorreta, pois antes mesmo do advento do Estatuto da Criança e do Adolescente, com a promulgação da Constituição Federal de 1988, positivou-se as normas internacionais de direitos humanos sobre as crianças e os adolescentes, consagrando-se a doutrina da proteção integral; **C:** incorreta, pois a parturiente será atendida *preferencialmente* pelo mesmo médico que a acompanhou na fase pré-natal (art. 8°, do ECA); **D:** correta (arts. 16, VII e 75, *caput* e parágrafo único, ambos do ECA); **E:** incorreta, pois se considera criança, para os efeitos do ECA, a pessoa até doze anos de idade incompletos, e adolescente aquela entre doze e dezoito anos de idade (art. 2°, do ECA).

Gabarito "D".

(Defensor Público/SP – 2012 – FCC) Sobre o direito à convivência familiar e comunitária previsto no Estatuto da Criança e do Adolescente, é correto afirmar que

(A) o acolhimento institucional é medida provisória e excepcional, não implicando em privação de liberdade, salvo em caso de determinação judicial nesse sentido.

(B) a permanência da criança e do adolescente em programa de acolhimento institucional ou familiar será reavaliada a cada seis meses, não podendo superar o prazo de dois anos, salvo comprovada necessidade.

(C) a suspensão do poder familiar será decretada em procedimento contraditório, exceto em casos de maus tratos, quando será possível instauração de procedimento não contencioso.

(D) à pessoa maior de dezoito anos é assegurado o direito a conhecer sua origem biológica, inclusive com o acesso irrestrito ao processo no qual a medida de adoção foi aplicada.

(E) a família natural prefere à família substituta e esta, por sua vez, prefere à família extensa.

A: incorreta, pois em hipótese alguma o acolhimento institucional implicará em privação de liberdade (art. 101, § 1°, do ECA); **B:** incorreta, pois toda criança ou adolescente que estiver inserido em programa de acolhimento familiar ou institucional terá sua situação reavaliada, *no máximo*, a cada 3 (três) meses, sendo que a permanência da criança e do adolescente em programa de acolhimento institucional não se prolongará por mais de 18 (dezoito) meses, salvo comprovada necessidade que atenda ao seu superior interesse, devidamente fundamentada pela autoridade judiciária (art. 19, §§ 1° e 2°, do ECA); **C:** incorreta, pois em qualquer hipótese de perda ou suspensão do poder familiar haverá o ajuizamento de ação própria, em respeito aos princípios da ampla defesa e do contraditório (art. 155 e ss., do ECA); **D:** correta (art. 48, *caput*, do ECA); **E:** incorreta, pois a família natural prefere à família extensa, que por sua vez prefere à família substituta (arts. 92, II e 100, X, ambos do ECA).

Gabarito "D".

(Defensor Público/TO – 2013 – CESPE) Assinale a opção correta a respeito dos institutos da guarda, da tutela e da adoção, de acordo com o entendimento jurisprudencial.

(A) A guarda obriga a prestação de assistência material, moral e educacional à criança ou adolescente, conferindo a seu detentor o direito de opor-se a terceiros, inclusive aos pais, e confere ao infante a condição de dependente, para todos os fins e efeitos de direito, incluídos os previdenciários, ainda que norma previdenciária de natureza específica disponha em sentido contrário.

(B) O deferimento judicial da guarda provisória ou definitiva de criança ou adolescente a terceiros suspende o exercício do poder familiar, do direito de visitas pelos pais, assim como o dever de prestar alimentos, exceto se houver acordo entre as partes em sentido contrário, devidamente homologado pelo juiz.

(C) O tutor nomeado por testamento ou por qualquer documento autêntico, conforme previsto no Código Civil, fica automaticamente responsável pelo tutelado após a morte do seu representante legal.

(D) Os divorciados, os judicialmente separados e os ex-companheiros podem adotar conjuntamente, desde que a ação de adoção tenha sido julgada em primeira instância ainda no período de convivência do ex-casal.

(E) A observância, em processo de adoção, da ordem de preferência do cadastro de adotantes deve ser excepcionada em prol do casal que, embora habilitado em data posterior à de outros adotantes, tenha exercido a guarda da criança pela maior parte da sua existência, ainda que a referida guarda tenha sido interrompida e posteriormente retomada pelo mesmo casal.

A: incorreta, pois segundo o entendimento do STJ, se não existir situação de risco a ensejar a colocação da criança/adolescente em família

substituta, a guarda não será concedida para fins únicos previdenciários (REsp 696.204/RJ, 3ª T., j. 21.06.2005, rel. Min. Carlos Menezes Direito, *DJ* 19.09.2005); **B**: incorreta, pois o deferimento da guarda de criança ou adolescente a terceiros não impede o exercício do direito de visitas pelos pais, assim como o dever de prestar alimentos, salvo expressa e fundamentada determinação em contrário pelo juiz. Isso porque a guarda não pressupõe a destituição do poder familiar, do qual decorrem o dever de prestar alimentos e o direito de visitas (art. 33, § 4°, do ECA); **C**: incorreta, pois o tutor nomeado por testamento ou qualquer documento autêntico deverá, no prazo de 30 (trinta) dias após a abertura da sucessão, ingressar com pedido judicial, ocasião em que será avaliado pelo juiz se a medida é vantajosa ao tutelando e se não existe outra pessoa em melhores condições de assumi-la (art. 37, *caput* e parágrafo único, do ECA); **D**: incorreta, pois os divorciados, os judicialmente separados e os ex-companheiros podem adotar conjuntamente, *contanto que acordem sobre a guarda e o regime de visitas e desde que o estágio de convivência tenha sido iniciado na constância do período de convivência e que seja comprovada a existência de vínculos de afinidade e afetividade* com aquele não detentor da guarda, que justifiquem a excepcionalidade da concessão (art. 42, § 4°, do ECA); **E**: correta, de acordo com o entendimento jurisprudencial (STJ, REsp 837.324/RS, 3ª T., j. 18.10.2007, rel. Min. Humberto Gomes de Barros, *DJ* 31.10.2007 e REsp 1.172.067/MG, 3ª T., j. 18.03.2010, rel. Min. Massami Uyeda, *DJe* 14.04.2010). "Não obstante a sistemática firmada pela Lei Nacional da Adoção, a jurisprudência flexibiliza as hipóteses de dispensa de prévio cadastramento e respeito à fila de adoção para além das exceções previstas no § 13 do art. 50 do Estatuto. O que tem sido considerado mais importante é o melhor interesse da criança, o que na maioridade das vezes tem sido aferido pela formação de laços de afinidade e afetividade com os pretendentes à adoção". (ROSSATO, Luciano Alves; LÉPORE, Paulo Eduardo e CUNHA, Rogério Sanches. *Estatuto da Criança e do Adolescente comentado artigo por artigo*. 3. ed. São Paulo: RT, 2012).
Gabarito "E".

(Defensor Público/RS – 2011 – FCC) Tiago, 20 (vinte) anos, estudante universitário e Juliana, 25 (vinte e cinco) anos, convivem em união estável. Tiago e Juliana pretendem adotar a pequena Sofia, com 04 (quatro) anos de idade. A infante é filha biológica de Roberta, irmã de Juliana, sendo que o pai biológico é desconhecido. Roberta não ostenta mais a condição de mãe, uma vez que foi destituída do poder familiar, tendo a guarda de Sofia sido conferida ao casal Tiago e Juliana. Após o ingresso da ação de adoção, Tiago falece em decorrência de acidente de trânsito. Ressalta-se que Tiago e Juliana não possuíam inscrição no cadastro de adoção. Em relação ao caso relatado e, em conformidade com o que dispõe o Estatuto da Criança e do Adolescente,

(A) Tiago não poderia adotar pelo fato de ser menor de 21 (vinte e um) anos de idade.
(B) Juliana está impedida de adotar em razão do parentesco com a criança a ser adotada.
(C) a adoção será deferida apenas à Juliana, uma vez que ausente o requisito da diferença mínima de idade exigida por lei entre Tiago e Sofia.
(D) a adoção depende do consentimento da mãe biológica da criança.
(E) a ausência de inscrição no cadastro, nesse caso, não é óbice ao deferimento da adoção ao casal.

A: incorreta, pois podem adotar os maiores de 18 anos (art. 42, *caput*, do ECA); **B**: incorreta, pois o parentesco de Juliana (tia) não impede a adoção, apenas não se admite adoção por ascendente e irmãos do adotando (art. 42, § 1°, do ECA); **C**: incorreta, pois Tiago é 16 anos mais velho que Sofia, requisito exigido pelo art. 42, § 3°, do ECA; **D**: incorreta, pois o consentimento dos pais do adotando é dispensado quando os pais forem desconhecidos e/ou destituídos do poder familiar (art. 45, § 1°, do ECA); **E**: correta, pois nesse caso, em que há afinidade e afetividade entre os adotantes (parentes) e o adotando, é dispensado o cadastro (art. 50, § 13, II, do ECA).
Gabarito "E".

(Defensor Público/GO – 2010 – I. Cidades) Em relação à colocação de criança e adolescente em família substituta (guarda, tutela e adoção), é correto afirmar:

(A) A guarda obriga a prestação de assistência material, moral e educacional à criança ou adolescente, conferindo a seu detentor o direito de opor-se a terceiros, excepcionados os pais.
(B) Excepcionalmente, deferir-se-á a guarda, fora dos casos de tutela e adoção, para atender a situações peculiares ou suprir a falta eventual dos pais ou responsável, podendo ser deferido o direito de representação para a prática de atos determinados.
(C) Salvo expressa e fundamentada determinação em contrário do juiz competente, ou quando a medida for aplicada em preparação para adoção, o deferimento da guarda de criança ou adolescente a terceiros impede o exercício do direito de visitas pelos pais, assim como o dever de prestar alimentos.
(D) O deferimento da tutela pressupõe a prévia decretação da perda ou suspensão do poder familiar e não implica necessariamente o dever de guarda.
(E) O adotado tem direito de conhecer sua origem biológica, bem como de obter acesso irrestrito ao processo no qual a medida foi aplicada e seus eventuais incidentes, entretanto, somente após completar 18 anos

A: incorreta, pois a guarda obriga a prestação de assistência material, moral e educacional à criança ou adolescente, conferindo a seu detentor o direito de opor-se a terceiros, inclusive aos pais (art. 33, *caput*, do ECA); **B**: correta (art. 33, § 2°, do ECA); **C**: incorreta, pois salvo expressa e fundamentada determinação em contrário, da autoridade judiciária competente, ou quando a medida for aplicada em preparação para adoção, o deferimento da guarda de criança ou adolescente a terceiros não impede o exercício do direito de visitas pelos pais, assim como o dever de prestar alimentos, que serão objeto de regulamentação específica, a pedido do interessado ou do Ministério Público (art. 33, § 4°, do ECA); **D**: incorreta, pois o deferimento da tutela pressupõe a prévia decretação da perda ou suspensão do poder familiar e implica necessariamente o dever de guarda (art. 36, parágrafo único, do ECA); **E**: incorreta, pois o acesso ao processo de adoção poderá ser também deferido ao adotado menor de 18 (dezoito) anos, a seu pedido, assegurada orientação e assistência jurídica e psicológica (art. 48, parágrafo único, do ECA).
Gabarito "B".

(Defensoria/MA – 2009 – FCC) A colocação em família substituta, segundo o Estatuto da Criança e do Adolescente,

(A) pode dar-se na forma de guarda, tutela, adoção simples ou adoção plena.
(B) viabiliza o exercício do direito à convivência familiar por crianças que estejam cumprindo internação em estabelecimento educacional.
(C) exceto na modalidade de adoção, trata-se de medida de proteção cuja aplicação cabe ao conselho tutelar.
(D) não pode ser deferida à família estrangeira, exceto na modalidade de adoção.

(E) admite transferência da criança ou adolescente a terceiros desde que com autorização dos pais.

A: incorreta, pois não há adoção simples e plena, mas simplesmente "adoção" (art. 28, *caput*, do ECA); **B:** incorreta, pois, durante a internação em estabelecimento educacional, a criança fica privada de liberdade (art. 121, *caput*, do ECA); **C:** incorreta, pois somente a colocação em família substituta é providência de competência da autoridade judiciária, nos termos dos arts. 165 a 170 do ECA; **D:** correta (art. 31 do ECA); **E:** incorreta (art. 30 do ECA).

Gabarito "D".

(Defensoria/MG – 2009 – FURMARC) À data do pedido de adoção, em não estando sob a guarda ou tutela dos adotantes, o adotando deverá contar com idade de no máximo:

(A) 21 anos.
(B) 18 anos.
(C) 16 anos.
(D) 14 anos
(E) 12 anos.

Art. 40 do ECA.

Gabarito "B".

(Defensor Público/RO – 2007) A alternativa que indica um requisito para a adoção de menor de 18 anos é:

(A) facultada a ascendentes do adotando
(B) revogável, *ipso iure*, com a maioridade
(C) admite formalização por escritura pública
(D) condicionada ao consentimento dos pais biológicos
(E) depende da aquiescência do adotado, após os 10 anos

A: incorreta, pois não podem adotar os ascendentes e irmãos do adotando (art. 42, § 1º, do ECA); **B:** incorreta, pois no ano em que foi realizado o concurso o art. 48 do ECA previa que "a adoção é irrevogável", dispositivo esse que foi alterado pela Lei 12.010/2009; **C:** incorreta, pois a adoção constitui-se por sentença judicial (art. 47, *caput*, do ECA); **D:** correta (art. 45, *caput*, do ECA); **E:** incorreta, pois o consentimento será necessário quando o adotado for maior de 12 anos (art. 28, § 2º, do ECA, de acordo com a nova redação conferida pela Lei 12.010/2009).

Gabarito "D".

(Defensor Público/AC – 2006 – CESPE) Rodrigo tinha cinco anos de idade quando seus pais morreram em um acidente. Desde que ficou órfão, ele tem sido informalmente criado por sua tia Antônia, que buscou apoio jurídico para regularizar essa situação na data em que Rodrigo completou quatorze anos. O advogado que a atendeu orientou-a a ingressar com pedido de adoção de Rodrigo. Este, porém, manifestou-se contrariamente à adoção, por considerar que isso seria um desrespeito contra seus falecidos pais. Por conta disso, o advogado sugeriu que Antônia pedisse apenas a tutela de Rodrigo. Em face dessa situação, assinale a opção correta.

(A) Seria descabido que Antônia pedisse a adoção de Rodrigo, visto que é vedada, legalmente, a adoção entre parentes de até segundo grau.
(B) Seria juridicamente equivocado que Antônia pedisse a adoção de Rodrigo porque, nesse caso, o pedido tecnicamente correto seria o de concessão definitiva de pátrio poder.
(C) A oposição de Rodrigo inviabilizaria o deferimento de eventual pedido de adoção feito por Antônia, mesmo que o juiz da causa considerasse que a adoção seria benéfica aos interesses do menor.
(D) O pedido de tutela deve ser indeferido, pois somente crianças são sujeitas a tutela.

A: incorreta, pois não podem adotar os ascendentes e os irmãos do adotando (art. 42, § 1º, do ECA). No caso da questão, Antônia é tia, ou seja, não é ascendente e nem irmã e poderia adotar Rodrigo; **B:** incorreta, pois não se trata de concessão de pátrio poder, mas de adoção; **C:** correta, pois a adoção de criança maior de 12 (doze) anos necessita de consentimento do adotando em audiência (art. 28, § 2º, do ECA); **D:** incorreta, pois a tutela é deferida, nos termos da lei civil, a pessoa de até 18 (dezoito) anos incompletos (art. 36, *caput*, do ECA).

Gabarito "C".

(Defensor Público/AC – 2006 – CESPE) Vanda, cidadã brasileira, com 25 anos de idade, vive na Europa. Por ser infértil e solteira, ela decidiu adotar uma criança e, com esse objetivo, outorgou a sua irmã, Magdala, uma procuração para que adotasse, em nome dela, uma criança ou adolescente de até 14 anos de idade. Entretanto, como Magdala não buscou cumprir essa incumbência, Vanda veio ao Brasil, com o objetivo de realizar a adoção.

Considerando a situação hipotética acima, assinale a opção correta.

(A) Magdala somente poderia ter adotado uma criança em nome de Vanda, caso a procuração outorgada fosse pública, celebrada em tabelionato brasileiro e atribuísse poderes específicos para a adoção.
(B) Seria inviável que Vanda adotasse uma criança brasileira porque a legislação veda a adoção por pessoas solteiras.
(C) Em virtude da idade de Vanda, seria inviável que ela adotasse um adolescente brasileiro.
(D) Caso Vanda viesse a adotar uma criança de sete anos de idade, ela teria um prazo legal de sete meses para rescindir a adoção.

A: incorreta, pois é vedada a adoção por procuração (art. 39, § 2º, do ECA); **B:** incorreta, pois a legislação brasileira não veda a adoção por pessoas solteiras (art. 42, *caput*, do ECA); **C:** correta, pois segundo dispõe o art. 42, § 3º, do ECA, o adotante há de ser, pelo menos, 16 (dezesseis) anos mais velho do que o adotando; **D:** incorreta, pois a adoção é irrevogável (art. 39, § 1º, do ECA).

Gabarito "C".

(Defensor Público/AC – 2006 – CESPE) Raquel, que é viúva e mora sozinha, ingressou em juízo com solicitação de que lhe fosse concedida a guarda de sua neta Patrícia, de três anos de idade, argumentando que os pais da criança a submetiam regularmente a tratamento degradante e a maus tratos.

Considerando essa situação hipotética, assinale a opção correta.

(A) A referida solicitação caracteriza-se como pedido de colocação em família substituta.
(B) Seria vedado ao juiz da causa determinar liminarmente a suspensão do poder familiar dos pais de Patrícia.
(C) Seria vedado ao juiz da causa decidir pela concessão do pedido, caso o Ministério Público se manifestasse em sentido contrário.

(D) A petição inicial de Raquel deveria ser declarada inepta porque a concessão do pedido por ela aduzido dependeria do prévio julgamento de ação penal que apurasse a veracidade de suas afirmações.

A: correta, pois a guarda é uma das formas de colocação da criança em família substituta (art. 28 do ECA); **B:** incorreta (art. 33, § 1º, do ECA); **C:** incorreta, pois a decisão do juiz não está vinculada ao parecer do Ministério Público; **D:** incorreta, pois não há necessidade de prévia ação penal, todos os fatos poderão ser apurados na própria ação que Raquel ingressou pedindo a guarda da neta.
Gabarito "A".

(Defensor Público/BA – 2006) Relativamente ao tema da família, tal como previsto na Lei 8.069/1990 (Estatuto da Criança e do Adolescente), tem-se que:

I. Os filhos havidos fora do casamento poderão ser reconhecidos pelos pais, conjunta ou separadamente, no próprio termo de nascimento, por testamento, mediante escritura ou outro documento público, qualquer que seja a origem da filiação.

II. O reconhecimento do estado de filiação é direito personalíssimo, indisponível e imprescritível, podendo ser exercitado contra os pais ou seus herdeiros, sem qualquer restrição, observado o segredo de Justiça.

III. A colocação em família substituta far-se-á mediante guarda, tutela ou adoção, independentemente da situação jurídica da criança ou adolescente, nos termos da referida Lei.

Analisando as assertivas acima, verifica-se que:

(A) Todas estão corretas.
(B) Apenas a II está correta.
(C) Apenas I e II estão corretas.
(D) Apenas I e III estão corretas.
(E) Apenas II e III estão corretas.

I: correta (art. 26, *caput*, do ECA); **II:** correta (art. 27 do ECA); **III:** correta (art. 28, *caput*, do ECA).
Gabarito "A".

1.4. Direito à educação, à cultura, ao esporte e ao lazer

(Defensor Público –DPE/ES – 2016 – FCC) Sobre a educação infantil, conforme disciplinada na normativa vigente, é correto afirmar que

(A) sua oferta é de responsabilidade primária dos Estados e Municípios e apenas supletivamente da União.
(B) engloba três etapas: creche (0 a 2 anos), jardim (3 e 4 anos) e pré-escola (5 e 6 anos).
(C) tem como finalidade principal a oferta de cuidado e proteção da criança em ambiente rico de estímulos para seu desenvolvimento cognitivo.
(D) não tem exigência de frequência mínima obrigatória na educação pré-escolar, mas ausências reiteradas sem justificativa podem ensejar notificação ao Conselho Tutelar para adoção das providências cabíveis em face dos pais ou responsável.
(E) tem como regra a avaliação por meio de acompanhamento e registro do desenvolvimento de crianças, sem objetivo de promoção, mesmo para o acesso ao ensino fundamental.

A: incorreta. Conforme art. 211, § 2º, da CF, os municípios atuarão prioritariamente no ensino fundamental e médio. **B:** incorreta. A educação infantil é destinada às crianças com até 5 (cinco) anos de idade em creche e pré-escola (art. 208, IV, da CF) e será oferecida em creches, ou entidades equivalentes, para crianças de até três anos de idade e em pré-escolas, para as crianças de 4 (quatro) a 5 (cinco) anos de idade (art. 30, da LDB). **C:** incorreta. A educação visa o pleno desenvolvimento da pessoa, seu preparo para o exercício da cidadania e sua qualificação para o trabalho (art. 205 da CF). **D:** incorreta. A educação infantil exige controle de frequência pela instituição de educação pré-escolar, com frequência mínima de 60% (sessenta por cento) do total de horas (art. 31, IV, da LDB). **E:** correta. Nos exatos termos do art. 31, I, da LDB).
Gabarito "E".

(Defensor Público/AM – 2013 – FCC) Os pais de determinada criança, que completa cinco anos de idade em janeiro de 2013, pretendem obter gratuitamente o registro civil de nascimento de seu filho e, na sequência, ingressar com ação judicial, através da Defensoria Pública, para obrigar o Poder Público a garantir-lhe o acesso à educação infantil gratuita, uma vez que foram informados de que não há vaga para que a criança ingresse na rede pública de ensino. Apesar de estarem munidos de todos os documentos para pleitearem o registro de nascimento de seu filho, os pais da criança são pobres nos termos da lei, não tendo recursos financeiros para pagar as despesas do ato registral sem prejuízo de seu sustento. Nesse contexto, é correto afirmar que o registro civil de nascimento

(A) pode ser gratuitamente obtido, mas o Poder Público não está obrigado a garantir à criança o acesso à educação infantil gratuita, uma vez que não há vagas para tanto.
(B) pode ser gratuitamente obtido e o Poder Público está obrigado a garantir à criança o acesso à educação infantil gratuita.
(C) pode ser gratuitamente obtido, mas o Poder Público não está obrigado a garantir à criança o acesso à educação infantil gratuita, uma vez que o infante não possui a idade mínima exigida pela Constituição Federal.
(D) não pode ser gratuitamente obtido, uma vez que somente a certidão de óbito é gratuita aos reconhecidamente pobres nos termos da Constituição Federal, embora o Poder Público esteja obrigado a garantir à criança o acesso à educação infantil gratuita.
(E) não pode ser gratuitamente obtido, uma vez que tardio, e o Poder Público não está obrigado a garantir à criança o acesso à educação infantil gratuita, já que não há vagas para tanto.

A letra B está correta, pois está de acordo com os arts. 53, V e 54, I e § 1º, do ECA; e art. 5º, LXXVI, "a", da CF/1988, ficando excluídas as demais.
Gabarito "B".

(Defensor Público/SP – 2012 – FCC) Segundo a Lei de Diretrizes e Bases da Educação Nacional (Lei nº 9.394/1996),

(A) ao Estado incumbe assumir o transporte escolar dos alunos, incluindo-se os da rede municipal e estadual.
(B) o rito para processamento de ação judicial que verse sobre sonegação ou oferta irregular de ensino obrigatório é o sumário.
(C) há garantia de que a criança, a partir do dia em que completar 2 anos de idade, obtenha vaga na escola pública de educação infantil ou de ensino fundamental mais próxima à sua residência.

(D) ao Município cabe oferecer educação infantil em pré-escolas, às crianças de zero a seis anos incompletos.

(E) é compulsória a inclusão de conteúdo que trate dos direitos das crianças e dos adolescentes no currículo do ensino médio.

A: incorreta, pois ao Estado incumbe assumir o transporte escolar dos alunos da rede estadual (art. 10, VII, da Lei 9.394/1996). Por sua vez, ao Município incumbe assumir o transporte escolar dos alunos da rede municipal (art. 11, VI, da Lei 9.394/1996); B: correta (art. 5º, § 3º, da Lei 9.394/1996); C: incorreta, pois é garantida a vaga na escola pública de educação infantil ou de ensino fundamental mais próxima à residência da criança a partir dos 4 (quatro) anos de idade, quando então o ensino é obrigatório e gratuito (art. 208, I, da CF/1988 e art. 4º, I e X, da Lei nº 9.394/1996); D: incorreta, pois a educação infantil é até os cinco anos de idade (arts. 4º, II e 29, ambos da Lei 9.394/1996); E: incorreta, pois o enunciado não está de acordo com o art. 36, da Lei 9.394/1996, sendo que é compulsória a inclusão de conteúdo que trate dos direitos das crianças e dos adolescentes no currículo do ensino fundamental (art. 32, § 5º, da Lei 9.394/1996).
Gabarito "B".

(Defensor Público/AM – 2010 – I. Cidades) Acerca do direito fundamental da criança e do adolescente à educação, assinale a opção incorreta à luz da Constituição Federal, do Estatuto da Criança e do Adolescente (ECA) e da Lei de Diretrizes e Bases da Educação Nacional (LDB).

(A) O dever do Estado com a educação será efetivado, dentre outras maneiras, mediante a garantia de educação básica obrigatória e gratuita dos 4 (quatro) aos 17 (dezessete) anos de idade, assegurada inclusive sua oferta gratuita para todos os que a ela não tiveram acesso na idade própria.

(B) De acordo com o ECA e a LDB, apesar de pais e responsáveis terem o dever de matricular seus filhos e pupilos na rede regular de ensino, é-lhes assegurado expressamente optar por conceder, eles próprios, a educação aos menores, desde que cumpram as normas gerais da educação nacional e submetam-se a avaliação de qualidade pelo Poder Público.

(C) A educação escolar deverá vincular-se ao mundo do trabalho e à prática social.

(D) Supondo que, para garantir a ordem, a direção de determinada escola pública proíba seus alunos de constituírem qualquer entidade representativa dos estudantes, nesse caso, estará havendo violação a direito expressamente previsto no ECA.

(E) É assegurado às crianças e aos adolescentes o acesso à escola pública e gratuita próxima de sua residência.

A: correta (art. 208, I, da CF/1988); B: incorreta, pois os pais têm obrigação de matricular seus filhos ou pupilos na rede regular de ensino (art. 55 do ECA e art. 6º da LDB), não há expressa previsão de que os pais podem, eles próprios, conceder a educação aos menores; C: correta (art. 1º, § 2º, da LDB); D: correta (art. 53, IV, do ECA); E: correta (art. 53, V, do ECA).
Gabarito "B".

(Defensoria/SP – 2006 – FCC) Para garantir o direito à educação, o Estatuto da Criança e do Adolescente prevê, entre outras medidas,

(A) acesso das famílias às políticas sociais básicas condicionado à comprovação da matrícula escolar de filhos menores.

(B) impossibilidade de repetência escolar.

(C) direito ao atendimento em creche desde o nascimento.

(D) possibilidade de o Conselho Tutelar deliberar a construção de escolas pelo poder público quando faltarem vagas em ensino fundamental.

A: incorreta, pois não existe esse condicionamento para o acesso às políticas sociais básicas; B: incorreta, pois não existe essa medida no ECA; C: correta (art. 54, IV, do ECA); D: incorreta, pois não existe essa competência em favor do Conselho Tutelar (art. 136 do ECA); aliás, em caso de falta de vagas, cabe ação judicial, que, todavia, determina a matrícula dos que estão sem vaga, e não a construção de escolas.
Gabarito "C".

1.5. Direito à Profissionalização e à Proteção no Trabalho

(Defensor Público/RO – 2007) A alternativa que caracteriza o trabalho de menor de 14 anos de idade é:

(A) permitido, em sendo aprendiz
(B) possível, em atividades compatíveis
(C) não é permitido, na forma da constituição
(D) permitido, em horários especiais restritos
(E) não permitido, mesmo com acesso à educação

A: correta. Art. 7º, XXXIII, da CF/1988.
Gabarito "A".

2. PREVENÇÃO

(Defensor Público/AM – 2013 – FCC) Conforme disposto pelo Estatuto da Criança e do Adolescente, são exemplos de medidas de prevenção especial à ameaça ou violação aos direitos da criança e do adolescente

(A) o acolhimento institucional e a requisição de tratamento médico.

(B) a regulação das diversões e espetáculos públicos e a autorização para viajar.

(C) a inclusão em programa de acolhimento familiar e a colocação em família substituta.

(D) a proibição de entrada de criança e adolescente em estabelecimento que explore bilhar e a inclusão em programa oficial de tratamento a toxicômanos.

(E) a proibição de vendas de bebidas alcoólicas a crianças e adolescentes e o acolhimento familiar.

A: incorreta, pois o acolhimento institucional não está inserido no capítulo que trata da prevenção especial, mas sim daquele que trata do Direito à Convivência Familiar e Comunitária (art. 19 e seguintes do ECA). Por sua vez, a medida de requisição de tratamento médico é protetiva (art. 101, V, do ECA) e não de prevenção especial; B: correta (arts. 74 a 80 e 83 a 85, todos do ECA); C: incorreta, pois as medidas de inclusão em programa de acolhimento familiar e a colocação em família substituta não estão inseridas no capítulo que trata da prevenção especial, mas sim daquele que trata do Direito à Convivência Familiar e Comunitária (art. 19 e ss. do ECA); D: incorreta, pois a inclusão em programa oficial de tratamento a toxicômanos é medida protetiva (art. 101, VI, do ECA) e não de prevenção especial; E: incorreta, pois o acolhimento familiar não está inserido no capítulo que trata da prevenção especial, mas sim daquele que trata do Direito à Convivência Familiar e Comunitária (art. 19 e ss., do ECA).
Gabarito "B".

(Defensor Público/ES – 2012 – CESPE) Acerca do princípio da prevenção especial e das normas de proteção à criança e ao adolescente, julgue os próximos itens.

(1) Ha omissão no ECA em caso de exibição de filme classificado pelo órgão competente como inadequado para crianças ou adolescentes admitidos ao espetáculo.

(2) Agirá corretamente o representante de uma sociedade empresária que explore atividade de cinema, ao retirar de uma das suas salas de exibição um menor e seu pai, caso estes pretendam assistir a filme classificado como inadequado para menores de dezoito anos.

1: incorreta, pois o assunto é tratado no art. 74 e ss. do ECA; 2: incorreta, pois caberá aos responsáveis pelas diversões e espetáculos públicos afixar, em lugar visível e de fácil acesso, à entrada do local de exibição, informação destacada sobre a natureza do espetáculo e a faixa etária especificada no certificado de classificação (art. 74, parágrafo único, do ECA). De acordo com a Resolução 1.100/2006 do Ministro da Justiça, autoridade competente para regulamentar esta matéria, a classificação é "indicativa" aos pais e responsáveis, por assim, dizer, tem caráter pedagógico, auxiliando a família na educação de seus filhos. Portanto, os pais podem autorizar o acesso de seus filhos à diversão ou espetáculo cuja classificação indicativa seja superior à faixa etária, desde que acompanhados por eles ou terceiros expressamente autorizados. Todavia, se a faixa indicada for de dezoito anos, estará proibido o ingresso de crianças e adolescentes, mesmo com autorização dos pais (art. 19, da Res. 1.100/2006), sob pena de caracterizar a infração administrativa prevista no art. 255, do ECA. Este entendimento foi recentemente adotado pelo STJ (REsp 1.209.792/RJ, 3ª T., j. 08.11.2011, rel. Min. Nancy Andrighi, *DJe* 28.03.2012).

Gabarito 1E, 2E

3. POLÍTICA E ENTIDADES DE ATENDIMENTO

(Defensor Público/PE - 2018 - CESPE) As linhas de ação da política de atendimento prevista no Estatuto da Criança e do Adolescente (ECA) incluem a

(A) elaboração de banco de dados nacional com as informações necessárias à localização de crianças desaparecidas em substituição ao boletim de ocorrência feito nas delegacias de polícia.

(B) proteção jurídica das entidades de defesa dos direitos da criança e do adolescente.

(C) realização de campanhas de estímulo ao acolhimento, sob forma de adoção, de crianças e adolescentes temporariamente afastados do convívio familiar.

(D) implementação de políticas sociais especiais que visem à satisfação das necessidades e dos anseios de crianças e adolescentes.

(E) criação de projetos e benefícios de assistência social que garantam proteção social, prevenção e redução de violações de direitos.

De acordo com o art. 87 do ECA, são linhas de ação da política de atendimento: I - políticas sociais básicas; **II - serviços, programas, projetos e benefícios de assistência social de garantia de proteção social e de prevenção e redução de violações de direitos, seus agravamentos ou reincidências**; III - serviços especiais de prevenção e atendimento médico e psicossocial às vítimas de negligência, maus-tratos, exploração, abuso, crueldade e opressão; IV - serviço de identificação e localização de pais, responsável, crianças e adolescentes desaparecidos; V - proteção jurídico-social por entidades de defesa dos direitos da criança e do adolescente; VI - políticas e programas destinados a prevenir ou abreviar o período de afastamento do convívio familiar e a garantir o efetivo exercício do direito à convivência familiar de crianças e adolescentes; VII - campanhas de estímulo ao acolhimento sob forma de guarda de crianças e adolescentes afastados do convívio familiar e à adoção, especificamente inter-racial, de crianças maiores ou de adolescentes, com necessidades específicas de saúde ou com deficiências e de grupos de irmãos.

Gabarito "E".

(Defensor Público/AC – 2012 – CESPE) Com relação às entidades de atendimento ao público infantojuvenil, assinale a opção correta.

(A) O texto atual do ECA veda taxativamente a realização de qualquer tipo de acolhimento institucional sem prévia autorização judicial.

(B) A guarda de criança ou adolescente inseridos em programa de acolhimento institucional cabe ao dirigente da entidade que os acolha, para todos os efeitos de direito.

(C) A essas entidades de atendimento é vedada a realização de programas socioeducativos em regime de internação.

(D) Os recursos públicos necessários à implementação e à manutenção dos programas de proteção e socioeducativos destinados a crianças e adolescentes devem ser liberados pelo gestor municipal de acordo com os critérios de conveniência e oportunidade.

(E) Dado o princípio da livre iniciativa, o funcionamento das entidades não governamentais criadas e mantidas com recursos exclusivamente privados independerá de qualquer registro ou autorização prévia em órgão público.

A: incorreta, pois as entidades que mantenham programa de acolhimento institucional poderão, em caráter excepcional e de urgência, acolher crianças e adolescentes sem prévia determinação da autoridade competente, fazendo comunicação do fato em até 24 (vinte e quatro) horas ao Juiz da Infância e da Juventude, sob pena de responsabilidade (art. 93, do ECA); **B**: correta, pois o dirigente da entidade é equiparado ao guardião (art. 92, § 1º, do ECA); **C**: incorreta, pois as entidades de atendimento também são responsáveis pelo planejamento e execução de programas de proteção e socioeducativos destinados a crianças e adolescentes em regime de internação (art. 90, VIII, do ECA); **D**: incorreta, pois os recursos destinados à implementação e manutenção dos programas serão previstos nas dotações orçamentárias dos órgãos públicos encarregados das áreas de Educação, Saúde e Assistência Social (art. 90, § 2º, do ECA); **E**: incorreta, pois as entidades não governamentais também devem ser registradas no Conselho Municipal dos Direitos da Criança e do Adolescente, o qual comunicará o registro ao Conselho Tutelar e à autoridade judiciária da respectiva localidade (art. 91, *caput*, do ECA).

Gabarito "B".

(Defensor Público/ES – 2012 – CESPE) Julgue os itens que se seguem, relativos à política de atendimento, à família substituta e ao acesso à justiça da criança e do adolescente.

(1) No caso da adoção, o adotado, após completar a maioridade civil, tem direito de conhecer sua origem biológica, bem como de obter acesso irrestrito ao processo no qual a medida foi aplicada.

(2) O ECA estabelece que, comprovada a impossibilidade de a família de origem acolher a criança inserida

em programa de acolhimento familiar ou institucional, esta deverá ser colocada em família substituta, mediante guarda, tutela ou adoção, com integração operacional de órgãos do Poder Judiciário, MP, DP, conselho tutelar e encarregados da execução das políticas sociais básicas e de assistência social.

(3) Para que haja pleno acesso à justiça, a assistência judiciária gratuita será prestada aos que dela necessitarem, por meio de DP ou advogado nomeado. Nesse sentido, as ações judiciais da competência da justiça da infância e da juventude serão sempre isentas de custas e emolumentos.

1: correta, pois o item está de acordo com o disposto no art. 48, *caput*, do ECA; **2:** correta, pois o item está de acordo com o disposto no art. 88, VI, do ECA; **3:** incorreta, pois as ações judiciais da competência da Justiça da Infância e da Juventude são isentas de custas e emolumentos, ressalvada a hipótese de litigância de má-fé.
Gabarito 1C, 2C, 3E

(Defensor Público/SE – 2012 – CESPE) Assinale a opção correta acerca da política de atendimento a crianças e adolescentes.

(A) A função de membro do Conselho Nacional dos Direitos da Criança e do Adolescente, considerada múnus público, é remunerada.

(B) A entidade que desenvolver programa de internação tem a obrigação de fornecer comprovante de depósito dos pertences dos adolescentes.

(C) Tanto as entidades de atendimento governamentais quanto as não governamentais estão sujeitas à suspensão total ou parcial do repasse de verbas públicas, procedimento administrativo que é realizado no âmbito do MP.

(D) A política de atendimento dos direitos da criança e do adolescente deve ser estruturada nas três esferas governamentais, devendo a atuação em nível municipal ser feita por meio dos conselhos municipais dos direitos da criança e do adolescente, e não pelos conselhos tutelares.

(E) O serviço de identificação e localização de pais, responsável, crianças e adolescentes inclui-se entre as diretrizes estabelecidas para a referida política.

A: incorreta, pois a função não é remunerada (art. 89, do ECA); **B:** correta (art. 94, XVII, do ECA); **C:** incorreta, pois a suspensão total ou parcial do repasse de verbas públicas é uma das medidas aplicáveis às entidades de atendimento não governamentais que descumprirem obrigação legal (art. 97, II, *b*, do ECA), medida esta que não se aplica às entidades governamentais; **D:** incorreta, pois deve haver a integração operacional de órgãos do Judiciário, Ministério Público, Defensoria e Conselho Tutelar (art. 88, V e VII, do ECA); **E:** incorreta, pois o serviço é o de identificação e localização de pais, responsável, crianças e adolescentes *desaparecidos* (art. 87, IV, do ECA).
Gabarito "B".

(Defensor Público/GO – 2010 – I. Cidades) São diretrizes da política de atendimento dos direitos da criança e adolescente:

(A) municipalização do atendimento, com a descentralização político-administrativa, com a exoneração dos demais entes federados da obrigação em relação ao setor infantojuvenil.

(B) criação e manutenção de programas específicos, observada a centralização político-administrativa estadual e federal.

(C) criação de conselhos municipais, estaduais e nacional dos direitos da criança e do adolescente, órgãos deliberativos e controladores das ações em todos os níveis, com a participação da sociedade representativa.

(D) incentivo à criação de fundos vinculados aos respectivos conselhos dos direitos da criança e do adolescente, como unidades orçamentárias e de total autonomia.

(E) integração operacional de órgãos do Judiciário, Ministério Público, Defensoria, Segurança Pública e Assistência Social, preferencialmente em locais descentralizados, para efeito de ampliação do atendimento inicial a adolescente a quem se atribua autoria de ato infracional.

A: incorreta, pois não há previsão de exoneração dos demais entes federados da obrigação em relação ao setor infantojuvenil, ao contrário, há previsão de criação de conselhos municipais, estaduais e nacional dos direitos da criança e do adolescente (art. 88 do ECA); **B:** incorreta, pois a criação e manutenção de programas específicos é diretriz da política de atendimento, mas *observada a descentralização político-administrativa* (art. 88, III, do ECA); **C:** correta (art. 88, II, do ECA); **D:** incorreta, pois é diretriz da política de atendimento a manutenção de fundos nacional, estaduais e municipais vinculados aos respectivos conselhos dos direitos da criança e do adolescente (art. 88, IV, do ECA); **E:** incorreta, pois é diretriz da política de atendimento a integração operacional de órgãos do Judiciário, Ministério Público, Defensoria, Segurança Pública e Assistência Social, preferencialmente em um mesmo local, para efeito de agilização do atendimento inicial a adolescente a quem se atribua autoria de ato infracional (art. 88, V, do ECA).
Gabarito "C".

(Defensoria Pública/SP – 2010 – FCC) Dentre as diretrizes da política de atendimento expressamente indicadas no Estatuto da Criança e do Adolescente (art. 88) temos a

(A) municipalização das políticas sociais básicas e das políticas e programas de assistência social.

(B) integração operacional de órgãos do Judiciário, Ministério Público, Defensoria Pública, Segurança Pública, Conselho Tutelar e Assistência Social para efeito agilização do atendimento inicial a adolescente a quem se atribua autoria de ato infracional.

(C) criação de conselhos tutelares em âmbito municipal, estadual e federal.

(D) criação de programas federais de acolhimento institucional que observem rigorosa separação por faixa etária.

(E) manutenção de fundos nacional, estaduais e municipais vinculados aos respectivos conselhos dos direitos da criança e do adolescente.

Art. 88, IV, do ECA.
Gabarito "E".

(Defensoria/PI – 2009 – CESPE) As entidades de atendimento que desenvolvem programas de abrigo para crianças e adolescentes devem

(A) providenciar, sempre que possível, a transferência dos grupos de irmãos desmembrados para outras entidades de crianças e adolescentes abrigados.

(B) preservar os vínculos familiares, dar atendimento personalizado em pequenos grupos, bem como desenvolver atividades em regime de coeducação.

(C) evitar, sempre que possível, o contato das crianças e dos adolescentes abrigados com a família de origem.

(D) participar das atividades políticas da localidade onde se encontrem inseridas.

(E) evitar a participação de pessoas da comunidade no processo educativo das crianças e dos adolescentes abrigados.

Atenção para a alteração pela Lei 12.010/2009 do instituto do "abrigo" para "acolhimento familiar". **A:** incorreta (art. 92, V e VI, do ECA); **B:** correta (art. 92, I e IV, do ECA); **C:** incorreta (art. 92, I, do ECA); **D:** incorreta, pois não existe essa previsão legal; **E:** incorreta (art. 92, IX, do ECA).
Gabarito "B".

(Defensoria/PI – 2009 – CESPE) Entre outras obrigações, as entidades que desenvolvem programas de internação para menores devem

(A) observar os direitos e as garantias de que são titulares as crianças.

(B) oferecer instalações físicas em condições adequadas de habitabilidade, higiene, salubridade e segurança e os objetos necessários à higiene pessoal.

(C) comunicar às autoridades competentes todos os casos em que foi necessária a adoção de restrições a direitos que não tenham sido restringidos na decisão de internação de adolescentes.

(D) reavaliar periodicamente cada caso, com intervalo mínimo de um ano, dando ciência dos resultados ao CONANDA.

(E) assegurar as medidas profiláticas e contraceptivas necessárias à visitação íntima.

A: incorreta, pois deverá observar os direitos e garantias de que são titulares os *adolescentes* (art. 94, I, do ECA); **B:** correta (art. 94, VII, do ECA); **C:** incorreta (art. 94, II, do ECA); **D:** incorreta, pois a reavaliação deverá ocorrer com intervalo máximo de seis meses, dando-se ciência à autoridade competente (art. 94, XIV, do ECA); **E:** incorreta, pois não existe previsão legal para visitação íntima de adolescente em programa de internação.
Gabarito "B".

4. MEDIDAS DE PROTEÇÃO, MEDIDAS SOCIOEDUCATIVAS E ATO INFRACIONAL – DIREITO MATERIAL

(Defensor Público/AL - 2017 - CESPE) Por volta das vinte horas de determinado dia, policiais militares encontraram uma criança indígena de nove anos de idade dormindo no banco da praça da cidade, sozinha e desacompanhada. Os policiais foram orientados pelo comando da guarnição a levar a criança a uma instituição de acolhimento da cidade.

Considerando essa situação hipotética, assinale a opção correta de acordo com as normas do Estatuto da Criança e do Adolescente.

(A) Mesmo diante da possibilidade de reintegração da criança à família de origem, a entidade acolhedora deverá enviar relatório fundamentado ao Ministério Público recomendando a destituição do poder familiar, como medida de punição pelo abandono da criança.

(B) Eventual acolhimento familiar ou institucional deverá ocorrer em local próximo à residência dos pais ou do responsável, como parte do processo de reintegração familiar, mas o contato com a criança será facilitado e estimulado somente depois de a família de origem ter passado por programas obrigatórios oficiais de orientação, de apoio e de promoção social.

(C) Se a entidade para onde foi encaminhada a criança mantiver programa de acolhimento institucional, ela, em caráter excepcional e de urgência, poderá acolher a criança sem prévia determinação da autoridade competente, devendo a comunicação do fato ser feita em até vinte e quatro horas ao juiz da infância e da juventude, sob pena de responsabilidade.

(D) O fato de ter sido encontrada na rua e desacompanhada enseja o afastamento da criança do convívio familiar, que pode ser determinado pelo conselho tutelar, que detém competência exclusiva para tal, e importa também na deflagração, a pedido do Ministério Público, de procedimento administrativo no qual se garanta aos pais ou ao responsável legal o exercício do contraditório e da ampla defesa.

(E) A entidade que acolheu a criança deverá elaborar, imediatamente, um plano individual de atendimento com o objetivo de colocá-la em uma família substituta, a menos que haja ordem escrita e fundamentada em contrário de autoridade judiciária competente.

A: incorreta. A destituição de poder familiar é medida excepcional e pode ser tomada após a aplicação de medidas de proteção que visem ao fortalecimento dos laços familiares. Trata-se de princípio estampado no art. 100, X, do ECA: "Prevalência da família: na promoção de direitos e na proteção da criança e do adolescente deve ser dada prevalência às medidas que os mantenham ou reintegrem na sua família natural ou extensa ou, se isso não for possível, que promovam a sua integração em família adotiva"; **B:** incorreta. Nos termos do art. 101, § 7°, o acolhimento familiar ou institucional ocorrerá no local mais próximo à residência dos pais ou do responsável e, como parte do processo de reintegração familiar, sempre que identificada a necessidade, a família de origem será incluída em programas oficiais de orientação, de apoio e de promoção social, sendo facilitado e estimulado o contato com a criança ou com o adolescente acolhido; **C:** correta, nos exatos termos do art. 93 do ECA; **D:** incorreta. As medidas que importem no afastamento da criança e do adolescente do lar só podem ser tomadas pela autoridade judiciária (art. 101, *caput* e § 2°, do ECA); **E:** incorreta. Conforme art. 101, § 3° do ECA, o programa de acolhimento institucional deve ser elaborado para toda as crianças e adolescentes visando à reintegração familiar, ressalvada a existência de ordem escrita e fundamentada em contrário de autoridade judiciária competente, caso em que também deverá contemplar sua colocação em família substituta, observadas as regras e princípios desta Lei.
Gabarito "C".

(Defensor Público/PE - 2018 - CESPE) A respeito da aplicação de medidas ao pai, à mãe ou ao responsável conforme o ECA, assinale a opção correta.

(A) Medida mais gravosa, como a perda de guarda, não se aplica em caso de a criança ser reprovada na escola por excesso de faltas, mesmo que a reprovação decorra da falta de acompanhamento adequado de seu responsável.

(B) É facultativa a inclusão de pai alcoólatra que, por vezes, seja agressivo ou violento com a criança em programa oficial de tratamento desde que a criança seja encaminhada a programa especial de atendimento a vítimas de violência doméstica.

(C) Estando a submissão ou não a tratamento de saúde no âmbito da liberalidade familiar, não é possível a aplica-

ção de medidas a mãe que, por mera desídia, não leva seu filho portador de HIV às consultas programadas.
(D) Na hipótese de um adolescente que tenha pais vivos, mas viva com os avós paternos, se encontrar em situação de risco por falta de cumprimento de obrigações a ele relativas, caberá a aplicação de advertência aos genitores, mas não aos avós.
(E) Se uma criança em idade escolar estiver fora da escola, o pai, a mãe ou o responsável deverá ser obrigado a matriculá-la, bem como a acompanhar a frequência e o aproveitamento escolar.

A: incorreta. As medidas de perda ou suspensão de poder familiar são as medidas mais gravosas. A perda da guarda pode ser aplicada pelo descumprimento das regras sobre o exercício do poder familiar, como forma de medida protetiva, caso as demais medidas não tenham sido eficazes; B: incorreta. A medida de inclusão em programa oficial ou comunitário de auxílio, orientação e tratamento a alcoólatras e toxicômanos (art. 129, II) deve ser aplicada ao pai alcoólatra. Caso não cumpra a medida e seja agressivo, é possível determinar, inclusive, o afastamento do agressor do lar; C: incorreta. Para proteção dos direitos fundamentais da criança e do adolescente e promover a sua proteção integral, cabe a aplicação das medidas protetivas previstas no art. 101, em especial a de tratamento médico em regime hospitalar ou ambulatorial, não havendo liberalidade dos pais nesse sentido, podendo, inclusive, aplicar a medida em relação aos pais prevista no art. 129, VI, do ECA; D: incorreta. Todas as medidas previstas no rol exemplificativo do art. 129 são medidas aplicáveis aos pais ou responsáveis; E: correta. Trata-se de medida de proteção prevista no art. 101, III, e de medida que pode ser tomada em relação aos pais, na forma do art. 129, V, todos do ECA.

(Defensor Público/PE - 2018 - CESPE) Ao adolescente que pratica ato infracional, a autoridade competente poderá aplicar as medidas de
(A) reparação do dano com a prestação de serviços, liberdade condicional e acolhimento institucional.
(B) internação em estabelecimento educacional, obrigação de reparar o dano e advertência.
(C) advertência, obrigação de reparação do dano e prestação de serviços à vítima, se houver.
(D) liberdade assistida, inserção em regime prisional e internação em estabelecimento médico-psiquiátrico.
(E) obrigação de reparação pecuniária do dano, inserção em regime prisional e advertência.

As medidas socioeducativas aplicáveis aos adolescentes que praticam ato infracional estão elencadas no rol taxativo do art. 112: (i) advertência; (ii) obrigação de reparar o dano; (iii) prestação de serviços à comunidade; (iv) liberdade assistida; (v) inserção em regime de semiliberdade e (vi) internação em estabelecimento educacional.

(Defensor Público –DPE/RN – 2016 – CESPE) No que se refere às medidas específicas de proteção da criança e do adolescente, assinale a opção correta.
(A) É improrrogável o prazo estabelecido pela legislação em vigor para a permanência da criança ou do adolescente em programa de acolhimento institucional.
(B) Em regra, é da competência exclusiva da autoridade judiciária a colocação de criança ou adolescente em programa de acolhimento familiar ou em família substituta mediante a concessão de guarda, tutela ou adoção.
(C) A medida de acolhimento institucional pode ser utilizada como punição aplicada a adolescente em conflito com a lei, hipótese em que se assemelha à medida socioeducativa de internação.
(D) Na hipótese de ameaça ou violação de direitos, o ECA estabeleceu, em rol taxativo, as medidas específicas de proteção que podem ser aplicadas pela autoridade competente.
(E) Ao contrário do acolhimento institucional, a provisoriedade não configura critério a ser observado no tocante à medida de acolhimento familiar.

A: incorreta. Nos termos do art. 19, § 2º, do ECA, é possível a prorrogação em programa de acolhimento institucional se comprovada necessidade que atenda ao melhor interesse do menor, devidamente fundamentada pela autoridade judiciária. B: correta. A colocação em família substituta (guarda, tutela ou adoção) e a medida de acolhimento institucional ou familiar somente podem ser determinadas pela autoridade judiciária (art. 101 do ECA). Vale notar que as "entidades que mantenham programa de acolhimento institucional poderão, em caráter excepcional e de urgência, acolher crianças e adolescentes sem prévia determinação da autoridade competente, fazendo comunicação do fato em até 24 (vinte e quatro) horas ao Juiz da Infância e da Juventude, sob pena de responsabilidade" (art. 93 do ECA). C: incorreta. Na forma do § 1º do art. 101 do ECA, o "acolhimento institucional e o acolhimento familiar são medidas provisórias e excepcionais, utilizáveis como forma de transição para reintegração familiar ou, não sendo esta possível, para colocação em família substituta, não implicando privação de liberdade". D: incorreta. As medidas de proteção previstas no art. 101 do ECA são exemplificativas, podendo outras medidas serem todas fundamentadas na proteção integral e no superior interesse do menor. E: incorreta. Os mesmos prazos da medida de acolhimento institucional são aplicáveis ao acolhimento familiar.

(Defensor Público –DPE/BA – 2016 – FCC) Sobre os princípios que regem a aplicação das medidas específicas de proteção, conforme expressamente previstos no Estatuto da Criança e do Adolescente, é correto afirmar que, pelo(s) princípio(s) da
(A) proporcionalidade e da atualidade, a intervenção deve considerar as condições fáticas vigentes ao tempo em que a situação de risco e perigo teve início.
(B) obrigatoriedade da informação e da participação, crianças e adolescentes devem ser formalmente cientificados, por mandado ou meio equivalente, de todas as decisões judiciais que apliquem, em face deles, medidas de promoção de direitos e de proteção.
(C) intervenção mínima, a intervenção deve ser exercida exclusivamente pelas autoridades e instituições cuja ação seja indispensável à efetiva promoção dos direitos e à proteção da criança e do adolescente.
(D) presunção de responsabilidade, a criança ou adolescente em situação de risco deve ter sua situação analisada e decidida pela autoridade protetiva que primeiro tiver notícia da ameaça ou violação dos direitos.
(E) discricionariedade, as decisões que apliquem medidas devem ser baseadas no prudente arbítrio das autoridades administrativas e/ou judiciais.

A: incorreta. Pelo princípio da proporcionalidade e atualidade, a intervenção deve ser necessária e adequada à situação de perigo em que a criança e o adolescente se encontrem (art. 100, parágrafo único, inciso VIII, do ECA). **B**: incorreta. Pelo princípio da obrigatoriedade da informação, a criança e adolescente serão informados dos seus direitos, dos motivos que determinaram a intervenção e da forma como esta se processa, sempre respeitando seu estágio de desenvolvimento e capacidade de compreensão (art. 100, parágrafo único, inciso XI, do ECA). **C**: Correta. Nos exatos termos do art. 100, parágrafo único, inciso VII, do ECA. **D**: incorreta. Pelo princípio da intervenção precoce (não da presunção de responsabilidade), a intervenção das autoridades competentes deve ocorrer logo que a situação de perigo seja conhecida (art. 100, parágrafo único, inciso VI, do ECA). **E**: incorreta. Todas as medidas de proteção devem ser pautadas nas orientações do Estatuto da Criança e do Adolescente, em especial dos artigos 100 e 101.

Gabarito "C".

(Defensor Público –DPE/RN – 2016 – CESPE) Com referência à execução de medidas socioeducativas impostas a crianças e adolescentes, assinale a opção correta.

(A) É vedada a aplicação do sistema recursal previsto no CPC nos procedimentos relativos à execução de medidas socioeducativas.

(B) Na fase de execução é vedada, segundo o entendimento do STJ, a substituição de medida socioeducativa aplicada ao adolescente.

(C) O encaminhamento a tratamento psiquiátrico não figura entre as medidas às quais se sujeitam os agentes públicos executores de medidas socioeducativas que utilizarem, como forma de disciplina, tratamento degradante à criança ou ao adolescente.

(D) O denominado plano individual de atendimento pode ser objeto de impugnação pelo DP ou pelo MP, porém sua execução não será suspensa, salvo determinação judicial em contrário.

(E) A execução de programas socioeducativos destinados às crianças e adolescentes em regime de orientação e apoio sociofamiliar não se insere entre as responsabilidades das entidades de atendimento.

A: incorreta. Na forma do art. 198 do ECA, nos procedimentos afetos à Justiça da Infância e da Juventude, inclusive os relativos à execução das medidas socioeducativas, adotar-se-á o sistema recursal do Código de Processo Civil. **B**: incorreta. As medidas socioeducativas podem ser alteradas na fase de execução, sempre tendo por fundamento a ressocialização e a educação do adolescente (Vide no STJ HC352907 /SP). **C**: incorreta. Determina o art. 18-B do ECA: "os pais, os integrantes da família ampliada, os responsáveis, os agentes públicos executores de medidas socioeducativas ou qualquer pessoa encarregada de cuidar de crianças e de adolescentes, tratá-los, educá-los ou protegê-los que utilizarem castigo físico ou tratamento cruel ou degradante como formas de correção, disciplina, educação ou qualquer outro pretexto estarão sujeitos, sem prejuízo de outras sanções cabíveis, às seguintes medidas, que serão aplicadas de acordo com a gravidade do caso: I – encaminhamento a programa oficial ou comunitário de proteção à família; II – encaminhamento a tratamento psicológico ou psiquiátrico; III – encaminhamento a cursos ou programas de orientação; IV – obrigação de encaminhar a criança a tratamento especializado; V – advertência. Parágrafo único. As medidas previstas neste artigo serão aplicadas pelo Conselho Tutelar, sem prejuízo de outras providências legais". **D**: correta. Segundo o art. 41 da Lei do SINASE, o Defensor Público ou o Ministério Público podem impugnar ao PIA, mas a medida não ficará suspensa durante a reanálise. **E**: incorreta. As medidas socioeducativas somente podem ser aplicadas aos adolescentes. Além disso, são as entidades de atendimento que devem aplicar as medidas socioeducativas aos adolescentes.

Gabarito "D".

(Defensor Público –DPE/MT – 2016 – UFMT) Sobre a Lei 12.594/2012, analise as assertivas abaixo.

I. Compete _____ estabelecer e desenvolver programa para a execução das medidas socioeducativas de semiliberdade.

II. Compete _____ estabelecer e manter programas de atendimento para a execução das medidas socioeducativas em meio aberto.

III. Compete _____ estabelecer e manter processo de avaliação dos Sistemas de Atendimento Socioeducativo, seus planos, entidades e programas.

IV. Compete _____ estabelecer as hipóteses de proibição de entradas de objetos na unidade de internação, vedando o acesso aos seus portadores.

Assinale a sequência que preenche correta e respectivamente as lacunas.

(A) à União, ao Estado, ao Regulamento interno, ao Município.

(B) à União, ao Município, ao Estado, ao Regulamento Interno.

(C) ao Estado, à União, ao Regulamento Interno, ao Município.

(D) ao Município, ao Estado, à União, ao Regulamento Interno.

(E) ao Estado, ao Município, à União, ao Regulamento Interno.

I: Conforme art. 4º, III, da referida Lei, compete ao **Estado** "criar, desenvolver e manter programas para a execução das medidas socioeducativas de semiliberdade e internação". **II**: Conforme art. 5º, III, compete ao **Município**, "criar e manter programas de atendimento para a execução das medidas socioeducativas em meio aberto". **III**: Conforme art. 3º, VII, compete à **União** "instituir e manter processo de avaliação dos Sistemas de Atendimento Socioeducativo, seus planos, entidades e programas". **IV**: Conforme art. 70, "o **regulamento interno** estabelecerá as hipóteses de proibição da entrada de objetos na unidade de internação, vedando o acesso aos seus portadores".

Gabarito "E".

(Defensor Público –DPE/BA – 2016 – FCC) Sobre o SINASE – Sistema Nacional de Atendimento Socioeducativo – é correto afirmar que

(A) se trata de um subsistema do Sistema Único de Assistência Social – SUAS, por meio do qual são regulamentados e geridos os programas socioassistenciais, socioeducativos e socioprotetivos destinados aos adolescentes autores de atos infracionais.

(B) mesmo previsto na Constituição Federal desde 1988, foi efetivamente implantado no país somente a partir de 2010, quando, por força de lei federal, a adesão a esse Sistema tornou-se obrigatória pelos estados, municípios e Distrito Federal.

(C) é coordenado por uma comissão tripartide de gestores representantes dos sistemas estaduais, distrital e municipais responsáveis pela implementação dos seus respectivos programas de atendimento ao adolescente ao qual seja aplicada medida socioeducativa.

(D) ao Conselho Nacional dos Direitos da Criança e do Adolescente (Conanda) competem as funções normativa, deliberativa, de avaliação e de fiscalização do Sinase.

(E) corresponde ao conjunto ordenado de princípios, regras e critérios que envolvem a aplicação e execução de medidas socioeducativas, incluindo-se, nele, todos os planos, políticas e programas, gerais e específicos, de atendimento ao adolescente em conflito com a lei e a seus familiares.

A: incorreta. O art. 1º, § 1º, da Lei 12.594/2012, entende por SINASE "o conjunto ordenado de princípios, regras e critérios que envolvem a execução de medidas socioeducativas, incluindo-se nele, por adesão, os sistemas estaduais, distrital e municipais, bem como todos os planos, políticas e programas específicos de atendimento a adolescente em conflito com a lei". O Sistema Único de Assistência Social – SUAS, por sua vez, tem por função a gestão do conteúdo específico da assistência social. **B:** incorreta. O SINASE foi regulamentado pela Lei 12.594/2012, e determinou, nos seus arts. 82, 83 e 84, o prazo de um ano para adequação dos programas por parte do Estado, Municípios e Distrito Federal. **C:** incorreta. O SINASE é coordenado pela União e integrado pelos sistemas estaduais, distrital e municipais responsáveis pela implementação dos seus respectivos programas de atendimento a adolescente ao qual seja aplicada medida socioeducativa, com liberdade de organização e funcionamento (art. 2º). **D:** correta. Nos exatos termos do art. 3º, § 2º, da Lei 12.594/2012. **E:** incorreta. O SINASE não é destinado aos familiares do adolescente infrator (veja justificativa da alternativa "A").

Gabarito "D".

(Defensor Público –DPE/BA – 2016 – FCC) Segundo dispõe a legislação em vigor, a medida

(A) protetiva de obrigação de reparar o dano pode ser aplicada pelo Conselho Tutelar a crianças e adolescentes, com fundamento no fato de elas terem depredado o espaço escolar.

(B) restaurativa de frequência obrigatória a programas comunitários de tratamento pode ser aplicada pelo Ministério Público, com fundamento no fato de serem a criança ou o adolescente portadores de doença ou deficiência mental.

(C) protetiva de acolhimento familiar, aplicada pela autoridade judiciária, consiste no auxílio financeiro prestado pelo estado a parentes próximos com os quais conviva a criança ou adolescente cujos pais renunciaram ao poder familiar.

(D) de advertência pode ser aplicada pelo juiz a pais ou responsável, sob fundamento de terem cometido a infração administrativa de submeter criança ou adolescente sob sua guarda a vexame ou constrangimento.

(E) socioeducativa de internação implica privação de liberdade, sendo permitida a realização de atividades externas, a critério da equipe técnica da entidade, salvo expressa determinação judicial em contrário.

A: incorreta. A medida **socioeducativa** de reparação de danos está prevista nos art. 112 e 116, e só pode ser aplicada pela autoridade judicial (art. 148 do ECA). **B:** incorreta. A medida de proteção de inclusão em serviços e programas oficiais ou comunitários de proteção, apoio e promoção da família, da criança e do adolescente (art. 101, inciso IV); pode ser aplicada pela autoridade judicial, pelo conselho tutelar, cabendo também ao MP na forma do art. 201, inciso VIII, e § 1º, do ECA. **C:** incorreta. A medida protetiva de acolhimento familiar e institucional só podem ser aplicadas pela autoridade judiciária (art. 101 do ECA) e são utilizáveis como forma de transição para reintegração familiar ou colocação em família substituta (art. 101, § 1º, do ECA). **D:** incorreta. A medida socioeducativa somente pode ser aplicada ao adolescente infrator. Aos pais são cabíveis as medidas previstas no art. 129 do ECA. **E:** correta. A medida socioeducativa de internação é medida que restringe a liberdade do adolescente, sendo possível, no entanto, na forma do § 1º, do art. 121, do ECA: "a realização de atividades externas, a critério da equipe técnica da entidade, salvo expressa determinação judicial em contrário".

Gabarito "E".

(Defensor Público –DPE/ES – 2016 – FCC) Ao final do procedimento de apuração de ato infracional o juiz aplica ao adolescente medida socioeducativa de internação, sem fixação de prazo de duração. Ao receber a notícia pelo Defensor Público, o adolescente pergunta a quanto tempo de internação foi "condenado". Conforme previsto em lei, a resposta mais correta do Defensor ao adolescente seria a de que a medida

(A) durará de seis meses a três anos caso o adolescente seja primário e de um ano a três anos caso seja reincidente.

(B) durará no máximo cinco anos, podendo o adolescente ser transferido para semiliberdade desde que tenha bom comportamento e cumpra pelo menos 10 meses de internação.

(C) pode ser substituída por outra medida mais branda a qualquer tempo e não pode ultrapassar três anos de duração.

(D) foi aplicada pelo prazo mínimo de seis meses, ao término do qual a medida pode ser prorrogada, sucessivamente, não podendo ultrapassar o limite máximo de quatro semestres.

(E) durará o tempo necessário para o que adolescente seja considerado apto a regressar ao convívio social com baixo risco de reincidência ou, até que, antes disso, complete 18 anos.

A: incorreta. O prazo máximo da medida é de 3 (três) anos e a prática de ato infracional não pode ser considerada para fins de reincidência, apenas a reiteração da prática de ato infracional para fins de internação nos termos do art. 122 do ECA. **B:** incorreta. O prazo máximo da medida é de 3 (três) anos). **C:** correta. A medida socioeducativa e internação não pode ultrapassar o prazo de 3 (três) anos, sempre havendo reavaliação da situação do adolescente no período de até 6 (seis) meses (art. 121, §§ 2º e 3º do ECA). A medida socioeducativa pode ser solicitada a qualquer tempo na forma do art. 43 da Lei do SINASE: "a reavaliação da manutenção, da substituição ou da suspensão das medidas de meio aberto ou de privação da liberdade e do respectivo plano individual pode ser solicitada a qualquer tempo, a pedido da direção do programa de atendimento, do defensor, do Ministério Público, do adolescente, de seus pais ou responsável". (Lei 12.594/2012); **D:** incorreta. A avaliação da manutenção ou não da medida é feita a cada 6 (seis) meses, no máximo, podendo ser feita antes desse prazo. Razão pela qual não se pode falar em tempo mínimo para a medida. **E:** incorreta. Além dos prazos já mencionados nas alternativas anteriores, a medida pode ser aplicada até o prazo de 21 anos (art. 121, § 5º).

Gabarito "C".

(Defensor Público/AM – 2013 – FCC) Segundo a Lei nº 12.594/2012, que dispõe sobre o Sistema Nacional de Atendimento Socioeducativo, a reavaliação da medida socioeducativa dar-se-á

(A) no prazo máximo de seis meses, somente pelo juiz competente, com base nos relatórios anteriores emitidos pela direção do programa de atendimento e sua equipe.

(B) com relação às medidas de prestação de serviços à comunidade, liberdade assistida, semiliberdade e internação, desde que atingido o prazo máximo de seis meses.

(C) somente a pedido da direção do programa de atendimento que acompanhar o cumprimento da medida de prestação de serviços à comunidade, liberdade assistida, semiliberdade ou internação.

(D) a qualquer tempo, desde que solicitada pela direção do programa de atendimento, pelo defensor, pelo Ministério Público, pelo adolescente ou por seus pais ou responsáveis.

(E) no prazo mínimo de doze meses, pelo defensor, caso ainda não haja indicação da direção do programa de atendimento pela substituição por medida menos gravosa.

A letra D está correta, pois está de acordo com o disposto no art. 43 da Lei nº 12.594/2012, que dispõe sobre o Sistema Nacional de Atendimento Socioeducativo, ficando excluídas as demais.
Gabarito "D".

(Defensor Público/ES – 2012 – CESPE) Com referência aos direitos da criança e do adolescente, ao processo de apuração da prática de ato infracional e a atuação do defensor e do MP nesse processo, julgue os itens a seguir.

(1) A liberdade assistida será fixada pelo prazo mínimo de seis meses, podendo, a qualquer tempo, ser prorrogada, revogada ou substituída por outra medida, com a oitiva do MP.

(2) Crianças e adolescentes podem ser considerados sujeito ativo de ato infracional, caso em que ambos poderão ser sujeito passivo de medida socioeducativa.

1: correta, pois o item está de acordo com o disposto no art. 118, § 2º, do ECA; 2: incorreta, já que no caso de a criança ser sujeito ativo de ato infracional, ser-lhe-á aplicada tão somente medida protetiva e não socioeducativa (art. 105, do ECA).
Gabarito 1C, 2E.

(Defensor Público/PR – 2012 – FCC) Arthur, adolescente homossexual, é expulso de casa pelos pais em virtude de sua orientação sexual. Imediatamente, Arthur procura ajuda da Defensoria Pública. Considerando os serviços e benefícios socioassistenciais, qual das possibilidades abaixo se enquadra como alternativa de requisição do Defensor Público para a proteção de Arthur?

(A) Centro de Atenção Psicossocial Álcool e Drogas CAPS AD.
(B) Benefício de Prestação Continuada –BPC.
(C) Serviço de Proteção e Atendimento Especializado às Famílias e Indivíduos.
(D) Serviço de proteção em situações de calamidades públicas e de emergências.
(E) Serviço de Acolhimento em República.

A letra C está correta, já que a medida protetiva que se coaduna com o caso em questão é o acompanhamento familiar, razão pela qual ficam excluídas as demais hipóteses.
Gabarito "C".

(Defensor Público/PR – 2012 – FCC) Sobre o Plano Individual de Atendimento (PIA) previsto na Lei nº 12.594/2012 que institui o Sistema Nacional de Atendimento Socioeducativo (SINASE) e regulamenta a execução das medidas socioeducativas destinadas a adolescente que pratique ato infracional, é correto afirmar:

(A) O cumprimento das medidas socioeducativas, em regime de prestação de serviços à comunidade, liberdade assistida, reparação de danos, semiliberdade ou internação, dependerá de Plano Individual de Atendimento (PIA).

(B) Para o cumprimento das medidas de semiliberdade ou de internação, o plano individual conterá a definição das atividades internas e externas, individuais ou coletivas, das quais o adolescente poderá participar.

(C) Para o cumprimento das medidas de prestação de serviços à comunidade, o PIA será elaborado no prazo de até 45 (quarenta e cinco) dias do ingresso do adolescente no programa de atendimento.

(D) O acesso ao plano individual será restrito aos servidores do respectivo programa de atendimento, conselho tutelar, ao adolescente e a seus pais ou responsável, ao Ministério Público e ao defensor.

(E) O PIA será elaborado sob a responsabilidade da equipe técnica da autoridade judiciária e nele constarão os resultados da avaliação interdisciplinar e a previsão de suas atividades de integração social e/ou capacitação profissional.

A: incorreta, pois dependerá de Plano Individual de Atendimento (PIA) o cumprimento das medidas socioeducativas em regime de prestação de serviços à comunidade, liberdade assistida, semiliberdade ou internação, excluindo-se, portanto, a reparação do dano (art. 52, da Lei nº 12.594/12); B: correta, pois está de acordo com o disposto no art. 55, II, da Lei nº 12.594/2012; C: incorreta, pois, no caso de medida socioeducativa de prestação de serviços à comunidade, o PIA será elaborado *no prazo de até 15 (quinze) dias* do ingresso do adolescente no programa de atendimento (art. 56, da Lei nº 12.594/2012); D: incorreta, pois o acesso ao plano individual será restrito aos servidores do respectivo programa de atendimento, ao adolescente e a seus pais ou responsável, ao Ministério Público e ao defensor, exceto expressa autorização judicial, excluindo-se, portanto, o Conselho Tutelar (art. 59, da Lei nº 12.594/2012); E: incorreta, pois o PIA será elaborado sob a responsabilidade da *equipe técnica do respectivo programa de atendimento*, com a participação efetiva do adolescente e de sua família, representada por seus pais ou responsável (arts. 53 e 54, I e III, ambos da Lei nº 12.594/2012).
Gabarito "B".

(Defensor Público/RO – 2012 – CESPE) Acerca das medidas de proteção da criança e do adolescente e das medidas pertinentes aos pais ou responsável, assinale a opção correta com base no que dispõe o ECA

(A) Diante de situações excepcionais e gravíssimas, devidamente fundamentadas, a autoridade judiciária pode aplicar aos pais a medida de internação compulsória em clínica de tratamento a alcoólatras e toxicômanos.

(B) Havendo provas da prática de atos graves contra os direitos da criança e do adolescente, é possível a aplicação – de competência exclusiva do juiz – de medidas de destituição de tutela e de perda ou suspensão do poder familiar.

(C) Verificada a ameaça ou a violação dos direitos previstos no ECA, a autoridade competente poderá determinar o acolhimento institucional da criança ou do adolescente em situação de risco, a sua inclusão em programa de acolhimento familiar, a sua colocação em família substituta ou em programa de liberdade assistida.

(D) O afastamento da criança ou do adolescente do convívio familiar é de competência concorrente da autoridade judiciária, do MP e do conselho tutelar.

(E) O acolhimento institucional, medida de privação de liberdade, é utilizado como forma de transição para a *reintegração* familiar do menor apreendido ou, não sendo esta possível, para a sua colocação em família substituta.

A: incorreta, pois a medida de internação compulsória não está elencada dentre as previstas no art. 129, do ECA, mas tão somente a medida de inclusão em programa oficial ou comunitário de auxílio, orientação e tratamento a alcoólatras e toxicômanos (art. 129, II, do ECA); **B:** correta (art. 24 e art. 129, IX e X, parágrafo único, do ECA); **C:** incorreta, pois o acolhimento institucional e o acolhimento familiar são medidas provisórias e excepcionais, utilizáveis como forma de transição para reintegração familiar (manutenção na família natural ou na família extensa) ou, não sendo esta possível, para colocação em família substituta (arts. 100, X e 101, § 1º, do ECA); **D:** incorreta, pois o afastamento da criança ou adolescente do convívio familiar é de competência exclusiva da autoridade judiciária (art. 101, § 2º, do ECA); **E:** incorreta, pois o acolhimento institucional não importa em privação da liberdade (art. 101, § 1º, do ECA).

Gabarito "B".

(Defensor Público/SE – 2012 – CESPE) Com relação às medidas de proteção da criança e(ou) do adolescente e às destinadas aos pais ou responsável, assinale a opção correta.

(A) Para a aplicação das medidas específicas de proteção, é necessário levar em consideração, de forma irrestrita, a prevalência da família natural ou extensa.

(B) No plano individual de atendimento instituído pelo ECA, deverão constar os resultados colhidos por equipe multidisciplinar, que somente poderá levar em consideração a opinião do adolescente, não o podendo fazer nos casos da oitiva da criança e de seus pais ou responsável.

(C) Em procedimento de apuração de ato infracional, é cabível aplicação de medidas aos pais.

(D) São medidas aplicáveis aos pais: advertência, perda da guarda, destituição da tutela e suspensão ou destituição do poder familiar.

(E) O fato de se expulsar de casa adolescente grávida caracteriza situação de violação de direitos, o que justifica a aplicação de medida de proteção à adolescente.

A: incorreta, pois a situação de risco pode ter sido provocada pela própria família natural ou extensa, hipótese em que a criança ou o adolescente poderá ser afastado do convívio familiar (arts. 98, II e 101, § 2º, do ECA); **B:** incorreta, pois a equipe técnica levará em consideração a opinião da criança ou do adolescente e a oitiva dos pais ou do responsável (art. 101, § 5º, do ECA); **C:** incorreta, pois não são todas as medidas pertinentes aos pais que podem ser aplicadas em procedimento de apuração de ato infracional. Assim, cabível uma explicação mais aprofundada. Vejamos. O art. 129, do ECA traz um rol de medidas pertinentes aos pais ou responsável que descumprirem com seus deveres em relação à criança ou ao adolescente sobre o qual exerçam poder. "Por força do inciso II do art. 136 do Estatuto, a aplicação das medidas pertinentes contidas nos incisos I a VII do art. 129 (...) constitui atribuição do Conselho Tutelar, não obstante, subsidiariamente, também possa haver a determinação por parte da autoridade judiciária (...) já que não importam em alteração de situação familiar da criança ou do adolescente, mantendo-se a pessoa em desenvolvimento sob os poderes de seus guardiões, tutores ou pais (...). A seu turno, a competência para execução das medidas pertinentes dispostas nos incisos VIII a X (...) é exclusiva da autoridade judiciária, conforme diligência dos arts. 35, 164, 24, e 155 a 163, todos do Estatuto. Ainda, oportuno ressaltar que as medidas previstas nos incisos I a IV do

art. 129 (...), por serem de cunho eminentemente protetivo, dispensam qualquer procedimento e *podem ser aplicadas incidentalmente mesmo em feitos destinados à apuração da responsabilidade por ato infracional*, em que os pais ou responsáveis não são partes processuais. Entretanto, o seu efetivo cumprimento depende da aquiescência dos destinatários (pais ou responsável), já que não há medida coercitiva a ser aplicada em caso de descumprimento (...). Por sua vez, as medidas dispostas nos incisos V a X do art. 129 (...) exigiriam procedimentos próprios, isso porque, imporiam deveres ou sanções relativos à liberdade, e integridade física e psíquica dos pais ou responsáveis. Sendo assim, exige-se que os interessados possam se manifestar ostentando a posição de titularidade de um dos polos de uma contenda, sendo, pois, credores de exercício do contraditório e da ampla defesa exarados em um processo próprio (ROSSATO, Luciano Alves; LÉPORE, Paulo Eduardo e CUNHA, Rogério Sanches. *Estatuto da Criança e do Adolescente comentado artigo por artigo*. 3. ed. São Paulo: RT, 2012); **D:** incorreta, pois aos pais pode ser aplicada a medida de destituição do poder familiar e não da tutela; **E:** correta, pois a conduta de expulsar a adolescente grávida de casa coloca tanto ela como o nascituro em situação de risco, ensejando a aplicação de medidas protetivas, a fim de afastar a lesão ou a ameaça de lesão aos seus direitos (art. 98, do ECA).

Gabarito "E".

(Defensor Público/SE – 2012 – CESPE) Com relação a medidas socioeducativas, audiência, remissão e recurso, assinale a opção correta.

(A) A remissão judicial, que pode ser concedida antes de iniciado o procedimento de apuração do ato infracional, acarreta a suspensão ou extinção do processo.

(B) Em decorrência da aplicação subsidiária do CPC ao ECA, o prazo para apelação e apresentação de contrarrazões é de quinze dias.

(C) O juiz pode nomear promotor *ad hoc* ou defensor *ad hoc* para evitar o adiamento de audiência.

(D) Em decorrência da aplicação do princípio da excepcionalidade, a medida de internação deve ser aplicada, no máximo, por três anos.

(E) A audiência admonitória ocorre quando necessária a aplicação da medida de advertência.

A: incorreta. Antes de iniciado o procedimento judicial para apuração de ato infracional, o representante do Ministério Público poderá conceder a remissão, como forma de *exclusão do processo*, atendendo às circunstâncias e consequências do fato, ao contexto social, bem como à personalidade do adolescente e sua maior ou menor participação no ato infracional (art. 126, *caput*, do ECA). Por sua vez, *iniciado o procedimento*, a concessão da remissão pela autoridade judiciária importará na suspensão ou extinção do processo (art. 126, parágrafo único, do ECA); **B:** incorreta, pois o prazo é de 10 dias (art. 198, II, do ECA); **C:** incorreta, pois não se admite a nomeação de promotor *ad hoc*; **D:** incorreta. É certo que, em nenhuma hipótese, o período máximo de internação excederá a três anos. Todavia, a medida socioeducativa de internação não comporta prazo determinado, devendo sua manutenção ser reavaliada, mediante decisão fundamentada, no máximo a cada seis meses (art. 121, §§ 2º e 3º, do ECA); **E:** correta (art. 115, do ECA).

Gabarito "E".

(Defensor Público/SP – 2012 – FCC) A Lei nº 12.594/2012, recentemente em vigor, instituiu o Sistema Nacional Socioeducativo e regulamentou a execução de medidas socioeducativas aplicadas a autores de atos infracionais, prevendo, dentre outros dispositivos

(A) o princípio da prioridade às práticas ou medidas restaurativas e que atendam, sempre que possível, às necessidades das vítimas.

(B) o dever de o juiz reavaliar as medidas de prestação de serviços à comunidade, de liberdade assistida, de semiliberdade e de internação no prazo máximo de seis meses.

(C) a execução das medidas de proteção, obrigação de reparar o dano e advertência nos próprios autos do processo de conhecimento, caso aplicadas isolada ou cumulativamente com outra medida socioeducativa.

(D) a possibilidade de unificação de ato infracional praticado no decurso da medida de internação, cuja sentença impôs medida de mesma espécie, limitando-se ao prazo máximo de três anos de privação de liberdade.

(E) a possibilidade de aplicar, ao autor de ato infracional, nova medida de internação após este ter concluído o cumprimento de medida de mesma natureza ou ter sido transferido para cumprimento de medida menos rigorosa.

A: correta (art. 35, III, da Lei nº 12.594/2012); **B:** incorreta, pois as medidas socioeducativas de liberdade assistida, de semiliberdade e de internação deverão ser reavaliadas no máximo a cada 6 (seis) meses, excluindo-se, portanto, a prestação de serviços à comunidade, que é medida aplicada com prazo determinado (art. 42, da Lei nº 12.594/2012); **C:** incorreta, pois as medidas de proteção, de advertência e de reparação do dano, quando aplicadas de *forma isolada*, serão executadas nos próprios autos do processo de conhecimento. Por sua vez, para a aplicação das medidas socioeducativas de prestação de serviços à comunidade, liberdade assistida, semiliberdade ou internação, será constituído processo de execução para cada adolescente (arts. 38 e 39, da Lei nº 12.594/2012); D e **E:** incorretas, pois estão em desacordo com o disposto no art. 45, § 2º, da Lei nº 12.594/2012, em afronta ao princípio da absorção das medidas socioeducativas.

(Defensor Público/TO – 2013 – CESPE) Com relação ao que dispõe a CF e ao entendimento do STJ, assinale a opção correta.

(A) De acordo com o STJ, é ilegal a aplicação da medida de internação a adolescente pela prática de ato infracional análogo ao crime de tráfico de drogas, quando da primeira passagem do menor pela Vara da Infância e Juventude, por constituir ato infracional cometido sem grave ameaça ou violência à pessoa.

(B) Considera-se criança, para os efeitos do ECA, a pessoa com até doze anos de idade completos, e adolescente, aquela com mais de doze anos de idade e menos de dezoito anos de idade.

(C) Em nenhuma hipótese, aplica-se o disposto no ECA às pessoas maiores de dezoito anos de idade.

(D) As medidas socioeducativas são aplicáveis sempre que os direitos reconhecidos no ECA forem ameaçados ou violados.

(E) Ainda que penalmente inimputáveis, os menores de dezoito anos podem ser responsabilizados, por meio de medida de proteção, pela prática de conduta descrita como crime ou contravenção penal.

A: correta. Nos termos do art. 122 do ECA, a medida de internação só poderá ser aplicada quando: I - tratar-se de ato infracional cometido mediante grave ameaça ou violência à pessoa; II - por reiteração no cometimento de outras infrações graves; III - por descumprimento reiterado e injustificável da medida anteriormente imposta. Assim, inicialmente, conclui-se pela inaplicabilidade da medida socioeducativa de internação ao adolescente que praticar o ato infracional equiparado ao crime de tráfico de drogas. Neste sentido é o entendimento jurisprudencial noticiado no Informativo nº 445 do STJ: "ECA – Tráfico – Internação. O ato infracional análogo ao tráfico de drogas, apesar de sua natureza eminentemente hedionda, não enseja, por si só, a aplicação da medida socioeducativa de internação, já que essa conduta não revela violência ou grave ameaça à pessoa (art. 122 do ECA) (...)". Todavia, pode o magistrado determinar a internação, em razão da prática do ato infracional equiparado ao crime de tráfico, diante de sua reiteração. **B:** incorreta, pois se considera criança a pessoa *até doze anos* de idade incompletos, e adolescente aquela entre doze e dezoito anos de idade (art. 2º, do ECA); **C:** incorreta, pois, excepcionalmente, nos casos expressos em lei, aplica-se o ECA às pessoas entre dezoito e vinte e um anos de idade. Pode-se citar como exemplo a aplicação de medida socioeducativa de internação (art. 121, § 5º, do ECA); **D:** incorreta, pois as medidas socioeducativas são aplicadas aos adolescentes que praticarem ato infracional (art. 112, do ECA). Por sua vez, quando houve lesão ou ameaça de lesão a direitos da criança e do adolescente, serão aplicáveis as medidas protetivas (art. 98, do ECA); **E:** incorreta, pois se o adolescente praticar ato infracional, ser-lhe-á aplicada medida protetiva e/ou socioeducativa; se a criança praticar ato infracional, ser-lhe-á aplicada tão somente medida protetiva (arts. 105 e 112, ambos do ECA).

(Defensor Público/TO – 2013 – CESPE) A respeito das normas previstas no ECA acerca da prática de ato infracional, assinale a opção correta.

(A) A internação constitui medida privativa da liberdade, sujeita aos princípios de brevidade, excepcionalidade e respeito à condição peculiar de pessoa em desenvolvimento, sendo expressamente vedada pelo ECA qualquer atividade laboral ou educacional fora da entidade.

(B) À criança – pessoa até doze anos de idade incompletos – que cometa ato infracional somente podem ser aplicadas as medidas socioeducativas de advertência e obrigação de reparar o dano.

(C) É vedada expressamente no ECA a apreensão do adolescente em razão de flagrante de ato infracional, sendo permitida a restrição da liberdade do adolescente por ordem escrita e fundamentada da autoridade judiciária competente.

(D) Ao adolescente que responde por ato infracional é assegurada a garantia processual de, a qualquer momento, quando solicitar, ser ouvido pelo juiz, pelo promotor de justiça e pelo seu defensor, em audiência designada no prazo máximo de vinte e quatro horas.

(E) Para a imposição judicial, ao adolescente, da medida socioeducativa de advertência e da medida de proteção de matrícula e frequência obrigatórias em estabelecimento oficial de ensino, não se exige a existência de prova suficiente da autoria do ato infracional.

A: incorreta, pois não é vedada pelo ECA qualquer atividade laboral ou educacional fora da entidade em caso de internação. Muito pelo contrário. Será permitida a realização de atividades externas, a critério da equipe técnica da entidade, salvo expressa determinação judicial em contrário (art. 121, § 1º, do ECA); **B:** incorreta, pois quando o ato infracional for praticado por criança somente será aplicável a ela medida protetiva (art. 105, do ECA); **C:** incorreta, pois nenhum adolescente será privado de sua liberdade senão em flagrante de ato infracional ou por ordem escrita e fundamentada da autoridade judiciária competente (art. 106, do ECA); **D:** incorreta, pois são direitos do adolescente privado de liberdade, entre outros, entrevistar-se pessoalmente com o representante do Ministério Público e avistar-se reservadamente com seu defensor (arts. 111 e

124, I e III, ambos do ECA). Todavia, não há prazo legal fixado para a designação da audiência de apresentação e da audiência em continuação (arts. 184 e 186, § 2°, do ECA); **E:** correta, pois para aplicar a medida socioeducativa de advertência basta haver *indícios* suficientes de autoria e prova da materialidade do ato infracional (art. 114, parágrafo único, do ECA). Por sua vez, para a aplicação de medidas protetivas também não se exige prova suficiente da autoria do ato infracional, mas que a criança ou o adolescente esteja em situação de risco (art. 101, *caput*, do ECA).

Gabarito "E".

(Defensor Público/TO – 2013 – CESPE) A propósito das medidas de proteção e das medidas pertinentes aos pais ou responsável, assinale a opção correta.

(A) Imediatamente após o acolhimento da criança ou do adolescente, a entidade responsável pelo programa de acolhimento institucional ou familiar deve elaborar um plano individual de atendimento, visando à reintegração familiar do menor, ressalvada a existência de ordem escrita e fundamentada em contrário exarada pela autoridade judiciária competente, caso em que está prevista a colocação da criança ou do adolescente em família substituta.

(B) Excepcionalmente, quando constatado perigo à sobrevivência da criança ou do adolescente em razão da falta ou da carência de recursos materiais, a autoridade judiciária poderá aplicar aos pais a medida de suspensão do poder familiar, até que a família seja incluída em programa social promovido pelo governo.

(C) Verificada a hipótese de dependência química grave dos pais, a autoridade judiciária, a fim de evitar qualquer violação a direito fundamental do infante, poderá determinar, como medida cautelar, a internação compulsória do pai ou responsável em clínica especializada para tratamento de dependentes químicos.

(D) O conselho de direitos de cada município deve manter, em cada comarca ou foro regional, cadastro com informações atualizadas sobre as crianças e adolescentes em regime de acolhimento familiar e institucional e informações pormenorizadas sobre a situação jurídica de cada um, bem como as providências tomadas para sua reintegração familiar ou colocação em família substituta.

(E) Na impossibilidade de reintegração da criança ou do adolescente à família de origem, após seu encaminhamento a programas oficiais ou comunitários de orientação, apoio e promoção social, será enviado relatório fundamentado à DP, para o ajuizamento de ação de destituição do poder familiar, ou destituição de tutela ou guarda.

A: correta (art. 101, § 4°, do ECA); **B:** incorreta, pois a falta ou a carência de recursos materiais não constitui motivo suficiente para a perda ou a suspensão do poder familiar, devendo a família ser incluída em programas oficiais de auxílio (art. 23, do ECA); **C:** incorreta, pois no caso de ser constatada a dependência química dos pais da criança/adolescente, a rede protetiva poderá aplicar a medida de inclusão em programa oficial ou comunitário de auxílio, orientação e tratamento a alcoólatras e toxicômanos (art. 101, VI, do ECA). Somente em caso excepcional, com recomendação médica de internação, por meio de laudo circunstanciado, é que o juiz poderá determinar a internação compulsória; **D:** incorreta, pois caberá à autoridade judiciária manter tal cadastro de informações (art. 101, § 11, do ECA); **E:** incorreta, pois o relatório fundamentado será enviado ao Ministério Público (art. 101, § 9°, do ECA).

Gabarito "A".

(Defensor Público/RS – 2011 – FCC) Em relação às medidas socioeducativas, é INCORRETO afirmar:

(A) A remissão concedida ao adolescente não pode ser cumulada com medida socioeducativa de semiliberdade.

(B) Quando aplicada a medida socioeducativa de liberdade assistida, não é obrigatória a intimação pessoal do adolescente.

(C) A medida socioeducativa de semiliberdade possibilita a realização de atividades externas independentemente de autorização judicial.

(D) As medidas socioeducativas privativas de liberdade estão sujeitas aos princípios da brevidade, excepcionalidade e respeito à peculiar condição de pessoa em desenvolvimento.

(E) A prestação de serviços à comunidade será estabelecida pelo prazo mínimo de 6 (seis) meses.

A: correta (art. 127 do ECA); **B:** correta (art. 190, § 1°, do ECA); **C:** correta (art. 120, *caput*, do ECA); **D:** correta (art. 227, § 3°, V, da CF/1988); **E:** incorreta, pois a prestação de serviços à comunidade *não excederá a seis meses* (art. 117, *caput*, do ECA).

Gabarito "E".

(Defensoria/ES – 2009 – CESPE) Julgue os itens subsequentes.

(1) A obrigação de reparar o dano causado com o ato infracional não é considerada uma medida socioeducativa, tendo em vista que o adolescente não responde civilmente por seus atos, sendo obrigação dos pais ressarcir a vítima de eventual prejuízo.

(2) A prestação de serviços comunitários é uma medida socioeducativa prevista no ECA que consiste na realização de tarefas gratuitas de interesse geral, por período não excedente a seis meses, independentemente da pena abstratamente cominada ao crime referente ao ato infracional.

1: incorreta, pois a obrigação de reparar o dano está expressamente prevista como modalidade de medida socioeducativa (arts. 112, II e 116, do ECA); **2:** correta (art. 117 do ECA).

Gabarito 1E, 2C.

(Defensoria/MA – 2009 – FCC) A José, 14 anos, autor de ato infracional equiparado a furto contra estabelecimento comercial, foi aplicada medida de prestação de serviços à comunidade. Segundo o Estatuto da Criança e do Adolescente,

(A) se José conseguir um emprego estará dispensado do cumprimento da medida.

(B) a critério do juiz da execução e havendo necessidades pedagógicas, a medida aplicada a José pode ser prorrogada por até um ano.

(C) se José descumprir de forma reiterada e injustificável a medida, pode ficar internado por até três meses.

(D) a medida aplicada deve ser cumprida preferencialmente no estabelecimento comercial vitimado pelo furto praticado por José.

(E) se José não tem antecedentes, a prestação de serviços à comunidade não poderia ser aplicada.

C: correta. Art. 122, III, § 1°, do ECA.

Gabarito "C".

(Defensoria/MT – 2009 – FCC) O ato infracional

(A) consiste na conduta descrita como crime ou contravenção penal e somente pode ser praticado por adolescente.
(B) consiste na conduta descrita como crime ou contravenção penal, podendo ser praticado por criança ou adolescente.
(C) praticado por criança ou adolescente importará a aplicação de medida socioeducativa.
(D) praticada por pessoa menor de 12 anos importará a aplicação de medida específica de proteção, como, por exemplo, a liberdade assistida.
(E) somente será punível se for praticado por adolescente, dada a sua semi-imputabilidade.

Art. 103 do ECA.
Gabarito "B".

(Defensoria/SP – 2007 – FCC) Dentre os critérios expressamente previstos no ECA a serem considerados na aplicação da medida socioeducativa, tem-se

(A) as necessidades pedagógicas do adolescente, sua capacidade de cumprimento e a gravidade da infração.
(B) as circunstâncias da infração, o respaldo familiar do adolescente e sua capacidade de cumprimento.
(C) a gravidade e as circunstâncias da infração e a personalidade do adolescente.
(D) as circunstâncias da infração, o contexto social do adolescente e a necessidade imperiosa da medida.
(E) as necessidades pedagógicas, o respaldo familiar e a idade do adolescente.

Art. 112, § 1º, do ECA.
Gabarito "A".

(Defensor Público/RO – 2007) NÃO é medida de cunho educativo contemplada no Estatuto da Criança e do Adolescente:

(A) advertência
(B) liberdade assistida
(C) reparação do dano
(D) serviço à comunidade
(E) acompanhamento temporário

A: incorreta (art. 112, I, do ECA); **B:** incorreta (art. 112, IV, do ECA); **C:** incorreta (art. 112, II, do ECA); **D:** incorreta (art. 112, III, do ECA); **E:** correta, pois não há previsão dessa medida socioeducativa no Estatuto da Criança e do Adolescente, mas apenas como medida de proteção (art. 101, II, do ECA).
Gabarito "E".

(Defensor Público/AC – 2006 – CESPE) Considere que um juiz, após ter verificado a prática de ato infracional e observado o devido processo legal, tenha determinado a aplicação cumulativa a um adolescente de medidas de prestação de serviços à comunidade, liberdade assistida e abrigo em entidade. Com base nessa situação, assinale a opção correta.

(A) É descabida a aplicação da medida de liberdade assistida, pois a liberdade assistida é apenas um regime de aplicação da medida de internação.
(B) É descabida a aplicação da medida de abrigo em entidade, por ser ela medida cautelar e não medida socioeducativa.
(C) É ilegal a cumulação das referidas medidas, pois as medidas socioeducativas são inacumuláveis.
(D) Seria ilegal a aplicação desse mesmo rol de medidas a uma criança.

A: incorreta, pois a liberdade assistida é uma das medidas previstas no art. 112, IV, do ECA; **B:** incorreta, pois a medida de "abrigo em entidade", que estava prevista no art. 101, VII, do ECA é medida específica de proteção. Atenção para essa alternativa pois a Lei 12.010/2009 deu nova redação ao inc. VII do art. 101 do ECA que passou a constar como "acolhimento institucional"; **C:** incorreta, pois as medidas socioeducativas podem ser aplicadas isolada ou cumulativamente (arts. 113 e 99 do ECA); **D:** correta, pois as medidas socioeducativas são aplicáveis a adolescentes que tenham praticado ato infracional. Ao ato infracional praticado por criança serão aplicadas as medidas previstas no art. 101 do ECA (art. 105 do ECA).
Gabarito "D".

(Defensor Público/AC – 2006 – CESPE) Um juiz aplicou a um adolescente de 16 anos de idade medida socioeducativa de prestação de serviços à comunidade, que consistia na realização, durante um ano e três meses, de atividade gratuita em um hospital, como auxiliar no cuidado de crianças, durante oito horas, todos os domingos e feriados. Nessa situação, a medida é ilícita porque

(A) ultrapassa o limite máximo de duração previsto na lei.
(B) ultrapassa o limite semanal de horas de serviço permitido pela legislação.
(C) a lei veda a prestação por adolescentes de serviços à comunidade nos fins de semana e em feriados.
(D) as medidas dessa natureza não comportam prazo determinado.

A prestação de serviços comunitários não pode exceder seis meses (art. 117, *caput*, do ECA).
Gabarito "A".

(Defensoria/SP – 2006 – FCC) As atividades externas na medida socioeducativa de internação, segundo o Estatuto da Criança e do Adolescente,

(A) se não proibidas pelo juiz, ficam a critério da entidade de internação.
(B) dependem de autorização judicial.
(C) não são cabíveis na internação por descumprimento de medida anterior.
(D) são deferidas para viabilizar a transição para medida mais branda.
(E) dependem do envio, ao juiz, de prévia avaliação psicossocial do adolescente.

Art. 121, § 1º, do ECA.
Gabarito "A".

(Defensoria/RN – 2006) Constituem medidas aplicáveis aos adolescentes em caso de prática de ato infracional

(A) a imposição de matrícula e frequência obrigatória em estabelecimento oficial de ensino e a liberdade assistida.
(B) a liberdade assistida, o abrigo em entidade, e detenção.

(C) a prestação de serviços à comunidade e o abrigo em entidade.
(D) a internação em estabelecimento educacional e detenção.

Verificada a prática de ato infracional, o adolescente fica sujeito às medidas estabelecidas no art. 112 do ECA e também às previstas no art. 101, I a VI do mesmo diploma. A alternativa "A" está correta pois traz uma medida prevista no art. 101, III, do ECA e outra prevista no art. 112, IV, do ECA. Ao ler o art. 101 do ECA repare que nem todas as "medidas específicas de proteção" ali previstas também podem ser aplicadas a título de "medida socioeducativa" (art. 112 do ECA), cabível quando há prática de *ato infracional*.

Gabarito "A".

5. ATO INFRACIONAL – DIREITO PROCESSUAL

(Defensor Público/PE - 2018 - CESPE) Com base no que prevê o ECA a respeito da atuação do advogado, julgue os itens a seguir.

I. Adolescente a quem se atribua a prática de ato infracional poderá ser processado, desde que tenha advogado ou defensor nomeado pelo juiz, salvo nas hipóteses em que esteja ausente ou foragido.
II. O promotor de justiça não pode impedir a presença de advogado no momento da oitiva informal do adolescente a quem seja atribuída a autoria de ato infracional, embora tal ato seja privativo do Ministério Público e realizado antes do início da relação processual — portanto, antes de instaurado o contraditório.
III. A criança ou o adolescente, seus pais ou responsáveis, e qualquer pessoa que tenha legítimo interesse na solução da lide poderão intervir nos procedimentos de que trata o ECA por intermédio de advogado, o qual será intimado para todos os atos, pessoalmente ou por publicação oficial, respeitado o segredo de justiça.
IV. A outorga de mandato, quando se tratar de advogado constituído ou mesmo defensor nomeado, é indispensável, uma vez que o advogado não será admitido a postular em juízo sem procuração, salvo para evitar preclusão, decadência ou prescrição ou para praticar ato considerado urgente.

Estão certos apenas os itens

(A) I e IV.
(B) II e III.
(C) II e IV.
(D) I, II e III.
(E) I, III e IV.

I: incorreta. Nenhum adolescente a quem se atribua a prática de ato infracional, ainda que ausente ou foragido, será processado sem defensor (art. 207 do ECA); II: correta, nos termos do art. 179 do ECA; III: correta. A criança ou o adolescente, seus pais ou responsável, e qualquer pessoa que tenha legítimo interesse na solução da lide poderão intervir nos procedimentos de que trata esta Lei, por intermédio de advogado, o qual será intimado para todos os atos, pessoalmente ou por publicação oficial, respeitado o segredo de justiça (art. 206 do ECA); IV: incorreta. Será dispensada a outorga de mandato, quando se tratar de defensor nomeado ou, tendo sido constituído, tiver sido indicado por ocasião de ato formal com a presença da autoridade judiciária (art. 207, § 3º).

Gabarito "B".

(Defensor Público/AC – 2012 – CESPE) De acordo com as regras de apuração, processamento e julgamento de ato infracional atribuído a adolescente, assinale a opção correta à luz do ECA e da jurisprudência do STJ.

(A) A fim de proteger a sociedade e assegurar a integridade física de adolescente infrator, o juiz pode determinar a internação provisória desse adolescente por período superior a quarenta e cinco dias.
(B) Compete exclusivamente ao juiz aplicar medidas socioeducativas a adolescente que tenha praticado ato infracional.
(C) Aplica-se às medidas socioeducativas a prescrição administrativa quinquenal.
(D) A regressão de medida socioeducativa pode ser decretada pelo juiz sem a oitiva prévia do adolescente e de seu defensor.
(E) Tratando-se de procedimento para aplicação de medida socioeducativa, caso o adolescente representado confesse a autoria do ato infracional, o DP poderá desistir da produção de outras provas.

A: incorreta, pois o prazo máximo da internação provisória é de quarenta e cinco dias (arts. 108 e 183, ambos do ECA); **B:** correta (arts. 180, III e 182, ambos do ECA). Oportuno registrar que mesmo no caso de concessão de remissão pré-processual (ou ministerial), que é aquela ofertada pelo Ministério Público como forma de exclusão do processo, quando cumulada com medida socioeducativa, deve haver a concordância do adolescente, do representante legal e do defensor, seguida de homologação judicial (Súmula 180 do STJ); **C:** incorreta, pois segundo o STJ, as medidas socioeducativas prescrevem, de acordo com as regras previstas na Parte Geral do Código Penal (Súmula 338 do STJ). Inclusive, o próprio STJ, em vários precedentes, oferece parâmetros para esse cálculo (HC 120.875/SP, 5ª T., j. 16.06.2009, rel. Min. Arnaldo Esteves Lima, *DJe* 03.08.2009); **D:** incorreta, pois é necessária a oitiva do menor infrator antes de decretar-se a regressão da medida socioeducativa (Súmula 265 do STJ); **E:** incorreta, pois ainda que o adolescente representado confesse a autoria da infração, o advogado de defesa não pode desistir da produção de outras provas, sob pena de nulidade desse ato (Súmula 342 do STJ).

Gabarito "B".

(Defensor Público/SE – 2012 – CESPE) Com referência ao ato infracional e aos procedimentos a ele pertinentes, assinale a opção correta.

(A) A privação da liberdade de criança ou adolescente só é admitida em flagrante delito ou por ordem escrita e fundamentada da autoridade penal competente.
(B) A competência para a apuração de ato infracional é da autoridade do local do domicílio dos pais ou responsável ou do lugar onde a criança resida ou seja encontrado.
(C) A internação provisória da criança ou do adolescente que tenha praticado ato infracional pode ser decretada pelo prazo máximo de seis meses.
(D) Caso um menino de dez anos de idade abra, sorrateiramente, dentro da escola, a carteira de um colega e de lá subtraia a quantia de R$ 50,00, tal conduta caracterizará a prática de ato infracional, que deve ser investigado pela polícia judiciária.
(E) A audiência de apresentação de adolescente apreendido pela prática de ato infracional deve ser designada imediatamente após a denúncia oferecida pelo MP.

A: incorreta, pois nenhum adolescente será privado de sua liberdade senão em flagrante de ato infracional ou por ordem escrita e fundamentada da *autoridade judiciária competente* (art. 106, do ECA); **B:** incorreta, pois nos casos de ato infracional, será competente a autoridade do *lugar da ação ou omissão* (art. 147, § 1º, do ECA); **C:** incorreta, pois o prazo máximo é de quarenta e cinco dias (arts. 108 e 183, ambos do ECA); **D:** correta, pois a hipótese descrita na alternativa configura ato infracional, praticado por criança, equiparado ao crime de furto. Oportuno frisar que, neste caso, será cabível a aplicação de medida protetiva e não socioeducativa (art. 105, do ECA); **E:** incorreta, pois a designação da audiência de apresentação pelo juiz deverá ser realizada logo após o oferecimento da representação, oportunidade na qual decidirá sobre a decretação ou manutenção da internação (art. 184, do ECA).

Gabarito "D".

(Defensor Público/SP – 2012 – FCC) Com relação à prática de ato infracional e ao procedimento para sua apuração até a devida prestação jurisdicional, segundo o Estatuto da Criança e do Adolescente, é correto afirmar que

(A) para que o representante do Ministério Público possa oferecer representação contra adolescente, imputando-lhe a prática de ato infracional, faz-se necessária prova pré-constituída da materialidade e indícios suficientes de autoria.

(B) a remissão, como forma de suspensão ou extinção do processo, poderá ser proposta até o trânsito em julgado da sentença.

(C) proferida decisão condenatória, com inserção do adolescente no cumprimento da medida de internação e determinação expressa de vedação a atividades externas, tal vedação somente poderá ser revista após seis meses de seu cumprimento.

(D) em caso de flagrante de ato infracional praticado por adolescente, é obrigatória a lavratura do auto de apreensão em flagrante, com encaminhamento imediato de cópia ao representante do Ministério Público.

(E) em uma interpretação sistemática, compatibilizando os arts. 106, 108 e 110, a privação de liberdade por ordem judicial, antes da sentença, somente poderá ser determinada após a instauração do devido processo legal.

A: incorreta, pois a representação independe de prova pré-constituída da autoria e materialidade, bastando meros indícios (art. 182, § 2º, do ECA); **B:** incorreta, pois a remissão, como forma de extinção ou suspensão do processo, poderá ser aplicada em qualquer fase do procedimento, *antes da sentença* (art. 188, do ECA); **C:** incorreta, pois a manutenção da medida de internação deve ser reavaliada, mediante decisão fundamentada, *no máximo* a cada seis meses (art. 121, § 2º, do ECA); **D:** incorreta, pois somente é obrigatória a lavratura do auto de apreensão em flagrante quando o ato infracional é cometido mediante violência ou grave ameaça a pessoa. Caso contrário, nas demais hipóteses de flagrante, a lavratura do auto poderá ser substituída por boletim de ocorrência circunstanciada (art. 173, do ECA). Em caso de não liberação, a autoridade policial encaminhará, desde logo, o adolescente ao representante do Ministério Público, juntamente com cópia do auto de apreensão ou boletim de ocorrência (art. 175, *caput*, do ECA). Sendo o adolescente liberado, a autoridade policial encaminhará imediatamente ao representante do Ministério Público cópia do auto de apreensão ou boletim de ocorrência (art. 176, do ECA); **E:** correta, pois a internação do adolescente pode ser provisória – caso em que juiz decreta a medida cautelarmente, por ordem escrita e fundamentada (art. 108, do ECA), ou mantém a apreensão em flagrante do adolescente, quando da designação da audiência de apresentação (art. 184, do ECA) – ou definitiva, quando decorrer da aplicação da medida em razão da procedência da ação socioeducativa. Assim, em ambos os casos há o respeito à garantia processual de que nenhum adolescente será privado de sua liberdade sem o devido processo legal (art. 110, do ECA).

Gabarito "E".

(Defensor Público/GO – 2010 – I. Cidades) O adolescente que for surpreendido em flagrante prática de ato infracional, segundo as disposições da Lei nº 8.069/1990 (ECA), terá os seguintes direitos e garantias:

(A) Em nenhuma hipótese o adolescente poderá ser privado de sua liberdade, salvo em flagrante de ato infracional ou por ordem escrita e fundamentada de autoridade competente.

(B) A apreensão de qualquer adolescente e o local onde se encontra recolhido serão comunicados no prazo de 24 horas ao juiz competente, à sua família ou pessoa por ele indicada.

(C) A internação do adolescente antes da sentença pode ser determinada pelo prazo máximo de 45 dias e deverá ser fundamentada, podendo ser renovada pelo prazo máximo de 15 dias, no caso da prática de atos infracionais cometidos com violência ou grave ameaça.

(D) São assegurados ao adolescente, entre outras, a garantia de que terá assistência técnica por advogado, igualdade na relação processual e ser ouvido pessoalmente pela autoridade competente.

(E) Os pais ou responsáveis pelo adolescente terão direito à identificação dos responsáveis pela sua apreensão e devem ser informados acerca de seus direitos.

A: incorreta, pois nenhum adolescente será privado de sua liberdade senão em flagrante de ato infracional ou por ordem escrita e fundamentada da autoridade judiciária competente, ou seja, há necessidade de ordem de autoridade *judiciária* (art. 106, *caput*, do ECA); **B:** incorreta, pois a apreensão de qualquer adolescente e o local onde se encontra recolhido serão ***incontinenti*** comunicados à autoridade judiciária competente e à família do apreendido ou à pessoa por ele indicada, ou seja, não há previsão de prazo de 24 horas (art. 107, *caput*, do ECA); **C:** incorreta, pois a internação, antes da sentença, pode ser determinada pelo prazo máximo de quarenta e cinco dias e deverá ser fundamentada e basear-se em indícios suficientes de autoria e materialidade, demonstrada a necessidade imperiosa da medida, sem previsão de renovação (art. 108 do ECA); **D:** correta (art. 111, II, III e V, do ECA); **E:** incorreta, pois o próprio adolescente que terá direito à identificação dos responsáveis pela sua apreensão, devendo ser informado acerca de seus direitos (art. 106, parágrafo único, do ECA).

Gabarito "D".

(Defensoria Pública/SP – 2010 – FCC) Segundo prevê o Estatuto da Criança e do Adolescente, quando uma criança pratica ato infracional,

(A) é vedada a lavratura de boletim de ocorrência, devendo a vítima – se quiser – registrar o fato junto ao Conselho Tutelar.

(B) tratando-se de flagrante, deve ser encaminhada imediatamente, ou no primeiro dia útil seguinte, à presença da autoridade judiciária.

(C) ela não está sujeita a medida de qualquer natureza, uma vez que crianças não praticam ato infracional.

(D) deve o Conselho Tutelar representar à autoridade judiciária para fins de aplicação de quaisquer das medidas pertinentes aos pais ou responsável.

(E) fica sujeita à aplicação de medidas específicas de proteção de direitos pelo Conselho Tutelar ou Poder Judiciário, conforme o caso.

A: incorreta (art. 173 do ECA); B: incorreta (art. 172, *caput*, do ECA); C: incorreta (art. 105 do ECA); D: incorreta, pois cabe ao Conselho Tutelar aplicar diretamente grande parte das medidas aplicáveis aos pais ou responsáveis (art. 136, II, do ECA); E: correta (art. 105 do ECA).

Gabarito "E".

(Defensoria/SP – 2009 – FCC) Sobre a internação provisória, ou internação antes da sentença, conforme prevista no Estatuto da Criança e do Adolescente, pode-se dizer que

(A) exceto nos casos em que o adolescente já esteja apreendido por força de flagrante de ato infracional, sua decretação é condição necessária para que ele, adolescente, possa permanecer privado de liberdade no curso do processo.

(B) pode ser, antes da sentença, reconsiderada de ofício ou a pedido da defesa, mediante concessão de liberdade assistida e compromisso de comparecimento a todos os atos processuais.

(C) é aplicada diante da prática de ato infracional por adolescente, ou, excepcionalmente, em casos graves de desvio de conduta.

(D) implica, quando decretada, no encerramento da instrução processual no máximo em 45 dias.

(E) sua decretação deve basear-se, entre outros requisitos, em indícios suficientes de materialidade.

Art. 108, parágrafo único, do ECA.

Gabarito "E".

(Defensoria/SP – 2009 – FCC) Dentre os temas que resultaram na edição de SÚMULAS pelo Superior Tribunal de Justiça a respeito da aplicação e execução de medidas socioeducativas encontram-se:

(A) necessidade de oitiva do adolescente antes da decretação da regressão, competência exclusiva do juiz para aplicação de medida socioeducativa, improrrogabilidade do prazo de internação provisória.

(B) caráter sempre público da ação socioeducativa, cabimento de medida em meio aberto com remissão, nulidade da desistência de provas em face da confissão do adolescente.

(C) nulidade da desistência de provas em face da confissão do adolescente, aplicabilidade da prescrição penal às medidas socioeducativas, necessidade de oitiva do adolescente antes da decretação da regressão.

(D) competência exclusiva do juiz para aplicação de medida socioeducativa, improrrogabilidade do prazo de internação provisória, caráter sempre público da ação socioeducativa.

(E) cabimento de medida em meio aberto com remissão, nulidade da desistência de provas em face da confissão do adolescente, aplicabilidade da prescrição penal às medidas socioeducativas.

Súmula 342 do STJ: "No procedimento para aplicação de medida socioeducativa, é nula a desistência de outras provas em face da confissão do adolescente". Súmula 338 do STJ: "A prescrição penal é aplicável nas medidas socioeducativas". Súmula 265 do STJ: "É necessária a oitiva do menor infrator antes de decretar-se a regressão da medida socioeducativa".

Gabarito "C".

(Defensoria/MA – 2009 – FCC) Se o ato infracional imputado a adolescente tiver sido praticado mediante violência ou grave ameaça à pessoa, segundo a legislação vigente,

(A) deve a autoridade policial, em caso de flagrante, lavrar auto de apreensão do adolescente.

(B) pode a autoridade policial apreendê-lo, ainda que fora das hipóteses de flagrante e sem ordem judicial, desde que o apresente imediatamente ao Ministério Público.

(C) pode o Promotor de Justiça conceder remissão desde que cumulada com aplicação de medida socioeducativa.

(D) se comprovadas autoria e materialidade, deve a autoridade judicial aplicar medida socioeducativa de internação.

(E) ele perde o direito de, na fase executória, ser beneficiado com indulto, ainda que parcial, ou comutação de medida.

A: correta (art. 173, I, do ECA); B: incorreta, pois a autoridade policial só poderá apreender o adolescente em caso de ordem judicial ou flagrante de ato infracional (art. 106, *caput*, do ECA); C: incorreta, a remissão concedida pelo Promotor de Justiça exclui o processo (art. 126, *caput*, do ECA); D: incorreta, pois a autoridade *poderá* aplicar a medida socioeducativa de internação (art. 122, *caput*, do ECA); E: incorreta, pois não existe essa previsão legal.

Gabarito "A".

(Defensor Público/AL – 2009 – CESPE) Julgue os itens a seguir, relativos à medida socioeducativa de internação prevista no Estatuto da Criança e do Adolescente.

(1) Não se exige defesa técnica, por DP ou advogado, no processo para apuração de ato infracional de adolescente.

(2) É possível a aplicação de internação provisória pelo prazo máximo de quarenta e cinco dias antes da sentença, quando houver indícios suficientes de autoria e materialidade do ato infracional e mostrar-se a necessidade imperiosa da medida.

(3) Para que seja constituída a defesa de adolescente a quem se atribua a prática de ato infracional, não basta a indicação do DP na audiência de apresentação, sendo exigida a outorga do mandato ao patrono.

1: incorreta, pois nenhum adolescente a quem se atribua a prática de ato infracional, ainda que ausente ou foragido, será processado sem defensor (art. 207, *caput*, do ECA); **2:** correta (art. 108 do ECA); **3:** incorreta, pois será dispensada a outorga de mandato, quando se tratar de defensor nomeado ou, sido constituído, tiver sido indicado por ocasião de ato formal com a presença da autoridade judiciária (art. 207, § 3º, do ECA).

Gabarito 1E, 2C, 3E.

(Defensor Público/AL – 2009 – CESPE) No que se refere à medida de semiliberdade, julgue os itens subsequentes.

(1) Em caso de descumprimento reiterado e injustificado da medida de semiliberdade, é cabível ao juiz aplicar ao adolescente a denominada internação-sanção, pelo prazo de até três meses.

(2) É necessária a oitiva do adolescente antes de decretar-se a regressão da medida denominada internação-sanção.

1: correta (art. 122, III, § 1°, do ECA); **2:** correta, pois a determinação de regressão de medidas reclama a oitiva do menor infrator, para que se manifeste a respeito do descumprimento da medida de liberdade assistida originariamente determinada, e que deu causa à regressão à medida de internação mais rigorosa, em observância ao caráter educacional de exceção da legislação incidente e em observância ao princípio constitucional da ampla defesa.

Gabarito 1C, 2C

(Defensoria/SP – 2007 – FCC) Em proteção a adolescentes apreendidos pela prática de ato infracional, prevê expressamente o ECA a

(A) proibição do uso de algemas.

(B) responsabilidade administrativa da autoridade que não comunicar a apreensão aos pais ou responsável.

(C) apresentação imediata do jovem apreendido em flagrante à autoridade judiciária.

(D) proibição da divulgação, pelos meios de comunicação, do nome, das iniciais do nome e do apelido do suspeito.

(E) impossibilidade do transporte em viatura policial comum.

Art. 143, parágrafo único, do ECA.

Gabarito "D".

(Defensor Público/AC – 2006 – CESPE) Considere que um juiz, durante o processo de apuração de ato infracional praticado por adolescente, tenha exarado decisão concedendo remissão ao adolescente, determinado a aplicação de medida socioeducativa de internação e, por fim, extinguido o processo. Nessa situação, é correto afirmar que

(A) a remissão foi ilícita porque ela somente pode ser concedida antes de iniciado o processo de apuração judicial.

(B) a remissão foi ilícita porque a remissão judicial somente pode ser efetivada na própria sentença que decide o processo de apuração do ato infracional, pois a remissão implica o reconhecimento da ocorrência do ato investigado e da responsabilidade do adolescente.

(C) a remissão foi ilícita por ser ato de competência privativa do Ministério Público.

(D) foi ilícita a aplicação da medida socioeducativa de internação, mas seria lícito ao juiz conceder a remissão e aplicar medida de obrigação de reparar o dano.

A: incorreta, pois a remissão pode ser concedida pela autoridade judicial após iniciado o procedimento (art. 126, parágrafo único, do ECA); **B:** incorreta, pois a remissão não implica necessariamente o reconhecimento ou comprovação da responsabilidade (art. 127 do ECA); **C:** incorreta, pois pode ser concedida pela autoridade judicial após iniciado o procedimento (art. 126, parágrafo único, do ECA); **D:** correta (art. 127 do ECA).

Gabarito "D".

(Defensor Público/BA – 2006) Em se tratando da tutela socioeducativa, e afirmando-se a respeito da internação, na qualidade de medida socioeducativa prevista na Lei 8.069/1990 (Estatuto da Criança e do Adolescente), tem-se que:

I. A internação constitui medida privativa da liberdade aplicável à criança e ao adolescente, e está sujeita aos princípios de brevidade, excepcionalidade e respeito à condição peculiar de pessoa em desenvolvimento.

II. Durante o período de internação será permitida a realização de atividades externas, a critério da equipe técnica da entidade, salvo expressa determinação judicial em contrário.

III. A internação não comporta prazo determinado, devendo sua manutenção ser reavaliada, mediante decisão fundamentada, no máximo a cada seis meses.

Analisando as assertivas acima, verifica-se que:

(A) Todas estão corretas.

(B) Apenas a II está correta.

(C) Apenas I e II estão corretas.

(D) Apenas I e III estão corretas.

(E) Apenas II e III estão corretas.

I: incorreta, pois a internação constitui medida socioeducativa aplicável ao adolescente. À criança que pratica ato infracional são aplicáveis as medidas previstas no art. 101 do ECA (art. 105 do ECA); **II:** correta (art. 121, § 1°, do ECA); **III:** correta (art. 121, § 2°, do ECA).

Gabarito "E".

(Defensor Público/BA – 2006) Na apuração de ato infracional atribuído a adolescente, deverá ser observado que:

I. Ainda que apreendido em flagrante delito, comparecendo qualquer dos pais ou responsável, o adolescente será prontamente liberado pela autoridade policial, sob termo de compromisso e responsabilidade de sua apresentação ao representante do Ministério Público, no mesmo dia ou, sendo impossível, no primeiro dia útil imediato, exceto quando, pela gravidade do ato infracional e sua repercussão social, deva o adolescente permanecer sob internação para garantia de sua segurança pessoal ou manutenção da ordem pública.

II. Se, afastada a hipótese de flagrante, houver indícios de participação de adolescente na prática de ato infracional, a autoridade policial encaminhará ao Conselho Tutelar relatório das investigações e demais documentos.

III. Apresentado o adolescente, o Juiz da Infância e da Juventude, no mesmo dia e à vista do auto de apreensão, boletim de ocorrência ou relatório policial, devidamente autuados pelo cartório judicial e com informação sobre os antecedentes do adolescente, procederá imediata e informalmente à sua oitiva e, em sendo possível, de seus pais ou responsável, vítima e testemunhas.

Analisando as assertivas acima, verifica-se que:

(A) Todas estão corretas.

(B) Apenas a I está correta.

(C) Apenas a II está correta.

(D) Apenas a III está correta.

(E) Apenas II e III estão corretas.

I: correta (art. 174 do ECA); **II:** incorreta, pois se, afastada a hipótese de flagrante, houver indícios de participação de adolescente na prática de ato infracional, a autoridade policial encaminhará ao representante do Ministério Público relatório das investigações e demais documentos (art. 177 do ECA); **III:** incorreta, pois apresentado o adolescente, o representante do Ministério Público, no mesmo dia e à vista do auto de apreensão, boletim de ocorrência ou relatório policial, devidamente autuados pelo cartório judicial e com informação sobre os antecedentes do adolescente, procederá imediata e informalmente à sua oitiva e, em sendo possível, de seus pais ou responsável, vítima e testemunhas (art. 179, *caput*, do ECA).

Gabarito "B".

6. CONSELHO TUTELAR E CONSELHO MUNICIPAL DE DIREITOS DA CRIANÇA E DO ADOLESCENTE

(Defensor Público/PE - 2018 - CESPE) A respeito do conselho tutelar, assinale a opção correta.

(A) O exercício efetivo da função de conselheiro tutelar constitui serviço público relevante e presume idoneidade moral.
(B) Em cada comarca haverá, no mínimo, um conselho tutelar como órgão integrante do Poder Judiciário estadual.
(C) O candidato a membro do conselho tutelar deve ser pessoa idônea, com idade mínima de dezoito anos completos, e residir na sede da comarca.
(D) Lei estadual disporá sobre o local, o dia e o horário de funcionamento do conselho tutelar.
(E) Ao tribunal de justiça local caberá encaminhar ao Poder Executivo proposta orçamentária anual com previsão dos recursos necessários ao funcionamento do conselho tutelar.

A: correta. Nos exatos termos do art. 135 do ECA; **B:** incorreta. O Conselho Tutelar é órgão permanente, autônomo e não jurisdicional (art. 131 do ECA); **C:** incorreta. Para a candidatura a membro do Conselho Tutelar, é exigida a reconhecida idoneidade moral, idade superior a 21 (vinte e um) anos e residência no município (art. 133 do ECA); **D:** incorreta. Lei municipal ou distrital disporá sobre o local, dia e horário de funcionamento do Conselho Tutelar, inclusive quanto à remuneração dos respectivos membros (art. 134 do ECA); **E:** incorreta. Constará da lei orçamentária municipal e a do Distrito Federal previsão dos recursos necessários ao funcionamento do Conselho Tutelar e à remuneração e formação continuada dos conselheiros tutelares (art. 134, parágrafo único).
Gabarito A

(Defensor Público –DPE/RN – 2016 – CESPE) Em relação a conselho tutelar, assinale a opção correta.

(A) Se constatar que um professor de pré-escola teve ciência de maus-tratos contra criança e não comunicou o fato à autoridade competente, o conselho tutelar poderá iniciar procedimento destinado a impor penalidade administrativa.
(B) O conselho tutelar não tem competência para aplicar medida de advertência a pais que, a pretexto de corrigir ou educar uma criança, utilizarem castigo físico.
(C) Segundo o ECA, cabe ao conselho tutelar encaminhar ao MP informação a respeito do descumprimento injustificado de suas deliberações para que este faça uma representação à autoridade judiciária competente, para fins de execução das decisões do colegiado.
(D) Sob o ponto de vista administrativo, o conselho tutelar é subordinado hierarquicamente a uma das secretarias integrantes do Poder Executivo local.
(E) De acordo com o ECA, a escolha dos conselheiros tutelares deve ocorrer por eleição mediante voto indireto.

A: correta. Prevê o artigo 245 do ECA a seguinte infração administrativa com a respectiva sanção: "deixar o médico, professor ou responsável por estabelecimento de atenção à saúde e de ensino fundamental, pré-escola ou creche, de comunicar à autoridade competente os casos de que tenha conhecimento, envolvendo suspeita ou confirmação de maus-tratos contra criança ou adolescente: Pena – multa de três a vinte salários de referência, aplicando-se o dobro em caso de reincidência". O Conselho Tutelar, por sua vez, tem por função encaminhar ao Ministério Público a existência de crime ou infração administrativa, tudo na forma do art. 136, IV, do ECA. **B:** incorreta. A medida de advertência, perda da guarda, destituição da tutela, suspensão ou destituição de poder familiar, são medidas que só podem ser aplicadas pela autoridade judicial (vide art. 136, II). **C:** incorreta. Na forma do art. 136, III, o Conselho Tutelar deve "promover a execução de suas decisões, podendo para tanto: a) requisitar serviços públicos nas áreas de saúde, educação, serviço social, previdência, trabalho e segurança; e b) representar junto à autoridade judiciária nos casos de descumprimento injustificado de suas deliberações". **D:** incorreta. O Conselho Tutelar é órgão permanente e autônomo, não jurisdicional, não estando subordinado hierarquicamente às secretarias integrantes do Executivo. **E:** incorreta. A escolha dos conselheiros é feita mediante voto direto (vide art. 139 do ECA).

Gabarito "A".

(Defensor Público/PR – 2012 – FCC) O Estatuto da Criança e do Adolescente inaugura a doutrina da proteção integral e estimula um novo modelo de gestão pública através de órgãos não previstos na legislação menorista. A alternativa que relaciona corretamente as características do Conselho dos Direitos da Criança e do Adolescente e do Conselho Tutelar é:

	Conselho dos Direitos da Criança e do Adolescente	Conselho Tutelar
(A)	Possui atribuição de assessorar o Poder Executivo local na elaboração da proposta orçamentária para planos e programas de atendi- mento dos direitos da criança e do adolescente.	Lei municipal disporá sobre local, dia e horário de seu funcionamento.
(B)	A função de membro do conselho é considerada de interesse público relevante e não será remunerada.	Possui as funções deliberativa e de controle do Sistema Municipal de Atendimento Socioeducativo.
(C)	Registra as entidades governamentais de acolhimento institucional de crianças e de adolescentes.	Realiza a gestão do fundo municipal dos direitos da criança e do adolescente.
(D)	Em sua composição é assegurada a participação popular paritária por meio de organizações representativas.	Fiscaliza as entidades de atendimento de crianças e adolescentes.
(E)	Fiscaliza o processo para a escolha dos membros do Conselho Tutelar.	Suas decisões poderão ser revistas pela autoridade judiciária a pedido de quem tenha legítimo interesse.

A: incorreta, pois a alternativa trata de uma das atribuições do Conselho Tutelar (art. 136, IX, do ECA) e não do Conselho de Direitos da Criança e do Adolescente; **B:** incorreta, pois o Conselho Tutelar não é órgão deliberativo (arts. 131 e 136, ambos do ECA), diversamente do Conselho de Direitos da Criança e do Adolescente (arts. 88, II e 89, ambos do ECA); **C:** incorreta, pois o Conselho de Direitos da Criança e do Adolescente registra tão somente as entidades não governamentais (art. 91, do ECA), ao qual cabe a gestão do fundo municipal dos direitos da criança e do adolescente (art. 88, IV, do ECA); **D:** correta (arts. 88, II e 95, ambos do ECA); **E:** incorreta, pois o processo para a escolha dos membros do Conselho Tutelar será estabelecido em lei municipal e realizado sob a responsabilidade do Conselho Municipal dos Direitos da Criança e do Adolescente, e a *fiscalização do Ministério Público* (art. 139, do ECA).
Gabarito "D".

(Defensor Público/RO – 2012 – CESPE) Assinale a opção correta a respeito do conselho tutelar.

(A) Órgão público federal subordinado ao Ministério Público da União, o conselho tutelar integra o quadro das instituições públicas de defesa da criança e do adolescente.

(B) O conselho tutelar, órgão auxiliar da vara da infância e da Juventude, recebe do Estado a função de zelar pelo cumprimento dos direitos da criança e do adolescente.

(C) O conselho tutelar, órgão público municipal permanente e autônomo, não jurisdicional, tem a função de zelar pelo cumprimento dos direitos da criança e do adolescente.

(D) Órgão colegiado com funções consultivas e deliberativas, o conselho tutelar foi criado pelo CONANDA, em conformidade com o que dispõe o ECA, para a defesa e salvaguarda dos direitos fundamentais das crianças e adolescentes em situação de risco.

(E) O conselho tutelar, órgão público estadual criado por lei específica, integra o Sistema Nacional da Criança e do Adolescente.

A: incorreta, pois é órgão integrante da administração pública local (art. 132, do ECA); **B:** incorreta, pois é órgão permanente e *autônomo (e não auxiliar),* não jurisdicional, encarregado *pela sociedade* (e não pelo Estado) de zelar pelo cumprimento dos direitos da criança e do adolescente (art. 131, do ECA); **C:** correta (arts. 131 e 132, ambos do ECA); **D:** incorreta, pois o Conselho Tutelar não é órgão deliberativo. Nos termos do art. 88, II do ECA, tal atribuição diz respeito ao Conselho de Direitos da Criança e do Adolescente. Cumpre ressaltar que o sistema de garantias se caracteriza pela política de atendimento dos direitos da criança e do adolescente, através de um conjunto articulado de ações governamentais e não governamentais, da União, dos Estados, do Distrito Federal e dos Municípios, bem como pela integração operacional de órgãos do Judiciário, Ministério Público, Defensoria e Conselho Tutelar (arts. 86 e 88, V, ambos do ECA); **E:** incorreta, pois o Conselho Tutelar é órgão integrante da administração pública local, sendo que a lei municipal disporá sobre o seu local, dia e horário de funcionamento, inclusive quanto à remuneração dos respectivos membros (arts. 132 e 134, ambos do ECA).
Gabarito "C".

(Defensor Público/RO – 2012 – CESPE) Cabe ao Conselho Municipal dos Direitos da Criança e do Adolescente

(A) dar ciência do registro dos programas das entidades de atendimento com a especificação dos regimes de atendimento ao conselho tutelar, por meio de ofício dirigido ao presidente do Conselho Federal dos Direitos da Criança e do Adolescente, e encaminhar parecer ao MP.

(B) publicar o registro dos programas das entidades de atendimento com a especificação dos regimes de atendimento no Diário Oficial local e remeter os autos ao juízo competente para a homologação do registro.

(C) homologar o registro dos programas das entidades de atendimento com a especificação dos regimes de atendimento no cartório da vara da infância e da juventude.

(D) homologar no CONANDA o registro dos programas das entidades de atendimento com a especificação dos regimes de atendimento.

(E) manter o registro dos programas das entidades de atendimento com a especificação dos regimes de atendimento e de suas eventuais alterações, encaminhando as informações pertinentes ao conselho tutelar e à autoridade judiciária local.

A letra E está correta, pois está de acordo com o disposto no art. 90, § 1º, do ECA, ficando excluídas as demais hipóteses.
Gabarito "E".

(Defensor Público/AM – 2010 – I. Cidades) Acerca do Conselho Tutelar, julgue os itens a seguir de acordo com o ECA e a jurisprudência do Superior Tribunal de Justiça.

I. De acordo com o ECA, para a candidatura a membro do Conselho Tutelar, devem ser exigidos do postulante reconhecida idoneidade moral, idade superior a vinte e um anos e residência no Município.

II. Em cada Município haverá, no mínimo, um Conselho Tutelar composto de cinco membros, escolhidos pela comunidade local para mandato de três anos, permitida uma recondução.

III. Os pais, tutores e guardiães, quando descumprem, dolosa ou culposamente, determinação do Conselho Tutelar, praticam, em tese, infração administrativa prevista no art. 249 do ECA.

Segundo o STJ, o descumprimento proveniente de Secretário Municipal não configura essa infração administrativa.

(A) Apenas a opção I está correta;
(B) Estão corretas apenas as opções I e II;
(C) Estão corretas apenas as opção I e III;
(D) Estão corretas apenas as opções II e III;
(E) Todas as opções estão corretas.

I: correta (art. 133, I, II e III, do ECA); **II:** correta (art. 132 do ECA); **III:** correta, pois o STJ entende que o descumprimento proveniente de Secretário Municipal não configura a infração administrativa prevista no art. 249 do ECA: "PROCESSUAL CIVIL. ADMINISTRATIVO. ESTATUTO DA CRIANÇA E DO ADOLESCENTE (LEI 8.069/1990). SECRETÁRIO MUNICIPAL. DESCUMPRIMENTO DE DETERMINAÇÃO DO CONSELHO TUTELAR. INFRAÇÃO ADMINISTRATIVA (ART. 249 DO ECA). NÃO CONFIGURAÇÃO. PRECEDENTES DO STJ. 1. O art. 249 da Lei 8.069/1990, do cognominado Estatuto da Criança e do Adolescente, destina-se aos pais ou responsáveis que descumprirem dolosa ou culposamente 'os deveres inerentes ao pátrio poder ou decorrentes da tutela ou guarda, bem assim determinação da autoridade judiciária ou Conselho Tutelar', por isso que, *a fortiori,* não podem recair sobre quem não exerça tais deveres. Precedentes do STJ: REsp 769.443/SC, 1ª Turma, *DJ* 04.12.2006 e REsp 779.055/SC, 1ª Turma, *DJ* 23.10.2006. 2. *In casu,* trata-se de representação engendrada pelo Conselho Tutelar em face de Secretário Municipal de Educação e Cultura, por infração ao art. 249, *in fine,* do Estatuto da Criança e do Adolescente, decorrente do não atendimento à requisição atinente ao atendimento de menor em Centro de Educação Infantil. 3. Recurso especial desprovido" (REsp 822.807/SC, 1ª T., j. 02.10.2007, rel. Min. Luiz Fux, DJ 12.11.2007, p. 165).

Gabarito "E".

(Defensoria/MA – 2009 – FCC) Nas comarcas onde não houver Conselho Tutelar instalado, segundo o Estatuto da Criança e do Adolescente, suas atribuições serão exercidas pelo(a)

(A) Conselho Municipal dos Direitos da Criança e do Adolescente.
(B) Centro de Referência Especializado de Assistência Social (CREAS).
(C) autoridade judiciária.
(D) Comissariado da Infância e Juventude.
(E) Ministério Público.

Art. 262 do ECA.

Gabarito "C".

7. MINISTÉRIO PÚBLICO

(Defensoria/RN – 2006) O Ministério Público

(A) pode expedir notificações para colher depoimentos ou esclarecimentos e, em caso de não comparecimento injustificado, não poderá requisitar condução coercitiva.
(B) tem legitimação exclusiva para as ações civis referidas no Estatuto da Criança e do Adolescente.
(C) não pode entender-se diretamente com a pessoa ou autoridade reclamada, devendo requerer a notificação destas ao Poder Judiciário.
(D) pode promover e acompanhar as ações de alimentos e os procedimentos de suspensão e destituição do pátrio poder.

A: incorreta. Art. 201, VI, a, do ECA; **B:** incorreta. A legitimação é concorrente (art. 201, § 1º, do ECA); **C:** incorreta. Art. 201, § 5º, b, do ECA; **D:** correta. Art. 201, III, do ECA.

Gabarito "D".

8. ACESSO À JUSTIÇA

(Defensor Público/AL - 2017 - CESPE) A Defensoria Pública moveu ação civil pública, com base no Estatuto da Criança e do Adolescente, contra determinado município e em favor dos interesses de uma criança de quatro anos de idade, que não havia sido matriculada na educação infantil por falta de vagas. O réu alegou em contestação que a ação civil pública não pode ser utilizada para demandas individuais, que as vagas na educação infantil, em razão da demanda expressiva, não podem ser destinadas para casos específicos, devendo ser observada uma ordem de inscrição, sob pena de violação ao princípio da igualdade perante a lei.

Considerando essa situação hipotética, assinale a opção correta.

(A) A ação civil pública é inviável na medida em que no Estatuto da Criança e do Adolescente não há previsão expressa de ações de responsabilidade por ofensa aos direitos assegurados à criança e ao adolescente referentes ao não oferecimento ou oferta irregular do atendimento em creche e pré-escola às crianças de zero a cinco anos de idade.
(B) A ação civil pública seria viável se o autor fosse o Ministério Público, na medida em que a Defensoria Pública não é legitimada para ações previstas no Estatuto da Criança e do Adolescente para responsabilização por ofensa aos direitos assegurados à criança e ao adolescente referentes ao não oferecimento ou oferta irregular do ensino obrigatório e de atendimento em creche e pré-escola às crianças de zero a cinco anos de idade.
(C) A medida intentada pela Defensoria Pública é descabida: a ação civil pública destina-se a tutelar interesses difusos ou coletivos, não sendo instrumento jurídico-processual hábil a tutelar interesses individuais indisponíveis de apenas uma criança, de modo que o processo deve ser extinto sem resolução de mérito.
(D) A ação civil pública é viável na medida em que no Estatuto da Criança e do Adolescente há previsão expressa de ações de responsabilidade por ofensa aos direitos assegurados à criança e ao adolescente referentes ao não oferecimento ou oferta irregular do ensino obrigatório e de atendimento em creche e pré-escola às crianças de zero a cinco anos de idade.
(E) A causa terá seguimento, visto que é cabível a ação civil pública na hipótese, mas, no julgamento do mérito, os argumentos do réu deverão ser acolhidos, já que conferir tratamento desigual à criança implica violação ao princípio da igualdade, o que não encontra amparo na norma especial do Estatuto da Criança e do Adolescente.

A: incorreta. Cabe tutela coletiva de direitos para proteção dos direitos individuas indisponíveis de crianças e adolescentes (art. 201, V, do ECA). Ademais, as ações de responsabilidade por não oferecimento de ensino obrigatório são regidas pelo ECA (art. 208, I); **B:** incorreta. A Defensoria Pública tem legitimidade para as ações coletivas voltados aos direitos das crianças e adolescentes (art. 5º da LACP); **C:** incorreta. Vide justificativa da alternativa "A"; **D:** correta, nos termos do art. 201, V, do ECA; **E:** incorreta. Conforme art. 208, I, do ECA.

Gabarito "D".

(Defensor Público/AC – 2012 – CESPE) Ao ser atendido na DP de sua cidade, um cidadão economicamente hipossuficiente relatou que seu filho, uma criança de seis anos de idade, sofria maus-tratos da mãe, sua ex-companheira, que detinha a guarda judicial do garoto e que vivia em cidade de outro estado da Federação havia mais de um ano. O cidadão manifestou, ao final do atendimento, interesse na guarda do filho.

Nessa situação hipotética, de acordo com o disposto no ECA e com o entendimento do STJ, o DP deve

(A) ajuizar ação de modificação de guarda, com pedido de liminar, perante o juízo da comarca onde reside o pai do menor.
(B) ajuizar ação de modificação de guarda, com pedido de liminar, perante o juízo da capital do estado onde reside a mãe do menor.
(C) remeter os documentos para o MP local, órgão que deve tomar as providências cabíveis ao caso.
(D) remeter os documentos à DP da cidade de residência da mãe do menor, para as medidas cabíveis.

(E) ajuizar ação de modificação de guarda, com pedido de liminar, perante o juízo da comarca onde reside a mãe do menor.

A letra E está correta, já que está de acordo com o disposto no art. 147, I, do ECA e com a Súmula 383, do STJ, segundo a qual a "competência para processar e julgar as ações conexas de interesse de menor é, em princípio, do foro do domicílio do detentor de sua guarda". Portanto, as demais alternativas ficam excluídas. Outrossim, cumpre salientar que "de acordo com o Superior Tribunal de Justiça, o princípio do juízo imediato, previsto no art. 147, I, do ECA, sobrepõe-se às regras gerais previstas no Código de Processo Civil, tal como o princípio da *perpetuatio jurisdictionis* (art. 87, do CPC), privilegiando a celeridade e eficácia em relação à criança. Assim, será legítima a modificação do foro em que tramita a ação, quando houver a mudança de domicílio da criança e seus responsáveis, mesmo já iniciada a ação". (ROSSATO, Luciano Alves; LÉPORE, Paulo Eduardo e CUNHA, Rogério Sanches. *Estatuto da Criança e do Adolescente comentado artigo por artigo*. 3. ed. São Paulo: RT, 2012).

(Defensor Público/AC – 2012 – CESPE) Um DP lotado em comarca do estado X recebeu diversas reclamações de pais contra a falta de creches e pré-escolas para crianças de até cinco anos de idade. Após oficiar à secretaria municipal de educação, esse DP confirmou a veracidade das denúncias.

Com base na situação hipotética acima e nas normas do ECA acerca da proteção judicial dos interesses individuais, difusos e coletivos de crianças e adolescentes, assinale a opção correta.

(A) Em razão da discricionariedade da administração pública municipal e da reserva do possível, que impedem a análise judicial do caso, o DP deverá expedir recomendação à câmara municipal para que inclua, no próximo orçamento anual, a previsão de recursos públicos para a construção de creches e pré-escolas.

(B) O DP deverá remeter os documentos ao MP local, para a tomada de providências cabíveis.

(C) Antes de tomar qualquer providência judicial, o DP deverá arrecadar procurações e declarações de pobreza de todos os pais que fizeram as denúncias.

(D) A fim de evitar alegação de nulidade processual, o DP deverá ajuizar ações individuais contra o município, ou seja, uma ação para cada criança carente dos serviços de creche ou pré-escola.

(E) O DP deverá ajuizar ação civil pública contra o município, requerendo liminarmente que o réu seja obrigado a construir creches e pré-escolas em determinado prazo, sob pena de multa diária, e, no mérito, deverá requerer a confirmação da liminar.

A: incorreta, pois, no caso em questão, por haver violação a direitos difusos, coletivos ou individuais homogêneos de crianças, será cabível o ajuizamento de ação civil pública para condenar o Município na obrigação de fazer, consistente em construir creches e pré-escolas, sob pena de multa; **B:** incorreta, pois a Defensoria Pública tem legitimidade para ajuizar ação civil pública, podendo ela própria tomar as providências cabíveis; **C:** incorreta, pois não é necessário arrecadar procurações, já que a capacidade postulatória do defensor público decorre exclusivamente da sua nomeação e posse no cargo público (art. 4°, § 6°, da LC 132/2009, que alterou a LC 80/1994). De igual modo, é dispensável arrecadar declarações de pobreza de todos os que seriam beneficiados com a tutela coletiva. Isso porque, "quanto à noção de hipossuficiência que deve pautar a atuação do órgão, notadamente no campo da tutela coletiva, a vulnerabilidade não se restringe a limites estritamente econômicos, mas engloba todos aqueles que do ponto de vista organizacional 'são socialmente vulneráveis: os consumidores, os usuários de serviços públicos, os usuários de planos de saúde, os que queiram implementar ou contestar políticas públicas, como as atinentes à saúde, à moradia, ao saneamento básico, ao meio ambiente, etc.'. Em síntese, a assistência jurídica integral e gratuita que prestará a Defensoria Pública refere-se a hipossuficientes econômicos, sociais, culturais e organizacionais". Outrossim, oportuno registrar que, "embora deva haver pertinência temática que justifique a atuação da Defensoria Pública – a vulnerabilidade em sentido amplo – essa é facilmente alcançada, pois basta que o resultado da demanda atinja parcela, e não a integralidade, de sujeitos hipossuficientes. Exigir que a ação coletiva proposta pela Defensoria Pública tutele exclusivamente hipossuficientes é algo absolutamente impossível, que esvaziaria de sentido e função a atribuição de legitimidade ativa ao órgão" (ZUFELATO, Camilo. A participação da Defensoria Pública nos processos coletivos de hipossuficientes: da legitimidade ativa à intervenção *ad coadjuvandum*. In: RÉ, Aluisio Iunes Monti Ruggeri. (Org.). *Temas aprofundados: Defensoria Pública*. 1 ed. Salvador: JusPodivm, 2013. p. 310); **D:** incorreta, pois a Defensoria Pública tem legitimidade para ajuizar ação civil pública, por haver violação a direitos difusos, coletivos ou individuais homogêneos de crianças e adolescentes; **E:** correta (arts. 208, III e 213, § 2°, ambos do ECA). Muito embora a Defensoria Pública não esteja como colegitimada no art. 210, do ECA, o fato é que ela possui legitimidade para a propositura de ação civil pública, em razão do disposto no art. 5°, II, da Lei n° 7.347/1985. Todavia, quando a tutela for de direitos coletivos ou individuais homogêneos, a legitimidade ficará restrita aos interesses dos necessitados, exigindo-se a pertinência temática, como já explicitado acima. Por sua vez, se a tutela for de direitos difusos, não haverá restrição, já que os seus titulares são indeterminados. Neste sentido é o entendimento jurisprudencial: "Ementa PROCESSUAL CIVIL. AÇÃO COLETIVA. DEFENSORIA PÚBLICA. LEGITIMIDADE ATIVA. ART. 5°, II, DA LEI N° 7.347/1985 (REDAÇÃO DA LEI N° 11.448/2007). PRECEDENTE. 1. Recursos especiais contra acórdão que entendeu pela legitimidade ativa da Defensoria Pública para propor ação civil coletiva de interesse coletivo dos consumidores. 2. Este Superior Tribunal de Justiça vem-se posicionando no sentido de que, nos termos do art. 5°, II, da Lei n° 7.347/1985 (com a redação dada pela Lei n° 11.448/2007), a Defensoria Pública tem legitimidade para propor a ação principal e a ação cautelar em ações civis coletivas que buscam auferir responsabilidade por danos causados ao meio ambiente, ao consumidor, a bens e direitos de valor artístico, estético, histórico, turístico e paisagístico e dá outras Providências. 3. Recursos especiais não providos." (STJ, REsp 912849/RS (2006/0279457-5), 1ª T., j. 26.02.2008, rel. Min. José Delgado, *DJe* 28.04.2008).

(Defensor Público/RO – 2012 – CESPE) A respeito das normas da justiça da infância e da juventude, assinale a opção correta consoante o que dispõe o ECA.

(A) Constatada a prática de ato infracional por adolescente, a competência para o recebimento da representação é determinada pelo local de residência do menor, independentemente do lugar da ação ou omissão, observadas as regras de conexão, continência e prevenção.

(B) Compete à autoridade judiciária da vara da infância e da juventude disciplinar, por meio de portaria, os casos de permissão de viagem ao exterior de criança ou adolescente em companhia de estrangeiro residente ou domiciliado no exterior.

(C) Compete à justiça da infância e da juventude conhecer, processar e julgar todas as ações de guarda e de tutela do menor, de destituição do poder familiar e de suprimento da capacidade do menor ou do consentimento para o seu casamento.

(D) É vedada a divulgação de atos judiciais, policiais e administrativos que digam respeito a adolescentes a que se atribua autoria de ato infracional; qualquer notícia a respeito do fato não poderá identificar o adolescente, sendo vedada fotografia, referência a nome, apelido, filiação, parentesco, residência, mas permitido o uso das iniciais do nome e sobrenome.

(E) O local da residência do menor é o foro competente para o processamento e julgamento de ação de modificação de guarda, visto que, na fixação da competência para as ações que tratem de guarda de menor, há de ser observada a prevalência dos interesses deste sobre os demais bens e interesses tutelados.

A: incorreta, pois nos casos de ato infracional, será competente a autoridade do *lugar da ação ou omissão*, observadas as regras de conexão, continência e prevenção (art. 147, § 1°, do ECA).; **B:** incorreta, pois a autoridade judiciária concederá autorização para viagem, por meio de alvará judicial e não por portaria (arts. 83 e 85, do ECA). Com efeito, a portaria é o ato por meio do qual o juiz disciplina situações concretas, ao passo que o alvará judicial é dirigido a determinada pessoa física ou jurídica. Assim, nos termos do art. 85, do ECA, é possível que a criança ou adolescente nascido em território nacional saia do País em companhia de estrangeiro residente ou domiciliado no exterior, desde que com expressa autorização judicial, por meio de alvará, como já explicitado adrede; **C:** incorreta, pois compete à Justiça da Infância e da Juventude conhecer, processar e julgar as ações de guarda e de tutela do menor, de destituição do poder familiar e de suprimento da capacidade do menor ou do consentimento para o seu casamento, *quando houver situação de risco*, pois, caso contrário, a competência será da Vara Cível ou de Família (art. 148, parágrafo único, alíneas "a", "b" e "c", do ECA). Oportuno registrar que a competência será exclusiva da Vara da Infância e Juventude para conhecer de todas as ações de adoção (art. 148, III, do ECA); **D:** incorreta, pois qualquer notícia a respeito do fato não poderá identificar a criança ou o adolescente, vedando-se fotografia, referência a nome, apelido, filiação, parentesco, residência e, *inclusive, iniciais do nome e sobrenome* (art. 143, parágrafo único, do ECA); **E:** correta, já que a alternativa está de acordo com o disposto no art. 147, I, do ECA e com a Súmula 383, do STJ, segundo a qual a "competência para processar e julgar as ações conexas de interesse de menor é, em princípio, do foro do domicílio do detentor de sua guarda". Logo, aquele que não é o detentor da guarda deverá ajuizar a ação de modificação no local onde o menor está residindo. Outrossim, cumpre salientar que "de acordo com o Superior Tribunal de Justiça, o princípio do juízo imediato, previsto no art. 147, I, do ECA, sobrepõe-se às regras gerais previstas no Código de Processo Civil, tal como o princípio da *perpetuatio jurisdictionis* (art. 87, do CPC), privilegiando a celeridade e eficácia em relação à criança. Assim, será legítima a modificação do foro em que tramita a ação, quando houver a mudança de domicílio da criança e seus responsáveis, mesmo já iniciada a ação". (ROSSATO, Luciano Alves; LÉPORE, Paulo Eduardo e CUNHA, Rogério Sanches. *Estatuto da Criança e do Adolescente comentado artigo por artigo*. 3. ed. São Paulo: RT, 2012).

Gabarito "E".

(Defensor Público/TO – 2013 – CESPE) A respeito da proteção judicial dos interesses individuais, difusos e coletivos das crianças e dos adolescentes e das normas previstas no ECA a respeito do MP e do advogado, assinale a opção correta.

(A) O sistema de proteção judicial dos interesses e direitos das crianças e dos adolescentes abrange somente as hipóteses expressamente previstas no ECA, em razão de constituir microssistema fechado, com normas específicas e não extensíveis a outros direitos garantidos em leis esparsas.

(B) Com a publicação da CF, a capacidade postulatória para o ajuizamento de ações de alimentos para a defesa de interesses de crianças e de adolescentes passou a ser exclusiva da DP e da advocacia privada.

(C) Para a propositura de ACP para a defesa de interesses coletivos ou difusos das crianças e dos adolescentes, são legitimados concorrentemente o MP, a DP, a União, os Estados, os Municípios, o DF e os territórios, as associações legalmente constituídas há pelo menos um ano e que incluam entre seus fins institucionais a defesa desses direitos, dispensada a autorização da assembleia, se houver prévia autorização estatutária.

(D) Em razão de expressa previsão constitucional, o juízo estadual do local onde tenha ocorrido ou ocorra a ação ou omissão é absolutamente competente para conhecer, processar e julgar as ações civis públicas ajuizadas para a defesa de interesses coletivos ou difusos das crianças e dos adolescentes, quando a União, entidade autárquica ou empresa pública federal forem interessadas na condição de autoras, rés, assistentes ou oponentes.

(E) O promotor de justiça local não possui legitimidade para propor ACP para obrigar plano de saúde a custear tratamento quimioterápico em qualquer centro urbano a uma única criança conveniada à empresa prestadora do serviço de assistência médica, atribuição exclusiva da DP.

A: incorreta, pois o sistema é aberto, já que não excluem da proteção judicial outros interesses individuais, difusos ou coletivos, próprios da infância e da adolescência, protegidos pela Constituição (art. 208, § 1°, do ECA); **B:** incorreta, pois além da Defensoria Pública, há outros colegitimados (art. 210, do ECA); **C:** correta (art. 210, do ECA); **D:** incorreta, pois na hipótese descrita na alternativa a competência é da Justiça Federal e não da Justiça Estadual (art. 109, I, CF/1988); **E:** incorreta, pois o Ministério Público possui legitimidade para ajuizar ação, ainda que em favor de uma única criança ou adolescente (art. 201, V, do ECA).

Gabarito "C".

(Defensoria/SP – 2009 – FCC) Pelo que dispõe expressamente o Estatuto da Criança e do Adolescente, a Justiça da Infância e Juventude

(A) é regida, em seus atos e procedimentos, pelo princípio da informalidade.

(B) deve contar com varas especializadas criadas obrigatoriamente pelos Estados e pelo Distrito Federal nas comarcas de grande porte.

(C) é competente para, em alguns casos, suprir a capacidade ou o consentimento para o casamento.

(D) deve contar com equipe interprofissional de assessoramento cujos componentes têm assegurada livre manifestação do ponto de vista técnico, não estando subordinados imediatamente à autoridade judiciária.

(E) deve contar com um corpo executivo, denominado Comissariado da Infância e Juventude, cuja função, entre outras, é apoiar o cumprimento das decisões judiciais.

A: incorreta, pois não existe essa previsão legal; **B:** incorreta, pois *poderão* ser criadas varas especializadas (art. 145 do ECA); **C:** correta (art. 148, parágrafo único, *c*, do ECA); **D:** incorreta, pois a equipe interprofissional é subordinada à autoridade judiciária (art. 151 do ECA); **E:** incorreta, pois não existe essa previsão legal.
Gabarito "C".

9. INFRAÇÕES ADMINISTRATIVAS E CRIMES

(Defensor Público –DPE/RN – 2016 – CESPE) No que se refere aos crimes e às infrações administrativas previstos no ECA, assinale a opção correta.

(A) De acordo com o STJ, o crime de corrupção de menores é de natureza formal, bastando a participação do menor de dezoito anos de idade na prática de infração penal para que haja a subsunção da conduta do agente imputável ao correspondente tipo descrito no ECA.

(B) O ECA prevê, na modalidade culposa, o crime de omissão na liberação de criança ou adolescente ilegalmente apreendido.

(C) Praticará crime material o agente que embaraçar a ação de autoridade judiciária, de membro de conselho tutelar ou de representante do MP no exercício de função prevista no ECA.

(D) O crime de descumprimento injustificado de prazo fixado no ECA em benefício de adolescente privado de liberdade é crime culposo e plurissubsistente.

(E) O crime de submissão da criança ou adolescente a vexame ou constrangimento, por ser unissubsistente, não admite a modalidade tentada.

A: correta. É o que prescreve a íntegra da Súmula 500 do STJ: "A configuração do crime previsto no artigo 244-B do Estatuto da Criança e do Adolescente independe da prova da efetiva corrupção do menor, por se tratar de delito formal". **B:** incorreta. O crime previsto no art. 234 não admite modalidade culposa. **C:** incorreta. Trata-se de crime formal (art. 236 do ECA); **D:** incorreta. Trata-se de crime doloso (art. 235 do ECA). **E:** incorreta. O art. 232 não admite a modalidade tentada.
Gabarito "A".

(Defensor Público/AM – 2013 – FCC) O adolescente João, aluno do 6º ano do ensino fundamental, foi apreendido em razão de suposta prática de ato infracional equiparado ao crime de roubo. Sua genitora, a fim de auxiliar na instrução processual e na defesa de seu filho, solicitou à escola onde João estuda declaração de matrícula escolar. Dessa forma, o diretor da escola tomou conhecimento da apreensão e, como já desejava expulsar o aluno, acabou divulgando aos demais alunos, sem autorização, que João estava respondendo pela prática de ato infracional, utilizando-o como mau exemplo. O Diretor, em tese

(A) praticou infração administrativa prevista pelo ECA.
(B) praticou o crime de quebra de sigilo previsto pelo ECA.
(C) praticou crime de quebra de sigilo e infração administrativa, ambos previstos pelo ECA.
(D) praticou crime de difamação previsto pelo ECA.
(E) não praticou crime, tampouco infração administrativa prevista pelo ECA.

A letra A está correta, pois a conduta descrita no enunciado se amolda à infração administrativa prevista no art. 247, do ECA, ficando excluídas as demais.
Gabarito "A".

(Defensoria/ES – 2009 – CESPE) Julgue o item subsequente.

(1) Todos os crimes praticados contra a criança e o adolescente previstos no ECA submetem-se à ação penal pública incondicionada.

1: correta. Art. 227 do ECA.
Gabarito 1C.

(Defensoria/RN – 2006) A promoção ou auxílio na prática de ato destinado ao envio de criança ou adolescente ao exterior

(A) é considerado crime formal.
(B) é competência da Justiça Estadual.
(C) é crime próprio.
(E) exige o dolo específico de obter lucro.

Não é necessário que a criança vá para o exterior, portanto, o crime é formal (art. 239 do ECA).
Gabarito "A".

10. DECLARAÇÕES E CONVENÇÕES

(Defensor Público –DPE/BA – 2016 – FCC) Dentre os princípios fundamentais enunciados nas Diretrizes das Nações Unidas para Prevenção da Delinquência Juvenil (Princípios Orientadores de Riad) consta, expressamente, a ideia de que

(A) o comportamento desajustado dos jovens aos valores e normas da sociedade são, com frequência, parte do processo de amadurecimento e tendem a desaparecer, espontaneamente, na maioria das pessoas, quando chegam à maturidade.

(B) os estados devem criar instâncias especializadas de intervenção, de modo a garantir que, quando o adolescente transgrida uma norma de natureza penal, os organismos mais formais de controle social sejam acionados como primeira alternativa.

(C) embora desencadeados por fatores ambientais desfavoráveis, grande parte dos delitos praticados por adolescentes são resultantes de quadros psicopatológicos, cujo tratamento precoce é fundamental para uma política preventiva bem-sucedida.

(D) devem ser oferecidas a crianças, adolescentes e jovens, sempre que possível, oportunidades lícitas de geração de renda, garantindo-lhes acesso ao trabalho protegido, não penoso e que não prejudique a frequência e o aproveitamento escolar.

(E) considerando o consenso criminológico de que a delinquência juvenil está diretamente associada aos estilos parentais autoritário, permissivo ou negligente, é tarefa primordial dos estados, em colaboração com meios de comunicação, incentivar os pais no aprimoramento de suas técnicas de criação e educação dos filhos.

A: correta. O § 5º dos Princípios das Nações Unidas para a Prevenção, alínea "e" da convenção dispõe: "a consideração de que o comportamento ou conduta dos jovens, que não é conforme as normas e valores sociais gerais, faz muitas vezes parte do processo de maturação e crescimento e tende a desaparecer espontaneamente na maior parte dos indivíduos na transição para a idade adulta". **B:** incorreta. Os organismos formais de controle social só devem ser utilizados como último recurso (veja o § 6º dos Princípios Orientadores de Riad). **C:** incorreta. A convenção de Riad não considera as psicopatias em seu texto. **D:** incorreta. Os princípios de Riad dão conta da necessidade de formação profissional, não de geração de renda. Vejamos o texto do §10: "Deve ser dada importância às políticas preventivas que facilitem uma socialização e integração bem-sucedida de todas as crianças e jovens, em especial através da família, da comunidade, dos grupos de jovens, das escolas, da formação profissional e do desenvolvimento pessoal próprio das crianças e dos jovens, devendo estes ser integralmente aceitos como parceiros iguais nos processos de socialização e integração". **E:** incorreta. Os princípios de Riad consideram a família unidade central responsável pela socialização da criança e reforça o sentido de manter os laços familiares (Vide §§11 até 19).

Gabarito "A".

(Defensor Público –DPE/MT – 2016 – UFMT) Em relação à Convenção Internacional sobre os direitos da criança, ratificada pelo Brasil em 20 de setembro de 1990, analise as assertivas abaixo.

I. Para efeitos da Convenção, entende-se por criança todo ser humano menor de 12 anos de idade, salvo se, em conformidade com a lei aplicável à criança, a maioridade seja alcançada antes.

II. A criança será registrada imediatamente após o seu nascimento e terá, desde seu registro, direito a um nome, a uma nacionalidade e, na medida do possível, direito de conhecer seus pais e ser cuidada por eles.

III. Cabe aos pais, ou a outras pessoas encarregadas, a responsabilidade primordial de proporcionar, de acordo com suas possibilidades e meios financeiros, as condições de vida necessárias ao desenvolvimento da criança.

IV. Os Estados-Membros tomarão todas as medidas legislativas, administrativas, sociais e educacionais apropriadas para proteger a criança contra todas as formas de violência física ou mental, abuso ou tratamento negligente, maus-tratos ou exploração, enquanto estiver sob a guarda dos pais, do representante legal ou de qualquer outra pessoa responsável por ela.

Estão corretas as assertivas

(A) I, II e III, apenas.
(B) II, III e IV, apenas.
(C) I e II, apenas.
(D) III e IV, apenas.
(E) I, III e IV, apenas.

I: incorreta. Nos termos do artigo 1º da Convenção, "considera-se como criança todo ser humano com menos de dezoito anos de idade, a não ser que, em conformidade com a lei aplicável à criança, a maioridade seja alcançada antes" (Decreto 99.710/1990). **II:** incorreta. Nos termos do artigo 7º da Convenção, "a criança será registrada imediatamente após seu nascimento e terá direito, desde o momento em que nasce, a um nome, a uma nacionalidade e, na medida do possível, a conhecer seus pais e a ser cuidada por eles". **III:** correta. Nos termos do artigo 18 da Convenção, " os Estados-Partes envidarão os seus melhores esforços a fim de assegurar o reconhecimento do princípio de que ambos os pais têm obrigações comuns com relação à educação e ao desenvolvimento da criança. Caberá aos pais ou, quando for o caso, aos representantes legais, a responsabilidade primordial pela educação e pelo desenvolvimento da criança. Sua preocupação fundamental visará ao interesse maior da criança". **IV:** correta. Nos termos do artigo 19 da Convenção "os Estados-Partes adotarão todas as medidas legislativas, administrativas, sociais e educacionais apropriadas para proteger a criança contra todas as formas de violência física ou mental, abuso ou tratamento negligente, maus tratos ou exploração, inclusive abuso sexual, enquanto a criança estiver sob a custódia dos pais, do representante legal ou de qualquer outra pessoa responsável por ela".

Gabarito "D".

(Defensor Público/ES – 2012 – CESPE) Julgue os itens subsequentes, relativos à evolução histórica dos direitos da criança e do adolescente no Brasil.

(1) O princípio da absoluta prioridade dos direitos das crianças e dos adolescentes foi instituído, pela primeira vez, pela CF.

(2) Foi a partir da Proclamação da República que os menores passaram a ser detentores dos direitos fundamentais de liberdade.

(3) O antigo Código de Menores estabelecia a distinção entre crianças e adolescentes.

1: correta. A garantia da prioridade absoluta está prevista no art. 227, da CF/1988 e inspirou o metaprincípio do direito da criança e do adolescente, previsto no art. 4º, parágrafo único, do ECA; **2:** incorreta. Com a Declaração dos Direitos da Criança de 1959 houve uma verdadeira alteração de paradigma, pois a criança deixou de ser considerada objeto de proteção (recipiente passivo), para ser erigida a sujeito de direito e, paralelamente, em sentido amplo, a infância passou a ser considerada um sujeito coletivo de direitos (ROSSATO, Luciano Alves; LÉPORE, Paulo Eduardo e CUNHA, Rogério Sanches. *Estatuto da Criança e do Adolescente comentado artigo por artigo*. 3. ed. São Paulo: RT, 2012); **3:** incorreta, pois no Código de Menores a criança e o adolescente ainda eram vistos como objeto de proteção – já que se destinava àqueles que estavam em situação de risco – e não como sujeito de direitos especiais, em razão da condição peculiar de pessoa em desenvolvimento.

Gabarito 1C, 2E, 3E.

(Defensor Público/PR – 2012 – FCC) Analise as afirmações abaixo sobre a proteção jurídica da criança e do adolescente com deficiência.

I. A Convenção Internacional sobre os Direitos das Pessoas com Deficiência prevê que os Estados Partes reconhecem que as mulheres e meninas com deficiência estão sujeitas a múltiplas formas de discriminação e, portanto, tomarão medidas para assegurar às mulheres e meninas com deficiência o pleno e igual exercício de todos os direitos humanos e liberdades fundamentais.

II. Na Convenção sobre os Direitos da Criança, os Estados Partes reconhecem o direito da criança deficiente de receber cuidados especiais e, de acordo com os recursos disponíveis e sempre que a criança ou seus responsáveis reúnam as condições requeridas, estimularão e assegurarão a prestação da assistência solicitada, que seja adequada ao estado da criança e às circunstâncias de seus pais ou das pessoas encarregadas de seus cuidados.

III. A Emenda Constitucional nº 65 incluiu, no art. 227, a previsão de criação de programas de prevenção e atendimento especializado para as pessoas portadoras de deficiência física, sensorial ou mental, bem como de integração social do adolescente e do jovem portador de deficiência, mediante o treinamento para o trabalho e a convivência, e a facilitação do acesso aos bens e serviços coletivos, com a eliminação de obstáculos arquitetônicos e de todas as formas de discriminação.

Está correto o que se afirma em

(A) I e II, apenas.
(B) II e III, apenas.
(C) I e III, apenas
(D) I, apenas.
(E) I, II e III.

I: correta (art. 6º, da Convenção sobre os Direitos da Pessoa com Deficiência). Oportuno registrar que o Congresso Nacional aprovou, por meio do Decreto Legislativo nº 186/2008, conforme o procedimento do § 3º do art. 5º da Constituição, a Convenção sobre os Direitos das Pessoas com Deficiência e seu Protocolo Facultativo, assinados em Nova York, em 30 de março de 2007. Assim, tal instrumento normativo possui *status* constitucional; **II:** correta (art. 23, da Convenção sobre os Direitos da Criança); **III:** correta (art. 227, § 1º, II, da CF/1988).

Gabarito "E".

(Defensor Público/SP – 2012 – FCC) Com relação ao conjunto de regras normativas internacionais que modificou a antiga concepção da situação irregular, abandonando o conceito reducionista do menorismo, é correto afirmar, considerando suas especificidades, que

(A) à Convenção sobre os Direitos da Criança coube prever o modelo penal indiferenciado, no trato do adolescente em relação ao adulto, com exceção do direito ao recurso de decisões condenatórias, matéria essa em que se quedou silente.

(B) às Regras de Tóquio coube orientar os casos de jovens tidos como crianças ou adolescentes passíveis de serem responsabilizados pela prática de atos infracionais, prevendo a reação do Estado e a proporcionalidade de sua resposta em relação às circunstâncias do infrator e da infração.

(C) às Regras de Beijing coube promover o uso de medidas não custodiais, orientando a previsão de medidas não privativas de liberdade, desde disposições pré--processuais até pós-sentenciais, evitando o uso desnecessário do encarceramento.

(D) às Diretrizes de Riad coube prever medidas de prevenção à prática do ato infracional, mediante a participação da sociedade e a adoção de uma abordagem voltada à criança, definindo o papel da família, da educação, da comunidade, prevendo cooperação entre todos os setores relevantes da sociedade.

(E) à Declaração Universal dos Direitos das Crianças coube prever, em forma de princípios, dentre outros direitos, o direito à educação e orientação, cabendo tal responsabilidade, em primeiro lugar ao Estado, que deverá se direcionar pelo melhor interesse da criança.

A: incorreta, pois traz um tratamento diferenciado para o adolescente que infringir a lei, diverso do modelo penal aplicável ao adulto (art. 40, da Convenção sobre os Direitos da Criança); **B:** incorreta, pois as Regras de Tóquio trazem recomendações acerca da aplicação de medidas alternativas à prisão, em razão da prática de crimes por adultos, como uma forma de aprofundar a política criminal da intervenção mínima. Assim, muito embora suas normas não tenham força de lei, são de extrema importância para a humanização e modernização do Direito Penal; **C:** incorreta, pois as Regras de *Beijing* ou Regras de Pequim se referem às regras mínimas das Nações Unidas para a Administração da Justiça da Infância e da Juventude. São recomendações sobre a prevenção do ato infracional e tratamento de seu autor (criança ou adolescente). "Com essas Regras, esboçaram-se as primeiras linhas do Sistema de Justiça da Infância e da Juventude, pautado na especialidade e garantidor de ênfase ao bem-estar não só do infante, como também do adolescente" (ROSSATO, Luciano Alves; LÉPORE, Paulo Eduardo e CUNHA, Rogério Sanches. *Estatuto da Criança e do Adolescente comentado artigo por artigo*. 3. ed. São Paulo: RT, 2012); **D:** correta, pois, de fato, as Diretrizes de *Riad* se referem às Diretrizes das Nações Unidas para Prevenção da Delinquência Juvenil; **E:** incorreta, pois a Declaração Universal dos Direitos das Crianças prevê os seguintes princípios: Direito à igualdade, sem distinção de raça religião ou nacionalidade; Direito a especial proteção para o seu desenvolvimento físico, mental e social; Direito a um nome e a uma nacionalidade; Direito à alimentação, moradia e assistência médica adequadas para a criança e a mãe; Direito à educação e a cuidados especiais para a criança física ou mentalmente deficiente; Direito ao amor e à compreensão por parte dos pais e da sociedade; *Direito à educação gratuita e ao lazer infantil. O interesse superior da criança deverá ser o interesse diretor daqueles que têm a responsabilidade por sua educação e orientação. Tal responsabilidade incumbe, em primeira instância, a seus pais, e não ao Estado*; Direito a ser socorrido em primeiro lugar, em caso de catástrofes; Direito a ser protegido contra o abandono e a exploração no trabalho; Direito a crescer dentro de um espírito de solidariedade, compreensão, amizade e justiça entre os povos.

Gabarito "D".

(Defensoria/PI – 2009 – CESPE) Em setembro de 2000, os governos de 189 países assinaram a Declaração do Milênio, da qual se originaram os oito Objetivos de Desenvolvimento do Milênio (ODMs). Essas nações comprometeram-se a alcançar tais objetivos até 2015. Pautados nos diversos instrumentos internacionais de proteção dos direitos humanos que fazem parte da declaração, os ODMs estão orientados para erradicar a extrema pobreza e a fome; universalizar o ensino básico; promover a igualdade entre os sexos; reduzir a mortalidade infantil; melhorar a saúde materna; combater a AIDS, a malária e outras doenças; garantir a sustentabilidade ambiental e estabelecer uma parceria mundial para o desenvolvimento. Sete dos oito ODMs têm como sujeitos de direitos as crianças e os adolescentes e como marco paradigmático a Convenção Internacional sobre os Direitos da Criança (CDC), que reconhece, sem distinção de raça, cor, sexo, língua, religião, opinião política, origem nacional ou social, posição econômica e nascimento, que toda criança tem direito à sobrevivência sadia, desenvolvimento pleno e proteção contra todas formas de discriminação, exploração e abuso. Quanto ao direito à identidade, à privacidade e à honra da criança, os Estados signatários da Declaração do Milênio, mencionada no texto acima, e signatários, por extensão, da CDC, comprometeram se a

I. respeitar o direito da criança e a preservar a sua identidade, incluindo a nacionalidade, o nome e as relações familiares, nos termos da lei, sem ingerência ilegal.

II. assegurar assistência e proteção adequadas, no caso de uma criança ser ilegalmente privada de todos os elementos constitutivos da sua identidade ou de alguns deles, de forma que a sua identidade seja restabelecida o mais rapidamente possível.

III. proteger o direito das crianças contra intromissões arbitrárias ou ilegais na sua vida privada, na sua família, no seu domicílio ou correspondência, bem como contra ofensas ilegais à sua honra e reputação.

IV. garantir o registro civil e o direito a nome e identidade a toda criança que necessite dos serviços públicos de educação e saúde, no prazo máximo de três anos a contar de seu nascimento.

Estão certos apenas os itens

(A) I e III.
(B) I e IV.
(C) II e IV.
(D) I, II e III.
(E) II, III e IV.

I: correta (artigo 8, ponto 1, da Parte 1 da Convenção sobre os Direitos da Criança); **II:** correta (artigo 8, ponto 2, da Parte 1 da Convenção sobre os Direitos da Criança); **III:** correta (artigo 16, pontos 1 e 2, da Parte 1 da Convenção sobre os Direitos da Criança); **IV:** incorreta, não existe essa previsão legal.
Gabarito "D".

11. OUTROS TEMAS E TEMAS COMBINADOS

(Defensor Público/AC - 2017 - CESPE) Aos dezesseis anos de idade, Fernanda, que cursa o segundo ano do ensino médio, foi aprovada no vestibular de uma universidade pública.

Nessa situação hipotética, à luz da LDB, Fernanda poderá

(A) matricular-se em curso de jovens e adultos, na modalidade a distância, para fins de aceleramento da conclusão do nível médio.
(B) ajuizar ação contra a universidade, mesmo sem autorização de seu representante legal, devido ao caráter de urgência, pois a garantia de sua matrícula depende de decisão judicial.
(C) matricular-se na universidade, desde que assuma o compromisso de cumprimento concomitante do ensino médio.
(D) avançar no curso de ensino médio por meio de verificação do aprendizado a ser promovida pela própria escola.
(E) receber seu certificado de conclusão de curso de ensino médio caso o dirigente da escola, utilizando seu poder discricionário, assim o determine.

Conforme art. 24 da Lei de Diretrizes e Bases da Educação, a educação básica, nos níveis fundamental e médio, será organizada de acordo com a classificação em qualquer série ou etapa, que pode ser feita por promoção, para alunos que cursaram, com aproveitamento, a série ou fase anterior, na própria escola.
Gabarito "D".

(Defensor Público/AL - 2017 - CESPE) Paula, que é juíza na vara da infância e juventude de determinado município e atua em parceria com o conselho tutelar, é casada com o tio de Maria, que pretende exercer a função de conselheira tutelar no município.

Considerando essa situação hipotética, assinale a opção correta, de acordo com as normas do Estatuto da Criança e do Adolescente sobre impedimentos do conselheiro tutelar.

(A) O Estatuto da Criança e do Adolescente veda a nomeação para o mesmo conselho tutelar de parente colateral por afinidade até o terceiro grau, aplicando-se a regra, portanto, a Paula e a Maria.
(B) Prevalece o impedimento em relação a Maria, pois não há distinção entre parentes consanguíneos ou afins após o casamento civil, aplicando-se a regra, portanto, a Paula e a Maria.
(C) A situação apresentada não constitui impedimento para Maria assumir o conselho tutelar, não havendo justa causa para a negativa de posse, mas apenas para o exercício da função em um mesmo atendimento que envolva Paula como juíza.
(D) Há parentesco por afinidade entre Paula e Maria, o que configura impedimento legal previsto no Estatuto da Criança e do Adolescente.
(E) O Estatuto da Criança e do Adolescente veda, tão somente, a nomeação para o mesmo conselho tutelar de tio e sobrinho, não se aplicando a regra ao parentesco entre Paula e Maria.

Nos termos do art. 140 do ECA, são impedidos de servir no mesmo Conselho marido e mulher, ascendentes e descendentes, sogro e genro ou nora, irmãos, cunhados, durante o cunhadio, tio e sobrinho, padrasto ou madrasta e enteado. A vedação é estendida aos representantes do Ministério Público e Autoridade Judiciária com atuação na Justiça da Infância e da Juventude, em exercício na comarca, foro regional ou distrital.
Gabarito "E".

(Defensor Público –DPE/ES – 2016 – FCC) São aspectos que, entre outros, o próprio Estatuto da Criança e do Adolescente – ECA expressamente determina sejam observados na interpretação de seus dispositivos:

(A) As exigências do bem comum e os princípios gerais e especiais do direito da infância.
(B) Os deveres individuais e a condição peculiar da criança e do adolescente como pessoas em desenvolvimento.
(C) Os direitos sociais e coletivos e o contexto socioeconômico e cultural em que se encontrem a criança ou adolescente e seus pais ou responsável.
(D) Os fins sociais a que se destina a lei e a flexibilidade e informalidade dos procedimentos.
(E) O superior interesse da criança e do adolescente e os usos e costumes locais.

A letra B está correta. Na forma do art. 6º do ECA: "na interpretação desta Lei levar-se-ão em conta os fins sociais a que ela se dirige, as exigências do bem comum, os direitos e deveres individuais e coletivos, e a condição peculiar da criança e do adolescente como pessoas em desenvolvimento".
Gabarito "B".

(Defensor Público –DPE/BA – 2016 – FCC) Em relação à posição das Defensorias Públicas no Sistema de Garantia dos Direitos da Criança e do Adolescente, como definido nas Resoluções 113 e 117 do Conselho Nacional dos Direitos da Criança e do Adolescente – Conanda, é correto afirmar que elas integram, ao lado

(A) de outros serviços de assessoramento jurídico e assistência judiciária, o eixo estratégico da defesa dos direitos humanos de crianças e adolescentes.
(B) dos órgãos da magistratura e público-ministeriais, o eixo estratégico judicial do Sistema de Garantias dos Direitos da Criança e do Adolescente.
(C) dos conselhos tutelares e dos conselhos de direito, os eixos estratégicos de promoção e de proteção dos direitos de crianças e adolescentes.

(D) do Ministério Público, dos serviços e programas das políticas públicas, e dos serviços de proteção social especial, o eixo estratégico de controle da efetivação dos direitos da criança e do adolescente.

(E) da advocacia pública e privada, o eixo estratégico de prevenção da violação dos direitos humanos da criança e do adolescente do Sistema de Garantia dos Direitos da Criança e do Adolescente.

O art. 7º da Resolução 113, determina que o eixo da defesa dos direitos humanos de crianças e adolescentes é composto pelos seguintes órgãos públicos: a) judiciais, especialmente as varas da infância e da juventude e suas equipes multiprofissionais, as varas criminais especializadas, os tribunais do júri, as comissões judiciais de adoção, os tribunais de justiça, as corregedorias gerais de Justiça; b) público-ministeriais, especialmente as promotorias de justiça, os centros de apoio operacional, as procuradorias de justiça, as procuradorias gerais de justiça, as corregedorias gerais do Ministério Público; **c) defensorias públicas, serviços de assessoramento jurídico e assistência judiciária**; d) advocacia geral da união e as procuradorias gerais dos estados; e) polícia civil judiciária, inclusive a polícia técnica; f) polícia militar; g) conselhos tutelares; f) ouvidorias e entidades sociais de defesa de direitos humanos, incumbidas de prestar proteção jurídico-social, nos termos do artigo 87, V do Estatuto da Criança e do Adolescente. Esse eixo é caracterizado pela garantia de acesso à justiça, ou seja, pelo recurso às instâncias públicas e mecanismos jurídicos de proteção legal dos direitos humanos, gerais e especiais, da infância e da adolescência, para assegurar a imposibilidade deles e sua exigibilidade, em concreto.

Gabarito "A".

(Defensor Público –DPE/BA – 2016 – FCC) Conforme prevê expressamente o Estatuto da Criança e do Adolescente – ECA, a emancipação

(A) pode ser deferida incidentalmente, a pedido do próprio adolescente, nos autos da ação de acolhimento institucional, como estratégia de preparação para autonomia.

(B) pressupõe, para sua concessão, prévia avaliação psicossocial que ateste a autonomia e maturidade do adolescente, além da concordância expressa de ambos os genitores.

(C) concede ao emancipado o direito de viajar desacompanhado pelo território nacional, vedada, contudo, sua saída do país sem expressa autorização dos genitores ou do juiz.

(D) não exclui a responsabilidade civil dos pais decorrente de ato ilícito praticado pelo filho emancipado, fazendo cessar, contudo, o dever dos genitores de prestar-lhe alimentos.

(E) pode ser concedida pelo Juiz da Infância e Juventude quando faltarem os pais e, preenchidos os requisitos da lei civil, se os direitos do requerente, previstos no ECA, forem ameaçados ou violados por ação ou omissão da sociedade ou do Estado, bem como por omissão ou abuso dos pais ou responsável ou em razão de sua conduta.

Antes de percorrer cada uma das alternativas, é importante lembrar que o ECA é lei protetiva do menor de 18 anos, pouco importando a sua condição de emancipação na forma do Código Civil. Caso o menor seja emancipado, a proteção da lei menorista continua a ser aplicada em todos os seus termos, exceto no que diz respeito ao exercício do poder familiar. **A**: incorreta. O art. 5º do Código Civil trata da emancipação do menor de 18 anos e maior de 16, nos seguintes termos: "cessará, para os menores, a incapacidade: I – pela concessão dos pais, ou de um deles na falta do outro, mediante instrumento público, independentemente de homologação judicial, ou por sentença do juiz, ouvido o tutor, se o menor tiver dezesseis anos completos; II – pelo casamento; III – pelo exercício de emprego público efetivo; IV – pela colação de grau em curso de ensino superior; V – pelo estabelecimento civil ou comercial, ou pela existência de relação de emprego, desde que, em função deles, o menor com dezesseis anos completos tenha economia própria". Não há que se falar em emancipação em razão de acolhimento institucional, o adolescente somente poderá ser emancipado nas condições acima previstas. **B**: incorreta. O Código Civil não exige estudo psicossocial para a emancipação. **C**: incorreta. O adolescente pode viajar para todo o território nacional desacompanhado na forma do art. 83 do ECA. Além disso, a viagem para o exterior deve sempre obedecer às regras do art. 84 do ECA, independentemente da emancipação do menor de 18 e maior de 16 anos. **D**: incorreta. O dever de alimentos é decorrente da relação de filiação e não depende do exercício de poder familiar (art. 229 da CF). **E**: correta. A Vara de Infância e Juventude será responsável pela emancipação do adolescente quanto este estiver em situação de risco (art. 98) e faltarem os pais (art. 148, alínea "e", do ECA).

Gabarito "E".

(Defensor Público –DPE/MT – 2016 – UFMT) Sobre a evolução histórica do direito da criança e do adolescente, assinale a afirmativa correta.

(A) Antes da doutrina da proteção integral, inexistia preocupação em manter vínculos familiares, até porque a família ou a falta dela era considerada a causa da situação regular.

(B) Na doutrina da proteção integral, descentralizou-se a atuação, materializando-a na esfera municipal pela participação direta da comunidade por meio do Conselho Municipal de Direitos e do Conselho Tutelar.

(C) A doutrina da situação irregular limitava-se basicamente ao tratamento jurídico dispensado ao menor carente, ao menor abandonado e às políticas públicas.

(D) Na vigência do Código de Menores, havia a distinção entre criança e adolescente, embora majoritariamente adotava-se apenas a denominação "menor".

(E) Além do judiciário, com a doutrina da proteção integral, novos atores entram em cena, como a comunidade local, a família e a Defensoria Pública como um grande agente garantidor de toda a rede, fiscalizando seu funcionamento, exigindo resultados, assegurando o respeito prioritário aos direitos fundamentais infantojuvenis.

A: incorreta. A doutrina do menor em situação irregular tinha como parâmetro do cuidado do menor órfão ou infrator. Nos termos do art. 2º do Código de Menores (Lei 6697/79), estava em situação irregular o menor: "I – privado de condições essenciais à sua subsistência, saúde e instrução obrigatória, ainda que eventualmente, em razão de: *a)* falta, ação ou omissão dos pais ou responsável; *b)* manifesta impossibilidade dos pais ou responsável para provê-las; II – vítima de maus-tratos ou castigos imoderados impostos pelos pais ou responsável; III – em perigo moral, devido a: *a)* encontrar-se, de modo habitual, em ambiente contrário aos bons costumes; *b)* exploração em atividade contrária aos bons costumes; IV – privado de representação ou assistência legal, pela falta eventual dos pais ou responsável; V – Com desvio de conduta, em virtude de grave inadaptação familiar ou comunitária; VI – autor de infração penal". **B**: correta. De fato, o Conselho Tutelar, formado por pessoas da sociedade para o efetivo cumprimento dos diretos da criança e do adolescente, e os Conselhos Municipais dos Direitos da Criança e do Adolescente, trouxeram grande descentralização no atendimento aos infantes, representando, também maior participação popular na proteção da infância. **C**: incorreta. O Código de Menores não estabelecia

políticas públicas de proteção da infância. **D:** incorreta. O Código de Menores não fazia distinção entre crianças e adolescentes. **E:** incorreta. A família e o judiciário não são "novos atores" na proteção da infância.
Gabarito "B".

(Defensor Público –DPE/BA – 2016 – FCC) A pessoa com deficiência recebeu um novo estatuto que, dentro dos limites legais, destina-se a assegurar e a promover, em condições de igualdade, o exercício dos direitos e das liberdades fundamentais por pessoa com deficiência, visando à sua inclusão social e cidadania. Dentre as novidades introduzidas, destaca-se o entendimento que

(A) para emissão de documentos oficiais será exigida a situação de curatela da pessoa com deficiência.

(B) a pessoa com deficiência está obrigada à fruição de benefícios decorrentes de ação afirmativa.

(C) a pessoa com deficiência poderá ser obrigada a se submeter à intervenção clínica ou cirúrgica, a tratamento ou à institucionalização forçada, sempre com recomendação médica, independentemente de risco de morte ou emergência.

(D) a educação constitui direito da pessoa com deficiência, a ser exercido em escola especial e direcionada, em um local que não se conviva deficientes e não deficientes.

(E) a deficiência não afeta a plena capacidade civil da pessoa, inclusive para casar-se, constituir união estável e exercer direitos sexuais e reprodutivos.

A: incorreta. Na forma do artigo 86 do Estatuto da Pessoa com Deficiência, a emissão de documentos oficiais independe da situação de curatela. **B:** incorreta. Nos exatos termos do artigo 4º, § 2º, do Estatuto da Pessoa com Deficiência. **C:** incorreta. Conforme artigo 11 do Estatuto, a pessoa com deficiência não pode ser obrigada a se submeter à intervenção clínica ou cirúrgica, a tratamento ou a institucionalização forçada. **D:** incorreta. Reza o art. 27 que "a educação constitui direito da pessoa com deficiência, assegurados sistema **educacional inclusivo** em todos os níveis e aprendizado ao longo de toda a vida, de forma a alcançar o máximo desenvolvimento possível de seus talentos e habilidades físicas, sensoriais, intelectuais e sociais, segundo suas características, interesses e necessidades de aprendizagem" (grifo nosso). **E:** correta. A deficiência não afeta a plena capacidade civil da pessoa, inclusive para casar-se e constituir união estável; exercer direitos sexuais e reprodutivos; exercer o direito de decidir sobre o número de filhos e de ter acesso a informações adequadas sobre reprodução e planejamento familiar; conservar sua fertilidade, sendo vedada a esterilização compulsória; exercer o direito à família e à convivência familiar e comunitária; e exercer o direito à guarda, à tutela, à curatela e à adoção, como adotante ou adotando, em igualdade de oportunidades com as demais pessoas (art. 6º).
Gabarito "E".

(Defensor Público –DPE/RN – 2016 – CESPE) Assinale a opção correta a respeito do papel da DP no contexto do sistema de garantia e proteção dos direitos individuais e coletivos da criança e do adolescente.

(A) A presença da DP entre os órgãos que compõem a integração operacional prevista no ECA justifica-se quando se tratar de atendimento inicial a adolescente a quem se atribua a autoria de ato infracional, mas não no atendimento de adolescentes inseridos em programa de acolhimento familiar.

(B) É exclusiva da DP a legitimidade para ajuizar ação de alimentos em proveito de criança ou adolescente nas situações de risco descritas no ECA.

(C) Segundo o STJ, não é cabível a nomeação de curador especial em processo de acolhimento institucional no âmbito do qual a criança figure como mera destinatária da decisão judicial e não como parte.

(D) Conforme entendimento do STJ, o prazo para interposição de recurso pela DP começa a fluir na data da audiência em que for proferida a sentença, caso presente o DP, e não da remessa dos autos com vista ou com a entrada destes na instituição.

(E) De acordo com o STJ, é da competência da vara da fazenda pública o julgamento de ação ajuizada pela DP visando à obtenção de medicamentos a menor, quando este estiver devidamente representado pelos pais.

A: incorreta. Na forma do art. 70-A, inciso II, e art. 88, inciso VI do ECA, além da Resolução Conanda 113/2006, a Defensoria Pública é parte integrante dos órgãos de proteção e defesa da criança e do adolescente, em especial quanto ao programa de colocação em acolhimento institucional. **B:** incorreta. Na forma do art. 141 do ECA, "é garantido o acesso de toda criança ou adolescente à Defensoria Pública, ao Ministério Público e ao Poder Judiciário, por qualquer de seus órgãos". **C:** correta. Nesse sentido, já decidiu o STJ: "(...) Resguardados os interesses da criança e do adolescente, não se justifica a obrigatória e automática nomeação da Defensoria Pública como curadora especial em ação movida pelo Ministério Público, que já atua como substituto processual. A Defensoria Pública, no exercício da curadoria especial, desempenha apenas e tão somente uma função processual de representação em juízo do menor que não tiver representante legal ou se os seus interesses estiverem em conflito (arts. 9º do CPC e 142, parágrafo único, do ECA). Incabível a nomeação de curador especial em processo de acolhimento institucional no qual a criança nem é parte, mas mera destinatária da decisão judicial". (Vide REsp 1417782/RJ, DJe 07/10/2014). **D:** incorreta. Para o STJ, "a intimação da Defensoria Pública para interposição de recurso aperfeiçoa-se com a entrega dos autos com vista, independentemente do comparecimento do defensor à audiência". (STJ, HC 332772/SP, DJe 02/12/2015). **E:** incorreta. Estando em situação de risco, a competência é da Vara de Infância e Juventude.
Gabarito "C".

(Defensor Público –DPE/RN – 2016 – CESPE) À luz da Lei 10.216/2001, que dispõe sobre a proteção e os direitos das crianças e adolescentes portadores de transtornos mentais, assinale a opção correta.

(A) Para a realização de pesquisas científicas para fins diagnósticos ou terapêuticos com a participação de criança portadora de distúrbio psiquiátrico, exige-se o consentimento expresso do representante legal da criança, o qual torna dispensável a comunicação aos conselhos profissionais competentes.

(B) Para a internação compulsória de adolescente, basta a autorização por médico devidamente registrado no CRM competente.

(C) A exigência legal de que sejam esgotados os recursos extra-hospitalares antes da internação não se aplica quando se trata de internação na modalidade voluntária.

(D) O adolescente que apresenta distúrbio psiquiátrico não pode, segundo o STJ, ser submetido a medida socioeducativa, uma vez que é inapto para cumpri-la.

(E) Caso uma criança seja internada involuntariamente em estabelecimento de saúde mental em razão de distúrbio psiquiátrico, o responsável técnico pelo estabelecimento deve comunicar o MP estadual do ocorrido, comunicação esta que é dispensada no momento da alta da criança.

A: incorreta. A pesquisa científica está regulamentada pelo art. 11 da referida Lei, que assim dispõe: "pesquisas científicas para fins diagnósticos ou terapêuticos não poderão ser realizadas sem o consentimento expresso do paciente, ou de seu representante legal, e sem a devida comunicação aos conselhos profissionais competentes e ao Conselho Nacional de Saúde". **B:** incorreta. A Lei 10.216/2001, em seu art. 9º, garante que a internação compulsória somente pode ser determinada pelo juiz competente, sempre levando em consideração as condições de segurança do estabelecimento, do paciente, dos demais internados e funcionários. **C:** incorreta. O art. 4º exige, em qualquer modalidade de internação, que os recursos extra-hospitalares sejam esgotados. **D:** correta. O art. 112, §, 3º, do ECA determina que "os adolescentes portadores de doença ou deficiência mental receberão tratamento individual e especializado, em local adequado às suas condições". Sendo assim, perfeitamente cabível a aplicação da medida socioeducativa. No entanto, já entendeu o STJ que a medida adequada para adolescente portador de distúrbio mental é a medida de proteção, uma vez que o adolescente não teria condições de assimilar a medida. Vejamos: "Adolescente. Condição especial. Liberdade assistida. O ato infracional cometido por adolescente equipara-se ao crime de homicídio qualificado (art. 121, § 2º, III e IV, do CP). A defesa, em *habeas corpus*, busca cessar definitivamente a medida socioeducativa de internação e a inclusão do paciente em medidas de proteção pertinentes porque, segundo o laudo técnico, ele é portador de distúrbios mentais. Ainda alega a defesa que o adolescente corre risco de morte diariamente por ser submetido a regime de ressocialização, o qual não tem capacidade de assimilar. Explica o Min. Relator que o § 1º do art. 12 do ECA, na imposição das medidas socioeducativas, leva em conta a capacidade de cumprimento do adolescente. Sendo assim, no caso concreto, como o adolescente apresenta distúrbios mentais, deve ser encaminhado a um atendimento individual e especializado compatível com sua limitação mental (§ 3º do mesmo artigo citado). Ante o exposto, a Turma concedeu a ordem para determinar que o paciente seja inserido na medida socioeducativa de liberdade assistida, associada ao acompanhamento ambulatorial psiquiátrico, psicopedagógico e familiar". Informativo 300. Precedentes citados: HC 54.961-SP, DJ 22/5/2006, e HC 45.564-SP, DJ 6/2/2006. HC 88.043-SP, Rel. Min. Og Fernandes, julgado em 14/4/2009. **E:** incorreta. A internação voluntária ou involuntária somente será autorizada por médico devidamente registrado no Conselho Regional de Medicina do Estado onde se localize o estabelecimento, e deverá ser comunicada ao Ministério Público no momento do procedimento e da respectiva alta (art. 8º da Lei 10.216/2001).

Gabarito "D".

(Defensor Público/AM – 2013 – FCC) Segundo a Política Nacional de Assistência Social (Resolução CNAS nº 145/04), o princípio da matricialidade familiar corresponde à

(A) centralidade na família como âmbito de suas ações, já que se trata de um espaço privilegiado e insubstituível de proteção e ancoragem na socialização primária de seus membros.

(B) centralidade na figura materna como âmbito de suas ações, já que se trata da principal provedora de cuidados nas famílias monoparentais.

(C) desfamilização, abrandando a responsabilidade da família e destacando o dever de o Estado prover políticas que atendam às suas necessidades.

(D) desresponsabilização do Estado em sua função de garantir e assegurar as atenções básicas de proteção, desenvolvimento e inclusão social de todos os cidadãos.

(E) política social voltada ao aspecto tutelar, movida pela compaixão, consistindo em auxílio a problemas concretos, sendo o fornecimento de cesta básica um exemplo contundente dessa política.

A matricialidade sociofamiliar é uma das bases organizacionais do processo de gestão da Política Nacional de Assistência Social. De acordo com o Anexo I da resolução CNAS nº 145/2004, "embora haja o reconhecimento explícito sobre a importância da família na vida social e, portanto, merecedora da proteção do Estado, tal proteção tem sido cada vez mais discutida, na medida em que a realidade tem dado sinais cada vez mais evidentes de processos de penalização e desproteção das famílias brasileiras. Nesse contexto, a matricialidade sociofamiliar passa a ter papel de destaque no âmbito da Política Nacional de Assistência Social – PNAS. Esta ênfase está ancorada na premissa de que a centralidade da família e a superação da focalização, no âmbito da política de Assistência Social, repousam no pressuposto de que para a família prevenir, proteger, promover e incluir seus membros é necessário, em primeiro lugar, garantir condições de sustentabilidade para tal. Nesse sentido, a formulação da política de Assistência Social é pautada nas necessidades das famílias, seus membros e dos indivíduos". Ainda, "para a proteção social de Assistência Social o princípio de matricialidade sociofamiliar significa que: a família é o núcleo social básico de acolhida, convívio, autonomia, sustentabilidade e protagonismo social; a defesa do direito à convivência familiar, na proteção de Assistência Social, supera o conceito de família como unidade econômica, mera referência de cálculo de rendimento per capita e a entende como núcleo afetivo, vinculado por laços consanguíneos, de aliança ou afinidade, que circunscreve obrigações recíprocas e mútuas, organizadas em torno de relações de gerações e de gêneros; a família deve ser apoiada e ter acesso a condições para responder ao seu papel no sustento, na guarda e na educação de suas crianças e adolescentes, bem como na proteção de seus idosos e portadores de deficiência; o fortalecimento de oportunidade de convívio, educação e proteção social, na própria família, não restringe as responsabilidades públicas de proteção social para com os indivíduos e a sociedade".

Gabarito "A".

(Defensor Público/PR – 2012 – FCC) Analise as afirmações abaixo sobre o Sistema de Garantia dos Direitos da Criança e do Adolescente - SGD.

I. Os órgãos públicos e as organizações da sociedade civil que integram o Sistema de Garantia dos Direitos da Criança e do Adolescente - SGD deverão exercer suas funções em rede como, por exemplo, a integração operacional de órgão do Judiciário, Ministério Público, Defensoria, Segurança Pública e Assistência Social, preferencialmente em um mesmo local, para efeito de agilização do atendimento inicial a adolescente a quem se atribua autoria de ato infracional.

II. O Sistema de Garantia dos Direitos da Criança e do Adolescente articular-se-á com todos os sistemas nacionais de operacionalização de políticas públicas, especialmente nas áreas da saúde, educação, assistência social, trabalho, segurança pública, planejamento, orçamentária, relações exteriores e promoção da igualdade e valorização da diversidade.

III. Consideram-se instrumentos normativos de promoção, defesa e controle da efetivação dos direitos humanos da criança e do adolescente as normas internacionais não convencionais, aprovadas como Resoluções da Assembleia Geral das Nações Unidas, a respeito da matéria.

Está correto o que se afirma em

(A) I, II e III.

(B) I e II, apenas.

(C) II e III, apenas.

(D) I e III, apenas.
(E) I, apenas.

I: correta (art. 88, V, do ECA); II: correta (art. 88, VI, do ECA); III: correta. Os principais documentos internacionais heterogêneos de proteção ao infante são: convenções da Organização Internacional do Trabalho; Declaração de Genebra – Carta da Liga sobre a Criança de 1924; Declaração dos Direitos da Criança de 1959, dentre outros.

Gabarito "A".

(Defensor Público/RO – 2012 – CESPE) A respeito da prática de ato infracional, dos direitos individuais, das garantias processuais e das medidas socioeducativas, assinale a opção correta com base no que dispõe o ECA.

(A) Antes de decretar a regressão de medida socioeducativa, deve a autoridade judiciária ouvir o adolescente infrator.
(B) A internação provisória, ou seja, a que seja decretada antes da sentença, não pode exceder o prazo de quarenta e cinco dias, salvo quando o ato infracional for cometido mediante violência ou grave ameaça e quando a extrapolação do prazo for necessária para a segurança pessoal do adolescente.
(C) Considera-se ato infracional apenas o praticado por adolescente, ou seja, por pessoa entre doze anos de idade completos e dezoito anos de idade incompletos.
(D) No processo para apuração de ato infracional, é recomendável que o juiz encerre a instrução probatória quando houver confissão do adolescente, em atenção à celeridade que se deve empregar nesse tipo de procedimento.
(E) Tratando-se de procedimento de apuração de ato infracional, a ausência de defensor na audiência de apresentação do adolescente acarreta nulidade do processo, desde que comprovado o prejuízo.

A: correta, de acordo com o enunciado da Súmula 265 do STJ; **B:** incorreta, pois em nenhuma hipótese será permitida a internação provisória por mais de quarenta e cinco dias (arts. 108 e 183, ambos do ECA); **C:** incorreta, pois tanto a criança como o adolescente praticam ato infracional. Todavia, caso a criança seja o autor do ato infracional, ser-lhe-á aplicada tão somente medida protetiva e não socioeducativa (art. 105, do ECA); **D:** incorreta, pois é nula a desistência de outras provas em face da confissão do adolescente (Súmula 342 do STJ); **E:** incorreta, pois em caso de ausência de advogado em audiência de apresentação, a nulidade será absoluta, presumindo-se o prejuízo, diante da afronta ao princípio da ampla defesa. Assim, é indispensável a defesa técnica, sendo que nenhum adolescente a quem se atribua a prática de ato infracional, ainda que ausente ou foragido, será processado sem defensor, devendo estar acompanhado de advogado, inclusive, na audiência de apresentação. Se o adolescente não houver constituído, o juiz deverá nomear um defensor para a oportunidade (arts. 184, § 1º e 207, do ECA).

Gabarito "A".

(Defensor Público/SP – 2012 – FCC) No caso de crianças e adolescentes com perda ou fragilidade de vínculos de afetividade e sociabilidade ou que tenham optado por alternativas diferenciadas de sobrevivência que possam representar risco pessoal e social, dentre outros casos, a Lei nº 8.742/1993, que organiza a Assistência Social e a Resolução nº 145/2004, que institui a Política Nacional de Assistência Social, previram os serviços socioassistenciais.

Estes serviços, na referência da

(A) substitutividade, visam forçar que o Estado exerça o papel da família, utilizando-se de instrumentos de acolhimento institucional ou contenção da criança e do adolescente.
(B) vigilância social, visam compensar o valor inadequado do salário mínimo percebido por adolescente a partir dos 16 anos de idade, excluindo as situações de desemprego, cuja situação é abrangida por outra referência.
(C) defesa social, visam definir situações de necessária reclusão e de perda das relações, com encaminhamento de crianças e adolescentes à apartação social.
(D) proteção social, visam garantir a segurança da sobrevivência, de acolhida e de convívio ou vivência familiar.
(E) proteção individual, visam inserir a criança e o adolescente em programas de proteção à vítima de ameaça ou violência.

A: incorreta, pois de acordo com a Política Nacional de Assistência Social, busca-se um conjunto integrado de ações e iniciativas do governo e da sociedade civil para garantir proteção social para quem dela necessitar (Resolução nº 145/2004); **B:** incorreta, pois a vigilância socioassistencial, como um dos objetivos da assistência social, visa analisar territorialmente a capacidade protetiva das famílias e nela a ocorrência de vulnerabilidades, de ameaças, de vitimizações e danos (art. 2º, II, da Lei nº 8.742/1993); **C:** incorreta, pois a defesa de direitos, como um dos objetivos da assistência social, visa à garantir o pleno acesso aos direitos no conjunto das provisões socioassistenciais (art. 2º, III, da Lei nº 8.742/1993); **D:** correta (arts. 2º, I e art. 6º-A, I e II, ambos da Lei nº 8.742/1993); **E:** incorreta, pois a Política Pública de Assistência Social visa à proteção social básica e especial (de média e alta complexidade) e não individual.

Gabarito "D".

(Defensor Público/AM – 2013 – FCC) A Política do Ministério da Saúde para a atenção integral a usuários de álcool e drogas tem como uma de suas diretrizes:

(A) a existência de uma rede de dispositivos tipo Centro de Atendimento Psicossocial Álcool e Drogas (CAPSad), capazes de oferecer atendimento somente na modalidade não intensiva.
(B) a necessidade de estruturação e fortalecimento de rede centrada na reabilitação através do isolamento como forma de tratamento eficaz.
(C) a manutenção dos leitos psiquiátricos, em hospitais psiquiátricos, para atendimento de seu público alvo.
(D) a formulação de política tendo como base que todo usuário é um indivíduo doente e que requer internação, fortalecendo-se reflexamente a segurança pública.
(E) o respeito à Lei nº 10.216/2001, como instrumento legal máximo para a política de atenção.

A: incorreta, pois os Centro de Atendimento Psicossocial Álcool e Drogas deve oferecer atendimento nas modalidades intensiva, semi--intensiva e não intensiva, permitindo o planejamento terapêutico dentro de uma perspectiva individualizada de evolução contínua; **B:** incorreta, pois há a necessidade de estruturação e fortalecimento de uma rede de assistência centrada na atenção comunitária associada à rede de serviços de saúde e sociais, que tenha ênfase na reabilitação e reinserção social dos seus usuários, sempre considerando que a oferta de cuidados a pessoas que apresentem problemas decorrentes do uso de álcool e outras drogas deve ser baseada em dispositivos extra-hospitalares de atenção psicossocial especializada, devidamente articulados à rede assistencial em saúde mental e ao restante da rede de saúde; **C:** incorreta, pois a rede proposta se baseia em serviços comunitários, apoiados por leitos psiquiátricos em hospital geral e outras práticas de atenção comunitária (ex.: internação domiciliar, discussão comunitária de serviços), de acordo com as necessidades da população-alvo dos trabalhos; **D:** incorreta. Muito pelo contrário, pois um dos objetivos é formular políticas que possam desconstruir o senso comum de que todo usuário de droga é um doente que requer internação, prisão ou absolvição; **E:** correta. As diretrizes para uma política ministerial específica para a atenção a estes indivíduos estão em consonância com os princípios da política de saúde mental vigente regulamentada e respaldada pela Lei Federal 10.216/2001

Gabarito "E".

(Defensoria Pública/SP – 2010 – FCC) Prevê o Estatuto da Criança e do Adolescente medida

(A) socioeducativa de internação provisória destinada a adolescente a quem se atribua autoria de ato infracional.

(B) protetiva de inclusão em tratamento médico em regime hospitalar para criança em situação de violação ou ameaça de violação de direitos.

(C) de cassação do registro para entidades governamentais que desenvolvam programas de internação e descumprem obrigação prevista na lei.

(D) de perda da guarda dentre aquelas pertinentes aos pais ou responsável.

(E) de advertência para conselheiro tutelar que incorrer em abuso ou omissão no cumprimento de suas atribuições.

A: incorreta, pois o Estatuto da Criança e do Adolescente prevê como uma das medidas socioeducativas ao adolescente infrator a internação em estabelecimento educacional (art. 112, VI, do ECA); **B:** incorreta, pois as medidas aplicáveis em caso de criança em situação de violação e ameaça de violação de direitos estão previstas no art. 101 do ECA, das quais não consta a inclusão em tratamento médico hospitalar, mas sim a *requisição* de tratamento médico; **C:** incorreta, pois a cassação é medida aplicável à entidade não governamental (art. 97, II, *d*, do ECA); **D:** correta (art. 129, VIII, do ECA); **E:** incorreta, pois a advertência é aplicável às entidades governamentais e não governamentais quando descumprirem suas obrigações (art. 97 do ECA).

Gabarito "D".

(Defensoria/SP – 2009 – FCC) O Estatuto da Criança e do Adolescente proíbe, expressamente,

(A) o conselheiro tutelar de integrar o conselho municipal dos direitos da criança e do adolescente.

(B) tio e sobrinho de servirem no mesmo conselho tutelar durante o mesmo mandato.

(C) aplicação de medida de prestação de serviços à comunidade a menores de 16 anos.

(D) venda, a criança e adolescente, de brinquedos e jogos que estimulam o comportamento violento.

(E) abrigos que atendam, simultaneamente, num mesmo espaço físico, adolescentes do sexo masculino e feminino.

A letra B está correta, pois consta expressamente do art. 140, *caput*, do ECA. As demais alternativas não constam como proibições expressas no Estatuto da Criança e do Adolescente.

Gabarito "B".

14. DIREITO AMBIENTAL

Wander Garcia e Fabiano Melo*

1. CONCEITO BÁSICOS

(Defensor Público/PA – 2006 – UNAMA) Considere as seguintes afirmações sobre Direito Ambiental:

I. O Direito Ambiental é o complexo de princípios e normas coercitivas, reguladoras das atividades humanas que, direta ou indiretamente, possam afetar a sanidade do meio ambiente em sua dimensão global, visando à sustentabilidade para as presentes e futuras gerações.
II. A natureza jurídica do Direito Ambiental pode ser pública ou privada, porque sua defesa compete tanto ao Poder Público quanto à coletividade.
III. O bem ambiental protegido pelo Direito Ambiental é o meio ambiente ecologicamente equilibrado.
IV. O princípio do poluidor-pagador deve ser interpretado como a possibilidade de se desenvolver atividades poluidoras, desde que se pague pela poluição causada.

Somente é correto o que se afirma em:

(A) I e IV.
(B) II e III.
(C) III e IV.
(D) I e III.

I: Correta, consoante o art. 225, *caput* da CF. II: Incorreta, uma vez que a natureza do Direito Ambiental é pública. III: Correta, conforme o art. 225, *caput*, da CF; IV: Incorreta, consoante a leitura de Fabiano Melo (Direito Ambiental, Editora Método, 2017): "No aspecto preventivo, o princípio do poluidor-pagador obriga a internalização das externalidades ambientais negativas. Entende-se por "internalização" o processo produtivo e por "externalidades ambientais negativas" tudo aquilo que se encontra fora do processo de produção (função de custo e de demanda), por exemplo, a poluição (os gases emitidos na atmosfera, os efluentes líquidos e gasosos, os rejeitos etc.). A fim de evitar que as externalidades ambientais negativas sejam suportadas pela comunidade (como no caso de um rio que abastece os moradores de uma cidade e é poluído por determinada empresa), impõe-se ao empreendedor a adoção de medidas preventivas, tais como a instalação de filtros de limpeza de gases, estações de tratamentos de efluentes, destinação dos resíduos, disposição dos rejeitos etc.".
Gabarito "D".

2. DIREITO AMBIENTAL CONSTITUCIONAL

(Defensoria/SP – 2006 – FCC) Na Constituição Federal, em matéria ambiental, são expressamente previstos como patrimônio nacional, além da Serra do Mar, da Floresta Amazônica brasileira e do Pantanal Mato-Grossense,

(A) a Zona Costeira e a Caatinga.
(B) o Cerrado e a Caatinga.
(C) a Caatinga e a Mata Atlântica.
(D) a Zona Costeira e a Mata Atlântica.
(E) o Cerrado e a Mata Atlântica.

Nos termos do art. 225, § 4º, da CF, a alternativa que contém expressamente as macrorregiões que se inserem como patrimônio nacional é a alternativa "D".
Gabarito "D".

(Defensoria/SP – 2006 – FCC) O Plano Diretor é um dos instrumentos básicos para o pleno desenvolvimento das funções ambientais da cidade e garantir o bem-estar de seus habitantes. Com relação, exclusivamente, ao número de habitantes, o Plano Diretor é obrigatório quando o Município possui mais de

(A) 50 mil habitantes.
(B) 30 mil habitantes.
(C) 20 mil habitantes.
(D) 10 mil habitantes.
(E) 5 mil habitantes.

O Plano Diretor, instrumento básico da política de desenvolvimento e de expansão urbana aprovado pela Câmara Municipal, está previsto no art. 182, § 1º, da CF e é obrigatório para cidades com mais de 20 mil habitantes.
Gabarito "C".

(Defensor Público –DPE/MT – 2016 – UFMT) A respeito das normas constitucionais de proteção do meio ambiente, considere as afirmativas:

I. Segundo a orientação majoritária da doutrina, a fruição de um meio ambiente sadio e ecologicamente equilibrado foi erigida em direito fundamental pela Constituição de 1988, ainda que tal previsão não faça parte do rol de direitos do artigo 5º.
II. A atual Constituição dá ênfase às medidas preventivas, inclusive mediante tratamento diferenciado conforme o impacto ambiental dos produtos e serviços e de seus processos de elaboração e prestação.
III. É passível de responsabilização a pessoa jurídica, sem prejuízo da responsabilidade individual de seus dirigentes, sujeitando-a às punições compatíveis com sua natureza, nos atos praticados contra a ordem econômica, que tem como um de seus princípios a defesa do meio ambiente.
IV. As condutas e atividades consideradas lesivas ao meio ambiente sujeitarão os infratores, pessoas físicas ou jurídicas, a sanções penais e administrativas, sem prejuízo da obrigação de reparação dos danos causados.

Estão corretas as afirmativas

(A) I, II, III e IV.
(B) II e III, apenas.
(C) I e IV, apenas.
(D) I, II e III, apenas.

---

* **Fabiano Melo** comentou as questões DPE/MT/2016 e DPE/ES/2016; **Wander Garcia** comentou as demais questões. **Fabiano Melo** atualizou todos os comentários deste capítulo.

(E) II, III e IV, apenas.

I: Correta. O meio ambiente ecologicamente equilibrado é um direito fundamental de terceira dimensão, como assentado pela doutrina e consoante decisão do STF na ADI 3540. **II:** Correta. Trata-se de proposição que articula o art. 225 da CF com o art. 170, VI, da CF. **III:** Correta. A responsabilização da pessoa jurídica encontra-se no art. 225, § 3º, da CF/88 e no art. 3º, *caput*, da Lei 9.605/1998. Além disso, o art. 170, VI, da CF, consigna que um dos princípios da ordem econômica é a defesa do meio ambiente. **IV:** Correta. A proposição é uma transcrição do no art. 225, § 3º, da CF/88.

Gabarito "A".

(Defensor Público –DPE/ES – 2016 – FCC) No que tange à proteção conferida ao meio ambiente pela Constituição Federal de 1988,

(A) compete privativamente à União proteger o meio ambiente e combater a poluição em qualquer de suas formas.

(B) a Floresta Amazônica brasileira, a Mata Atlântica, o Cerrado, o Pantanal Mato-Grossense e a Zona Costeira configuram-se como patrimônio nacional.

(C) é atribuída expressamente pelo texto constitucional competência legislativa concorrente ao Município em matéria ambiental.

(D) é reconhecida expressamente a tríplice responsabilidade (civil, administrativa e penal) do poluidor pelo dano ambiental.

(E) Incumbe ao Poder Público exigir, na forma da lei, para instalação de obra ou atividade potencialmente causadora de significativa degradação do meio ambiente, estudo prévio de impacto ambiental, dispensando-se a publicidade a critério do órgão ambiental competente.

A: Errada. A competência para proteger o meio ambiente e combater a poluição em qualquer de suas formas é comum entre a União, Estados, Distrito Federal e Municípios, consoante o art. 23, VI, da CF/1988. **B:** Errada. O cerrado não é considerado patrimônio nacional, ao teor do art. 225, § 4º, da CF/1988. **C:** Errada. A competência legislativa concorrente é prevista expressamente para a União, Estados e Distrito Federal no art. 24 da CF. Esse dispositivo não menciona os municípios, que, todavia, possuem competência legislativa ao teor do art. 30, II, da CF. **D:** Correta. É o que dispõe o art. 225, § 3º, da CF, a saber: "As condutas e atividades consideradas lesivas ao meio ambiente sujeitarão os infratores, pessoas físicas ou jurídicas, a sanções penais e administrativas, independentemente da obrigação de reparar os danos causados. **E:** Errada. Consoante o art. 225, § 1º, IV, incumbe ao Poder Público exigir, na forma da lei, para instalação de obra ou atividade potencialmente causadora de significativa degradação do meio ambiente, estudo prévio de impacto ambiental, ao qual se dará publicidade. Ou seja, a publicidade é obrigatória.

Gabarito "D".

3. PRINCÍPIOS DO DIREITO AMBIENTAL

(Defensor Público/SP – 2012 – FCC) A inversão do ônus da prova em Ação Civil Pública em matéria ambiental, conforme entendimento jurisprudencial do Superior Tribunal de Justiça, consolidado no julgamento do Recurso Especial nº 1.060.753/SP, de relatoria da Ministra Eliana Calmon, tem como fundamento normativo principal, além da relação interdisciplinar entre as normas de proteção ao consumidor e as de proteção ambiental e o caráter público e coletivo do bem jurídico tutelado, o princípio

(A) da precaução.

(B) da função ambiental da propriedade.

(C) do usuário-pagador.

(D) do desenvolvimento sustentável.

(E) da cooperação.

De acordo com a decisão citada, "o princípio da **precaução** pressupõe a inversão do ônus probatório, competindo a quem supostamente promoveu o dano ambiental comprovar que não o causou ou que a substância lançada ao meio ambiente não lhe é potencialmente lesiva". Assim, a alternativa "A" é a correta.

Gabarito "A".

(Defensor Público/PR – 2012 – FCC) Quanto aos princípios do direito ambiental, é correto afirmar:

(A) O princípio do poluidor-pagador está intimamente ligado ao princípio da livre iniciativa e permite a livre utilização dos bens ambientais pelos particulares, ressalvado o posterior ressarcimento à Fazenda Pública pelo uso.

(B) O princípio do acesso equitativo aos recursos naturais não impede que se dê preferência a utilização do bem ambiental pelas comunidades que se encontram mais próximas a ele.

(C) O princípio da prevenção está ligado à incerteza sobre os riscos de determinada atividade potencialmente poluidora, enquanto o princípio da precaução demanda a adoção de medidas que assegurem a salubridade ambiental quando já se conhecem as consequências daquela atividade.

(D) O princípio da participação impõe obrigações não só ao Estado, mas também aos particulares, respondendo ambos, solidariamente, por quaisquer danos que venham a ser causados ao meio ambiente.

(E) O princípio do direito ao meio ambiente ecologicamente equilibrado impede a utilização dos elementos de fauna e flora em suas formas nativas no intuito de manter o equilíbrio ambiental, tanto quanto possível, sem que haja a intervenção humana.

A: Incorreta. O princípio não confere um salvo-conduto para poluir. Ao reverso, quem poluir não poderá usar o princípio para se evadir de eventuais sanções. O que o princípio impõe, em seu aspecto repressivo, é que, uma vez que se poluiu, ter-se-á que reparar o meio ambiente, sem prejuízo das outras sanções cabíveis pela conduta. Consoante Fabiano Melo "mesmo que as medidas preventivas sejam adotadas, com a eventual verificação da ocorrência de ônus ambientais, o empreendedor não se elide da obrigação de reparação, decorrência da responsabilidade consignada no § 3º do art. 225 da CF e no § 1º do art. 14 da Lei no 6.938/1981, que dispõem sobre a responsabilidade civil objetiva". **B:** Correta, uma vez que essa é justamente a essência do princípio. **C:** Incorreta, é justamente o contrário, isto é, a prevenção está ligada aos riscos conhecidos, ao passo que a precaução está ligada à incerteza científica. **D:** incorreta, pois os particulares não respondem por todo e qualquer dano que venham a ser causados ao meio ambiente pelo princípio da participação. É necessário algum tipo de relação do particular com o dano causado. **E:** Incorreta. O princípio em questão não impede a utilização dos elementos da fauna e da flora.

Gabarito "B".

(Defensoria Pública/SP – 2010 – FCC) Preceitua o item 15 da Declaração do Rio de Janeiro Sobre Meio Ambiente e Desenvolvimento (Rio-92): "Para que o ambiente seja protegido, será aplicada pelos Estados, de acordo com as suas capacidades, medidas preventivas. Onde existam ameaças de riscos sérios ou irreversíveis não será utilizada a falta de certeza científica total como razão para o adiamento de medidas eficazes em termos de custo para evitar a degradação ambiental". Esse texto traz em si a gênese do princípio, em matéria ambiental,

(A) do desenvolvimento sustentável.
(B) da precaução.
(C) da tutela estatal.
(D) da incerteza científica.
(E) da inevitabilidade ambiental.

Trata-se do princípio da precaução, que vincula-se ao risco desconhecido, à incerteza científica sobre os potenciais efeitos ou consequências de uma possível intervenção para o meio ambiente e a saúde humana.
Gabarito "B".

(Defensoria/MA – 2009 – FCC) "Quando houver ameaça de danos graves ou irreversíveis, a ausência de certeza científica absoluta não será utilizada como razão para o adiamento de medidas economicamente viáveis para prevenir a degradação ambiental". Esta é a formulação do princípio ambiental

(A) do desenvolvimento sustentável.
(B) do poluidor-pagador.
(C) da precaução.
(D) da economicidade.
(E) da prevenção.

Trata-se do princípio da precaução, por se estar diante de situação de incerteza científica acerca de eventual dano ambiental.
Gabarito "C".

(Defensoria/PA – 2009 – FCC) "A água é um recurso natural limitado, dotado de valor econômico" (Lei nº 9.433/1997, art. 1º, II). Este dispositivo legal, ao afirmar o valor econômico de recurso natural e permitir, por conseguinte, a cobrança pelo seu uso, dá concreção ao princípio ambiental

(A) do poluidor-pagador.
(B) da prevenção.
(C) da ubiquidade.
(D) da precaução.
(E) da responsabilidade civil.

Trata-se de aplicação do princípio do poluidor-pagador, em seu aspecto preventivo. Relaciona-se, contudo, que poderia ser contemplado como alternativa o princípio do usuário-pagador que, todavia, não foi suscitado pelo examinador.
Gabarito "A".

(Defensoria/SP – 2009 – FCC) Trata-se de aplicação INCORRETA do princípio constitucional da ordem econômica da função socioambiental da propriedade, combinado com o direito básico do consumidor à informação adequada e clara sobre os diferentes produtos e serviços, a obrigação dos

(A) comerciantes informar se os sacos plásticos postos a disposição para transporte das mercadorias adquiridas é biodegradável.
(B) produtores e comerciantes de pilhas e baterias informar dos riscos relacionados ao seu descarte inadequado.
(C) produtores e comerciantes de carne bovina de informar a origem do produto, tendo em vista a degradação ambiental na Amazônia provocada pela expansão da fronteira agropecuária.
(D) estabelecimentos públicos ou privados, que abriguem recintos coletivos, devem informar se pretendem criar ou não áreas destinadas exclusivamente aos fumantes, devidamente isoladas e com arejamento conveniente.
(E) produtores e comerciantes de veículos automotores informar o nível de emissão de gases tóxicos decorrentes da queima de combustível dos motores.

Todas as alternativas trazem deveres de informação óbvios. Porém a assertiva "D" está incorreta, devendo esta alternativa ser assinalada, pois, no Estado de São Paulo, onde se deu o concurso cuja questão se analisa, existe a chamada Lei Antifumo, que veda que se fume em recintos coletivos.
Gabarito "D".

(Defensoria/SP – 2007 – FCC) Certa empresa privada faz intensa campanha publicitária em que estimula a sociedade a ter consciência ambiental, porém, em sua atividade comercial, notoriamente realiza práticas altamente nocivas ao meio ambiente, contrariando diretamente os valores que prega. Trata-se de violação ao princípio de direito ambiental:

(A) da natureza pública da proteção ambiental.
(B) da obrigatoriedade da intervenção estatal.
(C) da educação ambiental.
(D) do poluidor-pagador.
(E) da prevenção e precaução.

O princípio da educação ambiental inclui, além da promoção da educação ambiental em todos os níveis de ensino, a conscientização pública para a preservação do meio ambiente e está previsto no inciso VI do § 1º do artigo 225 da CF. A Lei Federal 9.795/1999, por sua vez, instituiu a Política Nacional de Educação Ambiental.
Gabarito "C".

(Defensor Público/BA – 2006) O princípio constitucional ambiental inserido no artigo 225 da Magna Carta, que impõe a consideração do meio ambiente como fator determinante para tomada de decisões políticas, atuação administrativa, criação legislativa e qualquer medida ou atividade relevante à comunidade ou ao ambiente é chamado, na doutrina, de princípio da(o)

(A) poluidor-pagador ou da responsabilização.
(B) ubiquidade.
(C) educação ambiental.
(D) precaução.
(E) ação ambiental sustentável.

A: Incorreta, pois esse princípio tem outro sentido, qual seja, o de que o poluidor deve reparar o dano ambiental causado com sua conduta, bem como deve internalizar as externalidades negativas. **B:** Correta, já que princípio da ubiquidade caracteriza-se, de fato, pelo conteúdo atribuído, isto é, o de que as questões ambientais devem ser consideradas em todas atividades humanas, de modo a orientar a tomada de decisões nas várias esferas de atuação estatal e comunitária. **C:** Incorreta, pois esse princípio tem outro sentido, qual seja, o de que cabe ao Poder Público o dever de promover a educação ambiental em todos os níveis de ensino e a conscientização pública para a preservação do meio ambiente; **D:** Incorreta, uma vez que esse princípio tem outro sentido, qual seja, o de que, em caso de incerteza científica sobre eventual dano ao meio ambiente, deve-se atuar de modo a prevenir esse potencial dano, ou seja, "*in dubio pro natura*". **E:** Incorreta, pois esse princípio tem outro

sentido, qual seja, o de que se faz necessário compatibilizar as atividades econômicas com a proteção ao meio ambiente.
Gabarito "B".

4. PNMA SISNAMA

(Defensor Público/SP – 2012 – FCC) A Lei da Política Nacional do Meio Ambiente (Lei nº 6.938/81), após seus 30 anos de vigência, cumpre, de certa forma, o papel de Código Ambiental Brasileiro, assegurando normativamente:

(A) a exigência de licença ambiental e de estudo de impacto de vizinhança para atividades efetiva ou potencialmente poluidoras.

(B) a consagração da responsabilidade penal da pessoa jurídica.

(C) o reconhecimento da legitimidade do Ministério Público para propor ação de responsabilidade civil e criminal em decorrência de danos causados ao ambiente.

(D) a consagração expressa do princípio da precaução.

(E) a caracterização da responsabilidade subjetiva do poluidor pela reparação ou indenização do dano ecológico causado.

A: Incorreta. A exigência de licença ambiental é um dos dispositivos da Lei da Política Nacional do Meio Ambiente (art. 9.º, IV, da Lei 6.938/1981), ao passo que o estudo de impacto de vizinhança está previsto no Estatuto da Cidade (arts. 36 a 38 da Lei 10.257/2001). **B:** Incorreta, pois a responsabilidade penal da pessoa jurídica foi introduzida através da Lei de Crimes Ambientais (arts. 3.º e 21 da Lei 9.605/1998), após a abertura dada pelo art. 225, § 3.º, da CF, que prevê a aplicação de sanções penais e administrativas a pessoas jurídicas responsáveis por condutas lesivas ao meio ambiente. **C:** Correta, consoante o art. 14, § 1.º, da Lei 6.938/1981. **D:** Incorreta, pois esse princípio foi consagrado por ocasião da Rio/92 (Princípio 15 da Declaração do Rio: "Com o fim de proteger o meio ambiente, o princípio da precaução deverá ser amplamente observado pelos Estados, de acordo com suas capacidades. Quando houver ameaça de danos graves ou irreversíveis, a ausência de certeza científica absoluta não será utilizada como razão para o adiamento de medidas economicamente viáveis para prevenir a degradação ambiental"). **E:** Incorreta, uma vez que o art. 14 da Lei 6.938/1981 prevê a responsabilidade civil objetiva.
Gabarito "C".

(Defensoria/PI – 2009 – CESPE) Acerca da PNMA, assinale a opção correta.

(A) O órgão superior do SISNAMA é o Ministério do Meio Ambiente.

(B) O cadastro técnico federal de atividades e instrumentos de defesa ambiental é considerado instrumento da PNMA.

(C) O proprietário de imóvel rural pode instituir servidão ambiental, inclusive nas áreas de preservação permanente e de reserva legal, desde que com a anuência do órgão ambiental competente.

(D) O órgão consultivo e deliberativo do SISNAMA é o Conselho de Governo.

(E) A servidão ambiental prescinde de averbação no registro de imóveis competente.

A Política Nacional do Meio Ambiente (PNMA) foi instituída pela Lei 6.938/1981. **A:** Incorreta. O órgão superior do SISNAMA (Sistema Nacional do Meio Ambiente) é o Conselho de Governo (art. 6º, I, da Lei 6.938/1981). **B:** Correta, conforme o art. 9º, VIII, da Lei 6.938/1981. **C:** Incorreta (art. 9º-A, §§ 1º e 2º, da Lei 6.938/1981). **D:** Incorreta. O órgão consultivo e deliberativo do SISNAMA é o CONAMA – Conselho Nacional do Meio Ambiente (art. 6º, II, da Lei 6.938/1981). **E:** Incorreta (art. 9º-A, §§ 4º e 5º, da Lei 6.938/1981).
Gabarito "B".

5. INSTRUMENTOS DA POLÍTICA NACIONAL DO MEIO AMBIENTE

(Defensor Público/AM – 2013 – FCC) São ações administrativas da União promover o licenciamento ambiental de empreendimentos e atividades

(A) localizados ou desenvolvidos em unidades de conservação instituídas pela União, exceto em Áreas de Proteção Ambiental (APAs).

(B) localizados ou desenvolvidos em dois ou mais Municípios.

(C) de alto impacto ambiental.

(D) localizados ou desenvolvidos em rios federais.

(E) localizados ou desenvolvidos em terras quilombolas.

A: Correta, conforme o art. 7.º, XIV, "d", da Lei Complementar 140/2011. **B:** Incorreta. Nesse caso a competência é do Estado (art. 8.º, XIV, da Lei Complementar 140/2011). **C:** Incorreta. Esse não é o critério para a distribuição da competência para o licenciamento ambiental, previsto nos arts. 7.º a 9.º da Lei Complementar 140/2011; **D:** Incorreta. Não há tal previsão no art. 7.º, XIV, da Lei Complementar 140/2011; de qualquer forma, caso se verifique impacto de âmbito regional, atingindo, por exemplo, dois Estados, aí sim a competência para o licenciamento será da União (art. 7.º, XIV, "e", da Lei Complementar 140/2011). **E:** Incorreta. Não há essa previsão, apesar de haver quanto a empreendimentos localizados ou desenvolvidos em terras indígenas (art. 7.º, XIV, "c", da Lei Complementar 140/2011).
Gabarito "A".

(Defensoria Pública/SP – 2010 – FCC) Das atividades econômicas abaixo, NÃO está sujeito a prévio Estudo de Impacto Ambiental (EIA/RIMA) o projeto de

(A) exploração econômica de madeira em área acima de 100 hectares.

(B) barragem hidrelétrica com potencial de 9mW.

(C) estradas de rodagem com duas faixas de rolamento.

(D) portos e terminais de minério, petróleo e produtos químicos.

(E) ferrovias.

Para responder a essa questão, era necessário o conhecimento do art. 2º da Resolução CONAMA 1/1986. **A:** Correta (art. 2º, XIV, da Resolução). **B:** Incorreta, devendo esta alternativa ser assinalada. No caso de barragem hidrelétrica, somente as com potencial acima de 10mW é que dependem de EIA/RIMA (art. 2º, VII, da Resolução). **C:** Correta (art. 2º, I, da Resolução); **D:** Correta (art. 2º, III, da Resolução). **E:** Correta (art. 2º, II, da Resolução).
Gabarito "B".

(Defensoria/PA – 2009 – FCC) No curso do procedimento de licenciamento ambiental, pode o órgão ambiental licenciador determinar, como condição para a outorga da licença, que o empreendedor apoie a implantação e manutenção de unidade de conservação do grupo de proteção integral. Esta faculdade

(A) depende de requerimento do empreendedor neste sentido e o montante de recursos a ser destinado a esta finalidade será fixado de comum acordo com o órgão ambiental, para minimizar os custos correspondentes.

(B) pode ser exercida pelo órgão ambiental sempre que o empreendimento for de significativo impacto ambiental, com fundamento no EIA/RIMA, e o montante de recursos a ser destinado a esta finalidade deve ser proporcional ao impacto ambiental.

(C) pode ser exercida pelo órgão ambiental em qualquer hipótese de licenciamento e o montante de recursos a ser destinado a esta finalidade deve ser proporcional ao impacto ambiental.

(D) pode ser exercida pelo órgão ambiental sempre que o empreendimento for de significativo impacto ambiental, com fundamento no EIA/RIMA, e o montante de recursos a ser destinado a esta finalidade é livremente arbitrado pelo órgão ambiental.

(E) pode ser exercida pelo órgão ambiental em qualquer hipótese de licenciamento e o montante de recursos a ser destinado a esta finalidade é livremente arbitrado pelo órgão ambiental.

Conforme o art. 36 da Lei 9.985/2000, que institui o Sistema Nacional de Unidades de Conservação da Natureza (SNUC).
Gabarito "B".

(Defensor Público/PA – 2006 – UNAMA) Considere as seguintes afirmações sobre Licenciamento Ambiental:

I. Trata-se de ato administrativo pelo qual o órgão ambiental competente estabelece as condições, restrições e medidas de controle ambiental, que deverão ser obedecidas pelo empreendedor, pessoa física ou jurídica, para localizar, instalar, ampliar e operar empreendimentos ou atividades utilizadoras dos recursos ambientais consideradas efetiva ou potencialmente poluidoras, ou aquelas que, sob qualquer forma, possam causar degradação ambiental.

II. Dependem de licenciamento a construção, instalação, ampliação e funcionamento de estabelecimentos e atividades utilizadoras de recursos ambientais, consideradas efetiva ou potencialmente poluidoras, bem como os capazes, sob qualquer forma, de causar degradação ambiental.

III. O EIA/RIMA é indispensável para o licenciamento ambiental.

IV. A audiência pública é parte obrigatória do licenciamento ambiental.

Somente é correto o que se afirma em:

(A) II.
(B) III.
(C) I, II e III.
(D) II e IV.

I: Incorreta. O licenciamento ambiental não é um ato administrativo, mas um procedimento administrativo (art. 2º, I, da Lei Complementar 140/2011 e art. 1º, I, da Resolução CONAMA nº 237/1997). II: Correta, conforme o art. 1º, I, da Resolução CONAMA nº 237/1997. III: incorreta. O EIA/RIMA somente se faz necessário quando se estiver diante de licenciamento ambiental de atividade que possa causar significativo impacto ambiental (art. 225, § 1º, IV, da CF). IV: Incorreta. A audiência pública só é realizada nos licenciamentos de atividades potencialmente causadoras de significativa degradação do meio ambiente e desde que solicitada pelo Ministério Público, entidade da sociedade civil ou 50 ou mais cidadãos, de acordo com a regulamentação pertinente (art. 10, V, da Resolução CONAMA nº 237/1997 c/c a Resolução 00/1987 do CONAMA).
Gabarito "A".

(Defensoria/SP – 2006 – FCC) O licenciamento ambiental é feito em três etapas distintas, conforme a outorga das seguintes licenças: a prévia, a de instalação e a de operação. A licença de instalação NÃO poderá ultrapassar

(A) 10 anos.
(B) 6 anos.
(C) 5 anos.
(D) 3 anos.
(E) 2 anos.

O licenciamento ambiental está previsto na Lei Complementar 140/2011, no art. 19 do Decreto 99.274/1990 e nos arts. 8º e 18 da Resolução COMAMA nº 237/1997. Quantos aos prazos de validade de cada tipo de licença, confira o art. 18, II, da Resolução CONAMA nº 237/1997.
Gabarito "B".

(Defensor Público/BA – 2006) O licenciamento ambiental compreende

(A) o procedimento administrativo pelo qual o órgão ambiental competente licencia a localização, instalação, ampliação e a operação de empreendimentos e atividades utilizadoras de recursos ambientais consideradas efetiva e potencialmente poluidoras ou daquelas que, sob qualquer forma, possam causar degradação ambiental, consideradas efetiva ou potencialmente poluidoras ou aquelas que, sob qualquer forma, possam causar degradação ambiental.

(B) a definição de setores ou zonas em uma unidade de conservação com objetivos de manejo e normas específicas, com propósito de proporcionar os meios e condições para que todos os objetivos da unidade possam ser alcançados de forma harmônica e eficaz.

(C) o procedimento formal e material de elaboração do relatório de alteração de propriedades físicas, químicas e biológicas do meio ambiente que afetam a saúde, segurança e bem-estar das populações, atividades econômicas, biota, condições estéticas e sanitárias do meio ambiente e qualidade dos recursos ambientais.

(D) duas etapas, separadas e sucessivas, nos termos do cronograma do empreendimento, sendo a primeira etapa a licença prévia e a última a licença de instalação, com a qual finaliza-se o procedimento administrativo.

(E) o procedimento formal e material de elaboração do relatório de alteração de propriedades ambientais, com propósito de proporcionar os meios e condições para que todos os objetivos da unidade possam ser alcançados de forma harmônica e eficaz.

Essa questão deve ser analisada com cautela, por ser anterior à edição da LC 140/2011. A: Correta. Trata-se de assertiva conforme a definição conferida no art. 1º, I, da Resolução CONAMA nº 237/1997; porém, é bom ressaltar que, posteriormente à elaboração da presente questão, foi editada a Lei Complementar nº 140/2011, que trouxe nova definição de licenciamento ambiental, qual seja: "O procedimento administrativo destinado a licenciar atividades ou empreendimentos utilizadores de recursos ambientais, efetiva ou potencialmente poluidores ou capazes, sob qualquer forma, de causar degradação ambiental" (art. 2º, I). B: Incorreta. Essa é a definição de "zoneamento" prevista na Lei de Unidades de Conservação (art. 2º, XVI, da Lei 9.985/2000);

C: Incorreta. Essa é a definição do EIA/RIMA, prevista na Resolução CONAMA nº 1/1986. **D:** Incorreta, pois são três etapas que culminam, respectiva e sucessivamente, nas licenças prévia, de instalação e de operação (art. 19 do Decreto 99.274/1990 e art. 8º da Resolução CONAMA nº 237/1997); **E:** Incorreta. Tal definição diz respeito ao zoneamento e ao plano de manejo, e não ao licenciamento ambiental (art. 2º, XVI e XVII, da Lei 9.985/2000).

Gabarito "A".

(Defensor Público/BA – 2006) O estudo prévio de impacto ambiental

(A) encontra amparo na legislação infraconstitucional, mas não foi expresso na Magna Carta.

(B) não precisa ser realizado antes da instalação de obra ou atividade potencialmente causadora de significativa degradação ambiental, uma vez que o Poder Público pode exigi-lo ou não, fundado em seu poder discricionário.

(C) é obrigatório inclusive para atividades potencialmente causadoras de ínfima ou mínima degradação ambiental.

(D) está previsto no texto da Constituição Federal e significa o estudo que precede a execução de qualquer projeto, público ou privado, que possa implicar significativa degradação ao ambiente.

(E) apresenta-se como sendo o procedimento formal e material de elaboração do relatório de alteração de propriedades ambientais impactantes do ecossistema e que afetam diretamente o princípio do poluidor-pagador.

A: Incorreta, uma vez que está expresso no art. 225, § 1º, IV, da CF. **B:** Incorreta. Em caso de significativo impacto ambiental, o EIA/RIMA é obrigatório, por imperativo constitucional (art. 225, § 1º, IV, da CF); ademais, o próprio texto constitucional é claro ao dispor que esse estudo é "prévio", ou seja, deve ser realizado antes da instalação da obra ou atividade. **C:** incorreto, pois só é obrigatório para atividades potencialmente causadoras de significativo impacto ambiental (art. 225, § 1º, IV, da CF); **D:** Correta, conforme o art. 225, § 1º, IV, da CF). **E:** Incorreta. A expressão "poluidor-pagador" está totalmente deslocada no conceito de relatório de impacto ambiental, decorrente do disposto na Resolução CONAMA nº 1/1986 (vide art. 1º).

Gabarito "D".

6. UNIDADES DE CONSERVAÇÃO

(Defensor Público/SP – 2012 – FCC) No Estado do Acre, onde, a partir da década de 1970, iniciou-se um processo acelerado de desmatamento da floresta para dar lugar a grandes pastagens de gado, Chico Mendes, junto ao movimento local dos seringueiros, desenvolveu práticas pacíficas de resistência para defender a floresta. A sua luta contra a devastação da Floresta Amazônica chamou a atenção do mundo, especialmente em razão da sua morte, ocorrida em 22 de dezembro de 1988. Em vista de tal cenário, com o propósito de proteger áreas de relevância ambiental e regulamentar o disposto no art. 225, § 1.º, I, II, III e VII, da Lei Fundamental de 1988, o legislador infraconstitucional editou a Lei do Sistema Nacional de Unidades de Conservação – SNUC (Lei nº 9.985/2000). Integra a categoria de Unidade de Conservação de Uso Sustentável:

(A) Estação Ecológica.

(B) Área de Relevante Interesse Ecológico.

(C) Reserva Biológica.

(D) Monumento Natural.

(E) Refúgio da Vida Silvestre.

A: Incorreta. A assertiva "A" refere-se à Unidade de Proteção Integral (art. 8.º, I, da Lei 9.985/2000). **B:** Correta (art. 14, II, da Lei 9.985/2000). **C:** Incorreta. A assertiva "C" refere-se à Unidade de Proteção Integral (art. 8.º, II, da Lei 9.985/2000). **D:** incorreta. A assertiva "D" refere-se à Unidade de Proteção Integral (art. 8.º, IV, da Lei 9.985/2000). **E:** incorreta. A assertiva "E" refere-se à Unidade de Proteção Integral (art. 8.º, V, da Lei 9.985/2000).

Gabarito "B".

(Defensoria Pública/SP – 2010 – FCC) Das categorias de unidades de conservação abaixo, NÃO se caracteriza como Unidade de Proteção Integral:

(A) Área de Proteção Ambiental (APA).

(B) Estação Ecológica.

(C) Reserva Biológica.

(D) Parque Nacional.

(E) Refúgio da Vida Silvestre.

As unidades de proteção integral estão mencionadas no art. 8º da Lei 9.985/2000, que instituiu o Sistema Nacional de Unidades de Conservação da Natureza, e não inclui a área de proteção ambiental (APA), que é uma unidade de uso sustentável (art. 14, I, da Lei 9.985/2000).

Gabarito "A".

(Defensor Público/BA – 2006) Assinale a alternativa cujo conceito contido no enunciado encontra correspondência adequada com sua significação normativa.

(A) As áreas representativas de ecossistemas brasileiros, destinadas à realização de pesquisas básicas e aplicadas de Ecologia, a proteção do ambiente natural e ao desenvolvimento da educação conservacionista são chamadas de "reservas extrativistas".

(B) A área natural que abriga populações tradicionais, cuja existência baseia-se em sistemas sustentáveis de exploração dos recursos naturais, desenvolvidos ao longo de gerações e adaptados às condições ecológicas locais e que desempenham um papel fundamental na proteção da natureza e na manutenção da diversidade biológica, são os "parques nacionais".

(C) São áreas de trechos contínuos do território nacional, inclusive suas águas territoriais, a serem preservados e valorizados no sentido cultural e natural, e destinados à realização de planos e projetos de desenvolvimento turístico os "jardins botânicos, hortos florestais e zoológicos".

(D) O espaço territorial e seus recursos ambientais, incluindo as águas jurisdicionais, com características naturais relevantes, legalmente instituído pelo Poder Público, com objetivos de conservação e limites definidos, sob regime especial de administração, ao qual se aplicam garantias adequadas de proteção são as chamadas "unidades de conservação".

(E) São áreas de trechos contínuos do território nacional, destinadas à realização de pesquisas básicas e aplicadas de Ecologia, com objetivos de tutela e proteção específica, sob regime especial de administração, ao qual se aplicam garantias adequadas de proteção são as chamadas "áreas especiais de proteção ambiental".

A: Incorreta. A reserva extrativista "é uma área utilizada por populações extrativistas tradicionais, cuja subsistência baseia-se no extrativismo e, complementarmente, na agricultura de subsistência e na criação de animais de pequeno porte, e tem como objetivos básicos proteger os meios de vida e a cultura dessas populações, e assegurar o uso sustentável dos recursos naturais da unidade" (art. 18, "caput", da Lei 9.985/2000). **B:** Incorreta. Essas áreas são chamadas de Reservas de Desenvolvimento Sustentável (art. 20, "caput", da Lei 9.985/2000); **C:** Incorreta. A Lei 9.985/2000 não prevê unidade de conservação com esses três nomes; **D:** Correta, conforme o art. 2º, I, da Lei 9.985/2000. **E:** Incorreta. Não existe na Lei 9.985/2000 espécie de unidade de conversação com essa nomenclatura (arts. 8º e 14 da Lei 9.985/2000).

Gabarito "D".

(Defensoria/SP – 2006 – FCC) O Sistema Nacional de Unidades de Conservação da Natureza estabelece dois grupos de unidades de conservação, as de Proteção Integral e as de Uso Sustentável. São Unidades de Proteção Integral:

(A) Refúgio da Vida Silvestre, Área de Proteção Ambiental, Reserva Extrativista, Reserva Biológica e Estação Ecológica.

(B) Estação Ecológica, Área de Proteção Ambiental, Floresta Nacional, Refúgio da Vida Silvestre e Reserva Extrativista.

(C) Reserva Biológica, Parque Nacional, Reserva da Fauna, Floresta Nacional e Reserva Extrativista.

(D) Área de Proteção Ambiental, Floresta Nacional, Reserva Extrativista, Monumento Natural e Refúgio da Vida Silvestre.

(E) Estação Ecológica, Reserva Biológica, Parque Nacional, Monumento Natural e Refúgio da Vida Silvestre.

São Unidades de Proteção Integral as previstas no art. 8º da Lei 9.985/2000. Já as Unidades de Uso Sustentável estão previstas no art. 14 da Lei 9.985/2000.

Gabarito "E".

7. CÓDIGO FLORESTAL

(Defensor Público/AC – 2017 – CESPE) Para preservar área de proteção ambiental permanente, uma lei municipal determinou recuo obrigatório de construção em propriedades situadas em localidade de certo município.

Nessa situação hipotética, ocorre restrição ao direito de propriedade denominada

(A) servidão administrativa.

(B) tombamento.

(C) apossamento administrativo.

(D) desapropriação por utilidade pública.

(E) limitação administrativa.

A: Errada, pois a servidão administrativa é um ônus real público incidente sobre uma propriedade alheia, autorizando ao poder público a usar da propriedade para permitir a execução de obras e serviços de interesse da coletividade. **B:** Errada, pois o tombamento é modalidade de intervenção na propriedade que tem por objetivo a proteção do patrimônio histórico, cultural, arqueológico, artístico, turístico ou paisagístico. **C:** Errado, pois se trata de modalidade de intervenção que ocorre quando o Poder Público, inexistindo acordo ou processo judicial adequado (como seria num procedimento de desapropriação regular), se apossa do bem particular, sem consentimento de seu proprietário, obrigando-o a ir a juízo para reclamar a indenização. **D:** Errada, pois é quando o objetivo do decreto do Poder Público é trazer comodidade e utilidade à coletividade no âmbito de intervenção da propriedade por meio de desapropriação. **E:** Correta, pois constitui medida de caráter geral, prevista em lei e com fundamento no poder de política do Estado, com limitações, no caso, em relação à propriedade, com a finalidade de possibilidade a melhor fruição do direito ao bem-estar social.

Gabarito "E".

(Defensor Público/TO – 2013 – CESPE) A respeito da proteção e uso das florestas e demais formas de vegetação nativa, assinale a opção correta.

(A) São áreas de preservação permanente, além das elencadas no Código Florestal, as áreas cobertas com florestas e demais formas de vegetação nativa consideradas de interesse social, devendo a declaração de interesse social ocorrer, necessariamente, por lei em sentido formal.

(B) Considera-se manejo sustentável a substituição de vegetação nativa e de formações sucessoras por outras coberturas do solo, como atividades agropecuárias, industriais, de geração e transmissão de energia, de mineração e de transporte, assentamentos urbanos ou outras formas de ocupação humana.

(C) A área de preservação permanente é a que se localiza no interior de uma propriedade ou posse rural, devendo ser mantida a sua cobertura vegetal nativa, por ser ela necessária ao abrigo e proteção da fauna e flora nativas, à conservação da biodiversidade e à reabilitação dos processos ecológicos.

(D) As florestas existentes no território nacional e as demais formas de vegetação nativa, reconhecidas de utilidade às terras que revestem, são bens de interesse comum a todos os habitantes do país, exercendo-se os direitos de propriedade com as limitações que a legislação em geral, e em especial o Código Florestal, estabelecem.

(E) Dada a competência da União para legislar privativamente sobre florestas, áreas de preservação permanente e de reserva legal, a legislação federal pertinente – Código Florestal – contém normas de aplicação obrigatória por todos os entes da Federação.

A: incorreta, pois são Áreas de Preservação Permanente por força de lei as previstas no art. 4.º da Lei 12.651/2012 e, por força de ato do Chefe do Executivo (por exemplo, por Decreto) as mencionadas pelo art. 6.º da Lei 12.651/2012, que contemplam a hipótese prevista na alternativa ora comentada; assim, não é necessário lei em sentido formal para a declaração de que tais áreas (as previstas no art. 6.º) são de interesse social e constituem Área de Preservação Permanente; **B:** incorreta, pois a alternativa definiu o instituto do "uso alternativo do solo" e não do "manejo sustentável", conforme art. 3.º, VI e VII, respectivamente, da Lei 12.651/2012; **C:** incorreta, pois a alternativa definiu o instituto da "reserva legal" e não da "área de preservação permanente" (art. 3.º, III e II, respectivamente, da Lei 12.651/2012); **D:** correta (art. 2.º, "caput", da Lei12.651/2012); **E:** incorreta, pois a competência não é privativa da União, mas concorrente dela, dos Estados e do Distrito Federal, cabendo à União editar normas gerais, sem prejuízo de Estados e Distrito Federal legislar inexistindo lei geral federal ou para suplementar a legislação federal (art. 24, VI e §§. 1º a 4.º, da CF).

Gabarito "D".

(Defensor Público/AM – 2013 – FCC) A intervenção ou a supressão de vegetação nativa em área de preservação permanente

(A) poderá ser autorizada, excepcionalmente, nas restingas estabilizadoras de mangues e nos manguezais, em locais onde a função ecológica do manguezal esteja comprometida, para execução de obras habitacionais

e de urbanização, inseridas em projetos de regularização fundiária de interesse social, em áreas urbanas consolidadas ocupadas por população de baixa renda.
(B) não será autorizada.
(C) somente ocorrerá nas hipóteses de utilidade pública e de interesse social.
(D) protetora de nascentes, dunas e restingas somente poderá ser autorizada em caso de interesse social.
(E) poderá ser autorizada desde que haja solicitação tecnicamente fundamentada do proprietário ou possuidor do imóvel.

A: Correta, consoante o art. 8.º, § 2.º, da Lei 12.651/2012. B: Incorreta, pois há autorização expressa no art. 8.º, § 2.º, da Lei 12.651/2012. C: Incorreta, pois também é cabível na hipótese de baixo impacto ambiental, na forma da lei, tudo conforme o art. 8.º, "caput", da Lei 12.651/2012. D: Incorreta. Nessas hipóteses, só é possível a autorização em caso de utilidade pública (art. 8.º, § 1.º, da Lei 12.651/2012). E: Incorreta. Não basta esse tipo de solicitação, sendo necessário que se enquadre nas hipóteses taxativas previstas no art. 3º, VIII, IX e X c/c o art. 8.º da Lei 12.651/2012.
Gabarito "A".

(Defensor Público/TO – 2013 – CESPE) A respeito da proteção e uso das florestas e demais formas de vegetação nativa, assinale a opção correta.
(A) São áreas de preservação permanente, além das elencadas no Código Florestal, as áreas cobertas com florestas e demais formas de vegetação nativa consideradas de interesse social, devendo a declaração de interesse social ocorrer, necessariamente, por lei em sentido formal.
(B) Considera-se manejo sustentável a substituição de vegetação nativa e de formações sucessoras por outras coberturas do solo, como atividades agropecuárias, industriais, de geração e transmissão de energia, de mineração e de transporte, assentamentos urbanos ou outras formas de ocupação humana.
(C) A área de preservação permanente é a que se localiza no interior de uma propriedade ou posse rural, devendo ser mantida a sua cobertura vegetal nativa, por ser ela necessária ao abrigo e proteção da fauna e flora nativas, à conservação da biodiversidade e à reabilitação dos processos ecológicos.
(D) As florestas existentes no território nacional e as demais formas de vegetação nativa, reconhecidas de utilidade às terras que revestem, são bens de interesse comum a todos os habitantes do país, exercendo-se os direitos de propriedade com as limitações que a legislação em geral, e em especial o Código Florestal, estabelecem.
(E) Dada a competência da União para legislar privativamente sobre florestas, áreas de preservação permanente e de reserva legal, a legislação federal pertinente – Código Florestal – contém normas de aplicação obrigatória por todos os entes da Federação.

A: Incorreta. São Áreas de Preservação Permanente por força de lei as previstas no art. 4.º da Lei 12.651/2012 e, por força de ato do Chefe do Executivo (por exemplo, por Decreto) as mencionadas pelo art. 6.º da Lei 12.651/2012, que contemplam a hipótese prevista na alternativa ora comentada. Assim, não é necessário lei em sentido formal para a declaração de que tais áreas (como as previstas no art. 6.º) são de interesse social e constituem Área de Preservação Permanente. B: Incorreta. A alternativa definiu o instituto do "uso alternativo do solo" e não do "manejo sustentável", conforme art. 3.º, VI e VII, respectivamente, da Lei 12.651/2012. C: Incorreta. A alternativa definiu o instituto da "reserva legal" e não da "área de preservação permanente" (art. 3.º, III e II, respectivamente, da Lei 12.651/2012). D: Correta (art. 2.º, "caput", da Lei 12.651/2012). E: Incorreta. A competência não é privativa da União, mas concorrente com os Estados e o Distrito Federal, cabendo à União editar normas gerais, sem prejuízo de Estados suplementar a legislação federal e legislar inexistindo lei geral federal (art. 24, VI e §§ 1º a 4.º, da CF).
Gabarito "D".

8. RESPONSABILIDADE CIVIL AMBIENTAL

(Defensoria/PA – 2009 – FCC) A responsabilidade civil daquele que explorar recursos minerais, por danos causados ao meio ambiente, é
(A) subjetiva e depende de caracterização de conduta dolosa por parte do particular.
(B) objetiva e não implica a obrigação de recuperação da área degradada.
(C) objetiva e deverá compreender a obrigação de recuperação da área degradada, na forma definida pelo órgão ambiental.
(D) objetiva e subordinada às condutas praticadas pelo proprietário do imóvel.
(E) subjetiva e depende da comprovação de que o dano foi causado por violação à autorização ou concessão de lavra.

Nos termos do art. 225, §§ 2º e 3º, da CF, a alternativa correta é a "C".
Gabarito "C".

9. RESPONSABILIDADE PENAL AMBIENTAL

(Defensor Público/AM – 2013 – FCC) Pedro, em estado de necessidade, para saciar sua fome e de sua família, composta por esposa e cinco filhos, abateu animal da fauna amazônica. Segundo a Lei Federal nº 9.605/98, que dispõe sobre as sanções penais e administrativas derivadas de condutas e atividades lesivas ao meio ambiente, tal fato
(A) é tipificado como crime.
(B) é tipificado como contravenção penal.
(C) é tipificado como crime, sendo a situação descrita circunstância atenuante da pena.
(D) não é considerado crime.
(E) é tipificado como crime, sendo a ação penal neste caso pública condicionada à representação.

A, B, C e E: Incorretas, pois o art. 37, I, da Lei 9.605/1998 dispõe que não é crime (nem contravenção penal, por extensão, já que se tem excludente de antijuridicidade, ante o estado de necessidade) tal conduta; D: Correta, nos termos do art. 37, I, da Lei 9.605/1998.
Gabarito "D".

(Defensor Público/AC – 2006 – CESPE) Consoante as sanções penais e administrativas derivadas de condutas e atividades lesivas ao meio ambiente, nos termos da legislação vigente, assinale a opção incorreta.
(A) No tocante ao elenco de penas restritivas de direito aplicáveis à espécie, admite-se o recolhimento domiciliar.

(B) A baixa escolaridade ou grau de instrução não constitui argumento suficiente para atenuar a pena aplicada.
(C) Uma pessoa jurídica está sujeita ao cumprimento de pena.
(D) Constitui circunstância que agrava a pena aplicada ter o agente cometido a infração em período de defeso da fauna.

A: Assertiva correta (art. 8º, V, da Lei 9.605/1998). **B:** Assertiva incorreta, devendo esta alternativa ser assinalada, pois são circunstâncias que atenuam a pena (art. 14, I, da Lei 9.605/1998). **C:** Assertiva correta, sendo que as penas cabíveis às pessoas jurídicas são de multa, restritivas de direitos e prestação de serviços à comunidade (art. 21 da Lei 9.605/1998). **D:** Assertiva correta (art. 15, II, "g", da Lei 9.605/1998).
Gabarito "B".

(Defensor Público/BA – 2006) O artigo 35 da Lei 9.605/1998 (crimes e infrações administrativas contra o meio ambiente) dispõe o que segue: "Pescar mediante a utilização de: I – explosivos ou substâncias que, em contato com a água, produzem efeito semelhante; II – substâncias tóxicas, ou outro meio proibido pela autoridade competente: Pena – reclusão, de um a cinco anos". Analisando o conteúdo da determinação legal têm-se que:

(A) A conduta típica é o uso de explosivos ou substâncias que, em contato com a água, produzem efeito semelhante. Admite-se, nesse caso, norma suplementar para suprir a norma penal em branco.
(B) Não há possibilidade de tentativa no crime descrito.
(C) Empresas de pesca não podem ser sujeitos ativos do crime porque não é admitida a responsabilidade penal da pessoa jurídica no direito brasileiro.
(D) O elemento subjetivo do crime contempla a forma culposa.
(E) Encontra-se previsto no tipo penal, de forma implícita, hipótese excludente de culpabilidade do agente.

A: Correta, pois há expressões que dependem de maior explicação. **B:** Incorreta, já que o crime em questão não é daqueles em que não se admite tentativa, como os crimes culposos, os crimes omissivos próprios, os crimes unissubsistentes, dentre outros. **C:** Incorreta. A pessoa jurídica pode, sim, ser sujeito ativo de crime ambiental (arts. 3º, "caput", e 21 da Lei 9.605/1998). **D:** Incorreta. Para o crime culposo a lei deve dispor expressamente que também se configura por conduta culposa em sentido estrito. **E:** Incorreta, pois não há previsão, no tipo penal em tela, de qualquer das causas excludentes de culpabilidades, como a inimputabilidade, a embriaguez, a falta de potencial consciência da ilicitude e a inexigibilidade de conduta diversa.
Gabarito "A".

(Defensor Público/BA – 2006) A responsabilidade penal da pessoa jurídica pelas atividades lesivas ao meio ambiente

(A) não foi prevista pelo legislador pátrio, eis que vigente o entendimento de que "societat potest non delinquere".
(B) diversamente das penas previstas para pessoas naturais, as sanções para as pessoas jurídicas são, especificamente, a suspensão parcial ou total de atividade; interdição temporária de estabelecimento, obra ou atividade; proibição de contratar com o Poder Público, bem como dele obter subsídios, subvenções ou doações.
(C) estipula a aplicabilidade das penas de multa, restritivas de direitos e prestação de serviços à comunidade, desconsideração da personalidade jurídica da sociedade e pena restritiva de direitos para seus representantes legais ou contratuais.
(D) fica subordinada a infração ter sido cometida por decisão do representante legal ou contratual, ou do órgão colegiado, no interesse ou benefício da sociedade.
(E) encontra o seu fundamento na teoria da responsabilidade aquiliana ou extracontratual.

A: Incorreta, uma vez que a Lei 9.605/1998, em seu art. 3º, caput, e art. 21, prevê a responsabilidade penal da pessoa jurídica. **B** e **C:** Incorretas. As sanções penais aplicáveis à pessoa jurídica são multa, restritiva de direitos e prestação de serviços à comunidade (art. 21 da Lei 9.605/1998), não havendo que se falar em sanção penal de "desconsideração da personalidade jurídica da sociedade", que, por sua vez, está previsto no art. 4º da Lei 9.605/1998. **D:** Correta, nos termos do art. 3º da Lei 9.605/1998. **E:** Incorreta. Essa teoria é própria do Direito Civil, e não do Direito Penal.
Gabarito "D".

(Defensor Público/PA – 2006 – UNAMA) Sobre a responsabilidade por dano ambiental e sobre a responsabilidade penal da pessoa jurídica, é correto afirmar:

I. Dentre os argumentos contrários à responsabilização da pessoa jurídica, destacam-se: de que o direito penal moderno se funda nos princípios da culpabilidade e da personalidade das penas; que a pessoa jurídica é incapaz de, voluntariamente, realizar conduta e atender a exigências subjetivas de tipificação, não podendo ser intimidada ou reeducada.
II. Na Lei de Crimes Ambientais, há dispositivo legal que afirma que as pessoas jurídicas serão responsabilizadas administrativa, civil e penalmente, nos casos em que a infração seja cometida por decisão de seu representante legal ou contratual, ou de seu órgão colegiado, no interesse ou benefício da sua entidade.
III. Dano nuclear é o dano pessoal ou material, produzido como resultado direto ou indireto das propriedades radioativas, da sua combinação com as propriedades tóxicas ou com outras características dos materiais nucleares, que se encontrem em instalação nuclear, ou dela procedentes ou a ela enviados.
IV. A doutrina leciona que os danos ambientais coletivos dizem respeito aos sinistros causados ao meio ambiente *lato sensu*, repercutindo em interesses difusos, pois lesam diretamente uma coletividade indeterminada ou indeterminável de titulares. Os direitos decorrentes dessas agressões caracterizam-se pela inexistência de uma relação jurídica base, no aspecto subjetivo, e pela indivisibilidade (ao contrário dos danos ambientais pessoais) do bem jurídico, diante do aspecto objetivo.

Somente é correto o que se afirma em:

(A) I.
(B) I e II.
(C) II e IV.
(D) I, II, III e IV.

I: Correta. Essa crítica é pertinente ao tema da responsabilidade penal ambiental e foi muito forte quando da introdução em nosso ordenamento jurídico da Lei 9.605, de 1998. **II:** Correta, conforme o art. 3º da Lei 9.605/1998. **III:** Correta, ao trazer a definição de dano nuclear (art. 1º, VII, da Lei 6.453/1977, que dispõe sobre a responsabilidade civil por danos nucleares e a responsabilidade criminal por atos relacionados com atividades nucleares). **IV:** Correta, já que traz elementos

adequados à definição de interesses difusos (art. 81, parágrafo único, I, do CDC). De fato a afirmativa acerta ao dizer que os titulares são uma coletividade indeterminada, que o bem jurídico é indivisível e que NÃO há uma relação jurídica base, sendo que, quanto a este último ponto, vale lembrar que, nos interesses difusos, há uma mera relação de fato entre seus titulares, diferentemente do que o ocorre nos interesses coletivos em sentido estrito (art. 81, parágrafo único, II, do CDC), em que há relação jurídica base.
Gabarito "D".

10. PROTEÇÃO JUDICIAL DO MEIO AMBIENTE

(Defensoria/MA – 2009 – FCC) O órgão ambiental competente, integrante do Sistema Nacional do Meio Ambiente – SISNAMA, outorga licença ambiental a determinado empreendedor, permitindo-lhe o exercício de atividade que se mostra lesiva ao meio ambiente. Pretendendo anular judicialmente o ato administrativo de outorga da licença, uma associação civil regularmente constituída, com objetivo de preservação ambiental, poderá ajuizar

(A) ação popular.
(B) mandado de segurança coletivo.
(C) mandado de segurança individual.
(D) ação direta de inconstitucionalidade.
(E) ação civil pública.

A: Incorreta. Somente o cidadão pode ingressar com ação popular (art. 5º, LXXIII, da CF). B: Incorreta. A associação civil só pode ingressar com mandado de segurança coletivo para a defesa dos interesses de seus membros ou associados (art. 21 da Lei 12.016/2009) e a situação narrada no enunciado diz respeito à defesa de interesses difusos, que transcendem os associados da entidade. C: Incorreta. A associação, por meio de mandado de segurança individual, só pode defender interesse da própria associação, e o caso, como se viu, diz respeito a interesses difusos. D: incorreta. O caso em tela diz respeito à anulação de um simples ato administrativo, ao passo que a ADIN visa declarar a inconstitucionalidade de ato normativo. E: Correta, conforme o art. 5º, V, da Lei 7.347/1985.
Gabarito "E".

(Defensoria/MG – 2009 – FURMARC) Estão legitimados para a propositura da Ação Cautelar Preparatória, bem como para a ação principal atinente à Ação Civil Pública (Lei n.º 7.347 de 24 de junho de 1985, alterada pela Lei n.º 11.448 de 15 de janeiro de 2007), na busca da proteção do meio ambiente, EXCETO:

(A) Ministério Público.
(B) A Defensoria Pública.
(C) A União, os Estados, o Distrito Federal e os Municípios.
(D) A Autarquia, empresa pública, fundação ou sociedade de economia mista.
(E) A associação que esteja constituída há pelo menos 06 (seis) meses.

A: Correta, conforme o art. 5º, I, da Lei 7.347/1985. B: Correta, consoante o art. 5º, II, da Lei 7.347/1985). C: correta (art. 5º, III, da Lei 7.347/1985). D: correta (art. 5º, IV, da Lei 7.347/1985). E: assertiva incorreta, devendo esta alternativa ser assinalada, já que a associação deve estar constituída há pelo menos 1 (um) ano, além de incluir, em suas finalidades, a proteção do meio ambiente (art. 5º, V, "a" e "b", da Lei 7.347/1985).
Gabarito "E".

(Defensoria/PI – 2009 – CESPE) A respeito do inquérito civil, assinale a opção correta.

(A) Se, no curso de um inquérito civil, sobrevir um compromisso de ajustamento de conduta, os colegitimados que discordarem da solução estarão impedidos de propor eventuais ações civis públicas.
(B) Quando um inquérito civil é arquivado, ele gera direito adquirido.
(C) O encerramento de um inquérito civil caracteriza-se pela decisão do membro do MP em arquivá-lo.
(D) O inquérito civil pode ser instaurado para investigar um estado de coisas, como a poluição de um rio, ou uma situação permanente.
(E) O prazo de tramitação de um inquérito civil é de trinta dias, prorrogáveis por mais trinta dias.

A: Incorreta. Os colegitimados poderão questionar em juízo a legalidade dos termos do compromisso de ajustamento celebrado. B: Incorreta. O inquérito civil é um mero procedimento de investigação com vistas à propositura de ação civil pública, nada impedindo que, posteriormente, elementos sejam coligidos pelos legitimados para o ingresso da ação civil pública, ingressando-se com esta contra o investigado no inquérito civil arquivado. C: Incorreta. A arquivamento deve ser submetido ao Conselho Superior do Ministério Público, que pode tanto concordar com o arquivamento, como determinar novas investigações, ou mesmo determinar que outro órgão do Ministério Público ingresse com ação civil pública (art. 9º da Lei 7.347/1985). D: Correta, pois, muitas vezes, não há, ainda, elementos que levem uma pessoa a ser investigada, iniciando-se a investigação pela verificação do estado de coisas. E: Incorreta. Não há o prazo mencionado na regulamentação do inquérito civil pela Lei 7.347/1985.
Gabarito "D".

11. ESTATUTO DA CIDADE

(Defensor Público/PA – 2006 – UNAMA) No que tange ao Estatuto da Cidade e à Constituição Federal, é correto afirmar:

I. A propriedade urbana e o seu exercício, consoante sua função social, sofrem formação e condicionamento de acordo com as normas urbanísticas municipais e demais disposições e diretrizes nacionais e estaduais referentes à matéria. Por consequência, estará condicionado o seu exercício ao desenvolvimento das funções urbanísticas da cidade, quais sejam: habitação, lazer, trabalho e circulação.
II. Da leitura do art. 24, I da Constituição Federal, deduz-se que ao município não cabe o direito de legislar sobre a questão urbana, posto que não se inclui entre os entes federativos para legislar concorrentemente.
III. Sobre a usucapião especial de imóvel urbano, a doutrina aponta duas finalidades precípuas para serem cumpridas. A primeira seria a de instrumento para regularização fundiária, assegurando o direito de moradia à população de baixa renda. Desta forma, através deste instrumento, seria revertida a exclusão da maioria da população brasileira à propriedade urbana. A segunda finalidade seria a do cumprimento da função social da propriedade urbana, forçando a utilização de espaços vazios, sob pena da perda da propriedade e democratizando, assim, o acesso à propriedade.

IV. Na sua essência, favelas são assentamentos humanos precários que resultam, originalmente, da invasão de áreas urbanas privadas e públicas. Em termos jurídicos, o que distingue as favelas das outras formas de ocupação precária da terra urbana, comuns no Brasil, como, por exemplo, os chamados loteamentos "clandestinos" ou "irregulares", é, basicamente, o fato de que os favelados – pelo menos no momento da ocupação original da terra – não têm qualquer título de posse ou propriedade.

Somente é correto o que se afirma em:

(A) I e II.
(B) II e IV.
(C) I, III e IV.
(D) I, II, III e IV.

I: Correta, conforme o art. 2º, I, da Lei 10.257/2001 – Estatuto da Cidade. **II:** Incorreta. O art. 24, I, não pode ser lido de maneira isolada. Com efeito, o art. 30 da CF traz disposições que permitem ao Município legislar sobre a questão urbana, como o inciso I (que autoriza o Município a legislar sobre interesse local, interesse esse que sempre está colocado em se tratando de urbanismo), o inciso II (que autoriza o Município a suplementar a legislação federal e estadual no que couber, o que inclui, naturalmente, a legislação sobre urbanismo) e o inciso VIII (que autoriza o Município a legislar para promover, no que couber, o adequado ordenamento territorial, mediante planejamento e controle do uso, do parcelamento e da ocupação do solo urbano). **III:** Correta, pois, de fato, essas são as duas finalidades precípuas da usucapião especial urbana. **IV:** Correta, ao trazer informação verdadeira acerca do fenômeno de formação das favelas.

Gabarito "C."

12. RECURSOS HÍDRICOS

(Defensor Público/TO – 2013 – CESPE) Considerando os instrumentos de gestão de recursos hídricos previstos na Lei n.º 9.433/1997, que institui a Política Nacional de Recursos Hídricos e cria o Sistema Nacional de Gerenciamento de Recursos Hídricos, assinale a opção correta.

(A) São princípios básicos do funcionamento do Sistema de Informações sobre Recursos Hídricos, de acordo com a citada lei, a centralização na obtenção e produção de dados e informações e a gestão compartilhada do sistema por todos os entes federativos.
(B) A outorga de direito de uso de recursos hídricos implica na alienação parcial das águas, não sua alienação total.
(C) A extração de água de aquífero subterrâneo para insumo de processo produtivo está condicionada à outorga pelo poder público; a captação de parcela da água existente em um corpo de água para abastecimento público independe de outorga.
(D) Os valores arrecadados com a cobrança pelo uso de recursos hídricos devem ser aplicados na bacia hidrográfica correspondente, vedada sua destinação ao pagamento de despesas de custeio administrativo de qualquer natureza.
(E) Constituindo-se em um dos instrumentos da Política Nacional de Recursos Hídricos, os planos de recursos hídricos devem ser elaborados por bacia hidrográfica, por Estado e para o País.

A: Incorreta. O princípio impõe a descentralização e a não a centralização da gestão dos recursos hídricos; os demais princípios são da coordenação unificada do sistema e do acesso aos dados e informações garantido à toda a sociedade (art. 26, III, da Lei 9.433/1997). **B:** Incorreta. A outorga não implica na alienação das águas, que são inalienáveis, mas simples direito de uso (art. 18 da Lei 9.433/1997). **C:** Incorreta. A captação de água para abastecimento público também depende de outorga pelo Poder Público (art. 12, I, da Lei 9.433/1997). **D:** Incorreta. Os valores arrecadados também podem ser utilizados no custeio administrativo dos órgãos integrantes do Sistema Nacional de Gerenciamento de Recursos Hídricos (art. 22, II, da Lei 9.433/1997). **E:** Correta, ao teor do art. 8.º da Lei 9.433/1997.

Gabarito "E."

(Defensor Público/AM – 2013 – FCC) Sobre a Política Nacional de Recursos Hídricos, analise as afirmações abaixo.

I. A água é um bem de domínio público.
II. A água é um recurso natural ilimitado.
III. A gestão dos recursos hídricos deve sempre proporcionar o uso múltiplo das águas.
IV. A gestão dos recursos hídricos deve ser centralizada e contar com a participação do Poder Público, dos usuários e das comunidades.

É correto o que se afirma APENAS em

(A) I.
(B) II e IV.
(C) II e III.
(D) II.
(E) I e III.

I: Correta (art. 1.º, I, da Lei 9.433/1997 – Lei que instituiu a Política Nacional de Recursos Hídricos). **B:** Incorreta. A água é um recurso natural limitado (art. 1.º, II, da Lei 9.433/1997); **III:** correta (art. 1.º, IV, da Lei 9.433/1997). **IV:** Incorreta, uma vez que a gestão deve ser descentralizada (art. 1.º, VI, da Lei 9.433/1997).

Gabarito "E."

(Defensor Público/BA – 2006) A outorga de direito de uso de recursos hídricos poderá ser suspensa parcial ou totalmente, em definitivo ou por prazo determinado, nas seguintes circunstâncias:

(A) Cumprimento pelo outorgado dos termos da outorga.
(B) Ausência de uso por dois anos consecutivos.
(C) Necessidade premente de água para atender a situações de calamidade, inclusive as decorrentes de condições climáticas adversas.
(D) Necessidade de serem alteradas as características de navegabilidade do corpo de água.
(E) Necessidade de se atender a usos minoritários, de interesse privado, para os quais não se disponha de fontes alternativas.

A: Incorreta, uma vez que a suspensão mencionada se dá em caso de NÃO cumprimento dos termos da outorga (art. 15, I, da Lei 9.433/1997). **B:** incorreta, já que a suspensão mencionada se dá em caso de ausência por 3 (três) anos consecutivos (art. 15, II, da Lei 9.433/1997). **C:** correta, ao teor do art. 15, III, da Lei 9.433/1997. **D:** Incorreta. A suspensão mencionada se dá em caso de necessidade de serem mantidas essas características de navegabilidade do corpo de água (art. 15, VI, da Lei 9.433/1997). **E:** Incorreta, uma vez que a suspensão mencionada se dá para atender a usos prioritários, de interesse coletivo (art. 15, V, da Lei 9.433/1997).

Gabarito "C."

13. RESÍDUOS SÓLIDOS

(Defensor Público/AM – 2013 – FCC) Uma organização não governamental (ONG) está trazendo para o Estado do Amazonas resíduos sólidos perigosos, provenientes dos Estados Unidos da América, cujas características causam dano ao meio ambiente e à saúde pública, para tratamento e posterior reutilização em benefício de população de baixa renda. Tal conduta, segundo a Política Nacional de Resíduos Sólidos (Lei Federal nº 12.305/2010),

(A) depende de autorização discricionária do Presidente da República por envolver os Ministérios do Meio Ambiente e da Saúde.

(B) é permitida, diante da destinação social do resíduo sólido.

(C) é proibida, ainda que haja tratamento e posterior reutilização do resíduo sólido.

(D) é permitida, desde que exame prévio do material, realizado no país de origem, comprove a possibilidade de adequado tratamento do resíduo sólido.

(E) é permitida, desde que exame prévio do material, realizado no Brasil, comprove a possibilidade de adequado tratamento do resíduo sólido.

A, B, D e E: assertivas incorretas, uma vez que é proibida a importação de resíduos sólidos perigosos e rejeitos que possam causar danos ao meio ambiente, à saúde pública e animal e à sanidade vegetal, mesmo que para tratamento, reforma, reúso, reutilização ou recuperação, ao teor do que dispõe o art. 49 da Lei 12.305/2010. **C:** correta, nos termos do referido art. 49 da Lei 12.305/2010.

Gabarito "C".

# 15. Direito do Idoso

Ana Paula Garcia e Anna Carolina Bontempo*

1. PNI (POLÍTICA NACIONAL DO IDOSO) E CNDI (CONSELHO NACIONAL DOS DIREITOS DO IDOSO)

(Defensor Público/TO – 2013 – CESPE) Considerando o disposto no Decreto Federal nº 5.109/2004 e no Decreto Federal nº 1.948/1996, assinale a opção correta.

(A) O Conselho Nacional dos Direitos do Idoso (CNDI) reúne-se mensalmente em caráter ordinário e, extraordinariamente, por convocação do seu presidente ou por requerimento da maioria de seus membros.

(B) Ao Ministério da Cultura, em conjunto com seus órgãos e entidades vinculadas, compete estimular e apoiar a admissão do idoso na universidade.

(C) Os ministérios envolvidos na Política Nacional do Idoso devem promover, conforme as suas atribuições e competências, a capacitação de recursos humanos para o atendimento do idoso, podendo, para tanto, firmar convênios tanto com instituições governamentais quanto com organismos não governamentais.

(D) A modalidade não asilar de atendimento ao idoso denominada centro de convivência consiste em local destinado ao desenvolvimento, pelo idoso, de atividades produtivas, que lhe propiciem elevar sua renda.

(E) O Conselho Nacional dos Direitos do Idoso (CNDI) consiste em órgão colegiado de caráter meramente consultivo.

A: incorreta, pois o CNDI reúne-se *bimestralmente* (art. 12 do Decreto 5.109/2004); **B:** incorreta, pois compete ao *Ministério da Educação e do Desporto*, em articulação com órgãos federais, estaduais e municipais de educação (art. 10, III, do Decreto 1.948/1996); **C:** correta (art. 15 do Decreto 1.948/1996); **D:** incorreta, pois trata-se da modalidade denominada *Oficina Abrigada de Trabalho* (art. 4º, IV, do Decreto 1.948/1996); **E:** incorreta, pois trata-se de órgão colegiado de caráter *deliberativo* (art. 1º do Decreto 5.109/2004).
Gabarito "C".

(Defensor Público/AC – 2012 – CESPE) A respeito da PNI, assinale a opção correta.

(A) A lei não permite a permanência, em instituições asilares de caráter social, de idoso portador de doença que exija assistência médica contínua.

(B) Os conselhos nacional, estaduais, municipais e do DF do idoso são órgãos temporários e deliberativos.

(C) Nos programas habitacionais, os órgãos e entidades públicas que atuam na área de habitação e urbanismo devem destinar ao idoso, em regime de doação, unidades na modalidade de casas-lares.

(D) Nos casos de comprovada incapacidade do idoso para gerir seus bens, cabe ao Conselho Nacional do Idoso nomear-lhe um curador especial.

(E) Na aplicação da lei que dispõe sobre a PNI, é vedado ao poder público observar as diferenças econômicas, sociais e regionais, sob pena de afronta ao princípio da igualdade.

A: correta (art. 4º, parágrafo único, da Lei 8.842/1994); **B:** incorreta, pois os conselhos nacional, estaduais, do Distrito Federal e municipais do idoso são órgãos *permanentes, paritários e deliberativos* (art. 6º da Lei 8.842/1994); **C:** incorreta, pois devem destinar ao idoso, em regime de *comodato*, unidades na modalidade de casas-lares (art. 10, V, *a*, da Lei 8.842/1994); **D:** incorreta, pois cabe ao juiz nomear curador especial (art. 10, VII, § 2º, da Lei 8.842/1994); **E:** incorreta, pois *deve* o Poder Público observar as diferenças econômicas, sociais e regionais (art. 3º, V, da Lei 8.842/1994).
Gabarito "A".

(Defensor Público/AC – 2012 – CESPE) Com base no que dispõe o Decreto nº 4.227/2002 acerca do CNDI, assinale a opção correta.

(A) A presidência do CNDI cabe ao representante do Ministério da Saúde.

(B) Nas ausências simultâneas do presidente e do vice-presidente do CNDI, cabe ao conselheiro mais idoso o exercício da presidência desse conselho.

(C) O CNDI está vinculado à estrutura básica do Ministério da Saúde.

(D) Compete ao CNDI a criação dos conselhos de direitos do idoso nos Estados, no DF e nos Municípios.

(E) Integram o CNDI, entre outros representantes, o do Ministério da Justiça, o do Ministério das Comunicações e o do Ministério da Fazenda.

A: incorreta, pois o Presidente e o Vice-Presidente do CNDI serão eleitos pelo Plenário, dentre seus membros titulares, por voto de maioria simples, para cumprirem mandato de 2 (dois) anos, sendo o processo eleitoral de escolha definido em regulamento próprio, aprovado por meio de resolução. (art. 7º, § 1º, do Regimento Interno do Conselho Nacional dos Direitos do Idoso); **B:** correta (art. 21, parágrafo único, do Regimento Interno do Conselho Nacional dos Direitos do Idoso,); **C:** incorreta, eis que está vinculado à estrutura básica *Ministério dos Direitos Humanos* (art. 1º do Decreto 5.109/2004; **D:** incorreta, pois compete ao CNDI *dar apoio* aos Conselhos Estaduais, do Distrito Federal e Municipais dos Direitos do Idoso, aos órgãos estaduais, municipais e entidades não-governamentais, para tornar efetivos os princípios, as diretrizes e os direitos estabelecidos pelo Estatuto do Idoso (art. 2º, III, do Decreto 5.109/2004); **E:** correta (art. 3º, I, alíneas g, *i* e h do Decreto 5.109/2004).
Gabarito atualizado "B e E".

---

* **Anna Carolina Bontempo** comentou as questões de DPE/ES/2016; **Ana Paula Garcia** e **Anna Carolina Bontempo** comentaram as demais questões. **Anna Carolina Bontempo** atualizou todos os comentários deste capítulo.

(Defensor Público/AC – 2012 – CESPE) Com base no Decreto nº 1.948/1996, que regulamenta a Lei nº 8.842/1994, acerca da PNI, assinale a opção correta.

(A) A coordenação da PNI é da competência da Secretaria Especial dos Direitos Humanos da Presidência da República.
(B) Compete ao Ministério da Fazenda prestar atendimento ao idoso, preferencialmente nas áreas de arrecadação e fiscalização, visando à prestação de informações e cálculo de contribuições individuais.
(C) É vedado aos ministérios envolvidos na PNI celebrar convênio com instituições não governamentais para promover a capacitação de recursos humanos voltados ao atendimento ao idoso.
(D) Ao Ministério da Cultura compete criar programa estadual e municipal para garantir ao idoso a participação no processo de produção de bens culturais.
(E) O centro de convivência constitui o local destinado ao atendimento, em regime de internato, ao idoso que não dispõe de condições de prover sua própria subsistência.

A: correta (art. 16 do Decreto 1.948/1996); **B:** incorreta, pois compete ao *Instituto Nacional do Seguro Social - INSS* (art. 5º, II, do Decreto 1.948/1996); **C:** incorreta, pois é *permitido* aos ministérios envolvidos na PNI celebrar convênio com instituições não governamentais para promover a capacitação de recursos humanos voltados ao atendimento ao idoso (art. 15, parágrafo único, do Decreto 1.948/1996); **D:** incorreta, pois compete ao Ministério da Cultura (art. 12 do Decreto 1.948/1996); **E:** incorreta, pois constitui local destinado à *permanência diurna* do idoso, onde são desenvolvidas atividades físicas, laboratavias, recreativas, culturais, associativas e de educação para a cidadania (art. 4º, I, do Decreto 1.948/1996).
Gabarito "A".

(Defensor Público/AC – 2012 – CESPE) Considerando o que dispõe a Portaria nº 73/2001 com relação aos modelos de projetos e programas de atenção à pessoa idosa no Brasil, assinale a opção correta.

(A) O Atendimento Integral Institucional não se destina a idosos portadores de doença mental incapacitante.
(B) De acordo com o projeto Família Acolhedora, cada família poderá receber até dois idosos em situação de abandono, ou que não tenham familiares, ou que estejam impossibilitados de conviver com sua família de origem.
(C) A modalidade de projeto denominada república de idosos constitui alternativa de residência para idosos independentes, organizada em grupos, sendo vedado o sistema de autogestão.
(D) Os centros de convivência não podem utilizar a rede privada de saúde.
(E) O projeto Assistência Domiciliária consiste em serviço de atendimento em domicílio a pessoas idosas, exclusivamente público.

A: correta, pois Atendimento Integral Institucional *é aquele prestado em uma instituição asilar, prioritariamente aos idosos sem famílias, em situação de vulnerabilidade, oferecendo-lhes serviços nas áreas social, psicológica, médica, de fisioterapia, de terapia ocupacional, de enfermagem, de odontologia e outras atividades específicas para este segmento social* (item 9.1 da Portaria MPAS/SEAS 73/2001); **B:** incorreta, pois cada família só poderá receber *um* idoso (item 3.5 da Portaria MPAS/SEAS 73/2001); **C:** incorreta, pois não é permitida a autogestão (item 4.1 da Portaria MPAS/SEAS 73/2001); **D:** incorreta, pois os Centros de Convivência poderão usar a rede pública ou privada de saúde, de educação, de esportes e de cultura (item 5.4 da Portaria MPAS/SEAS 73/2001); **E:** incorreta, pois caracteriza-se por ser um serviço de atendimento *público ou privado* (item 8.1 da Portaria MPAS/SEAS 73/2001).
Gabarito "A".

(Defensor Público/AC – 2012 – CESPE) Constitui diretriz da PNI, prevista na Lei nº 8.842/1994,

(A) realização de concurso público para áreas de atendimento ao idoso, tais como na de geriatria.
(B) participação direta do idoso na formulação e avaliação das políticas a ele relacionadas.
(C) centralização político-administrativa.
(D) priorização do atendimento asilar do idoso.
(E) priorização do atendimento, em órgãos públicos e privados prestadores de serviço, ao idoso desabrigado e sem família.

E: correta, pois reflete o disposto no art. 4º, VIII, da Lei 8.842/1994. As demais alternativas não são diretrizes da Política Nacional do Idoso.
Gabarito "E".

(Defensor Público/RO – 2012 – CESPE) Na implementação da Política Nacional do Idoso, compete aos órgãos e entidades públicas na área de promoção e assistência social

(A) criar e estimular a manutenção de programas de preparação para a aposentadoria nos setores público e privado com antecedência mínima de dois anos antes do afastamento do idoso.
(B) prestar serviços e desenvolver ações voltadas para o atendimento das necessidades básicas do idoso, mediante a participação de entidades não governamentais.
(C) valorizar o registro da memória e a transmissão de informações e habilidades do idoso aos jovens.
(D) desenvolver programas educativos, especialmente nos meios de comunicação, para informar a população sobre o processo de envelhecimento.
(E) adotar e aplicar normas de funcionamento às instituições geriátricas e similares, com fiscalização pelos gestores do Sistema Único de Saúde.

A: incorreta, pois trata-se de competência na área de trabalho e previdência social (art. 10, IV, *c*, da Lei 8.842/1994); **B:** correta (art. 10, I, *a*, da Lei 8.842/1994); **C:** incorreta, pois trata-se de competência na área de cultura, esporte e lazer (art. 10, VII, *d*, da Lei 8.842/1994); **D:** incorreta, pois trata-se de competência na área de educação (art. 10, III, *d*, da Lei 8.842/1994); **E:** incorreta, pois trata-se de competência na área de saúde (art. 10, II, *c*, da Lei 8.842/1994).
Gabarito "B".

(Defensor Público/RO – 2012 – CESPE) Considerando as diversas modalidades de projetos relacionados aos serviços de atenção ao idoso no Brasil, assinale a opção correta à luz da Portaria MPAS/SEAS nº 73/2001.

(A) A modalidade Atendimento Integral Institucional é uma alternativa de programa de atenção integral às pessoas idosas que, por suas carências familiares e funcionais, não podem ser atendidas em seus próprios domicílios ou por serviços comunitários.
(B) A modalidade Casa Lar é uma alternativa de atendimento que visa à boa convivência do idoso com

a comunidade, contribuindo para otimizar a sua participação, interação e autonomia.

(C) A modalidade República consiste no fortalecimento de atividades associativas, produtivas e promocionais, contribuindo para a autonomia, o envelhecimento ativo e saudável, a prevenção do isolamento social, a socialização e o aumento da renda própria do idoso.

(D) A modalidade I do Projeto Centro Dia destina-se a idosos independentes para atividades da vida diária, ainda que requeiram o uso de algum equipamento de autoajuda.

(E) A modalidade Centro de Convivência consiste em serviço de internação temporária, público ou privado, de atendimento ao idoso dependente de cuidados biopsicossociais sistematizados, no período máximo de sessenta dias.

A: incorreta, pois Atendimento Integral Institucional "é aquele prestado em uma instituição asilar, prioritariamente aos idosos sem famílias, em situação de vulnerabilidade, oferecendo-lhes serviços nas áreas social, psicológica, médica, de fisioterapia, de terapia ocupacional, de enfermagem, de odontologia e outras atividades específicas para este segmento social" (item 9.1 da Portaria MPAS/SEAS 73/2001); **B:** correta (item 7.1 da Portaria MPAS/SEAS 73/2001); **C:** incorreta, pois trata-se de Atendimento em Centro de Convivência (item 5.1 da Portaria MPAS/SEAS 73/2001). "A república de idosos é alternativa de residência para os idosos independentes, organizada em grupos, conforme o número de usuários, e cofinanciada com recursos da aposentadoria, benefício de prestação continuada, renda mensal vitalícia e outras. Em alguns casos a República pode ser viabilizada em sistema de autogestão." (item 4.1 da Portaria MPAS/SEAS 73/2001); **D:** incorreta, pois a definição refere-se à Modalidade I do Atendimento Integral Institucional (item 9.1.1 da Portaria MPAS/SEAS 73/2001); **E:** incorreta, pois tal definição refere-se ao Programa Residência Temporária (item 1.1 da Portaria MPAS/SEAS 73/2001). "Atendimento em centro de convivência consiste no fortalecimento de atividades associativas, produtivas e promocionais, contribuindo para autonomia, envelhecimento ativo e saudável prevenção do isolamento social, socialização e aumento da renda própria" (item 5.1 da Portaria MPAS/SEAS 73/2001).

Gabarito "B".

(Defensor Público/SE – 2012 – CESPE) Com base na lei que trata da Política Nacional do Idoso e da portaria que a aprova, assinale a opção correta.

(A) É de responsabilidade do gestor estadual promover a revisão e o aprimoramento das normas de funcionamento de instituições geriátricas e similares.

(B) Os conselhos nacional, estaduais, do DF e municipais do idoso são órgãos de caráter deliberativo, e não consultivo.

(C) Figura entre as competências da União, exercidas por intermédio do ministério responsável pela assistência e promoção social, a promoção de articulações interestaduais e intermunicipais necessárias à implementação da Política Nacional do Idoso.

(D) Competem ao Ministério da Justiça a elaboração e a implementação de programas de preparo para futuros aposentados nos setores públicos e privados.

(E) O apoio a estudos e pesquisas não está inserido entre as diretrizes essenciais para o alcance do propósito da Política Nacional de Saúde do Idoso.

A: incorreta, pois é de responsabilidade do Gestor Federal – Ministério da Saúde (item 4.2 da Portaria 1.395/1999); **B:** correta (art. 6º da Lei 8.842/1994); **C:** incorreta, pois tal hipótese não figura como competência da União (art. 8º, I a V, da Lei 8.842/1994); **D:** incorreta, pois compete ao Ministério do Trabalho e Emprego (item 4.1, C, da Portaria 1.395/1999); **E:** incorreta, pois trata-se de diretriz prevista no art. 4º, IX, da Lei 8.842/1994.

Gabarito "B".

(Defensor Público/SE – 2012 – CESPE) Com base no decreto que estabelece critérios para o exercício do direito ao transporte coletivo gratuito interestadual pelo idoso e do que regulamenta a Política Nacional do Idoso, assinale a opção correta.

(A) No exercício do direito ao transporte gratuito interestadual, o idoso está dispensado dos procedimentos de identificação de passageiros exigidos no momento do embarque.

(B) Compete ao Ministério do Planejamento, Orçamento e Gestão, por meio da Secretaria de Política Urbana, promover gestões para viabilizar linhas de crédito para o acesso a moradias para o idoso junto a entidades relacionadas com os investimentos habitacionais, sejam elas públicas ou privadas.

(C) Para que o idoso exerça o seu direito ao desconto de 50%, no mínimo, no valor das passagens que excederem as vagas gratuitas previstas para o transporte interestadual, basta a comprovação da idade, mediante a apresentação do original de qualquer documento pessoal de identidade que contenha foto.

(D) A legislação veda a comercialização, pela empresa de transporte, dos assentos reservados para o transporte gratuito de idosos.

(E) O benefício da reserva de duas vagas gratuitas no sistema de transporte coletivo interestadual para o idoso se estende às tarifas de pedágio e de utilização dos terminais, que não podem ser cobradas.

A: incorreta, pois é necessário que o idoso apresente qualquer documento pessoal que faça prova de sua idade para ter acesso à gratuidade (art. 39, § 1º, do Estatuto do Idoso); **B:** correta (art. 8º, II, do Decreto 1.948/1996); **C:** incorreta, pois a lei não exige que o documento pessoal tenha foto (art. 39, § 1º, do Estatuto do Idoso); **D:** incorreta, pois conflita com o disposto no art. 3º, § 4º, do Decreto 5.934/2006); **E:** incorreta, pois o benefício em tela não se estende às tarifas de pedágio e de utilização dos terminais (art. 3º, § 1º, I a III, do Decreto 5.934/2006).

Gabarito "B".

2. DISPOSIÇÕES PRELIMINARES DO ESTATUTO DO IDOSO E DIREITOS FUNDAMENTAIS

(Defensor Público –DPE/ES – 2016 – FCC) A respeito das garantias e direitos assegurados pelo Estatuto do Idoso – Lei 10.741/2003, podemos afirmar que há previsão expressa de que

(A) haverá, por parte do Poder Público, a criação e estímulo a programas de preparação à aposentadoria, com antecedência mínima de seis meses, esclarecendo direitos sociais e de cidadania aos idosos.

(B) ao idoso, desde que com idade a partir de 65 anos, está assegurado o direito de prioridade para recebimento da restituição do imposto de renda.

(C) ao idoso está assegurado o direito de realizar transação relativa a alimentos perante o Promotor de Justiça ou

Defensor Público, que a referendará, passando a ter efeito de título executivo judicial.

(D) ao idoso que não pode se locomover, é assegurado o atendimento domiciliar, desde que abrigado ou acolhido em instituição pública ou filantrópica, não alcançando instituições privadas.

(E) o Poder Público criará oportunidade de acesso ao idoso em cursos especiais para sua integração à vida moderna, incluindo conteúdo relativo às técnicas de comunicação, computação e demais avanços tecnológicos.

A: incorreta, pois a antecedência é de **um** ano (art. 28, II, do Estatuto do Idoso); **B:** incorreta, pois o referido direito é assegurado aos idosos de **60 anos** (art. 3º, § 1º, IX, do Estatuto do Idoso); **C:** incorreta, pois trata-se de título executivo **extrajudicial** (art. 13 do Estatuto do Idoso); **D:** incorreta, pois abrange também instituições **sem fins lucrativos e eventualmente conveniadas com o Poder Público** (art. 15, § 1º, IV, do Estatuto do Idoso); **E:** correta (art. 21 do Estatuto do Idoso).

Gabarito "E".

(Defensor Público/AM – 2013 – FCC) A garantia da absoluta prioridade, estabelecida no Estatuto do Idoso, compreende:

I. O atendimento preferencial junto à Defensoria Pública da União, dos Estados e do Distrito Federal em relação aos Serviços de Assistência Judiciária.

II. A reserva de pelo menos 10% (dez por cento) das unidades, nos programas habitacionais residenciais, públicos ou subsidiados com recursos públicos, para atendimento aos idosos.

III. A priorização do atendimento do idoso por sua própria família, em detrimento do atendimento asilar, exceto dos que não a possuam ou careçam de condições de manutenção da própria sobrevivência.

IV. A prioridade no embarque no sistema de transporte coletivo e no recebimento da restituição do Imposto de Renda.

Está correto o que se afirma APENAS em

(A) I, II e III.
(B) II, III e IV.
(C) I, III e IV.
(D) I e II.
(E) I e IV.

I: correta (art. 71, § 3º do Estatuto do Idoso); **B:** II, incorreta, pois a reserva é de pelo menos 3% (três por cento) (art. 38, I, do Estatuto do Idoso); **III:** correta (art. 3º, § 1º, V, do Estatuto do Idoso); **IV:** correta (arts. 42 e 3º, § 1º, IX, do Estatuto do Idoso).

Gabarito "C".

(Defensor Público/AM – 2013 – FCC) Dentre os direitos fundamentais da pessoa idosa está o direito à percepção de alimentos. Sobre o tema, é correto afirmar que

(A) o Defensor Público ou o Promotor de Justiça poderão celebrar transações relativas a alimentos, as quais, após referendadas, passarão a ter efeito de título executivo extrajudicial, nos termos da lei processual civil.

(B) a obrigação alimentar é solidária, podendo o idoso optar entre os prestadores, guardada a ordem de sucessão entre os parentes.

(C) as transações relativas a alimentos poderão ser celebradas perante o Defensor Público, que as referendará, e passarão a ter efeito de título executivo extrajudicial somente se houver a concordância do Ministério Público.

(D) a pessoa idosa não está obrigada a prestar alimentos ao cônjuge não idoso.

(E) ao Defensor Público cabe atuar como substituto processual do idoso, em situação de risco, que necessitar de alimentos.

A: correta (art. 13 do Estatuto do Idoso); **B:** incorreta, pois o Estatuto do Idoso não estabelece ordem de sucessão entre os parentes (art. 12); **C:** incorreta, o Estatuto do Idoso não impõe a concordância do Ministério Público (art. 13); **D:** incorreta, pois os alimentos serão prestados ao idoso na forma da lei civil (art. 11 do Estatuto do Idoso), desse modo podem os parentes, os cônjuges ou companheiros pedir uns aos outros os alimentos de que necessitem para viver de modo compatível com a sua condição social, nos termos do art. 1.694 do CC/2002; **E:** incorreta, pois compete ao Ministério Público atuar como substituto processual do idoso em situação de risco (art. 74, III, do Estatuto do Idoso).

Gabarito "A".

(Defensor Público/ES – 2012 – CESPE) No que se refere ao direito do idoso, julgue os itens a seguir.

(1) Para fins de reserva de vaga gratuita para idoso, não são consideradas embarcação do serviço convencional de transporte interestadual de passageiros as embarcações que operem travessias em lagoas abertas ao público.

(2) As instituições para idosos em geral devem oferecer assistência psicológica, serviço social, apoio jurídico e administrativo.

(3) A modalidade de atendimento apoio a pessoa idosa inclui a residência em república, importante alternativa de residência para idosos independentes.

(4) O idoso que pretenda viajar utilizando o chamado bilhete de viagem do idoso deverá comprovar sua idade, por meio de documento pessoal, e sua renda, que não pode ultrapassar um salário mínimo.

(5) Compete ao Conselho Nacional dos Direitos do Idoso promover, em parceria com organismos governamentais e não governamentais nacionais e internacionais, a identificação de sistemas de indicadores que sirvam de base para o estabelecimento de metas e procedimentos para o monitoramento das atividades relacionadas ao atendimento ao idoso.

1: incorreta, pois o art. 3º, § 1º, III, do Decreto 5.934/2006 prevê a extensão da gratuidade também ao transporte interestadual aquaviário; **2:** correta (item 4.1 da Portaria GM/MS 810/1989); **3:** correta (anexo II da Portaria SEAS 2.854/2000); **4:** incorreta, pois a renda deve ser igual ou inferior a 2 (dois) salários mínimos (art. 40, I, do Estatuto do Idoso); **5:** correta (art. 2º, parágrafo único, III, do Decreto 5.109/2004).

Gabarito 1E, 2C, 3C, 4E, 5C.

(Defensor Público/RO – 2012 – CESPE) Considerando o disposto no Estatuto do Idoso, assinale a opção correta.

(A) A *priori*dade assegurada ao idoso que figure como parte ou interveniente na tramitação de processos judiciais cessa obrigatoriamente com a morte dele.

(B) A proteção ao idoso é direito personalíssimo, sendo obrigação do Estado e da sociedade assegurá-lo.

(C) A inserção do idoso em cursos especiais que visem integrá-lo à vida moderna é uma das medidas de prevenção e manutenção da saúde do idoso.

(D) Ao idoso é assegurada a gratuidade dos transportes públicos urbanos em serviços seletivos prestados paralelamente aos serviços regulares.

(E) As entidades denominadas Casa Lar são obrigadas a firmar contrato de prestação de serviços com todas as pessoas idosas nelas abrigadas.

A: incorreta, pois a prioridade na tramitação processual *não* cessará com a morte do beneficiado (art. 71, § 2°, do Estatuto do Idoso); **B:** incorreta, pois o envelhecimento é direito personalíssimo e a sua proteção é direito social (art. 8° do Estatuto do Idoso); **C:** incorreta, pois trata-se de direito à educação e à inserção do idoso em cursos especiais (art. 21, § 1°, do Estatuto do Idoso). As medidas de prevenção e manutenção da saúde do idoso estão previstas no art. 15, § 1°, I a V, do diploma legal em tela; **D:** incorreta, pois *não* é assegurada a gratuidade nos serviços seletivos e especiais, quando prestados paralelamente aos serviços regulares (art. 39 do Estatuto do Idoso); **E:** correta (art. 35 do Estatuto do Idoso).
Gabarito "E".

(Defensor Público/SE – 2012 – CESPE) Considerando as regras estabelecidas no Estatuto do Idoso acerca do direito à saúde e a alimentos, assinale a opção correta.

(A) Os serviços de saúde públicos são obrigados a proceder à notificação compulsória nos casos de suspeita ou confirmação de violência praticada contra idosos, e a comunicar o fato ao MP e à DP, entre outros órgãos.

(B) Como a obrigação alimentar é solidária, é facultado ao idoso escolher aquele que assumirá, entre os prestadores, a obrigação.

(C) Não se admite, em face do sistema de proteção estabelecido em favor do idoso, a transação em ação judicial cujo objeto seja a concessão de alimentos à pessoa idosa.

(D) O dever do poder público de fornecer, em caráter gratuito, medicamentos ao idoso restringe-se aos denominados medicamentos de uso continuado.

(E) Cabe à previdência social prover os alimentos do idoso na ausência de condições econômicas dele próprio ou de sua família.

A: incorreta, pois a Defensoria Pública não está entre os órgãos que devem ser comunicados (art. 19, I a V, do Estatuto do Idoso); **B:** correta (art. 12 do Estatuto do Idoso); **C:** incorreta, pois as transações relativas a alimentos poderão ser celebradas perante o Promotor de Justiça ou Defensor Público, que as referendará, e passarão a ter efeito de título executivo extrajudicial nos termos da lei processual civil (art. 13 do Estatuto do Idoso); **D:** incorreta, pois o fornecimento gratuito de medicamentos não se restringe aos de uso continuado (art. 15, § 2°, do Estatuto do Idoso); **E:** incorreta, pois impõe-se ao Poder Público esse provimento, no âmbito da assistência social (art. 14 do Estatuto do Idoso).
Gabarito "B".

(Defensor Público/SE – 2012 – CESPE) Assinale a opção correta com referência aos direitos inerentes à pessoa do idoso.

(A) Nos programas habitacionais públicos, o idoso goza de prioridade na aquisição de imóvel para moradia própria, observado o limite de reserva de 3% das unidades habitacionais residenciais para atendimento à pessoa idosa.

(B) As entidades governamentais de atendimento que descumprirem as determinações do Estatuto do Idoso estarão sujeitas, independentemente da responsabilidade civil e criminal de seus dirigentes ou prepostos, a multa e advertência, entre outras penalidades.

(C) É exaustivo o rol de competências atribuídas ao MP pelo Estatuto do Idoso.

(D) Segundo a jurisprudência, o dispositivo legal que veda a discriminação do idoso nos planos de saúde pela cobrança de valores diferenciados em razão da idade não implica presunção de ilegalidade e abusividade de toda e qualquer cláusula contratual que estabeleça o reajuste de mensalidade de plano de saúde com base na mudança da faixa etária do idoso.

(E) O MP não tem legitimidade ativa para propor ACP com o objetivo de proteger interesse individual do idoso.

A: incorreta, pois não o percentual *não é limitado* a 3% (três por cento) (art. 38, I, do Estatuto do Idoso); **B:** incorreta, pois entidades governamentais não estão sujeitas à multa (art. 55, I, alíneas a a d, do Estatuto do Idoso); **C:** incorreta, pois não se trata rol exaustivo (art. 74, § 2°, do Estatuto do Idoso); **D:** correta. O § 3° do art. 15 do Estatuto do Idoso proíbe a discriminação do idoso nos planos de saúde pela cobrança de valores diferenciados em razão da idade. No entanto, frisa-se que STJ, em recente julgado, relativizou a literalidade do dispositivo legal em apreço, vejamos: "Direito civil. Consumidor. Plano de saúde. Ação civil pública. Cláusula de reajuste por mudança de faixa etária. Incremento do risco subjetivo. Segurado idoso. Discriminação. Abuso a ser aferido caso a caso. Condições que devem ser observadas para validade do reajuste. (...)
4. Não se deve ignorar que o Estatuto do Idoso, em seu art. 15, § 3°, veda 'a discriminação do idoso nos planos de saúde pela cobrança de valores diferenciados em razão da idade'. Entretanto, a incidência de tal preceito não autoriza uma interpretação literal que determine, abstratamente, que se repute abusivo todo e qualquer reajuste baseado em mudança de faixa etária do idoso. Somente o reajuste desarrazoado, injustificado, que, em concreto, vise de forma perceptível a dificultar ou impedir a permanência do segurado idoso no plano de saúde implica na vedada discriminação, violadora da garantia da isonomia.
5. Nesse contexto, deve-se admitir a validade de reajustes em razão da mudança de faixa etária, desde que atendidas certas condições, quais sejam: a) previsão no instrumento negocial; b) respeito aos limites e demais requisitos estabelecidos na Lei Federal 9.656/1998; e c) observância ao princípio da boa-fé objetiva, que veda índices de reajuste desarrazoados ou aleatórios, que onerem em demasia o segurado. (...)."
(STJ, REsp 866840/SP, 4ª T., j. 07.06.2011, rel. Min. Luis Felipe Salomão, rel. p/ acórdão Min. Raul Araújo, DJe 17.08.2011) (grifo nosso)[2]; **E:** incorreta, pois compete ao Ministério Público instaurar *ação civil pública* para a proteção dos direitos e interesses difusos ou coletivos, *individuais indisponíveis* e individuais homogêneos do idoso (art. 74, I, do Estatuto do Idoso).
Gabarito "D".

(Defensor Público/TO – 2013 – CESPE) Com base no Estatuto do Idoso, assinale a opção correta.

(A) Constitui crime tipificado no Estatuto do Idoso desdenhar, humilhar, menosprezar ou discriminar a pessoa idosa, por qualquer motivo, sendo a pena aumentada de metade caso a vítima se encontre sob os cuidados ou responsabilidade do agente.

(B) O profissional de saúde que deixe de comunicar à autoridade competente os casos de crime contra o idoso de que tem conhecimento incorre em infração penal tipificada no Estatuto do Idoso.

(C) A obrigação de prestar alimentos ao idoso é subsidiária, devendo recair em seus parentes mais próximos em grau.

---
2. Informativo 476 do STJ.

(D) Aos serviços de saúde públicos compete comunicar as autoridades sanitárias, mas não a autoridade competente, dos casos de suspeita ou confirmação de violência praticada contra idosos.

(E) É dever do Estado e da sociedade assegurar à pessoa idosa o direito à liberdade, que compreende, entre outros aspectos, a prática de esportes e de diversões, respeitadas as peculiaridades e condições em decorrência da idade.

A: incorreta, pois a pena será aumentada de 1/3 (um terço) se a vítima se encontrar sob os cuidados ou responsabilidade do agente (art. 96, § 2º, do Estatuto do Idoso); **B:** incorreta, pois trata-se de infração administrativa prevista no art. 57 do Estatuto do Idoso; **C:** incorreta, pois a obrigação alimentar é *solidária*, podendo o idoso optar entre os prestadores (art. 12 do Estatuto do Idoso); **D:** incorreta, pois os referidos casos deverão obrigatoriamente ser comunicados por eles a quaisquer dos seguintes órgãos: autoridade policial; Ministério Público; Conselho Municipal do Idoso; Conselho Estadual do Idoso; Conselho Nacional do Idoso (art. 19, I a V, do Estatuto do Idoso); **E:** correta (art. 10, § 1º, IV, do Estatuto do Idoso).
Gabarito "E".

(Defensor Público/AM – 2013 – FCC) O Estatuto do Idoso define a violência contra o idoso como sendo

(A) o atentado contra a pessoa do idoso, nos termos da lei penal.

(B) a prática dos crimes contra a vida, de lesões corporais, de periclitação da vida e da saúde e contra a liberdade individual do idoso.

(C) o crime que envolver violência doméstica e familiar contra o idoso.

(D) o atentado contra os direitos fundamentais do idoso.

(E) a ação ou omissão praticada em local público ou privado que lhe cause morte, dano ou sofrimento físico ou psicológico.

E: correta, pois reflete o disposto no art. 19, § 1º, do Estatuto do Idoso. As demais alternativas não revelam a violência contra o idoso.
Gabarito "E".

(Defensor Público/AM – 2010 – I. Cidades) Em relação aos direitos das pessoas idosas assinale a alternativa correta:

(A) É obrigação do Estado e da família da pessoa idosa assegurar-lhe a efetivação do direito à vida, à saúde, à alimentação, à educação, à cultura e ao trabalho, não fazendo parte dos deveres das demais pessoas da comunidade assegurar tais direitos.

(B) Dentre as garantias de prioridade conferidas às pessoas idosas se encontra o atendimento preferencial e imediato em órgãos públicos e estabelecimentos privados, mesmo que estes últimos não sejam prestadores de serviços à população.

(C) O atendimento ao idoso deve ser preferencialmente realizado em ambientes especializados como hospitais ou estabelecimentos de características asilares, devendo, em último caso, ser prestado pela própria família, caso esta não possua condições financeiras de manter o idoso em tais estabelecimentos.

(D) Caso o idoso demonstre necessidade, poderão lhe ser prestados alimentos por seus parentes na forma do Código Civil. A obrigação de alimentar é subsidiária, devendo recair primeiro sobre o cônjuge, descendentes e ascendentes, nessa ordem, não podendo o idoso optar entre os prestadores.

(E) Em caso de transações relativas aos alimentos, estas poderão ser celebradas tanto perante o Promotor de Justiça quanto perante um Defensor Público, que as referendará, e passarão a ter efeito de título executivo extrajudicial nos termos da lei processual civil.

A: incorreta, pois é obrigação da família, da comunidade, da sociedade e do Poder Público assegurar ao idoso, com absoluta prioridade, a efetivação do direito à vida, à saúde, à alimentação, à educação, à cultura, ao esporte, ao lazer, ao trabalho, à cidadania, à liberdade, à dignidade, ao respeito e à convivência familiar e comunitária, conforme prescreve o art. 3º, *caput*, do Estatuto do Idoso; **B:** incorreta, pois a garantia de prioridade compreende, entre outras, o atendimento preferencial imediato e individualizado junto aos órgãos públicos e privados prestadores de serviços à população, conforme prescreve o art. 3º, § 1º, I, do Estatuto do Idoso; **C:** incorreta, pois o atendimento do idoso deve ser priorizado por sua própria família, em detrimento do atendimento asilar, exceto dos que não a possuam ou careçam de condições de manutenção da própria sobrevivência, conforme art. 3º, § 1º, V, do Estatuto do Idoso; **D:** incorreta, pois a obrigação ao idoso é solidária, podendo o idoso optar entre os prestadores, conforme art. 12 do Estatuto do Idoso; **E:** correta, pois a alternativa reflete o disposto no art. 13 do Estatuto do Idoso.
Gabarito "E".

(Defensor Público/AM – 2010 – I. Cidades) É direito do idoso expressamente previsto no texto constitucional:

(A) A gratuidade dos transportes coletivos urbanos aos maiores de sessenta e cinco anos.

(B) A prioridade no recebimento da restituição do Imposto de Renda.

(C) A vedação à discriminação do idoso nos planos de saúde pela cobrança de valores diferenciados em razão da idade.

(D) A participação em atividades culturais e de lazer mediante descontos de pelo menos 50% (cinquenta por cento) nos ingressos para eventos artísticos, culturais e esportivos.

(E) O fato de o primeiro critério de desempate em concurso público ser a idade, dando-se preferência ao candidato de idade mais elevada.

Art. 230, § 2º, da CF. As demais alternativas não tem previsão constitucional, mas apenas no Estatuto do Idoso.
Gabarito "A".

(Defensor Público/BA – 2010 – CESPE) Julgue os itens a seguir, relativos às normas aplicáveis aos idosos.

(1) Entende-se por modalidade asilar o atendimento, em regime de internato, ao idoso sem vínculo familiar ou sem condições de prover a própria subsistência, de modo a satisfazer as suas necessidades de moradia, alimentação, saúde e convivência social.

(2) O envelhecimento constitui direito personalíssimo, e a sua proteção, direito social, nos termos da legislação vigente.

(3) O primeiro critério de desempate em concurso público deve ser o de idade, dando-se preferência ao candidato de idade mais elevada.

(4) Deverá ser incentivada, como diretriz da política nacional do idoso, a permanência, em instituições asilares de caráter social, dos idosos portadores de doenças que necessitem de assistência médica ou de enfermagem permanente.

(5) É assegurado ao idoso o direito de dispor de seus bens, proventos, pensões e benefícios, salvo seja comprovada judicialmente sua incapacidade ou o idoso ultrapasse 85 anos de idade.

1: certa, pois a alternativa reflete o disposto no art. 3º, *caput*, do Decreto 1.948/1996; **2:** certa, pois a alternativa reflete o disposto o art. 8º do Estatuto do Idoso; **3:** certa, pois a alternativa reflete o disposto no art. 27, parágrafo único, do Estatuto do Idoso; **4:** errada, pois é vedada a permanência de idosos portadores de doenças que necessitem de assistência médica ou de enfermagem permanente em instituições asilares de caráter social (art. 4º, parágrafo único, da Lei 8.842/1994); **5:** errada, pois não há previsão legal que impeça o idoso que ultrapasse 85 anos de idade de dispor de seus bens, salvo nos casos de incapacidade judicialmente comprovada (art. 10, § 1º, da Lei 8.842/1994).

Gabarito 1C, 2C, 3C, 4E, 5E

(Defensor Público/GO – 2010 – I. Cidades) Sobre as previsões do Estatuto do Idoso:

(A) Não se admite, em edital de concurso, disposição que estabeleça limite máximo de idade, com ressalva apenas da impossibilidade de maior de 70 anos ingressar no serviço público efetivo, que deriva de disposição constitucional.

(B) Ao idoso internado ou em observação é assegurado o direito a acompanhante, em tempo integral, sendo vedado ao médico responsável restringir esse direito.

(C) Não pode entidade filantrópica cobrar participação do idoso residente no seu custeio quando ele perceba apenas benefício de assistência social.

(D) Incumbe ao parente mais próximo, observada a relação legal, optar pelo tratamento de saúde a ser ministrado ao idoso.

(E) É garantido às instituições filantrópicas ou sem fins lucrativos prestadoras de serviço ao idoso o direito à assistência judiciária gratuita.

A: incorreta, pois na admissão do idoso em qualquer trabalho ou emprego, é vedada a discriminação e a fixação de limite máximo de idade, inclusive para concursos, ressalvados os casos em que a natureza do cargo o exigir (art. 27 do Estatuto do Idoso); **B:** incorreta, pois no caso de idoso internado, caberá ao profissional de saúde responsável pelo tratamento conceder autorização para o acompanhamento do idoso ou, no caso de impossibilidade, justificá-la por escrito (art. 16, parágrafo único, do Estatuto do Idoso); **C:** incorreta, pois no caso de entidades filantrópicas, ou casa-lar, é facultada a cobrança de participação do idoso no custeio da entidade (art. 35, § 1º, do Estatuto do Idoso); **D:** incorreta, pois cabe ao idoso que esteja no domínio de suas faculdades mentais o direito de optar pelo tratamento de saúde que lhe for reputado mais favorável (art. 17, *caput*, do Estatuto do Idoso); **E:** correta, pois a alternativa reflete o disposto no art. 51 do Estatuto do Idoso.

Gabarito 'E'.

(Defensor Público/GO – 2010 – I. Cidades) O Superior Tribunal de Justiça, a respeito de dispositivos previstos no Estatuto do Idoso, entende que

(A) é lícita a cláusula contratual que prevê reajuste de mensalidade de plano de saúde calcada na mudança de faixa etária do idoso, diante da necessidade de manutenção do equilíbrio financeiro do contrato.

(B) é ilícita a exigência de cadastramento do idoso junto à concessionária de serviço de transporte coletivo, para o gozo do benefício do passe livre.

(C) o Ministério Público não tem legitimidade ativa para propor ação civil pública com o objetivo de proteger interesse individual, mesmo que indisponível, de idoso.

(D) o Código Civil permanece regulando a natureza da obrigação alimentar, mesmo quando se tratar de credor idoso, por atecnia existente no Estatuto do Idoso, a impedir sua aplicação neste particular.

(E) a reserva de vagas em estacionamentos públicos estabelecida pelo referido Estatuto impede que a Administração Pública restrinja, em bens públicos de uso especial, o uso das vagas somente aos idosos que, de alguma forma, estão vinculados às atividades desenvolvidas pelo órgão público.

A: incorreta, pois o STJ considera abusiva a cláusula contratual que prevê o reajuste de mensalidade calcada na mudança de faixa etária. Vide exemplo: "Agravo regimental. Plano de saúde. Reajuste de mensalidade em razão de mudança de faixa etária (idoso). Inadmissibilidade. Ocorrência de discriminação e de abusividade. Decisão agravada. Manutenção. A jurisprudência deste Tribunal Superior consagrou o entendimento de ser abusiva a cláusula contratual que prevê o reajuste da mensalidade de plano de saúde com base exclusivamente em mudança de faixa etária, mormente se for consumidor que atingir a idade de 60 anos, o que o qualifica como idoso, sendo vedada, portanto, a sua discriminação. Agravo regimental improvido." (AgRg nos EDcl no REsp 1113069/SP, Rel. Ministro Sidnei Beneti, Terceira Turma, julgado em 17/03/2011, DJe 29/03/2011); **B:** correta. Esse é, de fato, o entendimento atual do STJ. Vide exemplo: "Pedido de suspensão de liminar e de sentença. Lesão à ordem e à economia públicas. Os idosos não pagam o transporte coletivo, mas estão sujeitos a cadastramento; a decisão que os libera dessa exigência dificulta o controle e a administração do município sobre o transporte público, causando lesão à ordem e à economia públicas. Agravo regimental não provido." (AgRg na SLS 1.070/RJ, Rel. Ministro Ari Pargendler, Corte Especial, julgado em 06/10/2010, DJe 14/12/2010); **C:** incorreta, pois o STJ firmou entendimento no sentido de que, quando se tratar de interesse individual indisponível de idoso, o Ministério Público tem legitimidade para propor ação civil pública. Vide exemplo: "Processo civil. Recurso especial. Ação civil pública. Medicação necessária ao tratamento de saúde. Idoso. Lei n. 10.741/2003. Ministério público. Legitimidade ativa reconhecida. 1. O STJ, recentemente, pacificou entendimento de que o Ministério Público detém legitimidade para propor ação civil pública em defesa de direito individual indisponível à saúde de idoso. 2. Recurso especial provido." (REsp 878.960/SP, Rel. Ministro João Otávio de Noronha, Segunda Turma, julgado em 21/08/2007, DJ 13/09/2007, p. 188); **D:** incorreta, pois o STJ aplica o Estatuto do Idoso quanto a natureza da obrigação alimentar em favor do idoso. Vide exemplo: "Direito civil e processo civil. Ação de alimentos proposta pelos pais idosos em face de um dos filhos. Chamamento da outra filha para integrar a lide. Definição da natureza solidária da obrigação de prestar alimentos à luz do Estatuto do Idoso. A doutrina é uníssona, sob o prisma do Código Civil, em afirmar que o dever de prestar alimentos recíprocos entre pais e filhos não tem natureza solidária, porque é conjunta. – A Lei 10.741/2003, atribuiu natureza solidária à obrigação de prestar alimentos quando os credores forem idosos, que por força da sua natureza especial prevalece sobre as disposições específicas do Código Civil. – O Estatuto do Idoso, cumprindo política pública (art. 3º), assegura celeridade no processo, impedindo intervenção de outros eventuais devedores de alimentos. – A solidariedade da obrigação alimentar devida ao idoso lhe garante a opção entre os prestadores (art. 12). Recurso especial não conhecido." (REsp 775.565/SP, Rel. Ministra Nancy Andrighi,

TERCEIRA TURMA, julgado em 13/06/2006, DJ 26/06/2006, p. 143); E: incorreta, pois segundo entendimento do STJ a reserva de vagas em estacionamentos públicos estabelecida pelo referido estatuto NÃO impede que a Administração Pública restrinja, em bens públicos de uso especial, o uso das vagas somente aos idosos que, de alguma forma, estão vinculados às atividades desenvolvidas pelo órgão público, conforme exemplo: "ADMINISTRATIVO E PROCESSUAL CIVIL. RECURSO ORDINÁRIO EM MANDADO DE SEGURANÇA. IDOSO. PRETENSÃO DE UTILIZAÇÃO DE VAGAS ESPECIAIS PARA IDOSOS EM ESTACIONAMENTO LOCALIZADO DENTRO DE BEM DE USO ESPECIAL (FÓRUM DE JUSTIÇA). ART. 41 DA LEI N. 10.741/2003. NÃO APLICAÇÃO. 1. Trata-se de recurso ordinário em mandado de segurança no qual se discute se o impetrante, na qualidade de idoso, tem direito de utilizar o estacionamento interno do Fórum Leal Fagundes, o qual é usado, privativamente, pelos servidores do órgão. 2. O art. 41 da Lei n. 10.741/2003 não pode ser objeto de interpretação literal para assegurar a pretensão do impetrante de utilizar as vagas reservadas para idosos no estacionamento do fórum, se esse estacionamento se encontra dentro da área territorial do imóvel em que se encontra o órgão. 3. Conquanto o estacionamento do fórum esteja localizado em área pública, deve-se atentar para o fato de essa área estar restrita ao uso especial daqueles que receberem autorização estatal para o seu uso, nos termos do art. 99, II, do Código Civil. Precedente: RMS 20043/SP, Rel. Ministro Teori Albino Zavascki, Primeira Turma, DJ 21/09/2006. 4. Nesse contexto, a previsão legal de reserva de 5% das vagas nos estacionamentos públicos estabelecida pelo art. 41 da Lei n. 10.741/2003 não impede que a administração do fórum restrinja o uso de determinada área de estacionamento somente às pessoas idosas que, de alguma forma, estão vinculadas às atividades desenvolvidas pelo órgão público. 5. Recurso ordinário não provido." (RMS 32.340/DF, Rel. Ministro Benedito Gonçalves, Primeira Turma, julgado em 26/10/2010, DJe 04/11/2010).

Gabarito "B".

(Defensoria/MA – 2009 – FCC) O Estatuto do Idoso, e suas alterações posteriores, assegura direitos que, de uma forma geral, beneficiam pessoas a partir de 60 anos de idade. Figura como exceção à essa regra geral o direito

(A) ao transporte gratuito, que favorece pessoas a partir de 70 anos de idade.

(B) à tramitação processual prioritária, que favorece pessoas a partir de 55 anos de idade.

(C) ao benefício mensal de um salário mínimo, nos termos da Lei Orgânica da Assistência Social – Loas, aplicável a partir de 65 anos de idade.

(D) a descontos de pelo menos 50% nos ingressos para eventos artísticos, culturais, esportivos e de lazer, aplicável a partir de 70 anos de idade.

(E) ao recebimento prioritário da restituição do Imposto de Renda, que beneficia pessoas a partir de 70 anos de idade.

A: incorreta, pois o transporte gratuito é garantido aos maiores de 65 anos, conforme art. 39, *caput*, do Estatuto do Idoso; B: incorreta, pois a prioridade de tramitação processual é garantida quando figure como parte ou interveniente pessoa com idade igual ou superior a 60 anos, conforme art. 71, caput, do Estatuto do Idoso; C: correta, pois a assertiva reflete o disposto no art. 34, caput, do Estatuto do Idoso; D: incorreta, pois o desconto de pelo menos 50% nos ingressos para eventos será aplicável ao idoso, nos termos do art. 23 do Estatuto do Idoso, ou seja, a pessoas com idade igual ou superior a 60 anos (art. 1º do Estatuto do Idoso); E: incorreta, pois a prioridade da restituição do imposto de renda beneficia o idoso com idade igual ou superior a 60 anos, conforme art. 3º, § 1º, IX, do Estatuto do Idoso.

Gabarito "C".

(Defensoria/MT – 2009 – FCC) De acordo com o Estatuto do Idoso, é correto afirmar que aos idosos que não possuam meios para prover sua subsistência, nem de tê-la provida por sua família, é assegurado, a partir de:

(A) 65 anos, o benefício mensal de meio salário mínimo, nos termos da Lei Orgânica da Assistência Social, não sendo computado para os fins do cálculo da renda familiar *per capita* benefício similar já concedido a qualquer membro da família.

(B) 65 anos, o benefício mensal de meio salário mínimo, nos termos da Lei Orgânica da Assistência Social, sendo computado para os fins do cálculo da renda familiar *per capita* benefício similar já concedido a qualquer membro da família.

(C) 65 anos, o benefício mensal de um salário mínimo, nos termos da Lei Orgânica da Assistência Social, não sendo computado para os fins do cálculo da renda familiar *per capita* benefício similar já concedido a qualquer membro da família.

(D) 70 anos, o benefício mensal de meio salário mínimo, nos termos da Lei Orgânica da Assistência Social, sendo computado para os fins do cálculo da renda familiar *per capita* benefício similar já concedido a qualquer membro da família.

(E) 70 anos, o benefício mensal de um salário mínimo, nos termos da Lei Orgânica da Assistência Social, não sendo computado para os fins do cálculo da renda familiar *per capita* benefício similar já concedido a qualquer membro da família.

A assertiva C está correta, pois reflete o disposto no art. 34 do Estatuto do Idoso.

Gabarito "C".

(Defensoria/SP – 2007 – FCC) O programa educacional direcionado à terceira idade, na Política Estadual do Idoso, tem como objetivo, entre outros,

(A) compreender o analfabetismo do idoso como consequência da sua incapacidade para aprender, em face da sua senilidade.

(B) estimular o desenvolvimento social e valorização pessoal, restabelecendo a autoestima e facultando a elaboração de novos projetos de vida.

(C) criar programas educacionais que priorizem a avaliação de desempenho, para que o idoso possa ter condições de competir socialmente.

(D) permitir que o desejo do isolamento do idoso prevaleça, não criando espaços de convivência, que só serviriam para abrigar uma coletividade solitária.

(E) consolar o idoso, prestando assistência para enfrentar esta fase improdutiva da vida.

A assertiva B está correta, pois reflete o disposto no art. 18, IV, da Lei do Estado de São Paulo nº 12.548/2007.

Gabarito "B".

3. MEDIDAS DE PROTEÇÃO

(Defensoria/MA – 2009 – FCC) Os conselhos municipais do idoso são

(A) órgãos consultivos do poder público municipal em relação à política local de atendimento aos direitos dos idosos.

(B) compostos por 50% de representantes de órgãos e entidades públicas municipais e por 50% de pessoas escolhidas entre os cidadãos idosos residentes no município.

(C) responsáveis pelo atendimento individual aos idosos em situação de ameaça ou violação de direitos e pela aplicação das respectivas medidas de proteção.

(D) responsáveis, junto com Ministério Público e Vigilância Sanitária, pela fiscalização das entidades governamentais e não governamentais de atendimento ao idoso.

(E) responsáveis pela arrecadação dos fundos necessários ao financiamento da política municipal de atendimento ao idoso.

A assertiva D está correta, pois reflete o disposto no art. 52 do Estatuto do Idoso.
Gabarito "D".

(Defensoria/MG – 2009 – FURMARC) Nas situações abaixo, serão aplicáveis medidas de proteção ao idoso, com base na Lei 10.741 de 1º de outubro de 2003, EXCETO em face de.

(A) ação ou omissão da sociedade ou do Estado.

(B) falta, omissão ou abuso da família, que importe na ameaça ou ofensa a direitos reconhecidos no Estatuto do Idoso.

(C) falta, omissão ou abuso das entidades de atendimento ao idoso.

(D) falta ou omissão do Curador Legal, ressalvada a figura do Curador *ad hoc*, dada a nomeação por parte do juiz.

(E) condições pessoais do destinatário do Estatuto do Idoso, que ocasionem ameaça ou violência a direitos legalmente reconhecidos.

A: correta, pois reflete o disposto no art. 43, I, do Estatuto do Idoso; **B:** correta, pois reflete o disposto no art. 43, II, do Estatuto do Idoso; **C:** correta, pois reflete o disposto no art. 43, II, do Estatuto do Idoso; **D:** incorreta (devendo ser assinalada), pois não existe essa ressalva no Estatuto do Idoso (art. 43, II); **E:** correta, pois reflete o disposto no art. 43, III, do Estatuto do Idoso.
Gabarito "D".

4. ACESSO À JUSTIÇA

(Defensor Público/TO – 2013 – CESPE) Considerando o disposto no Estatuto do Idoso e a Política Nacional do Idoso, assinale a opção correta.

(A) A competência para as ações referentes ao direito do idoso é relativa.

(B) Transitada em julgado a sentença condenatória do poder público, favorável ao idoso, deverá o juiz determinar a remessa de peças à autoridade competente, para apuração de responsabilidades, e, ainda, promover a execução, intimando o Ministério Público para assumir o polo ativo.

(C) Os crimes definidos no Estatuto do Idoso são de ação penal pública incondicionada, e a eles não se aplicam as escusas absolutórias do Código Penal, quando praticados em detrimento de cônjuge, ascendente e descendente.

(D) Consoante a Política Nacional do Idoso, para ser considerada idosa a pessoa deve ter idade igual ou superior a sessenta e cinco anos.

(E) Toda instituição prestadora de serviço ao idoso tem direito à assistência judiciária gratuita.

A: incorreta, pois a competência é *absoluta* (art. 80 do Estatuto do Idoso); **B:** incorreta, pois o Ministério Público somente iniciará a execução *decorridos 60 (sessenta) dias* do trânsito em julgado da sentença condenatória favorável ao idoso *sem que o autor lhe promova a execução* (art. 87 do Estatuto do Idoso); **C:** correta (art. 95 do Estatuto do Idoso); **D:** incorreta, considera-se idoso a pessoa maior de sessenta anos de idade (art. 2º da Lei 8.842/1994); **E:** incorreta, pois somente as *instituições filantrópicas ou sem fins lucrativos* prestadoras de serviço ao idoso terão direito à assistência judiciária gratuita (art. 51 do Estatuto do Idoso).
Gabarito "C".

(Defensor Público/RO – 2012 – CESPE) Assinale a opção correta acerca do Estatuto do Idoso e de suas disposições.

(A) Decorridos sessenta dias do trânsito em julgado de sentença condenatória favorável a pessoa idosa sem que o autor lhe promova a execução, deverá fazê-lo o MP.

(B) Compete à DP atuar como substituto processual do idoso em situações de risco.

(C) O referido estatuto regula o direito das pessoas com idade igual ou superior a sessenta e cinco anos.

(D) O MP, quando não figurar como autor da ação, atuará obrigatoriamente como fiscal da lei em todos os processos que envolvam interesses de pessoa idosa.

(E) O direito a transporte urbano gratuito é restrito ao idoso cadastrado nos órgãos estaduais responsáveis pelo transporte urbano.

A: correta (art. 87 do Estatuto do Idoso); **B:** incorreta, pois compete ao Ministério Público (art. 74, III, do Estatuto do Idoso); **C:** incorreta, pois o Estatuto do Idoso regula os direitos assegurados às pessoas com idade igual ou superior a 60 (sessenta) anos (art. 1º do Estatuto do Idoso); **D:** incorreta, pois o Ministério Público atuará somente na defesa dos direitos e interesses de que cuida o Estatuto do Idoso, nos termos do seu art. 75; **E:** incorreta, pois a lei não vincula a gratuidade a qualquer tipo de cadastro nos órgãos estaduais, bastando que o idoso apresente qualquer documento pessoal que faça prova de sua idade para ter acesso à gratuidade (art. 39, § 1º, do Estatuto do Idoso)3.
Gabarito "A".

(Defensor Público/SE – 2012 – CESPE) Com base no tratamento dado pela legislação e pela jurisprudência à pessoa idosa, assinale a opção correta.

(A) Segundo a legislação de regência, aos maiores de sessenta e cinco anos é assegurada a gratuidade dos

---

3. A título de ilustração, recentemente o Estado do Rio de Janeiro obriga o idoso a realizar cadastro no "RioCard" para ter o benefício da gratuidade, esta determinação foi objeto de discussão perante o Superior Tribunal de Justiça, que reconheceu a legalidade do ato administrativo que exige prévio cadastramento, sob pena de lesão à ordem e à economia públicas: "Pedido de suspensão de liminar e de sentença. Lesão à ordem e à economia públicas. *Os idosos não pagam o transporte coletivo, mas estão sujeitos a cadastramento; a decisão que os libera dessa exigência dificulta o controle e a administração do município sobre o transporte público, causando lesão à ordem e à economia públicas.* Agravo regimental não provido." (STJ, AgRg na SLS 1070/RJ, Corte Especial, j. 06.10.2010, rel. Min. Ari Pargendler, *DJe* 14.12.2010) (grifo nosso). A decisão em tela revela um retrocesso da Corte, já que é claramente contrária ao que determina a legislação.

transportes coletivos públicos urbanos e semiurbanos, facultando-se à empresa de transporte o estabelecimento de prévio procedimento de cadastro do idoso para que o direito ao passe livre possa ser legitimamente exercido.

(B) É obrigatória a intervenção do MP em todas as demandas cujo objeto sejam os interesses da pessoa idosa.

(C) Incorrerá em ilegalidade o órgão público que reservar 5% das vagas de seu estacionamento para pessoas idosas a ele vinculadas, visto que o Estatuto do Idoso assegura a reserva, para os idosos, de 5% das vagas nos estacionamentos públicos, circunstância que impede a Administração Pública de limitar o uso de vagas de estacionamento localizado em área própria de órgão público a pessoas idosas a ele vinculadas.

(D) Caso um advogado maior de sessenta e cinco anos de idade seja contratado para ajuizar ação de qualquer natureza, o processo judicial tramitará em regime de prioridade, já que a regra que estabelece o benefício da prioridade na tramitação processual favorece não apenas o idoso que seja parte da relação jurídica processual, como também o que atua como causídico.

(E) De acordo com o STJ, o benefício da prioridade na tramitação processual contempla todos os idosos que figurem como parte ou como intervenientes nos procedimentos judiciais, razão pela qual abrange o idoso que intervenha no processo em todas as formas de intervenção de terceiros.

A: incorreta, pois a lei não vincula a gratuidade a qualquer tipo de cadastro, bastando que o idoso apresente qualquer documento pessoal que faça prova de sua idade para ter acesso à gratuidade (art. 39, § 1º, do Estatuto do Idoso)4; **B:** incorreta, pois o Ministério Público atuará somente na defesa dos direitos e interesses de que cuida o Estatuto do Idoso, nos termos do seu art. 75; **C:** incorreta, pois a lei assegura a reserva, para os idosos, nos termos da lei local, de 5% (cinco por cento) das vagas nos estacionamentos públicos e privados, as quais deverão ser posicionadas de forma a garantir a melhor comodidade ao idoso (art. 41 do Estatuto do Idoso); **D:** incorreta, pois a prioridade somente é válida para idoso que atue como parte ou interveniente (art. 71 do Estatuto do Idoso); **E:** correta. Nesse sentido, transcreve-se decisão do STJ: "Processual Civil – Prioridade Na Tramitação Processual – Idosos (Maiores De 65 Anos) – Abrangência Do Benefício – Intervenção De Terceiro - Assistência. 1. O art. 1.211-A do CPC, acrescentado pela Lei nº 10.173/2001, contemplou, com o benefício da prioridade na tramitação processual, *todos os idosos com idade igual ou superior a sessenta e cinco anos que figurem como parte ou interveniente nos procedimentos judiciais, abrangendo a intervenção de terceiros na forma de assistência, oposição, nomeação à autoria, denunciação da lide ou chamamento ao processo*. 2. Recurso especial provido." (STJ,

---

4. A título de ilustração, recentemente o Estado do Rio de Janeiro obriga o idoso a realizar cadastro no "RioCard" para ter o benefício da gratuidade, esta determinação foi objeto de discussão perante o Superior Tribunal de Justiça, que reconheceu a legalidade do ato administrativo que exige prévio cadastramento, sob pena de lesão à ordem e à economia públicas: "Pedido de suspensão de liminar e de sentença. Lesão à ordem e à economia públicas. *Os idosos não pagam o transporte coletivo, mas estão sujeitos a cadastramento; a decisão que os libera dessa exigência dificulta o controle e a administração do município sobre o transporte público, causando lesão à ordem e à economia públicas*. Agravo regimental não provido." (STJ, AgRg na SLS 1070/RJ, Corte Especial, j. 06.10.2010, rel. Min. Ari Pargendler, *DJe* 14.12.2010) (grifo nosso). A decisão em tela revela um retrocesso da Corte, já que é claramente contrária ao que determina a legislação.

REsp 664899/SP, j. 03.02.2005, 2ª T., rel. Min. Eliana Calmon, *DJ* 28.02.2005, p. 307) (grifo nosso).

Gabarito "E".

(Defensor Público/AL – 2009 – CESPE) Julgue os itens que se seguem, referentes à defesa dos idosos.

(1) Compete ao MP referendar transações envolvendo interesses e direitos dos idosos dispostos no Estatuto do Idoso.

(2) Nos processos e procedimentos em que não for parte, o MP deve atuar obrigatoriamente na defesa dos direitos e interesses previstos no Estatuto do Idoso, hipótese em que terá vista dos autos antes das partes e não poderá juntar documentos.

(3) O MP pode atuar como substituto processual do idoso em situação de risco, quando os direitos reconhecidos no Estatuto do Idoso forem ameaçados em razão de sua condição pessoal.

1: certa, pois a alternativa reflete o disposto no art. 74, X, do Estatuto do Idoso; **2:** errada, pois nesses casos o Ministério Público terá vista dos autos depois das partes e poderá juntar documentos, nos termos do art. 75 do Estatuto do Idoso; **3:** certa, pois a alternativa reflete o disposto no art. 74, III, do Estatuto do Idoso.

Gabarito 1C, 2E, 3C

(Defensor Público/AM – 2010 – I. Cidades) Em relação ao acesso à Justiça das pessoas idosas, assinale a única alternativa incorreta:

(A) É assegurada prioridade na tramitação dos processos e na execução dos atos e diligências judiciais em que figure como parte ou interveniente pessoa idosa em qualquer instância, inclusive nos tribunais superiores.

(B) A prioridade no atendimento não se limita à esfera judicial, estendendo-se também aos processos e procedimentos na Administração Pública, empresas prestadoras de serviços públicos, instituições financeiras e ao atendimento preferencial junto às Defensorias Publicas em relação aos Serviços de Assistência Judiciária.

(C) O idoso que desejar obter a prioridade na tramitação de processos judiciais deverá fazer prova de sua idade, requerendo o benefício, através de petição, ao juiz competente para apreciar o feito, que determinará as providências a serem cumpridas, anotando-se essa circunstância em local bastante visível no processo, como, por exemplo, a capa dos autos.

(D) A prioridade na tramitação dos processos judiciais é personalíssima, cessando com a morte do beneficiado, não se estendendo em favor de cônjuge supérstite, companheiro ou companheira em união estável.

(E) Os débitos de natureza alimentícia cujos titulares tenham 60 (sessenta) anos de idade ou mais na data de expedição do precatório serão pagos com preferência sobre todos os demais débitos, até o valor equivalente ao triplo do fixado em lei para as requisições de pequeno valor estabelecidas para os diferentes entes federativos, sendo admitido o fracionamento para essa finalidade, devendo o restante ser pago na ordem cronológica de apresentação do precatório.

A: correta, pois a alternativa reflete o disposto no art. 71, *caput*, do Estatuto do Idoso; **B:** correta, pois a alternativa reflete o disposto no

art. 71, § 3º, do Estatuto do Idoso; **C:** correta, pois a alternativa reflete o disposto no art. 71, § 1º, do Estatuto do Idoso; **D:** incorreta (devendo ser assinalada), pois a prioridade não cessará com a morte do beneficiado, estendendo-se em favor do cônjuge supérstite, companheiro ou companheira, com união estável, maior de 60 (sessenta) anos, nos termos do art. 71, § 2º, do Estatuto do Idoso; **E:** correta, pois a alternativa reflete o disposto no art. 100, § 2º, da CF.
Gabarito "D".

(Defensoria/MA – 2009 – FCC) Considerando os dispositivos do Estatuto do Idoso que afetam mais diretamente a atuação e funcionamento Defensorias Públicas, pode-se afirmar que esta lei, com as alterações posteriores,

(A) obriga as Defensorias Públicas a criar órgãos especializados na defesa dos direitos dos idosos.

(B) estabelece o direito à assistência judiciária gratuita por parte de instituições filantrópicas ou sem fins lucrativos prestadoras de serviço ao idoso.

(C) confere efeito de título executivo extrajudicial a acordos relativos a alimentos e benefícios previdenciários de pessoas idosas quando realizados na presença de Defensor Público.

(D) garante às Defensorias Públicas assento nos conselhos estaduais e federal do idoso.

(E) manda considerar a vulnerabilidade pessoal, em detrimento da renda pessoal/familiar, para justificar o atendimento preferencial do idoso pela Defensoria Pública.

A: incorreta, pois não existe essa previsão legal; **B:** correta, pois a assertiva reflete o disposto no art. 51 do Estatuto do Idoso; **C:** incorreta, pois somente os acordos relativos a alimentos ao idoso celebrados perante o Promotor de Justiça ou Defensor Público passarão a ter efeito de título executivo extrajudicial, nos termos do art. 13 do Estatuto do Idoso; **D:** incorreta, pois não existe essa previsão legal; **E:** incorreta, pois não existe essa previsão legal.
Gabarito "B".

5. CRIMES

(Defensor Público/AM – 2013 – FCC) O Estatuto do Idoso estabelece que aos crimes em espécie, previstos em seu texto, cuja pena máxima privativa de liberdade não ultrapasse 4 (quatro) anos, aplica-se o procedimento previsto na Lei nº 9.099/1995. Com base nos princípios norteadores da Lei nº 10.741/2003, é correto afirmar:

(A) Todos os benefícios da Lei nº 9.099/1995 devem ser aplicados à espécie, uma vez que a celeridade das ações penais é corolário da prioridade de atendimento ao idoso.

(B) A regra permite, tão somente, a aplicação do procedimento sumaríssimo previsto na Lei nº 9.099/1995 e não outros benefícios nela previstos.

(C) O benefício da transação penal é uma das etapas do procedimento previsto na Lei nº 9.099/1995, tendo o Estatuto do Idoso ampliado o conceito de delito de pequeno potencial ofensivo.

(D) A ampliação do conceito de delito de pequeno potencial ofensivo deve beneficiar todos os idosos em razão de sua peculiar condição de vulnerável social.

(E) As regras simplificadoras da Lei nº 9.099/1995 devem ser aplicadas em sua integralidade em relação aos crimes praticados contra os idosos visando à celeridade e à informalidade do provimento jurisdicional.

O art. 94 do Estatuto do Idoso estabelece a aplicação do procedimento da Lei 9.099/1995 aos crimes cuja pena máxima não ultrapasse quatro anos, ou seja, infrações penais que não são de menor potencial ofensivo, ensejando, assim, divergência na doutrina e jurisprudência, inclusive no sentido de se afirmar a ampliação do conceito de delito de pequeno potencial ofensivo. Contudo, o art. 98, I, da Constituição Federal prevê que compete aos Juizados Especiais as "causas cíveis de menor complexidade e infrações penais de menor potencial ofensivo, mediante os procedimentos oral e sumaríssimo, permitido, nas hipóteses previstas em lei, a transação e o julgamento de recursos por turmas de juízes de primeiro grau". Nota-se que apenas é admitida a transação penal no âmbito dos Juizados Especiais e nos crimes de menor potencial ofensivo, ou ainda quando houver previsão legal expressa. Nesse diapasão, no julgamento da ADI 3.096/DF, o STF concedeu interpretação conforme a Constituição Federal ao art. 98 do Estatuto do Idoso, com aplicação, na justiça comum, apenas do procedimento sumaríssimo da Lei 9.099/1995, o que beneficia o idoso com a celeridade processual. Não sendo possível a aplicação de medidas despenalizadoras e a interpretação benéfica ao autor da infração penal. Da leitura do acórdão, conclui-se, pois, que é impossível a composição civil de danos, transação penal, suspensão condicional do processo, o *sursis* e substituição de pena. Logo, não há que se falar em competência dos Juizados Especiais Criminais e tampouco em ampliação do conceito de delito de menor potencial ofensivo, pois somente foi assentada a natureza exclusivamente processual da norma.
Gabarito "B".

(Defensor Público/RO – 2012 – CESPE) Ainda com relação ao Estatuto do Idoso, assinale a opção correta.

(A) Ao indivíduo que se aproprie de pensão de pessoa idosa, dando-lhe aplicação diversa da de sua finalidade, aplica-se o procedimento previsto na Lei nº 9.099/1995.

(B) Considere que Pedro desdenhe de seu pai, Antônio, de sessenta anos de idade, chamando-o de "velho gagá" na frente de seu grupo de amigos. Nessa situação, embora cometa crime, Pedro ficará isento de pena.

(C) Suponha que Rosa, contratada pela família Castro para cuidar de Jonas, idoso de setenta e cinco anos de idade, o exponha a perigo, privando-o do cuidado indispensável à saúde, o que lhe ocasiona a morte. Nessa situação, Rosa comete crime sujeito a pena de seis a doze anos de reclusão.

(D) O MP, os Estados, a OAB e a DP são legitimados, concorrentemente, para a propositura de ações cíveis fundadas em interesses difusos, coletivos e individuais indisponíveis ou homogêneos que afetem direitos dos idosos.

(E) Se o idoso internado em unidade hospitalar pública não estiver em condições de optar pelo tratamento de saúde que lhe seja mais favorável, inexistindo curador ou familiar conhecido, a DP deve ser comunicada do fato, a fim de adotar as providências cabíveis.

A: correta (art. 94 c.c. art. 102 do Estatuto do Idoso); **B:** incorreta, pois a situação em tela constitui crime apenado com reclusão de 6 (seis) meses a 1 (um) ano e multa (art. 96, § 1º do Estatuto do Idoso); **C:** incorreta, pois a pena é de reclusão de 4 (quatro) a 12 (doze) anos (art. 99, § 2º, do Estatuto do Idoso); **D:** incorreta, pois a Defensoria Pública *não* tem legitimidade (art. 81, I a IV, do Estatuto do Idoso); **E:** incorreta, pois não cabe à Defensoria Pública tomar quaisquer providências (art. 17, parágrafo único, I a IV, do Estatuto do Idoso).
Gabarito "A".

(Defensoria/MA – 2009 – FCC) Abandonar o idoso em hospitais, casas de saúde, entidades de longa permanência ou congêneres

(A) caracteriza crime de ação penal privada.
(B) caracteriza infração administrativa, sujeitando o infrator à pena de multa.
(C) trata-se de mero ilícito civil, passível de ação indenizatória se comprovados os danos.
(D) caracteriza crime de ação penal pública incondicionada.
(E) configura violação de regra moral, irrelevante do ponto de vista jurídico.

A assertiva D está correta, pois reflete o disposto nos arts. 95 e 98 do Estatuto do Idoso.
Gabarito "D".

6. TEMAS VARIADOS

(Defensor Público –DPE/ES – 2016 – FCC) A Lei 13.146/2015 – Estatuto da Pessoa com Deficiência, bem como as alterações por ela produzidas na legislação esparsa vigente, prevê

(A) o dever de garantir a capacitação inicial e continuada aos profissionais que prestam assistência à pessoa com deficiência, especialmente em serviços de habilitação e de reabilitação.
(B) a existência de residências inclusivas, voltadas essencialmente a idosos e localizadas em áreas residenciais da comunidade, com estruturas adequadas, sem apoio psicossocial interno, visando a autonomia do indivíduo.
(C) que a deficiência não afeta, em regra, a plena capacidade civil da pessoa, inclusive para exercer o direito à fertilidade, orientando a esterilização compulsória somente para casos devidamente fundamentados de síndromes genéticas.
(D) a extensão de todos os direitos relativos ao atendimento prioritário da pessoa com deficiência ao seu acompanhante.
(E) o fortalecimento e ampliação do instituto da interdição civil como medida protetiva à pessoa com deficiência.

A: correta (arts. 16, IV e 18, § 3°, do Estatuto da Pessoa com Deficiência); B: incorreta, as residências inclusivas são unidades de oferta do Serviço de Acolhimento do Sistema Único de Assistência Social (SUAS) localizadas em áreas residenciais da comunidade, com estruturas adequadas, que possam contar com apoio psicossocial para o atendimento das necessidades da pessoa acolhida, destinadas a jovens e adultos com deficiência, em situação de dependência, que não dispõem de condições de autossustentabilidade e com vínculos familiares fragilizados ou rompidos (art. 3°, X, do Estatuto da Pessoa com Deficiência); C: incorreta, pois o Estatuto veda a esterilização compulsória (art. 6°, IV); D: incorreta, art. 9°, § 1°, do Estatuto da Pessoa com Deficiência; E: incorreta, pois o Estatuto estabelece que a **curatela** de pessoa com deficiência constitui medida protetiva extraordinária, proporcional às necessidades e às circunstâncias de cada caso, e durará o menor tempo possível (art. 84, § 3°).
Gabarito "A".

(Defensor Público –DPE/ES – 2016 – FCC) O Estatuto do Idoso é um dos diplomas legais que busca robustecer a tutela coletiva dos direitos dos idosos, que conjugando-se com outros grupos vulneráveis, dispõe sobre os seguintes direitos, com EXCEÇÃO de:

(A) Nos programas habitacionais, públicos ou subsidiados com recursos públicos, o idoso goza de prioridade na aquisição de imóvel para moradia própria, observada a reserva de 8% das unidades habitacionais para o atendimento aos idosos ou de pessoas por ele indicadas.
(B) As instituições filantrópicas ou sem fins lucrativos prestadoras de serviço ao idoso terão direito à assistência judiciária gratuita.
(C) Os alimentos serão prestados ao idoso na forma da lei civil e as transações relativas a alimentos poderão ser celebradas perante o Promotor de Justiça ou Defensor Público, que as referendará, e passarão a ter efeito de título executivo extrajudicial nos termos da lei processual civil.
(D) Aos maiores de sessenta e cinco anos fica assegurada a gratuidade dos transportes coletivos públicos urbanos e semiurbanos, exceto nos serviços seletivos e especiais, quando prestados paralelamente aos serviços regulares.
(E) As entidades que desenvolvam programas de institucionalização de longa permanência adotarão como princípios norteadores a preservação dos vínculos familiares e a manutenção do idoso na mesma instituição, salvo em caso de força maior.

A: incorreta (devendo ser assinalada), pois a reserva é de **pelo menos 3% (três por cento)** das unidades habitacionais residenciais (art. 38, I, do Estatuto do Idoso); B: correta (art. 51 do Estatuto do Idoso); C: correta (arts. 11 e 13 do Estatuto do Idoso); D: correta (art. 39 do Estatuto do Idoso); E: correta (art. 49, I e III, do Estatuto do Idoso).
Gabarito "A".

(Defensor Público/PR – 2012 – FCC) É correto afirmar:

(A) A segurança alimentar e nutricional consiste na realização do direito de todos ao acesso regular e permanente a alimentos de qualidade, em quantidade suficiente, sem comprometer o acesso a outras necessidades essenciais, tendo como base práticas alimentares promotoras de saúde que respeitem a diversidade cultural e que sejam ambiental, cultural, econômica e socialmente sustentáveis.
(B) Nos termos da Lei n° 11.445/2007, o saneamento básico consiste no conjunto de recursos hídricos, de serviços, infraestruturas e instalações operacionais de abastecimento de água potável, esgotamento sanitário, limpeza urbana e manejo de resíduos sólidos, drenagem e manejo das águas pluviais, bem como quaisquer soluções individuais de manejo de resíduos.
(C) O Estatuto da Cidade prevê a execução de estudo prévio de impacto de vizinhança para determinados empreendimentos urbanos, de forma a contemplar seus aspectos negativos em relação à qualidade de vida da população residente na área, devendo abordar, dentre outras, questões como adensamento populacional, uso e ocupação do solo, paisagem urbana e patrimônio natural e cultural, substituindo, nestes casos, o estudo de impacto ambiental.
(D) Nos termos da Lei de Diretrizes e Bases da Educação Nacional, é dever do Estado prestar a educação escolar, que será efetivado mediante a garantia, dentre outras, de ensino fundamental e médio, obrigatórios e gratuitos, inclusive para os que não tiveram acesso

na idade própria e vaga na escola pública de educação infantil, de ensino fundamental ou médio mais próxima de sua residência a toda criança a partir do dia em que completar 4 anos de idade.

(E) Segundo o Estatuto do Idoso, aos idosos, considerados assim os maiores de 60 anos, que não possuam meios para prover sua subsistência, nem de tê-la provida por sua família, é assegurado o benefício mensal de um salário mínimo, nos termos da Lei Orgânica de Assistência Social.

A: correta, pois reflete o art. 3º da Lei 11.346/2006; **B:** incorreta, pois os recursos hídricos não integram os serviços públicos de saneamento básico (art. 4º da Lei 11.445/2007); **C:** incorreta, pois a elaboração do Estudo de Impacto de Vizinhança (EIV) não substitui a elaboração e a aprovação de estudo prévio de impacto ambiental (EIA) (art. 38 do Estatuto da Cidade – Lei 10.257/2001); **D:** incorreta, pois somente abrange vaga na escola pública de *educação infantil ou de ensino fundamental* mais próxima de sua residência a toda criança a partir do dia em que completar 4 (quatro) anos de idade (art. 4º, X, da Lei 9.394/1996); **E:** incorreta, pois o benefício é concedido aos idosos a partir de *65 (sessenta e cinco) anos* (art. 34 do Estatuto do Idoso).

Gabarito "A".

(Defensor Público/BA – 2010 – CESPE) Em relação ao Estatuto do Idoso (Lei n.º 10.741/2003), julgue os itens.

(1) Aos crimes previstos nesse estatuto e cuja pena máxima privativa de liberdade não ultrapasse quatro anos aplica-se o procedimento previsto na Lei 9.099/1995 e, subsidiariamente, no que couber, aplicam-se as disposições do Código Penal e do Código de Processo Penal.

(2) As transações relativas a alimentos em favor do idoso poderão ser celebradas perante o promotor de justiça ou defensor público, que as referendarão, passando elas a ter efeito de título executivo extrajudicial nos termos da lei processual civil.

(3) O Estatuto do Idoso garante aos maiores de 65 anos de idade a gratuidade dos transportes coletivos públicos urbanos e semiurbanos; no entanto, tal norma foi declarada inconstitucional pelo STF, na medida em que foi criada despesa para as empresas de transporte, sem previsão da devida compensação financeira, o que traria prejuízos graves às concessionárias, a ponto de representar risco ao equilíbrio econômico-financeiro dos contratos de concessão entre a administração e os concessionários.

(4) Considere a seguinte situação hipotética. João e Maria, maiores de setenta anos de idade, carentes, moram juntos e não possuem meios para prover sua subsistência nem podem tê-la provida por sua família. A Maria foi assegurado o benefício mensal de um salário mínimo, nos termos da Lei Orgânica da Assistência Social. Nessa situação, João fica impedido de receber o mesmo benefício, dado o não atendimento, pelo casal, do requisito da renda familiar per capita.

1: errada, pois o STF julgou parcialmente procedente Ação Direta de Inconstitucionalidade nº 3.096-5, para dar interpretação conforme a Constituição, com redução de texto, ao art. 94 do Estatuto do Idoso: "Ação direta de inconstitucionalidade. Artigos 39 e 94 da lei 10.741/2003 (estatuto do idoso). Restrição à gratuidade do transporte coletivo. Serviços de transporte seletivos e especiais. Aplicabilidade dos procedimentos previstos na lei 9.099/1995 aos crimes cometidos contra idosos. 1. No julgamento da Ação Direta de Inconstitucionalidade 3.768/DF, o Supremo Tribunal Federal julgou constitucional o art. 39 da Lei 10.741/2003. Não conhecimento da ação direta de inconstitucionalidade nessa parte. 2. Art. 94 da Lei n. 10.741/2003: interpretação conforme à Constituição do Brasil, com redução de texto, para suprimir a expressão "do Código Penal e". Aplicação apenas do procedimento sumaríssimo previsto na Lei n. 9.099/1995: benefício do idoso com a celeridade processual. Impossibilidade de aplicação de quaisquer medidas despenalizadoras e de interpretação benéfica ao autor do crime. 3. Ação direta de inconstitucionalidade julgada parcialmente procedente para dar interpretação conforme à Constituição do Brasil, com redução de texto, ao art. 94 da Lei n. 10.741/2003." (julgamento em 03/09/2010); **2:** certa, pois a alternativa reflete o disposto no art. 13 do Estatuto do Idoso; **3:** errada, pois o Supremo Tribunal Federal (STF) julgou improcedente a Ação Direta de Inconstitucionalidade (ADI) 37.68, proposta com o intuito de reconhecer a constitucionalidade do art. 39, *caput*, da Lei n. 10.741/03 (Estatuto do Idoso), que estabelece a gratuidade dos transportes coletivos públicos urbanos e semiurbanos para os maiores de 65 anos; **4:** errada, pois ao idoso e à pessoa com deficiência que comprovem não possuir meios de prover a própria manutenção ou de tê-la provida por sua família, é garantido um salário mínimo mensal, independentemente da renda familiar, conforme disposto no art. 2º, I, e, da Lei Orgânica da Assistência Social (Lei 8.742/1993).

Gabarito 1E, 2C, 3E, 4E

16. DIREITO DO TRABALHO

Ana Paula Garcia e Hermes Cramacon*

1. INTRODUÇÃO, FONTES E PRINCÍPIOS

(Defensoria/MA – 2009 – FCC) Considerando-se que todas as normas de direito do trabalho têm natureza de tutela de direitos humanos, as Convenções da Organização Internacional do Trabalho (OIT), adotadas pelo Brasil, sob a vigente Constituição da República, com a redação que lhe deu a Emenda Constitucional nº 45/2004:

(A) assumirão natureza de emenda constitucional, se aprovadas, em cada Casa do Congresso Nacional, em dois turnos, por três quintos dos votos dos respectivos membros.
(B) submeter-se-ão à confirmação, pelo Congresso Nacional, por meio de publicação de Lei Complementar.
(C) só terão validade se confirmada por lei ordinária, posterior ao Decreto de promulgação da Convenção.
(D) assumirão natureza de lei ordinária federal, situando-se, hierarquicamente, abaixo das Leis Complementares e da Constituição da República.
(E) terão natureza de emenda constitucional, se assim decidir o Presidente da República, o que deverá ser previsto na mensagem que encaminhar ao Congresso Nacional a ratificação da norma pelos representantes do País na Convenção da OIT.

Os tratados e convenções internacionais sobre direitos humanos que forem aprovados, em cada Casa do Congresso Nacional, em dois turnos, por três quintos dos votos dos respectivos membros, serão equivalentes às emendas constitucionais (art. 5º, § 3º, da CF).
Gabarito "A".

(Defensoria/MA – 2009 – FCC) Relação de trabalho é

(A) espécie, da qual relação de emprego é o gênero.
(B) gênero, do qual relação de emprego é espécie.
(C) espécie de prestação de serviços que não se regula pela Consolidação das Leis do Trabalho, nem pelo estatuto dos servidores públicos ou pelo Código Civil.
(D) gênero, que se equipara à prestação de serviços subordinada.
(E) exclusivamente contrato de emprego, porque a carteira em que se registram os contratos é de "trabalho e previdência social", não de "emprego e previdência social".

A relação de trabalho é gênero que tem como uma de suas espécies a relação de emprego, assim como o trabalho eventual, autônomo, avulso e voluntário.
Gabarito "B".

2. CONTRATO INDIVIDUAL DE TRABALHO

(Defensor Público/MS – 2008 – VUNESP) Sobre as expressões "relação de trabalho" e "relação de emprego", assinale a alternativa correta.

(A) A relação de trabalho é gênero do qual a relação de emprego é espécie. Além da relação de emprego, são também formas de relação de trabalho o trabalho autônomo, o eventual, o avulso, o estágio, entre outros.
(B) Relação de trabalho sempre foi utilizada como sinônimo de relação de emprego, presumindo a ocorrência de trabalho pessoal, subordinado, sob dependência econômica e habitual.
(C) Pode haver relação de trabalho entre pessoas jurídicas, embora jamais seja possível uma relação de emprego entre pessoas jurídicas, dada a imprescindibilidade de existência de pessoalidade na relação de emprego.
(D) A relação de emprego não admite sazonalidade, pois pressupõe continuidade, característica que se eleva, inclusive, à condição de princípio do Direito do Trabalho.

A: opção correta, pois de fato relação de trabalho é gênero do qual são espécies a relação de emprego, trabalho autônomo, estagiário que hoje é regulado pela Lei 11.788/2008, trabalhador avulso. **B:** opção incorreta, pois o termo "relação de trabalho" refere-se a todo tipo de trabalho prestado pelo homem, que inclui, por exemplo, o trabalho autônomo, espécie de relação de trabalho em que inexiste o elemento subordinação. **C:** opção incorreta, pois é um elemento caracterizador da relação de emprego, o trabalho prestado por pessoa física, nos termos do art. 3º da CLT. **D:** opção incorreta, pois o Direito do Trabalho admite como exceções, as hipóteses de contrato de trabalho por prazo determinado, nas hipóteses trazidas, por exemplo: pelo art. 443, §§ 1º e 2º, CLT.
Gabarito "A".

3. TRABALHO DA MULHER

(Defensoria Pública da União – 2010 – CESPE) Acerca do trabalho da mulher e da estabilidade provisória da gestante, julgue os itens subsequentes.

(1) Ao empregador é vedado empregar mulheres em serviço que demande o emprego de força muscular superior a 20 quilos, ainda que o trabalho seja ocasional, não estando compreendida, em tal vedação, a remoção de material feita por impulsão ou tração de vagonetes sobre trilhos, de carros de mão ou por quaisquer aparelhos mecânicos.
(2) Considerando-se que a estabilidade constitui garantia de emprego, a estabilidade provisória da gestante garante unicamente a reintegração da trabalhadora, sendo cabível a conversão em indenização tão somente quando o juiz entender que a reintegração é desaconselhável, por existir elevado grau de animosidade entre as partes.

---

* **Hermes Cramacon** comentou as questões da DPU 2015; **Hermes Cramacon** e **Ana Paula Garcia** comentou as demais questões. **Hermes Cramacon** atualizou todos os comentários deste capítulo.

1: Errada, pois ao empregador é vedado empregar a mulher em serviço que demande o emprego de força muscular superior a 25 quilos em caso de trabalho ocasional (art. 390 da CLT); **2:** Errada, pois não há necessidade de elevado grau de animosidade entre as partes, mas mero grau de incompatibilidade em razão do dissídio, o que poderá gerar a conversão da reintegração em indenização (art. 496 da CLT).

Gabarito 1E, 2E

4. ALTERAÇÃO, INTERRUPÇÃO E SUSPENSÃO DO CONTRATO DE TRABALHO

(Defensoria Pública da União – CESPE – 2015) Julgue os itens a seguir, referentes a alteração, suspensão, interrupção e rescisão do contrato de trabalho.

(1) Quando o empregado suspende a execução dos serviços para a empresa na qual trabalha, mas continua percebendo normalmente sua remuneração, ocorre interrupção do contrato de trabalho.

(2) Se uma mulher vítima de violência doméstica for afastada temporariamente do local de trabalho, pelo juízo competente, visando preservar a manutenção do vínculo trabalhista e resguardar sua integridade física e psicológica, essa situação configurará hipótese de suspensão do contrato de trabalho.

(3) Caso um empregado se afaste do emprego devido à investidura em mandato eletivo e ao efetivo exercício desse mandato, essa hipótese não constituirá motivo para rescisão do contrato de trabalho por parte do empregador.

(4) O TST tem admitido a supressão do adicional noturno quando o empregador transfere, por mútuo consentimento, o empregado do horário noturno para o período diurno.

1: assertiva correta, pois na interrupção ocorre a não produção dos efeitos de forma unilateral, ou seja, apenas para uma parte do contrato de trabalho. Assim, na interrupção somente o trabalhador irá deixar de trabalhar, devendo o empregador continuar a pagar os salários do obreiro. Na interrupção do contrato de trabalho, o empregado suspende a prestação de serviços, mas continua recebendo a remuneração pelo empregador. **2:** assertiva correta, pois o art. 9°, § 2°, II, da Lei 11.340/2006 ensina que quando necessário o afastamento do local de trabalho, o juiz poderá assegurar a mulher vítima de violência a manutenção do vínculo trabalhista, por até seis meses. Contudo, a lei não determina a obrigatoriedade no pagamento do salário, o que faz configurar hipótese de suspensão do contrato de trabalho. **3:** assertiva correta, pois nos termos do art. 472 da CLT o afastamento do empregado em virtude das exigências do serviço militar, ou de outro encargo público, não constituirá motivo para alteração ou rescisão do contrato de trabalho por parte do empregador. **4:** assertiva correta, pois nos termos da súmula 265 do TST a transferência para o período diurno de trabalho implica a perda do direito ao adicional noturno.

Gabarito 1C, 2C, 3C, 4C

(Defensoria Pública da União – 2010 – CESPE) Acerca do que dispõem a Consolidação das Leis do Trabalho (CLT) e a jurisprudência a respeito das férias, julgue os itens que se seguem.

(1) O cálculo da remuneração das férias do tarefeiro deve ser realizado com base na média da produção do período aquisitivo, garantida a observância do valor da remuneração da tarefa na data da concessão.

(2) A indenização por férias não concedidas em tempo oportuno deve ser calculada com base na remuneração devida ao empregado na época de eventual reclamação ou, se for o caso, quando da extinção do contrato.

1: Certo, pois o enunciado está de acordo com a Súmula 149 do TST: "TAREFEIRO. FÉRIAS. A remuneração das férias do tarefeiro deve ser calculada com base na média da produção do período aquisitivo, aplicando-se-lhe a tarifa da data da concessão"; **2:** Certo, pois o enunciado está de acordo com a Súmula 7 do TST: "FÉRIAS. A indenização pelo não deferimento das férias no tempo oportuno será calculada com base na remuneração devida ao empregado na época da reclamação ou, se for o caso, na da extinção do contrato".

Gabarito 1C, 2C

(Defensor Público/MS – 2008 – VUNESP) Considere o texto que segue e assinale a alternativa correta.

Um trabalhador contrata com seu empregador a redução das horas de trabalho, com redução proporcional de salário, declarando, ainda, a ausência de prejuízo, na medida em que foram mantidos os valores por hora, a despeito de o pagamento ser mensal. Na situação anterior, mantinha jornada prorrogada por acordo de 8:48 horas diárias. Tais jornadas foram reduzidas a 5 horas diárias, considerando a necessidade do trabalhador de dispor desse tempo para cursar pós-graduação.

(A) O acordo individual, considerando a inexistência de redução salarial pela base horária e a anuência do empregado, é válido e eficaz, merecendo ser respeitado em caso de questionamento judicial.

(B) Somente mediante acordo coletivo é que se poderia fixar essa redução de jornada, e sem redução proporcional do salário, pois esta seria inválida por ferir o artigo 468 da Consolidação das Leis do Trabalho.

(C) O ajuste viola o inciso VI do artigo 7.º da Constituição da República, bem como o princípio da inalterabilidade lesiva das condições contratuais, pouco importando a anuência do empregado.

(D) A duração do trabalho e a remuneração são matérias de ordem pública, não podendo, sob hipótese alguma, serem objeto de modificação das condições contratadas originalmente.

A: opção incorreta, pois nos termos do art. 7°, VI, CF a redução salarial somente é permitida por acordo coletivo ou convenção coletiva de trabalho. **B:** opção incorreta, pois a redução salarial poderá ser feita, também, por convenção coletiva. **C:** opção correta, pois embora tenha existido a anuência do empregado, a redução do salário ocorreu de forma indireta, o que é vedado pelo ordenamento jurídico brasileiro, sendo admitido apenas por acordo ou convenção coletiva de trabalho, nos termos do art. 7°, VI, CF. **D:** opção incorreta, pois poderão ser modificadas por acordo ou convenção coletiva, art. 7°, VI e XIII, CF. *OBS: sobre o tema abordado na questão veja a Lei 13.189/2015.*

Gabarito "C"

5. REMUNERAÇÃO E SALÁRIO

(Defensoria Pública da União – 2010 – CESPE) Acerca do salário-família, julgue o item a seguir.

(1) O termo inicial do direito ao salário-família, quando provado em juízo, corresponde à data de ajuizamento do pedido, salvo quando comprovado que o empregador se tenha recusado a receber, anteriormente, a certidão de nascimento de filho do empregado.

1: certo, pois o enunciado está de acordo com a Súmula 254 do TST: "SALÁRIO-FAMÍLIA. TERMO INICIAL DA OBRIGAÇÃO. O termo inicial do direito ao salário-família coincide com a prova da filiação. Se feita em juízo, corresponde à data de ajuizamento do pedido, salvo se comprovado que anteriormente o empregador se recusara a receber a respectiva certidão".
Gabarito 1C

(Defensoria Pública da União – 2010 – CESPE) Julgue os itens seguintes no que diz respeito à equiparação salarial.

(1) A cessão de empregados a órgão governamental estranho ao órgão cedente, ainda que este responda pelos salários do paradigma e do reclamante, exclui o direito à equiparação salarial.

(2) São vedadas a vinculação ou a equiparação de quaisquer espécies remuneratórias para o efeito de remuneração de pessoal do serviço público, excetuando-se a dos empregados públicos, por serem estes regidos pela CLT.

1: Errado, pois o enunciado contraria o disposto na Súmula 6, V, do TST: "EQUIPARAÇÃO SALARIAL. ART. 461 DA CLT (...) V - A cessão de empregados não exclui a equiparação salarial, embora exercida a função em órgão governamental estranho à cedente, se esta responde pelos salários do paradigma e do reclamante"; **2:** Errado, pois o enunciado contraria o disposto no art. 37, XIII, da CF, que veda a equiparação salarial para pessoal do serviço público, não excetuando os empregados públicos, conforme prescreve a Orientação Jurisprudencial 297 da SDI-I do TST: "EQUIPARAÇÃO SALARIAL. SERVIDOR PÚBLICO DA ADMINISTRAÇÃO DIRETA, AUTÁRQUICA E FUNDACIONAL. ART. 37, XIII, DA CF/1988. O art. 37, inciso XIII, da CF/1988, veda a equiparação de qualquer natureza para o efeito de remuneração do pessoal do serviço público, sendo juridicamente impossível a aplicação da norma infraconstitucional prevista no art. 461 da CLT quando se pleiteia equiparação salarial entre servidores públicos, independentemente de terem sido contratados pela CLT".
Gabarito 1E, 2E

6. TÉRMINO DO CONTRATO

(Defensoria Pública da União – 2010 – CESPE) Quanto à indenização rescisória, julgue o item a seguir.

(1) A indenização adicional devida em razão de rescisão contratual imotivada no trintídio que antecede a data-base corresponde ao salário mensal, no valor devido na data da comunicação do despedimento, integrado pelos adicionais legais ou convencionados, ligados à unidade de tempo mês, não sendo computável a gratificação natalina.

1: certo, pois o enunciado está de acordo com a Súmula 242 do TST: "INDENIZAÇÃO ADICIONAL. VALOR. A indenização adicional, prevista no art. 9º da Lei nº 6.708, de 30.10.1979 e no art. 9º da Lei nº 7.238 de 28.10.1984, corresponde ao salário mensal, no valor devido na data da comunicação do despedimento, integrado pelos adicionais legais ou convencionados, ligados à unidade de tempo mês, não sendo computável a gratificação natalina".
Gabarito C

(CESPE - 2017) Com o desmembramento do município X, foi criado o município Y. Nessa situação hipotética, segundo o TST, a responsabilidade trabalhista quanto aos empregados municipais deverá ser suportada

(A) pelo município Y, que deverá suceder os empregados do município X contratados antes da criação do novo município.

(B) pelo estado-membro a que os municípios pertencem.

(C) por cada um dos municípios pelo período em que cada um deles figurar como real empregador.

(D) pelos dois municípios, solidariamente, independentemente do período de vinculação dos empregados.

(E) pelo município X, subsidiariamente, em relação aos empregados contratados pelo município Y.

"C" é a opção correta. Nos termos da OJ 92 da SDI 1 do TST em caso de criação de novo município, por desmembramento, cada uma das novas entidades responsabiliza-se pelos direitos trabalhistas do empregado no período em que figurarem como real empregador.
Gabarito C

(CESPE - 2018) Considerando a jurisprudência do TST a respeito da rescisão do contrato de trabalho, julgue os itens seguintes.

(1) No caso de morte do empregado, a multa por atraso do pagamento das verbas rescisórias será afastada somente se a empresa tiver movido oportunamente ação de consignação de verbas devidas.

(2) Caso uma empregada que trabalhe em uma empresa há oito anos, sem jamais ter infringido nenhuma obrigação contratual ou desviado sua conduta, falsificasse o horário lançado em um atestado médico para justificar sua ausência do trabalho, a empresa empregadora poderia demiti-la por justa causa imediatamente.

(3) Se uma empresa contratar empregado mediante contrato de experiência pelo prazo de quarenta e cinco dias, sem cláusula quanto à possibilidade de prorrogação automática do contrato, e, após dois meses de trabalho, o empregado for demitido, caberá à empresa pagar todas as verbas rescisórias como se o contrato tivesse sido celebrado por tempo indeterminado.

1: opção incorreta, pois o empregador não deu causa. **2:** opção incorreta, pois deve haver proporcionalidade entre a falta e a punição do empregado. **3:** opção correta, pois sempre que o contrato de experiência não for prorrogado ou ultrapassar 90 dias, será automaticamente convertido em contrato com prazo indeterminado.
Gabarito 1E, 2E, 3C

7. ESTABILIDADE E FGTS

(Defensor Público/MS – 2008 – VUNESP) Sobre o tema estabilidade, indique a alternativa correta.

(A) Desde a Constituição Federal, não vigora mais o regime de estabilidade no emprego no Brasil, substituído, definitivamente, pelo Fundo de Garantia do Tempo de Serviço. Por lei, há diversas estabilidades provisórias.

(B) Temos diversas espécies de estabilidades, provisórias e definitivas, contratuais e legais, normativas e judiciais, sempre permitida a dispensa, desde que devidamente indenizada.

(C) O empregado estável pode ser dispensado, mas o pagamento das verbas rescisórias deverá ser dobrado, como indenização pelo descumprimento da cláusula de estabilidade.

(D) É impossível a dispensa arbitrária do empregado pelo empregador, e se assegura à gestante e ao titular de representação de empregados na CIPA, além do dirigente sindical, uma estabilidade provisória absoluta.

A: opção correta, pois a estabilidade em questão denomina-se: "estabilidade decenal", hipótese prevista no art. 492 CLT que com a promulgação da CF/88 *foi revogada, na medida em que se tornou obrigatório o regime do FGTS, art. 7º, III, CF e Lei 8.036/90. Porém, os empregados que adquiriram a estabilidade preservam esse direito. São alguns exemplos de estabilidade provisória: estabilidade sindical, art. 8º, VIII da CF/88 e do § 3º, do art. 543 da CLT; representantes dos empregados na CIPA, art. 10, inciso II, "a", do ADCT; empregada gestante, disciplinada no art. 10, inciso II, "b", do ADCT, entre outras.*
B: opção incorreta, pois embora existam diversas formas de estabilidade provisória, ao empregado celetista, resta apenas 1 (um) exemplo de estabilidade definitiva, qual seja a dos empregados contratados pelo regime celetista antigo do art. 492 CLT (estabilidade decenal). **C:** opção incorreta, pois o empregado estável somente poderá ser dispensado por cometimento de falta grave. **D:** opção incorreta, pois estes empregados poderão ser dispensados somente por cometimento de falta grave.

Gabarito "A".

(Defensoria Pública da União – 2007 – CESPE) Julgue o item que se segue de acordo com as normas trabalhistas e a jurisprudência dos tribunais.

(1) Segundo a jurisprudência, a confirmação da gravidez, para fins de estabilidade gestante, é de caráter subjetivo, de modo que o direito à estabilidade depende da comunicação da gravidez ao empregador.

1: errada, pois a assertiva está em confronto com a atual posição do TST a respeito do tema, conforme consta da Súmula 244, I, do TST: "GESTANTE. ESTABILIDADE PROVISÓRIA I - O desconhecimento do estado gravídico pelo empregador não afasta o direito ao pagamento da indenização decorrente da estabilidade". Assim, hoje o entendimento é no sentido de que a responsabilidade do empregador, quando a ciência do estado de gravidez, é objetiva.

Gabarito 1E

8. DIREITO COLETIVO DO TRABALHO

(CESPE - 2018) Julgue o próximo item, relativo a convenções e acordos coletivos do trabalho.

(1) A convenção coletiva de trabalho não pode estabelecer norma de redução de intervalo interjornada, ou seja, entre o término de uma jornada e o início da outra, uma vez que o prazo desse intervalo é garantido por norma de ordem pública, não sendo passível de negociação.

1: opção correta. O art. 611-A, III, da CLT permite apenas a negociação do intervalo intrajornada, mas não do intervalo interjornada.

Gabarito 1C

9. TEMAS COMBINADOS

(CESPE - 2017) Uma lei estadual ampliou para cento e oitenta dias a licença-maternidade para as servidoras gestantes submetidas ao regime estatutário. Com base nisso, uma empregada pública celetista do mesmo estado da Federação requereu para si, em juízo, a extensão do referido benefício.

Nessa situação hipotética, conforme o entendimento do TST, o requerimento de extensão do benefício

(A) deverá ser atendido, pois não pode haver discriminação entre as mulheres no ambiente laboral.

(B) não poderá ser atendido, visto que a requerente está submetida a regime jurídico diverso daquele do grupo que lhe serviu de paradigma.

(C) não poderá ser atendido, porque a CLT proíbe equiparação de qualquer espécie remuneratória para efeito de remuneração de pessoal do serviço público.

(D) deverá ser atendido, visto que, nesse caso, se deve aplicar o princípio da isonomia.

(E) deverá ser atendido, porque o real beneficiário do direito à licença-maternidade é o nascituro.

"B" é a opção correta. O informativo 156 do TST entendeu: "Licença-maternidade. Prorrogação para 180 dias. Lei estadual. Concessão do benefício somente às servidoras gestantes submetidas ao regime estatutário. Extensão do direito às servidoras celetistas. Impossibilidade."

Gabarito "B".

(CESPE - 2017) De acordo com o entendimento do TST, se determinada empresa, que conta com cento e cinquenta empregados, dispensar, sem justa causa, trabalhador com deficiência e não fizer, nos termos da legislação pertinente, a contratação de outro empregado nas mesmas condições, tal dispensa será considerada

(A) legal, porque não há obrigação legal de o empregador contratar trabalhadores com deficiência.

(B) legal, desde que a empresa mantenha o percentual mínimo legal de cargos preenchidos por trabalhadores com deficiência.

(C) ilegal, devido ao fato de não haver justo motivo.

(D) ilegal, porque os trabalhadores com deficiência possuem garantia de emprego por tempo indeterminado.

(E) ilegal, ainda que não interfira no atendimento ao percentual mínimo legal de cargos preenchidos por trabalhadores com deficiência.

"B" é a resposta correta. Isso porque, nos termos do art. 93 da Lei 8.213/1991 a empresa com 100 (cem) ou mais empregados está obrigada a preencher de 2% (dois por cento) a 5% (cinco por cento) dos seus cargos com beneficiários reabilitados ou pessoas portadoras de deficiência, habilitadas, na seguinte proporção:
I – até 200 empregados...2%;
II – de 201 a 500..3%;
III – de 501 a 1.000..4%;
IV – de 1.001 em diante..5%.
Já em seu § 1º a dispensa de trabalhador reabilitado ou de deficiente habilitado ao final de contrato por prazo determinado de mais de 90 (noventa) dias, e a imotivada, no contrato por prazo indeterminado, só poderá ocorrer após a contratação de substituto de condição.

Gabarito "B".

(CESPE - 2018) A respeito do direito de greve, da proteção ao trabalho da mulher, da alteração da relação de trabalho, da aplicação de justa causa e da equiparação salarial, julgue os itens que se seguem.

(1) De acordo com o TST, a greve é um exemplo de interrupção do contrato de trabalho, e os dias parados devem ser pagos normalmente, a não ser que o ato seja considerado ilegal pela justiça do trabalho.

(2) Se uma empregada, antes do término do cumprimento de aviso-prévio de desligamento sem justa causa, apresentar ao empregador atestado médico probatório de que, na data da dispensa, ela já estava grávida, tal fato não lhe dará o direito à estabilidade prevista no texto constitucional, pois, quando foi dado o aviso-prévio, o empregador desconhecia o estado gravídico da empregada.

(3) Se, ao longo de procedimento de sindicância para apuração de falta grave de um empregado, este for promovido por merecimento e, em consequência, assumir função de confiança, ficará configurado, por parte do empregador, o perdão tácito à infração disciplinar que eventualmente seja apurada pela comissão sindicante.

1: opção incorreta, pois nos termos do art. 7º, da Lei 7.783/1989 observadas as condições previstas nesta Lei, a participação em greve suspende o contrato de trabalho, devendo as relações obrigacionais, durante o período, ser regidas pelo acordo, convenção, laudo arbitral ou decisão da Justiça do Trabalho. **2:** opção incorreta, pois nos termos da súmula 244, I, TST o desconhecimento do estado gravídico pelo empregador não afasta o direito ao pagamento da indenização decorrente da estabilidade. **3:** opção correta, isso porque que a empresa exerceu ato incompatível com a intenção de punir. Veja RR-20843-08.2014.5.04.0018.

Gabarito 1E, 2E, 3C

(Defensoria Pública da União – CESPE – 2015) Quanto ao FGTS, ao seguro-desemprego e ao PIS, julgue os itens que se seguem.

(1) Segundo o STJ, o levantamento judicial do valor referente ao seguro-desemprego, que tem por finalidade prover assistência financeira ao trabalhador desempregado em virtude de dispensa sem justa causa, inclusive a indireta, e ao trabalhador resgatado de regime de trabalho forçado ou da condição análoga à de escravo, deve ser requerido à justiça do trabalho.

(2) O PIS, que financia o abono salarial correspondente ao valor equivalente a dois salários mínimos vigentes na época do pagamento, destina-se especificamente a auxiliar os trabalhadores na busca ou preservação do emprego, promovendo, para tanto, ações integradas de orientação, recolocação e qualificação profissional.

(3) A exigência, feita pelo empregador a um de seus empregados, para este prestar serviços alheios ao contrato de trabalho configura motivo que possibilita ao empregado a movimentação da respectiva conta vinculada no FGTS para saque do saldo referente ao contrato.

(4) Segundo recente entendimento do STF, o prazo prescricional para cobrança de valores não depositados no FGTS é de trinta anos, observado o limite de dois anos após a extinção do contrato de trabalho.

1: assertiva incorreta, pois a competência para levantamento judicial de valor referente ao seguro-desemprego é da Justiça Comum. Veja conflito de competência 112346 STJ e Súmula 161 STJ. **2:** assertiva incorreta, pois nos termos do art. 9º da Lei 7.998/1990 o abono será no valor máximo de 1 (um) salário-mínimo vigente na data do respectivo pagamento. Ademais, nos termos do art. 1º da LC 7/1970 PIS é destinado a promover a integração do empregado na vida e no desenvolvimento das empresas. **3:** assertiva correta, pois configura-se hipótese de rescisão indireta do contrato, autorizando a movimentação da conta de FGTS na forma do art. 20, I, da Lei 8.036/1990. **4:** assertiva incorreta, pois o TST modificou a redação da Súmula 362 para constar que para os casos em que a ciência da lesão ocorreu a partir de 13.11.2014, é quinquenal a prescrição do direito de reclamar contra o não recolhimento de contribuição para o FGTS, observado o prazo de dois anos após o término do contrato. Já para os casos em que o prazo prescricional já estava em curso em 13.11.2014, aplica-se o prazo prescricional que se consumar primeiro: trinta anos, contados do termo inicial, ou cinco anos, a partir de 13.11.2014.

Gabarito 1E, 2E, 3C, 4E

17. DIREITO PROCESSUAL DO TRABALHO

Ana Paula Garcia e Hermes Cramacon*

1. PRINCÍPIOS, ORGANIZAÇÃO DA JUSTIÇA DO TRABALHO, COMPETÊNCIA E NULIDADES PROCESSUAIS

(Defensoria Pública da União – CESPE – 2015) Julgue os itens subsequentes, relativos à competência e à prescrição no processo trabalhista e aos princípios gerais que norteiam esse processo.

(1) Se um contrato de trabalho for suspenso em virtude da percepção de auxílio-doença pelo empregado, o prazo da prescrição quinquenal para a pretensão de créditos trabalhistas relativos a esse contrato ficará suspenso, continuando a fluir quando do retorno do empregado ao trabalho.

(2) A justiça do trabalho é competente para julgar as demandas instauradas entre pessoas jurídicas de direito privado integrantes da administração pública indireta e seus empregados, cuja relação é regida pela CLT, independentemente de a ação ser relativa ao período pré-contratual.

(3) Amplamente admitido no direito material do trabalho, o princípio da busca da verdade real não se aplica ao direito processual do trabalho, uma vez que a finalidade do processo é a justa e igualitária composição do litígio com mesmos direitos ao contraditório e à ampla defesa.

1: assertiva incorreta, pois nos termos da OJ 375 da SDI 1 do TST a suspensão do contrato de trabalho, em virtude da percepção do auxílio-doença ou da aposentadoria por invalidez, não impede a fluência da prescrição quinquenal, ressalvada a hipótese de absoluta impossibilidade de acesso ao Judiciário. **2:** assertiva correta, pois de acordo com o art. 114, I, CF e o julgamento da ADI 3395-6 a Justiça do Trabalho é competente para as ações ajuizadas entre pessoas jurídicas de direito privado integrantes da administração pública indireta e seus empregados, cuja relação é regida pela CLT, nos períodos pré-contratual, contratual ou pós-contratual. **3:** assertiva incorreta, pois embora o princípio da verdade real seja derivado do direito material do trabalho, onde se busca a primazia da realidade, no campo processual o princípio da verdade real vem disposto no art. 765 da CLT, que assim dispõe: "Os Juízos e Tribunais do Trabalho terão ampla liberdade na direção do processo e velarão pelo andamento rápido das causas, podendo determinar qualquer diligência necessária ao esclarecimento delas".

Gabarito 1E, 2C, 3E

(Defensoria/MA – 2009 – FCC) A competência territorial da Justiça do Trabalho será fixada pelo critério do local de execução do contrato, EXCETO se o

(A) trabalhador, mesmo sendo brasileiro, for contratado no exterior, por empresa estrangeira, para prestar serviços no exterior, hipótese em que o Juízo Competente será o da Capital Federal (Brasília).

(B) empregador promover a prestação de serviços em locais diferentes, todas dentro do Brasil, hipótese em que a competência será fixada pela situação da filial da empresa no Distrito Federal, tendo sido este ou não o lugar da contratação.

(C) contrato for firmado num local, para prestação dos serviços em outro, ambos no Brasil, hipótese em que o empregado –autor da ação– escolherá o Juízo de qualquer dos dois locais.

(D) empregador promover a prestação de serviços em dois ou mais locais do território nacional e o trabalhador for contratado no exterior, para prestar serviços no exterior, hipótese em que a competência será da Vara do Trabalho do local em que o empregador mantiver sua sede.

(E) empregado for contratado na filial de São Paulo, para prestar serviços na filial de Fortaleza, hipótese em que o Juízo Competente será o da matriz da empresa, em Florianópolis.

Em se tratando de empregador que promova realização de atividades fora do lugar do contrato de trabalho, é assegurado ao empregado apresentar reclamação no foro da celebração do contrato ou no da prestação dos respectivos serviços (art. 651, § 3º, da CLT).

Gabarito "C".

(Defensoria/MA – 2009 – FCC) O conflito positivo de jurisdição entre um Juiz do Trabalho e um Juiz de Direito, este no exercício da jurisdição trabalhista, na forma do artigo 668 da Consolidação das Leis do Trabalho, deverá ser julgado pelo

(A) Tribunal Superior do Trabalho, em qualquer hipótese.

(B) Superior Tribunal de Justiça, em qualquer hipótese.

(C) Tribunal Regional do Trabalho, se a competência geográfica de ambos estiver afeta a um mesmo Tribunal Regional do Trabalho.

(D) Tribunal de Justiça do Estado em que se situar a Vara Cível.

(E) Tribunal Regional Federal em que se situarem as unidades judiciárias conflitantes.

Súmula 180 do STJ: "**Lide Trabalhista - Competência - Conflito de Competência - Juiz Estadual e Junta de Conciliação e Julgamento.** Na lide trabalhista, compete ao Tribunal Regional do Trabalho dirimir conflito de competência verificado, na respectiva Região, entre Juiz Estadual e *Junta de Conciliação e Julgamento**". Atual *Juiz do Trabalho*. EC 24/1999

Gabarito "C".

(Defensor Público/MS – 2008 – VUNESP) Considerando a competência da Justiça do Trabalho, assinale a alternativa correta.

(A) A Justiça do Trabalho adquiriu, com a Ementa Constitucional 45, competência para apreciação, também,

---

* **Hermes Cramacon** comentou as questões da DPU 2015; **Hermes Cramacon** e **Ana Paula Garcia** comentou as demais questões. **Hermes Cramacon** atualizou todos os comentários deste capítulo.

das lides decorrentes das relações de consumo, acidentárias, tributárias, administrativas e criminais, sempre que houver alguma vinculação da pretensão com o trabalho humano.

(B) Já existia, anteriormente à modificação da competência da Justiça do Trabalho pela Emenda Constitucional 45, a previsão da competência para julgar lides decorrentes de uma relação específica de consumo, entre o empreiteiro operário ou artífice, bem como de trabalhadores de todas as modalidades de vinculação jurídica.

(C) A Justiça do Trabalho teve sua competência material gradativamente ampliada, e hoje, além de tê-la fixada segundo as antigas disposições da Consolidação das Leis do Trabalho, acresceu todas as ações que envolvam a matéria alusiva a greve, inclusive de servidores públicos, conforme entendimento da Suprema Corte.

(D) À Justiça do Trabalho compete o julgamento de todas as controvérsias decorrentes de relação de trabalho, tanto individuais como coletivas, excluídas as ações penais, as que envolvam servidores públicos estatutários e as de caráter jurídico administrativo.

A: opção incorreta, pois com o advento da EC 45/04 somente as lides decorrentes da relação de trabalho serão submetidas à jurisdição trabalhista. As ações de consumo, bem como as ações acidentárias, serão de competência da justiça comum; **B:** opção incorreta, pois anteriormente à modificação da competência da Justiça do Trabalho pela EC 45/04, somente as lides decorrentes da relação de emprego eram de competência da Justiça do Trabalho; **C:** opção incorreta, pois no julgamento da ADI 3395-6 o STF entendeu que a Justiça do Trabalho não é competente para processar e julgar as ações envolvendo servidores da administração pública, a ela vinculados por típica relação de ordem estatutária ou de caráter jurídico administrativo. Somente os empregados públicos, que são regidos pela CLT, são de competência da Justiça do Trabalho. Veja, também, as súmulas 137 e 218 do STJ; **D:** opção correta, pois reflete o disposto no art. 7º, I e IX, da CF, juntamente com o julgamento da ADI 3395-6.
Gabarito "D".

2. PRESCRIÇÃO

(Defensor Público/MS – 2008 – VUNESP) Assinale a alternativa correta.

(A) A prescrição trabalhista só se interrompe pela distribuição de reclamação trabalhista com a identificação correta da causa de pedir, não admitindo medidas cautelares interruptivas de prescrição.

(B) Ações trabalhistas não prescrevem. Somente créditos trabalhistas é que se sujeitam à prescrição da pretensão, mas estão sujeitos às causas interruptivas de prescrição, previstas na legislação civil.

(C) Há previsão constitucional e legal de prescrição total e parcial dos créditos trabalhistas e estes se sujeitam aos mesmos prazos prescricionais de dois anos após a cessação do contrato de trabalho.

(D) A distinção teórica entre prescrição e decadência, no âmbito do processo do trabalho, não tem qualquer relevância prática, de modo que não produz efeito algum nas lides judiciais trabalhistas.

A: opção incorreta, pois embora a principal causa interruptiva de prescrição é a propositura da reclamação trabalhista, ela não é a única, na medida em que a interrupção da prescrição pode ocorrer pelo protesto judicial (OJ 392 SDI 1 TST) ou ainda mesmo por ato do devedor que reconheça o direito do empregado, art. 202, VI, CC; **B:** opção correta, pois nos termos do art. 7º, XXIX, CF e art. 11, I, da CLT são os créditos que estão sujeitos à prescrição. Por força do art. 8º, parágrafo único da CLT, as regras dispostas nos arts. 202 a 204 do Código Civil serão aplicadas ao Direito do Trabalho; **C:** opção incorreta, pois nos termos do art. 7º, XXIX, CF e art. 11, I, da CLT, embora a prescrição bienal seja contada a partir da extinção do contrato de trabalho, a prescrição quinquenal é contada a partir dos 5 anos anteriores à data da distribuição da reclamação trabalhista; **D:** opção incorreta, pois verificando-se a decadência, como, por exemplo, na ação rescisória que possui prazo decadencial de 2 anos para sua propositura (art. 836 CLT e art. 485 e seguintes do CPC), o autor perderá o próprio direito e não apenas sua pretensão, como ocorre com a prescrição.
Gabarito "B".

3. PROCEDIMENTOS E SENTENÇA

(CESPE - 2017) Foi ajuizada uma reclamatória trabalhista pleiteando-se, além das verbas rescisórias, o pagamento de adicional de insalubridade em virtude das condições de trabalho do estabelecimento empregador. Assim, foi determinada pelo juízo a realização de perícia técnica, sendo facultado o acompanhamento da diligência por assistente técnico. No início do trabalho, o perito observou que o local onde eram prestados os serviços pelo reclamante estava desativado, o que tornou inviável a realização da perícia determinada.

Nessa situação hipotética, de acordo com o entendimento do TST,

(A) a perícia para avaliar a caracterização e a classificação da insalubridade deverá ser efetuada por qualquer médico ou engenheiro.

(B) embora a perícia seja obrigatória para a verificação da insalubridade, no caso de impossibilidade de sua realização por fechamento do local de trabalho, o magistrado poderá utilizar outros meios de prova.

(C) apesar de a perícia ser prova facultativa, a demanda prosseguirá com relação aos demais pedidos, e o pleito de adicional de insalubridade será julgado improcedente por falta de condições de sua comprovação.

(D) os honorários do assistente técnico deverão ser arcados pela parte sucumbente na perícia.

(E) o comparecimento do perito ao local da diligência gerará honorários periciais, os quais deverão ser suportados, na hipótese de o reclamante ser beneficiário da justiça gratuita, pelo estado no qual está sendo processada a reclamatória.

"B" é a opção correta. Isso porque, nos termos da OJ 278 da SDI 1 do TST, A realização de perícia é obrigatória para a verificação de insalubridade. Quando não for possível sua realização, como em caso de fechamento da empresa, poderá o julgador utilizar-se de outros meios de prova.
Gabarito "B".

(CESPE - 2017) Na audiência de instrução e julgamento de uma reclamação trabalhista, após a qualificação da única testemunha arrolada pelo reclamante, a qual havia trabalhado com ele na empresa demandada, esta apresentou contradita sob a alegação de que a testemunha também havia ajuizado contra ela reclamatória trabalhista, fato que, segundo a companhia, geraria sua suspeição.

Nessa situação hipotética, a contradita apresentada deverá ser

(A) deferida, sob o argumento de que trabalhar na mesma empresa pressupõe amizade íntima, também levando à suspeição.

(B) indeferida, pois o fato de a testemunha ter ajuizado a reclamação trabalhista constitui causa de impedimento, e não de suspeição.

(C) indeferida, por se tratar da única testemunha do reclamante, de modo que acatar a suspeição consistiria em ofensa ao contraditório e à ampla defesa.

(D) deferida, pois o fato de a testemunha ter ajuizado reclamação trabalhista contra a reclamada torna questionável, como meio de prova, o depoimento dela.

(E) indeferida, haja vista que o simples fato de litigar contra a mesma reclamada não é razão suficiente para gerar suspeição.

"E" é a opção correta. Isso porque, nos termos da súmula 357 do TST não torna suspeita a testemunha o simples fato de estar litigando ou de ter litigado contra o mesmo empregador.

(CESPE - 2017) Com relação às audiências no processo do trabalho, assinale a opção correta.

(A) A contestação deverá ser apresentada no prazo de quinze dias a contar da data da audiência de conciliação.

(B) As partes formularão perguntas diretamente às testemunhas, em atenção ao disposto no CPC vigente.

(C) Após o interrogatório pessoal dos litigantes, a instrução processual poderá prosseguir sem as partes, permanecendo os seus representantes.

(D) O termo de conciliação em audiência vale como decisão irrecorrível e oponível *erga omnes*.

(E) As partes, ao comparecerem em audiência, devem estar acompanhadas de seu procurador ou defensor público.

A: opção incorreta, pois nos termos do art. 847 da CLT não havendo acordo, o reclamado terá vinte minutos para aduzir sua defesa, após a leitura da reclamação, quando esta não for dispensada por ambas as partes. B: opção incorreta, pois nos termos do art. 820 da CLT As partes e testemunhas serão inquiridas pelo juiz ou presidente, podendo ser reinquiridas, por seu intermédio, a requerimento dos vogais, das partes, seus representantes ou advogados. Não se aplica ao Processo do Trabalho a norma do art. 459 do CPC/2015 no que permite a inquirição direta das testemunhas pela parte, pois a CLT possui regramento específico em seu art. 820, nos termos do art. 11 da IN 39 do TST. C: opção correta, pois nos termos do art. 848, § 1º, da CLT findo o interrogatório, poderá qualquer dos litigantes retirar-se, prosseguindo a instrução com o seu representante. D: opção incorreta, pois nos termos do art. 831, parágrafo único, da CLT, "No caso de conciliação, o termo que for lavrado valerá como decisão irrecorrível, salvo para a Previdência Social quanto às contribuições que lhe forem devidas". E: opção incorreta, pois nos termos do art. 843 da CLT, na audiência de julgamento deverão estar presentes o reclamante e o reclamado, independentemente do comparecimento de seus representantes salvo, nos casos de Reclamatórias Plúrimas ou Ações de Cumprimento, quando os empregados poderão fazer-se representar pelo Sindicato de sua categoria.

(CESPE - 2017) Empregado de empresa de serviços gerais e conservação que prestava serviços para uma autarquia ajuizou reclamação trabalhista em desfavor desta e de sua empregadora, pleiteando o pagamento de horas extras e dando à causa o valor equivalente a trinta e oito salários mínimos.

Considerando-se a legislação pertinente e o rito processual trabalhista, é correto afirmar que, nessa situação hipotética,

(A) a demanda deverá, necessariamente, atender ao procedimento ordinário.

(B) cada uma das partes poderá requerer a oitiva de até seis testemunhas.

(C) em razão da obrigatoriedade de recurso no caso de a autarquia ser vencida na demanda, o magistrado não poderá tentar a conciliação.

(D) a demanda deverá, necessariamente, atender ao procedimento sumaríssimo.

(E) caso a petição inicial não apresente os pedidos liquidados, o processo será arquivado, com condenação ao pagamento de custas.

"A" é a opção correta. Nos termos do art. 852-A da CLT Os dissídios individuais cujo valor não exceda a quarenta vezes o salário mínimo vigente na data do ajuizamento da reclamação ficam submetidos ao procedimento sumaríssimo. No entanto, o parágrafo único do mesmo dispositivo legal ensina que estão excluídas do procedimento sumaríssimo as demandas em que é parte a Administração Pública direta, autárquica e fundacional. Por essa razão a ação deverá tramitar pelo procedimento ordinário em que cada parte poderá indicar até três testemunhas, art. 821 da CLT.

(Defensoria/MA – 2009 – FCC) A perempção, no processo do trabalho, ocorre nas hipóteses de

(A) arquivamento da reclamação, por ausência do trabalhador, por quatro vezes seguidas, em relação aos mesmos pedidos; e falta de confirmação da reclamação verbal, por duas vezes seguidas, em relação aos mesmos pedidos.

(B) arquivamento da reclamação, por extinção sem resolução do mérito, em razão da falta de liquidação dos pedidos apresentados no rito sumaríssimo, por quatro vezes; e falta de confirmação da reclamação verbal, por duas vezes seguidas, em relação aos mesmos pedidos.

(C) abandono da causa, por mais de um ano, depois da intimação pessoal do trabalhador, para dar andamento ao feito; e falta de confirmação da reclamação verbal, por duas vezes seguidas, em relação aos mesmos pedidos.

(D) arquivamento da reclamação, por ausência do trabalhador, por duas vezes seguidas, em relação aos mesmos pedidos; e falta de confirmação da reclamação verbal apresentada ao distribuidor.

(E) arquivamento da reclamação, por ausência do trabalhador, por duas vezes seguidas, em relação aos mesmos pedidos; e falta de confirmação da reclamação verbal, por duas vezes seguidas, em relação a pedidos diferentes.

Aquele que, tendo apresentado ao distribuidor reclamação verbal, não se apresentar, no prazo estabelecido no parágrafo único do art.

786, CLT à Junta ou Juízo para fazê-lo tomar por termo, incorrerá na pena de perda, pelo prazo de 6 (seis) meses, do direito de reclamar perante a Justiça do Trabalho. Na mesma pena incorrerá o reclamante que, por 2 (duas) vezes seguidas, der causa ao arquivamento de que trata o art. 844 da CLT, é o que ensinam os arts. 731 e 732 da CLT.

Gabarito "D".

(Defensor Público/MS – 2008 – VUNESP) Assinale a alternativa correta.

(A) Tratando-se de feito trabalhista sujeito ao procedimento sumaríssimo, a emenda à inicial é possível, desde que o Juiz abra prazo para tanto, na forma do artigo 284 do CPC, aplicável ante o silêncio da lei específica.

(B) No procedimento sumaríssimo, não se admite a citação do réu por edital, nem tampouco o réu pode ser empresa pública ou sociedade de economia mista, já que integram a administração pública indireta.

(C) Indispensável que, no processo de rito sumaríssimo, o pedido seja determinado, líquido e certo e não pode superar o equivalente a 40 (quarenta) salários-mínimos, limite econômico máximo da ação sujeita a tal rito.

(D) O procedimento sumaríssimo limita o recurso na Justiça do Trabalho, consistindo em procedimento de alçada única, exceção feita à violação da Constituição Federal, que desafia recurso extraordinário.

A: opção incorreta, pois no procedimento sumaríssimo não se admite a emenda da petição inicial, pois nos termos do art. 852-B, inciso I, da CLT, o pedido deverá ser certo ou determinado, indicando o valor correspondente; **B:** opção incorreta, pois embora no procedimento sumaríssimo não se admita a citação editalícia, permite-se que seja parte nas demandas a sociedade de economia mista e a empresa pública, sendo excluídas do procedimento sumaríssimo as demandas em que é parte a Administração Pública direta, autárquica e fundacional, nos termos do art. 852-A, parágrafo único, da CLT; **C:** opção correta, pois está em conformidade com os arts. 852-A, *caput*, e 852-B, I, ambos da CLT; **D:** opção incorreta, pois o recurso extraordinário é admitido no procedimento sumaríssimo, desde que a decisão recorrida viole direta e literalmente norma da CF.

Gabarito "C".

4. RECURSOS

(CESPE - 2017) Um empregado eleito membro da CIPA foi demitido durante a vigência de seu mandato, razão pela qual, ainda no período de estabilidade legal, ajuizou reclamação trabalhista na qual requereu, em sede liminar, a reintegração ao emprego. O pedido de tutela provisória de reintegração foi deferido pelo juízo em sentença.

Nessa situação hipotética, o meio adequado para a impugnação da tutela provisória concedida é o(a)

(A) ação anulatória.
(B) ação cautelar.
(C) mandado de segurança.
(D) recurso ordinário.
(E) ação rescisória.

"D" é a opção correta. Isso porque, nos termos da súmula 414, I, do TST, A tutela provisória concedida na sentença não comporta impugnação pela via do mandado de segurança, por ser impugnável mediante recurso ordinário. É admissível a obtenção de efeito suspensivo ao recurso ordinário mediante requerimento dirigido ao tribunal, ao relator ou ao presidente ou ao vice-presidente do tribunal recorrido, por aplicação subsidiária ao processo do trabalho do artigo 1.029, § 5º, do CPC de 2015.

Gabarito "D".

(CESPE - 2017) Com relação aos recursos no processo do trabalho, julgue os itens a seguir.

I. É cabível recurso ordinário de decisões definitivas das varas ou tribunais, porém não cabe de decisões terminativas ou monocráticas.

II. A CLT determina ser cabível, em dissídios individuais e coletivos, recurso de revista para as turmas do TST.

III. Não caberá agravo de instrumento contra decisões que indefiram a produção de provas.

IV. Na hipótese de decisão proferida em dissídio coletivo que afete empresa de serviço público, têm legitimidade para interpor recurso, além dos interessados, o presidente do tribunal e a Procuradoria da Justiça do Trabalho.

Estão certos apenas os itens

(A) I e II.
(B) I e III.
(C) II e III.
(D) III e IV.
(E) I, II e IV.

I: opção incorreta, pois nos termos do art. 895, I e II, da CLT, cabe recurso ordinário para a instância superior das decisões definitivas ou terminativas das Varas e Juízos e dos Tribunais Regionais, em processos de sua competência originária, no prazo de 8 (oito) dias, quer nos dissídios individuais, quer nos dissídios coletivos. As decisões monocráticas, em regra, são recorríveis via agravo regimental. **II:** opção incorreta, pois nos termos do art. 896 da CLT cabe Recurso de Revista para Turma do Tribunal Superior do Trabalho das decisões proferidas em grau de recurso ordinário, em dissídio individual, pelos Tribunais Regionais do Trabalho. **III:** opção correta, pois por ser considerada interlocutória, a decisão que indefere a produção de provas é irrecorrível de imediato, art. 893, § 1º, da CLT. **IV:** opção correta, pois nos termos do art. 898 da CLT, das decisões proferidas em dissídio coletivo que afete empresa de serviço público, ou, em qualquer caso, das proferidas em revisão, poderão recorrer, além dos interessados, o Presidente do Tribunal e a Procuradoria da Justiça do Trabalho.

Gabarito "D".

(Defensoria Pública da União – CESPE – 2015) Em relação aos recursos no direito processual do trabalho, julgue os itens a seguir.

(1) Caso seja imposta multa por litigância de má-fé a uma das partes do processo trabalhista, o recolhimento do valor dessa multa, segundo entendimento do TST, constituirá pressuposto objetivo para a interposição dos recursos de natureza trabalhista pela parte apenada com a referida sanção pecuniária.

(2) Na justiça do trabalho, segundo entendimento consolidado pelo TST, é tido como extemporâneo o recurso interposto antes de ser publicado o acórdão impugnado.

(3) Segundo entendimento do TST, o benefício da justiça gratuita poderá ser requerido em qualquer tempo ou grau de jurisdição, e, se o requerimento do benefício

for feito na fase recursal, deverá ser formulado até o prazo final das contrarrazões do alusivo recurso.

1: assertiva incorreta, pois o recolhimento do valor da multa imposta como sanção por litigância de má-fé (art. 81 do CPC/2015) não é pressuposto objetivo para interposição dos recursos de natureza trabalhista. **2:** opção incorreta, pois a súmula 434 do TST que entendia ser extemporâneo o recurso interposto antes da publicação do acórdão foi cancelada. Atualmente prevalece o entendimento sobre a tempestividade do recurso interposto em tais condições. **3:** assertiva incorreta, pois em conformidade com a OJ 269 da SDI 1 do TST o benefício da justiça gratuita pode ser requerido em qualquer tempo ou grau de jurisdição, desde que, na fase recursal, seja o requerimento formulado no prazo alusivo ao recurso.

Gabarito 1E, 2E, 3E

(Defensoria Pública da União – 2010 – CESPE) Com relação à competência em matéria recursal e aos recursos no processo trabalhista, julgue os itens subsequentes.

(1) Das decisões proferidas pelos tribunais regionais do trabalho ou por suas turmas, em processo incidente de embargos de terceiro, somente deve ser admitido recurso de revista quando elas contiverem contrariedade a súmula de jurisprudência uniforme do Tribunal Superior do Trabalho e violação direta da CF.

(2) Das decisões das turmas nos tribunais regionais do trabalho assim organizados não cabe recurso para o Tribunal Pleno, exceto contra multas impostas por esses órgãos fracionários.

1: errado, pois de acordo com o disposto no art. 896, § 2º, da CLT, não caberá Recurso de Revista em incidente de embargos de terceiro, salvo na hipótese de ofensa direta e literal de norma da Constituição Federal; **2:** certo, pois a alternativa está de acordo com o art. 678, I, c, 1, da CLT.

Gabarito 1E, 2C

(Defensoria/MA – 2009 – FCC) São pressupostos recursais no processo do trabalho:

(A) sucumbência, preparo e garantia do Juízo, sempre pela penhora.
(B) tempestividade, fungibilidade, gratuidade e duplo grau.
(C) fungibilidade, tempestividade, legitimidade e assiduidade.
(D) recorribilidade da decisão, tempestividade e gratuidade processual.
(E) sucumbência, recolhimento de custas e do depósito recursal e tempestividade.

Segundo Amauri Mascaro Nascimento, "Os pressupostos a serem observados, para a interposição do recurso ordinário e que conduzem à admissibilidade ou inadmissibilidade do recurso, o que significa a sua regularidade processual para que venha a ser processado, são objetivos e subjetivos. Pressupostos subjetivos são os pertinentes à pessoa que quer recorrer. Embora não haja enumeração pacífica entre os autores, são básicos, como pressupostos subjetivos, a legitimação e o interesse." E adiante completa: "Pressupostos objetivos são os pertinentes à situação processual (...) Entre essas listas mais sucintas está a que indica como pressupostos objetivos a lesividade, a tempestividade e o preparo" (*Curso de Direito Processual do Trabalho*, 25ª edição, Saraiva, p. 698/9). Importante frisar que lesividade é para alguns autores chamada de sucumbência e que preparo, na acepção ampla, refere-se às custas processuais, emolumentos e depósito recursal.

Gabarito "E"

---

5. EXECUÇÃO TRABALHISTA

(Defensoria Pública da União – 2010 – CESPE) No que diz respeito aos processos especiais, julgue os itens seguintes.

(1) Para efeito de mandado de segurança, constitui direito líquido e certo do empregador a suspensão do empregado, ainda que este seja detentor de estabilidade sindical, até a decisão final do inquérito em que se apure falta grave a ele imputada.

(2) Pedido de rescisão de julgado proferido em agravo de instrumento que se limite a aferir eventual desacerto de juízo de admissibilidade de recurso de revista é juridicamente impossível, dado que essa decisão não substitui acórdão regional.

1: a alternativa está correta, pois segundo o disposto na Orientação Jurisprudencial 137 da SDI 2 do TST: "MANDADO DE SEGURANÇA. DIRIGENTE SINDICAL. ART. 494 DA CLT. APLICÁVEL. Constitui direito líquido e certo do empregador a suspensão do empregado, ainda que detentor de estabilidade sindical, até a decisão final do inquérito em que se apure a falta grave a ele imputada, na forma do art. 494, *caput* e parágrafo único, da CLT"; **2:** a alternativa está correta, pois de acordo com a Súmula 192 do TST: "AÇÃO RESCISÓRIA. COMPETÊNCIA E POSSIBILIDADE JURÍDICA DO PEDIDO (...)IV – Na vigência do CPC de 1973, é manifesta a impossibilidade jurídica do pedido de rescisão de julgado proferido em agravo de instrumento que, limitando-se a aferir o eventual desacerto do juízo negativo de admissibilidade do recurso de revista, não substitui o acórdão regional, na forma do art. 512 do CPC/1973".

Gabarito 1C, 2C

(Defensoria Pública da União – 2007 – CESPE) Não é cabível mandado de segurança contra tutela antecipada concedida antes da sentença, por existir recurso próprio.

Errada, eis que a afirmativa está em desacordo com a Súmula 414 do TST: "MANDADO DE SEGURANÇA. ANTECIPAÇÃO DE TUTELA (OU LIMINAR) CONCEDIDA ANTES OU NA SENTENÇA I - A antecipação da tutela concedida na sentença não comporta impugnação pela via do mandado de segurança, por ser impugnável mediante recurso ordinário. A ação cautelar é o meio próprio para se obter efeito suspensivo a recurso. **II - No caso da tutela antecipada (ou liminar) ser concedida antes da sentença, cabe a impetração do mandado de segurança, em face da inexistência de recurso próprio.** III - A superveniência da sentença, nos autos originários, faz perder o objeto do mandado de segurança que impugnava a concessão da tutela antecipada (ou liminar)".

Gabarito Errada

---

6. QUESTÕES COMBINADAS

(CESPE - 2018) Em relação ao dissídio coletivo, à ação rescisória e ao mandado de segurança na justiça do trabalho, julgue os itens a seguir.

(1) O dissídio coletivo de greve é de natureza econômica, uma vez que constitui novas relações coletivas de trabalho e cria novas condições de trabalho.

(2) A competência originária para julgar ação rescisória acerca de decisão proferida por juiz de vara do trabalho ou de acórdão proferido por tribunal que tenha apreciado o mérito da causa é do próprio e respectivo TRT.

1: opção incorreta, pois nas lições de Carlos Henrique Bezerra Leite (Curso de Direito Processual do Trabalho, 16ª ed., 2018, p. 1618, Saraiva): "o dissídio coletivo de greve pode ter natureza meramente declaratória, se seu objeto residir apenas na declaração de abusividade ou não do movimento paredista. Se, todavia, o Tribunal apreciar e julgar os pedidos versados nas cláusulas constantes da pauta de reivindicações, o dissídio coletivo de greve terá natureza mista, pois a um só tempo, a sentença normativa correspondente declarará a abusividade (ou não) do movimento paredista e constituirá (ou não) novas relações coletivas de trabalho." **2:** Opção correta, art. 678, I, c, 2, da CLT.

Gabarito 1E, 2C

(CESPE - 2018) Julgue os próximos itens à luz da jurisprudência do TST acerca dos recursos na justiça do trabalho, da liquidação e da execução no processo do trabalho.

(1) A parte que interpuser recurso não precisará provar a existência de feriado local que autorize a prorrogação do prazo recursal, por ser este um fato notório.

(2) A decisão judicial proferida em dissídio individual que condenar o poder público com base em entendimento coincidente com orientação firmada no âmbito administrativo e emitida pelo próprio ente público por meio de parecer vinculante não se sujeitará ao duplo grau de jurisdição.

(3) Nos casos de decisões desfavoráveis aos entes públicos proferidas em precatório não caberá remessa necessária.

(4) Caso a reclamação trabalhista não requeira a incidência de correção monetária e juros de mora em eventual condenação trabalhista, essas rubricas não poderão ser incluídas na liquidação da respectiva sentença.

(5) Na execução trabalhista, é impenhorável o faturamento de empresa porque isso comprometeria o desenvolvimento regular de suas atividades, bem como o próprio emprego de seus trabalhadores.

1: opção incorreta, pois nos termos da súmula 385, I, do TST incumbe à parte o ônus de provar, quando da interposição do recurso, a existência de feriado local que autorize a prorrogação do prazo recursal (art. 1.003, § 6º, do CPC de 2015). **2:** Opção correta, pois nos termos da súmula 303, II, d, do TST não se sujeita ao duplo grau de jurisdição a decisão fundada em entendimento coincidente com orientação vinculante firmada no âmbito administrativo do próprio ente público, consolidada em manifestação, parecer ou súmula administrativa. **3:** Opção correta, pois nos termos da OJ 8 do Tribunal Pleno do TST em sede de precatório, por se tratar de decisão de natureza administrativa, não se aplica o disposto no art. 1º, V, do Decreto-Lei 779, de 21.08.1969, em que se determina a remessa necessária em caso de decisão judicial desfavorável a ente público. **4:** Opção incorreta, pois são pedidos implícitos. Determina a súmula 211 do TST que os juros de mora e a correção monetária incluem-se na liquidação, ainda que omisso o pedido inicial ou a condenação. **5:** Opção incorreta, pois o faturamento da empresa pode ser penhorado. Nos termos do art. 866 do CPC/2015 se o executado não tiver outros bens penhoráveis ou se, tendo-os, esses forem de difícil alienação ou insuficientes para saldar o crédito executado, o juiz poderá ordenar a penhora de percentual de faturamento de empresa. Ademais, a OJ 93 da SDI 2 do TST dispõe: "Nos termos do art. 866 do CPC de 2015, é admissível a penhora sobre a renda mensal ou faturamento de empresa, limitada a percentual, que não comprometa o desenvolvimento regular de suas atividades, desde que não haja outros bens penhoráveis ou, havendo outros bens, eles sejam de difícil alienação ou insuficientes para satisfazer o crédito executado." Veja também o art. 835 do CPC/2015.

Gabarito 1E, 2C, 3C, 4E, 5E

(CESPE - 2018) Em relação à competência da justiça do trabalho, à revelia e às provas no processo do trabalho, julgue os itens que se seguem.

(1) A ação de indenização por dano moral decorrente da relação de trabalho proposta por sucessores de trabalhador falecido é de competência da justiça do trabalho.

(2) Situação hipotética: Um trabalhador requereu, por meio de reclamação trabalhista, adicional de insalubridade, mas o reclamado não contestou esse pedido, o que importou sua revelia. Assertiva: Nessa situação, o juiz poderá julgar procedente o pedido, independentemente de realização de prova pericial para verificar a alegada insalubridade.

(3) Em razão da indisponibilidade do interesse público, as pessoas jurídicas de direito público não se sujeitam à revelia no âmbito trabalhista.

(4) Caso servidor público civil tenha de depor como testemunha em hora de serviço, o juiz deverá oficiar ao chefe da repartição, requisitando o servidor para comparecer à audiência designada.

1: opção correta, pois de acordo com a redação da súmula 392 do TST nos termos do art. 114, inc. VI, da Constituição da República, a Justiça do Trabalho é competente para processar e julgar ações de indenização por dano moral e material, decorrentes da relação de trabalho, inclusive as oriundas de acidente de trabalho e doenças a ele equiparadas, ainda que propostas pelos dependentes ou sucessores do trabalhador falecido. **2:** Opção incorreta, pois nos termos do art. 195 da CLT a realização de perícia é obrigatória. **3:** Opção incorreta, pois nos termos da OJ 152 da SDI 1 do TST a pessoa jurídica de direito público sujeita-se à revelia prevista no artigo 844 da CLT. **4:** Opção correta, pois nos termos do art. 823 da CLT se a testemunha for funcionário civil ou militar, e tiver de depor em hora de serviço, será requisitada ao chefe da repartição para comparecer à audiência marcada.

Gabarito 1C, 2E, 3E, 4C

18. Direito Previdenciário

Robinson Barreirinhas e Henrique Subi*

1. PRINCÍPIOS E NORMAS GERAIS

(Defensor Público/AL – 2017 – CESPE) No que se refere à organização e aos princípios da seguridade social, julgue os itens a seguir.

I. A assistência social integra o conjunto de direitos sociais assegurados aos necessitados e as ações atinentes à seguridade social.

II. A equidade na forma de participação do custeio veda a utilização de alíquotas de contribuições diferenciadas para aqueles que contribuem para o sistema.

III. A universalidade de cobertura preconizada pelo ordenamento jurídico vigente limita a proteção social àqueles que contribuem para o sistema.

IV. A seguridade social é financiada por toda a sociedade, de forma direta e indireta, mediante recursos provenientes das contribuições sociais e dos orçamentos da União, dos estados, do Distrito Federal e dos municípios.

Estão certos apenas os itens

(A) I e III.
(B) I e IV.
(C) II e III.
(D) II e IV.
(E) III e IV.

I: correta, nos termos do art. 194 da CF; II: incorreta. É justamente por meio de alíquotas diferenciadas com base na capacidade contributiva que se atinge a equidade; III: incorreta. Universalidade de cobertura é objetivo ligado à expansão das contingências protegidas pelo sistema previdenciário; IV: correta, nos termos do art. 195 da CF. **HS**
Gabarito "B".

(Defensor Público –DPE/ES – 2016 – FCC) No Brasil, após a Constituição de 1988, houve uma profunda mudança na forma de disciplinar a seguridade social, um panorama normativo que compreende a

(A) previdência que contará apenas com a contribuição dos a ela vinculados, a saúde que contará com o esforço da sociedade e a assistência social que é fruto do esforço do terceiro setor.
(B) aposentadoria a todos que atingirem 60 anos de idade, se homens e 50 anos de idade, se mulheres, a saúde aos vinculados ao INSS e a assistência aos hipossuficientes.
(C) previdência aos contribuintes, a saúde para todos e a assistência social a quem dela necessitar.
(D) saúde de todos, apenas no que se restringe ao atendimento básico, a previdência paga a todos que não tiverem emprego e a assistência social, que é um atendimento multidisciplinar, desde que não importe no pagamento de qualquer valor em moeda.
(E) previdência como modelo contributivo e filiação facultativa, a assistência social como programa dirigido a todos, como é, também, a saúde.

A: incorreta. A Constituição estabeleceu o princípio da diversidade da base de financiamento da seguridade social (art. 194, VI, da CF), de forma que a previdência, a saúde e a assistência social são mantidas por contribuições oriundas das empresas, dos segurados, das receitas de concursos de prognósticos e das importações (art. 195 da CF); **B:** incorreta. A aposentadoria por idade se dará aos 65 anos de idade, se homem, e 60, se mulher, reduzidos patamares em cinco anos somente para os trabalhadores rurais (art. 201, § 7º, II, da CF). A saúde é direito de **todos** e dever do estado (art. 196 da CF), portanto acessível a qualquer pessoa, mesmo que não vinculada ao INSS; **C:** correta, nos termos dos arts. 196 (saúde), 201 (previdência) e 203 (assistência) da CF; **D:** incorreta. A garantia de acesso à saúde é plena, não se restringindo ao atendimento básico. A previdência é paga a todos aqueles que para ela contribuírem (art. 201 da CF). Por fim, é totalmente possível o pagamento de benefícios de assistência social em moeda, como, por exemplo, aquele previsto no art. 203, V, da CF; **E:** incorreta. A filiação à previdência é obrigatória (art. 201 da CF) e a assistência será prestada somente a quem dela necessitar (art. 203 da CF).
Gabarito "C".

(Defensor Público/AM – 2013 – FCC) Conforme dispõe a Constituição da República Federativa do Brasil, compete ao Poder Público, nos termos da lei, organizar a seguridade social, com base no objetivo de

(A) universalidade da cobertura e singularidade no atendimento.
(B) unidade na base do financiamento e custeio.
(C) equidade na forma de participação no custeio.
(D) centralização na administração, com direção única em todas as esferas de governo.
(E) diversidade dos benefícios e serviços às populações urbanas e rurais, em razão das suas peculiaridades.

A: incorreta, pois há o objetivo da universalidade do atendimento, não da singularidade – art. 194, parágrafo único, I, da CF; **B:** incorreta, pois há o objetivo da diversidade da base de financiamento e da equidade na forma de participação no custeio – art. 194, parágrafo único, V e VI, da CF; **C:** correta, conforme comentário à alternativa anterior; **D:** incorreta, pois há o objetivo do caráter democrático e descentralizado da administração, mediante gestão quadripartite, com participação dos trabalhadores, dos empregadores, dos aposentados e do Governo nos órgãos colegiados – art. 194, parágrafo único, VII, da CF; **E:** incorreta, pois há o objetivo da uniformidade e equivalência dos benefícios e serviços às populações urbanas e rurais – art. 194, parágrafo único, II, da CF.
Gabarito "C".

---

* **Henrique Subi** comentou as questões da DPU 2015 e DPE/RN/2016 e DPE/ES/2016; **Robisnson S. Barreirinhas** comentou as demais questões. **Henrique Subi** atualizou todos os comentários deste capítulo.

(Defensor Público/AM – 2013 – FCC) A seguridade social compreende um conjunto integrado de ações de iniciativa dos Poderes Públicos e da sociedade, destinados a assegurar os direitos relativos à saúde, à previdência e à assistência social. Nesta seara, nos termos das previsões constitucionais, é correto afirmar que

(A) a proposta de orçamento da seguridade social será elaborada de forma centralizada e não integrada, não sendo assegurada a cada área a gestão de seus recursos, visto que devem ser observadas as peculiaridades e necessidades de cada área.

(B) as receitas dos Estados, do Distrito Federal e dos Municípios destinadas à seguridade social constarão dos respectivos orçamentos, não integrando o orçamento da União.

(C) os recursos do orçamento da seguridade social previstos na Constituição Federal não financiarão o sistema único de saúde, bem como as ações governamentais na área de assistência social não serão realizadas com tais recursos, mas apenas por meio de outras fontes arrecadatórias.

(D) a previdência social será organizada sob a forma de regime geral, de caráter contributivo e de filiação obrigatória, observados critérios que preservem o equilíbrio financeiro atuarial, razão pela qual não atenderá a proteção ao trabalhador em situação de desemprego involuntário.

(E) não constitui atribuição do sistema único de saúde participar da formulação da política e da execução das ações de saneamento básico.

A: incorreta, pois a proposta de orçamento da seguridade social será elaborada de forma integrada pelos órgãos responsáveis pela saúde, previdência social e assistência social, tendo em vista as metas e prioridades estabelecidas na lei de diretrizes orçamentárias, assegurada a cada área a gestão de seus recursos – art. 195, § 2º, da CF; **B:** correta, pois reflete o disposto no art. 195, § 1º, da CF; **C:** incorreta, pois o sistema único de saúde e as ações governamentais na área da assistência social serão realizadas com recursos do orçamento da seguridade social, além de outras fontes, nos termos dos arts. 198, § 1º, e 204, caput, da CF; **D:** incorreta, pois, embora a parte inicial da assertiva reflita efetivamente a forma de organização da previdência social, nos termos do art. 201, caput, da CF, seu inciso III garante expressamente a proteção ao trabalhador em situação de desemprego involuntário; **E:** incorreta, pois isso compete também ao sistema único de saúde, nos termos do art. 200, IV, da CF. Gabarito "B".

(Defensor Público/TO – 2013 – CESPE) Considerando o conceito, a organização e os princípios da seguridade social no Brasil, assinale a opção correta.

(A) Apesar de ser regida pelo princípio da universalidade da cobertura e do atendimento, a seguridade social só é acessível a brasileiros que residem no país.

(B) A assistência social atende os hipossuficientes, por meio da concessão de benefícios, independentemente de contribuição.

(C) No Brasil, a seguridade social é caracterizada por uma administração democrática e descentralizada, mediante gestão quadripartite, com participação, nos órgãos colegiados, dos trabalhadores, empregadores, pensionistas e do governo.

(D) O princípio da uniformidade e equivalência dos benefícios e serviços às populações urbanas e rurais sempre norteou a seguridade social brasileira, e, desde a criação da previdência social no país, não há discriminação entre trabalhadores urbanos e rurais.

(E) Para que o usuário possa usufruir dos serviços públicos de saúde será necessária a contribuição mensal ao SUS.

A: incorreta, pois há diversas hipóteses de beneficiários domiciliados no exterior e estrangeiros domiciliados no Brasil – v.g. art. 11, I, c e e, do Plano de Benefícios da Previdência Social – PBPS (Lei 8.213/1991); **B:** correta, pois a assistência social não tem caráter contributivo, ou seja, será prestada a quem dela necessitar, independentemente de contribuição à seguridade social – art. 203, caput, da CF; **C:** incorreta, pois os aposentados, não os pensionistas, participam da gestão quadripartite – art. 194, parágrafo único, VII, da CF; **D:** incorreta, pois essa é inovação do art. 194, parágrafo único, II, da CF de 1988; **E:** incorreta, pois a saúde não tem caráter contributivo, é direito de todos – art. 196 da CF. Gabarito "B".

(Defensor Público/ES – 2012 – CESPE) No tocante a seguridade social, julgue os itens subsequentes.

(1) Segundo a jurisprudência do STF, as novas contribuições para a seguridade social (contribuições residuais), apesar de só poderem ser criadas mediante lei complementar, poderão ter base de cálculo e fato gerador próprios de impostos, mas não das contribuições existentes.

(2) Contando com a participação de representantes da sociedade civil e do governo, o Conselho Nacional de Previdência Social, órgão superior de deliberação colegiada, é exemplo do caráter democrático e descentralizado da administração da seguridade social no Brasil.

(3) A publicação, em 1954, do Decreto n.º 35.448, que aprovou o Regulamento Geral dos Institutos de Aposentadorias e Pensões, e considerada, pela doutrina majoritária, o marco inicial da previdência social brasileira.

1: correta – ver RE 258.470/RS; **2:** correta, nos termos do art. 194, parágrafo único, VII, da CF e art. 3º do PBPS; **3:** incorreta, pois a Lei Eloy Chaves (Decreto-Legislativo 4.682/1923) é considerada por muitos o marco da previdência social no Brasil, embora não tenha sido a primeira. Antes dela, citamos o Regulamento 737/1850, o Decreto 2.711/1860, o Decreto 9.912-A/1888, o Decreto 3.397/1888, como alguns exemplos. Gabarito 1C, 2C, 3E.

(Defensor Público/RO – 2012 – CESPE) Com relação aos princípios e objetivos que norteiam a seguridade social no Brasil, assinale a opção correta.

(A) Com relação à seletividade e distributividade na prestação dos benefícios e serviços, o legislador ordinário deve escolher os eventos que serão cobertos pela previdência social, levando em conta as possibilidades econômicas dos segurados.

(B) As populações urbanas e rurais devem receber tratamento uniforme e equivalente com relação aos benefícios e serviços, de forma a reparar injustiça histórica com os trabalhadores rurais, porém, devido à reduzida capacidade de contribuição desses trabalhadores, a concessão dos benefícios deve exigir um maior período de carência.

(C) A irredutibilidade do valor dos benefícios tem como escopo garantir que a renda dos benefícios previdenciários preserve seu valor real segundo critérios estabelecidos por lei, sem qualquer vinculação ao salário mínimo, dada a vedação de sua vinculação para qualquer fim.

(D) No que concerne à diversidade da base de financiamento, a seguridade social deve ser financiada por toda a sociedade, de forma direta, mediante contribuições provenientes do trabalhador, da empresa e da entidade a ela equiparada, da União e dos demais segurados e aposentados da previdência social e, ainda, das contribuições sobre a receita de concursos de prognósticos.

(E) O custeio da seguridade social deve ser equânime, dadas as possibilidades de cada um. Lei complementar garante às empresas o repasse do custo da contribuição aos preços praticados no mercado.

A: incorreta. A seletividade refere-se à seleção (realizada pelo legislador) das necessidades básicas que serão atendidas pela seguridade social. Distributividade refere-se à justiça social advinda da distribuição solidária de recursos (dos que mais têm aos que mais necessitam); **B:** incorreta, pois os períodos de carência observam o objetivo de uniformidade e equivalência dos benefícios e serviços às populações urbanas e rurais – art. 194, parágrafo único, II, da CF e art. 25 do PBPS; **C:** assertiva correta (arts. 7º, IV, in fine e 194, parágrafo único, IV, da CF); **D:** incorreta, pois não incide contribuição previdenciária sobre as aposentadorias e pensões pagas no regime geral de previdência social (ou seja, aposentados e pensionistas não contribuem direta e imediatamente, em princípio, para o financiamento da seguridade social) – art. 195, II, in fine, da CF; **E:** incorreta, pois não há essa garantia de repasse por lei complementar.
Gabarito "C".

(Defensoria Pública da União – 2010 – CESPE) Em relação aos institutos de direito previdenciário, julgue o item seguinte.

(1) A Lei Eloy Chaves (Decreto Legislativo nº 4.682/1923), considerada o marco da Previdência Social no Brasil, criou as caixas de aposentadoria e pensões das empresas de estradas de ferro, sendo esse sistema mantido e administrado pelo Estado.

1: assertiva incorreta. Na sistemática da Lei Eloy Chaves, eram criadas caixas de aposentadorias e pensões, de natureza privada, em cada uma das empresas de estrada de ferro para os respectivos empregados. Havia contribuições pelos trabalhadores ferroviários e pelos usuários de transportes. O Estado não participava do custeio ou da administração do sistema.
Gabarito 1F.

(Defensoria Pública da União – 2010 – CESPE) Com base no direito previdenciário, julgue o item seguinte.

(1) Caso a CF previsse que determinado benefício previdenciário deveria abranger somente os empregados urbanos, rurais e trabalhadores avulsos, norma infraconstitucional posterior que fosse editada estendendo o benefício aos contribuintes individuais, com a precedente fonte de custeio, deveria ser considerada constitucional.

1: assertiva correta, pois a lei pode estender benefício ou serviço da seguridade social, desde que haja a correspondente fonte de custeio – art. 195, § 5º, da CF.
Gabarito 1C.

(Defensor Público/BA – 2010 – CESPE) Em relação às disposições constitucionais aplicáveis à previdência social, julgue o item a seguir.

(1) É vedada a adoção de requisitos e critérios diferenciados para a concessão de aposentadoria aos beneficiários do regime geral de previdência social, ressalvados os casos de atividades que, exercidas sob condições especiais, prejudiquem a saúde ou a integridade física, e quando se tratar de segurados portadores de deficiência, nos termos definidos em lei complementar.

1: assertiva correta, pois a vedação é prevista no art. 201, § 1º, da CF.
Gabarito 1C.

(Defensor Público/AM – 2010 – I. Cidades) De acordo com as disposições constitucionais, são eventos cobertos pela Previdência Social:

I. Cobertura dos eventos de invalidez, morte e idade avançada.
II. Proteção à família, à criança e ao idoso.
III. Qualificação para o trabalho e pagamento do seguro desemprego.
IV. Garantia de um salário mínimo ao deficiente físico e ao idoso.

(A) Todos estão corretos.
(B) I está correto.
(C) I e II estão corretos.
(D) I e III estão corretos.
(E) III e IV estão corretos.

I: assertiva correta, pois esses eventos são cobertos pela previdência social, conforme expressa disposição do art. 201, I, da CF; **II:** incorreta, pois a proteção à família, à infância e à velhice, e o amparo às crianças carentes são objetivos da assistência social, não da previdência, expressamente listados no art. 203, I e II, da CF; **III:** incorreta, pois não há previsão constitucional expressa de qualificação para o trabalho como evento coberto pela previdência social. Existe a reabilitação profissional, como serviço a ser prestado ao segurado e ao dependente, prevista no art. 18, III, c, do Plano de Benefícios da Previdência Social – PBPS (Lei 8.213/1991). O seguro-desemprego é indicado como direito dos trabalhadores na Constituição – art. 7º, II, da CF. É bom salientar que o art. 205 da CF prevê que a qualificação para o trabalho é objetivo da educação (dever do Estado e da família); **IV:** incorreta, pois compete à assistência social, não à previdência, garantir um salário mínimo de benefício mensal à pessoa portadora de deficiência e ao idoso que comprovem não possuir meios de prover a própria manutenção ou de tê-la provida por sua família – art. 203, V, da CF. Obs.: interessante lembrar que a Seguridade Social é composta pela Previdência Social, pela Saúde e pela Assistência Social – art. 194 da CF.
Gabarito "B".

(Defensor Público/AM – 2010 – I. Cidades) Julgue os itens abaixo:

I. A Carta constitucional de 1937 previa, como forma de atuação do estado, as áreas de saúde, assistência e previdência social, além de inúmeras outras inovações na área da seguridade social.
II. A constituição do sistema de proteção social no Brasil, a exemplo do que ocorreu na Europa, deu-se em razão de longo e vagaroso processo de superação dos postulados do liberalismo clássico, passando o sistema da total ausência de regulação estatal para uma intervenção cada vez mais ativa do Estado que culminou com os atuais sistemas de proteção previdenciária.

III. Somente no século XX veio a lume, no Brasil, normas de caráter geral em matéria de previdência social, já que antes de tal marco temporal a regulação era dispersa em textos legais específicos.

IV. É entendimento doutrinário dominante que o marco inicial da previdência social brasileira foi a publicação do Decreto Legislativo nº 4.682/1923, Lei Eloy Chaves, que criou as caixas de aposentadoria e pensões nas empresas de estradas de ferro existentes, sendo que tal instrumento normativo foi pioneiro na criação do instituto da aposentadoria.

V. A Carta de 1934 foi pioneira em prever a forma tripartite de custeio, ou seja, a contribuição dos trabalhadores, a dos empregadores e a do poder público.

Assinale a alternativa correta:

(A) Somente as alternativas I, II, e III estão corretas.
(B) Somente as alternativas IV e V estão corretas.
(C) Somente as alternativas II, IV e V estão corretas.
(D) Somente as alternativas I, IV e V estão corretas.
(E) Somente as alternativas II, III e V estão corretas.

I: incorreta, pois a Constituição do Estado Novo (1937) pouco dispôs a respeito da matéria, referindo-se, sucintamente, ao "seguro social"; **II:** assertiva correta, pois descreve adequadamente a evolução da seguridade social no país; **III:** assertiva correta. A Lei Eloy Chaves (Decreto-Legislativo 4.682/1923) é considerada marco da previdência social no Brasil, embora não tenha sido a primeira. Antes dela, citamos o Regulamento 737/1850, o Decreto 2.711/1860, o Decreto 9.912-A/1888, o Decreto 3.397/1888, como alguns exemplos; **IV:** assertiva incorreta, conforme comentário à alternativa anterior, pois o instituto da aposentadoria já existia. Na sistemática da Lei Eloy Chaves, eram criadas caixas de aposentadorias e pensões, de natureza privada, em cada uma das empresas de estrada de ferro para os respectivos empregados. Havia contribuições pelos trabalhadores ferroviários e pelos usuários de transportes. O Estado não participava do custeio ou da administração do sistema; **V:** Assertiva correta, conforme o art. 121, § 1º, h, da CF/1934.

Gabarito "E".

(Defensor Público/CE – 2007 – CESPE) Julgue os itens a seguir, relacionados à seguridade social.

(1) No ordenamento jurídico brasileiro, a primeira referência a instituições que promovessem ações relacionadas ao que hoje se denomina seguridade social foi feita pela Constituição de 1824, que criou as casas de socorros, consideradas embriões das santas casas de misericórdia.

(2) Embora não conste expressamente no título que trata da ordem social na Constituição Federal, o princípio da solidariedade é postulado fundamental para a compreensão do regime financeiro da previdência social brasileira, representado de maneira evidente pelo pacto das gerações, característica dos sistemas de repartição.

(3) No ordenamento jurídico brasileiro, a seguridade social, assim como sua abrangência, foi positivada pela Constituição Federal de 1988, que contém todas as ações de Estado a serem realizadas nas áreas sociais, especificamente: assistência e previdência social, saúde, combate à fome e educação fundamental.

1: correta, conforme o art. 179, XXXI, da Constituição de 1824; **2:** correta, considerando que no sistema de repartição, os cidadãos ativos de hoje pagam pelo benefício dos que já se aposentaram, esperando que o mesmo ocorra no futuro. Interessante notar que a Constituição refere-se à solidariedade ao tratar do regime previdenciário próprio dos servidores – art. 40, *caput*, da CF; **3:** incorreta, pois a Constituição indica apenas os princípios e objetivos gerais da assistência, da previdência e da saúde, que compõem a seguridade social (não do combate à fome), sem especificar todas as ações estatais relacionadas à seguridade. Ademais, a educação fundamental não é objeto da seguridade social.

Gabarito 1C, 2C, 3E.

Veja a seguinte tabela, para estudo e memorização dos objetivos da seguridade social, listados no art. 194 da CF:

Objetivos da Seguridade Social – art. 194 da CF
– universalidade da cobertura e do atendimento
– uniformidade e equivalência dos benefícios e serviços às populações urbanas e rurais
– seletividade e distributividade na prestação dos benefícios e serviços
– irredutibilidade do valor dos benefícios
– equidade na forma de participação no custeio
– diversidade da base de financiamento
– caráter democrático e descentralizado da administração, mediante gestão quadripartite, com participação dos trabalhadores, dos empregadores, dos aposentados e do Governo nos órgãos colegiados

2. CUSTEIO

(Defensor Público/AM – 2013 – FCC) Em relação à Organização e Custeio da Seguridade Social, analise as afirmações abaixo.

I. As propostas orçamentárias anuais ou plurianuais da Seguridade Social serão elaboradas por comissão integrada por 3 (três) representantes, sendo 1 (um) de cada área: saúde, previdência social e assistência social.

II. A contribuição do empregado doméstico, bem como a do trabalhador avulso é de 12% (doze por cento) do seu salário de contribuição mensal.

III. A União não é responsável pela cobertura de eventuais insuficiências financeiras da Seguridade Social, quando decorrentes do pagamento de benefícios de prestação continuada da Previdência Social, por falta de previsão da Lei Orçamentária Anual.

IV. Constitui receita da Seguridade Social 40% (quarenta por cento) do resultado dos leilões dos bens apreendidos pelo Departamento da Receita Federal.

V. Caberá à entidade promotora do espetáculo a responsabilidade de efetuar o desconto de cinco por cento da receita bruta decorrente dos espetáculos desportivos e o respectivo recolhimento ao INSS, no prazo de até dois dias úteis após a realização do evento.

Está correto o que se afirma APENAS em

(A) I, II e III.
(B) I, III e V.
(C) II, III e IV.
(D) II, IV e V.
(E) I, IV e V.

I: correta, nos termos do art. 8º do Plano de Custeio da Seguridade Social – PCSS (Lei 8.212/1991); **II:** incorreta, pois as alíquotas variam de 8% a 11% – art. 20 do PCSS; **III:** incorreta, pois há essa responsabilidade da União – art. 16, parágrafo único, do PCSS; **IV:** correta (art. 27, VII, do PCSS); **V:** correta (art. 22, § 7º, do PCSS).
Gabarito "E".

(Defensoria Pública da União – 2010 – CESPE) Com base no direito previdenciário, julgue o item seguinte.

(1) Para fins previdenciários, a principal diferença entre empresa e empregador doméstico é que a primeira se caracteriza por exercer atividade exclusivamente com fins lucrativos, e o segundo, não.

1: a assertiva é incorreta, pois, para fins previdenciários, considera-se empresa mesmo a firma ou a sociedade **sem fins lucrativos**, desde que assuma o risco de atividade econômica urbana ou rural. Por outro lado, o empregador doméstico jamais tem finalidade lucrativa, no que se refere à contratação do empregado doméstico – art. 15, I e II, do Plano de Custeio da Seguridade Social – PCSS (Lei 8.212/1991).
Gabarito 1E.

3. SEGURADOS, DEPENDENTES

(Defensor Público/AM – 2013 – FCC) Conforme previsão contida no Plano de Benefícios da Previdência Social – Lei nº 8.213/1991 – mantém a qualidade de segurado, independente de contribuições,

(A) quem está no gozo de benefício, limitado ao prazo máximo de 24 (vinte e quatro) meses.

(B) até 6 (seis) meses após o licenciamento, o segurado incorporado às Forças Armadas para prestar o serviço militar.

(C) até 24 (vinte e quatro) meses após o livramento, o segurado retido ou recluso.

(D) até 6 (seis) meses após a cessação das contribuições, o segurado facultativo.

(E) até 18 (dezoito) meses após cessar a segregação, o segurado acometido de doença de segregação compulsória.

A: incorreta, pois quem está em gozo de benefício mantém a qualidade de segurado independentemente de contribuições sem limite de prazo, exceto do auxílio-acidente – art. 15, I, do Plano de Benefícios da Previdência Social – PBPS (Lei 8.213/1991); **B:** incorreta, pois o prazo, no caso, é de até 3 meses após o licenciamento – art. 15, V, do PBPS; **C:** incorreta, pois o prazo, no caso, é de até 12 meses após o livramento – art. 15, IV, do PBPS; **D:** correta, nos termos do art. 15, VI, do PBPS; **E:** incorreta, pois o prazo, no caso, é de até 12 meses após cessar a segregação – art. 15, III, do PBPS.
Gabarito "D".

(Defensor Público/ES – 2012 – CESPE) No que se refere aos regimes previdenciários, julgue o próximo item.

(1) É considerado segurado empregado da previdência social o brasileiro civil que trabalha para a União, no exterior, em organismos oficiais brasileiros ou internacionais dos quais o Brasil seja membro efetivo, ainda que domiciliado e contratado fora do Brasil, salvo se segurado na forma da legislação do país do domicílio.

1: correta, pois reflete exatamente o disposto no art. 11, I, e, do PBPS.
Gabarito 1C.

(Defensor Público/TO – 2013 – CESPE) Acerca das normas que regulam os segurados e dependentes do RGPS, assinale a opção correta.

(A) O defensor público estadual que assumir cargo de ministro de Estado, será considerado, durante o período em que exercer o cargo em comissão, segurado obrigatório do RGPS, ficando temporariamente excluído do regime próprio de origem.

(B) Apesar de não poder ser dependente, a pessoa jurídica, por contribuir para a previdência social, é considerada beneficiário na qualidade de segurado obrigatório.

(C) O segurado que exerça mais de uma atividade abrangida pelo RGPS deve filiar-se como segurado obrigatório em relação a cada uma dessas atividades, não sendo possível, entretanto, que ostente, ao mesmo tempo, a qualidade de dependente.

(D) Considere que uma empresa, durante as festividades de final de ano, contrate, pelo período de dois meses, trabalhadores para atender ao aumento extraordinário de serviço. Nessa situação, esses trabalhadores temporários serão filiados obrigatórios do RGPS na qualidade de segurado empregado.

(E) Deputado federal será sempre filiado obrigatório do RGPS, na condição de segurado empregado.

A: incorreta, pois os servidores efetivos amparados por regime próprio de previdência social são excluídos do regime geral – art. 12 do PBPS (Lei 8.213/1991); **B:** incorreta, pois somente pessoas físicas (= naturais, não pessoas jurídicas) são beneficiárias do regime geral de previdência social – RGPS – arts. 11 e 16 do PBPS; **C:** incorreta, pois não há vedação para que seja também dependente – art. 11, § 2º, do PBPS; **D:** correta, nos termos do art. 11, I, b, do PBPS; **E:** incorreta, pois caso o deputado seja servidor efetivo vinculado a regime próprio de previdência social, não será filiado ao RGPS – art. 11, I, h, in fine, do PBPS.
Gabarito "D".

(Defensor Público/AC – 2012 – CESPE) É segurado obrigatório da previdência social, como empregado,

(A) o trabalhador que presta serviço de natureza rural a diversas empresas sem vínculo empregatício.

(B) a pessoa física que presta serviço de natureza eventual, no âmbito residencial da pessoa que contrate o serviço, em atividades sem fins lucrativos.

(C) a pessoa física que presta, em caráter eventual, serviço de natureza rural a empresa.

(D) o membro de instituto de vida consagrada, de congregação ou de ordem religiosa.

(E) o servidor público federal ocupante de cargo em comissão, sem vínculo efetivo com a União.

A e C: incorretas, pois somente o trabalhador rural que presta serviço à empresa em caráter não eventual, sob sua subordinação e mediante remuneração é que será considerado segurado obrigatório na condição de empregado – art. 11, I, a, do PBPS; **B:** incorreta, pois será considerado segurado obrigatório na condição de empregado doméstico somente aquele que presta serviço de natureza contínua (não eventual) a pessoa ou família, no âmbito residencial desta, em atividades sem fins lucrativos - art. 11, II, do PBPS; **D:** incorreta, pois esse membro é segurado obrigatório na condição de contribuinte individual – art. 11, V, c, do PBPS; **E:** correta, nos termos do art. 11, I, g, do PBPS.
Gabarito "E".

(Defensor Público/RO – 2012 – CESPE) A CF, ao determinar os objetivos que devem nortear a seguridade social, estabelece a uniformidade e equivalência dos benefícios e serviços às populações urbanas e rurais, excluindo, a partir de então, a situação de discriminação em que se encontravam os trabalhadores rurais com relação à previdência social, notadamente os que trabalham por conta própria e(ou) com auxílio de seu grupo familiar. Dadas as especificidades desses trabalhadores, a legislação previdenciária instituiu um novo tipo de segurado obrigatório para o RGPS: o segurado especial. Com relação a esse segurado, assinale a opção correta.

(A) O exercício de mandato eletivo de dirigente sindical de organização da categoria de trabalhadores rurais descaracteriza a condição de segurado especial caso o referido dirigente obtenha, por meio dessa atividade, ajuda de custo.

(B) Diferentemente do que ocorre com a segurada contribuinte individual, para a segurada especial, o período de carência considerado para a concessão do salário-maternidade é igual a dez meses de efetivo exercício de atividade rural anteriores ao parto ou à adoção, ainda que de forma descontínua.

(C) Entende-se como regime de economia familiar a atividade em que o trabalho dos membros da família seja indispensável à própria subsistência e ao desenvolvimento socioeconômico do núcleo familiar e seja exercido em condições de mútua dependência e colaboração, mesmo com a utilização de empregados permanentes.

(D) É considerado segurado especial o produtor, seja ele proprietário, usufrutuário, possuidor, assentado, parceiro ou meeiro outorgado, comodatário ou arrendatário rural, e o empregado rural que explore atividade agropecuária em área contínua, ou não.

(E) A esposa ou companheira do trabalhador rural, mesmo que não trabalhe diretamente nas atividades rurais exercidas pelos demais membros do grupo familiar, é considerada segurada especial.

A: incorreta, pois o dirigente sindical mantém, durante o exercício do mandato eletivo, o mesmo enquadramento no regime geral de previdência social – RGPS de antes da investidura – art. 11, § 4º, do PBPS; B: correta, nos termos do art. 25, III, e art. 39, parágrafo único, ambos do PBPS; C: incorreta, pois a utilização de empregados permanentes descaracteriza o regime de economia familiar – art. 11, § 1º, do PBPS; D: incorreta, pois o empregado rural não é segurado especial, mas sim segurado obrigatório na condição de empregado – art. 11, I, a, e VII, a, do PBPS; E: incorreta, pois somente o cônjuge ou companheiro que comprovadamente trabalhe com o grupo familiar será considerado segurado especial – art. 11, VII, c, do PBPS.

Gabarito "B".

(Defensoria Pública da União – 2010 – CESPE) Com base no direito previdenciário, julgue os itens seguintes.

(1) A qualidade de segurado obrigatório está insitamente ligada ao exercício de atividade remunerada, com ou sem vínculo empregatício, de modo que, para um indivíduo ser considerado segurado obrigatório, a remuneração por ele percebida pelo exercício da atividade deve ser declarada e expressa, e não, meramente presumida.

(2) Suponha que João, servidor público federal aposentado, tenha sido eleito síndico do condomínio em que reside e que a respectiva convenção condominial não preveja remuneração para o desempenho dessa função. Nesse caso, João pode filiar-se ao Regime Geral da Previdência Social (RGPS) na condição de segurado facultativo e formalizar sua inscrição com o pagamento da primeira contribuição.

(3) Considere que Pedro explore, individualmente, em sua propriedade rural, atividade de produtor agropecuário em área contínua equivalente a 3 módulos fiscais, em região do Pantanal mato-grossense, e que, durante os meses de dezembro, janeiro e fevereiro de cada ano, explore atividade turística na mesma propriedade, fornecendo hospedagem rústica. Nessa situação, Pedro é considerado segurado especial.

(4) Considere que Lucas tenha exercido, individualmente, de modo sustentável, durante toda a vida, a atividade de seringueiro na região amazônica, tendo os frutos dessa atividade sido sua única fonte de renda. Após o falecimento dele, os herdeiros – demonstrados os pressupostos de filiação – poderão requerer a inscrição de Lucas, como segurado especial, no RGPS.

1: incorreta, pois a qualidade do segurado obrigatório não é afastada em caso de remuneração não declarada que, ademais, dá ensejo à autuação – arts. 12, I, e 37 do PCSS (Lei 8.212/1991); 2: incorreta, pois é vedada a filiação ao regime geral de previdência social, na qualidade de segurado facultativo, de pessoa participante de regime próprio de previdência (casos dos servidores federais) – art. 201, § 5º, da CF; 3: assertiva correta, pois a exploração agropecuária em área de até 4 módulos fiscais, individualmente ou em regime de economia familiar, indica a condição de segurado especial, que não é descaracterizada pela exploração de atividade turística da propriedade rural, inclusive com hospedagem, por não mais de 120 dias ao ano – art. 12, VII, a, 1 e § 9º, II, do PCSS; 4: assertiva correta, pois o seringueiro, nessa situação, qualifica-se como segurado especial – art. 12, VII, a, 2, do PCSS e art. 18, § 5º, do Regulamento da Previdência Social – RPS (Decreto 3.048/1999).

Gabarito 1E, 2E, 3C, 4C

(Defensoria Pública da União – 2010 – CESPE) Em relação aos institutos de direito previdenciário, julgue o item seguinte.

(1) Quanto à filiação do segurado obrigatório à previdência social, vigora o princípio da automaticidade, segundo o qual a filiação desse segurado decorre, automaticamente, do exercício de atividade remunerada, independentemente de algum ato seu perante a previdência social. A inscrição, ato material de registro nos cadastros da previdência social, pode ser concomitante ou posterior à filiação, mas nunca, anterior.

1: assertiva correta, conforme o art. 20, § 1º, do Regulamento da Previdência Social – RPS (Decreto 3.048/1999).

Gabarito 1C

(Defensor Público/BA – 2010 – CESPE) Em relação aos diversos institutos de direito previdenciário, julgue os itens subsecutivos.

(1) São segurados obrigatórios da previdência social, na qualidade de trabalhadores avulsos, o ministro de confissão religiosa e o membro de instituto de vida consagrada, de congregação ou de ordem religiosa.

(2) É segurado facultativo o maior de doze anos que se filiar ao regime geral de previdência social, mediante contribuição.

(3) Segundo a jurisprudência do STF, deve-se utilizar, como parâmetro para a concessão do benefício de auxílio-reclusão, a renda do segurado preso, e não, a de seus dependentes.

(4) É segurado obrigatório da previdência social, na qualidade de empregado, o exercente de mandato eletivo federal, estadual ou municipal, desde que não vinculado a regime próprio de previdência social.

1: incorreta, pois o ministro de confissão religiosa e o membro de instituto de vida consagrada, de congregação ou de ordem religiosa é segurado obrigatório na condição de contribuinte individual, não como trabalhador avulso – art. 11, V, c, do Plano de Benefícios da Previdência Social – PBPS (Lei 8.213/1991); 2: incorreta. Atualmente, a idade mínima para o trabalho e, portanto, para a inscrição no Regime Geral da Previdência Social – RGPS, é de 16 anos, admitindo-se excepcionalmente o aprendiz, a partir dos 14 anos de idade (art. 7º, XXXIII, da CF) – note que fica em parte prejudicado o art. 13 do PBPS, que prevê a idade mínima de 14 anos para o menor se filiar no Regime Geral de Previdência Social e qualificar-se como segurado facultativo; 3: correta – art. 201, IV, da CF, ver AI 767.352 AgR/SC; 4: correta, nos termos do art. 11, I, h, do PBPS.

Gabarito 1E, 2E, 3C, 4C

Veja as seguintes tabelas, com os segurados obrigatórios do RGPS e os dependentes:

\multicolumn{2}{c	}{Segurados obrigatórios do RGPS – art. 11 do PBPS}
Empregado	– aquele que presta serviço de natureza urbana ou rural à empresa, em caráter não eventual, sob sua subordinação e mediante remuneração, inclusive como diretor empregado – aquele que, contratado por empresa de trabalho temporário, definida em legislação específica, presta serviço para atender a necessidade transitória de substituição de pessoal regular e permanente ou a acréscimo extraordinário de serviços de outras empresas – o brasileiro ou o estrangeiro domiciliado e contratado no Brasil para trabalhar como empregado em sucursal ou agência de empresa nacional no exterior – aquele que presta serviço no Brasil à missão diplomática ou à repartição consular de carreira estrangeira e a órgãos a elas subordinados, ou a membros dessas missões e repartições, excluídos o não brasileiro sem residência permanente no Brasil e o brasileiro amparado pela legislação previdenciária do país da respectiva missão diplomática ou repartição consular – o brasileiro civil que trabalha para a União, no exterior, em organismos oficiais brasileiros ou internacionais dos quais o Brasil seja membro efetivo, ainda que lá domiciliado e contratado, salvo se segurado na forma da legislação vigente do país do domicílio – o brasileiro ou estrangeiro domiciliado e contratado no Brasil para trabalhar como empregado em empresa domiciliada no exterior, cuja maioria do capital votante pertença à empresa brasileira de capital nacional – o servidor público ocupante de cargo em comissão, sem vínculo efetivo com a União, Autarquias, inclusive em regime especial, e Fundações Públicas Federais. – o exercente de mandato eletivo federal, estadual ou municipal, desde que não vinculado a regime próprio de previdência social – o empregado de organismo oficial internacional ou estrangeiro em funcionamento no Brasil, salvo quando coberto por regime próprio de previdência social
Empregado doméstico	– aquele que presta serviço de natureza contínua a pessoa ou família, no âmbito residencial desta, em atividades sem fins lucrativos
Contribuinte individual	– a pessoa física, proprietária ou não, que explora atividade agropecuária, a qualquer título, em caráter permanente ou temporário, em área superior a 4 (quatro) módulos fiscais; ou, quando em área igual ou inferior a 4 (quatro) módulos fiscais ou atividade pesqueira, com auxílio de empregados ou por intermédio de prepostos – a pessoa física, proprietária ou não, que explora atividade de extração mineral - garimpo, em caráter permanente ou temporário, diretamente ou por intermédio de prepostos, com ou sem o auxílio de empregados, utilizados a qualquer título, ainda que de forma não contínua – o ministro de confissão religiosa e o membro de instituto de vida consagrada, de congregação ou de ordem religiosa – o brasileiro civil que trabalha no exterior para organismo oficial internacional do qual o Brasil é membro efetivo, ainda que lá domiciliado e contratado, salvo quando coberto por regime próprio de previdência social – o titular de firma individual urbana ou rural, o diretor não empregado e o membro de conselho de administração de sociedade anônima, o sócio solidário, o sócio de indústria, o sócio gerente e o sócio cotista que recebam remuneração decorrente de seu trabalho em empresa urbana ou rural, e o associado eleito para cargo de direção em cooperativa, associação ou entidade de qualquer natureza ou finalidade, bem como o síndico ou administrador eleito para exercer atividade de direção condominial, desde que recebam remuneração – quem presta serviço de natureza urbana ou rural, em caráter eventual, a uma ou mais empresas, sem relação de emprego – a pessoa física que exerce, por conta própria, atividade econômica de natureza urbana, com fins lucrativos ou não

Segurados obrigatórios do RGPS – art. 11 do PBPS	
Trabalhador avulso	– quem presta, a diversas empresas, sem vínculo empregatício, serviço de natureza urbana ou rural definidos no Regulamento
Segurado especial	– como segurado especial: a pessoa física residente no imóvel rural ou em aglomerado urbano ou rural próximo a ele que, individualmente ou em regime de economia familiar, ainda que com o auxílio eventual de terceiros, exerça as atividades de produtor ou pescador, ou seja cônjuge, companheiro, filho ou equiparado, conforme o art. 11, VII, do PBPS

Dependentes no RGPS – art. 16 do PBPS – a primeira classe com dependente exclui as seguintes
– o cônjuge, a companheira, o companheiro e o filho não emancipado, de qualquer condição, menor de 21 (vinte e um) anos ou inválido ou que tenha deficiência intelectual ou mental ou deficiência grave. – os pais – o irmão não emancipado, de qualquer condição, menor de 21 (vinte e um) anos ou inválido ou que tenha deficiência intelectual ou mental ou deficiência grave.

4. BENEFÍCIOS

(Defensor Público/AL – 2017 – CESPE) O auxílio-acidente é um benefício devido ao segurado que se encontra na condição de

(A) aposentado em razão de acidente e que necessite de assistência permanente de outra pessoa.
(B) vítima de acidente de trabalho que fique incapacitado por período inferior a quinze dias.
(C) incapacitado para o exercício de suas atividades habituais e que não disponha de tempo suficiente para o recebimento da aposentadoria por invalidez.
(D) vítima de acidente que, após consolidadas as lesões decorrentes do acidente e o retorno às suas atividades laborais, sofra redução na capacidade para o trabalho que habitualmente exerça.
(E) vítima de acidente e que esteja incapacitado para o trabalho por tempo indeterminado.

A: incorreta. A alternativa se refere ao adicional de 25% devido aos beneficiários de aposentadoria que necessitem do apoio permanente de outra pessoa; B: incorreta. A alternativa se refere ao auxílio-doença; C: incorreta. Não há qualquer benefício previdenciário para esse caso; D: correta, nos termos do art. 86 do PBPS; E: incorreta. A alternativa se refere à aposentadoria por invalidez. **HS**
Gabarito "D".

(Defensor Público/AL – 2017 – CESPE) Se uma pessoa que tenha sido contribuinte individual por trinta anos se aposentar pelo registro geral de previdência social (RGPS) e, após essa primeira aposentadoria, passar a contribuir para o RGPS como segurada-empregada, ela poderá acumular essa aposentadoria por tempo de contribuição com

(A) o salário-maternidade proveniente de adoção.
(B) a aposentadoria por idade.
(C) a aposentadoria especial.
(D) a aposentadoria por invalidez.
(E) o auxílio-doença.

Nos termos do art. 124 do PBPS, não são cumuláveis duas ou mais aposentadorias ou aposentadoria com auxílio-acidente. Logo, a pessoa apenas terá direito, dentre as opções listadas, ao salário-maternidade. **HS**
Gabarito "A".

(Defensor Público/AL – 2017 – CESPE) O valor da renda mensal poderá superar o teto máximo do RGPS se se tratar dos seguintes benefícios:

(A) aposentadoria por tempo de contribuição e aposentadoria por idade.
(B) salário-família e auxílio-reclusão.
(C) aposentadoria por idade e pensão por morte.
(D) salário-maternidade e aposentadoria por invalidez, caso o segurado dependa da assistência permanente de outra pessoa.
(E) aposentadoria especial e auxílio-doença.

As únicas exceções ao teto dos benefícios previdenciários são o salário-maternidade, que é igual à remuneração da segurada qualquer que seja ela, e a aposentadoria com adicional de assistência, mas note que apenas o adicional poderá superar o teto (o valor do benefício em si é calculado com o limite máximo e a esse é adicionado 25%). **HS**
Gabarito "D".

(Defensor Público/AL – 2017 – CESPE) A respeito da contagem recíproca do tempo de serviço, julgue os itens a seguir.

I. A contagem recíproca do tempo de serviço é admissível sempre que o segurado migrar do regime público de previdência social para o RGPS, e vice-versa.
II. Para que a contagem recíproca do tempo de serviço seja admitida, o trabalhador deve indenizar o órgão previdenciário para o qual migrou.
III. É vedada a contagem de tempo exercido concomitantemente no serviço público e na atividade privada.
IV. A aposentadoria resultante da contagem recíproca do tempo de serviço deve ser rateada de forma proporcional por ambos os sistemas previdenciários para o quais o segurado tenha contribuído.

Estão certos apenas os itens

(A) I e II.
(B) I e III.
(C) II e III.
(D) II e IV.
(E) III e IV.

I: correta, nos termos do art. 94 do PBPS; II: incorreta. Os órgãos previdenciários se compensarão financeiramente (art. 94 do PBPS); III: correta, nos termos do art. 96, II, do PBPS; IV: incorreta. O benefício será pago pelo regime previdenciário para o qual o segurado migrou, garantida a compensação financeira com o regime anterior (art. 94, § 1º, do PBPS). **HS**
Gabarito "B".

(Defensoria Pública da União – CESPE – 2015) Em relação à aposentadoria especial e à carência na aposentadoria urbana por idade, julgue o item subsecutivo.

(1) Conforme entendimento do STF, o direito à aposentadoria especial pressupõe a efetiva exposição do trabalhador a agente nocivo à sua saúde, de modo que, se o equipamento de proteção individual for realmente capaz de neutralizar a nocividade, não haverá respaldo à concessão constitucional de aposentadoria especial.

1: correta, nos termos da tese fixada no julgamento do ARE 664.335/SC, com repercussão geral reconhecida.
Gabarito 1C

(Defensoria Pública da União – CESPE – 2015) Acerca da carência, dos períodos de graça e da condição de segurado, julgue os itens a seguir.

(1) O salário-maternidade pago à segurada empregada, à segurada doméstica e à segurada avulsa, o auxílio-reclusão e o salário-família prescindem de carência.

(2) A lei prevê que o período de graça do segurado obrigatório seja acrescido de doze meses no caso de ele estar desempregado, exigindo-se, em todo caso, conforme entendimento do STJ e da Turma Nacional de Uniformização (TNU), que essa situação seja comprovada por registro no órgão próprio do MTE.

(3) Em regra, mantém a qualidade de segurado por até doze meses, independentemente de contribuições, o segurado empregado, o avulso, o doméstico e o facultativo.

1: incorreta, nos termos do art. 26, I e VI, da Lei 8.213/1991; **2:** incorreta. A jurisprudência do STJ está pacificada no sentido de que o desemprego pode ser comprovado por outros meios desde o julgamento da Pet 7.115/PR, rel. Min. Napoleão Nunes Maia Filho, j. 06/04/2010); **3:** incorreta. O período de graça do segurado facultativo é de 06 meses (art. 15, VI, da Lei 8.213/1991).
Gabarito 1E, 2E, 3E

(Defensoria Pública da União – CESPE – 2015) A respeito dos benefícios e serviços do RGPS, julgue os próximos itens.

(1) É vedada a cumulação da pensão por morte de trabalhador rural com o benefício da aposentadoria por invalidez, uma vez que ambos os casos apresentam pressupostos fáticos e fatos geradores análogos.

(2) A lei vigente veda a cumulação de auxílio-acidente com aposentadoria.

(3) O contribuinte individual que trabalhe por conta própria – sem vinculação a pessoa jurídica, portanto – e o segurado facultativo que optarem pelo regime simplificado de recolhimento – com arrecadação baseada na alíquota de 11% – não terão direito a aposentar-se por tempo de contribuição.

(4) O fator previdenciário só incidirá na aposentadoria por idade quando a sua aplicação for mais vantajosa ao segurado.

(5) Para o professor que comprove exclusivamente tempo de efetivo exercício das funções de magistério na educação infantil e no ensino fundamental e médio, os requisitos de idade e de tempo de contribuição, quando se tratar de aposentadoria por idade, serão reduzidos em cinco anos.

1: incorreta. A proibição de cumulação de benefícios deve estar expressa em lei, e não se encontra dentre elas o recebimento conjunto de aposentadoria com pensão por morte; **2:** correta, nos termos do art. 86, § 1º, da Lei 8.213/1991; **3:** correta, nos termos do art. 21, § 3º, da Lei 8.212/1991; **4:** correta, nos termos do art. 7º da Lei 9.876/1999; **5:** incorreta. O professor goza de tempo especial unicamente para fins de aposentadoria por tempo de contribuição (art. 56 da Lei 8.213/1999 e art. 201, § 8º, da CF).
Gabarito 1E, 2C, 3C, 4C, 5E

(Defensor Público/TO – 2013 – CESPE) Acerca das normas que regulam os benefícios e as prestações do RGPS, assinale a opção correta.

(A) Considere que Joana, casada com Marcos, segurado do RGPS, receba proventos relativos a aposentadoria por tempo de contribuição. Nessa situação, com a morte do esposo, Joana não poderá, de acordo com a lei, passar a receber cumulativamente a pensão por morte, devendo optar pelo benefício mais vantajoso.

(B) Suponha que um segurado, em virtude de condenação pelo cometimento de crime, tenha sido recolhido à prisão para início do cumprimento de pena em regime fechado e solicitado auxílio-reclusão. Nessa situação, segundo a jurisprudência do STF, é necessária a comprovação de situação de necessidade, devendo-se utilizar como parâmetro a renda dos dependentes, sendo irrelevante a renda auferida pelo segurado preso.

(C) O salário maternidade da segurada empregada consistirá sempre em renda mensal equivalente à sua remuneração integral.

(D) O prazo para o primeiro pagamento do benefício da previdência social é estipulado em até quarenta e cinco dias contados da data da apresentação, pelo segurado, da documentação necessária à concessão do benefício.

(E) O retorno do aposentado à atividade exercida não prejudica o recebimento de sua aposentadoria, que, em qualquer caso, será mantida no seu valor integral.

A: incorreta, pois não há vedação à cumulação da aposentadoria com a pensão deixada pelo cônjuge – art. 124 do Plano de Benefícios da Previdência Social – PBPS (Lei 8.213/1991); **B:** incorreta, pois o STF fixou o entendimento no sentido de que a renda do segurado preso é a que deve ser utilizada como parâmetro para a concessão do benefício, e não a de seus dependentes – ver AI 767.352 AgR/SC e art. 80 do PBPS; **C:** incorreta, pois, embora a regra seja essa (art. 72 do PBPS), em caso de salário variável, o benefício será igual à média dos últimos 6 meses de trabalho, apurada conforme a lei salarial ou dissídio da categoria (note que o erro da assertiva está na palavra "sempre") – art. 393 da CLT; **D:** correta, conforme o art. 41-A, § 5º, do PBPS; **E:** incorreta, pois o aposentado por invalidez que retornar voluntariamente à atividade terá sua aposentadoria automaticamente cancelada, a partir da data do retorno – art. 46 do PBPS.
Gabarito "D".

(Defensoria Pública da União – 2010 – CESPE) Em relação aos institutos de direito previdenciário, julgue os itens seguintes.

(1) A jurisprudência consolidou o entendimento de que a concessão da pensão por morte é regida pela norma vigente ao tempo da implementação da condição fática necessária à concessão do benefício, qual seja, a data do óbito do segurado.

(2) A aposentadoria por tempo de contribuição sofre constantes ataques da doutrina, e número razoável

de especialistas defende sua extinção, o que se deve ao fato de esse benefício não ser tipicamente previdenciário, pois não há, nesse caso, risco social sendo protegido, já que o tempo de contribuição não gera presunção de incapacidade para o trabalho.

1: assertiva correta, pois reflete o entendimento pacífico do Judiciário – ver MS 14.743/DF-STJ; **2:** assertiva correta, pois há tendência a se prestigiar a idade como critério básico para a concessão de aposentadoria.

Gabarito 1C, 2C

(Defensor Público/BA – 2010 – CESPE) Em relação às disposições constitucionais aplicáveis à previdência social, julgue o item a seguir.

(1) Ao segurado homem garante-se a aposentadoria no regime geral de previdência social após trinta e cinco anos de contribuição e sessenta e cinco anos de idade, reduzido em cinco anos o limite etário para os professores dos ensinos fundamental e médio.

1: incorreta, pois a redução de cinco anos para professores refere-se ao tempo de contribuição (35 anos, que são reduzidos para 30 anos), e não à idade mínima. Ademais, o benefício é estendido ao professor que comprove exclusivamente tempo de efetivo exercício das funções de magistério na educação infantil e no ensino fundamental e médio (a assertiva é omissa quanto ao professor de educação infantil) – art. 201, § 8º, da CF.

Gabarito 1E

5. ACIDENTES, DOENÇAS DO TRABALHO

(Defensor Público/ES – 2012 – CESPE) No que se refere aos regimes previdenciários, julgue os próximos itens.

(1) No caso de empregada de determinada empresa morrer, em seu local de trabalho, em decorrência de queimaduras sofridas durante um incêndio ocorrido no seu horário de trabalho, a empresa será obrigada a comunicar o acidente à previdência social até o 1º dia útil seguinte ao da ocorrência, ainda que o incêndio não tenha sido intencional.

(2) Caso um segurado empregado, em seu primeiro dia no emprego, em virtude de acidente, se torne definitivamente incapaz para o trabalho, ele terá direito a aposentadoria por invalidez, ainda que não tenha recolhido nenhuma contribuição para o RGPS, mas somente poderá exercer tal direito após o gozo de auxílio-doença prévio durante o período mínimo de quinze dias.

1: incorreta, pois, em caso de morte, a comunicação deve ser imediata – art. 22, *caput*, do PBPS; **2:** incorreta, pois o benefício da aposentadoria por invalidez já pode ser concedido a partir da data do requerimento, se a entrada tiver sido dada mais de 30 dias após o afastamento – art. 43, § 1º, *a*, do PBPS. De fato, não há carência para a aposentadoria por invalidez em caso de acidente – art. 26, II, do PBPS e art. 30, III, do Regulamento da Previdência Social – RPS (Decreto 3.048/1999).

Gabarito 1E, 2E

(Defensor Público/TO – 2013 – CESPE) No que concerne ao acidente do trabalho sob o RGPS, assinale a opção correta de acordo com a lei de regência.

(A) O prazo para a empresa comunicar o acidente do trabalho ao órgão da previdência social é de uma semana após o ocorrido; em caso de morte, tal prazo é de três dias.

(B) Considera-se acidente do trabalho o que ocorra pelo exercício do trabalho a serviço da empresa ou pelo exercício do trabalho do segurado especial, provocando lesão corporal ou perturbação funcional que cause a morte ou a perda ou redução, permanente ou temporária, da capacidade para o trabalho.

(C) Não se equipara a acidente do trabalho a doença proveniente de contaminação acidental do empregado no exercício da atividade, caso se comprove o fornecimento, pelo empregador, do adequado equipamento de proteção individual.

(D) Não se equipara a acidente do trabalho o acidente sofrido pelo segurado fora do local e horário de trabalho, ainda que na execução de ordem ou na realização de serviço sob a autoridade da empresa.

(E) Da comunicação do acidente do trabalho ao órgão da previdência social, que somente pode ser feita pela empresa, receberão cópia fiel o acidentado ou seus dependentes, bem como o sindicato a que corresponda a sua categoria.

A: incorreta, pois a empresa deverá comunicar o acidente do trabalho à Previdência Social até o 1º dia útil seguinte ao da ocorrência e, em caso de morte, de imediato, à autoridade competente – art. 22 do PBPS; **B:** correta, pois essa é a definição do art. 19, *caput*, do PBPS; **C:** incorreta, pois há equiparação a acidente de trabalho nesse caso – art. 21, III, do PBPS; **D:** incorreta, pois há equiparação a acidente de trabalho também nesse caso – art. 21, IV, *a*, do PBPS; **E:** incorreta, pois, na falta de comunicação por parte da empresa, podem formalizá-la o próprio acidentado, seus dependentes, a entidade sindical competente, o médico que o assistiu ou qualquer autoridade pública – art. 22, § 2º, do PBPS.

Gabarito "B"

6. ASSISTÊNCIA SOCIAL E SAÚDE

(Defensor Público –DPE/ES – 2016 – FCC) A respeito do Benefício de Prestação Continuada – BPC, que tem natureza assistencial, é correto afirmar:

(A) A condição de acolhimento em instituições de longa permanência prejudica o direito do idoso ou da pessoa com deficiência ao benefício de prestação continuada.

(B) A família é composta pelo requerente, o cônjuge ou companheiro, os pais e, na ausência de um deles, a madrasta ou o padrasto, os irmãos solteiros, os filhos e enteados solteiros e os menores tutelados, ainda que residam e sejam domiciliados em locais diversos.

(C) Considera-se incapaz de prover a manutenção da pessoa com deficiência ou idosa com 65 anos ou mais a família cuja renda mensal per capita seja inferior a um terço do salário-mínimo.

(D) O benefício não pode ser acumulado, pelo beneficiário, com qualquer outro no âmbito da seguridade social ou de outro regime.

(E) É devido à pessoa com deficiência ou idosa com 65 anos ou mais que comprove não possuir meios de prover a própria manutenção nem de tê-la provida por sua família.

A: incorreta. O acolhimento em instituição não afasta o direito ao benefício (art. 20, § 5º, da Lei 8.742/1993); **B:** incorreta. Para fins de caracterização da família, é condição de que todos residam sob o mesmo teto (art. 20, § 1º, da Lei 8.742/1993); **C:** incorreta. O limite considerado pelo art. 20, § 3º, da Lei 8.742/1993 é de **um quarto** do salário mínimo; **D:** incorreta. A alternativa traz a regra, mas não contempla a exceção dos benefícios de assistência médica e da pensão especial de natureza indenizatória (art. 20, § 4º, parte final, da Lei 8.742/1993); **E:** correta, nos termos do art. 20, *caput*, da Lei 8.742/1993.

Gabarito "E".

(Defensor Público –DPE/RN – 2016 – CESPE) Em consonância com o entendimento do STJ, assinale a opção correta no que concerne à LOAS.

(A) A aposentadoria no valor de um salário-mínimo percebida por idoso integrante do grupo familiar deve ser incluída no cálculo da renda familiar per capita, para fins de apuração da condição de miserabilidade, a qual constitui requisito para a concessão do benefício assistencial previsto na LOAS.

(B) O direito à concessão do benefício assistencial da LOAS pode ser exercido a qualquer tempo, não havendo prescrição do fundo de direito quando a autarquia previdenciária nega a concessão do benefício na via administrativa.

(C) Caso questione em juízo o cancelamento unilateral de benefício previdenciário de pessoa hipossuficiente, a DP não agirá em consonância com a jurisprudência sobre o tema, pois, constatada a irregularidade na concessão do benefício, a autarquia previdenciária não estará obrigada a conceder a oportunidade para o exercício do contraditório e da ampla defesa.

(D) A DP, ao questionar judicialmente o indeferimento da concessão do benefício de prestação continuada a pessoa com deficiência hipossuficiente, deve comprovar, por outros meios, que essa pessoa não tem condições de prover a própria manutenção, já que a comprovação da renda per capita inferior a um quarto do salário mínimo não é suficiente para presumir a miserabilidade.

(E) Caso o salário de contribuição de um segurado supere o valor legalmente fixado como critério de baixa renda, eventual ação judicial movida pela DP para a obtenção do auxílio-reclusão não terá êxito, pois a jurisprudência não admite, para a concessão do referido benefício, que o julgador flexibilize o critério econômico para o deferimento do benefício.

A: incorreta. À jurisprudência, tanto do STJ (REsp 1.226.027/PR), quanto do STF (RE 580.963/MT), sedimentou-se no sentido oposto – ou seja, o benefício previdenciário nestas condições não deve ser considerado para apuração da miserabilidade; **B:** correta, nos termos do quanto assentado no julgado do AgRg no AREsp 336.322/PE; **C:** incorreta. O INSS está obrigado a observar o contraditório, a ampla defesa e o devido processo legal no âmbito administrativo antes de cancelar unilateralmente o benefício (REsp 1.429.976/CE, j. 18/02/2014); **D:** incorreta. A presunção de miserabilidade em caso de renda familiar per capita inferior a um quarto do salário mínimo é absoluta, conforme assentado no REsp 1.112.557/MG, j. 20/11/2009); **E:** incorreta. A jurisprudência do STJ admite a flexibilização do critério econômico para o auxílio-reclusão. Veja-se o trecho a seguir: "À semelhança do entendimento firmado por esta Corte, no julgamento do Recurso Especial 1.112.557/MG, Representativo da Controvérsia, onde se reconheceu a possibilidade de flexibilização do critério econômico definido legalmente para a concessão do Benefício Assistencial de Prestação Continuada, previsto na LOAS, é possível a concessão do auxílio-reclusão quando o caso concreto revela a necessidade de proteção social, permitindo ao Julgador a flexibilização do critério econômico para deferimento do benefício, ainda que o salário de contribuição do segurado supere o valor legalmente fixado como critério de baixa renda." (STJ, AgRg no REsp 1.523.797/RS, j. 01/10/2015).

Gabarito "B".

(Defensoria/PA – 2009 – FCC) Entre as diversas ações que integram o sistema de seguridade social brasileiro, está previsto que cabe garantir benefício mensal

(A) à pessoa portadora de deficiência e ao idoso que comprovem não possuir meios de prover à própria manutenção ou de tê-la provida por sua família, no valor variável de um quinto do salário mínimo, para os que nunca contribuíram, e de pelo menos um salário mínimo para os que comprovem ter trabalhado e contribuído por um período mínimo de anos.

(B) de um salário mínimo à pessoa portadora de deficiência e ao idoso que comprovem não possuir meios de prover à própria manutenção ou de tê-la provida por sua família, independentemente de prova de exercício de trabalho ou contribuição previdenciária anteriores.

(C) de um salário mínimo à pessoa portadora de deficiência e ao idoso, desde que o beneficiário comprove ter vertido um mínimo de contribuições previdenciárias anteriormente, já que todos devem contribuir para o financiamento do sistema.

(D) de um salário mínimo à pessoa portadora de deficiência e ao idoso, independentemente de ter havido contribuição previdenciária anterior, mas desde que o beneficiário comprove ao menos ter trabalhado por um número mínimo de meses ao longo de sua vida, já que, sem trabalho, não pode haver proteção do sistema.

(E) de valor variável, sempre de acordo com as médias das contribuições previdenciárias pessoalmente vertidas, independentemente de se tratar de portadores de deficiência ou idosos e ainda que o benefício resulte em valor inferior ao do salário mínimo, já que se impõe a preservação do equilíbrio financeiro e atuarial do sistema.

O art. 203, V, da CF prevê o Benefício de Prestação Continuada – BPC. Refere-se a um dos objetivos da assistência social, qual seja, garantia de um salário mínimo de benefício mensal à pessoa portadora de deficiência e ao idoso que comprovem não possuir meios de prover à própria manutenção ou de tê-la provida por sua família, conforme dispuser a lei. **A, C, D e E:** incorretas, pois o BPC é de um salário mínimo, independentemente de prévia ocupação no mercado de trabalho ou de contribuição para a seguridade social; **B:** assertiva correta, pois não há retributividade nos benefícios, serviços, programas e projetos de assistência social.

Gabarito "B".

7. AÇÕES PREVIDENCIÁRIAS

(Defensor Público/RO – 2012 – CESPE) Maria de Fátima, empregada de confecção de roupas, após 15 anos de prestação de serviços ajuizou, em razão de acidente de trabalho de que fora vítima, dado que a empresa não adotou medidas legais de segurança no trabalho, ação judicial no juizado especial federal com o objetivo de reverter decisão do INSS que lhe negara a concessão de auxílio-doença por não ter ela cumprido o período de carência exigido para o benefício.

Considerando essa situação hipotética, assinale a opção correta à luz da legislação previdenciária.

(A) O pedido de benefício por Maria de Fátima não obedeceu a requisito fundamental estabelecido pela legislação previdenciária para a concessão do auxílio--doença, qual seja, a comprovação da qualidade de segurado; por essa razão, a ação deve ser extinta sem julgamento do mérito.

(B) Maria de Fátima deveria ter ajuizado sua ação perante a justiça do trabalho, dado que, na condição de responsável pela ocorrência do acidente de trabalho – pois não adotou as medidas legais de segurança e saúde no trabalho –, a empresa deve arcar com o pagamento do auxílio-doença.

(C) Apresenta-se correta a decisão do INSS, dado que o cumprimento de carência é requisito fundamental para que os segurados façam jus aos benefícios por incapacidade previstos no RGPS.

(D) O juizado especial federal não tem competência para processar e julgar a ação ajuizada por Maria de Fátima, visto que os litígios e medidas cautelares relativos a acidentes do trabalho são da competência da justiça estadual.

(E) A ação ajuizada por Maria de Fátima deverá ser extinta sem julgamento do mérito, uma vez que ela deveria ter esgotado o procedimento administrativo recorrendo contra a decisão do INSS junto ao Conselho de Recursos da Previdência Social.

Nos termos da Súmula 15 do STJ, compete à justiça estadual julgar os litígios decorrentes de acidentes do trabalho, de modo que a ação foi ajuizada por Maria de Fátima no foro inadequado e a alternativa "D" é a correta.
Gabarito "D".

(Defensor Público/BA – 2010 – CESPE) Em relação às disposições constitucionais aplicáveis à previdência social, julgue o item a seguir.

(1) Compete à justiça federal processar e julgar questões pertinentes ao direito de família quando objetivem reivindicação de benefícios previdenciários.

1: incorreta, pois, conforme a Súmula 53 do TRF: "Compete à Justiça Estadual processar e julgar questões pertinentes ao direito de família, ainda que estas objetivem reivindicação de benefícios previdenciários". O entendimento é acolhido pela jurisprudência atual do STJ – ver EDcl AgRg REsp 803.264/PE-STJ.
Gabarito 1E

(Defensor Público/BA – 2010 – CESPE) Em relação às disposições constitucionais aplicáveis à previdência social, julgue o item a seguir.

(1) Compete à justiça comum dos estados processar e julgar as ações acidentárias, as propostas, pelo segurado, contra o INSS, visando a benefício e aos serviços previdenciários correspondentes a acidente do trabalho.

1: assertiva correta, conforme a jurisprudência do STJ, que reconhece a competência da justiça estadual para as ações acidentárias típicas – ver AgRg no CC 107.796/SP.
Gabarito 1C

8. REGIME PRÓPRIO DE PREVIDÊNCIA DOS SERVIDORES, PREVIDÊNCIA COMPLEMENTAR

(Defensor Público/ES – 2012 – CESPE) No que se refere aos regimes previdenciários, julgue os próximos itens.

(1) O tempo de contribuição para o RGPS, na qualidade de trabalhador rural, pode ser aproveitado para a obtenção de aposentadoria no serviço publico pelo RPPS. Nessa hipótese, os regimes de previdência social se compensarão financeiramente, segundo critérios estabelecidos em lei.

(2) Servidor público estadual que ocupe cargo efetivo no Poder Executivo do estado do Espírito Santo, além do cargo de professor em escola particular, mesmo sendo obrigado a contribuir tanto para o RPPS do estado quanto para o RGPS, só poderá se aposentar pelo regime próprio do estado.

1: correta, pois a contagem recíproca do tempo de contribuição é prevista no art. 201, § 9º, da CF e no art. 94 do PBPS; 2: incorreta, pois é possível a cumulação de aposentadorias de regimes distintos, desde que cumpridos os requisitos para cada uma delas. A rigor, é possível a cumulação inclusive no regime próprio dos servidores, excepcionalmente, desde que aposentadorias decorrentes de cargos acumuláveis na forma da Constituição – art. 40, § 6º, da CF, ver AgRg no REsp 1.335.066/RN-STJ.
Gabarito 1C, 2E

(Defensor Público/ES – 2012 – CESPE) No que concerne à previdência complementar, julgue os itens subsecutivos.

(1) O ente federativo que instituir previdência complementar pública poderá fazer aporte de recursos à respectiva entidade, mas sua contribuição normal não poderá exceder a do segurado.

(2) Embora a filiação a plano de previdência complementar seja facultativa, se o empregado se filiar a um plano constituído pela empresa para a qual trabalhe, os benefícios contratados passarão a integrar seu contrato de trabalho.

1: correta, nos termos do art. 202, § 3º, in fine, c/c o art. 40, § 15, da CF; 2: incorreta, pois as contribuições do empregador, os benefícios e as condições contratuais previstos nos estatutos, regulamentos e planos de benefícios das entidades de previdência complementar não integram o contrato de trabalho dos participantes, assim como, à exceção dos benefícios concedidos, não integram a remuneração dos participantes – art. 68 da LC 109/2001.
Gabarito 1C, 2E

(Defensor Público/AC – 2012 – CESPE) Acerca do regime próprio de previdência dos servidores públicos, assinale a opção correta.

(A) A aposentadoria especial dos professores da rede pública que atuam no ensino médio e no superior foi extinta por meio de emenda constitucional.

(B) Ao servidor público que se aposentar por invalidez será concedido, sem ressalvas, o benefício da aposentadoria integral, com base nos princípios da universalidade e da proteção do Estado.

(C) Conforme entendimento do STF, a contribuição previdenciária deverá incidir somente sobre as parcelas que possam ser incorporadas à remuneração do servidor para fins de aposentadoria.

(D) O benefício do vale-alimentação, segundo o STF, por ter caráter indenizatório, é devido aos servidores inativos.

(E) Para a aposentadoria compulsória do servidor público, além do requisito da idade (setenta anos completos), exige-se o cumprimento de tempo mínimo de dez anos de efetivo exercício no serviço público.

A: incorreta, pois somente em relação ao professor de ensino superior é que houve a extinção, tendo sido mantida a aposentadoria especial para aquele que comprove exclusivamente tempo de efetivo exercício das funções de magistério na educação infantil e no ensino fundamental e médio – art. 40, § 5º, da CF, com a redação dada pela EC 20/1998; **B:** incorreta, pois a aposentadoria por invalidez garante proventos proporcionais ao tempo de contribuição, exceto se decorrente de acidente em serviço, moléstia profissional ou doença grave, contagiosa ou incurável, na forma da lei – art. 40, § 1º, I, da CF; **C:** correta, pois essa é diretriz da jurisprudência do STF – ver RE 467.624 AgR/RO; **D:** incorreta, pois o STF reconhece que se trata de verba indenizatória destinada a cobrir os custos de refeição do servidor que encontra no exercício de suas funções, não se incorporando à remuneração ou aos proventos de aposentadoria – ver RE 332.445/RS; **E:** incorreta, pois o único requisito é a idade de 75 anos, sendo que os proventos serão proporcionais ao tempo de contribuição – art. 40, § 1º, II, da CF e Lei Complementar 152/2015.
Gabarito "C".

(Defensor Público/AC – 2012 – CESPE) Em cada opção abaixo, é apresentada uma situação hipotética acerca da contagem recíproca de tempo de contribuição e compensação financeira, seguida de uma assertiva a ser julgada.

Assinale a opção em que a assertiva está correta.

(A) Um DP prestes a se aposentar requereu averbação de tempo de serviço rural para fins de aposentadoria no RPPS. Nessa situação, reconhecido e averbado o referido tempo de serviço rural, impõe-se ao DP o dever de indenizar a previdência social, para dar ensejo à compensação entre o RGPS e o RPPS, cujas fontes de custeio são apartadas.

(B) Paula é DP e professora em faculdade particular, estando, dessa forma, vinculada ao RPPS e ao RGPS, contribuindo para ambos. Nessa situação, caso as atividades sejam desempenhadas de forma concomitante, Paula poderá efetuar a contagem recíproca de tempo de serviço para fins de aposentadoria.

(C) Gabriel, após lograr aprovação em concurso público para DP, averbou, no RPPS, os anos em que contribuiu para o RGPS como advogado em escritório particular. Nessa situação, preenchidos os requisitos de idade e contribuição para que possa se aposentar voluntariamente, Gabriel deverá, ainda, cumprir dez anos ininterruptos no cargo efetivo em que se dará a referida aposentadoria.

(D) Um advogado contribuiu por determinado tempo como contribuinte individual no RGPS e, posteriormente, tomou posse como DPE, em virtude de aprovação em concurso público. Nessa situação, o advogado poderá computar o tempo de contribuição anterior ao Instituto Nacional do Seguro Social no RPPS do estado ao qual estiver vinculado, sendo-lhe vedado, contudo, o inverso.

(E) Rodrigo trabalhou, durante muitos anos, em determinada empresa privada, exercendo atividades especiais, sob condições insalubres. Nessa situação, caso passe em concurso público, Rodrigo terá direito à contagem diferenciada do tempo trabalhado sob as referidas condições, no período em que esteve filiado ao RGPS, quando da transferência para o RPPS dos servidores públicos.

A: correta, pois, embora seja possível o reconhecimento e a averbação do tempo de serviço rural sem comprovação das contribuições (período anterior à Lei 8.213/1991) para fins de aposentadoria no RGPS (art. 55, § 2º, do PBPS), o mesmo não vale para a contagem recíproca em regime distinto (no regime próprio dos servidores), caso em que o interessado deve indenizar a Previdência Social – ver AgRg no REsp 544.873/RS-STJ; **B:** incorreta, porém discordamos do gabarito oficial. A jurisprudência mais recente do STJ admite que a "norma previdenciária não cria óbice a percepção de duas aposentadorias em regimes distintos, quando os tempos de serviços realizados em atividades concomitantes sejam computados em cada sistema de previdência, havendo a respectiva contribuição para cada um deles" (AgRg no REsp 1.335.066/RN); **C:** incorreta, pois exige-se tempo mínimo de dez anos de efetivo exercício no serviço público e cinco anos (não 10) no cargo efetivo em que se dará a aposentadoria – art. 40, § 1º, III, da CF; **D:** incorreta, pois a possibilidade de contagem e compensação é recíproca, ou seja, o inverso também vale – art. 201, § 9º, da CF; **E:** incorreta, pois não há previsão dessa contagem recíproca diferenciada – art. 201, § 9º, da CF.
Gabarito "A".

9. OUTRAS MATÉRIAS E COMBINADAS

(Defensor Público/AC – 2012 – CESPE) Acerca do RGPS, assinale a opção correta.

(A) O valor do salário de benefício não pode exceder em cinco vezes o limite máximo estabelecido para o salário de contribuição na data de concessão do benefício.

(B) Considera-se beneficiário do RGPS, na condição de dependente do segurado, irmão com menos de vinte e um anos de idade, ainda que emancipado.

(C) Compete ao dependente promover sua inscrição na previdência social quando do requerimento do benefício a que estiver habilitado.

(D) Constitui infração administrativa o não cumprimento, pela empresa, das normas de segurança e higiene do trabalho.

(E) A doença degenerativa e a inerente a grupo etário, desde que produzam incapacidade laborativa, são consideradas doenças do trabalho.

A: incorreta, pois nenhum benefício reajustado poderá exceder o limite máximo do salário de benefício na data do reajustamento, respeitados os direitos adquiridos – art. 41-A, § 1º, do Plano de Benefícios da Previdência Social – PBPS (Lei 8.213/1991); **B:** incorreta, pois apenas o irmão não emancipado menor de 21 anos ou inválido ou que tenha deficiência intelectual ou mental ou deficiência grave é considerado dependente – arts. 16, III, e 77, § 2º, II, do PBPS; **C:** correta, pois reflete o disposto no art. 17, § 1º, do PBPS; **D:** incorreta, pois o art. 19, § 2º, do PBPS refere-se à contravenção penal; **E:** incorreta, pois não são consideradas doenças do trabalho, excluídas expressamente pelo art. 20, § 1º, a e b, do PBPS.
Gabarito "C".

(Defensor Público/RO – 2012 – CESPE) A respeito do direito previdenciário, assinale a opção correta.

(A) Segundo entendimento do STF, com o fim da paridade entre ativos e inativos, quaisquer vantagens pecuniárias decorrentes de reposicionamento de servidores ativos na carreira não mais se estendem aos inativos.

(B) Para efeito dos benefícios previstos no RGPS ou no serviço público, é assegurada a contagem recíproca do tempo de contribuição na atividade privada, rural e urbana, e do tempo de contribuição ou de serviço na administração pública; entretanto, os diferentes sistemas de previdência social não se compensarão financeiramente.

(C) Nos termos da legislação vigente, caso a soma do tempo de serviço da trabalhadora segurada na previdência social ultrapasse trinta anos e a do trabalhador segurado, trinta e cinco anos, o excesso poderá ser considerado para todos os efeitos legais.

(D) O constituinte derivado vedou, por meio de emenda constitucional, todas as exceções anteriormente previstas para a percepção de mais de uma aposentadoria à conta do regime público de previdência social.

(E) Com a instituição do novo regime de previdência complementar dos servidores públicos federais titulares de cargo efetivo, instituído pela Lei n.º 12.618/2012, o servidor público que ingressou no serviço público em data anterior à vigência do referido normativo, terá o prazo de doze meses para optar pelo novo regime de previdência, e poderá realizar eventual retratação no prazo de cinco anos.

A: correta, pois essa é a jurisprudência do STF – ver AI 796.527 AgR/RJ; **B:** incorreta, pois há compensação financeira na contagem recíproca – art. 201, § 9º, da CF; **C:** incorreta, pois o excesso não será considerado para qualquer efeito – art. 98 do PBPS (Lei 8.213/1991); **D:** incorreta, pois é possível a cumulação inclusive no regime próprio dos servidores, excepcionalmente, desde que aposentadorias decorrentes de cargos acumuláveis na forma da Constituição – art. 40, § 6º, da CF; **E:** incorreta, pois o prazo para a opção é de 24 meses, sendo irrevogável e irretratável – art. 3º, §§ 7º e 8º, da Lei 12.618/2012.

Gabarito "A".

(Defensor Público/BA – 2010 – CESPE) Em relação às disposições constitucionais aplicáveis à previdência social, julgue o item a seguir.

(1) O julgamento pela ilegalidade do pagamento de benefício previdenciário previsto na legislação não implica a obrigatoriedade da devolução das importâncias recebidas, de boa-fé, pelo segurado.

Assertiva correta, conforme a jurisprudência do STJ – ver AgRg Ag 1.421.204/RN.

Gabarito 1C

19. Sociologia e Ciência Política

Renan Flumian

(Defensoria Pública da União – CESPE – 2015) Por ocasião de um grande evento nacional, muitos jovens criticaram a organização desse evento nas redes sociais e, por fim, também nessas redes, combinaram manifestações de rua em grandes cidades do Brasil. Durante essas manifestações, houve depredação de prédios públicos sem que se identificasse quem teria causado os prejuízos, mas ainda assim as forças de segurança pública detiveram alguns jovens e feriram outros tantos. A mídia realizou ampla cobertura, inclusive da ação das forças de repressão.

Com referência a essa situação hipotética e tendo por base o conceito de grupos sociais, julgue o item abaixo.

(1) Grupos que não tenham liderança organizada não podem ser considerados grupos sociais. Dessa forma, os problemas ocorridos nas citadas manifestações enquadram-se no conceito de turba e os que nelas cometeram infrações deverão ser responsabilizados individualmente.

1: errado, pois não é necessário ter liderança organizada para configuração de um grupo social.
Gabarito 1E

(Defensoria Pública da União – CESPE – 2015) Em relação ao Estado e à sociedade, julgue o item a seguir.

(1) Além do controle sobre um território razoavelmente definido e do reconhecimento por outros Estados soberanos, são fontes de legitimidade do Estado contemporâneo a soberania popular e os direitos humanos.

1: certo, pois esses dois elementos são fundamentais para o Estado legitimar-se perante seus pares no cenário internacional. Tanto é assim que o art. 4º da CF determina que o Brasil rege-se nas suas relações internacionais pelos seguintes princípios, dentre outros: Independência nacional, prevalência dos direitos humanos, autodeterminação dos povos, igualdade entre os Estados e cooperação entre os povos para o progresso da humanidade.
Gabarito 1C

(Defensoria Pública da União – CESPE – 2015) Relativamente ao conceito de política pública, julgue o item abaixo.

(1) Define-se política pública como o programa de ação governamental que resulta de um processo ou conjunto de processos juridicamente regulados e que deve visar a realização de objetivos sociais relevantes, expressando a seleção de prioridades, a reserva de meios necessários à sua consecução e o intervalo de tempo para o atingimento dos resultados.

1: certo, a assertiva traz o conceito correto de política pública e por isso deve ser apontada como correta.
Gabarito 1C

(Defensor Público –DPE/BA – 2016 – FCC) Considere os dois excertos a seguir:

I. (...) as sociedades de estamentos, em geral, apresentam uma mobilidade mínima, tanto horizontal quanto vertical. A sociedade colonial, ao contrário, configura uma sociedade estamental com grande mobilidade, e é essa conjunção surpreendente e mesmo paradoxal de clivagem com movimentação que marca a sua originalidade.

(NOVAIS, Fernando. "Condições da privacidade na colônia". In: MELLO e SOUZA, Laura (org). História da vida privada no Brasil, v. I: cotidiano e vida privada na América Portuguesa. São Paulo: Companhia das Letras, 1997. p. 30)

II. (...) cristalizaram-se na América Portuguesa múltiplas manifestações de religiosidade privada. A abundante diversidade (...) explica-se antes de mais nada, pela multiplicidade dos estoques culturais presentes desde os primórdios da conquista e ocupação do Novo Mundo, onde centenas de etnias indígenas e africanas prestavam culto a panteões os mais diversos.

(MOTT, Luiz. Cotidiano e vivência religiosa: entre a capela e o calundu. In: MELLO e SOUZA, Laura (org.) História da vida privada no Brasil, v. I: cotidiano e vida privada na América Portuguesa. São Paulo: Companhia das Letras, 1997. p. 220)

A sociedade baiana no período colonial compartilha as características enfatizadas nos trechos acima. Os trechos I e II, referem-se, respectivamente, a

(A) relativa mobilidade social; e a densa formação de estoque cultural por meio da conquista.
(B) grande clivagem cultural; e a forte religiosidade no âmbito da vida privada.
(C) configuração estamental horizontal e vertical; e a singular unidade identitária.
(D) combinação ambígua de clivagem e mobilidade sociais; e a diversidade de cultos e crenças.
(E) equilibrada democracia social; e a cristalização de manifestações étnico religiosas.

A assertiva "D" traz a correlação de características da sociedade baiana no período colonial corretamente.
Gabarito "D".

Defensor Público –DPE/BA – 2016 – FCC) Considere o texto a seguir, publicado em um jornal baiano em 1905:

"Estamos na Costa da África? É o que se torna necessário ser averiguado pela polícia, porquanto se lá não estamos também de lá não nos separam grande distância nos nossos costumes negreiros. E a prova é que, fechando ouvidos a repetidas queixas da imprensa e de particulares, a polícia consente que dentro da cidade, porque é no outeiro que o vulgo denominou de 'Cucuí', descendentes vadios de negros selvagens façam candomblés, todos os dias, à noite principalmente, incomodando com um bate-bate dos pecados o sono tranquilo da população. Já lá se foram os tempos dos 'feitiço' e dos 'candomblés', e porque atravessamos um século de largo progresso e ampla civilização, apelamos para a energia e a boa vontade, ainda não desmentidas, do sr.(...) subcomissário de polícia, certos de que s.s. porá ponto final na folia macabra dos negros desocupados do 'Cucuí'."

(Jornal A ORDEM. 21 out. 1905. p. 1, Apud SANTOS, Edmar Ferreira. O poder dos candomblés: perseguição e resistência no Recôncavo da Bahia. Salvador: EDUFBA, 2009. Disponível em: https://repositorio.ufba.br/ri/bitstream/ufba/179/1/O%20poder%20dos%20candombles.pdf. Acesso em: 11 de julho de 2016)

A partir da leitura do texto acima, é correto afirmar que o autor desse texto

(A) usa expressões como "folia macabra" e "bate-bate dos pecados" para denunciar a prática do candomblé como uma seita pecaminosa, localizada em um lugar específico da cidade, a ser combatida pela polícia e pela Igreja.
(B) reclama que a prática do candomblé deva ser investigada para que se verifique a autenticidade das matrizes africanas desses "costumes negreiros", assumidos em seu texto como "nossos" mas supostamente originários da Costa da África.
(C) associa a prática do candomblé à vadiagem, apelando para um discurso celebrativo da ordem e do progresso e acusando a polícia de ser tolerante com esse costume que ameaçava a "população", da qual os negros, em seu texto, parecem excluídos.
(D) sugere que o candomblé é uma manifestação de selvageria ultrapassada, praticamente extinta uma vez que vem sendo combatida pela imprensa com êxito, de modo que "já lá se foram os tempos dos feitiço' e dos 'candomblés'."
(E) considera que a prática do candomblé representa um incômodo aos trabalhadores por ocorrer durante a noite, afirmando ainda que seus praticantes eram descendentes de negros vadios, por isso marginalizados pelo resto da população.

A única assertiva correta em relação ao texto apresentado pela questão é a "C".
Gabarito "C".

(Defensor Público –DPE/BA – 2016 – FCC) A Revolta dos Búzios

(A) pautou-se por bandeiras liberais, dentre as quais a abertura dos portos, a diminuição de impostos, a ampliação do direito à cidadania; tendo sido conduzida por soldados e alfaiates negros, inspirados pela Independência das Treze Colônias inglesas e a conquista do fim da escravidão obtida nesse episódio.
(B) iniciou-se em reuniões integradas por intelectuais e membros da elite baiana, como Cipriano Barata, que pregava a independência do Brasil nos mesmos moldes da Inconfidência Mineira, e foi rapidamente disseminada entre a população escravizada, que a revestiu de uma pauta mais radical.
(C) foi organizada pela loja maçônica denominada Cavaleiros da Luz, em nome da igualdade racial e social, da democracia e dos fins dos privilégios da elite letrada, tendo sido rapidamente reprimida com a imputação da pena capital ao conjunto dos líderes e simpatizantes.
(D) contou com participação de escravizados, bem como profissionais liberais e militares de baixa patente, e pregava o fim da escravidão e a formação de uma República Bahiense, em parte inspirada nos ideias da Revolução Francesa e na experiência da Revolução Haitiana.
(E) ganhou rápida difusão por meio de panfletos distribuídos à população e do apoio de grande parte da imprensa à causa independentista e abolicionista, resultando em motim com ampla adesão de militares baianos, que resistiram belicamente até serem completamente derrotados.

A única assertiva que descreve corretamente a Revolta dos Búzios (ou Conjuração Baiana) é a "D".
Gabarito "D".

(Defensor Público –DPE/BA – 2016 – FCC) Fenômenos sociais como a Revolta de Canudos e o Cangaço, no Nordeste, são explicados historicamente por diversos fatores, tais como

(A) seca prolongada, a exploração do trabalho e a falta de perspectiva de futuro, motivos que levavam os sertanejos a lutarem por uma sociedade igualitária e democrática, objetivo das ações de ambos os movimentos.
(B) falência do coronelismo, em um momento em que esse tipo de poder era obrigado a ceder espaço às forças federais republicanas, que desestruturaram as elites locais e o sistema de apadrinhamento então vigente.
(C) crise econômica e política provocada pela queda do preço do açúcar no mercado internacional, acompanhada de migrações para o norte e da fuga de famílias inteiras que passaram a integrar bandos e comunidades religiosas, em busca de subsistência.
(D) crescente politização da população de baixar renda após as revoltas ocorridas durante o Segundo Reinado, repercutindo em levantes contra o Império, contra o mandonismo local e contra o catolicismo.
(E) miséria e descaso do poder público com as populações sertanejas, expostas à intensa violência de diversas ordens e atraídas por movimentos que prometiam condições de vida diferentes e/ou a sensação de proteção.

A única assertiva que traz corretamente as causas da Revolta de Canudos e do Cangaço é a "E".
Gabarito "E".

(Defensor Público –DPE/BA – 2016 – FCC) Considere o texto a seguir:

"(...) a especialização do escravo é determinada segundo as necessidades do mercado ou a boa vontade de seu senhor. Esta imensa possibilidade de transferência tem uma influência reguladora sobre o mercado, onde a demanda varia de acordo com a conjuntura e a concorrência. O escravo é, às vezes, simplesmente alugado (...). É possível alugá-lo ao dia, à semana, ao mês, ao ano ou por mais tempo."

(MATTOSO, Kátia de Queirós. Ser escravo no Brasil. Trad. São Paulo: Brasiliense, 3.ed, 1990, p. 141)

A descrição acima sinaliza uma forma de trabalho escravo

(A) disseminada no meio urbano, no meio rural e bastante usual quando se tratava de indígenas que, apesar de cidadãos livres perante a Coroa, se dispunham a suportar o cativeiro em troca de subsistência e da proteção da Igreja.
(B) rara nas cidades baianas, onde o escravo doméstico, fosse índio ou negro, era considerado um agregado da família que deveria ser fiel a seu dono, não sendo permitido a ele deixá-lo para prestar serviços a terceiros, prática mais comum na região Sudeste.
(C) típica de regiões de mineração, onde as flutuações de mercado eram maiores em função das eventuais descobertas de jazidas, sendo os escravos alforriados e transformados em trabalhadores livres, para que seus donos não tivessem obrigações com seu sustento.
(D) comum nas cidades, onde os escravos "de ganho" eram frequentes e representavam uma fonte de renda para seus senhores, que deles dispunham livremente alugando sua força de trabalho, se julgassem necessário ou oportuno.
(E) ocasional entre índios e negros escravizados nas regiões canavieiras, quando, durante os muitos meses de ócio nos períodos de entressafra, eram enviados a Salvador para aprenderem ofícios e venderem suas habilidades.

A única assertiva que traz a forma de trabalho escravo que foi descrito na questão é a "D".
Gabarito "D".

Atenção: Para responder às próximas duas questões, considere o texto abaixo.

A procura de direitos da grande maioria dos cidadãos das classes populares deste e de outros países é procura suprimida. É essa procura que está, hoje, em discussão. E se ela for considerada, vai levar a uma grande transformação do sistema judiciário e do sistema jurídico no seu todo, tão grande que fará sentido falar da revolução democrática da justiça.

(SANTOS, Boaventura de Sousa. Para uma revolução democrática da justiça. São Paulo: Cortez, 2011, p. 38)

(Defensor Público/PR – 2012 – FCC) A procura suprimida é relacionada, por Boaventura, aos cidadãos que se sentem impotentes para reivindicar direitos violados. Nesse contexto, é função da Defensoria Pública

(A) o patrocínio da ação penal privada e da subsidiária da pública.
(B) a atuação nos Juizados Especiais e respectivas Turmas Recursais.
(C) promover a difusão e a conscientização dos direitos humanos, da cidadania e do ordenamento jurídico.
(D) exercer a curadoria especial nos casos previstos em lei.
(E) executar e receber as verbas sucumbenciais decorrentes de sua atuação.

Seguindo o contexto apresentado pela questão, a função da DP seria promover a difusão e a conscientização dos direitos humanos, da cidadania e do ordenamento jurídico (art. 4°, III, da LC 80/94). Boaventura bem descreve a importante função da DP nesse contexto: "Estas particularidades distinguem a defensoria, dentre as outras instituições do sistema de justiça, como aquela que melhores condições tem de contribuir para desvelar a procura judicial suprimida. Noutras palavras, cabe aos defensores públicos aplicar no seu quotidiano profissional a sociologia das ausências, reconhecendo e afirmando os direitos dos cidadãos intimidados e impotentes, cuja procura por justiça e o conhecimento do(s) direito(s) têm sido suprimidos e ativamente reproduzidos como não existentes[1]".
Gabarito "C".

(Defensor Público/PR – 2012 – FCC) Na obra citada, Boaventura propõe uma nova concepção do acesso ao direito e à justiça. Na esteira desse "novo" acesso à justiça, é função institucional prioritária da Defensoria Pública a

(A) erradicação da pobreza e a redução das desigualdades sociais.
(B) utilização de instrumentos alternativos de solução de conflitos.
(C) garantia dos princípios constitucionais da ampla defesa e do contraditório.
(D) afirmação do Estado Democrático de Direito.
(E) defesa das prerrogativas institucionais.

Na ideia defendida por Boaventura em sua obra, o "novo" acesso à justiça seria garantido mediante utilização de instrumentos alternativos de solução de conflitos e uma das funções institucionais da DP é exatamente promover, prioritariamente, a solução extrajudicial dos litígios, visando à composição entre as pessoas em conflito de interesses, por meio de mediação, conciliação, arbitragem e demais técnicas de composição e administração de conflitos (art. 4°, II, da LC 80/94).
Gabarito "B".

(Defensor Público/PR – 2012 – FCC) A visão sociológica permite a descrição da experiência individual humana e sua História conjunta. Ao longo da história, várias visões foram apresentadas, dentre as quais se destacam a de Zygmunt Bauman, na obra *Modernidade Líquida* e a de Pierre Bourdieu, na obra *Poder Simbólico*. Em relação aos citados autores, analise as afirmações abaixo:

I. Para Bauman, a procrastinação, no mundo líquido da modernidade, é vista como uma posição ativa, tentativa de assumir o controle.
II. A escolha racional, na modernidade, significa buscar gratificações evitando consequências e particularmente responsabilidades, segundo Bauman.
III. Bauman, em sua obra, retrata com peculiaridade a negação ao consumo, na modernidade, que não se apresenta como um passatempo.
IV. Bourdieu observa que na reivindicação da autonomia do pensamento e ação jurídicos, afirma-se a constituição de teoria de pensamento totalmente liberto do peso social.
V. Segundo Bourdieu, o direito é a forma por excelência do poder simbólico de nomeação. Ele *faz* o mundo social, mas com a condição de não se esquecer de que ele é feito por este.

Estão corretas APENAS as afirmações

(A) I, II e III.
(B) II, IV e V.
(C) II, III e IV.
(D) I, II e IV.
(E) I, IV e V.

---

1. **Para uma revolução democrática da justiça.** 3. ed. São Paulo: Cortez, 2011. p. 51.

I: correta. "Procrastinar significa *não* tomar as coisas como elas vêm, *não* agir segundo uma sucessão natural de coisas. Contra uma impressão que se tornou comum na era moderna, a procrastinação não é uma questão de displicência, indolência ou lassidão; é uma postura ativa, uma tentativa de assumir o controle da sequência de eventos e fazê-la diferente do que seria caso se ficasse dócil e não se resistisse. Procrastinar é manipular as possibilidades da *presença* de uma coisa, deixando, atrasando e adiando seu estar presente, mantendo-a à distância e transferindo sua imediatez (...) Resumindo: a procrastinação deriva seu sentido moderno do tempo vivido como uma peregrinação, como um movimento que se aproxima de um objetivo. Em tal tempo, cada presente é avaliado por alguma coisa que vem depois. Qualquer valor que este presente aqui e agora possa ter não passará de um sinal premonitório de um valor maior por vir. O uso – a tarefa – do presente é levar-nos mais para perto desse valor mais alto. Em si mesmo, o tempo presente carece de sentido e de valor. É, por isso, falho, deficiente e incompleto. O sentido do presente está adiante; o que está à mão ganha sentido e é avaliado pelo *noch-nicht-geworden*, pelo que ainda não existe²"; II: correta, pois a assertiva traz a definição de Bauman sobre escolha racional; III: incorreta. Para Bauman, o consumo molda a própria identidade, que nada mais é do que a busca de interromper e tornar mais lento o fluxo, de solidificar o fluido, de dar forma ao disforme; IV: correta, pois a assertiva cuida de uma ponderação feita pelo sociólogo francês Pierre Bordieu; V: incorreta.

Gabarito "D".

(Defensor Público/PR – 2012 – FCC) A concepção de justiça que mais se aproxima de um dos objetivos, positivado, das Defensorias Públicas no Brasil é:

(A) Justiça enquanto tranquilidade.
(B) Justiça enquanto cumprimento da lei.
(C) Justiça que manda dar aos iguais coisas iguais e aos desiguais coisas desiguais.
(D) Justiça como realização da liberdade.
(E) Justiça enquanto vida feliz do homem, que só é atingida na paz individual ou social.

A assertiva que melhor completa a questão é a "C". A concepção de justiça consubstanciada na assertiva "C" está bem próxima do disposto no art. 3º-A, I, da LC 80/94, que cuida dos objetivos da DP: "a primazia da dignidade da pessoa humana e a redução das desigualdades sociais". Por exemplo, as ações afirmativas tem por fundamento a condição de desigualdade existente e por objetivo a busca de uma efetiva igualdade. A política das ações afirmativas tem um forte apelo de redução das desigualdade sociais.

Gabarito "C".

(Defensor Público/RO – 2012 – CESPE) Considerando a relação entre direito e controle social, assinale a opção correta.

(A) A *reintegração* é um mecanismo jurídico de controle social focalizado na punição proporcional à gravidade da falta cometida pelo infrator, ou seja, à gravidade da conduta passada.
(B) A identificação artificial dos interesses consiste em mecanismo jurídico de controle social por meio do qual o agente causador do conflito social é isolado a fim de vivenciar a própria impotência diante da férrea objetividade dos mecanismos de controle aplicados, sendo compelido a experimentar uma sensação física e moral profunda.
(C) De acordo com o método de insulamento, compensam-se problemas de socialização, de personalidade, de valores ou de apatia, alocando-se papéis e recompensas para fins específicos.
(D) O controle social constitui um subsistema de normas (o direito) sustentado pela autoridade de outro (o Estado), cujos agentes e instrumentos, ao aplicarem a lei, criam direito.
(E) Quanto mais o direito e o sistema de justiça se transformam em órgãos de integração social, gerando subordinação recíproca e opondo-se à alteração das regras, menos grave e individualizado tende a ser o impacto das perturbações e dos deslocamentos de interesses causados pelas mudanças.

A única assertiva que corretamente apresenta uma relação entre direito e controle social é "D". Para a grande maioria da doutrina, o grande objetivo do direito é o controle social (Direito como instrumento de gestão e controle social), o qual toma corpo com o estabelecimento de regras que visam regular os comportamentos dos integrantes da sociedade. De forma mais ampla, o controle social abrange todas as pressões ou mecanismos pelos quais a sociedade e seus grupos influenciam o comportamento dos membros individuais para que se submetam às normas.

Gabarito "D".

(Defensor Público/SP – 2012 – FCC) "Toda a atividade orientada segundo a ética pode ser subordinada a duas máximas inteiramente diversas e irredutivelmente opostas". Esta afirmação precede as análises de Max Weber, no ensaio "A Política como Vocação", acerca da oposição entre, de um lado, a atitude daquele que, convencido da justeza intrínseca de seus atos, é indiferente aos efeitos que estes atos podem acarretar e, de outro lado, a atitude daquele que leva em conta as consequências previsíveis de seus atos. Segundo a terminologia empregada por Weber no ensaio mencionado, estas duas atitudes referem-se, respectivamente, àquilo a que o autor denomina

(A) ética de justeza e ética de consequência.
(B) ética de justeza e ética de responsabilidade.
(C) ética de convicção e ética de responsabilidade.
(D) ética de convicção e ética de consequência.
(E) ética de responsabilidade e ética de convicção.

Segundo o autor, as suas atitudes referem-se, respectivamente, a ética de convicção (ligada às ações morais individuais) e ética de responsabilidade (ligada à moral de grupo). A ética da responsabilidade orienta o governante em suas decisões, pois esse busca o bem-estar geral.

Gabarito "C".

(Defensor Público/SP – 2012 – FCC) Um dos instrumentos do poder disciplinar, caracterizado por Michel Foucault em seu livro *Vigiar e Punir*, consiste em uma forma de punição que é, ao mesmo tempo, um exercício das condutas dos indivíduos. Este instrumento da disciplina é denominado, pelo autor,

(A) pena capital.
(B) sanção normalizadora.
(C) execução normativa.
(D) sanção repressora.
(E) poder soberano.

O instrumento descrito na questão é denominado por Michel Foucault como sanção normalizadora. "Em suma, a arte de punir, no regime do poder disciplinar, não visa nem a expiação, nem mesmo exatamente a repressão. Põe em funcionamento cinco operações bem distintas: relacionar os atos, os desempenhos, os comportamentos singulares a um conjunto, que é ao mesmo tempo campo de comparação, espaço de diferenciação e princípio de uma regra a seguir. Diferenciar os indivíduos em relação uns aos outros e em função dessa regra de

---

2 BAUMAN, Zygmunt. **Modernidade Líquida.** Rio de Janeiro: Zahar, 2001. p. 179.

conjunto – que se deve fazer funcionar como base mínima, como média a respeitar ou como o ótimo de que se deve chegar perto. Medir em termos quantitativos e hierarquizar em termos de valor as capacidades, o nível, a *natureza* dos indivíduos. Fazer funcionar, através dessa medida *valorizadora*, a coação de uma conformidade a realizar. Enfim traçar o limite que definirá a diferença em relação a todas as diferenças, a fronteira extrema do anormal (a *classe vergonhosa* da Escola Militar). A penalidade perpétua que atravessa todos os pontos e controla todos os instantes das instituições disciplinares compara, diferencia, hierarquiza, homogeniza, exclui. Em uma palavra, ela *normaliza*[3]".

Gabarito "B".

(Defensor Público/SP – 2012 – FCC) "O Estado moderno é um agrupamento de dominação que apresenta caráter institucional e procurou (com êxito) monopolizar, nos limites de um território, a violência física legítima como instrumento de domínio e que, tendo esse objetivo, reuniu nas mãos dos dirigentes os meios materiais de gestão. Equivale isso a dizer que o Estado moderno expropriou todos os funcionários que, segundo o princípio dos "Estados" dispunham outrora, por direito próprio, de meios de gestão, substituindo-se a tais funcionários, inclusive no topo da hierarquia".

No trecho acima, extraído do ensaio "A Política como Vocação", Max Weber refere-se ao Estado moderno, resultante de seu desenvolvimento racional. Para o autor, este Estado é caracterizado como um estado

(A) burocrático.
(B) autoritário.
(C) autocrático.
(D) democrático.
(E) nação.

Para Weber, o Estado moderno é caracterizado como burocrático. Segundo o autor, num Estado moderno, necessária e inevitavelmente, a burocracia governa, pois o poder é exercido por intermédio da rotina da administração. O Estado moderno consumou a organização burocrática racional, funcional e especializada de todas as formas de dominação, da fábrica à administração pública. No Estado moderno burocratizado prevalece o Direito racional – donde emerge com mais evidência o aspecto formal, a racionalização do processo – e a criação de um *pensamento jurídico-formal*. O Estado moderno exige um Direito formalista e que seja calculável. Os funcionários da justiça devem ser formados segundo o espírito desse Direito, como técnicos da administração burocrática. Assim, para Weber, a racionalização do Direito vem acompanhada da racionalização geral da vida nas sociedades industriais, e essa, por sua vez, é resultado do crescimento do capitalismo e da burocracia.

Gabarito "A".

(Defensor Público da União – 2010 – CESPE) A partir dos conceitos de estratificação e mobilidade sociais, julgue os itens subsequentes.

(1) Max Weber faz distinção entre três dimensões da sociedade: ordem econômica, representada pela classe; ordem social, representada pelo status ou estamento; ordem política, representada pelo partido. Cada uma dessas dimensões possui estratificação própria.

(2) A mobilidade social implica movimento significativo na posição econômica, social e política de um indivíduo ou de um estrato.

1: correta. O pensamento weberiano desenvolve-se em um contexto tipológico. O pensador constrói a sociedade na sua totalidade mediante o estabelecimento de categorias específicas, como a econômica, social e política. Trata-se de uma tentativa de explicar a sociedade por suas relações interindividuais. Cabe sempre lembrar que a estratificação tem um papel conservador no seio da sociedade ou, como já dito por muitos sociólogos, ocasiona uma fossilização das estruturas de classe. Assim, Max Weber coloca a ordem econômica, a ordem social e a ordem política como as três fontes de desigualdade social; **2:** correta. A mobilidade social é um campo de estudo da sociologia com grande utilização na tarefa de compreender as formas pelas quais os diferentes grupos humanos diferenciam os integrantes de uma mesma cultura. De forma mais específica, a mobilidade tem a importante função de pensar as vias e possibilidades de troca, ascensão ou rebaixamento que um determinado indivíduo ou estrato possui no meio em que estabelece suas relações. Lembrando que sociedade estratificada é aquela marcada pela ausência de mobilidade no seu interior. Um exemplo desse tipo de sociedade é a feudal, na qual os clérigos, nobres e servos tinham a mesma posição social por toda a vida.

Gabarito 1C, 2C.

(Defensor Público da União – 2010 – CESPE) A respeito das relações de poder e legitimação, julgue o próximo item.

(1) A forma legítima de dominação carismática, de acordo com Max Weber, está baseada na designação do líder pela virtude da fé na validade do estatuto legal.

1: errada. A dominação autoritária ou pelo poder é a probabilidade de encontrar obediência dentro de um grupo determinado para mandatos específicos. Toda dominação sobre uma pluralidade de homens requer um quadro administrativo e a crença na legitimidade. Passemos a elencar os três tipos de dominação tendo por substrato a questão da legitimidade: a) de caráter racional (poder legal): tem por base a confiança na legalidade de ordenações instituídas e dos direitos de mando dos chamados por essas ordenações a exercer a autoridade; b) de caráter tradicional (poder tradicional): tem por base a confiança diuturna na santidade das tradições que vigoram desde tempos longínquos e na legitimidade dos que são designados por essa tradição para exercer a autoridade; c) de caráter carismático (poder carismático) tem por base a confiança atemporal à santidade, ao heroísmo ou à exemplaridade de uma pessoa e seus ensinamentos. Utilizando esses tipos de dominação, Weber aponta as três bases do Direito: lei, costumes e carisma. Podemos também elencar os três tipos de dominação tendo por substrato a questão da obediência: a) no caso da autoridade legal: a obediência se dá graças às ordenações impessoais, legalmente instituídas, e às pessoas por elas designadas, graças à legalidade formal de suas disposições dentro do círculo de sua competência; b) no caso da autoridade tradicional: a obediência se dá graças à pessoa do sujeito designado pela tradição; c) no caso de autoridade carismática: a obediência se dá graças a um líder, carismaticamente qualificado, por razões de confiança pessoal na revelação, heroísmo ou exemplaridade, dentro da esfera em que a confiança em seu carisma tenha validez. Nenhum desses três tipos ocorre em estado "puro", há entrelaçamentos entre eles. No Estado moderno, porém, prevalece a autoridade legal ou dominação racional.

Gabarito 1E.

(Defensor Público da União – 2010 – CESPE) Considerando a social-democracia, o estado de bem-estar social e os estudos de Adam Przeworski, julgue o próximo item.

(1) Os social-democratas defendem a não abolição da propriedade privada dos meios de produção em troca da cooperação dos capitalistas na elevação da produtividade e na distribuição dos ganhos.

1: correta. Social-democracia é a forma ideológica correspondente ao estágio de desenvolvimento predominantemente intensivo. Sua base material é o nível de reprodução da força de trabalho consideravelmente mais elevado que no estágio extensivo, necessário ao estágio de desenvolvimento intensivo e assegurado pelo Estado de bem-estar. O

---

3. FOUCAULT, Michel. **Vigiar e Punir.** Petrópolis-RJ: Vozes, 2011. p. 175-176.

qual surge após as duas Grandes Guerras Mundiais, momento em que o mundo assiste a transformação do papel do Estado, que começava a utilizar novas técnicas de controle social, principalmente mediante políticas distributivas – notadamente de bens, dinheiro e serviços.

(Defensor Público da União – 2010 – CESPE) Com relação às concepções teóricas de Estado, julgue os itens subsequentes.

(1) Para Thomas Hobbes, com a criação do Estado, o súdito deixa de abdicar de seu direito à liberdade natural para proteger a própria vida.

(2) De acordo com a teoria política de John Locke, a propriedade já existe no estado de natureza e, sendo instituição anterior à sociedade, é direito natural do indivíduo, não podendo ser violado pelo Estado.

1: errada. Na obra de Hobbes, Estado e Direito surgem simultaneamente, e seus fundamentos repousam no pacto social firmado entre os homens. Para que haja corpo político é necessário que todas as vontades sejam depositadas numa única vontade. Essa vontade é denominada soberania, cujo detentor é chamado soberano, e dele se diz que possui poder soberano. Todos os restantes são súditos. Soberania é, assim, uma vontade suprema que se coloca acima das vontades individuais. O poder soberano, na obra de Hobbes, possui tais características: a) absoluto: não tolera restrições e condicionamentos; b) indivisível: o soberano tem todo o poder ou não tem poder nenhum; c) perpétuo: o poder soberano é para sempre – justificando a ideia de hereditariedade do poder. Uma vez constituído o Estado, a vontade soberana passa a ser a única fonte do Direito. As leis expressam a vontade do soberano e a validade da lei repousa no fato de ser a expressão dessa vontade. As leis positivas são para os súditos comandos que devem ser obedecidos absolutamente, enquanto as leis naturais são para o soberano apenas regras de prudência. E para justificar teoricamente a sua concepção, Hobbes afirma que no Estado de natureza a condição do homem é a de guerra de todos contra todos, em que cada um é governado por sua própria vontade ("o homem é o lobo do próprio homem"). Segundo ele, enquanto perdurar esse estado não haverá segurança de viver. Daí a ideia de que o homem não é livre no estado de natureza, ele se torna livre no estado civil. A liberdade passa a ser uma realidade quando se completa a passagem do estado de natureza para o Estado Leviatã. Liberdade passa a ser, desse modo, a conformação com a ordem jurídica estatal, um padrão objetivo produzido pelo Estado. Cabe apontar que em antítese ao Estado absoluto pensado por Hobbes, surgem as teorias do Estado constitucional, cuja finalidade consiste em impor limites ao poder estatal, ou seja, controlar o poder sem destruir a soberania. Essas teorias podem ser classificadas em três grandes grupos: a) teoria da separação dos poderes; b) teoria dos direitos naturais; e c) teoria da soberania popular; **2:** correta. Locke é tido como um dos grandes expoentes da teoria do Direito Natural, que impõe à soberania do Estado um limite externo. Assim, além da vontade do monarca ou da nação, há um direito inerente ao indivíduo em decorrência da própria natureza do homem e, portanto, independente da comunidade política. Esse direito, o direito natural, preexiste ao Estado e, logo, dele não depende, motivo pelo qual o Estado tem o dever de reconhecê-lo e garanti-lo integralmente. O Direito Natural constitui, assim, um limite à soberania do Estado. O ponto de partida da teoria de Locke é a afirmação do estado natural, ou seja, o estado originário no qual os indivíduos vivem conforme as leis naturais. O estado de natureza transforma-se, entretanto, num estado de guerra, porque não existe um poder superior aos indivíduos, com poderes para decidir os conflitos. A fórmula para sair do estado de guerra, onde funciona o império da força, é a construção do estado civil por intermédio do contrato social. E com o intuito de conservar os direitos naturais fundamentais – a vida e a propriedade – os homens abandonam o estado de natureza. Ao abandoná-lo, portanto, não renunciam aos direitos naturais, pelo contrário, os querem garantidos. O estado civil corresponde, portanto, à criação de uma autoridade, superior aos indivíduos, para a proteção dos direitos naturais fundamentais. Por essa razão, Locke entende que "a monarquia absoluta, que alguns consideram o único governo do mundo, é, de fato, incompatível com a sociedade civil".

(Defensoria Pública da União – 2010 – CESPE) De acordo com as concepções teóricas do marxismo, julgue o item seguinte.

(1) Segundo Louis Althusser, o aparelho ideológico de Estado dominante para a burguesia era a Igreja.

1: errada. No passado, a Igreja era o aparelho ideológico dominante, pois reúne funções religiosas, escolares, de informação e de cultura. Mas, a Revolução Francesa ocasionou não apenas a transferência do poder do Estado para a burguesia capitalista comercial, resultou também no ataque ao principal aparelho ideológico do Estado - a Igreja -, substituída em seu papel dominante pela Escola. Tal constatação também foi compartilhada pelo estadista Otto Von Bismarck. A escola se encarrega das crianças de todas as classes sociais desde a mais tenra idade, inculcando nelas os saberes contidos na ideologia dominante (a língua materna, a literatura, a matemática, a ciência, a história) ou simplesmente a ideologia dominante em estágio puro (moral, educação cívica, filosofia). E nenhum outro aparelho ideológico de Estado dispõe de uma audiência obrigatória por tanto tempo e durante tantos anos - precisamente no período em que o indivíduo é mais vulnerável. Cabe apontar que na teoria marxista, o aparelho repressivo do Estado compreende o governo, a administração, o exército, a polícia, os tribunais, as prisões etc., e é dito repressivo porque funciona mediante violência, pelo menos em situações-limite. Portanto, para o Marxismo, as instituições são denominadas: *a) aparelhos repressivos*: porque usam a força, a coerção, a repressão, para legitimar ou reproduzir as relações de domínio; ou *b) aparelhos ideológicos*: porque empregam práticas e processos que usam uma ideologia (persuasão) que disfarça divisões de classes e promove os interesses da classe dominante. O Direito é uma instituição que usa tanto a repressão como a persuasão (ideologia), portanto, tem por objetivo reproduzir, legitimar, justificar e garantir as relações centrais do modo de produção capitalista.

(Defensoria Pública/SP – 2010 – FCC) No ensaio "A Política como vocação", Max Weber realiza uma caracterização de três tipos de dominação legítima, a saber:

– A dominação que repousa sobre a "autoridade do 'passado eterno', isto é, dos costumes santificados pela validez imemorial e pelo hábito, enraizado nos homens, de respeitá-los".

– A dominação que se funda em "dons pessoais e extraordinários de um indivíduo", na "devoção e confiança estritamente pessoais depositadas em alguém que se singulariza por qualidades prodigiosas, por heroísmo ou por outras qualidades exemplares que dele fazem o chefe".

– A dominação que se impõe "em razão da crença na validez de um estatuto legal e de uma 'competência' positiva, fundada em regras racionalmente estabelecidas".

Estes modos de dominação correspondem, respectivamente, ao que Weber entende por dominação

(A) legal, tradicional e carismática.
(B) carismática, tradicional e legal.
(C) tradicional, carismática e legal.
(D) carismática, legal e tradicional.
(E) tradicional, legal e carismática.

A dominação autoritária ou pelo poder é a probabilidade de encontrar obediência dentro de um grupo determinado para mandatos específicos. Toda dominação sobre uma pluralidade de homens requer um quadro

administrativo e a crença na legitimidade. Passemos a elencar os três tipos de dominação tendo por substrato a questão da legitimidade: a) de caráter racional (poder legal): tem por base a confiança na legalidade de ordenações instituídas e dos direitos de mando dos chamados por essas ordenações a exercer a autoridade; b) de caráter tradicional (poder tradicional): tem por base a confiança diuturna na santidade das tradições que vigoram desde tempos longínquos e na legitimidade dos que são designados por essa tradição para exercer a autoridade; c) de caráter carismático (poder carismático) tem por base a confiança atemporal à santidade, ao heroísmo ou à exemplaridade de uma pessoa e seus ensinamentos. Utilizando esses tipos de dominação, Weber aponta as três bases do Direito: lei, costumes e carisma. Podemos também elencar os três tipos de dominação tendo por substrato a questão da obediência: a) no caso da autoridade legal: a obediência se dá graças às ordenações impessoais, legalmente instituídas, e às pessoas por elas designadas, graças à legalidade formal de suas disposições dentro de sua competência; b) no caso da autoridade tradicional: a obediência se dá graças à pessoa do sujeito designado pela tradição; c) no caso de autoridade carismática: a obediência se dá graças a um líder, carismaticamente qualificado, por razões de confiança pessoal na revelação, heroísmo ou exemplaridade, dentro da esfera em que a confiança em seu carisma tenha validez. Nenhum desses três tipos ocorrem em estado "puro", há entrelaçamentos entre eles. No Estado moderno, porém, prevalece a autoridade legal ou dominação racional.
Gabarito "C".

(Defensoria Pública/SP – 2010 – FCC) "A intelectualização e a racionalização crescentes não equivalem, portanto, a um conhecimento geral crescente acerca das condições em que vivemos. Significam, antes, que sabemos ou acreditamos que, a qualquer instante, poderíamos, bastando que o quiséssemos, provar que não existe, em princípio, nenhum poder misterioso e imprevisível que interfira com o curso de nossa vida; em uma palavra, que podemos dominar tudo, por meio da previsão. Equivale isso a despojar de magia o mundo. Para nós não mais se trata, como para o selvagem que acredita na existência daqueles poderes, de apelar a meios mágicos para dominar os espíritos ou exorcizá-los, mas de recorrer à técnica e à previsão. Tal é a significação essencial da intelectualização".

No trecho citado acima, retirado do ensaio "A Ciência como vocação", Max Weber caracteriza aquilo que entende ser um processo "realizado ao longo dos milênios da civilização ocidental", do qual a ciência participa como "elemento e motor". Weber denomina este processo

(A) sistematização.
(B) desencantamento.
(C) tecnocracia.
(D) descrença.
(E) democratização.

A, B, C, D e E: o progresso científico constitui um fragmento, decerto o mais importante, do processo de intelectualização a que, desde há milênios, estamos submetidos. Mas deve-se dizer que a intelectualização e a racionalização geral não significam um maior conhecimento geral das condições da vida, mas algo de muito diverso: o desencantamento do mundo. Diferentemente do selvagem (encarado como religioso, místico etc.) para o qual os poderes mágicos existem, já não temos de recorrer a meios mágicos para entender e explicar o mundo. Isso consegue-se graças aos meios técnicos e ao cálculo. Tal é, essencialmente, o significado da intelectualização. Portanto, o encantamento gerado pela religião num sentido *lato sensu* entra em processo de desfazimento (desencantamento) com o processo de intelectualização e racionalização que estamos experimentando há milênios e ainda está em franca expansão.
Gabarito "B".

(Defensor Público Da União – 2007 – CESPE) A respeito do peso das Ciências Sociais e da Sociologia em suas relações com as demais áreas do conhecimento humano, julgue os itens que se seguem.

(1) Nascida como uma espécie de física social, a sociologia desenvolveria seus cânones e modelos por meio de um processo de adaptação metodológica mecânica ao mundo das ciências exatas.
(2) A historicidade dos conceitos nas ciências sociais exige do pesquisador da sociologia a cautela que leva à relativização de ideias, modelos e paradigmas que, mesmo apresentados muitas vezes como universais, refletem o ambiente no qual foram gerados.
(3) O conceito de relações de poder confere mobilidade ao conceito tradicional de poder, relacionando-o à ideia de exercício e saber.
(4) Os temas da estratificação, da mobilidade e das desigualdades sociais são recorrentes na tradição sociológica, embora também sejam encontrados em quase todas as ciências sociais e humanas.

1: errada. Cada sociólogo apresenta sua definição de sociologia. Para Weber, é a ciência que pretende entender a *ação social*. Para Durkheim, é a ciência da *sociedade* e tem por objeto os *fatos sociais*. Para Gurvitch, é a ciência que estuda os *fenômenos sociais*. Para Wiese, é o estudo das *relações sociais*. Para Florestan Fernandes, é a ciência que tem por objeto estudar a *interação social* nos diferentes níveis da *organização social*. Enfim, a sociologia se concentra no estudo das condições de existência (material e social) dos seres humanos e não possui nenhuma similaridade com as ciências exatas, pois trata-se de uma ciência social. E também não há uma definição unívoca de *sociologia jurídica*. Para Weber, a sociologia jurídica procura apreender até que ponto as regras de Direito são observadas, e como os indivíduos orientam de acordo com elas suas condutas. Para Lévy-Bruhl, a teoria sociológica entende o Direito como um fenômeno social; o Direito emana do grupo social e as normas jurídicas expressam a maneira pela qual esse grupo entende devam ser estabelecidas as relações sociais. Enfim, a sociologia jurídica examina não apenas a influência dos fenômenos sociais sobre o Direito, mas também o impacto do Direito sobre a sociedade; **2:** correta. Reler o comentário à assertiva anterior, o qual traz as diversas definições da sociologia ao longo do tempo. Ora, cada sociólogo viveu em um certo contexto social e, indubitavelmente, recebeu influência desse contexto. Ademais, além da influência indireta, tem-se a direta, pois, a sociologia estuda as condições de existência (material e social) dos seres humanos; **3:** correta. As formulações epistemológicas feitas por Michel Foucault, no âmbito das ciências sociais, conduzem ao entendimento de que são as relações de poder que determinam o conhecimento. Foucault estendeu sua pesquisa para os acontecimentos em torno do século XIX, salientando que os mecanismos políticos de um sistema que surgia pretendia o controle dos indivíduos e da sociedade como um todo, o que ele chamou de poder disciplinar e que esse poder, antes de ser negativo, era, sim, produtivo, mas se dava em forma de luta, contratempos, irracionalmente e estabelecia-se em relações microfísicas de poder; **4:** correta, pois a sociologia, como outras ciências sociais e humanas, cuida dos temas listados nessa assertiva.
Gabarito 1E, 2C, 3C, 4C.

20. FILOSOFIA GERAL E JURÍDICA

Renan Flumian

(Defensoria Pública da União – CESPE – 2015) Com relação à filosofia do direito, julgue os próximos itens.

(1) Segundo Rawls, idealizador do liberalismo-igualitário — proposta que relaciona os conceitos de justiça e de equidade —, cada pessoa deve ter um direito igual ao sistema total mais extenso de liberdades básicas compatíveis com um sistema de liberdade similar para todos, o que ele considera o primeiro princípio da justiça.

(2) A teoria comunitarista, que tem Charles Taylor como um dos seus principais teóricos, surgiu no contexto da Guerra Fria, em oposição ao liberalismo.

(3) Sendo fundamento da República Federativa do Brasil, conforme previsto na CF, o princípio jurídico da dignidade da pessoa humana é considerado o mais importante de todos os princípios constantes no ordenamento jurídico brasileiro.

(4) Herbert Hart considera que o direito é identificado a partir de um critério de validade de regras, enquanto Ronald Dworkin entende ser o direito um conceito interpretativo.

(5) Na teoria pura do direito de Kelsen, a interpretação autêntica é realizada pelo órgão aplicador do direito, ou seja, tanto pelo Poder Judiciário quanto pelo Poder Legislativo.

(6) O utilitarismo é uma espécie de ética normativa segundo a qual se considera correta uma ação se ela colaborar para promover a felicidade, de modo que um indivíduo egoísta, por exemplo, pode ser valorizado, com base nessa proposta.

1: certo. O primeiro princípio da justiça de Rawls funciona assim: "Cada pessoa deve ter um direito igual ao mais vasto sistema total de liberdades básicas iguais que seja compatível com um sistema semelhante de liberdade para todos. Regra de prioridade: os princípios da justiça devem ser hierarquizados em ordem lexical e, portanto, a liberdade só pode ser restringida se tal for para o bem da própria liberdade. Há duas possibilidades de tal se verificar: a) uma liberdade menos ampla deve reforçar o sistema total de liberdade partilhado por todos; e b) uma liberdade que seja mais restrita do que a liberdade igual para todos deve ser aceitável para os cidadãos que dispõem da liberdade mais limitada"; **2:** certo, pois, de fato, Charles Taylor é um dos mais importantes representantes da corrente comunitarista; **3:** errado, pois o art. 1º da CF não faz qualquer distinção hierárquica entre os fundamentos da República Federativa do Brasil. Portanto, soberania (inciso I), cidadania (inciso II), dignidade da pessoa humana (inciso III), valores sociais do trabalho e da livre-iniciativa (inciso IV) e pluralismo político (inciso V) são os fundamentos de nossa república; **4:** certo, pois essa é a distinção central entre a teoria desses dois filósofos do direito. Sendo Herbert Hart grande expoente do positivismo jurídico e Ronald Dworkin um dos maiores críticos do positivismo jurídico (criador da teoria do *direito como integridade*); **5:** certo, pois é o que propugna a interpretação autêntica conforme Kelsen; **6:** errado, pois o utilitarismo defende ações que contribuam para o aumento da felicidade no geral e não de um indivíduo específico. Os principais expoentes dessa corrente são Jeremy Bentham e John Stuart Mill.

Gabarito 1C, 2C, 3E, 4C, 5C, 6E

(Defensor Público/TO – 2013 – CESPE) Com relação ao conceito de justiça, assinale a opção correta.

(A) O vocábulo justiça é empregado, em sentido lato, como equivalente a organização judiciária.

(B) O sentido estrito de justiça está associado ao conjunto das virtudes que regulam as relações entre os homens.

(C) De acordo com a doutrina majoritária, caracterizam o sentido lato de justiça a alteridade, o débito e a igualdade.

(D) Consoante a doutrina aristotélica, a justiça comutativa caracteriza-se como aquela em que o particular dá a outro o bem que lhe é devido.

(E) Na antiguidade clássica, Platão definiu justiça como a vontade constante e perpétua de dar a cada um o que lhe pertence.

Justiça, na obra de Aristóteles, pode ser definida como sendo relação bilateral, preferencial e voluntária, em conformidade com a lei e com o bem comum e que respeita a igualdade. O termo, como já se pode perceber, não é unívoco, é ambíguo, porque possui uma pluralidade de sentidos, vários significados e acepções. Daí a distinção que Aristóteles realiza entre justiça universal e justiça particular. A primeira (universal), também denominada de justiça em sentido lato, define-se como a conduta de acordo com a lei; a segunda (particular) denominada, às vezes, de justiça em sentido estrito, define-se como o hábito que realiza e respeita a igualdade. A justiça particular, que realiza e respeita a igualdade, é promovida de duas maneiras. Uma maneira é a que se manifesta na igualdade que consiste na distribuição proporcional geométrica (igualar o desigual) de bens e outras vantagens entre os cidadãos da *polis*, a esta se dá o nome de justiça distributiva. A outra maneira é a que se manifesta na igualdade que desempenha um papel corretivo nas transações entre os cidadãos, a esta se dá o nome de justiça retificadora ou comutativa que consiste numa proporcionalidade aritmética (igual). A justiça universal, que é a conduta conforme a lei, abrange, de certo modo, todas as demais virtudes, quando estas estiverem prescritas em lei. Com efeito, é normalmente por intermédio da lei que se realiza o bem comum. Nesse sentido, diz Aristóteles que nas disposições que tomam sobre todos os assuntos, as leis têm em mira a vantagem comum. Nesse sentido, o hábito de respeitar a lei faz do homem respeitador da lei um homem justo. Por fim, devemos destacar que Platão (filosofia metafísica) não construiu um conceito fechado de justiça.

Gabarito "D".

(Defensor Público/TO – 2013 – CESPE) Assinale a opção correta com relação à interpretação do direito.

(A) A interpretação autêntica é a que se realiza pelo próprio legislador.

(B) Consoante o sistema da livre pesquisa, o direito só pode ser interpretado com base na lei.

(C) A escola de interpretação da teoria pura do direito foi criada por Carlos Cossio.

(D) A hermenêutica e a interpretação, conceitos sinônimos, consistem em revelar o sentido da norma jurídica.

(E) Segundo a doutrina, toda norma jurídica se ampara em um texto legal que lhe é correspondente.

A: correta, pois a interpretação autêntica é aquela realizada pelo legislador, ou seja, o próprio autor da norma a ser interpretada; **B:** incorreta. É exatamente o contrário. Na livre investigação científica, o intérprete não fica condicionado aos mandamentos da lei e a solução interpretativa é fundada em critérios objetivos. A atividade do intérprete se realiza num duplo campo de ação: o *dado* (fontes materiais) e o *construído* (fontes formais), que são os componentes da norma jurídica. O *dado* corresponde à realidade observada pelo legislador (fatos: econômicos, históricos, políticos, geográficos, culturais). O *construído* é uma operação técnica que, considerando o *dado*, subordina os fatos a determinados fins. Assim, por trás das normas jurídicas, há uma realidade anterior que as próprias normas não podem desprezar. É no *dado* que se apoia a existência das normas; é desse *dado* que cada norma tira seu sentido e condição de sua aplicabilidade. O intérprete, por princípio de segurança jurídica, não substitui a vontade do legislador, mas deve desvendá-la considerando o *dado*. A interpretação não está, portanto, adstrita apenas à letra da lei, ela deve também considerar os fatos sociais; **C:** incorreta. Kelsen é o principal teórico do positivismo jurídico. A sua obra *Teoria Pura do Direito* busca conferir à ciência jurídica um método e objeto próprios, capazes de assegurar ao jurista o conhecimento científico do direito. Para Kelsen, o objeto da ciência jurídica consiste em normas jurídicas e a tarefa do cientista do direito consiste em descrever e sistematizar esse objeto mediante proposições. Por outro lado, Carlos Cossio criou o egologismo jurídico e defendia, em contraposição à Kelsen, que o Direito é ciência porque estuda a conduta humana e não a norma; **D:** incorreta. Em termos gerais, pode-se dizer que **hermenêutica** é a teoria que tem por objeto o estudo das técnicas (regras, métodos) aplicáveis à interpretação do direito. E **interpretação** é o processo que determina o sentido e alcance das normas jurídicas utilizando-se das técnicas fixadas pela hermenêutica. Mas é importante asseverar que alguns juristas (como Miguel Reale) entendem que não é necessário estabelecer essa distinção entre *hermenêutica* (como teoria que pesquisa regras de interpretação) e *interpretação* (como o mero emprego das regras estabelecidas pela hermenêutica), pois as expressões seriam equivalentes. Nesse sentido, a expressão *hermenêutica jurídica* é utilizada para identificar não apenas as teorias da interpretação, mas também as regras (métodos) de interpretação propostas por essas teorias; **E:** incorreta, pois o princípio jurídico também pode dar embasamento a uma norma jurídica.

Gabarito "A".

(Defensor Público/TO – 2013 – CESPE) De acordo com o método de interpretação jurídica desenvolvido por Recaséns Siches, o processo de investigação dos fatos, na ordem jurídica vigente, assegura maior satisfação e legitimidade na solução e na interpretação jurídica. Segundo a jurisprudência, a melhor interpretação do direito não se subordina servilmente ao texto legal nem se vale de raciocínios artificiais para enquadrar friamente os fatos em conceitos prefixados, mas se direciona para a solução justa. Essas definições correspondem ao método de interpretação jurídica denominado

(A) lógico-dedutivo.
(B) hipotético-condicional.
(C) lógica do razoável.
(D) modo final de aplicação.
(E) conflito normativo.

A questão trata do método de interpretação jurídica alcunhado lógica do razoável. Esse método foi formulado pelo jurista espanhol Recaséns Siches, e tem como principal ponto o encorajamento à busca de justiça pelo magistrado, desvencilhando-o da obrigação de seguir a lógica tradicional (método lógico-dedutivo).

Gabarito "C".

(Defensor Público/TO – 2013 – CESPE) A ciência que apresenta ao Poder Judiciário ferramentas como método de controle e planejamento, gestão de pessoas e de conhecimento e valorização dos recursos humanos denomina-se

(A) economia judiciária.
(B) axiologia judiciária.
(C) contadoria judicial.
(D) administração judiciária.
(E) epistemologia jurídica.

A questão trata da ciência denominada administração judiciária.

Gabarito "D".

(Defensor Público/TO – 2013 – CESPE) As normas que, de acordo com a doutrina, são baseadas nas leis elaboradas pelos homens com o intuito de reger o social, sendo vistas como reflexo das diversas formas do comportamento humano denominam-se normas

(A) religiosas.
(B) legais.
(C) sociais.
(D) privadas.
(E) facultativas.

As normas referidas na questão são as legais. As normas religiosas não são elaboradas pelos homens – ao menos como os dogmas religiosos são apresentados. As normas sociais se referem a qualquer forma de regulação da vida em sociedade, mas a questão menciona expressamente que as normas são baseadas nas leis elaboradas pelos homens, logo a menção às normas legais é indubitável. Por sua vez, as normas privadas não têm a função de regular a sociedade, pois seu âmbito de aplicação é reduzido, aplicando-se numa ordem privatística. E as facultativas não regulam a sociedade, apenas permitem a sua observância ou não.

Gabarito "B".

(Defensor Público/PR – 2012 – FCC) A contribuição da Filosofia para o exercício do ser Defensor Público que somente se realiza sendo Defensor Público, é:

(A) A Filosofia contribui na medida em que é, unilateralmente, visão de mundo e da Ciência, confere ao Defensor Público uma visão peculiarmente distante e abrangente das partes.
(B) A Filosofia torna livre no Defensor o seu Ser, a necessidade interna de resgate de sua essência mais própria, de modo a conferir a essa essência a sua dignidade de ser Defensor Público.
(C) A Filosofia é o pensar do pensar descompromissado, ainda que eventualmente, possa alcançar qualquer utilidade prática ou teórica para a função de Defensor Público.
(D) A Filosofia é a visão panorâmica e histórica dos filósofos e a partir daí, a escolha de uma delas para filtragem do olhar e elaboração de teses de defesa.
(E) A Filosofia é erudição, conhecimentos abrangentes sobre a vida, conferindo ao Defensor Público experiência na solução de problemas e desafios do cotidiano forense.

A assertiva que cuida corretamente da contribuição da filosofia para o exercício do ser Defensor Público é a "B".

Gabarito "B".

(Defensor Público/PR – 2012 – FCC) Um argumento correto quanto à doutrina da norma para Hans Kelsen é:

(A) Para Kelsen as normas jurídicas são juízos, isto é, enunciados sobre um objeto dado ao conhecimento. São apenas comandos do ser.
(B) Para Kelsen, na obra *Teoria Pura do Direito*, norma é o sentido de um ato através do qual uma conduta é prescrita, permitida ou, especialmente, facultada, no sentido de adjudicada à competência de alguém.
(C) Kelsen não reconhece a distinção entre normas jurídicas e proposições normativas.
(D) Para Kelsen a norma que confere validade a todo o sistema jurídico ou conjunto de normas é a norma fundamental que se confunde com a Constituição, já que ambas são postas e impostas.
(E) Segundo Mata Machado, Kelsen, enquanto jusnaturalista, reduz o direito à norma, mas desenvolve a noção de direito objetivo enquanto coisa devida e a de justiça como Direito Natural.

O único argumento correto segundo à doutrina da norma para Hans Kelsen é aquele exposto pela assertiva "B". A assertiva apontada como correta trouxe uma colocação de Kelsen em sua obra **Teoria Pura do Direito**[1].

Gabarito "B".

(Defensor Público/RO – 2012 – CESPE) Considerando os conceitos de direito e de moral, assinale a opção correta à luz da filosofia do direito.

(A) Kant desenvolveu a teoria do mínimo ético, segundo a qual o direito representa todo o conteúdo moral obrigatório para que a sociedade possa sobreviver minimamente.
(B) Hans Kelsen formulou a teoria da bilateralidade atributiva, asseverando que a moral não se distingue do direito, mas o complementa por meio da bilateralidade ou intersubjetividade.
(C) Christian Thomasius propôs a distinção entre o direito e a moral, sob a inspiração pufendorfiana, com base na ideia de coação.
(D) Thomas Hobbes desenvolveu a teoria da atributividade, segundo a qual direito e moral estão inter-relacionados, tendo ambos origem no direito natural.
(E) Max Scheler preconizava uma espécie de moral pura, condição para a existência de um comportamento que, guiado pelo direito e pela ética, não muda segundo as circunstâncias.

A: incorreta. Quem desenvolveu a teoria do mínimo ético foi Georg Jellinek, **B.** incorreta, pois Kelsen não desenvolveu a teoria da bilateralidade atributiva. No Brasil, essa teoria foi muito bem desenvolvida pelo jurista Miguel Reale. "Pelos estudos que temos desenvolvido sobre a matéria pensamos que há bilateralidade atributiva quando duas ou mais pessoas se relacionam segundo uma proporção objetiva que as autoriza a pretender ou a fazer garantidamente algo. Quando um fato social apresente esse tipo de relacionamento dizemos que ele é jurídico. Onde não existe proporção no pretender, no fazer ou no exigir não há Direito, como inexiste este se não houver garantia específica para tais atos. Bilateralidade atributiva é, pois, uma proporção intersubjetiva, em função da qual os sujeitos de uma relação ficam autorizados a pretender, exigir, ou a fazer, garantidamente, algo[2]"; **C:** correta, pois, de fato, Thomasius fez a citada distinção na assertiva; **D:** incorreta, pois a assertiva não correlaciona um pensamento de Hobbes. Na obra de Hobbes, Estado e Direito surgem simultaneamente, e seus fundamentos repousam no *pacto social* firmado entre os homens. Para que haja corpo político, diz Hobbes, é preciso que as vontades de todos sejam depositadas numa única vontade. Essa vontade é denominada *soberania*, cujo detentor é chamado de soberano, e dele se diz que possui poder soberano. Todos os restantes são súditos. *Soberania* é, assim, uma vontade suprema que se coloca acima das vontades individuais. O poder soberano, em Hobbes, possui as seguintes características: a) absoluto: não tolera restrições nem condicionamentos; b) indivisível: o soberano tem todo o poder ou não tem poder nenhum; c) perpétuo: quem tem o poder soberano o tem para sempre. Uma vez constituído o Estado, a vontade soberana passa a ser a única fonte do Direito. As leis expressam a vontade do soberano, e a validade da lei repousa no fato de ser a expressão dessa vontade. As leis positivas são para os súditos comandos que devem ser obedecidos absolutamente, enquanto as leis naturais são para o soberano apenas regras de prudência. Para justificar teoricamente a sua concepção, Hobbes afirma que no Estado de natureza a condição do homem é a de guerra de todos contra todos, em que cada um é governado por sua própria vontade. O homem é o lobo do próprio homem. Segundo ele, enquanto perdurar esse estado não haverá segurança de viver. Daí a ideia de que o homem não é livre no estado de natureza, ele se torna livre no estado civil. A liberdade passa a ser uma realidade quando se completa a passagem do estado de natureza para o Estado Leviatã. Liberdade passa a ser, desse modo, a conformação com a ordem jurídica estatal, um padrão objetivo produzido pelo Estado; **E:** incorreta. Max Scheler nunca preconizou a dita moral pura, pelo contrário, ele criticava o pensamento como apreensão intelectual-racional.

Gabarito "C".

(Defensor Público/RO – 2012 – CESPE) Assinale a opção correta à luz da filosofia do direito.

(A) Consoante as ideias de Binding, há, no direito, sanção exterior necessária a atingir seu objetivo, sendo o direito a moral imposta pelo poder.
(B) Piaget preocupou-se em demonstrar a heteronomia tanto da norma moral quanto da norma jurídica, bem como o fato de ambas, em suas origens, pressuporem uma autoridade, passando a norma moral, gradualmente, da heteronomia para uma autonomia relativa.
(C) Segundo Ripert, diferentemente do que se verifica na regra jurídica, na regra moral há coercibilidade.
(D) De acordo com a teoria formulada por Windscheid, a moral implica a ideia de humanidade e de mitigação, e o direito, a realização da positivação das normas.
(E) Segundo Rudolf Stammler, as normas jurídicas ou éticas sujeitam-se à violação, o que não ocorre com a lei em sentido científico.

A única assertiva que faz uma correlação correta entre pensador e suas ideias é a "B". Jean Piaget defende que o desenvolvimento moral passa por três fases: anomia, heteronomia e autonomia. No início, a pessoa em formação não tem completa consciência moral dos seus atos, apenas segue as regras preestabelecidas. Por esse motivo a assertiva aponta que no início, tanto o direito como moral, pressupõem uma autoridade.

Gabarito "B".

(Defensor Público/RO – 2012 – CESPE) Com relação ao conceito de direito e de equidade, assinale a opção correta.

(A) Equidade pode ser definida como o conjunto de princípios que, atribuídos a Deus, à razão, ou havidos como decorrentes da natureza das coisas, independem de convenção ou legislação, e que seriam determinantes, informativos ou condicionantes das leis positivas.

---

1. 6ª ed. São Paulo: Vozes, 1999. p. 4.
2. REALE, Miguel. **Lições Preliminares de Direito.** 25ª ed. São Paulo: Saraiva, 2001. p. 47-48.

(B) Define-se equidade como a autorização, dada pelo direito objetivo, de fazer ou ter o que não pode ser impedido ou tirado, sem violação da norma jurídica.
(C) O direito, definido como conjunto de princípios imanentes, constitui a substância jurídica da humanidade, segundo a sua natureza e o seu fim; tais princípios, imutáveis em essência, se adaptam à realidade histórica e geográfica.
(D) Segundo Dante, o direito representa uma proporção real e pessoal, de homem para homem, que, conservada, conserva a sociedade, e, corrompida, corrompe-a.
(E) O direito pode ser definido como a justa aplicação da norma jurídica geral ao caso concreto para que o *summum jus* não se transforme em summa injuria.

De todas as assertivas, a única que possui conteúdo correto é a "D". Em sentido geral, equidade é o princípio universal da ordem normativa, funcionando como a suprema regra de justiça. Por fim, a assertiva "D" trouxe uma conhecida definição de direito da Idade Média, de autoria de Dante Alighieri.
Gabarito "D".

(Defensor Público/RO – 2012 – CESPE) Considerando a hermenêutica jurídica, e ainda considerando a interpretação do direito, a superação dos métodos de interpretação mediante puro raciocínio lógico-dedutivo e o método de interpretação pela lógica do razoável, assinale a opção correta.

(A) Há um princípio geral informador de todo o ordenamento jurídico nacional, necessário à interpretação, que pode ser inferido da existência de várias normas e ao qual se chega por meio da indução.
(B) De acordo com o método de interpretação da lógica do razoável, devem ser considerados os fins em função dos quais a lei seja editada e haja de ser compreendida pela sua causa final.
(C) No processo lógico, a lógica formal, de tipo puro, a *priori*, só é adequada na análise dos conceitos jurídicos essenciais e, para tudo que pertence à existência humana – a prática do Direito, inclusive – impõe-se o uso da lógica do humano e do razoável (lógica material).
(D) Interpretar a norma jurídica corresponde a integrar, preencher lacunas e aplicar, de forma lógica, o direito ao caso concreto.
(E) Atualmente, utiliza-se, na interpretação das leis, a exegese escolástica, partindo-se do conjunto principiológico existente nas normas.

A única assertiva que traz uma ponderação correta sobre a hermenêutica jurídica é a "C".
Gabarito "C".

(Defensor Público/SP – 2012 – FCC) Na classificação das normas jurídicas proposta por Norberto Bobbio, em sua obra *Teoria da Norma Jurídica*, encontra-se a distinção formal entre a norma "que estabelece que uma determinada ação deve ser cumprida quando se verifica uma certa condição" e a norma "que estabelece que uma determinada ação deve ser cumprida". Estas normas são chamadas, respectivamente,

(A) norma indefinida e norma definida.
(B) norma categórica e norma eficaz.
(C) norma hipotética e norma categórica.
(D) norma indefinida e norma hipotética.
(E) norma categórica e norma hipotética.

Segundo a classificação elaborada por Bobbio em sua obra *Teoria da Norma Jurídica* e a ordem das definições apresentada na questão, as normas são chamadas de norma hipotética e norma categórica.
Gabarito "C".

(Defensor Público/SP – 2012 – FCC) Em *Vigiar e Punir*, Michel Foucault explicita os mecanismos disciplinares de poder que, segundo o filósofo, caracterizam a forma institucional da prisão do início do século XIX. De acordo com as análises deste autor, pode-se afirmar que a modalidade panóptica do poder disciplinar

(A) não está na dependência imediata nem é o prolongamento direto das estruturas jurídico-políticas de uma sociedade e, portanto, é absolutamente independente destas estruturas.
(B) está na dependência imediata e é o prolongamento direto das estruturas jurídico-políticas de uma sociedade e, desse modo, é absolutamente dependente destas estruturas.
(C) está na dependência imediata, mas não é o prolongamento direto das estruturas jurídico-políticas de uma sociedade e, desse modo, é absolutamente dependente destas estruturas.
(D) não está na dependência imediata, mas é o prolongamento direto das estruturas jurídico-políticas de uma sociedade e, entretanto, não é absolutamente dependente destas estruturas.
(E) não está na dependência imediata nem é o prolongamento direto das estruturas jurídico-políticas de uma sociedade e, entretanto, não é absolutamente independente destas estruturas.

A única assertiva que traz uma consideração correta sobre o modelo panóptico do poder disciplinar é a "E". "O *Panóptico* de Bentham é a figura arquitetural dessa composição. O princípio é conhecido: na periferia uma construção em anel; no centro, uma torre: esta é vazada de largas janelas que se abrem sobre a face interna do anel; a construção periférica é dividida em celas, cada uma atravessando toda a espessura da construção; ela tem duas janelas, uma para o interior, correspondendo às janelas da torre; outra, que dá para o exterior, permite que a luz atravesse a cela de lado a lado. Basta então colocar um vigia na torre central, e em cada cela trancar um louco, um doente, um condenado, um operário ou um escolar. Pelo efeito da contraluz, pode-se perceber da torre, recortando-se exatamente sobre a claridade, as pequenas silhuetas cativas nas celas da periferia. Tantas jaulas, tantos pequenos teatros, em que cada ator está sozinho, perfeitamente individualizado e constantemente visível. O dispositivo panóptico organiza unidades espaciais que permitem ver sem parar e reconhecer imediatamente. Em suma, o princípio da masmorra é invertido; ou antes, de suas três funções – trancar, privar de luz e esconder – só se conserva a primeira e se suprimem as outras duas. A plena luz e o olhar de um vigia captam melhor que a sombra, que finalmente protegia. A visibilidade é uma armadilha (...) Daí o efeito mais importante do Panóptico: induzir no detento um estado consciente e permanente de visibilidade que assegura o funcionamento automático do poder. Fazer com que a vigilância seja permanente em seus efeitos, mesmo se é descontínua em sua ação; que a perfeição do poder tenda a tornar inútil a atualidade de seu exercício; que esse aparelho arquitetural seja uma máquina de criar e sustentar uma relação de poder independente daquele que o exerce[3]".
Gabarito "E".

---

3. FOUCAULT, Michel. **Vigiar e Punir**. 39ª ed. Petrópolis-RJ: Vozes, 2011. p. 190-191.

(Defensor Público/SP – 2012 – FCC) Na obra *A Ciência do Direito*, o jurista Tercio Sampaio Ferraz Júnior desenvolve uma análise que o conduz a concluir que o problema central da Ciência do Direito é a decidibilidade. Assim, ao envolver uma questão de decidibilidade, essa Ciência manifesta-se, para o autor, como pensamento

(A) tecnocrata.
(B) teleológico.
(C) fenomenológico.
(D) tecnológico.
(E) demonstrativo.

Para Tércio, trata-se de um pensamento tecnológico. "Reconhecemos, é verdade, que correntes há e houve que praticaram uma espécie de sociologismo jurídico, com a expressa intenção de fazer da ciência jurídica uma ciência social, empírica nos moldes das ciências do comportamento (Sociologia, Psicologia). Mas não é a elas que nos reportamos neste capítulo. Mantemos, por isso, a ideia diretriz que comanda nossa exposição, qual seja, de que o pensamento jurídico é um pensamento tecnológico específico, voltado para o problema da decidibilidade normativa de conflitos. Nestes termos, o modelo empírico deve ser entendido não como *descrição* do direito como realidade social, mas como investigação dos instrumentos jurídicos de e para controle do comportamento. Não se trata de saber *se* o direito é um sistema de controle, mas, assumindo-se que ele o seja, *como devemos* fazer para exercer este controle. Neste sentido, a ciência jurídica se revela não como teoria sobre a decisão mas como teoria *para* a obtenção de decisão. Mas uma vez se acentua o seu caráter criptonormativo⁴".
Gabarito "D".

(Defensor Público/SP – 2012 – FCC) "*A Ciência do Direito* (...), se de um lado quebra o elo entre jurisprudência e procedimento dogmático fundado na *autoridade* dos textos romanos, não rompe, de outro, com o caráter dogmático, que tentou aperfeiçoar, ao dar-lhe a qualidade de *sistema*, que se constrói a partir de premissas cuja validade repousa na sua generalidade racional. A teoria jurídica passa a ser um *construído sistemático* da razão e, em nome da própria razão, um instrumento de *crítica* da realidade".

Esta caracterização, realizada por Tercio Sampaio Ferraz Júnior, em sua obra A Ciência do Direito, evoca elementos essenciais do

(A) jusnaturalismo moderno.
(B) historicismo.
(C) realismo crítico.
(D) positivismo jurídico.
(E) humanismo renascentista.

O fragmento disposto na questão cuida de considerações feitas por Tércio Sampaio Ferraz Júnior acerca do jusnaturalismo moderno. Segundo Luiz Recassem Xirxes, o grande objetivo do jusnaturalismo foi aproximar o direito posto (normatizado) do ideal de justiça. Mas cabe asseverar que existem diferentes perspectivas de jusnaturalismo ao longo da história e o jusnaturalismo moderno é apenas uma delas. Essa vertente do jusnaturalismo apareceu no final do século XVI e início do XVII e teve como seu maior expoente Samuel Pufendorf.
Gabarito "A".

(Defensor Público/SP – 2012 – FCC) Na perspectiva da Teoria Pura do Direito de Hans Kelsen, é possível distinguir uma "jurisprudência" que trata da *validade* do Direito de outra que considera a *eficácia* do Direito. Para o pensador, estas jurisprudências "andam lado a lado" e "nenhuma é capaz de substituir a outra, porque cada uma trata de problemas diferentes". Daí a Teoria Pura do Direito insistir em distingui-las claramente. Segundo a nomenclatura que lhes é atribuída por Kelsen, na obra *O que é justiça?*, elas podem ser chamadas, respectivamente, de

(A) jurisprudência validativa e jurisprudência eficiente.
(B) jurisprudência sociológica e jurisprudência normativa.
(C) jurisprudência eficiente e jurisprudência validativa.
(D) jurisprudência normativa e jurisprudência sociológica.
(E) jurisprudência normativa e jurisprudência eficiente.

Segundo Kelsen, a nomenclatura referida no texto é, respectivamente, jurisprudência normativa e jurisprudência sociológica.
Gabarito "D".

(Defensoria Pública/SP – 2010 – FCC) Ao comentar a doutrina aristotélica da justiça, Tercio Sampaio Ferraz Júnior, em sua obra *Estudos de Filosofia do Direito*, indica aquele que seria o "preceito básico do direito justo, pois só por meio dele a justiça se revelaria em sua atualidade plena". Este preceito, que também pode ser definido como "uma feliz retificação do justo estritamente legal" ou ainda "o justo na concretude", é denominado

(A) liberdade.
(B) dignidade.
(C) vontade.
(D) equidade.
(E) piedade.

Segundo o autor, devemos inicialmente indicar que a escola pitagórica foi a primeira a estabelecer um conceito de justiça, identificado com igualdade ou correspondências de opostos. Após tem-se as elucubrações dos sofistas e de Platão, para depois aparecer a noção aristotélica de justiça, segundo a qual a busca do meio-termo, como forma de alcançar a justiça, deve se orientar pelo preceito básico da **equidade**. Por fim, cabe apontar que na épica grega a justiça não tem a forma de virtude principal, mas é frequentemente superada pela coragem, a astúcia, virtudes estas cujo caráter dramático é bem mais propício ao desenvolvimento de uma epopeia.
Gabarito "D".

(Defensoria Pública/SP – 2010 – FCC) Em sua teoria da norma jurídica, Norberto Bobbio distingue as sanções jurídicas das sanções morais e sociais. Segundo esta distinção, a sanção jurídica, diferentemente da sanção moral, é sempre uma resposta de grupo e, diferentemente da sanção social, a sanção jurídica é regulada em geral com as mesmas formas e através das mesmas fontes de produção das regras primárias. Para o autor, tal distinção oferece um critério para distinguir, por sua vez, as normas jurídicas das normas morais e das normas sociais. Considerando-se este critério, pode-se afirmar que são normas jurídicas as normas cuja execução é garantida por uma sanção

(A) externa e institucionalizada.
(B) interna e não institucionalizada.
(C) interna e institucionalizada.
(D) externa e não institucionalizada.
(E) interna e informal.

A norma jurídica era a única perspectiva através da qual o Direito era estudado e o ordenamento jurídico era no máximo um conjunto de normas, mas não um objeto autônomo do estudo. O isolamento dos problemas do ordenamento jurídico dos da norma jurídica e o tratamento autônomo dos primeiros como parte de uma teoria geral do Direito foram obra sobretudo de Hans Kelsen. Mas na obra em que

---

4. FERRAZ JR, Tércio Sampaio. **A Ciência do Direito.** 2ª ed. São Paulo: Atlas, 2010. p. 87-88.

Bobbio descreve essa mudança de enfoque, para compreensão do Direito, da norma para o ordenamento jurídico, o autor bem define a norma jurídica como **"aquela norma cuja execução é garantida por uma sanção externa e institucionalizada"** (*Teoria do Ordenamento Jurídico*, 8ª ed., Brasília: UNB, pp. 27 – g.n.). A norma jurídica tem sanção *exterior* ao indivíduo, não ficando apenas na consciência deste (juízo interno de reprovação). Ademais, trata-se de sanção que afeta a esfera jurídica do indivíduo e que é aplicada mediante a movimentação do aparato estatal (*institucionalizada*), o que a diferencia da sanção moral - trata-se da ordem coercitiva a que faz referência Kelsen. E Bobbio, em obra posterior - A Função Promocional do Direito -, critica a clássica doutrina jurídica que define o direito apenas por sua função repressiva para controle da sociedade mediante a coação institucionalizada. Bobbio aponta que ainda é dominante na teoria geral do direito a concepção repressiva do direito, isto é, o direito como ordenamento coativo. Tanto isso é verdade, que o termo sanção nos leva a pensar imediatamente em algo negativo, como, por exemplo, sanção como pena, todavia, este termo não possui, etimologicamente, aspecto negativo por si só, sendo necessário o acréscimo do adjetivo (negativa ou positiva) sempre que utilizado. Mas a imagem tradicional do direito como ordenamento protetor-repressivo está em crise, pois se percebe cada vez mais frequente o uso das técnicas de encorajamento pelo Estado contemporâneo. E a técnica do encorajamento se exterioriza de duas formas distintas. Uma é a sanção positiva que incide num comportamento já realizado. E outra é a facilitação para a realização do ato desejado que, obviamente, ainda não foi realizado. Como exemplo ilustrativo de sanção positiva, tem-se as leis de incentivo fiscal que os Estados da República Federativa do Brasil utilizam para atrair fábricas para os seus respectivos Estados, e isso tudo para estimular a economia, possibilitando, assim, um crescimento e desenvolvimento econômico com fins de mitigar a pobreza para efetivar o princípio da justiça social. Ou seja, o Estado, tendo em vista estes benefícios, edita uma lei de incentivo fiscal que terá uma sanção positiva para a fábrica que lá se instalar, dando a esta uma recompensa, como, e.g., a isenção tributária sobre um fato economicamente mensurável passível de tributação. E Bobbio finaliza mostrando que para a visão clássica do direito, a sanção positiva não faz parte do rol das sanções jurídicas, pois a sanção jurídica é tida como uma coação institucionalizada, ou seja, a sanção jurídica é o uso do aparelho repressivo do Estado para penalizar uma conduta desconforme ou proceder a uma execução forçada. Mas, por ser contrário à visão encampada pela doutrina clássica, o autor defende que se a coação for considerada como uma garantia para o cumprimento da sanção, a sanção positiva pode-se incluir no rol das sanções jurídicas. Assim, por exemplo, o cidadão que realizou uma conduta *superconforme* e, portanto, obteve direito a um prêmio, poderá, se o Estado manter-se inerte, utilizar-se da coação para que o Estado lhe assegure o seu direito ao prêmio prometido pelo próprio Estado, ou seja, o Estado irá compelir o próprio Estado a cumprir com sua promessa de prêmio. Nesse caso, a relação jurídica se inverte, pois o sujeito ativo detentor do direito é o particular e o sujeito passivo detentor da obrigação (dever) é o Estado.

Gabarito "A."

(Defensoria Pública/SP – 2010 – FCC) Em sua Teoria Pura do Direito, Hans Kelsen concebe o Direito como uma "técnica social específica". Segundo o filósofo, na obra *O que é justiça?*, "esta técnica é caracterizada pelo fato de que a ordem social designada como 'Direito' tenta ocasionar certa conduta dos homens, considerada pelo legislador como desejável, provendo atos coercitivos como sanções no caso da conduta oposta". Tal concepção corresponde à definição kelseniana do Direito como

(A) uma positivação da justiça natural.
(B) uma ordem estatal facultativa.
(C) uma ordem axiológica que vincula a interioridade.
(D) um veículo de transformação social.
(E) uma ordem coercitiva.

O objetivo de Kelsen, ao formular a Teoria Pura do Direito, é desenvolver uma teoria jurídica purificada de toda a ideologia política e de todos os elementos de ciência natural, uma teoria jurídica consciente da sua especificidade porque consciente da legalidade específica do seu objeto. Sem negar a existência de relações entre o direito e outras ciências, como a sociologia, a economia e a psicologia, Kelsen pretende enfocar em sua Teoria Pura o campo próprio e específico do jurista. A Teoria Pura constituiria, assim, a ciência específica do Direito. O objeto do direito é a norma. Na visão de Kelsen, o direito, para o jurista, deve ser encarado como norma, e não como fato social ou como valor transcendental. A norma jurídica, para Kelsen, funciona como esquema de interpretação (interpretação normativa) da experiência social, que enuncia se uma conduta humana constituiu um ato jurídico ou antijurídico. Trata-se de ato de vontade que se dirige intencionalmente à conduta humana, determinando que um indivíduo deve se comportar de determinada maneira. Esse ato de vontade tem um sentido subjetivo de um indivíduo que intencionalmente visa a conduta de outro. Porém, para que ele configure uma norma, ele deve apresentar também um sentido objetivo de dever ser, o qual está presente quando a conduta a que o ato intencionalmente se dirige é considerada obrigatória (devida) não apenas do ponto de vista do indivíduo que põe o ato, mas também do ponto de vista de um terceiro desinteressado. O sentido objetivo é dado por outra norma, superior, que atribui competência para esse ato. Outro elemento relevante das normas jurídicas para Kelsen é a sanção. A Teoria Pura considera o elemento da coação uma característica essencial do Direito. Assim, as normas jurídicas sempre estabelecem, direta ou indiretamente, uma sanção, um ato de coação que será aplicado caso não se observe a conduta prescrita. Essa é uma característica de grande relevo na teoria de Kelsen, pois, para ele, o ordenamento jurídico se caracteriza pela possibilidade de coação, pela possibilidade de cominação de algum mal, caso alguma de suas normas não seja observada. E tudo isso porque Kelsen parte do pressuposto de que o homem é naturalmente inclinado a perseguir apenas a satisfação de seus interesses egoísticos e, logo, o estabelecimento da ordem social não altera essa realidade natural. Assim, **é necessário que o direito seja uma ordem coercitiva, que impõe sanções**. Da mesma forma que a moral, o direito também traz sanções ao descumprimento de seus preceitos. A diferença é a natureza dessa reação. Na moral, o não cumprimento de normas morais gera mera desaprovação. No plano jurídico, como dito, o descumprimento das normas jurídicas faz nascer a sanção, que pode ser aplicada mediante o legítimo uso da força contra quem a tiver desobedecido. Para prescrever certa conduta (ou seja, determinar dada conduta às pessoas), a norma jurídica estabelece a sanção para a conduta oposta (ou seja, a sanção da conduta que descumprir o que foi imposto às pessoas). A título conclusivo e com suporte na teoria Pura do Direito de Kelsen, pode-se dizer que se o dever imposto for descumprido, a sanção deve ser aplicada por meio de uma ordem coercitiva.

Gabarito "E."

(Defensoria Pública/SP – 2010 – FCC) Em sua teoria do ordenamento jurídico, Norberto Bobbio estuda os aspectos da unidade, da coerência e da completude do ordenamento. Relativamente ao aspecto da coerência do ordenamento jurídico, "a situação de normas incompatíveis entre si" refere-se ao problema

(A) das lacunas.
(B) da incompletude.
(C) das antinomias.
(D) da analogia.
(E) do espaço jurídico vazio.

Se um ordenamento jurídico é composto de mais de uma norma, disso advém que os principais problemas conexos com a existência de um ordenamento são, segundo Bobbio, os que nascem das relações das diversas normas entre si: a) as normas constituem uma unidade? problemática central: hierarquia das normas; **b) o ordenamento constitui um sistema? problemática central: antinomias jurídicas**; c) todo ordenamento jurídico é completo? problemática central: lacunas do Direito; d) têm relações entre si os vários ordenamentos? problemática central: reenvio de um ordenamento a outro. **Pode-se conceituar o instituto da antinomia como a situação de conflito entre duas ou mais normas jurídicas e chama-se as antinomias solúveis de aparentes e as insolúveis de reais**. As regras fundamentais para a solução das antinomias aparentes são três: **a)** critério cronológico (*lex posterior derogat legi priori*): serve quando duas normas incompatíveis são sucessivas e a lei posterior prevalece sobre a anterior; **b)** critério hierárquico (*lex superior derogat legi inferiori*): serve quando duas normas incompatíveis estão em nível diverso e a lei superior prevalece sobre a de hierarquia inferior; e **c)** critério da especialidade (*lex specialis derogat legi generali*): serve no choque de uma norma geral com uma norma especial e a lei especial prevalece sobre a geral. Mas pode ocorrer antinomia entre duas normas contemporâneas, do mesmo nível e ambas gerais (antinomia real causada pela inaplicabilidade dos critérios), ou seja, a incompatibilidade entre os critérios válidos para a solução da incompatibilidade entre as normas é chamada de antinomia de segundo grau. E para resolver as antinomias reais ou de segundo grau, devemos lançar mão dos seguintes metacritérios: **a)** conflito entre o critério hierárquico e o cronológico: o critério hierárquico prevalece sobre o cronológico; **b)** conflito entre o critério de especialidade e o cronológico: o critério de especialidade prevalece sobre o hierárquico. Essa regra, por outro lado, tem um valor menos decisivo que o da regra anterior; e **c)** conflito entre o critério hierárquico e o de especialidade: não existe uma regra geral consolidada. A solução dependerá do intérprete, o qual aplicará ora um ora outro critério segundo as circunstâncias, mas deve-se dizer que existe uma certa vantagem para o critério hierárquico, em virtude da competência. Caso não se consiga resolver o conflito pelos metacritérios, deve-se recorrer ao *critério dos metacritérios*, o princípio da justiça: escolhe-se a norma mais justa. Por fim, uma regra que se refere às normas de um ordenamento jurídico, como o é a proibição de antinomias, pode ser dirigida apenas aqueles que têm relação com a produção (legislador) e aplicação das normas (juiz). A coerência não é condição de validade, mas é sempre condição para a *justiça* do ordenamento.

Gabarito "C".

(Defensoria Pública/SP – 2010 – FCC) "*Na fase madura de seu pensamento, a substituição da lei pela convicção comum do povo (Volksgeist) como fonte originária do direito relega a segundo plano a sistemática lógico-dedutiva, sobrepondo-lhe a sensação (Empfindung) e a intuição (Anschauung) imediatas. Savigny enfatiza o relacionamento primário da intuição do jurídico não à regra genérica e abstrata, mas aos 'institutos de direito' (Rechtsinstitute), que expressam 'relações vitais' (Lebensverhältnisse) típicas e concretas*" Esta caracterização, realizada por Tercio Sampaio Ferraz Júnior, em sua obra *A Ciência do Direito*, corresponde a aspectos essenciais da seguinte escola filosófico-jurídica:

(A) Historicismo Jurídico.
(B) Realismo Jurídico.
(C) Normativismo.
(D) Positivismo jurídico.
(E) Jusnaturalismo.

A: correta. A Escola Histórica do Direito apareceu, primeiramente, na Alemanha no séc. XIX e estava profundamente ligada ao romantismo. Para essa corrente, a construção jurídica – normas jurídicas – acompanhava de forma acentuada o evolver histórico, desta maneira, o direito refletiria os costumes e os valores do povo naquele momento. Para essa corrente, o direito seria sobretudo uma manifestação cultural. Friedrich Carl von Savigny foi um importante integrante dessa escola.

E sobre ele Tércio Sampaio Ferraz disse o citado nessa questão (*A Ciência do Direito*, pág. 28, Ed. Atlas); **B:** incorreta. O Realismo Jurídico aponta a experiência social como única fonte do direito, portanto, para os realistas, *direito é fato social*. O direito, na visão dos realistas, não seria mais balizado pela norma genérica e impessoal, mas sim pela escolha do juiz, isto é, no momento de decidir, o juiz faz opção por uma das várias possibilidades existentes. Assim, o direito é aquele proclamado pelos tribunais e a norma é apenas uma referência dada. Neste sentido, é célebre a frase do Ministro do STF Marco Aurélio de Mello: "o juiz primeiro decide no seu íntimo e só depois vai buscar os fundamentos de sua decisão". Os principais integrantes dessa escola são Hewellyn, Holmes, Cohen, Olivecrona, Ross etc.; **C:** incorreta. O Normativismo insere-se de certa forma dentro do positivismo jurídico e tem em Kelsen seu maior expoente. Para Kelsen, o objeto da ciência jurídica consiste em normas jurídicas e a tarefa do cientista do direito consiste em descrever e sistematizar esse objeto mediante proposições; **D:** incorreta. Para os positivistas, o saber jurídico deve ser científico e neutro, ou seja, não está no campo do Direito qualquer julgamento moral ou questionamento político sobre as normas postas. Mais estritamente, não cabe aos operadores do Direito perscrutar se as normas são justas ou injustas, pertinentes ou impertinentes. Hans Kelsen é o principal teórico do positivismo jurídico e, em sua obra Teoria Pura do Direito, o autor busca conferir à ciência jurídica um método e objeto próprios, capazes de assegurar ao jurista o conhecimento científico do direito; **E:** incorreta. O Jusnaturalismo ou Direito Natural é uma teoria que define o conteúdo do direito como estabelecido pela natureza (como ordem superior, universal, imutável e inderrogável) e, portanto, válido em qualquer lugar. Ou seja, o direito natural é prévio a qualquer construção humana, seja de ordem política, religiosa etc. Assim, deverá ser sempre respeitado e o direito positivo para ter validade não poderá com ele contrastar. Mas, essa corrente sofre um processo de secularização, iniciado pelo trabalho de Grotius e Hobbes, e o Jusnaturalismo aparece como uma crítica ao direito dos glosadores, sobretudo sobre a sua falta de sistematicidade. Assim, podemos dizer que o Jusnaturalismo moderno ou Direito Racional produz o conceito de sistema, o qual até hoje é utilizado na formatação dos códigos jurídicos. E esse sistema é construído por premissas que tiram sua validade da generalidade racional (nas palavras de Tércio Sampaio Ferraz Júnior - A Ciência do Direito, pág. 26, Ed. Atlas).

Gabarito "A".

(Defensoria Pública/SP – 2010 – FCC) "*Esse princípio tem, nas regras de Direito, uma função análoga a que tem o princípio da causalidade nas leis naturais por meio das quais a ciência natural descreve a natureza. Uma regra de direito, por exemplo, é a afirmação de que, se um homem cometeu um crime, uma punição deve ser infligida a ele, ou a afirmação de que, se um homem não paga uma dívida contraída por ele, uma execução civil deve ser dirigida contra sua propriedade. Formulando de um modo mais geral: se um delito for cometido, uma sanção deve ser executada*". No trecho reproduzido acima, em sua obra *O que é justiça?*, Hans Kelsen refere-se ao princípio

(A) da eficácia.
(B) da imputação.
(C) do monismo metodológico.
(D) da imperatividade do direito.
(E) da validade.

O direito é uma ordem coativa, um conjunto de normas que prescrevem sanções. A conduta contrária à norma é considerada ilícita e a conduta em conformidade com a norma é considerada um dever jurídico. O Estado se confunde com o direito porque nessa estrutura ele nada mais é do que o conjunto das normas que estabelecem competência e prescrevem sanções de uma forma organizada. A norma é um *dever-ser* que confere ao comportamento humano um sentido prescritivo. Por esse motivo, **a ciência jurídica é diferente das outras ciências. Estas operam com o princípio da causalidade (dado A é B), relacionam fatos, sendo um causa e o outro efeito, atuam no mundo do ser (natureza). A ciência jurídica atua no mundo do dever-ser (cultural), opera com o princípio da imputação (dado A deve ser B)**. Esse princípio prevê uma determinada sanção que deve ser imputada a uma conduta considerada pelo direito como ilícita. O cientista do direito estabelece, na proposição jurídica que descreve a norma jurídica, ligações entre um antecedente (conduta ilícita) e um consequente (sanção).

Gabarito "B".

(Defensoria Pública da União – 2010 – CESPE) Considerando concepções teóricas do empirismo e do racionalismo, julgue os itens que se seguem.

(1) Segundo o racionalismo, todo e qualquer conhecimento é embasado na experiência e só é válido quando verificado por fatos metodicamente observados.

(2) Segundo John Stuart Mill, o conhecimento matemático é fundamentado na experiência e a indução é o único método científico.

1: errada. O Racionalismo é uma concepção filosófica que afirma a razão como única faculdade a propiciar o conhecimento adequado da realidade. Defende que a existência das coisas tem uma causa inteligível, mesmo que não possa ser demonstrada de fato, como a origem do Universo. Assim, privilegia a razão em detrimento da experiência do mundo sensível como via de acesso ao conhecimento. Considera a dedução como o método superior de investigação filosófica. Os principais pensadores dessa escola são René Descartes (1596-1650), Spinoza (1632-1677) e Leibniz (1646-1716), os quais introduzem o racionalismo na filosofia moderna. E, por seu turno, Friedrich Hegel (1770-1831) defende o racional como real, em virtude da total inteligibilidade desse último. O racionalismo é baseado nos princípios da busca da certeza e da demonstração, sustentados por um conhecimento *a priori*, ou seja, conhecimentos que não vêm da experiência e sim oriundos da razão. **2:** correta. A formação de John Stuart Mill foi influenciada principalmente pelo utilitarismo e pelas obras de Jeremy Bentham, que defendia o egoísmo, a ação utilitária e a busca do prazer como princípios capazes de fundamentar uma moral e orientar os comportamentos humanos na direção do bem. A filosofia de Stuart Mill marcou o coroamento de uma linha própria do pensamento britânico, iniciado por Francis Bacon. O principal objetivo de Stuart Mill foi renovar a lógica, tida como acabada e perfeita desde a construção aristotélica. O pensador britânico aproveitou-se das ideias de John Herschel e William Whewell sobre a teoria da indução, além da grande influência que sofreu da obra de Augusto Comte. Contrário à metafísica, **Stuart Mill faz da indução o método científico por excelência**, atendo-se aos fatos. O pensador britânico parte da experiência como base de todo conhecimento, quer nas ciências físicas, nas sociais ou mesmo na matemática.

Gabarito 1E, 2C

(Defensoria Pública da União – 2010 – CESPE) A respeito da filosofia antiga, julgue o próximo item.

(1) De acordo com os sofistas, o direito natural não se fundava na natureza racional do homem, mas, sim, na sua natureza passional, instintiva e animal.

1: correta. Os sofistas constituíram uma corrente de pensamento próprio e sua preocupação filosófica era centrada no homem enquanto indivíduo. Portanto, as elucubrações dos pré-socráticos, voltadas a natureza e a essência do universo, ficaram em segundo plano. E, consoante ao determinado pela escola sofística, o que importava para o ser humano era obter prazer com a satisfação de seus instintos, de seus desejos individuais. Diante de tal ótica, até dominar outros cidadãos era permitido, desde que isso resultasse em vantagem pessoal. A título conclusivo, infere-se que a escola sofística levaria a destruição de todo conhecimento, pois, segundo seus ensinamentos, os valores são subjetivos e tudo é relativo. Ademais, impediria o aparecimento de um conjunto de normas que regulassem o comportamento humano para garantir os mesmos direitos a todos os cidadãos da *pólis*.

Gabarito 1C

21. DIREITO ELEITORAL

Savio Chalita

(Defensoria Pública da União – CESPE – 2015) Em relação aos crimes eleitorais, julgue os itens que se seguem.

(1) Considere a seguinte situação hipotética. Zoroastro – servidor público municipal da cidade de Juazeiro – BA, onde exerce permanentemente suas funções na secretaria de assistência social – mora e reside com a família nesse mesmo município, no qual é conhecido por sua militância em defesa das pessoas mais necessitadas economicamente. Com o objetivo de candidatar-se a vereador na cidade de Petrolina – PE, Zoroastro declarou perante a justiça eleitoral desse estado da Federação possuir domicílio eleitoral nesta cidade. Nessa situação hipotética, houve crime impossível pela ineficácia absoluta do meio, decorrente da qualificação do declarante apresentada perante a justiça eleitoral e do domicílio necessário do servidor público, já que, a partir dessas informações, seria plenamente possível ao órgão eleitoral constatar a inverdade da declaração feita por Zoroastro. Além disso, seriam imprescindíveis, para a configuração do crime, a existência de dolo específico e a comprovação da materialidade.

(2) Considere a seguinte situação hipotética. Nas vésperas de certa eleição, foram divulgadas informações pela imprensa, pelo rádio e pela televisão, na propaganda eleitoral, acerca de fatos inverídicos, porém de natureza favorável ao candidato Marivaldo, capazes de exercerem influência positiva na avaliação dele perante o eleitorado, mas que não ofenderam, denegriram ou distorceram a imagem de adversários políticos de Marivaldo. Nessa situação hipotética, o fato foi penalmente atípico, ainda que enganosa a propaganda, pois esta não ofendeu, denegriu ou distorceu a imagem de adversários políticos de Marivaldo; além disso, para a caracterização de delito, seria obrigatória a demonstração concreta de danos causados pela referida divulgação de informações.

1: Errado, uma vez que não há, no caso em tela, a figura do CRIME IMPOSSÍVEL, mas sim a circunstância de um fato atípico. Isto porque o domicílio eleitoral guarda conceito mais amplo do que o domicílio civil, como bem aponta recente julgado, refletindo sólido posicionamento de nosso Tribunal Superior Eleitoral. Recurso especial. Transferência de domicílio eleitoral. Vínculo político. Suficiência. Provimento. 1. A jurisprudência desta Corte se fixou no sentido de que a demonstração do vínculo político é suficiente, por si só, para atrair o domicílio eleitoral, cujo conceito é mais elástico que o domicílio no Direito Civil (AgR-AI 7286/PB, Rel. Min. Nancy Andrighi, DJE de 14.3.2013). 2. Recurso especial provido. (Recurso Especial Eleitoral 8551, Acórdão de 08/04/2014, Relator(a) Min. Luciana Christina Guimarães Lóssio, Publicação: DJE – Diário de justiça eletrônico, Tomo 83, Data 07/05/2014, Página 38). Desta forma, Zoroastro poderá sim possuir domicílio eleitoral em Petrolina-PE, desde que comprove o vínculo com a localidade, que no caso, poderá ser o simples fato de possuir um imóvel na localidade. **2:** Errada, o fundamento pode ser encontrado no art. 323 do Código Eleitoral, qual seja o dispositivo: "Art. 323: Divulgar, na propaganda, fatos que sabe inverídicos, em relação a partidos ou candidatos e capazes de exercerem influência perante o eleitorado: Pena – detenção de dois meses a um ano, ou pagamento de 120 a 150 dias-multa. Parágrafo único. A pena é agravada se o crime é cometido pela imprensa, rádio ou televisão". Perceba-se que o tipo penal fala em fatos inverídicos capazes de exercerem influência perante o eleitorado. Independe se favorável ou não aos candidatos ou partidos.

(Defensoria Pública da União – CESPE – 2015) Julgue os itens subsequentes, acerca do processo penal eleitoral.

(1) O interrogatório do réu, ainda que não contemplado de forma expressa no rito estabelecido no processo penal eleitoral, deve ser realizado ao final da instrução, consoante orientação firmada pelo STF.

(2) Admite-se a absolvição sumária no processo penal eleitoral, ainda que esta não se encontre prevista de forma expressa no aludido procedimento, conforme inteligência do STF.

1: correta. Com fundamento na jurisprudência solidificada de nosso Tribunal, ainda que vigente o princípio da especialidade normativa, por se tratar de processo que regulará de forma mais benéfica, dever--se-á observar o rito do processo penal, ainda que o texto especial seja aplicado (pela especialidade). Ou seja, se a alteração do processo penal, que modificou de forma a beneficiar de qualquer razão o réu, deverá ela ser aplicada e não a norma tratada em especialidade. Vide o julgado: "Crime eleitoral. Procedimento penal definido pelo próprio Código Eleitoral (*lex specialis*). Pretendida observância do novo iter procedimental estabelecido pela reforma processual penal de 2008, que introduziu alterações no CPP (*lex generalis*). (...) Nova ordem ritual que, por revelar-se mais favorável ao acusado (CPP, arts. 396 e 396-A, na redação dada pela Lei 11.719/2008), deveria reger o procedimento penal, não obstante disciplinado em legislação especial, nos casos de crime eleitoral. Plausibilidade jurídica dessa postulação. (...) a previsão do contraditório prévio a que se referem os arts. 396 e 396-A do CPP, mais do que simples exigência legal, traduz indisponível garantia de índole jurídico-constitucional assegurada aos denunciados, de tal modo que a observância desse rito procedimental configura instrumento de clara limitação ao poder persecutório do Estado, ainda mais se se considerar que, nessa resposta prévia – que compõe fase processual insuprimível (CPP, art. 396-A, § 2º) –, torna-se lícita a formulação, nela, de todas as razões, de fato ou de direito, inclusive aquelas pertinentes ao mérito da causa, reputadas essenciais ao pleno exercício da defesa pelo acusado (...)." (HC 107.795-MC, rel. Min. Celso de Mello, decisão monocrática, julgamento em 28.10.2011, DJE de 7-11-2011); **2:** correta. Em consonância Jurisprudência do STF, "O rito instituído pela Lei nº 11.719/08, que alterou o Código de Processo Penal, aplica--se, no primeiro grau de jurisdição, em matéria eleitoral. 2. Recebida a denúncia, em primeira instância, antes de o réu ter sido diplomado como deputado federal e apresentada a resposta à acusação, compete ao Supremo Tribunal Federal, em face do deslocamento de competência, examinar, em questão de ordem, eventuais nulidades suscitadas **e a possibilidade de absolvição sumária (art. 397 CPP)**, mesmo que o rito passe a ser o da Lei 8.038/90." (AP 933 QO, Relator(a): Min. DIAS TOFFOLI, Segunda Turma, julgado em 06/10/2015, ACÓRDÃO ELETRÔNICO DJe-020 DIVULG 02-02-2016 PUBLIC 03-02-2016). No mesmo sentido, o TSE "Recurso especial eleitoral. Falsidade ideológica eleitoral. Prequestionamento da matéria em embargos de declaração. Recebimento do recurso. Possibilidade. Precedentes. **Absolvição sumária**. Exceção à regra. Necessidade de comprovação de algum dos requisitos do art. 397 do Código de Processo Penal. Art. 350 do Código Eleitoral. Alegação de ausência de elemento subjetivo e de abuso de poder econômico. Conveniência de se prosseguir com a atividade instrutória. Aprovação da prestação de contas. Independência das esferas cível-eleitoral e penal. Irrelevância para o prosseguimento da ação penal. Precedente. Recurso ao qual se nega provimento. (Recurso Especial Eleitoral nº 144566, Acórdão de 08/09/2011, Relator(a) Min. CÁRMEN LÚCIA ANTUNES ROCHA, Publicação: DJE - Diário da Justiça Eletrônico, Tomo 211, Data 08/11/2011, Página 14).

Gabarito 1C, 2C

(Defensoria Pública da União – CESPE – 2015) Julgue os seguintes itens, relativos à competência em matéria criminal eleitoral.

(1) A competência da justiça eleitoral em matéria criminal segue a simetria constitucional para os agentes que possuam foro por prerrogativa da função, não alcançando os crimes políticos.

(2) Se houver a prática de crimes comuns conexos com delitos de natureza eleitoral, terá de haver necessária separação de processos, de acordo com preceito expresso do Código Eleitoral, não se aplicando a regra geral do CPP, por se tratar de norma subsidiária ou supletiva.

1: Certo, com fundamento no Art. 109, IV, da CF/1988, que assim dispõe: "Aos juízes federais compete processar e julgar: (...) IV – os crimes políticos e as infrações penais praticadas em detrimento de bens, serviços ou interesse da União ou de suas entidades autárquicas ou empresas públicas, excluídas as contravenções e ressalvada a competência da Justiça Militar e da Justiça Eleitoral"; **2:** Errado. Verifiquemos em etapas: a) Conexão entre crime de natureza federal com crime eleitoral, propriamente, temos como consequência a separação obrigatória. A jurisprudência acena neste sentido: competência. Conflito negativo. – A conexão e a continência entre crime eleitoral e crime da competência da Justiça Federal não importa unidade de processo e julgamento. (STJ, CC 19478 / PR, rel. Min. Fontes de Alencar). b) A Conexão de crime de natureza estadual com crime eleitoral, propriamente, resultará na unidade de processo e julgamento, sendo que a justiça eleitoral, especializada, possui a força atrativa. Fundamento encontra respaldo no art. 78, IV, do CPP e o art. 35, II, do Código Eleitoral. Ou seja, apenas haverá a separação se o crime for de natureza federal comum, sendo que na hipótese de crime comum de competência estadual a solução será a atração por conexão.

Gabarito 1C, 2E

22. Penal e Processual Penal Militar

Eduardo Dompieri

(Defensoria Pública da União – CESPE – 2015) Em cada um dos próximos itens, é apresentada uma situação hipotética, seguida de uma assertiva a ser julgada à luz do direito penal militar.

(1) Determinado soldado das Forças Armadas foi condenado por crime militar. Entretanto, inconformado com a decisão proferida em sentença, ele recorreu ao STM, tendo sua condenação sido confirmada por aquela corte por meio de acórdão condenatório. Nessa situação, ocorrerá interrupção do prazo prescricional da ação penal pela publicação tanto da sentença quanto do acórdão recorríveis.

(2) Em determinada organização militar, durante o expediente, dois militares que trabalhavam na mesma seção desentenderam-se e um deles, sem justificativa e intencionalmente, disparou sua arma de fogo contra o outro, que faleceu imediatamente. Nessa situação, o autor do disparo cometeu crime impropriamente militar.

(3) Certo militar das Forças Armadas foi condenado por crime militar e, depois de cumpridos todos os requisitos e condições que possibilitavam a concessão de livramento condicional, foi-lhe concedido tal benefício. Nessa situação, se o liberado deixar de cumprir qualquer das obrigações constantes da sentença, a referida concessão deverá ser obrigatoriamente revogada.

(4) Um militar das Forças Armadas, durante a prestação de serviço na organização militar onde ele servia, foi preso em flagrante delito por estar na posse de substância entorpecente. Nessa situação, segundo o entendimento do STF, se a quantidade da substância entorpecente for pequena, poder-se-á aplicar ao caso o princípio da insignificância.

1: incorreta. Quanto a isso, conferir o magistério de Guilherme de Souza Nucci: "(...) No tocante ao acórdão, quando se tratar de primeira decisão condenatória, proferida após sentença absolutória de primeiro grau, serve para interromper a prescrição. Nesta hipótese, conta-se a partir da sessão de julgamento, que é pública e pode ser acompanhada pelas partes. Inexiste necessidade de publicação. Por outro lado, o acórdão confirmatório da sentença condenatória não é apto para interromper a prescrição" (**Código Penal Militar Comentado**. 2. ed., Rio de Janeiro: Ed. Forense, 2014. p. 226); **2:** correta. Por *crimes militares próprios* devemos entender aquelas condutas que somente estão previstas, como infração penal, no Código Penal Militar. É exemplo o delito de deserção, cuja conduta somente encontra previsão no Código Penal Militar (art. 187). Somente admite como sujeito ativo, bem por isso, o militar; já os *crimes militares impróprios*, diferentemente dos próprios, encontram previsão tanto no Código Penal Militar quanto na legislação penal comum (em regra no Código Penal). É este o caso do delito de homicídio, cuja conduta está contemplada tanto no CPM (art. 205) quanto no Código Penal (art. 121). Neste caso, são admitidos como sujeito ativo tanto o militar quanto o civil; **3:** errada. Isso porque o caso narrado na assertiva configura hipótese de revogação *facultativa* (e não *obrigatória*, tal como constou do enunciado), nos termos do art. 93, § 1º, do CPM; **4:** errada. É prevalente o entendimento, tanto no STF quanto no STM, no sentido de que o princípio da insignificância não tem incidência no crime de posse de substância entorpecente em local sujeito à administração militar. Nesse sentido: "(...) O Plenário do Supremo Tribunal, no HC nº 103.684/DF, Relator o Ministro Ayres Britto, DJe de 13/04/2011, assentou a inaplicabilidade do princípio da insignificância à posse de quantidade reduzida de substância entorpecente em lugar sujeito à administração militar – art. 290 do Código Penal Militar" (HC 128894, Relator(a): Min. Dias Toffoli, Segunda Turma, julgado em 23/08/2016, Processo Eletrônico DJe-207 DIVULG 27-09-2016 public 28.09.2016).

(Defensoria Pública da União – CESPE – 2015) Ainda com relação ao direito penal militar, julgue o item que se segue.

(1) Se um oficial das Forças Armadas cometer crime de furto simples, ele ficará sujeito à declaração de indignidade para o oficialato, qualquer que seja a sua pena.

1: correta, já que retrata o que estabelece o art. 100 do CPM.

(Defensoria Pública da União – CESPE – 2015) Considerando a temática do direito processual penal militar relativa às questões prejudiciais, aos atos probatórios e aos processos em espécie, julgue os itens subsecutivos.

(1) Se, no curso de determinada ação penal que envolva diversos réus, antes da instrução processual, um deles, encontrando-se em liberdade provisória, formular pedido expresso de dispensa de acompanhar os atos de instrução do processo e igualmente para o interrogatório em juízo e sessão de julgamento, e se essa manifestação for ratificada pelo advogado de defesa e aceita pelo juiz competente, será assegurado ao réu o direito de não se expor ao *strepitus judicii*, fato que não impedirá a participação da defesa desse réu no interrogatório dos demais corréus.

(2) Considere a seguinte situação hipotética. Jonas, praça das Formas Armadas, foi denunciado pelo crime de concussão em concurso com outros agentes militares e, após regular transcurso do processo, com a observância de todas as regras procedimentais e garantias constitucionais asseguradas aos réus, foi o feito levado a julgamento. Na sessão de julgamento, ao apreciar os fatos e provas apresentadas pelas partes, entendeu o CPJ que deveria dar ao fato imputado a Jonas nova definição jurídica, diversa da que constava na denúncia, definição esta que resultaria em aplicação de sanção penal mais severa que a até então prevista. Nessa situação hipotética, o CPJ equivocou-se ao dar nova classificação jurídica para aplicar pena mais grave ao réu, uma vez que a *emendatio libelli* no sistema processual castrense exige formulação expressa

do MPM em alegações escritas, além de oportunidade de resposta por parte da defesa.

(3) Considere a seguinte situação hipotética. Júlio, praça das Forças Armadas, foi denunciado pelo crime de furto de armamentos da unidade militar em que servia, em concurso com outros agentes civis. No curso da instrução do processo, a DP ingressou com pedido de reconhecimento de questão prejudicial, atinente ao estado da pessoa: menoridade de um dos corréus. O CPJ reputou que a alegação era irrelevante no momento e que, na verdade, a arguição não era séria nem fundada, pois tinha por escopo procrastinar a persecução penal e alcançar eventual prescrição da pretensão punitiva. Nessa situação hipotética, poderá o CPJ prosseguir com a instrução do feito e submeter os réus a julgamento, uma vez que, no sistema processual penal militar, as questões prejudiciais, ainda que fundadas no estado civil de pessoa (menoridade) envolvida no processo, não redundam em suspensão obrigatória do processo.

1: correta, pois em conformidade com o disposto no art. 288, § 4º, do CPPM: *O juiz poderá dispensar a presença do acusado, desde que, sem dependência dela, possa realizar-se o ato processual*; **2:** correta. Na hipótese de *emendatio libelli*, é de rigor, ante o que estabelece o art. 437, *a*, do CPPM, a formulação expressa do MPM por meio de alegações escritas, após o que será dada à defesa oportunidade para se manifestar. Cuidado: a *emendatio libelli* prevista no Código de Processo Penal Militar difere daquela contida no art. 383 do Código de Processo Penal, já que, neste último caso, não é necessária a formulação expressa do Ministério Público por meio de aditamento, devendo o juiz, de ofício, proceder à mudança na tipificação do crime quando da sentença; **3:** correta. No contexto do CPPM, somente será o caso de suspensão do processo se o juiz considerar a alegação *séria* e *fundada* (art. 123, *a*, *b* e *c*, do CPPM).

Gabarito 1C, 2C, 3C

(Defensoria Pública da União – CESPE – 2015) No que se refere à organização da justiça militar da União e às medidas que recaem sobre as coisas, julgue os itens subsequentes.

(1) O arresto tem por finalidade a satisfação do dano causado pela infração penal ao patrimônio sob a administração militar, podendo ser decretado, de ofício, pela autoridade judiciária, em qualquer fase da persecução penal, desde que exista certeza da infração e fundada suspeita da sua autoria.

(2) Caso, em um processo em curso da 9.ª Circunscrição Judiciária Militar, seja arrolada pela defesa uma testemunha militar de patente superior a do presidente do CPJ e, apesar de regularmente comunicada, tal testemunha deixe de comparecer, sem justificativa, à sessão de instrução do processo, não poderá ela ser compelida a comparecer, tampouco ser conduzida por oficial de justiça, uma vez que, nesse caso, havendo recusa ou resistência da testemunha em depor ou comparecer, não poderá o CPJ impor-lhe prisão, bem como não poderá o MPM processá-la pelo crime de desobediência, sendo-lhe facultado apresentar depoimento por escrito ou ser inquirida em local, dia e hora previamente ajustados com o citado conselho.

1: errada. Isso porque o *arresto*, tal como consta do art. 215, *caput*, do CPPM, somente será decretado pela autoridade judiciária *militar*; **2:** errada, pois contraria o disposto no art. 349, parágrafo único, do CPPM, que estabelece que, no caso acima narrado, a testemunha será compelida a comparecer pela autoridade militar a que estiver imediatamente subordinada.

Gabarito 1E, 2E

(Defensoria Pública da União – CESPE – 2015) Julgue os próximos itens, a respeito das prisões e da liberdade provisória no direito processual penal militar.

(1) O comparecimento espontâneo do indiciado ou acusado, ao juízo ou perante o encarregado ou mesmo diante da autoridade policial, no intuito de promover esclarecimentos acerca dos fatos, colaborando efetivamente com a investigação, identificando eventuais coautores ou partícipes da ação criminosa e a recuperação total ou parcial do produto do crime, terá, como efeito imediato, a suspensão da ordem de prisão preventiva ou a imposição de medida cautelar diversa da custódia contra o indiciado ou acusado.

(2) Para serem mantidas, as prisões provisórias dependem, em regra, de imediata apresentação do preso à autoridade judiciária militar competente para que esta delibere acerca da custódia, em particular no que se refere à necessidade, utilidade e manutenção desta e à integridade física e mental do aprisionado, medida comumente denominada pela moderna doutrina processual de audiência de custódia, prevista de forma expressa no CPPM.

(3) A liberdade provisória mediante o pagamento de fiança é concedida somente aos civis, pois, para os militares, há outros instrumentos jurídicos que obstam a custódia desnecessária, como a menagem, por exemplo.

1: errada, uma vez que não corresponde ao que estabelece o art. 262, *caput*, do CPPM; **2:** errada. O CPPM não contemplou, de forma expressa, a chamada audiência de custódia; **3:** errada. O CPPM não previu a figura da liberdade provisória com fiança. O art. 270 do CPPM contempla as hipóteses em que tem cabimento a liberdade provisória. A menagem está prevista nos arts. 263 e seguintes do CPPM.

Gabarito 1E, 2E, 3E

23. DIREITO ELEITORAL

Flávia Moraes Barros, Robinson Barreirinhas e Savio Chalita*

1. FONTES E PRINCÍPIOS DE DIREITO ELEITORAL

(Promotor de Justiça/RR – 2017 – CESPE) O princípio constitucional da anualidade ou da anterioridade da lei eleitoral

(A) não abrange resoluções do TSE que tenham caráter regulamentar.
(B) não repercute sobre decisões do TSE em casos concretos decididos durante o processo eleitoral e que venham a alterar a jurisprudência consolidada.
(C) estabelece período de *vacatio legis* para a entrada em vigor das leis eleitorais.
(D) tem aplicabilidade imediata e eficácia contida conforme a data do processo eleitoral.

A: Correta. O caráter regulamentar das Resoluções apenas irá trazer executoriedade às normas eleitorais, não podendo inovar. O art. 16, CF busca garantir proteção às normas que alterem o processo eleitoral, não alcançando aquelas que deem executoriedade somente. **B:** Incorreta. A anterioridade da lei eleitoral deve ser compreendida como cláusula pétrea uma vez que garante o direito fundamental do cidadão de participar das decisões do estado de forma direta (na condição de representante popular) e, neste passo, deve o Estado garantir-lhe igualdade de chances e anterioridade mínima (princípio da não surpresa) quanto às regras que irão reger o processo de escolha da representação. **C:** Incorreta, pois o art. 16, CF, estabelece que a lei que altera o processo eleitoral entra em vigor na data de sua publicação, mas somente se aplica às eleições que ocorram após 1 ano de sua vigência. Ou seja, a questão não envolve a eficácia da norma, mas sim sua aplicabilidade em razão temporal. **D:** Incorreta. O art. 16, CF, indica a eficácia imediata da norma eleitoral, mas de aplicação condicionada ao lapso temporal mínimo de um ano. Gabarito "A".

(Juiz de Direito/DF – 2016 – CESPE) Com relação a princípios e garantias do direito eleitoral, dos sistemas eleitorais, dos partidos políticos e dos direitos políticos, assinale a opção correta.

(A) O princípio da anualidade não é uma cláusula pétrea e pode ser suprimido por EC.
(B) A Cidadania e o Pluralismo Político são objetivos fundamentais da República Federativa do Brasil.
(C) O pluralismo político é expressão sinônima de diversidade partidária.
(D) São garantias que regem a disciplina dos partidos políticos: a liberdade partidária externa, a liberdade partidária interna, a subvenção pública e a intervenção estatal mínima.
(E) O sistema majoritário brasileiro é unívoco.

A: incorreta, uma vez que, por ocasião do julgamento do RE 633.703, rel. min. Gilmar Mendes (j. 23.03.2011, *DJe* de 18.11.2011), ficou decidido que "*o pleno exercício de direitos políticos por seus titulares (eleitores, candidatos e partidos) é assegurado pela Constituição por meio de um sistema de normas que conformam o que se poderia denominar de devido processo legal eleitoral. Na medida em que estabelecem as garantias fundamentais para a efetividade dos direitos políticos, essas regras também compõem o rol das normas denominadas cláusulas pétreas e, por isso, estão imunes a qualquer reforma que vise a aboli-las. O art. 16 da Constituição, ao submeter a alteração legal do processo eleitoral à regra da anualidade, constitui uma garantia fundamental para o pleno exercício de direitos políticos*"; **B:** incorreta, uma vez que são fundamentos (art. 1º, CF), e não objetivos (art. 3º, CF); **C:** incorreta, uma vez que a ideia de pluralismo político atrela-se à liberdade de manifestação de pensamento, de expressão, de diversidade quanto a pontos de vista políticos e sociológicos. Diferente, portanto, do pluralismo partidário, que estabelece uma amplitude quanto à existência de partidos políticos; **D:** correta, pois se coaduna com o que estabelece o art. 17 da CF e arts. 1º, 2º e 3º da Lei dos Partidos Políticos; **E:** incorreta. Cabe, de início, esclarecer que "unívoco" está associado à ideia de "único sentido", "único significado". Com essa premissa, podemos afirmar que é uma assertiva equivocada, uma vez que observamos situações em que o sentido de majoritário está atrelado a uma maioria qualificada (necessidade de obtenção, pelo candidato ao cargo de Presidente ou Governador, de 50% + 1 dos votos válidos para que seja eleito em primeiro turno. O mesmo para o caso de municípios com mais de 200 mil eleitores. Fundamento no art. 2°, §1°, Lei das Eleições). Gabarito "D".

(Juiz de Direito/DF – 2016 – CESPE) Com relação a princípios e garantias do direito eleitoral, dos sistemas eleitorais, dos partidos políticos e dos direitos políticos, assinale a opção correta.

(A) O princípio da anualidade não é uma cláusula pétrea e pode ser suprimido por EC.
(B) A Cidadania e o Pluralismo Político são objetivos fundamentais da República Federativa do Brasil.
(C) O pluralismo político é expressão sinônima de diversidade partidária.
(D) São garantias que regem a disciplina dos partidos políticos: a liberdade partidária externa, a liberdade partidária interna, a subvenção pública e a intervenção estatal mínima.
(E) O sistema majoritário brasileiro é unívoco.

A: incorreta, uma vez que, por ocasião do julgamento do RE 633.703, rel. min. Gilmar Mendes (j. 23.03.2011, *DJe* de 18.11.2011), ficou decidido que "*o pleno exercício de direitos políticos por seus titulares (eleitores, candidatos e partidos) é assegurado pela Constituição por meio de um sistema de normas que conformam o que se poderia denominar de devido processo legal eleitoral. Na medida em que estabelecem as garantias*

---

* **Savio Chalita** comentou as questões de Analista/TRE/PI/16, Juiz de Direito/16, MP/PI/14; **Flávia Moraes Barros**, **Robinson Barreirinhas** e **Savio Chalita** comentaram as demais questões.

fundamentais para a efetividade dos direitos políticos, essas regras também compõem o rol das normas denominadas cláusulas pétreas e, por isso, estão imunes a qualquer reforma que vise a aboli-las. O art. 16 da Constituição, ao submeter a alteração legal do processo eleitoral à regra da anualidade, constitui uma garantia fundamental para o pleno exercício de direitos políticos"; **B:** incorreta, uma vez que são fundamentos (art. 1°, CF), e não objetivos (art. 3°, CF); **C:** incorreta, uma vez que a ideia de pluralismo político atrela-se à liberdade de manifestação de pensamento, de expressão, de diversidade quanto a pontos de vista políticos e sociológicos. Diferente, portanto, do pluralismo partidário, que estabelece uma amplitude quanto à existência de partidos políticos; **D:** correta, pois se coaduna com o que estabelece o art. 17 da CF e arts. 1°, 2° e 3° da Lei dos Partidos Políticos; **E:** incorreta. Cabe, de início, esclarecer que "unívoco" está associado à ideia de "único sentido", "único significado". Com essa premissa, podemos afirmar que é uma assertiva equivocada, uma vez que observamos situações em que o sentido de majoritário está atrelado a uma maioria qualificada (necessidade de obtenção, pelo candidato ao cargo de Presidente ou Governador, de 50% + 1 dos votos válidos para que seja eleito em primeiro turno. O mesmo para o caso de municípios com mais de 200 mil eleitores. Fundamento no art. 2°, §1°, Lei das Eleições).

Gabarito "D".

(Promotor de Justiça/PI - 2014 - CESPE) Assinale a opção correta acerca dos princípios constitucionais relativos aos direitos políticos.

(A) O alistamento eleitoral e o voto são facultativos para os analfabetos, os maiores de sessenta e cinco anos e os maiores de dezesseis e menores de dezoito anos de idade.

(B) O alistamento eleitoral e o voto são facultativos para os estrangeiros de qualquer nacionalidade, residentes no Brasil por período superior a quinze anos ininterruptos e sem condenação penal.

(C) O pleno exercício dos direitos políticos e o domicílio eleitoral na circunscrição pelo prazo mínimo de um ano antes do registro da candidatura são condições de elegibilidade.

(D) O militar alistável é elegível e, contando menos de dez anos de serviço, deve ser agregado pela autoridade superior; se eleito, passará, automaticamente, no ato da diplomação, para a inatividade.

(E) A soberania popular é exercida pelo sufrágio universal e pelo voto direto e secreto, com valor igual para todos, e, nos termos da lei, mediante plebiscito, referendo e iniciativa popular.

A: incorreta, pois o voto será facultativo aos maiores de setenta anos, sendo esta a única afirmação errônea na assertiva, conforme se depreende na leitura do art. 14, § 1°, II, *b*, CF; **B:** incorreta, uma vez que os estrangeiros não podem se alistar por determinação expressa do art. 14, § 2°, CF. Destaque especial ao caso dos portugueses residentes há mais de três anos no Brasil, que em razão do Tratado da Amizade (vide Decreto 3.927/2001), ou seja, havendo reciprocidade de tratamento aos brasileiros residentes em Portugal, poderão exercer no Brasil seus direitos políticos ativos e passivos (portanto, poderá se inscrever como eleitor), observadas apenas as restrições de concorrer a cargos privativos de brasileiros natos; **C:** incorreta, pois a exigência de anterioridade anual será contado tendo-se em referência a data das eleições a que se pretende concorrer, e não a do Pedido de Registro de Candidatura; **D:** incorreta, uma vez que o art. 14, § 8°, I, CF, dispõe que o militar alistável é elegível, sendo que, se contar menos de dez anos de serviço, deverá afastar-se da atividade. Apenas será agregado aquele que contar com mais de dez anos de serviço, art. 14, § 8°, II, CF; **E:** correta, conforme dispõe o *caput* do art. 14, CF.

Gabarito "E".

2. DIREITOS POLÍTICOS, ELEGIBILIDADE E ALISTAMENTO ELEITORAL

(Promotor de Justiça/RR – 2017 – CESPE) A suspensão de direitos políticos

(A) decorrente de condenação criminal transitada em julgado cessará com o cumprimento da pena, sendo indispensável a prova de reparação dos danos, se for o caso.

(B) não ocorre em relação ao beneficiado pela suspensão condicional do processo.

(C) não é penalidade prevista para aquele que se recusar a prestar serviço no júri popular e a cumprir o serviço alternativo, mesmo que a recusa deva-se a escusa de consciência.

(D) decorrente de condenação criminal transitada em julgado cessará quando a pena privativa de liberdade for substituída por restritiva de direitos.

A: Incorreta, nos exatos termos do enunciado da Súmula 9 do TSE "A suspensão de direitos políticos decorrente de condenação criminal transitada em julgado cessa com o cumprimento ou a extinção da pena, independendo de reabilitação ou de prova de reparação dos danos.". **B:** Correta, pois na suspensão condicional do processo não é possível considerar aceitação dos termos da denúncia e nem mesmo o afastamento da presunção constitucional de inocência. Somente a condenação penal (que não ocorre na ocasião da suspensão condicional do processo) poderá ser considerada a suspensão dos direitos políticos. Importante destacar que a suspensão da pena (há pena neste caso) ocasionará a suspensão de direitos políticos. **C:** Incorreta. O art. 15, IV, CF, estabelece que haverá suspensão de direitos políticos àquele que se recusar a cumprir obrigação a todos imposta ou prestação alternativa, nos termos do art. 5°, VIII, CF. **D:** Incorreta, pois ainda que haja a substituição de pena é inafastável a existência de condenação penal com trânsito em julgado (afinal, estamos tratando da fase de cumprimento de pena), o que autoriza a suspensão dos direitos políticos nos termos do art. 15, III, CF (condenação criminal transitada em julgado).

Gabarito "B".

(Analista - Judiciário - TRE/PI - 2016 - CESPE) À luz do disposto no CE, assinale a opção correta a respeito do registro de candidatos.

(A) Qualquer candidato pode solicitar o cancelamento do registro de seu nome, bastando comunicar verbalmente sua decisão na junta eleitoral.

(B) A escolha de candidatos deve ser concluída um ano antes das eleições e aprovada nas convenções partidárias a serem realizadas no mesmo período.

(C) É permitido o registro de um mesmo candidato para mais de um cargo na mesma circunscrição.

(D) O registro de candidatos a governador, vice-governador, prefeito, vice-prefeito, vereadores e juiz de paz é feito no tribunal regional eleitoral.

(E) Para se candidatar a cargo eletivo, o militar que tiver menos de cinco anos de serviço deverá ser excluído do serviço ativo.

A: incorreta, já que o parágrafo único do art. 14 estabelece que o cancelamento do registro do candidato será decretado pela Justiça Eleitoral, após solicitação do partido; **B:** incorreta, pois o art. 8° da Lei das Eleições estabelece que a escolha dos candidatos pelos partidos e a deliberação sobre coligações deverão ser feitas no período de 20 de julho a 5 de agosto do ano em que se realizarem as eleições, lavrando-

-se a respectiva ata em livro aberto, rubricado pela Justiça Eleitoral, publicada em vinte e quatro horas em qualquer meio de comunicação; **C:** incorreta, já que a candidatura, no Brasil, é para um único cargo. Durante o ano de 2015, juntamente com inúmeras outras alterações intituladas "reforma eleitoral", havia a possibilidade da candidatura para múltiplos cargos, permitindo, caso eleito para todos, optar por qual intentasse verdadeiramente assumir. A proposta não foi aprovada (dado apenas para constar como curiosidade); **D:** incorreta, uma vez que o registro de candidatura para o cargo de prefeito, vice-prefeito e vereadores é feito perante o juiz eleitoral da circunscrição eleitoral, conforme art. 89, III, Código Eleitoral; **E:** correta, com fundamento no art. 14, §8°, Constituição Federal.

Gabarito "E".

(Juiz de Direito/AM – 2016 – CESPE) Assinale a opção correta acerca dos impedimentos eleitorais previstos na legislação vigente.

(A) O pré-candidato que for sobrinho de governador de estado em exercício não poderá se candidatar a governador do mesmo estado no próximo pleito.

(B) Não poderá se candidatar a governador pré-candidato condenado em primeira instância por crime contra o patrimônio público e que o recurso por ele interposto não tenha sido apreciado judicialmente até a data da convenção.

(C) Pré-candidato a deputado federal filiado ao partido há apenas cinco meses antes da convenção não poderá se candidatar, ainda que tenha domicílio eleitoral no estado há mais de um ano.

(D) Não poderá se candidatar a deputado federal pré--candidato que possuir domicílio eleitoral no estado há menos de um ano, ainda que seja filiado ao partido há mais de um ano.

(E) Pré-candidato a deputado federal que não tiver completado vinte e um anos de idade até a data da convenção realizada pelo seu partido não poderá se candidatar: ele não atingiu a idade mínima exigida pela CF.

A: incorreta, uma vez que a relação de parentesco mantida entre o "sobrinho" e o "tio" é de terceiro grau. O §7° do art. 14 da CF, que trata das hipóteses constitucionais de inelegibilidade, indica que "*São inelegíveis, no território de jurisdição do titular, o cônjuge e os parentes consanguíneos ou afins, até o segundo grau ou por adoção, do Presidente da República, de Governador de Estado ou Território, do Distrito Federal, de Prefeito ou de quem os haja substituído dentro dos seis meses anteriores ao pleito, salvo se já titular de mandato eletivo e candidato à reeleição.*"; **B:** incorreta, uma vez que o art. 1°, I, *e*, LC 64/1990 dispõe que haverá necessidade de que tal condenação, a ponto de gerar a inelegibilidade, deverá ocorrer por sentença transitada em julgado ou por órgão colegiado. Assim, não estaria abrangida a condenação em primeira instância, a menos que transitada em julgado (o que não é o caso da questão); **C:** incorreta, pois o enunciado diz que a filiação se deu 5 meses antes da convenção (que, conforme o art. 8°, Lei das Eleições, deverá ser feita no período de 20 de julho a 5 de agosto do ano em que se realizarem as eleições). Assim, considerando que as eleições se dão no primeiro domingo de outubro, e que ao tempo delas o hipotético candidato já alcançaria pelo menos 7 meses de filiação, restam cumpridas as condições de elegibilidade quanto ao prazo de filiação (6 meses antes do pleito, não da convenção) e domicílio eleitoral (1 ano), conforme art. 9°, Lei das Eleições ("*Art. 9° Para concorrer às eleições, o candidato deverá possuir domicílio eleitoral na respectiva circunscrição pelo prazo de, pelo menos, um ano antes do pleito, e estar com a filiação deferida pelo partido no mínimo seis meses antes da data da eleição. (Redação dada pela Lei nº 13.165, de 2015)*"); **D:** correta, uma vez que o já citado art. 9°, Lei das Eleições, estabelece que o prazo mínimo a ser observado quanto ao domicílio eleitoral na circunscrição é de 1 ano anterior ao pleito; **E:** incorreta. Cabe destacar que a reforma eleitoral de 2015, em especial a Lei 13.165/2015, alterou a redação do §2°, art. 11, Lei das Eleições, para dispor que "A idade mínima constitucionalmente estabelecida como condição de elegibilidade é verificada tendo por referência a data da posse, salvo quando fixada em dezoito anos, hipótese em que será aferida na data-limite para o pedido de registro". Ou seja, considerando a atual redação do art. 14, §3°, VI, *d*, Constituição Federal, apenas para o cargo de vereador é exigida a idade mínima de 18 anos. Assim, para o cargo de Deputado, com a exigência de 21 anos, temos a aferição de idade tendo-se em vista a data da posse e não a data limite de registro da candidatura.

Gabarito "D".

(Magistratura/BA – 2012 – CESPE) Com relação às disposições constitucionais e legais acerca das condições de elegibilidade, cuja aplicação é disciplinada pela justiça eleitoral, assinale a opção correta.

(A) O candidato a senador da República deve ser aprovado em convenção partidária e contar com mais de trinta e cinco anos de idade na data das eleições.

(B) Candidato a presidente da República deve contar com mais de trinta anos de idade na data da inscrição da candidatura.

(C) Candidato a prefeito deve contar com vinte e um anos de idade na data das eleições.

(D) Candidato a vereador deve ter domicílio eleitoral no município e, pelo menos, dezoito anos de idade na data da convenção partidária.

(E) Candidato a governador de estado deve ser filiado a partido político e ter, na data da posse, trinta anos de idade.

O art. 14, § 3°, da Constituição Federal e art. 11, § 2°, da Lei 9.504/1997 dispõe sobre as condições de elegibilidade, especificamente na alínea b, quanto à idade mínima a ser obedecida para cada cargo elencado. **A:** Incorreta, pois o candidato a senador da República deverá ser eleito pelo voto direto e majoritário, como bem disciplina o art. 83 do Código Eleitoral (Lei 4.737/1965); **B:** Incorreta, as condições de elegibilidade são inerentes a três lapsos temporais distintos: condições necessárias no momento do registro, condições necessárias um ano antes da data da eleição e condições necessárias no momento da posse. Sendo assim, obediência à idade mínima trata-se de condição de elegibilidade necessária no momento da posse, conforme norte o previsto no a art. 11, § 2°, da Lei 9.504; **C:** Incorreta, conforme exposto na alternativa anterior, trata-se de condição necessária a ser cumprida na data da posse; **D:** Incorreta, por se tratar de caso semelhante às alternativas anteriores, por se tratar, a idade, de condição necessária a ser cumprida na data da posse; **E:** Correta, pois a alternativa explicita a condição de elegibilidade necessária à data da posse do candidato a governador eleito, qual seja ter a idade mínima de 30 anos de idade e a filiação em partido político (art. 14, § 3°, V e VI, b e art. 11, § 2°, da Lei 9.504/1997).

Gabarito "E".

(Magistratura/ES – 2011 – CESPE) Acerca de alistamento eleitoral, transferência, delegados partidários perante o alistamento, cancelamento e exclusão de eleitor, revisão e correição eleitorais, assinale a opção correta.

(A) Sempre que tiver conhecimento de alguma das causas do cancelamento da inscrição, o juiz eleitoral determinará de ofício a exclusão do eleitor, dispensando-se instauração de processo específico.

(B) Para que o TSE determine de ofício a revisão ou correição das zonas eleitorais, basta que o total de transferências de eleitores ocorridas no ano em curso seja 10% superior ao do ano anterior; ou que o eleitorado seja superior ao dobro da população entre dez e quinze anos, somada à de idade superior a setenta anos, do território do município; ou, ainda, que o eleitorado seja superior a 55% da população projetada para aquele ano pelo Instituto Brasileiro de Geografia e Estatística para o município.

(C) Para a transferência de título eleitoral de servidor público civil, militar, autárquico, ou de membro de sua família, por motivo de remoção ou transferência, não se exigem o transcurso de um ano do alistamento ou da última transferência nem a residência mínima de três meses no novo domicílio.

(D) Nenhum requerimento de inscrição eleitoral ou de transferência será recebido dentro dos cento e oitenta dias anteriores à data da eleição, período considerado de suspensão do alistamento.

(E) Aos delegados dos partidos políticos perante o alistamento é facultado promover a exclusão de qualquer eleitor inscrito ilegalmente, mas não lhes é permitido assumir a defesa do eleitor cuja exclusão esteja sendo promovida.

A: Incorreta, pois será obedecido o procedimento previsto nos arts. 77 e seguintes do Código Eleitoral; **B:** Incorreta, pois o art. 92 da Lei 9504/1997 dispõe que o Tribunal Superior Eleitoral, ao conduzir o processamento dos títulos eleitorais, determinará de ofício a revisão ou correição das Zonas Eleitorais sempre que **(i)** o total de transferências de eleitores ocorridas no ano em curso seja dez por cento superior ao do ano anterior; (ii) o eleitorado for superior ao dobro da população entre dez e quinze anos, somada à de idade superior a setenta anos do território daquele Município; (iii) o eleitorado for superior a sessenta e cinco por cento da população projetada para aquele ano pelo Instituto Brasileiro de Geografia e Estatística – IBGE; **C:** Correta, conforme o art. 55, § 2° do Código Eleitoral, uma vez que nestes casos não se aplica a regra do transcurso de 1 ano e residência fixa mínima de 3 meses; **D:** Incorreta, pois conforme o art. 91 da Lei 9.504/1997 o prazo é de 150 dias; **E:** Incorreta, uma vez que o art. 66, II, do Código Eleitoral dispõe que é lícito aos partidos políticos, através de seus delegados, promover a exclusão de qualquer eleitor inscrito ilegalmente e assumir a defesa do eleitor cuja exclusão esteja sendo promovida;

Gabarito "C".

(Magistratura/PA – 2012 – CESPE) Olavo, médico com vinte e cinco anos de idade, em cumprimento do serviço militar obrigatório no Comando Aéreo Regional de Belém – PA, pretendendo votar nas eleições de 2012, requereu, no prazo fixado para requerimento, inscrição como eleitor.

Nessa situação, de acordo com as disposições contidas na CF e na legislação aplicável, o juiz eleitoral deve

(A) deferir o pedido, desde que o requerente apresente documento assinado pelo comandante do referido comando aéreo, referendando o pedido de alistamento eleitoral do oficial médico.

(B) deferir o pedido caso o requerente comprove, em documento oficial do comando aéreo, o licenciamento do contingente de médicos até um mês antes da data da eleição.

(C) indeferir o pedido, decisão da qual cabe recurso, em razão de o conscrito não poder alistar-se como eleitor durante o período do serviço militar obrigatório.

(D) indeferir o pedido caso o requerente, não tendo pleiteado a inscrição até o final do ano subsequente ao ano em que completou dezoito anos de idade, não apresente prova do pagamento da multa pelo atraso do alistamento eleitoral.

(E) deferir o pedido, com base no fato de ser a inscrição eleitoral dever legalmente imposto a todo brasileiro com mais de dezoito anos de idade e direito líquido e certo a ele garantido.

De fato, a única resposta correta encontra-se explícita na assertiva C, uma vez que de acordo com o art. 14, § 2°, parte final, CF, não podem alistar-se como eleitores os estrangeiros e, durante o período do serviço militar obrigatório, os conscritos.

Gabarito "C".

(Magistratura/PI – 2011 – CESPE) Assinale a opção correta acerca do alistamento eleitoral e de procedimentos a ele correlatos.

(A) No caso de transferência de domicílio eleitoral, será alterado o número de inscrição originário do eleitor.

(B) Os partidos políticos podem requerer, por seus delegados, a exclusão de qualquer eleitor inscrito ilegalmente, sendo-lhes, contudo, vedada, por inexistência de interesse jurídico, a defesa de eleitor cuja exclusão seja promovida.

(C) Para o acompanhamento e exame dos procedimentos de alistamento, transferência, revisão e segunda via de título eleitoral, os partidos políticos podem manter, em cada zona eleitoral, até dois delegados, que poderão atuar simultaneamente.

(D) As revisões de eleitorado deverão ser presididas pelo corregedor regional eleitoral.

(E) Para efeito do processamento eletrônico do alistamento eleitoral, deverá ser consignada OPERAÇÃO 1 – ALISTAMENTO quando o alistando requerer inscrição e, em seu nome, for localizada uma única inscrição cancelada por determinação de autoridade judiciária (Fase 450).

A: Incorreta, muito embora ocorra a emissão de uma nova cédula do título eleitoral, o número permanece o mesmo, razão esta da solicitação de informações, entre elas a numeração do título, ao domicílio primitivo do solicitante, conforme se verifica nos arts. 55 e seguintes do Código Eleitoral; **B:** Incorreta, uma vez que o art. 66, II Código Eleitoral dispõe que é lícito aos partidos políticos, através de seus delegados, promover a exclusão de qualquer eleitor inscrito ilegalmente e assumir a defesa do eleitor cuja exclusão esteja sendo promovida; **C:** Incorreta, em atenção ao que disciplina o art. 28 da Resolução TSE n° 21.538/03, onde resta disposto que não será permitida a atuação simultânea dos delegados; **D:** Incorreta, pois a revisão de eleitorado será presidida pelo juiz eleitoral competente, cabendo ao corregedor regional eleitoral a inspeção dos trabalhos, como disciplina os arts. 59 e 62 da Resolução TSE n° 21.538/03; **E:** Correta, conforme disciplina o art. 4° da Resolução TSE n° 21.538/03.

Gabarito "E".

3. INELEGIBILIDADE

(Juiz – TJ/CE – 2018 – CESPE) É correto afirmar que a inelegibilidade

(A) alcança aqueles que não estejam filiados a partido político há, pelo menos, um ano antes da eleição.

(B) de candidato a presidente da República se estende ao candidato a vice-presidente da República.

(C) pode ser reconhecida de ofício pela justiça eleitoral nos processos de registro de candidatura.

(D) obsta temporariamente a capacidade eleitoral ativa dos candidatos.

(E) abrange, por força constitucional, os analfabetos, os semianalfabetos, os conscritos e os estrangeiros.

A: Incorreta, uma vez que o art. 9º, Lei 9.504/1997, alterado pela Lei 13.488/2017, prevê o prazo de 6 meses e não de um ano. Atenção! Tanto a condição de elegibilidade de filiação partidária quanto a do domicílio eleitoral deverá ser provada no prazo de até 6 meses antes das eleições. No caso da filiação, ela deverá já estar deferida na data limite. **B:** Incorreta, pois trata-se de causa pessoal de inelegibilidade que não será transferida ao vice. **C:** Correta, de acordo com o enunciado da súmula 45 TSE: "Nos processos de registro de candidatura, o Juiz Eleitoral pode conhecer de ofício da existência de causas de inelegibilidade ou da ausência de condição de elegibilidade, desde que resguardados o contraditório e a ampla defesa.". **D:** Incorreta. A inelegibilidade afeta tão somente o exercício dos direitos políticos passivos (capacidade de ser votado). Os direitos políticos ativos permanecem intactos. **E:** Incorreta. A CF, art. 14, § 4º, apenas relaciona os analfabetos como inelegíveis. Os semianalfabetos não são (não podem) sem considerados inelegíveis sob pena de infringir o princípio da vedação à restrição dos direitos políticos, que indica proibição ao intérprete de restringir o direito político de forma extensiva, alargando o significado da norma. Gabarito "C".

(Promotor de Justiça/PI - 2014 - CESPE) Considere que, no exercício do mandato de senador, Ivo seja escolhido pela coligação integrada por seu partido para disputar o cargo de prefeito no ano de 2016. Em face dessa situação, assinale a opção correta à luz das disposições constitucionais e da legislação eleitoral hoje em vigor.

(A) Se o pedido de registro da candidatura for indeferido e o partido renunciar ao direito de preferência, Ivo poderá ser substituído por filiado a qualquer partido integrante da coligação em até dez dias contados da notificação da decisão judicial.

(B) O pedido de registro da candidatura de Ivo deve ser apresentado pela coligação ao juiz eleitoral até às 18 horas do nonagésimo dia anterior à data marcada para a eleição.

(C) Na hipótese de o partido ou coligação não requerer o registro de Ivo, ele mesmo pode fazê-lo perante o TRE, observado o prazo máximo de 48 horas seguintes à publicação da lista dos candidatos pela justiça eleitoral.

(D) A impugnação ao pedido de registro de candidatura de Ivo pode ser feita por candidato, partido político, coligação, MP, ou qualquer eleitor, em petição fundamentada.

(E) Se o pedido de registro da candidatura for indeferido, Ivo poderá efetuar atos relativos à campanha eleitoral, e seu nome poderá ser mantido na urna eletrônica, ficando a validade dos votos a ele atribuídos condicionada a registro válido de substituto.

A: correta, nos exatos termos do que dispõe o art. 13, §§ 1º e 2º da Lei 9.504/1997, Lei das Eleições; **B:** incorreta, já que o art. 11, Lei das Eleições, dispõe que os partidos e coligações solicitarão à Justiça Eleitoral o registro de seus candidatos até as dezenove horas do dia 5 de julho do ano em que se realizarem as eleições; **C:** incorreta, uma vez que na hipótese de o partido ou coligação não requerer o registro de seus candidatos, estes poderão fazê-lo *perante a Justiça Eleitoral*, observado o prazo máximo de quarenta e oito horas seguintes à publicação da lista dos candidatos pela Justiça Eleitoral, conforme dispõe o art. 11, § 4º, Lei das Eleições; **D:** incorreta, pois o art. 3º, LC 64/1990, dispõe que caberá a qualquer candidato, a partido político, coligação ou ao Ministério Público, no prazo de 5 (cinco) dias, contados da publicação do pedido de registro do candidato, impugná-lo em petição fundamentada; **E:** incorreta, uma vez que Ivo só poderá agir desta forma caso tenha recorrido (Embargos ou Recurso Especial ao Tribunal Superior Eleitoral), estando, portanto, dentro do que dispõe o art. 16-A, Lei das Eleições, ao disciplinar que o candidato cujo registro esteja *sub judice* poderá efetuar todos os atos relativos à campanha eleitoral, inclusive utilizar o horário eleitoral gratuito no rádio e na televisão e ter seu nome mantido na urna eletrônica enquanto estiver sob essa condição, ficando a validade dos votos a ele atribuídos condicionada ao deferimento de seu registro por instância superior. Gabarito "A".

(Magistratura/PI – 2011 – CESPE) Com relação às inelegibilidades, assinale a opção correta.

(A) O candidato condenado, em decisão transitada em julgado ou proferida por órgão colegiado da justiça eleitoral, por conduta vedada a agente público em campanha eleitoral somente será considerado inelegível se a conduta implicar a cassação do registro ou do diploma.

(B) O prefeito que perder o mandato por infringência a dispositivo da Lei orgânica municipal ficará inelegível, para qualquer cargo, nas eleições a serem realizadas no período remanescente do mandato para o qual tenha sido eleito e nos três anos subsequentes ao término do mandato, reavendo a sua elegibilidade imediatamente após esse período.

(C) O prazo da inelegibilidade do indivíduo condenado por crime contra o meio ambiente por decisão transitada em julgado ou proferida por órgão judicial colegiado perdura enquanto durarem os efeitos da condenação.

(D) A inelegibilidade não se aplica a membro de assembleia legislativa que renunciar ao mandato após o oferecimento de representação capaz de autorizar a abertura de processo por infringência a dispositivo da constituição estadual.

(F) O indivíduo excluído do exercício da profissão por decisão sancionatória do órgão profissional competente em decorrência de infração ético-profissional ficará inelegível, para qualquer cargo, pelo prazo de quatro anos, salvo se o ato houver sido anulado ou suspenso pelo Poder Judiciário.

A: Correta, (art. 1º, I, j, LC 64/1990); **B:** Incorreta, pois o art. 1º, I, c, da LC 64/1990 dispõe que Prefeito e o Vice-Prefeito que perderem seus cargos eletivos por infringência a dispositivo da Constituição Estadual, da Lei Orgânica do Distrito Federal ou da Lei Orgânica do Município, para as eleições que se realizarem durante o período remanescente e nos 8 (oito) anos subsequentes ao término do mandato para o qual tenham sido eleitos; **C:** Incorreta, pois o art. 1º, I, e, linha 3, da LC 64/1990 dispõe que a inelegibilidade atingirá desde a condenação até o transcurso do prazo de 8 (oito) anos após o cumprimento da pena; **D:** Incorreta, pois a inelegibilidade é aplicada com base no que dispõe o art. 1º, I, k, da LC 64/1990; **E:** Incorreta, pois o prazo será de 8 anos, conforme art. 1º, I, m, da LC 64/1990. Gabarito "A".

(Magistratura/PB – 2011 – CESPE) Com relação à inelegibilidade, assinale a opção correta.

(A) O prazo de inelegibilidade de prefeito que tiver as contas relativas ao exercício do cargo rejeitadas, por decisão irrecorrível do órgão competente, em razão de irregularidade insanável que configure ato doloso de improbidade administrativa, se a decisão não tiver sido suspensa nem anulada pelo Poder Judiciário, deverá ser contado do término do mandato para o qual o prefeito tenha sido eleito.
(B) Para candidato que já exerça mandato eletivo, conta-se do término do mandato para o qual tenha sido eleito o prazo de inelegibilidade caso ele venha a ser condenado, por decisão transitada em julgado ou proferida por órgão colegiado da justiça eleitoral, em decorrência de gastos ilícitos de campanha, com a consequente cassação do diploma.
(C) Consideram-se inelegíveis para qualquer cargo a pessoa física e(ou) o dirigente de pessoa jurídica responsáveis por doação eleitoral tida por ilegal, se reconhecida contra si inelegibilidade, por prazo contado da decisão que reconheça a ilegalidade.
(D) O prazo de inelegibilidade de indivíduo condenado por qualquer crime eleitoral, em decisão transitada em julgado ou proferida por órgão judicial colegiado, perdura por prazo superior aos efeitos da condenação.
(E) Enquanto persistirem os efeitos da condenação, perdura o prazo de inelegibilidade de indivíduo condenado por crime contra o patrimônio privado, em decisão transitada em julgado ou proferida por órgão judicial colegiado.

A: incorreta, pois o prazo de 8 anos é contado a partir da data da decisão que rejeitou as contas – art. 1°, I, *g*, da LI; **B:** incorreta, pois o prazo de 8 anos, nesse caso, é contado da eleição (independentemente de ter sido cassado o registro ou o diploma) – art. 1°, I, *j*, da LI; **C:** essa é a assertiva correta, conforme o art. 1°, I, *p*, da LI; **D:** incorreta, pois a inelegibilidade por até 8 anos após o cumprimento da pena refere-se apenas aos crimes indicados no art. 1°, I, *e*, da LI; **E:** incorreta, pois, nesse caso, a inelegibilidade vai desde a condenação até o transcurso do prazo de 8 anos após o cumprimento da pena – art. 1°, I, *e*, 2, da LI.
Gabarito "C".

4. CANCELAMENTO E EXCLUSÃO DE ELEITOR

(Analista – TRE/BA – 2010 – CESPE) Considerando um eleitor que esteja respondendo a processo de exclusão de inscrição, julgue os itens subsequentes.

(1) A Lei admite que o eleitor, durante o processo de exclusão, vote validamente.
(2) É defeso ao juiz eleitoral conhecer de ofício a exclusão do eleitor.
(3) Como o interesse de agir é exclusivo do eleitor, outro eleitor não poderá promover a sua defesa em caso de exclusão.

1: correta – Art. 72 CE; **2:** incorreta – Art. 71, § 1° CE; **3:** incorreta – Art. 73 CE.
Gabarito 1C, 2E, 3E.

5. PARTIDOS POLÍTICOS, CANDIDATOS

(Promotor de Justiça/RR – 2017 – CESPE) A respeito de partidos políticos, assinale a opção correta.

(A) Os partidos políticos podem utilizar os recursos do fundo partidário para pagar multas eleitorais decorrentes de infração à Lei das Eleições.
(B) Os partidos políticos não são obrigados a cumprir exigências licitatórias para contratar e realizar despesas com recursos do fundo partidário.
(C) O partido político adquire personalidade jurídica com o registro de seu estatuto no TSE.
(D) As contas partidárias que forem desaprovadas não poderão receber novas cotas do fundo partidário até que sejam regularizadas.

A: Incorreta, Ac.-TSE, de 21.5.2015, na Consulta n° 139623: é vedada a utilização de recursos do Fundo Partidário para efetuar pagamento de multas eleitorais, decorrente de infração à Lei das Eleições. **B:** Correta, uma vez que são pessoas jurídicas de direito privado, com função pública (indispensável condição de elegibilidade constitucional), não se equiparando às entidades paraestatais. Não obstante, estão obrigados à prestação de contas. **C:** Incorreta, a aquisição de personalidade jurídica será na forma civil (cartório civil de pessoa jurídica da capital federal – arts. 7° e 8° Lei 9.096/1995). **D:** Incorreta. O art. 37, Lei 9.096/1995 estabelece que a desaprovação das contas do partido implicará exclusivamente a sanção de devolução da importância apontada como irregular, acrescida de multa de até 20%.
Gabarito "B".

(Juiz – TJ/CE – 2018 – CESPE) O registro de estatuto de partido político junto ao TSE será autorizado

(A) por ato de natureza jurisdicional da corte sujeito a recurso extraordinário.
(B) por ato materialmente administrativo que lhe atribua personalidade jurídica.
(C) se, entre outros requisitos, o requerimento estiver instruído com o inteiro teor do programa e do estatuto partidários, ambos inscritos no registro civil das pessoas jurídicas.
(D) se, entre outros requisitos, o requerimento estiver instruído com certidão de inteiro teor do registro partidário expedida pelo cartório de registro civil das pessoas jurídicas da capital do estado sede do partido.
(E) se preenchidos os requisitos legais, independentemente de comprovação de apoio mínimo de eleitores.

A: Incorreta, já que o registro conferido pelo TSE, após a aquisição de personalidade jurídica junto ao cartório de registro competente, não possui natureza jurisdicional mas sim administrativa. **B:** Incorreta, pois a aquisição de personalidade jurídica se dará anteriormente, com o registro feito junto ao cartório civil de pessoas jurídicas da capital federal (arts. 7° e 8°, Lei 9.096/1995). **C:** Correta, com fundamento nos incisos do art. 9°, Lei 9.096/1995, que relaciona documentação que deverá acompanhar requerimento a ser direcionado ao TSE para fins de registro do estatuto do partido. **D:** Incorreta. O cartório competente será o do registro civil das pessoas jurídicas da capital federal e não estadual. **E:** Incorreta. A comprovação do apoio mínimo é condição inafastável, vez que configurará o reflexo da abrangência nacional da agremiação, como preconiza a condição indicada no art. 9, III, Lei 9.096/1995.
Gabarito "C".

(Analista - Judiciário –TRE/PI - 2016 - CESPE) Com base no disposto na Lei n.º 9.504/1997, assinale a opção correta.

(A) Nas eleições proporcionais, são computados como válidos todos os votos registrados pelas mesas receptoras.

(B) As eleições para governador, vice-governador, prefeito, vice-prefeito e vereador realizam-se simultaneamente, no primeiro domingo de outubro do ano de eleições estaduais.

(C) Nas eleições proporcionais, consideram-se válidos os votos dados a candidatos regularmente inscritos e às legendas partidárias.

(D) Será considerado eleito o candidato a governador que obtiver a maioria absoluta de votos, computados os votos brancos e nulos.

(E) Caso candidato a prefeito desista de concorrer à eleição municipal antes do segundo turno, deverá o juiz eleitoral cancelar imediatamente o pleito, devendo convocar novas eleições para o ano seguinte.

A: incorreta, já que são computados tão somente os votos válidos, ou seja, todos os votos colhidos pelas mesas receptoras, exceto os nulos e brancos; **B:** incorreta, uma vez que as eleições para governador e vice ocorrerão juntamente com as de Presidente e Vice (da República), Deputados e Senadores. As eleições municipais abrangerão tão somente a escolha de representantes para o cargo de prefeito municipal e vereadores; **C:** correta. Para que o voto seja "excluído" da contabilização, somente se for nulo ou em branco. O voto em legenda é válido; **D:** incorreta, pois, para a apuração do resultado das eleições, será necessária a adoção do paradigma dos votos válidos, ou seja, total de votos obtidos com exclusão dos nulos e brancos; **E:** incorreta, uma vez que o art. 2° da Lei das Eleições estabelece que se, antes de realizado o segundo turno, ocorrer morte, desistência ou impedimento legal de candidato, convocar-se-á, dentre os remanescentes, o de maior votação.

Gabarito "C".

(Juiz de Direito/AM – 2016 – CESPE) Considerando que, em um estado da Federação com direito a eleger vinte deputados federais, um partido político regularmente inscrito participará das eleições sem estar coligado a nenhum outro, assinale a opção que apresenta uma quantidade correta de candidatos que poderão concorrer ao cargo de deputado(a) federal pelo referido partido.

(A) vinte homens – vinte mulheres
(B) nove homens – vinte e uma mulheres
(C) vinte homens – duas mulheres
(D) vinte e dois homens – oito mulheres
(E) trinta homens – dez mulheres

A única alternativa correta é a trazida pela assertiva "B", uma vez que, em atenção ao §3° do art. 10 da Lei das Eleições, considerando o número possível ao registro de candidaturas, cada partido ou coligação preencherá o mínimo de 30% (trinta por cento) e o máximo de 70% (setenta por cento) para candidaturas de cada sexo.

Gabarito "B".

(Juiz de Direito/AM – 2016 – CESPE) De acordo com as normas que regulam o funcionamento dos partidos políticos no Brasil,

(A) não há restrições à fusão ou incorporação de partidos políticos que tenham obtido o registro definitivo do TSE.

(B) as mudanças de filiação partidária não são consideradas para efeito da distribuição dos recursos do fundo partidário entre os partidos políticos.

(C) o desvio reiterado do programa partidário, a grave discriminação política pessoal e a filiação a novo partido são considerados justas causas de desfiliação de detentores de mandato eletivo.

(D) o apoiamento de eleitores filiados a determinado partido político pode ser computado para fins de registro do estatuto de um novo partido político.

(E) o tempo de propaganda partidária gratuita no rádio e na televisão é distribuído entre os partidos proporcionalmente aos votos obtidos na eleição mais recente para deputado federal.

A: incorreta, uma vez que o §9° do art. 29 da Lei dos Partidos Políticos estabelece que somente será admitida a fusão ou incorporação de partidos políticos que hajam obtido o registro definitivo do Tribunal Superior Eleitoral há, pelo menos, 5 (cinco) anos; **B:** correta, com fundamento no parágrafo único do art. 41 da Lei dos Partidos Políticos, que estabelece que, para efeito do disposto no inciso II (divisão do fundo partidário), serão desconsideradas as mudanças de filiação partidária em quaisquer hipóteses; **C:** incorreta, uma vez que o parágrafo único do art. 22-A da Lei dos Partidos Políticos, inserido pela Lei 13.165/15, estabelece como JUSTA CAUSA: I - mudança substancial ou desvio reiterado do programa partidário; II - grave discriminação política pessoal; III - mudança de partido efetuada durante o período de trinta dias que antecede o prazo de filiação exigido em lei para concorrer à eleição, majoritária ou proporcional, ao término do mandato vigente. Ou seja, a mudança de partido pelo simples fato da criação de um novo partido não está mais contemplada como autorizativo legal à exceção da fidelidade partidária; **D:** incorreta, já que o §1° do art. 7° da Lei dos Partidos Políticos é claro ao estabelecer que o apoiamento deve ser realizado por cidadãos não filiados a outros partidos; **E:** incorreta, uma vez que, pela leitura do art. 49 da Lei dos Partidos Políticos, depreende-se que a divisão do tempo reservado para propaganda partidária é correspondente ao número de cadeiras ocupadas (representação no congresso) e não aos votos obtidos.

Gabarito "B".

(Promotor de Justiça/PI - 2014 - CESPE) Assinale a opção correta com relação aos partidos políticos.

(A) A responsabilidade, inclusive civil e trabalhista, cabe solidariamente ao órgão partidário municipal, estadual ou nacional que tiver dado causa a descumprimento da obrigação, a violação de direito, a dano a outrem ou a qualquer ato ilícito.

(B) A sanção de suspensão do repasse de novas quotas do fundo partidário, por desaprovação total da prestação de contas de partido, não pode ser aplicada por meio de desconto, do valor a ser repassado, da importância apontada como irregular.

(C) É assegurada aos partidos políticos autonomia para adotar os critérios de escolha e o regime de suas coligações eleitorais, sem obrigatoriedade de vinculação entre as candidaturas em âmbito nacional, estadual, distrital ou municipal.

(D) Os órgãos de direção nacional, estadual e municipal do partido político podem receber doações de pessoas físicas e jurídicas, inclusive entidades de classe ou sindicais, para constituição de seus fundos.

(E) A personalidade jurídica é adquirida, nos termos da lei civil, após o registro do estatuto do partido político no TSE.

A: incorreta, uma vez que o art. 15-A da Lei dos Partidos Políticos dispõe que a responsabilidade, inclusive civil e trabalhista, cabe exclusivamente ao órgão partidário municipal, estadual ou nacional que tiver dado causa ao não cumprimento da obrigação, à violação de direito, a dano a outrem ou a qualquer ato ilícito, excluída a solidariedade de outros órgãos de direção partidária; **B:** incorreta, uma vez que o art. 37, § 3º da Lei dos Partidos Políticos dispõe que a sanção de suspensão do repasse de novas quotas do Fundo Partidário, por desaprovação total ou parcial da prestação de contas de partido, deverá ser aplicada de forma proporcional e razoável, pelo período de 1 (um) mês a 12 (doze) meses, ou por meio do desconto, do valor a ser repassado, da importância apontada como irregular, não podendo ser aplicada a sanção de suspensão, caso a prestação de contas não seja julgada, pelo juízo ou tribunal competente, após 5 (cinco) anos de sua apresentação; **C:** correta, nos exatos termos do disposto no *caput* e parágrafo único do art. 3º da Lei dos Partidos Políticos; **D:** incorreta, uma vez que há o proibitivo expresso do art. 31, IV, Lei dos Partidos Políticos que veda ao partido receber, direta ou indiretamente, sob qualquer forma ou pretexto, contribuição ou auxílio pecuniário ou estimável em dinheiro, inclusive através de publicidade de qualquer espécie, procedente, dentre outros, de entidade de classe ou sindical; **E:** incorreta. A personalidade jurídica do partido político é adquirida com o registro junto ao Registro Civil das Pessoas Jurídicas, da Capital Federal, conforme depreende-se da leitura dos arts. 7º e 8º, Lei dos Partidos Políticos.
Gabarito "C".

6. ELEIÇÕES, VOTOS, APURAÇÃO, QUOCIENTES ELEITORAL E PARTIDÁRIO

(Magistratura/BA – 2012 – CESPE) Considerando as características peculiares do sistema eleitoral brasileiro, assinale a opção correta.

(A) O candidato a presidente da República será eleito em primeiro turno se obtiver maioria relativa dos votos dos eleitores que efetivamente comparecerem às urnas, excluídos os votos nulos.

(B) A eleição dos vereadores é feita pelo sistema majoritário, pelo qual são eleitos, por maioria simples, os mais votados.

(C) A eleição para vereador, assim como as demais eleições para cargos legislativos, é realizada pelo sistema proporcional.

(D) Nas eleições para prefeito, haverá segundo turno quando um candidato não obtiver a maioria relativa dos votos.

(E) Governador e senador são eleitos pelo sistema majoritário; deputado distrital e federal, pelo sistema proporcional.

A: Incorreta, pois dispõe o, § 2º art. 77 da CF que a eleição para Presidente e Vice Presidente da República realizar-se-á simultaneamente no primeiro domingo de outubro, em primeiro turno, e no último domingo de outubro, em segundo turno; **B:** Incorreta, pois a o art. 84 do Código Eleitoral dispõem que a eleição para a Câmara dos Deputados, Assembleias Legislativas e Câmaras Municipais, obedecerá ao princípio da representação proporcional; **C:** Incorreta, nos formes dos comentários do item anterior, uma vez que o art. 84 do Código eleitoral dispõe que obedecerá ao princípio da representação proporcional. No entanto é cediço destacar que o cargo legislativo de Senador da República obedece ao princípio do voto majoritário, perfazendo-se exceção no que estabelecido no referido art. 84 do Código Eleitoral; **D:** Incorreta, pois será observado, conforme art. 29, II, da CF c.c art. 77, § 2º, da CF, o sistema majoritário, sendo que não atingindo a maioria absoluta dos votos, excluídos brancos e nulos, será realizado o segundo turno no último domingo de outubro do último ano de mandato; **E:** Correta, conforme disposto no art. 28 c.c o art. 77 da CF, arts. 45 e 46 da CF, e art. 32, § 3º c.c art. 27 da CF.
Gabarito "E".

7. PROPAGANDA ELEITORAL E RESTRIÇÕES NO PERÍODO ELEITORAL

(Promotor de Justiça/PI - 2014 - CESPE) Assinale a opção correta com base no que dispõe a legislação eleitoral acerca das condutas dos agentes públicos durante a campanha.

(A) É permitido o uso, pelo candidato a reeleição de prefeito da residência oficial para a realização de contatos, encontros e reuniões pertinentes à própria campanha, desde que tenham caráter de ato público.

(B) É proibido ceder ou usar, em benefício de candidato, partido político ou coligação, bens móveis ou imóveis pertencentes à administração direta ou indireta da União, dos estados, do DF e dos municípios para a realização de convenção partidária.

(C) É proibida a cessão de servidor público licenciado da administração direta ou indireta federal, estadual ou municipal do Poder Executivo a comitês de campanha eleitoral de candidato, partido político ou coligação.

(D) São permitidas, até três meses antes do pleito, a nomeação ou exoneração de cargos em comissão, a nomeação para cargos do Poder Judiciário, do MP e dos órgãos da Presidência da República e a nomeação dos aprovados em concursos públicos homologados.

(E) É proibido fazer pronunciamento em cadeia de rádio e televisão, fora do horário eleitoral gratuito, nos três meses antes do pleito, salvo quando, a critério da Presidência da República, tratar-se de matéria urgente, relevante e característica das funções de governo.

A: incorreta, já que a ressalva da parte final do § 2º do art. 73, Lei das Eleições, é de que desde a realização de contatos, encontros e reuniões pertinentes à própria campanha não tenham caráter de ato público; **B:** incorreta, já que o art. 73, I, Lei das Eleições, traz a ressalva de cessão ou uso de bens pertencentes à administração pública, qual seja, justamente para a utilização em convenções partidárias; **C:** incorreta, já que o art. 73, III, Lei das Eleições, prevê expressamente a exceção aos casos em que o servidor ou empregado estiver licenciado; **D:** correta, conforme art. 73, V, c, Lei das Eleições; **E:** incorreta, já que o art. 73, VI, c, Lei das Eleições, dispõe que *a critério da Justiça Eleitoral* haverá exceção à proibição quando tratar-se de matéria urgente, relevante e característica das funções de governo;
Gabarito "D".

(Magistratura/ES – 2011 – CESPE) Ainda a respeito das normas legais que regulamentam as eleições, assinale a opção correta.

(A) É permitida a veiculação de propaganda eleitoral, como, por exemplo, inscrição a tinta e fixação de placas, em bens de uso comum, como postes de iluminação pública e sinalização de tráfego e paradas de ônibus.

(B) No dia das eleições, a manifestação individual e silenciosa da preferência do eleitor por partido político, coligação ou candidato, revelada exclusivamente pelo uso de bandeiras, broches, dísticos e adesivos, é permitida, mas a aglomeração de pessoas portando vestuário padronizado, bem como os instrumentos de propaganda referidos anteriormente, de modo a caracterizar manifestação coletiva, com ou sem a

utilização de veículos, é proibida, até o término do horário de votação.
(C) As despesas com transporte ou deslocamento de candidato e de pessoal a serviço das candidaturas bem como o pagamento de cachê de artistas ou animadores de eventos relacionados a campanha eleitoral são considerados gastos eleitorais, sujeitos a registro e aos limites fixados na Lei das Eleições.
(D) Partidos políticos, coligações e candidatos são obrigados, durante a campanha eleitoral, a divulgar, pela Internet, em sítio especificamente criado pela justiça eleitoral, relatório discriminado dos recursos em dinheiro ou estimáveis em dinheiro que tenham recebido para financiamento da campanha eleitoral, com indicação dos nomes dos doadores e dos respectivos valores doados, e dos gastos que realizarem.
(E) É vedada a divulgação de pesquisas eleitorais, por qualquer meio de comunicação, no período compreendido entre o décimo quinto dia anterior ao dia das eleições e às dezoito horas do dia do pleito.

A: Incorreta, de acordo com a proibição contida no art. 37 da Lei 9.504/1997; B: Correta, conforme art. 39-A da Lei 9.504/1997; C: Incorreta, uma vez que o art. 38, § 7°, da Lei 9.594/1997 proíbe a realização de showmícios com a participação remunerada ou não de artistas; D: Incorreta, pois a divulgação restringe-se aos dias 6 de agosto e 6 de setembro, conforme disciplina o art. 28, § 4°, da Lei 9.504/1997; E: Incorreta, pois o art. 43 da Lei 9.504/1997 disciplina que são permitidas, até a antevéspera das eleições, a divulgação paga, na imprensa escrita, e a reprodução na internet do jornal impresso, de até 10 (dez) anúncios de propaganda eleitoral, por veículo, em datas diversas, para cada candidato, no espaço máximo, por edição, de 1/8 (um oitavo) de página de jornal padrão e de 1/4 (um quarto) de página de revista ou tabloide.
Gabarito "B".

(Ministério Público/SE - 2010 - CESPE) A legislação eleitoral brasileira regula o transporte e a alimentação dos eleitores residentes nas áreas rurais, visando coibir o abuso do poder econômico ou administrativo no dia da eleição. A esse respeito, assinale a opção correta quanto à disciplina legal da matéria.
(A) Veículos e embarcações militares devem ser usados com prioridade no transporte gratuito dos eleitores das áreas rurais.
(B) A cessão de veículo de particulares à justiça eleitoral é relevante serviço público, sem necessidade de ressarcimento.
(C) Os partidos políticos devem fornecer refeições aos eleitores, como entes privados em colaboração com a justiça eleitoral.
(D) As deficiências do transporte coletivo constituem justificativa bastante para o não comparecimento do eleitor à seção eleitoral.
(E) O transporte dos eleitores deve ser feito no âmbito do território do município.

A: incorreta, pois os veículos e as embarcações de uso militar não ficam à disposição da justiça eleitoral para o transporte gratuito de eleitores em zonas rurais – art. 1°, caput, da Lei 6.091/1974; B: incorreta, pois, se houver requisição de veículos e embarcações particulares, serão priorizados os de aluguel. De qualquer forma, haverá pagamento dos serviços requisitados – art. 2° da Lei 6.091/1974; C: incorreta, pois somente a justiça eleitoral poderá, quando imprescindível, em face da absoluta carência de recursos de eleitores da zona rural, fornecer-lhes refeições, correndo, nesta hipótese, as despesas por conta do Fundo Partidário – art. 8° da Lei 6.091/1974. É facultado aos partidos fiscalizar o fornecimento de refeições aos eleitores – art. 9° da Lei 6.091/1974; D: incorreta, pois a indisponibilidade ou as deficiências do transporte não eximem o eleitor do dever de votar – art. 6° da Lei 6.091/1974; E: essa é a assertiva correta, pois o transporte de eleitores somente será feito dentro dos limites territoriais do respectivo município e quando das zonas rurais para as mesas receptoras distar pelo menos dois quilômetros – art. 4°, § 1°, da Lei 6.091/1974.
Gabarito "E".

8. COMPETÊNCIA E ORGANIZAÇÃO DA JUSTIÇA ELEITORAL E MP ELEITORAL

(Promotor de Justiça/RR – 2017 – CESPE) O MP eleitoral
(A) atua em todas as fases do processo eleitoral com observância dos princípios da federalização, da delegação e da excepcionalidade.
(B) tem atribuição de oficiar à justiça eleitoral – juízes e juntas eleitorais – por intermédio de membros do MPF.
(C) tem legitimidade para recorrer de decisão que julgue o pedido de registro de candidatura, mesmo que não tenha apresentado impugnação anterior.
(D) não tem legitimidade para prosseguir com a ação de impugnação de mandato eleitoral quando a parte autora apresenta pedido de desistência da ação.

A: Incorreta, uma vez que a LC 75/1993 revogou o princípio da excepcionalidade. B: Incorreta. Em primeira instância eleitoral a atuação fica a cargo do MP Estadual. C: Correta, com fundamento no enunciado da Súmula 11 do TSE "No processo de registro de candidatos, o partido que não o impugnou não tem legitimidade para recorrer da sentença que o deferiu, salvo se se cuidar de matéria constitucional.". D: Incorreta, já que o MP Eleitoral também é um dos legitimados (art. 22, LC 64/1990).
Gabarito "C".

(Juiz – TJ/CE – 2018 – CESPE) As juntas eleitorais são
(A) competentes para decidir habeas corpus em matéria eleitoral.
(B) competentes para decidir mandado de segurança em matéria eleitoral.
(C) órgãos de primeiro grau de jurisdição da justiça eleitoral, sendo seu presidente o único membro com garantia de inamovibilidade.
(D) órgãos de primeiro grau de jurisdição da justiça eleitoral, compostos por três ou cinco membros, sendo um deles, o presidente, um juiz de direito.
(E) competentes para expedir diploma aos eleitos para cargos municipais e estaduais.

A: Incorreta, as competências das Juntas Eleitorais (um órgão da Justiça Eleitoral – vide art. 36 ao 41 do Código Eleitoral) não compreendem o julgamento de ações judiciais, mas sim a apuração das eleições, resolver as impugnações e incidentes durante os trabalhos de contagem e apuração dos votos, expedir os boletins de apuração e diplomas aos eleitos (eleições municipais). Importante mencionar que o art. 35, CE, dispõe que caberá aos juízes eleitorais "III – decidir habeas corpus e mandado de segurança, em matéria eleitoral, desde que essa competência não esteja atribuída privativamente a instancia superior". B: Incorreta, pelos mesmos fundamentos indicados na assertiva anterior. C: Incorreta. O § 1°, art. 121, CF, estabelece que os membros dos tribunais, membros dos tribunais, os juízes de direito e os integrantes das juntas eleitorais, no exercício de suas funções, e no que lhes for aplicável, gozarão de plenas garantias e serão inamovíveis. Ou seja, a inamovibilidade não é exclusividade do presidente da junta (juiz de direito), mas de todos que a compõe, inclusive os cidadãos. **D:** correta, no exato termo em que estabelece a composição tratada no art. 36, CE. Importa mencionar que não necessariamente o presidente da junta será o juiz eleitoral, mas deve necessariamente ser um juiz de direito. **E:** Incorreta. Caberá à junta expedir o diploma aos eleitos para cargos municipais (art. 40, IV, CE). Gabarito "D".

Para lembrar:
Código Eleitoral – Art. 36. Compor-se-ão as juntas eleitorais de um juiz de direito, que será o presidente, e de 2 (dois) ou 4 (quatro) cidadãos de notória idoneidade.

(Juiz – TJ/CE – 2018 – CESPE) No âmbito da justiça eleitoral, ação de impugnação de mandado eletivo de governador de estado obtido mediante corrupção eleitoral

(A) pode ser ajuizada por qualquer eleitor do respectivo estado.

(B) deve ser ajuizada dentro do prazo prescricional de quinze dias, contados da diplomação do governador.

(C) gera litisconsórcio passivo com o vice-governador, caso tenham sido eleitos por chapa única.

(D) tem natureza de ação civil-eleitoral constitucional, devendo, portanto, seguir o procedimento comum ordinário do CPC.

(E) deverá tramitar em segredo de justiça e o seu julgamento será sigiloso.

A: Incorreta. A AIME seguirá o procedimento especial estabelecido no art. 22 da LC 64/1990 (Lei das inelegibilidades infraconstitucionais), sendo legitimados os candidatos, partidos, coligações e MP eleitoral. **B:** Incorreta. Muita atenção aqui! Trata-se de um prazo decadencial e não prescricional. **C:** Correta. O entendimento jurisprudencial do TSE é no sentido e que há uma relação subjetiva, impondo-se o litisconsórcio necessário entre o titular e vice. Lembremos do art. 77, CF, que estabelece que a eleição do presidente e do vice se dará de forma conjunta (o raciocínio quanto aos cargos de chefia do executivo deverá obedecer mesma linha). Vide TSE – RCED 703/SC, rel. Min. Marco Aurélio Mello, DJ – Diário de Justiça, Data 24.03.2008. **D:** Incorreta. O rito a ser adotado será o do art. 22, LC 64/1990. **E:** Incorreta. Muito embora a tramitação se dê em segredo de justiça por força do art. 14, § 11, CF, os resultados de todos os julgamentos do poder judiciário serão públicos (art. 93, IX, CF). Gabarito "C".

(Analista - Judiciário –TRE/PI - 2016 - CESPE) Com base nas disposições do CE, assinale a opção correta.

(A) Os diplomados em escolas superiores, professores e serventuários da justiça não podem ser nomeados mesários na própria seção eleitoral.

(B) Cabe ao presidente do tribunal regional eleitoral ou da junta eleitoral entregar a cada candidato eleito o diploma assinado, assim como um diploma para cada suplente.

(C) Será considerada nula a votação de eleitor que comparecer a zona eleitoral portando identidade falsa e votar em lugar do eleitor chamado.

(D) O processo eleitoral realizado no estrangeiro subordina-se direta e exclusivamente ao Tribunal Superior Eleitoral.

(E) As seções eleitorais das capitais podem ter no máximo quinhentos eleitores, organizados pelos pedidos de inscrição.

A: incorreta, pois não há expressa vedação no rol apresentado pelo §1º do art. 120 do Código Eleitoral; **B:** correta, conforme art. 215 do Código Eleitoral; **C:** incorreta, pois se trata de hipótese de votação anulável (e não nula), conforme art. 221, III, *c*, Código Eleitoral; **D:** incorreta, uma vez que o art. 232 do Código Eleitoral estabelece que todo processo eleitoral realizado no estrangeiro fica diretamente subordinado ao Tribunal Regional do Distrito Federal; **E:** incorreta, já que o art. 117 do Código Eleitoral, ao tratar do tema, estabelece que as seções eleitorais não terão mais de 400 (quatrocentos) eleitores nas capitais e de 300 (trezentos) nas demais localidades, nem menos de 50 (cinquenta) eleitores. Gabarito "B".

(Analista - Judiciário - TRE/PI - 2016 - CESPE) Com base no que dispõe o Código Eleitoral (CE), assinale a opção correta.

(A) As juntas eleitorais serão compostas por seis membros: um juiz de direito, um promotor de justiça, dois advogados, dois cidadãos de notória idoneidade.

(B) Agentes policiais e funcionários no desempenho de cargos de confiança do Executivo podem ser nomeados membros das juntas, escrutinadores ou auxiliares.

(C) O partido político pode indicar um membro de seu diretório para servir como escrivão eleitoral nas zonas eleitorais.

(D) Ocorrendo falta ou impedimento do escrivão eleitoral, o juiz, de ofício, determinará sua substituição pelo diretor da junta eleitoral.

(E) Cabe ao presidente do tribunal regional eleitoral aprovar e nomear, no prazo de sessenta dias antes das eleições, os membros das juntas eleitorais.

A: incorreta, uma vez que a composição da junta eleitoral é tratada no art. 36 do Código Eleitoral, estabelecendo que as juntas eleitorais serão compostas de um juiz de direito, que será o presidente, e de 2 (dois) ou 4 (quatro) cidadãos de notória idoneidade; **B:** incorreta, pois se encontram nos proibitivos de comporem a junta eleitoral, especificamente nos incisos do §3º do art. 36 do Código Eleitoral; **C:** incorreta, em razão da expressa vedação do art. 366 do Código Eleitoral, que estabelece que os funcionários de qualquer órgão da Justiça Eleitoral não poderão pertencer a diretório de partido político ou exercer qualquer atividade partidária, sob pena de demissão; **D:** incorreta, já que o §2º do art. 32 do Código Eleitoral dispõe que, nesses casos, o escrivão eleitoral será substituído na forma prevista pela lei de organização judiciária local, nada dispondo, o Código, quanto a regras específicas; **E:** correta, conforme §1º do art. 36 do Código Eleitoral. Gabarito "E".

(Magistratura/BA – 2012 – CESPE) Acerca da estrutura e composição da justiça eleitoral, assinale a opção correta com base no que dispõem a CF e a legislação específica.

(A) É legítima a indicação de vereador para ministro do TSE na vaga reservada à categoria, desde que, além de deter reputação ilibada e notório saber, esse vereador não seja filiado a partido político.

(B) O ministro-corregedor do TSE deve ser sempre oriundo do STJ.

(C) Não há impedimento legal à indicação para o cargo de ministro do TSE de servidor comissionado que atue como assessor de ministro do STF, desde que o servidor seja advogado com notório saber e reputação ilibada.

(D) É vedada a acumulação do cargo de ministro do TSE com o de ministro do STF, em razão do princípio da especialização.

(E) Um dos integrantes do TSE é indicado pelo MPU, em respeito ao princípio do quinto constitucional.

A: Incorreta, uma vez que em nosso sistema eleitoral é impossível que haja um vereador sem que esteja filiado a partido político, não obstante a composição do TSE está disposta nos art. 119 da Constituição Federal e art. 16 do Código Eleitoral; **B:** Correta, conforme disposto no art. 119, parágrafo único, da CF; **C:** Incorreta, conforme impedimento previsto no art. 16°, § 2°, do Código Eleitoral; **D:** Incorreta, uma vez observado o que dispõe o art. 119, I, "a", da CF; **E:** Incorreta, uma vez que não compreende as regras trazidas pelos arts. 119 da CF e 16 do Código Eleitoral.

Gabarito "B".

(Magistratura/CE – 2012 – CESPE) Assinale a opção correta a respeito do Ministério Público Eleitoral.

(A) Incumbe ao procurador-geral eleitoral dirimir conflitos de atribuições.

(B) O vice-procurador-geral eleitoral é designado pelo Colégio de Procuradores da República.

(C) Compete privativamente ao procurador regional eleitoral designar, por necessidade de serviço, outros membros do Ministério Público Federal para oficiar, sob sua coordenação, perante as TREs.

(D) O promotor eleitoral incumbido do serviço eleitoral de cada zona deve ser membro do MP local indicado pelo procurador regional eleitoral.

(E) Compete ao Colégio de Procuradores da República aprovar a destituição do procurador regional eleitoral.

De fato, a única resposta correta é encontrada na assertiva "A", uma vez observado o que dispõe o art. 30, III, "c" e art. 73 da Lei Orgânica do Ministério Público (Lei 1.341/51).

Gabarito "A".

(Analista – TRE/RJ – 2012 – CESPE) Os tribunais regionais eleitorais (TREs) são órgãos da justiça federal presentes nos estados e no Distrito Federal. Acerca da competência desses tribunais, julgue os itens subsequentes.

(1) A competência do TRE para julgamento de recurso interposto contra decisão proferida por juiz eleitoral do respectivo estado em mandado de segurança restringe-se à hipótese de denegação da ordem.

(2) Compete privativamente aos TREs a elaboração de seus próprios regimentos internos.

(3) Compete ao TRE processar e julgar, originariamente, conflitos de jurisdição entre juízes eleitorais do respectivo Estado.

1: incorreta, pois compete privativamente aos Tribunais Regionais Eleitorais processar e julgar originariamente o *habeas corpus* ou mandado de segurança, em matéria eleitoral, contra ato de autoridades que respondam perante os Tribunais de Justiça por crime de responsabilidade e, em grau de recurso, os denegados ou concedidos pelos juízes eleitorais (art. 29, I, e, do CE); **2:** correta (art. 30, I, do CE); **3:** correta (art. 29, I, b, do CE).

Gabarito 1E, 2C, 3C

---

9. AÇÕES, RECURSOS, IMPUGNAÇÕES

(Promotor de Justiça/RR – 2017 – CESPE) A ação de impugnação ao pedido de registro de candidatura

(A) deverá ser proposta no prazo de cinco dias, contados a partir da publicação do pedido de registro do candidato, sendo mantida a prerrogativa do MP à intimação pessoal.

(B) perderá o objeto se não for julgada até a diplomação do candidato eleito.

(C) gera litisconsórcio passivo necessário entre o pré-candidato e o partido pelo qual este pretende concorrer.

(D) será ajuizada no TRE quando a impugnação se referir a candidatura de deputado federal.

A: Incorreta. O art. 3°, LC 64/1990, de fato estabelece o prazo de 5 dias a contar da publicação do pedido de registro de candidatura. No entanto, não haverá observância da prerrogativa do MP quanto à intimação pessoal. A Súmula 49 TSE é assente neste sentido "O prazo de cinco dias, previsto no art. 3° da LC 64/1990, para o Ministério Público impugnar o registro inicia-se com a publicação do edital, caso em que é excepcionada a regra que determina a sua intimação pessoal". **B:** Incorreta. Pois o art. 15 da LC 64/1990 esclarece que "Transitada em julgado ou publicada a decisão proferida por órgão colegiado que declarar a inelegibilidade do candidato, ser-lhe-á negado registro, ou cancelado, se já tiver sido feito, ou declarado nulo o diploma, se já expedido.". **C:** Incorreta. Nas ações de impugnação de registro de candidatura não há litisconsórcio necessário entre o pré-candidato e o partido político correspondente. A admissão do partido no processo poderá se dar na forma de assistente simples (já que haverá reflexos eleitorais em razão do indeferimento do registro, tal como a substituição de candidatura). **D:** Correta. O inciso II, parágrafo único do art. 2°, LC 64/1990 estabelece a competência dos TREs quando se tratar de candidato a Senador, Governador e Vice (estado e Distrito Federal), Deputado Estadual e Distrital.

Gabarito "D".

(Juiz – TJ/CE – 2018 – CESPE) A apelação criminal eleitoral deverá ser

(A) recebida exclusivamente no efeito devolutivo.

(B) recebida no efeito suspensivo quando interposta contra sentença condenatória.

(C) recebida no efeito suspensivo quando a sentença for absolutória e o réu estiver preso preventivamente.

(D) interposta no juízo *a quo* no prazo de três dias, contados da publicação da sentença.

(E) interposta diretamente no TRE, com comunicação ao juízo *a quo* no prazo de cinco dias, contados da publicação da sentença.

No direito eleitoral devemos nos atentar para a regra geral de que não haverá efeito suspensivo aos recursos existente, estando adstrito ao natural efeito devolutivo recursal. No entanto, algumas exceções existem. Dentre elas: a) apelação criminal eleitoral (arts. 362 e 364, Código Eleitoral e b) Recurso Ordinário (cassação de registro de candidatura, afastamento do titular e perda de mandato – art. 257, § 2°, Código Eleitoral). **A:** Incorreta, já que estamos diante da exceção indicada anteriormente. **B:** Correta, com fundamento na exceção prevista nos artigos já indicados, 362 e 364, ambos do Código Eleitoral. **C:** Incorreta, considerando que o réu estava preso quando diante da sentença que o absolveu, consequência seguinte será sua colocação imediata em liberdade (permanecendo em liberdade até o julgamento definitivo da apelação interposta, que apenas terá seu efeito devolutivo – art. 596, CPP). **D:** Incorreta. O art. 362, CE, estabelece que das decisões finais de condenação ou absolvição caberá recurso para o Tribunal Regional Eleitoral, no entanto, no prazo de 10 (dez) dias. **E:** Incorreta, pois o prazo é de 10 (dez) dias, conforme art. 362, CE.

Gabarito "B".

(Juiz de Direito/DF – 2016 – CESPE) A respeito do direito processual eleitoral, das ações eleitorais e dos respectivos recursos, assinale a opção correta.

(A) O ajuizamento de ação eleitoral para punir a doação acima do limite legal deve ocorrer até cento e vinte dias a partir da eleição, sob pena de prescrição.

(B) A LC que regulamenta a perda de cargo para os casos de troca de partido sem justa causa não se aplica às eleições majoritárias e a defesa de mérito pode apontar motivos diversos daqueles exemplificativamente estabelecidos na legislação de regência.

(C) Dentre as hipóteses de cabimento do recurso inominado, previstas no Código Eleitoral, tendo por destinatário o TRE, não se inserem os atos e as resoluções emanadas dos juízes e das juntas eleitorais em primeiro grau de jurisdição.

(D) É cabível recurso extraordinário de decisão do TRE proferida contra disposição expressa da CF.

(E) O tribunal formará sua convicção pela livre apreciação dos fatos públicos e notórios, dos indícios e presunções e da prova produzida, atentando para circunstâncias ou fatos, ainda que não indicados ou alegados pelas partes, mas que preservem o interesse público de lisura eleitoral.

A: incorreta, uma vez que o prazo é de 180 dias, conforme art. 32 da Lei das Eleições; **B:** incorreta, uma vez que não há LC tratando sobre o assunto, mas, sim, a Resolução TSE 22.610/07, que estabelece, em seu art. 13, que o procedimento ali previsto aplica-se tanto aos cargos majoritários como também aos proporcionais; **C:** incorreta, pois o art. 264 do Código Eleitoral estabelece que caberá para os Tribunais Regionais e para o Tribunal Superior, dentro de 3 (três) dias, recurso contra atos, resoluções ou despachos dos respectivos presidentes; **D:** incorreta, uma vez que caberá o Recurso Especial, com fundamento no art. 276, I, *a*, Código Eleitoral; **E:** correta, com base no expresso texto do art. 23, LC 64/90.

Gabarito "E".

(Analista - Judiciário –TRE/PI – 2016 - CESPE) Assinale a opção correta de acordo com o disposto no CE.

(A) O recurso deverá ser interposto no quinto dia da publicação do ato, da resolução ou do despacho.

(B) Os embargos de declaração devem ser interpostos no prazo de três dias da data de publicação do acórdão, quando este gerar dúvida ou contradição.

(C) O eleitor que desejar impetrar o recurso contra expedição de diploma deverá estar ciente de que o único argumento aceito será o de falta de condição de elegibilidade.

(D) A propaganda eleitoral é de responsabilidade dos partidos e candidatos e por eles paga, sendo os excessos cometidos pelos candidatos de responsabilidade exclusiva dos partidos políticos, independentemente da legenda partidária.

(E) Os recursos eleitorais têm efeito suspensivo, podendo a execução de um acórdão ser feita imediatamente, mediante comunicação por escrito, em qualquer meio, a critério do presidente do tribunal regional eleitoral.

A: incorreta. Conforme §1° do art. 121 do Código Eleitoral, o prazo será de 3 dias; **B:** correta, com fundamento no §1° do art. 275 do Código Eleitoral, em petição dirigida ao juiz ou relator, com a indicação do ponto que lhes deu causa; **C:** incorreta, pois, conforme o art. 262 do Código Eleitoral, o recurso contra expedição de diploma caberá somente nos casos de inelegibilidade superveniente ou de natureza constitucional e de falta de condição de elegibilidade; **D:** incorreta, pois, pela inteligência do art. 241 e parágrafo único do Código Eleitoral, "Toda propaganda eleitoral será realizada sob a responsabilidade dos partidos e por eles paga, imputando-lhes solidariedade nos excessos praticados pelos seus candidatos e adeptos. Parágrafo único. A solidariedade prevista neste artigo é restrita aos candidatos e aos respectivos partidos, não alcançando outros partidos, mesmo quando integrantes de uma mesma coligação."; **E:** incorreta, pois o art. 257 do Código Eleitoral estabelece taxativamente que os recursos eleitorais não possuem efeito suspensivo.

Gabarito "B".

(Magistratura/BA – 2012 – CESPE) Com relação ao que dispõe o Código Eleitoral acerca das possibilidades de anulação do pleito eleitoral e de convocação de novas eleições, assinale a opção correta.

(A) Para uma eleição ser anulada, de modo a ensejar novo pleito, exige-se a anulação, pela justiça eleitoral, de mais da metade dos votos.

(B) A convocação de nova eleição pela justiça eleitoral restringe-se ao caso de ser impossível definir um vencedor para o pleito.

(C) Não é permitida a anulação de eleição municipal na qual tenha comparecido mais da metade dos eleitores da circunscrição.

(D) Deve ser anulada a eleição em que os votos invalidados por fraude ou compra de votos, somados aos votos nulos dos eleitores, superar a metade do número de votantes.

(E) Apenas os eleitores podem anular um processo eleitoral, mediante o voto em branco ou nulo, quando estes votos, somados, alcançarem mais da metade do número de eleitores que compareceram ao pleito.

A: Correta, conforme dispõe o art. 224, *caput*, do Código Eleitoral; **B:** Incorreta, vez que existem outras situações onde novas eleições poderão ser determinadas, como por exemplo, art. 2°, § 1° da Lei 9.504/1997 e art. 224, § 1°, do Código Eleitoral; **C:** Incorreta, uma vez que latente fatos permissivos de nova eleição, ela poderá ocorrer; **D:** Incorreta, já que se refere ao disposto no art. 224 do Código Eleitoral que disciplina que se a nulidade atingir a mais de metade dos votos do país nas eleições presidenciais, do Estado nas eleições federais e estaduais ou do município nas eleições municipais, julgar-se-ão prejudicadas as demais votações e o Tribunal marcará dia para nova eleição dentro do prazo de 20 (vinte) a 40 (quarenta) dias, em se tratando das nulidades previstas nos arts. 221 e 222 do mesmo código. Importante mencionar posicionamento do TSE no sentido de que "para fins do art. 224 do Código Eleitoral, a validade da votação – ou o número de votos válidos – na eleição majoritária não é aferida sobre o total de votos apurados, mas leva em consideração tão somente o percentual de votos dados aos candidatos desse pleito, excluindo-se, portanto, os votos nulos e os brancos, por expressa disposição do art. 77, § 2°, da Constituição Federal" (AgRg em Ação Cautelar 3.260, rel. Arnaldo Versiani); **E:** Incorreta, considerados os argumentos da assertiva anterior, a nulidade corresponde aos tipos previstos nos arts. 221 e 222 do Código Eleitoral e não essencialmente aos votos nulos.

Gabarito "A".

(Magistratura/CE – 2012 – CESPE) No que se refere a registro de candidatura e sua impugnação, assinale a opção correta.

(A) O juiz eleitoral deve apresentar em cartório, em até dez dias após a conclusão dos autos, a sentença relativa a pedidos de registro de candidatos a eleições municipais.
(B) O pedido de registro do candidato e sua impugnação são processados nos próprios autos dos processos dos candidatos e são julgados em uma só decisão.
(C) O candidato cujo registro esteja *sub judice* poderá efetuar todos os atos relativos à campanha eleitoral, e seu nome será mantido na urna eletrônica enquanto ele estiver sob essa condição, desde que seu recurso seja recebido no efeito suspensivo.
(D) As impugnações do pedido de registro de candidatura e as questões referentes a homonímias e notícias de inelegibilidade devem ser processadas em autos apartados.
(E) Encerrado o prazo da dilação probatória para a impugnação de registro de candidatura, as partes, inclusive o MP, poderão apresentar alegações em prazo sucessivo, a começar pelo impugnante.

A única alternativa correta é encontrada na assertiva "B". A ação de impugnação de registro de candidatura, no tocante à sua natureza, perfaz-se como um incidente no processo de registro do candidato, que pode ser compreendido como principal em relação a ela. Porém, não é de obstar a possibilidade de que a impugnação seja apensada aos autos do registro de candidatura, uma vez que a única proibição é que se instaure um processo autônomo para solver questão que deve ser julgada simultaneamente, dada a inegável natureza incidental da demanda impugnativa.
Gabarito "B".

(Magistratura/ES – 2011 – CESPE) No que se refere a impugnação de registro de candidatura, competência para julgamento, procedimentos, prazos e efeitos recursais no âmbito da Lei Complementar n.º 64/1990 e alterações posteriores, assinale a opção correta.

(A) Terminado o prazo para impugnação, depois da devida notificação, o candidato, o partido político ou a coligação dispõe do prazo de dez dias para contestá-la, podendo juntar documentos, indicar rol de testemunhas e requerer a produção de provas, inclusive documentais, que se encontrarem em poder de terceiros, de repartições públicas ou em procedimentos judiciais ou administrativos.
(B) Na impugnação dos pedidos de registro de candidatos a eleições municipais, o juiz eleitoral formará sua convicção pela livre apreciação da prova — atendendo aos fatos e às circunstâncias constantes dos autos, ainda que não alegados pelas partes, e mencionando na decisão os que motivaram seu convencimento — e apresentará a sentença em cartório três dias após a conclusão dos autos; a partir desse momento, passa a correr o prazo de três dias para a interposição de recurso para o TRE.
(C) Tratando-se de registro a ser julgado originariamente por TRE, o pedido de registro, com ou sem impugnação, será julgado em três dias após a publicação da pauta; na sessão do julgamento, que poderá se realizar em até duas reuniões seguidas, feito o relatório, facultada a palavra às partes e ouvido o procurador regional, o relator proferirá o seu voto e serão tomados os dos demais juízes.
(D) Transitada em julgado ou publicada a decisão proferida por juiz que declarar a inelegibilidade de candidato, será negado registro a esse candidato, ou o registro será cancelado, se já feito, ou o diploma será declarado nulo, se já expedido; não sendo apresentado recurso, a decisão deverá ser comunicada, de imediato, ao MP eleitoral e ao órgão da justiça eleitoral competente para o registro de candidatura e expedição de diploma do réu.
(E) O registro do candidato pode ser impugnado em petição fundamentada, no prazo de cinco dias contados da publicação do seu pedido, por qualquer cidadão, ou, ainda, por partido político, coligação ou pelo MP.

De fato a única resposta correta encontra-se na assertiva 'B', pois em conformidade com o que dispõe o art. 7°, parágrafo único, da LC 64/1990 cc. art. 8° da mesma legislação específica.
Gabarito "B".

(Magistratura/PA – 2012 – CESPE) Assinale a opção correta a respeito da impugnação de registro de candidatura.

(A) Qualquer candidato, partido político ou coligação, bem como o MP possuem legitimidade ativa para impugnar solicitação de registro de candidatura, até cinco dias depois da publicação do pedido.
(B) É do juiz eleitoral a competência originária para o julgamento da arguição de inelegibilidade de candidatos aos cargos de prefeito, vice-prefeito, vereador, conselheiro tutelar e juiz de paz.
(C) Decorrido o prazo para a contestação, as testemunhas, independentemente de notificação judicial, devem comparecer para inquirição, por iniciativa das partes que as tiverem arrolado.
(D) O prazo para que partido político ou coligação ofereça contestação é de quatro dias, contados a partir do primeiro dia após a impugnação da candidatura.
(E) É do tribunal regional eleitoral a competência originária para o julgamento da arguição de inelegibilidade de candidatos aos cargos de presidente da República, senador da República, governador de estado e do DF, deputado federal, deputado estadual e deputado distrital.

A: Correta, o art. 3° da LC 64/1990 disciplina que caberá a qualquer candidato, a partido político, coligação ou ao Ministério Público, no prazo de 5 (cinco) dias, contados da publicação do pedido de registro do candidato, impugná-lo em petição fundamentada; **B:** Incorreta, pois o art. 8° da LC 64/1990 dispõe ser de competência originária do juiz eleitoral para o julgamento da arguição de inelegibilidade para as eleições municipais; **C:** Incorreta, uma vez que o art. 22, V, da LC 64/1990 dispõe que findo o prazo da notificação, com ou sem defesa, abrir-se-á prazo de 5 (cinco) dias para inquirição, em uma só assentada, de testemunhas arroladas pelo representante e pelo representado, até o máximo de 6 (seis) para cada um, as quais comparecerão independentemente de intimação; **D:** Incorreta, uma vez que o prazo será de 5 dias, conforme se depreende da leitura do art. 22, I, 'a' LC 64/1990; **E:** Incorreta, uma vez que a competência será do Tribunal Superior Eleitoral quando se tratar de candidato à Presidência ou à Vice-Presidência da República, como disciplina o art. 2°, I, da LC 64/1990.
Gabarito "A".

(Magistratura/PI – 2011 – CESPE) No que se refere a recursos eleitorais, assinale a opção correta.

(A) Recurso contra a expedição de diploma pendente de análise pelo TSE não tem efeito suspensivo.
(B) É vedada a juntada de novos documentos a recurso interposto contra decisão de juiz eleitoral.
(C) Das decisões das juntas sobre impugnações na apuração dos votos cabe recurso imediato, interposto verbalmente ou por escrito, que deve ser fundamentado no prazo de quarenta e oito horas para que tenha seguimento.
(D) O prazo recursal contra decisões sobre reclamações ou representações relativas a descumprimento da Lei geral das eleições é de três dias.
(E) Em regra, os recursos eleitorais têm efeito suspensivo.

De fato a única alternativa correta encontra-se na assertiva 'C' uma vez que em consonância com o que disciplina o art. 169 do Código Eleitoral, ou seja, medida que os votos forem sendo apurados, poderão os fiscais e delegados de partido, assim como os candidatos, apresentar impugnações que serão decididas de plano pela Junta.

Gabarito "C"

Veja a seguinte tabela resumida com as principais ações cíveis eleitorais e os recursos cabíveis:

Principais Ações Cíveis Eleitorais e Recursos		
	Cabimento – observações	Prazo
Ação de Impugnação de Registro de Candidatura - AIRC Art. 3º da Lei da Inelegibilidade – LI (LC 64/1990)	– Para impugnar registro de candidatura – Rito do próprio art. 3º e seguintes da Lei da Inelegibilidade – LI (LC 64/1990) – Súmula 11/TSE: no processo de registro de candidatos, o partido que não o impugnou não tem legitimidade para recorrer da sentença que o deferiu, salvo se se cuidar de matéria constitucional	5 dias da publicação do pedido de registro
Ação de Investigação Judicial Eleitoral – AIJE Art. 22 da LI	– Declaração de inelegibilidade por uso indevido, desvio ou abuso do poder econômico ou do poder de autoridade, ou utilização indevida de veículos ou meios de comunicação social, em benefício de candidato ou de partido político – Rito do próprio art. 22 da LI – A legitimidade ativa para a representação é de qualquer partido político, coligação, candidato ou Ministério Público Eleitoral – Se for julgada procedente antes das eleições, há cassação do registro do candidato diretamente beneficiado. Se for julgada procedente após as eleições, o MP poderá ajuizar AIME e/ou RCED	Entre o registro da candidatura e a diplomação
Ação de Impugnação de Mandato Eletivo – AIME Art. 14, § 10, da CF	– Casos de abuso do poder econômico, corrupção ou fraude – Rito da LI, mas a cassação de mandato tem efeito imediato (não se aplica o art. 15 da Lei de Inelegibilidade) – A AIME deve ser instruída com provas de abuso do poder econômico, corrupção ou fraude, mas o TSE tem entendimento de que não se trata de prova pré-constituída, sendo exigidos apenas indícios idôneos do cometimento desses ilícitos – ver RESPE 16.257/PE-TSE	Em até 15 dias da diplomação
Recurso contra a Expedição de Diploma - RCED Art. 262 do CE	– Casos de inelegibilidade ou incompatibilidade de candidato; errônea interpretação da Lei quanto à aplicação do sistema de representação proporcional; erro de direito ou de fato na apuração final, quanto à determinação do quociente eleitoral ou partidário, contagem de votos e classificação de candidato, ou a sua contemplação sob determinada legenda; concessão ou denegação do diploma em manifesta contradição com a prova dos autos, nas hipóteses do art. 222 do CE e do art. 41-A da LE – Não há requisito de prova pré-constituída – ver RCED 767/SP-TSE	3 dias contados da diplomação

Principais Ações Cíveis Eleitorais e Recursos

	Cabimento – observações	Prazo
Representação Arts. 30-A, 41-A, 73 a 77 da LE	Casos de: – ilícitos na arrecadação e nos gastos de campanha (art. 30-A da LE) – captação de sufrágio (compra de voto – art. 41-A da LE) – condutas vedadas a agentes públicos em campanhas (arts. 73 a 77 da LE) – Rito ordinário eleitoral (art. 22 da LI), ou rito sumário do art. 96 da LE para o caso das condutas vedadas – A demonstração da potencialidade lesiva é exigida apenas para a prova do abuso do poder econômico, mas não para a comprovação de captação ilícita de sufrágio (= compra de votos) – ver RCED 774/SP-TSE e RO 1.461/GO	– até 15 dias da diplomação, no caso de ilícitos na arrecadação e nos gastos de campanha – até a diplomação, no caso de captação ilícita de sufrágio – até a eleição, no caso das condutas vedadas – recursos contra a decisão em 3 dias
Ação Rescisória Eleitoral Art. 22, I, *j*, do CE	– Casos de inelegibilidade – Proposta no TSE – Possibilita-se o exercício do mandato eletivo até o seu trânsito em julgado	120 dias da decisão irrecorrível
Direito de resposta Art. 58 da LE	Casos de candidato, partido ou coligação atingidos, ainda que de forma indireta, por conceito, imagem ou afirmação caluniosa, difamatória, injuriosa ou sabidamente inverídica, difundidos por qualquer veículo de comunicação social	– 24 horas, horário eleitoral gratuito – 48 horas, programação normal de rádio e televisão – 72 horas, órgão de imprensa escrita – Recurso em 24 horas da publicação em cartório ou sessão
Recursos Inominados –Art. 96, § 4º, da LE –Art. 8º da LI –Arts. 29, II, e 265, c/c art. 169 do CE	Contra decisões de juízes e juízes auxiliares, atos e decisões das juntas eleitorais, e decisões em *habeas corpus* ou mandado de segurança	– 24 horas (art. 96, § 8º, da LE) da publicação em cartório ou sessão – 3 dias da publicação em cartório (art. 8º da LI)
Recurso Especial Art. 276, I, do CE	Contra decisões dos TREs proferidas contra expressa disposição de lei; ou quando ocorrer divergência na interpretação de Lei entre dois ou mais tribunais eleitorais.	3 dias da publicação da decisão
Recurso Extraordinário contra decisão do TSE Art. 281 do CE	Violação à Constituição Federal	3 dias – art. 12 da Lei 6.055/1974, ver AI 616.654 AgR/SP-STF.
Agravo de Instrumento Arts. 279 e 282 do CE	Denegação de RESPE ou de RE	3 dias para peticionar mais 3 dias para formar o instrumento
Recurso ordinário para o TSE ou para o STF Arts. 276, II, e 281 do CE	Julgamentos originários dos TREs (sobre expedição de diplomas nas eleições federais e estaduais ou relativos a HC ou MS) ou do TSE	3 dias da publicação da decisão ou da sessão da diplomação

10. CRIMES ELEITORAIS

(Promotor de Justiça/RR – 2017 – CESPE) O crime eleitoral

(A) é de ação penal pública incondicionada, cabendo ação penal privada subsidiária da pública no caso de inércia do MP.

(B) caracteriza-se como crime de responsabilidade ou crime comum, conforme o autor da infração esteja ou não exercendo mandato eletivo.

(C) pode dar causa a persecução penal contra pessoa jurídica.

(D) praticado por juiz de TRE será julgado originariamente pelo TSE.

A: Correta. Mesmo nos casos onde exista o crime de calúnia, injúria ou difamação eleitoral, a tutela estabelecida pelo Código Eleitoral é a lisura das eleições, mais do que a própria honra do ofendido. Por esta razão a natureza destas modalidades criminosas passam a ser públicas incondicionadas (art. 355, CE). **B: Incorreta.** O crime eleitoral possui natureza penal (disposto no Código Eleitoral e Lei das Eleições). Os crimes de responsabilidade estão dispostos na Lei 1.079/1950. **C: Incorreta.** A única responsabilização criminal de pessoa jurídica será no caso de cometimento de crimes ambientais, já que expressamente previsto pela legislação. **D: Incorreta.** O crime eleitoral cometido por juiz do TRE ("desembargador" do Tribunal Regional Eleitoral) será de competência de julgamento do STJ, por força do art. 105, I, a, CF. (SC)
Gabarito "A".

(Promotor de Justiça/PI - 2014 - CESPE) Diva, prefeita candidata à reeleição, foi denunciada por ter difamado e injuriado Helen, candidata opositora, durante a propaganda eleitoral gratuita veiculada na mídia, tendo-lhe imputado fato ofensivo à sua reputação de servidora pública. Em face dessa situação hipotética, assinale a opção correta à luz das disposições constitucionais e da legislação eleitoral.

(A) O juiz pode deixar de aplicar pena caso Helen, de forma reprovável, tenha provocado diretamente os crimes, assim como no caso de extorsão imediata que consista em outros crimes da mesma espécie.

(B) Se o promotor de justiça eleitoral promover o arquivamento, o juiz poderá encaminhar os autos ao procurador regional eleitoral, que deverá designar outro promotor para oferecer a denúncia.

(C) Se a denúncia for recebida por juiz eleitoral, Diva poderá invocar, em seu favor, como matéria de defesa, a incompetência do juízo, tese que tem sido acolhida pela justiça eleitoral, ao fundamento de que crime cometido por prefeito deve ser julgado pelo tribunal de justiça.

(D) A exceção da verdade é admitida para ambos os fatos, na medida em que Helen é servidora pública e a ofensa foi relativa ao exercício das funções de agente público.

(E) Verificadas as infrações penais, o MP tem prazo de dez dias para oferecer denúncia, independentemente de representação, uma vez que os crimes eleitorais são de ação pública.

A: incorreta, uma vez que as circunstâncias apresentadas pela alternativa não se enquadram no permissivo para este mesmo sentido, só se aplica ao crime de injúria, e não ao de difamação, conforme se verifica na leitura dos incisos I e II, § 1º, art. 326, Código Eleitoral; **B:** incorreta, uma vez que o art. 357, § 1º, Código Eleitoral, dispõe que neste caso o Procurador Regional Eleitoral oferecerá a denúncia, designará outro Promotor para oferecê-la, ou insistirá no pedido de arquivamento, ao qual só então estará o juiz obrigado a atender; **C:** incorreta, pois Diva deverá ser julgada pelo TRE, por se tratar de crime eleitoral e pela prerrogativa de foro prevista no art. 84, Código de Processo Penal. Neste sentido, a jurisprudência do TSE: "Competência. Crime eleitoral praticado por prefeito. Nexo de causalidade. A existência de nexo de causalidade, considerado o exercício de mandato e o crime, é conducente, de início, à atuação do Tribunal Regional Eleitoral. Competência. Crime eleitoral praticado por prefeito. Nexo de causalidade. Cassação do mandato. Com a cassação do mandato, tem-se o afastamento da prerrogativa de foro não voltada à proteção do cargo, e não do cidadão. Inconstitucionalidade do § 1º do art. 84 do Código de Processo Penal, com a redação imprimida pela Lei 10.628/2002 – ADI 2.797, relator Ministro Sepúlveda Pertence, julgamento de 15.9.2005." (Ac. nº 519, de 15.9.2005, rel. Min. Marco Aurélio.)"; **D:** incorreta, uma vez que a exceção de verdade apenas é admitida no crime de difamação. Expressamente, dispõe o art. 325, parágrafo único, Código Eleitoral, que a exceção da verdade somente se admite se ofendido é funcionário público e a ofensa é relativa ao exercício de suas funções; **E:** Correta, vez que assim disciplinado pelo art. 357 do Código Eleitoral.
Gabarito "E".

(Magistratura/PA – 2012 – CESPE) No que concerne à representação por captação ilícita de sufrágio, aos crimes eleitorais e ao processo penal eleitoral, assinale a opção correta.

(A) As infrações penais definidas no Código Eleitoral são, em regra, de ação pública, com exceção dos denominados crimes eleitorais contra a honra de candidatos, partidos ou coligações, aos quais se aplica subsidiariamente o Código Penal.

(B) Admite-se, para o crime consistente na difamação de alguém durante a propaganda eleitoral, por meio da imputação de fato ofensivo à reputação da pessoa, exceção da verdade, se o ofendido for funcionário público e a ofensa não for relativa ao exercício de suas funções.

(C) Tratando-se do crime de escrever, assinalar ou fazer pinturas em muros, fachadas ou qualquer bem de uso comum do povo, para fins de propaganda eleitoral, empregando-se qualquer tipo de tinta, piche, cal ou produto semelhante, o juiz poderá reduzir a pena do agente que repare o dano antes da sentença final.

(D) Se o juiz se convencer de que o diretório local de determinado partido tenha concorrido para a prática do crime de inutilizar, alterar ou perturbar meio de propaganda devidamente empregado, ou que o partido tenha se beneficiado conscientemente da referida propaganda, ao diretório será imposta pena de multa.

(E) Em decorrência da liberdade de escolha do eleitor, na representação pela captação ilícita de sufrágio prevista na Lei n.º 9.504/1997, não se afere a potencialidade lesiva da conduta, bastando a prova da captação, ainda que envolva apenas um eleitor.

Estamos diante de uma clara necessidade de simples comprovação do ato repugnado, qual seja, a captação ilícita de sufrágio, não prescindo de aferição acerca da potencialidade lesiva da conduta, bastando que seja comprovada a mesma, como bem se infere da leitura dos dispositivos dos arts. 30-A, § 2º, e 41-A da Lei 9.504/1997.
Gabarito "E".

(Magistratura/PB – 2011 – CESPE) À luz das resoluções aplicáveis do TSE, assinale a opção correta acerca do processo penal eleitoral, na seara das apurações criminais e da polícia criminal em matéria eleitoral.

(A) Se o inquérito for arquivado por falta de embasamento para o oferecimento de denúncia, a autoridade policial poderá proceder a nova investigação se de outras provas tiver notícia, independentemente de nova requisição.
(B) A Polícia Federal exerce, com prioridade sobre suas atribuições regulares, a função de polícia judiciária em matéria eleitoral e, se, no local da infração, não existirem órgãos a ela pertencentes, a referida função deverá ser assumida pela polícia estadual.
(C) A autoridade policial que tomar conhecimento de prática da infração penal eleitoral deverá informá-la imediatamente ao membro do MP competente.
(D) As autoridades policiais e seus agentes devem comunicar ao juiz eleitoral competente, em até vinte e quatro horas do fato, a prisão de indivíduos encontrados em flagrante delito pela prática de infração eleitoral.
(E) O inquérito policial eleitoral é instaurado somente mediante requisição do MP, salvo em hipótese de prisão em flagrante, quando a instauração ocorre independentemente de requisição.

A: incorreta, pois a nova investigação policial dependerá de requisição – art. 11 da Resolução TSE 23.222/2010; B: incorreta, pois, inexistindo órgãos da polícia federal no local da infração, a atuação da polícia estadual será supletiva (não substitutiva) – art. 2º, p. único, da Resolução TSE 23.222/2010; C: incorreta, pois a autoridade policial deve informar imediatamente o juiz eleitoral competente quando tiver conhecimento da prática de infração penal eleitoral – art. 6º da Resolução TSE 23.222/2010; D: essa é a assertiva correta, conforme o art. 7º da Resolução TSE 23.222/2010; E: incorreta, pois o inquérito policial eleitoral será instaurado mediante requisição do Ministério Público ou da justiça eleitoral, salvo a hipótese de prisão em flagrante – art. 8º da Resolução TSE 23.222/2010.
Gabarito "D".

(Ministério Público/RO - 2010 - CESPE) A respeito dos crimes eleitorais e do processo penal eleitoral, assinale a opção correta.
(A) Os recursos especiais relativos aos processos criminais eleitorais de competência originária dos TREs devem ser interpostos no prazo de três dias perante o presidente do tribunal recorrido.
(B) Para efeitos penais, o cidadão que integra temporariamente órgãos da justiça eleitoral e o cidadão nomeado para compor as mesas receptoras ou juntas apuradoras não são considerados membros nem funcionários da justiça eleitoral.
(C) Na instrução dos processos criminais eleitorais, poderão ser inquiridas até cinco testemunhas arroladas pela acusação e cinco arroladas pela defesa, independentemente de o crime ser apenado com multa, detenção ou reclusão.
(D) O fato de o órgão do MP não apresentar, no prazo legal, denúncia de crime eleitoral configura crime apenado com detenção de até um mês e multa.
(E) Tratando-se de crimes eleitorais, cabe apelação, no prazo de cinco dias, das sentenças definitivas de condenação ou absolvição proferidas por juiz singular, sendo de oito dias o prazo para oferecimento das razões.

A: assertiva correta, conforme o art. 276, § 1º, do CE; B: incorreta, pois o cidadão é considerado, nesse caso, funcionário da justiça eleitoral, para fins penais – art. 283, II e III, do CE; C: incorreta, pois o número de testemunhas na instrução é, em regra, de até 8 para acusação e mesmo número para a defesa – art. 401 do Código de Processo Penal – CPP, ver art. 532 do CPP; D: incorreta, pois a pena para a omissão é de até 2 meses de detenção ou pagamento de multa – art. 342 do CE; E: incorreta, pois o prazo é de 10 dias – art. 362 do CE.
Gabarito "A".

11. TEMAS COMBINADOS E OUTRAS MATÉRIAS

(Magistratura/BA – 2012 – CESPE) Considerando as normas legais brasileiras concernentes à possibilidade de reeleição ao cargo de prefeito municipal, assinale a opção correta.
(A) O TSE admite a reeleição em cada município, em respeito ao princípio da soberania popular, sem restrições de mandatos.
(B) Considere que Jonas, que cumpre o segundo mandato de prefeito municipal, pretenda candidatar-se a prefeito da cidade vizinha. Nessa situação, a candidatura é permitida pelo TSE, pelo fato de se tratar de circunscrição diversa.
(C) O prefeito de uma cidade no exercício do primeiro mandato pode candidatar-se à prefeitura de outra, desde que transfira o seu domicílio eleitoral em tempo hábil.
(D) O impedimento legal a um terceiro mandato consecutivo restringe-se à circunscrição na qual o prefeito exerce o seu mandato.
(E) O TSE admite uma terceira candidatura na hipótese de o prefeito renunciar ao cargo seis meses antes da data das eleições.

De fato a única alternativa correta é a prevista na assertiva C. O tema foi recorrente nos tribunais, tendo dado origem à Resolução TSE 21.297-RJ, que vem dispor que o detentor de mandato de prefeito municipal, que tenha ou não sido reeleito, pode ser candidato a prefeito em outro município, vizinho ou não, em período subsequente, exceto se se tratar de município desmembrado, incorporado ou de que resulte fusão. A candidatura a cargo de prefeito de outro município, vizinho ou não, caracteriza candidatura a outro cargo, devendo ser observada a regra do art. 14, § 6º, da CF, ou seja, a desincompatibilização seis meses antes do pleito.
Gabarito "C".

(Magistratura/PI – 2011 – CESPE) Considerando a realização de pesquisas e testes pré-eleitorais, a propaganda eleitoral, o direito de resposta e as condutas vedadas em campanhas eleitorais, assinale a opção correta.
(A) Pesquisas realizadas em data anterior ao dia das eleições não podem ser divulgadas nessa data.
(B) A representação contra conduta vedada em campanha eleitoral pode ser ajuizada somente até a data da eleição.
(C) Deve ser examinado pela justiça comum o pedido de resposta formulado por terceiro, partido ou coligação em relação ao que tenha sido veiculado no horário eleitoral gratuito.
(D) A propaganda intrapartidária veiculada antes do dia seis de julho do ano eleitoral deve ser imediatamente retirada após a realização da convenção partidária.
(E) Não se incluem entre os dados a serem registrados na justiça eleitoral, para cada pesquisa a ser divulgada, o nome

do estatístico responsável pelo trabalho e o número de seu registro no competente conselho regional.

A: Incorreta, uma vez que o art. 12 da Resolução TSE n° 23.364 dispõe que as pesquisas realizadas em data anterior ao dia das eleições poderão ser divulgadas a qualquer momento, inclusive no dia das eleições, desde que respeitado o prazo de 5 dias para o registro; **B:** Incorreta, uma vez que ao observamos o art. 41-A, § 3° da Lei 9.504/1997 é possível depreender que a representação contra as condutas vedadas no *caput* poderá ser ajuizada até a data da diplomação; **C:** Incorreta, uma vez que o art. 58, § 1°, da Lei 9.504/1997 dispõe que o ofendido ou seu representante legal poderá pedir o exercício do direito de resposta à Justiça Eleitoral nos seguintes prazos, contados a partir da veiculação da ofensa; **D:** Correta, conforme se verifica na interpretação do art. 36, § 1° c.c art. 39, § 8° da Lei 9.504/1997; **E:** Incorreta, uma vez que se trata de indicação obrigatória conforme se depreende do art. 1°, IX, da Resolução TSE n° 23.364.

Gabarito "D".

(Ministério Público/RR - 2012 - CESPE) Considerando a disciplina constitucional e complementar de elegibilidade e inelegibilidades, assinale a opção correta.

(A) O condenado por calúnia e difamação permanece inelegível pelo prazo de oito anos.

(B) Advogado excluído, pela OAB, do exercício da profissão, por infração ético-profissional, é inelegível pelo prazo de oito anos.

(C) A Lei da Ficha Limpa admite a candidatura de pessoa condenada por crime contra a administração pública, desde que o acórdão respectivo penda de recurso.

(D) É elegível o militar conscrito, desde que ele se afaste da atividade.

(E) Ocupante do cargo de prefeito pode ser candidato a deputado estadual sem se afastar do exercício do cargo.

A: incorreta, uma vez que não há previsão na LC 64/1990; **B:** correta, em plena consonância com o que dispõe o art. 1°, I, "m", da LC 64/1990; **C:** incorreta, uma vez que a Lei da Ficha Limpa, como ficou conhecida (LC 135/2010) inseriu no art. 1° da LC 64/1990 a alínea "e", dispondo que os que forem condenados, em decisão transitada em julgado ou proferida por órgão judicial colegiado, desde a condenação até o transcurso do prazo de 8 (oito) anos após o cumprimento da pena, pelos crimes arrolados nos incisos subsequentes, entre eles, os crimes contra a administração pública. Desta forma, de posse do que disciplina a legislação, não prescinde que inexista possibilidade recurso, basta que a condenação tenha sido proferida por órgão judicial colegiado ou que tenha simplesmente transitado em julgado; **D:** incorreta, uma vez que o art. 98 do CE disciplina a situação ilustrada ao dispor que os militares alistáveis são elegíveis, atendidas as seguintes condições: I – o militar que tiver menos de 5 (cinco) anos de serviço, será, ao se candidatar a cargo eletivo, excluído do serviço ativo; II – o militar em atividade com 5 (cinco) ou mais anos de serviço ao se candidatar a cargo eletivo, será afastado, temporariamente, do serviço ativo, como agregado, para tratar de interesse particular; III – o militar não excluído e que vier a ser eleito será, no ato da diplomação, transferido para a reserva ou reformado; **E:** incorreta, o art. 1°, VI, da LC 64/1990 dispõe, quanto a inelegibilidade, que para a Câmara dos Deputados, Assembleia Legislativa e Câmara Legislativa, no que lhes for aplicável, por identidade de situações, consideram-se os mesmos inelegíveis para o Senado Federal, nas mesmas condições estabelecidas, observados os mesmos prazos. As regras de inelegibilidade para os candidatos a cargo no Senado Federal, previstas no art. 1°, V, fazem, por seu turno, remitência às mesmas causas de inelegibilidades aos candidatos à presidência da República. Deste modo, importante notar o art. 1°, II, item 13, de forma a deixar clarividente que no caso hipotético seria necessário que o candidato a deputado estadual, ocupante do cargo majoritário municipal deveria se afastar de suas funções até 6 meses antes do pleito.

Gabarito "B".